NOUVELLE ENCYCLOPÉDIE THÉOLOGIQUE XVIII

DICTIONNAIRE

HISTORIQUE, GÉOGRAPHIQUE ET BIOGRAPHIQUE,

DES CROISADES,

EMBRASSANT

TOUTE LA LUTTE DU CHRISTIANISME ET DE L'ISLAMISME,

Depuis son origine jusqu'à la prise d'Alger par les armes Françaises ;

EXPOSANT,
DANS L'INTRODUCTION DONT IL EST PRÉCÉDÉ,
LA LUTTE DU CHRISTIANISME ET DE L'ISLAMISME EN ESPAGNE ;
PRÉSENTANT,
DANS LES ARTICLES DONT SE COMPOSE LE DICTIONNAIRE,
CHAQUE PARTIE, SÉPARÉMENT TRAITÉE, DE L'HISTOIRE, DE LA GÉOGRAPHIE,
DE LA BIOGRAPHIE DES CROISADES,
ET LE TABLEAU DE LA PROLONGATION DE LA GUERRE SAINTE ENTRE LA VÉRITÉ CHRÉTIENNE
ET L'ERREUR MUSULMANE, JUSQU'EN 1830 ;
INDIQUANT ENFIN,
AU MOYEN D'UNE TABLE QUE LE LECTEUR TROUVERA A LA FIN DU VOLUME,
L'ORDRE DANS LEQUEL LES ARTICLES DU DICTIONNAIRE OFFRENT UNE HISTOIRE SUIVIE DES CROISADES,
CONSIDÉRÉES DANS LEURS CAUSES, DANS LEUR CARACTÈRE ET DANS LEURS EFFETS.

PAR M. D'AULT-DUMESNIL,

Membre de l'Académie de la Religion catholique de Rome, chevalier de l'ordre de Charles III d'Espagne.

PUBLIÉ PAR M. L'ABBÉ MIGNE,

ÉDITEUR DE LA BIBLIOTHÈQUE UNIVERSELLE DU CLERGÉ,

OU

DES **COURS COMPLETS** SUR CHAQUE BRANCHE DE LA SCIENCE ECCLÉSIASTIQUE.

TOME UNIQUE.

Réimpression de l'édition de Paris 1852

BIBLIO VERLAG · OSNABRÜCK 1984

CIP-Kurztitelaufnahme der Deutschen Bibliothek

Ault-Dumesnil, Edouard de:

Dictionnaire historique, géographique et biographique, des croisades, embrassant toute la lutte du christianisme et de l'islamisme . . .: tome unique / par M. D'Ault-Dumesnil. Publ. par M. L'Abbé Migne. – Réimpression de l'ed. Paris, 1852. – Osnabrück: Biblio Verlag, 1984.

Aus: Nouvelle encyclopédie théologique. Tome 18

ISBN 3-7648-0039-9

NE: HST

Printed in W-Germany

by Günter Runge, Cloppenburg

AVERTISSEMENT.

L'auteur de ce Dictionnaire s'est proposé deux objets pour but : le premier a été d'offrir une exposition complète de la lutte du christianisme et de l'islamisme, depuis l'origine de la fausse religion répandue dans le monde par Mahomet jusqu'à nos jours ; cette entreprise n'avait point encore été tentée. Le second objet que nous avons eu en vue a été de présenter l'histoire des Croisades sous son véritable aspect, en invoquant principalement le témoignage des annalistes contemporains de ces mémorables événements. La civilisation chrétienne, qui a fait de l'Europe la reine du monde, est sortie de l'époque héroïque des guerres saintement entreprises contre la barbarie musulmane, sous les auspices de la papauté. Aussi les efforts commencés par le siècle de Luther, et plus effrontément continués par celui de Voltaire, pour éteindre le flambeau des lumières qui ont rayonné de Jérusalem sur l'univers, se sont-ils naturellement attachés à dénaturer l'histoire des temps de foi qui ont produit la société dont le rationalisme protestant et philosophique est le plus dangereux ennemi. Aux mensonges accumulés depuis trois cents ans pour écraser la vérité, nous avons donc opposé les documents qui la proclament. Nous avons recueilli toutes les preuves qui attestent, non-seulement que c'est la papauté qui a donné l'impulsion au mouvement des Croisades, et que la pensée dominante des souverains pontifes a constamment été de le maintenir dans la voie qu'ils lui avaient ouverte; mais nous avons montré, par les propres paroles de saint Grégoire VII, que l'union des deux Eglises grecque et latine, par l'extinction du schisme de Constantinople, que le retour à l'orthodoxie catholique de tous les Orientaux égarés, et que la délivrance du saint tombeau par les soldats de la croix, entraient dans le vaste plan d'affranchissement universel et d'unité de l'Eglise conçu par le réformateur de l'Europe. Par une étude sérieuse des causes, du caractère et des effets des Croisades, nous avons cherché à en inspirer une juste idée, et à faire voir en quoi elles ont échoué et à quoi elles ont réussi.

La partie historique de notre Dictionnaire repose principalement sur les chroniques dont les auteurs ont été, pour la plupart, témoins des faits qu'ils racontent.

Les biographies, qui font connaître plus particulièrement les acteurs des grandes scènes de la lutte entre l'Orient musulman et l'Occident chrétien, envisagent ces personnages spécialement au point de vue des Croisades, et ne les suivent guère dans les autres détails de leurs vies. La partie géographique indique succinctement quel fut le théâtre des guerres saintes, et le décrit surtout d'après les relations des écrivains qui ont accompagné les croisés en Asie et en Afrique.

On a dit que, pour bien comprendre un poëte, il fallait avoir vu son soleil. Sans être exclusivement de cet avis, nous n'aurions certainement pas entrepris le Dictionnaire des Croisades, si un séjour de dix-huit mois en Orient ne nous avait pas permis d'en étudier le sujet sur les lieux.

INTRODUCTION

AU

DICTIONNAIRE DES CROISADES.

LUTTE DU CHRISTIANISME ET DU MAHOMÉTISME EN ESPAGNE.

« Les Croisades, a très bien dit M. de Bonald, sauvèrent l'Europe. Elles la sauvèrent de ses propres fureurs, en y éteignant l'ardeur des guerres privées, et surtout en y affermissant le pouvoir des rois contre l'ambition inquiète de leurs vassaux, qui s'appauvrirent ou périrent dans ces expéditions lointaines. Elles sauvèrent l'Europe, et la civilisation avec elle, de la barbarie musulmane, en refoulant pour ainsi dire sur elle-même cette puissance, alors dans la crise de son développement, en la forçant à se défendre, lorsqu'elle était impatiente d'attaquer. Elles ruinèrent même en Espagne la puissance des Maures, qui, selon la remarque de l'abbé Fleury, *y ont toujours décliné depuis les Croisades.* » Lorsque ces grandes expéditions furent entreprises, le continent européen, le sol sur lequel le christianisme travaillait à développer la civilisation, fille de l'Evangile, était envahi depuis quatre siècles par les armes les plus redoutables que la foi au Sauveur du monde ait jamais eues à combattre. La domination abrutissante des plus terribles ennemis de la rédemption de l'humanité s'étendait sur la majeure partie de la péninsule ibérique; le plus solide bastion de la place forte de la chrétienté était au pouvoir des sectateurs de Mahomet. Dans la lutte entre la croix et le croissant, les musulmans furent les agresseurs, et on peut dire que jamais guerre n'eut une cause plus légitime que ces guerres si justement appelées saintes, qui furent de véritables sorties que firent les nations chrétiennes pour repousser l'islamisme qui les tenait assiégées, pour s'affranchir de la crainte de son joug, et pour faciliter à l'Espagne les moyens de repousser la plus dangereuse des invasions. La profanation de ce beau pays par la conquête mahométane avait autorisé d'avance les Croisades: elle donna aussi une origine sacrée à ce combat de huit siècles, d'où le courage opiniâtre des Espagnols sortit vainqueur à la gloire de Dieu. « L'expulsion des Maures d'Espagne, a dit le grand penseur que nous venons de citer, était juste en soi ; car la barbarie ne *prescrit* pas la possession de la terre contre la civilisation : elle était utile à l'Europe en général et à l'Espagne en particulier, en y ramenant le christianisme, et y faisant cesser la tyrannie de mœurs et de lois déréglées. Si les musulmans d'Afrique eussent encore occupé l'Espagne dans le même temps que ceux d'Asie envahissaient la Grèce et pénétraient en Hongrie, la chrétienté, attaquée à la fois aux deux extrémités, et même dans son centre et en Italie, par leurs flottes nombreuses, aurait infailliblement succombé; et cette belle partie du monde, riche aujourd'hui de tous les monuments de la civilisation, serait dans le même état que la Grèce moderne, où le voyageur en aperçoit à peine quelques vestiges. » On voit, par ces considérations, que le récit de la lutte entre le christianisme et l'islamisme en Espagne doit servir d'*Introduction* au *Dictionnaire des Croisades.*

Théodose, justement surnommé le Grand, était seul maître de l'empire romain lorsqu'il mourut, au commencement de l'année 395. Ses deux fils, Honorius et Arcadius, se partagèrent son vaste héritage : le premier régna sur l'Occident, et le second sur l'Orient. La ruine de l'empire, dont les grandes qualités de Théodose n'avaient pu que retarder l'heure suprême, commença sous ses deux fils. Les Wisigoths rompirent les liens qui les tenaient attachés à la solde impériale, et, se choisissant un chef parmi eux, élurent pour roi Alaric, qui fut la tige des souverains de race germanique dont la domination réunit toute l'Espagne sous un seul sceptre catholique, avant l'invasion arabe. Appelé au ravage de l'empire d'Orient par Rufin, Alaric devint l'instrument de la jalousie que l'infidèle tuteur d'Arcadius nourrissait contre Stilicon, qui gouvernait l'Occident au nom d'Honorius. Les Wisigoths, sous la conduite de leur chef, envahirent la Thrace, la Macédoine et la Grèce, menacèrent Constantinople, qui ne dut son salut qu'à Stilicon, et se jetèrent sur l'Italie, où, après avoir assiégé Rome deux fois, en se contentant de la rançonner, ils l'emportèrent d'assaut, dans un troisième siége, et la mirent au pillage. Fier d'avoir dévasté la capitale de l'empire, et humilié Honorius, Alaric méditait la conquête de la Sicile, lorsqu'il mourut à Cosenza, en 410.

Les Wisigoths lui donnèrent pour successeur son beau-frère Ataulphe, qui épousa Placidie, fille du grand Théodose. En s'emparant de la Catalogne, Ataulphe fonda la monarchie gothique en Espagne. Mais Toulouse fut, pendant près d'un siècle, la capitale de cette monarchie, qui eut aussi son siége à Narbonne, avant qu'il fût transféré d'abord à Séville, et ensuite à Tolède. D'autres barbares, les Suèves, les Alains et les Vandales, sortis comme les Wisigoths des forêts de la Germanie, avaient franchi les Pyrénées, d'un autre côté, dans les premières années de ce même ve siècle. Les Suèves s'étaient emparés de la Galice, les Alains de la Lusitanie, et les Vandales de la Bétique. Mais Walia, roi des Wisigoths, détruisit les Alains en 418, et les Vandales passèrent en Afrique, sous la conduite de leur roi Genseric, en 429. Les Suèves seuls s'établirent dans le nord-ouest de l'Espagne. Après une durée d'un siècle, leur royaume fut détruit par Leuvigilde, roi des Wisigoths, mort en 586. Le pouvoir impérial ne fut entièrement déraciné du sol espagnol que dans la seconde moitié du vi^e^ siècle. Les Suèves, à l'exemple de leur roi Théodemir qui abjura solennellement l'arianisme en 565, avaient embrassé, avant la chute de leur puissance, la religion catholique, qui n'était professée auparavant, au-delà des Pyrénées, que par les anciens habitants du pays et les Romains demeurés au milieu d'eux. La conversion de Récarède, qui monta sur le trône des Wisigoths en 586, entraîna également celle de toute sa nation, qui était entrée en Espagne infectée de l'erreur arienne. De cette époque date, pour la péninsule ibérique, l'ère de la réunion de toute sa population sous la loi de la véritable Eglise de Jésus-Christ. Pour consolider l'œuvre qu'il eut la gloire de consommer, et pour témoigner à Dieu sa reconnaissance de la grâce qu'il lui avait faite, Récarède voulut confesser publiquement la foi catholique devant un concile, qui s'assembla à cet effet dans la capitale du royaume, et qui fut le troisième de ces fameux conciles de Tolède qui ont eu une si grande part dans l'éducation fondamentalement orthodoxe de la nation espagnole.

Le concile eut aussi pour but la réforme de la discipline, dont l'hérésie et les troubles de ces temps agités avaient considérablement favorisé le relâchement. Tous les archevêques et évêques de la domination gothique furent convoqués à cette assemblée, et on y vit siéger, le 6 mai 589, les six métropolitains de Séville, de Tolède, de Mérida, de Narbonne, de Braga et de Lugo, avec tous les évêques suffragants de ces métropoles, au nombre de soixante-deux présents en personne, ou suppléés par leurs vicaires. Le roi, la reine et tous les grands de l'Etat assistèrent à cette auguste réunion. Le roi présenta au concile, en son nom et au nom de tous les grands et de tout son peuple, une confession de foi conforme à celle des conciles de Nicée, de Constantinople et de Chalcédoine. Les Pères du concile, après avoir examiné cette pièce, commandèrent qu'il en fût donné lecture, et défendirent d'exprimer de vive voix ou par écrit, d'enseigner ou de croire une autre foi que celle qui était contenue dans cette profession. Pour plus de sûreté, le concile ordonna que tous les convertis de l'erreur arienne à la foi catholique condamnassent de nouveau cette hérésie en vingt-trois anathèmes, auxquels souscrivirent huit évêques, tous les prêtres, tous les diacres, tous les grands, et généralement tous les Goths présents à l'assemblée. Le concile promulgua ensuite vingt-trois canons, pour la réforme des mœurs et de la discipline ecclésiastique. L'un de ces canons prescrit à tous les fidèles de l'Eglise d'Espagne d'unir leurs voix au chant du symbole de Constantinople, avant de recevoir la sainte communion. Saint Léandre, archevêque de Séville, qui eut la plus grande part aux graves opérations de ce concile, en exposa la haute importance dans un éloquent discours, et proclama le roi le principal auteur de cette solennelle réconciliation de l'Espagne avec le ciel. Saint Grégoire le Grand, qui monta sur le trône pontifical un an après cet heureux événement, s'empressa d'écrire à saint Léandre, avec lequel il était lié depuis longtemps d'une étroite amitié, pour se féliciter avec lui de l'entrée du roi et de toute la nation des Goths au bercail de l'Eglise. Par les conseils du saint archevêque, Récarède envoya une ambassade au pape, pour lui offrir le témoignage de son obéissance, et pour faire approuver par le saint-siége les statuts du concile qui venait d'être tenu à Tolède, afin qu'ils reçussent de cette sanction la force et la vigueur que le successeur de saint Pierre imprime aux actes qu'il marque de son sceau.

Un concile, qui fut tenu au mois de novembre 592, rassembla à Saragosse, sous la présidence du métropolitain de Tarragone, tous les évêques suffragants de cette province ecclésiastique. Cette réunion avait pour but l'extirpation de l'arianisme du sol de cette région de l'Espagne. De 597 à 599 arriva, sans qu'on puisse la mieux fixer, la mort de saint Léandre, évêque de Séville, dont le zèle avait été l'instrument providentiel de la conversion des Goths au catholicisme. Il était l'aîné des quatre enfants de Sévérien, qui fut aussi le père de saint Fulgence, de sainte Florentine et du grand saint Isidore. Cet heureux père était de la province de Carthagène, et d'origine hispano-romaine, à ce qu'il paraît. Etait-il duc de cette province, *dux*, comme on appelait ceux qui gouvernaient les différentes parties du royaume des Goths ? Rodrigue de Tolède, Luc de Tuy, et l'auteur de la Continuation de la Chronique de saint Isidore, sous le nom d'Ildefonse, lui donnent ce titre ; on lit aussi dans les anciens Bréviaires espagnols que Sévérien commandait à Carthagène, et le Bréviaire romain lui accorde également le titre de duc de cette province. La supposition des écrivains qui veulent que la femme de Sévérien se soit nommée Théodora ne nous semble point admissible ; Nicolas Antonio (*Bibliotheca hispana vetus*) s'autorise d'un texte de saint Léandre, pour affirmer que la mère des trois saints et de la sainte s'appelait Turtur ou Turtura ; cette assertion a été combattue par Florez (*España sagrada*) : le fait est que le doute résulte de la lecture attentive du texte allégué. Saint Léandre était digne de tous les regrets qui accompagnèrent sa mort. Il laissa une réputation justement méritée de sainteté et de science. Banni d'Espagne par le roi Leuvigilde, qu'aveuglait l'arianisme, il s'était retiré à Constantinople, où il écrivit, contre les ariens, deux livres qui ne nous sont point parvenus. Un travail qu'il avait composé sur les psaumes a eu le même sort. Mais on possède de saint Léandre un livre sur l'éducation des vierges consacrées au Seigneur, et sur le mépris du monde, des lettres adressées au pape saint Grégoire le Grand, et à plusieurs prélats de son temps, et une homélie dans laquelle il rend grâces à Dieu de la conversion des Goths, qui fut en grande partie son ouvrage. Léandre avait été moine avant de parvenir à la dignité épiscopale ; mais on ignore à quelle règle il s'était attaché, et dans quel monastère il avait vécu, « tant il y avait alors de monastères et de règles en Espagne, dit Ferréras (*Historia de Espana*), quoiqu'on se soit efforcé de soutenir le contraire. »

Saint Léandre avait travaillé ardemment à l'éducation de son jeune frère Isidore, qu'il aimait d'une tendresse plutôt paternelle que fraternelle. Une preuve touchante de ce sentiment existe dans la Règle pour la vie religieuse, tracée à Florentine par l'aîné des quatre enfants de Sévérien. Léandre y engage sa sœur à chérir d'autant plus leur jeune frère, et à prier Jésus-Christ pour lui avec d'autant plus de ferveur, qu'elle a été témoin de l'amour dont il a été l'objet de la part de leurs parents. La mémoire d'Isidore est certainement redevable d'une grande partie de ce qu'elle est au savoir et à la piété du maître et du frère qui l'a glorieusement précédé sur le siége épiscopal de Séville. Il existe aussi des traces écrites de la participation de Florentine à la tâche laissée aux frères et à la sœur d'Isidore par leurs parents, et Fulgence apporta également le tribut de ses sages instructions à l'acquit de cette mission, qui fut si bien remplie. Ainsi les fruits que la religion et la patrie ont recueillis de la vie du grand Isidore sont le produit des leçons fraternelles de deux saints et d'une sainte, qui ont secondé les merveilleuses dispositions naturelles du quatrième membre de la céleste milice donnée à l'Église par cette famille privilégiée. Il y a lieu de croire qu'entré de bonne heure dans les ordres, Isidore, qui a eu une si grande influence sur la conversion des Goths à la vérité catholique, et sur leur consolidation dans la foi, commença dès sa jeunesse la guerre qu'il fit avec tant de succès à l'arianisme. Suivant les bréviaires espagnols, son frère Léandre aurait même été obligé de modérer l'ardeur de son zèle. Durant l'absence de ce grand évêque, lorsqu'il fut exilé par le roi arien Leuvigilde, vers 583 ou 584, saint Isidore le remplaça, d'après plusieurs témoignages, dans l'exercice des fonctions épiscopales, mais assurément au moins dans la défense de la religion contre l'hérésie. Par la fermeté qu'il opposa aussi bien aux flatteries qu'aux menaces des ariens, il se montra digne de la lettre que Léandre lui écrivit pour l'engager à ne pas craindre de souffrir la mort même, s'il le fallait, pour la foi catholique. Isidore nous apprend lui-même (*De viris illustribus*) que telles étaient les paroles de son frère : *Mortem non esse timendam;* et un chanoine de Léon, auteur d'une Vie de saint Isidore, dit également : *Audiens autem reverendus doctor Leander fortissimi juvenis Isidori constantiam, in Domino gavisus est. Misit ei itaque epistolam, in qua præmonet mortem pro fide catholica quidquam non esse timendam.* « Le révérend docteur Léandre, apprenant la constance du très-courageux et jeune Isidore, s'en réjouit dans le Seigneur. C'est pourquoi il lui écrivit une lettre, dans laquelle il le prévient que la mort pour la foi catholique n'est nullement à craindre. »

Vers l'an 586, l'Eglise d'Espagne jouissant de la paix que lui avait procurée l'avénement au trône du roi Récarède, déjà très-bien disposé en faveur du catholicisme, les conseils de Léandre engagèrent Isidore à s'enfermer dans la retraite du cloître, pour s'y livrer à l'étude de Dieu et de lui-même, en même temps qu'à celle des lettres et des sciences. Mais on ne doit pas, à l'exemple de plusieurs écrivains, inférer de cette réclusion que saint Isidore soit jamais entré dans un ordre monastique quelconque, soit celui des Bénédictins, soit tout autre. Il serait d'ailleurs difficile de prouver que l'ordre de Saint-Benoît eût déjà pénétré en Espagne à cette époque. C'est à l'institut des Chanoines réguliers, vivant en communauté, que saint Isidore paraît avoir appartenu. Si on est fondé à penser que saint Léandre mourut en 599, il fut vraisemblablement remplacé cette même année, ou l'année suivante, sur son siége métropolitain par son frère Isidore, nommé évêque de Séville; car la qualification d'archevêque ne fut adoptée en Espagne qu'après l'invasion arabe. Lorsque les souverains pontifes donnent, avant cette époque, le titre d'archevêque, dans leurs lettres, à un évêque métropolitain d'Espagne, ils se servent d'une dénomination en usage dans le style romain, mais qui n'avait point encore cours dans la patrie des grands saints sur la vie desquels nous arrêtons le lecteur, parce que c'est à leur école que la nation des Goths s'est formée aux vertus qui ont fait prévaloir la croix sur le croissant dans la péninsule ibérique. On lit dans l'ancien Office des saints d'Espagne que le pape Grégoire le Grand confirma l'élection d'Isidore à l'évêché de Séville, et lui envoya le pallium. La version du Bréviaire romain s'exprime dans les mêmes termes, ajoutant que le pape institua Isidore vicaire du saint-siége apostolique pour toute l'Espagne. L'auteur de la Continuation de la Chronique d'Isidore affirme également que le saint évêque était revêtu de la dignité de primat, et qu'il remplissait les fonctions de vicaire du pape de Rome en Espagne : *et romani papæ in Hispaniis vices gerens.*

D'une lettre adressée aux prélats assemblés pour juger l'évêque de Cordoue, et écrite par Isidore lui-même, on peut conclure, en quelque sorte, qu'il était chargé, par une délégation apostolique, d'exercer en Espagne les fonctions de primat; mais que la primatie de l'Espagne et le titre de vicaire apostolique aient été attachés au siége de Séville, ou suivant une antique coutume ou par quelque privilége pontifical, comme plusieurs auteurs l'ont prétendu, c'est ce dont il n'existe aucune preuve. Dans une assemblée d'évêques, au contraire, tenue à Tolède, sous le règne de Gundemar, l'an 610, l'évêque de cette ville fut reconnu primat de toute l'Espagne, conformément à une ancienne décision synodale. Un décret du roi Gundemar, de cette même année, confirma cette reconnaissance de la primatie du siége de Tolède, à laquelle souscrivit Isidore.

En 619, Isidore présida le second concile de Séville, auquel assistèrent les sept suffragants de cette métropole. Un historien de ce concile dit que de graves questions de science canonique et de droit civil y furent agitées : ce qui est une preuve, entre toutes celles qu'on peut alléguer, que les premières assemblées religieuses ont été en même temps les premières assemblées politiques en Espagne, et que l'institution des cortès a sa racine dans l'Eglise et est aussi ancienne que la monarchie gothique. Ferréras, parlant de la réunion du IVe concile de Tolède, sous le roi Sisenand, en 633, dit que ce souverain avait désiré que le concile s'assemblât pour régler les affaires de l'Eglise et celles de la monarchie, *para dàr debido orden à las cosas de la Iglesia, y à las de la monarchia*. La grande influence que le corps ecclésiastique, dépositaire des lumières, exerça sur les délibérations des assemblées nationales, dès les temps les plus anciens de l'empire des Goths, contribua puissamment à donner au peuple espagnol cette consistance de caractère qui l'a rendu invincible à tous les efforts de l'islamisme. Fulgence, frère de saint Isidore, et évêque d'Ecija, soutint, dans ce même concile de Séville, une discussion contre Honorius, évêque de Cordoue. Mais le principal honneur des décisions qui y furent adoptées revient à Isidore. Saint Braule, son ami, nous apprend (*in Prænotatione oper. Isid.*) que l'autorité des divines Ecritures et le témoignage des Pères furent invoqués avec une grande éloquence, en cette occasion, par saint Isidore contre l'hérésie des Acéphales, et que l'obstination avec laquelle tenait à cette erreur un évêque syrien, qui rentra dans la communion de l'Eglise, fut vaincue par la puissance de la parole de l'évêque de Séville. Saint Fulgence mourut vers 620.

Saint Isidore présida, en 633, le IVe concile de Tolède, si célèbre dans l'histoire d'Espagne. L'honneur de cette présidence appartenait sans doute à l'évêque de Tolède, en qualité de primat d'Espagne ; Ferréras dit qu'il fut décerné à saint Isidore, parce que ce prélat était le plus ancien des métropolitains présents ; mais d'autres témoignages assurent qu'il fut cédé à l'évêque de Séville par le primat lui-même, en considération du respect qu'inspiraient le caractère et le savoir de ce grand saint. Soixante-neuf évêques, de toutes les métropoles de l'empire des Goths, assistèrent ou se firent représenter à ce concile. La plupart des importantes mesures qui y furent prises doivent être attribuées à l'évêque de Séville. Le continuateur de la Chronique d'Isidore et la Vie de ce saint rapportent qu'il prédit, dans cette assemblée, la chute du royaume des Goths. Les anciennes autorités ne parlent pas de cette prédiction. L'auteur du *Martyrologe* d'Espagne pense qu'Isidore ne fit pas une prédiction, dans toute l'acception du mot, mais qu'il émit une clairvoyante conjecture, fondée, sans doute, sur une judicieuse connaissance de la situation politique et morale de l'empire gothique. Suivant une autre version, c'est dans un sermon prononcé à Séville, quelque temps avant sa mort, dans la basilique de Saint-Vincent, qu'Isidore fut le prophète de la grande calamité qui devait frapper l'Espagne chrétienne. Ce fut sur l'invitation du IVe concile de Tolède que saint Isidore acheva de composer l'office commencé par son frère, saint Léandre, suivant le rit, appelé d'abord *Gothique*, tant que l'Espagne demeura sous la domination des Goths, et nommé ensuite *Mozarabique*, lorsque les Arabes eurent fait la conquête de ce pays. La Continuation de la Chronique d'Isidore, sous le nom d'Ildefonse, le chanoine de Léon, auteur de la Vie du saint évêque de Séville, et plusieurs autres écrivains, rapportent que Mahomet vint en Espagne au temps d'Isidore, et qu'il en fut expulsé par ce saint. Cette fable évidente a donné à penser à un critique que peut-être quelque propagateur du mahométisme, ayant pénétré en Espagne dès cette époque, ce qui ne nous semble pas probable, en aurait été repoussé par la vigilance de saint Isidore. Parmi les institutions qui honorent l'épiscopat de saint Isidore, on doit citer la fondation à Séville d'un collége où les jeunes élèves étaient formés à la discipline ecclésiastique. Il suffirait à la gloire de cette école, qui a servi de modèle aux établissements semblables qui se sont formés postérieurement, d'avoir produit saint Ildefonse, évêque métropolitain de Tolède, et l'une des grandes célébrités de l'Eglise d'Espagne. Les ouvrages du plus éminent disciple d'Isidore exhalent le parfum d'une céleste doctrine. Le plus remarquable sous ce rapport traite de la perpétuelle virginité de la mère du Sauveur des hommes. Saint Ildefonse avait remplacé, en 658, sur le siége de Tolède, une autre illustration du VIIe siècle, le vénérable saint Eugène. Saint Braule, évêque de Saragosse, qui fut lié de la plus étroite amitié avec saint Isidore, est mis aussi au nombre des élèves de l'école de Séville. Quand le fondateur de cette école mourut, en 636, après avoir occupé pendant près de quarante ans le siége métropolitain de Séville, il avait embrassé, dans une œuvre colossale, l'ensemble de la science humaine au VIIe siècle, et il avait enflammé les cœurs témoins de ses hautes vertus du généreux désir de les imiter. La vaste conception d'Isidore avait été parfaitement appréciée, dès son apparition, par une intelligence créée pour comprendre celle du grand saint, lorsque Braule affirmait que « quiconque aurait lu et médité souvent cet ouvrage, où la philosophie se montre sous tous ses aspects, serait réputé à bon droit ne rien ignorer des sciences divines et humaines. » En descendant jusqu'à nos jours le cours imposant des autorités qui ont confirmé ce premier jugement au tribunal des siècles, nous lisons, dans une lettre du Père Burriel, un résumé complétement exact de l'idée que nous devons avoir maintenant de l'œuvre de saint Isidore. « Si nous désirons connaître, dit l'écrivain espagnol, quelle a été, dans ces temps, le savoir antique de la nation en tout genre de sciences et de facultés divines et humaines, saint Isidore en a compilé l'encyclopédie dans ses *Etymologies*, dont il a fait un abrégé de tout ce qui se savait alors en Espagne et hors d'Espagne, abrégé qui, malgré quelques défauts, sera toujours le plus grand ouvrage qu'aient produit ces siècles chez toutes les nations. » Saint Valère, compatriote et contemporain d'Isidore, écrivant la Vie d'un autre saint enfant de l'Espagne, de Fructuose, métropolitain de Braga, qui vécut dans ce même VIIe siècle, fait une remarquable comparaison de ce saint avec l'évêque de Séville, qu'il montre inondant la Péninsule de lumières par son éloquence. Dans la Collection de Sentences tirées des saints Pères, qui se trouve dans les œuvres de Bède, sous le titre *Scintillæ*, le nom de saint Isidore est placé à côté de celui des Jérôme, des Athanase, des Augustin, des Cyprien, etc. Alcuin disait qu'il avait en grande vénération les ouvrages du bienheureux Isidore, illustre docteur non-seulement de l'Eglise d'Espagne, mais aussi de toutes celles où l'éloquence latine est en honneur. Elipand, dont Alcuin a réfuté les erreurs, a appelé lui-même Isidore l'étoile de l'Eglise, l'astre de l'Hespérie, le docteur de l'Espagne, *jubar Ecclesiæ, sidus Hesperiæ, doctor Hispaniæ*. Le cardinal Baronius a loué la piété, la justice, la charité, la générosité, la sagesse et la science d'Isidore ; il a beaucoup admiré son ardeur à poursuivre l'hérésie. Les livres de Luc de Tuy contre les Albigeois sont remplis des louanges de l'évêque de Séville, en même temps que d'emprunts faits à ses œuvres. Dans cet ouvrage l'évêque de Tuy appelle Isidore le plus illustre philosophe catholique, *clarissimus philosophus catholicorum*. Enfin le nom d'Isidore est cité sans cesse par tous les écrivains ecclésiastiques nationaux et étrangers ; il figure dans une multitude de manuscrits en Espagne, à Rome et ailleurs, et il retentit dans toutes les chroniques espagnoles : c'est, après saint Jacques, le saint le plus populaire du pays, et en même temps l'un des plus universellement renommés ; c'est le plus grand docteur qu'ait produit l'Eglise d'Espagne, et, du centre aux extrémités du monde catholique, l'Eglise le compte au nombre de ces hommes de pures lumières qu'elle appelle ses Pères.

L'Eglise d'Espagne s'honore encore d'avoir produit, dans ce même VIIe siècle, le glorieux saint Julien, métropolitain de Tolède. Confirmé dans la foi par tant de saints et doctes prélats, l'empire des Goths recevait en même temps une puissante impulsion dans la voie de la vérité et de la justice de la part importante que les conciles avaient à la haute direction des affaires de l'Etat. C'est à la trempe fortement catholique qui lui a été donnée à cette époque que l'Espagne doit d'avoir été ce qu'elle s'est montrée plus tard, dans sa lutte admirable contre l'islamisme.

La monarchie gothique était élective, et si on y voit les fils remplacer leurs pères sur le trône, ce ne fut jamais légitimement, par droit de succession. Le IVe concile de Tolède, réglant le mode de l'élection royale, décréta qu'à la mort du souverain, les prélats et les grands du royaume devaient se réunir, et procéder pacifiquement au choix de son successeur. Chintila fut appelé au trône en 636, et il assembla, dans cette même année, le Ve concile de Tolède pour y faire ratifier son élection. Le troisième canon de ce concile prononce l'excommunication contre quiconque prétendrait à la couronne sans avoir la prudence nécessaire pour gouverner, et sans être issu du noble sang des Goths. Le code de la loi des Wisigoths, *Codex legis Wisigothorum*, fut l'œuvre successive de plusieurs rois. Un décret de Chintila ordonna à tous les Juifs de sortir de son royaume, où les catholiques seuls eurent droit de résider. Le VIe concile de Tolède, qui se tint en 638, loua le roi de la mesure qu'il avait adoptée contre les Juifs, et déclara qu'à l'avenir aucun roi ne serait couronné avant d'avoir promis d'observer inviolablement la même sévérité envers eux; tant leur séjour parmi les chrétiens était considéré comme un danger public. Les inconvénients de la monarchie élective furent la cause fondamentale de l'affaiblissement où était tombé l'empire des Goths, lorsqu'il ne put résister au choc de l'invasion arabe. Chindasvinte usurpa la couronne en 642, et occasionna par cet acte de violence de grands troubles dans la nation. Il eut pour successeur son fils Recesvinte. Mais, à la mort de ce prince, le libre choix des grands du royaume se fixa sur Wamba, l'un des principaux seigneurs de l'empire. C'était un homme sage en même temps qu'un brave guerrier, et il refusa de se charger du poids de la royauté, qu'il jugeait modestement trop lourd pour ses forces. Les larmes des seigneurs qui l'avaient élu furent impuissantes à vaincre sa résistance. L'un d'eux tira alors son épée, et dit à Wamba que, s'il ne consentait pas à monter sur le trône, où l'appelait son mérite, il allait recevoir la mort, puisque celui qui préférait sa propre tranquillité au bien de la monarchie en devait être considéré comme l'ennemi. Wamba céda à ces étranges instances et répondit dignement à la bonne opinion qu'on avait conçue de lui. Ce fut sous ce règne que les côtes d'Espagne furent inquiétées pour la première fois par une flotte arabe, à laquelle le roi des Goths fit éprouver une complète défaite.

De l'Arabie, où il prit naissance, l'islamisme étendit un bras vers l'Orient et l'autre vers l'Occident. Omar, qui succéda en 634 à Aboubekr, premier calife ou vicaire de Mahomet, acheva de soumettre la Syrie aux armes musulmanes, et les fit triompher en Perse. Amrou exécuta par ses ordres la conquête de l'Egypte, de la Nubie et d'une partie de la Libye. Sous le califat d'Othman, successeur d'Omar, l'islamisme fit de nouveaux progrès en Afrique : l'antique Cyrène subit sa domination, et la Barbarie fut subjuguée. Ocba fut, sous le règne d'Yésid, second calife ommiade, qui monta sur le trône des continuateurs de l'œuvre du faux prophète en 680, le fondateur de Kairwan. Le même lieutenant du calife soumit au croissant le pays de Sus, et, arrivé au bord de la mer, il poussa son cheval dans les flots jusqu'à ce que l'eau atteignît les sangles de sa selle, et s'écria : « O Allah, si je n'étais arrêté par cette insurmontable barrière, je porterais plus loin encore la connaissance de ta loi et de ton saint nom ! » La difficulté de maintenir les Berbers dans la soumission obligea le calife Abd-el-Malek à passer lui-même en Afrique. Il chargea un de ses généraux de s'emparer de Carthage, qui fut emportée d'assaut en 693, et ruinée de fond en comble. Mousa, qui s'était déjà acquis en Afrique une brillante renommée dans les armes, fut chargé en 702, par Abd-el-Malek, de réduire le Maghreb en province mahométane. Walid, qui hérita du califat de son père en 705, confirma Mousa dans le commandement qui lui avait été confié. En peu d'années, le Maghreb tout entier fut converti au Coran par l'épée. Mousa avait envoyé son fils Merwan jusqu'à Tanger, où il laissa une garnison de dix mille hommes sous les ordres d'un chef, nommé Tarik, qui possédait et méritait sa confiance. Les Berbers, peuples naturellement belliqueux et remuants, embrassèrent volontiers le genre de vie des Arabes, qui consistait à ne connaître d'autre occupation que la guerre. Leur pays fournit aux armées musulmanes des chevaux qui parcouraient, avec la rapidité du vol de l'aigle, les vastes déserts des champs africains.

Sous le règne d'Egica, qui monta sur le trône des Goths en 687, les Arabes, qui avaient ajouté à leurs conquêtes celle de la Mauritanie, devinrent menaçants pour les côtes d'Espagne. Le roi, ayant appris que les Juifs de ses Etats avaient noué des intelligences avec ceux d'Afrique, assembla le XVIIe concile de Tolède, où des mesures sévères furent prises contre les auteurs de ces dangereuses menées. Witiza, qui porta la couronne après son père Egica, quoique le déréglement de mœurs et les actes de tyrannie et de cruauté dont l'accusent les plus graves historiens aient été contestés par la critique, rendit son autorité odieuse aux grands et intolérable pour tous ses sujets. Ferréras a vraisemblablement raison de traiter de conte l'opposition que ce prince aurait faite au saint-siége, et qui a valu à sa mémoire un défenseur dans la personne de M. Romey, auteur d'une *Histoire d'Espagne* écrite, de nosjours, dans un esprit passionnément hostile à l'Eglise catholique, à laquelle la nation espagnole a dû toute sa grandeur. Un parti puissant se prononça contre Witiza en Andalousie, et proclama roi don Rodrigue, que plusieurs historiens disent petit-fils de Chindasvinte. Il s'ensuivit une sanglante guerre civile, qui tourna à l'avantage de Rodrigue. Mais les mœurs du nouveau souverain n'étaient guère moins scandaleuses que celles de son prédécesseur.

Ce n'est pas que l'histoire nous semble autorisée à admettre que le comte Julien, qui avait défendu Ceuta contre les Arabes, ait favorisé l'entrée des musulmans en Espagne, pour se venger de l'offense que lui aurait faite le roi en séduisant sa fille. Le silence à ce sujet des plus anciens monuments des annales espagnoles relègue les amours de Rodrigue et de la fille du comte au rang des fictions que la poésie imagine et propage. Les noms de la Cava et de sa suivante Alifa trahissent l'origine arabe de ce récit romanesque. Sous le règne de Witiza, Mousa, gouverneur de la Mauritanie, sachant que le roi des Goths s'était aliéné l'esprit de la plupart de ses sujets, avait déjà envoyé une flotte vers les côtes d'Espagne; mais elle en fut repoussée par un échec que lui fit éprouver le comte Théodemir. Rodrigue était entré en possession du trône en 709 ou 710; et les fils de Witiza, mécontents de se voir exclus de la royauté, à laquelle ils croyaient avoir des droits que n'admettait pas la noblesse gothique, attachée à la tradition nationale du régime électif, appelèrent secrètement, à ce qu'il paraît, les Arabes dans leur patrie. On avait fait à Mousa une description enchanteresse de la beauté du climat et de la fécondité du sol de la péninsule ibérique; on lui avait vanté tous les avantages qu'elle offrait aussi bien sous le rapport de l'agrément que sous celui de l'utilité ; on lui avait dit qu'elle égalait la Syrie par la sérénité de son ciel et la fertilité de ses champs, l'Yémen par le charme de son climat, l'Inde par ses aromates et par le parfum de ses fleurs, le Hedjaz par la saveur de ses fruits et de toutes ses productions, le pays d'Aden par la commodité de ses côtes, et la Chine par la précieuse abondance de ses mines. Persuadé de l'importance d'une semblable conquête, Mousa écrivit au calife Walid pour lui demander la permission de l'entreprendre, en lui faisant observer que l'étendard du croissant n'avait qu'un détroit de quelques milles à franchir, pour passer des tours de Tanger sur le rivage de l'Andalousie. Le successeur du faux prophète, plein de confiance dans la fortune des armes musulmanes, auxquelles l'auteur du Coran avait promis la victoire jusque dans les contrées les plus lointaines, leur permit de prendre leur vol vers l'Occident. Mousa chargea Tarik de faire une reconnaissance des côtes d'Espagne : ce chef musulman y débarqua en 710, à la tête de cinq cents cavaliers arabes, dans le voisinage d'Algeziras, et enleva quelques troupeaux en parcourant les environs de cette ville. Il fut accueilli par les plus vifs applaudissements à son retour à Tanger. Mousa se hâta de préparer une expédition capable de soumettre le pays dont il méditait de s'emparer. Il en confia le commandement à Tarik, qui effectua son débarquement à peu près au même lieu où il avait pris terre la première fois. Un historien arabe rapporte que le lieutenant de Mousa brûla les navires qui l'avaient apporté, pour ôter à ses troupes toute pensée de retour en Afrique. Les Goths furent vaincus dans les premières tentatives de résistance qu'ils opposèrent aux envahisseurs. Au bruit des progrès des infidèles, le roi Rodrigue marcha à leur rencontre, à la tête d'une armée nombreuse et de toute la noblesse de son royaume. Les Goths avaient pour eux l'avantage du nombre, mais les Arabes leur étaient bien supérieurs dans l'art de la guerre, auquel ils s'exerçaient depuis bientôt un siècle avec un succès constant. Les deux armées se trouvèrent en présence l'une de l'autre sur les bords du Guadaléte, près de Xerez de la Frontera, en 712. La victoire fut vivement disputée pendant plusieurs jours. Tarik, voyant les musulmans se décourager, leur rappela qu'ils avaient la mer derrière eux, que la fuite leur était impossible, et qu'ils ne devaient avoir d'espoir que dans leur valeur et dans leur confiance en Dieu. Les chrétiens recueillirent, dans cette sanglante bataille, les tristes fruits de leurs discordes civiles et de la mollesse qu'engendre un long état de paix. Les vaincus prétendent toujours avoir été trahis : plusieurs auteurs ont raconté, sans y être autorisés par aucun document ancien, que la défaite des Goths devait être attribuée à la désertion des fils de Witiza, qui auraient passé à l'ennemi, pendant le combat, avec les troupes dont le roi avait eu l'imprudence de leur donner le commandement. Le sort de Rodrigue est demeuré un mystère impénétrable aux investigations de l'histoire. Les écrivains chrétiens ont prétendu ou qu'il s'était enfui en Portugal, sous le déguisement d'un ermite, et qu'il y avait terminé ses jours dans la solitude, au fond d'une obscure retraite, dans le voisinage de Viseu, ou qu'il s'était noyé en voulant traverser le Guadaléte. Les récits arabes font mourir le dernier roi de la monarchie des Goths de la main de Tarik, qui aurait envoyé sa tête à Mousa, comme le principal trophée de sa victoire; ils ajoutent même que le gouverneur de la Mauritanie fit hommage de cette tête au calife Walid.

Mousa ne fut pas sans ressentir quelque jalousie des grands succès remportés par son lieutenant, et il résolut de passer lui-même en Espagne avec de nouvelles forces. Il avait envoyé l'ordre à Tarik de l'attendre pour poursuivre la conquête du pays; mais celui-ci, de l'avis du comte Julien, qui avait embrassé la cause arabe, ne jugea pas qu'il fût prudent de laisser le temps aux chrétiens de revenir de la terreur que leur avait inspirée leur défaite, et il continua sa marche victorieuse. Il divisa son armée en trois corps, dont le premier s'avança vers Cordoue, et le second vers Malaga, tandis qu'il conduisait lui-même le troisième par Jaen vers Tolède, la capitale du royaume des Goths.

La nouvelle de l'issue de la bataille du Guadaléte avait jeté partout l'épouvante, et la destruction de l'armée de Rodrigue avait laissé le pays sans défenseurs. Arrivé devant Tolède, Tarik y entra par capitulation : il permit à ceux des habitants qui ne voulurent pas subir le joug mahométan de se retirer en abandonnant leurs biens; ceux qui consentirent à vivre sous la loi du vainqueur devaient, moyennant le payement d'un tribut, demeurer en possession de tout ce qui leur appartenait, et jouir du libre exercice de leur religion; mais tout acte de culte extérieur leur était interdit, et ils ne pouvaient bâtir aucune église sans l'autorisation des conquérants. Il n'était pas permis non plus de s'opposer à la libre action du prosélytisme musulman. Ces conventions furent généralement celles auxquelles tout le pays fut occupé, et l'ennemi qui imposait ainsi sa domination ne manqua pas d'interpréter les conditions accordées aux vaincus dans le sens de l'intolérance religieuse qui est l'essence de l'islamisme. Tarik s'établit dans le château de Tolède, où les historiens arabes racontent qu'il trouva les couronnes d'or, garnies de pierres précieuses, de vingt-cinq rois des Goths. Ainsi finit, après une durée de trois-cents ans, la monarchie fondée par Ataulphe au commencement du ve siècle. Mousa qui n'avait pas une nombreuse infanterie, mais qui commandait à dix-huit mille cavaliers, ne voulut pas glaner dans les champs où avait moissonné Tarik : il passa de l'Andalousie dans le Portugal, où il s'empara de Béja. Remontant de là le cours de la Guadiana, il arriva devant Mérida, dont la vue l'émerveilla, mais qui refusa de lui ouvrir ses portes. Une courageuse résistance valut à cette ville une capitulation honorable. Mousa apprit à Mérida que la population de Séville s'était soulevée contre les musulmans; et il chargea son fils Abdel-Aziz de réduire cette place, qu'il fallut emporter d'assaut avec une grande effusion de sang. Abdel-Aziz acheva la soumission des contrées méridionales de la péninsule. Quand Tarik sut que Mousa s'approchait de Tolède, il s'empressa d'aller au devant de lui, et, au reproche sévère de désobéissance que lui fit son supérieur irrité, il répondit avec soumission qu'il n'avait eu d'autre but que de bien servir la cause de l'islamisme. Il offrit ensuite en présent à Mousa la part de butin qu'il avait reçue comme chef de l'expédition. Tarik n'en fut pas moins destitué de son commandement. Il en appela alors à la justice du calife, en disant que sa conscience ne lui reprochait rien. Mais il ne fit qu'aigrir davantage Mousa, qui ordonna de le mettre en prison, et qui parla même de le faire mourir. Le calife, à qui Mousa avait rendu compte de ce qui s'était passé, lui enjoignit de replacer Tarik à la tête des troupes qu'il avait si glorieusement conduites à la victoire, et d'utiliser une des meilleures épées de l'islamisme. Mousa exécuta à regret, mais à la grande joie des musulmans, la volonté du souverain des infidèles. Tarik rentra aussitôt en campagne, en se dirigeant vers la partie orientale de la péninsule, et Mousa prit lui-même la route des régions septentrionales. Les troupes arabes, cavalerie et infanterie, pour n'être point gênées dans la rapidité de leur marche, n'étaient chargées que des bagages indispensablement nécessaires. Le pillage leur était sévèrement interdit pour ne pas provoquer les hostilités des populations. Tarik remonta du côté des sources du Tage, d'où il s'avança vers la vallée de l'Ebre. Mousa, après avoir parcouru les rives du Douro, tourna vers l'est, et opéra sa jonction avec Tarik devant Saragosse. Cette ville, où étaient rassemblées toutes les richesses des contrées voisines, fut forcée d'ouvrir ses portes aux vainqueurs, qui ne s'abstinrent d'en massacrer les habitants qu'au prix d'une énorme rançon. Le gouverneur qui y fut laissé y fit construire une magnifique mosquée. Mousa acheva de soumettre le pays jusqu'aux Pyrénées. Novaïri rapporte même qu'il franchit cette barrière, et qu'il occupa Narbonne. Il s'achemina ensuite vers le Portugal, par les Asturies et la Galice. Il satisfaisait son avarice en s'emparant des dépouilles des vaincus, qu'il ne partageait pas avec son armée. Tarik avait pris sa direction du côté de Valence ; et, loin d'imiter la rapacité de Mousa, il en informait le calife dans les lettres qu'il lui écrivait. Mousa, de son côté, se plaignait au chef de l'empire arabe du tort que faisait à la discipline militaire la conduite insubordonnée de son lieutenant. L'un et l'autre ne tardèrent pas à recevoir l'ordre de se rendre à Damas. La conquête de l'Espagne était à peu près terminée, quoiqu'il ne se fût guère écoulé plus de quinze mois depuis la bataille du Guadaléte. Ce prompt et surprenant renversement de la puissance des Goths est un irrécusable témoignage de la décadence où étaient tombées les institutions politiques de leur monarchie, dont la renaissance, pour ainsi dire miraculeuse, fut uniquement l'œuvre de la foi chrétienne, qui est toujours un principe de salut lorsqu'elle subsiste intacte au sein d'un peuple.

Il en coûta beaucoup à Mousa de se rendre à l'appel du calife. Il laissa le gouvernement de tous les pays conquis à son fils Abdel-Aziz, auquel il donna pour conseiller son neveu Ayoub, qui s'était acquis l'estime des musulmans par sa prudence et par sa valeur. Il partit emportant avec lui tous les trésors fruits de ses exactions, et emmenant quatre cents membres des premières familles de la noblesse gothique, qu'il s'était fait livrer en otage. Arrivé en Syrie avant son accusateur, Tarik n'eut pas de peine à persuader le calife de son innocence, et l'audience dans laquelle il comparut devant le chef de l'islamisme avec Mousa tourna à la honte de ce dernier. Le calife Walid mourut sur ces entrefaites, et eut pour successeur son frère Soliman. Le nouveau calife ayant demandé à Mousa, lorsqu'il se présenta devant lui, s'il avait rencontré des peuples vaillants dans ses conquêtes, le vieux guerrier lui répondit : — « Beaucoup plus que je ne saurais dire. — Parle-moi donc des chrétiens. — Ce sont, répliqua Mousa, des lions dans leurs forteresses, des aigles sur leurs chevaux, et des femmes lorsqu'ils combattent à pied ; quand ils voient une occasion favorable, ils en savent profiter, et quand ils sont vaincus, ce sont des chèvres dans l'agilité de leur fuite à travers les montagnes, où ils ne laissent pas trace de leurs pas. »

Abdel-Aziz avait établi sa cour à Séville, pour être à portée de communiquer avec l'Afrique ; il y épousa la belle Egilona, veuve du roi Rodrigue, pour laquelle il s'était épris d'une passion à laquelle cette malheureuse princesse ne sut pas résister. Le fils de Mousa acheva de soumettre la péninsule à l'islamisme ; mais il en traita les habitants avec modération ; il répara les maux qu'avait faits la guerre ; il releva les fortifications des villes détruites, et il établit des garnisons nombreuses dans toutes les places. Cette conduite le rendit suspect d'aspirer à une domination indépendante de l'autorité du calife. Les députés qui avaient été chargés par lui et par ses frères, qui commendaient à Kairwan et à Tanger, de porter à Damas les tributs levés sur les peuples vaincus en Espagne et en Afrique, reçurent de Soliman, à qui les enfants de Mousa inspiraient des craintes, la mission de leur enlever le pouvoir et la vie. Les exécuteurs de l'ordre du calife à Séville accusèrent Abdel-Aziz de trahison, après lui avoir tranché la tête, pour empêcher les troupes, dont il possédait l'affection, de se soulever à la nouvelle de sa mort. Les principaux chefs de l'armée élurent provisoirement à sa place son parent Ayoub, qui fut le fondateur de Calatayud. Mais ce chef habile avait, aux yeux des proscripteurs de la famille de Mousa, le tort d'en être un des membres, et le gouverneur de l'Afrique, qui avait l'Espagne sous sa dépendance, lui substitua un émir qui exerça de grandes cruautés envers les chrétiens. Cet émir, qui s'appelait Alahor, passa les Pyrénées, et porta le ravage et la désolation dans la Gaule Narbonaise.

L'ambition qui inspira aux musulmans le dessein d'ajouter la conquête de la France à celle de l'Espagne les empêcha de s'établir solidement dans la péninsule, et permit à la puissance gothique de renaître de ses cendres. Les débris de l'armée vaincue dans les champs de Xerez de la Frontera, et les principaux d'entre les Goths qui avaient préféré la pauvreté à la conservation de leurs biens, à la condition de vivre sous le joug musulman, s'étaient retirés dans les montagnes des Asturies. Au fond des cavernes où ils s'étaient réfugiés, ils résolurent de verser jusqu'à la dernière goutte de leur sang pour la défense de leur religion et de leur liberté, et ils prirent la généreuse détermination, non-seulement de résister aux envahissements de leur patrie, mais encore de la délivrer de la présence des odieux ennemis de la foi chrétienne. Ils sentirent que le premier point d'où devait dépendre l'accomplissement de leur noble dessein, c'était de se donner un roi, pour constituer parmi eux l'unité d'action, et ils élurent, en 718, don Pélage, fils, disent les historiens espagnols, d'un des seigneurs que Witiza avait fait mettre à mort. Les annalistes espagnols rapportent que Pélage inaugura la restauration de la puissance chrétienne en Espagne par une victoire miraculeuse, remportée sur les musulmans, qu'il avait attirés dans les rochers qui furent le berceau de l'affranchissement national. Le cruel et cupide Alahor fut remplacé par l'émir Zama, qui s'attacha, comme son prédécesseur, à poursuivre la conquête de la Gaule Narbonaise. Les Goths retirés dans les Asturies profitèrent de cette circonstance favorable à leur entreprise, pour en continuer l'exécution. Zama ayant été tué ensuite dans une sanglante bataille qu'il perdit près de Toulouse contre les Aquitains, son successeur Abder-Rahman eut besoin de toute sa valeur pour contenir les soulèvements des chrétiens de l'un et de l'autre côté des Pyrénées. Ambiza, qui remplaça Abder-Rahman dans le gougernement de l'Espagne, en maintint le siége à Cordoue, où l'avait établi Ayoub. Il fit faire un recensement des populations devenues tributaires de l'islamisme, et ordonna que celles qui avaient été réduites par la force des armes seraient soumises à une contribution égale à la valeur du cinquième de ce qu'elles possédaient, mais que celles qui avaient subi sans résistance la domination musulmane ne payeraient que la dîme de leurs biens. Ambiza voulut éprouver si la fortune lui serait plus favorable qu'à Zama au delà des Pyrénées ; il parcourut à la tête d'une nombreuse armée la Gaule Narbonaise, et toute la Gaule gothique jusqu'au Rhône ; il s'avança ensuite jusqu'à Cahors par Alby, mettant tout à feu et à sang sur son passage ; mais Eudes, duc d'Aquitaine, qui avait déjà battu les infidèles à la journée qui coûta la vie à Zama dans les environs de Toulouse, remporta sur les nouveau dévastateur une victoire non moins complète que celle qu'il avait fait essuyer à son prédécesseur. Ambiza n'en continua pas moins la guerre ; mais il y fut blessé, et en mourut bientôt après. La vénalité des lieutenants du calife en Afrique multiplia le nombre des gouverneurs qui se succédèrent en Espagne, et dont l'instabilité était une cause d'oppression pour le pays. Les musulmans eux-mêmes eurent sujet de s'en plaindre au calife Hescham, qui envoya à Cordoue un dignitaire de son empire avec la mission d'examiner la conduite de l'émir Aliathan, qui avait provoqué un mécontement général.

Le délégué du calife, usant des pleins pouvoirs dont il était revêtu, destitua le prévaricateur, lui infligea l'affront d'une promenade sur un âne par toutes les rues de la ville, le força à faire droit aux réclamations des victimes de ses exactions, le fit mettre en prison, et nomma à sa place Abder-Rahman-ben-Abdallah, que la voix publique désignait à son choix.

Le nouvel émir entra en charge au mois de mars de l'année 730. Il demanda et obtint que l'armée d'Espagne fût renforcée de nouvelles troupes venues d'Afrique. Il était avide de gloire, et son projet était de porter la guerre en France. Il prétendait qu'entre les musulmans et les chrétiens insoumis à l'islamisme l'épée devait décider de tout. Contrarié dans ses dispositions belliqueuses par l'émir Othman, plus connu sous le nom de Munuza, qui avait enlevé la fille du duc Eudes d'Aquitaine, Abder-Rahman mit une troupe de ses gens à la poursuite de cet émir, qui avait fait un traité avec le père de sa captive, devenue sa femme, et qui s'était enfui dans les plus sauvages solitudes des Pyrénées. Les auteurs arabes racontent qu'un jour qu'il se reposait, avec la fille d'Eudes, sur un vert gazon, à la source d'un limpide ruisseau, Munuza fut surpris par ceux qui étaient à sa recherche, et tué en voulant se défendre. Sa tête fut présentée à Abder-Rahman avec la jeune chrétienne, que le lieutenant du calife envoya à son maître à Damas. Abder-Rahman réalisa l'invasion qu'il avait projetée en France. Son armée s'avançait comme un torrent dévastateur. Les villes étaient saccagées, les églises profanées, les prêtres immolés, les monastères pillés, les peuples massacrés ou emmenés en esclavage, et les jeunes filles réservées pour les harems des immondes sectateurs de Mahomet. Le duc Eudes d'Aquitaine, qui voulut s'opposer au passage de ce fléau, fut vaincu dans une bataille à laquelle il ne survécut qu'avec quelques-uns des siens. Dieu seul, selon l'expression d'un auteur contemporain, sait le nombre des chrétiens qui périrent sous le fer musulman dans la marche d'Abder-Rhaman des Pyrénées aux champs du Poitou. La plupart des villes que ravagèrent les Arabes leur furent livrées par les Juifs. L'ennemi de la foi à l'Évangile avait pénétré au cœur de la France, et la civilisation européenne était menacée d'être étouffée dans son germe, lorsque Charles Martel, averti du danger par le duc Eudes, accourut à la rencontre des barbares envahisseurs. Les deux armées en vinrent aux mains un samedi du mois d'octobre de l'année 732; celle des infidèles éprouva une défaite complète, et Abder-Rahman fut tué dans l'action. Le camp mahométan offrit aux vainqueurs un immense butin. Ce fut ce glorieux triomphe de la valeur sur le nombre qui acquit à Charles le surnom de *Martel*. « Car comme le martiaus, dit la Chronique de Saint-Denis, debrise et froisse le fer et l'acier et tous les autres métaux, aussi froissoit-il et brisoit par la bataille tous ces ennemis et tous ces estranges nacions. » Charles poursuivit son succès, et la fuite des Arabes ne s'arrêta qu'à Narbonne. Le territoire des Francs fut affranchi de leur présence. Le gouverneur d'Afrique chargea Abdel-Mélek, qu'il nomma émir d'Espagne, de relever le courage abattu des musulmans, et de leur rappeler que la guerre sainte est pour eux le chemin du paradis. Le nouvel émir se rendit en toute hâte à la frontière septentrionale de son gouvernement; mais la fortune des armes continua à être favorable aux chrétiens. Les historiens arabes nous apprennent eux-mêmes que les chefs des troupes musulmanes étaient divisés entre eux, qu'ils étaient plus avides de richesses qu'ambitieux de gloire, et que les soldats n'étaient pas animés de meilleurs sentiments. Don Pélage, de qui date, selon l'opinion la plus générale, la lutte persévérante qui aboutit à l'expulsion des infidèles, mourut en 737, laissant une telle réputation de piété, que quelques historiens le qualifient du titre de saint. Les grands du royaume renaissant lui donnèrent pour successeur son fils Favila. Mais ce prince, qui avait repoussé une attaque des Arabes contre les Asturies, périt à la chasse, en 739, dévoré par un ours. Le consentement unanime des principaux seigneurs investit alors de la royauté le fils du duc des Cantabres, Alphonse, qui mérita le surnom de *Catholique*, et qui avait épousé la fille de Pélage. Abdel-Mélek, dont l'administration avait été incriminée auprès du calife, fut remplacé dans le gouvernement de l'Espagne par Aucupa, qui montra un grand zèle pour la religion du faux prophète, et qui donna tous ses soins à réprimer les exactions auxquelles un incorrigible penchant portait tous les agents du pouvoir arabe. Il se disposait à passer en France, lorsqu'il fut appelé en Afrique, où les Berbers s'étaient révoltés contre l'autorité des conquérants. Revenu en Espagne, il replaca Abdel-Mélek à la tête du gouvernement de ce pays, lorsqu'il se sentit près de mourir en 740. Les Berbers et les Maures d'Afrique, accablés sous le fardeau des tributs que les Arabes exigeaient d'eux, se soulevaient sans cesse contre le joug qui les écrasait. Les Maures établis en Espagne s'associèrent au mécontentement de ceux d'Afrique, et levèrent aussi l'étendard de la révolte. Pour concevoir de quel poids devait peser sur les habitants chrétiens de la péninsule la rapace tyrannie des Arabes, il suffit de considérer que les Maures convertis à l'islamisme la trouvaient intolérable. Abdel-Mélek, aidé de la valeur de son fils, réprima l'insurrection par la force des armes, quoiqu'elle fût devenue presque générale; mais il finit par succomber sous les coups des rebelles venus d'Afrique, dont un des chefs lui fit trancher la tête en 742.

L'Espagne demeura deux ans sans gouverneur musulman. C'était l'époque de la décadence de la dynastie des Ommiades, et la maladie dont l'empire était atteint au cœur se faisait sentir également à ses extrémités. Le roi Alphonse profita habilement des divisions qui paralysaient la puissance des infidèles, pour étendre le petit État chrétien hors du cercle de ses montagnes natales : ce prince courageux reconquit la plus grande partie de la Galice, une portion du Portugal, le royaume de Léon, la Castille et presque toute la Navarre; il releva partout de leurs ruines les forteresses et les églises détruites par les envahisseurs; il fonda en plusieurs lieux des monastères et repeupla les campagnes désertes. Abulcatar, envoyé d'Afrique en Espagne pour y rétablir l'ordre parmi les musulmans, fit, dans l'espoir de les satisfaire, une nouvelle répartition des terres, au détriment des chrétiens de Murcie et de Valence, et au mépris des traités précédemment conclus avec Théodemir, leur vaillant comte. Un tribut énorme fut en même temps imposé à Athanagilde, successeur de Théodemir, à qui d'autres avanies ne furent pas épargnées. Abulcatar ne réussit cependant pas à éteindre l'esprit d'insubordination dont se montraient animés tous les chefs arabes. Vaincu, près de Xerez, par les forces réunies des révoltés, il fut fait prisonnier et enfermé dans un château fort par ordre de leur général, Thoaba, qui s'empara du pouvoir, mais qui mourut l'année suivante, en 748. Ses partisans lui donnèrent pour successeur dans le gouvernement de l'Espagne Yousouf, et ce choix, pour lequel on n'avait consulté ni le calife ni son lieutenant en Afrique, fut généralement approuvé. Cet émir divisa les possessions musulmanes, en Espagne et au nord des Pyrénées, en cinq provinces, qui furent les provinces d'Andalousie, de Tolède, de Mérida, de Saragosse et de Narbonne.

La dynastie des Ommiades fut renversée du trône des califes par le fondateur de celle des Abbassides, en 751. Les troupes du cruel Aboul-Abbas poursuivirent jusqu'en Égypte, comme le léopard altéré de sang poursuit la timide gazelle, suivant l'expression des écrivains arabes, le dernier descendant d'Ommiah qui occupa le califat. L'infortuné Merwan, vaincu sur le champ de bataille, eut la tête coupée par un obscur soldat. A la nouvelle de cette révolution, Yousouf prétendit rendre sa domination en Espagne indépendante du nouveau souverain de l'empire mahométan; mais il vit aussitôt se former contre lui un parti, à la tête duquel figurait le chef d'une puissante tribu, nommé Amer. Il s'ensuivit une guerre civile entre les oppresseurs de la péninsule. Au milieu de ces événements, Yousouf voulut reprendre Pampelune, qui avait secoué le joug musulman; mais le roi Alphonse l'empêcha d'exécuter ce dessein, et lui fit éprouver une défaite. En dépouillant les Ommiades du califat, les Abbassides n'avaient pas manqué de chercher à détruire jusqu'au dernier rejeton de cette famille: mais en dépit de leurs sanguinaires intentions, deux enfants d'Ommias, Moaviah et son fils Abder-Rahman échappèrent au massacre de leur race. Ce dernier prince continua, après la mort de son père, à vivre errant, inconnu, parmi les Bédouins d'Afrique. Au milieu de la discorde générale qui désolait l'Espagne, plusieurs chefs des tribus arabes venues de la Syrie et de l'Égypte se réunirent à Cordoue, pour s'entendre sur les moyens d'établir parmi eux un gouvernement indépendant de l'Asie et de l'Afrique. Lorsqu'ils se mirent à se demander mutuellement quel serait le prince qui pourrait être le chef de ce gouvernement, l'un deux désigna le jeune Abder-Rahman, et il fut convenu que deux députés iraient lui proposer de venir régner sur l'Espagne. Le fils de Moaviah accepta l'offre qui lui fut faite; il débarqua sur les côtes du royaume de Grenade, à Almuñecar, au mois de septembre de l'année 755; il amenait avec lui environ mille cavaliers africains. Toute l'Andalousie se prononça aussitôt en sa faveur, et il était déjà entouré d'une armée avant d'entrer à Séville, où il fut accueilli avec enthousiasme par la population musulmane. Yousouf apprit à Cordoue l'arrivée du prince ommiade sur le territoire espagnol, et la réception qui lui avait été faite. Il se disposa, au plus vite, à résister à ses prétentions. Au printemps de l'année 756, Abder-Rahman marcha à la rencontre des troupes d'Yousouf, sur lesquelles il remporta une victoire décisive, aux bords du Guadalquivir. Cordoue ouvrit ses portes au jeune prince, et cet exemple fut suivi par toutes les villes d'Andalousie. Yousouf s'avança cependant contre Abder-Rahman, et lui livra une bataille, dans laquelle il agit comme un homme déterminé à mourir les armes à la main; son armée n'en fut pas moins mise en déroute. Il fut ensuite assiégé dans Grenade, où il s'était enfermé; et, quand il se vit obligé de céder à la fortune d'Abder-Rahman, il traita avec lui, lui livra des otages et en obtint un parfait oubli du passé. L'établissement en Espagne d'une royauté ommiade, indépendante des califes abbassides d'Orient, affaiblit la puissance arabe au profit des efforts par lesquels la péninsule ibérique parvint à en repousser le joug.

Le roi Alphonse *le Catholique* mourut en 757, après un règne de dix-huit ans, qui furent certainement des années de gloire pour les armes espagnoles. Quoique nous manquions de documents sur les exploits qui affranchirent une si grande étendue de pays du despotisme des musulmans, il est évident que c'est à l'habile parti que ce prince sut tirer de leurs divisions intestines que sont dus les grands progrès qu'il fit faire à la restauration de l'Espagne chrétienne. Les seigneurs du royaume dont Alphonse avait tant élargi la base lui donnèrent pour successeur son fils Froila. Le premier soin de ce prince fut de s'occuper du rétablissement de la discipline ecclésiastique, qui avait souffert de l'invasion des infidèles. Il réunit les évêques qui avaient été forcés d'abandonner leurs diocèses, pour se retirer dans les montagnes des Asturies, et il se concerta avec eux pour obliger les prêtres qui s'étaient mariés à se séparer de leurs femmes, en interdisant le mariage pour l'avenir à tous les ecclésiastiques. Les chrétiens de Narbonne livrèrent cette ville à Pépin, roi de France, et la Gaule Gothique passa sous la domination française. L'autorité d'Abder-Rahman s'établit en même temps sur toute l'Espagne soumise aux Arabes, et sur la partie du Portugal que les armes d'Alphonse n'avaient pas reconquise. Le souverain musulman se plut à embellir la ville de Mérida. Le principal ornement dont il la dota était un délicieux jardin, où il planta le premier palmier qui fût apporté en Espagne. Les auteurs arabes racontent qu'en contemplant ce palmier, du haut d'une tour qui s'élevait au milieu du jardin, Abder-Rahman se sentit pris d'une profonde mélancolie au souvenir de sa patrie, que cet arbre lui rappelait. Ces mêmes écrivains ont conservé les vers pleins de tristesse que cette vue inspira un jour au descendant des Ommiades. « Toi, aussi, tu es étranger sur cette terre, disait Abder-Rahman au palmier de Damas ; mais tu ne conserves aucun souvenir de notre bien-aimée patrie, tandis qu'elle est pour moi un sujet continuel de larmes. » Un ineffaçable attachement pour les lieux où ils avaient reçu le jour et passé leur enfance était un des traits du caractère arabe ; c'était ce sentiment qui les portait à donner à Séville le nom d'Émèse, et à Grenade celui de Damas. Le prince ommiade décida que Cordoue serait la capitale de l'empire mahométan d'Espagne.

Cependant Yousouf supportait impatiemment l'état d'obéissance forcée dans lequel il avait été réduit à vivre, et il traitait d'aventurier le souverain qui venait perpétuer en Occident le règne d'une famille déchue en Orient. Abder-Rahman résolut de mettre fin à une semblable rébellion. Atteint dans les environs de Lorca par les troupes envoyées à sa poursuite, Yousouf resta parmi les morts sur le champ du combat qu'il avait vaillamment soutenu, et sa tête fut portée à Cordoue. Ses enfants échouèrent ensuite en voulant continuer la lutte engagée par leur père. Quand Abder-Rahman vit son pouvoir affermi par la ruine de ce parti, il prit le titre d'Émir-al-Mouménim, c'est-à-dire *chef des croyants*. L'architecture arabe fut appelée à orner la capitale de ses Etats d'un palais magnifique, et les murs de Cordoue furent soigneusement réparés. Le gouverneur musulman de Barcelone et de la Catalogne, qui était, dit-on, parent d'Yousouf, secoua le joug d'Abder-Rahman, et se plaça sous la protection du roi de France Pépin. Mais la Navarre, avec Pampelune sa capitale, se donna aux infidèles. En 760, le roi Froila défit une nombreuse armée mahométane qu'Abder-Rahman avait envoyée en Galice, sous les ordres d'un jeune général, nommé Omar, qui fut fait prisonnier et mis à mort par ordre du prince chrétien. Les historiens espagnols évaluent à cinquante-quatre mille le nombre des ennemis de notre foi qui périrent sous le glaive des vainqueurs. Il paraît qu'à la suite de ce mémorable succès, Froila ne laissa pas un seul musulman sur les terres soumises à son autorité. Il employa le produit du butin rapporté de cette glorieuse campagne à bâtir la ville d'Oviédo, qui fut érigée en siége épiscopal, et dont il fit la capitale de son royaume. A la nouvelle de la défaite essuyée par l'armée d'Abder-Rahman, le parti d'Yousouf renaquit de ses cendres, et les gouverneurs de plusieurs provinces se déclarèrent contre le pouvoir du chef des croyants. Le souverain marcha lui-même contre les rebelles, qu'il replaça partout sous son obéissance, jusqu'en Catalogne, à ce qu'il paraît. Mais il ne jugea pas possible de faire rentrer la Gaule Gothique sous le joug musulman. En 763, le gouverneur de Kairwan débarqua à la tête d'une nombreuse armée sur les côtes de Portugal, dans les Algarves. Il venait dans l'espoir de ranger la péninsule sous l'empire du calife abbasside Abou-Giafar Almanzor. Mais Abder-Rahman, qu'il proclamait usurpateur, lui fit éprouver une sanglante défaite. Le gouverneur de Kairwan fut même tué dans cette bataille, et sa tête fut portée à Kairwan par un émissaire d'Abder-Rahman, qui la mit, pendant la nuit, sur une colonne de la grande place de cette ville, avec cette inscription : « C'est ainsi que le descendant d'Ommiah châtie les téméraires comme Ali, gouverneur de Kairwan. » Abder-Rahman, pour se tenir en garde contre toutes les attaques qui pourraient venir de l'Orient, fit construire dans les différents ports des côtes d'Espagne des navires qui furent chargés de veiller à leur sûreté. Le roi Froila était d'un caractère dur, et il usa, dans la répression d'un soulèvement en Galice, d'une sévérité excessive, qui lui aliéna l'esprit de ses sujets. En même temps qu'on s'éloignait de lui, on se rapprochait de son frère Vimaran, qui était doué de toutes les qualités par lesquelles les princes se font aimer. Le farouche Froila en conçut une telle jalousie qu'il poignarda lui-même son frère dans son propre palais. Les principaux seigneurs de sa cour résolurent alors de se défaire d'un roi avec qui nul n'était sûr de sa vie, et ils exécutèrent leur projet l'année suivante, 768. Froila avait un fils, don Alphonse ; mais il n'était point encore en âge de régner, et les grands du royaume placèrent sur le trône Aurèle, cousin germain du feu roi. Ce prince demeura en paix, pendant tout son règne, avec Abder-Rahman, qui était trop occupé à combattre les révoltes continuelles de ses sujets, pour avoir le temps de faire la guerre aux chrétiens. Aurèle mourut en 774, après six ans de règne. On lui donna pour successeur don Silo, qui avait épousé Adosinde, fille d'Alphonse *le Catholique*. Le nouveau roi maintint, comme son prédécesseur, la paix avec les infidèles. Les rapports qui s'établirent à l'ombre de cette paix prolongée entre les chrétiens et les musulmans furent tels qu'il s'ensuivit entre eux des mariages. Ces déplorables relations furent la source de plusieurs atteintes à la pureté de la foi. Abder-Rahman, qui se proposait d'extirper peu à peu la religion chrétienne des pays où s'étendait son pouvoir, ne permettait pas que les évêques qui mouraient fussent remplacés, sans qu'on lui payât un énorme tribut, et l'impossibilité de satisfaire à cette exigence laissait souvent les églises sans pasteur. Dans ces malheureuses circonstances, les évêques redoublèrent de zèle pour la conservation de la saine doctrine. Celui de Grenade s'adressa deux fois à cet effet au pape Adrien Ier, et Elipand, métropolitain de Tolède, réunit à Séville, en 782, plusieurs prélats avec lesquels il condamna les erreurs qui s'introduisaient parmi les fidèles.

Abder-Rahman n'avait réussi qu'à faire des ingrats des parents d'Yousouf en les comblant de faveurs. Deux de ces ennemis irréconciliables, dont l'un était gouverneur de Saragosse et l'autre de Huesca, allèrent à Paderborn offrir à Charlemagne, qui remplissait alors l'Europe du bruit de son nom, de devenir ses vassaux, et de lui ouvrir les portes de l'Espagne, pour qu'il la délivrât de la tyrannie d'Abder-Rahman. Le puissant empereur accepta la proposition des deux gouverneurs, dans l'espoir d'alléger le sort des chrétiens des contrées dont il serait le suzerain. Il dirigea deux corps d'armée vers l'Espagne, en 778, et il conduisit lui-même celui qui franchit les Pyrénées pour entrer en Navarre, tandis que l'autre pénétrait en Catalogne. Il s'empara de Pampelune, fut reçu en Aragon par les deux chefs arabes qui l'y avaient appelé, et s'avança jusqu'à Saragosse, où il fut rejoint par la division de ses troupes qui avait soumis la Catalogne. Mais il apprit alors que les Saxons s'étaient soulevés, et il fut obligé de retourner en Allemagne. Lorsqu'il repassa les Pyrénées, les Gascons firent éprouver à son arrière-garde la célèbre défaite de Roncevaux, où périt le fameux Roland. Après le départ de Charlemagne, Abder-Rahman replaça sous son obéissance toute la partie de l'Espagne qui s'y était soustraite, de l'Ebre aux Pyrénées. Le roi don Silo mourut en 783, après neuf ans de règne. Alphonse, fils de Froila, fut aussitôt proclamé son successeur par la reine, sa veuve, et par les principaux seigneurs. Mais Mauregat, fils naturel d'Alphonse Ier et d'une esclave maure, persuada au peuple qu'il ne convenait pas de mettre en possession du trône un prince qui vengerait dans le sang la mort de son père, et se fit reconnaître roi, vraisemblablement avec l'appui des musulmans, qui profanèrent à cette occasion l'église d'Oviédo. Alphonse aima mieux abandonner la couronne à Mauregat que de la lui disputer au détriment de la religion. L'histoire n'admet pas, comme on le raconte, que Mauregat n'ait obtenu d'Abder-Rahman la continuation de la paix, précédemment observée sous Aurèle et sous Silo, qu'au moyen d'un honteux tribut de cent jeunes filles chrétiennes fournies chaque année aux harems musulmans. Girone et Urgel, avec les territoires voisins de ces villes, secouèrent, en 785, le joug des infidèles, en appelant les Français à leur délivrance. Abder-Rahman, sur la fin de son règne, parcourut plusieurs provinces de ses Etats, pour achever de les pacifier, et, pour propager le mahométisme, il fit construire partout des mosquées. Il traça lui-même le plan de celle qu'il ordonna d'élever à Cordoue, auprès de son palais, sur le modèle de celle de Damas. Il voulut qu'elle surpassât en magnificence la mosquée nouvellement construite à Bagdad, devenue la résidence des Abbassides, et qu'elle fût comparable à celle que le calife Omar a fait bâtir à Jérusalem. Il travaillait lui-même une heure par jour à l'édification de ce monument, qu'il n'eut pas cependant la satisfaction de voir terminé.

Abder-Rahman, mort vraisemblablement en 788, avait désigné pour son successeur Hescham, le troisième de ses onze fils. Les deux frères aînés du nouveau calife protestèrent les armes à la main contre les dispositions testamentaires de leur père ; mais la fortune de la guerre se prononça contre eux, et Hescham se débarrassa de leurs prétentions en obtenant d'eux, au prix d'une somme d'argent, qu'ils se retirassent en Afrique. L'année 788 fut aussi celle de la mort du roi Mauregat, que les grands du royaume remplacèrent, non par Alphonse, fils de Froila, qu'ils avaient déjà écarté une fois du trône, mais par Bermude, frère d'Aurèle. Ce prince, quoiqu'il fût diacre, consentit à se marier. Louis, fils de Charlemagne, qui régnait sur l'Aquitaine, profita des troubles de l'empire de Cordoue, lorsque les fils d'Abder-Rahman se disputèrent sa succession, pour faire une expédition contre les musulmans en Catalogne et en Aragon. En 791, Hescham fit publier la guerre sainte contre les chrétiens dans toute l'Espagne, et il porta l'épouvante et la désolation à travers les

Etats de Bermude, qui lui fit, à son tour, éprouver un échec dans les montagnes des environs de Burgos, selon les uns, ou de la Galice, selon les autres. Bermude se ressouvint alors qu'il était ecclésiastique, et, se séparant de sa femme, il détermina les grands à placer sur la tête d'Alphonse la couronne qu'il ne voulait plus porter. Le contact des musulmans engendra plusieurs erreurs en Espagne. Félix, évêque d'Urgel, tenait, à ce qu'il paraît, d'Elipand, métropolitain de Tolède, celle qui consiste à soutenir que Jésus-Christ comme homme n'est fils de Dieu que par adoption. Les progrès que faisait cette hérésie, à la fin du VIIIe siècle, engagèrent Charlemagne à s'entendre avec le pape Adrien Ier pour qu'un concile s'assemblât à ce sujet à Narbonne ; vingt-six évêques de France et d'Espagne y assistèrent en 791; Félix était présent; mais l'histoire manque de documents sur ce qui fut décidé dans cette assemblée touchant l'erreur qu'il professait. Il la rétracta ensuite à Rome, où l'avait envoyé Charlemagne, à qui il s'était adressé après le concile de Narbonne. Mais la persistance d'Elipand dans l'hérésie dont il était vraisemblablement l'auteur, y fit retomber Félix. Le savant Alcuin les combattit sans pouvoir les convaincre, et le pape Adrien fut obligé de leur opposer l'autorité de la sainte Ecriture et des saints Pères, dans une lettre qu'il écrivit à tous les évêques d'Espagne. Un concile assemblé à Francfort, en 794, par les soins de Charlemagne et par ordre d'Adrien, condamna l'hérésie d'Elipand et de Félix par la bouche de tous les évêques d'Allemagne, de France et d'Aquitaine, et Charlemagne écrivit aux évêques d'Espagne pour leur faire connaître la décision du concile, au nom duquel une lettre fut aussi adressée à ces mêmes évêques. Félix n'en persévéra pas moins dans son entêtement. Il fut enfin déposé par les prélats devant lesquels le fit comparaître Charlemagne, et exilé à Lyon. On ne sait pas si Elipand vint à résipiscence. Un concile tenu à Rome en 799, et présidé par le pape Léon III, condamna encore l'hérésie de Félix. Charlemagne donna mission aux archevêques de Lyon et de Narbonne de la déraciner du diocèse d'Urgel, qui acheva de rentrer dans l'ordre sous l'administration d'un vertueux évêque. Hescham, tandis que Charlemagne était occupé d'un autre côté, chargea un de ses généraux, nommé Abdel-Mélek, d'enlever aux Français les conquêtes qu'ils avaient faites au sud des Pyrénées. Abdel-Mélek mit tout à feu et à sang en Catalogne, et passa delà dans la province de Narbonne, où il exerça les mêmes ravages. Il défit, sur la route de Carcassonne, les troupes du comte de Narbonne, qui voulait arrêter sa marche. L'armée musulmane rentra en Espagne chargée d'un immense butin, et les nombreux esclaves chrétiens qu'elle ramena de cette expédition furent employés à la construction de la mosquée de Cordoue. Une autre armée arabe envoyée par Hescham pour dévaster la Galice, où elle brûla une grande quantité d'églises, fut battue par les habitants du pays, lorsqu'elle revenait chargée des dépouilles des chrétiens ; mais les Galiciens furent ensuite vaincus par les infidèles. En 794, une nouvelle invasion ordonnée par Hescham fut repoussée par le roi don Alphonse, qui attira les troupes du calife dans une embuscade, et en tua soixante mille hommes, au rapport des historiens espagnols. Hescham, qui mourut en 796, et qui eut pour successeur son fils Al-Hakkam, avait établi dans la plupart des villes d'Espagne des écoles pour l'enseignement de la langue arabe, et il obligeait les chrétiens à la parler et à l'écrire à l'exclusion de la leur. Il avait aussi achevé la grande mosquée de Cordoue. Les oncles du nouveau calife, frères aînés de Hescham, à la nouvelle de sa mort, revinrent en Espagne, et renouvelèrent, les armes à la main, leurs prétentions à la souveraineté. L'armée aguerrie du calife résista avec avantage aux bandes d'aventuriers que les deux prétendants avaient amenés d'Afrique. L'un des deux oncles d'Al-Hakkam succomba dans la lutte, et l'autre se rendit à discrétion à son neveu, qui lui assigna Valence pour séjour. Pendant que les musulmans étaient occupés dans cette guerre civile, Charlemagne envoya ravager la Catalogne, pour tirer vengeance de la conduite des infidèles dans la Gaule Narbonaise. Le gouverneur de Barcelone se reconnut vassal de l'empereur. Louis, roi d'Aquitaine, repeupla ensuite de chrétiens la plupart des villes de Catalogne. Le roi Alphonse repeupla également plusieurs villes de ses Etats, et, profitant aussi de son côté des embarras du calife de Cordoue, il passa le

Douro, et s'avança en Portugal jusqu'à Lisbonne, d'où il revint dans son royaume avec un riche butin. Les îles Baléares sollicitèrent et obtinrent le secours de Charlemagne contre les musulmans. Louis, roi d'Aquitaine, ayant à se plaindre de la perfidie du gouverneur mahométan de Barcelone, entra en Catalogne, et prit Lérida qu'il démolit. Ses troupes assiégèrent ensuite Barcelone, qu'il vint lui-même forcer à se rendre, et où il fut reçu comme un libérateur par le clergé, en 801. Il envoya ensuite ses généraux porter le feu et la flamme chez les musulmans, dans la province de Tarragone et dans celle de Tortose, jusqu'au delà de l'Ebre. Le roi d'Aquitaine vint lui-même s'emparer de Tortose, qui avait résisté à ses troupes, et, après avoir rempli d'épouvante les infidèles, il repassa les Pyrénées, laissant partout des garnisons nombreuses. Dans une autre expédition, ce prince rangea sous sa loi la Navarre et une partie de l'Aragon. Une armée qu'Al-Hakkam avait destinée à marcher au secours de Barcelone remonta le cours de l'Ebre, et fondit à l'improviste sur les domaines du roi Alphonse, du côté des montagnes de Burgos ; mais ce prince, qui unissait la valeur à la prudence, força les musulmans à la retraite. Une flotte mahométane, qui avait ravagé les îles de Corse et de Sardaigne, fut contrainte de rentrer dans les ports d'Espagne par les forces navales de Charlemagne. Ces deux îles ne tardèrent pas à devenir toutefois la proie d'Al-Hakkam.

On découvrit à Compostelle, vers cette époque, le corps de l'apôtre saint Jacques le Majeur, qui, suivant la tradition, apporta la lumière de la foi en Espagne. Le roi Alphonse fit élever une église sur le lieu même où avait été trouvé le précieux corps. Abder-Rahman, fils du calife, fit échouer le roi d'Aquitaine dans la tentative de reprendre Tortose, qui était retombée au pouvoir des infidèles. Abder-Rahman s'empara ensuite de Saragosse et de Huesca, dont le gouverneur était à la veille de se déclarer vassal de Charlemagne. Forcé de plier sous l'ascendant du grand empereur, Al-Hakkam lui envoya demander la paix à Aix-la-Chapelle, et un traité fut conclu entre les deux souverains en 810. Le calife tourna alors ses armes contre le roi Alphonse, qui repoussa les attaques des musulmans, les défit complétement près de Zamora, et obtint une trêve de plusieurs années. Au mépris de la paix faite avec Charlemagne, Al-Hakkam envoya ravager l'île de Corse ; mais le comte d'Ampurias se mit à la mer par ordre du roi d'Aquitaine, surprit la flotte mahométane à son retour, et lui fit éprouver une grande perte d'hommes et de navires, près de l'île de Majorque. Pour se venger de cette défaite, la flotte du calife alla piller Nice et dévaster les côtes de Toscane. Mais les musulmans subirent un échec dans une descente en Sardaigne. Ils n'en continuèrent pas moins à porter la terreur et la désolation sur tous les rivages de la Méditerranée. Louis le Débonnaire, roi d'Aquitaine, qui succéda à l'empereur Charlemagne, son père, mort en 814, demeura infatigable dans la résistance qu'il leur opposait. Il accorda des priviléges aux Espagnols, qui, fuyant le joug infidèle sous lequel ils étaient exclus de la possession de tous les biens fonds, se retiraient dans la Gaule Narbonaise. En présence des témoignages irrécusables de l'histoire, on s'étonne qu'il se soit trouvé, au sein de la civilisation chrétienne, des plumes qui aient osé insulter à la vérité jusqu'à écrire l'éloge du règne du Coran en Espagne, jusqu'à comparer les fruits qu'il a produits à ceux de l'Evangile. Le pillage, l'esclavage et la prostitution, la satisfaction de tous les instincts qui placent l'homme dans la servitude des sens, la prépondérance de la matière sur l'esprit, et la ruine de la saine morale dont la pureté atteste une origine céleste, voilà les bienfaits apportés en Espagne par l'islamisme ! Les historiens mahométans nous apprennent eux-mêmes que les armées du Croissant ne s'abstenaient d'envahir les contrées dans lesquelles les chrétiens s'étaient maintenus, que parce qu'elles étaient pauvres, et qu'il n'y avait que peu de butin à en espérer. Pendant qu'il faisait faire aux chrétiens par ses généraux une guerre dans laquelle il n'était tenu aucun compte des traités, le calife Al-Hakkam, de l'aveu des auteurs arabes, passait son temps au milieu de ses eunuques, dans les jardins de son palais de Cordoue, à entendre la musique voluptueuse de ses odalisques, et il ne se souvenait qu'il était souverain que pour augmenter les tributs dont il accablait ses sujets, et pour satisfaire la soif de sang dont il paraissait dévoré, en signant tous les jours des sentences de mort. Il s'était entouré d'une garde de deux mille esclaves musulmans et de trois mille renégats chrétiens. La population d'un faubourg de Cordoue se souleva contre le sanguinaire despote, et s'avança, en poussant des vociférations tumultueuses, jusqu'aux portes de son palais. Al-Hakkam se mit à la tête de la cavalerie de sa garde, et fit un horrible massacre des révoltés, dont trois cents furent cependant réservés, par son ordre, pour être cloués tout vivants à des poteaux placés le long du Guadalquivir. Le faubourg d'où était sortie la rébellion fut ensuite livré au pillage pendant trois jours, et vingt mille de ses habitants, qui avaient échappé à la fureur de la soldatesque, furent exilés en Afrique, d'où ils allèrent faire la conquête de l'île de Crète. A la suite de ces actes de cruauté, le calife eut des accès de démence pendant quatre ans, et il mourut, en 822, dans le délire de la fièvre. Il eut pour successeur son fils Abder-Rahman II, qui, au début de son règne, eut à réprimer les prétentions au trône de son grand-oncle, frère aîné d'Abder-Rahman Ier. Le nouveau calife combattit aussi avec succès la révolte de Mahmoud, gouverneur de Mérida, qui se réfugia auprès d'Alphonse. Le roi, qui connaissait la valeur du transfuge mahométan, lui confia la garde des frontières du Portugal. Les troupes françaises profitèrent de ces circonstances pour envahir et dévaster le territoire musulman; mais elles provoquèrent une expédition dans laquelle Abder-Rahman dut, à la division des comtes qui les commandaient, des avantages en Catalogne. Mahmoud trahit la confiance qu'Alphonse avait eue en lui, et s'entendit avec Abder-Rahman pour lever l'étendard de la guerre contre le roi chez lequel il avait trouvé une trop généreuse hospitalité. Mais Alphonse, aidé du prince Ramire, fils de Bermude, le punit de sa perfidie en taillant en pièces les forces que le calife avait mises à sa disposition.

Les Français étaient en possession de Pampelune, qu'ils avaient enlevée aux Arabes, depuis 806, lorsque Aznar, comte de la Gascogne française, à la suite de quelques difficultés avec Pépin, roi d'Aquitaine, passa en Navarre, où il s'établit comme souverain indépendant, en 831. Telle est l'origine de l'Etat qui est devenu plus tard le royaume de Navarre. Abder-Rahman, qui ne se plaisait qu'à nuire aux chrétiens, suivant l'expression d'un historien espagnol, commanda à un de ses généraux de passer le Douro et de porter la dévastation sur les terres d'Alphonse. L'abbé du monastère de Saint-Pierre de Cardeña souffrit courageusement le martyre, dans cette invasion musulmane, avec les deux cents moines qui vivaient sous son obéissance. Une expédition navale, partie de Tarragone en 838, porta la désolation sur les côtes de France, et le pillage jusque dans les faubourgs de Marseille. Alphonse mourut dans un âge très-avancé, en 842. Les chroniques nous apprennent qu'il mit tous ses soins à faire revivre la vieille constitution nationale des Goths, dont la tradition s'était maintenue. Il ne laissait pas d'enfants, et avait mérité le surnom de *Chaste*, sous lequel il est connu dans l'histoire. Il avait désigné pour son successeur son parent Ramire, fils du roi Bermude. Alphonse avait fait construire un grand nombre d'églises pendant son long règne. Népotien, le principal seigneur de la cour, profita de l'absence de Ramire pour se placer sur le trône. Mais il fut aussitôt abandonné par ses troupes, et Ramire, à qui il fut livré, le fit enfermer dans un monastère, après lui avoir fait arracher les yeux. Les Normands, qui infestaient depuis quelque temps les côtes de France, débarquèrent à la Corogne en 844. A peine avaient-ils commencé à ravager le pays, que Ramire leur coupa la retraite, les battit complétement, et prit la plus grande partie de leurs navires. L'année suivante, ces mêmes Normands, après avoir pillé les environs de Lisbonne, entrèrent avec une flotte considérable dans le Guadalquivir, assiégèrent Séville, en ruinèrent les faubourgs, dévastèrent Cadix, et brûlèrent Algéziras, jusqu'à ce qu'enfin les troupes d'Abder-Rahman les forcèrent à la retraite. Guillaume, fils de Bernard, comte de Barcelone, voulant tirer vengeance de la mort de son père, que Charles le Chauve, souverain de l'Aquitaine, avait fait périr comme coupable de lèse-majesté, demanda des secours à Abder-Rahman, qui ne manqua pas de lui accorder sa protection. En 846, Ramire remporta une victoire signalée sur le calife, qui était entré dans ses domaines, parce qu'il croyait que c'était à son instigation que les Normands étaient venus ravager l'Andalousie. A la suite de ce succès, Ramire fit construire deux belles églises, dont l'une, près d'Oviédo, fut dédiée à saint Michel, pour qui le roi avait une dévotion particulière. Les évêques des contrées espagnoles, soumises à Abder-Rahman, eurent à résister à l'injonction que le calife, sur le conseil d'un diacre apostat qui avait épousé une juive, avait imposée à tous les chrétiens de ses Etats, d'abjurer leur religion pour embrasser le mahométisme ou le judaïsme. Ramire, attaqué encore une fois par les musulmans, leur fit éprouver, par l'intercession de saint Jacques, une nouvelle défaite en 849, et mourut l'année suivante. Il avait associé, de son vivant, son fils Ordoño à la royauté, et les grands de la province d'Alava firent alliance avec les musulmans pour s'opposer à cette dérogation à l'usage gothique; mais le roi réprima leurs prétentions par les armes. Ordoño fut battu par les troupes musulmanes en 851. Favorisé par Abder-Rahman, Guillaume, fils de Bernard, comte de Barcelone, s'était emparé de cette ville, et voulait enlever toute la Catalogne aux Français; mais ils le firent assassiner. Il était interdit aux chrétiens des pays conquis par l'islamisme de parler irrévéremment de la prétendue religion de Mahomet : cette prohibition fournit l'occasion d'une persécution dans laquelle un grand nombre de fidèles, hommes et femmes, obtinrent la couronne du martyre à Cordoue, et en d'autres lieux, en confessant publiquement la vraie foi. Abder-Rahman et ses ministres furent effrayés des proportions que prit cette sainte protestation contre le mahométisme, et, ne sachant comment réprimer l'ardeur de ce zèle, il ordonna aux évêques placés sous sa domination de se réunir dans sa capitale, pour y chercher un remède. Un décret de ce concile, tenu à Cordoue en 852, défendit aux chrétiens de s'offrir volontairement au martyre. L'exact Ferréras (*Historia de España*) fait observer que cette interdiction ne fut certainement pas unanimement décrétée par les évêques, puisque celui de Cordoue fut emprisonné avec une grande rigueur après le concile. Les Juifs de Barcelone livrèrent cette place aux généraux du calife, qui la mirent à feu et à sang, mais sans pouvoir la maintenir sous l'obéissance musulmane. Abder-Rahman mourut cette même année 852, sans avoir pu triompher de la foi chrétienne en multipliant les victimes de son intolérance, et il eut pour successeur son fils Mahomet, héritier de sa haine pour la religion de Jésus-Christ. Le nouveau calife inaugura son règne en chassant de la cour tous les chrétiens, et en ordonnant la destruction de toutes les églises récemment construites. Mousa, gouverneur de Saragosse, qui était né Goth, mais qui s'était fait musulman pour acquérir les bonnes grâces d'Abder-Rahman, leva contre son fils l'étendard de la révolte. Il se rendit maître de toute la Celtibérie, et fit alliance avec don Garcie, comte de Navarre, qui devint son gendre. Tolède se souleva alors contre l'autorité de Mahomet, et demanda l'appui d'Ordoño, qui, dans le but d'affaiblir la puissance du calife, ne manqua pas de la lui accorder. Mais les troupes que le roi envoya au secours de cette ville furent défaites. Pendant que ces guerres civiles paralysaient les forces des musulmans, Ordoño fit relever les murs de Léon et d'Astorga. En 857, il remporta sur Mousa une grande victoire, dans laquelle périt don Garcie, comte de Navarre, qui avait uni ses forces à celles de son beau-père. Il paraît même que Mousa mourut des blessures qu'il avait reçues dans cette affaire, et tout le pays qu'il avait rangé sous sa domination rentra sous l'obéissance de Mahomet. Le calife réunit, pour en finir avec la rébellion de Tolède, une armée composée de tous ses sujets en état de porter les armes, aussi bien chrétiens que musulmans. La ville fut ainsi réduite à se soumettre.

L'année 859 est marquée par la mort d'un grand nombre de victimes de la persécution que Mahomet exerçait à Cordoue contre les chrétiens. Au rang de ces confesseurs de la foi était saint Euloge, prêtre célèbre dans toute l'Espagne par ses vertus et par son instruction. Des moines d'un monastère de France bravèrent tous les périls pour venir à Cordoue chercher les corps de plusieurs de ces martyrs de la barbarie mahométane. Les Normands, repoussés des côtes de Galice par la vigilance d'Ordoño, firent cette même année, une descente en Andalousie, où ils détruisirent toutes les mosquées qu'ils rencontrèrent. Une armée envoyée par le calife dans les Etats d'Ordoño fut mise en déroute par ce vaillant prince. L'évêque de Malaga trahit son troupeau en fournissant au calife un relevé de la population chrétienne de son diocèse, qui fut frappée d'un tribut onéreux, et Mahomet exigea de tous les autres évêques qu'ils suivissent l'exemple qui leur avait été donné. L'évêque de Malaga fut aussi le propagateur d'une hérésie née du contact de l'islamisme, et Mahomet, avec qui il s'entendait, ordonna aux évêques des diocèses voisins de Cordoue de s'assembler en concile dans cette ville, pour juger un prêtre qui soutenait avec raison que les fauteurs de l'hérésie ne méritaient pas le nom de chrétiens. Les évêques, après avoir eu la faiblesse de condamner ce courageux défenseur de la vérité, ne tardèrent pas à se rétracter, et le métropolitain de Mérida confirma leur protestation en y adhérant. Mais l'évêque de Malaga et le comte ou juge des chrétiens de ces malheureuses contrées firent déposer, par l'intervention du calife, l'évêque de Cordoue, qui résistait énergiquement aux manœuvres de l'erreur, et un intrus fut placé sur le siége de la capitale, sans que la tyrannie mahométane permît de remédier à cet abus. Ordoño, dans une expédition dirigée sur les terres musulmanes, pour appuyer une révolte des habitants de Mérida contre Mahomet, s'empara de Salamanque à la pointe de l'épée, et s'avança jusqu'à Coria, qu'il prit également. Ses soldats revinrent chargés des dépouilles de l'ennemi. Le calife fit proclamer la guerre sainte dans toute l'étendue de son empire, et mit à la mer une flotte formidable, qui alla menacer les côtes de Galice. Mais elle fut dispersée par les forces navales de don Ordoño. Cet excellent roi emporta dans la tombe, en 866, les regrets de tous ses sujets, dont il avait été véritablement le père. Ses Etats devaient à sa piété la restauration d'un grand nombre d'églises, et à sa sollicitude royale la réparation des ruines causées dans la plupart des villes par les invasions des Arabes. Ordoño avait fait reconnaître pour son héritier son fils Alphonse, qui mérita le surnom de *grand*. Le trône fut momentanément usurpé par Froila, comte de Galice, qui périt sous les coups des seigneurs dont Alphonse avait reçu les serments. Plusieurs autres révoltes furent également réprimées.

Les ennemis du nom chrétien, espérant faire éprouver un échec aux premières armes du jeune roi, dirigèrent deux armées, l'une contre Léon, sous les ordres d'Almundar, frère de Mahomet, l'autre contre la Galice. Mais Alphonse leur fit essuyer une double défaite et poursuivit les fuyards jusqu'au Douro. En 871, il passa ce fleuve, poussa ses conquêtes jusqu'à Coïmbre, et contraignit le calife à lui demander une trêve. Alphonse fortifia sa puissance en s'alliant avec la maison de Navarre, dont il épousa une princesse. Il employa les loisirs de la paix à peupler et à entourer de murs les villes qu'il avait délivrées de l'oppression musulmane, Oporto, Braga, Coïmbre, Lamégo, Viseu et autres. Il accueillait en même temps sur ses terres les moines qui fuyaient la domination arabe, devenue intolérable sous le despotisme sanguinaire de Mahomet, et il les établissait dans des monastères. A l'expiration de la trêve conclue avec Mahomet, Alphonse, qui ne se proposait rien moins que d'affranchir l'Espagne du joug mahométan, entra en campagne contre les troupes du calife, sur lesquelles il remporta un succès éclatant. Son armée, après avoir porté le drapeau de la croix jusque sous les murs de Mérida, revint de cette expédition riche d'un immense butin. Les historiens arabes considèrent ces revers comme des châtiments que le ciel envoyait aux musulmans, parce qu'ils s'occupaient plus de jouir des conquêtes que leur avaient léguées leurs pères, que de la propagation de l'islamisme. Mahomet chargea un de ses principaux généraux de pénétrer dans les domaines d'Alphonse, et de le faire repentir de ses victoires sur le Croissant. Mais cette tentative fut repoussée par les troupes chrétiennes; le général musulman fut fait prisonnier, et n'obtint sa délivrance qu'au prix d'une forte rançon. Envoyé contre Alphonse, en 878, par le calife son père, à la tête d'une armée considérable recrutée en Andalousie et dans la province de Tolède, Almundar ne voulut plus tenter la fortune des armes, après la défaite de son avant-garde que le roi tailla en pièces à Polvorosa, au nombre de quatorze mille hommes. Le prince arabe, qui s'était avancé jusqu'auprès de Léon, battit en retraite à marches forcées, et fit demander une trêve à Alphonse, qui la lui accorda pour trois ans.

Après ces glorieux avantages obtenus de la faveur du ciel contre les infidèles, le roi fit un pèlerinage au tombeau de saint Jacques, où les pieux visiteurs affluaient dès cette époque, et remplaça par une église somptueusement construite en pierre celle qu'Alphonse le Chaste avait élevée avec des murs de terre. Le comte de Barcelone, feudataire du roi de France, profita de l'embarras que suscitait au calife de Cordoue la révolte du gouverneur de Saragosse, pour enlever aux musulmans Cardone et Solsona, et pour se consolider dans la possession de la Catalogne. Alphonse, qui ne savait pas être en paix avec les ennemis de Dieu, s'avança en Portugal, au terme des trois années de trêve accordées en 878 au frère de Mahomet ; il conduisit ses troupes des bords du Tage jusqu'à ceux de la Guadiana, et battit à Llerena l'armée que le calife faisait marcher à sa rencontre. Alphonse rentra encore une fois dans ses Etats avec les dépouilles de toutes les contrées qu'il avait parcourues. Pour arrêter le cours des victoires du roi, Mahomet chargea son fils Almundar de faire rentrer dans le devoir le rebelle gouverneur de Saragosse. Celui-ci, qui avait toujours été l'allié d'Alphonse, traita alors avec le fils du calife, et réunit ses forces aux siennes pour porter la guerre en Castille, d'où il fut repoussé par le comte don Diégo Rodriguez. Le roi força aussi les musulmans, qui s'étaient avancés vers Léon, à battre en retraite; et, avec l'aide des comtes d'Alava et de Castille, il obligea le gouverneur de Saragosse à lui demander la paix. Almundar marcha de nouveau contre le gouverneur de Saragosse pour le punir de n'avoir point persisté dans sa soumission ; mais il n'eut pas plus de succès dans cette expédition que dans celle qu'il tenta encore contre les Etats d'Alphonse. Le roi accueillit les propositions pacifiques qui lui furent faites de la part de Mahomet, et un prêtre de Tolède eut mission, en 883, d'aller conclure en son nom un traité à Cordoue avec le calife. Il paraît que la durée de la trêve fut fixée à six ans.

Alphonse, mettant à profit ce temps de repos, s'occupa d'améliorer la situation de ses Etats, d'y rétablir la discipline ecclésiastique, et d'y faire fleurir la religion. Il s'entendit avec le comte de Castille pour peupler la ville de Burgos, qu'il entoura de murailles. Le calife Mahomet mourut en 886, et eut pour successeur son fils Almundar, dont le court règne fut marqué par la révolte de ses sujets, et finit en 889. Almundar, au rapport des historiens arabes, périt les armes à la main en voulant maintenir son autorité. Son frère Abdallah le remplaça sur le trône. Les vingt-cinq ans de son califat furent autant d'années d'insubordination et de désordre dans l'empire musulman d'Espagne. La plupart des provinces furent dans un état permanent de rébellion contre le souverain. L'esprit de révolte agitait aussi le royaume d'Alphonse, et faisait appel aux infidèles pour se soutenir. Le roi repoussa par les armes l'intervention d'Abdallah dans un soulèvement qui s'était rendu maître d'Astorga.

Le rétablissement de la hiérarchie ecclésiastique était le premier besoin religieux de la Péninsule; mais il ne pouvait s'opérer sans qu'Alphonse s'adressât au souverain pontife, pour être autorisé à pourvoir à ce que tous les siéges métropolitains redevinssent les centres d'action de l'épiscopat, dans les contrées qui étaient encore sous la dépendance des Mahométans, aussi bien que dans celles qui en étaient affranchies. Deux prêtres furent envoyés à Rome, en 898, et ils revinrent l'année suivante porteurs de l'assentiment du pape Jean IX aux mesures réparatrices qui lui avaient été proposées. Le roi convoqua à Compostelle les évêques de tous les diocèses et les comtes de toutes les provinces de ses Etats, pour assister à la consécration solennelle de l'église dédiée à saint Jacques. Les évêques se réunirent en concile à Oviédo, au mois d'avril de l'an 900. Le roi assista à cette assemblée, que présida l'évêque d'Oviédo, en vertu du titre de métropolitain qui lui fut décerné. On décréta les règlements nécessaires à la réforme de la discipline ecclésiastique et des mœurs, et on recommanda l'observation des canons des anciens conciles de Tolède. Après avoir donné ses soins à la restauration de l'ordre spirituel, Alphonse appliqua sa sollicitude à mettre ses peuples à l'abri des incursions arabes, en faisant fortifier les frontières de son royaume. Ces précautions de défense inquiétèrent Abdallah, qui, sous prétexte que la religion mahométane était intéressée à ne pas laisser les chrétiens prendre une attitude redoutable, appela l'Afrique à contribuer par un contingent de troupes à la guerre qu'il s'apprêtait à leur faire. Mais Alphonse défit l'armée des infidèles, lorsqu'elle s'avançait vers Zamora, qui était une des principales places qu'il avait fortifiées, et rapporta un riche butin d'une expédition dans laquelle il parcourut toute la province de Tolède. Le roi espérait jouir dans les derniers jours de sa vie du repos qu'il avait procuré à son pays; mais son cœur, au contraire, fut abreuvé d'amertume par sa propre famille. Don Garcie, son fils aîné, soutenu par son beau-père, qui était un des plus grands seigneurs du royaume, par sa mère et par son frère, prétendit s'emparer de la couronne. Alphonse déjoua ce coupable dessein, et s'étant saisi de son fils, il le fit enfermer dans le château de Gauzon. Mais sa famille protesta contre cet acte de sévère justice par des menaces de guerre civile. Le roi, qui se sentait dans son droit, ne voulut pas céder en rendant la liberté à son fils; mais il aima mieux ensuite renoncer au trône, que de s'y maintenir en faisant couler le sang chrétien dans des discordes intestines. Il rassembla les grands de l'État en 910, et leur prouva qu'il n'y avait pas de sacrifice qu'il ne fût prêt à faire à la félicité de son peuple, en se dépouillant volontairement de la royauté pour en revêtir don Garcie. Il donna en même temps la Galice, avec la partie du Portugal qu'il avait conquise, à son second fils, don Ordoño. Ce partage du royaume peut être considéré comme une regrettable conséquence de l'abdication imposée à un souverain qui n'avait signalé son règne que par des victoires et des bienfaits, et ce fut un exemple qui devint funeste à l'Espagne, lorsqu'il fut imité par les successeurs d'Alphonse.

Le gouverneur musulman de Saragosse avait profité d'une absence au-delà des Pyrénées de don Sanche, roi de Navarre, pour mettre le siége devant Pampelune. Mais le prince chrétien força bientôt les infidèles à la retraite et les repoussa jusqu'à l'Ebre. Ce roi ne laissa guère passer une année sans faire sentir aux infidèles la supériorité que reprenaient sur eux les armes chrétiennes. Il avait inauguré son règne par un éclatant succès remporté, en 911, contre une armée du calife de Cordoue. L'année suivante Alphonse demanda à son fils de mettre à sa disposition des troupes avec lesquelles il porta le fer et la flamme sur le territoire musulman. Pendant cette expédition, on put fortifier, sans crainte d'être troublé dans les travaux qu'on exécutait, toutes les places de la ligne du Douro, qui formait la frontière chrétienne de ce côté. Alphonse mourut à Zamora, au retour de cette campagne, en 912. Ce fut un des plus grands rois qui aient régné sur l'Espagne. Il laissa un monument de sa piété dans l'église de Saint-Jacques de Compostelle; la mémoire de ses entreprises guerrières contre les ennemis de la foi est une des glorieuses pages de l'histoire de sa noble patrie, et il a légué à la postérité un témoignage de ses connaissances littéraires dans sa *Chronique des rois d'Espagne depuis Wamba jusqu'à Ordoño*. L'année 912 fut aussi celle de la mort du calife Abdallah, qui avait désigné pour son successeur Abder-Rahman III, son petit-fils, à l'exclusion de ses propres fils. Ce prince se montra digne de ce choix en comprimant l'esprit de rébellion et en rétablissant l'ordre dans l'empire arabe d'Espagne. Don Garcie ne porta que trois ans la couronne qu'il avait arrachée du front de son père. Son frère Ordoño fut proclamé son successeur, à sa mort, en 914. Ce prince transporta le siége du gouvernement d'Oviédo à Léon, et c'est depuis cette époque que les souverains espagnols sont appelés rois de Léon. Le nouveau monarque avait hérité de la valeur de son père, et, au début de son règne, il défit une armée arabe, accourue au secours de Talavera de la Reina qu'il assiégeait; il prit d'assaut cette place, et, comme il ne pouvait pas la conserver, il la fit détruire. En 915, Ordoño parcourut toute l'Estramadure et en rapporta de grandes richesses enlevées aux infidèles. Abder-Rahman voulut arrêter le cours de tant de succès; mais, son armée, quoiqu'elle eût pour elle l'avantage du nombre, fut entièrement défaite par le roi de Léon, auprès de Saint-Étienne de Gormaz, et les deux généraux qui la commandaient restèrent sur le champ de bataille. Trois années de trêve avec les musulmans furent les fruits de cette victoire. Le pape Jean X envoya à cette époque un légat en Espagne avec la mission d'en examiner les livres liturgiques, pour voir s'ils ne contenaient rien de contraire à la pureté de la foi catholique. A la cessation de la trêve, Abder-Rahman recommença la guerre avec Ordoño. Une sanglante bataille, livrée en 919, et à laquelle la nuit seule put mettre fin, demeura sans résultat. Le calife demanda des secours contre les chrétiens aux Maures d'Afrique, et réunit une armée formidable qu'il dirigea vers la Navarre, sous la conduite d'un de ses généraux. Les forces de don Sanche jointes à celles d'Ordo o étaient inférieures en nombre aux troupes mahométanes, et elles succombèrent, en 921, dans la funeste journée du Val de Junquera, où les évêques de Tuy et de Salamanque furent faits prisonniers en soutenant la cause de Dieu. Les musulmans vainqueurs passèrent les Pyrénées et portèrent la désolation sur le territoire français, jusqu'aux portes de Toulouse. Ordoño, voyant les domaines d'Abder-Rahman dégarnis de défenseurs, fit une invasion dans l'Estramadure, et y lava dans le sang des infidèles la tache de la défaite du Val de Junquera. Les Navarrais, de leur côté, taillèrent en pièces les troupes du calife, dans les gorges des Pyrénées, à leur retour de France, leur enlevèrent tout le butin qu'elles en rapportaient, et poursuivirent jusqu'à l'Ebre leurs débris dispersés. Don Garcie, qui avait remplacé son père don Sanche sur le trône de Navarre, avec l'aide d'Ordoño, à qui il avait donné sa fille en mariage, acheva de reprendre aux musulmans toutes les places dont ils s'étaient emparés.

Ordoño, roi de Léon, termina ses jours en 923, et eut pour successeur son frère, don Froila, qui se fit, par sa tyrannie, pendant son règne d'environ treize mois, des ennemis de tous ses sujets. Le sceptre passa aux mains d'Alphonse IV, fils d'Ordoño. Le métropolitain de Tolède, du nom de Jean, étant mort en 926, les musulmans, qui redoutaient l'influence de l'autorité épiscopale sur les chrétiens, dans une province exposée aux incursions des rois de Léon, voulurent que le siége demeurât vacant. Alphonse perdit la reine, sa femme, en 926, et la douleur que lui causa cette perte le détermina, l'année suivante, à remettre la couronne à son frère Ramire, et à se retirer dans le monastère de Sahagun, où il prit l'habit religieux. Le nouveau roi était animé du même zèle que son père pour la propagation de la religion : il se disposait à entrer en campagne contre les infidèles, et s'était déjà avancé jusqu'à Zamora, lorsqu'il apprit qu'Alphonse était sorti de son couvent, et avait réuni à Léon un parti puissant, à la tête duquel il prétendait remonter sur le trône. Ramire assiégea son frère dans la capitale dont il s'était rendu maître, le força à capituler, et le fit enfermer et priver de la vue. Ce châtiment était alors la punition ordinaire de la révolte, et les trois fils de Froila, qui s'étaient associés à celle d'Alphonse, subirent le même sort. Le roi fit ensuite construire près de Léon un monastère qui fut donné aux princes pour prison. Ramire enleva Madrid aux mahométans en 932. Abder-Rahman envoya aussitôt une armée en Castille; mais le comte Fernand Gonzalez de Lara réclama le secours du roi de Léon, et les guerriers de la croix jonchèrent de cadavres le champ de bataille sur lequel ils avaient rencontré les infidèles près d'Osma. Ramire tourna de là ses armes contre le gouverneur de Saragosse, qui se reconnut son vassal. Menacé ensuite de la vengeance du calife, et entraîné par la haine de la religion de Jésus-Christ, ce chef mahométan ne tint aucun compte de l'engagement qu'il avait contracté envers le roi de Léon. Abder-Rahman rassembla, de toutes les parties de ses Etats, et au moyen des renforts qu'il reçut d'Afrique, des forces qui s'élevaient à cent cinquante mille hommes; son intention était de porter aux chrétiens un coup dont ils ne pussent pas se relever. Ramire se tint prêt à faire face au danger; et, suppléant par la valeur à l'infériorité numérique des combattants qu'il opposa à ceux de son adversaire, il fit à Simancas, le 6 août 938, un horrible carnage des soldats du Croissant. Les auteurs arabes avouent que le choc de leur cavalerie se brisa contre une résistance inébranlable, et ils rapportent que le roi Radmir, comme ils l'appellent, sur son cheval tout bardé de fer, renversait tout ce qui se présentait devant lui. Cette défaite coûta, au témoignage de tous les historiens, quatre-vingt mille hommes à Abder-Rahman, qui fut lui-même atteint d'une blessure. Un riche et immense butin fut pour les vainqueurs le prix de leur triomphe, et Ramire ramena prisonnier à Léon le traître gouverneur de Saragosse. Les chrétiens attribuèrent l'honneur de cette journée à la confiance qu'ils avaient eue en Dieu, par l'intercession de saint Jacques, et le nom de cet apôtre devint dès lors le cri de guerre des Espagnols, dans leur lutte contre l'islamisme. Une longue trêve fut l'effet du souvenir que le calife conserva de la bataille de Simancas, à la suite de laquelle ses troupes avaient encore été mises en déroute sur les rives du Tormès.

Les comtes de Castille, Fernand Gonzalez et Diégo Nuñez, aspirèrent, sans pouvoir y parvenir, à se rendre indépendants du roi de Léon. Ramire consacra les loisirs de la paix qu'il avait conquise à faire construire de nombreux monastères. Depuis le commencement de son règne, il avait assemblé deux fois les cortès ; un concile réuni par ses soins à Astorga remédia aux abus qui s'étaient glissés dans la discipline ecclésiastique. A l'expiration de la trêve avec les musulmans, Ramire fit encore contre eux, en 949, une expédition dans laquelle il leur causa des dommages considérables, et, au commencement de l'année suivante, il termina sa vie par une sainte mort.

Les prélats et les grands du royaume proclamèrent son fils, Ordoño III, son successeur. L'infant don Sanche, frère d'Ordoño, soutenu par don Garcie, roi de Navarre, et par le comte de Castille, Fernand Gonzalez, manifesta des prétentions à la couronne ; mais le roi réprima cette tentative séditieuse. En 953, il passa le Douro, et s'avança par Lamégo, Viseu et Coïmbre, jusqu'à Lisbonne, qu'il emporta d'assaut, et où il fit un grand massacre des mahométans. Le comte Gonzalez de Castille battit aussi les Arabes dans les champs de Saint-Etienne de Gormaz. Ordoño mourut en 955. Son frère Sanche, surnommé le *Gros*, qui s'était emparé du trône, en fut précipité par les grands du royaume, auxquels s'unit le comte Gonzalez, et il se retira en Navarre, auprès du roi don Garcie. Ce prince engagea le roi de Léon, qui était attaqué d'une hydropisie, que les médecins de Pampelune jugeaient incurable, à aller se faire traiter par ceux de Cordoue, dont l'habileté était alors très-renommée. Don Sanche fut autorisé par Abder-Rahman à se rendre dans la capitale de l'empire arabe, où il obtint la guérison qu'il y allait chercher. Pendant ce temps, le comte Gonzalez fit proclamer roi de Léon Ordoño le *Mauvais*, fils d'Alphonse IV, en lui faisant épouser sa fille, veuve du roi Ordoño III. Mais ce prince mérita le surnom que lui a donné l'histoire, et s'aliéna tous les esprits. C'était préparer les voies pour le retour de don Sanche dans son royaume. Des intelligences s'établirent entre les principaux seigneurs de Léon et le souverain détrôné, à qui Abder-Rahman fournit une armée pour le reconduire dans ses Etats. Don Garcie, roi de Navarre, entra de son côté en Castille, pour que le comte Gonzalez ne pût pas secourir son gendre. Les Navarrais battirent les Castillans, et le comte fut fait prisonnier. Le rétablissement de don Sanche sur le trône s'opéra d'autant plus facilement qu'il était désiré de tous ses sujets, et Ordoño alla finir misérablement ses jours chez les mahométans d'Aragon. Mais l'intervention du calife de Cordoue dans les affaires des chrétiens n'en était pas moins regrettable, et plusieurs écrivains ont pensé que ce fut en reconnaissance du service qu'il avait reçu des infidèles, que don Sanche leur permit d'envahir et de ravager la Castille, sans prêter secours contre eux au comte Gonzalez.

Abder-Rahman mourut en 961, un an après avoir aidé le roi de Léon à rentrer en possession de sa couronne. Son règne avait été de cinquante ans. Il eut pour successeur son fils aîné Al-Hakkam. Le roi don Sanche périt empoisonné, en 967, par le comte Gonzalo, qui gouvernait la partie supérieure du Douro. Cette trahison était d'autant plus odieuse, que le comte venait d'obtenir de la clémence royale le pardon d'une révolte dont il s'était rendu coupable envers son souverain. Les grands du royaume donnèrent pour successeur à don Sanche, Ramire III, son fils, qui n'était âgé que de cinq ans. La mère du jeune roi, sa tante Elvire, religieuse du monastère du Saint-Sauveur de Léon, et plusieurs seigneurs, gouvernèrent le royaume, et en surent maintenir l'ambitieuse noblesse dans les bornes du devoir. L'évêque de Léon fut envoyé en ambassade à Cordoue, pour demander au calife la continuation de la paix entre les chrétiens et les musulmans. Le prélat rapporta de la capitale de l'empire arabe le corps du glorieux martyr saint Pélage, qui fut reçu en grande solennité à Léon. Le comte Gonzalez mourut en 970, laissant la Castille dans une indépendance assurée de la couronne de Léon. Al-Hakkam, mort en 976, fut remplacé sur le trône des califes par son fils, Hescham II, qui était un enfant de dix ans. Mais Abou-Amer-Mohamed, surnommé Almanzor, c'est-à-dire l'*Invincible*, qui tenait en son nom les rênes de l'Etat, était animé d'une haine implacable contre la foi chrétienne. Sous prétexte de rétablir dans l'Etat d'Alava le comte don Vela, qui en avait été dépouillé par le comte Gonzalez, Almanzor fit faire une invasion en Castille. Le comte don Garcie appela en vain à son secours le roi de Léon, qui était en paix avec le calife; mais Sanche II, roi de Navarre, unit ses troupes aux Castillans, et les musulmans furent repoussés et défaits. A cette nouvelle, Almanzor réclama l'aide des Maures d'Afrique, pour le soutien de la religion de Mahomet, et, ayant rassemblé une armée considérable, il porta la dévastation en Castille, et s'empara de vive force de la place de Gormaz. Ramire III, après s'être marié en 978, ne voulut plus tenir compte des sages conseils de sa mère et de sa tante, et, par son caractère altier et orgueilleux, il indisposa contre son gouvernement la plupart des grands du royaume, qui proclamèrent roi, dans l'église de Saint-Jacques de Compostelle, Bermude, fils d'Ordoño III. Obligé de se retirer à Léon, à la suite d'une sanglante bataille livrée aux partisans de son parent, Ramire mourut en 982. Bermude II demeura ainsi maître du trône. C'était un prince doué de grandes qualités. Mais il porta la couronne à une époque où l'esprit de sédition et le mépris des lois étaient trop enracinés dans les habitudes de la noblesse des Etats chrétiens du nord de la Péninsule, pour que la plaie fût guérissable par la main de l'homme. Les seigneurs n'hésitaient pas à passer au service des ennemis de la Croix, lorsque c'était pour eux un moyen de satisfaire leur impatience de tout frein. Le relâchement de la discipline ecclésiastique doit être mis aussi au rang des causes qui ont amené les malheurs dont l'avenir était gros à l'avénement de Bermude à la royauté. Almanzor entra, en 984, sur les domaines de ce prince, avec la résolution de faire aux chrétiens une guerre d'extermination. Il mit le siége devant Simancas, sans que le roi de Léon, dont les forces avaient été épuisées dans la lutte soutenue contre son prédécesseur, pût secourir efficacement la place menacée. L'armée musulmane passa de là en Catalogne, où elle défit le comte Borel, à la journée de Moncada, et emporta d'assaut Barcelone, dont les habitants furent horriblement massacrés. L'intervention des armes du roi de France, dont Borel était le vassal, fournit au comte les moyens de reconquérir la capitale de son Etat, et d'en chasser les infidèles.

Almanzor, reprenant les hostilités contre le royaume de Léon, s'empara de Zamora en 988. Il porta de là la désolation en Castille. Les Arabes de Saragosse attaquaient de leur côté le royaume de Navarre. En 995, Almanzor fut battu par Bermude dans une rencontre entre les deux armées chrétienne et musulmane; mais, pour rendre du courage à la sienne, le chef des infidèles descendit de cheval, se jeta par terre, ôta son turban de sa tête, et dit à ses soldats qu'il aimait mieux mourir sur le théâtre de sa défaite, que de souiller par la fuite l'honneur de ses armes toujours victorieuses. L'enthousiasme s'empara alors des musulmans, et le succès des chrétiens se changea en une déroute complète. Almanzor les poursuivit jusqu'à Léon, qu'une héroïque défense ne put empêcher de tomber entre ses mains l'année suivante. La ville fut détruite de fond en comble : une seule tour de la muraille d'enceinte fut laissée debout, pour indiquer à la postérité les champs où avait été la capitale des rois d'Espagne. Astorga se rendit sans résistance; tout le pays fut à la merci des barbares; les églises furent incendiées et les monastères saccagés. Une nouvelle campagne fut dirigée contre le Portugal et la Galice : Coïmbre, Viseu, Lamégo, Braga et Tuy devinrent la proie des dévastateurs. Compostelle subit le même sort, et le sanctuaire le plus vénéré de l'Espagne, l'église dédiée à saint Jacques, fut profanée par les ennemis de la foi communiquée à la Péninsule par ce grand apôtre. Les prisonniers chrétiens furent condamnés à porter à Cordoue, sur leurs épaules, les portes du temple dont la ruine faisait leur honte et leur désespoir. Les historiens espagnols rapportent qu'il ne fallut rien moins que l'apparition d'une clarté miraculeuse pour sauver le tombeau de l'apôtre d'une violation sacrilége. Une dyssenterie, qui sembla un châtiment du ciel, vint décimer l'armée du calife, dont les restes échappèrent à peine au fer des troupes que Bermude envoya à leur poursuite.

Les rudes leçons de l'expérience avaient appris aux chrétiens que le triomphe des envahisseurs de leur patrie avait été l'œuvre de leur désunion. Bermude, le comte don Garcie de Castille et le roi de Navarre, oubliant leurs funestes dissensions, se liguèrent pour la défense commune de leurs Etats, et s'y préparèrent par la levée de toutes les troupes qu'ils purent mettre sur pied. Ils n'ignoraient pas qu'Almanzor s'apprêtait à leur porter un dernier coup plus terrible que tous ceux dont il les avait déjà frappés. La lutte décisive entre la Croix et le Croissant eut lieu à l'entrée des musulmans en Castille, dans les champs de Calatañazor, entre Soria et Osma ; elle dura toute une journée. Il y avait, dit Ferréras, cette différence entre les deux armées, que, dans celle d'Almanzor, chaque combattant qui succombait était remplacé par un autre, tandis que, du côté des Espagnols, chaque homme qui périssait ne pouvait être suppléé que par la valeur de tous. La victoire finit cependant par rester aux chrétiens, et Almanzor fut si désespéré de la voir infidèle à ses drapeaux, qu'il se laissa mourir de faim à Medina-Celi, où il s'était retiré. Ce grand capitaine, un des plus intrépides champions qu'ait eus l'islamisme en Espagne, avait gagné plus de cinquante batailles contre ceux qui venaient de lui faire éprouver la défaite à laquelle il ne voulut pas survivre. Il fut le fléau dont se servit la main de Dieu pour châtier son peuple. Il faut attribuer le nombre et la valeur des troupes qu'il conduisait aux combats à l'habileté qu'il eut de profiter des circonstances d'un temps de désordre, en attirant sous sa bannière, par l'appât d'une double solde, les chrétiens qui désertaient la vieille foi des Goths. Bermude succomba aux infirmités qui l'accablaient, en 999. Son fils, Alphonse V, fut reconnu roi ; mais comme il n'avait que cinq ans, il fut placé sous la tutelle de sa mère, Elvire, et sous celle de don Menendo Gonzalez, un des grands de la Galice. La reine Elvire rechercha les moyens de cicatriser les plaies de la patrie : les musulmans avaient été excités à faire subir aux Etats chrétiens les revers qu'ils venaient d'éprouver par les enfants du comte d'Alava, que le comte don Fernand Gonzalez avait dépouillé de ses possessions. La régente détermina le comte don Garcie de Castille à réparer par une restitution une injustice qui avait été la source de tant de calamités ; elle rappela en même temps dans le royaume les seigneurs passés au service du calife de Cordoue, en leur rendant les biens et les honneurs dont ils avaient été privés.

L'autorité qu'Almanzor exerçait au nom du calife passa, après sa mort, à son fils Abdel-Mélek, qui fit avec avantage la guerre aux chrétiens de la Catalogne et de la Castille. Le comte don Garcie mourut prisonnier des musulmans, par suite des blessures qu'il avait reçues en voulant repousser leur invasion. Mais Abdel-Mélek mourut lui-même en 1004, et fut remplacé par son frère Abder-Rahman, dont la conduite orgueilleuse et déréglée provoqua un soulèvement qui lui coûta la vie. Un ambitieux, nommé Almahadi, s'empara du califat, à la faveur de ces troubles, en faisant passer pour mort Hescham, qu'il retenait secrètement en prison. Don Sanche vengea la mort de son père don Garcie, à qui il avait succédé dans le comté de Castille, en portant le fer et la flamme dans la province de Tolède, tandis que les infidèles étaient plongés dans leurs divisions intestines. Le gouvernement d'Almahadi déplaisait aux Maures d'Afrique, qu'Almanzor, en les appelant sous ses drapeaux, avait attirés en grand nombre en Espagne. Ils élurent pour souverain Soliman, fils d'une sœur du calife Hescham, qui, ne se sentant pas assez fort pour se soutenir par lui-même, trouva dans le comte de Castille un allié qui lui vint en aide. Almahadi, après avoir perdu une bataille contre son compétiteur, fort des armes chrétiennes, tenta de lui opposer Hescham, qu'il tira de prison. Mais, cette manœuvre ne lui ayant pas réussi, il s'enfuit à Tolède, et Cordoue ouvrit ses portes à Soliman. Don Sanche revint en Castille richement récompensé de sa regrettable intervention dans les affaires musulmanes.

Almahadi rechercha alors et obtint l'appui des comtes de Barcelone et d'Urgel. Soliman, vaincu à son tour par la part que prit l'épée des chrétiens à une bataille livrée en 1010, se vit forcé de céder le trône à Almahadi. Il l'en renversa deux ans après par ses intrigues ; mais comme il s'était retiré à Ceuta, ce fut Hescham qui rentra en possession du califat. Almahadi paya de sa tête les traitements qu'il avait fait endurer à ce prince. Soliman engagea Abdallah, fils d'Almahadi, qui commandait à Tolède, à lever l'étendard de la révolte contre Hescham. Le calife eut recours au comte de Castille, auquel il offrit les places de Gormaz, d'Osma et plusieurs autres pour prix de la guerre qu'il ferait à Abdallah. Le comte assiégea Tolède, se rendit maître de cette place et de la personne du fils d'Almahadi, qui eut la tête tranchée par ordre de Hescham, à qui don Sanche avait envoyé le malheureux prisonnier. Soliman, après avoir longtemps battu la campagne à la tête des Maures de Barbarie, finit par s'emparer de Cordoue en 1014, et Hescham, dépouillé du califat pour la dernière fois, alla, à ce qu'il paraît, terminer en Afrique une vie qui avait été un perpétuel exemple de l'inconstance des choses humaines. Le roi don Sanche de Navarre profita de ces événements pour enlever aux Arabes Sobrarve et leurs autres possessions voisines des Pyrénées. Les troupes du gouverneur de Saragosse furent battues en voulant arrêter les progrès des Navarrais. La désorganisation de l'empire Ommiade permit aussi au roi Alphonse de Léon de relever de ses ruines la capitale de ses Etats.

Hairan, un des principaux partisans de Hescham, travailla à renverser Soliman du trône sur lequel il s'était assis. Il favorisa les prétentions au califat de deux princes, Hamoud et Alcassem, qui se prétendaient issus d'Ali, gendre de Mahomet. Le sort de la guerre, auquel en appela Soliman, se prononça contre lui, et sa tête tomba sous le fer des vainqueurs. Hamoud fut proclamé calife en 1017. Mais Hairan trouva bientôt que sa créature n'avait pas suffisamment récompensé son dévouement, et il investit du titre de calife un fantôme de souverain de la famille des Ommiades, nommé Abder-Rahman Almortada. Hamoud, qui était toutefois resté maître de Cordoue, s'y rendit odieux par ses cruautés, et il fut étouffé dans un bain par ses esclaves, à l'instigation de Hairan. Son frère Alcassem fut reconnu son successeur dans la capitale de l'empire Arabe, et se soutint avec l'appui des Maures contre Abder-Rahman-Almortada, qui ne tarda pas d'ailleurs à périr victime de tous ces bouleversements; mais, Hiaya, fils de Hamoud, profita d'une absence de son oncle pour surprendre Cordoue, et se fit reconnaître calife. Alcassem parvint à rentrer dans la capitale à la tête des Maures de Barbarie. Les excès de cette soldatesque provoquèrent un soulèvement de la population arabe et firent chasser Alcassem de Cordoue. Son neveu Hiaya ne régna quelque temps qu'en luttant contre les ambitieux qui lui disputaient le pouvoir. L'histoire a peine à se reconnaître au milieu de cette foule d'aspirants à une souveraineté dont une sanglante anarchie creusait la tombe. Après la mort de Hiaya, le trône des califes fut occupé une dernière fois par un prince de la famille des Ommiades, appelé Hescham III. Une révolte de ses sujets força, en 1031, le descendant d'Abder-Rahman Ier de sortir de la capitale de ses Etats, et il alla finir ses jours dans la retraite. C'est ainsi que descendit du trône la famille d'Ommiah, qui, expulsée du califat de Damas par celle des Abbassides, était venue fonder un empire en Espagne. Un historien arabe raconte qu'un jeune prince de cette illustre maison demanda à porter la couronne, au prix de sa vie, ne fût-ce que pour un jour. « Proclamez-moi calife aujourd'hui, et tuez-moi demain, disait-il, si mon étoile l'exige. » Mais la consolation de mourir calife ne fut pas même accordée au dernier des Ommiades, qui disparut, sans qu'on sût ce qu'il était devenu. Les gouverneurs des provinces soumises à la domination musulmane devinrent autant des petits souverains indépendants, et du démembrement de l'empire de Cordoue se formèrent autant de principautés qu'il comptait de villes importantes.

Pendant l'agonie du califat de Cordoue, le comte de Castille avait reculé les limites des frontières de ses Etats. Le roi Alphonse V de Léon fut mortellement atteint d'une flèche au siége de Viseu, en voulant aussi étendre ses conquêtes sur le territoire mahométan. Il eut pour successeur son fils Bermude III. L'assassinat du jeune comte Garcie de Castille, qu'une haine héréditaire porta les fils du comte Vala d'Alava à commettre, mit Sanche le Grand, qui avait épousé la sœur aînée du comte, en possession de la Castille en 1028. Une contestation sur la délimitation des frontières de leurs Etats arma l'un contre l'autre les rois de Léon et de Navarre, en 1032. La guerre fut d'abord défavorable à Bermude dans une première campagne; mais en 1033, les prélats qui entouraient les souverains leur firent comprendre que rien n'était plus contraire à l'esprit de la religion qu'ils avaient le bonheur de professer, qu'une lutte dans laquelle les forces chrétiennes s'épuisaient inutilement, lorsqu'elles pouvaient être tournées avec tant d'avantage contre les ennemis de la foi. La paix fut scellée par le mariage de la sœur de Bermude avec Ferdinand, second fils du roi de Navarre, à qui son père donna la Castille, que le roi de Léon érigea en même temps en royaume. Ce dernier monarque donna aussi plusieurs places en dot à sa sœur. La mort de Sanche le Grand, survenue en 1035, détruisit la tendance à l'agglomération qui commençait à se manifester dans les possessions des princes chrétiens. Le roi de Navarre laissait ce pays à Garcie, l'aîné de ses enfants; la Castille à Ferdinand, le second; l'Etat de Sobrarve, à Gonzalès, le troisième; et l'Aragon, à Ramire, son fils naturel. L'Etat de Sobrarve se fondit bientôt dans le royaume d'Aragon, dont l'origine date de ce déplorable partage, qui scinda la puissance des chrétiens, fut une source de discordes et de guerres entre leurs princes, et retarda de plusieurs siècles l'expulsion des musulmans du territoire espagnol. Bermude voulut reprendre à son beau-frère les places qu'il lui avait cédées en lui donnant sa sœur en mariage. Ferdinand appela à son secours don Garcie, roi de Navarre, et le roi de Léon fut tué d'un coup de lance dans une bataille qu'il livra aux deux frères en 1037. La postérité masculine de Pélage, qui combattait depuis plus de trois siècles pour la délivrance de l'Espagne, s'éteignit en Bermude.

Cette mort répara en partie le mal causé par le partage des Etats du roi de Navarre entre ses quatre fils : Ferdinand, qui avait épousé Sanche, sœur de Bermude, fut l'héritier de ce prince, et la réunion sur sa tête des couronnes de Léon et de Castille créa à l'islanisme un puissant adversaire. Une guerre fratricide, que la jalousie avait allumée entre les rois de Navarre et de Castille, se termina par la mort de don Garcie, sur un champ de bataille, près de Burgos. Les droits de don Sanche, fils du roi de Navarre, furent respectés par son oncle. Ferdinand avait remporté précédemment contre les musulmans des victoires d'un meilleur aloi. Il s'était emparé de presque toutes les villes situées entre le Douro et le Tage, et avait dépouillé le prince de Saragosse d'une partie de celles qu'il possédait; il avait forcé le roi de Tolède à se reconnaître son vassal, et il avait affranchi la Nouvelle-Castille du joug mahométan. Plus tard, il avait fait repentir le roi de Tolède de son infidélité à ses engagements. Ferdinand rapporta dans ses Etats d'immenses richesses conquises à la pointe de l'épée, et la réputation d'un grand roi. Il s'appliqua alors à faire fleurir la religion et la paix parmi ses sujets; et pour atteindre ce but, il s'éclaira des lumières des évêques réunis en concile à Coyença en 1050. Ferdinand, la reine, sa femme, et les grands du royaume assistèrent à cette assemblée. Un concile pour la réforme de la discipline ecclésiastique, qui ne pouvait pas manquer de s'altérer au milieu des agitations de cette époque, fut aussi tenu dix ans plus tard à Jaca, en présence de Ramire, premier roi d'Aragon. Raymond, comte de Barcelone, s'étant allié avec le comte d'Urgel, fit une guerre avantageuse contre le roi mahométan de Saragosse. Le roi de Castille, de son côté, reprit les armes contre les musulmans, et obligea le roi de Séville à lui payer un tribut et à devenir son vassal. Ramire, roi d'Aragon, fut tué en 1063, dans une bataille contre le roi de Saragosse, que secourait l'infant de Castille, don Sanche, parce que le prince infidèle était dans le vasselage de cette couronne. Rui Diaz de Vivar, si célèbre sous le nom du Cid, combattit dans cette journée à côté de l'infant. Le roi Ferdinand tint en 1064 une junte dans laquelle, malgré les observations qui lui furent faites sur les inconvénients de la mesure qu'il prenait, il partagea ses Etats entre ses enfants : Don Sanche, l'aîné, eut le royaume de Castille avec la suzeraineté sur les musulmans de Saragosse; Alphonse, celui de Léon et les Asturies d'Oviédo; Garcie, la Galice et le Portugal; l'infante Urraca eut pour apanage la ville de Zamora, et l'infante Elvire, celle de Toro. L'année suivante, le roi de Castille fit encore une campagne contre les princes de Tolède et de Saragosse, qui refusaient le tribut et l'hommage qu'il leur avait imposés, et il porta la terreur de son nom jusqu'à Valence. Il mourut à Léon, au retour de cette expédition, en donnant les marques les plus édifiantes de l'ardeur de sa foi. Son zèle pour la religion s'était manifesté par sa vénération pour les reliques des saints, par les dons qu'il faisait aux monastères, et par la fondation d'un grand nombre d'églises et de couvents. En 1065, le roi d'Aragon, Sanche-Ramirez, fit aux mahométans une guerre dans laquelle le siége qui replaça Barbastro sous la domination chrétienne, coûta la vie au comte d'Urgel, don Ermengaude. La principale mosquée de la ville fut purifiée et convertie en église. Le roi d'Aragon garantit ses frontières contre les tentatives des infidèles par la construction de plusieurs forteresses.

Le roi de Castille don Sanche n'attendait que la mort de sa mère, qui eut lieu en 1068, pour donner un libre cours à son désir de s'emparer de toute la succession de son père, dont il supportait impatiemment le partage avec ses frères. Les princesses ses sœurs firent de vains efforts pour l'empêcher de recourir aux armes. Le sang coula abondamment dans la lutte où il s'engagea contre Alphonse, roi de Léon, auquel se réunit Garcie, roi de Galice et de Portugal, qui se sentait également menacé par l'ambition de leur frère aîné.

La valeur du Cid aida don Sanche à triompher de cette alliance. Alphonse fut fait prisonnier, et n'obtint la vie qu'à la condition de prendre l'habit religieux dans le monastère de Sahagun. Don Sanche entra ainsi en possession du royaume de Léon. Un légat fut envoyé en Espagne par le pape Alexandre II, en 1071, dans le but d'amener la Péninsule à l'unité de liturgie avec l'Eglise romaine. Le roi d'Aragon et le comte de Barcelone s'associèrent aux efforts du saint-siége, et le rite gothique ou mozarabique fut abandonné dans leurs Etats. Le roi de Galice et de Portugal, don Garcie, qui s'était aliéné l'esprit de ses sujets, fut facilement dépossédé de son trône par son frère don Sanche; il trouva un refuge à la cour du roi de Séville. Alphonse s'échappa, à la même époque, du monastère de Sahagun, où il avait été forcé d'entrer, et se retira également auprès d'un souverain musulman, Alménon, roi de Tolède. Don Sanche manifesta à ses sœurs Urraque et Elvire, sous le prétexte qu'elles avaient favorisé la fuite de leur frère Alphonse, son intention de leur enlever aussi leurs modestes parts de l'héritage paternel. Les infantes ne manquèrent pas de défenseurs prêts à mourir, s'il le fallait, pour le soutien de leurs droits. Don Sanche marcha contre Toro, à la tête d'une forte armée, dans laquelle le Cid figurait au premier rang, et la place succomba bientôt. Mais il trouva devant Zamora, où était renfermée sa sœur Urraque, une résistance qui ne lui laissa d'espoir de réduire la ville que dans la famine. Pendant le siége, le roi fut tué par la trahison d'un faux transfuge, en 1072. L'infante s'empressa d'annoncer cette nouvelle à Alphonse, qui prit aussitôt congé du roi de Tolède et arriva à Zamora. Il y fut proclamé roi de Galice et de Portugal en même temps que de Léon; mais les seigneurs de Castille, avant de le reconnaître pour leur souverain, exigèrent, par l'organe du Cid, qu'il jurât par trois fois qu'il n'avait eu aucune part dans l'assassinat de son frère. Don Garcie fit une tentative pour recouvrer le royaume de Galice et de Portugal; mais Alphonse s'empara de sa personne, dans une entrevue où il l'avait attiré, et le fit enfermer dans un château voisin de Léon, où il mourut sans postérité, comme son frère don Sanche.

Alphonse VI se trouvait ainsi, en 1074, paisible possesseur des trois premières couronnes de l'Espagne. Il épousa alors la fille de Guillaume, duc de Guyenne et comte de Poitiers. Mais ce mariage fut annulé plus tard, pour cause de parenté. Alphonse eut occasion de témoigner, la même année, sa reconnaissance au roi de Tolède, en marchant à son secours contre le roi de Séville, qui l'avait attaqué. L'année 1075 fut vraisemblablement celle de la mort de sainte Casilda, fille d'Alménon, roi de Tolède. La compassion envers les esclaves chrétiens, dont cette princesse donna des preuves dans sa jeunesse, fut le point de départ de la route qui la conduisit glorieusement de l'islamisme à la foi en Jésus-Christ.

Un jour où elle portait à manger à ces malheureux, dans un vase couvert, elle fut surprise par son père, qui lui demanda ce que contenait ce vase. Casilda répondit que c'étaient des roses, et elle ne fut pas peu émerveillée elle-même de trouver en effet des roses à la place de la nourriture qu'elle croyait que son père allait voir, lorsqu'il exigea que le vase lui fût montré. Ce miracle la détermina à embrasser le christianisme. Elle obtint d'Alménon la permission de se rendre en Castille, sous le prétexte de se procurer, par l'efficacité des eaux d'un lac voisin de Burgos, la guérison d'un flux de sang dont elle était atteinte. Elle n'eut pas plutôt mis le pied dans les Etats de don Alphonse, qu'elle congédia les gens de sa suite, en leur déclarant qu'elle allait recevoir le baptême. Casilda passa le reste de ses jours dans un ermitage, et mérita, par une vie angélique, la couronne que l'Eglise décerne à la sainteté. L'abbaye de Cluny exerçait, à cette époque, une grande influence réformatrice sur les monastères espagnols, en y envoyant des religieux élevés sous sa discipline. Sanche IV, roi de Navarre, ayant été tué à la chasse par son propre frère Ramire, en 1076, ses Etats, comme il ne laissait que des enfants en bas âge, furent partagés entre ses deux cousins, Alphonse, roi de Castille, et Sanche-Ramirez, roi d'Aragon. Ce dernier eut Pampelune, avec la portion la plus considérable de la Navarre. Le roi de Castille s'était adressé plusieurs fois au souverain pontife, saint Grégoire VII, pour préparer les voies à la substitution du rite romain au rite gothique, dans ses domaines. Un concile, qui fut tenu à Burgos en 1080, sous la présidence du cardinal Richard, abbé de Saint-Victor de Marseille et légat du saint-siége, décida, suivant les intentions du roi, que l'office romain remplacerait le gothique. Les sujets d'Alphonse montrèrent un grand mécontentement de ce changement, qui contrariait leurs habitudes, et on convint que la question serait résolue par un duel entre deux chevaliers, dont l'un combattrait pour le rite de Rome, et l'autre pour celui des Goths. L'avantage demeura à ce dernier champion; mais le roi persista dans sa résolution et maintint la décision du concile. Le roi d'Aragon fit, cette même année 1080, une guerre heureuse aux musulmans de Saragosse et de Huesca. Il continua, les années suivantes, à étendre ses frontières aux dépens des infidèles, auxquels il fit éprouver une grande défaite à Morella, en 1084.

Alphonse VI était demeuré fidèlement reconnaissant de l'hospitalité qu'il avait reçue à Tolède, envers Alménon et envers Hescham, fils et successeur de ce roi. Mais Hiaya, qui remplaça sur le trône le second de ces princes, dont il était le frère, se rendit odieux à tous ses sujets par ses vices et par sa tyrannie. Les chrétiens du royaume de Tolède appelèrent à leur secours le roi de Castille, qui ne put pas rester sourd à une semblable demande de protection. Pendant les années 1081, 1082, 1083 et 1084, il enleva plusieurs villes à Hiaya, qui était en même temps attaqué par le roi de Séville. Le roi de Saragosse, qui voyait avec inquiétude Alphonse guerroyer près de ses frontières, chargea le gouverneur du château de Rueda de jouer le rôle de mécontent, et d'attirer le prince chrétien dans cetteforteresse, sous prétexte de la lui livrer. Les grands qui entouraient le roi de Castille, l'engagèrent à se défier de la proposition qui lui fut faite de lui livrer le château, s'il voulait envenir prendre possession lui-même. Les infants de Navarre, don Ramirez et don Sanche, qui avaient été chargés de cette mission avec plusieurs autres seigneurs, furent massacrés par le perfide gouverneur dans le guet-apens dressé contre le roi. Le château était si fort, qu'il fut impossible de tirer vengeance de cette lâche atrocité. Dès le commencement de l'année 1085, Alphonse rassembla une nombreuse armée, avec laquelle il alla mettre le siége devant Tolède, dont le roi n'avait pas un ami parmi les souverains arabes, ses voisins. La première brise de l'esprit des Croisades commençait à souffler sur l'Europe, et le généreux désir de faire reculer le Croissant devant la Croix avait réuni sous la bannière castillane des chevaliers venus de France, d'Italie et d'Allemagne. La ville ne tarda pas à être forcée de capituler, et elle se rendit le 25 mai 1085. Hiaya fut laissé libre de se retirer où il lui plairait, et Alphonse accorda aux musulmans qui voudraient rester à Tolède les mêmes conditions que les Goths avaient autrefois obtenues de Mousa. Les chrétiens qui vivaient sous la domination mahométane depuis le VIIIe siècle furent dans une joie inexprimable. Les rois de Séville et de Badajoz furent frappés de terreur, et ils réclamèrent le secours de leurs coréligionnaires d'Afrique, au nom de l'islamisme menacé dans son existence en Espagne. Yousouf, successeur d'Abdallah, qui venait d'établir dans le royaume de Fez et de Maroc la puissance des Almoravides, ou Morabites, tribu nomade primitivement originaire de l'Yémen, et récemment sortie des régions de l'Atlas, passa dans la Péninsule à la tête d'innombrables bandes. Les historiens espagnols donnent aux souverains des Almoravides le titre de *Miramamolin*, ou *Miramolin*, qui est la corruption de trois mots arabes qui signifient *chef des musulmans.* Alphonse entra en campagne contre les infidèles au printemps de l'année 1086, et s'empara de Coria. Mais son armée essuya un grave échec à Zélaka près de Badajoz, et les Almoravides se signalèrent dans cette sanglante journée, où, selon quelques historiens, le roi de Castille fut lui-même blessé. Les musulmans, qui avaient perdu depuis longtemps l'habitude de la victoire, célébrèrent avec enthousiasme celle qu'ils venaient de remporter sur les forces chrétiennes. A son retour à Tolède, Alphonse réunit en concile les évêques et les grands de ses royaumes, et un prélat fut placé sur le siége métropolitain reconquis. Le roi fit aussitôt les préparatifs d'une guerre dans laquelle il se promettait d'effacer la honte de sa défaite à Zélaka. Il écrivit au roi de France Philippe Ier, pour lui demander des secours, et plusieurs seigneurs français, parmi lesquels figurait le comte Raymond de Bourgogne, parent de Constance, seconde femme d'Alphonse, vinrent grossir les rangs des troupes espagnoles. Mais un traité fut conclu entre le roi de Castille et les souverains musulmans de Séville et de Badajoz. A la faveur de la paix, Alphonse s'occupa de repeupler les pays nouvellement soustraits au joug infidèle. En 1088, le comte de Barcelone enleva aux Arabes Tarragone avec toute la province qui en dépend. Il obtint ensuite du pape le rétablissement du siége métropolitain de cette ville. Urbain II envoya en Espagne, à titre de légat, le cardinal Rainier, qui occupa le trône pontifical sous le nom de Pascal II. Un concile, qui fut tenu à Léon en 1091, sous la présidence du représentant du saint-siége, décida qu'on suivrait dans les offices divins les règles enseignées par l'Eglise romaine. Le concile prescrivit aussi d'employer dans les actes ecclésiastiques l'écriture latine, qui était alors en usage en France et dans une grande partie de l'Europe, au lieu de la gothique, pour faciliter les communications entre les différents Etats de la chrétienté. Alphonse VI rentra en campagne contre les musulmans en 1093, et il leur prit Santarem et Lisbonne. Il donna les pays qu'il avait arrachés aux infidèles en Portugal au comte Henri de Bourgogne, qui était venu servir sous sa bannière avec le comte Raymond, et qui avait épousé Thérèse, sa fille naturelle. Le roi d'Aragon, Sanche Ramirez, fut tué en 1094, en assiégeant Huesca. Il chargea, en mourant, son fils Pierre Ier, qui fut son successeur sur le trône d'Aragon, de continuer le siége de la place. Les musulmans de Saragosse et de toutes les contrées voisines accoururent au secours de Huesca. Alphonse de Castille contribua aussi à la défense de cette ville qui s'était placée dans son vasselage. Pierre Ier n'en remporta pas moins, dans les champs d'Alcaraz, en 1096, une des plus glorieuses batailles où les chrétiens aient vaincu les ennemis de leur foi en Espagne. La reddition de Huesca fut la suite de ce succès. Le roi de Castille fournit au Cid, en 1094, les troupes avec lesquelles ce vaillant guerrier fit la conquête de Valence. L'archevêque de Tolède assista, avec plusieurs autres prélats espagnols, au concile de Clermont, où le pape Urbain II appela la chrétienté à marcher à la délivrance des Saints Lieux et leva l'étendard des Croisades en 1095. Le métropolitain de Tolède voulait accompagner les croisés à Jérusalem; mais le pape ne lui permit pas d'abandonner son Eglise, dont la récente réorganisation réclamait sa sollicitude pastorale.

Alphonse VI épousa, en quatrièmes noces, en 1096, Zaïde, fille du roi musulman de Séville. La princesse arabe, qui était déjà, à ce qu'il paraît, chrétienne de cœur, reçut le baptême avant de donner sa main au roi de Castille, et prit le nom de Marie-Isabelle. Cette union amena entre le roi de Séville et Alphonse une alliance qui avait pour but la destruction de toutes les petites puissances mahométanes en Espagne. Les deux princes voulaient associer Yousouf, roi des Almoravides du Maroc, à l'exécution de leur projet, et ils lui envoyèrent des ambassadeurs pour l'engager à passer dans la Péninsule. Cet ambitieux accueillit avec empressement la proposition qui lui était faite, et ses redoutables bandes traversèrent aussitôt le détroit. Les infidèles, que menaçaient les desseins évidents du roi de Séville, l'accusèrent auprès d'Yousouf de trahir la cause musulmane au profit des intérêts chrétiens, et réclamèrent du roi des Almoravides un appui qui souriait trop à ses vues pour qu'il le leur refusât. Une lutte sanglante s'engagea entre le roi de Séville et les

Almoravides, auxquels leur supériorité numérique assurait l'avantage. Le roi de Séville vaincu alla terminer ses jours dans la captivité en Mauritanie, et ses Etats passèrent, en 1097, sous la domination d'Yousouf, qui rangea bientôt sous sa loi tout le reste de l'Andalousie. Les Almoravides battirent, dans cette même année, une armée qu'Alphonse avait fait marcher contre eux. Le roi de Castille rassembla des forces considérables, et s'avança en personne à la rencontre d'Yousouf. Mais l'habile Almoravide évita de livrer au sort d'une bataille les conquêtes dans lesquelles il se proposait de s'affermir, et il se retira à Séville. Alphonse fut réduit à battre la campagne et à se contenter du riche butin qu'il rapporta dans ses Etats. Yousouf, qui se défiait des chrétiens Mozarabes, c'est-à-dire vivant parmi les Arabes, transporta en Afrique ceux qui ne se retirèrent pas sur les terres du roi de Castille, et le culte de la religion chrétienne disparut de l'Andalousie.

Les nouveaux envahisseurs de la Péninsule vinrent mettre le siége devant Tolède; mais ils échouèrent dans leurs efforts pour s'en emparer. L'année 1099, qui est celle de la prise de Jérusalem par les croisés, est aussi marquée par la mort du Cid. Ce héros, dont la poésie a élevé les prouesses à la hauteur du beau idéal chevaleresque, régnait à Valence dans le vasselage d'Alphonse, dont il n'était point aimé, malgré les services qu'avait rendus son épée, à cause du serment qu'il avait exigé de ce prince à son avénement au trône. Chimène, sa veuve, défendit Valence avec un courage viril contre les Almoravides, qui avaient taillé en pièces une armée envoyée par le roi de Castille pour leur barrer le chemin. Mais la conservation de cette ville présentait de grandes difficultés, et Chimène se détermina à l'évacuer, en 1102, avec tous les chrétiens qui l'habitaient. La fidèle épouse du Cid emporta avec elle le corps de son mari, et lui donna la sépulture dans le monastère de Saint-Pierre de Cardeña. Par l'abandon qui leur fut fait de Valence, les Almoravides se trouvèrent maîtres de toute l'Espagne musulmane, à l'exception de Saragosse. Alors le nombre des Maures originaires des contrées d'où venaient les Almoravides, excéda de beaucoup celui des Arabes en Espagne, et l'on commença à confondre ces deux peuples sous la dénomination du plus considérable. A la nouvelle de la délivrance de Jérusalem, de nombreux pèlerins espagnols voulaient aller visiter les Lieux Saints et combattre en Palestine sous la bannière de la croisade; mais leur absence aurait été funeste à l'Espagne au moment de l'invasion des Almoravides, et, à la demande d'Alphonse, le pape leur ordonna de demeurer dans leur patrie, par une bulle, qui assimila la guerre poursuivie contre les infidèles en Espagne à celle que leur faisaient les croisés en Orient. Le roi s'attacha à rétablir dans leur ancienne splendeur tous les siéges épiscopaux de ses vastes Etats. Il s'empara de Médina-Céli, en 1104, et fit relever de ses ruines l'antique Numance, qui reçut le nom de Garray. Ses troupes furent battues en 1105, en voulant repousser une incursion des Almoravides sur le territoire castillan. Henri de Bourgogne, créé, comme nous l'avons dit précédemment, comte de Portugal par Alphonse, obligea Ali, fils d'Yousouf, à lever le siége qu'il avait mis devant Coïmbre. Yousouf, qui était retourné dans ses Etats d'Afrique, repassa en Espagne, en 1108, avec l'intention de partager l'innombrable armée qu'il avait réunie en trois corps, dont deux attaqueraient le royaume de Castille, tandis que le troisième marcherait contre les musulmans qui ne reconnaissaient pas son autorité. A la tête des troupes qu'Alphonse opposa aux Almoravides s'avançait son fils unique, don Sanche, enfant de dix à onze ans, qu'accompagnaient son gouverneur, don Garcie de Cabra et six autres comtes. La valeur espagnole ne put triompher du nombre des infidèles, à la journée d'Uclès, dans laquelle les soldats de la croix rencontrèrent ceux du croissant, et parmi les morts que cette défaite coûta aux chrétiens étaient l'infant et les sept comtes. La perte des Almoravides fut sans doute très-considérable également, puisque leur souverain ne donna pas suite à son plan d'invasion. L'évêque de Saint-Jacques de Compostelle et l'infante Urraque forcèrent à la retraite le seul détachement de troupes qu'Yousouf avait laissé sur les rives du Tage. Mais les Almoravides se précipitèrent sur la Catalogne, où ils exercèrent de grands ravages. Alphonse assemblait une armée pour venger la mort de son fils, lorsqu'il fut atteint de la maladie dont il mourut, après un règne de quarante-quatre ans, au mois de juin 1109. Par ses vertus, par ses exploits et par son inébranlable courage, il a inscrit son nom au rang des plus illustres souverains de l'Espagne. Des six femmes qu'il avait épousées, il ne laissa, après le fils qu'il perdit à la bataille d'Uclès, qu'une fille, l'infante Urraque. Cette princesse, qui avait d'abord été unie au comte Raymond de Bourgogne, dont elle avait eu un fils, était devenue ensuite la femme de son cousin le roi d'Aragon et de Navarre, Alphonse dit le *Batailleur*, à cause du grand nombre de combats qu'il livra aux musulmans. Alphonse VI avait eu aussi deux filles naturelles qu'il avait mariées, l'une, comme nous l'avons déjà dit, à Henri de Bourgogne, comte de Portugal, et l'autre à Raymond, comte de Toulouse, un des chefs de la première croisade.

L'infante Urraque succéda à son père avec son mari, le roi d'Aragon. Mais ce prince supportait très-impatiemment le caractère impérieux de sa femme, et il finit par l'enfermer dans une forteresse. A entendre plusieurs historiens, la conduite d'Urraque n'avait pas non plus été irréprochable. Ferréras tâche de la disculper, toutefois, des accusations dont ses mœurs sont l'objet. Ali avait succédé à son père Yousouf comme souverain des Almoravides de Mauritanie et d'Andalousie. Quoiqu'il eût un frère aîné, il lui avait été préféré à cause de sa valeur, dit un poëte arabe de ce temps, au rapport de Condé (*Historia de la dominacion de los Arabes en España*) :

Aunque en los años es Aly postrero,
Su valor lo coloca por primero.

Ali crut que l'état de trouble, produit dans les royaumes espagnols par la désunion qui avait éclaté entre l'héritière de la Castille et son mari, le roi d'Aragon, était une circonstance favorable au dessein qu'il avait de s'emparer de Tolède. Il alla donc assiéger cette ville, en 1110. Mais la vigoureuse résistance des habitants le força à renoncer à son entreprise. Ayant échoué aussi dans une attaque contre Madrid, il déchargea sa colère sur les campagnes, où il mit tout à feu et à sang. Il retourna en Andalousie chargé de butin, et les nombreux chrétiens qu'il avait faits prisonniers et réduits en esclavage furent embarqués pour l'Afrique. Un corps de troupes qu'il avait envoyé en Portugal y répandit également la désolation, sans que le comte Alphonse pût l'en empêcher. La reine Urraque, après s'être échappée de la forteresse où son mari l'avait emprisonnée, retourna vivre avec lui, sur les conseils des seigneurs de Castille. Mais une nouvelle rupture fut bientôt la suite de ce rapprochement, et Alphonse se sépara publiquement de sa femme à Soria, en 1111. Il prétendit cependant rester maître des Etats dont elle était l'héritière, et il y parvint, en grande partie, parce qu'il avait eu la précaution de confier le commandement des provinces et des villes à des gouverneurs qui lui étaient dévoués. La plupart des seigneurs castillans, d'un autre côté, se prononcèrent pour la reine. Mais ils furent vaincus dans une bataille que leur livra le roi d'Aragon, dont les soldats traitèrent les Etats de Castille et de Léon en pays conquis. Les monastères, même celui de Sahagun, furent scandaleusement pillés.

Les grands de la Galice firent alors couronner roi le jeune Alphonse Raymond, fils de doña Urraque et de son premier mari, le comte de Bourgogne, et prirent les armes pour conduire l'infant à sa mère. Le roi d'Aragon s'avança à leur rencontre, et les défit complétement, en 1112. Les Galiciens appelèrent à leur secours Henri de Bourgogne, comte de Portugal, qui s'empressa de réunir ses troupes à celles de la reine et de l'infant. Alphonse, qui assiégeait Astorga, fut obligé de battre en retraite. Les musulmans profitèrent de ces circonstances pour faire irruption sur le teritoire chrétien ; mais la reine Urraque fit marcher contre eux des troupes qui les repoussèrent. Cette princesse réunit en cortès à Burgos, en 1113, les évêques et les grands de ses royaumes, pour aviser aux moyens de mettre fin à la guerre si dommageable qui se prolongeait entre elle et son mari. Cette assemblée ne trouva aucun remède au mal qui lui était signalé, et l'archevêque de Tolède convoqua un concile à Palencia, pour statuer sur le mariage d'Urraque et d'Alphonse, qui était devenu la source de troubles interminables. Un légat envoyé en Espagne par le pape Pascal avait déjà décidé que c'était à un concile qu'il fallait recourir. Les prélats assemblés à Palencia, en 1114, déclarèrent nul, pour cas de parenté, le mariage de la reine de Castille avec le roi d'Aragon. Ce prince n'en continua pas moins à susciter des embarras à Urraque, et à exciter des soulèvements dans ses domaines, où il conserva des places fortes et des intelligences pendant longtemps. Le règne tout entier de la fille d'Alphonse VI ne fut qu'agitation. A la désunion avec son mari succéda le désaccord avec son fils. Le saint-siége intervint inutilement par des légats, et plusieurs conciles furent tenus en vain pour faire cesser ces discordes. Deux conciles furent encore tenus cette même année 1114, l'un à Léon, et l'autre à Saint-Jacques de Compostelle. On y fit des règlements pour la réforme de la discipline ecclésiastique. Pendant ce temps, les habitants de Tolède repoussèrent de nouveau les infidèles qui étaient venus assiéger leur ville. L'île de Majorque était alors un repaire de corsaires musulmans qui infestaient les côtes d'Espagne, de France et d'Italie, et qui ne laissaient aucune sécurité à la navigation de la Méditerranée. Le comte de Barcelone, le vicomte de Narbonne et le comte de Montpellier unirent leurs forces pour réprimer cette piraterie. Par l'entremise du pape, ces seigneurs obtinrent de la république de Pise une flotte qui transporta leurs troupes dans l'île, où tous les mahométans furent passés au fil de l'épée. L'évêque de Saint-Jacques de Compostelle fit construire deux galères à ses frais pour protéger les côtes de Galice.

Le roi Alphonse d'Aragon tourna son ambition vers la conquête de l'importante ville de Saragosse. A la nouvelle de ce projet, des seigneurs français accoururent pour prendre part à une guerre que la foi enthousiaste de cette première époque des croisades considérait comme sacrée. Le résultat de cette expédition, qui eut lieu en 1114, se borna toutefois à la prise de Tudela. Les Almoravides crurent qu'une expédition contre Tolède avait pour eux des chances de succès pendant que les Etats de Castille, de Léon et de Galice étaient divisés entre le parti de la reine Urraque et celui de son fils Alphonse. Mais la bravoure chrétienne repoussa cette tentative. L'archevêque Bernard de Tolède enleva aux infidèles Ascala de Hénarès. En 1118 Alphonse le *batailleur*, roi d'Aragon, s'empara de Saragosse et mit fin au royaume mahométan dont cette ville était la capitale. La principale mosquée fut consacrée au vrai culte, l'église de Notre-Dame del Pilar fut réparée, et le siége épiscopal rétabli. Alphonse poussa ses victoires jusqu'au Gallégo. Pendant ce temps l'esprit de rébellion agitait l'Andalousie : les Arabes, dont un long contact avec les chrétiens avait adouci les mœurs, supportaient avec peine le joug sauvage des féroces Almoravides. Ali ne put pas venir du Maroc arrêter la révolte des anciens conquérants contre les nouveaux. Une puissance rivale de la sienne s'élevait en Afrique. C'était celle des Almohades, c'est-à-dire *unitaires*. Ce peuple était un assemblage de diverses tribus maures qu'avait fanatisées un marabout surmommé El-Méhédi, qui s'était fait réformateur des sectateurs du Coran parmi lesquels il prêchait sa doctrine. Ali arma les chrétiens mozarabes qu'il avait transportés en Afrique, et, avec l'aide de leurs bras, il battit les bandes d'El-Méhédi. Mais une insurrection générale éclata en Andalousie contre les Almoravides, qui furent expulsés de la plupart des villes qu'ils occupaient, et massacrés en beaucoup d'endroits. Le roi d'Aragon fit un nouvel appel à la vaillance des seigneurs français, et rentra, en 1120, en campagne contre les musulmans. Il leur enleva Calatayud et les contrées qu'arrose le Xalon. L'année suivante il les défit près de Daroca, se rendit maître de cette place, et prit à l'ennemi deux mille chevaux. Reconquérir Tolède était le but que ne cessaient de se proposer les infidèles. Le fils d'Ali, qui lui avait succédé comme roi des Almoravides, échoua en 1121 dans une entreprise contre cette ville. Alphonse d'Aragon, toujours aidé par les Français, s'avança, en 1123, par le royaume de Valence, où il tailla en pièces les mahométans à Alcaraz, jusque dans la province de Murcie, et, en 1124, il parcourut les provinces de Cordoue, de Jaën et de Grenade. Il fut salué comme un libérateur par dix mille familles chrétiennes mozarabes des Alpuxarras. Quoique privés de pasteurs depuis qu'ils gémissaient sous la domination arabe, ces malheureux avaient conservé les traditions de leur foi à travers quatre siècles. Ils demandèrent au roi et en obtinrent la permission de le suivre, et ils repeuplèrent les campagnes désertes des contrées qu'il avait récemment rangées sous son sceptre.

La mort de la reine Urraque fut, en 1126, pour les royaumes de Castille, de Léon et de Galice, le terme de tous les désordres dont ils étaient le théâtre depuis qu'elle les gouvernait. L'autorité passa des mains de cette princesse, qui a laissé dans l'histoire un nom mal noté, dans celles de son fils don Alphonse Raymond, huitième roi de Castille du nom d'Alphonse. Ce prince s'attacha à réparer les maux causés par sa mère, et à reprendre les places que possédait encore dans ses Etats son beau-père le roi d'Aragon. Dans cette même année 1126, ce dernier roi remporta sur les infidèles, en parcourant le royaume de Valence, une des plus célèbres victoires qui honorent les armes espagnoles. Le triomphe du courage sur la supériorité numérique se renouvela encore une fois. L'infante Thérèse, fille naturelle d'Alphonse IV, roi de Castille, gouvernait le Portugal depuis la mort de son mari, Henri de Bourgogne, premier comte de ce pays, mort en 1112. Mais les seigneurs portugais, mécontents de l'administration de cette princesse, voulurent mettre son fils Alphonse Henriquez en possession du pouvoir. Il s'ensuivit une guerre civile d'où le jeune prince sortit vainqueur et maître de l'Etat, en 1128. Le roi Alphonse de Castille provoqua la réunion d'un concile à Palencia, en 1129, pour remédier aux abus qui s'étaient introduits jusque dans les affaires ecclésiastiques sous le mauvais gouvernement de la reine Urraque. Les efforts faits par les anciens habitants mahométans de l'Andalousie, pour secouer le joug des Almoravides, fondèrent une multitude de petits Etats dont les chefs furent perpétuellement en guerre entre eux. Le défaut d'union des princes chrétiens les empêcha de profiter de ce principe d'affaiblissement de la puissance musulmane pour lui porter un coup décisif. Le comte Rodrigue Gonzalez fit, en 1131, un immense butin dans une incursion contre les infidèles qu'il poussa jusqu'aux portes de Séville, et le gouverneur de cette ville périt dans un combat où ses troupes furent défaites. Les chrétiens de Salamanque, ayant voulu exécuter une semblable entreprise, furent battus par le fils du roi des Almoravides. Ce prince marcha alors vers Tolède; mais le roi de Castille le força à la retraite, et porta une guerre d'extermination sur les territoires de Cordoue et de Séville. Alphonse s'avança jusqu'auprès de Cadix, brûlant les moissons, arrachant les vignes, coupant les oliviers, enlevant les troupeaux, saccageant les villages, renversant les mosquées, et emmenant en esclavage les hommes, les femmes et les enfants. Il réduisit ainsi les Musulmans à se reconnaître ses vassaux et à lui payer un tribut. Le roi d'Aragon, Alphonse le *batailleur*, faisait de son côté le siége de Fraga, lorsqu'une armée infidèle, venue d'Afrique et d'Andalousie, arriva au secours de cette place. Une bataille s'engagea, le 17 juillet 1134; mais elle fut fatale aux chrétiens. La plupart des seigneurs qui les commandaient et les évêques qui accompagnaient le roi furent tués. Le camp d'Alphonse devint la proie des vainqueurs, et il ne leur échappa lui-même qu'escorté de dix cavaliers. Il se retira au monastère de Saint-Jean de la Peña, où il mourut de chagrin huit jours après ce désastre. Alphonse le *batailleur* fut un des plus illustres rois dont se glorifie l'Espagne. Il avait autant d'horreur de l'islamisme que de zèle pour la vraie religion, et sa prudence égalait sa valeur. Ce fut lui qui acheva de constituer le royaume d'Aragon, et qui porta le premier, depuis la conquête de la Péninsule par les Arabes, le drapeau de la croix en Andalousie.

Alphonse le *batailleur*, lorsqu'il s'était vu sans enfants, avait par son testament légué ses royaumes aux ordres militaires du Temple et de l'Hôpital de Saint-Jean de Jérusalem. Mais cette disposition ne fut point respectée par les grands de ses Etats. Ceux d'Aragon élurent pour souverain Sanche Ramirez, frère d'Alphonse, qu'ils tirèrent du monastère où il était religieux pour le placer sur le trône, et ceux de Navarre proclamèrent roi don Garcie Ramirez, petit-fils de Don Garcie de Najéra, frère de Sanche IV. Les populations livrées à la fureur des musulmans par suite de la bataille de Fraga virent accourir à elles un défenseur : c'était le généreux Alphonse VIII. Les prélats et les grands d'Aragon, en reconnaissance de ce service rendu à leur patrie, offrirent au roi de Castille la ville de Saragosse, qu'il laissa munie d'une nombreuse garnison. En retournant dans ses domaines, ce prince reçut l'hommage du nouveau roi de Navarre, qui se déclara son vassal, et qui assista aux cortès solennelles tenues à Léon en 1135. Alphonse VIII fut couronné et salué empereur dans cette assemblée. L'infante Sanche, sa sœur, fit bâtir un monastère pour recevoir les religieux de l'ordre de Cîteaux que saint Bernard envoya en Espagne, sur sa demande. La séparation des royaumes de Navarre et d'Aragon occasionna des guerres regrettables, dont le détail est étranger au sujet que nous traitons ici. Ce que nous devons faire observer, c'est que tandis que les chrétiens épuisaient leurs forces à s'entre-détruire, ils retardaient le lever du jour qui devait éclairer la Péninsule affranchie de la présence du croissant. Sanche Ramirez, qu'on avait tiré du cloître pour le faire roi d'Aragon, et qui s'était ensuite marié, avec la dispense de l'antipape Anaclet, se repentit de sa conduite, et résolut de se séparer de sa femme, en abdiquant la couronne pour vivre dans la retraite à Huesca. Il réunit en cortès les prélats et les grands de son royaume en 1137, et en remit le gouvernement au comte Raymond de Barcelone, en le fiançant avec sa fille Pétronille, née du mariage qu'il avait contracté sur le trône. Le roi de Castille s'achemina, en 1138, vers l'Andalousie; mais un corps de son armée, qui s'en était imprudemnent détaché, fut détruit par les infidèles. Alphonse échoua aussi dans le siége de Coria. Il entreprit ensuite celui de la forte place d'Oréja. Les historiens espagnols racontent que les musulmans vinrent, pendant l'absence du roi, investir Tolède. La reine Bérengère leur fit dire qu'il n'y avait pas de générosité à attaquer une femme, et que, s'ils voulaient se mesurer avec les chrétiens, ils devaient aller à Oréja, où le roi les attendait. Les chefs de l'armée mahométane firent leurs excuses à la reine, et lui demandèrent la permission de lui porter leurs hommages dans son palais. Bérengère consentit à recevoir leur visite, qui fut très-courtoise. Le siége fut ensuite levé, et l'expédition retourna en Andalousie. La teinte chevaleresque de ce récit ressemble bien à l'effet du mélange des couleurs de la poésie avec celles de l'histoire. Alphonse, pendant ce temps, s'était emparé d'Oréja, et un *Te Deum* fut chanté en grande solennité, à son retour à Tolède. Le prince Alphonse Henriquez de Portugal gagna, en 1139, la célèbre bataille d'Ourique, dans laquelle il fit un grand carnage des infidèles. Ses soldats le proclamèrent roi à l'issue de cette journée. Telle est l'origine de la monarchie portugaise. L'infatigable roi de Castille enleva Coria aux musulmans, et releva le siége épiscopal de cette ville. Les gouverneurs de Tolède ne cessaient pas d'inquiéter et de ravager les territoires de Séville et de Cordoue. L'officier revêtu de cette charge revint d'un combat livré aux ennemis de la foi, en 1143, avec les têtes des commandants arabes de ces deux villes attachées aux hampes de ses étendards. Mais ce même officier ayant été tué bientôt après, dans une rencontre avec les mahométans, sa tête, sa main et sa jambe droites furent envoyées aux veuves des gouverneurs de Séville et de Cordoue. Le roi de Castille tira vengeance de ces représailles en mettant à feu et à sang toute l'Andalousie. Les anciens habitants arabes de ces contrées, en se voyant ainsi traités, cherchaient un remède à leur sort dans la résolution de s'affranchir entièrement de la domination des Almoravides et de la dépendance de l'Afrique. Ce projet fut en grande partie exécuté en 1145, et des flots de sang africain coulèrent sous l'épée des premiers conquérants.

Raymond Bérenger, qui gouvernait l'Aragon, fit don aux Templiers, en 1143, dans une junte qu'il tint à Girone, de plusieurs châteaux et de possessions considérables, en chargeant cet ordre de la défense de ses Etats contre les musulmans. Le roi de Portugal avait déjà confié la garde de ses frontières à la même milice. Ce prince s'empara de Santarem, en 1145. Le roi de Castille, Alphonse VIII, avait favorisé, en Andalousie, l'extermination des Almoravides, dont les adversaires se placèrent sous son vasselage. S'étant rendu maître de Cordoue, dans une expédition qu'il fit en 1146, il laissa la possession de cette ville au chef arabe auquel il l'avait enlevée, à condition que celui-ci demeurerait son feudataire. La puissance des Almoravides succombait en même temps en Afrique sous celle des Almohades. Le roi de Castille jugea que c'était le moment d'user de sa prépondérance sur l'Espagne chrétienne, pour porter à l'islamisme des coups décisifs : il détermina don Raymond d'Aragon, et don Garcie, roi de Navarre, à suspendre la guerre qu'ils se faisaient, et à lui prêter secours contre le commun ennemi. Alphonse ouvrit la campagne, en 1147, par la prise de Calatrava. Alméria, sur la Méditerranée, était le repaire des corsaires musulmans qui infestaient continuellement les côtes d'Espagne, de France et d'Italie. Le roi résolut de s'emparer de cette place; et, comme il voulait l'attaquer par mer et par terre en même temps, il envoya l'évêque d'Astorga réclamer l'intervention maritime des Catalans, du seigneur de Montpellier et des républiques de Gênes et de Pise. La réunion de toutes ces forces amena le résultat qu'Alphonse s'était proposé d'obtenir. Les chrétiens entrèrent dans Alméria, le 17 octobre, le fer à la main, et tous les infidèles qui échappèrent au massacre de cette journée furent emmenés en esclavage. Des richesses innombrables furent le partage des destructeurs de ce nid de pirates.

Le 25 de ce même mois d'octobre 1147, le roi de Portugal arbora le drapeau de la croix sur les murs de Lisbonne. Une troupe de croisés, qui se dirigeaient vers la terre sainte, sur une flotte anglaise, ayant relâché à l'embouchure du Tage, avait répondu à l'appel fait à sa valeur par Alphonse Henriquez, et la conquête de la capitale du royaume, dont les fondements s'établissaient, fut l'œuvre des efforts réunis des Portugais et des pèlerins débarqués pour leur venir en aide. Un ecclésiastique anglais, qui faisait partie de l'expédition en marche pour la Palestine, fut placé sur le siége épiscopal de Lisbonne. Plusieurs autres villes furent encore affranchies du joug musulman. L'année suivante, 1148, don Raymond, prince d'Aragon, s'empara de Tortose, après un siége auquel les Génois et le seigneur de Montpellier avaient pris part, en remontant l'Ebre sur leurs navires. Le roi des Almohades, qui avait établi son empire, en Afrique, sur les ruines de celui des Almoravides, passa en Espagne, en 1149, et se rendit maître de toute l'Andalousie. Comme la destruction de la croyance à la sainte Trinité était un des points fondamentaux de la secte des Almohades, il ne resta pas un seul chrétien dans les contrées qu'ils s'assujettirent. Le roi de Castille, de qui la plupart de ces contrées étaient vassales, se rendit en Andalousie, à la tête de forces imposantes. Le roi don Garcie de Navarre marchait avec lui. Les musulmans, battus près de Cordoue, se refugièrent dans cette ville, qu'Alphonse VIII ne jugea pas à propos de soumettre, parce qu'un renfort que devait lui amener par le Guadalquivir une flotte française n'arriva pas; mais il prit et saccagea Jaën. En 1151, il maria son fils aîné à l'infante Blanche, sœur de don Sanche VI, qui venait de succéder, sur le trône de Navarre, à son père don Garcie, et il donna les Asturies à sa fille Urraque, veuve de ce dernier roi. Le prince mahométan de Murcie et de Valence se mit sous le vasselage de Raymond Bérenger d'Aragon, pour s'en faire un appui contre les Almohades, qui menaçaient ses Etats. Alphonse VIII retourna en Andalousie, en 1152, avec son fils aîné, don Sanche, qui fit éprouver une déroute aux infidèles.

L'harmonie entre les royaumes chrétiens se consolida, en 1153, par le mariage de l'infante doña Sancha, fille d'Alphonse VIII, avec Sanche VI, roi de Navarre. Les noces furent célébrées à Soria en même temps que celles du roi de Castille, qui, devenu veuf de sa première femme Bérengère, épousa la fille de Vladislas II, roi de Pologne. Raymond d'Aragon, à qui l'intervention impériale d'Alphonse VIII venait de procurer la paix avec le roi de Navarre, mit à profit ces heureuses circonstances pour chasser entièrement les musulmans de la Catalogne.

Pendant ce temps, les armes de Castille échouèrent dans l'attaque d'Andujar; mais le roi, qui avait conduit lui-même l'expédition, en dirigea, l'année suivante, 1155, une plus redoutable, à la tête de laquelle il soumit d'abord la Manche; et, ayant passé la Sierra-Moréna, il entra de vive force dans Andujar et dans plusieurs autres places d'Andalousie. Louis VII, roi de France, qui avait épousé Constance, fille d'Alphonse VIII, avait visité à Jérusalem le tombeau du divin Rédempteur, dans la seconde croisade; il voulut visiter aussi celui de l'apôtre saint Jacques, et il fit avec sa femme le pèlerinage de Compostelle. Son beau-père le reçut ensuite à Tolède avec une magnificence digne du titre d'empereur que portait le souverain de la Castille. Le roi musulman de Valence et de Murcie chercha sous le vasselage du sceptre castillan un appui plus puissant que celui de Raymond d'Aragon contre les entreprises des Almohades. Pour répondre à cette demande de protection, Alphonse rentra en campagne, s'avança jusqu'à Cadix, s'empara de Lorca, où il fit un riche butin, et ramena ses troupes chargées des dépouilles des nouveaux possesseurs de l'Andalousie. A la nouvelle que le roi des Almohades envoyait en Espagne une nombreuse armée africaine, Alphonse retourna encore une fois en Andalousie, en 1157, et y remporta une victoire signalée. A son retour de ce dernier exploit, il tomba malade, et mourut le 21 août de cette même année. Alphonse VIII porta glorieusement le titre d'empereur qu'il s'était attribué. Il est un des souverains espagnols qui ont le plus fait pour la délivrance de leur patrie. Il donna la Sierra-Moréna pour frontière méridionale à son empire; il promena souvent à travers l'Andalousie la bannière castillane, devenue la terreur des infidèles; et, avec les richesses qu'il leur enlevait, il dotait les églises et multipliait les fondations monastiques, qui étaient des foyers de lumières et de vertus. On doit regretter qu'il ait couronné une si belle vie en partageant, dès 1149, ses États entre ses deux fils, laissant à l'aîné, Sanche III, la Castille, la Biscaye et Tolède, et à Ferdinand II, le second, le royaume de Léon, les Asturies et la Galice. L'ordre religieux et militaire d'Alcantara prit naissance sous le règne d'Alphonse VIII, en 1156, et celui de Calatrava, sous le règne de Sanche, son fils. La chevalerie religieuse a joué un rôle trop important dans la délivrance de la Péninsule, pour que nous ne nous arrêtions pas ici à considérer ce que furent ces grandes institutions.

Les Annales de Cîteaux font remonter l'origine de l'ordre d'Alcantara, primitivement dit de Saint-Julien du Poirier, à une forteresse que deux frères, nommés Suarez et Gomez, auraient bâtie pour résister aux musulmans, en 1156, par le conseil d'un ermite, sur les frontières de Castille, dans le diocèse de Ciudad-Rodrigo, et qu'ils auraient appelée le Château de Saint-Julien du Poirier. La garde de cette forteresse aurait été confiée à des chevaliers, qui reçurent, en 1158, un règlement de vie de l'archevêque de Salamanque, qui était de l'ordre de Cîteaux. Ce qui est certain, c'est qu'il y avait des religieux à Saint-Julien du Poirier, en 1176. Cet ordre fut confirmé comme ordre militaire, en 1177, par le pape Alexandre III, qui lui permit de recevoir des chapelains. La bulle pontificale ne parle point de la règle que devaient suivre les chevaliers. Mais l'ordre fut approuvé de nouveau par le pape Luce III, qui reconnut le titre de grand maître qu'avait pris Gomez, et qui prescrivit aux chevaliers de suivre la règle de saint Benoît, modifiée selon leurs statuts, appropriés à leur vocation militaire. Suivant ces statuts, il ne leur était pas permis de porter les armes contre les chrétiens, à moins qu'ils ne fussent ligués avec les infidèles. Les chevaliers ne tardèrent pas à enlever plusieurs places aux musulmans. Gomez mourut en 1200, et son successeur fit approuver l'ordre encore une fois par le pape Innocent III. Au temps du troisième grand maître de l'ordre de Saint-Julien du Poirier, le roi de Léon donna aux chevaliers de Calatrava la ville d'Alcantara, en Estramadure, qu'il avait enlevée aux infidèles. Mais l'ordre de Calatrava, après avoir occupé cette place pendant cinq ans, la trouvant trop difficile à défendre à cause de son éloignement de Calatrava, la céda, avec l'autorisation du roi, aux chevaliers de Saint-Julien du Poirier, à condition qu'il y aurait union entre les chevaliers des deux ordres, qui suivaient l'un et l'autre la règle de Cîteaux, et que celui de Saint-Julien du Poirier serait même placé sous la dépendance du grand maître de Calatrava. Le siége de l'ordre de Saint-Julien du Poirier fut transféré à Alcantara, dont cet ordre prit dès lors le nom. Les chevaliers d'Alcantara se rendirent redoutables aux musulmans pendant plus de cent ans; mais le désaccord se mit, au commencement du XIVe siècle, entre les chevaliers d'Alcantara et de Calatrava. De la désunion on en vint à la guerre : le château d'Alcantara fut enlevé de vive force à ses possesseurs, avec une grande effusion de sang, par les chevaliers de Calatrava, dont le grand maître déposa celui de l'ordre d'Alcantara, don Rui Vasquez, dans un chapitre général. L'abbé de Morimond intervint dans la querelle, comme supérieur de l'ordre de Cîteaux, et fit reconnaître le grand maître élu par suite de la déposition de don Rui Vasquez. L'abbé de Morimond et le grand maître de Calatrava furent appelés, en 1336, par le roi de Castille, à faire cesser un schisme qui divisait les chevaliers d'Alcantara.

Nuñez, demeuré grand maître de l'ordre, fit alors la guerre aux musulmans avec un grand succès. Calomnié auprès du roi Alphonse XI, par la maîtresse de ce prince, Eléonore de Guzman, il se mit en mesure de tenir tête à l'orage qui allait fondre sur lui. Le roi fit élire un autre grand maître; mais Nuñez résista par les armes.

Il ne tarda pas, toutefois, à être abandonné par la plupart des chevaliers, et livré au roi, qui lui fit trancher la tête comme traître, en 1338. L'ordre fut ensuite troublé par les contestations sur la succession au trône, qui suivirent la mort d'Alphonse XI, le grand maître ayant pris parti pour les enfants illégitimes d'Eléonore de Guzman contre Pierre le Cruel. Les chevaliers d'Alcantara combattirent ensuite les uns contre les autres dans la lutte entre Pierre le Cruel et Henri de Trastamare. Après la mort du trentième grand maître, l'infant de Castille don Ferdinand, tuteur du roi Jean II, profita de la désunion qui s'était mise entre les chevaliers, à l'occasion du choix d'un grand maître, pour faire élire son fils, don Sanche, qui n'avait que huit ans. L'ordre d'Alcantara continua à être agité par les prétentions simultanées à la grande maîtrise des grands seigneurs espagnols, jusqu'à ce que don Jean de Zuniga se démit de cet office, en 1494, en faveur du roi Ferdinand, mari de la grande Isabelle. Le roi prit possession de la grande maîtrise, comme administrateur de l'ordre, en vertu d'une bulle du pape Innocent VIII, qui fut confirmée par son successeur Alexandre VI.

Les trois ordres d'Alcantara, de Calatrava et de Saint-Jacques de l'Epée prirent, dans les chapitres généraux qu'ils tinrent en 1652, la résolution d'ajouter à leurs vœux celui de soutenir et de défendre l'immaculée conception de la sainte Vierge. Le roi Philippe IV, qui avait une grande dévotion à la sainte mère de Dieu, approuva cette détermination, en sa qualité d'administrateur perpétuel de ces ordres. Les chevaliers voulurent s'engager à ce vœu par une cérémonie publique et solennelle, qui eut lieu dans trois églises différentes de Madrid, pour chacun des trois ordres. Dans chacune de ces églises, les chevaliers de chaque ordre assistèrent à la messe en habit de cérémonie, et après l'Evangile, un chevalier prononça à haute voix, au nom de tout l'ordre, la formule du vœu, qui était ainsi conçue : *Y asi mesmo hago voto, de tener, defender, y guardar en publico, y en secreto, que la Virgen Maria, madre de Dios y señora nuestra, fue concebida sin mancha de pecado original,* « Et de même je fais vœu de soutenir, de défendre et de professer, en public et en secret, que la Vierge Marie, mère de Dieu et notre Dame, a été conçue sans la tache du péché originel. »

Les chevaliers de l'*ordre de Mont-Joie* prirent leur nom de deux villes ainsi appelées, qui furent bâties dans les environs de Jérusalem, après la prise de la cité sainte par les croisés, en 1099, parce que cet ordre militaire, qui s'était formé pour la défense des pèlerins venant visiter les Saints Lieux, établit sa demeure dans ces villes. Cet ordre fut approuvé par le pape Alexandre III, à ce qu'il paraît, en 1180, et soumis à la règle de saint Basile, suivant l'opinion la plus commune. L'expulsion des chrétiens de la terre sainte obligea les chevaliers de Mont-Joie d'abandonner l'Asie, et de chercher un refuge en Europe. Ils trouvèrent asile en Castille et dans le royaume de Valence. Ceux qui s'étaient établis en Castille changèrent de nom, et furent désignés dès lors sous celui de chevaliers de Montfrac, du nom d'un château que leur avait donné Alphonse IX. La décadence dans laquelle tomba cet ordre engagea le roi saint Ferdinand à le réunir à celui de Calatrava, en 1221. L'ordre de Mont-Joie a été l'origine de celui des *chevaliers de Truxillo*, qui furent ainsi appelés du nom de la ville de Truxillo, en Castille, qu'Alphonse IX leur avait donnée avec son territoire. Les infidèles ayant repris cette place aux chrétiens, les chevaliers de Truxillo se trouvèrent dépouillés de leur demeure, et se fondirent dans l'ordre d'Alcantara.

Les Arabes, devenus maîtres de la ville d'Oréto, près de la Guadiana, lorsqu'ils firent la conquête de l'Espagne, au commencement du VIIe siècle, changèrent le nom de cette ville en celui de Calatrava. Le roi de Castille Alphonse VIII s'étant emparé de cette place, en 1147, la donna aux Templiers. Mais l'ordre du Temple, désespérant de la pouvoir défendre contre les musulmans, la remit, après l'avoir possédée environ huit ans, au roi don Sanche, successeur d'Alphonse. Ce prince fit annoncer que si quelque seigneur voulait se charger d'empêcher la place de Calatrava de retomber au pouvoir des infidèles, il la lui donnerait en toute propriété. Personne ne se présenta, tant était grande la terreur qu'inspiraient les musulmans! Mais un religieux de l'ordre de Cîteaux, qui avait porté les armes avant d'en prendre l'habit, et qui se nommait don Didace Velasquez, détermina son abbé, don Raymond, dans un voyage qu'il fit avec lui à la cour de Castille, à demander au roi don Sanche la ville de Calatrava, en promettant de la défendre contre les ennemis de la foi chrétienne. Le roi fit cette donation à l'ordre de Cîteaux, dans la personne de don Raymond, abbé du monastère de Notre-Dame de Fitéro, dans le royaume de Navarre, par un acte qui est daté de l'an 1158. Don Raymond et Velasquez proposèrent alors au roi de fonder à Calatrava un ordre militaire, et au consentement de ce prince vinrent se joindre les encouragements et l'appui de l'archevêque de Tolède. Les fortifications de Calatrava furent relevées dès cette même année 1158, et les musulmans furent obligés de renoncer au projet d'attaquer cette place. Le chapitre général de Cîteaux prescrivit aux chevaliers qui prirent le nom de la ville de Calatrava une manière de vivre convenable à des religieux destinés à la guerre. Don Raymond gouverna l'ordre naissant pendant six ans, et mourut en 1163. Les chevaliers se séparèrent aussitôt des moines de Cîteaux, élurent pour premier grand maître don Garcias, l'un d'entre eux, et demandèrent au pape Alexandre III l'approbation de leur ordre, qui leur fut accordée par une bulle de l'année 1164. Le règlement de vie qui leur avait été tracé par le chapitre général de l'ordre de Cîteaux fut en même temps confirmé. Cette règle leur enjoignait de dormir tout vêtus. Le pape autorisa aussi les chevaliers de Calatrava à avoir des chapelains. Le premier grand maître repoussa vaillamment les attaques des musulmans. Son successeur aida le roi Ferdinand à s'emparer de la place de Corita, que ce prince donna ensuite à l'ordre. Le grand maître ne se borna pas à se tenir sur la défensive contre les infidèles : il alla les attaquer sur leur territoire, leur enleva plusieurs places, et il remporta même sur eux une bataille rangée, avec le secours de deux mille hommes que lui envoya la ville de Tolède. Le roi l'en récompensa en enrichissant l'ordre de plusieurs terres.

Le bruit des exploits des chevaliers de Calatrava engagea le roi d'Aragon, Alphonse II, à leur demander de marcher avec lui contre les musulmans de Valence. La conquête d'un grand nombre de places fut due à la bravoure dont firent preuve les chevaliers qui prirent part à cette expédition. Pendant ce temps-là le grand maître de l'ordre ravageait le pays musulman sur les bords du Guadalquivir. Sous leur troisième grand maître, les chevaliers portèrent la guerre aux infidèles du côté de Jaën. Rentrés à Calatrava, ils en ressortirent bientôt, et battirent les ennemis du nom chrétien, à Fuencalda, près de la montagne de Moréna. Douze cents prisonniers faits dans ce combat furent passés au fil de l'épée par l'ordre du grand maître, Martin Pérez. Quelques chevaliers voulurent le déposer à cette occasion, prétendant qu'il aurait mieux valu vendre les prisonniers pour subvenir aux frais de la guerre, ou les échanger contre des chrétiens, que de les faire mourir. Mais la fermeté de Martin Pérez fit rentrer ces chevaliers sous son obéissance. Il fit ensuite bâtir un hôpital à Guadalherza pour les chevaliers, et les vassaux de l'ordre qui seraient blessés à la guerre. En 1179, le roi Alphonse d'Aragon donna à l'ordre, en reconnaissance des services qu'il en avait reçus, la grande commanderie d'Alcañiz, dont les rois d'Aragon ont voulu plus tard que le commandeur fût grand maître de l'ordre pour ce royaume et celui de Valence. Le successeur de Martin Pérez, mort en 1182, fit le voyage de Cîteaux, en 1187, pour demander au chapitre général de cet ordre que celui de Calatrava y fût plus étroitement incorporé. Il fut décidé que les chevaliers de Calatrava seraient soumis à la visite de l'abbé de Morimond. Le grand maître marcha ensuite contre les infidèles du côté d'Andujar, et leur fit un grand nombre de prisonniers, parmi lesquels était le frère de la femme du roi de Cordoue, dont la rançon fut la délivrance de cinquante chrétiens. Mais les musulmans, forts des secours qui leur venaient d'Afrique, remportèrent, en 1195, une victoire considérable à Alarcos sur le roi de Castille, les chevaliers de Calatrava, et ceux de Saint-Jacques de l'Epée. Les chevaliers de Calatrava échappés à ce désastre furent tués à la prise de Calatrava par les infidèles, qui fut la triste suite de la perte de la bataille d'Alarcos. Le roi Alphonse donna à l'ordre, pour le dédomager de ses malheurs, la terre de Ronda, qui avait appartenu aux chevaliers de Truxillo.

Les débris castillans de l'ordre de Calatrava se retirèrent avec le grand maître à Cirvélos, où fut établi le principal couvent de l'ordre. C'est alors que les chevaliers aragonais élurent de leur côté un grand maître, et voulurent faire de la commanderie d'Alcañiz le chef-lieu de l'ordre dans le royaume d'Aragon. Mais l'accord se rétablit plus tard entre les chevaliers des deux royaumes.

Le grand commandeur don Martin Martinez, qui gouvernait l'ordre en 1198, parce que le grand maître était trop âgé pour remplir les devoirs de son office, s'empara, à la tête de quatre cents chevaux et de sept cents fantassins, du château de Salvatierra, où fut transféré le couvent de l'ordre, qui prit alors le nom de cette place. Mais les infidèles le reconquirent en 1210, et le grand maître transféra le couvent de l'ordre à Zurita. En 1212, Alphonse IX, roi de Castille, rendit aux chevaliers leur demeure de Calatrava qu'il avait reprise aux Musulmans. Ce fut sous le gouvernement de don Rodrigue Garcias, successeur comme grand maître de don Rui Diaz, qui avait été élu en 1206, que l'ordre militaire d'Avis de Portugal fut soumis, en 1213, à celui de Calatrava, et en adopta les statuts. Pendant ce temps, les chevaliers aragonais de Calatrava faisaient de nouvelles tentatives pour se soustraire à l'autorité du grand maître. Don Martin Fernandez, qui remplaça don Rodrigue Garcias, transporta le principal couvent de l'ordre à Calatrava la *nouvelle*, place qui était à huit lieues de l'ancienne Calatrava. En 1218, ce même grand maître donna aux chevaliers de Saint-Julien du Poirier la place d'Alcantara, dont ils prirent le nom, à la condition que cet ordre serait soumis à celui de Calatrava. Le successeur de don Martin Fernandez fut, en 1219, le fondateur des religieuses de l'ordre de Calatrava. L'an 1296, il y eut, parmi les chevaliers, à cause de l'élection simultanée de deux grands maîtres, un schisme qui ne fut terminé qu'en 1302 par le chapitre général de Cîteaux, à qui le pape Boniface VIII avait renvoyé cette affaire. Don Garcias Lopez, qui était demeuré grand maître à la suite de cette lutte, entreprit, quoique fort âgé, la guerre contre les infidèles. Mais il fut battu et accusé d'avoir fui avec l'étendard de l'ordre. Il voulut repousser cette accusation par les armes, et fut défait. Il fut alors déposé comme coupable de haute trahison, et un autre grand maître fut élu en 1328. Mais don Garcias Lopez fut encore une fois rétabli dans sa dignité par le chapitre général de Cîteaux. Il renonça ensuite volontairement à la grande maîtrise, en 1329, pour n'être pas une cause de trouble. Son successeur finit, après une administration très-agitée, par avoir la tête tranchée par ordre de Pierre le Cruel, roi de Castille. Le gouvernement du grand maître suivant ne fut pas plus paisible. Pierre le Cruel fit enfermer dans le château d'Alcala, où il mourut, le grand maître don Garcias de Padilla, dont ce prince barbare avait cependant épousé la sœur. Le grand maître qui succéda à Padilla eut la tête tranchée par ordre du roi Henri II. Après quelques années de calme, un nouveau schisme revint diviser l'ordre entre deux grands maîtres simultanément nommés, don Henri de Villéna, qui était protégé par le roi Henri, et don Louis de Guzman. La contestation fut terminée, en 1414, par le chapitre général de Cîteaux, qui avait mission du pape à ce sujet. L'élection de Villéna fut déclarée nulle. Don Louis de Guzman fit alors la guerre aux infidèles. La fin de l'administration de ce grand maître vit les chevaliers armés les uns contre les autres. Il eut pour successeur, en 1443, don Ferdinand de Padilla. Mais le roi de Castille Jean II voulut lui substituer don Alphonse d'Aragon, fils naturel du roi de Navarre. La mort de don Ferdinand de Padilla vint heureusement mettre fin à ce différend, et don Alphonse d'Aragon entra en possession de la grande maîtrise. Dans une guerre qui éclata entre les rois de Castille et de Navarre, don Alphonse d'Aragon soutint le parti de ce dernier, qui était son père. Le roi de Castille vainqueur fit assembler le chapitre général de l'ordre à Calatrava, en 1445, et le grand maître fut déposé à sa demande. Les chevaliers, ne pouvant s'accorder sur un nouveau choix, nommèrent deux grands maîtres, et on vit en même temps trois grands maîtres de Calatrava se prétendant légitimement élus. Ce schisme finit en 1445, et la grande maîtrise resta à Pierre Giron, qui prit parti, avec tous les grands du royaume, pour Henri de Castille contre le roi Jean II, son père, qu'on accusait de se laisser conduire par les conseils du connétable Alvarez de Luna. Henri, ayant succédé à son père mort en 1454, entreprit contre les musulmans une expédition dans laquelle il fut suivi par les chevaliers de Calatrava et par ceux des autres ordres. Une conjuration, dont le grand maître de Calatrava était le chef, se trama pour enlever la couronne à Henri, sous prétexte de lâcheté, au profit de son frère, l'infant don Alphonse. Mais le roi remit le grand maître dans ses intérêts en lui donnant le château de Moron, en Andalousie. Don Pierre Giron aida le roi Henri dans la guerre qu'il fit au roi de Navarre, et fit une campagne avec lui contre les infidèles en 1461. Abandonnant ensuite la cause de Henri, le grand maître fit proclamer roi l'infant don Alphonse. Henri se rendit de nouveau Pierre Giron favorable en lui promettant sa sœur Isabelle en mariage. Le roi obtint du pape Pie II que le grand maître fût relevé de ses vœux pour contracter un mariage qui devait, disait-on, pacifier le royaume. Le pape permit en même temps que la grande maîtrise passât à don Rodrique Tellez Giron, fils naturel de Pierre Giron, qui était un enfant de huit ans, et on lui donna pour coadjuteur le marquis de Villéna, son oncle. Pierre Giron visait à la couronne en épousant l'infante Isabelle; mais il mourut en se rendant à Madrid pour réaliser ce mariage. On soupçonna qu'il avait été empoisonné, et Isabelle devint la femme de l'infant Ferdinand d'Aragon. La division se mit parmi les chevaliers à la mort du roi Henri : les uns prirent le parti d'Isabelle et les autres celui de Jeanne, fille de Henri, et fiancée au roi de Portugal. La paix se rétablit dans l'ordre en même temps que dans le royaume, quand le roi de Portugal eut perdu la bataille de Toro en 1479. Le grand maître Don Rodrigue Tellez Giron fut tué dans la guerre que le roi Ferdinand et la reine Isabelle firent aux infidèles en 1482. Il eut pour successeur don Garcias Lopez, qui mourut en 1486, et fut le vingt-neuvième et dernier grand maître de l'ordre de Calatrava. Le pape Innocent VIII donna l'administration de l'ordre au roi Ferdinand. Après la mort de ce prince, en 1516, les chevaliers élurent pour grand maître Charles-Quint, successeur de Ferdinand, et le pape Léon X confirma cette nomination. Le pape Adrien VI attribua à la couronne d'Espagne la grande maîtrise perpétuelle des trois ordres de Calatrava, d'Alcantara et de Saint-Jacques de l'Epée. Les chevaliers de Calatrava avaient obtenu du pape Paul III, en 1540, la permission de se marier.

Le règne de Ferdinand II, roi de Léon et de Galice, vit naître *l'ordre de Saint-Jacques de l'Epée*. Le but de l'institution de cet ordre fut la protection des pèlerins qui allaient visiter le tombeau de saint Jacques à Compostelle. Il se forma, en 1170, de la réunion des chanoines de Saint-Eloi, qui avaient construit des hôpitaux pour y loger les pèlerins, et de treize gentilshommes, qui firent vœu d'assurer les chemins contre les incursions des musulmans. Cet ordre fut d'abord approuvé par un cardinal légat du saint-siége, qui se trouvait alors en Espagne, et ensuite confirmé, en 1175, par le pape Alexandre III. Les chanoines devinrent les chapelains de l'ordre. Il y eut aussi des chanoinesses chevalières, qui étaient chargées de pourvoir à tous les besoins des pèlerins visitant les reliques de saint Jacques. Les premiers chevaliers embrassèrent, en se réunissant aux chanoines de Saint-Eloi, la règle de saint Augustin. Le pape Alexandre III, en donnant à l'ordre ses règlements, permit aux chevaliers de se marier. La première dignité de l'ordre était celle de grand maître, la seconde celle de prieur, qui appartenait aux chanoines chapelains, et la troisième, celle de grand commandeur. La première conquête que les chevaliers de l'ordre de Saint-Jacques de l'Epée firent sur les infidèles, fut celle de Cacérès, en Estramadure, dont ils s'emparèrent en 1171.

Le roi Ferdinand II leur donna cette place, ainsi que celle de Badajoz et plusieurs autres, à la prise desquelles ils avaient contribué. Mais ce prince les dépouilla ensuite des biens dont il les avait dotés, et les chassa de ses Etats, parce qu'il les soupçonna partisans de son neveu Alphonse IX, roi de Castille, avec lequel il était en désaccord. Les chevaliers de Saint-Jacques passèrent alors en Castille, où le roi leur donna le château d'Uclès, auprès duquel ils établirent leur principal couvent. Les musulmans vinrent ravager les terres de l'ordre en 1176, mais ils assiégèrent en vain le château d'Uclès, qui fut vaillamment défendu par les chevaliers. Le roi de Castille les dédommagea, par le don de plusieurs propriétés, des pertes que leur avaient fait éprouver les infidèles. A la mort du premier grand maître, il y eut schisme dans l'ordre, parce que, tandis que les chevaliers de Castille nommaient don Ferdinand Diaz, ceux qui étaient restés dans le royaume de Léon élisaient don Sanche Fernandez par ordre du roi Ferdinand, auprès duquel ils étaient rentrés en faveur. Les chevaliers de Léon et ceux de Castille n'en firent pas moins séparément la guerre aux musulmans. En 1186, le grand maître de Castille renonça à sa dignité, et les chevaliers de ce royaume reconnurent le grand maître de Léon. Ce grand maître mourut des blessures qu'il avait reçues à la bataille d'Alarcos, où les chrétiens furent défaits, en 1195, par les Almohades. Plusieurs chevaliers de l'ordre périrent aussi dans cette malheureuse journée. La désunion entre les rois de Castille et de Léon amena encore une fois la simultanéité de deux grands maîtres de l'ordre. Ce désordre cessa à la mort de l'un de ces grands maîtres, en 1203. Le sixième grand maître, Suéro Rodriguez porta avec succès la guerre aux infidèles dans la Manche, et le huitième grand maître fit avec le roi d'Aragon le siége de la ville de Montalban, qui fut prise d'assaut et que le roi donna à l'ordre. On y établit la grande commanderie d'Aragon. Les chevaliers de Saint-Jacques se distinguèrent à la fameuse bataille de las Navas de Tolosa, où les chrétiens firent un énorme massacre des musulmans. Le grand maître don Pierre Arias mourut des blessures qu'il avait reçues dans cette glorieuse journée. Son successeur fut tué au siége d'Alcaraz, et le grand maître élu devant cette place en 1213 contribua à la conquérir. L'intervention des chevaliers de Saint-Jacques dans la guerre qu'Alphonse IX, roi de Léon, fit à la Castille, lorsqu'il prétendit gouverner ce royaume comme tuteur de son fils saint Ferdinand, produisit un schisme qui nuisit beaucoup à l'ordre. Les chevaliers ne cessèrent pas cependant de combattre les infidèles, soit seuls, soit en se joignant aux troupes des rois de Castille. Ils eurent une grande part à la victoire qu'Alphonse XI remporta, en 1340, contre les mahométans, dont deux cent mille restèrent sur le champ de bataille. Après la mort du grand maître don Alphonse Mendez de Guzman, le roi Alphonse XI fit élire, pour le remplacer, son fils naturel don Frédéric qui n'avait que dix ans. Il fallut une dispense du pape pour que sa naissance illégitime ne fût pas un obstacle à son élection, et le grand commandeur gouverna l'ordre pendant la minorité du fils du roi. Pierre le *cruel*, qui succéda à son père Alphonse sur le trône de Castille, causa un schisme dans l'ordre en faisant élire pour grand maître le père de sa maîtresse, Marie de Padilla. Frédéric rentra ensuite dans ses droits. Mais, lorsqu'il n'avait encore que vingt-six ans, son frère Pierre le fit assassiner devant lui par ses arbalétriers, qui, après l'avoir assommé à coups de massue, l'achevèrent avec le poignard du roi, que ce prince barbare leur donna lui-même à cet effet. On vit encore deux fois pendant le XIVe siècle deux grands maîtres simultanés mettre la division dans l'ordre. Le gouvernement du trente-sixième grand maître, l'infant don Henri d'Aragon, fut extrêmement agité. Le roi de Castille, Jean II, dépouilla deux fois de ses biens le chef de l'ordre des chevaliers de Saint-Jacques, quoiqu'il fût son beau-frère par son mariage avec l'infante Catherine. Henri d'Aragon fut fait prisonnier en servant le roi de Navarre dans un combat naval contre les Génois. Rendu à la liberté, il fut blessé mortellement, en 1445, en revendiquant sa dignité, les armes à la main, contre le roi Jean II, qui avait donné l'administration de l'ordre à don Alvarez de Luna, connétable de Castille. Deux grands maîtres furent encore élus en même temps ; l'un d'eux était le connétable de Castille, qui était soutenu par le roi. Il s'ensuivit une guerre sanglante entre les chevaliers des deux factions. Don Alvarez de Luna finit par avoir la tête tranchée à Valladolid, en 1453, par ordre du roi, qui avait reconnu que son favori avait abusé de sa confiance. Jean II administra l'ordre avec l'autorisation du pape Nicolas V, au nom de l'infant don Alphonse, son fils, qu'il avait fait nommer grand maître quoiqu'enfant. Henri IV fils et successeur de Jean II, continua à administrer l'ordre, après la mort de son père. Le marquis de Villéna, qui fut grand maître après l'infant don Alphonse, mourut en 1474, et, le désaccord s'étant mis entre les chevaliers de Léon et de Castille, trois grands maîtres se trouvèrent nommés en même temps. Pour remédier aux graves désordres qu'entraînaient ces divisions sans cesse renaissantes, le roi Ferdinand et sa femme la reine Isabelle demandèrent au saint-siége, pour eux et pour leurs successeurs, l'administration de l'ordre, et elle leur fut accordée par le pape Alexandre VI, en 1493, après la mort du grand maître don Alphonse de Cardénas. De cette époque date l'affaiblissement de la puissance des chevaliers. Enfin, en 1523, le pape Adrien VI attribua à la couronne d'Espagne les grandes maîtrises perpétuelles des trois ordres de Saint-Jacques, d'Alcantara et de Calatrava.

L'ordre de Saint-Jacques s'était aussi répandu en Portugal. Les chevaliers de ce royaume dépendirent d'abord du couvent d'Uclès. Mais le roi Denis institua un chef de l'ordre dans ses Etats. Les rois de Portugal avaient obtenu l'administration de l'ordre de Saint-Jacques avant ceux d'Espagne. Elle fut premièrement accordée au roi Jean II, et ensuite annexée à la couronne sous le roi Jean III, dans les premières années du XVIe siècle.

L'ordre de Saint-Jacques était, lui seul, plus riche que les ordres de Calatrava et d'Alcantara réunis. Depuis que le pape Alexandre III avait permis aux chevaliers de se marier, ils ne faisaient plus que les vœux de pauvreté, d'obéissance et de chasteté conjugale, auxquels ils en ajoutaient un quatrième, celui de défendre et de soutenir, comme on l'a vu plus haut, l'Immaculée Conception de la sainte Vierge.

L'*ordre de la Bande ou de l'Echarpe* fut ainsi appelé parce que les chevaliers de cet ordre portaient une bande de soie rouge en forme d'écharpe, de l'épaule gauche sous le bras droit. Institué en 1330 ou 1332, par Alphonse XI, roi de Castille, l'ordre de la Bande fut, quatre ans après, réformé par ce même prince, qui s'en déclara grand maître. Il fallait, pour recevoir l'écharpe, qui n'était donnée qu'aux cadets de famille, à l'exclusion des aînés, avoir suivi le roi à la guerre contre les infidèles. Jean Ier, roi de Castille, favorisa le développement de l'ordre, et donna l'écharpe à cent chevaliers le jour de son couronnement, à Burgos, en 1379. Après avoir été aboli, l'ordre de la Bande fut renouvelé par Philippe V.

Il y eut encore en Castille deux autres ordres militaires, celui *de la Colombe*, et celui *de la Raison*, qui furent établis ou en 1379, ou en 1390, ou en 1399, et qui ne durèrent pas longtemps. Plusieurs auteurs parlent aussi d'un ordre militaire qui aurait existé en Castille sous le nom d'*Ordre de l'Ecaille*, dont les chevaliers portaient sur un habit blanc une croix rouge faite d'écailles de poissons. On attribue l'institution de cet ordre au roi Jean II.

On voit encore figurer dans les historiens des ordres militaires un *ordre du Lis*, qu'aurait institué l'infant Ferdinand de Castille, qui porta la couronne d'Aragon au commencement du XVe siècle.

L'*ordre de Saint-Sauveur* fut institué en 1118 par Alphonse Ier, roi d'Aragon, dans la ville de Mont-Réal, après qu'il en eut chassé les musulmans, et qu'il leur eut enlevé Saragosse, avec le secours de plusieurs seigneurs français. Les chevaliers de cet ordre aidèrent Alphonse, qui fut surnommé le *Batailleur*, comme on l'a vu plus haut, à cause des nombreuses et grandes victoires qu'il remporta sur les infidèles, à les expulser du royaume d'Aragon. L'ordre de Saint-Sauveur ne fut florissant que sous le règne de ce prince. Il fut ensuite réformé, et plus tard aboli.

Le roi Jacques II d'Aragon avait chargé ses ambassadeurs au concile de Vienne de demander au pape Clément V, que les biens des Templiers, dans ses Etats, ne fussent pas attibués à l'ordre de l'Hôpital, mais assignés à la fondation d'un nouvel ordre militaire, qui se dévouerait à combattre les infidèles. Le roi offrait de donner à l'ordre qu'il proposait de créer la forte place de Montésa, dans le royaume de Valence. Clément V mourut sans avoir pris aucune résolution; mais Jean XXII, son successeur, accorda au roi Jacques ce qu'il demandait, et un nouvel ordre fut institué, en 1316, sous le nom de *Notre-Dame de Montésa*. Les dix premiers chevaliers de cet ordre furent dix chevaliers de celui de Calatrava, et l'ordre de Montésa a toujours été dans la dépendance de celui de Calatrava. Il a eu quatorze grands maîtres, et après la mort du dernier, sous Philippe II, le roi d'Espagne a été déclaré par le pape administrateur perpétuel de l'ordre.

L'*ordre de Saint-Georges d'Alfama*, institué en **1201** à Saint-Georges d'Alfama, dans le diocèse de Tortose, fut approuvé par le saint-siége en **1396**, et uni à celui de Montésa en **1399**. Cette union, qui avait été prononcée par l'antipape Benoît XIII, qui était reconnu comme légitime pontife en Espagne, fut confirmée par le concile de Constance.

Il y eut aussi en Aragon un *ordre de l'Etoile;* mais on n'en connaît pas l'origine. On sait seulement que le roi Alphonse V fit des chevaliers de cet ordre.

Le courage que les femmes espagnoles eurent quelquefois occasion de déployer, dans la grande et longue lutte contre les musulmans, donna lieu à l'institution de l'*ordre de la Hache* ou du *Passe-Temps*, qui fut institué à Tortose, vers l'an **1149**, par Raymond Bérenger, comte de Barcelone. Les infidèles ayant voulu reprendre la place de Tortose, après qu'elle leur eut été enlevée par les chrétiens, tous les défenseurs de la ville avaient succombé pour sa défense, lorsque les femmes prirent les armes, et forcèrent à la retraite les ennemis de la foi. C'est en souvenir de cette généreuse action que fut institué l'*ordre du Passe-Temps* ou *de la Hache*, qui était uniquement destiné aux femmes.

Des écrivains ont voulu faire remonter l'origine de l'*ordre d'Avis*, de Portugal, à l'an **1147**. Ces auteurs prétendent que quelques gentilshommes s'étaient réunis, sans s'engager par aucun vœu, pour combattre les Musulmans et pour suivre à la guerre Alphonse, premier roi de Portugal. Ce qu'il y a de certain, c'est que l'ordre d'Avis ne fut établi comme ordre religieux et militaire qu'en **1162**. Il eut pour premier grand maître un prince français, parent du roi, qui se nommait Pierre, et qui prend la qualité de pair de France dans l'acte de l'institution de l'ordre. On voit dans cet acte que la *nouvelle milice*, ainsi qu'elle s'appelait, fut établie en religion militaire en présence du roi Alphonse, des seigneurs de la cour et du légat du pape, par Jean Zirita, abbé de Toranca, qui prescrivit aux chevaliers leurs obligations. Elles consistaient à défendre par les armes la religion catholique, à exercer la charité, et à garder la chasteté. Les chevaliers étaient placés sous la règle de saint Benoît. Le grand maître devait prêter serment entre les mains d'un abbé de l'ordre, et obéir au pape, au roi et à l'abbé général de Cîteaux. Les services des chevaliers du nouvel ordre furent très-utiles au roi de Portugal dans la campagne qu'il fit contre les infidèles en **1166**. Ils portèrent pendant quelque temps le nom de la ville d'Evora, que le roi leur avait donnée. Ils prirent, en **1187**, le nom de la forteresse d'Avis, qu'ils avaient bâtie sur des terres que le roi de Portugal leur avait assignées aux frontières du royaume, à condition de les protéger contre les courses des musulmans. Le nom d'Avis, donné à cette forteresse, était, suivant l'opinion de certains auteurs, celui du lieu sur lequel elle avait été construite. D'autres ont prétendu que la forteresse avait été ainsi appelée, parce qu'en en traçant le plan, les chevaliers virent voler deux aigles au-dessus d'eux. Les rois Sanche Ier et Alphonse II augmentèrent par leurs dons les possessions de l'ordre, qui fut confirmé par le pape Innocent III, et mis sous la protection du saint-siége, en **1213**. Les chevaliers de Calatrava d'Espagne donnèrent plusieurs terres qui leur appartenaient en Portugal aux chevaliers d'Avis, à condition que ces chevaliers seraient soumis à l'ordre de Calatrava et recevraient la visite de son grand maître. Cette convention fut fidèlement observée jusqu'en **1385**. Jean Ier, roi de Portugal, qui avait été grand maître de l'ordre d'Avis, défendit alors aux chevaliers de cet ordre de faire aucun acte de soumission envers le grand maître de l'ordre de Calatrava. Celui-ci porta ses plaintes au concile de Bâle, qui ordonna infructueusement à l'ordre d'Avis de se soumettre à celui de Calatrava. Après la mort du grand maître de l'ordre d'Avis, qui avait remplacé Jean Ier, lorsqu'il devint roi de Portugal, le pape nomma des administrateurs de l'ordre. Il en fut ainsi jusqu'en **1550**, où, sous le règne de Jean III, la grande maîtrise fut attribuée à la couronne de Portugal par le pape Paul III.

Alphonse, premier roi de Portugal, fut aussi le fondateur de l'ordre de l'*Aile de Saint-Michel*, en reconnaissance d'une victoire remportée, en **1167**, selon l'acte d'institution de cet ordre, et en **1171**, au rapport de la plupart des historiens des ordres militaires, sur le roi musulman de Séville. Le roi de Portugal donna à l'ordre qu'il institua durant le séjour qu'il fit au monastère d'Alcobaza, après avoir battu les infidèles, le nom d'ordre de l'Aile de Saint-Michel, parce que, pendant le combat, l'archange s'était montré à lui, couvert d'une de ses ailes. Les chevaliers de l'Aile de Saint-Michel suivaient la règle de Cîteaux. Ils étaient sous la puissance de l'abbé du monastère d'Alcobaza. Ils pouvaient se marier; mais s'ils restaient veufs avec des enfants, il ne leur était pas permis de passer à de secondes noces. Cet ordre ne subsista que sous le règne d'Alphonse et de son fils Sanche Ier.

Après la suppression des Templiers, le roi de Portugal, Denis, institua, en 1317, un ordre militaire, qui fut chargé de défendre le royaume contre les infidèles. Cet ordre, destiné à la protection de la foi chrétienne, reçut le nom d'*Ordre de Christ*, et il est appelé *Milice de Jésus-Christ* dans la bulle de Jean XXII, qui le soumit, en le confirmant, aux constitutions de Cîteaux, et lui accorda les mêmes priviléges qu'à l'ordre de Calatrava. L'abbé d'Alcobaza devait recevoir, au nom des souverains pontifes, le serment de fidélité du grand maître. Les chevaliers de l'ordre de Christ furent mis, par la même bulle, en possession des biens des Templiers. Ils s'établirent d'abord à Castro Marino; mais, en 1366, ils furent transférés à Thomar, près de Santarem, qui est demeuré leur principal couvent. Ils firent d'abord les trois vœux de pauvreté, de chasteté et d'obéissance; mais le pape Alexandre VI les dispensa de cette rigoureuse pauvreté, et leur permit de se marier. Les chevaliers de l'ordre de Christ firent, sur les musulmans, en Afrique, des conquêtes considérables dont le roi don Edouard leur accorda la souveraineté. Cette donation fut confirmée par le pape Eugène IV. L'infant don Henri, frère du roi Edouard et grand maître de l'ordre, en fut le bienfaiteur et le réformateur, en 1449. Le roi Alphonse V donna au grand prieur de l'ordre la juridiction spirituelle sur toutes les possessions de la couronne au delà des mers. Le pape Calixte III confirma cette concession en 1455. L'infant Emmanuel, qui monta sur le trône de Portugal après la mort de Jean II, contribua beaucoup aux progrès de l'ordre de Christ, dont il fut aussi le réformateur. Nul ne pouvait prétendre à une des riches commanderies de l'ordre, s'il n'avait porté les armes, pendant trois ans, contre les musulmans. Il y a eu douze grands maîtres jusqu'au temps du roi Jean III, à qui le pape Adrien VI en accorda l'administration, en 1522. Le pape Jules III attribua définitivement, en 1550, la grande maîtrise perpétuelle de l'ordre de Christ, comme de l'ordre d'Avis, à la couronne de Portugal. Antoine de Lisbonne, religieux de Saint-Jérôme, ayant été chargé, sous le règne du roi Jean III, de visiter le couvent de Thomar, comme commissaire apostolique, établit une réforme parmi les clercs de l'ordre de Christ, et les obligea à porter un vêtement monacal. Cette réforme fut, à la demande du roi, approuvée par le pape Jules III.

L'héroïsme de la charité eut occasion de briller, comme l'héroïsme du courage, dans la lutte entre le christianisme et l'islamisme. Saint Jean de Matha obtint, avec Félix de Valois, du pape Innocent III, en 1198, la permission d'instituer un ordre religieux, dont le but était la rédemption des captifs tombés entre les mains des infidèles. Cet ordre a pris le nom de la sainte Trinité, parce que Dieu lui-même en avait provoqué la fondation par des visions miraculeuses.

Après avoir établi son ordre en France, Jean de Matha se rendit en Espagne, où il exhorta les rois, les princes, les seigneurs et les peuples, à la compassion envers les malheureux chrétiens qui gémissaient dans les fers des ennemis de la foi. Il fut favorablement accueilli en Castille, par Alphonse IX, en Aragon, par Pierre II, et en Navarre, par Sanche V. Sa parole produisit les fruits qu'il en attendait chez une nation qui connaissait, par une longue expérience, la barbarie musulmane. Des monastères et des hôpitaux du nouvel ordre furent fondés. D'Espagne, Jean de Matha passa à Tunis, d'où il conduisit à Rome cent vingt captifs qu'il avait rachetés. Pendant ce temps, Félix de Valois établissait, à Paris, un couvent qui fit donner aux religieux Trinitaires de la rédemption le nom de Mathurins, parce qu'il y avait une chapelle dédiée à saint Mathurin là où il fut bâti. Saint Jean de Matha mourut à Rome, en 1213 ou 1214. Son corps a été ensuite transporté en Espagne. L'ordre qu'il léguait à l'Eglise fut définitivement approuvé par le pape Clément IV, en 1267. Au temps du pape Innocent XI, dans la seconde moitié du XVIIe siècle, les Trinitaires espagnols furent autorisés à élire un général, et usèrent de cette permission en 1688. Mais, après l'avénement de Philippe V au trône d'Espagne, le général de l'ordre entier, qui résidait en France, obtint du pape Clément XI sa rentrée dans ses droits, et il n'y eut plus, depuis 1705, qu'un général universellement reconnu par tous les religieux de l'ordre. Le relâchement s'était introduit parmi les Trinitaires en Espagne, et les religieux de Castille, d'Aragon et d'Andalousie, résolurent, dans un chapitre tenu en 1594, d'établir dans chacune de ces provinces deux ou trois maisons où on observerait la règle primitive, et où on vivrait avec plus d'austérité.

Cette réforme fut opérée dans un couvent bâti à Valdepeñas, en 1596, par la munificence d'un commandeur de Saint-Jacques, et Jean-Baptiste de la Conception en fut l'instituteur. Les religieux qui y entrèrent prirent des habits plus grossiers que ceux qu'ils portaient précédemment, et ils n'eurent plus aux pieds que des sandales. Le père Jean-Baptiste obtint du pape Clément VIII, en 1599, que les Trinitaires déchaussés fussent séparés de l'ancien ordre ; mais ce ne fut pas sans une vive opposition de la part des religieux chaussés que le bref du saint-siége put être mis à exécution. Le père Jean-Baptiste mourut à Cordoue, en 1613, après avoir fondé dix-huit couvents de la réforme des Trinitaires déchaussés. Ces religieux furent exemptés en 1636, par le pape Urbain VIII, de la juridiction du général de l'ordre entier des Trinitaires, et il leur fut permis d'élire un général de leur congrégation. Elle se multiplia beaucoup en Espagne, et on la divisa en trois provinces, auxquelles on donna les noms de la Conception, du Saint-Esprit, et de la Transfiguration. Les Trinitaires déchaussés d'Espagne se répandirent successivement en Pologne, en Allemagne, en Hongrie et en Italie. C'est par millions que l'on compte le nombre des captifs qu'ils ont rachetés de l'esclavage chez les infidèles. Quelques femmes pieusement charitables, quoiqu'elles ne pussent pas aller elles-mêmes racheter les captifs, voulurent s'associer par leurs prières à l'œuvre des Trinitaires, et elles embrassèrent la vie religieuse, suivant la règle de l'ordre, en 1236, sous la conduite de l'infante Constance, fille de Pierre II, roi d'Aragon, qui fut la première religieuse trinitaire. Il y eut aussi des religieuses trinitaires déchaussées en Espagne.

Outre les Trinitaires, un ordre s'était encore formé pour la Rédemption des captifs tombés au pouvoir des infidèles; c'était celui de *Notre-Dame de la Merci*. Il eut pour fondateur saint Pierre Nolasque. Issu d'une des premières familles du Languedoc, Pierre Nolasque fut placé comme gouverneur, par le célèbre comte Simon de Montfort, auprès du jeune Jaime ou Jacques II, qui monta sur le trône d'Aragon en 1196. Mais, au milieu des pompes de la cour, il se livrait à la mortification et à la prière. Touché de compassion pour les pauvres chrétiens qui gémissaient dans l'esclavage des musulmans, il résolut de se vouer à leur délivrance, et de sacrifier ses biens à cette œuvre. Une apparition de la sainte Vierge le confirma dans cette charitable résolution, et saint Raymond de Pegnafort, qui était son confesseur, l'encouragea à l'exécuter. Le roi d'Aragon favorisa aussi de tout son pouvoir l'accomplissement de ce généreux dessein. Des gentilshommes catalans s'étaient réunis, dès l'an 1192, pour former une congrégation qui avait pour but le rachat des captifs chez les mahométans. La plupart de ces gentilshommes embrassèrent avec ardeur la pensée de fonder l'ordre de la Merci, que leur suggéra Pierre Nolasque. Des prêtres qui s'étaient agrégés à cette congrégation furent aussi admis dans l'ordre, qui fut d'abord institué comme ordre militaire, parce que les laïques qui s'y engageaient faisaient profession de combattre les infidèles par les armes, pour la défense de la foi. Quoique le troisième concile de Latran eût défendu, en 1179, qu'on établît aucun ordre religieux sans le consentement du saint-siége, on s'autorisa d'un indult des papes Grégoire VII et Urbain II, qui permettait aux rois d'Aragon de ne pas observer cette interdiction, pour instituer à Barcelone l'ordre de la Merci. Ce fut l'évêque de cette ville qui revêtit de l'habit de l'ordre saint Pierre Nolasque avec six prêtres et sept chevaliers. Par un quatrième vœu, ajouté aux trois vœux ordinaires, ils promirent d'engager leurs propres personnes, s'il était nécessaire, et de demeurer en captivité, pour la délivrance des chrétiens que les infidèles y retenaient. Le roi d'Aragon voulut que les nouveaux religieux portassent sur leur scapulaire, comme marque de sa protection, l'écusson de ses armes, et il leur donna un quartier de son palais pour monastère. La chapelle royale leur servit d'église, et les chapelains de l'ordre furent en même temps ceux du roi. Le supérieur du monastère avait le titre de vicaire de la cour. Les religieux de la Merci qui allaient chez les musulmans racheter les captifs, au risque de demeurer eux-mêmes en esclavage, s'appelaient Rédempteurs. Saint Pierre Nolasque fraya personnellement le chemin de ces périlleux voyages avec un autre religieux de l'ordre. Ils retirèrent en deux fois des mains des infidèles du royaume de Valence et de celui de Grenade quatre cents chrétiens. Le pape Honoré III avait approuvé l'ordre de vive voix; mais il fut régulièrement confirmé en 1230 par Grégoire IX. Il prit alors un rapide accroissement; des recrues lui vinrent de France, d'Allemagne et d'Angleterre, et les libéralités du roi lui permirent de bâtir à Barcelone un magnifique couvent, où il installa son siége. Jusqu'en 1235, l'ordre de la Merci avait suivi les statuts qui lui avaient été prescrits par saint Raymond de Pegnafort; mais saint Pierre Nolasque obtint du pape, par une bulle datée de cette année, l'autorisation d'embrasser une des règles approuvées par l'Eglise, celle de saint Augustin. Les premiers commandeurs généraux de l'ordre furent, comme saint Pierre Nolasque, des religieux laïques. Quand le roi d'Aragon fit la conquête de Valence, il donna à l'ordre de la Merci une mosquée, avec les bâtiments qui en dépendaient, pour en faire un monastère. Saint Pierre Nolasque voulut aller en Afrique remplir la mission de rédempteur, dans l'espoir de rencontrer plus de difficultés et d'humiliations qu'il n'en avait éprouvé dans les différents voyages qu'il avait faits chez les musulmans en Espagne. Il trouva, en effet, ceux d'Afrique bien moins traitables: il fut accusé d'avoir facilité l'évasion de quelques esclaves chrétiens, chargé de chaînes et forcé de comparaître devant la justice mahométane, qui ne put s'empêcher de reconnaître son innocence. Le saint, craignant alors qu'on n'aggravât le sort des captifs à cause de la fuite de ceux qui s'étaient évadés, s'offrit en esclavage à leur place. Mais Dieu permit que son courageux serviteur arrivât à Valence, après avoir échappé au naufrage auquel l'avait exposé la perfidie du maître des fugitifs, qui avait ordonné qu'on l'abandonnât en pleine mer sur une tartane sans gouvernail ni voiles. Au retour de cette campagne, Pierre Nolasque se démit de l'office de rédempteur et même de celui de commandeur général de l'ordre, pour vivre dans l'obéissance comme le plus humble des religieux, remplissant les fonctions les plus basses de la communauté. Il fut heureux d'être chargé de distribuer les aumônes à la porte du monastère, parce que cet emploi lui donnait l'occasion de s'entretenir avec les pauvres et de les instruire de leurs devoirs envers Dieu. La renommée de la pieuse humilité du fondateur de l'ordre de la Merci inspira à saint Louis le désir de connaître ce héros de la charité, qui se sentit lui-même épris d'une vive sympathie pour le vertueux roi de France. L'entrevue eut lieu en Languedoc, et il s'ensuivit, entre le saint qui siégeait sur le trône et celui qui balayait le monastère des religieux de la Merci, un commerce épistolaire, qui dura jusqu'à la mort de ce dernier, survenue en 1256. Il n'avait fallu rien moins que les infirmités de la veillesse pour empêcher Pierre Nolasque, que séduisait l'espoir d'une abondante rédemption de captifs, de suivre saint Louis en Orient. Le père des religieux de la Merci fut canonisé par Urbain VIII, en 1628.

Guillaume de Bos, Français de nation, qui avait succédé à saint Pierre Nolasque dans l'office de commandeur général de l'ordre de la Merci, lorsque le fondateur s'en était démis, racheta ou fit racheter, pendant son généralat, quatorze cents esclaves chrétiens. Il mourut octogénaire, à la fin de l'année 1269. Après la mort d'Arnaud Rossignol, qui fut le dernier général laïque, le saint-siége décida, dans la première moitié du XIVe siècle, qu'on élirait désormais un prêtre pour remplir cette charge. La plupart des religieux chevaliers témoignèrent leur mécontentement en quittant l'ordre de la Merci pour entrer dans celui de Montesa, que le roi d'Aragon venait d'instituer dans ses Etats et de mettre en possession des biens des Templiers, récemment abolis par le concile de Vienne. Ce passage des chevaliers d'un ordre dans l'autre fut ensuite approuvé par le souverain pontife. Il paraît que les chevaliers qui restèrent dans l'ordre se séparèrent entièrement des prêtres, et qu'ils quittèrent la règle de saint Augustin, pour prendre celle de saint Benoît. A la demande de Philippe II, roi d'Espagne, le pape ordonna qu'une visite des couvents de l'ordre, qui avait besoin d'être réformé, serait faite par des religieux de l'ordre de Saint-Dominique. Le père François de Torrès fut ensuite élu vingt-neuvième général des religieux de la Merci. Mais le saint-siége ordonna que les généraux, dont l'office avait été jusque-là à vie, n'en exerceraient plus les fonctions, à l'avenir, que pendant six ans. L'ordre de la Merci s'est encore plus étendu en Amérique, où il avait huit provinces, qu'en Europe, où il en avait trois en Espagne et une en France, connue sous le nom de province de Guyenne. Il a produit trois cardinaux, dont l'un, Raymond Nonat, était resté huit mois en otage entre les mains des musulmans. Les Rédempteurs se résignaient volontiers à ce sort, soit pour racheter un plus grand nombre de captifs, soit pour avoir occasion de travailler à la conversion des infidèles. Ni les menaces, ni les tourments ne purent empêcher Raymond Nonat de prêcher la parole de Dieu au milieu des ennemis de la foi chrétienne; et, pour le réduire au silence, il fallut lui percer les lèvres avec un fer chaud, et lui mettre un cadenas à la bouche. Un grand nombre d'archevêques et d'évêques sont sortis de l'ordre de la Merci, qui a aussi fourni plusieurs saints à l'Eglise.

Une réforme, qui fut faite dans l'ordre de la Merci au XVIe siècle, fut l'œuvre du père Jean-Baptiste Gonzalez, né en 1553, d'une ancienne famille de Castille. Sachant que les religieux de son ordre convertissaient, au péril de leur vie, un grand nombre d'infidèles au Pérou, il demanda et fut autorisé à aller participer aux travaux de ses frères. C'est à son retour de ce voyage qu'avec l'aide de la comtesse de Castellar, qui lui fit bâtir deux couvents, et qui lui obtint du pape Clément VIII les brefs nécessaires, il réalisa une réforme dans son ordre. L'observance en fut approuvée dans un chapitre tenu à Guadalaxara en 1603, et le père Jean-Baptiste substitua le nom du Saint-Sacrement à son nom de famille. Les religieux réformés de l'ordre de la Merci portaient des sandales semblables à celles des capucins. Il y eut aussi des religieuses de l'ordre de la Merci.

Reprenons maintenant le cours du récit historique de la lutte entre l'Evangile et le Coran.

Les musulmans sentirent le courage leur revenir en voyant les forces chrétiennes affaiblies par le partage des Etats d'Alphonse VIII entre ses deux fils. Ils reprirent toutes les places qui leur avaient été enlevées en Andalousie, et invitèrent le roi des Almohades à leur envoyer d'Afrique des renforts pour reconquérir le royaume de Tolède. A la nouvelle que ces secours leur étaient fournis, les Templiers eux-mêmes demeurèrent consternés. Le roi don Sanche III de Castille venait de former une ligue contre les infidèles avec les rois de Navarre et d'Aragon, lorsqu'il mourut en 1158. Son fils Alphonse IX, qui lui succédait, n'était âgé que de trois ans non encore accomplis. Don Sanche avait chargé de la tutelle de son fils don Gutierre de Castro, et ce choix suscita la jalousie de la maison de Lara. La rivalité de ces deux puissantes familles remplit d'agitation tout le royaume. Don Manrique de Lara finit par s'emparer du jeune roi et du pouvoir, et le roi Ferdinand de Léon, oncle d'Alphonse IX, se rendit maître de la plupart des places de la Castille, qu'il gouverna à titre de tuteur de son neveu. Les musulmans profitèrent de ces troubles pour envahir le territoire chrétien, où leurs armes eurent des succès. La formation des ordres militaires arriva fort à propos pour offrir une résistance à leurs progrès. Le roi musulman de Valence et de Murcie, avec l'aide de don Sanche, roi de Navarre, battit les Almohades et leur prit Grenade, en 1161. A la mort du roi Raymond d'Aragon, sa veuve Pétronille rassembla les cortès du royaume à Huesca, et divisa entre ses deux fils les Etats que laissait leur père : l'aîné, Alphonse II, eut l'Aragon et le comté de Barcelone, et don Pedro, le second, la Cerdagne et la Gaule Narbonaise. Le roi Alphonse de Portugal enleva Béja aux infidèles, en 1162. Mais, la même année, le roi mahométan de Valence, allié des chrétiens, perdit Alméria, qui fut prise par les Almohades. Pour mettre le royaume de Tolède à l'abri des incursions de ces barbares, le roi de Castille et son oncle le roi de Léon donnèrent, d'un commun accord, le château d'Uclès aux Hospitaliers de Saint-Jean de Jérusalem. Le roi de Léon se rendit maître en 1166 d'Alcantara, d'Albuquerque et d'Elvas, et il s'occupait en même temps à repeupler les villes de son royaume que la guerre avec les musulmans avaient laissées désertes. Le roi de Portugal, de son côté, prenait Palmella aux ennemis de la Croix et reculait les frontières portugaises à leur détriment.

Don Ferdinand Ruiz de Castro s'était emparé, à Tolède, d'une autorité que lui enleva le roi de Castille, Alphonse IX. Ce seigneur, par une désertion malheureusement assez fréquente en ces temps agités, passa avec ses partisans chez les mahométans. Le roi de Valence vint à Tolède en 1167 se mettre sous le vasselage du roi de Castille, pour s'en faire un protecteur contre les Almohades. Les rois de Portugal et de Léon se disputèrent la conquête de Badajoz en 1168. Mais Alphonse Ier fut fait prisonnier par les troupes de Léon, et, s'étant cassé la cuisse dans cette circonstance, il ne remonta plus jamais à cheval. Ferdinand demeura possesseur de Badajoz, où il laissa un gouverneur musulman à titre de vassal. Alphonse II, roi d'Aragon, voyant les Almohades occupés d'un autre côté, les attaqua du sien, et leur prit Alcañiz avec plusieurs autres places. Il confia la garde d'une partie de ces territoires aux chevaliers des ordres du Temple et de Calatrava. Le pape Alexandre III envoya en Espagne, en 1169, un cardinal-légat, qui avait mission de cimenter la paix entre les princes chrétiens, afin qu'ils pussent appliquer tous leurs efforts à l'extension de la religion de Jésus-Christ et à l'expulsion de ses ennemis. Le roi d'Aragon chassa, l'année suivante, des montagnes de la Catalogne, les mahométans qui les habitaient encore.

Yousouf, roi des Almohades, rassembla en Afrique une armée considérable, avec laquelle il passa en Andalousie, d'où il en envoya une partie contre le Portugal; mais le roi Alphonse Henriquez la força à la retraite. Pendant ce temps le roi d'Aragon enlevait Téruel aux musulmans. Les Almohades profitèrent des troubles qu'occasionna la mort du roi mahométan de Valence et de Murcie pour étendre leur domination sur ce pays. Une armée qu'Yousouf conduisit d'abord en Portugal, se dirigea de là vers Ciudad-Rodrigo; mais le roi Ferdinand de Léon la tailla en pièces. Une guerre que faisaient alors au roi de Navarre les souverains de Castille et d'Aragon, occupait les forces chrétiennes sur un autre théâtre que celui de la lutte contre les infidèles. L'infant don Sanche de Portugal ayant fait irruption en 1175 sur les terres musulmanes, les troupes almohades entrèrent en Portugal et assiégèrent Béja; mais l'infant leur fit éprouver une défaite dans laquelle périrent les deux généraux qui les commandaient. Débarrassé de la guerre contre la Navarre, le roi Alphonse IX de Castille tourna ses armes contre les mahométans, et, avec l'aide du roi d'Aragon, il leur enleva Cuença, dont la mosquée fut convertie en église. Il ravagea ensuite le royaume de Valence. L'année suivante, 1178, l'infant don Sanche de Portugal pénétra en Andalousie, battit les infidèles, et revint chargé de leurs dépouilles. Le fils d'Yousouf, roi des Almohades, voulut exercer des représailles sur le Portugal; il avait déjà mis le siége devant Abrantès, lorsque le roi Alphonse Henriquez et l'infant son fils l'obligèrent à la retraite. Yousouf échoua encore dans une attaque qu'il dirigea par terre et par mer contre le Portugal. Alphonse IX, roi de Castille, fit en 1182 une campagne heureuse contre les musulmans, et l'année suivante il mit à feu et à sang le royaume de Murcie. Yousouf amena d'Afrique en Andalousie, en 1184, des troupes innombrables, avec lesquelles il entra en Portugal et s'empara de Santarem. Mais l'infant don Sanche, avec l'évêque d'Oporto, tua quinze mille hommes aux Almohades dans une surprise nocturne. L'archevêque de Compostelle et le roi Ferdinand de Léon réunirent leurs forces à celles du Portugal contre l'ennemi commun. Au moment où une bataille allait être livrée, Yousouf tomba mort en montant à cheval, et son armée prit aussitôt la fuite, en abandonnant tous ses bagages. L'année 1185 est marquée par une victoire que les musulmans remportèrent près de Sotillo sur le roi Alphonse IX. Cette même année est celle de la mort d'Alphonse Henriquez, premier roi de Portugal, qui rendit son âme à Dieu à l'âge de plus de quatre-vingt-dix ans, après avoir consacré sa longue et glorieuse carrière à combattre les ennemis de la religion qu'il a donnée pour base au royaume dont il a été le fondateur. La défaite éprouvée par le roi de Castille n'avait pas abattu son courage, et il fit, en 1186 et 1187, des campagnes de dévastation sur les terres de l'État de Valence et de Murcie. Le roi Ferdinand mourut en 1188 et eut pour successeur sur le trône de Léon son fils, Alphonse IX. Ce prince unit ses armes à celles du roi de Castille pour marcher ensemble contre les infidèles, et, portant la guerre dans la province de Séville, ils s'avancèrent jusqu'à la mer, et rapportèrent de cette expédition un riche butin. Mais la desunion se mit alors entre ces deux princes. Le roi de Portugal, don Sanche, fut aidé en 1189 dans la conquête de Silves, d'où il chassa les musulmans, par une troupe de croisés anglais qui relâcha à Lisbonne en allant à la terre sainte. Ces mêmes pèlerins lui prêtèrent leur appui l'année suivante pour repousser Yacoub, roi des Almohades, qui était venu assiéger Santarem. Le secours du roi de Léon n'avait pas manqué non plus à don Sanche. Mais, en 1191, le roi de Portugal succomba sous la supériorité numérique des troupes avec lesquelles l'attaqua Yacoub, et les Almohades rentrèrent dans Silves, dans Palmella et dans plusieurs autres villes. Le roi de Castille, accompagné de l'archevêque de Tolède, se rua, après avoir fait de grands préparatifs de guerre, sur l'Andalousie, où il exerça les plus affreux ravages, détruisant les moissons, les vignes et les oliviers, enlevant les troupeaux, incendiant les villes et les villages, et emmenant captifs tous les habitants du pays. Yacoub écrivit à Alphonse IX, pour se plaindre des dommages que ce prince avait causés à ses sujets ; mais il en reçut une réponse hautaine, qui l'engagea à appeler les musulmans de tous ses États à l'extermination des chrétiens. Quand le roi de Castille apprit qu'Yacoub rassemblait à Séville une armée innombrable, dont la majeure partie était venue d'Afrique avec lui, il réclama le secours des rois de Léon et de Navarre, au nom de la religion, menacée par l'expédition qu'entreprenait le roi des Almohades. Mais il commit la faute d'accepter, avant l'arrivée des troupes que conduisaient eux-mêmes ces deux souverains, la bataille que lui présenta le chef des infidèles, le 18 juillet 1195, et les champs d'Alarcos furent témoins de la défaite complète des Castillans, qui furent écrasés par le nombre de leurs ennemis. Leur cavalerie, au nombre de dix mille hommes couverts de fer, se précipita trois fois sur les lances musulmanes sans pouvoir les rompre. On combattait d'un côté pour la Croix, et de l'autre pour le Croissant, et on avait fait de part et d'autre le serment de vaincre ou de mourir les armes à la main. Les bandes irrégulières de cavaliers nomades que l'Afrique avait vomies sur l'Espagne enveloppèrent l'armée chrétienne. Elle laissa plus de vingt mille hommes, avec la fleur de la noblesse de Castille, et presque tous les chevaliers des ordres militaires, sur le théâtre de ce désastre, fruit de la présomption d'Alphonse IX. Cette victoire est la plus signalée que les Almohades aient jamais remportée, et Yacoub en fit publier la nouvelle par tout son empire. Dans l'exaspération où le jeta un tel revers, le roi de Castille fit aux rois de Léon et de Navarre, à Tolède, où il s'était retiré, un accueil qui lui aliéna ces princes, et il s'ensuivit des hostilités entre eux et lui. Les Almohades, après s'être emparés de Calatrava, passèrent en Portugal, où ils portèrent la désolation et ruinèrent tous les monastères. Yacoub vainqueur s'avança par Trujillo et Talavera jusqu'à Tolède ; mais il y trouva une résistance qui le força à la retraite. Il retourna en Andalousie, après avoir partout marqué son passage par une horrible dévastation. Arrivé à Séville, il y fit construire une magnifique mosquée, en témoignage du grand succès qu'il venait d'obtenir. Pendant ce temps le roi de Castille faisait la guerre à celui de Léon. Le pape Célestin III ayant appris que Sanche VII, qui avait remplacé son père sur le trône de Navarre en 1194, méditait de s'allier avec le roi des Almohades contre les souverains de Castille et d'Aragon, lui écrivit pour le détourner d'une pensée si contraire à la religion. Don Sanche n'en accueillit pas moins la proposition que lui fit faire Yacoub de lui donner sa fille en mariage, avec toutes ses possessions d'Espagne pour dot. L'évêque de Pampelune fut envoyé à Rome en 1197 pour disculper son souverain auprès du pape de ses intelligences avec les infidèles. Mais don Sanche usait de dissimulation avec le saint père, car il se rendit en Afrique, en 1199, pour épouser la fille du roi des Almohades. Yacoub venait de mourir lorsque le roi de Navarre arriva à la cour de Maroc, et son fils, qui lui avait succédé, retint don Sanche pour l'aider à combattre ses sujets révoltés. Yacoub, qui a été surnommé Almanzor, c'est-à-dire *l'Invincible*, est considéré par les écrivains arabes comme le plus digne d'éloges parmi les souverains Almohades.

Les rois de Castille et de Léon et Don Pèdre II, roi d'Aragon se tinrent prêts en 1197 à repousser Yacoub, qui revint faire une nouvelle et inutile tentative contre Tolède. Madrid et Alcala lui résistèrent également, et il fut obligé de se contenter de ravager les campagnes, qu'il trouva toutes abandonnées de leurs habitants. Le manque de vivres le força de rentrer en Andalousie, d'où il fut rappelé en Afrique par la nouvelle de la révolte de plusieurs gouverneurs des provinces de son empire. Mais, avant de repasser le détroit, il conclut une trêve de quelques années avec le roi de Castille, à qui il envoya des ambassadeurs à cet effet. Pendant l'absence que fit le roi Sanche VII de Navarre, lorsque l'ambition le conduisit en Afrique dans le coupable espoir de s'allier avec un prince mahométan, Alphonse IX se rendit maître des provinces d'Alava, de Biscaye et de Guipuscoa, qui sont restées depuis cette époque attachées à la couronne de Castille, tout en jouissant de leurs lois et de leurs droits, de leurs *fueros*, suivant l'expression espagnole. Don Pèdre II, roi d'Aragon, projetait d'enlever les îles Baléares aux infidèles, et il avait besoin, pour l'exécution de ce dessein, d'être favorisé par les Génois et par les Pisans, alors tout-puissants sur la Méditerranée. Il fit le voyage de Rome en 1204, pour obtenir, par l'intervention du pape Innocent III, l'appui de ces républiques. Il fut alors solennellement couronné par la main du souverain pontife, et il se reconnut feudataire et tributaire du saint-siége. Cet acte de respectueux hommage fut mal accueilli par les Aragonais, dont il blessa les suceptibilités d'indépendance nationale. Les quatre rois de Castille, de Léon, de Navarre et d'Aragon, conclurent entre eux une paix qui leur permit d'unir leurs forces contre le commun ennemi de la foi. Le fils d'Yacoub, Méhémed-el-Nasser, que les Espagnols ont surnommé le Vert, de la couleur de son turban, se disposa de son côté à entrer avec les chrétiens dans une lutte décisive, et il rassembla pour leur tenir tête toutes les troupes de ses Etats d'Afrique et d'Espagne.

Le roi d'Aragon entra dans le royaume de Valence, tandis que l'infant don Ferdinand, fils du roi de Castille, parcourait l'Andalousie et la dévastait. Méhémed-el-Nasser, de son côté, s'empara de vive force de Salvatierra. La mort de l'infant Ferdinand, prince de grandes espérances, suspendit les opérations par lesquelles on voulait porter un coup à la puissance musulmane. On prit des mesures propres à atteindre ce but dans des cortès qui furent tenues à Tolède. On fit des processions dans tout le royaume de Castille pour appeler les bénédictions de Dieu sur la grande entreprise à laquelle on se préparait. Tout homme en état de porter les armes fut tenu de répondre à l'appel de la religion et de la patrie. L'archevêque de Tolède fut envoyé à Rome par Alphonse IX, pour prier le pape d'accorder les indulgences attribuées aux croisés à tous les guerriers qui se réuniraient sous la bannière déployée contre l'islamisme en Espagne. Un grand nombre d'auxiliaires français et allemands vinrent prendre rang parmi les champions de la délivrance de la Péninsule. Tolède fut le point de concentration de toutes les forces chrétiennes. La mort empêcha don Sanche, roi de Portugal, de se trouver au rendez-vous général; mais les Etats qu'il léguait à son fils Alphonse VII envoyèrent néanmoins leur contingent. L'armée de la Croix se mit en marche au mois de juin 1212 : l'avant-garde était conduite par don Diégo Haro, le centre par le roi d'Aragon, et l'arrière-garde par le roi de Castille. La place de Calatrava fut d'abord reprise aux infidèles et rendue aux chevaliers de l'ordre de ce nom. Le roi de Navarre, Sanche VII, rejoignit les rois de Castille et d'Aragon à Alarcos. Mais un grand nombre de croisés, venus d'au delà des Pyrénées, laissèrent, en se retirant, un vide irréparable parmi les Espagnols. Méhémed-el-Nasser s'avança pour défendre le passage de la Sierra-Moréna. Un berger, qu'on prit pour un ange parce qu'il disparut après avoir servi de guide, indiqua aux chrétiens un sentier inconnu par lequel ils parvinrent au sommet de la montagne, et purent occuper une position avantageuse. Avant d'offrir la bataille à l'ennemi, ils s'y préparèrent par la confession et par la communion. Les évêques parcoururent les rangs, en rappelant que l'indulgence accordée par le pape devait être le prix du courage. Le roi de Castille harangua les troupes du haut d'une colline, et le combat s'engagea, avec un égal acharnement de part et d'autre, le 16 juillet 1212, près de Muradal, dans une plaine qui a fait donner à cette journée le nom de bataille de La Navas de Tolosa. Les chrétiens furent au moment de lâcher pied, et le roi de Castille voulait se précipiter au milieu des ennemis pour y mourir glorieusement, lorsque l'archevêque de Tolède le dissuada de désespérer du succès, en lui rappelant que sa conservation en était le gage. Alphonse IX communiqua à ses troupes l'intrépidité inébranlable qui l'animait, et la victoire se prononça en leur faveur. La déroute des Almohades fut complète. Les historiens espagnols prétendent que le chiffre des morts chez les infidèles s'éleva à deux cent mille hommes, dont cent mille cavaliers ; et l'un d'eux, l'archevêque don Rodrigue, rapporte que la perte des chrétiens se réduisit à vingt-cinq hommes. Si la soustraction est incontestable d'un côté, la multiplication l'est peut-être moins de l'autre. Les auteurs arabes avouent que la nuit seule arrêta le carnage qui fut fait des musulmans, dont pas un ne fut épargné par le fer, et ils conviennent qu'il en resta plus de soixante mille sur le carreau. Mais ce qui peut faire croire que le massacre fut plus considérable, c'est qu'ils rapportent que le roi des Almohades avait mis toute sa confiance dans la multitude infinie de son armée, qui comptait trois cent mille soldats d'excellentes troupes et cent soixante mille volontaires. Ces mêmes écrivains ajoutent que la défection des mahométans andalous, qui servaient avec répugnance sous le drapeau de Méhémed-El-Nasser, et qui tournèrent bride au plus fort de la mêlée, fut la principale cause de la défaite de l'islamisme. Un immense butin tomba au pouvoir des chrétiens. La décadence irrémédiable de la puissance musulmane en Espagne date de cette mémorable journée, qui offrit aux nations chrétiennes un éclatant exemple des avantages qu'elles pouvaient recueillir du maintien de la concorde entre elles. La renommée d'Alphonse IX et des rois de Navarre et d'Aragon retentit dans toute l'Europe. Méhémed-El-Nasser alla cacher sa honte en Afrique, et s'enferma dans son harem, où il mourut l'année suivante, empoisonné, dit-on, par les officiers de sa garde. Mariana fait observer que les prières adressées au ciel, à la demande du pape, dans toute la chrétienté, et particulièrement à Rome, ne contribuèrent pas peu à obtenir de Dieu le triomphe de la sainte cause de la Croix. Le roi de Castille fit encore une campagne heureuse contre les infidèles en 1213.

La face de l'Espagne se trouva changée par le résultat de la bataille de Las Navas de Tolosa : une supériorité désormais inattaquable fut assurée aux chrétiens sur les musulmans. Les Arabes et les Maures établis en Andalousie avant l'envahissement de cette contrée par les Almoravides, auxquels avaient succédé les Almohades, commencèrent à entrevoir l'espérance de secouer le joug de leurs oppresseurs. La Castille resta veuve d'un de ses plus grands rois, en 1214, par la mort d'Alphonse IX. Le fils unique de cet illustre monarque, Henri IV, ne porta la couronne que jusqu'en 1217 : un accident mit fin à ses jours. Il n'avait que dix ans quand il perdit son père, et son règne, qui fut une minorité, fut agité par les intrigues de la maison de Lara. Il avait pour héritière sa sœur Bérengère, qui fit proclamer roi son fils Ferdinand III, né du mariage de cette infante avec Alphonse IX, roi de Léon. Les royaumes de Castille et de Léon furent réunis, pour ne plus se séparer, à la mort du père de Ferdinand III, en 1230. Don Pèdre II, roi d'Aragon, qui avait mis au service des Albigeois son épée, naguère victorieuse des infidèles, périt à la journée de Muret, en 1213, en soutenant la cause de l'hérésie. Il eut pour successeur son fils Jaime ou Jacques Ier. Quand Ferdinand III eut apaisé par sa sagesse les troubles qu'une noblesse turbulente entretenait en Castille, il songea à tourner ses armes contre les musulmans. Il envoya un corps de troupes ravager le royaume de Valence, tandis qu'il entrait lui-même en Andalousie, accompagné des principaux seigneurs de ses Etats, des grands maîtres et des chevaliers des ordres militaires. La discorde réduisait les mahométans à l'impossibilité de se défendre, et l'armée castillane obtint facilement la soumission de toutes les contrées qu'elle parcourut dans l'été et dans l'automne de l'année 1224. Le roi retourna à Tolède au mois de novembre. L'année suivante il se dirigea vers le royaume de Valence; mais le prince musulman de cet Etat s'avança à sa rencontre pour se mettre à sa discrétion. Ferdinand marcha alors vers l'Andalousie, où le roi de Baeça le reçut pacifiquement et lui fournit des vivres ; il s'empara ensuite d'Andujar et de Martos. Cette dernière place fut donnée aux chevaliers de Calatrava, pour qu'ils pussent de là faire des courses sur les terres mahométanes. Les troupes castillanes renouvelèrent, les années suivantes, leurs incursions en Andalousie. Le roi d'Aragon avait vu avec jalousie les infidèles de Valence se soumettre au roi de Castille ; mais il lui suffit d'entrer sur leur territoire pour les obliger à lui payer un tribut annuel du cinquième des revenus du royaume. L'archevêque de Tolède engagea

Ferdinand à porter de nouveaux coups à la puissance musulmane, pour en accélérer la décadence. Les troupes castillanes allèrent assiéger la forte place de Jaen, qui leur opposa une résistance invincible, à laquelle ne contribua pas peu don Perez de Castro, que le mécontentement avait conduit chez les infidèles. Cette odieuse désertion était assez fréquemment le refuge des seigneurs de cette époque, quand ils éprouvaient des mécomptes dans les calculs de leur ambition. Ferdinand arriva de succès en succès jusqu'aux portes de Grenade, dont il dévasta les délicieux jardins. Les habitants, effrayés, demandèrent la paix, et l'obtinrent par l'intermédiaire de don Perez de Castro, que le roi de Castille attira à son service, et laissa en Andalousie, avec le grand maître de Calatrava, à la garde des places conquises. Après le départ du roi, qui était retourné à Tolède, les Castillans battirent les infidèles près de Séville, et leur tuèrent vingt mille hommes. Ferdinand rentra en Andalousie en 1227. Le roi de Baeça lui offrit d'unir ses armes aux siennes ; mais il fut assassiné par ses sujets, qu'avait exaspérés cette alliance avec les chrétiens. La ville de Baeça, qui avait été livrée en gage au roi de Castille, demeura en son pouvoir, après qu'il eut réduit la citadelle, qui avait essayé de lui résister, et la place de Capilla fut aussi conquise. Ces circonstances, qui ne permettaient pas à Ferdinand de s'éloigner du théâtre de cette guerre, l'empêchèrent de porter à sa tante, la reine Blanche de France, les secours qu'elle lui avait demandés pour apaiser les troubles de la minorité de saint Louis.

Les Almohades de Séville venaient d'être réduits à payer tribut aux Castillans, lorsqu'un orage se forma contre eux au sein de l'islamisme. Un descendant des rois arabes de Saragosse, Aben-Hud, homme qui joignait une grande audace à une éloquence entraînante, excita un soulèvement à Murcie, en accusant la secte des Almohades d'avoir altéré la pureté de la religion mahométane et causé tous les malheurs qui accablaient les musulmans. Jaen et Grenade adhérèrent au mouvement de Murcie, et le peuple, dupe des artifices de l'ennemi des Almohades, le proclama roi, en 1228. Aben-Hud chassa de Grenade le frère du roi des Almohades, qui occupait cette ville, et la rangea sous sa loi. Le roi d'Aragon, Jacques Ier, résolut de mettre un terme aux dommages continuels que les infidèles de l'île de Majorque causaient à ses sujets sur les côtes de Catalogne et dans la Méditerranée. Il se fit accorder, dans des cortès tenues à Barcelone, les subsides dont il avait besoin pour l'expédition qu'il projetait, et il équipa une flotte considérable. Une bataille, qui fut surtout gagnée par la valeur de Jacques Ier, décida du sort de l'île, dont la ville principale fut ensuite emportée d'assaut, le 31 décembre 1230 suivant Mariana, et 1229 suivant l'*Art de vérifier les dates*. Un fils du roi de Majorque, qui était âgé de treize ans, fut baptisé, et un évêque fut installé à la tête de ce nouveau troupeau. Minorque et Iviça furent aussi enlevées aux musulmans. Alphonse IX, roi de Léon, l'année même de sa mort, en 1230, remporta sur Aben-Hud une victoire où le courage des chrétiens triompha de la multitude de leurs ennemis. La possession de Mérida et de Badajoz fut le prix de ce succès. Ferdinand III était occupé à combattre les mahométans en Andalousie, lorsque la nouvelle de la mort de son père le rappela dans le royaume de Léon, dont il était l'héritier, et qui, comme nous l'avons dit, fut définitivement réuni dans sa personne à celui de Castille. Le soin de poursuivre la guerre en Andalousie avait été laissé à l'archevêque de Tolède.

Les rois de Castille et d'Aragon, le premier après s'être mis en possession du royaume de Léon, et le second après avoir consolidé la conquête des îles Baléares, se disposèrent à profiter, pour achever d'abattre les infidèles, de la discorde qui divisait les Arabes, les Maures, les Almoravides et les Almohades, en partis irréconciliablement ennemis. Jacques Ier entra dans le royaume de Valence et y eut des succès rapides. Ferdinand III tourna ses coups vers l'Andalousie, et prit de vive force Ubéda. Il avait été rappelé dans le royaume de Léon par le besoin d'y affermir son autorité, lorsqu'il apprit qu'un détachement de ses troupes était entré par surprise dans Cordoue, et occupait une porte et plusieurs tours de la ville. Il était alors à Bénavente. Il allait se mettre à table lorsqu'on lui annonça cet événement : après avoir pris debout quelques bouchées de nourriture : *Chevaliers*, dit-il à ceux qui l'entouraient, *que qui est mon ami et mon fidèle vassal me suive* ; et il reprit en toute hâte le chemin de l'Andalousie. Aben-Hud, qui se trouvait avec son armée à Ecija, ne savait s'il devait marcher au secours de Valence ou de Cordoue, qu'il voyait également menacées. Un chevalier castillan, Lorenzo Suarez, qui servait sous le drapeau de l'islamisme, mais qui désirait mériter le pardon de cette faute en rendant à Ferdinand un important service, détermina le prince musulman à se diriger vers Valence, en lui faisant croire que Cordoue était assiégée par des forces trop considérables pour qu'il pût leur résister. Les chrétiens, au contraire, auraient été trop faibles pour tenir tête en même temps à la garnison de Cordoue et à Aben-Hud, s'il était venu les placer dans ce double péril. Cordoue est située sur le Guadalquivir, au bas du versant méridional de la Sierra-Moréna. La ville forme un carré dont la longueur dépasse la largeur en s'étendant sur la rive du fleuve. Elle a de vastes faubourgs. Le plus étendu touche au Guadalquivir, et il était entouré de murs comme la place. Cordoue était au pouvoir des mahométans depuis l'an 712. Elle avait été la capitale de l'empire arabe d'Espagne au temps de sa grandeur. Elle mettait sa confiance dans sa nombreuse population et opposait une vigoureuse défense aux attaques de Ferdinand, lorsqu'elle perdit courage en apprenant la mort d'Aben-Hud. Ce prince avait été assassiné par ses soldats à Alméria, dans sa marche sur Valence. Cordoue capitula à cette nouvelle, et le roi de Castille y fit son entrée triomphante le jour de la fête de Saint-Pierre et Saint-Paul de l'année 1236. La Croix fut arborée avec l'étendard royal sur la fameuse mosquée qui est l'ornement de cette ville, après que ce temple eut été purifié et converti en église par les évêques qui accompagnaient Ferdinand. Le pieux et grand roi voulut que les cloches de l'église de Saint-Jacques, qui avaient été apportées deux cent soixante ans auparavant à Cordoue, sur les épaules des chrétiens réduits en captivité, fussent reportées par les prisonniers musulmans sur leurs épaules à Compostelle. Les rois de Castille et de Léon ajoutèrent dorénavant à leurs titres celui de rois de Cordoue et de Baeça.

Aben-Zéid, roi de Valence, s'était aliéné ses sujets par ses relations avec les chrétiens. Une conspiration tramée contre lui l'obligea à se retirer en 1230 en Aragon, où il fut instruit des principes de la foi chrétienne et baptisé sous le nom de Vincent. Un des descendants des rois musulmans de Murcie s'était emparé de l'autorité à Valence, à la faveur de cette révolution. Il fut battu en 1237 par les troupes aragonaises, quoiqu'elles fussent très-inférieures en nombre à celles qu'il leur opposa. Le roi Jacques Ier refusa de lui accorder la paix qu'il lui demanda, et résolut de se rendre maître de Valence. Il osa entreprendre le siége de cette ville, si grande et si populeuse, avec mille hommes d'infanterie et trois cent soixante hommes de cavalerie. La situation de Valence est si agréable qu'elle passe pour inspirer aux étrangers l'oubli de leur patrie. Les jardins ravissants qui en occupent les environs sont comparés avec raison par Mariana, dans son style élégant, aux champs Elysées dont les poëtes du paganisme avaient fait la demeure des bienheureux après leur mort. Condé (*Historia de los Arabes en España*) appelle ces jardins, en termes traduits de l'arabe, *le Verger des délices de l'Espagne*, *el vergel de amenidades de España*. Les murs de la cité, gracieusement assise aux bords de la mer, sont baignés par le Guadalaviar. Ils présentaient alors une figure circulaire et étaient percés de quatre portes. Les assiégeants virent grossir leurs rangs d'une troupe française d'élite, qui leur arriva sous la conduite de l'évêque de Narbonne, et d'auxiliaires anglais que la renommée de leur audace leur amena ; d'autres renforts ne tardèrent pas à porter à soixante mille hommes le chiffre de leur infanterie. La vue d'une flotte de dix-huit voiles, envoyée par le roi de Tunis, fit luire aux yeux des infidèles l'espoir d'une résistance couronnée de succès. Mais les galères africaines disparurent bientôt en apprenant qu'une flotte chrétienne allait venir de Tortose à leur rencontre. Valence demanda enfin et obtint une capitulation qui permit à cinquante mille infidèles, hommes, femmes et enfants, de sortir de la place pour se retirer en Andalousie. Les vainqueurs prirent possession de leur conquête le jour de la fête de Saint-Michel, 29 septembre 1238. Les mosquées furent converties en temples consacrés au culte du vrai Dieu, et un évêque fut installé sur le siége de la ville, affranchie de la servitude musulmane. Des chrétiens vinrent la peupler de la Catalogne et de l'Aragon, et les terres de cette magnifique contrée leur furent distribuées ; les Templiers et les chevaliers de Saint-Jean de Jérusalem eurent leur part des dépouilles d'un ennemi qu'ils avaient vaillamment contribué à expulser. Jacques Ier fit soigneusement réparer les fortifications de la place. L'Espagne chrétienne tout entière tressaillit de joie à la nouvelle de la reprise de Valence, qui avait suivi de si près celle de Cordoue, et les deux libérateurs de ces illustres cités devinrent les héros de leur temps.

A la mort de Sanche VII, un des triomphateurs de la journée de las Navas de Tolosa, la couronne de Navarre passa sur la tête de son neveu, Thibaut, quatrième comte de Champagne de ce nom, fils de doña Sanche, sa sœur. La paix dont jouissait la Navarre permit au nouveau roi d'aller combattre les infidèles en Palestine. Mohammed-Aben-Alhamar, dont l'origine est diversement rapportée par les historiens espagnols et par les auteurs arabes, avait su se concilier par ses brillantes qualités l'estime et l'affection des Andalous musulmans. Il était neveu et lieutenant d'Yahia-Annasir, qui avait disputé le trône au dernier roi des Almohades, mort en 1232, et la possession de l'Andalousie à Aben-Hud. Yahia-Annasir mourut d'une blessure reçue dans cette lutte, à la prise de Jaën par ses troupes. Mohammed-Aben-Alhamar succéda à son oncle comme souverain de Jaën, de Guadix et de Baza, et fut investi d'une partie de l'héritage d'Aben-Hud par le chef de la conspiration qui fit périr ce prince. Les acclamations des habitants de Grenade l'appelèrent dans cette ville, dont il fit le siége du nouveau royaume qu'il fonda en 1238. Grenade, bâtie sur les bords du Xénil, au milieu d'une des plus riches et des plus agréables plaines de l'univers, avec sa vaste enceinte, ses murs solidement construits, ses monuments, chefs-d'œuvre de l'architecture arabe, et sa population de trois cent mille âmes, était digne de remplacer Cordoue, comme capitale de l'islamisme en Espagne.

Ferdinand III, accompagné des chevaliers des ordres militaires, fit une campagne en Andalousie, où il profita de la confusion des affaires musulmanes, pour se rendre maître d'Ecija, de Lucéna, de Marchéna, d'Ossuna et d'un grand nombre d'autres places. Le nom chrétien inspirait aux infidèles une terreur qu'ils n'avaient pas encore connue. Alhamar demanda une trêve d'un an, qui lui fut accordée. A son retour de cette expédition, le roi de Castille transféra de Palencia à Salamanque l'université qui devint si célèbre dans cette dernière ville. Pendant ce temps, Jacques, roi d'Aragon, continuait à reculer ses frontières et s'avançait au midi de Valence, jusqu'à Xativa. Les événements qui suivirent la mort d'Aben-Hud avaient mis en possession de l'Etat de Murcie un prince nommé Hudiel, qui se vit aussitôt attaqué par l'ambitieux Alhamar. Trop faible pour résister à ce puissant adversaire, qui avait étendu son royaume de Grenade le long des côtes de la Méditerranée, depuis la baie d'Algéziras jusqu'au tombeau de Scipion, près de Lorca, Hudiel se plaça sous la protection de la couronne de Castille. La trêve avec Alhamar venait d'expirer, quand les ambassadeurs du roi de Murcie arrivèrent à Tolède ; mais Ferdinand III était alors retenu au lit, à Burgos, par une maladie grave. Ce fut son fils aîné, l'infant don Alphonse, qui reçut les envoyés musulmans, et il s'achemina aussitôt vers Murcie. Sa présence suffit pour que la plupart des villes de ce royaume reçussent sans difficulté des garnisons chrétiennes. Le roi Ferdinand rejoignit l'infant dès que sa santé lui permit de se mettre en route. Le père et le fils retournèrent ensuite à Burgos. Alhamar mit le siége devant Martos, pendant que la garnison de cette place était sortie pour battre la campagne et faire du butin. Mais la femme du gouverneur, qui était absent, fit paraître sur les remparts les femmes de la ville vêtues d'habits d'hommes : cette ruse suspendit les attaques d'Alhamar jusqu'au retour de la garnison. Alhamar se vengea de cet affront par une sanglante défaite qu'il fit éprouver à Rodrigue-Alphonse de Léon, frère naturel du roi de Castille, qui avait envahi le territoire de Grenade. A cette nouvelle, Ferdinand III comprit qu'il ne fallait pas laisser grandir davantage la puissance d'Alhamar, et il se dirigea vers l'Andalousie, envoyant en même temps son fils Alphonse en Murcie. Une victoire signala l'arrivée du roi près de Grenade ; mais cette ville, devant laquelle il avait mis le siége, lui opposa une résistance insurmontable. Il retourna à Cordoue en 1242, à l'approche de l'hiver. L'infant Alphonse avait soumis, de son côté, les places de l'Etat de Murcie qui refusaient l'entrée de leurs portés aux Castillans. Ferdinand recommença la guerre en 1243, et promena la dévastation à travers les Etats du roi de Grenade. Il réunit ensuite toutes ses troupes pour assiéger la forte place de Jaën. Pendant ce temps un parti, qui s'était formé contre Alhamar dans sa capitale, mettait le fondateur du royaume de Grenade en péril de perdre sa couronne et même la vie. Il n'y avait que l'appui du roi de Castille qui pût le tirer de ce danger. Alhamar l'alla donc trouver dans son camp devant Jaën, lui baisa la main en signe de soumission, lui offrit de lui remettre la place assiégée, de devenir son vassal, de l'accompagner dans toutes ses expéditions militaires, et de partager avec lui les revenus de son Etat. Ferdinand accepta ces conditions, assura au prince musulman la possession de son royaume, et lui fournit les moyens d'apaiser les troubles qui menaçaient son trône. Les troupes castillanes firent ensuite leur entrée solennelle dans Jaën, où fut établi un siége épiscopal. Des auteurs d'une autorité à laquelle Mariana accorde la préférence donnent à ces événements la date de 1243. Les Annales de Tolède, dont l'*Art de vérifier les dates* a suivi l'opinion, le fixent à l'an 1246. A l'ombre de la tranquillité qui lui était garantie, Alhamar s'occupa d'affermir sa puissance, dont il établissait la base en accoutumant ses sujets au joug. Il s'entoura d'une garde pour sa sûreté personnelle, et organisa des troupes soldées. C'était une innovation dans les institutions militaires des musulmans. Il ajouta des tours aux murailles déjà très-fortes qui entouraient Grenade. Il appliqua aussi ses soins à l'embellissement de la capitale, où il tint une cour brillante. Les chevaliers chrétiens ne dédaignèrent pas d'assister quelquefois aux tournois qu'il y donnait. Les Maures sujets d'Alhamar étaient très-habiles dans l'art de l'irrigation des terres, et l'agriculture prospéra entre leurs mains en Andalousie.

Séville, dont on a dit que qui ne l'a pas vue n'a rien vu, était encore au pouvoir des Almohades. Ferdinand III concerta avec le roi de Grenade le projet de leur enlever ce dernier fleuron de leur couronne. Il commença par en faire ravager les environs. Il assiégea la place de Carmona, en 1246, sans la pouvoir prendre, parce qu'elle était très-forte, mais il lui imposa un tribut annuel. Une contestation s'était élevée entre l'infant don Alphonse et le roi Jacques Ier, sur les limites qui devaient séparer les conquêtes de ces princes dans les royaumes de Murcie et de Valence; on aplanit cette difficulté par le mariage de l'infant de Castille avec la fille du roi d'Aragon, qui fut célébré à Valladolid sans que Ferdinand y assistât, parce qu'il était retenu en Andalousie par les préparatifs qu'il faisait pour s'emparer de Séville. Une flotte qu'il avait fait construire, pour l'exécution de ce dessein, sur les côtes de la Biscaye, arriva à l'embouchure du Guadalquivir. Elle battit les navires de Tanger et de Ceuta, qui étaient venus l'attaquer, pour lui barrer l'entrée du fleuve. Les infidèles firent ensuite des efforts qui demeurèrent toujours vains pour brûler la flotte chrétienne au moyen du feu grégeois. Ferdinand commença la grande entreprise du siége de Séville le 20 août 1247. Il trouva dans les Almohades une vigueur de résistance égale à celle de ses attaques. Il se rendit maître d'abord de la place voisine de Carmona. Après avoir réglé de nouveau avec le roi Jacques Ier la délimitation des frontières castillanes et aragonaises, sur les confins des royaumes de Murcie et de Valence, l'infant don Alphonse se hâta d'arriver devant Séville, où le roi de Grenade amena aussi un utile renfort de troupes. Les grands maîtres des ordres militaires avec un nombre considérable de chevaliers excitaient le courage des assiégeants par leur intrépide exemple. Les maladies qui désolèrent l'armée ébranlèrent un moment la résolution de Ferdinand: mais on parvint enfin à emporter le faubourg de Triana, après avoir rompu le pont de bateaux qui l'unissait à la ville. Les infidèles ouvrirent alors des pourparlers pour une capitulation. Ferdinand exigea qu'ils lui livrassent la ville, en se retirant où ils voudraient avec tout ce qu'ils possédaient. Des écrivains ont porté jusqu'à quatre cent mille le chiffre des musulmans, hommes, femmes et enfants, qui sortirent de Séville; Mariana le borne à cent mille. Le siége avait duré seize mois, lorsque le roi de Castille prit possession de sa magnifique conquête, le 22 décembre 1248. Il alla aussitôt entendre la messe dans la grande mosquée, purifiée par l'archevêque de Tolède, et devenue la cathédrale de l'archevêque, qui fut immédiatement élu. Les franchises que Ferdinand assura aux chrétiens qui viendraient habiter Séville y en attirèrent bientôt un grand nombre de toutes les parties de l'Espagne. Xérez, Cadix et toutes les places de l'Andalousie qui appartenaient encore aux Almohades leur furent enlevées; ils ne conservèrent que Tarifa, Algéziras et Gibraltar. Pendant ce temps le roi d'Aragon s'était rendu maître de Xativa dans le royaume de Valence. L'infatigable Ferdinand faisait préparer une flotte dans les ports de la Biscaye pour aller attaquer les musulmans en Afrique, quand il mourut dans la ville qu'il venait de délivrer de leur joug, le 30 mai 1252 Il termina par une fin digne de sa vie la carrière qu'il avait glorieusement parcourue dans une voie si conforme à la volonté de Dieu, que l'Eglise, par l'organe du pape Clément X inscrivit son nom au rang des saints en 1671. C'est en combattant l'erreur monstrueusement formulée dans l'islamisme, qui reçut de son bras les coups terribles qui achevèrent de l'abattre en Espagne, que Ferdinand mérita de recevoir cette couronne céleste en échange de celle qu'il avait si noblement portée sur la terre.

L'infant Alphonse, X' roi de Castille de ce nom. monta sur le trône, auquel l'avait appelé son père avant de mourir. Il reconnut les services rendus à la cause chrétienne par Alhamar, en lui faisant la remise du sixième du tribut qui lui avait été imposé. De tous les royaumes fondés par l'islamisme en Espagne, celui de Grenade restait seul debout, et il ne fallut pas moins que l'habileté et le courage de son fondateur pour le maintenir. L'Etat de Murcie était à l'agonie; et, comme celui de Grenade, il était tributaire de la Castille. Les continuelles séditions qu'excitaient les infidèles demeurés dans le royaume de Valence avaient obligé le roi d'Aragon à en bannir tous ceux qui ne voudraient pas embrasser le christianisme Cette émigration profita au royaume de Grenade, et en accrut la force. La réputation de savoir dont jouissait Alphonse X engagea une partie des princes allemands à l'élire empereur en 1256, tandis qu'une autre partie des membres de la diète lui donnaient pour concurrent Richard, comte de Cornouailles, frère du roi d'Angleterre. Ce dernier prince s'empressa d'aller recevoir la couronne impériale des mains de l'archevêque de Cologne, tandis qu'Alphonse était retenu dans ses Etats par les mauvaises dispositions de ses vassaux à son égard, et par les symptômes des troubles qui ne tardèrent pas à agiter son règne. Le caractère inconstant et incertain du roi ne contribua pas peu à laisser cette agitation se former. Le besoin d'argent inspira à Alphonse la malheureuse pensée d'altérer la valeur des monnaies. Cette fausse mesure financière produisit parmi le peuple un mécontentement général, qui fut exploité par les grands contre le roi : pour y faire diversion, la guerre contre les infidèles fut recommencée en Andalousie. Le roi et son frère don Henri y eurent des succès. Mais l'infant ne tarda pas à entrer dans le parti qui se prononçait contre Alphonse. Thibaut II, qui fut gendre de saint Louis, était monté sur le trône de Navarre en 1253. Il crut le moment favorable pour réclamer, les armes à la main, les provinces de Guipuscoa, d'Alava et de Biscaye, que la Castille avait précédemment enlevées à la Navarre. A la vue de ce péril, Alphonse X chercha un appui dans le roi Jacques d'Aragon, dont il avait épousé la fille, et il s'allia avec lui en 1256.

Pendant ce temps don Nuño de Lara, qui commandait à Séville pour le roi de Castille, força l'infant don Henri à abandonner Nébrija, dont il avait fait le siége de sa révolte, et à s'enfuir à Valence, où le roi d'Aragon ne lui permit pas de demeurer. Henri fut ainsi réduit à se retirer auprès du roi musulman de Tunis, d'où il passa ensuite en France et en Italie. Alphonse III, qui avait été appelé à remplacer sur le trône de Portugal son frère Sanche II, dont le gouvernement avait indisposé ses sujets, chassa les musulmans de l'Algarve. Cette conquête lui fut contestée par le roi de Castille; mais l'intervention du pape Innocent IV régla ce différend, et la portion orientale de l'Algarve, à l'est de la Guadiana, fut cédée à Alphonse X. Le roi d'Aragon donna, en 1262, à son second fils, Jacques, l'île de Majorque avec le titre de roi, que ce prince transmit à son fils. Ce royaume finit en 1349, et les îles Baléares rentrèrent dans le domaine de la couronne d'Aragon, dont leur séparation avait été une cause d'affaiblissement pour cet Etat, et de discorde dans la famille royale.

L'espoir d'être secouru par les Mérinites, qui venaient d'établir leur puissance dans le Maroc sur les ruines de celle des Almohades, détermina Alhamar, roi de Grenade, et Hudiel, roi de Murcie, à oublier leurs anciennes divisions, et à s'allier pour s'affranchir ensemble de la dépendance du roi de Castille. Alphonse, de son côté, faisait ses préparatifs pour entrer en campagne contre eux. Le pape Alexandre IV accorda l'indulgence attribuée aux croisés à tous les guerriers qui prendraient part à l'expédition contre les infidèles d'Andalousie. Ceux-ci engagèrent les premiers les hostilités. Xèrez, Arcos, Béjar, Médina Sidonia et San-Lucar tombèrent en leur pouvoir. Avant de passer en Andalousie en 1263, Alphonse X fonda Ciudad-Real, pour servir de boulevard à ses Etats contre les courses des musulmans. Son arrivée sur le théâtre de la guerre remplit de terreur les deux rois infidèles. Un secours vivement sollicité leur arriva du Maroc; mais, loin de leur être utile, il apporta le désordre dans les rangs de leurs troupes Xèrez et plusieurs autres places furent reconquises par les chrétiens. En 1264, Alphonse retourna à Séville, et à la nouvelle qu'une nombreuse armée musulmane allait venir d'Afrique, pour tenter de rétablir l'empire de l'islamisme en Espagne, il invita le roi d'Aragon à unir ses armes aux siennes, pour leur commune défense. La reine de Castille, qui était fille de Jacques Ier, écrivit à son père pour le supplier, au nom de la religion menacée, de répondre à l'appel fait à sa valeur. Mais il y avait alors désaccord entre le roi d'Aragon et les grands de ses Etats; et les cortès qu'il assembla à Barcelone et à Saragosse lui refusèrent les subsides qu'il leur demandait pour combattre les infidèles. A la tête de l'opposition figuraient les propres fils du roi. Il ne fallut rien moins que l'intervention de plusieurs sages évêques pour rétablir la concorde. Il fut alors possible à Jacques Ier de marcher contre les musulmans de Murcie, tandis qu'Alphonse X battait ceux de Grenade. L'armée annoncée n'arriva point d'Afrique, et Alhamar fut réduit avec Hudiel à offrir de se soumettre. Les rois de Castille et d'Aragon eurent une entrevue à Alcaraz, pour s'entendre sur leurs opérations ultérieures. Jacques alla de là mettre le siége devant Murcie, en 1266; et quoique cette ville, délicieusement située dans une contrée qui est un paradis terrestre, fût très-bien fortifiée, il ne tarda pas à s'en rendre maître, au nom du roi de Castille. Alphonse X obligea, de son côté, Alhamar à abandonner Hudiel, et à payer à la Castille le tribut qui lui avait été autrefois imposé. Il prit ensuite possession de Murcie. Hudiel vint se jeter à ses pieds, et obtint le pardon qu'il demandait, avec la permission de vivre en simple particulier des revenus qui lui furent assignés. Le titre de roi de Murcie, tributaire et vassal de la Castille, fut donné à un frère d'Aben-Hud

Alphonse X avait plus d'aptitude pour les lettres et pour les sciences, que d'habileté dans l'art de gouverner : *pendant qu'il contemplait le ciel et les étoiles, il perdait son royaume*, dit Mariana. Son règne fut continuellement agité par la turbulence des grands de ses Etats, qu'il ne savait pas maintenir dans le devoir. L'insubordination prit des proportions telles, qu'un grand nombre de seigneurs passèrent, en 1272, sous les drapeaux du roi de Grenade, qui avait encore repris les armes contre le roi de Castille. Alphonse X, qui nourrissait toujours le désir d'aller se faire reconnaître empereur en Allemagne, quoique Rodolphe de Habsbourg eût été élu après la mort de Richard de Cornouailles, cherchait les moyens d'apaiser l'orage qui grondait en Andalousie, lorsqu'Alhamar mourut en 1273. Mohammed II, fils du premier roi de Grenade, monta sur le trône élevé par son père. Alphonse envoya la reine sa femme à Cordoue, pour négocier la paix avec le nouveau roi musulman. L'intervention de la reine ménagea une trêve aux gouverneurs de Malaga et de Guadix, qui s'étaient révoltés contre leur souverain, le roi de Grenade. La plupart des grands qui s'étaient enrôlés sous le drapeau de l'islamisme vinrent aussi à résipiscense. Le roi alla à Séville recevoir leur soumision et celle de Mohammed II. Un légat du saint-siége arriva alors en Espagne, et offrit au roi, de la part de Grégoire X, le dixième des revenus ecclésiastiques, pour subvenir aux frais de la guerre contre les infidèles, à la condition que ce prince renoncerait à ses prétentions à l'empire. Alphonse répondit qu'il se conformerait aux intentions du pape; et il eut, l'année suivante, 1274, une entrevue à Beaucaire avec le souverain pontife, qui l'engagea affectueusement à ne plus songer à l'empire. Plusieurs réclamations que le roi adressa ensuite au pape n'ayant point été accueillies, il revint fort mécontent de son voyage en France, et continua à prendre le titre d'empereur et à porter les insignes impériaux.

Mohammed, roi de Grenade, avait, dans les musulmans de Malaga et Guadix, des ennemis dont il voulait prévenir les desseins contre lui, parce qu'ils étaient appuyés par le roi de Castille. Il envoya à Aben-Yousouf, dont il savait la puissance solidement établie dans le Maroc, des ambassadeurs chargés de lui exposer sa situation désespérée, et de lui faire comprendre que, si les Mérinites laissaient la Croix expulser le Croissant d'Espagne, ils ne tarderaient pas à la voir passer le détroit. Mohammed acheva de déterminer Aben-Yousouf à lui venir en aide, en lui offrant de lui livrer Tarifa et Algéziras. Après avoir fait, dans le plus grand secret possible, d'immenses préparatifs, le roi des Mérinites débarqua sur la côte d'Espagne, avec une armée nombreuse en cavalerie et en infanterie. Il commença par réconcilier le roi de Grenade avec les musulmans de Malaga et de Guadix, et il se mit en marche vers Séville, tandis que Mohammed s'avançait vers Jaën. Ces choses se passaient pendant le voyage d'Alphonse X en France. Don Nuño de Lara, qui veillait à la garde des frontières chrétiennes, s'empressa de donner avis de l'arrivée des Africains à l'infant Ferdinand de la Cerda, fils aîné du roi, et alla attendre les infidèles à Ecija. Un combat s'engagea, mais la disproportion des forces le fit tourner à l'avantage des mahométans : don Nuño de Lara et plus de quatre mille hommes restèrent sur le champ de bataille. Ce désastre eut lieu au mois de mai de l'année 1275, et il causa une pénible impression dans tout le royaume, parce qu'il fut considéré comme le présage de malheurs encore plus grands. En effet, don Sanche, archevêque de Tolède, fils du roi d'Aragon, n'eut pas plutôt appris cette nouvelle, qu'il partit pour l'Andalousie à la tête de la cavalerie qu'il put rassembler à la hâte. Il voulut empêcher les Maures de Grenade de dévaster les campagnes de Jaën, et il courut à leur rencontre avec plus de valeur que de prudence. Il fut facilement vaincu dans une lutte inégale avec des troupes autrement aguerries que les siennes, et il tomba lui-même au pouvoir des infidèles. Leurs chefs se disputèrent une si précieuse capture, et comme ils allaient en venir aux mains pour se l'arracher, le gouverneur de Malaga passa son épée au travers du corps de l'archevêque, en disant : « Il ne faut pas que pour ce chien nous ayons entre nous une semblable contestation. » L'infant don Ferdinand de la Cerda mourut cette même année 1275, lorsqu'il était en marche pour l'Andalousie. Son frère don Sanche, qui avait autant de capacité que d'ambition, sut arrêter les progrès des musulmans, en évitant de combattre un ennemi dont la force consistait principalement dans la supériorité du nombre, et en munissant toutes les villes et toutes les places de garnisons imposantes. La conclusion d'une trêve de deux ans avec les infidèles fut le résultat de ces mesures, et le roi de Maroc reprit le chemin de l'Afrique. Les succès des musulmans en Andalousie avaient encouragé ceux des frontières du royaume de Valence à profiter de la vieillesse du roi Jacques, pour tramer des soulèvements contre sa puissance. L'infant don Pédro s'avança vers Alméria, et comprima d'abord ces mouvements; mais les Aragonais perdirent ensuite une bataille désastreuse.

L'infant don Sanche de Castille, qui connaissait la faiblesse de volonté de son père, l'amena à se laisser persuader par l'infant don Manuel, frère d'Alphonse X, d'assembler les cortès à Ségovie, en 1276, pour y régler la question de succession au trône. L'infant Ferdinand de la Cerda avait deux héritiers dans ses fils Alphonse et Ferdinand ; mais don Sanche invoqua contre eux en sa faveur le droit des Goths, qui préfère la proximité immédiate à la représentation; il s'était acquis à la reconnaissance publique, en terminant heureusement la guerre avec les musulmans, des titres qui lui concilièrent les esprits. On lui reconnaissait de grandes qualités, et on pensa que si on ne lui accordait pas ce qu'il désirait, il troublerait le repos du pays. La succession lui fut ainsi assurée, au détriment de ses neveux, les infants de la Cerda, et cette préférence donnée au cadet, au mépris des droits des enfants du fils aîné, fut pour l'Espagne une source de longues discordes et de grandes calamités.

La reine Yolande, femme d'Alphonse, mécontente de voir ses petits-fils dépouillés de l'héritage de leur père, se retira auprès de son frère, le nouveau roi d'Aragon, emmenant avec elle Blanche, fille de saint Louis, mère des infants de la Cerda. Le roi de France prit aussi parti pour les enfants de cette princesse.

La vieillesse de Jacques Ier succomba sous le poids des chagrins que lui causa la défaite des Aragonais par les musulmans. Quand ce prince, qui avait vaincu les ennemis de la foi chrétienne dans trente batailles, mais qui avait à se reprocher des déréglements de conduite et une scandaleuse liaison, sentit sa fin approcher, après soixante-trois ans de règne, il remit les rênes de l'Etat à son fils Don Pèdre III, et voulut expirer sous l'habit des moines de Saint-Bernard. Avant de rendre le dernier soupir, il recommanda à son fils d'expulser les infidèles de ses Etats, sans avoir confiance dans leurs promesses de soumission, qui ne sont jamais sincères. Henri Ier, roi de Navarre, de la maison de Champagne, était mort en 1274, en laissant pour unique héritière de ses Etats une fille âgée de trois ans, appelée Jeanne. La mère de cette princesse, qui appartenait à la maison royale de France, mit fin aux agitations de la minorité de sa fille par l'intervention des Français. Jeanne épousa, en 1284, Philippe le Bel, roi de France. Les infidèles avaient enlevé Montesa aux Aragonais, mais ils leur rendirent ensuite cette place avec plusieurs autres. Alphonse X envoya assiéger Algéziras par terre et par mer. Le roi d'Aragon, don Pèdre III, joignit en vain ses armes à celles de Castille, dans l'espoir d'enlever aux infidèles d'Afrique cette porte d'entrée en Espagne. La discorde paralysait les forces des chrétiens, et ils se retirèrent honteusement, sans avoir pu réussir dans leur entreprise. Le roi de Maroc s'empara même de leur flotte. Alphonse X chercha une diversion aux peines qui accablaient ses vieux jours, en portant le ravage sur les terres musulmanes, en Andalousie. Le roi nourrissait secrètement l'intention de s'entendre avec le roi de France pour faire rentrer dans leurs droits ses petits-fils, les infants de la Cerda, qu'il voyait avec douleur victimes de l'ambition de son fils, don Sanche. Celui-ci pressentit les desseins de son père, et se disposa à les prévenir. Il se rendit à Cordoue, et s'allia avec le roi de Grenade, en l'exemptant d'une partie du tribut qu'il payait à la Castille. Don Sanche mit aussi dans ses intérêts les grands du royaume et le roi Denis de Portugal. Levant enfin le masque, il assembla, en 1282, des cortès à Valladolid, et, sur la proposition de l'infant don Manuel, son oncle, il fit prononcer la déchéance du roi son père. Alphonse fut réduit à l'humiliation d'envoyer sa couronne en gage au roi de Maroc, en le suppliant de lui prêter de l'argent et de venir à son secours. Le prince mahométan ne manqua pas de saisir cette occasion d'intervenir dans les affaires des chrétiens. Il se rendit aussitôt à Algéziras, et eut une entrevue avec le roi de Castille, à Zahara, dans le royaume de Grenade. Séville tenait le parti d'Alphonse, et Cordoue celui de don Sanche. Il fut convenu que les musulmans assiégeraient cette dernière place, et Alphonse se réunit à eux pour presser cette opération. Mais une vigoureuse résistance, préparée par don Sanche, força les assaillants à lever le siége. Le roi de Maroc, par le conseil du roi de Castille, passa la Sierra-Moréna, et s'avança jusqu'à Montiel, d'où il revint à Ecija, chargé des dépouilles des contrées qu'il avait parcourues. Là Alphonse se sépara de son allié, à qui il soupçonnait le dessein de s'emparer de sa personne. Le roi de Maroc témoigna son mécontentement de cette défiance de sa loyauté en repassant en Afrique. Il laissa cependant à Alphonse mille cavaliers d'élite. Dans une junte solennelle, tenue à Séville le 8 novembre de cette même année 1282, le roi de Castille déclara son fils don Sanche déchu de la succession au trône, et appela la malédiction du ciel sur sa tête. L'infant s'en soucia peu, et, renouvelant son alliance avec le roi de Grenade, il se tint prêt à faire face aux menaces de son père. Celui-ci eut recours, une seconde fois, au roi de Maroc, qui débarqua de nouveau en Espagne ; mais Mohammed II avait pourvu toutes les villes de fortes garnisons, et l'appui que l'islamisme prêtait au père fut impuissant contre celui qu'en recevait le fils. Alphonse X mourut à Séville, au milieu de cette confusion, au mois d'avril de l'année 1284. Par son testament, il instituait l'aîné des infants de la Cerda son héritier, et, à son défaut, le second ; dans le cas où ils mourraient sans postérité, le trône devait passer au roi de France, comme petit-fils de la reine Blanche de Castille ; mais il paraît qu'au moment d'expirer, Alphonse révoqua ce testament, et désigna don Sancho pour son successeur. Les connaissances historiques, philosophiques et astronomiques dont le roi qui venait de mourir, fit preuve, dans plusieurs ouvrages importants, lui valurent le surnom de *Sabio* ; et, pour que la traduction de l'adjectif espagnol soit ici exacte, il faut appeler ce roi Alphonse le *Savant*, et non Alphonse le *Sage*, comme on le qualifie vulgairement. Le fameux code de *las siete partidas*, qui fut publié par les soins et sous le règne de ce prince, avait été commencé par les ordres de saint Ferdinand, son père. Le profond et éloquent écrivain, qui représente aujourd'hui l'Espagne à Paris, comme ambassadeur, M. Donoso-Cortès, marquis de Valdegamas, a donné, dans les paroles qu'on va lire, une juste idée de ce code célèbre : « Il y a dix-huit siècles que le catholicisme discute à sa manière ; et sa manière de discuter lui a donné la victoire dans chaque discussion. Tout passe devant lui ; les choses qui sont dans le temps, et le temps lui-même. Lui seul ne passe pas. Il reste où Dieu l'a mis, immobile au milieu des grands tourbillons que soulève le mouvement universel. Lui seul vit d'une vie propre, dans ce monde de vies d'emprunt. La mort n'a pas reçu la permission de s'approcher de lui, même dans ces basses et obscures régions soumises à son empire. Pour faire preuve de ses forces, il se dit un jour : Je choisirai un siècle barbare et je le remplirai de mes merveilles ; et il choisit le XIIIe siècle, et il l'orna de quatre monuments, les plus magnifiques qu'ait élevés le génie humain : la Somme théologique de saint Thomas, le code *de las partidas*, d'Alphonse le *Savant*, la Divine comédie de Dante, et la cathédrale de Cologne. » Alphonse X fut le premier roi d'Espagne qui prescrivit l'usage de la langue espagnole pour tous les actes publics. Il fit aussi traduire la Bible en castillan. Mariana attribue les malheurs et les humiliations dont fut abreuvée la vie de ce roi à un châtiment du ciel, mérité par la témérité blasphématoire avec laquelle il avait accusé d'imperfection l'œuvre de la Providence, la création de l'univers.

Sanche IV, quoique son droit fût douteux, succéda sans contradiction d'abord à son père. Il eut le tort, au début de son règne, de mal accueillir des ambassadeurs que lui envoyait le roi de Maroc pour traiter de la paix, et il en résulta une nouvelle guerre avec les musulmans d'Afrique. Pour leur résister, Sanche engagea à son service douze galères génoises. Pendant que ce roi était ensuite aux prises avec toutes les difficultés de son règne, dont les prétentions des infants de la Cerda étaient la source, dix-huit mille musulmans mirent le siége devant Xèrez de la Frontera, et ravagèrent même les environs de Séville. Don Sanche accourut aussitôt en Andalousie, et, sans risquer la chance d'une bataille, par des escarmouches continuées pendant six mois, il réduisit les infidèles à abandonner l'attaque de Xèrez, faute de vivres. Mais il ne les poursuivit pas dans leur retraite, et sa prudence fut blâmée par ses troupes. Les musulmans de Grenade demandèrent la paix, et elle leur fut accordée, à condition qu'ils payeraient les frais de la campagne. Une trêve fut aussi conclue avec le roi de Maroc. Alphonse III, qui avait remplacé son père, don Pèdre III, sur le trône d'Aragon, en 1285, reprit, l'année suivante, l'île de Minorque aux mahométans, qui l'avaient reconquise, et qui en furent totalement chassés en 1287. La trêve avec les chrétiens n'empêcha pas le roi de Maroc de venir mettre le siége devant Béja. Mais cette invasion n'avait rien de dangereux, parce que la bonne intelligence régnait entre les rois de Castille, d'Aragon et de Portugal. A la nouvelle qu'une flotte se préparait contre eux, dans les ports de Galice, les infidèles africains repassèrent le détroit. Ils organisaient à Tanger une expédition dont ils se promettaient un meilleur succès, lorsque l'amiral de Castille battit leur flotte et leur prit treize galères sur les côtes d'Afrique, au commencement de l'année 1292. Cette victoire engagea le roi don Sanche IV à enlever Tarifa au roi de Maroc, et il se rendit maître de cette place, après un long siége, au mois de septembre de cette même année.

L'infant don Juan, frère du roi Sanche IV, fut forcé, après s'être révolté contre ce prince, de passer en Afrique. Il y trouva un bon accueil à la cour du roi de Maroc, qui saisit avec empressement cette occasion de faire acte d'hostilité contre le roi de Castille. Cinq mille hommes furent mis à la disposition de l'infant, qui s'engagea à tenter de reprendre Tarifa. Mais cette place était imprenable, parce qu'elle était défendue par l'intrépide Perez de Guzman. Le fils unique de ce brave chevalier étant tombé au pouvoir des assiégeants, on fit dire au père qu'on allait mettre ce jeune homme à mort, si la ville n'ouvrait pas ses portes. Perez de Guzman répondit qu'eût-il cent fils, il les sacrifierait plutôt que de rendre une place confiée à sa garde ; et, du haut des murs, il jeta une épée aux assiégeants pour exécuter leur menace. Il alla ensuite se mettre à table ; mais il ne tarda pas à être rappelé sur les remparts par les cris de ses soldats, dont l'indignation éclatait en voyant égorger le malheureux fils de leur commandant. A la vue de ce barbare spectacle, Perez de Guzman conserva son imperturbable sang-froid. *Je croyais*, dit-il, *que les ennemis entraient dans la ville;* et il retourna continuer son repas auprès de sa femme. Les Africains comprirent qu'il n'y avait pas de capitulation à attendre d'un homme de ce caractère, et ils reprirent le chemin du Maroc, après avoir remis Algéziras aux mains du roi de Grenade.

Le roi de Castille étant mort en 1295, son fils aîné Ferdinand IV lui succéda, sous la tutelle de sa mère, la reine Marie. Le temps de cette minorité fut très-orageux. L'infant don Henri, frère du roi Alphonse X, qui était récemment rentré en Espagne après une longue absence, prétendait gouverner le royaume; l'infant don Juan, oncle du jeune roi, revint d'Afrique et se rendit auprès du roi de Grenade, dans l'intention de faire valoir ses droits à la couronne, parce que la légitimité du mariage de la reine Marie avec don Sanche IV était contestée. Le roi Denis de Portugal prit les armes en faveur de l'infant don Juan. L'infant don Alphonse de la Cerda s'intitulait roi de Castille, et était soutenu par le roi d'Aragon. On projeta un partage des Etats laissés par Sanche IV : Le royaume de Murcie était destiné au roi d'Aragon, Jacques II ; le royaume de Léon, la Galice et Séville, à l'infant don Juan, et l'infant don Pèdre d'Aragon, qui devait être chargé de la guerre qu'on allait faire, devait recevoir Cuença, Alarcon, et plusieurs autres villes. La reine Yolande, aïeule des infants de la Cerda, les rois de France et de Portugal et le roi musulman de Grenade entrèrent dans cette ligue, à laquelle s'associa aussi un puissant seigneur castillan, don Juan de Lara. Perez de Guzman, au milieu de ce déplorable désordre, défendit les frontières chrétiennes en Andalousie contre les musulmans de Grenade. Mais l'infant don Henri fut défait par eux à Arjona, et il serait même tombé entre leurs mains, si Perez de Guzman ne l'avait pas tiré de ce péril. Le roi de Grenade offrit de conclure la paix à condition qu'on lui céderait Tarifa, en échange de vingt-deux châteaux, et moyennant le payement d'une somme de vingt mille écus, et du montant de quatre années du tribut qui lui avait été imposé. L'infant don Henri désirait qu'on acceptât cette offre, parce que le trésor royal était vide; mais Perez de Guzman ne voulut pas qu'on livrât aux infidèles une place aussi importante que Tarifa. Les musulmans, pendant ce temps, attaquèrent la ville. Perez de Guzman écrivit au roi d'Aragon pour l'appeler à son secours; mais ce prince répondit qu'il était lié par un traité envers le roi de Grenade, et qu'il ne pouvait pas agir contre lui. L'habile fermeté de la reine Marie triompha de tous les embarras suscités à sa régence, et finit par assurer la couronne sur la tête de son fils Ferdinand IV, qui épousa, en 1303, Constance, fille de Denis, roi de Portugal.

Mohammed II, roi de Grenade, était mort en 1302. Il avait été le protecteur des lettres et des sciences, et Grenade lui doit ses fameux palais, l'Alhambra et le Généralif. Il eut pour successeur son fils aîné, Mohammed III, surnommé l'*Aveugle*, parce qu'il fut longtemps privé de la vue par une ophthalmie. Ce changement de règne, qui plaça sur le trône un prince qu'une infirmité rendait incapable d'agir, au lieu de l'actif et vaillant Mohammed II, fut avantageux aux chrétiens. Le nouveau roi confia une partie des soins de l'administration de l'Etat au mari de sa sœur, qui était gouverneur de Malaga. Les musulmans firent des incursions, en 1304, sur les territoires aragonais et castillan. Ferdinand IV vint à Cordoue; mais le roi de Grenade demanda la paix, et elle lui fut accordée à condition qu'il payerait le tribut qui avait été imposé à son père. Le caractère inconstant des Arabes et des Maures engendra une révolte contre le partage de l'autorité entre Mohammed III et son ministre. Les séditieux voulaient substituer au roi, son frère, également appelé Mohammed, qui présentait des gages de capacité. Un de leurs chefs, qui était venu du Maroc en Espagne, s'empara d'Alméria, et s'en déclara souverain. Mais il en fut bientôt dépossédé, et il conçut alors le projet de se rendre maître de Ceuta, sur la côte d'Afrique, avec le secours des chrétiens. Le roi de Castille et Jacques II, roi d'Aragon, espérèrent que ces événements leur permettraient d'expulser définitivement les infidèles de la Péninsule : ils eurent une conférence à ce sujet, en 1309, dans le monastère de Huerta, qui est situé sur les confins des deux royaumes. Ils y convinrent de cimenter leur alliance par le mariage de la sœur de Ferdinand avec l'infant don Jaime, fils aîné du roi d'Aragon, et de donner pour dot aux nouveaux époux le sixième des fruits de la guerre qui allait être entreprise contre les musulmans. Ils résolurent aussi d'attaquer simultanément Algéziras et Alméria. La première de ces deux places fut assiégée, le 27 juillet 1309, par les Castillans, et la seconde au milieu du mois d'août suivant par les Aragonais. La fleur de la noblesse des deux royaumes marchait avec les rois de Castille et d'Aragon. La flotte aragonaise s'empara de Ceuta, dont la possession fut laissée au chef africain avec lequel on avait traité. Les Musulmans de Grenade, pour ne pas diviser leurs forces, appliquèrent tous leurs efforts à la défense d'Alméria. Ils vinrent présenter la bataille aux Aragonais, le jour de la fête de saint Barthélemi. La victoire, longtemps demeurée en balance, finit par pencher du côté des chrétiens; mais tandis qu'ils poursuivaient les fuyards, la garnison de la place fit une sortie contre le camp aragonais, et n'en fut repoussée qu'après en avoir pillé une partie. Le 15 octobre, les Aragonais battirent encore les musulmans, qui les avaient attaqués au nombre de plus de quarante mille hommes. Pendant ce temps, les Castillans trouvaient une résistance insurmontable dans les fortes murailles et dans les nombreux défenseurs d'Algéziras; ils se flattèrent de réussir plus facilement à s'emparer de Gibraltar. Le roi Ferdinand ne tarda pas à y faire son entrée. Les infidèles qui habitaient la place furent laissés libres de passer en Afrique. Les paroles que l'un d'eux adressa, dans cette circonstance, au roi de Castille peignent la décadence de la puissance musulmane à cette époque. « Quelle malheureuse destinée est la mienne, dit un vieux Maure au roi vainqueur! Je ne cesse de traîner une vie errante; et, obligé de changer de demeure à chaque instant, je promène de ville en ville ma continuelle infortune. Ferdinand, ton bisaïeul, m'a chassé de Séville, et je me suis retiré à Xèrez de la Frontera. La conquête de cette place par ton aïeul Alphonse m'a forcé de me réfugier à Tarifa; Sanche, ton père, en s'emparant de cette ville, m'a obligé à fuir à Gibraltar, où je croyais être arrivé au terme de toutes mes disgrâces, et ce n'est plus maintenant qu'en m'exilant en Afrique que je puis espérer de trouver le repos dont a besoin ma vieillesse, l'abri des derniers jours qui me restent à vivre. » La saison des pluies et le découragement qui s'était glissé dans les rangs de l'armée castillane la forcèrent de lever le siége d'Algéziras. Les musulmans furent cependant contraints de rendre Quesada et Bedmar et de donner quarante mille écus pour payer les frais de la guerre. Les Aragonais renoncèrent aussi, au mois de février 1310, à s'emparer d'Alméria.

Dans cette même année 1310, Mohammed III, roi de Grenade, fut détrôné par son frère, qui le remplaça sous le nom de Mohammed IV. Le prince déchu fut d'abord jeté dans une prison, et ensuite mis à mort. Au printemps de 1311, les rois de Castille et d'Aragon se disposèrent à recommencer la guerre contre les infidèles. Ferdinand assembla les cortès de ses Etats à Valladolid, et il les trouva disposées à lui fournir les moyens d'achever d'exterminer l'islamisme, dont l'Espagne désirait ardemment de se voir délivrée. L'infant don Pèdre, frère du roi de Castille, éprouva un échec à Alcaudète dans la campagne qu'il fit, en 1312, contre les musulmans. Ferdinand IV s'était avancé à son secours jusqu'à Martos, lorsqu'il fut saisi par la maladie dont il mourut à Jaen, à la fleur de l'âge, au mois de septembre 1312. Il avait eu la consolation d'apprendre, avant de rendre le dernier soupir, qu'Alcaudète avait été reprise. Alphonse XI, fils unique de Ferdinand IV, n'avait pas encore deux ans quand la mort de son père l'appela à la succession du trône de Castille. Cette minorité ne fut guère moins agitée que la précédente. L'infant don Pèdre, qui était au nombre des prétendants à la régence, se hâta de faire la paix avec les musulmans. La sage influence de la reine Marie, aïeule du jeune roi, mit fin aux troubles causés par les divers aspirants à la régence, en la faisant décerner aux infants don Juan et don Pèdre, le premier grand oncle, et le second oncle d'Alphonse XI.

Un parti considérable, à la faveur duquel Ismaël, fils du gouverneur de Malaga, beau-frère de Mohammed II, et qui avait été ministre de ce roi, espérait parvenir au trône, se prononça à Grenade contre Mohammed IV. Le roi, assiégé dans l'Alhambra, traita avec son neveu, à qui il céda la couronne, en conservant la souveraineté de Guadix. Cette division de la famille royale en deux branches fut désormais une cause de déchirements dans l'état de Grenade, et ne contribua pas peu à accélérer la ruine de l'islamisme en Espagne. L'infant don Pèdre, qui se trouvait à Séville lorsque arrivèrent ces événements en 1313, n'ayant pu secourir à temps son allié Mohammed IV, essaya au moins de venger sa chute. Il enleva aux infidèles un château important et ravagea leurs terres ; mais les agitations intérieures de la Castille l'empêchèrent de poursuivre contre eux ses succès. Ismaël, le nouveau roi de Grenade, était un fervent musulman et un ardent défenseur de la foi à la parole du faux prophète. Ennuyé un jour d'entendre les subtilités des docteurs de la foi mahométane, qui discutaient devant lui les fondements de cette loi, il se leva et dit : « Je ne connais ni ne comprends d'autres principes, et je ne veux d'autres raisons que la ferme et cordiale croyance au tout-puissant Allah ; et mes arguments sont là, ajouta-t-il, en mettant la main sur la poignée de son épée. » C'est là, en effet, tout l'islamisme : il ne sait que rendre l'homme sanguinaire et voluptueux.

Mohammed IV souffrait impatiemment le sort auquel il avait été réduit, et il invoquait l'appui des chrétiens pour reconquérir la royauté dont il avait été dépouillé. Il s'adressa à l'infant don Pèdre, qui se mit aussitôt en campagne avec les grands maîtres de Saint-Jacques et de Calatrava, en se dirigeant vers Guadix. La cavalerie de Grenade, qui s'était avancée à la rencontre des Castillans, pour leur barrer le passage, fut mise dans une complète déroute, et laissa quinze cents morts sur le théâtre du combat qu'elle avait engagé. Guadix fut pourvue de toutes les provisions et de toutes les munitions qui lui étaient nécessaires, et les forteresses de Cambil et d'Algabardos tombèrent au pouvoir des vainqueurs. Le pape, sur la demande qu'on lui en fit, permit que le dixième des revenus ecclésiastiques fût affecté aux frais de la guerre, et accorda les mêmes indulgences qui étaient attribuées aux croisés à tous ceux qui porteraient les armes en Andalousie contre les infidèles. L'armée chrétienne fit trois invasions dévastatrices sur le territoire d'Ismaël, et, à la dernière, elle parvint jusque sous les murs de Grenade. Les musulmans évitaient d'en venir à une bataille. Ils voulurent assiéger Gibraltar ; mais on prévint leur dessein en munissant cette place d'une forte garnison. On leur enleva aussi la ville et la forteresse de Belmès, en 1316. L'infant don Juan, oncle de l'infant don Pèdre, fut jaloux de sa gloire, et voulut la partager. En 1319, les deux infants, qui étaient en même temps régents du royaume, se rendirent séparément en Andalousie. Épouvanté à la vue de la tempête qui allait fondre sur sa tête, Ismaël, roi de Grenade, offrit au roi de Maroc de lui donner Algéziras et Ronda, avec les territoires dépendants de ces places, pour prix du secours qu'il réclamait de lui. Les Africains ne pouvaient pas refuser une alliance qui leur était si chèrement payée. La prise de la forte place de Tiscar, par l'infant don Pèdre, inaugura très heureusement la campagne. Mais l'ambition de l'infant don Juan amena la ruine de toutes les espérances des chrétiens. Il partit de Baena, au milieu des plus grandes chaleurs de l'été d'Andalousie, pour marcher sur Grenade. Il fit à Alcaudète sa jonction avec l'infant don Pèdre. Les forces réunies des deux princes se composaient d'une nombreuse infanterie et de neuf mille cavaliers. Don Juan conduisait l'avant-garde, et don Pèdre s'avançait après lui avec les grands maîtres des ordres de Saint-Jacques, de Calatrava et d'Alcantara, les archevêques de Tolède et de Séville, et l'élite de la noblesse de Castille. L'armée dévastait les contrées qu'elle traversait. Après avoir pris la ville d'Alora, elle arriva, à la fête de saint Jean-Baptiste, devant Grenade ; mais, au bout de trois jours, elle renonça à entreprendre un siége dont les difficultés lui parurent invincibles. Dans la retraite, don Pèdre commandait l'avant-garde, et don Juan l'arrière-garde. La cavalerie de Grenade se mit à la poursuite des chrétiens avec la seule intention de profiter de la connaissance qu'elle avait du pays pour les harceler ; mais lorsqu'elle les vit accablés et à demi vaincus par la chaleur, elle se précipita sur eux en poussant des cris effroyables. Les infants donnèrent, dans cette affreuse mêlée, l'exemple d'une intrépide valeur, et, comme la plus grande partie de ceux qui combattaient à côté d'eux, ils tombèrent, non pas sous le fer de l'ennemi, mais abattus par la soif et par la fatigue. L'infant don Pèdre succomba le premier au plus fort de l'action, et l'infant don Juan expira à l'entrée de la nuit. Tous les bagages de l'armée castillane furent la proie des musulmans. Ce désastre était d'autant plus déplorable, que la mort des deux régents rouvrit parmi les grands la lice des prétentions au gouvernement de l'État, et remit encore une fois le royaume en fermentation. L'occupation par les troupes du roi de Grenade de la place de Martos, où elles commirent toutes les cruautés imaginables, fut la suite de la déroute des Castillans.

Ismaël fut assassiné en 1322 par le gouverneur d'Algéziras, à qui le roi avait enlevé une jeune et belle Espagnole, qui était tombée aux mains des infidèles au sac de Martos. La promptitude avec laquelle Mohammed V, fils d'Ismaël, qui n'était âgé que de douze ans, fut proclamé roi, et promené triomphalement par toute la ville, détruisit l'espérance de rentrer en possession du trône qu'avaient conçue les descendants mâles d'Alhamar. Le règne de Mohammed V fut très-agité. La dureté de son premier ministre lui aliéna les esprits de ses sujets. Alphonse XI, qui avait pris par lui-même les rênes de l'État, en 1324, jugea que cette situation du royaume de Grenade et la jeunesse de Mohammed lui permettraient de venger la mort de ses oncles, et de laver dans le sang musulman la honte des armes castillanes. Un fils du commandant de la garde du roi des Maures, nommé Ibrahim, que le goût du vin forçait à s'éloigner des mahométans, passa alors dans les rangs chrétiens, amenant avec lui une troupe de soldats. Le roi de Castille arriva à Séville, et entra aussitôt en campagne contre les infidèles, à qui il enleva plusieurs places et un riche butin. A son retour à Séville, il apprit que sa flotte venait de battre celles des rois de Grenade et de Maroc réunies, qu'elle leur avait coulé à fond quatre galères, et qu'elle leur en avait pris trois autres. La perte de la ville de Priego, qui fut livrée aux infidèles par la trahison de son gouverneur, détermina les cortès, assemblées à Madrid par Alphonse XI, à lui accorder l'argent nécessaire pour poursuivre la guerre contre le royaume de Grenade. Le roi d'Aragon, Alphonse IV, fils puîné de Jacques II, qui avait succédé à son père en 1327, parce que son frère aîné avait renoncé volontairement à la couronne, promit d'attaquer les musulmans de son côté, et le roi de Portugal fournit quinze cents cavaliers à l'expédition qui se préparait contre eux. Le roi de Castille ouvrit la campagne, en 1330, par le siége de la forte place de Teba, dont il se rendit maître au mois d'août. Pruna, Cañète, Priego et plusieurs autres fortes villes lui ouvrirent aussi leurs portes; mais le roi d'Aragon n'accomplit pas la promesse qu'il avait faite d'entrer sur les terres du roi de Grenade en même temps qu'Alphonse XI, et la cavalerie portugaise était retournée chez elle. Le puissant gouverneur de Murcie, don Juan Manuel, loin d'aider son souverain à combattre les ennemis de la croix, se joignit à la rébellion contre l'autorité royale. Il fallut conclure la paix avec les Maures.

Mohammed V alla en Afrique demander au roi de Fez, Aboul-Hassan, que les historiens espagnols appellent Albohacen, l'appui que réclamait le décroissement de la puissance musulmane en Espagne. Le prince africain répondit au roi de Grenade que la situation agitée de son empire ne lui permettait pas de s'en absenter, mais qu'en attendant qu'il pût passer lui-même le détroit, il enverrait en Andalousie un corps de cavalerie sous le commandement d'Abomélic, son fils, au dire des historiens espagnols, ou plutôt l'un de ses généraux, suivant les auteurs arabes, dont l'autorité est ici préférable. Abomélic débarqua à Algéziras et se porta sur Gibraltar, dont il commença le siége au mois de février 1333. Alphonse XI, retenu en Castille par l'état continuel de révolte des grands de son royaume, ne put envoyer qu'un faible secours à la place menacée, qui se trouvait, en outre, par la faute de son gouverneur, Vascoperez, dépourvue de moyens de résistance. Aussi fut-elle obligée de se rendre au mois de juin suivant, et Vascoperez fut conduit en Afrique par les reproches que lui faisait sa conscience. La perte de Gibraltar eut un pénible retentissement dans toute l'Espagne. Le roi de Grenade, de son côté, ravagea la campagne de Cordoue, et entra dans Cabra, qui lui fut livrée par le gouverneur de cette place. Alphonse XI arriva alors en Andalousie à la tête d'une armée considérable; et, dès qu'il eut reconnu l'état des choses, il résolut de tenter de reprendre Gibraltar. Mais le manque de vivres mit la désertion dans ses troupes, et les soldats qui abandonnaient son drapeau tombèrent en si grand nombre entre les mains des musulmans, que les captifs chrétiens se vendaient à vil prix.

Quand le roi de Grenade eut opéré sa jonction avec les Africains, Abomélic présenta plusieurs fois la bataille au roi de Castille, qui jugea prudent de l'éviter, et de se retrancher dans son camp. A la nouvelle des dommages que causaient à ses sujets les séditions qui troublaient son royaume, Alphonse fut forcé de prêter l'oreille aux propositions d'accommodement que lui firent les infidèles, et il conclut avec eux une trève de quatre ans, à condition qu'ils payeraient les tributs qui leur étaient depuis longtemps imposés. Le roi de Castille eut une entrevue avec le roi de Grenade, mangea et échangea des présents avec lui; mais ce fut au détriment de la majesté royale que Gibraltar resta ainsi au pouvoir des musulmans.

Les relations que Mohammed V avait eues avec les chrétiens le rendirent odieux aux infidèles, qui ne lui pardonnèrent pas de porter une robe reçue en cadeau du roi de Castille. Une conspiration s'ourdit contre sa vie, et il fut poignardé au mois d'août de l'année 1333. Un de ses frères, Yousouf Ier, eut l'habileté de ramasser la couronne tombée de la tête de son frère, et de la placer sur la sienne. Ces événements retinrent Alphonse XI à Séville, et la guerre eût recommencé avec les musulmans, si Aboul-Hassan n'eût pas été attaqué par le roi de Trémecen, et obligé de rappeler Abomélic en Afrique. L'état de sédition où se trouvait la Castille força le roi à conclure, au commencement de l'année 1334, une trève de quatre ans avec le nouveau souverain de Grenade, sans exiger de lui le payement du tribut ordinaire. Aboul-Hassan, vainqueur du roi de Trémecen, dont il avait conquis les États, conçut le projet d'envahir toute la Péninsule hispanique, et de la soumettre à son joug. Au bruit des vastes entreprises qu'il méditait, l'alarme se répandit en Espagne, et principalement en Aragon, parce qu'on disait que c'était sur la plage de Valence que devaient débarquer les Africains. Les rois d'Aragon et de Castille se préparèrent à faire face au danger annoncé, et s'allièrent pour la défense de la chrétienté. Alphonse XI rassembla une armée considérable à Séville, et à la nouvelle qu'Abomélic avait déjà franchi le détroit, il entra sur le territoire de Grenade, et y mit tout à feu et à sang. Le grand maître de Saint-Jacques, don Juan de Lara, et don Juan Manuel, qui était rentré dans le devoir auprès de son souverain, firent éprouver aux infidèles une sanglante défaite aux environs de Ronda. Les flottes de Castille et d'Aragon réunies gardaient le détroit pour s'opposer au passage d'Aboul-Hassan Pendant l'absence d'Alphonse XI, que la nécessité de se procurer de l'argent pour subvenir aux frais de la guerre avait forcé d'assembler les cortès à Madrid, les troupes d'Abomélic enlevèrent les provisions de blé amassées à Nebrixa; mais elles furent battues par les Castillans auprès d'Arcos. Don Fernand Perez Porto Carrero, don Perez de Guzman, don Pèdre Ponce de Léon, et le grand maître de l'ordre d'Alcantara, qui commandaient les chrétiens, résolurent de ne pas tenir compte du nombre des musulmans, et de poursuivre leur premier succès. Ils fondirent sur les Africains à la pointe du jour, les culbutèrent au passage du Guadalète, et leur tuèrent dix mille hommes, au nombre desquels se trouva Abomélic, qui reçut la mort en cherchant à se sauver à pied. Tous les bagages de l'ennemi demeurèrent au pouvoir des vainqueurs. A cette nouvelle, Aboul-Hassan fit prêcher la guerre sainte dans toute l'Afrique musulmane, et il vit se ranger sous ses drapeaux une armée plus considérable qu'aucune autre qui eût jamais menacé l'Espagne : elle comptait soixante-dix mille hommes de cavalerie et quatre cent mille d'infanterie. Une flotte de deux cent cinquante navires et de soixante-dix galères devait transporter en Europe cette multitude de barbares enfants de l'Afrique. Aboul-Hassan s'était fait précéder en Espagne d'une avant-garde, qui fut battue et taillée en pièces par la garnison de Xèrez. L'armée africaine ne tarda pas à débarquer près d'Algéziras. Accusé d'avoir laissé tromper sa vigilance, l'amiral qui commandait les forces navales chrétiennes attaqua la flotte des infidèles; mais la sienne fut détruite dans le combat où il périt lui-même. Cinq galères échappées à ce désastre en apportèrent la nouvelle à Tarifa. Alphonse XI, qui était alors à Séville, assembla tous les prélats et tous les grands de son royaume, pour les consulter sur la gravité des circonstances. L'avis de demander la paix aux musulmans fut émis par quelques voix; mais le conseil de courir les chances d'une résistance qu'exigeait l'honneur même de la chrétienté prévalut, et on décida qu'on réclamerait le secours des rois d'Aragon et de Portugal. Un ambassadeur fut envoyé au souverain pontife, qui accorda l'indulgence plénière à tous les guerriers qui porteraient les armes, pendant trois mois, dans la lutte engagée entre l'Évangile et le Coran. Une flotte aragonaise vint se réunir à celle que le roi de Castille réorganisa dans le port de San-Lucar. Ce prince prit en même temps à sa solde quinze galères génoises. La reine Marie, femme d'Alphonse XI, obtint aussi douze galères de son père, Alphonse IV, roi de Portugal. Les deux souverains de Castille et de Portugal eurent ensuite une entrevue dans un village sur les bords de la Guadiana, et ils convinrent d'oublier leurs anciennes inimitiés en présence du danger commun. Pendant ce temps, Aboul-Hassan avait mis le siége devant Tarifa le 23 septembre 1340. Après avoir concentré à Séville toutes les forces dont il pouvait disposer, le roi de Castille, accompagné d'Alphonse IV, qui venait d'arriver avec mille cavaliers des plus braves du Portugal, s'avança à la rencontre de son redoutable ennemi. L'armée chrétienne, qui allait ainsi attaquer les innombrables hordes de l'Afrique, ne se composait que de quatorze mille hommes de cavalerie et de vingt-cinq mille d'infanterie. Les deux rois et tous les fidèles qui marchaient sous leurs drapeaux se préparèrent par la confession et par la communion à combattre les musulmans, dès la pointe du jour de la grande bataille, qui fut livrée dans la plaine de Tarifa, sur les rives du Salado, le 30 octobre 1340. Tous les chrétiens portaient, comme les croisés, une croix de couleur rouge sur la poitrine, et la bannière de la croisade flottait, par ordre du pape, au milieu de leurs rangs, dans les mains d'un chevalier français. Le roi de Portugal, avec les grands maîtres d'Alcantara et de Calatrava, engagea l'affaire contre le roi de Grenade et le roi de Castille contre Aboul-Hassan. La victoire, vaillamment disputée de part et d'autre, resta aux chrétiens, et deux cent mille infidèles jonchèrent de leurs cadavres le théâtre de cette mémorable action, où, au rapport des historiens espagnols, vingt hommes seulement succombèrent parmi les défenseurs de la croix. Deux fils d'Aboul-Hassan comptèrent entre les morts. Sans admettre les chiffres, évidemment inexacts, des pertes, amplifiées d'un côté et atténuées de l'autre, que l'histoire attribue aux champions de l'erreur et à ceux de la vérité, dans les deux fameuses rencontres des champs de Tolosa et des bords du Solado, il est impossible de ne pas reconnaître qu'il y eut, dans les deux circonstances, un horrible massacre des mahométans, sans que les chrétiens eussent à regretter de l'avoir payé cher, et il faut bien en conclure que les seconds avaient certainement acquis sur les premiers une immense supériorité militaire. L'archevêque de Tolède, don Gil de Albonoz, se tint pendant toute cette grande journée à côté d'Alphonse XI, qui demeura constamment au milieu de la mêlée. Quatre femmes et un fils d'Aboul-Hassan furent au nombre des prisonniers qui, avec un immense et riche butin, tombèrent au pouvoir des vainqueurs. Le roi de Grenade se retira à Marbella, et le roi de Fez n'osa pas coucher à Gibraltar, où il s'était enfui après sa défaite. Il craignait, si la nouvelle en arrivait avant lui à son fils Abder-Rahman, auquel il avait laissé le gouvernement de son royaume, d'être dépouillé de son autorité par celui à qui il en avait confié le dépôt. Cette appréhension d'Aboul-Hassan caractérise les mœurs des peuples élevés à l'école de l'islamisme. Les Navarais, dont le roi, Philippe d'Evreux, était alors retenu en France, ne prirent point part au succès qui immortalise les rives du Solado.

Non moins célèbre que la victoire de las Navas de Tolosa, celle du Solado porta le dernier coup à la puissance musulmane en Espagne : elle dégoûta pour toujours les rois infidèles d'Afrique de venir au secours de leurs coréligionnaires de la Péninsule hispanique, et ce ne fut plus qu'à la faveur des divisions qui paralysaient les forces chrétiennes, que le royaume de Grenade subsista jusque vers la fin du siècle suivant. Inaugurée dans les champs de Tolosa, la supériorité militaire des Espagnols sur les envahisseurs de leur patrie demeura désormais incontestable. Tarifa fut mise dans un état respectable de défense, et les rois victorieux retournèrent à Séville, où ils firent une entrée triomphante. L'Espagne tout entière exprima par des processions sa pieuse reconnaissance envers le Dieu des batailles. Le roi de Portugal reprit glorieusement le chemin de son pays, et Alphonse XI envoya au pape Benoît XII, à Avignon, des chevaux et des drapeaux pris sur les mahométans, avec le cheval qu'il montait lui-même à la journée du Solado. Un Génois eut le commandement de la flotte préposée à la garde du détroit de Gibraltar. En 1341 une armée castillane réunie à Cordoue entra sur le territoire de Grenade, et, trompant l'ennemi par une attaque simulée contre Malaga, elle s'empara par surprise d'Alcala la Réal. Plusieurs autres places furent aussi enlevées au roi de Grenade et pourvues de bonnes garnisons. Alphonse XI alla à Burgos, au commencement de 1342, et s'y entoura des conseils des hommes les plus sages de ses Etats pour établir de nouveaux impôts, et se procurer les moyens de poursuivre avec vigueur la guerre contre les infidèles. La nouvelle d'une grande victoire navale remportée par la flotte castillane sur celle des musulmans facilita la levée de ces impôts. Treize galères africaines furent aussi défaites par la flotte aragonaise. La fortune des armes souriait aux chrétiens sur mer et sur terre. Alphonse XI se rendit à marches forcées à Séville et de là à Xèrez. Son intention était de faire la conquête de l'importante place d'Algéziras, qui était la porte par où l'islamisme entrait d'Afrique en Espagne. L'archevêque de Tolède, les grands maîtres de Calatrava et d'Alcantara, avec un grand nombre de chevaliers de ces deux ordres, et une multitude de seigneurs, vinrent aider le roi de leurs avis et de leurs bras. Le siége commença le 3 août 1342. Les opérations de la flotte, composée de navires castillans et aragonais, se combinaient avec celles des troupes de terre pour serrer la ville de près. Mais elle était défendue par une garnison suffisamment nombreuse. L'argent manquait au roi de Castille, et il fut obligé d'en emprunter au roi de France, et de demander au pape l'autorisation de recourir aux revenus ecclésiastiques. Plusieurs infidèles arrêtés dans le camp chrétien avouèrent qu'ils avaient été envoyés de la ville pour assassiner Alphonse. Le roi de Grenade, qui ne se sentait pas assez fort pour offrir la bataille aux assiégeants, parcourut en la ravageant la campagne d'Ecija, et brûla après s'en être rendu maître la ville de Palma, située à l'embouchure du Xenil et du Guadalquivir. Il prit ensuite position sur le Guadiarro, à cinq lieues d'Algéziras. On était en 1343, et le siége traînait en longueur. Le roi de Castille, qui savait que toutes les forces navales de l'Afrique, réunies dans le port de Ceuta, n'attendaient qu'une circonstance favorable pour fondre sur les côtes d'Espagne, eut un moment la pensée de traiter de la paix. Mais le pape Clément VI avait promis l'indulgence de la croisade à tous les guerriers qui participeraient à cette sainte expédition, et des renforts amenés par des seigneurs, enflammés du désir de combattre les infidèles, arrivèrent d'Angleterre et de France. Le roi Philippe de Navarre arriva aussi devant Algéziras, annonçant qu'il allait être suivi par un corps de troupes que son royaume fournissait. Les attaques contre la place furent alors vivement poussées. Les assiégés se servirent pour leur défense de canons avec lesquels ils lançaient, au moyen de la poudre, des boulets de fer, et c'est la première fois que l'artillerie figure dans l'histoire d'Espagne. Les maladies qu'occasionnèrent les travaux du siége et la chaleur du climat déterminèrent les auxiliaires étrangers à abandonner le camp castillan. Le roi Philippe de Navarre mourut à Xèrez, et le comte de Foix à Séville. Les musulmans vinrent alors présenter la bataille aux assiégeants qui l'acceptèrent, et qui prouvèrent encore une fois, par la victoire qu'ils remportèrent, leur supériorité dans l'art et dans la discipline militaires. La place offrit enfin de capituler. Le roi de Grenade se reconnut feudataire et tributaire de la Castille, et une trève de dix ans fut conclue avec les infidèles d'Espagne et d'Afrique. Alphonse XI fit son entrée solennelle dans Algéziras, le 26 mars 1344. Le siége, un des plus longs et des plus mémorables dont les annales espagnoles gardent le souvenir, avait duré près de deux ans. Les champs fertiles des environs de la ville furent partagés entre les soldats. La renommée de cet important succès se répandit dans toute l'Europe, et y causa une joie universelle.

L'histoire des peuples mahométans n'est guère que le récit des guerres intestines de princes cherchant, au mépris des liens les plus étroits du sang, à se détrôner les uns les autres. Un fils d'Aboul-Hassan arracha à son père le royaume de Fez et les places qui en dépendaient en Espagne, Gibraltar, Ronda, etc. Le roi de Castille vit dans cette révolution une occasion d'enlever aux musulmans d'Afrique leurs dernières possessions en Andalousie, et il ne se crut pas lié envers le fils révolté contre son père par la trève conclue avec ce dernier prince. Il convoqua à Alcala de Henarès les cortès de tout le royaume, et ce ne fut pas sans peine qu'il obtint de cette tumultueuse assemblée les moyens de faire la guerre aux infidèles. Il alla aussitôt mettre le siége devant Gibraltar place très-bien fortifiée, qui lui opposa une vigoureuse résistance. Les infidèles de Grenade vinrent aussi contrarier ses opérations. Alphonse avait fait demander au roi d'Aragon un secours qui ne lui fut pas refusé : don Pèdre IV, qui avait succédé à son père en 1336, envoya dix galères avec quatre cents hommes de troupes. Mais la peste se déclara dans l'armée castillane, où elle fit des ravages tels que les capitaines les plus sages conseillèrent au roi d'abandonner une entreprise contre laquelle le ciel semblait se prononcer. Confiant dans ses succès antérieurs, le roi répondait qu'on ne devait compter la vie pour rien, quand il s'agissait de la défense de la foi catholique. La contagion, qui continuait à étendre ses ravages, l'atteignit cependant et il mourut victime de sa courageuse persévérance à combattre les ennemis de la religion chrétienne, le 26 mars 1350. Les historiens arabes nous apprennent que le roi de Grenade, qui considérait Alphonse *comme un des plus excellents princes du monde*, s'affligea de sa mort, et que beaucoup de musulmans portèrent le deuil du roi de Castille. La troupe qui escortait son corps ne fut point inquiétée dans sa marche de Gibraltar à Séville. Alphonse XI n'avait que trente-huit ans lorsqu'il fut moissonné par la peste devant Gibraltar, et il est vraisemblable que si Dieu lui avait accordé une plus longue vie, l'Espagne aurait été délivrée de la présence de l'islamisme un siècle plus tôt. Les grandes qualités de ce roi apparaissent, dans l'histoire, obscurcies par la licence de ses mœurs et par le scandale de sa liaison avec Eléonore de Guzman. Il eut pour successeur son fils Pierre IV, qui ne mérita que trop le surnom de Cruel, sous lequel il est connu. Après la mort de leur roi, les troupes castillanes abandonnèrent le siége de Gibraltar.

Yousouf Ier, roi de Grenade, fut assassiné en 1354, et remplacé par Mohammed VI, son oncle, suivant les historiens espagnols, et son fils, au témoignage des Arabes. Le règne de ce nouveau souverain fut sans cesse troublé par des révoltes qui accélérèrent la ruine de la puissance des Maures. Mohammed VI fut enfin renversé du trône en 1360; et on lui donna pour successeur, d'après les récits espagnols, un descendant d'Alhamar, Mohammed VII, surnommé *le Rouge*, de la couleur de ses cheveux ; ou, suivant les auteurs arabes Abou-Saïd-Abdallah, gendre d'Yousouf Ier. Mohammed VI s'était enfui à Ronda, qui appartenait au roi de Maroc, et il comptait sur l'appui de Pierre le Cruel, roi de Castille. L'usurpateur de sa couronne était soutenu, au contraire, par le roi d'Aragon, Pierre IV, dont le roi de Castille était l'ennemi. Les troupes castillanes parcoururent, le fer et la flamme à la main, le territoire de Grenade, jusque sous les murs de la capitale. Mais elles reçurent un grave échec dans les environs de Guadix, le 18 février 1362. Don Diego Garcia de Padilla, grand maître de Calatrava, fut au nombre des prisonniers faits dans cette journée. Pierre le Cruel entra en fureur à cette nouvelle, et, se précipitant lui-même sur les terres des musulmans, il y porta la désolation, et revint à Séville chargé des dépouilles de ses ennemis. Abou-Saïd ou Mohammed VII, comme on voudra l'appeler, vit alors diminuer le nombre de ses partisans, et, obéissant aux conseils d'un serviteur dévoué à ses intérêts, il résolut de se rendre à Séville, et de demander au protecteur de son rival d'être juge des droits des deux prétendants à la couronne. Il arriva avec une escorte de quatre cents cavaliers et de deux cents fantassins auprès de Pierre le Cruel, à qui il offrit des présents d'une rare valeur. Il reçut du roi un accueil qui devait lui donner les plus grandes espérances ; mais il fut arrêté au sortir de cette audience, au milieu d'un repas que lui donnait le grand maître de Saint-Jacques, et jeté dans un cachot. Il en fut tiré quelques jours après pour être mené, vêtu de ses habits royaux de pourpre, et monté sur un âne, au lieu voisin de la ville où on exécutait les malfaiteurs : là il fut mis à mort avec les trente-sept principaux chefs de son escorte. Plusieurs auteurs contemporains rapportent que le féroce Pierre, se plaisant à faire l'office de bourreau, tua lui-même d'un coup de lance le prince musulman, en lui disant : *Reçois la récompense de la paix que tu m'as obligé de faire avec le roi d'Aragon.* L'infidèle répondit, ajoutent ces historiens : *Tu ne t'honores pas, roi don Pèdre, en immolant un roi qui était venu vers toi en se confiant à ta parole.* Mohammed VI régna dès lors sur un trône qui ne lui fut plus contesté ; et il témoigna sa reconnaissance à Pierre, en gardant son parti dans les guerres suscitées par les horribles cruautés du Néron de l'Espagne. Il l'aida à assiéger Cordoue, qui s'était donné à Henri, comte de Trastamare, fils naturel d'Alphonse XI, et d'Eléonore de Guzman, dans la lutte entre ce prince et le sanguinaire tyran. La ville fut même sur le point d'être prise par les Maures, et ne dut son salut qu'au courage qu'inspirèrent à ses défenseurs les femmes chrétiennes, animées par la crainte de tomber aux mains des infidèles. Pierre se retira à Séville ; mais le roi de Grenade dévasta l'Andalousie. Pour donner une idée du nombre des captifs qu'il fit dans cette expédition, les historiens rapportent qu'il en emmena onze mille de la seule ville d'Utrera. Mohammed VI fournit quinze cents cavaliers musulmans à don Pèdre, lorsque ce prince partit de Séville pour la campagne dans laquelle il succomba sous les coups de son frère Henri, en 1338, après avoir été vaincu par du Guesclin. Quand Henri II se trouva en possession du trône, dans cette même année 1338, il désira conclure, avec le roi de Grenade, la paix dont il avait besoin pour cicatriser les plaies de son royaume. Quoique Mohammed VI eût pris et entièrement détruit Algéziras, pour venger la mort des musulmans tués en si grand nombre sous les murs de cette ville, en 1340, la force des circonstances obligea le nouveau roi de Castille à traiter avec lui. Le roi de Grenade n'eut cependant jamais une pleine confiance dans les relations pacifiques qu'il entretenait avec un prince qui avait eu longtemps en lui un ardent adversaire ; et plusieurs témoignages accusent Mohammed VI d'avoir fait empoisonner Henri II, qui mourut en 1379, de la goutte, suivant les historiens qui n'admettent pas cette imputation.

Il n'y avait pas place pour une guerre contre les infidèles dans le règne de Jean Ier, fils de Henri II, qui occupe l'espace de temps compris entre les années 1379 et 1390. Les prétentions du roi de Castille à la couronne de Portugal, et celles des fils d'Edouard III, roi d'Angleterre, au trône sur lequel avait siégé Pierre le Cruel, dont ces deux princes avaient épousé deux filles illégitimes, remplirent toute cette époque. Les troubles de la minorité de Henri III, fils de Jean Ier, n'améliorèrent pas la situation de la Castille. Mohammed VI, roi de Grenade, mourut en 1392, laissant pour successeur son fils, Yousouf II, qui, du vivant même de son père, s'était montré très-favorablement disposé envers les chrétiens. Le second des quatre fils de ce prince, prenant conseil de l'ambition qui le rendait jaloux de son frère aîné, reprocha à son père de n'être musulman que de nom, et se servit de ce prétexte pour exciter une sédition, qui fut apaisée par la prudente intervention d'un ambassadeur du roi de Maroc à la cour de Grenade. Yousouf n'en fut pas moins forcé de faire acte d'hostilité contre les chrétiens : ses troupes entrèrent dans le royaume de Murcie du côté de Lorca ; mais le gouverneur castillan de cette province les repoussa, et leur fit éprouver une grande perte d'hommes. Les Maures demandèrent et obtinrent facilement une trêve, dont la Castille avait besoin, au milieu des embarras où elle se trouvait. Don Martin Yañez de la Barbuda, grand maître d'Alcantara, homme de plus de résolution que de jugement, se laissa persuader par un ermite, qui s'était acquis une grande réputation de sainteté par une vie solitaire, qu'il était appelé à remporter de grandes victoires contre les infidèles, s'il prenait contre eux, à la pointe de l'épée, la défense de la religion catholique. Le crédule grand maître envoya provoquer le roi de Grenade à un combat singulier, en lui proposant, en cas de refus de la part d'Yousouf, de faire entrer en lice vingt, trente ou cent chrétiens, contre un nombre double de musulmans, pour que le sort des armes prononçât entre les deux religions. Cette témérité insensée, *temeridad y desatino notable*, suivant l'expression de Mariana, fut fort mal accueillie des Maures, qui maltraitèrent les ambassadeurs de don Martin Yañez de la Barbuda.

Le grand maître se détermina alors à faire irruption sur le territoire de Grenade, et, au mois d'avril 1394, il exécuta cette résolution, malgré la défense du roi Henri III et les observations de tous les gens sensés, à la tête de plus de trois cents cavaliers et de cinq mille fantassins, mais qui étaient de misérables aventuriers mal armés, et non des soldats. Le roi de Grenade s'avança à la rencontre du grand maître avec cinq mille hommes de cavalerie et cent vingt mille d'infanterie. Les fantassins espagnols furent facilement écrasés; mais les cavaliers vendirent cher leur vie, et le grand maître fit des prodiges de valeur avant de tomber mort sur les tas de cadavres qui l'entouraient. Son corps, que les infidèles permirent d'enlever du champ de bataille, fut transporté à Alcantara, et enterré dans l'église de Sainte-Marie, avec cette épitaphe qu'il avait recommandé de mettre sur sa tombe : *Ci-gît celui dans le cœur duquel la peur n'entra jamais.* On rapporte que Charles-Quint dit à un seigneur de sa cour, qui lui citait cette épitaphe : *Ce gentilhomme ne devait jamais avoir éteint une chandelle avec ses doigts.* Les infidèles se plaignirent au roi de Castille de la violation de la trêve; mais Henri III répondit que la mort du grand maître et de ceux qui l'accompagnaient était une satisfaction suffisante de cette infraction aux traités. A leur expiration, Yousouf II en envoya demander le renouvellement à Henri III, qui conclut d'autant plus volontiers une nouvelle trêve qu'il n'aspirait qu'à procurer la paix à son royaume. A la mort du roi de Grenade, en 1396, Mohammed, le second de ses fils, s'empara du trône au détriment de son frère aîné Yousouf, qui fut privé de sa liberté, après avoir été dépouillé de son droit héréditaire. L'année suivante, deux religieux de l'ordre de Saint-François eurent la tête tranchée à Grenade pour y avoir prêché publiquement la foi catholique. Mohammed et Henri demeurèrent longtemps en paix, le premier ne pouvant pas et le second ne voulant pas faire la guerre. Les bonnes relations étaient entretenues entre ces deux princes par un échange de riches présents et par un assaut continuel de courtoisie. Les historiens arabes rapportent même que Mohammed, accompagné seulement de vingt-cinq cavaliers, fit une visite inopinée au roi de Castille, à Tolède, que les deux princes mangèrent ensemble, et qu'ils se séparèrent dans les termes de la plus intime amitié. Cette bonne intelligence fut rompue par Mohammed, qui s'empara de la ville d'Ayamonte, située à l'embouchure de la Guadiana, et qui refusa de payer à la Castille le tribut fixé par les traités. Henri III, qui aurait désiré pouvoir s'abstenir de recourir aux armes, envoya une ambassade à Grenade, dans l'espoir de terminer pacifiquement le différend. Mais cette démarche fit croire à l'orgueilleux Mohammed que le roi de Castille le craignait, et loin d'accorder la satisfaction réclamée, il envahit le territoire de Baeza, au commencement de l'année 1406. Les troupes espagnoles s'avancèrent à sa rencontre; mais elles eurent le désavantage à la journée de Collejares, où la plupart de leurs chefs furent tués en combattant vaillamment.

Henri III, qui était d'une faible santé, mourut à la fin de cette même année 1406. Il n'était âgé que de vingt-sept ans. C'était un prince doué de qualités excellentes. Il laissait pour héritier un fils de vingt-deux mois, que Ferdinand, oncle de ce jeune prince, fit reconnaître roi sous le nom de Jean II, après avoir refusé la couronne qui lui était offerte par les grands du royaume. Le frère de Henri III partagea avec la reine, sa veuve, le gouvernement de l'Etat, par un accord qui empêcha la division, qu'on tenta de semer entre eux, de produire ses fruits. Les cortès générales du royaume furent réunies à Ségovie, et on y résolut de poursuivre la guerre contre les Maures, qui venaient d'être battus à Xuxena par un corps de troupes entré sur leurs terres par la frontière de Murcie. L'infant Ferdinand fut chargé de la conduite des opérations. Lorsqu'il arriva en Andalousie, un Maure, qui voulait mériter le baptême qu'il reçut, venait de favoriser l'entrée des chrétiens dans l'importante place de Pruna. Un seigneur français, le comte de la Marche, fut amené au camp castillan par le désir de prendre part à la sainte guerre contre les infidèles. Pendant ce temps, le roi de Grenade avait mis sur pied une armée de cent mille fantassins et de sept mille cavaliers, qui assiégea Baeza sans réussir à autre chose qu'à en brûler les faubourgs. A la demande du roi de Grenade, les rois de Tunis et de Trémecen avaient armé vingt-trois galères qui inquiétaient les côtes de l'Andalousie. L'amiral Alphonse Henriquez osa les attaquer, près de Cadix, avec treize galères, et la destruction de la flotte africaine fut le fruit d'une victoire complète. L'infant Ferdinand, que le climat de l'Andalousie avait d'abord rendu malade, commença à agir de son côté. Il se rendit maître de Zahara, après de longs efforts, parce que les trois gros canons qu'il employa dans ses attaques étaient servis par des artilleurs encore peu habiles. Don Pedro de Zuñiga, qui avait été chargé de reprendre Ayamonte, s'acquitta de cette mission avec succès. Les armes castillanes firent aussi échouer une tentative dirigée contre Jean par le roi de Grenade, à la tête de quatre-vingt mille hommes d'infanterie et de six mille cavaliers, et elles portèrent le ravage jusque sous les murs de Malaga. Mais la forte place de Septenil résista à leurs assauts, et les pluies de l'automne obligèrent l'infant Ferdinand à rentrer à Séville, au mois d'octobre. Les cortès du royaume étaient réunies à Guadalajara, où résidaient le jeune roi et la reine sa mère, lorsqu'on apprit, au mois de février de l'année suivante 1408, que le roi de Grenade assiégeait Alcaudète avec cent vingt-sept mille hommes. La ville se défendit si bien que Mohammed fut obligé de renoncer à son entreprise, dont il fut aussi détourné par trois invasions que les chrétiens firent sur son territoire. Il envoya alors des ambassadeurs à Guadalajara pour demander la paix : l'infant Ferdinand était d'avis de poursuivre la guerre et de rejeter les propositions des infidèles, mais l'influence de la reine-mère les fit accueillir, et une trève de huit mois fut conclue.

Le mois de mai de cette même année 1408 fut le terme du règne de Mohammed; mais la crainte qu'avait ce prince que son frère Yousouf, qu'il avait toujours retenu prisonnier, ne privât son fils de sa succession, le détermina, avant de rendre le dernier soupir, à donner l'ordre de lui couper la tête. Yousouf jouait aux échecs avec le gouverneur du château dans lequel il était enfermé, sur le bord de la mer, lorsque le porteur du message de son frère se présenta dans sa prison. Il demanda le temps d'achever sa partie, et à peine cette grâce lui avait-elle été accordée, que deux cavaliers, accourus de Grenade à toute bride, lui annoncèrent que la capitale l'avait proclamé roi, à l'exclusion de son neveu, dès que la mort de Mohammed avait été connue. Yousouf III était d'un caractère doux et pacifique, et son premier soin, en montant sur le trône, fut d'envoyer à la cour de Castille une ambassade qui apportait de riches présents, et qui en reçut de non moins riches en échange. Mais on lui refusa la prolongation de la trève qu'elle était venue solliciter. Yousouf fut alors contraint par ses sujets de recommencer les hostilités contre les chrétiens, à l'expiration de la paix. Les Maures entrèrent dans Zahara ; mais ils furent bientôt obligés d'abandonner cette ville, dont ils n'avaient pu réduire la citadelle. L'infant don Ferdinand se prépara, au mois de février de l'année 1410, à entrer contre eux en campagne. Une armée d'élite de dix mille fantassins et de trois mille cinq cents cavaliers, commandés par la fleur de la noblesse de Castille, marchait sous ses ordres. Elle mit le siége devant Antequera le 27 avril. Quatre-vingt-cinq mille hommes, sortis de Grenade, s'avancèrent au secours de la ville menacée. Une bataille se donna le 6 mai, et elle tourna complétement au désavantage des musulmans, qui laissèrent quinze mille morts sur le champ de leur défaite. Les historiens espagnols prétendent que la perte des leurs ne s'éleva qu'à cent vingt hommes. Sans prendre ces chiffres à la lettre, on en doit conclure, comme nous l'avons déjà fait observer, à l'occasion des victoires de las Navas de Tolosa et des bords du Salado, que les institutions militaires des chrétiens étaient, depuis le commencement du XIIIe siècle, en voie de progrès dans la même proportion que celles de leurs adversaires s'acheminaient vers la décadence. L'infant Ferdinand entoura les murs d'Antequera d'un fossé qui enferma la garnison dans la place, et des détachements de ses troupes portèrent le fer et la flamme sur les terres ennemies jusqu'en vue de Malaga. Le roi de Grenade fut obligé d'appeler sous ses drapeaux tous ses sujets en état de prendre les armes ; mais il n'osa pas tenter une seconde fois la fortune des combats. Les exploits de ses nouvelles levées se bornèrent à faire mordre la poussière à trois cents cavaliers de la garnison de Jaen, qui s'étaient aventurés inconsidérément sur le territoire musulman. Une surprise tentée par la cavalerie maure pour enlever les chevaux du camp chrétien, qu'on menait pâturer sur les bords du Corza, près d'Archidona, coûta aux infidèles deux mille hommes, qui tombèrent sous les coups d'une charge exécutée par les Castillans. Les soldats de la croix se disputèrent l'honneur de monter les premiers à l'assaut d'Antequera ; et il fallut, pour éviter le désordre, que des juges fussent nommés pour assigner le premier rang aux braves qui en furent estimés dignes. La place fut prise le 16 septembre. L'office divin fut célébré en actions de grâces dans la mosquée de la forteresse, convertie en église. Tous les châteaux des environs se soumirent aux vainqueurs, qui rentrèrent, à la fin de l'automne, à Séville, où ils furent reçus au milieu des acclamations d'une joie universelle.

Une trêve, qui avait été accordée au roi de Grenade sur sa demande, fut ensuite prolongée, parce que Ferdinand fut, comme fils d'Eléonore, fille de Pierre IV, roi d'Aragon, appelé à la succession de ce trône par les juges assemblés pour résoudre cette question, en 1412, après la mort de Martin, dernier roi de la descendance masculine de Raymond Bérenger, comte de Barcelone. Cette famille gouvernait l'Aragon depuis deux cent soixante-treize ans, lorsque son dernier représentant, le roi Martin, mourut en 1410. Jean, surnommé le Grand, qui régnait sur le Portugal, dont il s'était assuré le sceptre par la fameuse victoire d'Aljubarrota, remportée, en 1385, sur son compétiteur, Jean Ier, roi de Castille, conçut le dessein d'une expédition en Afrique, dans l'espoir d'étendre ses Etats au profit de ses nombreux enfants. Il arma une flotte de cent vingt voiles, avec laquelle il s'empara de Ceuta, le 22 août 1415 Mais ses conquêtes en Afrique ne s'étendirent pas plus loin. La reine-mère du jeune roi de Castille, Jean II, et don Sanche de Rojas, archevêque de Tolède, qui remplacèrent l'infant don Ferdinand dans la conduite des affaires du royaume, prolongèrent la trêve accordée au roi de Grenade, à condition qu'il donnerait chaque année la liberté à cent esclaves chrétiens. Yousouf mourut en 1423, et eut pour successeur son fils Mohammed, surnommé *le Gaucher*, qui fut dépouillé trois fois de la royauté. Ce prince rechercha en même temps l'alliance du roi de Castille et celle du roi de Tunis, afin que l'un lui servît, au besoin, d'appui contre l'autre. Mais il fut loin de savoir se concilier l'affection de ses sujets. Un soulèvement, qui se prononça contre lui en 1427, l'obligea à se déguiser en pêcheur pour passer en Afrique, où il alla réclamer le secours du roi de Tunis. Il fut remplacé sur le trône de Grenade par un de ses parents, qui s'appelait Mohammed *le Petit*. Ce nouveau roi fit une guerre acharnée aux partisans de son prédécesseur, qui eurent à endurer la mort, l'exil ou la confiscation de leurs biens. Yousouf, qui avait eu une grande part au gouvernement sous Mohammed *le Gaucher*, et qui appartenait à la noble tribu des Abencerrages, une des plus illustres parmi toutes celles entre lesquelles se divisaient les Arabes et les Maures, s'enfuit à Murcie avec l'intention de faire appel aux armes castillanes contre l'usurpateur, avant qu'il ait eu le temps d'affermir son autorité. Yousouf alla ensuite trouver à Illescas, le roi de Castille, qui lui donna des lettres pour le roi de Tunis. Jean II priait le souverain africain, auprès duquel Yousouf se rendit accompagné d'un ambassadeur castillan, Alphonse de Lorca, de rétablir Mohammed *le Gaucher* sur son trône. Il promettait en outre de venir lui-même en aide à cette entreprise.

Le roi détrôné ne tarda pas à débarquer, avec trois cents cavaliers tunisiens, à Vera, où l'avaient conduit les galères du roi de Tunis. Le caractère inconstant des Arabes et des Maures les porta à saluer de leurs acclamations le retour de Mohammed *le Gaucher*. Alméria et Guadix lui ouvrirent leurs portes, et il entra dans Grenade au commencement de l'année 1429. Mohammed *le Petit*, qui s'était retiré dans l'Alhambra, y fut pris et mis à mort. L'occasion était favorable pour porter les derniers coups à la puissance musulmane, en profitant des divisions intestines du royaume de Grenade, pour le renverser. Mohammed *le Gaucher* méritait par son ingratitude envers Jean II, à qui il refusait de payer le tribut imposé à ses ancêtres, d'être traité sans pitié. Mais la guerre éclata alors entre les rois de Castille, d'Aragon et de Navarre, et le châtiment dû à la déloyauté musulmane fut différé. Quand Jean II fut enfin libre de tourner ses vues de ce côté, il envoya Alphonse de Lorca auprès du roi de Tunis pour l'informer, en lui offrant de riches présents, des motifs de la guerre que la Castille allait faire au roi de Grenade, et le souverain africain promit de ne pas intervenir en faveur du prince infidèle au devoir de la reconnaissance. Les cortès assemblées à Salamanque accordèrent au roi plus d'argent qu'il n'en demandait pour punir de leur insolence les ennemis du nom chrétien. Diego de Ribera, gouverneur de l'Andalousie, accompagné de l'évêque de Jaen, s'avança avec huit mille cavaliers et trois mille fantassins jusque dans la plaine de Grenade, dont il battit la garnison, après l'avoir attirée dans une embuscade. Les troupes espagnoles s'emparèrent d'un autre côté de Ximena; mais elles furent repoussées du territoire de Ronda, et le gouverneur de Gazorla éprouva une défaite à laquelle il n'échappa que grâce à la vitesse de son cheval. Le roi de Castille arriva au mois de mai 1430, à Cordoue, et de là son favori, le connétable Alvaro de Luna, qui exerçait une grande influence sur son faible maître, s'avança jusque dans la magnifique plaine de Grenade, où il ne laissa debout ni un seul arbre ni une seule maison de campagne. Un chrétien qui avait apostasié après avoir été fait prisonnier par les infidèles, vint engager le roi à se présenter lui-même, l'année suivante, devant la capitale, en lui donnant l'assurance qu'un descendant direct du fondateur de la monarchie de Grenade, Yousouf Ben-Alhamar, petit-fils de Mohammed *le Rouge*, tué par Pierre le *Cruel*, passerait du côté des chrétiens avec un parti considérable, dès qu'il verrait flotter la bannière royale. L'armée castillane, forte de quatre-vingt mille hommes, entra sur le territoire des infidèles en observant le plus grand ordre. Le connétable conduisait l'avant-garde, et le roi, entouré de tous les grands du royaume, marchait à la tête du reste de ses troupes. Elles établirent leur camp au pied de la montagne d'Elvire, devant Grenade. Une bataille s'engagea, le 29 juin 1431, et l'avantage resta aux chrétiens qui, au prix d'une très-faible perte d'hommes, en tuèrent environ dix mille à l'ennemi. Un figuier, qui se faisait remarquer dans le champ où l'on a combattu, a donné son nom à cette bataille, qu'on appelle la bataille de la *Higuera*, et non de *Figuières*, comme le disent les historiens français, et notamment *l'Art de vérifier les dates*. *La batalla muy nombrada, que vulgarmente se llamo de la Higuera, por una puesta y plantada en el miscuo lugar en que pelearon* (*Mariana, Historia de España*). Les vaincus se réfugièrent dans les murs de la capitale; Jean II reprit le chemin de ses Etats, laissant au grand maître de Calatrava, et à Diego de Ribera, la charge d'épier l'occasion, si elle se présentait, de placer Yousouf Ben-Alhamar sur le trône de Grenade. Ronda, Cambil, Illora, Archidona, Seteni, avec la forte place de Loxa, tombèrent au pouvoir des Castillans. Leurs succès furent favorables à la cause de leur protégé, et Mohammed *le Gaucher* se vit obligé d'abandonner Grenade, où son rival fit son entrée le premier jour de l'année 1432. Mais Yousouf IV, qui avait pris l'engagement écrit de demeurer le fidèle tributaire du roi de Castille, était vieux lorsqu'il parvint au trône, et il ne l'occupa que six mois. A la nouvelle de sa mort, Mohammed le *Gaucher*, qui s'était retiré à Malaga, fut rappelé à Grenade et proclamé roi de nouveau, au milieu des démonstrations de dévouement du peuple volage qui l'avait forcé à la fuite quelques mois auparavant. Il demanda à Jean II une trêve qui lui fut accordée, parce que le trésor royal épuisé par les dépenses d'un règne agité ne permettait pas de continuer la guerre. Le roi de Tunis avait aussi envoyé une ambassade à la cour de Castille pour intercéder en faveur de Mohammed.

Alphonse V, qui avait succédé à son père, Ferdinand de Castille, sur le trône d'Aragon, tenta de s'emparer de l'île de Gerbi, sur la côte d'Afrique, et sans y pouvoir parvenir, il fit éprouver une défaite au roi de Tunis. Une courte durée avait été assignée à la trêve conclue avec le roi de Grenade. Au renouvellement des hostilités, les Maures tuèrent dans une rencontre le fils du gouverneur de Murcie. Mais Rodrigue Manrique leur enleva par escalade l'importante ville de Huescar. D'un autre côté, don Gutierre de Sotomayor, grand maître d'Alcantara, fut surpris et battu dans un défilé, lorsqu'il s'avançait avec huit cents cavaliers et trois cents fantassins, pour s'emparer d'Archidona, et il n'échappa qu'avec quelques hommes au fer ennemi. Une retraite prudente opérée par Fernand Alvarez, seigneur de Valdecorneja, qui abandonna le siége de Huelma devant des forces supérieures, prépara aux chrétiens un beau succès. Par sa jonction avec l'évêque de Jaen, Fernand Alvarez réunit quinze cents hommes de cavalerie et six mille d'infanterie, à la tête desquels il attaqua et mit en déroute un corps de troupes de plus de quarante mille combattants, venus de Grenade pour s'opposer aux ravages qu'il faisait dans la campagne de Guadix. Les cinq frères du roi Edouard de Portugal, fils de Jean Ier, brûlaient du désir de signaler leur nom et d'étendre le domaine de leur héritage paternel, où leur ambition se trouvait à l'étroit. Comme ils manquaient d'argent pour lever des troupes, ils obtinrent du pape Eugène IV une indulgence en faveur de tous les volontaires qui prendraient la croix pour marcher sous leurs ordres contre les musulmans d'Afrique. Ils réunirent par ce moyen un grand nombre de gens de toute espèce sous leur bannière. Don Fernand, l'un des cinq infants, grand maître de l'ordre d'Avis, s'offrit pour commander l'expédition. Ses frères, don Juan, grand maître de l'ordre de Saint-Jacques, en Portugal, don Pèdre et don Alphonse, étaient d'avis qu'il ne fallait attaquer les infidèles africains, dont la puissance était redoutable, qu'avec toutes les forces du royaume. Mais leur frère don Henri, celui de ces princes à qui sa fortune et son instruction donnaient le plus de crédit, fit prévaloir l'opinion moins prudente de don Fernand. Une flotte fut aussitôt équipée, et elle se mit en mer, le douze août 1437, montée par six mille soldats. Elle arriva à Ceuta, quinze jours après son départ des côtes de Portugal. Là il fut résolu qu'on assiégerait Tanger, ville alors peu considérable. Après trente-six jours de résistance la place vit venir à son secours les rois de Fez et de Maroc, avec une multitude de chefs des tribus africaines. Les historiens portent à six cent mille hommes d'infanterie et à soixante mille de cavalerie le total de l'armée qui enveloppa les Portugais. L'expédition fut réduite à capituler, et à promettre d'abandonner Ceuta, et d'évacuer entièrement l'Afrique. Pour garantie de l'exécution de cette convention, l'infant don Fernand demeura en ôtage entre les mains des infidèles. Mais une junte, tenue à Evora, pour examiner la validité de la capitulation, en déclara les conditions nulles, puisqu'elles avaient été arrachées aux Portugais, sans le consentement de leur roi. La captivité de don Fernand fut perpétuelle, et, après l'avoir supportée avec une sainte résignation, il mourut dans les fers des ennemis du nom chrétien en 1443. Les infidèles lui élevèrent à Fez un tombeau destiné à être un monument de leur victoire.

La discorde intestine troubla la paix extérieure que le royaume de Grenade dut à l'état perpétuel de guerre civile où se trouvait la Castille sous le faible gouvernement de Jean II, qui n'avait d'autre volonté que celle de son favori, le connétable don Alvaro de Luna. L'instabilité d'esprit des Arabes et des Maures favorisa les entreprises de Mohammed *le Boiteux*, contre l'autorité de son oncle, Mohammed *le Gaucher*. D'Alméria, où il avait organisé son plan de révolte, le prince rebelle marcha sur Grenade, au mois de septembre 1445, s'empara de l'Alhambra, et se saisit de la personne du malheureux roi, dont la déchéance fut prononcée pour la troisième fois. Un autre neveu de Mohammed *le Gaucher*, nommé Ismaël, avait été conduit par son caractère aventureux à servir sous la bannière du roi de Castille, dans l'espoir d'arriver par cette voie au trône de Grenade. Un de ses partisans lui livra la forteresse de Montefrio, et avec les secours que lui fournit la Castille, il devint pour son parent un compétiteur inquiétant.

Mohammed *le Boiteux* s'attacha plutôt, cependant, à guerroyer sur les frontières qu'à se fortifier intérieurement contre le parti de son rival. Dans les courses qu'il fit sur les terres du royaume de Murcie, il se rendit maître de Huescar et de plusieurs places voisines, au commencement de l'année 1447. Aux chagrins qu'attirait au roi Jean II son opiniâtreté à soutenir, même contre son propre fils, son favori Alvaro de Luna, s'ajouta, en 1448, la peine d'apprendre que les troupes qu'il avait envoyées contre les musulmans avaient été surprises et défaites. Ce ne fut que quatre ans plus tard, en 1452, que les armes castillanes prirent leur revanche en battant les infidèles dans deux rencontres, l'une près d'Arcos et l'autre sur les frontières de Murcie, où on reprit à l'ennemi quarante mille têtes de bétail qu'il enlevait aux habitants chrétiens des campagnes. Ces revers aggravèrent le mécontentement qui se manifestait contre Mohammed *le Boiteux* parmi les Arabes et les Maures, et, avec l'aide du roi de Castille, qui avait enfin pacifié ses Etats et fait justice d'Alvaro de Luna, Ismaël parvint à précipiter du trône son parent et à s'y asseoir à sa place. Mohammed alla rejoindre son oncle dans le cachot où il l'avait jeté, après lui avoir arraché la couronne. Le nouveau roi de Grenade ne garda pas longtemps le souvenir des services qu'il avait reçus de la Castille.

Henri IV, surnommé l'*Impuissant*, succéda à son père Jean II sur le trône de Castille, en 1454. Aucun règne ne fut troublé par plus de révoltes que celui de ce prince, à qui manquaient toutes les qualités nécessaires pour gouverner un grand peuple. Ferréras a dit avec raison que la vie du fils de Jean II est un miroir où les rois peuvent voir ce qu'ils doivent éviter pour régner glorieusement. Henri IV s'occupa, dès qu'il fut en possession de la couronne, de châtier Ismaël de son ingratitude. Il rassembla une armée considérable, dont une partie fit brusquement irruption sur le territoire musulman, et s'avança jusque dans la plaine de Grenade. Un autre corps ravagea en même temps, et avec la même promptitude, la campagne de Malaga. Les troupes castillanes promenèrent ainsi, pendant trois ans, le fer et la flamme dans toutes les contrées habitées par les infidèles. Henri espérait les réduire, par ce système de dévastation, à la nécessité de se soumettre à sa loi, sans courir les chances d'aucune bataille. Mais ce genre de guerre déplut aux grands du royaume, et une conspiration fut ourdie, pour y mettre un terme, contre la personne du roi. Henri eut connaissance de ce complot, et le déjoua. Il ne recommença pas moins, l'année suivante, à ruiner le pays de l'ennemi, en évitant toujours de le combattre. Ses soldats eux-mêmes finirent enfin par se fatiguer de ces courses continuelles dans lesquelles ils ne faisaient que le métier de pillards, sans obtenir aucun résultat, et il fut obligé de les ramener à Cordoue. Mais il les conduisit encore, en 1457, jusque sous les murs de Grenade. Un revers qu'éprouva un détachement qui s'était séparé de l'armée sans ordre, et la perte d'un brave chevalier de Saint-Jacques, qui fut tué dans cette circonstance, irritèrent tellement le roi, qu'il ne se borna pas à brûler les moissons comme les années précédentes : il marqua aussi son passage par la destruction des vignes et des arbres. Il fit passer au fil de l'épée tous les habitants, hommes, femmes et enfants, de la petite ville de Mena, où il était entré de vive force. Les Arabes et les Maures virent qu'ils ne pouvaient échapper à une extermination totale qu'en s'avouant vaincus, et ils demandèrent une trève de quelques années. Elle leur fut accordée, à condition qu'ils payeraient à la Castille un tribut annuel de douze mille ducats, qu'ils rendraient la liberté à six cents esclaves chrétiens, et que, s'ils ne pouvaient compléter ce nombre, ils livreraient des musulmans à la place des captifs qui manqueraient. Cette trève ne suspendait pas les hostilités sur les frontières du pays de Jaen. Alphonse Borgia, ancien évêque de Valence, d'où il était originaire, siégeait alors sur le trône pontifical sous le nom de Calixte III. Il déclara, par une bulle, que la guerre faite aux infidèles en Espagne était une croisade, et les indulgences attribuées aux guerriers qui y prenaient part furent applicables aux vivants et aux morts. Des prédicateurs appelèrent les populations à contribuer aux frais de la lutte contre les ennemis de la croix, et le produit des fruits de leur parole s'éleva à trois cent mille ducats. Mais la plus grande partie de cette somme, dit Mariana, ne fut pas employée à combattre l'islamisme. Un ambassadeur, envoyé de Rome par le pape, vint à Madrid complimenter le roi sur ses succès. La trêve accordée au roi de Grenade fut convertie en paix

Alphonse V, surnommé l'*Africain*, fils et successeur d'Edouard, roi de Portugal, accompagné de don Fernand, son frère, et de don Henri, son oncle, passa en Afrique avec une flotte considérable en 1458, et s'empara, au mois d'octobre, d'une place voisine de Ceuta, dont il confia la garde à Duarte de Menesès, qui la défendit valeureusement contre trois attaques des musulmans. La paix avec le royaume de Grenade avait duré trois ans, lorsque Muley Aboul-Hassem, fils aîné du roi Ismaël, satisfit l'impatience qu'il avait de se signaler, en entrant sur le territoire chrétien, à la tête de quinze mille fantassins et de deux mille cinq cents cavaliers. Il ravagea toute la campagne d'Estepa. Don Rodrigue Ponce, fils du comte d'Arcos, et Louis de la Pernia, commandant de la garnison d'Ossuna, n'hésitèrent pas à l'attaquer, quoiqu'ils n'eussent à lui opposer que deux cent soixante cavaliers et six cents fantassins: ils saisirent le moment où les forces musulmanes étaient divisées, et ils les défirent complétement. Tout le bétail qu'elles emmenaient leur fut enlevé. La place de Gibraltar fut aussi reconquise par les armes castillanes en 1462. Le roi Alphonse V de Portugal retourna en Afrique, l'année suivante, avec son frère don Fernand et son cousin don Pèdre, connétable du royaume. Mais ce dernier fut appelé en Catalogne pour prendre possession de ce comté, auquel il avait des droits par sa mère, fille aînée du comte d'Urgel. Le départ de ce prince priva l'armée portugaise de son meilleur général, et elle échoua dans une tentative qu'elle fit pour s'emparer de Tanger. Un combat que les Portugais livrèrent ensuite aux musulmans tourna encore à leur désavantage, et Alphonse V faillit rester avec tous les siens sur le champ de bataille, où le brave Duarte de Menesès fut tué en exposant sa vie pour sauver celle du roi. Le comte de Villaréal, qui commandait l'arrière-garde, protégea la retraite avec une vaillante habileté, et mérita les éloges de son souverain. Alphonse V, à son retour de Ceuta en Portugal eut, sur la demande du roi de Castille, une entrevue avec ce prince à Gibraltar. Henri IV fit ensuite une expédition contre les Maures pour forcer Ismaël à lui payer le tribut qu'il lui devait. Le roi de Grenade mourut le 7 avril 1465. et fut remplacé par son fils Muley Aboul-Hassem, prince d'un grand courage. Les agitations intestines de la Castille tinrent le commencement de ce règne à l'abri de la guerre avec les chrétiens. Mais la turbulente inconstance des Arabes et des Maures remplit le royaume de troubles intérieurs. Le gouverneur de Malaga leva l'étendard de la révolte contre Aboul-Hassem. Ses forces étaient trop faibles pour lutter avec succès contre son souverain, et il fut vaincu. Il s'adressa alors au roi de Castille, qu'il alla voir à Archidona, ville située sur la frontière du territoire de Grenade, et dont il obtint des promesses de secours. Aboul-Hassem n'ignora pas cette entrevue, et ce fut pour lui un motif de faire invasion sur les terres chrétiennes et d'y porter la dévastation. Mais il ne fit, toutefois, que ravager le pays en le parcourant, sans se rendre maître d'aucune place. Une troupe musulmane pénétra plus tard jusqu'auprès d'Alcantara, et retourna chargée de tant de butin qu'elle pouvait à peine marcher en ordre en l'emportant. Le gouverneur de Cadix s'empara, par représailles, de la ville de Candelia ; mais il commit la faute de n'y pas laisser une garnison suffisante, et elle retomba au pouvoir du roi de Grenade. En 1471, le roi Alphonse V de Portugal partit de Lisbonne pour la côte d'Afrique avec une flotte de trois cents voiles. Elle portait une armée de trente mille hommes, commandée par l'élite de la noblesse du royaume, et à la tête de laquelle don Juan, fils du roi, devait faire ses premières armes. Un combat, dans lequel périrent deux mille Africains, mit les Portugais en possession d'une place importante. Cette victoire, qu'ils avaient achetée au prix de pertes considérables, leur ouvrit l'entrée de Tanger, dont les habitants s'étaient enfuis à la nouvelle de l'approche des chrétiens. Alphonse en laissa la garde à Rodrigue Merlo, et reprit triomphant la route de ses Etats.

Henri IV, roi de Castille, mourut en 1474. De Jeanne infante de Portugal, et sœur d'Alphonse, qu'il avait épousée après l'annulation de son premier mariage avec Blanche de Navarre, il avait eu une fille, qui s'appelait Jeanne du nom de sa mère ; mais, comme on le jugeait incapable d'avoir des enfants, cette princesse fut écartée du trône, et la couronne passa sur la tête d'Isabelle, sœur de Henri IV, et sur celle de son mari Ferdinand, fils de Jean II, qui avait hérité du trône de Navarre en 1425, par sa femme Blanche, fille de Charles III, et qui avait succédé en 1458 à Alphonse V, son frère, comme roi d'Aragon. Ferdinand, époux d'Isabelle, était lui-même de la maison de Castille, puisqu'il était petit-fils de l'infant Ferdinand, fils de Jean Ier. Le marquis de Villena se fit chef d'un parti qui engagea le roi de Portugal, Alphonse V, à épouser Jeanne, sa nièce, et à disputer le royaume de Castille à Ferdinand et à Isabelle. Il s'ensuivit une guerre, qui se termina, en 1476, par la victoire que Ferdinand remporta dans les champs de Toro sur son compétiteur. Le roi de Portugal renonça à épouser Jeanne, avec laquelle il était fiancé, et cette princesse entra, en 1480, dans un monastère, où elle se voua à la vie religieuse. Ferdinand et Isabelle n'avaient pas encore achevé de relever la monarchie de l'Etat de ruine dans lequel ils l'avaient trouvée, lorsqu'Aboul-Hassem fit, à la tête de trente-quatre mille hommes, une invasion en Murice en 1477. La nécessité de remédier aux désordres intérieurs, avant de porter aux infidèles les coups sous lesquels devait succomber leur puissance, laissa le champ libre au roi de Grenade pour dévaster le pays qu'il avait envahi. Quand Aboul-Hassem vit que la tranquillité commençait à se rétablir dans le royaume de Castille, et particulièrement en Andalousie, il envoya demander la paix à Ferdinand, qui lui fit dire qu'elle ne pouvait lui être accordée que quand il se serait soumis à l'hommage et au tribut dus à l'Espagne. L'orgueilleux musulman répondit que les rois auxquels ce tribut avait été imposé étaient morts, qu'on ne frappait plus de monnaie d'or ou d'argent à Grenade, et qu'on n'y fabriquait que des épées et des lances. Ferdinand eut la sagesse de remettre à un temps plus opportun le châtiment que méritait cet insolent défi. La mort de Jean II, roi d'Aragon et de Navarre, et père de Ferdinand, survenue en 1479, amena la réunion de la couronne d'Aragon à celle de Castille. Mais celle de Navarre passa sur la tête d'Éléonore, sœur de Ferdinand.

Quand Ferdinand et Isabelle, dont l'heureuse union consolidait celle de l'Aragon et de la Castille en une seule monarchie, la monarchie espagnole, eurent assuré la tranquillité intérieure et extérieure de leurs États, ils conçurent le saint projet d'expulser l'islamisme du sol de la péninsule ibérique. Les armes de leurs ancêtres, en rendant le royaume de Grenade feudataire et tributaire de la Castille, n'avaient fondé aucun rapport hiérarchique durable entre deux peuples que l'Évangile et le Coran placent dans des conditions de société religieuse, politique et civile, totalement incompatibles, dans des ordres de civilisation diamétralement opposés. La réponse d'Aboul-Hassem à la demande de paiement du tribut qu'il devait à Ferdinand exprimait parfaitement cette indélébile antipathie qui sépare le musulman du chrétien. C'était à l'arbitre des batailles qu'il fallait en appeler, pour terminer par le triomphe de la religion de Jésus-Christ une lutte ouverte par la victoire des sectateurs du faux prophète de la Mecque. La faiblesse des États chrétiens, qui résultait de leurs divisions, avait fait seule la force du royaume de Grenade; mais le temps était enfin venu de lui prouver que la cause de son existence avait cessé de subsister.

Quoique fortement trempée, la foi des Espagnols n'avait pas été sans recevoir quelques atteintes individuelles au contact des infidèles. L'apostasie était surtout devenue fréquente chez les juifs convertis. Le zèle pour le maintien intact de la vraie religion, dont Gonzalez de Mendoza, connu sous le nom de *cardinal d'Espagne*, et qui fut successivement archevêque de Séville et de Tolède, donna tant de preuves dans ces circonstances, le porta à seconder les vues de Ferdinand et d'Isabelle, lorsqu'ils résolurent de demander au pape l'autorisation d'établir le tribunal de l'Inquisition dans leurs Etats. La bulle d'institution fut accordée par Sixte IV en 1478, et le tribunal qu'elle permettait d'organiser concourut puissamment à purger l'Espagne de la peste musulmane. L'histoire écrite sous la dictée de la conspiration ourdie pour fonder l'empire du rationalisme, soi-disant philosophique, sur les ruines de la foi catholique, a présenté l'Inquisition sous un jour ténébreux, sur lequel nous ferons luire plus loin la lumière de la vérité.

Aboul-Hassem, qui sentait bien qu'il avait attiré sur sa tête l'orage dont elle était menacée, fit publier la guerre sacrée contre les chrétiens dans tous ses Etats, et réunit sous sa bannière une nombreuse armée. Au mépris de la trêve qui interdisait les hostilités, il fondit, à l'improviste, dans les premiers jours de l'année 1481, sur la ville de Zahara, qu'il savait dépourvue de moyens de résistance, et s'en rendit maître par une surprise nocturne. Les habitants qui échappèrent au massacre furent tous, hommes, femmes, enfants et vieillards, emmenés en esclavage. La ville fut ensuite mise dans un bon état de défense. Mais un devin prédit aux Maures que les ruines de Zahara retomberaient sur leurs têtes, et que la fin de leur empire était arrivée.

Le commencement de l'année suivante fut encore signalé par les attaques que les infidèles dirigèrent contre les places de Castellar et d'Olbera, sans pouvoir toutefois s'en emparer. Les armes castillanes devaient réprimer ces insultes. Une surprise nocturne, vengeresse de celle dont Zahara avait été victime, les mit, le dernier jour de février 1482, en possession de la citadelle d'Alhama, et leur ouvrit l'entrée de cette ville, qu'elles emportèrent d'assaut, au prix de beaucoup de sang répandu de part et d'autre. A la nouvelle de la prise d'Alhama, qui n'était qu'à huit lieues de Grenade, la consternation se répandit dans la capitale. Un témoignage de la désolation des Arabes existe dans leur poésie, et celle des Castillans a été, dans une des pièces les plus célèbres qu'aient recueillies les *Romanceros*, l'écho de cette complainte, dont l'effet fut tel que le roi de Grenade interdit de la chanter. La perte de cette ville tant regrettée fut imputée à la conduite d'Aboul-

Hassem. Dans la complainte que nous venons de mentionner, un vieux Maure dit au roi :

Si no se respetan leyes,
Es ley que todo se pierda,
Y que se pierda Granada,
Y que te pierdas en ella.

« Si on ne respecte pas les lois, il est juste que l'on perde tout, et que l'on perde Grenade, et que tu te perdes avec elle.

Aboul-Hassem marcha, pour reprendre Alhama, à la tête de 50,000 hommes d'infanterie, et de 3,000 cavaliers; mais il était parti si précipitamment qu'il n'avait pas emmené d'artillerie, et les troupes espagnoles qui s'étaient emparées de la place, la défendirent avec autant de succès que de courage. Henri de Guzman, duc de Medina-Sidonia, le marquis de Villena et don Rodrigue Giron, grand maître de Calatrava, accoururent au secours de la ville menacée, avec une infanterie de 40,000 hommes, et une cavalerie de 5,000, et les infidèles décampèrent. Ils furent ensuite repoussés dans une nouvelle tentative qu'ils avaient entreprise pour enlever aux chrétiens leur conquête, parce qu'ils savaient que la division s'était mise parmi eux, à l'occasion du partage du butin. Pendant ce temps, le roi et la reine de Castille étaient arrivés à Cordoue. Dans les avis qui furent émis au sein de leur conseil, sur la conduite des opérations de la guerre, il fut question d'évacuer Alhama, sous le prétexte que cette place, située au milieu du territoire musulman, était trop difficile à défendre. Mais Isabelle fit courageusement prévaloir l'opinion contraire. On résolut d'attaquer la forte place de Loxa, qui n'est pas éloignée d'Alhama ; 13,000 hommes furent réunis à Ecija pour cette expédition. Le roi Ferdinand visita Alhama, au mois d'avril de cette année 1482, et mena ensuite devant Loxa les troupes qui devaient l'assiéger. Mais elles n'étaient pas assez nombreuses, et après un combat dans lequel fut tué le grand maître de Calatrava, qui n'était âgé que de 24 ans, elles furent forcées de battre en retraite. Les Maures essayèrent de nouveau de reconquérir Alhama, mais Ferdinand alla lui-même mettre cette ville en état de leur résister ; de là il s'avança jusque sous les murs de Grenade, dont il ravagea la campagne. La discorde était alors dans cette capitale. Les Arabes et les Maures étaient divisés en tribus, qui se composaient des différentes branches d'une même famille. Des haines violentes et héréditaires séparaient les unes des autres la plupart de ces tribus. Les plus puissantes étaient celles des Abencerrages et des Zégris ; mais elles étaient extrêmement opposées l'une à l'autre. Celle des Zégris avait toujours soutenu le parti de la branche masculine de la famille royale, et celle des Abencerrages s'était dévouée à la cause de la branche rivale des descendants directs d'Alhamar. Aboul-Hassem avait répudié la reine Aïxa, fille d'un des plus illustres chefs de la tribu des Zégris, pour épouser une esclave espagnole, nommée Zoraïa, qui avait renié la foi chrétienne. A l'instigation de sa seconde femme, le roi fit égorger les enfants qu'il avait eus de la première, à l'exception de l'aîné, Mohammed-Abou-Abdallah, vulgairement appelé Boabdil, qui s'était évadé de sa prison, sous un déguisement de femme. L'intérêt qu'inspirait ce jeune prince, et la mobilité d'esprit des Maures lui firent de nombreux partisans. Les Zégris favorisèrent sa rentrée dans Grenade, d'où il s'était enfui. Il fut proclamé roi, et son père fut forcé de partager avec lui son autorité. Au milieu de cette anarchie, les infidèles ne négligeaient pas la lutte contre les chrétiens, et ils leur enlevèrent la ville de Cañete, qui fut reprise l'année suivante par le marquis de Cadiz.

A l'approche de l'hiver Ferdinand et Isabelle retournèrent à Madrid, et firent de grands préparatifs de guerre contre les musulmans. Le pape Sixte IV voulut s'associer à leur noble entreprise, en accordant l'indulgence de la croisade à tous les fidèles qui y participeraient de leur personne ou de leur argent. Il imposa dans le même but à l'Eglise d'Espagne une contribution de 100,000 ducats. L'année 1483 fut d'abord marquée par la défaite, dans les montagnes voisines de Malaga, d'un corps de troupes castillanes, qui s'était avancé jusqu'aux portes de cette ville, après avoir tenté en vain de reprendre Zahara,

400 seigneurs des plus nobles familles d'Espagne restèrent avec un nombre considérable de soldats sur le champ de ce combat, et les vainqueurs firent aussi beaucoup de prisonniers. Ce succès mit en grande réputation le gouverneur de Malaga, frère d'Aboul-Hassem, Abdallah-el-Zagal, que les Espagnols appelient Abohardil. Les querelles des Abencerrages et des Zégris transformèrent Grenade en une arène sanglante. Le vieux Aboul-Hassem fut obligé de se retirer à Malaga auprès de son frère. Mais, pendant cette guerre civile entre le père et le fils, les avantages remportés sur les chrétiens étaient un moyen de s'attirer la faveur populaire. Les lauriers cueillis par Abdallah-el-Zagal dans les montagnes de Malaga enflammèrent Boabdil du désir d'en conquérir de semblables. Il entra sur le territoire chrétien avec l'intention de se rendre maître de la riche et forte ville de Lucena, au mois d'avril 1483. Mais il fut complétement battu par les Espagnols, et demeura même prisonnier entre leurs mains. Les musulmans n'ignorèrent pas que Ferdinand, qui s'était empressé d'arriver à Cordoue à la nouvelle de la captivité de Boabdil, traitait ce prince avec courtoisie, et ce fut pour eux un motif de rappeler son père à Grenade et de le replacer sur le trône. Cette révolution fut l'œuvre des Abencerrages. Ferdinand entra lui-même en campagne à la tête de 46,000 combattants. Il détruisit les faubourgs d'Illora, prit et ruina Tajara, et porta le fer et la flamme dans la plaine de Grenade. Aboul-Hassem fit des propositions de paix qui ne pouvaient être admises, et Ferdinand répondit qu'il n'était pas venu pour recevoir la loi, mais pour la donner. On conseilla au roi d'Espagne de rendre la liberté à Boabdil, dont le retour à Grenade ne pouvait manquer de rallumer la discorde parmi les ennemis de la croix. Le jeune prince musulman livra son fils aîné en otage, avec douze fils des principaux chefs de son parti, pour garantie de la soumission à laquelle il s'engageait envers Ferdinand. Un tribut annuel de 12,000 écus lui fut imposé avec l'obligation de mettre en liberté, pendant cinq ans, 400 esclaves chrétiens. Il promit aussi de se rendre aux cortès, quand il en serait requis. A ces conditions, il lui fut permis de retourner parmi les siens. Au mois de septembre de cette même année, le marquis de Cadiz fit un grand carnage des infidèles près du Guadalète, et leur reprit Zahara. Les trésors de la mère de Boabdil, habilement répandus, et le zèle des Zégris pour sa cause lui ménagèrent une heureuse rentrée dans Grenade : il y fut proclamé roi. Une lutte sanglante entre ses partisans et ceux de son père s'engagea et dura toute une journée. Le combat allait recommencer le lendemain, lorsqu'un agent secret d'Abdallah-el-Zagal décida le peuple à placer sur le trône ce prince, qui était la terreur des chrétiens. Alnayar, que les historiens espagnols appellent Mousa, fils d'Aboul-Hassem et de Zoraïa, détermina son vieux père à abandonner la couronne pour terminer ses jours dans une tranquille retraite. Aboul-Hassem se retira avec sa famille et ses richesses à Illora. Abdallah-el-Zagal arriva de Malaga, et fut salué roi au milieu de l'enthousiasme des inconstants habitants de Grenade. Pour se débarrasser d'un rival que la versatilité des Maures pourrait encore lui opposer, il fit plus tard mettre à mort son malheureux frère. Ces événements se passèrent en 1484. Au mois de mai de cette même année, Ferdinand arriva en Andalousie pour prendre part à la nouvelle campagne qui se préparait. On assiégea Alora, ville située environ à moitié chemin d'Antequera à Malaga. Le canon abattit les murs de la place, qui se rendit aux Espagnols. La garde d'Alhama fut confiée aux chevaliers de Calatrava, et le roi alla dévaster la campagne de Grenade. A l'automne, les chrétiens durent encore à leur artillerie la prise de Septenil, forteresse voisine de Malaga; mais ils ne purent s'emparer de Ronda, dont les habitants se distinguaient par la férocité de leur courage. Quand vint l'hiver, le roi et la reine se réunirent à Séville. Ferdinand, à qui le repos était impossible en présence des ennemis de la foi, aurait voulu surprendre Loxa au milieu du mois de janvier 1485; mais il reconnut que ce projet était inexécutable. Différents renforts, dont le total s'élevait à 9,000 hommes de cavalerie et 20,000 d'infanterie, le mirent en état de poursuivre la guerre avec vigueur. Cohin, place voisine d'Alora, et Cartama, qui donne son nom à la vallée où elle est située, tombèrent en son pouvoir. Il profita, pour s'emparer de Ronda, de l'absence des défenseurs de cette ville, qui parcouraient les frontières chrétiennes pour recueillir du butin. Cazarabonela et Marbella furent aussi enlevées aux infidèles. L'épouvante se ré-

pandit parmi leurs tribus en proie à la division. Boabdil s'était réfugié à Alméria ; mais cette ville se souleva contre son autorité, massacra un de ses frères, et sa mère, qui était la principale cause des discordes de Grenade, demeura entre les mains des révoltés, qui traitaient le fils d'Aïxa de lâche renégat. Quoique les troupes espagnoles eussent un grand besoin de repos, le roi, qui leur donnait l'exemple d'une activité infatigable, marcha à l'automne vers Alcala la Réal. Un détachement conduit par le comte de Cabra s'avança imprudemment pour surprendre Abdallah-el-Zagal, et fut taillé en pièces. Le comte de Cabra perdit son frère dans cette rencontre, et n'y échappa lui-même que couvert de blessures et suivi seulement de quelques cavaliers. Le 23 septembre, Ferdinand se rendit maître des deux places de Cambil et d'Albahar, situées dans la province de Jaen, et peu éloignées l'une de l'autre. L'hiver vint suspendre les opérations.

Les Arabes et les Maures, dès qu'ils n'étaient pas occupés à résister aux chrétiens, s'entre-détruisaient dans une guerre civile perpétuelle. Le parti de Boabdil et celui de Zagal se livraient des combats journaliers, et cette lutte intestine épuisait les forces du royaume, sans que l'imminence de l'invasion étrangère pût calmer cette aveugle fureur. Un docteur de la loi musulmane parvint cependant à faire adopter la résolution d'un partage de la monarchie entre les deux compétiteurs. Il fut convenu que l'oncle régnerait sur Grenade, Alméria et Malaga, et le neveu sur le reste du territoire. Cet arrangement attribuait à Boabdil la partie du royaume qui était exposée aux premières attaques des chrétiens. En brisant, d'ailleurs, l'unité nationale, cette division du pouvoir devait accélérer la perte de l'empire mahométan. Les Espagnols mirent, au commencement de l'année 1486, le siége devant Loxa, qui appartenait à Boabdil. Quand l'artillerie eut fait une brèche aux murs de la place, les habitants se rendirent à condition d'être libres de se retirer, en emportant tout ce qu'ils possédaient. Boabdil vint au camp chrétien protester à genoux de sa fidélité à ses engagements de vassal, et déclarer que, s'il avait marché à la rencontre des troupes espagnoles pour les empêcher de s'approcher de la ville, c'est qu'il y avait été contraint par la nécessité. On feignit d'admettre ses excuses, afin d'entretenir la discorde parmi les infidèles. Ferdinand fortifia Loxa, et, se mettant en campagne, il se rendit maître d'Illora, de Zagra, de Moclin, qui était réputée imprenable, et de plusieurs autres places dans le voisinage de Grenade. L'effroi fut d'autant plus grand parmi les Maures, qu'ils avaient coutume d'appeler Illora l'œil droit et Moclin le bouclier de leur capitale. Quand le roi d'Espagne parut en vue de Grenade, dont il ravagea encore une fois les environs, Zagal, sans oser sortir lui même de la ville, parce qu'il craignait qu'elle ne se soulevât contre lui en son absence, envoya disputer aux Espagnols le passage du Xenil. Mais ses troupes furent battues. Cette campagne se termina au milieu de l'été, parce que des troubles survenus en Galice obligèrent Ferdinand à se rendre dans le nord de ses États. Le peuple inconstant de Grenade rappela Boabdil dans ses murs. Une lutte horrible s'engagea entre les partisans des deux rois, et la place de la grande mosquée fut inondée de sang musulman versé par des mains musulmanes. Ferdinand, à son retour à Cordoue, envoya à Boabdil un secours qui lui permit non-seulement de se défendre, mais même de prendre l'offensive contre son rival. Le roi d'Espagne résolut de soumettre Malaga, par où les infidèles d'Afrique pouvaient venir en aide à ceux de Grenade. Il partit de Cordoue, le 7 avril 1487, à la tête de 12,000 hommes de cavalerie et de 40,000 fantassins. Il mit d'abord le siége devant Velez. Zagal s'empressa de marcher à la défense de Malaga, qui, depuis la prise d'Algéziras par les chrétiens, était devenue l'entrepôt du commerce des musulmans entre l'Afrique et l'Europe, et la première ville du royaume après la capitale. Mais les infidèles furent complétement défaits par les Espagnols, et Velez capitula le 27 avril. Ferdinand investit Malaga le 15 de mai. La reine Isabelle vint rejoindre son mari, et partagea les fatigues et même les périls des soldats. Le hasard lui fournit l'occasion de préserver d'un attentat la vie de son royal époux. Un Arabe, dont l'histoire n'a pas conservé le nom, mais qui avait une réputation de sainteté parmi les siens, s'était engagé par serment à poignarder ce monarque : il se présenta comme transfuge à l'entrée du camp, et demanda à être conduit devant le roi, prétendant qu'il avait une révélation importante à lui faire. Ferdinand faisait alors la sieste. Isabelle ne voulut pas permettre qu'on l'éveillât, et fit retenir le soi-disant transfuge dans la tente du marquis de Moya, où don Alvaro de Portugal causait alors avec la marquise de Bovadilla. L'assassin, trompé par la magnificence des vêtements de don Alvaro, le prit pour le roi et s'élança sur lui le fer à la main. Celui-ci évita le coup en se baissant, et l'Arabe fut pris et tué par les personnes qui accoururent au bruit de cet événement. Les sorties de l'ennemi furent vigoureusement repoussées. Deux navires chargés de munitions de guerre arrivèrent de Flandre, d'où Maximilien, qui devint bientôt après empereur d'Allemagne, les avait envoyés au roi d'Espagne. Les musulmans africains qui se trouvaient dans Malaga voulurent défendre la place à outrance ; mais un habitant, voyant qu'elle serait infailliblement prise, traita avec Ferdinand, et lui en livra l'entrée. Les Espagnols en prirent possession le 18 août. Un immense butin fut le prix de cette conquête, qui remplit de joie tous les cœurs chrétiens, depuis le détroit de Gibraltar jusqu'aux cimes des Pyrénées. Dans toutes les villes que le roi replaçait sous son sceptre, les infidèles étaient laissés libres de vivre sous sa loi, ou de se retirer sur une terre soumise au croissant. Quand Zagal retourna à Grenade, après sa défaite, les portes lui en furent fermées, et le parti de son rival prévalut dans la capitale. Mais les Maures ne tardèrent pas à reprendre leurs préventions contre Boabdil, qu'ils considéraient comme un mauvais musulman. Les forces de Zagal étaient, d'ailleurs, supérieures à celles de son neveu : il possédait Guadix, Alméria et Baza avec tout le pays de Grenade à la mer. Les ressources que lui fournissaient ces contrées étaient d'autant plus grandes que les dévastations de la guerre ne les avaient pas encore atteintes. La peste, qui affligeait depuis deux ans l'Andalousie, contrariait un peu les projets de Ferdinand. Ce prince se rendit maître sans difficulté, en 1488, de Vera, ville située sur le bord de la mer, de Muxacra, de Velez le blanc et de Velez le rouge et de plusieurs autres places. Il se dirigea de là vers Alméria. Zagal accourut à la défense de cette ville avec 1,000 cavaliers et 20,000 fantassins. Il évita d'en venir à une bataille avec les chrétiens, et se borna à les harceler dans des escarmouches où il leur tua beaucoup de monde. Le roi d'Espagne, voyant les rangs de son armée s'éclaircir ainsi, la reconduisit à Murcie par Huescar. Les habitants de Gausin, place voisine de Ronda, massacrèrent la garnison espagnole. Mais le marquis de Cadix et le comte de Cifuentes reprirent cette ville, et, en punition de la trahison de ses habitants, les passèrent tous au fil de l'épée.

Ferdinand et Isabelle, sans négliger les autres soins de la royauté, donnaient leur principale attention à la guerre contre les infidèles : ils arrivèrent à Jaen au printemps de l'année 1489, et y passèrent en revue une armée d'élite de 12,000 hommes de cavalerie et de 50,000 hommes d'infanterie. Le siége de Baza occupa cette armée depuis le commencement de juin jusqu'au 4 décembre, que le roi et la reine y firent leur entrée. Il fallut toute la constance de Ferdinand pour qu'on ne renonçât pas à l'attaque d'une ville capable d'une si longue résistance ; mais la prise de Baza entraîna la reddition des deux importantes places de Guadix et d'Alméria. La forteresse d'Almuñecar, où les rois de Grenade enfermaient ordinairement leurs trésors, tomba aussi au pouvoir des Espagnols. Ces victoires furent achetées par la perte de 20,000 hommes, dont trois mille seulement avaient succombé sous le fer ennemi. Le reste avait été la proie des maladies. Le défenseur de Baza fit comprendre à Zagal que la lutte était désormais inégale entre les musulmans et les chrétiens. *Je ne le vois que trop*, répondit le prince infidèle avec l'accent d'une profonde douleur : *la perte de Grenade est inévitable. Si cet empire, jadis si florissant, avait pu être sauvé, il l'aurait été par ton épée ; mais il s'éteindra dans les convulsions de sa longue agonie : tel est l'ordre du destin. Plions donc sous le joug de nos superbes ennemis ; acceptons-les pour maîtres.* Zagal se rendit aussitôt auprès de Ferdinand, qui l'accueillit avec courtoisie, et qui lui assigna pour séjour la ville de Fandarax, dans les montagnes de Grenade, avec des terres qui produisaient 10,000 ducats de rente. Le roi détrôné vendit ensuite ces terres au roi d'Espagne, pour aller ensevelir sa honte en Afrique. Les Arabes et les Maures des contrées conquises par les Espagnols furent laissés en possession de leurs biens ; mais il leur était interdit de porter des armes et de demeurer dans les villes; ils n'en pouvaient habiter que les faubourgs. Ces événements étaient si extraordinaires, disent les auteurs arabes, que ceux qui en étaient témoins, musulmans et chrétiens, croyaient que c'étaient des songes. Le roi et la reine d'Espagne reprirent le chemin de Séville à la fin de décembre.

Le gardien des Saints Lieux à Jérusalem, qui était un religieux de l'ordre de Saint-François, vint en Espagne déclarer au roi, de la part du sultan d'Egypte, que, si la guerre entreprise contre les Maures se poursuivait, l'ordre serait donné de massacrer tous les chrétiens placés sous la domination égyptienne. Cette menace n'arrêta pas Ferdinand ; mais quand il eut conquis Grenade, il envoya un ambassadeur au sultan pour lui expliquer comment les choses s'étaient passées. Le roi avait promis à Boabdil de ne rien entreprendre contre lui ; mais les habitants de Grenade fournirent eux-mêmes au monarque espagnol une occasion de les attaquer : ils tenaient leur roi, qui, comme vassal de Ferdinand, avait droit à sa protection, enfermé dans son palais, et, sans se contenter de le priver de sa liberté, ils voulaient encore lui ôter la vie. Ferdinand leur fit dire que, s'ils consentaient à déposer les armes, ils seraient traités avec la même mansuétude que la population des autres villes, qui s'étaient rendues volontairement. Il ravagea ensuite, sous leurs yeux, toute la campagne de Grenade. L'infant don Juan accompagnait son père, qui l'arma chevalier, en 1490, devant les murs de la ville, dont la conquête était évidemment prochaine. Après la retraite des troupes espagnoles, Boabdil, pour se rendre populaire sans doute, se déclara ouvertement l'ennemi des chrétiens. Il marcha contre la forteresse d'Alhendin où Ferdinand avait laissé une garnison, s'en empara et la détruisit. Il tenta aussi de s'emparer de Salobreña, mais il fut forcé de renoncer à cette entreprise. Le roi d'Espagne revint aussitôt détruire les récoltes d'automne dans tous les environs de Grenade Il passa l'hiver à Séville avec la reine; il reprit ensuite les armes au printemps, et mit le siége devant Grenade le 23 avril 1491. Son camp était établi auprès de Guetar, village situé à une lieue et demie de la ville. A la revue que fit le roi de ses troupes, il trouva qu'elles s'élevaient à 10,000 hommes de cavalerie et à 40,000 hommes d'infanterie; c'était l'élite de l'armée espagnole. La garnison de la ville se composait de tous les soldats aguerris qui avaient survécu aux campagnes précédentes. Par sa position et par la force de ses murailles, garnies de 1,030 tours, Grenade semblait inexpugnable. Elle est assise en partie sur un terrain plat, en partie sur deux collines que sépare le Darro, qui, en sortant de la ville, se jette dans le Xenil. L'Alhambra, vaste palais des rois, domine tous les autres édifices de la cité des Maures. Il fut, avant la prise de Grenade, le théâtre du massacre des Abencerrages que Boabdil aurait fait exécuter par les Zégris. Mais les inventions de la poésie ont vraisemblablement une plus grande part que l'histoire dans le récit de cette tragédie. Comme le roi avait résolu de ne pas lever le siége sans se rendre maître de Grenade, la reine Isabelle vint, avec ses enfants, se réunir à son mari. Après un incendie qui avait commencé par la tente de la reine, et dont les assiégés ne surent pas profiter pour attaquer leur ennemi, le camp se transforma en une ville qu'on baptisa du nom de Santa-Fé, digne de la piété de la grande Isabelle. Cette ville subsiste encore aujourd'hui. Pendant la durée du siége, le roi ne cessa de faire dévaster toutes les campagnes des environs de la capitale. Les infidèles furent battus dans les sorties qu'ils tentèrent ; ils n'avaient qu'un seul guerrier incapable de découragement : c'était Mousa-ben-Abil, fils ou neveu du chef d'une tribu maure. Ils reconnurent enfin qu'il ne leur restait plus d'autre ressource que de tâcher d'obtenir une capitulation. Aboul-Cacim-Muleh, gouverneur de la place, se rendit au camp chrétien. Gonzalve de Cordoue, qui a rendu son nom si célèbre, et Fernand Zafra, secrétaire du roi, furent désignés pour traiter avec le gouverneur de Grenade. Une capitulation écrite fut arrêtée le 25 novembre. Les infidèles s'engageaient à livrer la ville dans 60 jours, à se reconnaître par serment les vassaux du roi d'Espagne, à mettre en liberté tous les esclaves chrétiens qui étaient entre leurs mains, et à donner en otage 1,500 enfants des premières familles du royaume. Ils devaient conserver leurs armes, excepté leur artillerie, leurs mosquées avec le libre exercice de leur religion, et se gouverner conformément à leurs lois, sans augmentation du tribut qui leur avait été précédemment imposé. Ceux qui voudraient passer en Afrique y seraient transportés des ports où ils désireraient s'embarquer. Mais un iman fanatique appela, par ses prédications, les Arabes et les Maures à préférer la mort à la servitude, et 20,000 hommes se rassemblèrent à sa voix, demandant un chef pour les conduire contre les Espagnols. Boabdil, qui s'était renfermé dans l'Alhambra, s'empressa d'écrire à Ferdinand, en lui envoyant deux chevaux de pure race et un cimeterre, pour l'inviter à venir au plus vite mettre un terme à l'agitation populaire, ajoutant qu'il était prêt, puisque telle était la volonté de Dieu, à lui livrer sa capitale et son royaume. Ferdinand reçut la lettre de Boabdil le 1er janvier 1492. Le lendemain, il prit possession de la ville, en grande pompe, à la tête de son armée. Quand le cortége royal s'approcha de l'Alhambra, Boabdil s'avança à la rencontre du roi d'Espagne, accompagné de 50 cavaliers. Il voulait descendre de cheval pour baiser la main du vainqueur ; mais celui-ci ne le souffrit pas. Le prince des infidèles présenta ensuite les clefs du château à Ferdinand, en lui disant, les yeux baissés et avec une profonde émotion : *Roi invincible, reçois ces marques de notre soumission. Nous te remettons cette ville et ce royaume, avec la confiance que tu useras envers nous de clémence et de douceur.* Le roi donna les clefs à la reine, qui les passa à son fils, l'infant don Juan, de qui les reçut le comte de Tendilla, déjà nommé capitaine général du royaume conquis. On arbora, sur la plus haute tour de l'Alhambra, le signe sacré de notre Rédemption, avec l'étendard royal et celui de Saint-Jacques. Un immense cri d'enthousiasme retentit dans tous les rangs de l'armée. Quatre jours après, le 6 janvier, le roi et la reine firent leur entrée solennelle dans la ville, et allèrent à la grande mosquée, qui venait d'être consacrée à Dieu, rendre grâces à l'arbitre du sort des empires d'avoir mis fin à celui de l'islamisme dans la péninsule hispanique. On avait assigné pour demeure à Boabdil la vallée de Purchena, dans le royaume de Murcie, avec un revenu convenable pour les besoins de son existence. Quand le dernier roi de Grenade s'éloigna de la ville qui avait été le siége de sa puissance, il s'arrêta au sommet du mont Padul, et, contemplant ce beau pays qu'il abandonnait pour toujours, il ne put s'empêcher de verser des larmes. *Pleure*, lui dit sa mère qui l'accompagnait, *pleure comme une femme le royaume que tu n'as pas su défendre comme un homme.*

Le soleil n'éclaira jamais une plus belle lutte que celle de ce duel d'environ huit siècles entre le christianisme et le mahométisme, dans lequel les descendants de Pélage et de ses vaillants compagnons combattirent, avec un courage inébranlable, pour ce qu'il y a de plus saint et de plus sacré au ciel et sur la terre, pour ce que les hommes ont de plus cher, pour Dieu, pour la religion et pour la patrie. Le culte vivifiant et essentiellement social du sacrifice et du dévouement vit la victoire couronner ses efforts persévérants, et la croyance à l'orgueil et à la volupté fut expulsée de la terre chrétienne qu'elle avait envahie. On n'a pas assez remarqué que, si les musulmans ont fait preuve en Espagne de quelques progrès dans la véritable civilisation, c'est au contact d'un peuple formé à l'école des divins préceptes révélés au monde par Jésus-Christ, que les mœurs des sectateurs de Mahomet se sont polies, que leurs cœurs se sont adoucis, et que leurs esprits se sont éclairés. L'Europe entière applaudit à la destruction de l'empire de Grenade.

Le titre de *roi catholique*, qu'avaient porté Récarède, auteur de la conversion des Goths de l'arianisme à la foi de l'Eglise, et le glorieux Alphonse Ier, fut accordé à Ferdinand par Innocent VIII, qui siégeait alors sur la chaire de Saint-Pierre. La concession de ce titre fut confirmée par un nouveau bref d'Alexandre VI, successeur d'Innocent VIII, et les rois d'Espagne l'ont toujours conservé depuis cette époque comme un noble souvenir de la conquête qui honore le plus leur couronne

Boabdil espéra qu'en passant en Afrique, il se débarrasserait du souvenir importun de sa grandeur passée, qui se présentait sans cesse à son esprit. Ferdinand acheta, au prix de 800,000 ducats, les terres qui avaient été assignées au roi déchu, et ce prince, qui n'avait pas su mourir pour la défense de son trône, périt dans un obscur combat sur la terre étrangère, dans le royaume de Fez, où il s'était retiré. Une multitude de Maures avaient suivi Boabdil dans sa retraite, au delà du détroit de Gibraltar. « Ces familles, dit avec vérité Chateaubriand, dans les *Aventures du dernier Abencerrage*, portèrent dans leur patrie nouvelle le souvenir de leur ancienne patrie. Le *paradis de Grenade* vivait toujours dans leur mémoire ; les mères en redisaient le nom aux enfants qui suçaient encore la mamelle. Elles les berçaient avec les romances des Zégris et des Abencerrages. Tous les cinq jours on priait dans la mosquée en se tournant vers Grenade. On invoquait Allah, afin qu'il rendît à ses élus cette terre de délices. En vain le pays des Lotophages offrait aux exilés ses fruits, ses eaux, sa verdure, son brillant soleil : loin des *tours vermeilles* (tours d'un palais de Grenade), il n'y avait ni fruits agréables, ni fontaine limpide, ni fraîche verdure, ni soleil digne d'être regardé. Si l'on montrait à quelque banni les plaines de la Bagrada, il secouait la tête et s'écriait en soupirant : *Grenade !* »

Le pape Alexandre VI érigea Grenade en archevêché, et le savant et pieux évêque d'Avila, Fernand de Talavera, confesseur de la reine, fut le premier pasteur de ce nouveau troupeau. On lui adjoignit, pour coopérateur dans la grande œuvre de la conversion des infidèles, François Ximenez de Cisneros, religieux de l'ordre de Saint-François, qui l'avait remplacé dans la direction de la conscience de la reine, et qui fut élevé sur le siége archiépiscopal de Tolède. Ces deux hommes éminents allièrent les moyens de la persuasion à ceux d'une nécessaire rigueur, et quelques succès furent le prix de leur zèle éclairé. Deux fils de Boabdil et de Zoraïa, l'esclave espagnole qu'avait épousée le dernier roi des Maures, abjurèrent l'islamisme pour embrasser la foi chrétienne, et furent baptisés, l'un sous le nom de Fernand, et l'autre sous celui de Juan. Leur mère se repentit de son apostasie et rentra dans le sein de l'Eglise sous le nom d'Isabelle. 3,000 infidèles reçurent le baptême. Mais ce premier mouvement de conversion rencontra un obstacle insurmontable dans l'attachement séculaire des Maures au culte imaginé par Mahomet pour enchaîner l'homme dans les liens des sens. Une rébellion éclata dans un quartier de Grenade. Le comte de Tendilla la réprima, et le roi fit offrir à tous ceux qui y avaient pris part le pardon de leur faute, s'ils voulaient la réparer en devenant chrétiens. Tous les habitants du quartier qui s'était soulevé acceptèrent cette condition, et leurs mosquées furent changées en églises. Un autre quartier de la ville se convertit à cet exemple, et 50,000 âmes renoncèrent à l'erreur musulmane. Mais le bruit se répandit, parmi les Maures réfugiés dans les Alpuxarras, qu'on viendrait leur imposer le baptême par la violence dans leurs montagnes, et ils se révoltèrent. Ceux de Huejar coururent aux armes les premiers. Le comte de Tendilla et Gonsalve de Cordoue entrèrent de vive force dans cette ville. Mais l'insurrection se propagea dans les montagnes. Il importait d'étouffer dans son principe un incendie qui éclatait sur une côte d'Espagne si voisine de celle d'Afrique. Le roi en reçut la nouvelle dans les premiers jours de l'année 1500. Il accourut aussitôt à Grenade, forma une armée des meilleurs troupes qu'il y avait en Andalousie, et entra en campagne le 1er mars. Les Maures lui opposèrent en vain une résistance obstinée : il les obligea par la force à implorer sa miséricorde. Ils livrèrent leurs armes avec les places dont ils s'étaient emparées, et payèrent 50,000 ducats. La plupart de ceux des Alpuxarras, d'Alméria, de Baza et de Guadix demandèrent à recevoir le baptême. Mais, comme les prédicateurs qu'on leur envoya pour les instruire étaient accompagnés de soldats chargés de les faire respecter, le bruit courut de nouveau qu'on imposait le christianisme aux infidèles par la violence, et ceux de la partie la plus inaccessible des Alpuxarras se soulevèrent encore une fois l'hiver suivant. Il fallut emporter d'assaut Belefique, qui était leur principal refuge, et ils furent forcés de livrer leurs armes. Les soins que l'on apporta à les convertir en amenèrent plus de 10,000 à recevoir le baptême ; mais ceux des montagnes de Ronda se révoltèrent à leur tour. Les plus intraitables parmi eux étaient les Maures de Barbarie. Retirés dans la partie la plus ardue de la montagne, ils furent difficiles à réduire, et plusieurs braves guerriers succombèrent dans les combats qu'on leur livra. Le roi vint lui-même à Ronda pour presser la fin de cette guerre, qui inquiétait toute l'Espagne. Quand les Maures virent qu'ils ne pouvaient plus résister, une partie demanda à passer en Afrique, et s'embarqua à Estepona ; mais le plus grand nombre préféra le baptême à l'exil. Mariana assure que ceux qui restèrent ne valaient pas mieux que ceux qui partirent, et qu'ils ne s'amendèrent pas en devenant chrétiens.

La destruction de la puissance mahométane en Espagne ne pouvait être consommée que par l'expulsion des Juifs, les fidèles alliés des musulmans et leurs espions au milieu des chrétiens. Un témoignage espagnol fournit la preuve que par les richesses et par l'influence dont jouissaient les Juifs, et par leurs alliances avec les familles les plus illustres et les plus distinguées de la monarchie, ils étaient véritablement une nation renfermée dans une autre nation, *un pueblo incluido en otro pueblo*. Ne découvrit-on pas à Tolède, en 1485, une conspiration, dont le but n'était rien moins que de s'emparer de la ville, le jour de la Fête-Dieu, et de massacrer tous les chrétiens ? Ferdinand et Isabelle ne crurent pas acheter trop cher la tranquillité, fondée sur l'intégrité de la foi catholique parmi leurs sujets, dont ils dotèrent leur pays, en adoptant une résolution qui, au rapport de Ferréras, ne diminua d'ailleurs que de cent mille âmes la population de leurs Etats. Les Juifs emportèrent avec eux leurs immenses richesses, et le dommage matériel causé à l'Espagne par leur bannissement a été reproché au gouvernement de l'illustre couple royal, par les écrivains de l'école dont le chef a cependant été forcé de proclamer les fruits de la ferme et habile politique de ce glorieux règne. « Il n'y eut en Espagne, a dit Voltaire (*Essai sur l'Histoire générale*) pendant le XVIe et le XVIIe siècles, aucune de ces révolutions sanglantes, de ces conspirations, de ces châtiments cruels, qu'on voyait dans les autres cours de l'Europe. Ni le duc de Lerme, ni le comte Olivarez ne répandirent le sang de leurs ennemis sur les échafauds. Les rois n'y furent point assassinés comme en France, et n'y périrent point de la main du bourreau comme en Angleterre. » L'édit d'expulsion des Juifs fut rendu à Cordoue, au mois de mars de l'année 1492. Un délai de quatre mois leur fut donné pour sortir du royaume. Thomas de Torquemada, premier inquisiteur général, concourut à l'exécution de cette haute mesure de salut public, en interdisant aux fidèles, après ce délai, tout commerce avec les Juifs.

Le génie de l'archevêque de Tolède, qui eut une part si considérable dans tout ce qui se fit de grand à cette époque, comprit qu'il ne suffisait pas à la sécurité de la Péninsule que le drapeau de l'islamisme eût été abattu en Espagne, mais que le temps était venu, après le succès d'une attitude défensive de huit siècles, de prendre l'offensive envers les ennemis de la croix. Ximenez contribua, de ses propres deniers, à leur faire la guerre en Afrique, et à transporter sur ce terrain la lutte entre le christianisme et le mahométisme. C'était la déclarer terminée en Espagne.

Les Maures, plus ou moins bien convertis au christianisme, qui étaient restés dans la Péninsule, furent appelés Morisques, *Moriscos* en espagnol. Ils conservaient encore, dans la seconde moitié du XVIe siècle, des coutumes, des usages et des superstitions, qui perpétuaient chez eux l'esprit musulman. Leur fusion définitive dans l'unité nationale du peuple espagnol dépendait de l'abolition de ces dangereuses traditions. L'œil vigilant de Philippe II ne manqua pas de reconnaître la nécessité d'effacer les derniers vestiges de l'empreinte mahométane. L'interdiction de toutes les pratiques qui entretenaient les Morisques dans les habitudes dont il importait de déraciner les principes de leurs esprits et de leurs cœurs leur fut imposée. Blessés dans les préjugés qu'ils avaient sucés avec le lait dont leurs mères les avaient nourris, ils se révoltèrent en 1568, et se donnèrent un chef qu'ils proclamèrent roi de Grenade et de Cordoue. Mais le marquis de Mondejar, gouverneur de la province, déjoua leurs audacieux projets, et leur fit éprouver sept défaites. Refoulés dans les Alpuxarras, ils attribuèrent leurs revers à l'incapacité de leur chef, et ils l'égorgèrent. La révolte se prolongea pendant deux ans. Muley, nouveau chef de l'insurrection, sollicita secrètement l'assistance des musulmans d'Afrique et celle des Turcs. Don Juan d'Autriche, fils naturel de Charles-Quint, qui avait été investi de pouvoirs illimités pour pacifier la contrée insurgée, eut connaissance de ces menées, et il y mit un terme en écrasant la rébellion. Pour l'empêcher de renaître, les Morisques furent dispersés dans différentes parties de l'Espagne. Mais leur incurable attachement aux pratiques superstitieuses de leurs pères, leur invincible penchant à incliner vers l'islamisme, et les intelligences occultes qu'ils ne cessaient d'entretenir avec les musulmans d'Afrique, et même d'Asie, les rendaient justement suspects au gouvernement du roi d'Espagne, dont la vigilance s'était imposé pour premier devoir la conservation de la pureté intacte de la religion catholique. Le duc de Lerme, ministre de Philippe III, jugea, d'accord avec les archevêques de Tolède et de Valence, que ce n'était que par l'expulsion définitive des derniers débris de l'islamisme que le germe en pouvait être extirpé du sol espagnol, et que cette mesure seule pouvait débarrasser le royaume de la dangereuse présence de chrétiens douteux et de sujets antipathiques à toutes les institutions nationales. Le roi partagea cette opinion, qui avait été le résultat d'un mûr examen de la situation des choses, et l'édit d'expulsion fut prononcé le 11 septembre 1609. Il autorisait les Morisques à vendre tout ce qu'ils possédaient et à en emporter la valeur. Nous répéterons ici l'observation que nous avons déjà eu occasion de faire. Au point de vue d'une politique qui n'aurait considéré que les intérêts matériels du pays, le salut de la religion et de la monarchie n'aurait pas dû être préféré aux dommages que l'agriculture, le commerce et l'industrie allaient recevoir de l'atteinte portée à la population par le départ de neuf cent mille âmes. Mais la France et toutes les nations où a prévalu l'insouciance des intérêts religieux et moraux, fondements réels de la société, recueillent aujourd'hui les fruits amers des tendances gouvernementales qui ont leur point de départ dans le rationalisme, dont le XVIe siècle a inauguré le règne ; et, au milieu de l'ébranlement général de la civilisation chrétienne, l'Espagne, en dépit de l'influence exercée sur elle par le protestantisme anglais et par le philosophisme français, est encore, de toutes les nations européennes, celle qui conserve l'attitude la plus ferme.

Nous avons promis de revenir sur la part qu'a prise l'Inquisition à la délivrance de l'Espagne, lorsqu'elle s'est affranchie des périls que l'islamisme vaincu par les armes n'en perpétuait pas moins dans son sein. L'ignorance a été si bien exploitée par la mauvaise foi, à l'égard de cette grande institution, qu'on peut dire :

Beaucoup en ont parlé, mais peu l'ont bien connue

Les bornes qui nous renferment dans le sujet de cette *Introduction* nous interdisent d'entrer ici dans un examen général des imputations calomnieuses par lesquelles, le philosophisme a présenté l'inquisition sous un aspect odieux aux lecteurs de ses déclamations. Nous devons nous borner à montrer que l'histoire d'Espagne, gravement étudiée, rend des services que ce pays a reçus de cette grande institution, un témoignage qui dément complétement les accusations des écrivains dont le mépris de la vérité est le principal moyen de succès auprès des ignorants. Un ouvrage écrit de nos jours par un prêtre espagnol qui avait mérité d'être destitué de la charge de secrétaire général de l'Inquisition, et et qui fut ensuite banni de sa patrie, l'*Histoire de l'Inquisition d'Espagne*, publiée à Paris par Llorente, appartient à cette école, dont l'unique but est d'exciter les passions impies contre la foi, mère de la civilisation chrétienne. Un tel livre ne doit pas être pris au sérieux dans la recherche consciencieuse des documents qui peuvent faire connaître ce que fut réellement l'Inquisition en Espagne. Un autre écrivain espagnol de même acabit, mort en exil à Londres, Antonio Puigblanch, a pris le voile pseudonyme pour livrer à la publicité, sous le nom de Natanaël Jomtob, et sous le titre *La Inquisicion sin mascara*, l'*Inquisition dévoilée*, une autre diatribe dont chaque page trahit les instincts irréligieux de l'auteur.

L'origine de l'institution que Ferdinand et Isabelle obtinrent du pape Sixte IV l'autorisation d'établir dans leurs Etats en 1478, et qui y fut définitivement organisée par le dominicain Thomas de Torquemada, premier inquisiteur général, remonte au concile de Vérone, où le pape Luce III fit, de concert avec l'empereur d'Allemagne, Frédéric Barberousse, une constitution contre les hérétiques, d'après laquelle l'Eglise devait employer à leur égard les peines spirituelles, et l'empereur, les seigneurs et les magistrats les peines temporelles. Voilà quelle fut toujours, conformément à sa fondation, la manière de procéder de l'inquisition. On voit que le philosophisme a sciemment commis une iniquité patente, puisqu'il ne pouvait ignorer cette distinction entre les jugements du tribunal du Saint-Office, qui atteignaient spirituellement l'hérésie, et ceux de la justice séculière, qui frappaient les coupables, lorsqu'il a imputé à l'Eglise les condamnations à mort pour lesquelles le tribunal qui prononçait cette peine ne faisait qu'user du droit qui arme les tribunaux, chez tous les peuples de la terre, de la loi protectrice suprême des sociétés. Il lui a fallu des lecteurs élevés à son école, pour qu'il pût leur faire croire que l'Inquisition dérogeait à la maxime essentielle de la religion de charité révélée par Jésus-Christ : *L'Eglise abhorre le sang.* Un témoignage espagnol nous apprend que les inquisiteurs n'*opposaient à l'hérésie d'autres armes que la prière, la patience et l'instruction.* Un savant écrivain allemand, M. Hefele, professeur à l'université de Tubingue, constate, dans les termes qu'on va lire, l'exactitude de cette assertion : « Les souverains espagnols ne pensèrent point qu'ils violeraient leur parole en donnant aux deux évêques les plus vertueux de leurs Etats, à Ximenez et à Talavera, la mission de gagner les Maures au christianisme par la persuasion et l'instruction. Que l'on accordât aux convertis des avantages civils et matériels extraordinaires, les Maures de vieille roche pouvaient le regretter; mais, certes, ce fait ne constituait d'aucune manière une violation du traité fait avec eux. » Llorente est forcé de reconnaître que Ximenez s'occupa avec un zèle éclairé d'instruire les convertis. Mais les infidèles eux-mêmes ont rendu justice à l'inquisition. Les Morisques de Castille et de Léon, dans une déclaration adressée au grand inquisiteur Manrique, quatrième successeur de Torquemada, s'expriment ainsi : « Tous vos prédécesseurs nous ont constamment traités avec équité et pris sous leur protection. » Llorente avoue lui-même que Manrique usa à son tour d'une telle douceur envers les Morisques, qu'à la faveur de cette tolérance la plupart de ceux de Grenade abandonnèrent la foi chrétienne. On fut obligé d'établir un tribunal de l'Inquisition dans cette ville ; mais on n'en continua pas moins à traiter les relaps avec bonté : le pape Clément VII appliqua sa sollicitude à les faire instruire. Charles-Quint ne voulut pas que les biens des apostats fussent confisqués, et il ne permit pas de livrer au bras séculier ceux qui avaient encouru la peine capitale ou tout autre châtiment. Sous Philippe II, le même régime d'indulgence se perpétua; et il n'y eut pas, sous le règne de ce prince, que le protestantisme n'a représenté comme un tyran barbare que parce qu'il l'empêcha de pénétrer en Espagne, une seule application de la peine capitale pour cause d'apostasie. Ce fut la nouvelle révolte de 1568 qui obligea le gouvernement espagnol à prendre des mesures plus sévères. « Après cela, dit encore le professeur allemand que nous venons de citer, les papes cherchèrent encore à gagner les Morisques par la douceur ; mais cette bienveillante intervention fut si peu suivie d'une conversion sincère et durable, qu'au contraire, par des soulèvements nouveaux, par des alliances avec les Maures d'Afrique, etc., ils amenèrent eux-mêmes leur expulsion totale de l'Espagne, sous Philippe III, en 1609. Déjà un roi de France, le pénétrant François Ier, avait donné ce conseil à Charles-Quint. »

Ce qui caractérisait enfin le tribunal de l'Inquisition, c'est qu'il était le seul au monde qui absolvait le coupable, lorsqu'il se repentait et confessait son repentir. « Dès ce moment, comme l'a si bien dit M. de Maistre, dans ses *Lettres à un gentilhomme russe*, le délit se changeait en *péché* et le *supplice* en *pénitence.* » L'auteur de l'ouvrage remarquable intitulé : *Le Tableau de l'Espagne moderne*, M. Bourgoing, dont on a fait observer avec raison que les opinions religieuses ne pouvaient pas être suspectées d'exagération lorsqu'il écrivait ce livre, y a jugé, dans notre siècle, le tribunal du Saint-Office en ces termes : « J'avouerai, pour rendre hommage à la vérité, que l'Inquisition pourrait être citée de nos jours comme un modèle d'équité. »

Quand il s'agissait d'un coupable relaps, que les inquisiteurs étaient obligés d'abandonner aux magistrats séculiers, ils terminaient leur déclaration de culpabilité d'hérésie en appelant l'indulgence sur la tête du coupable : « Nous prions, disaient-ils, et nous chargeons très-affectueusement les juges, du mieux que nous le pouvons justement, d'en agir à son égard avec bénignité et commisération. » *a los quales rogamos y encargamos muy afectuosamente, como de derecho mejor podemos, se hayan benigna y piedosamente con el,*

Les adversaires passionnés de l'Inquisition ont eu bien soin de ne pas faire observer que les tribunaux du Saint-Office ne procédèrent jamais ni contre les Maures demeurés musulmans, mais contre les Maures convertis et relaps; ni contre les Juifs, mais contre les judaïsants ; c'est-à-dire contre ceux qui, après avoir embrassé le christianisme, retombaient dans leurs erreurs, et joignaient le sacrilége à l'apostasie, par la profession extérieure d'une croyance qu'ils détestaient en secret et qu'ils profanaient par l'exercice de leur ancienne religion.

Il suffit d'avoir quelque connaissance de la langue et de l'histoire espagnole, pour savoir que ni l'antiquité grecque et latine, ni les littératures chrétiennes ne possèdent un ouvrage auquel ne soit avantageusement comparable celui dans lequel Mariana a été le judicieux et éloquent narrateur des événements dont se composent les annales de son pays. Nulle opinion n'est donc d'un plus grand poids que la sienne, lorsqu'il s'agit de constater les bienfaits que l'Espagne a recueillis de la coopération de l'Inquisition à l'extinction de l'islamisme. Voici comment il la formule : « Le Saint-Office de l'Inquisition une fois constitué en Espagne, et lorsque les magistrats eurent recouvré la force et l'autorité nécessaires, sans lesquelles ils étaient alors pour châtier les insultes, les vols et les meurtres, une nouvelle lumière resplendit aussitôt, et, avec la faveur divine, les forces de notre nation furent suffisantes pour déraciner et abattre le pouvoir des Maures. » *Ordenado que se hubo el Santo Oficio de la Inquisicion en España, y luego que los magistrados cobraron le debida fuerza y autoritad, sin la qual a la sazon estaban para castigar los insultos, robos, y muertes, al momento resplandeció una nueva luz, y con el favor divino las fuerzas de nuestra nacion fueron bastantes per a desarraigar, y abatir el poder de los Moros.*

Notre époque nous fournit un document singulièrement propre à bien faire apprécier l'Inquisition espagnole. C'est le rapport à la suite duquel elle fut supprimée par les cortès extraordinaires de 1812. « Si vous considérez, a dit l'illustre auteur des *Lettres à un gentilhomme russe*, l'esprit de cette assemblée, et en particulier celui du comité qui porta la parole, vous conviendrez que tout aveu favorable à l'inquisition, et parti de cette autorité, ne souffre pas de réplique raisonnable. » Or ce rapport avoue que l'Inquisition était nécessaire, *dans les circonstances difficiles et extraordinaires* où elle fut établie, à la demande de Ferdinand et d'Isabelle.

Il est un point sur lequel le philosophisme a encore commis une insigne injustice à propos de l'Inquisition d'Espagne : c'est lorsqu'il rend l'Eglise responsable des actes d'une institution qui fut toute politique, toute royale dans ce pays. Lorsque l'on veut parler de l'Inquisition en général, ce n'est pas celle d'Espagne, mais celle de Rome qu'il faut examiner et citer. On verra que là où réside le souverain pontife, l'Inquisition a été douce et indulgente jusqu'à l'excès. Au service de la politique, elle a quelquefois poussé la sévérité très-loin en Espagne ; mais alors les papes se sont efforcés d'en adoucir les rigueurs; leurs admonitions aux rois et aux inquisiteurs en font foi. Pour achever de présenter sous son véritable jour l'Inquisition espagnole, nous rapporterons ce qu'en a dit le profond penseur dont la Péninsule déplore aujourd'hui la mort récente, Jacques Balmès, qui fut aussi grand théologien que sage philosophe, et éminent publiciste. Les considérations qu'on va lire sont empruntées à son œuvre capitale : *Le protestantisme comparé au catholicisme dans ses rapports avec la civilisation européenne.*

« Il n'est pas sans intérêt de faire remarquer que la bulle d'établissement fut sollicitée précisément par la reine Isabelle, c'est-à-dire par un des souverains les plus haut placés dans notre histoire, par une reine qui conserve encore, après trois siècles, le respect et la vénération de tous les Espagnols. Isabelle, loin de se mettre, par cette mesure, en contradiction avec la volonté du peuple, ne faisait que réaliser un des vœux nationaux... Avant que l'Inquisition eût publié son premier édit, daté de Séville en 1481, les cortès de Tolède, de l'an 1480, avaient pris des mesures sévères au même sujet.... Il est nécessaire aussi d'observer qu'a l'époque où l'Inquisition s'établit, la guerre de huit cents ans contre les Maures n'était pas encore terminée... Ainsi l'Inquisition se fondait au moment même où la lutte acharnée touchait à son point critique et décisif ; il s'agissait encore de savoir si les chrétiens resteraient les maîtres de toute la Péninsule, ou si les Maures conserveraient la possession d'une des provinces les plus fertiles et les plus belles ; si ces ennemis, retranchés à Grenade, garderaient une position excellente pour leurs communications avec l'Afrique, un moyen et un point d'appui pour toutes les tentatives que le croissant voudrait renouveler plus tard contre nous. Or, la puissance du croissant était fort redoutable, comme on l'a bien vu par ses entreprises sur le reste de l'Europe au siècle suivant. Dans de semblables crises, après des siècles de combats, et dans un moment qui doit décider pour toujours de la victoire, a-t-on jamais vu des combattants se conduire avec modération et douceur ? On ne peut nier que le système de répression suivi en Espagne à l'égard des Juifs et des Maures n'ait été inspiré en grande partie par l'instinct de la conservation propre. Nous croyons sans peine que les souverains catholiques eurent ce motif en considération, lorsqu'ils se décidèrent à demander pour leurs domaines l'établissement de l'Inquisition. Le danger n'était point imaginaire ; il était très-réel. Pour se former une idée de la tournure qu'auraient pu prendre les choses, si l'on n'avait adopté quelques précautions, il suffit de se rappeler les insurrections des derniers Maures dans des temps postérieurs. Néanmoins on aurait tort, dans cette circonstance, d'attribuer tout à la politique des rois ; et il faut se garder ici de la démangeaison de rehausser plus qu'il n'appartient la prévoyance et le plan des hommes ; pour ma part, j'incline à croire que Ferdinand et Isabelle suivirent naturellement l'impulsion de la généralité de la nation. »

Le génie profondément catholique du peuple espagnol est l'œuvre de ces huit cents ans de combat pour la défense de la foi, de cette lutte contre l'islamisme, dont nous venons d'esquisser une faible peinture, comme la civilisation de l'Europe chrétienne est la fille des croisades. « Depuis les temps de Récarède, dit Balmès, dans ses *Considérations politiques*, le catholicisme a été l'unique religion de l'Espagne. Sous cette influence, qui exerçait un empire à peu près exclusif parmi nous, se sont formées nos institutions, nos mœurs, nos lois. Tout ce que nous avons, tout ce que nous sommes, nous le devons au catholicisme. Aussi, en Espagne, les seules idées religieuses, les seuls sentiments religieux sont-ils les idées, les sentiments qu'inspire le catholicisme. Le principe catholique parmi nous est tellement énergique, qu'il ne saurait partager le terrain avec aucun adversaire. L'Espagne ne connaît point ce sentiment semi-religieux, semi-philosophique et littéraire qui se nourrit des formules d'un protestantisme vague et des inspirations d'une philosophie erronée ; sentiment qui n'a rien de cette jalousie avec laquelle une vérité éprouvée se défend contre l'erreur, sentiment fort voisin de la froide indifférence. » La littérature espagnole, la plus originale et la plus riche de toutes celles de l'Europe, est la fidèle expression du caractère essentiellement religieux de la nation. En entrant dans le domaine de la poésie castillane, on sent qu'on respire un air pur de toute influence philosophique. La lecture des chefs-d'œuvre de Calderon vous transporte dans un monde idéal, voisin des célestes régions d'où David fait entendre à la terre le cri d'admiration que lui inspire la magnificence de la grandeur divine : *Domine, Dominus noster, quam admirabile est nomen tuum in universa terra ! quam elevata est magnificentia tua super cœlos !* C'est dans ses *Autos sacramentales* (Actes sacramentaux), pièces dramatiques consacrées à célébrer la fête du Saint-Sacrement, que Calderon s'élève à cette hauteur où il dispute à Dante la couronne de roi des poëtes chrétiens. Il symbolise tous les sujets qu'il emprunte à l'histoire et à la fable pour exalter les deux dogmes souverains du catholicisme, l'incarnation et la présence réelle, et il s'écrie dans un saint enthousiasme :

Que en el gran dia de Dios,
Quien no esta loco no es cuerdo

« Dans le grand jour de la Fête-Dieu, qui n'est pas fou, n'est pas sage. »

Quelques-unes des pièces de Calderon faites pour la représentation théâtrale sont nées de la même conception poétique qui a enfanté les *Actes sacramentaux*. La grande pensée mise en scène dans l'admirable drame qui a pour titre *la Devocion de la cruz* (*la Dévotion de la croix*), c'est que la croix peut sauver l'homme de tous les écueils de la vie, quelque dangereux qu'ils soient. Dans l'*Exaltation de la croix* (*la Exaltacion de la cruz*), le poëte fait planer sur l'univers :

El madero soberano
Iris de paz, que se puso
Entre las iras del cielo
Y los delitos del mundo !

« Le bois souverain, Iris de paix, qui se plaça entre les colères du ciel et les crimes du monde. »

Il est, avec les *Actes sacramentaux*, un autre genre de poëme particulièrement propre à la littérature espagnole, c'est le *romance*, auquel nous conservons dans notre langue son nom masculin castillan, pour le mieux caractériser, en le différenciant surtout de la *romance* française, avec laquelle il n'a de rapport que cette similitude nominale. Le romance, qui est un chant épique, et le drame, tel que l'a conçu le génie des Espagnols, sont les deux formes poétiques nationales d'un peuple qui se distingue, entre tous ceux de l'Europe, par l'énergie de son originalité littéraire. Essentiellement catholique et chevaleresque, la poésie castillane, à son aurore, a chanté le Cid dans ses naïfs romances, et, à son apogée, elle a glorifié Dieu par la voix sublime de Calderon. Quand la supériorité de la volonté chrétienne sur le fatalisme des sectateurs de Mahomet commença à éclater en brillants faits d'armes, tous les courages et toutes les imaginations s'enflammèrent à la pensée de la délivrance de la patrie. Un rayon de cette généreuse espérance illumina le berceau du Cid, le héros du Romancero espagnol. Œuvres d'un âge où c'est la société, et non l'individu, qui est poëte, où chacun exprime la pensée de tous, les anciens romances n'ont point d'auteurs connus ; c'est de la poésie collective ; ils réfléchissent surtout l'impression générale. Aussi le ton libre qui les distingue indique-t-il bien la nature comme l'époque de leur origine. C'est peut-être dans la courte halte entre deux combats que plusieurs de ces chants inimitables ont été improvisés par ceux-là même dont ils redisent les exploits. Quiconque demande à la poésie autre chose qu'un vain retentissement de paroles, ne feuilletera jamais d'une main indifférente les romances castillans. S'ils ne constituent pas absolument une vaste épopée, ils en sont les matériaux dispersés. L'esprit des temps primitifs y respire sous la lettre moins simple que leur a imposée le cours des générations. Un rayon du soleil poétique de l'Orient y jette un éclat inconnu aux autres langues européennes. Ce sont des monuments en quelque sorte plus fidèlement historiques que l'histoire : la poésie d'une époque en est l'expression la plus pure, la plus immatérielle.

FIN DE L'INTRODUCTION.

DICTIONNAIRE

HISTORIQUE, GEOGRAPHIQUE ET BIOGRAPHIQUE

DES CROISADES.

A

ABBASSIDES. Aboul-Abbas, arrière-petit-fils d'Abbas, oncle de Mahomet, substitua sa famille à celle des Ommiades sur le trône des successeurs du faux prophète, en 750. Trente-sept califes de cette dynastie, dont la résidence était Bagdad, ont régné sur l'empire arabe, de l'an 750 à l'an 1258. Les califes abbassides ont fait généralement un usage modéré du pouvoir despotique, institué par les premiers successeurs de Mahomet. Le célèbre Haroun-al-Raschid est le plus grand des descendants d'Aboul-Abbas. L'époque des croisades coïncide avec la décadence du califat de Bagdad. Les Abbassides glissant, comme toutes les dynasties mahométanes, sur la pente des mœurs que produit naturellement la doctrine sensualiste du Coran, tombèrent dans la mollesse et s'ensevelirent dans leurs harems. Le noir était la couleur des califes abbassides. Les califes de cette dynastie, qui ont occupé le trône pendant la durée des croisades, sont: Mostadher, dont le règne date de 1094, et qui mourut en 1118; Mostarsched, mort en 1135; Rasched, en 1136; Moctafi, en 1160; Mostandied, en 1170; Mostadi, en 1180; Nasser, en 1225; Daher, en 1226; Mostander, en 1243; et Mostassem, trente-septième et dernier héritier d'Aboul-Abbas, qui périt à la prise de Bagdad par les Tartares, en 1258. Après la destruction de l'ombre de puissance que leur avaient laissée les sultans usurpateurs de leur autorité, les Abassides se réfugièrent en Egypte, où ils conservèrent, jusqu'au XVIe siècle, avec le titre de calife, la suprématie spirituelle, attribuée aux successeurs de Mahomet.

ADHEMAR DE MONTEIL, évêque du Puy-en-Velay, était issu d'une famille distinguée du midi de la France. Il fut le premier à demander, au concile de Clermont, à entrer dans ce qu'on y appela la *voie de Dieu*, et à recevoir la croix des mains du pape Urbain II. L'évêque d'Orange suivit aussitôt son exemple. Le peuple compara l'évêque du Puy à Aaron, et le comte de Toulouse, avec qui il partit pour la terre sainte, à Moïse. Le pape, ayant dû refuser de se mettre lui-même à la tête de la croisade, nomma Adhémar son représentant auprès de l'armée. C'était le meilleur choix qui pût être fait. Les historiens contemporains sont unanimes pour louer l'évêque du Puy de l'usage constamment courageux et charitable qu'il fit de l'influence que lui donnait sa charge, et ils s'accordent à dire qu'il s'attira le respect et la confiance des pèlerins, autant par ses qualités personnelles que par sa position de légat du saint-siége. Ses exemples, ses conseils et ses exhortations contribuèrent puissamment, dans toutes les circonstances, à maintenir l'ordre et la discipline dans l'armée des croisés et la concorde entre leurs chefs. Il marcha avec ses vassaux sous la bannière du comte de Toulouse. Avant son départ, qui eut lieu vers la fin du mois d'octobre de l'année 1096, il composa le chant de guerre de la croisade, où il implorait l'intercession de la Reine des cieux. C'est la prière *Salve, Regina*, etc., que l'Église a conservée. Il paraît que ce fut un autre apôtre des croisades, le grand saint Bernard, qui ajouta à l'invocation de l'évêque du Puy l'exclamation finale:

O clemens, ô pia, ô dulcis Virgo Maria! En traversant les provinces de l'empire grec occupées par les Pincenates, dit Raymond d'Agiles, l'évêque du Puy, s'étant un peu éloigné du camp, tomba entre les mains de ces barbares, qui le renversèrent de sa mule, le frappèrent grièvement à la tête, et le dépouillèrent. « Mais, ajoute le chroniqueur, parce qu'un si grand pontife était encore nécessaire au peuple de Dieu, il fut sauvé par la miséricorde divine. Tandis qu'un Pincenate lui demandait de l'or, en le défendant contre les attaques des autres, tout à coup un bruit partit du camp, et l'évêque s'échappa.pendant qu'on venait à son secours. » L'évêque du Puy perdit son étendard dans un combat que livrèrent les chrétiens sous les murs d'Antioche, pour repousser une sortie de la garnison musulmane. Il contribua, par les nobles exhortations qu'il adressa aux pèlerins, et par l'exemple de son courage, au succès de la fameuse bataille remportée par les croisés contre Kerboga, devant cette même ville, comme il avait coopéré à la victoire de Dorylée. Pendant l'épidémie qui, en 1098, enleva plus de cinquante mille guerriers de la croix en un mois, dans Antioche, Adhémar fut le consolateur de toutes les souffrances et de toutes les misères. Mais ses forces trahirent son zèle, et il mourut victime de son ardente charité. L'armée témoigna, par les pleurs dont elle accompagna ses funérailles, qu'elle sentait la grandeur de la perte qu'elle faisait en restant orpheline de son père spirituel. L'autorité morale, que l'évêque du Puy s'était acquise par ses vertus, lui permettait d'exercer sur ses compagnons de pèlerinage une influence encourageante et conciliante, qui disparut avec lui. Son corps fut inhumé dans l'église de Saint-Pierre d'Antioche, à la place où avait été découverte la sainte Lance. Les chefs de la croisade, en annonçant au souverain pontife la mort du légat du saint-siége, en exprimèrent leurs regrets, et supplièrent le pape de venir lui-même combler, par sa présence, le vide que laissait au milieu d'eux la perte qu'ils venaient de faire. « Comme toujours quelque chose de triste, disaient-ils après avoir raconté la prise d'Antioche, se mêle aux joies de la terre, l'évêque du Puy, que vous nous aviez donné pour votre vicaire apostolique, est mort après la conquête de la ville, et après une guerre où il avait acquis beaucoup de gloire. Maintenant vos enfants, privés du père que vous leur aviez donné, s'adressent à vous, qui êtes leur père spirituel. Nous vous prions, vous qui avez ouvert la voie que nous suivons, vous qui, par vos discours, nous avez fait quitter nos foyers et ce que nous avions de plus cher dans notre pays, qui nous avez fait prendre la croix pour suivre Jésus-Christ et glorifier son nom, nous vous conjurons d'achever votre ouvrage en venant au milieu de nous, et en amenant avec vous tous ceux que vous pourrez amener. C'est dans la ville d'Antioche que le nom de chrétien a pris son origine; car, lorsque saint Pierre fut installé dans cette église que nous voyons tous les jours, ceux qui s'appelaient galiléens se nommèrent chrétiens. Qu'y a-t-il de plus juste et de plus convenable que de voir celui qui est le père et le chef de l'Église, venir dans cette ville qu'on peut regarder comme la capitale de la chrétienté? Venez donc nous aider à finir une guerre qui est la vôtre. Nous avons vaincu les Turcs et les païens; nous ne pouvons de même combattre les hérétiques, les Grecs, les Arméniens, les Syriens, les Jacobites; nous vous en conjurons donc, très-saint Père, nous vous en conjurons avec instance, vous qui êtes le père des fidèles, venez au milieu de vos enfants; vous qui êtes le vicaire de Pierre, venez siéger dans son église; venez former nos cœurs à la soumission et à l'obéissance; venez détruire par votre autorité suprême et unique toutes les espèces d'hérésies; venez nous conduire dans le chemin que vous nous avez tracé, et nous ouvrir les portes de l'une et l'autre Jérusalem; venez délivrer avec nous le tombeau de Jésus-Christ, et faire prévaloir le nom de chrétien sur tous les autres noms. Si vous vous rendez à nos vœux, si vous arrivez au milieu de nous, tout le monde vous obéira. Que celui qui règne dans tous les siècles vous amène parmi nous, et vous rende sensible à nos prières. » La situation des affaires de l'Europe, troublées principalement par l'attitude hostile au saint-siége, dans laquelle persévérait l'empereur Henri IV, ne permettait pas à Urbain II de répondre à cet appel des chefs de la croisade.

ALEXANDRE III occupa le trône pontifical de 1159 à 1181. Pagi prouve, par différents témoignages, et, entre autres, par une lettre où Amaury 1er, roi de Jérusalem, peint au roi de France la triste situation des affaires des chrétiens en Palestine, que le concile tenu à Reims, en 1164, par le pape Alexandre III, a eu pour but principal de secourir la terre sainte. En apprenant les succès obtenus sur les chrétiens par Saladin, Alexandre écrivit à tous les princes et à tous les évêques de la chrétienté, pour rallumer le zèle des fidèles en faveur des saints lieux. Par une disposition de cette lettre, les croisés, qui avaient besoin d'emprunter l'argent nécessaire à leur pèlerinage, pouvaient, en cas de refus de leurs parents ou de leurs seigneurs, engager leurs biens aux ecclésiastiques ou à d'autres personnes. On trouve dans Matthieu Pâris une lettre qu'Alexandre III écrivit au sultan d'Iconium, pour le presser de céder au désir que ce prince musulman avait témoigné, disait-on, d'embrasser la religion chrétienne, et le chroniqueur anglais ajoute que le sultan, persuadé par les exhortations du souverain pontife, reçut secrètement le baptême. C'est ce sultan qui, lors de la troisième croisade, écrivit à Frédéric Barberousse, et tint envers les chrétiens une conduite plutôt opposée que favorable à la vraie religion. Les historiens arabes, et notamment celui des Atabeks, présentent ce sultan comme un philosophe incrédule, qui se serait attiré la haine de ses propres enfants par ses sentiments irréligieux, et à qui Nour-Eddin aurait déclaré la guerre pour le même motif.

ALEXANDRE IV, de la maison des comtes de Segni, était cardinal évêque d'Ostie, lorsqu'il fut élu pape, le 12 décembre 1254. Ce fut lui qui, en 1255, établit en France des inquisiteurs, à la demande du roi saint Louis. La même année, les chrétiens de Syrie portèrent leurs supplications aux pieds de ce pontife.

Dans le trouble général où était l'Europe, le pape s'adressa au roi d'Espagne pour demander des secours qui ne purent être accordés. En 1260, ces mêmes chrétiens, opprimés par les Tartares qu'ils avaient précédemment invoqués dans leurs périls, réclamèrent à grands cris les secours de l'Occident. Un légat d'Alexandre s'entendit avec saint Louis pour assembler à Paris un concile, où on s'occupa du soulagement de la terre sainte. Il y fut décidé qu'on aurait recours à la pénitence et au retranchement du superflu dans les mets et dans les vêtements. Les tournois furent défendus. Alexandre IV mourut à Viterbe le 25 mai 1261.

ALEXIS Ier COMNÈNE parvint au trône de Constantinople en 1081, en dépouillant de l'empire Nicéphore Botoniate, dont il commandait les armées. Il a été le provocateur des croisades, en réclamant l'appui du souverain pontife et le secours des princes de l'Occident contre les Turcs. Guibert a conservé, en partie, et la Collection de Martène contient, en entier, la lettre adressée, en cette occasion, par Alexis au comte Robert de Flandre. L'empereur grec y cherche, non-seulement à toucher le cœur du comte de Flandre par la peinture de la misère des chrétiens d'Orient et de la profanation des Lieux Saints, mais il lui fait voir aussi les avantages matériels que devait amener une expédition contre les infidèles, et il lui vante la beauté des femmes grecques. L'authenticité de cette lettre, qui fait honte au caractère d'Alexis, a été révoquée en doute par le savant Heeren. Comme le texte grec n'en existe plus, et qu'on n'en possède que des versions latines, M. Wilken, dans son *Histoire allemande des Croisades* (*Geschichte der Kreuzzüge*) soupçonne ces versions de n'être pas exactes. Il est difficile de croire, pense-t-il, qu'un empereur grec se soit servi de ces expressions : *Melius est ut vos habeatis Constantinopolim quam pagani (il vaut mieux que Constantinople vous appartienne qu'aux infidèles)*. Mais cette lettre est reconnue authentique par Ducange, qui est une grande autorité. Parce qu'un document qui émane d'un empereur de cette époque contient des bassesses, ce n'est pas une raison de le tenir pour suspect.

Lorsque Alexis s'était adressé au pape pour appeler l'Occident à son secours, il ne s'attendait pas que les défenseurs de la chrétienté allaient arriver dans son empire par centaines de mille. La multitude innombrable des croisés l'effraya; sa fille, Anne Comnène, ne cesse de la comparer aux étoiles du firmament, aux sables de la mer. Alexis fut aussi très-inquiet de voir figurer, parmi les chefs de la croisade, le fils de Robert Guiscard, l'ambitieux Bohémond, qu'il avait appris précédemment à redouter. « Il aurait pu, dit M. Michaud, en parlant de l'empereur Alexis, se mettre à la tête de la croisade et reconquérir l'Asie Mineure, en marchant avec les Latins à Jérusalem. » Mais il était incapable de prendre cette noble résolution, et, suivant l'expression du même historien, « il crut qu'il suffisait de tromper les croisés pour n'en avoir rien à craindre, et d'en recevoir un vain hommage pour profiter de leurs victoires. » Nous citons à l'article *Étienne, comte de Blois*, une lettre de ce seigneur, où l'éloge d'Alexis est fait en termes surprenants, si on les compare au langage plus que sévère des chroniqueurs, lorsqu'ils parlent de la conduite de l'empereur envers les croisés. A la suite du fragment de cette lettre que nous avons traduit, le comte de Blois raconte qu'Alexis avait recueilli des montagnes d'or des dépouilles de Nicée, mais qu'il en avait distribué une grande partie à l'armée latine. Il résulte évidemment du récit du comte qu'une des habiletés d'Alexis a été de le séduire, et on en peut conclure aussi que, sans être aussi *vénérable* que le représente Etienne, l'empereur n'était peut-être pas aussi méprisable que le peignent tous les chroniqueurs, à l'exception de Foucher de Chartres, sans doute, comme l'observe très-justement M. Michaud, parce que Baudouin, dont Foucher était le chapelain, n'aura pas eu à se plaindre du souverain grec. Un chroniqueur, Bertholde de Constance, résume très-bien la conduite d'Alexis, en disant qu'*il ne négligea rien pour arrêter la marche des pèlerins et faire périr la croisade.* Un autre chroniqueur, Ekkard, qui faisait partie de l'armée des croisés, rapporte dans sa chronique que les pèlerins disaient tous : « Alexis nous trahit; il regarde les chrétiens qui vont combattre les Turcs, comme des chiens qui mordraient d'autres chiens, *canes se invicem mordentes.* »

Anne Comnène prétend que les souffrances corporelles dont son père était accablé, provenaient des tourments d'esprit que lui causa le passage des armées des Francs. « Alexis, dit-elle, était plongé dans un abîme d'inquiétude et de chagrin, quand il considérait cette effrayante multitude, qui surpassait les sables de la mer et les astres du firmament, et lorsqu'il faisait réflexion que si toutes ces troupes, qui étaient dispersées de toutes parts, soit dans les garnisons des villes, ou sur les côtes maritimes, avaient été réunies en un seul corps, il n'aurait pas été capable de leur résister : c'est pourquoi, remettant à un autre temps toutes les autres affaires, il s'appliquait presque uniquement à réfléchir sur les prétentions des Francs et sur les moyens d'arrêter leurs entreprises; il était assis dès le matin sur son trône et leur donnait audience, afin qu'ils pussent en toute liberté lui proposer ce qui leur plaisait : leur impudence naturelle, leur avarice et leur opiniâtreté ne leur permettaient pas d'user de cette liberté avec quelque retenue ; ils parlaient tant qu'ils voulaient sans craindre de blesser le respect dû à l'empereur, d'ennuyer les principaux de sa cour, et de consommer ainsi inutilement une chose aussi précieuse que le temps. Ceux qui ont étudié le caractère des nations savent que les Francs sont de grands parleurs, et qu'ils font de longs discours. Quand la nuit était venue, mon père, qui n'avait pas mangé de tout le jour, se levait de son trône pour se mettre à table ; mais il n'était pas pour cela délivré de l'importunité des Francs; au contraire, il était accablé de la foule de ceux qui n'avaient pas eu audience, ou de ceux qui, l'ayant déjà eue, venaient lui faire quelques nouvelles demandes. » La fille d'Alexis tâche aussi de justifier son père de n'avoir pas secouru les croisés à Antioche : « L'empereur s'avança au secours des Latins assiégés; il alla jusqu'à Philomèlie, s'emparant, sur son passage, de plusieurs villes qui étaient au pouvoir des infidèles. Là arrivèrent dans le camp Guillaume de Grandmesnil et le comte Étienne, qui s'étaient sauvés d'Antioche en descendant par une corde. Ils racontèrent à l'empereur l'état désespéré auquel se trouvait réduite l'armée des croisés, renfermée dans cette ville. Malgré les avis prudents de ses conseillers, César se disposait néanmoins à marcher vers la ville assiégée, pour secourir les chrétiens, lorsqu'on apprit que le sultan du Khorassan avait envahi le territoire de l'empire ; alors, au sein du conseil impérial, s'éleva une opposition unanime contre la volonté d'Alexis. Pourquoi tenter de secourir des hommes tout à fait perdus? Comment exposer les défenseurs de l'empire et l'empire lui-même, pour des alliés si peu dignes de la bienveillance d'Alexis ?»

Cet empereur mourut le 15 août 1118; il était âgé d'environ soixante-dix ans, et il avait régné trente-sept ans et près de cinq mois. Il laissait deux fils et deux filles : Jean, l'aîné de ses fils, fut son successeur, et le second, Isaac Comnène, fut la tige des empereurs de Trébizonde. Sa fille Anne, mariée au fils de l'empereur Nicéphore Bryenne, a écrit la vie de son père, et Théodora, son autre fille, épousa Constantin l'Ange, qui est la souche des empereurs de ce nom.

Selon l'*Art de vérifier les dates*, il paraît qu'Alexis fut toujours en communion avec l'Eglise romaine.

ALLEMAGNE. L'empire d'Occident n'avait pas tardé à déchoir de la grandeur où l'avait élevé son illustre restaurateur. En passant des mains des faibles successeurs de Charlemagne dans la maison de Saxe, ensuite dans celle de Franconie, et de la famille de Conrad le Salique dans celle de Hohenstaufen, la puissance impériale avait insensiblement décliné, par les divers sacrifices auxquels l'ambition s'était prêtée pour la posséder. Les révolutions qui avaient transporté la couronne d'une famille à l'autre, en avaient enlevé successivement plusieurs fleurons, dont les grands de l'empire avaient orné la leur. Ceux qui donnaient le sceptre avaient fixé les conditions auxquelles ils l'accordaient, et stipulé en leur faveur des droits et des priviléges. Ils avaient converti en fiefs héréditaires les différentes fractions du corps germanique, qu'ils avaient d'abord gouvernées par commission, comme en France. Les droits qu'ils s'étaient arrogés devenaient encore plus étendus lorsqu'ils s'assemblaient pour former les diètes. L'empire d'Allemagne ainsi établi sur la base du système féodal, altéré dans son essence, présentait un chef et des membres, quelquefois unis entre eux, mais offrant plus souvent le spectacle de la révolte des membres contre le chef, qui était puissant quand l'accord subsistait, et très-faible dès qu'il était rompu. Le droit d'élection au trône impérial, exercé par les grands, se maintint par le fréquent changement des dynasties et par la concurrence des prétendants à la couronne. L'idée gigantesque de réunir l'Italie à l'empire, poursuivie par les empereurs, contribua puissamment aussi à maintenir leur autorité dans un état d'affaiblissement en Allemagne. La papauté, gardienne de la liberté italienne, fit échouer cette prétention. Frédéric Ier parvint à marier son fils, qui régna sous le nom d'Henri VI, avec Constance, héritière des royaumes de Naples et de Sicile. Mais en croyant fonder la grandeur de sa maison, Frédéric causa sa ruine. La victoire demeura au saint-siége contre la famille de Hohenstaufen.

Quand la première croisade fut proclamée dans le concile de Clermont, l'empire avait pour chef le champion le plus mal inspiré que l'histoire connaisse de la résistance que les souverains de l'Allemagne ont longtemps opposée à l'ascendant civilisateur de la papauté. Henri IV, par sa conduite, avait autorisé les députés de la Saxe, menacés de subir l'iniquité de son joug, à lui dire en face « qu'il eût à chasser ses vils ministres..., à renvoyer cette troupe de concubines avec lesquelles il se déshonorait, et à bien vivre avec la princesse sa femme. Il était enfin parvenu, ajoutaient les députés saxons, à cet âge mûr où il devait renoncer à tous ces honteux amusements, pour lesquels il n'avait que trop, jusqu'alors, dégradé la majesté royale. Il était temps qu'il prît des sentiments de prince, et qu'il ne les contraignît pas à quelque éclat violent, en refusant de se prêter de bonne grâce à la justice de leur demande..., car, s'il prétendait employer les armes à les réduire, ils avaient aussi, eux, des armes; ils savaient faire la guerre. Or, pour peu que leurs remontrances fussent sans effet, ils étaient chrétiens, et n'iraient point se souiller en restant soumis à un prince dont les forfaits trahissaient la religion chrétienne. » A ces plaintes, hardies dans la forme, mais justes pour le fond, Henri IV ne sut opposer qu'une vile lâcheté. Au lieu de réformer sa conduite, dans une diète où siégea Rodolphe de Souabe, qui fut ensuite son rival, il se jeta aux pieds de ses sujets, et les conjura, au nom de Dieu, témoin de leurs serments de fidélité, d'avoir pitié de ses malheurs. Voilà ce qu'était devenue l'autorité impériale, en Allemagne, à la fin du XIe siècle, entre les mains d'Henri IV.

Les esprits, préoccupés de la lutte de cet empereur contre la papauté, n'étaient pas disposés à entendre un appel à une guerre sainte, sorti de la bouche d'Urbain II. On lit dans un annaliste allemand que, quand ses compatriotes, qui ne comprenaient rien aux croisades, virent les hordes de paysans, de femmes et d'enfants, que conduisaient Pierre l'Ermite et Gauthier *Sans-Avoir*, ils se mirent à s'en railler, comme d'insensés d'une démence inouie, qui quittaient leur pays pour courir après des biens imaginaires, au milieu de périls certains. Le passage à travers l'Allemagne des redoutables armées commandées par les plus nobles et les plus puissants seigneurs de France et de Lorraine, donna bientôt une autre idée de la sainte entreprise. « Notre nation, dit le chroniqueur dont nous venons de citer les paroles, mieux instruite enfin de la vérité par la miséricorde divine, se porta à un voyage si salutaire. » Mais l'Allemagne ne fournit, toutefois, à l'expédition qui affranchit Jérusalem du joug musulman, qu'un faible contingent d'hommes indisciplinés et formés à l'école d'un état de trouble. Un moderne écrivain allemand, Wilken, dans sa savante *Histoire des Croisades* (*Geschichte der Kreuzzüge*), remarque très-justement que la noblesse germanique n'a pas montré, pour la conquête des Saints Lieux, l'ardeur dont les seigneurs français étaient animés. Tandis que leurs empereurs étaient occupés à contester à la papauté les droits de l'Église, les princes allemands ne songeaient qu'à étendre leur puissance, et ils auraient cru perdre une belle occasion de rendre impossible la fondation de l'unité nationale dans leur patrie, s'ils s'en étaient éloignés par amour de la gloire religieuse. Au contact de la France, la Lorraine, seule de tous les États soumis aux empereurs d'Allemagne, s'enflamma d'un généreux zèle pour la cause de la croix. Les contrées germaniques s'émurent cependant à la nouvelle de la prise de Jérusalem par les croisés : des troupes de pèlerins, dont l'Asie Mineure devait être le tombeau, se mirent en marche sous la conduite du duc Welf de Bavière, de Conrad, connétable de l'empire, et de la princesse Ida, margrave d'Autriche. Quand la seconde croisade, qu'avait provoquée la prise d'Édesse par les Musulmans, fut prêchée par saint Bernard, Conrad III, premier empereur de la maison de Hohenstaufen, ne voulait pas abandonner le soin des affaires de l'Allemagne pour s'engager dans la sainte entreprise. Mais l'éloquence du grand prédicateur de la croisade triompha de cette résistance, et Conrad déclara qu'il se sentait pressé par Dieu lui-même de prendre la croix. Un grand nombre de seigneurs imitèrent son exemple, et il partit à la tête d'une armée que les chroniqueurs représentent comme innombrable, avec son neveu Frédéric, qui fut plus tard l'empereur Frédéric Ier. Cette armée périt presque tout entière en Asie Mineure, victime de la trahison de l'empereur grec Manuel Comnène. L'auteur d'une Histoire moderne de l'Allemagne, Luden, remarque qu'en prenant la croix, Conrad procura la paix et la tranquillité à l'empire. Les guerriers de la Germanie, unis par l'association armée de la sainte entreprise, oublièrent leurs divisions intestines. L'Allemagne fournit à la troisième croisade un contingent d'hommes considérable, à la tête duquel marcha l'empereur Frédéric Ier, qui avait pris la croix dans une diète tenue à Mayence, le 27 mars 1188. Les croisés de la Germanie partirent pour Constantinople après les fêtes de Pâques de l'année suivante. L'empereur grec Isaac l'Ange s'entendit avec les princes musulmans pour faire périr l'armée allemande en Asie Mineure. Elle fut conduite avec tant d'ordre, et elle déploya tant de courage, qu'elle aurait surmonté tous les obstacles que ces contrées n'ont jamais manqué d'opposer aux soldats de la croix, si Frédéric n'avait pas trouvé la mort dans les eaux du Sélef, au mois de juin 1190.

Le duc de Souabe n'arriva devant les murs d'Acre qu'avec les débris de la magnifique expédition préparée par son père, et les Allemands ne coopérèrent que dans une faible proportion aux entreprises de la troisième croisade. Mais ce fut l'Allemagne qui fit, en hommes et en argent, tous les frais de la quatrième. Cette expédition fut résolue dans une diète tenue à Worms, à la fin de l'année 1195. L'empereur Henri VI, fils de Frédéric Ier, quoique sous le coup d'une excommunication que lui avait attirée sa participation à la captivité de Richard, roi d'Angleterre, montra cependant du zèle pour recruter des défenseurs à la Palestine, et il détermina une foule de princes à prendre la croix. Mais il s'abstint lui-même de s'éloigner du théâtre où le retenait l'ambition de s'assurer la possession de la Sicile, dont il avait épousé l'héritière. Les *Antiquités de Goslar* s'expriment en ces termes sur l'expédition entreprise sous les auspices de Henri VI : « Les forces de l'Europe, malgré tant d'expériences infructueuses en Orient, ne paraissaient point encore abattues, car une nouvelle guerre sacrée fut résolue dans cette année. On prêcha partout, selon la coutume, une croisade contre les Sarrasins; il y eut un grand concours de croisés. L'empereur Henri VI avait résolu d'être de cette expédition; mais les grands de l'empire l'en dissuadèrent... Le nombre de ceux qui s'enrôlèrent fut si grand, qu'il s'éleva, en Allemagne, à plus de soixante mille hommes. »

Trois armées allemandes partirent successivement pour l'Orient, où elles remportèrent, sur les Musulmans, en 1197, une victoire qui ouvrit aux chrétiens les portes de Baïreut et de toutes les villes de la côte de Syrie, au nord de Tyr. Mais un désaccord perpétuel régna entre les croisés et les Francs du pays, et les Allemands s'empressèrent de revenir en Europe, à la nouvelle de la mort de l'empereur Henri VI. Lorsqu'Innocent III fit prêcher la cinquième croisade, l'Allemagne était occupée de la rivalité des compétiteurs qui se disputaient la couronne impériale, et ne fournit point de défenseurs à la Palestine. Frédéric II, qui était parvenu au trône par la protection du saint-siége, jura à plusieurs reprises de prendre la croix, sans avoir vraisemblablement l'intention de remplir cet engagement. Mais l'exemple de ses promesses entraîna les seigneurs et les peuples de l'Allemagne à s'enrôler, en grand nombre, sous les drapeaux de la sixième croisade, dans la première expédition à laquelle elle donna lieu. La lutte qu'engagea et que soutint ensuite l'empereur contre le saint-siége fut le principal obstacle au succès de cette longue croisade. Le voyage de Frédéric en Palestine, lorsqu'il était sous le coup d'une excommunication, et le scandale de ses rapports avec le sultan d'Égypte et avec les Musulmans, furent plus nuisibles qu'utiles à la cause des guerres saintes. En persistant à lutter contre le saint-siége, Frédéric obligea Innocent IV à prononcer contre lui une sentence de déposition dans le concile de Lyon, en 1245, où fut résolue la septième croisade. Les troubles qu'amena cet événement, en Allemagne, empêchèrent ce pays de s'associer à la guerre sainte, et ceux qui suivirent la mort de Frédéric furent, avec l'exécution du jeune Conradin, dernier rejeton de la maison de Hohenstaufen, ordonnée par Charles d'Anjou, frère de saint Louis, des obstacles à toute participation des pays germaniques à la dernière expédition du pieux roi de France. Rodolphe de Habsbourg, deux ans après son élection à l'empire, promit au pape Grégoire X de marcher au secours de la terre sainte, et reçut la croix des mains du pontife à Lausanne, en 1275; mais il n'exécuta pas la promesse qu'il avait faite d'aller combattre les infidèles.

La conduite des empereurs d'Allemagne, pendant les croisades, amena la décadence de l'empire; mais, pendant cette même période de temps, la Germanie chrétienne étendit ses limites vers le nord, par les conquêtes qu'elle fit sur l'idolâtrie, en convertissant à la foi, mère de la civilisation, les peuples des bords de la Vistule et du Niémen. Dans la prolongation de la lutte entre le christianisme et le mahométisme, après les croisades, l'Allemagne s'honora par la résistance qu'elle opposa aux Turcs Ottomans, qui menaçaient d'envahir l'Europe. En Allemagne, comme en France, les croisades ont porté atteinte à la féodalité et ouvert aux villes une source où elles ont puisé des libertés et des droits.

ALPHONSE, COMTE DE POITOU. On dit communément qu'il était le troisième frère de saint Louis, et que Charles, comte d'Anjou, était le quatrième. Cette manière de s'exprimer donne au lecteur une notion très-erronée. En effet Louis VIII, surnommé le Lion, roi de France et père de ces princes, eut de Blanche de Castille, sa femme, les enfants dont les noms suivent selon leur ordre de naissance : Philippe de France, mort à l'âge de neuf ans en 1218 ; saint Louis, roi, neuvième du nom ; Robert de France dit le Bon, qui a fait la branche des comtes d'Artois et d'Eu ; Philippe et Jean de France, morts jeunes ; Alphonse de France, comte de Poitou, qui fait l'objet de cet article; Charles de France, comte d'Anjou, roi de Sicile ; Etienne et Philippe de France, morts jeunes ; une fille morte en bas âge, et Elisabeth de France, morte en odeur de sainteté en 1269. Le comte de Poitou était donc le sixième fils de Louis VIII, et le quatrième des frères de saint Louis, nés après ce monarque. Nous ne savons point exactement l'année de sa naissance ; mais on peut la fixer approximativement en se rappelant que saint Louis vit le jour le 25 avril 1215 et le comte d'Anjou, en mars 1220. Saint Louis donna le comté de Poitou à son frère Alphonse en 1241. Cette province avait été réunie à la couronne par la conquête que Philippe Auguste fit, en 1204 et 1205, des domaines retirés à Jean sans Terre, roi d'Angleterre, en vertu de l'arrêt rendu par la cour des Pairs et pour cause de félonie et de parricide. Le comte de Poitou prit part à la première croisade de saint Louis ; mais il n'en était qu'à ses préparatifs de départ quand l'armée française venait d'entrer à Damiette. Il apprit la prise de cette ville au moment où il allait s'embarquer à Aigues-Mortes, c'est-à-dire à la fin de juin 1249, avec les troupes qu'il conduisait. Il arriva à Damiette vers la fin d'octobre. On l'y attendait avec impatience, et tous les samedis les croisés allaient en procession au bord de la mer pour appeler sur lui la bénédiction divine. Jamais secours ne fut plus nécessaire ; les hommes et l'argent que ses vaisseaux apportèrent mirent l'armée en état de reprendre le cours des opérations militaires, alors suspendues. A la bataille de Mansourah, Alphonse tomba au pouvoir des Musulmans ; mais comme il était très-aimé des croisés, les valets de l'armée, les ouvriers, les vivandiers et même les femmes s'armèrent et l'arrachèrent des mains des infidèles. Il fut fait prisonnier en même temps que le roi son frère, et plus tard il fut remis comme otage aux émirs pour sûreté du payement des quatre cent mille besants d'or promis par le roi, et recouvra sa liberté lorsque cette somme eut été comptée. Il revint de Palestine en France avec le comte d'Anjou en 1250, et ces deux princes apportèrent la lettre que saint Louis écrivit à son peuple. Alphonse fut frappé de paralysie vers 1258. Quand le roi eut résolu d'entreprendre sa seconde croisade, le comte de Poitou vint avec un grand nombre de ses vassaux le rejoindre en Provence pour s'embarquer avec lui, et il l'accompagna en Afrique. Il mourut le 21 août 1271, sans laisser d'enfants, ce qui procura un nouveau retour de son apanage à la couronne. Ses sujets le regrettèrent vivement, car il les avait gouvernés avec une extrême sagesse. Il fit tous ses efforts pour abolir le servage dans ses domaines, répétant souvent cette maxime : que les hommes naissent libres, et qu'il est toujours sage de ramener les choses à leur origine. Toutefois Joinville prétend que ce prince était d'un caractère fort léger, n'aimait guère saint Louis, et avait trop de goût pour le jeu et les dés. Il est à croire que le bon sénéchal écrivait ce jugement d'après des impressions de jeunesse, que l'amendement subséquent du prince eût dû effacer.

AMAURY Ier, sixième roi de Jérusalem, succéda à Baudouin III, son frère, et fut couronné le 18 février 1162. Il prit les affaires du royaume dans un très-mauvais état, et les circonstances ne lui permirent pas de les améliorer.

Les auteurs arabes eux-mêmes ont rendu justice aux bonnes qualités d'Amaury. Elles étaient mêlées à des défauts que ne dissimule pas Guillaume de Tyr, dans le passage de son histoire, où il fait connaître ce roi : « Amaury, dit-il, était un prince rempli d'expérience, d'une grande prudence et d'une grande circonspection dans la conduite des affaires. Il avait un peu de difficulté à parler, et il valait mieux pour le conseil que pour le discours. Il surpassait les grands du royaume par la finesse de son esprit, par sa discrétion et par sa bonne foi; dans les dangers et les embarras où il se trouva souvent, il montra toujours beaucoup de courage et de prévoyance, soit pour étendre, soit pour soutenir son empire. Son âme intrépide sut toujours conserver une constance qu'on peut appeler royale. Ce prince était beaucoup moins lettré que son frère; mais la vivacité de son esprit, une mémoire heureuse, les fréquentes questions qu'il faisait, les lectures auxquelles il se livrait, lorsqu'il avait quelques moments de loisir, lui donnèrent assez d'instruction. Amaury mettait beaucoup de subtilité dans ses questions, et trouvait un grand plaisir dans les solutions qu'on y donnait. Il préférait l'histoire à toute autre connaissance; il en était avide, et la retenait avec une grande fidélité. Il était tout entier aux occupations sérieuses; le jeu et les spectacles ne pouvaient lui plaire; il n'y avait que la chasse à l'épervier à laquelle il se livrât volontiers. Il supportait aisément le travail et la fatigue. Il faisait payer exactement la dîme à l'Église; il entendait tous les jours la messe avec dévotion, à moins que la maladie ou quelque circonstance grave ne l'en empêchât. Ce prince souffrait très-patiemment les injures et les malédictions que proféraient contre lui, en public ou en particulier, des hommes vils et méprisables; il y paraissait si indifférent, qu'il semblait ne les avoir pas entendues. Il avait en horreur les excès de la table. Sa confiance était si grande à l'égard de ceux qu'il chargait de ses affaires, qu'il ne leur demandait jamais de compte et ne voulait point prêter l'oreille aux rapports qu'on pouvait lui faire de leur infidélité. Les uns regardaient cette confiance sans bornes comme un défaut, les autres y voyaient une vertu qui, selon eux, prouvait la bonne foi d'Amaury. Toutes ces belles qualités se trouvaient un peu obscurcies par quelques défauts de caractère. Amaury était taciturne plus qu'il ne convenait à un roi, et manquait d'urbanité; il n'avait rien de cette affabilité si nécessaire dans les princes pour gagner le cœur de leurs sujets. Il adressait rarement la parole à quelqu'un, à moins qu'il n'y fût forcé ou qu'on ne la lui adressât. Ce défaut était d'autant plus remarqué, que son frère Baudouin avait fait admirer son éloquence et la grâce de ses manières. Porté aux plaisirs de l'amour, il attenta, dit-on, plus d'une fois aux droits des maris. Il viola aussi les libertés des églises, et par des exactions injustes et fréquentes il diminua leur patrimoine. Il était avide d'argent, mais cette avidité était fondée sur deux raisons : il disait qu'un roi qui avait toujours de l'argent, garantissait l'opulence de ses sujets et venait libéralement à leur secours dans les difficultés imprévues. En effet, Amaury n'épargnait rien dans les embarras où se trouva souvent son royaume; les peines mêmes et la fatigue n'étaient rien pour lui dans ces occasions; mais il ne défendit pas toujours l'opulence de ses sujets, car il trouva de fréquents prétextes de les ruiner. Ce prince était d'une taille moyenne et d'une belle figure; il avait un air de dignité, des yeux brillants, et le nez aquilin comme son frère; ses cheveux blonds tiraient un peu sur le roux; il avait la barbe épaisse et forte; son rire était immodéré et mettait tout son corps en mouvement. Il s'entretenait volontiers avec les personnes sages et discrètes, qui connaissaient les mœurs et les usages des pays étrangers. » Amaury mourut le 11 juillet 1173, dans la trente-huitième année de son âge, et dans la douzième de son règne. Il laissa de sa première femme Agnès, fille de Josselin le jeune, comte d'Édesse, un fils en bas âge, qui lui succéda sous le nom de Baudouin IV, et une fille, nommée Sibylle, qui épousa successivement le marquis de Montferrat, et Gui de Lusignan, qu'elle fit roi de Jérusalem. De sa seconde femme Marie, nièce de l'empereur grec Manuel, qu'il épousa en 1167, après s'être séparé d'Agnès par un divorce, Amaury eut une fille, appelée Isabelle, qui épousa successivement Homfroi de Thoron, Conrad, marquis de Tyr, Henri, roi de Jérusalem, et Amaury II, successeur de Henri.

AMAURY DE LUSIGNAN, deuxième du nom comme XIe roi de Jérusalem, et second roi de Chypre, était connétable de ce dernier royaume, lorsqu'il succéda à son frère Gui de Lusignan, sur le trône de Chypre, en 1194 ou 1195. Il fut couronné roi de Jérusalem en 1197, après avoir épousé Isabelle, veuve du précédent roi, Henri de Champagne. Amaury mourut à Saint-Jean d'Acre, où il faisait sa résidence, le 1er avril

1205. Il avait épousé en premières noces Esquive d'Ibelin, dont il eut trois fils et deux filles. Il ne laissa que deux filles de sa seconde femme Isabelle.

ANGLETERRE. La conquête de l'Angleterre par les Normands établis en France, fut, entre ces deux pays, dans la seconde moitié du XIe siècle, une source de guerre que les âges n'ont pu tarir. L'enthousiasme qui éclata en France, quand le pape Urbain II donna le signal de la première croisade, au concile de Clermont, ne fut pas, toutefois, sans se communiquer à l'Angleterre. Le succès de l'entreprise de Guillaume le Conquérant avait créé entre la Grande-Bretagne et le continent des rapports qui facilitèrent cette communication. Depuis leur conversion au christianisme, les Normands avaient montré d'ailleurs beaucoup de goût pour les pèlerinages, auxquels se plaisait le génie aventurier, qui du fond du Nord avait amené ces peuples sur les côtes de l'Europe occidentale. Leur caractère guerrier souriait à la pensée de tirer pour la cause de Dieu l'épée avec laquelle ils avaient si vaillamment combattu pour leurs princes. Mais, quand les croisades commencèrent, le régime féodal, qui n'existait qu'en germe chez les Anglo-Saxons, venait d'être importé de France et introduit dans toute sa vigueur en Angleterre par le vainqueur d'Hastings, et les vassaux y étaient dans une dépendance du souverain qui ne leur permit pas de participer à des expéditions où il ne figurait pas. L'histoire compte quelques Anglais parmi les premiers croisés ; mais l'Angleterre ne prit une part active et sérieuse aux guerres saintes, que quand Richard Ier se rendit en Palestine, suivi d'un grand nombre de ses vassaux.

La chronique de Gervais de Cantorbéry rapporte qu'en février 1188, il se tint, près de Northampton, une assemblée des prélats et des grands du royaume, présidée par le roi Henri II, père de Richard, pour y traiter de la défense de la terre sainte. Après avoir délibéré sur ce sujet, on publia, à l'égard de ceux qui avaient pris ou qui prendraient la croix, des capitulaires dont voici les principales dispositions : « Tout clerc ou laïque qui aura pris la croix, est libéré et absous par l'autorité de Dieu, des saints apôtres Pierre et Paul et du souverain pontife, de tous les péchés dont il se sera repenti et confessé. Il est réglé par le roi, les archevêques, évêques et autres princes, que tous ceux, tant clercs que laïques, qui ne feront pas le voyage, donneront la dîme (c'est la dîme qui a été appelée *dîme saladine*) de leurs revenus d'une année, et de tous leurs biens, tant en or et en argent qu'en toute autre chose, excepté des livres, habits et vêtements de la chapelle des clercs, des pierres précieuses des clercs et des laïques, et des chevaux des guerriers. Personne ne fera de jurement, ne jouera aux jeux de hasard ou aux dés ; et après la Pâque prochaine, personne ne se servira, dans son habillement, de *vair*, ou *gris* ou *écarlate*, et on se contentera de deux mets. Personne n'emmènera de femme dans son voyage, à moins que ce ne soit une blanchisseuse qui ne puisse inspirer aucun soupçon. Il est statué que l'argent trouvé sur tout pèlerin qui mourra en voyage, sera partagé, d'après l'avis de personnes discrètes, établies pour cela, en trois parts, l'une destinée à soutenir ceux qui le servaient, l'autre à secourir la terre sainte, et la troisième au soulagement des pauvres. » L'archevêque de Cantorbéry, qui avait déjà pris la croix, se leva au milieu de l'assemblée, et, faisant au peuple une exhortation, il excommunia tous ceux qui, dans l'intervalle de sept ans, commenceraient la guerre ou entretiendraient une guerre commencée. Roger de Hoveden rapporte que, lors de la levée de la dîme saladine, le roi d'Angleterre envoya l'évêque de Durham et d'autres ecclésiastiques, avec plusieurs laïques, pour régler avec Guillaume, roi d'Ecosse, la levée de cet impôt dans les domaines de ce prince. Mais Guillaume ne voulut pas leur permettre d'entrer dans ses Etats pour cet objet. Il offrit seulement de donner au roi d'Angleterre, son seigneur, cinq mille marcs d'argent pour la dîme. Le chroniqueur dit que cette proposition ne fut point acceptée ; mais il ne nous apprend pas si la levée de la dîme se fit en Ecosse.

Quand Richard fut de retour dans ses Etats, après sa captivité en Allemagne, il ne cessa de promettre au saint-siége de retourner en Palestine, mais il n'exécuta jamais la résolution de reprendre la croix qui, chez lui, n'était vraisemblablement qu'apparente. Il était tout entier occupé de sa lutte avec Philippe-Auguste, roi de France. Les Anglais n'ont eu aucune part à la cinquième croisade, qui a eu pour résultat la prise de Constantinople en 1204, et les historiens de leur nation ont même négligé de parler de cette expédition.

Quand Innocent III appela tous les princes et tous les peuples de l'Europe à prendre part à la sixième croisade, l'Angleterre était troublée par la lutte entre le roi Jean et ses sujets. Le roi prit la croix pour obtenir la protection du saint-siége ; mais il n'avait point l'intention de partir pour l'Orient.

On trouve dans les *Actes de Rymer* la lettre suivante, adressée par Jean au pape Innocent III, pour lui exposer l'impossibilité où il se trouvait de faire le pèlerinage de la terre sainte, à cause de la résistance des barons du royaume : « Nous remercions Votre Sainteté des lettres qu'elle a bien voulu nous adresser, ainsi qu'à nos évêques et aux grands de notre royaume. Sachez, très-saint-père, que nos barons ne veulent nullement entendre parler de vos lettres, et que l'archevêque de Cantorbéry et ses suffragants ont cessé de demander l'exécution de vos ordonnances. Pour nous, qui n'avons rien oublié de ce qui s'est déjà passé, nous persistons à dire que notre terre est le patrimoine de saint Pierre, que nous la tenons du bienheureux Pierre, de l'Eglise romaine et de vous. Nous avons ajouté que nous étions croisé, et que nous demandions le bienfait du privilége des croisés, de peur que notre royaume ne fût troublé, et que l'argent que nous destinions à la terre sainte ne fût employé à de mauvais usages; nous avons appelé quelques-uns de nos princes contre ces perturbateurs de la paix publique. Toutefois, comme nous avons été croisé, voulant marcher en tout dans l'humilité et la mansuétude, nous avons dit à nos barons que nous voulions abolir les mauvaises coutumes qu'il a plu à chacun d'introduire dans notre temps, et que nous voulions même extirper les usages dangereux qu'avait approuvés le roi Richard, notre frère... Pour ce qui regarde toutes les longues querelles des libertés, nous avons proposé à nos barons de choisir eux-mêmes quatre personnes, et nous quatre, de soumettre l'affaire à Votre Sainteté, et d'avoir pour agréable ce que vous aurez vous-même statué; mais ils s'y sont refusés. Le jour de vendredi, lendemain de l'Ascension, le frère Guillaume, votre envoyé, est venu nous remettre des lettres de Votre Sainteté, touchant notre pèlerinage : vous nous invitiez à vous donner quelque chose de certain sur cette affaire. Nous répondons dévotement à Votre Sainteté que, comme nous sommes tourmenté par nos méchants barons, que nous ne pouvons trouver chez eux le bien et la paix, et que nous ne pouvons pas même nous mettre d'accord, nous ne saurions vous annoncer rien de positif au sujet de notre voyage. Une foule de croisés, des princes et des nobles des contrées les plus lointaines nous ont fait demander de se joindre à nous par leurs lettres et leurs ambassadeurs. A cause des inconvénients que nous venons de vous signaler ci-dessus, nous n'avons pu encore leur faire des réponses positives. En outre, vénérable père, en présence du frère Guillaume, votre envoyé et de plusieurs autres frères, nous avons proposé à nos barons de s'en rapporter à votre jugement pour ce qui regarde toutes les concessions qu'ils nous demandent, parce que c'est vous qui jouissez de la plénitude du pouvoir; mais nos barons ne veulent rien entendre de tout cela. C'est pourquoi, saint père, nous avons jugé convenable de soumettre toutes ces choses à votre suprématie, afin que, selon votre bonté accoutumée, vous ordonniez ce qu'il nous convient de faire. »

Henri III n'accomplit pas plus que son père la promesse qu'il avait faite aussi de porter les armes en Orient; mais il chargea plusieurs seigneurs d'acquitter son vœu, lorsque l'Angleterre envoya l'élite de ses chevaliers au siége de Damiette, en 1218. Le nombre des croisés anglais qui partirent pour la sixième croisade, au temps où Frédéric II donna le scandale de sa rentrée au port d'Otrante, après sa sortie de celui de Brindes, fut si grand, dit Matthieu Pâris, qu'il s'éleva à plus de soixante mille hommes, sans compter les femmes et les enfants. Tous, et surtout les pauvres, en qui la volonté divine a coutume de se manifester, ajoute le chroniqueur, prirent la croix avec dévotion.

Matthieu Pâris et Matthieu de Westminster font un crime au saint-siége des impôts demandés à l'Angleterre pour la défense de la terre sainte. Le premier de ces deux historiens rapporte, sous la date de l'année 1234, que le pape Grégore IX écrivit à tous les fidèles une lettre conçue en termes si éloquents, « qu'ils auraient pénétré des cœurs de pierre, si des actes évidemment opposés à l'humanité et à la justice n'avaient détruit l'effet de ses paroles. » Les actes ainsi qualifiés par le chroniqueur n'étaient autres que les levées d'argent que le pape faisait faire en Angleterre, comme dans les autres pays de la chrétienté, pour subvenir aux frais de la guerre sainte. Le témoignage de ces deux écrivains prouve que les appels faits à la charité par les papes, en faveur des croisades, trouvait beaucoup de *cœurs de pierre* parmi les Anglais. En accusant le saint-siége de cupidité, le moine de Saint-Alban et le moine de Westminster ont plaidé, devant la postérité, la cause de l'avarice de leurs compatriotes. Le lecteur sérieux doit donc se tenir en garde contre le reproche que Matthieu Pâris fait aux frères Prêcheurs et aux frères Mineurs d'avoir abusé du droit qu'ils exerçaient, au nom de l'autorité pontificale, de relever de leurs vœux ceux qui avaient pris la croix, en y substituant une aumône. A la violence du langage du chroniqueur, on reconnaît, au reste, qu'il est dicté par cet esprit d'insubordination contre l'autorite suprême de l'Eglise, qui apparaissait déjà, au XIIIe siècle, comme l'aube de la grande révolte du XVIe.

La sixième croisade se termina, en 1240, par le pèlerinage en Palestine de Richard de Cornouailles, frère du roi Henri III, qui eut pour résultat de mettre les chrétiens en possession de Jérusalem, en exécution d'un traité conclu avec les Musulmans, mais qui n'avait point été réalisé. Henri III, qui était occupé à lutter contre les grands de son royaume, à apaiser les troubles survenus dans le pays de Galles, et à résister au roi d'Ecosse, ne permit pas qu'on prêchât la septième croisade dans son royaume, en 1246, lorsque l'évêque de Beyrouth y vint réclamer les secours de l'Angleterre en faveur de la terre sainte. Guillaume Longue-Epée, comte de Salisbury, que le roi Henri avait dépouillé de ses biens, accompagna cependant le roi de France en Egypte, avec plusieurs autres seigneurs. Henri, mécontent de voir les barons anglais suivre son ennemi Louis IX, annonça au pape qu'il avait l'intention de prendre la croix, afin d'obtenir du saint-siége une défense qui empêchât les seigneurs du royaume de se croiser.

Matthieu Pâris rapporte, sous la date de 1250, que le roi d'Angleterre prit la croix entre les mains de l'archevêque de Cantorbéry avec plusieurs seigneurs anglais. Ces seigneurs se préparaient à partir, lorsque le roi reçut du pape des lettres qui leur ordonnaient de suspendre leur voyage, jusqu'à ce qu'Henri pût lui-même se mettre à leur tête.

Les croisés répondirent qu'il était plus convenable et plus sûr que ceux qui avaient pris la croix avant le monarque, et qui avaient engagé leurs biens et fait tous leurs préparatifs, se missent les premiers en marche, parce qu'ils trouveraient plus aisément des vivres, et que les étrangers, en les voyant, diraient : « Si tant et de si grands seigneurs précèdent le roi d'Angleterre, que sera-ce quand il viendra lui-même ! quelle escorte et quelle suite n'aura-t-il pas ! Par ce moyen l'honneur du roi s'augmentera parmi ses voisins, et ses ennemis en concevront plus de crainte. » Mais les lettres du pape, et les prières du roi, qui ressemblaient à des ordres, firent changer de résolution aux croisés, et ils restèrent. « Ce fut un bonheur pour eux, ajoute l'historien; car ils n'auraient pu arriver à temps pour secourir le roi de France. Depuis lors, le projet de croisade languit et demeura sans effet. » L'espoir d'obtenir la Normandie, que saint Louis proposait à Henri III de lui céder, s'il marchait sous la bannière de la croix, engagea ce prince à annoncer son départ pour l'Orient. Mais il changea de disposition quand il sut que les seigneurs français avaient très-mal accueilli le projet de cession de la Normandie. Les barons d'Angleterre qui levèrent l'étendard de la guerre contre Henri III, sous la conduite de Simon de Montfort, comte de Leicester, en portant une croix blanche sur la poitrine et sur l'épaule, détournèrent encore les esprits des croisades d'outre-mer. Le prince Édouard, fils aîné du roi, remporta, en 1265, sur les seigneurs une victoire qui coûta la vie au comte de Leicester, rendit la liberté à Henri III, qui était prisonnier de ses vassaux, et permit au restaurateur de la paix en Angleterre de faire ses préparatifs de départ pour rejoindre saint Louis en Afrique. Le prince anglais se rendit en Palestine, où il n'obtint d'autre résultat de son voyage que la conclusion d'une trêve avec le sultan d'Egypte. Il revint en Europe, en 1272, pour prendre possession du trône d'Angleterre. Les *Actes de Rymer* citent, à la date de l'année 1291, différentes lettres du pape Nicolas IV, relatives aux intérêts de la croisade en Angleterre. Par l'une Nicolas, en vertu du pouvoir qu'il tient de la miséricorde de Dieu et de l'autorité des saints apôtres Pierre et Paul, accorde au roi Édouard Ier, et à ceux qui le suivront, le pardon de leurs péchés, et les immunités et priviléges que ses prédécesseurs avaient coutume d'accorder aux croisés. Deux autres lettres du pape ont pour objet d'exhorter le clergé d'Écosse et d'Irlande à accorder au roi d'Angleterre la dîme de tous leurs biens. Par d'autres lettres enfin Nicolas attribue au roi tous les revenus casuels, pendant six ans, en Angleterre, en Ecosse et en Irlande. Les infatigables efforts du saint-siége échouèrent auprès d'Edouard Ier comme auprès des autres souverains de l'Europe, dans la tentative de susciter une nouvelle croisade.

Edouard, en attaquant Philippe de Valois, empêcha plus tard la France d'exécuter une guerre sainte à laquelle elle était disposée.

Les croisades n'ont exercé qu'une faible influence sur les destinées de l'Angleterre.

ANTIOCHE était un lieu de pèlerinage. Cette ville est située dans un pays fertile, aux bords de l'Oronte. Ce fleuve formait la défense naturelle de la place du côté du nord, et les murs, dans cette partie de leur circuit qui embrassait un espace de trois lieues, décrivant un grand ovale, n'étaient pas aussi forts que sur tous les autres points. Au rapport de Guillaume de Tyr, cette place faisait peur à voir, lorsqu'on examinait ses trois cent soixante tours. L'enceinte des murs d'Antioche renfermait quatre monticules, sur l'un desquels s'élevait la citadelle, surmontée de quatorze tours. A cinq heures de marche, à l'est de cette ville, s'étend un lac dont l'eau est douce, et qui abonde en poissons.

ANTIOCHE (Principauté d'). La possession d'Antioche fut pour Bohémond, prince de Tarente, la récompense du stratagème par lequel il introduisit les croisés dans cette ville, en 1098. C'est ainsi que fut fondée la principauté chrétienne d'Antioche. Cet état, dont les côtes maritimes s'étendaient depuis le golfe d'Issus jusqu'à Laodicée, allait du côté du nord jusqu'au mont Taurus, à l'ouest jusqu'à Tarse en Cilicie, à l'est jusqu'auprès d'Alep, et au sud jusqu'au voisinage d'Emèse. C'était la plus riche des provinces chrétiennes. Le passage des armées de la Croix à travers l'Asie Mineure avait tellement affaibli l'empire des Turcs Seldjoucides d'Iconium, qu'un grand nombre d'émirs se rendirent indépendants de l'autorité de Kilidje Arslan. Un Turcoman, connu sous le nom de fils de Danischmend, c'est-à-dire fils d'un homme adonné aux sciences, s'était ainsi formé un petit état aux environs de la ville de Malatia. Le gouverneur arménien de cette ville, ne pouvant s'opposer aux fréquentes incursions que les Turcs faisaient sur son territoire, eut recours à Bohémond, qui venait de s'établir dans Antioche, et lui offrit de lui remettre Malatia. Bohémond s'avança aussitôt pour s'emparer de cette ville. Mais le fils de Danischmend vint à sa rencontre, surprit son armée, la mit en déroute, et fit Bohémond lui-même prisonnier. Le vainqueur mit le siége devant Malatia, dont les habitants s'enfuirent à Edesse, et informèrent Baudouin de la situation de cette ville, qui n'était distante que de trois journées de marche de la capitale de son comté. Baudouin accourut à Malatia, et en prit possession, après avoir forcé le fils de Danischmend à la retraite. Pendant la captivité de Bohémond, le brave Tancrède fut chargé du gouvernement de la principauté de son parent, qu'il porta à un haut degré de puissance. Il réduisit Redouan, prince d'Alep, à lui payer un tribut considérable. Ce prince, ayant rompu les liaisons qu'il avait précédemment formées avec Tancrède, entra, à la tête de dix mille cavaliers et de vingt mille fantassins, sur le territoire de la principauté d'Antioche, dans le dessein d'en assiéger la capitale. Tancrède demanda des secours aux princes chrétiens des environs, et marcha vers Artésia, où Redouan était campé avec toutes ses forces ; il l'obligea à prendre la fuite, lui enleva son étendard, se rendit maître d'Artésia, tua un grand nombre de Musulmans, en fit prisonniers un nombre plus grand encore, et s'en retourna chargé de butin, emmenant surtout beaucoup de chevaux qui lui furent très-utiles. Tancrède s'empara aussi de Laodicée.

Les habitants d'Apamée lui offrirent de se livrer à lui, pour se soustraire à la domination de Redouan, et à celle des Bathéniens, qui se disputaient la possession de leur ville. Tancrède se mit en marche à la tête de sept cents cavaliers avec mille fantassins ; mais le chef des Bathéniens sut ramener à lui les habitants d'Apamée, et la porte de la ville fut fermée à Tancrède, qui, après trois semaines d'un siége inutile, s'en retourna à Laodicée et de là à Antioche. On était alors dans le carême. Après les fêtes de Pâques, il se transporta une seconde fois devant Apamée, et dressa toutes ses machines de siége; mais il trouva encore une telle résistance dans les habitants, qu'il n'aurait pu se rendre maître de la ville sans un secours auquel il ne devait point s'attendre. Deux enfants d'un brigand arabe, qui avait été gouverneur de la ville pour le calife d'Egypte, offrirent leurs services à Tancrède, et vinrent le trouver dans son camp avec cent soldats arabes et turcs. Après un long siége, la ville fut prise par capitulation. Tancrède pardonna aux habitants, et emmena avec lui à Antioche le chef des Bathéniens, laissant dans Apamée les enfants du brigand arabe, qui tuèrent tous les Bathéniens après son départ. Apamée est la première place dont les Bathéniens aient essayé de s'emparer dans la Syrie.

L'empereur Alexis avait offert de payer la rançon de Bohémond pour se faire livrer ce prince, et obtenir de lui l'abandon d'Antioche. Mais le rusé Normand déjoua les desseins de l'empereur de Constantinople, et sut persuader au fils de Danischmend que l'alliance des belliqueux Latins était préférable à celle des faibles Grecs. Après quatre années de captivité, Bohémond revint à Antioche en 1104. Au printemps de cette même année, Bohémond, Tancrède, qui était devenu seigneur de Laodicée, Baudouin du Bourg, comte d'Edesse, et son cousin Josselin de Courtenai essayèrent de prendre la ville de Carrhes ou Haran en Mésopotamie. Mais ils échouèrent dans cette entreprise ; leur armée fut défaite par un fils d'Ortok et par le successeur de Kerboga dans la principauté de Mossoul. Baudouin et Josselin furent même faits prisonniers par les Turcomans. Redouan, prince d'Alep, profita de cette circonstance pour pousser ses courses jusqu'aux portes d'Antioche. Le territoire d'Edesse fut également ravagé par les Turcs. Les infidèles proposèrent d'échanger Baudouin du Bourg et Josselin contre une princesse musulmane, qui était prisonnière des chrétiens ; mais Albert d'Aix prétend que Bohémond et Tancrède refusèrent cet échange, pour recevoir en argent la rançon de cette princesse.

Anne Comnène rapporte que, quand Alexis reçut la nouvelle que Tancrède avait pris Laodicée, il écrivit à Bohémond en ces termes : « Vous savez que vous et les comtes francs, vous m'avez prêté serment de fidélité, et vous, Bohémond, vous êtes le premier à le violer, en vous emparant d'Antioche, de Laodicée, et d'autres villes impériales. Sortez au plus tôt de ces villes, si vous ne voulez vous attirer de nouvelles guerres. » Suivant Anne Comnène, Bohémond répondit à l'empereur, « que les Francs n'avaient manqué à leurs serments que parce qu'Alexis lui-même avait violé les siens. N'avait-il pas juré d'accompagner les Latins dans la guerre, de les soutenir dans le danger? Eh bien! les chrétiens avaient tout souffert au siége d'Antioche, sans que l'empereur eût daigné les secourir. Y aurait-il donc de la justice à vouloir que les pèlerins abandonnassent des cités dont la conquête leur avait coûté tant de sueurs et de sang? » Lorsque l'empereur, ajoute la fille d'Alexis, eut reconnu que Bohémond ne changeait point de conduite, il se disposa à la guerre. L'armée impériale, qui fut dirigée contre Bohémond, était commandée par Bitumite. Quand le prince d'Antioche se vit menacé par les Grecs, en même temps qu'il l'était par les Musulmans, il se décida à se rendre en Europe, pour réclamer les secours de l'Occident. Il imagina de faire répandre le bruit de sa mort, et traversa, enfermé dans un cercueil, les Etats de l'empereur grec. Il ne revint plus en Orient, et Tancrède reprit le gouvernement de la principauté d'Antioche, qu'il garda jusqu'à sa mort. Raoul de Caen rapporte que Bohémond avait emporté avec lui tout l'or, tout l'argent, tous les bijoux qui étaient en sa possession, et que la ville était restée sans ressources. Dans cette pénurie, Tancrède ne voulut boire que de l'eau : « Laissez-moi, disait-il, m'abstenir avec ceux qui s'abstiennent. »

Ce fut en 1112 que ce prince, si digne des regrets que causa sa perte, fut enlevé à l'amour des habitants des colonies chrétiennes d'Orient. Il laissa le gouvernement d'Antioche à Roger, fils de Richard, son parent, à la condition de remettre la principauté au fils de Bohémond, qui était alors en Italie, et encore en bas âge. En 1119, Roger, attaqué par Ilghazi, prince ortokide de Mardin, appela à son secours le roi de Jérusalem et les comtes d'Edesse et de Tripoli; mais, en attendant leur arrivée, il livra aux Musulmans, près d'Artésia, une bataille dans laquelle ses ennemis avaient sur lui l'avantage de la supériorité du nombre. Kemal-Eddin dit que les Turcs chargèrent tous à la fois comme un seul homme, et montrèrent une grande bravoure. La multitude des traits tombait comme une nuée de sauterelles

Quinze mille chrétiens restèrent sur le champ de bataille, et l'armée musulmane ne perdit que vingt hommes, si on en croit l'historien arabe. Roger, ajoute-t-il, périt en combattant. Ilghazi, vainqueur, s'établit dans la tente de Roger; il y fit apporter le butin, et le partagea à ses troupes, ne se réservant que les armes, pour les envoyer en présents aux princes des contrées musulmanes. L'armée des infidèles, après cette victoire, se répandit sur les terres de la principauté d'Antioche, et y fit de grands ravages. Cette expédition eut une issue funeste à toutes les colonies chrétiennes d'Orient. La principauté d'Antioche ne s'en releva pas : avec Roger étaient morts les meilleurs défenseurs du pays, et il ne fut plus possible de les remplacer. Gauthier, chancelier d'Antioche, qui fut fait prisonnier dans cette défaite, l'attribue à l'imprévoyance de Roger. Le roi de Jérusalem arriva à Antioche pour rendre la confiance à cette ville restée sans défenseurs. Il s'unit aux prières des habitants pour invoquer la protection divine, et marcha à la rencontre des Musulmans qui désolaient le pays. Les chrétiens sentaient redoubler leur ardeur à la vue de la vraie croix, qui leur semblait un gage de victoire au milieu de leurs rangs. Ilghazi perdit quatre mille hommes en voulant leur résister, et s'enfuit avec les débris de son armée. Cette déroute jeta l'alarme dans Alep, et jusque dans Mossoul, et fut bientôt suivie de la mort du redoutable Ilghazi. Foucher de Chartres nous apprend que les chrétiens remercièrent Dieu d'être délivrés de cet ennemi : *Laudavimus omnes et benediximus Deum, quia suffocatus est draco ille sævissimus.*

A la nouvelle de la prise de Tyr, en 1124, Boursaki, que le sultan de Perse avait fait prince de Mossoul et de la Mésopotamie, passa l'Euphrate, et entra sur le territoire d'Antioche, qu'il trouva dégarni de troupes, et où il mit tout à feu et à sang. Cette principauté était alors gouvernée par Baudouin II, roi de Jérusalem. Les habitants l'informèrent de l'invasion de l'ennemi. Toghteghin n'avait pas tardé à rejoindre Boursaki, et les forces de ces deux princes musulmans étaient réunies lorsque le roi de Jérusalem les vint attaquer. Il était accompagné des comtes de Tripoli et d'Edesse, et son armée comptait environ onze cents cavaliers et deux mille hommes de pied; celle des infidèles était de quinze mille hommes. Cette infériorité numérique n'empêcha pas les Francs de remporter une victoire complète : ils ne perdirent que vingt-quatre hommes, et tuèrent deux mille Turcs.

Quand Bohémond II, qui avait épousé Alix, fille de Baudouin II, roi de Jérusalem, eut recueilli l'héritage de son père, il se vit attaqué par Josselin, comte d'Edesse, qui s'unit aux Musulmans pour lui faire la guerre; il avait la bravoure des héros de sa famille, et il fut tué dans un combat contre les Musulmans, en 1130. C'était, dit Guillaume de Tyr, un prince agréable à Dieu, *Deo amabilis.* Il ne laissait qu'une fille en bas âge, nommée Constance, et sa mort fut une source de calamités pour la principauté d'Antioche. Alix, sa veuve, était, dit l'historien que nous venons de citer, tourmentée *par l'esprit du démon.* C'était surtout une femme très-ambitieuse, et il n'avait pas fallu moins que la fermeté de son père pour l'empêcher d'oublier qu'elle était mère. Mais, après la mort de Baudouin, elle s'était abandonnée à ses penchants ambitieux, et avait même sollicité, pour les satisfaire, l'appui du fameux Zenghi, à qui elle avait envoyé, au rapport de l'archevêque de Tyr, « un palefroi aussi blanc que la neige, ferré d'argent, avec un frein d'argent, et couvert d'une housse blanche, symbole de la candeur de ses promesses. » Elle avait réussi à se faire un partisan de Pons, comte de Tripoli, qui osa prendre en sa faveur les armes contre le roi de Jérusalem. Mais Foulques lui fit éprouver une sanglante défaite. Lors d'un second voyage que le roi de Jérusalem fit dans la principauté d'Antioche, il remporta sur les Turcs une victoire qui lui acquit une grande influence, dont il se servit pour rétablir l'ordre troublé par les intrigues d'Alix. Il pensa qu'il convenait de donner à la fille de Bohémond un époux qui pût gouverner la principauté, et il jeta les yeux sur Raymond, fils puîné de Guillaume IX, comte de Poitou. Ce prince se rendit en Orient, sous le costume d'un simple pèlerin, afin de ne pas éveiller les soupçons de l'ambitieuse Alix. Son mariage avec Constance fut célébré dans l'église de Saint-Pierre d'Antioche, et Alix fut reléguée à Laodicée, qu'on lui donna en apanage.

Nicétas, dans son Histoire, avoue « que la ville d'Antioche, tombée au pouvoir des croisés, était l'objet de l'ambition de tous les princes qui se succédaient dans l'empire de Byzance; Jean Comnène suivit le projet conçu par Alexis, son prédécesseur, de s'emparer de cette importante cité. Sous le prétexte de régler l'administration de quelques villes d'Arménie, Jean écrivit aux habitants d'Antioche, afin de leur annoncer son arrivée prochaine dans leurs murs. Mais comme ceux-ci avaient appris par la renommée quelles étaient les intentions véritables de l'empereur, ils ne lui permirent d'entrer dans leur ville qu'en prenant à son égard les précautions les plus soupçonneuses. Jean Comnène s'en vengea en faisant ravager les environs d'Antioche; » il se contenta toutefois de l'hommage du prince d'Antioche, et unit ses forces à celles des Latins contre les Musulmans. On entreprit le siége de Césarée sur l'Oronte, mais la discorde vint aussitôt rompre l'alliance entre les Grecs et les Francs, et l'empereur conclut une trêve avec les infidèles. Jean Comnène revint une seconde fois dans la principauté d'Antioche, où sa présence occasionna de nouveau une grande inquiétude. Il manifesta l'intention de faire un pèlerinage au tombeau du Sauveur; mais Foulques, roi de Jérusalem, lui envoya des ambassadeurs qui le détournèrent de ce dessein, en lui disant qu'il ne pourrait entrer dans la ville que comme un simple pèlerin.

Au mois de mars 1148, Louis VII, roi de France, arriva à Antioche, après le désastre de son armée en Asie Mineure. Il était accompagné de sa femme, Eléonore de Guyenne, nièce de Raymond, prince d'Antioche. Ce prince proposa au roi d'entreprendre la conquête d'Alep et de Césarée sur l'Oronte, pour faire de ces places les boulevards des colonies chrétiennes contre les ennemis qui les venaient attaquer des rives de l'Euphrate et du Tigre ; mais Louis répondit qu'il voulait se rendre directement aux Saints Lieux. Raymond, qui connaissait le goût de la reine pour les plaisirs et pour la galanterie, lui donna des fêtes et noua avec elle des liaisons coupables, au rapport de Guillaume de Tyr, dans l'espoir qu'elle retiendrait le roi à Antioche. Mais Louis demeura inflexible, et se hâta d'enlever sa femme aux séductions dont il la voyait entourée. Raymond, qui était d'un caractère emporté, menaça en vain de recourir à la violence pour retenir sa nièce auprès de lui. Le prince d'Antioche a été accusé d'avoir contribué par ses intrigues, pour se venger de Louis VII, à faire lever le siége de Damas. La chute d'Edesse, qui était le boulevard des colonies chrétiennes du côté du nord, laissa la principauté d'Antioche exposée aux incursions des Turcs qui s'avançaient des bords de l'Euphrate. Peu de temps après la levée du siége de Damas, Raymond fut tué dans une bataille qu'il perdit contre Nour-Eddin, le 27 juin 1149. La tête de ce prince, à qui sa force et son habileté dans l'art militaire avait valu le surnom de *second Hercule*, que lui donne l'historien grec Cinnamus, fut envoyée au calife de Bagdad. Guillaume de Neubridge, en racontant la mort de Raymond, représente le prince d'Antioche comme le plus brave défenseur de la foi chrétienne en Orient. « Je me rappelle, dit le chroniqueur anglais, avoir vu, lorsque j'étais encore enfant, un moine vénérable qui avait fait partie autrefois de l'armée de l'illustre Raymond. Ce religieux vantait beaucoup la bravoure du prince d'Antioche, et il disait que son nom seul frappait d'épouvante les ennemis de la croix. » Raymond avait eu avec le patriarche d'Antioche, Raoul de Domfront, qui, au rapport de Guillaume de Tyr, ressemblait plus à un successeur d'Antiochus qu'à un successeur de l'apôtre saint Pierre, des discussions sur les limites de l'autorité ecclésiastique. L'intervention du roi Baudouin III mit fin à ces débats. Raymond laissa un fils qui lui succéda, et deux filles, dont l'une épousa l'empereur grec Manuel Comnène. Les barons de la Palestine donnèrent alors à Constance, veuve de Raymond, le conseil de se remarier à quelque puissant seigneur, capable de gouverner la principauté d'Antioche pendant la minorité de son fils Bohémond. Après avoir d'abord rejeté cet avis, elle finit par épouser Renaud de Châtillon, seigneur de Carac, qui n'était point un soldat de fortune, comme le représente Guillaume de Tyr, mais qui appartenait à la famille des seigneurs de Châtillon-sur-Marne. Dans l'espoir d'obtenir une récompense que lui avait offerte l'empereur de Constantinople, Renaud déclara la guerre, en 1158, au roi d'Arménie, et dévasta ses Etats. Mais l'empereur Manuel n'ayant pas tenu ses promesses, Renaud, pour se venger, fit une descente dans l'île de Chypre, où il pilla jusqu'aux églises et aux monastères. Renaud était d'un caractère violent ; il se porta à des excès très-cruels envers Amaury, patriarche d'Antioche, et le roi de Jérusalem fut obligé d'interposer son autorité pour mettre fin à ce désordre. Dans une excursion contre les infidèles, Renaud tomba entre leurs mains et fut fait prisonnier par Ayoub, père de Saladin, qui le conduisit à Alep en 1160. Le roi de Jérusalem, Baudouin III, gouverna la principauté pendant quelque temps, et le jeune Bohémond III, surnommé le *Bambe*, n'en prit possession qu'en 1163. Le 15 août de cette même année, ce jeune prince fut fait prisonnier à la bataille remportée par Nour-Eddin sur les forces chrétiennes près de Harenc. Amaury, roi de Jérusalem, le rendit à la liberté moyennant une forte rançon. A cette époque la principauté d'Antioche était sans cesse menacée par les Musulmans. Le comte Philippe de Flandre, qui venait d'arriver d'Europe, se joignit aux forces chrétiennes pour faire le siége de Harenc. Mais on ne s'y occupa que de jeu, de chasse et de débauche ; on resta ainsi quatre mois devant la place, et on se retira après avoir reçu une somme d'argent des assiégés. Bohémond envoya à l'armée qui fut défaite à la bataille de Tibériade cinquante chevaliers commandés par son fils. En 1188, Saladin, qui, après la prise de Jérusalem, avait en vain assiégé Tyr et Tripoli, porta la guerre dans la principauté d'Antioche, qu'il soumit à un tribut. Le sultan s'empara de vingt-cinq villes de cet Etat. Il ne lui restait plus que la capitale à prendre; il eut un instant l'idée d'en faire le siége. Mais Bohémond se hâta de demander une trève, offrant de mettre en liberté tous les Musulmans qui étaient captifs entre ses mains. Saladin y consentit, parce que ses émirs lui disaient que ses troupes avaient besoin de repos. C'est ainsi que Saladin était heureusement arrêté dans ses conquêtes par la mollesse de ses soldats, et surtout de ceux du contingent de la Mésopotamie, qui soupiraient après le retour dans leur pays. La trève entre le prince d'Antioche et le sultan fut de huit mois. Bohémond fut ainsi contraint de plier devant la fortune de Saladin, et suivant un historien arabe, il lui promit que, si, dans l'intervalle des huit mois de trève, il ne recevait aucun secours d'Occident, il se remettrait avec tout ce qu'il possédait à sa discrétion. Ibn-Alatir prétend que la princesse, femme de Bohémond, trahissait les intérêts chrétiens et mettait le sultan au courant des projets des Francs. Le prince d'Antioche ne prit pas part au siége de Ptolémaïs, qui dura deux ans, et que la prise de cette ville par la grande armée chrétienne, commandée par Richard Cœur de Lion et par Philippe-Auguste, termina glorieusement en 1191. Le roi de France, en quittant la Palestine après cette conquête, donna au prince d'Antioche cent chevaliers et cinq cents écuyers, pour la défense de sa principauté. Quand Saladin retourna, après la conclusion de la paix avec le roi d'Angleterre en 1192, à Damas, où il mourut, Bohémond, prince d'Antioche, fit une visite au sultan à Baïrout. Saladin vit avec un grand plaisir Bohémond se présenter à lui, sans défiance, sans escorte, et sans avoir demandé un sauf-conduit; pour lui en témoigner sa satisfaction, il lui céda quelques campagnes voisines de sa principauté.

Un changement remarquable s'était opéré dans l'esprit des Francs établis en Palestine, et des Musulmans des contrées voisines : la différence de religion avait fini par n'être pas un obstacle à des alliances entre eux. Aboulfarage rapporte que le prince d'Antioche, voulant à tout prix s'emparer de la petite Arménie, pays limitrophe du sien, attira artificieusement dans ses Etats Rupen, prince chrétien de cette contrée, et le retint prisonnier. Aussitôt Livon, frère de Rupen, prit les rênes du gouvernement, et, attirant à son tour le prince d'Antioche dans une embuscade, l'emmena captif en Arménie. Cette horrible politique occasionna une sanglante guerre. Le prince d'Alep, qui craignait beaucoup les Arméniens et très-peu le prince d'Antioche, prit parti pour celui-ci; et comme les Arméniens étaient entrés par surprise dans Antioche, il accourut avec ses troupes et les obligea à la retraite. Peu de temps après Antioche souffrant d'une cruelle disette, le prince d'Alep envoya généreusement aux habitants des vivres et de l'argent; c'est probablement cette générosité du prince d'Alep qui fit courir le bruit en Occident qu'il était chrétien dans le cœur, ce qui lui valut une lettre de félicitation de ses sentiments du pape Innocent III.

Bohémond se réunit, en 1197, aux croisés allemands qui s'emparèrent de Baïrout, après avoir remporté, avec les chrétiens de la Palestine, une victoire sur Malek-Adel entre Tyr et Sidon. Vers ce temps-là, Raymond, comte de Tripoli, fils aîné de Bohémond, fut poignardé par un Ismaélien. Le souverain d'Antioche, ayant pris les armes pour venger la mort de son fils, le prince d'Alep, son ancien allié, se déclara pour le Vieux de la Montagne, et Malek-Adel, sultan d'Egypte, embrassa la même cause. Le prince d'Antioche fut alors obligé de renoncer à son dessein. L'an 1200, il désigna pour son successeur Rupen, fils de Raymond, et lui fit prêter serment par ses sujets. Mais Bohémond, son fils cadet, qui s'était déjà emparé du comté de Tripoli, au préjudice de son neveu Rupen, déclara la guerre à son père, et parvint, avec le secours des Templiers et des Hospitaliers, à le chasser d'Antioche, dont il réunit la principauté au comté de Tripoli. Les Templiers et les Hospitaliers abandonnèrent ensuite Bohémond fils et rétablirent son père à la tête de son Etat. Bohémond III mourut en 1201. Après la mort d'Orgueilleuse, sa première femme, ce prince avait épousé Irène ou Théodora, nièce de l'empereur Manuel, qui avait lui-même épousé Marie, sœur du prince d'Antioche. Mais Bohémond renvoya sa seconde femme, pour en prendre une troisième; il fut alors excommunié par le patriarche d'Antioche, et se vengea en confisquant les biens du prélat et ceux de ses suffragants. Cette guerre entre le prince et l'Eglise remplit de troubles la ville d'Antioche et ne se termina que par l'intervention du roi de Jérusalem. Bohémond IV, fils de Bohémond III, s'empara, à la mort de son père, de la principauté d'Antioche, au mépris des droits de son neveu Rupen, fils de son frère aîné, qu'il avait déjà dépouillé du comté de Tripoli. Les chrétiens et les Musulmans prirent parti dans cette affaire, les uns et les autres selon leurs intérêts. Comme il était à craindre que le fils de Raymond, s'il était maître d'Antioche, ne s'unît avec les Arméniens, le prince d'Alep et le sultan d'Iconium, pour qui cette réunion de forces était redoutable, se déclarèrent pour Bohémond. Les Templiers prirent le même parti. Malek-Adel, au contraire, qui n'avait aucun point de contact avec les Arméniens, et qui était quelquefois en guerre avec le comte de Tripoli, prit parti pour les Arméniens, et les Hospitaliers embrassèrent aussi leur cause. Le roi d'Arménie, grand oncle maternel du jeune Rupen, pour se venger des Templiers qui possédaient de grands biens dans ses Etats, les en expulsa et confisqua leurs domaines; ensuite il marcha sur Antioche qu'il prit : mais le prince d'Alep et le sultan d'Iconium se déclarèrent pour les Templiers, et, envahissant la petite Arménie, forcèrent le roi à donner satisfaction à ces religieux et à se désister de ses prétentions. Bohémond était rentré dans Antioche, trois jours après qu'elle avait été prise par Livon, roi d'Arménie. Pendant ce temps, Malek-Adel s'était jeté sur le comté de Tripoli, et y avait commis d'horribles ravages. On finit par faire la paix, pour s'occuper de réparer les maux causés par la guerre. Mais, en 1205, Livon, secondé par le patriarche et par les habitants d'Antioche, s'empara de nouveau de la ville, et Rupen fut mis en possession de la principauté, pour laquelle il rendit l'hommage-lige au patriarche. Mais Bohémond, qui s'était retiré dans la citadelle, reprit la ville dans la même année, chassa Rupen, et mit le patriarche en prison. Bohémond resta prince d'Antioche jusqu'en 1233, date de sa mort. L'état d'Antioche et le comté de Tripoli ne furent pas compris dans la trêve conclue, en 1229, entre l'empereur Frédéric II et le sultan d'Egypte. Bohémond avait eu de sa première femme quatre fils et deux filles. Son fils aîné tomba sous les coups des Assassins; le second lui succéda sous le nom de Bohémond V, et le troisième, Philippe, devint roi d'Arménie après la mort de Livon Ier, dont il avait épousé la fille. De sa seconde femme Mélisende, fille d'Amaury, roi de Chypre, et d'Isabelle, reine de Jérusalem, Bohémond laissa une fille appelée Marie, qui épousa un fils naturel de Frédéric II, et qui vendit à Charles d'Anjou, en 1276, ses droits sur le royaume de Jérusalem. En 1244, Bohémond devint tributaire des Kharizmiens. La principauté d'Antioche fut ravagée ensuite par les Turcomans. Le prince et le patriarche d'Antioche implorèrent le secours de saint Louis, pendant son séjour dans l'île de Chypre, dans l'hiver de 1248 à 1249, contre cette irruption qui menaçait le pays d'une ruine totale. Le roi de France envoya à Bohémond six cents balistaires, et rétablit par sa médiation la paix entre le prince d'Antioche et le roi d'Arménie, Hayton Bohémond VI, qui avait été reçu chevalier par saint Louis, succéda à son père Bohémond V, mort vraisemblablement en 1253, comme prince d'Antioche et comte de Tripoli. Comme il était encore mineur, sa mère eut la régence de ses Etats. S'étant rendu à Ptolémaïs, en 1257, avec sa sœur Plaisance, qui avait épousé Henri Ier, roi de Chypre, Bohémond VI prit parti pour les Vénitiens, dans leurs différends avec les Génois, et contribua ainsi à entretenir les dissensions qui amenèrent la ruine des colonies chrétiennes.

Le prince d'Antioche profita de l'invasion des Tartares pour étendre son autorité sur les terres musulmanes voisines d'Alep. En 1262, le sultan d'Egypte, Bibars, punit Bohémond des appels continuels qu'il faisait aux Tartares contre les Musulmans, en pénétrant sur le territoire de ce prince, et en y mettant tout à feu et à sang.

Dans l'année 1268, le sultan, qui venait d'enlever aux Templiers une de leurs forteresses, résolut de tourner ses armes plus sérieusement encore contre le prince d'Antioche. Suivant les historiens arabes, ce prince avait toujours été l'ennemi acharné des Musulmans, et il ne cessait d'entretenir des relations avec les Tartares. A l'aide de cette alliance, il avait reconquis plusieurs de ses anciens domaines sur les Musulmans ; de plus, dans une occasion où des députés du roi de Géorgie, adressés au sultan, avaient fait naufrage sur ses côtes, il s'était saisi de leurs personnes et les avait livrées à Houlagou. Le sultan crut que la gloire de l'islamisme était intéressée à ce qu'il tirât vengeance de cette insulte. Après avoir fait, suivant son usage, ses préparatifs en secret, il fondit à l'improviste sur le territoire de Tripoli, et mit tout à feu et à sang; les chrétiens qui tombèrent entre ses mains eurent la tête tranchée, les arbres furent coupés, les églises brûlées. Bibars s'abstint d'attaquer Tripoli, parce que les montagnes voisines étaient au pouvoir des chrétiens. Il se porta alors vers Antioche, après avoir partagé son armée en trois corps, qui ravagèrent toute la principauté. Les terres du seigneur de Tortose, qui avait remis au sultan trois cents captifs musulmans qui étaient entre ses mains, furent seules épargnées. Toute l'armée se trouva réunie devant Antioche, au milieu de mai 1268. En l'absence du prince Bohémond, qui était à Tripoli, sa résidence ordinaire, le patriarche avait la principale autorité dans la ville. On négocia d'abord pendant trois jours; mais, comme on ne put s'accorder, Bibars fit commencer l'attaque. Les habitants se défendirent avec un grand courage ; mais les Musulmans, qui étaient de beaucoup supérieurs en force, escaladèrent les remparts dès le premier jour, et entrèrent dans la ville, qui devint le théâtre d'un effroyable carnage. Les habitants étaient au nombre de plus de cent mille; les émirs se placèrent aux portes pour n'en laisser échapper aucun, et le glaive ne fit pas grâce à un seul homme en état de porter les armes. Le patriarche fut massacré au pied des autels, revêtu de ses habits pontificaux. La citadelle avait fait quelque résistance avant de se rendre. Huit mille guerriers environ, outre les femmes et les enfants, s'y étaient enfermés; ils demandèrent la vie et l'obtinrent; mais ils furent réduits en servitude. Le lendemain de la prise d'Antioche, Bibars fit mettre le butin en tas, qui formaient comme de grandes collines, et on procéda au partage. Nul, chez les Musulmans, ne peut, avant le partage du butin, s'approprier le moindre objet, ni en disposer sous quelque prétexte que ce soit. La part des cavaliers est double de celle des fantassins. Comme il aurait été trop long de peser l'argent monnayé, on le distribuait dans des vases. Les hommes furent répartis par tête ; il n'y eut pas d'esclave qui n'eût un esclave ; on partagea aussi les femmes, les filles et les enfants. La ville et la citadelle d'Antioche furent ensuite livrées aux flammes, et tout fut détruit.

Après cette conquête, Bibars se hâta d'en annoncer lui-même la nouvelle au prince Bohémond, à Tripoli. La lettre qu'il lui fit écrire en cette occasion a été conservée par l'histoire : elle respire d'un bout à l'autre une raillerie d'une amertume peu généreuse. On en jugera par le passage suivant : « Nous avons pris Antioche par l'épée : tous ceux à qui tu en avais confié la garde et la défense ont été tués ; il n'y avait aucun d'eux qui n'eût avec lui quelque chose de ce monde; à présent, il n'y a aucun de nous qui n'ait quelque chose de ce qui leur a appartenu. Ah ! si tu avais vu tes chevaliers foulés aux pieds des chevaux, ta ville d'Antioche livrée à la violence du pillage et devenue la proie de chacun, tes trésors qu'on distribuait par quintaux, les matrones de la ville qu'on vendait une pièce d'or les quatre ! si tu avais vu les églises et les croix renversées, les feuilles des évangiles sacrés dispersées, les sépulcres des patriarches foulés aux pieds ! si tu avais vu le Musulman, ton ennemi, marchant sur le tabernacle et l'autel, insultant le religieux, le diacre, le prêtre, le patriarche ! si tu avais vu le patriarcat aboli sans retour. Les gens qui jusque-là se partageaient le pouvoir, au pouvoir d'autrui ! si tu avais vu tes palais livrés aux flammes, les morts dévorés par le feu de ce monde, avant de l'être par celui de l'autre! tes châteaux et leurs dépendances anéantis, l'église de Saint-Pierre détruite de fond en comble! certes, tu te serais écrié : *Plût à Dieu que je fusse poussière!* (ces paroles sont tirées du Coran;) *plût à Dieu que je n'eusse pas reçu la lettre qui me mandait une si triste nouvelle!* »

Antioche avait été au pouvoir des chrétiens pendant cent soixante-dix ans. Après la prise de la capitale, toute la principauté d'Antioche se soumit sans résistance, et Bibars retourna à Damas, où il fit une entrée triomphante, conduisant les prisonniers chrétiens devant lui.

Réduit à la possession du comté de Tripoli, Bohémond demanda la paix, et le sultan consentit à la lui accorder; mais c'était dans le dessein de mieux se préparer à achever la ruine de ce prince. L'auteur de la *Vie de Bibars*, qui faisait partie de la députation que le sultan envoya au comte pour traiter de la paix, raconte que le sultan, déguisé en écuyer, entra avec les envoyés dans Tripoli pour examiner l'état de cette ville. « Dans les conférences que nous eûmes avec le comte, dit cet historien, le sultan s'y trouva. En rédigeant ce traité, nous n'avions donné à Bohémond que le titre de comte, sans faire mention de celui de prince, qui ne lui convenait plus depuis qu'il avait perdu la principauté d'Antioche. Bohémond, s'en étant aperçu, se fâcha, et demanda qu'on lui restituât son titre. Je répondis que le titre de prince appartenait au sultan, en sa qualité de maître d'Antioche et de Jérusalem. A ces mots, le comte se tourna vers ses troupes. Ce mouvement nous remplit de frayeur; le sultan me fit signe du pied de ne plus insister : nous rétablîmes donc dans le traité le titre de prince, et les conditions furent jurées de part et d'autre; mais, à notre retour, le sultan ne put s'empêcher de rire de l'aventure, et de donner au diable tous les comtes et les princes de la terre. »

Comme l'autorité résidait à Antioche, dans les mains du patriarche, dès que le prince était absent, nous donnons ici la liste des patriarches latins qui ont occupé le siége de cette ville, pendant la durée de la principauté fondée par les croisés et détruite par Bibars. 1. Bernard, appelé au patriarcat en 1100, mort en 1135; 2. Raoul fut déposé, ensuite réintégré, et enfin remplacé, en 1142, par Aimeri, troisième patriarche latin; 4. Raoul II, mort vers 1201; 5. Pierre occupa le siége, de 1201 à 1208; 6. Pierre II, élu en 1208 et mort en 1219, est cité avec éloge dans les lettres d'Innocent III; 7. Rainier, nommé par le pape Honorius III, en 1219, mort en 1226; 8. Albert, nommé par Honorius III, en 1226 ou 1227, mort en France, où il était venu assister au concile de Lyon, en 1246; 9. Chrétien, de l'ordre des Frères Prêcheurs, fut le dernier patriarche latin d'Antioche. Il fut massacré par les Musulmans dans l'église des Dominicains, à la prise de la ville par le sultan Bibars, en 1268.

ARABES. Avant Mahomet, les Arabes, dont l'histoire remonte à la plus haute antiquité, étaient partagés en différentes tribus, soumises chacune à un chef particulier, et peu unies entre elles. Ils étaient, de tous les peuples de l'Asie, celui qui avait le mieux conservé les anciennes traditions des patriarches, dont ils descendaient. En obéissant à leurs chefs, appelés *scheiks* ou vieillards, ils suivaient le gouvernement patriarcal. Dans leur vie errante, ils dédaignaient les villes et toute demeure qui les aurait fixés trop longtemps dans le même lieu; ils puisaient, dans la nourriture simple de leur existence nomade, une force de tempérament qui leur permettait de supporter toutes les fatigues de leurs courses continuelles, et les rendait propres à devenir d'excellents guerriers. Ils étaient, d'ailleurs, naturellement braves. Les Arabes vivaient, depuis un grand nombre de siècles, indépendants dans leur presqu'île, lorsque Mahomet les retira de l'idolâtrie, en leur enseignant l'unité de Dieu et quelques vérités empruntées à nos saintes Écritures, et tirées de l'Ancien et du Nouveau Testament. Mais le faux prophète de la Mecque mêla à ces vérités toutes les erreurs capables d'allumer les passions et d'enflammer le fanatisme des tribus dispersées, dont il voulait faire un peuple conquérant, en les réunissant sous la loi du Coran (*Voy.* l'article Mahométisme). La conquête de la Mecque fut la base sur laquelle Mahomet fonda l'espoir de la grandeur de l'empire arabe. Le faux prophète, qui donna à cet empire le Coran pour code religieux et politique en même temps, mourut en 632, deux ans après avoir obtenu cette victoire. Abou-Bekr, dont il avait épousé la fille, la belle Aïcha, hérita de son gendre, à qui il succéda par élection, sous le nom de calife (*Voy.* l'article Calife), une puissance dont il sut soutenir et affermir le prestige naissant. Il empêcha la division de se mettre parmi les croyants à la parole de Mahomet, dont il réunit les feuilles dispersées en un corps d'ouvrage, qui est le Coran. Elu calife en 632, Abou-Bekr mourut en 634; mais il légua à l'islamisme la Syrie, qui avait été conquise par les armes de ses généraux. L'Orient était dans une situation favorable à l'accomplissement du grand dessein conçu par Mahomet, et exécuté par ses successeurs, d'imprimer, au nom de l'unité de Dieu, un caractère énergique de nationalité aux tribus, divisées entre elles de croyance et d'intérêts, qui erraient dans les déserts de la péninsule arabique. Tout était en décomposition, tout tombait en ruine autour du point de départ de la puissance mahométane. A l'est, l'empire des Sassanides n'attendait, pour lui livrer la Perse en s'écroulant, que le coup qui allait lui être porté. A l'ouest et au nord, l'empire grec s'affaissait sous le poids de sa propre corruption. Omar, qui succéda à Abou-Bekr, et occupa le califat de 634 à 644, prit le titre d'émir-al-mouménim, c'est-à-dire prince des croyants. Il avait complété la soumission de la Syrie au glaive arabe, et étendu la domination du Croissant sur la Perse et l'Egypte, alors le centre du commerce du monde, lorsqu'il périt de la main d'un fanatique, à l'âge de soixante-trois ans. On a calculé qu'Omar a détruit quarante mille églises chrétiennes, et élevé quatorze cents mosquées. Le troisième calife, Othman, continua à reculer les limites de l'empire du Coran, dans l'Afrique septentrionale et dans les îles de la Méditerranée, d'un côté, et jusqu'aux frontières du Turkestan, de l'autre. Le califat d'Ali fut marqué par des troubles et par des divisions, à la faveur desquels Moaviah, arrière-petit-fils d'Ommiah, cousin-germain du grand-père de Mahomet, se fit proclamer calife, et fut universellement reconnu, lorsqu'Ali ayant péri assassiné, en 661, Hassan, son fils, descendit volontairement du trône où il avait été élevé. Moaviah ajouta encore aux conquêtes de l'islamisme, les poussa jusqu'à Samarcande, et rendit le califat héréditaire dans la famille des Ommiades. Sous le fondateur de cette dynastie, Constantinople vit sous ses murs, vers le milieu du VIIe siècle, l'avant-garde de l'armée qui, huit cents ans plus tard, devait s'emparer de la capitale de l'empire grec et convertir en mosquée l'église de Sainte-Sophie. Tandis que le sixième calife ommiade, Walid, qui régna de 705 à 715, tenait à Damas, résidence des souverains de cette famille, une cour pleine de magnificence, ses généraux promenaient dans l'Inde le Croissant victorieux, faisaient trembler de nouveau Constantinople, et enlevaient aux Goths la domination de l'Espagne, des îles Baléares, d'une partie de la Gaule narbonaise et de la Sardaigne. Si l'épée de Charles-Martel n'avait point appris aux Arabes qu'ils n'étaient pas invincibles, le débordement de l'Orient mahométan sur l'Occident chrétien se serait étendu jusqu'aux dernières limites septentrionales de la France. Mais, dès le milieu du VIIIe siècle, l'empire des Arabes perdit son unité. Le temps avait usé la dynastie des Ommiades, sur les ruines de laquelle s'éleva celle des Abbassides, fondée par le sanguinaire Aboul-Abbas. Le siége du califat fut transporté de Damas à Bagdad, qui devint le foyer des lumières de l'Asie, autant que les véritables lumières sont compatibles avec l'islamisme, sous le règne glorieux de Haroun-al-Raschid. La décadence du califat, sous les successeurs du contemporain de Charlemagne, remplit l'Orient de guerres, de troubles et de désordres, dont les effets rejaillirent sur les chrétiens. L'oppression s'appesantit sur eux et sema le germe des croisades, qu'arrosa leur sang, souvent mêlé à celui des Musulmans, qui coula dans les luttes que soutinrent les califes contre leurs lieutenants, prétendant, à l'exemple de Mahomet, introduire, à la pointe de l'épée, de nouvelles doctrines dans l'islamisme.

Ce furent les califes eux-mêmes qui appelèrent dans leur empire et auprès d'eux la race dont la domination se substitua à la leur. Les prisonniers faits par les Arabes dans leurs guerres avec les Turcs, possesseurs du Turkestan, furent employés comme esclaves dans le sérail des califes. Ils s'y convertirent au mahométisme et y acquirent des connaissances politiques et scientifiques qui engagèrent les souverains de Bagdad à les tirer de l'esclavage, et à leur confier des charges dans le gouvernement. Elevés dans le sérail, les Turcs en possédaient toutes les intrigues, et ils furent bientôt en état de faire trembler les califes, qui ne pouvaient leur cacher leur faiblesse. Ils jouèrent enfin en Orient le rôle au moyen duquel les maires du palais ont substitué leur famille à celle de nos rois mérovingiens. C'est dans la seconde moitié du IXe siècle que le califat commença à chanceler sous la main qui le minait. Le calife Motaz fut détrôné par les Turcs, qui le remplacèrent par Mothadi, lequel ne tarda pas à être assiégé dans son palais par ceux mêmes qui l'avaient élevé au pouvoir. Il voulut repousser cette agression en marchant contre les Turcs à la tête de ses troupes, portant le Coran suspendu à son cou; mais il fut fait prisonnier et mis à mort après mille outrages. Les Turcs donnèrent le califat à Motamed. Des provinces, proclamées indépendantes par les Turcs, à qui les califes en avaient confié le gouvernement, ou par les émirs arabes, commencèrent à se détacher de l'empire. Ibrahim-ben-Aglab, qui avait été nommé gouverneur de l'Afrique par Haroun-al-Raschid, se rendit souverain de la côte de Barbarie, depuis l'Egypte jusqu'à Tunis, et établit à Kairouan le siége de la dynastie des Aglabites, qui régna pendant plus d'un siècle, de 800 à 909. Elle fut à cette seconde date renversée par Obéid-Allah, qui fut la souche des califes fatimites d'Egypte. Achmed, fils d'un Turc nommé Thouloun, qui avait été esclave du calife Mamoun, s'étant distingué par ses talents et par son zèle pour l'islamisme, fut chargé par le calife Motaz du gouvernement de l'Egypte et de la Syrie, où il se rendit indépendant. La dynastie des Turcs thoulounides, dont il fut ainsi le fondateur, régna sur l'Egypte de 869 à 905. L'Egypte rentra alors sous la domination des califes, à laquelle elle fut bientôt enlevée par Abou-Bekr-Mohammed, qui prit le nom d'Ikhschid, et fonda la dynastie des Turcs Ikhschidites, qui régna jusqu'à ce qu'elle fut remplacée par celle des Fatimites, en 968. Le Khorassan et le Mawarannahar avaient été détachés de l'empire arabe par les Samanides, la Mésopotamie et le Diarbékir par les Hamadanites, la Perse par les Bouides et l'Espagne par les Ommiades. Il ne restait plus aux califes abbassides que Bagdad et quelques provinces voisines. En créant, en 934, la charge d'émir-al-omra ou émir des émirs, le calife Rhadi prépara de nouvelles difficultés à ses successeurs. Motaki, qui le remplaça dans le califat, fut forcé, par les intrigues d'un Turc qui occupait cet emploi de premier ministre, de quitter sa capitale et de se retirer à Mossoul.

Lorsque Togrul-Beg, petit-fils du chef d'une horde turque, nommé Seldjouk, eut fondé, en s'emparant du Khorassan, l'empire de la dynastie des Seldjoucides sur les ruines de celui des Ghaznévides, le calife Kaïm-Biamrillah eut le tort d'appeler les Turcs vainqueurs au secours de la faiblesse de la puissance arabe. Il était retenu prisonnier au milieu de sa propre capitale par deux émirs arabes et un esclave turc, nommé Bassa-Siri, qui marchèrent contre Koutloumisch, parent de Seldjouk, et le battirent en Mésopotamie. Mais Togrul-Beg apprit bientôt que Bassa-Siri se disposait à s'emparer de Bagdad, et il s'avança vers cette capitale. Le peuple, qui était sous la domination du parti des Bouides de Perse, usurpateurs de l'autorité des califes, tenta en vain de s'opposer à son entrée. Togrul-Beg se rendit maître du pouvoir en 1055; son nom fut proclamé dans la prière publique après celui du calife, et Kaïm-Biamrillah épousa sa sœur. Il fit arrêter et garda prisonnier le dernier prince de la dynastie des Bouides. Bassa-Siri, qui s'était enfui de Bagdad, reconnut alors pour seul calife Mostanser, calife fatimite d'Égypte, et chercha un refuge auprès du roi de Mossoul. Mais cette ville fut prise par Togrul-Beg, qui retourna victorieux à Bagdad, où il fit, en 1057, une entrée triomphante. Lorsqu'il fut parvenu au palais du calife, il descendit de cheval et marcha à pied, précédé des émirs qui s'avançaient devant lui sans armes. Le calife était assis derrière son voile noir, ayant sur ses épaules l'habit noir, appelé Bourde, et dans la main le bâton du prophète. En s'approchant du trône, Togrul-Beg baisa la terre et se tint ensuite debout pendant quelques instants, après lesquels il monta vers le trône, suivi du premier ministre du calife et d'un interprète. Il s'assit sur un trône, à côté de celui du souverain, et on lut en sa présence l'acte par lequel celui-ci le reconnaissait maître de tous les Etats que Dieu lui avait confiés, et gouverneur de tous les Musulmans. On le revêtit de sept robes d'honneur qu'on lui mit l'une sur l'autre; on lui donna des esclaves des sept contrées différentes qui formaient l'empire des califes; on lui couvrit la tête d'un voile d'étoffe d'or parfumé de musc, et on lui mit sur la tête deux couronnes, l'une pour l'Arabie et l'autre pour la Perse. Kaïm-Biamrillah lui fit présent de deux épées richement garnies d'or, qu'il mit l'une et l'autre à sa ceinture, en marque de l'investiture des deux Etats, et on le proclama roi de l'Orient et de l'Occident. Après cette cérémonie, Togrul-Beg voulut baiser la terre, mais on l'en empêcha, et il baisa deux fois la main du calife avant de se retirer.

C'est ainsi que le calife se donna un maître, et que Togrul-Beg succéda, dans la charge d'émir-al-omra, aux Bouides qu'il venait de détruire. Toute l'autorité passa entre ses mains, et les califes furent dès lors réduits à se contenter d'une pension et des respects que le peuple leur rendait, comme aux souverains pontifes de la religion musulmane.

Mais tandis que Togrul-Beg était occupé à combattre son frère, qui avait été entraîné à se révolter contre lui par Bassa-Siri, celui-ci rentra dans Bagdad, en chassa le calife, et fit faire la prière publique au nom du calife d'Égypte, Mostanser. Il força même tous les ministres de la religion, tous les grands de la capitale et les principaux membres de la famille des Abbassides, à reconnaître pour calife le souverain fatimite. Kaïm-Biamrillah, après avoir vu son palais pillé par le peuple, fut emmené prisonnier hors de Bagdad, et son grand vizir fut promené avec ignominie par toute la ville sur un chameau, et ensuite pendu par le milieu du corps. Mais quand le sultan eut apaisé la révolte de son frère, dont il se débarrassa en le faisant pendre, il revint à Bagdad, d'où Bassa-Siri s'enfuit à son approche, et replaça le calife sur son trône. Les troupes envoyées à la poursuite de Bassa-Siri le prirent et le tuèrent, et sa tête fut apportée au calife. En conséquence de ce rétablissement de l'ordre dans l'empire, Togrul-Beg exigea que le calife lui donnât sa fille en mariage. Il mourut en 1063, peu de temps après l'avoir épousée, et eut pour successeur son neveu, Alp-Arslan, qui obtint du calife d'être maintenu dans la position qu'occupait son oncle, et dans tous les honneurs qui lui avaient été accordés. Lorsque ce sultan périt assassiné, en 1072, après avoir accru la puissance qu'il avait héritée de son oncle, il la légua à son fils Malek-Schah, que le calife investit du titre d'émir-al-mouménim, que les califes seuls avaient porté jusqu'alors, et de celui de djelal-eddin, c'est-à-dire *gloire de la religion*. Le calife Kaïm-Biamrillah mourut en 1075. Son successeur ne pouvait être installé sur le trône de l'empire des Musulmans que du consentement du sultan, qui avait toute l'autorité dans Bagdad. Ce fut le fils du grand vizir qui fut chargé de revêtir le nouveau calife, Moktadi-Biamrillah, de l'ombre de puissance laissée au chef de l'islamisme. Malek-Schah maria sa fille au calife Moktadi-Biamrillah, et lui donna une dot de cinquante mille pièces d'or. Mais il exigea que le calife n'aurait aucune autre femme, ni aucune esclave. Telle était l'autorité du sultan sur le calife. Dans Bagdad même, les officiers de Malek-Schah étaient traités comme des souverains.

A la mort du sultan Moktadi-Biamrillah, en 1094, son successeur Mostadher s'adressa au sultan Barkiaroc, fils et successeur de Malek-Schah, pour être confirmé dans le califat, et le nouveau calife donna l'investiture de l'empire au nouveau sultan. Mais Barkiaroc lutta toute sa vie contre ses frères, Mohammed et Sandjar, pour la conservation d'un pouvoir auquel tous les princes de la famille des Seldjoucides voulaient parvenir. La guerre et l'assassinat étaient les moyens par lesquels ils s'efforçaient d'atteindre le but de leur ambition. Lorsque les croisés arrivèrent en Orient, le sang ruisselait de toutes parts, au milieu d'un inexprimable désordre, dans le vaste empire arabe. L'anarchie et le meurtre y régnaient au milieu d'une horrible confusion. Les Fatimites, maîtres de l'Egypte et d'une partie de la Syrie, étaient opposés, par principe de religion, aux califes Abbassides de Bagdad, et, par conséquent, aux sultans Seldjoucides, qui exerçaient le pouvoir au nom de ces califes. Ces sultans négligeaient les affaires de la Syrie pour s'occuper de celles de la Perse, et ils étaient impuissants à réprimer les révoltes continuelles des innombrables petits princes et émirs qui s'étaient rendus indépendants dans les différentes provinces. C'est cet état de trouble et de division qui empêcha les Musulmans de se réunir pour s'opposer à l'invasion de la Palestine par les croisés, et qui favorisa la fondation du royaume dont Jérusalem conquise devint la capitale. Le calife Mostarsched, qui avait succédé à Mostadher, en 1118, fut humilié dans sa capitale par Mahmoud, frère et rival du sultan Sandjar. Un puissant émir arabe, nommé Dobaïs, se révolta aussi contre le calife, qui fut fait prisonnier en voulant résister à Masoud, frère de Mahmoud, autre prétendant au titre de sultan. Mostarsched fut enfin assassiné dans sa tente, tandis qu'il était captif de Masoud, par quatorze Bathéniens, qui lui donnèrent vingt-sept coups de poignards et lui tranchèrent la tête. Masoud fit proclamer calife le fils de Mostarsched, Rasched-Billah, qui promit au prince seldjoucide de lui donner quatre cent mille pièces d'or pour payer ce service. Mais le calife refusa ensuite d'acquitter cette dette, se mit à la tête de son armée, chassa de Bagdad celle de Masoud, et le palais des sultans fut pillé par le peuple. Mais Masoud rentra dans Bagdad, fit déposer Rasched pour avoir manqué à sa parole, et investit du califat Moktafi, fils du calife Mostadher, qui avait épousé la sœur de Masoud. Rasched, fugitif, fut tué par des Bathéniens. La prière publique fut faite dans Bagdad au nom du sultan Masoud. Mais après la mort de ce prince le calife reprit l'autorité. Au rapport d'Aboulfarage, Moktafi II fut le premier calife qui, depuis l'usurpation des sultans, gouverna l'empire par lui-même. La mort du sultan Sandjar, qui avait conquis, par sa valeur et par ses victoires poussées jusque dans l'Inde, le surnom de second Alexandre, porta, en 1157, à la dynastie des Seldjoucides de Perse, oppresseurs des califes, un coup dont elle ne se releva pas. La division des princes de cette famille acheva de la miner, et elle s'éteignit dans les débauches de Togrul, qui passa de l'ivresse à la mort, en 1194. Les sultans du Kharizme, vainqueurs des Seldjoucides, s'emparèrent de la plus grande partie de leurs vastes Etats, et ne laissèrent pas les califes jouir longtemps de la liberté que leur avait rendue la chute de la famille de Seldjouk.

L'empire arabe fut inondé des incursions des Khariziniens. Moktafi, mort à Bagdad en 1160, eut pour successeur son fils Mostandjed, qui régna aussi par lui-même, et avec assez de sagesse, pendant onze ans. Il transmit le califat à son fils Mostadi, en 1170.

C'est sous le règne de ce calife que Saladin mit fin au schisme qui siégeait sur le trône d'Egypte, en renversant la dynastie des Fatimites, rivale des Abbassides. L'autorité spirituelle des califes de Bagdad fut alors rétablie en Egypte. La politique de Saladin se montra révérencieuse envers les pontifes de l'islamisme, tant était grand encore le prestige de leur suprématie spirituelle! Sous le califat de Nasser, qui avait succédé à son père Mostadi en 1180, le fils d'Ayoub disait au descendant d'Abbas, dans une lettre écrite du camp devant Ptolémaïs : « Vous qui êtes du sang de notre prophète Mahomet (les Abbassides descendaient d'un oncle de Mahomet), c'est à vous de tenir sa place, de faire en cette circonstance ce qu'il ferait lui-même, s'il était au milieu de son peuple, de maintenir en paix sa mémoire, de faire triompher la vérité parmi nous ; car il nous a remis, nous et tous les Musulmans, à votre garde. » Un historien arabe rapporte que, pendant que Saladin était occupé au siége de cette même place de Ptolémaïs, en 1190, un ambassadeur du calife de Bagdad lui apporta une lettre de change de vingt mille pièces d'or, payable à l'ordre du divan du calife, sur les marchands de Bagdad : cette lettre était accompagnée de présents, que le sultan accepta ; mais il refusa l'argent, en disant à l'envoyé du calife : « Tout ce que je possède, je le tiens de la bonté du commandeur des croyants; ce serait plutôt à moi à faire hommage au calife des revenus de mes propres Etats, si je n'étais forcé de les employer à la guerre sacrée. »

Le calife Nasser vécut jusqu'à l'âge de soixante-dix ans. A sa mort, en 1225, son fils Daher fut tiré de prison pour lui succéder. Il avait cinquante ans, et il dit, quand on vint lui annoncer son élévation au califat : « C'est un peu tard d'ouvrir la boutique sur le soir. » Daher mourut l'année qui suivit son avénement au trône. Son fils, Mostanser, qui régna après lui, s'occupa, comme son père, d'embellir Bagdad et de faire fleurir les lois, les sciences et les arts. Il mourut regretté de son peuple en 1243, et eut pour successeur son fils Mostassem, qui, loin de l'imiter, se livra à l'indolence et à la débauche. C'est sous son règne que les Tartares Mogols commencèrent à déborder sur l'Asie occidentale et méridionale.

Le calife Mostassem vit venir l'invasion des Mogols sans songer à l'arrêter : uniquement occupé de ses plaisirs, il était renfermé dans son sérail, et répondait à ceux qui lui représentaient la nécessité de chasser ces barbares qui désolaient le territoire musulman, que Bagdad lui suffisait. Quelques années plus tard, à la sollicitation de Hayton, roi d'Arménie, Mangou, grand khan des Tartares, résolut d'envoyer son frère Houlagou, à la tête d'une nombreuse armée, pour renverser la puissance du calife de Bagdad. Tandis que le prince mogol s'approchait de cette ville, elle était livrée à l'anarchie et aux querelles religieuses. Houlagou ayant envoyé demander au calife des secours contre les Assassins, qu'il était occupé à détruire, les émirs qui étaient les maîtres de l'Etat persuadèrent à Mostassem que Houlagou ne demandait des secours que pour dégarnir la ville de troupes, et on accusa le grand vizir de s'entendre avec les Mogols. Il y avait en même temps une vive dispute entre les partisans des deux grandes sectes de la religion musulmane, les sunnites et les chiites; on en était venu aux mains, on avait répandu beaucoup de sang, et le parti du vizir ayant eu le dessous, ceux qui le soutenaient avaient vu leurs maisons pillées et leurs femmes violées. On prétend que le vizir, pour se venger, avait envoyé son frère vers les Mogols, afin de les engager à venir faire le siége de Bagdad. C'était la dernière scène tragique que les querelles de religion devaient exciter dans cette ville. Plusieurs fois les habitants s'étaient armés les uns contre les autres, parce qu'un parti prétendait que le Coran avait été créé, tandis que l'autre parti soutenait l'opinion contraire. La discussion était alors entre les sunnites et les chiites. Ces derniers, qui sont les partisans d'Ali, font profession de croire que le califat doit rester dans la famille du gendre de Mahomet, et que le chef de la religion ne peut point pécher. C'était le sentiment que défendait le grand vizir. L'animosité que cette controverse avait excitée entre les deux sectes, causa la perte de Bagdad et la ruine de l'empire des califes. Au milieu de cette anarchie, le calife ne put pas envoyer à Houlagou les présents qui l'auraient empêché de ruiner la capitale de l'islamisme. Tandis que les Tartares s'avançaient de Hamadan vers Bagdad, un émir du calife tomba entre leurs mains. Houlagou accorda la vie au prisonnier, à condition qu'il lui servirait de guide. De concert avec le prince mogol, l'émir écrivit aux principaux habitants de Bagdad, pour les engager à chercher les moyens de faire la paix avec les envahisseurs, afin de s'épargner tous les malheurs dont ils étaient menacés. Mais voici la réponse qui lui fut faite : « Quel est Houlagou, et que peut-il sur la maison d'Abbas, qui tient toute sa puissance de Dieu même, aux volontés duquel on ne s'oppose pas impunément? Si Houlagou avait désiré la paix, il ne serait pas venu porter le ravage sur les terres du calife. Si cependant ce sont là ses intentions, qu'il s'en retourne à Hamadan, alors nous prierons le Douaïdar de se jeter aux pieds du calife, afin d'obtenir de lui le pardon pour Houlagou. » A la vue de cette lettre, le prince mogol rit de l'orgueil des habitants de Bagdad, et continua sa route. Les troupes du calife s'étant avancées à la rencontre de l'armée tartare furent défaites et exterminées en grande partie ; le reste se sauva à Bagdad et dans la Syrie. Houlagou parut alors devant Bagdad, qu'il fit environner d'un mur fortifié d'un fossé très-profond; il dressa ensuite ses machines, prépara ses feux grégeois, et commença ensuite les attaques. Le calife, à qui il ne restait aucune espérance de salut, envoya le chef de son divan porter au prince mogol des propositions d'accommodement, en le chargeant toutefois de présents peu considérables, afin de faire croire qu'on ne craignait pas les Tartares. Houlagou demanda pourquoi on ne lui avait pas envoyé le Douaïdar et un autre officier nommé Soliman-Schah. Sur cette observation, le calife fit partir son grand vizir, sans que cette démarche satisfît Houlagou, qui répondit que, lorsqu'il était à Hamadan, il avait exigé qu'on ne lui envoyât qu'un de ces trois personnages, mais qu'à présent il voulait qu'ils vinssent tous les trois. Les attaques furent poussées plus vivement, et Houlagou fit écrire en caractères arabes, sur les flèches qu'on lançait contre les assiégés, que les principaux habitants de la ville, les partisans d'Ali, les docteurs et en général tous ceux qui ne combattaient pas, auraient la vie sauve, et que leurs biens et leurs femmes leur seraient laissés. Après beaucoup de travaux, les Mogols s'emparèrent d'une grande tour et d'une partie des murs de la place. Le peuple envoya alors deux députés pour traiter avec les Mogols. Le calife, se voyant ainsi abandonné de ses sujets, fit demander à Houlagou la permission de se rendre auprès de lui, et sortit de son palais, suivi de toute sa famille. Houlagou livra la ville au pillage, et se rendit dans le palais du calife, où il fit paraître devant lui le chef de la religion musulmane, qui lui offrit de grands présents. Houlagou retourna ensuite à sa tente. Le pillage de Bagdad dura sept jours, après lesquels Houlagou s'éloigna de cette scène de ruine. On ne sait pas précisément de quelle manière le khan fit mourir Mostassem. La chronique de saint Bertin rapporte qu'après s'être rendu maître de la ville, le chef tartare, en faisant venir devant lui le calife, lui dit, pour se moquer de son avarice, que les mets ordinaires ne pouvaient convenir à un prince tel que lui; que l'or, l'argent et les pierres précieuses, pour lesquels il montrait tant d'amour, devaient seuls le satisfaire. Après cela le vainqueur fit renfermer le calife dans une chambre, où il le laissa mourir de faim, au milieu de tas d'or et d'argent. C'est à peu près ainsi que Joinville raconte la mort de Mostassem. D'autres écrivains prétendent qu'on lui fit avaler de l'or fondu. Quelques historiens disent qu'il fut étranglé, ou qu'il eut la tête tranchée, ou qu'il fut jeté dans le Tigre, d'autres enfin rapportent qu'il fut mis dans un sac où on l'assomma. Quoi qu'il en soit, c'est ainsi que finit, au mois de février 1258, la dynastie des Abbassides, et que l'empire arabe, qui avait autrefois fait trembler toute l'Asie, succomba, avec le califat d'Orient, sous les coups des Tartares.

ARMÉES DES CROISÉS. La constitution fondamentale des armées qui marchèrent à la conquête de la Palestine reposait sur la cavalerie; les chevaliers et les bannerets en faisaient la force principale. Les diverses épreuves et les différents grades par où il fallait passer, pour parvenir à celui de chevalier, rendaient ce titre d'autant plus précieux, qu'il était plus difficile à acquérir. On était d'abord page, ensuite varlet ou écuyer, *armiger*. Les plus grands seigneurs se faisaient une gloire de porter ce titre dans leur jeunesse, pour obtenir ensuite celui qui était le complément de tous les autres. On lit dans Villehardouin que Gui de Lusignan était le varlet du comte de Poitou. Les gentilshommes pauvres vieillissaient avec ce titre de varlet ou d'écuyer ; ceux qui étaient plus riches parvenaient au grade supérieur de bas-chevalier ou bachelier. Ils conduisaient à la guerre leurs vassaux ou leurs clients, *clientes*, qui marchaient sous leurs pennons. Ce pennon était un étendard taillé à deux pointes. Les seigneurs qui avaient un grand nombre de vassaux relevant de leurs seigneuries, avec une fortune assez considérable pour les soudoyer, changeaient leur pennon en bannière, du mot *ban*, qui exprimait l'ordre d'entrer en campagne. La bannière était carrée et chargée des armoiries du chevalier, qui s'appelait banneret. On voit que la force des armées reposait principalement sur la cavalerie, qui était composée non-seulement des chevaliers, mais des hommes d'armes que les chevaliers étaient obligés de fournir comme feudataires. Chaque homme d'armes, outre ses valets, avait deux cavaliers pour le servir ; ainsi un banneret qui conduisait cent chevaliers réunissait trois cents chevaux sous sa bannière. La distinction entre les combattants, chevaliers et hommes d'armes, et les cavaliers qui les servaient, est parfaitement marquée dans Foucher de Chartres, lorsqu'il dit : *Milites nostri erant quingenti, exceptis illis qui militari nomine non censebantur, tamen equitantes*. Nos chevaliers et hommes d'armes, *milites*, étaient au nombre de cinq cents, sans compter ceux qui ne portaient point ce titre et étaient cependant à cheval.

La tactique n'existait pour ainsi dire pas, et le succès d'une bataille dépendait bien plus de la force et de la valeur personnelles de chaque combattant, que des dispositions de celui qui commandait l'armée. S'il pleuvait, on s'efforçait d'avoir le vent pour soi, de façon qu'il chassât la pluie sur les ennemis, et qu'il relâchât les cordes de leurs arcs et de leurs arbalètes; s'il faisait un grand soleil, au contraire, on tâchait de l'avoir au dos, afin qu'il éblouît l'ennemi qu'on avait en face de soi. C'était ordinairement la cavalerie légère qui engageait le combat. L'infanterie, qui était réduite aux fonctions secondaires des vélites dans les armées romaines, était aussi employée à cet usage. La légère armure qu'elle portait favorisait ce genre d'attaque, qui ne consistait guère qu'à escarmoucher avec l'arc, ou une petite arbalète, ou la fronde. L'infanterie avait encore pour fonction de secourir et de relever les cavaliers renversés de cheval et accablés sous le poids de leur armure. Mais l'époque des croisades est précisément celle où l'infanterie commença à sortir, en France, de l'avilissement où elle était tombée. Ce changement fut une conséquence de l'affranchissement successif des communes, dont l'origine date des règnes de Philippe Ier et de Louis le Gros, c'est-à-dire, des premiers temps des croisades.

Pendant les six premières croisades, les armées qui partaient pour la guerre sainte, se recrutèrent suivant les usages du système féodal : les vassaux marchaient sous la bannière de leurs seigneurs. Mais, dans la septième croisade, on voit saint Louis payer une solde aux barons et aux chevaliers.

Un historien arabe, qui était auprès de Saladin, dit que, dans l'ordre de marche de l'armée de Richard Cœur-de-Lion, la cavalerie se tenait constamment au milieu de l'infanterie, qui l'entourait comme un mur. Quand la cavalerie devait charger, l'infanterie ouvrait ses rangs, pour la laisser sortir.

En racontant comment l'armée de Saladin vint attaquer Richard Cœur-de-Lion, qui était campé devant Jaffa avec une petite troupe de guerriers, dont quelques-uns seulement avaient des armes, Gauthier Vinisauf fournit des détails sur les dispositions que prirent les croisés pour résister à un ennemi très-supérieur en nombre. Les Turcs, dit le chroniqueur, fondent sur le camp en poussant des cris et des hurlements horribles ; ils lancent en même temps une grêle de traits et de javelots. Les chrétiens se disposent à recevoir comme ils peuvent le choc des infidèles : ils mettent le genou droit en terre, afin d'être plus fermes, et s'appuyant sur le pied gauche, de leur main gauche ils tiennent leur boucliers étendus ; de la main droite ils fixent leurs lances en terre, en les inclinant et en présentant la pointe aux ennemis. Richard plaça un balistaire entre deux guerriers protégés par leurs boucliers ; un autre soldat était chargé de disposer la baliste, de sorte que le devoir de l'un était de tenir la baliste tendue, et celui de l'autre de lancer les traits. L'armée étant ainsi disposée, selon que le temps et le petit nombre le permettaient, le roi parcourut les rangs, pour exhorter les soldats à garder une fermeté inébranlable. Richard avait à peine fini de parler, que l'ennemi marche sur sept colonnes, dont chacune avait près de mille cavaliers. Les chrétiens, appuyant fortement le pied droit sur le sable et restant immobiles, présentent la pointe de leurs lances. S'ils s'étaient un moment ébranlés, tout était perdu. Lorsque la première ligne des Musulmans arrive en présence des chrétiens, elle s'arrête, puis recule sans oser les attaquer. Alors une grêle de traits tombe sur les infidèles, et tue les hommes et les chevaux. La seconde ligne ennemie s'avance à son tour, et recule de même, en voyant l'attitude des chrétiens. Plusieurs fois les Turcs vinrent, poussés comme par un tourbillon, dans l'intention de dissiper l'armée des fidèles ; mais lorsqu'ils étaient près d'en venir aux mains, ils détournaient leurs chevaux et s'éloignaient. Alors le roi et ceux qui avaient des chevaux se portent avec violence sur le plus épais des ennemis, et le désordre se met dans les rangs des Musulmans.

Le défaut d'approvisionnements et le manque de vivres, qui en était la suite, ont été la principale cause de ruine des innombrables armées que l'Occident a envoyées en Orient, durant les croisades : la famine a tué plus de pèlerins que le fer musulman.

Les armées contre lesquelles ont combattu celles des croisades étaient aussi fondamentalement composées de cavalerie. Elles étaient pareillement le produit de l'espèce de régime féodal que les invasions turques avaient introduit dans l'empire arabe des califes. Vers le temps de la troisième croisade, les Curdes, et ensuite les Mameluks, formèrent, comme troupes soldées, le noyau des armées musulmanes. Des nuées de cavaliers bédouins, qui éclairaient et flanquaient ces armées, firent beaucoup de mal aux croisés, en ne leur laissant de repos ni jour ni nuit, et en les empêchant de fourrager pour se procurer des vivres.

ARMÉNIE. Pendant que Mahomet, en fuyant de la Mecque, inaugurait l'ère de l'islamisme, l'Arménie gémissait sous la domination cruelle de Chosroès II, roi des Perses. Il fallut qu'Héraclius vînt en personne pour en chasser ces barbares, qui avaient à peu près anéanti la puissance des Grecs en Asie. Il triompha de Chosroès; mais il n'obtint pas les mêmes succès contre les Musulmans. Bientôt les Arabes envahirent l'Arménie. La terreur de leur nom les y avait précédés, et ils n'eurent pas besoin de longs efforts pour y faire cesser toute résistance. Toutefois ils ne tardèrent pas à se retirer, après avoir pris en otages les femmes et les enfants des grands du pays. Ceux-ci, de concert avec le patriarche Narsès, élurent prince de l'Arménie Harmazabs Mamigonéan, homme savant et avide de gloire militaire. Puis ils envoyèrent leur soumission à l'empereur. Le patriarche obtint de ce prince que Harmazabs fût fait gouverneur d'Arménie. Aussitôt que les Arabes eurent connaissance de ces événements, ils mirent à mort les otages, et il est à croire qu'ils se seraient plus amplement vengés, si la discorde ne s'était mise entre leurs chefs. Harmazabs mourut au bout de trois ans. Après lui, l'Arménie, passée sous le commandement de Sempad Pagratide, eut à soutenir de nombreux combats contre Merwan. Ce féroce chef musulman y exerça des ravages affreux; mais il rencontra une résistance opiniâtre. En 704, Abdel-Malek étant calife, ses troupes poussèrent ce système de dévastation aux dernières extrémités. Les Arabes se saisirent par trahison de presque toute l'aristocratie arménienne et la firent périr par les flammes, dans une église de la ville de Nakhchivan. Quoiqu'un tel événement fût de nature à ôter à l'Arménie toute espérance de se soustraire à la domination des infidèles, elle ne cessa guère néanmoins d'être, durant de longues années, le théâtre d'une lutte sanglante entre les naturels et leurs oppresseurs. Le sang de ses martyrs se mêla abondamment à celui de ses soldats. En 748, Achod Pagratide, fils de Vasag, élevé à la dignité de patrice, gouverna l'Arménie au nom de Merwan II, dernier calife omniade. Sempad Pagratide son fils lui succéda vers 748, et périt dans un combat qu'il livra aux Arabes. Après Sempad, son fils Achod Pagratide parvint au pouvoir vers 781. Sempad Pagratide, surnommé le Confesseur, fils d'Achod, lui succéda en 820, et fut martyrisé à Bagdad. Achod Pagratide, surnommé le Grand, successeur de Sempad, prit en 859 le titre de prince des princes, et plus tard, son adroite politique le fit reconnaître comme roi par l'empereur grec et par le calife tout à la fois. La ville de Kars fut sa capitale. Il laissa en 890 sa couronne à son fils Sempad Ier Pagratide, surnommé le Martyr. Celui-ci fut fait prisonnier par les Arabes. Il recouvra ensuite sa liberté et reprit les armes contre les infidèles. Après plusieurs succès, dont la haine de quelques seigneurs lui firent perdre le fruit, il finit par être vaincu, et étant tombé au pouvoir de Youssouf, général arabe, il mourut dans les fers. En 914, Achod II, Pagratide, son fils, lui succéda. C'était un guerrier intrépide et habile, plein du désir de venger son père. Il se mit à la tête de quelques bandes que ses succès changèrent bientôt en une armée. L'empereur grec lui envoya quelques troupes. Dès lors, il put livrer au général arabe Youssouf une grande bataille, où celui-ci fut vaincu. Achod demeura ainsi maître de son pays et prit le titre de roi des rois. Après lui, Achod Pagratide, son oncle paternel, se fit, en 921, proclamer roi, grâce au concours des Arabes qu'il ne craignit pas d'invoquer. Mais en 928, la postérité de Sempad Ier reparut sur le trône en la personne d'Apas Pagratide, frère d'Achod II. Ce prince eut à lutter contre les émirs arabes et curdes du Diarbékir, et ce ne fut pas toujours avec avantage. Achod III Pagratide, dit le Miséricordieux, son fils, lui succéda en 952. Il donna à son frère une partie de ses Etats avec le titre de roi de Kars; faute immense qui, en détruisant l'unité de pouvoir en Arménie, accrut la force relative des Musulmans. Sempad II Pagratide, dit le Dominateur, fils d'Achod II, monta sur le trône en 977. Comme son surnom l'indique, son règne ne fut pas sans gloire. Il fit construire tant d'églises, que la tradition populaire en porte le nombre à mille et une, par lesquelles les Arméniens ont pris l'habitude de jurer. Sempad II eut, en 989, pour successeur, son frère Kalig Ier Pagratide, dit roi des rois, lequel laissa, en 1020, la couronne à son fils Jean Pagratide. Ce dernier est connu aussi sous le nom de Sempad III. Au commencement de ce siècle les Turcs seldjoucides parurent sur les confins de l'Arménie. Ils ne tardèrent pas à passer l'Araxe. Mais des revers les forcèrent ensuite à évacuer le pays. Cette invasion suscita à l'Arménie d'autres ennemis.

Le roi du Vasbouragan, effrayé des envahissements de ce peuple féroce, échangea ses Etats contre la ville de Sébaste, que lui céda Basile, empereur de Constantinople. Dès lors les Grecs s'efforcèrent d'accroître leurs domaines aux dépens de l'Arménie. Et quoique le roi Jean eût fait alliance avec le roi de Géorgie, il fut contraint de subir la suprématie de Basile II. Après la mort de Jean, arrivée en 1040, il y eut un interrègne pendant lequel les seigneurs d'Arménie se soulevèrent contre les Grecs. Leurs premiers efforts furent couronnés de succès; ils forcèrent leurs ennemis à lever le siége d'Ani. Mais l'empereur Constantin Monomaque triompha de toute résistance, après avoir emporté d'assaut Ani. Les Grecs furent moins heureux quand ensuite il leur fallut défendre leur conquête contre les Turcs seldjoucides. A la vérité ils repoussèrent les attaques de Togrul-Beg, mais quand ils eurent affaire à Alp-Arslan, les choses changèrent de face. Les Seldjoucides expulsant alors pour toujours les troupes impériales, soumirent l'Arménie et une partie de la Géorgie. Toutefois, comme les Grecs, ils eurent plus de peine à se maintenir dans le pays qu'ils n'en avaient eu à le conquérir. Les Géorgiens, sous la conduite de David II, commencèrent à leur faire essuyer des revers, et l'Arménie put respirer. Elle finit même par recouvrer entièrement son indépendance. L'interrègne avait cessé en 1042. Ce fut Kalig II Pagratide, fils d'Achod III, qui monta sur le trône. En 1079, ce prince mourut assassiné par les Grecs dans une forteresse. En lui finit le règne de la dynastie des Pagratides sur l'Arménie. Alors le trône ne fut plus rempli. Toutefois un certain Rhoupen ou Rupen réussit à se former dans les gorges du Taurus une petite principauté qui ne subit pas le joug. Rhoupen, qui fut surnommé *le Grand*, était parent ou allié de Kalig II Pagratide. Il devint la souche d'une nouvelle dynastie, dite des Rhoupéniens. C'est de 1080 que l'on date son avénement. Il eut pour successeur, vers 1095, Constantin Ier, son fils. Celui-ci laissa son petit Etat à son fils Théodore Ier ou Thoros, en 1100. Léon Ier, ou Livon, frère de Théodore Ier, lui succéda en 1123. Ce prince tomba entre les mains des Grecs qui le conduisirent à Constantinople. Il ne recouvra jamais sa liberté. Il y eut un interrègne de six ans à dater de 1138. Les princes arméniens s'étaient, en général, montrés favorables aux croisés latins, empressés à les secourir et à former avec eux des alliances. Telle fut la politique de leur maison. L'interrègne finit en 1144 par l'avénement au trône de Thoros ou Théodore II, fils de Léon Ier. En 1168, le gouvernement fut remis à Thomas, prince latin et beau-père de Théodore II, qui eut le titre de bail ou régent. L'année suivante, selon quelques auteurs, mais peut-être un peu plus tard, Mélier, frère de Théodore II, commença à régner. En 1174, le trône échut à Rhoupen II, qui était fils d'Etienne, frère de Théodore II et de Mélier. En 1185, il eut pour successeur Léon II, surnommé le Grand, son frère. Ce prince fut couronné roi en 1198 par Conrad, archevêque de Mayence. Il laissa, en 1219, sa couronne à Isabelle, sa fille. Celle-ci épousa Philippe, fils de Bohémond, prince d'Antioche, qui commença à régner en 1220. Mais, en 1222, il y eut un interrègne qui fut terminé en 1224 par l'avénement de Hayton Ier, fils de Constantin, seigneur issu de la maison royale. Les historiens arabes nous apprennent que le fameux Bibars Bondochar, sultan d'Egypte, s'occupa, en 1265, de tirer vengeance du roi Hayton, qui, en toute occasion, s'était montré l'ennemi acharné de l'islamisme. Les Musulmans croyaient en outre que le prince arménien entretenait des intelligences avec les Tartares, dont les hordes avaient plus d'une fois ravagé l'Arménie, et qui menaçaient sans cesse d'envahir la Syrie. Le sultan, dans l'intention de lier avec lui des relations d'amitié, lui avait proposé de laisser leurs sujets respectifs communiquer ensemble, de permettre que les Egyptiens allassent acheter en Arménie des chevaux, des mulets, du fer, du froment, de l'orge, et aux Arméniens, de se pourvoir en Egypte de ce qui leur manquait. Mais Hayton s'y était refusé; ce roi n'avait pas voulu non plus se soumettre à un tribut annuel. Bibars résolut alors d'employer contre lui la force, et il envoya une armée en Arménie, sous la conduite du prince de Hamah. Makrizi rapporte que les Musulmans furent partout victorieux. Dans un combat qui eut lieu, l'armée arménienne fut mise en déroute, le fils du roi d'Arménie fut fait prisonnier, et son frère fut tué, ainsi qu'un de ses oncles. Toute l'Arménie fut ensuite mise à feu et à sang; les hommes furent massacrés, les femmes réduites en servitude; la capitale du royaume fut livrée aux flammes; une des forteresses du pays, qui appartenait aux Templiers, alors tout-puissants en Arménie, fut également brûlée. L'armée, chargée d'un butin considérable, reprit ensuite le chemin de la Syrie.

Hayton laissa, en 1267, le trône à son fils Léon III. En 1281, Kélaoun, sultan d'Egypte, se trouvant en paix avec les chrétiens de Syrie, tourna ses armes contre les Arméniens, alliés des Tartares. Une partie des troupes musulmanes pénétra en Arménie et y mit tout à feu et à sang. A Léon III succéda en 1289 Hayton II, son fils, qui abdiqua en 12 3. La couronne passa alors à Théodore III, frère de Hayton II. Mais ce dernier fut rétabli en 1295 et abdiqua de nouveau. Sempad, son autre frère, monta alors sur le trône. En 1298, Constantin II, frère de ces trois princes, devint roi à son tour. Enfin, Hayton II fut rétabli pour la seconde fois, en 1300, et abdiqua encore en 1305. Ce fut Léon IV, fils de Théodore III, qui fut alors roi. En 1308, il fut assassiné, et périt victime de la perfidie d'un général mogol. Son oncle Hayton partagea son sort. Oschin, son autre oncle, qui était généralissime du royaume, marcha contre le Mogol, le battit et fut proclamé roi la même année. Il laissa, en

1320, sa couronne à Léon V son fils, alors âgé de dix ans. L'Arménie eut cruellement à souffrir des invasions des infidèles et des discordes de ses chefs sous ce prince, qui mourut vers 1342. On choisit, pour lui succéder, Jean de Lusignan, de la famille royale de Chypre, laquelle était alliée à celle d'Arménie par la mère de Léon V, princesse de Chypre. Jean prit le nom de Constantin III. Il se rendit si odieux par sa lâcheté, qu'on le chassa au bout d'un an. En 1343, il fut remplacé par son frère Gui. Le trône fut de nouveau vacant en 1345. Les grands y appelèrent un autre Lusignan qui régna sous le nom de Constantin IV; celui-ci mourut en 1363. Il y eut alors un interrègne de deux ans, au bout duquel un autre prince de la maison de Lusignan fut appelé au trône, en 1265, par le conseil du pape Urbain V, et régna sous le nom de Léon VI. Les Mameluks étant entrés en Cilicie, il envoya contre eux son généralissime, qui fut vaincu et tué. Ce désastre le décida à demander la paix, que le sultan consentit à lui accorder sous des conditions honteuses. Il les accepta, mais aussitôt il fit demander des secours aux princes chrétiens. Le sultan ayant eu avis de ces démarches, envoya une nouvelle armée contre Léon VI. Ces troupes brûlèrent la ville de Sis, en 1371, défirent le roi qui fut blessé en combattant, et le forcèrent à se réfugier dans les montagnes. Longtemps on le crut mort. Il reparut enfin pour recommencer la guerre. Mais contraint de se renfermer dans une forteresse, après une nouvelle dispersion de ses troupes, il ne put y tenir à cause du manque de vivres. Les Égyptiens le reçurent prisonnier en 1375, et l'emmenèrent au Caire. Il finit par obtenir sa liberté et vint fixer sa résidence en France. Bientôt après la victoire définitive des Mameluks, eut lieu l'invasion de l'Arménie par Tamerlan.

ARMES. Les armes employées à la guerre à l'époque des croisades étaient défensives et offensives. Les princes, les barons et les chevaliers avaient, pour pièce principale de leur armure défensive, le haubert, qui était une espèce de tunique faite de petits anneaux de fer ou d'acier. Les écuyers portaient une sorte de haubert; mais le nom de haubergeon, qu'on lui donnait, indiquait qu'il était plus léger que l'armure des chevaliers. A cette cotte-de-mailles s'attachaient les chausses, faites des mêmes anneaux, et qui couvraient la jambe. Sous le haubert se plaçait une espèce de pourpoint rembourré de laine et piqué, fait de taffetas ou de cuir, et dont l'effet était d'amortir les coups, qui, sans percer entièrement le haubert, auraient pu blesser cependant en enfonçant les mailles dans la chair. Un plastron de fer, ou d'acier battu, se plaçait vraisemblablement entre le haubert et le pourpoint. Sur toute cette armure, les princes et les seigneurs portaient la cotte-d'armes, espèce de casaque qui descendait jusqu'aux genoux, et qui était faite d'une étoffe précieuse, quelquefois brodée d'or ou d'argent, et garnie de riches fourrures.

L'armure mettait le corps tout entier à l'abri des coups de l'ennemi. La tête était emboîtée dans un casque doré pour les rois, argenté pour les grands vassaux, et d'acier ou de fer pour les simples gentilshommes. Ce casque ou heaume était à l'épreuve de la hache d'armes et de la massue; il avait une visière à jour, qui se haussait ou se baissait à volonté, pour garantir le visage. On la faisait rentrer sous le front du casque pour prendre l'air, avant ou après le combat. Quand on la baissait, elle s'adaptait à une mentonnière, qui la tenait exactement fermée, et au-dessous de laquelle se trouvait un hausse-col, espèce de collet de fer, qui descendait jusqu'au défaut des épaules, et qui se joignait au casque par un collier du même métal. Le casque était surmonté d'un cimier, qui était pour les rois et les princes une couronne, et pour les simples gentilshommes des figures de monstres, des ailes ou des cornes. Le chaperon était un bonnet de mailles de fer qui emboîtait tout le casque, auquel il était attaché par des lambrequins, espèce de rubans qu'on appelait aussi *volets*, parce qu'ils volaient au vent, lorsque le chevalier, voulant prendre l'air, ôtait son casque et se couvrait du chaperon. Ce chaperon était l'armure de tête de l'écuyer, à qui il n'était pas permis de porter le casque. Il ne portait non plus à ses bottes que des éperons argentés, tandis que les éperons dorés étaient le signe distinctif du chevalier, et la première pièce dont on l'équipait. Le bouclier, nommé aussi écu, était une pièce de l'armure défensive, commune au chevalier, à l'écuyer, et même au fantassin. Quand les boucliers étaient ronds, ils s'appelaient rondaches, et rondelles quand ils étaient ovales; ceux de l'infanterie, nommés targes, étaient très-longs, et propres à couvrir tout le corps, mais faits d'osier et recouverts du bois le plus léger. Les boucliers carrés par le haut, et s'arrondissant ou s'allongeant en pointe vers le bas, paraissent avoir été plus particulièrement affectés aux rois et aux bannerets. La matière ordinaire de toutes ces espèces de boucliers était le bois; on les consolidait avec un cercle de fer, et on les recouvrait d'un cuir bouilli sur lequel se peignaient les armoiries. Le chevalier donnait cette pièce embarrassante de l'armure à porter à son écuyer, lorsqu'il n'en avait pas besoin. Chaque chevalier était suivi de ses écuyers, qui portaient, outre son bouclier, sa lance et sa bannière. Le nombre des hommes d'armes et archers nécessaires à l'équipement complet d'une lance varia selon les pays et les temps; il fut rarement au-dessous de trois et au-dessus de six.

Les armes offensives étaient, comme l'armure défensive, empruntées des anciens. Les opinions sont très-partagées sur la forme de l'épée des guerriers du moyen âge. Il nous semble naturel de prendre pour modèle de l'épée des croisés, celle de Godefroy de Bouillon, que nous avons vue et maniée à Jérusalem, où on la conserve dans le trésor de l'église du Saint-Sépulcre; elle est longue, large et assez lourde. Un poignard ou dague était une arme commune aux chevaliers, aux hommes d'armes et aux écuyers; mais la dague affectée aux chevaliers, qui l'attachaient à leur ceinture, s'appelait *miséricorde*. Quand un chevalier avait renversé de cheval son adversaire, il sautait promptement à terre, et, tirant sa dague, il l'enfonçait dans le corps de son ennemi, si celui-ci ne criait *miséricorde*. C'est de cette manière de demander quartier qu'est venu le nom de cette dague. Il n'était permis qu'aux chevaliers et aux hommes d'armes de se servir de la lance. La hampe en était d'un bois léger et dur en même temps, et elle était armée, à l'une de ses extrémités, d'une pointe d'acier bien trempée. A cette même extrémité de la lance était attachée une banderolle. Outre la lance et l'épée, les chevaliers se servaient encore de la hache d'armes. Celle qui s'appelait *bisacuta*, parce qu'elle était tranchante des deux côtés, était surtout une arme terrible. Pour assommer leurs ennemis, et pour fracasser leur armure, les chevaliers avaient, ou une massue finissant en pointe par le bout, qu'ils tenaient à la main, grossissant et s'arrondissant par l'autre bout, qui était armé de longues pointes de fer, ou une masse d'armes, qui consistait en un boulet de fer du poids d'environ huit livres, rond ou oblong, cannelé ou garni de pointes de fer, et attaché à un gros manche de bois par trois chaînons également de fer, lequel manche tenait à la main du guerrier, qui maniait cette arme par une chaîne fixée à l'extrémité, comme le cordon de nos cannes. Il y avait aussi des marteaux d'armes ou maillets, qui pesaient jusqu'à vingt-cinq ou trente livres, et dont le manche était très-long. La fronde, avec laquelle on lançait des pierres ou des balles de plomb, fut en usage jusqu'au temps de Philippe-Auguste. L'arc était aussi employé, et on se servait encore de l'arbalète pour lancer des flèches, qui étaient quelquefois empennées d'airain, et souvent armées de plusieurs pointes de fer, qui empêchaient de les tirer des chairs où elles avaient pénétré. Il y avait deux sortes d'arbalètes : l'une était à l'usage de l'infanterie, et l'autre, plus grosse, plus compliquée, plus chargée de ressorts, servait à la cavalerie légère. Cette arme était faite sur le modèle des balistes, et était appelée *balista manualis;* c'était une invention de l'Europe occidentale, puisque Anne Comnène, qui la nomme baliste, en donne la description, dans son *Alexiade*, comme d'un instrument de guerre qui n'était pas connu des Grecs. « C'était, dit-elle, une invention diabolique, destinée à détruire les hommes. » Après avoir été en usage dans la première croisade, l'arbalète ne figure plus dans les armées jusqu'à l'époque de Philippe-Auguste. C'est que l'emploi de cette arme, jugée trop meurtrière apparemment, avait été interdit par le vingt-neuvième canon du second concile de Latran, en 1139, sous le règne de Louis le Jeune, qui fit observer exactement cette défense; mais Richard Cœur-de-Lion n'en ayant point tenu compte, Philippe-Auguste suivit l'exemple de son rival, quoique Innocent III eût renouvelé la proscription de l'arbalète. L'usage de cette arme donna même naissance, en France, à une dignité militaire immédiatement inférieure à celle des maréchaux; celui qui en était revêtu, sous le nom de grand maître des arbalétriers, commandait aussi les archers et toute espèce d'artillerie. Le fantassin avait sur la tête une sorte de casque, fait de mailles de fer, qui se terminait en rond, et qui ne formait qu'une seule pièce avec le gorgerin. Le reste du corps était couvert, ainsi que les bras et les jambes, d'une armure de mailles, recouverte elle-même d'une sorte de cotte-d'armes sans manches, qui descendait jusqu'au-dessous des genoux.

Durant les deux siècles qu'embrassent les croisades, les armes défensives et offensives employées par les croisés ne demeurèrent pas sans subir des variations, des modifications et des changements, dont nous avons tenu compte, autant que cela était possible, dans les renseignements qu'on vient de lire. Il nous reste un précieux monument de l'armement des croisés, à l'origine des guerres saintes, et de celui des Musulmans, qu'il faut connaître aussi, pour avoir une idée générale du système militaire de l'Occident et de l'Orient, dans la grande lutte du christianisme contre l'islamisme, de la fin du XIe à la fin du XIIIe siècle. Dans les vitraux de l'église de Saint-Denis, les guerriers de la première croisade ont été représentés aux prises avec les infidèles. Les dix tableaux qu'offrent ces vitraux, où les chrétiens et les mahométans paraissent avec les armes qu'ils portaient alors, sont gravés dans les planches de l'ouvrage de Montfaucon intitulé : *Monuments de la monarchie française*. Dans le premier de ces tableaux, on voit le combat du sultan de Nicée contre les croisés, et dans le second, la prise de cette ville; le troisième ne représente vraisemblablement pas un combat antérieur à la prise d'Antioche, comme l'a jugé le savant Montfaucon, mais plutôt la bataille d'Ascalon, qui a suivi la prise de Jérusalem; car ce tableau montre un Sarrasin poussant son cheval avec un grand fouet, armé de boules de fer ou de plomb, et ce n'est que dans le récit de la bataille d'Ascalon que les chroniqueurs parlent d'un corps d'Ethiopiens, armés de ces fouets ou fléaux, dans les troupes du sultan d'Egypte. Il faut donc joindre ce tableau au septième, où l'on voit les suites de cette bataille, et les Egyptiens s'enfuyant dans Ascalon. Le quatrième présente la conquête d'Antioche, le cinquième la bataille contre Kerboga, et le sixième la prise de Jérusalem. On aperçoit une espèce de gouvernail derrière le château de bois roulant, dont on voit le pont abattu, pour que Godefroy de Bouillon s'élance dans la ville. Ce gouvernail rappelle probablement que les machines de guerre, au moyen desquelles les croisés entrèrent dans Jérusalem, avaient été construites par des

Génois, qui, débarqués à Jaffa, étaient venus rejoindre les croisés devant la ville assiégée. Le huitième tableau représente le moment de la bataille d'Ascalon, où Robert, duc de Normandie, abattit le porte-étendard de l'armée égyptienne; le neuvième et le dixième montrent le même Robert, combattant toujours avec la même valeur contre les principaux chefs de l'armée ennemie, qui commence à prendre la fuite.

Dans ces différents tableaux, les chrétiens sont couverts d'un haubert, qui leur descend jusqu'aux genoux, et qui paraît être tout d'une pièce, emboîtant la tête et couvrant les bras jusqu'aux poignets. Ils n'ont point de cotte d'armes, mais ils portent cependant une ceinture, qui semble être de fer. Leurs jambes, autant que la grossièreté du dessin permet d'en juger, ne sont couvertes que de cuir, et ne sont pas même armées d'éperons, quoiqu'ils soient à cheval. Leur casque, beaucoup moins compliqué que celui que nous avons décrit, n'est qu'une simple calotte de fer, en forme de pain de sucre, sans visière, ni cimier, et il ne se distingue de celui des Musulmans, dont la forme est seulement un peu plus ronde et plus aplatie, que par une croix qui s'élève sur le front. La croix se voit aussi sur leurs étendards, qui ne sont que des pennons. Les croisés sont armés de lances et d'épées, et ont aux bras des boucliers, ronds ou ovales, sans armoiries. Le milieu des boucliers des infidèles est relevé en bosse. Les chevaux des chrétiens ne sont point bardés de fer; ils ont simplement le poitrail couvert d'une plaque qui ressemble à la ceinture des cavaliers. L'armure des Musulmans paraît plus forte; elle se compose de pièces de fer, dont plusieurs sont à écailles, et ressemble à ce que fut, plus tard, l'armure de nos chevaliers, lorsqu'ils adoptèrent les brassards et les cuissards. C'est évidemment sur le modèle des armures musulmanes que les croisés imaginèrent de fortifier les leurs; et tandis que les chrétiens s'armaient à la manière des infidèles, ceux-ci, jugeant sans doute leur armure trop lourde, empruntèrent celle des croisés, puisqu'on les voit, dans les derniers tableaux des vitraux de Saint-Denis, couverts d'un simple haubert.

Après la défaite d'Arsur, Saladin accabla de reproches ses guerriers vaincus, et tous les émirs gardaient le silence, les yeux baissés vers la terre; un seul, au rapport de Gauthier Vinisauf, osa répondre et dit qu'on ne pouvait résister aux Francs, *qui étaient tellement couverts de leurs armures de fer, que les coups qu'on leur portait étaient comme les coups qui seraient tombés sur des cailloux.* On pourrait multiplier les preuves à l'appui de ce changement qui s'opéra, durant les croisades, entre les armures des chrétiens et celles des Musulmans.

L'historien arabe Emad-Eddin, qui se trouva à la bataille de Tibériade, où les chrétiens éprouvèrent, en 1187, une si horrible défaite, remarque que tant que les cavaliers francs purent se tenir à cheval, ils restèrent intacts; car ils étaient couverts, de la tête aux pieds, d'une sorte de cuirasse tissue d'anneaux de fer, qui les mettait à l'abri des coups; mais, quand le cheval tombait, le cavalier était perdu. Dans les derniers tableaux des vitraux de Saint-Denis, tout l'équipement des hommes et des chevaux est à peu près le même chez les chrétiens et chez les Musulmans. Ces derniers portent l'arc et la lance. Raoul de Caen prétend cependant que l'arc et l'épée étaient les seules armes des Turcs, et que les Francs ne se servaient que de la lance. Il ne faut pas attribuer les défaites des Musulmans, comme l'a avancé Voltaire, à ce qu'ils ne purent soutenir le choc de nos guerriers couverts de fer, puisque les cavaliers et les chevaux des infidèles étaient, au contraire, plus hérissés de fer que les cavaliers et les chevaux des armées chrétiennes. Mais on sait avec quelle ignorante légèreté l'histoire est traitée par le patriarche de l'école qui a eu le front de se dire philosophique. Les vitraux de Saint-Denis montrent encore que les trompettes des croisés n'étaient que de simples cornes, percées de trous comme des flûtes. L'instrument que nous nommons aujourd'hui tambour ne commence à figurer, dans les historiens du moyen âge, qu'au temps des croisades; or, comme il était en usage chez les Musulmans, il est évident qu'il nous vient d'eux. Nos pères leur ont aussi emprunté l'instrument que nous appelons timbale.

Un autre document peut servir à donner sur les armes des croisés, à la fin des guerres saintes, les mêmes renseignements qu'offrent les vitraux de Saint-Denis, à l'égard de l'époque où ces guerres ont commencé : c'est un manuscrit du XVe siècle, qui est conservé à la Bibliothèque nationale de Paris, et qui présente une histoire de saint Louis, ornée de miniatures, depuis la naissance jusqu'à la mort du pieux roi. Dans les miniatures du Xe chapitre, on voit un bataillon de fantassins dont les lances forment comme un mur d'acier. On voit çà et là des pèlerins avec une épée courte et large, un bonnet jaune ou rouge, une veste et des culottes bleues, et des bottines qui montent jusqu'à mi-jambe. Une miniature du XIXe chapitre représente le port de Damiette, et plusieurs galères remplies de croisés, armés d'une courte épée ou d'une flèche; le signe de la croix est peint sur leur cuirasse. Sur le pont du navire royal se presse une multitude de chevaliers armés de lances. Le monarque est tout bardé d'acier doré; sa tête est couverte d'un heaume; il porte dans sa main droite une épée large et tranchante. Autour du navire apparaissent des Musulmans armés de lances. On voit des infidèles qui, tenant dans leurs mains un tube d'airain qu'ils allument, lancent le feu grégeois sur la flotte française. Au bas de la page, est représenté un combat entre des fantassins croisés et des Musulmans. On remarque un guerrier chrétien tout couvert de fer, depuis la tête jusqu'aux pieds, qui frappe de sa lance un Musulman protégé par un long bouclier; au milieu de ce bouclier, qui descend jusqu'à terre, est peinte une figure humaine, qui, sur l'armure d'un mahométan, est une erreur du peintre chrétien. Le Musulman est, en outre, armé d'un glaive large, tranchant et recourbé; un vaste bonnet de fer embrasse la moitié de sa tête; son armure diffère peu de celle des croisés; seulement le Musulman est chaussé de pourpre jusqu'à mi-jambe. Dans la miniature du chapitre xx, on voit saint Louis, monté sur un coursier éclatant de pourpre et d'or, entrer en triomphe dans Damiette conquise. Le prince est couvert, de la tête aux pieds, d'une armure dorée, et il tient une large épée dans sa main droite. Un écuyer bardé de fer, et portant une épée, aide le monarque à placer ses pieds dans des étriers dorés. Dans la miniature du chapitre xxi, on voit, d'un côté, le palais et les tours de Damiette, et de l'autre, un amas confus de combattants. Chaque chevalier a une armure différente. Les uns ont en main de grandes lances, larges et tranchantes vers l'extrémité; les autres portent de longues épées. Au bas de la page, est dessinée la bataille de Mansourah. On y voit des boucliers en forme de cœur, d'autres qui sont ronds et concaves, d'autres qui ont la forme oblongue. La miniature du chapitre xxii représente l'armée de saint Louis vaincue et prisonnière. Des Musulmans, revêtus d'une longue robe liée à la ceinture par un cordon, et montés sur des coursiers richement ornés, attaquent les guerriers chrétiens avec de grandes flèches dorées. Saint Louis, à cheval, est entouré de Musulmans qui le font prisonnier. Le roi porte un manteau d'azur et une courte cuirasse d'or, des genouillères et des cuissards noirs. Au bas du tableau, trois croisés sont liés ensemble et exposés à la risée de trois Musulmans. Le premier de ceux-ci porte une grande hache d'armes, un glaive large et tranchant, des brodequins de pourpre, une robe violette et un bonnet rouge. Son menton est ombragé d'une grande barbe, et des cheveux épais flottent sur ses épaules. A la droite de ces divers personnages est un fantassin musulman, dont un riche bouclier, long et concave, protége tout le devant du corps, depuis le haut de la poitrine jusqu'aux pieds. Il porte à la main droite une lance ornée d'un fer large et tranchant. Il est couvert d'une cuirasse bleue et d'un long cuissard doré; un brodequin de pourpre chausse ses pieds; une épée large et courte pend à ses côtés. Le fantassin porte une toque d'azur surmontée d'une étoffe rouge terminée en pointe; une chevelure vaste et épaisse couvre ses épaules.

La chronique qui a pour titre : *Istoria imperiale di Ricobaldo*, en faisant la description de l'armée que Frédéric Ier conduisit en Asie, donne des renseignements sur les armes défensives et offensives des guerriers allemands. On remarque que l'auteur de cette chronique est le seul historien qui dise que l'empereur ait emmené avec lui, outre son fils, le duc de Souabe, les rois de Bohème, de Pologne, de Hongrie et de Transylvanie. Cet auteur nous apprend que le changement que les chrétiens firent subir à l'armure de leurs cavaliers, en la fortifiant à l'exemple de celle des cavaliers musulmans, s'était déjà opéré à l'époque de la troisième croisade. « Le duc de Souabe, dit le chroniqueur, avait sous ses ordres dix mille cavaliers et onze mille fantassins. Les cavaliers de l'avant-garde étaient couverts de fer. Leur tête était aussi couverte d'un appareil de fer. Les guerriers de la Souabe portaient deux épées : une petite à deux tranchants, une grande pointue, et, en outre, une lance d'une courte dimension. Les fantassins étaient couverts comme les cavaliers; mais ils avaient les bras nus, et portaient une petite épée, ainsi qu'une lance de six pieds, armée d'un fer, qui était à la fois pointu et tranchant. Le roi de Bohème conduisait douze mille cavaliers et huit mille fantassins. Ceux-ci avaient des casques de fer, et portaient tous une cuirasse du même métal. Leur lance et leur épée étaient courtes; car ces guerriers combattent volontiers de près. Les Hongrois étaient à peu près armés de même; mais leurs cavaliers, suivant l'ancienne coutume des Scythes, portaient des arcs de nerfs, un bouclier, une lance et une épée; leur tête était couverte de fer; leurs chevaux sont très-hauts et très-propres à la fatigue. Ils étaient au nombre de plus de quinze mille cavaliers et de six mille fantassins. Seize mille cavaliers et cinq mille fantassins polonais marchaient comme auxiliaires : ils étaient armés de fer et portaient des épées et des lances. Le roi de Transylvanie venait avec quatre mille cavaliers et deux mille fantassins; ces guerriers étaient d'une haute stature et d'un grand courage. Les Allemands portaient de longues épées et de courtes lances; ils sont robustes et violents. Leurs fantassins étaient, pour la plupart, armés de flèches courtes et grosses, qu'ils lançaient avec des arcs faits de nerfs. Parmi eux se trouvaient quelques Italiens et autres étrangers à la solde de l'empereur. Dix mille cavaliers Comans servaient aussi comme mercenaires. Ceux-ci ne portent point d'armures en fer; mais ils ont la tête couverte d'un feutre. Un bouclier de cuir, un arc, une lance longue et légère, composent toute leur armure. »

Un historien arabe, qui a été témoin de la lutte de Saladin et de Richard Cœur-de-Lion, dit que les soldats chrétiens étaient couverts d'une espèce de feutre épais et de cottes de mailles aussi amples que fortes, ce qui les mettait à l'épreuve des traits. « J'ai vu, dit cet historien, des soldats qui avaient jusqu'à vingt et un traits sur le corps, sans marcher pour cela moins à l'aise. Ils étaient comme des hérissons. »

La bénédiction d'un évêque ou d'un prêtre sanctifiait toujours les armes du pèlerin qui devait combattre sous la bannière de la croix. La formule des prières que la bouche sacerdotale prononçait en cette circonstance a été conservée.

ARMOIRIES. L'origine des armoiries a été quelquefois obscurcie par les discussions qui ont prétendu la faire connaître. Mais les recherches les plus exactes sur cette matière prouvent que, si l'institution des armoiries appartient à l'Occident, c'est à l'époque des croisades que leur usage est devenu général. Dans des armées plus nombreuses que toutes celles que l'Europe chrétienne avait précédemment rassemblées, et composées de nations diverses, parlant des langues différentes, les croisés furent obligés de multiplier les signes qui servaient de point de ralliement aux vassaux pour se ranger sous les bannières de leurs seigneurs. La plupart des emblèmes et des termes du blason témoignent que ce sont les croisades qui ont rendu plus fréquent l'emploi des signes qui sont devenus les armoiries. Les croix de formes diverses, les lions, les léopards, les merlettes, sorte d'oiseaux qui passent la mer tous les ans, et qui sont représentés sans pieds ni bec, en commémoration des souffrances éprouvées par les chevaliers, et d'autres symboles encore qui figurent dans les écussons, sont autant de souvenirs des voyages d'outre-mer. En propageant l'usage des armoiries, les croisades favorisèrent l'institution des noms de famille, qui se perpétuèrent par succession.

ASSASSINS, est le nom donné par les historiens des croisades aux Bathéniens ou Ismaéliens, scélérats fanatiques dont la secte se rattachait aux anciens Karmathes (voir l'article TURCS), et a pris naissance, vers les dernières années du XIe siècle, dans le nord de la Perse. Le premier chef de cette secte, nommé Hassan-Sabbah, naquit en Perse vers 1050; le fameux ministre du grand-sultan seldjoucide, Malek-Schah, Nizam-el Moulk, l'avait introduit à la cour de ce prince; mais il l'en fit chasser, parce que le protégé voulut supplanter son bienfaiteur. Hassan-Sabbah était infatué de la magie; mais il avait des connaissances dans les sciences mathématiques. Il demeura pendant quelque temps en Egypte, auprès du calife fatimite Mostander-Billah, qui l'admit dans son intimité; il parcourut ensuite le Khorassan. Il forma de toutes les religions qu'il avait observées dans ses voyages, une sorte de religion particulière qui, dans ce qu'elle contenait du mahométisme, avait rapport à la secte dont étaient les fatimites d'Egypte. Un des caractères de la religion imaginée par Hassan-Sabbah était d'expliquer d'une manière allégorique tous les préceptes de la loi musulmane; et cette allégorie était quelquefois poussée si loin, qu'elle ne prétendait à rien moins qu'à détruire tout culte public, et à élever, sur les ruines de toute autorité divine, une doctrine purement philosophique et une morale très relâchée. C'est ce que signifie le nom de *Bathéniens*, c'est-à-dire *partisans du culte intérieur*, donné aux sectateurs de Hassan-Sabbah. La dénomination d'Ismaéliens leur vient de ce que les opinions de Hassan-Sabbah en mahométisme étaient celles de la secte des Musulmans chiites, ou partisans d'Ali (voir l'article MAHOMÉTISME), qui prétendaient que la dignité d'iman avait été transmise des descendants d'Ali à un prince nommé Ismaël. On est peu instruit d'ailleurs des principes des Ismaéliens : ce qu'on sait de plus certain, c'est qu'ils juraient une obéissance aveugle à leur chef. C'est en affaiblissant leur intelligence au moyen du haschischa, composition dont les feuilles du chanvre forment la base, que le chef des *Haschischins*, mot qui en arabe veut dire *preneurs de haschischa*, et dont nos historiens ont fait *Assassini*, *Assassins*, réduisait ses sicaires à l'état d'obéissance brute. « Marc-Paul, dont la véracité est généralement reconnue, dit le savant M. de Sacy, nous apprend que le prince des Ismaéliens faisait élever des jeunes gens, choisis parmi les habitants les plus robustes des lieux de sa domination, pour en faire les exécuteurs de ses barbares arrêts. Toute leur éducation avait pour objet de les convaincre qu'en obéissant aveuglément aux ordres de leur chef, ils s'assuraient, après leur mort, la jouissance de tous les plaisirs qui peuvent flatter les sens. Pour parvenir à ce but, ce prince avait fait faire auprès de son palais des jardins délicieux. Là, dans des pavillons décorés de tout ce que le luxe asiatique peut imaginer de plus riche et de plus brillant, habitaient de jeunes beautés, uniquement consacrées aux plaisirs de ceux auxquels étaient destinés ces lieux enchanteurs. C'était là que les princes ismaéliens faisaient transporter de temps à autre les jeunes gens dont ils voulaient faire les ministres aveugles de leurs volontés. Après leur avoir fait avaler un breuvage qui les plongeait dans un profond sommeil et les privait pour quelque temps de l'usage de toutes leurs facultés, ils les faisaient introduire dans ces pavillons dignes des jardins d'Armide. A leur réveil, tout ce qui frappait leurs oreilles et leurs yeux les jetait dans un ravissement qui ne laissait à la raison aucun empire dans leurs âmes. Incertains s'ils étaient déjà entrés en jouissance de la félicité dont on avait si souvent offert le tableau à leur imagination, ils se livraient avec transport à tous les genres de séduction dont ils étaient environnés. Avaient-ils passé quelques jours dans ces jardins, les mêmes moyens dont on s'était servi pour les y introduire sans qu'ils s'en aperçussent, étaient de nouveau mis en usage pour les en retirer. On profitait avec soin des premiers instants d'un réveil qui avait fait cesser pour eux le charme de tant de jouissances, pour leur faire raconter, devant leurs jeunes compagnons, les merveilles dont ils avaient été témoins ; et ils étaient convaincus que le bonheur dont ils avaient joui, pendant quelques jours trop rapidement écoulés, n'était que le prélude et comme l'avant-goût de celui dont ils pouvaient s'assurer la possession éternelle par leur soumission aux ordres de leur prince. »

C'était dans l'espérance d'un semblable

avenir, qu'ils exposaient leur vie, sans crainte de la perdre, pour obéir à leur chef, lorsqu'il les chargeait d'assassiner quelque personnage, souverain ou autre, dont il voulait se défaire. Les princes achetaient de lui, au prix de fortes sommes d'argent, la mort de leurs ennemis. Le rapide accroissement que prit la puissance du chef des Assassins attira l'attention du sultan seldjoncide, Malek-Schah, qui envoya un de ses officiers, pour ordonner à Hassan-Sabbah de se soumettre. Le chef des Bathéniens fit venir un de ses gens devant l'officier, lui ordonna de se tuer, et fut aussitôt obéi; il ordonna à un autre de se précipiter du haut d'une tour, et cet ordre fut exécuté sans la moindre réflexion; il dit alors à l'envoyé de Malek-Schah, qu'il disposait de soixante-dix mille hommes aussi soumis à ses ordres que ceux qui venaient de se tuer, et que c'était toute la réponse qu'il avait à faire au sultan. Malek-Schah, en effet, n'inquiéta ni Hassan-Sabbah, ni ses déterminés sicaires. Les troubles qui suivirent la mort de ce prince, laissèrent à Hassan-Sabbah le champ libre pour propager son abominable doctrine. Le sultan Sandjar, fils de Malek-Schah, lorsqu'il fut maître de la Perse, résolut de détruire les Ismaéliens. Mais Hassan-Sabbah séduisit un de ses serviteurs, qui, pendant le sommeil du prince, plaça près de sa tête un poignard très-bien affilé. Le sultan, à son réveil, n'aperçut pas ce poignard sans crainte, mais il crut prudent de garder le silence à cet égard. Au bout de quelques jours, il reçut la lettre suivante du chef des Ismaéliens : « Si l'on n'avait point de bonnes intentions pour le sultan, on aurait enfoncé dans son sein le poignard qui a été placé près de sa tête pendant son sommeil. » Sandjar, épouvanté, consentit à faire la paix avec les Ismaéliens à certaines conditions, et accorda même à Hassan-Sabbah, à titre de pension, une portion des revenus d'une province.

Le fameux Saladin manifesta plus tard l'intention de détruire la secte des Ismaéliens; mais, tandis qu'il faisait le siége d'une ville dans le voisinage d'Alep, un de ces fanatiques se jeta sur lui et lui porta un coup de poignard à la tête. Saladin le saisit par le bras; mais le meurtrier ne cessa de frapper que lorsqu'il eut été tué.

Les Ismaéliens devinrent bientôt puissants dans les montagnes de la Perse, où ils s'emparèrent d'un grand nombre de châteaux. Hassan-Sabbah s'était fait autour de celui d'Alamout, près de Casbin, dans le voisinage de Téhéran, où il avait établi le point central de son influence, un petit état indépendant. Il y vécut pendant trente-cinq ans dans la retraite la plus sévère, tout entier livré aux exercices d'une piété entendue à sa façon, et exigeant de ses sectateurs la plus rigide exactitude dans l'observance de sa religion. Il sacrifia jusqu'à la tendresse paternelle au fanatisme de son autorité, et immola à sa doctrine deux de ses fils, dont l'un n'y avait dérogé qu'en buvant du vin. Le premier chef des Ismaéliens mourut en 1124. Mais ses sectateurs se répandirent dans les pays voisins de la Perse, et pénétrèrent jusqu'en Syrie, où la forteresse de Massiat, dans les montagnes du Liban, était le chef-lieu de leur puissance. Comme le chef de la secte continua toujours à habiter la forteresse d'Alamout, qui était située dans les montagnes, on lui donna le titre de *Scheik aldjébal*, *seigneur de la Montagne*, et comme Scheik signifie également *seigneur* et *vieillard*, les historiens des Croisades ont pris ce mot dans ce dernier sens, et ont appelé le prince des Assassins, le *Vieux de la Montagne*.

Il existait une hiérarchie parmi les Ismaéliens : les *dais*, les *réfiks*, et les *fédais* formaient trois classes distinctes. *Dai* veut dire en arabe celui qui appelle, *advocans*. Les *dais*, qui formaient la première classe de la secte des Ismaéliens, étaient ceux à qui il était réservé d'en propager la doctrine, d'en être les missionnaires. Sous le nom de *réfiks*, on entendait l'universalité des sectateurs. Les *fédais* étaient les ministres aveugles du Vieux de la Montagne, ceux sous le poignard desquels devait tomber toute victime vouée par lui à la mort. La puissance des Ismaéliens a duré cent soixante-dix ans en Perse, où elle fut détruite, en 1256, lors de la grande invasion mogole, conduite par Houlagou. Le descendant de Gengis-Khan fit arracher de sa demeure le dernier possesseur du château d'Alamout. Les Ismaéliens dont il est souvent fait mention dans les historiens des Croisades sous ceux dont l'établissement en Syrie avait été favorisé, vers 1123, par un émir seldjoncide d'Alep, appelé Redouan, qui avait embrassé les principes des missionnaires de la secte. Ces Ismaéliens étaient soumis au chef qui résidait à Alamout, et étaient dirigés par des *dais*. On a remarqué que la plupart des *fédais*, qui commirent des assassinats en Syrie, étaient Persans de nation, et on peut penser qu'ils avaient été formés à l'obéissance qu'exigeait la profession du crime, par la vertu du haschischa, dans les délicieux jardins d'Alamout. Guillaume de Tyr rapporte que les Ismaéliens possédaient en Syrie dix forteresses, dont nous avons dit que celle de Massiat était la principale, et cet historien évalue le nombre de ces dangereux fanatiques à soixante mille. Un autre historien contemporain des croisades, Jacques de Vitry, qui a longtemps vécu en Syrie, où il était évêque d'Acre, donne sur les Ismaéliens, les renseignements suivants : « Dans les provinces situées en avant de la Phénicie et sur les contrées de Tortose, dans un lieu entouré de montagnes et de rochers inaccessibles, habite le peuple des Assassins; dix villes fortifiées, et que fortifie encore leur position naturelle, servent d'asile à cette peuplade; les campagnes qui les environnent sont agréables, et produisent en abondance des fruits de toute espèce. On dit que le nombre des Assassins est de plus de quarante mille; ils élisent un chef, qui tient sa dignité du choix de ses compagnons, et non par suite de droits héréditaires; ils l'appellent Vieux, non pas tant à cause de son âge, que pour sa prudence et sa dignité.... Ils sont si aveuglément soumis à ce chef, qu'ils exécutent, sans être arrêtés par aucune difficulté, tout ce qu'il leur ordonne. Leurs enfants sont élevés au milieu des délices par le Vieux de la Montagne : on les instruit dans les différents idiomes, puis leur chef les envoie, armés d'un poignard, assassiner les princes chrétiens ou musulmans, que la haine, son caprice ou sa cupidité, lui désignent. »

Les Ismaéliens enlevaient au milieu des rues des villes les femmes et les enfants, sans qu'on osât s'opposer à leurs violences, tant on les redoutait. Ils portèrent même l'audace jusqu'à s'emparer des forteresses à main armée ; c'est ainsi qu'ils étaient entrés dans Apamée, d'où Tancrède les chassa.

Les historiens arabes rapportent que lorsque le féroce sultan Bibars ravageait la Syrie, vers l'an 1266, il reçut des députés des Ismaéliens, qui occupaient les montagnes voisines de Tripoli. Ces sectaires étaient dans l'usage, pour leur propre tranquillité, de payer un tribut annuel à l'ordre des Hospitaliers ; ce tribut consistait en douze cents pièces d'or, cinquante mille boisseaux de blé et cinquante mille boisseaux d'orge. Depuis longtemps Bibars était décidé à mettre un terme à cette sujétion, qu'il regardait comme honteuse pour l'islamisme. Il dit donc aux députés du Vieux de la Montagne : « Quoi ! vous disiez jusqu'ici que vous n'aviez payé le tribut aux chrétiens qu'à cause de l'éloignement de mes troupes ; et maintenant que je suis ici, vous continuez comme auparavant ! C'est nous plutôt qui aurions droit à ce tribut. Je vois bien que je serai obligé de vous exterminer ; je finirai par convertir vos châteaux en cimetière. » En même temps, il leur signifia qu'ils eussent à lui envoyer de l'argent et des troupes, afin qu'ils partageassent avec lui les mérites de la guerre sacrée. L'année suivante, le grand maître des Hospitaliers ayant envoyé demander la paix au sultan, celui-ci obligea ces religieux à renoncer au tribut que leur payaient les Ismaéliens. Ces sectaires envoyèrent remercier à ce sujet le sultan, et lui firent hommage de l'argent qu'ils remettaient auparavant aux chrétiens « Ce métal, lui dirent-ils, qui servait aux ennemis de l'islamisme, nous l'offrons au sultan, pour qu'il l'emploie au bien de la religion. »

C'est ce sultan qui ruina la puissance ismaélienne en Syrie, dans la seconde moitié du XIIIe siècle. Mais la secte ne fut pas entièrement détruite. De la Perse et de la Syrie, les Ismaéliens s'étaient répandus dans tout le monde musulman, et y avaient porté partout la terreur. Ils parlaient plusieurs langues, afin de pouvoir s'introduire dans tous les pays et auprès de tous les princes, et ils changeaient de costume et de profession selon que l'exigeaient les circonstances, pour l'accomplissement des ordres de leur chef. Ceux qui furent les meurtriers de Borsaki, prince de Mossoul, en 1120, prirent la robe de derviche pour éloigner d'eux tout soupçon, et frappèrent leur victime au sortir de la mosquée. Pour poignarder le marquis de Montferrat, les Ismaéliens feignirent d'embrasser le christianisme, prirent l'habit religieux, affectèrent la piété la plus vive, trompèrent le clergé, gagnèrent la bienveillance de celui qui devait tomber sous leurs coups, et, après lui avoir donné la mort, ils endurèrent les supplices avec une impassible résignation. Henri, comte de Champagne et roi de Jérusalem, visita le chef des assassins, qui le reçut avec les honneurs les plus distingués, le promena dans tous les lieux de sa demeure, et le conduisit sur une tour très-élevée où se tenaient des hommes vêtus de blanc. Là, le successeur de Hassan-Sabbah dit au visiteur européen : « Vos sujets sans doute ne sont point aussi obéissants que les miens. » En même temps il fit un signe, et deux de ces hommes se précipitèrent du haut de la tour et expirèrent à l'instant. Le chef des Ismaéliens ajouta : « Si vous le désirez, au moindre signal de ma part, ceux que vous voyez se précipiteront également. » En prenant congé d'Henri, il lui dit, après lui avoir fait de riches présents : « Si vous avez quelque ennemi dont vous désiriez vous défaire, adressez-vous à moi, et je le ferai poignarder par mes serviteurs. »

ASSISES DE JÉRUSALEM. Pour déterminer exactement ce que l'on doit entendre par cette expression, il faut rappeler que dans le régime féodal le commandement militaire et l'administration de la justice étaient deux attributions connexes du pouvoir seigneurial. Le roi, placé au sommet du système, exerçait cette double fonction à l'égard de ses grands vasseaux ; ceux-ci en usaient de même envers les barons qui relevaient d'eux immédiatement, et ainsi de suite. Mais ni le roi ni aucun autre seigneur ne jugeaient seuls ; ils étaient nécessairement assistés d'un conseil, et ce conseil, désigné sous le nom de *cour* ou *assises*, était composé de tous les vassaux immédiats, lesquels étaient vis-à-vis de leur seigneur tous égaux entre eux ou pairs. Ainsi tout justiciable était juge, et réciproquement. Quant au droit lui-même que ces tribunaux avaient à appliquer, on ne saurait avec exactitude le considérer comme émanant d'une loi proprement dite. Il dérivait, pour chaque matière litigieuse, de quelques principes plus ou moins généralement admis, dont l'interprétation et les déductions constituaient des coutumes locales. Quelque opinion que l'on ait sur la valeur absolue de la réunion du pouvoir militaire et du pouvoir judiciaire, comme institution politique, il est évident qu'elle était éminemment propre à ajouter au lien social une force qui, pour les populations essentiellement guerrières du moyen âge, était le plus impérieux de tous les besoins. Si un tel état de choses était nécessaire en Occident, où toutes les sociétés belligérantes conservaient le lien commun de la religion et des mœurs, à plus forte raison fallait-il le maintenir parmi les conquérants chrétiens de la Palestine qui, peu nombreux, avaient à défendre un vaste territoire exposé aux attaques incessantes d'ennemis implacables. C'est précisément ce que firent les chefs de la première croisade. Ils importèrent le régime féodal dans leur conquête, comme les Normands l'avaient importé en Angleterre et les Bourguignons en Portugal. Ils fondèrent la principauté de Jérusalem, la principauté d'Antioche, le comté d'Edesse et plus tard celui de Tripoli. Ces quatre seigneuries furent les grands fiefs de la couronne, et le roi fut en même temps chef de tout le royaume et prince de Jérusalem. Quand l'organisation territoriale eut été ainsi réglée et qu'ensuite Godefroy de Bouillon eut été élevé au rang suprême, la première chose dont ce prince et les autres chefs de l'armée s'occupèrent fut de déterminer les règles de droit qui seraient appliquées dans le nouvel empire. Car s'ils étaient fixés sur l'essence même du gouvernement, qui ne pouvait être que féodal, comme la féodalité offrait une grande diversité de coutumes locales, et qu'ils n'étaient pas tous d'une même province, ni même d'une seule nation, il devenait nécessaire, tout en conservant les principes universellement reconnus, de faire un choix entre toutes les règles secondaires et variables qui se trouvaient usitées en Occident. C'est pourquoi, comme nous l'apprend Jean d'Ibelin, Godefroy de Bouillon, suivant le conseil du patriarche de Jérusalem, des princes, des barons et des hommes les plus prudents, chargea des personnages distingués par leur sagesse d'interroger les pèlerins sur les usages de leurs pays. Ces commissaires mirent par écrit tous les renseignements qu'ils purent ainsi recueillir, et ils apportèrent à Godefroy le résultat de leur enquête. Godefroy, ayant réuni de nouveau le patriarche et les seigneurs, leur communiqua ce travail préparatoire, « et après, par leur conseil et par leur accord, il prit de ces écrits ce que bon lui sembla, et en fit assises et usages que l'on dut tenir et maintenir et user au royaume de Jérusalem, par lesquels lui et ses gens, et son peuple et toutes autres sortes de gens allant et venant et demeurant en son royaume, fussent gouvernés, gardés, tenus, maintenus et menés et justiciés à droit et à raison audit royaume. » Comme il y avait, parmi les nouveaux habitants du royaume de Jérusalem, deux classes d'hommes très-distinctes, la noblesse et la bourgeoisie, il y eut aussi deux codes de lois différentes, chacun applicable exclusivement à l'une de ces deux classes. Les « assises, usages, coutumes, » comme dit Jean d'Ibelin, de chacune des deux « chartes, » furent écrits de la même manière, c'est-à-dire en majuscules ou grandes lettres gothiques. « La première lettre du commencement » de chaque assise était « enluminée d'or, et toutes les rubriques étaient écrites, chacune par soi, vermeilles. » Chaque charte portait le sceau et la signature du roi, du patriarche et du vicomte de Jérusalem. « Et on les appelait *lettres du Sépulcre*, parce qu'elles étaient au Sépulcre en une grande huche. » C'est-à-dire que ce coffre était placé dans le trésor de l'église du Saint-Sépulcre. Il y eut donc dès lors une loi féodale écrite, ce qui ne s'était point encore vu. Quant aux autorités qui devaient procurer l'application de la loi, si on les compare à leurs analogues d'Occident, on les trouve identiques, sauf pourtant quelques différences extrêmement considérables. Ainsi, d'abord, le roi était à Jérusalem, comme en France, le chef de l'État. « Il y a au royaume de Jérusalem, dit Jean d'Ibelin, deux chiefs seigneurs, l'un spirituel et l'autre temporel : le patriarche de Jérusalem est le seigneur spirituel, et le roi du royaume de Jérusalem est le seigneur temporel dudit royaume. » Au-dessous du roi, il y avait deux catégories de personnes investies de la puissance publique : les grands officiers de la couronne et les barons du royaume. Les grands officiers, au nombre de quatre, étaient le sénéchal, le connétable, le maréchal et le chambellan, et ils prenaient possession de leur charge, en même temps que le roi de sa couronne, le jour du couronnement du roi, « qui est commencement de tous les officians. » C'est pourquoi Jean d'Ibelin détermine très-minutieusement, dans ses *Assises* de Jérusalem, ce qu'ils avaient à faire pendant cette cérémonie, aussi bien qu'aux quatre grandes fêtes annuelles ou autres solennités et circonstances particulières où il plaisait au roi de « porter couronne. » En outre, le sénéchal avait commandement sur tous les baillis, fonctionnaires chargés de faire exécuter les ordres du roi dans les provinces, et sur tous les écrivains du roi, sauf peut-être ceux de l'hôtel du roi; il était chargé de l'administration des deniers du roi ; d'inspecter les châteaux et forteresses, de les pourvoir de tout ce qui y était nécessaire ; d'en changer le personnel selon l'opportunité, sauf les châtelains, qui d'ailleurs lui devaient obéissance ; de recevoir le serment des baillis et écrivains; « d'entendre les plaids », à défaut du roi, si celui-ci lui en donnait commission ; de suppléer le roi absent, et non représenté, dans la plupart des affaires qui ne tenaient point à la guerre; de recueillir et garder la part du roi dans le butin fait par l'armée ; de pourvoir à la solde des gens de guerre. Le connétable avait pour mission de faire rendre justice aux réclamations des gens de guerre ; de suppléer le roi dans plusieurs fonctions judiciaires ; de commander les troupes, car « il doit être chevetaine après le roi, et sauf son commandement ou de celui qui sera en son lieu. » Et, si le roi ne commande pas l'armée ou l'expédition, ni personne tenant la place du roi, « le connétable peut et doit être, au lieu du roi, chevetaine de tous les gens de l'armée qui vivent d'armes, et qui pour fait d'armes sont dans l'armée ; » c'était à lui de les punir corporellement de leurs fautes, sauf les chevaliers, dont il pouvait seulement battre et tuer les chevaux sous eux ; de requérir le service des gens de guerre, d'après les ordres du roi; de pourvoir au partage du butin, de faire constater les infractions des seigneurs aux ordres du roi pour la mise sur pied des gens de guerre. Le connétable avait droit à l'hommage du maréchal, et « il pouvait avoir avec soi dix chevaliers en sa compagnie », qu'il choisissait dans toutes les troupes de l'armée ou de l'expédition, sauf ceux de l'hôtel ou de la bataille du roi ou du représentant du roi. L'office du maréchal consistait à passer l'inspection des gens de guerre; à recevoir leur serment; à vérifier l'état des harnais et équipages des gens de guerre qui entraient à la solde du roi, quand le roi ou le connétable avait reçu la personne; à constater et signaler au roi ou au connétable le fait de ceux qui ne fournissaient pas le nombre de gens de guerre déterminé par leur obligation; à assister ou suppléer le connétable dans la plupart de ses fonctions judiciaires, administratives ou militaires. Quant à l'hommage que le sénéchal devait au connétable, il le faisait seulement sous la réserve de ses obligations envers le roi et « autres personnes à qui il est tenu de foi, c'est à savoir de ce dont l'office de la maréchaussée est tenu à celui de la connétablie. » Le chambellan, enfin, était, dans une certaine mesure, subordonné au maréchal, comme le maréchal au connétable. Mais il n'avait guère que des fonctions d'apparat, telles que de faire préparer et d'offrir l'eau dont le roi se lavait les mains avant les festins, de lui présenter la coupe pour boire, de porter l'épée devant lui. Quant aux baronnies faisant proprement parties intégrantes du royaume de Jérusalem, Jean d'Ibelin dit : « Il y a au royaume de Jérusalem quatre baronnies et plusieurs autres seigneuries ayant cour, coins et justice. Des baronnies est l'une le comté de Japhe et d'Escalone, et la seigneurie des Bames et de Mirabel et d'Ibelin; l'autre est le princé de Galilée; la tierce est la seigneurie de Saïette et de Césaire et de Bessan; la quarte, disent les uns, est le comté de Triple (Tripoli), et les autres disent que c'est la seigneurie du Crac et de Montréal et de Saint-Abraham; mais je crois mieux, selon ce que j'ai ouï dire à ceux que l'on tenait pour sages, qui devant nous ont été, que le comté de Triple soit mieux la quarte baronnie du royaume que ne soit la seigneurie du Crac et de Montréal et de Saint-Abraham. » Et il appuie cette dernière assertion sur des raisons qui paraissent absolument erronées; car ce que cet auteur entend ici par royaume de Jérusalem est la principauté de Jérusalem. Or, le chef du comté de Tripoli relevait du roi directement, et non du roi comme prince de Jérusalem; en d'autres termes, il était un des quatre grands vassaux de la couronne, qu'il ne faut pas confondre avec ceux du domaine propre du roi. Cela posé, il est devenu possible d'expliquer l'organisation judiciaire. Comme il y avait deux chartes pour les nouveaux habitants de la Palestine, de même il y eut deux sortes de juridiction, l'une applicable à la noblesse, l'autre à la bourgeoisie. La première était exercée par un tribunal appelé haute cour; la seconde par un tribunal appelé cour de la bourgeoisie ou cour du vicomte. « Le duc Godefroy établit deux cours séculières, dit Jean d'Ibelin; l'une, la haute court, de quoi il fut gouverneur et justicier, et l'autre, la court de la borgesie, à laquelle il établit un homme en son lieu à être gouverneur et justicier, lequel est appelé vicomte. Et établit à être juges de la haute court ses hommes chevaliers, qui lui étoient tenus de foi par l'hommage qu'ils lui avoient fait; et de la court de la borgesie, borgeis de ladite cité, des plus loyaux et des plus sages qui en ladite cité fussent. Et leur fit jurer le serment que les jurés de la court de la borgesie jurent, lequel est devisé au livre des *Assises* de la court de la borgesie. Et établit que lui et ses hommes et leurs fiefs et tous chevaliers fussent menés par la haute court, et que les autres gens qu'il ne voudroit qui ne fussent menés par la haute court fussent menés par la court de la borgesie; et que toutes borgesies fussent menées et déterminées par la court de la borgesie; que les plaids des borgesies ne peuvent ni ne doivent être plaidés ni jugés que en la court de la borgesie. Et ainsi fut lors établi par commun accord du seigneur et de ses hommes et des borgeis; et ainsi a été depuis tenu et maintenu audit royaume. Et il ne fit point établir les assises et les usages des deux courts semblants (semblables) en toutes choses, parce que les hauts hommes et ceux qui sont tenus au seigneur de foi, et le seigneur à eux, et leurs fiefs et chevaliers, ne doivent point être ainsi menés comme borgeis; et borgesie ni gens de basse main ni peuple comme chevaliers. » Ainsi la haute cour était présidée par le roi. Mais quand il ne le voulait ou ne le pouvait pas, sa place était remplie par un des grands officiers de la couronne. Tous les vassaux liges du royaume avaient droit d'y siéger, et ils pouvaient y être contraints; car l'office de judicature dans la cour du suzerain faisait partie du service de corps dû par le vassal; conséquence naturelle du droit qu'avait toute partie condamnée de fausser la cour; ce qui entraînait le combat singulier entre cette partie et chacun des juges. Toutefois, la juridiction de la haute cour ne s'appliquait point à toute la noblesse de la chrétienté d'Orient. D'abord ni les lois ni les corps judiciaires du royaume de Jérusalem proprement dit n'étendaient leur action sur les grands fiefs de la couronne, parce que, selon les principes de la féodalité, tout grand feudataire était, dans ses Etats, absolument indépendant de son suzerain, en ce qui tient à l'institution du droit, comme en ce qui en concerne l'application. Ainsi la principauté d'Antioche, les comtés d'Edesse et de Tripoli, avaient leurs lois, leurs hautes cours et leurs cours de bourgeoisie, où le roi n'avait rien à voir. En second lieu, les quatre grandes baronnies du royaume même de Jérusalem étaient l'objet d'un privilége exclusif que Jean d'Ibelin explique en ces termes : « Et la hautesse et la franchise que ces quatre baronies ont plus que les autres hommes du royaume de Jérusalem est telle, que nul des seigneurs de ces quatre baronies ne peut ni ne doit être, par l'assise ou l'usage de ce royaume, jugé de son corps, ni de son honneur, ni de son fief, c'est à entendre des choses de sa baronie, que par ses pairs, c'est l'un desdits barons par les autres, s'il s'en veut défendre. Et aucunes gens disent que le sénéchal et le connétable du royaume peuvent et doivent juger avec les autres barons ci-devant dits, et ils le disent plus qu'ils ne font, ni je n'ouïs onques dire certainement qu'ils pussent ni ne dussent avec eux juger. En chacune desdites baronies doit y avoir connétable et maréchal. Et tous les autres hommes du chief seigneur du royaume peuvent être jugés par les hommes de la haute court du royaume, et par ceux des autres courts qui ont fait la ligesse au chief seigneur, par l'assise, hormis que tant que homme qui n'est chevalier et de bonne renommée, et né en loyal mariage ne peut franc homme (vassal du seigneur) juger des choses dessus dites, si les francs hommes ne le veulent souffrir de leur gré. Et les barons peuvent tous les autres juger de toutes choses, et les francs hommes les autres aussi, hors les barons. » Il résulte de là qu'il y avait une cour particulière pour les quatre barons, dont ils étaient eux-mêmes les juges, sauf leur droit de prendre part, pour toutes les autres affaires, aux débats de la haute cour. En troisième lieu, plusieurs seigneurs du royaume de Jérusalem avaient reçu le droit de justice pour leurs domaines; ils y avaient par conséquent institué des hautes cours, et ces tribunaux appliquaient, non des lois particulières, comme l'étaient celles des grands fiefs, mais les *Assises* mêmes du royaume. Le nombre de ces cours seigneuriales a varié, et dans les derniers temps il s'était élevé à vingt-deux. « Et lui (Godefroy de Bouillon) et les autres seigneurs et rois dudit royaume, qui après lui furent, donnèrent à aucuns hauts hommes audit royaume, baronies, seigneuries, cours et coins et justice, desquels ils leur devaient service de leur corps et de quantité de chevaliers. » Ainsi, dans le royaume de Jérusalem, le pouvoir judiciaire était, non comme en Occident, un droit résultant, pour tout seigneur, de la possession du fief, mais une pure concession royale. De là naissait une autre différence essentielle, c'est que le roi pouvait, si cela lui semblait utile, présider les hautes cours seigneuriales, et même y introduire plusieurs de ses francs hommes. Il n'en faut pas inférer qu'il y eût égalité absolue entre ces tribunaux et la haute cour de Jérusalem ; car celle-ci, dont l'action judiciaire ne s'étendait, comme on l'a vu, que sur une partie fort restreinte de la chrétienté d'Orient, s'élevait, dans un autre ordre de faits, aux proportions d'un conseil royal, où se traitaient les grandes questions de politique intérieure, d'administration, de souveraineté, de droits et d'intérêts internationaux. Quant à la bourgeoisie, Jean d'Ibelin dit, en parlant de Godefroy de Bouillon : « Et il établit que, en toutes les cités et en tous les autres lieux du royaume où il y aurait justice, il y eût vicomte et jurés et cour de borgesie pour le peuple gouverner, maintenir, mener et juger et justicier, par les assises et les usages qui leur furent établis à tenir et à user en la court de la borgesie. » Le nombre de ces tribunaux s'est élevé à trente-sept.

Enfin, ni les *Assises* de Jérusalem, ni les juridictions qu'elles avaient constituées, ne s'appliquaient à toute la population du royaume. En premier lieu les anciens habitants, ou, comme dit Jean d'Ibelin, les *Suriens* (Syriens), s'étant présentés devant Godefroy de Bouillon, le prièrent de permettre qu'ils continuassent à être régis par leurs propres usages; et qu'il y eût une cour particulière, « chevetaine et jurés de court, » pour juger les différends qui pourraient surgir entre eux. Godefroi fit droit à leur requête. Il réserva toutefois les cas où il y aurait « querelle de sang, et querelle de quoi l'on perd vie ou membre, et querelle de borgesie, » voulant que ces sortes d'affaires fussent plaidées devant lui ou devant son vicomte. Le président ou « chevetaine de cette court est appelé réïs en leur langage arabique, et les autres, jurés. » En quelques localités, il y avait « jurés de la court des Suriens, » et il n'y avait point de réïs ; mais les baillis de ces localités en faisaient les fonctions. Enfin la ville de Saint-Jean-d'Acre donnait lieu à une seconde exception, parce qu'elle était le lieu ordinaire de débarquement des étrangers qui arrivaient en Palestine, et qu'on avait jugé convenable que chaque nation y eût ses propres magistrats, et y vécût sous l'empire de ses propres lois.

Maintenant, si l'on considère le peu de durée du royaume de Jérusalem, la peine que, contrairement à ce qui s'était vu jusque-là dans le monde féodal, les chefs de la première coisade ont prise d'écrire les principes du droit applicable à leur empire, et enfin les témoignages de respect dont ils ont entouré ce code, en le plaçant sous la protection de la religion, dans le lieu le plus vénérable qu'il y eût sur la terre, on sera porté à croire qu'aucune loi ne fut plus scrupuleusement observée que les Lettres du Saint-Sépulcre. Il n'en était rien cependan ; car, pour qu'une loi puisse être appliquée, il est nécessaire qu'elle puisse être facilement consultée par le juge. Or les tribunaux de la Palestine n'avaient aucune copie des Lettres du Saint-Sépulcre, et, pour se procurer lecture de l'original, il fallait qu'ils recourussent à neuf personnages trop éminents pour qu'il fût possible de les déranger fréquemment. « Et quand aucune fois avenait, dit Jean d'Ibelin, que aucun débat était, en la court, d'aucune assise ou usage, par quoi il convenoit que l'on vît l'écrit, on ouvroit la huche où étoient ces Lettres au moins devant neuf personnes. Par estovoir convenoit que le roi y fût, ou aucun de ses hauts hommes en lieu de lui, et deux de ses hommes liges, et le patriarche ou le prieur du Sépulcre en lieu de lui, et deux chanoines, et le vicomte de Jérusalem, et deux jurés de la court des bourgeois. » Dans le fait on ne s'astreignait à toutes ces formes que parce que, à la réserve d'un certain nombre de principes qui étaient dans la mémoire de tous, on préférait un droit coutumier, introduit par les besoins variables de la société, à une loi immobile. On voulait simplement que l'autorité de la religion consacrât par ses formes l'autorité de la loi, et que l'autorité de la loi s'ajoutât à celle du juge ; en sorte que la jurisprudence devait devenir et est devenue, en effet, le droit réel, et que les Lettres du Saint-Sépulcre n'ont plus guère été, au bout de fort peu de temps, qu'une loi nominale. Cela était nécessaire en un pays continuellement ouvert à des masses énormes d'auxiliaires étrangers, qui, s'ils avaient pu aisément connaître, quant au fond et quant aux formes, la loi qui y régnait, n'auraient pas manqué de l'interpréter au gré de leurs passions et de leurs intérêts, pour en avoir les bénéfices sans en supporter les charges. A cette modification successive et, pour ainsi dire, tacite du droit primitif, il s'en joignait une autre qu'on peut appeler formelle, et qui en affectait plus spécialement le fond. C'est ce que Jean d'Ibelin explique parfaitement dans le chapitre III de ses *Assises*. « Après ce que les avant-dites assises furent faites et les usages établis, le duc Godefroy, et les rois et seigneurs qui après lui furent audit royaume, les amendèrent par plusieurs fois ; car les choses qu'ils voyoient et connoissoient qui leur sembloient bonnes à joindre, ou à croître ou à amermer ès assises ou ès usages dudit royaume, ils le faisoient par le conseil du patriarche de Jérusalem et des barons, et des hauts hommes dudit royaume, et des plus sages que il povoient avoir, chevaliers et clercs et laïques. Et à chacun passage, le roi du royaume, si il avoit loisir, assembloit à Acre le patriarche et les avant-dits, et faisoit enquerre à plusieurs sages gens, qui venoient de diverses parties du monde, les usages de leur terre. Et ceux que il établissoit à ce faire, les faisoient tous mettre en écrit, et puis portoient ces écrits au roi ; et il les montroit tous au patriarche et aux avant-dits, et, par leur conseil et leur accord, croissoit ou joignoit ou amermoit ès assises et ès usages du royaume, et ce que bon leur sembloit à les amender par lesdits écrits ou autrement. Et aucuns des rois dudit royaume envoyèrent plusieurs fois messages en diverses parties du monde pour enquerre et savoir les usages de ces terres, pour amender à leur pouvoir et à leur escient les assises et les usages dudit royaume, et les amendèrent par le conseil des avant-dits en ce qui leur sembloit que bon fût ; et ainsi le firent par plusieurs fois, plusieurs ans, tant que ils eurent fait les assises et les usages les meilleurs et les plus convenables que ils purent ou surent à leur escient, au seigneur et à ses hommes, et aux chevaliers, et aux pèlerins, et à toutes autres manières de gent, allant et venant et demeurant audit royaume, gouverner, garder, tenir et maintenir, mener et justicier bien et loyalement et droiturièrement, selon ce que chacun et chacune est. » Ainsi Saint-Jean-d'Acre, où, comme nous l'avons dit, chaque nation était jugée selon ses propres lois, par ses propres magistrats, acquiert une nouvelle importance dans l'histoire du droit par la coutume qu'avaient les rois de Jérusalem d'y faire des enquêtes pour la réforme de leurs *Assises*. Et ces deux faits avaient une même cause, l'affluence des étrangers de toute condition qui y arrivaient de toutes les parties du monde. Godefroy de Bouillon, dont le règne fut si court, commença donc lui-même, au dire de Jean d'Ibelin, à amender son œuvre législative. Il fut imité, sinon par tous ses successeurs, au moins par plusieurs d'entre eux. Baudouin Ier, qui régna de 1100 à 1118, passe pour être l'auteur de la célèbre *Assise* du *coup apparent*, dont l'objet fut de mettre un terme aux voies de fait trop fréquentes parmi les croisés ; et deux autres lois, l'une relative aux services dus par les gens de guerre, l'autre déterminant les principes de la confiscation des fiefs, lui sont également attribuées. Baudouin II, qui occupa le trône de 1118 à 1131, publia une *Assise* pour fixer les cas où il serait loisible au roi de retirer un fief à celui qui le possédait. A la fin de cette loi, que le *Livre au roi* reproduit en substance, on lit : « Et tout ce est raison par droit et par l'assise, et par l'establissement du roi Baudouin second, à qui Dieu pardonne. Amen. » Enfin Amaury Ier, jurisconsulte très-profond et très-versé dans la connaissance des finesses de la chicane, régla le service militaire par une *Assise* qu'il rendit en Egypte. Une autre constitution, bien plus importante, signala le règne de ce prince. Girard, seigneur de Saïette et de Beaufort, ayant, sans jugement, dépouillé un de ses vassaux d'un fief que celui-ci possédait dans la seigneurie de Saïette, le roi se vit forcé de prendre les armes pour réprimer une si grande injustice. Girard s'était donc montré tyran envers son vassal, et rebelle envers son suzerain. Les seigneurs sentirent la nécessité d'une mesure propre à prévenir le renouvellement d'un pareil excès. On y pourvut par l'*Assise* dont nous parlons.

« Fut cette assise, dit Jean d'Ibelin, ainsi faite et establie : que les hommes des hommes du chief seigneur du royaume fissent ligèce au chief seigneur du royaume, par l'assise, des fiefs qu'ils tenoient de ses hommes ; et que tous ceux qui avoient fait hommage au chief seigneur, soit par l'assise ou autrement, fussent tenus les uns aux autres, et aussi les hommes de ses hommes de chacune court par soi ; et que, si le roi vouloit avoir la féauté des gens qui étoient manant ès cités, et ès châteaux, et ès bourgs, que ses hommes tenoient de lui, ils lui jurassent tous féauté et qu'ils lui fussent tenus par cette féauté de ce que les hommes de ses hommes lui sont tenus par la ligèce faite par l'assise au chief seigneur. » Plus loin le même auteur ajoute : « Le roi octroya en l'establissement de l'assise que tous ses hommes liges qui tenoient de lui ou de ses hommes quels qu'ils fussent, grands ou petits, soient tenus de foi l'un à l'autre de ce qui est dessus écrit, et que chacun d'eux en pût requérir les autres comme de ses pairs ; et les hommes en sont tenus l'un à l'autre, aussi au plus petit comme au plus grand... » Ainsi, par une modification radicale du principe féodal, tous les vassaux du royaume de Jérusalem, soit qu'ils relevassent médiatement ou immédiatement de la couronne, se trouvaient être hommes liges du roi, et, par rapport à lui, placés sur le même échelon hiérarchique. En outre, les arrière-vassaux devenant pairs et juges les uns des autres, sous l'obligation d'une foi réciproque, et sous l'autorité des souverains, la juridiction royale acquérait, au détriment de celle des vassaux directs, une puissance et une extension jusque-là inconnues. Ces dispositions, aussi bien que le droit attribué au roi d'exiger le serment des sujets des seigneurs, eurent dans le royaume de Jérusalem, comme en Chypre où elles furent importées, des effets bien différents de ceux qu'on en attendait, et qui exercèrent une influence funeste sur les règnes des successeurs d'Amaury, nommément de Baudouin III et de Baudouin IV.

Le développement progressif du commerce et de l'industrie amena, dans le système judiciaire du royaume de Jérusalem, un nouveau changement, qui paraît remonter au règne du même Amaury 1er. Nous voulons parler de l'institution des cours de la Chaîne, et de celle des cours de la Fonde. Les premiers de ces tribunaux tiraient leur nom de la chaîne qui fermait l'entrée des ports. Ils étaient destinés à juger les différends qui s'élevaient, pour faits de navigation et de commerce, entre les armateurs ou propriétaires de navires et les capitaines, et entre les capitaines et les matelots. Ainsi toutes les affaires maritimes tombaient sous leur juridiction. Mais s'il y avait lieu à appliquer une peine plus forte que l'emprisonnement, c'était devant la cour des bourgeois que la cause devait être portée. Les cours de la Chaîne étaient composées de jurés, choisis parmi les commerçants. On a quelques raisons de croire que leur création remonte au règne d'Amaury 1er. On appelait Fonde un lieu public, où les négociants s'assemblaient pour traiter des affaires commerciales, et où ils mettaient en dépôt leurs marchandises. Les griefs que la lâche et perfide population indigène de la Syrie ne tarda point à donner aux Francs, et l'animosité qui s'était élevée entre ces deux classes, déterminèrent les seigneurs latins à supprimer les cours du Reïs, sinon dans tout le royaume, au moins dans les villes de quelque importance. A ces tribunaux, qui étaient dangereux pour eux, puisque les juges et les justiciables étaient également leurs ennemis, ils en substituèrent d'autres, qui furent nommés cours de la Fonde, et dont la compétence embrassa tout à la fois les affaires commerciales non maritimes, et les affaires civiles d'une faible importance. La cour de la Fonde se composait de six jurés et d'un président. Des six jurés, deux étaient Francs et quatre Syriens. Le président avait le titre de bailli, et pouvait être indifféremment un chevalier ou un bourgeois. Cette cour connaissait de toute affaire commerciale, à quelque nation que les plaideurs appartinssent; sa juridiction s'étendait en outre sur les affaires civiles des Syriens, pourvu que la valeur de l'objet en litige ne s'élevât point à un marc d'argent; car un procès d'un intérêt supérieur pouvait donner lieu au duel, et par conséquent devait être porté devant la cour des bourgeois. Les cours de la Fonde appliquaient, non les anciennes coutumes des Syriens, comme les cours du Reïs, mais les *Assises* des bourgeois. Il est à remarquer que les jugements de ces tribunaux nouveaux, aussi bien que ceux des anciens, n'étaient susceptibles ni d'appel ni de pourvoi.

La législation écrite du royaume de Jérusalem n'était point destinée à parvenir jusqu'à nous. Lorsque Saladin se fut rendu maître de la ville Sainte, il permit à ses soldats d'en piller les églises, hormis le temple de Salomon et le Saint-Sépulcre. Il céda, moyennant finance, aux chrétiens indigènes la possession du tombeau de Jésus-Christ, après toutefois s'être approprié les immenses richesses dont la piété des Latins l'avait enrichi. Les lois qui y étaient déposées disparurent alors pour toujours. Philippe de Navarre, qui écrivait entre 1240 et 1250, après avoir rapporté les détails relatifs à la rédaction des lettres du Saint-Sépulcre, et la manière dont les cours en obtenaient communication, ajoute : « Et tout ce ai-je ouï retraire à plusieurs qui ce virent et surent, mais que la lettre fut perdue, et à plusieurs autres qui bien le savaient.... et tout ce fut perdu quand Saladin prit Jérusalem. » C'est ce qui résulte aussi d'un passage de Jean d'Ibelin, où on lit : « En l'âge des VII rois dessus dits, qui fût LXXXVI ans, furent les assises faites et établies. Et avant que la Terre (sainte) fut perdue, en usait-on mieux que on ne peut maintenant faire, car nous les savons assez pauvrement, et ce que nous en savons, nous ne le savons que par ouï dire et par usage... Moult en pouvoient mieux user et ouvrer sûrement au royaume de Jérusalem, ainz que la terre fût perdue, là où les assises étoient, si comme il devise au prologue de ce livre ; et après la terre perdue, tout fut perdu. » C'est donc une opinion tout à fait erronée que la législation écrite du royaume de Jérusalem ait jamais été importée, soit en Chypre, soit en aucune partie de l'empire latin de Constantinople. Les originaux sont tombés probablement aux mains des infidèles, ou peut-être des chrétiens de la Syrie, qui n'y devaient attacher aucun prix, et il n'y a ni trace ni apparence qu'aucune copie en ait jamais été antérieurement tirée. On prouve même le contraire. Quoi qu'il en soit, la perte de ces curieux monuments fut plus grande pour la science du droit, que pour la société politique à laquelle ils se rapportaient. A peine Jérusalem fut-elle au pouvoir des Musulmans, que les chrétiens établirent le siége de leur gouvernement à Saint-Jean-d'Acre. Les deux cours y furent donc également transportées, et l'administration de la justice ne subit ni interruption, ni obstacle, ni modification. On ne se mit point en peine du texte perdu, parce que la véritable loi était dans la mémoire et aussi, jusqu'à un certain point, dans l'arbitraire des juges. Or ces juges, ces rudes chevaliers, ces hommes de guerre consommés, qui composaient la haute cour, étaient des légistes savants, expérimentés et aussi fiers de leurs talents judiciaires que de leur renommée militaire. Bien plus, ils s'honoraient de remplir les fonctions de défenseur. « Qui veut demander conseil de court au seigneur, dit Jean d'Ibelin, il peut demander à son choix lequel il voudra de tous ceux qui lors sont en court, soit homme du seigneur ou autre. Et doit demander celui qu'il cuide qui soit le meilleur plaideur de la court. Et quand il en aura eu un à son choix à son conseil, si doit demander un autre, et le seigneur lui doit le segond donner, et tel comme il voudra. » Philippe de Navarre, guerrier éminent, a écrit dans le chapitre XVII de son livre : «... car je suis envieilli en plaidant pour autrui. » De tels hommes, qui s'étaient formés, non par la lecture de la loi, mais par la pratique et la fréquentation des tribunaux, pensaient avec justesse pouvoir se passer d'un code ; ils avaient d'ailleurs d'excellentes raisons pour n'en pas vouloir. Philippe de Navarre rapporte que le roi Amaury ayant demandé à Raoul de Tibériade de l'aider avec plusieurs autres à faire une nouvelle rédaction des *Assises*, celui-ci refusa. Ce que les seigneurs voulurent éviter, c'était une concurrence qui n'aurait été ni honorable ni profitable avec les hommes lettrés de bas étage. Le même Philippe de Navarre dit, au chapitre XCIV de son livre : bien est vrai que, pour savoir du fait de la court, ont eu moult de gent, qui sont trespassé de ce siècle, grands biens et grands honneurs et richesses qui sont encore en leurs hoirs ; et plusieurs en y a et aura encore qui en ont eu et auront, si Dieu plaît, assez de bien. » La haute cour considéra la perte des Lettres du Saint-Sépulcre comme un bien plutôt que comme un mal, et elle invoqua la tradition dont elle était dépositaire, sans que personne pût lui opposer aucune contradiction. «J'entends que celui qui dit que ce est assise, a écrit Philippe de Navarre au chapitre XLVIII de son livre, doit dire que les assises sont sues et prouvées par usage ; car ce que est usé en la court, disant que ce est assise, et ce que l'on en a ouï et entendu des sages hommes qui jadis furent et qui assez surent du fait de la cour, ce tient l'on pour assise. Ni autrement ne peut l'on savoir ni prouver les assises, car elles furent en écrit ni en garde depuis que Saladin prit Jérusalem. » Aussi l'auteur de *la Clef des Assises* a-t-il eu parfaitement raison de donner la définition suivante : « *Assise* est que toutes les choses que l'on a vu user et accoutumer et délivrer en la court du royaume de Jérusalem et de Chypre. »

Quoiqu'il soit évident, d'après ce qui précède, qu'il n'y ait plus eu de loi ancienne écrite dans le royaume fondé par Godefroy de Bouillon, il se trouve des écrivains qui affirment que les *Assises* de Jérusalem ont été introduites dans l'empire latin de Constantinople sous le règne de l'empereur Baudouin Ier; dans la principauté de Morée, par Geoffroy de Villehardouin, Ier du nom ; et dans l'île de Chypre, par Gui de Lusignan, qui en fut le premier roi latin. Si ces écrivains entendent, comme il y a lieu de le croire pour plusieurs d'entre eux, que ce furent les lois écrites qui reçurent ainsi une application nouvelle, leur erreur est manifeste, puisque Gui de Lusignan ne commença à régner qu'en 1193, Baudouin en 1204, Villehardouin en 1210, et que la prise de Jérusalem date de 1187. Ce qu'il y a de vrai, c'est que Gui de Lusignan transporta dans l'île de Chypre les coutumes qui étaient alors en vigueur dans le royaume de Jérusalem, et qui, aussi bien que les Lettres du Saint-Sépulcre, étaient connues sous le nom d'*Assises* de Jérusalem. Quant à l'empire latin de Constantinople, il paraît suffisamment constaté que l'empereur envoya soit en Chypre, soit en Palestine, des hommes chargés d'y recueillir ces mêmes coutumes ; et l'on peut considérer comme probable qu'il les a ensuite appliquées en tout ou en partie à ses nouveaux États, et que Geoffroy de Villehardouin les a, à son tour, reçues de Constantinople.

Il nous reste à dire comment ce droit d'outremer est parvenu jusqu'à nous. Nous n'avons pas, sur cette matière, de livre plus ancien que celui de Philippe de Navarre. Ce personnage naquit vers la fin du XIIe siècle, en Europe et probablement en France. Il passa fort jeune encore en Palestine et assista au siége de Damiette, en 1218. Il figura avec éclat dans la guerre que l'empereur Frédéric II fit à Jean d'Ibelin, bail de Henri Ier, roi de Chypre. Il se livra, durant la paix, à l'étude de la jurisprudence et y devint très-savant et très-habile. On sait qu'il fut membre de la haute cour de Chypre. Il écrivit plusieurs ouvrages, dont deux seulement ne sont pas perdus. L'un de ceux-ci traite de la morale, l'autre de la jurisprudence. Ce guerrier légiste mourut en 1270, laissant à ce double titre une haute renommée. En écrivant l'ouvrage connu sous le titre de

Livre de Philippe de Navarre, l'auteur n'a prétendu rédiger ni un recueil complet des coutumes de la haute cour, ni un cours de droit ; c'était principalement une sorte de manuel pour diriger les plaideurs dans le dédale de la procédure. Mais on y trouve aussi en grand nombre des renseignements précieux sur d'autres parties de la science.

Cet ouvrage existait depuis peu de temps, quand Jean d'Ibelin composa le livre qui porte son nom. Jean d'Ibelin était fils de Philippe d'Ibelin, bail du royaume de Chypre. Il naquit dans l'une des premières années du XIIIe siècle. Comme Philippe de Navarre, il se signala par sa bravoure et ses talents militaires. Après avoir pris une part considérable à la guerre contre les Lombards, il fut fait comte de Ramla, de Jaffa et d'Ascalon. La première croisade de saint Louis lui remit les armes à la main. Il se livra ensuite à la pratique et à l'étude de la jurisprudence. Il mourut, au dire de Sanudo, en décembre 1266, et fut inhumé dans une des églises de Nicosie. Il tient le premier rang parmi les jurisconsultes d'outremer, non peut-être que son livre annonce plus de génie que n'en avait déployé Philippe de Navarre, mais parce que, s'étant aidé du travail de celui-ci, il a fait une œuvre plus complète. Ce traité embrasse l'origine des Lettres du Saint Sépulcre, celle des diverses juridictions, les formes à suivre dans le couronnement du roi, l'organisation politique et judiciaire du royaume, la distinction des classes de la population, la procédure, le droit criminel, le droit judiciaire, les moyens à employer pour fausser la cour, la pleigerie ou cautionnement féodal, la matière des fiefs, où l'auteur se montre supérieur à tous les autres jurisconsultes du moyen âge, et qui comprend elle-même les règles générales de l'inféodation, les principes des droits de successibilité, la procédure à suivre dans la requête de fief, la minorité et le bailliage, l'hommage, la ligèce, le serment de fidélité, la vente, l'échange, l'abandon, le dépôt et la confiscation des fiefs, la semonce ou sommation d'accomplir les obligations résultant de la possession du fief ; la poursuite et l'échange des serfs, les règles relatives aux enfants nés de deux serfs, appartenant à deux seigneurs différents. Les derniers chapitres sont consacrés à faire connaître les droits et les devoirs des grands officiers de la couronne, les divisions ecclésiastiques, féodales et judiciaires du royaume ; les services et les aides dus au roi par les églises, les seigneurs et les bourgeois ; enfin la durée du règne de chacun des successeurs de Godefroy de Bouillon. Le but principal que Jean d'Ibelin s'est proposé ne paraît pas avoir été non plus de faire un livre propre à communiquer la science à ceux qui en étaient dépourvus ; il a plutôt voulu réunir toutes les lumières de sa longue expérience et les forces de son intelligence sur les questions de droit qui prêtaient le plus à la controverse,

se contentant d'esquisser à grands traits tous les autres. Un homme qui fut contemporain de Jean d'Ibelin et membre de la même famille, mais qui lui a survécu de beaucoup, Jacques d'Ibelin, personnage très-savant et très-éloquent, a laissé sur les mêmes matières un ouvrage qui ne peut guère être considéré que comme le résumé incomplet du précédent, sauf l'adjonction de quelques indications nouvelles et précieuses. Geoffroy le Fort, vieux chevalier et habile jurisconsulte, qui vraisemblablement vivait à la même époque que Jean et Jacques d'Ibelin, avait fait un travail considérable, dont il ne nous est parvenu que des fragments. La *Clef des Assises de la Haute Cour du royaume de Jérusalem et de Chypre* n'est, pour ainsi dire, qu'un résumé très-sommaire du livre de Jean d'Ibelin et un recueil de principes et de définitions. Enfin un traité dont l'importance est bien supérieure à celle de tous les abrégés du livre de Jean d'Ibelin, est celui qui, sous le titre de *Livre au Roi*, fait partie de la Collection publiée par l'Académie des inscriptions et belles-lettres. Il doit avoir été composé vers la fin du XIII siècle. L'auteur inconnu de cet excellent ouvrage paraît être un des légistes de la Palestine ; car nulle part il ne s'occupe de l'île de Chypre. Il donne des détails étendus sur les droits et les devoirs du roi et de la reine ; sur l'ordre de successibilité à la couronne ; sur le bailliage du royaume ; sur les offices de maréchal et de connétable ; sur le *restor* ou indemnité relative aux chevaux et aux mulets des gens de guerre ; sur la répression des voies de fait entre chevaliers et bourgeois ; sur le cas de désertion ou d'apostasie d'un chevalier, et sur diverses parties essentielles du droit féodal. Outre que plusieurs de ces matières ne se trouvent point autre part, il est à remarquer que l'auteur semble avoir conservé le texte même des *Assises*.

Quant aux Assises des bourgeois, lorsque les commissaires vénitiens recherchèrent dans l'île de Chypre les livres de jurisprudence, ils n'en purent recueillir que deux qui se rapportassent à cette partie de la science du droit. Le premier a pour titre : *Livre des Assises de la cour des bourgeois*. Tel qu'il nous est parvenu, il ne porte aucune indication de date, non plus qu'aucun détail par où nous puissions reconnaître ce qu'était l'auteur. Toutefois des inductions certaines permettent de décider que ce livre a été écrit postérieurement à l'année 1173, et antérieurement à l'année 1187. C'est très-probablement l'ouvrage de jurisprudence le plus ancien qui ait été composé dans la chrétienté d'Orient. On en a six manuscrits, dont deux viennent de Venise. Il se compose de trois cent quatre chapitres. L'auteur ne paraît pas s'être proposé d'autre but que de constater, sans critique ni discussion, les coutumes qui étaient suivies au temps où il vivait ; il n'a eu la pensée ni d'étendre ou approfondir la science, ni d'en perfectionner la pratique. Les premiers chapitres sont consacrés à exposer les droits et les devoirs du vicomte, des douze jurés et des *avant-parliers* ou avocats, qui composaient la cour des bourgeois, ainsi qu'à déterminer les limites de la compétence de cette juridiction. Puis, entrant dans l'explication du droit, il traite du contrat de vente, du droit maritime, du contrat de prêt, du contrat de garantie ou pleigerie, du contrat de louage, du contrat de dépôt, du contrat de société. Ensuite il passe au mariage, aux testaments, à de très-curieux détails sur les affranchis et les esclaves, aux donations et à d'autres matières très-diverses. Les soixante derniers chapitres sont employés à l'exposition du droit pénal et criminel des bourgeois de la chrétienté d'Orient. On voit que l'auteur inconnu n'a point assujetti son traité à un ordre méthodique. C'est un défaut qui ne se rencontre pas dans le second ouvrage admis par les commissaires vénitiens. Celui-ci s'appelle : *Abrégé du Livre des Assises de la cour des bourgeois*. Nous ne le possédons que par le manuscrit de Venise. On sait que l'homme qui l'a rédigé était un jurisconsulte de la cour de Nicosie, qu'il vivait vers le milieu du XIVe siècle, sous le règne de Hugues IV; qu'il avait été onze ans juré, onze ans greffier, et onze ans avocat; et enfin qu'il avait soixante-dix ans quand il entreprit d'écrire son œuvre; mais son nom n'est point arrivé jusqu'à nous. L'*Abrégé du Livre des Assises*, auquel on peut seulement reprocher de n'être point assez développé, traite de la procédure aussi bien que du droit civil. Ces deux ouvrages ont acquis une grande autorité auprès des légistes d'outre-mer, et le plus ancien a exercé une très-utile influence sur la jurisprudence bourgeoise; car, tandis que les hautes cours, après la prise de Jérusalem, suivaient un droit en quelque sorte incertain et par conséquent variable, le texte même de leurs *Assises* étant perdu, les cours des bourgeois demeuraient en possession d'un document qui, fixant la tradition, offrait un fondement assuré aux transactions des particuliers et aux décisions des juges. Il se peut, par la même raison, que le droit ancien des bourgeois nous soit parvenu plus exactement que le droit ancien des seigneurs. Gui de Lusignan transporta en Chypre et la législation traditionnelle, et le système d'organisation politique et judiciaire du royaume de Jérusalem; mais il n'y eut dans cette île qu'une haute cour et qu'une cour des bourgeois. Par la ruine des derniers établissements chrétiens en Palestine, la haute cour de Chypre devint l'oracle de la jurisprudence d'outre-mer, héritant du rôle qu'avait joué la haute cour de Saint-Jean-d'Acre, sans pourtant le remplir avec autant d'éclat. Les seigneurs de cette île ne se montrèrent pas moins assidus à l'étude du droit que ne l'avaient été leurs devanciers de Syrie; mais la science ne tarda pas à perdre parmi eux ce caractère de lucidité et de certitude qu'elle avait gardé jusque-là. Pour remédier à cette dégradation successive, s'étant assemblés à Nicosie au sujet de la mort de Pierre Ier, leur roi, assassiné en 1368, les hommes liges décidèrent, d'accord avec le bail du royaume, qu'il serait formé un corps du droit écrit, dont le livre du comte de Jaffa, Jean d'Ibelin, deviendrait le principal élément, et que cet ouvrage serait scellé et conservé dans la cathédrale de Nicosie, d'où il ne pourrait être tiré que par l'ordre du roi et en présence de quatre hommes liges. Le livre de Jean d'Ibelin, augmenté de diverses ordonnances nouvelles, fut en conséquence promulgué comme loi de l'Etat, le 19 novembre 1369, et dès lors on le désigna dans le pays sous le nom d'*Assises* ou de lois municipales. Lorsqu'en 1489 ce royaume tomba au pouvoir des Vénitiens, ces républicains s'obligèrent solennellement à y maintenir les anciennes *Assises*, sauf le privilége dont jouissait depuis longtemps la ville de Famagouste, de vivre sous le régime de la législation génoise. Quant au texte officiel déposé dans la cathédrale de Nicosie, il était déjà perdu au XVIe siècle. En 1531, le gouvernement vénitien, sentant la nécessité de réparer cette perte, fit rechercher dans l'île les meilleurs exemplaires des ouvrages les plus recommandables qui eussent été composés sur les *Assises*. De ceux qui furent ainsi recueillis et admis, on fit faire une traduction italienne, et on envoya les deux textes à Venise, où ils ont été conservés, jusqu'à ce que les Français s'en soient emparés en 1797. Ce n'est pas l'unique voie par laquelle la plupart de ces précieux monuments nous sont parvenus, mais c'est celle qui nous a fourni les meilleurs manuscrits.

ATABEK, mot qui veut dire *père du prince*, et qui signifie à peu près la même chose que vizir ou lieutenant. Plusieurs émirs, chargés sous ce nom du gouvernement de certaines provinces, par les sultans Seldjoucides, usurpèrent le pouvoir suprême dans les Etats dont l'administration leur avait été confiée. C'est ainsi que les Atabeks fondèrent une dynastie en Syrie. Aksancar, surnommé Kassim Eddoulet, qu'il ne faut pas confondre avec Aksancar surnommé Boursaki, était originairement un officier turc, qui avait été élevé avec le fameux Malek-Schah, qu'il avait toujours servi fidèlement, et qui, lorsque ce prince fut parvenu à l'empire, obtint de lui des charges importantes et devint son favori. Le grand crédit d'Aksancar ne manqua pas d'éveiller contre lui la jalousie. Le célèbre vizir Nizam-el-Moulk chercha à l'éloigner du sultan. Tout en faisant l'éloge des services d'Aksancar et de son dévouement à Malek-Schah, il proposa, lorsque Alep passa sous le sceptre des Seldjoucides, de lui donner cette ville et le commandement des armées du sultan dans cette contrée. Aksancar se rendit à Alep, où il se fit aimer des habitants et respecter de ses voisins. Après la mort du sultan Malek-Schah, lorsque Toutousch disputa l'empire de Perse aux enfants de son frère, Aksancar abandonna le parti des fils de son bienfaiteur, et reconnut Toutousch pour sultan. Mais, changeant ensuite de parti, il s'attacha à celui du sultan Barkiaroc. Toutousch, pour le punir de son inconstance, marcha contre lui à la tête d'une nombreuse armée. Le sultan Barkiaroc envoya l'émir Kerboga au secours d'Aksancar, qui n'en fut pas moins vaincu et fait prisonnier par Toutousch, en 1094. Le sultan de Syrie s'empara d'Alep, et ayant fait venir Aksancar en sa présence, il lui demanda comment il l'aurait traité si le sort des armes l'avait livré entre ses mains? Aksancar répondit au sultan qu'il l'aurait fait mourir, et il fut aussitôt exécuté. Tous les émirs qui avaient été attachés à Aksancar demeurèrent fidèles à son fils Zenghi, qui n'était âgé que de dix ans. Kerboga le prit sous sa protection et eut soin de son éducation. Zenghi accompagna Kerboga dans toutes ses expéditions; après la mort de cet émir, il s'attacha à Djiokarmisch, qui s'était rendu maître de Mossoul; et Djiokarmisch étant venu à mourir à son tour, Zenghi passa au service de l'émir, qui le remplaça dans le gouvernement de Mossoul. Cet émir s'étant ensuite révolté contre le sultan, Zenghi l'abandonna, et fit la guerre contre les Francs, sous Maudoud et sous Boursaki. Ce dernier émir, ayant reçu du sultan le gouvernement de Mossoul, donna l'intendance de Bosra au jeune Zenghi, qui fut confirmé dans la possession de cette ville par le sultan Mahmoud. Zenghi accompagna ensuite Mahmoud dans la guerre qui s'éleva à l'occasion des démêlés que le calife Mostarsched eut avec l'intendant de Bagdad pour le sultan. Ce prince fut si satisfait de la conduite de Zenghi, qu'il lui donna la place de cet intendant, en 1127. Quoique cette place fût très-importante, l'ambition démesurée de Zenghi s'accommodait mal de la dépendance où le retenaient la présence du calife et le voisinage du sultan. La mort de Boursaki, émir de Mossoul, vint, à sa grande satisfaction, l'éloigner de Bagdad. Les Francs étaient alors maîtres de tous les pays qui s'étendent depuis la Mésopotamie jusqu'à l'Egypte; il ne restait aux Musulmans, en Syrie, qu'Alep, Damas, Emèse et Hama. L'intérêt de l'islamisme exigeait qu'on opposât un général habile aux entreprises des chrétiens. Quand, à la mort de Boursaki, son esclave Djiaouli envoya demander au sultan Mahmoud l'investiture de Mossoul pour le fils de son maître, les ennemis que cet esclave avait à la cour servirent la cause musulmane en demandant sa déposition et celle des enfants de Boursaki, et en faisant sentir la nécessité de donner le gouvernement de Mossoul à Zenghi, qui était seul capable d'empêcher la Syrie de tomber tout entière aux mains des chrétiens. Zenghi partit aussitôt pour Mossoul, dont Djiaouli le mit en possession sans aucune difficulté. La première expédition du nouvel émir de Mossoul fut de s'emparer d'une ville que les descendants du calife Omar avaient bâtie dans une île du Tigre. Il alla ensuite faire le siége de Nisibin, qui appartenait à l'émir ortokide Timourtasch, prince de Mardin. Celui-ci réclama le secours d'un de ses parents, qui régnait dans le voisinage; mais Zenghi ne leur laissa pas le temps de réunir leurs troupes : il pressa le siége et s'empara de la ville. Harran, Saroudje, et la plupart des places de la Mésopotamie tombèrent bientôt sous sa puissance. Alep avait appartenu à l'émir Boursaki; mais son fils Masoud en avait donné le gouvernement, après sa mort, à un émir dont la conduite provoqua une révolte des habitants. Zenghi profita de cette occasion de se rendre maître de cette ville, où il entra aux acclamations de tout le peuple. Il ne se laissa plus conduire dès lors que par des vues d'ambition, et rechercha tous les moyens d'étendre ses Etats; il donna au sultan de Perse cent mille pièces d'or pour être conservé dans son gouvernement de Mossoul. Dans le dessein d'entreprendre une expédition contre les Francs, il fit demander des troupes à Bouri, prince de Damas. Celui-ci ordonna à son fils, qui commandait dans Hama, de se rendre auprès de Zenghi avec les forces dont il pouvait disposer. Mais Zenghi le fit arrêter et enfermer dans Alep avec les émirs, et marcha vers Hama, dont il s'empara d'autant plus facilement, que cette place était dégarnie de troupes. Il trompa également l'émir d'Emèse, qu'il fit aussi arrêter et conduire au pied des murailles de la ville, pour qu'il ordonnât à son fils d'en ouvrir les portes. Mais les habitants refusèrent d'obéir. Cette conduite rendit le prince de Mossoul odieux à tous ses voisins. Les Ortokides entrèrent dans ses Etats avec une armée de vingt mille hommes; mais ils furent défaits par Zenghi, qui, après cette guerre contre les Ortokides, fit une incursion sur le territoire d'Antioche et assiégea Athareb. Bohémond s'avança contre Zenghi, qui quitta le siége d'Athareb pour marcher à sa rencontre. Le prince d'Antioche fut vaincu et tué dans le combat qui eut lieu. La ville d'Athareb fut ensuite prise et rasée. A la nouvelle de la mort de Bohémond, Baudouin II, roi de Jérusalem, accourut dans la principauté d'Antioche, où sa présence était d'autant plus nécessaire, que la veuve de Bohémond, quoique fille du roi, se proposait de traiter avec Zenghi, à qui elle avait envoyé un beau cheval blanc, ferré en argent et richement caparaçonné. Zenghi passa de là sur le territoire de Tripoli, dont il tint le prince assiégé dans une forteresse. Mais la comtesse de Tripoli ayant appelé à son secours Foulques, qui venait de monter sur le trône de Jérusalem, Zenghi, dont les troupes étaient fatiguées de la guerre, ne voulut point attendre l'arrivée du roi, et conclut la paix avec les Francs, en 1131.

Zenghi prit ensuite parti dans les querelles des princes seldjoucides qui se disputaient le trône; mais il fut battu en défendant les intérêts de Mahmoud, et obligé de revenir à Mossoul. Le sultan Sandjar, le plus puissant souverain de la maison des Seldjoucides, ayant entrepris de rétablir la paix dans sa famille, ordonna à Zenghi, qui ne put lui résister, de marcher vers Bagdad, de se rendre maître de cette ville, et d'y faire faire la prière publique au nom de Togrul. Le calife Mostarsched se mit lui-même à la tête de son armée, pour livrer bataille à Zenghi, et remporta une victoire après laquelle il fit faire au prince de Mossoul de violents reproches de sa conduite. Zenghi, outré de la hauteur avec laquelle lui parla l'envoyé du calife, le fit arrêter. Le droit des gens, méprisé dans la personne de cet ambassadeur, fournit un prétexte au calife de se remettre en campagne, dans le dessein d'assiéger Mossoul. Mostarsched sortit de Bagdad à la tête de trente mille hommes; mais il assiégea en vain Mossoul, d'où Zenghi s'était éloigné. Fatigué d'avoir passé trois mois inutilement devant la capitale de la principauté de Zenghi, le calife fit la paix avec lui. Zenghi punit ensuite un émir curde d'avoir fourni des secours au calife pendant son expédition contre Mossoul. Il conçut enfin le projet de s'emparer de Damas et de détruire cette principauté; mais l'intervention des Francs l'empêcha d'exécuter ce dessein. Zenghi échoua aussi dans la tentative de s'emparer d'Emèse; et, pour se venger, il envoya le gouverneur d'Alep ravager les environs de Laodicée, où il fit un si grand nombre d'esclaves, que toute la Syrie en était remplie.

En 1137, Zenghi tourna ses armes contre les Francs, et choisit, pour ravager les terres du comte de Tripoli, le temps où il vit Antioche assiégée par l'empereur grec Jean Comnène, qui prétendait que les Francs devaient lui remettre cette ville. Raymond, comte de Tripoli, appela à son secours Foulques, roi de Jérusalem; et ces deux princes, ayant réuni leurs forces, marchèrent contre Zenghi, qui, de son côté, alla au-devant de leur armée et la défit complétement. Le comte de Tripoli fut fait prisonnier. Zenghi assiégea le roi de Jérusalem et tous les seigneurs qui l'accompagnaient, dans le château de Barin, appelé par les Francs le château de Montferrand ou de Montferrat. Tous les chrétiens se réunirent pour délivrer leur roi; le prince d'Antioche lui-même quitta cette ville, quoique les Grecs fussent campés dans les environs. Zenghi poussa le siége avec vigueur, afin de prendre la place avant que les Francs pussent y arriver. Elle manquait de vivres et ne pouvait plus tenir longtemps, quand le prince d'Antioche et le comte d'Edesse parurent avec leurs troupes. Zenghi, qui craignait encore que l'empereur de Constantinople ne se joignît à eux, fit faire des propositions de paix aux assiégés, avant qu'ils fussent informés de l'arrivée des princes accourus à leur secours. Les Francs, qui étaient épuisés par la famine et par les fatigues, s'empressèrent de conclure un traité par lequel ils livraient la place et s'engageaient à payer une somme de 50,000 pièces d'or. Zenghi remit en liberté le comte de Tripoli; il s'empara ensuite d'Emèse. L'empereur de Constantinople, après avoir fait la paix avec Raymond d'Antioche, s'était retiré à Tarse en Cilicie, où il avait passé l'hiver, et au printemps suivant il s'était remis en campagne avec le prince d'Antioche, le comte de Tripoli et le comte d'Edesse. Il s'approcha d'Alep, qu'il trouva trop bien fortifiée pour essayer de s'en rendre maître; il alla alors prendre d'assaut la ville d'Athareb, et mettre ensuite le siége devant Césarée, ville située entre une montagne et l'Oronte, à une journée de Hama. Elle appartenait à un émir, de la famille des Moncadites. Les Francs avaient persuadé à l'empereur que Zenghi n'interviendrait point pour la défense de cette place. Mais, loin de refuser à l'émir de Césarée les secours qu'il lui demanda, Zenghi vint camper à Hama, d'où il envoyait des détachements harceler les Grecs et les Francs. Il leur offrit plusieurs fois la bataille, que les Francs voulaient accepter; mais ce ne fut point l'avis de l'empereur. Le prince de Mossoul força les Francs et les Grecs à lever le siége, en semant la division parmi eux. Il tomba alors sur leur arrière-garde, et leur fit des prisonniers. Cette retraite des chrétiens fit d'autant plus de plaisir au sultan Masoud, lorsque Zenghi la lui annonça, qu'on avait craint, à Bagdad, que les ennemis de l'islamisme ne prissent Alep et ne pénétrassent plus avant dans l'Orient.

Zenghi, s'étant emparé de Balbek par capitulation, n'observa aucune des conditions, auxquelles la place s'était rendue, et en fit pendre la garnison. Il avait épousé la mère du prince de Damas, parce qu'il espérait, par ce moyen, se rendre maître de cette place importante; mais, n'ayant pu parvenir à son but, il offrit au prince de Damas, en échange de sa capitale, les villes d'Emèse et de Balbek. Comme on ne voulut point écouter ses propositions, il entreprit le siége de Damas; mais il fut obligé d'y renoncer. Cependant le prince de Damas fit la paix avec lui, en s'engageant à faire faire la prière publique, en son nom, dans les mosquées de la ville. Un des lieutenants de Zenghi ayant fait la conquête d'une partie du pays des Curdes, ces peuples sauvages s'en vengèrent par des excursions sur le territoire de Mossoul. Zenghi marcha contre eux, et leur prit leur principale forteresse, qu'il rasa, et à la place de laquelle il en construisit une autre, à laquelle il donna son nom. Le sultan Masoud, qui n'aimait point Zenghi malgré ses nombreuses victoires, avait pris ses dispositions pour l'aller attaquer et pour détruire entièrement sa puissance; mais le prince de Mossoul détourna cet orage en offrant au sultan une somme considérable d'argent. Masoud exigeait que son vassal se rendît auprès de lui; mais Zenghi, à qui cette démarche répugnait, prétexta que la guerre qu'il faisait aux Francs ne lui permettait pas de s'éloigner de ses Etats, et le sultan parut satisfait. Le chef de l'empire chancelant des Seldjoucides comprit d'ailleurs que Zenghi était le seul émir qui fût capable de résister à toutes les forces des chrétiens.

La ville d'Edesse, chef-lieu de l'Etat chrétien fondé par Baudouin, frère de Godefroy de Bouillon, était alors un des plus puissants établissements que les Francs possédassent en Orient : ils se répandaient de là dans tous les environs, et ils faisaient des courses jusque dans le Diarbékir, qui appartenait aux Ortokides, trop faibles pour les repousser. Zenghi, qui connaissait et redoutait le courage de Josselin, comte d'Edesse, résolut de lui donner le change sur ses desseins à l'égard de cette ville, et de l'en écarter avant de l'attaquer. Il alla, à cet effet, porter la guerre dans le Diarbékir, et forcer un prince ortokide à faire faire la prière publique en son nom. Josselin qui, contre la coutume des anciens comtes d'Edesse, avait abandonné le séjour de cette ville, pour demeurer à Turbessel, apprit tout à coup que sa capitale était assiégée par Zenghi, qu'il croyait occupé de la guerre dans le Diarbékir. Espérant profiter de l'inimitié qui existait entre le comte d'Edesse et le prince d'Antioche, Zenghi était venu, à marches forcées, former le siége de la place dont il méditait la ruine : il somma immédiatement les habitants de se rendre ; mais, quoiqu'ils manquassent de provisions, ils refusèrent de le faire. Le prince d'Antioche ne se pressa pas de se réconcilier avec le comte d'Edesse, qui lui demandait des secours. Quelques troupes, envoyées par la reine régente du royaume de Jérusalem pendant la minorité de Baudouin III, arrivèrent lorsque les murs de la place étaient déjà minés ; ils ne tardèrent pas à s'écrouler sous les efforts des assiégeants, et la ville, prise d'assaut, fut livrée au pillage ; tout fut égorgé, hommes, femmes et enfants. Zenghi, s'étant rendu ainsi maître d'Edesse, en 1144, en fit réparer les fortifications, et, après y avoir laissé une nombreuse garnison, il marcha à la conquête de toutes les places que les Francs possédaient dans les environs. Il faisait le siége d'une de ces places, lorsqu'il apprit que son lieutenant dans Mossoul venait d'être tué. Il y avait dans cette capitale un prince de la famille des Seldjoucides, Alp-Arslan, fils du sultan Mahmoud, à qui Zenghi, qui se contentait de prendre vis-à-vis de ce prince le titre d'Atabek, faisait accroire que tous les pays qu'il soumettait lui appartenaient. Mais cette soumission apparente n'empêchait pas Zenghi de ne laisser aucune autorité à Alp-Arslan. On conseilla à ce prince de profiter de l'absence de Zenghi pour se rendre maître de Mossoul, en se défaisant du lieutenant de l'Atabek, qui fut en effet assassiné ; mais les habitants firent échouer cette tentative de renversement de la puissance de Zenghi, en lui demeurant fidèles, et le prince seldjoucide fut enfermé dans le château de Mossoul, où on l'avait attiré. Zenghi, ayant appris que tout était ainsi apaisé, continua de faire la guerre dans les pays où il se trouvait. Pendant qu'il faisait le siége d'un château appartenant à un émir arabe, il fut assassiné pendant la nuit, par ses esclaves, en 1145 ; il était âgé d'environ soixante ans. Zenghi étendit considérablement l'Etat qu'il avait reçu du sultan seldjoucide de Perse, ou plutôt il se forma un empire aux dépens des Ortokides, de la principauté de Damas et des Francs. Il est regardé par les écrivains orientaux comme un des plus grands hommes qu'ait produits l'islamisme, et on peut voir à l'article Zenghi, qu'ils font un éloge exagéré des vertus d'un prince qui ne prit jamais que son intérêt pour unique règle de sa conduite.

Zenghi laissait plusieurs enfants, dont le second, Nour-Eddin, avait épousé la fille d'Anar, régent de la principauté de Damas. Sa mort n'en occasionna pas moins de grands troubles dans son camp, où rien n'était capable de maintenir les soldats dans le devoir, ni les émirs dans l'obéissance. Ce qui causa le plus de désordre et ce qui pensa ruiner la famille des Atabeks, ce fut la présence d'Alp-Arslan, qui s'était rendu au camp de Zenghi le jour même de sa mort. Toutes les troupes s'assemblaient déjà autour de ce prince et paraissaient vouloir se déclarer en sa faveur, lorsque Djemal-Eddin, vizir de Zenghi, s'entendit avec un autre émir pour conserver aux enfants du fondateur de la puissance des Atabeks l'empire qu'Alp-Arslan voulait leur enlever. Djemal-Eddin alla trouver ce prince et gagna sa confiance en paraissant favoriser ses desseins. Pendant ce temps, il chargeait le gouverneur de Mossoul d'annoncer la mort de Zenghi à Seïf-Eddin, l'aîné des enfants de ce prince, pour qu'il vînt s'emparer au plus tôt de la capitale. Le vizir envoyait en même temps à Mossoul tous les émirs auxquels il avait fait prêter le serment de fidélité à Seïf-Eddin, et il entourait Alp-Arslan de plaisirs et de chanteuses, afin de l'éloigner des affaires. Ce prince se croyait déjà paisible possesseur des Etats de Zenghi, et se plongeait dans la débauche, lorsque Djemal-Eddin, ayant appris que Seïf-Eddin était maître de Mossoul, fit paraître devant Alp-Arslan un homme qui lui offrit de lui livrer cette ville. Le vizir, voyant que le prince seldjoucide donnait dans le piége, saisit cette occasion de l'engager à se rendre dans la capitale, l'assurant que Seïf-Eddin viendrait au devant de lui le reconnaître pour son maître, et qu'alors il serait facile de se saisir de sa personne. Alp-Arslan se mit en marche vers Mossoul, mais une partie de son infanterie l'abandonna dans la route, et, quand il eut passé le Tigre, Djemal-Eddin le quitta et se rendit promptement à Mossoul, d'où il envoya un émir pour l'arrêter. Cet émir amena Alp-Arslan à Mossoul, où il fut enfermé. Seïf-Eddin, reconnu ainsi prince de Mossoul, reçut du sultan Masoud la robe d'honneur et l'investiture de ses États. D'un autre côté, Nour-Eddin, second fils de Zenghi, s'était retiré à Alep, avec le sceau de son père, et s'était emparé de cette ville. L'empire de Zenghi fut, par suite de ces événements, partagé en deux États. Le premier, soumis à Seïf-Eddin, eut Mossoul pour capitale, et Alep fut celle du second, qui appartint à Nour-Eddin.

La nouvelle de la mort de Zenghi fit concevoir aux chrétiens quelque espérance d'arracher Edesse aux mains des infidèles. Pendant que Nour-Eddin était occupé à établir sa puissance dans Alep, Josselin, comte d'Edesse, qui demeurait alors à Turbessel, fit proposer aux habitants d'Edesse de lui livrer leur ville. Ils étaient chrétiens, et la garnison turque étant peu nombreuse, ils promirent au comte de lui ouvrir leurs portes. Josselin passa aussitôt l'Euphrate, à la tête d'un corps considérable de troupes, et se présenta pendant la nuit au pied des murailles d'Edesse, où il fut introduit. La garnison turque et les Musulmans se réfugièrent dans la citadelle, dont, faute de machines de siége, Josselin ne put s'emparer. Ils envoyèrent un courrier à Mossoul pour instruire Seïf-Eddin de leur situation ; mais Nour-Eddin, à la nouvelle de l'occupation d'Edesse par Josselin, s'était mis à la tête de ses troupes et était venu investir la ville. Les Francs, qui n'étaient point en état de se défendre, prirent le parti de se faire jour à travers les ennemis. La garnison turque du château les attaqua par derrière en même temps que les troupes de Nour-Eddin leur barraient le passage. Presque tous les habitants d'Edesse furent ainsi massacrés ; les vieillards, les malades, les femmes et les enfants furent foulés aux pieds des chevaux, et la ville, reprise par Nour-Eddin, retomba au pouvoir des infidèles. Josselin s'enfuit à Turbessel.

Seïf-Eddin et Nour-Eddin vivaient dans une défiance continuelle l'un de l'autre ; Nour-Eddin, qui était le plus puissant, profitait de la faiblesse de son frère aîné, et exigeait de lui des places que celui-ci lui accordait, pour conserver le reste de son pays, et pour gagner les bonnes grâces d'un frère ambitieux. Ces deux princes, suivis chacun de cinq cents cavaliers, eurent une entrevue dans les environs d'Alep: Nour-Eddin donna de grandes marques d'amitié à son frère, descendit de cheval, vint baiser la terre devant lui et l'embrassa. Le but de cette entrevue était de faire croire que les deux frères étaient unis, afin que les Francs n'osassent rien entreprendre contre eux. Toutes les forces chrétiennes réunies faisaient alors le siége de Damas, que la jalousie entre les Francs de Syrie et les croisés venus d'Europe avec Louis VII, roi de France, et l'empereur Conrad, rendit infructueux. Nour-Eddin et Seïf-Eddin étaient accourus au secours de cette ville. Après la levée du siége, Nour-Eddin alla à Balbek, où Anar, régent de la principauté de Damas, l'avait invité à se rendre, pour conférer sur la situation des affaires. Pendant qu'ils y étaient, ils reçurent une lettre du comte de Tripoli, qui réclamait leur secours contre le fils du roi de Sicile, qui avait suivi les croisés en Syrie, et qui, après lui avoir enlevé une place, menaçait Tripoli. Nour-Eddin fit saper les murailles de la forteresse occupée par le prince sicilien, s'en rendit maître, et fit ce prince prisonnier. Seïf-Eddin, de son côté, montrait beaucoup d'ardeur pour reprendre dans le pays de Mardin toutes les places qui avaient appartenu à Zenghi. Il força Timourtasch, prince de ce pays, de recevoir les conditions qu'il lui imposa. Seïf-Eddin devait épouser la fille de Timourtasch, lorsqu'il mourut à l'âge de quarante ans, en 1149, après un règne d'un peu plus de trois ans. C'était un prince sage, doux et généreux. C'est lui qui le premier a fait porter devant lui, quand il était à cheval, le *Sandjiac* ou l'étendard; il est l'auteur de plusieurs réformes dans la milice musulmane, qui furent imitées par les princes voisins : il prescrivit que les cavaliers ne monteraient jamais à cheval sans le sabre et la masse d'arme. Seïf-Eddin laissa un fils en bas âge, dont Nour-Eddin prit soin, et à qui il fit épouser la fille de Cotb-Eddin Maudoud; mais ce jeune prince mourut sans enfants. Cotb-Eddin Maudoud, fils de Zenghi, succéda à son frère Seïf-Eddin comme prince de Mossoul, et épousa la fille de Timourtasch. La division éclata bientôt entre Cotb-Eddin et Nour-Eddin, par l'ambition de ce dernier, qui, envahissant les Etats de son frère, s'empara de la forteresse de Sindjar. Cotb-Eddin s'avança à la tête de son armée vers Sindjar, et fit faire des reproches à son frère de ses empiétements sur ses domaines. Nour-Eddin répondit qu'il était plus capable que son frère de gouverner les Etats de leur père. Cependant Djemal-Eddin, grand vizir de Cotb-Eddin, conseilla à ce prince de s'accommoder avec son frère, pour ne point s'exposer au sort d'une bataille, dont les suites ne pouvaient que lui être désavantageuses, puisque, s'il était vainqueur, il attirerait contre lui le sultan et le calife, et que s'il était vaincu, les Francs viendraient l'attaquer. Nour-Eddin accepta la place d'Emèse qui lui fut offerte au lieu de celle de Sindjar, et retourna à Alep, emmenant avec lui six cents chameaux sans compter les mulets chargés des choses précieuses qu'il avait prises dans Sindjar.

Les nombreuses armées arrivées d'Occident auraient pu renverser l'empire des Atabeks, si la division n'eût pas paralysé les efforts des chrétiens. Quoique les Atabeks fussent eux-mêmes en guerre les uns avec les autres, Nour-Eddin trouva toujours dans son courage la force de résister aux Francs. Il les avait battus lorsqu'ils étaient rassemblés pour faire le siége de Damas. Ayant appris ensuite que le territoire d'Antioche était dégarni de troupes, il envahit ce pays ; et dans une bataille livrée le 27 juin 1149, Raymond, prince d'Antioche, fut tué, et sa tête, coupée par ordre de Nour-Eddin, fut envoyée à Bagdad. Cette victoire de Nour-Eddin répandit la consternation parmi tous les Francs. Le vainqueur pénétra jusqu'au monastère de Saint-Siméon, qui est situé sur une montagne entre Antioche et la mer, s'empara de la place de Harem ou Harenc, peu éloignée d'Antioche, et y mit une forte garnison. Constance, femme de Raymond, était restée veuve avec quatre enfants en bas âge. Elle gouvernait seule la principauté d'Antioche avec l'assistance du patriarche, qui l'aidait de ses conseils et de son argent, pour rassembler des troupes et les opposer à Nour-Eddin. Le roi de Jérusalem, Baudouin III, vint au secours de ce pays : il mit le siége devant Harenc ; mais il fut obligé ensuite de le lever, et Nour-Eddin continua de ravager toute la principauté et fit capituler Apamée, une des plus fortes places que les Francs eussent dans ces contrées. Nour-Eddin, qui ambitionnait vivement la possession de Damas, alla se présenter devant cette ville. Mais le prince de cet Etat fit acte de soumission en s'engageant à faire prononcer le nom de Nour-Eddin dans la prière publique, après celui du calife et du sultan, et à le faire graver sur les monnaies. Nour-Eddin se retira satisfait et alla prendre le château d'Ezaz. Il porta, en 1151, la guerre dans le comté d'Edesse ; mais il fut défait par Josselin qui, ayant fait prisonnier l'écuyer de Nour-Eddin avec les armes de ce prince, l'envoya à son beau-père Masoud, sultan d'Iconium, en lui faisant dire : *Voilà l'écuyer de celui qui a épousé votre fille; peut-être dans la suite vous arrivera-t-il quelque chose de plus fâcheux.* Nour-Eddin, pour se venger de cet affront, engagea les Turcomans par de grandes promesses à s'emparer de Josselin, qui était le fléau des Musulmans. Surpris sur la route d'Alep, le comte obtint d'être relâché pour une somme considérable d'argent. Mais un Turcoman courut porter cette nouvelle à Alep, dont le gouverneur envoya promptement des troupes qui se saisirent de Josselin. Il fut conduit à Alep, mis dans les fers, et tué ensuite. Les chrétiens se réjouirent du malheur de ce prince, parce qu'ils le haïssaient à cause de ses inimitiés avec le prince d'Antioche, mort sur le champ de bataille en combattant Nour-Eddin, et les Musulmans se félicitèrent beaucoup de le tenir en leur possession, parce qu'ils le redoutaient.

La veuve de Josselin était restée dans Turbessel. Le roi de Jérusalem, qui appréhendait que la principauté d'Antioche, alors ravagée par le sultan d'Iconium et par les troupes de Nour-Eddin, ne tombât entre les mains des infidèles, se rendit à Antioche avec toutes les forces dont il put disposer. L'empereur de Constantinople, instruit des succès des Musulmans, fit offrir à la comtesse d'Edesse des sommes considérables, à condition qu'elle lui remettrait toutes les places qu'elle possédait. La plupart des princes francs n'étaient point d'avis qu'on acceptât les conditions de l'empereur ; mais Baudouin III, roi de Jérusalem, voyant qu'il était très-difficile de chasser les Turcs de ce pays, et ne pouvant lui-même se charger de le défendre, consentit à le livrer aux Grecs, bien persuadé qu'ils ne pourraient le conserver longtemps, et aimant mieux qu'il fût pris aux Grecs qu'aux Francs. Il conduisit lui-même, avec le comte de Tripoli, les officiers de l'empereur à Turbessel, et il ramena la comtesse avec ses enfants, et avec les Francs et les Arméniens qui voulurent abandonner le pays. Nour-Eddin le harcela vivement dans sa retraite. Les Grecs ne gardèrent pas longtemps les forteresses du comté d'Edesse qui leur avaient été cédées : Nour-Eddin les leur prit toutes.

La mort d'Anar, régent du royaume de Damas et beau-père de Nour-Eddin, arrivée en 1154, apporta un changement considérable en Syrie. Nour-Eddin profita de la faiblesse de caractère du prince de Damas pour le dépouiller de sa capitale et de ses Etats, qu'il craignait de voir tomber entre les mains des Francs. Ce prince avait reçu la promesse qu'Emèse lui serait donnée en échange de Damas ; mais lorsqu'il vit que Nour-Eddin ne lui tenait pas parole, il se retira à Bagdad, où il resta jusqu'à sa mort. La ville de Damas était une des plus grandes et des plus belles de la Syrie, et cette acquisition était la plus importante que Nour-Eddin eût encore faite. En 1156, Nour-Eddin allait se rendre maître de Panéas, lorsque le roi de Jérusalem arriva avec une armée et l'obligea d'en lever le siége. Baudouin prit le chemin de Tibériade avec quelques cavaliers ; Nour-Eddin passa aussitôt le Jourdain, et se mit en embuscade dans un endroit par lequel les Francs devaient passer ; il les surprit et les mit en fuite ; le roi lui-même eut beaucoup de peine à se sauver. Nour-Eddin retourna devant Panéas, croyant que les Francs ne seraient pas en état de secourir cette place contre la nombreuse armée qu'il venait de rassembler ; mais le roi de Jérusalem, le prince d'Antioche et le comte de Tripoli l'obligèrent encore une fois de lever le siége. Nour-Eddin étant tombé dangereusement malade, son frère Miran et ses principaux émirs songeaient déjà à se partager ses Etats, et le désordre était à la cour d'Alep. Les chrétiens, que divisait une contestation pour la possession de la ville de Césarée, qui venait de tomber en leur pouvoir, ne profitèrent pas de l'occasion que leur offrait la maladie de Nour-Eddin d'affaiblir sa puissance ; ils se bornèrent à la prise de la forteresse de Harem, qui fut donnée au prince d'Antioche. Dès que Nour-Eddin fut rendu à la santé, l'ordre se rétablit autour de lui. Il se mit aussitôt en campagne contre les Francs, et alla assiéger le château des Curdes, dans le pays d'Emèse. Le roi de Jérusalem accourut au secours de cette forteresse avec le comte de Flandre, récemment arrivé en Syrie. Nour-Eddin, par le conseil de Schirkou, émir curde qui était à son service, lève aussitôt le siége, et marche avec toutes ses troupes au-devant des Francs. Il les rencontre près du lac de Génésareth. Le roi de Jérusalem ne lui laissa pas le temps de se former en bataille, et tomba si subitement sur lui que son armée fut entièrement dispersée. Nour-Eddin, qui avait perdu ses tentes et ses bagages, échappa à peine à ce désastre. Après avoir été menacé de voir Alep, sa capitale, assiégée par les Francs, réunis à une nombreuse armée grecque commandée par l'empereur de Constantinople, Nour-Eddin porta la guerre dans les Etats du sultan d'Iconium. Pendant son absence, le roi de Jérusalem entra sur le territoire de Damas, et y mit tout à feu et à sang. Le gouverneur de Damas, qui était le père du grand Saladin, obtint une trêve à prix d'argent. Mais, dès qu'elle fut expirée, Baudouin revint faire un butin non moindre que le premier. Renaud de Châtillon, prince d'Antioche, revenant chargé de dépouilles d'une incursion dans le comté d'Edesse, fut battu, fait prisonnier et conduit à Alep par le gouverneur de cette ville, en décembre 1162. Peu de temps après mourut Baudouin III, que Nour-Eddin regretta, quoiqu'il fût son ennemi, parce qu'il l'estimait. Le successeur de Baudouin, Amaury, s'engagea dans une guerre qui fut fatale à la famille de Nour-Eddin, aux Francs et à la dynastie des califes Fatimites d'Egypte. La famille de Nour-Eddin perdit la plus grande partie de sa puissance, les Francs se virent enlever Jérusalem, et le fameux Saladin éleva la dynastie des Ayoubites sur les ruines de celle des Fatimites. Un grand vizir du calife Adhed, nommé Schaver, ayant été dépouillé de sa charge par un émir appelé Dargham, vint en Syrie implorer le secours de Nour-Eddin, en lui offrant de lui donner le tiers des revenus de l'Egypte, quand il serait rétabli dans son poste. Deux frères, d'origine curde, Nodjem-Eddin Ayoub et Schirkou, jouissaient alors d'une grande considération à la cour de l'Atabek. Schirkou fut chargé de la mission importante d'aller, à la tête d'une armée, rétablir Schaver dans sa place. Cet émir était déjà d'un âge assez avancé; il était d'une petite taille et fort gros; mais il n'en supportait pas moins très-bien les fatigues de la guerre. Dargham, qui était maître absolu de l'Egypte, avait été battu dernièrement par le roi de Jérusalem, Amaury, qui avait exigé, les armes à la main, le payement d'un tribut annuel qui avait été imposé aux Egyptiens par le roi Baudouin, et qu'ils refusaient d'acquitter. Nour-Eddin, qui savait que les chrétiens n'attendaient qu'une occasion favorable pour se rendre maîtres de l'Egypte, entreprenait cette guerre dans le dessein de connaître les forces de ce pays, afin d'en faire la conquête plus tard. Pendant que Schirkou, accompagné de son neveu Saladin, se rendait en Egypte, Nour-Eddin fit croire aux Francs, pour détourner leur attention, qu'il méditait contre eux quelque entreprise. Dargham, en apprenant la marche de l'armée syrienne, eut recours aux Francs, et leur offrit un tribut double de celui qu'il leur devait, s'ils voulaient le secourir; mais, avant d'avoir eu le temps de conclure un traité, il fut vaincu par Schirkou et tué ensuite. Schaver rentra dans le Caire, et y fut rétabli dans toutes ses dignités; mais il refusa de s'acquitter des promesses qu'il avait faites à Nour-Eddin. Schirkou l'ayant vainement sommé plusieurs fois de tenir sa parole, s'empara, par le conseil de Saladin, de la ville de Péluse. Cette démarche intimida tellement Schaver qu'il se hâta de renouveler les traités faits par Dargham avec les Francs. Il fit entendre au roi de Jérusalem qu'il était également à craindre pour les Francs et pour les Egyptiens que Nour-Eddin se rendît maître de l'Egypte, parce que cette conquête lui rendrait facile celle de la Syrie entière. Amaury, qui ne songeait qu'à s'emparer de l'Egypte, accepta les propositions qui lui étaient faites, passa dans ce pays et joignit ses forces à celles de Schaver. L'armée chrétienne et l'armée égyptienne réunies assiégèrent Schirkou dans Péluse pendant plusieurs mois. Mais, à la nouvelle des succès que remportait Nour-Eddin, le roi de Jérusalem voulut retourner défendre ses Etats, et, d'accord avec Schaver, il proposa la paix à Schirkou, à qui il fut permis de reprendre le chemin de la Syrie.

Nour-Eddin, pour réparer l'affront de la défaite qu'il avait essuyée, demanda des troupes à son frère Cotb-Eddin, prince de Mossoul, et aux autres princes musulmans ses voisins. Il alla avec les secours qui lui furent fournis assiéger Harem. Une armée chrétienne très-nombreuse s'avança vers cette place, sous le commandement de Bohémond III, prince d'Antioche, de Raymond le Jeune, comte de Tripoli, du gouverneur de Cilicie pour l'empereur grec, de Hugues de Lusignan et du brave Josselin. Nour-Eddin leva le siége de Harem, et se retira vers Artésie, afin de faire croire aux Francs qu'il prenait la fuite. Ce stratagème lui réussit, et lui fournit l'occasion de faire un affreux carnage de ses ennemis. Dix mille chrétiens furent tués sur le champ de bataille, et le nombre des prisonniers fut encore plus grand. Au nombre de ces derniers étaient Bohémond, Raymond, Josselin, Hugues de Lusignan et le gouverneur de Cilicie. Après cette grande victoire, Nour-Eddin revint devant Harem et s'en empara. On lui conseillait de marcher vers Antioche; mais, outre qu'il regardait cette place comme très-difficile à prendre à cause de ses fortifications, il craignait encore que les Francs, réduits à l'extrémité, ne la remissent à l'empereur de Constantinople, et il aimait mieux avoir pour voisin Bohémond que ce prince.

Pendant que Nour-Eddin immortalisait son nom parmi les Musulmans par les défaites qu'il faisait éprouver aux chrétiens, son frère, Cotb-Eddin, régnait paisiblement dans Mossoul par les sages conseils de Djemal-Eddin. Ce vizir mourut cependant dans la disgrâce et en prison, par l'effet de la jalousie de quelques émirs qui avaient indisposé le prince contre lui. Mais il fut regretté comme méritait de l'être un des hommes les plus distingués de son siècle parmi les infidèles. Après la prise de Harem, Nour-Eddin, poursuivant ses succès, s'empara en 1165 de Panéas, qui appartenait aux Francs depuis l'an 1148. Amaury, revenu d'Egypte, s'empressa de se rendre à Antioche, d'où il obtint de Nour-Eddin la liberté du prince Bohémond. Schirkou parcourut aussi les terres des Francs à la tête d'une armée; mais cet émir ne cessait de méditer la conquête de l'Egypte et d'en entretenir Nour-Eddin. Guillaume de Tyr rapporte que Schirkou se rendit à Bagdad pour exposer au calife les avntages qui résulteraient de la ruine des Fatimites. Le calife approuva ce dessein. Les Francs, de leur côté, décidèrent qu'on s'opposerait au passage de Schirkou en Egypte, et que tout le monde contribuerait du dixième de son bien aux frais de la guerre. Schaver résolut aussi de faire tous ses efforts pour empêcher l'exécution du projet de Schirkou, qui était entré en Egypte par le désert, sans que le roi de Jérusalem eût pu le joindre. Il attira les Francs au Caire, et, par un traité qui fut ratifié par le calife lui-même, on s'engagea à augmenter le tribut qu'on leur payait tous les ans. Schirkou, qui était venu devant le Caire, s'en étant ensuite éloigné, Amaury se mit à sa poursuite dans la haute Egypte. Les deux armées en vinrent aux mains, et la victoire, vivement disputée de part et d'autre, demeura à Schirkou. Cet émir se dirigea vers Alexandrie, où il laissa son neveu Saladin, et reprit lui-même le chemin de la haute Egypte. Amaury alla assiéger Saladin dans Alexandrie. Mais la paix fut alors conclue: Schirkou et son neveu Saladin retournèrent à Damas, et Amaury, à qui Schaver convint de payer cent mille pièces d'or, quitta aussi l'Egypte, laissant une garnison au Caire.

Pendant cette expédition de Schirkou en Egypte, Nour-Eddin avait fait la guerre aux Francs, dont il continua à surveiller les démarches, parce qu'il savait qu'ils ne cherchaient que l'occasion de s'emparer de l'Egypte. Amaury céda, en effet, aux conseils qui lui furent donnés de rompre les traités qui l'unissaient à Schaver; il leva une armée, et, après avoir feint de porter la guerre en Syrie, il marcha tout à coup vers l'Egypte, et s'empara de Péluse, qui fut mise au pillage. Le roi alla de là camper devant le Caire. Schaver, ne sachant quel parti prendre, envoya demander des secours à Nour-Eddin, dont le calife lui-même implora la protection. Le puissant Atabek aurait bien voulu se rendre en Egypte; mais il y envoya Schirkou, dans la crainte que, pendant son absence, les Francs n'entrassent dans ses Etats. En attendant l'arrivée des troupes de Nour-Eddin, Schaver chercha les moyens de tromper les Francs. Il écrivit à Amaury pour lui proposer la paix, en lui offrant une somme considérable d'argent. L'avarice d'Amaury ne fut pas sourde à ces propositions. Le roi consentit à se retirer, moyennant un million de pièces d'or, dont une partie serait payée sur-le-champ et le reste dans un temps fixé. Pendant que Schaver traitait avec les Francs, le calife faisait offrir à Nour-Eddin le tiers des revenus de l'Egypte et demandait que Schirkou y demeurât. A l'arrivée de l'armée de Schirkou, que Nour-Eddin avait pourvue de beaucoup d'argent et de toutes les provisions nécessaires pour le succès de l'expédition, Amaury se retira d'abord à Péluse et ensuite en Syrie. Schirkou entra au Caire, et y reçut du calife Adhed un accueil qui inspira de la jalousie à Schaver. Tandis que ce ministre songeait à se défaire de Schirkou, une conspiration se tramait contre lui dans le camp syrien, et Saladin en était le principal chef. Schaver fut, en effet, arrêté par Saladin un jour qu'il venait visiter Schirkou; et le calife, ayant appris cette arrestation, envoya demander la tête du vizir, qui lui fut aussitôt portée. Adhed investit Schirkou de l'emploi de vizir, et lui donna le commandement de ses troupes avec le titre de Malek-Mansour, c'est-à-dire *roi aidé de Dieu*. Mais le nouveau maître de l'Egypte, qui n'avait pas cessé de se regarder comme le lieutenant de Nour-Eddin dans ce pays, ne le gouverna que pendant deux mois et quelques jours, au bout desquels il tomba malade et mourut. La plupart des émirs briguèrent sa place auprès du calife; mais Adhed la donna à Saladin, neveu de Schirkou, dans l'espoir que ce jeune émir n'aurait point assez d'autorité sur les troupes pour l'empêcher de détruire la puissance des grands vizirs. Saladin sut gagner tous les cœurs par ses largesses, et le calife fut trompé dans ses calculs. L'établissement de Saladin en Egypte, comme lieutenant de Nour-Eddin, menaçait le royaume de Jérusalem d'une ruine totale. L'empereur de Constantinople envoya alors au secours des Francs une flotte considérable, au moyen de laquelle les chrétiens allèrent mettre le siége devant Damiette. Mais, après être restés inutilement pendant cinquante jours devant cette place, ils furent forcés de se retirer par l'impossibilité de s'en rendre maîtres, et par une diversion que Nour-Eddin avait faite en Syrie contre les Etats chrétiens.

Cotb-Eddin, prince de Mossoul, qui avait toujours vécu en bonne intelligence avec son frère, mourut à l'âge de quarante ans, après avoir fait le bonheur de ses sujets pendant son règne. Avant de mourir, il avait désigné pour son successeur Emad-Eddin Zenghi, son fils aîné, qui avait épousé la fille de Nour-Eddin. Mais le premier ministre de l'Etat, qui craignait de perdre son autorité sous un prince attaché à Nour-Eddin, son ennemi déclaré, convint avec la veuve de Cotb-Eddin, de faire prêter serment de fidélité par les émirs à son fils Seïf-Eddin. Emad-Eddin implora alors le secours de Nour-Eddin, qui, répondant à cet appel, s'empara d'abord de Sindjar, qu'il remit au jeune prince son neveu. Nour-Eddin marcha aussitôt vers Mossoul, qui se rendit à lui sans résistance. Il confirma Seïf-Eddin dans la possession de cette ville, et partagea les autres villes de la principauté de Mossoul entre ses neveux. Seïf-Eddin fut reconnu par le calife Mostadi. Saladin, vers ce même temps, vint attaquer les Francs sur leurs frontières du côté de l'Egypte, et battit le roi Amaury. Nour-Eddin crut qu'il était temps d'enlever au calife d'Egypte la seule marque d'autorité qui lui restait, c'est-à-dire de faire retrancher son nom de la prière publique, et d'y substituer celui de Mostadi, calife de Bagdad. Lorsque Saladin reçut cet ordre, il craignit de ne pouvoir l'exécuter sans provoquer une révolte chez les Egyptiens, qui étaient attachés à la secte d'Ali, dont les Fatimites suivaient la doctrine; mais le changement s'opéra cependant sans difficulté, et l'Egypte rentra sous la juridiction spirituelle du calife de Bagdad, dont elle était séparée depuis longtemps. Le calife Adhed était malade. Personne ne jugea à propos de l'instruire de ce qui venait d'arriver, parce qu'on ne voulait pas troubler le peu de jours qu'il avait encore à vivre, selon les apparences. Il mourut, comme on l'avait prévu, peu de temps après, en 1171. Saladin se saisit aussitôt du palais et des richesses immenses qu'il contenait. Les enfants et les parents du calife Adhed furent arrêtés et enfermés. Nour-Eddin annonça ce grand événement au calife de Bagdad, qui, pour le remercier, lui envoya une robe d'honneur et deux épées, dont l'une désignait son pouvoir sur la Syrie, et l'autre son pouvoir sur l'Egypte. Saladin fut nommé par le calife lieutenant de Nour-Eddin en Egypte. Mais quand il se vit seul maître de ce pays, il commença à se lasser du simple titre de lieutenant de Nour-Eddin, et aspira à se rendre indépendant. Il craignait beaucoup d'être obligé de quitter l'Egypte pour se rendre auprès de Nour-Eddin. Ce prince lui ordonna, en effet, de rassembler toutes ses troupes et de le venir joindre pour faire le siége du château de Carac ou la *Pierre du désert*. Saladin parut d'abord disposé à obéir et sortit du Caire; mais il envoya ensuite un courrier à Nour-Eddin pour lui faire savoir que quelques apparences de trouble ne lui permettaient pas de continuer sa route. Irrité de la désobéissance de son lieutenant, Nour-Eddin le menaça de l'en aller punir en Egypte. Saladin assembla toute sa famille et ses émirs, pour délibérer sur ce qu'il y avait à faire dans une circonstance si délicate. Par le conseil de son père Ayoub, Saladin écrivit à Nour-Eddin pour lui faire de fausses protestations de soumission. Ce prince, qui était occupé du soin de garantir ses Etats des incursions des Francs, parut satisfait des lettres de Saladin. Celui-ci faisait la guerre aux chrétiens pour se rendre agréable à Nour-Eddin : il alla attaquer, mais infructueusement, les deux châteaux de Carac et de Montréal, qui incommodaient beaucoup les caravanes musulmanes qui se rendaient de Syrie en Egypte. Nour-Eddin s'étant fait, contre Kilidj-Arslan, sultan d'Iconium, le défenseur du prince du petit Etat de Malatia, obligea le sultan à lui demander la paix, à laquelle il mit trois conditions : la première, que Kilidj-Arslan, dont la religion lui était suspecte, et qui était plus philosophe que musulman, renouvellerait sa profession de foi entre les mains des ambassadeurs de Nour-Eddin ; la seconde, qu'il enverrait en Syrie des troupes contre les Francs toutes les fois qu'il en serait besoin ; et la troisième, qu'il donnerait en mariage sa fille à Seïf-Eddin, neveu de Nour-Eddin. Les desseins de Saladin, qui ne tendait qu'à se rendre indépendant en Egypte, préoccupaient vivement Nour-Eddin ; et ce prince, lorsqu'il mourut à Damas d'une esquinancie, en 1174, avait levé des troupes auxquelles il se proposait de laisser la garde de ses Etats de Syrie, pendant qu'avec le reste de son armée il aurait été ôter à son lieutenant le commandement dont il abusait. Nour-Eddin avait mérité l'estime de tous les Musulmans et même celle des chrétiens. Il est généralement regardé comme le plus sage et le plus juste de tous les princes de l'islamisme. Il était exact observateur des préceptes de sa religion. Il eut pour successeur son fils Saleh Ismaël, qui n'était âgé que de onze ans. Un émir fut chargé du gouvernement en qualité de régent. Mais un grand changement s'opéra dans les affaires de la Syrie. Toutes les puissances voisines tentèrent d'enlever à la famille de Nour-Eddin les Etats qu'elle possédait. Les Francs ne furent pas les derniers à prendre les armes. Amaury rassembla toutes les forces de son royaume et alla faire le siége de Panéas. Mais cette place lui opposa une si vive résistance, qu'il profita des propositions de paix que lui fit faire la veuve de Nour-Eddin pour en lever le siége. Saladin, écrivant à Saleh pour le consoler de la mort de son père, lui envoya des pièces d'or frappées en Egypte en son nom, avec l'assurance que tout ce pays lui était soumis comme il l'avait été à Nour-Eddin. Seïf-Eddin était en marche avec une armée pour se joindre à Nour-Eddin, lorsque la nouvelle de la mort de son oncle vint le faire changer de dessein : il employa ses forces à reprendre toutes les places qui avaient été autrefois de la dépendance de Mossoul, et il retourna ensuite dans cette ville. Les divisions qui éclatèrent parmi les émirs dans les principautés de Damas et d'Alep, déterminèrent celui qui remplissait les fonctions de régent à offrir à Seïf-Eddin de lui livrer Damas. Mais celui-ci, croyant que c'était un piége qu'on lui tendait, n'osa sortir de Mossoul. On s'adressa alors à Saladin. L'ambitieux fils d'Ayoub ne négligea pas une occasion si favorable de s'emparer des Etats de Nour-Eddin. Il accourut à Damas à la tête de sept cents cavaliers, et prit possession de cette ville. Il voulut cependant que la prière publique se fît au nom du jeune Saleh, et protesta qu'il n'était venu que pour lui rendre hommage et lui faire restituer les places que Seïf-Eddin lui avait enlevées. Mais sa conduite démentait ses paroles, et il était visible qu'il n'aspirait qu'à la souveraineté. Il se mit en campagne, et s'empara de Harenc et d'Emèse. Le château de cette dernière ville lui résista cependant. Il alla alors faire le siége d'Alep, où était le jeune Saleh. Le chef des Bathéniens fut invité à faire assassiner Saladin ; mais le coup manqua. Saleh, qui n'avait alors que douze ans, ayant fait assembler tous les habitants d'Alep : « Vous n'ignorez pas, leur dit-il, les services que mon père vous a rendus et les bienfaits dont il vous a comblés. Je suis votre pupille. Un ingrat, qui doit tout à mon père, vient aujourd'hui, sans crainte de la justice divine et sans respect des lois, pour s'emparer de mon pays : j'implore votre secours. » Tout le peuple se prépara à marcher contre l'usurpateur, qui leva aussitôt le siége.

Les conquêtes de Saladin avaient alarmé les Francs, et ils cherchaient le moyen d'en arrêter le cours. Ils furent invités à venir au secours de la garnison d'Emèse, où ils avaient des otages. Le prince de Tripoli se rendit en toute hâte devant cette place qui, à la nouvelle de la marche de l'armée de Mossoul, ne voulut pas ouvrir ses portes aux Francs. Saladin profita de cette circonstance pour s'en rendre maître; et pour engager les Francs à ne prendre aucune part aux affaires des Musulmans, il leur renvoya leurs otages. Il alla ensuite soumettre Balbek. Pendant ce temps-là, Saleh avait réclamé l'appui de son parent Seïf-Eddin, prince de Mossoul. Ce prince, qui était irrité de la conduite de Saladin, et effrayé de la puissance à laquelle il le voyait parvenu, fit marcher toutes ses troupes sous le commandement de son frère, Azzedin Masoud. Saladin fit alors des propositions qui furent rejetées, et on en vint aux mains près de Hama. Il y avait dans l'armée de Mossoul des traîtres qui facilitèrent à Saladin les moyens de remporter la victoire. Il devint maître d'Alep, et fit retrancher de la prière publique le nom de Saleh. Les princes confédérés furent obligés de lui demander la paix, et il fut convenu qu'il garderait tout ce qu'il avait en Syrie, à l'exception d'Alep. Les Francs avaient profité de ces circonstances pour envahir et ravager la principauté de Damas. Telles furent les suites des divisions qui régnaient parmi les Musulmans, et dont l'ingratitude de Saladin était la source. Les princes infidèles étaient tous armés les uns contre les autres. Un de ceux de la famille des Atabeks, Emad-Eddin, prince de Sindjar, s'était même déclaré en faveur de l'usurpation de Saladin. Seïf-Eddin, son frère, qui désapprouvait une semblable conduite, alla assiéger Sindjar. Mais, à la nouvelle de la déroute de son armée, il fit la paix avec son frère. Il marcha ensuite à la rencontre de Saladin, qu'il aurait pu surprendre si, par sa lenteur, il ne lui eût pas laissé le temps de rassembler ses troupes. Saladin le battit et mit son armée dans une déroute complète. Seïf-Eddin se sauva à Alep, où il prit toutes les richesses qu'il put emporter, et se retira à Mossoul, où il ne se crut pas même en sûreté. Saladin distribua à ses soldats tout le butin de cette victoire, et alla faire le siége d'Ezaz. Pendant qu'il était devant cette place, un Bathénien voulut l'assassiner, et le blessa à la tête avec son poignard; mais Saladin l'ayant saisi, et lui ayant arraché son poignard, lui en donna plusieurs coups dont le Bathénien mourut. Un second Bathénien osa attenter à la vie de Saladin, mais il fut tué; enfin il s'en présenta un troisième qui eut le même sort. Saladin prit Ezaz, et se rendit devant Alep, qu'il tint longtemps assiégée. Saleh qui y était renfermé lui fit des propositions de paix qui furent acceptées. Une des conditions du traité était que les troupes d'Alep seraient au service de Saladin.

Saleh tâchait de maintenir par la force ses émirs dans l'obéissance; mais ils abandonnaient son parti, et se déclaraient pour Saladin. La famine, suivie de la peste, vint joindre ses horreurs à celles de ces guerres intestines. Seïf-Eddin, prince de Mossoul, mourut âgé de trente ans, après en avoir régné dix et quelques mois. Il laissait un fils encore très-jeune; mais comme il craignit que ce prince ne pût résister à la puissance de Saladin, alors maître de presque toute la Syrie, il voulut que son frère Azzeddin Masoud lui succédât. Saleh ne survécut pas longtemps à Seïf-Eddin. Quand il se vit sur le point de mourir, il fit venir auprès de lui ses émirs et les chefs de la milice, et exigea qu'ils prêtassent serment de fidélité à Azzeddin, prince de Mossoul. Il leur fit comprendre que, la famille des Atabeks étant menacée par Saladin d'être dépouillée de tout ce qu'elle possédait, il fallait qu'Alep appartînt à un prince qui fût en état de résister au sultan d'Egypte. Saleh n'avait que dix-neuf ans quand il mourut. Ses sujets regrettèrent en lui un prince sage, doux et religieux. Azzeddin fut reçu dans Alep aux acclamations des habitants ; mais comme il lui était difficile de mettre en même temps Alep et Mossoul à l'abri des entreprises de Saladin, il résolut de retourner dans cette dernière ville. Il rencontra en route son frère Emad-Eddin Zenghi, prince de Sindjar, qui lui demanda Alep en échange de Sindjar. Azzeddin ne voulait point consentir à un échange aussi disproportionné; mais Emad-Eddin parla de livrer Sindjar à Saladin, et il était soutenu par les émirs. Son frère fut donc obligé de lui donner Alep malgré lui.

Saladin revint en Syrie, où un grand nombre d'émirs abandonnaient la famille des Atabeks, pour embrasser sa cause. Il paraissait avoir envie d'aller attaquer Alep, qu'Azzeddin renonça à secourir parce qu'il reconnut que le sultan y avait trop de partisans. Après avoir tenu Alep assiégée pendant trois jours, Saladin marcha vers l'Euphrate, s'empara d'Edesse et de différentes autres places, et vint camper devant Mossoul; mais comme il vit que cette ville résistait, il alla prendre celle de Sindjar. Il retourna de là devant Alep. Emad-Eddin, qui se défiait de ses forces, proposa secrètement à Saladin de lui livrer Alep, s'il voulait lui rendre Sindjar, son ancienne possession. Saladin accepta cette offre. Alep fut ainsi perdue pour toujours pour la famille des Atabeks, à laquelle il ne restait plus que la principauté de Mossoul. Azzeddin commit la faute de disgracier passagèrement son ministre, qui était seul capable de conserver l'État. Aussitôt les révoltes éclatèrent. Pendant ce temps, Saladin s'avançait vers Mossoul; il rencontra en route un ambassadeur de Kilidj-Arslan, sultan d'Iconium, qui lui annonça que tous les princes de l'Orient étaient résolus de le venir attaquer, s'il continuait de faire la guerre à la principauté de Mossoul et à celle de Mardin. Ces menaces n'intimidèrent point Saladin, qui poursuivit sa route et arriva devant Mossoul, dont il entreprit le siége. Tout le pays était indigné de la conduite de ce conquérant ambitieux, et de son ingratitude envers une famille à laquelle il était redevable du trône d'Egype. Saladin tomba alors très-gravement malade. Azzeddin profita de cette circonstance pour conclure la paix avec lui. Saladin lui rendit la Mésopotamie, et Azzeddin consentit à faire faire la prière publique dans Mossoul, au nom du sultan, qui observa religieusement cette paix jusqu'à sa mort. Depuis ce temps, le prince de Mossoul lui fournit des secours dans les guerres qu'il fit contre les Francs. Les princes Atabeks ne firent plus rien par eux-mêmes et restèrent en paix les uns avec les autres, sous la protection de Saladin.

Le sultan d'Egypte mourut à Damas, à l'âge de cinquante-sept ans, en **1193**, et ses États furent partagés entre ses enfants, ses neveux et ses parents. Dès que la nouvelle de la mort de Saladin parvint à Mossoul, Azzedin assembla son conseil pour délibérer sur ce qu'il y avait à faire. Mais on perdit le temps à hésiter, sans prendre aucun parti. Azzeddin tomba malade alors, et fit un testament par lequel il laissait la principauté de Mossoul à son fils Nour-Eddin. Scherf-Eddin, qui prétendait être le seul prince de la famille des Atabeks qui fût en état de résister à Malek-Adel, frère de Saladin, le pria inutilement de changer ces dispotions. Azzeddin mourut regretté de tous ses sujets; c'était un prince religieux. Son fils fit son entrée publique dans Mossoul, et fut proclamé son successeur. Les princes de Mossoul, éloignés des pays que les Francs occupaient, n'eurent désormais aucune puissance en Syrie, et ne prirent plus part aux guerres qui avaient illustré leurs prédécesseurs. Les princes de la famille de Saladin s'efforcèrent de leur côté d'achever de détruire la famille des Atabeks. Nour-Eddin mourut à Mossoul en **1210**, après un règne d'environ dix-huit ans, pendant lequel il avait retardé, par son courage et par sa sagesse, la ruine de sa famille. Il eut pour successeur son fils Azzeddin Masoud. Ce prince régna jusqu'en **1218**, et par sa mort la puissance des Atabeks fut presque anéantie. Elle n'avait plus pour soutien qu'un ministre d'un génie supérieur, Bedreddin Loulou, qui resta maître de la principauté de Mossoul, après la mort du dernier descendant de la branche de la famille de Zenghi, qui régnait dans cet État. Bedreddin Loulou conserva cette principauté jusqu'au temps où les Tartares la lui enlevèrent.

AYOUBITES. Par la mort d'Adhed, dernier calife fatimite, Saladin se trouva, en **1171**, maître de l'Egypte, comme lieutenant de Nour-Eddin, et comme grand vizir (Voir l'article **Fatimites**). Il préluda dès lors à la fondation de la dynastie des souverains de l'Egypte, qui furent appelés *Ayoubites*, du nom d'Ayoub, père de Saladin, qui était d'origine curde.

Le gouvernement de cet ambitieux rencontra d'abord beaucoup d'obstacles dans un pays en proie aux factions. L'horreur des Egyptiens pour la doctrine religieuse des califes de Bagdad, que professait Saladin, et dont les califes Fatimites, qui prétendaient descendre d'Ali, gendre du prophète, avaient été les irréconciliables antagonistes, était la principale cause de l'irritation des esprits. Au nombre des éléments d'opposition qui formèrent un parti puissant contre Saladin, il faut compter aussi les nègres, que les califes, depuis quelque temps, avaient fait venir en grand nombre de Nubie et d'Abyssinie, et qui étaient en possession des emplois importants à la cour et dans les armées. Ces nègres ne purent voir avec indifférence Saladin distribuer à ses troupes les places et les terres. Les mécontents se mirent en relation avec les Francs, pour arriver plus sûrement à leur but, le renversement de Saladin. Un eunuque noir, qui était ce qu'on pourrait appeler maréchal du palais du calife, et qui jouissait de beaucoup de crédit, invita le roi Amaury à faire promptement une nouvelle invasion en Egypte. « A votre approche, lui disait-il, Saladin ne manquera pas de marcher contre vous avec toutes ses forces ; pendant ce temps nous l'attaquerons par derrière, en faisant révolter le Caire contre lui. » Mais Saladin parvint à découvrir la conspiration et à la déjouer. Après avoir fait semblant, pendant quelque temps, d'oublier la conduite de l'eunuque noir, il lui fit ensuite couper la tête, un jour qu'il était sorti de la ville pour aller se promener à la campagne. Sa mort irrita les nègres, qui se soulevèrent au nombre de plus de cinquante mille. On se battit pendant plusieurs jours dans les rues du Caire, dont Saladin fit incendier le quartier où les nègres s'étaient retirés. Ils furent, après cela, presque tous passés au fil de l'épée, à Giseh, où ils avaient fui. Tout en conservant l'apparence de lieutenant de Nour-Eddin en Egypte, Saladin y exerçait entièrement l'autorité. Nour-Eddin se disposait à venir mettre un terme à cette usurpation, lorsqu'il mourut en **1174**. A cette nouvelle, Saladin prit le titre de sultan d'Egypte, et devint de nom ce qu'il était déjà de fait. Mais il ne se contenta pas de la possession de cet empire, il voulut y joindre celle de tous les États de Nour-Eddin, dont il s'appliqua à dépouiller la famille de ce prince, le bienfaiteur de son père et de son oncle Schirkou. Il se rendit d'abord maître de Damas, et plus tard d'Alep ; il fit aussi la conquête d'Edesse et d'une partie de la Mésopotamie. Renaud de Châtillon fit éprouver un échec à Saladin, près de Ramla, en **1177**. Le sultan avait conclu, en **1185**, une trêve de quatre ans avec les Francs; mais Renaud de Châtillon la viola en pillant une caravane qui se rendait à la Mecque. Saladin en fut violemment irrité, et il reprit aussitôt les armes. Il gagna, en **1187**, sur les chrétiens, la fameuse bataille de Tibériade, où le roi de Jérusalem, Gui de Lusignan, fut fait prisonnier, après la destruction de toute son armée. Cette victoire eut pour résultat la prise de Jérusalem, par Saladin, dans cette même année **1187**. Le sultan s'empara aussi de la plupart des villes qui composaient le royaume de Jérusalem. La forte place de Saint-Jean-d'Acre était alors tombée en son pouvoir; mais les chrétiens en commencèrent le siége en **1189**. Saladin vint dresser son camp devant celui des assiégeants. A la fin de cette lutte, qui dura environ deux ans, Philippe-Auguste, roi de France, et Richard Cœur-de-Lion, roi d'Angleterre, arrivèrent avec de nombreuses troupes de croisés, et firent pencher la fortune de la guerre du côté des Francs, en forçant Ptolémaïs à leur ouvrir ses portes, en juillet **1191**. Le roi de France retourna dans ses États; mais le roi d'Angleterre resta en Palestine, et fit craindre aux Musulmans, par les succès qu'il remporta contre Saladin, la rentrée des chrétiens dans Jérusalem. La division qui existait parmi les soldats de la croix, et le besoin qu'avait Richard de reprendre le chemin de l'Europe, amenèrent, avec la lassitude de la guerre qu'éprouvaient les troupes de Saladin, la conclusion d'une trêve, qui laissa, en **1192**, le royaume de Jérusalem réduit à la possession des villes maritimes de la côte de Syrie, de Jaffa aux frontières du comté de Tripoli. Saladin mourut l'année suivante, à Damas, à l'âge de cinquante-sept ans. Après être arrivé au pouvoir par l'ingratitude, l'injustice et l'inhumanité, il gouverna avec habileté les vastes États dont il avait dépouillé la famille de Nour-Eddin, l'auteur de sa fortune. Saladin avait eu pour compagnon de ses exploits son frère, Malek-Adel Seïf-Eddin, que nos chroniqueurs appellent Saphadin. Le fondateur de la dynastie des Ayoubites laissa seize fils et une fille. Ses trois fils aînés avaient été, longtemps avant la mort de leur père, mis en possession d'une partie de ses États; les autres, qui étaient trop jeunes, ne reçurent aucun apanage. Afdal, l'aîné de tous, eut Damas et la Syrie méridionale avec la Palestine, et son père lui conféra le titre de sultan, qui lui donna une espèce de suprématie sur ses frères et sur tous les princes de sa famille. Malek-el-Aziz, second fils de Saladin, eut l'Egypte, et son autre fils, Malek-Daher, la principauté d'Alep. Malek-Adel, leur oncle, qui par ses talents et par son expérience exerçait un grand empire sur les Musulmans, conserva ce qu'il avait auparavant, c'est-à-dire la principauté de Carac et quelques villes de la Mésopotamie. Mais la désunion ne tarda pas à éclater entre les fils de Saladin, qui n'avaient aucune des qualités de leur père, et qui avaient même des vices que Malek-Adel entretint et développa à son profit. En **1196**, il s'entendit avec Aziz, sultan d'Egypte, pour dépouiller Afdal de la principauté de Damas. Malek-el-Aziz, qui s'adonnait à la débauche, et qui s'était fait détester de ses sujets par son avarice, mourut en **1198**, et eut pour successeur sur le trône d'Egypte son fils Malek-el-Mansour, qui n'était âgé que de neuf ans. L'oncle de cet enfant, Afdal, qui était devenu prince de Samosate, après avoir été chassé de Damas, par Malek-Adel, gouverna d'abord l'Egypte sous le titre d'atabek. Mais l'ambitieux frère de Saladin ne tarda pas à enlever cette régence à son neveu, et, en **1200**, il se fit proclamer sultan à la place du jeune Malek-el-Mansour. L'Egypte fut envahie en **1209** par les chrétiens, tandis que Malek-Adel était en Mésopotamie, où l'avait appelé la répression d'une révolte. En **1218**, l'Egypte fut de nouveau attaquée par les Francs, qui s'emparèrent d'une tour sur le Nil, qu'on regardait comme la clef de Damiette. Malek-Adel, qui était alors à Damas, désespéra du salut de la place assiégée, et mourut de chagrin en **1218**. Les historiens arabes louent Malek-Adel de son attachement à sa religion. Il passait pour très-entendu dans le gouvernement, et se faisait rendre compte des plus petites choses. Il fut heureux en tout. Il était prévoyant, doué de sens, porté à la douceur et à la patience; sa générosité consistait à savoir dépenser quand il le fallait. Son autorité s'étendait sur l'Egypte, la Syrie, et une partie de la Mésopotamie. Il partagea, de son vivant, ses Etats entre ses enfants, et lorsqu'il les vit bien affermis, il ne cessa de les visiter et de se transporter d'une province à l'autre. Il passait ordinairement l'été en Syrie, à cause de la bonté des fruits, de la fraîcheur de l'air, et de la salubrité des eaux; l'hiver il séjournait en Egypte, à cause de la douceur du climat. Malek-Adel mangeait prodigieusement: il n'avait pas trop d'un jeune agneau tout entier pour un seul repas. Ses enfants se maintinrent après sa mort dans la position où il les avait mis. Malek-el-Kamel, l'aîné de ses fils, garda l'Egypte avec le titre de sultan, et Malek-el-Moadam, connu dans l'histoire sous le nom de Coradin, Damas et la Palestine.

Dès son avénement au trône d'Egypte, en **1218**, Malek-el-Kamel, que les historiens latins appellent Mélédin, s'occupa de résister aux chrétiens qui menaçaient d'envahir ses Etats. Il ne put, cependant, les empêcher de s'emparer de Damiette, où ils entrèrent en novembre **1219**. Mais ils perdirent cette conquête, et furent forcés d'évacuer l'Egypte en **1221**. Quand Malek-el-Kamel fut délivré de l'inquiétude que lui avait inspirée l'invasion chrétienne, il passa en Palestine et enleva Jérusalem avec plusieurs autres places au prince de sa famille qui régnait à Damas. Ce fut Malek-el-Kamel qui appela l'empereur Frédéric II en Orient, lorsqu'il méditait de dépouiller de ses Etats son frère Coradin. Mais ce prince étant mort en **1227**, Kamel eut regret d'avoir fait à Frédéric les propositions qui l'avaient attiré en Palestine. Par un traité conclu avec l'empereur, en **1228**, le sultan lui céda Jérusalem, Bethléem, Nazareth et Sidon, qui ne tardèrent pas, au reste, à retomber au pouvoir des Musulmans. En **1229**, Kamel dépouilla Daoud, fils de Coradin, de la principauté de Damas, qu'il abandonna à son frère Aschraf. Mais en 1237, Kamel obligea Ismaël, fils d'Aschraf, à lui rendre Damas en échange de Balbek. Le sultan Kamel mourut en 1238, à l'âge de soixante-dix-huit ans. Son second fils, Malek-Adel, fut d'abord proclamé sultan, au préjudice de son frère aîné, Malek-Saleh. Mais ce prince, qui régnait alors à Damas, arrivé en Egypte en 1240, s'empara du Caire sans résistance, et prit possession du trône en faisant déposer Malek-Adel. Ismaël, redevenu sultan de Damas, ayant rendu Jérusalem aux chrétiens par un traité conclu avec eux en 1239, Malek-Saleh appela en Syrie, pour les opposer au prince de Damas, les hordes des Kharizmiens, qui ravagèrent tout le pays, et prirent d'assaut Jérusalem, où ils mirent tout à feu et à sang. Les troupes égyptiennes, réunies aux Kharizmiens, gagnèrent, en 1244, la bataille de Gaza, contre l'armée des Francs jointe à celle du prince de Damas. L'année suivante Malek-Saleh dépouilla Ismaël de sa principauté. Tandis que le sultan faisait le siége d'Emèse en Mésopotamie, les croisés, sous la conduite de saint Louis, roi de France, débarquèrent en Egypte, et s'emparèrent sans résistance de Damiette, au mois de juin 1249. Malek-Saleh s'empressa de retourner dans ses Etats; mais il mourut à Mansourah au mois de novembre de la même année. Ce fut lui qui attira en Egypte, pour en composer sa garde, les esclaves turcs appelés Mameluks, qui devaient renverser sa dynastie. Il eut pour successeur son fils, Malek-el-Moadam. Le nouveau sultan inaugura son règne par plusieurs combats livrés à Mansourah entre les chrétiens et les musulmans. Ceux-ci finirent par remporter une victoire décisive, et le roi de France fut fait prisonnier, avec toute son armée, le 5 avril 1250. Le sultan conclut avec saint Louis un traité par lequel il obtenait la reddition de la place de Damiette, l'évacuation de l'Egypte par les chrétiens, et une forte rançon pour le rachat des prisonniers. Mais les chefs de la milice des Mameluks, mécontents que ce traité eût été réglé sans leur participation, conspirèrent la mort du sultan, et exécutèrent aussitôt le meurtre projeté, le 1er mai 1250. Schadjer-Eddor, qui avait été femme du sultan Saleh, et qui avait conservé par sa prudence le trône à Malek-el-Moadam, fils de ce prince et d'une autre femme, fut proclamée souveraine, contre l'usage des Musulmans. On lui adjoignit pour atabek, ou régent du royaume, un des esclaves turcs venus du Kaptchak, nommé Ibegh. Schadjer-Eddor ne pouvant arrêter les désordres qui éclaterent au milieu de ces événements, les émirs convinrent de donner le titre de sultan à Ibegh. Il parut à cheval, précédé du sandjiac ou étendard impérial. Mais à peine fut-il reconnu sultan, que la milice inconstante des Mameluks changea tout à coup d'avis, et rappela un des princes de la famille de Saladin, Malek-el-Aschraf. Ibegh fut l'atabek de ce jeune prince, qui n'avait que huit ans. Mais, en 1254, il fit déposer le dernier descendant de Saladin, et prit définitivement possession du titre de sultan. Ainsi fut consommée la révolution qui renversa la dynastie des Ayoubites du trône d'Egypte.

Sous les premiers successeurs de Saladin, l'empire, fondé par le fils d'Ayoub sur la ruine de la puissance des califes Fatimites, et de celle des atabeks de Syrie, fut divisé en huit ou neuf principautés, sur lesquelles régnèrent des princes ayoubites, sous la suzeraineté de celui d'entre eux qui était sultan d'Egypte. Mais souvent l'ambition arma les uns contre les autres les descendants de Saladin. Après l'assassinat de Malek-el-Moadam, qui régnait sur la principauté de Damas en même temps que sur l'Egypte, les habitants de Damas se donnèrent, en 1250, un prince ayoubite d'Alep, descendant de Malek-Daher, fils de Saladin. Ce prince, appelé Naser Yousouf, fut attaqué et battu par les Mameluks, usurpateurs du trône d'Egypte sur sa famille. Par un traité de paix conclu avec eux, il eut la possession assurée de toute la Syrie au delà du Jourdain. Il fit encore aux Mameluks une nouvelle guerre, qui fut suivie d'un autre traité de paix. Les Mogols, dont l'invasion atteignit alors la Syrie, lui enlevèrent Damas en 1258, et Alep deux ans après. Naser se rendit à Houlagou, qui le fit mourir

B

BAUDOUIN Ier, roi de Jérusalem, frère et successeur de Godefroy de Bouillon, était parti pour la première croisade, en 1096, sous la bannière de son frère. « Baudouin, dit Guillaume de Tyr, fut formé, dans son adolescence, à l'étude des lettres. Il entra dans l'état ecclésiastique et obtint des prébendes dans les églises de Reims, de Cambrai et de Liége; mais il renonça, pour des causes qu'on ignore, à tous ces bénéfices, et quitta l'habit de clerc pour embrasser la carrière des armes. Il ramena d'Angleterre une dame de distinction qu'il épousa; elle avait suivi son époux dans la première croisade, et mourut non loin d'Antioche. Devenu comte d'Edesse, Baudouin s'était remarié avec la fille d'un riche prince d'Arménie. »

Au rapport de Guibert, Baudouin vivait avec une magnificence orientale dans l'Etat dont il s'était emparé. « Toutes les fois qu'il se mettait en route, dit ce chroniqueur, il faisait porter devant lui un bouclier d'or, sur lequel était figuré un aigle, et qui avait la forme d'un bouclier grec. Adoptant les usages des gentils, il portait une robe longue; il avait laissé croître sa barbe; il accordait ce que lui demandaient ceux qui l'adoraient, mangeait par terre sur des tapis étendus; et, s'il entrait dans une ville qui lui appartînt, deux cavaliers, en avant de son char, faisaient retentir le son de la trompette. » Voici le portrait que Guillaume de Tyr trace de Baudouin. « Il était beaucoup plus grand que son frère Godefroy. Comme Saül, il dépassait de la tête les hommes d'une taille ordinaire. Il avait la barbe et les cheveux roux, et cependant il était médiocrement blanc de peau. Il avait le nez aquilin, la lèvre supérieure proéminente, les dents inférieures un peu enfoncées, sans toutefois que cela parût un défaut. Baudouin avait la démarche grave, le maintien sérieux. Son manteau, qui tombait toujours de ses épaules, lui donnait l'air d'un évêque plutôt que d'un laïque. Il n'était ni trop gras ni trop maigre. On vantait son adresse à manier les armes, à monter à cheval. Il était prompt et actif, magnifique, brave, habile au métier de la guerre, et possédait toutes les qualités héréditaires dans sa famille. » Guillaume de Tyr reproche deux choses à Baudouin : d'avoir trop écouté le patriarche Arnoul, homme de mœurs suspectes et de conseils dangereux, et de s'être trop laissé aller à son penchant pour les femmes. Il épousa, lorsque sa seconde femme vivait encore, la comtesse de Sicile, veuve de Roger, frère de Robert Guiscard. La comtesse ignorait que Baudouin fût marié, et tout le monde s'entendit pour l'entretenir dans son erreur, parce qu'elle prodigua en bienfaits les richesses pour lesquelles Baudouin l'avait épousée. Mais il se sépara d'elle, au bout de trois mois, sous un vain prétexte de conscience. Il y eut deux hommes en Baudouin : avant de parvenir au trône, il se fit haïr par son ambition et par sa hauteur, et, devenu roi, il se fit aimer par la modération de son caractère. Il passa son règne à combattre les infidèles, et il s'est, dans toutes les occasions, signalé par de véritables prodiges de valeur. Ekkard peint la bravoure de Baudouin en disant qu'au combat de Ramla, l'armée des ennemis fondait devant lui comme la cire devant la flamme. Baudouin avait succédé à son frère en 1100, et il mourut en 1118, sans laisser aucun enfant, quoiqu'il eût été marié trois fois.

BAUDOUIN DU BOURG, troisième roi de Jérusalem et second de ce nom, était fils aîné de Hugues, comte de Réthel, et parent des deux premiers rois de Jérusalem, Godefroy et Baudouin. Quand ce dernier fut appelé à succéder à son frère Godefroy, il céda le comté d'Edesse à son parent Baudouin du Bourg, qui fut chef de cet Etat de l'année 1100 à l'année 1118. Ayant été élu successeur de Baudouin Ier, il fut couronné roi de Jérusalem la journée de Pâques 1118. Il agrandit le royaume par ses armes, et mourut le 21 août 1131, dans la quatorzième année de son règne. Il avait épousé la fille d'un prince d'Arménie, dont il eut quatre filles : Mélisende, femme de Foulques d'Anjou, son successeur ; Alix, qui épousa Bohémond, prince d'Antioche ; Hodierne, mariée à Raymond, comte de Tripoli, et Liesse, qui fut religieuse. Voici le portrait que trace Guillaume de Tyr de Baudouin du Bourg : « Ce prince, qu'on avait surnommé l'*Aiguillon*, *aculeus*, était un homme religieux et craignant Dieu ; il se faisait remarquer par sa bonne foi dans les traités et son habileté dans les exercices militaires. Il était, dit-on, d'une haute taille et d'une belle figure. Il avait peu de cheveux ; ils étaient blonds et mêlés de blancs ; sa barbe, également peu épaisse, tombait sur sa poitrine ; il avait le visage coloré, autant que son âge le permettait. Ce prince était prévoyant et heureux dans ses expéditions ; on vantait sa clémence et son humanité. L'habitude qu'il avait de rester prosterné jusqu'à terre, dans ses prières, lui avait endurci la peau des genoux et l'avait rendue calleuse. Quoique avancé en âge, il était très-actif toutes les fois que les affaires du royaume l'exigeaient. » Il y a lieu de s'étonner que l'historien qui a peint sous ces traits Baudouin II ait fait planer sur lui un horrible soupçon, que dément son caractère, en racontant que, lorsqu'il alla visiter, à son lit de mort, le patriarche Gormond, avec lequel il avait eu des démêlés, le roi ayant demandé au patriarche comment il se trouvait, celui-ci lui répondit : *Comme vous l'avez voulu.*

BAUDOUIN III, cinquième roi de Jérusalem, succéda à son père, Foulques d'Anjou, en 1142. Ce fut sous son règne qu'Edesse tomba au pouvoir des Musulmans, et que le siége de Damas par les armées de la seconde croisade échoua si malheureusement. Baudouin III n'avait que treize ans quand il monta sur le trône. « Ce prince, dit Guillaume de Tyr, était d'un excellent naturel et promettait beaucoup. Il surpassait autant les autres princes par sa figure et par toute l'habitude de son corps que par la vivacité de son esprit et par son éloquence. Tous ses membres étaient proportionnés à la hauteur de sa taille. Il avait des couleurs vives, qui annonçaient la vigueur de son tempérament, des yeux un peu saillants et assez vifs, les cheveux tirant sur le blond et la barbe épaisse. Il était moins gras que son père, et moins maigre que sa mère ; il y avait dans toute sa personne un air de dignité qui annonçait la majesté d'un roi. Baudouin était affable, humain et libéral ; il ne maltraita ni l'Eglise ni ses sujets. Il eut toujours beaucoup de respect pour les ecclésiastiques et les évêques. Il était bien plus lettré que son frère Amaury, et tellement instruit dans les coutumes et les usages du royaume, que les seigneurs plus âgés que lui le consultaient souvent sur ce sujet. Il était d'une humeur enjouée ; il aimait le jeu plus qu'il ne convient à un roi. Dans sa jeunesse, il fit le tourment des maris ; mais, une fois marié, il resta fidèle à son épouse. Naturellement sobre, il avait coutume de dire que les excès de la table étaient la source de mille autres excès. Baudouin III fut couronné au mois de novembre 1142. » Guillaume de Tyr ajoute que, pendant la jeunesse de ce prince, le royaume jouit d'une grande tranquillité sous le ferme et sage gouvernement de sa mère. Baudouin avait épousé Théodora, nièce de l'empereur Manuel Comnène. Il n'eut pas d'enfants, et mourut le 10 février 1162.

BAUDOUIN IV, septième roi de Jérusalem, né en 1160, succéda à son père Amaury Ier, et fut couronné le 15 juillet 1173. Guillaume de Tyr dit de Baudouin IV, dont il avait fait l'éducation, qu'il était âgé de treize ans à la mort du roi son père, et que déjà il était habile à manier et à conduire un cheval. Il avait une mémoire très-fidèle, et aimait beaucoup les contes; il était d'un esprit léger, mais très-docile aux bons avis. Baudouin était attaqué de la lèpre, et il devint aveugle et incapable de s'occuper du gouvernement, dont le soin fut confié, à la demande des barons, à Raymond II, comte de Tripoli, de préférence à Gui de Lusignan, qui avait épousé Sibylle, sœur du roi. Baudouin mourut sans postérité, à l'âge de vingt-cinq ans, dans la douzième année de son règne, le 16 mars 1185.

BAUDOUIN V, huitième roi de Jérusalem, était fils de Guillaume, marquis de Montferrat, et de Sibylle, sœur de Baudouin IV, à qui il succéda en 1185. Le roi, son oncle, l'avait fait couronner, de son vivant, à l'âge de cinq ans, en 1183. Baudouin V mourut, en 1186, à Saint-Jean-d'Acre.

BAUDOUIN, archevêque de Cantorbéry, fut le prédicateur de la troisième croisade en Angleterre. Giraud le Gallois, qui accompagna Baudouin, prêchant la croisade dans le pays de Galles, compte environ trois mille hommes très-vaillants et très-robustes enrôlés pendant la mission de l'archevêque dans cette contrée. Ce chroniqueur prétend que, si l'entreprise de la croisade avait été aussi promptement exécutée qu'on avait mis de zèle et de diligence à la préparer, elle aurait été plus heureuse. « Cependant on peut croire, ajoute Giraud le Gallois, que, de même que l'or s'éprouve par le feu, de même Dieu permit que ces choses arrivassent pour fortifier la vertu des chrétiens par le malheur. » Nous devons à ce même chroniqueur le portrait suivant de l'archevêque Baudouin : « Il était brun, d'un extérieur simple et décent, d'une taille moyenne et d'une grosseur proportionnée à sa taille. Il était modeste et sobre, et d'une si grande modération en toutes choses, que la malignité n'osa jamais lui reprocher rien de honteux. Il parlait peu, se mettait difficilement en colère, et paraissait toujours maître de lui-même. Il était prompt à écouter et lent à parler. Baudouin s'appliqua dès son enfance à l'étude des lettres. Accoutumé de bonne heure à supporter le joug d'un maître, il parut dans ce monde un modèle de mœurs et de conduite. Renonçant aux honneurs de l'Eglise et dédaignant les pompes du siècle, il prit l'habit de l'ordre de Cîteaux. Ses mœurs l'ayant fait remarquer parmi les moines, il fut fait abbé au bout de trois ans. Peu d'années après, il fut élevé à l'épiscopat, et devint enfin archevêque. Mais, comme la nature, ainsi que le dit Cicéron, n'a rien produit de parfait, même dans le genre simple, Baudouin conserva dans l'élévation cette indulgence de caractère qu'il avait toujours montrée étant un obscur cénobite. Il ressemblait à une mère qui offre le sein, et jamais à un père qui sait corriger. Ce défaut de fermeté causa des scandales dans le public; car Baudouin n'eut jamais la sévérité pastorale qui lui était nécessaire. Il parut meilleur moine qu'abbé, et meilleur évêque qu'archevêque. Aussi le pape Urbain, lui écrivant un jour, commença sa lettre en ces termes : *Urbain, serviteur des serviteurs de Dieu, au moine très-fervent, à l'abbé ardent, à l'évêque tiède, à l'archevêque indolent, salut.* »

Giraud le Gallois termine sa chronique en rapportant que, lorsque Baudouin apprit les maux que Saladin avait faits aux fidèles de la terre sainte, il se croisa. S'étant embarqué à Marseille, il aborda à Tyr, d'où il se rendit à l'armée des chrétiens, qui faisaient le siége d'Acre. Il trouva les croisés sans chefs. Les uns étaient accablés par le désespoir, les autres fatigués par une longue attente; ceux-ci affligés par le besoin, ceux-là languissants par l'influence du climat. Sa charité s'étendait sur tous; il releva le courage des chrétiens, en leur donnant des secours et en les animant par ses discours et par son exemple.

BEDOUINS. Jacques de Vitry nous représente les Arabes bedouins, au temps des croisades, tels qu'ils sont encore aujourd'hui. « Ils tirent principalement leur origine, dit cet historien, de ces Arabes dont on prétend que Mahomet descendait. Ils ont pour principe que, ne pouvant prévenir ni retarder le jour que Dieu a marqué pour leur mort, ils ne doivent jamais aller au combat couverts d'armes défensives. Aussi ne vont-ils qu'avec des chemises et la tête enveloppée d'un voile, comme les femmes. Ils ne se servent que de lances et d'épées; ils dédaignent l'arc et les flèches, dont les autres Sarrasins font usage. Quoiqu'ils prennent aisément la fuite, ils regardent comme des lâches et des hommes timides les Sarrasins qui lancent de loin des traits et des javelots. Ces barbares manquent de foi, non-seulement envers les chrétiens, mais envers les Musulmans. Ils sont menteurs, inconstants, avides, dissimulés dans leur conduite, et s'attachent volontiers au parti du plus fort. Ils portent avec leurs voiles des bonnets rouges; dans leurs tentes, ils couchent sur des peaux d'animaux; ils se revêtent de peaux de mouton et de chèvre. N'ayant aucune demeure fixe, ils marchent par tribus, habitent çà et là dans les plaines, cherchant les verts pâturages, vivant de lait et traînant avec eux de nombreux troupeaux. Entièrement oisifs, ils abandonnent à leurs femmes le soin de leurs chevaux, de leurs bœufs et de leurs brebis. » Mahomet se défiait des Arabes bedouins, dont il a dit, dans le Coran : « L'Arabe du désert est le plus opiniâtre des infidèles. » On lit dans Boha-Eddin que Saladin avait pris à son service environ trois cents de ces Arabes nomades, qui se glissaient pendant la nuit dans les tentes des chrétiens, et enlevaient tout ce qui se trouvait sous leur main. Les Bedouins à la solde du sultan d'Egypte firent aussi beaucoup de mal à l'armée de saint Louis. Joinville les peint « demourant toujours aux champs et aux déserts », tels que les représente Jacques de Vitry. « Ils sont en si grand nombre, dit le sénéchal de Champagne, que nul ne scauroit estimer; car il y en a au royaume d'Egypte, de Hierusalem, et par toutes les autres seigneuries que les Sarrasins tiennent, aux quels ils payent grands tributs par chacun an. »

BERNARD (saint), naquit en **1091**, au village de Fontaine, en Bourgogne. Sa famille était noble et illustre. Il fit ses études dans l'université de Paris, qui avait alors les plus habiles et les plus savants professeurs. Les talents et la piété qu'il y montra lui concilièrent bientôt l'admiration et la bienveillance de ses condisciples comme de ses maîtres. Quand il n'eut plus rien à apprendre de ce qu'il tenait à savoir, il renonça au monde, où sa naissance et sa haute instruction lui assuraient une brillante carrière, et alla se consacrer à Dieu, sous la règle de saint Benoît, dans l'abbaye de Cîteaux, emmenant avec lui trente de ses parents et de ses camarades, dont ses vertus lui avaient fait des disciples. Peu de temps après qu'il eut prononcé ses vœux, on le nomma abbé de Clairvaux. Ce célèbre monastère, dont la fondation était alors récente, était situé non loin de la rivière d'Aube, dans la vallée d'Absinthe, horrible désert, où des brigands avaient leur repaire. Bernard ne désirait que la solitude; mais bientôt sa sainteté, sa science et son génie rayonnèrent au dehors, et tel fut l'éclat de sa réputation, que de toutes parts on recourait à lui pour maintenir l'unité dans l'Eglise, rétablir la concorde entre les puissants de la terre, et obtenir la conversion des pécheurs endurcis. En **1128**, les Pères du concile de Troyes, auquel assistait le saint abbé, le chargèrent de régler les statuts de l'ordre des Templiers, qui avait commencé à exister en **1118**. Lorsqu'en **1130** un schisme éclata dans l'Eglise, par suite de l'élection de l'antipape Anaclet, le concile d'Etampes, tenu en présence de Louis-le-Gros, adopta l'avis de saint Bernard, en se déclarant pour Innocent II; et cette décision fut suivie par le reste de l'Eglise comme par la majorité des souverains. Quelque temps après, l'abbé de Clairvaux passa en Italie pour rétablir la concorde entre Rome et le clergé de Milan. On voulut le récompenser de ses charitables efforts, en l'élevant à la dignité épiscopale; mais son humilité repoussa cet honneur, et il retourna à son monastère. En **1140**, il prit part aux travaux du concile de Sens. Il y fut le principal promoteur de la condamnation de Pierre Abailard, qu'il confondit dès la première interpellation. C'est à tort qu'on lui a reproché son ardeur à réprimer les écarts de ce téméraire docteur; car s'il se montra sévère envers la doctrine, il fut charitable envers la personne, et aussitôt qu'Abailard condamné fut venu à résipiscence, l'abbé de Clairvaux n'hésita pas à lui prouver qu'il était également touché de son repentir et de son malheur. Bernard, ancien moine de Clairvaux, ayant été élevé, en **1145**, au souverain pontificat, sous le nom d'Eugène III, chargea saint Bernard, son ancien supérieur, de prêcher la croisade. L'abbé de Clairvaux apporta un zèle extraordinaire à l'accomplissement de cette mission. Louis le Jeune, qui avait à expier les horreurs du sac de Vitry, inclinait depuis quelque temps à aller en Palestine; mais Suger s'y opposait. Saint Bernard, consulté par le roi, avait d'abord voulu que le saint-siége en décidât, et quand une réponse affirmative fut arrivée de Rome, il sut rendre impuissantes les raisons politiques de l'homme d'Etat. Le roi se rendit, avec sa femme Eléonore d'Aquitaine, à l'assemblée de Vézelay, en **1146**, et un concours immense de fidèles l'y suivit. L'abbé de Clairvaux, quoique épuisé par les maladies et les austérités de la pénitence, prêcha la croisade devant le peuple assemblé en plein air, et l'onction de sa parole fut telle, que la foule l'interrompit en criant: *La croix!* Le roi et le prédicateur distribuèrent des masses énormes de croix d'étoffe, qu'ils avaient fait préparer d'avance; mais ils n'en eurent point à suffisance, et il leur fallut employer, pour en faire de nouvelles, jusqu'à leurs propres vêtements. Louis VII lui-même prit la croix. Ce fut le jour de Pâques. Il est à regretter que le discours prononcé par saint Bernard, en cette circonstance, ne nous soit pas parvenu; mais on doit croire que les miracles qu'il fit alors contribuèrent considérablement au succès qu'il obtint. Il parcourut une grande partie de la France, changeant les villes et les châteaux en déserts, en sorte qu'on ne rencontrait partout, comme on disait, que des veuves dont les maris vivaient encore. A Chartres, dans une assemblée où il avait prêché, on le supplia de prendre le commandement des croisés; mais on ne put l'y déterminer. Si l'on ne savait tout ce que peut l'action de la grâce sur un homme dont toutes les affections sont dégagées des biens terrestres, on s'étonnerait que saint Bernard eût pu résister à tant de fatigues. « Ce saint abbé, dit Odon de Deuil dans son livre sur le voyage de Louis VII en Orient, qui, dans un corps faible et presque mourant, cachait une âme forte et ardente, allait partout prêchant la croisade, et multipliant ainsi le nombre des pèlerins. » Non content d'avoir mis la France en mouvement, il passa en Allemagne, où il ne produisit pas moins d'impression. L'empereur Conrad résista longtemps aux pressantes sollicitations du saint prélat. Son cœur finit pourtant par être touché. Il versa des larmes, et prit la croix avec un nombre immense de ses vassaux.

La *Grande chronique belge* parle en ces termes de cette nouvelle prédication: « Saint Bernard, abbé de Clairvaux, prêchant la croix en Allemagne par ordre du pape, fit plusieurs grands miracles, parmi lesquels on compte la résurrection d'un mort. Lorsqu'il était dans la ville de Spire, un si grand concours de monde vint à lui, que l'empereur Conrad, le voyant étouffé par la foule, quitta sa chlamyde, et le prenant sur ses épaules, le porta hors de la basilique. Bernard vint de Spire à Liége, par Cologne ; sur sa route, plusieurs gentilshommes se consacrèrent à Dieu, par suite de ses prédications. A Liége, il prêcha publiquement près de l'église de Saint-Lambert, dans un pré qu'on nomme *Pré de l'Evêque*, et dans le palais ; il fit trois miracles en présence de l'évêque Henri. Ce fut à cette occasion que cet évêque, pénétré de piété, fonda une abbaye. » Othon de Freisingen atteste également les prodiges opérés par l'abbé de Clairvaux. « Les moyens de persuasion qu'employa saint Bernard, dit-il, n'étaient pas seulement sa piété et son éloquence, mais il y joignait aussi les miracles, qu'il faisait en public et en secret, *plurima in publico et in occulto faciendo miracula.* »

Voici un exemple des lettres qu'il écrivait pour exhorter les fidèles à prendre la croix : « J'ai à vous entretenir de l'affaire du Christ, d'où dépend votre salut. L'autorité du Seigneur et la considération de votre propre utilité excuseront à vos yeux l'indignité de la personne qui vous parle. Je suis peu de chose, en effet; mais je désire vivement que vous soyez sauvé par les entrailles de Jésus-Christ. Mon intention, en vous écrivant, est de m'adresser à vous tous; je le ferais plus volontiers de vive voix, si j'en avais la force comme j'en ai le désir. Mes frères, voici le temps du salut : l'univers s'est ému, il a tremblé, parce que le Dieu du ciel a commencé à perdre la terre où il a été vu, où il a passé comme homme plus de trente ans avec les hommes ; cette terre, qu'il a illustrée par des miracles, qu'il a consacrée par son sang, et où les premières fleurs de la résurrection ont apparu. Aujourd'hui, à cause de nos péchés, les ennemis de la croix ont levé leur tête sacrilége; ils ravagent par le glaive cette terre sainte, cette terre de promission ; et si personne ne s'y oppose, ils vont fondre sur la cité même du Dieu vivant, pour y renverser les monuments de notre rédemption, et souiller les lieux saints qui furent rougis du sang de l'agneau sans tache. O douleur! dans leur zèle impie, ils brûlent d'envahir le sanctuaire même de la religion chrétienne, et de fouler aux pieds la couche mystérieuse où Jésus, notre vie, s'endormit pour nous dans le sein de la mort. Et vous, hommes courageux, vous, serviteurs de la croix, que faites-vous? livrerez-vous ainsi les choses saintes aux chiens et les perles aux pourceaux? Combien de pécheurs, en confessant avec larmes leurs péchés, en ont obtenu le pardon dans ces lieux, depuis que le glaive de vos pères les a purgés des païens impurs! L'ennemi du genre humain en a été témoin, et il en a frémi de rage. Il a excité les vases de son iniquité, et il ne laissera aucune trace, aucun vestige d'une si grande piété, s'il peut un jour, ce qu'à Dieu ne plaise! se rendre maître du Saint des saints. Quel motif de douleur inconsolable pour tous les siècles, car la perte serait irréparable! Mais surtout, quelle confusion infinie, quel opprobre éternel pour cette génération perverse! Cependant, mes frères, quelles sont nos pensées? La main de Dieu s'est-elle raccourcie, ou bien est-elle devenue impuissante, pour qu'il appelle des vers de terre à la défense de son héritage? Ne peut-il pas envoyer des légions d'anges, ou seulement dire un mot, et la terre sainte sera délivrée? Il peut tout, quand il veut. Mais, je vous le dis, le Seigneur votre Dieu vous tente ; il a porté ses regards sur les enfants des hommes, pour voir s'il n'en trouverait point qui prissent part à sa douleur ; car le Seigneur a pitié de son peuple ; il prépare des moyens de salut à ceux qui l'ont abandonné! Voyez de quel artifice il se sert pour vous sauver. Pécheurs, considérez la profondeur de sa tendresse pour vous, et prenez-y confiance. Il ne veut pas votre mort, mais il veut que vous vous convertissiez et que vous viviez ; c'est pour cela qu'il cherche une occasion, non contre vous, mais pour vous. Quelle occasion mieux choisie, et que Dieu seul pouvait trouver, que celle qui rappelle à son service, comme s'ils avaient toujours pratiqué la justice, les homicides, les ravisseurs, les adultères, les parjures, et tous ceux qui sont couverts d'autres crimes! N'ayez point de défiance, pécheurs, le Seigneur est indulgent. S'il voulait vous punir, non seulement il ne demanderait pas que vous le servissiez, il refuserait, au contraire, le service que vous lui offririez. Je vous le répète, pensez aux trésors de la bonté du Très-Haut, réfléchissez à sa miséricorde ; tandis qu'il désire venir à votre secours, il feint d'avoir besoin d'être secouru lui-même ; il veut paraître votre débiteur, afin de payer le service que vous lui rendrez par le pardon de vos péchés et par une gloire éternelle. Heureuse génération, vous dirai-je, qui vit dans un temps si riche en indulgences, dans une année de véritable jubilé, où le Seigneur se montre si facile à apaiser! car cette bénédiction se répand sur tout le monde, et tous volent à l'envi au signe du salut. »

Cette lettre fut lue par l'évêque de Ratisbonne à la diète qui était réunie dans cette ville. Pendant le cours de sa prédication, l'abbé de Clairvaux eut à s'opposer aux fureurs d'un moine allemand, nommé Rodolphe, qui, sous prétexte de venger Jésus-Christ, excitait les chrétiens à égorger les Juifs.—Il réfuta les erreurs de Pierre de Bruys, de Gilbert de la Porrée, d'Eon de l'Etoile, et lutta contre les sectateurs d'Arnaud de Brescia, disciple impénitent de Pierre Abailard. Le mauvais succès de la croisade ne tarda pas à mettre à la plus dure épreuve sa patience et son humilité. Des plaintes amères s'élevaient contre lui de toutes parts. Tout le sang inutilement répandu lui était cruellement reproché On voit, par une lettre qu'il écrivit au pape, combien son cœur était douloureusement affecté d'une malveillance si peu méritée. Il ne se laissa point abattre néanmoins, et publia une apologie dans laquelle il indiqua les véritables causes du désastre. La providence de Dieu était inculpée dans cette cause dont les hommes s'arrogeaient le jugement. Saint Bernard démontra que des armées indisciplinées, conduites par des généraux incapables, à travers des contrées inconnues et dévastées, avaient dû naturellement subir de sanglants revers ; et enfin les mœurs licencieuses des croisés justifiaient la Providence de n'avoir point dérogé en leur faveur à l'ordre naturel des choses. Depuis longtemps l'abbé de Clairvaux se plaignait de la vie séculière qu'il était obligé de mener. « Je ne sais plus, disait-il, ce que je suis; je ne vis ni comme un religieux, ni comme un homme du monde. » Il prit la résolution de rompre définitivement avec les affaires humaines. Rentré dans son abbaye, il s'y adonna entièrement à l'étude des sciences divines et aux pratiques de la plus austère pénitence. Il épuisa bientôt dans les rigueurs ascétiques le peu de forces que ses travaux apostoliques lui avaient laissées, et rendit sa sainte âme à Dieu, le 20 avril 1153, dans la soixante-troisième année de son âge. Saint Bernard fonda un ordre illustre, et établit, tant en France qu'en Allemagne et en Italie, cent soixante maisons religieuses. On le considère comme le dernier des Pères de l'Eglise. Il fut canonisé avec une solennité extraordinaire par le pape Alexandre III, le 18 janvier 1174. Sa fête se célèbre le 20 août. Il a laissé de nombreux ouvrages. Son style se distingue par sa clarté, sa vivacité et une suavité singulière ; mais il n'est pas exempt de quelques taches qui tiennent sans doute au mauvais goût généralement répandu dans la littérature de cette époque. Il est à remarquer que saint Bernard ne s'est pas assujetti à la méthode scolastique, qui exerçait alors un empire absolu sur les intelligences.

BIBARS Ier, BONDOCHAR, sultan d'Egypte, de la dynastie des Mameluks baharites. En l'an 1259, l'émir Koutouz, profitant de l'extrême jeunesse du sultan Nour-eddin-Ali, le fit déposer et prit sa place. Etant entré en Syrie l'année suivante, pour en chasser les Mogols, il les battit, leur enleva la plupart des villes qu'ils avaient conquises sur les Musulmans et s'achemina vers l'Egypte. Arrivé aux sables qui la bornent du côté de la Syrie, il fut assassiné dans un lieu écarté, le 24 octobre 1260. Quelques auteurs disent qu'il était alors à la chasse. Ce meurtre fut commis par Bibars-Bondochar, le Mameluk qui avait déjà trempé les mains dans le sang du sultan Malek-Moadan. Il avait été porté à cette action par le refus qui lui avait été fait du gouvernement d'Alep, qu'il avait demandé au sultan. Aboulféda rapporte qu'après l'assassinat, Bibars et ses complices s'étant présentés, les mains encore dégouttantes de sang, au chef des émirs, celui-ci demanda qui avait commis le meurtre : « C'est moi, dit Bibars.—En ce cas, répondit le chef des émirs, l'autorité t'appartient. » Et Bibars fut aussitôt proclamé sous le titre de Malek-Daher, c'est-à-dire *roi triomphant*. Il avait eu d'abord l'intention de prendre celui de Malek-Kaher, ou *roi terrible*; mais on lui fit observer que ce titre ne serait pas de bon augure.

La chronique des moines de Padoue raconte, de la même manière que les écrivains arabes, comment Bibars s'empara du trône. « Un jour, dit la chronique, le sultan qui revenait d'arrêter l'invasion des Tartares, étant à quatre lieues de Babylone, se livra au plaisir de la chasse. Pendant que les guerriers qui l'accompagnaient s'étaient répandus çà et là, un des émirs, nommé Bondochar, qui aspirait à la dignité royale, voyant que le soudan était presque seul, l'attaqua tout à coup avec ses satellites et le tua. Il se rendit sans perdre de temps à Babylone, puis au Caire, où il s'empara de force de l'autorité, tuant tous ceux qui lui résistaient. »

Dès que Bibars se vit maître de l'Egypte, il s'occupa avec ardeur de réduire complétement la Syrie à sa domination ; ce qui exigeait qu'il surmontât trois forces contraires : les chrétiens, les Tartares-Mogols et les émirs de cette province, qui s'étaient déclarés indépendants. Pour y parvenir, il résolut d'abord de mettre l'Egypte à l'abri des invasions des Francs, et, dans cette vue, il fit fermer la bouche de la branche du Nil qui passe à Damiette. « On enfonça, dit Makrizi, des troncs d'arbre dans le lit du fleuve, à l'endroit où il se jette dans la mer, et il devint impossible aux gros navires de le remonter. » En outre il chercha à se faire des alliés chez les chrétiens d'Occident, afin d'être instruit de tous les projets qu'on pouvait former contre lui. C'est pourquoi il envoya une ambassade à Mainfroi, roi de Naples et de Sicile, et fils naturel de Frédéric II. Ce prince, qui était en opposition avec le saint-siége, se montrait tout disposé à favoriser l'islamisme. Bibars choisit pour cette mission l'historien Djémal-Eddin, qui rapporte lui-même qu'il fut très-bien accueilli, et que non-seulement Mainfroi lui permit de rester auprès de lui, mais qu'il l'admit dans sa société. Djémal-Eddin parle avec admiration du crédit dont les Musulmans jouissaient à la cour de Mainfroi. Ce prince en avait un grand nombre à son service, et leur témoignait en toute occasion la plus grande confiance. L'islamisme était publiquement professé en Sicile. On voit par là que Charles d'Anjou ne calomniait point Mainfroi lorsque, repoussant les propositions d'accommodement que cet ennemi déclaré du saint-siége lui envoyait, il répondait : « Dites au *sultan* de Lucéra que je ne veux ni paix ni trêve avec lui, et que, dans peu de temps, je l'enverrai en enfer ou qu'il m'enverra en paradis. » Enfin, dès la première année de son règne, c'est-à-dire dès 1260, Bibars fit passer en Syrie des troupes nombreuses, et tels furent leurs progrès que, le 15 janvier 1261, elles enlevèrent Damas au sultan Ilmeddin-Sandjar. Bibars se rendit à peu près sans coup férir maître de presque toutes les places de cette province, à l'exception de celles qui étaient occupées par les chrétiens. Il rencontra, en 1265, une résistance invincible devant Saint-Jean-d'Acre, qu'il assiégeait en personne. La fureur qu'il en conçut contre les chrétiens, le porta à exercer d'affreux ravages sur le territoire de cette ville, et sur ceux de Tyr, de Tripoli et de la forteresse de Carac. En 1265, il enleva aux croisés Césarée et Arsur, et dans ces entreprises il paya plus d'une fois bravement de sa personne. Le cadi Mohi-Eddin, auteur d'une *Vie de Bibars*, dit en racontant le siége d'Arsur : « J'ai vu ce prince marcher seul et sans suite un bouclier à la main. Tantôt il était dans les galeries couvertes, tantôt aux ouvertures qui donnaient sur les fossés, tantôt sur les bords de la mer, d'où il lançait des traits aux navires chrétiens qui approchaient du rivage, tantôt dans des machines roulantes, tantôt derrière les parapets, d'où il combattait de pied ferme, ou observait les efforts des siens pour les récompenser. Un jour il lança trois cents traits de sa main; une autre fois il se plaça à une ouverture du chemin couvert, du côté des fossés, un arc à la main. En vain les assiégés s'avancèrent contre lui, armés de dards et de crocs pour le mettre en pièces: rien ne put lui faire lâcher pied. Il avait à ses côtés un émir qui le fournissait de flèches et de pierres, avec lesquelles il tua deux cavaliers chrétiens. Pendant tout le siége, il ne cessa d'aller et de venir au milieu des combattants, seul et sans suite, et ne voulant pas qu'on fît attention à lui. » Il entreprit ensuite le siége de Safed qui, après une défense énergique, fut pourtant contrainte de se rendre le 23 juillet de la même année. On peut voir, à l'article *Royaume de Jérusalem*, de quelle abominable fourberie il se souilla lorsqu'il fit trancher la tête aux défenseurs de la place de Safed, au nombre d'environ deux mille. Un écrivain arabe rapporte un trait qui achève de montrer ce qu'était ce tyran tout souillé de meurtres. « Après le massacre des chrétiens, dit le continuateur d'Elmacin, les habitants d'Acre, touchés de la mort de leurs frères, qu'ils regardaient comme des martyrs, envoyèrent demander leurs corps, disant qu'un tel dépôt ne pouvait que leur porter bonheur. Un député s'étant présenté à ce sujet au sultan, le prince, sans rien répondre, remit l'audience à un autre jour ; puis, prenant avec lui une partie de ses troupes, il partit sur le soir, marcha toute la nuit, et arriva le lendemain matin aux portes d'Acre. Comme on ne s'attendait pas à cette attaque, il trouva les habitants répandus dans la campagne et vaquant à leurs affaires : tout à coup le sultan fond sur eux l'épée à la main et tue tous ceux qu'il rencontre ; un grand nombre de chrétiens perdirent ainsi la vie. Après cette action, Bibars partit comme un éclair et reprit le chemin de son camp. A son retour, il fit appeler le député d'Acre et lui dit : « Vous veniez chercher ici des martyrs : vous en trouverez auprès d'Acre; nous venons d'en faire, et plus que vous n'en vouliez. »

Il se rendit maître de Jaffa par surprise, le 9 mars 1268, et le 29 mai suivant, il prit d'assaut Antioche, qu'il mit à sac. Enfin en 1272, il termina sa lutte contre les chrétiens par une trêve qu'il conclut avec Hugues III le Grand, roi de Chypre et de Jérusalem, pour 10 ans, 10 mois, 10 jours et 10 heures. Mais il continua à soutenir la guerre contre les Mogols auxquels il fit essuyer, quelques années après, une sanglante défaite près de Damas, ou près d'Emèse. Il paraît qu'il s'attendait à avoir prochainement avec les Tartares une lutte plus formidable que celle qu'il avait soutenue, lorsqu'il mourut. La fin de cet homme si remarquable par ses qualités, par ses succès et surtout par ses crimes, mérite d'être rapportée. L'année même de sa dernière victoire sur les Mogols, une éclipse de lune donna lieu à quelqu'un de prédire qu'un grand prince allait mourir. Bibars crut à cette prédiction et voulant en assurer la réalisation sur un autre, afin de s'en garantir lui-même, il arrêta son choix sur un descendant d'Ayoub. Il fit donc empoisonner un vase dans lequel il se proposait de faire servir à boire à sa victime. Mais le vase resta par mégarde dans la chambre de Bibars, qui ayant eu soif, s'en servit pour satisfaire ce besoin. Saisi d'une diarrhée intense, le sultan se fit transporter au château de Damas, où il expira le 25 mai 1275 selon Bernard le Trésorier, ou le 2 juillet 1277 selon les autres historiens. Il avait alors environ soixante ans, et il en avait régné dix-sept. Il s'est surtout caractérisé par son ambition, par son activité et sa cruauté. Il était originaire des bords de la mer Noire, et avait été amené tout jeune à Damas. Vendu au prix de huit cents pièces d'argent, il avait été acheté par un émir qui le revendit à cause d'une tache blanche qu'il avait dans l'œil. On rapporte que, lorsque Bibars fut monté sur le trône, cet émir n'osait paraître devant lui; mais Bibars, qui l'aperçut un jour par hasard, lui cria : *La taie, la taie.* A ce mot l'émir changea de couleur, baisa la terre et s'écria : *Pardon, ô maître, pardon !* Bibars se hâta de le rassurer. Suivant les historiens arabes, Bibars avait véritablement du génie, du courage, de l'intrépidité même ; il était d'une haute stature et d'une force extraordinaire ; il avait la peau brune, les yeux bleus, la voix forte. Il fut surnommé Bondochar, du nom de son premier maître ; il passa ensuite au service du sultan Malek-saleh, sous lequel il devint chef des Mameluks baharites, et de ce poste il parvint au trône. Son autorité s'étendait sur l'Egypte, la Cyrénaïque, la Nubie, l'Arabie et la Syrie. Bibars affectait une grande sévérité de mœurs et beaucoup de respect pour la religion musulmane; il bannit de ses États la prostitution, et il défendit l'usage du vin, qui était devenu très-commun en Egypte. C'étaient des marchands italiens qui en fournissaient ce pays, et le commerce en était affermé. Mais, quoiqu'il fût une branche considérable de revenus pour l'État, Bibars n'hésita pas à s'en priver, et à prononcer la peine de mort contre quiconque exprimerait le jus de la vigne. Bibars ne cessait de lever des tributs énormes sur les peuples et particulièrement sur les chrétiens et sur les juifs : un grand mécontentement régnait dans son empire à ce sujet.

Guillaume de Tripoli, chroniqueur du XIIIe siècle, qui a vécu en Orient, a tracé du sultan Bibars un portrait tellement fidèle, que les traits s'en retrouvent épars dans les historiens arabes. « Bibars, dit-il, est, si l'on peut dire, comparable à Jules César par sa gloire militaire, et à Néron par sa méchanceté. Il a soumis à sa domination cinq royaumes, sur lesquels il régna tout seul, savoir : le royaume d'Egypte, celui de Jérusalem, où régnèrent jadis David et Salomon, le royaume de Syrie, qui a Damas pour capitale, le royaume d'Alep, dans la terre d'Emath, et celui des Arabes, autrefois le pays des enfants de Moab et d'Ammon. Ce sultan a déjà fait périr deux cent quatre-vingts de ses émirs et amis, par deux, par trois ou par quatre à la fois, sous prétexte qu'ils avaient voulu le tuer. Quant à ceux qui vivent encore, il leur a imprimé une si grande crainte, qu'ils n'osent plus aller dans la maison l'un de l'autre, ni se parler entre eux. L'ami même craint de se découvrir à son ami. Afin de se faire redouter de tout le monde, le sultan se déguise et voyage sans cesse avec une petite suite de quatre, cinq ou sept personnes, et tandis qu'on le croit en Egypte, il parcourt les provinces d'Asie, ou bien il est en Asie, quand on le croit en Egypte : aussi n'y a-t-il que ceux qui l'accompagnent qui sachent où il est. S'il arrive qu'on l'aperçoive quelque part, qu'on le reconnaisse, il ne faut pas qu'on dise : *Voilà le sultan*, ni qu'on lui rende des honneurs : il veut qu'on reste la bouche close et les yeux fermés, et qu'on se garde de dire, à moins qu'il ne soit déjà passé : *C'est le sultan*. Personne n'oserait s'informer ni demander où il est. Il a fait massacrer un malheureux qui, l'ayant reconnu, était descendu de cheval et avait fléchi le genou en se prosternant par respect. Les compagnons de ce malheureux, qui n'avaient point reconnu ni salué le sultan, en furent quittes pour la peur. Dans un temps où Bibars faisait secrètement ses préparatifs pour aller en pèlerinage à la Mecque, un de ses émirs, son ami et son serviteur, s'approcha de lui et lui demanda d'un ton respectueux, la permission de l'accompagner dans un si saint voyage. *Et comment sais-tu que je dois faire ce pèlerinage?* demanda le sultan. Le pauvre émir répondit : *J'ai fait des recherches et j'ai deviné que vous vouliez faire ce voyage*. Aussitôt, par l'ordre du tyran, l'émir fut conduit sur la place publique, où était un grand concours de peuple : là on lui coupa la langue en criant devant les assistants : *Voilà la punition de quiconque veut scruter les desseins du sultan*. Ce prince donne volontiers sa foi, ajoute le chroniqueur : il jure, il promet; mais il ne garde sa parole qu'autant que cela lui convient; il aime à trouver les autres sincères, et n'a aucune honte d'être dominé par la fourberie. Il se vante de surpasser tous les autres hommes en puissance et en renommée, et ne reconnaît personne au-dessus de lui. Il dit que Mahomet était un grand homme; mais il répète souvent qu'il a fait de plus grandes choses que lui et qu'il en fera de plus grandes encore. Il méprise la puissance des chrétiens et leurs guerriers, et s'en moque, en disant : Le roi de France, le roi d'Angleterre, l'empereur d'Allemagne même et les Romains, sont venus contre moi, et se sont dissipés comme la nue qu'emportent les vents. »

Bibars doit être considéré comme le prince qui a le plus contribué à développer la puissance des Mameluks. Peu de temps après qu'il se fut emparé de la souveraineté, un certain Achmed, qui se prétendait prince de la famille des Abbassides, et ne s'habillait que de vêtements noirs, vint en Egypte. Bibars comprit tout le parti qu'il pouvait tirer de cette circonstance : loin de considérer l'homme noir comme un compétiteur dangereux, il le reconnut pour calife; mais, en lui attribuant l'autorité spirituelle, il se fit conférer par lui l'investiture de la toute-puissance temporelle.

BIBLIOGRAPHIE DES CROISADES. M. Michaud a donné une *bibliographie* des Croisades en deux volumes in-8°, destinée à faire suite à son *Histoire des Croisades*. Mais l'auteur a plus tard avoué lui-même que ce travail laissait beaucoup à désirer, et il l'a refait dans sa *Bibliothèque des Croisades*. Tout en remontant nous-même aux sources où il a puisé, nous nous sommes aidé de ses recherches, pour conduire le lecteur, par une voie moins longue, à une connaissance suffisante de tous les documents relatifs aux guerres saintes. Les personnes qui n'ont ni le temps, ni la volonté de faire de ces documents une étude approfondie, trouveront dans cet article les principales indications qui leur sont nécessaires. Les historiens originaux des croisades, c'est-à-dire ceux qui ont écrit dans le temps même où les événements qu'ils racontent se sont passés, ou, au moins à une époque rapprochée de ces événements, sont surtout ceux sur lesquels nous donnons ici les principaux renseignements dont on peut avoir besoin. L'initiation à cette littérature des croisades, généralement peu connue, facilitera l'intelligence de leur histoire, et sera notamment utile pour la lecture de ce Dictionnaire, où le témoignage des chroniques est fréquemment invoqué. Les relations des chroniqueurs des croisades ont été presque toutes recueillies et publiées, en France, en Italie, en Allemagne, en Angleterre, et en d'autres pays, dans des collections faites par des érudits des XVIe, XVIIe et XVIIIe siècles. On ne peut s'empêcher de remarquer, en voyant de quels matériaux se composent ces collections, que les narrateurs du grand mouvement social inauguré au concile de Clermont, en 1095, appartiennent tous, sauf quelques rares exceptions, aux ordres monastiques ou au clergé séculier. L'Eglise a été l'institutrice aussi bien que la fondatrice de notre civilisation.

Il faut placer en tête des collections composées en France celle que Bongars a publiée, en **1611**, sous le titre *Gesta Dei per Francos.* Cette collection, en 2 vol. in-fol., contient tous les historiens originaux des croisades, connus à l'époque où a vécu son auteur. Chargé par Henri IV de négociations importantes, et entraîné dans le tourbillon des affaires, Bongars n'a pas eu le temps de donner à son travail tous les soins dont il était susceptible. Nous allons indiquer les chroniques qu'il a reproduites, suivant l'ordre qu'elles occupent dans son recueil. *Gesta Francorum et aliorum Hierosolymitanorum.* Bongars avait pensé que cet ouvrage anonyme avait été écrit par une main italienne, parce qu'il paraît favorable à Bohémond et à Tancrède ; mais la critique a démontré postérieurement l'identité de ce récit avec celui de Pierre Tudebode, qu'on retrouve plus complet dans la collection de Duchesne, qui va se présenter plus loin. *Roberti monachi Historia Hierosolymitana.* Robert le Moine a été témoin de la plupart des événements qu'il rapporte. Après avoir assisté au concile de Clermont, il entreprit le pèlerinage des Saints Lieux, se trouva au siége et à la prise de Jérusalem, et vit la victoire d'Ascalon. A son retour, il composa son histoire, dans une cellule de l'abbaye de Saint-Remy, nous apprend-il lui même. L'histoire de la première croisade par Robert le Moine commence au concile de Clermont et finit à la journée d'Ascalon. Elle a une grande conformité avec l'ouvrage de l'anonyme qui est en tête de la collection de Bongars. Dans une sorte d'introduction, Robert s'excuse de la barbarie de son style ; mais il y a ici excès de modestie chez l'humble religieux, dont Bongars loue avec raison, eu égard au temps où il a écrit, la clarté d'élocution. Un chroniqueur postérieur, Orderic Vital, rend également à Robert le témoignage que sa narration est aussi élégante que véridique. Voici comment s'exprime Robert lui-même au sujet du prix qu'il attachait à la vérité : ***Sciant qui hæc legerint, sive qui audierint, quod nihil frivoli, nihil mendacii, nihil nugarum, nisi quod verum, narrabimus:*** « Ceux qui liront ou qui entendront ce récit, doivent savoir que nous ne raconterons ni frivolités, ni mensonges, ni bagatelles, mais seulement la vérité.» Il existait deux éditions de l'histoire de Robert le Moine antérieurement à celle de Bongars. Mais, en insérant cette chronique dans sa collection, ce critique a revu avec soin les deux premières éditions, et consulté en outre plusieurs manuscrits. ***Historia Hierosolymitana Baldrici, episcopi Dolensis.*** Baudri, qui avait d'abord embrassé la vie monastique, parvint à la dignité d'évêque de Dol par son savoir. Il assista comme Robert au concile de Clermont, en 1095 ; et quoiqu'il ne se soit point enrôlé dans l'expédition qu'il raconte, l'amour qu'il professe pour la vérité, le soin qu'il a apporté à l'exécution de son ouvrage, et le ton de candeur et de bonne foi avec lequel il est écrit, donnent à son histoire de la première croisade une autorité presque aussi grande que si l'auteur en avait fait lui-même partie. C'est d'ailleurs de ce qu'il avait appris de témoins oculaires en même temps que d'une copie anonyme de l'histoire de Tudebode, qu'il a tiré son récit. Orderic Vital ne dissimule pas les emprunts qu'il a faits à Baudri, dont il loue la véracité, la clarté et l'éloquence. L'abbé de Maillezais, qui avait accompagné les croisés à Jérusalem, rend une justice encore plus compétente à l'ouvrage de Baudri, dans une lettre dont cette chronique est précédée. *Raimondi de Agiles, canonici Podiensis, historia Francorum qui ceperunt Hierusalem.* Raymond d'Agiles a été témoin des événements qu'il raconte dans cette histoire de la première croisade, où il avait d'abord accompagné Adhémar, évêque du Puy. Elevé au sacerdoce pendant le voyage, il devint chapelain du comte de Toulouse, et s'introduisit, par son esprit, dans l'intimité de ce puissant seigneur. S'étant lié, dès le commencement de l'expédition, avec Ponce de Balazun, brave chevalier de l'armée du comte, il forma le projet d'écrire avec lui l'histoire de la guerre sainte. Ils avaient eu surtout pour but, en prenant la plume, de détruire les faux rapports répandus en Occident par les déserteurs de la croisade, pour détourner les fidèles d'aller au secours de leurs frères d'Orient. Mais Ponce de Balazun ayant été tué d'un coup de pierre au siége d'Archas, en 1099, Raymond, devenu chanoine du Puy, à son retour en France, acheva seul l'ouvrage commencé avec son ami. Dans sa préface, il annonce qu'il se bornera au récit des opérations des troupes conduites par le comte de Toulouse et par l'évêque du Puy. Guillaume de Tyr s'est aidé, pour sa relation de la première croisade, de celle de Raymond, dont le style ne manque ni de pureté, ni d'élégance. La bataille d'Ascalon est racontée par un écrivain inconnu, à la suite de l'histoire de Raymond d'Agiles, qui se termine au départ de l'armée du comte de Toulouse de Jérusalem, après la prise de cette ville. *Historia Hierosolymitanæ expeditionis, edita ab Alberto canonico ac custode Aquensis ecclesiæ super passagio Godefridi de Bullione et aliorum principum.* On ne sait rien sur Albert, sinon qu'il fut chanoine et trésorier de la ville d'Aix-la-Chapelle, à ce qu'il paraît par un passage de son histoire, et non d'Aix en Provence, comme l'ont cru plusieurs écrivains. Le style d'Albert d'Aix est naturel, et son récit est véridique. Il dit, au début de son ouvrage, qu'il va raconter, avec la même exactitude que s'il avait été témoin de l'expédition, les choses que lui ont apprises ceux qui en ont fait partie. Albert d'Aix est l'historien le plus complet de la première croisade, et celui qui donne le plus de renseignements sur la marche vers Constantinople des troupes de croisés dont le départ a précédé celui de l'armée de Godefroy de Bouillon. Ce chroniqueur est surtout riche en détails anecdotiques. Le récit de Guillaume de Tyr n'est quelquefois qu'une version élégante de celui d'Albert d'Aix. *Fulcherii Carnotensis gesta peregrinantium Francorum cum armis Hierusalem pergentium.* Parti pour la première croisade avec le comte Etienne de Blois, Foucher de Chartres quitta la grande armée pour suivre Baudouin à Edesse, en qualité de chapelain. Son ouvrage, où il fait preuve d'instruction, est surtout intéressant pour l'histoire de ce prince, qu'il a toujours et partout accompagné avant et après son avénement au trône de Jérusalem. La collection de Bongars offre la première édition du travail de Foucher; mais elle a été faite sur un manuscrit qui s'arrête à l'année 1124. Duchesne a reproduit cet ouvrage plus complet d'après un manuscrit qui va jusqu'en 1127. L'édition donnée par D. Martène, dans son *Thesaurus novus anecdotorum*, est plus correcte que les deux précédentes, et on trouve chez le savant bénédictin une préface de l'auteur que celles-ci n'ont pas. *Gualterii cancellarii bella Antiochena.* On ne sait pas de quel pays était Gauthier, qui, ayant fait partie de la première croisade, devint chancelier de Roger, prince d'Antioche. Les gallicismes dont son latin abonde font supposer à Bongars qu'il était français. Gauthier a été prisonnier des infidèles, et il s'excuse de l'incorrection de son style sur l'affaiblissement de sa tête, produit par les souffrances endurées pendant sa captivité. Le récit de l'auteur est empreint d'une candeur qui témoigne de sa véracité. Il commence en 1115 et finit en 1119. C'est un fragment de l'histoire de la principauté d'Antioche. *Historia Hierosolymitana, seu gesta Dei per Francos, a Guiberto, abbate monasterii Sanctæ Mariæ Novigenti.* Après une jeunesse dissipée, Guibert consacra sa vie à la piété et au travail, et composa, outre son histoire de la première croisade, plusieurs ouvrages de théologie. Il n'avait point accompagné à Jérusalem l'expédition dont il raconte les événements. Il avoue qu'il a pris pour guide une histoire très-répandue de son temps, celle de Tudebode, à laquelle il ajoute des détails recueillis de témoins dignes de foi. Son style est dur et peu agréable; mais son récit est riche en traits de mœurs, qui montrent l'esprit de l'époque des croisades. *Gesta Francorum expugnantium Hierusalem.* L'auteur anonyme de cet ouvrage, écrit entre 1106 et 1109, dit lui-même qu'il a eu pour but, en le composant, de réduire celui de Foucher de Chartres à des proportions moins prolixes, en y ajoutant, toutefois, les détails intéressants qu'il a pu recueillir d'ailleurs. *Secunda pars Historiæ Hierosolymitanæ.* La première partie de cette histoire, qui est encore un abrégé de celle de Foucher de Chartres, fait par un anonyme, a été perdue. Celle qui reste commence à l'an 1100 et finit à l'an 1124. *Historia rerum in partibus transmarinis gestarum, a tempore successorum Mahometis, usque ad annum Domini 1184, edita a venerabili Willermo, Tyrensi archiepiscopo.* On n'a aucun renseignement certain sur l'origine et sur la famille de Guillaume de Tyr. Les uns l'ont fait naître en France, les autres en Allemagne. On a aussi prétendu qu'il naquit à Jérusalem. Il est probable qu'originaire de France, il dut le jour à des parents transportés en Syrie par les croisades. Un passage de la préface de son histoire semble prouver qu'il était né en Syrie: il y est dit que l'auteur a été engagé à composer son ouvrage plutôt par l'amour du sol natal, *natalis soli magis tractus dulcedine*, que par tout autre sentiment. Etienne de Lusignan, qui a écrit l'histoire de Chypre, le fait sortir du sang des rois de Jérusalem, mais sans appuyer cette assertion d'aucune autorité. Il paraît que Guillaume vint étudier en Occident. Retourné en Orient, il acquit la faveur du roi Amaury Ier. Ce fut sur la recommandation de ce prince que l'archevêque de Tyr le nomma archidiacre de son église, en 1167. Guillaume fut ensuite envoyé en ambassade à Constantinople, par le roi de Jérusalem, auprès de l'empereur grec. A son retour, il fut choisi pour faire l'éducation du fils de ce prince, qui régna sous le nom de Baudouin IV. Il alla à Rome pour y faire juger un différend entre lui et son archevêque. En 1173, il fut nommé chancelier du royaume de Jérusalem. L'année suivante il fut promu à la dignité d'archevêque de Tyr, et fut sacré dans l'église du Saint-Sépulcre par le patriarche de Jérusalem. Il se rendit de nouveau à Rome, où il assista au troisième concile œcuménique de Latran, dont il nous apprend lui-même qu'il avait écrit une relation. « Si quelqu'un, dit-il, désire connaître les décisions du concile, les noms, le nombre et les titres des évêques qui y assistèrent, qu'il lise l'écrit que nous avons rédigé soigneusement sur cet objet, à la prière des pères du concile. » De Rome il revint en Syrie par Constantinople, où il passa sept mois à la cour de l'empereur Manuel, et ce séjour, dit-il, fut utile à son église. Il revint à Tyr après une absence de vingt-deux mois. Ici finit ce que l'on sait de la vie de Guillaume de Tyr par lui-même, et on est réduit pour le reste à des conjectures. Il paraît certain, toutefois, qu'après la prise de Jérusalem par Saladin, Guillaume de Tyr fut un des députés de la terre sainte qui vinrent apprendre à l'Europe les désastres des chrétiens. Ce fut à Rome qu'il en apporta la nouvelle. Il assista, comme légat du saint-siége, à la diète où Frédéric Barberousse prit, à Mayence, la résolution de marcher au secours des Saints Lieux, et ce fut sa parole pathétique, qui, dans une conférence tenue en Normandie en 1188, détermina Philippe-Auguste, roi de France, et Henri II, roi d'Angleterre, à recevoir la croix de ses mains. « Il prêcha d'une manière si admirable, dit le chroniqueur Benoît de Péterborough, qu'il détermina tous ses auditeurs à prendre la croix, et que ceux qui étaient ennemis devinrent amis. » Son second continuateur raconte, mais d'une façon invraisemblable, qu'il mourut empoisonné à Rome par ordre d'Héraclius, patriarche de Jérusalem, avec qui il était en discussion. Guillaume de Tyr avait composé, sur l'histoire des Musulmans, depuis Mahomet jusqu'aux croisades, un ouvrage qui n'est point parvenu jusqu'à nous. Il est généralement, et à bon droit, considéré comme le plus grand des narrateurs contemporains des guerres saintes. Bongars lui décerne le titre de prince des historiens des croisades. Son ouvrage se distingue par les qualités du style, en même temps que par la variété de savoir, la solidité de jugement et la connaissance des affaires dont l'auteur y fait preuve. Son récit est riche d'une foule de traits marqués au coin de la vérité, et de tableaux de mœurs qu'on chercherait vainement ailleurs. Plusieurs portraits y sont tracés de main de maître. Dans la première partie de son histoire, Guillaume de Tyr a pris surtout pour guides Robert le moine et Albert d'Aix. Comme il dit qu'il a vu dans son enfance le patriarche d'Antioche Raoul, qui n'est monté sur ce siége qu'en 1135, son récit de témoin oculaire ne date que de cette époque. Son ouvrage est en vingt-trois livres, dont le dernier n'est pas terminé. Il a été imprimé pour la première fois à Bâle, en 1549, et réimprimé dans la même ville en 1564, avec la continuation qui y a été ajoutée par Jean Hérold. Bongars, dans sa collection, n'a pas reproduit cette continuation. L'écrivain dont elle est l'œuvre était né en Souabe en 1511. Son travail, divisé en six livres, est mal écrit et a été composé sans discernement. Il commence à l'élévation de Saladin au vizirat et finit à l'année 1512.

Jacobi de Vitriaco, Acconensis episcopi, Historia Hierosolymitana. Jacques de Vitry, né vers la fin du XIIe siècle, et mort à Rome dans la première moitié du XIIIe, se fit, par son éloquence en prêchant la croisade contre les Albigeois, une réputation qui engagea les chanoines d'Acre à le demander pour évêque. Il passa de cet évêché à celui de Tusculum, et fut promu au cardinalat. Jacques de Vitry connaissait les langues latine, grecque et arabe, et son histoire est le récit de ce qu'il a vu de ses propres yeux en Syrie et en Egypte. Comme historien contemporain des croisades, il mérite le premier rang après Guillaume de Tyr, auquel il est même quelquefois superieur par l'intérêt qu'il répand dans ses descriptions. Des trois livres dont se compose l'ouvrage de Jacques de Vitry, suivant Bongars, cet érudit n'a fait entrer dans sa collection que le premier et le troisième, regardant le second comme étranger à son plan. Le premier, qui présente un tableau de la situation de la terre sainte, sous les princes latins, est un précieux document historique. Il est très-vraisemblable, et c'est l'avis des meilleurs critiques, que le troisième livre, qui est le récit du siége et de la prise de Damiette en 1218, n'est pas de Jacques de Vitry, mais d'Olivier Scolastique, dont il sera parlé plus loin. Plusieurs lettres écrites par Jacques de Vitry traitent du même sujet que son histoire. La collection de Bongars ne contient que la première de ces lettres; les autres se trouvent dans le *Nouveau trésor des Anecdotes* de Martène. Jacques de Vitry indique l'usage qu'on faisait de la boussole de son temps. « Ce diamant, dit-il, en parlant de l'aimant, attire le fer par une vertu secrète; une aiguille de fer en contact avec lui se tourne sans cesse vers l'étoile du Nord, qui, étant comme l'axe du firmament, ne remue pas, tandis que toutes les autres étoiles tournent. Cette propriété le rend indispensable aux navigateurs. » *Historia Hierosolymitana auctoris incerti.* Ce n'est que le premier livre de l'ouvrage d'un écrivain anglais, qui, dans la collection de Th. Gale, que nous mentionnerons plus loin, a pour titre : *Itinerarium regis Angliæ Richardi.* Sous le titre : *Regum et principum epistolæ*, Bongars a donné un recueil de lettres adressées au roi de France, Louis VII, dit le Jeune. L'objet de ces lettres est d'exposer la situation des chrétiens en Orient, ou de demander des secours pour eux. *Oliveri scholastici Coloniensis de captione Damietæ ad Engelbertum, Coloniensem archiepiscopum*, etc. Après avoir prêché la croisade en Flandre, au commencement du XIIIe siècle, Olivier de Cologne s'embarqua à Marseille pour l'Orient et assista, en 1218, au siége et à la prise de Damiette, où il se distingua par son habileté à construire des machines de siége. Dans la relation qu'il a laissée de celui de Damiette, Olivier n'en montre pas moins un admirable esprit de modestie, ou plutôt d'humilité chrétienne. L'ouvrage donné par Bongars dans sa collection est une relation de ce siége en forme de lettre. En 1223, Olivier de Cologne fut nommé évêque de Paderborn, puis enfin cardinal; mais il ne jouit pas de cette dignité, car il mourut en 1227, peu de temps après y avoir été promu. Olivier a composé aussi un ouvrage intitulé : *Historia regum sanctæ terræ;* et sous le titre : *Historia Damietina*, il a reproduit sa relation publiée par Bongars. Ces deux derniers ouvrages se trouvent dans le tome II du *Corpus historicum medii ævi* d'Ekkard. *Bulla Innocentii papæ IV.* C'est une bulle dans laquelle sont relatées deux lettres du roi de Hongrie, par l'une desquelles ce prince rend compte au souverain pontife de son voyage en Palestine, en 1217. *Liber secretorum fidelium crucis*, etc., *cujus auctor Marinus Sanutus.* Marin Sanuti, issu d'une famille patricienne de Venise, qui avait longtemps gouverné plusieurs îles de l'Archipel, vécut dans la première moitié du XIVe siècle. Il fit cinq fois le voyage de terre sainte, d'où il revint toujours chargé de missions importantes. Il avait acquis dans ses voyages une grande connaissance des relations maritimes de l'Orient et de l'Occident et des pays qu'il avait visités. Son ouvrage, auquel sont jointes quatre cartes géographiques, offre un projet de destruction du mahométisme et de conquête de la terre sainte. Il le présenta au pape Jean XXII, qui le fit examiner par quatre religieux. Dans leur rapport, les examinateurs approuvèrent le projet de Sanuti, qui reposait, en effet, sur des vues étendues et très-justes. L'auteur adressa aussi son ouvrage aux rois de France, d'Angleterre et de Sicile, aux cardinaux, aux princes et aux barons des différents pays de la chrétienté. Pour la partie historique de son travail, Sanuti s'est servi des histoires de Guillaume de Tyr et de Jacques de Vitry. *De Recuperatione terræ sanctæ, auctor anonymus patronus regius causarum ecclesiasticarum in ducatu Aquitaniæ.* Cet ouvrage d'un auteur inconnu, qui était avocat du roi d'Angleterre dans le duché d'Aquitaine, paraît avoir été achevé en 1300. Il est dédié à Edouard Ier. C'est encore un projet de recouvrement de la terre sainte, mais qui n'offre rien d'historique sur les croisades.

Le savant Duchesne avait publié, en 1636, quatre volumes d'une collection des historiens de France, qui devait offrir vingt-quatre volumes in-fol. Après sa mort prématurée, son fils, François Duchesne, héritier de l'érudition paternelle, publia un cinquième volume en 1649. De ces cinq volumes, les deux derniers seuls contiennent des ouvrages relatifs aux croisades. Les deux Duchesne ont réimprimé quelques-unes des histoires que Bongars a fait entrer dans sa collection, et dans lesquelles ils ont trouvé des incorrections qu'ils ont fait disparaître, ou des lacunes qu'ils ont remplies. Le tome IV de la collection de Duchesne contient les ouvrages que nous allons indiquer. *Glabri Rodulphi Cluniacensis monachi*, etc., *libri V*, etc. Raoul, surnommé Glaber, vivait au commencement du XIe siècle. Son histoire, quoique antérieure aux croisades, offre des détails curieux sur l'origine de ces expéditions et sur l'esprit du siècle qui les a précédées. *Historiæ Franciæ fragmentum, auctore anonymo.* Ce fragment, œuvre de quelque moine sans doute, est la suite d'une chronique dont Duchesne a donné la première partie dans le deuxième volume de sa collection. Le récit de ce fragment commence à l'année 997 et se termine à l'année 1109. L'auteur décrit le siége d'Antioche et celui de Jérusalem d'une manière qui prouve qu'il avait des connaissances sur l'attaque et la défense des places, et sur les machines de guerre alors en usage. *Vita Ludovici VI*, etc., *auctore Sugerio*, etc. L'ouvrage de Suger, tel que le donne Duchesne, ne comprend que la première année du règne de Louis le Gros, et il n'y est parlé des croisades qu'accessoirement. *Chronicon Morigniacensis monasterii*, etc., *auctoribus Tuelfo, et aliis ejusdem monasterii.* Ce n'est qu'à la fin du troisième livre de cette chronique composée par des Bénédictins du monastère de Morigni, près d'Etampes, qu'il est question des croisades. On y parle de la prise d'Edesse, et de la consternation qu'elle répandit parmi les chrétiens. *Gesta Ludovici VII*, etc. Cette histoire est tirée d'un manuscrit de l'abbaye de Saint-Denis. Elle est, avec celle d'Odon de Deuil, la seule où il soit parlé en détail de la seconde croisade. Cette histoire a été attribuée à tort à Suger. *Fragmentum historicum*, etc. Cette pièce a aussi été insérée par les Bénédictins dans leur recueil des historiens de France. Elle prouve que le roi Louis le Jeune, se préparant à la croisade, imposa à l'abbaye de Saint-Benoît-sur-Loire une contribution qui s'étendit à tout le clergé de France. *Epistolæ historicæ.* C'est un recueil de lettres relatives à la seconde croisade, et écrites par le roi Louis le Jeune, Suger, saint Bernard et autres personnages remarquables. *Petri Tudebodi*, etc., *Historia*, etc. Tudebode, né à Sivray, en Poitou, au milieu du XIe siècle, suivit, comme beaucoup d'ecclésiastiques, la première croisade. Il y perdit ses deux frères, qui étaient, dit-il, de braves guerriers. Il assista au siége de Nicée, à la bataille de Dorylée, aux siéges d'Antioche et de Jérusalem. Il raconte que, dans la procession que firent les croisés autour de la ville sainte pendant le siége, un prêtre fut tué à ses côtés d'une flèche qui le frappa au milieu du front. Cette histoire, divisée en cinq livres, est écrite d'un style barbare; mais elle a été d'un grand secours à ceux qui l'ont consultée pour écrire sur le même sujet. Elle commence au départ des premiers croisés pour la terre sainte, et se termine à la bataille d'Ascalon. Tudebode prétend qu'il est le premier témoin oculaire qui ait raconté la première croisade. Il est probable qu'il composa son histoire sur les lieux mêmes, comme Raymond d'Agiles, avec lequel il a une si grande conformité, qu'il faut qu'ils se soient communiqué réciproquement leur travail. A la suite de cet ouvrage vient, dans le même tome IV de la collection de Duchesne, l'histoire de Jérusalem de Foucher de Chartres, déjà insérée dans la collection de Bongars. *Historia*, etc., *cujus libri tres priores a Fulcone quodam, reliqui a Gilone Parisiensi editi sunt.* Cette histoire est écrite en vers latins. Elle a été composée par deux chroniqueurs; le premier, nommé Foulques, est auteur des trois premiers livres, et le second, auteur des quatre autres livres, s'appelle Gilon de Paris, quoiqu'il fût né dans l'Auxerrois, à cause du long séjour qu'il avait fait dans la capitale, avant de prendre l'habit de Cluny. Gilon, nommé cardinal par le pape Calixte II, fut envoyé ensuite dans la terre sainte, en 1127, en qualité de légat du saint-siége, pour apaiser des divisions qui s'étaient manifestées dans le clergé. Tout ce poëme historique est en vers rimés, dont le commencement de la description de la famine éprouvée par les croisés à Antioche donnera une idée :

Ergo fames crudelis adest, crudelior omni
Peste : viri vigilant, fugiunt jejunia somni;
Deformat macies vultus, nigriora sepultis
Ossibus ossa micant, apparent viscera multis.

Bientôt on sent toutes les horreurs de la famine, fléau plus cruel que tout autre fléau. Les guerriers sont toujours éveillés, car le sommeil fuit les estomacs à jeun. La maigreur difforme les visages; les os paraissent sous la peau plus noirs que les os des sépulcres; la plupart des victimes de la faim sont si décharnées qu'on aperçoit leurs entrailles.

Nous allons maintenant passer rapidement en revue les ouvrages contenus dans le tome V de la collection de Duchesne. *Gesta Philippi Augusti*, etc. ; *a Rigordo*, etc. Rigord, historiographe du roi dont il a écrit la vie, prit l'habit religieux après avoir été médecin. Son ouvrage, qui commence au couronnement de Philippe, en 1179, et qui va jusqu'en 1209, entre dans le détail de la troisième croisade. La narration en paraît véridique. *Historia de vita et gestis Philippi Augusti, auctore Guillelmo Armorico.* Cet auteur, né en Bretagne, vivait vers la fin du XIIIe siècle; il fut chapelain de Philippe-Auguste, et l'accompagna dans la plupart de ses expéditions. Guillaume le Breton est le continuateur de Rigord, de 1209 à 1219. A la suite de cette histoire, Duchesne a placé un poëme du même auteur, à la louange de Philippe-Auguste, intitulé la *Philippide*, et où sont décrits les événements de la troisième croisade. D. Brial a donné, dans le XVIIe volume de la grande collection des historiens de France par les Bénédictins, des éditions plus soignées que celles de Duchesne de l'histoire de Rigord, de celle de Guillaume le Breton et de la *Philippide* de ce dernier auteur. *Gesta alia Philippi Augusti.* C'est un morceau d'histoire où il est question de la troisième croisade. *Epistola Guidonis de Berainville.* A la suite de cette lettre, Duchesne en a donné plusieurs autres sur la prise de Constantinople par les Latins. *Gesta S. Ludovici noni*, etc., *per fratrem Guillelmum de Nangiaco*. Guillaume de Nangis nous apprend lui-même, dans la préface qu'il a mise en tête des *Gestes de saint Louis*, qu'il était moine de Saint-Denis; mais on ne sait pas précisément en quel temps il a vécu. Il s'est servi, pour composer son ouvrage, de celui de Gilon de Reims, qui n'est pas parvenu jusqu'à nous, et de la *Vie de saint Louis* par Geoffroy de Beaulieu, qui avait accompagné le roi dans ses deux expéditions d'outre-mer. Au rapport de Pasquier, Guillaume de Nangis avait traduit lui-même, en français de son temps, l'histoire qu'il avait d'abord écrite en latin. Elle est également traduite dans les chroniques de Saint-Denis. *Gesta alia S. Ludovici, auctore anonymo*. C'est un éloge historique de saint Louis par un moine de Saint-Denis, qui traite très-brièvement des croisades. *Epistolæ Innocentii IV*, etc. Parmi ces lettres écrites par le pape Innocent IV, l'une est adressée à saint Louis pour l'engager à la résignation dans sa captivité. *Fragmentum ex libro de Statu Sarracenorum*, etc., *ut frater Guillelmus scripsit*. Guillaume, né à Tripoli, de parents chrétiens, vers l'an 1220, entra dans l'ordre des Frères-Prêcheurs et se distingua en Orient comme prédicateur. Revenu dans sa patrie, après une mission dont l'avait chargé le saint-siége, il composa l'ouvrage dont Duchesne a inséré ici un fragment. Ce fragment traite de l'état des Sarrasins après qu'ils eurent détruit Damiette. Quelques écrivains attribuent à Guillaume un second ouvrage, intitulé : *Clades Damietæ*. Sous le titre : *Epistola publicata super obitu Ludovici noni regis*, Duchesne a publié la lettre par laquelle le roi Philippe, fils de saint Louis, annonce au clergé de France la mort de son père. *Vita, etc. Ludovici noni per fratrem Gaufridum de Belloloco.* Geoffroy de Baulieu, de l'ordre des Frères-Prêcheurs, longtemps confesseur de saint Louis, l'accompagna dans ses croisades, et paraît avoir eu toute sa confiance. Cette histoire a été écrite par ordre du pape Grégoire X, qui a voulu qu'elle fût un témoignage rendu à la piété et aux vertus chrétiennes de ce saint roi. *De vita*, etc. *Ludovici noni et de miraculis qui ad ejus sanctitatis declarationem contigerunt, auctore fratre Guillelmo Carnotensi.* Cet ouvrage est comme le complément du précédent. L'auteur, Guillaume de Chartres, de l'ordre des Frères-Prêcheurs, était chapelain de saint Louis. Il assista, comme Geoffroy de Beaulieu, aux événements importants de la vie de ce roi : *Fere semper presens affuerim et ubique*, dit-il. Comme Geoffroy de Beaulieu, il s'étend longuement sur la piété et la charité de saint Louis. *Gesta Philippi tertii, descripta per fratrem Guillelmum de Nangiaco.* Ce second ouvrage de Guillaume de Nangis est aussi relatif aux croisades. Il est suivi d'une chronique spécialement consacrée aux guerres contre les Albigeois, mais qui donne, cependant, quelques détails sur les deux expéditions de saint Louis. *Epistolæ Innocentii III.* C'est un recueil de lettres d'Innocent III relativement aux affaires de la terre sainte.

Dans une autre collection de Duchesne, celle des historiens normands, se trouve l'ouvrage d'Orderic Vital, intitulé : *Orderici Vitalis, angligenæ, cœnobii Uticencis monachi, Historiæ ecclesiasticæ Libri XIII in III partes divisi.* Orderic Vital, né en Angleterre en 1075, quitta sa patrie à l'âge de douze ans pour venir en Normandie, où il prit l'habit religieux, et passa sa vie dans l'étude. Il s'adonna particulièrement à celle de l'histoire. Les treize livres qui composent l'ouvrage dont il est ici question, sont sans ordre, sans méthode ; mais le style de l'auteur ne manque pas d'élégance ; plusieurs portraits surtout sont tracés dans son ouvrage d'une main ferme et vigoureuse. Orderic avoue qu'il a suivi les traces de Baudri pour raconter la première croisade. Son histoire se termine vers l'année 1137.

Deux savants bénédictins de la congrégation de Saint-Maur, D. Martène et D. Durand, sous le titre : *Thesaurus novus anecdotorum*, ont publié, en 1717, une collection en cinq volumes, dont les trois premiers contiennent des ouvrages ou des pièces qui concernent les croisades. Sous le titre général de *Miscellanea*, les deux premiers volumes du *nouveau trésor* présentent, dans l'ordre chronologique, des lettres ou des pièces diverses, dont plusieurs sont relatives aux guerres saintes. On trouve sur ces expéditions des documents plus considérables dans le troisième volume de ce recueil. C'est d'abord l'ouvrage de Raoul de Caen, intitulé : *Gesta Tancredi*. Cette chronique était encore inconnue lors de la publication de la collection de Bongars : elle n'a été découverte qu'en 1716 par dom Martène. Il la publia l'année suivante, et Muratori l'a reproduite ensuite dans le tom. V de la collection des historiens d'Italie. Raoul naquit vraisemblablement à Caen, comme l'indique son surnom, vers l'an 1080. Il y fit ses études sous Arnoul, qui devint patriarche de Jérusalem. En 1107, il passa en Syrie et s'attacha à Tancrède, qui l'engagea, avec Bohémond, à écrire l'histoire des événements dont il entendait tous les jours le récit de leur bouche. La chronique de Raoul commence à l'an 1096 et va jusqu'à 1105. Elle est écrite par chapitres mêlés de prose et de vers. Comparé à celui des écrivains de son temps, le style de Raoul est élégant, mais entaché d'une fausse abondance poétique. Quoique composé en l'honneur de Tancrède, son ouvrage n'en est pas moins un des principaux monuments de l'époque des croisades. A la suite de l'ouvrage de Raoul de Caen, Martène a donné le poëme latin de Gilon de Paris, également publié par Duchesne, comme nous l'avons dit. Après l'ouvrage de Gilon vient le troisième livre de l'histoire de Jacques de Vitry, qui se trouve aussi, comme on l'a vu plus haut, dans la collection de Bongars. *Johannis Iperii, etc.*, ou *chronique de Saint-Bertin*. Quoique cette chronique ne porte que le nom de Jean d'Ypres, abbé de Saint-Bertin qui vivait au XIVe siècle, elle est l'ouvrage de plusieurs écrivains. La partie de cette chronique qui a rapport aux croisades se termine à la perte définitive de la terre sainte. Elle contient des détails intéressants, et Martène y a joint les notes marginales de d'Achery.

Une autre collection, due encore au zèle pour la science des deux auteurs du *Nouveau Trésor*, parut en 1724 sous le titre : *Veterum scriptorum*, etc., *Amplissima Collectio*. Ce recueil, en IX volumes in-fol., n'est pas seulement le fruit des recherches de D. Martène et de D. Durand dans les bibliothèques de France, il est aussi le résultat d'un voyage fait par eux pour recueillir des matériaux dans les pays autrefois soumis à la domination française. Le premier volume de cette vaste collection contient, sous le titre : *Miscellanea epistolarum et diplomatum*, un grand nombre de pièces détachées, lettres, titres, etc., à dater de l'année 528 jusqu'à 1590, dont plusieurs concernent les croisades. La préface du second volume offre des observations importantes pour l'éclaircissement de l'histoire de ces expéditions. On trouve dans ce même second volume les documents que nous allons énumérer. *Epistolæ Wibaldi*, etc. Plusieurs de ces lettres sont relatives aux croisades. Leur auteur, l'abbé Wibald, était d'une noble famille de Liége, et il joua un rôle important dans les affaires d'Allemagne au XIIe siècle. *Registrum epistolarum Alexandri papæ III*. Ce registre ne contient pas seulement des lettres d'Alexandre III concernant les croisades, on y en rencontre aussi d'autres papes. *Frederici II epistolæ*. Les lettres de Frédéric II ont été recueillies par Pierre des Vignes, chancelier de ce prince. *Epistolæ Urbani papæ IV*. Ces lettres ne sont pas toutes du pape Urbain IV ; il y en a aussi du pape Martin IV. Nous passons aux pièces contenues dans le IIIe volume de l'*Amplissime collection*. *Epistola Ægidii Viterbiensis*. Cette lettre est de 1311; Gilles de Viterbe s'y plaint de l'indifférence des princes chrétiens à combattre les ennemis de la foi. *Epistolæ cardinalis Eboracensis*. Ce sont des lettres de Th. Wolsey, cardinal d'York, du commencement du XVIe siècle, sur la nécessité de s'opposer aux Turcs. *L'extrait du livre composé par le vénérable Humbert de Romans, supérieur de l'ordre des Frères-Prêcheurs, sur les matières traitées par le concile général de Lyon, en* 1274, est, en quelque sorte, un précis des idées qu'on avait alors sur les croisades. Dans le IVe volume de la collection on trouve une chronique qui a pour titre : *Gesta Trevirensium archiepiscoporum*. Cette chronique avait déjà été imprimée dans une collection allemande d'Ekkard, que nous ferons connaître plus loin ; mais Martène en a donné une édition corrigée : elle offre quelques passages qui parlent des croisades. On doit encore remarquer dans le tome IVe : *Annales Novesienses*. Ces annales commencent en 698 et vont jusqu'en 1589. On y trouve quelques détails sur les croisades et le récit de la prise de Constantinople par les Turcs en 1453. L'auteur des annales de l'abbaye de Nuys, Verner Titien, était originaire du pays de Juliers. Il entra fort jeune dans l'ordre des chanoines réguliers de Saint-Augustin, au monastère de Sainte-Marie de Nuys, et il devint prieur de cette abbaye. La première page du Ve volume de l'*Amplissime collection* offre la chronique du moine Lambert Lepetit, continuée par le moine Reiner. Lambert Lepetit, moine du monastère de Saint-Jacques, à Liége, vivait dans le XIe siècle. Sa chronique commence à l'an 988 et va jusqu'à l'année 1194, qui est celle de la mort de l'auteur. Reiner, moine du même monastère, a continué le récit jusqu'en 1230. Martène fait suivre la chronique de Lambert Lepetit et de Reiner de celle de Zantliet, moine du même monastère à Liége. Cette chronique, qui est exacte et fidèle, au jugement de Martène, raconte la prise de Constantinople par les Turcs en 1453. Le tome V^e^ de la collection contient encore des ouvrages que nous allons mentionner. *Ekkardi abbatis libellus*, etc., cette chronique est intéressante. Elle porte aussi le nom de Conrad, abbé d'Usperg, quoiqu'il ne soit l'auteur que des dix premières pages, de quelques passages ajoutés, et de ce qui suit la mort d'Ekkard, arrivée vers l'an 1130. Ekkard était abbé d'Urangen; il a composé son ouvrage à la prière d'un abbé de Corbie, qui avait fait le voyage de Jérusalem. Ekkard avait lui-même fait ce pèlerinage. A la suite de l'ouvrage d'Ekkard, Martène a placé quatre pièces qui ont rapport aux croisades; puis vient la chronique de Raoul de Coggeshale, qui commence en **1187** et finit en **1191**. Cette chronique est le récit d'un témoin oculaire d'une grande partie des événements qu'elle rapporte. L'auteur était à Jérusalem lorsque Saladin en fit le siége, et il y fut même blessé d'une flèche, *qui vint*, dit-il, *percer par le milieu le nez de celui qui raconte ces choses.* Raoul de Coggeshale, Anglais de naissance, était de l'ordre de Cîteaux; il parvint par son mérite et par son savoir à la dignité d'abbé du monastère de Coggeshale. Il a laissé plusieurs ouvrages dont le plus important est sa chronique de la terre sainte. Martène a publié, dans le même volume de sa collection, une autre chronique qu'il attribue faussement, à ce qu'il paraît, à Raoul de Coggeshale; elle est intitulée : *Chronicon anglicanum ab anno* 1066 *ad* 1200. Le savant Bénédictin dit que cette chronique se trouvait dans la bibliothèque du monastère de Saint-Victor à Paris, à la suite de la chronique de la terre sainte du même auteur. On trouve dans cette seconde chronique des détails intéressants sur la IIIe croisade et sur les exploits de Richard. *Continuation de l'Histoire de Guillaume de Tyr en vieux langage français, par un ancien auteur.* Un savant *mémoire* de M. de Mas-Latrie, professeur à l'*Ecole des chartes*, qui a jeté un jour nouveau, comme on le verra plus loin, sur la question très-obscure, avant qu'il l'ait traitée, des continuateurs de Guillaume de Tyr, prouve que la suite, jusqu'à l'année 1275, de l'histoire dont l'archevêque de Tyr avait laissé le XXIIIe livre inachevé, se compose de plusieurs chroniques, et qu'aucune n'est l'œuvre de Hugues Plagon, comme on l'avait prétendu. Ce personnage pourrait bien être le premier traducteur français de Guillaume de Tyr, selon M. de Mas-Latrie, qui s'appuie sur Ducange, pour émettre cette opinion. Hugues Plagon appartiendrait ainsi au commencement du XIIIe siècle. De l'année 1275, où conduit l'histoire d'outre-mer publiée par Martène, à la chute du royaume de Jérusalem, en 1291, il y a un intervalle de quinze années, dont un contemporain anonyme, sur les rapports de plusieurs témoins, a écrit l'histoire, qui nous est parvenue en latin et en langue vulgaire. Le texte latin a été placé par Martène à la suite de la continuation française de Guillaume de Tyr, sous le titre de *Gestorum collectio*.

De excidio Acconis libri II, etc. L'auteur de cet ouvrage, qui paraît être un chanoine du monastère de Saint-Victor de Paris, nous apprend qu'il n'a pas été témoin des événements qu'il raconte, mais qu'il a recueilli de personnes dignes de foi les détails du siége et de la prise de la ville d'Acre. Son récit est la traduction d'un manuscrit en vieux langage du temps, intitulé : *Relation du siége d'Acre. Tractatus de expugnatione urbis Constantinopolis.* Cet écrit n'est que la traduction des *Informations* sur ce fait, écrites en français de cette époque et adressées par trois témoins oculaires au cardinal d'Avignon. Nous nous sommes réservé de dire ici que ces *Informations* ont été publiées dans le *Nouveau trésor* de Martène. L'auteur du morceau historique latin est un religieux qui vivait, à ce qu'il semble, dans un monastère de Saint-Jean-de-Latran à Pise. *Chronicon Turonense, auctore anonymo.* Cet auteur anonyme est un chanoine de l'église de Saint-Martin de Tours. Il avait fait remonter son ouvrage à la création du monde, et il l'a conduit jusqu'à l'année **1226**. Martène, en le publiant, en a supprimé tout ce qui précède le IIIe siècle de l'Eglise. Cette chronique de Tours offre peu de détails curieux sur les croisades, et beaucoup de lacunes. *Chronicon Richardi Pictaviensis, monachi Cluniacensis*, etc. L'auteur de cette chronique est peu connu; on sait seulement par lui-même qu'il était Poitevin, et qu'il vivait dans le XIIe siècle. Elle offre très-peu de choses remarquables. Le VIe volume de l'*Amplissime collection* ne contient d'autre pièce relative aux croisades qu'une lettre d'un évêque sur la mort de saint Louis. Dans le VIIe volume on trouve une lettre du pape Alexandre IV sur les moyens de résister aux Turcs et aux Tartares. Les VIIIe et IXe volumes de la grande collection de Martène ne présentent rien qui ait rapport aux croisades.

Une collection faite et imprimée d'abord, sous le titre *Spicilegium*, par les soins de D. Luc d'Achéry, bénédictin de la congrégation de Saint-Maur, a été revue et corrigée ensuite par d'autres Bénédictins, et imprimée à Paris, en 1723, en III volumes in-fol. Le Ier volume de ce Spicilége ne contient rien qui concerne les croisades. Nous allons indiquer les chroniques qui y sont relatives dans le IIe volume. *Chronicon sancti Petri, viri Senonensis.* Cette chronique commence à l'an 446 et finit en 1184. Elle est l'œuvre d'un moine de l'ordre de Saint-Benoît. *Chronicon S. Medardi Suessionensis.* Cette chronique a été composée par un moine du monastère dont elle porte le nom. *Chronicon breve ecclesiæ S. Dionysii.* Cette chronique très-succincte commence en 986 et se termine en 1292. Elle a été rédigée par un moine de Saint-Denis. *Abbatiæ Senoniensis, etc., historia, auctore Richerio.* L'auteur de cette chronique, Richer, était un moine bénédictin, qui vécut dans la première moitié du XIIIe siècle. Sa chronique, écrite en un style dur, commence en 720 et se termine en 1252. Ce n'est qu'en 1212 qu'il y est question des croisades, et celle des enfants est la première dont elle parle. *Chronicon Andrensis monasterii.* Cette chronique est l'ouvrage d'un moine nommé Guillaume, qui devint abbé du monastère d'Andres, au diocèse de Boulogne, en 1208. Cette chronique parle fort succinctement des croisades depuis l'année 1095 jusqu'en 1229. Dans le IIIe volume de la collection de d'Achery on trouve les ouvrages qui vont être nommés. *Chronicon Guillelmi de Nangis.* La collection de Duchesne nous a déjà montré Guillaume de Nangis auteur des *Gestes* de saint Louis et des *Gestes* de Philippe le Hardi. La chronique dont il est ici question commençait à l'origine du monde, mais d'Achery, dans son recueil, ne la fait commencer qu'à l'an 1113. Guillaume de Nangis a eu deux continuateurs: le premier a repris sa chronique en 1301, où il l'avait finie, et l'a conduite jusqu'en 1340, et le second jusqu'en 1368. *Chronicon Nicolai Trivati*, etc. Nicolas de Treveth, né en Angleterre, de parents distingués, fut élevé à Londres chez les Frères Prêcheurs de l'ordre de Saint-Dominique ; il entra ensuite dans leur ordre et se distingua par la sainteté de sa vie et par la variété de son érudition : il était théologien, mathématicien, philosophe, historien, poëte et rhéteur. Sa chronique comprend trois siècles. Nicolas de Treveth et Matthieu de Westminster ont vécu dans le même temps, et on ne saurait dire lequel des deux a copié l'autre, depuis 1301 jusqu'à 1307, car les deux histoires présentent non-seulement le même sens, mais les mêmes mots. *Epistola Stephani comitis Carnotensis ad Adelam uxorem suam.* Cette lettre est datée du camp devant Antioche. *Epistolæ ad Innocentium IV*, etc. Ce sont deux lettres qui ne sont pas sans intérêt pour l'histoire de la première expédition de saint Louis. *Anselmi de Ribodimonte ad Manassem archiepiscopum Remensem.* Nous parlons ailleurs de la mort devant Archas de l'auteur de cette lettre, Anselme de Ribemont, qui était un seigneur distingué. *Fragmentum historiæ Andegavensis per Fulconem*, etc. Ce fragment d'histoire est l'ouvrage de Foulques IV, comte d'Anjou, dit le Réchin. A la fin de ce fragment on trouve un abrégé succinct et exact de la première croisade. Le reste du tome III de d'Achery est rempli de pièces diverses, dont quelques-unes sont relatives aux croisades.

Le célèbre Mabillon et un autre savant bénédictin de la congrégation de Saint-Maur, D. Germain, avaient été chargés, par ordre de Louis XIV, de faire un voyage scientifique et littéraire en Italie. Ils partirent en 1685, et des fruits de leurs recherches dans les musées et dans les bibliothèques, ils composèrent une collection qu'ils publièrent en deux volumes in-4°, sous le titre de *Museum Italicum*, en 1687. Des documents recueillis par Mabillon et son collaborateur, deux seulement ont rapport aux croisades. *Historia de via Hierosolymis.* Cet ouvrage, attribué à tort à Grégoire, évêque de Terracine, ou à un officier des troupes d'Etienne, comte de Blois, est d'un auteur inconnu ; il commence au départ des croisés, en 1096, et finit à l'avénement de Baudouin au trône de Jérusalem. La conformité de cette histoire avec celles de l'anonyme, qui est en tête de la collection de Bongars et de Tudebode, dont cet anonyme n'a été que le plagiaire, avait fait penser à Mabillon, qui a découvert ce manuscrit dans la bibliothèque du Mont-Cassin, qu'il avait fourni le fond de ces deux récits. Mais on a reconnu depuis que c'est l'auteur du manuscrit trouvé par Mabillon, qui a copié l'anonyme de Bongars et Tudebode : *Epistola Stephani comitis Carnotensis ad Adelam uxorem suam.* C'est la lettre dont nous parlons à l'article du comte de Chartres.

Une précieuse collection a été publiée en 1657, en deux volumes in-fol., par le P. Labbe, sous le titre : *Nova Bibliotheca manuscriptorum librorum*, etc. Cette bibliothèque contient des documents qui sont également publiés dans d'autres collections que nous mentionnons. Nous n'indiquerons donc que les chroniques ou pièces qui ne se trouvent point dans d'autres recueils. Tome Ier : *Chronicon Rothomagense*, etc., jusqu'à l'année 1200 cette chronique est sèche et n'offre que des dates, mais à partir de cette époque on y trouve quelques détails qui se rattachent aux croisades. *Chronicon Vezeliacense.* Cette chronique parle des croisades, mais n'offre rien de particulier, même sur l'assemblée de Vézelay. Tome II : *Sancti Maxentii Chronicon*, etc. Cette Chronique d'un auteur anonyme paraît avoir été composée par un moine de Saint-Maixent. Elle est plus vulgairement connue sous le titre de *Chronique de Maillezais.* En la publiant le P. Labbe l'a abrégée. La première croisade y est racontée très-succinctement, mais pour ainsi dire jour par jour, et dans un ordre de dates qui rend cette chronique précieuse sous ce rapport. Elle finit en 1134, et le P. Labbe pense qu'elle fut composée vers l'an 1140. *Chronica Gaufredi*, etc. Le moine Geoffroy, auteur de cette chronique, était d'une famille noble du Limousin ; il devint abbé Du Vigeois en 1178. Il paraît qu'il composa sa chronique à plusieurs reprises. Il nous apprend lui-même qu'il y mit la dernière main en 1184, deux ou trois ans avant sa mort. Il y est peu question des croisades.

Etienne Baluze est auteur d'une collection en sept volumes in-8°, imprimée à Paris, de 1678 à 1715. Mais ce recueil ne contient presque rien, concernant les croisades, qui n'ait été publié dans les collections que nous avons passées en revue.

Sancti Bernardi Clarevallensis abbatis Genus illustre assertum, est le titre d'une collection faite en 1660, par le P. Chifflet, de la compagnie de Jésus; on trouve dans ce recueil un ouvrage important sur les croisades: c'est celui d'Odon de Deuil, ainsi nommé du lieu de sa naissance. Odon fut le disciple de Suger, et plus tard son successeur dans la dignité d'abbé de Saint-Denis. Placé par le grand ministre de Louis le Jeune auprès de ce monarque, comme secrétaire et comme chapelain, Odon accompagna le roi dans son expédition de la terre sainte. Ainsi il a été témoin des événements qu'il rapporte dans les sept livres de son histoire, qui se termine à l'embarquement de Louis VII dans le port d'Antioche. Cet ouvrage est remarquable par la véracité et par l'impartialité de l'auteur, et par la mâle énergie de son style.

Les *Chroniques de Saint-Denis*, ou *Grandes Chroniques de France*, qui embrassent tous les événements de notre histoire, depuis le commencement de la monarchie jusqu'à Charles VII, fournissent aussi des renseignements sur les croisades. Elles racontent l'expédition que Charlemagne aurait entreprise pour la délivrance des Saints Lieux, et la prise de Jérusalem par le grand empereur, qui aurait uni ses forces, pour faire cette conquête, à celles de l'empire grec. Nous n'avons pas besoin de dire que la critique a fait passer cette croisade du domaine de l'histoire dans celui de la fable.

Le *Miroir naturel, moral*, etc., de Vincent de Beauvais, *Vicentii Bellovacensis Speculum naturale, morale, historiale*, est un recueil confus, où il est quelquefois question des croisades. Mais ce que dit Vincent de Beauvais de ces expéditions est généralement emprunté à d'autres chroniqueurs. L'auteur du *Miroir* écrivait au XIIIe siècle ; il avait été chargé, par saint Louis, de la garde du dépôt de livres, qu'on peut regarder comme la première bibliothèque publique établie en France.

L'*Histoire de la conquête de la ville de Constantinople par les Français et les Vénitiens*, de Geoffroy de Villehardouin, dont nous ferons l'éloge en deux mots, en disant quelle est presque comparable à la *Vie de saint Louis* par Joinville plaît surtout par la sincérité naïve du récit, et par la retenue de l'auteur à parler de lui-même, quoiqu'il eût pu dire des événements qu'il raconte, *quorum pars magna fui*. Ducange, dont les travaux sont d'une si grande utilité pour l'intelligence sérieuse de l'époque des croisades, ne s'est pas contenté de donner, en 1657, une version soigneusement revue de l'histoire de Villehardouin, de l'accompagner d'observations où sont éclaircies toutes les obscurités du texte, et d'y ajouter un fragment d'ancienne poésie française où Philippe Mouskes, qui a été évêque de Tournay, rapporte ce qui s'est passé depuis la conquête de Constantinople jusqu'en 1240, il y a joint encore un ouvrage de sa propre composition, qui embrasse toute l'*Histoire de Constantinople*, depuis la prise de cette capitale par les Latins jusqu'à la destruction de l'empire grec par les Turcs. Cet ouvrage judicieux, fruit des plus exactes recherches, est un document précieux sur la possession de Constantinople par les Latins. (Voir l'article VILLEHARDOUIN.)

L'*Histoire et chronique du très-chrestien roy sainct Loys, IXe du nom, escrite par messire Jean, sire de Joinville, seneschal de Champagne, familier et contemporain du dit roy sainct Loys*, nous initie à tous les détails des événements de l'époque de saint Louis, et de la vie privée de ce grand et pieux roi. Joinville est plus attrayant, plus ouvert que son illustre compatriote Villehardouin. Son ouvrage est certainement le plus beau monument historique que la littérature française ait produit antérieurement au grand siècle où Bossuet a élevé à sa plus haute puissance l'art d'écrire l'histoire. Villehardouin et Joinville, qui maniaient l'épée et la lance avec autant de valeur que les plus intrépides chevaliers de l'âge héroïque où ils ont vécu, en ont en même temps raconté les exploits avec un bonheur d'expression jusqu'alors inouï dans notre langue, et même rarement atteint depuis.

Paul-Emile, né à Vérone en Italie, d'où il fut attiré en France pour y être pourvu d'un canonicat de la cathédrale de Paris, a écrit en latin élégant, au XVIe siècle, une Histoire de France, où il s'est particulièrement étendu sur la première croisade. Guillaume Aubert, mort à la fin du XVIe siècle, a laissé, en un petit volume in-4°, un ouvrage trop court, car il n'est pas sans mérite, intitulé : *Histoire des guerres faites par les chrétiens contre les Turcs, sous la conduite de Godefroy de Bouillon*. Cette histoire ne va que jusqu'à la réunion des premiers croisés devant Constantinople, avant le siége de Nicée. La *Vie de Pierre l'Ermite*, par le P. d'Oultreman, de la compagnie de Jésus, a été publiée en 1645. C'est un petit ouvrage dont le style a vieilli, mais dont la naïveté a un certain charme. Le manque de critique s'y fait beaucoup sentir.

Le précieux recueil des historiens de France, intitulé : *Rerum Gallicarum et Francicarum Scriptores*, fournit à peine quelques documents sur les guerres saintes, si ce n'est dans les derniers volumes, à partir du dix-septième, parce que ses éditeurs avaient le projet de faire une collection spéciale des chroniques des croisades. La vaste collection dont nous venons de donner le titre, commencée par dom Bouquet, en 1738, et continuée par d'autres Bénédictins, se compose de dix-neuf volumes in-fol. Les volumes, depuis le quatorzième jusqu'au dix-huitième inclusivement, ont été publiés par dom Brial, de 1785 à 1822 ; le dix-neuvième, laissé manuscrit par ce laborieux bénédictin, a été publié, en 1835, par MM. Daunou et Naudet, qui ont donné un vingtième volume, en 1840.

L'*Histoire générale des Huns, des Turcs*, etc., par Deguignes, est le travail d'un savant orientaliste, où l'histoire des croisades est présentée, mieux qu'en aucun autre ouvrage, sous sa face musulmane. Le même érudit a publié, dans les *Mémoires de l'Académie des inscriptions et belles-lettres*, un morceau sur *le commerce des Européens dans le Levant, avant et après les croisades*, qui offre aussi le plus grand intérêt.

L'*Esprit des croisades*, par Mailly, est un ouvrage où le plan de Grégoire VII, de réunir l'Eglise grecque à l'Eglise romaine, en délivrant le tombeau de Jésus-Christ du joug de l'islamisme, est présenté comme une conception de l'*orgueil* et de l'*ambition* du grand pontife, et où Pierre l'Ermite est qualifié de *bizarre instrument* de ce vaste et saint projet. L'enthousiasme religieux qui animait les croisé, n'est, sous la plume de l'auteur de l'*Esprit des croisades*, qu'un aveugle fanatisme. Les guerres saintes sont appréciées, dans ce livre, au point de vue prétendu philosophique du XVIIIe siècle, où écrivait Mailly. M. Michaud a très-bien dit de lui, que ceux qui se plaignent le plus des préjugés des vieux temps sont ceux qui sont le plus dominés par les préjugés du temps où ils vivent.

La *Collection des Mémoires relatifs à l'Histoire de France*, publiée par M. Guizot, contient, dans ses tomes XVI, XVII et XVIII, une traduction française de l'ouvrage de Guillaume de Tyr ; dans son tome XIX, l'ouvrage de Bernard le Trésorier, avec une traduction en français moderne à côté du vieux français ; dans ses tomes XX et XXI, une traduction française de l'ouvrage d'Albert d'Aix et une traduction française de celui de Raymond d'Agiles ; dans son tome XXII, une traduction française de l'histoire de Jacques de Vitry ; dans son tome XXIII, une traduction française de l'*Histoire de Tancrède*, par Raoul de Caen, et une traduction française de l'*Histoire de la première croisade*, par Robert le Moine ; et, dans son tome XXIV, les traductions françaises des ouvrages de Foucher de Chartres et d'Odon de Deuil.

L'Académie des inscriptions et belles-lettres a repris, dans ces dernières années, l'exécution du projet conçu par les Bénédictins, pour la réunion en une seule collection, de tous les historiens originaux des croisades. Trois volumes de ce magnifique travail ont déjà paru. L'un, en deux parties, est le premier des historiens occidentaux ; il contient le texte de Guillaume de Tyr, avec une vieille traduction française qui date de la première moitié du XIIIe siècle. Deux autres volumes offrent les *Assises* du royaume de Jérusalem, précédées d'une remarquable préface par M. Beugnot. M. de Mas-Latrie, professeur à l'*Ecole des Chartes*, nous a communiqué, avec la plus gracieuse obligeance, le manuscrit d'un *Mémoire sur les continuateurs de l'histoire de Guillaume de Tyr*, où la question, très-complexe et très-obscure, des continuateurs du grand historien des croisades est éclairée des lumières d'une étude sérieuse et extrêmement intéressante. Ce *Mémoire* paraîtra dans le prochain volume que l'Académie publiera, de la collection dont elle enrichit le domaine de la science. Les bornes de cette *Bibliographie*, qui n'a pour objet que d'indiquer les ouvrages *imprimés* qui traitent des croisades, ne nous permettent pas de reproduire les résultats des recherches sur lesquels, au moyen des renseignements que lui ont fournis les manuscrits savamment consultés, M. de Mas-Latrie a établi les conclusions de son *Mémoire*. Nous ne pouvons donner ici qu'un reflet de la clarté qu'il a jetée sur la question des traductions et des continuations de l'ouvrage de l'archevêque de Tyr. Les nombreux manuscrits, qui existent dans toutes les bibliothèques de l'Europe, attestent qu'antérieurement à la rédaction des compilations générales de l'histoire des croisades, telle que celle de dom Martène, et probablement avant l'époque où la traduction vulgaire du livre de Guillaume de Tyr fut entreprise, plusieurs écrivains, dont les œuvres ont été depuis comprises par les compilateurs dans les continuations manuscrites de ce grand monument, avaient déjà écrit séparément, en Orient et en Europe, sur les événements des croisades. Il y a donc eu une première série d'écrivains antérieurs aux recueils généraux de l'histoire des guerres saintes. Les continuations de l'ouvrage de Guillaume de Tyr forment un long récit qui, de l'année 1183, où s'arrête celui de l'archevêque, descend presque aux derniers temps du XIIIe siècle. Vers le milieu de ce siècle, une version française de Guillaume de Tyr, faite à une date qu'on ignore, et peut-être par Hugues Plagon, commença à se répandre, et d'autres écrivains joignirent alors à l'histoire de l'archevêque, comme une suite naturelle, les chroniques françaises déjà écrites. C'est alors que commença la série des compilations, désignées sous différents noms, dont la traduction de Guillaume de Tyr forme toujours le corps principal. M. de Mas-Latrie fait très-justement observer que la multiplicité des manuscrits des chroniques qui entrent dans ces compilations, témoignent qu'elles étaient la lecture commune de toutes les conditions de la société, dans tous les pays de la chrétienté. Parmi les chroniqueurs antérieurs à la formation des compilations générales de l'histoire des croisades, M. de Mas-Latrie distingue Hernoul de Gibelet, dont le travail est encore manuscrit. Il prouve que l'opinion, jusqu'ici accréditée, que Bernard le Trésorier avait traduit Guillaume de Tyr, ne peut plus être admise. Ce chroniqueur est, comme Hernoul de Gibelet, l'auteur d'un ouvrage complet en lui-même, et qui ne devait faire suite à aucun autre. Ce n'est qu'ultérieurement que son œuvre, réunie à celle d'autres chroniqueurs, a été rattachée à la version française de Guillaume de Tyr dans les compilations générales manuscrites. François Pépin, moine franciscain de Bologne, entreprit, en 1320, la traduction latine de la réunion au livre de Guillaume de Tyr, de la chronique de Hernoul de Gibelet, de celle d'un auteur dont le nom est inconnu, et de l'ouvrage de Bernard le Trésorier. Pépin, si ce n'est l'erreur de son copiste, a donné à tort à l'ensemble de l'œuvre qu'il traduisait le nom de Bernard le Trésorier. On voit que tout le corps de l'histoire des guerres saintes se rattache au récit de Guillaume de Tyr, « le plus beau monument historique qu'aient produit les croisades, avec les *Assises* de Jérusalem, » dit très-bien M. de Mas-Latrie.

L'*Histoire des Croisades*, écrite en anglais par Mills, a été traduite en français par M. Paul Tiby, 1825-1835. C'est un récit fort abrégé des guerres saintes. Ces expéditions sont considérées, d'un bout à l'autre de cet ouvrage dicté par l'esprit protestant le plus passionné, comme le produit insensé de l'exaltation fanatique d'un siècle barbare. L'œuvre de M. Mills, quoique assez remarquable sous le rapport des recherches historiques, ne peut donc pas être pris au sérieux par un lecteur qui ne se contente pas d'une vaine déclamation.

L'*Histoire des Croisades* de M. Michaud jouit d'une réputation que l'élégance académique du style de l'auteur a surtout contribué à lui assurer. M. Michaud a fait un voyage d'Orient pour perfectionner son travail, et les détails topographiques dont il a enrichi son récit sont aussi exacts que clairement présentés. Ce qui manque à son ouvrage, fruit d'études plus étendues que profondes, c'est une inspiration complétement exempte de toute prévention hostile à la papauté; c'est une foi entière en son sujet. On raconte qu'il fut répondu à M. Michaud, par une personne que l'auteur priait de lui dire ce qu'elle pensait de son livre, qu'il ne laisserait rien à désirer si on y lisait *enthousiasme* à la place de *fanatisme*, dans l'appréciation des événements. La *Bibliographie des Croisades* du même historien n'est, de son propre aveu, que l'ébauche de sa *Bibliothèque des Croisades*, qui présente une riche galerie d'analyses de toutes les chroniques latines, grecques et arabes, traitant des guerres saintes. De nombreux extraits de ces précieux documents historiques sont traduits, d'une manière bien supérieure aux autres parties de ce travail, dans le quatrième volume de l'ouvrage, où M. Reinaud a tiré un habile parti des matériaux recueillis par le savant dom Berthereau.

Celui des historiens modernes des guerres saintes, qui a traité son sujet avec le plus de gravité et de profondeur, c'est Wilken, dans son ouvrage intitulé : *Geschichte der Kreuzzüge* (*Histoire des Croisades*), qui malheureusement n'a pas été traduit de l'allemand en français. La connaissance des langues orientales a permis à Wilken de puiser aux sources arabes les renseignements qu'elles offrent pour une exposition de l'époque des croisades, envisagée sous toutes ses faces. Le jugement qu'il porte des faits est toujours le fruit d'une sérieuse recherche de la vérité, et le protestantisme de l'auteur, ne déteignant presque jamais sur l'exécution de son travail, ne l'empêche pas de rendre justice à la direction catholique qui a présidé aux croisades.

Muratori, savant modénois, mort en 1750, a élevé à la gloire littéraire de l'Italie un monument colossal dans l'immense collection qu'il a publiée, sous le titre *Rerum Italicarum Scriptores præcipui ab anno* 500, *ad annum* 1500, en XXIX volumes in-fol., dont le premier parut en 1723 et le dernier en 1751. Muratori a montré, dans ce travail d'Hercule, une critique éclairée par une vaste érudition, et guidée par un goût sûr. Les deux premiers tomes de cette collection ne contiennent rien qui ait rapport aux croisades. Le tome III offre un historien qui traite de ces expéditions; c'est Bernard de Guy, dominicain du XIIIe siècle, qui fut inquisiteur en Languedoc, ensuite évêque, et qui mourut en 1331, laissant beaucoup d'écrits, parmi lesquels est une histoire des papes. L'auteur commence la vie d'Urbain II par le récit du concile de Clermont. Le tome III contient encore l'ouvrage qui a pour titre : *Vitæ Romanorum pontificum*, etc., *per Petrum Lambecium*. Pierre Lambecius, pour présenter une histoire suivie des papes, a fondu, en quelque sorte, l'ouvrage d'Auger, qu'on verra figurer dans la collection d'Eccard, avec ceux des autres auteurs qui ont écrit la vie d'un ou de plusieurs papes. On trouve dans ces Vies des détails relatifs aux croisades. Dans le tome IV, on lit la Chronique du Mont-Cassin, *Chronica sacri monasterii Casinensis*, etc., qui renferme un récit de la première croisade, qui a été copié, nous apprend Ange de Nux, abbé du Mont-Cassin, sur un manuscrit sans nom d'auteur, intitulé de *Bello sacro*, et qui était déposé dans la bibliothèque de ce monastère. La *Chronique du Mont-Cassin* a pour auteur le cardinal Léon, évêque d'Ostie, et pour continuateur le moine Pierre Diacre. On retrouve, comme nous l'avons déjà dit, dans le cinquième volume de la collection de Muratori, l'ouvrage de Raoul de Caen, *Gesta Tancredi*, publié par Martène dans son *Nouveau Trésor*. Le tome VI de la collection de Muratori offre les ouvrages suivants: *Chronica varia Pisana*. Cette chronique, commencée d'abord par Ferdinand Ughello, archevêque de Pise, en 1194, a été revue par Michel de Vico, chanoine de la même ville. La *Chronica varia* est divisée en quatre parties distinctes. Sous le titre *Gesta triumphalia per Pisanos facta*, la première partie traite de la prise de Jérusalem. La deuxième partie est d'un auteur inconnu : elle commence à l'an 688 et finit à 1136. Ce n'est que le recueil des dates des principaux événements arrivés dans cet espace de temps. La troisième partie ne contient rien sur les croisades. La quatrième partie, intitulée *Breviarium Pisanæ historiæ*, n'offre que des dates sur l'histoire des croisades. *Caffari ejusque continuatorum annales Genuenses*. Les Annales de Gênes sont l'ouvrage de plusieurs auteurs successifs, mais Caffaro fut le premier qui entreprit de les écrire, et son nom a prévalu. Les annales écrites par Caffaro lui-même commencent en 1101 et finissent en 1163. Elles ont été ensuite conduites par différents continuateurs jusqu'en 1293; mais ces continuateurs ne parlent plus des croisades. *Othonis Frisingensis*, etc., *libri*. Othon, évêque de Freisengen, était fils de Léopold, marquis d'Autriche, et d'une fille de l'empereur Henri IV. Son ouvrage est divisé en deux livres, dont le premier présente le récit de la deuxième croisade. Le second est consacré aux affaires d'Allemagne. Un chanoine de Freisengen a continué l'Histoire de l'évêque Othon, mais il n'est pas question des croisades dans cette continuation. Othon, quoiqu'il ait fait partie de l'expédition de l'empereur Conrad en Asie, est peu intéressant dans son récit. Il s'est principalement attaché à excuser les résultats de cette malheureuse expédition, qu'il attribue avec raison aux fautes et aux désordres des croi sés *Othonis de Sancto Blasio Chronicon.* L'évêque de Freisengen a eu un second continuateur dans Othon de Saint-Blaise, moine du monastère de ce nom, au diocèse de Constance. Cette Chronique, dont l'auteur vivait à la fin du XIIe siècle, commence par un récit fort abrégé de la seconde croisade, et parle aussi de la quatrième croisade. Le tome VI de la collection de Muratori nous offre les ouvrages qui vont être mentionnés. *Chronicon Romualdi II.* Romuald était d'une naissance illustre. Elevé à l'archevêché de Salerne en 1154, il gouverna son Eglise avec une grande sagesse jusqu'en 1181, époque de sa mort. Il fut ambassadeur à Venise du roi de Sicile Guillaume II. Il cultiva les sciences, et notamment la médecine. Sa chronique commence à l'origine du monde et finit à l'an 1178. *Sicardi episcopi Cremonensis Chronicon.* Sicardi nous apprend lui-même qu'il fut élevé à la dignité épiscopale en 1185 ; qu'en 1203 il alla en Arménie, où il séjourna avec Pierre, cardinal légat du saint-siége, et que l'année suivante il se rendit à Constantinople, par ordre de ce légat. Revenu dans sa patrie, il mourut en 1215. Sa Chronique commence aux temps les plus reculés, et finit en 1202 ; mais un anonyme l'a continuée jusqu'à l'an 1221. Muratori en a retranché tout ce qui précède l'ère chrétienne. Cette Chronique est précieuse sous le rapport des croisades, parce que l'auteur a écrit comme témoin des faits. Il raconte avec une élégance qu'on ne trouve guère dans les écrivains de son temps. Il a laissé les meilleurs documents qui existent sur la maison de Montferrat, qui a joué un rôle remarquable dans les guerres saintes. *Bernardi Thesaurarii Liber de acquisitione terræ sanctæ.* Bernard le Trésorier a, comme nous le disons en parlant de la publication des historiens des croisades par l'*Académie des inscriptions et belles-lettres*, composé, en français du XIIIe siècle, une histoire de la conquête de la terre sainte, dont on a détaché la fin pour servir de continuation à l'ouvrage de l'archevêque de Tyr. Cette traduction latine est l'œuvre de Pépin de Bologne, de l'ordre des Frères Prêcheurs; mais le traducteur semble n'avoir eu sous les yeux qu'une copie imparfaite du manuscrit de l'historien français. *Richardi de Sancto Germano Chronicon.* Richard était Sicilien; il était historien et poëte ; il fut notaire de Frédéric II, empereur d'Allemagne, dans la ville de San-Germano, d'où il a pris son nom. Sa Chronique est estimée pour l'exactitude de son récit : il a toutefois été accusé, non sans raison, de partialité pour Frédéric. Feuilletons le tome VIII de la collection. *Monachi Patavini Chronicon.* Tout ce qu'on sait de cette Chronique, c'est qu'elle fut composée par un moine du célèbre monastère de Sainte-Justine de Padoue, lequel vivait dans le XIIIe siècle. Cet écrivain se distingue par sa candeur et par son jugement. Sa chronique commence en 1207 et finit en 1270. Il y parle de la prise de Damiette par les croisés en 1219, et de la reprise de cette ville par les infidèles en 1221. *Istoria Florentina di Ricordano Malespini.* C'est le premier des auteurs du moyen âge qui ait écrit l'histoire en Italie dans la langue moderne. Il était d'une famille patricienne de Florence. Il a vécu au XIIIe siècle. Sa chronique va jusqu'en 1280. *Memoriale potestatum Regiensium.* Cette Chronique des podestats de Reggio commence à l'année 1154 et se termine en 1290. L'auteur en est inconnu. On apprend de lui-même qu'il vivait du temps du pape Nicolas IV, c'est-à-dire à la fin du XIIIe siècle. Le tome IX de la collection contient les ouvrages que nous allons signaler. *Jacobi a Voragine archiepiscopi Genuensis Chronicon.* Cette Chronique commence à l'origine de Gênes et se termine à l'an 1296. On y trouve peu de renseignements sur les croisades. L'auteur, né à Voragine, village près de Savone, vivait au XIIIe siècle ; il était de l'ordre des Frères Prêcheurs, et il a été conduit par ses vertus à l'archevêché de Gênes. *Istoria imperiale di Ricobaldo Ferrerese.* Cette histoire, écrite en italien, s'étend assez longuement sur les croisades; mais les fictions qu'on y trouve ont fait penser à Muratori que c'était une production du génie poétique de Boiardo, faussement attribuée à Ricobaldo. *Chronicon fratris Francisci Pepini.* Cette chronique est assez estimée. Muratori ne la fait commencer qu'au règne de l'empereur Frédéric Ier, quoiqu'elle remonte beaucoup plus haut dans l'original. Elle se termine vers l'an 1314. François Pépin, traducteur, comme nous l'avons dit plus haut, d'une compilation générale de l'Histoire des croisades, était né à Bologne. Il fit, par motif de religion, en 1320, un voyage à Jérusalem, en Egypte, en Syrie et à Constantinople. Il a décrit tous les lieux qu'il a visités. *Feretti Vicentini Historia.* Il y a dans cette chronique, qui ne commence qu'à la date de 1250, peu de renseignements sur les croisades. Le tome XI de Muratori contient une chronique d'un Frère Prêcheur, qui devint évêque, et qui vivait au commencement du XIVe siècle : elle a pour titre : *Ptolomæi Lucensis Historia ecclesiastica,* et on y trouve quelques renseignements sur les croisades. Nous passons au tome XII de la collection. *Andreæ Danduli Venetorum ducis Chronicon.* André Dandolo était de la famille du célèbre Dandolo, qui a joué un rôle si important dans la prise de Constantinople. Comme plusieurs de ses ancêtres, il fut élevé à la dignité de doge. Sa Chronique n'est intéressante, au point de vue de l'histoire des croisades, que pour celle dont la prise de Constantinople a été le résultat.

Gualvanei de la Flamma Opusculum. Cet Opuscule commence en 1328 et va jusqu'en 1342. Il n'a pas été achevé. Gualvaneo était Milanais et de l'ordre des Frères Prêcheurs. Le tome XIII de la collection de Muratori commence par l'histoire florentine de Jean Villani, écrite en italien, *Istorie Fiorentine.* Villani, qui vécut dans la première moitié du XIVe siècle, était fils d'un des premiers magistrats de la ville de Florence. Il entreprit d'écrire non-seulement l'histoire de la Toscane, mais celle de toute l'Europe. Il est peu question des croisades dans son ouvrage. *Historia Sicula*, etc., *auctore Bartholomæo de Neocastro Messanensi*. On ne trouve sur les croisades, dans cette histoire, qu'un curieux récit de la prise de Ptolémaïs, en 1292, fait au pape par un moine grec. Dans le tome XIV, nous trouvons deux ouvrages où le sujet des croisades est effleuré. *Istoria di Matteo Villani*. Matthieu Villani a continué, jusqu'en 1363, l'ouvrage de son frère Jean Villani, qui finissait à l'an 1347. *Annales Cæsenates*. Les Annales de Césène sont d'un auteur inconnu, qui paraît avoir vécu dans la seconde moitié du XIVe siècle. Nous passons au tome XVe. *Chronicon Estense*. On attribue à plusieurs auteurs anonymes contemporains la chronique d'Este. Elle commence à l'année 1101 et va jusqu'en 1393; il y est question des croisades en plusieurs endroits. *Breviarium Italicæ historiæ*. Muratori pense que l'auteur inconnu de cet opuscule, où il s'agit peu des croisades, était de Rimini. *Annales Mediolanenses*. Ces Annales, entièrement consacrées à l'histoire du duché de Milan, ne contiennent que fort peu de chose sur celle des croisades. Elles sont d'un auteur inconnu et se terminent en 1402. Elles font partie du tome XVI. Dans le tome XVII on trouve l'ouvrage intitulé : *Istoria Padavana di Andrea Gataro*. Galeas Gataro, d'une famille originaire de Bologne, mais retirée à Padoue, a écrit, au XIVe siècle, l'histoire de cette dernière ville. Son fils André a continué jusqu'en 1406 le récit de son père, qui commence en 1311. L'un et l'autre ont écrit en italien. Ce n'est que dans la continuation du fils qu'il est question des croisades. Le tome XVIII contient l'ouvrage qui a pour titre : *Chronica di Bologna per Bartholomeo della Pugliola*. Cette chronique est l'œuvre d'un moine italien de l'ordre des Frères Mineurs. Elle est écrite en italien, et commence en 1104. Divers auteurs anonymes l'ont continuée depuis 1394 jusqu'en 1471. Elle est très-succincte et ne donne que quelques faits généraux sur les croisades. Dans le tome XXII on trouve l'ouvrage intitulé : *Marini Sanuti*, etc., *de origine urbis Venetæ et vita omnium ducum*. Il ne faut pas confondre Marin Sanuti avec Sanuti l'ancien, qui vivait en 1300. Marin a vécu à la fin du XVe siècle et au commencement du XVIe. Le tome XXIII offre l'ouvrage de Leodrisius Cribellus, jurisconsulte de Milan, sur l'expédition du pape Pie II contre les Turcs. Le récit de cet historien est surtout un tableau des progrès des Musulmans contre l'Europe chrétienne, en remontant jusqu'à Mahomet. Ce même volume de la collection contient l'histoire de Venise en italien, d'André Navagero, écrivain du XVe siècle, où il est question des croisades. Quoique cette histoire ait été louée par le cardinal Bembo, elle est remplie d'erreurs, et Muratori croit qu'elle n'est point de Navagero, qui a ordonné, en mourant, de brûler tous ses écrits. Sous le titre *Chronicon Neritinum auctore Stephano*, on trouve dans le vingt-quatrième volume de la collection de Muratori un court écrit, en dialecte calabrois, qui commence en 1050 et finit en 1368, mais qui a été continué jusqu'en 1412. L'auteur, qui vivait au XIVe siècle, était Bénédictin. La collection de Muratori renferme encore quelques autres chroniques qui ne traitent des croisades qu'incidemment.

Une collection italienne, dédiée à l'empereur François Ier, par un éditeur qui ne s'est pas nommé, parut à Florence en 1748 et en 1770, en deux volumes in-fol. Elle a pour titre : *Rerum Italicarum Scriptores*, etc., *ex Florentinarum bibliothecarum codicibus*. Le premier volume de cette collection fournit seul des documents relatifs à l'histoire des croisades. *Excerpta ex historia Sozomeni*, etc. Sozomène, né à Pistoie en 1387, fut chanoine de la cathédrale de cette ville, et mourut vers 1455. Il avait entrepris une chronique qui embrassait tout ce qui s'est passé de mémoire d'homme. L'éditeur de la collection florentine en a pris la partie qui commence au XIe siècle, et se termine en 1294. *Excerpta ex Matthæi Palmerii*, etc. Matthieu Palmérius était un homme très-instruit et un des premiers citoyens de Florence. Il mourut en 1475. Son ouvrage commençait à l'origine du monde, mais l'éditeur de cette collection ne l'a pris qu'à dater de 1298, où finit celui de Sozomène, dont Palmérius devient ainsi le continuateur. *Matthiæ Palmerii Opus*, etc. Matthias Palmérius était d'une famille distinguée de Pise; il mourut en 1483. Sa chronique commence à l'an 1449, où finissait celle de Matthieu Palmérius de Florence. *Chroniche della città di Pisa di Bernardo Marangone*. Bernard Marangone, d'une noble famille de Pise, a vécu au XVIe siècle. Sa Chronique, écrite en italien, commence à la fondation de la ville de Pise, et va jusqu'à l'année 1406. *Istoria della città di Chiusi in Toscana*. Cette histoire commence en 936 et finit en 1595. Son auteur, Jacques Gori, vivait à la fin du XVIe siècle.

Benoît Arétin Accolti, savant jurisconsulte florentin, né à Arezzo en 1415, a écrit une Histoire de la guerre sainte, qui va jusqu'au règne de Baudouin II. Imitateur de Tite-Live, de Tacite et de Quinte-Curce, il a dénaturé les personnages des croisades, en leur donnant un aspect grec et romain, et en leur prêtant des discours trop oratoires. L'Ecossais Thomas Demster a accompagné l'ouvrage d'Accolti de notes utiles. Le Tasse a fait des emprunts au récit d'Accolti.

L'intention de glorifier les Génois de la part qu'ils ont prise aux guerres saintes a inspiré à Pierre Bizaro la pensée de donner, sous le titre de *Syriacæ expeditiones*, etc., une courte relation des huit croisades à la suite de son *Histoire du sénat et du peuple de Gênes*.

La première collection anglaise que nous citerons est celle qui a pour titre : *Historiæ anglicanæ scriptores ex vetustis codicibus mss.* L'auteur de cette collection en deux volumes in-fol., Thomas Gale, était un savant membre de l'université de Cambridge, qui mourut doyen d'York, en 1709. Le docte Huet a dit de lui : « Il est d'une profondeur étonnante d'érudition dans toutes les belles-lettres; mais sa modestie est si grande, qu'il semble qu'il cache son savoir. » Nous devons faire sur les collections anglaises une observation générale. C'était un usage dans ce pays que chaque monastère envoyât au chapitre général de son ordre, qui se tenait à certaines époques, les chroniques ou annales rédigées dans chaque couvent. Le chapitre général les rectifiait ou les approuvait, et elles se répandaient ensuite dans les autres monastères. De là vient qu'on trouve que les historiens anglais, qui, au moyen âge, là comme ailleurs, étaient presque tous moines, se sont mutuellement copiés. Matthieu Pâris, regardé comme le premier historien d'Angleterre à cette époque, répète souvent les propres expressions de ses devanciers. On ne trouve, dans la collection de Thom. Gale, que quelques documents sur les croisades; ils sont dans le second volume. *Annales Morganenses*, etc. Ces Annales, qui ont été trouvées dans l'abbaye de Morgan, ne portent point de nom d'auteur; elles commencent au règne de saint Édouard et finissent en 1231. *Chronicon Thomæ Wikes*, etc. Thomas Wikes, chanoine régulier de l'ordre de Saint-Augustin, vivait au temps d'Édouard Ier. Il s'est distingué par son érudition, et a beaucoup écrit sur l'histoire; mais il commet souvent des erreurs en parlant des croisades. *Annales Waverleienses*, etc. Ces Annales ne sont pas d'une seule main; elles sont l'œuvre des moines de l'ordre de Cîteaux, de l'abbaye dont elles portent le nom. Elles commencent à l'an 1066 et finissent en 1291. Elles sont estimées pour leur simplicité véridique. *Itinerarium regis Anglorum Richardi*, etc., *auctore Gaufrido Vinisauf*. Geoffroy ou Gauthier Vinisauf a tiré son surnom d'un ouvrage qu'il avait composé pour conserver les vignes et le vin. Il vivait en 1200. Il avait fréquenté, outre les écoles de sa patrie, celles de France, et vraisemblablement aussi celles d'Italie, et il s'était acquis une réputation de savoir. Il nous apprend lui-même, dans la préface de son ouvrage, qu'il a été témoin oculaire de ce qu'il raconte. Aucun chroniqueur ne fait mieux que lui connaître Richard Cœur de Lion, qu'il avait accompagné en Syrie. Il a écrit dans les camps, dit-il, et si son style n'est pas plus élégant, c'est que le bruit de la guerre ne lui laissait pas le loisir d'une méditation tranquille. *Historia captionis Damietæ*. Cette Histoire offre des détails sur le siége de Damiette. Elle a été trouvée, sans nom d'auteur, à la suite du manuscrit de Gauthier Vinisauf, et Th. Gale l'a placée immédiatement après l'*Itinéraire*. *Chronica Walterii Hemingford*. Gauthier Hemingford, mort en 1347, était chanoine régulier de l'ordre de Saint-Augustin dans un monastère d'Angleterre. Il avait une grande érudition, et son récit n'est cependant pas exempt d'erreurs.

Historiæ Anglicanæ Scriptores decem. Tel est le titre d'une collection composée de manuscrits tirés de diverses bibliothèques d'Angleterre par Roger Twisden, et imprimée à Londres, en 1652. Ce recueil est en deux volumes in-fol. Parmi les ouvrages qu'ils contiennent, nous allons indiquer ceux qui traitent des croisades. *Simeonis Historia de gestis regum Anglorum*. Siméon de Durham est un savant bénédictin du XIIe siècle. Son histoire finit en 1128, et a été continuée jusqu'en 1154 par Jean, prieur de l'église d'Hagulstade. *Abbreviationes chronicorum*, etc., *auctore Radulpho de Diceto*. Raoul de Dicet, doyen de l'église de Saint-Paul de Londres, vivait au commencement du XIIIe siècle. C'était un homme remarquable par sa piété et par son savoir. *Chronicon Joannis Bromton*. Jean Bromton, abbé d'un monastère de l'ordre de Cîteaux dans le comté de Richemond, vivait vers la fin du XIIe siècle. Sa Chronique commence à l'an 588 et va jusqu'en 1198. *Gervasii Chronica*. L'auteur de cette Chronique, Gervais, était un moine bénédictin qui vivait en l'an 1200, et qui se distingua par sa grande érudition. On trouve encore, dans la collection de Th. Gale, une Chronique de Henri Knighton, chanoine de l'abbaye de Leicester, qui vivait sous le roi Richard II. Cette Chronique commence à Guillaume Ier et va jusqu'en 1395.

Rerum Anglicarum Scriptores, etc., par Henri Savile. L'auteur de la collection anglaise publiée sous ce titre en un volume in-fol., en 1601, vivait aux XVIe et XVIIe siècles. Ce recueil offre des documents sur les croisades dans les ouvrages qui sont ici indiqués. La Chronique, justement estimée, de Guillaume de Malmesbury, se présente la première. L'auteur de cette Chronique vécut au XIIe siècle; il fut surnommé le *Bibliothécaire*, à cause de la vaste étendue de ses connaissances. Son histoire commence à l'arrivée des Angles et des Saxons en Angleterre, et se termine au règne de Henri Ier. La seconde place dans cette collection est occupée par la chronique de Henri de Huntingdon, écrivain du XIIe siècle, qui, de chanoine de Lincoln, est devenu archidiacre de Huntingdon. Viennent ensuite les *Annales* de Roger Hoveden, cité par l'auteur de la collection comme un des plus véridiques historiens d'Angleterre. Roger de Hoveden était d'une famille illustre, et il a figuré à la cour de Henri II, au XIIe siècle. Après la mort de ce prince il s'adonna à l'étude de l'histoire dans la retraite.

Une collection anglaise, composée par Guillaume Camden, a été imprimée à Francfort en 1602. Les documents où il y est traité des croisades sont les suivants : *Chronica Thomæ de Walsingham*. L'auteur de cette chronique, Thomas Walsingham, vivait au XVe siècle, et était moine du monastère de Saint-Alban, de l'ordre de Saint-Benoît. Il a composé deux Chroniques : la première, dans l'ordre où les a publiées Guillaume Camden, commence à l'an 1273 et se termine à l'an 1422; la seconde, qui a pour titre : *Upodigma Neustriæ*, remonte à l'invasion des Normands, et se termine au commencement du règne de Henri V, à qui elle est dédiée. Camden a aussi imprimé dans sa collection l'*Itinéraire du pays de Galles*, par Giraud le Gallois, qui accompagna l'archevêque Baudouin de Cantorbéry dans le pays de Galles, lorsqu'il y prêcha la croisade.

Les trois ouvrages qui vont être nommés forment une collection réunie en un seul volume, qui a été imprimé à Francfort, en 1601. *Flores historiarum per Matthæum*, etc. Matthieu était moine de l'abbaye de Westminster, et vivait au XIVe siècle. Il parle des événements de toutes les croisades. Il paraît s'être attaché à imiter le style de Matthieu Pâris. *Chronicon ex Chronicis*, etc., *auctore Florentio Bavonio*. Florentius Bavonius, moine de Worcester, mourut en 1119. Sa Chronique commence à l'origine du monde et se termine à l'année qui précéda celle de sa mort. Elle a été continuée par un moine anonyme jusqu'en 1141. *De antiquitate Ecclesiæ Britanniæ*, etc. Cette histoire, composée par un anonyme, renferme peu de faits relatifs aux croisades.

Les preuves authentiques de la part que les rois d'Angleterre ont prise aux croisades se trouvent dans un recueil connu sous le nom d'*Actes de Rymer*, et composé par Thomas Rymer et Robert Sanderson. C'est une collection de pièces historiques tirées des archives de la Grande-Bretagne, qui sont conservées à la Tour de Londres.

Sous le titre : *Benedicti Petroburgensis abbatis Vita et Gesta Henrici II, Angliæ regis*, l'abbé d'un monastère du comté de Northampton a écrit une histoire où sont rapportés les événements qui se sont passés, non-seulement en Angleterre et en France, mais encore en Italie, en Germanie, en Espagne et en Orient, depuis l'année 1170 jusqu'en 1191. Cet ouvrage, fort exact, a été publié en 1735, en deux volumes in-8°, par Thomas Hearne, et le tome XVII du Recueil des historiens de France, fait par les Bénédictins, en contient des extraits. Il est question des croisades dans les cinq livres de l'*Histoire d'Angleterre, De Rebus Anglicis*, de Guillaume de Neubridge, chanoine de la règle de saint Augustin, mort au commencement du XIIIe siècle.

Nous terminerons la revue des recueils et des ouvrages anglais écrits en latin sur les croisades, par l'indication d'une histoire où on trouve des renseignements intéressants sur ces expéditions : c'est celle de Matthieu Pâris, intitulée *Historia major*. Ce chroniqueur renommé du XIIIe siècle était moine du monastère de Saint-Alban. Envoyé en Norwége pour y rétablir la sévérité de la discipline monastique, qui s'y était relâchée, il fut chargé par saint Louis, de qui il était estimé, de remettre des lettres au roi de Norwége : Matthieu Pâris vécut dans la faveur et à la cour de Henri III, roi d'Angleterre. Les subsides demandés à l'Angleterre par le saint-siége pour subvenir aux frais des croisades sont, chez le moine de Saint-Alban, le texte de déclamations contre les papes, qui ont été justement blâmées par Bellarmin, par Baronius et par d'autres écrivains. Baronius dit que, sans ce défaut, son histoire serait un *ouvrage d'or, aureum sane dixeris commentarium*. Bellarmin fait observer aussi avec raison que l'édition de l'*Historia major*, imprimée à Londres, en 1571, a été altérée par des mains hérétiques, et qu'elle contient des traits hostiles au saint-siége et des appréciations de la conduite de la cour de Rome, contre l'authenticité desquels il est prudent de se tenir en garde. Ce n'est pas, toutefois, qu'il faille regarder le moine de Saint-Alban comme innocent de cet esprit de révolte contre l'autorité de la chaire apostolique, dont la manifestation commençait déjà à annoncer Luther.

Il existe une *Histoire des guerres saintes*, en anglais, par Thomas Fuller, sous le titre : *The historic* (sic) *of the holy warr* (sic), *the second edition, Cambridge*, 1640, in-f°.

Un savant jurisconsulte allemand du XVIIe siècle, Burcard Struve, est auteur d'une collection qui a pour titre : *Rerum Germanicarum Scriptores*. On peut consulter sur l'histoire des croisades les ouvrages suivants dans ce recueil : *Godefridi Annales*, etc. L'auteur de ces Annales était un moine bénédictin du monastère de Saint-Pantaléon, à Cologne. Il vivait sous l'empereur Frédéric II. Struve le met au rang des historiens les plus exacts. Il s'est étendu sur les croisades qui ont eu lieu sous les deux Frédéric. La troisième croisade y est spécialement racontée. Cette même expédition de Frédéric Ier est encore mieux détaillée dans le récit qu'en a fait Tagenon, doyen de Passaw, par ordre de son évêque Théobald, qu'il avait accompagné dans l'expédition de Frédéric Ier. Tagenon mourut et fut inhumé près de Tripoli, en 1190. Le tome II de la collection de Struve renferme une suite de discours, que l'éditeur a placés à la date des temps où ils ont été tenus. Ces discours sont de différents auteurs. Le quatrième est d'Æneas Sylvius, évêque de Sienne, qui devint pape sous le nom de Pie II. Prononcé dans un consistoire général présidé par le pape, ce discours est un monument historique de la situation de la chrétienté en présence de l'islamisme, au XVe siècle.

Le célèbre Leibnitz, dont le vaste génie embrassait l'ensemble des connaissances humaines, a publié, sous le titre d'*Accessiones historicæ*, une collection d'écrivains allemands, en deux volumes in-4°. Ce recueil commence par un abrégé de l'histoire du chronographe *Saxo*, dont nous parlerons plus loin, quand il s'agira de la collection d'Eccard. Vient ensuite la Chronique de Jean Vito Durand, moine suisse, de l'ordre des Frères Mineurs. Cette Chronique, où il y a beaucoup d'erreurs de date, commence en 1200 et finit en 1287. La Chronique d'Albéric, moine du couvent des Trois-Fontaines de l'ordre de Cîteaux, dans le diocèse de Liége, remplit tout le second volume de la collection de Leibnitz. Cette Chronique, qui commence, comme la plupart des autres, à l'origine du monde et finit en 1241, temps où vivait l'auteur, méritait l'honneur que lui a fait Leibnitz.

Simon Schardius, savant allemand du xvie siècle, a publié, en 1574, une collection d'écrivains allemands, en quatre volumes, qui a été revue, corrigée et publiée de nouveau, en 1673, par Jérôme Thomas, moine Augustin. Ce recueil commence par Tacite et finit par les derniers auteurs qui avaient écrit sur l'histoire d'Allemagne à l'époque où vécut Simon Schardius. Dans le tome Ier, l'*Epitome Germanicarum rerum Jacobi Wimphelingii*, qui est une espèce d'éloge de tous les souverains et de tous les peuples allemands, contient quelques détails sur les croisades. Le second volume, outre différents morceaux peu importants, renferme la chronique de Christophe Richer de Thorigny, de Sens, sur les mœurs des Turcs. Les volumes III et IV ne contiennent que quelques pièces relatives aux croisades.

Meibomius, savant allemand du xviie siècle, qui était en même temps professeur de médecine, d'histoire et de littérature dans une université, a publié, sous le titre : *Rerum Germanicarum Scriptores*, etc., une collection savante, dont on peut consulter les ouvrages suivants sur les croisades. *Gobelini Personæ Chronicon universale*. Gobelin Persona, né en Westphalie en 1358, se forma à l'étude des lettres en Italie et surtout à Rome, où il séjourna longtemps. Il prit ensuite l'habit religieux dans un monastère d'Allemagne. Sa Chronique est une histoire générale du monde, depuis la création jusqu'à l'époque où vivait l'auteur. La Chronique de la Marche, par Levold de Northof, évêque de Liége, ne contient guère que des dates. A la suite de cette Chronique, Meibomius a placé la Vie de Henri le Lion, duc de Saxe et de Bavière. Dans cette Vie il est parlé de la croisade de Frédéric Ier. *Theodorici de Niehm Historia de vita Joannis XXIII*, etc. Théodoric de Niehm était d'une naissance distinguée. Il se fixa en Italie, où il écrivit la Vie du pape Jean XXIII, qui présente un tableau des ravages exercés par les Turcs en Albanie. *Henrici Wolteri chronica Bremensis*. Wolterus, qui était un chanoine de Brême, vivait vers le milieu du xve siècle. Sa Chronique finit en 1463.

Jean Pistorius, savant allemand, mort en 1608, était entré dans les ordres sacrés, après avoir abjuré l'erreur protestante, pour embrasser le catholicisme. Il a publié une collection historique où on trouve des documents sur les croisades dans les ouvrages suivants : *Mariani Scoti*, etc., *Chronicorum libri tertii*. La Chronique du moine Scot, qui paraît avoir vécu dans le xiie siècle, finit en 1083, mais elle a été continuée jusqu'en 1200 dans un appendice fait par Dodequin, abbé d'un monastère d'Allemagne. *Sigeberti Gemblacensis cœnobitæ Chronographia*. L'auteur de cette Chronique, Sigebert de Gemblou, était français et de l'ordre de Saint-Benoît; il mourut en 1112. Un abbé normand, Robert du Mont, a continué son ouvrage depuis cette époque jusqu'en 1210. *De Germanorum prima origine*, etc., *authore Mutio*. Mutius vivait au milieu du xve siècle; il était professeur à Bâle. Sa chronique commence aux premiers temps du monde et finit en 1533. Cette collection renferme aussi la chronique de Godefroy de Viterbe, qui se trouve également dans la collection de Muratori. Godefroy de Viterbe était chapelain et secrétaire de Frédéric Ier. *Rerum Germanicarum veteres jam primum publicati Scriptores VI*, est le titre d'une autre collection de Jean Pistorius, en un volume in-fol., imprimée à Francfort, en 1607. La seule chronique de ce recueil où il y ait quelques détails sur les croisades et leurs suites, est celle qui a pour titre : *Magnum Chronicum Belgicum*, et pour auteur, un moine anonyme de l'ordre de Saint-Augustin.

Un des hommes de science qui ont honoré l'Allemagne, à la fin du xviie siècle et au commencement du xviiie, George Eccard, après avoir vécu dans l'intimité de Leibnitz, se convertit au catholicisme. Entre autres ouvrages, Eccard a laissé une collection renommée, qui a pour titre : *Corpus historicum medii ævi*. En tête de cette collection se trouve, sous le titre, *Annalista Saxo*, l'ouvrage d'un inconnu, car le mot *Saxo* est, comme l'a très-bien remarqué Eccard, une épithète applicable à l'histoire de la Saxe, qui fait la plus grande partie de cette chronique, et non pas un nom propre. « La chronique saxonne, disent les Bénédictins, continuateurs de dom Bouquet, dans leur XIIIe volume, est une compilation de ce qu'il y avait de plus authentique vers le milieu du xiie siècle sur l'histoire d'Allemagne. L'auteur y suit jusqu'en 1018 l'excellente chronique de Ditmarus, évêque de Mersebourg; après cette époque il fait usage d'Alpert, moine de Saint-Symphorien de Metz, d'Herman le Contract, de Lambert d'Aschaffenbourg, de Berthold de Constance, etc., et ajoute d'après lui-même des généalogies très-précieuses pour l'Allemagne ; mais, après 1100, il ne dit rien qui ne se trouve dans Ekkehard, quoique l'ordre y soit souvent transporté. » Nous continuons à indiquer les documents relatifs à notre sujet, qui se trouvent dans la collection d'Eccard. *Chronica regia monachorum S. Pantaleonis*. La chronique royale de Saint-Pantaléon de Cologne, ainsi nommée parce qu'elle a été faite par des moines de ce monastère, de l'ordre de Saint-Benoît, est l'œuvre de plusieurs religieux. Elle se termine en 1162. *Annales Bosovienses*. Le nom de *Bosovienses*, donné à ces annales, vient de ce qu'elles ont été composées par un moine du monastère qui a donné son nom à la ville de Posen. Elles renferment les événements arrivés depuis 1125 jusqu'en 1198. *Continuatio Chronici Martini Poloni*. L'auteur de cette Chronique était un moine, Polonais d'origine, de l'ordre des Frères Prêcheurs. Après avoir exercé à Rome les fonctions de pénitencier sous plusieurs papes, il devint évêque et primat de Pologne. Il mourut en 1279. La Chronique de Martin de Fulde commence à l'an 716, se termine à l'an 1378, et parle des croisades avec la plus grande brièveté. Vient ensuite dans la collection d'Eccard une chronique qui est l'ouvrage de deux auteurs, sous ce titre : *Andreæ Ratisbonensis chronicon a Joan. Chafh prædicatore Cambensi interpolatum—Hermanni Corneri chronicon.* L'auteur de cette chronique, Hermann Cornérius ou Corner, était de Lubeck, et de l'ordre des Frères Prêcheurs. Il vécut au XVe siècle. *Almerici Augerii actus pontificum Romanorum.* Alméric Auger de Béziers était prieur d'un monastère de l'ordre de Saint-Benoît, docteur de l'université de Montpellier, et chapelain du pape Urbain V. Son ouvrage est un recueil de 219 chroniques des pontifes romains, qui va jusqu'à Jean XXII, c'est-à-dire jusqu'au commencement du XIVe siècle. Auger l'avait disposé par ordre alphabétique, mais Eccard a préféré l'ordre de succession des papes. On voit dans cette chronique ce que les papes ont fait pour les croisades. La collection d'Eccard contient aussi l'*Histoire des rois de la terre sainte* d'Olivier Scolastique, que nous avons fait connaître en donnant le détail de la collection de Bongars, et le *Récit du siége de Damiette*, dont nous avons également parlé au même endroit. On trouve encore, dans le recueil d'Eccard, une continuation, depuis 1316 jusqu'en 1469, de la chronique de Ricobaldo, donnée par Muratori dans sa collection. Sous le titre : *Scriptores rerum Germanicarum*, l'érudit Jean-Michel Heineccius, pasteur protestant, mort en 1722, a laissé une collection en un volume, qui contient des renseignements sur les croisades dans les *Antiquités de Goslar*, ouvrage d'un auteur inconnu, et écrit dans un esprit d'oppositon et de partialité contre le saint-siége.

Scriptores rerum Austriacarum, etc., *Hieronymus Pez.* Cette collection, en 2 vol. in-fol., imprimés en 1719, a été faite par un moine autrichien de l'ordre de Saint-Benoît. Les ouvrages que nous allons indiquer y traitent des croisades. *Chronicon monasterii Mellicensis* est une chronique anonyme très-sèche. *Chronicon Salisburgense.* Cette chronique paraît avoir été commencée au XIIe siècle par un chanoine de Salzbourg, dont on ignore le nom, et avoir été continuée ensuite par différents auteurs, entre autres par l'archevêque de cette ville. *Chronicon Claustro-Neoburgense.* Cette chronique de Neubourg indique, mais sans entrer dans les détails, quelques événements de l'histoire des croisades. *Auctoris incerti chronicon Austriacum.* On a lieu de croire que l'auteur inconnu de cette chronique était moine, et qu'il vivait à la fin du XIIe siècle. *Paltrami seu Watzonis chronicon Austriacum.* Ce chronographe vivait au XIIIe siècle. Sa chronique, qu'il a laissée à l'année 1302, a été reprise par Nicolas Vischel, moine de Cîteaux, du monastère de Sainte-Croix, dans l'Autriche inférieure, qui vivait au XIVe siècle. Mais ce continuateur n'a porté cette chronique que jusqu'en 1310. Un auteur du XVe siècle, dont on ignore le nom, l'a conduite jusqu'en 1455. *Anonymi Leobiensis chronicon.* On ne sait rien de l'auteur de cette chronique, sinon qu'il était vraisemblablement de Léoben. On croit qu'il appartenait à l'ordre des Frères Prêcheurs. Son ouvrage commence avec l'ère chrétienne, et se termine à l'an 1347. *Excerpta ex catalogo Romanorum pontificum et imperatorum Conradi cœnobitæ.* L'auteur de cette espèce de table chronologique, Conrad, surnommé le *Philosophe*, était un moine de l'ordre de Saint-Benoît, qui vivait au XIIe siècle. *Anonymi Mellicensis breve chronicon Austriæ.* L'auteur inconnu de cette petite chronique l'a composée au milieu du XVe siècle. *Thomæ Ebendorfferi de Hasselbach chronicon Austriacum.* De tous les écrivains de l'histoire d'Autriche, celui-ci est le plus étendu. Thomas Ebendorff, surnommé de Hasselbach, de la ville où il naquit dans l'Autriche inférieure, vivait au XVe siècle, et était chanoine de Saint-Etienne de Vienne, et chapelain de la cour. Le premier livre de sa chronique manque en grande partie, et le deuxième est plein de lacunes ; mais les trois derniers sont fort estimés.

Sous le titre : *Silesiacarum rerum scriptores*, etc., Frédéric-Guillaume de Sommersberg est auteur d'une collection où il n'est parlé des croisades que dans le seul ouvrage intitulé : *Nicolaï Henelii*, etc., *Annales Silesiæ*, etc. L'auteur de la collection ne donne aucune notion sur celui de ces annales.

Rerum Bohemicarum antiqui scriptores, etc. *Marquardi Freheri.* Marquard Fréher, qui a publié cette collection en 1602, l'a tirée des manuscrits de sa propre bibliothèque. On y trouve quelques renseignements sur les guerres contre les Turcs dans l'histoire de Bohême d'Æneas Sylvius, *Æneæ Sylvii historia Bohemica.* On sait qu'Æneas Sylvius, devenu pape sous le nom de Pie II, montra un zèle ardent pour réprimer la puissance croissante des Turcs. Il fut en même temps l'un des hommes les plus instruits de son temps. Il a laissé plusieurs ouvrages dont le style rappelle celui de la belle latinité. Il est aussi question des croisades dans la *Chronique de Cosme, doyen de Prague*, et dans l'*Histoire de Bohême*, par Dubravius, évêque d'Olmütz.

Lectiones antiquæ, est le titre sous lequel avait été publiée par son auteur la collection due à Canisius, professeur de droit-canon à Ingolstadt, et neveu du pieux et savant jésuite qui a figuré avec tant d'éclat au concile de Trente. Sous le titre : *Thesaurus monumentorum ecclesiasticorum et historicorum*, Basnage a donné de cette collection, en 1725, une nouvelle édition, qui renferme, en quatre volumes in-fol., les sept in-4° de Canisius, et présente le texte des ouvrages dont l'auteur du Recueil n'avait donné que des traductions latines. Trois ouvrages dans cette collection se rapportent à notre sujet. *Frederici primi*, etc., *expeditio*, etc., *ab æquævo auctore conscripta.* L'auteur fait entendre, dans sa préface, qu'il était contemporain du prince dont il décrit l'expédition. *Guntheri monachi*, etc., *Historia Constantinopolitana.* L'auteur de cette histoire était allemand et moine au monastère de Pâris, près de Bâle. L'abbé de ce monastère, nommé Martin, ayant été de l'expédition des Latins contre Constantinople, engagea, à son retour, le moine Gunther à en écrire l'histoire. C'est donc d'après le récit de Martin qu'elle a été composée. Gunther, Nicétas et Villehardouin sont les trois témoins oculaires qui ont raconté la prise de Constantinople. La collection de Canisius contient encore un *Abrégé des guerres entreprises par les princes chrétiens pour le recouvrement de la terre sainte, avec une description de la Palestine*, par un anonyme, qui paraît avoir écrit au commencement du XVe siècle. L'auteur avait fait un voyage en Syrie, et donne sur ce pays des détails intéressants.

Albert de Stade, qui passa de l'ordre de Saint-Benoît dans celui des Frères Mineurs, et devint abbé de Stade, composa, au milieu du XIIIe siècle, une chronique qui remonte à l'origine du monde, et qui se termine en 1236. Il parle des croisades avec concision, mais avec exactitude. Sa chronique a été publiée à Wittemberg en 1608.

Les *Annales de Flandre* de Meyer, qui commencent à l'an 445 et finissent en 1476, s'étendent surtout sur les premières croisades. Leur auteur, qui a écrit dans un latin assez élégant, vivait au XVIe siècle ; il était né en Flandre, et il fut prêtre et moine.

Jacques Langebeck, érudit danois du XVIIIe siècle, est auteur d'une collection en sept volumes in-fol., dont les deux derniers n'offrent rien qui concerne l'histoire des croisades. Dans ce recueil, qui a pour titre *Scriptores rerum Danicarum medii ævi*, les ouvrages suivants fournissent des renseignements sur ces expéditions. La chronique intitulée *Series regum Daniæ*, est de Cornélius Hamsfort, qui écrivait en 1585, et qui est regardé, dans son pays, comme un auteur classique. La chronique vulgairement appelée du roi Eric est l'œuvre d'un moine de l'ordre de Cîteaux. Les *Annales albiennes* paraissent avoir été écrites par un moine du XIIIe siècle. *Genealogia regum Danorum*. L'auteur de cette généalogie est inconnu, car Ernstius, sous le nom de qui elle est donnée, n'en est que l'éditeur. *Thomæ Geyshmeri compendium historiæ Danicæ*. L'auteur de ce *compendium*, qui dans d'autres collections porte le titre de *Chronicon Erici regis*, ou celui de *Historia Saxonis*, était un moine de Stralsund. Son ouvrage se termine en 1431. *Annales Islandorum*. Ces annales sont estimées des savants allemands, qui leur donnent pour premiers auteurs deux chroniqueurs qui vivaient au XIe siècle. Elles ont eu des continuateurs dans les siècles suivants. *Infelix expeditio Suenonis*, etc. C'est le récit de la malheureuse expédition de Suénon, par Albert d'Aix et par Guillaume de Tyr, que Langebeck a donné sous ce titre : *Annales Danici*, etc. Ces annales, qui vont de l'an 1101 à l'an 1313, sont d'un auteur inconnu. Elles sont fort sèches et disent peu de choses des croisades. *Iter Hierosolymitanum*, etc. C'est le récit du pèlerinage de deux frères, Suénon et Eskille, l'un évêque et l'autre laïque. *Anonymus de profectione Danorum in terram sanctam*. Ce départ de pèlerins danois, résolu en 1191, fut exécuté en 1193. L'auteur de la relation paraît avoir fait partie de l'expédition. Peut-être est-ce le moine Théodoric de Dronthein, sous le nom duquel elle a été trouvée dans un recueil. Dans la *Chronique des rois de Danemark* de Pierre Olaüs, on trouve aussi quelques détails sur les croisades.

Thermodus Torféus, qui a écrit une *Histoire de Norwége* au XVIIe siècle, donne des détails sur le voyage du roi Sigurd, en Palestine. L'ouvrage de l'historien de la Norwége est en latin.

Nicolai Isthuanfii Pannoni historiarum de rebus Hongaricis libri XXXIV, est le titre d'une histoire de Hongrie, dont l'auteur, Nicolas Isthuanfius, vécut au XVIIe siècle. Cet historien a raconté longuement une révolte des paysans hongrois, qui eut lieu sous le prétexte d'une croisade, au commencement du XVIe siècle.

Chronica beati Emonis et Menconis abbatum Werumensium, etc. Cette chronique du bienheureux Emon et de Mencon, abbés d'un monastère de la province de Groningue, contient quelques faits relatifs aux croisades. Emon vivait vers le milieu du XIIIe siècle. Sa chronique commence à l'an 1203 et va jusqu'en 1237. Celle de Mencon va jusqu'à 1272, et un second continuateur, dont le nom est inconnu, a conduit la chronique jusqu'en 1296. Cet ouvrage a été imprimé pour la première fois en 1700, dans les Analectes d'Antoine Matthieu. Sous le titre : *Rerum Belgicarum annales chronici et historici*, etc. François Swertius d'Anvers publia, en 1620, un recueil de chroniques belges, dont plusieurs traitent des croisades. Celle de Jean de Leyde ne paraît avoir été bien informée que de ce qui concerne la première de ces expéditions. Une autre chronique de ce recueil, celle du moine anonyme d'Egmont, *Chronicon anonymi monachi Egmontini*, ne parle que de l'expédition de l'empereur Frédéric Ier. La chronique de Rener remonte aux temps les plus reculés et finit à l'année 1519. Les Annales de Belgique, par Gilles de Royes, abbé du monastère de Royaumont, en France, sont, de toutes les chroniques de cette collection, celle qui renferme le plus de faits concernant l'histoire des croisades ; mais ces faits ne sont présentés que d'une manière tout à fait sommaire.

Rerum Hungaricarum scriptores, M. Belio, est le titre d'une collection dont l'auteur, M. Belius, né en 1684 et mort en 1749, était un ministre protestant fort érudit. On peut consulter sur l'histoire des croisades, dans ce recueil, les ouvrages suivants : *Joannis Thuroczii chronica*, etc. Thurocz vivait au XVe siècle. Sa chronique est généralement estimée, à cause de la bonne foi de l'auteur. A la suite de la chronique de Thurocz, est un opuscule intitulé : *Miserabile carmen M. Rogerii*, etc. L'auteur de ce poème était un chanoine. C'est une histoire en prose très-peu poétique des maux que les Tartares firent éprouver à la Hongrie, sous le règne de Béla IV. Après cet opuscule vient l'*Epitome rerum Hungaricarum.*

Historia de expeditione Frederici imperatoris, edita a quodam clerico qui eidem interfuit, nomine Ansbertus, nunc primum typis expressa, curante Josepho Dobrowsky, est le titre d'une histoire de l'expédition de Frédéric Barberousse, écrite par un prêtre nommé Ansbert, qui a été témoin des événements qu'il raconte. Cette chronique a été imprimée pour la première fois à Prague, en 1827, par les soins de Joseph Dobrowsky, qui en avait acquis le manuscrit d'un chirurgien à qui des Juifs l'avaient vendu.

Illustrium miraculorum et historiarum memorabilium libri XII. Sous ce titre Césarius, moine allemand de l'ordre de Cîteaux, qui vivait à la fin du XIIe siècle et au commencement du XIIIe, a recueilli toutes les anecdotes de son temps dont plusieurs ont rapport aux croisades.

Chronica Slavorum Helmodi presbyteri Bosoviensis et Arnoldi, abbatis Lubecensis. Cette chronique de Helmod, prêtre de Posen, continuée, jusqu'au commencement du XIIIe siècle, par Arnold de Lubeck, traite des croisades.

Sous le titre : *Antonii Bonfinii rerum Hungaricarum decades quatuor*, Bonfinius, écrivain du XVe siècle, a publié une histoire de Hongrie, où il est parlé des croisades. Cet historien, né dans la marche d'Ancône, entreprit son ouvrage d'après l'ordre du roi Matthias.

Berthold, ou Bernold, de Constance, que quelques-uns nomment Bernard, a continué jusqu'à l'année 1100 la chronique de Hermann le Contract, qui commence à l'année 42 de l'ère chrétienne et finit à l'an 1054. On trouve quelques renseignements sur les croisades dans la continuation de cette chronique par Berthold. Usserman, bibliothécaire du couvent de Saint-Blaise, dans la Forêt-Noire, qui publia, en 1790, la chronique de Hermann le Contract et la continuation de cette chronique par Berthold, inséra dans son recueil la chronique du monastère de Peterhausen, *Chronicon seu Annales monasterii Peterhusani ;* il paraît que cette chronique anonyme est l'ouvrage de plusieurs écrivains. Elle commence en 1057 et se termine en 1203. La seconde croisade y est racontée avec quelques détails.

Jean-Pierre Ludwig, archiviste de Magdebourg, est auteur d'une collection, dont le second volume, qui a paru après le premier, et qui a pour titre : *Scriptores rerum Germanicarum*, renferme une chronique intéressante pour l'histoire des croisades ; c'est la chronique du monastère de Richesperg, *Chronicon Richespergense*, dont l'auteur, qui vivait vers la fin du XIIe siècle, est inconnu. On croit qu'il était chanoine régulier de l'ordre de Saint-Augustin.

Quoique cette *Bibliographie* se renferme dans le cercle des ouvrages *imprimés* qui traitent des croisades, nous dérogerons à la réserve que nous avons dû nous imposer d'entrer dans le domaine des manuscrits, pour signaler celui de l'*Histoire d'Arménie*, par Matthieu d'Edesse, dont une partie a été traduite en latin par M. de Cirbied, dans un manuscrit qu'on trouve à la Bibliothèque nationale de Paris. Tout ce qu'on sait sur Matthieu d'Edesse, c'est qu'il périt lors de la prise de cette ville par Zenghi en 1144. Son histoire commence vers la fin du Xe siècle et se termine aux événements du temps où l'auteur vivait. M. Martin a publié, en 1811, la traduction d'un récit de l'expédition de Zimiscès en Palestine, tiré de Matthieu d'Edesse.

L'histoire de Spalatro, l'ancienne Salone, par l'archidiacre Thomas, qui vécut au XIIIe siècle, fournit des documents précieux sur le siége de Zara, sur la croisade d'André, roi de Hongrie, et sur l'invasion des Tartares en 1241.

Florentini episcopi Acconensis de Ptolemaide recuperata liber. Ce récit de la reprise de Ptolémaïs sur les Musulmans, par l'évêque Florentinus, est la narration d'un témoin oculaire de cet événement. C'est une espèce de poëme latin en lignes rimées, sans quantité ni mesure.

L'histoire générale des royaumes de Chypre, de Jérusalem, d'Arménie et d'Egypte, par Jauna, ne tient pas toutes les promesses de son titre; mais elle peut cependant être consultée avec fruit. Etienne de Lusignan, né à Nicosie en 1537, qui fut évêque de Limisso, et mourut en 1590, est auteur d'une *Histoire des royaumes de Jérusalem, de Chypre*, etc., qui va jusqu'en 1572.

Dans l'immense recueil des historiens grecs, connu sous le nom de *Historia Byzantina*, dû principalement au P. Labbe, et traduit en grande partie, avec un choix assez judicieux, par le président Cousin, le nombre des écrivains qui ont parlé des croisades est borné à trois ou quatre. La plupart des historiens, qui figurent dans cette collection, ont gardé le silence sur des entreprises que la politique artificieuse des empereurs grecs a cherché à entraver, avec une lâche perfidie, après les avoir provoquées; et chez ceux de ces auteurs où il est question de ces événements, on remarque une partialité et des réticences qui attestent que ce n'est pas à tort que les chroniqueurs latins se sont tous plaints de la duplicité des Grecs. Les récits des écrivains de cette nation, ou imparfaits ou mensongers, ne peuvent donc être admis qu'avec réserve. Anne Comnène a écrit la Vie de son père Alexis avec une inexactitude volontaire de narration, et une injustice envers les croisés, qui ne sont pas même excusables par l'intention, toute naturelle chez une fille, de pallier la conduite de son père. L'omission des circonstances qui sont à son désavantage est visible à toutes les pages de l'*Alexiade*. Anne Comnène doit inspirer d'autant moins de confiance qu'elle avait assez de talent pour déguiser le faux sous l'apparence du vrai. Mailly remarque très-justement, dans l'*Esprit des croisades*, que si le mérite de la fille d'Alexis a été exagéré par certains écrivains, c'est parce qu'elle a calomnié les croisés, et que c'est en quelque sorte triompher de la religion, que de louer les schismatiques au détriment des catholiques.

Les *notes* de Ducange sur l'*Alexiade* sont un des précieux monuments de l'érudition de leur auteur. Jean Cinnamus, issu d'une noble famille, vivait au XIIe siècle, sous Manuel Comnène. Il a écrit la Vie de ce prince avec une grande partialité contre les croisés. Nicétas, appelé Choniates, du nom de la ville où il était né, avait exercé des emplois importants à la cour de Constantinople ; il se retira, après la prise de cette ville par les Latins, à Nicée où il mourut en 1218. L'Histoire qu'il a laissée commence à la mort de l'empereur Alexis, en 1118, et se termine en 1204. Il parle avec l'aigreur d'une victime du grand événement qu'il décrit ; mais il avoue assez franchement les torts de ses compatriotes envers les Latins. C'est le seul des historiens grecs qui ne déguise ni les vices ni les faiblesses de la décadence de sa nation. Outre son *Histoire*, Nicétas a laissé un ouvrage où sont décrits les monuments de l'art antique qui furent détruits à la prise de Constantinople par les Latins. Ducange a joint à ses *Notes* sur l'*Alexiade* une très-bonne version latine, savamment annotée, de l'ouvrage de Nicétas. Georges Acropolite, qui a été témoin oculaire de ce qu'il rapporte, a donné comme un supplément à l'Histoire de Nicétas.

Le défaut de critique de nos anciens chroniqueurs et l'ignorance où ils étaient de tout ce qui se passait chez les Musulmans, ont fait sentir le besoin de consulter les chroniques orientales. Ce sont encore des religieux qui ont porté la lumière dans cette partie de l'histoire. Les Bénédictins de la congrégation de Saint-Maur, ayant conçu le projet d'une collection particulière des historiens des croisades, voulaient rendre leur travail complet, en y faisant entrer les chroniques orientales. L'un d'eux, dom Berthereau, se chargea d'extraire des manuscrits arabes et de traduire en latin tous les morceaux, tous les passages des auteurs qui ont écrit dans cette langue sur les événements qui se rapportent aux guerres saintes. La révolution vint empêcher le laborieux Bénédictin de poursuivre son œuvre. Mais la collection manuscrite des matériaux qu'il avait rassemblés, fruit d'un labeur de trente années, a été acquise par la Bibliothèque nationale. Au moyen de cette collection, et en recourant aux manuscrits originaux, M. Reinaud a consacré le quatrième volume de la *Bibliothèque des croisades* de M. Michaud à faire connaître, par des extraits rédigés en français, les principales sources arabes où l'on peut puiser l'histoire des croisades. Nous nous sommes aidé du travail de M. Reinaud pour présenter le tableau suivant, qui indique les auteurs arabes dont les ouvrages contiennent des renseignements sur les guerres saintes.

Abdallatif était un médecin qui avait obtenu la confiance de Saladin ; il avait des connaissances en histoire naturelle, et il a laissé une relation de ce qu'il avait observé en Egypte. Il y est aussi question de plusieurs événements du règne de Saladin. M. Silvestre de Sacy a donné, en 1810, une excellente traduction française de cette relation.

Aboulfarage, né en Asie Mineure, de parents syriens, était chrétien de la secte des Jacobites. Après avoir été évêque d'Alep, il devint primat des chrétiens de cette secte, et mourut en 1286 : il est auteur de deux histoires universelles, écrites, l'une en arabe et l'autre en syriaque. Sa chronique syriaque a été continuée par un autre auteur. Il en a été publié une traduction latine, *Chronicon Syriacum*, à Leipsig, en 1789, en deux vol. in-4°. Sa chronique arabe se termine à l'an 1284 de notre ère. C'est une version de la chronique syriaque, mais dont le récit est souvent très-différent du premier. Sous le titre : *Historia compendiosa dynastiarum*, deux vol. in-4°, Oxford, 1663, il en a été publié une traduction latine, avec le texte, par le savant Pocock.

Aboulféda appartenait à la branche de la famille des Ayoubites, qui régnait sur Hama. Il participa à la conquête de Saint-Jean-d'Acre et à l'entière destruction des colonies chrétiennes. Il fut ensuite mis en possession de la principauté de Hama, et mourut en 1331, âgé de 60 ans. Il a laissé de nombreux ouvrages, qui attestent des connaissances variées. Celui qui est intitulé : *Abrégé de l'histoire du genre humain*, passe pour le monument arabe le plus important, dans le genre historique, qui ait été publié en Europe. Cette chronique commence à la création du monde et se termine au temps où vivait l'auteur. La partie qui est postérieure à l'établissement de la religion musulmane a été imprimée, avec une traduction latine et des notes, à Copenhague, de 1789 à 1794, en cinq volumes in-4°, sous le titre : *Annales Moslemici.* La traduction latine est de Reiske.

Aboulmahassen, écrivain du XVe siècle, né à Alep, dont son père était émir, alla s'établir au Caire, et dit lui-même avoir réuni les avantages de la plume et de l'épée. Entre autres ouvrages, il a laissé une Histoire d'Egypte, sous le titre : *Livre des étoiles resplendissantes relativement aux rois d'Egypte.* Ce n'est qu'une compilation.

Abou-Schamé, écrivain du XIIIe siècle, est auteur d'une compilation historique des événements des règnes de Nour-Eddin et de Saladin, intitulée les *Deux Jardins.* On y trouve des lettres très-intéressantes de Saladin au calife de Bagdad et à d'autres souverains. Abou-Schamé est encore auteur d'une autre Histoire qui ne nous est connue que par les extraits qu'en ont donnés d'autres écrivains.

Boha-Eddin, né à Mossoul en 1145, après s'être livré à la carrière de l'enseignement et avoir suivi celle des lettres à Bagdad, qui en était alors le séjour, fut nommé cadi de Jérusalem par Saladin, quand la ville sainte fut enlevée aux chrétiens. Boha-Eddin s'attacha à Saladin, qu'il ne quitta plus jusqu'à la mort de ce sultan. Il passa ensuite au service de celui des fils de Saladin, qui régna à Alep, fut nommé cadi de cette ville, y fonda un collége, et mourut en 1235. Il avait composé un *Traité de la guerre sacrée*, c'est-à-dire du devoir imposé par Mahomet aux Musulmans de propager leur religion par les armes. Cet ouvrage ne nous est point parvenu; mais nous avons une Histoire de la vie de Saladin, où Boha-Eddin, qui avait vécu dans l'intimité du sultan, nous le fait parfaitement connaître. « Comme j'ai eu, dit-il dans sa préface, l'avantage d'être témoin des actions de notre maître le sultan Saladin, défenseur de la foi, destructeur du culte des chrétiens, porte-étendard de la justice et auteur de la prise de la ville sainte, j'ai commencé à regarder comme vrai ce qu'on raconte des personnages de l'antiquité, et que le trop grand éloignement a fait croire fabuleux. J'ai été à même de voir des choses telles, que celui qui les connaît ne peut se dispenser de les révéler; je me suis donc décidé à donner en abrégé le récit de ce qui s'est passé sous mes yeux, ou de ce que j'ai appris de témoins oculaires. Ce n'est ici que la moindre partie d'un tout; cette partie cependant suffira pour donner une idée du reste. » Cette Histoire a été publiée en arabe et en latin, par Schultens, en un vol. in-fol., à Leyde, en 1732, sous le titre : *Vita et res gestæ sultani Saladini*. Quoique écrit avec la plus grande négligence, et au point de vue de l'éloge des vertus de Saladin, l'ouvrage de Boha-Eddin est le document capital à consulter pour les guerres de Saladin contre les chrétiens.

Ibn-Alatir, né en 1160, était fils d'un émir au service des princes de Mossoul, et il se fixa dans cette ville dès sa jeunesse. Il prit une part active à la lutte dans laquelle Saladin triompha des chrétiens, et fut témoin des victoires du sultan. Après la conclusion de la paix entre le sultan et le roi d'Angleterre, Ibn-Alatir renonça aux affaires, et ne s'occupa plus que de la composition de ses ouvrages. Nous possédons de lui deux Histoires, l'*Histoire des Atabeks* et une histoire universelle, qui s'étend depuis la création du monde jusqu'à l'année 1231. Deguignes a donné, dans le recueil des *Notices et extraits des manuscrits de la Bibliothèque du roi*, une notice étendue sur l'*Histoire des Atabeks*. Il existe une autre *Histoire des Atabeks*, dont l'auteur vécut au XIIe siècle. L'histoire universelle d'Ibn-Alatir a été intitulée par son auteur : *Chronique complète*. Elle passe pour l'ouvrage le plus complet en ce genre que les Arabes nous aient laissé. Aboulféda avoue qu'il lui a fait de nombreux emprunts. Le manuscrit de cette chronique, que possède la Bibliothèque nationale, est très-incomplet. Un faussaire, dans l'intention de donner plus de valeur à l'histoire d'Ibn-Alatir, avait voulu la faire passer pour être de Tabari, écrivain arabe célèbre, et antérieur à Ibn-Alatir de trois siècles.

Emad-Eddin, successivement secrétaire de Nour-Eddin et de Saladin, était né à Ispahan en 1125. Il mourut à Damas en 1201. C'est lui qui a rédigé la plus grande partie de la correspondance de Saladin avec le calife de Bagdad et les autres princes de ce temps. Il a laissé deux ouvrages sur les exploits de Saladin contre les chrétiens. L'un, intitulé l'*Eclair de la Syrie*, ne nous est connu que par les extraits qu'en ont faits des chroniqueurs plus récents; l'autre a pour titre : *Modèle de l'éloquence de Kos, relativement à la conquête de Jérusalem*. Kos est le nom d'un évêque qui vivait à l'époque de Mahomet, et qui passait pour l'homme le plus éloquent de son temps. Le titre de l'ouvrage d'Emad-Eddin veut donc dire qu'il rappelle l'éloquence des anciens temps. Un troisième ouvrage historique d'Emad-Eddin est une Histoire de la dynastie des sultans Seldjoucides de Perse.

Kémal-Eddin vivait au XIIIe siècle, et était originaire d'Alep. Il mourut au Caire, où l'invasion des Tartares l'avait obligé de chercher un refuge. Il composa d'abord un Dictionnaire de tous les hommes remarquables qui étaient nés ou qui avaient séjourné à Alep. Cet ouvrage considérable, dont il ne nous est parvenu que deux volumes, a pour titre : *Envie de celui qui veut connaître l'histoire d'Alep*. L'auteur en publia ensuite un abrégé en forme de chronique, qu'il intitula : *Crème du lait de l'histoire d'Alep*.

Sévère est le nom d'un évêque égyptien, qui commença, au Xe siècle, l'*Histoire des patriarches d'Alexandrie*, écrite en arabe pour les chrétiens cophtes d'Egypte. Elle contient la vie de tous les pontifes qui ont occupé le siége d'Alexandrie, depuis saint Marc jusque vers le milieu du XIIIe siècle, au moyen des continuateurs qu'a eus Sévère. Il y a dans cet ouvrage des détails intéressants sur la sixième croisade. C'est de cette histoire que Renaudot a tiré la plus grande partie de son *Historia patriarcharum Alexandrinorum*.

Ibn-Djouzi vivait dans la première moitié du XIIIe siècle, et fut iman de la grande mosquée de Damas; il mourut en 1258. Il a laissé une chronique universelle intitulée : *Miroir des temps*. Nous n'avons que le commencement de la partie de cet ouvrage, qui traite des croisades.

Ibn-Moyassar a composé une histoire d'Egypte, qui fournit des faits pour l'histoire des croisades. On a un travail semblable d'Ibn-Zoulac.

Ibn-Khallican, qui vécut au XIIIe siècle, et qui fut grand cadi de Damas, s'est fait connaître par un dictionnaire, qui est une compilation intitulée : *Décès des hommes éminents, et relation des personnes qui ont figuré dans l'histoire*.

Yaféi est le nom qu'on lit en tête d'un volume qui a pour titre : *Compilation des chroniques égyptiennes, relativement à l'histoire des rois, des califes et des sultans*. C'est un ouvrage dépareillé.

Djémal-Eddin, né à Hama en Syrie, se retira en Egypte lorsque les Kharizmiens envahirent la Palestine, et il s'y trouvait encore lors de l'expédition de saint Louis. Envoyé par le sultan Bibars auprès de Mainfroi, roi de Naples et de Sicile, il passa plusieurs années en Italie. Il mourut en 1298, dans sa patrie, où il était retourné, et où il fut revêtu des fonctions de cadi des cadis. Aboulféda nous apprend qu'il a étudié sous Djémal-Eddin. Le volume que l'on possède des ouvrages de Gémal-Eddin faisait partie vraisemblablement de son histoire des Ayoubites, intitulée : *Remède contre le chagrin*. Cette histoire a été continuée jusque vers la fin du XIIIe siècle par Ibn-abd-Alrahim. Le travail de Djémal-Eddin et celui de son continuateur sont très-diffus.

Schafi est auteur d'un abrégé de l'Histoire de la vie du sultan Bibars par Mohi-Eddin. L'auteur de cet abrégé qui a pour titre : *Traité des vertus secrètes de Bibars, extrait de sa vie particulière*, était contemporain de Mohi-Eddin, et écrivait vers l'an 1315.

Mohi-Eddin, dont il existe une Histoire de la vie du sultan Bibars, qui a été abrégée par Schafi, est probablement l'auteur d'une histoire du sultan Kélaoun, où on trouve des renseignements utiles.

Elmakin, chrétien d'Égypte, né en 1223 et mort en 1273, a laissé un abrégé d'histoire universelle, commençant à la création du monde et finissant en 1260; il existe une continuation de cet ouvrage, faite vers le milieu du XVe siècle, sous le titre : *La voie droite et la perle unique*. L'histoire d'Elmakin a été publiée, en 1625, par Erpenius, avec une traduction latine, qui a été traduite en français par Vattier, sous ce titre : *Histoire mahométane*, ou *les 49 califes du Macine*, 1657. *Paris*.

Novaïri, originaire d'Egypte et mort vers l'an 1332, est auteur d'une espèce d'encyclopédie *historique* fort célèbre, dont le titre est : *Terme de l'intelligence relativement aux divers genres de sciences*.

Dehébi, né à Damas en 1274 et mort en 1347, est auteur, entre autres ouvrages, d'une Chronique de l'islamisme, qui est une espèce de dictionnaire des écrivains musulmans rangés par siècles.

Ibn-Férat, né en 1335 et mort en 1405, est auteur d'une Chronique universelle très-étendue, qui est peut-être le recueil le plus considérable et le plus complet qui existe en Orient. Il en existe dix volumes dans la Bibliothèque impériale de Vienne, renfermant la période historique des croisades ; par les vicissitudes des événements de notre siècle, ces dix volumes ont été apportés à Paris en 1809, et y sont restés jusqu'en 1815. M. Jourdain en a fait alors un extrait considérable, qui est déposé à la Bibliothèque nationale. C'est en se servant du travail de cet orientaliste que M. Reinaud a donné des extraits de l'ouvrage d'Ibn-Férat, dans la *Bibliothèque des Croisades* de M. Michaud.

Makrizi naquit au Caire en 1365, et mourut en 1442. Sa famille prétendait descendre du calife Ali, gendre de Mahomet, par la branche des princes Fatimites. Makrizi avait une immense érudition. Parmi ses nombreux ouvrages, deux ont de l'intérêt par rapport aux croisades : l'un est intitulé : *Traité de la route qui mène à la connaissance des dynasties royales ;* c'est une histoire d'Egypte, depuis le temps de Saladin jusqu'à celui où vivait l'auteur ; l'autre ouvrage de Makrizi est une description géographique et historique de l'Egypte, intitulée : *Livre des avertissements et de la réflexion au sujet des divisions territoriales et des monuments*.

Soyouthi, né en Egypte en 1445, et mort au commencement du XVIe siècle, a beaucoup écrit. M. Reinaud a tiré quelques faits de son Histoire d'Egypte, intitulée : *Beaux points de vue de l'Histoire d'Egypte*

Mogir-Eddin, qui écrivait au commencement du XVIe siècle et était cadi de Jérusalem, est auteur d'une Histoire des villes de Jérusalem et d'Hébron, intitulée : *Coup d'œil agréable relativement à l'Histoire de Jérusalem et d'Hébron*.

Les historiens arabes manquent généralement de critique ; ils présentent le plus souvent les faits sans les altérer, mais ils cachent les revers éprouvés par leurs coréligionnaires au moyen de réticences, et ils sont loin d'être toujours justes envers les croisés. La résignation qui préside à leurs récits les rend froids et impassibles. Le style de ces chroniqueurs est lâche et diffus.

L'*Histoire des patriarches d'Alexandrie*, *Historia patriarcharum Alexandrinorum*, de l'abbé Renaudot, par qui les historiens arabes ont été mis à contribution, peut être utile surtout pour l'histoire de la Palestine au temps de Saladin

BOHÉMOND, prince de Tarente, fils de Robert Guiscard, était de la famille des gentilshommes normands, conquérants de la Pouille et de la Calabre. Né d'un premier mariage, il eut beaucoup de peine à obtenir une part de la succession de son père, que sa belle-mère voulait faire avoir tout entière à son propre fils Roger. Les frontières de la petite principauté de Tarente étaient trop étroites pour Bohémond, qui avait hérité de l'ambition de son père, en même temps que de son génie. Conquérir des possessions plus étendues était le seul moyen qu'il entrevît de satisfaire sa soif de régner. L'occasion désirée s'offrit à lui, lorsque le pape Urbain II appela les chrétiens à la délivrance de la terre sainte. Ce fut l'armée de Hugues de Vermandois qui porta en Italie l'enthousiasme pour la croisade. Bohémond, lorsque cette armée arriva à Bari pour s'embarquer, assiégait avec son oncle Roger, comte de Sicile, la ville d'Amalfi, qui s'était révoltée contre ce prince. Le caractère de Bohémond permet de penser que ce ne fut pas uniquement dans des vues religieuses qu'il amena les troupes assiégeantes à demander la croix, et à répéter le cri du concile de Clermont : *Dieu le veut ! Dieu le veut !* Sollicité de se mettre à la tête de ces nouveaux croisés, il eut l'art de faire croire qu'il cédait à leurs prières, lorsqu'il atteignait le but de ses plus ardents désirs. La fleur des chevaliers de la Pouille, de la Calabre et de la Sicile, se réunit sous sa bannière, à côté du brillant Tancrède, son cousin. Anne Comnène, qui accuse d'ambition tous les chefs de la première croisade, à l'exception de Godefroy de Bouillon, parle de Bohémond, sous ce rapport, en termes qui ne dépassent la vérité que par leur exagération. Elle fait de lui, d'ailleurs, un portrait un peu étrange sous la plume d'une femme, et où le défaut que nous venons de signaler se fait sentir, dès les premiers mots: « Ni l'empire, ni les pays étrangers, dit-elle, n'ont produit, en notre siècle, aucun homme qui lui pût être comparé. Sa présence éblouissait autant les yeux que sa réputation étonnait l'esprit. Sa taille était si avantageuse qu'il surpassait d'une coudée les plus grands. Il était menu par le ventre et par les côtés, et large par le dos et par l'estomac. Il avait les bras forts et robustes; il n'était ni maigre ni gras. Il avait les mains grandes et pleines, les pieds fermes et solides. Il était un peu courbé, non par défaut, mais par habitude. Il était blanc partout le corps, mais il avait sur le visage un agréable mélange de blanc et de rouge. Il avait des cheveux blonds qui lui couvraient les oreilles, sans lui battre sur les épaules, à la façon des barbares. Ses yeux étaient bleus et paraissaient pleins de colère et de fierté. Son nez était fort ouvert, car comme il avait l'estomac large et le cœur grand, il fallait que son poumon attirât une grande quantité d'air pour en modérer la chaleur. Sa bonne mine avait quelque chose de doux et de charmant; mais la grandeur de sa taille et la fierté de ses regards avaient quelque chose de farouche et de terrible. Son rire n'inspirait pas moins de terreur que la colère des autres a coutume d'en inspirer. Il était fin et rusé; il parlait fort à propos, et il ne manquait jamais de réponse à quelque demande qu'on lui pût faire. » « Dès l'instant que Bohémond eut débarqué sur le territoire grec, dit encore Anne Comnène, il sentit qu'il ne pouvait lutter ni de noblesse ni de puissance avec les autres chefs des croisés; alors il se proposa d'acquérir par la ruse les mêmes avantages que ses compagnons devaient à leurs forces réelles. Il se rendit immédiatement auprès de l'empereur: Alexis le reçut avec le témoignage d'une vive amitié; il lui rappela sans aigreur ses grands exploits et ses victoires dans les plaines de Larisse. Bohémond, plein de dissimulation et d'adresse, lui répondit: *Alors, je l'avoue, j'étais votre ennemi; mais à présent je viens m'offrir à Votre Majesté comme votre ami et votre vassal.* Alexis, touché de ces paroles, assigna au héros normand un logement magnifique dans son propre palais; il y fit dresser une table somptueuse, où étaient servis avec la même profusion des mets cuits et d'autres crus. Le motif apparent de cet ordre donné par l'empereur fut la crainte que l'assaisonnement des viandes à la manière des Grecs ne plût pas à Bohémond; mais Alexis voulait, dans la réalité, effacer jusqu'au dernier soupçon d'empoisonnement dans l'esprit du prince normand, dont il avait déjà pénétré les craintes secrètes. Cependant celui-ci ne fut pas rassuré, car il ne toucha à aucun des mets qui lui étaient présentés avant d'en avoir offert, sous l'apparence d'une générosité presque royale, aux officiers qui le servaient. »

Bohémond agit envers Alexis avec la même dissimulation que l'empereur mit dans ses rapports avec lui. Après avoir fait à Godefroy de Bouillon la proposition que rejeta ce noble prince, de détrôner Alexis à leur profit, le fils de Robert Guiscard prêta, sans difficulté apparente, le serment de fidélité qu'exigeait l'empereur des chefs de la croisade, et reçut de lui la vaine promesse de domaines en Asie. Bohémond ne se contenta pas d'acepter les présents d'Alexis, il le provoqua à lui en faire; il aspira même à la place de *grand domestique* ou de général de l'empire d'Orient. L'empereur, qui s'était frayé la voie au trône en occupant cette place, dissimula la blessure faite à son orgueil par les prétentions audacieuses de l'étranger, et eut recours à cette politique artificieuse qui attribue aux circonstances les motifs de ses refus. Quand Raymond voulut tirer vengeance d'une attaque de son armée, surprise la nuit par les troupes grecques, Bohémond le menaça de tourner ses armes contre lui, s'il prenait une attitude hostile envers l'empereur, ou s'il s'opposait plus longtemps à ses prétentions à l'égard de l'hommage féodal. Le prince de Tarente joua un rôle important et glorieux à la bataille de Dorylée, où il sauva la vie à Tancrède; il conduisit avec beaucoup d'habileté le stratagème, par lequel il obtint des chefs de la croisade qu'Antioche lui fût livrée, après qu'il y aurait introduit les chrétiens, au moyen de ses intelligences avec le renégat Phirouz. Fait prisonnier en 1100 par un émir de la Mésopotamie, Bohémond ne recouvra sa liberté qu'après quatre ans de captivité. Mais il n'avait plus ni argent ni armée, et l'empereur Alexis exigeait qu'il lui rendît Antioche, conformément aux promesses faites à Constantinople par les princes latins, et Laodicée, dont Tancrède s'était emparé. Bohémond résolut alors d'aller en Europe réclamer le secours des princes de l'Occident. « Le prince de Tarente, dit Anne Comnène, fit répandre le bruit de sa mort; il se mit dans un cercueil entouré de tout l'appareil usité dans les funérailles; des barbares étaient assis auprès de ce cercueil et déploraient, en s'arrachant les cheveux, la perte de leur prince. Bohémond, qui ne respirait que par de petits trous, fit placer à ses côtés un coq mort, afin que les exhalaisons qui s'élèveraient du cercueil confirmassent encore mieux les matelots dans l'idée que le corps du prince était en putréfaction. » Arrivé à Corfou, Bohémond fit appeler le gouverneur de la ville, et, si l'on en croit Anne Comnène, il lui parla en ces termes: « Je suis Bohémond, fils de Robert, qui ai fait assez sentir aux Grecs et à leurs armées quelle est la vigueur de mon courage et la force de mon bras:

Dieu m'est témoin que je n'ai point oublié les injures qu'Alexis m'a faites, depuis que j'ai pris Antioche et que j'ai réduit la Syrie, ni les fausses espérances qu'il m'a données, les promesses violées, les disgrâces et les périls où vous m'avez engagé, et que je me propose d'en tirer une vengeance éclatante. Je suis encore plein de vie, quoique j'aie longtemps passé pour mort, et que j'aie trompé tous mes ennemis sous cette fausse apparence; je m'en retourne dans ma patrie; vous me comptiez déjà au nombre des morts, apprenez que je vis pour moi, pour les miens et pour votre malheur; j'armerai contre vous les plus belliqueuses nations de la terre, les Lombards, les Allemands, les Français; je remplirai vos provinces de meurtres et je ferai nager Constantinople dans le sang. » Après avoir mis ce discours dans la bouche de Bohémond, Anne Comnène s'écrie: « Voilà l'excès où se portait l'insolence de ce barbare ! »

Bohémond arriva en Italie, où il alla se jeter aux pieds du souverain pontife, à qui il représenta Alexis comme l'ennemi des chrétiens. Le pape promit au prince d'Antioche d'intéresser l'Europe au soutien de sa cause. Bohémond se rendit de là à la cour de France, où il reçut un bon accueil de Philippe Ier, dont il épousa la fille. Il parcourut ensuite le Poitou, le Limousin, l'Auvergne, passa même en Espagne, et retourna en Italie, cherchant partout des guerriers qui voulussent le suivre. Il s'embarqua à Bari avec tous ceux qu'il avait pu recruter, et fit une descente sur le territoire grec. Mais ayant échoué dans le siége de Durazzo, qu'il avait entrepris, il fut abandonné par la plupart de ceux qui s'étaient enrôlés sous ses drapeaux, et il ne lui resta plus d'autre ressource que de traiter honteusement de la paix avec l'empereur dont il avait espéré de renverser le trône. Déçu dans tous ses rêves d'ambition, il retourna dans sa petite principauté de Tarente, où il finit ses jours, en 1111, lorsqu'il se disposait à retourner en Syrie.

BONIFACE VIII (Benoît Cajétan). Il était cardinal-prêtre lorsqu'il fut élu souverain pontife le 24 décembre 1294, en partie, dit-on, par l'influence de Charles II, roi des Deux-Siciles

Son sacre eut lieu le 2 janvier 1295, et son couronnement quelques jours après. En 1297, il rendit la bulle de canonisation de saint Louis, roi de France, et il eut avec les Colonna une querelle qui devint bientôt une guerre sérieuse. Un autre démêlé plus grave encore commença entre lui et Philippe le Bel, roi de France, au sujet de l'emprisonnement de Bernard de Saisset, évêque de Pamiers. Le roi fit brûler, le 13 février 1302, la bulle *Ausculta, fili*, relative à cette fâcheuse affaire. Le pape donna de nouvelles bulles dirigées contre le roi, et il en préparait d'autres encore, lorsque, le 7 septembre 1303, Guillaume de Nogaret attenta à l'inviolabilité de sa personne, en l'arrêtant à Anagni. Ayant recouvré sa liberté deux jours après, il se rendit à Rome, où il tomba malade par suite des pénibles émotions qu'il avait éprouvées, et mourut le 11 octobre de la même année. Tant de luttes qu'il eut à soutenir contre les chrétiens ne l'empêchèrent pourtant point de songer aux moyens d'abattre la puissance du mahométisme dans la Palestine. Rymer cite une longue lettre de Boniface VIII, par laquelle le pape exhorte Edouard Ier, roi d'Angleterre, à marcher à la délivrance des Saints Lieux. Le souverain pontife reproche à Edouard Ier sa condescendance pour le roi de France, qu'il peint comme un jeune prince séduit par les mauvais conseils de ses flatteurs.

BULGARES. Les Bulgares sont d'origine slave. Venus des bords du Volga, ils se fixèrent sur la rive méridionale du Danube au VIIe siècle, après avoir mis en fuite l'armée que leur opposa l'empereur Constantin Pogonat. La ville d'Achrida devint la résidence de leur roi. Au commencement du IXe siècle, l'empereur grec Nicéphore Ier perdit la vie dans une guerre contre ce peuple. Au début de la campagne, il avait pénétré avec succès au centre de la Bulgarie, et avait brûlé la demeure du roi du pays; mais, tandis qu'il était occupé à recueillir le butin, et qu'il se refusait à toute négociation, les Bulgares reprirent courage, réunirent leurs forces, et mirent à sa retraite des barrières insurmontables. Nicéphore se vit alors réduit à s'écrier : « Hélas! à moins de nous servir d'ailes comme les oiseaux, il ne nous reste aucun moyen de nous sauver. » Il attendit son sort, pendant deux jours, dans l'inaction du désespoir; mais le matin du troisième, les Bulgares surprirent son camp, et l'empereur fut massacré dans sa tente avec tous les grands officiers de l'empire. Le crâne de ce prince fut garni d'or, et devint la coupe dont les souverains bulgares se servirent dans leurs orgies. Mais, dans le cours de ce même IXe siècle, la barbarie de ce peuple s'adoucit au contact des Grecs et par l'introduction du christianisme dans leur pays. Siméon, prince de la famille royale qui régnait en Bulgarie, avait été élevé à Constantinople dans la connaissance des lettres grecques. Il quitta la vie monastique pour monter sur le trône, et, pendant plus de quarante ans qu'il l'occupa, les Bulgares prirent place parmi les nations civilisées. Siméon fit la guerre aux Grecs avec succès, assiégea Constantinople, et dicta la paix à l'empereur. Mais la bonne intelligence entre les deux peuples ne fut pas de longue durée: ils reprirent les armes à la mort de Siméon, en 927, et des divisions intestines affaiblirent les Bulgares. Au commencement du XIe siècle, l'empereur Basile II mérita le surnom de vainqueur des Bulgares; il exerça une cruelle vengeance contre quinze mille prisonniers, qui n'étaient coupables que d'avoir défendu leur pays. On leur creva les yeux, mais en laissant, par chaque centaine de ces malheureux, un œil à l'un d'entre eux, afin qu'il pût reconduire les autres dans leur pays. La Bulgarie passa sous le sceptre grec en 1019, et les Bulgares furent resserrés dans un canton peu étendu. Quoique convertis au christianisme, ces peuples, pendant les deux siècles qui précédèrent les croisades, demeurèrent inhospitaliers pour les pèlerins qui traversaient leur territoire, en se rendant à Jérusalem par Constantinople. Les croisés les trouvèrent également mal disposés en leur faveur.

En 1186, les Bulgares secouèrent le joug de l'empire grec, sous le règne d'Isaac l'Ange. Pierre, appelé aussi Colo-Pierre et Asan, son frère, issus du sang royal de Bulgarie, se firent proclamer rois. Ils furent tués l'un et l'autre, et eurent pour successeur, en 1196, Joannice ou Jean Ier, fils de Pierre. Ce prince envoya des ambassadeurs à Rome, pour y porter son adhésion à la communion de saint Pierre, et sut résister aux efforts que l'empereur grec fit pour le retenir dans le schisme. Il fut couronné, en 1204, roi de Bulgarie et de Valachie, par le cardinal Léon, légat du saint-siége. Il entra ensuite en guerre avec les Francs, devenus maîtres de Constantinople, et il remporta, en 1205, une grande victoire sur l'empereur Baudouin Ier. Joannice fut tué en assiégeant Thessalonique, en 1207; il laissa une fille qui épousa Henri, empereur de Constantinople, et eut pour successeur son neveu Vorylas. Ce prince fit aussi la guerre aux Francs; mais moins heureux que son oncle, il perdit contre eux une grande bataille, en 1208. Il fut détrôné par son cousin Jean Asan II, en 1215 ou 1216. Le nouveau roi battit Théodore l'Ange, empereur de Thessalonique, le fit prisonnier et lui fit crever les yeux. Jean Asan s'allia avec l'empereur grec Jean Vatace, et alla avec lui faire le siége de Constantinople. Mais ils furent battus deux fois par l'empereur latin Jean de Brienne. Jean Asan se rangea ensuite du côté des Francs; mais, s'étant séparé d'eux, il vit le roi de Hongrie, André, à la sollicitation du pape Grégoire IX, tourner ses armes contre lui, quoiqu'il fût son beau-père. Jean Asan mourut en 1242. L'histoire des Bulgares ne présente plus guère après lui qu'une suite de révolutions et de rois qui se détrônent les uns les autres, jusqu'à ce que leur pays devienne une province de l'empire ottoman, vers la fin du XIVe siècle.

C

CAIRE. On trouve, dans l'*Histoire de Damiette* d'Olivier Scolastique, qui avait fait partie de l'expédition d'Egypte en 1218, une description du Caire au commencement du XIIIe siècle. « La ville appelée Babylone (le Vieux Caire), dont la forme est triangulaire, est située sur le Nil et s'étend en long et en large; les rues sont étroites; ses habitations sont les unes sur les autres, à cause du concours de monde qui s'y rend. Les chrétiens y ont plusieurs églises, car ils y sont en grand nombre; ils payent un tribu au prince. Cette ville est l'entrepôt des marchandises qui viennent de l'Ethiopie, de la Lybie, de la Perse et des autres pays. A un mille de là, en tirant vers Damiette, est le Caire, dont les rues sont larges et les maisons magnifiques; c'est là que demeuraient les seigneurs les plus riches du pays. Cette ville ne s'étend pas comme Babylone sur le fleuve; elle en est séparée par un espace rempli de joncs et de roseaux. On voit sur une hauteur le château royal, composé de grandes tours et en forme de triangle. Des deux côtés de ce château descend un mur qui renferme le Caire et Babylone. Entre ces trois points est un grand espace sablonneux, où une armée nombreuse peut camper. Entre le Caire et Babylone est l'église de Sainte-Marie, où demeura, dit-on, l'enfant Jésus lorqu'il fut conduit en Egypte. Le Caire est à trois journées de Damiette. »

Dans la continuation de la *Chronique des Slaves*, Arnold de Lubeck donne une description du Caire, qui est la copie d'une lettre d'un ambassadeur, nommé Gérard, que l'empereur Frédéric Barberousse envoya à Saladin en 1174. Jacques de Vitry a aussi décrit cette ville d'après la même lettre. Selon Gérard, il y avait trois villes du nom de Babylone: l'ancienne Babylone, où avait été élevée la tour de Babel; une autre Babylone était celle sur laquelle régna, dit-il, Pharaon; elle était située sur le Nil, au pied d'une montagne, et à six milles de la nouvelle Babylone, qui est également située sur le Nil, et qui se trouve dans une plaine. Cette Babylone, qui est le vieux Caire, était alors grande, belle, populeuse, très-commerçante; on y apportait de l'Inde, par le Nil, toutes sortes d'épices que l'on transportait de là à Alexandrie. « A un tiers de mille de la nouvelle Babylone, ajoute Gérard, est la ville qu'on nomme maintenant le Caire: c'est une résidence royale et le séjour des princes et des Mameluks; elle est près du Nil; ses édifices sont admirables et somptueux; elle est défendue par des murailles et entourée de très-beaux vergers; les Sarrasins, les juifs et les chrétiens l'habitent ensemble, et chacun y suit sa religion. On trouve dans le Caire plusieurs églises chrétiennes. A un mille de cette ville est le jardin du Baume. Les Sarrasins croient qu'ils ont, dans leur pays, le paradis qui les attend après cette vie. Ils disent qu'il y a dans ce lieu de délices quatre fleuves: le premier roule des flots de vin, le second de lait, le troisième de miel, et le quatrième d'eau. Selon eux, on cueille dans ce séjour toutes sortes de fruits; on y mange et on y boit tout ce qu'on veut, etc. »

CALIFE, c'est-à-dire *successeur*, *vicaire*, est le nom qu'ont porté les pontifes suprêmes de la religion mahométane, depuis la mort du faux prophète jusqu'à la première moitié du XVIe siècle, époque à laquelle le sultan ottoman Sélim se fit céder le califat par le dernier Abbasside. Les califes réunissaient la suprématie de l'autorité spirituelle et sacerdotale au caractère de chefs, dans l'ordre temporel, du vaste empire dont Mahomet avait posé les fondements. Ils étaient les interprètes de la loi politique en même temps que religieuse imposée par le Coran. Ils avaient leur divan, c'est-à-dire leur conseil de gouvernement et d'administration, et le divan des califes était ordinairement qualifié de la dénomination de *divan auguste*, ou de *divan fortuné*, ou de *divan prophétique*. Il y a eu trois grands califats : 1° celui dont le siége, établi d'abord à La Mecque, a été transporté à Damas sous la famille des Ommiades, et ensuite à Bagdad sous celle des Abbassides; ce califat a duré 626 ans, de l'année 632 à l'année 1258. 2° Le califat des Fatimites d'Egypte, fondé en 909 par un descendant de Fatime, fille de Mahomet. Ce califat, que détruisit Saladin en 1171, n'a duré que 262 ans. 3° Le califat de Cordoue, qui fut institué en 756 par la famille des Ommiades, détrônée en Orient par celle des Abbassides, et qui se démembra en 1031. Abou-Bekr, le premier successeur de Mahomet, fut élu calife en 632, à la mort du faux prophète, dont il était le beau-père. C'est lui qui a réuni en un corps d'ouvrage les feuilles éparses du Coran, et c'est sous son règne que la Syrie commença à passer sous le joug de l'islamisme. Omar, le second calife, était parent de Mahomet; il succéda à Abou-Bekr en 634. C'est lui qui a établi l'ère de l'hégire (*Voy.* l'art. HÉGIRE). Othman, le troisième calife, régna de 644 à 656. Ali, le quatrième calife, avait épousé Fatime, fille de Mahomet. Il eut à lutter contre Moaviah, chef de la famille des Ommiades, et il périt assassiné après quatre ans de califat. Hassan, fils d'Ali et de Fatime, fut élu cinquième calife, à la mort de son père, en 660; mais il fut forcé d'abdiquer, six mois après, au profit de son compétiteur Moaviah, fondateur de la dynastie des Ommiades. (*Voir* l'article OMMIADES.)

CANNE A SUCRE. Cette plante était cultivée en Syrie, et particulièrement dans le territoire de Tripoli, lorsque les croisés y arrivèrent. Les habitants du pays en savaient extraire la substance, qu'ils appelaient *zucra*. Nous voyons dans Albert d'Aix que le produit de la canne à sucre fut une utile ressource pour les chrétiens, dans la famine qu'ils éprouvèrent au siége de Marra et devant Archas. Le second abréviateur de Foucher de Chartres parle aussi des secours que les pèlerins qui se rendaient à Jérusalem, après la prise de cette ville par les chrétiens, avec Baudouin d'Edesse et Bohémond, tirèrent de la canne à sucre. L'usage du suc de cette plante leur procurait cependant, dit-il, plus de douceur que de force, *plus inde saporis capientes quam rigoris*. Les pèlerins rapportèrent la connaissance de cette plante en Occident. Ce sont les Arabes qui l'ont introduite en Espagne, d'où elle a été transportée en Amérique.

CARACOUSCH, surnom sous lequel est connu dans l'histoire Boha-Eddin, vizir de Saladin, qui défendit Acre lorsqu'elle fut prise par les chrétiens, après un long siége, en 1191. La chronique de Godefroy de Cologne parle, comme Gauthier Vinisauf, de la vieillesse étonnante de l'émir Caracousch, qui vivait, disent ces chroniqueurs, du temps de Godefroy de Bouillon, et qui, lorsqu'il fut fait prisonnier dans la ville d'Acre, avait deux cent soixante ans. Mais les historiens arabes ne confirment pas le récit des chroniqueurs latins. Karah-Kousch veut dire littéralement *oiseau noir*, c'est-à-dire un *merle*. Ce mot est employé dans la signification de *niais*, et, comme l'émir Caracousch était d'ailleurs laid et difforme, son nom est devenu celui de l'obscène polichinelle turc.

CARACTÈRE DES CROISADES. Dans une Préface qu'il a placée en tête de la Collection qu'il a donnée des historiens des croisades, Bongars dit, pour justifier le titre de *Gestes de Dieu par les Francs* (*Gesta Dei per Francos*), que porte ce recueil : « Nous avons donné à cette Collection le titre de *Gestes de Dieu par les Francs*, titre que Guibert avait donné lui-même à son Histoire, parce que nous avons pensé qu'il ne pouvait y en avoir ni de plus exact ni de plus vrai; car Dieu ne dirigea pas les croisades comme un de ces événements plus ou moins importants qu'il règle dans l'ordre général de sa providence; mais il fut présent aux expéditions des croisés aussi manifestement qu'il dirige les astres. » Cette assertion n'est certainement pas détruite par la mauvaise plaisanterie de Gibbon, qui a prétendu que Bongars eût plus exactement intitulé sa Collection : *Gesta diaboli per Francos* (*Gestes du diable par les Francs*). Le diable n'a pas plus perdu ses droits dans les croisades qu'il ne les perd ailleurs. Mais la preuve de l'intervention de la Providence n'en subsiste pas moins, comme le remarque très-justement Bongars, dans l'enthousiasme qui éclata subitement parmi tant de peuples différents, et qui réunit la plus grande partie de la chrétienté sous la bannière de la croix. Lorsqu'on veut bien réfléchir que ces nations étaient alors arrivées au dernier terme de l'anarchie amenée par les abus qui s'étaient introduits dans le système féodal, il est impossible de ne pas voir, dans l'universalité de cet enthousiasme religieux, un remède administré par la main de Dieu pour prévenir la dissolution de la société. C'est cet accès général d'une fièvre de foi, produisant la crise qui a sauvé l'Europe, qu'on doit considérer comme le caractère des croisades. Les guerres saintes firent planer la croix au-dessus d'une société livrée à tous les désordres et à l'ardeur des jouissances brutales des sens. De là vient que les croisades présentent les rigueurs de la piété la plus austère mêlées aux débordements de la plus grossière licence. Provoqué par la voix du vicaire de

Jésus-Christ, le cri *Dieu le veut!* parti des montagnes de l'Auvergne, retentit comme un coup de tonnerre, *tonitruum istud*, dit l'évêque Baudri, qui assista au concile de Clermont, d'une extrémité à l'autre de l'Occident chrétien, et annonça l'avénement de la régénération préparée par Grégoire VII. Tous les peuples reçurent la même impulsion, dit Guibert; des hommes, accourus des îles les plus lointaines, parlant un langage qu'on n'entendait point, plaçaient leurs doigts en forme de croix, et déclaraient ainsi qu'ils voulaient combattre pour le Christ. Dans l'Occident soulevé par la papauté contre l'Orient, la *folie de la croix*, suivant l'expression de saint Paul, devint ce qu'on appellerait aujourd'hui l'opinion dominante et imposa silence à l'amour de la patrie, aux liens de la famille, aux affections du cœur. Ce n'est pas que des vues humaines, l'ambition et la cupidité, ne se soient quelquefois, chez les princes et les seigneurs, mêlées au dévouement pour la cause de Jésus-Christ; mais l'entraînement de la foi fut le sentiment général. *Tristitia remanentibus, gaudium autem euntibus erat*, dit Foucher de Chartres. Les croisés, suivant l'expression d'une chronique allemande, étaient comme poussés par un mouvement de l'âme (*motu mentis compuncti*) à combattre les infidèles.

Une plume contemporaine des croisades les a parfaitement caractérisées, en appréciant la première de ces expéditions : « La croisade, dit Henri de Huntington, est le plus grand des miracles qui ait signalé notre époque; dans l'histoire des siècles, il est inouï que tant d'hommes de nations différentes, tant de princes puissants, aient abandonné, en même temps et dans un même esprit, leurs biens, leurs femmes et leurs enfants, pour aller, dans des contrées inconnues, braver les fatigues et la mort. » Les croisés n'enviaient que la gloire de mourir près du tombeau de Notre Sauveur, et Pierre le Vénérable a très-bien dit aussi que rien, dans l'antiquité sainte ou païenne, ne peut être comparé à ce généreux mouvement des peuples chrétiens. Mourir pour la foi, voilà le but qu'ambitionnaient d'atteindre ces masses de pèlerins qui s'acheminaient vers le saint tombeau. Guibert, parlant d'un prêtre qui avait été massacré par les Musulmans lorsqu'il disait la messe, quand les chrétiens furent surpris peu après leur arrivée sur la côte d'Asie, dans la première croisade, s'écrie : *O l'heureux martyre d'un heureux prêtre!* Propager la foi était aussi un besoin dont les croisés se sentaient animés. Après la reddition de Damiette aux Musulmans, dans la sixième croisade, Olivier Scolastique, qui a écrit l'histoire de ces événements, adressa des lettres, qu'il cite en terminant sa relation, au sultan du Caire et aux docteurs de l'Egypte, pour tâcher de leur démontrer le divinité du Christ et de leur faire comprendre le mystère de l'Incarnation.

La résistance que les Musulmans opposèrent aux soldats de la croix avait aussi pour principe l'enthousiasme religieux; et c'est encore le caractère des croisades d'avoir présenté la lutte de la foi à l'erreur contre la foi à la vérité. L'historien arabe Emad-Eddin rapporte que, pendant le fameux siége d'Acre, sous Saladin, un brave émir de l'armée du sultan étant tombé malade, ce qui l'affligea le plus, ce fut de ne pouvoir plus servir l'islamisme : cette idée lui causa une tristesse mortelle. Dans sa douleur, il dit à ceux qui l'entouraient : « Qu'on m'amène mon cheval de bataille; que je prenne encore une fois part à l'action et que je meure martyr; je veux combattre jusqu'à la mort. Que mon sort est à plaindre, que je suis malheureux de mourir dans mon lit, moi qui ai toujours été inaccessible à la crainte, moi dont le courage était connu de tous ! » Un autre historien arabe, Boha-Eddin, raconte que, parmi les Musulmans de distinction qui souffrirent le martyre dans une affaire devant Acre, durant le même siége, était le frère d'un docteur. « Je vis, ajoute Boha-Eddin qui assista à ce combat, le jour même le docteur rayonnant de joie dans sa tente; et comme ses amis venaient pour s'affliger avec lui de la mort de son frère, il les reprit doucement et dit : *Vous devez me féliciter, au lieu de me faire des compliments de condoléance.*

Le livre de Humbert de Romans, qui traite des objets dont s'est occupé le concile général de Lyon, en 1274, donne une idée assez exacte de l'opinion que l'on avait des croisades en Europe, à l'époque même où ces grands événements se sont accomplis. L'auteur de ce livre compte sept raisons principales qui devaient déterminer les fidèles à s'enrôler sous la bannière de la croix : 1° le zèle pour l'honneur de la religion; 2° le zèle pour la foi chrétienne; 3° la charité fraternelle; 4° la dévotion pour la terre sainte; 5° la nécessité de la guerre; 6° les exemples de leurs aïeux; 7° les indulgences de l'Eglise. Humbert de Romans énumère aussi les causes d'opposition à la guerre sainte et il trouve qu'elles sont au nombre de huit : 1° les liens du péché; 2° la crainte des maux du corps; 3° le trop grand amour de la patrie; 4° les disputes des hommes; 5° leurs mauvais exemples; 6° une très-grande affection envers soi-même; 7° une impuissance supposée; 8° le manque de foi parmi les chrétiens. Humbert classe ensuite en sept catégories les hommes tièdes qui articulaient des objections contre la guerre à faire à l'islamisme. Les premiers prétendent qu'il n'est pas permis de répandre le sang des Musulmans, parce que Jésus-Christ a dit à Pierre de remettre son épée dans le fourreau. « Nous répondrons, dit Humbert de Romans que la vigne de l'Eglise a dû être plantée et cultivée d'une autre manière qu'elle doit être aujourd'hui protégée; le peuple chrétien, dans son état de faiblesse, a dû procéder autrement que dans les jours de sa puissance, et ce n'est pas sans cause qu'il porte un glaive. Semblable à l'ouvrier qui, privé d'un instrument se sert d'un autre, ce peuple, qui n'est plus défendu par les miracles, doit se garantir aujourd'hui par les armes. Qui pourrait dire qu'il ne faut pas résister aux Sarrasins, s'ils étaient près d'égorger les chrétiens et de détruire le culte de Jésus-Christ ? »

Les seconds disent, suivant Humbert de Romans, qu'il ne faut pas aller combattre les infidèles, parce qu'il y aura beaucoup de sang répandu, et qu'il ne faut pas que le sang de l'innocent paye pour le coupable. Mais ceux qui souffrent le martyre pour la religion ne meurent pas ; l'Eglise cherche plutôt à remplir le ciel que la terre. D'ailleurs, la mort de quelques-uns est quelquefois nécessaire pour le salut de tous. Les troisièmes trouvent la guerre d'outre-mer imprudente, parce que les Sarrasins y ont, à commencer par celui du climat, tous les avantages sur les chrétiens. Mais nous leur répondrons : Si Dieu est pour nous, qu'importe ce qui est contre nous ? Nos soldats sont mieux armés que leurs ennemis, corporellement et spirituellement, *corporaliter et spiritualiter*. Ils ne fuient pas la mort, ils la désirent. Les quatrièmes avouent qu'il serait permis aux chrétiens attaqués de se défendre, mais que, dans la guerre sainte, ils vont attaquer les infidèles. Nous répondrons que ce sont les Sarrasins qui sont venus les premiers attenter au droit de propriété des chrétiens en Palestine, et qu'il est permis à ceux-ci de reprendre par les armes ce qui leur a été enlevé par les armes. S'il est utile d'arracher le chardon d'un champ qu'on veut cultiver, il est plus utile encore de chasser de la terre sainte une nation impie, pour y rétablir le culte de Dieu. Les cinquièmes demandent pourquoi on irait attaquer les Sarrasins, lorsqu'on laisse en repos les Juifs qui vivent au milieu de nous. Humbert de Romans répond qu'on épargne les Juifs, parce que le prophète a dit : Ne les tuez pas, afin que mon peuple se rappelle leur punition. Les sixièmes prétendent que la guerre contre les Sarrasins ne peut avoir aucun bon résultat ni spirituel ni temporel : spirituel, puisqu'on ne parviendra pas à convertir ces peuples, chez qui l'impiété est trop invétérée ; temporel, puisqu'il est impossible aux chrétiens de se maintenir dans la Palestine. A cela Humbert répond « qu'on retire trois espèces de fruits de la croisade : des fruits spirituels, car beaucoup de grâces spirituelles et des indulgences nombreuses sont accordées à ceux qui marchent sous la bannière de la croix ; des fruits corporels, car les chrétiens se défendent par ce moyen de l'invasion prochaine des Sarrasins ; des fruits temporels, puisqu'ils vont acquérir et se partager les dépouilles des infidèles. » Les septièmes enfin ne peuvent pas croire que les croisades soient vues favorablement de Dieu, puisque toutes ont eu pour les soldats de la croix des résultats malheureux. « Mais, répond Humbert de Romans, de ce que le diable a triomphé jusqu'à présent, faut-il conclure que le chrétien doit désespérer de Dieu ? Les Israélites se laissèrent-ils entraîner par le désespoir lorsque l'arche sacrée fut prise ? Sans laisser énerver notre courage, nous devons donc prier Dieu de le fortifier. »

Au temps des premières croisades, les prédicateurs de ces saintes entreprises faisaient appel à la foi des peuples et des princes, et leur parole enflammait les cœurs d'un pieux et ardent enthousiasme. Il suffisait alors de montrer que ce saint pèlerinage était agréable à Dieu, pour appeler les populations sous l'étendard de la croix. Mais cet esprit, généreusement aveugle, de dévouement à la cause de Dieu, ne tarda pas à s'altérer. Après avoir été l'âme des guerres d'outre-mer de la fin du XIe à la fin du XIIe siècle, il commença à décliner au XIIIe, et bientôt il fallut faire parler la raison d'Etat dans les conseils des rois, pour provoquer les expéditions contre les progrès toujours croissants de l'islamisme.

CARMES (Ordre des). L'ordre des Carmes tire son nom du Carmel, montagne de la terre sainte, située entre Tyr et Césarée, séparée de Saint-Jean-d'Acre par un golfe, et dont le pied est baigné par la Méditerranée, vers l'occident. Le prophète Elie y accomplit ses plus éclatants prodiges; on y montre la grotte où il se réfugia. Il y a auprès de cette grotte une chapelle dédiée à la sainte Vierge, sous l'invocation de Notre-Dame du Mont-Carmel, et que l'on prétend avoir été construite en l'an 83 de l'ère chrétienne. Les Carmes, revendiquant la plus haute antiquité à laquelle une congrégation religieuse puisse prétendre, disent que cette montagne, berceau de leur ordre, a toujours été habitée, depuis Elie, par une suite non interrompue de solitaires qui y ont pratiqué ses exemples, et le reconnaissaient pour leur patriarche ; et c'est là, selon eux, leur origine, qu'ils établissent d'une manière plausible, quoique contestable. Ce fut le bienheureux Albert, patriarche de Jérusalem, qui rassembla, en 1209, les ermites épars sur le Mont-Carmel, dans quelques cabanes que leur avait bâties un croisé, Berthold de Calabre, en 1156, et qui leur donna une règle contenue en seize articles.

Sous le pontificat d'Honorius III, on discuta vivement à Rome s'il n'était point à propos de supprimer l'ordre des Carmes, parce que le concile de Latran, tenu en 1215 par Innocent III, avait défendu d'établir de nouveaux ordres religieux, et, malgré toutes les bonnes raisons qui pouvaient être alléguées contre cette suppression, le pape s'apprêtait à la prononcer, lorsqu'une inspiration de la sainte Vierge le décida à maintenir l'ordre du Carmel dans le titre, la règle et les priviléges dont il jouissait; c'est pourquoi le pontife rendit une bulle de confirmation. Les Carmes n'échappèrent point, dans leur monastère, aux revers dont les Musulmans affligèrent la terre sainte. Les développements que l'ordre prit en Europe doivent être principalement attribués à saint Louis, roi de France. On lit, dans la Chronique de Jean de Leyde, que saint Louis, en quittant la terre sainte, après avoir appris la nouvelle de la mort de sa mère, fut assailli d'une tempête qui repoussa son vaisseau sur la côte du Mont-Carmel. Dans ce moment, la cloche du monastère appelait les religieux à l'église : le saint roi descendit à terre, et se rendit au couvent. Il fut si touché de la dévotion des Carmes, qu'il leur demanda six d'entre eux pour les conduire avec lui en France. Les religieux donnèrent au roi six Français de leur ordre. Saint Louis, arrivé dans son royaume, fit construire à Paris, et à grands frais, un monastère pour les recevoir. Il ne fallut que très-peu de temps à l'ordre des Carmes pour se répandre en diverses parties de la France, de l'Allemagne, de la Flandre et de la Hollande.

CARROCCIO, mot italien qui veut dire chariot. L'auteur anonyme de la chronique intitulée : *Mémorial des podestats de Reggio*, raconte que, pendant le siége de Damiette, dans la sixième croisade, « le légat du saint-siége, le roi et le patriarche de Jérusalem firent faire, à la manière des Lombards, un *carroccio*, sur lequel on plaça l'étendard des chrétiens. Tous les fantassins eurent ordre de se tenir autour, prêts à combattre, et de s'avancer peu à peu vers les ennemis, afin d'engager le combat, lorsqu'ils le pourraient avec avantage. Pendant ce temps, le soudan d'Egypte et le prince de Damas s'avancèrent par terre et par eau vers le camp des chrétiens, espérant s'emparer de leurs tentes et de tous leurs bagages. Les chrétiens, voyant les ennemis s'approcher, firent aussitôt garder les portes et les avenues de la ville ; et les fantassins, se réunissant autour du *carroccio*, se présentèrent en masse au-devant des infidèles qui s'avançaient. Les Sarrasins, à la vue de l'étendard des chrétiens, élevé sur le *carroccio*, furent étonnés et effrayés, et, croyant voir l'arche sainte des croisés, ils n'osèrent tenter le combat. »

CAUSES DES CROISADES. Les croisades ont été la réponse de l'Europe chrétienne et guerrière à la menace du joug musulman, que les Arabes avaient fait planer sur le monde occidental. L'esprit des guerres saintes naquit de l'esprit des pèlerinages, lorsque ces pieuses visites au tombeau du Rédempteur furent entravées par l'islamisme. Le séjour de Jérusalem et de la Palestine tout entière, devenu intolérable pour les chrétiens qui s'y rendaient en pèlerinage, ou que la piété engageait à s'y fixer, telle a été l'origine des croisades, de ce soulèvement de l'Occident contre l'Orient, provoqué par la barbarie des conquérants mahométans de la terre sainte. En passant de la tyrannie des Abbassides, califes de Bagdad, sous celle des Fatimites, sultans d'Egypte, Jérusalem avait senti le poids de ses fers s'aggraver. Mais la domination qui, quoique passagère, mit le comble à ses souffrances, fut celle des féroces Ortokides. La foi sincère et ardente de l'Europe chrétienne du XIe siècle ne put pas entendre raconter que les lieux arrosés du sang du Fils de Dieu étaient indignement profanés, sans ressentir cette indignation qui faisait dire à Clovis, au récit de la passion de Notre Sauveur : *Si j'avais été là avec mes Francs!* Le caractère guerrier du temps se révolta contre l'idée de laisser impunie l'arrogance cruelle et sacrilége des Musulmans. Les contemporains de Godefroy de Bouillon croyaient fermement, avant tout, en Dieu et en sa sainte religion, mais ils ne croyaient à rien plus ensuite qu'à la puissance de l'épée ; et, sans s'incliner devant le fatalisme enseigné par le prophète arabe, ils en appelaient volontiers à la décision de la victoire.

Une des principales causes des croisades fut certainement aussi la pensée qu'a eue constamment la papauté de détourner les peuples de l'Europe de leurs guerres intestines, en les lançant dans des expéditions d'un intérêt général. Différentes causes secondaires et accessoires ont concouru à augmenter le nombre des pèlerins armés qui ont pris part aux croisades. Foucher de Chartres montre un exemple de ces divers motifs qui ont pu fournir des défenseurs à la terre sainte, lorsqu'il remarque que beaucoup de seigneurs, coupables de grands crimes, et n'osant en faire publiquement pénitence au milieu des gens dont ils étaient connus, *inter notos*, promirent d'aller, en expiation de leurs péchés, combattre les infidèles, et délivrer les saints lieux de la tyrannie musulmane.

CÉLESTIN III succéda à Clément III sur le trône pontifical, le 30 mars 1191, et déploya, quoique âgé de quatre-vingt-trois ans, le même zèle que son prédécesseur pour la cause des guerres saintes. Il accueillit Philippe-Auguste à son retour de la troisième croisade, accéda à la demande que lui fit le roi de l'absoudre, lui et les siens, de ce qui manquait à l'accomplissement de leurs vœux, distribua des palmes à Philippe et aux guerriers qui l'accompagnaient, leur suspendit des croix au cou, et les déclara pèlerins, au rapport de Roger de Hoveden. Lorsqu'en l'absence de Richard Cœur-de-Lion, le prince Jean, frère de ce roi, troubla le royaume d'Angleterre, Célestin écrivit aux archevêques et évêques anglais, pour se plaindre de cette violation des lois envers un prince qui employait ses forces et exposait sa vie pour le recouvrement de la terre sainte. Le souverain pontife menaçait dans sa lettre d'excommunier tous ceux qui chercheraient à usurper la puissance en Angleterre, et qui mépriseraient les lois et les droits de Richard.

Célestin fit des instances auprès du duc d'Autriche et de l'empereur d'Allemagne pour obtenir la liberté de Richard Cœur-de-Lion, que ces princes retinrent prisonnier, à son retour de la terre sainte. L'empereur et le duc demeurèrent sourds à la demande du pape, qui les frappa d'excommunication. Célestin adressa, en 1192 ou 1193, une lettre aux archevêques et évêques d'Angleterre, dans laquelle il exposait que, si le succès n'avait pas répondu aux espérances qu'avait fait concevoir la troisième croisade, c'est que les princes qui l'avaient dirigée avaient plutôt compté sur la force de leurs armes qu'ils n'avaient mis leur confiance en Dieu. Ils n'avaient pas été conduits en Palestine par des sentiments de pénitence et par la crainte de Dieu, mais par un vain amour de la gloire, enfant de l'orgueil ; et c'est ainsi qu'ils ont provoqué la sévérité de la justice divine. Mais le vrai chrétien ne doit pas oublier que Dieu l'humilie pour l'élever ensuite. « Si nous apportons au combat, ajoute Célestin, un cœur pur, un ardent désir de suivre les ordres du Créateur, et si nous mettons dans notre projet une volonté ferme et constante, nous ne devons point hésiter à proclamer d'avance notre triomphe. Le Christ perdra la mémoire de nos crimes, et ne se souviendra de nous que pour protéger nos pas et détruire par nos mains les peuples qui ont de la haine pour Sion. » Le pontife recommande donc l'humilité, qui désarme la justice de Dieu, et engage tous les chrétiens à se réunir pour reconquérir l'héritage de Jésus-Christ. Il accorde des indulgences à ceux qui partiront pour l'Orient, et met leurs biens sous la protection du saint-siége et de l'évêque diocésain. Il s'afflige de voir les fidèles se livrer aux plaisirs des tournois, lorsque les malheurs de l'Orient devraient leur inspirer des pensées plus graves et tirer des larmes de leurs yeux. Le pape prohibe ces fêtes militaires, et déclare que les violateurs de cette défense seront frappés d'excommunication dans leurs personnes et d'interdit dans leurs domaines. Quand la mort de Saladin fit espérer à l'Europe, en 1193, des jours meilleurs pour les chrétiens d'Orient, la vieillesse de Célestin se ranima d'une nouvelle ardeur à la pensée qu'elle pourrait être couronnée par la reprise de Jérusalem sur les infidèles. Le pape fit tous ses efforts et multiplia les lettres et les ambassadeurs pour soulever l'Allemagne et l'Angleterre. S'il ne réussit pas à déterminer l'empereur Henri VI à marcher à la conquête de la Palestine, à la tête des croisés allemands, c'est qu'une invincible ambition enchaînait ce prince à ses desseins en Europe. Deux lettres de Célestin à Hubert, archevêque de Cantorbéry, témoignent du zèle infatigable de ce pontife pour l'affranchissement des Lieux Saints. « Nous espérons, dit Célestin dans une de ces lettres, et vous devez espérer également, que le Seigneur secondera les effets de vos prédications et de vos prières, et qu'il jettera le filet pour la pêche miraculeuse ; qu'il remplira principalement du désir de marcher à la défense de la province d'Orient ceux qu'animera l'ambition de coopérer à une entreprise méritoire, plutôt que la confiance dans leurs propres armes ; qu'enfin les ennemis de Dieu seront dispersés, et que ceux qui le haïssent fuiront loin de sa présence. Pour nous, conformément au pouvoir que nous avons reçu de Dieu, et qui est attaché à notre ministère, nous réintégrons dans le sein de l'Eglise, et nous relevons de toute censure ecclésiastique antérieure à ce jour, tous ceux qui entreprendront ce voyage par zèle pour le service de Dieu, et dans le dessein de contribuer de tout leur pouvoir au succès de sa cause. Nous accordons également indulgence plénière et ouvrons le chemin de la vie éternelle à tous ceux qui, ayant abannonné la foi, s'engageraient, dans les dispositions d'un esprit humble et d'un cœur contrit, à s'exposer aux fatigues et aux travaux de cette sainte entreprise. Nous mettons sous la protection spéciale du saint-siége, ainsi que sous celle des archevêques et autres prélats de l'Eglise, les biens et les familles de ceux qui feront partie de l'expédition, à partir du moment auquel ils auront reçu le signe de la croix, et aucune atteinte ne sera portée aux possessions dont ils jouissaient, tant qu'on n'aura pas acquis la certitude de leur retour ou de leur mort. Quant à ceux qui consacreraient une partie de leurs biens au service de ladite terre, ils obtiendront le pardon de leurs péchés, autant que les prélats croiront devoir le leur accorder. Nous finissons en vous enjoignant de prescrire à vos peuples le travail méritoire de cette expédition, recommandant également à notre très-cher fils en Jésus-Christ, l'illustre roi d'Angleterre, d'envoyer au secours de ladite terre sainte une armée bien équipée, et, à cet effet, de parcourir toute l'Angleterre, exhortant de tout son pouvoir les peuples soumis à sa puissance à se munir du signe de la croix, pour la défense de la chrétienté, et à traverser les mers pour visiter la terre sainte. » L'autre lettre de Célestin à l'archevêque de Cantorbéry est une instruction adressée à ce prélat sur l'obligation d'accomplir le pèlerinage des Saints Lieux, quand on en a fait le vœu, et sur les cas où il y a lieu d'absoudre de ce vœu, lorsqu'il y a incapacité réelle ou impossibilité absolue de s'en acquitter chez celui qui l'a fait. Célestin travailla jusqu'au dernier jour de sa longue vie et de son actif pontificat à l'œuvre de la délivrance de la terre sainte ; et lorsqu'il mourut, en 1198, il venait de s'efforcer de retenir en Asie les croisés allemands, que la nouvelle de la mort de l'empereur Henri VI ramena, contre son gré, en Occident.

CHARLES, COMTE D'ANJOU, né en mars 1220, était le septième fils de Louis VIII, roi de France, et de Blanche de Castille. Son mariage avec Béatrix, quatrième fille de Raymond Bérenger, comte de Provence, lui assura la succession de ce prince, par exclusion des trois filles aînées qui avaient épousé les rois de France, d'Allemagne et d'Angleterre. Charles accompagna saint Louis en Afrique et y fut fait prisonnier en 1250. Il quitta le roi en Palestine pour revenir en France avec le comte de Poitou. Après son retour, il eut quelques querelles avec ses vassaux, qui prétendaient qu'il empiétait sur leurs droits. A l'époque de la mort de la reine Blanche, il se trouvait engagé dans la guerre de la succession de Flandre. Le pape l'appela au trône de Sicile, en 1263, et fit prêcher la croisade contre Mainfroi qui s'y était établi, en répandant le bruit mensonger de la mort de Conradin. Outre la tentative d'empoisonnement qu'il avait faite sur la personne de ce dernier, Mainfroi s'était souillé de plusieurs crimes énormes et avait commis d'impardonnables attentats contre les droits spirituels et temporels du saint-siége. Charles ne put accourir aussi vite qu'il l'aurait désiré. Etant arrivé à Rome par mer le 24 mai 1265, il y fut proclamé sénateur, le 19, en présence de quatre cardinaux, spécialement envoyés par Clément IV, qui résidait à Pérouse. Le 6 janvier 1266, il fut couronné roi de Sicile par trois cardinaux, qui lui donnèrent l'investiture et reçurent son serment de fidélité au saint-siége. Son armée arriva par terre peu de jours après. Elle était conduite par la reine Béatrix et avait remporté, chemin faisant, plusieurs avantages sur les Gibelins, alliés de Mainfroi. Charles avait épuisé la Provence pour lever ces troupes qui se composaient de cinq mille gentilshommes, quinze mille fantassins et dix mille arbalétriers, et déjà il manquait d'argent. Il entra en campagne immédiatement, pénétra dans la Pouille et se rendit maître de plusieurs villes. Mainfroi lui fit faire des propositions d'accommodement. « Dites au sultan de Lucéra, répondit le prince français, que je ne veux avoir ni paix ni trêve avec lui, et que bientôt je l'enverrai en enfer, ou il m'enverra en paradis. » Il faisait allusion au grand nombre de Musulmans que Mainfroi comptait parmi ses troupes, aussi bien qu'à l'apostasie dont ce prince s'était rendu coupable, et qui est constatée par les lettres où Urbain IV lui reproche d'avoir adopté la religion mahométane. Le 26 février, les deux armées se rencontrèrent dans la plaine du Champfleuri, près de Bénévent ; la bataille s'engagea avec fureur et fut gagnée par les Français. Mainfroi y perdit la vie. Toutes les villes ouvrirent leurs portes au vainqueur, hormis Lucéra; mais celle-ci ne tarda pas à succomber. Manfrédin, fils de Mainfroi, une de ses sœurs et leur mère tombèrent au pouvoir du nouveau roi, qui les fit renfermer dans le château de l'Œuf, à Naples. Le jeune prince mourut sans avoir recouvré sa liberté. Charles ne sut pas se concilier l'affection d'un peuple qui s'était, pour ainsi dire, donné à lui. Ses exactions et sa dureté exaspérèrent ses sujets, qui invitèrent secrètement Conradin à venir se mettre à leur tête. L'héritier des Hohenstaufen n'avait que quinze ans ; mais, dévoré du désir de régner, il n'hésita pas à descendre en Italie, à la fin de l'année 1267, avec quatre mille cavaliers et quelques milliers de fantassins. Rejoint par tout ce que cette contrée contenait de Gibelins ardents, il se fit proclamer roi de Sicile, à Vérone, et fut aussitôt excommunié par le pape, le 26 novembre. Il envoya en Afrique Conrad Capèce, son lieutenant, pour y réunir une armée de Musulmans et d'aventuriers espagnols. Capèce débarqua avec ces troupes en Sicile, et la plus grande partie de cette île se souleva contre Charles d'Anjou. Les Français y éprouvèrent des échecs. En 1268, Conradin se trouva assez fort pour entrer dans Rome, dont le sénateur Henri de Castille, cousin et ennemi de Charles, le reçut avec de grands honneurs, quoique le pape eût renouvelé l'excommunication le jeudi saint de la même année. Ensuite il s'avança vers les Etats de Naples, accompagné de Frédéric, duc d'Autriche, son cousin, et du même Henri de Castille, et fut rejoint par les Musulmans de Lucéra. Charles marcha au-devant de lui, et le 23 août 1268 eut lieu la bataille de Tagliacozzo, près du lac Célano. Charles remporta la victoire et en fut principalement redevable à l'habileté d'un vieux chevalier français, nommé Erard de Valeri, qui s'était déjà signalé dans la guerre sainte. Conradin et Frédéric errèrent pendant quelques jours déguisés en paysans ; mais ils furent reconnus à Astura en Campanie, arrêtés en traversant le détroit et livrés à Charles qui les envoya à Naples. Ce dernier exerça de très-rigoureux châtiments sur les partisans de son ennemi et sur les villes révoltées. Un de ses premiers soins fut de faire passer au fil de l'épée les Musulmans de Lucéra. En 1268 ou 1269, il fit instruire le procès des deux princes allemands. Ceux-ci ayant été condamnés à mort, il leur fit trancher la tête à Naples, en présence du peuple, et assista en personne à cette exécution, qui eut lieu le 26 octobre. Mézeray prétend que ce qui détermina le frère de saint Louis à souiller son trône par l'effusion d'un sang royal, fut la nécessité d'assurer la tranquillité de ses Etats pendant la nouvelle croisade à laquelle il voulait prendre part. En 1270, il sut tirer un grand profit de cette expédition en obligeant le roi de Tunis à se reconnaître tributaire du royaume des Deux-Siciles. Il était arrivé en Afrique le jour même de la mort du roi, son frère. Au mois de janvier 1277, Charles d'Anjou prit le titre de roi de Jérusalem, comme ayant acquis, en décembre 1277, les droits de Marie, fille de Bohémond IV, prince d'Antioche, et petite fille de Jean de Brienne et d'Isabelle. Il reçut la couronne des mains du pape. Il créa bail du royaume de Jérusalem Roger de Saint-Séverin, qui arriva à Saint-Jean-d'Acre le 7 juin, prit possession de cette ville et du royaume au nom de son maître ; et, grâce à l'assistance des Templiers, il contraignit les seigneurs à lui prêter serment de fidélité. Cependant les Siciliens, accablés d'impôts et outrés des violences des Français, se montraient disposés à secouer le joug de leur roi. Jean de Procida, un des seigneurs exilés, profita de cette disposition des esprits pour organiser une vaste conjuration, dans laquelle s'engagea Pierre, roi d'Aragon. Ce prince élevait des prétentions sur la Sicile, du chef de Constance, sa femme, fille de Mainfroi. Le 30 mars 1282, éclata à Palerme la terrible insurrection dite des Vêpres siciliennes, qui ne tarda pas à s'étendre à toute la Sicile. Charles passa le détroit et vint assiéger Messine. Mais l'arrivée du roi d'Ara gon, qui eut lieu le 30 août, l'obligea à retourner sur le continent, sans coup férir, pour éviter que sa flotte ne fût enlevée par celle de Roger de Loria, amiral d'Aragon. En 1284, pendant que Charles s'occupait à lever des troupes en Provence, il apprit que son fils aîné avait été battu et pris sur mer par Loria le 5 juin. En 1285, il revint en Italie pour entreprendre de nouvelles opérations militaires; mais la mort l'arrêta à Foggia, le 7 janvier 1285.

CHEVALERIE. L'époque de la chevalerie, qui est celle des temps héroïques chez les nations d'origine germanique, avait commencé avant les croisades; mais c'est la nouvelle carrière que les guerres saintes ouvrirent à l'activité guerrière qui développa l'institution de la chevalerie, qui lui donna une direction plus élevée, plus charitable, qui lui imprima le sceau du caractère dont elle conserva l'empreinte dans sa décadence, lorsqu'au dévouement à la religion, qui était son essence, se mêla le sentiment de l'amour. Quoique Ducange ait soutenu avec raison que les cérémonies religieuses étaient employées avant les croisades, lorsqu'il s'agissait d'armer un chevalier, ce sont ces expéditions entreprises dans un but surhumain qui ont sanctifié la mission de la chevalerie. L'accomplissement du vœu du pèlerin qui recevait la croix, du chevalier croisé, consistait à combattre les ennemis de la foi: c'était un engagement d'une nature sublime et souverainement propre à ennoblir les âmes. Ce n'était plus pour son avantage particulier que le guerrier chrétien prenait les armes: c'était pour l'honneur de la religion, pour l'Eglise dont il était membre, pour Jésus-Christ, pour Dieu lui-même. Le chevalier apprenait ainsi à dédaigner son intérêt personnel, à reconnaître quelque chose de plus élevé à quoi il dévouait toute son existence. C'est à l'école de la chevalerie, épurée par l'union intime de l'Eglise avec l'ordre politique, que les croisades, dans la haute pensée du saint-siége, avaient pour objet de réaliser, que s'est formé ce type admirable du héros chrétien incarné en Godefroy de Bouillon. C'est en alliant la plus ardente piété à la plus intrépide bravoure, que le noble duc de Lorraine a élevé à sa plus haute puissance, au-dessus de tout amour profane, de tout attachement mondain, le modèle parfait du chevalier, tel que l'esprit des croisades tendait à le produire. Quand, après la prise de Jérusalem, les chefs de l'armée victorieuse offrirent à Godefroy la couronne royale, qu'il ne voulut pas porter là où le Sauveur en avait porté une d'épines, ne proclamèrent-ils pas qu'ils reconnaissaient en lui l'idéal personnifié du caractère chevaleresque le plus accompli? C'est par sa participation aux croisades, que la chevalerie se plaça à une hauteur intermédiaire entre l'institution divine de l'Eglise et les institutions purement civiles et politiques. Le redoublement de la dévotion envers la sainte Vierge, qui se manifesta à l'époque des guerres saintes, épura le culte de la femme, qui s'altéra ensuite, quand l'affaiblissement de l'enthousiasme religieux, qui avait conduit Godefroy de Bouillon et ses valeureux compagnons d'armes à la délivrance du saint tombeau, entraîna la décadence de la chevalerie. Lorsque la généreuse ambition de vaincre les ennemis de la foi chrétienne n'eut plus pour guide qu'une tiède piété, la passion des aventures extraordinaires, la convoitise des conquêtes matériellement avantageuses, remplacèrent, dans les esprits et dans les cœurs, cette abnégation de tout intérêt personnel qu'à la faveur des croisades la religion avait réussi à inspirer à la chevalerie. Le chevalier ne se proposa bientôt plus pour objet que les applaudissements des femmes dans les tournois, et perdant sa véritable dignité, il ne fut plus que l'enfant bâtard des temps de foi et d'héroïsme. Les preux de cette époque de décadence de l'âge chevaleresque n'aspirèrent plus à aller chasser les Musulmans de la terre sanctifiée par les miracles de notre rédemption; ils devinrent des chevaliers errants sur les grands chemins de l'Europe, et méritèrent de périr sous les traits du ridicule dont les a justement frappés Cervantes, dans le plus beau des livres d'imagination qui soit sorti du cerveau humain.

CHYPRE (Royaume latin de). L'île de Chypre, une des plus grandes de la Méditerranée, fut enlevée aux Grecs par les Arabes, vers le milieu du VIIe siècle. Mais elle fut ensuite reprise aux Musulmans par les armes des Grecs. Elle fit partie de l'empire de Constantinople, sous l'autorité d'un gouverneur, jusqu'à l'époque de la troisième croisade. Un prince de la famille Comnène, nommé Isaac, s'était rendu souverain indépendant de l'île de Chypre, et y régnait en tyran, lorsque Richard, roi d'Angleterre, parut devant cette île, l'an 1191, en se rendant en Palestine. Isaac ayant refusé l'entrée du port de Limisso à Richard, le roi débarqua dans l'île de vive force, et débarrassa les habitants de la tyrannie du prince grec. Richard eut égard, d'une manière dérisoire, à la demande que lui avait faite Isaac de n'être point mis aux fers: il le fit charger de chaînes d'argent. Il rendit aux habitants de l'île les droits dont ils avaient joui sous la domination des empereurs de Constantinople, mais il exigea d'eux une taxe qui s'élevait à la valeur de la moitié de leurs biens. Richard vendit ou engagea sa conquête aux Templiers pour vingt-cinq mille marcs d'argent. Les habitants formèrent une conspiration contre l'autorité de leurs nouveaux maîtres, et peu s'en fallut que tous les Latins qui étaient dans l'île ne fussent massacrés. Les Templiers voyant qu'ils ne pouvaient conserver cette possession, la rendirent à Richard en 1192. Gui de Lusignan, qui n'avait point été nommé dans le traité de paix conclu cette même année entre le roi d'Angleterre et Saladin, reçut l'île de Chypre en échange des droits qu'il prétendait avoir au trône de Jérusalem, auquel venait d'être appelé Henri, comte de Champagne, neveu de

Richard. Mais Gui de Lusignan eut à payer aux Templiers le prix de la cession qui lui était faite. On trouve sur la fondation du royaume de Chypre par la maison de Lusignan les renseignements suivants dans l'*Itinéraire du roi Richard* de Gauthier Vinisauf. Quand Henri, comte de Champagne, fut proclamé roi de Jérusalem, le roi Gui se vit sans royaume ; mais Richard Cœur-de-Lion, touché de sa piété, et par égard pour la loyauté de son caractère, lui donna la souveraineté de l'île de Chypre, quoiqu'il eût vendu d'abord cette île aux Templiers : Gui de Lusignan en devint roi, après l'avoir rachetée à ces chevaliers. Ce prince s'occupa de repeupler le royaume qu'il avait acquis, et que la fuite des habitants, après leur révolte contre les Latins, avait laissé presque désert. A sa mort, en 1194 ou 1195, comme il ne laissait point d'enfants, il eut pour successeur son frère Amaury, qui était connétable du royaume de Chypre. Moins généreux que Gui, Amaury exigea que ses sujets lui rendissent les dons que leur avait faits son prédécesseur. Appelé au trône de Jérusalem, en 1197, par son mariage avec Isabelle, héritière de cet Etat, Amaury établit sa résidence en Palestine, et chargea les chevaliers de l'Hôpital du gouvernement de l'île de Chypre. Une fille d'Isaac, à qui Richard Cœur-de-Lion avait enlevé le royaume acquis par la maison de Lusignan, avait épousé un chevalier flamand qui appartenait à la famille des comtes de Flandre, dans l'espoir qu'il reconquerrait l'île de Chypre. L'époux de la fille d'Isaac, appuyé par un certain nombre de ses compatriotes qui avaient pris la croix, porta ses prétentions en Palestine ; mais Amaury y répondit par l'ordre donné aux Flamands de sortir de ses Etats. Amaury mourut en 1205, laissant de sa première femme, Esquive d'Ibelin, trois fils, dont l'aîné, Hugues, lui succéda, sous la régence de Gauthier de Montbéliard, qui avait épousé la sœur aînée de ce jeune prince. Le beau-frère de Hugues abusa de son autorité au détriment de l'Etat. Devenu majeur en 1211, Hugues se fit couronner à Nicosie, et épousa la même année Alix, fille de Henri de Champagne, roi de Jérusalem. Cette princesse aida son mari dans la tâche qu'il s'était imposée de réparer le tort fait à son royaume pendant sa minorité. Hugues fit partie de l'expédition dirigée en 1217 par les guerriers de la sixième croisade et Jean de Brienne, roi de Jérusalem, contre la forteresse du Mont-Thabor, et s'étant retiré de là à Tripoli, il y mourut au commencement de 1218. Hugues laissait plusieurs filles et un fils, qui lui succéda sous le nom d'Henri Ier. Ce prince n'était âgé que de neuf mois à la mort de son père. Alix, sa mère, partagea la régence avec les seigneurs d'Ibelin, oncles du jeune roi. Le royaume de Chypre eut, comme la Palestine, à souffrir de l'apparition de l'empereur Frédéric II en Orient. Arrivé dans l'île en 1228, Frédéric, qui en convoitait la possession, s'empara de la personne du jeune roi, dans l'espoir d'atteindre son but. Mais il échoua dans sa tentative. En 1232, Henri passa en Syrie avec Jean d'Ibelin, l'un de ses régents, pour aider ce seigneur à délivrer un château qui lui appartenait, et qu'assiégeait Richard Félingher, fils du grand maréchal de l'empereur. Cette expédition réussit. Mais Richard avait profité de l'absence du roi, pour faire une descente dans ses Etats, et il s'était rendu maître d'une partie de l'île. Henri remporta sur l'officier impérial une victoire par laquelle il expulsa son ennemi de son royaume. Quand Frédéric II eut forcé le pape à prononcer contre lui une sentence de déposition dans le concile de Lyon, en 1245, Innocent IV engagea, l'année suivante, le roi de Chypre, Henri, à s'emparer du royaume de Jérusalem, dont l'empereur se prétendait toujours le souverain ; mais Henri n'avait pas les moyens de mettre à exécution l'invitation du souverain pontife. Le roi, le clergé, la noblesse et le peuple de Chypre firent un magnifique accueil à saint Louis, lorsqu'il arriva en Chypre, au mois de septembre 1248, à la tête de la septième croisade. Henri applaudit à une expédition qui pouvait le mettre en possession du royaume de Jérusalem, dont le pape lui avait accordé la souveraineté, et détruire la puissance du sultan d'Egypte, le plus redoutable ennemi des colonies chrétiennes d'Orient. Il engagea les seigneurs de l'île à s'unir avec lui aux croisés français, et il obtint de saint Louis par ses instances qu'il passât l'hiver à Nicosie. Les guerriers de l'île de Chypre partirent pour l'Egypte avec le roi de France au mois de mai 1249, sous le commandement de Gui d'Ibelin et de Baudouin son frère. Mais Henri ne marcha pas à leur tête, comme le rapportent plusieurs historiens. Il mourut à Nicosie, le 8 janvier 1253, et eut pour successeur son fils Hugues II. Ce prince était né peu de mois avant la mort de son père. Sa mère, Plaisance, qui était fille de Bohémond V, prince d'Antioche, eut la régence du royaume, qu'elle sut bien gouverner. Elle alla, en 1254, épouser en Palestine Balian d'Ibelin, dont elle se sépara en 1258. Plaisance se retira alors à Tripoli avec son fils. Ce prince était revenu en Chypre lorsqu'il y mourut, à l'âge de quatorze ans, en 1267. La couronne de Chypre passa alors, par droit héréditaire, à Hugues III, fils d'Isabelle, fille de Hugues Ier, et de Henri, fils de Bohémond IV, prince d'Antioche. Hugues III, surnommé le Grand, fut couronné le jour de Noël 1267, par le patriarche de Jérusalem qui se trouvait alors en Chypre.

Le sultan Bibars, ayant résolu en 1268 d'assiéger la ville d'Acre, qui était le dernier boulevard des colonies chrétiennes en Syrie, songea d'abord à réduire le roi de Chypre à l'impuissance de secourir la place par mer. Il fit construire en Egypte une flotte considérable. Mais envoyée contre l'île de Chypre, cette flotte fit naufrage à l'entrée du port de Limisso. Le roi de Chypre écrivit à cette occasion une lettre de raillerie au sultan, qui répondit par des menaces. Hugues, qui descendait par sa mère d'Amaury de Lusignan qui avait régné en Palestine, se fit couronner à Tyr roi de Jérusalem, le 14 septembre 1269 Il eut pour compétiteur Charles d'Anjou, roi de Sicile, à qui Marie d'Antioche, quatrième fille d'Isabelle, reine de Jérusalem, céda les droits qu'elle pouvait avoir sur ce royaume, en 1274, au concile de Lyon. Hugues mourut le 26 mars 1284. Il avait eu de sa femme Isabelle, fille de Gui d'Ibelin, cinq fils et quatre filles. Hugues III eut pour successeur son fils Jean Ier, qui fut couronné à Acre roi de Jérusalem, l'année même où il monta sur le trône de Chypre. Mais ce prince mourut au mois de mai de l'année suivante, à l'âge de trente-trois ans, laissant le trône de Chypre à son frère Henri II, qui se fit couronner roi de Jérusalem à Tyr, le jour de l'Assomption de l'année 1286, après avoir enlevé le château de Ptolémaïs au gouverneur qu'y avait envoyé Charles d'Anjou, roi de Naples. Henri alla au secours de Ptolémaïs lorsque cette place fut assiégée par le sultan d'Egypte, Kalil Ascraf, au printemps de l'année 1291 ; mais, quand il vit que la ville était à la veille d'être prise, il s'enfuit avec les troupes qu'il avait amenées, et se déshonora aux yeux des malheureux chrétiens de Ptolémaïs par cette lâche désertion. La ville tomba au pouvoir des Musulmans le 18 mai 1291, et le sultan, vainqueur, effaça de la carte d'Orient le royaume fondé par les croisades en Palestine. Henri n'en transmit pas moins à ses successeurs le vain titre de rois de Jérusalem. Ce prince eut dans son frère Amaury un rival qui le dépouilla, en 1304, du pouvoir dont il s'était montré indigne par sa fuite devant les Musulmans, au siége de Saint-Jean-d'Acre. Amaury avait envoyé Henri prisonnier en Arménie, et il s'apprêtait à s'emparer de la royauté en se faisant proclamer souverain, lorsqu'il fut assassiné, en 1309, l'année même où il avait enlevé la liberté à son frère. Henri dut sa délivrance au pape Clément V et reprit possession du trône. Il fit mettre à mort en 1311, dans la prison où il l'avait renfermé, son frère Gui, connétable de Chypre, qui avait favorisé les entreprises d'Amaury pour lui enlever la couronne. Henri II mourut sans postérité le 31 mars 1324, et eut pour successeur son neveu Hugues IV, fils de son frère Gui et d'Esquive d'Ibelin. Ce prince, après s'être fait couronner roi de Chypre à Nicosie, se fit couronner aussi roi de Jérusalem à Famagouste. Hugues arma, avec le pape Clément VI, la république de Venise et les chevaliers de l'Hôpital, une flotte qui parcourut l'Archipel, et qui s'empara de Smyrne en 1344. Les chrétiens furent aussitôt attaqués dans cette ville par les Turcs, et le légat du pape fut tué en la défendant contre les ennemis de la croix. Hugues IV abdiqua, en 1360, en faveur de son fils aîné Pierre Ier, et mourut en Chypre en 1361, ou, suivant Jauna, historien de Chypre, à Rome, où il avait été revêtu du titre de sénateur romain et investi du commandement de la ville par le pape Innocent VI. Pierre Ier partit en 1362, pour l'Europe, dans le but d'engager les princes chrétiens à s'armer contre les infidèles. Il se rendit d'abord auprès du pape Urbain V, à Avignon, et lui fit adopter le projet d'une croisade contre le sultan du Caire, afin d'arracher Jérusalem au joug de l'islamisme. Pierre sut intéresser à la pensée d'affranchir les Saints Lieux Jean, roi de France, et Waldemar III, roi de Danemarck, qui se rencontrèrent avec lui à Avignon. Le pape unit ses efforts à ceux du roi de Chypre et fit promettre aux deux souverains de porter les armes contre des infidèles. Plusieurs grands seigneurs de France suivirent l'exemple du roi Jean, et le cardinal Talleyrand de Périgord fut nommé légat du pape pour la croisade. Pierre parcourut l'Allemagne, les Pays-Bas, l'Angleterre, la France et l'Italie, pour recruter, par sa parole éloquemment chevaleresque, des défenseurs à la cause dont il était le champion. Mais il ne reçut partout que de vaines promesses. Jean, roi de France, mourut à Londres, et les troubles qui agitaient le Danemark détournèrent Waldemar de donner suite à sa résolution. Avec les aventuriers qu'il recruta et les secours que lui fournirent les Vénitiens et les chevaliers de l'Hôpital, établis alors à Rhodes, Pierre forma une armée de dix mille hommes et équipa une flotte, avec lesquelles il partit de Chypre, en 1365, pour aller assiéger Alexandrie. Le pape avait attaché un légat à cette expédition. Le roi de Chypre s'empara d'Alexandrie, qui ne lui opposa qu'une faible résistance. Il aurait voulu s'y fortifier, pour porter de là la guerre au sein de l'Egypte; mais il ne put empêcher ses troupes de piller la ville pendant quatre jours, après lesquels elles y mirent le feu et se rembarquèrent. Les Egyptiens, exaspérés de cette conduite barbare des croisés, maltraitèrent les chrétiens qui vivaient parmi eux. En 1367, avec le secours des Génois et des chevaliers de l'île de Rhodes, Pierre équipa une flotte de cent quarante voiles, fit une descente sur les côtes de Syrie, prit et brûla la nouvelle ville de Tripoli, et celles de Tortose et de Laodicée. Pierre força par ces moyens le sultan d'Egypte de conclure avec lui une trêve dont l'abandon dans lequel l'avaient laissé ses alliés lui faisait un besoin à lui-même. Il fut arrêté qu'on se rendrait réciproquement les prisonniers, et que la moitié du droit perçu sur les marchandises qui entraient à Tyr, à Baïrout, à Jérulem et à Alexandrie, appartiendrait au roi de Chypre. Les chrétiens furent autorisés à faire réparer les églises du Saint-Sépulcre, de Bethléem et de Nazareth, et le sultan devait rendre aux chevaliers de l'Hôpital leur ancienne maison à Jérusalem. Mais il paraît que les avantages qu'offrait ce traité n'étaient qu'un leurre, et que le sultan d'Egypte n'avait eu d'autre but que de tromper ses ennemis ; car il n'exécuta pas les stipulations convenues. Pierre s'était acquis une gloire qu'il souilla par les débauches et les cruautés qui marquèrent la fin de sa vie. Il mourut assassiné par deux seigneurs qu'il avait offensés, le 16 janvier 1369, et eut pour successeur son fils Pierre II, surnommé Pétrin. Les Génois, pour se venger d'une préséance accordée par le gouvernement de Chypre aux consuls de Venise sur les leurs, s'emparèrent de l'île presque tout entière en 1373. Deux places seules résistèrent à cette agression, et furent prises et pillées. Le roi fait prisonnier ne fut rendu à la liberté qu'en livrant la ville de Famagouste, pour garantie d'un million de ducats qu'il s'était engagé à payer aux Génois. A la sollicitation de sa mère, Pierre fit assassiner devant lui son oncle Jean, qui avait eu la principale part à la mort de son père. Pierre II mourut en 1382, n'étant encore âgé que de vingt-six ans. Il ne laissait pas d'enfants, et il eut pour successeur son grand-oncle Jacques Iᵉʳ, fils de Hugues IV. Ce prince, qui était connétable de Chypre, était en otage chez les Génois, lorsqu'il fut appelé au trône par la mort de son petit-neveu. Il fut rendu à la liberté à la demande des habitants de l'île. La couronne d'Arménie lui échut par la mort de Livon III, roi de ce pays, dont il se trouva l'héritier. Mais les Turcs s'étant emparés de cet Etat, Jacques n'en porta que le titre de roi, comme il portait celui de roi de Jérusalem. Il mourut en 1398, après un règne de seize ans, et fut remplacé sur le trône par son fils Jean II. Ce prince ne réussit pas dans les diverses circonstances où il fit la guerre. Il tenta inutilement de reconquérir Famagouste, qui était toujours au pouvoir des Génois. Il perdit, en 1426, contre les Egyptiens, qui avaient fait une descente dans l'île, une bataille où il fut fait prisonnier. Emmené au Caire, il n'obtint sa liberté qu'en s'engageant à payer un tribut annuel au sultan d'Égypte. Il mourut en 1432. Il avait épousé Charlotte de Bourbon qui lui donna deux fils, dont l'aîné lui succéda sous le nom de Jean III. Ce prince n'avait que dix-sept ans, et sa mère eut la régence du royaume. Après la mort de sa première femme, Jean III épousa, en 1435, Hélène, fille de Théodore Paléologue, despote de Morée. C'était une princesse ambitieuse, et elle força son mari, qui était un prince faible, à lui céder le gouvernement sur lequel le chambellan Thomas, qui s'était emparé de l'esprit de la reine, eut une influence d'où résultèrent des troubles dans le royaume. Hélène mourut au mois d'avril 1458, et Jean au mois de juillet suivant. Il ne laissait qu'une fille légitime, nommée Charlotte, qui lui succéda. Cette princesse était alors veuve de Jean de Portugal, que l'histoire accuse Hélène, mère de Charlotte, d'avoir fait empoisonner. L'année de son avénement au trône, la reine Charlotte, épousa Louis de Savoie, prince faible de corps et d'esprit. Jacques, fils naturel de Jean III, s'était emparé de Nicosie en faisant massacrer tous ceux qui s'opposaient à son usurpation. Mais à l'arrivée du prince Louis en Chypre, il s'était enfui en Egypte. En 1459, Jacques se fit reconnaître roi de Chypre par le sultan d'Egypte, qui se prétendait suzerain de l'île de Chypre. Jacques jura sur l'Evangile, en promettant qu'il nierait l'existence de Jésus-Christ et la virginité de sa mère, s'il manquait à son serment, de payer cinq mille écus d'or pour l'entretien des mosquées de La Mecque et de Jérusalem. Il débarqua dans l'île où l'avait amené une flotte musulmane, en 1460. La reine Charlotte et son mari se renfermèrent dans une place maritime, où ils se défendirent pendant quatre ans. Mais la division se mit entre le mari et la femme, et Louis se retira en Savoie, et la reine, sa femme, dans l'île de Rhodes; la place abandonnée se rendit à l'envahisseur, au mois d'août 1464. Jacques II s'empara du royaume, et reprit aux Génois Famagouste, qu'ils possédaient depuis quatre-vingt-dix ans. Jacques paya alors d'ingratitude les Musulmans qu'il fit tous massacrer. Mais, des conspirations se formèrent contre lui parmi ses sujets, et il périt empoisonné, en 1473, par les oncles de sa femme, Catherine Cornaro, fille d'un sénateur vénitien, qui accoucha après sa mort d'un fils qu'on proclama roi de Chypre, de Jérusalem et d'Arménie. Ce jeune prince mourut deux ans après, en 1475. La reine Charlotte, qui s'était réfugiée à Rhodes, prétendit remonter sur le trône; mais les Vénitiens soutinrent avec succès, pendant quelque temps, le parti de Catherine Cornaro, veuve de Jacques II. Charlotte céda alors ses droits à Charles Iᵉʳ, duc de Savoie, et se retira à Rome, où elle mourut en 1487. Les Vénitiens, de leur côté, attirèrent Catherine Cornaro, chez eux, en 1489, et elle fit à la république de Venise donation du royaume de Chypre, qui resta sous la domination vénitienne jusqu'à ce que les Turcs s'en emparèrent, en 1571.

CLÉMENT III, succéda à Grégoire VIII sur le trône pontifical, fut couronné le 20 décembre 1187, et ne montra pas moins de zèle que son prédécesseur pour susciter des défenseurs à la terre sainte. Dès son avénement au siége de saint Pierre, il fit faire des prières dans toute la chrétienté pour la délivrance des Saints Lieux. Il employa tout ce qu'il avait d'ardeur à préparer la troisième croisade, et à communiquer à la chrétienté, par les lettres et les légats qu'il envoyait partout, le feu qui l'animait pour la cause si intrépidement soutenue par la papauté. Clément III mourut le 27 mars 1191.

CLÉMENT IV, issu d'une famille noble, et né à Saint-Gilles près du Rhône, fut successivement évêque du Puy, archevêque de Narbonne, et cardinal évêque de Sabine. Elevé au trône apostolique le 5 février 1265, en remplacement d'Urbain IV, il fut couronné dans le même mois. Un des premiers actes de son gouvernement fut de conférer, par une bulle datée du 26 février 1265, le royaume des Deux-Siciles à Charles, comte d'Anjou, frère de saint Louis, roi de France: c'était accomplir un des grands projets d'Urbain IV. Il se livra ensuite tout entier au soin d'organiser une guerre contre les infidèles. Les rois de France, de Bohême, de Navarre, Alphonse, comte de Poitiers, les princes d'Allemagne et le roi d'Arménie, reçurent du saint-siége des lettres qui leur exposaient l'état malheureux des chrétiens d'Orient, et la nécessité de les secourir. Les Frères-Prêcheurs et les Frères-Mineurs furent chargés d'enflammer par leurs pieuses exhortations le zèle de la jeunesse guerrière de France, d'Allemagne, de Pologne et de Danemark. Informé par Béla, roi de Hongrie, des menaces des Tartares, Clément ordonna de prêcher une croisade contre les conquérants mogols. Effrayé des nouvelles invasions de Bibars, sultan d'Egypte, le pape fit hâter les préparatifs de l'expédition qu'on projetait depuis longtemps; et lorsqu'il apprit que Louis IX avait pris la croix, il s'empressa de louer la dévotion et l'ardeur belliqueuse du saint roi de France. Pour subvenir aux frais de la guerre, Clément ordonna la levée de la dime sur les revenus ecclésiastiques, malgré les remontrances du clergé. Il envoyait partout des ambassadeurs chargés d'éveiller, chez les princes et chez les peuples, le feu de la charité en faveur des chrétiens d'Orient; il essaya même d'entraîner l'empereur Michel Paléologue dans la guerre où il aurait voulu voir toute la chrétienté marcher sous la même bannière. La mort le surprit au milieu de ces négociations, le 29 novembre 1268.

CLERGÉ. Pour joindre l'exemple au précepte, beaucoup de membres du clergé, durant les croisades, accompagnèrent à Jérusalem les fidèles que leur parole avait engagés à s'enrôler sous la sainte bannière. Les évêques et les prêtres de cette belliqueuse époque ne se bornaient pas à encourager les guerriers à prendre les armes : ils marchaient aux combats avec eux. Pour juger cette conduite, il faut prendre en considération les mœurs de ces siècles héroïques, et on reconnaîtra, avec le père d'Oultreman, auteur d'une *Vie de Pierre l'Ermite*, que le prêtre qui assistait aux batailles, *sans combattre main à main*, *et sans tirer l'épée*, ne dérogeait pas, suivant les idées du temps, à la maxime : *Ecclesia abhorret a sanguine*. La présence des légats du saint-siége au milieu des croisés, dans la plupart des saintes expéditions, à commencer par le vertueux évêque du Puy, Adhémar de Monteil, atteste que l'Eglise ne désapprouvait pas la participation des ecclésiastiques à la délivrance des Lieux Saints, par les armées levées à la voix des papes.

Jacques de Vitry décrit ainsi l'effet religieux de l'établissement des croisés en Syrie : « Dès ce moment, l'Eglise d'Orient commença à reverdir et à fleurir..... Des diverses parties du monde, de toutes les tribus et de toutes les langues, de toutes les nations qui sont sous le ciel, des pèlerins dévoués à Dieu, des hommes religieux attirés par le parfum des Lieux Saints, accouraient en foule dans la Palestine. Les églises antiques étaient restaurées, et on en construisait de nouvelles ; des couvents de religieux réguliers s'élevaient sur des emplacements bien choisis, fondés par les libéralités des princes et par la charité des fidèles ; nulle part les ministres ne manquaient aux autels ; des hommes saints, renonçant au siècle, choisissaient à leur gré les lieux les plus convenables pour leur vie de dévotion ; les uns, à l'exemple du Seigneur, préféraient ce désert où Jésus, après son baptême, jeûna pendant quarante jours ; d'autres, en imitation du saint prophète Élie, vivaient solitaires sur le Mont-Carmel, habitant au milieu des rochers de petites cellules, et, véritables abeilles du Seigneur, faisant un miel d'une douceur spirituelle, *dulcedinem spiritualem mellificantes*. »

Le clergé voyageur des croisades est traité sévèrement par Guillaume de Tyr, qui en faisait lui-même partie comme archevêque, et il est impossible de nier les faits accusateurs des mœurs, non pas du clergé des croisades, mais de quelques-uns de ses membres. Jacques de Vitry, ce sévère évêque d'Acre, commence par le sanctuaire la peinture qu'il nous a laissée de l'état de décadence morale où se trouvaient, de son temps, c'est-à-dire vers les premières années du XIIIe siècle, les colonies chrétiennes de Syrie. Mais, si quelques membres du sacerdoce ont participé à la corruption dans laquelle étaient tombés les enfants des croisés, l'évêque d'Acre est lui-même une preuve du zèle avec lequel le clergé lutta contre le mal sous lequel les Etats fondés en Orient par les croisades succombèrent, au moins autant que sous les armes des infidèles.

COLOMAN, roi de Hongrie, venait de monter sur le trône lorsque les armées de la première croisade traversèrent ses Etats, en s'acheminant vers Constantinople. Thurocz, dans sa *Chronique de Hongrie*, fait de Coloman ce portrait : « Coloman était d'un aspect hideux et ignoble, mais d'un esprit fin, rusé et changeant. Il était velu, crépu, borgne, bossu, boiteux et bègue.

CONCILES. Le concile de Plaisance, tenu en 1095, et présidé par le pape Urbain II, est le premier que la papauté ait associé à l'exécution du grand dessein qu'elle avait conçu à l'égard de l'Orient. Cette assemblée n'eut pas, cependant, pour unique objet l'affranchissement des contrées envahies par l'islamisme. Mais au milieu de ses importants travaux, elle admit devant elle les ambassadeurs envoyés par l'empereur grec Alexis, pour réclamer l'appui de l'Occident contre les progrès toujours croissants des armes musulmanes. Les prédications de Pierre l'Ermite avaient tellement agi sur les esprits, qu'on compta quatre mille ecclésiastiques et trente mille laïques réunis à Plaisance. Le concile, plus nombreux peut-être qu'aucun des précédents, au lieu de se tenir dans une église, comme c'était l'usage, s'assembla dans une plaine voisine de la ville. Berthold de Constance, continuateur de la Chronique de Hermann *le Contract*, qui donne quelques détails sur cette assemblée, dit que : « Les ambassadeurs de l'empereur de Constantinople demandèrent humblement au pape et à tous les fidèles qu'on leur envoyât des secours contre les païens, car les barbares menaçaient l'Empire grec. » « Après avoir entendu ces députés, ajoute le chroniqueur, le souverain pontife exhorta plusieurs des assistants à promettre par serment qu'ils iraient, avec l'aide de Dieu, secourir l'empereur grec de tout leur pouvoir. » La première impulsion fut ainsi donnée au mouvement des croisades.

Le concile général, convoqué par le pape Urbain II, à Clermont en Auvergne, s'y assembla le 18 novembre de la même année 1095, et se termina le 26 du même mois. Ce concile réunit un grand concours d'ecclésiastiques et de laïques. Pagi cite Malmesbury, qui fait monter à trois cent dix le nombre des évêques et abbés qui y assistèrent, et l'abbé Guibert, auteur contemporain, porte à quatre cents le nombre des vénérables représentants des vertus et des lumières de cette héroïque époque qui siégèrent au concile de Clermont. La ville tout entière fut remplie des hauts personnages qu'appelait cette auguste assemblée : le reste des assistants se trouva obligé de loger dans les villages des environs, et plusieurs même, dit une vieille chronique, furent contraints de dresser leurs tentes au milieu des champs et des prairies, malgré le froid qui se faisait sentir. Le pape avait tout disposé pour donner à ce concile une très-grande solennité. Le clergé y avait été convoqué sous peine de la perte de ses bénéfices, et il avait été particulièrement recommandé aux évêques d'engager les seigneurs laïques de leurs diocèses à répondre à l'appel du père de tous les fidèles. On était prévenu qu'on ne demeurerait pas impunément sourd à la voix du souverain pontife, et que l'absence encourrait sa réprobation : *Quicunque post hanc admonitionem nostram se ab hoc concilio absentaverit, noverit, procul dubio, quoniam et ordinis sui periculum incurret, et domini papæ iram nec impune quidem thesaurizabit.* Après avoir réglé, par des dispositions canoniques, les différents points étrangers à son principal objet, le concile tint sur la grande place de Clermont la fameuse séance dans laquelle, après une touchante lamentation de Pierre l'Ermite sur les outrages prodigués à la religion chrétienne à Jérusalem, Urbain II fit de cette persécution une peinture qui enflamma ses innombrables auditeurs d'une sainte indignation contre les mahométans. L'assemblée tout entière s'écria que Dieu voulait qu'on obéît à l'invitation du pontife, et demanda à marcher sous le signe de la croix, à la délivrance des chrétiens d'Orient. Le cardinal Grégoire, qui siégea plus tard sur le trône pontifical, sous le nom d'Innocent II, prononça une formule de confession générale : tous les assistants tombèrent à genoux, reçurent du pape l'absolution de leurs péchés, et se relevèrent pour demander, à l'exemple d'Adhémar, évêque du Puy, la croix que portèrent sur l'épaule droite, à dater de ce jour, ceux qui prirent le nom de *croisés*. Guillaume de Malmesbury fait monter à plus de sept cent mille le nombre des pèlerins qui prirent la croix à la suite du concile de Clermont. « Jamais, dit ce chroniqueur, non, jamais, on ne vit tant de nations animées d'un même esprit, marchant vers un même objet. » Les vieilles chroniques attestent unanimement que toutes les nations furent mises en mouvement par l'impulsion partie du concile de Clermont. Foucher de Chartres porte à six millions le nombre total des individus qui abandonnèrent leurs foyers après avoir pris la croix, et Guillaume de Malmesbury adopte ce calcul. Guibert affirme, il est vrai, que tous les royaumes de l'Europe n'auraient pu fournir un si grand nombre d'hommes.

Un concile, tenu à Reims en 1164, et présidé par le pape Alexandre III, eut pour but principal de secourir la terre sainte, dont une lettre du roi de Jérusalem, Amaury, au roi de France, exposait la triste situation.

Une disposition du concile général de Latran, tenu en 1179, défend aux chrétiens de fournir des armes aux Musulmans. « Comme une cruelle cupidité, dit le concile, s'est emparée du cœur de quelques-uns, au point de leur faire porter des armes aux Sarrasins, et de devenir par là égaux, ou même supérieurs en malice aux ennemis du Christ, puisqu'ils leur fournissent les armes et les choses nécessaires pour faire la guerre aux chrétiens ; comme il y en a aussi qui conduisent et gouvernent les galères et les vaisseaux pirates des Sarrasins, nous jugeons que ces mauvais chrétiens doivent être séparés de la communion de l'Eglise, et soumis, à cause de leur iniquité, à l'excommunication ; qu'en outre, ils doivent être privés, par les princes catholiques et les magistrats des villes, de tous leurs biens ; et, s'ils sont pris, devenir les esclaves de ceux qui les feront prisonniers. Nous ordonnons que l'excommunication prononcée contre eux soit solennellement et fréquemment publiée dans les églises des villes maritimes. »

Dans un concile, tenu à Vérone, par le pape Luce III, en 1184, pour l'extirpation des hérésies qui empêchaient les forces chrétiennes de s'appliquer à la défense de la terre sainte, le patriarche de Jérusalem, Héraclius, et les grands maîtres du Temple et de l'Hôpital, députés de la Palestine en Europe, furent admis à faire entendre leurs réclamations, et à faire connaître les malheurs de l'Orient.

Dans un concile, tenu à Paris au mois de janvier 1185, Philippe-Auguste invita les prélats assemblés, à exhorter tous les fidèles du royaume à marcher en Palestine, à la défense de la foi. Un concile, tenu à Londres au mois de mars de la même année, décida que la situation de l'Angleterre exigeait que le roi Henri III s'abstînt d'aller en Orient soutenir la cause chrétienne, parce que sa présence était nécessaire dans ses Etats.

Le quatrième concile de Latran, qui est le douzième concile général, s'assembla le 11 novembre 1215, sous la présidence d'Innocent III, et s'occupa des moyens de préparer la sixième croisade. L'excommunication fut décrétée contre quiconque troublerait la marche des pèlerins. Un concile, tenu à Tours en 1236, eut pour objet cette même croisade, et défendit aux pèlerins de maltraiter les juifs et de les dépouiller de leurs biens. Le treizième concile général, tenu à Lyon en 1245, par Innocent IV, entendit le cri de détresse des colonies chrétiennes d'Orient, poussé par l'évêque de Baïrout, député de la terre sainte. La septième croisade fut proclamée dans cette assemblée, qui s'occupa aussi des secours que réclamait l'empire latin de Constantinople. C'est dans ce concile que le pape Innocent IV déposa l'empereur Frédéric II, dont la lutte contre le saint-siége était, en grande partie, cause de tous les malheurs qui accablaient l'Occident et l'Orient. Le second concile de Lyon, qui est le quatorzième concile général, fut assemblé par Grégoire X, en vue d'intéresser toute l'Europe au malheureux sort des colonies chrétiennes d'Orient. Ce concile réunit cinq cents évêques, soixante-dix abbés et mille autres prélats. Il commença le 7 mai et finit le 17 juillet 1274. Les ambassadeurs d'Abaka, khan des Tartares, parurent dans ce concile, et racontèrent la défaite que leur maître avait fait éprouver au terrible Bibars, sultan d'Egypte; ils offrirent en même temps de joindre les armes tartares à celles des chrétiens contre les Musulmans. Cette offre fut accueillie avec joie par les Pères du concile. Un des ambassadeurs du khan et deux autres Tartares de l'ambassade reçurent le baptême des mains du cardinal-évêque d'Ostie. Le pape écrivit à Abaka pour l'engager à embrasser le christianisme. Mais l'indifférence des souverains de l'Europe pour la cause des Saints Lieux laissa sans effet le zèle que le pape Grégoire X avait mis à assembler le concile. Le second concile de Lyon est le dernier où on se soit occupé des croisades pendant la durée de ces saintes expéditions, de 1196 à 1291.

CONRAD III, empereur d'Allemagne, fils de Frédéric de Hohenstaufen, duc de Souabe, avait été élu empereur, dans une diète tenue à Coblentz, par l'influence de Théodouin, légat du saint-siége, qui le couronna, le 13 mars 1138, à Aix-la-Chapelle. Conrad soutint une longue guerre contre Henri le *Superbe*, duc de Bavière et de Saxe, qui prétendait à l'empire. C'est sous le règne de Conrad III que furent employés, pour la première fois, dans un combat livré à cet empereur, en 1140, par Welf, frère de Henri le *Superbe*, devant la forteresse de Weinsberg, les cris de *Welfs* et *Weiblingen*, *Guelfes* et *Gibelins*, qui devinrent les mots de ralliement de deux partis qui ont divisé l'Allemagne et l'Italie. Aux fêtes de Noël 1146, Conrad tint à Spire une diète où saint Bernard vint remplir la mission qu'il avait reçue du pape Eugène III, de prêcher la seconde croisade, qui avait été résolue par le saint-siége, à la nouvelle de la prise d'Edesse, et dans laquelle s'était déjà engagé Louis VII, roi de France. Saint Bernard triompha de la résistance que l'empereur opposait à ses exhortations de prendre la croix. L'armée allemande, à la tête de laquelle marchait Conrad, s'élevait, au moins, à soixante-dix mille hommes. Elle périt presque tout entière en Asie Mineure, par la trahison de l'empereur grec Manuel. Conrad se signala par sa bravoure au siége de Damas, dont l'entreprise échoua, parce que la division se mit parmi les chrétiens. L'auteur anonyme des *Gestes de Louis VII* raconte longuement que l'empereur, dans un combat devant Damas, fendit un Turc d'un seul coup de sa bonne épée, depuis la tête jusqu'au nombril, et que cet exploit porta la terreur parmi les Musulmans. Conrad ramena dans ses Etats, en 1149, les débris de son armée, et le pape lui donna le titre de *Défenseur de l'Eglise romaine*. Il mourut à Bamberg, en 1152.

CONRAD DE MONTFERRAT, issu de l'illustre famille de Montferrat, qui eut pour chef Aldérame, créé marquis de Montferrat par l'empereur Othon le Grand, en 967, était fils du marquis Guillaume IV de Montferrat, dit le *Vieux*, qui fut fait prisonnier à la bataille de Tibériade, avec le roi Gui de Lusignan. Conrad était frère de Guillaume de Montferrat, surnommé *Longue-Epée*, qui épousa Sibylle, sœur de Baudouin le *Lépreux*, roi de Jérusalem, et de Boniface de Montferrat, qui fut chef de la cinquième croisade, et roi de Thessalonique. Conrad avait épousé Théodore Angéla, sœur des empereurs grecs Isaac et Alexis l'Ange. Arrivant d'Europe en Syrie, pour faire le pèlerinage de la terre sainte, en 1187, Conrad trouva Ptolémaïs occupée par les Musulmans, et se rendit à Tyr en se faisant adroitement passer pour un marchand. Il empêcha cette dernière ville de se rendre à Saladin, et en releva les fortifications de manière à mettre la place à l'abri de toute attaque. Les habitants le prirent alors pour leur seigneur, et il s'appela le marquis de Tyr. Mais Conrad était dévoré d'ambition, et il augmenta la discorde qui éclata parmi les chrétiens de la Palestine, à la mort de Sibylle, femme du roi Gui de Lusignan, en 1189, en faisant casser illégitimement le mariage d'Isabelle, sœur de Sibylle et héritière du royaume de Jérusalem, avec Homfroy de Thoron, pour épouser lui-même cette princesse. Il devint dès lors un compétiteur dangereux pour Gui de Lusignan. La chronique de Benoît de Péterborough accuse le marquis de Tyr d'avoir fait faire à Philippe-Auguste beaucoup de choses contre Dieu et contre sa propre gloire. Conrad avait noué des intelligences avec Saladin contre Richard, roi d'Angleterre, lorsqu'en 1192, à la nouvelle que ce prince allait retourner en Europe, les barons de la terre sainte choisirent Conrad pour roi, à cause de son courage et de son habileté. Le marquis apprit avec une grande satisfaction qu'il était appelé à siéger sur le trône de Jérusalem. Mais sa joie fut de courte durée; car, au milieu des réjouissances par lesquelles on célébrait son avénement à la royauté, il fut poignardé par deux Ismaéliens, qui étaient arrivés à Tyr depuis six mois, pour commettre cet assassinat. L'un des deux meurtriers, qui s'était réfugié dans une église où on porta le marquis mortellement blessé, se précipita à travers la foule pour frapper sa victime de plusieurs nouveaux coups, dont Conrad mourut aussitôt. (Voir, à l'article TROISIÈME CROISADE, et à l'article ROYAUME DE JÉRUSALEM, les bruits qui ont couru sur cet assassinat.)

CONRAD, chancelier de l'empire germanique, qui joua le principal rôle dans la quatrième croisade, était d'origine noble. L'empereur Frédéric Ier le distingua à cause de son savoir, en fit son chapelain, et le nomma chancelier de l'empire. Conrad remplit cette charge importante à la satisfaction de l'empereur, et obtint l'évêché de Lubeck pour récompense de ses services. Mais Conrad renonça bientôt à son évêché, pour reprendre à la cour la place de chancelier, qu'il continua d'occuper sous Henri VI, fils et successeur de Frédéric. Il fut nommé évêque de Hildesheim à l'époque où il fut chargé de conduire en Palestine la principale armée allemande qui figura dans la quatrième croisade. Au rapport d'Arnold de Lubeck, le chancelier Conrad était très-lettré et très-habile orateur, *Vir litteratus valde et in causis tractandis acerrimus orator*. Mais, à voir la manière dont il dirigea l'expédition que l'empereur Henri VI le chargea de conduire en Palestine en 1197, on reconnaît qu'il n'avait pas les qualités qu'exigeait un pareil commandement. Les historiens contemporains avouent que Conrad était un peu cupide, *aliquantulum cupidus erat ;* il ne manquait pas non plus d'ambition. Après son retour de Syrie, il s'était placé sur le siége épiscopal de Wurtzbourg, sans l'approbation du saint-siége, parce que le titre de *dux Franciæ orientalis* était attaché à cet évêché. Mais le pape Innocent III le frappa d'excommunication, et l'obligea à venir à Rome s'humilier devant lui, et confesser ses fautes. Conrad fut alors institué légitimement évêque de Wurtzbourg, et il ne s'occupa plus qu'à remplir dignement ses fonctions épiscopales. Il périt même, à la fin de l'année 1202, de la main d'un assassin, victime de son zèle pour le soutien des droits de l'Eglise.

CONSTANTINOPLE. Odon de Deuil, dans son *Voyage de Louis VII en Orient*, fait la description suivante de la situation topographique, politique, civile et morale de Constantinople : « Constantinople, la gloire des Grecs, riche par sa renommée, plus riche encore par ce qu'elle renferme, a la forme d'un triangle. A l'angle intérieur est Sainte-Sophie, ainsi que le palais de Constantin, où est une chapelle qui est honorée pour les saintes reliques qu'on y conserve. La ville est ceinte de deux côtés par la mer. En y arrivant, on a sur la droite le bras de Saint-Georges, et sur la gauche une espèce de canal qui en sort et s'étend jusqu'à près de quatre milles. Là est le palais qu'on appelle *Blaquerne*, bâti sur un terrain bas, mais qui se fait remarquer par sa somptuosité, par son architecture et par son élévation. Situé sur de triples limites, il offre à ceux qui l'habitent le triple aspect de la mer, de la campagne et de la ville. Sa beauté extérieure est presque incomparable ; sa beauté intérieure surpasse tout ce que j'en pourrais dire. L'or y brille partout et s'y mêle à mille couleurs. Tout y est pavé en marbre industrieusement arrangé (le chroniqueur veut dire sans doute en mosaïque). Je ne sais pas ce qu'il y a de plus précieux ou de plus beau, de la perfection de l'art ou de la richesse de la matière. Sur le troisième côté du triangle de la ville, est la campagne ; mais ce côté est fortifié par un double mur, garni de tours, lequel s'étend depuis la mer jusqu'au palais, sur un espace de deux milles. Ce ne sont ni ce mur ni ces tours qui font la force de la ville ; elle est, je crois, tout entière dans la multitude de ses habitants et dans la longue paix dont elle jouit. Au bas des murs est un espace vide, où sont des jardins qui fournissent aux habitants toute sorte de légumes. Des canaux souterrains amènent du dehors des eaux douces ; car celle que Constantinople renferme est salée et fétide. Dans plusieurs endroits, la ville est privée de courant d'air ; les riches couvrent les rues par leurs édifices, laissant ainsi aux pauvres et aux étrangers les ordures et les ténèbres. Là se commettent des vols, des meurtres et autres crimes, que l'obscurité favorise. Comme on vit sans justice dans cette ville, qui a presque autant de maîtres qu'elle a de riches, et autant de voleurs qu'elle a de pauvres, le scélérat n'y connaît ni la crainte ni la honte. Le crime n'y est puni par aucune loi, et n'y vient à la connaissance de personne. Cette ville excelle en tout : si elle surpasse toutes les autres villes en richesses, elle les surpasse aussi en vices. » Dans un autre livre de son ouvrage, Odon de Deuil reparle de Constantinople en termes qui prouvent que la capitale de l'empire avait fait sur lui, comme sur tous les croisés, une profonde impression. Il la juge sévèrement, mais on ne saurait dire injustement. « Constantinople, dit cet historien, superbe par ses richesses, trompeuse, corrompue et sans foi, a autant à craindre pour ses trésors qu'elle est redoutable par ses perfidies et son infidélité. Sans sa corruption, elle pourrait être préférée à tous les lieux par la température de son air, par la fertilité de son sol, et par le passage facile qu'elle offre à la propagation de la foi. Le bras de Saint-George, qui l'arrose, ressemble à une mer par la salure de ses eaux et par la fécondité de ses poissons, et à un fleuve par la possibilité qu'on a de le traverser sans danger sept ou huit fois dans un même jour. »

CONSTANTINOPLE (EMPIRE LATIN DE). La ville de Constantinople, justement réputée l'une des plus fortes places du monde, défendue par des troupes nombreuses, et peuplée de quatre cent mille habitants, ayant été prise d'assaut, le lundi 12 avril 1204, par l'armée des croisés, forte d'environ vingt mille hommes, ceux-ci se virent maîtres du sort d'un grand empire, de trésors inappréciables, et de fertiles provinces, dont Baudouin, comte de Flandre, alors un de leurs chefs, et plus tard empereur d'Orient, put écrire avec vérité : « Dieu nous a donné une terre abondante en toute sortes de biens, en froment, en vin, en huile; riche en fruits; remplie de forêts et de pâturages, de sources et de rivières; agréable à habiter, et d'une température qu'aucune autre contrée du monde n'égale. »

M. Michaud, dans sa *Bibliothèque des Croisades*, examine si, dans l'intérêt de la chrétienté, puisque Constantinople devait tomber sous les coups des Latins, on ne doit pas regretter que cette capitale n'ait pas été prise à l'époque de la première croisade. Cette grande question est traitée d'une manière remarquable par l'historien. « Constantinople, dit-il, était comme le lieu de repos des armées chrétiennes, et les pèlerins ne se faisaient point scrupule de piller une terre hospitalière. Que pouvait-on attendre de deux peuples qui se méprisaient l'un l'autre, et qu'une animosité profonde avait divisés sans retour? Une envie mutuelle de se nuire se montrait dans tous leurs mouvements, dans toutes leurs relations. Quand les empereurs s'armaient de la trahison contre les guerriers de la croix, ceux-ci dévastaient le territoire, incendiaient les villes, et massacraient les habitants. Pendant tout le temps que les croisés prirent le chemin de terre pour aller à Jérusalem, la Grèce eut à souffrir de leur indiscipline, de leur fureur et de leur barbarie. De si longs ravages affaiblirent l'empire des Comnènes, et c'est ainsi que les premières croisades furent fatales au trône de Byzance. Mais si ce trône devait un jour crouler sous les coups des guerriers d'Occident, ne nous serait il pas permis de regretter que Constantinople n'ait pas été conquise dès la première guerre sainte? Alors les populations tout entières, poussées par l'enthousiasme religieux, marchaient sous les bannières de la croix; une multitude immense suivait les barons et les chevaliers d'Europe, et l'empire latin aurait eu un peuple et des défenseurs. A l'époque de la quatrième croisade (que nous appelons cinquième), au contraire, l'enthousiasme était refroidi; il n'y avait plus de multitude à la suite des armées chrétiennes. La conquête de Byzance, conquête étonnante et merveilleuse, ne put émouvoir les peuples de l'Occident, et, malgré les invitations réitérées des princes de la croisade et du chef de l'Eglise, malgré leurs promesses et leurs prières, personne ne voulut aller habiter les royaumes conquis par les armes des croisés. Si les compagnons de Godefroy se fussent d'abord emparés de Byzance, de cette grande barrière que les armées de la croix trouvaient sans cesse devant elles, que de malheurs ils eussent épargnés à ces troupes innombrables qui couvrirent plus tard les chemins de la terre sainte, et qui périrent victimes de la perfidie des Grecs! L'Asie Mineure n'eût pas été le sépulcre d'un million de pèlerins; toutes les routes auraient été libres; des communications faciles se seraient établies entre les peuples d'Europe et les colonies chrétiennes de la Palestine; et nous ne doutons point que les guerres d'outre-mer n'eussent eu alors un succès complet. Voyez à quoi tiennent les destinées du monde! S'il eût pris envie au duc de Lorraine de s'emparer de Constantinople, (et que de fois il en fut question dans les armées de la première croisade !) l'Europe et l'Orient allaient changer de face, l'Asie devenir chrétienne, et le monde voyait s'accomplir ces paroles de l'Evangile, souvent citées par nos vieux chroniqueurs : *Un jour viendra qu'il n'y aura plus sur la terre qu'un seul berger et qu'une même bergerie.* »

L'étude approfondie du caractère différent des diverses croisades fournit une réponse à ces considérations de M. Michaud. C'est précisément parce qu'un esprit fondamentalement religieux présida à la direction de la première croisade, dans la personne de Godefroy de Bouillon, qu'il ne put pas prendre envie au duc de Lorraine d'inaugurer les guerres saintes par le renversement d'un empire qui, tout en méconnaissant les voies de la tradition, dans lesquelles ne marchent que ceux qui s'attachent aux pas des successeurs du chef des apôtres, n'achevait pas moins d'accomplir ses destinées à l'ombre de la croix. Quand Bohémond invita Godefroy à s'emparer de Byzance, le pieux duc de Bouillon rappela à l'ambitieux prince de Tarente, que c'était pour combattre les ennemis de la foi en Jésus-Christ qu'ils avaient pris les armes l'un et l'autre; que c'était contre les sectateurs de Mahomet qu'ils avaient fait serment de tourner leurs coups. La réponse du héros de la première croisade s'adressait d'avance aux observations de M. Michaud.

Selon les conventions qu'ils avaient faites avant l'assaut, les vainqueurs se partagèrent le butin, et désignèrent douze personnes pour élire un empereur. Six de ces électeurs furent choisis par les Français, dont cinq évêques et un abbé; les autres le furent par les Vénitiens. On s'accordait à ne reconnaître que deux candidats : Boniface, marquis de Montferrat, général de l'armée, et Baudouin, comte de Flandre et de Hainaut. Pour qu'aucun des deux ne fût mécontent, il avait été décidé que celui qui ne serait pas élu recevrait de l'autre, à titre de fief, l'île de Candie et toutes les terres situées au delà du canal, et, par conséquent, en devrait l'hommage. Ce fut Baudouin qui fut élu. On le porta incontinent sur un bouclier à l'église de Sainte-Sophie, où il chaussa les brodequins de pourpre, insigne de sa dignité nouvelle. Enfin, le dimanche, 23 mai, il fut couronné en la même église. Le premier acte de son gouvernement fut de donner au marquis de Montferrat l'investiture des provinces auxquelles il avait droit. Celui-ci préférant le royaume de Thessalonique aux territoires d'Asie, l'échange lui fut accordé, et il fut ainsi reconnu pour seigneur de ce royaume et de l'île de Candie. Puis, le 12 août de la même année, il échangea encore avec les Vénitiens cette île contre d'autres terres situées dans l'ouest de la Macédoine.

L'élection du patriarche suivit de près celle de l'empereur. Ce fut sur Thomas Morosini que s'arrêta le choix des Vénitiens, qui, pour cette fois, eurent le droit de remplir le siége de Constantinople. Baudouin se mit à la poursuite de l'usurpateur Murzuphle. Celui-ci rencontra dans sa fuite l'empereur Alexis, qui fit d'abord semblant d'approuver le mariage que son ancien ennemi avait contracté avec Eudoxie, sa fille, répudiée par Etienne, roi de Servie; mais s'étant saisi de lui, il lui fit crever les yeux. Baudouin obtint facilement, tant par lui-même que par son frère Henri, la soumission de toutes les villes de Thrace jusqu'à Andrinople. Ayant accordé une garnison à cette dernière, qui semblait menacée par le roi de Bulgarie, il marcha contre Alexis, qui battit en retraite vers la Thessalie. L'empereur eut alors un différend avec le marquis de Montferrat qui l'avait suivi de près, et qui le soupçonnait de vouloir se saisir de ses possessions. Baudouin, fermant l'oreille aux plaintes injurieuses de son vassal, n'en poursuivit pas moins son projet, et entra à Thessalonique. Toute la Thessalie se soumit à lui. Boniface, irrité, se retira vers Constantinople, commit des actes d'hostilité sur les domaines de Baudouin, et proclama empereur Manuel, fils de l'empereur Isaac, et de Marguerite de Hongrie qu'il venait d'épouser. Cette dissension fut apaisée par l'entremise des chefs de la croisade, et donna lieu à un traité qui remit le marquis en possession de Thessalonique. Rentré dans sa capitale, celui-ci, pour punir les habitants de leur soumission à l'empereur, se livra à des spoliations et à des rigueurs qui rendirent odieux le joug des Latins. Puis, s'avançant dans la Thessalie, il en prit les villes méridionales, se saisit des défilés, et descendit vers Larisse. Il se faisait accompagner, dans cette expédition, de plusieurs princes grecs, nommément de Michel-Ange Comnène, et de Manuel, son beau-fils. Ce dernier, qui portait encore les insignes impériaux, lui rendit les succès plus faciles. Boniface eut à combattre contre les troupes de Léon Sgure, auquel l'empereur Alexis avait donné en mariage sa fille Eudoxie, et qui était maître de Corinthe, d'Argos et de Nauplie. Il prit néanmoins Larisse, battit Sgure, envahit la Béotie et l'Attique, et soumit Thèbes, Argos et Athènes. Pendant que le marquis faisait ces conquêtes, l'empereur étendait d'autre part la domination des Francs. Il donna à Reynier de Trit le duché de Philippopoli, et à Louis, comte de Blois, le duché de Nicée en Bithynie. Le premier entra en possession de sa seigneurie sans difficulté. Le second confia la conquête de sa province aux chevaliers Payen d'Orléans et Pierre de Bracheux, qui eurent à vaincre par les armes la résistance des Grecs. En outre, l'empereur donna à Etienne du Perche le duché de Philadelphie, et divers établissements considérables aux chevaliers de Saint-Jean de Jérusalem et aux chevaliers du Temple. Etienne du Perche était venu de terre sainte à Constantinople, après la conquête, avec divers autres croisés, et à la suite des cardinaux légats Pierre de Capoue et Soffred. L'empereur apprit alors que sa femme, Marie de Champagne, était morte le 21 août, en venant le rejoindre. Pendant son voyage, cette princesse reçut l'hommage de Bohémond IV, surnommé le Borgne, prince d'Antioche, qui se reconnut ainsi vassal de l'empire, à raison de ce fief. Le cardinal Pierre de Capoue releva les croisés du vœu de passer en terre sainte, et encourut par là, et pour d'autres motifs, le blâme du pape, qui, toutefois, pour ne pas priver l'Église du fruit de la conquête, se contenta d'improuver l'élection du patriarche comme anticanonique, et la distribution des bénéfices ecclésiastiques. Encore, l'année suivante 1205, se décida-t-il à confirmer Thomas Morosini dans le siége patriarcal de Constantinople. Avant la fin de 1204, l'empereur envoya en Asie des troupes qui s'emparèrent de Nicomédie, et eurent à combattre contre Théodore Lascaris, despote de Romanie. Ce prince, gendre d'Alexis, était allié avec le sultan d'Iconium, et, au nom de l'empereur grec, son beau-père, il s'était mis en possession de Nicée. D'autre part, Henri, frère de Baudouin, ayant également passé le détroit, fut attaqué par Constantin Lascaris, frère de Théodore; mais, dans le combat qui eut lieu, le prince grec essuya une défaite complète. Cette victoire livra diverses villes à Henri; il éprouva cependant, auprès de Césarée, un revers qui releva les affaires de ses adversaires. En Grèce, le marquis de Montferrat poursuivait ses succès. Les Grecs d'Eubée lui envoyèrent leur soumission. Il chargea Jacques d'Avesnes d'aller prendre possession de cette île; et celui-ci en demeura seigneur. Boniface alla ensuite assiéger Nauplie, et ordonna à Jacques d'Avesnes d'en faire de même à l'égard de l'Acrocorinthe, où Léon Sgure s'était enfermé. Un petit détachement de ses troupes, commandé par Geoffroy de Villehardouin et par Guillaume de Champlitte, battit Michel Comnène, duc de Durazzo, qui avait avec lui une très-forte armée. Ces deux seigneurs se rendirent maîtres de toute l'Achaïe et de la Morée, à l'exception de la Laconie. Durant le cours de cette expédition, le marquis fit prisonniers Alexis et sa femme, qu'il envoya dans ses Etats d'Italie. Murzuphle, étant tombé entre les mains des Francs, vers le même temps, fut conduit à Constantinople, condamné à mort, et précipité du haut de la colonne de Théodose. En parlant du supplice qui fut infligé à Murzuphle, Gunther, dans son *Histoire de la prise de Constantinople*, rapporte ce qu'on va lire, de la colonne d'où ce misérable fut précipité : « Cette pyramide ou colonne, comme la plupart l'appellent, est construite avec de grandes pierres étroitement unies ensemble par des barres de fer. Elle est très-épaisse par le bas, et va en diminuant peu à peu jusqu'à une hauteur immense. On dit qu'un solitaire avait établi sa retraite au sommet de cette colonne. Dédaignant la terre et n'atteignant pas encore au ciel, il s'était ainsi placé entre les deux, au milieu de cette ville célèbre. On dit aussi que diverses figures antiques étaient sculptées sur ce monument, et que quelques-unes exprimaient des oracles de la Sibylle et la destinée future de l'empire. Parmi ces figures, on voyait des vaisseaux, et des échelles où montaient des hommes armés, comme pour attaquer et prendre une ville sculptée sur la colonne. Les Grecs avaient jusqu'alors méprisé ces sculptures, ne pensant pas qu'il fût possible que leur ville éprouvât un pareil sort. Mais, quand ils virent des échelles dressées sur nos vaisseaux, ils se rappelèrent ces figures, et commencèrent à craindre ce qu'ils avaient méprisé. Alors ils se mirent à les mutiler à coups de pierres et de marteaux, croyant détourner ainsi sur les nôtres un funeste présage. Mais leur espérance fut trompée, et l'événement prouva que ces prophétiques images avaient dit la vérité. »

Les succès remportés par les Francs étaient d'autant plus glorieux, qu'ils se battaient contre des troupes qui leur étaient infiniment supérieures en nombre.

Mais les Grecs, qui haïssaient leurs vainqueurs, les comptèrent enfin, et ils jugèrent que, s'ils ne pouvaient triompher par eux-mêmes, ils auraient avantage à se placer sous la domination d'un prince étranger, qui les aidât à se délivrer. Ils s'adressèrent donc à Joannice, roi de Bulgarie, qui, d'ailleurs, les inquiétait par de continuelles incursions. Les ravages qu'il exerçait avaient pour motif, qu'ayant offert son alliance aux croisés dès qu'il les avait vus maîtres de Constantinople, il en avait essuyé un refus, sous prétexte qu'il détenait injustement des terres de l'empire, quoiqu'il eût été reconnu par le pape et couronné par un légat. Joannice écouta les propositions des Grecs, qui commencèrent à s'insurger sur plusieurs points, et avec succès; mais leur révolte fut déshonorée par leur lâcheté, et ne peut guère être considérée que comme un vaste complot d'assassinat. Nicétas se plaint de l'orgueilleux mépris qu'avaient les Francs, maîtres de l'empire des Grecs, pour la nation grecque; il accuse les Latins de n'être pas des gens traitables, et d'avoir une langue barbare, un naturel avare, un œil envieux, un ventre insatiable, un esprit furieux, une main cruelle.

Bientôt presque toute la Thrace fut soulevée. Par ordre de l'empereur, Geoffroy de Villehardouin, maréchal de Romanie, marcha sur Andrinople. L'empereur avait mandé à son frère Henri et aux autres chevaliers qui étaient en Asie, de revenir; mais, averti de la marche du roi de Bulgarie, qui avait renforcé son armée d'un corps de Tartares Comans, il rassembla le peu de forces dont il pouvait disposer, et alla rejoindre le maréchal, sans laisser à son frère le temps de lui amener vingt mille Arméniens dont celui-ci disposait. Malgré l'avis contraire du maréchal et la faiblesse numérique de ses troupes, l'empereur voulut assiéger Andrinople, où un corps de Bulgares était entré. Il y arriva le mardi avant le dimanche des Rameaux 1205. Joannice ne tarda pas à paraître. Dans une des escarmouches qui s'engagèrent entre les deux armées, le comte de Blois, s'étant trop avancé avec ses hommes d'armes à la poursuite des Comans, fut tué, et l'empereur, qui avait voulu le soutenir, fut fait prisonnier, le 15 avril 1205. Le roi de Bulgarie tenta aussitôt une attaque générale contre les Francs. Mais le maréchal, aidé du vieux doge de Venise, Dandolo, soutint avec une intrépidité invincible ses formidables efforts, pendant tout le reste du jour, et, dès la nuit, commença une savante retraite qui dura trois jours. Il arriva enfin sur le bord de la mer, sans avoir éprouvé d'échec, et pourtant sans avoir cessé de combattre, et il rencontra Henri, frère de l'empereur. Ils rentrèrent ensemble à Constantinople. Le prince Henri fut chargé du gouvernement, sous le titre de régent. Les Comans ne tardèrent pas à se retirer, mais les Bulgares restèrent maîtres de toutes les villes d'Europe, hormis Constantinople; et les Latins ne possédèrent plus qu'une forteresse en Asie, où Théodore Lascaris s'empara de tout ce qu'ils avaient abandonné. Sur ces entrefaites, le doge mourut. Le marquis de Montferrat, ayant appris que Thessalonique avait reçu les Bulgares, qui assiégeaient l'impératrice, sa femme, dans le château de cette place, s'était mis en marche pour la Thessalie, et, quand il arriva à Thessalonique, les Bulgares en avaient été chassés, ce qui vraisemblablement fut cause que Joannice entra dans cette province. Le régent profita de cette circonstance pour reprendre diverses villes voisines de Constantinople, mais il ne put s'emparer d'Andrinople. Vers le même temps, le connétable de Romanie, dans une course qu'il faisait avec cent vingt chevaliers, fut rencontré par les Bulgares, qui le tuèrent. Il n'échappa que dix chevaliers environ. Joannice étant revenu avec une nouvelle armée, fit de grandes conquêtes, et il ne resta plus, encore une fois, aux Latins que Constantinople. Mais il exerça de si affreux ravages, que les Grecs, regrettant la domination des Francs, envoyèrent à Baudouin un prince de leur nation, nommé Théodore Branas, qui avait épousé l'impératrice Agnès, sœur de Philippe-Auguste et veuve d'Andronic Comnène, pour traiter de leur soumission. Ils savaient d'ailleurs que le roi des Bulgares avait résolu de détruire les villes de Thrace, et de transporter leur nation au delà du Danube. Déjà Philippopoli était ruinée. Branas, qui était le seul des Grecs qui eût constamment tenu le parti des Latins, réussit dans sa mission; et Henri se mit aussitôt en marche pour obliger Joannice à lever le siége de Didymotique, défendue par les

Grecs, quoiqu'il n'eût que peu de troupes, et que le roi de Bulgarie eût plus de quarante mille chevaux, outre les fantassins. Joannice battit en retraite, et se retira dans ses États. Les Francs rentrèrent par là en possession d'Andrinople et de Didymotique. Ce fut vers cette époque (1206) qu'ils apprirent la mort de l'empereur Baudouin, prisonnier des Bulgares; mais les circonstances en sont encore douteuses. La chronique du moine Albéric, après avoir parlé de la manière dont Baudouin tomba entre les mains de Joannice, raconte en ces termes la mort de ce prince: « Tandis que Joannice était occupé à tendre de nouvelles embûches aux troupes de l'empereur, sa femme envoya dire à Baudouin, dans sa prison, que s'il voulait l'épouser et la conduire à Constantinople, elle le mettrait sur-le-champ en liberté. Mais l'empereur ayant rejeté cette proposition, la femme de Joannice se plaignit à son mari, et accusa Baudouin lui-même de lui avoir fait les offres qu'il avait refusées. Joannice, un soir qu'il était ivre, fit amener l'empereur devant lui, et lui fit trancher la tête d'un coup de hache. Le corps de ce prince fut abandonné aux chiens, et un édit public ordonna de célébrer sa mort. »

Nicétas dit de l'empereur Baudouin : « Il avait de la vertu et de la piété: durant tout le temps qu'il demeura séparé de sa femme, il ne jeta les yeux sur aucune autre; il s'adonnait à la prière, soulageait les pauvres dans leurs besoins, et écoutait avec patience ceux qui n'étaient pas de son avis; il faisait publier deux fois par semaine que ceux de ses guerriers qui avaient eu des rapports coupables avec des femmes autres que la leur, ne fussent point assez hardis pour coucher dans son palais. » Cet éloge s'accorde avec l'opinion que les Latins se sont formée du caractère de Baudouin, auquel on ne peut guère reprocher qu'un excès d'impétuosité militaire, toujours fâcheux chez un chef d'armée; mais il n'avait que trente-cinq ans quand il mourut. Henri se trouva en possession de l'empire. Il fut couronné dans l'Eglise de Sainte-Sophie le 20 août 1206. Joannice avait refusé la paix aux sollicitations du pape et se hâta de rentrer dans les États de l'empereur. Il ruina Didymotique, mais battit en retraite devant Henri qui n'avait cependant que peu de troupes. Celui-ci entra sur les terres de son ennemi, rasa Aquila et, étant revenu à Constantinople, envoya en Asie une expédition commandée par Pierre de Bracheux et Payen d'Orléans. Les Grecs s'y battaient entre eux. Théodore Lascaris, qui, déja élu empereur à Constantinople, après la chute de Murzuphle, s'était fait de rechef proclamer à Nicée, profitait d'une trève qu'il avait conclue avec les Latins, pour se mettre en possession des pays où dominait David Comnène, qui se disait également empereur et qui avait fait de Trébizonde sa capitale. Lascaris le vainquit, mais ne put le dépouiller; il tourna alors ses armes contre les Latins. Nonobstant ses attaques, ceux-ci se fortifièrent en Asie. Le 4 février 1207, l'empereur épousa Agnès, fille du marquis de Montferrat. Il fit alors personnellement la guerre à Lascaris qui demanda et obtint une trève de deux ans, après avoir vu sa flotte battue par celle de l'empire. L'empereur entra ensuite sur les terres du roi de Bulgarie, qui venait d'assiéger encore inutilement Andrinople. Il ne tarda pas à apprendre, quand il fut revenu, la mort du marquis de Montferrat, qui avait été battu et tué dans une rencontre avec les Bulgares, dont il ravageait le territoire. Joannice, voulant profiter de cet avantage, assiégea immédiatement Thessalonique; mais il y périt d'une manière, sinon miraculeuse, au moins fort étrange, et son armée se retira. Dans cette année 1207, les Vénitiens donnèrent la permission à tous leurs concitoyens de s'emparer des places maritimes et des îles de l'Archipel qui étaient encore possédées par les Grecs. En conséquence, Marc Sanudo se rendit maître des îles de Paros, de Naxos et de Milo; Marco Dandolo et Jacques Viaro prirent Gallipoli sur le détroit des Dardanelles; Marino Dandolo se saisit de l'île d'Andros. La République équipa une escadre qui fit la conquête de l'île de Corfou; puis elle y établit une colonie de Vénitiens. Après quoi la même escadre s'empara de Modon et de Coron en Morée, et de l'île de Candie, qui fut également colonisée. Un Français se rendit maître des îles de Zanthe et de Céphalonie, pour lesquelles il fit hommage à Venise, ou, selon un chroniqueur, à Geoffroy de Villehardouin, prince d'Achaïe. Le 30 juillet 1208, l'empereur remporta, auprès de Philippopoli, une victoire signalée sur Vorylas, roi de Bulgarie, qui, ayant succédé à Joannice, son oncle maternel, avait mis le siége devant cette place avec une nombreuse armée, dont il perdit la plus grande partie en cette rencontre. Puis le vainqueur envahit les terres de son ennemi, et en conquit en un mois l'espace de quinze journées de marche. A son retour l'empereur entra sur les terres de Thessalonique pour y mettre à la raison le régent de cet État, qui prétendait en investir Guillaume, marquis de Montferrat, fils aîné de Boniface, au préjudice de Démétrius, fils de ce dernier et de Marguerite de Hongrie, sans tenir compte du testament paternel. Henri, dans cette affaire, eut à se garder de la perfidie et des armes des Lombards, vassaux de Boniface, mais il les battit, couronna le jeune Démétrius roi de Thessalonique, déposa le régent qui n'avait pas craint d'appeler les Bulgares à son secours, et remit la régence à l'impératrice, mère de Démétrius. En 1209, il conclut la paix avec Michel Comnène, prince d'Epire et despote d'Etolie, qui accorda sa fille en mariage à Eustache, frère de Henri avec le tiers de ses États en dot, et fit hommage du reste à l'empereur. L'année suivante (1210), il y eut, entre Henri et Vorylas, un traité de paix en vertu duquel le premier épousa une princesse proche parente du second, et celui-ci épousa une nièce de l'empereur. Guillaume de Villehardouin, alors sénéchal de Romanie, se rendit maître de Corinthe, qui, ainsi qu'Argos, était possédée par le prince grec Théodore. Ce dernier fut contraint aussi à lui rendre hommage pour Argos. Le même Guillaume devint à la même époque prince d'Achaïe et de Morée par la mort de Guillaume de Champlitte. Vers ce temps-là le sultan d'Iconium prit les armes contre Théodore Lascaris en faveur d'Alexis, qui s'était échappé de sa prison. Mais il fut tué après avoir gagné la victoire, et Alexis, tombé au pouvoir de son ennemi, fut enfermé dans un monastère où il mourut. Lascaris tourna ses armes contre David Comnène, empereur de Trébizonde, auquel il enleva plusieurs villes. L'empereur Henri rendit un édit qui interdisait les donations d'immeubles aux églises pour empêcher l'affaiblissement de la population militaire. Mais ce règlement ayant donné lieu à de graves abus de la part des seigneurs, fut invalidé par le pape. Au mois de juin 1211 eut lieu la mort du patriarche Thomas Morosini, qui fut cause de grandes dissensions entre les Francs et les Vénitiens touchant le droit de remplir le siége de Constantinople. Le pape donna tort aux deux parties et désigna lui-même, en 1215 au concile de Latran, Gervais pour succéder à Morosini. En 1214, l'empereur entreprit contre Lascaris une expédition considérable, qui lui réussit, et le rendit maître d'un grand nombre de villes appartenant au prince grec. Il lui accorda la paix en retenant par un traité une grande étendue de territoire. L'année 1216 vit mourir Michel Comnène, prince d'Epire, qui, s'étant déjà rendu coupable de trahison et de cruauté envers les Latins, déshérita en outre sa fille unique, qui avait épousé Eustache, frère de l'empereur, et laissa ses États à son frère Théodore. Celui-ci fit la guerre aux Bulgares et aux Vénitiens, auxquels il enleva plusieurs villes. L'empereur s'étant mis en campagne contre lui, mourut à Thessalonique le 11 juin 1216, à l'âge de quarante ans et après en avoir régné dix-neuf. Plusieurs auteurs ont prétendu qu'il avait été empoisonné ou par sa femme, qui était une princesse bulgare, ou par les Grecs. Ce prince fut un sage politique, également regretté des Latins et des Grecs, et un guerrier aussi habile que vaillant. Malheureusement il mourut trop tôt et ne laissa d'autre enfant qu'une fille illégitime.

Les barons de l'empire se réunirent pour pourvoir à la vacance du trône, dont il n'y avait point d'héritier direct. Leurs suffrages se fixèrent sur Pierre, comte d'Auxerre, beau-frère de l'empereur Henri. Ce prince, fils de Pierre de France et d'Isabelle de Courtenay, était cousin germain de Philippe-Auguste, roi de France, et avait épousé en secondes noces Yolande de Flandre, sœur des empereurs Baudouin et Henri. Ayant eu avis de son élection, pendant qu'il était en France, il leva des troupes, au nombre de cinq mille cinq cents hommes, infanterie et cavalerie, sans compter cent soixante chevaliers, et les emmena d'abord à Rome où il reçut, ainsi que sa femme, la couronne impériale, le 9 avril 1217, et delà dans ses nouveaux États. Il s'engagea envers les Vénitiens, dont la flotte devait le tranporter en Orient, à débarquer en Epire pour faire la guerre à Théodore Comnène et assiéger Durazzo, ancienne possession de la République de St-Marc. Mais ayant été forcé de lever le siége de cette place, il s'engagea imprudemment dans les défilés d'Albanie, et pour s'en tirer, se confia à son ennemi, qui, par une insigne perfidie, lui détruisit la meilleure partie de ses troupes et lui enleva à lui-même, sinon la vie, au moins la liberté. On est incertain sur la manière dont il finit; mais s'il ne périt pas par le fait des Grecs au moment même où il fut trahi, il est hors de doute qu'il ne vécut pas beaucoup au delà. Sa veuve, qui était enceinte avant de le quitter, accoucha à Constantinople d'un fils qui reçut le nom de Baudouin et parvint plus tard à l'empire.

L'impératrice étant morte bientôt après, les barons déférèrent la régence à Conon de Béthune, sénéchal de Romanie, et envoyèrent en France des députés à Philippe, comte de Namur, fils aîné de l'empereur Pierre, pour l'inviter à venir prendre possession de la couronne. Ce prince céda ses droits à son frère Robert, qui fut couronné à Constantinople le 25 mars 1221. La même année vit la mort de Théodore Lascaris, qui eut pour successeur son gendre Jean Ducas, appelé aussi par les historiens latins Jean Vatace. En 1222, Théodore Comnène, prince d'Epire, ayant levé une puissante armée, envahit la Thessalie, s'empara de Thessalonique, et se fit couronner empereur, ce qui le mit en hostilité avec Robert. Néanmoins, ce dernier, excité par Alexis et Isaac Lascaris, frères de Théodore, et réfugiés à Constantinople, se décida à déclarer la guerre à Vatace. Le commandement de l'armée latine fut confié à ces deux princes grecs, qui éprouvèrent, en 1224, une sanglante défaite, et tombèrent aux mains de Vatace. Quoique chèrement achetée, la victoire mit la plus grande partie des conquêtes asiatiques de l'empereur Henri au pouvoir des successeurs de Théodore Lascaris. Vatace s'étant ensuite mis en mer, ravagea les côtes de Thrace, qui étaient dégarnies. Sur ces entrefaites, il reçut une députation des habitants d'Andrinople, qui lui demandaient de venir prendre leur ville. Il y envoya deux officiers, qui n'eurent pas de peine à en chasser les Francs. Mais Théodore Comnène, profitant des revers de Robert, faisait aussi de très-grands progrès; il résolut de s'emparer pour lui-même d'Andrinople, et exécuta ce dessein. De là il resserra les Francs, de telle sorte qu'il ne leur resta guère que la capitale. En 1225, le marquis de Montferrat entreprit une expédition en Thessalie, avec l'assistance du pape, qui l'aida puissamment à se procurer une armée; mais sa mort, arrivée au mois de septembre, amena la retraite de ses troupes. Cet événement détermina Robert à conclure avec Vatace un traité qui réduisait à rien la puissance des Latins au sud du détroit. En 1228, l'empereur mourut sans laisser d'enfants. Il était méprisé également des Latins et des Grecs pour son indolence et son incapacité. Les barons, voyant que Robert Ier ne laissait pour héritier que son frère Baudouin, âgé d'environ dix ans, firent, avec Jean de Brienne, roi de Jérusalem, un traité par lequel celui-ci fût investi du titre d'empereur, à la condition de laisser en mourant le trône de Constantinople au jeune Baudouin, qui épouserait la fille de Jean de Brienne, et serait reconnu roi de Nicée dès qu'il aurait vingt ans. Le même traité accordait aux héritiers de Jean de Brienne une partie des terres de l'empire, à titre de fief. Pendant ces négociations, Théodore Comnène, prince d'Epire, violant un traité qu'il avait fait avec Asan, roi de Bulgarie, attaqua les Etats de ce souverain; mais il fut vaincu dans une grande bataille, en avril 1230, et fait prisonnier. Ses possessions, et spécialement Andrinople, tombèrent au pouvoir du roi des Bulgares, qui lui fit crever les yeux. Jean de Brienne arriva à Constantinople avec de nombreuses troupes que le pape l'avait aidé à se procurer, et se fit couronner empereur. Mais laissant écouler deux ans sans se servir de ces puissants renforts, il les vit se dissiper en majeure partie. Il se décida enfin à passer en Asie pour y faire la guerre à Vatace, en 1233. Mais il ne put lui prendre que deux places, après quoi il revint à Constantinople. Vatace se hâta de conclure une alliance contre Jean avec le roi de Bulgarie, et convint du mariage de Théodore, son fils, âgé de onze ans, avec Hélène, fille de ce roi, âgée de neuf ans. L'empereur, alarmé, écrivit aux princes chrétiens et au pape pour avoir du secours. Grégoire IX exhorta les seigneurs qui avaient fait vœu de combattre les infidèles en terre sainte, à se rendre à Constantinople, et il en invita d'autres, qui n'avaient point encore d'engagement, à prendre la croix pour le même objet. Dès le commencement de 1235, Vatace débarqua avec son armée auprès de Gallipoli, défendue par les Vénitiens, la prit et l'inonda de sang. Il y fut rejoint par le roi des Bulgares. Après avoir marié leurs enfants, ils exercèrent de grands ravages et d'atroces cruautés dans les Etats de l'empereur; puis ils se rapprochèrent de Constantinople, qu'ils investirent, ayant avec eux cent mille soldats, tandis que Jean de Brienne n'avait qu'une faible infanterie et très-peu de cavalerie. Néanmoins l'empereur n'hésita point à sortir avec sa seule cavalerie, et à livrer une bataille dont il eut tout le succès. De quarante-huit corps dont était composée l'armée ennemie, il ne s'en échappa que trois, qui protégèrent la fuite du roi des Bulgares et de Vatace. Durant le combat, l'infanterie laissée dans la ville, profitant de ce que la flotte ennemie, forte de trois cents bâtiments, avait témérairement jeté l'ancre trop près des remparts, l'attaqua et en prit une partie. Les deux princes vaincus recommencèrent leurs armements, et Brienne ne cessa de réclamer des secours, surtout au pape, qui renouvela ses instances auprès des fidèles. Villehardouin, prince d'Achaïe, les Vénitiens, les Génois et les Pisans, répondant à cet appel, réunirent leurs vaisseaux et battirent la flotte des Bulgares et des Grecs, en 1236. Le jeune Baudouin fut envoyé à Rome, d'où il passa en France, pour presser l'arrivée des secours. Le pape adressa de nouvelles lettres aux princes laïques et aux évêques, pour que les croisés se rendissent à Constantinople au lieu d'aller en Palestine. Il publia même une croisade à laquelle il attacha les mêmes indulgences qu'on gagnait en allant en terre sainte. Un grand nombre de Français s'engagèrent dans cet armement, et entre autres Hugues IV, duc de Bourgogne, Raoul de Nesles, comte de Soissons, Jean, comte de Mâcon, et Imbert de Beaujeu. Le mois de mars 1238 était le terme de départ fixé par le souverain pontife. Sur ces entrefaites, il arriva de Constantinople des envoyés portant la nouvelle de la mort de Jean de Brienne, qui avait eu lieu le 23 mars 1237. Ce prince était dans sa quatre-vingtdixième année. Ils dirent aussi que Constantinople était en grand péril par le manque de vivres et la désertion de ses défenseurs.

Anseau de Cahieu, vieux et vaillant chevalier, fut nommé régent ou bail de l'empire. Le roi des Bulgares, dégoûté de son alliance avec Vatace, lui avait envoyé demander sa fille, dont le mariage ne pouvait guère avoir été consommé, eu égard au jeune âge de cette princesse; et quand il l'eut en sa puissance, il écrivit au pape qu'il voulait abjurer le schisme, et il s'allia avec les Latins d'Orient. Il leva une puissante armée, et vint avec les Francs assiéger une ville de Thrace, qui était sous la domination de Vatace. Mais ayant appris alors la mort de sa femme, il se retira, et renoua avec Vatace. Puis il épousa Irène, fille de son ancien ennemi Théodore L'Ange. Celui-ci, devenu libre, sempara de Thessalonique, et fit couronner empereur son fils Jean. Son frère, Manuel, se saisit aussi d'une partie de la Thessalie. Cependant le pape faisait de grands efforts pour propager la croisade. Il avait fait promettre au roi de Hongrie d'y prendre part, et avait mis à la disposition de Baudouin des sommes considérables. Ce dernier, averti de la détresse de sa capitale et des dispositions que montrait le roi de Bulgarie de s'unir à Vatace, expédia pour ses Etats un corps de troupes commandé par Jean de Béthune; mais cette entreprise fut traversée par Frédéric II, empereur d'Allemagne, et une très-faible partie de ceux qui y prirent part put arriver à sa destination, en 1238. Enfin, en 1239, Baudouin ayant terminé ses préparatifs, et obtenu de l'empereur Frédéric II, par l'effet des menaces de saint Louis, roi de France, passage, pour la croisade, à travers l'Allemagne, réunit toutes ses troupes, qui se composaient de soixante mille hommes. Mais plusieurs seigneurs qui s'étaient engagés pour Constantinople allèrent en Palestine. Cette armée traversa en bon ordre l'Allemagne, la Hongrie et la Bulgarie, grâce à l'inconstance du roi de ce pays. Parti de France vers la fin de juillet ou le commencement d'août 1239, Baudouin arriva à Constantinople avec tous ses croisés, à la fin de la même année, et il fut couronné empereur vers le mois de décembre. Au printemps de l'année 1240, il augmenta son armée d'un corps nombreux de Tartares Comans, conduits par deux de leurs princes, dont les filles, après avoir reçu le baptême, épousèrent des seigneurs latins; puis il assiégea une ville de Thrace, qu'il prit. Vatace, n'osant pas contrarier cette opération, enleva à l'empereur presque toutes ses places d'Asie ; mais sa flotte, forte de trente navires, fut battue, et en grande partie prise par treize galères latines. Vers ce temps, Baudouin fit présent à saint Louis d'une grande portion de la vraie croix et de plusieurs autres précieuses reliques. Déjà, en 1239, le saint roi avait acquis la couronne d'épines de Notre-Seigneur. Ces objets sacrés, la robe de Notre-Seigneur Jésus-Christ, et plusieurs autres instruments de la passion, furent plus tard déposés dans la Sainte-Chapelle de Paris. Le roi des Bulgares, qui de nouveau se tournait du côté de Vatace, mourut en 1241, laissant son trône à Caloman, son fils, âgé de douze ans. Vatace conclut alors une trêve de deux ans avec les Francs, et fit la guerre à Jean, empereur de Thessalonique, qu'il obligea à renoncer par un traité à ce titre, et à lui rendre hommage. En 1244, Baudouin alla en France, et il assista, en 1245, au concile de Lyon. Pendant son absence, Vatace s'empara de plusieurs villes appartenant aux Bulgares, et d'une grande partie de la Thessalie. Démétrius, despote de cette contrée, et successeur de Jean, lui fut livré par des traîtres. La trêve avec les Français étant expirée, Vatace mit le siége devant une place de Thrace, dont il s'empara. Sa flotte attaqua Candie, où les Grecs qui habitaient cette île lui procurèrent quelques avantages contre les Vénitiens, qui pourtant en restèrent maîtres. En 1248, Baudouin revint à Constantinople. En 1255, Vatace mourut, au retour d'une expédition qu'il avait faite contre Michel Comnène. Sur la fin de son règne, et à d'autres époques, il y avait eu des négociations entre lui et le saint siége pour la réunion des deux Eglises. Mais elles n'eurent aucun succès, par l'effet de la mauvaise foi et du mauvais vouloir des Grecs. Vatace eut pour successeur Théodore, son fils. Ce dernier mourut en 1258, laissant son trône à Jean Lascaris, son fils. Mais une révolution de palais mit ce jeune prince au pouvoir de Michel Paléologue, qui fut associé à l'empire et couronné à Nicée. Baudouin se hâta d'envoyer à l'usurpateur une ambassade, pour lui redemander la restitution de Thessalonique et de toutes les conquêtes de Vatace dans la Thrace. Mais il n'en reçut qu'un refus humiliant. En 1259, Guillaume de Villehardouin, prince d'Achaïe, étant venu au secours de Michel, despote d'Epire et d'Etolie, contre les troupes de Michel Paléologue, commandées par Jean Comnène, frère de ce dernier, fut abandonné par ses alliés et fait prisonnier. En 1261, les Génois, par jalousie contre les Vénitiens, firent alliance avec Michel Paléologue. Une courte trêve, qui avait été conclue entre ce prince et le despote de Servie, étant expirée, ils remirent tous deux des troupes en campagne. Ce fut Alexis Stratégopule qui eut le commandement de celles de l'empereur grec. Ce général, sachant que la trêve qui existait entre son maître et Baudouin devait finir au mois de septembre, s'enquit, quand il fut près de Constantinople, de l'état de cette place. Il apprit que la garnison, très-faible d'ailleurs, était presque toute sortie, aussi bien que la flotte, pour aller à quelque distance. S'étant décidé à profiter de cette imprudence, au mépris de la foi jurée, il s'approcha de la ville pendant la nuit avec toutes ses troupes, et ayant surpris les gardes des remparts, il pénétra dans la place, où il mit le feu sur plusieurs points. Les habitants grecs lui prêtèrent assistance. Quoique cette attaque fût faite avec crainte et avec mollesse, Baudouin surpris, et n'ayant d'ailleurs avec lui que peu de ses soldats, se vit forcé de s'embarquer sur un vaisseau. Sa flotte revint alors avec le reste de ses troupes; mais il était trop tard, et Constantinople resta au pouvoir de Paléologue. Cet événement eut lieu dans la nuit du 25 juillet 1261. Baudouin fit d'abord voile, avec toute sa flotte, vers l'île de Négrepont, d'où il passa dans la Pouille. Michel Paléologue, averti par la voix publique des succès de son général, n'y ajouta foi que quand il eût reçu les insignes de l'empereur détrôné, c'est-à-dire les brodequins de pourpre, l'épée à fourreau de soie cramoisie, le sceptre ou bâton de justice, et le chapeau pyramidal de couleur rouge et surmonté d'un gros rubis. Il se hâta de se rendre à Constantinople, où il entra, le 15 août 1261. Stratégopule fit son entrée solennelle quelques jours après, portant sur la tête la couronne de César, dignité dont au reste il était déjà investi avant d'exécuter sa déloyale tentative. Tous les Grecs se réjouirent de la prise de Constantinople, hormis un seul seigneur de la cour, qui prévit que cette nation, ayant désormais son principal siége en Europe, négligerait ses provinces d'Asie, d'où les Musulmans, après s'en être aisément emparés, envahiraient la Thrace et le reste de l'empire. Michel n'abusa point de sa victoire contre les Latins restés dans la ville; il accorda même de grands priviléges aux Génois, ses amis, aux Pisans et aux Vétiens. Arrivé en Italie, l'empereur Baudouin envoya des ambassadeurs au pape Urbain IV, pour réclamer son assistance. Ce pontife fit immédiatement prêcher en France la croisade contre les Grecs, et y attacha les mêmes indulgences qu'on gagnait en allant en Palestine. De plus, pour subvenir aux frais de l'expédition, il ordonna qu'on levât des dîmes en France, en Angeterre et en Espagne. Il pria en outre saint Louis de concourir de ses deniers à cette expédition, ce que le roi promit de faire. Mais les prélats de ces divers royaumes ne se montrèrent pas disposés à obtempérer aux vœux du saint père. Le pape enjoignit aussi aux Génois de rompre leur alliance avec Michel Paléologue et de s'accorder avec les Vénitiens, faute de quoi il les excommunierait et priverait leur ville du siége archiépiscopal dont elle jouissait. Il se vit plus tard contraint de réaliser cette menace. Quant aux Vénitiens, ils se hâtèrent d'équiper une flotte pour défendre leurs possessions d'Orient et arrêter les entreprises ultérieures des Grecs. Michel Paléologue, dans le but de conjurer le danger, écrivit au pape, en 1262, qu'il voulait travailler à la réunion des deux Eglises. Urbain lui envoya des nonces; mais il ne tarda pas à se convaincre qu'il était dupe d'une fourberie nouvelle, et il fit de rechef prêcher la croisade.

Pendant l'année 1264, Michel Paléologue vit ses troupes battues en Thessalie par Michel, despote d'Epire, qui le força à la paix et mourut presque aussitôt, après avoir divisé ses Etats entre ses enfants. L'un d'eux, Jean, prince ou duc de Patras fut dès la même année en hostilité avec l'empereur grec, et, se voyant serré de près, demanda du secours à Jean de la Roche, duc d'Athènes et de Thèbes. Celui-ci le fit aider par trois cents chevaliers avec lesquels il attaqua, sous les murs de sa capitale, l'armée grecque commandée par le despote Jean Paléologue, frère de Michel, et la battit complétement. La flotte grecque forte de soixante voiles fut défaite un peu plus tard par quelques vaisseaux français et vénitiens. Vers la même époque, Michel Paléologue priva de la vue le jeune empereur Jean, fils de Théodore Lascaris, quoiqu'il eût juré de lui conserver la couronne, et de ne point commettre d'attentat contre sa personne. Au lieu d'employer, pour ce crime, des bassins de cuivre ou des lames de fer fortement chauffées, comme on le faisait ordinairement, il se servit de vinaigre bouillant. Arsène, patriarche schismatique, l'excommunia à ce sujet, mais sa juste rigueur le fit chasser de son siége. En 1265, les Grecs eurent quelques avantages sur les Vénitiens et prirent le duc de Thèbes et d'Athènes dans l'île de Nègrepont; mais une de leurs armées fut battue près du château de Pharsale en Thessalie par les Francs, que conduisait le duc de Patras. Le duc d'Athènes mourut aussitôt après avoir traité avec l'empereur grec et eut pour successeur son frère Guillaume de la Roche, qui ne voulut pas tenir la convention et continua les hostilités. Il fondait sans doute de grandes espérances sur les incessantes et formidables attaques que les Turcs commençaient à diriger contre l'empire grec. En la même année 1265, Baudouin II, qui était venu en France pour y hâter les préparatifs de la croisade, investit Hugues IV, duc de Bourgogne, du royaume de Thessalonique et de plusieurs seigneuries de l'empire d'Orient. En 1267 il fit un traité avec Charles d'Anjou, roi des Deux-Siciles, par lequel il cédait à ce prince les droits de suzeraineté de l'empire sur la principauté d'Achaïe et de Morée, plusieurs îles et d'autres seigneuries, à condition que le roi fournirait et entretiendrait pendant une année deux mille hommes d'armes contre Michel Paléologue. Il fut en outre convenu entre eux que Philippe, fils de Baudouin, épouserait Béatrix, fille du roi, et que celui-ci hériterait des droits à l'empire, en cas d'extinction des successeurs directs de l'empereur. Vers le même temps, Charles d'Anjou s'était rendu maître de l'île de Corfou et de diverses places d'Epire. Par un autre traité, conclu au mois de mars 1268 sans préjudice des précédents, Baudouin céda à Thibaut, roi de Navarre et comte de Champagne, le quart des terres de l'empire à la condition que ce prince l'assisterait en personne. En outre, Baudouin avait pris quelques troupes à sa solde. Mais la croisade que saint Louis fit prêcher et dans laquelle il périt, entraîna après lui la plupart des seigneurs français engagés pour l'expédition de Constantinople, et la fit échouer. Un autre obstacle fut suscité par Paléologue lui-même, qui ne cessait d'envoyer à Rome des ambassadeurs pour donner au saint siége de nouvelles assurances du désir qu'il avait de se soumettre à la puissance apostolique du pape. Il y eut même, dès lors, quelque chose de plus que des pourparlers; car un peu avant la mort de saint Louis, en 1270, l'empereur grec fit chanter l'Evangile dans les deux langues et nommer le pape avant le patriarche schismatique dans les prières. En même temps il envoyait aussi en France des ambassadeurs pour arrêter l'exécution des projets de Charles d'Anjou par l'autorité du roi. De son côté, Baudouin II ne se lassa pas d'invoquer l'assistance des princes d'Occident jusqu'à sa mort, qui eut lieu en 1272. Il laissa son titre impérial à son fils Philippe.

Ce jeune prince, qui avait été retenu par les Vénitiens pour sûreté d'une somme prêtée à Baudouin II, avait plus de trente ans quand son père mourut. Après sa libération, il passa en Castille, où il fut fait chevalier par le roi Alphonse son cousin; et son mariage, arrêté avec Béatrix, fille de Charles d'Anjou, fut consommé en 1273 ou 1274. Le 4 octobre de cette dernière année il ratifia les conventions passées entre son père et le roi des Deux-Siciles. Le pape Grégoire X avait envoyé trois religieux de l'ordre des Frères Mineurs avec les pouvoirs de nonces à Michel Paléologue, pour l'avertir qu'il tiendrait à Lyon un concile général, au mois de mars 1274, où, entre autres choses, on s'occuperait des moyens de secourir le royaume de Jérusalem et d'opérer la réunion des deux Eglises, et pour l'inviter à s'y rendre avec le patriarche schismatique Joseph. L'empereur grec répondit de manière à satisfaire le pontife, et, ne voulant pas quitter ses Etats, se fit représenter au concile par des ambassadeurs, dont l'un était Germain, ancien patriarche de Constantinople. Mais celui qui occupait alors ce siége, s'opposant à la réunion, ne vint pas. Les ambassadeurs déclarèrent qu'ils apportaient la soumission tant de l'Eglise grecque que de l'empereur lui-même, et demandèrent qu'il leur fût permis de procéder à l'élection d'un nouveau patriarche, soumis à l'Eglise romaine. Le grand Logothète fit ensuite, au nom de son maître, une profession de foi orthodoxe. Enfin il fut décidé en concile que l'Empire d'Orient resterait à Michel Paléologue. Le pape écrivit à ce prince qu'il ferait ses efforts pour lui procurer une trêve avec l'empereur Philippe, et le roi Charles des Deux-Siciles, afin qu'on eût le temps de conclure la paix. Michel et son fils Andronic ratifièrent ce qui avait été fait au concile. Le patriarche schismatique fut déposé et remplacé; les prélats grecs qui persistèrent dans le schisme furent exilés. Cette réconciliation délivrait l'empereur grec de la crainte d'une croisade, mais elle lui suscita des embarras intérieurs presque aussi redoutables. Les nombreux prélats qu'il avait fallu déposer formèrent un parti puissant, à la tête duquel se plaça Michel Comnène, despote d'Etolie et d'Epire. Ces schismatiques assemblèrent un synode qui excommunia le pape et l'empereur grec comme hérétiques. Ce dernier fut obligé d'employer la force des armes et recourut aussi aux supplices. Un grand nombre des plus éminents seigneurs et même plusieurs de ses proches parents se retirèrent auprès d'Alexis Comnène, empereur de Trébizonde. En même temps les seigneurs Francs de la Grèce lui tirent la guerre; mais il les battit en 1279. D'autre part, il appréhendait vivement de se voir attaqué par Charles d'Anjou, qui faisait des armements considérables. C'est pourquoi il entra en négociation avec Pierre, roi d'Aragon, afin d'amener un soulèvement en Sicile au profit de ce dernier. Sur ces entrefaites, Martin IV, ayant succédé en 1281 au pape Nicolas III, fulmina une bulle d'excommunication contre Michel Paléologue, qu'il eut lieu de déclarer schismatique le 12 novembre de la même année. Le pape fit aussi conclure contre l'empereur grec, le 3 juillet suivant, une ligue entre Venise, l'empereur Philippe et le roi Charles d'Anjou. Ces deux princes s'engageaient aussi bien que Jean Dandolo, doge de Venise, à faire la guerre en personne; mais le roi pouvait s'y faire remplacer par son fils aîné. Le doge promettait quarante galères; le roi et l'empereur, huit mille chevaux et une infanterie proportionnée. Le point de départ devait être Brindes, et l'époque, le mois d'avril 1283. En attendant, on convint d'inquiéter les Grecs par des attaques de moindre importance. Loin de s'en tenir à ces stipulations, Charles d'Anjou arma cent galères, vingt gros vaisseaux, et deux cents bâtiments de transports pour sa cavalerie, qui se composait de dix mille hommes d'armes déjà levés. Son infanterie était formidable. Sans attendre l'époque déterminée par les conventions, il fit passer en Epire, où il possédait Durazzo, trois mille hommes commandés par Rossi, gentilhomme français. Mais celui-ci ayant tenté d'assiéger Belgrade, en Albanie, qui appartenait à Michel Comnène, gendre de l'empereur, se laissa surprendre, fut battu et fait prisonnier.

Dans ce grand danger, Michel Paléologue pressa ses négociations avec le roi d'Aragon et lui fit remettre trente mille onces d'or. Celui-ci mit sa flotte à la mer et s'embarqua pour la Sicile. Mais avant qu'il y fût arrivé, toute cette île avait consommé l'insurrection connue sous le nom de *Vêpres siciliennes*. Il n'eut qu'à s'y présenter pour en être maître. Cet événement, en obligeant Charles d'Anjou à employer toutes ses forces contre ses nouveaux ennemis, sauva l'empire grec. Michel Paléologue ne se soucia plus ni de l'union des deux Eglises, ni de l'excommunication qu'il avait encourue. Il mourut en cet état, le vendredi 11 décembre 1282. L'empereur Philippe le suivit bientôt dans la tombe, laissant Catherine, sa fille unique, héritière de son titre impérial. En 1294, cette princesse confirma en faveur de Charles II, successeur de Charles d'Anjou, les attributions de territoire faites à ce dernier par l'empereur Philippe, et Charles II les transmit, sous la suzeraineté de la couronne de Naples, à Philippe, prince de Tarente, son fils puîné, qui, par son mariage avec la fille de Nicéphore Comnène, despote d'Etolie, acquit des droits sur une grande partie de cette province. C'est pourquoi il se qualifia despote de Romanie. En 1301, l'impératrice Catherine épousa Charles, comte de Valois, frère de Philippe-le-Bel, roi de France, l'associa à ses droits à l'empire d'Orient, consentant à ce qu'il les transmît, si elle mourait sans enfants, aux enfants qu'il avait eus lui-même de sa première femme, Marguerite de Sicile. Il paraît qu'en cette même année, le nouvel empereur, Charles de Valois, fit alliance avec les Vénitiens. Le pape le nomma ensuite vicaire et défenseur de l'Eglise, lui donna, tant pour lui que pour l'impératrice et pour leurs héritiers, des lettres de confirmation de leurs droits sur l'empire de Constantinople, et, afin de lui faciliter les moyens d'entrer en possession de ce trône, ordonna en sa faveur une levée de dîmes extraordinaires sur les biens ecclésiastiques de France, d'Italie, d'Angleterre, de Sicile, de Sardaigne, de Corse et de la Grèce. Charles de Valois employa le reste de cette année à faire le guerre en Sicile pour le compte du roi Charles II, et contre le roi d'Aragon. Après avoir obtenu des succès, il fit un traité de paix peu avantageux. Les Catalans, qui formaient en grande partie l'armée du roi d'Aragon, n'ayant plus d'occupation, se mirent au service de l'empereur grec Andronic, qui ayant perdu successivement toutes ses armées contre les Turcs, se voyait dans le plus grand péril... En 1304, les Catalans, commandés par Roger de Flor, arrivèrent à Constantinople sur une flotte de vingt-deux voiles et au nombre de huit mille hommes. Roger épousa incontinent Marie, nièce d'Andronic, fit venir de nouvelles troupes et augmenta le nombre de ses vaisseaux. Puis il passa en Asie avec son armée, accrue de quelques corps grecs, et ne tarda pas à battre les Turcs dans une première rencontre. Fernand Ximenez de Arenos, un des chefs de son armée, se sépara de lui à cette époque, et passa, avec une partie des Catalans, au service de Gautier de Brienne, duc d'Athènes. Mais Roger reçut de Sicile douze cents hommes, et marcha contre les Turcs qui assiégeaient Philadelphie, au nombre de trente mille hommes. Il les défit, et leur tua dix-huit mille hommes ainsi que leur général. L'empereur, prenant ombrage de ces grands succès, envoya ordre à Roger de revenir en Thessalie avec une partie des Catalans, pour faire la guerre aux Bulgares, sous son fils Michel Paléologue. Roger ramena tous ses Catalans, établit son quartier général dans Gallipoli, et fut créé césar par l'empereur. Mais cette faveur cachait une trahison. Roger, ayant divisé ses troupes, et étant allé voir Michel Paléologue à Andrinople, avec une faible escorte, fut assassiné par les gens de ce prince, le 22 avril 1206. La garnison catalane de Gallipoli massacra aussitôt par représailles les Grecs de cette ville, et envoya des parlementaires à l'empereur, qui les fit assassiner. Les Catalans se fortifièrent dans Gallipoli, où ils furent assiégés par Michel Paléologue, qui avait avec lui quarante-quatre mille hommes. Mais ce prince fut obligé de lever le siége, après avoir perdu vingt-mille fantassins et six mille chevaux. Les Catalans reçurent alors des renforts considérables, et la nouvelle qu'ils allaient être secourus par l'infant Fernand de Majorque, lieutenant-général du roi d'Aragon. L'empereur grec ordonna à Michel Paléologue de les attaquer de nouveau; mais les Catalans marchèrent à la rencontre de ce prince et lui firent essuyer une sanglante défaite. Cependant l'affaiblissement de l'empire grec avait relevé les espérances de Charles de Valois; il avait demandé au pape Benoît XI de faire prêcher une nouvelle croisade, sans en obtenir autre chose que des concessions de dîmes sur les églises, et des promesses d'indulgences pour les gens de guerre qui l'assisteraient. Mais Clément V montra plus de zèle pour sa cause; non-seulement il renouvela avec plus de largesse les mêmes concessions, mais il intervint entre Charles de Valois, d'une part, et les Vénitiens et le duc de Bourgogne d'autre part, pour la formation d'une armée destinée à reconquérir Constantinople. Il excommunia Andronic, et interdit à tous les princes chrétiens de faire alliance ou commerce avec lui. Charles de Valois recommença à lever des troupes en 1307. En même temps il recevait de nombreuses lettres des princes et des seigneurs grecs, et particulièrement de ceux de l'Anatolie, aussi bien que des membres de leur clergé, qui, effrayés des progrès des Turcs et de la faiblesse d'Andronic, l'assuraient des bonnes dispositions de leur nation et des troupes catalanes à le reconnaître pour empereur, s'il se présentait. Charles partit donc pour l'Italie dans l'intention de tenter l'entreprise; mais il revint en France sans avoir rien fait. Au commencement de janvier 1307, le mardi d'après la saint Sylvestre, il vit mourir sa femme l'impératrice Catherine. Cependant les Catalans de Gallipoli continuaient contre les Grecs leurs étonnants exploits. Ils les battirent en plaine et leur enlevèrent plusieurs places. Pendant une de leurs incursions, ils laissèrent Gallipoli avec une faible garnison de deux cents fantassins et de vingt chevaliers. Les Grecs en profitèrent pour faire attaquer cette place par dix-huit galères génoises et sept des leurs. Mais cette tentative tourna à la honte des assaillants. Pendant ce temps-là les Turcs faisaient de grands progrès en Asie-Mineure; ils s'emparèrent d'Ephèse et de beaucoup d'autres places fortes. Il y eut un traité d'alliance contre les Grecs, conclu entre les Musulmans et les Catalans. Ceux-ci ne tardèrent pas à être joints par l'infant Fernand de Majorque. Mais la division se mit parmi leurs chefs, et fut fomentée par Andronic. Le prince espagnol, n'ayant pu faire reconnaître son autorité, se retira, après avoir rasé les fortifications de Gallipoli, dont le territoire dévasté ne fournissait plus de vivres.

Le titre impérial de Catherine passa à la fille de cette princesse et de Charles de Valois, qui s'appelait aussi Catherine. La nouvelle impératrice était encore en bas âge. Elle avait été promise en mariage, dès le berceau, à Hugues, fils de Robert II, duc de Bourgogne; mais en 1308 on commença à parler de l'unir à Philippe, prince de Tarente et fils puîné de Charles II, roi des Deux-Siciles. Ce second projet fut réalisé plus tard. En ce temps-là Charles de Valois passa avec le prince de Servie un traité par lequel celui-ci, en échange de certaines concessions, s'engageait à l'assister en personne, s'il entreprenait la conquête de Constantinople. Les troupes catalanes, qui occupaient encore Cassandrie, lui prêtèrent serment de fidélité; enfin les Vénitiens, pour l'accomplissement des conventions qu'ils avaient conclues avec lui, entretenaient dans l'Archipel une escadre de galères, et le pressaient vivement de tenir aussi ses engagements. Mais ce prince, qui, s'il eût su profiter de ces heureuses conjonctures, avait de grandes chances de succès, les laissa perdre en accumulant honteusement les délais. Les Vénitiens, fatigués, se déterminèrent à accorder des trèves successives à l'empereur grec, sans toutefois consentir à une paix définitive. La désunion se remit encore parmi les Catalans, dont le chef, Béranger de Boccafort, fut justement déposé. Ces vaillantes bandes, après s'être séparées de leurs alliés turcs, qui retournèrent en Asie, passèrent à la solde du duc d'Athènes, qui les employa d'abord avec un grand succès contre ses ennemis, Nicéphore, despote d'Acarnanie, et Jean, duc de Patras et prince de Valachie. Mais ensuite il les mécontenta, et voulut les chasser sans les payer ; ils lui firent essuyer, près de la rivière du Céphise, une sanglante défaite dans laquelle il périt. Restés maîtres du pays, les Catalans élurent pour chef Roger-Deslau, chevalier de la province de Roussillon. La jeune impératrice Catherine essaya de compenser ces funestes événements par son mariage avec Philippe de Sicile, prince de Tarente. Cette union eut lieu le 30 juillet 1313. Philippe, avec l'assistance du pape, se hâta de faire des levées, et Andronic en eut une telle frayeur, qu'il fit alliance avec les Turcs. Toutefois, cet armement resta sans emploi. En 1318, Jean de Sicile, fils puîné de Charles II, et comte de Gravina, fit une expédition dans la principauté de Morée, sur laquelle il avait des prétentions. Il paraît qu'il réussit à en faire la conquête et à y maintenir sa domination. Mais déjà les Turcs ravageaient toute la Grèce par d'incessantes incursions. Quant aux Catalans, ils demeurèrent en possession du duché d'Athènes.

En 1326, Roger Deslau étant mort, ils se soumirent volontairement à Mainfroi d'Aragon, encore enfant, et fils de Frédéric, roi de Sicile. Et comme ce jeune prince ne tarda pas à mourir, les conquêtes des Catalans, sous le titre de duchés d'Athènes et de Patras, passèrent à Alphonse, autre fils de Frédéric. L'empereur Philippe II, époux de l'impératrice Catherine et prince de Tarente, mourut à Naples le 26 décembre. 1332. Il laissa à sa femme plusieurs enfants, dont l'aîné, appelé Robert, ne prit le titre d'empereur qu'après la mort de cette princesse.—Catherine de Valois ne tarda point à se rendre dans la principauté de Morée qu'elle possédait, et établit sa résidence à Patras. Elle envoya quelques galères pour soutenir les Acarnaniens révoltés contre le nouvel empereur grec Andronic le Jeune. En 1338, les Turcs ravagèrent cruellement la Morée et brûlèrent les faubourgs d'Athènes. Plusieurs Etats chrétiens se liguèrent contre ces barbares, et envoyèrent une flotte qui leur brûla deux cent cinquante navires; mais on ne put les expulser de la Grèce, et Calojean qui, vers la même époque, succéda à Andronic le Jeune, sur le trône de Constantinople, se vit également impuissant à arrêter en Asie les effrayants progrès du sultan Orkan. Le pape publia, en 1344, une croisade contre ces infidèles ; les princes chrétiens firent un nouvel armement naval, auquel concourut l'impératrice Catherine, qui gouvernait encore la Morée au nom de son fils. Cette expédition essuya, en 1345, quelques revers. Au commencement d'octobre de l'année 1346, l'impératrice Catherine mourut à Naples. Robert II, son fils aîné, prit aussitôt le titre d'empereur; et le 9 septembre 1347 il épousa, à Naples, Marie de Bourbon, fille de Louis Ier, duc de Bourbon, et veuve de Gui de Lusignan, prince de Galilée, fils aîné de Hugues IV, roi de Chypre. A peine ce mariage eut-il été célébré, que Robert tomba au pouvoir de Louis, roi de Hongrie, qui avait envahi les Etats de Naples, et qui l'envoya prisonnier en Hongrie. Il ne recouvra sa liberté qu'en 1352, et revint habiter dans le royaume de Naples, sans rien faire ni pour recouvrer Constantinople, ni même pour défendre efficacement contre les Turcs les domaines qui lui restaient en Orient. Il mourut à Naples, le 10 septembre 1364, laissant son titre impérial à Philippe, son frère puîné, en vertu du droit héréditaire, et sa principauté d'Achaïe à sa veuve, Marie de Bourbon, en vertu d'une donation. Cette princesse mourut elle-même en 1387.

Philippe III n'hérita que de la dignité impériale, sans aucun domaine. Il épousa en premières noces Marie de Sicile, et cette princesse étant morte en 1366, il se remaria en 1370 avec Elisabeth, fille d'Etienne de Hongrie, duc d'Esclavonie et de Dalmatie. Il ne fit rien pour rentrer en possession de sa couronne. On ne connaît point exactement la date de sa mort. Ce fut son neveu, Jacques des Baux, qui hérita du titre d'empereur d'Orient. Il épousa en 1382 Agnès de Duras, qui mourut avant lui ; on sait qu'il passa quelque temps en Grèce, où il possédait des domaines du chef de sa mère, et qu'il termina ses jours à Tarente. Il y eut toujours une trop grande antipathie de caractère, de mœurs et d'habitudes entre les Grecs et les Latins, pour que la domination des seconds sur les premiers pût se fonder sur d'autres rapports que ceux de la force opprimant la faiblesse. La puissance latine en Orient ne fut jamais qu'un empire sans peuple.

CORAN. Ce mot veut dire *lecture*. Le Coran est aussi appelé d'un nom arabe qui veut dire *le livre*, d'un nom qui veut dire *le volume*, d'un nom qui veut dire *la distinction* (entre le bien et le mal), d'un nom qui veut dire *l'admonition*, et de plusieurs autres. Le Coran est divisé en cent quatorze *surates* ou chapitres. Ces chapitres sont distingués par des titres particuliers ; quelques chapitres ont deux titres ou plus, par la différence des copies du Coran. L'invocation : *Au nom de dieu clément et miséricordieux*, se lit en tête de tous les chapitres du Coran. Les Musulmans mettent cette formule à la tête de tous leurs livres et de tous leurs écrits en général, comme une marque particulière de leur religion ; et c'est une espèce d'impiété de l'omettre. Les chapitres du Coran sont divisés en versets inégaux. Les premiers chapitres sont longs de plus de deux cents versets, et les derniers n'ont que quelques lignes. Il est indiqué à la tête de chaque chapitre s'il a été révélé à la Mecque ou à Médine, ou s'il a été révélé partie à la Mecque, partie à Médine. Les chapitres dont le titre n'indique point où ils ont été révélés sont un sujet de discussion entre les commentateurs, pour savoir à laquelle de ces deux villes il faut les attribuer. Outre les divisions inégales en chapitres et en versets, le Coran est partagé en trente parties ou sections, pour la commodité de ceux qui le lisent dans les mosquées et dans les chapelles, où sont les tombeaux des empereurs et des grands hommes. Chaque mosquée ou chapelle a trente lecteurs, et chacun d'eux lit chaque jour sa section, en sorte que le Coran est lu d'un bout à l'autre une fois par jour. Ecrit dans le dialecte de la tribu des Koréïchites, qui est le plus poli de tous les dialectes arabes, le Coran a le mérite de l'élégance du style ; mais le fond du livre n'est qu'un amalgame confus et obscur de pièces hétérogènes. La perfection du style dans l'œuvre du prophète est considérée par les Musulmans comme un miracle au-dessus des forces humaines; et Mahomet en appelle à ce miracle pour confirmer sa mission · il défie l'homme le plus éloquent de l'Arabie de rien faire qui puisse être comparé à cet ouvrage. Les plus beaux passages du Coran sont toutefois ceux où il imite nos saintes Ecritures, auxquelles Mahomet a fait de nombreux emprunts, ainsi qu'aux traditions des Juifs et des Chrétiens. Quoique ce livre soit écrit en prose, les sentences qu'il contient se terminent par des rimes redoublées. « Le dessein général du Coran, a dit le savant orientaliste Golius, semble avoir été de réunir en une seule religion tous les peuples de l'Arabie, dont le plus grand nombre était idolâtre... Cette religion consistait à connaître et à adorer un seul Dieu, éternel, invisible, par le pouvoir duquel toutes choses ont été faites, et qui peut donner l'existence à celles qui ne sont pas; qui est le gouverneur suprême, le juge et le seigneur absolu de la création. Cette religion contenait la sanction de certaines lois et l'établissement des signes extérieurs de certaines cérémonies, en partie d'institution ancienne, en partie nouvelles, et elle était sanctifiée par l'exposition des peines et des récompenses temporelles et éternelles. L'autre but du Coran a été de porter tous ces peuples à obéir à Mahomet comme au prophète, et à l'ambassadeur de Dieu, qui, après les fréquents avertissements et les menaces des temps précédents, devait enfin établir et répandre la religion sur la terre par la force des armes, et être reconnu comme souverain pontife pour le spirituel, et comme prince suprême pour le temporel. »

La doctrine fondamentale du Coran, c'est l'unité de Dieu : Mahomet prétendait que le rétablissement de ce dogme était le but principal de sa mission; il affirmait qu'il n'y avait jamais eu, et qu'il ne pouvait y avoir qu'une seule religion, et que, quoique les lois particulières ou les cérémonies fussent sujettes au changement, conformément à la direction de la Providence, cependant la substance de la religion étant la vérité éternelle, ne pouvait être changée, et demeurait toujours la même. Il enseignait que, toutes les fois que cette religion avait été altérée dans son essence, Dieu avait bien voulu donner de nouvelles instructions, de nouveaux avertissements au genre humain, par la voix de divers prophètes, entre lesquels il distinguait surtout Moïse et Notre-Seigneur Jésus-Christ; mais il se donnait lui-même pour le prophète par excellence, assurant qu'on n'en devait attendre aucun autre après lui. Mahomet prétendait que le Coran ne lui avait été révélé que par fragments, à mesure que Dieu jugeait convenable de faire publier quelque chose qui importait à la conversion du peuple; c'était un expédient qui lui a parfaitement réussi, pour répondre à toutes les objections qui lui ont été faites, et pour se tirer de toutes les difficultés qu'il a rencontrées. L'éternité du Coran est un point de foi pour les Mahométans, et ils prétendent que les événements pour lesquels les passages occasionnels du livre du prophète lui ont été révélés avaient été prédéterminés par Dieu de toute éternité. Le Coran a donc été de tout temps, au dire des Musulmans, dans l'essence divine. La première copie en a toujours été écrite sur une grande table, nommée la *table conservée*, qui est placée auprès du trône de Dieu. Une copie de cette table, écrite dans un volume de papier, fut apportée par l'archange Gabriel dans le ciel le plus bas, pendant une nuit du mois de Ramadan ; et de ce ciel le plus bas, Gabriel a communiqué le Coran à Mahomet par fragments, selon que les circonstances le demandaient, tantôt à la Mecque, tantôt à Médine, durant le cours de vingt-trois ans. L'archange donnait au prophète la consolation de lui faire voir, une fois par an, le volume entier, qui était relié en soie avec des ornements en or et en pierres précieuses du paradis. Les Musulmans ajoutent que Mahomet a eu deux fois, dans la dernière année de sa vie, la satisfaction de voir le volume entier du Coran. Ce sont les Musulmans orthodoxes qui croient que le Coran est incréé et éternel, prétendant que Mahomet lui-même a déclaré que celui qui affirmerait le contraire était un infidèle; mais plusieurs sectes musulmanes n'admettent pas cette opinion, qui établit deux êtres éternels. Un secrétaire recueillait de la bouche même de Mahomet les versets du Coran, à mesure qu'ils étaient censés lui être révélés, et communiquait ces textes originaux aux sectateurs du prophète. Plusieurs d'entre eux en prenaient des copies ; mais le plus grand nombre les apprenaient par cœur. Quand on rendait les originaux, ils étaient enfermés confusément dans un coffre, et c'est par cette raison qu'il est incertain dans quel temps plusieurs passages ont été écrits. Mahomet se plaint, dans les XVIe et XXVe chapitres du Coran, du reproche que ses compatriotes lui ont adressé, de s'être fait aider dans la composition de son livre. Cette accusation était certainement fondée ; mais le faux prophète avait si bien pris ses mesures qu'elle ne put jamais être prouvée. On pense que le juif Abdallah et le moine Sergius ont été les principaux collaborateurs de Mahomet. Quand l'auteur du Coran mourut, il laissa ses prétendues révélations dans un grand désordre ; ce fut Abou-Bekr qui recueillit non-seulement celles qui étaient écrites, mais encore celles que la mémoire des Mahométans avait conservées, et qui rangea les chapitres du Coran dans l'ordre où nous les lisons, sans avoir égard à celui du temps, mais en plaçant les plus longs chapitres les premiers. Il confia la garde de cette collection à une des veuves du prophète. Othman, qui a été le troisième calife ou successeur de Mahomet, ayant remarqué qu'il existait une grande variété dans les copies du Coran répandues dans les diverses provinces de l'empire, ordonna, de l'avis des compagnons de Mahomet, que l'on fît plusieurs copies de l'exemplaire déposé par Abou-Bekr entre les mains de la veuve du prophète. Quand ces copies furent faites, on les distribua dans tout l'empire, et on supprima les anciennes. Comme l'usage des marques des voyelles dans l'écriture arabe est postérieur à Mahomet, il a fallu instituer des lecteurs dont la profession fût de lire le Coran avec ses véritables voyelles. Mais ces lecteurs ne se sont pas accordés entre eux sur la manière de lire les révélations du prophète, et ils ont introduit de nouvelles variations dans les copies du Coran où sont marquées les voyelles, et c'est sur ces voyelles que roulent la plupart des variantes du livre. Les docteurs musulmans ont imaginé la doctrine de l'abrogation pour répondre aux objections qu'ont soulevées les contradictions qui se trouvent dans le Coran : Dieu, disent-ils, a commandé, par la bouche du prophète, diverses choses qu'il a jugé à propos d'abroger ensuite. Le Coran, étant la règle de la foi et de tous les devoirs des Musulmans, a eu un très-grand nombre de commentateurs. Un de ces commentateurs distingue dans le Coran ce qui est littéral et ce qui est allégorique. Ce qui est allégorique, à son sens, ce sont les passages obscurs, paraboliques, énigmatiques et abrogés. Ce qui est littéral, ce sont les passages clairs et simples. Les Musulmans ont un grand respect pour le Coran. Ils n'oseraient jamais le toucher sans s'être auparavant purifiés légalement, et ils sont avertis de se conformer à cet usage par ces mots écrits sur la couverture de chaque exemplaire : *Que personne ne touche ce livre que ceux qui sont purs*. Les Mahométans permettent que le Coran soit traduit en plusieurs langues, mais ils veulent que, par respect pour l'original arabe, ces versions soient écrites entre les lignes du texte original.

Le Coran n'a commencé à être connu en Europe que vers le milieu du XVIe siècle. Il a été, depuis cette époque, traduit en français, en anglais et en allemand. La traduction anglaise de George Sale est la meilleure qu'on puisse lire dans une langue moderne, et les notes qui l'accompagnent sont un travail très-précieux. Si on veut prendre connaissance du Coran dans une traduction française, c'est à celle de M. Kasimirski qu'il faut recourir.

CRI DE GUERRE. Quand la foule innombrable qui environnait Urbain II, au concile de Clermont, s'écria, après le discours par lequel il appelait la chrétienté à la délivrance des Saints Lieux, *Dieu le veut !* le pape ajouta : « Puisque vous vous êtes servis de ces mots, vous les prendrez, dans la guerre que vous allez faire, pour cri de guerre et pour mot d'ordre donné par Dieu lui-même. » Ce beau cri : *Dieu le veut*, est certainement la plus énergique qu'on connaisse des acclamations de ce genre. Il ne fut pas, toutefois, durant le cours des guerres saintes, exclusivement celui des croisés. Pendant le siége de Jérusalem, les mots *Adjuva, Deus, Dieu, aidez-nous*, furent joints au premier cri de guerre : *Dieu le veut, Deus id vult*. Chaque corps de troupes, dans les armées des croisés, avait aussi son cri de guerre particulier, indépendant du cri général. Raymond d'Agiles nous apprend que les méridionaux, réunis sous la bannière du comte Raymond, marchaient au combat en criant : *Toulouse !* Dans les croisades conduites par saint Louis, le cri de guerre de nos pères, *Montjoie, saint Denis*, devint celui des soldats de la croix.

Les Musulmans avaient deux cris de guerre, le *tahlil*, qui exprimait la *force* de Dieu, et le *tecbir*, qui exprimait la *grandeur* de Dieu. Le *tahlil* consistait dans ces paroles : « Il n'y a de force et de puissance qu'en Dieu », et le *tecbir* dans celles-ci : « Dieu est grand, Dieu est grand, Dieu est très-grand, Dieu est très-grand, louange à Dieu. »

CROISADES. On appelle de ce nom les expéditions qui furent dirigées par l'Occident chrétien contre l'Orient musulman, pour affranchir la terre sainte du joug de l'islamisme, parce que les guerriers qui s'enrôlaient dans ces expéditions portaient sur leurs vêtements une croix, qui les fit nommer *croisés*. La durée des croisades embrasse tout le temps qui s'écoula depuis la première de ces expéditions, préparée en 1095, jusqu'à ce que les Occidentaux perdirent Ptolémaïs, leur dernière possession dans l'Orient, en 1291. La durée générale des croisades fut donc d'environ deux siècles. Les quatre grands peuples parmi lesquels se recrutèrent les armées de la croix furent les Français, en comprenant sous cette dénomination les Flamands et les Lorrains, bien que ces derniers, politiquement parlant, fissent corps avec l'empire germanique, les Allemands, les Italiens et les Anglais. On distingue généralement huit croisades : la *première* eut lieu sous le pontificat d'Urbain II, et fut prêchée par Pierre l'Ermite ; aucun souverain n'y prit part, et elle eut pour résultat la prise, par les chrétiens sur les Musulmans, de Nicée, d'Edesse, d'Antioche et de Jérusalem, et la fondation du royaume de Jérusalem, du comté d'Edesse, de la principauté d'Antioche, et du comté de Tripoli ; la *seconde croisade*, entreprise sous le pontificat d'Eugène III, et prêchée par saint Bernard, à l'occasion de la prise d'Edesse par les infidèles, eut pour chefs Conrad III, empereur d'Allemagne, et Louis VII, roi de France ; la *troisième croisade*, à laquelle la prise de Jérusalem par Saladin donna lieu, fut entreprise sous le pontificat de Clément III, fut prêchée par Guillaume, archevêque de Tyr, et eut pour chefs Frédéric Barberousse, empereur d'Allemagne, Philippe-Auguste, roi de France, et Richard Cœur-de-lion, roi d'Angleterre; elle eut pour résultat la prise de Ptolémaïs par les croisés; la *quatrième croisade*, suscitée par Célestin III, eut pour chef Conrad, chancelier de l'empire germanique, et n'eut aucun résultat; la *cinquième croisade*, prêchée par ordre d'Innocent III, eut pour chefs Boniface, marquis de Montferrat, Baudouin, comte de Flandre, et Dandolo, doge de Venise; elle eut pour résultat la prise de Constantinople par les Latins; la *sixième croisade*, suscitée par Innocent III et par Grégoire IX, vit le roi de Hongrie, André II, paraître un instant en Palestine, les croisés prendre et perdre Damiette, sous la conduite de Jean de Brienne, roi de Jérusalem, et du cardinal Pélage, légat du saint-siége; cette croisade fut constamment entravée par Frédéric II, empereur d'Allemagne, qui donna le scandale d'un prince excommunié se rendant en terre sainte contre la volonté du souverain pontife; la *septième croisade* fut entreprise par saint Louis, sous le pontificat d'Innocent IV, et eut pour résultat la captivité du roi de France, la ruine de son armée et la reddition de Damiette, qui avait d'abord été prise aux Musulmans; la *huitième croisade*, enfin, se termina par la mort de saint Louis devant Tunis, sur la côte d'Afrique. Cette lutte magnanime, dans laquelle le christianisme combattit le mahométisme pendant deux siècles, est la plus noble phase de l'histoire des hommes. Où trouver, nous le demandons, une époque plus admirable que cette généreuse époque des guerres saintes, qui se présente devant la postérité, encadrée entre Godefroy de Bouillon et saint Louis?

PREMIÈRE CROISADE.

La première croisade fut provoquée par le récit de la situation des Saints Lieux, que Pierre l'Ermite, revenant de visiter le tombeau du Sauveur, fit au pape Urbain II, en lui remettant les lettres du patriarche de Jérusalem, dont il était porteur. Préparée ensuite en Italie et en France, par les prédications de ce pèlerin enthousiaste, l'expédition fut résolue au concile de Clermont, au mois de novembre 1095 (*Voy.* les articles PIERRE L'ERMITE et URBAIN II).

La France et la Lorraine offrirent un spectacle extraordinaire dans l'hiver de l'année 1095 à 1096. On voyait partout des préparatifs et des exercices militaires; les routes étaient couvertes d'hommes armés qui se rendaient, accompagnés de leurs femmes, de leurs enfants et de toute leur famille, auprès des princes, sous les ordres dequels ils devaient marcher à la délivrance de la terre sainte. Le zèle et l'ardeur avec lesquels les croisés se disposaient à partir en engageaient d'autres à prendre la croix. Les terres et les propriétés de toute espèce étaient vendues à vil prix, pour fournir aux frais de l'expédition. L'amour, qui attache l'homme à sa patrie, semblait éteint dans les cœurs, embrasés du feu d'une dévotion guerrière; les liens de la famille étaient sacrifiés au besoin de céder à l'entraînement général. Les religieux sortaient de leurs couvents, quelquefois même sans la permission de leurs supérieurs, tout remplis de l'esprit belliqueux qui soulevait une partie de l'Europe. Les sujets méconnaissaient l'autorité des princes, les serfs celle de leurs seigneurs, pour s'associer à une entreprise qui appelait également les chrétiens de tous les rangs, maîtres et esclaves, sous la bannière de celui qui est mort pour affranchir tous les hommes de la servitude du péché. Un chroniqueur allemand, parlant du mouvement qui se manifesta alors en Europe, dit que ce fut un entraînement divin, qui laissa peu d'habitants dans la France orientale; et, suivant l'expression d'Anne Comnène, la croisade arrachait l'Europe de ses fondements et la précipitait sur l'Asie. Les seigneurs partaient, emmenant leurs équipages de chasse, leurs meutes et leurs faucons. Les pauvres villageois ferraient les pieds de leurs bœufs comme on ferre ceux des chevaux, et les attelaient à un chariot, où ils plaçaient toute leur famille. C'était quelque chose de divertissant, dit Guibert, d'entendre leurs enfants demander, à l'approche d'un village ou d'une ville, si c'était Jérusalem. Les adultères, les voleurs et les assassins se repentaient de leur conduite, et déclaraient qu'ils voulaient en laver la tache dans le sang des infidèles. Ce n'étaient pas seulement des troupes de pèlerins qui ceignaient l'épée et arboraient la croix, mais des peuples, des pays tout entiers.

Une chronique écrite par un auteur inconnu, recueillie par Mabillon dans son *Museum italicum*, fait du départ des croisés le tableau pittoresque dont voici la traduction: « Le père n'osait point arrêter son fils, l'épouse son époux, le maître son esclave; chacun était libre d'aller au saint tombeau. Les pèlerins avaient une croix brodée sur l'épaule droite; ils imitaient le Sauveur, qui porta sa croix sur l'épaule. L'enthousiasme fut si universel, qu'il n'y avait aucune route, aucune cité, aucune plaine, aucune montagne qui ne fût couverte de tentes et de pavillons, d'une foule de barons et de chevaliers, d'hommes et de femmes de toutes les conditions. Les croisés avaient toutes sortes d'instruments de musique, et l'air retentissait du son des cornets et des trompettes. Les pèlerins avaient des armes de toute espèce, des lances, des épées, des boucliers, des casques, des arcs et des bâtons aigus; l'or brillait sur les tentes des grands; leurs lits de repos étaient peints de différentes couleurs. On voyait sous ces lits les marcs d'argent, comme on voit du bois sous le lit de l'homme des champs. Les princes faisaient transporter de petites barques, qu'ils lançaient dans les rivières, et leurs filets se remplissaient de poissons. Ils avaient avec eux des faucons, qu'ils lâchaient contre les oiseaux voltigeant sur leur passage. On trouvait des croix empreintes sur les épaules de ceux qui mouraient en chemin; ces prodiges enflammaient l'ardeur des chrétiens, et de toutes parts on entendait ce cri de joie et de victoire : *Dieu le veut!* »

Aucun souverain ne s'offrit pour commander la sainte expédition. Philippe Ier, roi de France, était réduit à en demeurer le spectateur, par l'excommunication dont l'avait frappé le saint-siége, parce qu'il avait épousé la femme du comte d'Anjou. L'empereur d'Allemagne, Henri IV, n'était pas homme à s'élever jusqu'au repentir de ses fautes, en embrassant la cause de Dieu, à la voix du vicaire de Jésus-Christ; et Guillaume le *Roux*, roi d'Angleterre, n'était pas digne de marcher à la tête de la milice recrutée par un pieux dévouement. Chaque seigneur, duc ou comte, rassembla les soldats de la croix qui s'enrôlèrent sous sa bannière, et les conduisit devant Jérusalem. La première croisade eut, sous ce rapport, un caractère tout féodal. Constantinople était le point vers lequel il fut convenu que devaient se diriger les armées chrétiennes, par les différentes routes qu'il leur plairait de suivre, pour s'acheminer de là vers la Syrie, à travers l'Asie Mineure. « La saison après laquelle les chrétiens soupiraient, le mois de mars, parut enfin, dit Guillaume de Malmesbury. Le monde, qui avait quitté sa vieille face d'hiver, pour se rajeunir sous les beautés printanières, invitait les pèlerins à se diriger vers les plages d'Orient; dans l'ardeur qui les enflammait, toute espèce de retard était insupportable aux croisés. »

Cédant aux prières de la multitude dont sa parole avait allumé l'ardeur belliqueuse, Pierre l'Ermite consentit à se mettre à la tête d'une troupe considérable de pèlerins français, lorrains et allemands : *exercitus illius ut arena maris innumerabilis*, dit une chronique. Au commencement du printemps de l'année 1096, il se mit en marche, sur sa mule, avec les croisés qui l'avaient pris pour chef. Pierre accompagnait plutôt qu'il ne guidait son armée, qui manquait d'argent, d'armes et de cavalerie. Ce n'était guère qu'un ramassis de serfs échappés à leur maîtres, ou de pèlerins que les princes avaient refusé d'admettre sous leurs bannières, soit parce que ces pèlerins ne pouvaient pas faire la dépense de cet enrôlement, soit par quelque autre motif; ou bien encore de vagabonds trop impatients de partir pour attendre la formation des corps de troupes que ressemblaient les seigneurs. Le chroniqueur Berthold de Constance dit « qu'une multitude de gens du peuple, qui ne savaient et ne pouvaient se préparer aux dangers d'une pareille expédition, se mirent en route avec trop de simplicité : d'où il arriva qu'un grand nombre de croisés périrent en Hongrie, parce qu'ils eurent l'imprudence de dévaster les terres de ce pays... Il n'est pas étonnant, ajoute Berthold, que ces premiers croisés n'aient pu accomplir leur projet d'aller à Jérusalem, car ils ne l'avaient pas entrepris avec humilité et dévotion. Ils avaient parmi eux plusieurs moines apostats qui avaient quitté l'habit de religieux pour marcher avec eux. Ils avaient en outre un grand nombre de femmes qui avaient criminellement changé leurs vêtements pour l'habit d'homme, et qui se livrèrent à d'infâmes désordres. C'est pourquoi cette multitude, comme autrefois le peuple d'Israël, offensa grandement le Seigneur. Aussi après beaucoup de travaux, de périls et de pertes d'hommes, ne pouvant pénétrer dans la Hongrie, beaucoup de pèlerins revinrent chez eux, sans avoir rien fait, et dans une grande tristesse. »

Parmi les chevaliers peu nombreux qui se réunirent à Pierre, l'histoire a distingué Gauthier-*sans-avoir*, neveu de Gauthier de Pexejo, mort en Bulgarie. Gauthier-*sans-avoir* succéda à son oncle dans le commandement des quinze mille hommes qui, avec huit cavaliers, formaient l'avant-garde de l'armée de l'Ermite. Il est probable que cette armée, que les prédications de son chef ne cessaient de grossir sur sa route, s'élevait à un chiffre triple de celui de la troupe qui la précéda, sous les ordres de Gauthier-*sans-avoir*. Ce fut à Cologne que cette troupe, qui avait soif d'aventures, se sépara de celle de l'Ermite. Elle traversa l'Allemagne et arriva, au mois de mars 1096, aux frontières de la Hongrie. Le roi Coloman lui accorda un libre passage sur ses États. A Semlin, cependant, seize pèlerins furent dépouillés de leurs vêtements par leurs hôtes ; mais Gauthier eut la sagesse de ne point tirer vengeance de cette insulte, qui provoqua plus tard une horrible représaille. Arrivés sur le territoire des Bulgares, les pèlerins demandèrent au commandant de Belgrade la permission d'acheter des vivres, et elle leur fut refusée. La nécessité les obligea alors de se procurer par la force ce qu'ils n'avaient pu obtenir par des prières : les campagnes furent dévastées, les troupeaux enlevés des pâturages, et les habitants du pays massacrés, lorsqu'ils voulaient s'opposer à ces violences. Les Bulgares, s'étant rassemblés, assommèrent et mirent en fuite les pillards dispersés de la troupe de Gauthier, qui eut encore la prudence de hâter sa marche avec l'élite de ses pèlerins, sans s'arrêter à guerroyer inutilement. Il trouva dans le bon accueil que lui fit le gouverneur de Nissa la récompense de sa modération : des vivres et de l'argent lui furent fournis avec des guides pour le conduire jusqu'à Constantinople. Là, un lieu pour camper lui fut assigné devant la ville, et en attendant l'arrivée de l'armée de Pierre l'Ermite, la troupe de Gauthier oublia les souffrances de la fatigue et de la faim dans l'abondance que lui procurèrent les soins de l'empereur grec.

Lorsque l'armée de Pierre l'Ermite, partie de Cologne après celle de Gauthier-*sans-avoir*, arriva sur le territoire de la Hongrie, le roi Coloman lui accorda la permission de traverser ses États, mais à la condition que les pèlerins s'abstiendraient des désordres auxquels s'étaient livrés ceux que conduisait Gauthier. La promesse faite, à ce sujet, par Pierre fut plus fidèlement remplie qu'on n'aurait dû l'attendre de l'indiscipline de ses bandes, et elles parvinrent paisiblement aux frontières méridionales de la Hongrie. Mais là se répandit parmi les croisés le faux bruit d'un complot formé contre eux, par les Hongrois avec les Bulgares. Les vêtements dont avaient été dépouillés les seize hommes de la troupe de Gauthier, dont il vient d'être question, avaient été suspendus aux créneaux des murs de Semlin, que les chroniqueurs ne désignent que sous le nom de *Malavilla*, ville de malheur. La vue de ce trophée insultant pour les croisés acheva d'enflammer les esprits, et Pierre ne sut pas les contenir. Semlin fut attaquée et prise d'assaut. La garnison, qui ne s'attendait pas à une semblable agression, s'enfuit; les habitants essayèrent en vain de résister, quatre mille d'entre eux furent massacrés, et cette déplorable victoire ne coûta que cent hommes à ceux qui en souillèrent leurs mains. Les propriétés particulières ne furent pas plus respectées que le trésor public. Les pèlerins montrèrent qu'ils n'étaient que l'écume de l'armée qui devait les suivre sous le commandement de Godefroy de Bouillon, en se livrant au pillage, au viol et à des cruautés telles que celle que rapporte Guibert. « Ils arrachaient, dit ce chroniqueur, la barbe à leurs hôtes. » *Suis hospitibus barbas vellebant*. Ils consommaient dans de honteux excès les provisions abondantes qu'ils avaient trouvées dans la ville, lorsqu'ils furent réveillés de leur ivresse par la nouvelle, qu'apportèrent des Français établis en Hongrie, que le roi Coloman venait à la tête d'une puissante armée demander raison du massacre de ses sujets. Les pèlerins s'empressèrent aussitôt de passer la Save, emportant leur butin sur tous les bateaux qu'ils purent se procurer et sur des radeaux construits à la hâte. Ils échappèrent ainsi par la fuite à la vengeance des Hongrois. Mais la population de Belgrade, épouvantée à la vue des cadavres de celle de Semlin, que lui avait apportés le Danube, avait abandonné la ville, et les pèlerins ne trouvèrent partout qu'un désert dans le pays des Bulgares, qui s'étaient retirés dans les forêts avec tout ce qu'ils possédaient. Après une marche difficile de huit jours, à travers des contrées sauvages et inconnues, la troupe de Pierre arriva devant la ville de Nissa. Non-seulement elle en obtint des vivres, en échange des ôtages qu'elle livra, mais les plus pauvres des pèlerins furent même aidés des aumônes des habitants. Cependant, lorsque la troupe se remit en marche, des Allemands, que Guillaume de Tyr appelle des *enfants de Bélial*, pour se venger d'une querelle qu'ils avaient eue la veille avec un marchand bulgare, incendièrent et détruisirent sept moulins et plusieurs maisons sur la Nissava, dans le faubourg de la ville. Pierre était parti tranquillement sans avoir connaissance de ce désordre, qui avait eu lieu pendant qu'il levait le camp. Le gouverneur de Nissa fut d'autant plus irrité de cette conduite des pèlerins, qu'il avait usé envers eux de la plus bienveillante hospitalité. Il se mit à leur poursuite, tua ou fit prisonnière toute leur arrière-garde, et s'empara de la plus grande partie des voitures qui portaient les bagages, les femmes et les enfants. Pierre ignorait ce qui se passait sur les dernières de son armée, lorsqu'un chevalier, nommé Lambert, accourut lui en apporter la nouvelle. Il commit alors la faute de retourner sur ses pas; il voulait aller s'expliquer à Nissa, afin de se faire rendre les prisonniers et ses bagages, qui étaient entre les mains des Bulgares. Mais à peine avait-il commencé sa marche rétrograde, que la vue du désastre éprouvé par son arrière-garde enflamma son armée du désir de la vengeance; et quand les pèlerins revirent les murs de Nissa, il lui fut impossible de les empêcher d'en tenter l'assaut. Ce fut en vain qu'il employa, pour les retenir, les menaces et les prières; il eut l'amère douleur de voir pour la première fois son éloquence méconnue, dans une circonstance où il s'agissait du sort de tous les siens. Le désordre et la désunion régnaient parmi eux; les habitants de Nissa s'en aperçurent et se hâtèrent d'en profiter. Les envoyés que l'Ermite avait chargés d'être les interprètes de ses explications et de ses excuses durent abandonner la ville, sans avoir été entendus. Un combat très-sanglant s'engagea, et il tourna au désavantage des pèlerins, dont un grand nombre se noyèrent dans la rivière, qu'ils avaient crue guéable, en voulant échapper au fer de l'ennemi. Pierre tenta un nouveau moyen de prouver son innocence, qui ne lui réussit pas mieux que l'envoi de ses premiers parlementaires. Il donna à un Bulgare qui avait pris la croix la mission de porter à Nissa la demande d'une suspension d'armes et d'une conférence, mais l'une et l'autre proposition furent refusées. A cette nouvelle la rage des pèlerins redoubla, et la lutte devint plus acharnée qu'auparavant. Mais la victoire demeura aux habitants de Nissa, qui firent des croisés un carnage où ne furent épargnés ni l'âge ni le sexe. La caisse de l'Ermite, qui contenait toutes les aumônes qu'il avait recueillies, fut enlevée, et ses bandes auraient été entièrement anéanties, si elles n'avaient trouvé un refuge sur les montagnes et dans les forêts voisines. Il s'enfuit lui-même sur une colline, où quelques chevaliers réunirent avec peine environ cinq cents hommes. Dans son désespoir, il crut d'abord que c'était tout ce qui lui restait de son armée; mais le lendemain il se retrouva entouré de sept mille hommes; et trois jours après, quand tous les fuyards dispersés l'eurent rejoint, il vit avec une grande satisfaction que trente mille pèlerins avaient échappé au sort des dix mille qui avaient été ou tués ou faits prisonniers. Mais les habitants avaient fui des villes et des villages qu'il rencontra, et sa troupe serait morte de faim, si, comme nous l'apprend Albert d'Aix, l'approche de la moisson ne lui avait permis de se nourrir des grains que les champs lui offraient. Le courage de Pierre se releva lorsqu'il rencontra les députés que l'empereur grec envoyait à sa rencontre, pour lui faire des reproches de la conduite de son armée, mais pour lui annoncer en même temps que, si elle observait une meilleure discipline, elle trouverait partout des provisions sur son passage. A cette nouvelle, Pierre versa des larmes de joie, et se mit à genoux devant sa troupe pour remercier Dieu de cette grâce. Il reçut des Grecs l'accueil promis par le message impérial, et pressa sa marche pour répondre au désir qu'avait l'empereur de le voir. Il ne s'arrêta que trois jours à Andrinople, et arriva, le 1er août 1096, devant les murs de la capitale de l'empire. On lui désigna pour établir son camp un emplacement voisin de celui où Gauthier avait déjà planté ses tentes. Après tant de souffrances endurées et de périls surmontés, les deux chefs et les deux troupes se réunirent dans l'espoir d'un meilleur avenir. Des Vénitiens, des Génois et des Pisans vinrent achever de porter à environ cent mille hommes cette armée des premiers croisés rassemblés devant Constantinople.

Pierre fut aussitôt invité à se présenter devant l'empereur, qu'il toucha par son éloquence et par le récit de ses malheurs. Alexis le combla de présents considérables, et fit distribuer à son armée de l'argent et des vivres. Anne Comnène fait à Pierre, qu'elle appelle *Cucupietre*, un reproche qu'elle adresse généralement aux croisés français, celui d'être prodigue de paroles. Alexis conseilla à l'Ermite d'attendre, pour entrer en lutte avec les Turcs, l'arrivée des grandes armées commandées par les princes et les seigneurs de l'Occident. Mais les bandes qui avaient pris l'Ermite pour chef prétendaient triompher des ennemis de la foi avec le seul secours de Dieu, et l'empereur leur fournit d'autant plus volontiers des navires pour les transporter au delà du Bosphore, que les faubourgs de Constantinople avaient déjà eu beaucoup à souffrir de leur indiscipline. Elles débarquèrent sur la côte de Bithynie, dans le golfe de Nicomédie, à Hélénopolis, selon le récit d'Anne Comnène. Albert d'Aix dit qu'elles campèrent près d'une ville qu'il appelle Civitot, et qu'elles y demeurèrent environ deux mois. Elles portèrent certainement en Asie l'esprit d'insubordination dont elles s'étaient montrées animées en Europe; mais lorsque la fille de l'empereur Alexis prétend que les pèlerins, traitant en ennemis les sujets de son père, commirent les cruautés les plus atroces, et firent cuire des enfants à la broche, elle calomnie les Latins sous la dictée de l'animosité grecque. Pierre aurait voulu tenir compte des représentations de l'empereur, et comprimer l'ardeur impatiente avec laquelle ses troupes exigeaient qu'il les conduisît contre les Turcs. Quand il se sentit impuissant à les retenir, il chercha un prétexte pour retourner à Constantinople, et partit, laissant le commandement de l'armée à Gauthier *Sans-avoir*. Mais l'impuissance des efforts prudents et courageux du nouveau commandant en chef, pour arrêter un irrésistible entraînement, prouve que Pierre n'avait eu que trop raison de désespérer de l'autorité de sa parole. La présomption des Français provoqua une rupture entre les pèlerins. Les Allemands réunis aux Italiens tentèrent, sous la conduite d'un aventurier qui les trahit, une expédition qui coûta la vie au plus grand nombre de ceux qui l'avaient entreprise. Cet aventurier, qui se nommait Renaud, avec les trois mille hommes qui l'avaient pris pour chef, s'empara d'une forteresse qu'Anne Comnène appelle *Xerigordon*, et qui était située au pied d'une montagne voisine de Nicée. Les pèlerins y furent bientôt assiégés par un détachement de Turcs de la garnison de cette ville. Mais ils signalèrent leur résistance par la constance avec laquelle ils supportèrent les horreurs de la soif; ils se voyaient sans se décourager réduits à boire le sang de leurs chevaux, lorsqu'ils furent trahis par Renaud, qui s'entendit avec les Turcs pour leur livrer la forteresse, en feignant d'exécuter une sortie. Les pèlerins qui s'étaient placés sous les ordres de ce misérable furent tous massacrés, à l'exception des jeunes gens, qui furent envoyés comme esclaves au sultan de Nicée. Renaud ajouta l'apostasie à la perfidie en se faisant Musulman.

A cette nouvelle, les Français furent les premiers à vouloir venger la mort de leurs frères allemands. Gauthier s'opposa en vain à cette résolution, en faisant observer qu'il avait été décidé, avant le départ de Pierre, qu'on n'entreprendrait rien en son absence. Quelques croisés qui battaient la campagne ayant été tués par les Turcs, le langage de la prudence que Gauthier persistait à parler fut traité de lâcheté. Un chevalier, nommé Godefroy de Burel, railla les pèlerins qui se laissaient exterminer par les Turcs, comme si le Christ ne combattait pas pour eux, et l'ordre de marcher en avant fut arraché au lieutenant de Pierre l'Ermite. Les prêtres, les vieillards, les femmes et les enfants furent laissés dans le camp, et l'armée se dirigea vers Nicée, à travers une forêt, au nombre de vingt mille hommes de pied et de cinq cents cavaliers. Elle ne tarda pas à donner dans une embuscade que lui avait tendue l'armée turque, commandée par Kilidje-Arslan, sultan de l'empire Seldjoucide d'Iconium, dont Nicée était alors la capitale. La défaite des chrétiens fut complète. Gauthier ne put que défendre sa vie avec une intrépide bravoure, et tomba atteint de sept flèches. Les pèlerins cherchèrent en vain leur salut dans la fuite; tous furent victimes de la présomption avec laquelle ils s'étaient portés en avant, à l'exception de trois mille qui échappèrent au fer des Turcs, en se réfugiant dans une forteresse à demi ruinée, située sur le bord de la mer. Le camp chrétien fut pris et pillé; les jeunes garçons et les jeunes filles destinés à l'esclavage furent seuls épargnés dans le carnage général. Les cadavres des morts furent amassés en un énorme tas, et laissés en pâture aux oiseaux de proie. Anne Comnène raconte, avec une satisfaction qu'elle peut à peine dissimuler, la défaite des croisés. Le massacre des Latins fut si grand, ajoute-t-elle, que leurs ossements amoncelés dans la plaine ressemblaient à une haute montagne. Quand Pierre l'Ermite apprit ce désastre à Constantinople, il supplia l'empereur de sauver les malheureux restes de son armée, et Alexis envoya un corps de troupes pour protéger leur retour dans sa capitale.

Séduit par l'exemple de Pierre l'Ermite, un prêtre du Palatinat, nommé Gottschalk, qui n'était pas un vrai, mais un faux serviteur de Dieu, *non verus sed falsus Dei servus*, dit une chronique, se mit aussi à prêcher la croisade, et réunit, en Lorraine et en Bavière, quinze mille hommes de la lie du peuple, à la tête desquels il suivit la route qui venait d'être tracée à travers la Hongrie. Coloman fit tous ses efforts pour faciliter et accélérer le passage de ces nouvelles bandes; mais lorsqu'il apprit les excès qu'elles avaient commis en différents lieux, et notamment dans une ville où elles avaient empalé un jeune Hongrois sur la place du marché, au dire d'Albert d'Aix, il fit marcher une armée pour protéger ses sujets. Le général qui la commandait, voyant la résistance que les pèlerins lui opposaient, résolut d'accomplir leur ruine par la ruse. Il leur promit la bienveillance de son souverain, s'ils voulaient la mériter par un acte pacifique d'obéissance, en déposant leurs armes. Gottschalk et les siens se laissèrent persuader, ou pour mieux dire tromper, et les Hongrois les exterminèrent dès qu'ils les eurent désarmés. Albert d'Aix regarde leur destruction comme un châtiment du ciel et comme la punition de leurs crimes; mais, quelle qu'ait été la conduite antérieure de la troupe de Gottschalk, elle n'excuse pas une semblable trahison.

Des bandes, plus mal recrutées encore et plus indisciplinées que celles de Gauthier, de Pierre et de Gottschalk, se réunirent sur les bords du Rhin et de la Moselle, et préludèrent à leur départ pour la terre sainte en massacrant les juifs à Cologne, à Mayence, à Worms, à Trèves et à Spire. (Voir l'article Juifs.) Guillaume le Charpentier et quelques autres chevaliers, mêlés à ces bandits, et leur chef, le comte Emicon, qui, à la vérité, était un loup sous la peau d'une brebis, au dire d'un chroniqueur, prêtèrent la main aux atrocités dont ces villes furent le théâtre. Cette troupe de forcenés partit chargée de butin, et, unissant à la férocité une détestable superstition, pour nous servir de l'expression d'Albert d'Aix, qui rapporte ce fait, elle s'avançait précédée d'une chèvre et d'une oie, qu'elle croyait inspirées par l'esprit divin : *anserem quemdam divino spiritu asserebant afflatum, et capellam non minus eodem repletam.* Une ville de Hongrie, qu'Albert d'Aix appelle *Mersbourg*, et qui est située dans les marais que forme la Leitha à son embouchure dans le Danube, ferma ses portes à cette multitude désordonnée. Un siége est aussitôt entrepris, l'assaut est livré, et le roi Coloman, qui se trouvait dans la ville, désespérant de la défendre, se préparait à l'évacuer, lorsque les assaillants sont tout à coup saisis d'une terreur dont aucun chroniqueur n'explique la cause, et s'enfuient dans la plus grande confusion. Selon Guillaume de Tyr, cette déroute en laquelle a été changée une victoire qui allait être obtenue, ne peut être attribuée qu'à la colère de Dieu provoquée par les crimes des soldats d'Emicon : *Nec aliud in causa dicitur exstitisse, nisi quod peccatis multiplicibus Dominum ad iracundiam provocaverant.* Les Hongrois poursuivirent les fuyards, et en firent un si grand carnage que leur sang rougit les eaux de la Leitha et du Danube. Le comte Emicon, Guillaume le Charpentier et un petit nombre d'autres durent leur salut à la vitesse de leurs chevaux. A leur arrivée dans leur patrie, ils furent accueillis par des railleries, lorsqu'ils dirent qu'ils revenaient de *Moisson*, désignant par ce nom la ville nommée Mersbourg dans Albert d'Aix.

Près de trois cent mille hommes avaient déjà péri sur la route de Jérusalem, et les croisés n'avaient encore acquis qu'une réputation d'indiscipline et de brigandage. Mais l'élite des guerriers de l'Europe allait effacer cette première impression et apprendre aux Musulmans ce qu'était la valeur chrétienne.

Godefroy de Bouillon partit des bords de la Moselle, au mois d'août 1096, à la tête d'une armée de quatre-vingt mille fantassins et de dix mille cavaliers, tirés de la Lorraine et de la Frise. Parmi les puissants seigneurs que comptait cette armée, se trouvaient Baudouin, frère du duc de Lorraine, Baudouin du Bourg, son parent, et Dudon de Contz, qui joue un rôle si brillant dans le poëme du Tasse. Lorsque Godefroy de Bouillon arriva aux frontières hongroises, il recueillit les fuyards dispersés des bandes du comte Emicon. Les traces de leur passage lui auraient indiqué, s'il avait eu besoin de cet avertissement, la conduite qu'il devait tenir : les tas de cadavres qui s'offrirent à sa vue étaient une recommandation de faire observer une exacte discipline. Il s'arrêta sur le territoire autrichien, d'où il envoya demander au roi de Hongrie, Coloman, la cause du sort des croisés qui l'avaient précédé. Un bienveillant accueil fut fait par ce souverain à l'ambassade chargée de négocier avec lui un libre passage à travers ses Etats, pour l'armée du duc de Lorraine. Dans l'audience solennelle qui fut accordée à cette ambassade, Coloman se plaignit des désordres commis par les premiers croisés, et attesta par serment que le devoir de protéger la vie et les biens de ses sujets avait rendu nécessaire la répression de leur fureur. Les envoyés repartirent accompagnés d'une députation par laquelle Coloman faisait proposer au duc une entrevue. Godefroy se rendit, le jour convenu, au château désigné pour le rendez-vous. La conférence eut lieu sur le pont-levis de ce château. Il fut convenu entre les deux princes que le roi favoriserait le passage des pèlerins à travers la Hongrie, et que le duc, pour garantie du bon ordre qu'il promettait de faire observer, livrerait, comme otages, son propre frère avec sa suite. Pour plus de sûreté de la protection promise aux croisés, le roi voulut que tous les grands de son royaume prissent envers eux les mêmes engagements que lui, sous la foi du serment, selon la coutume de ces temps. Baudouin montra quelque répugnance à se soumettre à la demande de Coloman; mais Godefroy le fit rougir de cette égoïste faiblesse, en déclarant qu'à son défaut il s'offrirait lui-même en otage. Après que Baudouin se fut livré au roi de Hongrie, avec sa femme et les chevaliers qui suivaient sa bannière, le duc de Lorraine entra sur les terres de ce roi. Son armée, à laquelle il avait interdit, sous peine de mort, toute violence envers les Hongrois, et ordonné de payer exactement les vivres qui lui seraient fournis, observa la discipline qui lui était prescrite. Le roi de Hongrie marcha lui-même avec une armée à la suite des croisés, pour mieux assurer l'exécution des conventions réciproques. En quittant le territoire hongrois, Godefroy reçut de Coloman, avec les otages qui lui avaient été livrés, des remercîments de la bonne conduite des pèlerins, et des présents pour lui et pour leurs principaux chefs. Après s'être arrêtée un jour à Belgrade, l'armée poursuivit sa marche vers Constantinople, à travers les forêts et les montagnes de la Bulgarie. Elle se reposa huit jours à Philippopoli. L'empereur Alexis avait envoyé à sa rencontre des ambassadeurs, qui prièrent le duc de maintenir la discipline dans son armée, en lui promettant qu'il trouverait partout des provisions suffisantes. Il fut ponctuellement tenu compte des deux côtés de la prière et de la promesse. Mais Godefroy ayant appris que Hugues de France était retenu prisonnier, expédia des envoyés à Constantinople, pour réclamer la mise en liberté de ce noble pèlerin, et demander les raisons de sa captivité. Cette mission revint sans avoir obtenu satisfaction de l'empereur, et le duc de Lorraine ordonna de ravager le pays que son armée traversait. En huit jours les fertiles plaines de la Thrace furent un désert. A cette nouvelle, Alexis s'empressa de mettre en liberté le prince français et les seigneurs de sa suite; il envoya même deux d'entre eux auprès du duc pour le prier de faire cesser la dévastation. Godefroy rétablit aussitôt dans son armée la discipline dont le relâchement avait atteint le but qu'il en avait attendu, et, continuant sa marche, il arriva deux jours avant Noël devant les murs de la capitale de l'empire grec. Hugues vint le trouver dans son camp, avec plusieurs de ses compagnons, qui, comme Guillaume le Charpentier, échappés à la mort sur les frontières de la Hongrie, s'étaient réunis aux pèlerins français en Italie. Godefroy se tint en garde contre toutes les ruses de l'empereur, qui voulait l'attirer à Constantinople, et il repoussa également la proposition que lui fit Bohémond de détrôner le perfide Alexis, en répondant qu'il avait pris les armes pour combattre les infidèles et non les chrétiens.

Hugues le Grand, comte de Vermandois, et frère de Philippe Ier, avait pris la croix après le concile de Clermont. Il réunit sous sa bannière, outre ses vassaux, ceux du roi de France, son frère. Des pèlerins anglais se joignirent aussi à la troupe du comte de Vermandois. Guibert compare le nombre des seigneurs qui marchèrent sous ses ordres à celui des guerriers de la Grèce qui assiégèrent Troie. *Unius enim, duum, trium, seu quatuor oppidorum dominos quis numeret? Quorum tanta fuit copia, ut vix totidem coegisse putetur obsidio Trojana.* Hugues conduisit son armée par une route plus courte que celle de la Hongrie : il passa les Alpes, avec l'intention de s'embarquer pour la Grèce dans un port d'Italie. Il reçut à Lucques, des mains du pape Urbain II, l'étendard de saint Pierre, qui lui fut confié comme au plus illustre des chefs de la croisade. Il pria aux tombeaux de saint Pierre et de saint Paul, et s'empressa de s'éloigner de Rome, que désolait la guerre civile suscitée par l'antipape Guibert. Il s'embarqua à Bari, sans attendre l'arrivée des autres princes qui le suivaient, tant il était impatient d'arriver au terme de son voyage. Mais la flotte qui portait ses troupes fut dispersée par une violente tempête sur les côtes de la Grèce, et il n'échappa lui-même au naufrage qu'en gagnant la terre sur une petite nacelle. Le gouverneur de Durazzo le reçut avec tous les honneurs dus à son rang; mais il l'entoura en même temps d'une garde pour s'assurer de sa personne, parce qu'il avait reçu l'ordre de l'empereur de retenir prisonniers tous les croisés qui débarqueraient sur le rivage grec. Conduit à Constantinople, le comte de Vermandois y fut magnifiquement traité par Alexis qui, espérant se faire du prince français un otage contre les dispositions des croisés à son égard, le combla de présents, et lui promit la liberté s'il voulait le reconnaître comme son suzerain, pour les conquêtes qu'il ferait en Asie, et lui prêter le serment de fidélité et d'obéissance. Il en dut coûter beaucoup à l'orgueilleux frère du roi de France, de devenir le vassal de l'empereur grec; mais la résistance semblait impossible, et il prêta le serment demandé. Il n'obtint pas pour cela sa liberté, qui ne lui fut rendue que lorsqu'Alexis s'effraya de l'attitude hostile qu'avait prise Godefroy de Bouillon, en s'avançant vers Constantinople.

Le schisme qui séparait les Grecs de la communion de saint Pierre, la fausse subtilité de leur esprit, si opposée à la rude franchise des Latins, la différence absolue de mœurs et d'usages entre les croisés et les sujets d'Alexis, et la politique perfide de ce prince étaient, entre les pèlerins et leur hôte, des motifs de discorde qui devaient nécessairement porter leurs fruits. La célébration des fêtes de Noël suspendit les premiers effets de cette antipathie; mais la persistance de l'empereur à vouloir obtenir de

Godefroy de Bouillon qu'il vînt à Constantinople, et la juste défiance où était le duc des desseins insidieux de ce souverain, amenèrent une rupture entre les Grecs et les Latins. L'agression vint des premiers; mais Constantinople se vit aussitôt menacée par les armes des seconds, et l'issue de la lutte engagea Alexis à préférer la voie tortueuse des négociations à celle de la guerre ouverte, pour arriver à ses fins. Il sut, par ses flatteries, se faire de Hugues de Vermandois un médiateur auprès de Godefroy de Bouillon. Après avoir reproché au prince français, en termes sévères, sa condescendance aux vues de l'empereur, le duc de Lorraine comprit les explications qui lui furent données; et il se détermina à prêter le serment qu'Alexis désirait obtenir des chefs de la croisade, lorsque Hugues lui fit observer que ce serment était une conséquence inévitable de leur expédition, dont le succès dépendait des bonnes dispositions de l'empereur, puisque, sans son secours, l'armée périrait de faim. «Qu'on ne s'étonne point, dit Robert le Moine, du serment de tant d'illustres princes ; si on y réfléchit, on verra qu'ils ne pouvaient pas faire autrement. En effet, ils allaient entrer dans une terre déserte, où ils ne devaient rencontrer que la misère et la stérilité. » C'est sur ces entrefaites, que le prince de Tarente, qui s'avançait vers Constantinople, envoya des députés à Godefroy, pour lui proposer de réunir leurs forces, et de s'emparer de la capitale de l'empire. A la nouvelle de l'arrivée de cette ambassade au camp des croisés, Alexis, qui redoutait beaucoup le prince de Tarente, s'empressa de mettre fin à tout différend. Il envoya au duc de Lorraine son propre fils en otage, et en obtint par ce moyen, ce qu'il n'avait pas pu lui arracher par les flatteries ni par les menaces : Godefroy se rendit au palais impérial. L'audience de réception des chefs de la croisade fut brillante. Ils y parurent vêtus avec toute la magnificence des seigneurs allemands et français de cette époque. L'or, la pourpre et l'hermine brillaient sur leurs cottes d'armes. L'empereur, assis sur son trône, et entouré de toute sa cour, ne se leva pas même pour saluer le duc. Les croisés s'approchèrent de lui avec respect, et lui baisèrent la main à genoux. Ducange a conclu, du passage obscur d'Albert d'Aix, où est racontée cette entrevue, que les croisés avaient baisé les pieds d'Alexis. Après ces cérémonies, qu'on observait avec d'autant plus de soin à la cour de Constantinople, qu'on cherchait à cacher sous leur vaine pompe la faiblesse de l'empire, Alexis loua le dévouement des guerriers de l'Occident à la cause de Jésus-Christ, et s'étendit particulièrement sur l'éloge de Godefroy de Bouillon. Il conféra ensuite à ce prince le plus grand titre d'honneur dont pût disposer un souverain grec, en l'adoptant pour son fils, et il déclara qu'il plaçait l'empire sous la protection de ses armes. Godefroy, mettant sa main dans celle de l'empereur, lui prêta avec tous ses compagnons le serment de fidélité, et s engagea à lui remettre les pays, les villes et les forteresses de l'ancienne dépendance grecque qu'ils reprendraient sur les Turcs, et à lui rendre hommage pour ses autres conquêtes. On peut voir, à l'article *Robert de Paris*, un exemple du déplaisir que causa à plusieurs chevaliers l'obligation de faire acte de vasselage envers l'empereur grec. Baudri peint la répugnance de la plupart des chefs des pèlerins à prêter le serment d'obéissance et de fidélité à Alexis. Ils croyaient ne devoir ce serment qu'à Dieu seul, dont ils étaient les soldats. Guibert s'étonne que des guerriers si fiers se soient, par cet hommage, soumis à la domination des Grecs, *les plus faibles des hommes*. Alexis promit de son côté de favoriser l'expédition, en lui fournissant des provisions de bouche et de guerre, et en réunissant ses troupes à celles des Latins. Il crut avoir obtenu, dans le serment qui lui assurait la soumission féodale des croisés, une garantie de leur conduite pacifique à son égard, et il prodigua les présents aux chefs de l'armée latine. Il ne borna pas à eux seuls l'effet de sa générosité. Chaque semaine un officier supérieur se rendait au camp, dit Albert d'Aix, « avec quatre hommes chargés de byzantins en or, et de dix mesures de tartarons (voir l'article Monnaies): et ce qu'il y avait de plus extraordinaire, ajoute le même chroniqueur, c'est que tout cet argent, qui était distribué aux soldats pour acheter des vivres, retournait immédiatement dans le trésor impérial. Il ne faut pas trop s'en étonner, toutefois ; car tout le commerce de l'empire , soit qu'il consiste en huile, en vin ou blé, se fait au bénéfice de l'empereur. Voilà pourquoi le trésor, recevant continuellement, ne peut être épuisé. »

La vigilance du duc de Lorraine ne put cependant pas empêcher l'oisiveté de porter atteinte à la discipline de ses troupes, et pour éviter les inconvénients d'une trop grande réunion de pèlerins devant Constantinople, Godefroy suivit le conseil que lui donnait l'empereur, de passer le Bosphore, et il établit son camp autour de Chalcédoine.

L'approche de Bohémond, prince de Tarente, inquiétait vivement l'empereur, qui avait appris à le redouter lorsqu'il accompagnait son père dans la guerre que Robert Guiscard avait faite à l'empire grec. Alexis, qui savait combien Bohémond était dominé par l'ambition, ne pouvait pas croire qu'il allât à Jérusalem uniquement pour le salut de son âme. C'était surtout lorsqu'il avait connu la participation de ce prince à la croisade, que l'empereur avait conçu les craintes qu'il manifesta des projets des Latins. La proposition que fit faire Bohémond au duc de Lorraine, de partager entre eux la dépouille d'Alexis, en s'emparant de sa capitale, justifie la défiance qu'inspirait le caractère de ce prince. Accompagné de son parent, le célèbre Tancrède, il était parti des rivages de la Pouille avec une armée parfaitement aguerrie de vingt mille fantassins et de dix mille cavaliers, un peu après

Hugues de Vermandois. Dès que l'empereur le sut débarqué à Durazzo, il fit observer sa marche par des troupes qui en vinrent aux mains plusieurs fois avec les croisés italiens et Normands. Alexis feignait d'ignorer ces hostilités, et faisait porter des paroles amicales à Bohémond. Des prisonniers que fit Tancrède lui avouèrent que l'empereur grec redoutait les croisés comme les foudres du ciel, dit Robert le Moine, parce qu'il croyait que l'ambition était le mobile de leur conduite plus que la religion, et que leurs vues étaient plutôt tournées vers Constantinople que vers Jérusalem. Les habitants du pays, dit l'évêque Baudri, refusaient d'entrer en communication avec les croisés, parce qu'ils les regardaient comme des brigands et des tyrans, *velut gladiatores et tyrannos*. Invité à devancer son armée dans la capitale, Bohémond répondit au désir exprimé par l'empereur. Leur entrevue fut une scène de double hypocrisie. Il n'en coûta pas plus à Alexis de promettre de vastes domaines à son hôte qu'à celui-ci de lui prêter le serment de fidèle vassal. Au milieu de ces mutuelles protestations d'une amitié qui n'existait pas, ils se défiaient réciproquement l'un de l'autre. L'empereur logea Bohémond dans son propre palais, et lui fit servir un splendide repas. Mais le prince passa tous les mets aux autres convives, sans vouloir goûter d'aucun, et le lendemain il ne put cacher son étonnement de les savoir en bonne santé, ne comprenant pas que l'empereur eût laissé échapper une aussi belle occasion de l'empoisonner. Le jour où Bohémond prêta le serment, l'or, l'argent, les pierres et les étoffes précieuses étaient partout étalés dans le palais, dont les officiers impériaux lui firent parcourir les magnifiques appartements. A cette vue, il ne put s'empêcher de dire que si ces richesses lui appartenaient, il s'en servirait pour conquérir des royaumes : il fut répondu, avant même qu'il eût achevé de parler, que tous ces trésors lui étaient destinés. Bohémond refusa d'abord, mais accepta ensuite, tout en laissant voir qu'il pénétrait les motifs de la générosité impériale. La demande qu'il fit de la place de général de l'empire d'Orient, qui avait été le chemin par où Alexis était parvenu au trône, reçut une réponse évasive, où perçait le mécontentement qu'inspirait tant d'ambition.

Robert, duc de Normandie, Etienne, comte de Chartres et de Blois, et Robert, comte de Flandre, qui arrivèrent à Constantinople, chacun à la tête de nombreuses troupes de pèlerins, reçurent également des présents en échange du serment d'obéissance qu'ils prêtèrent à l'empereur. Raymond de Saint-Gilles, comte de Toulouse, avec qui marchait Adhémar de Monteil, évêque du Puy et légat du saint-siége, arriva le dernier des chefs de la croisade dans la capitale de l'empire grec. L'orgueilleux Raymond, qui était souverain d'une partie du midi de la France, avait commencé par refuser hautement de se reconnaître le vassal du souverain de Constantinople; il fut amené ensuite à jurer de ne rien entreprendre contre la vie et l'honneur de l'empereur.

En s'avançant, du rivage où elle avait pris terre en Asie, vers la capitale de l'empire du sultan d'Iconium, l'armée des croisés vit d'abord accourir à elle, des forêts et des montagnes où ils s'étaient tenus cachés, quelques pèlerins échappés à l'extermination des bandes de Pierre l'Ermite. Elle reconnut les fossés du camp qui avait été le théâtre d'un si grand désastre, et elle trouva la terre jonchée des ossements de la multitude des morts restés sans sépulture. La chronique du Mont-Cassin dit que Godefroy, pour aplanir les routes qui conduisaient à Nicée, fit marcher en avant trois mille hommes, armés de haches et d'autres instruments de fer, avec ordre de planter sur leur chemin des pieux surmontés de croix de fer ou de bois, pour servir de guides à l'armée. Robert le Moine rapporte le même fait.

Nicée, capitale de la Bithynie et de l'empire Seldjoucide d'Iconium, est située dans une plaine environnée de montagnes. Du côté de l'Occident le lac Ascanius baigne ses remparts, et lui tient lieu de fortifications. Elle était ceinte d'un mur avec un fossé rempli d'eau et flanqué de soixante-dix tours bien bâties et très-élevées; on aurait pu faire rouler un char sur les murailles de la ville. On trouve, au commencement du troisième livre de l'histoire de Guillaume de Tyr, une remarquable description de Nicée. Kilidje-Arslan, sultan d'Iconium, dont les Etats s'étendaient depuis l'Hellespont jusqu'à Tarse en Cilicie, y faisait sa résidence ordinaire. (*Voy.* l'article Turcs Seldjoucides d'Iconium.) Une garnison de troupes d'élite la défendait, et le sultan campait sur les montagnes voisines, observant, à la tête d'une armée de cent mille hommes, les mouvements des croisés, pour saisir l'occasion de les attaquer. Le lac laissait aux habitants une libre communication par eau avec l'extérieur, et ils en profitaient pour transporter dans la ville toutes les provisions qui leur étaient nécessaires.

Les croisés, arrivés devant Nicée, le 5 mai 1097, établirent leur camp dans une vaste plaine, arrosée par les ruisseaux qui tombaient des montagnes. Des tentes dont la splendeur excite l'admiration de Baudri servaient d'églises. Nicée fut le point de réunion de toute l'armée des croisés. Foucher de Chartres en porte le chiffre à six cent mille hommes, sans comprendre dans ce nombre les ecclésiastiques, les femmes et les enfants; et il prétend que six millions de pèlerins avaient pris la croix en Occident. « Qui a jamais ouï dire, ajoute le même chroniqueur, qu'il y eût dans une armée tant de langages divers que dans celle des croisés, où se trouvaient des Francs, des Flamands, des Frisons, des Gallois, des Bretons, des Allobroges, des Lorrains, des Allemands, des Bavarois, des Normands, des Ecossais, des Anglais, des Aquitains, des Italiens, des Sibériens, des Daces, des Grecs et des Arméniens? Si un Breton ou un Allemand voulait me parler, je ne savais répondre ni à l'un ni à l'autre; mais quoique divisés par le langage, nous paraissions ne faire qu'un seul peuple par notre amour pour Dieu, et par notre charité pour le prochain. » Un autre historien contemporain, l'abbé Guibert, porte à cent mille hommes environ, *centum circiter millia*, le nombre des *equites loricati*, c'est-à-dire de la cavalerie armée de cuirasses. Celui des fantassins était donc de cinq cent mille. Malmesbury élève aussi à six cent mille le chiffre des pèlerins en général, *itinerantium*. Dans cette armée, pour ainsi dire innombrable, la religion était la base de la discipline, qui était prêchée par les ministres du Seigneur, plutôt qu'imposée par des règlements militaires. Un conseil suprême, composé de tous les princes et des principaux seigneurs de l'armée, présidait à la direction des opérations. Etienne, comte de Blois, nous apprend lui-même qu'il était le chef de ce conseil : écrivant à sa femme du camp devant Antioche, il lui dit : « J'ai maintenant beaucoup d'or et d'argent, parce que les princes m'ont constitué, d'un commun accord, et même malgré moi, le chef suprême de l'armée chrétienne, le directeur de la sainte expédition. » Les chroniqueurs, qui ne dissimulent guère les torts des croisés, s'accordent à dire que, pendant le siége de Nicée, la conduite de l'armée fut véritablement édifiante. L'empereur Alexis était venu s'établir aussi sur la côte d'Asie, à Pélecane, afin d'être plus à portée de traiter secrètement, s'il y avait lieu, avec les habitants de Nicée, qu'il savait plus disposés à se rendre à lui qu'aux Francs. Butumite, l'un de ses officiers, qui s'était introduit dans la ville, était déjà même sur le point d'enlever aux croisés leur conquête par un traité, lorsque le bruit se répandit dans Nicée que le sultan attaquait les chrétiens. On abandonna les conférences pour courir aux armes. Kilidje-Arslan avait voulu prévenir les habitants de son intention, par la communication que le lac laissait libre; mais les deux émissaires qu'il avait envoyés furent surpris par les croisés ; l'un fut tué : l'autre ayant eté conduit aux chefs de la croisade, leur découvrit le secret de l'ennemi. Un courrier fut aussitôt dépêché au comte de Toulouse et à l'évêque du Puy, qui n'étaient pas encore arrivés, pour les inviter à hâter leur marche. Kilidje-Arslan, descendu des montagnes avec cinquante mille cavaliers, fondit sur les chrétiens au moment où Raymond achevait de dresser ses tentes. Le sultan, qui ignorait leur arrivée, détacha dix mille hommes pour aller s'emparer de la porte du Midi, qu'il ne croyait pas gardée; mais ils furent repoussés par le comte de Toulouse. Le sultan rallia les fuyards, et se précipita sur les croisés avec toutes ses forces réunies. Il s'aperçut bientôt avec surprise que les guerriers qu'il avait en face de lui étaient bien différents des premiers pèlerins que l'indiscipline avait livrés à ses coups. Le combat dura toute la journée, et le courage impétueux, mais peu opiniâtre des Turcs ne put résister à l'intrépidité infatigable des troupes conduites par Godefroy de Bouillon, par son frère Baudouin, par le duc de Normandie, par le comte de Flandre, par Raymond de Toulouse, par Bohémond et par le vaillant Tancrède. « L'air retentissait de cris effrayants, dit Matthieu d'Edesse; les chevaux reculaient au bruit des armes, au sifflement des flèches; la terre tremblait sous les pas des combattants, et la plaine était couverte de javelots et de débris. » Les Turcs y laissèrent quatre mille morts avant de s'enfuir dans les montagnes, à la faveur des ténèbres de la nuit, et deux mille chrétiens restèrent sur ce sanglant champ de bataille. A l'exemple de leurs barbares ennemis, les croisés coupèrent les têtes de tous les infidèles qui tombèrent sous leurs coups; et, rentrés dans leur camp, ils lancèrent dans la ville, avec des machines, ces têtes au nombre de plus de mille. Mille autres furent envoyées en hommage à l'empereur Alexis. Cette victoire assura aux chrétiens les moyens de poursuivre le siége avec vigueur. Ils battirent les murailles pendant sept semaines; mais leurs fréquents assauts furent toujours repoussés avec autant de courage qu'ils étaient livrés. Leurs machines étaient constamment détruites par les matières combustibles que lançaient les assiégés. Ceux-ci recevaient sans cesse, par le lac, des vivres et des troupes à la vue des chrétiens, qui ne pouvaient y mettre obstacle, faute de vaisseaux. Quelque effrayante que se présentât la difficulté d'en amener dans le lac à travers les terres, l'impossibilité de prendre Nicée sans ce secours obligea les croisés d'envoyer dans les ports voisins quelques troupes pour ramasser tous les navires que les Grecs leur fourniraient. Ils les transportèrent en une seule nuit, mais avec beaucoup de peine et à force de bras, sur des traîneaux composés de plusieurs chariots réunis, lorsque la longueur des navires l'exigeait, jusqu'au lac Ascanius. Parmi ces navires, il y en avait d'assez grands pour contenir cent combattants. On embarqua les Turcopoles à la solde de l'empereur, qui étaient habiles à tirer de l'arc, et propres aux combats de mer. A cette vue, les assiégés furent frappés de surprise, et leur courage commença à défaillir. Les attaques devinrent plus générales et plus fréquentes, et toute communication avec le sultan fut interceptée. Le comte de Toulouse s'était attaché à miner une forte tour, qui était située du côté du midi, où il commandait; mais la solidité de l'édifice résistait à tous les moyens de destruction, et chaque brèche qu'il faisait était aussitôt réparée. Les princes croisés désespéraient presque de prendre la place, lorsqu'un Lombard offrit de renverser la tour en peu de temps. Il construisit une machine sur laquelle le fer et les pierres lancés par l'ennemi ne faisaient que glisser. A l'abri de cette machine, on s'approcha de la muraille, on la sapa, en la soutenant avec de grosses poutres, et ensuite on mit le feu aux matières combustibles qui devaient enflammer ces poutres, et la tour s'écroula avec un bruit qui retentit dans toute la ville en même temps que dans le camp chrétien. La femme et deux enfants du sultan voulurent s'enfuir par le lac et tombèrent entre les mains des assiégeants. On se disposait enfin à monter à l'assaut, et les efforts des croisés allaient être couronnés d'un éclatant succès, lorsque la politique artificieuse d'Alexis vint leur escamoter leur conquête. Butumite trouva le moyen de pénétrer dans la ville et d'inspirer aux habitants une terreur des Latins, qui les détermina à se rendre à l'empereur. Alexis avait joint aux forces des croisés deux mille de ses soldats, commandés par Taticius, esclave parvenu au rang de général. Ce détachement de troupes grecques fut introduit dans la place, et les bannières impériales furent arborées sur les murs de Nicée. Les historiens de la première croisade, Guillaume de Tyr, Albert d'Aix, Foucher de Chartres, l'abbé Guibert et Robert le Moine, ne s'accordent pas sur la manière dont Nicée fut remise à l'empereur grec; mais tous conviennent que cette capitulation fut le résultat d'une négociation secrète, conduite par les agents d'Alexis. Les soldats de l'armée latine éclatèrent en murmures en se voyant frustrés d'un riche butin, et les chefs s'indignèrent d'avoir été joués par leur nouveau suzerain, quoiqu'ils ne fussent pas fâchés d'ailleurs de n'être retenus par aucun intérêt dans l'Asie Mineure. La part du butin était chez les peuples de l'antiquité le droit de tout soldat. Cet usage passa chez les Francs, et se conserva en Europe jusqu'à ce qu'il se perdit avec la discipline. Le pillage y fut alors substitué, et il faisait partie du droit de la guerre à l'époque des croisades. Les largesses de l'empereur n'apaisèrent pas le mécontentement, qui s'accrut au contraire, lorsque les croisés ne furent admis que dix par dix à visiter la ville conquise par leur valeur. Avant de prendre possession de Nicée, Alexis avait promis aux Francs, dit Raymond d'Agiles, de leur livrer tout l'or, l'argent, les chevaux et ce qu'il y avait d'objets précieux dans la ville, et d'y établir un couvent de moines latins et un hospice pour les pauvres. Mais, ajoute le chroniqueur, avec une ironie où percent les sentiments que la conduite de l'empereur inspira aux croisés, « il témoigna si bien sa reconnaissance à l'armée chrétienne que, tant qu'il vivra, les pèlerins le maudiront et répéteront partout qu'il est un traître. » Les chefs de la croisade furent cependant invités à se rendre à Pélecane auprès d'Alexis, qui les avait appelés pour obtenir le serment de fidélité de ceux qui ne le lui avaient pas encore prêté. Tancrède seul, qui avait évité de se présenter à la cour de Constantinople, persista dans le refus de condescendre au désir de l'empereur.

La reddition de Nicée avait eu lieu le 20 juin 1097, et le 25 du même mois l'armée des croisés leva le camp pour se diriger vers Antioche, à travers l'Asie Mineure. Après deux jours de marche, elle en prit deux de repos à la jonction du Gallus et du Sangare. En se remettant en route, elle se partagea en deux corps : l'un, commandé par Godefroy de Bouillon, Raymond de Toulouse, Hugues le Grand, le comte de Flandre et l'évêque du Puy, prit à droite; et l'autre, conduit par Bohémond, le duc de Normandie, le comte de Blois et Tancrède prit à gauche. Kilidje-Arslan, que la perte de sa capitale n'avait point découragé, fut informé par ses espions de cette division des croisés en deux troupes, et il s'attacha, à la tête de deux cent mille hommes, selon Guillaume de Tyr, et de trois cent soixante mille, suivant Foucher de Chartres, à suivre le corps de Bohémond qui était le moins considérable. Il le surprit le premier juillet au matin, au moment où il venait de planter ses tentes dans la vallée de Gorgoni, qui donne sur la grande plaine de Dorylée. Les chrétiens n'eurent que le temps d'achever d'établir leur camp et de se ranger en bataille.

La *Chronique du Mont-Cassin* rapporte que Bohémond, avant d'engager le combat, adressa ce discours à ses troupes : « Braves soldats du Christ, bannissez toute frayeur; vous savez que le Seigneur, pour lequel nous combattons, est avec nous. Cavaliers, marchez donc contre ces ennemis; et vous, fantassins, hâtez-vous de plier vos tentes, et que Dieu fasse de nous ce qu'il voudra. » Les Turcs, qui combattaient à la manière des Scythes, c'est-à-dire en fuyant après chaque décharge de traits, pour en revenir faire une nouvelle, accablèrent d'abord les chrétiens par une nuée de flèches. La supériorité du nombre permit ensuite à Kilidje-Arslan d'envelopper la troupe de Bohémond. Malgré des prodiges de courage, les croisés avaient vu tomber une foule de leurs plus braves guerriers, lorsque le corps de Godefroy de Bouillon apparut tout à coup sur les montagnes. Dès le commencement de la bataille, le prince de Tarente avait fait prévenir le duc de Lorraine qu'il était aux prises avec les Turcs, et il y avait cinq heures qu'il soutenait une lutte inégale, lorsqu'arrivèrent à son secours quarante mille cavaliers d'élite, qui assurèrent la victoire aux chrétiens. « Malheur à ceux que les Francs rencontrèrent les premiers ! » dit Robert le Moine, témoin oculaire de cette glorieuse journée. Non-seulement la vallée, mais encore les hauteurs voisines, sur lesquelles Kilidje-Arslan avait battu en retraite, furent jonchées des cadavres de ses guerriers. Les soldats de la croix s'emparèrent du camp ennemi, où ils trouvèrent beaucoup d'or et d'argent, des vivres en abondance, des tentes magnifiques, des bestiaux de toute espèce, des chevaux, des ânes et des chameaux, dont la vue nouvelle pour eux les remplit d'une agréable surprise. La nuit seule mit fin au carnage et à la poursuite des débris de l'armée vaincue. Les chroniqueurs portent à un chiffre considérable le nombre des infidèles qui périrent dans cette journée. La *Chronique du Mont-Cassin* évalue à quatre cent soixante mille hommes, sans compter les Arabes, le nombre des Turcs et des Perses qui s'étaient réunis; ils en perdirent, selon lui, plus de cent mille; les chrétiens eurent à regretter, outre Guillaume, frère de Tancrède et Robert de Paris, environ cinq cent soixante cavaliers, et onze mille fantassins, suivant cette même chronique. D'autres historiens n'estiment qu'à quatre mille le nombre de leurs morts. Les Turcs montrèrent à Dorylée une bravoure à laquelle les écrivains latins rendent complétement justice. « Il ne leur a manqué, pour être les plus braves des guerriers, dit le chroniqueur Tudebode, que la foi en Jésus-Christ. » Les croisés n'attribuèrent même leur victoire qu'à l'intervention d'un secours miraculeux. Après avoir fait la description de cette bataille, la *Chronique du Mont-Cassin* ajoute : « D'après des rapports dignes de foi et le témoignage même des Turcs échappés à la mort, on vit trois guerriers montés sur des chevaux blancs, tenant en main des étendards blancs sur lesquels étaient des croix, précéder notre armée, poursuivre les ennemis et les tuer: c'étaient Georges, Démétrius et Théodore, illustres soldats du Christ. » La terreur des Musulmans fut telle que Guillaume de Malmesbury nous les montre ne cessant de fuir pendant trois jours, quoique personne, excepté Dieu, ne fût à leur poursuite.

La plupart des historiens de la première croisade rapportent une réponse qu'aurait faite Kilidje-Arslan aux Arabes qui vinrent le joindre, au nombre de dix mille, après la bataille, et qui lui reprochaient d'avoir pris la fuite: « Vous ne connaissez point les Francs; leur courage est divin ou diabolique... Cette nation innombrable, qui ne craint ni l'ennemi ni la mort, est sortie tout à coup des montagnes, et, sans hésiter, elle s'est précipitée sur nos troupes. Quel œil peut supporter l'éclat de leurs armes? Leurs lances brillent comme des astres étincelants; leurs boucliers jettent des feux semblables à ceux de l'aurore printannière; le bruit de leurs armes est plus redoutable que celui de la foudre; lorsqu'ils se préparent au combat, ils élèvent leurs lances, marchent à la file, et se taisant, comme s'ils étaient sans voix, ils se précipitent sur leurs ennemis comme des lions poussés par la faim. » La *Chronique du Mont-Cassin* rapporte, en termes plus vraisemblables, le discours que le sultan aurait tenu aux Arabes qui venaient à son secours. « Si vous m'en croyez, dit Kilidje-Arslan, suivant cette chronique, si vous voulez vous sauver, retournez sur vos pas; car, pour peu que vous tardiez, pas un de vous n'échappera aux mains des Francs : leur Dieu est certainement pour eux; car, avant-hier, nous les avions cernés de toutes parts, et ils étaient sur le point d'être tous vaincus: mais, en regardant tout à coup derrière nous, nous vîmes une multitude telle, qu'aucun homme n'en a jamais vu de semblable; toutes les collines et les plaines étaient couvertes d'hommes armés, et, tous ces ennemis s'étant mis à pousser des cris, nous fûmes saisis d'une frayeur si subite et si grande, que nous ne vîmes plus d'autre parti à prendre que celui de la fuite; et, ce qui doit surprendre, c'est que quelqu'un, d'une aussi grande multitude que nous étions, ait pu se sauver. » De quelques paroles que le sultan se soit servi pour exprimer la terreur que lui avait inspirée la valeur des croisés, il résulte des différents récits des chroniqueurs qu'il abandonna le champ de bataille de Dorylée, l'épouvante dans le cœur. La *Chronique du Mont-Cassin* ajoute qu'après avoir entendu Kilidje-Arslan, les Arabes s'empressèrent de tourner le dos : « Ils dévastaient dans leur fuite les églises et les maisons, et emmenaient en captivité tous les chrétiens qu'ils rencontraient. L'armée qui les poursuivit à travers un pays aride et désert, perdit la plus grande partie de ses chevaux, et ne vécut pendant quelques jours que des épis qu'elle trouvait dans les champs. »

Le sultan, reconnaissant qu'il ne pouvait s'opposer à la marche des Francs, se borna donc à la leur rendre plus difficile en ravageant le pays. L'armée chrétienne se remit en route le trois juillet, décidée à ne plus se séparer. En traversant la Phrygie et la Pisidie, l'excès de la chaleur, le manque d'eau et la privation des choses les plus nécessaires lui firent endurer des souffrances dont il faut entendre le récit de la bouche des historiens contemporains.

« Le chemin par lequel s'avançait l'armée des pèlerins, dit Albert d'Aix, était sec, aride et plein de précipices; une chaleur brûlante augmentait encore les difficultés de la marche. Le dernier samedi du mois d'août, le manque d'eau se fit sentir avec tant de violence que, selon le rapport que m'a fait un croisé, qui éprouva lui-même tous les tourments de la soif, plus de cinq cents personnes des deux sexes périrent; les chevaux, les mulets, les bœufs et les ânes moururent également de soif: mais ce qui fait frémir d'horreur et remplit de crainte ceux-là même qui n'en entendent que le récit, c'est que des femmes enceintes, dont les entrailles étaient consumées par les ardeurs du soleil, et le gosier desséché par l'excès de la chaleur, accouchaient subitement sur le chemin.... La situation des hommes n'était pas moins déplorable; succombant sous la chaleur, et affaiblis par une sueur continuelle, ils respiraient, la bouche béante, le peu d'air qui restait; les oiseaux apprivoisés, délices des grands et des nobles, mouraient de soif sur le poing de leurs maîtres, et les chiens dressés pour la chasse expiraient dans la main de leurs conducteurs. » Ces derniers traits peignent les mœurs des seigneurs, qui avaient emmené leurs équipages de chasse à la croisade. Pressés par les horreurs de cette soif dévorante, les croisés se précipitèrent sans précaution vers le premier fleuve qu'ils rencontrèrent, et l'eau qu'ils burent sans modération en fit périr un grand nombre. Le spectacle que présentait l'armée ne peut être dépeint que par ceux qui en furent témoins. « Vous auriez ri, dit Foucher de Chartres, décrivant cet affreux dénûment, ou peut-être auriez-vous pleuré de pitié, en voyant plusieurs des nôtres, privés de leurs bêtes de somme qu'ils avaient perdues, charger de leurs vêtements et de leurs provisions des moutons, des chèvres, des cochons et des chiens. Le dos de ces animaux était tout meurtri par le fardeau qui les accablait. Les chevaliers tout armés montaient sur des bœufs. » Antiochette, capitale de la Pisidie, ouvrit ses portes aux croisés. Cette ville est située dans un pays agréablement entrecoupé de prairies et de forêts, et l'armée s'y arrêta pour se reposer pendant quelques jours. Mais son repos fut troublé par l'inquiétude que lui causèrent une grave maladie du comte de Toulouse et une blessure qu'un ours fit à Godefroy de Bouillon, qui, étant un jour à la chasse, avait couru à la défense d'un soldat contre cet animal. D'Antiochette les croisés s'avancèrent vers Iconium, où ils espéraient trouver des vivres ; mais les Turcs, instruits de leur approche, avaient abandonné cette ville et s'étaient retirés avec leurs femmes, leurs enfants et tout ce qu'ils possédaient, dans les montagnes voisines. Il fallut se résigner à endurer la disette. L'armée passa ensuite par Héraclée, elle s'arrêta trois jours dans un lieu où elle trouva des vivres en abondance. Avant d'arriver à Marach, elle eut à franchir le Taurus par des sentiers que les hommes n'avaient jamais fréquentés. Mais les ressources qu'offrit Marach firent oublier les peines endurées. Les croisés avaient traversé d'une extrémité à l'autre les états de Kilidje-Arslan, sultan de l'empire turc d'Iconium, et ils étaient arrivés sur les confins de la Syrie, où, si on en croit Aboulmahassen, les appelait secrètement le calife d'Egypte, ennemi des Musulmans attachés au calife de Bagdad.

Tancrède et Baudouin avaient été envoyés à la découverte à travers les montagnes du Taurus. Après avoir battu quelques détachements turcs, Tancrède s'était approché de la ville de Tarse, et allait s'en rendre maître, lorsque Baudouin vint la lui arracher. Tancrède eut la modération de ne point tirer vengeance de cet affront. Il se porta vers Adana, et de là à Mamistra, d'où il chassa les Turcs, et où il fit un grand butin. Mais Baudouin, dont la troupe s'était renforcée d'une bande de corsaires flamands et hollandais commandés par un chef bolonais nommé Guymer, parut tout à coup devant cette place. Tancrède ne put s'empêcher de marcher à sa rencontre, et les croisés tournèrent leurs armes les uns contre les autres. Mais le lendemain les deux chefs s'embrassèrent en présence de leurs soldats réconciliés. Tancrède soumit ensuite toute la Cilicie. Quand Baudouin rejoignit l'armée, il fut universellement blâmé de sa conduite sous les murs de Tarse, et, au lieu de suivre la route de Jérusalem, il s'en alla, sans qu'on pût le retenir, avec une petite troupe qu'il avait entraînée à sa suite, courir les aventures du côté de l'Euphrate (voir l'article Edesse).

Robert, comte de Flandre, devança l'armée des croisés, à son entrée en Syrie, et alla se présenter devant Artésie, ville très-bien fortifiée et munie de toutes sortes de provisions. Mais à l'approche des Francs, les habitants, qui étaient arméniens, massacrèrent la plus grande partie de la garnison turque, et ouvrirent leurs portes. Aussitôt que la nouvelle de la prise d'Artésie se répandit à Antioche, les Turcs se mirent en marche pour aller reprendre la place tombée au pouvoir des chrétiens : ils la tinrent assiégée pendant une journée ; mais ayant été repoussés dans une embuscade qu'ils avaient dressée contre les Francs, ils retournèrent à Antioche, que les princes croisés se disposaient à assiéger. Par le retour de Tancrède, qui rejoignit l'armée à Artésie, tous les princes étaient réunis, à l'exception de Baudouin, que l'ambition avait séparé de ses frères d'armes. Robert, duc de Normandie, fut chargé de se mettre à la tête de l'avant-garde, pour frayer le passage au reste de l'armée, et pour s'emparer d'un pont qui était sur l'Oronte. Il y avait sur le bord de la rivière sept cents hommes de cavalerie, que Baghi-Sian (appelé Accien par les chroniqueurs latins), émir turcoman qui commandait dans Antioche, avait envoyés pour soutenir la garnison des deux tours, revêtues de lames de fer, qui défendaient l'entrée du pont. Le duc de Normandie fut obligé de leur livrer un combat. Il n'avait pas encore forcé ce passage que toute l'armée chrétienne arriva, et mit les Turcs en fuite. Les croisés, au nombre de trois cent mille combattants, dressèrent leur camp à cinq ou six mille d'Antioche, sur les bords de l'Oronte. Ils n'investirent ni la partie méridionale de la ville, qui était défendue par une montagne, ni le côté occidental, où coulait le fleuve. Des cinq portes de la ville, trois seulement furent bloquées. Bohémond avec Tancrède gardaient la porte de Saint-Paul ; le duc de Normandie, le comte de Flandre, le comte de Blois et Hugues de Vermandois, avec les Normands, les Français et les Bretons, s'étendaient depuis le camp de Bohémond jusqu'à la porte du Chien ; et depuis cette porte jusqu'au lieu où l'Oronte, tournant vers l'occident, s'approche des murailles d'Antioche, campaient le comte de Toulouse, l'évêque du Puy et le duc de Lorraine, avec son frère Eustache et son parent Baudouin du Bourg. Baghi-Sian avait avec lui, dans la place, six ou sept mille hommes de cavalerie et environ vingt mille d'infanterie. Kémal-Eddin rapporte que dès que Baghi-Sian apprit que les Francs approchaient d'Antioche, il envoya ses deux fils chercher du secours de toutes parts : l'un alla à Damas, à Emèse et auprès des tribus arabes qui occupaient les campagnes voisines ; le second s'adressa aux

Turcomans, à Kerboga, prince de Mossoul, et aux maîtres des régions situées à l'orient de la Syrie. Dès que les croisés furent établis devant la ville, les forteresses et les places voisines, habitées en grande partie par des chrétiens, se soulevèrent et égorgèrent les garnisons musulmanes. C'était, dit Kémal-Eddin, l'effet du gouvernement tyrannique de Baghi-Sian.

Le siége d'Antioche n'en parut pas moins aux croisés une entreprise difficile. On mit en délibération si on l'entreprendrait à l'approche de l'hiver. Mais l'opinion que manifestèrent le duc de Lorraine et l'évêque du Puy détermina le conseil à décider qu'on commencerait le siége immédiatement. On était au onze octobre 1097. A la faveur de l'abondance des vivres, et sous le charme du beau climat de la Syrie, la licence s'introduisit bientôt dans le camp chrétien. Cette abondance était telle qu'on ne tirait ordinairement d'un bœuf, dit Raymond d'Agiles, que les cuisses et le haut des épaules; ceux qui mangeaient de la poitrine étaient en très-petit nombre. Pour le pain et le vin, ajoute le chroniqueur, il est inutile de dire que l'on s'en procurait tant qu'on voulait. Comme les chrétiens étaient sans cesse obligés de traverser la rivière à la nage, les princes firent construire un pont de bateaux, qui servit à arrêter les courses des troupes d'Antioche sur la rive opposée à celle qu'occupait le camp chrétien. Les assiégeants entreprirent aussi de rompre un pont qui était bâti sur un marais, en face de la porte de Chien, et par lequel les infidèles faisaient des sorties sur les troupes du comte de Toulouse. Ce pont résista par sa grande solidité à tous les efforts qui furent faits pour le démolir, et on ne trouva d'autre moyen, pour arrêter les sorties, que de construire une grande tour, où les pèlerins s'entassèrent *comme des abeilles dans leur ruche*, suivant l'expression de Robert le Moine. Mais les assiégés mirent le feu à cette tour, et la réduisirent en cendres. Le lendemain, les chrétiens établirent trois balistes avec lesquelles ils lancèrent des quartiers de roche. Ces machines furent encore détruites par les Turcs. Les chrétiens se décidèrent alors à traîner, à force de bras, d'énormes morceaux de rochers devant la porte même, et à les y accumuler tellement qu'il ne fût plus possible de l'ouvrir.

Après trois mois de siége, les chrétiens, qui n'avaient pas d'abord ménagé leurs vivres, commencèrent à en manquer, et cette disette ranima le courage des assiégés. Les pluies continuelles qui tombaient en abondance avaient converti en un marais le lieu où les croisés étaient campés: leurs tentes et leurs habits s'en allaient en pourriture; la faim et les maladies emportaient un grand nombre de pèlerins, et ceux qui se sentaient encore quelque force en profitaient pour s'éloigner de l'armée, qui fut bientôt réduite de moitié. Dans cette extrémité, les princes croisés convinrent d'envoyer Bohémond et le comte de Flandre, avec une partie des troupes, dans les pays circonvoisins, pour y ramasser des vivres, pendant que les autres chefs resteraient à la garde du camp. Godefroy de Bouillon était alors malade. Les assiégés, qui profitaient de tous les malheurs dont les chrétiens étaient accablés, tentèrent une sortie en l'absence des troupes qui s'étaient éloignées, mais ils furent repoussés. Après cette action, quelques soldats se mirent à poursuivre un cheval dont le maître avait été tué, et le reste de l'armée croyant qu'ils prenaient la fuite, la prit elle-même. Aussitôt les Turcs firent une nouvelle sortie, et poursuivirent les fuyards jusqu'au pont de bateaux. Les croisés, qui avaient eu tout l'avantage dans le premier combat, le perdirent entièrement dans celui-ci.

Bohémond et le comte de Flandre revinrent au camp, après avoir battu plusieurs détachements ennemis qu'ils avaient rencontrés, et rapportant des provisions considérables. Mais le nombre des croisés était si grand qu'elles furent bientôt consommées, et les courses que l'on faisait pour s'en procurer de nouvelles n'empêchèrent pas la famine de recommencer à se faire sentir. Aucun navire n'abordait plus au port de Saint-Siméon, qui est situé à trois lieues d'Antioche, et la mer n'apportait plus aucun secours des côtes grecques, ni de l'Occident. « Des nouvelles, pleines de tristesse et de douleur, dit Guillaume de Tyr, vinrent ajouter au sentiment de toutes les calamités qu'on éprouvait. » On apprit que Suénon, fils du roi de Danemark, avait péri en Cappadoce, sous le glaive des Turcs, avec une troupe nombreuse de pèlerins de sa nation, qu'il conduisait à la terre sainte. Les croisés danois s'étaient longtemps défendus avec courage, mais ils avaient succombé sous le nombre des ennemis. Quand le bruit de ce désastre arriva dans le camp, la faim, la maladie et les privations de toute espèce y faisaient de tels ravages, que les âmes étaient comme abruties. On n'avait pas horreur de se nourrir de la chair des animaux les plus immondes, et même de celle des hommes, que la mort moissonnait en si grande quantité que l'espace manquait aux sépultures, aux environs du camp. Guillaume de Malmesbury dit cependant que les croisés, qui se nourrissaient de chair humaine, se retiraient dans les montagnes, de peur que l'odeur de cette chair rôtie n'offensât le reste de l'armée. Le libre accès que l'on donnait aux Grecs, aux Syriens et aux Arméniens, favorisait l'entrée dans le camp d'espions turcs, qui venaient s'informer de tout ce qui se passait, pour en rendre compte à Baghi-Sian. Afin d'empêcher ce désordre, Bohémond fit égorger quelques prisonniers turcs, qu'il ordonna de mettre à la broche, en publiant partout qu'il les destinait pour sa table, et que tous les Turcs qui seraient trouvés désormais dans le camp subiraient le même sort, et seraient également forcés, suivant l'expression du vieux traducteur de Guillaume de Tyr, *de faire viande de leurs propres corps, tant aux princes qu'à toute l'armée.* Il n'est pas besoin d'ajouter que les Turcs montrèrent à l'avenir beaucoup moins d'empressement à visiter le camp des chrétiens.

En faisant le récit de cette famine, qu'endurèrent les croisés sous les murs d'Antioche, Raoul de Caen décrit le caractère des Provençaux, c'est-à-dire des pèlerins du Languedoc, du Limousin et de l'Auvergne, rassemblés sous la bannière du comte de Toulouse, avec ceux de la Provence. « Ce peuple, dit l'historien, a le regard hautain et l'esprit fier; il est prompt à en venir aux mains; du reste il est prodigue et paresseux à amasser. Le Provençal diffère autant des autres peuples de la France, que le canard diffère des poules. Il vit de peu, il est laborieux; mais, à vrai dire, il est peu guerrier. Il rejette tout ornement du corps, comme une chose vile et du ressort des femmes; mais il s'occupe de l'ornement de ses chevaux et de ses mulets. Quand le pain manquait, les Provençaux se contentaient de racines; avec une longue pointe de fer ils creusaient la terre, et en retiraient du grain. De là est venu le refrain que les enfants chantent encore : *Les Francs aux combats, les Provençaux aux vivres : Franci ad bella, Provinciales ad victualia*. Ils vendaient de la chair de chien pour du lièvre, et de la chair d'âne pour du chevreau. S'ils trouvaient dans quelque endroit écarté un cheval gras, ils lui faisaient une blessure dans les intestins, en le perçant par le derrière, et l'animal ne manquait pas de périr; quand le cheval était mort, ils revenaient comme n'en sachant rien, et si on leur défendait d'approcher, nous aimons mieux, disaient-ils, mourir pour avoir mangé de cette nourriture, que du supplice de la faim. Celui qui supportait le dommage prenait en compassion celui-là même qui l'avait causé, et ce dernier s'en moquait en lui-même. Alors, semblables à des corbeaux, les Provençaux venaient tous autour du cheval mort; ils le mettaient en pièces, et chacun en emportait un morceau pour le manger ou le vendre au marché. »

Conseillée par le désespoir, la désertion vint se joindre à tous les autres fléaux. Le duc de Normandie se retira à Laodicée, et il fallut, pour le faire revenir, invoquer le nom de Jésus-Christ, et le rappeler par trois sommations faites au nom de la religion. Taticius, général d'Alexis, partit avec les troupes grecques qu'il commandait, jurant de revenir avec des vivres et des renforts. Mais, ajoute Robert le Moine, il ne tint point son serment. Guillaume, vicomte de Melun, surnommé le *Charpentier*, à cause des coups terribles que portait sa hache d'armes, et dont Guibert, cependant, rapporte qu'il parlait beaucoup et faisait peu, fut au nombre des déserteurs. Le découragement qui abattait tous les cœurs n'avait rien d'étonnant, dit un chroniqueur, puisque ceux qu'on regardait comme les colonnes de l'expédition, fléchissaient eux-mêmes. Pierre l'Ermite, dont la parole avait tant contribué à amener les croisés en Syrie, désespérant du succès de la croisade qu'il avait prêchée, abandonna aussi le camp. La nouvelle de sa fuite produisit le même effet, dit Guibert, que si les étoiles fussent tombées du ciel. Tancrède se mit à la poursuite de l'Ermite, et le ramena avec Guillaume le Charpentier. On exigea de Pierre qu'il jurât sur l'Evangile de ne plus se démentir lui-même, en donnant le plus honteux des exemples. Au milieu de cette désolation, les croisés se livraient aux passions les plus déréglées, au jeu, à la débauche et à tous les entraînements des sens. Guibert remarque que la présence perpétuelle de la mort n'empêchait pas les idées de volupté de régner au milieu de toutes les misères. Il fallut prendre des mesures sévères pour arrêter le débordement des mœurs. L'évêque du Puy ordonna des jeûnes et des prières, pour implorer la miséricorde de Dieu. Un tribunal, composé d'ecclésiastiques et des principaux chefs de l'armée, fit des règlements contre tous les désordres, et veilla à leur exécution. L'ivresse fut réprimée par le châtiment de la perte des cheveux; les blasphémateurs et les joueurs furent marqués d'un fer rouge; toutes les femmes furent enfermées dans un camp séparé, et un supplice menaçait celles qui seraient trouvées enceintes sans être mariées. L'évêque du Puy, pour donner de la confiance à l'armée, et pour faire preuve de persévérance aux yeux de l'ennemi, fit ensemencer les terres voisines du camp.

Le terme des rigueurs de l'hiver fut aussi celui des horreurs de la famine. Des vivres arrivèrent des îles de Chypre et de Rhodes; Baudouin, devenu comte d'Edesse, envoya de l'argent et des provisions. Les croisés reçurent aussi des secours des princes et des monastères d'Arménie. Des ambassadeurs du calife d'Egypte arrivèrent alors au camp chrétien. Le calife fatimite Mostali ne voyait pas sans un secret plaisir les Francs affaiblir la puissance des Turcs, ennemis des sectateurs d'Ali, dont il était le pontife; mais il ne voulait pas, toutefois, que les chrétiens s'emparassent de Jérusalem, que les armes égyptiennes venaient de reconquérir sur les Ortokides. « Si vous voulez venir à Jérusalem avec le bâton et la besace, dirent les envoyés du Caire, vous trouverez de grands honneurs et abondance de toutes choses; on vous accordera la liberté de parcourir toute la ville sainte. Si vous persistez à vouloir vous y rendre par la force, craignez la puissance terrible des Babyloniens et du roi des Perses. » Ce langage, rapporté par Robert le Moine, offensa les chefs des croisés, qui répondirent, suivant le même chroniqueur, qu'ils avaient mission de rendre au Christ son héritage. « Nous nous confions, ajoutèrent-ils, en celui qui a instruit notre main à combattre, et qui rend notre bras fort comme un arc d'airain ; le chemin s'ouvrira à nos épées, les scandales seront effacés, et Jérusalem tombera en notre pouvoir.» Les croisés eurent soin de ne laisser paraître devant les ambassadeurs de Mostali aucune trace des misères par lesquelles ils venaient de passer; ils affectèrent de leur donner le spectacle de tous les divertissements qui annoncent la joie et l'abondance. Pour qu'on n'eût pas l'air de négliger l'alliance qui s'offrait contre les Turcs, des députés, choisis dans l'armée, furent chargés d'accompagner les envoyés égyptiens, à leur retour au Caire. Baghi-Sian, voyant que la faim, le froid et les fatigues n'avaient point découragé les chrétiens, fit demander des secours aux princes voisins, qui avaient également intérêt à ce que les Francs ne pénétrassent point dans la Syrie. Les princes d'Alep, de Damas, de Césarée, d'Emèse, et différents émirs, fournirent un corps de vingt mille hommes, qui devaient profiter d'une sortie que feraient les assiégés pour entrer dans Antioche. Ils cachèrent leur marche et vinrent camper à Harenc. Mais les Francs avaient été instruits de leur arrivée, et Bohémond s'avança à leur rencontre avec le comte de Flandre, à la tête de sept cents hommes d'élite. Les Turcs furent surpris à la pointe du jour, et taillés en pièce dans un angle formé par le lac Afrin et par l'Oronte. Les vainqueurs poursuivirent l'ennemi jusqu'à Harenc, qui est située à quelques lieues d'Antioche. A la vue des Francs, les habitants Musulmans mirent le feu à la ville, et prirent la fuite. Les Arméniens et les autres chrétiens s'emparèrent de la place, qu'ils livrèrent aux croisés. Les Turcs perdirent dans cette affaire environ deux mille hommes. Les Francs revinrent devant Antioche, chargés de dépouilles, et ramenant mille chevaux, dont ils avaient un grand besoin; car, de soixante-dix mille hommes montés, qu'ils avaient en arrivant en Syrie, il ne leur en restait que deux mille. Au rapport d'Albert d'Aix, les envoyés du Caire assistèrent à ce combat, et, suivant les autres chroniqueurs, les têtes de deux cents guerriers musulmans leur furent portées au port Saint-Siméon, où ils se disposaient à s'embarquer, lorsque les chrétiens leur annoncèrent ainsi leur victoire. Pour mettre, suivant l'expression de Guillaume de Tyr, une épine dans l'œil de leurs ennemis, qui avaient profané une image de la Vierge tombée entre leurs mains, dans une sortie, les assiégeants lancèrent dans la ville deux cents autres têtes musulmanes, et en placèrent trois cents sur des pieux, au pied des murailles. Il y avait cinq mois que les Francs étaient devant Antioche, lorsqu'ils apprirent que plusieurs navires génois et pisans étaient arrivés à l'embouchure de l'Oronte : un détachement fut envoyé pour escorter les provisions que ces navires apportaient. Bohémond et le comte de Toulouse, qui dirigeaient ce détachement, furent surpris par les Turcs, qui s'étaient placés, au nombre de quatre mille, dans un défilé. Après quelque résistance, les chrétiens prirent la fuite, et tout le convoi fut dispersé, avec une perte considérable pour les croisés. A cette nouvelle, Godefroy de Bouillon, Eustache son frère, le duc de Normandie, Hugues le Grand et les autres coururent au secours des chrétiens en fuite, et tombèrent, l'épée et la lance à la main, sur les Turcs, habitués à combattre de loin avec l'arc et la flèche. Baghi-Sian envoya des forces considérables pour soutenir ce terrible choc, et resta lui-même à la porte du pont, qu'il fit fermer, afin de ne laisser aux siens d'autre espérance de salut que dans la victoire. Les Turcs ne purent résister, et furent presque tous passés au fil de l'épée ; plus de deux mille, en outre, se noyèrent dans l'Oronte. Ce carnage se passait à la vue des assiégés qui regardaient l'action du haut de leurs murailles. A ce spectacle, dit Guillaume de Tyr, « les vieillards d'Antioche s'affligeaient d'avoir vécu trop longtemps, et les mères, témoins de la mort de leurs fils, gémissaient de leur fécondité. » Baghi-Sian fit rouvrir les portes de la ville, et les Turcs s'y jetèrent avec tant de précipitation, que plusieurs furent étouffés. Si la nuit n'était pas venue mettre fin au combat, Antioche aurait été prise ce jour-là. Un riche butin fut la récompense de la brillante valeur déployée par les croisés dans cette journée, où plus de mille des leurs reçurent, suivant l'expression des chroniqueurs, la palme du martyre. Mais le lendemain, quinze cents têtes, détachées des cadavres des infidèles, furent promenées en triomphe dans le camp. Les Musulmans avaient inhumé leurs morts, avec leurs armes et leurs vêtements, suivant leur usage, autour d'une mosquée au delà de l'Oronte : la populace de l'armée des croisés alla enlever ces dépouilles aux cercueils. La mosquée fut démolie, et les matériaux qu'on en retira servirent, avec les pierres des tombeaux, à élever une forteresse à la tête du pont. Le comte de Toulouse fit les frais de la construction et garda le fort avec les Provençaux. Les Turcs n'eurent plus alors de libre sortie que par la porte de l'occident, située entre la montagne et l'Oronte. On résolut d'élever aussi une forteresse de ce côté; Tancrède se chargea de l'exécution et en vint à bout. La ville, fermée de toutes parts, commença à sentir la disette, pendant que les chrétiens recevaient par mer des provisions en abondance, reprenaient courage et rétablissaient l'ordre dans leur armée. Baghi-Sian demanda une trève, et les croisés commirent la faute de lui accorder ce moyen de gagner du temps, et de se procurer des vivres. La discorde s'introduisit malheureusement parmi les chefs des chrétiens. Elle vint de l'oubli volontaire que Baudouin fit de Bohémond, en envoyant d'Edesse des présents aux autres chefs. Une riche tente, destinée par un prince arménien à Godefroy, étant tombée entre les mains de Bohémond, qui refusa pendant longtemps de la rendre, mit aussi la division dans le camp. Il y avait sept mois qu'Antioche était assiégée, sans qu'on parût avoir fait de grands progrès pour s'en emparer. On lit dans une chronique que c'est parce que les succès remportés par les croisés avaient enflé d'orgueil plusieurs pèlerins, que Dieu leur opposa Antioche, ville puissante et inexpugnable, et qu'il les retint à ce siége, où il les humilia tellement, que tout leur orgueil fut abattu.

Dès le commencement du siége, Bohémond avait eu des liaisons avec un Arménien, nommé Phirouz, qui avait abjuré la religion chrétienne, et à qui Baghi-Sian avait confié la garde d'une des tours de la ville. Les historiens, qui ne sont pas même d'accord sur le nom de ce renégat, rapportent très-diversement ses secrètes intelligences avec le prince de Tarente. Tudebode dit qu'il n'expliquera qu'imparfaitement, *aliquantulum*, comment Bohémond s'est entendu avec Phirouz, pour se faire livrer la ville. « Il n'y a personne dans l'armée, soit parmi les ecclésiastiques, soit parmi les laïques, ajoute le chroniqueur, qui puisse rapporter exactement comment la chose s'est passée. » A voir les récits des chroniqueurs différer entre eux sur cet événement, il est impossible de ne pas penser que le secret n'en fut connu que de quelques chefs. « Pendant la famine qu'éprouvait Antioche, dit Raoul de Caen, Baghi-Sian, qui en était gouverneur, avait ordonné à tous les habitants qui avaient du blé chez eux, d'en apporter la moitié à son palais. La ville murmura, mais elle obéit. Baghi-Sian ordonna, quelque temps après, à un riche Arménien, qui avait abjuré la religion chrétienne, de lui apporter une seconde fois la moitié de ce qui lui restait de blé. L'Arménien avait une famille nombreuse ; il alla trouver Baghi-Sian, se jeta à ses pieds, et tâcha de le toucher, en lui représentant l'état de détresse où il le réduisait. Baghi-Sian fut insensible, et renvoya l'Arménien avec mépris. Celui-ci jura alors de se venger. Il avait le commandement d'une tour; il résolut de la livrer aux croisés, et de les rendre maîtres d'Antioche. Il descend de sa tour pendant la nuit, au moyen d'une corde, et va trouver Bohémond ; il lui fait part de sa résolution, et lui offre, pour gage de sa parole, ses propres enfants. Bohémond communique à l'évêque du Puy la promesse de l'Arménien. L'évêque assemble les chefs, et leur adresse un discours, à la suite duquel il propose que celui qui s'emparera de la ville en reste le maître. Cette proposition avait été concertée entre Bohémond et l'évêque, qui se gardèrent bien de parler à l'assemblée des offres de l'Arménien. » Le récit de l'historien arabe Kémal-Eddin est à peu près conforme à celui de Raoul de Caen ; il rapporte qu'il y avait dans la ville un homme connu sous le nom de *Faiseur de cuirasses;* on l'avait préposé à la garde de l'une des tours. Cet homme, voulant se venger de Baghi-Sian, qui lui avait enlevé ses richesses, écrivit à l'un des chefs de l'armée chrétienne, appelé Bohémond, pour lui proposer de lui livrer Antioche à certaines conditions. Bohémond, sans parler de cette proposition aux autres chefs, fit adopter, dans le conseil des princes chrétiens, l'avis que chacun d'eux commanderait le siége pendant une semaine, et que la ville appartiendrait à celui sous le commandement duquel elle aurait été prise. Quand le tour de Bohémond fut venu, le Faiseur de cuirasses jeta, pendant la nuit, une corde aux soldats de ce prince, qui escaladèrent les murs. Ceux qui étaient arrivés les premiers aidèrent les autres à monter; les sentinelles furent surprises et massacrées, et la ville tomba ainsi au pouvoir des croisés. A en croire Ibn-Djiouzi, ce fut par une fenêtre grillée que les croisés s'introduisirent dans la ville ; et un troisième historien musulman prétend que ce furent quelques habitants d'Antioche, qui, pour se venger des mauvais traitements de leur prince, livrèrent une tour aux Francs, à prix d'argent.

Le récit d'Albert d'Aix diffère de celui de tous les autres chroniqueurs : à l'entendre, la communication de Bohémond fut reçue par les autres chefs avec des transports de joie : il ne fut besoin d'aucun expédient pour les déterminer à admettre ce que Bohémond demandait, et tous lui promirent spontanément la possession d'Antioche, s'il parvenait à s'en rendre maître. Il paraît certain, cependant, que le comte de Toulouse persista inflexiblement dans le refus qu'il avait fait d'abord de consentir à ce qu'Antioche appartînt à Bohémond, s'il réussissait à y introduire les chrétiens. Pendant la contestation, le bruit se répandit dans le camp que Kerboga, émir de Mossoul, venait, par ordre du sultan de Perse, avec une armée de deux cent mille hommes, au secours d'Antioche. Bohémond, qui était l'Ulysse de la croisade ne manqua pas de donner à cette nouvelle toute la publicité qui pouvait jeter la crainte parmi les chrétiens, et les déterminer à accepter au plus vite le moyen qu'il proposait pour sortir d'embarras. On envoya à la découverte, et on sut que Kerboga, accompagné des princes de Damas, d'Emèse, et de plusieurs autres émirs, avait mis le siége devant Edesse, mais que Baudouin l'avait forcé à renoncer à cette entreprise. Pour couvrir sa honte, Kerboga avait prétexté la nécessité d'aller promptement délivrer Antioche, et il n'en était plus qu'à sept journées de marche. Il s'avançait, plein de confiance, à la tête de son innombrable armée; il envoya au calife de Bagdad et au sultan de Perse quelques armes rouillées des chrétiens, comme un gage de la victoire qu'il se croyait sûr de remporter. « Vous pouvez, disait-il dans son message, vous livrer aux paisibles voluptés du sérail, et engendrer des enfants qui combattront à leur tour les chrétiens, si ceux-ci, ou leurs fils, revenaient jamais en Asie. » On proposa dans le conseil des princes croisés de lever le siége, pour aller à la rencontre de ce nouvel ennemi ; on opposa à cet avis celui de partager l'armée en deux corps, dont l'un s'avancerait contre Kerboga, tandis que l'autre resterait à la garde du camp. Bohémond profita de l'embarras et de l'hésitation où on était, pour faire valoir la nécessité d'accepter l'offre qu'il faisait de s'emparer de la ville, par le stratagème concerté avec Phirouz. « Si on trouve, ajouta-t-il, un meilleur moyen de sauver l'armée, je suis prêt à l'approuver. » Tous les chefs, à l'exception du comte de Toulouse, dont la persistance n'empêcha pas de passer outre, autorisèrent Bohémond à mettre immédiatement son projet à exécution. Il fut arrêté que, le lendemain, pour inspirer une fausse sécurité aux assiégés, les princes sortiraient du camp, à la tête de leurs troupes, sous prétexte d'aller au-devant de Kerboga, et qu'à la nuit ils rentreraient en silence.

Dans la journée qui précéda la nuit où Antioche fut livrée, les Turcs soupçonnèrent qu'il se tramait quelque trahison, et ils en accusèrent les chrétiens. Le nom de Phirouz fut prononcé, et Baghi-Sian le fit comparaître devant lui pour l'interroger. Mais le fourbe répondit avec tant d'assurance, en proposant de changer ceux qui avaient la garde des tours et des murailles, qu'on le jugea innocent. On résolut de suivre son conseil le lendemain. C'était lui laisser le temps de livrer la tour qu'il gardait à Bohémond. Pendant qu'il conférait avec ce prince du haut de la muraille, un officier qui visitait les postes passa devant le sien, et lui recommanda de veiller avec soin sur les mouvements des chrétiens. Une tour voisine de celle par où les chrétiens allaient être introduits dans la place était gardée par un frère de Phirouz, qui refusa de devenir son complice, et qui fut aussitôt poignardé par le renégat. Phirouz jeta alors une échelle de cuir à Bohémond; mais aucun soldat n'osait monter sur le rempart. Indigné de cette lâcheté, le prince de Tarente monte lui-même dans la tour et va parler à Phirouz, qui lui reproche sa lenteur dans l'exécution du complot. Personne ne fut encore assez hardi pour suivre l'exemple d'intrépidité donné par Bohémond, et ce prince fut obligé de redescendre pour encourager les chrétiens, et les faire revenir de l'étonnement dans lequel il les voyait. Soixante guerriers, parmi lesquels se trouvait le comte de Flandre, courent enfin à l'échelle, et sont bientôt suivis par un si grand nombre d'autres, que le créneau auquel tenait l'échelle s'écroule avec fracas. Les croisés s'emparent de dix tours, dont ils égorgent les sentinelles, et ouvrent une porte par laquelle l'armée pénètre dans la ville. Les assiégés se réveillent en sursaut au cri de *Dieu le veut!* Les Grecs, les Syriens et les Arméniens, qui avaient enduré toutes sortes d'avanies pendant le siége, se joignirent aux croisés et il fut fait un horrible massacre des Turcs. Plus de dix mille infidèles furent passés au fil de l'épée; tous ceux qui s'étaient enfuis de la ville y furent ramenés, et livrés à la mort ou à l'esclavage. Les historiens orientaux disent qu'il périt cent mille hommes dans le sac d'Antioche. Quoique les chrétiens de la ville fissent entendre le cri de *Kyrie, eleison*, pour se faire reconnaître des croisés, un grand nombre furent tués, et, selon Guibert, *ils méritaient cette mort par leur perfidie*. Les historiens arabes rapportent que Baghi-Sian, dès qu'il apprit que les Francs étaient entrés dans la ville, s'enfuit précipitamment, abandonnant sa famille et ses biens. Il courut quelque temps, n'ayant plus qu'un de ses gens avec lui. Il tomba de cheval, et cet homme le releva; il retomba ensuite, et cet homme l'abandonna; un moment après, un bûcheron arménien passa près de Baghi-Sian, lui coupa la tête et la porta à Antioche.

Il restait encore à prendre la citadelle, dans laquelle le fils de Baghi-Sian s'était retiré avec trois mille hommes. Elle était située sur le sommet d'une montagne et bien munie de provisions. Les croisés se contentèrent de l'investir. Antioche fut prise le 3 juin 1098, après neuf mois de siége. Les vainqueurs passèrent plusieurs jours à se réjouir de leur conquête, dans des festins splendides, où chantaient les danseuses des païens, *saltatrices paganorum*, au rapport de Raymond d'Agiles, qui reproche avec raison aux soldats de la croix l'oubli du Dieu à qui ils devaient leur triomphe. Mais ils furent bientôt obligés de songer à se défendre et à rassembler des vivres dans la ville, où ils en avaient peu trouvé : le second jour après la prise d'Antioche ils virent paraître l'avant-garde de Kerboga; trois cents cavaliers s'avancèrent jusqu'aux portes de la ville, et le lendemain toute l'armée investit la place. Les historiens arabes rapportent que quand Kerboga arriva devant Antioche, il se mit en communication avec la citadelle, et y fit entrer un de ses lieutenants pour la commander. Mais la division était parmi les Musulmans. Une haine implacable existait entre le prince de Damas et son frère Redouan, prince d'Alep, et avait empêché ce dernier de se joindre à l'expédition, qui était du reste très-nombreuse. Les Turcs et les Arabes se prirent de querelle. Aboulféda ajoute que Kerboga avait indisposé contre lui les émirs, en les traitant avec hauteur. C'était un vieux guerrier, qui avait en lui-même une confiance qui lui fit mépriser les chrétiens. Les croisés furent d'abord obligés de creuser un fossé qu'ils fortifièrent, pour empêcher les Turcs d'être en rapport avec la citadelle. Les efforts des Musulmans pour s'opposer à ces travaux firent répandre beaucoup de sang de part et d'autre. Les pèlerins s'exposaient à traverser le pays couvert de troupes ennemies, pour aller chercher des provisions à l'embouchure de l'Oronte, où il y avait quelques navires grecs et latins. Mais les Turcs s'en étant aperçus, leur fermèrent plus soigneusement le passage, et envoyèrent vers la mer deux mille cavaliers, qui forcèrent les navires à s'éloigner. Assiégés à leur tour dans la ville qu'ils venaient de conquérir, les chrétiens ne tardèrent pas à se voir en proie à la plus horrible famine. « Toute sortie, dit Albert d'Aix, étant devenue impossible, puisque l'armée des Turcs, qui s'accroissait journellement, gardait toutes les avenues, une faim si cruelle se fit sentir parmi les chrétiens, que ces malheureux, manquant de pain, n'éprouvèrent aucune répugnance à manger non-seulement des ânes, des chevaux, des mulets et des chameaux, mais encore du vieux cuir qu'ils trouvaient dans les maisons, et qui s'y était durci depuis trois ou six ans. On humectait, on amollissait ce cuir avec de l'eau chaude ; on l'assaisonnait avec du poivre ou d'autres épices ; il en était de même du cuir des harnais : et la faim qui pressait les croisés était si grande, qu'ils le mangeaient sans hésiter. Pour un œuf de poule, encore lorsqu'on pouvait le trouver, on donnait six deniers ; pour dix fèves, un denier; pour la tête d'un âne, d'un cheval ou d'un chameau, un byzantin; pour un pied ou une oreille de ces animaux, on donnait six deniers, et pour leurs entrailles cinq sous. Le pauvre peuple était forcé, par les angoisses de la faim, de manger le cuir de ses souliers ; plusieurs remplissaient leur misérable ventre, *miserabilem ventrem*, d'orties ou d'autres herbes des forêts, et chaque jour diminuait le nombre des croisés. On vit mendier le comte de Flandre, et plusieurs personnes, témoins oculaires, m'ont assuré que le cheval qu'il montait le jour de la bataille contre l'armée de Kerboga avait été acheté des aumônes qui lui avaient été faites. »

L'effet de cette affreuse disette fut de rendre les soldats et les chefs incapables de supporter les fatigues de la guerre, et la garde des murailles était tellement négligée, que peu s'en fallut que les Turcs ne s'emparassent d'une des tours. Plusieurs pèlerins abandonnèrent une ville où la mort, dans les tortures de la faim, semblait inévitable. Guillaume le Charpentier fut encore de ce nombre, et l'archevêque de Tyr refuse de nommer la foule des chevaliers qui, en suivant cet exemple, méritèrent que leurs noms fussent effacés du livre de vie, *deleta de libro vitæ*. C'était à l'aide d'une corde que les déserteurs descendaient des remparts, et l'indignation qu'excitaient les fugitifs fit imaginer de les désigner sous la dénomination de *danseurs de corde*, *furtivi funambuli*, dit Baudri. Au milieu de toutes ces calamités on apprit que l'empereur de Constantinople marchait au secours des Latins avec une armée considérable. Il s'était avancé jusqu'à Philomélie, lorsqu'il résolut de retourner sur ses pas : il avait pu être effrayé du récit que lui avait fait de la situation désespérée des croisés le comte de Blois, qui, sous un prétexte de santé, avait abandonné l'armée chrétienne, avec quatre mille pèlerins, avant qu'elle eût pris la ville. Raoul de Caen rapporte qu'à la nouvelle de l'arrivée de Kerboga et de sa nombreuse armée devant Antioche, le comte de Blois, qui était alors retiré en Cilicie, se mit en route pour Constantinople. Il rencontra en Lycie l'empereur Alexis, qui venait avec cent mille hommes au secours des Francs, et qui était accompagné d'environ dix mille croisés latins, à la tête desquels était Gui, frère de Bohémond. Le comte de Blois apprit à Alexis que les croisés étaient assiégés par les Musulmans, et l'empereur lui demanda quel était le nombre des ennemis. Si votre armée, répondit le comte, était donnée pour nourriture à celle des infidèles, elle ne suffirait pas pour que chacun d'eux en eût une petite part. Mais il est probable qu'Alexis, qui se souciait peu du sort des Francs, craignit principalement d'attirer sur lui toutes les forces des Turcs. En reprenant le chemin de Nicée, il ravagea sur son passage son propre territoire, pour ne laisser derrière lui qu'un désert où les Musulmans mourraient de faim, s'ils se mettaient à sa poursuite.

La nouvelle de la retraite de l'empereur grec mit le comble au désespoir des croisés, et l'inquiétude que sa marche avait inspirée à Kerboga fut dissipée. L'abattement était tel parmi les chrétiens, qu'ils ne se parlaient même plus entre eux, que le frère ne regardait plus son frère, ni le fils son père, suivant l'expression d'un chroniqueur. Peu s'en fallut, dit Guillaume de Tyr, qu'ils n'accusassent Dieu d'ingratitude envers ceux qui se dévouaient pour sa gloire. Ils ne voulaient plus obéir à leurs chefs, ni même sortir de leurs maisons. Pour les en tirer, Bohémond fut obligé de faire mettre le feu à quelques quartiers de la ville. Raoul de Caen regrette les palais en cèdres du Liban et où brillait le marbre de l'Atlas, qui furent, en cette circonstance, la proie des flammes. Suivant Aboulféda et Matthieu d'Edesse, les chefs proposèrent à Kerboga de lui livrer la ville, à la condition qu'il permettrait aux chrétiens d'en sortir avec leurs bagages. Godefroy et l'évêque du Puy eurent beaucoup de peine à retenir les pèlerins qui, en apprenant le rejet de cette proposition, voulaient abandonner l'armée. On en était à cette extrémité, lorsque la foi vint sauver les soldats de la croix. Les chroniqueurs rapportent que l'apôtre saint André apparut à un prêtre du diocèse de Marseille, nommé Barthélemy, et lui annonça que pour vaincre les ennemis de la religion, il fallait être muni de la lance avec laquelle les Juifs avaient percé le côté de Jésus-Christ ; que cette lance se trouvait devant le maître-autel de l'église de Saint-Pierre à Antioche, et qu'on la découvrirait en creusant la terre. « C'est par elle, dit saint André, que vous devez battre vos ennemis, et que vous remporterez sur eux une victoire complète, comme Jésus-Christ l'a remportée sur Satan.» Pierre Barthélemy révéla cette apparition au conseil des chefs de la croisade, et il fut décidé qu'on se préparerait, par trois jours de jeûne et de prière, à la découverte de la sainte lance. On creusa ensuite la terre au lieu indiqué, en présence de douze témoins choisis entre les hommes les plus respectables dans le clergé et parmi les chevaliers de l'armée, et Barthélemy découvrit le fer de la sainte lance, comme il avait été promis que cela arriverait. L'effet de ce miracle fit oublier aux croisés toutes leurs souffrances, et les enflamma de la plus belliqueuse ardeur : tous demandèrent à marcher au combat. Les chefs des croisés s'assemblèrent et résolurent d'envoyer Pierre l'Ermite, avec un interprète, au général ennemi, pour lui proposer de lever le siége et de laisser les Francs maîtres de la ville, ou d'accepter soit un combat singulier avec un des princes chrétiens, soit une bataille. Dans une lettre d'un croisé, Anselme de Ribemont, qu'on trouve dans le *Spicilége* de d'Achéry, il est parlé de l'ambassade envoyée à Kerboga, dans les termes suivants: « La veille de la fête des apôtres Pierre et Paul, dit le comte de Ribemont, les chefs, après une délibération, envoyèrent à Kerboga des députés qui lui parlèrent en ces termes : *Voici ce que dit l'armée du Seigneur : Retire-toi loin de nous, abandonne l'héritage du bienheureux Pierre, ou bien nos armes te chasseront d'ici.* En entendant ces paroles le prince de Mossoul tira son glaive, et après avoir juré, par son royaume et par son trône, qu'il saurait bien se défendre contre les Francs, il déclara qu'il était maître du pays d'Antioche, et qu'il le serait toujours, à quelque prix que ce fût; il ajouta qu'il ne traiterait avec les chrétiens que lorsque ceux-ci auraient quitté la ville, renié Jésus-Christ et embrassé la religion des Perses. A cette nouvelle les chrétiens se purifièrent par la confession, s'armèrent par l'eucharistie et marchèrent au combat. » Tudebode prétend que les ambassadeurs des croisés dirent à Kerboga : « Nous savons que tous les chrétiens sont étonnés de votre arrivée; mais peut-être êtes-vous venus ici pour vous faire chrétien et pour croire en un seul Dieu, né de la vierge Marie. Si ce motif n'est pas celui qui vous amène ici, nous vous prions de vous retirer sur-le-champ. » Il n'est pas vraisemblable que la question ait été posée ainsi à Kerboga : ce qui paraît certain, c'est qu'il congédia Pierre l'Ermite avec hauteur. Alors les croisés résolurent de livrer bataille le lendemain à l'armée musulmane. A la pointe du jour les prêtres célébrèrent la messe, et la plupart des guerriers se préparèrent au combat, en recevant la sainte eucharistie. Toute l'armée se mit ensuite sous les armes. Au moment où l'engagement allait commencer, le pieux et courageux évêque du Puy adressa à ses frères en Jésus-Christ un discours qui se terminait par ces mots : « Voyez comment vos ennemis, le cou tendu comme des cerfs et des daims qui paissent, vous regardent avec effroi, plus disposés à la fuite qu'au combat. Précipitez-vous donc au milieu d'eux, au nom de Jésus-Christ, et que le Tout-Puissant soit avec vous. » Le comte de Vermandois mit d'abord en déroute deux mille hommes, qui gardaient le passage du pont par où devait sortir l'armée chrétienne. Cette action laissa le temps aux croisés de s'avancer en ordre dans la plaine. Kerboga se croyait si sûr de les vaincre, qu'il ne prit aucune mesure contre eux. Il les laissa tous sortir, dit Aboulfarage, afin que pas un ne pût échapper. Au moment où l'armée s'ébranla, les Turcomans y mirent le désordre, de manière qu'elle s'enfuit sans combattre. Les Francs, croyant d'abord que c'était une ruse, s'abstinrent de poursuivre les Musulmans, et Kemal-Eddin remarque que cette erreur fut le salut de tous ceux à qui Dieu voulait conserver la vie. Kerboga, se voyant abandonné de ses troupes, se retira du côté d'Alep, d'où il continua sa marche vers Mossoul, et toute l'armée musulmane se trouva dispersée. Ibn-Djiouzi ne sait pourquoi Abdal, chef des troupes du calife d'Egypte, ne se joignit pas aux princes musulmans qui avaient uni leurs forces pour venir attaquer les Francs, car il avait de l'argent et des hommes en grande quantité. Les auteurs arabes, tout en supposant que la découverte de la lance fut une ruse du comte de Saint-Gilles, homme adroit et plein d'artifice, dit l'un d'eux, ne peuvent s'empêcher de s'étonner que des hommes réduits à la dernière extrémité, eussent défait les Musulmans, réunis en nombre infini, et soutenus de toutes les ressources possibles. L'aile droite de l'armée de Kerboga était commandée par l'émir de Jérusalem, que Guillaume de Tyr paraît avoir pris pour Kilidje-Arslan, sultan d'Iconium, qui était vraisemblablement alors en Asie Mineure. Au rapport d'Aboulfarage, cet émir fut de tous les chefs des Musulmans celui qui montra le plus de courage. L'aile gauche de Kerboga était conduite par un fils de Baghi-Sian. Les infidèles ne purent résister au choc du duc de Lorraine, du duc de Normandie et de Tancrède. Mais tandis que ces trois chefs décidaient la victoire à se prononcer pour les croisés, le corps de réserve, confié à Bohémond, fut vivement attaqué par un mouvement qui avait pour but d'envelopper les chrétiens. Godefroy et Tancrède accoururent au secours de Bohémond, et assurèrent le succès de la journée. Guillaume de Malmesbury rapporte que pendant que les croisés se mesuraient avec l'armée de Kerboga, les évêques, les prêtres et les moines, revêtus de leurs ornements sacerdotaux, chantaient des hymnes, debout sur les murs d'Antioche. Kerboga, ajoute le même chroniqueur, avait fait allumer sur les montagnes un grand amas d'herbes sèches, afin que les chrétiens fussent aveuglés par la fumée. Mais le Seigneur, qui commande aux vents, changea celui qui soufflait alors, et les infidèles, aveuglés eux-mêmes par la fumée, s'enfuirent précipitamment.

Matthieu Pâris attribue à la même cause la défaite de Kerboga. « Au milieu du combat, dit l'historien anglais, le chef musulman avait fait mettre le feu aux herbes sèches qui couvraient la campagne. Son dessein réussit d'abord : mais le modérateur des vents, tournant tout à coup celui qui soufflait contre les païens, les couvrit d'une épaisse fumée, qui les obligea de prendre la fuite. Les croisés les poursuivirent jusque dans leur camp. Les Turcs résistèrent avec courage. Il y eut là, de part et d'autre, un cruel engagement. Les casques d'airain résonnaient comme des enclumes battues ; des étincelles jaillissaient sous les coups; les épées grondaient comme le tonnerre ; les hommes tombaient avec le crâne fracassé et la cervelle écrasée; les cuirasses étaient brisées ; les entrailles sortaient du corps des combattants renversés ; les chevaux, épuisés de fatigue, étaient couverts de sueur ; les cavaliers n'avaient ni repos ni relâche. Les différentes parties de l'armée ennemie, pressées les unes sur les autres, se poussaient et se repoussaient des mains, des pieds et du corps. Enfin la victoire flottait incertaine, lorsqu'on vit une troupe invincible descendre du haut des montagnes. Les guerriers étaient montés sur des chevaux blancs, et portaient dans leurs mains des étendards blancs. Les chefs des croisés reconnurent aussitôt saint Georges, saint Démétrius et saint Mercure. Cette vue jeta la terreur dans l'âme des Musulmans, et rendit l'espoir aux chrétiens. Tous ne virent pas ces guerriers, mais seulement ceux à qui Dieu voulut révéler son secret. Il le révéla aux Turcs pour leur confusion, et aux chrétiens pour leur annoncer leur triomphe. Les Turcs, tremblants, s'enfuirent, abandonnant leurs bagages les plus précieux. Quelques-uns virent aussi des anges qui volaient dans les airs et qui jetaient sur les Turcs fugitifs des feux allumés. » Plusieurs historiens contemporains évaluent a cent mille le nombre des morts qui tombèrent sous les coups des croisés dans cette glorieuse journée, où quatre mille hommes seulement perdirent la vie de leur côté. Les vainqueurs passèrent la nuit dans le camp des vaincus, et employèrent plusieurs jours à transporter dans Antioche l'abondant butin qui resta entre leurs mains. Henri de Huntingdon dit que jamais, dans aucun combat, on ne fit un butin pareil à celui qui fut le prix des vainqueurs de Kerboga; et Albert d'Aix rapporte que, parmi les dépouilles de l'ennemi, on trouva une foule de manuscrits, écrits en caractères exécrables, *cum characteribus execrabilibus* (c'étaient évidemment des caractères arabes), où étaient retracés les rites sacriléges des Musulmans. Les chrétiens admirèrent aussi beaucoup la tente du prince de Mossoul, qui pouvait contenir près de deux mille personnes, et qui ressemblait à une ville fortifiée, par les tours dont elle était flanquée. Cette bataille fut remportée le 28 juin 1098. Une des causes qui contribuèrent à la faire gagner aux croisés, fut certainement la perte de leurs chevaux, qui, les obligeant à combattre à pied, les transforma, pendant le long siége d'Antioche, en une infanterie redoutable. Raymond d'Agiles rapporte qu'aucun de ceux qui étaient autour de la sainte lance ne fut blessé, et toute l'armée attribua la victoire à la présence au milieu d'elle de ce gage de la passion du Sauveur. La citadelle se rendit à Raymond de Toulouse, qui la retint quelque temps, jusqu'à ce que ses soldats en fussent honteusement chassés par Tancrède; Bohémond fut reconnu prince d'Antioche, et une partie des dépouilles des infidèles fut employée à orner les églises. Toutes celles qui avaient été converties en mosquées par les Musulmans furent rendues au véritable culte de Dieu. La chronique connue sous le nom d'*Histoire impériale de Ricobaldo*, que Muratori attribue avec assez de raison à Boiardo, regarde le siége et la prise d'Antioche comme l'événement le plus important de la première croisade, et il faut convenir que les circonstances extraordinaires qui accompagnèrent ce siége, sont réellement plus intéressantes que celles mêmes du siége et de la prise de Jérusalem. Les chefs de l'armée adressèrent aux princes et aux peuples de l'Occident une lettre dans laquelle ils leur exposaient les succès qu'ils avaient remportés sur les infidèles. Le patriarche d'Antioche et les évêques latins écrivirent aussi aux fidèles de l'Occident une lettre où ils disaient : « Apprenez, nos très-chers frères, que Dieu a fait triompher son Eglise de quarante grandes villes et de deux cents armées, tant en Romanie qu'en Syrie, et que nous avons encore plus de cent mille hommes sous les armes, quoique nous ayons beaucoup perdu de monde dans les premiers combats. Mais la perte de l'ennemi a été mille fois plus considérable. Là où nous avons perdu un comte, il a perdu quatre rois; où nous avons perdu une poignée d'hommes, il a perdu une légion entière; où nous avons laissé un soldat, il a laissé un chef; enfin, où nous avons perdu un camp, il a perdu un royaume. » Le patriarche et les évêques terminent leur lettre en appelant de nouveaux croisés à venir achever l'œuvre commencée de la délivrance de l'Orient : « De la part de Dieu et de la nôtre, nous vous prions et nous vous ordonnons, et votre Mère spirituelle vous crie : Venez, mes fils chéris, venez à moi ; prenez en mon nom la couronne portée par les fils de l'idolâtre, cette couronne qui vous est destinée depuis le commencement du monde. Venez donc, nous vous en prions, combattre dans la milice du Seigneur, dans les mêmes lieux où il a combattu, dans ces lieux où il a souffert pour vous, vous laissant cet exemple, afin que vous suiviez ses traces. Est-ce qu'un Dieu innocent n'est pas mort pour vos péchés? Mourons donc, non pour lui, mais pour nous-mêmes, afin qu'en mourant au monde, nous vivions pour Dieu. Que disons-nous, mourir? Il n'est plus besoin de mourir, ni même de combattre; le plus difficile est fait : mais le besoin de garder nos camps et nos villes a considérablement affaibli notre armée. Venez donc prendre part à la récompense qui doit être accordée, même sans avoir participé aux travaux de la croisade. Les chemins sont marqués par notre sang. Dans la maison où il y a deux hommes, que le plus propre à la guerre prenne les armes ; que ceux surtout qui ont fait des vœux n'y manquent pas; car, s'ils ne se rendent ici pour les accomplir, nous les excommunions et nous les éloignons de la société des fidèles. »

Les croisés envoyèrent à Constantinople une ambassade, composée du comte de Vermandois, et de Baudouin, comte de Hainaut, pour rappeler à l'empereur Alexis la promesse qu'il avait faite aux soldats de Jésus-Christ de les aider dans leur sainte expédition. Le comte de Hainaut fut surpris par des bandes de Turcomans dans les environs de Nicée, et on ne sait ce qu'il est devenu. Le comte de Vermandois, qui marchait après lui, échappa aux mains des barbares et arriva à Constantinople. Mais, sans s'y être occupé de s'acquitter de sa mission, il reprit le chemin de l'Occident, et mérita, par cette désertion, d'être appelé le *Corbeau de l'Arche.*

La prise d'Antioche ouvrait aux Francs toute la Syrie. Mais une épidémie, suite de toutes les misères endurées, se déclara dans la ville, et enleva, en un mois, plus de cinquante mille victimes. Les chrétiens firent alors une perte immense et irréparable : l'évêque du Puy, qui maintenait la concorde parmi les chefs, et qui était le consolateur des malheureux, succomba aux fatigues qu'il ne s'épargna pas pendant la durée du fléau. Les chefs de l'armée, en annonçant au pape Urbain II la mort du légat du saint-siége, priaient le souverain pontife de venir prendre lui-même la direction spirituelle de la croisade. Mais l'état de l'Europe ne permettait pas que le père de la chrétienté s'en absentât. A peine celui qui entretenait l'union parmi les princes avait-il disparu d'au milieu d'eux, qu'un violent désaccord éclata entre Bohémond et le comte de Toulouse, qui s'était rendu maître de la citadelle, et qui refusait de la remettre au nouveau prince d'Antioche. Bohémond fut obligé de s'engager, par un serment qu'il n'avait vraisemblablement pas l'intention de tenir, à suivre la croisade à Jérusalem. Les princes cherchèrent à remédier aux progrès de la contagion et au manque de vivres, en évacuant la ville pour aller faire des courses dans les contrées voisines. Bohémond fit une excursion en Cilicie, et conquit Tarse, Mamistra, et plusieurs autres villes, qu'il ajouta à sa principauté. L'émir d'une forteresse appelée Ezaz avait réduit en captivité un grand nombre de femmes chrétiennes, parmi lesquelles s'en trouvait une dont le mari avait été tué, et dont la beauté séduisit un des officiers de l'émir, qui l'obtint en mariage, à la condition d'aller ravager les Etats de Redouan, prince d'Alep. Mais ce puissant prince seldjoucide s'avança avec quarante mille hommes contre la forteresse d'Ezaz. D'après le conseil de la femme de l'officier qui avait épousé la belle veuve, l'émir fit proposer une alliance à Godefroy de Bouillon, en lui envoyant son fils en otage. Le traité fut conclu, et trente mille croisés, conduits par le duc de Lorraine et par plusieurs autres chefs de l'armée latine, s'approchèrent d'Ezaz. Redouan en leva aussitôt le siége et reprit le chemin d'Alep. Sa retraite fut si précipitée, que plusieurs chrétiens, qui n'en étaient pas prévenus, furent surpris sans armes et faits prisonniers dans les environs d'Antioche. Godefroy marcha à leur délivrance, attaqua les troupes de Redouan, et obligea ce prince à abandonner les captifs et à prendre la fuite. Après avoir ainsi rendu la liberté à ces prisonniers, le duc de Lorraine se dirigea vers Ezaz, où il reçut l'hommage de l'émir. Les chrétiens abusèrent plus tard de la puissance qu'ils avaient acquise à Ezaz, et l'émir se repentit de les avoir appelés. Les habitants formèrent, avec les Turcs des environs, une conspiration contre Baudouin, comte d'Edesse ; mais leur projet fut découvert, et les chefs du complot furent punis par la perte des yeux, tandis que les moins coupables furent condamnés à payer de fortes sommes d'argent.

Le comte de Toulouse, pour tenir ses soldats en haleine, alla assiéger et prendre Albarée, ville située à deux journées de marche d'Antioche. Une expédition plus importante fut tentée ensuite contre Marra, place forte entre Hama et Alep. Le comte de Toulouse l'attaqua le premier ; le duc de Normandie et le comte de Flandre vinrent ensuite joindre leurs efforts aux siens, et mirent les croisés en état de pousser plus vivement encore les opérations du siége, mais ils manquaient d'échelles et de machines. Chez les croisés, la confiance en leurs forces l'emportait toujours sur la prudence, et ils déployaient partout plus de courage que d'habileté. Tandis que les chefs des assiégeants étaient désunis, les assiégés leur opposaient une vive résistance. « Tancrède, dit Raoul de Caen, partit alors pour Antioche, avant que les soldats de Raymond, qui en gardaient la citadelle, fussent instruits de la discorde qui régnait devant Marra. Chemin faisant, il instruisit sa troupe de son dessein, et lui dit comment elle devait cacher ses épées. Lorsqu'on fut près de la citadelle, on appela les gardes à qui les portes étaient confiées ; ceux-ci les ouvrirent et reçurent sans défiance des hommes qui annonçaient la paix. Les soldats de Tancrède entrèrent un à un, et, quand ils se virent en nombre suffisant, ils découvrirent leurs intentions et leurs armes, et chassant les Provençaux, ils les renvoyèrent à Raymond en les accablant d'outrages, *non sine colaphis.* Après s'être ainsi vengé du comte de Saint-Gilles, Tancrède rendit la citadelle à Bohémond, qui devint alors seul maître d'Antioche. Bohémond, à la tête d'une troupe nombreuse, accompagna Tancrède à Marra, et tous deux en pressèrent vigoureusement le siége. On combattit de part et d'autre avec beaucoup d'acharnement, et on lança des deux côtés des feux grégeois, des pierres et d'énormes rochers. Guillaume de Tyr rapporte que les habitants jetaient sur les assaillants, du haut de leurs tours, de la chaux vive et des ruches pleines d'abeilles. Malgré cette opiniâtre défense, la place fut emportée d'assaut, et les Francs y pénétrèrent l'épée à la main. La ville se trouva ainsi livrée à la fureur du soldat. » « Les nôtres, dit Robert le Moine, parcouraient les rues, les places, les toits des maisons, se rassasiant de carnage comme une lionne à qui on a enlevé ses petits; ils taillaient en pièces et mettaient à mort les enfants, les jeunes gens et les vieillards courbés sous le poids des années; ils n'épargnaient personne, et pour avoir plus tôt fait, ils en pendaient plusieurs à la fois à la même corde. Chose étonnante ! spectacle merveilleux ! de voir cette multitude si nombreuse et bien armée se laisser tuer impunément et sans qu'aucun fît résistance. Les nôtres s'emparaient de tout ce qu'ils trouvaient ; ils ouvraient le ventre aux morts et en tiraient des byzantins et des pièces d'or. O détestable cupidité de l'or! des ruisseaux de sang couraient dans toutes les rues de la ville, et tout était jonché de cadavres. O nations aveugles et toutes destinées à la mort! De cette grande multitude, il n'y en eut pas un seul qui voulut confesser la foi chrétienne. Enfin Bohémond fit venir tous ceux qu'il avait invités à se renfermer dans la tour du palais; il ordonna de tuer les vieilles femmes, les vieillards décrépits, et ceux que la faiblesse de leurs corps rendait inutiles; il fit réserver les adultes et les hommes vigoureux, et ordonna qu'ils fussent conduits à Antioche pour être vendus. Ce massacre des Turcs eut lieu le 12 décembre, jour de dimanche; cependant tout ne put être fait ce jour-là: le lendemain les nôtres tuèrent le reste. » On trouve des détails analogues dans la chronique de l'évêque Baudri. Après avoir dit que tous les habitants avaient été massacrés, il ajoute que, pendant plusieurs jours, on ne pouvait faire un pas sans marcher sur des cadavres, mais que les chrétiens n'éprouvaient point ce sentiment d'horreur qui naît du spectacle de la mort, et qu'ils étaient avec ces cadavres comme avec des hommes vivants. L'historien arabe Kemal-Eddin porte à vingt mille le nombre des Musulmans, hommes, femmes et enfants, qui furent massacrés dans Marra; d'autres écrivains musulmans le font monter jusqu'à cent mille. Beaucoup d'habitants se donnèrent eux-mêmes la mort, pour éviter de tomber entre les mains de leurs ennemis. Une horrible disette vint bientôt punir les chrétiens de leurs excès et du massacre des habitants de Marra; les vainqueurs de la ville rendue déserte furent réduits à manger, *non-seulement les cadavres des Turcs, mais même des chiens*, suivant l'étrange expression d'Albert d'Aix, *nam Christiani non solum Turcos, vel Sarracenos occisos, verum etiam canes... comedere non abhorruerunt*. Raoul de Caen ajoute que ces hommes étaient presque des chiens.

Ce chroniqueur dit qu'il a honte de rapporter ce qu'il a entendu raconter et ce qu'il a appris des auteurs mêmes de ces actes infâmes. Les chrétiens firent bouillir de jeunes Sarrasins et mirent des enfants à la broche. Imitant les bêtes féroces, ils les dévorèrent après les avoir fait rôtir. Cette conquête, qui avait coûté tant de peines, et qui était suivie de tant de misères, fut un objet de discorde entre les princes croisés, qui se disputèrent la ville de Marra. Bohémond en voulait un quartier, Raymond prétendait en jouir sans partage. Mais ces contestations entre les princes pour la possession des villes excitaient l'indignation des pauvres pèlerins. On les entendait s'écrier, dit Raymond d'Agiles: « Quoi! des querelles pour Antioche! des querelles pour Marra! Dans toutes les victoires que Dieu nous accorde, il y aura donc toujours des disputes entre les chefs? Non, il n'y aura plus de débats sur la possession de cette ville; renversons ses murailles, et que la paix règne parmi nos princes. » Les pèlerins, sans exception des infirmes ni des malades, se mirent aussitôt à l'œuvre et renversèrent les fortifications et les murs de la ville. On travailla avec tant d'ardeur à cette destruction, qu'un homme enlevait des pierres que trois paires de bœufs n'auraient pu transporter, dit une chronique.

L'armée était impatiente de se mettre en route pour Jérusalem, et Raymond, forcé de renoncer à ses rêves d'ambition, reconnut que la voix du peuple était ici la voix de Dieu: *intellexit divinum esse*, dit son chapelain, Raymond d'Agiles. Il fit mettre le feu à Marra et en sortit, marchant pieds nus, en signe de repentir de ses fautes, tandis que le clergé chantait les psaumes de la Pénitence. Le comte de Toulouse partit accompagné du duc de Normandie, et Tancrède se mit sous la bannière de l'ennemi de Bohémond, son parent. Les croisés ne rencontraient d'obstacle ni de la part des Musulmans, ni de la part des chrétiens du pays; les places leur apportaient des vivres pour se racheter du pillage, et les infidèles, sur leur passage, rendaient à la liberté les pèlerins précédemment faits prisonniers: ils arrivèrent ainsi au pied du Liban, devant la place d'Archas.

Godefroy, qui avait été visiter son frère Baudouin dans la principauté d'Edesse, fut, à son retour à Antioche, obsédé des plaintes des pèlerins sur le retard que l'on mettait à s'avancer vers Jérusalem. Les instances de la multitude forcèrent les princes à partir. Bohémond contribua abondamment aux approvisionnements du voyage, et accompagna jusqu'à Laodicée les troupes que conduisaient le duc de Lorraine et le comte de Flandre. L'armée chrétienne reçut à Laodicée quelques renforts d'Occident, parmi lesquels figuraient des guerriers anglais bannis de leur patrie par la conquête de Guillaume de Normandie. Les croisés se firent ouvrir les portes de Tortose, et ils assiégeaient Giblet, lorsqu'ils furent détournés de cette entreprise par l'avis que leur fit donner Raymond qu'une armée considérable d'infidèles s'approchait du côté d'Archas, et que leur jonction avec ses troupes était nécessaire. Quand toutes les forces des pèlerins furent réunies devant Archas, Tancrède accusa Raymond d'avoir reçu des présents des infidèles, pour faire lever le siége de Giblet, en répandant une fausse nouvelle. Archas était bâtie sur des rochers qui en rendaient les remparts inaccessibles, et le siége de cette place, en se prolongeant, fit endurer encore une fois aux croisés les horreurs de la famine. Les fatigues et les maladies contribuèrent aussi avec la faim à éclaircir leurs rangs. Ils perdirent devant Archas Anselme de Ribemont, qui fut mortellement atteint d'une pierre au front. Il était célèbre par sa bravoure, par sa piété et par son savoir. Ce fut pendant le siége d'Archas que se répandirent dans l'armée des doutes sur l'authenticité de la lance qui avait valu aux chrétiens la victoire remportée sur Kerboga (voir l'article LANCE). Les députés envoyés au Caire par les croisés revinrent avec des ambassadeurs du calife. Lorsqu'on avait connu à la cour d'Egypte la situation malheureuse des Francs dans Antioche, on avait enfermé leurs ambassadeurs, et à la nouvelle de la défaite de Kerboga, on leur avait rendu la liberté. Maintenant le calife envoyait des présents considérables aux chefs de la croisade, mais tout en leur faisant dire qu'il ne consentirait jamais à admettre les chrétiens dans Jérusalem, s'ils s'y présentaient armés. Les présents furent rejetés, et il fut répondu à la déclaration exprimée au nom du calife par une menace de porter la guerre dans ses Etats. Les croisés accueillirent également avec indignation une ambassade par laquelle Alexis se plaignait qu'on n'eût pas exécuté les traités en vertu desquels les villes conquises par les armes latines devaient lui appartenir. Les chefs répondirent aux envoyés de l'empereur que c'était leur maître qui avait manqué à toutes ses promesses, et qu'il n'avait plus le droit de rien exiger des Latins. Ces ambassades, qui montraient les mauvaises dispositions du calife d'Egypte et de l'empereur de Constantinople, augmentèrent chez les soldats de la croix le désir de s'emparer de Jérusalem. On abandonna le siége d'Archas, que Raymond seul voulait continuer. L'émir de Tripoli tenta en vain de s'opposer au passage de l armée : on le réduisit à payer un tribut considérable. Les croisés s'avancèrent par les territoires de Baïrout, de Sidon et de Saint-Jean-d'Acre. L'ordre régnait parmi eux, et ils suivaient les côtes de la mer pour être approvisionnés par les navires génois et pisans qui prenaient part à l'expédition. Ils laissèrent Jaffa à droite, et occupèrent Lydda, célèbre par le martyre de saint Georges, le patron des guerriers chrétiens, et le chef de la milice céleste qui était venue souvent à leur secours dans les combats. Un évêque avec un nombre convenable de prêtres fut établi à Lydda, en l'honneur du glorieux martyr, et on lui assigna la dîme des dépouilles enlevées aux Musulmans. L'armée s'empara ensuite de Ramla, qu'elle trouva déserte, et qui fut réunie au diocèse de l'évêque de Lydda. On s'étonne de lire, dans Raymond d'Agiles et dans Albert d'Aix, qu'arrivés à dix lieues de Jérusalem, les croisés mirent en question s'ils n'iraient point d'abord assiéger le Caire ou Damas. Ce moment d'hésitation passé, ils continuèrent leur route vers la cité sainte, et arrivèrent sur les hauteurs du village de Saint-Jérémie, que nos chroniqueurs appellent Emmaüs. Ils y reçurent une députation des chrétiens de Bethléem, et Tancrède alla planter la bannière de la croix sur les murs de la ville qui fut le berceau du salut du monde. La nuit se passa dans l'attente impatiente du jour, et dès qu'il parut, l'armée se mit en marche vers cette Jérusalem dont la vue tant désirée ne tarda pas à frapper les regards des pieux pèlerins. Les échos du mont Sion et de la montagne des Oliviers redirent aussitôt le nom de Jérusalem, sortant de quarante mille bouches à la fois. L'Homère de la croisade est l'éloquent et fidèle narrateur de cette grande scène de l'arrivée des libérateurs du saint tombeau devant la ville où s'accomplit la rédemption.

Ecco apparir Gerusalem si vede ;
Ecco additar Gerusalem si scorge ;
Ecco da mille voci unitamente
Gerusalemme salutar si sente.
. . . .
A gran piacer, che quella prima vista
Dolcemente spirò nell'altrui petto,
Alta contrizion successe, mista
Di timoroso e reverente affetto :
Osano appena d'innalzar la vista
Ver la città, di Cristo albergo eletto ;
Dove morì, dove sepolto fue,
Dove poi rivestì le membra sue.
Sommessi accenti, e tacite parole,
Rotti singulti, e flebili sospiri
Della gente, ch'in un s'allegra e duole,
Fan che per l'aria un mormorio s'aggiri.
. . . .
Nudo ciascuno il piè calca il sentiero,
Chè l'esempio de' duci ogn'altro move ;
Serico fregio e d'or piuma o cimiero
Superbo, dal suo capo ognun rimove ;
Ed insieme del cor l'abito altero
Depone, e calde e pie lagrime piove ;
Pur, quasi al pianto abbia la via rinchiusa,
Così parlando ognun se stesso accusa :
Dunque ove tu, Signor, di mille rivi
Sanguinoso il terren lasciasti asperso
D'amaro pianto almen due fonti vivi
En si acerba memoria oggi io converso ?
Agghiacciato mio cor, che non derivi
Per gli occhi, e stilli in lagrime converso ?
Duro mio cor, che non ti spetri e frangi ?
Pianger ben merti ognor, s'ora non piangi.

(*Gerusalemme liberata di Tasso, cant. III, st.* III, V, VI, VII, VIII.)

« On voit paraître Jérusalem ; on se montre Jérusalem, et on entend mille voix unies saluer Jérusalem.... A la grande et douce joie qu'inspire dans les cœurs cette première vue, succède une profonde contrition, mêlée d'un sentiment de crainte et de respect. Ils osent à peine lever les yeux vers la ville que le Christ choisit pour son séjour, où il mourut, où il fut enseveli, où il reprit ensuite son corps ressuscité. Les faibles accents, les paroles sourdes, les sanglots entrecoupés de la multitude, qui se réjouit et s'afflige en même temps, forment un murmure qui circule dans l'air.... Tous foulent la terre de leurs pieds nus, à l'exemple de leurs chefs ; tous dépouillent leurs têtes de la soie, de l'or et des plumes de leurs superbes cimiers, bannissent en même temps de leurs cœurs les pensées altières, et répandent de chaudes et pieuses larmes ; cependant comme s'ils se reprochaient de n'en pas verser, chacun s'accuse ainsi soi même : Là où, Seigneur, tu as arrosé la terre des mille ruisseaux de ton sang, à un si cruel souvenir, mes yeux ne deviennent pas même deux fontaines de pleurs amers ! Tu es donc de glace, ô mon cœur, puisque tu ne te changes pas, tu ne te fonds pas en larmes ! O cœur dur, qui ne te brises pas, qui ne te romps pas ! tu mérites bien de pleurer toujours, si tu ne pleures pas aujourd'hui. »

Des trois cent mille combattants qui formaient l'armée des croisés quand elle arriva devant Antioche, deux cent mille avaient péri par la guerre, par les misères et par les maladies ; un assez grand nombre étaient retournés en Occident, et plusieurs s'étaient établis à Edesse, à Antioche, et dans d'autres villes. On ne doit donc pas s'étonner que le nombre des pèlerins qui vinrent camper devant Jérusalem, le 7 juin 1099, n'ait guère été que de quarante mille, dont vingt et un mille cinq cents seulement portaient les armes, vingt mille comme fantassins et quinze cents comme cavaliers. La ville sainte était gouvernée, au nom du calife fatimite d'Egypte Mostali, par un émir nommé Iftikhar; elle était munie de vivres et de provisions en abondance ; elle avait une garnison de quarante mille hommes, auxquels s'étaient joints vingt mille habitants, fanatisés par les imans. Les citernes des environs avaient été ou comblées ou empoisonnées, et aucunes ressources pour les assiégeants n'avaient été laissées dans le pays transformé en désert. Le lendemain de leur arrivée, les croisés commencèrent le siége de la place ; ils avaient établi leur camp sur le terrain plat qui s'étend au nord de la ville. Godefroy, Robert de Normandie et Robert de Flandre en occupaient le centre, c'est-à-dire l'espace renfermé entre la grotte de Jérémie et les Sépulcres des rois ; Tancrède était placé à leur droite, au nord-ouest de la place, et Raymond campa d'abord en face de la porte du couchant ; mais il transporta ensuite une partie de ses tentes sur le mont Sion. Le midi et l'est de la ville, qui sont défendus par les vallées de Siloé et de Josaphat, n'étaient point investis. M. Michaud remarque avec raison que les croisés dirigeaient ainsi leurs attaques des mêmes lieux d'où Titus avait dirigé les siennes. Les chrétiens, qui étaient maltraités dans la ville, en sortirent en grand nombre pour se réunir aux futurs libérateurs de la sainte cité, dont ils redoublaient le zèle en leur racontant les avanies qu'ils avaient souffertes. Sur les prières d'un ermite qui vivait sur le mont des Oliviers, les croisés, confiants d'ailleurs jusqu'à l'excès dans la justice de leur cause, tentèrent un assaut général de la ville. Couverts de leurs seuls boucliers, ils bravèrent les flèches, les pierres énormes, les poutres, l'huile et la poix bouillantes qui étaient lancées sur eux du haut des remparts, et s'ils eussent été munis des machines de siége nécessaires et d'un nombre suffisant d'échelles, ils se fussent rendus maîtres de Jérusalem dès cette première attaque. *Si tunc scalarum copiam habuissent*, dit Robert le Moine, *labor iste primus ultimus fuisset*. Les Musulmans revinrent de l'effroi que leur avait causé tant d'audace, et ceux des assaillants qui avaient escaladé les murs furent ou tués ou repoussés. Les chrétiens rentrèrent dans leur camp convaincus par l'expérience qu'il fallait faire les préparatifs d'un siége régulier. Mais le bois leur manquait pour la construction des machines : le palmier et l'olivier étaient les seuls arbres que leur offrît le voisinage des lieux qu'ils occupaient devant la place. Quelques poutres que l'on trouva dans une caverne, et celles que l'on tira des maisons abandonnées qu'on démolit, furent loin de fournir les matériaux dont on avait besoin. On était au plus fort de la chaleur de l'été, et le vent du midi vint dessécher l'air embrasé des feux du soleil. Tous les chroniqueurs qui ont raconté le siége de Jérusalem ont fait une description pleine d'horreur des souffrances que les croisés endurèrent alors, et la peinture de cette sécheresse est un des plus beaux morceaux du poëme du Tasse ; le torrent de Cédron n'avait plus d'eau. « Lorsque la source de Siloé venait à couler, dit Raymond d'Agiles, les chrétiens s'y précipitaient les uns sur les autres, et souvent ils y périssaient avec leur bétail. La source était ainsi remplie et de ceux qui s'y laissaient tomber, et de cadavres d'animaux. On voyait beaucoup de malades étendus près de là, ne pouvant élever la voix, tant leur langue était desséchée ; et ouvrant seulement la bouche, ils tendaient la main à ceux qu'ils voyaient emportant de l'eau. Dans les champs, les chevaux, les mulets, les bœufs et la plupart des bestiaux ne pouvaient faire un seul pas ; lorsqu'ils étaient épuisés par la soif, ils tombaient aux lieux mêmes où ils étaient longtemps restés immobiles. » Un autre chroniqueur nous apprend que l'on ne tuait plus les bœufs pour en manger la chair, mais pour en boire le sang. On attendait avec impatience le moment de la nuit où la rosée venait rafraîchir l'atmosphère embrasée. Les pèlerins collaient leur bouche à des trous que l'on creusait dans la terre pour y chercher l'humidité, et ils s'abstenaient de nourriture, au rapport de Robert le Moine, dans l'espoir de tempérer par le jeûne les tourments de la soif. Dans le délire que causait le manque d'eau, on voyait les victimes de cette affreuse chaleur se précipiter vers les murs de Jérusalem, y appliquer leurs lèvres brûlantes et s'écrier, nous dit Albert d'Aix : « O Jérusalem, reçois nos derniers soupirs, que tes murailles tombent sur nous, et que la sainte poussière qui t'environne recouvre nos ossements ! »

Pendant que les croisés étaient en proie à cette désolation, ils apprirent qu'une flotte génoise, chargée de provisions et de munitions de toute espèce, venait d'entrer dans le port de Jaffa. Cette flotte avait été attaquée et brûlée par des navires musulmans; mais on avait eu le temps d'en retirer tous les secours précieux qu'elle apportait à l'armée. Ces provisions arrivèrent au camp devant Jérusalem sous l'escorte d'un détachement de trois cents hommes, qui avait été au-devant des Génois jusqu'à Jaffa. Les ouvriers qu'amena la flotte de Gênes furent surtout très-utiles aux chrétiens pour la construction de leurs machines de siége. L'historien génois Bizaro nous dit que ses compatriotes, « animés d'un zèle admirable pour la propagation de la religion chrétienne, n'avaient épargné aucune dépense pour cette expédition sainte; ils ne voulaient paraître inférieurs en rien ni aux Vénitiens ni aux autres puissances. Nos chefs regardaient comme très-important que le siége fût poussé sans relâche, afin de ne pas laisser à l'ennemi le temps de reprendre des forces. Pour faciliter l'attaque de Jérusalem, les Liguriens imaginèrent et construisirent avec un art merveilleux une grande tour qui se montait et se démontait à volonté, et que l'on transportait la nuit au camp. Elle était composée de plusieurs étages; le devant était recouvert de peaux fraîches et de cuirs non préparés. De cette tour on pouvait aisément lancer des traits dans la ville, à l'aide des machines. » Raoul de Caen fait honneur à Tancrède de la découverte qui aurait été faite par un Syrien, selon Guillaume de Tyr, d'une forêt qui, s'étendant du torrent de Lydda aux hauteurs de Naplouse, offrit aux croisés le bois dont ils avaient besoin pour la construction de leurs machines. La direction de ces travaux fut confiée à l'illustre et magnifique Gaston de Béarn, pour nous servir des expressions de Guillaume de Tyr, *quemdam egregium et magnificum virum, dominum videlicet Gastonem de Bearn*, *operi præfecerunt*. Trois énormes tours roulantes, chacune de trois étages, dépassaient en élévation la hauteur des murailles de la ville; et de chacune d'elles un pont-levis, qui s'abattait sur le rempart, présentait le moyen de pénétrer dans la place. Le solitaire du mont des Oliviers donna aux croisés un conseil qu'accueillit avec empressement leur ardente dévotion: c'était celui d'appeler la miséricorde du ciel par une procession faite autour des murs de Jérusalem. Cette pieuse cérémonie fut précédée d'un jeûne de trois jours : le clergé marcha en tête de l'armée, qui s'avança, enseignes déployées, au bruit des timbales et des trompettes. Arnoul de Rohes, chapelain du duc de Normandie, prononça un discours qu'il termina par un appel à la concorde entre tous les soldats de la croix : Tancrède et Raymond, que des démêlés avaient divisés, s'embrassèrent devant tous les pèlerins réunis. La chronique des moines de Saint-Pantaléon de Cologne parle de cette procession dans les termes suivants :

« Comme les croisés souffraient beaucoup pendant ce siége, surtout de la disette d'eau, les évêques et les seigneurs décidèrent dans un conseil qu'on ferait le tour de la ville pieds nus, afin que celui qui y était entré pour nous dans un état d'humilité, nous en ouvrît les portes à cause de notre humble soumission, et pour faire justice de ses ennemis. Le Seigneur apaisé livra donc la ville sainte aux pèlerins huit jours après leur acte d'humilité, c'est-à-dire le jour même où plusieurs fidèles célébraient la fête de la Dispersion des apôtres. »

Tandis que la procession faisait le tour de la ville, les Sarrasins et les Turcs, rassemblés sur les murs, insultaient par leurs railleries et par leurs vociférations à l'hommage qui était rendu à Dieu, et souillaient par les plus horribles profanations des croix qu'ils avaient plantées sur les remparts, *cruces fixerunt*, dit Albert d'Aix, *super quas aut spuebant, aut in oculis omnium mingere non abhorrebant*. Pierre l'Ermite saisit cette occasion d'enflammer d'une nouvelle ardeur de la vengeance les spectateurs de ces outrages prodigués au signe du salut du monde.

Le lendemain les croisés se préparèrent par la confession de leurs péchés, et en recevant la sainte communion, *sacri viatici communione præmuniti*, dit Baudri, à un assaut général. Godefroy de Bouillon transporta son camp vers l'angle oriental du côté septentrional de la ville, non loin de la porte de Saint-Etienne. C'était le point des murs de la place le plus facile à escalader. Raymond de Saint-Gilles, qui devait en attaquer le côté méridional, fit, au prix d'un denier donné à chaque travailleur, combler un ravin qui le séparait du rempart. Tous ces préparatifs furent terminés en trois jours, et le jeudi 14 juillet 1099, l'attaque commença dès la pointe du jour. Tous les chefs de la croisade donnèrent l'exemple de l'intrépidité et firent des prodiges de valeur. Mais, dit Guibert, « on ne saurait dire avec quelle ardeur les assiégés travaillèrent à se défendre. Nous les avons vus lancer sans relâche des pierres contre nos instruments à projectiles, garnir leurs murailles de poutres, et surtout jeter sur nos machines des feux appelés grégeois, parce qu'ils savaient que la plus grande difficulté pour les nôtres était le manque d'eau.» Après douze heures de combat, les chrétiens eurent la douleur d'être obligés de retourner dans leur camp sans avoir pu triompher de la résistance opiniâtre de leurs ennemis. « Il m'est revenu, dit Guibert, que Robert, duc de Normandie, et l'autre Robert, prince de Flandre, s'étaient désolés ensemble et s'étaient écriés, en mêlant leurs larmes : Misérables que nous sommes ! Jésus-Christ Notre-Seigneur, nous juge encore indignes de voir et d'adorer sa croix et de vénérer son sépulcre. » L'attaque et la défense recommencèrent le lendemain, et on combattit de part et d'autre avec le même acharnement que la veille. La nouvelle de l'approche d'une armée égyptienne avait redoublé le courage des assiégés. Les pierres que lançaient leurs mangonneaux étaient surtout dirigées contre la tour de Godefroy de Bouillon, qui était surmontée d'une croix. Le feu grégeois pleuvait sur les croisés, et ce feu ne pouvait être éteint qu'avec le vinaigre, dont ils manquaient plus encore que d'eau. Le découragement commençait à gagner les guerriers de l'Occident, lorsque, au rapport de Guillaume de Tyr, un chevalier, agitant un bouclier resplendissant, donna aux légions chrétiennes, du haut du mont des Oliviers, le signal de tenter un dernier effort. Godefroy et Raymond s'écrièrent que c'était saint Georges qui venait au secours des soldats du Christ, et l'enthousiasme se ralluma dans tous les cœurs. Les femmes elles-mêmes se mêlèrent au combat. Le duc de Lorraine fit des merveilles avec son arc. « Le Seigneur, dit Robert le Moine, dirigeait sa main, et toutes ses flèches perçaient les ennemis de part en part. » Près de lui se tenaient son frère Eustache et son cousin Baudouin, *comme deux lions à côté d'un autre lion*, suivant l'expression du même chroniqueur. Des traits enflammés mirent le feu aux sacs de paille et de foin et aux ballots de laine dont les assiégés avaient garni leurs remparts ; et le vent, poussant la flamme et la fumée sur les infidèles, favorisa l'escalade des murs par les croisés. Godefroy fut précédé par deux frères, Létholde et Engelbert de Tournay, sur les remparts de Jérusalem, où fut planté l'étendard de la croix :

> Par che Sion, par che l'opposto monte
> Lieto l'adori, e inchini a lei la fronte.

« Sion, dit l'Homère de la guerre sainte, et le mont qui lui est opposé, semblèrent lui offrir l'hommage de leur joie, et inclinèrent leurs fronts devant lui. » Le bruit courut dans l'armée que l'évêque du Puy avait abandonné, pour ce grand jour, la demeure de la tombe, et s'était fait voir, arborant lui-même ce glorieux drapeau sur les tours de la sainte cité. Tancrède et l'un et l'autre Robert s'élancèrent alors dans la place, et, réunis aux compagnons de Godefroy, enfoncèrent la porte Saint-Etienne. Le cri *Dieu le veut !* qui n'avait encore été qu'un cri d'espérance, retentit comme un cri de victoire dans l'enceinte de Jérusalem ; il avertit Raymond de Saint-Gilles de se presser d'entrer de son côté dans la ville qui ne tarda pas à être tout entière au pouvoir de ses libérateurs. Les Musulmans s'inspirèrent de leur désespoir pour opposer une dernière résistance aux vainqueurs ; mais Raoul de Caen nous apprend qu'Evrard de Puysaie couronna cette belle journée en repoussant avec succès cette tentative suprême de défense. Irrités par les insultes que les Musulmans avaient prodiguées aux objets de la vénération des chrétiens, les soldats de la croix remplirent la ville de carnage. Ce fut surtout dans la mosquée d'Omar, où les infidèles s'étaient retirés en grand nombre, que le massacre fut horrible. Cette mosquée occupe l'emplacement du temple des Juifs sur le mont Moriah. « Il y eut, dit Robert le Moine, tant de sang répandu dans le temple de Salomon, que les corps morts y nageaient portés çà et là sur le parvis. On voyait flotter des mains et des bras coupés qui allaient se joindre à des corps qui leur étaient étrangers ; de sorte qu'on ne pouvait distinguer à quel corps appartenait un bras qu'on voyait se joindre à un tronc. Les soldats eux-mêmes, qui faisaient ce carnage, supportaient à peine la fumée qui s'en exhalait. » Raymond d'Agiles parle à peu près dans les mêmes termes du massacre qui signala l'entrée des chrétiens dans Jérusalem, et particulièrement de la boucherie qui fut faite des Musulmans dans la mosquée d'Omar. « Quand les nôtres, dit-il, furent maîtres des remparts et des tours, on vit alors des choses étonnantes : parmi les Sarrasins, les uns avaient la tête coupée, et c'était le moins qui pût leur arriver ; les autres, percés de traits, se voyaient forcés de s'élancer du haut des tours ; d'autres enfin, après avoir longtemps souffert, étaient livrés aux flammes. On voyait, dans les rues et sur les places de la ville, des monceaux de têtes, de mains et de pieds. Partout on ne marchait qu'à travers les cadavres. Mais tout cela n'est encore que peu de chose. Venons au temple de Salomon, où les Sarrasins avaient coutume de célébrer leurs solennités. C'est ici que la vérité sera difficile à croire ; qu'il nous suffise de dire que dans le temple et dans le portique de Salomon, les cavaliers étaient dans le sang jusqu'aux genoux, et que des flots de sang s'élevaient même jusqu'au frein des chevaux. » Dans une lettre écrite au pape, aux évêques et aux fidèles d'Occident, par Godefroy de Bouillon, Raymond de Saint-Gilles et Daimbert, archevêque de Pise, l'assertion du chroniqueur est confirmée en ces termes : « Si vous voulez savoir ce qu'on a fait des ennemis trouvés dans Jérusalem, apprenez que, dans le portique et dans le temple de Salomon, les nôtres avaient du sang vil des Sarrasins jusqu'aux genoux des chevaux. » Godefroy qui, au rapport de Robert le Moine, n'avait pas laissé entièrement échapper cette occasion de venger la mort des chrétiens et de punir les Musulmans de leur mépris pour notre religion, s'était rendu ensuite, nu-pieds et sans armes, et suivi seulement de trois serviteurs, dans l'église du Saint-Sépulcre. A son exemple, tous les croisés se souvinrent qu'ils étaient pèlerins, et, conduits par le clergé, marchèrent en procession au tombeau du Rédempteur. « Ce qu'il y a d'admirable, dit le P. Maimbourg, dans son *Histoire des Croisades*, c'est qu'ils y rendirent leurs vœux avec tant de larmes et de sanglots, et tant d'autres marques d'une dévotion infiniment tendre, qu'on eût dit que ces gens, qui venaient de prendre une ville d'assaut, et d'y faire un furieux carnage de leurs ennemis, sortaient d'une longue retraite et d'une profonde méditation de nos mystères. » Un écrivain contemporain de ces événements en parle de la même manière. « Lorsque le sang des infidèles eut purifié la ville, dit Guillaume de Malmesbury, les pèlerins se rendirent au sépulcre du Seigneur, pour lequel ils avaient bravé tant de fatigues et les périls d'un si long voyage. Personne ne pourra jamais raconter dignement comment les croisés remplissaient alors le ciel de chants solennels, de cris et de prières, comment ils rentrèrent en grâce en fléchissant le ciel par leurs larmes. Non, l'antiquité et toute son éloquence ne pourraient que rester au-dessous d'un pareil sujet. Cet Orphée, dont la lyre sut animer et attendrir les rochers, ne pourrait faire entendre ici que d'impuissants accords. »

L'annonce de l'approche d'une armée égyptienne rendit les chefs de l'armée impitoyables : ils décidèrent en conseil que tous les Musulmans qui restaient dans la ville seraient mis à mort. Le massacre dura ainsi une semaine. Trois cents infidèles, à qui Tancrède avait promis sa protection et donné un étendard pour sauve-garde, et qui s'étaient réfugiés sur le toit de la mosquée d'Omar, y furent exterminés le lendemain de l'entrée des chrétiens à Jérusalem. Le héros normand considéra leur meurtre comme une injure qui lui était faite, et en fut vivement irrité. Albert d'Aix reproche au comte de Toulouse de s'être laissé corrompre par l'avarice, en accordant la vie aux soldats égyptiens qui s'étaient réfugiés dans la tour de David. Le nombre des Musulmans qui tombèrent sous le fer des chrétiens fut certainement très-considérable, mais Aboulmahassen et Ibn-Djiouzi, en portant à cent mille, et Aboulféda à soixante-dix mille, le chiffre de ceux qui périrent dans la mosquée d'Omar, l'exagèrent sans doute. Mogir-Eddin, dans son Histoire de Jérusalem et d'Hébron, attribue en partie la mort des milliers d'hommes qui périrent dans la mosquée d'Omar à une cause dont les chrétiens ne peuvent pas être rendus responsables : on avait accordé aux Musulmans un délai de trois jours pour sortir de la ville, mais la presse fut si grande aux portes de la mosquée, que beaucoup de ceux qui s'y précipitaient y périrent. Les croisés trouvèrent dans ce temple d'immenses richesses, qui étaient le fruit de la piété des Musulmans. Il y avait, dit Ibn-Djiouzi, une grande lampe d'argent du poids de quarante livres de Syrie, cinquante autres lampes en argent, et vingt en or. Le même historien rapporte qu'on enferma les juifs dans leur synagogue, où on mit le feu, et qu'ils furent dévorés par les flammes. Les rues et les places publiques étaient encombrées de cadavres : Guillaume de Tyr dit qu'on eut soin de les brûler, « afin qu'il n'en restât plus qu'un élément subtil perdu dans les airs, de peur que sous un soleil ardent les restes des infidèles, tombés en pourriture, ne répandissent la contagion dans le pays. » Chaque croisé, riche ou pauvre, devint propriétaire de toute maison où il était entré le premier, et à la porte de laquelle il avait suspendu une croix ou son bouclier. Les chrétiens avaient pénétré dans Jérusalem le vendredi 15 juillet 1099, à trois heures de l'après-midi : c'étaient le jour et l'heure où avait été accomplie la rédemption de l'humanité. Les lieux témoins de ce grand mystère de charité étaient demeurés au pouvoir de l'islamisme depuis le règne du calife Omar, qui s'était emparé de la ville sainte en 638. La Vraie Croix fut pour les pieux soldats du Christ le plus beau trophée de leur conquête.

Ibn-Djiouzi rapporte qu'un cadi, avec un certain nombre d'habitants de Damas, en apprenant la nouvelle de la prise de Jérusalem, se rendit à Bagdad et se présenta devant le divan, en s'arrachant les cheveux et en fondant en larmes. Il prononça ensuite un discours qui émut profondément l'assemblée. Le divan envoya un député au sultan, qui était alors avec son armée dans le Khorassan, pour lui exposer les douleurs de l'islamisme. Mais la discorde s'était introduite dans la maison des Seldjoucides : ils avaient tous pris les armes, et se disputaient entre eux l'autorité. On était au mois de ramadan, lorsque l'on apprit à Bagdad la prise de la ville sainte, et, suivant Aboulféda, les esprits furent si troublés, qu'on oublia d'observer le jeûne. Afdal, le visir du calife d'Egypte, qui avait enlevé Jérusalem aux Ortokides trois ans avant l'arrivée des croisés en Orient, accourait en Syrie à la tête d'une armée nombreuse, lorsqu'il apprit la prise de Jérusalem par les chrétiens. Il se porta alors vers Ascalon, et envoya un député aux chefs des croisés pour leur reprocher les cruautés qu'ils avaient commises contre les vaincus. L'annonce de ce péril fut reçue par les croisés avec une pleine confiance en Dieu : ils se rendirent nu-pieds, princes et soldats, à l'église du Saint-Sépulcre, s'armèrent tous ensemble de la force que donne la sainte eucharistie, et s'avancèrent à la rencontre des Egyptiens sous la conduite de Godefroy. Arnoul, qui remplissait provisoirement les fonctions de patriarche, portait devant eux la Vraie Croix. Pierre l'Ermite, resté à Jérusalem avec une partie du clergé, les vieillards, les femmes, les enfants et les malades, présida aux processions qui furent faites pour implorer la protection divine contre les ennemis de la foi chrétienne. Le comte de Toulouse, qui avait remis à regret la forteresse de David au nouveau roi de Jérusalem, et le duc de Normandie, qui prétendait s'être acquitté de son vœu, n'accompagnèrent l'armée que par condescendance pour les prières du peuple. La plus sévère discipline fut imposée par Godefroy à ses troupes, qu'il réunit toutes à Ramla. Tandis que les chrétiens marchaient vers Ascalon, ils s'aperçurent que des infidèles s'étaient cachés dans les branches des sycomores qui couvraient le pays; ils mirent alors le feu aux arbres, et ils firent périr ces fuyards dans les flammes.

L'armée de Godefroy s'approchait de l'ennemi comme on va à *un joyeux festin*, suivant l'expression d'Albert d'Aix. L'émir de Ramla, qui le suivait comme auxiliaire, fut tellement touché de cette assurance en face du danger, qu'il promit d'embrasser la religion qui l'inspirait. Les deux armées se trouvèrent en présence l'une de l'autre la veille de l'Assomption, dans la plaine d'Ascalon. Celle des Egyptiens avait étendu ses ailes pour envelopper les croisés, comme un cerf porte en avant ses cornes, suivant l'expression de Foucher de Chartres. Les soldats musulmans, trompés par leurs chefs, ne s'attendaient à aucune résistance de la part des chrétiens, et leur espérance de la victoire se changea en une défaite lorsqu'ils se virent courageusement attaqués. Tancrède et les deux Robert se précipitèrent contre leur centre et leur aile droite, tandis que Godefroy et Raymond surveillaient la garnison d'Ascalon, pour l'empêcher de faire une sortie. Un corps d'Ethiopiens, que les chroniqueurs appellent *Azoparts*, soutint seul le choc des croisés. Leur arme la plus meurtrière était un fléau, formé d'une balle de fer attachée au bout d'une lanière de cuir. « Ces hommes horribles et tout noirs, dit Albert d'Aix, frappaient les boucliers des chrétiens avec leurs boules de fer, et atteignaient quelquefois le front des chevaux. » La déroute des Musulmans fut complète; Raymond et Godefroy firent un grand carnage des fuyards qui voulurent se rallier, ou qui se précipitaient vers le rivage de la mer, dans l'espoir de trouver leur salut sur la flotte égyptienne, qui s'en était approchée. Il s'en fallut peu qu'Afdal lui-même ne fût fait prisonnier, et il laissa sur le champ de bataille son épée et son étendard, qui furent suspendus, en souvenir de cette victoire, aux murs de l'église du Saint-Sépulcre. Le butin que l'on fit dans le camp égyptien fut immense. Robert le Moine prétend qu'avant de s'éloigner du théâtre de sa défaite, Afdal s'écria, en contemplant la ruine de son armée du haut des tours d'Ascalon: « O Mahomet, serait-il vrai que le pouvoir du Crucifié fût plus grand que le tien, puisque les chrétiens ont dispersé tes disciples?» Le même chroniqueur, qui fut témoin oculaire de cette affaire, et Guillaume de Tyr, portent à moins de vingt mille le nombre des combattants chrétiens à la bataille d'Ascalon. « On n'y perdit aucun homme considérable, dit Albert d'Aix; on n'eut à regretter que quelques fantassins de la foule, et presque inconnus de leurs frères. » Il y a évidemment exagération de part et d'autre, par multiplication et par soustraction, chez les chroniqueurs chrétiens et chez les auteurs arabes, lorsque les premiers portent à trois cent mille hommes et les autres à vingt mille le chiffre de l'armée musulmane.

L'ambition de Raymond de Saint-Gilles empêcha les croisés de profiter de cette grande victoire. Il chercha à obtenir de la garnison d'Ascalon qu'elle se rendît à une sommation qu'il lui fit faire, dans le but de s'approprier cette place. Godefroy de Bouillon en réclama la possession pour le royaume de Jérusalem, mais le comte de Toulouse, déçu dans ses espérances, et n'écoutant que les conseils de la vengeance, engagea les habitants à ne point ouvrir leurs portes à Godefroy, et un léger tribut fut tout ce qu'on put tirer d'eux. Raymond tenta encore, et également en vain, de s'emparer d'Arsur ville située sur le bord de la mer, au nord de Ramla; et, après ce nouvel échec, il laissa paraître les mêmes sentiments de jalousie dont il avait fait preuve à Ascalon, en encourageant aussi les habitants d'Arsur à résister à Godefroy, lorsqu'il viendrait les attaquer. Cette trahison réitérée des intérêts chrétiens excita l'indignation du duc de Bouillon, et il ne fallut rien moins que l'intervention du comte de Flandre, du duc de Normandie et de Tancrède, pour empêcher une guerre fratricide d'éclater entre les croisés. Amenés à une réconciliation qui ne fut peut-être sincère que d'un côté, Godefroy et Raymond s'embrassèrent devant leurs soldats. La suave et délectable harmonie des chants de triomphe, pour parler le langage de Robert le Moine, accompagna le retour de l'armée chrétienne à Jérusalem. Mais cette joie se changea bientôt en deuil, lorsque la plupart des croisés manifestèrent la résolution de reprendre le chemin de l'Europe. Cette séparation entre les trois cents chevaliers qui restaient auprès de Godefroy de Bouillon, pour la défense de la terre sainte reconquise, et ceux qui avaient partagé avec eux, pendant près de quatre ans, les fatigues et les périls de la guerre, provoqua des adieux déchirants. Le retour des pèlerins en Europe y répandit le désir de suivre le généreux et saint exemple qu'ils venaient de donner, et qui avait été couronné d'un si glorieux succès.

Deux cent soixante mille croisés lombards, français et allemands, se dirigeant vers la Palestine, arrivèrent à Nicomédie vers les fêtes de Pâques de l'année 1102. Les Lombards étaient conduits par l'archevêque de Milan, les Allemands par Conrad, connétable de l'empire germanique, et les Français par Etienne, duc de Bourgogne, par Raymond, comte de Toulouse, qui s'était retiré à Constantinople après son départ de Jérusalem, et par Etienne, comte de Blois, et Hugues le Grand, que le mauvais accueil fait à leur retour en France avait forcés de reprendre la route de l'Orient. L'empereur Alexis avait donné pour guides à ces troupes des turcopoles. Raymond et Etienne de Blois voulaient que l'on suivît la route qu'avait prise la grande armée des premiers croisés. Les Lombards, qui se confiaient dans leur nombre, persistèrent à prendre le chemin des montagnes. Ils prétendaient aller faire le siége de Bagdad, et pénétrer dans le Khorassan. On fut obligé de les suivre, et après trois semaines de marche, dans l'abondance et dans la débauche, on parvint aux montagnes, et les Turcs commencèrent à harceler les chrétiens. Les soldats de l'empereur Alexis, corrompus par les présents du sultan d'Iconium, conduisirent l'armée à travers des déserts affreux, où elle manqua d'eau, et où les Turcs lui avaient dressé des embuscades qui lui firent éprouver de grandes pertes. Les Lombards, placés à l'avant-garde, furent défaits, et accusés de lâcheté par leurs compagnons d'infortune. Le duc de Bourgogne prit leur poste, et y montra plus de courage. On marcha ainsi pendant quinze jours à travers les déserts et les montagnes; et comme les Turcs enlevaient tous les hommes qui s'écartaient des rangs pour chercher des vivres, la disette ajouta ses souffrances à toutes celles qu'endurait déjà l'armée. Après que les chrétiens eurent traversé ces dangereux passages, en arrivant dans la plaine qui est au pied des montages de la Paphlagonie, ils furent assaillis par Kilidje-Arslan, à la tête de vingt mille combattants. Les Turcs pénétrèrent jusque dans le camp des chrétiens, où ils firent un grand carnage; mais ils furent ensuite forcés à la retraite, par la résistance que leur opposèrent les Français et les Lombards. Dans cette marche difficile, à travers un pays ennemi, ce furent moins la disette et les fatigues qui firent des victimes parmi les chrétiens, que l'imprudence, l'indiscipline et la désunion. Trois mille Allemands, sous la conduite de Conrad, voulant s'avancer seuls vers Marach, s'emparèrent d'un château où ils passèrent au fil de l'épée toute la garnison turque; mais lorsque, chargés de butin, ils continuaient leur route à travers les montagnes où ils s'étaient imprudemment engagés, les Turcs les investirent de toutes parts, et leur tuèrent sept cents hommes. Le reste de la troupe ne regagna l'armée qu'après avoir perdu tout le butin qu'elle avait fait.

Les croisés reprirent leur route. Les Lombards, les Allemands et les Français furent successivement battus à l'avant-garde par les Turcs, qui prenaient la fuite après avoir accablé leur ennemi de nuées de flèches. Raymond, qui voulut tenir tête aux infidèles à son tour, fut abandonné par les turcopoles de l'empereur Alexis, et ne se sauva qu'avec peine, suivi seulement de dix de ses Provençaux, sur une montagne, où il se défendit avec valeur. Le comte de Blois alla le débarrasser à la tête de deux cents cavaliers, et le ramena au camp. La nuit suivante, Raymond se retira dans une forteresse qui appartenait à l'empereur Alexis, et le reste de l'armée céda au découragement, et se débanda, laissant dans le camp les femmes, les enfants et les bagages. Les Turcs accoururent aussitôt, violèrent et massacrèrent les femmes, et exterminèrent tous les chrétiens qu'ils atteignirent. Cette journée coûta aux croisés cent soixante mille hommes. Le petit nombre de ceux qui échappèrent à ce désastre regagna Constantinople.

L'Asie Mineure, où périrent plus de croisés que la guerre n'en moissonna en Syrie, fut encore le tombeau, dans cette même année 1102, de quinze mille Français qui s'avançaient vers la Palestine, sous la conduite du comte de Nevers. Le sultan Kilidje-Arslan, après les avoir longtemps harcelés, les attaqua près d'Héraclée, lorsqu'il les vit tout à fait affaiblis, et les détruisit entièrement. Le comte de Nevers gagna seul Antioche, où il fut reçu par Tancrède. Huit jours après cette défaite, les environs d'Héraclée furent témoins d'un autre désastre encore plus considérable, que Kilidje-Arslan fit éprouver à cent soixante mille croisés, qui traversaient ses Etats, sous le commandement du comte de Poitou et du duc Welf de Bavière. Le comte de Poitou, qui s'était arraché aux plaisirs d'une cour mondaine, pour faire le pèlerinage des Saints Lieux, arriva à Antioche, suivi d'un seul écuyer.

Guillaume de Malmesbury termine le récit de la première croisade, en exprimant l'espoir que la postérité la plus reculée paiera un tribut de respect et d'hommage aux puissantes nations de la croix, qui ont conduit cette expédition à une si admirable fin. Le chroniqueur nous avertit de ne pas confondre les héros du Christ avec les guerriers des temps antiques, dont la gloire s'évanouit avec la poussière de leurs tombeaux.

SECONDE CROISADE.

La conquête d'Edesse, par le fameux Zenghi, ne produisit pas sur l'Occident chrétien une sensation moins profonde que celle qu'en avait ressentie l'Orient musulman. La consternation des fidèles de l'Asie, à la vue de la joie des infidèles, fut partagée par l'Europe. Le pape Eugène III versa des larmes au récit que lui firent, à Viterbe, des dangers dont Jérusalem était menacée, les députés de la terre sainte. L'esprit de foi et d'enthousiasme religieux, qui avait enfanté la première croisade, animait encore les peuples de l'Occident, et ils étaient disposés à recevoir l'impression que produisit sur eux la parole puissante de saint Bernard.

Voici comment Othon de Freisingen commence le récit de la seconde croisade, dans sa chronique des *Gestes de Frédéric Ier* : « Eugène siégeait sur la chaire pontificale, Conrad était roi des Romains, Louis régnait sur la France occidentale, Manuel à Constantinople, et Foulques (c'était Baudouin III qui régnait à Jérusalem lors de la prédication de la seconde croisade ; Foulques, son père, était mort en 1142) à Jérusalem, lorsque Louis, qui nourrissait secrètement le désir d'aller dans la terre sainte, parce que son frère Philippe, qui avait fait vœu d'y aller, en avait été empêché par la mort, découvrit aussi son dessein à quelques-uns des principaux seigneurs de la cour. Il y avait alors en France un abbé du monastère de Clairvaux, nommé Bernard, vénérable par sa vie et par ses mœurs, renommé par sa piété, par son savoir, par ses connaissances dans les lettres, par ses actions et par le don des miracles. Le prince résolut de le faire venir pour le consulter, comme un oracle divin, sur l'entreprise qu'il méditait. L'abbé, consulté, n'osa prononcer de son chef; il dit qu'il fallait recourir au siége de Rome. On envoya donc une ambassade au pape Eugène. Ce pontife, se ressouvenant des exemples de ses prédécesseurs, et surtout du pape Urbain qui, dans une occasion semblable, avait ramené à l'obéissance du saint-siége l'Eglise d'outre-mer, les deux patriarcats d'Antioche et de Jérusalem, et les avait rappelés à l'unité, se rendit au vœu du roi, qui avait pour objet d'étendre la foi chrétienne, et donna à l'abbé de Clairvaux l'autorisation de prêcher la croisade, et d'y appeler tous les peuples de la France et de l'Allemagne. »

Louis VII, récemment monté sur le trône de France, en réduisant à l'obéissance Thibaut, comte de Champagne, avait ravagé les Etats de son vassal, et dans la prise de Vitry, il avait fait mettre le feu à une église, où treize cents personnes, qui s'y étaient réfugiées, furent la proie des flammes. Saint Bernard lui fit voir sa faute envers l'Eglise, et le roi, après l'avoir reconnue, voulut l'expier par le pèlerinage des Saints Lieux. Louis VII fut le premier souverain qui s'engagea à combattre sous la bannière de la croix. Il tint à Bourges, en 1146, une assemblée dans laquelle il annonça sa résolution au clergé et à la noblesse de son royaume. Godefroy, évêque de Langres, prononça un discours dans lequel il loua le projet du roi, et peignit en traits déchirants la situation malheureuse des chrétiens d'Orient. Saint Bernard donna au roi, comme le dit le chroniqueur allemand que nous venons de citer, le conseil de ne point s'engager dans la guerre sainte avant d'avoir consulté le saint-siége, et la sagesse de cet avis reçut l'approbation générale. Les ambassadeurs envoyés à Rome trouvèrent le pape Eugène très-disposé à applaudir au pieux et généreux dessein de Louis. Le souverain pontife assura à tous les chrétiens, qui prendraient la croix et les armes, les mêmes priviléges spirituels et temporels qu'Urbain II avait accordés aux premiers croisés, et témoigna ses regrets d'être retenu à Rome par les troubles qu'y excitait Arnaud de Brescia, et de ne pouvoir, à l'exemple de son prédécesseur, aller en France exhorter lui-même les fidèles à marcher à la défense de leurs frères d'Orient. L'abbé Suger, ministre de Louis VII, n'approuvait pas la résolution du roi de s'éloigner de ses Etats, et il écrivit au pape pour lui faire part de ses inquiétudes. Eugène III répondit au prudent ministre, que le temps prouverait si Louis obéissait à l'inspiration d'une véritable piété, et que l'Eglise, par ses prières, et le saint-siége, par sa sollicitude, procureraient la tranquillité du royaume. Une bulle du pape proclama la croisade, et donna à saint Bernard la mission de parcourir la France et l'Allemagne pour exhorter les fidèles à prendre la croix. Le roi de France convoqua une assemblée à Vézelay, en Bourgogne. L'affluence des assistants fut telle que la réunion eut lieu dans un champ voisin de la ville, le jour de Pâques, 31 mars 1146. Saint Bernard y parut dans une tribune, à côté du roi, sous son humble costume de moine, et excita par son éloquence les belliqueux sentiments qui avaient éclaté au concile de Clermont. Le cri : *Dieu le veut !* sorti des montagnes de l'Auvergne, il n'y avait pas encore cinquante ans, retentit sur les collines de Vézelay. Le roi tomba à genoux aux pieds du saint, et reçut la croix de ses mains. Il adressa ensuite à son immense auditoire un discours dans lequel il engagea la nation, dont il était le chef, à se souvenir qu'elle ne savait supporter la honte ni pour elle, ni pour ses alliés. Tous les cœurs s'émurent à ce noble langage, et l'enthousiasme, provoqué par l'ardente charité de saint Bernard, fut porté à son comble par les accents de la piété royale. La reine, Eléonore de Guyenne, reçut la croix comme son époux, et leur exemple fut suivi par plusieurs évêques, par tous les seigneurs présents, et par une foule de peuple. Les croix apportées par saint Bernard ne purent suffire à l'empressement universel; il déchira ses vêtements pour en faire d'autres, et il fallut que ceux qui l'entouraient missent aussi leurs habits en pièces pour lui fournir des croix. Odon de Deuil, dans son ouvrage sur le voyage de Louis VII en Orient, fait un tableau animé de l'affluence des fidèles qui prirent la croix avec enthousiasme à l'assemblée de Vézelay. Saint Bernard *semait* plutôt qu'il ne donnait les croix, dit le chroniqueur. Une église, dédiée à la sainte Croix, fut fondée sur le théâtre de cette grande scène des âges de foi et d'héroïsme de l'Europe chrétienne. L'abbé de Clairvaux continua à prêcher la croisade en France, et le ciel favorisa sa mission en joignant le don des miracles à celui de l'entraînante éloquence dont il l'avait doué. On décida, d'un consentement unanime, dans une assemblée tenue à Chartres, de lui donner le commandement de la sainte expédition. Mais saint Bernard ne voulait pas renouveler l'expérience faite par Pierre l'Ermite, et il écrivit au pape pour réclamer la protection de son autorité contre les excès de l'admiration dont il était l'objet. Le souverain pontife lui répondit qu'il ne devait s'occuper que de recruter par sa parole l'armée destinée à la défense des chrétiens d'Orient. Le prédicateur mit tant de zèle dans l'accomplissement de ce devoir, que, suivant ses propres expressions, dans une lettre à Eugène III, les villages et les châteaux restaient déserts, et les femmes veuves partout où il passait.

La parole différente d'un autre prédicateur de la croisade retentissait en même temps sur les bords du Rhin. « C'était, dit Othon de Freisingen, un moine qui avait l'habit de religieux, et qui imitait adroitement la sévérité de la religion, *religionis severitatem solerter imitans;* mais il était peu lettré. Ses prédications animèrent tellement les esprits dans plusieurs contrées de la France et de l'Allemagne, qu'un grand nombre de Juifs furent massacrés. L'abbé de Clairvaux pour mettre les peuples en garde contre la doctrine de Rodolphe (c'était le nom de ce moine), leur envoya des députés, ou leur adressa des lettres, dans lesquelles il démontra clairement, d'après l'Ecriture sainte, que les Juifs, à cause de l'énormité de leurs crimes, devaient être dispersés, mais non pas tués. » Othon de Freisingen ajoute que saint Bernard se rendit alors en Allemagne, et qu'ayant trouvé Rodolphe à Spire, et l'y voyant en grande faveur auprès du peuple, il le fit venir, et lui représenta qu'il était contraire aux règles monastiques qu'un moine prêchât dans le monde la parole de Dieu, sans y être autorisé. Il l'engagea à l'obéissance, et lui fit promettre de rentrer dans son couvent. Mais ce moine avait tellement séduit le peuple par sa prédication, que ce ne fut, dit le chroniqueur, qu'en considération de la sainteté de l'abbé de Clairvaux qu'une sédition n'éclata pas, *populo graviter indignante*, et, *nisi ipsius sanctitatis consideratione revocaretur, etiam seditionem movere volente.* En Allemagne comme en France, saint Bernard par sa parole enfanta des armées en dépeuplant les villes et les villages. Lorsqu'il arriva sur les bords du Rhin, l'empereur Conrad III venait de convoquer une diète à Spire. L'abbé de Clairvaux alla prêcher à cette assemblée la guerre contre les infidèles et la paix entre les princes chrétiens. Mais Conrad, quoique invité à prendre la croix dans des conférences particulières en même temps que par des exhortations publiques, opposa une longue résistance aux efforts de saint Bernard. Comme c'était sur des considérations politiques, et sur la situation de ses Etats qu'il appuyait ses refus, l'apôtre de la croisade s'efforça de le convaincre que, s'il prenait les armes pour le royaume de Dieu, Dieu veillerait sur son empire pendant son absence. Il fallut, pour persuader l'esprit et pour toucher le cœur de son auguste auditeur, que l'abbé de Clairvaux fît, dans un sermon prononcé pendant qu'il célébrait le saint sacrifice, un tableau animé du jugement dernier et du compte que ceux que Dieu a comblés de ses biens, auront à lui rendre de l'usage qu'ils en auront fait. Conrad se leva et déclara qu'il connaissait maintenant ses devoirs envers Jésus-Christ et son Eglise, et qu'il était disposé à les remplir. Encouragés par l'exemple de l'empereur, les seigneurs et les peuples de l'Allemagne prirent la croix des mains de saint Bernard, à Spire et dans toutes les villes des bords du Rhin, qu'il parcourut. La multitude qui l'entourait partout lui arrachait ses vêtements pour en faire des croix, et il faillit un jour être étouffé par la foule qui se pressait sur ses pas : il fallut que l'empereur le prît entre ses bras et le transportât dans une église devant une image de la sainte Vierge. Par un changement qui ne pouvait être que l'œuvre de Dieu, dit Othon de Freisingen, les voleurs et les brigands se repentirent de leur conduite et jurèrent de verser leur sang pour Jésus-Christ. Dans une diète qui avait été convoquée à Ratisbonne, un évêque lut une lettre de saint Bernard, qui fit des princes et des seigneurs présents, autant de croisés. Frédéric, neveu de l'empereur, fut insensible aux larmes de son vieux père, le duc de Souabe, qui voulait le retenir. Othon de Freisingen peint le désespoir du duc de Souabe qui ne pouvait se consoler de voir son fils enrôlé dans la croisade. En vain saint Bernard alla visiter ce père désolé ; en vain il chercha à le consoler par ses discours, et lui offrit le secours de ses prières : le malheureux vieillard ne put résister à son chagrin, et mourut avant même le départ de son fils.

A son retour en France, en 1147, saint Bernard fit, devant le roi et les grands du royaume assemblés à Etampes, le récit des succès de sa mission en Allemagne, et accrut chez ses auditeurs le désir de partir pour la sainte entreprise. Suger fut nommé régent du royaume pendant l'absence du roi, dans l'assemblée d'Etampes. Louis, pour s'aplanir la route vers les Saints Lieux, avait envoyé des députés à l'empereur de Constantinople. « L'empereur, dit Odon de Deuil dans sa relation du voyage de Louis VII, reçut très-bien les députés ; il appela le roi de France du nom de saint, lui donna le titre d'ami et de frère : tout cela n'était qu'adulation ; car il promit tout aux députés, et dans le fond de son cœur il avait intention de ne rien donner. Pendant ce temps, le roi faisait préparer tout ce qui était nécessaire pour accomplir son pèlerinage : il choisit sa route par la Grèce ; ce qui affligea beaucoup de monde et en particulier les envoyés du roi de Sicile, qui annoncèrent aux Latins tout ce que leur préparaient les embûches des Grecs. » Ces envoyés du roi de Sicile avaient paru à l'assemblée d'Etampes avec les ambassadeurs de plusieurs autres princes. Les préparatifs du départ des croisés mirent en mouvement toute la France. Un grand nombre des premiers seigneurs du royaume se disposèrent à suivre leur souverain, et l'exemple de la reine Eléonore entraîna beaucoup de femmes à prendre la croix et à accompagner leurs maris. Les chroniqueurs nous apprennent qu'il ne fut pas sans en résulter des scandales. Saint Bernard faisait parvenir des lettres pathétiques là où il ne pouvait faire entendre sa voix. Les rangs de la milice de la croix se grossirent aussi des recrues que leur envoya un prédicateur flamand, nommé Arnoul, qui parcourut les contrées occidentales de l'Allemagne et les provinces orientales de la France. « La plupart des peuples chrétiens, dit M. Michaud dans son *Histoire des Croisades*, étaient animés par le souvenir toujours présent de la conquête de Jérusalem. Les rapports que cette conquête avait établis entre la Syrie et l'Europe, ajoutaient encore au zèle et à l'ardeur des soldats de la croix ; il n'était point de famille dans l'Occident qui n'eût fourni un défenseur aux Saints Lieux, un habitant aux villes de la Palestine. Les colonies chrétiennes en Asie étaient pour les Francs comme une nouvelle patrie ; les guerriers qui avaient pris la croix ne semblaient s'armer que pour défendre une autre France, chère à tous les chrétiens, et qu'on pouvait appeler *la France d'Orient*. » En France comme en Allemagne, l'effet que produisirent les préparatifs de cette seconde guerre sainte fut le même qu'avait produit l'approche de la première croisade : la guerre générale fit oublier les guerres particulières et les troubles civils. Le départ de cette expédition se distingua de celui de la première par un plus grand ordre et par une impatience moins tumultueuse de se mettre en route. Les seigneurs commencèrent par réunir leurs vassaux pour se réunir ensuite eux-mêmes, en France, au roi, en Allemagne, à l'empereur. Le Piémont et la Lombardie fournirent aussi leur contingent à la guerre sainte; les peuples de ces contrées marchèrent sous les ordres du marquis de Montferrat et du comte de Maurienne, oncle maternel de Louis VII, et se dirigèrent vers Constantinople par l'Illyrie. Les Flamands suivaient la bannière de leur comte, Thierri d'Alsace, qui avait déjà fait un premier pèlerinage à Jérusalem, et qui, après cette croisade, devait retourner deux fois encore en terre sainte. Saint Bernard avait sévèrement interdit le luxe aux croisés, et une recommandation du souverain pontife défendait aux seigneurs et aux chevaliers d'emmener avec eux leurs chiens et leurs oiseaux de chasse. Pour subvenir aux frais de l'expédition, Louis VII ordonna dans tout le royaume, des levées d'impôts, qui furent approuvées par le pape; ni le sexe, ni la condition, ni la dignité n'exemptèrent de ces taxes, et cette mesure fit murmurer contre la croisade, nous apprend un chroniqueur : *per totam Galliam fit descriptio generalis; non sexus, non ordo, non dignitas quempiam excusavit, quin auxilium regi conferet cujus iter multis imprecationibus persequebatur.* Le clergé, qui s'était enrichi par les acquisitions avantageuses qu'il avait faites lors de la première croisade, contribua par des sommes considérables aux frais de la seconde, et la noblesse acheva de se ruiner. Louis VII alla prendre l'oriflamme dans l'église de Saint-Denis, dont les vitraux représentaient les principaux événements de la première croisade. Il reçut en même temps, avec la bénédiction apostolique, la panetière et le bourdon des mains du pape Eugène III, qui était alors réfugié en France. Odon de Deuil loue le roi d'avoir visité les léproseries avant de partir. Louis VII mêla ses larmes à celles de Suger en se séparant de ce sage ministre, et, au mois de juin 1147, il se rendit à Metz, qui était le point de réunion des croisés français, avec la reine Eléonore et avec les seigneurs qui devaient l'accompagner. De Metz, il marcha vers Constantinople, à travers l'Allemagne, à la tête de cent mille hommes.

L'empereur Conrad fut blâmé par le pape de n'avoir point consulté le saint-siége avant de prendre la croix. Ratisbonne était le rendez-vous général des croisés allemands. Conrad avait, comme Louis VII, envoyé des ambassadeurs à Constantinople, pour assurer la cour grecque de ses intentions pacifiques. Nicétas rapporte que Manuel tâcha de persuader à Conrad, en réponse à cette ambassade, de ne pas passer par Constantinople; mais l'empereur d'Allemagne persista dans sa résolution. Odon de Deuil entre dans des détails sur la réception, qui fut faite à Ratisbonne, où l'armée française s'était réunie à l'armée allemande, par le roi de France aux députés de Constantinople. « L'armée, dit le chroniqueur, ayant établi ses tentes, et le roi s'étant mis à couvert, les ambassadeurs de Manuel furent introduits. Après qu'ils eurent salué le monarque, ils se tinrent debout, attendant qu'on leur ordonnât de s'asseoir. Quand ils en eurent reçu l'ordre, ils s'assirent sur des siéges qu'ils avaient apportés avec eux. Nous vîmes là ce que nous apprîmes ensuite de la coutume où sont les Grecs de se tenir, devant leurs maîtres, debout, immobiles, la tête inclinée, et prêts à obéir aux moindres signes de leur volonté. Ils n'ont point d'habits, mais des vestes de soie, courtes et fermées, avec des manches étroites. Ils sont toujours vêtus comme des hommes qui vont lutter au pugilat. Les pauvres et les riches sont habillés de la même manière, à l'étoffe près. Je ne puis ni ne dois interpréter le papier qu'ils montrèrent; car la première partie en était conçue en termes trop humbles et trop affectueux pour être sincères. Ce langage était indigne d'un empereur, je dirai même d'un prince. J'aurais honte de rapporter les expressions viles et rampantes que ces ambassadeurs employèrent, et, si je le voulais, je ne le pourrais même pas; car les Français, lors même qu'ils voudraient imiter la bassesse des Grecs, n'en auraient pas les moyens. » Odon de Deuil ajoute que la seconde partie de la lettre de l'empereur Manuel contenait deux demandes. La première fut trouvée juste par tous les hommes sages de l'armée : Manuel attendait des croisés le respect de toutes les villes de son empire. La seconde suscita de longues discussions : l'empereur voulait que toutes les villes qui avaient été enlevées à l'empire par les Turcs, lui fussent rendues, si elles tombaient au pouvoir des croisés. Les uns furent d'avis qu'on accordât et les autres qu'on refusât ce point.

L'armée que conduisait Conrad était très-nombreuse, et Othon de Freisingen prétend que l'espace manquait pour la contenir dans les pays où elle passa. L'historien grec Cinnamus rapporte que l'empereur Manuel envoya des scribes, quand les Allemands furent arrivés sur le Danube, pour compter les soldats de Conrad qui monteraient sur les navires; mais après que les envoyés grecs en eurent compté quatre-vingt-dix mille, ils furent obligés de s'arrêter, tant était grande la multitude des pèlerins. Thurocz dit, dans sa *Chronique de Hongrie*, que Conrad traversa la Hongrie plutôt en tyran qu'en pèlerin, et qu'il n'y eut aucune église ni aucun monastère auxquels il n'arrachât de l'argent. Le roi de France, qui le suivit, se conduisit avec plus de convenance et de modération, et fut honorablement reçu par le roi Geysa. On doit recueillir avec d'autant plus de soin ce qu'on trouve sur la seconde croisade, dans les chroniques, que cette expédition a eu peu d'historiens. Cinnamus, qui est de ce petit nombre, prétend que Conrad ne cherchait pas à réprimer les désordres et les pillages auxquels se livraient les soldats allemands; il fermait l'oreille aux réclamations et aux plaintes qu'on lui adressait, ou bien il se contentait d'attribuer le mal à la pétulance de la multitude. L'historien grec s'attache surtout à montrer la faiblesse et l'inhabileté de Conrad, qui était, dit-il, « incapable de régner sur son armée, sur ce grand troupeau de bétail qui ne pourrait soutenir l'attaque d'un lion. » La marche de Conrad vers Constantinople est racontée différemment par un autre historien grec. « On apprit, dit Nicétas, qu'une nuée horrible et pestilentielle d'ennemis se précipitait de l'Occident sur l'empire romain : je veux parler de l'expédition des Allemands et des nations qui leur étaient alliées. Dans cette armée, il y avait des femmes habillées à la manière des hommes, montées sur des chevaux et armées de javelots et de haches; leur visage était martial; elles étaient plus audacieuses que des amazones. A la tête de ces femmes on en remarquait une richement vêtue qu'on appelait la *Dame aux jambes d'or;* l'élégance de sa taille, la souplesse de ses mouvements la rendaient semblable à la célèbre Penthésilée. Les croisés, avant d'entrer sur le territoire impérial, envoyèrent vers Manuel des ambassadeurs pour obtenir un libre passage à travers la Grèce. L'empereur répondit avec une douceur affectée aux envoyés des pèlerins, et applaudit extérieurement au saint projet qu'ils avaient conçu : il leur annonça qu'ils seraient aussi bien approvisionnés que s'ils traversaient leur propre patrie, pourvu qu'ils lui jurassent fidélité et qu'ils respectassent les propriétés et les personnes de ses sujets. Tandis qu'il promettait ainsi un libre passage aux pèlerins allemands, Manuel convoquait les chefs de ses armées pour délibérer entre eux sur les périls qui menaçaient l'empire; il craignait que les pèlerins allemands ne fussent des loups cachés sous la peau du renard, ou, comme le dit la fable, des lions sous la dépouille grossière de l'âne; il exposa donc à ses généraux quelles étaient ses craintes, combien la cavalerie allemande était formidable; il leur peignait son armure toute d'acier, ses chevaux bardés de fer; l'infanterie n'était pas moins redoutable; plus féroces que les autres peuples, les Allemands se plaisaient autant à se baigner dans le sang que les autres hommes à se baigner dans l'eau. A la suite de cette réunion militaire, l'empereur ordonna de fortifier les villes, de distribuer à ses légions des armes, des chevaux plus légers, de l'argent, ce nerf de toutes les affaires. Il répartit ses armées, soit dans les places fortes, soit dans les postes qui étaient placés sur la route, de manière à réprimer toutes les tentatives de pillage qu'auraient pu se permettre les troupes des pèlerins. Il ne se passa rien de remarquable durant l'itinéraire des croisés jusqu'à Philippopoli. Quand ils furent arrivés dans cette ville, la tranquillité eût été plusieurs fois troublée sans la présence du patriarche, italien de naissance, qui, plus souple que Protée, parvint, par la douceur de ses paroles et en buvant avec l'empereur, à gagner toute sa confiance. En effet, ce prince protégeait les habitants et punissait sévèrement ceux que le patriarche lui désignait comme les perturbateurs du repos de l'armée. » L'aveu des menées déloyales employées par Manuel pour détruire l'armée de Conrad est trop remarquable, sous la plume d'un historien grec, pour que nous ne reproduisions pas ce que rapporte Nicétas à ce sujet. « L'empereur, dit-il, plaça des gardes dans les lieux étroits, afin que les pèlerins pussent être secrètement atteints par des flèches, sans qu'ils connussent la main qui les avait frappés. Les habitants des villes n'ouvraient point leurs portes aux pèlerins; ils jetaient des cordes du haut des remparts, prenaient l'argent et leur descendaient des vivres par ce même moyen; on les trompait dans les poids et mesures; vainement invoquaient-ils un Dieu vengeur, ces misérables habitants ne continuaient pas moins leurs fraudes honteuses; quelques-uns même vendaient aux pèlerins du pain fait avec de la chaux mêlée à la farine, nourriture vénéneuse qui leur donnait la mort. Je ne sais, continue Nicétas, si, comme on l'a rapporté, tout cela arriva par l'ordre de l'empereur; mais ce qu'il y a de positif, c'est que ce fut par son ordre qu'on frappa une monnaie fausse, qui devait être donnée aux pèlerins en retour des choses qu'ils vendaient aux sujets de l'empereur. Je dirai en un seul mot qu'il n'y eut aucun moyen de nuire que l'empereur n'employât contre les Latins. »

L'armée française marchait après l'armée allemande.

Odon de Deuil rapporte, dans les termes qu'on va lire, le passage des croisés à travers le territoire grec, depuis la frontière jusqu'à la capitale de l'empire : « Après avoir traversé des déserts, nous entrâmes dans une terre très-belle et très-opulente, qui s'étend sans interruption jusqu'à Constantinople. Là nous commençâmes à éprouver des outrages et des affronts. Les habitants des autres pays, qui nous avaient fourni, à un prix raisonnable, les denrées et autres provisions, nous trouvèrent très-pacifiques : mais les Grecs gardaient leurs villes et leurs châteaux, et nous descendaient le long des murs, au moyen de cordes, ce qu'ils nous vendaient. Comme ces provisions ne suffisaient pas à une si grande multitude, les nôtres se mirent à piller et à enlever ce qui leur était nécessaire. Cependant, ajoute le chroniqueur, quelques-uns pensent que ce furent les Allemands, dont nous avions été précédés, qui avaient aigri l'esprit des Grecs; car ils avaient tout pillé et ils avaient même brûlé plusieurs faubourgs des villes qu'ils avaient traversées. Ces ravages commencèrent à Philippopoli, à l'occasion d'un saltimbanque qui avait montré aux Allemands un serpent qu'il tenait dans son sein. A cette vue, ceux-ci entrèrent en fureur; ils se jetèrent sur le saltimbanque et le mirent en pièces. Ils disaient que tous les Grecs voulaient, à son exemple, empoisonner les croisés. Leurs violences ne connurent point de bornes, et causèrent tous les maux de l'armée. » Odon de Deuil ajoute, comme Nicétas, que les Grecs donnèrent aux croisés des monnaies fausses, lors de l'entrée des Latins sur le territoire de l'empire. Mais il ajoute que tous les torts des Allemands vinrent de ce que leurs fantassins étaient toujours ivres, *pedites eorum remanentes ebrii semper*. L'historien Cinnamus est le seul auteur grec qui ait parlé avec quelques détails du passage de l'armée française à travers l'empire. Cet écrivain fait l'éloge de la douceur de caractère du roi de France, qu'il appelle le roi de la Germanie; il raconte le bon accueil que lui fit l'empereur Manuel ; il attribue la jalousie que les Allemands et les Français s'inspiraient mutuellement, à la manière différente d'agir et de combattre des deux nations. Les Français se moquaient de la pesanteur de l'armure des Allemands et de la lenteur de leurs mouvements. Les Français, dit l'historien, sont plus agiles à monter à cheval et à se servir de la lance ; leur cavalerie est plus légère et plus audacieuse ; l'infanterie allemande, au contraire, surpasse l'infanterie française, manie l'épée avec plus d'habileté ; lorsque les Allemands en viennent aux mains avec les Français, ils cherchent à éviter le choc de leur cavalerie, et à leur opposer leur impénétrable infanterie.

L'entrevue entre Conrad et Manuel, qui avaient l'un et l'autre la prétention d'être le successeur d'Auguste et le chef de l'empire romain, était difficile à régler. Il fut décidé à la fin qu'ils s'approcheraient l'un de l'autre à cheval pour se donner le baiser fraternel. L'empereur grec, quoique beau-frère de la femme de Conrad, conserva un secret dépit d'avoir été forcé à cette condescendance. Louis VII, à son arrivée à Constantinople, se rendit sans escorte au palais impérial. Dans le récit que fait Odon de Deuil du séjour de Louis à Constantinople, ce chroniqueur rapporte que l'empereur accompagna le roi de France dans la visite de Sainte-Sophie et des autres lieux saints de la capitale de l'empire grec. Les deux souverains revinrent ensuite au palais, où les attendait un repas, dans lequel, suivant l'expression d'Odon de Deuil, les oreilles, la bouche et les yeux étaient également satisfaits. Ces rapports intimes entre l'empereur et le roi inspirèrent des craintes à l'armée française : Louis seul ne craignait rien ; car, comme il n'avait jamais le dessein de mal faire, il jugeait les autres d'après lui-même. L'historien parle de la proposition faite par l'évêque de Langres de s'emparer de Constantinople, lorsque l'empereur demanda que les chefs de la seconde croisade lui rendissent hommage, comme ceux de la première l'avaient rendu à Alexis. Sérieusement agitée par les Latins, cette proposition eût peut-être été adoptée et mise à exécution, si les Grecs n'eussent adroitement répandu le bruit que l'empereur Conrad, qui avait précédé les Français en Asie Mineure, avait remporté une grande victoire sur les Musulmans, et qu'il était en marche sur Iconium. Cette nouvelle éveilla l'impatience des Français ; ils blâmèrent le séjour prolongé de leur roi à Constantinople, et l'obligèrent à donner l'ordre du départ. Ce ne fut que quand ils eurent passé le détroit qu'ils apprirent qu'ils avaient été dupes de la perfidie grecque.

Nicétas, qui convient franchement de la déloyauté de l'empereur Manuel envers les croisés, avoue que *l'empereur invita par des lettres pressantes le sultan des Turcs à marcher contre les Allemands*, et Aboulfarage dit que l'empereur Manuel machina la perte des croisés. Conrad, qui s'était mis en marche le premier, dans l'automne de 1148, pour traverser l'Asie Mineure, après avoir partagé son armée en deux corps, arriva à Dorylée à la tête de celui qu'il commandait, sans avoir éprouvé aucun contre-temps. Mais il ne tarda pas ensuite à être la victime de l'empereur grec. Les guides, que lui avait donnés Manuel Comnène, l'engagèrent dans des chemins difficiles, et l'abandonnèrent ensuite. Ces guides se rendirent de là au camp des Français, et firent croire au roi Louis que Conrad, ayant battu les Turcs et pris Iconium, n'avait plus besoin de secours. Les Français ne se hâtèrent donc pas de poursuivre leur marche, et les Allemands continuèrent à s'enfoncer dans des contrées dont ils ignoraient les chemins. Les Turcs envoyés contre eux par le sultan d'Iconium les attaquèrent quand ils les virent accablés de fatigue et battant en retraite, et leur firent éprouver, dans plusieurs combats, des pertes si considérables, qu'un dixième à peine de l'armée allemande échappa à ces désastres.

Victime de la trahison des Grecs, cette armée se trouva, après sa défaite, dans une situation qui est très-bien dépeinte dans la chronique d'Odon de Deuil. « Elle ne pouvait, dit-il, ni avancer, ni reculer : devant elle la faim, l'ennemi, et les défilés tortueux des montagnes ; derrière elle, la famine et l'opprobre. D'un côté était quelque espérance de salut ; mais une honte éternelle allait rejaillir sur les croisés : de l'autre les attendait une mort inévitable et sans utilité pour la gloire de Dieu. D'ailleurs que pouvait faire le courage dans des hommes mourant de faim ? Sans doute il est mieux de mourir avec gloire, que de vivre avec infamie : mais lorsque la honte est également attachée à la mort et à la vie, il est préférable de conserver des jours que peuvent encore illustrer de grandes et utiles actions. » L'autre corps de l'armée allemande éprouva, sous le commandement de Frédéric de Souabe, le même sort que celui qui était conduit par l'empereur Conrad. L'armée française était campée sur les bords du lac voisin de Nicée, lorsqu'elle vit arriver vers elle les débris de l'armée allemande. Odon de Deuil peint l'entrevue de Conrad et du roi de France ; il nous les montre s'embrassant avec des larmes de compassion, *oscula quæ rorabant lacrymæ pietatis*. L'empereur n'accusa que lui et les siens de sa mauvaise fortune. Les paroles qu'il adressa à Louis arrachèrent des pleurs de tous les yeux. « Dieu est juste, s'écria-t-il, et nous seuls sommes coupables. » Conrad, dans son malheur, écrivit à Manuel pour lui apprendre la triste situation où il se trouvait. L'empereur grec lui offrit de l'aider de ses conseils et de lui venir en aide, et Conrad accepta avec joie la proposition que lui faisait Manuel de l'accueillir à Constantinople. L'empereur et le roi de France marchèrent ensemble jusqu'à Philadelphie, d'où l'empereur retourna à Constantinople après s'être embarqué à Ephèse. Louis gagna les bords du Méandre. Il y trouva les Turcs, qui, après avoir mis en lieu de sûreté tout le butin qu'ils avaient pris sur les Allemands, étaient accourus pour disputer aux Français le passage du fleuve. Louis leur fit éprouver un rude échec, et sema son chemin de cadavres, dit un chroniqueur. L'armée arriva enfin à Laodicée, dont le gouverneur grec, trahissant la cause chrétienne, s'était entendu avec les Turcs pour que les croisés manquassent de tout. Cette circonstance jeta le découragement dans l'armée, qui quitta Laodicée pour s'avancer vers Satalie par un chemin difficile et tortueux. Egarés par les habitants des montagnes, les pèlerins eurent de la peine et perdirent du temps à retrouver leur route. Parvenus au pied de monts encore couverts des cadavres des Allemands, ils aperçurent les Turcs. Le roi rangea son armée en bataille, et confia le commandement de l'avant-garde à Geoffroy de Rancon, qui, pour avoir franchi imprudemment ces monts, mérite une rancune éternelle, *sempiternum rancorem*, dit Odon de Deuil, par un de ces calembours auxquels se complaisaient les écrivains de cette époque. Séparée ainsi de son avant-garde, l'armée ne tarda pas à l'être également de son arrière-garde, et elle se trouvait engagée dans des sentiers montueux, d'où les guerriers, se pressant les uns sur les autres, tombaient dans des précipices sans fond; les bêtes de somme y roulaient avec eux. Sous les pas de la foule qui grossissait à chaque instant, des rochers se détachaient et entraînaient dans leur chute les hommes et les animaux. Les Turcs, auxquels s'étaient réunis des Grecs, faisaient, sans courir aucun danger, pleuvoir des flèches sur cette multitude confuse. A mesure que le jour diminuait, le désordre augmentait dans l'armée, et cet horrible spectacle inspira à l'ennemi l'audace de fondre sur les croisés. Le roi fit tout ce qu'il put pour remédier au mal, mais la nuit seule sauva l'armée. « Moi, ajoute Odon de Deuil, qui, en qualité de moine, ne pouvais que prier Dieu ou exciter les autres à combattre, je fus envoyé vers l'avant-garde pour la prévenir de ce qui se passait. En effet, j'arrive, j'annonce à cette avant-garde tous les périls qui nous menaçaient : les guerriers courent aux armes; mais il ne peuvent retourner sur leurs pas, à cause de la difficulté de la route. » Pendant ce temps, le roi, accompagné de quelques nobles hommes, et méprisant la mort pour sauver la vie à son peuple, se précipite sur l'ennemi ; il attaque inconsidérément une troupe composée de plus de cent hommes, et retranchée sur un terrain avantageusement situé. Ses intrépides compagnons d'armes furent tués à ses côtés, et, suivant la chronique de Saint-Denis, on vit, « les plus belles fleurs de la France se faner avant d'avoir porté des fruits, sous les murs de Damas. » Louis ne dut son salut qu'à son courage : il se réfugia sur un rocher en s'accrochant aux branches d'un arbre, et tandis que les flèches pleuvaient sur sa cuirasse, il se défendait avec son épée contre ceux qui voulaient l'approcher. Il rejoignit son avant-garde sur un cheval abandonné, à la faveur de la nuit.

Les barons rassemblés jugèrent que Geoffroy de Rancon devait être pendu, pour avoir désobéi aux ordres du roi, et violé les règles de la discipline militaire; mais, pour le condamner, il aurait fallu déclarer également coupable un oncle du roi qui se trouvait avec lui, et il dut son salut à cette circonstance. L'armée, en poursuivant sa marche, éprouva toutes les horreurs de la famine, mais l'ordre s'y rétablit par les soins du roi, et par l'exemple et le conseil du grand maître du Temple, qui était venu avec un détachement de chevaliers au-devant des français. « Les chevaliers, ajoute Odon de Deuil, que les hasards de la guerre avaient rendus piétons, furent placés aux premiers rangs, et, l'arc en main, ils demeurèrent chargés de résister aux traits des infidèles; le roi lui-même, maître des lois, se soumit aux lois de la discipline, et, à la tête d'une troupe nombreuse, il protégea la multitude désarmée. Nous avançâmes en cet ordre sur la route de Satalie..... Les Turcs fuyaient de tous côtés; mais, s'étant unis avec les Grecs pour nous perdre, ils éloignèrent d'un commun accord leurs troupeaux, et brûlèrent ou couvrirent d'ordures tout ce qui pouvait nous être utile : l'armée fut ainsi réduite à manger les chevaux et les bêtes de somme, et après plusieurs jours de marche, elle arriva devant Satalie. Elle trouva dans cette ville des vivres en quantité suffisante pour les hommes. Mais les Grecs avaient frauduleusement éloigné l'avoine et les autres choses nécessaires pour la nourriture des chevaux. Le roi assembla alors ses barons pour les consulter sur les moyens à prendre afin de continuer sa route vers les saints lieux : le prince brûlait d'ardeur d'accomplir son pèlerinage à la tête de son armée, et rien ne lui semblait impossible pour satisfaire ce violent désir; mais les barons, sans oublier les lois de la subordination, s'opposèrent à sa royale volonté. S'il est digne d'un roi, dirent-ils, de nous ordonner de grandes choses, il est du devoir du soldat d'examiner si elles sont possibles : tous ou presque tous vos chevaliers ont perdu leurs montures; la plupart n'ont pas les moyens d'en acheter d'autres, et ceux qui ont de l'argent ne trouvent pas de chevaux à acheter. Les habitants de cette ville nous assurent qu'il ne faut que trois jours par mer pour aller d'ici à Antioche, tandis qu'il y a plus de quarante jours de marche par terre à travers les précipices et les défilés. Le roi, suivant sa royale coutume, répondit à ses barons : Tant que j'aurai quelque chose, mes braves soldats ne manqueront de rien; mais aussi ils ne seront pas braves ceux qui refuseront de supporter patiemment les misères de leur roi. Quoi ! nous nous confierions en petit nombre aux hasards d'une navigation qui nous fut toujours désavantageuse ! nous abandonnerions ici une partie de nos soldats ! Suivons plutôt la route de nos pères, dont la gloire a retenti dans tout l'univers. Les barons qui parlèrent après le roi observèrent qu'ils admiraient le dévouement et la gloire des premiers pèlerins, et qu'ils étaient loin de vouloir les déprécier; mais se trouvaient-ils dans la même position ? La victoire avait accompagné les armes des soldats de Godefroy ; ils avaient conquis des villes riches de toute espèce de provisions, et les Grecs n'avaient pas ouvertement trahi la cause des chrétiens. L'armée du roi de France se trouvait précisément dans une position différente; pourquoi dès lors chercher des exemples dans les temps passés ? Le roi se sentit ébranlé par ces raisons; il voulait et il ne voulait pas tout à la fois exposer son armée aux hasards d'une navigation dangereuse. Pendant le séjour de l'armée à Satalie, ajoute le chroniqueur, les Grecs vendirent à des prix exorbitants les choses nécessaires à la vie, et ils portèrent le prix du passage par mer à Antioche à un taux inouï : ils exigeaient de chaque homme quatre marcs d'argent... Le Seigneur pardonnera, il faut le croire, à l'empereur d'Allemagne de nous avoir donné les conseils imprudents par lesquels nous nous engageâmes dans cette route difficile : mais comment pourra-t-il pardonner aux Grecs, auteurs volontaires de la mort de tant de chrétiens ? »

Le roi distribua tout ce qu'il avait aux malheureux pèlerins qui n'avaient pu payer le prix de leur passage par mer; et, afin de leur préparer une route moins difficile, il passa avec les Grecs de Satalie une convention par laquelle ceux-ci s'obligèrent de conduire ces pèlerins jusqu'à Tarse. Mais, comme les Grecs craignaient les Turcs, ils se conduisirent d'après les conseils des ennemis de la foi chrétienne. Le roi avait chargé le comte de Flandre et Archambauld de Bourbon de commander les pèlerins qui ne pouvaient le suivre : lorsque ces chefs se furent mis en route, les Turcs, informés par les Grecs que le roi était parti, vinrent attaquer les Francs et les arrêtèrent dans leur marche. Les croisés étaient pleins de courage ; mais ils n'avaient qu'un petit nombre de chevaux, encore ces chevaux étaient-ils harassés. Toutefois ils tinrent tête à l'ennemi et le mirent en fuite. Le comte de Flandre et Archambauld de Bourbon sommèrent alors le gouverneur de Satalie, le commissaire de l'empereur grec et les habitants d'exécuter le traité qui venait d'être conclu. Ceux-ci, après avoir d'abord allégué divers prétextes, consentirent à la fin à recevoir les croisés dans la première enceinte de la ville. Le comte de Flandre et Archambauld de Bourbon, ne pouvant faire davantage, s'embarquèrent alors. Les Turcs ne tardèrent pas à s'approcher de la ville, et à entrer en communication avec les Grecs. Les croisés virent qu'ils étaient enfermés comme un troupeau dans une bergerie, entre deux ennemis et dans une double enceinte de murs. Comme l'avant-mur était bas et incliné, la multitude des croisés ne pouvait s'y mettre tout entière à l'abri des atteintes des Turcs, qui, placés sur des hauteurs convenables, tuaient ou blessaient de leurs traits les pèlerins que le mur n'en garantissait pas. Des jeunes gens déterminés, saisissant leurs arcs, sautèrent sur ce mur pour défendre leur vie et celle de leurs compagnons, et parvinrent à éloigner l'ennemi. Mais la corruption de l'air, produite par l'entassement des malades avec les hommes en bonne santé, se mêlant à la famine que les croisés éprouvaient, faute d'argent pour acheter des vivres, les Grecs n'eurent besoin que d'attendre la mort de leurs victimes. Cette déplorable situation engagea deux troupes de guerriers, l'une de trois, l'autre de quatre mille hommes, à chercher leur salut dans la retraite. Elles sortirent donc les armes à la main. Elles avaient à franchir deux rivières voisines du lieu qu'elles quittaient : elles passèrent facilement la première; mais, à la seconde, elles trouvèrent un double obstacle : il fallait traverser la rivière à la nage et en se défendant contre l'ennemi, rassemblé sur l'autre rive. Comme elles ne purent vaincre à la fois ces deux difficultés, elles revinrent sur leurs pas, et ces malheureux croisés furent ou mis en fuite, ou pris, ou tués. Leur sang apaisa la soif qu'en avaient les Turcs, qui prirent pitié de ceux qui survécurent au carnage, et firent des aumônes aux pauvres et aux malades. Les Grecs, au contraire, maltraitèrent les pèlerins qui tombèrent en leur pouvoir, pour prix des services qu'ils exigeaient d'eux. Le chroniqueur rapporte que les Turcs achetaient des Grecs la monnaie des croisés, et la distribuaient entre les plus misérables de ceux-ci. Cette commisération des Musulmans toucha tellement les pauvres chrétiens qu'un grand nombre, suivant l'expression d'Odon de Deuil, se laissèrent enlever leur religion par ceux qui leur donnaient du pain.

L'air empoisonné par l'odeur des cadavres répandit la mort dans Satalie; et cette ville, dont les habitants s'étaient montrés impitoyables pour le malheur, fut dépeuplée par la justice de Dieu. *La grande chronique belge* fait, sur la ruine des armées de Conrad III et de Louis VII, les réflexions suivantes : « Quoique ces malheurs soient arrivés par un secret jugement de Dieu qu'on ignore, il est constant cependant que dans ces armées il se commit plusieurs crimes et des infamies qui attirèrent la colère de Dieu sur les croisés, en sorte que tous leurs efforts devinrent inutiles. Il serait difficile de trouver, dans les histoires et dans les annales, depuis la naissance du christianisme jusqu'à ce jour, une si grande multitude d'hommes, combattant pour Dieu, détruite si subitement, et d'une manière si misérable. »

Le chroniqueur allemand Mutius rapporte

que Raymond, prince d'Antioche, vint trouver le roi de France au port de Saint-Siméon; il lui fit des présents et le conduisit avec de grands honneurs dans sa capitale, où Louis arriva au mois de mars 1148. Raymond demanda au roi de l'aider à conquérir les villes d'Alep et de Césarée sur l'Oronte, pour les réunir à sa principauté; mais Louis répondit qu'aucun motif ne pouvait le détourner d'aller d'abord à Jérusalem. L'esprit de piété dont le roi était animé n'était pas partagé par la reine. Raymond, dont elle était la nièce, flatta son goût pour le plaisir et profita de son penchant à la galanterie pour faire valoir auprès d'elle les grâces dont Guillaume de Tyr dit qu'il était doué, et pour l'engager à persuader au roi de prolonger son séjour à Antioche. Ce même historien ajoute que la reine, au mépris de la dignité royale, oublia ses devoirs de fidélité envers son époux. Eléonore eut au moins le tort d'éveiller des soupçons chez le roi, qui persista avec fermeté dans sa résolution de partir. Il ne s'en laissa pas même détourner par les menaces de divorce auxquelles la reine n'eut pas honte de recourir. Raymond, qui était d'un caractère violent, eut beau déclarer qu'il emploierait la force pour retenir sa nièce à sa cour, Louis obligea sa femme à le suivre. Le silence d'Odon de Deuil sur la conduite de la reine veut-il dire que Guillaume de Tyr l'a jugée trop sévèrement? L'opinion négative a prévalu dans l'histoire.

Conrad, qui était retourné à Constantinople, y avait reçu un bon accueil de Manuel Comnène. L'empereur grec le logea dans son palais, et s'efforça de le distraire de ses chagrins par des jeux et par des courses de chars. Après l'avoir comblé de présents, il lui fournit des galères qui le conduisirent dans la Palestine. La chronique de Mutius raconte l'arrivée de Conrad et de Louis à la ville sainte. « Tout le peuple de Jérusalem, dit le chroniqueur allemand, se porta en foule au-devant de l'empereur; le roi et le clergé l'allèrent recevoir. Peu de jours après, on annonça l'arrivée du roi Louis; le patriarche fut envoyé avec le clergé à sa rencontre. Le roi de Jérusalem resta dans la ville, et cela se fit pour reconnaître que Conrad était plus grand que Louis. Le roi de France fut introduit avec magnificence. Dès que l'empereur et le roi eurent visité les Saints Lieux, accompagnés du roi de Jérusalem et du patriarche, ils convinrent de ce qu'il fallait faire pour défendre le royaume et pour l'agrandir. Ils résolurent d'un commun accord d'aller assiéger Damas, ville dont la puissance nuisait beaucoup aux habitants de Jérusalem. » Ce fut dans une assemblée du clergé et des barons de la Palestine, et des seigneurs de la croisade, tenue à Ptolémaïs en présence de l'empereur, du roi Louis et du roi de Jérusalem, qu'il fut décidé qu'on commencerait la guerre par aller assiéger Damas. Les trois rois ayant donc réuni leurs troupes, traversèrent le mont Liban. Lorsqu'ils furent arrivés devant les murs de Damas, ils établirent leur camp et s'emparèrent des vergers et des jardins de la ville, qui furent vivement défendus par les habitants. Après quelques jours de siége, voyant que le côté de la place qu'ils attaquaient était très-fortifié, sur le conseil des seigneurs de la Palestine, que les habitants de Damas avaient eu l'habilité de rendre jaloux des croisés, ils crurent que le côté opposé était plus faible, et ils s'y portèrent en traversant le fleuve. Les assiégés, s'emparant aussitôt des postes occupés d'abord par les chrétiens, purent alors, à la faveur des lieux, empêcher les assiégeants de se procurer des vivres et de l'eau. Aussi les croisés, après avoir plusieurs fois tenté d'attaquer la place, ne pouvant plus longtemps supporter la faim et la soif, furent forcés de lever le siége. Les *Annales de Flandre* attribuent aussi la levée du siége de Damas à la jalousie des chrétiens de la Palestine, qui ne voulaient pas que Thierri d'Alsace, comte de Flandre, qui était nouvellement arrivé dans la terre sainte, devînt gouverneur de cette ville, après que la conquête en aurait été faite. Suivant l'auteur de ces *Annales*, Louis VII et Conrad avaient le projet de donner Damas au comte Thierri. Paul Émile, dans son *Histoire de France*, rapporte également que les Français, les Allemands et les Italiens, ayant manifesté le dessein de donner la ville de Damas au comte de Flandre, les Latins de la terre sainte, ne voulant pas souffrir qu'un homme nouveau reçût la récompense qui était due à des vétérans, firent échouer l'entreprise du siége, et, pour cela, reçurent secrètement de l'or des Musulmans. Guillaume de Nangis et Albert de Stade attribuent à la même cause la triste issue de la seconde croisade. La chronique des moines de Saint-Pantaléon de Cologne dit que Damas allait se rendre, « lorsque la perfidie des habitants de Jérusalem et l'avarice de quelques princes firent échapper cette conquête des mains des croisés. Tout le pays des infidèles fut enrichi des dépouilles et des armes que l'armée chrétienne y laissa. Cette expédition fut un sujet de deuil, de misère et de honte. Nous ne devons point en entretenir la postérité, et par pudeur nous garderons le silence. » La plupart des chroniqueurs qui ont raconté les événements de la seconde croisade ont été retenus par le même sentiment, et c'est pour cela que nous avons si peu de documents sur cette expédition. Matthieu Pâris attribue, comme la plupart des autres chroniqueurs, la levée subite du siége de Damas à la corruption et à la trahison; mais il ne nomme pas ceux qui se laissèrent corrompre. Quelques chroniqueurs prétendent que ce furent les Templiers; d'autres accusent Raymond, prince d'Antioche, qui aurait cédé au désir de se venger ainsi du roi de France. Le plus grave historien des croisades, Guillaume de Tyr, avoue qu'il n'a pu démêler la vérité entre les différents témoignages qui reprochent au comte de Flandre ses prétentions, au prince d'Antioche ses intrigues, et aux barons de la Palestine leur trahison. Aboulfarage rapporte que le vizir qui commandait dans Damas envoya secrètement des députés au roi de Jérusalem, et obtint de lui, à force d'argent et de prières, qu'il se retirât. Mais il donna au roi deux cent mille pièces de cuivre, légèrement recouvertes d'or, et il en donna cinquante mille de la même espèce au comte de Tibériade. Le roi et le comte ne s'aperçurent de la fraude que quand on eut levé le siége.

Suivant les historiens musulmans, le siége de Damas ne dura que six jours. Le vizir qui y commandait écrivit à l'empereur Conrad, que le prince de Mossoul venait au secours de Damas, et qu'il lui livrerait la ville, s'il ne renonçait pas à l'attaquer. Le vizir promit en même temps aux Francs de leur rendre Panéas, s'ils décidaient l'empereur à s'éloigner. Ceux-ci déterminèrent Conrad à lever le siége.

Les armées chrétiennes reprirent la route de Jérusalem. Conrad, jugeant qu'il était utile de retourner dans son empire, et craignant qu'une plus longue absence n'y causât quelque malheur, équipa de nouveaux vaisseaux, répara les anciens, et se remit en mer. Le roi de France, retenu aux Saints Lieux par sa dévotion, y passa près d'une année avant de s'en éloigner. On ne vit point briller, dans la nouvelle croisade, le pieux héroïsme qui caractérise la première; Godefroy de Bouillon et Tancrède n'eurent point d'émules dans l'expédition conduite par Conrad III et par Louis VII. Un chroniqueur contemporain, Roger de Hoveden, apprécie ainsi la seconde croisade : « Les armées de l'empereur d'Allemagne et du roi de France, qui marchaient avec un grand orgueil sous les ordres de ces princes, furent réduites à rien, parce que Dieu les méprisa. L'incontinence de ceux qui s'adonnèrent ouvertement à la débauche et à l'adultère, s'éleva en sa présence et l'irrita. Les rapines et les crimes de toute espèce comblèrent la mesure; aussi les croisés, trahis par l'empereur de Constantinople, furent-ils punis d'abord par la famine, et ensuite par le fer des ennemis. » Un autre chroniqueur anglais, Gauthier Hemingford, porte sur cette croisade un jugement absolument semblable : « Comme les croisés marchaient avec beaucoup d'orgueil, dit-il, ils furent réduits à rien, parce que Dieu les méprisa ; car, contre la discipline des camps, le vice avait fait de tels progrès dans les deux armées, qu'il n'est pas étonnant que la faveur divine n'ait pas souri à des hommes qui étaient comme impurs et immondes. » Matthieu Pàris ajoute, en finissant le récit de la seconde croisade, que le résultat de cette expédition fut de diminuer le zèle qu'on avait pour le pèlerinage des Lieux Saints. Faisons observer toutefois que l'évêque de Freisingen remarque très-justement que, si la croisade n'a pas été heureuse dans ses résultats temporels, elle a été bonne pour ceux qu'elle a sanctifiés devant Dieu. « Ainsi, ajoute le chroniqueur, on doit la regarder comme un bien, au moins pour son utilité. »

Après avoir rapporté la triste issue de l'entreprise de l'empereur d'Allemagne et du roi de France, Roger de Hoveden ajoute : « Vers le même temps, une armée navale, composée de guerriers peu puissants, commandée par un chef sans réputation, mais protégée par Dieu, mérita, par son humilité, d'obtenir de grands succès, et montra une grande bravoure. Elle s'empara de Lisbonne, d'Alméria et des pays adjacents (*Voy.* l'art. PORTUGAL). Il fut vrai de dire alors que Dieu résiste aux superbes et donne sa grâce aux humbles. Les armées du roi de France et de l'empereur d'Allemagne étaient plus brillantes et plus nombreuses que celle qui avait conquis autrefois Jérusalem ; cependant elles furent détruites et dispersées, comme des grains de poussière, par un petit nombre d'ennemis. L'armée qui alla en Espagne résista au contraire à tous les obstacles : plus les ennemis qu'elle eut à combattre étaient nombreux, plus ils parurent faibles devant elle. » Le chroniqueur termine ces réflexions par un trait d'orgueil national : « La plus grande partie de cette armée, dit-il, venait d'Angleterre. »

TROISIÈME CROISADE.

La nouvelle de la prise de Jérusalem, par Saladin, en 1187, jeta la consternation dans toute la chrétienté · le pape Urbain III en mourut de douleur, et son successeur, Grégoire VIII, pendant son pontificat, qui ne fut que d'un mois et vingt-sept jours, ne cessa d'animer les fidèles à s'armer contre les Musulmans. Le pape se rendit à Pise pour rétablir la paix entre les Pisans et les Génois, afin que ces deux peuples pussent concourir à la défense de la terre sainte. Clément III, successeur de Grégoire VIII, signala son avénement au trône pontifical par le zèle qu'il déploya pour soulever encore une fois l'Occident contre l'Orient musulman. Guillaume, archevêque de Tyr, le grand historien des croisades, avait été envoyé en Europe, comme député des colonies chrétiennes de Syrie, pour rallumer le feu de l'enthousiasme qui avait fondé le royaume que Saladin menaçait d'une ruine complète. Le pape Grégoire VIII, qui était l'ami de Guillaume, l'avait chargé de prêcher la guerre sainte. Après s'être acquitté de cette mission en Italie, l'archevêque de Tyr arriva en France, où il assista à l'assemblée tenue à Gisors, au commencement de l'année 1188, par Philippe-Auguste, roi de France, et par Henri II, roi d'Angleterre, pour délibérer, avec les seigneurs des deux royaumes, sur les affaires de l'Orient. L'envoyé des Saints Lieux y lut une relation si pathétique de la prise de Jérusalem par les infidèles, et fit entendre en termes si touchants les gémissements de la montagne de Sion, que les deux rois, qui avaient été jusqu'alors ennemis irréconciliables, s'embrassèrent en signe de réconciliation, et prirent la croix, *et qui prius hostes erant, illo prædicante, facti sunt amici*, dit Roger de Hoveden. *La croix! la croix!* s'écria toute l'assemblée, et l'exemple des deux souverains fut aussitôt suivi par Richard, fils de Henri II et duc de

Guyenne, par Philippe, comte de Flandre, par Henri, comte de Champagne, par Thibaut comte de Blois, par plusieurs archevêques et évêques de France et d'Angleterre, par les comtes du Perche, de Vendôme, de Nevers, de Soissons et de Bar, par les deux frères Josselin et Matthieu de Montmorency, et par une foule de barons et de chevaliers. On bâtit une église à l'endroit où s'était réunie cette assemblée, et ce lieu fut appelé le *Champ sacré*. L'ardeur belliqueuse suscitée par la voix de Guillaume de Tyr se répandit dans toute la France et dans toute l'Angleterre, et partout on adressa des prières à Dieu pour le succès de la croisade. Pour subvenir aux frais de l'expédition, il fut arrêté que tous les fidèles qui ne prendraient pas la croix, payeraient le dixième de leurs revenus et de la valeur de leurs meubles. Cette taxe, qu'il fut ordonné de payer, sous peine d'excommunication, fut appelée *dîme saladine* (*Voy.* l'art. DIME SALADINE). Mais, au mépris de la paix qu'ils venaient de jurer solennellement, Henri et Philippe-Auguste reprirent les armes l'un contre l'autre, et employèrent, dans une guerre entre chrétiens, les produits de l'impôt destiné à l'expédition contre les infidèles. Le roi d'Angleterre soutenait son fils Richard, duc de Guyenne, dans un différend avec le comte de Toulouse, et le roi de France défendait son vassal. Pour comble de scandale, peu s'en fallut que Richard ne frappât de son épée le légat du saint-siége, qui l'avait excommunié, et la menace de mettre le royaume en interdit fut sans effet sur Philippe-Auguste. Le roi de France proposait des conditions de paix que le roi d'Angleterre ne voulait point admettre, et Richard prit parti pour Philippe, contre son père, qui, forcé de subir le traité qu'on lui imposait, en mourut de chagrin, au mois de juillet 1189. Richard n'eut pas plutôt succédé à son père, qu'il se reprocha sa mort, et le repentir lui inspira la résolution d'accomplir le pèlerinage auquel il s'était engagé. Il tint, à cet effet, dans le comté de Northampton, une assemblée des prélats et des barons de son royaume, et Baudouin, archevêque de Cantorbéry, y préluda aux succès que son zèle, dans la prédication de la croisade, obtint par toute l'Angleterre, et notamment dans le pays de Galles. Les campagnes furent dépeuplées au profit de l'armée du Christ, par l'enthousiasme qu'excitait le saint archevêque, et les femmes cachaient en vain les vêtements de leurs maris, qui couraient presque nus pour recevoir la croix. Des miracles attestèrent que l'éloquence de Baudouin était inspirée par celui à qui tout est possible. Les produits de la dîme saladine et d'une contribution exigée des Juifs, n'ayant pas mis Richard en possession des sommes d'argent qu'il voulait emporter, il aliéna les domaines de la couronne, il mit à prix les grandes dignités du royaume, et vendit au roi d'Ecosse l'abandon des droits de suzeraineté de l'Angleterre sur ce pays. Il aurait vendu, disait-il, la ville de Londres, s'il avait trouvé un acheteur. *Exposuit venditioni omnia quæ habuit..... sua et aliena jura*, dit Roger de Hoveden. Pierre de Blois rappela aux seigneurs, qui tardaient à faire leurs préparatifs de départ, les engagements qu'ils avaient pris, dans une exhortation faite pour les enflammer d'une pieuse ardeur. Richard passa en Normandie, et eut avec Philippe-Auguste une entrevue à Nonancourt, où ils décidèrent qu'ils se rendraient par mer sur les côtes de Syrie. Ils convinrent aussi que, dans le cas où l'un d'eux mourrait durant la croisade, ses troupes et ses trésors demeureraient à la disposition du survivant, pour continuer la guerre entreprise. Ce n'était pas cependant un généreux dévouement à la cause de Dieu qui animait ces deux princes; c'était plutôt le désir de s'illustrer, l'amour de la gloire mondaine, qui les conduisait l'un et l'autre en Palestine. L'orgueil, qui était le principal mobile de leurs actions, enfanta entre eux la jalousie, qui empêcha la troisième croisade d'avoir le succès qu'elle semblait promettre. Les deux rois firent des règlements pour le maintien du bon ordre parmi les pèlerins. Les jeux de dés et de hasard, et le luxe des vêtements et de la table furent interdits. Il ne fut permis aux croisés d'emmener d'autres femmes que les blanchisseuses qui étaient indispensables. Un règlement particulier de Richard, daté de Chinon, prescrit les mesures de police les plus sévères.

« 1° Celui qui aura tué un homme sur un vaisseau, sera lié avec le mort et jeté à la mer; s'il l'a tué à terre, il sera lié avec le mort et enterré vivant avec lui. 2° Si quelqu'un est convaincu d'avoir tiré son couteau pour en frapper un autre, ou s'il en a frappé un autre jusqu'au sang, il aura le poing coupé; s'il l'a frappé d'un bâton, sans effusion de sang, il sera plongé trois fois dans la mer; si quelqu'un fait un outrage ou dit une injure à son compagnon, s'il le maudit, il payera autant d'onces d'argent qu'il aura renouvelé de fois son injure. 3° Tout homme convaincu de vol sera tondu comme un serf, et de la poix bouillante sera versée sur sa tête, qu'on couvrira d'un duvet de plumes, afin qu'il soit reconnu; ensuite il sera jeté sur la première terre où les vaisseaux aborderont. »

Philippe et Richard eurent, vers le milieu de l'année 1190, une dernière entrevue à Vezelay, où ils se renouvelèrent réciproquement leurs serments d'attachement, et où ils réunirent leurs forces, que Vinisauf évalue à cent mille combattants. Ils s'avancèrent ensemble jusqu'à Lyon, d'où le roi de France devait aller s'embarquer à Gênes, et le roi d'Angleterre à Marseille. Le pont construit sur le Rhône s'écroula sous la multitude des pèlerins, et l'armée fut obligée d'achever son passage sur un pont de bateaux. Richard trouva sa flotte, composée de cent huit vaisseaux, à Marseille, dont Vinisauf nous représente les habitants comme des hommes méchants et cruels. La plupart étaient nés de parents sarrasins; ils appelaient les Francs des *chiens fétides*, et ils tuaient ceux qu'ils rencontraient dans des lieux écartés. Le roi de France arriva à Messine avant celui d'Angleterre, et le chroniqueur anglais établit, entre le débarquement de Philippe et de Richard dans cette ville, un contraste qui est tout à l'avantage de son héros. « Lorsqu'un monarque, dit-il, doit paraître dans quelque endroit, le peuple s'attend à le voir avec un appareil et un éclat proportionnés à son rang et à sa puissance. Quand on sut que Philippe était arrivé au port, les habitants de la ville, de tout rang, de tout âge, et des deux sexes, accoururent pour voir ce prince, à qui tant d'autres princes et tant de nations obéissaient. Mais Philippe, n'ayant avec lui que le vaisseau qui le portait, sembla fuir la vue des hommes : il se rendit secrètement dans le château de la ville; et tous ceux qui étaient venus sur la rive, trompés dans leur attente, jugeaient qu'un roi qui évitait d'être vu n'était pas capable de grandes choses. » Voici maintenant comment est représentée l'arrivée de Richard : « Lorsqu'on sut que le roi d'Angleterre approchait, les peuples se précipitèrent de nouveau vers le rivage pour le voir. Toutes les hauteurs voisines du port étaient couvertes de spectateurs. Bientôt on vit arriver d'innombrables galères ; le bruit des trompettes et des clairons retentissait au loin ; les navires s'avançaient à la file ; les étendards et les panaches flottaient au gré des vents; les proues des vaisseaux étaient peintes de diverses couleurs; les boucliers des chevaliers réfléchissaient les rayons du soleil ; les flots blanchissaient sous les coups redoublés des rames. A cet aspect, la multitude tressaillait d'impatience et de joie. Bientôt apparut, à la foule surprise, le roi d'Angleterre, sur une galère richement ornée ; on le distinguait de tous les autres par la magnificence de ses vêtements. Il descendit sur le rivage, où il fut reçu par les nautonniers et par les troupes qu'il avait envoyés devant lui. Les Siciliens se pressèrent autour du prince et l'accompagnèrent jusqu'à son palais ; le peuple, frappé de son air majestueux, le jugeait digne de commander aux nations, et le trouvait plus grand que sa renommée. »

Quand les rois de France et d'Angleterre arrivèrent en Sicile, au mois de septembre 1190, Tancrède, fils naturel de Roger, duc de Pouille, frère de Constance, héritière légitime du trône et femme de Henri VI, roi des Romains, venait d'usurper la couronne. Richard réclama de Tancrède la dot de sa sœur Jeanne, la reine douairière, veuve du dernier roi, Guillaume II, et arbora son drapeau sur les tours de Messine. Philippe, dont le roi d'Angleterre était le vassal, n'obtint qu'avec peine la cessation de ces hostilités. Richard se laissa alors indisposer contre le roi de France par Tancrède, qui mit ainsi la division parmi les croisés. Philippe exigeait que Richard épousât sa sœur Alix, pour laquelle le fils de Henri II avait fait la guerre à son père ; mais Eléonore de Guyenne, mère de Richard et ennemie irréconciliable des Français, détournait son fils de ce mariage, et voulait lui faire épouser Bérengère de Navarre, qu'elle amenait en Sicile. Il fallut que des hommes sages intervinssent pour empêcher la guerre d'éclater entre les rois de France et d'Angleterre. Ils se jurèrent de nouveau une amitié qui n'exista jamais qu'en paroles. Les deux rois publièrent une ordonnance de police, dont une disposition est ainsi conçue : « Les pèlerins qui mourront dans leur pèlerinage pourront disposer de leur armure, de leur équipage et de leurs chevaux, et, s'ils sont ecclésiastiques, de leur chapelle et de leurs livres ; mais ils ne pourront disposer que d'une moitié de ce qu'ils auront acquis pendant leur pèlerinage ; l'autre sera déposée dans les mains de personnes déléguées, pour être appliquée aux besoins de la terre sainte. » La crainte avait obligé Tancrède à satisfaire Richard, qui employa, dit Vinisauf, l'argent qu'il avait reçu, pour la dot de sa sœur, à indemniser les croisés qui avaient éprouvé des pertes. Philippe-Auguste s'embarqua pour la Palestine au printemps de 1191. Richard fit publiquement pénitence des torts qu'il avait eus, et voulut, au rapport de Bromton, recevoir la flagellation de la main des évêques qui l'accompagnaient. La flotte du roi d'Angleterre éprouva une tempête en s'avançant vers l'île de Chypre, dont l'accès lui fut refusé par Isaac, prince de la famille Comnène, qui se parait du titre d'empereur de cette île. Vinisauf représente Isaac comme un ennemi des chrétiens et un allié de Saladin; il prétend même que cette liaison avait été scellée par le sang du sultan et du prince grec, dont l'un et l'autre avaient bu, en signe de confraternité. Mais ce tyran, dont les habitants de Chypre désiraient être délivrés, fut battu et fait prisonnier par Richard, qui s'empara de l'île et en exigea une forte contribution. Richard épousa Bérengère de Navarre dans l'île de Chypre, avant de partir pour la Palestine.

A la nouvelle de la prise de Jérusalem par les infidèles, des légats envoyés en Allemagne par le saint-siége, pour solliciter des secours en faveur de la terre sainte, quoique très-bien accueillis par l'empereur Frédéric Barberousse, qui tenait alors une diète à Strasbourg, n'y déterminèrent cependant qu'un seul chevalier, au rapport d'un historien contemporain, à prendre la croix. Mais l'évêque de Strasbourg vit cette indifférence avec douleur, et, par un discours qui *réveilla la dévotion qui étoit comme endormie dans tous les cœurs*, suivant l'expression du même historien, il fit couler des larmes de piété et enflamma d'une sainte ardeur des milliers de chrétiens. L'empereur tint ensuite à Mayence, le 27 mars 1188, une nouvelle diète, où l'archevêque de Tyr l'engagea à se croiser, et où l'évêque de Wurtzbourg parla de manière à entraîner ses auditeurs. Frédéric prit la croix avec son fils, le duc de Souabe, et avec une foule de princes et de guerriers illustres. Un edit de l'empereur défendit qu'aucun homme peu propre à l'exercice des armes, ou qui n'aurait pas assez d'argent pour fournir à sa dépense pendant deux ans, s'engageât dans ce saint pèlerinage. Frédéric, qui avait acquis l'expérience des guerres d'Orient, en accompagnant l'empereur Conrad, son oncle, dans la seconde croisade, envoya des ambassades à Saladin, au sultan d'Iconium, à l'empereur grec et au roi de Hongrie. Le départ fut différé d'une année, pour donner le temps d'achever les préparatifs de l'expédition, et tous les pèlerins eurent ordre de se réunir à Ratisbonne, au mois d'avril **1189.** Un traité fut conclu à Nuremberg entre Frédéric et l'empereur grec. Les principales dispositions de ce traité, dont il est souvent fait mention dans les chroniques et dans l'Histoire des croisades, nous ont été conservées dans l'ouvrage anonyme d'un contemporain, qui se trouve dans le recueil de Canisius : *Frederici primi expeditio asiatica ad sepulcrum Domini ab æquævo conscripta.* Il était dit expressément, dans le traité de Nuremberg, « que les pèlerins recevraient les fruits des arbres, les légumes des jardins et du bois pour le feu, et qu'ils ne se permettraient aucun dégât dans les maisons des Grecs; qu'ils recevraient aussi du foin et de la paille pour les chevaux, et qu'ils achèteraient les autres choses à un prix raisonnable, suivant l'état du pays et l'exigence des temps. » Le duc de Souabe, fils de l'empereur, et les princes et les seigneurs présents à la conclusion du traité, reçurent la promesse de la sûreté du passage, et jurèrent, de leur côté, d'observer la paix. Pour obtenir une nouvelle assurance de cette paix, et pour la confirmer d'une manière plus solide, des ambassadeurs furent postérieurement encore envoyés à Constantinople. Arrivés à leur destination, « ils attendirent quelque temps, dit l'auteur de la relation de l'expédition de Frédéric, le retour de l'empereur grec, qui était absent. Isaac les reçut avec un visage gai, comme s'il se fût réjoui de l'arrivée prochaine des pèlerins, et les ambassadeurs le quittèrent fort contents. Mais le lendemain ils furent, d'après ses ordres, arrêtés, dépouillés, injuriés, séparés les uns des autres et jetés en prison. On viola envers eux les antiques droits des ambassadeurs et de l'hospitalité, pour plaire à Saladin, dont le coupable empereur grec avait reçu depuis peu une ambassade. » Une chronique allemande rapporte que, quand Frédéric Ier eut écrit aux princes de l'empire qui s'étaient croisés, pour les avertir de se rendre à Ratisbonne, d'où ils devaient se mettre en marche pour la Palestine, des troupes de croisés à pied et à cheval, aussi nombreuses que les étoiles et le sable de la mer, couvrirent les grandes routes et tous les bords du Rhin. Quelques cœurs tièdes, cependant, méritèrent, en renonçant à exécuter le saint pèlerinage, qu'un chroniqueur dît d'eux que « celui qui, mettant la main à la charrue, regarde en arrière, n'est pas digne du royaume des cieux. » Le départ général eut lieu de Ratisbonne, au printemps de l'année **1189.** D'après le récit du moine Godefroy de Saint-Pantaléon de Cologne, l'armée de Frédéric était de trente mille hommes, dont quinze mille de cavalerie d'élite. L'empereur passa les fêtes de la Pentecôte à Presbourg, et tint dans cette ville une diète où la paix publique fut jurée. Dans cette diète on fit des lois contre ceux qui troubleraient cette paix et qui violeraient la justice; on s'occupa aussi d'assurer la discipline de l'armée par des règlements sévères. Un chroniqueur anglais, Gauthier Vinisauf, nous apprend que l'on construisit un grand nombre de chariots pour transporter les malades pendant l'expédition. Le roi de Hongrie, venu au-devant des croisés qui allaient traverser ses Etats, offrit à l'empereur une tente magnifique, que trois chariots pouvaient à peine transporter. Le monarque hongrois prit aussi toutes les mesures nécessaires pour que les pèlerins ne manquassent point de vivres sur leur route. Les Bulgares, au contraire, exercèrent toutes sortes de barbaries envers les croisés allemands : ils empalèrent un habitant d'Aix-la-Chapelle, qu'ils avaient fait prisonnier. Frédéric faisait cependant observer le plus grand ordre dans son armée. « Il était, dit le chroniqueur que nous venons de citer, si sévère dans ses jugements, qu'il n'avait égard ni à la qualité des personnes, ni aux prières de qui que ce fût; car il savait que c'est nuire aux bons que d'épargner les méchants, et que la facilité du pardon est un encouragement à mal faire. »

Dans les forêts et dans les chemins difficiles que l'armée allemande eut à traverser, les peuples de la Bulgarie, encore plus sauvages qu'à l'époque de la première croisade, secrètement excités d'ailleurs par les émissaires de l'empereur grec, fondaient sur ceux des pèlerins qui allaient chercher des vivres et du fourrage, et leur lançaient des traits empoisonnés. L'empereur usa de représailles envers les barbares. « Tous ceux qui tombèrent entre nos mains, dit une chronique du recueil de Canisius, furent suspendus à des arbres le long de la route, la tête en bas, comme des chiens immondes ou des loups rapaces. » La même chronique raconte aussi « qu'un chevalier de distinction, nommé le chevalier de Bergues, voyant tout à coup le cheval qu'il montait blessé d'un trait, regarde de tous côtés, et, n'apercevant pas l'auteur de cette blessure, il reste tout étonné; cependant, levant les yeux en l'air, il voit sur un arbre un ennemi qui s'y tenait caché au milieu des branches touffues; il va à lui, l'attache fortement à l'arbre, et appelle ses camarades pour être témoins de ce spectacle. » Les attaques journalières des barbares multipliaient les actes de courage des croisés. Un corps de l'armée traversant une vallée profonde, que des montagnes escarpées resserraient de tous côtés, fut attaqué à coups de traits et de pierres. Les croisés, ne pouvant plus avancer ni reculer, ni se mesurer de près avec l'ennemi, ne virent d'autre moyen d'échapper au danger que d'abandonner leurs chariots au pillage des barbares; mais un pèlerin les exhorta à renoncer à cette résolution, et trouva des soldats qu'il associa à son audacieux projet; aussitôt il gravit avec eux la colline, fondit le fer à la main sur les Bulgares, et donna la mort à ceux qu'il rencontra. Saisissant enfin leur chef, il lutta corps à corps avec lui : tous deux, dans la lutte, tombèrent et roulèrent dans la vallée; une foule de croisés accoururent auprès des deux combattants, saisirent le barbare, le pendirent et louèrent le pèlerin de sa noble bravoure.

Quand l'armée fut arrivée au dernier défilé de la Bulgarie, elle apprit qu'une troupe innombrable de Grecs se préparait à lui en disputer le passage. Le duc de Souabe, qui marchait le premier, s'avança en ordre de combat, à la tête de cinq cents chevaliers armés de cuirasses, et dont les chevaux étaient aussi couverts de fer. A la vue de ces guerriers, dont les armes jetaient un grand éclat, les Grecs envoyés à la rencontre du duc, retournèrent au plus vite annoncer aux leurs que les Allemands arrivaient, tout couverts de fer, eux et leurs chevaux, et qu'il valait mieux fuir au plus tôt que d'attendre ces terribles ennemis. Mais les Grecs se mirent à harceler traîtreusement les Allemands, qui eurent plus à souffrir des sujets du très-méchant empereur de Constantinople, *nequissimus*, suivant l'expression d'un chroniqueur, que des Bulgares. On lit dans une lettre écrite par Frédéric Ier lui-même, et adressée à son fils Henri : « Je vous dirai d'abord que, dès que nous avons été sur les frontières de notre frère l'empereur de Constantinople, nous avons éprouvé une assez grande perte d'hommes et de bagages causée, sans aucun doute, par l'empereur lui-même; car des archers, cachés le long de la grande route, dans des buissons épais, n'ont cessé d'attaquer à l'improviste, avec des flèches empoisonnées, un grand nombre des nôtres, qui étaient sans armes, et qui marchaient sans trop de précaution. Mais enfin, enveloppés par nos balistaires et par nos chevaliers, et pris en flagrant délit, ils ont subi la peine qu'ils méritaient. Vingt-deux ont été suspendus comme des loups, dans un même jour et à la même potence! »

L'armée, franchissant librement le défilé, arriva en septembre à Philippopoli. C'est là que l'empereur apprit que ses ambassadeurs avaient été mis en prison. Un Pisan lui apporta alors des lettres dans lesquelles Isaac prenait les titres les plus fastueux, et disait qu'il était indigné de ce que, contre sa volonté, le présomptueux empereur et ses pèlerins fussent entrés sur le territoire grec. Cependant, comme ils étaient étrangers, Isaac voulait bien leur offrir un libre passage, si, outre les ambassadeurs qu'il retenait auprès de lui, on lui donnait encore pour otages le fils de Frédéric avec les évêques ou seigneurs qu'il choisirait. L'empereur, quoiqu'irrité d'une telle insolence, sut cependant se contenir. Mais le duc de Souabe et les autres croisés n'imitèrent pas sa modération. Le pays fut mis au pillage et les croisés s'enrichirent des dépouilles des Grecs, à ce point, dit l'historien chez qui nous puisons ces détails, que les Allemands ne faisaient plus aucun cas de l'or, de l'argent, des bœufs et des moutons qui abondaient dans leur camp. « Tout le pays, ajoute le chroniqueur, se tenait en silence devant notre armée. Les habitants demandèrent la paix et promirent de fournir des provisions. L'empereur la leur accorda à cette condition, qu'ils remplirent assez fidèlement. » Il y eut des pourparlers entre Frédéric et Isaac, qui s'envoyèrent réciproquement des députés. Enfin les ambassadeurs de l'empereur d'Allemagne, rendus à la liberté, revinrent auprès de leur souverain, accompagnés du chancelier de l'empire grec et de quatre autres personnages de marque. L'évêque de Munster fit à Frédéric le récit de sa captivité, lui dévoila la perfidie et toutes les machinations des Grecs, l'alliance d'Isaac avec Saladin, et lui donna connaissance d'une prédication du patriarche de Constantinople, qui avait exhorté les Grecs à exterminer les Latins. Une lettre de l'empereur Frédéric Ier atteste que lorsque les croisés allemands s'avançaient vers le Bosphore, le patriarche de Constantinople prêcha publiquement, dans l'église de Sainte-Sophie, en présence des ambassadeurs de l'empereur, que tout Grec qui tuerait cent pèlerins, quand même il serait coupable envers vingt Grecs, obtiendrait indulgence de Dieu.

Le chancelier se présenta ensuite devant l'empereur, avec les seigneurs grecs qui l'accompagnaient, pour confirmer, par serment, les articles du traité dont le même chancelier avait déjà juré l'observation à Nuremberg. La réponse de Frédéric aux ambassadeurs d'Isaac fut empreinte d'une dignité mêlée d'ironie. Il leur dit qu'il était manifeste que leur maître avait manqué à tous ses engagements envers lui; mais comme il s'aperçut à leur pâleur qu'ils étaient peu rassurés sur le sort qu'il leur préparait, il ajouta : « Ce n'est point la coutume de notre empire de maltraiter des députés, et nous ne nous autorisons point de vos exemples. » La mauvaise foi fit les frais des excuses des envoyés grecs. Frédéric tint alors un assemblée des principaux chefs de l'armée, pour délibérer sur ce qu'il y avait à faire. L'avis général fut qu'il fallait marcher sur Andrinople, sans s'arrêter plus longtemps à Philippopoli. Frédéric écrivait à son fils Henri, roi des Romains : « Nous vous prions et nous recommandons à votre prudence royale d'envoyer des ambassadeurs à Gênes, à Venise, à Ancône, à Pise et autres lieux, pour en obtenir de grands et petits vaisseaux, qui se rendront à Constantinople vers le milieu de mars, afin d'attaquer cette ville par mer pendant que nous l'attaquerons par terre. » On voit par cette lettre que Frédéric, indigné de la perfidie des Grecs, avait résolu de s'emparer de Constantinople, s'il n'obtenait pas d'Isaac ce qu'il était en droit de lui demander d'après le traité de Nuremberg. Vinisauf pense qu'il n'eût pas été injuste de raser cette ville, car elle était souillée par des mosquées que la renommée accusait Isaac d'y avoir laissé construire, en vertu d'un traité d'alliance qu'il avait fait avec les Turcs.

La conduite de Frédéric envers l'empereur grec a suggéré au chroniqueur anglais, Guillaume de Neubridge, des réflexions que n'a faites aucun autre historien contemporain des croisades. « Je ne puis que blâmer, dit-il, des troupes chrétiennes qui, armées pour combattre les infidèles, se précipitent contre des chrétiens, quoique ceux-ci n'aient montré qu'une conduite peu fraternelle. Je n'approuve pas que des chrétiens aient refusé un passage à des chrétiens; mais l'antiquité et la loi sainte prouvent, par des exemples, que Frédéric aurait dû agir autrement, et ne pas envahir les terres de l'empereur grec. Nous lisons que Moïse, n'ayant pu obtenir du roi Edom la permission de passer sur ses terres, les enfants d'Israel prirent une autre route. L'émpereur d'Allemagne aurait agi plus sagement s'il eût cherché un autre chemin pour entrer en Syrie, quelques peines et quelques dépenses qu'il lui en eût coûté. L'événement prouva aussi qu'il aurait mieux fait. »

Des ambassadeurs du roi de Hongrie vinrent à Philippopoli demander à l'empereur Frédéric, pour les croisés hongrois, la permission de retourner dans leur pays. Frédéric y consentit. Chemin faisant, l'empereur reçut d'Isaac des lettres pleines de fierté et d'arrogance, et dans lesquelles ce prince perfide se réjouissait beaucoup, disait-il, de l'arrivée des Allemands, parce qu'il les tenait dans des filets dont ils ne pourraient se débarrasser. Cette vaine menace n'empêcha pas les croisés de poursuivre leur marche, et l'armée grecque, incapable de soutenir les rodomontades de son empereur, prenait partout la fuite devant les Allemands, qui s'emparèrent non-seulement d'Andrinople, mais de toutes les villes qu'il leur convint d'occuper. Le duc de Souabe tua quinze cents Grecs en se rendant maître d'une place. L'abondance de toutes choses, que ces conquêtes procurèrent aux croisés, leur fit oublier les lois de la discipline et les règles de la tempérance; mais Frédéric les y ramena par une inflexible sévérité. De nouveaux députés vinrent de la part d'Isaac trouver l'empereur, et les artifices qu'ils mêlèrent à leurs négociations en amenèrent la rupture. Isaac, dans les lettres qu'il adressait à Frédéric, affectait de taire le nom et le titre de l'empereur d'Allemagne. Frédéric s'en plaignit aux envoyés du prince grec, en présence des seigneurs allemands. Prenant, dit Tagenon, doyen de Passaw, qui fit partie de l'expédition de Frédéric, et qui en écrivit une relation, le ton et le langage qui convenaient à sa dignité, l'empereur s'exprima en ces termes : « Nous ne pouvons assez nous étonner, et nous regardons comme une insulte que notre frère n'ait pas mis dans ses lettres notre nom de Frédéric, qui est connu de plusieurs rois et princes et de plusieurs pays. Son prédécesseur Manuel, de pieuse mémoire, lors même que nous étions ennemis, nous désigna toujours expressément dans ses lettres par notre nom, et n'omit jamais aucune de nos dignités. Nous faisions de même à son égard. Notre ancêtre, l'heureux Charles, de sainte mémoire, obtint par ses victoires la monarchie de Rome, qui, pendant près de quatre cents ans, est arrivée jusqu'à nous sans interruption. Nous la possédons depuis trente-huit ans par la volonté de Dieu et par la libre élection des princes du saint empire. C'est en effet dans la ville de Rome, qui est appelée la maitresse et la capitale du monde, que nous avons reçu à l'autel de saint Pierre, prince des apôtres, la couronne et l'empire de toute la chrétienté, et que nous avons été solennellement sacré par le pape Adrien, successeur de Pierre. Depuis ce temps, notre nom est célèbre et glorieux. Sachez donc que nous ne recevrons plus les lettres de votre maître si elles ne contiennent expressément le nom et les titres de notre majesté, car nous l'avons appelé et nous l'appelons encore par son nom. Il se donne celui de saint : admirable sainteté que celle qui fait jeter en prison et qui réduit à la mort, par la faim et la nudité, des hommes honorables et religieux, des envoyés reçus d'abord comme des messagers de paix, et dans la bouche desquels il ne s'est trouvé ni iniquité ni mensonge! Dieu nous préserve d'une pareille sainteté ! » Les députés grecs se retirèrent après avoir entendu ces paroles.

La chronique du doyen de Passaw cite une lettre que Sibylle, reine de Jérusalem, adressait à Frédéric, pour le prémunir contre la perfidie de l'empereur de Constantinople. Cette princesse informait l'empereur allemand des liaisons d'Isaac avec Saladin; elle lui disait que le sultan avait envoyé au prince grec six cents muids de farine empoisonnée, et un grand vase rempli d'un poison si actif, qu'un homme qu'on avait fait venir, pour éprouver la force de ce poison, avait été suffoqué par sa seule odeur, à l'ouverture du vase. Ces funestes présents devaient servir à la destruction des croisés. D'autres témoignages confirment d'ailleurs les relations de Saladin avec les empereurs grecs.

Quand le bruit des préparatifs de la troisième croisade parvint en Orient, Saladin écrivit à un de ses frères une lettre où il lui exposait les desseins qu'il méditait pour consommer la ruine des colonies chrétiennes. Le sultan déclare formellement, dans cette lettre, qu'il a été averti des dispositions hostiles de l'Occident à son égard, par l'empereur grec. « Voilà, dit-il, que nos frères d'Alexandrie et l'empereur de Constantinople, ainsi que les Musulmans d'Afrique, nous mandent que les chrétiens d'Occident, animés par la colère, s'apprêtent à ratlumer le feu des combats; que déjà ils tirent l'épée. » Plusieurs princes grecs offrirent à Frédéric de l'aider à s'emparer de l'empire en détrônant Isaac, mais leur proposition ne fut point acceptée. Voyant enfin que la duplicité ne tournait qu'à la ruine de son pays, l'empereur grec demanda sérieusement la paix. Frédéric envoya des ambassadeurs à Constantinople, pour s'assurer de la vérité des intentions d'Isaac, et quand elles furent bien connues, on régla par écrit les conditions du traité. L'empereur grec renonçait à toute réclamation pour les dommages qu'avaient éprouvés ses Etats, et s'engageait à fournir à l'empereur d'Allemagne la quantité de vaisseaux suffisante pour le passage des croisés en Asie. Pour gage de ses promesses, Isaac livrait des otages, parmi lesquels figurait son neveu, et dont un chroniqueur fait monter le nombre jusqu'à neuf cents. En confirmation de ce traité, cinq cents personnes des plus distinguées de l'empire jurèrent, dans l'église de Sainte-Sophie, en présence du patriarche, que les conventions seraient fidèlement exécutées. Les ambassadeurs de Frédéric, à la demande de l'empereur grec, jurèrent, de leur côté, d'observer la paix, si on la tenait inviolablement envers eux. Frédéric reçut aussi, à Andrinople, des ambassadeurs du sultan d'Iconium et de son fils; ils promettaient à l'empereur, au nom des princes qui les envoyaient, toutes sortes de secours contre les ennemis. Frédéric leur fit un bon accueil : « mais, dit un chroniqueur, c'était la vipère qu'il réchauffait dans son sein. » En parlant du passage de Frédéric par Constantinople, Nicétas, dans son *Histoire*, déplore les tristes destinées de l'empire grec : « Chaque année de nouvelles calamités fondaient sur les malheureux Grecs; ce n'était pas assez d'être entourés de toutes parts par les barbares, il fallait encore que ceux d'Occident vinssent périodiquement, pour ainsi dire, ajouter de nouveaux malheurs à nos anciens malheurs. » Cet orgueil des Grecs, qui leur faisait considérer les Latins comme des barbares, ne fut pas, de tous leurs vices, celui qui contribua le moins à leur perte.

L'armée allemande passa le Bosphore, vers les fêtes de Pâques de l'année 1190. Isaac lui fournit trois cents galères de plus qu'il n'avait promis, tant il était impatient de placer la mer entre les Allemands et lui. Le passage dura sept jours. Quand l'empereur d'Allemagne se vit en Asie, au milieu des siens, il s'écria, au rapport de la chronique du moine de saint Pantaléon de Cologne : « O mes frères, soyez pleins de force et de confiance, car toute la terre est maintenant entre nos mains. » Les croisés, suivant l'expression d'un chroniqueur, étaient cependant arrivés « sur la terre des scorpions, dont la tête n'a rien qui inspire la crainte, mais qui piquent avec la queue. » Un émir ayant envoyé dire à l'empereur, lorsqu'il fut arrivé sur le terrain d'Iconium, que s'il voulait donner trois cents écus d'or, les Turcs lui livreraient passage et lui apporteraient des provisions, Frédéric répondit : « Nous avons coutume, non pas d'acheter notre chemin avec de l'or, mais de nous l'ouvrir par le fer et avec le secours de Notre-Seigneur Jésus-Christ, dont nous sommes les soldats. » L'armée allemande fut harcelée par des bandes de Turcs nomades qui, lorsqu'ils étaient poursuivis par les chrétiens, et qu'ils se voyaient dans l'impossibilité de se sauver par la fuite, éventraient leurs chevaux avec leurs armes, pour que leurs ennemis ne pussent s'en servir. Dans leur marche sur Iconium, les Allemands souffrirent beaucoup de la rareté des vivres. Le désespoir s'empara de plusieurs pèlerins, qu'on vit, accablés de faim et de faiblesse, et ne pouvant aller plus loin, s'étendre à terre les bras en croix, et s'offrir eux-mêmes au martyre, en laissant passer l'armée sur leur corps. Le chroniqueur de Cologne rapporte que les ennemis, tantôt fondaient sur les croisés *comme des nuées de sauterelles*, et tantôt, de la cime des montagnes, faisaient rouler sur eux des pierres dont ils avaient rempli des chariots. A travers les régions inconnues qu'ils parcouraient, les chrétiens n'avaient pour guide qu'un prisonnier turc, auquel ils avaient laissé la vie à condition qu'il conduirait l'armée. Il faut remarquer que, dans la première croisade, les Grecs venaient de toutes parts au-devant des pèlerins et leur furent d'un grand secours dans leur marche. Mais, dans les expéditions postérieures, la population grecque fuyait au seul nom des Francs, et le passage des armées latines à travers l'Asie-Mineure devint si difficile et si périlleux, qu'on fut obligé d'y renoncer.

Les croisés célébraient la fête de la Pentecôte dans un lieu désert, lorsqu'ils apprirent que Malek-Schah, fils, et non pas gendre du sultan, comme disent les chroniqueurs, venait, pour s'opposer à leur passage, à la tête de cinq mille cavaliers. « Les principaux et les plus braves chefs de l'armée, dit l'auteur anonyme d'une relation de cette expédition, se réunirent en assemblée par ordre de l'empereur, et parurent devant lui sous un extérieur misérable. Ceux qui étaient habitués à s'asseoir à des banquets splendides, et à célébrer cette fête solennelle en prenant des bains et en se couvrant de riches habits, abattus alors par de longs jeûnes, sales et portant des armes rouillées, éprouvaient tous les inconvénients d'une route difficile et rude. Plusieurs d'entre eux marchaient à pied, revêtus de leur cuirasse, et paraissaient supporter leurs maux avec d'autant plus de peine qu'ils n'y étaient pas accoutumés. » L'évêque de Wurtzbourg, debout au milieu de l'assemblée, chercha, dans les sentiments qu'inspirait naturellement la solennité du jour, des motifs pour relever les courages et pour disposer les cœurs au combat. L'empereur parla après lui, et anima par ses exhortations les pèlerins, qui tous, d'une voix unanime, firent entendre le cri de guerre des Allemands, et retournèrent dans leurs tentes faire un repas plus que frugal. Le lendemain après la messe, chacun reçut la sainte communion, et l'armée fut rangée en bataille. Le combat ne tarda pas à s'engager. Les pèlerins, si confiants dans le secours de Dieu, se précipitèrent au milieu des rangs turcs, les rompirent, et tuèrent tout ce qui se présentait à eux. Malek-Schah, renversé de cheval, fut promptement remis en selle par les siens, et il s'enfuit à Iconium par les chemins détournés et escarpés des montagnes. Plusieurs chroniqueurs ont confondu à tort ce combat du lendemain de la Pentecôte avec celui qui précéda la prise d'Iconium. Le Turc qui servait de guide à l'armée l'égara, après cette victoire, dans des lieux déserts et sans eau, dans l'intention de la conduire à sa ruine. L'excès de la chaleur ajouta les horreurs de la soif à celles de la faim. « Des pèlerins, dit le chroniqueur que nous avons déjà cité, se couchaient sur les cadavres des chevaux qui succombaient en chemin, et cherchaient dans le sang de ces animaux un soulagement à leur soif dévorante. » Comme les croisés manquaient de bois pour faire du feu, ils brûlèrent leurs propres vêtements, les selles de leurs chevaux et tous les ustensiles qu'ils possédaient, pour faire cuire la viande de cheval et d'âne que mangeaient, sans sel et sans poivre, ceux qui ne se contentaient pas d'herbes et de racines. Quoique réduite à cette extrémité, l'armée refusa la paix que le sultan lui proposait d'acheter au prix de l'or. Il fut résolu qu'on mourrait les armes à la main. L'empereur fit publiquement vœu de fonder une basilique, sous l'invocation de saint Georges, si, par le secours de ce saint, il obtenait de Dieu de surmonter les obstacles qui s'opposaient à son passage. L'évêque de Wurtzbourg inspira aux guerriers, par sa parole, la confiance dont ils avaient un si grand besoin. L'armée vint camper le long des murs d'Iconium. Elle comptait à peine mille chevaliers dont les armes fussent en bon état. On les partagea en deux troupes : l'une, sous le commandement du duc de Souabe, devait résister au dehors à quatre cent mille Turcs, dit la chronique que nous suivons. Quant aux bagages et à la foule sans armes, on ne régla rien, si ce n'est qu'ils seraient exposés aux hasards des événements, et qu'on ne leur assignerait point de garde militaire. L'ordre de bataille ainsi réglé, l'empereur adressa ces paroles à son fils et à ceux qui l'entouraient : « Mon fils, un grand fardeau nous est imposé à l'un et à l'autre, à vous l'attaque de la ville, à moi celle de tant d'ennemis qui sont au dehors. Quelque succès ou quelque revers qui nous arrive à l'un et à l'autre, je ne vous porterai aucun secours et je n'en attendrai aucun de vous. Faites donc tout ce que la nécessité urgente et votre bravoure infatigable vous invitent à faire pour le salut de l'armée. Je vous recommande à tous de ne chercher à faire aucun butin, jusqu'à la fin du combat, ni à relever un ami succombant, mais de passer sur son corps pour avancer courageusement contre l'ennemi. Que celui qui a des aliments en donne à celui qui en manque ; car demain, quoi qu'il arrive, nous serons tous riches : si nous triomphons des ennemis, nous aurons leurs vivres et leurs dépouilles; si nous mourons pour le Christ, nous jouirons des biens célestes. » Un orage éclata sur l'armée pendant la nuit qui précéda l'attaque d'Iconium, et les pèlerins furent inondés dans leurs lits là où la veille ils manquaient d'eau. Le matin le soleil dissipa les nuages ; tous les croisés communièrent pendant la célébration de la messe, et le combat s'engagea. La partie de l'armée que conduisait le duc de Souabe escalada les murs de la ville, et s'empara à la pointe du glaive de la capitale de l'empire du sultan. Un immense butin enrichit les pèlerins qui étaient si malheureux la veille. L'empereur obtenait, pendant ce temps, la victoire contre les ennemis du dehors. En racontant cette victoire, l'historien grec Nicétas rapporte que les infidèles s'étaient retranchés derrière les fossés et les haies d'un jardin, afin de pouvoir, tout en évitant le choc irrésistible de la cavalerie des Allemands, lancer des traits et des flèches ; mais la présence d'esprit de Frédéric déjoua les espérances qu'ils avaient conçues. Il ordonna à chaque cavalier de prendre en croupe un fantassin, qui pût passer le fossé et combattre corps à corps les infidèles, tandis que la cavalerie, au moyen d'un détour, prendrait l'ennemi par derrière, et achèverait de détruire ce que le glaive des fantassins aurait épargné. Le doyen de Passaw, témoin oculaire de l'expédition, rapporte que, pendant que le duc de Souabe pénétrait dans Iconium, passant au fil de l'épée tout ce qu'il rencontrait devant lui, femmes et enfants, l'empereur, qui était encore loin de la ville, avec le corps d'armée qu'il commandait, se voyait entouré par des troupes innombrables d'ennemis. Mais, quoique épuisé de fatigue, il dit à ceux qui l'entouraient : « Suivez-moi, mes compagnons, vous qui êtes sortis de votre pays pour acquérir la couronne éternelle par votre sang. » En prononçant ces paroles, Frédéric, suivi de ses guerriers, s'élance comme un lion sur les ennemis, qui tournent subitement le dos. « Près de dix mille Turcs périrent, ajoute le chroniqueur. Après cette victoire, l'empereur entra dans la ville ; il y fut reçu magnifiquement par son fils. Le butin qu'on y trouva fit cesser la disette. Des fossés remplis de blé et d'orge satisfirent aux besoins de tous. »

« Les pèlerins qui remportèrent la victoire, dit Vinisauf, n'étaient pas indignes d'une pareille faveur du ciel, car la chasteté régnait dans le camp, la discipline dans l'armée, la crainte de Dieu dans tous les cœurs, et tous nos guerriers étaient unis par les liens d'une affection fraternelle. » Le sultan et son fils, voyant qu'ils étaient tombés eux-mêmes dans le fossé qu'ils avaient creusé, suivant l'expression d'un chroniqueur, envoyèrent demander humblement la paix, et

Frédéric répondit que, comme l'empereur romain devait toujours se montrer miséricordieux, il aimait mieux épargner que frapper ; il accordait donc la paix, pourvu qu'on lui donnât des otages à son choix, sûreté pour le passage de ses troupes et des approvisionnements pour son armée. Ces conditions furent acceptées avec empressement et fidèlement exécutées.

L'armée allemande ne resta que deux jours à Iconium. Elle continua, en poursuivant sa route vers la Syrie, à observer une sévère discipline. Frédéric reçut des princes d'Arménie l'offre de tous les secours dont il aurait besoin. Ses troupes surmontèrent courageusement les difficultés du passage du Taurus. La chronique d'Ansbert, parlant des peines, des fatigues et des dangers que l'armée de Frédéric eut à vaincre en Asie Mineure, où elle gravissait des montagnes *à peine accessibles aux chamois*, tandis que les Turcs ne cessaient de la harceler, ajoute : « Si je voulais raconter toutes les misères et les persécutions que les pèlerins souffrirent pour le nom du Christ et l'honneur de la croix, sans murmurer, et d'un air joyeux, mes efforts, quand même je parlerais le langage des anges, ne pourraient atteindre la vérité. Je crois que, pour l'histoire pleine et entière d'une si grande entreprise, le fameux Homère, l'éloquent Lucain, le poëte de Mantoue lui-même, s'ils vivaient encore, mettraient le doigt sur leur bouche et resteraient comme des hommes sans langue. » Celui qui cherche à donner ainsi une idée des souffrances endurées par les croisés faisait partie de l'expédition de Frédéric.

Les croisés étaient enfin arrivés sur les bords d'une petite rivière, appelée le Sélef, lorsque l'empereur, dit Vinisauf, ennuyé d'attendre le passage des bêtes de somme et des bagages, voulut les devancer et traverser le fleuve. « O mer, ô terre, ô ciel! s'écrie le chroniqueur, ce modérateur de l'empire romain, ce prince toujours auguste, qui avait fait refleurir la gloire et relevé la puissance de l'ancienne Rome, périt hélas ! étouffé par les ondes, et malgré les secours que lui prodiguèrent ses compagnons affligés. » Vinisauf dément l'assertion de ceux qui ont prétendu que Frédéric avait voulu se baigner dans le fleuve. « Il n'est pas probable qu'un prince si grave et si sage ait voulu, pour un simple amusement et par une frivole fantaisie, confier aux ondes perfides le salut de tant de monde. »

Godefroy de Cologne dit que Frédéric fut frappé dans l'eau d'une mort subite. « Ainsi, ajoute ce chroniqueur, l'ordonna celui qui ôte la vie aux princes; cette mort fut d'autant plus étonnante que la rivière n'était pas profonde, et qu'on pouvait la passer à gué; mais Dieu, au pouvoir de qui personne ne peut résister, et sous lequel fléchissent ceux qui portent le monde, fit ce qui lui plut, et le fit avec justice, suivant ses volontés inflexibles et immuables, mais non avec miséricorde, s'il est permis de le dire, eu égard à l'état de la sainte Eglise et à la dévastation journalière de la terre de promission. » Après ces sages réflexions, le pieux moine avoue que la plume lui tombe des mains, et que l'expression lui manque, *sermo mutus est*, pour peindre le désespoir d'une armée qui perdait son chef au moment où elle en avait le plus besoin, pour faire face à tous les événements de la guerre. La marche de Frédéric vers la Palestine avait inspiré une grande terreur aux Musulmans. « Si dieu, dit l'historien arabe Ibn-Alatir, par un effet de sa bonté pour nous, n'eût fait périr l'empereur des Allemands au moment où il allait pénétrer en Syrie, on eût pu dire plus tard, de la Syrie et de l'Egypte : *Ici régnèrent jadis les Musulmans!* » L'armée se rangea sous le commandement de Frédéric, duc de Souabe, prince qui avait autant de prudence que de courage. Elle continua sa route jusqu'à Antioche, où elle se reposa huit semaines. Une maladie pestilentielle exerça d'affreux ravages dans les rangs des Allemands, pendant son séjour à Antioche. Le vénérable Godefroy, évêque de Wurtzbourg, dont les conseils avaient été si utiles à l'armée, dit la chronique d'Ansbert, mourut victime de ce fléau ; il est remarquable qu'aucune armée ne périt plus misérablement que celle de Frédéric Barberousse, qui avait pris, contre les dangers et les maux inséparables d'une guerre lointaine, toutes les précautions que la prudence humaine peut suggérer. La seule croisade qui ait réussi, est précisément celle dans laquelle on n'avait pris aucune de ces précautions : l'armée, conduite par les héros qui arrachèrent Jérusalem aux Musulmans, marcha à l'aventure, ne prenant pour guides que sa foi et son enthousiasme, et sa confiance en Dieu fut couronnée du plus magnifique succès. C'est, comme le disent les chroniqueurs des âges fondamentalement chrétiens, que Dieu voulait se réserver toute la gloire des triomphes remportés sur les infidèles. Un si épouvantable désastre ouvrit enfin les yeux aux peuples d'Occident sur les dangers qu'il y avait à traverser l'Asie Mineure. Aucun prince croisé ne prit plus la route de terre. Les progrès de la marine et de la navigation, dont les croisades elles-mêmes avaient accéléré le développement, offraient aux pèlerins une route moins périlleuse, et ce fut désormais par mer que les chrétiens d'Occident allèrent au secours de leurs frères d'Orient.

Les chrétiens de la Palestine avaient mis le siége devant Saint-Jean-d'Acre, le jour de la fête de saint Augustin, au mois d'août 1189, et Saladin était venu assiéger leur camp (voir l'article ROYAUME DE JÉRUSALEM). Gauthier Vinisauf raconte que le sultan les avait réduits à une position désespérée, lorsqu'ils virent arriver cinquante vaisseaux que leur envoyait l'Occident. Partie des mers du Nord, cette flotte, dit le chroniqueur anglais, avait, au milieu de mille périls, traversé un grand nombre de golfes, doublé beaucoup de caps, et passant d'Europe en Asie par le détroit d'Afrique, elle était venue, victorieuse des éléments, apporter des secours aux guerriers de la terre sainte ; elle amenait des Danois et des Frisons. La rigueur naturelle de leur climat, la fierté de leur caractère et la ferveur de leur zèle, tout contribuait à rendre ces peuples propres à la guerre. La vue de cette flotte avait réveillé l'ardeur et l'enthousiasme des peuples qui habitaient les terres devant lesquelles elle passait : des Anglais et des Flamands avaient suivi les croisés du Danemark et de la Frise. « Ces pèlerins du Nord, ajoute Vinisauf, furent si prodigues de leur vie, ils l'exposèrent à tant de périls, qu'après la prise de la ville, il resta à peine cent guerriers de douze mille qui étaient venus. » L'historien anglais nous dit encore qu'on vit bientôt débarquer Jacques d'Avesnes, à la tête de ses guerriers. Il campa devant la *Tour maudite*. L'armée chrétienne entreprit de fermer toutes les issues de la ville ; mais les infidèles s'y opposèrent en multipliant leurs sorties. Les chrétiens furent mis en fuite dans un combat, et la bravoure des Templiers empêcha seule le camp des croisés d'être pris. Chaque jour les assiégeants recevaient des renforts d'Europe ; l'arrivée continuelle des vaisseaux chrétiens jetait l'alarme parmi les Musulmans, et Saladin, pour affaiblir cette impression, fit alors répandre le bruit que chaque nuit les vaisseaux des croisés quittaient le rivage, et qu'ils revenaient le jour, pour faire croire qu'il arrivait sans cesse de nouvelles forces à l'armée chrétienne. Parmi les Français récemment arrivés, on remarquait l'évêque de Beauvais, qui se distinguait par son esprit belliqueux. Il était suivi d'une brillante jeunesse venue de la Champagne. Le landgrave de Thuringe était également arrivé. L'armée chrétienne, fière de ces renforts, se disposa à attaquer celle de Saladin, dont le camp était placé sur une colline opposée à celle qu'occupaient les croisés : entre ces deux collines s'étendait une plaine, dans laquelle deux armées pouvaient combattre. Les Musulmans et les chrétiens descendirent des deux collines, et se rangèrent en bataille. On plaça en avant les archers et les balistaires, et derrière eux venait le gros de l'armée. « La contenance et l'attitude des guerriers, dit Vinisauf, annonçaient les dispositions des esprits : chez les chrétiens, c'était l'espérance; chez les Musulmans, la terreur. Tout à coup la cavalerie des chrétiens fait ouvrir les lignes de l'infanterie, et fond sur les Sarrazins, qui s'enfuient et abandonnent même leur camp. Les chrétiens y pénètrent, le livrent au pillage, et coupent les cordes des tentes ; le comte de Bar se précipite dans celle de Saladin. Pendant ce temps, les assiégés sortent de la ville, se partagent en deux corps et gagnent la montagne envahie par les chrétiens : ceux-ci se trouvent bientôt enveloppés de tous côtés. La brave milice du Temple, poursuivant les ennemis, se trouva séparée du corps de l'armée ; le grand maître reçut alors la palme du martyre. Au milieu des incidents du combat, un cheval, animé par le séducteur du genre humain, s'était échappé ; les Allemands, occupés du butin, courent pour s'en saisir : on prend ceux qui courent ainsi pour des fuyards ; le trouble se répand dans toute l'armée, les bataillons se dispersent ; on abandonne les drapeaux ; les chefs eux-mêmes ne songent qu'à fuir. Les Musulmans étonnés et ignorant la cause de la fuite des chrétiens, se rallient et reprennent courage. En vain André de Brienne s'efforçait par ses cris d'arrêter ceux qui fuyaient; il est renversé de son cheval. Son frère, le comte de Brienne, qui l'a vu tomber, passa à côté de lui, sans s'occuper de le secourir. Un chevalier attaché à Jacques d'Avesnes se montra plus généreux; car, voyant son chef chanceler et près de tomber, il lui donna son cheval, et périt sous les coups des Sarrasins. D'un autre côté, le roi de Jérusalem, Gui de Lusignan, ayant vu Conrad, marquis de Tyr, enveloppé par les ennemis, oublia les outrages qu'il avait reçus de lui, et le délivra d'une mort certaine. Geoffroy de Lusignan, frère de Gui, préposé à la garde du camp, avait abandonné son poste et courait au-devant des fuyards, leur demandant ce qu'était devenu le roi. Les chrétiens, dans cette journée, perdirent quinze cents des leurs. »

L'historien anglais rapporte qu'après cette journée malheureuse, les chefs des croisés jugèrent qu'il fallait fortifier le camp; on creusa des fossés, on éleva des retranchements. La moitié de l'armée s'occupait à repousser les attaques de l'ennemi, tandis que l'autre travaillait à creuser la terre et bâtissait des murailles. Cependant, de nouveaux guerriers arrivés d'Occident venaient sans cesse grossir les rangs des assiégeants. Mais Vinisauf ajoute qu'ils périrent bientôt martyrs de leur zèle, soit par les exhalaisons des cadavres, soit par la faim et par la fatigue, soit par le fer de l'ennemi, qui moissonnait les chrétiens sans leur laisser aucun relâche. Néanmoins la ville, qui était entourée de tous côtés, proposa de se rendre ; les croisés exigeaient qu'elle se rendît à discrétion : pendant qu'on négociait, des vaisseaux musulmans apportèrent des secours à la garnison; ces vaisseaux amenèrent dans le port un navire chrétien ; tous ceux qui montaient ce navire furent massacrés, et leurs têtes furent exposées sur les murs de la ville. L'hiver venait de commencer; il ne restait que quelques navires chrétiens devant Acre, et ils se retirèrent à Tyr. Le chroniqueur nous apprend que des Allemands construisirent une machine à moudre le grain, qui le broyait avec des meules. On la faisait mouvoir avec des chevaux qui tournaient sans cesse. Les infidèles, qui n'avaient jamais rien vu de semblable, crurent que cette machine avait été inventée pour leur destruction, et qu'elle allait être dirigée contre la ville. Saladin, qui s'était retiré pendant l'hiver sur la montagne de Karouba, à quelques lieues d'Acre, avec son armée, redescendit, au printemps de l'année 1190, dans la plaine de Ptolémaïs. Suivant un historien arabe, l'armée musulmane était disposée de manière que Taki-Eddin, neveu de Saladin, occupait l'aile droite, et Malek-Adel l'aile gauche. Le centre était gardé par Afdal et Daher, fils du sultan. Le camp du sultan comptait jusqu'à sept mille boutiques, et plus de mille bains. Saladin reçut un ambassadeur du calife de Bagdad, qui lui apportait deux charges de naphte et de roseaux, et qui amenait cinq hommes habiles à distiller le naphte et à lancer le feu grégeois.

Vers Pâques arrivèrent des vaisseaux partis des ports de l'Europe, et il y eut plusieurs combats sur mer entre les chrétiens et les Musulmans. La flotte égyptienne ayant été obligée de se retirer, la flotte chrétienne avait repris sa position devant Acre.

Les chrétiens construisirent trois tours en bois de la hauteur de soixante coudées, et à cinq étages. Elles étaient couvertes de cuir trempé dans du vinaigre et de l'argile, ce qui les mettait à l'épreuve du feu grégeois. Les planches qu'on employa pour construire ces tours avaient été apportés d'Occident. Les Francs comblèrent les fossés, approchèrent les tours des remparts qu'elles dominaient, et le résultat de cette attaque mit la ville en danger d'être prise. Le combat dura trois jours et trois nuits sans discontinuer, et ne cessa que par la lassitude des deux armées. La ville était dans un péril imminent lorsqu'un homme de Damas proposa à l'émir Caracousch, gouverneur de la place, d'incendier les tours des chrétiens par le feu grégeois, manipulé suivant un procédé dont il était l'inventeur. L'expérience réussit : les trois tours furent brûlées et, suivant l'expression d'un auteur arabe, les Musulmans en éprouvèrent une telle joie qu'ils en devinrent presque fous.

Si on en croyait Matthieu Pâris, une trahison de plusieurs chefs de l'armée chrétienne aurait favorisé la destruction par les Musulmans des trois plus formidables machines des assiégeants. Corrompus par les dons de Saladin, ces chefs, parmi lesquels le chroniqueur cite le landgrave de Thuringe, le comte de Gueldre, Gui de Dampierre et l'évêque de Beauvais, auraient pris des dispositions qui laissèrent le temps aux ennemis de brûler les tours.

Cependant les infidèles manquaient de provisions, et se trouvaient réduits à se nourrir des mets interdits par le prophète, lorsque l'apparition de trois vaisseaux dans le port d'Acre vint leur rendre quelque espérance de pouvoir résister aux assiégeants. Saladin recevait aussi chaque jour des renforts; il lui arrivait des guerriers des bords de l'Euphrate et du Tigre et de toutes les contrées de l'Afrique et de l'Asie. Son armée étant devenue plus nombreuse que celle de Darius, suivant l'expression de l'historien anglais, il résolut d'attaquer les chrétiens. On se battit pendant huit jours vers la Pentecôte, et il y eut de part et d'autre un grand carnage, sans avantage décisif. Un repos de quelques jours succéda à ces combats. Mais, dans le camp des chrétiens, on accusait les chefs de lâcheté, et la foule assemblée déclara qu'elle voulait marcher à l'ennemi; le patriarche menaça en vain de l'anathème ceux qui sortiraient du camp; sa voix fut méconnue. « La fureur, dit Vinisauf, l'emporta sur la prudence, l'impétuosité sur la raison, et le nombre sur l'autorité. » Le jour de la Saint-Jacques, ce malheureux troupeau de soldats courut, sans chefs, au-devant des Musulmans, qui, dans un premier effroi, se retirèrent. La foule indisciplinée des chrétiens se précipita alors dans les tentes abandonnées de l'ennemi, et s'y livra au pillage. Mais tandis qu'elle s'emparait des vivres qu'elle avait trouvés, elle fut attaquée à son tour, dispersée et massacrée par les infidèles. L'affaire devint générale, et, en moins d'une heure, le champ de bataille demeura jonché des cadavres des soldats que l'indiscipline avait conduits à leur perte. Les épées des lions de l'islamisme, selon l'expression d'un historien arabe, s'abreuvèrent de sang jusqu'à l'ivresse : le sultan avait ordonné de ne pas faire de quartier, et il y eut peu de prisonniers. A en croire les infidèles, ils ne perdirent dans cette journée que deux soldats d'un rang inférieur, et un de leurs chroniqueurs, témoin oculaire, dit avoir compté neuf rangs de cadavres, chacun de plus de mille chrétiens. La nouvelle de la mort de l'empereur Frédéric et de la destruction de son armée arriva le lendemain de ce malheureux jour. Au bruit de la marche des Allemands, Saladin avait envoyé des troupes, sous le commandement de son fils Daher et de son neveu Taki-Eddin, pour défendre Alep, Laodicée et ses autres conquêtes dans la principauté d'Antioche, qui semblaient menacées.

Deux jours après le malheureux combat de la fête de saint Jacques, le comte Henri de Champagne, que les auteurs arabes appellent le *grand comte*, arriva d'Occident devant Saint-Jean-d'Acre, avec des hommes, des munitions et de l'argent. Il était accompagné du comte de Blois et d'un grand nombre de seigneurs, ecclésiastiques et laïques, de France, d'Angleterre et d'Italie. Ce renfort était d'autant plus propre à rendre la confiance aux chrétiens, qu'il ne se présentait que comme l'avant-garde d'un secours bien plus considérable : le comte de Champagne annonça qu'il précédait les rois de France et d'Angleterre.

L'état d'anxiété d'esprit dans lequel était alors Saladin se peint dans une lettre qu'il écrivit au calife de Bagdad. « Les chrétiens, lui disait-il, assiégent toujours Acre, et reçoivent sans cesse, par leurs vaisseaux, des secours plus nombreux que les flots de la mer, plus amers pour nous que son eau saumâtre. Les princes de l'infidélité se sont coalisés pour envoyer à l'armée chrétienne des hommes et des armes. Quand il périt un chrétien sur terre, il en arrive mille par mer; la semence se trouve plus abondante que la moisson, l'arbre pousse plus de branches que le fer n'en peut couper. Ces ennemis de Dieu se sont fait de leurs fossés et de leurs retranchements une cuirasse impénétrable; de leurs boucliers ils se sont fait des espèces de forteresses inaccessibles; aussi est-il devenu impossible de les entamer et de les détruire. Ce n'est pas qu'il n'en ait déjà péri un grand nombre, à tel point que le fer de nos épées en est émoussé; mais nos compagnons commencent à se lasser d'une guerre si longue. » La lettre de Saladin se termine par ces paroles : « Oui, ô mon Dieu, j'ai ma personne et elle est à ton service; j'ai mon père qui a tout quitté pour te servir, dans l'espoir que ce sacrifice te sera agréable; j'ai mes enfants qui ont toujours la face tournée vers l'ennemi, sans craindre ses coups. Je me résigne d'avance à ce qui m'afflige et afflige les miens, pourvu que cela doive t'être agréable. Oui, nous serons fermes dans ce danger. »

Le commandement de l'armée chrétienne, qui jusque-là avait alternativement appartenu au landgrave de Thuringe et à Jacques d'Avesnes, fut confié, vers le milieu de l'année **1190**, au comte Henri de Champagne : le landgrave de Thuringe avait désespéré du succès du siége, et repris le chemin de l'Europe. Le duc de Souabe, après la mort de l'empereur Frédéric, s'était rendu à Antioche avec les débris de l'armée allemande, et les chefs des croisés réunis devant Acre avaient décidé entre eux qu'il fallait l'engager à rester sur les bords de l'Oronte, afin de tenir de là l'ennemi en échec, en faisant des incursions sur ses terres. Mais le marquis de Tyr, qui avait été chargé de lui porter la résolution des princes chrétiens, avait insinué au duc que, si les chefs de l'armée chrétienne le dissuadaient d'assister au siége d'Acre, c'était pour l'empêcher de partager avec eux la gloire de cette conquête. Le duc se rendit donc devant Acre. Les Pisans et Léopold, duc d'Antioche, se distinguèrent dans une attaque dirigée par mer contre la *Tour des mouches.* Cette expédition échoua cependant. Frédéric de Souabe voulut signaler son arrivée en attaquant les troupes du sultan; mais elles firent goûter à ses soldats *la nourriture de la mort*, selon l'expression d'un écrivain arabe. Cette défaite l'engagea à tourner ses efforts contre la ville, et il fit construire des machines de toute espèce. Quand elles furent terminées il donna un assaut à la ville, mais les assiégés exécutèrent une sortie vigoureuse, et lui firent éprouver une grande perte d'hommes. Malgré ces succès, l'armée musulmane était fort abattue; les émirs commençaient à se lasser d'une guerre si longue et voulaient tous retourner chez eux.

On se battait sans relâche depuis plus de cinquante jours, lorsque Saladin, qui était fort malade d'une colique à laquelle il était sujet, délibéra avec ses émirs sur ce qu'il convenait de faire à l'approche de l'hiver. Comme les émirs étaient fatigués de cette guerre, et que la plupart d'entre eux soupiraient après le moment de revoir leur pays, ils furent d'avis de s'éloigner et de se retirer encore une fois à Karouba. Ils prétendaient que là les hommes et les chevaux prendraient du repos, que le sultan respirerait un air plus pur, qu'il se remettrait de sa maladie, et que, la belle saison venue, et Malek-Adel étant arrivé avec les troupes d'Egypte, on combattrait avec une nouvelle ardeur. On suivit ces conseils : une partie de l'armée musulmane se retira sur le mont Karouba; le reste retourna en Mésopotamie et dans les autres cantonnements. Ibn-Alatir rapporte que les Musulmans s'aperçurent bientôt de la faute qu'ils avaient faite. Dès que leur armée se fut éloignée, les chrétiens occupèrent tout le circuit de la ville, creusèrent des fossés autour de leur camp, et de la terre qu'ils en tirèrent ils se firent un rempart inexpugnable. Mais ils souffraient beaucoup de la famine, et les maladies épidémiques leur enlevaient un grand nombre de combattants.

Boha-Eddin raconte qu'un vaisseau musulman venant de Baïrout était parvenu à entrer dans le port d'Acre, en trompant par un stratagème la surveillance de la flotte chrétienne. L'équipage s'était habillé à la franque; les hommes s'étaient rasé la barbe; on avait mis des cochons sur le tillac et des croix au haut des mâts. Mais les provisions apportées par un seul navire étaient insuffisantes pour les besoins de la garnison, et elle commençait à souffrir du manque de vivres, lorsque trois bâtiments musulmans parurent en vue d'Acre. La flotte chrétienne s'opposa en vain à leur entrée dans le port. Ils y furent reçus, dit l'historien arabe auquel nous empruntons ces détails, comme la pluie après une longue sécheresse. Quelques jours après cet événement, les chrétiens attaquèrent la *Tour des mouches.* Située sur un roc entouré des eaux de la mer, et placée à l'entrée du port d'Acre, cette tour lui servait de défense. C'était donc pour en fermer l'accès aux flottes musulmanes, que les chrétiens désiraient de s'en emparer. Dans cette vue, ils construisirent deux navires qu'ils remplirent de matières combustibles et qu'ils lancèrent l'un contre la tour pour y porter le désordre, à la faveur duquel ils espéraient la prendre, et l'autre contre la flotte musulmane qui était au milieu du port. Un troisième navire portait l'équipage qui devait assaillir la tour. Mais lorsqu'on lança les navires enflammés, le vent changea tout à coup, et tourna la flamme contre les chrétiens qui montaient le troisième navire; ils rebroussèrent chemin avec une précipitation désordonnée, qui fit chavirer le bâtiment, et ils furent tous noyés. Le duc d'Autriche, qui commandait cette expédition, dans laquelle il se distingua, se sauva à la nage.

L'automne avait rendu la navigation impraticable, et les Francs ne recevaient plus de secours d'Occident. Ils résolurent alors d'essayer de s'ouvrir un passage à travers l'armée musulmane, pour se répandre dans la campagne et renouveler leurs provisions, mais ils échouèrent dans cette tentative et furent forcés par les infidèles de rentrer dans leur camp. L'hiver obligea enfin les deux partis à prendre quelque repos. Saladin laissa ses troupes se retirer dans leurs provinces, à la condition de revenir au printemps. Comme la saison avait contraint les vaisseaux chrétiens qui bloquaient le port à se retirer, Saladin profita de cette circonstance pour renouveler la garnison d'Acre. Mais les historiens arabes disent que la nouvelle garnison ne valait pas l'ancienne, et qu'elle se composait d'hommes qui n'entendaient rien aux travaux d'un siége. Ibn-Alatir accuse Saladin d'avoir agi, dans cette opération, avec son indolence accoutumée et avec son aveugle confiance dans ses lieutenants. L'émir Caracousch conserva le commandement de la ville. La disette s'aggrava encore durant l'hiver dans l'armée chrétienne, et les pluies continuelles rendirent les maladies épidémiques plus dangereuses. Les mauvais conseils de la faim portèrent quelques malheureux, parmi les Francs, à se réfugier dans le camp de Saladin, où ils embrassèrent l'islamisme. Visinauf entre dans des détails sur la famine qu'éprouvèrent les assiégeants. « Les pèlerins, dit-il, accouraient en foule partout où l'on tuait des chevaux; on les voyait se précipiter sur cette nourriture dégoûtante, comme des oiseaux de proie sur un cadavre. Ils ne rejetaient rien des entrailles de ces animaux; ils dévoraient la tête comme les intestins, et lorsque tout avait disparu devant leur faim indomptable, ils avaient soin *de se lécher les doigts*, au lieu de les essuyer avec la nappe, afin que rien ne fût perdu, et que la langue pût recevoir même les restes les plus légers. Ceux qui avaient quelque chose à manger avaient soin de se retirer à l'écart, de peur qu'on ne se précipitât sur eux pour leur arracher ce peu de nourriture. » L'historien ajoute qu'il y avait sans cesse des querelles et des combats autour des fours où l'on cuisait le pain, et il rapporte l'anecdote suivante : Un seigneur ayant été surpris volant du pain, fut saisi par le boulanger, qui l'attacha dans sa tente avec de fortes courroies. Tandis que celui-ci se livrait à différentes occupations, le prisonnier, à force de mouvements, parvint à briser les courroies qui le retenaient. Comme il n'était vu de personne il se mit à manger à un tas de pain frais; et après s'être bien rassasié, il s'échappa avec un pain qu'il porta à ses compagnons, à qui il conta son aventure. Pendant cette famine, le vin coulait en abondance dans le camp des chrétiens, et plusieurs pèlerins périrent pour en avoir trop bu; les soldats se livraient aussi au jeu de dés et aux plus coupables voluptés : l'archevêque de Cantorbéry mourut de chagrin à la vue de tant de misères accompagnées de tant de désordres. Frédéric de Souabe, après avoir échappé à tous les périls auxquels avait succombé la majeure partie de l'armée allemande en Asie Mineure, mourut misérablement aussi dans sa tente.

La piété de ce prince se peint dans la réponse qu'il fit aux médecins qui lui conseillaient, comme moyen de guérison, d'user des plaisirs illicites : « J'aime mieux mourir, répondit Frédéric, que de souiller mon corps dans le saint pèlerinage. » Cette seconde perte jeta dans la désolation les croisées allemands, que le moine de Cologne appelle *les pauvres du Christ*. « Semblables à des brebis sans pasteur, ils se dispersèrent, ajoute le chroniqueur. Chacun reprit le chemin de son pays, à commencer par les gens les plus sensés; ainsi, par la volonté de Dieu, sans lequel rien de bien ne s'entreprend, rien de saint ne s'achève, cette armée si florissante se dissipa comme l'ombre. »

La mort de Sibylle, reine de Jérusalem, et celle de ses enfants avaient jeté, parmi les chrétiens de Syrie, une désunion à laquelle, pour comble de malheur, s'associèrent les croisés. Gui de Lusignan, que la perte de Sybille laissait veuf, prétendait rester en possession de la royauté, mais il avait un compétiteur dans Conrad de Montferrat, qui avait épousé Isabelle, sœur de Sybille et héritière du trône, après avoir fait casser le mariage de cette princesse avec Homfroi de Thoron.

Philippe-Auguste arriva devant Acre le 20 avril 1191, et Richard Cœur-de-Lion le 8 juin. Le siége de la ville durait depuis vingt-deux mois. La réunion des rois de France et d'Angleterre causa une grande joie dans le camp chrétien, et on s'y livra à de bruyantes réjouissances, suivies de grands feux allumés pendant la nuit. La présence des deux souverains au milieu des Francs produisit une vive sensation chez les Musulmans, et l'historien Boha-Eddin, qui était présent, avoue que la frayeur s'empara d'eux. On lit dans une lettre écrite au calife de Bagdad par Saladin : « Vouloir définir le nombre des peuples qui composent l'armée chrétienne et des langues barbares qu'ils parlent, cela serait impossible; l'imagination même ne saurait se le représenter. » Après quelques jours d'un accord apparent, la désunion s'établit entre les rois de France et d'Angleterre. Selon la chronique de Gauthier Hemingford, l'envie que Philippe portait à la gloire de Richard fut la principale cause de la discorde qui s'établit entre les deux rois. Philippe prétendit avoir une part dans la conquête de l'île de Chypre, en vertu du traité de pèlerinage fait entre les deux princes. Le roi d'Angleterre convenait bien que, d'après ce traité, la moitié des conquêtes faites en commun sur les Sarrasins devait appartenir au roi de France; mais il soutenait que Philippe ne pouvait prétendre à rien dans celles qui étaient faites sans son concours. « D'ailleurs, disait-il, la conquête de l'île de Chypre était un incident presque étranger à l'expédition, et où lui seul avait été intéressé, puisqu'il s'agissait de venger une injure qui ne regardait que lui. » Le roi de France n'en accusa pas moins Richard d'avoir rompu le traité, et ce fut la cause d'une dissension que la succession au trône de Jérusalem vint encore augmenter, Richard favorisant le roi Gui, et Philippe soutenant les prétentions du marquis de Montferrat. On s'accusa réciproquement d'entretenir des intelligences coupables avec les ennemis de la foi chrétienne. Un échange de petits présents entre le sultan et les rois de France et d'Angleterre donna lieu à ces rumeurs. Richard tomba malade; mais Philippe n'en résolut pas moins d'attaquer la ville. Jamais on ne vit flotter tant de panaches différents, tant de bannières diverses. Un bruit horrible retentissait sur les murs d'Acre : les infidèles frappaient des bassins d'airain, agitaient des timbales et battaient le tambour, pour avertir Saladin. Tandis que les croisés se précipitaient contre la ville, l'armée musulmane se jetait sur leur camp: elle l'aurait envahi sans la bravoure de Geoffroy de Lusignan, dont Vinisauf compare les faits d'armes à ceux de Roland et d'Olivier. Les chrétiens perdirent plusieurs de leurs guerriers et de leurs machines, sans avoir pu triompher des ennemis. « Les rois que nous attendions, disaient-ils en se lamentant, sont venus, et nous n'en sommes pas plus avancés! » Le roi de France fut si affligé de cet échec, qu'il tomba malade aussi. Cet état des deux rois laissait l'armée sans chef. Le comte de Flandre, qui était venu en Syrie avec Philippe-Auguste, mourut subitement. « Les chevaliers qui avaient épuisé toutes leurs ressources, disent les *Annales du monastère d'Anchin*, dans le recueil des historiens de France par les Bénédictins, avaient trouvé dans la libéralité du comte de Flandre des secours et des consolations. Philippe fut enseveli dans la basilique de Saint-Nicolas, hors des murs de Ptolémaïs; là furent aussi déposés les restes de plus de cinquante pèlerins, évêques, ducs ou comtes. La mort de Philippe causa aux chrétiens une douleur inexprimable, et elle fut pour les Sarrasins et pour les Turcs un sujet de joie. »

Le roi de France, dès qu il commença à reprendre ses forces, s'occupa activement de la construction des machines : il avait fait bâtir une tour qu'on appelait la *Mauvaise Voisine*, à laquelle les assiégés opposaient une machine non moins meurtrière, qu'ils appelaient la *Mauvaise Cousine*. La *Mauvaise Voisine* réduisit en ruines la *Tour Maudite*. Les pierriers de Richard faisaient aussi beaucoup de mal à l'ennemi. Le chroniqueur dont nous suivons ici le récit rapporte encore que Philippe avait fait construire une machine qu'on appelait un *chat*, parce qu'elle s'attachait au mur comme un chat s'y serait attaché avec ses griffes. Mais toutes ces machines ne pouvaient résister à l'action dévorante du feu grégeois. Philippe, irrité de cette destruction de tous ses moyens d'attaque, ordonna un assaut. Le combat fut terrible de part et d'autre : l'armée du sultan vint attaquer le camp des chrétiens, tandis que les Français pressaient la ville avec vigueur. Les mineurs ayant ébranlé les fondements de la *Tour Maudite*, une partie du mur chancela, et les croisés accoururent de tous côtés pour pénétrer dans la place; ils comblaient les fossés avec les cadavres des chevaux qui périssaient et de leurs compagnons d'armes tués en combattant. Vinisauf cite l'acte de dévouement d'une femme chrétienne qui, blessée à mort, demanda à être jetée dans les fossés de la ville, afin que son corps pût contribuer à les combler. On lit aussi, dans un récit de ce siége, que les croisés faisaient des arcs avec les côtes de leurs ennemis morts, après les avoir dépouillées de leurs chairs. Vinisauf rapporte que le brave Albéric Clément prit alors une résolution trop inutilement généreuse; il s'écria : *Je mourrai aujourd'hui, ou, avec la grâce de Dieu, j'entrerai dans Acre.* Il dresse aussitôt une échelle, y monte, et, parvenu au haut de la muraille, il tue plusieurs Musulmans. Mais les guerriers qui l'avaient suivi en trop grand nombre rompirent l'échelle, qui ne pouvait les porter, et ils furent renversés au pied du mur. Les Sarrasins, en les voyant tomber, poussèrent des cris de joie et percèrent de leurs traits Albéric Clément, qui était resté seul sur le mur au milieu des ennemis. Toute l'armée chrétienne déplora la mort de ce vaillant guerrier.

On finit par s'entendre sur la succession au trône de Jérusalem : il fut décidé que Gui de Lusignan conserverait le titre de roi, et que Conrad et ses descendants lui succéderaient à sa mort.

Le roi d'Angleterre, quoique encore malade, ne songeait qu'aux moyens de prendre la ville. Il fit construire une claie très-solide et très-forte, à l'abri de laquelle les balistaires, placés dans les fossés extérieurs de la place, lançaient sur les assiégés des traits et des javelots. Richard se fit porter sur une chaise couverte de soie au milieu des balistaires, pour les encourager par sa présence, et il lançait lui-même des traits contre la ville. Il fit publier par un héraut d'armes qu'il donnerait quatre pièces d'or pour chaque pierre qu'on arracherait du mur de la tour qu'il attaquait. Les Anglais échouèrent dans un assaut qu'ils livrèrent aux remparts de la ville, parce qu'ils ne furent soutenus que par les Pisans. La ville aurait été prise si toute l'armée avait combattu, mais c'était l'heure du repos, dit le chroniqueur. Bromton raconte qu'il y avait à Acre un homme dévoué à Dieu, et qui cachait sa religion par crainte des infidèles. Cet homme envoyait des lettres jusque dans le camp des chrétiens, en les attachant à une flèche qu'il lançait au dehors. Il informait, par ce moyen, les croisés de l'état de la ville et des desseins des infidèles. Les assiégeants, ainsi avertis, évitèrent souvent les embûches de l'ennemi. En tête de ces lettres se trouvaient toujours écrits ces mots : *Au nom du Père et du Fils et du Saint-Esprit*. Cependant, ajoute le chroniqueur, ni avant, ni après la prise de la ville, on ne put découvrir l'homme qui les avait envoyées. Les Musulmans, du haut de leurs murs, insultaient à la foi des chrétiens en élevant devant eux des croix qu'ils flagellaient, au témoignage de Florentinus, évêque de Ptolémaïs:

> Milites aspiceres super muros stantes
> Turcos, sanctam manibus crucem elevantes,
> Cum flagellis asperis eam verberantes,
> Et cum improperiis nobis minitantes.

Les soldats de Saladin, de leur côté, brûlaient aussi quelquefois les prisonniers chrétiens sur le champ de bataille.

Quand arriva le mois de juillet 1191, l'armée du sultan et la garnison d'Acre étaient dans l'abattement, et Saladin ne dissimulait pas son inquiétude ; il écrivait au calife de Bagdad : « La vérité est que nos troupes sont lassées et dégoûtées : elles ont vainement tenu bon jusqu'à l'épuisement des forces ; elles sont demeurées fermes jusqu'à l'affaiblissement des organes. Malheureusement les guerriers qu'on nous envoie, venant de fort loin, arrivent, le dos brisé, en moins grand nombre qu'ils ne sont partis, et la poitrine oppressée par ennui de cette guerre; en arrivant, ils voudraient partir et ils ne parlent que de leur retour.» Le premier juillet, les chrétiens donnèrent un assaut général à la ville et furent aussitôt attaqués par Saladin. La journée fut terrible et le combat ne cessa qu'à la nuit. Ce jour même, la ville fit savoir au sultan qu'elle ne pouvait plus tenir plus longtemps, et qu'elle se rendrait le lendemain, si elle n'était secourue. Le 2 juillet, au point du jour, Saladin tenta, à la tête de toute son armée, de forcer le camp des chrétiens; mais leur infanterie tint ferme comme un mur derrière les retranchements, et il ne fut pas possible aux Musulmans de l'entamer. Pendant qu'ils résistaient à cette attaque de leur camp, les Francs en livraient une à la ville, qui obligea l'émir qui la commandait à demander à capituler. Il s'était adressé au roi de France, qui répondit que la ville devait se rendre à discrétion. A ces mots, l'émir s'écria avec indignation: « Nous ne rendrons pas la ville; vous n'entrerez pas que nous ne soyons tous tués; et aucun de nous ne périra qu'il n'ait tué cinquante des vôtres. » Mais quand le commandant fut de retour dans la ville, il n'y trouva que découragement, et plusieurs émirs s'enfuirent la nuit dans une barque. Les chrétiens demandèrent que toutes les villes de la Palestine qu'ils avaient perdues leur fussent rendues ; mais Saladin ne voulut pas accepter ces conditions : il offrit de livrer la ville, sans la garnison, et de rendre la Vraie Croix. Il lui fut répondu par un refus. Le sultan écrivit alors aux assiégés de s'ouvrir un passage à travers l'armée chrétienne, leur promettant d'aller à leur rencontre avec ses troupes et de favoriser leur retraite. Mais les assiégeants, prévenus du projet, en empêchèrent l'exécution en occupant toutes les issues. Il ne restait plus à la ville d'autre ressource que de traiter de sa reddition, et c'est ce qu'elle fit.

Le 12 juillet, les rois de France et d'Angleterre, et tous les chefs de l'armée, tant ecclésiastiques que laïques, se rendirent le matin dans la tente des Templiers, avec les chefs des Musulmans sortis de la ville, et la capitulation fut conclue aux conditions suivantes, suivant le chroniqueur anglais Bromton. Les infidèles s'obligèrent à livrer la ville d'Acre, les armes, les munitions et les richesses qui se trouvaient dans la place, et les navires qui étaient dans le port. La sainte Croix devait être rendue, et avec elle quinze cents chrétiens captifs, et deux cents chevaliers qui seraient désignés par les rois. Les assiégés s'obligèrent en outre à payer deux cent mille besants d'or, et à fournir des otages jusqu'à la pleine exécution du traité, exécution qui devait avoir lieu dans les quarante jours. Ces conventions ayant été arrêtées et jurées de part et d'autre, les rois envoyèrent quelques personnes de leur suite dans la ville pour choisir ceux des principaux Musulmans, qu'ils mirent sous bonne garde dans les tours et les maisons les mieux fortifiées de la place.

Lorsque la garnison sortit de la ville, les chrétiens se rangèrent en ordre de bataille pour la voir passer, et ils furent étonnés de la bonne tenue de leurs ennemis et de la fierté de leur démarche, que l'adversité n'avait point abattue. Les chrétiens entrèrent dans la place, pleins de joie et en glorifiant Dieu. A cette occasion, la chronique de Sicardi rapporte un fait qui ne se trouve dans aucune autre. « Les rois, dit l'auteur de cette chronique, mirent des gardes aux portes, et ne laissèrent entrer que les Français et les Anglais. Les soldats des autres nations furent honteusement repoussés, quoiqu'ils eussent participé au siége depuis deux ans. Ceux qui voulaient entrer recevaient des soufflets ou des coups de bâton. Lorsque les rois se virent maîtres de près de cinquante mille hommes sans compter les femmes et les enfants, dont la multitude était innombrable, lorsqu'ils se furent emparés des vases qui renfermaient le feu grégeois, des galères, et de toutes les richesses, qui étaient immenses, ils se partagèrent tout entre eux. Que l'Eglise, s'écrie Sicardi, que la postérité, jugent s'il convenait à des rois qui n'étaient là que depuis trois mois, de s'approprier des richesses acquises par le sang des autres, par les travaux de deux hivers. Ce n'était pas à eux-mêmes, mais à Dieu, qu'ils devaient attribuer la victoire qu'ils venaient de remporter. Mais quand ils s'en seraient donné tout l'honneur, ne devaient-ils pas se ressouvenir de ceux dont les os couvraient les plaines d'Acre ? » L'historien évalue à deux cent mille le nombre des chrétiens qui périrent à ce siége mémorable. Emad-Eddin porte à plus de soixante mille le chiffre de ceux qui tombèrent sous le fer musulman. Les mosquées, qui avaient été converties en églises à la première entrée des croisés dans la ville, et qui étaient redevenues mosquées lorsque Saladin s'en était emparé, furent de nouveau consacrées à la vraie foi. Un historien arabe remarque à ce sujet que, lors de l'occupation d'Acre par Saladin, on avait affecté d'employer les prisonniers chrétiens à laver les murs et les portes de la principale église, et à effacer les figures des saints représentées par la sculpture et par la peinture, et qu'à leur tour les chrétiens, en rentrant dans la ville, obligèrent les prisonniers musulmans à laver de nouveau l'église et à remettre les choses en leur ancien état. Léopold, duc d'Antioche, qui s'était signalé par sa valeur pendant le siége, ayant arboré sa bannière sur une des tours de la ville, Richard, au rapport de Gauthier Hermingford, la fit abattre et jeter dans les fossés de la place. Le duc eut peine à retenir ses soldats qui couraient aux armes pour venger l'affront fait à leur seigneur.

Conrad de Montferrat, dont les prétentions au royaume de Jérusalem n'étaient point satisfaites, se retira à Tyr avec ses troupes. Le roi de France prit aussi la résolution de s'éloigner du théâtre de la guerre sainte. Les seigneurs qu'il chargea d'aller annoncer son projet au roi d'Angleterre ne purent prononcer une seule parole en paraissant devant ce prince. « Je sais ce que vous allez me demander, leur dit Richard, qui comprit ce que voulait dire le silence qui leur était imposé par la douleur : votre maître, le roi de France, désire retourner en Europe, et vous êtes venus de sa part me demander mon avis et mon consentement. » Les seigneurs français, baissant la tête, répondirent : « Seigneur, vous savez tout ; nous sommes venus. en effet, de la part de notre roi, pour avoir votre avis et votre consentement : le roi dit que, s'il ne s'éloigne promptement de ce pays, il mourra. » Le roi d'Angleterre, après leur avoir dit que la retraite volontaire du roi couvrirait ce prince d'une honte éternelle, ajouta que si, cependant, il devait mourir en restant dans ce pays, il consentait à ce qu'il fît ce qu'il voudrait et ce qui lui paraîtrait le plus avantageux pour lui et les siens. Le lendemain, ajoute Bromton, à qui nous empruntons ces détails, la nouvelle du prochain départ du roi de France s'étant répandue dans l'armée, les seigneurs français vinrent trouver ce monarque pour le prier de ne pas abandonner si témairement le service de Dieu, et de conserver sans tache, à l'exemple de ses prédécesseurs, la dignité du royaume de France. Le roi, cédant aux prières de ses fidèles serviteurs, resta encore quelques jours. Mais le 30 du même mois de juillet, il fut laissé libre de partir par le roi d'Angleterre ; il jura de ne point attaquer et de défendre même les domaines de Richard, et il remit le commandement de son armée au duc de Bourgogne, qui devait être soumis au roi d'Angleterre. Richard vit sans peine son rival s'éloigner ; mais un cri général d'indignation salua le départ de Philippe-Auguste. Bromton prétend que Saladin aurait proposé deux fois aux rois de France et d'Angleterre de leur rendre la ville et le royaume de Jérusalem, s'ils voulaient se réunir à lui contre le frère et le fils de Nour-Eddin, qui s'étaient emparés de tout le pays situé au delà de l'Euphrate. Bromton est le seul historien qui parle de cette proposition, qui ne paraît pas vraisemblable. Mais on peut ajouter foi à son récit, lorsqu'il dit qu'après la prise d'Acre, Richard demanda à Philippe-Auguste de s'engager avec lui à faire la guerre aux ennemis de la croix, pendant trois ans, si le sultan ne leur rendait Jérusalem et toute la Palestine. Le roi de France répondit qu'il ne ferait aucun serment à cet égard, car il avait déjà l'intention, ajoute le chroniqueur, de retourner dans ses Etats.

Tandis que la garnison d'Acre capitulait, Saladin proposait à ses émirs de tenter un dernier effort contre les chrétiens. Un grand cri, qui s'éleva de leur armée, retentit jusque dans son camp, d'où on aperçut les bannières des Francs arborées sur les murs de Saint-Jean-d'Acre. A cette vue, les Musulmans demeurèrent comme frappés de stupeur. Saladin, ayant eu communication du traité, hésita d'abord à le reconnaître, sous prétexte qu'il n'y avait pris aucune part. Il assembla ses émirs, et leur demanda conseil : tous répondirent, au rapport des historiens arabes : « Les Musulmans qui sont dans la ville sont nos frères ; ils sont nos compagnons ; nous ne pouvons apporter aucune excuse ; il faut absolument donner ce qu'on demande. » Dès lors Saladin se mit en devoir de remplir les conditions du traité. Il ordonna qu'on lui envoyât de Damas la Vraie Croix et les prisonniers qui devaient être rendus. Mais l'arrivée d'une partie de ces prisonniers se fit attendre, et Saladin proposa de faire au traité des modifications qui ne furent point admises.

Le chroniqueur anglais Bromton rapporte que le 9 août était le jour fixé pour la remise que devait faire Saladin de la sainte Croix, des chevaliers chrétiens prisonniers, et de leur suite, ainsi que de la somme convenue de deux cent mille besants. Tous les Musulmans qui avaient été faits prisonniers devaient être rendus en même temps à Saladin ; mais ceux que le roi de France avait emmenés à Tyr, avant de partir, n'étant pas encore arrivés, le jour de la remise fut prorogé jusqu'au 11 du mois. Ce ne fut même que le 12 que le duc de Bourgogne revint à Acre avec les prisonniers qui avaient été conduits à Tyr. Le 13, le roi d'Angleterre envoya un député à Saladin, pour lui déclarer qu'il était prêt à tenir les conventions qui avaient été faites, s'il voulait lui-même accomplir ses promesses ; sinon, qu'il ferait couper la tête à tous les prisonniers. Saladin lui répondit : « Si vous faites couper la tête à mes Musulmans, j'en userai de même à l'égard de vos chrétiens. » Le jour de l'Assomption, des députés de Saladin vinrent trouver le roi, et lui offrirent des présents précieux, en le priant humblement de prolonger le délai fixé pour la sentence qu'il avait portée contre les Musulmans ; mais le roi, méprisant leurs présents, jura qu'il n'attendrait pas un seul jour pour punir l'infraction des traités. Cependant les députés supplièrent le roi avec tant d'instance, qu'il consentit à avoir le lendemain une entrevue avec Saladin. Le sultan ne s'étant point présenté au rendez-vous, et n'ayant envoyé personne à sa place, Richard, étonné, lui en fit demander la raison. Saladin répondit : « Je ne suis pas venu, parce que je n'ai pu remplir la convention. » Le sultan fit alors, suivant une résolution prise dans le conseil des chefs de l'armée, trancher la tête à tous les prisonniers chrétiens qu'il devait rendre en échange des prisonniers musulmans. Ces malheureux étaient au nombre de deux mille sept cents, au rapport de Vinisauf, qui dit que cette exécution eut lieu le vendredi après l'Assomption. Emad-Eddin, qui a assisté aux événements, raconte que le massacre des prisonniers eut lieu en présence de l'armée musulmane, et qu'il provoqua un combat terrible. Boha-Eddin, autre témoin oculaire, dit que les Musulmans n'eurent connaissance du sort de leurs frères que le lendemain matin. « Les chrétiens, ajoute-t-il, ne laissèrent en vie que les prisonniers de distinction, dont ils espéraient tirer une bonne rançon, entre autres Caracousch et Maschtoub, l'un gouverneur et l'autre commandant d'Acre, et ceux qui, par leur bonne constitution, pouvaient les aider utilement dans les travaux et les bâtisses qu'ils se proposaient de faire. » On ouvrit le corps de tous les prisonniers qui avaient été mis à mort; on en ôta le fiel, dit Bromton, pour servir à l'usage de la médecine, et on trouva dans les cadavres beaucoup de besants d'or. Le même historien rapporte que, suivant quelques-uns, Richard se porta à cette exécution en représailles de la mort des chrétiens qui avaient péri dans les combats précédents. Suivant d'autres, Richard voulut tout simplement se débarrasser de cette multitude de prisonniers, qui, pendant l'expédition qu'il allait entreprendre, auraient pu gêner sa marche. Il faut plutôt croire que Richard prit malheureusement conseil du mécontentement qu'il éprouvait, et qu'éprouvaient tous les chrétiens avec lui, de voir Saladin éluder, par des moyens dilatoires, un traité conclu sans sa participation. Bromton et un autre historien prétendent que Saladin avait fait, avant ce massacre, trancher la tête aux prisonniers chrétiens qu'il devait échanger contre les prisonniers musulmans. Mais Vinisauf détruit cette assertion, en disant que ce fut « pour abattre l'orgueil des Sarrasins, pour confondre leur malice et leur arrogance, et pour punir l'islamisme des outrages faits à la chrétienté », que Richard fit immoler les prisonniers musulmans. Les auteurs arabes assurent que Saladin renvoya les prisonniers chrétiens à Damas sans leur faire aucun mal. Boha-Eddin, témoin oculaire, ajoute toutefois que Saladin, exaspéré, fit mettre à mort tous les chrétiens qui tombèrent entre ses mains, à la suite de l'acte de cruauté ordonné par le roi d'Angleterre. Voici en quels termes Richard parle de ce massacre, dans une lettre écrite par lui-même : « Les conditions du traité n'ayant pas été exécutées, nous avons fait mourir deux mille six cents Sarrasins, comme il convenait, *ut decuit*. » On voit que Richard ne porte qu'à deux mille six cents le nombre des victimes de sa sanguinaire politique. On a remarqué que Vinisauf l'élevait à deux mille sept cents. Hermingford ne compte que seize cents captifs mis à mort; mais Roger de Hoveden dit que cinq mille prisonniers furent égorgés par ordre de Richard et du duc de Bourgogne. Leur nombre est de trois mille dans le récit de Boha-Eddin.

Les chrétiens, maîtres de Ptolémaïs, n'y prirent qu'un court repos. Ce ne fut pas sans quelque peine que Richard arracha les croisés aux délices de cette ville, auxquelles avaient cédé les chevaliers les plus graves, si on en croit un historien contemporain. Il fallut, dans l'intérêt de la discipline, défendre aux femmes de suivre l'armée. Après avoir relevé les fortifications de Saint-Jean-d'Acre, Richard se mit en campagne, à la tête de l'armée chrétienne, forte de cent mille hommes, dans le dessein de reconquérir Jérusalem et le reste de la Palestine. Saladin, de son côté, se prépara à une vigoureuse résistance. Il avait fait démanteler les forteresses qu'il ne pouvait espérer de défendre, afin d'empêcher les croisés de s'y établir. Le reproche que les Musulmans faisaient au sultan de n'avoir pas racheté les prisonniers qui furent massacrés, lui aliéna les esprits et ne fut pas sans contribuer à l'empêcher de détruire les colonies chrétiennes. La lutte recommença à la fin d'août de l'année 1191. Le pays était dévasté, et les deux armées eurent beaucoup à souffrir du manque de vivres. Boha-Eddin fait le plus grand éloge de la discipline et du courage que celle des Francs opposa aux attaques des Musulmans. Tandis que cette armée s'avançait le long de la mer, une flotte, chargée de vivres et de munitions de guerre, côtoyait le rivage. On ne faisait pas plus de trois lieues par jour; les chrétiens s'avançaient en chantant des hymnes, et le soir, au moment du coucher, un héraut criait trois fois dans le camp : *Seigneur, secourez le Saint-Sépulcre !* et tous les soldats répétaient ce cri en levant les mains au ciel. Les croisés se dirigeaient vers Césarée. Pendant cette marche, ils furent continuellement harcelés par Saladin; et tous ceux qui tombèrent entre ses mains eurent la tête tranchée, en représailles du massacre des prisonniers musulmans. Richard, ayant appris un jour que Malek-Adel était aux avant-postes, voulut avoir une entrevue avec lui. Dans cette conférence, il parla, au rapport de Boha-Eddin, de son désir de faire la paix, à quoi Malek-Adel répondit : « Vous ne cessez de parler de paix; que ne dites-vous enfin au juste ce que vous voulez? » Le roi répliqua : « La première condition de la paix est que vous rendiez aux chrétiens le pays que vous leur avez pris, et que vous rentriez dans vos anciennes limites. » A ces mots Malek-Adel s'indigna, et la conférence fut rompue.

Gauthier Vinisauf rapporte qu'en quittant Césarée, les croisés eurent plus à souffrir que jamais des attaques de l'ennemi, qui se fortifiait chaque jour : le pays qu'ils traversaient était saccagé de fond en comble; ils furent obligés de passer par les montagnes, parce que les plaines voisines de la mer étaient couvertes d'herbes hautes et touffues, qui obstruaient le passage. L'armée se forma en bataillons serrés, pour n'être point surprise, et pour mieux résister aux attaques imprévues des Sarrasins. Une pomme jetée au milieu des croisés, dit Vinisauf, n'aurait pu tomber ailleurs que sur un cheval ou un homme. Les Turcs cherchaient surtout à tuer les chevaux des chrétiens. Richard reçut une légère blessure au côté, en poursuivant les infidèles; il dit lui-même dans une lettre : *Quodam pilo vulnerati fuimus in latere sinistro*. Les traits et les flèches tombaient en si grande quantité, qu'il n'y avait pas, sur toute la route qu'avaient suivie les croisés, un espace de quatre pieds qui n'en fût couvert. L'armée chrétienne ne trouva quelque repos que sur les bords de la rivière qu'on appelait la *Rivière salée ;* elle y resta deux jours. « Il y eut là, dit le chroniqueur anglais, parmi les croisés, un tel empressement à se procurer de la chair des chevaux qui avaient péri de leurs blessures, que Richard, pour mettre fin aux disputes, promit de donner un cheval vivant pour un cheval mort vendu ou donné à ceux qui manquaient de vivres. »

Voici un aperçu de la manière dont Gauthier Vinisauf décrit la bataille d'Arsur où, suivant ce chroniqueur, Saladin attaqua, à la tête de trois cent mille hommes, l'armée chrétienne qui ne comptait que cent mille combattants. Les croisés s'avançaient rangés en bataille, lorsqu'une troupe nombreuse de Turcs fondit avec impétuosité sur eux, lançant des traits et des flèches, et poussant des cris horribles; ils étaient d'abord dix mille, qui furent bientôt suivis de vingt mille. Les archers et les balistaires soutinrent le premier choc de cette troupe furieuse. La multitude des Musulmans ne tarda pas à entourer l'armée chrétienne, de telle sorte que les croisés n'auraient pu fuir, s'ils l'avaient voulu. Environnés de leurs ennemis, comme les yeux sont entourés des cils, suivant l'expression d'un historien arabe, ils n'apercevaient que le ciel et l'ennemi. L'éclat du soleil était obscurci de la grêle de traits qui tombait sur eux.

On aurait pu ramasser les javelots à la poignée sur le champ de bataille. Les Hospitaliers, placés à l'arrière-garde, étaient si pressés par l'ennemi qu'ils firent demander des secours à Richard : le roi les engagea à prendre patience, à serrer leurs rangs, et cette brave milice poursuivit sa marche au milieu des périls, gardant le silence, et ne se défendant point, suivant l'ordre du roi. Les chrétiens, qui étaient dans une position à désespérer de leur salut, se virent bien plus maltraités encore quand l'ennemi, quittant ses arcs et ses flèches, les attaqua avec l'épée et avec la massue. Les Musulmans, cependant, ne purent rompre les rangs des croisés, qu'ils appelaient *une nation de fer*, dans la rage que leur inspirait cette invincible résistance. Au moment le plus critique de cette situation, le grand maître des Hospitaliers vint dire à Richard : « Sire, nous sommes menacés d'un opprobre éternel, car nous allons être vaincus. » Le roi lui répondit : « Je ne puis aller à votre secours; nul ne peut être partout à la fois. » Quand le grand maître retourna à son corps, les chevaliers se disaient les uns aux autres : « Pourquoi ne lâchons-nous pas la bride à nos chevaux? On nous reprochera éternellement notre patience timide, et jamais pareil opprobre n'a couvert une si grande armée en présence des infidèles. Si nous ne nous portons pas sur eux au plus vite, nous nous déshonorons pour toujours, et notre déshonneur sera d'autant plus grand que nous aurons différé plus longtemps de nous défendre. » Deux des Hospitaliers qui parlaient ainsi se précipitèrent tout à coup contre les infidèles, en invoquant saint Georges, et tous les autres, à leur exemple, se mirent à fondre sur l'ennemi. Bientôt d'autres corps s'ébranlent, et la bataille devient générale. Richard se porte alors avec rapidité à l'endroit où les Hospitaliers combattaient en désordre; l'ennemi, étonné de la violence de ses attaques, lui livre passage. Au milieu de la foule confuse des combattants, dit le chroniqueur, on remarquait le roi d'Angleterre qui abattait, qui renversait les Musulmans, semblable au moissonneur qui fait tomber les épis sous sa faux. Après un combat opiniâtre et longtemps douteux, les infidèles furent repoussés. Les Normands et les Anglais préposés à la garde du *Standard* (Voir l'article Standard), s'étaient approchés peu à peu du lieu de la mêlée, afin d'offrir un refuge et un renfort aux combattants. Comme les chrétiens ne poursuivirent point les ennemis, ceux-ci s'arrêtèrent dans leur fuite, et vingt mille d'entre eux revinrent à la charge : il se livra alors, près du *Standard*, un combat plus terrible que le premier. Mais Guillaume des Barres, et Richard monté sur son cheval fauve de Chypre, dissipèrent une seconde fois les ennemis, et l'armée victorieuse put continuer sa marche vers Arsur. Un auteur arabe avoue que, sans le voisinage d'une forêt qui servit de refuge aux Musulmans, ils étaient tous perdus. Parmi les morts que les chrétiens eurent à regretter, ils pleurèrent surtout le brave Jacques d'Avesnes. Mais leur perte ne s'élevait qu'à mille hommes, tandis que celle des infidèles montait à dix-huit mille, dont trente-deux émirs. Boha-Eddin nous apprend que Saladin fut inconsolable de l'issue de la bataille d'Arsur. Dans la consternation où il était des pertes qu'il avait éprouvées devant cette ville, il cessa de poursuivre les chrétiens, et se retira vers Ramla. L'armée de Richard entra sans obstacle dans Jaffa, dont Saladin avait détruit les fortifications. Si elle s'était emparée ensuite d'Ascalon, elle aurait coupé les communications de Saladin avec l'Egypte. Le sultan voulait défendre cette place, mais les émirs refusèrent de s'exposer, disaient-ils, au sort de la garnison d'Acre. Alors Saladin se décida, à son grand regret, à faire démolir cette ville considérable. Avant d'ordonner cette destruction, il avait dit à Boha-Eddin, qui rapporte les paroles du sultan : « Devant Dieu, j'aime beaucoup mes enfants; mais il m'en coûterait moins de les perdre tous à la fois que d'ôter une seule pierre de ces murailles; cependant, si telle est la volonté de Dieu, et que ce sacrifice soit nécessaire à l'islamisme, je me soumettrai. » Saladin fit aussi raser les fortifications de Ramla, et tous les édifices où les chrétiens auraient pu se retrancher. Il se rendit ensuite à Jérusalem, dont il fit réparer soigneusement les murs. Tous ses efforts tendaient à empêcher les chrétiens de reconquérir la ville sainte. L'histoire a conservé une lettre qu'il écrivit dans cette circonstance : il y dit que, dans l'état actuel des choses, les chrétiens n'ayant plus que deux places à attaquer, Ascalon et Jérusalem, et ces deux villes ne pouvant être défendues à la fois, attendu qu'elles auraient exigé chacune une garnison de trente mille hommes, il avait cru devoir sacrifier la première, et accorder tous ses soins à la seconde.

Ibn-Alatir rapporte que Conrad qui, mécontent du roi d'Angleterre, était resté à Tyr, écrivit à Richard, à la nouvelle de la destruction d'Ascalon, pour lui faire de violents reproches de ne s'être pas opposé à la démolition de cette ville importante, en attaquant Saladin. Le même historien ajoute que le marquis fit en outre proposer au sultan de s'allier avec lui contre le roi d'Angleterre. Suivant un autre écrivain arabe, Conrad promettait de commencer la guerre, si le sultan lui remettait les places de Sidon et de Baïrout. Saladin fit tout ce qu'il put pour envenimer cette désunion entre les chefs des chrétiens; mais il ne consentit à remettre les places demandées que quand le marquis serait entré en campagne, et qu'après s'être emparé d'Acre, il aurait mis en liberté les Musulmans qui y étaient retenus prisonniers. Dès que le roi d'Angleterre apprit les relations du marquis avec le sultan, il fit mettre Acre en état de défense, et il envoya un député à Saladin pour renouer avec lui des négociations. Il écrivit en même temps à Malek-Adel, en le traitant de frère et d'ami, une lettre ainsi conçue : « Saluez le sultan de ma part, et représentez-lui que les Musulmans aussi bien que les chrétiens sont fatigués de cette guerre, que le pays s'épuise tous les jours davantage, et qu'à la fin il ne restera rien ni aux uns ni aux autres. La querelle roule maintenant sur Jérusalem, sur sur le bois de la Vraie Croix et sur la Palestine. Jérusalem est le berceau de notre religion, et quand il ne resterait qu'un seul d'entre nous, nous n'y pouvons renoncer. A l'égard de la Palestine, rendez-nous la partie qui est en deçà du Jourdain, et gardez l'autre. Pour ce qui est de la Croix, c'est un morceau de bois qui n'a aucune valeur pour vous, et qui est très-précieux à nos yeux ; nous supplions le sultan de nous l'accorder : alors nous vivrons les uns et les autres en paix, et nous nous reposerons de nos fatigues. » Le sultan fit, avec l'approbation de son conseil, la réponse suivante : « Jérusalem est aussi sainte pour nous que pour vous ; elle est même plus précieuse à nos yeux ; car, c'est le lieu d'où notre prophète est parti pour monter aux cieux, et où les anges s'assemblent. Ne t'imagine pas que nous soyons disposés à y renoncer ; ce serait nous rendre coupables aux yeux des Musulmans. A l'égard de la Croix, il vaudrait mieux qu'elle n'existât pas ; et si nous la conservons, ce n'est que dans la vue de quelque avantage pour l'islamisme, de quelque bien qui compense tout le reste. »

En parlant de la proposition faite par Richard à Malek-Adel de lui donner en mariage sa sœur, veuve du roi Guillaume de Sicile, qui était à Jaffa avec la reine d'Angleterre, Aboulfaragé prétend que ce fut un moyen employé par le roi pour brouiller Saladin avec son frère, qu'il savait très-impatient de posséder un royaume. L'historien arabe ajoute que Richard, qui était naturellement gai et jovial, avait sans doute imaginé cette plaisanterie dans un moment de bonne humeur. Les chroniqueurs chrétiens ne parlent pas de cet étrange et scandaleux projet d'union. Boha-Eddin rapporte qu'une conférence eut lieu vers ce même temps entre le roi et le frère du sultan. Une tente magnifique avait été dressée aux avant-postes des deux armées pour recevoir Richard et Malek-Adel, qui mangèrent ensemble, se firent réciproquement des présents, et échangèrent les plus gracieuses courtoisies. Le roi demanda, dans cette conférence, une entrevue avec le sultan lui-même ; mais Saladin, de l'avis de son conseil, fit répondre qu'il serait peu convenable qu'il s'abouchât avec le roi, pour reprendre ensuite les armes l'un contre l'autre, et qu'il valait mieux se mettre d'accord d'abord par l'entremise d'un tiers. Richard n'en persista pas moins à faire de nouvelles propositions, telle que celle de partager la Palestine en deux parts, dont une appartiendrait aux chrétiens et l'autre aux Musulmans. Boha-Eddin nous apprend que Saladin était bien décidé à n'écouter aucune de ces propositions. Il m'a dit à moi-même, ajoute l'historien arabe :« Si la paix se faisait, quelle garantie aurions-nous de la fidélité des Francs à remplir leur parole ? Je n'aurais qu'à mourir, et ils reprendraient les armes. Notre intérêt est de poursuivre la guerre jusqu'à leur entière expulsion du pays, à moins que la mort ne nous prévienne. » Boha-Eddin remarque que si, plus tard, Saladin se décida à faire la paix, c'est qu'il ne put pas faire autrement. Cependant le marquis de Tyr continuait à entrenir des relations avec Saladin par l'intermediaire de Renaud de Sidon : il persistait dans sa promesse d'attaquer le roi d'Angleterre à force ouverte.

si on lui remettait Sidon. Obligé d'opter entre le marquis et le roi, le sultan consulta ses émirs, qui tous furent d'avis que c'était avec Richard qu'il fallait négocier. L'hiver arriva, et il fallut donner congé à la plus grande partie des troupes musulmanes, qui montraient une grande lassitude de la guerre. Le sultan se rendit à Jérusalem, où il fit exécuter de grands travaux de fortification, et il chargea Malek-Adel de tâcher d'obtenir de Richard des conditions acceptables d'accommodement. Mais ces nouvelles négociations demeurèrent encore sans effet. A entendre Ibn-Alatir, il était impossible de traiter avec Richard, parce qu'il ne tenait aucune de ses promesses. Pendant que l'armée musulmane était dans ses quartiers d'hiver, le roi s'avança dans les montagnes de la Judée jusqu'à une journée de marche de Jérusalem ; mais les plus sages dans son armée, dit Gauthier Vinisauf, pensaient qu'il n'était point temps encore de se rendre au désir imprudent du peuple croisé d'assiéger la ville sainte. Les Templiers, les Hospitaliers et les Pisans vinrent à bout de persuader au roi de ne pas attaquer dans ce moment Jérusalem; ils se fondaient sur plusieurs raisons: la première, qu'on aurait à la fois à combattre l'armée de Saladin et ceux qui étaient renfermés dans la ville ; la seconde, que si l'on s'emparait de Jérusalam, il faudrait y laisser une forte garnison : ce qui ne serait pas facile, parce qu'une fois que les guerriers auraient accompli leur pèlerinage, ils ne songeraient plus qu'à retourner en Occident. Mais ceux qui pensaient ainsi, ajoute le chroniqueur, n'osaient exprimer tout haut leur avis, tant la multitude des croisés paraissait animée de l'idée de faire la conquête de la ville sainte. Quelques jours après l'Epiphanie de l'année 1192, on tint un conseil, dans lequel les Templiers, les Hospitaliers et les Pisans furent d'avis qu'il fallait aller rebâtir Ascalon, afin qu'on pût de là intercepter les vivres et les secours envoyés du Caire à Jérusalem. Cet avis fut adopté par tous les chefs. Mais la connaissance de cette résolution plongea l'armée dans la tristesse : tous gémissaient de voir que l'espérance qu'ils avaient conçue de visiter le tombeau du Sauveur leur était enlevée; tous se récriaient contre ceux qui avaient fait prévaloir une détermination si contraire à leurs plus chers désirs. Les maladies et la disette vinrent se joindre au désespoir. Les chevaux et les bêtes de somme n'avaient plus la force de porter les provisions : ils tombaient dans la boue, engourdis par le froid, épuisés de fatigue, abattus par la faim. Les pèlerins malades seraient restés sur la route, si Richard ne les avait fait recueillir et soigner. L'armée revint dans cet état à Ramla. Richard était convaincu que la ville sainte, dont il s'était fait faire un plan, était imprenable tant que vivrait Saladin et que les Musulmans seraient unis. Plusieurs croisés abandonnèrent les drapeaux : les uns allèrent à Jaffa ou à Tyr, les autres à Ptolémaïs; ce qui restait se rendit à Ibelin par des chemins couverts d'eau et de boue. Richard passa la nuit dans ce lieu. Ni la plume, ni la langue, dit Vinisauf, ne pourraient suffire à décrire l'état de misère et de désolation où se trouvait l'armée. Le lendemain, elle se remit en marche vers Ascalon. Tout ce qu'elle avait souffert n'était rien à côté de ce qu'elle devait souffrir dans cette route ; la grêle, la neige, des torrents de pluie, tout se réunissait pour accroître les difficultés des chemins : l'armée perdit ses provisions et ses bagages, et arriva le 20 janvier devant les ruines d'Ascalon, dans un état de dénûment inexprimable. Le port de cette ville n'était ni commode ni sûr ; la mer, qui était orageuse, ne permettait pas aux vaisseaux d'y arriver, et les vivres manquèrent pendant plusieurs jours. C'est ainsi que Saladin, qui s'était enfermé dans Jérusalem, fut délivré de ses alarmes. Il donna congé à la plupart de ses émirs, qui rentrèrent chez eux très-mécontents de l'issue de la guerre qu'ils supportaient depuis quatre ans. Ils ne pouvaient se consoler surtout de ce que Saladin avait négligé de racheter, suivant les conventions, les braves guerriers que le roi Richard avait fait décapiter dans la plaine de Ptolémaïs. Ils conservaient de ce massacre une haine implacable contre le sultan.

Une lettre, écrite alors par Richard à l'abbé de Clairvaux, contient des renseignements intéressants sur la situation des chrétiens en Palestine à cette époque :

« L'héritage du Seigneur, dit le roi, est en partie recouvré, et, pour le reconquérir tout entier, nous avons supporté la chaleur du jour et du climat ; nous avons employé non-seulement tous nos trésors, mais toutes nos forces de corps et d'âme. Nous déclarons donc à votre paternité qu'après la solennité de Pâques nous ne pouvons rester en Syrie. Le duc de Bourgogne avec ses Français, le comte Henri avec les siens, et les autres comtes et barons, qui se sont ruinés au service de Dieu, retourneront dans leurs foyers, à moins que, par l'effet de vos prédications, nous ne recevions des hommes pour habiter et défendre la terre sainte, et de l'argent pour payer les dépenses de la guerre sacrée. Ainsi nous nous jetons aux pieds de votre sainteté ; nous vous adressons nos prières, les yeux en larmes. »

Vers la fin de janvier, Richard envoya des députés au duc de Bourgogne, qui avait abandonné avec les Français les drapeaux du roi, pour les engager à venir rejoindre le reste de l'armée, afin que tous les croisés étant réunis, on pût prendre une délibération commune sur ce qu'il convenait de faire. Lorsque les pèlerins de la France furent arrivés, on s'occupa de rebâtir Ascalon, que les Musulmans appelaient l'*épouse de la Syrie ;* les chefs et les soldats rivalisèrent de zèle dans ce travail. Les Allemands seuls ne prenaient pas part aux travaux, et Léopold d'Autriche, sur le reproche que lui en fit Richard, répondit qu'il n'était ni charpentier ni maçon. Bromton prétend que le roi, dans le mouvement d'indignation que lui causa cette réponse, donna un coup de pied à Léopold, qui s'éloigna de l'armée, en se promettant de se venger, lorsqu'il en trouverait l'occasion. Quand les Français demandèrent leur solde au duc de Bourgogne, ce prince, qui ne pouvait la leur donner, s'adressa à Richard, qui refusa de venir à son aide. D'autres sujets de querelle vinrent se mêler à ce refus, et le duc se retira à Acre avec les Français. Cette ville était agitée par la discorde; les Pisans et les Génois y étaient en guerre. Le duc de Bourgogne prit parti pour les Génois, et fut blessé d'un coup de lance dans un combat avec les Pisans. Il fallut que le roi Richard vînt rétablir la concorde entre les pèlerins des deux républiques italiennes. Une haine implacable divisait Conrad, marquis de Tyr, et le roi d'Angleterre. Ils se réunirent en vain pour s'entendre dans un château voisin de Césarée. Comme le marquis était retourné à Tyr, et qu'il persistait à y rester dans un repos funeste aux chrétiens, les chefs de l'armée déclarèrent qu'il serait privé des tributs qu'on lui devait dans le royaume de Jérusalem. Conrad, irrité de cette résolution, ne s'occupa plus que de fomenter le désordre parmi les croisés. Il mit dans ses intérêts le duc de Bourgogne, qui, retiré à Tyr, y appela les Français, au grand déplaisir de Richard. Au milieu de tous ces démêlés, on ne s'occupait pas de combattre les Musulmans, et toute la guerre se réduisait à des expéditions partielles, où l'on n'était conduit que par l'amour du butin. Saladin, ayant eu connaissance de toutes les divisions qui paralysaient les forces des chrétiens, envoya l'ordre à ses émirs de rejoindre son armée; et, quoiqu'ils revinssent en moindre nombre qu'ils n'étaient auparavant, les forces musulmanes n'en demeurèrent pas moins supérieures à celles des croisés. Le sultan avait fait travailler deux mille prisonniers chrétiens à mettre les murs de Jérusalem en état de résister à une attaque.

Pendant que Richard achevait de relever Ascalon de ses ruines, les Français restaient inactifs à Tyr. Le chroniqueur anglais Vinisauf blâme leur conduite en termes qui donnent vraisemblablement à un fond de vérité une forme exagérée; voici ses propres expressions: «Ces Français qui disaient n'avoir été conduits en Orient que par des motifs de pure dévotion, après avoir déserté leur camp, répétaient des chansons d'amour et se livraient à toutes sortes de débauches avec les femmes. Le luxe de leurs habits annonçait des hommes efféminés... Autour de leur cou brillaient les pierres précieuses; leur front était paré de couronnes de fleurs. Ils maniaient les coupes et non les épées, et passaient les nuits dans les orgies.»

Les choses étaient dans cet état en Palestine, lorsque Richard reçut d'Angleterre la nouvelle que son frère Jean y travaillait à s'emparer de la couronne. Le roi ayant convoqué les principaux chefs de l'armée, leur exposa la nécessité où il était de retourner en Europe, et promit de laisser dans la terre sainte trois cents chevaliers et deux mille fantassins d'élite. La nouvelle du départ de Richard plongea tous les croisés dans la consternation, et les chefs proposèrent d'élire un roi qui pût rallier les esprits et faire cesser les dissensions. Comme Gui de Lusignan était un prince faible, on résolut, d'une voix unanime, de choisir Conrad. Richard s'étonna de la légèreté de ceux qui faisaient ce choix, après avoir été jusque-là les violents adversaires du marquis; mais loin cependant de s'y opposer, il envoya Henri de Champagne, son neveu, avec deux autres députés, pour offrir à Conrad la couronne de Jérusalem. Ce prince, pendant ce temps, négociait avec Saladin un arrangement par lequel le sultan lui cédait la moitié de la ville et du royaume de Jérusalem. Mais le secret de ces négociations avait été découvert. Lorsque les députés envoyés à Tyr eurent annoncé au marquis qu'il était élu roi du consentement général et de l'assentiment de Richard, il ne put retenir sa joie, et, levant les mains au ciel, il fit cette prière à Dieu: «Seigneur qui m'avez créé et donné la vie, vous qui êtes le roi des rois, permettez que je sois couronné, si vous m'en jugez digne; sinon, ne permettez jamais que je sois élevé sur le trône.» Les croisés croyaient que le jour où ils allaient triompher des Musulmans était enfin venu. Le courage de ces guerriers, dit Vinisauf, était grand; mais le secours divin leur manquait. Tandis que le comte Henri retournait à Ascalon, le marquis fut assassiné à Tyr par des émissaires du Vieux de la Montagne, qui l'avait jugé digne de mort, et qui avait ordonné à deux de ses sicaires de le tuer dans le temps qu'il leur avait marqué. Le marquis, avant d'expirer, recommanda à sa femme de veiller à la conservation de la ville de Tyr, et de ne la livrer qu'au roi Richard, ou à celui à qui le royaume reviendrait par droit d'héritage. Dans la confusion où cet événement inattendu mit les affaires, il s'éleva parmi les Français, dit Gauthier Vinisauf, des voix qui osèrent accuser Richard de la mort du marquis. On ne se contenta pas de répandre cette calomnie dans la terre sainte, on la fit parvenir aux oreilles du roi de France, en lui annonçant que Richard avait envoyé en Europe quatre assassins pour le tuer. Voici comment la mort du marquis de Montferrat est racontée dans la chronique de Sicardi: «En 1192, le roi d'Angleterre étant à Ascalon, et s'occupant de son retour en Europe et de l'administration de la terre sainte, consulta son armée sur le choix qu'il fallait faire de celui à qui l'on devait confier le royaume de Jérusalem. Les uns préféraient Gui, les autres le marquis, d'autres le comte de Champagne. Enfin le marquis réunit le plus grand nombre de suffrages. Il fut appelé par Richard, qui lui écrivit de se hâter de venir recevoir le sceptre. Les lettres du prince lui furent remises aux calendes du mois de mai, et le même jour il fut tué par deux Assassins, qui lui dirent en le frappant: *Tu ne seras plus ni marquis ni roi.* Un d'eux fut brûlé, l'autre écorché. Pendant son supplice, le dernier avoua qu'il avait été envoyé par le Vieux de la Montagne, lequel avait agi sur la demande du roi d'Angleterre. » Ibn-Alatir accuse aussi Saladin du meurtre du marquis. Au rapport de cet historien, le sultan avait écrit à Senan, chef des Assassins, pour lui offrir dix mille pièces d'or, s'il le délivrait à la fois du marquis et du roi d'Angleterre. Senan consentit à faire mourir le marquis, mais non le roi, afin de ne pas délivrer Saladin de tous ses ennemis en même temps. En conséquence, il fit habiller deux de ses affidés en moines chrétiens, et les envoya à Tyr, où ils se mirent au service de Renaud de Sidon et de Balian d'Ibelin, qui, lors de la prise de Jérusalem par Saladin, avait présidé à la capitulation de la ville. Suivant Ibn-Alatir ces deux Assassins attendirent pendant six mois une occasion favorable, affectant une grande piété, fréquentant les églises et se faisant estimer de tout le monde. Enfin, un jour que le marquis venait de dîner avec l'évêque de Beauvais, les deux Assassins se jetèrent sur lui et lui portèrent plusieurs coups mortels, après quoi ils prirent la fuite. Mais il arriva qu'un de ces Ismaéliens alla se cacher dans une église voisine, et que le marquis fut porté dans cette même église pour y être pansé de ses blessures ; l'Ismaélien ne vit pas plutôt le marquis, qu'il courut de nouveau sur lui et l'acheva. Ibn-Alatir ajoute toutefois que l'on attribua généralement ce meurtre au roi d'Angleterre, qui voulait, disait-on, être maître absolu de la Palestine. L'assassinat du marquis de Tyr est donc resté un problème historique. Il est certain qu'il est tombé sous les coups des sicaires du chef des Ismaéliens ; mais Richard et Saladin, qu'on a accusés l'un et l'autre de ce crime, y ont peut-être été tout à fait étrangers. Aucune preuve, au moins, ne permet de le leur imputer.

Le comte Henri était revenu à Tyr, à la nouvelle de l'assassinat de Conrad. Dès que le peuple aperçut ce prince, il le crut envoyé de Dieu et il le désigna pour souverain. Henri fut donc supplié de recevoir la couronne et d'épouser la veuve du marquis. Le comte de Champagne demanda à consulter Richard ; mais, lorsque les députés qu'il lui envoyait retournèrent au camp, ils n'y trouvèrent plus le roi d'Angleterre, qui était parti pour faire des courses contre les infidèles. Les députés envoyés de Tyr rencontrèrent le roi dans la plaine de Ramla, où il était occupé à poursuivre les Musulmans : ils lui annoncèrent la mort de Conrad, l'élection du comte Henri, et la résolution de ce prince de n'accepter la couronne qu'avec le consentement du roi d'Angleterre, son oncle. « En apprenant la mort du marquis, dit Vinisauf, Richard resta tout interdit ; l'élection de son neveu lui causa une joie qu'il ne put dissimuler. *Puisque le destin inévitable*, s'écria-t-il, *a enlevé Conrad, à quoi servirait la douleur qu'on montrerait de sa perte ? Je désire que mon neveu gouverne le royaume de Jérusalem selon la volonté de Dieu. Quant à la veuve du marquis, je ne conseille rien ; car le marquis l'avait enlevée à son mari vivant. Que le comte prenne possession du royaume ; je lui donne Ptolémaïs et ses dépendances, ainsi que Tyr et Joppé, avec toute la terre sainte à reconquérir avec le secours de Dieu.* Il recommanda ensuite aux députés de retourner auprès de son neveu, et de lui dire de venir au plus tôt le joindre avec les Français, pour faire la guerre aux infidèles. »

Quand les députés du comte Henri furent revenus à Tyr, et qu'ils eurent fait connaître la réponse de Richard, la joie éclata dans toute la ville. On pressa le comte d'épouser la veuve de Conrad ; la marquise elle-même vint le trouver et lui offrit les clefs de la ville. Le comte céda aux instances générales, et le mariage fut solennellement célébré en présence du clergé et du peuple assemblés. Cette union convenait également aux Français et aux Anglais ; car le comte était à la fois neveu du roi de France et du roi d'Angleterre. Vinisauf ajoute qu'on n'eut pas beaucoup de peine à persuader le comte, parce qu'il n'est pas difficile de faire faire à quelqu'un ce qu'il désire. Henri se mit en marche avec ses troupes, et il se rendit, accompagné du duc de Bourgogne, à Ptolémaïs, où une pompeuse réception fut faite au nouveau roi de Jérusalem. Lorsque Henri et le duc de Bourgogne rejoignirent le roi, il venait de s'emparer de plusieurs places. Il avait ouvert la campagne, au printemps de l'année 1192, par la prise de la forteresse de Daroum, la place de la Palestine la plus avancée du côté des frontières de l'Egypte. La garnison fut passée au fil de l'épée. Mais un nouveau député vint informer le roi de la situation alarmante de son royaume. Au milieu de l'incertitude des esprits sur la résolution qu'allait prendre Richard, tous les chefs de l'armée, français, anglais, normands, allemands, se réunirent et firent le serment de ne point abandonner la sainte entreprise, soit que le roi partît, soit qu'il restât. Cet engagement pris par les chefs des croisés produisit un effet salutaire dans les esprits. L'armée vint camper sous les murs d'Hébron, où elle eut beaucoup à souffrir de la chaleur du mois de juin, dans lequel on était alors. Mais l'espoir d'aller bientôt assiéger Jérusalem soutenait tous les courages. Peu de temps après, un héraut d'armes annonça dans toute l'armée que chacun devait se préparer à marcher vers Jérusalem. Cette proclamation fut accueillie par des cris de joie : les croisés tendaient les mains au ciel, et s'écriaient : « Dieu tout-puissant, grâces vous soient rendues ! Le temps de la bénédiction est arrivé ; tout ce que nous avons souffert n'est plus rien, puisque nous allons délivrer la ville sainte. » Après plusieurs excursions dans les montagnes de la Judée, Richard poursuivit les ennemis jusque dans un lieu d'où il aperçut les tours de Jérusalem. L'épouvante se répandit dans la ville sainte, parmi les Musulmans qui s'enfuyaient sans que Saladin pût les retenir. Le sultan lui-même fit venir son meilleur cheval pour prendre aussi la fuite. Si Richard, dit Vinisauf, se fût alors avancé avec son armée, les infidèles eussent abandonné la ville aux chrétiens. En inquiétant cependant les croisés par des surprises continuelles, les Musulmans leur montraient combien il leur était difficile d'assurer leurs communications avec les villes maritimes. Aussi Richard, voyant la situation des choses, répondait-il aux Français, qui le pressaient de mettre le siége devant Jérusalem : « Tant que je serai le chef de cette entreprise, je ne ferai rien qui puisse m attirer la honte. Si vous voulez aller à Jérusalem, je vous y accompagnerai, mais je ne vous y conduirai pas. Saladin sait quelles sont nos forces ; s'il descend avec son armée dans la plaine de Ramla, s'il intercepte les routes, s'il arrête nos convois, que deviendrons-nous devant Jérusalem ? Notre petite armée ne pourrait suffire à entourer la ville. Je suis responsable des malheurs qui peuvent arriver. Il y a bien des gens ici, et même en France, qui voudraient me voir faire une imprudence, afin de me la reprocher. Nous ne connaissons point le pays : consultons les indigènes, qui ont intérêt à recouvrer leurs domaines, et faisons ce qu'ils nous diront; consultons les Hospitaliers et les Templiers, et ils nous apprendront si nous devons aller assiéger Jérusalem, ou si nous devons diriger nos efforts contre Baïrout, Damas ou le Caire. »

Sur l'avis de Richard, on convint unanimement de choisir vingt personnes, pour décider de ce qu'on devait faire, et d'exécuter ce que ces vingt personnes auraient résolu. On choisit cinq Templiers, cinq Hospitaliers, cinq Français et cinq Syriens. La délibération eut lieu en plein champ et à cheval, selon l'usage des croisés. Les Français opinèrent pour le siége de Jérusalem; mais leur avis ne prévalut point, et la majorité arrêta qu'on irait assiéger le Caire. Les chefs de l'armée française déclarèrent alors qu'elle ne participerait pas à cette expédition, et la promesse que leur fit Richard de leur prêter sa flotte, de leur fournir des vivres, des armes et même de l'argent, ne réussit pas à ébranler leur résolution. Richard fut averti qu'une riche caravane, venue d'Egypte, s'approchait de Jérusalem. Ce furent des Arabes du pays, que le roi payait pour lui servir d'espions, qui l'instruisirent de la marche de cette caravane. Les historiens orientaux racontent que Richard, voulant s'assurer par lui-même de l'état des choses, s'habilla en Arabe, et que s'acheminant la nuit vers le bois où la caravane s'était endormie, il parcourut les rangs des troupes égyptiennes. Il rassembla ensuite l'élite de ses guerriers, à laquelle se joignirent les Français, et, après avoir marché toute la nuit à la clarté de la lune, il arriva le lendemain, aux premières lueurs du jour, sur le territoire d'Hébron, dans le bois où la caravane s'était arrêtée avec son escorte. Les balistaires et les archers engagèrent le combat. Les guerriers musulmans au nombre de deux mille, se rangèrent en bataille au pied d'une montagne, tandis que la caravane, retirée à l'écart, attendait l'issue de l'affaire. Richard se précipita à la tête des siens sur les infidèles, qui furent ébranlés au premier choc, et qui *s'enfuyaient comme des lièvres que des chiens poursuivent*, suivant l'expression des chroniqueurs anglais. Le roi se fit remarquer, comme c'était sa coutume en semblable occasion, par les coups terribles qu'il portait : sa lance s'étant brisée, il tira son épée, et s'élançant de tous côtés, il renversait tout ce qu'il rencontrait. Les Français firent aussi des prodiges de bravoure. L'historien fait observer que l'amour du butin avait transformé chaque soldat en héros : les chrétiens firent un horrible carnage des cavaliers musulmans, dont dix-sept cents furent tués, et les conducteurs de la caravane vinrent eux-mêmes la livrer aux vainqueurs ; ils amenèrent les chevaux et les chameaux avec leurs bagages, et les mulets qui portaient des richesses de toute espèce, de l'or, de l'argent, des manteaux de soie, des vêtements divers, de la pourpre, des armes, des cuirasses, des tentes magnifiques, des provisions de tout genre, des ustensiles de toute nature, de l'argent monnayé en grande quantité, et tant d'autres choses précieuses, qu'on disait que jamais, dans aucun combat, on n'avait fait un si riche et si immense butin. Quand on eut réuni les chameaux et les dromadaires, qui s'étaient enfuis dans la campagne, on estima qu'ils étaient au nombre de quatre mille sept cents, au rapport de Vinisauf, et au nombre de trois mille suivant les auteurs arabes; il y avait tant d'ânes et de mulets qu'on ne put les compter; ils furent distribués aux valets de l'armée. Le roi fit un partage égal des chameaux entre les croisés qui avaient été de l'expédition et ceux qui étaient restés sous la tente. On mangea les plus jeunes de ces animaux, dont la chair fut trouvée blanche et agréable. La vue de ce riche butin inspira la plus grande joie aux chrétiens, et l'armée ne manqua pas de murmurer de ce qu'on ne profitait pas de la terreur inspirée aux Musulmans, pour marcher sur Jérusalem. Saladin avait fait toutes ses dispositions pour la défense de la ville sainte ; les eaux des environs avaient été empoisonnées; les puits et les citernes avaient été comblés. Boha-Eddin, témoin oculaire des faits, dit que Saladin mettait à la conservation de la ville sainte un prix que l'imagination ne saurait se représenter. Le même historien ajoute qu'après avoir décidé en conseil qu'on défendrait Jérusalem jusqu'à la dernière extrémité, le sultan le retint auprès de lui, que la nuit fut employée au service de Dieu, et que le matin, quand l'heure de la prière fut venue, ils se rendirent ensemble à la mosquée Alacsa, où le sultan fit sa prière, prosterné jusqu'à terre et en baignant ses joues de larmes. Le soir même Saladin apprit la retraite de l'armée française, et cette nouvelle excita une joie générale parmi les Musulmans. La désolation et la division étaient dans toute l'armée chrétienne. « Le duc de Bourgogne, qui était d'un esprit caustique et jaloux, dit Vinisauf, fit des chansons que la pudeur et l'esprit des convenances devaient l'empêcher de faire connaître; il ne respectait pas même les femmes dans ses satires. Richard y répondit par d'autres chansons où il se moquait du duc de Bourgogne. » Le chroniqueur fait à ce sujet la très-juste observation, que ces guerriers, en proie à la discorde, ne ressemblaient point aux chefs de la première croisade, à Godefroy de Bouillon et à Tancrède, dont Dieu avait récompensé la parfaite soumission à ses volontés, en couronnant leurs travaux des plus glorieux succès. L'armée acueillit avec désespoir l'ordre de se retirer à Jaffa, et un grand nombre de croisés abandonnèrent alors les drapeaux. Les Musulmans, qui n'ignoraient pas cette disposition des esprits parmi les chrétiens, accoururent en foule sous les étendards du sultan. Quand Richard se vit ainsi abandonné de la plupart des croisés, il songea à obtenir une trève de Saladin, à qui il fit représenter que les deux armées étaient également fatiguées et qu'elles avaient besoin de repos. « Ne vous prévalez pas de ma retraite de devant Jérusalem, disait-il au sultan : quand le bélier recule, c'est pour mieux frapper. » Pour achever d'amener Saladin à ses fins, Richard se désista de ses prétentions sur Jérusalem; il se borna à demander le libre exercice de la religion chrétienne dans l'église du Saint-Sépulcre, et la permission pour les pèlerins de la visiter sans payer de tribut. Saladin, dans sa réponse au roi, consentait à faire deux parts du pays: les côtes auraient appartenu aux chrétiens, et les montagnes aux Musulmans. Mais il exigeait que les forteresses d'Ascalon et de Daroum fussent rasées. Richard insista pour qu'on lui laissât ces deux places, et les deux princes, ne pouvant venir à bout de s'entendre, reprirent les armes. Saladin dirigea ses forces contre Jaffa, qui n'était défendue que par trois mille hommes. La ville fut prise après quelques jours de siége, et une multitude de chrétiens furent massacrés. Ceux qui s'étaient retirés dans la citadelle étaient sans espoir de salut, lorsque le patriarche Albert, qui était nouvellement élu, fit demander une trève à Saladin par Malek-Adel, frère du sultan. Le patriarche s'offrit lui-même en otage, et obtint la trève dont il se donnait pour garant; mais il fut convenu que ceux qui restaient dans la citadelle payeraient, pour se racheter, chacun une somme déterminée, si les assiégés n'étaient point secourus.

Richard reçut cette nouvelle à Ptolémaïs. Maître de toute la côte méridionale de la Palestine, mais manquant de forces suffisantes pour s'emparer de Jérusalem, il avait conçu le projet de remettre les chrétiens en possession de la côte septentrionale, et il allait se diriger vers Baïrout, lorsqu'il apprit les événements de Jaffa; il s'écria alors qu'il ferait ce qu'il pourrait pour secourir les malheureux chrétiens. Il ordonna à l'armée de se disposer à marcher. Le duc de Bourgogne refusa d'obéir à cet ordre. Richard arriva par mer devant Jaffa, au milieu de la nuit. Le lendemain, la garnison de la citadelle devait se rendre aux Musulmans. Dès la pointe du jour, ceux-ci exigèrent des assiégés qu'ils leur payassent le prix de la rançon convenue. A mesure que les chrétiens payaient les besants promis, les infidèles leur coupaient la tête et les jetaient dans un fossé. Sept avaient déjà été décapités de cette façon, et les autres poussaient des cris lamentables, lorsque les bourreaux s'éloignèrent d'eux pour courir sur le rivage, où Richard tentait de débarquer. Au milieu de la résistance qu'on lui opposait, il aperçut un homme qui se dirigeait en nageant vers sa barque : c'était un prêtre qui venait lui dire que les chrétiens qui restaient dans la tour allaient être immolés comme des brebis sans défense, si Dieu ne les secourait par son moyen. *Périsse celui qui ne s'avancera pas avec moi !* s'écria aussitôt Richard, et se jetant le premier dans l'eau jusqu'à la ceinture, il atteignit le rivage, suivi de ses plus braves guerriers. Tous les autres s'élancèrent également dans les flots, et fondirent avec impétuosité sur les Musulmans, qui perdirent courage devant l'intrépidité de Richard. Le roi pénétra dans la ville, où il fit arborer sa bannière, pour qu'elle fût aperçue des chrétiens qui étaient dans la forteresse. A cette vue, ils prennent leurs armes, descendent de la tour, et marchent à la rencontre de Richard, qui, renversant partout les ennemis sur son passage, joncha de cadavres les places publiques de Jaffa. Il poursuivit même les fuyards hors de la ville, n'ayant avec lui que trois cavaliers, afin, ajoute la chronique, qu'on ne pût pas dire qu'il avait épargné les ennemis du Christ que Dieu avait livrés entre ses mains. Saladin s'enfuit aussi, et Richard planta sa tente là où était celle du sultan quelques heures auparavant. Ainsi fut dispersée l'armée musulmane par une poignée de chrétiens. Le roi fit relever les murs de Jaffa; mais il campait lui-même hors de la ville. Quelques guerriers de l'armée innombrable des infidèles, qui ne tarda pas à s'avancer, formèrent le projet de surprendre Richard, dans sa tente, pendant la nuit. Il n'avait autour de lui que quarante-cinq chevaliers, un petit nombre de fantassins, quelques Génois et quelques Pisans : toute cette troupe ne s'élevait pas à deux mille hommes. Tandis que les Musulmans, qui se disposaient à enlever Richard, s'approchaient du camp, un débat s'éleva entre eux sur la manière de l'attaquer. Un Génois les aperçut alors à la première lueur du jour, et cria aussitôt *aux armes!* Le roi s'éveille en sursant, saute de son lit, endosse sa cuirasse, et il avait eu à peine le temps de se vêtir, que les infidèles pénétraient déjà dans le camp. Les chrétiens n'avaient que dix chevaux, trouvés au hasard et peu exercés au combat; le roi en monte un, et les autres sont montés par neuf chevaliers de sa suite. Richard dispose sa petite troupe à recevoir le choc des Musulmans. « Il n'y a pas moyen de fuir, dit-il en parcourant les rangs ; les ennemis occupent toutes les issues : tenter la fuite, c'est courir à la mort. Recevons avec reconnaissance la couronne du martyre qui nous attend ; mais, avant de succomber, vengeons notre mort, et rendons grâces à Dieu pour la faveur qu'il nous accorde de mourir pour lui. » Les chrétiens opposèrent une résistance inébranlable à l'impétuosité de l'ennemi, et le roi porta le désordre dans ses rangs en s'y précipitant, suivi du petit nombre de chevaliers qui avaient des chevaux. Au milieu de la mêlée, il dégage lui-même le comte de Leicester et le comte Raoul de Mauléon, que les Musulmans entraînaient. Il pourfendait tous ceux qu'il atteignait, et Vinisauf rapporte qu'il mania son épée avec tant de violence, que la peau de sa main droite se fendit. Tout à coup un grand cri, parti de Jaffa, annonça au roi que les Musulmans avaient pénétré dans la ville ; il court aussitôt vers le point menacé avec deux cavaliers et quelques balistaires. Il rencontre sur une place de la ville trois émirs avec une escorte nombreuse ; il fond sur eux, tue les cavaliers, enlève deux chevaux, et met l'ennemi en fuite. « Les infidèles, dit Vinisauf, étaient si effrayés à l'aspect de Richard, qu'ils se dispersaient de tous côtés, cherchant une issue là où il n'y en avait pas. » Après cet exploit, Richard retourne vers les siens, qui combattaient hors de la ville, et sans s'occuper du nombre des ennemis, il s'enfonce et disparaît au milieu de leur armée. A la vue de tant de valeur, les cheveux des infidèles se *hérissaient*, dit le chroniqueur, et il ajoute que les chrétiens furent évidemment secourus par la miséricorde divine, puisqu'ils furent vainqueurs dans cette journée et qu'ils ne perdirent que deux des leurs. Les historiens arabes prétendent que les soldats de Saladin, conservant un vif ressentiment de ce qu'on les avait empêchés de piller Jaffa, refusèrent de combattre. En vain le sultan indigné parcourut les rangs pour exciter les guerriers ; en vain son fils Daher donna lui-même l'exemple en se précipitant sur l'ennemi, aucun ne voulut marcher, disent ces historiens. Le récit de Vinisauf est-il admissible, lorsqu'on y lit que quinze cents chevaux et neuf mille Musulmans restèrent sur le champ de bataille ? Le chroniqueur a parfaitement raison de dire que l'esprit du lecteur est confondu. Il faut bien cependant que les cadavres aient été nombreux, puisque leur corruption occasionna une épidémie dans l'armée chrétienne. Richard tomba malade, et dut songer à conclure une trêve avec Saladin. Il écrivit à Malek-Adel, qui, selon la chronique, avait une grande estime pour lui, afin d'obtenir du sultan, par l'entremise de son frère, les meilleures conditions que la circonstance permît d'espérer. La lassitude de la guerre était égale de part et d'autre, et l'armée de Richard s'affaiblissait de plus en plus, tandis que celle de Saladin se maintenait sur un pied redoutable par les secours qu'elle recevait d'Egypte. La paix ne tarda pas à être conclue. Il fut stipulé qu'elle aurait lieu sur terre et sur mer, pendant trois ans, à dater du commencement de septembre 1192, dit Boha-Eddin, qui rédigea le traité. D'autres auteurs disent que la durée de la paix fut fixée à trois ans et trois mois, ou à trois ans et huit mois. La possession de Jaffa, de Césarée, d'Arsur, de Caïfa, d'Acre, de Tyr et de la moitié des territoires de Lydda et de Ramla, fut assurée aux chrétiens ; le reste de la Palestine demeura aux Musulmans. Il fut convenu que la ville d'Ascalon serait rasée par le concours des deux parties, afin que ni l'une ni l'autre ne pût s'y établir. Il ne fut rien dit des prisonniers dans le traité ; chacun garda les siens, et on les laissa libres de se racheter eux-mêmes. Ainsi, Boha-Eddin rapporte que l'émir Caracousch, ancien gouverneur d'Acre, obtint sa liberté, après la conclusion de la paix, moyennant quatre-vingt mille pièces d'or. La principauté d'Antioche et le comté de Tripoli furent compris dans la trêve. Cette paix fut jurée, du côté des chrétiens, par le comte Henri de Champagne, par les Hospitaliers, par les Templiers et par les principaux seigneurs, et du côté des Musulmans, par Malek-Adel, par Daher et Afdal, fils de Saladin, et par les principaux émirs possédant des fiefs. Richard se dispensa d'engager sa parole, en disant que les rois ne faisaient pas de serments. Vinisauf dit que Richard ne pouvait espérer un meilleur traité, et il ajoute que quiconque pensera autrement sera convaincu de mauvaise foi.

Les deux peuples furent également satisfaits de la paix, parce qu'ils étaient également fatigués de la guerre. Boha-Eddin rapporte que le jour où le traité fut conclu fut comme un jour de fête. De part et d'autre on se livra aux transports d'une joie si vive, que Dieu seul put en mesurer l'étendue, dit l'historien arabe, qui ajoute cependant : « Le sultan ne se décida à un accommodement qu'avec une extrême répugnance. Un jour il me dit : *En vérité, j'ai peine à me résoudre à un accommodement quelconque. Je ne sais ce que Dieu veut faire de moi. Il serait possible que, par la suite, l'ennemi reprît de nouvelles forces, et qu'avec les places qu'il a entre les mains, il recouvrât toutes celles qu'il a perdues.* Telle était sa manière de voir, poursuit Boha-Eddin, et il avait raison. S'il agit autrement, ce fut à cause de la mauvaise volonté de ses troupes. Mais Dieu savait mieux que lui ce qui arriverait. Comme il mourut peu de temps après, cette paix fut une circonstance fort heureuse ; autrement l'islamisme aurait couru un extrême danger. Ainsi, par le fait, cette paix fut pour nous un grand bonheur et un bienfait signalé de Dieu. » Une lettre écrite par Saladin au calife de Bagdad prouve aussi que le sultan n'avait conclu la paix que parce qu'il y avait été forcé. Le sultan se plaint, dans cette lettre, du découragement de ses émirs, et ajoute qu'au reste le point important était de faire partir le roi d'Angleterre ; que jamais l'Occident ne pourrait envoyer en Palestine une armée aussi formidable que la première, et que, le terme du traité expiré, on prendrait sans peine aux chrétiens les villes qui leur restaient encore.

Après la conclusion de la trève, Saladin fit proclamer que le chemin était ouvert à tous les pèlerins qui voudraient visiter Jérusalem, et les deux peuples se mêlèrent comme s'ils avaient toujours été frères, dit un historien arabe. Les chefs de l'une et l'autre armée se firent réciproquement des présents.

Richard, qui n'avait pas oublié que les Français lui avaient refusé leur secours plusieurs fois, leur refusa à son tour un sauf-conduit pour aller à Jérusalem visiter le tombeau du Seigneur, et ils furent obligés de retourner en Occident sans avoir accompli ce pèlerinage. Après leur départ, il fit partager en trois caravanes les pèlerins qui voulaient aller prier au Saint-Sépulcre, et Malek-Adel veilla à l'exécution des ordres du sultan, qui prescrivaient de leur donner une escorte de sûreté. Gauthier Vinisauf fit lui-même partie de la seconde de ces caravanes. « Arrivés, dit-il, à la vue de Jérusalem, nous fléchîmes le genou, et nous rendîmes humblement grâces à Dieu. Ceux qui étaient à cheval nous devancèrent pour satisfaire leur empressement d'adorer le tombeau du Sauveur. Ils se vantèrent d'avoir vu et vénéré la Vraie Croix, que leur montra Saladin, qui la retenait depuis la bataille de Tibériade. Pour nous autres piétons, nous vîmes ce que nous pûmes, et nous saluâmes les monuments du Seigneur, où nous déposâmes plusieurs offrandes ; mais comme ces offrandes étaient enlevées par les Sarrasins, nous distribuâmes les autres à ceux des Francs et des Syriens que nous vîmes réduits en servitude. » Le chroniqueur ajoute que la caravane gémit sur les profanations des Lieux Saints par les infidèles.

Le duc de Bourgogne mourut à Tyr, dans les accès d'une fièvre frénétique, au moment où il se disposait à retourner en Europe.

Richard s'embarqua à Ptolémaïs, avec la reine sa femme, pour retourner en Europe, au mois d'octobre 1192. Vinisauf rapporte qu'en voyant partir le vaisseau qui emportait Richard, les pèlerins qui restaient en Palestine s'écriaient en soupirant : « O terre de Jérusalem, qui pourra désormais te secourir, puisque tu perds le plus intrépide de tes défenseurs ! » Le vaisseau vogua toute la nuit à la clarté des étoiles. Le lendemain matin, le roi tourna les yeux vers la terre qu'il venait de quitter, et après un long silence, il prononça ces paroles, qui furent entendues, dit Gauthier Vinisauf, de plusieurs personnes : « O terre sainte, je te recommande à Dieu : si le ciel m'accorde assez de vie, et si c'est sa volonté, j'espère t'apporter un jour d'autres secours. » Après cette prière, le roi ordonna aux nautonniers de faire force de voiles.

Nous avons pensé que le meilleur moyen de faire connaître l'esprit de la troisième croisade, c'était de donner à notre récit une couleur empruntée à celui des témoins oculaires de ces chevaleresques événements.

On trouve, dans une chronique allemande, le récit d'un épisode de la troisième croisade. Cette chronique rapporte que soixante navires, portant plus de dix mille croisés allemands, prirent la route de l'Océan et abordèrent sur les côtes de Galice en Espagne. Les croisés se mirent en route pour aller prier au tombeau de saint Jacques. Mais le bruit s'étant répandu dans le pays qu'ils voulaient enlever de force le chef de ce saint si cher aux Espagnols, les habitants de Compostelle se rassemblèrent pour leur interdire l'entrée du lieu où reposent les restes de l'apôtre. Quelques pèlerins furent tués à cette occasion ; mais des hommes prudents intervinrent, et la paix se rétablit. La flotte, remettant à la voile, se dirigea vers les côtes d'Afrique, où les croisés s'emparèrent d'une ville considérable, qu'ils livrèrent au pillage, et dont les habitants musulmans furent massacrés. Les croisés allemands arrivèrent ensuite dans la terre sainte.

L'avantage de la troisième croisade, où l'on vit aux prises l'Europe, l'Asie et l'Afrique, resta aux Musulmans, puisque, à quelques villes près, ils gardèrent toutes leurs conquêtes, et particulièrement Jérusalem, objet de la guerre. La prise de Saint-Jean-d'Acre et la démolition d'Ascalon furent donc les seuls résultats de cette croisade, qui décima la noblesse de France, d'Allemagne et d'Angleterre. Des deux héros de cette guerre, Richard et Saladin, le défenseur de la foi chrétienne ne l'emporta sur le champion du Coran que par une bravoure plus aventureuse. Mais la valeur guerrière fut chez Richard la seule qualité qui rappelât Godefroy de Bouillon, le glorieux type du chevalier chrétien.

Le nombre des hommes qui périrent dans la troisième croisade est très-considérable. Boha-Eddin rapporte que, dans le cours des négociations qui eurent lieu pour la paix, il demanda à Balian d'Ibelin à quel nombre il estimait les chrétiens qui étaient morts dans cette lutte ? Balian répondit : « A partir du commencement du siége d'Acre, il est venu d'Occident cinq ou six cent mille hommes, et une très-petite partie seulement a revu ses foyers; cent mille environ ont été tués, le reste est mort de maladie ou a été englouti dans la mer. » Les pertes des Musulmans furent moindres sans doute que celles des chrétiens, parce qu'ils n'avaient pas la mer à traverser, et qu'ils combattaient dans leur propre pays.

Vinisauf fait observer qu'on peut très-bien répondre à ceux qui reprochent à la troisième croisade de n'avoir produit que de faibles avantages temporels, pour les colonies chrétiennes d'Orient, qu'elle a été une occasion de salut pour cent mille martyrs, morts pour la gloire de Dieu dans cette sainte expédition.

QUATRIÈME CROISADE.

La vieillesse n'empêcha pas le pape Célestin III, qui était monté sur le trône pontifical à l'âge de quatre-vingt-trois ans, de s'occuper activement de soulever une quatrième tois l'Europe chrétienne contre l'islamisme. Mais tandis que les papes ne cessaient de se montrer inébranlablement attachés au grand dessein de délivrer les chrétiens d'Orient de toutes leurs chaînes, les rois ne s'occupaient que des intérêts de leurs rivalités et de leur ambition. Le chroniqueur anglais, Guillaume de Neubridge, rapporte que l'empereur Henri VI, « pour expier les fautes qu'une honteuse avarice lui avait fait commettre envers un prince chrétien, et pour appliquer à un usage pieux l'argent qu'il avait enlevé à l'Angleterre, résolut de secourir les restes malheureux de l'Eglise d'Orient. Il considérait aussi que c'était par sa faute que deux grands rois (ceux de France et d'Angleterre), abandonnant les affaires du Christ, ne cherchaient que leurs propres intérêts, et brisaient, comme des tyrans, les forces de la chrétienté, en se livrant à des haines funestes. Voulant donc réparer ces malheurs par une entreprise religieuse, l'empereur convoqua à Worms une assemblée où fut résolue la quatrième croisade. Il voulait lui-même prendre la croix, mais tous les assistants l'en détournèrent par des raisons puissantes. On disait qu'il était plus utile que le prince restât dans l'empire, afin de fournir à tous les besoins de la croisade. » Les chrétiens d'Orient, de leur côté, ne négligeaient aucun moyen d'engager le fils de Frédéric Barberousse à venir à leur secours. Ils lui écrivirent, au rapport des historiens arabes, que le corps de son père n'avait pu être déposé à Jérusalem, suivant les dernières volontés de ce prince : « Nous conservons encore à Tyr les restes de votre père ; ces précieux restes attendent qu'on vienne les tirer de leur prison pour les porter à Jérusalem ; ce ne sera qu'alors qu'ils jouiront du repos. Profitez du moment, pendant que les Musulmans sont en querelle les uns avec les autres. » Les princes ayoubites se disputaient, en ce moment, les armes à la main, la succession de Saladin, et les chrétiens pouvaient, en effet, tirer parti de l'état de trouble où la mort de leur terrible ennemi avait jeté la Syrie et l'Egypte. La diète de Worms s'assembla le jour de la fête de Saint-André 1195. L'empereur, en engageant les assistants à prendre la croix, parla avec une éloquence qui est mentionnée par les écrivains contemporains. Mais les desseins ambitieux qu'il nourrissait, et le désir qu'il avait de conquérir la Sicile, le déterminèrent facilement à se rendre aux prières qui lui furent faites de ne pas s'éloigner d'Europe. La croisade fut d'ailleurs prêchée avec succès en Allemagne. La promesse de trente onces d'or, que fit l'empereur à tout pèlerin qui s'enrôlerait sous la bannière de la croix, est toutefois une preuve de l'affaiblissement de l'enthousiasme religieux. Arnold de Lubeck prétend qu'on ne peut pas douter que l'empereur ne fût croisé de cœur. Ses actes alors n'étaient point en harmonie avec ses intentions ; car, tandis que les pèlerins allemands prenaient le chemin de la Palestine, Henri se dirigea vers la Sicile, objet de ses convoitises. Une première troupe de guerriers de la Germanie s'achemina vers Constantinople, sous la conduite de l'archevêque de Mayence, et de Valeran de Limbourg. Marguerite, reine de Hongrie, se joignit à cette armée qui, de la capitale de l'empire grec, se rendit par mer sur les côtes de Syrie. La trêve conclue avec Saladin, en 1192, avait été renouvelée à son expiration, et le roi Henri de Champagne, avec les barons de son royaume, n'aurait pas voulu qu'on rompît la paix avant l'arrivée en Orient de toutes les forces allemandes. La discorde éclata à ce sujet entre les chrétiens de la Palestine et les croisés, qu'animait une impatiente ardeur d'entrer en campagne. Ces derniers, en rallumant la guerre par une invasion sur le territoire des infidèles, firent cesser les désunions qui divisaient les princes ayoubites, et tous les Musulmans se réunirent sous les drapeaux du sultan de Damas, Malek-Adel, frère de Saladin, qui alla mettre le siége devant Jaffa. Henri de Champagne se disposait à marcher à la défense de cette ville, lorsqu'il périt malheureusement en tombant d'une fenêtre, en 1197. Au milieu du deuil que causa sa mort à Ptolémaïs, on apprit que les Musulmans s'étaient emparés de Jaffa, et que vingt mille chrétiens y avaient été exterminés. Une seconde troupe de croisés allemands, qui était partie des ports de la Baltique et de l'Océan, sous le commandement des ducs de Saxe et de Brabant, et qui s'était arrêtée en route sur les côtes de Portugal, arriva fort à propos pour relever les chrétiens de leur abattement. Ils sortirent de Saint-Jean-d'Acre avec la résolution d'aller assiéger l'importante place de Baïrout. Malek-Adel marcha contre eux à la tête de son armée, et les rencontra entre Tyr et Sidon, dans une plaine arrosée par l'Eleuthère. Les chrétiens opposèrent à sa cavalerie des rangs impénétrablement serrés, et remportèrent une victoire complète. Le sultan fut blessé sur le champ de bataille, où restèrent un grand nombre de ses émirs. Une lettre écrite à l'archevêque de Cologne par le duc de Saxe, qui était présent à cette action, fait connaître les fruits qu'en recueillit la cause chrétienne. « Dès ce moment, dit ce prince, les infidèles n'ont plus osé nous attaquer ; en sorte que, dès le jour même, nous avons eu l'avantage d'asseoir notre camp sur les bords du fleuve de Sidon. Et comme nos vaisseaux précédaient l'armée, les Sarrasins qui étaient dans le port de Baïrout, les voyant s'avancer, furent saisis de crainte, et abandonnèrent ce port, qui était très-fortifié. Pour nous, le lendemain, en poursuivant l'armée ennemie, nous nous emparâmes, sans aucun obstacle, de ce lieu si propre à la résistance, et nous y trouvâmes une si grande quantité d'armes de toute espèce, que vingt chariots étaient à peine suffisants pour les transporter. Nous y trouvâmes également tant de vivres, qu'ils auraient pu suffire à alimenter cinq cents hommes pendant plus de sept ans. Comme nous séjournâmes en cet endroit pendant vingt jours, les autres Sarrasins, craignant notre arrivée, abandonnèrent le château de Giblet et un autre château très-fortifié. Etant donc instruits que tous les ports voisins de la mer étaient, jusqu'à Antioche, au pouvoir des chrétiens, tournant aussitôt notre marche vers le territoire de Sidon, nous ravageâmes tout le pays qu'avaient occupé les Sarrasins. Ainsi ayant, avec le secours du ciel, chassé les Sarrasins, qui n'osent plus paraître, nous espérons que dans peu nous pourrons prendre la cité sainte de Jérusalem ; car les Sarrasins, apprenant que notre armée est forte et animée du même esprit, n'osent plus se montrer dans aucune occasion. »

L'empereur Henri VI étant parvenu à subjuguer la Sicile, tourna ses vues vers l'Orient. Arnold de Lubeck est le seul chroniqueur qui nous ait laissé une intéressante narration de ce qui se passa en Palestine pendant la quatrième croisade. Il dit qu'une flotte de quarante-quatre vaisseaux se rassembla à Messine, par ordre de l'empereur, et que les croisés partirent sous la conduite du chancelier de l'empire, Conrad, récemment nommé évêque. Conrad emportait avec lui des trésors considérables, que l'empereur lui avait envoyés pour les distribuer aux guerriers placés sous ses ordres. Il relâcha dans l'île de Chypre, y couronna le roi de la part de l'empereur, et se rendit delà à Acre, dans l'automne de l'an 1197. L'arrivée des croisés allemands inspira une grande joie aux habitants de cette ville. Mais l'approche de l'hiver fit remettre à l'année suivante l'expédition projetée, pour reprendre Jérusalem.

Les premiers croisés allemands, après avoir séjourné quelque temps à Baïrout, dont ils avaient détruit les murailles, s'étaient réunis à ceux qui venaient d'arriver sous la conduite du chancelier de l'empire, lorsqu'ils apprirent la mort de l'empereur. Cette nouvelle jeta la tristesse et l'inquiétude dans l'armée; mais, dit Arnold de Lubeck, la prudence n'abandonna point les chefs : dans une assemblée qu'ils tinrent, il fut résolu que tous les grands du royaume, qui étaient présents, prêteraient serment de fidélité au fils de l'empereur. Cette mesure rétablit le calme. Il fut décidé qu'on irait faire le siége de Thoron, forteresse située à peu de distance de Tyr. Comme cette place, ajoute le chroniqueur que nous venons de citer, était sur un lieu escarpé et de difficile accès, les chrétiens usèrent d'un genre d'attaque inconnu aux ennemis. Il y avait parmi eux des Saxons employés depuis longtemps aux travaux des mines d'argent de Goslar; ils se mirent à l'œuvre, et lorsque la montagne fut creusée, et qu'on eut mis le feu à la mine, les murs de la forteresse tombèrent. Les ennemis, effrayés en voyant le château s'écrouler sans qu'on eût employé les machines de guerre en usage, offrirent de capituler, à la condition de sortir de la place. Ces conditions furent acceptées par les princes chrétiens, et la paix fut conclue entre eux et la garnison du château. Mais des dissentiments éclatèrent dans l'armée, qui s'était livrée, dit le chroniqueur, à des vices qui avaient amolli les courages. La désunion s'étant mise entre les chefs et les soldats, on courut aux armes et on attaqua les ennemis, qui étaient unis, tandis que les croisés étaient divisés. Cependant la disette se fit sentir dans l'armée chrétienne, et on fut obligé d'envoyer chercher des vivres à Tyr. Quand les provisions furent arrivées au camp, les chefs firent publier qu'on se disposât à combattre les infidèles le lendemain. Cet ordre excita dans tous les cœurs des transports de joie. « Mais, dit le chroniqueur, lorsqu'on se préparait dévotement au combat, le bruit se répandit tout à coup que toute la suite du chancelier et des autres princes avait pris le chemin de Tyr, emmenant les bêtes de somme chargées de tous les bagages. Les croisés, effrayés à cette nouvelle étrange, se hâtent de rassembler leurs effets, et de suivre au plus vite, les uns à pied, les autres à cheval, les chefs qui les abandonnaient. Cette retraite ne se fit point sans tumulte, sans douleur, sans gémissements. Combien de malades et de blessés se virent sur le point de devenir la proie de l'ennemi ! Remplis de crainte et d'effroi, ils essayèrent de se sauver par la fuite. Les uns avaient perdu courage; les autres, dans leur aveuglement, se traînaient dans des chemins détournés. Le ciel parut indigné de cette retraite; car la tempête, le tonnerre, les éclairs, la pluie et la grêle ne cessèrent de poursuivre les fuyards. » Othon de Saint-Blaise attribue le mauvais succès du siége de Thoron à une trahison des Templiers. « On rapporte, dit-il, que les chevaliers du Temple, gagnés par l'argent des infidèles, persuadèrent au chancelier Conrad, qui était à la tête de cette expédition, de lever le siége. Les croisés ayant ainsi vendu le Christ aux païens, comme autrefois on le vendit aux Juifs, se retirèrent. Cependant les Templiers ne gagnèrent pas plus à cette trahison que Judas avec ses trente pièces d'argent ; car ils ne reçurent des infidèles qu'une monnaie fausse, recouverte d'or, et il ne leur resta qu'un opprobre éternel pour prix de leur félonie. Si cette forteresse était tombée au pouvoir des chrétiens, ajoute le chroniqueur, la puissance des infidèles aurait été très-affaiblie dans la terre sainte. » Le silence des écrivains arabes ne permet pas d'admettre l'accusation portée contre les Templiers par Othon de Saint-Blaise. Mais il n'est que trop vrai que la discorde s'était introduite entre les croisés allemands, qui étaient loin d'être même d'accord entre eux, et les chrétiens de Syrie, au point que, tandis que ceux-ci rentrèrent dans Ptolémaïs, les Allemands se retirèrent à Jaffa. Malek-Adel espéra tirer parti de ces divisions, et vint attaquer les croisés retirés à Jaffa. Mais il fut battu dans un combat qu'il leur livra près de cette ville, et dans lequel il leur fit acheter la victoire au prix de la perte du duc de Saxe et du duc d'Autriche. Après ce succès, les Allemands traitèrent les chrétiens du royaume de Palestine avec une insolence qui parut intolérable à ceux-ci ; et, au milieu de ce désordre, ils prièrent la reine Isabelle, restée veuve par la mort du roi Henri, de faire choix d'un nouvel époux, qui pût prendre d'une main ferme les rênes du gouvernement. Elle offrit alors sa main à Amaury de Lusignan, qui avait succédé à son frère Gui, comme roi de Chypre, et leur mariage fut célébré avec pompe à Ptolémaïs, en 1197. A la mort de l'empereur Henri VI, le pape avait écrit aux croisés allemands pour les engager à ne point abandonner la Palestine, et le comte de Montfort, qui arriva en Orient avec une troupe de pèlerins français, joignit ses instances à celles du souverain pontife pour obtenir des Allemands qu'ils différassent leur départ. Mais, dans leur impatience de s'éloigner de la terre d'Asie, ils ne tinrent compte d'aucune observation. Ils laissèrent, en partant, une garnison dans Jaffa. Les Musulmans profitèrent, pour la surprendre, des excès de débauche auxquels elle se livrait, et la massacrèrent, le jour de la Saint-Martin 1198. Vingt mille guerriers chrétiens périrent ainsi dans cette journée. Toutes les villes de la côte de Syrie, qui venaient d'être reconquises sur les infidèles, restèrent sans défenseurs. Le comte de Montfort n'eut rien de mieux à faire que de conclure avec les Musulmans une trève de trois ans. Ainsi se termina la quatrième croisade, qui avait été entreprise sous les auspices d'un prince frappé d'excommunication, et dans laquelle on ne vit paraître ni enthousiasme religieux chez les pèlerins, ni capacité chez les chefs, ni discipline chez les soldats. Les Allemands ne firent preuve, dans cette courte expédition, que de courage dans les combats.

CINQUIÈME CROISADE.

La situation de l'Europe, à la fin du XIIe siècle, semblait annoncer que les chrétiens de la terre sainte ne devaient plus compter sur les secours de l'Occident. La rivalité de Philippe-Auguste et de Richard Cœur-de-Lion prolongeait entre la France et l'Angleterre une guerre qui détournait ces deux pays de toute pensée étrangère à cette lutte, et la mort de l'empereur Henri VI avait laissé l'Allemagne dans un grand état de trouble. Mais l'avénement d'Innocent III au trône pontifical, au commencement de l'année 1198, plaça sur le siége de saint Pierre un héritier du génie de Grégoire VII, et inaugura l'espérance d'un meilleur avenir pour la chrétienté. Le jeune pontife écrivit et envoya des légats à tous les princes chrétiens, pour les engager à faire la paix entre eux et à tourner toutes leurs forces contre les ennemis de la foi. Innocent renouvela tous les priviléges spirituels accordés par Urbain II aux guerriers qui prenaient la croix, et la charité des fidèles fut appelée à contribuer au soutien de la milice que la voix de la religion eut mission de recruter chez tous les peuples. En même temps qu'il prescrivait la levée de taxes destinées à subvenir aux frais de la sainte expédition, le pape donnait lui-même l'exemple des généreux sacrifices dont il recommandait la pratique, en faisant don à la caisse de la croisade de sa vaisselle d'or et d'argent. Deux légats furent envoyés à l'empereur grec pour l'inviter à concourir *à la destruction du mahométisme*. Il y avait alors un homme en France qui prêchait la parole de Dieu avec le plus grand succès, et au moyen duquel, suivant l'expression de Villehardouin, Notre-Seigneur fit tout plein de miracles. C'était Foulques, curé de Neuilly-sur-Marne. L'historien que nous venons de citer nous apprend que la renommée du curé de Neuilly alla jusqu'au saint Père, qui lui donna la mission de prêcher la croisade en son nom et de l'autorité du saint-siége apostolique. L'effet de cette prédication produisit des fruits de pénitence si abondants et si extraordinaires, et fit tant de recrues pour l'armée de la croix, qu'un chroniqueur s'abstient de raconter ces prodiges, dans la crainte, dit-il, de provoquer l'incrédulité du lecteur.

Foulques enrôla surtout un grand nombre de seigneurs sous la bannière de la croisade, en faisant entendre sa parole dans un tournoi qui réunit en Champagne, dans l'année 1199, la fleur de la noblesse de France. Au premier rang des seigneurs qui prirent l'engagement d'aller combattre les infidèles figuraient le jeune Thibaut III, comte de Champagne, frère de Henri, qui avait été roi de Jérusalem, et fils de Henri Ier, qui avait accompagné Louis VII dans la seconde croisade, et qui était retourné en Palestine en 1178, Louis, comte de Chartres et de Blois, parent de Thibaut, et descendant d'un des chefs de la première guerre sainte, le comte de Saint-Pol, le comte Gauthier et le comte Jean de Brienne, Matthieu de Montmorency, Simon de Montfort, qui avait conclu en terre sainte une trève avec les Musulmans, après la quatrième croisade, et Geoffroy de Villehardouin, maréchal de Champagne, qui a écrit l'histoire de l'expédition qui se préparait. Plusieurs évêques prirent également la croix de pèlerin. La guerre sainte fut aussi prêchée sur les bords du Rhin par Martin Litz, abbé d'un monastère de l'ordre de Cîteaux ; dans les campagnes de la Bretagne, par Herloin, moine de Saint-Denis, et en Angleterre, par Eustache, abbé de Flay Les annales de l'abbaye de Waverley rapportent que les légats et les religieux, envoyés par Innocent III pour prêcher la croisade, eurent tant de succès en Angleterre, qu'une multitude incroyable d'hommes, de femmes et d'enfants prirent la croix. Baudouin, comte de Flandre, avec ses deux frères Eustache et Henri, s'engagea à aller combattre les Musulmans à la tête de la majeure partie de la noblesse flamande. Les chefs de la croisade se réunirent à Soissons et ensuite à Compiègne. Le comte de Champagne fut nommé commandant de l'armée, malgré sa jeunesse, et il fut décidé que les croisés se rendraient par mer en Orient. Six députés, désignés par les comtes de Champagne, de Flandre et de Blois, furent envoyés à Venise pour obtenir de la république les navires nécessaires au transport de l'expédition. Le vieux doge Dandolo promit de satisfaire à leur demande au prix de quatre-vingt mille marcs d'argent, et à la condition que la moitié des conquêtes qui seraient faites en Orient appartiendrait à la république. Le doge s'engagea en même temps à armer cinquante galères vénitiennes. Les envoyés français et flamands acceptèrent ce traité, dans lequel Dandolo n'avait pas oublié les intérêts de sa patrie. Une assemblée du peuple de Venise fut convoquée dans l'église de Saint-Marc, où une messe du Saint-Esprit fut célébrée. « La messe achevée, dit Villehardouin, le duc envoya vers les députés et leur fit dire qu'il estoit à propos qu'ils requissent et priassent humblement tout le peuple de vouloir agréer les traités. Les députés vinrent ensuite à l'église, où ils furent regardés d'un chacun, et particulièrement de ceux qui ne les avoient encore veus. » Alors Geoffroy de Villehardouin, maréchal de Champagne, prenant la parole pour ses compagnons, et de leur consentement, dit : « Seigneurs, les plus grands et les plus puissants barons de France nous ont envoyés vers vous pour vous prier, au nom de Dieu, d'avoir compassion de Jérusalem, qui gémit sous l'esclavage des Turcs, et de vouloir les accompagner en cette occasion, et de les assister de vos forces et de vos moyens pour venger l'injure faite à nostre Seigneur Jésus-Christ, ayant jeté les yeux sur vous, comme ceux qu'ils savent être les plus puissants sur la mer, et nous ont chargés de nous prosterner à vos pieds, sans nous relever que vous ne leur ayez donné la satisfaction de leur octroyer leur requeste, et promis de les assister au recouvrement de la terre sainte. » Le doge, ajoute l'historien, et tout le peuple s'écrièrent d'une voix unanime, en levant les mains : Nous l'accordons, nous l'accordons. « Puis s'éleva, au rapport du maréchal de Champagne, un bruit et un tintamarre si grand, qu'il sembloit que la terre dût abismer. » Le doge et les députés jurèrent ensuite le traité sur les saints Evangiles.

La présence au delà des Alpes des envoyés des croisés français et flamands éveilla, chez un grand nombre d'habitants de la Lombardie et du Piémont, la belliqueuse résolution de prendre les armes pour la cause de la terre sainte. Boniface, marquis de Montferrat, fut choisi par ces pèlerins pour marcher à leur tête. Au retour de la députation qui avait été envoyée à Venise, Thibaut de Champagne, quoique malade, demanda son cheval de bataille et voulut partir sur-le-champ. Mais cet effort acheva d'épuiser les forces de ce jeune prince, qui était l'espoir de la croisade, et il mourut au printemps de l'année 1201, léguant tout l'avoir qu'il devait porter en son voyage à ses compagnons d'armes, suivant l'expression de Villehardouin. Il fut inhumé dans l'église de Saint-Etienne de Troyes, et son épitaphe disait que, *tandis qu'il cherchait la Jérusalem terrestre, il avait trouvé la Jérusalem céleste :*

Terrenam quærens, cœlestem repperit urbem.

Le comte de Bar et le duc de Bourgogne refusèrent le commandement de l'armée, qui leur avait été offert par les seigneurs croisés. Ce fut Boniface de Montferrat, frère de Conrad, que la défense de Tyr, après la bataille de Tibériade, rendit célèbre, qui fut proclamé chef de l'expédition. Il vint recevoir la croix à Soissons, en 1201, des mains du curé de Neuilly. On n'avait admis parmi les guerriers qu'il allait conduire au delà des mers, que des soldats disciplinés et habitués au maniement des armes. « Oncques plus belle gent ne fut veue, dit Villehardouin, ni mieux en point et disposée à faire quelque chose de bon pour l'honneur de Dieu et le service de la chrétienté. » Innocent III, qui avait reçu des rois de Jérusalem et d'Arménie, des patriarches de la ville sainte et d'Antioche, et des grands maîtres des ordres militaires, des lettres où était exprimée la détresse des colonies chrétiennes d'Orient, pressa les croisés de terminer les préparatifs de leur départ. Ils trouvèrent, en arrivant à Venise, la flotte, qui devait les porter, prête à mettre à la voile, après le payement toutefois de la somme convenue pour prix de leur transport. Mais la moitié environ des croisés étaient allés s'embarquer dans d'autres ports, et ceux qui avaient été exacts au rendez-vous général de l'armée étaient dans l'impossibilité de remplir l'engagement pris envers les Vénitiens. Le marquis de Montferrat, les comtes de Flandre, de Blois et de Saint-Pol, et plusieurs autres seigneurs, vendirent leur argenterie, et se dépouillèrent de tout ce qu'ils avaient de plus précieux, sans parvenir à compléter la somme qui avait été stipulée. Le doge profita de la situation embarrassante des croisés pour réclamer le secours de leurs armes contre la ville de Zara, qui avait secoué le joug de Venise pour se livrer au roi de Hongrie. Dandolo proposa aux guerriers de la croix d'aider la république à reconquérir cette ville, et leur promit qu'en reconnaissance de ce service, le payement de ce qu'ils devaient ne serait exigé que lorsque leurs victoires en terre sainte les auraient mis à même de s'acquitter. La plupart des croisés furent de l'avis de Villehardouin, qui trouva que le doge tint en cette circonstance un *brave* langage. Mais il s'éleva cependant des voix pour blâmer l'emploi contre une ville chrétienne, des armes destinées à combattre les Musulmans. Le roi de Hongrie, à qui Zara s'était donnée, avait pris la croix, et se trouvait par conséquent placé sous la protection de l'Eglise. Aussi le pape envoya-t-il à Venise le cardinal Pierre de Capoue, pour défendre aux croisés de s'engager dans l'entreprise que leur proposait le doge, et que le souverain pontife qualifia de sacrilége.

Dandolo prétendit qu'il avait droit de se révolter contre l'autorité du saint-siége pour punir les sujets révoltés de la république, et offrit de se mettre lui-même à la tête de l'expédition en prenant la croix. « On lui cousit la croix, dit Villehardouin, sur un gros bourelet embountty de coton pour être plus éminent, parce qu'il voulait que tous la vissent. » Les historiens contemporains remarquent que peu de ses concitoyens imitèrent son exemple. Un chroniqueur fait observer, avec raison, que la pieuse résolution des chefs de la croisade fut ainsi détournée de son but par la fraude et par la fourberie des Vénitiens, *fraude et nequitia Venetorum.* Une magnifique flotte de quatre cent quatre-vingts bâtiments, portant quarante mille hommes de troupes, parut sur l'Adriatique. Trieste et les autres villes de l'Istrie qui s'étaient soustraites à la domination vénitienne y furent d'abord ramenées par la force, et les croisés arrivèrent devant Zara au mois de novembre 1202. « La ville, dit Villehardouin, estoit clause tout autour de murailles et de forteresses moult haultes, si qu'on voudroit rechercher vainement forteresse plus belle. » Gui, abbé de Vaux de Cernay, fut, dans un conseil tenu avant le siége, l'organe du parti parmi les croisés qui ne voulait pas que l'autorité du pape fut méconnue. Alors se leva sur pieds, rapporte Villehardouin, un abbé de l'ordre de Cîteaux, qui leur dit : « Seigneurs, je vous défends par le pape que vous n'assailliez cette place, car elle est de chrétiens, et vous êtes pèlerins croisés pour un autre objet. » Le courageux abbé de Cernay fut interrompu par des menaces, lorsqu'il allait lire une lettre du pape, et sa vie aurait même été menacée, si le comte de Montfort, qui condamnait comme lui l'attaque de Zara, n'eût pris sa défense. « Quand les habitants de Zara, dit l'archidiacre Thomas, dans son *Histoire de Spalatro*, se virent environnés d'une armée, ils s'abandonnèrent à la crainte et ne surent quel parti prendre. La mortalité se mit aussitôt dans la ville; elle fut si grande que ceux qui survivaient et qui se portaient bien ne suffisaient plus pour ensevelir les morts; les cadavres restaient sans sépulture dans les maisons et dans les églises. Les malheureux citoyens ne savaient s'ils devaient s'occuper des funérailles ou des affaires publiques. Ainsi il arriva que cette malheureuse cité, dépourvue de secours, fut prise par les ennemis en peu de temps et sans peine. Le jour de saint Chrysogone, fête célèbre à Zara, la colère divine se manifesta sur ses habitants; car les Vénitiens, sortant en foule de leurs vaisseaux, se précipitèrent sur la ville, s'en emparèrent dans un moment et en firent un désert. Ils renversèrent tous les murs et toutes les tours qui formaient son enceinte; ils dévastèrent toutes les maisons, et n'épargnèrent que les églises. » Les croisés prirent part à l'assaut qui fut livré à la ville, et au pillage dont il fut suivi. Comme la saison était avancée, on résolut de passer l'hiver à Zara. Mais les Vénitiens avaient excité le mécontentement des croisés en s'emparant des plus beaux quartiers de la ville, et, suivant l'expression de Villehardouin, témoin oculaire, « On en vint aux mains à coups d'espée, de lance et d'arbaleste... Les barons employèrent toute la semaine à calmer cette noise. » Arriva alors une lettre du pape qui blâmait la prise de Zara, et qui ordonnait de rendre le butin fait dans une ville chrétienne. Les Vénitiens n'en tinrent aucun compte, et furent excommuniés; mais les croisés français et flamands, envoyèrent des députés à Rome, pour s'excuser, en promettant de réparer leurs torts, et en en demandant pardon au souverain pontife. Cette prompte obéissance leur valut une réponse pleine de douceur, et Innocent III leur envoya sa bénédiction, en les exhortant à partir pour la Syrie, leur permettant, quoi qu'avec amertume de cœur, d'obéir à la nécessité qui les forçait de traverser la mer dans les navires des Vénitiens. Le pape annonçait en même temps aux croisés qu'il avait écrit à l'empereur de Constantinople, pour l'inviter à leur fournir des vivres, et il les autorisait à s'en procurer par la force, en cas de refus.

Avant le départ des croisés de Venise, un jeune prince grec, Alexis, dont le père, Isaac l'Ange, avait été détrôné par son frère Alexis III, avait réclamé l'intervention des guerriers de l'Occident contre cette usurpation. L'historien grec Nicétas est très-intéressant lorsqu'il raconte la prise de Constantinople par les Latins, parce qu'il à été le témoin oculaire de cette grande catastrophe. Alexis, à son avis, commit une grande faute en se bornant à faire arracher les yeux à son frère Isaac, sans lui ôter la liberté. L'empereur détrôné put ainsi entretenir librement des correspondances avec les princes et les peuples de l'Italie, et appeler leur compassion sur ses malheurs. Son fils, libre comme lui, entretenait aussi une correspondance active avec l'Italie. Ces intelligences secrètes favorisèrent la fuite du fils d'Isaac, qui s'échappa de Constantinople, sur un navire pisan, et se retira sur le territoire italien. Les Vénitiens, anciennement alliés des empereurs grecs, étaient alors très-mécontents de la cour de Constantinople, qui avait préféré, depuis quelques années, l'alliance des Pisans à la leur. « Mais, ajoute Nicétas, l'auteur le plus actif de la haine que les Vénitiens portaient aux Grecs était le doge Henri Dandolo, qui, bien qu'il fût aveugle et âgé de quatre-vingts ans, tendait perpétuellement des piéges aux Grecs; il était également fourbe et orgueilleux, et avait la vanité de se faire appeler le *prudent des prudents.* Quand il réfléchissait aux violences que les Vénitiens avaient souffertes sous le règne d'Alexis et d'Isaac l'Ange, et sous ceux d'Andronic et de Manuel, il ressentait un désir si ardent de se venger, qu'il eût mieux aimé perdre la vie que la satisfaction de cette vengeance; mais comme il savait fort bien que les entreprises qu'il aurait dirigées contre les Grecs, n'auraient eu qu'un faible résultat, s'il n'y avait employé que ses seules forces, il s'unit avec les plus anciens et les plus irréconciliables ennemis de l'empire, qui se préparaient à aller en pèlerinage dans la Palestine. C'étaient Boniface, marquis de Montferrat; Baudouin, comte de Flandre; Henri, comte de Saint-Pol; Louis, comte de Blois, et plusieurs autres vaillants hommes, qui étaient tous presque aussi hauts que leurs piques. » Des ambassadeurs de Philippe de Souabe, qui était beau-frère du jeune Alexis, vinrent à Zara, au commencement de l'année 1203, plaider sa cause auprès des seigneurs de la croisade et du doge de Venise. Le parti fidèle aux engagements sacrés pris par les pèlerins s'opposa, par la bouche de l'abbé de Cernay, à ce que les croisés se laissassent encore une fois écarter de leur voie dans l'intérêt d'un prince grec, qui s'était entendu avec les Turcs contre les guerriers Latins, dans la troisième croisade. Mais les Vénitiens, par esprit de rivalité contre les Pisans, qui étaient en bonnes relations avec les Grecs, étaient plus disposés à porter la guerre sur les rives du Bosphore, que sur les côtes de Syrie, ou sur celles d'Egypte, où on proposait d'aller.

Au rapport de plusieurs chroniqueurs, Malek-Adel, prévenu de la réunion d'une armée chrétienne à Venise, aurait envoyé des sommes considérables d'argent au trésor de la république, pour obtenir que les croisés fussent détournés de la route de l'Orient. Les rangs du parti qui, parmi les Français et les Flamands, voulait qu'on prît la défense des droits d'Alexis et de son père, comptaient des ecclésiastiques très-respectables, parce que les ambassadeurs de Philippe de Souabe avaient promis, au nom du jeune prince, qu'il ramènerait l'Eglise grecque à la soumission au saint-siége. L'historien grec Nicétas remarque avec raison qu'Alexis fit aux Latins des promesses qu'il lui était impossible de tenir. La conduite des Grecs depuis le commencement des croisades avait indisposé contre eux tout l'Occident, et il n'était personne, dans le conseil qui délibéra longuement sur les propositions d'Alexis, quelle que fût d'ailleurs la diversité des opinions à ce sujet, qui ne détestât les Grecs. Cette disposition générale des esprits a certainement contribué à faire adopter la résolution qui fut prise d'aller détrôner à Constantinople l'usurpateur du trône d'Isaac, père d'Alexis. Mais Simon de Montfort et beaucoup d'autres seigneurs abandonnèrent leurs compagnons d'armes, et une grande partie de l'armée aurait repris le chemin de ses foyers, si les chefs n'avaient promis par serment de se diriger vers la Syrie à l'automne. Lorsque le pape apprit que les croisés allaient tourner leurs armes contre Constantinople, il leur écrivit pour leur en faire de vifs reproches et leur rappela « qu'ils n'avaient pas pris la croix pour venger l'injure des princes, mais celle de Dieu. » La voix d'Innocent III ne fut pas écoutée. La flotte arriva à l'île de Corfou. C'est là que le jeune Alexis se présenta aux croisés. Au nombre des documents peu nombreux que nous possédons sur cette expédition, est une lettre écrite par le comte de saint-Pol, un des chefs de l'armée, au duc de Brabant. On lit dans cette lettre : « Vous saurez qu'Alexis, fils d'Isaac, empereur de Constantinople, et détrôné par son frère qui lui a fait crever les yeux, est venu nous trouver à Corfou; que là, il nous a tous priés à genoux et en répandant des larmes, d'aller à Constantinople et de lui prêter secours pour chasser son oncle du trône, qu'il avait usurpé par un si grand crime. Cette demande excita parmi nous une grande dissension et un violent tumulte. Tous criaient qu'il fallait aller à Acre. Vingt tout au plus furent d'avis de l'expédition de Constantinople; de ce nombre étaient le marquis de Montferrat (il était allié à la famille impériale par le mariage de deux de ses frères avec des princesses grecques), le comte de Flandre et d'autres dont je tais les noms pour le moment. Ils prouvèrent évidemment à toute l'armée que la route de Jérusalem était inutile et dangereuse pour tous, parce qu'ils étaient pauvres, sans provisions et qu'il n'y avait personne parmi eux qui eut à sa solde des chevaliers et des sergents, ou qui pût faire transporter des pierriers ni autres machines de guerre; enfin, on se rangea avec beaucoup de peine à notre avis (on voit que le signataire de la lettre était de cet avis), mais à condition qu'on ne resterait pas plus d'un mois à Constantinople, à moins que ce ne fût involontairement. Il fut répondu qu'il n'était pas nécessaire de publier cette condition, parceque les Grecs nous craindraient moins lorsqu'ils la connaîtraient. Cependant il fallut donner une promesse publique d'un seul mois de séjour. Le jeune empereur promit de son côté qu'il donnerait à toute l'armée des vivres pour une année entière, et qu'il entretiendrait à ses frais dix mille soldats pendant cette année, pour le secours de la terre sainte. Il promit de plus que, tant qu'il vivrait, il aurait cinq cents chevaliers à sa solde dans ce pays; qu'il donnerait au doge de Venise cent mille marcs d'argent, et autant à toute notre armée. Tout étant ainsi réglé pour l'utilité commune, nous montâmes sur nos vaisseaux. » La flotte repartit de Corfou la veille de la Pentecôte 1203. Elle présentait un coup d'œil magnifique; le maréchal de Champagne atteste que « jamais plus belle chose ne fut vue. » On relâcha à Andros, où le jeune Alexis fut proclamé empereur ; et, après un mouillage de huit jours à Abydos, on arriva à la pointe de Saint-Etienne. Les principaux chefs de l'armée descendirent à terre, et sur l'avis du doge de Venise, on résolut d'aller faire des vivres dans les îles des Princes, qui sont situées en face de Constantinople vers la côte d'Asie, sur laquelle on se décida ensuite à débarquer. On prit terre à Chalcédoine, d'où on alla, la flotte par mer et l'armée par terre, à Scutari, dont les chefs de la croisade occupèrent le palais. En se répandant dans les campagnes voisines, les croisés rencontrèrent une troupe de soldats grecs, qui s'enfuit dès qu'elle fut attaquée. « Nous fûmes là fort étonnés, dit la lettre du comte de Saint-Pol, de ce qu'aucun des amis ou des parents du jeune empereur qui était avec nous, ni même personne de leur part, ne vînt nous faire connaître l'état de la ville. L'empereur qui occupait le trône envoya aussitôt des députés au doge de Venise, au marquis de Montferrat, au comte de Flandre, au comte Louis et à nous. Nous tînmes un conseil secret, et nous déclarâmes que nous n'écouterions point les députés de l'empereur, si auparavant il n'abdiquait le trône; qu'autrement nous ne voulions entendre ni lui ni ses députés. Nous craignions que les Grecs ne tentassent ou ne séduisissent les nôtres par des présents. Pendant ce temps, l'armée de l'empereur était sur le rivage opposé, en mesure de nous disputer le passage. A la vue de ces troupes, nous courûmes faire la confession de nos péchés, nous confiant dans la seule miséricorde de Dieu; ensuite nous disposâmes nos troupes, et nous montâmes tout armés sur nos vaisseaux, qui étaient au nombre de cent, sans compter les barques. Lorsque, conduits par Dieu, nous fûmes à l'autre bord, tous les Grecs, qui étaient venus pour nous interdire le passage, s'éloignèrent si vite qu'aucune de nos flèches ne put les atteindre. Nous marchâmes vers une tour très-fortifiée, qu'on nomme Galata, à laquelle était attachée une grosse chaîne de fer qui, posée sur des bois mis en travers de la mer, allait jusqu'aux murs de la ville. Les vaisseaux, les galères et les barques de la ville étaient unis ensemble par les côtés, le long de cette chaîne, pour nous défendre l'entrée du port. Il y avait dans la tour des sergents anglais, (voir l'article VARANGES) pisans, de Louvain, et de Hollande, qui entraient et sortaient quand ils voulaient, pour tirer sur les nôtres.

« Nous nous entretînmes avec le doge de Venise au sujet de cette tour, et nous lui dîmes qu'elle ne pouvait être prise que par des mineurs et avec des pierriers. Il nous répondit qu'il ferait avancer ses vaisseaux le long de la chaîne; que, tandis qu'il ferait dresser toutes les machines de guerre, nous eussions à faire dresser les nôtres sur terre, et que la tour, ainsi assiégée de tous côtés, serait facilement prise avec le secours de Dieu et celui de nos armes. Pendant qu'on faisait ces dispositions, les sergents cachés dans la tour exécutaient contre nos guerriers des sorties qui les incommodaient beaucoup. Le troisième jour, lorsque nos tentes furent dressées, les ennemis firent une sortie et attaquèrent des chevaliers et des gens de pied. Mais Pierre de Brayevel, arrivant avec quelques chevaliers et sergents, se précipita sur eux avec tant d'impétuosité, qu'ils ne purent résister ni rentrer dans la tour. Quelques-uns d'entre eux, pressés par nos soldats, se jetèrent dans la mer, où ils furent noyés; d'autres furent tués, d'autres faits prisonniers. Aussitôt la tour, par le secours admirable de Dieu, fut prise sans aucun instrument de guerre; la chaîne fut rompue. Les vaisseaux de la ville se retirèrent presque en même temps, laissant aux nôtres la libre entrée du port. On prit des galères et des barques. Ayant alors disposé nos vaisseaux et nos gens pour le combat, nous nous avançâmes le long du rivage jusqu'à un pont de pierre distant d'une lieue de la tour. Ce pont, fort long et semblable à un petit pont de Paris, était si étroit, que trois cavaliers pouvaient à peine y marcher de front. On ne pouvait passer d'un autre côté à cause des bas-fonds, à moins de faire plusieurs détours. Si nous nous éloignions trop de notre flotte, nous courrions de grands dangers. Arrivés à ce pont, nous le passâmes, grâce à Dieu, sans obstacle, et nous allâmes dresser nos tentes entre le palais de l'empereur et un autre palais. Nous étions si près de celui qu'on appelle Blaquernes, que nos flèches tombaient sur les toits et même dans l'intérieur par les fenêtres, et que les flèches des Grecs tombaient sur nos tentes. Nous renfermâmes notre camp avec de gros poteaux que nous couvrîmes de claies, puis nous dressâmes nos machines de guerre et nos pierriers devant les murs. Le doge de Venise construisit sur chacun de ses vaisseaux avec des antennes un pont de cent pieds de hauteur. Quatre cavaliers pouvaient marcher de front sur chaque pont. »

Il ressort des récits de Nicétas et de Villehardouin que le camp des croisés couvrait l'espace aujourd'hui occupé par le faubourg d'Eyoub. Villehardouin porte à environ vingt mille hommes leur armée réunie aux forces vénitiennes, et il compte qu'il y avait quatre cent mille soldats grecs dans Constantinople. Ce dernier chiffre est certainement exagéré; mais ces soldats étaient d'ailleurs très-peu redoutables, de l'aveu même de Nicétas. « Il ne faut pas s'étonner, dit-il, de l'audace que montrèrent les Italiens dans cette entreprise, car ils étaient bien informés que l'empereur était noyé dans le vin et la débauche, et que Constantinople était pleine de volupté et de luxe, comme cette ancienne Sybaris, si célèbre autrefois par ses désordres. » On décida que les croisés attaqueraient la ville par terre et les Vénitiens par mer. Un assaut général fut livré le 17 juillet. Les Vénitiens s'élancèrent de leurs vaisseaux sur les tours de la place, et y arborèrent l'étendard de saint Marc. Le vieux doge, quoique aveugle, se fit descendre à terre, et tandis qu'une partie de ses troupes pénétrait dans la ville, dont elle incendiait les quartiers qu'elle occupait, dans la crainte d'en être délogée, dit Villehardouin, Dandolo se porta, avec l'élite des siens, au secours des croisés contre lesquels l'empereur Alexis faisait une sortie à la tête d'une armée nombreuse. « L'empereur Alexis, dit Villehardouin, sortit de Constantinople avec toutes ses forces, par les autres portes éloignées environ d'une lieue du camp des Français, et en si grand nombre, qu'il semblait que tout le monde y fût; et là-dessus les rangea en ordonnance, et dressa ses batailles pour marcher contre nos gens, lesquels d'abord qu'ils les aperçurent, coururent aux armes de toutes parts.... Il sembloit être chose bien périlleuse que six batailles, et encore faibles, en voulussent attendre plus de soixante, dont la moindre étoit plus grosse et renforcée d'hommes que pas une des leurs ; mais elles étoient ordonnées et rangées, de sorte qu'on ne les pouvoit aborder ni charger que par devant. Enfin l'empereur Alexis avança avec son armée, et se trouva si près d'eux, que l'on tiroit des uns aux autres. La nouvelle en étant venue au duc de Venise, il fit à l'instant retirer ses gens et abandonner les tours qu'ils avaient conquises, disant qu'il voulait vivre et mourir avec les pèlerins. Et ainsi s'en vint droit au camp et descendit lui-même des premiers en terre, avec ce qu'il put tirer hors de ses gens. Cependant les batailles des pèlerins et des Grecs furent assez longtemps vis-à-vis les unes des autres, ceux-ci n'osant venir à la charge, et les autres ne voulant s'éloigner de leurs barrières et palissades : ce que voyant l'empereur Alexis, il commença à faire sonner la retraite; et, après avoir rallié les siens, il rebroussa chemin en arrière. »

« Lorsque nous vîmes les ennemis fuir, dit le comte de Saint-Pol dans sa lettre, nous ne voulûmes pas les poursuivre; nous craignîmes des ruses ou des embûches pour notre camp, pour nos machines et pour les tours que les Vénitiens avaient prises. L'empereur, retournant de nuit dans son palais, assura que le lendemain il nous livrerait combat, et, la même nuit, il s'enfuit secrètement de la ville. » Au milieu de la confusion dans laquelle le départ inattendu d'Alexis laissa la ville, les Grecs tirèrent Isaac de sa prison et sa femme de la retraite obscure où elle vivait, pour les replacer sur le trône. Des courtisans se rendirent auprès du jeune Alexis, pour le féliciter de son retour, dans le camp des croisés; mais ceux-ci, qui se défiaient des Grecs, « avisèrent d'envoyer dans la ville pour voir comment les choses s'y passaient, » dit Villehardouin. Deux Vénitiens furent chargés de cette mission, avec Matthieu de Montmorency et le maréchal de Champagne. L'ambassade latine trouva l'empereur et l'impératrice « accompagnés d'un si grand nombre de seigneurs et de dames magnifiquement vêtus, qu'à peine on pouvait s'y tourner; car tous ceux qui, le jour précédent, avaient été contre lui, étaient ce jour-là sous son obéissance. » Le maréchal de Champagne, portant la parole au nom des quatre envoyés, exposa à l'empereur le service que les pèlerins avaient rendu à son fils, et lui demanda de ratifier le traité qui avait été fait avec ce jeune prince, et qui consistait, comme on l'a vu, dans la promesse de remettre l'empire d'Orient sous l'obéissance du saint-siége, de payer aux croisés la somme de deux cent mille marcs d'argent, de fournir des vivres à leur armée pendant un an, d'envoyer avec les Francs dix mille hommes en Palestine et de les défrayer pendant un an, et enfin d'entretenir, pendant toute sa vie, cinq cents chevaliers à ses dépens dans la terre sainte. Isaac sentit aussitôt combien il serait difficile de tenir de semblables engagements, et Villehardouin nous apprend qu'il répondit : « Certes, ces traités sont de haute conséquence, et je ne vois pas comment on les puisse accomplir; toutefois vous avez tant fait pour moi et pour mon fils, que, quand on vous donnerait tout l'empire, vous l'avez bien mérité. »

« Le siége, dit le comte de Saint-Pol dont nous continuons à emprunter l'intéressant récit, finit ainsi au bout de huit jours (le 18 juillet 1203). Alors l'empereur Isaac et l'impératrice, sa femme, sœur du roi de Hongrie, qui avaient été longtemps retenus dans les horreurs d'une prison, nous envoyèrent rendre des actions de grâces pour les avoir délivrés et les avoir remis sur le trône; ils nous prièrent de venir le lendemain dans leur palais comme dans le nôtre, et d'amener avec nous leur fils, si longtemps désiré. Nous y allâmes et mangeâmes à leur table avec de grandes marques d'honneur et de grands témoignages de joie de part et d'autre. Je veux que vous sachiez que nous avons tellement avancé l'affaire de la réconciliation, que l'Eglise d'Orient, dont Constantinople est la métropole, reconnaît avec l'empereur et tout l'empire qu'elle est fille de l'Église romaine, et qu'elle veut lui obéir, comme autrefois, en se soumettant au pontife romain. Le patriarche de cette même Eglise, qui aspire et applaudit à cette réconciliation, ira à Rome recevoir le pallium des mains du souverain pontife; il l'a promis par serment à l'empereur. Tant et de si grands avantages, et l'espoir des biens qui en résulteront, nous ont fait prendre la résolution de passer l'hiver dans cette ville. Nous l'avons fait annoncer à nos frères, qui nous attendent outre-mer, afin qu'apprenant le sujet de notre joie, que nous désirons leur faire partager, ils soient soutenus par une sainte espérance, et supportent patiemment notre séjour à Constantinople. »

Isaac consentit à partager la puissance souveraine avec son fils, qui fut couronné le 1er août 1203. La paix et la concorde subsistèrent pendant quelque temps entre les Grecs et les Latins. Les Pisans, qui avaient porté les armes pour soutenir l'usurpateur Alexis, se réconcilièrent avec les Vénitiens, et le jeune Alexis paya aux restaurateurs du trône de son père une partie du tribut qu'il leur avait promis. Les chefs de la croisade écrivirent au pape pour s'excuser d'avoir désobéi à ses ordres en attaquant Constantinople, où ils n'avaient fait d'ailleurs, disaient-ils, qu'être les instruments de la Providence. Alexis adressa en même temps à Innocent III une lettre où il cherchait à justifier ses protecteurs, en rappelant que le principal motif qui les avait portés à embrasser sa cause, c'est qu'il leur avait promis de reconnaître le pontife romain pour chef de l'Eglise universelle. Dans ses réponses au jeune empereur et aux croisés, le pape dit que la manière de prouver que les intentions ont été sincères, c'est d'exécuter ce qui a été promis. Les Vénitiens firent aussi acte de repentir auprès du saint-siége. Les chefs de la croisade annoncèrent enfin à tous les princes de la chrétienté le succès de leur entreprise, en les invitant à unir leurs efforts aux leurs pour la délivrance de la terre sainte, et ils envoyèrent des hérauts d'armes à Malek-Adel, pour lui déclarer que s'il persistait à garder en sa possession les Lieux Saints, ils allaient lui faire éprouver la valeur des armes chrétiennes.

Sur la demande d'Alexis, vivement appuyée par le doge de Venise, les croisés décidèrent donc qu'ils resteraient à Constantinople jusqu'au printemps de l'année 1204, afin, dit une lettre du comte de Flandre, de soumettre tout ce qui paraîtrait résister au nouvel empereur. Isaac et Alexis voulurent témoigner leur reconnaissance à leurs protecteurs; et, pour s'acquitter envers eux de ce qu'ils leur devaient, on leur distribua, dit Nicétas, les trésors amassés par les empereurs; comme ces richesses, quelque grandes qu'elles fussent, ne suffirent pas, on fondit les images des saints et les vases sacrés des églises, et on excita le mécontentement du peuple grec. Le patriarche de Constantinople, en son nom, et au nom des empereurs et de tous les chrétiens d'Orient, reconnut, dans la chaire de l'église de Sainte-Sophie, Innocent III pour successeur de saint Pierre et pour premier vicaire de Jésus-Christ sur la terre. Cette déclaration souleva l'indignation des Grecs et acheva de les indisposer contre leurs souverains. Cependant Alexis, aidé du comte de Saint-Pol et de plusieurs chevaliers francs, soumit la Thrace, où son oncle Alexis s'était retiré. Pendant cette campagne, une partie de la ville de Constantinople fut la proie d'un incendie qui commença par une synagogue, à laquelle le feu se trouva mis dans une querelle survenue à l'occasion des Juifs, entre quelques croisés flamands et les habitants d'un quartier. « Les barons de l'armée eurent grande compassion, dit Villehardouin, de voir les hautes églises et les hauts palais tomber et se consommer en cendres, et les grandes rues marchandes avec des richesses inestimables, toutes en feu et en flammes, sans qu'ils pussent y apporter remède. Ce feu, pris depuis le quartier qui avoisine le pont, et gagnant le plus épais de la ville brûla tout ce qui se rencontra jusques à l'autre part qui regarde la mer de la Propontide, le long de l'église Sainte-Sophie, et dura huit jours sans qu'il pût être éteint, tenant bien une lieue de front. » Les secours que les croisés prodiguèrent aux victimes de ce désastre n'empêchèrent pas les Grecs de maltraiter les Latins établis dans la ville, et de les forcer à en sortir, au nombre de plus de quinze mille. Alexis passait les jours et les nuits dans le camp des croisés, et le peuple de Constantinople ayant su que, dans la licence des festins auxquels il assistait, il s'était laissé ôter son diadème et coiffer du bonnet de laine des matelots vénitiens, l'accusa de déroger à sa dignité. Le vieil Isaac lui-même blâmait la conduite de son fils; et, quoiqu'il fût incapable de gouverner l'empire, il était très-contrarié de partager les honneurs du pouvoir avec Alexis. Tandis que le jeune prince était accusé d'avilir la dignité impériale par ses débauches, Isaac s'attirait le mépris public en s'adonnant à la superstition.

Le peuple qui supportait impatiemment le joug des Latins, marcha vers le palais, et demanda qu'on lui donnât des armes pour se délivrer de ses oppresseurs. Isaac et Alexis ne pouvaient accéder à une semblable demande. Nicétas raconte, en termes qui peignent le caractère séditieux du peuple de Constantinople, comment ce peuple ameuté força le clergé et le sénat à élire un empereur. « Le 25 du mois de janvier, dit l'historien, qui était acteur dans ce triste drame, il se fit un concours extraordinaire à la grande église : le sénat et le clergé s'y étant rendus furent forcés, par une populace furieuse, de délibérer sur le choix d'un empereur. Lorsqu'on nous demanda notre avis, nous nous gardâmes de consentir à la déposition d'Isaac et d'Alexis, parce que nous étions assurés d'avance que celui qui serait élu ne serait ni le plus capable ni le plus courageux; mais le peuple, qui ne se conduit que par caprice et par passion, protestait qu'il ne pouvait plus vivre sous le gouvernement d'Isaac. Lorsque nous eûmes reconnu son opiniâtreté invincible, nous nous bornâmes à déplorer en silence les malheurs qu'elle allait attirer sur la patrie. Pendant ce temps, les chefs du parti populaire cherchaient avec empressement un empereur parmi les nobles les plus illustres, et les désignaient tous, les uns après les autres. Tous ayant refusé, ils s'adressèrent aux magistrats et à ceux de notre ordre, et les forçaient, l'épée nue, d'accepter la pourpre impériale. Peut-on se former l'idée des périls auxquels les grands étaient exposés et de l'extravagance d'une telle assemblée? Pour toute raison de ses choix, le peuple disait à ceux qu'il voulait élever à la dignité impériale : *Vous avez une robe, il faut donc que vous soyez empereur*. Le vœu populaire s'arrêta sur Nicolas Canabé, que Nicétas représente comme un homme bon et doux; mais l'élu du peuple eut un compétiteur dans la personne d'un jeune ambitieux de la famille Ducas, officier de la maison d'Alexis, et à qui cet empereur avait accordé toute sa confiance. Alexis surnommé Murzuphle, à cause de l'épaisseur de ses sourcils, unissait la vigueur de l'âme à la souplesse de l'esprit : il remplit de crainte le cœur du fils d'Isaac, et l'amena à se confier à lui. Après s'être bien emparé de son esprit, il lui conseilla de reconquérir la faveur des Grecs en payant les Latins d'ingratitude. Il excitait en même temps le peuple contre les croisés.

Une lettre adressée à l'archevêque de Cologne par Baudouin, comte de Flandre, qui fut élu empereur de Constantinople, raconte les événements qui se passèrent alors dans cette ville :

« S'il est vrai de dire que ce que nous avons fait pour les Grecs n'était point l'ouvrage des hommes, mais celui de Dieu, on doit croire aussi que la perfidie accoutumée des Grecs n'est point l'ouvrage des hommes, mais des démons. Pour que la différence de nos mœurs ne fût point une cause de discorde entre les Grecs et nous, nous sortîmes de la ville à la prière de l'empereur, et nous allâmes camper au pont qui est au côté opposé. Ce prince, à qui nous avions rendu de si grands services, soit malice naturelle, soit séduction, s'est tout à coup éloigné de nous : il s'est montré parjure et menteur dans toutes les promesses qu'il nous avait faites, lui, son père, le patriarche et tous les seigneurs. Il a violé tous ses serments. Enfin, privé de notre secours, il a médité inutilement des combats contre nous ; il a cherché à brûler la flotte qui l'avait amené et élevé sur le trône. Mais Dieu, qui nous protégeait, a trompé ses vœux cruels : sa condition est devenue pire en tout ; ceux de son parti ont été tués, brûlés ou pillés. Menacé de la guerre au dehors, tourmenté de craintes au dedans, il s'est vu encore opposer un rival par les Grecs eux-mêmes, qui sentaient bien qu'il ne pouvait avoir aucun refuge auprès de nous. Cependant, comme nous étions son unique espoir, il envoya à notre camp un nommé Murzuphle, son parent, en qui il se confiait davantage, à cause du bien qu'il lui avait fait. Murzuphle nous promit, de sa part et avec serment, de nous remettre le palais de Blaquernes jusqu'à ce qu'on nous eût tout rendu. Le marquis de Montferrat va pour recevoir ce palais, Alexis se joue de lui, et, méprisant les otages qu'il a donnés, ne craint point de recourir à ses parjures ordinaires. La nuit suivante, Murzuphle, trompant son maître et nous, révèle au peuple le dessein secret de nous livrer le palais, et lui fait entendre que, si cela a lieu, sa liberté est à jamais perdue, et qu'il n'y a d'autre moyen de s'y opposer qu'en chassant Alexis. Par cette trahison, il s'élève dans la ville un troisième empereur. Murzuphle porte des mains sacriléges sur son maître pendant qu'il dormait, et le jette dans une noire prison. Il y fait mettre aussi un nommé Canabé, qui avait pris tout récemment la pourpre à Sainte-Sophie, et qui lui fut livré par ceux-là mêmes qui l'avaient salué empereur. Peu de jours après, Isaac qui, plus que tous les autres, avait éloigné son fils de nous, étant mort, le traître Murzuphle renouvelle la guerre contre nous, aux acclamations du clergé et du peuple grec, qui se montraient altérés de notre sang. La ville est aussitôt garnie de machines et de fortifications, dont le nombre n'avait jamais paru si grand.... Le perfide empereur nous attaque par mer et par terre ; mais Dieu qui nous protégeait, rendit ses efforts inutiles. Mille guerriers étant sortis du camp pour aller fourrager au loin, l'empereur se porta contre eux avec une troupe considérable. Au premier choc, cette troupe fut entièrement dissipée. Plusieurs soldats grecs furent tués ou pris sans aucune perte des nôtres ; Murzuphle lui-même, fuyant honteusement, jeta son bouclier et ses armes et nous abandonna son étendard impérial et une image de la Vierge, qu'il faisait porter devant lui, et que nos pèlerins vainqueurs destinèrent à l'ordre de Cîteaux. Il essaya ensuite de brûler nos vaisseaux. Pendant le silence de la nuit, il envoya sur eux six galères qui étaient en feu ; les voiles de ces galères, déployées par le haut, étaient serrées par le bas et attachées à la proue ; le vent du midi, soufflant alors avec violence, les poussa sur notre flotte ; mais, grâce à Dieu et au travail de nos gens, elle fut préservée, car nos rameurs ayant attaché ensemble les vaisseaux incendiés au moyen de chaînes fixées avec des clous, les tirèrent en pleine mer, et nous fûmes ainsi délivrés du péril imminent de la mort. Nous provoquâmes à notre tour les ennemis au combat, et passant le pont et le fleuve qui nous séparaient des Grecs, nous restâmes longtemps en ordre de bataille devant la porte de la ville royale et du palais impérial qu'on nomme Blaquernes, ayant à notre tête le signe vivifiant de la croix, et prêts à recevoir les Grecs, s'il leur plaisait de sortir. Nos gens de pied tuèrent un noble personnage qui sortit en effet pour livrer un combat. Nous provoquâmes ainsi les Grecs sur terre et sur mer ; mais le Seigneur nous accorda toujours la victoire. Le parti de l'empereur nous envoya des députés pour traiter de la paix. Il demanda et obtint un entretien avec le doge. Le doge lui ayant objecté qu'il n'y avait aucune sûreté à faire la paix avec un homme qui, violant la foi du serment, avait renfermé son maître dans une prison et lui avait ôté l'empire, lui conseilla de remettre Alexis sur le trône, de lui demander humblement pardon, promettant de s'interposer lui-même pour Murzuphle, et d'attribuer à la jeunesse et au manque de réflexion tout ce qu'il avait fait contre nous, s'il voulait revenir à de meilleurs sentiments. Mais Murzuphle ne répondit que par de vaines paroles, parce qu'il n'avait rien de raisonnable à répondre ; à l'égard de l'obéissance due au pontife de Rome et au secours qu'Alexis avait promis pour la terre sainte, il les rejeta si loin, qu'il aimait mieux, dit-il, perdre la vie et que la Grèce fût détruite, que de voir l'Église d'Orient soumise aux pontifes latins. La nuit suivante (8 février 1204) Murzuphle étrangla secrètement, avec un lacet et dans sa prison, le malheureux Alexis, avec lequel il avait dîné le jour même ; et de la clé qu'il tenait en main, il lui brisa avec une cruauté inouïe les flancs et les côtes. Il feignit ensuite que la mort d'Alexis était due à un accident, et, pour couvrir son crime, il lui fit rendre publiquement les honneurs de la sépulture accordés aux empereurs. »

Les deux nations étaient trop profondément divisées pour que tout arrangement ne fût pas impossible. La Chronique de Gunther peint ainsi la situation des Latins devant Constantinople : « L'armée des croisés était dans une telle extrémité, qu'elle n'avait pour elle-même aucune sûreté autour de la ville, à cause du grand nombre de Grecs ennemis qui l'environnaient. Elle ne pouvait s'éloigner qu'avec les plus grands dangers, à cause de la quantité de vaisseaux qui n'auraient pas manqué de la poursuivre et de l'attaquer, si elle avait pensé à la retraite. Il arriva donc ce qui se voit rarement, c'est que les nôtres résolurent d'assiéger une ville dont ils n'osaient s'éloigner. » Les croisés réglèrent d'avance le partage de la conquête qu'ils se proposaient de faire, et le mode d'élection du prince qu'ils en institueraient souverain. Le traité qu'ils conclurent le 7 mars 1204 est ainsi conçu :

« Nous, Henri Dandolo, par la grâce de Dieu, doge de Venise, de Dalmatie et de Croatie, et les très-illustres seigneurs Boniface, marquis de Montferrat; Baudouin, comte de Flandre et de Hainaut; Louis, comte de Blois et de Clermont; et Henri, comte de Saint-Pol; chacun pour notre part, afin de maintenir parmi nous l'union et la concorde, et pour éviter toute matière de scandale, avec la coopération de celui qui est notre paix, qui a fait tout, et pour la gloire duquel nous avons cru devoir établir l'ordre suivant, après nous être réciproquement engagés par les liens du serment; d'abord, nous devons tous (après avoir invoqué le nom de Jésus-Christ) faire l'attaque de la ville; et si, à l'aide de la puissance divine, nous parvenons à y entrer, nous devons demeurer et servir sous le commandement de ceux qui auront été établis chefs de l'armée, et les suivre ainsi qu'il aura été ordonné. Tout l'avoir qui aura été trouvé dans la ville, chacun devra le déposer en commun dans le lieu qui aura été désigné à cet effet, nous réservant toutefois, ainsi que pour nos Vénitiens, trois parts de cet avoir, qui doivent nous être remises comme une indemnité de ce que l'empereur Alexis était tenu de nous payer ainsi qu'à vous. De votre côté, vous retiendrez une quatrième part, jusqu'à ce que nous ayons obtenu tous une satisfaction égale; et s'il se trouve quelque chose de reste, nous le partagerons également entre nous et vous, en sorte que tous soient satisfaits. Et si ledit avoir n'est pas suffisant pour acquitter ce qui nous est dû, ce dit avoir, de quelque source qu'il provienne, sera partagé de même entre vous et nous, ainsi qu'il a été ci-dessus réglé, sauf les vivres et fourrages qui devront être mis en réserve et partagés également entre vos gens et les nôtres, afin que les uns et les autres puissent subsister d'une manière convenable; et ce qui se trouvera de reste, devra être partagé avec l'autre butin, selon qu'il a été prescrit ci-dessus. Nous et nos Vénitiens devrons jouir partout l'empire, d'une manière libre et absolue, et sans aucune espèce de contradiction, de toutes les prérogatives et possessions dont nous avions accoutumé de jouir, tant dans l'ordre spirituel que dans le temporel, ainsi que de tous les priviléges et usages écrits ou non écrits.

Seront aussi choisis six membres de notre part et six de la vôtre, qui, après avoir prêté serment, devront choisir dans l'armée, et l'élever à l'empire, celui qu'ils croiront le plus propre à l'exercer et à commander en cette terre pour l'avantage et la gloire de Dieu, de la sainte Église romaine et de l'empire. S'ils s'accordent entre eux, nous devrons reconnaître pour empereur celui qu'ils auront élu d'une commune voix. Mais s'il arrive que six soient d'un avis et six d'un autre, on s'en remettra au sort, et celui sur lequel le sort tombera, nous devrons le reconnaître pour empereur. S'il se trouve majorité d'un côté, nous reconnaîtrons pour empereur celui en faveur duquel cette majorité se sera déclarée. Si le conseil se divise en plus de deux parties, on reconnaîtra pour empereur celui que la partie la plus nombreuse se sera accordée à élire. Le personnage qui aura été élu empereur aura le quart de ce qui aura été conquis sur l'empire, le palais des Blaquernes et la Gueule-de-Lion. Les trois autres quarts seront partagés également entre vous et nous. Quant aux membres clercs qui se trouveront du côté où l'empereur n'aura point été choisi, ils auront le privilége de composer le clergé de l'église de Sainte-Sophie, et d'élire un patriarche pour la gloire de Dieu, de la sainte Église romaine et de l'empire. Mais pour les membres clercs de l'un et l'autre côté, ils composeront le clergé des églises qui tomberont chacune en leur partage. Pour ce qui est des biens des églises, on aura soin d'en distribuer aux ecclésiastiques autant qu'il leur en faudra pour vivre honorablement, et aux églises autant que leur entretien en exigera. Ce qui restera de ces biens sera partagé et réparti ainsi qu'il a été réglé ci-dessus. Nous devons en outre prêter le serment, de part et d'autre, qu'à dater du dernier jour du présent mois de mars, nous devrons rester pendant l'espace d'une année entière au service de l'empereur, contribuant à affermir sa puissance, pour la gloire de Dieu, de la sainte Église romaine et de l'empire; et que tous ceux qui auraient auparavant séjourné dans l'empire, devront jurer fidélité à l'empereur, selon la bonne et louable coutume. Ainsi donc, tous ceux qui habitent maintenant dans l'empire, doivent, ainsi qu'il vient d'être mentionné, jurer qu'ils tiennent pour bons et authentiques les règlements et traités qui auront été faits. Il est aussi à propos de mentionner que, tant de votre part que de la nôtre, il devra être choisi douze membres au plus, selon qu'il conviendra, lesquels, après avoir prêté le serment, seront chargés de distribuer entre les particuliers les fiefs et honneurs, et de régler les droits de servage auxquels ces mêmes particuliers devront être assujettis envers l'empereur et l'empire, selon qu'eux membres le jugeront convenable; que le fief qui aura été assigné à chacun, sera possédé librement et sans obstacle, par sa postérité tant masculine que féminine, et que le possesseur aura entière puissance d'exécuter tout ce qui sera en sa volonté, sauf l'obéissance aux lois et ce qu'il devra au service de l'empereur et de l'empire. Sera en outre fait, pour l'empereur, tout le service nécessaire, indépendamment de celui auquel seront obligés les possesseurs de fiefs et priviléges, selon l'ordre qui leur aura été assigné. Il est statué, en outre, qu'aucun habitant d'une nation qui aurait la guerre avec nous, ou avec nos successeurs, ou les Vénitiens, ne pourra être reçu dans l'empire jusqu'à ce que cette guerre soit entièrement terminée. De plus, chaque partie est tenue de travailler sincèrement à obtenir de notre Saint Père le pape, que si quelqu'un tentait de contrevenir à la présente constitution, il soit frappé de l'excommunication. De son côté, l'empereur est tenu de jurer que les actes et dons qui auront été faits, il les tiendra pour irrévocables, conformément à tout ce qui a été ci-dessus mentionné. Que si le présent traité venait à exiger quelque addition ou suppression, il sera en notre pouvoir et liberté de le faire, assistés de nos six conseillers, conjointement avec ledit seigneur marquis, assisté également de ses six conseillers. D'un autre côté, le susdit seigneur doge ne pourra prêter le serment à l'empereur pour aucun service, pour aucun fief ou privilége qu'on lui accorderait; mais celui ou ceux qu'il déléguera touchant ce qui le concerne, prêteront serment de faire, envers l'empereur et envers l'empire, tout service requis, conformément à tout ce qui a été ci-dessus mentionné. »

Les croisés ayant reçu alors une députation des chrétiens de la terre sainte, qui venait réclamer leur prompt secours, répondirent à ces envoyés, en leur montrant la ville de Constantinople : *Voici la route de Jérusalem.* On résolut de diriger toutes les attaques du côté de la mer, et un assaut fut livré à la place le vendredi d'après la mi-carême ; la flotte accosta les murs. « En divers lieux, les échelles des navires, dit un témoin oculaire, le maréchal de Champagne, furent approchées si près, que tous ceux qui estoient sur la courtine et dans les tours, que ceux qui estoient sur les échelles, combattaient à coups de lances. Ainsi cette rude attaque continua en plus de cent lieux, jusqu'à l'heure de Nones, que notre malheur ou plutôt nos péchés voulurent que nous fussions repoussés, en sorte que tous ceux qui estoient descendus à terre furent recoignés à vive force, et contraints de regagner les vaisseaux et les palendries. Les nostres perdirent en cet assault, sans comparaison, plus que les Grecs, qui furent fort réjouis d'avoir remporté cet avantage. » Les assiégeants décidèrent qu'ils renouvelleraient l'attaque, le lundi suivant. Les chefs de l'armée promirent, par la voix d'un héraut, cent cinquante marcs d'argent à celui qui arborerait le premier l'étendard latin sur les tours de Constantinople. « Alors, dit Villehardouin, l'assaut commença rude et sérieux; chaque vaisseau faisoit son effort à l'endroit où il estoit, et les cris s'élevèrent si grands qu'il sembloit que la terre dût s'alarmer. Cet assaut dura longtemps, et jusqu'à ce que notre sire Jésus-Christ leur fit lever une forte bise, qui poussa les navires plus près de terre qu'ils n'estoient auparavant; de sorte que deux vaisseaux liés ensemble, l'un appelé la *Pèlerine*, l'autre le *Paradis*, furent portés si près d'une tour, l'un d'un côté, l'autre de l'autre, que comme Dieu et le vent les conduisit là, l'échelle de la *Pèlerine* s'alla joindre contre la tour, et à l'instant un Français, appelé André d'Urboise, et un Vénitien y entrèrent, suivis incontinent après de nombre d'autres, qui tous mirent en fuite ceux qui la gardoient, et les obligèrent à l'abandonner. Les chevaliers qui estoient dans les palendries, ayant vu que leurs compagnons avoient gagné la tour, sautèrent à l'instant sur le rivage, et ayant planté leurs échelles au pied du mur, montèrent contre mont à vive force, et conquirent encore quatre autres tours; les autres, animés par leur exemple, commencèrent de leurs navires, palendries et galères, à redoubler l'attaque à qui mieux mieux, enfoncèrent trois portes de la ville, entrèrent dedans, et ayant tiré leurs chevaux des palendries, montèrent dessus et allèrent à toute bride au lieu où l'empereur Murzuphle était campé. Il avait rangé ses gens en bataille devant les tentes et pavillons, lesquels comme ils virent les chevaliers, montés sur leurs chevaux de combat, venir droit à eux, se mirent en fuite, et l'empereur même s'en alla courant dans les rues et fuyant au château ou palais de Bucoléon.... Comme le soir approchoit déjà et que nos gens estoient las et fatigués du combat et du carnage, ils sonnèrent la retraite, se ralliant dans une grande place qui estoit dans l'enceinte de Constantinople; puis avisèrent cette nuit de se loger près des murailles et des tours qu'ils avaient gagnées; n'estimant point que d'un mois ils pussent conquérir le reste de la ville, tant il y avait d'églises fortes et de palais, et autres lieux, où on se pouvoit défendre. » L'historien grec Nicétas rapporte qu'un cavalier nommé Pierre, *qui avait la taille d'un géant, et dont le casque paraissait aussi grand qu'une tour*, étant entré par une porte de la place, « à la vue de ce seul cavalier, tous les Grecs prirent la fuite et se précipitèrent pêle-mêle dans la ville; ils se retirèrent chacun où ils purent, et plût à Dieu qu'ils se fussent précipités au fond de l'enfer. Murzuphle courant dans les rues, fit tout ce qu'il put pour rallier son armée éperdue; mais comme ils étaient entraînés par le tourbillon du désespoir, ses soldats n'eurent point d'oreilles pour écouter ses remontrances, point d'âme pour exécuter ses ordres. Lorsque l'empereur vit que la peine qu'il se donnait ne servait à rien, il eut peur d'être pris et de devenir la proie des barbares : il se sauva sur une barque avec Euphrosine, femme de l'empereur Alexis, et Eudoxie, sa fille, dont il était éperdument amoureux. »

C'est ainsi que Constantinople fut prise par les Latins, le lundi d'après la mi-carême, 12 avril 1204.

«Alors deux jeunes princes également sages et courageux, ajoute Nicétas, se disputèrent le trône, comme deux matelots qui se disputeraient la possession d'un navire battu par la tempête ; l'un était Théodore Ducas, l'autre Théodore Lascaris ; Lascaris fut préféré. Ce prince, à peine revêtu de la haute dignité impériale, exhorta le peuple et les soldats à la vaillance ; mais comme au milieu de ce désordre général, les soldats ne voulaient pas servir avant d'être payés, il fut obligé de fuir en présence des Italiens qui venaient sur lui en armes. Ces barbares, voyant que rien ne leur résistait et que les chemins s'aplanissaient sous leurs pas, parcouraient la ville sainte, le fer et la flamme à la main ; les Grecs venaient au devant d'eux en procession comme pour les recevoir en triomphe : cette vue n'amollit pas ces cœurs de bronze. Quel ordre puis-je tenir maintenant dans mon discours ; par où dois-je commencer, continuer et achever le récit des impiétés que ces scélérats commirent ? Ils brisèrent les saintes images qui méritent l'adoration des fidèles ; ils jetèrent les précieuses reliques des martyrs en des lieux que j'ai honte de nommer ; ils répandirent le corps et le sang du Sauveur. Ces précurseurs de l'Antechrist prirent les calices et les ciboires, et, après en avoir arraché les pierres précieuses, en firent des coupes à boire dans les festins impies ; ils dépouillèrent Jésus-Christ et se disputèrent aux dés la propriété de ses vêtements ; il ne manqua rien à leur cruauté que de lui percer le côté pour en tirer du sang. Ils firent entrer dans les églises des mulets et des chevaux, pour emporter les vases sacrés, l'argent ciselé ou doré, qu'ils avaient arrachés de la chaire, du pupître et des portes. Quelques-unes de ces bêtes étant même tombées sur le pavé glissant, ils les percèrent à coups d'épée et souillèrent l'église de leur sang et de leurs ordures. »

Enfin pour qu'aucune impiété, aucune horreur ne manquât à cet affreux tableau, où la vérité est certainement exagérée par le pinceau grec, Nicétas raconte qu'une femme déhontée entonna une chanson impudique dans la chaire patriarcale de Constantinople, et blasphéma le saint nom de Jésus-Christ. Après le récit de ces abominations, l'historien s'écrie avec le ton déclamatoire inhérent au style du Bas-Empire : « Les barbares n'ont usé d'humanité pour personne ; ils ont tout pris, tout enlevé ! Voilà le mal que nous ont fait ces Francs avec leur collier d'airain, leurs sourcils élevés, leur esprit superbe, leur yeux fiers et insolents, leur visage rasé, leurs mains toujours prêtes à répandre le sang, leurs narines qui respirent la colère, leur génie inhumain, leurs paroles brèves et animées. »

Gunther dit que le massacre des Grecs ne fut pas grand, lors de la prise de la ville. Les croisés les épargnèrent, et ce furent les religieux latins de l'armée qui par leurs pressantes prières empêchèrent l'effusion du sang. Les femmes, les enfants, les vieillards et les malades s'avançaient au devant des vainqueurs en plaçant leurs doigts en forme de croix, et à la vue de ce signe les bras étaient désarmés. L'entrée des croisés dans Constantinople ne coûta la vie qu'à environ deux mille habitants, et ils périrent presque tous, au rapport de Gunther, de la main des Latins qui étaient établis dans la ville et qui avaient beaucoup à se plaindre des Grecs. Quant au pillage, Villehardouin avoue qu'il fut considérable : « Si oncque ne fut vu nulle part, dit-il, un si riche saccagement. » Le pape adressa par lettre aux croisés de sévères reproches des désordres qui suivirent la prise de Constantinople.

Nicétas a consacré un ouvrage particulier à décrire les monuments grecs de l'art antique qui furent détruits par les croisés à la prise de Constantinople. « Les Latins, dit-il dans cet ouvrage, ouvrirent les tombeaux des empereurs qui ornaient le grand temple ; ils enlevèrent avec une avidité effrénée les richesses qui s'y trouvaient, les perles, les pierres précieuses, les diamants, trésors respectés depuis tant de siècles ; ils outragèrent le corps de l'empereur Justinien, que le temps avait épargné, et le dépouillèrent de ses vêtements funèbres. Ainsi, ils ne firent grâce ni aux vivants ni aux morts; ils déchirèrent en lambeaux le magnifique voile du grand temple, tissu d'or et d'argent pur, estimé plusieurs millions. A ce brigandage succédèrent bientôt de nouveaux désordres : l'avidité des Latins les fit recourir aux statues de bronze, qu'ils firent fondre pour les convertir en monnaie ; la Junon d'airain, statue colossale, qui ornait le forum de Constantin, fut brisée et fondue la première, etc., etc » Le tragique récit de l'historien n'est pas sans avoir sa partie comique. Au milieu de ces scènes de barbarie, dans lesquelles la populace grecque intervenait pour jouer un rôle ignoble, en rachetant à vil prix les biens dont les Latins s'étaient emparés, « Les croisés, ditil, se revêtaient, non par besoin, mais pour en faire voir le ridicule, de robes peintes, vêtement ordinaire des Grecs ; ils mettaient nos coiffures de toile sur la tête de leurs chevaux, et leur attachaient au cou les cordons qui, d'après notre coutume, devaient pendre par derrière ; quelques-uns tenaient dans leur main du papier, de l'encre et des écritoires pour nous railler, comme si nous n'étions que de mauvais scribes ou de simples copistes. »

L'historien convient, au reste, que les Grecs étaient sans doute criminels ; et c'est au moins pour nous une consolation de penser que nos aïeux, dans la mission exterminatrice qu'ils n'ont que trop bien remplie ont surtout été les instruments de la réprobation divine. Othon de Saint-Blaise regarde la prise de Constantinople par les Latins comme une juste vengeance que Dieu tira des Grecs pour les injustices dont ils s'étaient rendus coupables, depuis très-longtemps, envers tous les pèlerins qui allaient en terre sainte. « Mais dans sa colère, ajoute le chroniqueur, le Dieu des vengeances n'oublia point la miséricorde, puisqu'il se servit des chrétiens, et non des païens, pour punir ces enfants de perdition, sans doute afin que les précieuses reliques des saints, que renfermait Constantinople, ne fussent point souillées par les mains des infidèles, et pour qu'elles fussent transportées ailleurs par des disciples du Christ, qui auraient pour ce dépôt sacré le respect et la vénération qu'il inspire aux hommes pieux » (Voir l'article Reliques.)

Il ne faut pas prendre au pied de la lettre les exagérations helléniques de Nicétas. L'ordre que comportait la prise d'une ville au moyen âge, fut sinon exactement observé, au milieu du désordre inséparable de l'occupation d'une ville immensément riche, qui avait provoqué la vengeance des vainqueurs, au moins sévèrement recommandé par les chefs de la croisade. Il avait été ordonné aux soldats latins, sous peine d'excommunication et même de mort, d'apporter tout le butin dans trois églises, désignées pour le recevoir, et parmi ceux qui s'approprièrent quelques-unes des dépouilles qui devaient d'abord être mises en commun et ensuite partagées entre tous les croisés, « en y eut tout plein de pendus, » nous apprend Villehardouin. Le quart du butin fut réservé pour celui des chefs de l'armée qui serait nommé empereur. Le reste fut divisé entre les Français, les Flamands et les Lombards, d'un côté, et les Vénitiens de l'autre; mais on préleva sur la part qui revenait aux premiers la somme qu'ils redevaient à la république de Venise. Le produit total du butin s'éleva à environ soixante millions.

« Lorsque le pillage eut cessé dans Constantinople, dit Nicétas, les Latins envoyèrent dans les provinces de l'empire des hommes avides, chargés de reconnaître exactement quel en était le revenu; puis, comme s'ils eussent été les maîtres du monde et les maîtres des rois, ils divisèrent entre eux l'empire des Césars... Ce n'était point l'antiquité, ni la célébrité des villes que l'on considérait dans l'importance des lots, mais les impôts qu'elles pourraient payer et l'abondance de leurs pâturages; enfin ces barbares se disputaient comme s'ils avaient eu à partager une proie sanglante. En annonçant aux chrétiens de la Syrie leurs déplorables victoires, ils leur envoyèrent les portes de Constantinople, et les chaînes qui fermaient le port. »

Nicétas rapporte que les croisés s'assemblèrent dans l'église des Saints-Apôtres pour procéder à l'élection d'un empereur latin de Constantinople. Mais Villehardouin, qui fut présent à cette cérémonie, assure que cela se fit dans une riche chapelle du palais, c'est-à-dire du palais Bucoléon. On prit six électeurs parmi les Vénitiens et six parmi les Francs; Dandolo avait voix prépondérante en cas d'égalité des suffrages. L'historien attribue l'élection de Baudouin à l'influence du doge, qui, ne pouvant être élu, parce que les Vénitiens n'y voulaient pas consentir, chercha à placer sur le trône un souverain d'un esprit facile à diriger et dont la puissance de la république de Venise n'eût rien à craindre. Baudouin n'avait que trente-deux ans, et il montrait pour le doge la respectueuse déférence d'un fils pour son père. Une autre considération qui avait concouru à ce choix, c'est que les Etats du comte de Flandre étaient éloignés du territoire de Venise, tandis que ceux du marquis de Montferrat, le compétiteur le plus redoutable de Baudouin, étaient situés en Lombardie.

Baudouin raconte, dans une lettre, comment il fut élu et proclamé empereur, et, en parlant de la joie que causa cet événement, il dit : « Il y avait aussi des habitants de la terre sainte, ecclésiastiques et militaires, qui témoignaient une joie encore plus vive que les autres, et qui disaient qu'on devait rendre à Dieu des actions de grâces plus grandes que si la cité sainte avait été restituée aux chrétiens, puisque, à la honte éternelle des païens, ennemis de la croix, de l'Eglise romaine et de Jérusalem, la ville royale qui avait été si longtemps et si puissamment contraire à Rome et à la ville sainte s'était soumise et dévouée. »

Baudouin avait parfaitement raison d'exprimer l'espoir, en terminant sa lettre, que cette conquête pourrait être utile pour assurer le succès de l'affranchissement de la terre sainte. Si l'union des princes de l'Europe eût répondu aux grandes vues du saint-siége, l'espérance du premier empereur latin de Constantinople eût pu être réalisée. Détournée par les Vénitiens du but direct des guerres saintes, qui était la délivrance de Jérusalem, la cinquième croisade aurait eu malgré cela un immense résultat, si elle avait amené le succès des efforts de la papauté pour la réunion de l'Eglise grecque à l'Eglise romaine. Mais l'esprit d'ambition chevaleresque qui présida à la conquête de l'empire grec fut un auxiliaire plutôt nuisible que favorable aux pieux desseins du saint-siége, et ne fit que surexciter chez le peuple vaincu l'obstination dans le schisme, qui devait ouvrir à l'islamisme les portes de Constantinople.

SIXIÈME CROISADE.

L'actif et glorieux pontificat d'Innocent III, qui embrasse l'espace de temps compris entre les années 1198 et 1216, fut principalement consacré à lutter contre la décadence des colonies chrétiennes d'Orient, par les efforts du pontife pour leur susciter des défenseurs en Europe. La situation de l'Occident était telle, cependant, qu'elle semblait devoir absorber seule toute la sollicitude du grand pape pour les intérêts de la chrétienté. Les forces de la France étaient occupées à la répression de la dangereuse hérésie des Albigeois, l'Espagne ne repoussait l'invasion arabe que parce qu'elle puisait dans sa foi l'invincible persévérance du courage. Les prétendants à l'empire remplissaient l'Allemagne de troubles, l'Italie était en proie aux factions, et l'Angleterre était agitée par la lutte engagée entre le roi Jean et son peuple. Le génie d'Innocent III, planant au-dessus de tous ces embarras, cherchait à tirer de ce chaos des éléments de pacification pour l'Europe, et de salut pour le royaume latin de la Palestine : il écrivait à Malek-Adel pour l'inviter à rendre la ville sainte aux adorateurs de Jésus-Christ, au fils de Saladin qui était alors maître d'Alep, pour faire briller la vérité à ses yeux, et aux patriarches de Jérusalem et d'Antioche pour les engager à combattre énergiquement les progrès de la corruption des mœurs, parmi les chrétiens de Syrie. La bulle qui appelait les princes et les peuples à prendre la croix fut répandue dans toutes les provinces de la chrétienté. Le cardinal de Courçon, légat du saint-siége en France, reçut la mission d'y prêcher la croisade, et s'en acquitta en marchant sur les traces de Foulques de Neuilly, dont il avait été le disciple. Jacques de Vitry, qui devint évêque de Saint-Jean-d'Acre, et qui a écrit une histoire des guerres saintes que nous citons souvent, aida puissamment le légat pontifical dans l'accomplissement de son œuvre. Le roi Philippe-Auguste abandonna le quarantième des revenus de ses domaines pour subvenir aux frais de l'expédition qui allait être entreprise. L'archevêque de Cantorbéry exhorta les fidèles d'Angleterre à s'enrôler sous le drapeau de la croix. Le roi Jean jura d'aller combattre les infidèles, mais ce serment était dicté par des calculs politiques. Frédéric II, qui avait été couronné roi des Romains à Aix-la-Chapelle, prit aussi la croix dans des vues intéressées, et pour s'aplanir les voies au trône impérial. Un concile général, dont la réunion avait été annoncée dans tout le monde chrétien, s'assembla à Rome, dans l'église de Saint-Jean-de-Latran, le 11 novembre 1215, sous la présidence du souverain pontife. Innocent y montra Jérusalem, demandant s'il y avait jamais eu une douleur semblable à sa douleur? Après s'être occupé de la condamnation des hérésies qui désolaient l'Europe, le concile décida que le clergé payerait, pour les dépenses de la croisade, le vingtième de ses revenus, le pape et les cardinaux le dixième. Une trêve de quatre ans fut proclamée entre tous les princes chrétiens, et l'excommunication fut décrétée contre quiconque troublerait la marche des pèlerins, ou fournirait des vivres et des armes aux infidèles. Le pape annonça qu'il dirigerait les préparatifs de l'expédition, qu'il armerait plusieurs navires à ses frais pour le transport des pèlerins, et qu'il fournirait en outre trois mille marcs d'argent. Innocent III avait témoigné le désir de se mettre lui-même à la tête de la croisade ; mais l'état de l'Europe ne lui permettait pas de réaliser cette intention. Il chargea des envoyés du saint-siége de parcourir l'Occident, pour apaiser les discordes qui pouvaient être des obstacles au départ des croisés, et il allait en personne rétablir la paix entre les Pisans et les Génois, lorsque la mort le surprit à Pérouse, au mois de juillet 1216. Honoré III, successeur d'Innocent, écrivit le lendemain de son couronnement, au roi de Jérusalem, pour lui annoncer qu'il appliquerait tous ses soins à achever l'œuvre si bien préparée par son prédécesseur. Ses efforts furent toutefois impuissants à déterminer Louis VIII, fils de Philippe-Auguste, et Henri III, successeur de Jean sur le trône d'Angleterre, à prendre part à la croisade. Frédéric II, qui devait la couronne impériale à l'appui du saint-siége, renouvela dans deux assemblées solennelles le serment de marcher à la délivrance des Lieux Saints. Quoique cet engagement ne fut pas sincère de sa part, il eut au moins pour résultat d'engager plusieurs princes et une grande quantité de pèlerins de différentes contrées de l'Allemagne à se mettre en route pour l'Orient. André II, roi de Hongrie, prit aussi la croix, malgré l'état d'agitation où était son royaume, et son exemple entraîna une foule de guerriers de sa patrie. André fut choisi par les croisés pour être le chef de l'expédition. L'archidiacre Thomas, dans son *Histoire de Spalatro*, donne sur le départ du roi de Hongrie à la tête de la croisade, des détails qu'on ne trouve dans aucune autre chronique. « André de Hongrie, dit cet historien, désirant accomplir le vœu de son père, prit la croix, et partit pour aller au secours de la terre sainte. Il loua de grands vaisseaux à Venise, à Ancône, à Zara, et dans d'autres villes du golfe Adriatique, et les fit tous venir au port de Spalatro. Le roi envoya les provisions de guerre et de bouche sur des chariots et des bêtes de somme, qui remplirent tous les environs de la ville. Une grande multitude de Saxons précéda le roi et les Hongrois. Ces Saxons étaient des gens doux, paisibles, et pleins de zèle pour l'expédition ; ils portaient tous le signe de la croix. A la demande du roi, les habitants de Spalatro donnèrent aux pèlerins tous les faubourgs de leur ville, et leur abandonnèrent leurs maisons. Ces maisons furent aussitôt remplies d'hommes et de bêtes de somme. Comme elles ne suffisaient pas pour contenir la multitude, la plus grande partie de l'armée du roi resta dans la campagne, sous des tentes. Le 23 août 1217, le roi André arriva; tous les citoyens allèrent processionnellement au devant de lui, et l'armée des pèlerins chantait la gloire du monarque. Le clergé couvert d'ornements de soie, précédé de lévites qui portaient des encensoirs, sortit ensuite jusqu'à la porte de la ville, en chantant également des hymnes pour honorer la majesté royale. André, à la vue de cette procession, descendit de cheval, et se rendit à l'église, entouré des grands de sa cour et des évêques qui étaient venus au devant de lui. Après qu'on eut célébré la messe et que le roi eut déposé son offrande sur l'autel, il se retira au palais qui lui était destiné. On disait que le roi avait avec lui plus de dix mille cavaliers, sans compter les troupes d'infanterie, qui étaient presque innombrables.... Le roi, étant monté sur ses vaisseaux, se décida à partir. Les citoyens de Spalatro lui donnèrent deux galères qui devaient l'accompagner jusqu'à Durazzo. Le monarque ne put avoir assez de vaisseaux pour transporter tous les croisés; c'est pourquoi les uns retournèrent chez eux, les autres attendirent jusqu'à l'année suivante.»

La flotte qui portait l'expédition arriva dans l'île de Chypre, où elle séjourna quelque temps. Des troupes de croisés embarquées à Brindes, à Gênes et à Marseille, se réunirent à celles que conduisait le roi de Hongrie; et le roi de Chypre, Hugues de Lusignan, avec la plupart des barons de son royaume, partit de Limisso avec toute l'armée qui débarqua à Ptolémaïs. La bannière chrétienne n'avait pas rassemblé en Palestine un aussi grand nombre de guerriers, suivant la remarque d'un historien arabe, depuis le temps de Saladin. Les pèlerins furent reçus à Saint-Jean-d'Acre comme des libérateurs; mais la joie que causa leur arrivée fut troublée par la difficulté de leur procurer des vivres; et, comme l'année avait été stérile en Syrie, la disette ne tarda pas à se faire sentir et engendra la licence parmi cette multitude de soldats. De grands excès furent commis, notamment par les Bavarois. Pour mettre un terme à ces désordres, on fit une excursion vers le Jourdain, dans la vallée de Jezraël. Au moment du départ, le patriarche se rendit au camp, portant la partie du bois de la Vraie Croix qui n'avait pas été exposée à tomber entre les mains des infidèles à Tibériade (Voir l'article CROIX DE NOTRE SEIGNEUR), et les chefs de la croisade s'avancèrent pieds nus à sa rencontre. Dans cette course, qui ne fut qu'un pèlerinage, les croisés parcoururent les bords du lac de Génézareth et rentrèrent à Saint-Jean-d'Acre chargés de butin. Ils entreprirent ensuite une autre campagne, qui fut dirigée vers le Thabor. Les Musulmans avaient élevé sur le sommet de la montagne une forteresse que défendait une garnison considérable. Les efforts des infidèles ne purent empêcher les chrétiens d'arriver jusque sous les murs de la forteresse. Le roi de Jérusalem signala sa valeur en tuant deux émirs. On ignore les motifs qui engagèrent les chefs à ne pas tenter l'attaque du château, que les soldats demandaient à grands cris. La retraite de l'armée vers Ptolémaïs est attribuée, par les chroniqueurs, à une trahison dont ils ne fournissent d'ailleurs aucune preuve. Elle fut vraisemblablement conseillée par la prudence; mais Jacques de Vitry n'en fait pas moins au roi de Jérusalem le reproche d'avoir *démérité*, en cette circonstance : *Rex quantum meruit ascendendo, tantum demeruit descendendo.* Pour empêcher les soldats de tomber dans le découragement, au lieu de rentrer à Ptolémaïs, on conduisit l'armée en Phénicie. L'hiver étant venu, on se partagea en quatre corps, afin de se procurer plus facilement des vivres. Peut-être aussi cette séparation fut-elle occasionnée par la discorde qui s'était mise entre les pèlerins. Le roi de Chypre, qui s'était retiré à Tripoli, y mourut lorsqu'il se préparait à retourner dans ses Etats. L'auteur de l'*Histoire de Spalatro* prétend qu'une tentative d'empoisonnement mit en danger les jours du roi de Hongrie. « Croyant avoir pleinement satisfait à son vœu, ajoute le même auteur, André se mit en chemin pour retourner dans ses États. Il ne voulut point s'exposer au péril de la navigation; il prit la route de terre et vint à Antioche; puis il traversa la Grèce. Le roi se lia avec l'empereur Lascaris; la fille du prince grec fut promise en mariage à Béla, fils aîné du roi de Hongrie. Arrivé en Bulgarie, André fut retenu par le roi de ce pays et n'obtint la permission de partir qu'après avoir donné sa fille en mariage à ce roi. André, ayant ainsi achevé son pèlerinage, rentra enfin dans son royaume. »

Les croisés restés en Palestine sous les ordres de Léopold, duc d'Autriche, furent rejoints à Ptolémaïs par des pèlerins partis des ports de la France, de l'Italie et de la Hollande. Ceux qui s'étaient embarqués dans ce dernier pays s'étaient arrêtés, en route, sur les côtes de Portugal et y avaient battu les Arabes. L'arrivée de ce renfort permit de mettre à exécution le projet, formé dès l'année précédente, de porter la guerre en Egypte, suivant la pensée exprimée par le pape Innocent III dans le concile de Latran. On résolut d'aller assiéger Damiette, qu'on regardait comme la clef de l'Égypte. Au rapport d'un historien arabe, ce qui détermina les chrétiens à aller entreprendre le siége de Damiette, c'est qu'ils se dirent que c'était à l'aide des ressources de l'Egypte que Saladin avait conquis la Syrie et pris Jérusalem, et, qu'en se rendant maîtres de cette riche contrée, ils reprendraient ensuite Jérusalem et toutes les provinces qui leur avaient été enlevées.

La flotte qui transporta des côtes de Syrie sur celles d'Egypte le roi et le patriarche de Jérusalem, le duc d'Autriche, les trois ordres de chevaliers et tous les croisés qui étaient alors en Palestine, exécuta cette traversée au mois de mai 1218, après la fête de l'Ascension.

Les Francs, d'après le témoignage des auteurs arabes, abordèrent près de Damiette, dans le Delta formé par les deux bouches principales du Nil. Ils s'établirent sur la rive occidentale du Nil, en face de Damiette, n'étant séparés de cette ville que par la branche du fleuve qui passe sous ses murs, et de là se jette dans la Méditerranée. Au milieu du Nil était une tour, grande, forte et remplie de guerriers; des chaînes de fer, partant de cette tour, se prolongeaient jusqu'au pied des remparts de Damiette, et fermaient l'entrée du fleuve. La tour communiquait avec la ville par un pont de bateaux construit sous Saladin. La ville avait une garnison de vingt mille hommes et pouvait en mettre quarante mille sous les armes. Elle avait des vivres et des munitions de guerre pour deux ans. Malek-Adel était alors en Syrie, où il veillait à la garde de ce pays, et l'Egypte était sous l'autorité de son fils aîné Malek-Kamel. Ce prince vint se placer dans les environs de Damiette, sur la rive orientale du Nil. La terreur était au Caire. Quand les Musulmans virent Damiette cernée de toutes parts par les Francs, qui s'étaient entourés eux-mêmes de bons retranchements, la consternation se répandit dans toute l'Egypte, et l'historien des patriarches d'Alexandrie nous apprend que le peuple, fanatisé par les imans, massacra les chrétiens du pays.

Les premières attaques devaient être tournées contre la tour bâtie au milieu du Nil. On imagina des machines dont il n'y avait point d'exemple dans la guerre des siéges. Un prêtre de Cologne, Olivier Scolastique, qui a laissé une relation très-intéressante de cette expédition, après avoir prêché la croisade sur les bords du Rhin, dirigeait la construction des moyens d'attaque de la place. « Les chrétiens, dit l'auteur arabe de l'*Histoire des patriarches d'Alexandrie*, travaillaient à une espèce de ponton composé de deux navires joints ensemble, et attachés avec des poutres et des planches, de manière à présenter l'apparence d'un seul navire. Au-dessus s'élevaient quatre mâts supportant une tour de bois à créneaux et revêtue de parapets, à l'instar d'une citadelle; sur la tour on avait pratiqué un grand pont-levis qui se levait et se baissait à volonté, au moyen de courroies et de poulies. Tous ces préparatifs étaient destinés à agir contre la tour de la Chaîne.

Un premier assaut, tenté le 1er juillet, échoua malheureusement. On choisit, pour en donner un nouveau, le jour de la fête de saint Barthélemy, et le brave duc d'Autriche fut chargé de conduire l'attaque. « Au jour fixé, dit l'auteur arabe que nous venons de citer, les Francs s'avancèrent avec leur ponton et abattirent le pont-levis. En un moment l'étage supérieur de la tour tomba en leur pouvoir, et aussitôt le pont qui la joignait à la ville fut coupé. Les Musulmans enfermés dans la tour, au nombre d'environ trois cents, se voyant sans ressources, mirent bas les armes et furent faits prisonniers; quelques-uns seulement essayèrent de se jeter à l'eau, et se sauvèrent à la nage. Cette journée fut horrible. Les chrétiens plantèrent leurs drapeaux et leurs croix au haut de la tour; ensuite ils fermèrent la porte qui faisait face à Damiette, et, du côté opposé, ils construisirent un pont de bateaux qui joignait la tour à leur camp. Dès ce moment, le lit du Nil leur fut ouvert. » Les auteurs arabes s'accordent à dire que la perte de la tour de la Chaîne jeta la terreur parmi les Musulmans. Malek-Adel, qui était alors à Damas, désespéra du salut de Damiette et mourut de chagrin.

Les chrétiens, au lieu de profiter de l'impression produite en Egypte par la mort de Malek-Adel, suspendirent leurs attaques après la prise de la tour; plusieurs pèlerins reprirent même le chemin de l'Europe. Mais on en vit bientôt arriver d'autres, dont la présence fit oublier le départ de ceux qui avaient abandonné les drapeaux de la croix. Les guerriers qui venaient se réunir à ceux qui assiégaient Damiette, étaient partis de la France, de l'Angleterre, de l'Allemagne, de Venise, de Gênes et de Pise. Parmi ceux qu'envoyait la France, figuraient un assez grand nombre d'évêques. Le cardinal de Courçon, qui avait prêché la croisade, et le cardinal Pélage, évêque d'Albano, arrivèrent aussi à l'armée, au mois de septembre 1218. Le premier avait reçu du pape la charge d'exercer auprès des croisés les fonctions de son ministère sacerdotal, et le second amenait une troupe de pèlerins italiens qui marchaient sous ses ordres; il était revêtu du titre de légat du saint-siége, et muni de trésors destinés à subvenir aux frais de la guerre. Le cardinal de Courçon mourut quelque temps après son arrivée. En prétendant au commandement militaire de l'armée, qui était exercé par le roi de Jérusalem, le cardinal, dont le caractère était altier, indisposa contre lui la plupart des seigneurs.

Le sultan d'Egypte campait toujours avec son armée sur les bords du Nil. Il n'avait pas vu sans inquiétude l'augmentation des forces des chrétiens. « Le jour de saint Denis, dit une chronique écrite par un témoin oculaire des événements, les Sarrasins attaquèrent les chrétiens par terre et par eau. Ceux-ci, qui étaient préparés, allèrent au-devant des ennemis. Le légat les précédait portant en ses mains la Vraie Croix. Il ne cessait d'exhorter les chevaliers et les fantassins à se précipiter, pour le service de Notre-Seigneur Jésus-Christ, sur ses implacables ennemis. L'armée des chrétiens s'approcha de celle des Sarrasins, et un combat terrible commença au son des instruments de guerre. Les infidèles voyant qu'ils ne pouvaient résister, et qu'un grand nombre de leurs soldats étaient tombés morts ou blessés sur le champ de bataille, s'enfuirent épouvantés. Un nombre infini de païens et de Sarrasins furent tués ou faits prisonniers. Ceux qui étaient venus sur des galères furent noyés dans le fleuve. Les chrétiens remportèrent en ce jour une grande victoire, grâce à Notre-Seigneur Jésus-Christ. La putréfaction et la mauvaise odeur qui s'exhalèrent des cadavres empêchèrent, pendant plusieurs jours, les chrétiens de boire de l'eau du fleuve et de s'en servir pour préparer leur nourriture. » Les chrétiens firent preuve d'un courage inébranlable dans la manière dont ils endurèrent toutes les misères auxquelles ils furent exposés, au milieu des pluies, dans l'hiver de 1218 à 1219. » Durant tout l'hiver, dit le chroniqueur que nous venons de citer, les croisés souffrirent de l'inondation et du froid; la sixième partie de l'armée périt. Plusieurs perdirent les ongles des pieds et des mains et les dents. Le légat voyant que notre armée diminuait tous les jours, nous fit tous rassembler, et nous dit: *Que devons-nous faire, mes chers frères? Ne vaut-il pas mieux mourir dans le combat que de vivre comme des captifs, sur une terre étrangère?* Il ordonna à tous de se confesser, de faire pénitence de leurs péchés le jour de la Purification, et de se tenir prêts sous les armes. Le lendemain, au point du jour, tous les chrétiens montèrent sur des vaisseaux, des galères, des barques et autres bâtiments. Ceux qui étaient sur les vaisseaux que montait le duc d'Autriche, se mirent les premiers en marche, et arrivèrent aux retranchements que les Sarrasins avaient élevés sur le fleuve, les attaquèrent et les détruisirent. A cette vue, tous les bâtiments se réunirent aux assaillants : mais il s'éleva tout à coup une si grande tempête, que les navires et les barques ne purent y résister; les flots, la grêle et le vent, se mêlant ensemble avec un bruit horrible, empêchaient les vaisseaux de se reconnaître les uns les autres. Les chrétiens se virent donc forcés de retourner au camp. Ceux qui étaient au delà du fleuve supportèrent cette tempête pendant trois jours. Ce contre-temps jeta le désespoir parmi les croisés; ils disaient: *Dieu nous a oubliés*, et ils ajoutaient: *Seigneur, sauvez-nous, nous périssons.* » Ici le chroniqueur raconte qu'une apparition de saint Georges, couvert d'armes blanches, mit les Sarrasins en fuite. Ils abandonnèrent leur camp et tout ce qu'il contenait. « Le lendemain, dit le chroniqueur, un des païens qui étaient restés dans la plaine appela les chrétiens et leur dit: *Venez, les Sarrasins ont pris la fuite ; ils ont quitté le camp et tout ce qu'ils possédaient.* Les chrétiens s'y rendirent, s'emparèrent des tentes, et se partagèrent tout ce qu'ils y trouvèrent. Ils comprirent alors et crurent fermement que Jésus-Christ avait envoyé sa milice céleste pour combattre les païens et les Sarrasins. »

Voici comment les historiens arabes expliquent cette retraite, ou plutôt cette fuite, de l'armée égyptienne. Il y avait alors dans les troupes musulmanes un émir d'origine curde, appelé Emad-Eddin Achmed, et surnommé le fils de Maschtoub, parce qu'il était le fils du célèbre Maschtoub qui avait défendu Acre contre toutes les forces de l'Occident, sous Saladin. Il avait succédé à son père dans le fief de Naplouse, et il avait un grand ascendant sur les soldats curdes, ses compatriotes, qui, depuis Saladin, étaient en grand nombre dans les armées des princes ayoubites. De concert avec quelques émirs, il profita de l'abattement des esprits dans lequel la mort de Malek-Adel avait jeté les Musulmans, pour tramer une conspiration dont le but était de déposer le sultan, et d'élever à sa place un de ses frères, sous lequel le fils de Maschtoub espérait gouverner. Une partie de l'armée trempa dans cette conspiration, qui allait éclater lorsque le sultan en eut connaissance. Les conjurés s'enfuirent chacun de leur côté. Mais le sultan fut si troublé qu'il s'enfuit aussi lui-même dans la direction du Caire. Son départ subit répandit la terreur dans l'armée, qui abandonna son camp, dont les chrétiens s'emparèrent. Mais Coradin, prince de Damas, dont le sultan son frère avait réclamé le secours pour la défense de Damiette, arriva fort à propos pour remettre le calme dans les esprits.

Après la retraite de l'armée égyptienne, les chrétiens tinrent Damiette plus étroitement assiégée qu'ils n'avaient pu le faire jusque-là. Campés au milieu des sables, ils désiraient voir la verdure comme un malade désire la santé, suivant l'expression d'un chroniqueur. Le légat fit construire un pont de bateaux sur la branche du Nil qui séparait le camp chrétien de Damiette, et on s'occupa des moyens d'attaquer vivement la place; mais le sultan vint avec le prince de Damas envelopper l'armée des croisés. Ils se présentèrent à l'endroit où le fossé qui environnait le camp n'était pas rempli d'eau, et, suivant un chroniqueur, ils firent entendre ces paroles: ***Chrétiens, il faut que vous renonciez au Christ votre Seigneur, et à Marie, que vous dites sa mère, et que, devenant Sarrasins, vous adoriez Mahomet, ou que nous renoncions à Mahomet et devenions chrétiens.*** Aussitôt un grand combat s'engagea sur terre et sur eau. Les Egyptiens tentèrent avec soixante-douze galères et des brûlots, de mettre le feu au pont de bateaux. Le combat dura toute la journée du dimanche des Rameaux **1219**. « Les épées nues et les lances ensanglantées furent les seules palmes que les chrétiens portèrent en ce jour, » suivant l'expression des chroniques. Ils combattirent avec une grande confiance dans l'appui du ciel : *Si Dieu est pour nous*, disaient-ils, *qui sera contre nous?* L'ennemi perdit cinq mille hommes avec trente navires et fut forcé à la retraite. « Soyez sûrs, dit un historien contemporain, que les chrétiens qui moururent ce jour-là présentèrent à Dieu une vraie palme, car aucune langue humaine ne pourrait exprimer les misères que les croisés souffrirent, par amour pour Jésus-Christ et pour la foi en sa sainte religion, durant le siége de Damiette. » Au mois de mai, le duc d'Autriche se mit en mer pour retourner dans son pays, au grand regret de toute l'armée. Pour retenir les pèlerins sous les drapeaux de la croix, le légat fut obligé d'étendre à leurs pères, à leurs mères, à leurs femmes et à leurs enfants, les indulgences accordées par l'Eglise. Les croisés remportèrent encore une victoire dans laquelle ils jonchèrent la plaine de cadavres musulmans, comme un champ qu'on moissonne est couvert de gerbes, dit un chroniqueur. Mais les fantassins murmuraient de ce que les cavaliers restaient oisifs sous leurs tentes, et ils obligèrent les chefs à engager un nouveau combat, dans lequel les infidèles firent éprouver aux chrétiens une défaite désastreuse.

Cette malheureuse journée est ainsi racontée par un chroniqueur : « Le jour de la Décollation de saint Jean-Baptiste fut pour les chrétiens un jour de pleurs et de larmes, un jour de colère, de calamités, de misères, un jour de mort et de peste, un jour de fiel et d'amertume. Le légat, le roi et le patriarche de Jérusalem, et tous les autres seigneurs, troublés et irrités des rumeurs populaires, et craignant le ressentiment des fantassins, sortirent tous en armes du camp et s'avancèrent par troupes vers les tentes des Sarrasins. Aussitôt le malin esprit entra dans le cœur des guerriers : ils prirent tout à coup la fuite sans y être poussés par l'épée des ennemis et sans avoir livré aucun combat ; ils prirent la fuite à cause des péchés des hommes. Les Romains et les Latins résistèrent seuls avec intrépidité aux infidèles, et en tuèrent plusieurs. Mais saint Jean voulut avoir des compagnons; car de même qu'il avait été décapité à cause de Dieu, de même il y eut le jour de sa fête des chrétiens sans nombre qui le furent aussi, savoir : cinquante chevaliers du Temple, trente chevaliers Teutoniques, trente-deux Hospitaliers, avec quatre-vingts chevaliers, et plus de cinq mille hommes de toutes nations. Les Sarrasins poursuivirent les chrétiens jusqu'à leur camp, l'épée à la main. Grand nombre de croisés perdirent leurs armes et leurs chevaux. Une galère armée et montée par deux cents hommes, fut aussi perdue. C'est ainsi que Dieu fit justice des chrétiens qui étaient sortis de leur camp, non par amour pour lui, mais par excès de dépit. Du côté des Sarrasins, il n'y eut pas un moindre nombre de guerriers tués : trois émirs furent décapités. Ce combat dura depuis le matin jusqu'au soir. Si le roi Jean n'eût pas été présent ce jour-là, ainsi que les Hospitaliers, les Templiers et ceux de l'ordre Teutonique, tous les chrétiens auraient été *décollés* ou conduits en captivité. Le soudan fit vider et embaumer les têtes des chrétiens, et il les envoya dans les provinces d'Egypte, en faisant annoncer que, *si quelqu'un voulait des esclaves, il pourait venir, qu'on en aurait tant qu'on voudrait ; car les princes des Romains étaient morts, et ceux qui restaient voulaient s'enfuir.* »

Olivier Scolastique, qui coopéra au siége de Damiette, dit dans la relation qu'il en a laissée, à l'occasion de cette défaite, que les croisés provoquaient la colère divine par le luxe des grands et par les murmures des petits. Ces derniers reprochaient aux autres leur lâcheté : tout le monde sortit du camp en désordre; la victoire ne tarda pas à se déclarer pour les infidèles. Olivier reproche aux guerriers de Chypre leur poltronnerie, et n'est guère moins sévère envers les Italiens. Il termine son récit en disant que cinq cents têtes de croisés furent envoyées au sultan du Caire. « Cette défaite, ajoute le chroniqueur, fut la peine de nos péchés, et la punition était loin d'égaler l'offense. »

Les chrétiens s'occupèrent de nouveau de construire et de préparer des machines pour prendre la ville. Ils creusèrent la terre, dans l'espoir d'abattre les tours; mais, comme les fossés de la place étaient pleins d'eau, les mines en furent inondées et les travaux devinrent inutiles. Le légat ordonna à toute l'armée de faire pénitence, de jeûner pendant trois jours, et d'aller pieds nus adorer la Vraie Croix, pour implorer le secours de Jésus-Christ, et obtenir de lui qu'on se rendit maître de la place. Une attaque fut ensuite entreprise.

Au point du jour, les échelles furent appliquées tout autour des murs de la ville, et l'attaque dura sans succès, toute la journée. Les Musulmans se défendirent vaillamment; ils lancèrent sur les échelles du feu et du soufre enflammé, et en brûlèrent plusieurs. A cette vue, les chrétiens invoquaient le nom de Jésus-Christ, en levant les mains et en disant à haute voix : *Seigneur Jésus-Christ qui avez délivré Jonas du ventre de la baleine, délivrez vos serviteurs de tout mal et du danger des païens et des Sarrasins, afin que les infidèles ne triomphent pas, et ne disent pas dans leur cœur : Où est le Dieu des Chrétiens? Faites par votre sainte grâce et votre miséricorde que nous soumettions cette nation perfide et cruelle.*

L'été se passa comme s'était passé le printemps, en combats continuels. La nouvelle de l'arrivée de l'empereur d'Allemagne, qui se répandit alors en Orient, inquiéta vivement les Musulmans. Le sultan envoya des ambassadeurs au camp chrétien pour proposer la paix. Il offrait de rendre Jérusalem et toutes les villes conquises par Saladin, à l'exception de Carac et de Montréal, de donner la liberté à tous les prisonniers faits sur les chrétiens, et de payer deux cent mille dinars, pour rebâtir les murs de la ville sainte. Le roi de Jérusalem et les barons de France, d'Angleterre et d'Allemagne, étaient d'avis d'accepter ces propositions : mais le légat fit observer qu'il serait honteux d'abandonner le siége d'une ville devant laquelle on combattait depuis dix-sept mois, et que ce n'était qu'après s'être emparé de Damiette, qu'on pouvait conclure une paix avantageuse. On délibéra sans pouvoir s'accorder, et les conférences avec le sultan furent rompues. Lorsque les hostilités recommencèrent, la ville était en proie à une affreuse disette. Les chrétiens ayant remarqué que des nageurs musulmans traversaient leur flotte, malgré tous les obstacles, et entretenaient des communications entre le sultan et les assiégés, tendirent sur le fleuve des cordes et des filets où les nageurs se trouvèrent pris. Le sultan envoya soixante-dix courriers à la fois dans toute l'Egypte pour appeler ses sujets au secours de Damiette; il essaya en vain d'y introduire, pendant la nuit, sept cents hommes de ses meilleures troupes; ils furent surpris au milieu des rétranchements chrétiens, et presque tous massacrés. Tous les habitants en état de porter les armes avaient péri, au nombre de vingt mille. Tous les jours, dit un chroniqueur, sortaient de la ville des Musulmans qui renonçaient à leur foi et qui recevaient le baptême. L'armée chrétienne compta aussi plusieurs transfuges dans ses rangs. Le légat mit fin au relâchement de la discipline, dont ces désertions étaient un effet, par des lois sévères. Toutes les dispositions étant prises enfin pour une dernière attaque, des hérauts parcoururent le camp en criant : *Nous allons livrer un assaut à la ville, au nom du Seigneur et de la vierge Marie, et, avec le secours de Dieu, nous la prendrons.* Toute l'armée répondit : *soit, soit.* « Le 5 de novembre 1219, dit la chronique que nous avons souvent citée (le 9 suivant Olivier Scolastique), la veille de Saint Léonard, au milieu de la nuit, les croisés ayant appliqué les échelles aux murs de la ville, Dieu leur accorda une victoire telle, que les chrétiens n'en obtinrent jamais de semblable. Ce ne fut point leur courage, mais la miséricorde de Dieu, qui, sans le secours du fer et de la faim, tua les ennemis de la croix. Quelques guerriers romains, bien armés, étaient montés, au milieu de la nuit, sur les murs de Damiette, avec beaucoup de crainte; car ils ne savaient pas si Dieu combattait pour eux dans la ville. Ils se battirent sur une porte avec quelques Sarrasins, et, s'étant emparés d'une tour, ils crièrent à l'armée : *au secours ! au secours, frères la place est à nous !* et ils commencèrent à chanter, *Kyrie eleison.* L'armée répondit : *Gloria in excelsis.* Le légat chanta, *Te Deum laudamus.* Les Hospitaliers crièrent : *Sainte croix, saint sépulcre, intercédez pour nous.* Aussitôt les chrétiens coururent aux retranchements et d'autres à la ville. Ils brûlèrent une porte et brisèrent l'autre, et Damiette fut ainsi prise par la grâce de Dieu. » Le chroniqueur n'entre pas dans plus de détails sur ce dernier assaut. Il ajoute que Damiette était entourée de deux murs et d'un fossé plein d'eau, où les galères pouvaient naviguer. Elle avait vingt-deux portes, cent dix tours grandes et petites, et des maisons sans nombre, mais peu grandes.

Le chroniqueur fait ensuite un tableau de l'affreuse mortalité qui régnait dans Damiette, où les morts avaient tué les vivants, suivant l'expression d'un autre historien, Jacques de Vitry. Un vaste espace situé entre les deux murs de la place était tout rempli de sépultures : on trouvait des morts dans les rues, dans les maisons, partout; quelquefois un même lit renfermait deux et jusqu'à quatre personnes mortes, au milieu desquelles se trouvait une personne vivante; souvent celui qui vivait encore ne pouvait remuer celui qui était mort, à cause de son extrême faiblesse ; les hommes et les femmes étaient étendus sans vie sur les places publiques, sans vêtements, les pieds et les mains retournés et le corps déchiré par les chiens. Plusieurs avaient auprès d'eux du pain et de l'eau ; mais, ne pouvant ni boire, ni manger, ils mouraient ainsi comme des chiens, *et sic moriebantur ut canes.* « On trouva, ajoute le chroniqueur, plus de dix mille Sarrasins vivants, hommes et femmes; mais tous étaient plus ou moins malades. Dieu montra encore sa puissance à ses fidèles serviteurs, quand la ville fut en leur pouvoir : car le fleuve qui avait été auparavant très-bas, crut tellement pendant cette nuit, que tous les fossés se remplirent d'eau ; et le vent devint si violent que le soudan, et le prince de Damas ne purent porter de secours à Damiette. Le matin, quelques Sarrasins s'approchèrent, et virent les chrétiens bien armés et chantant le *Kyrie eleison*, et le *Gloria in excelsis.* Ces Sarrasins retournèrent aussitôt sur leurs pas pour annoncer cette nouvelle aux autres, qui coururent la porter au soudan. Ce prince en la recevant, perdit sur-le-champ la parole. Il fit signe à ceux qui l'accompagnaient de couper la tête aux porteurs de cette nouvelle, et cet ordre fut exécuté sans retard. Après être resté deux heures dans une tristesse profonde, le soudan se leva, et prenant l'épée qu'il avait à son côté, il coupa sa barbe, ses cheveux et la queue de son cheval. Tous les émirs firent de même, et le soudan s'écria en gémissant : *O Damiette ! jusqu'ici tu as été la lumière des Musulmans, et tu es obscurcie pour nous ; tu seras désormais la lumière des chrétiens. Malheureux ! que ferai-je ? pourquoi n'ai-je pas péri dans le sein de ma mère ? pourquoi ne suis-je pas mort avant que Damiette, qui jusqu'ici était restée vierge, fut violée par les chrétiens ! périsse le jour où je suis né, et qu'il ne soit plus compté au nombre des jours de l'année, puisqu'il nous a apporté de si sombres ténèbres !* Les chrétiens trouvèrent dans la ville de Damiette de l'or, de l'argent, des pierres précieuses, de la pourpre, des ornements très-chers, des vases d'or et d'argent en grande quantité, quatre cents ânes et mulets, du grain, de l'orge, du biscuit, assez de légumes : tout fut mis en commun. Dans ces jours, la mère des maux, la fille du diable, la reine de l'enfer, qu'on appelle *discorde*, se mit entre le légat et le roi, et se répandit dans toute l'armée. Le roi demandait que la ville lui fût soumise, le légat voulait que tous les chrétiens y fussent libres. De là s'élevèrent des querelles qui firent presque naître la guerre. Mais le signe de la croix ramena les chrétiens à la concorde. »

Par une résolution unanime, la ville de Damiette fut enfin donnée au roi de Jérusalem. Le butin fut partagé entre l'armée victorieuse, et une magnifique mosquée, dont le dôme s'élevait au-dessus de tous les édifices de la ville, fut consacrée à la Sainte Vierge. L'historien Jacques de Vitry, évêque de Ptolémaïs, qui assista à la prise de la ville, recueillit les enfants musulmans abandonnés, pour les faire baptiser et élever dans la vraie religion. L'air infect qu'on respirait dans Damiette obligea les chrétiens d'en sortir et de retourner pour quelque temps dans leur camp. Les chrétiens crurent, par la conquête de Damiette, avoir préludé à celle de toute l'Egypte. Il semblait que le sultan ne pouvait être secouru par ses frères, dont les Etats étaient menacés par les Tartares qui, sous la conduite de Gengis-Khan, après avoir subjugué presque tout le nord de l'Asie, avaient envahi la Perse. (*Voy.* l'article TARTARES et MOGOLS.) Les Etats musulmans se trouvaient ainsi attaqués en même temps par les Tartares et par les Francs; mais les invasions des chrétiens leur parurent les plus redoutables, et à la fin tous les princes musulmans, de concert avec le calife de Bagdad, se tournèrent contre eux. Un historien arabe fait, à ce sujet, les réflexions suivantes : « Les Musulmans craignaient bien plus les Francs que les Tartares. Ceux-ci, lorsqu'ils trouvaient des terres à leur convenance, se mêlaient volontiers avec les peuples vaincus; ils se soumettaient à la religion et aux lois du pays. Les Francs, au contraire, cherchaient par-dessus tout à asservir les consciences : la religion, motif de leurs guerres lointaines, mettait une barrière insurmontable entre les vaincus et les vainqueurs; ils voulaient, en s'emparant d'un pays, anéantir les habitants, et faire triompher leur culte. Ils n'avaient point oublié les victoires de Saladin; au contraire, le souvenir de leurs défaites passées les poursuivait continuellement, et ils brûlaient de venger l'honneur de leurs armes. » Ce fut ainsi que le sultan d'Egypte rassembla des forces suffisantes pour lutter avec ses ennemis, et que les princes ses frères se réunirent à lui. Les chrétiens ne s'attendaient pas à rencontrer la résistance qui leur fut plus tard opposée.

La forteresse de Tanis, bâtie au milieu du lac Menzaleh, voisin de Damiette, tomba sans défense en leur pouvoir. Plusieurs pèlerins reprirent alors le chemin de l'Europe, et ceux qui restèrent en Egypte s'y livrèrent à l'oubli de la guerre. Le légat fit des tentatives pour décider les chefs des chrétiens à marcher sur le Caire; car, tandis qu'on restait dans le repos, la corruption faisait dans l'armée des progrès effrayants : les soldats passaient le temps dans l'ivresse, dans la débauche et dans le vice. Le roi de Jérusalem, mécontent de l'autorité prise sur lui par le légat Pélage, s'éloigna de l'armée et se retira à Ptolémaïs. Mais les croisés reçurent bientôt des renforts dont le zèle du souverain pontife avait provoqué le départ pour l'Orient. Le duc de Bavière, envoyé par l'empereur Frédéric II, arriva avec des pèlerins allemands. Des guerriers français, lombards, pisans et génois, débarquèrent en même temps sur le rivage africain. Le cardinal reçut aussi du pape des sommes considérables pour poursuivre la guerre. Il résolut alors de marcher contre la capitale de l'Egypte; mais les barons et les chevaliers refusèrent de lui obéir, et il se vit forcé d'envoyer des députés au roi Jean de Brienne, pour le prier de revenir prendre le commandement des troupes. Pendant ce temps, le sultan du Caire rassemblait les défenseurs de l'islamisme à l'endroit où se séparent les deux branches du Nil. Son camp, où se réunirent les contingents envoyés par les princes mahométans de la Syrie, de l'Arménie et de l'Arabie, se convertit en une ville, qu'on nomma Mansourah, c'est-à-dire la *Victorieuse*. A l'arrivée du roi de Jérusalem à Damiette, les chefs des croisés tinrent un conseil, où le légat exposa que l'Egypte étant le plus puissant des Etats musulmans, si on parvenait à s'en emparer, on se rendrait aisément maître ensuite de la Syrie et de la Palestine. Jean de Brienne, interprète de l'opinion des grands maîtres du Temple et de l'Hôpital, et de la plupart des barons, en même qu'il exprimait son propre avis, convint que la prise de Damiette faciliterait celle du Caire, mais il contesta la possibilité de garder l'Egypte après l'avoir conquise. Le légat persista dans sa résolution, et menaça de l'excommunication quiconque s'opposerait au projet d'envahir l'Egypte. On se mit alors en marche vers le Caire. Au mois d'août 1221, l'armée chrétienne se trouva toute réunie à Pharescour, à trois milles de Damiette. « Elle s'avança, dit Olivier Scolastique, en ordre de bataille, par escadrons de cavalerie et par troupes de fantassins. Les premiers se montaient à douze cents hommes, sans compter les turcopoles et autres cavaliers auxiliaires. Les fantassins étaient si nombreux, que les Sarrasins les comparaient à des sauterelles, à cause du grand espace de terrain que leur multitude occupait. Nous avions quatre mille archers, dont deux mille étaient soldés Notre flotte se composait de six cent-trente vaisseaux, grands et petits. Les ennemis étaient au nombre de sept mille cavaliers, suivant le rapport des transfuges. » La description que fait le chroniqueur de l'ordre de marche dans lequel s'avançait l'armée chrétienne, offre les renseignements les plus intéressants sur l'état de l'art militaire à cette époque. « Nous avions, dit-il, à notre droite le fleuve, couvert de nos vaisseaux; à notre gauche les fantassins marchaient sur une longue ligne en bataillons serrés. La cavalerie s'étendait du fleuve aux fantassins, prêtant et recevant à la fois des forces de chaque côté. Les lanciers et les archers étaient réunis, afin de soutenir le choc des ennemis, s'ils tentaient d'approcher. Les bagages, la troupe sans armes, le clergé et les femmes s'avançaient en sûreté le long du fleuve. Un édit avait défendu, sous des peines très-sévères, de devancer la tête de l'armée, ou de rester en arrière, ou de rompre les rangs pour tenter quelque entreprise. Les éclaireurs ennemis, tout en admirant l'ordre et la discipline de l'armée chrétienne, ne laissèrent pas de l'attaquer. Mais les archers, formant un bataillon carré, firent une si bonne contenance, qu'aucun d'eux ne fut pris ou blessé le premier jour. »

Le chroniqueur continue ainsi son récit : « Le légat fit de grandes largesses aux guerriers; il arma des vaisseaux à ses frais, et n'épargna ni peines ni trésors pour le succès de l'entreprise. Le roi Jean, le duc de Bavière, les archevèques et évêques, les grands maîtres des trois ordres, le secondèrent avec ardeur. Le sultan détacha la meilleure partie de ses forces, qui consistait en quatre mille cavaliers. Ils vinrent attaquer avec assez de timidité l'extrémité de notre infanterie; mais nos guerriers résistèrent courageusement et tinrent constamment leurs rangs serrés. Le lendemain, les ennemis revinrent à la charge avec plus de vigueur, et forcèrent les nôtres à lancer plus de traits que la veille. Dans ces deux jours, les chrétiens eurent peu de blessés, encore moins de tués, et ils ôtèrent à l'ennemi l'espoir de les vaincre. » L'armée arriva au sommet de l'angle du Delta, et établit son camp à l'endroit où le canal d'Aschmoun se sépare du Nil. Le sultan occupait Mansourah, de l'autre côté du canal, avec toutes ses forces. Mais la nouvelle de l'arrivée de l'empereur Frédéric et de l'approche des Tartares avaient jeté l'effroi parmi les Musulmans. On lit dans l'historien des patriarches d'Alexandrie : « La désolation était au comble. Le peuple entier avait pris les armes; il ne restait plus dans les villes que les femmes, les enfants au-dessous de l'âge de puberté et les vieillards décrépits. Pendant deux jours on resta au Caire et au vieux Caire sans ouvrir les portes : on ne trouvait plus rien à acheter; toutes les affaires étaient suspendues; un morne silence régnait dans les rues; on n'entendait de temps en temps que le bruit de ceux qui allaient, une sonnette à la main, criant : *Ordre à tous les Musulmans de partir sans délai; quiconque sera trouvé ici ce soir sera pendu.* » Le sultan envoya proposer la paix aux chefs de l'armée chrétienne. Il offrait de rendre le royaume de Jérusalem tout entier. Le légat jugea que ces intentions pacifiques étaient dictées par une crainte dont il fallait profiter pour battre un ennemi déjà vaincu par la frayeur. « Le roi de Jérusalem, dit Olivier Scolastique, pensa qu'on devait accepter les conditions si souvent offertes par les ennemis, et ne pas exposer plus longtemps les chrétiens aux hasards de la guerre; mais le souverain pontife avait défendu de traiter sans un ordre de l'Eglise romaine. L'empereur avait également défendu de faire la paix, ou une trêve avec les Sarrasins. On fortifia donc le camp par un fossé très-profond et par un rempart de terre. On dressa des machines le long du fleuve. Mais les forces de l'ennemi augmentaient de jour en jour; celles des chrétiens diminuaient au contraire; car plusieurs, profitant de la saison du passage, abandonnèrent ouvertement ou secrètement le camp des croisés. » Tandis que les chrétiens hésitaient à attaquer un ennemi que le refus de la paix qu'il avait proposée avait exaspéré, le débordement du Nil vint compromettre leur situation. La flotte musulmane coupa les communications entre leur camp et Damiette, et ils ne tardèrent pas à manquer de vivres. « Du moment où le fleuve nous fut interdit, dit Olivier Scolastique, nos chefs délibérèrent sur ce qu'il convenait de faire, ou d'attendre les vaisseaux promis par l'empereur, ou de se retirer, à quelque risque que ce fût, à cause de la diminution des vivres. La plupart furent de ce dernier avis, mais c'était le plus dangereux. Un des personnages les moins considérables de l'armée (vraisemblablement Olivier lui-même, qui avait l'habitude de parler de lui avec une grande humilité), représenta qu'on n'avait ni assez de vaisseaux ni assez de bêtes de somme pour transporter les malades et les infirmes, et qu'on pouvait attendre encore vingt jours dans un lieu bien retranché, pourvu qu'on distribuât les provisions avec prudence. Ce conseil fut rejeté et l'on résolut de partir de nuit. » Lorsqu'on leva le camp, des imprudents mirent le feu à plusieurs tentes : c'était annoncer la fuite des croisés aux sentinelles ennemies, et inviter les Egyptiens, qui étaient plongés dans le sommeil, à poursuivre les chrétiens. Le Nil, alors au plus fort de sa crue, avait inondé les campagnes. Les soldats qui ce jour-là s'étaient gorgés du vin qu'on ne pouvait emporter furent tués, ou faits prisonniers pendant leur ivresse, soit dans le camp, soit sur la route; d'autres qui partirent au milieu de la nuit, retardés dans leur marche par le limon apporté par les eaux du fleuve, restèrent en arrière : ceux qui se jetèrent dans des barques les submergèrent par leur poids et furent noyés. Nous perdîmes dans cette nuit, dit Olivier, dont nous suivons le récit en l'abrégeant, les chevaux et les mulets qui portaient des armes, des tentes, des vases d'argent et d'autres effets précieux. Les Templiers, qui étaient à l'arrière-garde, exposés au plus grand danger, se tinrent fortement serrés les uns contre les autres; ceux de l'avant-garde, semblables à des brebis errantes, prirent au milieu des ténèbres différents chemins. Les Egyptiens, assurés de notre fuite, nous poursuivirent avec ardeur et nous firent éprouver des pertes qu'on ne peut calculer. Ceux qui descendirent le fleuve n'eurent pas de moindres dangers à courir, ni de moindres pertes à essuyer. Le vaisseau que montait le légat, portant beaucoup de malades et de vivres, semblable à un château fort, était défendu par des hommes armés et par des archers. Il protégea efficacement les galères qui marchaient avec lui; mais comme il voguait trop vite, peut-être parce qu'il était entraîné par la force du courant, il ne put fournir à temps les vivres dont l'armée de terre avait besoin. Le sultan, au commencement de cette nuit, avait envoyé des ordres pour faire rompre les digues sur la route que nous devions tenir. L'eau, s'étant répandue, laissa dans la campagne un limon gras et épais, qui arrêta les chevaux et les cavaliers. A la première heure du jour, nous aperçûmes à notre droite la terrible cavalerie des Turcs qui nous pressait vivement, à notre gauche des galères ennemies, montant et descendant le fleuve, nous harcelaient sans cesse. Derrière nous, la phalange des fantassins noirs, traversant des lieux marécageux, nous poursuivait cruellement. Une troupe, qui vint à notre rencontre, ne nous laissa aucun repos. Dans cette extrémité, le roi Jean fondit avec impétuosité sur les Turcs qu'il avait en face de lui, et parvint à rejoindre ses soldats sain et sauf. Les Templiers et les Hospitaliers, alors réunis, ne pouvant supporter les agressions des Ethiopiens, tombèrent sur eux et les forcèrent à sauter, comme des grenouilles, dans le lit du fleuve. D'autres guerriers, accourus au secours des Templiers, repoussèrent à coups de flèches ceux de ces Ethiopiens qui voulurent regagner le bord. On dit qu'il en périt mille qui furent atteints et blessés en nageant. Les autres, voyant cette déroute, s'éloignèrent un peu. Comme nous ne pouvions avancer, le roi ordonna de dresser le petit nombre de tentes qui restaient. Les ennemis ne cessèrent tout le jour de nous attaquer à coups de traits. Nous leur opposâmes les fantassins, qui nous servirent de rempart et leur renvoyèrent leurs flèches. Nos cavaliers, continuellement sous les armes, protégeaient nos fantassins.

La nuit suivante, les Égyptiens, soit par ordre du sultan, soit à son insu, rompirent les plus grandes digues, et firent ainsi couler les eaux sur la tête de ceux qui dormaient. Un peu avant l'aurore, lorsque les ténèbres couvraient encore la terre, les Éthiopiens, échappés du gouffre où ils avaient été poussés, se réunirent comme des sauterelles, et quoique la plupart fussent nus, ils se précipitèrent, pour venger leur perte, sur notre arrière-garde. Vous eussiez vu alors nos chevaliers et leurs suivants chercher à fuir de tous côtés, et la foule sans armes montrer toute la frayeur qu'elle avait; mais, renfermés de toutes parts par les eaux, les chrétiens ne savaient de quel côté s'échapper. Le maréchal du Temple, avec la troupe qu'il commandait, leva l'étendard, et faisant face à ceux qui nous poursuivaient, les força de s'arrêter et de reculer. La cruelle position où l'on se trouvait fit songer à demander la paix. On offrit de rendre Damiette, à condition que l'armée chrétienne serait libre de retourner en Palestine. Au rapport d'Olivier Scolastique, le légat avait trouvé un traître dans un Templier, appelé Imbert, qui était le confident de ses secrets, et le sultan n'ignorait rien de la situation affreuse où étaient les chrétiens. Néanmoins, ajoute Olivier, le sultan écouta patiemment les députés qu'on lui envoya. Pendant les conférences qui eurent lieu, il ordonna aux siens de cesser toute hostilité contre nous. Ses frères, et surtout le prince d'Émèse, ennemi déclaré du nom chrétien, essayèrent de le détourner de tout arrangement, en lui disant que les Francs, enveloppés par les eaux, ne pourraient lui échapper; mais le sultan était un prince doux et prudent, plus ami de la paix qu'altéré de sang. Les négociations traînèrent cependant en longueur; elles durèrent tout le samedi et le dimanche jusqu'au soir, sans que rien fût décidé. Le jour de la décollation de saint Jean-Baptiste, le manque de vivres et de pâturages fit prendre aux nôtres la résolution de mourir honorablement dans un combat, plutôt que de périr honteusement dans un déluge. Tous les Francs, s'animant les uns les autres, se rangèrent en bataille; les ennemis en firent autant. Mais les Turcs, considérant que celui qui provoque un ennemi par désespoir de cause est presque sûr de triompher, s'éloignèrent un peu, par l'ordre de leurs chefs, et la nuit qui survint empêcha le combat. D'ailleurs les plus prudents craignaient quelque trahison, si l'on venait, par une attaque subite, à rompre les négociations de la paix. Enfin, le 13 du mois de septembre, toutes les difficultés étant aplanies, nous tendîmes la main à l'Égyptien et au Syrien, pour en obtenir du pain; ce ne furent ni le fer ni les traits qui nous réduisirent à cette humiliation dans un pays ennemi, mais le débordement des eaux et le défaut de vivres.

Olivier nous fait connaître les conditions du traité : Les Musulmans s'engagèrent à remettre aux chrétiens la Vraie Croix et tous les prisonniers qui se trouvaient au Caire et au pouvoir de Coradin; et les chrétiens à rendre Damiette avec toutes ses dépendances. Il fut convenu, en outre, que les chrétiens se retireraient avec leurs familles et leurs effets, et qu'il y aurait une trêve de huit ans entre les Francs et les Musulmans. Vingt-quatre otages, choisis par le sultan, furent donnés comme garants du traité; ce furent le légat, le roi de Jérusalem, le duc de Bavière, les trois grands maîtres et dix-huit autres personnes. De leur côté, les chrétiens reçurent le fils du sultan, héritier de son empire, et un de ses frères, ainsi que plusieurs fils des principaux émirs. Ces otages devaient être gardés de part et d'autre jusqu'à l'accomplissement du traité.

La nouvelle de ces événements jeta la consternation et la confusion dans Damiette. Les pèlerins de cette ville commencèrent par déclarer qu'ils ne voulaient pas reconnaître le traité, et il fallut que le roi de Jérusalem annonçât qu'il livrerait Ptolémaïs aux Musulmans, si on refusait de leur livrer Damiette, pour que cette ville leur fût abandonnée. L'armée chrétienne aurait péri victime de l'inondation, de la faim et des maladies, si Jean de Brienne, qui était au camp musulman, n'eût pas engagé Malek-Kamel à avoir pitié de ses ennemis. Le sultan fit fermer les écluses, et l'inondation cessa. Une lettre écrite par Olivier Scolastique au souverain de l'Égypte, pour l'inviter à se convertir et à rendre le royaume de Jérusalem aux chrétiens, est un témoignage de l'humanité que ce prince a montrée pour sauver de la mort les débris de l'armée chrétienne; ils évacuèrent l'Égypte, après la reddition de Damiette. Leur retour à Ptolémaïs y porta le désespoir. L'issue de cette expédition, qui avait semblé menacer toutes les puissances musulmanes d'Égypte et de Syrie, causa aux infidèles une joie d'autant plus grande qu'elle était inespérée.

Olivier, témoin oculaire et consciencieux des événements, est loin de présenter le légat comme l'auteur des revers de cette expédition, et son autorité, ayant plus de poids qu'aucune autre qui puisse lui être opposée, réduit à leur juste valeur les accusations dont la conduite du légat a été l'objet de la part de certains historiens.

L'empereur Frédéric II, dont la politique consistait à tromper le saint-siége sur ses intentions, couvrait ses desseins ambitieux sur l'Occident de la promesse de marcher à la délivrance de l'Orient chrétien. Bien qu'il eût envoyé en Égypte le duc de Bavière et le comte de la Pouille, le pape l'accusa à bon droit d'avoir été la principale cause des revers éprouvés sur le Nil par les croisés. Frédéric répondit par des menaces aux reproches du saint-siége, et Honoré III, agissant avec la mansuétude d'un ministre de paix, accueillit l'idée d'intéresser plus étroitement l'empereur au sort de la Palestine, en lui faisant épouser Yolande, fille de Jean de Brienne, roi de Jérusalem. Cette union fut arrêtée dans une conférence tenue en Campanie, en 1223, et à laquelle avaient été appelés le roi et le patriarche de Jérusalem, avec les grands maîtres des trois ordres religieux. Frédéric reçut, comme dot apportée par Yolande, ses droits sur la terre sainte, et s'engagea, sous peine d'excommunication à défendre l'Etat dont il allait devenir l'héritier. Jean de Brienne parcourut ensuite la France, l'Angleterre et l'Allemagne, pour solliciter des secours en faveur des Saints Lieux. Frédéric montra alors un zèle très-ardent pour la délivrance de la terre sainte; il hâtait les préparatifs d'une expédition dont il annonçait qu'il prendrait la direction en personne; il pressait le pape d'établir la paix entre les rois de France et d'Angleterre, afin que la noblesse de ces deux pays pût participer à la croisade, et il engageait le saint-siége à appeler les autres princes de l'Europe à y concourir. Honoré III faisait tous ses efforts pour préparer le succès de l'entreprise. Le mariage de Frédéric avec Yolande fut célébré à Brindes en 1225, et cette princesse fut couronnée l'année suivante impératrice et reine de Jérusalem, par le pape, dans la basilique de Saint-Pierre de Rome. Jean de Brienne, qui s'était réjoui de cette union, ne tarda pas à avoir lieu de s'en repentir. Frédéric maltraita sa jeune femme et exigea que son beau-père lui cédât immédiatement le royaume de Jérusalem. Impuissant à résister à la volonté de l'empereur, le roi renonça à sa couronne, se réfugia à Rome sous la protection du saint-siége, et obtint le gouvernement des terres de l'Eglise romaine. Frédéric, que son ambition retenait en Europe, demanda un délai de deux ans pour accomplir son serment de passer en Orient. La guerre avec l'Angleterre et la répression de l'hérésie des Albigeois empêchèrent la France de s'associer à la croisade. Louis VIII conclut une trêve avec l'Angleterre; mais ce fut pour aller combattre les hérétiques du Languedoc, et non les Musulmans d'Orient, qu'il prit la croix. L'Allemagne entendit avec froideur les prédications de la guerre sainte. L'Italie, déchirée par les factions des Guelfes et des Gibelins, fut sourde à la voix du pape Honoré, s'efforçant de détourner les esprits de ces divisions, pour les diriger vers la délivrance de la Palestine. La croisade fut prêchée avec plus de succes en Angleterre, où plus de soixante mille pèlerins se réunirent sous la bannière de la croix; mais Frédéric, gagné, dit une chronique, par les présents des infidèles, mit des obstacles au départ des guerriers anglais. Quand Grégoire IX succéda à Honoré III, au mois d'avril 1227, son premier soin fut de rappeler à Frédéric les devoirs qu'il avait à remplir. Les navires destinés à porter l'empereur en Orient l'attendaient alors dans le port de Brindes, rendez-vous de tous les croisés qui devaient marcher sous l'étendard impérial. Une maladie épidémique jeta quelque découragement parmi eux. Frédéric, pressé par la volonté énergique du nouveau pape, se mit cependant en mer; mais il profita du prétexte d'une tempête, qui assaillit sa flotte au sortir du port et qui le rendit malade, pour débarquer aussitôt à Otrante. A cette nouvelle, le pape, justement indigné, se rendit dans la principale église de la petite ville d'Anagni, où il se trouvait, monta en chaire, flétrit le scandale donné au monde par l'empereur, et le frappa d'excommunication. Grégoire adressa des lettres à tous les souverains de l'Europe pour leur dénoncer l'infidélité de l'empereur à remplir ses engagements. Frédéric, dans l'impuissance où il était de justifier sa conduite, répondit par de vagues accusations d'ambition et d'avarice dirigées contre le saint-siége. Quand il sut que l'excommunication lancée contre lui avait été renouvelée dans l'église de Saint-Pierre, le jeudi saint 1228, il excita une sédition dans Rome par l'emploi des moyens les plus coupables, et obligea le pape de sortir de la capitale de l'univers chrétien. Grégoire délia les sujets de l'empereur du serment de fidélité envers un prince infidèle à Dieu et hostile au vicaire de Jésus-Christ. En abandonnant ainsi la cause des colonies chrétiennes d'Orient, et entrant en lutte avec le saint-siége, qui voulait qu'elles fussent secourues, Frédéric les exposa à être la proie des Musulmans. Mais peu lui importait : c'est même par une alliance avec les infidèles qu'il fut conduit en Orient. La première origine de l'expédition à laquelle Frédéric se décida est attribuée par les historiens arabes aux liaisons secrètes qui existaient, disent-ils, entre l'empereur et le sultan d'Égypte. Une querelle s'étant élevée entre le sultan et son frère Coradin, prince de Damas, celui-ci avait sollicité l'appui du sultan du Kharizme, qui, depuis quelques années, avait envahi la Géorgie, la grande Arménie et le nord de la Syrie (Voir l'article KHARIZMIENS). Le sultan promit alors à Frédéric de s'unir d'intérêt avec lui, et ils convinrent d'attaquer de concert le prince de Damas. Jérusalem et la Palestine devaient, après qu'on en aurait fait la conquête, être remises à l'empereur, à qui le sultan avait envoyé, pour presser son départ, l'émir Fakr-Eddin, homme habile dans la paix et dans la guerre.

Frédéric, en se rendant en Palestine, avait aussi pour but de faire échouer le projet qu'avait Jean de Brienne d'y retourner. Aux fêtes de Pâques de l'année 1228, il tint une assemblée solennelle dans la plaine de Barletta, petite ville de la Pouille, où il parut sur son trône, revêtu de la croix des pèlerins; et tout excommunié qu'il était, il annonça son départ pour la Syrie. Afin de jouer complétement la comédie, Frédéric lut son testament au milieu de la réunion de seigneurs dont il était entouré. Le pape envoya une ambassade à Frédéric pour lui défendre de partir pour la croisade avant d'être relevé de l'anathème qui pesait sur lui; mais l'empereur, rebelle aux lois divines, ne s'embarqua pas moins à Brindes au mois d'août 1228, n'emmenant avec lui que vingt galères et six cents chevaliers. Il fut d'abord reçu à Ptolémaïs comme un libérateur par le patriarche de Jérusalem et par les grands maîtres des ordres militaires; mais le pape envoya deux religieux de l'ordre de Saint-François en Orient, pour faire savoir que Frédéric était en révolte contre l'Eglise, et tout le monde se défia aussitôt de ce prince, qui n'était point d'ailleurs suivi d'un nombre de guerriers suffisant pour attaquer les infidèles.

Au moment où Frédéric arriva en Syrie, Coradin, prince de Damas, contre qui son frère le sultan d'Égypte méditait la guerre, mourut, ne laissant qu'un fils jeune et sans expérience.

Le sultan crut que c'était une occasion favorable de s'emparer de la principauté de Damas pour la réunir à l'Egypte. Le jeune prince eut recours à son oncle, prince de Kélat. Ce prince, qui était frère du sultan, accourut cependant au secours de son neveu, dans la crainte de voir les chrétiens devenir maîtres du pays. Mais le sultan, après s'être emparé de Jérusalem et des places voisines, amena son frère par ruse à s'entendre avec lui pour dépouiller leur jeune neveu. Aboulféda remarque que le sultan, dans ce changement de circonstances, eût bien voulu ne pas avoir appelé Frédéric; mais l'empereur était là, et il fallait le satisfaire. Il s'établit des relations très-étroites entre lui et le sultan, quoique Frédéric insistât sur la cession de Jérusalem qui lui avait été promise. L'émir Fakr-Eddin, qui traitait au nom du sultan, était entré fort avant dans la confiance de l'empereur, avec qui il avait, sur la philosophie, des entretiens qui amenèrent un rapprochement d'opinions. Ces relations scandalisèrent les chrétiens. Plusieurs seigneurs, et surtout les Hospitaliers et les Templiers, en furent tellement indignés, qu'ils écrivirent au sultan contre l'empereur. Le sultan s'étant fait lire la lettre, l'envoya à Frédéric; mais l'empereur dissimula son ressentiment. La réponse qu'il fit au sultan nous a été conservée par un auteur arabe; elle était conçue en ces termes : « Je suis ton ami; tu n'ignores pas combien je suis au-dessus de tous les princes de l'Occident; c'est toi qui m'as engagé à venir ici : les rois et le pape sont instruits de mon voyage; si je m'en retournais sans avoir rien obtenu, je perdrais toute considération à leurs yeux. Après tout, cette Jérusalem, n'est-ce pas elle qui a donné naissance à la religion chrétienne, et n'est-ce pas vous qui l'avez détruite? Elle est maintenant réduite à la dernière misère. De grâce, rends-la-moi dans l'état où elle est, afin qu'à mon retour je puisse lever la tête parmi les rois. Je renonce d'avance à tous les avantages que je pourrais en retirer. » Makrizi rapporte que Frédéric parla dans le même sens à l'émir Fakr-Eddin. « Je n'aurais pas tant insisté, lui dit-il, si je n'avais crains de perdre tout crédit en Occident. Au reste, mon but, en venant ici, n'a pas été de délivrer la ville sainte, ni rien de semblable : j'ai voulu conserver l'estime des Francs. » Mais, en se jouant ainsi de ses contemporains, Frédéric a mérité que la postérité se servît des éléments que lui fournit l'histoire pour démasquer ce faux croisé, qui avouait aux ennemis de la foi chrétienne que son seul but était de se donner en Europe pour ce qu'il n'était pas.

Voici comment Richard de San-Germano, qui était notaire de Frédéric II, et tout dévoué à son maître, rapporte dans sa chronique, vraisemblablement d'après les lettres écrites par l'empereur lui-même, ce qui se passa en Palestine pendant le séjour de ce prince : « Pendant que l'empereur était encore en Syrie, on reçut de lui les nouvelles suivantes. Le 15 novembre 1229, étant arrivé à Joppé avec l'armée des chrétiens, l'empereur eut intention de rétablir un fort qui devait lui faciliter l'accès de Jérusalem; et comme il ne pouvait envoyer assez promptement par terre tout ce qui lui était nécessaire, il en chargea des barques au port d'Acre : mais, le vent ayant changé, et la mer s'étant troublée, il s'éleva tout à coup une si grande tempête, que les navires ni les provisions ne purent arriver à l'armée. Comme les chrétiens étaient alors dans une grande inquiétude, ils commencèrent à se désespérer, à murmurer, et à ne voir d'autre salut que dans leur retour à Acre. Ils étaient dans cette extrémité, lorsque le Seigneur miséricordieux, qui fait succéder le calme à la tempête et qui est toujours prêt à venir au secours de ceux qui l'invoquent, changea subitement le ciel et apaisa la mer. Il arriva à Joppé une si grande quantité de navires et de barques, que l'abondance de toutes choses succéda à la disette. Alors, d'un commun avis, on commença à construire le fort Joppé, et l'empereur et les soldats mirent tant de zèle à l'ouvrage, qu'il fut achevé en quelques jours. Pendant qu'on travaillait avec tant d'activité, les ambassadeurs du soudan et de l'empereur traitaient de la paix. Ce même soudan et son père étaient à une journée de chemin, avec une armée innombrable. Le soudan de Damas était de même avec une grande armée auprès de Naplouse. Pendant qu'on traitait de la restitution de la terre sainte, le Seigneur Jésus-Christ, qui est la sagesse de son Père, décida, dans sa providence accoutumée, que le soudan rendrait à l'empereur la cité de Jérusalem et aux chrétiens tout ce qu'ils possédaient, excepté le Temple (la mosquée d'Omar), qui devait être sous la garde des Sarrasins. Le soudan rendit aussi la petite ville appelée Saint-Georges, et les habitations qui sont des deux côtés de la route, ainsi que Béthléem et Nazareth, avec toutes leurs dépendances. Il rendit de même le port de Thoron, la ville de Sidon avec toute la plaine qui l'environne, et tous les pays que les chrétiens avaient possédés. D'après le traité, il était permis à l'empereur et aux chrétiens de reconstruire la ville sainte, de relever les murs et les tours, le fort Joppé, celui de Césarée, Montfort, et une nouvelle forteresse qu'on avait commencée cette année sur les montagnes. Il est vraisemblable que si l'empereur était passé dans la terre sainte avec l'agrément de l'Église romaine, ce traité aurait été plus heureux et plus durable; mais combien de traverses n'eut-il pas à éprouver de la part de l'Église ? Non-seulement le pape l'avait excommunié, mais ceux qui le savaient excommunié le fuyaient à cause de cette excommunication. Aussi écrivit-il au patriarche de Jérusalem et aux grands-maîtres des Hospitaliers et du Temple, pour qu'on gardât là-dessus le silence dans son armée, afin que l'affaire de la terre sainte, pour le succès de laquelle il s'employait de toutes ses forces, n'en souffrît en aucune manière... Le soudan, sachant que l'empereur était excommunié par l'Église romaine, eut de la peine à traiter avec lui. Cependant il traita et traita si bien, que tous deux gardèrent la paix jusqu'à la fin de la trêve. Tous les prisonniers furent délivrés de part et d'autre. Le soudan rendit la terre sainte et tous les pays que nous venons de nommer. De l'avis de tous les croisés, l'empereur alla à Jérusalem; et le même jour qu'il y entra, l'archevêque de Césarée, envoyé par le patriarche, vint mettre l'interdit sur la ville et particulièrement sur le Saint-Sépulcre, couvrant ainsi, non de sa bénédiction, mais de l'anathème, un acte de restauration. Lorsque l'empereur retourna à Acre, le patriarche, les grands maîtres du Temple et des Hospitaliers agirent avec lui de telle sorte, qu'il fut plus clair que le jour que ce furent eux qui excitèrent contre lui dans cette ville une guerre intestine. »

A ce récit apologétique des manœuvres de l'empereur, l'histoire oppose la lettre, conservée par Matthieu Pâris, dans laquelle le patriarche de Jérusalem dénonce à toute la chrétienté la conduite de ce chef excommunié d'une croisade, qui, du propre aveu de Frédéric, n'était qu'une jonglerie. « *Giraud, patriarche de Jérusalem, à tous les fidèles, salut.* Quelle conduite étonnante ou plutôt déplorable l'empereur n'a-t-il pas tenue en Palestine, depuis le commencement jusqu'à la fin, au grand détriment de la chose de Dieu et au grand mépris de la foi ? De la plante de ses pieds au sommet de sa tête on ne pourrait trouver un grain de bon sens. Il est venu, chargé de l'excommunication, sans argent, et suivi à peine de quarante chevaliers. Il espérait se soutenir en dépouillant les habitants de la Syrie. D'abord il débarqua en Chypre, et là il s'empara du noble Ibelin et de ses fils, qu'il avait invités à sa table, sous prétexte de parler des affaires de la terre sainte. Ensuite il retint presque en captivité le roi, qu'il avait engagé à venir le trouver. Il s'empara ainsi par violence et par fraude de tout le royaume. Après ces prouesses, il passa en Syrie. Quoiqu'il promît de faire des merveilles, et que devant des imbéciles il tînt des discours pleins de jactance, il envoya demander la paix au sultan de Babylone. Cette conduite le rendit méprisable aux yeux du sultan et de ses sujets, principalement lorsqu'ils eurent découvert qu'il n'était pas à la tête d'une armée nombreuse. Sous prétexte de couvrir Joppé, il marcha vers cette ville avec ses troupes, afin de se rapprocher du sultan, et pour pouvoir plus facilement traiter de la paix ou obtenir une trêve. Que dirai-je de plus ? Après de longs et mystérieux pourparlers, et sans avoir consulté personne, il annonça, un beau jour, quand on s'y attendait le moins qu'il avait fait la paix avec le sultan. Personne ne vit le traité de paix ou l'acte établissant la trêve ; personne ne vit l'empereur prêter le serment d'observer les conditions stipulées. Vous verrez, par la teneur de quelques articles que nous vous envoyons, combien fut grande la malice de l'empereur, combien fut frauduleux le traité qu'il conclut. L'empereur, pour donner du crédit à sa parole, ne voulut pour garantie que la parole du sultan, et il l'obtint. Il dit que la cité sainte lui était rendue. Il y alla avec son armée la veille du dimanche où l'on chante *Oculi mei*. Le dimanche suivant, quoique excommunié, il entra dans la chapelle du Saint-Sépulcre, et, au préjudice évident de la dignité impériale, il mit le diadème sur son front, bien que les Sarrasins gardassent entre leurs mains le temple du Seigneur et le temple de Salomon, et qu'ils proclamassent hautement, comme auparavant, la loi de Mahomet, tout cela à la grande confusion et au grand chagrin des pèlerins. Ce même prince, qui avait promis très-souvent de fortifier Jérusalem, sortit de la ville le lendemain, au point du jour, le plus secrètement possible. Les Hospitaliers et les Templiers lui promirent de l'aider de toutes leurs forces et de tous leurs conseils, s'il voulait fortifier la ville, comme il l'avait promis : mais l'empereur, qui ne se souciait pas de rétablir les affaires, et qui voyait que la ville, dans l'état où elle avait été rendue, ne pouvait être ni conservée ni fortifiée, se contenta de la promesse de restitution qu'il avait obtenue, et, le même jour, se dirigea rapidement vers Joppé avec sa famille. Les pèlerins qui étaient entrés avec l'empereur à Jérusalem, voyant son départ, ne voulurent pas rester auprès de lui. Le dimanche suivant où l'on chante *Lætare*, il arriva à Saint-Jean-d'Acre. Là, pour mieux séduire le peuple et obtenir sa faveur, il lui donna plus de liberté. Quant au motif qui l'a fait agir ainsi, Dieu le sait, et sa conduite future nous le fera connaître. Comme tous ceux qui étaient à Jérusalem, grands et petits, après avoir visité le Saint-Sépulcre, se préparaient à la retraite, parce qu'il n'y avait point de trêve conclue avec le sultan de Damas, nous crûmes que la terre sainte allait être abandonnée par tous les pèlerins, et, dans cette conjoncture, nous ouvrîmes l'avis de faire demander au roi de France, de pieuse mémoire, des aumônes, afin de pouvoir retenir des soldats dont la présence était réclamée par l'intérêt commun. L'empereur, ayant eu connaissance de cette résolution, nous fit dire qu'il était étonné que nous eussions conçu un tel projet dans un temps où il avait conclu une trêve avec le sultan de Babylone. Nous lui répondîmes que le fer était toujours dans la blessure, puisqu'il n'y avait pas de trêve avec le sultan de Damas comme avec celui de Babylone, ajoutant que, malgré le sultan de Babylone, celui de Damas pouvait nous faire encore trop de mal. L'empereur dit qu'il était roi de Jérusalem, et qu'il ne voulait pas souffrir dans ses Etats des soldats étrangers. A cela nous répliquâmes que, sur les affaires en question et sur toutes celles de même nature, nous étions bien fâchés de ne pouvoir, sans compromettre le salut de nos âmes, obéir à ses volontés, parce qu'il était excommunié. L'empereur ne fit aucune réponse; mais, le jour suivant, il fit assembler hors de la ville, par un crieur public, les pèlerins qui l'habitaient, et il convoqua aussi par des envoyés spéciaux les prélats et les religieux. Placé au milieu d'eux, il commença par se plaindre fortement de nous, inventant des faussetés pour nous rendre odieux; ensuite, se tournant contre le maître vénérable des Templiers, il s'efforça de flétrir sa réputation par de vaines déclamations, cherchant ainsi à faire retomber sur d'autres la responsabilité de ses fautes, et ajoutant que nous entretenions des troupes dans le dessein de lui nuire. Il ordonna, après cela, à tous les soldats étrangers, de quelque nation qu'ils fussent, de quitter la terre sainte, et prescrivit au comte Thomas, qu'il instituait bailli de toute la contrée, de punir corporellement quiconque serait trouvé en contravention, afin que le châtiment du premier coupable servît d'exemple aux autres. Ces ordres donnés, il recommanda qu'ils fussent exécutés avec la plus grande rigueur, et ne voulut écouter aucune observation. Il résolut de poster sur-le-champ des balistaires aux portes de la ville, leur commandant de laisser sortir les Templiers, mais de ne pas les laisser rentrer. Ensuite il fit garnir de balistaires les églises et les autres lieux élevés, et particulièrement ceux qui dominaient les communications entre les Templiers et nous; et vous saurez que jamais il ne montra autant de haine et d'animosité contre les Sarrasins. Quant à nous, voyant la méchanceté manifeste de l'empereur, nous convoquâmes tous les prélats et tous les pèlerins, et nous menaçâmes de l'excommunication tous ceux qui aideraient le prince de leurs conseils ou de leurs services, contre l'Eglise ou contre les Templiers, ou contre les autres religieux de la terre sainte. L'empereur, de plus en plus irrité, fit sur-le-champ garder tous les passages, défendant de laisser approcher de nous ou de ceux qui nous suivaient aucune espèce de provisions, et plaçant partout des balistaires et des sagittaires qui nous attaquaient avec animosité, nous, les Templiers et les pèlerins. Enfin, mettant le comble à sa malice, il fit arracher de la chaire de vérité des Frères Prêcheurs et quelques Frères Mineurs, qui étaient venus pour annoncer la parole de Dieu; il les fit traîner par terre et fustiger par la ville, comme s'ils eussent été des malfaiteurs.

« Ensuite, voyant que, par les mesures violentes qu'il avait adoptées, il n'obtenait pas ce qu'il espérait, il fit traiter de la paix. Nous lui répondîmes que nous ne voulions pas entendre parler de paix avant qu'il eût fait éloigner les balistaires et les autres troupes, avant qu'il nous eût rendu nos biens, avant enfin qu'il eût remis toutes les choses dans l'état où il les avait trouvées avant son entrée à Jérusalem. Il finit par ordonner lui-même de faire ce que nous voulions; mais la chose ne fut pas exécutée : alors nous mîmes un interdit sur la ville. L'empereur, voyant que la méchanceté ne pouvait plus avoir de succès, résolut de ne pas rester plus longtemps en Palestine, et, comme s'il eût voulu tout détruire, il ordonna de faire transporter en secret sur les navires les balistes et les machines de guerre, qui, depuis longtemps, étaient en dépôt à Saint-Jean-d'Acre pour servir à la défense de la terre sainte, et il en envoya plusieurs au sultan de Babylone comme à un intime ami. Il fit passer une troupe de soldats en Chypre, pour y lever de fortes contributions d'argent, et, ce qui nous parut plus étonnant, il détruisit des galères qu'il pouvait emmener avec lui. L'ayant appris, nous résolûmes de lui en faire des reproches; mais, évitant la remontrance et la leçon, il s'échappa le jour de la fête des apôtres saint Philippe et saint Jacques; et, montant sur une galère, il se hâta de gagner l'île de Chypre, sans faire ses adieux à personne, abandonnant Joppé et toute la Palestine pour toujours, s'il plaît à Dieu.... Voilà ce que fit l'empereur en Palestine, à la perte de son âme, ainsi qu'une infinité de choses aussi odieuses, que nous laissons à d'autres le soin de faire connaître. Puisse le Dieu miséricordieux en adoucir l'effet! »

Les auteurs musulmans nous apprennent que le sultan d'Egypte ne céda Jérusalem à Frédéric que parce qu'il n'y avait plus que des églises et des maisons en ruine. L'historien arabe Yaféi rapporte que le sultan déclara que c'était le seul motif qui le décidait, et qu'une fois l'empereur parti, ou même avant son départ, si Frédéric manquait à un seul de ses engagements, il s'emparerait de nouveau de la ville sainte. Il fut convenu que Jérusalem serait laissée dans l'état de faiblesse où elle était, et que les chrétiens ne pourraient élever aucune fortification nouvelle. Les Musulmans devaient rester en possession de la mosquée d'Omar, et conserver le libre exercice de leur religion. Les environs de la ville sainte restaient entre leurs mains, et les chrétiens ne devaient occuper que la route d'Acre. Telle est la paix qui fut jurée pour dix ans cinq mois et quelques jours, le 18 février 1229. Les Musulmans ne furent pas moins scandalisés que les chrétiens des relations du sultan avec l'empereur. Le sultan fut même obligé d'envoyer des ambassadeurs au calife de Bagdad et aux princes de Mésopotamie pour justifier sa conduite. La cession de Jérusalem aux chrétiens avait surtout révolté les esprits.

C'est dans l'histoire de Jean Villani, *Istorie fiorentine*, qu'il faut chercher une juste appréciation de la paix conclue par Frédéric avec les Musulmans, et des conditions auxquelles ce prince excommunié obtint que la ville et le royaume de Jérusalem lui fussent momentanément cédés. « La paix entre Frédéric et le soudan, dit l'historien de Florence, se fit sans que le cardinal légat, ni le patriarche de Jérusalem, ni les Templiers, ni les Hospitaliers, ni aucun autre seigneur du pays, ni aucun chef de pèlerins, eussent été consultés, ou du moins y eussent donné leur consentement. Tous la regardaient comme une fausse paix, honteuse et onéreuse à la chrétienté. Néanmoins l'empereur Frédéric se rendit avec ses barons et le grand maître de l'ordre teutonique à Jérusalem, où il se fit couronner, à la mi-carême, l'an 1229. Il envoya ensuite des ambassadeurs en Europe annoncer au pape, au roi de France, et aux autres princes, qu'il possédait le royaume de Jérusalem, et qu'il venait de s'en faire couronner roi. Le pape et toute l'Eglise en furent affligés jusqu'à la mort : ils savaient que cette fausse paix s'était faite avec tromperie, et qu'elle était favorable au soudan, parce que les pèlerins qui avaient passé la mer ne pourraient plus faire la guerre. On prévoyait bien que, lorsque Frédéric serait revenu en Europe, les Sarrasins reprendraient Jérusalem et tout le pays que le soudan avait rendu, et que la terre sainte et la Syrie retomberaient dans un état pire qu'auparavant. »

Frédéric repartit pour l'Europe le 29 mai 1229, laissant les Etats chrétiens sans défense et Jérusalem sans fortifications. Grégoire IX ne désespéra cependant pas de la délivrance des colonies chrétiennes. Il réunit à Spolette, en 1234, une assemblée à laquelle Frédéric, qui s'était réconcilié avec le saint-siége en 1230, assista avec les patriarches de Jérusalem, d'Antioche et de Constantinople. On décida que, sans tenir compte de la trêve conclue avec le sultan d'Egypte, on recommencerait la guerre contre l'islamisme. Le pape envoya des missionnaires en Orient pour aller prêcher l'évangile aux infidèles. Il écrivit lui-même au calife de Bagdad, au prince de Damas et à d'autres chefs musulmans, pour les engager à reconnaître la vérité chrétienne. Des envoyés du saint-siége parcoururent en même temps l'Europe, pour y apaiser les discordes et aplanir les obstacles à la croisade. Ces paroles de paix furent portées par des religieux de l'ordre de Saint-Dominique et de celui de Saint-François. Les prédications du frère Jean de Vicence eurent un heureux succès dans la Haute-Italie. Le pape fit aussi un appel à tous les évêques de la chrétienté en faveur de la guerre sainte. Thibaut, comte de Champagne et roi de Navarre, qui avait eu la principale part dans les troubles de la France sous la minorité de Louis IX, et qui était un troubadour renommé, prit la croix, et, changeant le ton de ses chants jusqu'alors profanes, appela les fidèles à suivre son exemple. Le duc de Bourgogne, le comte de Bretagne, le comte de Bar et une foule de seigneurs français se disposèrent également à partir pour la Palestine. Un concile tenu à Tours, en 1236, s'occupa des moyens d'assurer le succès de l'expédition. Mais l'empire fondé à Constantinople par les croisés était menacé alors d'une ruine prochaine, et réclamait aussi les secours de l'Occident, et le pape se vit obligé d'appeler les guerriers latins à marcher contre les Grecs schismatiques, en même temps qu'il publiait une croisade contre les Musulmans. Les pèlerins, incertains, ne savaient plus s'ils devaient courir à la défense du royaume de Jérusalem ou à celle de l'empire de Constantinople. Quand on consultait Grégoire, il répondait que, pour chasser les infidèles de la terre sainte, il fallait commencer par affermir la puissance latine sur les rives du Bosphore. Frédéric était redevenu une nouvelle cause de désordre en Europe, en obligeant le pape à l'excommunier encore une fois, en 1239. Grégoire, au milieu de cette confusion, ordonna aux croisés qui étaient rassemblés à Lyon de retourner chez eux. Mais le légat chargé d'exprimer sa volonté fut très-mal accueilli des seigneurs réunis, qui déclarèrent qu'ils s'étaient trop avancés pour reculer. Frédéric, qui voulait faire manquer l'expédition, écrivit de son côté aux pèlerins de retarder leur départ, en leur promettant de se mettre à leur tête l'année suivante; mais les chefs de la croisade virent bien, dit une vieille chronique, « que ce n'était que guille et treicherie », et ils se rendirent à Marseille, où ils s'embarquèrent en 1239. Ils ne purent pas cependant conduire en Orient tous les pèlerins qu'ils avaient réunis, faute de navires. Les Génois, qui soutenaient le souverain pontife, gardaient les leurs pour se défendre contre la flotte de Frédéric; et les Pisans, qui s'étaient déclarés pour l'empereur, avaient besoin de leurs vaisseaux pour les opposer à ceux des Génois. Les Vénitiens aidaient l'empereur de Constantinople à se défendre contre les Grecs. Quand les croisés arrivèrent en Palestine, en 1239, Malek-Kamel, sultan d'Egypte, venait de mourir, et les princes de sa famille se disputaient son héritage. Mais les chrétiens ne surent pas profiter des divisions de leurs ennemis; ils manquaient de direction, et ne mirent aucun ensemble dans leurs opérations. Le comte de Champagne, qu'on avait proclamé chef de la croisade, ne put pas se faire obéir. Tandis qu'il s'avançait vers Ascalon, dont il voulait relever les fortifications, les comtes de Bar et de Montfort, désirant imiter le duc de Bretagne, qui était revenu chargé de butin d'une irruption sur les terres de Damas, en tentèrent une du côté de Gaza. Attaqués par des forces supérieures, ils dédaignèrent les conseils de la prudence, que leur donnèrent le duc de Bourgogne et le comte de Jaffa qui les accompagnaient, et leur troupe fut taillée en pièces. Le comte de Montfort disparut et passa pour mort, et le comte de Bar fut fait prisonnier. A la nouvelle de cette défaite, le comte de Champagne, roi de Navarre, revint d'Ascalon à Acre. La désunion se mit entre les croisés et les Francs du pays à la suite de ce revers, et ils traitèrent séparément avec les infidèles. Il fut stipulé que les chrétiens rentreraient en possession de Jérusalem.

Les croisés français furent remplacés en Palestine par des croisés anglais amenés par Richard de Cornouailles, frère du roi d'Angleterre Henri III, et un des princes les plus riches de l'Europe. Matthieu Pâris rapporte que le comte Richard de Cornouailles partit, en 1240, pour la Palestine; il traversa la France, et se rendit au couvent de Saint-Gilles. Là un légat du pape vint pour le dissuader de passer la mer : le comte persista dans son projet; et, après en avoir instruit l'empereur, il se dirigea vers l'Orient. Le comte Richard débarqua heureusement à Acre, douze jours après la Saint-Michel. L'historien anglais dit que ce prince, qui portait un nom rendu célèbre en Orient par son oncle, Richard Cœur-de-Lion, fut reçu en grande pompe par le clergé, les chevaliers et le peuple. Il entra dans la ville au son des cloches, des tambours et de la musique. Tout le monde, levant les mains au ciel, s'écriait : *Benedictus qui venit in nomine Domini.* Trois jours après son arrivée, le comte fit proclamer par un héraut un édit qui invitait les pèlerins, que le manque d'argent avait forcés de retourner en Europe, à rester pour combattre les infidèles, aux frais du comte Richard.

Matthieu Pâris cite aussi une longue lettre de Richard, où ce prince rend compte de son pèlerinage, dans lequel il visita Jérusalem. L'émir de Carac n'avait pas exécuté la convention par laquelle il devait rendre Jérusalem aux chrétiens, lorsque Richard de Cornouailles arriva en Palestine. Ce prince obtint, par un traité avec le sultan d'Egypte, la sortie des Musulmans de la ville sainte. Les détails dans lesquels entre le comte ne roulent guère que sur la trêve qu'il avait conclue avec les Musulmans, lorsqu'il avait vu que ni les Hospitaliers ni les Templiers ne voulaient rompre la paix avec les souverains de Damas et du Caire. Matthieu Pâris ajoute que Richard fit donner une honorable sépulture aux ossements des croisés tués à Gaza, et qui n'avaient point encore été inhumés.

La sixième croisade, qu'on a vue constamment entravée par le génie infernal de Frédéric II, venait d'expirer de langueur, lorsque mourut, en août 1241, à l'âge d'environ cent ans, le courageux Grégoire IX, à qui l'empereur avait fait boire jusqu'à la lie le calice des amertumes de la contrariété dans la poursuite du bien. Le scandale que Frédéric donna au monde chrétien en se rendant en Palestine, contre la volonté et la défense du pape, lorsqu'il était sous le coup d'une excommunication, fut une profanation des guerres saintes, qui contribua fortement à en éteindre l'esprit. Le troubadour Thibaut, comte de Champagne et roi de Navarre, n'avait rien de l'enthousiasme religieux qui animait les premiers croisés, lorsqu'il regrettait la *dame de ses pensées*, en invoquant la *Dame des cieux*. Ce mélange adultère de dévotion superficielle et de passions profanes annonçait le changement qui s'opérait dans les esprits. Le treizième siècle couvait déjà le germe de ceux qui le suivirent.

SEPTIÈME CROISADE

Quand on apprit en Occident les atrocités commises par les Kharizmiens, lorsqu'ils s'étaient emparés de Jérusalem en 1244, et qu'on sut que la terre sainte n'avait échappé à leurs ravages que pour retomber sous la tyrannique domination du sultan d'Egypte, l'Europe était exposée elle-même à être envahie par les Tartares, qui mettaient la Hongrie à feu et à sang. L'empire latin de Constantinople menaçait ruine, et c'était en même temps l'époque où Frédéric II attaqua, avec la plus grande violence, le saint-siége, centre de salut du monde chrétien au milieu de ces épouvantables périls. Innocent IV, réfugié à Lyon, y assembla, au mois de juin 1245, un concile général. On s'y occupa des intérêts de toute la chrétienté. L'évêque de Baïrout y exposa la situation désespérée des colonies chrétiennes de Syrie, et Baudouin II, empereur de Constantinople, accompagné du patriarche latin de cette ville, y fit connaître l'imminence du danger que couraient ses Etats, exposés à redevenir la proie du schisme. Frédéric II se garda bien de paraître dans une assemblée où il s'agissait de remédier aux maux dont il était, en grande partie, l'auteur. Le pape prononça, contre lui, en plein concile, une sentence de déposition, et il fut décrété qu'une nouvelle croisade marcherait à la défense de la terre sainte et de l'empire latin de Constantinople, et que le clergé payerait le vingtième de ses revenus, et les cardinaux et le souverain pontife, le dixième, pour subvenir aux frais de la guerre, en Syrie et en Egypte. La moitié des revenus des bénéfices sans résidence fut affectée aux dépenses des secours qui seraient fournis à l'empire de Constantinople. Louis IX, roi de France, avait fait vœu, dans une maladie dangereuse, l'année qui précéda le concile de Lyon, de prendre la croix. Une chronique rapporte qu'au milieu de ses douleurs il avait entendu une voix partie de l'Orient, qui l'appelait à venger les outrages faits à la cité de Jésus-Christ. Il annonça sa résolution aux chrétiens de la Palestine, en leur envoyant un premier secours d'hommes et d'argent. La croisade fut prêchée dans tout le royaume, par ordre du souverain pontife. Le roi tint, à Paris, un parlement, dans lequel le cardinal légat du saint-siége, Odon de Châteauroux, exhorta tous les assistants à suivre l'exemple de saint Louis, et le roi joignit sa voix à celle de l'envoyé pontifical, pour faire un appel à la vaillance de ses barons. Ses exhortations produisirent un effet immédiat. Les trois frères du roi, Robert, comte d'Artois, Alphonse, comte de Poitou, et Charles, comte d'Anjou, demandèrent la croix. La plupart des évêques et des seigneurs présents s'enrôlèrent sous la bannière sainte. La reine Marguerite et les comtesses d'Artois et de Poitiers s'engagèrent à suivre leurs époux en Orient. On fit tous les règlements nécessaires pour assurer l'exécution de l'entreprise. La France, cependant, ne voyait pas sans regret le roi faire les préparatifs de son départ. Mais ce fut en vain que la reine sa mère, et la plupart de ses ministres, essayèrent, par l'organe de l'évêque de Paris, de le détourner de son périlleux projet. En vain Blanche de Castille mêla ses larmes à ses prières, pour conjurer son fils de ne pas s'éloigner d'elle. Le roi, après avoir sacrifié à la tendresse filiale, en se jetant dans les bras de sa mère, répondit avec calme qu'il ne pouvait pas renoncer à une résolution prise à la face du monde, ni tromper les espérances de l'Eglise.

L'Europe était alors si troublée, que la croisade ne fut pas même prêchée en Angleterre, où quelques seigneurs seulement prirent la croix. L'Allemagne était en guerre civile, par suite de la déposition que Frédéric II avait forcé le pape de prononcer contre lui, et l'Italie était en proie à la fureur des Gibelins animés contre les Guelfes. Effrayé, cependant, de l'attitude prise à son égard par le pape, Frédéric s'adressa à saint Louis, pour obtenir sa réconciliation avec le saint-siége. Le pieux roi envoya des ambassadeurs à Lyon, auprès d'Innocent IV, et eut lui-même des conférences, à Cluny, avec le pontife, sans pouvoir le déterminer à ajouter foi aux promesses que faisait l'empereur d'aller passer le reste de ses jours en Palestine. Frédéric témoigna sa reconnaissance à saint Louis par une lâche trahison. On lit, dans deux historiens arabes, que le sultan Malek-Saleh était occupé à établir son autorité en Syrie, lorsqu'il apprit, par un envoyé de l'empereur, déguisé en marchand, que le roi de France allait venir au secours des chrétiens d'Orient. Attaqué de la maladie qui l'emporta bientôt au tombeau, il se fit porter en Egypte, en litière.

Le roi de France avait acheté le territoire d'Aigues-Mortes, où on bâtit une ville, dont le port fut le lieu d'embarquement des pèlerins. En 1247, Louis tint à Paris un nouveau parlement, où il fit prêter foi et hommages à ses enfants par tous les grands du royaume, en cas qu'il lui arrivât malheur dans son voyage d'outre-mer. Il s'attacha réparer toutes les injustices qui avaient pu être commises par les agents de la couronne, et il fit de grandes libéralités aux monastères et aux églises. L'exemple du roi porta d'heureux fruits : beaucoup de restitutions s'opérèrent, beaucoup de fautes furent expiées, et beaucoup de dons furent faits aux fondations pieuses. Les chefs de la croisade enrôlèrent sous leurs bannières presque toute la jeunesse française en état de porter les armes. A la demande du roi, le pape défendit à tous les grands criminels et à tous les vagabonds de paraître dans les rangs des soldats de la croix. L'intention qu'avait Louis de relever de leur décadence les colonies chrétiennes d'Orient se voit dans le soin qu'on avait de recruter surtout des laboureurs et des artisans. Tous ces préparatifs se firent dans le plus grand ordre, et au milieu de la tranquillité publique. Par une lettre, datée de Lyon, en mars 1248, le pape félicita le roi, la noblesse et le peuple de France, de leur dévouement guerrier à la cause de la terre sainte.

Matthieu Pâris rapporte qu'en 1248, Guillaume Longue-Epée et plusieurs autres seigneurs anglais, au nombre de deux cents, se mirent en route pour la Palestine. Guillaume, comte de Salisbury, après avoir reçu la permission et la bénédiction de sa mère, qui était abbesse d'un monastère, partit à la tête de tous les croisés d'Angleterre. Il se réunit heureusement à l'armée des Français, et fut accueilli avec honneur par le roi saint Louis, qui le remercia, lui et les siens, du secours qu'ils lui amenaient. Le roi recommanda aux Français d'éviter toute dispute avec les Anglais. « Mais, ajoute l'historien, le diable, qui de tout temps a coutume de porter envie aux succès des hommes, fomenta la discorde: les Français, voyant que les Anglais l'emportaient sur eux en plusieurs occasions, furent jaloux de ces avantages, et témoignèrent leur dépit par des railleries et des jurements. Leur orgueil excita des rivalités et des haines, qui furent cause que le Seigneur arrêta leurs succès. » Il est incontestable que le caractère des Français a plus d'une fois mis la division parmi les guerriers de la croix; mais ici le rapport de l'historien anglais est peut-être empreint d'une certaine exagération. Au mois de juillet de cette même année, le roi se rendit, accompagné de ses frères, à l'abbaye de Saint-Denis, où il reçut, des mains du légat du saint-siége, avec l'oriflamme, qui allait reparaître en Orient pour la troisième fois, la panetière et le bourdon de pèlerin. Louis remit à sa mère la régence du royaume, qu'il laissait dans une paix parfaite, et il ne porta plus, à dater de ce jour, que les vêtements les plus simples. On ne vit plus, dit Joinville, une seule cotte de mailles brodée, ni celle du roi, ni celle des autres. La reine Blanche, qui avait accompagné son fils jusqu'à Cluny, versa d'abondantes larmes en se séparant de lui. Le roi, dans l'entrevue qu'il eut avec le pape, réclama encore, mais toujours vainement, l'indulgence d'Innocent en faveur de Frédéric. Ce prince avait tant abusé de la bonne foi pontificale, qu'elle devait se tenir inflexiblement en garde contre ses manœuvres. Louis s'embarqua à Aigues-Mortes, le 25 août 1248, avec ses deux frères, les comtes d'Anjou et d'Artois, et la reine Marguerite. Le comte de Poitou resta encore un an en France, pour aider la reine régente dans le gouvernement du royaume. La flotte qui emportait les croisés français se composait d'environ cent vingt gros vaisseaux et quinze cents petits navires. Ces bâtiments étaient italiens ou catalans, car la France n'avait point alors de marine. Le roi avait donné rendez-vous à tous ses vassaux dans l'île de Chypre, où il arriva le 21 septembre. Il fut reçu, au milieu de l'enthousiasme de la population, au port de Limisso, par le roi Henri, qui le conduisit à Nicosie, capitale de l'île. Louis avait d'abord décidé qu'il allait porter immédiatement la guerre en Egypte; mais les instances du roi de Chypre le déterminèrent à passer l'hiver à Nicosie. Joinville nous apprend que des approvisionnements considérables avaient été faits en Chypre, par ordre de saint Louis, pour subvenir aux besoins des croisés; mais l'intempérance, jointe à la prolongation de leur séjour dans l'île, fit succéder la disette à l'abondance. Il fallut recourir aux Vénitiens pour se procurer des vivres. La discipline se relâcha dans l'oisiveté, et une maladie pestilentielle, suite des désordres, fit un assez grand nombre de victimes dans l'armée française. Le roi épuisa ses trésors à fournir de l'argent aux barons, pour entretenir leurs soldats. Tous voulaient partir pour la Syrie ou pour l'Egypte. Le sage et bon roi, pendant son séjour dans l'île de Chypre, rétablit la paix entre le clergé latin et le clergé grec de l'île, entre les Templiers et les Hospitaliers, et entre les Génois et les Pisans, établis à Ptolémaïs, qui s'étaient adressés à lui pour qu'il mît fin à leurs querelles par sa médiation. Une trêve fut conclue entre le roi d'Arménie et Bohémond, prince d'Antioche et de Tripoli. Saint Louis envoya à ce dernier un secours contre les Turcomans. Matthieu Pâris rapporte que l'évêque de Tortose, qui était Anglais d'origine, étant venu dans son pays, raconta que le sultan du Caire, instruit de l'approche du roi de France, lui avait écrit une lettre pleine de jactance et d'ironie, où il lui disait que tous les princes musulmans l'attendaient pour se mesurer avec lui en bataille rangée, et qu'ils ne le redoutaient nullement. Si cette lettre a réellement été écrite, elle a dû parvenir au roi de France, dans l'île de Chypre. Ce prince reçut aussi, pendant son séjour dans cette île, des ambassadeurs du lieutenant du khan des Tartares dans l'Asie Mineure, qui dirent que cet officier tartare et le grand khan avaient reçu le baptême, et qu'ils étaient tous disposés à favoriser l'expédition française. Le roi renvoya ces ambassadeurs comblés de présents, parmi lesquels était une magnifique tente écarlate, en forme de chapelle. Il fit partir ensuite pour la Tartarie des missionnaires, qui apprirent que le grand khan et son lieutenant étaient loin de s'être convertis au christianisme. M. de Guignes, dans sa savante *Histoire des Huns*, etc., pense que ces prétendus envoyés du khan des Tartares étaient des imposteurs. M. Abel Rémusat, dans un mémoire sur les Tartares, ne partage pas cette opinion, qui nous semble cependant vraisemblable. La femme de Baudouin, empereur de Constantinople, vint se présenter devant le roi dans un état de misère qui était l'image du dénûment où se trouvait l'empire latin des rives du Bosphore. Quelques chevaliers promirent à l'impératrice, qui n'avait que la robe dont elle était vêtue, d'aller au secours de son mari, au retour de la croisade.

Au printemps de l'année 1249, le roi fit construire des bateaux plats pour le débarquement de son armée sur la côte d'Afrique. La flotte génoise, qui l'avait apportée d'Aigues-Mortes, était repartie, et les Vénitiens et les Génois établis sur les côtes de Syrie montrèrent une grande cupidité dans le prix qu'ils exigèrent pour les vaisseaux qu'ils fournirent. Une grande quantité de croisés avaient rejoint l'armée en Chypre, et toute la noblesse de l'île s'apprêtait à la suivre. Au milieu de l'enthousiasme belliqueux dont étaient animés tous ces guerriers, les grands maîtres des Templiers et des Hospitaliers, qui désiraient racheter les chevaliers retenus prisonniers depuis la défaite de Gaza, et à qui l'expérience avait appris à se défier des expéditions des croisés, écrivirent au roi pour lui proposer de tâcher d'obtenir une paix solide, en négociant avec le sultan d'Egypte. Louis et tous ses compagnons d'armes s'indignèrent d'une semblable proposition, qui rendit le grand maître du Temple suspect d'intelligences secrètes avec le sultan. La flotte qui emportait les guerriers de la France et de l'île de Chypre partit de Limisso le 21 mai 1249. Une tempête la dispersa et força le roi de rentrer dans le port, où le duc de Bourgogne, qui venait de passer l'hiver en Morée, arriva avec Guillaume de Villehardouin, prince d'Achaïe. On reprit la mer en se dirigeant vers l'Egypte. La flotte se présenta en vue de la côte d'Afrique le 4 juin 1249. Le sultan d'Egypte avait fourni Damiette de tout ce qui pouvait mettre la place en état de faire une longue résistance, et une armée formidable, sous la conduite de l'émir Fakr-Eddin, qui s'était distingué dans les négociations avec l'empereur Frédéric, occupait la côte où les chrétiens devaient aborder. Le débarquement s'opéra le 5 juin au matin, malgré la résistance qu'y opposèrent les Egyptiens. « Quand le roy, dit Joinville qui était présent, fut adverty que l'enseigne saint Denis estoit arrivée à terme, il sortit incontinent de son vaisseau, qui estoit jà près de la rive; et tant avoit grand désir de combattre les Sarrasins, qu'il n'eut pas loisir d'attendre que son vaisseau fust à terre, ains se jeta, outre le gré du légat qui estoit avec lui, en la mer, en sorte qu'il se trouva en l'eau jusques aux épaules; mais il sortit soudain de l'eau, et ayant l'écu au col pendu, et son glaive à la main, voulut aller droit aux Sarrasins pour les combattre; mais ses gens le firent arrester, et attendre que tous ses gens d'armes fussent en leurs places. » Le roi se mit à genoux pour remercier le ciel de son arrivée sur la terre d'Afrique, et se releva pour poursuivre l'ennemi. La flotte musulmane, qui était à l'embouchure du Nil, fut repoussée, et l'armée de Fakr-Eddin se dispersa. Une maladie mortelle dont le sultan était atteint avait jeté le découragement parmi les Musulmans. Fakr-Eddin se rendit auprès de ce prince, dans un lieu situé entre Mansourah et Damiette, sans s'inquiéter du sort de cette dernière ville, d'où la garnison et les habitants s'enfuirent, après avoir massacré les chrétiens qui vivaient parmi eux, et mis le feu aux édifices. Le comte de la Marche se fit tuer à côté du roi; mais l'armée n'eut d'ailleurs à regretter que deux ou trois chevaliers. Les croisés prirent possession de Damiette, abandonnée le lendemain de leur débarquement, éteignirent l'incendie, et pillèrent toutes les maisons qui y avaient échappé. Le roi fit son entrée dans la ville, pieds nus et la tête découverte, avec le clergé et tous les chefs de l'armée. La grande mosquée fut de nouveau consacrée à la sainte Vierge, et toutes les autres mosquées furent converties en églises. Le légat du pape ordonna un archevêque de Damiette. Le roi distribua les maisons et les terres aux trois ordres militaires, dont les milices étaient venues rejoindre les croisés, aux frères Mineurs, aux frères de la Trinité, et aux seigneurs. Des prisonniers chrétiens, qui gémissaient dans l'esclavage depuis plus de vingt ans, retrouvèrent la liberté. Ils dirent à leurs libérateurs, suivant une chronique manuscrite, « que li Sarrasins s'en estoient fui dès le samedi par nuit, et que li Sarrasins disoient li un à l'autre que li pourcel estoient venus. » L'occupation de Damiette par les soldats de la croix jeta l'effroi dans toute l'Egypte. Le sultan, qui était mourant, se retira à Mansourah, fit quelques reproches à Fakr-Eddin de sa fuite, et ordonna de mettre à mort une cinquantaine des chefs qui avaient suivi son exemple. Malek-Saleh écrivit au roi de France une lettre dans laquelle il le félicitait ironiquement de son arrivée en Egypte et lui demandait quand il en repartirait. Il lui fit ensuite proposer par message une bataille pour le 25 de juin. Le roi répondit qu'il était venu quand il avait voulu, qu'il songerait plus tard à fixer son départ, et que tous les jours lui convenaient pour combattre les Musulmans. On touchait au moment de la crue des eaux du Nil, et le souvenir du désastre éprouvé par le cardinal Pélage et par Jean de Brienne commandait la prudence. Le roi résolut d'attendre, pour se porter en avant, l'arrivée de son frère le comte de Poitou, qui devait amener l'arrière-ban du royaume de France. Louis avait résolu que les vivres trouvés dans la ville ne seraient point partagés, mais conservés dans des magasins pour les besoins généraux de l'armée. Joinville nous apprend que cette dérogation « à la bonne coutume de la terre sainte » excita un violent mécontentement et de grandes réclamations. « Quand l'on prend les cités des ennemis, ajoute le vieil historien, des biens que l'on prend, le roi doit en avoir le tiers, et les pèlerins les deux parts. » L'oisiveté engendra le plus grand désordre parmi les croisés. « Quand les gens du roy furent logez dans Damiette, dit le sénéchal de Champagne, se voyant être à leur aise, commencèrent à mal vivre, faisant toutes les pilleries et extorsions dont ils se pouvaient adviser aux pauvres marchands et vivandiers qui suivaient l'armée... Les barons, chevaliers et autres seigneurs qui estoient au camp, qui devoient sagement garder leur bien, et espargner icelui pour s'en aider, et l'employer à la nécessité, commencèrent à le despendre follement, faisant grands et exquis banquets les uns aux autres, prenant tous les plaisirs et passe-temps dont ils se pouvoient adviser, en sorte qu'en peu de temps tout leur argent fut despendu : puis commencèrent à opprimer le commun peuple et les piller par tous moyens. Il n'y avoit femme ni fille qui ne fust violée et mise à honte. » Au milieu de tous ces désordres, la désunion éclata entre les seigneurs français et les seigneurs anglais, et l'autorité du roi, qui voulait rétablir la concorde, ne fut pas toujours respectée. Quand Matthieu Pâris parle des discordes qui s'élevèrent entre les Français et les Anglais en Egypte, son récit n'est pas toujours exempt de partialité. Mais, quoiqu'il ne doive être lu qu'avec défiance, nous en rapporterons ce qui concerne Guillaume Longue-Epée. « Les Français, dit cet historien, poussés par leur orgueil naturel, se moquaient de Guillaume Longue-Epée et des siens, qu'ils avaient pris en haine, quoique le roi de France, qui était très-pieux, leur en eût fait une défense expresse. Or, la cause des querelles qui s'élevèrent, c'était que Guillaume avait acquis beaucoup de trésors en combattant, et qu'il avait enrichi tous ceux de sa suite, ce que les Français, malgré leur nombre et leurs forces, n'avaient pas fait : ils ne parlaient donc de Guillaume qu'avec envie, et ne pouvaient s'entretenir avec lui sans lui faire outrage. Guillaume, dans une autre occasion, ayant appris, par des espions intelligents, que des marchands orientaux très-riches se dirigeaient imprudemment et presque sans escorte du côté d'Alexandrie, où il espéraient faire d'heureuses affaires, partit la nuit avec tous ses gens, et, fondant avec l'impétuosité de la foudre sur les marchands, qui ne s'attendaient à rien, il les tua, dispersa leur faible escorte, en fit quelques-uns prisonniers, et se rendit maître de toute la caravane, des chameaux, des mulets et des ânes, chargés d'étoffes de soie, d'épiceries, d'or et d'argent, et des chariots traînés par des bœufs et des buffles, avec les vivres nécessaires tant pour les animaux que pour les hommes. Guillaume retourna à l'armée triomphant et chargé de richesses. Les Français, qui étaient restés en repos et qui manquaient de beaucoup de choses, le voyant arriver, se sentirent stimulés par l'envie et par l'avarice : ils se portèrent sur lui, et comme des voleurs lui enlevèrent tout ce qu'il avait acquis par son courage. Ils l'accusèrent, pour justifier leur action, d'avoir, contre l'édit du roi et les règlements des princes, manqué à la discipline militaire en s'éloignant témérairement de l'armée. Guillaume promit de faire distribuer des vivres aux croisés qui en manquaient ; mais les Français, n'écoutant rien, s'approprièrent tout, en l'accablant d'outrages. Guillaume, amèrement contristé, alla porter ses plaintes au roi. Il lui dit que le comte d'Artois, son frère, était à la tête de ceux qui avaient ainsi usé de violence envers lui : le roi, qui avait l'esprit et le visage d'un saint, lui répondit à voix basse : *Guillaume, Guillaume, le Seigneur, qui connaît tout, sait l'affront et le dommage qu'on vous a faits. Je crains fort que notre orgueil ne nous confonde. Vous voyez dans quel danger je me trouve engagé avec mes grands, et combien il me serait funeste de les offenser.* Pendant que le roi parlait ainsi, le comte d'Artois arriva comme un furieux, et, sans saluer le prince ni ceux qui étaient autour de lui, il s'écria d'une voix altérée par la colère : *Qu'est-ce donc, seigneur? prétendez-vous défendre cet Anglais et repousser nos Français? Au mépris de vous et de toute l'armée, conduit par son propre mouvement, il a, contre nos décrets, fait pendant la nuit un butin clandestin, et son nom s'est déjà répandu dans tout l'Orient aux dépens du vôtre et de celui des Français.* Le roi très-Chrétien, se tournant alors vers Guillaume, lui dit tout bas : *Vous l'entendez, mon ami, la division peut se mettre aisément dans l'armée ; ce qu'à Dieu ne plaise! il faut donc, dans la circonstance critique où nous nous trouvons, supporter patiemment ces choses et de plus fâcheuses encore. — Vous n'êtes donc pas roi,* reprit Guillaume, *puisque vous ne pouvez faire justice des vôtres, et punir ceux qui sont coupables?* Et, le cœur profondément blessé, il ajouta : *Je ne sers plus un roi pareil; je ne m'attache plus à un tel maître.* Guillaume se retira ensuite plein de colère. Il se rendit à Acre, où il resta quelques jours avec ses compagnons d'armes, manifestant à tout le monde son mécontentement de l'affront qu'il avait reçu. Tous le plaignirent, surtout les prélats, et blâmèrent les Français. Les personnes sensées et qui avaient l'expérience de la guerre eurent un triste pressentiment de ce qui devait arriver, et dirent même que de pareils excès devaient attirer la colère de Dieu. Guillaume résolut de demeurer à Acre avec les Hospitaliers et les Templiers. Peu de temps après, néanmoins, il céda à la sollicitation de saint Louis, et rejoignit l'armée chrétienne en Égypte. »

La promesse d'un besant d'or, faite par le sultan, pour chaque tête de chrétien qui lui serait apportée, excita les Arabes bédouins et les Kharizmiens échappés à la ruine de leurs hordes en Syrie, à surprendre tous les pèlerins qui s'écartaient de l'armée. En présence de ce danger, et à la nouvelle des renforts que recevaient les troupes égyptiennes à Mansourah, la discipline se rétablit un peu parmi les croisés. Le comte de Poitou, à qui le pape avait accordé pour les dépenses de son expédition, outre les sommes provenant du tribut imposé aux croisés qui rachetaient leurs vœux, toutes celles qui étaient destinées à des œuvres de piété non déterminées, s'embarqua à Aigues-Mortes, au mois de juin 1249, et arriva à Damiette au mois d'octobre. Le roi assembla aussitôt en conseil les barons et les chevaliers de son armée, pour délibérer sur les opérations qui devaient être entreprises. Les hommes les plus sages proposaient de faire le siége d'Alexandrie, dont le port offrirait un abri sûr à la flotte; mais le comte d'Artois, dont l'avis était celui de toute la partie aventureuse des pèlerins, fit observer que, quand on voulait tuer le serpent, il fallait d'abord lui écraser la tête. Le roi adopta cette opinion, et il fut décidé qu'on marcherait sur le Caire. L'armée se mit en route au nombre de soixante mille combattants, dont plus de vingt mille cavaliers. La reine, avec les comtesses d'Artois, d'Anjou et de Poitou, resta à Damiette, dont le commandement de la garnison fut confié à Olivier de Thermes. Une flotte imposante, chargée des provisions de bouche et de guerre et des machines de siége, remontait le Nil en même temps que l'armée s'avançait vers Mansourah. Les croisés campèrent le 7 décembre, à Farescour. Ils y apprirent la mort du sultan. Malek-Saleh ne laissait qu'un fils, Malek-Moadam, qui était alors gouverneur des villes que le sultan possédait en Mésopotamie. La veuve de Malek-Saleh, Schadjer-Eddor, qui était une femme de tête, cacha la mort du sultan jusqu'à l'arrivée de son fils. Le secret n'en fut confié qu'à l'émir Fakr-Eddin, qui fut nommé atabek ou régent. C'est ainsi que les chrétiens n'apprirent la mort du sultan qu'à Farescour. La nouvelle de cet événement et de l'invasion des Francs avait répandu la terreur au Caire. On s'y disait que, si l'armée égyptienne reculait seulement d'un pas, c'en était fait de toute l'Egypte. Après un premier combat entre les avant-postes des deux armées, les chrétiens arrivèrent sur le canal d'Aschmoun, en face de Mansourah, le 19 décembre. Ils établirent leur camp à l'endroit qu'avaient occupé les croisés qui s'étaient emparés de Damiette trente ans auparavant, et ils l'entourèrent de fossés et de palissades. Le canal qui séparait les deux armées n'était pas large, mais il était profond, et il ne pouvait être franchi qu'au moyen d'une digue, que les ingénieurs ne surent pas construire. Fakr-Eddin, quoiqu'il se fût enfui de Damiette, avait du courage, et il en inspira à son armée. Il fit attaquer les croisés sur leurs derrières par une troupe qu'il avait envoyée au delà du canal. Le succès de cette première entreprise l'engagea à la renouveler. Les Musulmans ne furent repoussés que parce que les chefs des pèlerins, parmi lesquels se distingua le sire de Joinville, leur opposèrent une intrépide bravoure. Les chrétiens perdirent le temps à tenter inutilement d'élever une digue pour passer le canal. Les machines qui abritaient et protégaient les travailleurs étaient sans cesse détruites par le terrible feu grégeois. Joinville, qui avait la charge de garder la nuit ces ouvrages, décrit l'effet de cet agent de destruction (voir l'article *Feu grégeois*). Après un mois de peines inutiles, un Bédouin indiqua à Imbert de Beaujeu, connétable de France, au prix de cinq cents besants d'or, un gué où, à une demi-lieue du camp, le canal pouvait être franchi. Toute la cavalerie, conduite par le roi et ses frères, se mit en marche pour passer l'Aschmoun, le jour de carême-prenant 1250, dit Joinville. Le duc de Bourgogne resta avec l'infanterie à la garde du camp. L'impéteux comte d'Artois, après avoir juré au roi qu'il attendrait l'armée sur l'autre rive, s'élança le premier dans l'eau suivi des Templiers, des Hospitaliers et des croisés anglais commandés par Guillaume Longue-Epée. Mais une fois qu'il vit l'ennemi abandonner son camp et fuir devant lui, Robert ne se souvint plus de son serment, et accusa de trahison les conseils de la prudence que lui donnaient les grands maîtres du Temple et de l'Hôpital, et Guillaume Longue-Epée. Le grand maître du Temple s'écria, en commandant de déployer la bannière de l'ordre: « Nous eussions été invincibles, si nous fussions restés unis; mais l'esprit de division va causer notre perte à tous. » Guillaume Longue Epée, piqué des paroles que lui avait adressées le prince français, lui répondit: « Comte Robert, j'irai aujourd'hui si avant dans le danger, que vous n'approcherez pas seulement de la queue de mon cheval. » Entraînée ainsi par le comte d'Artois, toute l'avant-garde se précipite avec un élan désordonné à la poursuite des Musulmans, et pénètre avec eux dans Mansourah; l'émir Fakr-Eddin, qui était alors au bain, monta à cheval à demi vêtu, et s'étant avancé à la rencontre des Francs, il fut atteint d'un coup mortel. Le désordre était tel dans l'armée égyptienne, qu'en apprenant cette mort, les Mameluks et une partie des émirs coururent à la maison de Fakr-Eddin, la pillèrent et l'incendièrent. L'armée égyptienne allait s'enfuir lorsque la bravoure des Mameluks et la présence d'esprit d'un de leurs chefs, Bibars Bendochar, qui se rendit ensuite si fameux, changèrent cette défaite en victoire. Il fit fermer les portes de la ville, afin qu'il ne restât aux croisés aucun espoir d'échapper à leur ruine. Tandis que le feu grégeois pleuvait sur eux de tous côtés, le vaillant comte d'Artois se défendait avec un courage héroïque. Il fut tué enfin dans une maison où il s'était retranché. Dans ce combat, qui dura depuis dix heures du matin jusqu'à trois heures de l'après-midi, les quinze cents cavaliers chrétiens, qui étaient entrés dans Mansourah, tombèrent presque tous sous les coups des infidèles. Guillaume Longue-Epée fut au nombre des morts. Matthieu Pâris rapporte que, la nuit qui précéda le combat de Mansourah, la mère de Guillaume, qui était abbesse d'un couvent, vit en songe le ciel ouvert et un guerrier qui y montait, couvert de son armure. Aux couleurs de son bouclier, elle fut étonnée et demanda qui il était: *C'est Guillaume, ton fils*, lui répondit une voix qu'elle distingua parfaitement. L'abbesse se ressouvint de cette nuit, et l'événement vérifia, peu de temps après, la vision qu'elle avait eue. Le grand maître de l'ordre de Saint-Jean fut fait prisonnier, et celui des Templiers perdit un œil, après avoir vu périr à ses côtés deux cent quatre-vingts de ses chevaliers. Au témoignage de Matthieu Pâris, il ne se sauva du combat de Mansourah que deux Templiers, un Hospitalier, et un homme du commun. Cet homme alla annoncer au roi et au reste de l'armée cet événement, qui doit être déploré par tous les siècles, *cunctis sæculis deplorandum*, suivant l'expression de l'historien. Pendant que ces choses se passaient, le reste de la cavalerie avait achevé de passer le canal, et se trouva séparée de son avant-garde, sans savoir ce qu'elle était devenue. Le duc de Bretagne, Gui de Malvoisin, le sire de Joinville, et tous les guerriers qui s'étaient avancés au secours du comte d'Artois, firent des prodiges de valeur contre les Mameluks accourus à leur rencontre. Joinville raconte comment il faillit être tué. Le duc de Bretagne revint, vomissant le sang, sur son cheval hérissé de flèches ennemies.

Matthieu Pâris rapporte qu'en apprenant ce désastre, le saint roi fut pénétré d'une profonde douleur; des larmes abondantes coulèrent de ses yeux, il joignit les mains, porta ses regards vers le ciel, et d'une voix entrecoupée de sanglots il dit: « Que la volonté de Dieu soit faite, que son nom soit béni. » L'historien ajoute qu'il appela auprès de lui les seigneurs français, et leur parla en ces termes: « Amis et compagnons fidèles de mes travaux et de mes dangers, que faut-il faire dans cette circonstance déplorable? Si nous nous retirons après avoir éprouvé une semblable perte, nos ennemis, croyant avoir triomphé de nous tous, se réjouiront plus de notre fuite que du carnage de nos frères. Ils se sentiront excités davantage à nous combattre et à nous poursuivre; et comme ils sont plus agiles que nous, ils mettront bientôt le trouble dans nos rangs, et, à la honte de l'Eglise universelle, à l'opprobre ineffaçable de la France, ils nous extermineront tous. Invoquons donc le Seigneur, que nos péchés ont sans doute offensé; attaquons ensuite avec confiance nos ennemis teints du sang de mon frère; vengeons sur eux le sang de nos amis qu'ils ont répandu. Qui pourrait désormais supporter tranquillement une si grande injure faite au Christ? » A ces paroles de leur roi, dit l'historien, les Français se disposèrent tous au combat comme un seul homme, *quasi vir unus universi.* »

Joinville raconte comment le roi s'avança au milieu de la plaine, où les fidèles et les infidèles se battaient dans une horrible confusion, depuis le gué de l'Aschmoun jusqu'à Mansourah. « Nous vismes arriver le roi, accompagné de grand nombre de gendarmerie, faisant si grand bruit qu'il sembloit que le ciel et la terre se dussent assembler, tant il y avoit de trompettes, clairons et cors qui sonnoient. Il s'arresta sur un haut chemin, et fit arrester toute sa gent aussi, et commença de les exhorter et prier de bien faire. Son heaume étoit tout doré, et en sa main tenoit une épée d'Allemagne, toute nue, et vous promets que je ne vis onques si bel homme comme il estoit: car il apparoissoit par dessus tous les autres depuis les espaules, et seroit chose difficile à croire comme tous les gens d'armes prenoient grand courage de batailler, voyant le roy en tel estat: en manière que plusieurs chevaliers, sans attendre le roy, se vindrent mesler parmi les Turcs et les assaillirent courageusement. Le roy s'avançoit toujours, et quand il fut près des Turcs la bataille recommença si durement que c'estoit une chose bien estrange à regarder; et devez savoir qu'à ce coup là l'on vit faire plus de beaux faits d'armes que l'on ne vit oncques en tout le voyage d'outre mer, tant d'un costé que d'autre. Car nulle ne tiroit dard, ne trait, ne autre artillerie, mais se combattoit-on main à main, tout meslés l'un parmy l'autre, à grands coups d'espées et de masses. » A la fin de cette désastreuse journée, le roi faillit rester sur ce champ de carnage, et ne dut son salut qu'à sa seule vaillance. « Car il ne se faignoit point, dit Joinville, de se mettre aux dangers et périls de la bataille, et là où il voyoit ses gens en destresse, il se venoit frapper parmy, pour les secourir; et tant donnoit de coups d'espée et de masse, que les Turcs n'osoient approcher de luy. Et me contèrent un jour le sire de Courtenai et messire Jean de Salonay qu'ils avoient vu que six Turcs s'estoient adressés au roy celui jour, et l'avoient prins à force par le frein de son cheval, et l'emmenoient; mais le vertueux prince, voyant le danger où il estoit, s'évertua de tout son pouvoir, et par grand courage frappa sur les Turcs qui le tenoient, en manière que luy seul se délivra de leurs mains en bref. » Joinville nous apprend ensuite comment s'est terminée cette journée: « Advint que sur le soir environ soleil couchant, le connétable nous amena les arbalestriers du roy à pied lesquels se rangèrent au devant de nous, et nous qui estions à cheval descendismes et nous mismes à pied, à l'ombre des arbalestriers; et quand les Sarrasins nous aperçurent ainsi en ordre, ils s'enfuirent incontinent, et nous laissèrent en paix. » Les Musulmans durent leur victoire à la discipline et à la bravoure des Mameluks. « Les Mameluks, lions des combats, dit un historien arabe, se précipitèrent sur les Francs comme une furieuse tempête; leurs terribles massues répandaient partout la mort et les blessures. » L'armée chrétienne occupa le camp d'où son avant-garde avait chassé le matin les infidèles, et quoique le comte d'Artois fût l'auteur du désastre qu'elle venait d'éprouver, elle mêla ses larmes à celles que coûta au roi la mort de son frère. Bien que repoussés de leur camp dans Mansourah, les Egyptiens se regardèrent comme victorieux. Quand la nouvelle de ce succès inespéré arriva au Caire, elle y causa une joie d'autant plus grande, qu'au rapport des historiens arabes, *on y regardait généralement l'islamisme comme perdu.* Dans un discours qu'il adressa à ses soldats, le sultan comparait les croisés à des femmes; il s'étonnait de voir de pareils hommes tenter la conquête d'une contrée que fécondait le fleuve *sorti du paradis.*

Dans la nuit même qui suivit la bataille, les chrétiens eurent à repousser les attaques de l'ennemi, qui voulait reprendre son camp. Le lendemain, mercredi des cendres, on jeta un pont sur l'Aschmoun, et l'infanterie, commandée par le duc de Bourgogne, vint se réunir à la cavalerie. La vue de la cuirasse du comte d'Artois, parsemée de fleurs de lis, avait fait croire aux Musulmans que c'était le roi de France qui était tombé sous leurs coups, et les soldats, enflammés d'ardeur, demandaient à marcher à l'ennemi. Le premier vendredi du carême, l'armée égyptienne s'avança en ordre de bataille contre les croisés, qui avaient été prévenus des desseins des Musulmans et qui étaient prêts à les recevoir. Le comte d'Anjou soutint le premier choc; mais ses troupes ne purent résister à l'effet du feu grégeois; il eut son cheval tué sous lui, et se vit obligé de demander du secours à son frère. « Le roy, dit Joinville, ayant entendu cette infortune, craignant que son frère n'eût du pire, ne put se contenir qu'il ne l'allast incontinent secourir; et de fait, sans attendre personne, férit son cheval des éperons, l'espée au poing, et se mist parmy la bataille, frappant de grands coups sur ces Turcs et Sarrasins, jusques à ce qu'il fut arrivé au lieu où estoit son frère. Mais à son arrivé, Dieu sçait combien il endura de peine et quants beaux faits d'armes il fit: car soyez certains que là où il voyoit plus de presse et danger il s'y jetoit sans aucune crainte, tellement que, par sa grand prouesse, il jeta hors de danger son frère et mirent en fuite les Sarrasins et les chassèrent hors de leur ost; et bien fut le roy cette fois gardé de Dieu, car les Sarrasins avoient rempli la crinière de son cheval de feu grégeois, qui ne lui fit aucun dommage. » Le grand maître du Temple fut tué dans cette horrible mêlée; mais l'intrépide valeur des chevaliers arrêta les efforts des Musulmans. Gui d'Ibelin et son frère Beaudouin, qui marchaient à la tête des guerriers de l'île de Chypre, Gauthier de Châtillon, Gui de Malvoisin, le comte Guillaume de Flandre, le sire de Joinville, Henri de Brienne, et le vieux Josserant de Brançon, qui mourut de ses blessures, firent dans cette journée des faits d'armes chevaleresques. Le comte de Poitou, frère du roi, qui occupait l'aile gauche de l'armée, à la tête d'une troupe d'infanterie, serait resté prisonnier des Turcs, « qui de fait l'emmenoient, dit Joinville, si n'eût été les bouchiers, et les autres marchands qui vendoient les vivres et denrées en notre ost, lesquels ayant entendu qu'on emmenoit ainsi le comte s'escrièrent, et tous ensemble coururent sus aux Sarràsins, tellement qu'ils les chassèrent hors de l'ost, et fut par eux recous le comte de Poitiers. » Voici comment saint Louis lui-même, dans une lettre adressée à tous les habitants de son royaume, rend compte de cette journée : « Le vendredi, les enfants de perdition ayant réuni leurs forces de toutes parts, dans l'intention d'exterminer l'armée chrétienne, vinrent attaquer nos lignes avec beaucoup d'audace et en nombre infini : le choc fut si terrible de part et d'autre, qu'il ne s'en était jamais vu, disait-on, de pareil dans ces parages. Avec le secours de Dieu, nous résistâmes de tous côtés, nous repoussâmes les ennemis, et nous en fîmes tomber un grand nombre sous nos coups. » On voit que tout l'avantage que les croisés recueillirent de cette journée, où ils avaient fait des prodiges de bravoure, ce fut de n'être pas battus. Une maladie épidémique, à laquelle se joignirent la dyssenterie et des fièvres pernicieuses, vint exercer de grands ravages parmi les croisés. A la description que Joinville fait de ce fléau, on reconnaît que c'était le scorbut. Les pèlerins en attribuèrent l'origine, non-seulement aux miasmes pestilentiels qui s'exhalaient des cadavres qu'on avait jetés dans le canal et enterrés autour du camp, mais à ce que les soldats s'étaient nourris de poissons engraissés de la chair des corps morts qui flottaient sur les eaux de l'Aschmoun. Les croisés supportèrent tous ces maux avec beaucoup de résignation et ne s'en autorisèrent point pour s'exempter du jeûne et de l'abstinence du carême. Le roi, qui consolait et soignait lui-même les malades, fut atteint de la contagion, et ce fut une désolation générale dans le camp, quand on sut qu'il ne sortait plus de sa tente.

Le nouveau sultan arriva à Mansourah, dix-neuf jours après la bataille livrée dans cette ville, la veille du mercredi des cendres. Comme les chrétiens recevaient leurs provisions de Damiette, la première pensée de Malek-Moadam fut de tenter d'intercepter leurs communications par une entreprise semblable à celle qui avait réussi, trente ans auparavant, à son aïeul, le sultan Malek-Kamel. On transporta, à dos de chameau, des navires démontés, et la flotte chrétienne, prise en tête et en queue, fut défaite. Privés alors de leurs communications avec Damiette, les Francs éprouvèrent un manque de vivres qui augmenta leurs souffrances. Matthieu Pâris rapporte que le sultan, pour relever le courage et exciter l'émulation de ses soldats, leur promit, pour chaque tête de chrétien, dix talents ; il en promit cinq à celui qui lui apporterait une main, et deux à celui qui lui apporterait un pied d'un guerrier chrétien. Suivant les écrivains arabes, les croisés offrirent alors au sultan de rendre Damiette, si on voulait leur céder la Palestine et Jérusalem. Malek-Moadam acceptait ces conditions Le roi proposait ses deux frères pour otages. Le sultan ne se contenta pas de cette offre, et exigea que le roi se livrât lui-même entre ses mains. Saint Louis y consentait ; mais les seigneurs s'opposèrent à cette généreuse résolution, et répondirent, nous apprend Joinville, « qu'ils aimoient beaucoup mieux que les Turcs les missent tous à mort, plutost qu'il leur fust reproché qu'ils eussent baillé leur roi en gage. » Ce prince, qui ne s'occupait que du salut de son armée, crut alors que le seul moyen de la sauver, c'était de reprendre le chemin de Damiette. L'ordre de repasser le canal fut donné, et dès que le mouvement de retraite commença, les Musulmans se précipitèrent sur l'arrière-garde des croisés. La bravoure du comte d'Anjou eut peine à leur résister. Après quelques jours passés dans son ancien camp, l'armée se mit en marche vers Damiette, à la faveur de l'obscurité de la nuit, le 5 avril 1250. Le roi, quoique accablé par la souffrance, surveilla lui-même tous les préparatifs du départ. On embarqua sur le Nil le légat du saint-siége, les femmes, les enfants et les malades. On pressa le roi de prendre la même voie de retour ; mais il dit qu'il aimait mieux mourir que de se séparer de ses compagnons d'armes. Ce fait est attesté par trois témoins oculaires des événements, par le sire de Joinville, par Geoffroy de Beaulieu, confesseur du roi, et par l'historien arabe Aboul Mahassen, qui remarque « qu'il n'eût tenu qu'au roi d'éviter son malheureux sort, en se sauvant à temps, soit sur un cheval, soit dans un bateau ; mais qu'il préféra demeurer à l'arrière-garde, pour veiller au salut de ses troupes. » L'ordre qu'avait donné le roi de rompre le pont de l'Aschmoun ne fut point exécuté, et les Musulmans se précipitèrent sur les pas des chrétiens en retraite. La plaine, éclairée au milieu de l'obscurité de la nuit par les flèches garnies de feux grégeois que lançaient les ennemis, retentissait des cris de désespoir des malades et des blessés, qui ne pouvaient suivre leurs compagnons, et qui tombaient sous les coups des infidèles. Au milieu de cette affreuse déroute, le roi ne quitta pas son arrière-garde, « laquelle se défendit très-bien, dit Joinville ; et le roy qui faisoit merveilles de frapper, nonobstant sa maladie, se mit si avant en la presse, qu'il fut abandonné de toute sa gent, et ne luy demoura (comme je luy ai depuis ouy dire) de tous ses chevaliers et gens d'armes, que le bon chevalier messire Geoffroy de Sargines, lequel ne le délaissa jamais; mais défendoit le roi plus courageusement qu'un lyon; et tant donnoit de coups sur ces Sarrasins, que l'on eust dit que sa force lui estoit doublée. Et toutes les fois que les Sarrasins s'approchoient du roy, messire Geoffroy de Sargines se mettoit devant lui pour le couvrir, et recevoit les coups, et à tous les coups il les déchassoit de dessus le roy à grands coups d'espée, de sorte qu'il fit tant par sa prouesse, qu'il l'emmena, en dépit des Sarrasins, jusques à une petite ville nommée Cazal, et là il fut descendu, et mis sur le giron d'une bourgeoise qui estoit de Paris; là il cuida mourir, et n'attendoit-on point de vie en lui, pour raison de sa maladie, et aussi de la peine qu'il avoit endurée. Enfin, le roy fut prins en ladite ville. » Le nom de *Cazal*, que Joinville donne à la ville où saint Louis fut fait prisonnier, était, comme le nom arabe de *Minieh*, qu'elle porte aussi, un terme générique, signifiant un bourg ou un village, en sorte qu'on ne sait pas précisément où le roi tomba au pouvoir des infidèles, le 5 avril 1250. L'intrépide Gauthier de Châtillon défendit l'entrée de la petite rue qui conduisait à la maison où était le roi, jusqu'à ce qu'il tomba sous les coups d'un infidèle, qui fit trophée de son épée. Tandis que l'arrière-garde luttait encore sur une colline, Philippe de Montfort, qui la commandait, accourut annoncer au roi qu'il venait de voir l'amiral du sultan, avec lequel on avait autrefois parlé d'une trêve, et il offrit d'aller lui faire des propositions. Le roi répondit qu'il consentait à tout. L'amiral du sultan accueillit la demande de Philippe de Montfort qui, pour gage de sa parole, lui donna un anneau qu'il tira de son doigt pour lui présenter. « Mais, dit Joinville, un traître, mauvais huissier, nommé Marcel, commença à crier à nos gens, à haute voix : Seigneurs chevaliers, rendez-vous tous, le roy le vous mande par moy, et ne le faites point tuer. A ces mots, furent tous effrayés, et cuidèrent que le roy leur eust ainsi mandé. Au moyen de quoi chacun rendit aux Sarrasins les bastons et harnois. Et quand l'amiral vit que les Sarrasins emmenaient prisonniers les gens du roy, il dit à messire Philippe de Montfort qu'il ne lui assurerait pas la trêve, car il voyait déjà que tous les gens du roy estoient prins des Sarrasins. »

Saint Louis fut enchaîné et soigneusement gardé. Les deux frères du roi tombèrent également aux mains des Musulmans. Makrizi rapporte que, quant au reste des prisonniers, comme ils embarrassaient par leur multitude, le sultan ordonna à l'un de ses émirs qu'il avait amenés de Mésopotamie, de s'en défaire peu à peu. Chaque jour cet émir mettait trois ou quatre cents de ces prisonniers à part et leur coupait la tête, après quoi il jetait leurs corps dans le fleuve. Cette manœuvre dura jusqu'à ce qu'il ne restât presque plus de prisonniers. Si l'on en croit Aboul Mahassen, le sultan avait d'abord placé en réserve les artisans et les gens de métier, afin de mettre à profit leur industrie; mais ensuite il les fit mourir comme les autres. L'oriflamme, tous les bagages de l'armée, devinrent la proie des infidèles, qui foulèrent aux pieds toutes les croix qu'ils trouvèrent. « J'ai vu, dit un historien arabe qui assistait à ce spectacle déchirant pour les chrétiens, j'ai vu les morts et les mourants; ils couvraient par leur masse la face de la terre. Jamais journée ne fut si glorieuse; il ne périt pas plus de cent Musulmans dans cette occasion. » Matthieu Pâris raconte que, quand le roi fut tombé au pouvoir de l'ennemi, les guerriers du sultan se mirent à couper les mains, les pieds et la tête des chrétiens restés sur le champ de bataille, pour les présenter à leur maître. L'historien remarque que plus ces martyrs de Dieu souffraient d'affronts, plus grande dut être leur récompense dans le ciel. Les croisés qui s'étaient embarqués sur le Nil périrent presque tous également, ou massacrés, ou noyés, ou brûlés par le feu grégeois. Joinville, qui était du nombre de ceux qui cherchèrent à se sauver par eau, raconte, avec son admirable naïveté, comment il échappa à la mort en cette périlleuse circonstance. « Quand se vint sur le point du jour, nous arrivasmes au passage auquel estoient les galères du souldan, qui gardoient qu'aucuns vivres ne fussent amenés à nostre ost; quand ils nous eurent aperçus, ils menèrent un grand bruit, et commencèrent à tirer à nous grand' foison de pilles avec feu grégeois, tant qu'il ressembloit que les estoiles cheussant du ciel; et ainsi que nos mariniers nous eurent réunis au cours de l'eau et que nous voulions tirer outre, nous trouvasmes ceux que le roi avoit laissés à cheval pour garder les malades qui s'enfuyoient vers Damiette, et le vent se va relever plus fort que devant, en sorte qu'il nous jeta à côté, à l'une des rives du fleuve, et à l'autre rive y avoit si grand' quantité de vaisseaux de nos gens, que les Sarrasins avoient pris et gagnés, que nous n'osasmes en approcher; et aussi nous voyions bien qu'ils tuoient les gens qui estoient dedans, et les jetoient à l'eau, et les voyions tirer hors des nefs les coffres et harnois qu'ils avoient gagnés..... Et lors je me fis vêtir mon haubert, et incontinent mes gens, qui estoient au bout du vaisseau, me vont crier : Sire, notre marinier, pour ce que les Turcs le menacent, nous veut mener à terre, où nous serons tantost tues et occis. A donc je me fis lever, et prins mon espée toute nue, et dis aux mariniers que je les tuerois s'ils tiroient plus avant, pour me vouloir mener à terre; et ils me répondirent qu'ils ne me sauroient passer outre; et pour ce que j'advisasse lequel j'aimerois mieux, ou qu'ils me menassent à la rive, ou qu'ils m'ancrassent en la rivière. Et j'aime mieux, fis-je, être ancré en la rivière; ce qui fut fait, comme bien m'en print, comme vous entendrez. On ne tarda guère, que voici venir vers nous quatre des galères du souldan, et qu'elles avoient bien dix mille hommes. Lors j'appelle mes chevaliers, et leur requis qu'ils me conseillassent de ce qui estoit de faire, et si nous devions aller rendre aux galères du souldan qui venoient, ou à ceux qui estoient à terre; et fut accordé de tous qu'il valoit mieux nous rendre à ceux des galères, pour ce qu'ils nous tiendroient ensemble, sans nous séparer les uns des autres ; et me souvient d'un clerc, qui disoit toujours que nous ne nous devions point rendre, mais nous devions nous faire tuer pour aller en paradis, ce que nous ne voulusmes croire, car la peur de la mort nous pressoit trop. Quand je vis qu'il estoit force de me rendre, je prins un petit coffret que j'avois, où estoient mes joyaux et mes reliques, et jetai tout dedans le fleuve. Lors me dit l'un de mes mariniers, que si je ne luy laissois dire aux Sarrasins que j'étois cousin du roy, qu'ils nous tueroient tous ; je luy répondis qu'il pouvoit dire ce qu'il voudroit. Et adonc voici arriver à nous la première des quatre galères qui venoit de travers, s'ancrant près de notre vaissel ; lors m'envoya Dieu (et ainsi le crois-je) un Sarrasin qui estoit de la terre de l'empereur, et, m'embrassant par les flancs, me dit : « Sire, si vous ne me croyez, vous êtes mort, car il vous convient, pour vous mettre à sauveté, sortir hors de votre vaissel, et vous jeter en l'eau, et les Sarrasins ne vous verront mie, pource qu'ils s'attendront au pillage de votre galère, et il me fit jeter une corde de leur galère sur l'encre de mon vaissel, et adonc je saillis en l'eau, et le Sarrasin après moy, dont besoin me fut pour me soutenir et conduire en la galère; car j'étois si foible de maladie, que j'allois tout chancelant, en sorte que je fusse allé au fond du fleuve. Et ainsi je fus tiré par le Sarrasin jusques dans leur galère..... et ce pauvre Sarrasin me tenoit toujours embrassé ; et tantôt je fus porté par terre, et me coururent sus les autres, pour me vouloir couper la gorge, et bien attendois de mourir. Mon Sarrasin ne me vouloit lascher, et leur crioit le cousin du roy, le cousin du roy, et alors je sentois le couteau auprès la gorge, et me tenois à genoux à terre ; mais Dieu, par sa grâce, me délivra de ce grand péril, à l'aide de ce pauvre Sarrasin, lequel me mesna jusques au chasteau où les chevaliers sarrasins estoient. » Joinville ajoute que le Sarrasin qui lui avait sauvé la vie l'arracha une seconde fois à la mort, en le guérissant de sa maladie, avec l'aide de Dieu, au moyen d'un breuvage qu'il lui fit prendre.

Le carnage que les Musulmans firent des croisés, dans cette déroute, dura plusieurs jours et coûta la vie à plus de trente mille chrétiens ; il ne resta que trois chevaliers du Temple et quatre de l'Hôpital. Le lendemain du grand désastre, le roi fut conduit à Mansourah, dans un navire égyptien, accompagné d'une multitude de barques, et l'armée musulmane suivait, sur la rive du fleuve, la marche de cette flotte, au bruit des tambours et des timbales. Saint Louis fut enfermé dans une maison que l'on montre encore aujourd'hui ; elle est située sur une petite place, en face du Nil. Le roi fut placé au rez-de-chaussée, dans une chambre obscure d'environ vingt pieds carrés. Le sultan, que la destruction de l'armée chrétienne remplissait de bonheur, proposa à son conseil de traîner le roi captif dans les contrées les plus reculées de l'Orient, pour qu'il y fût à tous les Musulmans un sujet de triomphe et de joie, et de le présenter ensuite au calife, afin que tous les sectateurs de Mahomet conçussent, par l'humiliation de ce prince, l'espérance de confondre un jour tous les autres chrétiens ; mais comme les infidèles désiraient ardemment reprendre Damiette, on n'adopta point cette résolution ; car on craignit que le roi ne mourût de chagrin. Ce prince fut, en effet, deux jours sans vouloir prendre de nourriture. Les principaux et les plus sages d'entre les Musulmans pensèrent donc, au rapport de Matthieu Pâris, qu'il valait mieux traiter sans délai de la restitution de Damiette et de la délivrance du roi, pour laquelle on demanderait cinq cent mille livres d'or (environ neuf millions et demi de notre monnaie actuelle). Louis IX, en entendant cette proposition, baissa la tête et dit : « *Le Tout-Puissant sait que je suis venu de France ici, non pour acquérir des terres et de l'argent, mais seulement pour gagner vos âmes à Dieu. Ce n'est pas pour mon avantage, mais pour le vôtre, que j'ai entrepris ce dangereux voyage. Je possède, tout pécheur et indigne que j'en suis, des régions fertiles, tempérées et salubres ; que la confusion que j'éprouve de tant de manières, pour le Christ que j'ai offensé, vous suffise. Vous pouvez me tuer et m'arracher de l'argent, mais jamais je ne rendrai Damiette, que j'ai acquise par un miracle de Dieu.* » La haute piété de Louis le soutint dans son malheur. De tout ce qu'il possédait, il n'avait conservé que le livre des psaumes, qui fut sa consolation. Il refusa les habits magnifiques que lui envoya le sultan, et ne voulut point assister à un festin auquel le souverain égyptien l'avait invité. Les soldats prisonniers que le fer musulman avait épargnés, lorsqu'on avait été fatigué de tuer, furent envoyés au Caire. On offrit aux barons et aux chevaliers d'acheter leur liberté au prix de la reddition de Damiette. Le duc de Bretagne répondit, au nom de tous, qu'ils n'avaient d'autre volonté que celle de leur roi.

Matthieu Pâris raconte que, pendant qu'on faisait au roi des propositions qu'il refusait d'accepter, un Musulman, plein de malice et de ruse, indiqua un moyen d'obtenir Damiette et la somme d'argent, malgré le roi captif. « D'après le conseil de ce Musulman, dit l'historien, dont nous citons le curieux récit, sans le donner pour l'exacte vérité historique, les émirs formèrent une armée à peu près aussi nombreuse que celle des chrétiens avant leurs désastres. On prit les armes, les boucliers et les étendards des vaincus, et sous ce déguisement la troupe musulmane marcha vers Damiette, dans l'espoir qu'elle y serait reçue comme une armée de Français, et qu'à son entrée elle immolerait tous ceux qui se présenteraient. Pendant que ces Sarrasins déguisés approchaient de la ville, les sentinelles des chrétiens, qui du haut des tours et des remparts les regardaient venir, les prirent d'abord pour des Français à leur armure et à leurs enseignes; mais, quand les ennemis furent plus près, on les prit pour ce qu'ils étaient; car ils portaient leurs boucliers d'une manière oblique et sans ordre, et marchaient en troupes plutôt comme des Sarrasins que comme des Français. Lorsqu'ils furent aux portes de la ville, leurs visages noirs, leur longue barbe et leur langage barbare indiquèrent manifestement des ennemis qui accouraient pour prendre la place. La garnison de Damiette, voyant qu'ils étaient couverts des dépouilles des chrétiens, et certaine alors de la défaite de l'armée, remplit toute la ville de lugubres gémissements et s'occupa de se défendre, déclarant que, lors même que toute l'armée chrétienne aurait péri avec le roi, elle soutiendrait constamment tous les assauts des Sarrasins d'Orient, jusqu'à ce qu'il lui arrivât du secours. Néanmoins cette garnison n'osa faire de sortie, surtout dans l'état d'affliction et de deuil où elle se trouvait : car qui pourrait raconter les vives douleurs que ressentirent les chrétiens renfermés dans Damiette, quand ils aperçurent les ennemis du Christ qui se paraient avec orgueil et dérision des armes et des étendards de l'armée de la Croix. »

La reine Marguerite, qui était à la veille d'accoucher quand elle apprit le sort du roi, faillit en mourir de désespoir. Elle mit au monde un fils qu'on appela *Tristan*, par allusion aux tristes circonstances de sa naissance. Un vieux chevalier de quatre-vingts ans, qui servait d'écuyer à cette princesse, ne la quittait point, et lui disait, lorsque des rêves effrayants interrompaient son sommeil, pendant la nuit : *Je suis avec vous, madame ; n'ayez pas peur.* Joinville rapporte qu'un jour la reine s'agenouilla devant ce vieux chevalier, « et lui requit un don, et le chevalier le lui octroya par un serment, et elle lui dit : Je vous demande, par la foi que vous m'avez baillée, que si les Sarrasins prennent cette ville, que vous me coupiez la tête avant qu'ils me prennent ; et le chevalier lui répondit : Soyez certain que je le ferai volontiers, car je l'avais bien pensé que je vous occirais avant qu'ils vous eussent prise. »

Le roi, voyant que Damiette ne pourrait pas résister aux attaques qui allaient être dirigées contre cette place, accepta enfin les conditions qui lui étaient imposées, si toutefois la reine les approuvait. Mais il fit observer que comme la dignité royale ne permettait pas qu'il rachetât sa liberté à prix d'argent, il offrait Damiette pour sa rançon, et les cinq cent mille livres pour celle de ses compagnons d'infortune. Le sultan fut si satisfait du résultat de la négociation qu'il fit la remise d'un cinquième de la somme stipulée en argent. Une trêve de dix ans était conclue entre les chrétiens et les Musulmans, et la possession de toutes les villes qui appartenaient aux Francs avant l'arrivée des croisés en Orient leur était assurée. Quand les prisonniers apprirent leur délivrance, ils bénirent leur libérateur, et remercièrent Dieu de les avoir tirés de la captivité où ils étaient tombés. Un événement tragique vint cependant mettre en péril l'exécution du traité.

Le sultan Malek-Moadam supportait impatiemment que la veuve de son père, Schadjer-Eddor, à laquelle il devait le trône, vît d'un œil mécontent qu'il négligeait les soins du gouvernement pour s'occuper de ses plaisirs. Il écouta les conseils que lui donnaient les jeunes compagnons de ses débauches, et les émirs qu'il avait écartés de ses conseils lui reprochèrent d'avoir fait la paix avec les chrétiens pour n'être plus à la merci de l'armée. Les plaintes que Schadjer-Eddor faisait entendre avaient produit beaucoup d'impression sur l'esprit des Mameluks, dont le sultan avait eu d'ailleurs l'imprudence de dire qu'il ferait décapiter les chefs. Sa mort fut résolue au sein de cette milice. Malek-Moadam se rendit à Farescour, où furent également transportés le roi, les princes, ses frères, et tous les prisonniers chrétiens. Le sultan eut une entrevue avec le roi. Mais la conspiration tramée contre Malek-Moadam éclata le lendemain 1er mai 1250, dans un festin qu'il donnait aux officiers de l'armée musulmane. Ce fut un Mameluk, l'émir Bibars-Bondochar, qui porta au sultan le premier coup. Le malheureux prince se réfugia dans une tour d'où on le força de se précipiter, en y mettant le feu; il offrit en vain de renoncer au trône. Bondochar le frappa de nouveau, et des Mameluks achevèrent de le tuer dans le Nil, où il s'était jeté. Pendant cette révolution à la façon orientale, le roi de France était resté dans sa prison, et l'on n'avait pas songé à lui. Joinville raconte qu'un des meurtriers du sultan, Octaï, chef les Mameluks, lui arracha le cœur, et le porta à saint Louis, en lui demandant combien il lui donnerait pour l'avoir délivré de son ennemi. Le roi garda le silence, ajoute le vieil historien. Octaï, suivant un autre témoignage, ayant demandé au roi, en le menaçant de la pointe de son épée, de le faire chevalier, Louis lui répondit : *Fais-toi chrétien, et je te ferai chevalier.* Aboul Mahassen rapporte seulement qu'après l'assassinat du sultan, quelques Mameluks, les mains encore teintes de sang, coururent le sabre à la main auprès du roi, et lui dirent qu'il leur fallait de l'argent. Quant à la proposition que les Mameluks auraient faite à saint Louis de le placer sur le trône d'Égypte, elle n'a aucun fondement historique. Joinville raconte ce qui lui est arrivé au milieu de cette scène de sanglante anarchie. Trente Mameluks entrèrent l'épée nue dans la galère où il était : « Je demandai alors, dit-il, à monsieur Baudouin d'Ibelin, qui entendoit bien le sarrasinois, que c'étoit que ces gens disoient, et il me respondit qu'ils disoient qu'ils nous venoient couper les testes. Et tantost je vis une grosse troupe de nos gens qui là estoient, qui se confessoient à un religieux de la Trinité, qui estoit au comte de Flandres. Mais quant à moy je n'avois que faire de confesser, car je vous promets qu'il me souvenoit d'aucun mal que j'eusse fait : en sorte que je ne pensois qu'à recevoir le coup de la mort. Si je m'agenouillai auprès d'un des Sarrasins, lui tendant le col, en disant ces mots, et en faisant le signe de la croix : Ainsi mourut sainte Agnès. Auprès de moy tout à costé s'agenouilla messire Guy d'Ibelin, connétable de Chypre, et se confessa à moy, et je luy donnoi l'absolution, selon ma puissance: mais je vous assure qu'oncques il ne me souvient de chose qu'il m'eust dite. Après que les Sarrasins nous eurent fait cette peur, ils nous mirent tous couchés le visage contre terre dans la soulte de la galère. »

Le sultan laissait des enfants; mais ils étaient en Mésopotamie. On ne voulait pas d'ailleurs élever au trône un fils de celui qu'on venait d'en renverser. On décida que Schadjer-Eddor jouirait de l'autorité souveraine, et qu'un émir, avec le titre d'Atabek, aurait sous elle le commandement des troupes. Trois émirs refusèrent cette charge, qui fut acceptée par l'émir Ibegh, turcoman d'origine. Il n'était encore arrivé qu'une fois dans l'islamisme, chez les peuples de l'Indostan, que la prière publique se fît dans les mosquées au nom d'une femme, et le calife de Bagdad en fut tellement indigné qu'il écrivit aux émirs pour leur demander si l'Egypte manquait d'hommes en état de la gouverner, dans lequel cas il en enverrait un de son choix. ..

Pendant que ces choses se passaient en Egypte, la consternation s'était répandue en France et en Europe, à la nouvelle de la destruction de l'armée chrétienne et de la captivité du roi Louis et des princes ses frères. Matthieu Pâris prétend que la reine Blanche et les grands du royaume, ne pouvant et ne voulant pas croire le rapport de ceux qui arrivaient d'Orient, les firent pendre. « Enfin, ajoute l'historien anglais, lorsque le nombre de ceux qui rapportaient ces nouvelles fut si grand, et que les lettres furent si authentiques, qu'il ne fut plus possible de douter, toute la France fut plongée dans la douleur et la confusion. Les ecclésiastiques et les guerriers montrèrent une égale tristesse, et ne voulaient recevoir aucune consolation. Partout des pères et des mères déploraient la perte de leurs enfants; des pupilles et des orphelins, celle de leurs parents; des frères, celle de leurs frères ; des amis, celle de leurs amis. Les femmes négligèrent leur parure ; elles rejetèrent les guirlandes de fleurs : on renonça aux chansons ; les instruments de musique restèrent suspendus. Toute espèce de joie fut convertie en deuil et en lamentation. Ce qu'il y eut de pis, c'est qu'on accusa le Seigneur d'injustice, et que l'excès de la douleur se manifesta par des blasphèmes. La foi de plusieurs chancela. Venise, et quelques villes de l'Italie, où habitent des demi-chrétiens, seraient tombées dans l'apostasie, si elles n'avaient été fortifiées par les consolations des évêques et des hommes religieux. »

Villani, dans son histoire de Florence, *Istorie Fiorentine*, dit qu'à la nouvelle des désastres arrivés au saint roi et à son armée, les Gibelins de Florence firent une grande fête et un feu de joie. Le récit de Matthieu Pâris est conforme à ce sujet à celui de Villani. Voilà de quels sentiments chrétiens étaient animés les partisans de ces empereurs d'Allemagne, qui, au lieu de seconder le saint-siége dans son œuvre de civilisation de l'Europe, ne cessaient de susciter des embarras aux papes.

L'ordre s'étant enfin rétabli en Egypte, on reprit les négociations avec le roi de France. Les émirs exigèrent que le roi rendît Damiette avant d'être mis en liberté, et qu'il payât la moitié de la rançon des prisonniers avant de quitter l'Egypte. Mais ils ne purent obtenir du saint roi, même en le menaçant de la mort, qu'en jurant le traité, il se servît d'une formule qui ne lui semblait pas convenable, et les émirs furent obligés de s'en rapporter à sa simple parole.

Après avoir mentionné le traité fait avec les Musulmans, Matthieu Pâris continue comme il suit son récit que nous citons, parce qu'il diffère de celui des écrivains français et arabes. « Après la conclusion du traité, le roi envoya, avec quelques émirs, quatre de ses chevaliers chargés de lettres scellées de son sceau au légat, au duc de Bourgogne et aux autres chefs de la garnison de Damiette, pour leur signifier de remettre la ville aux Sarrasins, suivant les conditions souscrites. Lorsque ces commissaires furent arrivés aux portes de la place et eurent annoncé leur mission, les seigneurs chrétiens de la garnison, affligés plus qu'on ne peut le dire, hésitèrent longtemps sur ce qu'ils devaient faire. Ils redoutaient la perfidie des ennemis : ils craignaient que le roi, après avoir remis Damiette, ne fût ensuite empoisonné avec ceux qu'il avait auprès de lui ; car les Sarrasins connaissent ce genre de trahison. Mais, une fois qu'ils furent assurés qu'il ne courait plus aucune espèce de danger, alors, de l'avis du légat, de la reine et des autres amis du roi qui s'intéressaient à sa vie, ils remirent les clefs de la ville, non sans pousser de douloureux soupirs. Quand les soldats de la garnison en furent instruits, le dépit et la colère qu'ils en ressentirent les portèrent à détruire tout ce qui restait de vivres : ils brisèrent les tonneaux d'huile et de vin, jetèrent ou brûlèrent le blé, l'orge et les viandes salées. Ils ne pouvaient supporter l'idée que les ennemis de la foi profitassent de ces provisions qu'ils avaient conservées pendant la disette, et pensaient qu'il aurait mieux valu que Damiette ne fût pas rendue aux Sarrasins. » Mais l'historien arabe Aboul Mahassen rapporte au contraire que les Musulmans trouvèrent dans la ville, qui leur fut remise par Geoffroy de Sargines, le 6 mai 1250, des vivres et des provisions en grande quantité, et i.

paraît que ce furent les soldats égyptiens qui commirent des violences et des massacres à leur entrée dans Damiette. Les émirs méditèrent même la mort de tous les prisonniers chrétiens, et, pour que le roi et ses compagnons de captivité ne fussent pas victimes de la barbarie musulmane, il fallut qu'un émir fît observer aux autres que les morts ne payaient point de rançon. Les chrétiens ne durent la vie qu'à la cupidité des infidèles. Louis monta, à l'embouchure du Nil, dans une galère génoise avec son frère le comte d'Anjou, Geoffroy de Sargines, le sénéchal de Joinville et plusieurs autres seigneurs. Le comte de Poitou, l'autre frère du roi, était resté en otage à Damiette jusqu'au payement de la première partie de la rançon des prisonniers, pour lequel il manquait à Louis trente mille livres. Les Templiers, à qui on les demanda, les refusèrent, en se fondant sur leurs statuts, qui ne permettaient pas de détourner de leur destination les fonds de l'ordre. On employa la force pour obtenir d'eux cette somme, et le comte de Poitou fut libre de rejoindre le roi son frère. C'est ainsi que la reddition de Damiette a été, dans les deux expéditions tentées en Egypte par les croisés, le résultat des fautes commises après la conquête de cette ville. Matthieu Pâris rapporte que des pirates vénitiens, pisans et génois, mirent le comble aux misères de cette croisade, en parcourant la Méditerranée pour attaquer et dépouiller les pèlerins français qui revenaient d'Egypte.

Saint Louis arriva le 14 mai 1250 à Ptolémaïs, où il fut reçu en grande pompe.

Quelque temps après son arrivée en Palestine, le roi tint un conseil dans lequel on délibéra s'il devait rester en Orient ou retourner en Europe. Joinville et deux autres seigneurs opinèrent seuls pour que le roi restât en Palestine. Les comtes d'Anjou et de Poitou furent du sentiment contraire. Le roi, après avoir écouté tous les avis, déclara qu'il ne voulait pas abandonner le royaume de Jérusalem, et promit de prendre à sa solde tous les pèlerins qui demeureraient avec lui. Leur nombre ne fut pas considérable, car les forces militaires du roi ne se trouvèrent pas excéder quatre mille hommes. Ses deux frères étaient retournés en Europe. Le duc de Bourgogne et le vaillant duc de Bretagne avaient aussi repris le chemin de leur patrie. Ce dernier mourut de ses blessures dans la traversée. Une maladie épidémique, suite de toutes les souffrances endurées en Egypte, vint encore diminuer le nombre des guerriers que Louis avait retenus sous sa bannière.

Pendant que le roi de France était en Palestine, occupé à en rebâtir les places fortes, les puissances musulmanes étaient plongées dans une anarchie qui ne leur permettait pas de s'occuper de faire la guerre aux colonies chrétiennes. Les Syriens, en apprenant l'élévation d'une femme au trône d'Egypte, se mirent sous la dépendance de Malek-Nasser, prince d'Alep, qui prit le titre de sultan. En Egypte, on fut obligé, pour réprimer l'esprit de sédition qui s'était emparé des émirs, de conférer le titre de sultan au turcoman Ibegh, et on lui fit épouser Schadjer-Eddor. Comme l'ordre ne se rétablissait pas, on fit choix d'un jeune prince du sang de Saladin, qu'on proclama sultan, et Ibegh fut réduit de nouveau au titre d'atabek. D'un autre côté, pendant que Malek-Nasser établissait son autorité à Damas et à Alep, il s'élevait un troisième sultan au midi de la Syrie : c'était un jeune prince qui avait été salué par la garnison de Gaza et des places voisines. Au milieu de cette inextricable confusion, le sultan d'Alep et de Damas, d'un côté, et les émirs mameluks d'Egypte de l'autre, sollicitaient également l'alliance des chrétiens. Louis déclara qu'il ne prendrait le parti de Malek-Nasser, que si les Mameluks n'exécutaient point les traités. Par cette politique loyale et sage, le roi obtint la délivrance des prisonniers chrétiens, que les émirs avaient tardé à rendre à la liberté. Les émirs égyptiens prirent le parti de s'en remettre à la décision du calife de Bagdad pour le rétablissement de l'ordre. En attendant, le sultan d'Alep qui avait mis dans ses intérêts tous les princes de la famille de Saladin, s'avançait vers l'Egypte. Les émirs égyptiens prirent les armes pour lui résister, et l'on en vint aux mains dans les environs de Gaza. Les Syriens eurent d'abord l'avantage; mais, ayant poursuivi les fuyards, avec trop d'ardeur, ils furent mis dans une pleine déroute.

Pendant qu'il s'efforçait en Palestine de rendre la vie au corps épuisé du royaume de terre sainte, Louis tâchait de recruter en Europe des défenseurs à la cause qu'il soutenait avec une si courageuse persévérance. Il promettait à Henri III, roi d'Angleterre, de lui rendre la Normandie, si ce prince voulait le venir aider à reconquérir Jérusalem. Henri prit en effet la croix. Mais les barons du royaume de France, qui blâmaient le séjour prolongé du roi en Orient, déclarèrent que les Anglais ne rentreraient jamais en Normandie qu'à la pointe de l'épée, et murmurèrent hautement de la proposition de leur roi. Henri ne partit pas pour la croisade, et on n'envoya de France ni hommes ni argent à Louis. La reine Blanche, pour lui faire parvenir quelque secours, fut obligée de dépouiller les églises de leurs ornements. Aussi le roi, qui ne pouvait pas même payer les services des seigneurs ruinés par l'expédition, qui étaient restés auprès de lui, fit à peine quelques levées d'aventuriers en Chypre et en Grèce, et ne parvint pas à reformer une armée. Il fut rejoint par le chevalier de Coucy, qui était son parent, et qui passait de la défense des ruines de l'empire latin de Constantinople, dont il avait été régent, à celle des débris du royaume de Jérusalem. Pendant son séjour en Syrie, le roi reçut une ambassade du Vieux de la Montagne, qui lui faisait demander pourquoi il ne lui avait pas envoyé des présents comme les autres souverains. Les grands maîtres du Temple et de l'Hôpital, qui s'étaient fait redouter du chef des Assassins, répondirent que c'était au seigneur de la Montagne à envoyer lui-même des présents au roi de France. Une nouvelle ambassade fut chargée par le prince des Assassins de satisfaire à cette injonction, et Louis remit aux députés ismaéliens, qu'il fit accompagner à leur retour par un religieux connaissant bien l'arabe, des présents en échange de ceux qu'il avait reçus.

Le fait suivant, raconté par Matthieu Pâris, montre que l'indiscipline s'était introduite dans l'armée de Louis en Palestine, et peint la situation où se trouvaient le roi et les siens. « Dans ce temps de tribulation que le roi de France passait sans gloire dans la terre sainte, et lorsqu'il était à Césarée, un noble chevalier français vint le trouver et lui dit : *Seigneur, nous languissons ici dans un repos inutile et honteux. Accordez-moi la permission d'acquérir quelque honneur et quelques avantages parmi les infidèles avec lesquels vous n'êtes uni ni par des traités, ni par aucun lien d'amitié. Vous savez que tout ce qu'un chevalier peut obtenir de glorieux et d'avantageux est autant d'ajouté à ses mérites devant Dieu.* Le roi lui répondit avec bonté : *Allez, et que le Seigneur vous ramène sain et sauf.* Le chevalier, ayant réuni une petite troupe, et encouragé par l'exemple de Guillaume Longue-épée, qui avait fait de semblables excursions, partit pour les pays habités par les Sarrasins les plus acharnés contre les chrétiens. Il fondit tout à coup sur eux, les vainquit et les dispersa. Il revint ensuite triomphant et chargé d'un grand butin. Quelques courtisans, envieux de ses succès, dirent au roi : *Seigneur, ce chevalier a gagné beaucoup d'argent. La justice veut que vous, qui en manquez déjà, vous lui en demandiez une bonne part; car c'est par votre faveur qu'il est parti secrètement de l'armée, et qu'il a ainsi manqué aux lois de la discipline militaire.* Le chevalier, appelé devant le roi, fut vivement accusé par ces envieux, et il fut décidé qu'il donnerait au roi une forte partie de ce qu'il avait gagné. Le chevalier dit alors : *Seigneur, tout ce que je possède est à vous, et ma personne aussi. Cependant il me paraît très-juste que celui qui a acquis des biens au péril de sa tête et de sa vie, en jouisse lui-même. C'est pour vous flatter et vous plaire, que des courtisans timides et oisifs vous ont tenu le discours que je viens d'entendre.* Un des courtisans, s'avançant d'un air plein de colère, et accablant d'injures le chevalier, lui dit : *Vous en avez menti par le milieu de votre gueule puante, vous qui accusez de lâcheté et de trahison ceux qui sont auprès du roi; vous êtes un méchant chevalier.* A ces mots, un jeune homme, plein d'audace, et fils du chevalier accusé, ne pouvant plus retenir son indignation, s'écria : *De par Dieu, vous êtes un lâche et un indigne, vous qui osez parler ainsi en présence de mon père.* Tirant aussitôt un poignard qu'il portait, il l'enforça dans le ventre du courtisan, et, sortant plein de fureur, il alla se réfugier dans une église. A ce spectacle, le père, pénétré de douleur, se jeta aux pieds du roi et lui dit : *C'est maintenant, seigneur, que j'ai besoin de votre clémence royale. Daignerez-vous pardonner une action si violente? Pour moi, je suis prêt à me soumettre humblement à votre jugement.* Le roi lui accorda un sauf-conduit pour aller chercher son fils. Pendant que le chevalier y allait, des satellites arrachèrent subitement ce fils de l'asile où il s'était retiré, et le pendirent sans forme de procès. Lorsque le père arriva avec son sauf-conduit, il vit son fils suspendu et mort. Ses ennemis l'avaient exposé sur le chemin par où son père devait passer, afin qu'un pareil spectacle pût ajouter à sa douleur. Le chevalier revint auprès du roi, et pouvant à peine lui parler, il lui dit : *Quoi donc, seigneur, vous avez laissé pendre mon fils sans jugement? Où est donc le respect pour l'Eglise? Où est la justice de la cour de France? Je vous abandonne tout ce qui me revient de mes pères et tout ce que je viens de gagner.* Et, sans attendre la réponse du roi, le chevalier monta à cheval et se rendit auprès d'un prince sarrasin, à qui il confia tout ce qui venait de lui arriver. Le prince lui dit : *Vous vous retirez auprès de moi, je ne vous abandonnerai jamais : vous trouverez ici refuge et protection.* Depuis ce moment, ce chevalier fut attaché à l'armée des Sarrasins, et d'ami devenu ennemi, il ne cessa de faire beaucoup de tort au roi et à ses troupes, jusqu'à ce qu'il eût tué ceux qui avaient pendu son fils. »

Louis fit des règlements sévères contre la licence des mœurs, qui était la principale cause de l'indiscipline qui s'était introduite dans sa faible armée. Il donna l'exemple des pieux pèlerinages en visitant plusieurs fois Nazareth, Cana et le Mont-Thabor. Le sultan de Damas l'invita à se rendre dans la ville sainte; mais les évêques et les barons firent observer au roi qu'il ne convenait pas à sa dignité d'aller à Jérusalem comme simple pèlerin, et qu'il n'y pouvait entrer que les armes à la main, en la délivrant du joug infidèle. On lui rappela que Richard Cœur-de-Lion avait refusé de visiter le tombeau du Sauveur comme simple pèlerin. Louis fit, avec les Mameluks, un traité d'alliance par lequel une paix de quinze ans était stipulée entre les chrétiens et l'Egypte. Mais le sultan de Damas empêcha ce traité d'être ratifié par les émirs égyptiens. La médiation du calife de Bagdad rétablit ensuite l'union entre les Musulmans du Caire et de Damas, et les engagea à joindre leurs forces pour attaquer les Francs. Ptolémaïs fut aussitôt menacée par le sultan de Damas. Sidon, dont on commençait à relever les fortifications par ordre du roi de France, fut surprise par les Turcomans, et tous les habitants chrétiens en furent massacrés. Le roi voulait marcher lui-même contre les Turcomans, qui s'étaient retirés à Panéas, après avoir égorgé deux mille prisonniers; mais les seigneurs s'opposèrent à une résolution qui compromettait la vie du roi dans une entreprise trop peu importante. Une expédition, dont le sire de Joinville a fait partie, alla prendre et piller Panéas, pour punir les

Turcomans. La bravoure française répara, dans cette circonstance, une faute par laquelle les chevaliers Teutoniques, en attaquant un château situé sur les hauteurs du Liban, avaient compromis le sort des guerriers croisés. Louis se rendit à Sidon pour en faire reconstruire les murs, et à son arrivée dans cette ville, il ordonna d'enterrer les victimes des Turcomans, et, donna un grand exemple de charité, en descendant de cheval pour porter lui-même en terre un des cadavres laissés sans sépulture. Le roi apprit, en 1253, la mort de la reine Blanche, sa mère. Il trouva dans sa piété un allégement à la profonde douleur que lui causa cette nouvelle. Mais il pensa dès lors que la mort de la régente devait le déterminer à retourner dans ses Etats. Il n'avait d'ailleurs plus rien à faire en Palestine. Il pria Dieu, néanmoins, de lui faire connaître sa volonté, et des processions furent faites à cette intention. Joinville nous apprend que les barons de la terre sainte, en remerciant Louis des services qu'il leur avait rendus, l'engagèrent eux-mêmes à reprendre le chemin de ses Etats. « Sire, lui dirent-ils, nous nous sommes regardés entre nous, et nous ne voyons point que votre demeure ci puisse tenir de profit au royaume de Jérusalem. » Le roi s'embarqua à Ptolémaïs, le 24 avril 1254, avec la reine Marguerite et les trois enfants qu'il avait eus en Orient. La flotte qui l'emportait, avec le reste des guerriers de la septième croisade, était de quatorze vaisseaux. Le départ du saint roi fut salué par les regrets et par l'expression de la reconnaissance de tous les habitants de la Palestine. Il y avait laissé cent chevaliers sous les ordres de Geoffroy de Sargines. En approchant de l'île de Chypre, le vaisseau qui portait le roi faillit se perdre contre un banc de sable, et au moment du danger, on pressa Louis d'en sortir pour passer sur un autre bâtiment; mais il répondit noblement : « Si je sors de cette nef, il y a cinq ou six cents personnes céans qui demoureront en l'île de Chypre, car ils ne voudront pas essayer le danger de la mer, et il n'y a aucun céans qui n'aime autant son corps comme je fais le mien; et si une fois nous descendons, jamais n'auront espoir de s'en retourner en leur pays. Pourtant, vous dis-je, que j'aime mieux mettre moy, ma femme et mes enfants en danger, et en la main de Dieu, que de faire tel dommage à tant de peuple comme il y a céans. » La flotte éprouva plus loin une violente tempête, et la reine fit vœu, au milieu du danger, nous apprend Joinville, d'offrir à saint Nicolas un navire d'argent, si le roi, elle et leurs enfants échappaient au naufrage. Après avoir relâché dans l'île de Chypre, on s'arrêta dans celles de Lampedouse et de Pantalarie, qui sont situées entre la Sicile et la côte d'Afrique. La flotte aborda, après une traversée de plus de deux mois, aux îles d'Hières, et le roi arriva, le 5 septembre 1254, à Vincennes, d'où il alla à l'abbaye de Saint-Denis remercier Dieu de son heureux retour au sein de ses Etats. Il fit, le 7 septembre, son entrée dans Paris, où il fut accueilli avec un grand enthousiasme.

M. Michaud dit que la septième croisade ne fut une affaire religieuse que pour Louis IX. La vérité est que, chez la plupart des seigneurs qui prirent, dans cette expédition, le chemin de l'Orient, l'esprit aventureux de la chevalerie avait remplacé le pieux enthousiasme que la foi inspirait aux premiers croisés. Saint Louis avait été conduit sur les bords du Nil par de sages projets, et l'histoire atteste que son intention était d'y fonder une colonie. Il donna l'exemple d'un héroïsme chrétien que le malheur et la captivité n'ébranlèrent pas un seul instant; mais il ne se montra point grand capitaine dans la conduite de son armée, où il laissa s'établir l'insubordination et le désordre.

HUITIÈME CROISADE.

Quand Antioche eut succombé sous les coups du sultan d'Egypte Bibars, en 1268, les grands maîtres du Temple et de l'Hôpital, avec l'archevêque de Tyr, vinrent demander en Europe les secours qui seuls pouvaient empêcher Ptolémaïs d'éprouver le même sort. Tout l'Occident fut fort affligé de ce grand désastre ; mais alors « les chrétiens s'occupaient plus de leurs guerres particulières et de leurs malheureuses divisions, dit très-bien Villani, que de l'intérêt commun de la foi, qui aurait dû les porter à faire la guerre aux Sarrasins. » Louis IX, roi de France, était le seul souverain de la chrétienté qui pensât sérieusement à sauver la terre sainte des dernières calamités dont elle était menacée. Il n'avait consenti à ce que son frère, Charles d'Anjou, acceptât la couronne de Sicile, que lui offrait le pape, que dans l'espoir que la possession de ce pays par un prince de sa maison, pourrait être utile à la délivrance des Lieux Saints. Dans le but de connaître la volonté de Dieu sur ce qu'il devait entreprendre pour la défense des chrétiens d'Orient, saint Louis consulta le pape Clément IV, qui, après l'avoir détourné d'abord de la pensée de s'engager dans une nouvelle croisade, le fortifia ensuite dans cette résolution. Le 23 mars 1268, le roi de France assembla au Louvre un parlement dans lequel il parut tenant à la main la couronne d'épines de Notre-Seigneur Jésus-Christ. Il invita tous les assistants à prendre la croix à son exemple. Le cardinal de Sainte-Cécile, légat du saint-siége, fit aussi un chaleureux appel à la valeur française contre les progrès des Musulmans. Trois fils du roi s'enrôlèrent, avec leur père, sous la sainte bannière, et quoique le discours de saint Louis eût été suivi d'un silence qui annonçait la peine que causait sa détermination, Thibaut, roi de Navarre, Robert, fils du comte d'Artois, tué à Mansourah, les ducs de Bretagne et de Bourgogne, les comtes de Flandre, de Saint-Pol, de la Marche, et une foule d'autres seigneurs, s'engagèrent à faire partie de la croisade. La reine Marguerite ne se sentit pas la force de s'exposer de nouveau aux souffrances qu'elle avait éprouvées en Egypte; mais les femmes de plusieurs princes déclarèrent qu'elles suivraient leurs maris. Le sire de Joinville résista à toutes les sollicitations par lesquelles on tenta de l'entraîner dans une seconde expédition d'outremer. Il prétendit que ses vassaux avaient trop souffert de sa première absence pour qu'il les exposât une seconde fois à un pareil dommage. Il regrettait de voir le roi s'éloigner de son royaume, où il maintenait la paix, lorsque sa santé était très-affaiblie. A la nouvelle du prochain départ du roi, qui était fixé à l'année 1270, la tristesse se répandit par toute la France. Abaka, khan des Tartares, avait envoyé des ambassadeurs au pape, afin de lui annoncer son intention de s'entendre avec les chrétiens, pour attaquer les Mameluks. Clément IV répondit au chef tartare qu'un puissant souverain de l'Occident allait partir pour l'Orient. Le clergé de France adressa de vives réclamations au pape, contre les contributions auxquelles le chef de l'Eglise le soumettait, pour subvenir aux frais de la croisade. Le souverain pontife fut obligé de répondre aux députés envoyés à Rome par le clergé, qu'il priverait de leurs biens ceux qui refuseraient de le partager avec Jésus-Christ. Dans les fêtes qui furent célébrées à Paris, à l'occasion de la réception de Philippe, fils du roi, comme chevalier, le légat du saint-siége fit entendre des paroles d'exhortation à prendre la croix, qui eurent un grand succès. La même voix engagea, dans une assemblée des barons d'Angleterre, tenue à Northampton, le prince Edouard, fils aîné d'Henri III, et plusieurs autres seigneurs, à recevoir la croix. Ce fut saint Louis qui prêta au prince anglais et à Gaston de Béarn, qui avait promis de le suivre, soixante-dix mille livres tournois, pour les dépenses de l'expédition. Edouard avait juré d'obéir au roi de France comme un des barons de son royaume. L'Ecosse envoya aussi des guerriers en Orient. La croisade fit en même temps des recrues en Espagne et en Portugal. Mais ni le roi de Portugal ni le roi d'Aragon, qui avaient pris l'un et l'autre la croix, ne se rendirent en Orient. Le pape avait fait observer à Jacques, roi d'Aragon, qui entretenait une liaison scandaleuse, que ses services ne pouvaient être agréables à Dieu. Ce prince n'en partit pas moins de Barcelone, au mois de septembre 1268, avec une flotte considérable, qui portait vingt mille hommes d'infanterie et huit cents hommes de cavalerie. Mais une tempête dispersa cette expédition auprès de l'île Majorque, et une partie seulement des croisés aragonais arriva en Asie. Le vaisseau où se trouvait le roi entra dans le port d'Aigues-Mortes, d'où Jacques retourna dans ses Etats.

Saint Louis fut obligé de prendre à sa solde plusieurs seigneurs du royaume pour les déterminer à partir. Au mois de mars 1270, le roi alla à Saint-Denis prendre l'oriflamme, la panetière et le bourdon de pèlerin; il mit en même temps le royaume sous la protection de l'apôtre de la France. Le lendemain il se rendit, pieds nus avec ses enfants, à une messe solennelle qui fut célébrée dans l'église de Notre-Dame de Paris. Le même jour il alla coucher à Vincennes, où il se sépara avec une grande douleur de la reine Marguerite, qu'il n'avait jamais quittée. Il avait confié l'administration du royaume à Matthieu, abbé de Saint-Denis, et à Simon, sire de Nesle. Le roi arriva à Aigues-Mortes avant tous les seigneurs qui devaient le suivre dans la sainte expédition. Il se transporta à Saint-Gilles, où il tint sa cour avec la magnificence qui convient à un roi de France, et il fit dans les environs de cette ville plusieurs voyages de piété. Louis reçut alors les ambassadeurs que lui envoyait Michel Paléologue, dans la crainte que la croisade ne fût dirigée contre lui. Le roi les rassura, et les adressa au conclave qui était alors assemblé pour donner un successeur à Clément IV, dans l'espoir que la réunion des deux Eglises allait s'opérer. Les croisés commencèrent enfin à arriver à Marseille et à Aigues-Mortes des différentes provinces de la France et de l'Espagne. Avant de s'embarquer, le pieux roi dit à ses trois fils qu'il entreprenait pour la seconde fois le voyage d'outre-mer, abandonnant leur mère et son royaume, pour leur donner l'exemple de ne jamais se laisser arrêter par aucune considération humaine dans la voie du salut. La flotte, qui avait été fournie par les Génois, mit à la voile le 1er juillet 1270. Elle portait soixante mille combattants. Charles d'Anjou, roi de Sicile, avait contribué à faire tourner contre Tunis les armes du roi de France, son frère. Ce prince ne voulait pas s'éloigner de la Sicile, et la conquête des côtes d'Afrique pouvait lui être avantageuse. L'Etat de Tunis devait d'ailleurs au roi de Sicile un tribut que Charles d'Anjou voulait le forcer de payer. Les pirates tunisiens infestaient aussi la Méditerranée, et interceptaient les secours que l'on envoyait en Palestine. Mais Geoffroy de Beaulieu, confesseur de saint Louis, nous apprend que le principal motif qui détermina le roi à se diriger vers l'Afrique, ce fut l'espérance de convertir à la foi en Jésus-Christ le souverain de Tunis, qui lui avait fait exprimer, par des ambassadeurs, les dispositions où il était de devenir chrétien. Le témoignage de Geoffroy de Beaulieu ne laisse aucun doute à cet égard. La flotte fut poussée par les vents dans la rade de Cagliari; mais les habitants de la Sardaigne étaient sujets de Pise, alors en guerre avec Gênes, et ils ne voulurent pas recevoir les navires de cette nation. Ce fut là que le projet d'aller assiéger Tunis fut définitivement adopté et communiqué à tous les croisés. L'expédition arriva sur la côte d'Afrique le 17 juillet, et entra dans la baie de Tunis, qui était la capitale d'un Etat musulman récemment formé d'un démembrement de l'empire de Maroc. Le souverain alors régnant prenait le titre de calife. Le débarquement se fit sans opposition, et l'aumônier du roi prit possession de la terre d'Afrique, en lisant une proclamation qui commençait en ces termes : « Je vous dis le ban de Notre-Seigneur Jésus-Christ et de Louis, roi de France, son sergent. » On s'empara d'une tour qui défendait les citernes du château de Carthage et de la bourgade qui remplace la ville antique. Saint Louis rend compte lui-même de ces premières opérations dans une lettre datée du jour de la fête de Saint-Jacques 1270. « Nous sommes arrivés à la vue de Tunis, dit le roi, le jeudi d'avant la fête de sainte Marie-Madeleine ; le vendredi nous avons pris terre sans aucun obstacle ; après avoir fait débarquer nos chevaux, nous nous sommes avancés jusqu'à l'ancienne ville qu'on nomme Carthage, et nous avons dressé notre camp. Nous avons avec nous notre frère Alphonse, comte de Poitiers et de Toulouse, nos enfants Philippe, Jean et Pierre, notre neveu Robert, comte d'Artois, et nos autres barons. Notre fille, la reine de Navarre, les femmes des autres princes, les enfants de Philippe et du comte d'Artois, sont sur des vaisseaux non loin de nous ; nous jouissons tous, grâce à Dieu, d'une santé parfaite; nous vous annonçons qu'après avoir pourvu à tout ce qui était nécessaire, nous avons, avec le secours de Dieu, emporté d'assaut la ville de Carthage, où plusieurs Sarrasins ont été passés au fil de l'épée. »

Le pieux roi dut bientôt renoncer à l'espoir de faire un chrétien du souverain de Tunis. Ce prince annonça qu'il allait marcher à la tête de cent mille hommes contre les croisés, et faire massacrer tous les chrétiens qui résidaient dans ses Etats. Quelques escarmouches eurent lieu avec les infidèles ; mais le roi ne voulait pas attaquer l'ennemi avant d'avoir reçu le renfort que devait lui amener le roi de Sicile, son frère. En attendant, on veillait avec la plus grande vigilance pour ne pas laisser surprendre le camp. On savait que Bibars, sultan d'Egypte, avait promis de marcher au secours du souverain de Tunis. Le manque d'eau et la chaleur brûlante de la côte d'Afrique ne tardèrent pas à engendrer des maladies dans l'armée chrétienne. La dyssenterie et la peste exercèrent bientôt dans ses rangs de grands ravages, et firent de nombreuses victimes parmi les seigneurs de l'expédition. Le légat du saint-siége mourut, et les croisés regrettèrent en lui leur père spirituel. « La prospérité semblait abandonner saint Louis dès qu'il avait passé les mers ; comme s'il eût toujours été destiné à donner aux infidèles l'exemple de l'héroïsme dans le malheur, » a très-bien dit M. de Châteaubriand. Le roi fut profondément affligé de la perte de son fils Jean Tristan, duc de Nevers, qui était né à Damiette, sur cette même côte d'Afrique où l'atteignit la contagion qui décimait l'armée, et qui n'épargna pas le roi. Le deuil se répandit parmi tous les croisés à la nouvelle de la maladie du roi. Louis se sentait mortellement frappé ; il fit appeler son fils aîné Philippe, et lui lut les lignes immortelles qu'il venait d'écrire d'une main défaillante : c'étaient des conseils que le père qui les donnait à son fils avait pratiqués pendant toute sa vie. Philippe a légué ces instructions à la postérité, en les faisant transcrire sur un registre de la Chambre des Comptes. « Cher fils, dit le saint roi, pour ce que je désire de tout mon cœur que tu sois bien enseigné en toutes choses, j'ai pensé que tu recevrois plusieurs enseignements de cet écrit, car je t'ai ouï dire aucunes fois que tu retiendrois plus de moi que de tout autre. Cher fils, je t'enseigne premièrement que tu aimes Dieu de tout ton cœur et de tout ton pouvoir, car sans cela nul ne peut rien valoir : tu te dois garder de toutes choses que tu penseras devoir lui déplaire, et qui sont en ton pouvoir, et spécialement tu dois avoir cette volonté que tu ne fasses péché mortel pour nulle chose qui puisse arriver, et qu'avant tu souffrirois tous tes membres être hachés et ta vie enlevée par le plus cruel martyre, plutôt que tu ne fasses péché mortel avec connoissance. Si Notre-Seigneur t'envoie aucune persécution ou maladie ou autre chose, tu la dois souffrir débonnairement, et l'en dois remercier et savoir bon gré ; car tu dois penser qu'il l'a fait pour ton bien, et tu dois encore penser que tu l'as bien mérité, et plus encore s'il le veut, pour ce que tu l'as peu aimé et peu servi, et pour ce que tu as fait maintes choses contre sa volonté. Si Notre-Seigneur t'envoie aucune prospérité ou de santé de corps ou d'autre chose, tu l'en dois remercier humblement, et tu dois prendre garde que, de ce tu ne te décries, ni par orgueil, ni par autre tort, car c'est grand péché que de guerroyer Notre-Seigneur de ses dons. Cher fils, je t'enseigne que tu choisisses toujours confesseur de sainte vie et suffisante science, par quoi tu sois enseigné des choses que tu dois éviter et des choses que tu dois faire ; et aie telle manière en toi par laquelle tes confesseurs et amis t'osent hardiment enseigner et reprendre. Cher fils, je t'enseigne que tu entendes volontiers le service de sainte Eglise ; et quand tu seras à la chapelle, garde-toi d'oser parler vaines paroles. Tes oraisons dis avec recueillement ou par bouche ou de pensée, et spécialement, sois plus attentif à l'oraison quand le corps de Notre-Seigneur sera présent à la messe. *Cher fils, aie le cœur compatissant envers les pauvres et envers tous ceux que tu penseras qui ont souffrance de cœur ou de corps, et suivant ton pouvoir, soulage-les volontiers de consolations ou d'aumônes;* si tu as malaise de cœur, dis-le à ton confesseur ou à tout autre que tu penses qui soit loyal ou qui te sache bien garder secret ; pour ce que tu sois plus en paix, ne fais que choses que tu puisses dire.

« Cher fils, aie volontiers la compagnie des bonnes gens avec toi, soit de religion, soit du siècle, et esquive la compagnie des mauvais : aie volontiers bons parlemens avec les bons, et écoute volontiers parler de Notre-Seigneur en sermons ; et en prive pourchasse volontiers les pardons. Aime le bien en autrui, et hais le mal, et ne souffre pas que l'on dise devant toi paroles qui puissent attirer gens à péché. N'écoute pas volontiers médire d'autrui ni nulle parole qui tourne à mépris de Notre-Seigneur ou de Notre-Dame, ou des saints. Telle parole ne souffre sans en prendre vengeance, que si elle venait de clerc ou de si grandes personnes que tu ne puisses punir, fais le dire à celui qui pourroit en faire justice. Cher fils, prends garde que tu sois si bon en toutes choses, que, par-là, il appert que tu reconnoisses les bontés et les honneurs que Notre-Seigneur t'a faits, en telle manière que s'il plaisoit à Notre-Seigneur que tu vinsses à l'honneur de gouverner le royaume, tu fusses digne de recevoir la sainte onction dont les rois de France sont sacrés. Cher fils, s'il advient que tu parviennes au royaume, prends soin d'avoir les qualités qui appartiennent aux rois, c'est-à-dire que tu sois si juste, que tu ne t'écartes de la justice, quelque chose qui puisse arriver. S'il advient *qu'il y ait querelle entre un pauvre et* ***un*** *riche, soutiens de préférence le pauvre au riche* jusqu'à ce que tu saches vérité, et quand tu la connaîtras, fais justice. S'il advient que tu aies querelle contre autrui, soutiens la querelle de l'étranger devant ton conseil : ne fais pas semblant d'aimer trop ta querelle, jusqu'à ce que tu connoisses la vérité; car ceux de ton conseil pourroient craindre de parler contre toi, ce que tu ne dois pas vouloir. Cher fils, si tu apprends que tu possèdes quelque chose à tort, ou de ton temps ou de celui de tes ancêtres, aussitôt rends-le, toute grande que soit la chose, en terre, deniers ou autre chose. Si la chose est obscure par quoi tu n'en puisses savoir la vérité, fais telle paix par conseil de prudhommes par quoi ton âme et celle de tes ancêtres soient du tout délivrées: et si jamais tu entends dire que tes ancêtres aient restitué, mets toujours soin à savoir si rien ne reste encore à rendre, et si tu le trouves, fais-le rendre aussitôt pour la délivrance de ton âme et celle de tes ancêtres. Sois bien diligent de faire garder en ta terre toutes manières de gens, et spécialement les personnes de sainte Église ; défends qu'on ne leur fasse tort ni violence en leurs personnes ou en leurs biens, et je veux te rappeler une parole que dit le roi Philippe, un de mes aïeux, comme un de son conseil m'a dit l'avoir entendu. Le roi étoit un jour avec son conseil privé, et disoient ceux de son conseil que les clercs lui faisoient grand tort, et que l'on s'émerveilloit comment il le souffroit. Il répondit : « Je crois bien qu'ils me font grand tort ; mais quand je pense aux honneurs que Notre-Seigneur me fait, je préfère de beaucoup souffrir mon dommage, que faire chose par laquelle il arrive esclandre entre moi et sainte Église. » Je te remémore ceci pour que tu ne sois pas léger à croire autrui contre les personnes de sainte Église. De telle façon les dois honorer et garder qu'ils puissent faire le service de Notre-Seigneur en paix ; ainsi t'enseigné-je, que tu aimes principalement les gens de religion , et les secoures volontiers dans leurs besoins, et ceux que penseras par lesquels Notre-Seigneur est le plus honoré et servi, ceux-là, aime-les plus que les autres.

« Cher fils, je t'enseigne que tu aimes et honores ta mère, et que tu retiennes volontiers et observes ses bons enseignemens, et sois enclin à croire ses bons conseils ; tes frères aime et veuille toujours leur bien et avancement, et leur tiens lieu de père pour les enseigner à tous biens ; et prends garde que par amour pour qui que ce soit, tu ne déclines de bien faire, ni ne fasse chose que tu ne doives. Cher fils, je t'enseigne que tous les bénéfices de sainte Église que tu auras à donner, tu les donnes à bonnes personnes par grand conseil de prudhommes, et il me semble qu'il vaut mieux que tu donnes à ceux qui n'ont rien, et qui en feront bon emploi si les cherches bien. Cher fils, je t'enseigne que tu te défendes, autant que cela te sera possible, d'avoir guerre avec nul chrétien, et, si l'on te fait tort, essaye plusieurs voies pour savoir si tu ne pourras trouver moyen de recouvrer ton droit avant de faire guerre, et aie attention que ce soit pour éviter les péchés qui se font en guerre. Et s'il advient qu'il te la convienne faire, ou pour ce qu'aucun de tes hommes manque en ta cour de droit prendre, ou qu'il fît tort à aucune église ou à quelque personne pauvre que ce fût, et ne se veuille pas amender, par quoi ou pour autre cas raisonnable, pour quelque chose que ce fût qu'il te convient de faire guerre, commande diligemment *que les pauvres gens qui n'ont fautes ou forfaits soient gardés, que dommage ne leur vienne ni par incendie ni par autre chose;* car il te vaudroit encore mieux que tu aies à craindre le malfaiteur, pour prendre ses villes ou ses châteaux par force de siége ; et garde que tu sois bien conseillé avant que tu meuves nulle guerre, que la cause soit beaucoup raisonnable, et que tu aies bien sommé le malfaiteur et autant attendu, comme tu le devras. Cher fils, je t'enseigne que les guerres et débats qui seront en ta terre ou entre tes hommes, tu te mettes en peine, autant que tu le pourras, de les apaiser; car c'est une chose qui plaît beaucoup à Notre-Seigneur, et messire saint Martin nous a donné beaucoup grand exemple, car il alla pour mettre concorde entre les clercs qui étoient en l'archevêché, au temps qu'il savoit par Notre-Seigneur qu'il devoit mourir ; et il lui sembla que par là il mettoit bonne fin à sa vie. Cher fils, prends garde qu'il y ait *bons baillifs et bons prevôts en ta terre, et fais souvent prendre garde qu'ils fassent bien justice*, et qu'ils ne fassent à autrui tort ni chose qu'ils ne doivent : de même ceux qui sont en ton hôtel, fais prendre garde qu'ils ne fassent aucune injustice; car combien que tu dois haïr tout mal fait à autrui, tu dois plus haïr le mal qui viendroit de ceux qui de toi reçoivent le pouvoir que tu ne dois des autres, et plus dois garder et défendre que cela n'advienne. Cher fils, je t'enseigne que tu sois toujours dévoué à l'Église de Rome et à notre Saint-Père le pape, et lui porte respect et honneur comme tu le dois à ton père spirituel. Cher fils, donne volontiers pouvoir *à gens de bonne volonté qui en sachent bien user*, et mets grande peine à ce que les péchés soient ôtés en ta terre, c'est-à-dire le vilain serment en toutes choses qui se fait ou dit à mépris de Dieu, ou de Notre-Dame et des saints; péchés de corps, jeux de dés, taverniers et autres péchés. *Fais abattre en ta terre sagement et en bonne manière, les traîtres à ton pouvoir; fais-les chasser de ta terre et les autres mauvaises gens, tant qu'elle en soit bien purgée.* Lorsque, par sage conseil de bonnes gens, tu entendras quelque chose à bien faire, avance-les par tout ton pouvoir; mets grand soin à ce que tu fasses reconnaître les bontés que Notre-Seigneur t'aura faites, et que tu l'en saches remercier. Cher fils, je t'enseigne que tu mettes grande entente à ce que les deniers que tu dépenseras soient à bon usage dépensés, et qu'ils soient levés justement: c'est un sens que je voudrois que tu eusses beaucoup, c'est-à-dire que tu te gardasses de folles dépenses et de mauvaises prises, et que tous les deniers fussent bien pris et bien employés, et ce sens t'enseigne Notre-Seigneur, avec les autres sens qui te sont profitables et convenables. Cher fils, je te prie que, s'il plaît à Notre-Seigneur que je trépasse de cette vie avant toi, que tu me fasses aider par messes et par oraisons, et que tu envoies par les congrégations du royaume de France, pour leur faire demander prières pour mon âme, et que tu entendes à tous les biens que tu feras, que Notre-Seigneur m'y donne part.

« Cher fils, je te donne toute la bénédiction que le père peut et doit donner à son fils, et prie Notre-Seigneur Dieu Jésus-Christ que, par sa grande miséricorde et par les prières et par les mérites de sa bienheureuse mère la vierge Marie, et des anges et des archanges, et de tous saints et de toutes saintes, qu'il te garde et défende que tu ne fasses choses qui soit contre sa volonté, et qu'il te donne grâce de faire sa volonté, et qu'il soit servi et honoré par toi; et puisse-t-il accorder à toi et à moi, par sa grande générosité, qu'après cette mortelle vie, nous puissions venir à lui pour la vie éternelle, là où nous puissions le voir, aimer et louer sans fin. *Amen.* A lui soit gloire, honneur et louange, qui est un Dieu avec le Père et le Saint-Esprit, sans commencement et sans fin. *Amen.* »

« Heureux le peuple, a dit le grand écrivain que nous citons plus haut, qui peut se glorifier en disant: *L'homme qui a écrit ces instructions était le roi de mes pères.* »

Louis avait aussi préparé pour sa fille, la reine de Navarre, une instruction dans laquelle il lui parle de ses devoirs d'épouse et de reine. Le roi put encore admettre en sa présence les ambassadeurs de l'empereur grec Michel Paléologue, et faire des vœux pour la soumission de l'Église grecque au saint-siége. Il ne voulut plus voir ensuite que son confesseur; il reçut l'extrême-onction et le saint-viatique; on l'entendit demander à Dieu, en invoquant saint Denis, le dédain des prospérités du monde et le courage d'en supporter les adversités. *Nous irons à Jérusalem; Seigneur, j'entrerai dans votre maison, et je vous adorerai dans votre saint temple*, furent les dernières paroles qu'il prononça. Le lundi matin 25 août 1270, ne pouvant plus parler, il fit signe, avec un calme admirable, qu'on le couvrît d'un cilice, et qu'on le mît sur un lit de cendres, et à trois heures de l'après-midi, sa belle âme rompit les derniers liens qui l'attachaient à la terre. Le désespoir se répandit dans toute l'armée à la nouvelle de la mort de saint Louis. Le roi de Sicile, qu'on accusait d'avoir causé, par son retard à arriver, tous les malheurs qu'on déplorait, débarqua près de Carthage avec ses troupes, le jour même où mourut le roi de France. Charles d'Anjou vint se prosterner devant le corps de son frère, qui avait conservé l'aspect de la vie. Philippe, fils aîné de saint Louis, était malade lorsqu'il reçut l'hommage de tous les seigneurs de l'armée. Il ne s'occupa que de marcher sur les traces de son père, en confirmant tout ce qu'il avait fait. Tandis que les Musulmans se réjouissaient et voyaient l'accomplissement miraculeux d'une prophétie dans la mort de saint Louis, le roi de Sicile prit le commandement de l'armée. La maladie qui avait fait de si cruels ravages parmi les croisés avait enfin disparu, et les guerriers siciliens et français étaient impatients de combattre l'ennemi qui insultait à la douleur chrétienne. Ils le châtièrent de son insolence dans plusieurs combats, qui furent livrés sur les bords du canal de la Goulette. Le souverain de Tunis fit porter au roi de Sicile des propositions de paix. La mort du roi, celle du légat du saint-siége, et le désir qu'avait Philippe de retourner en France prendre possession de son royaume, commandaient de mettre fin à l'expédition. Dans le conseil qui fut tenu pour délibérer à ce sujet, l'avis de continuer la guerre fut émis par plusieurs voix, mais l'opinion contraire prévalut. Une trêve de quinze années solaires fut conclue avec le calife, le 31 octobre 1270, au nom de Philippe, roi de France, de Charles, roi de Sicile, et de Thibaut, roi de Navarre. Un article du traité autorisait les prêtres chrétiens à s'établir dans les Etats du souverain de Tunis, et à y bâtir des églises. Ce souverain s'engageait à payer aux princes signataires du traité deux cent mille onces d'or, cent mille argent comptant, et cent mille dans l'espace de deux ans; il consentait, en outre, à payer à l'avenir au roi de Sicile un tribut double de celui qu'il lui devait précédemment. Ce traité, qui terminait sans gloire une expédition si malheureuse, fut généralement blâmé en Europe, et Bibars, de son côté, écrivit au souverain de Tunis pour lui faire de vifs reproches d'avoir conclu une paix aussi honteuse. La flotte chrétienne, partie des côtes d'Afrique après la conclusion du traité, fut assaillie par une tempête, lorsqu'elle allait entrer dans le port de Trapani en Sicile. Un grand nombre de navires et quatre mille hommes furent la proie des flots. Le roi de Sicile offrit l'hospitalité aux croisés, et leur proposa, pour le printemps suivant, une double expédition dirigée contre la Palestine et contre la Grèce ; mais la résolution de Philippe, roi de France, de retourner dans ses Etats rendit impossible l'exécution de ce plan. Avant de se séparer, les chefs de la croisade s'engagèrent, par un serment, qu'aucun d'eux ne tint, à porter la guerre en Syrie quatre ans après. Le roi de Navarre était mort peu de temps après son débarquement à Trapani, et sa femme succomba à la douleur que lui causa la perte de son époux. Le comte et la comtesse de Poitou moururent en Toscane des suites de la maladie qui avait fait tant de victimes dans l'armée chrétienne. Philippe reprit par l'Italie le chemin de la France, au mois de janvier 1271, emportant avec lui le corps de son père et de son frère, auquel il joignit celui de sa femme, qui mourut d'une chute de cheval en Calabre. Arrivé dans ses Etats, le jeune roi fit célébrer, dans l'église de Saint-Denis, les funérailles de son père, dont il porta lui-même la dépouille mortelle sur ses épaules. Le génie des croisades descendit dans la tombe avec saint Louis ; mais une bulle du pape Boniface VIII le canonisa, le 11 août 1297, dans la personne de ce pieux et grand roi.

La chronique qui s'étend le plus sur le voyage que fit, dans cette même croisade, en Afrique et en Syrie, le prince Edouard, fils du roi d'Angleterre, est celle de Knighton. « Edouard, dit cet historien, se mit en route dans l'été de l'année 1270. On paya dans toute l'Angleterre la trentième partie des revenus pour cette pieuse entreprise. Le prince arriva vers la fête de saint Michel à Aigues-Mortes, où il s'embarqua, et, favorisé par le vent, il alla en dix jours aborder à Tunis. Il fut reçu avec une grande joie par les rois chrétiens qu'il y trouva, savoir : le roi de France Philippe, qui venait de succéder à son père, mort depuis peu, le roi Charles de Sicile et le roi de Navarre (le chroniqueur a mis aussi par erreur au nombre des princes croisés le roi d'Aragon). Tous ces rois s'étaient rendus là par zèle pour Dieu et pour le peuple chrétien : Edouard s'y rendait pour acquitter son vœu et celui de son père. Lorsqu'il demanda aux rois ce qu'ils allaient faire, ils lui répondirent que *le prince de Tunis avait coutume de payer un tribut annuel au roi de Sicile, et que, comme il avait cessé de le payer depuis sept ans, ils avaient pour cela résolu de l'attaquer. Mais le roi de Tunis, sachant que ce tribut était dû,* ajoutèrent-ils, *a déjà satisfait à notre demande pour le temps passé, et même pour le temps à venir. — Quoi donc ! très-chers seigneurs,* reprit Edouard, *ne sommes-nous pas venus ici, n'avons-nous pas pris la croix, pour combattre les ennemis du Christ? Devons-nous donc composer avec eux? la route nous est ouverte, le chemin nous est facile pour aller jusqu'à Jérusalem. — Nous avons déjà traité,* répondirent les princes, *nous ne pouvons revenir sur ce qui est fait. Nous retournons en Sicile; quand nous y aurons passé l'hiver, nous pourrons aller débarquer à Acre.* Cette résolution déplut à Edouard, qui ne voulut point donner son assentiment au traité, ni partager l'argent criminel qu'ils avaient reçu. Il donna un grand festin aux rois, et ensuite il se tint renfermé dans sa tente. Les princes persistèrent dans leur dessein; quand le vent fut favorable ils s'embarquèrent tous ; mais il resta sur le rivage plus de deux cents guerriers, qui ne pouvaient s'embarquer, faute de vaisseaux, et qui se désolaient par la crainte de la mort dont ils étaient menacés. Edouard, touché de leurs larmes, retourna à terre, les fit tous monter sur ses vaisseaux, et partit avec la flotte chrétienne. Au bout de sept jours, on arriva en vue de la Sicile et en face de la ville de Trapani. On jeta l'ancre à plus d'un mille de terre ; tous les vaisseaux avaient deux voiles et étaient considérablement chargés. Plusieurs barques vinrent du port et conduisirent à terre les rois, les princes et les chefs de l'armée, en deux ou trois voyages; mais on transporta fort peu de chevaux, et presque point d'armes. Sur le soir, la mer s'agita ; une tempête affreuse s'éleva tout à coup : les vaisseaux se heurtant entre eux furent brisés et périrent au nombre de plus de cent vingt, avec les chevaux, les armes et tous ceux qui y étaient restés. Le trésor criminel, *thesaurus ille sceleratus*, fut englouti au fond de la mer. Mais la tempête épargna les vaisseaux d'Edouard, qui étaient au nombre de treize : pas un seul homme ne périt; Dieu les sauva tous, parce qu'Edouard n'avait point donné son consentement au traité. Le lendemain matin, les rois vinrent sur le rivage de la mer et virent la multitude des hommes et des chevaux noyés que les flots y avaient jetés. Les rois gémirent à cette vue. De tant de vaisseaux, et de plus de quinze cents nautonniers, sans compter les soldats, il ne restait que quelques matelots d'un seul vaisseau. » Le chroniqueur ajoute qu'Edouard passa l'hiver en Sicile. Vers le milieu du carême de l'année 1271, il se rembarqua avec mille hommes d'élite, se dirigea vers les côtes de Syrie et aborda au port d'Acre. Knighton est le seul de tous les chroniqueurs qui dise que le prince anglais revint en Sicile avec les rois et qu'il y passa l'hiver : Les autres chroniques rapportent que ce prince se rendit directement de Tunis à Acre. Knighton ajoute qu'Edouard demeura un mois dans cette dernière ville, pour procurer du repos à ses troupes, et pour prendre connaissance du pays. Des chrétiens se réunirent ensuite à sa petite armée, et il s'empara de Nazareth, dont les habitants musulmans furent massacrés. Après cette expédition, il retourna à Acre. Ayant appris, vers la fête de la Nativité de saint Jean-Baptiste, que les Musulmans s'étaient approchés d'Acre, il marcha contre eux, les attaqua, en tua trois mille et mit les autres en déroute. Il revint chargé d'un riche butin au Château des pèlerins, qui est situé sur la mer, et y passa la nuit. Le jour suivant, il arriva à Acre. Les grands du royaume de Chypre, invités par Edouard à se réunir aux croisés, arrivèrent dans la Palestine avec des troupes : ils se croyaient tenus d'obéir au prince anglais, parce qu'un de ses prédécesseurs avait autrefois commandé à leur île. Les chrétiens se mirent en campagne; mais ils revinrent à Acre, sans que les Musulmans eussent osé les attendre. Le nom d'Edouard se répandit de jour en jour parmi les ennemis de la croix, et leur inspira beaucoup de crainte : aussi songèrent-ils à se défaire de ce prince en employant la ruse. L'émir de Jaffa lui envoya des lettres dans lesquelles, feignant de vouloir se convertir au christianisme, il disait qu'il entraînerait beaucoup de monde avec lui, s'il était sûr d'être traite avec honneur par le prince et par les autres chrétiens. Edouard lui répondit de manière à l'encourager dans sa résolution. L'émir envoya jusqu'à quatre fois de nouvelles lettres par le même messager, qui était, dit le chroniqueur, un de ces *Assassins* qui ne craignent ni Dieu ni la mort. Ce messager s'étant présenté une cinquième fois, fut visité, selon la coutume, par les gens d'Edouard, qui ne trouvèrent ni arme ni couteau sous ses bras ni dans sa ceinture. Introduit dans la chambre du prince, il lui présenta en s'inclinant une lettre qui portait que l'émir viendrait le samedi suivant pour accomplir son dessein. Edouard n'était vêtu que de sa tunique, à cause de la chaleur, et reposait la tête découverte. Tandis que ceux qui l'environnaient s'entretenaient à l'écart de la bonne nouvelle apportée par la lettre, le messager toujours incliné, et répondant aux diverses questions du prince, mit la main à son baudrier, comme pour en tirer des lettres secrètes; mais il fit voir tout à coup un couteau qui était empoisonné, et dont il voulut frapper Edouard. Celui-ci, levant la main pour détourner le coup, reçut au bras une blessure profonde; en se débattant, il repoussa si violemment avec le pied l'assassin qui s'apprêtait à lui porter de nouveaux coups, qu'il le renversa; mais il se blessa au front en lui arrachant des mains avec force le couteau qu'il lui plongea dans le ventre. Les gens du prince accoururent au bruit, et virent le messager mort. Un d'eux, prenant un trépied qui se trouvait là, l'en frappa à la tête, et en fit sauter la cervelle. Edouard le blâma de cette action. Le bruit de cet événement se répandit bientôt dans la ville. Le grand maître du Temple accourut aussitôt, et donna au prince un breuvage qui devait arrêter l'effet du poison. « Ne vous ai-je pas prédit, lui dit-il, une trahison de ces infidèles? Cependant, ajouta le grand maître, consolez-vous et ne craignez rien; car vous ne mourrez pas de ce poison. » On appela des chirurgiens qui ordonnèrent des remèdes; mais, au bout de quelques jours, lorsqu'ils virent les chairs devenir noires, ils commencèrent à désespérer de la guérison, et les gens du prince furent dans l'affliction. Edouard, qui les vit parler bas entre eux, leur dit : « Pourquoi parlez-vous bas? Est-ce que je pourrai guérir? dites-moi la vérité, ne craignez rien. » Alors un médecin anglais lui répondit : « Vous pouvez guérir, mais il vous faut souffrir. — Me promettez-vous la guérison à ce prix? — Je vous la promets sur ma tête. — Je me livre donc à vous, faites tout ce que vous voudrez. — Parmi les seigneurs qui vous entourent n'y en a-t-il pas quelques-uns en qui vous ayez une confiance particulière? » Edouard en nomma plusieurs. Le médecin dit aux deux premiers que le prince nomma : « Aimez-vous votre maître? — Oui, répondirent-ils. — Faites donc sortir cette dame (c'était la femme d'Edouard) et qu'elle ne voie le prince que lorsque je vous le dirai. » Ils entraînèrent donc la princesse, qui fondait en larmes, en lui disant : « Il vaut mieux, madame, que vous pleuriez que toute l'Angleterre. » Le lendemain matin, le médecin coupa toutes les chairs noires, et dit au prince : « Prenez courage; je vous promets que dans quinze jours vous vous ferez voir et monterez à cheval. » Il tint parole, et tout le monde en fut dans l'admiration. Lorsque le sultan sut qu'Edouard vivait, il eut beaucoup de peine à le croire; il envoya au prince trois de ses principaux émirs pour attester que l'assassinat avait été commis à son insu. Peu de temps après, une trêve de dix ans, dix semaines et dix jours fut conclue, et Edouard s'embarqua vers l'Assomption de l'année 1271, pour retourner en Angleterre.

Une chronique nous donne, sur les pèlerins de la Frise qui prirent part à la dernière croisade, des détails qui sont un témoignage des dispositions qui devaient assurer le succès de l'expédition. « En 1269, dit cette chronique, les navires et les croisés de la Frise étant près de partir, de peur que le manque de vivres ou d'argent ne fît manquer la croisade, on annonça qu'il valait mieux un petit nombre de pèlerins munis de toutes les provisions nécessaires, qu'une grande multitude pauvre et misérable, qui deviendrait à charge et qui ne pourrait être d'aucun secours pour le pays d'outre-mer. C'est pourquoi on rendit les ordonnances suivantes : il fut statué que chaque pèlerin devrait avoir au moins sept marcs sterling, des vêtements, les armes nécessaires, six barils de beurre, un jambon, un quartier de bœuf, un boisseau ou deux setiers de farine... S'étant mis en route, les pèlerins furent surpris par des tempêtes, et arrivèrent enfin à Marseille, cité voisine du port d'Aigues-Mortes. Les pèlerins n'y trouvèrent point le roi de France : ce prince avait promis par des lettres qu'il attendrait les Frisons jusqu'à la fête de saint Jean-Baptiste, et comme ceux-ci tardaient à arriver, le roi avait poursuivi son voyage. » La même chronique nous apprend ce que firent les

Frisons, après leur départ des côtes de France, pour rejoindre saint Louis. Ils abordèrent d'abord en Sardaigne, d'où ils voulaient prendre la route de la terre sainte; mais on les pressa d'aller en Afrique, se réunir au roi de France, pour faire avec lui le siége de Tunis, et pour marcher ensuite contre le sultan du Caire. Arrivés sur la côte africaine, les pèlerins frisons apprirent la mort du roi de France. Ils n'en remportèrent pas moins un succès contre les infidèles, sous les ordres du comte de Flandre, qui, dit la chronique, *réchauffait les pèlerins comme la poule réchauffe ses petits.* Les croisés de la Frise étaient impatients de se rendre dans la terre sainte, et ils en prirent la route. Beaucoup d'entre eux moururent dans la traversée; le reste arriva à Ptolémaïs. L'archevêque de Tyr, qui se trouvait dans cette ville, les chevaliers de Saint-Jean et de l'ordre Teutonique, et tous les habitants, reçurent les Frisons avec honneur. Comme Tyr était alors plus menacée par les Musulmans que Saint-Jean-d'Acre, l'archevêque emmena avec lui les croisés de la Frise, pour défendre sa métropole contre les attaques de l'ennemi. « Tant que les Frisons restèrent dans ces contrées, dit la chronique, les châteaux et les villes des chrétiens furent en repos. » Ces paroles accusent formellement de la perte des colonies chrétiennes l'indifférence de l'Occident. En 1270, voyant qu'aucun monarque d'Europe ne se disposait à venir en Palestine, et qu'eux-mêmes n'étaient pas assez nombreux pour attaquer les puissances musulmanes d'Egypte, de Damas et d'Alep, les Frisons songèrent à retourner dans leur patrie. Avant de partir, la plupart d'entre eux offrirent des sommes considérables pour la défense des Lieux Saints. Les uns périrent en chemin; les autres furent dépouillés en traversant l'empire grec, et la terre natale de l'armée des Frisons n'en reçut que les débris.

La longue vacance du saint-siége, pendant l'espace de temps qui sépare la mort de Clément IV, arrivée en novembre 1268, de l'élection de Grégoire X, qui eut lieu en septembre 1271, avait laissé s'éteindre le zèle pour les croisades, que les papes entretenaient seuls en Europe. Thibaut, archidiacre de Liége, était en Palestine avec les croisés de la Frise, lorsqu'il apprit qu'il était appelé à siéger sur le trône pontifical, où il prit le nom de Grégoire X. Dans un discours qu'il fit à Ptolémaïs, avant de partir pour l'Italie, il s'engagea à ne jamais oublier la terre sainte, et choisit pour texte de ses paroles celles du chant sublime de la captivité des Juifs, aux bords du fleuve de Babylone : *Si oblitus fuero tui Jerusalem, oblivioni detur dextera mea.* Le patriarche de Jérusalem et les grands maîtres des Templiers et des Hospitaliers suivirent Grégoire X à Rome. Le pape s'empressa d'envoyer un légat au roi de France, Philippe le Hardi, pour l'inviter à secourir la terre sainte. Ce prince fournit quelque argent et quelques troupes, auxquelles le souverain pontife joignit cinq cents hommes à sa solde, qui s'embarquèrent sur des galères fournies par les villes de Marseille, de Pise, de Gênes et de Venise. Grégoire assembla ensuite un concile œcuménique à Lyon, au mois de mai 1274. Des ambassadeurs tartares, qui venaient proposer une alliance de leur nation avec les chrétiens contre les Musulmans, parurent dans cette assemblée. Le concile décida qu'une nouvelle croisade serait entreprise, et ordonna la levée d'un impôt sur les biens ecclésiastiques, pour en payer les frais. L'empereur grec, soumis à l'Église romaine, promit de fournir des troupes, et Rodolphe de Habsbourg fut reconnu empereur d'Occident par le pape, à condition qu'il marcherait à la tête d'une armée à la délivrance de la terre sainte. Mais le souffle de la papauté lui-même fut impuissant à rallumer la flamme éteinte de l'enthousiasme religieux pour la défense des Saints Lieux. L'Europe chrétienne laissa l'islamisme porter le coup de la mort aux colonies qu'elle avait fondées en Orient, sans aller à leur secours.

CROIX DE NOTRE-SEIGNEUR. Le livre *de Obitu Theodos.*, de saint Ambroise, offre une intéressante relation de la découverte de la Vraie Croix, qui fut trouvée, comme on le sait, sous le Calvaire, où sainte Hélène l'avait fait chercher. Lorsque Jérusalem fut prise par les troupes de Chosroës, roi de Perse, au commencement du VIIe siècle, le bois de la vraie croix fut enlevé de l'église du Saint-Sépulcre et emporté en Perse. Un chroniqueur raconte que quand Chosroës eut en sa possession le signe de notre salut, il voulut être adoré par tous ses sujets comme un dieu. Il se fit faire un trône d'or, et, insultant à la sainte Trinité avec un orgueil insensé, il se plaça sur ce trône, ayant à sa droite la Croix, qui représentait Dieu le Fils, et à sa gauche un coq (*gallum*), pour figurer le Saint-Esprit, tandis qu'il se donnait lui-même pour l'image de Dieu le Père Lorsque le fils de Chosroës, qui avait précipité son père du trône, conclut avec Héraclius une paix qui lui était nécessaire pour affermir sur sa tête la couronne usurpée, la Vraie Croix fut rendue à l'empereur grec. Héraclius retourna triomphant à Constantinople, où il entra sur un char traîné par quatre éléphants, et tenant dans ses mains la Croix sur laquelle notre rédemption a été consommée. Après avoir joui des acclamations de son peuple, l'empereur prit le chemin de Jérusalem, pour restituer la Croix au Calvaire, où il monta en la portant lui-même sur ses épaules et marchant nu-pieds. Il remit le bois précieux dans l'étui d'argent, enrichi d'or et de pierreries, où l'avait fait enchâsser sainte Hélène, et cette cérémonie donna lieu à l'institution de la fête de l'Exaltation de la sainte Croix, qui se célèbre dans toute l'Eglise le 14 de septembre. Ce n'était pas la Croix entière, ce fardeau sous lequel succombèrent les forces de Jésus-Christ, que l'empereur Héraclius porta ainsi sur ses épaules; car lorsque l'instrument du suppuce de l'Homme-Dieu, retrouve sous le Golgotha avec les croix des deux larrons, eut opéré les miracles qui le firent reconnaître, la pieuse mère de Constantin, partageant ce trésor avec son fils, lui envoya une partie du bois sanctifié. Constantin fit bâtir à Rome une église qu'il enrichit de la portion qu'il avait reçue de la Vraie Croix, et qui s'appela l'église de Sainte-Croix-en-Jérusalem, nom sous lequel elle est encore connue aujourd'hui. La partie de la Croix recouvrée par Héraclius demeura à Jérusalem, où, selon saint Paulin, elle faisait un miracle perpétuel en faveur des pèlerins qui l'allaient vénérer, puisqu'on pouvait en détacher ces morceaux qui leur étaient distribués, sans que le bois diminuât. On lit dans l'*Itinéraire* de saint Antonin, qui visita la terre sainte au VIe siècle, quelque temps avant l'invasion d'Omar, qu'on allait adorer le bois de la Vraie Croix sur le Calvaire, dans l'église du Saint-Sépulcre.

Pendant le siége de Jérusalem par les croisés, qui se termina par la prise de la ville le 15 juillet 1099, les chrétiens qui s'y trouvaient enfermés avec les Musulmans avaient caché la sainte Croix, pour la soustraire aux outrages des infidèles. Les libérateurs de la cité reconquise vénérèrent avec la plus pieuse dévotion ce précieux trophée de leur victoire. « De cette chose, suivant le langage d'une vieille chronique, furent les chrétiens si joyeux comme s'ils eussent vu le corps de Jésus-Christ pendu dessus icelle. » Avant d'être replacée dans l'église de la Résurrection, la Croix parcourut triomphalement les rues de Jérusalem. Dans les guerres continuelles soutenues par les chrétiens contre les infidèles, la Vraie Croix était ordinairement portée, au milieu des rangs de leur armée, par le patriarche de Jérusalem ou par quelque évêque. Les chroniques rapportent que quand la Vraie Croix sortit processionnellement de la ville sainte, au départ des guerriers de la Palestine pour l'expédition qui se termina par la malheureuse bataille de Tibériade, il existait un pressentiment que le bois précieux ne rentrerait plus dans Jérusalem. Bernard le Trésorier parle d'une prédiction de l'archevêque de Tyr, qui disait que la Croix, qui avait été rapportée à Jérusalem par un prince du nom d'Héraclius, devait être perdue sous un patriarche portant aussi le nom d'Héraclius, qui était celui du patriarche occupant alors le siége de Jérusalem. La Croix du Sauveur tomba au pouvoir des Musulmans à la bataille de Tibériade, et l'évêque d'Acre, qui la portait, fut mortellement blessé. Un chroniqueur anglais, qui avait été témoin de cette défaite, Raoul de Coggeshale, s'écrie à ce sujet : « Malheur à moi, malheur à moi, qui ai été destiné à voir des maux si effrayants! Malheur aussi à la nation pécheresse qui force le Fils de Dieu à mourir une seconde fois pour le salut du monde! Quel épouvantable désastre! La Croix sainte, le roi, le grand maître du Temple, l'évêque de Lydda, le frère du roi, les Templiers, les Hospitaliers, le marquis de Montferrat, sont tombés au pouvoir des barbares. » L'historien musulman Emad-Eddin, qui était présent à la bataille, raconte ainsi la prise de la Croix : « La grande Croix fut prise avant le roi, et beaucoup d'impies se firent tuer autour d'elle. Quand on la tenait levée, les infidèles fléchissaient le genou et inclinaient la tête. Ils disent que c'est le véritable bois où fut attaché le Dieu qu'ils adorent; ils l'avaient enrichi d'or fin et de pierres brillantes; ils la portaient les jours de grande solennité, et lorsque leurs prêtres et leurs évêques la montraient au peuple, tous s'inclinaient avec respect; ils regardaient comme leur premier devoir de la défendre : celui qui l'aurait abandonnée ne pouvait plus jouir de la paix de l'âme. La prise de cette Croix leur fut plus douloureuse que la captivité de leur roi; rien ne put les consoler de cette perte... Ils la rachèteraient volontiers de leur propre sang; ils espéraient par son moyen obtenir la victoire. » Le neveu de Saladin, qui lui présenta la Croix, lui dit : « Il paraît, par la désolation des Francs, que ce bois n'est pas le moindre fruit de ta victoire. » Dans toutes les négociations qui suivirent l'entrée des Francs dans Saint-Jean-d'Acre, on ne voit pas dans les historiens qu'il ait été question de la Vraie Croix, qui était toujours entre les mains de Saladin. Au rapport de Boha-Eddin, le sultan refusa de la céder au roi de Géorgie, au prix de deux cent mille pièces d'or, et à l'empereur grec, qui la lui avait aussi demandée. Makrizi prétend qu'Afdal, fils de Saladin, l'accorda plus tard à la demande réitérée de l'empereur, et qu'elle fut portée à Constantinople. Abou-Yali, cité par le compilateur des *Deux jardins*, rapporte, au contraire, qu'Afdal, en montant sur le trône, fit hommage de la Vraie Croix au calife de Bagdad. Mais ces deux assertions paraissent également dénuées de fondement, puisqu'en 1221, après le désastre de l'armée chrétienne devant Mansourah, on voit le sultan Malek-Kamel remettre la Vraie Croix aux croisés.

Dans le récit de quelques expéditions en Palestine, qui précédèrent celle d'Egypte et le siége de Damiette en 1218, Olivier Scolastique, qui a écrit l'histoire de ces événements, rapporte que toute l'armée, qui entrait en campagne, quitta son camp pour aller au-devant du patriarche, portant avec humilité le bois de la Vraie Croix. Pour que le lecteur ne s'étonne pas de voir ici figurer ce bois sacré, qui était tombé au pouvoir de Saladin, et que le sultan avait refusé de rendre à Richard Cœur-de-Lion, Olivier donne une explication qui ne se trouve que dans son ouvrage: il dit que la Croix du Sauveur avait été coupée en deux avant la bataille de Tibériade, et qu'une des deux moitiés avait été conservée. Quand les chrétiens furent forcés ensuite de rendre Damiette aux infidèles, Olivier Scolastique s'attache à prouver que le traité qui fut conclu était le meilleur qu'on pût faire, dans l'extrémité à laquelle on était réduit, et qu'il ne laissait rien à désirer, puisque les Musulmans rendaient la Vraie Croix aux chrétiens. D'après la propre assertion de ce chroniqueur, ce n'était pas la Vraie Croix tout entière, mais seulement la portion du bois précieux qui avait été prise par les infidèles à la bataille de Tibériade, qui était restituée aux chrétiens.

CROIX DES CROISÉS. C'était le pape Urbain II lui-même qui avait ordonné que tous les pèlerins qui s'enrôleraient sous la bannière de la guerre sainte porteraient sur eux une croix. A l'exemple de Notre-Seigneur Jésus-Christ, qui porta la sienne sur ses épaules jusqu'au lieu de son supplice, on plaça généralement la croix sur l'épaule droite, ou sur la partie supérieure du dos du vêtement. On la porta aussi sur le bras et sur le front du casque. Pendant longtemps, et jusque sous Richard Ier, roi d'Angleterre, cette croix fut communément rouge. Elle était en drap ou en soie. En recevant la croix des mains de l'archevêque de Tyr, à l'assemblée de Gisors, en 1188, Philippe-Auguste, Richard Cœur-de-Lion et le comte de Flandre, décidèrent que les croix d'étoffe portées par les croisés seraient rouges pour les Français, blanches pour les Anglais, et vertes pour les Flamands. A leur retour en Europe, les pèlerins portaient généralement la croix sur le dos, en signe d'accomplissement de leur vœu, et conformément à ce qu'avait prescrit le pape Urbain II. Les peintures des vitraux de l'église de Saint-Denis, gravées dans les *Monuments de la monarchie française* de Montfaucon, représentent les guerriers de la première croisade avec des croix peintes sur les banderolles de leurs lances, ou sur le devant de leurs casques. Quelques pèlerins s'imprimaient des croix sur la peau, au moyen d'incisions, ou avec un fer chaud. La bénédiction de la croix et l'imposition aux pèlerins de ce signe distinctif des croisés étaient faites par les évêques des diocèses, ou par les prêtres des paroisses. Le pontifical romain a conservé les formules des prières qui étaient usitées dans cette cérémonie. L'évêque ou le prêtre disait, en attachant la croix au pèlerin : « Recevez ce signe de la croix, au nom du Père, et du Fils, et du Saint-Esprit, en mémoire de la croix, de la passion et de la mort du Christ, pour la défense de votre corps et de votre âme, afin qu'après avoir accompli votre voyage, par la grâce de la bonté divine, vous puissiez revenir auprès des vôtres sauf et meilleur. Par Jésus-Christ, Notre-Seigneur, etc. » L'*Histoire de Sablé* de Ménage nous montre les gentilshommes du Maine recevant, en 1152, la croix des mains de Guillaume, évêque du Mans, qui fait le signe de la croix sur le front de chacun d'eux, en disant : *Remittantur tibi omnia peccata tua, si facis quod promittis : Que tous vos péchés vous soient remis, si vous faites ce que vous promettez.*

CURDES. Ces peuples sauvages, accoutumés à vivre dans les bois ou au milieu de leurs troupeaux, sont originaires des hautes montagnes qui avoisinent la Géorgie. Ils se sont de là répandus le long du Tigre et de l'Euphrate. Ils ont été aussi appelés Lazes ou Lesghis, et on a prétendu que leur nom de *Curd*, ou *Kurd*, signifie *Loup*, parce que leur pays est rempli de cette espèce d'animal. Un lieutenant du fameux Zenghi ayant fait la conquête d'une partie du pays des Curdes, ces peuples s'en sont vengés par des incursions continuelles dans la principauté de Mossoul. Zenghi marcha lui-même contre eux, et alla faire le siége de leur principale forteresse : il la prit, la rasa et en bâtit une nouvelle à la place, qu'il appela Emadia, de son nom Emad-Eddin. Les Curdes la détruisirent peu de temps après, et il fut obligé de la faire rebâtir. Vers le milieu du XIIe siècle, les Curdes vinrent en assez grand nombre se mettre à la solde des princes musulmans de Syrie. Ayoub, père de Saladin, était un émir curde, et la dynastie des Ayoubites, qui remplaça celle des Fatimites sur le trône d'Egypte, sortit ainsi de la tribu des Curdes. Au temps de Saladin et de ses enfants, les Curdes formèrent le nerf des armées musulmanes qui combattaient les chrétiens.

D

DAMAS, capitale de la Syrie, est située dans une plaine, au pied de l'anti-Liban. L'auteur anonyme des *Gestes de Louis VII*, dit de Damas : « Elle fut fondée par un esclave d'Abraham, nommé Damas, qui lui donna son nom. Cette ville est située dans une plaine sèche et stérile ; cependant les travaux et l'industrie des cultivateurs ont suppléé à l'infécondité du terrain : au moyen d'un grand nombre de petits ruisseaux que ces cultivateurs creusent dans la terre, ou de petites rigoles en bois, ils conduisent les eaux du fleuve, qui descend de la montagne, partout où les besoins de la terre l'exigent. Du côté de l'orient, sur les deux rives du fleuve, sont beaucoup d'arbres fruitiers d'espèces différentes, et qui s'étendent jusqu'à la ville. » Un ambassadeur envoyé en Orient par l'empereur Frédéric Barberousse, en 1174, fait, dans une lettre qui nous a été conservée, la description de Damas. Cette ville était alors très-belle ; elle était entourée d'un double mur, fortifiée par de superbes tours ; elle était ornée de fontaines, d'aqueducs et d'édifices très-élégants. Il y avait à Damas un grand nombre de chrétiens qui payaient un tribut au sultan et qui possédaient plusieurs églises.

DAMIETTE, était bâtie sur la rive droite de la principale branche orientale du Nil, près de l'embouchure du fleuve. C'était, à l'époque des croisades, une ville riche et considérable ; elle était entourée d'un triple mur et de fossés profonds. A une tour, qui s'élevait au milieu du Nil, était attachée une chaîne, qui fermait le passage du fleuve et défendait ainsi la ville. A l'orient de Damiette s'étend le lac de Menzaleh. Quelque temps après que saint Louis eut quitté Damiette, comme cette ville était le point vers lequel les flottes chrétiennes avaient pris l'habitude de se diriger pour aborder en Egypte, dans la crainte de quelque nouvelle invasion, on se décida à raser cette place. La ville fut détruite de fond en comble, et les habitants allèrent s'établir ailleurs. Quelques-uns élevèrent des cabanes sur la rive occidentale du fleuve, à quelque distance de l'ancienne Damiette, et plus loin du rivage de la mer. C'est ce qui donna naissance à la ville qui existe aujourd'hui.

DANDOLO (Henri), doge de Venise. Il naquit au commencement du XIIe siècle. Quoiqu'il appartînt à l'une de ces familles vénitiennes qui se prétendaient issues des anciens Romains et qui tenaient le premier rang dans leur république, il dut son élévation bien plus à ses talents et à ses services qu'à l'éclat de sa naissance. Il passait, à juste titre, pour un guerrier habile et pour un politique consommé ; on le vantait aussi pour son éloquence. Il est à remarquer qu'il était aveugle quand on l'élut doge, et que cette cécité, qui alors datait de longtemps, ne l'avait point empêché de continuer à servir son pays. En général, les anciens écrivains français ont affirmé qu'elle était le résultat d'une blessure ; mais la version la plus accréditée en Italie est tout autre. Il paraît que l'empereur grec Manuel, ayant, par une odieuse violation des traités et du droit des gens, fait arrêter des vaisseaux vénitiens avec leurs équipages, Dandolo fut envoyé à Constantinople pour les réclamer, et que le monarque byzantin, outré d'une telle insolence, le fit saisir et aveugler avec des bassins de cuivre fortement chauffés, selon le procédé dont les Césars du Bas-Empire usaient à l'égard de leurs compétiteurs malheureux. Les historiens vénitiens assurent que cette cruauté grecque ne contribua pas peu à l'avancement de Dandolo. Ce fut en 1192 que celui-ci, déjà fort vieux, monta sur le trône ducal. Le commencement de son règne fut signalé par une guerre heureuse contre les Pisans. Ceux-ci perdirent deux batailles navales, et furent forcés de demander la paix. En 1202, les envoyés des chefs de la croisade française étant venus à Venise pour prier la Seigneurie de les seconder dans l'exécution de leur projet, Dandolo les accueillit comme ils pouvaient le désirer, et fit en sorte qu'il leur fût permis d'exposer leur demande en pleine assemblée. A la vérité les conditions financières auxquelles la république subordonna son concours furent exorbitantes. Pour avoir part aux périls et surtout aux conquêtes des croisés, Dandolo fit ajouter aux obligations contractées par ses concitoyens celle de fournir cinquante galères bien armées. Plus tard, quand les croisés arrivèrent pour s'embarquer, ils se trouvèrent dans l'impuissance de payer l'énorme prix qu'ils avaient promis. Le doge, qui certainement s'y attendait, leur proposa de s'acquitter en aidant la république à faire rentrer sous son obéissance la ville de Zara. Les chefs de l'expédition s'y refusèrent d'abord, et il est à croire que, sans l'éloquence et l'habileté de Dandolo, on ne serait pas parvenu à les y déterminer. Il prit lui-même la croix, quoiqu'il fût déjà octogénaire, et prononça une harangue qui causa la plus vive émotion sur le peuple et au sénat. Les Français en furent sans doute moins touchés, car ni Venise ni le doge n'avaient un but aussi généreux que l'était le leur. Toutefois, il faut le reconnaître, si les intérêts de la république vénitienne occupèrent constamment la première place dans les pensées de Dandolo, durant le cours de cette expédition, en revanche il en fut incontestablement le Nestor. On le vit tout d'abord prendre un grand ascendant sur ses alliés. Lorsque, après la prise de Zara, le fils d'Isaac l'Ange vint supplier les croisés de prendre en commisération les infortunes du vieil empereur, le doge se montra favorable à cette nouvelle entreprise. Peut-être désirait-il rentrer en vainqueur dans la ville où il avait reçu un si sanglant outrage, et pressentait-il qu'il y trouverait l'occasion de tirer une éclatante vengeance de la barbarie des Grecs. Quoi qu'il en soit, Constantinople put admirer la vaillance et l'habileté du vieux doge. Après l'assassinat d'Alexis le jeune, les chefs de la croisade s'étant réunis en conseil, ce fut Dandolo qui leur proposa de s'emparer de l'empire grec; et ces hommes, inaccessibles à la crainte, demeurèrent stupéfaits de la hardiesse d'une telle pensée. Le second siége lui fournit une nouvelle occasion de signaler son intrépidité. Placé sur le pont d'une galère, et exposé aux traits de l'ennemi, il animait par son seul exemple les croisés à accomplir ces prodiges de valeur auxquels les Grecs ne savaient point résister. Quelques auteurs ont prétendu que Dandolo refusa la couronne impériale; mais d'autres disent, avec plus de vaisemblance, que l'obstacle tenait moins à lui qu'aux appréhensions républicaines des Vénitiens. On a dit aussi que Dandolo fut, par exception particulière, dispensé de prêter serment à Baudouin, quand ce prince eut été élevé sur le trône de Byzance. Il est certain que le doge de Venise tenait le premier rang après l'empereur. Il fut créé despote de Romanie, et, ce qui valait mieux, le pape le déchargea, après la conquête, de l'excommunication qu'il avait encourue en l'entreprenant. La mort le saisit à Constantinople en juin 1205. Il emporta dans la tombe les vifs regrets, l'admiration et la reconnaissance de toute l'armée, qui récemment encore, dans sa glorieuse retraite d'Andrinople à Rhodosto, l'avait vu rivaliser de science militaire et d'intrépidité avec Villehardouin.

DANEMARK et NORWEGE. La religion chrétienne était déjà fortement enracinée dans ces contrées septentrionales à l'époque des croisades ; un roi de Danemark, Canut, mort en 1086, était compté au rang des saints. Un de ses prédécesseurs, Suénon II, prince instruit pour son temps, mais dont les passions étaient extrêmement violentes, ayant découvert que quelques grands de la cour avaient mal parlé de lui, les fit tous massacrer dans l'église cathédrale de la capitale, le matin du jour de la Circoncision. Il osa ensuite se présenter à l'église; mais l'évêque, qui se préparait à officier pontificalement, loin d'aller recevoir le roi, comme c'était la coutume lorsqu'il venait à l'église, s'avança au-devant de lui pour l'arrêter de la pointe de sa crosse, qu'il lui appuya sur la poitrine, en le frappant d'excommunication. Les gardes de Suénon voulaient se précipiter, l'épée à la main, sur le courageux évêque, mais le roi les retient, leur défend de faire usage de leurs armes, et, reconnaissant sa faute, retourne tout contrit dans son palais. Il s'y dépouille de ses vêtements royaux, prend un habit de pénitent, et revient se présenter humblement à la porte de l'église. L'évêque, averti du retour du roi, quoiqu'il eût déjà commencé la messe, fait cesser le chant du *Gloria in excelsis*, et, s'avançant vers Suénon, il lui demande pourquoi il a commis un si grand crime. Le roi ne répond qu'en se prosternant, en demandant pardon de son attentat, et en promettant de réparer l'horrible scandale qu'il a donné. L'évêque lève l'excommunication, essuie les larmes de son souverain, lui impose une pénitence, et lui permet d'aller reprendre ses habits royaux. Le roi revient bientôt à l'église, y est reçu par l'évêque à la tête de son clergé, et la messe est continuée. Mais, trois jours après, dans la même église, le roi, en présence de tout le peuple assemblé, confesse la grandeur de sa faute, se déclare indigne de l'indulgence dont l'évêque a usé à son égard, et annonce qu'en réparation de son crime il donne à l'église la moitié d'une province de ses Etats.

Dans la première croisade, Suénon, prince du sang royal de Danemark, qui conduisait à la terre sainte quinze cents pèlerins de son pays, fut surpris par les Turcs en Asie Mineure, et massacré avec la plupart des pèlerins qui marchaient sous sa bannière.

Pierre Olaüs, historien danois, rapporte qu'Eric III, dit le *Bon*, avait une force prodigieuse; mais il lui reproche d'avoir obscurci les belles qualités de son âme par sa passion pour les femmes. Il ajoute que ce prince résolut, pour faire pénitence, d'accomplir un pèlerinage en terre sainte : « Lorsque le roi eut annoncé cette résolution dans une assemblée, dit Pierre Olaüs, tout le peuple, étonné, gémit comme s'il eût craint de perdre un père. Il s'écria, les larmes aux yeux et en se prosternant aux pieds d'Eric, qu'il ne devait pas tenir à son vœu particulier plus qu'au bien public, et qu'il plairait davantage à Dieu par une bonne administration du royaume que par un pèlerinage. Comme le roi résistait aux prières des Danois, ils lui offrirent, pour le dégager de son vœu, le tiers de leurs biens et de leurs meubles. Eric se refusa encore à cette offre, en disant qu'il ne voulait pas être à la fois parjure et cause de la ruine de son peuple. Il partit pour la Syrie avec un grand nombre de guerriers, passa par Rome, fut reçu avec de grands honneurs à Constantinople par l'empereur grec, et mourut de maladie, dans l'île de Chypre, en 1105. Sa femme, qui l'accompagnait, mourut aussi en Orient, et fut enterrée ou auprès de lui, ou dans la vallée de Josaphat.

Thermodus-Torféus, dans son *Histoire de la Norwége*, dit que la première entreprise connue qui se lie aux croisades, dans les annales de la Norwége, eut lieu sous le règne de Magnus III. Un des grands vassaux, allié à la famille royale, ayant eu des discussions très-vives avec le roi, s'éloigna de la cour et forma le projet de quitter le royaume, pour visiter l'Orient. Vers l'année 1100, il équipa cinq vaisseaux, et se mit en mer, emmenant ses trois fils. Il relâcha d'abord en Flandre; puis, longeant les côtes de France et d'Espagne, il passa le détroit de Gibraltar. Sa piété le conduisit à Rome, où il mourut. Ses fils continuèrent le voyage commencé, et ils finirent leurs jours loin de leur patrie; le dernier mourut en Sicile. Cette entreprise fit une grande sensation en Norwége. La nouvelle du pèlerinage d'Eric, roi de Danemark, et le retour de plusieurs pèlerins chargés de reliques et d'or, contribuèrent aussi beaucoup à frapper les esprits. Des seigneurs puissants appelèrent sous leur bannière les guerriers de leurs domaines, et firent construire des vaisseaux. Soixante bâtiments de différente grandeur furent bientôt équipés : dix mille hommes s'assemblèrent dans les ports, et demandèrent qu'un des trois rois de la Norwége se mît à leur tête. Sigurd, qui régnait conjointement avec ses deux frères, offrit de partir. C'était un prince jeune, vaillant et avide de renommée. On arbora le signe de la croix sur les vaisseaux, et la flotte sortit des ports de la Norwége en 1107. Elle se dirigea d'abord vers l'Angleterre, où Sigurd fut reçu magnifiquement par Henri, fils de Guillaume le Conquérant. La flotte danoise relâcha en Galice, où, sur le refus qui lui fut fait de lui fournir des vivres, elle s'en procura de vive force. Arrivé devant Lisbonne, qui était occupée par les Arabes, Sigurd attaqua cette ville, et s'en rendit maître, malgré la vive résistance qu'elle lui opposa. Tout ce qui était ennemi des chrétiens fut tué, et un riche butin mit les Danois à même de poursuivre leur expédition. Leur roi fut également victorieux de tout ce qui lui résista dans les îles Baléares. Il aborda en Sicile en 1109, et arriva à Ascalon au mois d'avril de l'année suivante. Il fut reçu à Jérusalem avec pompe par le roi Baudouin, qui, du consentement du patriarche, lui donna un morceau de la Vraie Croix, avec d'autres présents précieux. Mais ces dons étaient faits par le roi de Jérusalem au prince danois à la condition de faire bâtir des églises dans ses Etats, et d'y introduire la dîme.

Sigurd accompagna ensuite Baudouin au siége de Sidon. Après la conquête de cette ville, le prince danois quitta la Syrie, et resta quelque temps dans l'île de Chypre, d'où il prit la route de Constantinople, au printemps de 1111. L'aspect imposant de sa flotte produisit un grand effet dans la capitale de l'empire des Grecs. Alexis Comnène envoya au roi de Norwége des chevaux richement ornés, et dont les pieds étaient garnis de fers d'or, qu'un édit défendait de ramasser s'ils se détachaient. Sigurd distribua à ses compagnons tous les trésors dont l'empereur le combla. Alexis fit célébrer devant le roi, dans un vaste cirque, au milieu d'une grande plaine, un jeu, où des statues d'airain, mises en mouvement, figuraient au nombre des combattants. Le roi de Norwége ayant invité l'empereur à un festin, Alexis défendit secrètement de vendre du bois aux gens de Sigurd, afin qu'ils ne pussent pas préparer le banquet. Mais le roi fit acheter une grande quantité de noix, et l'on se servit des coquilles pour cuire les aliments. L'empereur fut obligé de s'avouer vaincu par son hôte dans l'art de la ruse. Alexis, ayant appris que Sigurd voulait retourner par terre dans ses Etats, lui fit présent d'un grand nombre de chevaux : le roi, de son côté, offrit à l'empereur plusieurs de ses navires, et permit à une partie de ses guerriers de rester à Constantinople pour s'engager dans la garde impériale. Il prit sa route par la Hongrie, traversa la Bavière, et arriva en Danemark, où le roi lui donna un navire sur lequel il rentra dans ses Etats.

Une chronique de la collection de Langebeck rapporte que Charles, prince danois, entreprit le voyage de Jérusalem au sortir de l'enfance. Il combattit vaillamment les ennemis de la foi, et se distingua par sa prudence et son courage. Le comte Robert de Flandre, qui avait été un des chefs de la première croisade, se voyant près de mourir, et ne laissant pour lui succéder qu'un enfant, nommé Baudouin, désigna Charles pour lui servir de tuteur et pour le gouverner pendant sa minorité. Cet enfant étant mort lui-même peu d'années après, le comte Charles fut reconnu pour souverain de la Flandre. Il gouverna ce pays avec sagesse et modération, et, à la mort de Henri V, on lui offrit la couronne impériale qu'il refusa. Pendant la captivité de Baudouin, roi de Jérusalem, les barons chrétiens lui écrivirent pour le prier de venir prendre les rênes du gouvernement de la Palestine. Mais Charles refusa encore cette offre. Ce prince, qui ne cessa jamais de se montrer bienfaisant pour les pauvres, modeste dans la prospérité, ferme et courageux dans le malheur, périt assassiné dans une église de Bruges.

Sous le titre *Iter Hierosolymitanum Suenonis, episcopi Viburgensis et fratris ejus Eskilli*, la collection de Langebeck contient le récit d'un pèlerinage célèbre dans les fastes du Danemark : c'est celui de deux frères qui tenaient le premier rang à la cour; l'un était Suénon, évêque de Viborg, et l'autre, son frère Eskille, qui était laïque. Ce pèlerinage est rapporté à la date de 1150. « Le second des deux pèlerins, dit l'*Itinéraire*, était un homme belliqueux, infatué de sa naissance et de son rang, d'un caractère dur, d'un visage terrible, aimant à répandre le sang et faisant tous les jours beaucoup de mal. Le premier se distinguait par la sainteté de sa vie, la politesse de ses mœurs, et ses vertus ajoutaient à l'éclat de ses dignités. Il chérissait tendrement son frère, mais il détestait son genre de vie et sa dureté; souvent il lui adressait de secrets reproches : il l'exhortait à changer de conduite; Eskille dédaignait les avis de son frère. Un jour Suénon lui proposa de prendre la croix et de partir pour la terre sainte; il répondit qu'il n'entreprendrait point le voyage, à moins que Suénon ne l'accompagnât. Celui-ci consentit à le suivre, espérant que son frère reviendrait au Seigneur. Ils partirent donc ensemble, et leur voyage fut heureux. Ils visitèrent le tombeau de Notre-Seigneur, révérèrent la sainte Croix, et, après avoir dévotement parcouru tous les Saints Lieux, ils arrivèrent à un endroit voisin de Jérusalem, nommé *Pater-noster* par les habitants, parce que Jésus-Christ y donna, dit-on, à ses disciples, la formule de la prière qui commence par ces mots. Il y avait là une petite église dont l'intérieur annonçait la misère; nos pèlerins y entrèrent et firent la prière du *Pater*, suppliant Dieu de leur pardonner leurs fautes, et de les délivrer de tout mal. Ils allèrent ensuite au fleuve du Jourdain, où ils se désaltérèrent et se lavèrent. Eskille, dans toute l'effusion de son âme, adressa une nouvelle prière à Dieu, et demanda à être délivré des liens de son corps, afin de ne plus retomber dans ses anciens péchés. Soudain Eskille sentit que Dieu allait remplir ses vœux. Il reçut les sacrements, dit adieu à son frère, à tous ceux qui étaient présents, et rendit l'âme en déplorant ses fautes. Le vénérable prélat, voyant que l'âme de son frère, cette âme dont le salut avait été l'objet de ses sollicitudes, était si heureusement, si promptement enlevée à la terre, éprouva aussi un vif désir de mourir. Il demanda à Dieu la même grâce avec une foi si ardente, qu'il sentit tout à coup ses forces l'abandonner, et jugea que Dieu l'appelait à lui. Il fit alors toutes les dispositions nécessaires, et ordonna, à ceux qui étaient présents, de porter son corps et celui de son frère à l'église appelée *Pater-noster ;* il bénit ensuite les assistants, et s'endormit heureusement dans le Seigneur. L'église où ces deux frères furent ensevelis fut rebâtie sur un plan plus vaste et plus beau; on leur éleva un tombeau magnifique. Le neveu de ces pèlerins, nommé aussi Eskille, et archevêque danois, imitant leur piété, voulut vivre et mourir comme eux en pèlerin. Il renonça aux brillantes dignités, prit à Clairvaux l'habit monastique, et *fut, en Orient, la consolation de ceux qui y moururent*, suivant l'expression des *Annales de Cîteaux*.

Un historien danois nous apprend qu'un grand zèle pour les pèlerinages s'était manifesté au XIIe siècle en Danemark. On trouve, dans la collection du Langebeck, une intéressante relation du *Voyage de quelques Danois à la terre sainte* pendant la troisième croisade. « L'illustre et noble Canut, roi des Danois, fils du roi Waldemar, dit l'auteur anonyme de cette relation, convoqua, vers la fête de Noël, une assemblée à Odensée. Il ordonna à tous les grands de son royaume, aux évêques et à tous les officiers civils, de s'y rendre exactement. Il y vint des nonces du siége apostolique qui firent à l'assemblée le récit des malheurs de la Palestine ; le roi et tous ceux qui étaient présents répandirent un torrent de larmes ; l'affliction fut si profonde que tous restèrent muets : personne ne put répondre aux orateurs. Enfin, quand les sentiments de la douleur eurent fait place au calme et à la réflexion, un frère de l'archevêque rompit ce morne silence. Après avoir obtenu du roi la permission de parler, il prononça un discours dans lequel il fit un pompeux éloge de la valeur des Danois, depuis les temps les plus anciens, et promit les puissants secours que les nonces attendaient. Quand l'assemblée fut dissoute, quinze personnes se réunirent pour examiner comment on pouvait exécuter ce qu'on avait arrêté. Il fut décidé qu'on instruirait le peuple du projet qui venait d'être formé, et qu'on travaillerait à la construction de navires propres au transport des provisions pour ce lointain voyage. Ces quinze personnes s'engagèrent, par un serment solennel, à poursuivre l'exécution de l'entreprise ; mais la désunion se mit bientôt entre elles : il n'en resta que cinq qui persistèrent dans leur résolution, et qui néanmoins vinrent à bout de faire construire des vaisseaux. »

Ces pèlerins partirent sur des navires approvisionnés de tout ce qui était nécessaire pour le pèlerinage en Orient. Ils abordèrent sur les côtes de la Norwége, et éprouvèrent ensuite, entre ces côtes et celles de la Frise, un horrible naufrage. Quand les pèlerins qui avaient pu y échapper furent réunis dans un port de la Frise, on délibéra si l'on continuerait de suivre la route par mer, ou si l'on voyagerait par terre. Le plus grand nombre fut pour ce dernier parti. On vendit les vaisseaux et l'on s'embarqua sur le Rhin. On arriva à Cologne, d'où les pèlerins se rendirent par terre à Venise. Là, ils s'embarquèrent de nouveau, et, après avoir encore beaucoup souffert, ils arrivèrent au terme de leur voyage. La paix qui venait d'être conclue, entre Richard Cœur-de-Lion et Saladin, laissait aux chrétiens la liberté d'aller à Jérusalem. « Ceux qui avaient vu la cité sainte dans toute sa gloire, dit l'auteur de la relation, ne purent s'empêcher de soupirer et de gémir en la voyant alors occupée par les païens et les infidèles. Ils prièrent au Saint-Sépulcre, et furent conduits, sous escorte, jusqu'au fleuve où se fit le baptême du Sauveur. Après avoir rendu grâces à Dieu, ils retournèrent à Ptolémaïs ; là, ils souffrirent plusieurs outrages de la part des Anglais, qui les prirent pour des Grecs. Mais lorsqu'ils furent reconnus, on les laissa libres, et ils se disposèrent à retourner dans leur pays. Ils se partagèrent en deux bandes : les uns gagnèrent la Calabre et allèrent à Rome, les autres se rendirent à Constantinople, où l'empereur les reçut honorablement. Il voulait les retenir auprès de lui ; mais ceux-ci le remercièrent de sa bonté généreuse. Le roi et les seigneurs de Hongrie les accueillirent aussi avec distinction. Enfin, après avoir traversé la Saxe occidentale, les pèlerins revinrent dans leur patrie. »

Une flotte danoise porta à Ptolémaïs une expédition, qui contribua vaillamment au succès qu'obtinrent les chrétiens en s'emparant de cette place en 1191. Matthieu Pâris, qui fut envoyé en Norwége pour établir la discipline dans les couvents de son ordre, rapporte qu'il fut chargé, de la part de saint Louis, de remettre au roi Haquin, qui venait de prendre la croix, une lettre par laquelle le roi de France engageait ce prince à se joindre à lui dans son expédition en Orient. Cette lettre causa beaucoup de joie au roi de Norwége ; mais il répondit au saint roi qu'il connaissait le caractère des Français et celui de sa nation ; que, s'il s'élevait quelque différend entre deux peuples également fiers et impétueux, il en résulterait un tort irréparable pour la cause chrétienne. Il convenait donc que chacun allât de son côté, et fît ce qu'il plairait à Dieu. Le roi de France donna des ordres, par une lettre datée de 1248, pour que l'on reçut honorablement le roi de Norwége et qu'on lui fournît des vivres, dans le cas où il aborderait sur les côtes de son royaume. Le roi Haquin, qui était fils illégitime du roi de Norwége, obtint du pape, en prenant la croix, que ses droits à la couronne fussent sanctionnés. Il demanda ensuite à être exempté d'aller en Orient ; et, pour se faire accorder cette dispense, il s'engagea à combattre les païens du Nord.

Joinville raconte que, pendant que saint Louis faisait relever les fortifications de Césarée, arriva de Norwége en terre sainte un chevalier, nommé Clénard de Semingam dans l'édition de la *Vie de saint Louis* que nous avons sous les yeux. Le roi retint ce chevalier, lui dixième, à son service, selon l'expression de Joinville. Le guerrier norwégien préluda à la guerre qu'il devait faire aux Musulmans par une chasse périlleuse, que l'historien décrit ainsi : « Aussitost qu'il eut la connoissance du pays de Césarée, il se mit, lui et ses gens, à chasser aux lions ; en sorte qu'ils en prindrent plusieurs : mais ils se mettoient en grand danger et péril de leurs corps. Et la façon de les prendre estoit telle : ils alloient à la chasse montés sur chevaux qui estoient autant bien courants comme il estoit possible ; et quand ils avoient trouvé aucun lion, ils le frappoient d'un coup de trait d'arbaleste ou d'arc, et le lion, se sentant blessé, couroit sus au premier que il voyoit, et celuy se mettoit à fuir tant qu'il pouvoit; et, en fuyant, il laissoit choir quelque couverture ou pièce de vieux drap, et le lion qui la rencontroit la prenoit et deschiroit, pensant que ce fust celuy qui l'avoit frappé; et ainsi que le lion s'amusoit à dérompre la pièce de drap, les autres s'approchoient, et luy tiroient coups de traits, et le lion, de rechef, alloit après celuy qui l'avoit frappé, lequel laissoit choir une autre pièce de drap pour amuser le lion : et ainsi faisoient-ils plusieurs fois, jusques à ce qu'à force de traits ils avoient tué le lion. »

DIME SALADINE est le nom d'un impôt qu'on résolut, à l'assemblée de Gisors, au commencement de l'année **1188**, d'établir en France et en Angleterre, pour subvenir aux frais de la troisième croisade, dirigée contre Saladin. Cette taxe, qui consistait dans le dixième de tous les revenus et de toutes les propriétés mobilières, ne fut imposée que pour une année. Tous ceux qui ne prenaient pas la croix y étaient soumis, et le clergé n'en fut pas exempt. Elle était exigée sous peine d'excommunication. L'Église éleva des réclamations, mais il n'en fut pas tenu compte. L'auteur de la Chronique du monastère d'Andres dit qu'en forçant l'Église à payer cette dîme, on imagina un crime nouveau et inouï, *novum et inauditum facinus invenientes.* Rigord, qui a écrit une relation des *gestes de Philippe-Auguste*, rapporte qu'au mois de mars de l'année **1188**, au milieu du carême, le roi convoqua, à Paris, une assemblée générale des évêques et des barons du royaume, où fut décrétée, pour cette année seulement, une dîme extraordinaire, qu'on nomma la *dîme de Saladin.* Rigord nous a conservé le texte de l'ordonnance qui institua cette dîme. Voici la traduction de ce document, qui est un curieux renseignement sur la législation fiscale du régime féodal : « Tous ceux qui ne sont pas croisés donneront, cette année, au moins la dîme de tous leurs biens meubles et de tous leurs revenus, excepté les religieux de Cîteaux et ceux de l'ordre des Chartreux ou de Fontevrault, et les lépreux, mais seulement pour leurs biens propres. Nul ne pourra mettre la main sur les communes, hors le seigneur même à qui la commune appartiendra. Toutefois, celui qui avait des droits sur quelqu'une de ces communes les conservera comme auparavant. Celui qui a haute justice sur quelque terre percevra la dîme de cette même terre. Il faut qu'on sache que ceux qui payeront les dîmes, les donneront de tout leur mobilier et de leurs revenus, sans prélever les dettes qu'ils auront contractées auparavant. Après l'acquittement de la dîme, ils pourront payer leurs dettes avec ce qui leur restera. Tous les laïques, tant militaires que autres, donneront leurs dîmes sous la foi du serment et la peine de l'anathème, et les clercs sous celle de l'excommunication. Le guerrier non croisé donnera au seigneur croisé dont il sera l'homme lige la dîme de son propre mobilier et du fief qu'il tiendra de lui. S'il ne tient point de fief de lui, il donnera la dîme de son propre mobilier à son seigneur lige. Il la donnera de ses fiefs à ceux de qui il les tiendra. S'il n'a point de seigneur lige, il donnera la dîme de son propre mobilier à celui dans le fief duquel il demeurera. Si quelque décimateur trouve dans le domaine de celui qu'il doit décimer des choses qui appartiennent à un autre qu'à celui-ci, et que leur propriétaire puisse le prouver, le décimateur ne pourra les retenir. Le guerrier croisé, qui est héritier légitime, fils ou gendre d'un guerrier non croisé ou de quelque veuve, aura la dîme de son père ou de sa mère. Personne ne portera la main sur les biens des archevêques, évêques, chapitres ou églises qui en relèvent immédiatement, si ce n'est les archevêques, évêques, chapitres ou églises qui en ont la mouvance. Les évêques qui en percevront les dîmes, les donneront à ceux à qui ils les doivent. Tout croisé qui, devant la taille ou la dîme, ne voudra pas la payer, sera contraint par celui à qui il la doit, et qui en disposera à sa volonté, et celui qui s'en emparera ne sera pas excommunié pour cela. Dieu récompensera celui qui payera dévotement la dîme. »

La levée de cet impôt fut ordonnée en Angleterre par un acte d'une assemblée qui fut tenue au mois de février **1188**, dans le comté de Northampton, et qui était composée des prélats et des seigneurs du royaume, sous la présidence du roi.

E

ÉDESSE (Comté d'). Lorsque Baudouin, frère de Godefroy de Bouillon, après une expédition où il avait tenu une conduite blâmable envers Tancrède, rejoignit l'armée des croisés qui s'avançait vers la Syrie, il fut accueilli par les murmures des pèlerins et par les reproches de son frère. Dans son mécontentement, il suivit l'impulsion de son caractère ambitieux et entreprenant, et se sépara de ses compagnons d'armes. Il avait été entraîné à cette résolution par les conseils d'un prince d'un petit État de l'Ibérie septentrionale. Repoussé par ses sujets, ce prince, qui se nommait Pancrace, s'était réfugié à Constantinople, d'où il avait ensuite rejoint les croisés, tandis qu'ils traversaient l'Asie Mineure. Baudouin ne put décider que deux cents cavaliers et environ mille fantassins à s'écarter avec lui de la route de Jérusalem, pour se jeter dans la carrière des aventures. Il y débuta en s'emparant de Turbessel. L'ambition, dont les rêves avaient réuni Baudouin et Pancrace, les divisa bientôt, et le seigneur franc éloigna de lui le prince ibérien, pour poursuivre plus librement le cours de ses exploits. Matthieu d'Edesse s'est étendu sur les événements qui ont précédé et accompagné la prise d'Edesse par Baudouin. On doit croire que l'auteur arménien était bien informé des faits de cet épisode de la première croisade, qui sont racontés fort diversement par les chroniqueurs occidentaux. Matthieu d'Edesse rapporte que le comte Baudouin parut sur l'Euphrate en 1098. Le prince Thoros, qui commandait alors à Edesse pour l'empereur grec, reçut avec joie la nouvelle des heureux succès du comte; il en conçut de l'amitié pour lui, et le pria de réunir ses forces aux siennes pour faire la guerre aux émirs voisins qui l'opprimaient. Baudouin se rendit à l'invitation du prince avec une soixantaine de cavaliers. Le gouverneur et les habitants d'Edesse le reçurent avec de grandes démonstrations d'amitié, et conclurent avec lui un traité d'alliance. Dans le même temps Constantin, prince des Arméniens, qui avait été aussi appelé au secours d'Edesse, entra dans cette ville. Ces deux princes, à la tête des troupes que Thoros venait de lever dans la ville et la province d'Edesse, marchèrent contre un émir, qu'ils contraignirent de s'enfermer dans Samosate. Alors les troupes chrétiennes pillèrent les maisons situées hors de la ville, et les Turcs furent obligés de rester spectateurs oisifs de ce pillage; mais quand ils virent les chrétiens occupés à partager le butin, ils fondirent avec impétuosité sur eux, en tuèrent environ deux mille, et forcèrent le reste à prendre la fuite. Le prince Constantin et le comte Baudouin revinrent à Edesse auprès du prince Thoros. La bonne intelligence qui unissait Baudouin et le gouverneur d'Edesse se changea en haine, lorsque le comte conçut le projet de s'emparer de la ville. Les habitants qui auraient dû avoir beaucoup de reconnaissance pour Thoros, par qui ils avaient été plusieurs fois délivrés du joug des barbares, et qui les avait gouvernés avec une grande douceur, ne le payèrent cependant que d'ingratitude. Ils résolurent de se réunir à Baudouin, et de lui donner le gouvernement de leur pays, en faisant mourir Thoros. A cet effet, quarante habitants de la ville environ se rendirent pendant la nuit auprès du comte, et concertèrent avec lui les moyens d'exécuter leur projet. Le prince Constantin et le reste des habitants consentirent également à cette trahison. Cependant Thoros, instruit des desseins hostiles qu'on méditait contre lui, se renferma dans la citadelle et tenta de se défendre. Mais le lendemain, les habitants se rassemblèrent en foule, pillèrent les maisons des principaux personnages attachés au prince, et donnèrent l'assaut à la forteresse, dont une partie tomba en leur pouvoir. Le prince, voyant alors qu'il ne pouvait plus résister, ni même espérer de sauver sa vie, leur promit de rendre la ville et les forts, à condition qu'ils ne tenteraient plus rien contre lui ni contre sa famille, et qu'ils le laisseraient se retirer à Mélitène. Les habitants, ainsi que le comte, s'engagèrent par leur signature et par un serment prêté sur l'Evangile et la sainte croix, aux noms des apôtres, des prophètes et de tous les saints, à l'exécution entière de ces conditions. Le jour suivant, le comte Baudouin et les principaux personnages de la ville se rendirent entièrement maîtres de la forteresse; mais les habitants, ajoute l'historien arménien, qui étaient des hommes parjures et perfides, se jetèrent sur le prince, les armes à la main, le précipitèrent du haut des remparts, et eurent la cruauté de mettre son corps en mille pièces, après l'avoir traîné dans les rues. Ils remirent ensuite les clefs de la ville entre les mains du comte Baudouin.

Fondé par la violence et par l'iniquité, le comté d'Edesse racheta la tache de son origine par les services qu'il rendit aux colonies chrétiennes en Orient, dont il fut, tant qu'il exista, le boulevard du côté de l'Euphrate. Cet Etat s'étendait sur les deux rives du fleuve et sur le revers oriental du Mont-Taurus. Quand Baudouin fut appelé à succéder à son frère Godefroy, sur le trône de Jérusalem, il céda le comté d'Edesse à son cousin, Baudouin du Bourg. Josselin de Courtenay, parent par alliance du nouveau comte d'Edesse, était arrivé dans la terre sainte avec Etienne, comte de Chartres, lorsque celui-ci y revint pour la seconde fois, et Baudouin du Bourg donna à son parent la partie du territoire d'Edesse située sur la rive droite de l'Euphrate, à l'exception de Samosate. Dans une expédition entreprise, en 1104, contre la ville de Haran ou Carrhes, par Baudouin et Josselin, avec Bohémond, prince d'Antioche, et Tancrède, les chrétiens furent battus par les Turcs, et Baudouin et Josselin furent faits prisonniers et conduits à Bagdad. Ils ne rentrèrent dans leurs Etats qu'après cinq ans de captivité. Ils eurent, après leur retour, de vives contestations avec Tancrède, et, de part et d'autre, on appela les Turcs à intervenir dans les différends. Il fallut, pour apaiser Tancrède, que le roi de Jérusalem lui dît que, s'il persistait dans son association avec les païens, il ne pourrait demeurer le frère des princes chrétiens. Josselin fut ensuite accusé d'ingratitude par Baudouin, et expulsé du comté d'Edesse. A la mort de Baudouin Ier, roi de Jérusalem, en 1118, ce fut cependant Josselin qui proposa de lui donner Baudouin du Bourg pour successeur. Le nouveau roi témoigna sa reconnaissance à Josselin, en lui cédant le comté d'Edesse. Surpris, avec son cousin Galeran, par Balak, prince ortokide de Mardin, Josselin fut bientôt après fait prisonnier. Le roi de Jérusalem accourut à son secours, tomba à son tour dans les embûches de Balak, et fut enfermé dans la même forteresse où étaient retenus Josselin et Galeran. Les chroniqueurs racontent que cinquante Arméniens pénétrèrent dans cette forteresse, déguisés ou en marchands ou en moines, en massacrèrent la garnison avec les armes qu'ils portaient sous leur déguisement, et délivrèrent les illustres prisonniers. Les Turcs vinrent aussitôt assiéger la place sur laquelle flottait le drapeau de la croix. Josselin s'échappa pour aller chercher des secours extérieurs, après avoir juré qu'il laisserait croître sa barbe et qu'il ne boirait point de vin jusqu'à ce qu'il se fût acquitté de sa mission. Cet intrépide guerrier, que les historiens orientaux appellent le plus brave des Francs, passa l'Euphrate à la nage, à l'aide de deux outres de peau de chèvre, et arriva à Jérusalem, où il déposa, dans l'église du Saint-Sépulcre, les chaînes que lui avaient fait porter les Turcs. Ayant rassemblé, en appelant la compassion sur les malheurs du roi, une troupe de chevaliers et de guerriers du royaume de Jérusalem, de la principauté d'Antioche et du comté d'Edesse, il marcha à leur tête vers le château où il croyait Baudouin prisonnier. Mais, en son absence, cette forteresse avait été reprise par les Musulmans, les Arméniens avaient été exterminés, et Baudouin avait été conduit dans le fort de Haran. Josselin se vit ainsi forcé de renoncer au projet de le délivrer. Mais il tua de sa propre main le terrible Balak, dont la tête, portée en triomphe au milieu des chrétiens qui assiégeaient alors Tyr, fut saluée par des acclamations de reconnaissance pour Josselin. L'envoyé du comte d'Edesse, qui avait apporté la tête de Balak, fut armé chevalier par le comte de Tripoli, en présence de toute l'armée. Gardien fidèle des bords de l'Euphrate, Josselin passa sa vie à combattre les infidèles. Il fut écrasé, en 1131, au siége d'un château près d'Alep, par les ruines d'une tour qui s'écroula sur lui. Il apprit sur son lit de mort que le sultan Seldjoucide d'Iconium attaquait ses Etats; et son fils, à qui il avait ordonné de marcher contre l'ennemi, hésitant à se mettre en route, sous le prétexte qu'il n'avait point assez de troupes, le vieux Josselin se fit porter en litière à la tête de ses soldats, et força une dernière fois les Turcs à la retraite. Il mourut ensuite au milieu de ses compagnons d'armes. Josselin II, son fils et son successeur, était un prince adonné aux plaisirs et à la débauche. Il ne s'occupa ni du gouvernement, ni de la défense de l'Etat qu'il avait hérité de son père; et, abandonnant le séjour de sa capitale, il se retira à Turbessel, ville agréablement située sur l'Euphrate, pour y vivre dans l'oisiveté. Pendant ce temps Zenghi méditait la conquête d'Edesse, et, après avoir trompé Josselin sur ses dispositions, il parut tout à coup, en 1144, devant les murs de cette place, et en fit le siége. Mélisende, veuve du roi Foulques d'Anjou, qui gouvernait alors le royaume de Jérusalem pendant la minorité de son fils, n'envoya point de troupes au secours de la ville menacée, et Raymond, prince d'Antioche, qui était l'ennemi mortel de Josselin, était loin de vouloir s'opposer à sa ruine. Les habitants d'Edesse résistèrent de toutes leurs forces aux attaques de Zenghi, dans l'espoir que la nation qu'*on appelle vaillante*, suivant l'expression d'un auteur arménien, leur viendrait en aide. Mais après vingt-huit jours de siége, leurs tours s'écroulèrent sous les coups des machines du redoutable prince de Mossoul. Les Turcs pénétrèrent dans la ville par plusieurs brèches, et firent de tous les chrétiens qu'elle contenait, hommes, femmes, enfants et vieillards, un horrible carnage, accompagné du pillage général des maisons et des églises, et éclairé par un vaste incendie. Un évêque arménien fut traîné dans les rues et battu de verges, et l'archevêque latin fut massacré avec tout son clergé. Les têtes des victimes de la férocité turque furent envoyées à Bagdad, et les chrétiens qui ne furent pas exterminés furent réduits en esclavage. Les Musulmans montèrent sur les clochers des églises pour proclamer leur victoire, et firent retentir l'air du nom de Mahomet. Il faut entendre sur ce grand événement le récit d'un historien oriental chrétien : Aboulfarage dit, dans sa chronique syriaque, que les habitants d'Edesse, grands et petits, sans excepter les moines, accoururent sur les remparts, et combattirent avec courage pour la défense de la ville; les femmes même apportaient aux guerriers des pierres, de l'eau et des vivres. Zenghi, lorsque les murs et les tours de la ville furent minés, offrit aux assiégés de se rendre; mais cette proposition fut méprisée. Celui qui commandait dans Edesse attendait l'arrivée de Josselin et du roi de Jérusalem. « Alors, dit Aboulfarage, l'ennemi mit le feu aux poutres qui soutenaient les tours, et elles s'écroulèrent. Au bruit qui en retentit, les habitants et les évêques (de chaque communion chrétienne) accoururent sur la brèche pour arrêter l'ennemi. Mais pendant qu'on défendait cet endroit, les soldats de Zenghi trouvèrent les remparts dégarnis, et pénétrèrent dans la ville. Alors les habitants quittèrent la brèche et accoururent à la citadelle. A partir de ce moment, quelle bouche ne se fermerait, quelle main ne reculerait d'effroi, si elle voulait raconter ou décrire les malheurs qui, durant trois heures, accablèrent Edesse. Le glaive des Turcs s'abreuva du sang des jeunes, des vieux, des hommes, des femmes, des prêtres, des diacres, des religieux, des religieuses, des vierges, des époux, des épouses..... Quand les prêtres en cheveux blancs, qui portaient les châsses des saints martyrs, virent luire les signes du jour de colère, du jour dont un prophète a dit: *J'éprouverai le courroux céleste parce que j'ai péché*, ils s'arrêtèrent tout court, et ne cessèrent d'adresser leurs voix à Dieu, jusqu'à ce que le glaive des Turcs leur eût ôté la parole. Plus tard, on retrouva leurs corps en habits sacerdotaux, teints de sang.... Ceux qui avaient couru vers la citadelle ne purent y entrer. Les Francs qui la gardaient refusèrent d'ouvrir les portes, et attendirent que leur chef qui était à la brèche fût revenu. Il arriva enfin, mais trop tard, et lorsque des milliers de personnes avaient été étouffées aux portes. En vain voulut-il s'ouvrir un chemin; il ne le put, à causse des cadavres entassés sur son passage, et il fut tué, à la porte même d'un coup de flèche. Enfin Zenghi, touché des maux qui accablaient Edesse, ordonna de remettre l'épée dans le fourreau.

Le chroniqueur anglais Guillaume de Neubridge attribue la perte d'Edesse à la vengeance d'un des habitants de la ville, dont la fille avait été déshonorée par Josselin. Cet habitant traita secrètement avec les Turcs et les introduisit dans la ville le jour de Noël. Cet fait est rapporté également par un autre chroniqueur, et les mœurs du jeune Josselin ne le rendent pas invraisemblable. L'effet que produisit sur les Musulmans la prise d'Edesse fut immense, et il en reste des témoignages dans leurs historiens. « Après cette conquête, dit l'auteur de l'histoire des Atabecks, l'islamisme avança les cornes dans la contrée, il déploya ses forces et les signes de sa victoire. Cette conquête était en effet importante et telle, que les Musulmans n'en avaient jamais fait de semblable. La nouvelle s'en répandit dans le monde; la sensation en fut agréable; elle se communiqua de bouche en bouche, et devint le sujet de l'entretien de toutes les assemblées de la terre. » La joie de ce triomphe fut troublée par la mort de Zenghi, qui fut assassiné par ses esclaves.

Après la prise d'Edesse, Zenghi avait permis à un certain nombre de familles syriennes et arméniennes de repeupler cette ville. Selon Ibn-Alatir, Edesse fut d'abord livrée au pillage : les hommes furent passés au fil de l'épée, les femmes et les enfants réduits en servitude. Mais quand Zenghi eut examiné la ville en détail, il en fut dans l'admiration; et, jugeant convenable de ne pas la détruire, il rétablit les habitants dans leurs maisons, il fit remettre les femmes et les enfants en liberté, et rendit aux chrétiens tout ce qui leur avait appartenu. Josselin avait établi son séjour à l'occident de l'Euphrate. Quand il sut la mort de Zenghi, il engagea les habitants d'Edesse, dont la plupart étaient chrétiens, à lui livrer la place, et il rentra dans son ancienne capitale, dont la citadelle seule lui résista. Mais tandis qu'il en faisait le siége, Nour-Eddin, fils de Zenghi, arriva d'Alep avec son armée, et força le prince chrétien à la retraite; il saccagea ensuite Edesse, et en réduisit les habitants en servitude. La plupart s'expatrièrent, et il n'y resta plus qu'un petit nombre de chrétiens. En racontant la prise d'Edesse par Nour-Eddin, la *Grande chronique belge* rapporte que les Musulmans se portèrent à de tels excès contre le culte des chrétiens que, dans la grande basilique, un infidèle dressa son lit sur le maître-autel, et y commit la plus scandaleuse profanation. « Il faudrait, dit Aboulfarage, un Jérémie et des hommes de son génie pour former un concert de pleurs et de gémissements, et célébrer dignement, par des lamentations, des cantiques et des vers lugubres, les malheurs du peuple d'Edesse. »

Les historiens arabes remarquent qu'Édesse avait acquis, sous la domination des Francs, une grande puissance : les chrétiens avaient envahi presque tout le nord de la Mésopotamie. Les mêmes historiens font l'éloge du courage de Josselin II, auquel les chroniqueurs latins ne refusent pas l'habileté dans l'art de la guerre, tout en le représentant comme un prince adonné à l'ivrognerie et à d'autres vices, et tout à fait indigne du nom de son père. « Josselin, ancien comte d'Edesse, dit Kemal-Eddin, s'était fait remarquer, entre tous les seigneurs chrétiens, par sa générosité et son courage. Un jour, il remporta une victoire sur Nour-Eddin, et s'empara de son écuyer et de ses armes. Après le combat, il envoya à Massoud, prince d'Iconium, et beau-père de Nour-Eddin, les armes de son gendre, en accompagnant cet envoi de paroles ironiquement amères. Nour-Eddin fut très-sensible à cette insulte, et n'eut pas de repos qu'il ne se fût vengé. Il aima mieux recourir à la ruse, sachant bien que, s'il attaquait Josselin à force ouverte, il rencontrerait de grands obstacles. S'adressant donc aux Turcomans, il leur promit une grande récompense s'ils le lui amenaient mort ou vif. Les Turcomans enlevèrent Josselin à la chasse, et le remirent à Nour-Eddin. Ce coup de main valait une victoire, et les effets s'en firent sentir dans toutes les provinces chrétiennes. » Josselin mourut dans les prisons d'Alep.

L'auteur de l'*Histoire des Atabecks* fait du dernier comte d'Edesse le portrait suivant : « C'était un diable enragé, et l'ennemi mortel de l'islamisme. C'est lui qui menait les Francs au combat, tant il avait de prudence et de bravoure, tant il était ennemi de la religion musulmane et barbare avec ses disciples. Toute la chrétienté se ressentit de sa ruine; tous les chrétiens eurent à gémir de sa captivité. Ses provinces se trouvèrent sans défense, ses frontières sans protecteur, et les Musulmans les prirent sans résistance. C'était un homme rusé et perfide, se jouant de la sainteté des serments et de la foi des traités. Toutes les fois que Nour-Eddin traita avec lui, et qu'il se fia à ses promesses, cet impie les viola. Mais ses artifices et sa perfidie retombèrent sur lui; car la perfidie est une arme funeste pour ceux qui s'en servent. » Au rapport de Guillaume de Tyr, le fils de Josselin de Courtenay « avait une petite stature, une grosse corpulence, les cheveux épais et noirs, une face large et marquée de petite vérole, les yeux gros et sortant de la tête, le nez long; prince libéral, au demeurant, assez expérimenté dans l'art de la guerre, mais adonné aux excès de l'ivrognerie et du libertinage, au point d'en être noté d'infamie. »

L'empereur de Constantinople offrit à la veuve de Josselin des sommes considérables, en échange de Turbessel et des autres villes qu'elle possédait encore dans le voisinage de l'Euphrate. Le roi de Jérusalem, se voyant dans l'impossibilité de chasser les Turcs du pays d'Edesse, consentit à ce qu'il passât ainsi sous la domination grecque. Ce prince remit lui-même aux officiers de l'empereur Turbessel et les autres villes, et il ramena à Antioche la veuve de Josselin, avec toutes les familles chrétiennes qui habitaient le comté. Cette retraite fut harcelée par Nour-Eddin, auquel les chevaliers de l'Hôpital et du Temple, commandés par le roi Baudouin III et par le comte de Tripoli, ne tinrent tête qu'en déployant le plus grand courage. L'empereur grec ne put pas garder une province qui se trouvait située au milieu des pays soumis aux Musulmans. L'ancien comté d'Edesse devint la proie de Nour-Eddin.

EFFETS DES CROISADES. Un historien contemporain des croisades, Guibert, remarque que leur premier effet à été de changer en une situation calme l'état de trouble général où était l'Occident : toutes les discordes, dit-il, furent apaisées par l'inspiration céleste de la croix. Un autre chroniqueur a consacré un chapitre de son ouvrage à l'énumération *des diverses guerres assoupies par l'expédition de Jérusalem.* Mais, à cette première influence des croisades, qui ne fut que passagère, succédèrent d'autres effets d'un caractère plus permanent. Les modifications exercées par les croisades sur la civilisation européenne demanderaient des développements dans lesquels nous ne pouvons pas entrer ici. Ce grand sujet a été traité dans deux ouvrages remarquables : l'un, qui est intitulé : *De l'influence des Croisades sur l'état des peuples de l'Europe*, est de M. de Choiseul d'Aillecourt; l'autre, qui a pour titre : *Essai sur l'influence des Croisades*, est de Heeren, et il a été traduit de l'allemand par Ch. Villers. Le premier est substantiel et à peu près irréprochable; le second, où la diffusion germanique se fait quelquefois sentir, et où les préjugés protestants percent souvent, est plein d'érudition. Nous allons exposer sommairement quels ont été les effets généraux des croisades, aux différents points de vue où ils se sont manifestés.

Effets des croisades sur l'ordre social, politique et civil. — Les croisades eurent, sur la servitude inhérente à la personne, cette influence que les serfs qui prenaient la croix devenaient libres en entrant dans la milice de Jésus-Christ; et l'autorité temporelle des seigneurs ne put s'opposer à un enrôlement qui était un acte spirituel, puisque le pèlerin qui partait pour la terre sainte était un pécheur qui allait expier ses fautes par une œuvre satisfactoire. Le droit d'aubaine, qui autorisait les seigneurs à mettre au nombre de leurs serfs l'étranger qui s'établissait dans leurs domaines, fut modifié et adouci par la dispersion des croisés dans toutes les contrées de l'Europe, l'Église ayant pris les soldats de la croix sous sa protection. Pour se procurer l'argent nécessaire aux saintes expéditions, les seigneurs, qui faisaient alors la guerre à leurs frais, et qui soldaient leurs vassaux, vendirent leurs propriétés, qui passèrent dans les mains du clergé et dans celles des communes, auxquelles les mêmes circonstances permirent d'acquérir des seigneurs certaines franchises et plusieurs priviléges. Les ventes faites par les nobles guerriers qui s'acheminaient vers la Palestine diminuèrent le nombre des fiefs. Une atteinte plus profonde fut portée au gouvernement féodal par la permission que donnèrent les papes aux feudataires auxquels leurs seigneurs refusaient de prêter de l'argent pour se croiser, d'engager leurs fiefs à des églises, à des ecclésiastiques ou à des roturiers. Admettre ces derniers à la possession des fiefs, c'était miner dans ses fondements le régime féodal. L'absence des seigneurs partis pour l'Orient, et la diminution des fiefs, sapèrent encore ce régime, en réduisant le nombre des justices seigneuriales. Les croisades favorisèrent l'adoption en Europe du code de Justinien, en répandant la renommée de ces lois, par les communications que les pèlerins établirent entre l'Italie, où le droit romain fut d'abord enseigné à Bologne, et les autres parties de l'Occident. Les croisades ont puissamment contribué à l'amélioration de la situation de l'Europe, en favorisant, par les dotations pieuses dont elles inspiraient la pensée, l'accroissement du nombre des monastères, qui furent les foyers de la culture intellectuelle et morale de la société chrétienne, en même temps qu'ils opérèrent le défrichement du sol. Jusqu'à l'époque des croisades, les rois et les seigneurs étaient obligés, par les prescriptions du régime féodal, de licencier leurs vassaux au bout de quelques mois de service, et ils ne pouvaient procurer à leurs domaines ni la sécurité extérieure, ni la tranquillité intérieure. Les ordres militaires qui se formèrent en Palestine, et ensuite en Espagne, furent pour la défense de la chrétienté des milices permanentes, qui remplacèrent, au moyen âge, les armées soldées de nos temps modernes. L'influence exercée par les croisades sur l'ordre politique et social peut se résumer en disant qu'elles ont contribué à l'affaiblissement du régime féodal, à l'affranchissement des serfs, à l'établissement des communes, à la naissance du tiers état, et à l'accroissement du pouvoir royal au détriment de celui de la noblesse. Les rois ont trouvé dans ce grand mouvement un moyen d'accroître leur pouvoir, et les peuples leur liberté.

Effets des croisades sur les lettres, les sciences et les arts. — L'ignorance était loin d'être aussi grande et aussi générale en Europe, à la fin du XIe siècle, que les historiens modernes de l'école dite philosophique voudraient le faire croire. Mais, du choc de l'Occident contre l'Orient, produit par les croisades, jaillirent toutefois des lumières dont nos pères étaient loin de n'avoir pas besoin. La rouille gothique des esprits disparut au frottement des idées. Au rapport de Rigord, dans sa chronique *De gestis Philippi Augusti*, la métaphysique d'Aristote fut apportée de Constantinople à Paris, lors de la prise de la capitale de l'empire grec par les Latins, et ce ne furent pas les Arabes qui firent connaître cet ouvrage en Occident. Les passages des croisés à travers l'Asie-Mineure, leur séjour en Syrie, et leurs apparitions en Egypte, tournèrent les esprits vers l'étude de la géographie, science qui était alors plongée dans les plus épaisses ténèbres. Sous le règne de saint Louis, on acquit des renseignements sur l'Arménie, sur la Tartarie et sur l'Inde. Les seigneurs croisés rapportèrent d'Orient plusieurs manuscrits. Ce fut pendant les croisades que s'établirent les premières universités, qui, suivant la juste observation de Heeren, sans être un résultat des guerres saintes, furent un au moins de la tendance générale des esprits vers l'agrandissement du cercle des lumières. La fréquentation des Grecs, au commencement du XIIIe siècle, ne fut pas sans influence sur l'esprit des Latins et sur la philosophie scolastique, qui était alors en pleine vigueur. L'héroïsme des exploits des croisés éveilla le désir d'en transmettre le souvenir à la postérité, et aucune époque des annales européennes n'offre un plus grand nombre d'historiens que celle des guerres d'outre-mer. La grandeur et l'importance des événements qu'avaient à raconter les narrateurs de ces expéditions élevèrent leur style à la hauteur de leur sujet. Pour la première fois dans l'Europe moderne, l'histoire s'adressa aux peuples et leur parla en langue vulgaire. Les croisades firent plus que de créer des historiens : elles leur créèrent des lecteurs, en rendant plus général l'intérêt de l'histoire. L'étude des mathématiques et celle de l'astronomie gagnèrent aux rapports que les croisades établirent entre nos aïeux et les Arabes. Par la lecture des auteurs de cette nation, qui s'étaient approprié une partie de la doctrine des Grecs, la médecine fit des progrès en Occident. Il est probable que les ouvrages d'Avicenne y furent introduits par les croisés. La thériaque, qui a joui d'une si grande faveur, y fut apportée dès la première croisade. La multiplication des ordres hospitaliers contribua aussi, pendant l'époque des guerres d'outre-mer, au développement des connaissances médicales. Peyrilhe, auteur d'une *Histoire de la chirurgie*, rapporte aux croisades l'origine des hôpitaux. L'art de la guerre, celui de l'attaque et de la défense des places, se perfectionnèrent pendant la longue lutte des chrétiens contre les Musulmans. La discipline triompha, dans les armées de l'Occident, de l'insubordination féodale.

La langue latine fut l'idiome commun des peuples rassemblés sous la bannière de la croix : il est vrai qu'en passant par tant de bouches diverses elle acheva de se corrompre. Un grand nombre de croisés parlèrent la langue des Arabes et celle des Grecs. Plusieurs passages des chroniqueurs latins et orientaux montrent que les seigneurs chrétiens les plus puissants ne dédaignaient pas d'apprendre la langue arabe, pour s'en servir au besoin. La langue française s'enrichit alors d'une foule de mots et de tournures empruntés à celle de Démosthènes. L'universalité dont l'idiome français jouit à cette époque exerça certainement une heureuse influence sur sa culture. Guillaume l'avait portée en Angleterre, et d'autres conquérants normands, dans la Pouille et dans la Sicile. Les croisades le repandirent en Orient, à Antioche, à Jérusalem, en Chypre, à Constantinople et dans la Grèce. Les faits merveilleux accomplis par les champions de la croix éveillèrent le génie de la poésie en Europe. Le temps des croisades est celui qui a produit le plus grand nombre de nos vieux trouvères, dont la poésie épique est d'un caractère plus grave que la poésie lyrique des troubadours provençaux. Ceux-ci épurèrent leurs chants en mêlant leurs voix à celles qui cherchaient à exciter le zèle des croisés. Ce fut l'enthousiasme religieux de ces âges de foi qui enflamma la verve du chantre de l'Iliade chrétienne. Le récit des faits d'armes accomplis en Orient, par les vaillants défenseurs des Saints Lieux, remplaça, dans les romans, celui des aventures fabuleuses des chevaliers de la Table-Ronde. « Depuis la première croisade, dit l'*Histoire littéraire de la France* par les Bénédictins, les romans se multiplièrent beaucoup. C'est que les exploits héroïques, qui en sont l'objet, se multipliant, fournirent aux romanciers une ample matière, pour exercer leur talent d'inventer et celui d'embellir leurs inventions. »

Guillaume de Tyr et plusieurs autres chroniqueurs nous apprennent que la vue des églises, des monastères et des palais de Constantinople transporta les croisés d'admiration. Ils se sentirent nécessairement portés à désirer que des édifices analogues à ceux dont la beauté les frappait s'élevassent en Occident. Nous avons dit qu'un des effets des croisades fut de multiplier les communautés religieuses. Cette propagation des congrégations monastiques qui, après l'aumône, ne connaissaient d'autre emploi de leurs revenus que le luxe de la décoration des temples, concourut aussi aux progrès des beaux-arts. Les impressions produites sur les croisés par les monuments de l'architecture arabe, ne furent pas sans exercer quelque influence sur le magnifique développement des constructions ogivales au XIIIe siècle. L'architecte de la Sainte-Chapelle, Eudes de Montreuil, accompagna saint Louis dans son premier voyage en Orient. La représentation des principaux événements de la première croisade, sur les vitraux de l'église de l'abbaye de Saint-Denis, fut un des embellissements que ce monastère dut à Suger. Cimabué était contemporain des croisades, qui ont certainement contribué à faire pénétrer en Occident le goût de la peinture, comme celui de l'architecture et de la sculpture.

Effets des croisades sur le commerce et l'industrie. — Les écrivains qui ont nié ou atténué les avantages que l'Europe a recueillis des guerres saintes, n'ont pu s'empêcher de reconnaître l'influence favorable qu'elles ont eue sur le commerce. Par suite de l'établissement des chrétiens en Syrie, et de l'occupation de Constantinople et de Damiette par les croisés, une grande partie du commerce de l'Orient passa aux mains des Occidentaux. Les croisades firent prendre aux peuples de l'Europe le goût des délicatesses asiatiques, des pierres précieuses, de la soie, des parfums et des épices, et amenèrent ainsi l'extension du commerce en multipliant les besoins. Ce furent surtout les républiques de Venise, de Gênes et de Pise, qui s'enrichirent par le commerce entre l'Occident et l'Orient, dont les guerres saintes les mirent en possession. En augmentant l'activité des relations commerciales, les croisades contribuèrent à perfectionner l'art de la navigation. La boussole, dont l'origine paraît remonter aux premières croisades, devint d'un usage commun sur les navires qui fréquentaient la Méditerranée. Les guerres saintes contribuèrent aussi à la formation du droit maritime. La reine Eléonore de Guyenne, à son retour de la Palestine, fit dresser un code nautique, qui est connu sous le nom de *Jugements d'Oléron*. Jusque vers la fin du XIIe siècle, lorsqu'un vaisseau faisait naufrage sur une côte, même en pays ami, il était de bonne prise; c'était ce qu'on appelait le droit de bris et de naufrage. Ce droit était admis en Occident et en Orient, sur les côtes de l'Océan comme sur celles de la Méditerranée, et c'était une branche de revenus pour les princes et les seigneurs des côtes. Lorsque les croisades eurent contribué à multiplier les communications maritimes, on commença à sentir ce que cette législation avait de barbare. On trouve un premier exemple du changement qui s'était opéré dans les esprits à cet égard, dès l'année 1181, dans un traité conclu entre la république de Gênes et le souverain musulman des îles Baléares. Il est dit, dans ce traité, que, si un navire génois fait naufrage sur les côtes du prince musulman, la cargaison sera respectée, qu'on ne touchera pas à ce que la mer aura rejeté sur le rivage, et qu'il sera libre à l'équipage de sauver ce qu'il pourra. La même disposition ne tarda pas à avoir force de loi parmi toutes les nations commerçantes de l'Europe, de l'Asie et de l'Afrique.

Les Grecs avaient enlevé aux Persans l'industrie de la fabrication des étoffes de soie, qui, à l'époque des croisades, passa en Sicile, d'où elle s'introduisit en Italie. C'est aussi à cette époque que s'est répandue en Occident la découverte du papier à écrire.

M. de Maistre, considérant à leur point de vue général les effets des croisades, qui ont surtout affaibli sur son propre terrain la puissance de l'islamisme, dit très-justement de cette *immortelle entreprise*, « qu'elle souleva l'Europe, épouvanta l'Asie, brisa la féodalité, anoblit les serfs, transporta le flambeau des sciences, et changea l'Europe. » Le grand philosophe catholique ajoute : « On ne cesse de nous répéter qu'aucune de ces fameuses entreprises ne réussit. Sans doute, aucune croisade ne réussit, les enfants mêmes le savent; mais toutes ont réussi, et c'est ce que les hommes ne veulent pas voir. » L'illustre écrivain aurait pu ne pas passer condamnation sur la première croisade, qui a glorieusement atteint son but par la délivrance du saint tombeau : *che'l gran sepolcro liberò di Cristo.*

Les croisades furent-elles plus utiles que nuisibles au genre humain? Si on nous pose cette question, dit M. de Choiseul d'Aillecourt dans l'ouvrage qu'il a consacré à examiner quelle a été l'influence des croisades sur l'état des peuples de l'Europe, nous répondrons : « Le bien permanent produit par ces expéditions l'emporte sur les maux qu'elles firent éprouver aux peuples qui s'y dévouèrent, maux dont les plus fâcheux sont communs à toute guerre en général. » C'est des croisades que date l'ascendant de l'Europe, sa supériorité intellectuelle et morale sur le reste du monde. Ce sont les croisades, enfin, qui l'ont constituée ce qu'elle est : la tête et le cœur de l'humanité.

EGYPTE. L'Egypte fut conquise à l'islamisme par les Arabes, sous la conduite d'Amrou, lieutenant du calife Omar, en 638. Le turc Thouloun, qui gouvernait le pays au nom du calife de Bagdad, s'y rendit indépendant en 869, et fut le fondateur de la dynastie des Thoulounides; mais les califes rétablirent leur autorité en Egypte dans les premières années du Xe siècle. Obéid-Allah, qui prétendait descendre de Fatime, fille du faux prophète Mahomet, et de son gendre Ali, s'était fait proclamer, en 909, souverain de toute la côte d'Afrique, depuis l'Egypte jusqu'au détroit de Gibraltar. Le troisième successeur d'Obéid-Allah, fondateur de la dynastie des Fatimites, s'empara de l'Egypte en 969, et s'en fit reconnaître souverain sous le titre de calife, en opposition avec les califes de Bagdad. Cette dynastie occupa le trône d'Egypte jusqu'en 1171, sous onze califes. (Voir l'article FATIMITES.) Saladin, lieutenant, en Egypte, de Nour-Eddin, atabek de Syrie, venait de substituer le nom du calife de Bagdad à celui d'Adhed, dernier calife fatimite, lorsque ce prince mourut en 1171. Saladin se rendit alors indépendant dans son gouvernement d'Egypte, se fit proclamer sultan, et fonda la dynastie des Ayoubites ainsi appelée du nom de son père Ayoub. Cette dynastie occupa le trône jusqu'en 1254, sous neuf califes (voir l'article AYOUBITES), et en fut précipitée par les Mameluks baharites, qui régnèrent jusqu'en 1382, sous vingt et un califes. L'Egypte parvint à un haut dégré de puissance dans la seconde moitié du XIIIe siècle, sous les trois sultans mameluks baharites, Bibars, Kélaoun et Kalil Aschraf, qui portèrent les derniers coups aux colonies chrétiennes d'Orient. Les Mameluks baharites furent dépossédés du trône en 1382 par les Mameluks bordjites ou circassiens. Ces derniers restèrent en possession de la souveraineté de l'Egypte jusqu'à la conquête de ce pays par le sultan ottoman Sélim Ier, qui fit pendre à une des portes du Caire, en 1517, le dernier sultan mameluk. (Voir l'article MAMELUKS).

ENFANTS (Croisade d'). Des réunions d'enfants, prétendant s'acheminer vers la terre sainte, ne sont pas un des événements les moins extraordinaires du mouvement produit en Europe par les croisades. C'est dans l'année 1212 qu'en Allemagne et en France, des multitudes d'enfants, saisis d'un esprit de déception, dit un chroniqueur, s'attroupèrent et prirent le signe de la croix, en disant qu'ils partaient pour Jérusalem. Ceux qui s'assemblèrent en Allemagne étaient conduits par un nommé Nicolas, enfant de la ville de Cologne. Ce chef de la troupe, rapporte la *Chronique des archevêques de Trèves*, portait sur lui un signe qui devait être le garant de la sainteté de son pouvoir pour opérer des miracles. Ce signe était d'un métal dont il n'était pas facile de distinguer l'espèce, et il avait la forme du T des Grecs. On trouve dans l'*Histoire de l'abbaye de Sénones*, écrite au XIIIe siècle, les détails suivants sur la croisade des enfants en Allemagne.

« Il se réunit de différents pays, je ne sais comment, dit le moine de ce monastère, nommé Richer, auteur de la chronique, de si grandes troupes d'enfants, qu'elles formaient une armée innombrable. Ces enfants faisaient porter devant eux des étendards, disant qu'ils devaient aller au delà des mers, et que le sort leur donnerait la terre sainte, comme l'obtinrent jadis les enfants d'Israël, après leur sortie d'Egypte. Dans quelque ville qu'ils arrivassent, les habitants les recevaient au nom de Dieu, comme des pupilles et des orphelins qu'ils étaient; ils leur fournissaient des provisions, et les laissaient partir. Ces jeunes pèlerins ayant traversé les Alpes, entrèrent dans la Lombardie, et se répandirent dans les villes maritimes, telles que Gênes, Pise et autres situées sur la côte. Ils espéraient trouver des vaisseaux pour passer la mer, et ils n'en trouvèrent point. Il y eut cependant deux navires qui se mirent en mer chargés d'une partie de ces enfants; mais on ignore s'ils arrivèrent à quelque port ou dans quel pays ils furent portés. Ceux qui restèrent furent réduits à la plus affreuse misère : on leur refusait l'hospitalité, et ces paroles de Jérémie pouvaient leur être appliquées : *Les petits enfants ont demandé du pain, et il n'y avait personne pour leur en couper.* Aussi la plupart d'entre eux périrent de faim, et leurs cadavres, sans sépulture, remplissaient les rues et les places publiques..... Ceux qui étaient plus âgés et plus raisonnables se dispersèrent dans le pays d'Italie et de Toscane, et s'offrirent pour labourer la terre ou pour le service des maisons. Telle fut l'issue de cet événement, et nous ignorons encore ce qu'annonçait un mouvement si extraordinaire. »

La *Chronique des archevêques de Trèves* nous apprend qu'à Brindes, l'évêque de la ville ne laissa pas embarquer les enfants qui y arrivèrent, parce qu'on savait qu'ils étaient vendus aux Musulmans. Le jeune Nicolas périt misérablement, ajoute la chronique, et son père fit aussi une mauvaise fin à Cologne. « Lorsqu'on demandait à ces enfants, dit un chroniqueur danois, quel était le but de leurs voyages, ils répondaient : *Nous allons à Jérusalem; nous allons conquérir la terre sainte.* A la nouvelle de ce mouvement extraordinaire, le souverain pontife versa des larmes, et prononça ces mots : *Dieu se sert de ces enfants pour nous reprocher notre indifférence et notre sommeil.* »

Les enfants qui formèrent une croisade en France, à la même époque, éprouvèrent à peu près le même sort que ceux d'Allemagne. Deux marchands de Marseille, qui faisaient avec les Musulmans un commerce dont la vente des jeunes garçons était la principale branche, offrirent aux enfants qui arrivèrent dans cette ville de les conduire gratuitement en Orient. Les deux marchands feignirent d'être portés par la piété à cet acte de générosité. Sept grands vaisseaux, au rapport du moine Albéric, furent remplis de ces pauvres enfants. Lorsqu'ils furent à plusieurs lieues en mer, une tempête s'éleva, et deux de ces vaisseaux périrent : tous les enfants qui les montaient furent noyés; les cinq autres furent conduits dans les ports d'Egypte, et là on vendit aux Musulmans et à des marchands d'esclaves les enfants qui avaient traversé la mer. Le sultan en acheta un certain nombre; mais aucun de ces jeunes malheureux ne voulut embrasser le mahométisme. Au rapport des chroniqueurs, ils demeurèrent tous fidèles à la religion chrétienne. Ceux de ces enfants qui restèrent en France furent tenus, par ordre du pape, d'accomplir le vœu qu'ils avaient fait, lorsqu'ils eurent atteint l'âge de porter les armes. Cette croisade d'enfants est tournée en dérision dans plusieurs chroniques, et appelée *expeditio nugatoria*, *expeditio derisoria.* L'historien génois Bizarro raconte qu'on avait persuadé aux troupes d'enfants qui arrivèrent à Gênes, que la sécheresse serait telle l'année où ils se mirent en route, que la mer serait desséchée, et qu'ils pourraient se rendre à Jérusalem à pied sec.

ESPAGNE. De toutes les grandes nations de l'Europe occidentale, l'Espagne fut celle qui prit la moindre part aux croisades, parce qu'elle avait à lutter chez elle contre l'ennemi que les autres peuples chrétiens allaient combattre en Palestine. Au début des guerres saintes, le pape lui-même engagea les Espagnols à s'abstenir de s'associer aux expéditions en Orient, et leur conseilla d'employer l'argent qu'ils y auraient dépensé à la guerre qu'ils faisaient aux infidèles, sur leur propre sol, pour les en expulser. L'islamisme ne comptait pas encore un siècle d'existence lorsque Mousa, qui gouvernait l'Afrique au nom du calife ommiade Walid, envoya son lieutenant Tarik planter l'étandard musulman sur la terre européenne. La monarchie des Wisigoths, maîtres alors de l'Espagne, était arrivée à un état de décadence dont la rapidité de la conquête arabe est un irrécusable témoignage. Après la victoire remportée sur le roi Rodrigue, près des bords du Guadalete, en 712, par Tarik, il ne fallut que deux ans au général mahométan pour s'emparer de toute l'Espagne, à l'exception des montagnes des Asturies, où se réfugièrent les débris du peuple vaincu. Tout un royaume chrétien devint une province du vaste empire des califes de Bagdad. Mais Pélage, proclamé, en 718, roi des Wisigoths retirés dans les Asturies, inaugura cette glorieuse lutte de près de huit siècles, qui se termina, à la fin du quinzième, par la destruction de la puissance arabe en Espagne. Les croisades aidèrent à la délivrance de cette terre chrétienne, et au triomphe de la croix dans la patrie du Cid, par la diversion qu'elles opérèrent en Orient contre l'islamisme, et la guerre que lui firent en Occident les générations espagnoles qui succédèrent à celle de ce héros, mort l'année de la prise de Jérusalem par les premiers croisés, ne fut pas sans exercer une influence favorable aux succès des armes latines en Syrie. L'expulsion des Arabes fut due aussi en grande partie en Espagne aux ordres religieux de chevalerie qui s'y formèrent, à l'imitation de ceux que les croisades avaient fait naître en Palestine. Quand les Ommiades furent expulsés du califat d'Orient par les Abbassides, en 751, Abdérame, échappé avec son père Moaviah au massacre de sa famille, se retira en Afrique, d'où il passa en Espagne à la tête d'un nombre considérable de partisans de sa dynastie, et où il fonda, en 756, le califat de Cordoue. Les Ommiades possédèrent pendant trois cent huit ans cet empire, qui étendait sa domination sur toute l'Espagne musulmane. La révolution qui le détruisit en 1038, transforma la monarchie des Arabes en plusieurs principautés indépendantes. Les divisions des princes chrétiens qui reconquéraient la péninsule sur les Musulmans, retardèrent l'issue de ce magnifique duel d'où le christianisme sortit complétement vainqueur de l'islamisme, après lui avoir livré trois mille sept cents batailles. Alphonse VIII, roi de Castille, accompagné des rois d'Aragon et de Navarre, et avec l'aide de croisés étrangers que le saint-siége avait réunis sous ses drapeaux, porta à la puissance du Croissant un coup dont elle ne se releva pas dans la bataille de las Navas de Tolosa, où il jonchа la terre de deux cent mille cadavres musulmans. Le mariage de Ferdinand d'Aragon avec Isabelle de Castille amena, en 1479, la réunion de ces deux royaumes, qui ne furent plus séparés que passagèrement, après la mort d'Isabelle, et constitua la monarchie espagnole. Par la conquête du royaume arabe de Grenade, Ferdinand affranchit l'Espagne, en 1492, du joug des infidèles.

La longue durée de l'occupation musulmane et de la guerre continuelle qui lui fut faite, donna au caractère de la nation espagnole une empreinte toute particulière de fierté et d'indépendance. A l'exception de l'Aragon, le régime féodal ne s'établit point chez elle. Les peuples de la Péninsule durent à l'institution de leurs cortès et à leurs antiques franchises municipales la jouissance, en plein moyen âge, des véritables libertés politiques, civiles et communales.

ÉTIENNE, comte de Blois et de Chartres, avait épousé la fille de Guillaume le Conquérant, roi d'Angleterre. Ce seigneur était un des plus puissants vassaux du roi de France, et la flatterie égalait le nombre de ses châteaux à celui des jours de l'année. Il partit pour la première croisade avec le duc Robert de Normandie, à la tête d'une nombreuse troupe de pèlerins. Etienne avait un esprit cultivé et une éloquence qui le rendit propre à briller dans le conseil des chefs de la croisade. Il passait pour un des bons poëtes de son temps; aucune de ses productions n'est cependant parvenue jusqu'à nous. Mais il avait négligé les exercices de la chevalerie et n'avait point de goût pour les périls de la gloire. Ce prince fut dupe des cajoleries de l'artificieux empereur Alexis: une lettre écrite par Etienne à sa femme, du camp des croisés devant Nicée, est un curieux témoignage de l'influence que l'empereur grec avait exercée sur le comte de Blois en flattant sa vanité. Le commencement de ce document est ainsi conçu: « Je t'annonce que je suis arrivé heureusement à Rome, au milieu des plus grands honneurs, et jouissant d'une très-bonne santé. J'ai eu soin de t'écrire de Constantinople pour te donner quelques détails sur mon voyage; mais, craignant qu'il ne soit arrivé quelque malheur au messager porteur de ma lettre, je t'écris une seconde fois. Grâces à Dieu, je suis arrivé à Constantinople le cœur rempli de joie. L'empereur s'est empressé de me recevoir comme son fils; il m'a accablé de présents. Dans toute l'armée il n'y a ni duc, ni comte, ni personnage puissant à qui il accorde plus de confiance et de faveur qu'à moi. Oui, ma bien-aimée, il me presse continuellement de lui envoyer un de nos enfants; il promet de faire pleuvoir les honneurs sur sa tête, tellement que notre fils n'aura rien à envier à personne. Je te le dis, en vérité, il n'y a pas aujourd'hui un pareil homme sous le ciel, *in veritate tibi dico, hodie talis vivens homo non est sub cœlo;* car il a lui-même enrichi tous nos princes, comblé de présents tous nos chevaliers et secouru tous les pauvres de l'armée. Non loin de Nicée est un château appelé Civitot; près de là se trouve un bras de mer que les vaisseaux de l'empereur couvrent nuit et jour, chargés de provisions destinées à nos pauvres dont le nombre est infini. Il nous semble que, dans notre siècle, il n'a point existé un prince aussi bon. Ton père, ô ma bien-aimée, a donné beaucoup de choses, et de grandes choses, mais, à côté d'Alexis, il ne fut presque rien. J'ai aimé à t'écrire quelques mots sur l'empereur pour te faire savoir ce que c'est que cet homme. Dix jours après mon arrivée, quand je pris congé d'Alexis, je crus quitter un père; il m'ordonna lui-même de préparer les navires avec lesquels je devais traverser le bras de mer qui entoure Constantinople. » Le comte de Blois fut nommé chef du conseil suprême dans lequel siégeaient tous les princes, et qui avait la direction des opérations de la croisade. Il abandonna cependant l'armée devant Antioche, et la peinture effrayante de la malheureuse situation des croisés qu'il fit à l'empereur Alexis, lorsqu'il le rencontra en Asie Mineure s'avançant au secours des Latins, contribua à déterminer ce prince à reprendre le chemin de Constantinople. Mais, à son retour dans ses Etats, Etienne vit sa désertion blâmée par ses propres sujets, et sa femme elle-même lui reprocha son infidélité aux engagements de la religion et de la chevalerie. Forcé de retourner en Orient, il partagea, en Asie Mineure, les fatigues, les souffrances et les périls de la troupe de pèlerins lombards, allemands et français que conduisaient l'archevêque de Milan, le duc de Bavière, Conrad, connétable de l'empire germanique, et le duc de Bourgogne. Le comte de Blois échappa au désastre de cette armée qui, au témoignage des chroniqueurs, perdit cent soixante mille hommes en traversant les Etats du sultan turc d'Iconium. Accueilli à Antioche par Tancrède, Etienne se rendit de là en Palestine, où il fut tué, en 1102, dans un combat livré près de Ramla aux Musulmans d'Egypte, par Baudouin, roi de Jérusalem. Guillaume de Tyr, après avoir raconté la mort du comte de Blois, fait observer que Dieu se montra miséricordieux envers lui, en lui permettant d'effacer, par une mort glorieuse, la tache que sa désertion devant Antioche avait imprimée à son nom.

EUGÈNE III, qui occupa le trône pontifical de 1145 à 1153, avait été moine de l'ordre de Cîteaux, à Clairvaux, et était disciple de saint Bernard. La turbulence du peuple romain, excitée par les instigations révolutionnaires de l'hérétique Arnaud de Brescia, avait forcé Eugène à se retirer à Viterbe, l'année même où il parvint à la papauté, lorsqu'un évêque de Syrie vint lui annoncer la prise d'Edesse, le massacre des habitants de cette ville et la profanation des choses saintes dont il avait été accompagné. Othon de Freisingen, qui était alors à Viterbe auprès du pape, nous apprend que le chef de l'Eglise versa des larmes sur les malheurs des chrétiens d'Orient. Mais la douleur d'Eugène ne fut pas inactive: il adressa au roi de France, Louis VII, la bulle suivante, qui provoqua la seconde croisade, et qui est un des témoignages de la constante et inébranlable sollicitude de la papauté pour la cause des guerres saintes: « Nous savons, par l'histoire des temps passés et par les traditions de nos pères, combien nos prédécesseurs ont fait d'efforts pour la délivrance de l'Eglise d'Orient. Notre prédécesseur Urbain, d'heureuse mémoire, a embouché la trompette évangélique et s'est occupé, avec un zèle sans exemple, d'appeler les peuples chrétiens de toutes les parties du monde à la défense de la terre sainte. A sa voix, les braves et intrépides guerriers du royaume des Francs, et les Italiens, enflammés d'une sainte ardeur, ont pris les armes, ont délivré, au prix de leur sang, cette ville où notre Sauveur a daigné souffrir pour nous, et qui conserve le tombeau, monument de sa passion. Par la grâce de Dieu, et par le zèle de nos pères, qui ont défendu Jérusalem et cherché à répandre le nom chrétien dans ces contrées éloignées, les villes conquises en Asie ont été conservées jusqu'à nos jours, et plusieurs villes des infidèles ont été attaquées et sont devenues chrétiennes. Maintenant, par nos péchés et par ceux du peuple chrétien, ce que nous ne pouvons dire sans douleur et sans gémissement, la ville d'Edesse qui, dans notre langue, est appelée Rohas, et qui, si l'on en croit l'histoire, lorsque l'Orient était asservi aux nations païennes, resta seule fidèle au christianisme, la ville d'Edesse est tombée au pouvoir des ennemis de la croix. Plusieurs autres villes chrétiennes ont eu le même sort; l'archevêque de cette ville, avec son clergé et plusieurs autres chrétiens, ont été tués; les reliques des saints ont été livrées aux outrages des infidèles et dispersées. Le plus grand danger menace l'Eglise de Dieu et toute la chrétienté. Nous sommes persuadé que votre prudence et votre zèle éclateront en cette occasion; vous montrerez la noblesse de vos sentiments et la pureté de votre foi. Si les conquêtes faites par la valeur des pères sont conservées par la valeur des fils, j'espère que vous ne laisserez pas croire que l'héroïsme des Francs a dégénéré. Nous vous avertissons, nous vous prions, nous vous recommandons de prendre la croix et les armes. Nous vous ordonnons, pour la rémission de vos péchés, à vous qui êtes les hommes de Dieu, de vous revêtir de la puissance et du courage, et d'arrêter les invasions des infidèles, qui se réjouissent de la victoire remportée sur nous; de défendre l'Eglise d'Orient délivrée par nos ancêtres; d'arracher des mains des Musulmans plusieurs millions de prisonniers chrétiens qui sont dans les fers. Par là, la sainteté du nom chrétien s'accroîtra dans la génération présente, et votre valeur, dont la réputation est répandue dans tout l'univers, se conservera sans tache et acquerra un nouvel éclat. Prenez pour exemple ce vertueux Matathias qui, pour conserver les lois de ses ancêtres, ne craignit point de s'exposer à la mort avec ses fils et sa famille, n'hésita pas à abandonner tout ce qu'il possédait dans le monde, et qui, avec le secours du ciel, après mille travaux, triompha de ses ennemis. Nous, qui veillons sur l'Eglise et sur vous avec une sollicitude paternelle, nous accordons à ceux qui se dévoueront à cette entreprise glorieuse, les priviléges que notre prédécesseur Urbain avait accordés aux soldats de la croix. Nous avons aussi ordonné que leurs femmes et leurs enfants, leurs biens et leurs possessions, fussent mis sous la sauvegarde de l'Eglise, des archevêques, des évêques et des autres prélats. Nous ordonnons, de notre autorité apostolique, que ceux qui auront pris la croix soient exempts de toute espèce de poursuites pour leurs biens jusqu'à leur retour, ou jusqu'à ce qu'on ait des nouvelles certaines de leur mort. Nous ordonnons, en outre, que les soldats de Jésus-Christ s'abstiennent de porter des habits précieux, de soigner leur parure, d'emmener avec eux des chiens de chasse, des faucons, et rien de ce qui peut amollir des guerriers. Nous les avertissons, au nom du Seigneur, qu'ils ne doivent s'occuper que de leurs chevaux de bataille, de leurs armes, et de tout ce qui peut servir à combattre les infidèles. La guerre sainte appelle tous leurs efforts et toutes les facultés qui sont en eux. Ceux qui entreprendront le saint voyage avec un cœur droit et pur, et qui auront contracté des dettes, ne payeront point d'intérêts. Si eux-mêmes, et d'autres pour eux, se trouvaient obligés de payer des usures, nous les en dispensons par notre autorité apostolique. Si les seigneurs dont ils relèvent ne veulent ou ne peuvent leur prêter l'argent nécessaire, il leur sera permis d'engager leurs terres et possessions à des ecclésiastiques ou à tout autre. Comme l'a fait notre prédécesseur, par l'autorité de Dieu tout-puissant et par celle du bienheureux Pierre, prince des apôtres, nous accordons l'absolution et la rémission des péchés, nous promettons la vie éternelle à tous ceux qui auront entrepris et terminé le saint pèlerinage, ou qui mourront pour le service de Jésus-Christ, après avoir confessé leurs fautes d'un cœur contrit et humilié. »

Cet appel à la seconde croisade partit de Viterbe, au mois de décembre de l'année 1145. Eugène nomma deux légats pour accompagner les deux souverains, le roi de France et l'empereur d'Allemagne, qui furent les chefs de l'expédition. Odon de Deuil nous apprend que le pape aurait voulu marcher lui-même à la tête des croisés, mais qu'il en fut empêché par les embarras que lui suscitèrent les troubles dans lesquels Rome était plongée. Obligé de chercher un refuge en France, en 1147, le pape détermina Suger à se charger de l'administration du royaume pendant l'absence du roi, et menaça de l'excommunication tous ceux qui entraveraient l'exercice de l'autorité dont le dépôt lui était confié. Louis VII, avant de partir, reçut à Saint-Denis la bénédiction du pontife, qui s'était retiré dans cette abbaye. Après la malheureuse issue de la croisade, Eugène écrivit à Conrad, pour l'exhorter à la patience dans l'adversité et à la résignation à la volonté de Dieu. « La destinée des choses de la terre, disait le pape à l'empereur, c'est de changer et de périr. La prospérité ne doit point enfler le cœur de l'homme, et le malheur ne doit point abattre son courage. Nous devons bénir le ciel quand il nous envoie des peines et des calamités, car il veut par là nous dégoûter des choses de ce monde. » Lorsque le pape apprit ensuite l'arrivée de l'empereur en Lombardie, il chargea des députés d'aller lui porter l'assurance que le saint-siége le reconnaissait pour le défenseur de l'Eglise. Eugène encourageait le projet d'une nouvelle croisade qu'avait conçu Suger, lorsque la mort de ce sage ministre, survenue en 1152, l'empêcha de donner suite à cette entreprise.

EUROPE A L'ÉPOQUE DES CROISADES.

Le XIe siècle allait finir quand les croisades commencèrent. Un Français, Urbain II, formé à la grande école de Grégoire VII, occupait le siége pontifical, depuis l'an 1088, et luttait avec un inébranlable courage contre les prétentions de l'anti-pape Guibert. Philippe Ier, quatrième roi de la troisième race, régnait sur la France. Ce prince s'était fait excommunier pour avoir épousé la femme du comte d'Anjou, après avoir répudié la sienne. Il s'était, par cette conduite, aliéné les esprits, que les tendances du temps portaient à la révolte, et il avait ébranlé le pouvoir, si faible d'ailleurs, que lui donnait la royauté. Il occupa le trône de 1060 à 1108. Il fut forcé, par la situation qu'il s'était faite, de rester spectateur de la conquête d'Angleterre par Guillaume de Normandie, en 1066, et de la première croisade, sans prendre part à ces événements. Henri IV, troisième empereur de la maison de Franconie, occupait le trône impérial d'Allemagne, et recueillait, dans la révolte de son propre fils Conrad, les fruits de son opposition au saint-siége, et de sa lutte contre Grégoire VII. Les divers Etats dans lesquels se partage l'Italie trouvaient dans le saint-siége et dans la comtesse Mathilde, souveraine de la Toscane et d'une partie de la Lombardie, l'appui dont ils avaient besoin pour résister à la prétention de l'empire d'Allemagne, de placer sous sa domination cette belle péninsule. Guillaume le Roux, fils du conquérant normand de l'Angleterre, avait succédé à son père en 1087, et s'attirait la haine de ses sujets par les cruautés et les violences dont il les accablait. La partie de l'Espagne reconquise par les chrétiens sur les envahisseurs musulmans était divisée en plusieurs royaumes, dont le désaccord retardait le triomphe de la croix sur le Croissant. La conquête de Valence venait de couronner les exploits du Cid, et Tolède avait été aussi enlevée aux Arabes, dont la puissance s'était affaiblie par la ruine du califat de Cordoue, qui s'était démembré dans la première moitié du XIe siècle. Les féroces Almoravides, récemment passés d'Afrique en Espagne, s'étaient emparés de la partie méridionale de la péninsule Ibérique, et faisaient aux chrétiens une guerre acharnée.

Le régime féodal, arrivé à son apogée, ne produisait déjà plus que des fruits d'anarchie. Les vassaux s'étaient, dans tout l'Occident, arrogé les droits de la souveraineté; ils faisaient la guerre pour leur propre compte, et refusaient de marcher, quand ils en étaient requis par le suzerain. Il y avait cette différence entre l'Allemagne et la France que, dans le premier de ces deux pays, l'autorité impériale allait en décroissant, tandis que, dans le second, le pouvoir royal se relevait de l'abaissement où l'avaient fait descendre les abus du système féodal. Ce système était alors dans toute sa vigueur en Angleterre, où la conquête normande l'avait établi sur la base de la prépondérance de la couronne.

Guillaume de Malmesbury fait de la situation religieuse, morale et politique de la société, à cette époque, une peinture fort sombre. « Sans compter les crimes dont chacun se souillait, le désordre général, dit-il, régnait à ce point, qu'on enlevait les gens sous le plus léger prétexte, et qu'on ne leur rendait la liberté qu'après avoir exigé d'eux une rançon exorbitante. Le serpent de la simonie dressait sa tête; il avait répandu au loin les œufs de son venin mortel; et son souffle, en infectant l'univers, avait corrompu les dignités du sanctuaire. Ce n'étaient pas seulement les évêques qui achetaient l'honneur de commander aux Eglises, mais, dans tous les rangs de la hiérarchie ecclésiastique, l'argent seul tenait lieu de mérite; plusieurs seigneurs renvoyaient leurs épouses légitimes pour contracter une nouvelle union. » Le grave Guillaume de Tyr a tracé, dans le premier livre de son *Histoire*, un tableau plus effrayant encore des désordres que présentait alors le monde, qui semblait, dit-il, retourner au chaos, *et in chaos pristinum mundus videbatur redire velle.*

EUSTACHE, frère des deux premiers rois de Jérusalem, Godefroy et Baudouin, figura dans la première croisade comme un guerrier aussi modeste que brave. Guillaume de Tyr rapporte qu'à la mort de Baudouin, plusieurs seigneurs, conformément aux volontés secrètes de ce roi, se rendirent, de Palestine en Europe, auprès d'Eustache, pour l'engager à venir prendre possession de l'héritage de son frère. Eustache s'était rendu dans la Pouille, lorsqu'au moment de s'embarquer pour la terre sainte, il apprit que son cousin Baudouin du Bourg avait été élu roi de Jérusalem. Il se remit alors en route pour son pays, en disant : *A Dieu ne plaise que ce royaume, remis par la vaillance de mes frères sous l'obéissance de Jésus-Christ, soit troublé par moi, et devienne, par mon ambition, le théâtre d'une guerre civile.*

F

FATIMITES. L'an 909, Abou-Obeid-Allah, qui prétendait descendre de Fatime, fille de Mahomet et femme d'Ali, jeta en Afrique les fondements d'un puissant empire, que ses descendants possédèrent sous le nom de *Fatimites*, dérivé de *Fatime*. Après avoir élevé sa puissance sur la ruine des dynasties qui régnaient dans la Lybie, dans la Mauritanie, et sur toute la côte, jusqu'au détroit qui sépare l'Afrique de l'Europe, Obeid-Allah se fit proclamer souverain de ces contrées, sous le titre de mahadi. Il s'était emparé de l'Egypte; mais il en fut chassé ensuite par les troupes du calife de Bagdad, alors en possession de ce pays. Kaiem-Aboul-Casem fut reconnu mahadi, après la mort de son père, en 936. Il renouvela en vain la tentative qu'avait faite son père de s'emparer de l'Egypte, et eut pour successeur, en 945, son fils Ismael-Abou Taher, qui prit le surnom d'Almanzor. Le troisième mahadi fit quelques progrès en Egypte. Moez-Lédinillah, fils d'Almanzor, devint, après la mort de son père, quatrième mahadi, en 953. Ce prince, par les armes de son général Djianhar, parvint enfin à faire la conquête de l'Egypte, substitua son nom à celui du calife de Bagdad dans les prières publiques, et prit lui-même le titre de calife. Djianhar fonda la ville du Caire, dont Moez-Lédinillah, le premier calife fatimite, fit sa capitale. Ce prince y mourut en 975, et eut pour successeur son fils Aziz. Le deuxième calife fatimite s'empara de Damas et d'une partie de la Syrie; mais ses troupes échouèrent devant Alep. Hakem, troisième calife fatimite, succéda à Aziz son père, mort en 996. Hakem n'avait alors que onze ans, et un régent gouverna ses Etats. Après sa minorité, il ne se rendit mémorable que par ses cruautés, et par ses extravagances. Il fut pour les chrétiens de Syrie, et particulièrement de Jérusalem, qui appartenait à l'Egypte, un barbare persécuteur, et, à ce titre, Hakem est un des provocateurs des croisades. Il prétendit en même temps se faire passer pour Dieu. Il fut tué en 1021, et on croit que ce fut par ordre de sa sœur. Il eut pour successeur son fils Daher, qui n'avait que seize ans quand il parvint au califat. Daher s'empara d'Alep, mais il ne put garder cette conquête. Sa tante, qui avait fait assassiner son père, le fit mettre aussi à mort en 1036. Mostanser, son fils, lui succéda comme cinquième calife fatimite. Quand il eut atteint sa majorité, il montra une grande ambition : il aspirait au titre de calife universel, qui lui fut décerné en Arabie, et, pendant quelque temps à Bagdad, à la suite de la déposition momentanée du calife Kaiem-Biamrillah. Un lieutenant de Malek-Schah, sultan seldjoucide de Perse, enleva à l'Egypte, en 1076, une grande partie de la Syrie, poussa ses succès jusqu'au Caire, retourna ensuite en Palestine, et s'empara de Jérusalem, qu'il livra au pillage. Mostanser mourut au Caire en 1094. Mostalli, son second fils, lui succéda au préjudice de son frère aîné, qu'on jeta dans une prison, où il mourut, pour avoir voulu revendiquer ses droits. L'an 1096, Afdal, vizir de Mostalli, reprit Jérusalem, que possédaient les Ortokides, feudataires des sultans Seldjoucides. La ville sainte fut, bientôt après, enlevée aux Fatimites par les croisés. Mostalli mourut en 1101, laissant pour successeur son fils Aboul-Manzor-Amer, âgé de cinq ans. Durant tout le règne de ce calife, qui fut de trente ans, après comme pendant sa minorité, la souveraineté fut exercée par le vizir Afdal. Les derniers califes fatimites furent dépouillés de toute leur autorité par leurs vizirs, qui ne craignaient pas de prendre le titre de sultan. Pendant que le vizir gouvernait l'Etat et commandait les armées, le calife était renfermé dans son palais avec ses femmes. La seule marque de puissance qui lui avait été laissée, était le droit de donner la patente pour l'installation des grands vizirs; mais il n'avait pas la liberté du choix. Le vizirat était la proie de celui qui avait la force ou l'adresse de s'en emparer, et l'usurpation de la première dignité de l'Etat était toujours confirmée par le calife. Amer fut assassiné par un Bathénien en 1130. Comme il ne laissa point d'enfant mâle, il eut pour successeur Haphed, son cousin, dont un vizir persécuta cruellement les chrétiens dans ses Etats. Haphed mourut âgé de soixante-dix-sept ans, en 1150. Dafer-Biamrillah, fils de Haphed, parvint au califat à l'âge de dix-sept ans. Les chrétiens lui enlevèrent Ascalon. Il fut assassiné par ses courtisans, au milieu d'un festin, en 1155. Fayez-Ben-Nasrillah, fils de Dafer, succéda à son père à l'âge de cinq ans. L'Egypte, sous son règne, acheta la sécurité de ses frontières, du côté de la Palestine, par un tribut qu'elle convint de payer aux rois de Jérusalem. Fayez, mort en 1160, eut pour successeur Adhed, onzième et dernier calife fatimite. Ce prince, qui était petit-fils du calife Haphed, vécut comme ses prédécesseurs, sous la tutelle de ses vizirs. L'Egypte était alors en proie aux plus affreuses dissensions; plusieurs émirs prétendaient à la dignité de vizir. Dargam s'étant emparé de l'autorité, après en avoir dépouillé Schaver, une conspiration fut ourdie contre lui par une partie des émirs. Mais ils furent tous égorgés dans un repas, au nombre de plus de soixante-dix. L'historien arabe qui rapporte cet événement, fait observer que ce massacre fut très-funeste à l'Egypte, et qu'il fut même la principale cause de la chute des califes fatimites, parce que l'armée se trouva très-affaiblie par la mort d'un si grand nombre d'émirs. Schaver alla en Syrie implorer l'assistance de Nour-Eddin, et lui demander une armée pour rentrer en Egypte, en lui offrant le tiers des revenus de ce royaume. Après beaucoup d'hésitations, Nour-Eddin se décida à cette expédition, qui présentait de grandes difficultés, parce que les provinces chrétiennes, par leur position entre Damas et l'Egypte, fermaient le passage à ses troupes. Il donna le commandement de son armée à Schircou, le plus puissant et le plus brave de ses émirs. C'était, dit Ibn-Alatir, un homme plein d'audace et inaccessible à la crainte. Cette armée arriva par le désert sur le Nil, et elle ne tarda pas à faire éprouver une défaite complète aux troupes que lui opposa Dargam. Mais Schaver, à qui la mort de son compétiteur avait permis de reprendre le poste de vizir, refusa de tenir les promesses faites à Nour-Eddin, et voulut forcer Schircou à évacuer l'Egypte. Celui-ci ne s'arrangea pas de cet oubli des engagements pris envers son maître, et, dans cette conjoncture, Schaver se détermina à avoir recours aux chrétiens : il leur représenta le danger qui les menaçait, si Nour-Eddin occupait à la fois l'Egypte et la Syrie, et entourait de toutes parts les provinces des Francs. Il leur offrit de les défrayer sur toute la route, et les chrétiens se laissèrent persuader. Mais ils furent bientôt forcés de songer à la retraite, par une diversion que Nour-Eddin fit sur leurs frontières du côté de la Syrie, et Schaver ayant traité avec Schircou, les troupes qu'il commandait reprirent en même temps le chemin de Damas. Schaver avait entièrement dépouillé le calife Adhed de son autorité : ce prince, qui n'était âgé que d'environ vingt ans, quand Amaury, roi de Jérusalem, revint bientôt après assiéger le Caire, vivait enfermé dans son sérail, sans aucune communication avec le dehors. Mais Schircou, arriva de nouveau au Caire, en janvier 1169, et s'empressa de faire sa cour au calife pour commencer l'exécution des grands desseins qu'il avait formés. Après la retraite des Francs, Schaver chercha un moyen de ne pas remplir ses promesses envers les Syriens, et son projet était de séduire une partie des troupes de Schircou pour se débarrasser de l'autre. De son côté, Schircou n'était pas mieux disposé pour le vizir, et il s'entendait avec le calife pour le perdre. Un jour il convoqua ses émirs et leur dit · « Vous savez quel est mon désir d'être maître de ce pays, surtout depuis que je sais que les Francs nourrissent la même envie. Ils se sont attachés à connaître l'intérieur de l'Egypte et tous les chemins qui y mènent. Je suis sûr que, si nous nous retirions, ils reviendraient aussitôt. L'Egypte est la plus belle des provinces musulmanes; c'est une source inépuisable de richesses. Tâchons de prévenir les chrétiens; mais il faut avant tout nous débarrasser de Schaver : il se joue d'eux et de nous; il cherche à les abuser comme il nous abuse nous-mêmes; il flotte entre les deux partis. En attendant, il dissipe mal à propos les trésors de l'Egypte et les fait servir à armer les Francs contre nous. » A ces mots, ajoute la chronique arabe où nous puisons ces renseignements, les émirs applaudirent, et la mort du vizir fut résolue. Il paraît cependant, d'après les auteurs arabes, que Schircou ne voulait pas la mort de Schaver, tandis que son neveu Saladin se montrait le plus impatient de tous les émirs de se défaire du vizir. L'occasion d'exécuter son projet ne tarda pas à se présenter. Un jour que Schircou était allé par dévotion visiter le tombeau d'un célèbre docteur musulman, le vizir se présenta à sa tente. Saladin et un autre émir allèrent le recevoir, et lui proposèrent de se rendre ensemble auprès de Schircou : le vizir y consentit; mais en route Saladin et son compagnon se jetèrent sur lui et le chargèrent de chaînes. Schaver fut conduit à pied dans une tente magnifique. Saladin, dit un auteur arabe, aurait bien voulu lui couper la tête sur-le-champ; mais il n'osait contrevenir aux ordres de son oncle. C'était l'usage en Egypte que, quand un émir perdait sa place, il perdait en même temps la vie. Un eunuque, chargé des patentes de la dignité de vizir, que le calife conférait à Schircou, étant alors survenu, avait ordre aussi de demander la tête de Schaver. Saladin la lui coupa ausitôt, et l'envoya au calife, et celui-ci en la recevant, envoya en retour à Schircou les têtes des fils du vizir et de ses neveux, étalées sur un plat d'argent. Schircou fit ensuite son entrée dans la ville, s'acheminant vers le palais du calife. Il rencontra sur ses pas une foule immense qui lui inspira quelque frayeur; mais il permit au peuple d'aller piller le palais de Schaver, et la foule se dissipa. Le calife lui fit le plus satisfaisant accueil, et lui donna le commandement suprême de ses troupes avec le titre de Malek-Mansour, c'est-à-dire de *roi victorieux*. Schircou, maître de l'empire, donna les charges et les gouvernements de l'Egypte à ses créatures, et en partagea les terres et les domaines à ses troupes. Son élévation excita la verve des poëtes, dont un le félicita du beau repos qu'il avait cueilli, *en se promenant dans le verger de la fatigue*. Mais Schircou ne jouit pas longtemps du repos : il était glouton, et il périt d'une indigestion après deux mois et quelques jours de vizirat. Schircou était d'origine curde. Il avait été longtemps au service de Zenghi, et en avait reçu pour récompense des terres considérables et le commandement de ses armées.

Après la mort de Schircou, arrivée en l'an 1169, plusieurs émirs de l'armée de Nour-Eddin aspirèrent à le remplacer. Mais le choix du calife s'arrêta sur Saladin, qui reçut, avec la qualité de vizir, le titre de Malek-Nasser, c'est-à-dire de *roi protecteur*. Au rapport de l'historien des Atabeks, ce qui porta le calife à choisir Saladin, préférablement aux autres, c'est que, comme le neveu de Schircou était jeune et sans influence, il espérait le tenir facilement sous sa dépendance. Le calife se flattait, comme précédemment Schaver, de pouvoir séduire une partie de l'armée syrienne, et de chasser ensuite l'autre, afin de se mettre en mesure de se soutenir contre Nour-Eddin, et contre les Francs en même temps. Mais Saladin trompa les calculs du calife. Après avoir obligé les Francs à évacuer l'Egypte, il opéra une révolution religieuse et politique complète. Nour-Eddin, qui regardait le calife du Caire comme un hérétique, pressait Saladin d'ôter à ce prince le seul droit honorifique qui lui restât encore, celui d'être nommé à la prière publique du vendredi dans toutes les mosquées de l'empire. Un vendredi de l'année 1171, Saladin essaya de faire faire, dans une des mosquées du Caire, la prière au nom du calife de Bagdad. Cette tentative n'ayant éprouvé aucune résistance, la mesure fut étendue à toute l'Egypte. Le calife mourut quelques jours après. Guillaume de Tyr dit que Saladin tua le calife de sa main, et Aboulfarage prétend qu'il ne fut pas étranger à sa mort. Mais les historiens musulmans n'en accusent pas le héros de leur foi. Aboulfarage rapporte que Saladin sépara les fils d'Adhed du commerce des femmes, pour qu'ils ne laissassent pas de postérité, et que cette précaution lui réussit. La dynastie des califes fatimites s'éteignit ainsi par la mort d'Adhed, le 13 septembre 1171.

Lorsque Saladin s'empara du palais du dernier de ces califes, il y trouva, au milieu des immenses richesses qu'il contenait en perles, en pierreries et en autres choses semblables, une bibliothèque qui montait à cent mille volumes. En racontant comment fut présentée au calife l'ambassade que lui envoya Amaury Ier, Guillaume de Tyr donne des détails intéressants sur l'intérieur du palais des souverains égyptiens, au temps des Fatimites. Il nous apprend qu'il tenait ces renseignements de ceux mêmes qui avaient été admis devant Adhed. Ces envoyés étaient Hugon de Césarée et Geoffroy de Foucher, frère de la milice du Temple: en arrivant au Caire, ils se rendirent directement au palais du calife, où ils furent introduits par le vizir. « Précédés d'un grand nombre de personnes armées de glaives, dit l'archevêque de Tyr, ils furent conduits dans des lieux étroits, où, pour se guider, on avait besoin de la lueur des flambeaux; à chaque porte il y avait des troupes d'Ethiopiens, qui rendaient les honneurs dus au vizir. Après avoir passé la première et la seconde garde, ils arrivèrent dans un lieu plus vaste, où pénétrait la lumière du jour; dans ce lieu, il y avait plusieurs galeries, dont les lambris dorés, soutenus par des colonnes en marbre, et le pavé varié dans ses couleurs, annonçaient la majesté royale. Ceux qui traversaient ces galeries étaient retenus, malgré eux, par la beauté de leurs ornements, et les yeux ne se lassaient pas de les admirer : là, il y avait des bassins en marbre, remplis d'une eau limpide, des oiseaux de différentes espèces, inconnus dans notre pays, et dont le plumage était varié, et la forme extraordinaire. Arrivés au dernier palais, où étaient les chefs des eunuques, ils trouvèrent des édifices qui, par leur élégance, surpassaient autant les premiers que ceux-ci surpassaient eux-mêmes les édifices vulgaires. Il y avait, dans cette partie du palais, des animaux de toutes les espèces que peut créer l'habile pinceau d'un peintre, ou l'imagination du poëte qui use de la licence de mentir... Les envoyés arrivèrent enfin dans la salle où était le calife; le grand nombre de gardes, la richesse de leurs vêtements annonçaient la magnificence du prince. Le vizir, selon l'usage, fit trois révérences : dans les deux premières, il se prosterna la face contre terre, et commença une certaine prière, rendant ainsi au calife un culte qui n'est dû à aucun mortel ; la troisième fois, il se prosterna encore la face contre terre, et quitta le glaive qui était suspendu à son cou : alors, avec une adresse et une promptitude admirables, on tira les rideaux, ornés de pierres précieuses, qui cachaient le trône, et le calife, entouré de quelques fidèles eunuques, se montra dans un appareil plus que royal. Le vizir s'avança respectueusement, et lui baisa le pied; après cette cérémonie, il lui exposa les pressantes nécessités du royaume, et le traité qu'il avait conclu avec le roi chrétien. Le calife en accepta les conditions.»

FÉODALITÉ.—La féodalité a sa principale racine dans les usages primitifs du peuple Franc. Lorsque cette nation habitait les forêts de la Germanie, elle était divisée en un grand nombre de tribus, et ces tribus formaient ensemble une ligue ou confédération, bien plus qu'un seul Etat. Chaque tribu élisait un chef, dont le commandement était à vie, et qui était choisi, tantôt à cause de ses richesses, tantôt à raison de ses qualités guerrières ou des hauts faits de ses ancêtres. Ce chef attachait à sa personne des guerriers, qui devenaient ses compagnons habituels, recevaient de lui une gratification ou bénéfice, et étaient communément désignés sous le titre de *leudes* ou *antrustions*. Comme les leudes conservaient également leur qualité jusqu'à la mort, ils formaient dans la tribu une véritable aristocratie. Du reste, le pouvoir du chef n'était réel, ou du moins considérable, qu'en temps de guerre. Vers le commencement du ve siècle, les Francs, éprouvant le besoin de l'unité, se déterminèrent à concentrer le commandement de toutes les tribus dans une seule famille; et c'est alors seulement que l'histoire peut commencer à leur reconnaître des rois. Mais le principe de l'élection ne fut pas pour cela absolument supprimé; on le restreignit seulement aux membres de cette famille qui, pour marque de leur dignité, portèrent les cheveux longs. Le pouvoir des rois fut, comme celui des chefs de tribu, purement militaire; car les affaires se décidaient dans des assemblées nationales.

On sait que les empereurs avaient accordé aux légions, chargées de défendre les Gaules, des domaines considérables dans cette contrée. Ces domaines sont connus sous le nom de terres légionnaires et de terres prétoriennes. Lorsque les Francs, à la suite de diverses irruptions, obligèrent l'empire à compter avec eux, ils reçurent également des attributions de territoire, que, sans nul doute, ils se partagèrent. Plus tard, après la victoire de Soissons, Clovis, devenu maître des domaines particuliers de l'empereur, des terres légionnaires, et de celles qui n'appartenaient à personne, les divisa entre ses soldats. Rien n'indique que les propriétaires indigènes aient été dépossédés. Il fut même loisible aux Gaulois de participer aux priviléges des vainqueurs, en adoptant leurs coutumes et la loi salique, ou de vivre sous le régime des usages importés par les Romains. Dès lors, on dut distinguer, dans la Gaule occupée par les Francs, trois sortes de biens territoriaux: 1° les alleux ou terres saliques; 2° les bénéfices; 3° les terres tributaires. On appelait alleux des terres franches de toute redevance ou obligation quelconque. C'étaient celles qu'après la conquête les vainqueurs s'étaient partagées par la voie du sort Ce mode d'acquisition est spécialement signifié par le mot *alleu*. Elles étaient héréditaires, mais seulement pour les mâles, et parce qu'en cela elles suivaient la coutume de la tribu des Saliens, elles portaient aussi le nom de *terres saliques*. On comprenait, sous le nom de *Bénéfices*, les terres qui étaient données le plus souvent pour rémunération de services militaires, mais toujours en vue de produire un lien entre le donateur et le donataire. Le premier pouvait être un roi ou tout autre seigneur; le second pouvait être un Gaulois, tout aussi bien qu'un Franc. La concession était faite, le plus ordinairement à vie, quelquefois pour un temps, ou à perpétuité. Il était essentiel à la nature du bénéfice, que le donataire fût tenu envers le donateur au service militaire. S'il manquait à remplir son devoir, s'il trahissait son bienfaiteur, s'il se révoltait contre lui, le bénéfice pouvait lui être retiré; mais, en tout autre cas, la révocation eût été abusive. En revanche, le donateur devenait nécessairement le protecteur du bénéficier; et cela donna lieu à l'institution d'une seconde catégorie de bénéfices. En effet, les alleux n'étaient pas tous des domaines assez considérables pour donner à leurs détenteurs une puissance capable de les faire respecter. Dès lors, ces petits seigneurs avaient moins d'avantages à garder leur indépendance qu'à se rattacher, en la perdant, à un autre seigneur qui fût en état de leur prêter une assistance efficace. Ils sacrifiaient donc la franchise de leur domaine par un acte qu'on appelle *recommandation*, et qui les faisait entrer dans la classe des bénéficiers. La recommandation était un usage d'origine purement franque. La troisième classe se composait des terres que l'on nommait *tributaires*. C'étaient des biens, dont le détenteur était soumis, soit à un simple tribut ou redevance, soit au servage; et, dans ce dernier cas, le serf était attaché à la glèbe et livrait en nature les produits qu'il devait. Ce régime n'a point été introduit dans la Gaule par les Francs; il y existait sous la domination romaine; et les conquérants germains l'ont plutôt adouci qu'aggravé.

A cette classification des terres correspondait la classification des personnes. On distinguait donc: 1° Les propriétaires d'alleux, qui étaient libres de toute redevance territoriale, et de toute obligation ou subordination personnelle; d'où il résultait que la possession d'un alleu, capable de fournir aux besoins de son détenteur, équivalait à une véritable souveraineté. Jusqu'au règne de Charlemagne, cette catégorie de détenteurs n'eut que Dieu au-dessus d'elle; 2° les bénéficiers qui pouvaient dépendre, soit du roi, soit des possesseurs d'alleux, soit les uns des autres; 3° les tributaires, dont la condition variait, et qui dépendaient, soit des bénéficiers, soit des détenteurs de terres saliques, soit du roi, à raison de ses domaines propres; 4° les hommes libres qui ne possédaient point de terres, soit qu'ils fussent

Gaulois, soit, qu'étant Francs, ils eussent aliéné celles qui leur étaient échues; 5° les esclaves qui ne tenaient point à la terre, et qui, plus tard, par l'influence du christianisme, devinrent libres, ou au moins entrèrent dans la classe des serfs. Il est à remarquer qu'on pouvait appartenir simultanément à la catégorie des bénéficiers et à celle des propriétaires d'alleux, ou, comme bénéficier, dépendre directement du roi à raison d'une terre, et d'un simple bénéficier à raison d'une autre terre. Ainsi, le roi possédait personnellement des terres qui, d'ordinaire, ne relevaient que de la couronne; mais il pouvait en avoir qui relevassent d'un de ses vassaux. Les rois d'Angleterre relevaient des nôtres pour leurs domaines continentaux; et un seigneur pouvait posséder des terres dans divers royaumes appartenant à des souverains différents.

Lorsque les Francs eurent embrassé le christianisme, l'Eglise reçut aussi des bénéfices, et, par une conséquence naturelle, les évêques et les abbés entrèrent, à raison des domaines qu'ils possédèrent, dans la classe des leudes.

Les rois francs de la première race ne tardèrent pas à élargir leur pouvoir. Ils eurent une cour et pourvurent à l'administration de la justice. Il importe seulement au sujet que nous traitons de dire qu'on voit autour d'eux des fonctionnaires de cour désignés sous le titre de comtes; qu'ils partagèrent le territoire en circonscriptions judiciaires appelées comtés, et placées sous la présidence d'un comte ou d'un vicomte (*vicarius*); qu'enfin le commandement des armées fut confié à des ducs, et la garde des frontières à des margraves ou marquis. Telle fut, dans son origine, l'organisation qui, après avoir subi des modifications très-diverses, aboutit à ce que l'histoire appelle le régime féodal.

Il est à croire que, si les maximes politiques qui distinguèrent le gouvernement de Charlemagne avaient continué à être appliquées après sa mort, ce régime n'eût jamais existé. Le fondateur du nouvel empire tendait à l'unité absolue dans le pouvoir; et il avait réduit les possesseurs de francs-alleux à lui obéir, non comme à leur seigneur, mais comme à leur roi et au chef militaire de la nation. Son règne, toutefois, devait être exceptionnel, comme la grandeur de son génie. Et sous ses héritiers, faibles d'ailleurs et toujours divisés entre eux, les choses reprirent leur cours naturel. Les concessions de bénéfices se multiplièrent, et très-souvent elles furent faites sans clause de retour. Bien plus, les bénéfices à vie ne furent plus retirés aux enfants de ceux qui les avaient reçus. Tous ces changements, introduits par l'usage, reçurent une consécration légale sous le règne de Charles-le-Chauve, qui, en 877, à l'assemblée de Quercy-sur-Oise, accorda l'hérédité des bénéfices et des charges de comtes. Longtemps auparavant, à l'assemblée de Mursen, ce prince avait reconnu aux leudes le droit de ne rendre au roi le service militaire qu'en cas de guerre contre l'étranger, les dispensant ainsi de l'assister contre ses bénéficiers rebelles.

Dès lors la féodalité se trouva définitivement constituée, mais viciée dans son principe, par l'impuissance où était le roi de faire respecter son autorité; et c'est ce qui a fait dire à Mézeray que, sur la fin de la seconde race et au commencement de la troisième, « le royaume se gouvernait plutôt comme un grand fief que comme une monarchie. »

Le royaume, dans son ensemble, fut considéré comme un vaste alleu; et, à raison de sa domination, le roi ne relevait que de Dieu et de son épée; c'est ce qui donna lieu à la formule : *Par la grâce de Dieu, roi de France*, etc. Les comtes devenus héréditaires, conservèrent le commandement militaire et l'autorité judiciaire sur leur province. Ils relevaient directement du roi. Tous les bénéficiers de la province, qui avaient reçu leur domaine immédiatement du roi, ne tardèrent pas à relever directement du comte.

La recommandation devenant plus que jamais utile, on vit successivement disparaître la plupart des alleux. Il en resta cependant, et, par une singularité remarquable, plusieurs propriétaires de petits alleux, n'ayant pas pris place dans la grande hiérarchie aristocratique, ne furent jamais nobles. Les bénéfices, y compris les provinces relevant directement du roi, prirent le titre de fiefs. Les terres tributaires furent, sous des conditions diverses, dépendantes des fiefs. Il y eut donc, 1° des terres nobles, soit alleux, soit fiefs de divers degrés; 2° des rotures ou terres roturières, c'est-à-dire non nobles, soit soumises à une terre noble, soit alleux, et par conséquent indépendantes de toute autre terre. Tout détenteur de fief fut dit suzerain des détenteurs des fiefs dépendants du sien, et vassal ou feudataire du seigneur dont son fief dépendait. Le roi était donc suzerain de tous les seigneurs relevant de lui immédiatement; ceux-ci sont, dans l'histoire, désignés sous le titre de grands vassaux ou grands feudataires de la couronne; et leurs fiefs, sous celui de grands fiefs de la couronne. Les vassaux directs d'un feudataire étaient, par rapport au suzerain de ce feudataire, des arrière-vassaux.

Tous les chefs de province ne portèrent pas le titre de comte. Il y en eut qui furent qualifiés ducs; les autres titres appartinrent au reste de la noblesse, sans établir, toutefois, entre les fiefs auxquels ils étaient attachés, le même ordre hiérarchique qu'on leur attribue aujourd'hui. Dans certaines provinces, on appelait sires et sireries ce que dans la plupart des autres on désignait sous le nom de seigneurs et de seigneuries. On entendait par barons du royaume ou d'une province, les principaux seigneurs qui y avaient leurs fiefs, c'est-à-dire généralement les arrière-vassaux de la couronne, quelque titre qu'ils portassent. Il ne faut pas perdre de vue que cette vaste échelle hiérarchique, encore qu'elle créât des obligations réciproques entre ceux qui y avaient place, se fondait sur la possession de la terre. Cette possession venant à cesser, le lien personnel cessait également.

Quant au reste de la nation, il se partageait en quatre classes : 1° les nobles qui n'avaient pas de terres, soit qu'ils eussent perdu ou aliéné celles qu'ils possédaient, soit qu'ils n'eussent point eu de part à l'héritage paternel, ou qu'ils fussent entrés dans la noblesse par anoblissement. Ils jouirent, selon les temps, de divers priviléges et immunités ; 2° les hommes libres non nobles, qui ne possédaient point de terres et qui concoururent plus tard à former la bourgeoisie ; 3° les habitants des villes ou des gros bourgs, qui, comme tels, furent communément astreints, envers les seigneurs, à certaines obligations ou redevances variables, selon les temps et les lieux, jusqu'à ce qu'ils eussent acquis leur indépendance; c'est à eux que s'appliquait communément la qualification de *villains* ou *vilains* ; 4° les serfs ou manants, attachés, non à la personne, mais à la terre, et ils étaient proprement non vassaux, mais sujets. Leur condition, qu'il faut bien se garder de confondre avec l'esclavage, variait selon les lieux. Tout vassal était tenu envers son seigneur au service militaire, à l'hommage, à la fidélité, et quelquefois à d'autres obligations réglées par le titre de concession ou de recommandation. Les sujets étaient tenus également au service militaire. Le service militaire variait, quant à sa durée, entre vingt-quatre et soixante jours par année. Le plus souvent il était de quarante jours. Le seigneur qui possédait divers fiefs ne pouvait contraindre au service militaire que les vassaux du fief à raison duquel il faisait la guerre. Toutefois le roi pouvait requérir le service militaire de tous ses grands vassaux, contre l'étranger, quoique ce droit lui ait été parfois contesté, et quoique, pour les affaires intérieures, il dût suivre la règle commune.

Pour rendre hommage, le vassal, sans gants, sans éperons, sans épée, et tête nue, s'agenouillait, mettait ses mains dans celles de son seigneur, et prononçait la formule. Après avoir accepté l'hommage, le seigneur relevait le vassal, et, si ce dernier était noble, il l'embrassait. L'hommage se devait quand, pour une cause quelconque, il y avait eu mutation de personne. Le vassal eût manqué à son devoir de fidélité envers son seigneur, en le frappant, hors le cas de légitime défense ou de guerre entreprise pour cause de refus de justice ; en lui contestant son droit de suzeraineté ; en usurpant tout ou partie de son domaine ; en l'accusant de trahison sans en fournir judiciairement la preuve ; en refusant de l'assister personnellement dans la défense de son manoir, contre une attaque de vive force. La violation d'une de ces obligations constituait ce que l'on appelait le crime de félonie, et le vassal qui s'en rendait coupable, encourait la perte de son fief au profit du suzerain. Celui-ci, d'autre part, ne devait ni frapper son vassal, ni porter aucune atteinte à son honneur, ni lui refuser justice ou protection, ni le troubler dans la possession de son domaine, sans encourir la perte de son droit de suzeraineté ; et alors le vassal relevait directement du seigneur dont dépendait le suzerain dépossédé.

Quand un seigneur était obligé de prendre les armes pour son suzerain, il devait se faire suivre de tous les vassaux de la terre, à raison de laquelle il marchait ; mais, hors ce cas, un seigneur n'avait généralement ni droit ni action directe sur ses arrière-vassaux. Dans l'origine, la possession d'un fief y donnait toujours droit de justice. La juridiction seigneuriale s'étendait sur tous les sujets ou vassaux du seigneur. Le seigneur ne jugeait pas seul ; il était nécessairement assisté de tous ses vassaux directs. Les femmes n'étaient ni exclues du droit, ni exemptées du devoir de concourir personnellement à l'administration de la justice. Le tribunal ainsi formé, s'appelait Cour ou Assises.

C'était par sa propre cour que tout seigneur devait faire juger les différends qu'il avait avec l'un de ses vassaux. Et réciproquement, chaque vassal qui voulait obtenir justice de son suzerain, portait sa cause devant la cour de ce seigneur. On ne devait recourir aux armes que quand le suzerain refusait de se laisser juger, ou quand le vassal refusait de se soumettre à la sentence. La science judiciaire était rare à cette époque, et souvent on crut pouvoir y suppléer efficacement par le duel et les épreuves judiciaires. Plus tard, les seigneurs se firent remplacer dans leurs fonctions de justice par des baillis, gens versés dans la jurisprudence.

Le droit de battre monnaie fut exercé par tous les grands feudataires de la couronne, et même par quelques-uns des seigneurs de second ordre; les pièces qu'ils faisaient frapper étaient les seules qui eussent cours forcé sur leurs domaines. Ils jouirent aussi du droit d'y déterminer les poids et mesures.

Le clergé entra dans la hiérarchie féodale; il eut des fiefs, et par conséquent des vassaux et des suzerains. Il n'y eut rien d'uniforme dans la manière dont cette agrégation eut lieu. S'il est vrai de dire que les plus grandes dignités et prérogatives nobiliaires furent attachées à plusieurs siéges épiscopaux, et même qu'en général les dignitaires ecclésiastiques furent amplement pourvus de droits et de domaines seigneuriaux, on n'en doit pas moins reconnaître qu'il en résultait pour eux des obligations peu compatibles avec le caractère sacré de leur ministère. La nécessité de parer à ces inconvénients donna lieu à l'institution des vidames (*vicarius Domini*). C'étaient des seigneurs qui, moyennant la concession d'un fief ou de tout autre avantage, se chargeaient de défendre le temporel et de commander les gens de guerre de l'évêque. Ajoutons que, comme le clergé possédait à un degré éminent l'habileté et la science qui manquaient aux seigneurs laïques, il ne tarda pas à attirer à lui une grande partie de la puissance judiciaire que ceux-ci exerçaient primitivement d'une manière exclusive. Tout le monde y gagna. La juridiction des seigneurs subit une atteinte plus sérieuse lorsque la royauté, ayant acquis des forces nouvelles, put faire admettre en principe que tout vassal aurait droit d'appeler au roi du jugement de son seigneur.

Quant aux villes, elles dépendaient généralement, comme les terres, d'un seigneur quelconque, et elles étaient tenues envers lui aux mêmes obligations que tous autres sujets, selon les temps et les lieux. Elles en recevaient en échange la plus utile protection. Il ne faut pas perdre de vue que leurs habitants pouvaient être de conditions diverses, et que chacun d'eux jouissait des immunités de sa condition et en subissait les charges. Ainsi un homme libre n'aurait point pu être tenu indistinctement au service militaire envers le seigneur de toute ville où il lui eût plu de résider. Un noble n'était pas non plus susceptible d'être astreint à payer la taxe pour les objets de consommation personnelle qu'il achetait dans une ville où il habitait. Mais, s'il lui convenait de faire le commerce, il fallait qu'il acquittât la redevance relative à cette profession, comme un roturier.

Quand les villes eurent grandi sous la protection des seigneurs, quand le commerce, l'industrie et le droit d'asile accordé à leurs églises les eurent rendues puissantes, elles obtinrent facilement à prix d'argent, et quelquefois par la force, des exemptions personnelles pour leurs habitants et des privilèges municipaux, tels que le droit de se garder elles-mêmes ou de nommer leurs magistrats sans intervention du seigneur, jusqu'à ce qu'enfin elles ne dépendissent plus que du roi.

On peut dire que si le gouvernement féodal, alors nécessaire, imposa quelquefois des charges trop pesantes aux classes inférieures de la société, en général, les villes ne les sentirent guère, et que c'est à l'ombre et sous le patronage de la puissance seigneuriale qu'elles ont pu fonder la leur.

Telle fut l'organisation féodale à laquelle la France fut soumise durant une période de quatre cents ans, dont une des limites peut être placée sous le règne de Charles-le-Chauve, et l'autre vers le milieu du XIIIe siècle ; organisation dont Montesquieu a dit : « Je ne crois pas qu'il y ait eu sur la terre do gouvernement si bien tempéré, » et que le plus grand publiciste de notre époque, M. de Maistre, ne jugeait pas différemment quand il écrivait, à propos du système représentatif : « Commençons par remarquer que ce système n'est pas du tout une découverte moderne, mais une *production*, ou, pour mieux dire, une *pièce* du gouvernement féodal, lorsqu'il fut parvenu à ce point de maturité et d'équilibre qui le rendit, à tout prendre, ce que l'on a vu de plus parfait dans l'univers. »

Lorsque les armées chrétiennes envahirent la Palestine, un système analogue au système féodal existait dans une partie de l'Orient. Il y avait commencé un peu avant les croisades. On doit en rapporter l'institution aux conquêtes des Turcs seldjoucides en Perse et dans l'empire arabe des califes de Bagdad : il passa plus tard de Syrie en Egypte.

La féodalité orientale reposait, comme celle de l'Occident, sur des concessions de fiefs et d'arrière-fiefs. Une des principales causes de la constance que les troupes de Nour-Eddin montrèrent dans les guerres et sur les champs de bataille, fut la coutume qu'adopta ce prince d'investir les fils des fiefs occupés par leurs pères. Un historien arabe rapporte que les guerriers de Nour-Eddin disaient qu'ils devaient défendre, jusqu'à la mort, des biens destinés à passer à leurs enfants. On voit par là, que Nour-Eddin fut le premier qui rendit héréditaire les bénéfices militaires. Jusque-là ils n'avaient été qu'à vie, et ils étaient administrés par le divan. Nour-Eddin, au contraire, les mit entièrement à la disposition des titulaires eux-mêmes. Les auteurs arabes font observer que Saladin, après sa victoire de Tibériade, pour intéresser les émirs à la conservation de ses conquêtes, les leur distribua en fiefs. Ce fut ce prince qui acheva de rendre général le système féodal parmi les Musulmans, en l'introduisant en Egypte, où il n'était point connu antérieurement. Et, comme en Syrie, le principe d'hérédité adopté par Nour-Eddin, y fut en même temps établi.

Les croisades portèrent et établirent, dans les colonies chrétiennes qu'elles fondèrent en Orient, le principe féodal de l'Occident ; mais ce régime était arrivé, au moment où les guerres saintes commencèrent, à ce point qui est l'apogée des institutions humaines, et l'ordre social qui devait sortir de la décadence de la féodalité à été inauguré par l'ébranlement des peuples dont le concile de Clermont a donné le signal.

FEU GRÉGEOIS. L'invention de ce formidable artifice est attribuée à un certain Callinique, natif d'Héliopolis d'Egypte selon les uns, ou d'Héliopolis de Syrie selon les autres, et versé dans l'art de l'ingénieur militaire. Quoique Anne Comnène ait parlé de la composition et de la fabrication du feu grégeois, on ne sait point réellement de quels éléments il était formé ; et les écrivains qui ont avancé qu'on le composait de résine, de poix, de soufre et de naphte ou de tout autre bitume, n'ont pu toutefois assigner ni les proportions ni le mode de combinaison de ces substances dans la production du feu grégeois. Les effets de cet artifice sont plus connus. Le feu grégeois, ainsi appelé vraisemblablement parce qu'il a d'abord été employé par les Grecs du Bas-Empire, qui le désignaient sous le nom de feu de mer et de feu liquide, produisait une forte explosion, accompagnée d'une fumée noire et d'un jet de flamme éclatant ; il pénétrait et dévorait avec une activité extraordinaire presque toutes les substances qu'il rencontrait. L'eau même, bien loin de le combattre, ne faisait que lui donner un surcroît de puissance. C'était seulement avec de l'urine, du vinaigre et du sable qu'on parvenait à le dompter. On s'en servait principalement dans la guerre de mer, et dans les siéges, pour l'attaque comme pour la défense des places. Il n'est point sans exemple qu'on l'ait employé dans les combats en rase campagne; mais il y obtenait moins d'effet, ce qui doit être attribué à l'imperfection des moyens de projection. Il est probable, mais non certain, qu'on l'enflammait avant de le lancer. Tantôt on le plaçait à l'extrémité de flèches ou de javelots, garnis soit de chanvre, soit de lin, que l'on décochait ensuite; tantôt, à l'aide de machines, on le lançait fixé à des projectiles de fer ou de pierre. Les assiégés le répandaient aussi, comme tout autre liquide, sur les assaillants, soit avec des tubes de métal, soit en renversant les vases où ils le tenaient enfermé. Outre ces moyens de projection, les Grecs employaient encore dans la guerre de mer des brûlots chargés de matières inflammables et de feu grégeois.

Quoique la puissance de cet agent de destruction ait été immensément dépassée par celle de nos armes à feu, les modernes ne sauraient douter, même en faisant la plus large part à l'imagination des croisés, que par sa force de dilatation, par l'éclat du bruit et de la lumière, et par ses effets meurtriers, il n'ait été une arme propre à exercer une influence très-grande et parfois décisive sur le résultat des combats où il a été mis en œuvre. Deux fois, forçant les Arabes à lever le siége de Constantinople, il a rompu l'effort de l'islamisme contre l'Occident. Les Grecs du Bas-Empire, qui n'aimaient guère les combats à l'arme blanche, savaient apprécier ce que valait leur feu liquide, pour un peuple dégénéré. Les précautions minutieuses qu'ils prenaient, les fictions religieuses qu'ils avaient imaginées et les mensonges quelque peu sacriléges qu'ils prescrivaient à leurs chefs militaires, pour s'en réserver le secret, en sont la preuve incontestable. Ils gardèrent pendant quatre cents ans le privilége exclusif de brûler vifs leurs ennemis sous les armes, et ils ne se firent jamais faute d'en user même contre les nations chrétiennes. Aucune d'elles ne put pénétrer le terrible mystère. Mais les Mahométans furent plus heureux. Soit qu'un traître leur ait livré la manière de composer le feu des Grecs, soit qu'ils l'aient devinée, ou qu'ils aient inventé quelque mélange analogue, toujours est-il certain qu'ils ont employé en Egypte et en Syrie, sous le règne de Saladin, un feu liquide dont les effets furent semblables. Il est à remarquer que Callinique avait été au service des Arabes avant d'entrer à celui des Grecs de Constantinople. Mais on ne doit point penser que les Musulmans aient reçu de lui immédiatement l'art de composer le feu grégeois, parce qu'il s'est certainement écoulé plusieurs siècles entre sa mort et l'époque où ces infidèles ont commencé à profiter de son invention. Il ne faut pas non plus confondre la découverte de l'ingénieur héliopolitain avec les procédés incendiaires qui avaient été imaginés et mis en pratique dans les temps antérieurs. Elle présente même des caractères propres et saillants qui ne permettent guère de la considérer comme un simple perfectionnement. Elle fut pareillement sans rapport avec l'invention de la poudre à canon. Seulement elle a cela de commun avec le procédé antique qu'elle servait à brûler, et avec le procédé moderne qu'elle donnait lieu à projection. Mais le feu grégeois n'était pas lui-même la cause du mouvement qui l'emportait. Pour se faire une juste idée du terrible aspect qu'il avait en traversant l'air, il faut lire le naïf récit que fait Joinville de ses émotions et de celles de ses compagnons. « Et la manière de ce feu grégeois étoit telle, dit-il, que quand il estoit jeté, il estoit gros devant comme un tonneau, et par derrière faisoit une queue longue d'une aune et demie : il faisoit tel bruit à venir, qu'il sembloit que ce fust foudre du ciel, et me sembloit un grand dragon volant en l'air : et si rendoit si grande clarté que dans notre camp il faisoit si clair comme le jour, tant y avoit grand flamme de feu : et cette nuit nous en fut jeté trois fois avec ladite perrière, et quatre fois avec l'arbaleste à tour. » Tout cela ébranlait les plus fermes courages. Le roi saint Louis lui-même ne gardait pas toute sa quiétude ordinaire, et il se mettait en prière. Au surplus, en cette circonstance, le feu des Sarrasins était dirigé contre des *chats-chateils*, sorte de fortification en bois; et deux fois les chrétiens réussirent à se rendre maîtres de l'incendie. Il paraît que la principale difficulté qu'ils eurent à préserver leurs ouvrages provenait de machines très-puissantes d'où il leur arrivait une grêle de pierres. Quant au moyen dont les Français se servirent pour arrêter l'embrasement, le chroniqueur ne l'indique pas. Il dit seulement: « Et incontinent fut estaint le feu, par un homme qu'avions propice à ce faire. »

Callinique vivait sous le règne de Constantin III, dit Pogonat, empereur d'Orient, et c'est pendant la guerre qui éclata en 672 entre ce prince et les Musulmans, qu'eut lieu, sinon, comme on le dit généralement, l'invention du feu grégeois, au moins le premier usage connu que l'on en ait fait. Durant cette guerre, les amiraux grecs livrèrent aux infidèles dans l'Hellespont une bataille navale, où ceux-ci perdirent toute leur flotte qui fut brûlée par Callinique avec les équipages montant à trente mille hommes. Si on admet complétement le témoignage des écrivains qui ont vécu au temps où l'on employait le feu grégeois, tout ce qui se rapporte à cette composition est surprenant et même renverse les idées qu'on serait naturellement porté à s'en faire. Ainsi, comme nous l'avons dit, l'eau, qui éteint le feu ordinaire, nourrissait et activait celui de Callinique ; en revanche, l'huile qui alimente le premier, diminuait l'intensité du second ; le feu naturel tend vers le ciel, au contraire la flamme du feu grégeois se portait spontanément vers la terre aussi bien que dans les autres directions. Mais il faut bien remarquer que les historiens grecs, et notamment Anne Comnène, qui étaient le plus à même d'être bien renseignés, doivent être tenus en grande suspicion sous le rapport de la bonne foi, et que les Latins, dont la sincérité est incontestable, étaient nécessairement réduits à de pures conjectures ou à des rapports incertains. Nous terminerons par un fragment détaché du récit d'un historien musulman, qui se trouvait au camp de Saladin devant Saint-Jean-d'Acre, en 1190. En parlant de trois tours, que les chrétiens avaient construites pour dominer les murs de la ville, et qu'ils avaient couvertes, pour les mettre à l'épreuve du feu, de cuir trempé dans du vinaigre et de l'argile, « Les trois tours, dit Boha-Eddin, paraissaient de loin, comme autant de hautes montagnes ; du lieu où nous étions, nous les apercevions distinctement ; on les faisait marcher sur des roues ; chacune pouvait contenir plus de cinq cents guerriers ; le dessus était disposé en manière de plate-forme, et pouvait recevoir des pierriers. A l'aspect de ces tours, les cœurs musulmans éprouvèrent une tristesse impossible à décrire. Le sultan essaya tous les moyens pour y faire mettre le feu ; il employa l'argent et l'appât des récompenses ; mais ces efforts furent inutiles ; tous les artificiers et ouvriers en napthe échouèrent. Ce fut alors qu'on vit paraître un jeune homme de Damas, fondeur de son métier, qui promit de brûler toutes les tours, si on lui donnait les moyens d'entrer dans la ville ; sa proposition fut acceptée. Il entra dans Acre ; on lui fournit les matières nécessaires : il fit bouillir ensemble du naphte et d'autres drogues dans des marmites d'airain ; quand ces matières furent bien enflammées, qu'en un mot elles présentèrent l'apparence d'un globe de feu, il les jeta sur une des tours, qui s'embrasa aussitôt. En un moment la tour ressembla à une montagne de flammes dont les sommités se seraient élevées jusqu'aux cieux.... Tout à coup, pendant que les Musulmans étaient occupés à rendre grâces à Dieu, la seconde tour s'enflamma, puis la troisième. » Jusque là on était parvenu à garantir du feu grégeois les machines de siége avec de l'argile et du vinaigre. De quel procédé s'est servi le fondeur de Damas pour produire un effet nouveau aussi terrible? c'est ce que ne disent pas les auteurs arabes. Ils ne nous apprennent pas non plus si le secret de cet homme périt avec lui. Mais on doit le penser, puisque plus tard on voit encore l'argile, le sable et le vinaigre employés avec succès pour neutraliser l'action du feu grégeois. Il est plus que probable, d'après cela, que ce sont deux inventions très-distinctes, d'ont l'une a donné lieu à l'autre.

FEU SACRÉ. « On venait, dit Ducange, dans une note sur le XIIIe livre de l'*Alexiade*, de tous les pays du monde à Jérusalem pour voir le miracle du feu sacré : à l'entrée de la nuit (du samedi saint) le feu descendait sur sept lampes suspendues dans l'église du Saint-Sépulcre. Le peuple accourait en foule de l'Orient et de l'Occident pour voir l'accomplissement de ce miracle, et saisir quelque parcelle d'une flamme qui avait la merveilleuse propriété de guérir toutes les maladies mentales et corporelles, si ceux qu'elle touchait avaient la foi. »

Le miracle du *feu sacré* est attesté par la plupart des historiens contemporains des croisades. Le passage suivant du discours d'Urbain II, au concile de Clermont, rapporté par l'évêque Baudri, témoin auriculaire, ne permet guère de douter de l'authenticité de ce miracle : « Quel lieu plus saint et plus digne de notre amour que celui de la sépulture de Notre-Seigneur ! Il ne s'est pas écoulé une seule année sans que Dieu y ait renouvelé le même miracle. Durant les jours de la Passion, toutes les lampes s'éteignent au saint tombeau, et dans l'église de la Résurrection, et le feu divin ne manque pas de les rallumer. Quel cœur de rocher ne serait amolli, mes frères, à la vue d'un si grand prodige ? »

Foucher de Chartres a été témoin du miracle du *feu sacré*, et voici en quels termes il raconte ce qui est arrivé : « Selon la coutume, on se réunit la veille de Pâques, dans l'église du Saint-Sépulcre. A la troisième heure, les chanoines, par l'ordre du patriarche, commencèrent l'office ; on lut successivement les leçons latines et les leçons grecques. Lorsque l'office fut achevé, un Grec, suivant l'ancien usage, se mit à chanter *Kyrie eleison ;* tous ceux qui étaient présents en firent autant. Moi et beaucoup d'autres, qui n'avions jamais entendu une pareille symphonie, le cœur contrit, nous nous dressions sur nos pieds, et, les yeux levés, nous attendions qu'une nouvelle lumière parût. Mais vainement nous portâmes nos regards de tous côtés, nous ne la vîmes pas, parce qu'elle n'était pas encore venue. Alors on chanta de nouveau trois fois le *Kyrie eleison ;* après que tout le monde eut répondu, il se fit un grand silence... Nous attendions dans le recueillement le feu sacré, qui devait paraître vers la neuvième heure ; il ne vint point, et lorsque la neuvième heure fut passée, le patriarche ferma les portes de l'église et rentra ensuite, dans l'espoir de trouver le feu. Ses espérances furent encore trompées ; et quoiqu'il eût longtemps prié et versé des larmes, il sortit dans la plus profonde tristesse, en nous déclarant qu'il n'avait pas trouvé le feu si désiré. » Foucher peint la douleur des fidèles, qui ne cessaient de crier : *Kyrie eleison*. Les sages, dit-il, prétendaient que le miracle, qui avait été utile lorsqu'il n'y avait qu'un petit nombre de chrétiens en Palestine, ne l'était plus maintenant qu'une armée nombreuse défendait les Saints Lieux. Mais bientôt le patriarche, à qui on avait annoncé que le feu sacré brillait dans une lampe devant le saint tombeau, entra dans l'église, et en ressortit avec un cierge qu'il avait allumé au feu descendu du ciel, et qu'il montra à tout le peuple.

« Chacun de nous, ajoute Foucher, portait un flambeau pour l'allumer au feu miraculeux. Vous eussiez vu dans l'église plusieurs milliers de flambeaux allumés à ce feu, que l'on s'empressait de se communiquer les uns aux autres.

Un des témoignages les plus remarquables sur l'authenticité de ce miracle, c'est celui d'un autre chroniqueur, qui était aussi lui-même en terre sainte, lorsque s'est passé le fait qu'il rapporte On lit dans l'*Itinéraire du roi Richard*, de Gauthier Vinisauf, que la veille de Pâques, Saladin, accompagné de toute sa suite, se rendit au Saint-Sépulcre, pour y être témoin de la descente du feu du ciel, qui, ce jour-là, a coutume, tous les ans, d'allumer la lampe du sanctuaire. A son arrivée, le feu céleste descendit tout à coup; les assistants furent vivement émus: les chrétiens témoignèrent leur joie en chantant la grandeur de Dieu ; les Sarrazins, au contraire, dirent que le feu qu'ils avaient vu descendre était produit par des moyens trompeurs. Saladin, voulant constater l'imposture, fit éteindre la lampe que le feu du ciel avait allumée ; mais elle se ralluma aussitôt; il la fit éteindre une seconde et une troisième fois, et chaque fois elle se ralluma comme d'elle-même. Alors le sultan confondu s'écria dans un transport prophétique : *Oui, bientôt je mourrai, ou je perdrai Jérusalem!* Cette prédiction, ajoute le chroniqueur, s'accomplit, car Saladin mourut au carême suivant.

FOULQUES, cinquième comte d'Anjou de ce nom, et ensuite quatrième roi de Jérusalem, avait fait un premier voyage en terre sainte, l'an 1120. Il y retourna en 1125, et devint le gendre et le successeur de Baudouin II, troisième roi de Jérusalem. Foulques fut couronné le 14 septembre 1131, régna onze ans et deux mois, et mourut le 13 novembre 1142. Il laissa de Mélisende, sa seconde femme, fille de Baudouin du Bourg, deux fils, Baudouin et Amaury, qui montèrent successivement après lui sur le trône de Jérusalem. Il eut continuellement les armes à la main contre les infidèles. Guillaume de Tyr, qui ne manque jamais de tracer le portrait des personnages qu'il met en scène, fait, dans les termes suivants, celui du gendre de Baudouin: « Ce prince était fils de Foulques le Rechin, comte de Touraine et d'Anjou. Il avait la barbe et les cheveux roux: mais, contre la nature des personnes de cette couleur, il était doux, affable et bon; il se distinguait par sa piété et par sa libéralité. Il était habile dans la guerre, dont il supportait les fatigues sans se plaindre. Sa taille était médiocre. Il avait plus de soixante ans quand il monta sur le trône. Sa mémoire était si courte, qu'il retenait avec peine les noms de ceux qui le servaient, et qu'il ne reconnaissait qu'un très-petit nombre de personnes par leur figure, au point qu'il oubliait bientôt ceux à qui il venait d'accorder des grâces ou des honneurs; il était obligé de se faire redire leurs noms, lorsqu'ils se présentaient de nouveau devant lui. »

FOULQUES, curé de Neuilly-sur-Marne. La jeunesse de ce prêtre célèbre ne permettait guère de prévoir ce qu'il deviendrait un jour. Loin d'être conformes à la sainteté de sa profession, ses mœurs eussent passé pour scandaleuses même en un laïque, et de plus ses ouailles se plaignaient hautement de ce que son ignorance des lettres sacrées le mettait hors d'état de leur distribuer le pain de la divine parole. Soit que leurs justes reproches aient été d'abord sensibles à son amour-propre, comme l'ont pensé quelques personnes, soit que l'action de la grâce ait agi seule sur son cœur, toujours est-il qu'il fit un profond retour sur lui-même, et qu'il résolut de se mettre, au moins par le savoir, à la hauteur de son ministère. « Longtemps adonné à l'ignorance et à la dissolution, dit Jacques de Vitry, Foulques se réveilla tout à coup et devint un autre Paul. » Comme sa paroisse était proche de Paris, il vint dans cette capitale, fréquenta les cours de l'Université, et devint l'un des auditeurs les plus assidus des leçons de Pierre, chantre de la cathédrale. Avec la science, la vertu fit en lui de rapides progrès. Il répara par l'éclat de sa parole et l'efficacité de ses grands exemples le tort que ses désordres passés avaient fait à son troupeau. Trois ans avant l'avénement d'Innocent III au trône apostolique, on parlait de la vie austère que menait le curé de Neuilly et de la singulière énergie de ses sermons. On accourait pour le voir et pour l'entendre. Bientôt il prêcha dans les paroisses voisines de la sienne et même à Paris. Au dire du même Jacques de Vitry, Foulques prêchait souvent sur une des places de Paris, où venaient l'entendre les usuriers, les femmes publiques et les plus grands pécheurs, dont sa parole ardente faisait des pénitents. Les malades se faisaient porter devant lui; il était le *marteau* qui frappait les hommes cupides, tous les prévaricateurs, tous les contempteurs des préceptes de la charité. Cette première prédication dura environ deux ans, au bout desquels il s'aperçut qu'il n'obtenait plus le même succès. La malveillance et la moquerie s'étaient attachées à lui. Il renonça provisoirement à ses missions et se renferma dans sa paroisse. Cependant Pierre-le-chantre, avait été chargé de prêcher la croisade. Etant tombé mortellement malade, il supplia Foulques de se vouer à la continuation de cette œuvre, à laquelle il le disait plus propre que tout autre. Le curé de Neuilly accepta la succession apostolique de son ancien maître. Il reparut en chaire plus zélé, plus énergique, plus éloquent et plus puissant que jamais. Il tonna contre l'hérésie, contre l'avarice, l'ambition, la sensualité ; il maudit l'usure importée d'Italie. Il émouvait profondément son immense auditoire, tirait des gémissements et des sanglots de toutes les poitrines, arrachait des larmes aux plus endurcis, rendait attrayantes les rigueurs de la pénitence aussi bien que les fatigues et les dangers expiatoires de la guerre sainte. La liberté de sa parole n'avait point de limites. Il n'admettait aucune distinction de rang et de condition, au pied de la chaire chrétienne. Le clergé et les plus grands princes de la terre n'échappaient point à ses véhémentes censures. Roger de Hoveden rapporte que Foulques aborda un jour Richard Cœur-de-Lion et lui commanda de la part de Dieu de se défaire de ses trois filles, l'ambition, la cupidité et la luxure. Il est vrai que Gauthier Hémingfort dit que l'archevêque de Rouen engagea le même roi d'Angleterre à se repentir d'avoir toujours trop aimé ses trois filles, la vanité, l'avarice et la luxure, lorsqu'on fut certain que ce prince ne pouvait pas guérir de la blessure dont il mourut en Limousin; mais ces deux assertions ne se détruisent pas l'une l'autre. Plus d'une fois l'on entreprit de mettre un frein à cette hardiesse de langage, qui paraissait de la licence à ceux qui en étaient l'objet. On lit, dans la chronique de Roger de Hoveden, que le curé de Neuilly fut mis en prison à Lisieux, pour avoir censuré la vie déréglée du clergé de cette ville, mais qu'aucune chaîne ne put le retenir et qu'il alla prêcher la parole de Dieu à Caen où il fit plusieurs miracles en présence du peuple. Le même historien, après avoir dit de Foulques que Dieu le rendit grand aux yeux des rois, ajoute : « Il lui donna le pouvoir d'éclairer les aveugles, de guérir les boiteux, de rendre la parole aux muets et de chasser les démons. Foulques convertit au Seigneur les femmes de mauvaise vie, donna aux usuriers du goût pour les trésors du ciel, fit distribuer aux pauvres ce que l'avarice avait accumulé, et prédit aux rois de France et d'Angleterre qu'un d'eux mourrait bientôt d'une triste mort, s'ils ne cessaient leurs hostilités. » Ce n'est pas le seul cas où l'on prétendît qu'il eût prophétisé. Outre Pierre de Rosny, prêtre très-pieux et très-instruit, qui ne le quittait guère, il enflamma de son ardeur apostolique Robert Courçon, son ancien maître, et Étienne Langhton, professeur de l'Université de Paris, qui tous deux furent plus tard honorés de la pourpre romaine, Jean de Nivelle et Gauthier de Londres. Le bruit de ses succès parvint jusqu'à Innocent III. Ce pontife en lui envoyant les mêmes pouvoirs qu'avait eus Pierre-le-chantre, lui prescrivit de s'entendre avec le légat Pierre de Capoue, et de se faire assister de prédicateurs choisis parmi les Prémontrés et les Cisterciens. Il obéit incontinent et parcourut la Flandre, la Normandie, la Bourgogne, obtenant partout des succès prodigieux. Il envoya en d'autres contrées des missionnaires qui s'étaient formés à son école. Herloin religieux de l'abbaye de Saint-Denis, se rendit en Bretagne, et y produisit une telle impression sur les populations qu'il put entraîner une foule d'hommes à prendre le chemin de la Palestine. Toutefois, à lui seul, Foulques surpassait tous les autres. Les populations se pressaient autour de lui; on venait de loin lui demander la guérison des malades; on attribuait à tout ce qu'il touchait le pouvoir de rendre la santé; souvent on lui enlevait ses vêtements par lambeaux, et il lui en restait à peine assez sur le corps pour sauver la décence. Alors il s'écriait que ses habits n'étaient point bénits, et il bénissait ceux de quelqu'autre homme, pour que la foule, se les partageant, lui laissât les siens. Mais cet expédient ne suffisait pas toujours, et il lui fallait recourir à son bâton pour éloigner ceux qui le serraient de trop près. Plus d'un indiscret reçut ainsi, dit-on, des contusions et même des blessures d'où le sang coulait. Ce sang devenait chose sainte, on le baisait, on se le partageait. Foulques prit lui-même la croix avec l'évêque de Langres dans une assemblée générale de l'ordre de Cîteaux. Le plus décisif des succès qu'il obtint pour la guerre sainte eut lieu au château d'Ecry-sur-Aisne, où Thibaut, comte de Champagne, donnait un tournoi. Entraîné par l'éloquence du célèbre curé, le prince se croisa avec Geoffroy de Villehardouin, maréchal de Champagne, Jean et Gauthier de Brienne, Louis, comte de Blois, Milon de Brabant, Simon de Montfort, Gui de Coucy, Matthieu de Montmorency, Payen d'Orléans, et une foule d'autres gentilshommes. Ce fut le noyau de l'expédition qui mit Constantinople au pouvoir des Latins. Outre les fatigues de sa mission, Foulques ne laissait pas d'y rencontrer de grandes tribulations. On le maltraita, on l'injuria, on lui reprocha de ne pas savoir réprimer complétement les emportements de son naturel irascible, et d'affecter dans sa manière de se vêtir une certaine recherche qui s'accordait mal avec les austérités de la pénitence. On alla plus loin, on lui imputa de n'avoir point administré consciencieusement les aumônes qu'il recevait pour la terre sainte. C'était évidemment une calomnie. Jacques de Vitry, après avoir fait du curé de Neuilly un éloge d'autant plus remarquable, que la plume de l'austère évêque d'Acre n'accorde pas facilement la louange, parle aussi des grandes sommes recueillies par Foulques ; « mais, par la volonté impénétrable de Dieu, ajoute-t-il, à mesure que l'argent allait croissant, sa sainte renommée décroissait. » Les fatigues et la douleur de voir la puissance de sa parole décliner une seconde fois, épuisèrent les forces du prédicateur de la cinquième croisade. Il revint à Neuilly, où il mourut en 1201. Il était déjà assez avancé en âge. On voyait encore son tombeau, il n'y a pas fort longtemps, dans l'église de sa paroisse.

FRANC. Elevé par la gloire de Charlemagne au-dessus du nom de tous les autres peuples de l'Europe, celui des Francs s'était répandu en Orient, et y était, à l'époque des croisades, la dénomination sous laquelle les habitants de ces contrées désignaient toutes les nations chrétiennes de l'Europe, à l'exception des Grecs.

FRANCE. Pour comprendre ce qu'était la France au commencement des croisades, il faut remonter jusqu'au siècle qui vit s'élever au trône la troisième race de nos rois.

En ce temps-là, l'immense accroissement de puissance que Charlemagne avait donné à la royauté française n'existait plus que dans la mémoire des hommes. Le partage de la monarchie entre les enfants du grand empereur avait réduit notre territoire aux plus étroites limites; et dans l'intérieur, ni la suprématie militaire attachée à la couronne, ni l'onction sainte qui rendait sacrée la personne du prince, n'avaient suffi à conserver l'autorité royale, toujours attaquée et successivement amoindrie par les envahissements des grands vassaux. Ces hauts seigneurs, qui, plusieurs fois, avaient élu leur maître, ne se croyaient tenus de lui obéir qu'en temps de guerre contre l'étranger, et, depuis l'assemblée de Mursen, il était reconnu en droit que le roi ne pouvait requérir leur assistance dans les guerres intestines. Peu nombreux, ils se partageaient le territoire en lambeaux, qui, pour la plupart, égalaient ou même surpassaient en étendue ce que le roi possédait en propre. Ils gouvernaient ces provinces selon les règles du droit féodal, mal observées par eux à l'égard de leur suzerain, quoique d'ordinaire ils sussent les maintenir contre leurs vassaux. La France formait donc alors une sorte d'Etat fédératif, dont le roi était le lien; mais communément ce lien ne gênait personne; et si les grands vassaux avaient querelle entre eux, au lieu de soumettre leur différend à la décision royale, ils ne se faisaient aucun scrupule de le vider par les armes.

On peut dire que la puissance féodale, presque toujours très-réelle pour eux, comme à tous les autres degrés inférieurs, cessait de l'être à l'échelon le plus élevé. L'on vit quelques-uns des grands vassaux de la couronne reconnaître la suzeraineté d'un souverain étranger, sans se soucier ni des droits du leur, ni de ce que nous appelons aujourd'hui notre nationalité. Prêts à tourner leurs armes contre leur maître, beaucoup d'entre eux n'auraient jamais hésité à recevoir ou invoquer le secours des autres peuples. La patrie, c'était pour chaque homme la province où il vivait; et souvent les haines de province à province étaient aussi vives que le sont de nos jours les animosités de nation à nation.

Une des plus funestes conséquences d'un pareil état de choses fut de mettre le roi dans l'impuissance de résister efficacement à toute agression étrangère, continuée avec persévérance. Le succès des irruptions hongroises et normandes n'a pas d'autre cause. Ces barbares, qu'on ne pouvait poursuivre au delà des frontières, et qui ne tardaient jamais longtemps à revenir, avaient anéanti tout le fruit des efforts qu'avait fait Charlemagne pour restaurer les arts, les lettres et le commerce. Leurs ravages et les guerres civiles avaient beaucoup diminué la classe des hommes libres, qui tenaient un rang intermédiaire entre les serfs et les seigneurs. Il a fallu plusieurs siècles pour réparer de si grands désastres.

Quant au clergé, qui seul pouvait et devait plus tard sauver la société, il partageait les maux de la nation, et il les adoucissait soit en disposant le pauvre peuple à l'obéissance, soit en contraignant les grands à user chrétiennement de leur puissance, quand il ne réussissait point à le leur persuader. Mais, obligé de prendre lui-même place et degré dans la hiérarchie féodale, il avait perdu quelque chose de cette position dominante qu'il avait occupée jusqu'au temps de Charlemagne, et même sous les premiers successeurs de ce prince. Presque tous les prélats possédaient des seigneuries; mais il leur fallait aussi reconnaître des suzerains, et le sacerdoce souffrait plus qu'il ne profitait d'une situation qui lui ôtait autant d'indépendance religieuse qu'elle lui apportait de puissance temporelle. Le prêtre se corrompait souvent au maniement des affaires séculières, et une double convoitise poussait les ambitieux vers les dignités ecclésiastiques. Un abus dont les conséquences ne furent pas moins funestes pesait sur l'Eglise depuis deux siècles; c'était l'usage introduit par Charles Martel de concéder à des laïques des bénéfices ecclésiastiques. Ces gens-là, qui pouvaient être mariés, faire la guerre, vider leurs querelles en combat singulier, vivre d'une manière scandaleuse, gouvernaient des abbayes et portaient titre de prélature. Les plus hauts seigneurs ne dédaignaient pas ces dignités, qui leur valaient de gros revenus et de précieuses prérogatives. C'est ainsi que Hugues le Blanc et Hugues Capet furent abbés de divers monastères. Dès qu'il fut établi et passé dans les mœurs qu'un prélat devenait nécessairement seigneur temporel, à raison même de sa prélature, et qu'un seigneur temporel pouvait devenir prélat sans entrer dans les ordres, on devait s'attendre à voir la puissance séculière disposer et trafiquer des siéges ecclésiastiques comme d'une chose vénale. C'est effectivement ce qui eut lieu, non-seulement en France, mais dans presque tout le reste de l'Europe, et avec un tel excès de licence et d'impiété, que l'Eglise eût nécessairement péri, si elle n'eût reçu de Dieu une assistance proportionnée au danger qu'elle courait. La simonie devint comme un accessoire du droit du seigneur dominant; et le prêtre qui, au mépris de la loi divine, avait acheté son siége, ne se faisait pas faute, par une suite naturelle, de mettre à prix l'exercice de sa juridiction sacrée. Une fois lancée dans cette voie, la partie corrompue du clergé ne connut plus de frein. On vit même des prêtres contracter mariage. Le zèle et l'autorité des souverains pontifes ne pouvaient rien contre un tel débordement, que les rois et les empereurs toléraient, ou trop souvent même favorisaient, quand ils n'y prenaient pas une part directe et personnelle.

Tel était l'état de la France à la fin de la deuxième race. L'avénement de Hugues Capet à la couronne n'était point un fait de nature à y rien changer immédiatement. Ce prince était à la vérité le plus puissant des grands vassaux, mais il ne l'était point, à beaucoup près, autant que tous ses pairs réunis ensemble; et ils n'eussent pas manqué de se soulever simultanément contre lui, s'il eût tenté d'introduire des réformes prématurées, quoique désirables. Pour que les premiers rois de la race capétienne pussent diriger, dans une voie nouvelle, la société dont ils étaient les chefs, il leur manqua deux choses essentielles : une longue possession du trône selon l'ordre de primogéniture, et un domaine personnel considérable. Or, la règle d'héridité n'était pas même fixe dans la pensée de ces princes, car Robert II ne se détermina à assurer sa succession à Henri Ier, l'aîné des fils qui lui restaient, que parce qu'il le jugeait le plus capable de gouverner; et quant au domaine soumis au commandement direct du roi, encore que sous Hugues Capet il embrassât une partie de la Picardie et de l'Ile de France, l'Orléanais, le Maine, l'Anjou et la Touraine, il se trouvait restreint, lorsque les croisades commencèrent, aux fiefs de Paris, de Melun, de Sens, de Bourges, d'Orléans et d'Etampes, qui ensemble ne formaient même pas un territoire d'une seule contenance.

Les premiers Capétiens, en montant sur le trône, furent donc contraints de se soumettre à l'ordre féodal, si détourné de son principe qu'ils le trouvassent. Ce fut même sous eux que ce système atteignit son plus haut période, et, au temps de Philippe Ier, il n'avait plus qu'à décliner, sans que l'on pût alors prévoir s'il y aurait une puissance humaine assez forte pour empêcher qu'il n'entraînât la société dans sa ruine.

Outre les causes de décadence qui naissaient de la rivalité belliqueuse des grands vassaux, il y en avait d'autres plus actives encore. D'une part, la corruption des mœurs et le progrès du luxe produisaient, dans la possession des fiefs secondaires, une instabilité et une vénalité qui bouleversaient à chaque instant la hiérarchie nobiliaire, faisaient varier le sort des populations rurales au gré des mobiles passions de leurs maîtres, et les induisaient à des révoltes aussi sanglantes que formidables. D'autre part, on voyait déjà se développer avec rapidité la prospérité commerciale et l'indépendance municipale des populations urbaines, qui, acquiérant leur droit de franchise, tantôt par la force, tantôt à prix d'argent, commençaient à menacer la puissance des seigneurs.

La situation de l'Eglise ne s'était point améliorée. Toujours mêlée, malgré elle, au mouvement féodal, elle n'avait point cessé de souffrir des accroissements que ce régime avait obtenus, mais elle ne semblait pas devoir bénéficier de la destruction qu'il allait subir, et elle était assurée d'y éprouver quelques pertes nouvelles. A la vérité, Hugues Capet s'était montré envers elle un fils respectueux et même affectionné. Mais tous les successeurs de ce prince n'avaient point imité son exemple et gardé mémoire des sages conseils qu'il donna en mourant à Robert II. Philippe Ier, qui régnait au temps de la première croisade, s'était même signalé par de nombreux et détestables attentats contre le clergé.

Enfin, menacée par les progrès militaires de l'islamisme, la chrétienté avait encore à subir intérieurement les ravages non moins redoutables des hérésies vaudoise et paulicienne, auxquelles les discordes, la corruption, la complicité même des puissances séculières laissaient toute carrière. Le venin de ces monstrueuses doctrines avait débordé de l'Asie sur le sud et l'orient de l'Europe, et trouvé ensuite un facile accès dans les provinces méridionales de la France, où le mélange des races, les restes nombreux des envahisseurs sarrasins, et la multiplicité des relations commerciales avec le Levant, en devaient singulièrement favoriser la diffusion.

Tel était l'état de la France à la fin du XIe siècle, et on peut dire que le reste de l'Europe n'offrait pas un aspect plus rassurant. Evidemment le salut de la chrétienté ne devait venir d'aucun des princes laïques qui la gouvernaient. Ils étaient loin, pour la plupart, d'être disposés à détruire le mal dont le monde se mourait; et l'eussent-ils voulu, ils ne l'eussent pas pu. Il fallait une autorité plus générale que ne l'était celle d'aucun d'eux, il fallait aussi une autorité d'un autre ordre. Cette autorité salutaire existait, c'était celle du chef de l'Eglise. Le moyen que la papauté choisit et qu'elle seule pouvait employer, ce furent les croisades. La France fut appelée la première à y concourir, et elle y joua glorieusement le principal rôle. Le pontife qui entreprit de soulever l'Europe contre l'islamisme, et dont la voix puissante donna à nos ancêtres le signal auquel ils répondirent par le terrible cri : *Dieu le veut*, avait sagement jugé la France. Dieu même l'avait inspiré. « Si l'on demande, a dit un auteur alle-« mand, pourquoi les Français, plus que « toute autre nation, se sont précipités dans « les croisades, on n'a qu'à se rappeler que « ce fut chez eux que jouèrent les princi-« paux ressorts qui mirent bientôt en mou-« vement le reste de l'Europe; qu'alors, « peut-être encore plus qu'à présent, ils « étaient de tous les peuples le plus guer-« rier, le plus indépendant, le plus sensible « à l'honneur, le plus généreux, et surtout « le plus ami de la nouveauté. »

Les pèlerins français furent conduits à la première croisade par Hugues *le Grand*, comte de Vermandois, frère du roi Philippe Ier. Le pieux et vaillant Louis VII marcha lui-même, dans la seconde croisade, à la tête d'une armée de cent mille hommes, qui périt presque tout entière dans l'Asie Mineure. Le malheureux résultat de cette seconde croisade refroidit en France l'ardeur pour la guerre sainte. La nouvelle de la prise de Jérusalem par Saladin, les exhortations du pape Clément III, et l'éloquence de l'archevêque Guillaume de Tyr, député de la terre sainte en Occident, réveillèrent cette ardeur en **1188**, et Philippe-Auguste prit une part glorieuse, mais trop courte, à la troisième croisade. Sa lutte avec Richard, roi d'Angleterre, et l'excommunication qu'il s'attira en épousant Agnès de Méranie, après avoir répudié sa femme Ingelburge, empêchèrent la France de figurer dans la quatrième guerre sainte. Mais l'appel fait à la chrétienté par Innocent III, en 1198, et les prédications de Foulques de Neuilly en France, et notamment en Champagne, en 1199, recrutèrent pour la cinquième croisade une partie de la noblesse du royaume, et un nombreux contingent de braves pèlerins. La valeur française brilla de son chevaleresque éclat à la prise de Constantinople, et concourut vaillamment à la fondation de l'empire latin d'Orient, en 1204.

Philippe-Auguste, à qui on venait de demander pour la jeune reine de Palestine un mari qui fut, pour ce malheureux pays, le défenseur qu'il trouva dans le brave Jean de Brienne, contribua de ses propres deniers aux frais de la sixième croisade, et un grand nombre de seigneurs français prirent part à cette expédition en Syrie et en Egypte. Mais la répression de l'hérésie des Albigeois occupa à cette époque une partie des forces que la France aurait pu employer à soutenir la cause chrétienne en Orient. Thibaut, comte de Champagne et roi de Navarre, et plusieurs autres puissants seigneurs, partirent toutefois pour la Palestine, en 1239, à la fin de la sixième croisade. La France fit à peu près seule, en hommes et en argent, tous les frais de la septième croisade, à la tête de laquelle saint Louis partit d'Aigues-Mortes au mois d'août 1248, avec ses frères et la plus grande partie de la noblesse du royaume. La France joua encore le principal rôle dans la malheureuse expédition qui termina les croisades par la mort de saint Louis. La pensée des croisades appartient à la papauté; mais l'exécution en est due en grande partie à la France. Notre pays est le premier où s'alluma l'enthousiasme des guerres saintes, et le dernier où il s'éteignit.

FRANÇOIS D'ASSISE (Saint) né en 1182, dans le royaume de Naples, appartient à l'époque des croisades, si féconde en grands hommes et en grandes institutions. Celle des ordres mendiants, dont il fut un des fondateurs, présenta une chevalerie spirituelle, dont l'héroïsme s'éleva beaucoup plus haut que celui de la chevalerie guerrière. L'ardente charité qui animait saint François le conduisit, en 1219, au camp des chrétiens qui assiégeaient Damiette, dans la sixième croisade. Il y arriva pour être témoin d'une défaite des soldats de la croix. Mais c'était par les armes de la persuasion qu'il voulait tenter de faire triompher la foi, et qu'il prétendait attaquer les infidèles. Il s'avança vers leur armée, et se livra lui-même aux troupes égyptiennes. Amené devant le sultan Malek-Kamel, il lui dit qu'il venait à lui pour lui indiquer la voie du salut, et il l'engagea, sous peine de damnation éternelle, à renoncer à la fausse religion de Mahomet. Il offrit de faire briller la lumière de la vérité aux yeux des docteurs de la loi musulmane, s'ils voulaient entrer en discussion avec lui. L'erreur tenait trop au cœur et à l'esprit de ceux à qui s'adressait le zèle de saint François, pour qu'ils accédassent à sa demande. Le sultan renvoya le missionnaire, qui reprit le chemin de l'Europe, où il devait déposer la semence de sa parole dans un terrain mieux disposé à la recevoir.

FRÉDÉRIC Ier, surnommé Barberousse, empereur d'Allemagne. En 1152, Conrad III, premier empereur de la maison de Hohenstaufen, qui régnait sur les duchés de Souabe et de Franconie, se voyant près de mourir, à son retour de la seconde croisade, désigna pour lui succéder, non son fils, qui était trop jeune, mais son neveu Frédéric de Souabe, qui l'avait accompagné dans cette expédition et s'y était signalé. Les électeurs de l'Empire confirmèrent ce choix d'une voix unanime, le 5 mars 1152.

Frédéric, né en 1121, de Frédéric duc de Souabe et de Judith de Bavière, avait reçu du ciel de telles qualités que, si son orgueil lui eût permis d'en faire un meilleur usage, elles eussent suffi à lui mériter le surnom de Grand. L'histoire lui a seulement donné celui de Barberousse, à cause de la couleur de sa barbe. Il appartenait à la maison Gibeline par son père, et à la maison Guelfe par sa mère. Dans l'état de dissension où la rivalité de ces deux familles avait mis les peuples sur lesquels il était appelé à régner, c'était là une circonstance heureuse. Le premier acte de son gouvernement fut de rendre le duché de Bavière à Henri-le-Lion, duc de Saxe et chef des Guelfes, qui devint ainsi le plus puissant prince de l'Allemagne; mesure aussi imprudente que généreuse. Ensuite, il détruisit les forteresses de quelques châtelains qui effrayaient l'Allemagne par leurs brigandages, contraignit par les armes Boleslas, roi de Pologne, à lui rendre hommage, donna le titre de roi à Wladislas, duc de Bohême, en récompense du zèle qu'il avait montré dans cette guerre, et augmenta la puissance des Hohenstaufen en épousant Béatrix, héritière de la Haute-Bourgogne.

Il lui restait à faire reconnaître son autorité dans l'Italie qui, depuis plus d'un siècle, n'accordait guère qu'une obéissance nominale aux princes allemands. Milan, parvenu à un haut degré de richesse et de puissance, accueillit ses ordres avec outrage. Frédéric passa les Alpes, attaqua, prit et brûla plusieurs villes alliées de Milan, qu'il n'osa point encore assiéger. Puis, ayant reçu à Pavie la couronne de fer, il marcha contre Rome, où le pape l'appelait, et dont le peuple égaré et excité par le trop célèbre Arnaud de Brescia prétendait rétablir la république. Adrien IV, qui occupait alors la chaire de Saint-Pierre, devenu incertain des intentions de l'empereur, se renferma prudemment dans une forteresse. Mais Frédéric lui ayant envoyé des paroles de sûreté, il se rendit au camp de ce prince qui, par orgueil, manqua deux fois aux formes respectueuses qu'il devait observer. Le pontife maintint ses droits avec la fermeté qui convenait à la majesté du chef de l'Eglise. Frédéric céda, peut-être parce qu'il tenait à recevoir la couronne impériale des mains du vicaire de Jésus-Christ. Cette cérémonie eut lieu effectivement dans l'église de Saint-Pierre de Rome, le 18 juin 1155. Mais les Allemands eurent à combattre pour rester maîtres de cette ville. Dès l'année suivante l'empereur, revenu en Allemagne, profita d'un prétexte futile pour se brouiller avec le pape, et cette mésintelligence, un moment assoupie, dura jusqu'à la mort d'Adrien, qui eut lieu en septembre 1159. Frédéric rentra en Italie dès 1158, et assiégea Milan qu'il força à capituler le 8 septembre de la même année. Cette ville subit de dures et humiliantes conditions. L'armée impériale comptait 100,000 fantassins et environ 15,000 cavaliers. Enhardi par une force si imposante et par ses succès, Frédéric assembla à Roncaglia une diète où, sur la consultation favorable des jurisconsultes bolonais, il décréta les règlements les plus contraires aux droits des évêques, soumit les villes italiennes à une capitation annuelle, et leur retira divers usages et priviléges dont elles jouissaient. Adrien ne pouvait voir avec indifférence un si grand attentat commis contre l'Eglise. L'empereur lui avait donné d'autres griefs, en envoyant sur les domaines du saint-siége des officiers chargés tant d'y lever des impôts que d'y rendre la justice, et en donnant à Welf d'Altorf les biens de la comtesse Mathilde. Le pape se plaignit par lettre à Frédéric, qui lui répondit insolemment. Adrien s'apprêtait à fulminer l'excommunication, lorsque la mort l'en empêcha. Les Milanais jugèrent l'occasion favorable pour se révolter. L'empereur appela d'Allemagne des troupes pour les réduire, et en attendant prit Crême qu'il brûla. Puis il assiégea Milan, qu'il contraignit à capituler en 1162, et qu'il fit raser. Après quoi, il retourna en Allemagne.

Alexandre III avait succédé à Adrien IV. Frédéric, qui le redoutait à cause de ses vertus et de son habileté, suscita un antipape connu sous le nom de Victor IV. Alexandre se réfugia à Tours d'où il lança contre Frédéric une bulle d'excommunication, le jeudi saint 24 mars 1160. L'anti-pape, excommunié également avec ses adhérents, mourut en 1164. L'empereur entretint le schisme en faisant nommer un nouvel antipape, qui prit le nom de Pascal III, et en contraignant les princes et les évêques d'Allemagne à jurer qu'ils ne se soumettraient point au pape légitime ni à ses successeurs. Alexandre étant rentré à Rome, Frédéric passa les Alpes, l'obligea à se retirer à Bénévent, et se fit de nouveau couronner à Rome par l'anti-pape, en 1167.

Cette même année, les villes de la Haute-Italie, exaspérées par la tyrannie des impériaux et encouragées par le pape, formèrent la confédération connue sous le nom de Ligue lombarde. Ces villes ne prétendaient pas secouer la souveraineté de l'empereur, mais récupérer leurs droits. Elles rebâtirent Milan, et fondèrent une nouvelle ville très-forte qui fut appelée Alexandrie, en l'honneur du pape. Pavie seule tint pour l'empereur.

Celui-ci ne put, pour la quatrième fois, revenir en Italie qu'en 1174. Il assiégea en vain Alexandrie. Une de ses armées n'avait pas eu plus de succès devant Ancône. Affaibli par la défection de Henri-le-Lion, qui ne voulut pas servir plus longtemps contre le parti de sa famille et de l'Eglise, Frédéric se vit forcé de donner, le 29 mai 1176, la bataille de Legagno où il éprouva une déroute complète. Il s'enferma alors dans Pavie et demanda la paix au pape, auquel il l'avait refusée trois ans plus tôt. Le pontife et l'empereur se rencontrèrent à Venise, et une trêve y fut conclue le 24 juillet 1177. L'empereur abjura le schisme, fut absous de l'excommunication, et baisa le pied du saint-père. Celui-ci, plein de mansuétude, renonça pour quinze ans à l'héritage de la comtesse Mathilde et reçut la soumission du nouvel anti-pape Calixte III. Frédéric se consola de ses malheurs en se faisant couronner roi de Bourgogne à Arles (1178). En 1183, la trêve de Venise devint paix définitive, à la diète de Constance. Les villes confédérées y obtinrent ce qui avait fait le principal objet de leur ligue. Cette paix permit à l'empereur de prendre des mesures de rigueur contre Henri-le-Lion qui, après des succès divers, finit par succomber. Le vainqueur lui laissa toutefois une petite partie de ses Etats.

Frédéric revit une dernière fois l'Italie, où il fut bien accueilli, et fit prendre la couronne de fer à son fils Henri, qu'il maria avec Constance, héritière des Deux-Siciles. Enfin, le 27 mars 1188, il prit, dans une diète tenue à Mayence, la croix contre les infidèles, avec son fils Frédéric, duc de Souabe et 68 seigneurs tant clercs que laïques. Il partit après les fêtes de Pâques de l'année suivante, et le 10 juin 1190, à l'âge de 69 ans et après 39 ans de règne, il périt dans cette expédition, dont les faits généraux ont leur place autre part. Mais nous devons réunir à cet article quelques détails relatifs à la personne même de l'empereur.

En parlant du séjour de Frédéric Barberousse en Hongrie, Arnold de Lubeck décrit le présent que la reine, sœur de Philippe-Auguste, offrit à l'empereur. « C'était, dit-il, une très-belle tente, couverte dans toute sa longeur et sa largeur de tapis d'écarlate, et garnie d'un lit, d'un matelas et d'une couverture précieuse; il y avait un siége d'ivoire, avec un coussin orné de riches broderies. »

Gauthier Vinisauf, chroniqueur anglais, nous a conservé la lettre que Frédéric écrivit à Saladin, et qu'il lui fit porter par des envoyés, pour lui déclarer la guerre. Voici ce curieux document : « Frédéric, *par la grâce de Dieu, empereur des Romains, toujours auguste, triomphateur magnifique des ennemis de l'empire, heureux médiateur de la chrétienté, à Saladin, chef des Sarrasins*, homme *illustre, et qui bientôt, à l'exemple de Pharaon, sera contraint d'abandonner la poursuite des enfants de Dieu.* Nous avons reçu avec une vive affection la lettre que vous nous avez écrite, et notre Majesté l'a trouvée digne d'une réponse. Maintenant, parce que vous avez souillé la terre sainte, et que notre devoir, comme chef de l'empire, est de défendre la ville de Jésus-Christ, nous vous mandons que si vous n'abandonnez pas sur le champ cette terre et ne nous faites une due satisfaction, soutenu par la vertu du Christ, nous tenterons la guerre et ses hasards, à compter des calendes de novembre. Nous avons quelque peine à croire que les événements de l'histoire ancienne vous soient inconnus ; et si vous les connaissez, pourquoi faites-vous comme si vous les ignoriez ? Savez-vous que les deux Ethiopies, la Mauritanie, la Scythie, les terres habitées par les Parthes et scellées du sang de notre Crassus, que l'Arabie, la Chaldée, l'Egypte surtout, où le grand Antoine, ô douleur ! se laissa asservir par les amours licencieuses de Cléopâtre, que toutes ces terres, en un mot, dépendaient de notre empire ? Pouvez-vous ignorer que l'Arménie et d'autres terres innombrables sont soumises à notre domination ? ils ne l'ignoraient pas, ces rois dont le sang rougit tant de fois les glaives romains ; et vous aussi, Dieu aidant, vous apprendrez ce que peuvent nos aigles victorieuses, ce que peuvent les cohortes de plusieurs nations; vous éprouverez la fureur de ces Teutons, qui portent les armes même pendant la paix ; vous connaîtrez les habitants du Rhin, la jeunesse d'Istrie, qui ne sut jamais fuir, le Bavarois, grand de taille, les habitants de la Souabe, fiers et fins, ceux de la Franconie, toujours circonspects, le Saxon, qui joue avec le glaive, les peuples de la Thuringe et de la Westphalie, l'agile Brabançon, le Lorrain, qui ne connaît point de paix, l'inquiet Bourguignon, les habitants des Alpes, difficiles à saisir, le Frison, habile à lancer le javelot, le Bohémien, qui sait mourir avec joie, le Bolonais, plus féroce que les bêtes de ses forêts, les habitants de l'Autriche, de l'Illyrie, de la Lombardie, de la Toscane, de Venise, de Pise : enfin, le jour marqué pour le triomphe du Christ vous apprendra que nous pouvons encore manier l'épée, quoique, selon vous, la vieillesse nous ait déjà abattu. » On peut voir à l'article SALADIN la réponse que le fils d'Ayoub fit à l'Empereur.

Le chroniqueur allemand Mutius, raconte ainsi la mort de l'empereur : « Frédéric resta quelques jours dans la Cilicie, pour laisser reposer ses troupes fatiguées. Pendant ce temps, il se livra aux plaisirs de la chasse ; il voulait connaître les animaux sauvages qui habitent cette contrée. Tandis qu'il poursuivait les bêtes fauves avec trop d'ardeur, il s'échauffa, et voulant se rafraîchir, il se précipita témérairement dans un fleuve rapide et profond. La violence du courant l'emporta aussitôt au fond de l'eau, où il fut suffoqué à la vue de plusieurs de ses gardes, qui firent de vains efforts pour le secourir. »

L'historien grec Nicétas, après avoir fait mourir Frédéric au passage du Cydnus, comme quelques historiens latins, ajoute ces paroles remarquables sous la plume d'un de ces Grecs qui étaient animés d'une haine si profonde contre les Allemands : « Voilà comment mourut cet incomparable prince, qui méritait de ne point mourir, et qui, selon le jugement des personnes les plus intelligentes et les plus éclairées, fut heureux jusque dans sa mort, puisque, brûlant d'un zèle plus ardent que tout autre prince chrétien pour la gloire du Sauveur, il a méprisé le royaume de ses ancêtres et renoncé à son repos pour souffrir avec les pauvres de la Palestine, et pour délivrer ce saint tombeau qui est une source de vie ; il n'a pas craint de manquer des secours les plus nécessaires à la conservation de l'existence, de n'avoir point d'eau, ou de n'en avoir que de bourbeuse, de n'avoir point de pain ou de n'en avoir que du commun et quelquefois du gâté. Il n'a point été retenu par les larmes ni par les embrassements de ses enfants ; il s'est exposé, à l'imitation de saint Paul, non-seulement à être tué, mais encore à mourir de maladie ; enfin, il a égalé en toutes choses ces âmes pleines de la ferveur divine, qui méprisent comme de la boue, ce monde et tout ce qu'il renferme. »

Tagenon, doyen de Passaw, qui a été témoin des faits qu'il rapporte, et qui paraît avoir écrit sa chronique à mesure que les événements se passaient, raconte très-laconiquement, et sans entrer dans aucun détail, mais d'une manière différente des autres historiens, la mort de Frédéric. Après avoir rendu compte des difficultés et des dangers qu'éprouvèrent les croisés au passage d'une montagne très-élevée, qui s'étendait sur les bords du Sélef, il ajoute : « Quand on eut descendu la montagne, on trouva de l'herbe en abondance ; on dîna et on se reposa quelque temps. L'empereur et ceux qui étaient avec lui, suivant le conseil des habitants du pays, évitèrent les dangers de cette montagne ; à l'aurore, ils passèrent par des sentiers escarpés, où ils n'eurent pas moins de peine que ceux qui avaient franchi le sommet ; car, des évêques, des princes et des seigneurs, qui avaient laissé leurs chevaux dans des lieux où il y avait de l'eau, furent obligés, tantôt de se traîner, tantôt de grimper, s'aidant des pieds et des mains comme des quadrupèdes, ayant à droite et à gauche des abîmes et la perspective de la mort. Cependant tous étaient gais, car l'amour du Christ les soutenait. Le 4 des ides de juin, l'armée campa dans les plaines de Séleucie. La joie se répandit dans le camp; nous avions échappé à tous les dangers; mais notre joie se changea bientôt en un grand deuil; ce même jour, l'empereur mourut subitement à Séleucie, sur le soir. »

La chronique d'Ansbert, qui est aussi le récit d'un témoin oculaire, est celle qui explique de la manière la plus probable et la plus naturelle le motif qui engagea l'empereur à traverser le Sélef : Fréderic, dit-il, voulait éviter de franchir les montagnes difficiles où étaient engagés les croisés. Voici ses propres expressions : « Tandis que le reste des pèlerins, riches et pauvres, s'avançaient à travers des rochers à peine accessibles aux chamois et aux oiseaux, l'empereur, qui voulait se rafraîchir et éviter aussi les dangers de la montagne, essaya de traverser à la nage le fleuve rapide de Séleucie ; ce prince, qui avait échappé à tant de périls, entra dans l'eau, malgré les avis de tous, et périt misérablement englouti. » Après quelques réflexions sur la mort de Frédéric, le chroniqueur dit qu'il ne peut pas douter qu'il ne soit sauvé, et ajoute : « Plusieurs seigneurs qui étaient avec l'empereur se hâtèrent de le secourir, mais ils le ramenèrent sans vie sur le rivage. Cette mort porta le trouble dans l'armée ; les uns moururent de douleur ; les autres désespérés, et se persuadant que Dieu n'avait pas soin d'eux, renoncèrent à la foi chrétienne et embrassèrent la religion des gentils. »

Le chroniqueur anglais Bromton diffère des autres historiens dans le récit qu'il fait de la mort de l'empereur. « L'armée chrétienne, dit ce chroniqueur, était alors partagée en deux camps, l'un sous le commandement de l'empereur, l'autre sous celui de son fils : un fleuve coulait au milieu. L'empereur voulut traverser ce fleuve à cheval, pour aller parler à son fils, qui était de l'autre côté. Ceux qui l'accompagnaient lui conseillèrent de ne pas s'abandonner imprudemment à une rivière qu'il ne connaissait pas : mais, sans les écouter, et oubliant sa dignité, il poussa son cheval, et, tombant dans l'eau à la vue de son escorte qui ne put aller à son secours, il fut étouffé dans un moment. » Le chroniqueur anglais rapporte aussi la version la plus commune et il ajoute ensuite : « D'une manière ou d'une autre, l'empereur finit ainsi sa vie dans les ondes. »

Une lettre d'un auteur inconnu, qui est le récit d'un témoin oculaire, dit que « l'empereur, traversant un sentier au pied des montagnes, rencontra une rivière très-rapide, sur le bord de laquelle il se reposa et prit un repas. Ayant supporté pendant un mois des travaux infinis, il voulut se baigner et se rafraîchir dans cette rivière, et il y périt inopinément par le jugement de Dieu. »

Villani, dans ses *Istorie Fiorentine*, fait suivre de cette juste réflexion le récit de la mort de Frédéric : « On crut que cette mort était arrivée par un jugement de Dieu, à cause des persécutions que ce prince avait fait éprouver à la sainte Eglise. »

Voici la version du chroniqueur anglais, Guillaume de Neubridge, sur cette mort si diversement racontée : « Une rivière séparait les deux camps de l'armée. L'empereur, monté sur son cheval, voulait aller parler à son fils, qui était sur l'autre rive ; on essaya de le détourner de ce dessein, en lui représentant qu'un si grand prince ne devait pas s'exposer témérairement dans une rivière inconnue. Mais Frédéric, que poursuivait sa destinée, oubliant sa dignité impériale, s'élança dans le gouffre, et périt en un moment, étouffé par les ondes. O abîme des jugements de Dieu ! ce grand prince qui, animé d'une sainte ardeur, dédaignant les délices et les richesses de l'empire, s'était exposé à mille dangers pour le Christ, est enlevé par une mort imprévue et soudaine ! » Mais c'est dans le sens parfaitement chrétien que Guillaume de Neubridge entend que Frédéric était *poursuivi par sa destinée :* le chroniqueur croit que l'empereur n'avait pas assez expié les torts de sa conduite envers le pape Alexandre III, et que Dieu, en le punissant par cette mort, n'avait pas voulu le priver de la récompense éternelle que lui avait méritée son pieux dévouement à la sainte cause des croisades.

Ce juste et sévère jugement porté contre Frédéric Ier s'accorde avec le sentiment de Jacques Wimphelinge. Ce chroniqueur regardait la discorde qui avait existé entre le pape et l'ambitieux empereur, comme la source de tous les malheurs qui s'étaient prolongés jusqu'au XVIe siècle, époque où il écrivait. Le fait est ainsi raconté par l'auteur anonyme de la relation de l'expédition de Frédéric en Asie, qui se trouve dans le recueil de Canisius : « On marchait par un chemin étroit et difficile, tantôt en gravissant des montagnes, tantôt en traversant de profondes vallées, le long du fleuve qui coule devant la ville de Sélef. Les pèlerins avançaient avec beaucoup de peine. Quelques cavaliers du dernier corps d'armée que commandait l'empereur essayèrent de trouver un gué dans le fleuve. Frédéric, contre l'avis de ceux qui étaient avec lui, y descendit pour se rafraîchir et se baigner. Comme il se disposait à le traverser à la nage, il perdit ses forces, entraîné par le courant ; aussitôt il appela à son secours un chevalier qui était entré dans l'eau avec lui. Ce chevalier le saisit, mais la force du courant lui fit lâcher prise, et il eut beaucoup de peine à se sauver lui-même. Un autre cavalier saisit promptement l'empereur, mais il était trop tard ; ce prince était déjà mort, au grand regret et au grand malheur de toute l'armée. » On voit que ce récit diffère de celui de presque tous les autres historiens. Gauthier Vinisauf, après avoir rapporté la mort de l'empereur, ajoute : « Il y avait, dans l'armée, plusieurs parents et un fils de l'empereur ; mais on ne pouvait distinguer leurs plaintes et leur douleur des plaintes et de la douleur de tous ; car tous pleuraient la perte d'un père et d'un maître. »

Les auteurs arabes varient, comme les chroniqueurs chrétiens, sur la manière dont périt Frédéric. Les uns, parmi lesquels on peut citer Emad-Eddin, disent qu'il fut attiré par la fraîcheur des eaux, et qu'étant attaqué d'un certain mal, il crut que le bain le guérirait, mais que l'eau était trop froide et le tua.

On lit dans les *Antiquités de Goslar*, que les dépouilles de Frédéric furent d'abord ensevelies à Antioche, mais qu'ensuite elles furent transportées en Allemagne et déposées à Spire, dans la sépulture des autres empereurs. Suivant Tagenon, les restes de l'empereur furent ensevelis à Antioche, dans l'église et devant l'autel de saint Pierre.

Le chroniqueur allemand Mutius dit que la mort de Frédéric força le duc, son fils, de changer tous ses desseins. « Sans s'arrêter à faire la guerre aux Musulmans de Syrie, comme il en avait le projet, il se rendit, ajoute le chroniqueur, par mer à Tyr, avec le reste de ses troupes, emportant le corps de son père, qui avait été embaumé. Après lui avoir fait de magnifiques funérailles dans cette ville, il continua sa route. »

Gauthier Vinisauf, qui n'épargne pas la louange à Frédéric, prétend que ce prince avait quelque chose dans le visage qui le faisait ressembler à Socrate. Voici le portrait que fait de Frédéric Barberousse l'auteur de la chronique intitulée *Istoria imperiale di Ricobaldo*, qui, suivant Muratori, ne serait autre que le poëte Boiardo : « Frédéric était d'une taille ordinaire, et telle qu'au milieu des petits il eût paru grand, et qu'au milieu des grands il n'eût point paru petit. Ses membres étaient bien proportionnés et il avait cette beauté qui peut convenir à un chevalier fort et adroit. Il était blanc par tout le corps, et avait le poil roux. Sa tête ronde et un peu grosse était, dans sa jeunesse, agréablement ornée par sa chevelure. Ses yeux, d'un bleu pâle, étaient doux et paisibles, quand rien ne les troublait ; mais, dans la colère, ils étaient étincelants, et paraissaient comme enflammés ; son nez aquilin donnait à son visage un air de majesté ; sa bouche, son menton et son cou auraient pu servir de modèle à un peintre. Les qualités de l'âme répondaient à de si belles qualités du corps. Sa magnanimité était telle que, de nos jours, on n'en a point vu de semblable, et qu'elle ne peut être comparée qu'à celle des anciens héros. Il n'y eut d'autre différence entre Frédéric et Alexandre que celle que produisit la fortune, qui fit plus pour le prince macédonien que pour l'empereur allemand. Doux pour ses sujets et ses serviteurs, il fut terrible et presque implacable pour ses ennemis ; prompt à s'irriter, si quelquefois la prudence lui faisait, pour un temps, réprimer les mouvements de sa colère, il l'exhalait toujours ensuite avec plus de violence. Quelquefois il supportait les fatigues avec une constance admirable ; d'autres fois il se laissait abattre par la mollesse. Grand amateur de la chasse, ce fut lui qui le premier fit venir en Italie les oiseaux propres à cet exercice. Il prenait un grand plaisir à imaginer de nouveaux instruments de guerre, à monter à cheval, à disputer avec des gens d'esprit, et à jouer à des jeux de hasard. En un mot, la nature avait donné à ce prince un génie ennemi de l'oisiveté, et qui cherchait sans cesse la nouveauté et le changement. »

FRÉDÉRIC II, empereur d'Allemagne. Ce prince naquit le 26 décembre 1194 dans la Marche d'Ancône. Il fut proclamé roi des Romains vers le milieu de **1196**, avant son baptême, pour la première fois, puis de nouveau en **1198**. Il était fils de l'empereur Henri VI et de Constance, fille de Roger, roi des Deux-Siciles. L'année de sa naissance, son père et sa mère avaient achevé de conquérir ce royaume, dont la possession leur était disputée, et où Henri VI, par sa rapacité et ses grandes cruautés, rendit odieuse la domination des Hohenstaufen. L'empereur mourut le 28 septembre 1197, et Constance fit couronner aussitôt le jeune Frédéric, comme roi des Deux-Siciles. Mais, le 27 novembre 1198, elle rejoignit son époux au tombeau, remettant la tutelle de son fils au pape Innocent III. Frédéric ayant paru trop jeune pour l'empire, ce fut son oncle Philippe II, duc de Souabe, qu'on élut en 1198, pendant l'octave de Pâques. Mais ce prince ne tarda pas à être assassiné, et Othon IV, de la maison Guelfe, fut proclamé pour la seconde fois roi des Romains, en 1208, à Francfort. A peine couronné, le nouvel empereur envahit les Etats continentaux de Frédéric et prit Capoue. Mais le jeune roi trouva un protecteur zélé dans Innocent III qui, au dire de Jean de Muller, déploya ainsi et le génie d'un grand monarque et la loyauté d'un chevalier. Ce pontife se hâta de fulminer l'excommunication contre Othon IV, et d'inviter les princes allemands à le remplacer par Frédéric. Les électeurs obéirent, et le petit-fils de Barberousse fut, pour la troisième fois, proclamé roi des Romains, à la diète de Coblentz en 1210. Il n'avait encore que dix-sept ans ; mais dès qu'il avait eu atteint sa quatorzième année, en 1208, le pape avait voulu qu'il commençât à gouverner ses Etats par lui-même ; et, l'année suivante, il lui avait fait épouser Constance, fille du roi d'Aragon. A ces soins si paternels, il faut ajouter le bienfait d'une éducation admirable, qu'Innocent avait dirigée par ses légats, et qui, fécondée par la rare aptitude de l'élève, fit de lui un des hommes les plus instruits de son temps. A peine élu, Frédéric rendit, en 1213, la constitution d'Egra, qui consacrait la séparation des Deux-Siciles et de l'empire, et qui reconnaissait les droits de l'Eglise sur les alleux de la comtesse Malthilde. C'était un acte de gratitude envers le saint-siége. Mais on doit remarquer que les affaires d'Othon IV n'étaient point encore désespérées. Deux causes consommèrent la ruine de ce dernier : sa défaite à Bouvines, où il perdit une armée de cent cinquante mille hommes, le 27 juillet 1213, et la décision du quatrième concile de Latran, où sa déchéance fut proclamée en 1215. La même année Frédéric prit la croix contre les infidèles à la diète d'Aix-la-Chapelle. Mais Innocent III étant mort en juillet 1216, l'empereur demeura en Allemagne jusqu'à ce qu'il allât, en 1220, recevoir à Rome la couronne impériale. Honoré III, qui avait succédé à Innocent, et qui n'était pas moins bienveillant pour l'empereur, lui rappela alors et ses engagements non remplis envers le saint-siége, et son obligation d'aller en Palestine; Frédéric demanda et obtint un délai de deux ans pour expulser les Sarrasins de Sicile. Il réussit à dompter ces infidèles; mais, au lieu de les chasser de l'Europe, il les établit à Lucéra dans la Pouille, et il ne négligea rien pour s'en faire des amis dévoués. Par ses soins, cette ville devint une résidence délicieuse et splendide, où lui-même se plaisait à habiter, adoptant sans scrupule les vices et les coutumes de ses hôtes mahométans. Il se créa ainsi une garde prétorienne, qu'il employa plus tard à ravager les Etats de l'Eglise. Sur ces entrefaites, le délai qui lui avait été accordé étant expiré, et le pape renouvelant ses instances, l'empereur fit de grands préparatifs pour la croisade. La Chronique de Richard de San-Germano, écrivain favorable à Frédéric II, rapporte que l'empereur se rendit, en 1225, à San-Germano, où se trouvèrent deux cardinaux envoyés par le pape. Frédéric jura, dans l'église de cette ville, d'aller en personne au secours de la terre sainte et d'y tenir à son service, pendant deux années, mille chevaliers. Il promit d'emmener avec lui cinquante galères bien armées. Cette déclaration fut lue à haute voix, ajoute le chroniqueur, en présence de l'empereur, de quelques princes d'Allemagne, de plusieurs prélats et des nobles du pays. Frédéric s'engagea à observer tout ce qu'il avait promis, sous peine d'excommunication. Il négociait en même temps avec Jean de Brienne, roi de Jérusalem, pour en obtenir la main de sa fille Yolande, qu'il épousa en secondes noces, en 1225, et qui, l'année suivante, fut couronnée impératrice et reine de Jérusalem par le pape, dans l'église de Saint-Pierre de Rome. Mais il la rendit très-malheureuse, contraignit Jean de Brienne à lui faire cession de son royaume, et envoya, pour gouverner en son nom les débris de cet Etat, Hugues de Montbelliard et un certain Thomas. Il est à remarquer qu'en épousant Yolande, il avait promis de défendre le royaume de Jérusalem sous peine d'excommunication. Pendant qu'il trompait ainsi la longanimité du saint-père, il s'efforçait de récupérer, sur les villes de la haute Italie, tout le pouvoir que la paix de Constance avait retiré à son aïeul. C'est ce qui donna lieu, en 1225, à la deuxième ligue lombarde. Frédéric tenta de la dissoudre en attaquant Faenza, mais il échoua. Le pape intervint pour rétablir la paix. Ce fut le dernier bienfait que l'empereur reçut d'Honoré III, qui mourut le 18 mars 1227, et fut remplacé par Grégoire IX. Celui-ci somma immédiatement Frédéric d'accomplir son obligation d'aller en Palestine. L'empereur, se trouvant à bout de prétextes, s'embarqua à Brindes; mais il reprit terre presque aussitôt à Otrante, alléguant que ses forces ne lui permettaient pas d'endurer les fatigues de la traversée. Cette défaite mécontenta vivement le pape, qui lança contre l'empereur une bulle d'excommunication, le déclara indigne de porter les armes pour la délivrance du Saint-Sépulcre, et lui fit défense d'entreprendre la croisade. Frédéric suscita aussitôt à Rome une insurrection, qui obligea le pontife à se réfugier à Pérouse; puis, au mépris de la puissance apostolique, il se mit en route pour la terre sainte, où des intelligences secrètes qu'il avait formées récemment avec le sultan d'Egypte lui faisaient espérer la possession de Jérusalem. Ce départ eut lieu en août 1228; par conséquent treize ans après que Frédéric eut pris la croix.

On trouve, dans la *Chronique de saint Bertin*, des renseignements que ne donnent pas les autres chroniqueurs sur le voyage en Palestine de Frédéric II. « L'empereur, quoiqu'excommunié, dit Jean d'Ypres, auteur de cette Chronique, se prépara néanmoins à passer la mer : mais il le fit avec des préparatifs peu convenables; car il n'avait pas vingt-deux galères et cent chevaliers. Le pape, qui le sut, lui défendit de passer comme croisé, jusqu'à ce qu'il fût absous et que la saison de naviguer fût favorable. L'empereur, dédaignant les défenses du pape, se mit en mer, et aborda à Ptolémaïs. Il envoya au sultan des présents et des députés, qui lui dirent que l'empereur était venu, non pour conquérir le pays, mais pour visiter les Lieux Saints et le royaume de Jérusalem, qui appartenait à son fils par droit d'héritage. Ils ajoutèrent que si le sultan voulait rendre paisiblement ce royaume, l'empereur se retirerait paisiblement aussi. Pendant ce temps, le pape ordonna au patriarche de Jérusalem d'annoncer que l'empereur était excommunié et parjure. Il défendit aussi aux Templiers et aux Hospitaliers, et à ceux de l'ordre Teutonique d'obéir en rien à ce prince.

Le sultan, qui vit que l'empereur était venu presque sans suite, que les chrétiens de la Palestine s'éloignaient de lui, qu'en outre Frédéric était en querelle avec le pape, et qu'une sentence était prononcée et promulguée contre lui, jugea qu'il avait peu à craindre de ce prince. Il répondit aux députés de Frédéric qu'il désirait connaître plus clairement l'intention de leur maître, et que, quant à ce qui regardait le royaume de Jérusalem, il ne pouvait le rendre, non à cause de la valeur du pays, mais parce que cela ne lui était pas permis; car les Sarrasins révéraient autant le Temple du Seigneur, qui est la maison de Dieu, que les chrétiens honoraient le tombeau de Jésus-Christ. L'empereur vit par cette réponse que le sultan se jouait de lui; d'un autre côté, les Templiers et les Hospitaliers lui déclarèrent qu'ils ne voulaient obéir qu'aux ordres du pape, et nullement aux siens; que cependant, pour l'utilité de la terre sainte, ils étaient prêts à se joindre aux autres chrétiens, pourvu qu'il ne fût publié aucun ordre de la part de l'empereur. Frédéric, indigné, s'avança sans eux; mais les Templiers et les Hospitaliers le suivirent de loin en corps d'armée. L'empereur, jugeant qu'il était dangereux pour lui de faire ainsi bande à part, consentit à ce que les ordres fussent donnés de la part de Dieu et de la chrétienté, et qu'on ne fît aucune mention de lui. Pendant la marche, il lui arriva un message qui lui annonça en secret que le roi Jean conduisait une armée dans la Pouille, comme lieutenant du pape; que déjà maître de la ville de San-Germano, Jean de Brienne marchait sur Capoue, et que plusieurs forteresses se rendaient à lui. L'empereur fut fort troublé à cette nouvelle: d'un côté, il voyait qu'il allait perdre la Sicile par son absence; de l'autre, que la retraite de la terre sainte était difficile, parce que la saison était peu favorable. Il fit donc un traité avec le sultan, et alla à Jérusalem, où, prenant la couronne du royaume, qui était sur le saint Sépulcre, il la mit sur sa tête, sans recevoir la bénédiction d'aucun ecclésiastique, et sans aucune célébration de l'office divin. Il retourna ensuite à Ptolémaïs, et, se rendant secrètement dans l'île de Chypre, il se hâta d'arriver à Brindes.»

En parlant du traité que Frédéric II fit avec le sultan, la chronique allemande de Mutius, qui est écrite avec beaucoup de réserve, s'exprime ainsi: « Cette paix ne plut point au pontife, parce qu'il n'y vit rien de stable. Les infidèles conservaient toutes les places fortes du royaume de Jérusalem, de manière qu'ils devaient reprendre tout ce qu'ils avaient cédé, quand l'armée de Frédéric se serait retirée. L'empereur aurait dû le prévoir; mais toutes ses pensées étaient tournées vers l'Allemagne et l'Italie: il lui suffisait d'avoir accompli son vœu. »

On voit assez par ce qui précède, et l'on se convaincra absolument, par la lecture de ce qui suit, que Frédéric, en allant en Palestine, bien loin de se proposer la défense de la chrétienté contre l'islamisme, n'avait d'autre objet que d'y servir ses intérêts propres, lesquels étaient fort opposés à ceux de l'Eglise. C'est ce qu'avait déjà pénétré le très-pieux pontife qui occupait alors la chaire apostolique, lorsqu'il s'efforçait d'empêcher par ses menaces cette détestable entreprise; c'est aussi pourquoi il montrait autant de sagesse que de courage quand, n'ayant pu y réussir, il employait tous les moyens dont il pouvait disposer pour obliger l'empereur à revenir, sans se préoccuper des périls qu'il devait par là s'attirer à lui-même. Voyant donc qu'il n'y avait rien à attendre de la bonne volonté de ce prince, Grégoire avait résolu de recourir à la force. Par son ordre on prêchait la croisade contre l'empereur; et, comme Yolande était morte en 1228, Jean de Brienne n'ayant plus de ménagement à garder envers son gendre, se vengeait en lui enlevant successivement, ainsi que le dit Jean d'Ypres, les villes et forteresses du royaume de Naples. Il assiégait Gaëte quand Frédéric debarqua en Italie.

C'est vers ce temps-là qu'arriva un fait prodigieux dont parle Matthieu Pâris. Ce chroniqueur raconte que, tandis que les peuples faisaient éclater leur zèle pour la délivrance des Saints Lieux, et qu'un grand mouvement en ce sens remuait tout l'univers chrétien, il arriva que, le jour de la fête de saint Jean-Baptiste, le Seigneur se montra dans le firmament, attaché sur une croix brillante de lumière, ayant le corps percé de clous et d'une lance, et couvert de sang. Puis il ajoute: « Selon l'opinion de quelques-uns, ce fut à cause du retour soudain de l'empereur Frédéric, qui tourna à la honte et au préjudice de toute l'entreprise, que le Sauveur du monde se montra au peuple chrétien, attaché à une croix et couvert de sang, comme pour se plaindre de l'injure que l'empereur lui avait faite. » Quoi qu'il en soit, Frédéric, ayant réuni à ses Allemands les Sarrasins de Lucéra, chassa Brienne, et négocia avec le pape, qui le reçut en grâce et leva l'excommunication. La sincérité du pape était si grande, que Henri, roi des Romains, s'étant insurgé contre l'empereur son père, peu de temps après, Grégoire le fit excommunier. Frédéric eut raison du rebelle, et le dépouilla du titre de roi des Romains, qu'il fit donner à son second fils, Conrad. Il épousa en ce temps-là Isabelle, sœur de Henri III, roi d'Angleterre. Puis, étant rentré dans la haute Italie, qui avait secoué son joug, il y exerça d'atroces vengeances par lui-même, et surtout par le sanguinaire Eccelino de Romano, l'un de ses généraux. Il se fit assister dans ces dévastations par dix mille de ses Sarrasins de Lucéra. Les excès qu'il commit, et la donation qu'il fit de la Sardaigne à son bâtard Enzius, au mépris des droits du saint-siége, déterminèrent les Vénitiens et le pape à se déclarer contre lui. Il fut de nouveau excommunié le jeudi saint, 24 mars 1239. Il essaya vainement de contrebalancer l'effet de la bulle, en faisant faire son apologie, par son chancelier Pierre des Vignes, devant une nombreuse assemblée convoquée à cette fin. Le pape réduisit à néant la force de la réplique, en publiant des faits propres à soulever contre l'empereur la réprobation de toute la chrétienté. C'est à quoi se rapporte la Chronique du moine Albéric, qui, accusant Frédéric d'avoir blasphémé contre la religion chrétienne, rappelle que le pape, dans une lettre adressée à l'archevêque de Sens, reprochait à ce prince d'avoir dit qu'il y avait eu trois imposteurs dans le monde: Moïse, le Christ et Mahomet. Le même Albéric raconte qu'un jour Frédéric, voyant un prêtre qui portait le viatique à un malade, dit à un de ses courtisans: « Jusqu'à quand durera cette jonglerie? »

Rien de mieux établi que ces accusations d'impiété; rien de mieux justifié que la sévérité du pontife envers un prince qui avait tant abusé de la patience de deux papes ses bienfaiteurs. Ajoutons au témoignage d'Albéric quelques documents émanés des anciens chroniqueurs.

Il nous reste, sur la visite de Frédéric à Jérusalem, le récit d'un témoin oculaire; c'est celui du desservant de la mosquée d'Omar, qui accompagna Frédéric. Voici en quels termes s'exprime cet homme sur le compte de l'empereur, qui avait cru pouvoir sans danger être avec lui tel qu'il était naturellement: « L'empereur était roux et chauve ; il avait la vue faible : s'il avait été esclave, on n'en aurait pas donné deux cents drachmes. Ses discours montraient assez qu'il ne croyait pas à la religion chrétienne ; quand il en parlait, c'était pour s'en railler. Ayant jeté les yeux sur l'inscription en lettres d'or que Saladin avait fait placer au haut de la chapelle de la Sacra, et où on lisait ces mots : *Saladin purgea en telle année la ville sainte de la présence de ceux qui adorent plusieurs dieux*, il se la fit expliquer. (Les Musulmans se font de la sainte Trinité une idée telle, qu'ils s'imaginent que nous adorons trois dieux.) Ensuite, il demanda pourquoi on avait mis des grillages aux fenêtres de la chapelle ; et comme on lui dit que c'était pour écarter les souillures des passereaux et des bêtes du ciel, il répliqua : *Vous vous êtes délivrés des passereaux; mais, en place, Dieu vous envoie les cochons.* (C'est ainsi que les fanatiques musulmans appelaient les chrétiens.) Quand l'heure de midi fut venue, nous nous mîmes en devoir de faire la prière, et les Musulmans de la suite du prince firent de même, sans qu'il cherchât à les en empêcher. Au nombre de ces derniers était l'ancien précepteur de Frédéric, qui était originaire de Sicile, et qui lui avait enseigné la dialectique. C'est l'émir Schems-Eddin, cadi de Naplouse, qui fut chargé par le sultan d'accompagner l'empereur à Jérusalem. Il avait ordre de veiller à ce qu'on ne fît rien de ce qui pouvait déplaire au prince, entre autres choses, qu'on ne prêchât pas dans la mosquée d'Omar, et qu'on ne proclamât pas la prière du haut des minarets. Le premier jour, le cadi oublia de donner les ordres nécessaires ; aussi les crieurs des mosquées s'acquittèrent de leurs fonctions comme à l'ordinaire ; un d'entre eux même affecta de réciter à haute voix les passages du Coran dirigés contre les chrétiens, entre autres celui-ci : *Comment serait-il possible que Dieu eût eu pour fils Jésus, fils de Marie?* Or l'empereur était logé chez le cadi, à côté même du minaret, et il dut entendre ces paroles. Le cadi, très-affligé, se hâta d'appeler le muezzin pour lui faire des reproches, et il défendit, la nuit suivante, qu'aucun cri se fît entendre ; mais le lendemain l'empereur fit venir le cadi, et lui dit : *Qu'est donc devenu celui qui, il y a deux jours, a fait entendre, du haut du minaret, telle et telle chose?* Le cadi s'excusa, disant qu'on avait craint de déplaire à l'empereur. Le prince répliqua : *Vous avez eu tort ; pourquoi manquer ainsi, à cause de moi, à votre devoir, à votre loi, à votre religion? Eh! pardieu! si vous veniez avec moi dans mes États...* » M. Reinaud, qui a mis à profit, dans le quatrième volume de la *Bibliothèque des Croisades* de M. Michaud, les travaux du savant dom Berthereau, après avoir reproduit ce morceau, ajoute : « Le texte arabe est ici mutilé ; on aperçoit seulement en marge quelques mots isolés qui semblent dire qu'au fond Frédéric méprisait la religion dans laquelle il était né, et que, s'il n'avait pas craint de soulever ses sujets, il aurait manifesté ses véritables sentiments. » Aboulféda cite ce que disait un cadi, qui fut envoyé plus tard en Europe par le sultan Bibars, que « l'inclination de Frédéric le portait vers l'islamisme, parce qu'il avait été élevé en Sicile, où il y avait beaucoup de Musulmans. » Les historiens arabes nous apprennent encore que Frédéric continua d'entretenir des relations et d'échanger des présents avec le sultan d'Egypte et les princes musulmans de Syrie. Au rapport de Makrizi, lorsque saint Louis se prépara à faire une descente en Egypte, ce fut Frédéric qui en instruisit le premier le sultan.

L'historien des patriarches d'Alexandrie rapporte que, vers 1240 ou 1241, le sultan d'Egypte reçut une ambassade solennelle envoyée par l'empereur Frédéric. Elle se composait de deux envoyés qui étaient chargés de riches présents : leur suite était de plus de cent personnes. Le jour de leur arrivée dans la capitale, le Caire et le Vieux-Caire furent illuminés. Les députés de Frédéric firent leur entrée sur des chevaux nubiens, appartenant au sultan. Ils furent logés et défrayés de tout avec une libéralité excessive, et le jour de leur audience fut célébré avec la plus grande pompe. Leur séjour dans la capitale de l'Egypte fut assez long.

Un chroniqueur allemand rapporte, sous la date de 1232, que le sultan du Caire envoya à Frédéric une tente d'un travail admirable. Les figures du soleil et de la lune y parcouraient, au moyen d'une mécanique merveilleuse, les révolutions de ces deux astres, indiquant d'une manière infaillible les heures du jour et de la nuit. La même chronique dit que Frédéric invita à un festin les ambassadeurs du sultan et ceux du Vieux de la Montagne, et que plusieurs évêques et seigneurs allemands assistèrent à ce repas.

Makrizi, Ibn-Alatir, Ibn-Djiouzi, et presque tous les autres auteurs arabes qui traitent de l'expédition de Frédéric en Palestine, manifestent cette opinion, que l'empereur préférait le Coran à l'Evangile.

Un auteur contemporain, Matthieu Pâris, rapporte que, lorsque les colonies chrétiennes n'étaient plus soutenues par aucune espérance, Frédéric, *qui s'était fait le marteau de l'Eglise*, ne voulait pas permettre qu'on leur envoyât aucun secours, afin d'empêcher le saint-siége d'obtenir de l'argent des fidèles.

Le même écrivain, qui n'est pas suspect lorsqu'il s'agit d'opposition au saint-siége, montre dans Frédéric un ennemi déclaré de l'Eglise. Le langage de ce prince était celui qu'ont toujours tenu les hommes animés de l'intention de détruire l'autorité spirituelle : il prétendait réduire tous les membres du clergé à vivre comme dans la primitive Eglise, *quales fuerunt in Ecclesia primitiva*. Enfin, un chroniqueur allemand, Jacques Wimphelinge, tout en faisant de Frédéric un éloge exagéré et non mérité, avoue qu'il se serait fait un grand nom, *s'il eût moins fait la guerre aux papes;* d'où il faut conclure que l'opinion générale des peuples témoigne de la haine et de l'injustice qu'il déploya contre l'Eglise. Or l'Eglise l'a soutenu et protégé tant qu'il a été faible; elle l'a supporté tant qu'on a pu le croire seulement mauvais prince et mauvais chrétien ; mais elle a dû le réprimer quand il s'est fait le contempteur déclaré du christianisme. Au reste, cet homme, si dissolu dans ses mœurs et si audacieusement impie, accordait une confiance absolue aux astrologues.

Au commencement de 1240, Frédéric marcha sur Rome. L'attitude intrépide des Romains l'intimida, et il se retira. Il réussit mieux à empêcher la réunion d'un concile, pendant la vie de Grégoire IX, car le 3 mai 1241 sa flotte battit celle des Génois, et fit prisonniers la plupart des évêques qui se rendaient à l'appel du souverain pontife. Mais Innocent IV parvint à assembler un concile à Lyon, en 1245. Il représenta aux évêques que la chrétienté était exposée aux plus grands périls, par l'invasion des Tartares, qui étaient déjà entrés en Hongrie, par les succès des Kharizmiens, qui s'étaient emparés de Jérusalem, et par la situation désespérée de l'empire latin de Constantinople. Il imputa ensuite tous ces malheurs à Frédéric II. Celui-ci se fit défendre, mais ne comparut pas, et subit une nouvelle excommunication, accompagnée d'une sentence de déposition, le 17 juillet 1245. On lit dans Matthieu Pâris que Frédéric adressa une longue lettre aux princes chrétiens, à l'occasion de l'invasion des Tartares. En présence des dangers de la chrétienté, l'auteur de l'état de désordre où elle se trouvait osait se plaindre du pape, et engageait les princes à se réunir pour résister au torrent dévastateur qui menaçait l'Europe. L'historien anglais ajoute que la lettre de Frédéric fit croire que c'était l'empereur lui-même qui avait suscité les Tartares, et qu'il n'avait écrit aux princes que pour mieux cacher l'abominable dessein dont on l'accusait, de vouloir renverser la foi chrétienne, et d'aspirer à la monarchie universelle. Matthieu Pâris dit ailleurs que les princes chrétiens se seraient réunis contre les Tartares, si l'Europe n'avait pas été troublée par la lutte de Frédéric contre le saint-siége. L'empereur apprit avec rage la sentence de l'Eglise, et se livra à des actes d'affreuse cruauté contre ses ennemis et contre ceux qu'il supposait tels. Mais Henri Raspon, landgrave de Thuringe, que le pape fit nommer roi des Romains, en 1246, à la diète de Hocheim, eut de grands succès en Allemagne, et Frédéric se vit réduit à demander la paix aux conditions les plus humiliantes. Elle lui fut refusée. La Lombardie s'insurgea contre lui; il perdit presque toute l'Allemagne, où Guillaume de Hollande avait été couronné roi des Romains, le 1er novembre 1248, en remplacement de Raspon, qui était mort. Exaspéré, il se souilla de nouvelles cruautés, et, s'étant retiré dans la Pouille, il fit envahir les Etats de l'Eglise par ses Sarrasins de Lucéra, qui y commirent d'affreux ravages et d'innombrables sacriléges. Enfin, au commencement de 1249, il entra en Toscane, prodiguant les supplices à ceux de ses ennemis qu'il prenait; mais son fils Enzius perdit, le 26 mai de la même année, une grande bataille près de Modène. A la nouvelle de ce désastre, l'empereur se vit contraint de se retirer dans ses Etats napolitains. Là, gardé par ses Sarrasins, entouré d'astrologues et de bourreaux, il chercha à s'étourdir dans l'excès des plaisirs et de la cruauté; mais, atteint bientôt d'une maladie douloureuse et mortelle, il expira, le lundi 26 décembre 1250, au château de Fiorentino, près de Lucéra, le jour anniversaire de sa naissance. Il y a des auteurs qui assignent à cette mort la date du 13 décembre 1250. Telle fut la vie de ce prince, qui entendait le latin, le grec, le français, l'allemand, l'italien et l'arabe, possédait des connaissances assez étendues en mathématiques, en médecine, en philosophie, en histoire naturelle et en architecture, écrivait facilement en vers et en prose, était brave de sa personne, rusé politique, dissolu, ingrat, impie et féroce. Il avait régné cinquante-trois ans comme roi de Sicile, trente-cinq ans comme roi des Romains, à compter de sa dernière élection, trente ans comme empereur, à compter de son couronnement, qui eut lieu le 22 novembre 1220, et vingt ans comme roi de Jérusalem, à compter également du jour où il se couronna lui-même.

G

GÊNES a commencé à s'ériger en république indépendante vers la fin du IXe ou le commencement du Xe siècle. Mais une preuve que Gênes était à peine parvenue à se soustraire à la domination impériale, à l'époque des croisades, c'est qu'au commencement du XIIe siècle, les Génois se firent confirmer, par l'empereur Conrad II, le droit de battre monnaie. Comme les Pisans et les Vénitiens, les Génois avaient établi les fondements de leur constitution politique sur le commerce, et ils ne voyaient dans leurs voisins que des ennemis à détruire. Gênes sortit triomphante de la lutte qu'elle soutint contre Pise, pendant la durée des croisades. Dès les premières années de cette longue guerre de rivalité, les deux républiques eurent occasion de faire, dans l'art de la marine, les progrès qui leur permirent de s'associer, avec tant d'avantages pour leurs propres intérêts, aux saintes expéditions dirigées contre les Musulmans. Les Génois ont ouvert, avec les Pisans, l'ère de ces expéditions, cent ans avant celle qui porte dans l'histoire le nom de première croisade, en répondant, par une incursion sur les côtes de Syrie, à l'appel fait à l'Occident, en faveur des chrétiens d'Orient, par Gerbert, en 986 (*Voy.* l'art. SYLVESTRE II). A la voix du pape Victor III, les Génois allèrent encore, une dixaine d'années avant la prise de Jérusalem par les premiers croisés, combattre les infidèles en Afrique. La défaite d'une nombreuse armée de Sarrasins, et la prise de deux villes, dans le voisinage de Tunis, furent les résultats de cette entreprise. Le commerce avait déjà attiré les Génois dans les contrées qui devinrent le théâtre des croisades, avant la première de ces expéditions, et quoique très-imparfaite, la connaissance qu'ils avaient de ces lointaines régions servit la cause commune de la chrétienté, en même temps qu'elle fut pour eux une source de richesses. Les secours qu'ils fournirent aux croisés, en les transportant en Asie, quand ils prirent la voie de la mer, furent, par les profits qu'ils en recueillirent, l'origine de la prospérité de la république.

L'historien génois Bizaro rapporte que le roi de Jérusalem Baudouin Ier, en reconnaissance des services des Génois, leur accorda une grande partie des tributs maritimes, plusieurs villes et places, et beaucoup de droits et d'immunités. Pour que leur nom fût toujours en honneur dans le pays, il fit tracer cette inscription au-dessus de l'autel du Saint-Sépulcre : *Præpotens Genuensium præsidium ; le secours des Génois fut toujours puissant.* Cette inscription fut respectée jusqu'au règne de Baudouin III. Le roi Amaury ordonna de l'effacer; mais les Génois s'en plaignirent vivement au pape Alexandre III, et obtinrent qu'elle fût rétablie. Le même historien ajoute que, par une charte datée du mois de mai 1105, le roi Baudouin avait concédé aux Génois, pour prix de leurs services, avec le consentement du patriarche Daimbert, le tiers des villes de Césarée, d'Arsur et d'Acre, et le tiers du revenu de ces villes, à perpétuité. Cette même charte accordait en outre aux Génois une justice particulière dans les faubourgs de Jérusalem et de Jaffa. En 1145, les Génois firent une expédition, et remportèrent de grands avantages contre les Musulmans qui occupaient l'île de Minorque. Les Génois se signalèrent au siége d'Acre et dans la lutte contre les infidèles, pendant la troisième croisade. Dans la sixième croisade, ils prirent part à l'expédition d'Egypte, et tinrent le parti du saint-siége dans la lutte contre l'empereur Frédéric II. L'armée de saint Louis, qui partit d'Aigues-Mortes, au mois d'août 1248, dans la septième croisade, fut transportée dans l'île de Chypre par des navires génois. Lorsque le roi de France se dirigea de Chypre sur l'Egypte, au printemps de l'année suivante, les Génois et les Vénitiens établis sur les côtes de Syrie exigèrent un prix excessif pour le transport des croisés. Ce fut une flotte de la république de Gênes qui transporta devant Tunis l'expédition dans laquelle mourut saint Louis, en 1270, et les croisés génois se distinguèrent dans cette courte campagne. Mais les Génois contribuèrent fortement à accélérer la ruine des colonies chrétiennes d'Orient, et à amener la chute de Ptolémaïs, par l'esprit de faction et de rivalité contre les autres républiques italiennes, qu'ils portèrent parmi les chrétiens établis en Syrie et en Chypre.

GEOFFROY DE LA TOUR est cité par l'auteur anonyme de la *Grande Chronique belge*, *Magnum Chronicum belgicum*, parmi les chefs de la première croisade, comme un homme digne de mémoire, *vir memoria dignus.* « Pendant qu'il faisait, dit le chroniqueur, de célèbres excursions contre les ennemis, il arriva qu'il fut attiré par les rugissements d'un lion qu'un énorme serpent serrait dans ses replis. Ses compagnons d'armes le dissuadèrent en vain : Geoffroy s'élança avec audace, et, coupant le reptile de son épée, il délivra le lion. Cet animal, chose admirable à raconter! reconnaissant du bienfait qu'il venait de recevoir, suivit Geoffroy comme un lièvre, et ne le quitta point pendant toute la croisade. Il lui fut plusieurs fois utile, soit à la chasse, soit à la guerre, et lui fournit abondamment de la venaison. Toutes les fois que le lion voyait son maître attaqué par les ennemis, il se précipitait sur eux et les renversait. Lorsque Geoffroy monta sur un vaisseau pour s'en retourner dans son pays, le lion ne voulut pas l'abandonner; mais les nautonniers, refusant de le recevoir sur le bâtiment, parce qu'ils le regardaient comme un animal cruel, le lion suivit son maître à la nage jusqu'à ce qu'il succombât de fatigue et pérît dans les flots de la mer. »

GÉOGRAPHIE DES CROISADES. L'empire grec est la première, en allant du nord au sud, des contrées qui ont été le théâtre de la lutte entre les croisés et les Musulmans ou les chrétiens schismatiques. A la fin du XIe siècle, à l'époque où les croisades commencèrent, l'empire grec, borné au nord par le Bulgarie et la Servie, ne possédait plus en Europe que la Thrace, la Macédoine, la Thessalie et la Grèce, et il ne lui restait en Asie que quelques villes des côtes de la Méditerranée et de la mer Noire avec leurs dépendances. Après la prise de Constantinople par les Latins, au commencement du XIIIe siècle, le territoire conquis fut partagé en plusieurs Etats, principautés ou seigneuries, qui appartinrent à divers chefs croisés ou aux républiques de Venise et de Gênes, et parmi lesquels on comptait le royaume de Thessalonique, les principautés d'Achaïe et de Nauplie, les despoties de Morée et d'Epire, et les duchés d'Athènes et de Thèbes. Le détroit du Bosphore, qui sépare l'Europe de l'Asie, en face de Constantinople, est souvent appelé, dans les historiens des croisades, le *Bras de Saint-Georges*, à cause d'un monastère dédié à saint Georges, qui était bâti sur le rivage, hors des murs de la ville, et à l'entrée du détroit. Quelquefois aussi ces mêmes historiens appellent abusivement du nom de *Bras de Saint-Georges* toute la mer de la Propontide, enfermée entre les deux détroits. Les principales villes de l'empire grec, qui figurent dans l'histoire des croisades, sont Constantinople (*Voy.* l'article CONSTANTINOPLE), capitale de l'empire, Andrinople au nord-ouest de Constantinople, regardée comme la seconde capitale de l'empire. Nissa sur la Nissava, sur les frontières de la Servie, Philippopoli au nord-ouest d'Andrinople, Thessalonique en Macédoine, Larisse en Thessalie, Thèbes, Athènes, Corinthe en Grèce, Coron, Modon en Morée, Chalcédoine en Bithynie sur la rive asiatique du Bosphore, et Trébizonde, sur la côte d'Asie de la mer Noire, qui forma un état grec particulier, après la prise de Constantinople par les Latins, en 1204.

L'Asie Mineure, tombée en majeure partie au pouvoir des Turcs Seldjoucides, au XIe siècle, formait l'empire de Roum, possédé par les sultans de cette dynastie. Chez les anciens on entendait par Romanie l'univers romain, *orbis romanus*, et Rome était alors la capitale de la Romanie. Cette appellation fut ensuite employée pour désigner l'empire d'Orient, après que Constantin eut donné à la ville de Constantinople le nom de *Nouvelle Rome*. Le nom de Romanie fut donné plus tard aux provinces de l'Asie qui étaient restées sous la domination dite romaine de l'empire grec, après que les Turcs se furent emparés d'une grande partie de l'Asie Mineure. De là vient qu'au temps des croisades on entendait par la dénomination de Romanie l'Asie Mineure, quoiqu'elle fût au pouvoir des Musulmans. On lit dans une lettre écrite par les chefs de la première croisade : « Après la prise de Nicée, notre armée, forte de plus de trois cent mille hommes, couvrait la Romanie entière. » Dans une autre lettre des chefs de cette croisade, adressée au pape Urbain II, il est également dit : « Nous battîmes le grand Soliman (Kilidje-Arslan); nous fîmes un butin considérable, et maîtres de toute la Romanie, nous vînmes assiéger Antioche. » On divisait autrefois l'Asie Mineure en onze contrées principales, dont quelques-uns des noms figurent dans l'histoire des croisades, savoir : au nord la Bithynie, la Paphlagonie, le Pont ; à l'ouest la Mysie, la Lydie, la Carie, la Lycie ; au centre, la Phrygie et la Cappadoce, et au sud la Pamphylie, la Pisidie et la Cilicie. L'Asie Mineure est traversée par plusieurs chaînes de montagnes, dont la principale est le Taurus, qui commence vers l'Euphrate, s'avance de l'est à l'ouest, puis court à l'ouest parallèlement à la côte méridionale de l'Asie Mineure, et se termine au golfe de Satalie. L'Asie Mineure est arrosée par le Méandre qui naît en Phrygie, coule de l'est à l'ouest, et se jette dans la mer Egée, non loin d'Héraclée; l'Hermus, qui coule de l'est à l'ouest de la Phrygie à la mer Egée, où il se jette près de Smyrne; le Sangarius, qui coule au nord et se jette dans la mer Noire; l'Halys, le plus grand des fleuves de l'Asie Mineure, qui descend du Taurus, court d'abord à l'ouest, puis au nord, sépare la Paphlagonie du Pont, et se jette dans la mer Noire au golfe d'Amise ; l'Iris, qui naît en Cappadoce, traverse l'ouest du Pont, et se jette dans la mer Noire près d'Amise; et le Sélef, dans lequel se noya l'empereur Frédéric Barberousse, qui coule en Cilicie, et se jette dans la mer près de Séleucie. Les principales villes de l'Asie Mineure, qui se trouvaient la plupart sur la route des armées des trois premières croisades, sont Nicomédie, en Bithynie, sur la Propontide ; Nicée, capitale de Bithynie et de l'empire de Roum à l'époque de la première croisade ; Dorylée, au nord-est d'Iconium, où les premiers croisés remportèrent une grande victoire sur le sultan de Roum; Ancyre, Iconium, devenue la capitale de l'empire de Roum, après la prise de Nicée par les premiers croisés; Smyrne, Ephèse, sur la côte occidentale de l'Asie Mineure; Laodicée, Apamée, Antiochette, capitale de la Pisidie; Satalie dans le golfe du même nom, sur la côte méridionale de l'Asie Mineure; Séleucie en Pisidie, et Tarse en Cilicie.

La Mésopotamie est une contrée de l'Asie située entre l'Euphrate et le Tigre, deux grands fleuves, dont le premier naît dans les montagnes de l'Arménie méridionale, et va se jeter après un long cours dans le golfe Persique, et le second naît sur le versant méridional du Taurus, passe à Mossoul et à Bagdad, et se jette aussi dans le golfe Persique. Le Diarbek ou Diarbékir est la partie nord-ouest de la Mésopotamie. Au premier rang des principales villes de la Mésopotamie nous devons mettre Edesse, qui fut la capitale du comté de ce nom, un des quatre Etats chrétiens fondés par les croisés en Orient; dans cet état se trouvaient, en outre, Samosate sur l'Euphrate, Saroudje et Tel-Bacher ou Turbessel. On remarque encore en Mésopotamie les villes de Nisibis et de Haran ou Carrhes. Mossoul, capitale d'une principauté musulmane, qui joue un grand rôle dans l'histoire des croisades, occupe en grande partie l'emplacement de l'ancienne Ninive, et est située sur la rive droite du Tigre, qui borne la Mésopotamie à l'est. Mossoul était, à l'époque des croisades, une ville grande et bien peuplée.

La Syrie ancienne, dont la division subsistait encore en partie, au temps des croisades, se partageait en trois régions : 1° la Syrie proprement dite au nord; 2° la Phénicie sur la côte de la mer, vers le centre; 3° la Palestine, comprenant le pays des Philistins au sud. Dans la Syrie proprement dite, la Célésyrie, ou Syrie creuse, s'étendait entre le Liban et l'Anti-Liban. La Phénicie avait pour limites au nord l'Eleuthère et au sud le Bélus; de l'est à l'ouest elle était renfermée entre l'Anti-Liban et la mer. Le nom de Palestine a été donné par les Romains à l'ancien pays de Chanaan. Ils divisaient la Palestine en quatre parties : la Galilée, la Samarie, la Judée et la Pérée. Dans les premiers siècles de l'ère chrétienne, on étendit les limites du territoire portant le nom de Palestine, et on le divisa en trois parties : la première Palestine s'étendait sur les deux rives du Jourdain; la seconde était située au nord de la première, du côté de la Méditerranée, et la troisième comprenait, au sud de la première, les régions voisines de l'Arabie. Il existe un document qui fait connaître l'état de la Palestine au VIe siècle, à l'époque où elle allait devenir la proie des disciples du Coran; c'est l'*Itinéraire* de saint Antonin, rédigé en latin par un des compagnons de pèlerinage du saint (*Voy.* l'article PÈLERIN). Cette terre, dont la barbarie musulmane a fait un désert, se distinguait encore par son antique fécondité, à la veille de subir le joug du Croissant. A l'ombre de la religion née sur le calvaire, l'agriculture et le commerce y florissaient. On a remarque avec raison que la Palestine est située de manière à être le siége d'un grand commerce. Les caravanes qui vont d'Asie en Afrique la traversent nécessairement. Le sol, sur lequel s'élevaient un grand nombre de villes, de bourgs et de monastères, produisait abondamment des céréales, de l'huile et du miel, et la prospérité régnait partout. Les principaux fleuves de la Syrie sont l'Oronte et le Jourdain. L'Oronte sort du Liban, coule du sud au nord, passe à Antioche et se jette dans la Méditerranée, près du port Saint-Siméon. Le Jourdain, le fleuve le plus illustre de l'univers, puisque le Sauveur des hommes a été baptisé dans ses eaux, sort de l'Anti-Liban, coule au sud, traverse le lac de Tibériade, et se jette dans la mer Morte. Lorsque saint Arculphe visita le Jourdain, vers le commencement du VIIIe siècle, une grande croix de bois, plantée au milieu du fleuve, indiquait la place du baptême de Notre-Seigneur Jésus-Christ. La Syrie a deux grands lacs : l'un, le lac de Tibériade ou de Génésareth, est situé au nord de la Palestine, et est traversé par le Jourdain, du nord au sud; l'autre est situé au sud de la Palestine; il s'appelle lac Asphaltite ou mer Morte, et présente une étendue beaucoup plus considérable que celle du lac de Tibériade. Foucher de Chartres, qui avait accompagné Baudouin Ier, roi de Jérusalem, dans une expédition contre les Bédouins sur les bords de la mer Morte, mêle les souvenirs de la Bible au récit qu'il fait de son voyage. « Nous passâmes, dit-il, les montagnes qui sont près de la sépulture des patriarches, où reposent glorieusement les corps d'Abraham, d'Isaac, de Jacob, de Joseph, de Sara et de Rébecca; puis nous vînmes dans la vallée où jadis étaient situées Sodome et Gomorrhe, criminelles cités que frappa la vengeance de Dieu, et où est maintenant le lac Asphaltite. Les eaux de ce lac sont tellement amères que les oiseaux et les autres animaux ne peuvent en boire, ni les poissons y demeurer, ce qui l'a fait appeler *mer Morte*. J'éprouvai par moi-même l'amertume de ces eaux ; car étant descendu de ma mule pour en goûter, je les trouvai plus amères que l'ellébore. »

Une chaîne de montagnes, appelée Liban, se développe à travers la Syrie septentrionale, du nord au sud, depuis les bords de l'Oronte et les environs d'Antioche jusqu'auprès de Tyr. Une chaîne secondaire, nommée Anti-Liban, se détache du versant oriental de la chaîne principale, et suit une ligne parallèle à celle-ci jusque vers la mer Morte. Une chaîne de montagnes inférieures a celles du Liban court en Palestine, entre Jerusalem et Jaffa, dans la même direction que la côte, c'est-à-dire du nord au sud. Le Thabor est un mont isolé, qui s'élève près de Nazareth. Il passe pour avoir été le théâtre de la Transfiguration de Notre-Seigneur Jésus-Christ, et c'était un lieu de pèlerinage. Le Carmel est une montagne de Phénicie, située entre la baie de Ptolémaïs et Césarée. Elle est encore pleine du souvenir du prophète Elie, et elle a été le berceau des Carmes.

Les principales villes de la Syrie, à l'époque des croisades, étaient, dans la Syrie proprement dite, ou Syrie septentrionale : Antioche (*Voir* l'article ANTIOCHE), Damas (*Voir* l'article DAMAS), Alep, Laodicée, Marra, Tortose, Apamee, Emèse, Archas, et la forteresse de Marcab, située entre Tortose et Tripoli, dont un auteur arabe dit que les tours n'étaient accessibles qu'aux aigles du Liban ; dans la Phénicie : Tripoli, Byblos, Baïrout ou Béryte Sidon, Tyr (*Voir* l'article TYR), Thoron près de Tyr, Ptolémaïs (*Voir* l'article PTOLÉMAIS), Caïfa et Césarée ; dans la Palestine : Jérusalem (*Voir* l'article JÉRUSALEM), Panéas ou Césarée de Philippe, qui joue un grand rôle dans l'histoire des croisades, parce qu'étant située sur la limite des états musulmans et des états chrétiens, elle fut souvent prise et reprise par les fidèles et par les infidèles; Tibériade sur le lac du même nom, Saphed, Naplouse, Nazareth, Jaffa ou Joppé, Lydda, Ramla, Arsur, Bethléem, Ascalon, que les Musulmans appelaient l'épouse de la Syrie, pour en exprimer l'importance, Gaza, au bord de l'Arabie la forteresse de Montréal, bâtie par Baudouin Ier, roi de Jérusalem, et au midi de la mer Morte le château de Crac ou Carac. Cette forteresse est aussi appelée *Petra deserti*. Il ne faut pas confondre ce château de Crac avec le château des Curdes, dans le voisinage de Tripoli, qui est aussi nommé Château de Crac dans l'histoire des croisades.

La Syrie, à l'exception des territoires d'Alep et de Damas, fut conquise par les croisés, qui y fondèrent trois Etats, le royaume de Jérusalem, qui se composait à peu près de l'ancienne Palestine, le comté de Tripoli avec la ville de ce nom pour capitale, au nord du royaume de Jérusalem, et la principauté d'Antioche, avec Antioche pour capitale, dans la Syrie septentrionale. Les limites de ces trois États sont exactement indiquées à l'article ROYAUME DE JÉRUSALEM.

La Basse-Egypte, c'est-à-dire l'Egypte septentrionale, entre seule dans la géographie des croisades. Elle est arrosée du sud au nord par le Nil, qui se partage, au-dessous du Caire, en plusieurs bras par lesquels il se jette dans la Méditerranée, et dont les deux principaux, à l'est et à l'ouest, forment avec la côte de la mer le triangle appelé Delta. La Basse-Egypte a, près de Damiette, un lac nommé lac Menzaleh. Le canal d'Aschmoun, dont il est question dans deux croisades, sort, à Mansourah, de la branche du Nil qui passe à Damiette et se jette dans le lac de Menzaleh à l'est. Les principales villes de la Basse-Egypte sont : le Caire, capitale de toute l'Egypte (*Voir* l'article Caire), Damiette (*Voir* l'article **Damiette**), Alexandrie, Peluse, Tanis, Belbeys, Farescour et Mansourah (*Voir* l'article **Mansourah**).

L'Etat de Tunis, contre lequel fut dirigée la dernière expédition de saint Louis, est situé sur la côte septentrionale d'Afrique, à l'ouest de l'Egypte, dont il est séparé par l'état de Tripoli, et a pour capitale la ville de Tunis, qui est voisine de l'emplacement où s'élevait Carthage, et d'un lac qui communique avec la mer, au moyen d'un canal appelé la Goulette, lequel canal est défendu par un fort.

L'île de Chypre, située entre l'Asie Mineure et la Syrie, a formé un royaume qui était une des colonies chrétiennes fondées en Orient par les croisades. La capitale de cet Etat était Nicosie, et Limisso en était le principal port. La ville de Famagouste, sur la côte orientale de l'île, figure souvent dans l'histoire de ce royaume.

GÉORGIE. La première invasion des Musulmans en Géorgie date du VIIᵉ siècle. Depuis que les Arabes eurent mis le pied dans cette contrée, ils ne cessèrent, jusque vers la fin du IXᵉ siècle d'y faire des incursions aussi bien que dans le Chirvan et le Daghestan, et ils forçaient les prisonniers qu'ils y faisaient à embrasser l'islamisme. Après qu'ils se furent emparés de Tiflis, en 861, leurs guerres contre les indigènes devinrent moins fréquentes et leur puissance n'eut plus qu'à décliner en Géorgie. C'est à peu près tout ce que l'on peut dire de certain sur l'histoire de cette contrée au temps dont nous parlons.

Plus tard, pendant que les souverains géorgiens subissaient encore la domination musulmane, sans pouvoir prendre le titre de roi, des princes étrangers, forcés d'abandonner leur patrie et venant de l'Orient, s'arrêtèrent au pied du Caucase pour s'y reposer. Le principal d'entre eux, touché des malheurs des Géorgiens, leur proposa de les aider à chasser leurs oppresseurs. Son offre fut acceptée, et le succès couronna son audace. Le roi des Géorgiens le récompensa en lui donnant de vastes domaines, dont dépendait une forteresse d'où dérive le nom d'*Orpélian*, sous lequel ce vaillant étranger et ses descendants sont connus dans l'histoire. Le chef de cette maison était de droit général en chef des Géorgiens. Il avait, comme insignes de sa dignité, un sceptre surmonté d'une tête de lion, et douze drapeaux, dont chacun servait d'enseigne à un corps de mille hommes. La couleur du drapeau du général en chef était rouge, et celle du drapeau royal blanche. Le général en chef précédait le roi dans les cérémonies, et quand il mangeait à la même table, il avait le droit de s'y tenir étendu sur un lit. Les Orpélians ne tardérent pas à embrasser le christianisme, et donnèrent des marques de foi aussi nombreuses qu'éclatantes. Il y a peu de familles qui aient fourni autant d'hommes de mérite dans une position aussi élevée, et il n'eût tenu qu'à eux de monter sur le trône ; car ils jouaient en Géorgie à peu près le même rôle que les maires du palais en France, et leurs maîtres étaient ordinairement des rois fainéants. Mais ils furent aussi fidèles à ces princes qu'à leur Dieu. Leur vaillance devint le palladium de la nation contre les envahissements de la puissance musulmane. En 1049, un roi du nom de David occupant le trône de Géorgie, les Turcs seldjoucides se jetèrent sur l'Asie Mineure et sur la Géorgie. Ce prince se refugia dans les montagnes, tandis que le général en chef, Libarid Orpélian, qui avait réuni en toute hâte quelques-unes des troupes de son maître, auxquelles s'étaient adjoints un petit nombre d'Arméniens et de Grecs, s'avançait au-devant de l'ennemi. Quoique ses soldats fussent vingt fois moins nombreux que les Turcs, le général géorgien n'hésita pas à engager le combat, et il en sortit victorieux. Un si grand succès, qui le couvrait de gloire, causa sa perte. Les seigneurs de la cour en conçurent une telle jalousie qu'ils l'assassinèrent. Mais les Turcs, à qui cette mort laissa le temps de se reconnaître, renouvelèrent leur attaque, et cette fois ils triomphèrent. Tiflis tomba en leur pouvoir, et les débris de l'armée géorgienne furent contraints d'aller chercher un refuge dans les parties les plus reculées des montagnes. Le général en chef avait un fils, nommé Ivané Iᵉʳ Orpélian, qui fut rétabli par le roi David II, surnommé le Fort, dans tous les droits de son père : il transmit tous ses biens à sa postérité. En 1160, le bon et prudent roi David III, sentant sa fin approcher, fit appeler auprès de lui tous les seigneurs de sa cour, afin de rendre authentiques les dispositions qu'il voulait prendre en faveur de son fils, qui était encore enfant ; puis devant cette assemblée il déclara qu'il confiait à son frère Georges le gouvernement de l'Etat pendant la minorité de son successeur, et qu'il chargeait Ivané III Orpélian, petit-fils d'Ivané Iᵉʳ, de la tutelle, de la garde et de l'éducation du jeune prince. Orpélian jura sur son sabre qu'il exécuterait fidèlement les ordres de son maître mourant. Il tint sa promesse. Lorsque le jeune prince eut atteint l'âge de majorité, les seigneurs demandèrent qu'il fût mis en possession de la souveraine puissance. Mais Georges refusa de s'en dessaisir. Le général en chef entreprit de l'y contraindre par la force des armes et l'assiégea dans Tiflis. L'usurpateur eut recours à la corruption, et réussit à mettre la défection dans l'armée royale. Ivané, n'ayant plus assez de troupes pour tenir la campagne, s'enferma avec le jeune prince dans la forteresse de Lorhi, où il ne tarda pas à être, à son tour, assiégé par le régent. Mais auparavant il avait envoyé son frère Libarid et ses deux fils demander des secours en Arménie et en Perse. Lorhi résista longtemps aux attaques de Georges. Mais le jeune roi n'eut pas le courage de soutenir le siége jusqu'au bout. Il aima mieux aller se jeter aux pieds de son oncle, et s'en remettre sans aucune garantie à la clémence de ce traître. Georges le priva de la vue et le fit eunuque. Alors le général en chef consentit à capituler. Mais le régent, devenu définitivement maître de la couronne sous le nom de Georges III, lui fit subir le même traitement qu'à son neveu, sans tenir compte des conditions du traité. Enfin s'étant, par trahison, saisi de tous les membres de la famille orpéliane qui se trouvaient en Géorgie, il les fit massacrer sans distinction d'âge ou de sexe. Cependant Libarid avait réussi dans sa mission, et amenait une armée de soixante mille hommes. Ayant appris ce qui s'était passé, au lieu de s'abandonner au désir de venger sa maison, il pensa qu'il n'avait pas le droit d'employer pour sa propre querelle les forces dont il disposait, et il les renvoya. Lui-même s'en alla en exil aussi bien que ses deux neveux. Georges III laissa le trône à sa fille Thamar, princesse douée des qualités qui font les grands rois. Aussi les Géorgiens la désignèrent-ils sous un titre qui ne s'applique qu'aux souverains du sexe masculin. Elle rappela les derniers Orpélians; un d'eux, Libarid, consentit à revoir sa patrie. Il eut une postérité. Thamar expulsa les Persans, qui avaient envahi ses Etats, força plusieurs princes voisins à lui payer tribut, conquit les contrées situées entre l'Araxe et le Kour, et domina sur le territoire compris entre la mer Noire et la mer Caspienne. Son fils, Georges IV, surnommé *Lascha* (aux grosses lèvres), soutint d'abord avec quelque éclat l'honneur des armes géorgiennes, et força des tribus qui habitaient au sud de ses frontières à embrasser le christianisme. Mais en 1220, les lieutenants de Gengiskhan pénétrèrent, par l'Arménie, jusqu'au Caucase qu'ils franchirent, après avoir exercé sur leur passage les plus affreux ravages. Georges IV mourut vieux, et eut pour successeur son fils David IV, encore enfant. Malheureusement il avait confié la régence à une princesse, sa sœur, qui usurpa la couronne en 1224. Mais elle ne jouit pas paisiblement de son crime, car les Mogols revinrent et couvrirent la Géorgie de ruines et de sang. Depuis cette époque jusqu'au commencement du XVIe siècle, cette contrée fut tantôt soumise aux successeurs de Gengiskhan, tantôt à l'état d'insurrection contre eux. Souvent les Géorgiens donnèrent, pendant ces tristes luttes, des marques de la plus éclatante valeur; mais ils avaient affaire à trop forte partie, et leurs succès n'aboutissaient en définitive qu'à leur attirer d'épouvantables malheurs.

GÉRARD D'AVESNES, prit part à la première croisade, et fut honoré de l'amitié de Godefroy de Bouillon. Lorsque ce prince assiégea Arsur, en l'année 1100, Gérard d'Avesnes avait été livré en otage aux Musulmans de cette ville, qui l'attachèrent au haut d'un mât dressé contre les murs de la place, à l'endroit où devaient porter tous les coups des assiégeants. Le malheureux Gérard d'Avesnes supplia Godefroy, qui s'était approché de la ville, de lui épargner une mort cruelle, en renonçant au siége d'Arsur. Mais le roi de Jérusalem, quoique profondément affligé du sort de son ami, l'engagea à souffrir courageusement le martyre. « Quand mon frère Eustache serait à votre place, je ne pourrais pas le sauver de la mort, lui dit-il; armez-vous donc de la résignation d'un héros chrétien, et sachez mourir pour la gloire de Jésus-Christ. » Ces paroles donnèrent à Gérard d'Avesnes la force de faire le sacrifice de sa vie, et il se recommanda aux prières de ses frères d'armes. Les chrétiens ne purent prendre Arsur, et quelque temps après leur retour à Jérusalem, ils furent extrêmement surpris de voir arriver un jour Gérard d'Avesnes au milieu d'eux. Les Musulmans avaient été touchés de la force d'âme dont il avait fait preuve, et l'avaient détaché du mât sur lequel il s'était résigné à mourir. Après le départ des assiégeants, ils lui avaient rendu la liberté.

GODEFROY DE BOUILLON, fils aîné d'Eustache II, comte de Boulogne, célèbre par sa bravoure, et d'Ida, fille de Godefroy le Barbu, et sœur de Godefroy le Bossu, successivement ducs de la basse Lorraine, naquit à Bézy, village du Brabant, près de Nivelles, et non loin de Fleurus. Godefroy avait été institué par adoption héritier de tous les biens de son oncle, Godefroy le Bossu; mais à la mort de cet oncle, qui fut assassiné à Anvers, l'empereur Henri IV, usant de son droit de suzeraineté, n'accorda d'abord à Godefroy de Bouillon, qui lui avait cependant rendu de grands services par sa vaillance, que le marquisat d'Anvers, et investit son propre fils Conrad du duché de la basse Lorraine. Ce ne fut qu'en 1093 que Godefroy VI entra en possession du duché de son oncle. Ce duché était un démembrement de l'empire de Charlemagne. Les Etats de Lorraine étant tombés dans la maison impériale de Saxe, avaient été divisés en haute et basse Lorraine, et la basse Lorraine avait été donnée alors, sous la réserve de la suzeraineté impériale, à un seigneur nommé Godefroy.

Lorsque le pape Urbain II appela la chrétienté à prendre les armes contre les infidèles, Godefroy de Bouillon s'était déjà acquis une grande réputation de courage militaire. Scrupuleusement attaché à son serment de fidélité envers son suzerain, il s'était particulièrement distingué dans la guerre que soutint Henri IV contre Rodolphe de Souabe, qui avait été élu empereur à sa place. La veille de la décisive bataille qui fut livrée sur l'Elster, Henri ayant demandé aux princes dont il était entouré à qui devait être confié l'honneur de porter le lendemain la bannière impériale, tous nommèrent Godefroy de Bouillon. Ce seigneur répondit dignement à l'opinion qu'avaient de lui ses compagnons d'armes, en se précipitant dans les rangs de l'armée ennemie, où il porta de la hampe de la bannière de son souverain un coup mortel à Rodolphe de Souabe. Dans une maladie dont il fut attaqué après l'expédition de Henri IV contre Rome, Godefroy se repentit, dit-on, de s'être distingué aussi à l'entrée de l'armée impériale dans la ville pontificale.

La nature avait prodigué à Godefroy de Bouillon ses dons les plus précieux. La noblesse des manières s'alliait chez lui à la fermeté du caractère, et l'amabilité de la vertu à une gravité imposante. Sa piété égalait sa loyauté et sa bravoure. Il se plaisait dans la prière et dédaignait les vanités du monde. *Cujus mira humilitas et monachis jam imitanda modestia*, a dit de lui Guibert. Mais il tenait aussi fortement qu'aucun autre à son honneur de chevalier, et il n'y laissa jamais attenter. Il unissait à toutes ses hautes qualités un ardent amour de son prochain. Raoul de Caen dit qu'il ressemblait à sa mère par la piété, et à son père par les qualités belliqueuses ; il le loue de sa générosité envers les pauvres, en même temps que de sa clémence, de son humilité, de sa douceur, de sa justice, de sa chasteté. L'esprit de Godefroy était orné de toutes les connaissances de son temps. Né sur les confins de l'Allemagne et de la France, il parlait, outre le latin, la langue teutonique et les dialectes de la langue romane. Il se servit plus d'une fois de cet avantage pour apaiser les querelles qui survenaient entre les croisés des différentes nations. Un chroniqueur lui rend témoignage à ce sujet dans les termes suivants : *Inter Francos, Romanos et Teutonicos, qui quibusdam amaris et invidiosis jocis frequenter rixari solent, tanquam in termino utriusque gentis nutritus, utriusque linguæ scius, medium se interposuit.* Il était bien fait de corps, sa taille était élancée, et sa démarche grave. Sa parole brève respirait la sagesse, et la majesté était empreinte sur son visage, dit un autre historien des temps voisins des croisades. Anne Comnène, qui attribue à des motifs d'ambition plutôt qu'au dévouement à la cause de Dieu la conduite des autres princes croisés, ne fait pas le même reproche à Godefroy de Bouillon, à qui elle rend, au contraire, justice dans l'appréciation de son caractère. La poésie est certainement l'expression de la plus exacte vérité, lorsqu'elle caractérise le héros qui délivra le *grand sépulcre* par ces deux vers du Tasse :

E pien di fè, di zelo, ogni mortale
Gloria, imperio, tesor mette in non cale.

Plein de foi et de zèle, il ne se soucie ni de la gloire mortelle, ni du commandement, ni des richesses.

Un prince animé de sentiments aussi religieux, et aussi chevaleresques en même temps, devait saisir avec joie l'occasion que lui offrait la croisade d'exercer sa valeur, en suivant les inspirations de sa piété. Le récit des souffrances endurées par les pèlerins dans la terre sainte avait depuis longtemps déposé dans son esprit le germe de la pensée réalisée par Urbain II. Sa mère racontait souvent qu'elle avait entendu son fils exprimer le désir, non pas de visiter en pèlerin le tombeau du Sauveur, comme beaucoup de chevaliers de son temps, mais de marcher avec une armée qui irait affranchir la Palestine du joug des infidèles. L'invitation du pape le trouva donc tout disposé à s'engager dans la sainte entreprise. Il détruisit le château de Montfaucon, qu'il avait bâti sur les terres de l'évêché de Verdun, dans la crainte qu'en son absence on ne s'emparât de cette forteresse dans de mauvaises intentions ; il vendit la ville et le château de Stenay à l'évêque de Verdun, pour une somme considérable d'argent. Lannel, auteur d'une *Vie de Godefroy de Bouillon*, ajoute qu'il permit aussi aux habitants de Metz de racheter leur ville, dont il était suzerain ; mais d'autres écrivains ont nié que cette suzeraineté lui appartînt. L'*Art de vérifier les dates* fait observer que c'est par erreur qu'on a dit que Godefroy vendit sa principauté de Bouillon au chapitre de Liége, en partant pour la terre sainte. Cette principauté appartenait à sa mère, qui lui survécut. Ce fut une véritable jouissance pour Godefroy de se dépouiller de son patrimoine pour s'associer à l'expédition qui devait délivrer les Saints Lieux. Un annaliste dit, en parlant des sommes qu'il retira de ces ventes, qu'il les dépensa *joyeusement* pour cette expédition, *quos in eamdem expeditionem hilariter expendit.*

Godefroy partit des bords de la Moselle au mois d'août 1096, à la tête d'une armée de quatre-vingt mille fantassins et de dix mille cavaliers, tirés de la Lorraine et de la Frise. Il maintint la discipline dans son armée en traversant la Hongrie, et opposa, pendant son séjour devant Constantinople, la fermeté et la droiture de son caractère à la politique de duplicité et d'artifice, dont l'empereur Alexis usa envers les croisés. Lorsque Bohémond lui proposa d'unir leurs forces pour détrôner ce perfide souverain et s'emparer de sa capitale, il répondit au fils de Guiscard qu'ils n'étaient pas venus l'un et l'autre en Orient pour combattre les chrétiens, mais les Musulmans. Il contribua vaillamment à la défaite que les croisés firent éprouver à Kilidje-Arslan devant Nicée, et le succès de la bataille de Dorylée doit lui être principalement attribué. L'armée des croisés s'avançant ensuite vers la Syrie, avait assis son camp dans une campagne délicieuse des environs d'Antiochette. « Là, dit Albert d'Aix, les chefs, et Godefroy lui-même, séduits par la beauté des lieux, résolurent de se donner le plaisir de la chasse, délassement très-agréable à la noblesse. Après avoir quitté leurs armes de bataille, ils s'avancèrent, l'arc en main, chacun dans un endroit séparé de la forêt, pour suivre le gibier que l'instinct de leurs chiens leur découvrirait. Godefroy s'étant avancé seul vers un côté fort épais de la forêt, aperçut un pauvre pèlerin chargé d'un fagot, que poursuivait un ours d'une grosseur horrible. Ce malheureux allait en être dévoré Godefroy, toujours prêt à secourir les chrétiens ses frères, tira son épée, piqua son cheval, et se précipita du côté du pauvre pèlerin. L'ours ayant vu le coursier de Godefroy, se confia à sa férocité naturelle, et marcha droit à lui. Lorsqu'il fut arrivé tout auprès, il se mit sur ses pattes de derrière, et lui montra sa gueule prête à le dévorer, et ses griffes aiguës prêtes à le déchirer. Godefroy, voyant la férocité de l'animal, chercha à lui enfoncer dans le cœur la pointe de son épée; mais l'ours évitait tous les coups qui lui étaient portés, et faisait retentir la forêt de cris si horribles, qu'on ne savait ce que ce pouvait être. La bête furieuse saisit enfin Godefroy par son manteau, et l'entraînant à terre, s'apprêtait à le mettre en pièces ; alors le duc de Bouillon, se ressouvenant de ses exploits, et regrettant de périr ainsi, fit un effort et se releva sur ses pieds. En voulant retirer son épée, engagée entre ses cuisses, il se blessa lui-même. Mais malgré la perte de son sang, il continua à se défendre avec vigueur. Enfin le pèlerin que Godefroy avait délivré fit tant par ses cris, qu'un des croisés qui se trouvaient dans la forêt accourut, et se réunit au duc de Bouillon pour abattre l'animal furieux. Au sortir de cette lutte terrible, Godefroy, grièvement blessé, s'évanouit, et bientôt tout le monde arriva. Lorsqu'on le transportait au camp, les chefs, les hommes et les femmes gémissaient à ce spectacle ; les plus habiles médecins pansèrent la blessure de Godefroy. L'animal sauvage fut coupé en morceaux, et tous les pèlerins disaient qu'ils n'avaient jamais vu un ours si énorme. »

Les chroniqueurs rapportent que, dans un combat contre la garnison d'Antioche, qui avait fait une sortie, un infidèle, qui dominait tous les autres par sa taille, s'étant aperçu que Godefroy faisait mordre la poussière à tous ceux que son épée atteignait, s'avança à sa rencontre et brisa son bouclier du premier coup qu'il lui porta. Mais le duc de Bouillon répondit à cette attaque en coupant en deux le téméraire qui était venu chercher la mort auprès de lui. La partie supérieure du corps du Musulman tomba à terre, et l'autre resta sur le cheval, qui la reporta dans la ville en s'enfuyant. Quand Godefroy fut devenu roi de Jérusasem, un puissant émir arabe, qui avait entendu dire que ce prince abattait, d'un seul coup de son épée, la tête d'un chameau, voulut s'assurer par lui-même de la vérité du fait. Godefroy consentit à faire voir au noble Musulman qu'on ne l'avait pas trompé; et comme les Arabes qui l'accompagnaient paraissaient croire que quelque enchantement était attaché à l'épée de Godefroy, celui-ci saisit celle de l'émir, et fit sauter la tête d'un second chameau. C'est vraisemblablement à cet émir, qui demandait à Godefroy d'où lui venait cette force extraordinaire, que le héros chrétien répondit : « C'est parce que mes mains n'ont jamais été souillées d'aucune impudicité qu'elles sont si fortes. » Qu'on nous pardonne de dire, à l'exemple de M. Michaud, que nous avons vu et manié, dans l'église du Saint-Sépulcre, l'illustre épée du duc de Bouillon.

Pendant la famine qu'éprouvèrent les croisés dans Antioche, Godefroy envoyait chaque jour, sur sa faible provision, un pain avec une portion de poisson et de viande à un seigneur allemand, nommé Herman, qui manquait de tout après avoir été très-riche. Dans le dernier assaut donné aux murs de Jérusalem, le duc de Bouillon pénétra, sinon le premier, au moins un des premiers dans la place. Dès qu'il vit la ville prise, tandis que les autres couraient au pillage, il se dépouilla de ses armes, et alla nu-pieds, suivi seulement de trois domestiques, s'agenouiller devant le Saint-Sépulcre, dans l'église de la Résurrection. Son exemple fut bientôt imité par toute l'armée, qui se rendit en procession au saint tombeau. Il fut décidé que la garde de la conquête des croisés serait confiée à celui d'entre les princes qui serait jugé le plus digne de régner sur Jérusalem, et le nom de Godefroy de Bouillon fut proclamé au milieu des acclamations universelles. Il refusa de prendre le titre et de porter la couronne de roi là où le roi des rois avait été couronné d'épines, et ne voulut être appelé que défenseur ou baron du Saint-Sépulcre.

Robert le Moine dit que ce prince, qu'il nomme toujours *dux ducum, miles militum*, honorait plus la dignité royale que la dignité royale ne l'honorait. Il ajoute que si tous les rois de la terre s'étaient trouvés réunis, on l'aurait jugé digne de leur commander. Nous devons faire observer ici que Godefroy n'eut jamais, comme on le croit vulgairement, le commandement général de l'armée des croisés. Les documents de la première croisade montrent que le respect qu'inspirait le duc de Bouillon n'était point dû à son autorité sur l'armée, mais à la supériorité de ses vertus, de son courage et de ses hautes qualités. C'est Accolti, auteur italien d'une histoire de la première croisade, qui a fourni au Tasse l'idée que Godefroy était le commandant en chef de l'expédition.

Paul Émile, dans son *Histoire de France*, dit de Godefroy de Bouillon, en racontant son élévation au trône de Jérusalem : « Ce prince était grand, non-seulement dans la guerre, mais encore dans les conseils ; sa piété était exemplaire. Les Français l'aimaient parce qu'il était né dans leur pays, parce que son père était bien vu à la cour, et que son oncle, évêque de Paris, était placé dans une haute dignité. Les Allemands le chérissaient aussi, parce qu'il avait servi avec gloire sous les étendards des empereurs. Les Italiens le respectaient, parce que son grand-oncle Étienne, d'abord prélat du monastère et de l'église du Mont-Cassin, avait été élevé ensuite sur le saint-siége à cause de sa sainteté, et qu'il s'était acquis une grande gloire en ramenant à l'autorité de Rome l'Eglise de Milan, qui s'y était soustraite depuis deux cents ans. Godefroy avait aussi fait la guerre en Italie sous les auspices des césars; il s'y était fait un grand nom par sa vertu, par sa modestie et par sa clémence. Parlant trois langues, ayant pour ainsi dire une triple patrie, et réunissant les suffrages de tous, il avait su, dans la guerre sacrée, rapprocher entre eux des hommes que la différence de mœurs et de langage aurait pu porter à la discorde ou à la haine. »

La Chronique des moines de Saint-Pantaléon de Cologne rend le même témoignage à Godefroy; elle rapporte qu'après la prise de Jérusalem, il essaya de corriger la rudesse des guerriers allemands par l'exquise urbanité des chevaliers français. La connaissance que le duc de Lorraine avait des deux langues, ajoute la chronique, lui facilita les moyens d'adoucir l'esprit de rivalité et de jalousie qui existait naturellement entre les croisés des deux nations. Au rapport de Guillaume de Tyr, Godefroy avait une grande simplicité de mœurs et de manières. Tandis qu'il faisait le siége d'Arsur, des députés de Samarie, qui venaient lui offrir des présents, furent très-surpris de le trouver assis à terre sur une botte de paille. « La terre, leur dit le duc, peut bien nous servir de siége pendant notre vie, puisqu'elle doit nous servir de demeure après notre mort. »

La gloire conquise par Godefroy de Bouillon, à la pointe de son épée, n'est pas plus grande que celle qu'il s'est acquise en dotant le royaume dont il a été le fondateur du code connu sous le nom d'*Assises de Jérusalem*. M. Michaud a très-justement remarqué que cette législation était *la moins imparfaite qu'on eût vue jusque-là parmi les Francs*. Godefroy de Bouillon n'avait que quarante ans lorsque la mort vint l'enlever à l'amour des habitants de la colonie chrétienne fondée en Orient par la première croisade. Il termina son illustre vie par une sainte mort, le 17 juillet 1100, après un an de règne. Godefroy n'est nulle part mieux apprécié que lorsque le père Maimbourg dit de lui, dans son *Histoire des Croisades*, que ce fut un prince « dans qui toutes les vertus chrétiennes, les civiles et les militaires, se sont accordées dans un si haut point de perfection, sans mélange d'aucun défaut, qu'il serait assez difficile d'en trouver un autre semblable à lui, non pas même parmi les plus grands saints, duquel on pût dire fort véritablement la même chose. »

GRECS (Empire des). C'est surtout de la fin du règne d'Héraclius, c'est-à-dire du milieu du VIIe siècle, que date la décadence de l'empire byzantin, de cet empire qui ne semblait s'être arrogé le nom de romain que pour le déshonorer. Ses maîtres n'ont pas peu contribué à accélérer la dépravation dont il était atteint dans ses mœurs, dans ses lois et jusque dans sa religion. L'essence vivifiante du christianisme s'altéra bientôt chez un peuple qui inclinait naturellement au schisme où Photius et Michel Cérulaire purent le conduire, sans faire violence à son caractère. L'avilissement des cœurs porta les fruits qu'il ne manque jamais de produire : la politique ne consista plus que dans la ruse et la perfidie, et la gloire pour les Grecs ne fut plus de vaincre, mais de tromper leurs ennemis. L'esprit de sédition se joignit à la corruption morale et intellectuelle, et la discorde ne cessa plus d'agiter un empire où la puissance temporelle était en lutte permanente avec la puissance spirituelle, où l'autel était descendu de sa hauteur divine au niveau terrestre du trône. Toutefois, les sujets de l'empire grec formaient encore le peuple le plus industrieux et le plus actif qui existât alors; la nature avait prodigué à leur pays tous les avantages du sol, du climat et de la situation. Les provinces qui continuèrent à faire partie de l'empire se peuplèrent et s'enrichirent des malheurs de celles qui tombèrent sans retour au pouvoir des Musulmans.

L'islamisme, qui devait plus tard provoquer les croisades et consommer la ruine de l'empire d'Orient, a puissamment contribué à accélerer sa décadence. Quand Mahomet eut fait la conquête de la Mecque, il déclara solennellement la guerre aux Grecs, sans essayer de déguiser aux Arabes les fatigues et les dangers de cette entreprise. Les sectateurs de la nouvelle erreur objectèrent les chaleurs de l'été. « L'enfer est beaucoup plus chaud, » leur répondit le faux prophète indigné. Bientôt après, en 634, le premier des califes successeurs de Mahomet, Aboubekr, entreprit la conquête de la Syrie. Ses instructions aux généraux arabes furent dictées par ce fanatisme guerrier qui avait adopté pour devise : la victoire ou le paradis. Les armes musulmanes préludèrent à la prise de Damas par un succès remporté sur les troupes d'Héraclius. Après la conquête de Damas, les Arabes marchèrent vers Emèse. Héraclius, voyant la Syrie envahie, y envoya une armée de quatre-vingt mille hommes, dont soixante mille Arabes chrétiens : les Grecs avaient pour maxime que *c'était au moyen du diamant qu'on parvenait le mieux à couper le diamant*. Une longue et sanglante bataille eut lieu près d'un petit cours d'eau qui se jette dans le lac de Tibériade. Les Grecs furent complétement défaits; leur armée fut dispersée, et les Arabes restèrent maîtres de choisir celle des villes fortifiées de la Syrie qu'ils voudraient attaquer la première. Leur choix se fixa sur Jérusalem, qui était, après la Mecque et Médine, l'objet de leur plus grande vénération. La ville sainte fut prise, en 638, après une résistance de quatre mois; et, sur la demande du patriarche Sophronius, le calife Omar vint lui-même en régler la capitulation. Les Arabes s'emparèrent ensuite d'Alep; et Antioche, amollie par le luxe, se soumit en cette même année 638. Une rançon de trois cent mille pièces d'or la sauva de la destruction; mais cette ville, séjour des successeurs d'Alexandre, siége de l'administration romaine en Orient, que César avait décorée des titres de cité libre, sainte et vierge, ne fut plus qu'une ville de second rang, sous le joug des califes. Héraclius était en Syrie lors de l'invasion des Musulmans dans ce pays ; un sentiment de honte l'empêcha de s'éloigner, dès le premier moment, du théâtre de la guerre. Mais lorsqu'il aurait dû défendre Damas, Jérusalem et le tombeau de Notre-Seigneur, il s'occupait d'une controverse métaphysique sur l'unité de la volonté. Après avoir dit à la Syrie un éternel adieu, et délié ses sujets de leur serment de fidélité, il s'embarqua avec une suite peu nombreuse. Son fils Constantin se trouvait à la tête de quarante mille hommes dans Césarée, siége de l'administration civile des trois provinces de la Palestine ; mais, après l'évasion de son père, il sentit qu'il ne pouvait résister aux forces du calife. Les Arabes, maîtres de Jérusalem et d'Antioche, s'avancèrent du nord et du midi ; Tripoli et Tyr leur furent livrées par des traîtres. Le fils d'Héraclius s'embarqua alors pour la Grèce, et les habitants de Césarée achetèrent leur vie des Arabes au prix de deux cent mille pièces d'or. Toutes les autres villes de la Syrie se soumirent aux vainqueurs. Cette conquête fut l'œuvre d'Abou-Obeidah et de Khaled. La Syrie devint la résidence et le soutien de la maison d'Ommiah, et fournit aux califes les moyens d'étendre leur empire. Au nord de la Syrie, les Arabes passèrent le mont Taurus et subjuguèrent la province de Cilicie avec Tarse, sa capitale. Ils répandirent de là le feu de la guerre jusqu'aux côtes du Pont-Euxin et aux environs de Constantinople. Les montagnes du Liban étaient couvertes de bois de construction, et le commerce de la Phénicie offrait une multitude d'hommes de mer : avec ces moyens, les Arabes équipèrent une flotte de dix-sept cents navires, qui fit fuir devant elle les flottes grecques, depuis les rochers de la Pamphylie jusqu'à l'Hellespont. Les Musulmans occupèrent et pillèrent successivement les îles de Chypre, de Rhodes et les Cyclades.

En 672, moins d'un demi-siècle après la fuite de Mahomet, d'où les Musulmans datent leur ère, les disciples du Coran parurent en armes sous les murs de Constantinople ; ils étaient animés par la promesse, vraie ou supposée du faux prophète, que la première armée qui assiégerait la ville impériale obtiendrait le pardon de ses péchés. Le calife Moaviah, après avoir triomphé de ses rivaux et affermi sa dynastie sur le trône, voulait effacer par le succès et la gloire de cette expédition la tache d'avoir fait couler le sang musulman dans les guerres civiles. Ses préparatifs sur mer et sur terre furent proportionnés au but qu'il se proposait d'atteindre ; son fils animait les troupes par sa présence. Les Grecs avaient peu de chose à espérer, et les Arabes peu de chose à craindre du descendant d'Héraclius, qui déshonorait alors le nom de Constantin. Les forces navales des Musulmans arrivèrent sans rencontrer de résistance jusque devant la capitale, et les troupes débarquèrent sans opposition. Mais les murs solides et élevés de Constantinople étaient défendus par une garnison nombreuse, à laquelle le danger qui menaçait la religion et l'empire donna du courage. Les Arabes, épouvantés de l'effet extraordinaire du feu grégeois, abandonnèrent le siége ; ils se contentèrent de piller les côtes d'Europe et d'Asie qui bordent la Propontide, et se retirèrent dans la presqu'île de Cyzique, où ils avaient établi leurs magasins et déposé leur butin. Pendant les six années suivantes, ils renouvelèrent la même attaque toujours terminée par la même retraite ; ils finirent enfin par renoncer à leur projet, après avoir inutilement perdu trente mille hommes. Les Grecs signèrent une trêve de trente ans avec les Arabes, qui leur promirent un tribut annuel de cinquante chevaux, de cinquante esclaves et de trois mille pièces d'or. En 715, tandis que le calife Walid sommeillait sur le trône de Damas, une armée arabe s'approcha de Constantinople, après avoir inondé les provinces de l'Asie Mineure. Mais Soliman, frère et successeur de Walid, prépara contre la capitale de l'empire grec une expédition plus sérieuse. Une armée de cent vingt mille Arabes et Persans franchit l'Hellespont au passage d'Abydos, et vint, sous la conduite du frère du calife, investir la ville du côté de la terre. Léon l'Isaurien régnait alors à Constantinople. Les Grecs de la capitale offrirent de racheter leur religion et leur empire par le payement d'une contribution d'une pièce d'or par tête d'habitant. Cette offre fut rejetée avec dédain. Une flotte arrivée d'Egypte et de Syrie mettait les Arabes en mesure d'attaquer la ville par mer et par terre ; mais les Grecs incendièrent cette flotte, et le calife Soliman mourut d'une indigestion, lorsqu'il se préparait à marcher sur Constantinople avec toutes les forces dont il pouvait disposer. Un hiver rigoureux vint aussi glacer les soldats de l'Egypte et de l'Arabie dans leur camp. Deux flottes furent envoyées à leur aide ; mais le terrible feu grégeois les empêcha de nuire aux Grecs. L'empereur Léon se procura à prix d'argent une armée de Bulgares qui massacra vingt-deux mille Arabes. On répandit le bruit que les Francs armaient sur mer et sur terre pour venir au secours des Grecs, et les Musulmans levèrent le siége. On peut attribuer le salut de Constantinople, dans les deux siéges qu'entreprirent les Arabes contre cette ville, aux ravages et à l'épouvante que répandait le feu grégeois.

Durant la sanglante lutte des Ommiades et des Abbassides, vers le milieu du VIIIe siècle, les Grecs saisirent cette occasion de venger leurs injures et d'étendre leurs limites ; mais ils payèrent chèrement cette satisfaction sous le troisième calife de la nouvelle dynastie, qui profita de la faiblesse où était réduit l'empire, sous le gouvernement d'une femme et d'un enfant, Irène et Constantin, pour l'attaquer. Une armée de quatre-vingt-quinze mille Persans et Arabes, sous le commandement du fils du calife, qui devait être un jour le fameux Haroun-al-Raschid, en paraissant sur les hauteurs de Scutari, en face du palais de l'impératrice, lui apprit qu'elle avait perdu la plus grande partie de ses troupes et de ses provinces. Elle signa une paix ignominieuse par laquelle elle se soumettait à payer aux Musulmans un tribut annuel de soixante-dix mille dinars d'or. Nicéphore voulut effacer cette marque de servitude : il envoya au calife Haroun-al-Raschid une lettre dans laquelle il accusait Irène de pusillanimité, pour avoir consenti à lui payer un tribut. Les ambassadeurs chargés de porter cette lettre jetèrent en même temps au pied du trône du calife un faisceau d'épées. Ce prince sourit de la menace, et tirant son redoutable cimeterre, il coupa les faibles armes des Grecs sans émousser la sienne. Il dicta ensuite cette laconique réponse à la lettre de l'empereur : « Au nom du Dieu miséricordieux, Haroun-al-Raschid, commandeur des fidèles à Nicéphore, chien de Romain, fils d'une mère infidèle. J'ai lu ta lettre ; tu n'entendras pas ma réponse, tu la verras. » Le calife mit tout à feu et à sang dans les plaines de la Phrygie, et força les Grecs à une apparence de repentir; mais ils violèrent la paix, dès qu'ils surent que Haroun était retourné sur l'Euphrate. Il repassa les neiges du Taurus au milieu de l'hiver, et Nicéphore ne sortit qu'avec trois blessures d'une bataille où périrent quarante mille Grecs. L'empereur voulut cependant secouer encore une fois le joug de la soumission. Trois cent mille guerriers ravagèrent l'Asie Mineure sous le drapeau noir des Abbassides. Haroun ruina de fond en comble la ville d'Héraclée de Pont, où il trouva de grandes richesses; il consentit ensuite à la paix que lui demanda Nicéphore.

L'empereur Théophile porta, au commencement du IXe siècle, sur le trône de Constantinople l'activité et le courage : il marcha cinq fois en personne contre les Arabes. Dans la dernière de ses expéditions, il pénétra en Syrie, dont il détruisit une ville obscure où était né le calife Motassem, alors régnant. Ce prince crut son honneur engagé à se venger de cette insulte qu'avait voulu lui faire Théophile; il rassembla son armée à Tarse et se mit en marche pour Constantinople. Il avait résolu de venger son injure par une injure pareille, et de détruire Amorium en Phrygie, où était né le père de Théophile. L'empereur voulut défendre la patrie de son père, mais il fut battu. La ville d'Amorium, défendue par un gouverneur fidèle, n'en soutint pas moins un siége de cinquante-cinq jours contre le calife. Sa prise fut suivie de sa destruction et du massacre de tous ses habitants. Le siècle qui s'écoula après la guerre de Théophile et de Motassem est l'époque du déclin de l'empire des califes, et les hostilités entre les Grecs et les Musulmans se bornèrent à quelques incursions par terre et par mer. Après la mort de Romain II, sa veuve Théophanie épousa successivement Nicéphore Phocas et Jean Zimiscès. Ils régnèrent en qualité de tuteurs et de collègues de ses enfants, qui étaient en bas-âge, et les douze années de la seconde moitié du Xe siècle, pendant lesquels ils commandèrent l'armée des Grecs, ne furent pas sans gloire. Elles sont marquées par les siéges de Mopsueste et de Tarse, par la prise d'Antioche que cent mille Arabes ne purent reconquérir, et par celle d'Alep, dont le butin fut si considérable, que les vainqueurs n'eurent pas assez de bêtes de somme pour le transporter. L'expédition de Zimiscès en Syrie fut comme une première croisade dirigée contre les oppresseurs de ces contrées. Il occupa Damas, et la forteresse de Tripoli lui résista seule. En expiation des sacriléges commis par les disciples de Mahomet, les chaires des principales mosquées furent livrées aux flammes dans les nombreuses villes qui furent soumises. L'Euphrate, que les Grecs n'avaient pas vu depuis le règne d'Héraclius, fut franchi; et, par la conquête de Samosate, d'Edesse et de Nisibis, Zimiscès porta ses armes jusqu'aux anciennes limites de l'empire. Bagdad trembla d'épouvante; mais le désert qui la gardait la sauva de la visite des Grecs. Zimiscès reprit le chemin de Constantinople, où il rentra chargé des dépouilles de l'Orient, qu'il étala dans la cérémonie de son triomphe. Mais, après le départ des Grecs, les Musulmans relevèrent la tête, et rentrèrent en possession des pays et des villes qui leur avaient été enlevés. Les Turcs, dont la domination se substitua à celle des compatriotes de Mahomet, à la faveur de la décadence du califat, furent pour les Grecs des ennemis encore plus cruels et plus redoutables que les Arabes. L'empereur Romain Diogène, qui monta sur le trône en 1067, perdit une bataille décisive contre les Turcs seldjoucides, qui étaient à la veille de s'emparer de l'Asie Mineure, et tomba entre les mains des vainqueurs. Le successeur de Romain Diogène, Michel Ducas, s'adressa au pape Grégoire VII pour réclamer le secours des armes de l'Occident contre les envahisseurs de la chrétienté. Jusqu'ici la péninsule de l'Asie Mineure n'avait encore été exposée qu'aux incursions passagères des Musulmans. Les fruits d'une conquête durable étaient réservés au prince seldjoucide Soliman, et la voie lui en fut ouverte par des Grecs, qui aspiraient à régner sur les ruines de leur patrie. Michel Ducas, prince sans vigueur, vit une double rébellion lui enlever, dans le même mois, les provinces de l'orient et celles de l'occident de l'empire. Les deux chefs qui se soulevèrent portaient l'un et l'autre le nom de Nicéphore; mais le prétendant d'Europe se distinguait, par le surnom de Bryenne, du prétendant d'Asie, connu sous celui de Botoniate. Soliman se déclara en faveur de Botoniate, et joignit la bannière du croissant à celle de la croix. Parvenu au trône de Constantinople, Nicéphore Botoniate reçut le sultan seldjoucide dans le faubourg de Scutari et dut aux secours que Soliman lui fournit la défaite de son rival; mais il paya la conquête de la partie européenne de l'empire par le sacrifice de la partie asiatique. Un traité de paix, que signa plus tard l'empereur Alexis Comnène, confirma les Turcs dans la possession de ces acquisitions : la crainte que Robert Guiscard inspira à Alexis le força de rechercher l'amitié de Soliman, et ce n'est qu'après la mort de celui-ci, qu'il reporta la frontière orientale de l'empire jusqu'à Nicomédie. Trébizonde, défendue de tous côtés par la mer et les montagnes, se maintint seule à l'état de colonie grecque. L'établissement des Turcs dans l'Asie Mineure fut la plus grande perte qu'eussent essuyée la chrétienté et l'empire grec, depuis les premières conquêtes des Musulmans.

La province d'Antioche appartenait encore à l'empire grec; mais les forces mahométanes l'environnaient de tous côtés. Philarète, qui en était gouverneur, se disposait à sacrifier sa religion et son devoir à l'impossibilité où il était de se défendre, lorsque son fils offrit à Soliman de remettre entre ses mains cette ville importante. Les conquêtes du sultan de l'empire de Roum s'étendirent alors de Laodicée au bosphore de Thrace. L'ignorance des Turcs dans l'art de la navigation permit, pendant quelque temps, à l'empereur de Constantinople de jouir encore d'une certaine sécurité; mais lorsque les captifs grecs leur eurent construit une flotte, Alexis Comnène, qui était monté sur le trône en 1081, en le ravissant à Nicéphore Botoniate, trembla derrière les murs de sa capitale. C'est alors qu'il adressa à l'Occident les ambassades et les lettres qui, en peignant le danger de sa situation, contribuèrent puissamment à provoquer la première croisade.

Alexis vit encore l'empire attaqué par un nouvel ennemi du côté de l'Occident, tandis que les Turcs le menaçaient à l'Orient. Le conquérant normand de la Pouille, de la Calabre et de la Sicile, Robert Guiscard, jeta ses vues ambitieuses sur le territoire grec. Il rassembla ses forces de terre et de mer à Otrante, dernier promontoire de l'Italie, sur l'Adriatique. Secondé par son fils Bohémond, il s'empara des îles et des villes maritimes de l'Epire, et mit le siége devant la place de Durazzo, qui était la clef de l'empire du côté de l'Occident. La cour de Constantinople trouva, dans les Vénitiens, des auxiliaires qui lui furent très-utiles, et une maladie pestilentielle vint décimer l'armée des Normands. Mais Robert Guiscard demeura inébranlable au milieu de toutes les calamités. Alexis s'empressa de conclure la paix avec les Turcs, et marcha au secours de Durazzo. La force de son armée consistait surtout dans les Varanges, troupe de Danois au service des Grecs, et dans des exilés anglais, que la conquête de Guillaume le Conquérant avait éloignés de leur patrie. Des manichéens de la Thrace et de la Bulgarie, et un corps d'environ mille Turcs, marchaient aussi sous les enseignes d'Alexis. Mais Robert Guiscard parvint, par son habileté et par son intrépidité, à défaire une armée cinq fois plus nombreuse que la sienne à la bataille de Durazzo. La ville qui a donné son nom à cette victoire tomba au pouvoir du héros normand, qui pénétra au centre de l'Albanie, s'approcha de Thessalonique et fit trembler Constantinople. Rappelé en Italie par les dangers auxquels ses affaires y étaient exposées, il laissa le commandement de son armée à son fils Bohémond, qui gagna deux batailles contre l'empereur, descendit dans la plaine de Thessalie, et assiégea Larisse, où étaient renfermés les trésors et les magasins de l'armée grecque. Alexis força Bohémond à la retraite, en corrompant une partie des chefs de son armée, qui passèrent au service de l'empereur grec. Robert reprit, en 1084, ses projets de conquête en Orient. Parti du port de Brindes, il trompa la vigilance des Vénitiens, unis aux Grecs pour lui barrer le passage de la mer Adriatique, et débarqua sur la côte d'Epire. L'empire de la mer fut ensuite disputé dans trois combats livrés en vue de Corfou. Les Normands remportèrent, dans le troisième, une victoire complète et décisive, où treize mille Grecs et Vénitiens perdirent la vie. L'hiver suspendit les opérations, et l'année suivante, 1085, Robert mourut, dans l'île de Céphalonie, d'une maladie épidémique qui s'était répandue dans son camp. Après la mort de Robert Guiscard, les Normands oublièrent pendant soixante ans leurs projets sur l'empire grec.

Alexis, qui avait envoyé des ambassadeurs au pape, et qui avait appelé à son secours, contre les Turcs, les guerriers de l'Occident, s'effraya de leur nombre, lorsqu'il vit arriver autour de sa capitale la grande armée de la première croisade. Il adopta alors, envers les chefs de cette armée, une politique de duplicité par laquelle il se les aliéna tous, et qui l'empêcha de recueillir aucun avantage de leurs succès contre les Musulmans. Odon de Deuil, dans l'appréciation qu'il fait de la situation respective des Latins et des Grecs, montre une profonde connaissance du caractère de la nation avec laquelle les croisés furent mis en contact par les croisades. « Quelques-uns ont prétendu, dit cet historien, que les Grecs nous ont nui plutôt pour se venger du mal que nous leur avions fait, que par les sentiments d'une haine naturelle. Mais celui qui n'examine la chose que d'un côté, ne la voit aussi que d'un côté. Sans doute la conduite des croisés put bien augmenter la haine que les Grecs avaient pour eux; mais, quelle qu'eût été notre conduite à leur égard, jamais cette haine n'aurait pu être absolument éteinte. » Voilà la vérité sur les rapports qui ont existé, et sur ceux qui devaient nécessairement exister entre les Grecs et les Latins, que divisait une différence ineffaçable de manière de penser, de sentir, d'être et de vivre. Gauthier Vinisauf, historien anglais des croisades, dit que les Grecs voient d'un œil d'envie les biens des autres, et il ajoute que « cette nation perfide, méchante et tout à fait dégénérée, est d'autant plus vile qu'elle a été plus illustre. » Alexis mourut en **1118**. Jean Comnène, son fils et son successeur, fit deux voyages en Syrie, et tenta vainement de s'allier avec les Latins contre les Musulmans. Comme son père, il ne leur pardonnait pas de s'être approprié la principauté d'Antioche. Mais les croisés n'avaient manqué à l'engagement qu'ils avaient pris de restituer à l'empire les conquêtes faites sur les Turcs, qu'après que les Grecs ne leur eurent pas fourni les secours qu'ils leur avaient promis. Jean Comnène marcha contre les Turcs seldjoucides en **1120**, et leur reprit quelques-unes des places de l'Asie Mineure, qu'ils avaient enlevées à l'empire. Jean mourut l'an **1143**, d'une blessure qu'il s'était faite à la chasse avec une flèche empoisonnée. Il s'était désigné et il eut pour successeur son second fils Manuel, au préjudice d'Isaac, qui était l'aîné. L'arrivée des armées de la seconde croisade sur le territoire grec, en **1147**, sous la conduite de l'empereur Conrad III et du roi de France Louis VII, donna l'alarme aux Grecs et à leur souverain Manuel Comnène. Ce prince ne prit conseil alors que de ses craintes et de ses défiances. « Il n'y avait malice, avoue l'historien grec Nicétas, que ce prince ne fît aux croisés, et n'ordonnât de leur faire, pour servir d'exemple à leurs descendants, et les détourner de venir sur les terres de l'empire grec. » La conduite brutale des Allemands, qui étaient toujours ivres, n'excusa pas les trahisons de Manuel, qui conspira leur ruine avec le sultan d'Iconium.

Odon de Deuil, qui a accompagné Louis VII dans son expédition, et qui a vécu alors au milieu des Grecs, parlant, dans sa relation de la deuxième croisade, de l'arrivée du roi de France sur le territoire grec, dit que ce prince « supporta d'abord avec patience et en rougissant les louanges qu'on lui donnait; mais, à mesure qu'il s'avançait dans la Grèce, comme les ambassadeurs se multipliaient, et avec eux les louanges, le roi les écoutait impatiemment. Godefroy, évêque de Langres, qui était présent, fatigué de leurs flatteries et de leurs longs discours, s'écria : *Frères, ne parlez pas si souvent de la gloire, de la majesté, de la sagesse et de la religion du roi; il se connaît et nous le connaissons : dites promptement et sans détour ce que vous voulez*. D'ailleurs, ajoute Odon de Deuil, laïques et ecclésiastiques, tout le monde se rappelait ce proverbe : *Timeo Danaos, et dona ferentes*. La vue de Nicomédie inspire à Odon de Deuil, sur l'état du peuple grec, à l'époque des croisades, les réflexions suivantes : « Ce peuple lâche, dit-il, qui défend ses trésors en répandant ses trésors, et qui, incapable de se protéger lui-même, appelle à son secours des soldats mercenaires, voit tous les jours ses possessions diminuer. C'est parce qu'il possédait beaucoup, qu'il possède encore quelque chose; car il n'a pu tout perdre à la fois. Nicomédie nous offrit un exemple de la faiblesse du gouvernement des Grecs : Les ruines superbes de cette antique cité, en même temps qu'elles attestent son ancienne gloire, montrent aussi l'inertie de ses maîtres actuels. » On lit encore, dans le même historien : « Les Grecs étaient alors semblables à des femmes; leur âme avait perdu toute énergie et toute pudeur : ce que nous demandions, ils le promettaient avec l'intention de ne point tenir leur promesse dès qu'ils cesseraient de craindre, car c'est une opinion générale, parmi eux, qu'ils ne se parjurent point lorsqu'ils violent leur serment pour la cause sacrée de l'empire. On ne m'accusera pas de haïr le genre humain et de supposer aux hommes des défauts imaginaires ; mais quiconque connaît les Grecs avouera que, quand ils ont des craintes, ils s'avilissent jusqu'à s'oublier eux-mêmes, et que, quand ils triomphent, leur orgueil se manifeste par l'oppression de ceux qu'ils ont abattus. »

Voici en quels termes Odon de Deuil raconte l'entrée du roi de France à Constantinople. « Nous nous approchions de cette ville, lorsque nous vîmes venir à nous les nobles et les principaux d'entre les ecclésiastiques et les laïques. Ils s'approchèrent du roi et le reçurent avec les honneurs qui lui étaient dus. Ils le prièrent très-humblement de se rendre chez l'empereur, et de satisfaire le désir que ce prince avait de le voir et de l'entretenir. Le roi de France, prenant compassion des craintes de l'empereur, se rendit au palais, accompagné d'une suite peu nombreuse; il fut reçu par le souverain en personne, qui vint au-devant de lui et l'embrassa. Ces deux princes étaient à peu près du même âge, d'une apparence presque semblable ; ils différaient seulement par leurs mœurs et par leurs habits. Ils entrèrent ensuite dans le palais, où ils se placèrent sur deux siéges égaux. Là, ils se parlèrent par interprètes en présence de leurs courtisans. Manuel demanda au roi quelles étaient ses intentions, ajoutant que, quant à lui, il désirait ce que Dieu voulait, et qu'il lui promettait tout ce qui lui serait nécessaire pour accomplir son pèlerinage. Plût à Dieu qu'il eût dit vrai ! A son maintien, à sa joie, à ses paroles, qui semblaient exprimer les plus intimes pensées de son âme, tous auraient cru qu'il affectionnait le roi avec tendresse... Après cette conversation, les deux souverains se séparèrent comme deux frères, et la noblesse de l'empire conduisit le roi de France dans le palais qui lui était destiné. »

Deux ans plus tard, en **1149**, Manuel eut la guerre avec Roger Ier, roi de Sicile, qui fit une descente sur le territoire grec et y recueillit d'immenses richesses. Mais l'empereur se vengea en enlevant à son ennemi l'île de Corfou. Cette guerre ne fut terminée qu'au bout de cinq ans. Manuel Comnène fit en sorte qu'on pût, en Occident, lui supposer l'intention de favoriser la réunion des deux Eglises. Sa mort eut lieu le **24** septembre **1180**. Il avait alors soixante ans, étant né en **1120**. Il avait épousé en premières noces Berthe, que les Grecs appellent Irène, belle-sœur de l'empereur Conrad, et en secondes noces Marie, fille de Raymond, comte d'Antioche.

Alexis II, fils de l'empereur Manuel, naquit le 10 septembre 1167, et succéda immédiatement à ce prince. Il était fiancé, depuis le 2 mars 1180, avec Agnès, fille de Louis le Jeune, roi de France. Sa mère fut investie de la régence; mais elle la partagea avec Alexis, neveu du précédent empereur. Celui ci s'attira la haine des grands, qui tramèrent contre lui une conjuration, et firent revenir d'exil, pour s'en faire un chef, Andronic, fils d'Isaac Comnène, et petit-fils de l'empereur Manuel. Devenu maître du pouvoir en 1182, Andronic fit crever les yeux à son rival et exerça la régence. Puis il fit égorger, sans exception, tous les Latins qui habitaient Constantinople. Le 16 mai de la même année, Alexis, et sa fiancée la princesse Agnès, furent couronnés. Le féroce Andronic força ensuite le jeune empereur à signer l'ordre de mettre à mort l'impératrice Marie, ce qu'il fit exécuter par strangulation. En septembre 1183, il fut associé à l'empire, et le mois suivant il fit aussi étrangler Alexis.

Resté seul possesseur du trône, Andronic Ier épousa Agnès, fiancée de l'empereur Alexis.

Il n'y eut, dans tout l'empire grec, que les villes de Pruse et de Nicée qui osassent apporter obstacle à l'ambition cruelle du tyran. Il le leur fit expier par d'épouvantables châtiments. Mais Alexis, neveu de l'empereur Manuel, alla au dehors susciter un vengeur. A l'instigation de ce prince, Guillaume II, roi de Sicile, envoya une flotte et une armée contre l'usurpateur. Ses troupes s'emparèrent de Durazzo le 24 juin 1185, de Thessalonique le 25 août, et successivement de plusieurs autres places. Puis elles marchèrent sur Constantinople et battirent l'armée d'Andronic. Celui-ci livra aux supplices des seigneurs grecs, qu'il soupçonnait légèrement de trahison, et voulut faire subir le même sort à Isaac l'Ange. Mais Isaac se réfugia dans la basilique de Sainte-Sophie, où le peuple, qui le chérissait, accourut et le proclama empereur. Andronic, à son tour, essaya de s'enfuir. Ce fut en vain. Le peuple se saisit de sa personne et le soumit, pendant plusieurs jours, à des tortures inouïes, qu'il supporta avec une constance digne d'une meilleure cause, disant seulement *Kyrie eleison*. Enfin il fut pendu la tête en bas, le 12 septembre 1185.

Isaac l'Ange descendait d'Alexis Comnène par la ligne féminine. Uranus, l'un de ses généraux, battit les Siciliens le 7 novembre 1185, et les força à sortir de l'empire. S'étant ensuite révolté, il mit le siége devant Constantinople, et y perdit la vie. Ce fut sous le règne d'Isaac que les croisés allemands, commandés par Frédéric Ier Barberousse, leur empereur, traversèrent le territoire des Grecs pour se rendre en Palestine. On doit attribuer le mauvais succès de cette expédition à la cruelle perfidie de la cour de Constantinople, qui, tout en affectant envers les pèlerins les apparences de l'amitié, leur suscitait, sur le territoire grec, tous les obstacles imaginables, et leur préparait au dehors, par ses intelligences avec les Musulmans, un surcroît de péril. Ainsi ce fut pour plaire à Saladin, dont il venait de recevoir un ambassadeur, qu'Isaac fit jeter en prison les envoyés de Frédéric Barberousse. Trop de témoignages se réunissent, puisque les chroniqueurs sont unanimes sur ce point, pour qu'on puisse révoquer en doute les relations des empereurs de Constantinople pendant les croisades, et notamment celles d'Isaac l'Ange, avec les Musulmans.

Une chronique allemande dit que Frédéric Ier ayant envoyé une ambassade à Isaac l'Ange, pour lui annoncer l'arrivée des croisés de la Germanie, l'empereur grec se montra, selon sa coutume, rempli du poison de la malice.

Des ambassadeurs du roi de France auprès de l'empereur Isaac disent, dans leur correspondance conservée par un chroniqueur, que les envoyés de Saladin étaient beaucoup mieux reçus à Constantinople que ceux des Latins, parce que Saladin avait abandonné toutes les églises de la Palestine à l'empereur, pour y faire observer le rit du schisme grec. L'empereur avait promis cent vaisseaux à Saladin, suivant le rapport de ces mêmes ambassadeurs, et le sultan avait annoncé à Isaac qu'il lui donnerait toute la terre sainte, s'il empêchait les Francs d'arriver en Asie : la croisade était si mal vue à Constantinople, que si quelqu'un y prenait la croix, on le mettait sur-le-champ en prison.

L'historien arabe Boha-Eddin, rapporte qu'il existait des relations très-étroites entre Saladin et Isaac l'Ange: l'empereur, ajoute cet écrivain, avait permis qu'on élevât une mosquée à Constantinople, et Saladin y avait envoyé un prédicateur, une chaire et des muezzins chargés d'appeler du haut des minarets les Musulmans de la ville à la prière. Le jour où ces divers personnages débarquèrent à Constantinople, les Musulmans établis dans la ville allèrent à leur rencontre et leur firent cortége. Ce fut, dit Boha-Eddin, comme un jour de fête. L'historien arabe Ibn-Alatir, dit que l'empereur des Grecs était ami de Saladin, et il ajoute qu'Isaac s'empressa d'écrire au sultan, pour lui annoncer la marche des Allemands, et l'intention où il était de leur fermer le passage. « Mais, continue le même auteur, quand les Allemands furent arrivés, il fut impossible de les arrêter à cause de leur grand nombre; tout ce que put faire l'empereur des Grecs, ce fut de leur refuser des vivres et de défendre à ses sujets de leur en vendre; aussi les Allemands eurent beaucoup à souffrir de la disette. »

L'historien grec Nicétas, qui a joué un rôle dans les événements qu'il raconte, dit qu'ayant communiqué à Isaac les bruits qui circulaient parmi les Allemands sur son union avec les Musulmans, il parvint à le déterminer à autoriser le libre passage de l'armée allemande sur le territoire de l'empire. « Mais, ajoute Nicétas, l'hiver ayant rendu ce passage impossible, l'empereur changea encore une fois de résolution; il écrivit même à Frédéric qu'il mourrait avant la fête de Pâques, ainsi que l'avaient prédit tous les astrologues; ce ne fut qu'avec peine qu'il se détermina à lui renvoyer ses ambassadeurs. Frédéric apprit alors la manière peu convenable avec laquelle Isaac avait reçu les envoyés allemands: l'empereur avait exigé qu'ils demeurassent toujours debout en sa présence; Frédéric, pour se moquer d'Isaac, et par dérision du cérémonial de la cour de Byzance, fit asseoir, non-seulement les ambassadeurs grecs, mais encore leurs écuyers et leurs serviteurs. En partant ensuite de Philippopoli, il y laissa les ambassadeurs qu'il avait envoyés auprès d'Isaac, leur disant en riant, qu'ils devaient avoir besoin de se reposer, après être demeurés si longtemps debout devant l'empereur. » Lorsque le printemps fut arrivé, Frédéric et Isaac conclurent un nouvel accord, qui fut juré par cinq cents Grecs, appartenant aux familles les plus nobles de l'empire. L'empereur fit préparer des navires et l'armée allemande passa dans l'Asie Mineure. Nicétas reconnaît que la conduite des ambassadeurs grecs empêcha, par des rapports mensongers, l'harmonie de s'établir entre Frédéric et Isaac. A chaque pas qu'elle faisait, l'armée allemande était secrètement attaquée; ses fourrageurs étaient égorgés, et son camp même n'était pas à l'abri des insultes des Grecs. A ces aveux, l'historien grec ajoute que Frédéric dut déployer toutes les ressources de son génie actif pour échapper aux embûches que lui tendit Isaac. Après la prise de Philippopoli, l'empereur d'Allemagne offrit encore, et sans succès, au souverain de Constantinople, d'exécuter le traité conclu avec lui. C'étaient, dit Nicétas, les prédictions d'un moine, nommé Dorithée, sur les projets ambitieux de Frédéric, qui portaient Isaac à refuser tout accommodement. L'historien ajoute que l'empereur grec se rendit même ridicule, en faisant boucher la porte de sa capitale par laquelle le moine lui persuadait que Frédéric devait s'emparer de Constantinople, et en tenant toujours dans ses mains des traits qu'il disait avoir aiguisés tout exprès pour percer le cœur de bronze des Allemands. En attendant, les troupes grecques ne cessaient de chercher à surprendre l'armée, mais sans oser jamais *regarder les pèlerins en face*.

L'historien arabe Boha-Eddin nous a conservé une lettre d'Isaac à Saladin, par laquelle l'empereur grec annonce au sultan le mal qu'il a fait aux chrétiens, et exprime ses regrets de n'en être pas mieux récompensé. Voici ce monument de la trahison schismatique: « De la part d'Isaac, roi croyant au Messie-Dieu, prince par la grâce de Dieu, victorieux, suprême, toujours auguste, protégé de Dieu, triomphateur, autocrate, l'Ange, à son excellence le sultan d'Egypte Saladin, amour et dévouement. La lettre que votre excellence à écrite à *mon Empire* (c'est-à-dire *ma Majesté*, suivant une expression dont se servaient habituellement les empereurs de Constantinople), lui est parvenue. J'espère que votre excellence n'aura pas cru aux bruits qui courent sur le passage des Allemands à travers mes Etats; ce sont mes ennemis qui répandent à dessein ces faux bruits, pour me nuire dans votre esprit. Si vous désirez connaître la vérité, vous saurez que j'ai causé aux Allemands plus de maux et de fatigues qu'ils n'en ont jamais causé à mes sujets: leurs pertes en argent, en hommes et en bêtes de somme, sont considérables; plusieurs ont perdu la vie, et ce n'est qu'avec beaucoup de peine que le reste à pu échapper à la bravoure de mes soldats; encore se trouvent-ils tellement affaiblis qu'il leur sera bien difficile d'atteindre vos frontières, ou, s'ils le font, de causer le moindre dommage à votre excellence. Comment, après un tel service, avez-vous oublié ce qui s'est passé entre vous et moi? Comment n'avez-vous pas fait part à *mon Empire* de vos projets ultérieurs et de l'état des choses? Ce qu'il y a de plus clair pour *mon Empire*, c'est que *mon Empire* n'aura gagné autre chose à votre amitié que de s'attirer sur les bras les Francs et tous les peuples qui en dépendent. »

Les Grecs s'associaient volontiers aux crimes de leur empereur quand les Latins en étaient les seules victimes; mais comme les vices d'Isaac, prince aussi débauché que féroce, ne les épargnaient point eux-mêmes, ils le prirent en haine. Il fut déposé, le 8 avril 1195, par son frère Alexis l'Ange, qui le mit en prison, lui fit crever les yeux et monta sur le trône. Isaac avait un fils nommé Alexis, qui parvint à se réfugier en Italie et de là se rendit en Allemagne auprès de l'empereur Philippe de Souabe, mari d'Irène sa sœur.

Alexis III, frère d'Isaac, prit le nom de Comnène. Ce nouvel empereur ne se fit pas moins détester de ses sujets que son prédécesseur. Cependant Alexis, fils d'Isaac, ne restait point oisif: il avait réussi à intéresser à sa cause les croisés qui, pour acquitter les frais de leur transport en Palestine, avaient replacé Zara sous le joug vénitien, et le 23 juin 1203, ceux-ci parurent devant Constantinople qu'ils prirent d'assaut le 18 juillet. Au lieu de se battre vaillamment, Alexis III songea tout de suite à chercher son salut dans la fuite. L'historien grec Nicétas nous montre ce qu'étaient ce prince et son gouvernement. « La mollesse où était plongé l'empereur, dit-il, le rendait aussi incapable d'agir que s'il eût perdu l'esprit; les eunuques gardaient les montagnes et les forêts pour la chasse des empereurs, avec un soin aussi scrupuleux que les anciens païens gardaient les bois consacrés à leurs dieux, ou avec une fidélité aussi religieuse que l'ange exterminateur défendait le paradis terrestre; ils menaçaient du dernier supplice ceux qui voulaient couper des arbres pour construire des vaisseaux.

Le mari de la sœur de l'impératrice avait vendu les ancres, les voiles, les cordages et tous les équipages de la flotte. Alexis, loin de punir les auteurs d'une dissipation si ruineuse pour l'État, les honorait d'une plus grande considération que ses autres sujets. Il s'amusait, pendant que l'Occident allait fondre sur lui, à couper des montagnes, à combler des vallées, à aplanir des terrains montueux; il se raillait, durant ce repos, des préparatifs des Italiens, et se moquait de ceux qui en paraissaient étonnés. »

Théodore Lascaris fit bien voir, dit encore le même écrivain, dont l'amour-propre national cherche à se faire illusion, que la vertu romaine n'était pas tout à fait éteinte. « Le triste spectacle qu'offrait Constantinople, devenue la proie des flammes, tira l'empereur de sa léthargie : Il sortit de son palais accompagné d'une bouillante jeunesse. Lascaris voulait attaquer sur-le-champ l'ennemi; mais Alexis, rempli de crainte, et communiquant ce sentiment à tout ce qui l'entourait, tourna le dos et fut poursuivi par les Italiens jusque dans la ville : c'est alors qu'il résolut de fuir et d'abandonner sa famille et la *reine du monde* aux Italiens qui les menaçaient. Il embarqua secrétement dix mille livres d'or, une grande quantité d'épiceries, et dans la première veille de la nuit, il prit la fuite, méprisant ainsi la possession de l'empire pour suivre une espérance fort douteuse et fort incertaine de sauver sa vie. Il avait régné huit ans trois mois et dix jours, ajoute l'historien grec. Les événements ont suffisamment fait connaître sa lâcheté et ce qu'il valait dans la guerre; il n'était pas plus propre aux affaires du gouvernement; sa négligence le rendait incapable de suivre les opérations multipliées que nécessitait une vaste administration; il avait d'ailleurs d'assez bonnes qualités. Il était d'une humeur agréable, d'un abord facile, rempli d'indulgence et de douceur; il confondait dans le même sentiment de mépris le calomniateur et les flatteurs qui l'environnaient. Sa conscience lui reprochant sans cesse la violence qu'il avait employée pour détrôner son frère Alexis, il craignait la mort et ses effrayantes approches. S'il est difficile à un prince qui règne au milieu des révolutions, de ne point abattre les têtes qui s'opposent à sa grandeur, quelle louange ne mérite pas Alexis pour n'avoir jamais fait crever les yeux ou couper les membres à personne, pour n'avoir jamais fait porter à une femme le deuil de son époux et pour n'avoir fait pleurer à qui que ce soit la perte de ses biens. »

Alexis III, en cherchant un refuge, tomba au pouvoir de son gendre, Théodore Lascaris, qui le haïssait mortellement, et le tint en prison après lui avoir fait crever les yeux.

Isaac l'Ange, remis incontinent en possession du trône par les vainqueurs, ratifia, quoiqu'à regret, les conventions que son fils avait passées avec eux. Mais il sentit que des préjugés invincibles s'opposeraient à la réalisation de la promesse de ramener l'Église grecque à l'unité catholique. Nicétas dit que lorsque Isaac fut replacé sur le trône, il en donna aussitôt avis à son fils qui était dans le camp des Latins. Ceux-ci, ajoute l'historien grec, ne lui laissèrent la liberté d'aller voir son père, qu'après que le nouvel empereur eût ratifié les *promesses insensées* du jeune prince.

Ce dernier fut associé à l'empire et couronné le 1er août. La cécité d'Isaac l'empêchant de gouverner, ce fut Alexis IV qui eut à supporter tout le poids des affaires. Jamais souverain ne se trouva dans une situation plus difficile, car, d'une part, les chefs de la croisade se voyaient forcés d'exiger de lui, pour pouvoir continuer leur entreprise, l'accomplissement de ses promesses, et quoiqu'ils le fissent avec une assez grande modération, les Grecs, d'autre part, ne se soumettaient qu'avec colère à la levée de deniers qui devaient passer entre les mains de vainqueurs abhorrés. Alexis finit par s'attirer le mécontentement de ses alliés et la haine de ses sujets.

Après avoir rapporté que des soldats flamands, par haine contre les Juifs, mirent le feu à leur synagogue et dans divers quartiers de la ville, et après avoir décrit le vaste incendie qui consomma une grande partie de Constantinople, et dans lequel les habitants de cette ville virent tous leurs biens dévorés par les flammes, Nicétas ajoute qu'Isaac fut touché de ces malheurs, mais qu'Alexis, « qui était un véritable incendiaire, et qui avait un visage semblable à celui qu'on donne à l'ange exterminateur, bien loin d'en être touché, eût voulu que le reste de la ville eût été réduit en cendre. » Comme aucun autre auteur n'attribue un caractère aussi atroce au jeune Alexis, il est vraisemblable que l'historien grec calomnie ici l'allié des Latins. Il paraît qu'Alexis se faisait mal voir de ses compatriotes, parce qu'il passait quelquefois plusieurs jours et plusieurs nuits à jouer dans le camp des croisés; là, les familiarités qu'il laissait prendre envers lui étaient regardées par les Grecs comme des offenses à la dignité impériale : souvent les Vénitiens prenaient, pour le mettre sur leur tête, le diadème enrichi d'or et de pierreries qui couvrait le front du prince, tandis qu'ils coiffaient Alexis d'un bonnet de laine à la mode de leur nation.

Quoi qu'il en soit des imputations et des plaintes plus ou moins exagérées de Nicétas, une rupture devait éclater entre les deux partis. A la faveur de cette dissension, Alexis Ducas, surnommé Murzuphle, parvint à se faire proclamer empereur par le peuple insurgé, jeta Alexis dans un cachot, le força à boire du poison, et comme la mort n'arrivait point assez vite, il l'étrangla de ses propres mains le 8 février 1204. En apprenant le triste sort de son fils, l'empereur Isaac expira de peur et de douleur. Les croisés indignés mirent le siége devant la ville et l'emportèrent d'assaut le 12 avril 1204.

Théodore Lascaris, quoiqu'il n'ait point

été maître de Constantinople, devenu le siége de l'empire latin d'Orient, peut être considéré comme le successeur des deux empereurs précédents, si l'on veut que l'empire grec n'ait point subi d'interruption. Il avait épousé Anne, fille d'Alexis III et veuve d'Isaac Comnène. Après la deuxième prise de Constantinople par les croisés, il passa en Asie, où il devint maître de Pruse et de Nicée. Il y exerça d'abord le souverain pouvoir en qualité de despote de Romanie. Mais deux ans après, en 1206, il se fit proclamer empereur à Nicée. Tout son règne, qui dura dix-huit ans, fut rempli par des luttes contre les Latins et les Turcs. Il fit aussi la guerre à David Comnène, qui s'était déclaré empereur de Trébizonde, et à un autre prince qui s'était saisi d'un autre lambeau de l'empire grec; mais il ne put réussir à les dépouiller ni l'un ni l'autre. Théodore Lascaris mourut en 1222, laissant la réputation d'un capitaine habile, et d'un politique rusé. Après la mort de sa première femme, Anne l'Ange Comnène, il avait épousé en secondes noces Philippine d'Antioche, et en troisièmes noces, Marie, fille de l'empereur Pierre de Courtenay. Il avait eu de son premier mariage une fille nommée Hélène, dont il accorda la main à Jean Vatace.

Jean Vatace, connu également sous le nom de Jean Ducas, hérita en 1222 du trône de son beau-père. Il fit aussi la guerre pendant tout le cours de son règne, et il y déploya de grands talents, mais il y éprouva souvent des revers. Les Latins surtout, quoiqu'ils fussent communément inférieurs en nombre aux troupes qu'il leur opposait, lui firent sentir cruellement le poids de leurs armes. En 1235, s'étant joint au roi de Bulgarie pour attaquer Constantinople, il fut battu honteusement par l'empereur Jean de Brienne. Il eût acquis plus de gloire, si, au lieu de tourner son épée contre les Francs, les Bulgares et les Grecs, chrétiens comme lui, il l'eût uniquement employée à arrêter les envahissements de l'islamisme. Il mourut le 30 octobre 1255, ayant vécu soixante-deux ans et après en avoir régné trente-trois. Il avait épousé en secondes noces Anne, fille naturelle de l'empereur Frédéric II.
Théodore, fils de Jean Vatace et d'Hélène, est connu dans l'histoire, comme son aïeul maternel, sous le nom de Lascaris. Il succéda à son père et fut couronné le jour de Noël de l'an 1255. Il eut en 1257 la guerre avec Michel, roi de Bulgarie, qui recouvra promptement une partie du territoire dont Jean Vatace l'avait dépouillé. Mais il ne tarda pas à prendre sa revanche et força son ennemi à demander la paix. Il souilla son règne par des actes de barbarie, et mourut en août 1259, laissant sa couronne à son fils Jean. Il avait épousé Hélène, fille de Jean Asan, roi de Bulgarie.

Jean Lascaris, fils de Théodore, n'avait que six ans lorsqu'il monta sur le trône. Le testament de son père confiait la régence à George Mouzalon. Mais celui-ci n'exerça ses fonctions que pendant neuf jours; les grands de l'empire l'assassinèrent pour lui substituer Michel Paléologue. Le nouveau régent se fit déclarer empereur à Magnésie, le 1er décembre 1259, et couronner l'année suivante à Nicée. En 1261, il fit passer en Europe le césar Alexis Stratégopule avec une armée, pour y faire la guerre au despote de Servie, et il lui recommanda de s'enquérir des moyens de défense de Constantinople. Ce général profitant de la sécurité où la trêve, qui existait encore entre les deux empires, entretenait les Latins, s'empara de Constantinople par un coup de main, dans la nuit du 25 juillet 1261. Michel Paléologue y fit son entrée le 14 août suivant. Le jour de Noël de la même année, il fit crever les yeux au jeune empereur Jean Lascaris, quoiqu'il eût juré de ne jamais attenter à la personne ni à la couronne de cet infortuné. Makrizi rapporte que le sultan d'Egypte Bibars, qui avait regardé la chute de l'empire latin de Constantinople comme un événement heureux pour l'islamisme, se hâta de se mettre en relation avec Michel Paléologue, et de faire alliance avec lui. Michel, pour plaire au sultan, rétablit l'ancienne mosquée qui était à Constantinople. En 1274, Michel Paléologue se fit représenter au concile général de Lyon, tenu par le pape en personne, et ses ambassadeurs renoncèrent au schisme, tant en son nom qu'au nom de l'Eglise grecque. Il y fut confirmé comme empereur de Constantinople. Il y eut par suite de cette soumission de l'Eglise grecque au saint-siége des troubles dans l'empire; Michel les réprima. Mais il donna lieu au souverain pontife de l'excommunier comme fauteur du schisme et de l'hérésie, le 18 novembre 1281. Il concourut à préparer l'insurrection connue sous le nom de Vêpres siciliennes. Sa mort eut lieu le 11 novembre 1282. Il avait épousé Théodora Ducène, petite-nièce de Jean Vatace, dont il eut un fils nommé Andronic qui lui succéda et plusieurs filles.

Andronic II Paléologue, surnommé le Vieux, naquit en 1258, fut couronné empereur le 8 novembre 1273, et succéda à son père, Michel Paléologue, en 1282. Ce prince eut le triste courage de se mettre en état de rébellion déclarée contre l'Eglise romaine. En revanche, il craignait la guerre, et pour se procurer les moyens d'acheter la paix, il surchargea ses peuples d'impôts, et altéra les monnaies. Il était cruel, et n'hésitait pas à sacrifier un innocent à ses soupçons. En 1294 il associa son fils Michel à l'empire et le fit couronner. Mais ce prince étant mort en 1320, il s'associa et fit couronner également Andronic, son petit-fils, le 2 février 1325. Trois ans après, celui-ci se rendit maître de la personne de son aïeul, le tint prisonnier dans le palais, et exerça seul la souveraine puissance. Andronic II mourut le 13 février 1332. Il avait eu deux femmes, Anne, fille d'Etienne V, roi de Hongrie, et Irène, fille de Guillaume, marquis de Montferrat.

Andronic III Paléologue, surnommé le Jeune, petit-fils du précédent et fils de Michel, ayant commencé à gouverner seul, du vivant de son grand-père, le 24 mai 1328, sut se concilier l'amour de son peuple. Mais il ne put arrêter les progrès des Turcs, qui en 1333 lui enlevèrent Nicée, et en firent la capitale de leur empire. En 1339, il ouvrit des négociations avec le saint-siége pour la réunion des deux Eglises. Toutefois il mourut le 15 juin 1341 sans avoir consommé cette réconciliation, qui pouvait seule préserver l'empire de l'invasion des Barbares. Il eut, de sa femme Anne de Savoie, deux fils, Jean et Michel.

Jean Ier Paléologue naquit le 18 juin 1332, succéda à son père Andronic le Jeune le 15 juin 1341, et fut couronné le 19 novembre de la même année. Sa jeunesse empêchant qu'il ne pût gouverner, le patriarche schismatique Jean, et le grand domestique Jean Cantacuzène s'efforcèrent de se saisir du pouvoir à l'exclusion l'un de l'autre. Cantacuzène osa se déclarer empereur associé à Jean Paléologue, et en 1346 il se fit couronner à Andrinople. Levant alors le masque, et s'appuyant sur un parti considérable, il prit les armes contre son maître, entra dans Constantinople le 8 janvier 1347 et s'y fit de nouveau couronner avec sa femme. Il est à remarquer que les insignes impériaux dont on se servit dans cette solennité étaient ornés de pierres fausses, et que le nouvel empereur ne put pas se procurer de vaisselle d'or ni d'argent, tant était déchue cette puissance autrefois enrichie des dépouilles de tous les peuples. L'usurpateur eut à faire face à deux ennemis redoutables, les Turcs et l'empereur Jean Paléologue qu'assistaient les Bulgares. Comme tous les souverains de sa nation dans leur détresse, il eut recours au saint-siége, promettant la soumission de l'Eglise grecque en échange des secours qu'il espérait. L'année suivante, 1354, il fit couronner son fils Matthieu Cantacuzène. Mais en janvier 1355 il vit Constantinople tomber au pouvoir de Jean Paléologue, renonça au trône, et prit l'habit religieux. Son fils n'eut pas un meilleur sort. Vaincu, fait prisonnier et envoyé en exil, il fut forcé en 1356 d'abdiquer ses prétentions à l'empire. Demeuré seul maître d'un trône vermoulu, que les Turcs menaçaient d'une ruine prochaine, Jean Paléologue alla à Rome et y abjura le schisme. Les princes d'Occident ne lui fournirent point les secours qu'il en attendait. En 1373, Andronic, un des fils de Jean Paléologue, et un fils du sultan turc Amurat Ier, s'entendirent pour assassiner leurs pères. Averti de ce complot l'empereur fit mettre son fils en prison et lui fit crever un œil. En 1375, il associa à l'empire Manuel, son autre fils. Délivré par les Génois, Andronic réussit à se rendre maître de la personne de son père et de son frère Manuel, qu'il fit enfermer à son tour. Le vieil empereur parvint à s'échapper et alla demander asile au sultan Bajazet. Il mourut en 1391.

Manuel II Paléologue, fils de Jean, et né en 1348, était à la cour de Bajazet Ier lorsqu'il apprit la mort de son père Parti, sans prévenir le sultan, et rentré dans ses Etats, il y fut suivi de près par ce prince irrité, qui y fit des conquêtes et y exerça de grands ravages. En 1399 il fut contraint par le conquérant turc d'associer à la couronne Jean, fils de son frère Andronic. L'année suivante il vint en Occident pour réclamer l'assistance des princes latins, mais il ne put l'obtenir. Il se tourna alors vers Tamerlan, qui, à sa demande, attaqua Bajazet en 1400, puis le vainquit et le fit prisonnier, en 1402, à la bataille d'Ancyre. Cet événement sauva l'empire de Constantinople. Soliman Ier, successeur de Bajazet, après avoir entretenu quelque temps la guerre contre Manuel, se vit forcé, pour résister à Tamerlan, de conclure la paix avec l'empereur. Mais tel était l'affaiblissement des Grecs, que le prince musulman obtint par ce traité de conserver une partie des conquêtes de son père en Europe, entre autres presque toute la Thrace avec Andrinople. Manuel obtint quelques autres concessions de Mahomet Ier, dont le frère et le compétiteur, Mustapha, était réfugié et gardé à Thessalonique. Mais celui-ci ayant recouvré sa liberté, fit la guerre à Amurat II, successeur de Mahomet. Amurat eut définitivement l'avantage, et pour se venger de Manuel, auquel il reprochait d'avoir tenu le parti de Mustapha, il mit le siége devant Constantinople, avec une armée de deux cent mille hommes. La révolte d'un autre prince de la maison ottomane sauva cette capitale. Les Turcs en battirent les murs avec le canon, et en brûlèrent et dévastèrent tous les alentours. Il faut dire, à la louange des Grecs, qu'ils se défendirent avec plus de courage qu'on ne devait l'attendre d'une nation aussi dégénérée. Le siége fut levé le 6 septembre 1423, et en 1425 Manuel conclut la paix avec Amurat. Il mourut le 21 juillet de la même année, regretté de ses sujets. Il avait épousé Irène, fille d'un des princes de la Macédoine, dont il eut six fils, Jean, Théodore, Andronic, Constantin, Démétrius, Thomas, et deux filles.

Jean II Paléologue était né le 15 décembre 1390. Ayant été couronné empereur le 19 janvier 1419, du vivant de Manuel II, son père, il fut seul maître de la couronne à la mort de celui-ci. Les grands succès que les Turcs obtenaient en Europe lui firent comprendre que le schisme allait prochainement causer la ruine définitive de sa nation. Dès 1426 il entama des négociations tendant à la réunion des deux Eglises, et les poursuivit pendant onze ans. Enfin en 1437 il s'embarqua à Constantinople sur une galère pontificale, arriva en Italie au commencement de 1438, assista, avec une partie des prélats de son empire, en 1438, au concile de Ferrare, et en 1439 au concile de Florence, où les Grecs renoncèrent solennellement au schisme. L'empereur rentra à Constantinople le 1er février 1440. Mais un parti se déclara immédiatement et rompit de nouveau l'accord des deux Eglises. Et, comme par un châtiment providentiel, la discorde ayant éclaté entre deux frères de l'empereur, Constantin et Démétrius, ce dernier appela sur le territoire de l'empire les Turcs, avec lesquels il mit le siége devant Constantinople, en avril 1443. Toutefois, l'empereur obtint la paix après avoir vu dévaster le territoire de la capitale. L'année suivante, Amurat, vainqueur à Varna, le menaça encore d'une attaque plus formidable, et ce ne fut qu'au prix des dernières humiliations qu'il réussit à le détourner provisoirement. Jean II mourut le 31 octobre 1448. Il avait épousé trois femmes, dont il n'eut point d'enfants.

Constantin XII Paléologue, appelé aussi Dracosès, quatrième fils de l'empereur Manuel, était né en février 1403. De même qu'il avait voulu s'emparer des possessions de Démétrius, son cadet; de même celui-ci, à son tour, chercha à lui enlever la couronne. Grâce à l'intervention d'Amurat, Constantin l'emporta. Mais en janvier 1453 Mahomet II, fils et successeur d'Amurat, ayant déclaré la guerre au nouvel empereur, assiégea Constantinople avec une armée de trois cent mille hommes, et une flotte de quatre cents voiles. Les Grecs se défendirent avec le courage du désespoir. Néanmoins la ville fut prise d'assaut le 29 mai 1453, et mise à sac. Les Turcs s'y livrèrent pendant trois jours aux plus épouvantables excès, mais, conformément aux ordres du sultan, ils ne la détruisirent pas. L'empereur fut tué en combattant, dans la cinquantième année de son âge. Ainsi l'empire d'Orient a commencé par un Constantin et fini par un autre Constantin; de même que l'empire d'Occident avait commencé par un Auguste et fini par un autre Auguste. La fondation de Constantinople, par Constantin le Grand, ayant eu lieu le 11 mai 330, à compter de la dédicace, et la conquête qu'en firent les Turcs, ayant eu lieu le 29 mai 1453, elle a été capitale de l'empire pendant 1123 ans et 18 jours.

Les deux frères de Constantin XII, Démétrius, prince du Péloponnèse, et Thomas, prince d'Achaïe, ne jouirent que jusqu'en 1458 de ces seigneuries, dont Mahomet se rendit alors maître. Enfin, en 1462, le même sultan s'empara également de Trébizonde, fit prisonnier David Comnène, qui y régnait sous le titre d'empereur, et lui ôta la vie bientôt après. C'est ainsi que l'islamisme s'établit sur les ruines de l'empire grec, que le schisme et la corruption minaient depuis bien des siècles. L'avarice des Grecs fut une des causes de la prise de leur capitale. Ce fait, attesté par de nombreux témoignages, est rapporté dans les *Annales de Silésie*, qui l'accompagnent de justes réflexions. « L'empereur grec, voyant la tempête qui menaçait ses sujets, disent ces Annales, leur demanda des secours et de l'argent; il voulut faire des levées d'hommes, des provisions de vivres, d'armes, et de toutes les choses nécessaires à la défense de la place. Les habitants répondirent qu'ils n'avaient point d'argent, que leurs bourses étaient épuisées, et qu'il n'y avait plus dans leurs greniers vides que des araignées. Ce fut ainsi que ce malheureux empereur, abandonné des Byzantins à cause de leur avarice, des Grecs à cause des factions, et de l'Occident par des motifs de religion, mourut au moment où les barbares entraient dans la ville; ce fut ainsi que l'empire grec tomba et que l'univers chrétien fut ouvert à l'ambition et à la fureur des Musulmans. Cependant on trouva chez les citoyens de Constantinople tant d'or et d'argent, que les trésors de la cité conquise surpassèrent l'attente de l'ennemi, et satisfirent abondamment à tous ses désirs. »

GRÉGOIRE VII (saint). Le pontificat de l'illustre Hildebrand, qui monta sur le trône de saint Pierre en 1073, l'occupa pendant douze ans, un mois et quelques jours, sous le nom de Grégoire VII, et mourut dans l'exil, le 25 mai 1085, pour avoir *aimé la justice et haï l'iniquité*, suivant ses propres expressions, est antérieur aux guerres saintes. Mais l'idée et le plan des croisades, pour nous servir des termes mêmes employés par une plume protestante, celle de Heeren, appartiennent à ce grand pape, et son digne élève, Urbain II, n'aurait pu donner le signal à l'Europe, dans le concile de Clermont, de marcher à la délivrance des Saints Lieux, si l'indépendance de l'Eglise, précédemment proclamée, ne lui avait assuré la prépondérance dont les papes ont fait un si utile usage aux XIIe et XIIIe siècles. « Hildebrand, a dit dans son *Essai sur l'influence des croisades* le même écrivain protestant que nous venons de citer, paraît sous un jour différent, suivant qu'on le considère au point de vue de son siècle, ou à celui du nôtre... Or il est de droit de juger chacun suivant l'esprit du temps où il a vécu et des événements de son siècle. » Un autre savant protestant, Voigt, a puisé aux sources mêmes de l'histoire, c'est-à-dire dans les monuments originaux, les éléments du jugement qu'il a porté sur Grégoire VII et son œuvre, en écrivant la vie de ce pontife, que M. l'abbé Jager a traduite de l'allemand en français. Hildebrand était persuadé que la corruption générale qui s'étendait sur l'Europe, à son époque, découlait surtout de celle du clergé, et que c'était par le sacerdoce que devait commencer la réforme dont il avait conçu le salutaire dessein. Mais pour restituer au clergé la pureté qu'il avait perdue au contact de la puissance séculière, il fallait l'en rendre indépendant; il fallait soustraire les évêques à la suprématie civile, et affranchir le saint-siége de la subordination où l'autorité impériale prétendait le tenir. Les lettres de Grégoire VII attestent, et Voigt, son historien, a parfaitement démontré, en s'appuyant sur leur témoignage, que son idée dominante dans la réforme du monde chrétien qu'il a entreprise, était de réaliser l'indépendance de l'Église. « L'Eglise, selon lui, dit l'auteur allemand, devait être grande, forte et puissante; l'Etat devait lui être soumis, parce que l'Eglise est établie de Dieu, et que la royauté tire son origine des hommes, et n'a qu'un pouvoir limité et conditionnel. Arriver à ce point, le consolider, le faire dominer dans tous les siècles et dans tous les pays, tel était le but constant des efforts de Grégoire, et, selon son intime conviction, le devoir de sa charge. C'est ce qui ressort clairement de ses lettres, qui sont, après tout, les meilleures sources qu'on puisse consulter, quand on veut le juger sainement. »

Lorsque les empereurs grecs furent réduits à implorer les secours de l'Occident contre les progrès effrayants de la puissance des Turcs, la chaire de saint Pierre était heureusement occupée par ce pape capable de concevoir et d'exécuter les plus grandes entreprises. Ce fut l'année qui suivit celle où Grégoire VII monta sur le trône pontifical, que l'empereur Michel VII réclama l'aide du saint-siége. Il protestait de son profond respect pour le pontife, et de son attachement pour l'Eglise de Rome. Le pape donna immédiatement l'ordre à l'archevêque de Venise de se rendre à Constantinople, et de chercher les moyens de rétablir l'union entre l'Eglise grecque et le saint-siége. Il écrivit, dans cette même année 1074, au comte de Bourgogne pour l'engager à se mettre en mesure d'aller combattre les infidèles; et, dans une lettre adressée à toute la chrétienté, *ad omnes christianos*, il dit qu'il vient d'apprendre que les païens, pour reproduire son expression, ont porté leurs ravages presque jusque sous les murs de Constantinople, et massacré des milliers de chrétiens comme on tuerait des animaux. Il ne suffit pas de déplorer ces malheurs; il faut imiter la charité du Rédempteur qui a donné sa vie pour le salut de tous, et, à son exemple, les chrétiens de l'Occident doivent se sacrifier pour leurs frères d'Orient. On ne saurait prêcher la croisade plus explicitement que ne le fait Grégoire VII dans cette lettre, qui est la XLIXe du livre II du recueil des conciles de Labbe. Comme les modernes historiens des croisades n'ont pas assez montré que l'Orient entrait, aussi bien que l'Occident, dans le vaste plan d'affranchissement universel et d'unité de l'Eglise que le grand réformateur du XIe siècle voulait réaliser, nous allons prouver, par ses lettres, que les croisades faisaient partie de ce plan. C'est Grégoire VII lui-même qui nous apprend, dans la XXXIe lettre du livre II du recueil de Labbe, que ses desseins embrassaient l'extinction du schisme de Constantinople, l'union des deux Eglises grecque et latine, la rentrée au bercail catholique de tous les orientaux égarés, et le triomphe général de la cause chrétienne par la délivrance du saint tombeau. Le pape annonce, en outre, qu'il devait se mettre en personne à la tête de la croisade. Après avoir peint à l'empereur Henri IV, à qui la lettre est adressée, le malheureux état auquel étaient réduits les chrétiens d'Orient, et les avoir représentés tendant vers lui des mains suppliantes, Grégoire VII s'exprime ainsi : *Ego autem nimio dolore tactus, et usque ad mortis desiderium ductus ; magis enim vellem pro his animam meam ponere, quam eos negligens universo orbi ad libitum carnis imperare ; procuravi Christianos quosque ad hoc provocare, ad hoc impellere, ut appetant, defendendo legem Christi, animam suam pro fratribus ponere, et nobilitatem filiorum Dei luce clarius ostentare. Quam admonitionem Italici et Ultramontani, Deo inspirante, ut reor, imo etiam omnino affirmo, libenter acceperunt, et jam ultra quinquaginta millia ad hoc se præparant, ut si me possunt in expeditione pro duce ac pontifice habere, armata manu contra inimicos Dei volunt insurgere, et usque ad sepulcrum Domini, ipso ducente, pervenire. Illud etiam me ad hoc opus permaxime instigat, quod Constantinopolitana Ecclesia de sancto Spiritu a nobis dissidens, concordiam apostolicæ sedis exspectat. Armeni etiam fere omnes a catholica fide oberrant, et pene universi orientales præstolantur quid fides apostoli Petri inter diversas opiniones eorum decernat.* « Pénétré d'une douleur excessive, et conduit même à désirer la mort, j'aimerais mieux donner ma vie pour eux, que d'obtenir, en négligeant de les secourir, la satisfaction charnelle de commander à l'univers; j'ai tâché d'engager et d'exciter tous les chrétiens à donner leur vie pour leurs frères, en défendant la loi du Christ, et à faire briller d'un éclat plus grand que celui du jour la noblesse des fils de Dieu. Cet avertissement, par l'inspiration de Dieu, je pense, et j'en suis même tout à fait sûr, a été bien accueilli des Italiens et des peuples d'au delà des monts; et déjà plus de cinquante mille hommes se préparent à partir, et veulent, s'ils peuvent m'avoir pour chef et pour pontife dans cette expédition, marcher, les armes à la main, contre les ennemis de Dieu, et parvenir, sous sa conduite, jusqu'au sépulcre du Seigneur. Ce qui me porte surtout à cette entreprise, c'est que l'Eglise de Constantinople, qui est en dissidence avec nous sur le Saint-Esprit, demande à se réunir au siége apostolique. Presque tous les Arméniens aussi sont éloignés de la foi catholique, et la plupart des Orientaux attendent que la foi de l'apôtre Pierre décide entre leurs opinions diverses. » Mais les embarras que Henri IV suscita au saint-siége empêchèrent Grégoire de poursuivre son dessein. Il fallait commencer par rendre l'Eglise indépendante du pouvoir temporel en Occident, avant d'aller au secours des chrétiens contre les Turcs en Orient. Victor III, qui succéda à Grégoire VII, aurait exécuté le projet de son prédécesseur, s'il s'était trouvé en position de le faire, et si le ciel lui avait accordé un plus long règne. Ce fut Urbain II qui accomplit l'œuvre dont la pensée lui avait été léguée par celui qui l'avait désigné pour occuper le trône pontifical après lui.

GRÉGOIRE VIII monta sur le trône pontifical en 1187, et n'y siégea que deux mois. Mais il employa ce court espace de temps à soulever les rois et les peuples de l'Occident contre les Musulmans, pour la défense de l'Orient chrétien. Bernard de Gui, qui n'a consacré que quelques lignes à la vie de ce pape dans la collection de Muratori, *Rerum Italicarum Scriptores præcipui*, loue son zèle infatigable pour la délivrance des Saints Lieux. On lit dans une lettre, écrite lorsque la nouvelle de la perte de la bataille de Tibériade parvint en Europe, et conservée par le chroniqueur Benoît de Péterborough, « que tous les cardinaux, du consentement du pape, promirent que, renonçant à tous les biens et à toutes les délices de ce monde, ils prêcheraient la croisade non-seulement par leurs paroles, mais par leurs œuvres et par leurs exemples; ils déclarèrent qu'ils prendraient la croix de Jésus-Christ, qu'ils parcourraient les provinces en mendiant, et qu'ils précéderaient tous les autres croisés à Jérusalem. Le même chroniqueur ajoute que le saint-siége arrêta que la paix serait faite pour sept ans entre tous les princes chrétiens, et que celui qui contreviendrait à cette décision encourrait la malédiction de Dieu, du souverain pontife et des prélats de l'Eglise universelle. Les cardinaux s'engagèrent en outre à se contenter pour eux de ce qui serait strictement nécessaire aux premiers besoins de la vie, déclarant qu'ils ne monteraient plus à cheval tant que la terre qu'avait touchée les pieds du Sauveur serait foulée par les pieds des impies. »

Quelques jours avant de mourir, Grégoire VIII prescrivit un jeûne général dans toute la chrétienté, pour demander à Dieu la reprise de Jérusalem par les chrétiens sur les infidèles, et adressa en même temps, au monde catholique, une bulle, datée de Ferrare, qui est un curieux document de l'histoire des croisades. Voici la traduction de cette pièce : «Ayant appris la sévérité redoutable des jugements que la main divine vient d'exercer sur Jérusalem et la terre sainte, nous avons été, nous et nos frères, pénétrés d'une telle horreur, affligés de douleurs si vives, que, dans l'incertitude pénible de ce que nous avions à faire en cette occasion, nous n'avons pu que partager les regrets du Psalmiste, et nous écrier avec lui : *Seigneur, les nations ont envahi ton héritage, elles ont souillé ton saint temple; Jérusalem n'est plus qu'un désert, et les corps de tes saints ont servi de pâture aux bêtes de la terre et aux oiseaux du ciel.* Car, à la suite des dissensions intestines que la méchanceté des hommes, par la suggestion du démon, avait fait naître dans la terre sainte, voici qu'à l'improviste Saladin, à la tête d'une armée formidable, vient fondre sur elle. Le roi et les évêques, les Templiers et les Hospitaliers, les barons et le peuple vont à sa rencontre, portant avec eux la Croix du Seigneur, cette Croix qui, en mémoire de la passion du Christ qui y fut attaché, et qui y racheta le genre humain, était regardée comme le plus sûr rempart à opposer aux attaques des infidèles. Le combat s'engage; les nôtres sont vaincus, la sainte Croix tombe entre les mains des ennemis, le roi est fait prisonnier; les évêques sont massacrés, et ceux des chrétiens qui échappent à la mort ne peuvent éviter l'esclavage : la fuite en sauve à peine quelques-uns, qui disent avoir vu périr sous leurs yeux la totalité des Templiers et des Hospitaliers. Nous croyons inutile, très-chers frères, de vous rapporter comment, après la destruction de l'armée, l'ennemi s'est répandu dans tout le royaume, s'est rendu maître de la plupart des villes, à l'exception de quelques-unes qui résistent encore. C'est ici que nous croyons pouvoir dire avec le Prophète : *Qui changera mes yeux en une fontaine de larmes pour pleurer nuit et jour le massacre de mon peuple?* Cependant, loin de nous laisser abattre et de nous diviser, nous devons bien nous persuader que ces revers ne sont dus qu'à la colère de Dieu contre la multitude de nos péchés; que la manière la plus efficace d'en obtenir la rémission sont les pleurs et les gémissements; et qu'enfin, apaisée par notre repentir, la miséricorde du Seigneur nous relèvera plus glorieux de l'abaissement dans lequel il nous avait plongés. Qui pourrait, dis-je, retenir ses larmes dans un si grand désastre, non-seulement d'après les principes de notre divine religion, qui nous apprend à pleurer avec les affligés, mais encore d'après les plus simples motifs d'humanité, en considérant la grandeur du péril, la férocité des barbares, altérés du sang des chrétiens, leurs efforts pour profaner les choses saintes et anéantir le nom du vrai Dieu dans une terre où il naquit; tableaux qu'au reste l'imagination du lecteur se représentera mieux que nous ne pourrions les peindre. Non, la langue ne peut exprimer, les sens ne peuvent comprendre quelle a été notre affliction, quelle doit être celle du peuple chrétien, en apprenant que cette terre souffre maintenant ce qu'elle a souffert sous ses anciens habitants; cette terre illustrée par tant de prophètes, d'où les lumières du monde sont sorties, et ce qui est encore plus grand et plus ineffable, où s'est incarné le Dieu créateur de toutes choses; où, par une sagesse infinie et une incompréhensible miséricorde, il a bien voulu se soumettre aux infirmités de la chair, souffrir la faim, la soif, le supplice de la croix, et, par sa mort et sa résurrection glorieuse, opérer notre salut. Nous ne devons donc pas attribuer nos désastres à l'injustice du juge qui châtie, mais bien à l'iniquité du peuple qui a péché, puisque nous voyons dans l'Ecriture que lorsque les juifs revenaient au Seigneur, ils mettaient en fuite leurs ennemis, et qu'un de ses anges suffit pour anéantir l'armée formidable de Sennachérib. Mais cette terre a dévoré ses habitants; elle n'a pu jouir d'une longue tranquillité, et les transgresseurs de notre divine loi ne l'ont pas conservée longtemps, en donnant tous cet exemple et cette instruction à ceux qui ne soupirent qu'après la Jérusalem céleste, que ce n'est que par la pratique des bonnes œuvres, et au milieu des tentations nombreuses, qu'on peut y parvenir. Déjà précédemment le peuple de ces contrées avait dû craindre ce qui lui arrive aujourd'hui, lorsque les infidèles s'étaient emparés d'une partie des villes frontières. Plût au ciel qu'alors il eût eu recours à la pénitence, et qu'il eût apaisé, par un repentir sincère, le Dieu qu'il avait offensé! Car la vengeance de ce Dieu est toujours différée; il ne surprend pas le pécheur, il donne le temps au repentir jusqu'à ce qu'enfin sa miséricorde lassée cède la place à sa justice. Mais nous qui, au milieu de la dissolution répandue sur ce pays, devons faire attention, non-seulement aux iniquités de ses habitants, mais encore aux nôtres et à celles de tout le peuple chrétien, et qui devons de plus, craindre la perte de ce qui reste encore de fidèles en Judée, et les ravages dont les contrées voisines sont menacées au milieu des dissensions qui règnent entre les rois et les princes chrétiens, entre les villages et les villes; qui ne voyons de toutes parts que scandales et désordres, nous devons pleurer avec le Prophète, et dire avec lui : *La vérité, la science de Dieu ne sont pas sur la terre; je ne vois régner à leur place que le mensonge, l'homicide, l'adultère, et la soif du sang.* Partout il est pressant d'agir, d'effacer ses péchés par une pénitence volontaire, et par ce secours d'une piété véritable, de revenir au Seigneur, afin que, corrigés de nos vices, en voyant la malice et la férocité de l'ennemi, nous fassions, pour le soutien de la cause du Seigneur, ce que l'infidèle ne craint pas chaque jour d'attenter contre lui. Pensez, nos très-chers frères, pour quel objet vous êtes venus dans ce monde, et comment vous en devez sortir; songez que vous passerez ainsi que toutes choses. Employez donc le temps dont vous pouvez disposer en bonnes actions et à faire pénitence; donnez ce qui vous appartient, parce que vous ne vous êtes pas faits vous-mêmes, que vous n'avez rien en propre, et que la faculté de créer un ciron est au-dessus de toutes les puissances. Nous ne dirons pas : renvoyez-nous, Seigneur, mais bien : permettez-nous d'entrer dans le chemin céleste que vous possédez; placez-nous au milieu de ces fruits divins qui ne craignent ni les injures du temps, ni les entreprises des voleurs; nous travaillerons à reconquérir cette terre sur laquelle la vérité est descendue du ciel, et où elle n'a pas refusé d'essuyer l'opprobre de la croix pour notre salut. Nous n'aurons en vue ni l'amour des richesses, ni une gloire périssable, mais bien votre sainte volonté, ô mon Dieu, qui nous avez appris à aimer nos frères comme nous-mêmes, et à vous consacrer ces richesses, dont la disposition après nous est si souvent indépendante de notre volonté! Il n'est pas plus étonnant de voir cette terre frappée par la main de Dieu, qu'il ne l'est de la voir délivrée ensuite par sa miséricorde. La volonté seule du Seigneur pouvait la sauver; mais il ne nous est pas permis de lui demander pourquoi il en a agi ainsi; peut-être a-t-il voulu nous éprouver et nous faire connaître que celui qui, lorsque le temps de la pénitence est arrivé, l'embrasse avec joie et se sacrifie pour ses frères, quoiqu'il meure jeune, embrasse un grand nombre d'années. Voyez de quel zèle étaient enflammés les Machabées pour leur sainte loi et la délivrance de leurs frères, lorsqu'ils se précipitaient, sans hésiter, au milieu des plus grands périls, sacrifiant leurs biens et leurs vies, et s'exhortant mutuellement par ces discours : *Préparons-nous, montrons-nous courageux, parce qu'il vaut mieux périr dans les combats que de voir les maux de notre nation et la profanation des choses saintes.* Et cependant ils vivaient sous la loi de Moïse, tandis que vous avez été éclairés par l'incarnation de Notre-Seigneur Jésus-Christ et par l'exemple de tant de martyrs. Montrez donc du courage; ne craignez pas de sacrifier ces possessions terrestres qui doivent durer si peu, et en échange desquelles on nous en promet d'éternelles, au-dessus de la portée des sens, et qui, au sentiment de l'Apôtre, sont dignes de tous les sacrifices que nous devons faire pour les obtenir.

« Nous promettons donc à tous ceux qui, le cœur contrit et l'esprit humilié, ne craindront pas d'entreprendre ce pénible voyage, et qui s'y détermineront par les motifs d'une foi sincère, et dans la vue d'obtenir la rémission de leurs péchés, une indulgence plénière de leurs fautes, et la vie éternelle qui doit s'ensuivre. Soit qu'ils y périssent, ou qu'ils en reviennent, qu'ils sachent que par la miséricorde du Dieu tout-puissant, et par l'autorité des saints apôtres Pierre et Paul, et la nôtre, ils sont dispensés de toute autre pénitence qui leur aurait été imposée, pourvu toutefois qu'ils aient fait une confession entière de leurs péchés. Les biens des croisés et de leurs familles resteront sous la protection spéciale des archevêques et évêques, et autres prélats de l'Église de Dieu. On ne fera nulle recherche sur la validité des droits de possession d'un croisé à l'égard d'un bien quelconque, jusqu'à ce qu'on soit certain de son retour ou de son décès, et jusque-là ses propriétés seront protégées et respectées. Il ne peut être tenu à payer des intérêts, s'il en est redevable envers quelqu'un. Les croisés ne marcheront pas vêtus d'habits précieux, avec des chiens, des oiseaux, ou d'autres semblables objets, qui ne montrent que le luxe et l'ostentation; mais ils auront le nécessaire, seront habillés simplement, et ressembleront plutôt à des hommes qui font pénitence qu'à ceux qui ne recherchent qu'une vaine gloire. »

Ce document, où l'élévation de la pensée est intimement unie à la majesté de l'expression, est un cri de détresse en même temps que de consolation, poussé par cette grande voix de la papauté qui a été la voix des croisades. Il est daté du mois de novembre 1187, et le 17 décembre suivant, l'âme qui s'exhalait dans ce magnifique langage parut devant celui qui l'avait inspiré.

GRÉGOIRE IX porta, à l'âge de quatre-vingt-six ans, sur le trône pontifical, où il remplaça Honoré III, en 1227, le même zèle que son prédécesseur pour la cause de la chrétienté d'Orient, avec les lumières d'un digne continuateur de l'œuvre d'Innocent III. Son premier soin fut de presser le départ des croisés rassemblés dans la Pouille. Il engagea l'empereur Frédéric II à s'embarquer à leur tête, par une lettre où il rappelle à ce prince les devoirs que lui imposait sa haute dignité. « Le Seigneur, disait le pape à Frédéric, vous a mis en ce monde comme un chérubin armé d'un glaive flamboyant pour montrer à ceux qui s'égarent le chemin de l'arbre de vie. » Mais à peine embarqué à Brindes, Frédéric s'autorisa d'une indisposition de santé pour débarquer à Otrante. Lorsque le pape apprit à Anagni cette lâche désertion, il se rendit, accompagné des cardinaux et de tous les évêques qui se trouvaient autour de lui, à la principale église de la ville, monta en chaire, et, après avoir prononcé, devant tout le peuple réuni, un sermon sur le scandale que venait de donner l'empereur, il le déclara frappé des anathèmes de l'Eglise. Grégoire adressa aussitôt des lettres à tous les souverains de l'Europe, pour leur dénoncer le parjure dont Frédéric venait de se rendre coupable, en violant les serments les plus sacrés et en abandonnant la bannière de Jésus-Christ, en vue de ses intérêts personnels. Ces événements se passaient en 1227. L'année suivante, Grégoire étant retourné à Rome, y renouvela, le jeudi saint, dans la basilique de Saint-Pierre, l'excommunication lancée contre l'empereur. Frédéric aggrava sa faute en excitant une sédition dans Rome, où il suborna la noblesse, et d'où il força le pape à s'éloigner. Cette infraction de Frédéric à ses devoirs d'empereur et de chrétien remplit l'Occident de trouble, et empêcha l'Europe de répondre aux cris de détresse des fidèles d'Orient. Le pape ne put que faire connaître à la chrétienté les lettres de désespoir que lui écrivaient le patriarche de Jérusalem, les évêques de la terre sainte et les grands-maîtres des ordres militaires. Grégoire, en dépit de sa vieillesse, soutint, avec un invincible courage, le poids du fardeau dont l'accablait la trahison de l'empereur, devant l'ennemi de la société chrétienne. Il ordonna à tous les fidèles de l'un et de l'autre sexe, et de toute condition, de s'imposer une contribution d'au moins un denier par semaine, pour subvenir à la levée et à l'entretien des troupes qu'il voulait faire marcher contre les Musulmans. Il chargea des envoyés, et entre autres, le cardinal Othon, de recueillir, en Italie, en Espagne, en Portugal, en France, en Angleterre et en Allemagne, les secours qu'il sollicitait pour le soutien de la cause sainte, reniée par celui qui aurait dû en être le premier défenseur.

Frédéric, pendant ce temps, entretenait des intelligences secrètes avec Malek-Kamel, sultan d'Égypte. L'empereur osa annoncer hautement qu'il allait partir pour l'Orient, et exécuta cette résolution, malgré la défense que le pape lui avait faite d'ajouter à tous les scandales qu'il avait déjà donnés celui d'une croisade conduite par un prince excommunié. Il ne restait au pape d'autre ressource contre un semblable attentat aux lois divines et humaines que d'en demander à Dieu le châtiment : c'est ce qu'il fit lorsque cette nouvelle lui parvint à Assise, où il procédait à la canonisation de saint François. Frédéric ne recueillit que de la honte dans son expédition. Il trouva ensuite Grégoire disposé à la clémence, lorsqu'il parut reconnaître ses torts, et il assista à une assemblée que tint le pape à Spolète, pour s'occuper des moyens de porter secours aux chrétiens d'Orient. Grégoire envoya des missionnaires dans ces contrées, et écrivit au calife de Bagdad et aux autres princes musulmans, pour les engager à admettre la vérité du christianisme. Il chargea en même temps des prédicateurs de parcourir l'Occident, pour exhorter les peuples à la paix, qu'il voulait faire tourner au profit de la sainte cause dont il ne cessait de s'occuper. Ce furent les religieux de l'ordre de Saint-François et de celui de Saint-Dominique qui furent chargés de cette mission, et de celle de recueillir les aumônes destinées à la croisade. Le pape adressa, dans le même but, des lettres à tous les archevêques et évêques de la chrétienté. Il écrivit aussi au roi de Hongrie, Béla, pour lui demander des secours en faveur du roi de Jérusalem. Mais l'empereur rentra en lutte avec le saint-siége, et obligea Grégoire à cesser de poursuivre ses projets pour la délivrance des chrétiens d'outre-mer. Frédéric engageait les croisés à différer leur départ, en leur promettant de marcher plus tard à leur tête. Son ambition ne se proposait rien moins que de rétablir l'empire romain sur les ruines de l'autorité pontificale; et quand Grégoire vit ainsi la guerre déclarée à l'Eglise en Occident, il jugea prudent de s'abstenir momentanément de celle qu'il avait préparée contre les Musulmans, en Orient. Les croisés reçurent l'ordre du saint-siége de demeurer dans leurs foyers, sous peine de trahir la cause de Dieu, qu'ils avaient juré de défendre. Dans une bulle d'excommunication, datée du mois d'avril 1239, le pape accuse l'empereur d'avoir soulevé Rome contre le successeur de saint Pierre, et d'attenter à la liberté de l'Eglise. C'était un pape qui avait atteint sa centième année, lorsqu'il termina son courageux pontificat de quatorze ans, en 1241, que Frédéric abreuvait de toutes ces amertumes. Une expression malheureuse s'est rencontrée sous la plume de M. Michaud, lorsqu'il prétend que Grégoire IX *mourut en maudissant son redoutable adversaire*. Le pontife avait déjà prouvé au souverain ambitieux, dont l'égoïsme compromettait les intérêts de la civilisation chrétienne, en Occident comme en Orient, qu'à l'exemple de son divin maître, il était toujours prêt à dire : *Misericordiam volo, et non sacrificium*. L'auteur de l'*Histoire des Croisades* nous montre lui-même quel était cet adversaire du chef de l'Eglise, lorsqu'il dit qu'il annonça la mort du pape au roi d'Angleterre et à d'autres princes *dans des termes qui respiraient à la fois la haine et la joie.*

GRÉGOIRE X est le nom que prit Thibaut, archidiacre de Liége, lorsqu'il fut élu pape, le 1er septembre 1271, après une longue vacance du saint-siége. Le nouveau pape avait suivi les Frisons en Asie, et il était à Ptolémaïs, lorsqu'il reçut la nouvelle de son élévation au pontificat. Pendant les cinq années qu'il occupa la chaire de saint Pierre, Grégoire, fidèle au serment qu'il avait fait de secourir Jérusalem, travailla activement à la délivrance de la terre sainte, dont il gardait religieusement le souvenir dans son cœur, et il eut le regret de mourir sans avoir pu accomplir cette grande entreprise. Après le concile de Lyon, Grégoire accorda des indulgences à ceux qui fourniraient des secours en argent pour soutenir la guerre sainte. Il ordonna aux croisés de faire pénitence, d'oublier leurs ressentiments particuliers, de renoncer au luxe, et de ne pas dissiper en vaines dépenses l'argent nécessaire à l'expédition. Le pape recommanda aussi à ceux qui étaient chargés de la levée des dîmes sur les biens ecclésiastiques, de ne point grever le clergé pauvre. Il mourut à Arezzo le 10 janvier 1276.

GUI DE LUSIGNAN, neuvième roi de Jérusalem, et premier roi de Chypre, était fils de Hugues le Brun, comte de la Marche. Etant venu dans la terre sainte lorsque Sibylle, fille du roi Amaury Ier et sœur du roi Baudouin IV, était veuve du marquis de Montferrat, il séduisit cette princesse par les charmes de sa personne, et entretint avec elle un commerce coupable, qui obligea Baudouin IV à la lui donner en mariage en 1182. Quand, à la mort de Baudouin V, fils du marquis de Montferrat et de Sibylle, cette princesse couronna son second mari, Gui de Lusignan, roi de Jérusalem, en 1186, les grands du royaume obéirent avec peine à un homme qui n'était pas de sang royal, et qui n'avait d'autre mérite que la bravoure d'un chevalier. Gui de Lusignan perdit, en 1187, la bataille de Tibériade, où il fut fait prisonnier par Saladin, et dont la reprise de Jérusalem par les infidèles fut la déplorable conséquence. Rendu à la liberté, Gui de Lusignan mit le siége devant Saint-Jean-d'Acre en 1189. Il perdit sa femme Sibylle cette même année, et avec elle le titre de roi de Jérusalem, qui lui fut contesté par Conrad de Montferrat, marquis de Tyr, devenu, par un divorce, l'époux d'Isabelle, sœur et héritière de Sibylle. Dans le traité qui fut conclu par les chrétiens avec Saladin, au mois de septembre 1192, Gui ne fut pas même nommé. Mais Richard, roi d'Angleterre, oncle de Henri de Champagne, qui fut élu roi de Jérusalem en épousant Isabelle, après la mort de Conrad, marquis de Tyr, vendit à Gui de Lusignan le royaume de Chypre, pour obtenir sa renonciation à ses prétentions au trône de Palestine. Devenu ainsi premier roi de Chypre, Gui de Lusignan gouverna ce pays jusqu'à sa mort, en 1194, suivant Deguignes, et en 1195, selon Jauna.

GUILLAUME DES BARRES. Le chroniqueur anglais Bromton raconte une aventure qui arriva à ce chevalier, pendant le séjour à Messine des pèlerins de la troisième croisade, et qui fait connaître le genre de distractions auquel se livraient les princes et les chrétiens de cette époque, dans les loisirs de leurs lointaines expéditions. « Le jour de la Purification, après le dîner, dit le chroniqueur, le roi d'Angleterre et plusieurs chevaliers, tant de sa suite que de celle du roi de France, étaient allés, hors de la ville de Messine, jouer, selon leur coutume, à divers jeux. A leur retour, pendant qu'ils traversaient le milieu de la ville, ils rencontrèrent un paysan qui conduisait un âne chargé de roseaux, qu'on appelle cannes. Le roi et ceux qui l'accompagnaient en prirent chacun un, et se mirent à se battre les uns les autres. Il arriva que le roi d'Angleterre et un vaillant chevalier de la cour du roi de France, nommé Guillaume des Barres, s'attaquant tous deux, rompirent leurs cannes, et que la cape du roi fut déchirée du coup que lui porta Guillaume. Le roi, irrité, se rua avec impétuosité sur Guillaume, et fit chanceler son cheval. Comme il s'efforçait de renverser Guillaume lui-même, la selle de son cheval tourna, et le roi en descendit promptement; puis, remontant tout à coup sur un cheval plus fort, il se porta de nouveau sur Guillaume; mais il ne put le renverser, car Guillaume se tenait cramponné au cou de son cheval. Pendant que le roi le menaçait, Robert, fils du feu comte de Leicester, que le roi avait investi depuis peu du comté de son père, et qu'il avait ceint de l'épée, porta la main sur Guillaume, afin d'aider le roi; mais Richard lui dit : *Retirez-vous, et laissez à nous deux le débat.* Le roi et Guillaume ayant longtemps lutté d'actes et de paroles, Richard s'écria : *Fuyez d'ici, et ne reparaissez jamais en ma présence; car je serai éternellement votre ennemi.* Guillaume, voyant la colère du roi, alla tout triste raconter au roi de France, son maître, ce qui venait de se passer, lui demandant conseil et protection. Le lendemain, le roi de France se rendit auprès du roi d'Angleterre, et le supplia, de la part de Guillaume, d'oublier ce qui s'était passé, et de lui pardonner. Mais Richard ne voulut rien entendre à ce sujet. Le jour suivant, le duc de Bourgogne, le comte de Chartres, le comte de Nevers et plusieurs autres seigneurs de France vinrent se jeter aux pieds du roi d'Angleterre, et le supplièrent en faveur de Guillaume; mais il ne voulut pas les écouter. Guillaume sortit donc, le troisième jour, de la ville de Messine; car le roi de France ne voulait pas le retenir contre la volonté du roi d'Angleterre. Enfin, plusieurs jours après, lorsque le temps de mettre à la voile fut venu, le roi de France, tous les archevêques, évêques, comtes et barons de l'armée, vinrent de nouveau trouver le roi d'Angleterre, et lui demandèrent la grâce de Guillaume, lui remontrant combien l'absence d'un si vaillant homme pouvait être nuisible : ils eurent beaucoup de peine à obtenir cette grâce. Le roi d'Angleterre promit à la fin qu'il ne ferait aucun tort à Guillaume ni aux siens, tant qu'ils seraient au service de Dieu. »

H

HÉGIRE, nom de l'ère des Musulmans, vient d'un mot arabe qui veut dire *fuite*, parce que l'islamisme date son ère du 16 juillet 622 de l'ère chrétienne, jour auquel Mahomet s'enfuit de la Mecque, où il était persécuté. Les astronomes et quelques historiens font dater l'hégire du 15 juillet. Comme le fondateur du mahométisme est parti de la Mecque, pour se réfugier à Médine, un vendredi soir, à la clarté de la nouvelle lune, Omar, son second successeur, en établissant l'ère de l'hégire, a consacré le vendredi au culte de la religion musulmane, et a adopté le croissant pour symbole de la foi à cette fausse religion. L'ère de l'hégire suit l'année lunaire, qui a onze jours de moins que l'année solaire; d'où il résulte que l'année musulmane commence à une époque différente de la nôtre, et que les années chrétiennes et musulmanes se croisent sans cesse.

HENRI IV, empereur d'Allemagne. Ce prince fut le troisième empereur de la maison de Franconie. Il naquit le 11 novembre 1050, de l'empereur Henri III et d'Agnès, fille de Guillaume, duc d'Aquitaine, fut baptisé par le pape Léon IX, élu roi de Germanie en 1053, et couronné en 1054. Il succéda à son père le 5 octobre 1056, et eut pour tutrice sa mère, qui exerça d'abord le gouvernement. Mais cette impératrice ne tarda pas à s'attirer l'inimitié des princes allemands par ses fautes politiques, et l'indignation de l'Eglise en faisant élire un antipape de mœurs scandaleuses, le 28 octobre 1061, à la diète de Bâle, pour se venger de ce que Alexandre II s'était laissé introniser sans lui demander son consentement. Hannon, archevêque de Cologne, en profita pour lui enlever, aux fêtes de Pâques de l'année 1062, son fils et la direction des affaires, qui tombèrent bientôt entre les mains d'Adalbert, archevêque de Brême. Hannon avait tenu le jeune prince sous une discipline rigide; Adalbert adopta un régime tout opposé, et c'est peut-être à cela qu'il faut attribuer, au moins en partie, la fougue indomptable des passions de son pupille. Celui-ci fut déclaré majeur à Worms, le jour de Pâques 1065. L'année suivante, il épousa Berthe, fille d'Othon, marquis de Suze, et commença à la rendre malheureuse. Comme il aimait la Saxe, quoiqu'il détestât les Saxons, il s'établit à Goslar, et couvrit de forteresses cette contrée, qu'il prétendait ranger sous la dépendance immédiate de la couronne. Cet abus de pouvoir, et plusieurs autres qu'il commit, amenèrent d'abord quelque résistance durement réprimée, et enfin, en 1073, une révolte générale des Saxons. Henri fut forcé de fuir, et ordonna à tout l'empire de prendre les armes contre les insurgés. Mais les princes de l'Allemagne méridionale l'abandonnèrent aussi : la seule ville de Worms lui demeura fidèle, et, en 1074, il se vit réduit à signer une paix honteuse. Il sentit alors pour la première fois que, pour récupérer sa puissance, il fallait s'humilier, et il s'y résigna. Cette politique nouvelle lui concilia la bienveillance des princes; en même temps il excita habilement la discorde entre les Saxons. Ceux-ci, de leur côté, ne surent point user de leurs avantages avec une juste mesure. Henri put alors lever contre eux une nombreuse armée, qui, en 1075, leur fit essuyer une sanglante défaite auprès de Hohenbourg. La Saxe fut incontinent mise à feu et à sang; et la dévastation n'y eût rien laissé debout, si le reste de l'Allemagne ne fût intervenu pour la faire cesser. Toutefois, les vaincus restèrent soumis à un terrible régime de compression et d'exactions. En ce temps-là Grégoire VII occupait la chaire de saint Pierre. Il s'y était assis, en quelque sorte contre son gré, en 1073, du consentement de Henri IV, et il avait, aussitôt après son exaltation, prévenu ce prince que, puisqu'il ne s'était point opposé à son élection, il devait s'attendre à une juste répression des attentats commis contre les droits de l'Eglise. Dès le commencement de son pontificat, Grégoire avait écrit à Philippe Ier, roi de France, et à Henri IV, pour se plaindre du scandale qu'ils donnaient par la corruption de leurs mœurs, et par la pratique incessante de la simonie. Ces deux princes manifestèrent l'intention de s'amender, et même Henri, qui alors se trouvait au plus fort de sa lutte contre les Saxons, condescendit à demander des avis au pontife. Dans une lettre qu'il lui écrivit en 1074, il avoua qu'il s'était emparé des domaines de l'Eglise, et qu'il avait trafiqué des prélatures. Ce qui ajoutait, non à l'autorité, mais à la force du pape, c'est qu'il s'appuyait, pour introduire la réforme des abus, sur les décisions d'un concile qu'il avait réuni à Rome en 1074. Débarrassé, en 1075, de la guerre de Saxe, Henri fit bien voir que sa soumission n'était pas sincère, en vendant publiquement l'abbaye de Fulda, et en conférant l'évêché de Bamberg à un ecclésiastique qui ne méritait pas d'y être appelé. Dans ces deux occasions il donna l'investiture par la crosse et l'anneau, ce qui était une violation directe des décrets d'un second concile tenu à Rome en cette dernière année. De plus, le pape recevait journellement de toutes les parties de l'empire des plaintes au sujet de la tyrannie de ce prince. Il envoya alors des légats qui citèrent Henri, sous peine d'excommunication, à comparaître à Rome le lundi de la seconde semaine du carême de 1076.

L'empereur expulsa outrageusement les légats, et convoqua un conciliabule à Worms, pour déposer Grégoire, en janvier 1076, ce qu'il obtint facilement ; puis il écrivit au pontife une lettre insolente, qui commençait par ces mots : « Henri, roi, non par la violence, mais par la volonté de Dieu, à Hildebrand, que je ne dis pas pape, mais faux moine : Tu as mérité ce salut par le trouble que tu as mis dans toute l'Eglise...» « Saint Pierre, le vrai pape, écrit-il plus loin, a dit lui-même : *Craignez Dieu, honorez le roi ;* mais toi, de même que tu ne crains point Dieu, tu ne m'honores point, moi, qui suis son délégué. Descends donc, excommunié, va subir dans les cachots notre sentence et celle de tous les évêques...» Le jour où l'empereur devait comparaître, ses envoyés se présentèrent au concile, et y lurent la sentence de déposition. L'indignation fut d'autant plus grande dans cette capitale, que, pendant la nuit de Noël de l'année précédente, un attentat inouï avait été commis au pied même de l'autel contre la personne du pontife, et qu'on ne doutait pas que l'empereur n'en eût été l'instigateur. Le lendemain de cette lecture, le pape, ayant pris l'avis du concile, fulmina l'excommunication contre Henri, et délia tous les sujets de ce prince de leur serment de fidélité. L'effet fut prompt et terrible. Tous les prélats du conciliabule de Worms, moins l'évêque d'Utrecht, qui, ennemi déclaré du pape, osa lancer contre lui l'anathème, et fut frappé de mort subite, envoyèrent ou portèrent à Rome leur soumission. La plupart des princes de l'empire s'assemblèrent, en octobre 1076, pour élire un nouvel empereur. Henri se hâta d'accourir auprès d'eux pour conjurer l'orage par ses supplications. Tout ce qu'il put obtenir fut que la diète ajournerait sa décision à un an, pour lui donner le temps de se faire relever de la décision apostolique, et que le pape serait prié de venir à Augsbourg, où il serait procédé à une mesure définitive. Jusque-là l'empereur était tenu de se retirer à Spire et de s'abstenir de toutes les fonctions et de tous les insignes de sa dignité. Henri n'observa point cette dernière prescription. Convaincu qu'il n'avait rien à attendre de ses sujets irrités, et qu'il pouvait tout espérer de la clémence du pontife, il passa les Alpes au moment où celui-ci s'apprêtait à les franchir pour se rendre à Augsbourg. Les deux princes se rencontrèrent dans la forteresse de Canosse, qui appartenait à la pieuse et célèbre comtesse Mathilde. Grégoire avait d'abord refusé d'écouter aucune proposition d'accommodement avant d'être arrivé à Augsbourg ; mais il se laissa toucher par les prières de Mathilde et par les humbles témoignages de repentir que donnait l'empereur. Celui-ci fut admis à faire pénitence pendant trois jours, en chemise de crin et nu-pieds, dans l'une des cours du château ; après quoi l'interdit fut levé, sans préjudice toutefois des droits de la diète pour le temporel. Résolu d'empêcher le pape de se rendre en Allemagne, Henri s'occupa, dès qu'il fut sorti de Canosse, de soulever le nord de l'Italie et de faire fermer les passages des Alpes. Les princes allemands, indignés, s'assemblèrent aussitôt à Forscheim, au mois de mars 1077, déposèrent Henri, et élurent Rodolphe, duc de Souabe, qui fut couronné à Mayence, le 27 mars. Henri se hâta de retourner en Allemagne, où la guerre éclata avec furie Telle fut la mansuétude du pontife, qu'il s'abstint, pendant trois ans, de se déclarer pour aucun des compétiteurs. Ce fut seulement au mois de mars 1080 qu'il reconnut, en plein concile, Rodolphe, auquel il envoya ensuite une couronne portant cette inscription : *Petra dedit Petro, Petrus diadema Rudolpho.* Henri, de nouveau excommunié, se hâta de réunir à Mayence un conciliabule, composé seulement de dix-neuf prélats, puis, à Brixen, un second synode schismatique, auquel prirent part environ trente évêques italiens, et où fut élu l'antipape Clément, déjà excommunié. Pendant ce temps, la guerre se poursuivait entre les deux prétendants. Deux batailles sanglantes furent livrées en 1078, sans produire de résultats décisifs. Le 27 janvier 1080, Henri fut vaincu par Rodolphe. Enfin, le 15 octobre suivant, Rodolphe gagna une nouvelle victoire à Mersebourg sur l'Elster, et y perdit la vie. Ce fut Godefroy de Bouillon, le héros de la première croisade, qui le tua en lui enfonçant dans le bas-ventre le fer de la hampe de la bannière impériale. Débarrassé de son rival, l'empereur put passer en Italie pour en chasser Grégoire VII. Il eut à combattre les troupes de la comtesse Mathilde, et se présenta, en 1081, devant Rome, qu'il trouva résolue à se défendre. Obligé de se retirer en Lombardie, il revint, en 1082, et mit le feu à la cité Léonine. Enfin, en 1084, il s'empara, par trahison, d'une grande partie de la ville, et se fit couronner empereur par l'antipape, le jour de Pâques. Mais Grégoire, retiré dans le château Saint-Ange, avait appelé à son secours Robert Guiscard, qui se hâta d'accourir. L'empereur n'osa pas se mesurer avec ce rude adversaire, et lui céda la place pour aller faire la guerre, en Lombardie, à la comtesse Mathilde, sa cousine. De là il repassa en Allemagne, où il avait un nouveau compétiteur, Herman, comte de Luxembourg, qui avait été élu roi le 9 août 1084. Celui-ci abdiqua en 1088 ; mais la guerre civile continua. A la fin de cette même année, Henri essuya encore une défaite complète. En 1090, il rentra en Italie, où il prit, après un siége de neuf mois, Mantoue, qui appartenait à la comtesse Mathilde. Obligé de retourner en Allemagne, il laissa le commandement de ses troupes d'Italie à Conrad, son fils aîné. Celui-ci se déclara contre son père, et se fit couronner roi des Romains en 1093, à Monza d'abord, puis à Milan. Henri fit mettre ce prince au ban de l'empire, dans la diète d'Aix-la-Chapelle, et associa à sa couronne son second fils Henri. Conrad étant mort en 1101, son frère Henri se révolta à son tour contre l'empereur, en 1105. Le père et le fils se trouvèrent bientôt en présence ; mais les chefs de l'armée impériale refusèrent de combattre. A la suite d'une entrevue entre l'empereur et son fils, le premier licencia son armée, et fut ensuite fait prisonnier. On le conduisit à la diète de Mayence, où on le contraignit à rendre les insignes royaux; enfin il renonça à l'empire, par acte authentique, à Ingelheim, le 30 décembre 1105. La guerre recommença, mais l'empereur fut battu, et renonça à tout espoir de rétablir ses affaires. Ce prince avait exercé une influence négative sur la première croisade, d'abord par la guerre civile qu'il a entretenue en Allemagne. En outre, Meyer, dans ses *Annales de Flandre*, dit que l'empereur Henri IV s'opposa, autant qu'il fut en son pouvoir, à l'expédition, et qu'il déclara la guerre aux Belges, qu'il ne pouvait détourner de la sainte entreprise. L'empereur, ajoute le même historien, fut aussi cause que Robert de Flandre tarda quelque temps à rejoindre Godefroy de Bouillon.

Henri IV, réduit à la plus extrême misère, mourut à Liége le 7 août 1106. Comme il n'avait jamais cessé de soutenir les antipapes, il ne fut jamais relevé de sa dernière excommunication. C'est pourquoi son corps, porté à Spire, y resta cinq ans sans sépulture, jusqu'en 1111, où le pape Pascal II permit qu'on lui fît des funérailles. Il eut pour successeur Henri V, son fils.

HENRI VI, empereur d'Allemagne. Ce prince, troisième empereur de la maison de Souabe, était fils de Frédéric Ier, surnommé Barberousse, et de Béatrix de Bourgogne. Il naquit en 1165, fut élu roi des Romains, le 8 juin 1169, à la diète de Bamberg, et fut couronné, ou le même jour dans cette ville, ou le 15 août suivant à Aix-la-Chapelle. Il épousa, en 1186, Constance, fille de Roger, roi de Sicile. C'était Guillaume II, neveu de Constance, qui régnait alors dans cette île, et ce prince n'avait point d'héritier direct. L'empereur Frédéric Barberousse espérait compenser avec avantage, par les chances que ce mariage ouvrait à son fils, l'affaiblissement que la paix de Constance avait fait éprouver à la puissance de sa maison en Italie. En même temps il voulut que Henri ceignît la couronne de fer. Bientôt après, une assemblée sicilienne, tenue à Troja, reconnut les droits des nouveaux époux à hériter du royaume, si Guillaume mourait sans enfants. Le cas ne tarda pas à se réaliser : Guillaume termina sa carrière le 16 novembre 1189; mais les Siciliens ne voulurent pas d'un prince allemand pour maître, et appelèrent au trône Tancrède, fils naturel de Roger, duc de Pouille. Henri, retenu en Allemagne par les soins du gouvernement que son père lui avait laissé en partant pour la croisade, ne put qu'envoyer dans la Pouille quelques troupes qui furent promptement forcées de battre en retraite. Vers la même époque, il apprit la mort de son père, qui avait eu lieu le 10 juin 1190, et il se trouva ainsi maître de l'empire. Au mois de novembre de la même année, il entra en Italie avec une nombreuse armée, arriva, dans la semaine sainte de 1191, à Rome, où il se fit couronner empereur le 15 avril, par le pape Célestin III, entra ensuite en Campanie, où il prit plusieurs villes, et mit le siége devant Naples, qui se défendit vaillamment pendant cinq mois. La dyssenterie ayant attaqué l'armée allemande, l'empereur se vit forcé de lever le siége. Il mit des garnisons dans les places conquises, laissa l'impératrice Constance à Salerne, et retourna en Allemagne. Mais, à peine fut-il parti que Salerne se souleva, et livra Constance à Tancrède. Celui-ci rendit de grands honneurs à cette princesse, et, à la prière du pape, la remit en liberté. Henri se hâta d'envoyer une nouvelle armée dans les Etats napolitains; mais ces troupes furent battues, et se virent enlever presque toutes les places conquises par l'empereur. Pendant que les armes impériales subissaient ces échecs, l'empereur s'infligeait à lui-même une tache indélébile, en s'associant à l'attentat commis par Léopold, duc d'Autriche, sur la personne de Richard Cœur-de-Lion, roi d'Angleterre. Outre le désir de tirer de ce prince une énorme rançon, Henri VI était poussé à cette injustice par un ressentiment personnel. On sait en effet que, lorsque Richard s'arrêta en Sicile pendant son voyage en Palestine, il eut avec Tancrède quelques différends, qu'il termina à son avantage; mais, comme par compensation de l'usage excessif qu'il fit de sa puissance, il promit au prince sicilien son appui contre les prétentions de l'empereur, qui d'ailleurs était l'allié du roi de France. Il est à remarquer que l'incarcération du monarque anglais eut lieu précisément à l'époque où il eût pu, s'il eût été libre, accomplir sa promesse, et où son intervention dans les affaires de Sicile eût été dangereuse pour les Allemands.

Les *Actes de Rymer* ont conservé une lettre que l'empereur Henri VI écrivit au roi de France en 1192, pour lui annoncer l'*heureuse nouvelle* de la captivité de Richard Cœur-de-Lion. Ce perturbateur du repos de l'empire et du royaume de France, dit Henri VI, était tombé, par la volonté de Dieu, dans les mains du duc Léopold d'Autriche, qui l'avait fidèlement remis à l'empereur. Henri ne doute pas que cette nouvelle n'apporte la joie dans l'âme du roi de France, son illustre allié!

Henri, aussi bien que le duc d'Autriche, avait encouru l'excommunication pour cette violation des priviléges des croisés; le pape la prononça formellement contre eux en 1194. Cette même année vit mourir Tancrède, qui laissa son trône à son fils Guillaume III, encore en bas âge. L'énorme rançon du roi d'Angleterre fournit à l'empereur les moyens de dépouiller cet enfant. Il loua à prix d'or une flotte génoise, et entra lui-même avec son armée dans les Etats continentaux de l'orphelin. Naples se rendit, Salerne voulut résister et en fut cruellement punie. Tout plia devant Henri. Il passa ensuite en Sicile, prit Messine, se fit couronner à Palerme en octobre ou novembre 1194, et entra par capitulation dans le palais, où étaient déposés les grands trésors des princes normands, et où s'était réfugié Sibylle, veuve de Tancrède, avec le jeune roi Guillaume. Il fit ensuite crever les yeux à ce jeune prince, brûler vifs plusieurs de ses ennemis, déterrer et mutiler les cadavres de Tancrède et de Roger, fils aîné de Tancrède. Enfin, le 25 février 1195, il partit pour l'Allemagne, emportant du royaume de l'or, de l'argent et des bijoux, en telle quantité qu'il en pouvait charger cent soixante mulets, traînant à sa suite Guillaume qu'il fit enfermer dans un château, et les princesses siciliennes qu'il mit dans des monastères. En Allemagne, il s'efforça d'obtenir l'hérédité de la couronne impériale pour sa famille, et un grand nombre de princes y consentirent, parce qu'il leur accordait en échange l'hérédité de leurs propres fiefs, qu'il renonçait aux prétendus droits des empereurs sur les bénéfices ecclésiastiques vacants, et qu'il promettait la réunion des Etats siciliens à l'empire; mais les plus puissants des vassaux s'y opposèrent, et il dut ajourner la réalisation de ce projet. Il en avait un autre, qui était la conquête de l'empire grec; et il colorait celui-ci d'un grand zèle pour le succès des futures croisades. C'est pourquoi il avait fait des préparatifs considérables, et réuni une nombreuse armée. Mais, sur ces entrefaites (1196), il apprit qu'une insurrection générale avait éclaté en Sicile. Aussitôt il fit crever les yeux à un grand nombre d'otages siciliens qu'il avait emmenés avec lui, n'exceptant que l'archevêque de Salerne, et partit, vers la fin de juillet, pour rétablir son autorité. C'est à quoi lui servit l'armée destinée à la conquête de Constantinople. Il fit aux insurgés une guerre d'extermination, détruisit Catane et Syracuse, fit asseoir sur une chaise de fer rouge le comte Giordano, principal chef de la révolte, lui fit clouer, à petits coups, sur la tête, une couronne de métal brûlant, et soumit les autres chefs à toutes sortes de supplices. Constance, redoutant pour elle-même la férocité de son époux, se mit en garde contre lui. Bientôt, assiégé dans une forteresse, il se vit forcé de consentir à un accommodement, dont il ne voulut plus observer les conditions dès qu'il fut libre. Mais la mort vint le frapper à Messine, le 28 septembre 1197, au moment où il recommençait la guerre. Il y a doute s'il ne fut pas empoisonné. Il eut pour successeur son fils Frédéric II. — Les Siciliens ont donné à Henri VI le surnom de Cyclope, à cause de sa férocité et de son amour pour l'or et l'argent. Quand il sentit qu'il allait mourir, il paraît qu'il eut quelque repentir de ses crimes; car il nomma un ambassadeur pour porter à Richard Cœur-de-Lion une réparation solennelle de l'injure qu'il lui avait faite, en attentant à l'inviolabilité de sa personne.

HENRI II, roi d'Angleterre. Ce prince était fils de Geoffroy Plantagenet, comte d'Anjou, et de Mathilde, fille de Henri Ier, roi d'Angleterre. Le 25 octobre 1154, il hérita, en vertu du traité de Winchester, du trône d'Angleterre, vacant par la mort du roi Etienne, et fut couronné le 20 décembre. Il était alors âgé d'environ vingt-trois ans, et avait épousé, le 18 mai 1152, Eléonore d'Aquitaine, que Louis VII, roi de France, avait répudiée deux mois auparavant, sous prétexte de parenté et pour cause d'infidélité. Ce mariage immoral avait augmenté de trois de nos plus belles provinces les domaines que Henri possédait déjà en France. Il ne tarda pas à avoir des démêlés avec ses voisins, les autres grands vassaux de la couronne de France. En 1159, étant entré sur le territoire de Raymond V, comte de Toulouse, et ayant fait le siége de cette ville, il fut forcé de se retirer. Il fit aussi la guerre à son suzerain, mais il n'obtint pas des succès proportionnés à l'immense supériorité de ses forces. L'année 1163 vit le commencement de la querelle qui s'éleva entre Henri II et Thomas Becket, archevêque de Cantorbéry, au sujet des empiétements de la puissance temporelle sur les droits de l'Église. En 1164 Thomas avait signé comme tous les autres évêques d'Angleterre les articles proposés par le roi; mais il en eut de justes regrets et se rétracta, ce qui attira sur lui la persécution. Obligé de s'expatrier, il trouva un asile à la cour de Louis le Jeune, qui s'efforça d'accorder ce différend. Enfin en 1170 Thomas Becket voulant, malgré le péril qu'il courrait, revoir son diocèse, revint en Angleterre avec la permission de Henri. Il rentra à Cantorbéry le 1er décembre. Le 29 du même mois percé de coups, au pied même de l'autel, par quatre seigneurs de la cour de Henri II, il tombait pour ne plus se relever. Ce fut une parole cruelle de ce prince qui arma les meurtriers : « Eh quoi! s'était-il écrié dans un accès de fureur, un misérable que j'ai nourri, foulera aux pieds la majesté royale, et aucun de ceux qui partagent mon pain n'aura le courage de me débarrasser de ce prêtre! » La justice de Dieu ne tarda pas à s'appesantir sur le persécuteur, et à déclarer la vertu du martyr. A la vérité, Henri témoigna du regret d'avoir causé la mort de Becket, mais il n'en fit pénitence que quand il sentit les châtiments tomber sur sa tête. Ayant demandé et obtenu une concession apostolique, il fit la conquête de l'Irlande en 1171. Dès l'année 1172 ses fils et sa femme, Eléonore d'Aquitaine, formèrent une conjuration contre lui. Il parvint à mettre la reine en prison, mais non à désarmer ses fils. Le roi de France, beau-père de Henri-au-Court-Mantel, l'aîné de ceux-ci, prit parti pour eux, aussi bien que le roi d'Ecosse. Dans la Bretagne, dont le duc Conan IV s'était, en 1166, lâchement soumis à la suzeraineté de Henri II, dans l'Anjou, la Normandie la Guyenne, et même dans le Northumberland, la guerre éclate contre le roi d'Angleterre et se poursuit avec des succès divers. En même temps de grands miracles sont obtenus par l'intercession de Thomas Becket. Henri comprit qu'il devait expier publiquement son crime; le 12 juillet 1174 il se rendit nu-pieds au tombeau de sa victime, et se soumit à la pénitence qui lui fut imposée.

Le lendemain 13, Guillaume, roi d'Ecosse, fut battu et fait prisonnier par l'armée anglaise. Les fils du roi d'Angleterre ne tardèrent point à poser les armes, et le légat du pape fit conclure une paix définitive entre la France et l'Angleterre. En 1183, Henri-au-Court-Mantel, qui s'apprêtait à faire de nouveau la guerre à son père, mourut au château de Martel en Quercy, à l'âge de vingt-huit ans. C'est durant la paix dont jouit le roi d'Angleterre que se trouve la place chronologique d'un fait qu'on n'a peut-être pas assez remarqué.

Le chroniqueur anglais, Jean Bromton, après avoir parlé du combat dans lequel Saladin fut battu à Ramla, ajoute que « pour effacer l'affront qu'il avait reçu, le sultan revint, l'année suivante, porter le ravage dans la Palestine : c'est pourquoi on résolut d'envoyer le patriarche de Jérusalem demander en Europe des secours contre Saladin. On le chargea de s'adresser surtout au roi d'Angleterre, de qui on en espérait de très-efficaces. Le patriarche vint donc trouver ce prince, qui lui fit un accueil honorable. Il remit au roi des lettres du pape Luce III et les clefs de la ville sainte et du tombeau du Seigneur, et de plus l'étendard du roi de Jérusalem. Henri différa de répondre jusqu'à ce qu'il fût de retour à Londres, où il convoqua une assemblée. Lorsque, après la prédication du patriarche, plusieurs seigneurs se furent croisés, Henri répondit qu'il ne pouvait laisser ses Etats sans défense, exposés à l'invasion des Français, mais qu'il fournirait de l'argent à ceux qui voudraient partir. *Cela n'est rien*, lui dit le patriarche; *nous demandons un prince, et non de l'argent. Presque toutes les parties du monde nous enverront de l'argent, mais aucune ne nous enverra un prince; nous demandons donc un homme qui ait besoin d'argent, et non de l'argent qui ait besoin d'un homme.* Le patriarche se retira ainsi frustré dans son espérance. Le roi le suivit jusqu'à la mer, comme pour le calmer, et lui fit, selon sa coutume, beaucoup de caresses. Le patriarche lui dit en le quittant : *Jusqu'ici vous avez régné glorieusement; mais celui que vous avez abandonné vous abandonnera bientôt. Rappelez-vous ce que le Seigneur vous a accordé, et ce que vous avez fait en reconnaissance. Vous avez été infidèle au roi de France; vous avez tué saint Thomas, et maintenant vous refusez de protéger les chrétiens.* Le roi s'irritant de ces reproches, le patriarche lui offrit sa tête en lui disant : *Faites de moi ce que vous avez fait de Thomas : j'aime autant être tué par vous, en Angleterre, que de l'être par les Sarrasins en Syrie. — Si tous mes sujets*, dit le roi, *n'avaient qu'un corps, et ne parlaient que par une seule bouche, ils n'oseraient me dire ce que je viens d'entendre. — S'ils parlaient ainsi*, reprit le patriarche, *cela ne m'étonnerait pas, car ils ne vous aiment point. ils n'aiment que ce que vous possédez; ils suivent la fortune et non l'homme. — Je ne puis*, repartit le roi, *m'éloigner, parce que mes enfants se révoltent quand je suis absent. — Cela n'est pas étonnant*, dit le patriarche, *car ils sont venus du diable, et ils retourneront au diable.* » Cette singulière conversation est aussi rapportée dans la chronique de Henri Knighton, écrivain postérieur.

La guerre ne tarda pas à éclater entre Philippe-Auguste, roi de France, et Henri II, à propos des domaines qui avaient été donnés en dot à Marguerite de France, veuve de Henri-au-Court-Mantel, mort sans enfants, et que le roi d'Angleterre refusait de rendre. Elle ne dura pas longtemps, il est vrai, mais Henri céda Issoudun pour les frais de la guerre. Cependant les malheurs de la terre sainte nécessitaient une nouvelle croisade. On s'étonnait généralement qu'un prince aussi puissant que Henri II assistât, sans chercher à y remédier, à la ruine d'une cause qui intéressait toute la chrétienté. Benoît de Peterborough prétend que ce fut l'amitié que se témoignaient réciproquement Philippe-Auguste et Richard, fils du roi d'Angleterre, qui engagea ce dernier à différer d'exécuter le dessein qu'il avait conçu depuis longtemps de se rendre en Palestine. « Henri, ajoute ce chroniqueur, voulut attendre que le temps lui eût fait connaître ce qu'il avait à craindre d'une union formée si subitement. » Enfin, au mois de janvier 1188 il y eut une conférence entre les deux rois, dans laquelle ils résolurent de prendre la croix. L'amitié que se témoignaient Philippe-Auguste et Richard, n'empêcha pas le roi de France de marcher au secours d'Alphonse, comte de Toulouse, que le prince anglais s'efforçait de dépouiller. Toutefois ils ne tardèrent point à se réconcilier, mais ce fut pour faire la guerre à Henri II, que Philippe-Auguste battit partout où il put le joindre, et força à subir toutes les conditions qu'il jugea à propos de lui imposer. La paix fut conclue le 28 juin 1189. Henri II donna sa malédiction à ses fils et refusa toujours de la révoquer. Enfin, dévoré de chagrin, il tomba malade et mourut le 6 juillet 1189, à Chinon. Ses restes furent transportés à Fontevrault. Des quatre fils que lui donna Eléonore, qui mourut en 1204, il n'y en eut que deux, Richard Cœur-de-Lion et Jean-sans-Terre qui lui survécurent, Henri-au-Court-Mantel étant mort en 1183, et Geoffroy, duc de Bretagne, en 1186. La nature avait départi à Henri II des qualités heureuses, dont il ne sut que rarement faire un bon usage. Le désordre de ses mœurs descendit jusqu'au dernier degré du scandale. Si l'oubli du respect filial était jamais permis, on pourrait dire que la rébellion de Richard Cœur-de-Lion fut dans une certaine mesure excusable. On sait en effet qu'Alix, fille de Louis le Jeune, ayant été accordée à Richard et envoyée en Angleterre, Henri II la garda toujours auprès de lui, refusant également et de la marier avec son fils, et de la rendre au roi de France; ce qui parut ne pouvoir être attribué qu'à la plus criminelle passion.

Le testament de Henri II est conservé dans les *Actes de Rymer*. Par cette expression de ses dernières volontés, le roi accorde à l'ordre du Temple de Jérusalem, cinq mille marcs d'argent, autant à l'ordre de l'Hôpital, et, indépendamment de ces legs, cinq mille autres marcs d'argent aux maîtres de ces deux ordres, pour la défense commune de la terre de Jérusalem. Henri accorde de plus cinq mille marcs pour les autres maisons religieuses, pour les lépreux, les reclus et les ermites de tous les pays; cet argent devait être distribué par le patriarche de Jérusalem, et d'après l'approbation des évêques, et des maîtres du Temple et de l'Hôpital. On doit remarquer que dans ce testament, par lequel le roi d'Angleterre règle les plus grands intérêts de sa famille et de ses Etats, les legs pieux envers les pauvres et les ordres religieux de la terre sainte précèdent toutes les autres dispositions.

HENRI III, roi d'Angleterre, fils de Jean-sans-Terre, roi d'Angleterre, et d'Isabelle d'Angoulême, naquit en octobre 1207. Jean-sans-Terre ayant mécontenté les barons d'Angleterre, ceux-ci déférèrent le trône à Louis de France, fils de Philippe-Auguste, en 1216. Le prince français passa le détroit et fut couronné à Londres. Mais Jean-sans-Terre mourut le 19 octobre de la même année, laissant par testament ses Etats à Henri, son fils aîné. Le ressentiment des barons s'éteignit avec la vie de leur roi. Ils abandonnèrent le parti de Louis, et Henri fut couronné le 28 octobre 1216. Le comte de Pembroke fut nommé régent du royaume et remplit cette charge avec autant de succès que de prudence. Louis, perdant tout espoir de réussir, revint en France sur la fin de 1217. L'année suivante le régent mourut et fut remplacé par Hubert du Bourg, brave chevalier, et habile politique, qui eut besoin de toute sa capacité pour contenir les barons dans le devoir. En 1227, le roi révoqua les deux chartes accordées par Jean-sans-Terre, encore qu'il eût juré lui-même de les respecter; et, en 1231, il retira sa faveur à Hubert du Bourg, qui était alors à la tête du ministère. En 1236, il épousa Eléonore, fille de Raymond-Béranger IV, comte de Provence, dont il eut, en 1239, le prince Edouard En 1230, il reçut la croix des mains du légat. Matthieu Pâris rapporte que ce prince fit assembler, dans l'église de Westminster, les bourgeois de Londres, depuis le plus petit jusqu'au plus grand, pour entendre prêcher la croisade par des prélats que le roi avait chargés de cette mission. Mais Matthieu Pâris, ou pour rendre à chacun ce qui lui appartient, la falsification protestante de son récit (*Voy.* l'article BIBLIOGRAPHIE DES CROISADES) attribue le peu de succès qu'eut cette prédication *aux extorsions de la cour romaine dans la levée des subsides pour la terre sainte*. Le chroniqueur ajoute que le roi traita les bourgeois de Londres, de *vils mercenaires*, parce qu'ils ne se croisaient pas, et nous trouvons que Henri n'avait pas tout à fait tort; mais Matthieu Pâris prétend qu'il n'agissait ainsi que parce que le souverain pontife l'avait autorisé à lever, pendant trois ans, une décime sur le clergé et sur le peuple. On disait tout bas que le roi d'Angleterre n'avait pris la croix que dans l'espoir qu'à l'aide d'*un tel argument*, suivant l'expression du chroniqueur, il pourrait dépouiller son peuple. Cette considération d'argent, sans cesse ramenée dans le texte de Matthieu Pâris, nous semble un *argument ad hominem* qui prouve que le protestantisme a mis la main dans l'édition de Londres. de 1571. Cependant Henri III, ajoute l'historien, jura qu'il partirait pour l'Orient dans trois ans, à moins qu'il n'en fût empêché par la mort, la maladie ou toute autre cause grave. En faisant ce serment, il posa la main sur sa poitrine à la manière des clercs, puis il baisa l'Evangile à la manière des laïques, mais il ne put persuader ceux qui étaient présents, car le souvenir des serments passés ne permettait guère de croire à celui-là. Toutefois Rymer cite deux lettres de Henri, par lesquelles le roi annonce à ses barons l'époque de son départ, fixe le lieu du rendez-vous de ses troupes à Marseille, et pourvoit au gouvernement de ses Etats pendant son absence.

A la date de l'année 1253, le même chroniqueur cite deux autres lettres de Henri à Innocent IV, conçues en ces termes : « Votre Sainteté n'ignore pas que mon père, Jean, en mourant, m'a placé sous la protection du saint-siége ; qu'à cette époque elle me déchargea, pour un certain temps, du vœu que j'avais fait de prendre la croix ; maintenant, plein du souvenir de mes vœux, je souhaite accomplir mon pèlerinage ; je désire donc que Votre Sainteté fasse prêcher le voyage d'outre-mer, que je promets de faire dans trois ans, à la fête de Saint-Jean-Baptiste ; exhortez les princes chrétiens à seconder nos efforts, et à se joindre à nous pour délivrer la terre de Jésus-Christ ; car, comme nous ne sommes pas assez fort tout seul, il serait utile que les autres princes se joignissent à nous. »

Il est probable que le saint-siége ne révoquait point en doute la bonne foi du roi d'Angleterre, puisque Innocent IV lui offrit, vers la même époque, la couronne des Deux-Siciles, et que, sur le refus de ce monarque, l'offre fut renouvelée en faveur d'Edmond, second fils de Henri III. Cette fois la proposition fut accueillie, et l'investiture fut donnée au prince anglais, en 1255, par le légat d'Alexandre IV, successeur d'Innocent. Rymer rapporte, à la date de la même année, une lettre d'Alexandre IV, qui convertit le vœu, fait par Henri III, d'entreprendre le pèlerinage de la Palestine, en une obligation d'aller combattre les Musulmans en Afrique. Mais bientôt il y eut de l'agitation en Angleterre, et, en 1258, les barons, ligués pour obtenir le redressement des abus, prirent les armes sous le commandement de Simon de Montfort, comte de Leicester, fils du vainqueur des Albigeois. Le roi fut forcé de céder, et jura d'observer une convention approuvée par le parlement, et connue sous le nom de statuts et expédients d'Oxford. En 1259, il fit avec saint Louis un traité qui passa en France pour avantageux à l'Angleterre. En 1261, il se fit relever du serment qu'il avait prêté au sujet des statuts d'Oxfort, et les déclara nuls. Après un accommodement momentané, les barons, encore commandés par Leicester, reprirent les armes, et le roi fut derechef contraint à reconnaître les statuts d'Oxford. Mais bientôt une nouvelle rupture éclata. Leicester entra dans Londres. On convint de s'en rapporter à l'arbitrage de saint Louis, dont la sentence ne fut point acceptée par les barons. Les hostilités recommencèrent. Après quelques revers, les rebelles battirent le roi à Lewes, et le firent prisonnier avec son frère Richard, comte de Cornouailles. Le prince Edouard tomba lui-même entre leurs mains, après avoir défait les gens de Londres. Ces désastres obligèrent la reine à se réfugier en France, avec Edmond, son autre fils. Les barons profitèrent de leurs succès pour imposer au roi une nouvelle constitution, qui peut être considérée comme l'origine de la puissance du parlement anglais, en tant que composé des trois ordres. Mais la jalousie que le pouvoir dont jouissait Leicester avait inspirée au comte de Glocester, porta ce dernier à faire évader le prince Edouard. Un parti considérable se forma en faveur de la famille royale. Leicester, vaincu le 4 août 1265, à la bataille d'Evesham, y perdit la vie, aussi bien que son fils. Le roi recouvra sa liberté immédiatement, et le comte de Cornouailles un peu plus tard. La paix fut définitivement rétablie en 1267. L'année suivante, le prince Edouard, Henri, fils du comte de Cornouailles, et plusieurs barons, prirent la croix. Edouard s'embarqua à Aigues-Mortes, en 1270, emmenant avec lui sa femme Eléonore de Castille. Après quelques succès, qu'il obtint en Palestine, il fut blessé par le poignard d'un assassin, mais il guérit. Sa femme mit au monde une fille qui fut nommée Jeanne d'Acre, du lieu de sa naissance. Après avoir conclu une trêve de dix ans avec les infidèles, en 1272, Edouard revint en Europe. Il apprit, étant en Sicile, la mort de son père. Henri III avait expiré à Londres, le 15 ou le 16 novembre de la même année 1272, à l'âge de 65 ans, après en avoir régné cinquante-cinq. Outre ses deux fils, Edouard Ier, qui lui succéda, et Edmond, qui était né en 1245, il eut deux filles, Marguerite, reine d'Ecosse, et Béatrix, duchesse de Bourgogne.

HENRI, comte de Champagne, dixième roi de Jérusalem, succéda à son père Henri Ier, dans les comtés de Champagne et de Brie, en 1080 ou 1081. La perte de sa femme Hermansette l'engagea à prendre la croix. Il arriva en Palestine en 1190, et eut le commandement de l'armée chrétienne qui assiégeait Saint-Jean-d'Acre, jusqu'à l'arrivée du roi de France, Philippe-Auguste. Après l'assassinat de Conrad, marquis de Tyr, Henri fut élu roi de Jérusalem, en épousant, en 1192, Isabelle, héritière de ce royaume et veuve de Conrad. Richard, roi d'Angleterre, qui commandait alors les forces chrétiennes en terre sainte, approuva cette élection avec d'autant plus d'empressement que Henri était son neveu. Mais le mariage du comte de Champagne avec Isabelle était nul, puisque Homfroy de Thoron, le premier mari de cette princesse, à qui Conrad l'avait enlevée, vivait encore lorsque cette union fut contractée. Henri ne voulut point prendre le titre de roi, parce qu'il n'aspirait qu'à retourner en Europe. L'historien arabe Ibn-Alatir représente Henri de Champagne comme un homme d'un esprit doux et bienveillant pour les Musulmans. Il prétend qu'un jour le comte écrivit à Saladin pour lui demander son amitié, avec une pelisse, en disant: «Vous savez que la robe et le turban ne sont pas en déshonneur parmi nous; je ferai usage de l'une et de l'autre, par égard pour vous.» La demande du comte lui fut accordée. Ce prince périt malheureusement à Acre, en 1197, lorsqu'il allait marcher au secours de la place de Jaffa, assiégée par Malek-Adel. La mort de ce prince est diversement racontée par les chroniqueurs: ou il tomba d'une fenêtre et se tua, ou une fenêtre s'écroula sous lui et l'entraîna dans sa chute. Il eut d'Isabelle trois filles, dont Alix, la seconde, épousa Hugues de Lusignan, roi de Chypre.

HONGRIE. Les Hongrois, appelés aussi Madgyars, du nom de la principale tribu de ce peuple, sont issus de la même origine que les Turcs, c'est-à-dire de la grande famille des Huns; ils vinrent s'établir, sous la conduite d'Arpad, vers les dernières années du IXe siècle, dans le pays appelé depuis cette époque la Hongrie. Ils portèrent la dévastation et la terreur dans l'Europe occidentale et méridionale, et s'avancèrent quelquefois jusqu'à Constantinople. Ils embrassèrent le christianisme vers le commencement du XIe siècle. Le premier de leurs princes, qui porta le titre de roi, Etienne, reçut du pape Sylvestre II la couronne, qui a toujours servi depuis pour le sacre des rois de Hongrie, et mérita, par ses vertus, d'être mis au rang des saints. C'est lui qui a posé les fondements des institutions sociales et politiques de la Hongrie. Il mourut en 1038. Cependant, malgré l'exemple d'Etienne, la plupart de ses successeurs furent plus barbares que chrétiens, et parmi leurs sujets il resta longtemps encore beaucoup d'idolâtres. La *Chronique de Hongrie*, de Jean Thurocz (*Chronica Hungarorum*), rapporte qu'après les fêtes de Pâques de l'année 1095, il arriva de France, d'Espagne et d'Angleterre, des ambassadeurs chargés de prier Ladislas, roi de Hongrie, de se mettre à la tête de la première croisade; que Ladislas accepta avec joie ce commandement; que les nobles de Hongrie y consentirent avec autant d'empressement; mais que toute la Hongrie en fut attristée. Le roi n'en faisait pas moins ses préparatifs de départ, lorsqu'il fut obligé de marcher au secours de son neveu Conrad, duc de Bohême. Il fut atteint dans ce pays d'une grave maladie, dont il mourut. Ce passage de Thurocz a été discuté par plusieurs écrivains de l'Allemagne. Les uns ont prétendu que Ladislas, roi de Hongrie, étant mort avant le concile de Clermont, les chefs croisés n'avaient pu lui offrir le commandement de l'armée chrétienne. Les autres ont observé que Thurocz ne dit point que cette offre fut faite à Ladislas, après ni même pendant la tenue du concile de Clermont, mais aux fêtes de Pâques, qui précédèrent de sept mois ce concile, et suivirent de quelques semaines le concile de Plaisance, qui fut tenu dans la même année. Or, les ambassadeurs de l'empereur Alexis ayant réclamé, au concile de Plaisance, les secours de l'Occident contre les Turcs, le pape Urbain II y avait fait promettre à plusieurs seigneurs qu'ils marcheraient contre les infidèles. Le concile se tint le 1er mars, et, le 25 du même mois, le roi Ladislas reçut les députés des seigneurs croisés, qui lui offraient le commandement de l'armée. Le passage de Thurocz, s'il n'est pas conforme à la vérité, ne blesse cependant pas la vraisemblance. Cet historien prétend que les croisés firent à Coloman, successeur de Ladislas, la même offre qui avait été faite à son père, mais que le nouveau roi ne l'accepta pas.

Au temps de la seconde croisade, lorsque les armées de l'empereur Conrad III et de Louis VII, roi de France, traversèrent la Hongrie, en s'avançant vers Constantinople, Geisa II régnait sur ce pays. Othon de Freisingen, qui accompagnait l'armée de Conrad, eut occasion d'étudier les mœurs et le caractère des Hongrois, et il nous les fait connaître tels qu'ils étaient à cette époque. On voit, au portrait qu'il trace de ce peuple, que le christianisme n'avait pas encore eu le temps d'adoucir beaucoup sa nature sauvage. « Les bourgeois, dit l'évêque de Freisingen, ont un air farouche, les yeux enfoncés, la taille petite ; leur caractère est féroce, leur langue barbare ; en sorte qu'il faut accuser la fortune, ou plutôt admirer la patience divine, qui a laissé, je ne dirai pas ces hommes, mais ces monstres, prendre possession d'un pays si agréable. Cependant les Hongrois ont cela de commun avec les Grecs, qu'ils n'entreprennent jamais aucune grande affaire qu'après de longues délibérations. Comme ils ont, dans les bourgs et dans les villes, très-peu de maisons en bois, encore moins en pierre, parce qu'ils les dédaignent, ils passent toute la saison de l'été et de l'automne sous des tentes. Les grands portent avec eux leur siége quand ils vont à la cour de leur roi. Ils mettent assez d'importance aux affaires de leur gouvernement, pour en traiter et en délibérer avec soin ; ils s'en occupent plus particulièrement en hiver, lorsqu'ils sont rentrés dans leurs demeures. Ils sont si soumis à leur prince, qu'ils regarderaient comme un crime, je ne dis pas de l'irriter par une opposition ouverte, mais de murmurer en secret contre lui. Le royaume est divisé en soixante-dix comtés. Les revenus de chaque année sont partagés en trois parts, dont deux sont pour le fisc, la troisième pour le comte. Dans une aussi grande étendue de pays, il n'y a personne, excepté le roi, qui ose amasser de l'argent. Si quelqu'un de l'ordre des comtes a fait la plus légère offense au roi, ou s'il est accusé par lui, même injustement, le dernier des soldats, envoyé par ordre de la cour, le saisit au milieu de ses gardes, l'enchaîne et le traîne au supplice. On ne peut point demander, comme en Allemagne, d'être jugé par ses pairs ; il n'est pas même permis à un accusé de se justifier. La seule volonté du prince est une loi pour tous. Quand le prince veut conduire une armée en campagne, tous se réunissent au moindre signal en un seul corps. Ceux qui demeurent dans les bourgs équipent, quand cela est nécessaire, neuf hommes sur dix, ou sept sur huit, au moins, et fournissent à tous leurs besoins à la guerre : les autres restent pour cultiver la terre. Ceux qui sont de l'ordre de la milice n'oseraient, dans aucune occasion, même la plus grave, rester dans leur demeure. Il y a dans l'armée du roi une troupe d'élite qui l'accompagne partout ; ce sont des espèces de gardes du corps ; ils ont l'air farouche, et leur armure leur donne un aspect effrayant. Cependant les fils de ces gardes reçoivent une certaine éducation, et cette éducation leur fait perdre quelque chose de la barbarie de leurs pères. »

Quand l'armée allemande, dans la troisième croisade, traversa la Hongrie, au printemps de l'année 1189, sous le commandement de l'empereur Frédéric Ier, elle reçut un bon accueil du roi Béla III, qui avait épousé Marguerite de France, fille du roi Louis VII. La chronique d'Ansbert, qui a été imprimée pour la première fois en 1827, dit cependant : « Mais on ne savait pas bien alors si toutes ces démonstrations étaient sincères ou non, c'est-à-dire si c'était la crainte ou l'affection qui faisait agir ainsi le monarque hongrois ; car, dans la suite, ce prince se rendit quelquefois très-suspect aux croisés, au milieu de leurs querelles avec les Grecs. » Marguerite, après la mort de son mari, prit la résolution d'aller terminer ses jours dans la terre sainte. Elle se réunit, avec une troupe de pèlerins hongrois, à l'armée allemande qui, dans la quatrième croisade, se rendit à Constantinople, par la Hongrie, et quand les Allemands abandonnèrent la Palestine, après les opérations de l'année 1197, Marguerite de France y resta avec ses chevaliers. Quand les croisés s'emparèrent, avec les Vénitiens, en 1202, de la ville de Zara, qui s'était donnée à la Hongrie, Eméric, fils de Béla III, qui régnait alors, ne put aller au secours de cette place, parce qu'il était retenu par une maladie dont il souffrit longtemps, et dont il mourut à la fin de 1203, ou au commencement de 1204. Son fils Ladislas, qui lui succéda, ne régna que quelques jours, et fut remplacé sur le trône par André II, second fils de Béla III, qui marcha en Palestine à la tête d'une des expéditions de la sixième croisade, en 1217, quoique le royaume fût en proie à de grands troubles. Mais, après un séjour de trois mois en terre sainte, « abandonnant l'armée du Christ, André retourna honteusement dans son pays, » dit la *Chronique du monastère de Neubourg*. Ce roi s'arrêta en Arménie, et passa par Constantinople, en revenant dans ses Etats. Il rapporta en Hongrie des reliques précieuses. Ses sujets obtinrent de lui la confirmation des priviléges qui leur avaient été accordés par le roi saint Etienne. Sous le règne de Béla IV, fils et successeur d'André II, les Tartares vinrent fondre sur la Hongrie en 1241, sous le commandement de Batou, petit-fils de Gengis-Khan (*Voy.* TARTARES). Roger, auteur d'une *Histoire de la destruction du royaume de Hongrie par les Tartares, sous le roi Béla IV*, donne, pour première cause de l'invasion des Tartares, l'introduction des Comans en Hongrie. Le roi Béla, qui les avait attirés, avait eu l'intention de les convertir au christianisme; les Comans, une fois introduits dans ce pays, s'y comportèrent comme des barbares, et se firent détester des Hongrois. Béla, qui voulait les civiliser, les soutint, les protégea, leur prodigua des honneurs et des distinctions, et déplut, par cela, aux Tartares. Lorsqu'il fut instruit de l'arrivée de ce peuple féroce sur les frontières de la Hongrie, le roi fit un appel à ses sujets ; mais il fut mal secondé: les Hongrois accusèrent les Comans d'avoir fait un traité secret avec les Tartares, et reprochèrent à Béla d'avoir introduit chez eux un peuple qui ne voulait que leur ruine. Ces dissensions favorisèrent les progrès des sauvages envahisseurs. Le roi Béla fut obligé de se retirer en Dalmatie, et les Tartares ravagèrent le pays pendant trois ans.

Roger fait une description lamentable des traces de ravage que laissèrent les Tartares en Hongrie. « Les murs des palais et des basiliques, dit l'historien, étaient entièrement détruits et couverts du sang des chrétiens. La terre avait bu ce sang innocent, mais les pierres en étaient encore rougies, et on ne pouvait passer à travers ces décombres sans pousser des gémissements et des soupirs amers. » Béla entra ensuite en guerre avec Frédéric le Belliqueux, duc d'Autriche, et perdit contre ce prince, en 1246, une bataille qui coûta la vie à Frédéric. Béla tenta plus tard de s'emparer de l'Autriche, mais il fut battu et fait prisonnier par Ottokar Ier, roi de Bohême, qui le réduisit à accepter la paix.

Béla recommença la guerre et fut encore vaincu par Ottokar II, en 1260. Ce prince mourut en 1270, et fut remplacé sur le trône de Hongrie par son fils, Etienne IV. Les *Actes de Rymer* citent, à la date de 1292, une lettre par laquelle Edouard Ier, roi d'Angleterre, remercie André III, roi de Hongrie, des offres qu'il lui a faites pour le secours de la terre sainte.

Les croisades ont contribué à la civilisation de la Hongrie en mettant ce pays en contact avec les nations plus policées de l'occident de l'Europe.

HONORÉ III, qui remplaça sur le trône pontifical Innocent III, en 1216, n'avait point hérité de ce grand pape le génie, qui n'est que le partage de quelques hommes, mais il déploya l'activité traditionnelle et inébranlable de la papauté pour la cause des croisades, et il fut l'instigateur de la cinquième. Le lendemain de son exaltation, Honoré écrivit au roi de Jérusalem pour lui annoncer qu'il allait travailler avec ardeur à envoyer des secours en Palestine. « Quoique je ne doive point me comparer à Innocent, disait le nouveau pape à Jean de Brienne, je montrerai le même zèle que lui pour la délivrance de la terre sainte. » Le pape écrivit aussi à tous les archevêques et évêques de la chrétienté pour les encourager à donner l'exemple du dévouement à l'œuvre de l'affranchissement des Saints Lieux. Suivant les traces de son illustre prédécesseur, il chercha à établir la concorde parmi les rois et les peuples, pour faire tourner la paix européenne au profit de la défense de l'Orient chrétien. Il fit les plus vives instances auprès de l'empereur Frédéric II, sans pouvoir jamais obtenir l'accomplissement de la promesse que ce prince avait faite de marcher au secours de la Palestine, en reconnaissance de l'appui du saint-siége, qui lui avait valu la couronne impériale. Honoré mit sous la protection de l'Eglise le royaume de Norwége, dont le souverain avait fourni des soldats aux armées que la papauté recrutait contre les ennemis de notre foi et de notre civilisation. A la nouvelle qu'il reçut du roi et du patriarche de Jérusalem de l'état alarmant des chrétiens d'outre-mer, le pape pressa le départ des croisés, et les engagea à se diriger de Gênes et de Venise, où ils étaient rassemblés, vers Damiette, pour s'y réunir à l'armée chrétienne. En apprenant la prise de cette ville, il adressa aux vainqueurs des félicitations, des encouragements et des promesses de nouveaux secours. Pour remplir ces promesses, il envoya au cardinal Pélage, son légat en Afrique, des sommes considérables d'argent, dont une partie était tirée de son propre trésor. Les lettres par lesquelles Honoré annonçait à son légat l'envoi de ces sommes sont des témoignages de son ardeur à poursuivre l'exécution de ses desseins sur l'Orient. L'extrait suivant d'une de ces lettres donnera une idée de ce que faisait le saint-siége pour sauver ces contrées de la servitude. « Nous ne vous rappellerons pas que nous avons donné dix-neuf mille marcs d'argent pour la flotte des Romains; cinq mille livres pour les armes et les vivres qui devaient être transportés au port; à vous mille onces d'or, lorsque vous êtes partis ; cinq mille autres onces d'or, tirées de notre trésor, que les frères de l'Hôpital et du Temple ont été chargés de payer après votre départ, puis cinq mille, tirées aussi de notre trésor, et remises par notre vénérable frère l'évêque de Bethléem, et par les Frères Teutoniques ;

six cent douze, tant marcs d'argent qu'onces d'or, provenant du vingtième et du rachat des vœux ; onze mille six cents du vingtième levé en France; trois mille du vingtième et du rachat des vœux, délivrés au cardinal de Sainte-Cécile, notre secrétaire et camérier ; cent-soixante marcs d'argent du vingtième et du rachat des vœux, donnés au patriarche d'Antioche ; toutes ces sommes vous étaient destinées et vous ont été remises. Nous avons encore fait payer, par le comte Jacques, notre maréchal, quatre-vingts marcs provenant du vingtième, pour un navire et une machine à lancer des pierres, pour lesquels marcs votre évêché s'était obligé, selon que vous nous l'avez mandé par vos lettres. Nous avons encore donné quatre-vingts onces d'or du vingtième à maître Matthieu, votre camérier, pour envoyer aux Vénitiens qui sont devant Damiette, avec les lettres du doge et des galères. Nous avons fait assigner au duc de Bavière deux mille marcs que l'empereur nous devait ; trois mille onces d'or, tirées de notre trésor, ont encore été délivrées à Othon de Machillon. Nous vous envoyons aujourd'hui par Gison, prêtre et chanoine de la basilique de Saint-Pierre, et par Octon, frère de l'ordre Teutonique, cinq mille onces provenant du vingtième ; ils en ont reçu, en outre, quatre-vingt-six mille, provenant également du vingtième, pour leurs dépenses et pour l'achat des chevaux. Nous avons aussi mandé, par Hugon de Saint-Georges et un autre frère de la milice du Temple, qu'on eût à vous compter trois mille marcs du vingtième tiré en Angleterre ; nous donnerons des ordres pour que le reste vous soit promptement envoyé. Les Hospitaliers et les Templiers ont reçu de Hongrie mille sept cent onze marcs d'argent, et trente-huit marcs d'or de la part de notre chapelain, que nous avions envoyé dans ce pays à cet effet ; ils en doivent encore recevoir d'autres que notre chapelain n'a pas touchés jusqu'à présent. Toutes ces sommes vous seront envoyées par notre ordre au prochain passage. Nous avons ordonné à l'archevêque de Gênes de vous envoyer en esterlins et autres monnaies d'argent, mille quatre cent cinquante-huit livres génoises, qu'il a retirées du rachat des vœux et du vingtième de son diocèse. L'évêque de Lausanne, qui a acheté un vaisseau à Gênes pour aller au secours de la terre sainte, ou toute autre personne sûre, si le passage de cet évêque vient à être retardé, vous les portera. Nous avons donné ordre aux maîtres de la milice du Temple et de l'Hôpital, en Espagne, de vous faire payer, par des personnes fidèles, soixante-cinq marcs d'or, et vingt-cinq mille six cent quarante-deux marabotins (voir l'article MONNAIES), et sept cent cinquante-quatre oboles *maximutimes*, et trois cent cinquante-trois marcs d'argent, et cinq mille cent livres en diverses monnaies d'Espagne, toutes sommes provenant du vingtième, levé par Centius, chanoine de la basilique de Saint-Pierre, et déposées en divers endroits de l'Espagne. Notre espérance et notre intention sont que tout cet argent vous soit remis au prochain passage. » C'est ainsi que la papauté fouillait, pour ainsi dire, le sol de l'Europe, pour en tirer les moyens de sauver l'Asie et l'Afrique du joug musulman.

Pendant qu'Honoré pourvoyait aux frais de la guerre en Afrique, il chargeait le cardinal Ugolin, qui le remplaça sur le trône pontifical, sous le nom de Grégoire IX, d'exciter le zèle des Italiens en faveur de la croisade, et de faire partir tous les pèlerins qui s'étaient enrôlés sous la sainte bannière. A la nouvelle de la reddition de Damiette aux Musulmans, en 1221, le pape adressa à tous les fidèles une lettre dans laquelle il déplore amèrement ce revers, et où il menace l'Occident chrétien de la colère du ciel, s'il reste insensible aux malheurs de l'Orient. Il ordonne en même temps, sous peine d'excommunication, à l'empereur Frédéric II, dont l'apparente compassion pour ces malheurs n'était que de l'hypocrisie, de remplir le vœu qu'il avait fait de marcher aux secours des chrétiens d'outre-mer. Non-seulement Honoré chercha à établir la paix entre l'empereur et ses sujets de la Lombardie, mais, dans l'espoir de déterminer Frédéric à tenir sa promesse, il leva l'empêchement que la parenté mettait au mariage de ce prince, qui venait de perdre sa première femme, avec Yolande, fille et héritière du roi de Jérusalem. En annonçant à Philippe Auguste les résultats qu'il espérait obtenir de cette union, le pape engageait le roi de France à se joindre à Frédéric pour mieux assurer le succès de l'entreprise. Après la mort de ce roi, Honoré fit, pour réconcilier la France et l'Angleterre, dans le but d'amener ces deux puissances à concourir à la guerre contre les infidèles, des efforts qui ne demeurèrent vains que parce que les rois Louis VIII et Henri III ne voulurent pas sacrifier leurs vues personnelles à l'intérêt général de la chrétienté. Louis VIII fut inutilement sommé de déposer les armes, sous peine d'excommunication.

On trouve dans les *Actes de Rymer*, à la date de 1224, la lettre par laquelle Honoré, en annonçant au roi d'Angleterre, Henri III, que l'empereur Frédéric a fait vœu de prendre la croix, presse ce souverain de suivre cet exemple. « Le Seigneur, juste dans toutes ses voies, et qui rend à chacun selon ses œuvres, dit le pape, a relevé l'espoir des chrétiens d'outre-mer par des événements prospères, et l'a ensuite abattu par des calamités. Oh ! comme le bonheur semblait sourire aux adorateurs du Christ ! Oh ! comme l'aurore des jours de victoire semblait briller à leurs yeux, lorsque l'armée des croisés, attaquant l'Egypte, s'empara de la tour, passa le grand fleuve, jeta la terreur parmi les Musulmans et alla presser d'un siége terrible cette ville de Damiette, qu'on regardait comme le rempart de l'Egypte ! Tout semblait se faire par un miracle, lorsque le Seigneur, qui choisit ce qu'il y a de faible dans le monde pour écraser les puissants, livra la grande cité à nos troupes, dont les rangs commençaient déjà à s'éclaircir. Le monde chrétien portait alors, sans frayeur, ses regards vers l'avenir. Mais, dans cette suite de jours heureux, les vainqueurs, oubliant le nom du Seigneur, ont répudié, après leur triomphe, le livre des vertus, et des vices de toute espèce sont venus souiller le peuple de Jésus-Christ. C'est pourquoi le Seigneur, provoqué par nos crimes, a changé sa grâce en colère, les sons de notre lyre en accents de deuil, et notre joie en tristesse... Cependant, quoique nos iniquités nous aient séparés de notre Dieu, son oreille n'est pas irritée jusqu'à refuser de nous entendre; il ne renfermera point sa miséricorde dans sa colère, au point de laisser blasphémer son nom chez les nations de la terre; bientôt il se montrera puissant, il jugera la cause et relèvera ceux qu'il avait humiliés. Voilà que, par son inspiration, comme nous le croyons fermement, notre très-cher Frédéric, illustre empereur des Romains, toujours auguste et roi de Sicile, après avoir terminé glorieusement un grand nombre d'affaires difficiles, s'est rendu dans la Campanie pour traiter avec nous sur les moyens de secourir la terre sainte. C'est là qu'il a juré de partir pour l'Orient, dans deux ans, à la fête de Saint-Jean-Baptiste, en présence du patriarche et du roi de Jérusalem, du grand maître de l'Hôpital, du précepteur du Temple, du grand maître de l'ordre Teutonique, etc., etc.; c'est là aussi qu'il a fait le serment d'épouser la fille du roi de Jérusalem. Nous sommes autorisé à croire que tout ceci est l'ouvrage du Seigneur; et pour que l'entreprise de Frédéric réponde aux vœux des fidèles, le Fils du roi des rois vous enflammera, vous et tous les souverains de l'Europe, afin que vous aidiez l'empereur à rétablir les affaires de Jésus-Christ. Oui, prince, la terre sainte implore votre secours; elle demande pour appui la puissance de votre maison. Elle n'a pas oublié ce Richard d'illustre mémoire, qui était devenu si redoutable aux Musulmans, que son nom seul, dans les combats, suffisait quelquefois pour mettre les barbares en déroute. L'ennemi redoutera en vous le sang de Richard, si le neveu ressuscite dans sa personne la puissance de son oncle. Vous héritez du trône d'un croisé; il vous convient d'être vous-même roi pèlerin. La nation qui vous est soumise se lèvera avec vous. Ce n'est point sans honte qu'oubliant la cause de Jésus-Christ, elle a laissé rouiller ses armes et refusé son âme à la victoire; qu'elle parte pour l'Orient. Nous avons des couronnes pour les vainqueurs, et le ciel leur prépare une autre gloire!... »

Honoré mourut le 18 mars 1227, après un pontificat de dix ans et huit mois.

HOSPITALIÈRES DE L'ORDRE DE SAINT-JEAN-DE-JÉRUSALEM (*Religieuses*). A l'époque même où l'on édifiait à Jérusalem, près de la nouvelle église de Sainte-Marie-Latine, le célèbre hôpital qui devint le berceau de l'ordre des chevaliers Hospitaliers de Saint-Jean, on en construisit pour les femmes un autre également voisin de cette église. Comme nous le rapportons à l'article HOSPITALIERS, la première de ces deux maisons, placée d'abord sous l'invocation de saint Jean l'Aumônier, puis sous celle de saint Jean-Baptiste, fut confiée à la direction du bienheureux Gérard Tom; la seconde fut dédiée à sainte Marie-Madeleine, et avait pour supérieure la bienheureuse Agnès, dame romaine, lorsque les croisés se rendirent maîtres de la cité sainte en 1099. Les deux établissements étaient soumis aux mêmes règlements. On ignore quel fut le sort des religieuses qui habitaient le couvent de Jérusalem, après que Saladin eut forcé cette ville à capituler en 1187. L'année suivante, Sanche de Castille, femme d'Alphonse II, roi d'Aragon, dit *le Chaste*, fonda à Sixène un monastère de religieuses de cet ordre. Sixène était un lieu situé entre Saragosse et Lérida, sur les domaines de la châtellenie d'Emposte, et appartenait par conséquent aux chevaliers Hospitaliers.

HOSPITALIERS DE SAINT-JEAN-DE-JÉRUSALEM. (*Ordre religieux et militaire des chevaliers.*) Vers l'an 1048, des marchands d'Amalfi, qui trafiquaient en Palestine, voyant avec peine que les Latins, moins heureux que les sectes chrétiennes dissidentes, ne possédaient à Jérusalem aucun établissement religieux, demandèrent au calife d'Egypte, et obtinrent, par leurs présents, la permission de fonder dans la cité sainte un monastère catholique, auquel on donna le nom de Sainte-Marie-Latine. Des Bénédictins italiens furent les premiers habitants de cette maison. On éleva ensuite, auprès du monastère, un hôpital destiné aux pèlerins et aux malades, et dont la chapelle, mise d'abord sous l'invocation de saint Jean l'Aumônier, passa plus tard sous celle de saint Jean-Baptiste. Les frères lais, employés dans cet hôpital aux œuvres de miséricorde, furent le germe d'où sortit plus tard l'ordre illustre dont nous nous occupons. « Les frères de Saint-Jean-de-Jérusalem, connus également sous le nom d'Hospitaliers, dit Ipérius, qui s'accorde en cela avec Guillaume de Tyr, ont été, dans l'origine, des frères laïques soumis à l'obédience de l'abbé de Saint-Benoît à Jérusalem. » Plus tard, par l'ordre ou la permission de l'abbé, ces religieux s'armèrent pour protéger les pèlerins contre les voleurs arabes qui les attaquaient sur les routes. Leur premier chef fut Gérard Tom, que la plupart des historiens croient natif de l'île de Martigues en Provence. Mais quelques modernes considèrent comme plus vraisemblable qu'il était d'Amalfi. Ce fut de son temps que les Hospitaliers se rendirent indépendants des Bénédictins. Il paraît, par une bulle de Pascal II, adressée à Gérard Tom en 1113, que le saint-siége approuvait ce changement, et que l'ordre avait déjà des biens tant en Europe qu'en Orient. On sait d'ailleurs qu'immédiatement après la prise de Jérusalem Godefroy de Bouillon, touché de la charité que les Hospitaliers apportaient au soin des blessés et des malades, leur avait donné la seigneurie de Montboire en Brabant, et que cet exemple de libéralité avait été suivi par un grand nombre de croisés. En outre, plusieurs d'entre ces derniers, renonçant à revoir leur patrie, entrèrent dans le nouvel ordre. Gérard Tom mourut en 1118 ou en 1120. Cette dernière date, quoique la moins suivie, semble la plus probable, puisque, le 19 juin 1120, Calixte II adressa une bulle à Gérard. Ce premier chef de l'ordre est qualifié de bienheureux par les historiens. Ses restes, transportés en Provence, ont été déposés dans la chapelle de la commanderie de Manosque. Comme Pascal II, par sa bulle de 1113, avait conféré aux frères de l'Hôpital le droit d'élire leur chef, ceux-ci mirent à leur tête Raymond du Puy, gentilhomme languedocien ou dauphinois. On voit, dans une charte du 9 décembre 1125, que le successeur de Gérard Tom portait dès lors le titre de maître et père de l'Hôpital. Ultérieurement, les chefs de l'ordre se qualifièrent maîtres de l'Hôpital de Saint-Jean-de-Jérusalem et gardiens des pauvres de Notre-Seigneur Jésus-Christ. Raymond du Puy tint un chapitre général dans lequel l'ordre reçut une règle écrite ; il n'y en avait point eu jusqu'alors. Les trois vœux solennels de pauvreté, de chasteté et d'obéissance devinrent obligatoires ; des peines sévères furent portées contre les infractions; il fut ordonné que tous les frères porteraient une croix sur leurs habits et leurs manteaux, lesquels étaient noirs. Ce dernier vêtement fut plus tard spécifié sous le nom de manteau à bec, à cause d'une sorte de capuce ou pointe qu'il portait au dos. Enfin, on consacra la distinction des membres en deux classes : les clercs et les laïques. Il paraît certain que la distinction des frères laïques eux-mêmes en deux nouvelles classes, l'une de gentilshommes et l'autre de roturiers, n'a été établie qu'après la tenue de ce chapitre, et toutefois sous le même maître. Le pape Innocent II approuva toutes ces dispositions en 1130, et décida, en outre, que la bannière des chevaliers de Saint-Jean porterait une croix blanche pleine en champ de gueules. Il est à noter que les frères non nobles étaient désignés sous le nom de frères servants, et appelés, comme les chevaliers, à faire le service de guerre aussi bien que celui de l'hôpital. C'est pour cela qu'ils furent dits aussi servants d'armes. Il y eut, en outre, des servants d'église. Comme la règle instituée sous Raymond du Puy contenait plusieurs dispositions tirées de celle de saint Augustin, on compte l'ordre de Saint-Jean au nombre des congrégations religieuses qui suivent les statuts du grand évêque d'Hippone. Quant au premier fait d'armes de l'ordre, il eut lieu ou sous le magistère de Gérard Tom, ou sous celui de Raymond du Puy. Car lorsqu'en 1118 le calife d'Egypte attaqua Baudouin II, roi de Jérusalem, les Hospitaliers prêtèrent à ce dernier une assistance qui lui fut très utile. En 1122 et en 1126, ils firent essuyer de sanglantes défaites au prince de Damas. Vers la même époque, le siége de Tyr leur fournit l'occasion de donner des preuves éclatantes de leur valeur. En 1133, Foulques d'Anjou leur céda la ville de Bersabée pour les récompenser du dévouement qu'ils avaient montré dans la défense de cette place. Alphonse Ier, roi d'Aragon et de Navarre, ayant laissé par testament ses États aux chevaliers de l'Hôpital, du Temple et du Saint-Sépulcre, Raymond du Puy, de concert avec ses cohéritiers, réclama cette succession au roi de Castille et au comte de Barcelone, qui s'en étaient emparés. Les négociations qui eurent lieu à ce sujet furent infructueuses pour les ordres militaires. Il paraît que le grand maître alla lui-même en Espagne, vers 1140, pour faire valoir ses droits. A son retour, il aida Baudouin III à chasser les infidèles de la vallée de Moïse et de la Mésopotamie, ainsi qu'à assiéger Ascalon. En récompense de ses services, l'ordre reçut du roi divers domaines, et du pape Anastase IV des priviléges considérables, déterminés dans une bulle du 21 octobre 1154. Pendant la grande guerre qui éclata vers 1146 entre les Maures et les chrétiens d'Espagne, ceux-ci reçurent des Hospitaliers la plus utile assistance. Les grandes immunités ecclésiastiques dont les chevaliers jouissaient leur aliénèrent les évêques de Palestine ; on eut même recours aux armes de part et d'autre. Mais, quand les prélats portèrent leurs plaintes à Rome, ils ne furent point écoutés. En 1157, l'ordre prit une grande part à la victoire remportée par les chrétiens sur Nour-Eddin. On ne sait pas exactement en quelle année mourut Raymond du Puy, mais ce ne fut ni avant 1158 ni après 1160. On lui donne le titre de bienheureux. L'ordre nomma pour lui succéder Auger de Balben, gentilhomme dauphinois, à ce qu'on croit, et dont le magistère ne se prolongea pas au delà de 1161. Il y a contestation entre les historiens sur le nom du quatrième maître : les uns prétendent que ce fut Arnaud de Comps, Dauphinois ; les autres soutiennent que ce fut Gerbert d'Assalit ou d'Assillan. Cette dernière opinion nous paraît plus vraisemblable, quoique elle soit moins accréditée ; mais il est possible qu'Arnaud de Comps ait précédé Gerbert d'Assalit. Quoi qu'il en soit, on impute au chevalier qui remplissait alors cette éminente fonction, d'avoir conseillé, en 1168, au roi de Jérusalem, Amaury Ier, d'attaquer les Egyptiens, au mépris de la foi jurée. Cette iniquité endetta l'ordre d'une somme de deux cent mille ducats. Le mécontentement fut si vif parmi les chevaliers, que le maître crut devoir abdiquer l'année suivante. Il eut pour successeur frère Gastus ou Castus, qui était trésorier de l'ordre, et dont l'origine est inconnue. En 1173, il y eut lieu de procéder à une nouvelle élection; les suffrages se fixèrent sur frère Joubert. Ce chevalier était né en Palestine. Il avait acquis une réputation de sagesse et d'habileté qui lui mérita la confiance de Baudouin IV, roi de Jérusalem. Il mourut en 1177. Roger des Moulins lui succéda. Vers ce temps-là, les Hospitaliers fortifièrent le château de Margat, qui leur avait été cédé, et en firent un des plus puissants boulevards de la terre sainte. La discorde ayant éclaté à diverses reprises entre les Hospitaliers et les Templiers, le pape les obligea à se réconcilier par un traité de paix, conclu en février 1179. Les deux maîtres et le patriarche de Jérusalem reçurent, en 1184, la mission d'aller demander des secours en Occident. En 1187, Roger des Moulins fut tué après avoir accompli des prodiges de valeur, dans un combat que les deux ordres livrèrent à l'armée de Saladin, sous les murs de Saint-Jean-d'Acre. Il fut remplacé par frère Garnier, né à Naplouse, en Syrie, grand prieur d'Angleterre et colonel de l'infanterie de l'ordre. Celui-ci prit part à la bataille de Tibériade, et put échapper aux vainqueurs. La plupart des historiens affirment qu'il était criblé de blessures et qu'il mourut le lendemain, 6 juillet, à Ascalon. Cependant, il existe une charte de Gui de Lusignan, roi de Jérusalem, qui prouve qu'il était encore vivant en février 1191. Quoi qu'il en soit, les chevaliers des deux ordres qui, dans cette fatale journée, tombèrent au pouvoir des infidèles, furent massacrés. Saladin avait coutume de ne jamais faire quartier aux Hospitaliers et aux Templiers que le sort des armes mettait entre ses mains. En cette occasion, il leur avait offert la vie s'ils voulaient apostasier. Il ne s'en trouva pas un seul dont la foi fût chancelante. Après la prise de Jérusalem, les Hospitaliers transférèrent leur principale résidence à Margat. Leur valeur sut tirer un nouvel éclat des malheurs de la terre sainte. Ils concoururent au siége et à la prise de Saint-Jean-d'Acre, où ensuite ils établirent le chef-lieu de l'ordre.

Ermengard Daps succéda à Garnier. Il mourut à Saint-Jean-d'Acre en 1192, et fut remplacé par frère Godefroy de Duisson, qui lui-même termina sa vie après deux ans de magistère selon l'opinion la plus généralement répandue, quoiqu'un monument écrit établisse qu'il vivait encore en 1201. En 1199 les Templiers s'étant mis par violence en possession d'un château qui appartenait à un seigneur vassal des Hospitaliers, ceux-ci les en chassèrent à leur tour. Il en résulta une guerre générale entre les deux ordres. Le différend fut porté devant le pape qui en renvoya la décision aux évêques de la Palestine. Ces prélats donnèrent gain de cause aux Hospitaliers et la paix fut rétablie. Elle n'aurait jamais été troublée si les deux ordres étaient demeurés fidèles à leurs engagements réciproques, qui ont été conservés dans les *Actes de Rymer*. En effet, on y trouve un document qui a pour titre : *Confirmation de la paix faite entre les Templiers et les Hospitaliers*, et qui est émané du pape Alexandre III. Le saint-père, après avoir exprimé toute la douleur qu'il a éprouvée en apprenant les longues querelles qui ont divisé les Templiers et les Hospitaliers, témoigne la joie qu'il ressent de la réconciliation de ces deux ordres, qui longtemps ont soutenu par un commun effort la cause de Jésus-Christ. En conséquence il donne son approbation au traité conclu entre les deux ordres. Or, cet acte même est cité par Rymer à la suite de la *Confirmation* apostolique. Les Hospitaliers et les Templiers y conviennent de ne conserver aucun ressentiment de leurs dissensions passées. Si de nouvelles discussions s'élèvent entre eux, ils choisiront respectivement trois membres de chacune des deux congrégations pour y mettre fin amiablement. Si ces membres eux-mêmes ne peuvent s'accorder, ils choisiront des amis communs; enfin, dans le cas où ceux-ci ne pourraient amener les parties à s'entendre, elles s'en remettront à la sagesse du pape. Duisson eut pour successeur frère Alphonse de Portugal. De grands troubles ne tardèrent pas à éclater dans le sein de l'ordre, parce que le nouveau maître prétendait introduire une réforme qui parut exagérée, et qu'il irritait d'ailleurs les chevaliers par la rudesse hautaine de ses manières. Il se vit contraint de résigner sa charge en 1204, sans avoir pu réaliser ses vues. Un chevalier français, frère Geoffroy Le Rat, lui succéda. Il unit avec succès ses efforts à ceux du patriarche de Jérusalem pour rétablir la concorde entre le roi d'Arménie et le prince d'Antioche. Baudouin Ier, empereur latin de Constantinople, accorda aux Hospitaliers, dès le commencement de son règne, des établissements considérables dans ses nouveaux Etats. La libéralité des princes et des seigneurs ne cessait point alors d'accroître les domaines que l'ordre possédait dans tous les pays catholiques de l'Europe.

Geoffroy Le Rat mourut en 1207. Frère Guérin de Montaigu, originaire d'Auvergne et maréchal de l'ordre, fut élu maître. En 1209, ayant été invité par le pape à secourir le roi d'Arménie, dont le sultan turc d'Iconium mettait les Etats à feu et à sang, il réunit ses troupes à celles du prince arménien et tailla en pièces les infidèles. L'ordre reçut en récompense plusieurs forteresses. Vers la même époque les Hospitaliers assistaient les Espagnols dans leurs luttes contre les Maures. En 1218, André, roi de Hongrie, venu en Palestine avec une armée, témoigna l'admiration que lui inspiraient la vaillance des Hospitaliers dans les combats et leur humilité dans le service des malades, en donnant à ces chevaliers une rente de sept cents marcs d'argent à percevoir tous les ans sur les salines de Saloch. Il demanda à être agrégé à l'ordre pour en partager les mérites. Les Hospitaliers prirent part à la malheureuse expédition d'Egypte qui eut lieu en ce temps-là. Ils y donnèrent comme toujours des marques de leur héroïque valeur; mais ils y éprouvèrent de grandes pertes. En 1222, le maître alla en Europe pour solliciter l'assistance des princes chrétiens en faveur de la terre sainte. L'année suivante Philippe Auguste, roi de France, légua cent mille livres aux Hospitaliers. A son retour, Montaigu, ayant appris que Bohémond IV, prince d'Antioche, avait enlevé injustement plusieurs châteaux appartenant à l'ordre, et commis des actes de barbarie contre deux chevaliers, s'en plaignit au pape qui excommunia Bohémond ; après quoi le maître se fit justice par les armes. En 1228 les deux ordres ayant refusé d'obéir à l'empereur Frédéric II, excommunié et venu en Palestine malgré le saint-siége, ce prince se vengea en saccageant les domaines des chevaliers. Guérin de Montaigu mourut en 1230. Il fut remplacé par Bertrand de Texis qui ne vécut pas au delà de 1231. Guérin succéda à ce dernier. Il eut une part considérable aux événements politiques du royaume de Jérusalem et tint le parti de Conrad, fils de Frédéric II, contre Alix, veuve de Hugues, roi de Chypre. Il mourut entre mai et octobre 1236. On élut alors frère Bertrand de Comps, gentilhomme dauphinois et prieur de Saint-Gilles. Il appela par une citation les chevaliers qui étaient en Occident au secours de la Palestine. En 1238, Jayme Ier, roi d'Aragon, ayant chassé les Maures du royaume de Valence, déclara qu'il devait ce succès à l'assistance des Hospitaliers. Bertrand de Comps mourut en 1241. Frère Pierre de Villebride lui succéda et n'occupa pas le magistère au delà de mai 1243. Il fut remplacé par un chevalier français, frère Guillaume de Châteauneuf, maréchal de l'ordre. Celui-ci prit part avec ses chevaliers, en 1249, à la croisade de Saint-Louis. Plus tard les querelles des Hospitaliers et des Templiers éclatèrent avec une violence extraordinaire. En 1259, il y eut une bataille générale entre les deux ordres. La victoire se déclara pour les Hospitaliers, et ceux des Templiers qui prirent part à l'action perdirent presque tous la vie. Châteauneuf mourut la même année. Frère Hugues de Revel lui succéda. Il était de la province d'Auvergne. Ce fut sous son magistère que l'on partagea les biens de l'ordre en commanderies, dont les titulaires furent appelés commandeurs. En 1263, quatre-vingt-dix chevaliers de Saint-Jean chargés de la défense du château d'Arsur contre Bibars Bondochar, sultan d'Egypte, ajoutèrent à la gloire de l'ordre en se faisant tous tuer sur la brèche. En 1267, un bref du pape Clément IV, daté du 18 novembre, conféra à Hugues de Revel le titre de grand maître que tous les chefs de l'ordre ont porté depuis lors. Jusque-là on ne s'était servi que des mots *Maître des Hospitaliers*, comme expression de leur dignité. En 1269, les chevaliers, chargés de défendre le château de Carac contre Bibars Bondochar, soutinrent le siége pendant deux mois, refusèrent de capituler et périrent tous sur la brèche. En 1273, les grands maîtres de l'Hôpital et du Temple allèrent en Europe pour invoquer le secours des souverains d'Occident, et ils assistèrent, l'année suivante, au concile de Lyon. Hugues de Revel mourut en terre sainte en 1278. Il fut remplacé par Nicolas Lorgue. En 1284, Kelaoun, sultan d'Egypte, enleva aux Hospitaliers l'importante forteresse de Margat, après un siége meurtrier, où ces chevaliers déployèrent la plus éclatante bravoure. Ils obtinrent une capitulation. Nicolas Lorgue alla ensuite en Europe pour solliciter l'assistance des princes chrétiens. Mais il ne retira pas un grand fruit de ce voyage, et mourut après son retour, en 1289. Un chevalier français, frère Jean de Villiers, fut élu grand maître avant le 22 août de la même année. Il concourut, en 1291, à la défense de la ville de Saint-Jean-d'Acre contre le sultan d'Egypte. Ce dernier boulevard de la chrétienté en Orient étant tombé au pouvoir des infidèles, ce grand maître se retira en Chypre avec une partie de ses chevaliers. Henri II, roi de Chypre, leur permit de s'établir à Limisso. Le grand maître envoya à tous les chevaliers une citation générale pour qu'ils vinssent en Chypre. Cet ordre fut exécuté avec empressement. On tint à Limisso un chapitre général. Il y fut décidé que l'on armerait tous les vaisseaux dont l'ordre pourrait disposer, pour courir sus aux corsaires des infidèles et transporter ou convoyer les pèlerins. On rendit à la discipline la vigueur que la vie militaire lui avait fait perdre, et l'élection du grand maître fut assujettie à des formes qui ont toujours été observées depuis lors. Les galères de l'ordre ne tardèrent pas à faire des prises qui déterminèrent le sultan d'Egypte à préparer une expédition contre l'île de Chypre. Mais d'une part, ce prince fut arrêté dans l'exécution de ses projets hostiles, d'abord par la guerre civile et finalement par la mort ; d'autre part, le grand maître demanda et obtint la permission de fortifier Limisso. Jean de Villiers mourut vers la fin de 1297. Les suffrages des électeurs se fixèrent sur frère Odon de Pins, chevalier issu d'une famille catalane, et appartenant à la langue de Provence. Il était déjà vieux, et comme il négligea les obligations de sa charge pour s'adonner entièrement aux exercices de piété, les chevaliers se plaignirent au pape qui le manda à Rome en 1300. Il mourut dans le voyage et fut remplacé, la même année, par un autre français, frère Guillaume de Villaret, grand prieur de Saint-Gilles. Sous ce nouveau grand maître, les Hospitaliers se signalèrent par des entreprises hardies contre les infidèles. Quant à lui, il en préparait une autre que les mauvais procédés du roi de Chypre rendaient nécessaire ; c'était de s'emparer de l'île de Rhodes, qui était au pouvoir des Musulmans. La mort, qui le surprit au commencement de 1307, l'empêcha d'en commencer l'exécution. Mais son frère, Foulques de Villaret, qui lui succéda, poursuivit ce grand dessein. A peine élu, Foulques passa en France et vit le pape Clément V, qui lui donna de l'argent et fit prêcher une croisade. Le nombre des pèlerins qui se présentèrent fut considérable. Le grand maître choisit parmi eux les mieux armés et les plus propres au service militaire, les emmena à Limisso, où il fit embarquer ses chevaliers, et mit à la voile pour Rhodes, dont l'empereur grec, Andronic II, avait accordé l'investiture à Guillaume de Villaret. Le 15 août 1310, il entra dans la capitale de l'île. Cette guerre, pendant laquelle l'ordre, à peu près réduit à ses propres forces par le départ successif des croisés, eut à lutter contre les Grecs et les Musulmans, fut sanglante et dura environ quatre ans. Villaret resta maître de l'île de Rhodes, et plusieurs autres petites îles qui en dépendaient tombèrent immédiatement ou un peu plus tard au pouvoir des chevaliers. Le premier soin du grand maître fut de remettre sa conquête en état de défense, et la suppression des Templiers, dont les biens furent en partie adjugés aux Hospitaliers, lui en fournit les moyens. En 1315, Othman, sultan des Turcs, vint mettre le siége devant la ville de Rhodes. Il avait des forces immenses; mais les chevaliers, secourus par Amédée V, comte de Savoie, rendirent vaines toutes ses attaques. Depuis lors les Hospitaliers furent désignés sous le nom de chevaliers de Rhodes; la capitale de l'île devint leur chef-lieu et leur ordre fut souverain. Sous le magistère de Foulques de Villaret eut lieu la réunion de l'ordre des Hospitaliers de Saint-Samson, de Constantinople et de Corinthe, à celui de Saint-Jean de Jérusalem. On en trouve la preuve dans une bulle d'approbation donnée par le pape Clément V le 8 août 1308. Les grands succès qu'il avait obtenus enflèrent le cœur du grand maître. Son despotisme et le luxe qu'il affectait le rendirent odieux aux chevaliers. On assembla un grand chapitre où il fut cité; mais il ne comparut pas et en appela au pape, après toutefois s'être mis en sûreté dans la forteresse de Lindo. Les chevaliers le déposèrent et élurent frère Maurice de Pagnac. Le pape envoya à Rhodes deux commissaires, qui déclarèrent le magistère vacant. Villaret alla rendre compte de sa conduite au souverain pontife qui le rétablit momentanément pour sauver la discipline, mais sous la promesse d'une prochaine abdication. Après avoir résigné sa charge, il se retira en Languedoc et y mourut en 1327. Pendant la vacance du magistère, frère Gérard de Pins fut fait, par le pape, vicaire général de l'ordre. Avertis de ces discordes, les infidèles voulurent en profiter et mirent en mer une flotte chargée de s'emparer de l'île. Mais les chevaliers ayant armé quelques galères, dont ils pouvaient disposer, et qui furent jointes par six navires génois, prirent ou coulèrent bas la plupart des vaisseaux turcs. En 1319, Hélion de Villeneuve fut élu grand maître dans un chapitre qui fut tenu à la cour même du pape. Il convoqua immédiatement à Montpellier un chapitre général, dans lequel on partagea l'ordre en langues. Il y eut jusqu'à huit langues, qui furent celles de Provence, d'Auvergne, de France, d'Italie, d'Aragon, d'Allemagne, de Castille et d'Angleterre; mais la langue de Castille ne fut créée que plus tard, et celle d'Angleterre cessa d'exister quand l'hérésie eut envahi la Grande-Bretagne. On répartit entre les langues les hautes charges de l'ordre.

Le grand maître s'étant ensuite rendu dans ses Etats, les mit sur un pied de défense respectable, tant par les fortifications qu'il y éleva que par les grands accroissements qu'il donna à la marine. Ce fut sous son gouvernement que Dieudonné de Gozon, chevalier de la langue de Provence, s'illustra par la destruction d'un formidable reptile qui ravageait l'île de Rhodes. Vers 1244, les Hospitaliers s'emparèrent du château de Smyrne, où ils surent se maintenir malgré les efforts des Turcs. Hélion de Villeneuve mourut en 1346. Dieudonné de Gozon lui succéda. Deux faits mémorables signalèrent son magistère: Une flotte chrétienne, commandée par frère Jean de Biandra, prieur de Lombardie, détruisit celle des Turcs, et les troupes de la religion chassèrent d'Arménie les Musulmans d'Egypte, vers 1347. Gozon mourut en 1353, après avoir inutilement demandé au pape la permission d'abdiquer. Il fut remplacé par un chevalier de la langue de Provence, Pierre de Cornillan ou de Corneillan, qui lui-même cessa de vivre vers le milieu de 1355. Frère Roger de Pins, de la même langue, fut élevé au magistère. Sa charité lui mérita le surnom de l'*Aumônier*. Il tint à Rhodes un chapitre général vers 1354. On y réforma divers abus qui s'étaient glissés dans l'administration des biens de l'ordre. On institua des receveurs, chargés d'opérer le recouvrement des revenus que le trésor de la religion tirait de chaque commanderie, et on rendit divers règlements, dont l'un défendit aux frères servants de porter la croix. L'année suivante vit mourir Roger de Pins. Le magistère échut encore à un chevalier de la langue de Provence, frère Raymond Bérenger, commandeur de Castel-Sarrasin. La même année 1365, une flotte composée des galères de l'ordre et de celles de Pierre Ier, roi de Chypre, transporta à Alexandrie des troupes qui s'emparèrent de cette ville à la suite d'un terrible assaut, et y firent un immense butin. En 1367, les chevaliers prêtèrent leur assistance au roi de Chypre dans les expéditions que ce prince fit en Syrie. Bérenger mourut en 1374, et fut remplacé par frère Robert de Juillac, grand prieur de France, qui cessa de vivre en 1376. On élut Jean Fernandez de Hérédia, grand prieur d'Aragon, de Saint-Gilles et de Castille, qui tenait ses bénéfices non d'une provision magistrale, mais de la faveur du pape Innocent VI. Il se trouvait alors à la cour d'Avignon. Il arma de ses deniers une flotte qui devait le porter à Rhodes; mais le pape Grégoire XI en profita pour se faire mener à Rome, où les souverains pontifes ne résidaient plus depuis soixante-dix ans. Ce voyage eut lieu au commencement de 1377. Quand ensuite Hérédia eut remis à la voile, il rencontra une flotte vénitienne, dont le chef le décida à entreprendre le siége de Patras. La ville fut emportée d'assaut; mais le grand maître, ayant résolu de reconquérir toute la Morée, s'avança vers Corinthe, dont il voulut reconnaître en personne les abords. Les Turcs, s'apercevant qu'il n'avait avec lui qu'une faible escorte, l'assaillirent et le firent prisonnier. Il demeura pendant trois ans en leur pouvoir, refusant, à ce qu'il paraît, d'imposer à l'ordre aucun sacrifice pour sa délivrance. Ce fut sa famille qui le racheta en 1381. Dans le grand schisme qui commença en 1378, Hérédia se déclara pour Clément VII. Cette décision ne fut pas admise par les langues d'Italie et d'Angleterre, non plus que par un certain nombre de chevaliers allemands. Urbain VI déclara Hérédia déchu du magistère et prétendit le remplacer par Richard Caracciolo, prieur de Capoue, qui fut reconnu par les deux langues dissidentes. Hérédia mourut à Avignon en mars 1396. Philibert de Naillac, grand prieur d'Aquitaine, le remplaça. Il accéda à la ligue des princes chrétiens contre Bajazet Ier, qui menaçait la Hongrie. Il prit part à la fatale bataille de Nicopoli, où il vit tomber presque tous les Hospitaliers qui l'avaient accompagné. Revenu à Rhodes, il y donna asile à Thomas Paléologue, frère de l'empereur grec, et despote de Morée. Celui-ci vendit à l'ordre ses droits sur cette province, et le prix lui fut compté. Mais le mauvais vouloir et la perfidie des Grecs rendirent ce marché inutile. En 1401, Tamerlan prit d'assaut la ville de Smyrne, et la plupart des chevaliers qui la défendaient y périrent. Les habitants furent massacrés et la ville rasée. Le grand maître dirigea lui-même une expédition sur les côtes de la Carie, et après avoir fait essuyer quelques pertes aux Tartares, y fit construire, sur la pointe d'une presqu'île, le formidable château de Saint-Pierre, qui communiquait par signaux avec Rhodes. Le sultan d'Egypte, dont les chevaliers désolaient la marine, demanda la paix. Le grand maître l'accorda et stipula qu'il aurait le droit d'entourer de murs le Saint-Sépulcre, d'entretenir à Jérusalem six chevaliers affranchis de toute redevance, de racheter à prix coûtant tous les esclaves chrétiens ou de les échanger contre des Musulmans, d'avoir des consuls à Ramla, à Alexandrie et à Jérusalem, et d'acheter des blés dans les Etats du sultan. Il passa ensuite plusieurs années en Europe, où il s'occupa des intérêts de l'Eglise et de ceux de son ordre. Revenu à Rhodes, il y mourut en 1421. Sa charge fut confiée à Antoine Fluvian, grand prieur de Chypre. L'ordre eut bientôt à lutter contre les Turs et les Egyptiens. Il aida puissamment le roi de Chypre à défendre son île contre ces derniers, et à payer sa rançon, quand ce prince eut été fait prisonnier. Fluvian tint, en 1428, un chapitre général où on porta des règlements favorables à la discipline religieuse et militaire. Sa mort eut lieu en 1437. Jean de Lastic, grand prieur d'Auvergne, fut élevé au magistère. En 1440, une flotte égyptienne parut devant Rhodes qu'elle voulait attaquer. Les galères de l'ordre sortirent du port, lui donnèrent la chasse et lui firent éprouver des pertes considérables. En 1444, le sultan d'Egypte en envoya une nouvelle qui débarqua dix-huit mille hommes. Cette armée mit le siége devant la capitale; mais au bout de quarante jours elle était presque toute détruite, et ce qui en restait se retira honteusement. En 1444, Mahomet II, empereur des Turcs, fit sommer le grand maître de se reconnaître son vassal et de lui payer tribut. Celui-ci refusa, chargea le commandeur d'Aubusson d'aller réclamer l'assistance du roi de France, et, en attendant, fit la paix avec le sultan d'Egypte. En présence d'un tel péril, le grand conseil de l'ordre décida que le grand maître serait investi d'une autorité absolue. Lastic restreignit à trois ans la durée de cette dictature. Il mourut le 29 mai de la même année. Jacques de Milli fut appelé à lui succéder. Détourné momentanément des projets qu'il avait formés contre les chevaliers, par la guerre que lui faisait Huniade, Mahomet II voyait les côtes de ses Etats ravagées par les galères de la religion. Il envoya, en 1457, une flotte nombreuse pour attaquer les possessions de l'ordre. Cette expédition ne réussit qu'à dévaster des points dépourvus de moyens de défense. La barbarie des Turcs fut, à la même époque, imitée par les Vénitiens, qui firent une descente dans l'île de Rhodes. Jacques de Milli mourut en 1461. Frère Pierre Raymond Zacosta, châtelain d'Emposte, fut élu grand maître. Il appartenait à la langue de Castille, qui avait été créée en faveur des Castillans et des Portugais pendant le magistère de son prédécesseur. Il apaisa les discordes intestines qui affaiblissaient l'ordre, augmenta les fortifications de Rhodes et mourut à Rome en 1467. Sa dignité passa à Jean-Baptiste des Ursins, prieur de Rome. Celui-ci envoya des secours aux Vénitiens qui défendaient Négrepont, ce qui n'empêcha pas les Turcs de s'emparer de cette île, qu'ils mirent à feu et à sang. Le sultan déclara la guerre aux Hospitaliers, jurant qu'il ne ferait de quartier à aucun d'eux. Des Ursins mourut le 8 juin 1476. Frère Pierre d'Aubusson, grand prieur d'Auvergne, dont on admirait la sagesse et la valeur, obtint tous les suffrages. Le 23 mai 1480, la flotte turque, préparée par Mahomet II, parut enfin devant Rhodes. Elle était commandée par le renégat grec Misach Paléologue, forte de cent soixante gros navires de guerre, sans compter les bâtiments de transport, et montée par cent mille soldats. Les Turcs débarquèrent une artillerie formidable qui ouvrit de larges brèches à la place, et ils livrèrent de terribles assauts; mais la constance héroïque des chevaliers triompha de la fureur ottomane. La dernière attaque des infidèles se changea pour eux en déroute générale. Leurs pertes furent immenses. La plupart des chevaliers qui vivaient encore avaient reçu des blessures. D'Aubusson lui-même en comptait cinq sur sa personne. Le siége avait duré quatre-vingt-neuf jours. En 1482, le grand maître accorda l'hospitalité à Zizim, frère de Bajazet II, et l'envoya ensuite en France, dans la commanderie du

Bourgneuf, pour le soustraire à la haine du sultan. En 1489, il le remit au pape Innocent VIII. Ce pontife envoya le chapeau de cardinal au grand maître la même année. D'Aubusson fut nommé généralissime de la ligue contre les Turcs, mais il n'y eut que les chevaliers qui soutinrent la guerre. Il mourut le 3 juillet 1503, à l'âge de quatre-vingts ans. Emeri d'Amboise, grand prieur de France et frère du cardinal, fut élevé au magistère. Sous son gouvernement la marine de l'ordre obtint de grands succès. Une escadre musulmane fut battue en 1506. L'année suivante le chevalier de Gastinan, commandeur de Limoges, prit avec sa seule galère la grande caraque, immense navire, tout chargé de richesses, armé de cent pièces de canon et portant mille soldats outre les passagers et l'équipage. En 1510, une flotte de vingt-cinq bâtiments égyptiens fut détruite ou prise par les chevaliers. Le grand maître mourut le 8 novembre 1512, regretté de tous ses sujets, à cause de son inépuisable charité. Il eut pour successeur Gui de Blanchefort, grand prieur d'Auvergne. Mais celui-ci, qui pour lors était en France, s'étant mis en route, mourut en chemin le 23 novembre de la même année. Frère Fabrice Carretto, de la langue d'Italie, amiral de l'ordre et illustre par plusieurs exploits, fut élevé au magistère. En 1514, il fit alliance contre les Turcs avec Ismaël, schah de Perse; et, en 1520, il envoya des secours au pacha de Syrie, qui avait secoué le joug de la Porte. Il mourut le 10 janvier 1521. Sa dignité passa à frère Philippe de Villiers de l'Ile-Adam, grand prieur de France, nonobstant les efforts que fit pour l'obtenir André d'Amaral, grand prieur de Castille et chancelier de l'ordre. Le nouveau grand maître, qui alors était en France, ne dut son élection qu'à sa brillante réputation. Rhodes s'attendait à être attaquée prochainement par les Turcs. L'Ile-Adam s'y rendit en toute hâte et la mit, autant qu'il le put, en état de défense. Le 23 juin 1522, la flotte ottomane, composée de près de quatre cents voiles, se présenta devant Rhodes. Cent quarante mille soldats et soixante mille pionniers qu'elle portait débarquèrent sans coup férir. Le 9 juillet la tranchée fut ouverte. Dès lors la lutte devint terrible et incessante. Les infidèles commençaient à perdre courage lorsque, le 28 août, l'empereur Soliman arriva. Les Turcs avaient des intelligences dans la place. Le chancelier d'Amaral fut un de leurs espions; il fut jugé, condamné et exécuté, aussi bien que ses complices. Cette trahison donna à l'attaque des avantages décisifs. Le conseil de l'ordre jugea que la place n'était plus tenable, et, le 20 décembre, le grand maître accepta la capitulation que lui offrait le sultan. Soliman entra dans Rhodes le 25 du même mois, et le grand maître en sortit, le 1er janvier 1523, pour se rendre dans l'île de Candie, avec environ cinq mille personnes, membres de l'ordre ou habitants de l'île de Rhodes. Les Turcs avouèrent qu'ils avaient perdu dans ce siége quatre-vingt mille hommes. Il y avait près de 220 ans que l'ordre possédait l'île de Rhodes. L'Ile-Adam passa de Candie en Sicile, de là à Baies, où il arriva le 7 juillet, et enfin il vint à Rome. Il y vit mourir Urbain VI, et fut chargé de la garde du conclave qui élut Clément VII, ancien chevalier de Saint-Jean. Le pontife assigna à l'ordre la ville de Viterbe pour résidence. Le 24 mars 1530, Charles-Quint céda aux Hospitaliers les îles de Malte et de Gozzo, avec la ville de Tripoli de Barbarie, sous l'obligation de lui faire hommage d'un faucon tous les ans, et à condition que ses successeurs au royaume de Naples auraient le droit de choisir l'évêque de Malte sur une liste de trois candidats, présentés par l'ordre. L'acte d'acceptation est daté du 25 avril. Le grand maître arriva à Malte le 26 octobre de la même année, et employa le reste de sa vie à mettre cette nouvelle possession en état de défense. Depuis lors, les Hospitaliers ont été connus sous le nom de chevaliers de Malte. Une collision sanglante, qui éclata entre les membres de l'ordre, donna tant de douleur au grand maître qu'il en mourut le 25 août 1534. Pierre du Pont, bailli de Sainte-Euphémie, lui succéda. Comme le fameux Barberousse menaçait Tripoli, le nouveau grand maître envoya des renforts dans cette place et invoqua le secours de Charles-Quint. Les galères de l'ordre, réunies à une escadre impériale, firent voile vers l'Afrique et enlevèrent aux infidèles, en 1535, la Goulette et Tunis. Du Pont mourut le 12 novembre de la même année. Il fut remplacé par Didier de Saint-Jaille, prieur de Toulouse. Un prince musulman, ayant attaqué sans succès Tripoli, Botigilla, général des galères de l'ordre, lui enleva à lui-même une tour qu'il avait élevée devant cette place, et la fit raser. En revenant, il se rendit maître du grand galion d'Egypte, qui portait des marchandises d'une immense valeur. Saint-Jaille finit ses jours à Montpellier le 26 septembre 1536, en se rendant à Malte. Une cabale porta au magistère frère Jean d'Omedès, de la langue d'Aragon, bailli de Capse. En 1538, il joignit les forces de l'ordre à celles de Charles-Quint pour faire rentrer une ville d'Afrique sous la domination de Mulei-Hascem, roi de Tunis; expédition qui manqua par la trahison d'un renégat et l'incapacité du général impérial, et qui fut suivie de l'inutile tentative de Charles-Quint contre Alger, où les Hospitaliers signalèrent leur valeur. En 1541, les galères de la religion, réunies à celles de l'empereur, obtinrent en Afrique des succès considérables sur Dragut, successeur de Barberousse. Ces exploits excitèrent la colère du sultan, et, en 1551, Sinan, un de ses pachas, et Dragut, à la tête d'une armée considérable, firent une descente dans l'île de Malte qui, par l'orgueilleuse obstination du grand maître, se trouvait dépourvue de troupes, de fortifications et de munitions suffisantes. La vaillance des chevaliers, suppléant à l'ineptie de leur chef, força les Turcs à se retirer sans autre avantage que la capture des habitants de Gozzo ; mais la flotte ottomane fit voile vers Tripoli, qui était encore moins susceptible de défense, et s'en empara au mois d'août de la même année. Le grand maître devait s'imputer ce malheur ; mais il essaya d'en rejeter la responsabilité sur le vaillant chevalier de Valier, maréchal de l'ordre et commandant de Tripoli. Il employa, pour y parvenir, des fourberies qui le déshonorèrent, et il mourut le 6 septembre 1553, détesté pour son avarice, son injustice, son orgueil et son incapacité. Léon Strozzi, prieur de Capoue, illustré par son habileté de marin et par de grands exploits, avait des droits au magistère, mais les inimitiés qu'entretenait sa famille lui firent préférer un chevalier français, Claude de la Sangle. Celui-ci se hâta d'augmenter les fortifications de Malte. Les chevaliers obtinrent, en 1555 et 1556, des succès considérables sur les Barbaresques commandés par Dragut. La Sangle mourut le 17 août 1557. Jean de la Valette Parisot, prieur de Saint-Gilles, fut élu à cause de sa vertu, de sa vaillance et des services qu'il avait rendus à l'ordre. La marine des chevaliers avait alors atteint un haut degré de science et de puissance ; elle était la terreur des Ottomans. Un formidable galion, qui portait des marchandises achetées pour les odalisques du grand seigneur, ayant été enlevé par les galères de la religion, ce prince résolut de s'emparer de Malte. Le grand maître, averti de ce dessein, se prépara à le faire échouer. Outre sept cents chevaliers et les frères servants, il n'avait avec lui que huit mille cinq cents miliciens, matelots ou auxiliaires étrangers. Le 18 mai 1565, on signala la flotte turque, forte de cent quatre-vingts bâtiments de guerre, sans compter les navires de charges, et portant cent mille soldats. Ces troupes débarquèrent le 20 mai, et, dès le 24, ouvrirent la tranchée devant le fort Saint-Elme, bicoque qui fut défendue jusqu'au 25 juin et prise d'assaut après la mort du dernier de ses défenseurs. Les Turcs y perdirent huit mille hommes, et l'ordre cent trente chevaliers et treize cents soldats. L'attaque des autres forts n'eut pas le même succès ; une flotte sicilienne débarqua dans l'île des troupes, qui effrayèrent les généraux musulmans et les déterminèrent à rentrer dans leurs vaisseaux le 7 septembre. La Valette profita de ce répit pour détruire les ouvrages des ennemis. Ceux-ci, s'étant ravisés, débarquèrent de nouveau ; mais les chrétiens les mirent en déroute et les forcèrent à une retraite définitive le 13 du même mois. Les Turcs avaient perdu environ trente mille hommes et tiré soixante-dix-huit mille coups de canon. Soliman résolut de diriger en personne une nouvelle expédition l'année suivante, et s'y prépara durant l'hiver. Mais le grand maître l'en empêcha en faisant incendier l'arsenal de Constantinople. Il fit en outre mettre toutes ses fortifications sur un pied de défense formidable. Enfin il commença la fondation d'une nouvelle ville, à laquelle son nom fut donné. Il mourut le 21 août 1556. Le grand prieur de Capoue, Pierre Guidalotti, appelé del Monte, du nom de sa mère, lui succéda. En 1570, une escadre de l'ordre fut surprise par les Barbaresques et perdit trois galères. L'année suivante la cité La Valette fut achevée, et le 18 mars le grand maître y transporta le couvent. Le 7 octobre 1571 vit la défaite de l'armée navale des Turcs, à la bataille de Lépante, où les galères de l'ordre se signalèrent. Pierre del Monte cessa de vivre le 26 janvier 1572. Il eut pour successeur frère Jean l'Evêque de La Cassière, de la langue d'Auvergne, maréchal de l'ordre. Sous ce nouveau grand maître, plusieurs souverains s'arrogèrent le droit de nominations aux grands prieurés de leurs Etats. En 1581, les intrigues du chevalier de Lescur suscitèrent une révolte contre La Cassière, qui fut même déposé par le conseil ; mais le saint-siége apaisa ces troubles et rétablit le grand maître, qui mourut à Rome le 21 décembre 1581. Le grand commandeur, Hugues de Loubenx de Verdalle, languedocien, fut élevé au magistère. Les mutineries ne tardèrent pas à se renouveler. Le grand maître alla à Rome pour invoquer l'intervention du pape, qui lui conféra la dignité de cardinal. Revenu à Malte, il n'y fut pas mieux obéi, et s'en retourna à Rome où il mourut le 4 mai 1595. Martin Garzez, de la langue d'Aragon, châtelain d'Emposte, lui succéda le 7 février 1596. Ce fut un bon prince : il ne vécut que jusqu'au 7 février 1601. Les suffrages se fixèrent sur un chevalier français, Alof de Vignacourt, grand hospitalier. En 1604, les chevaliers prirent, ravagèrent et pillèrent Corinthe. En 1615, une flotte turque de près de cent voiles attaqua sans succès l'île de Malte. Enfin, en 1620, une escadre de l'ordre, commandée par Alphonse de Castel Saint-Pierre, général des galères, prit et pilla Castel Torneze, en Morée, place dont les infidèles avaient fait un de leurs principaux magasins. Vignacourt mourut le 14 septembre 1622, après un règne qui ne fut signalé que par des succès. Frère Louis Mendez de Vasconcellos, Portugais, bailli d'Acre, n'occupa le magistère que jusqu'au 7 mars 1623, date de sa mort, et fut remplacé par Antoine de Paule, français, prieur de Saint-Gilles. Celui-ci porta à six le nombre des galères que l'ordre entretenait à la mer. En 1634, les chevaliers obtinrent des succès considérables sur les corsaires barbaresques. Le 7 juin 1636, Antoine de Paule mourut. Paul Lascaris Castelard, bailli de Manosque, lui succéda. Le commandeur de Charolt s'empara, vers la même époque, d'une flotte de vingt navires barbaresques, richement chargés, après avoir pris à l'abordage les bâtiments de guerre qui les escortaient. Le 28 septembre 1644, les chevaliers enlevèrent, après un rude combat, un grand galion qui portait à la Mecque une sultane turque avec son fils. Ce jeune prince entra dans l'ordre de Saint-Dominique, où il fut connu sous le nom de Père Ottoman. Les richesses trouvées dans le galion valaient plus de deux millions. L'empereur turc Ibrahim déclara la guerre au grand maître, mais il ne la fit pas. En 1652, la marine de l'ordre fut accrue d'une septième galère, et les chevaliers acquirent l'île de Saint-Christophe en Amérique. Pendant les dernières années de son règne, Lascaris ne cessa de s'opposer aux attaques des Turcs contre l'île de Candie. Il mourut le 14 août 1657, âgé de 96 ans. Sa dignité passa à frère Martin de Rédin, prieur de Navarre et vice-roi de Sicile, qui fit fortifier toutes les côtes de Malte, et mourut le 6 février 1660. Frère Annet de Clermont de Chattes-Gessant, bailli de Lyon, obtint l'unanimité des suffrages; mais il cessa de vivre au bout de trois mois, le 2 juin 1660. Raphaël Cotoner, bailli de Majorque, qui le remplaça, employa la marine de l'ordre à secourir Candie contre les Turcs. Les chevaliers, qui l'aimaient, le perdirent le 20 octobre 1663, et élurent à l'unanimité son frère Nicolas Cotoner, bailli de Négrepont.

En 1672, le chevalier de Téméricourt soutint un combat glorieux contre cinq gros bâtiments barbaresques de Tripoli, dont deux furent désemparés et les autres mis en fuite. Un naufrage l'ayant fait ensuite tomber au pouvoir de Mahomet IV, celui-ci lui offrit sa faveur s'il voulait apostasier. Téméricourt refusa, fut mis à la torture et enfin décapité à l'âge de vingt-deux ans. En 1676, une peste meurtrière désola l'île de Malte. Cotoner mourut le 29 avril 1680. Grégoire Carafe, napolitain, prieur de la Roccella, fut élevé au magistère. Au commencement de son règne, six vaisseaux algériens furent pris par le chevalier Correa. En 1685, les galères de la religion, réunies à celles du pape et des Vénitiens, s'emparèrent de Coron. Vers la même époque, le fort Saint-Elme fut reconstruit. Le 21 juillet 1690, le grand maître expira. Frère Adrien de Vignacourt, grand trésorier, lui succéda. Ce fut en ce temps-là qu'eut lieu la construction du magnifique arsenal de Malte. L'île fut dévastée par un épouvantable tremblement de terre, qui commença le onze janvier 1693, et finit au bout de trois jours, après avoir détruit une partie des fortifications. Le grand maître répara ces dommages et mourut le 4 février 1697. Son successeur, Raymond Pérellos de Roccafull, de la langue d'Aragon, bailli de Négrepont, fit construire des vaisseaux de haut-bord. En 1713, le chevalier Adrien de Langon, qui commandait le vaisseau *la Sainte-Catherine*, livra un glorieux combat à sept vaisseaux algériens, en prit un, monté par quatre cents hommes d'équipage, et força les autres à la retraite. En janvier 1620, Roccafull mourut. Marc-Antoine Zondodari fut élu grand maître. Il était de Sienne. Sous son règne, le vaisseau amiral d'Alger, armé de quatre-vingts canons et portant cinq cents matelots, fut enlevé par les chevaliers. Zondodari cessa de vivre le 16 juillet 1722, et fut remplacé par frère Antoine-Manuel de Villhéna, portugais, qui accrut considérablement les fortifications de l'île. Il repoussa une escadre turque qui comptait sur l'insurrection des esclaves musulmans des chevaliers. Sa mort eut lieu le 12 décembre 1736. Raymond Despuig-Montanègre, bailli de Majorque, lui succéda. C'était un homme de mérite dont le magistère n'offrit rien de remarquable et se termina avec sa vie le 15 janvier 1741. Emmanuel Pinto de Fonséca, portugais, fut élu grand maître. Ce prince déjoua une formidable conspiration des esclaves musulmans. Le magistère devenu vacant, en 1773, passa à frère Ximenès, qui eut pour successeur, en 1775, un chevalier français, de Rohan-Polduc. Ce dernier vit la révolution française éclater, et l'assemblée constituante enlever à l'ordre tous les biens qu'il possédait dans le royaume. En 1795, il eut à réprimer, dans Malte, une nouvelle conspiration. Il mourut en 1797. Les chevaliers français proposèrent un candidat que la jalousie des autres langues fit écarter, et la majorité des suffrages se porta sur frère de Hompesch, le premier chevalier de la langue d'Allemagne qui fût jamais parvenu au magistère. Il était bailli et ministre plénipotentiaire de l'empereur auprès du grand maître. Sa mémoire, inséparablement unie à la ruine de son ordre, est flétrie d'une tache ineffaçable. Il nous reste à faire connaître l'organisation de l'ordre de Saint-Jean-de-Jérusalem, et cela importe d'autant plus que, comme il a commencé à exister avant toutes les autres institutions analogues, celles-ci l'ont plus ou moins imité. Le grand maître exerçait véritablement la souveraineté sur les îles de Malte, de Gozzo et de Comino, et sur leurs habitants; il avait le droit de grâce et celui de battre monnaie. Sa puissance, à l'égard de l'ordre, n'était point à beaucoup près aussi étendue. Il délivrait les provisions des grands prieurés, des bailliages et des commanderies; mais la collation de ces bénéfices était assujettie à des règles qu'il ne pouvait enfreindre. Il avait droit à l'obéissance de tous les membres de l'ordre, de quelque rang qu'ils fussent; mais cette obéissance avait des limites définies par la règle et par les statuts. La décision des grandes affaires ne lui appartenait pas exclusivement, et était réservée au conseil, où sa prééminence lui valait seulement deux voix. La souveraine puissance, quant aux membres de l'ordre, résidait dans le conseil réuni au grand maître. Celui-ci pouvait donc être considéré comme la personnification du pouvoir exécutif, ayant droit de participer au pouvoir législatif. Le conseil était ou ordinaire ou complet. Le conseil ordinaire se composait du grand maître, qui en avait la présidence, et des grand'croix, qui étaient l'évêque de Malte, le prieur de l'Eglise, les baillis conventuels, les grands prieurs et les baillis capitulaires. Le conseil complet consistait dans la réunion des mêmes dignitaires et des deux plus anciens chevaliers de chaque langue. Chacune des huit langues avait son chef au chef-lieu de l'ordre, c'est-à-dire à Malte dans les derniers siècles, et ces huit chefs étaient désignés sous le titre de pilliers ou de baillis conventuels. A leur fonction spéciale, il s'en adjoignait nécessairement une autre qui se rapportait à l'universalité de l'ordre. Ainsi le bailli conventuel ou pillier de la langue de Provence qui, en mémoire de Raymond du Puy, provençal et auteur des premiers statuts, avait préséance sur les autres, était grand commandeur de l'ordre. Le pillier de la langue d'Auvergne était grand maréchal de l'ordre; le pillier de la langue de France était grand hospitalier; le pillier de la langue d'Italie était grand amiral; le pillier de la langue d'Aragon était grand conservateur, dignité qui anciennement était exprimée par le mot *drapier*; le pillier de la langue d'Allemagne était grand bailli; le pillier de la langue de Castille était grand chancelier; enfin le pillier de la langue d'Angleterre était turcoplier, c'est-à-dire général de l'infanterie. Dans les premiers temps de l'ordre, il n'y avait point de commanderies; tous les biens étaient en commun. On en confiait la gestion à des séculiers, qui étaient ou des receveurs ou de simples fermiers. Les malversations que ces gens commettaient firent rechercher un autre système, et on chargea les grands prieurs d'administrer les domaines situés dans leur province. Ceux-ci, ne pouvant suffire à une surveillance aussi étendue, on désigna un chevalier pour administrer chaque domaine; on lui adjoignit plusieurs de ses confrères avec un chapelain, de manière à ce que tous ensemble vécussent en communauté. Le chef reçut le titre de commandeur, et on appela le domaine commanderie. Il y avait trois sortes de commanderies. Les unes appelées *magistrales*, appartenaient au grand maître qui en employait les revenus à soutenir l'éclat de sa dignité. D'autres étaient dites de justice, et on les obtenait le plus souvent par droit d'ancienneté. L'ancienneté datait du jour de la réception; mais elle ne servait à rien, quant à l'obtention des commanderies, si l'on n'avait résidé pendant cinq ans au chef-lieu de l'ordre et fait quatre caravanes ou campagnes sur les vaisseaux de la religion. L'expression *caravane* vient d'un mot arabe qui signifiait association de personnes pour faire un négoce ou un voyage. Lorsque les chevaliers étaient en Palestine, ils avaient adopté ce terme pour désigner toute troupe de membres de leur ordre que l'on chargeait, soit de tenir garnison dans une place forte, soit de monter leurs galères. Enfin, on appelait commanderies de grâce, celles dont le grand maître et chaque grand prieur pouvaient disposer à leur gré, en faveur de quelque membre de l'ordre que ce pût être. On distinguait deux sortes de chevaliers, les chevaliers de justice et les chevaliers de grâce. Les chevaliers de justice, seuls aptes à devenir baillis, grands prieurs et grands maîtres, étaient tenus à faire preuve de noblesse, en remontant jusqu'à leurs bisaïeuls paternels et maternels, et de légitimité, sauf la fâcheuse exception admise en faveur des bâtards des souverains. Mais le grand prieuré d'Allemagne n'admettait pas cette exception, et exigeait seize quartiers de noblesse. Les chevaliers de grâce étaient ceux qui, n'étant pas nobles, avaient cependant été reçus dans la première classe de l'ordre, en récompense d'une action d'éclat ou de quelque autre service important. Il y avait deux sortes de frères servants: les frères servants d'armes, qui étaient voués comme les chevaliers au service militaire et au service d'hôpital; et les frères servants d'église, dont la fonction purement sacerdotale devait s'accomplir, soit dans l'église conventuelle, soit sur les galères ou vaisseaux de l'ordre. C'étaient les aumôniers de la religion. On appelait frères d'obédience, des prêtres qui n'étaient pas tenus, comme les précédents, d'aller au chef-lieu, mais qui après avoir fait les vœux, et pris l'habit de l'ordre, s'attachaient au service d'une des églises d'un prieuré. Enfin il y avait des demi-croix qui ne faisaient point proprement partie de la religion, mais qui, à raison de quelque service qu'ils rendaient aux chevaliers, avaient le droit de porter cousue à leur habit une demi-croix de toile blanche, n'excédant pas les deux tiers d'une palme de Sicile, et quelquefois par permission spéciale, une demi-croix d'or. Tous les chevaliers étaient tenus, aussitôt après leur profession, de porter sur leur habit ou sur leur manteau, du côté gauche, la croix de toile blanche à huit pointes, véritable insigne de l'ordre. La croix d'or n'a jamais été qu'un pur accessoire. Durant leurs caravanes, et dans les guerres qu'ils soutenaient contre les infidèles, les chevaliers se revêtaient d'une casaque rouge appelée soubreveste, coupée en forme de dalmatique, mais courte, chargée au dos et à la poitrine d'une grande croix blanche pleine, comme l'est celle de la bannière de la religion. Le vêtement ordinaire du grand maître était une robe ou soutane de drap ouverte par devant, et serrée avec une ceinture à laquelle était suspendue une bourse, comme attribut de charité envers les pauvres. Cette soutane était recouverte d'une autre robe de velours, qui portait au côté gauche et sur l'épaule la croix de l'ordre. Une troisième croix était placée sur la poitrine.

HUGUES, comte de Vermandois, dit *le Grand*, vraisemblablement à cause de sa haute taille, était le troisième fils de Henri Ier, roi de France, et le frère de Philippe Ier qui occupait le trône au moment de la première croisade. Hugues, qui était devenu comte de Vermandois, par son mariage avec Adèle, fille du comte Herbert IV, justifiait, dit Robert le moine, sa naissance royale par son courage et par l'élégance de ses manières, *honestate morum, elegantia corporis et animi virtute, regalem de qua ortus erat commendabat prosapiam.* Mais l'orgueil ternissait ses brillantes qualités. Raoul de Caen dit qu'il lui manquait, pour être un chef accompli et un soldat habile, de joindre plus d'aménité à sa libéralité, et plus de persévérance à son audace. Ce fut lui qui détermina Godefroy de Bouillon, dont l'exemple fut suivi ensuite par tous les autres chefs de la croisade, à l'exception de Tancrède, à prêter à Alexis le serment de fidélité que cet empereur désirait obtenir des princes latins. Le comte de Vermandois fut comparé au corbeau de l'arche, pour avoir pris la résolution de retourner de Constantinople en Occident, lorsqu'il fut envoyé en ambassade auprès de l'empereur grec, après la victoire remportée sur Kerboga devant Antioche. Un cri d'indignation accueillit le retour de Hugues en France, et il fut forcé de reprendre le chemin de la terre sainte. Il se réunit, en 1102, à la troupe de pèlerins que conduisait Guillaume de Poitou, et à laquelle se joignirent plusieurs autres illustres personnages. Mais cette armée fut défaite par les Turcs, près d'Héraclée, en traversant l'Asie Mineure. Atteint de deux flèches, le comte de Vermandois se retira à Tarse, où il mourut le 2 octobre de cette même année 1102, et où il fut enterré dans l'église de Saint-Paul.

HUGUES III, duc de Bourgogne, fils d'Eudes II et de Marie de Blois, succéda à son père en septembre 1162. Il n'était point majeur alors, et sa mère exerça la tutelle. En 1166, il aida le roi Louis le Jeune à réprimer, par la voie des armes, Guillaume, comte de Châlons, et fut chargé ensuite de la garde des terres conquises sur ce seigneur. En 1168, il fit fortifier Châtillon-sur-Seine. Il alla en Palestine en 1171, d'où il revint l'année suivante. Un péril qu'il courut dans la traversée lui fit faire un vœu, dont il s'acquitta en construisant à Dijon l'église de la Sainte-Chapelle, et en fondant le chapitre qui y est annexé. Le 29 avril 1174, il remporta dans l'Auxerrois une victoire sur Gui, comte de Nevers, qu'il fit prisonnier. En 1179, il fit cession du comté de Langres à Gauthier, évêque de cette ville. En 1185, il mit le siége devant le château de Vergi, dont le seigneur avait refusé de lui rendre l'hommage ; mais il fut forcé de renoncer à cette entreprise par les troupes du roi, qui marchaient contre lui. Il retourna en Palestine avec Philippe-Auguste, en 1190, et prit part au siége de Saint-Jean-d'Acre. Le roi, en partant pour revenir dans ses Etats, lui laissa le commandement des troupes françaises qui restaient en Orient. Mais le duc de Bourgogne avait pour Richard Cœur-de-Lion, roi d'Angleterre, une antipathie qui lui fit commettre des fautes auxquelles on doit attribuer le peu de succès de la croisade. « Hugues, dit Joinville, fut moult bon chevalier de sa main et chevaleureux, mais il ne fut oncques tenu à saige ne à Dieu ne au monde. » Il mourut à Tyr en 1192. On rapporta en France ses restes, qui furent déposés dans l'église de Cîteaux. Il avait épousé en premières noces Alix de Lorraine, avec laquelle il divorça ; et il se remaria en 1184 avec Alix, comtesse de Vienne. Il eut pour successeur Eudes, son fils aîné, issu de son premier mariage.

I

INNOCENT III, né en 1160 ou 1161, était de la noble et puissante famille des comtes de Segni, et il connut, avant son élévation, trois cardinaux qui étaient ses proches parents; on l'envoya de Rome à Paris pour faire ses études dans l'Université de cette dernière ville. Il y apprit les sciences théologiques. Ce fut la cause de la faveur particulière qu'il accorda plus tard à l'Université de Paris, alors d'ailleurs la plus célèbre du monde. Il alla ensuite étudier le droit à Bologne. Il revint à Rome pour y entrer dans les ordres sacrés. L'élection du pape Clément III, son oncle maternel, lui ouvrit la voie des hautes dignités ecclésiastiques. Ce fut de ce pontife qu'il reçut le chapeau de cardinal. Il n'avait alors que trente ans; mais ses rares talents, sa science, la pureté de ses mœurs et son désintéressement empêchèrent qu'on ne blâmât un avancement si rapide. La mort de son oncle Clément III, arrivée l'année suivante, 25 mars 1191, et l'élection de Célestin III, l'éloignèrent momentanément des affaires. Il composa alors son livre *De contemptu mundi*. Mais Célestin III étant mort le 8 janvier 1198, Innocent III fut élu le même jour, à l'unanimité des voix. Il résista toutefois avant d'accepter la tiare. Il fut ordonné prêtre le 22 février, sacré évêque et intronisé le lendemain. Dès le commencement de son règne, Innocent se trouva en face de difficultés telles que jamais pontife n'a été appelé à en surmonter de plus grandes. La nécessité de remédier sans délai aux désastres de la terre sainte, semblait exiger qu'il ménageât les princes d'Occident, dont la coopération pouvait seule lui permettre d'obtenir ce résultat, et, d'autre part, ils avaient presque tous donné de si énormes sujets de plainte à l'Eglise, que, s'ils n'étaient point arrêtés par une répression immédiate, l'autorité pontificale périssait, entraînant dans sa ruine la hiérarchie, les mœurs et la société chrétienne. Innocent attaqua le mal partout et simultanément, agissant selon sa conscience, non selon la fausse sagesse du monde, usant d'une charité éclairée envers les personnes, et d'une rigueur inexorable envers les abus, comme s'il n'avait eu rien à espérer ni à craindre pour lui-même de la volonté des hommes.

L'autorité temporelle du pape n'était rien moins que solidement affermie dans la ville éternelle, ni dans le reste des États de l'Église. Aussitôt après son élection, Innocent avait eu à subir les insolentes manifestations de l'esprit d'insubordination qui animait la bourgeoisie romaine : il la fit rentrer dans le devoir, en même temps qu'il extirpait les abus qui s'étaient depuis longtemps glissés dans l'administration, et qu'il obligeait les vassaux du saint-siége à accomplir les obligations attachées à leurs fiefs. Conservant avec soin la pompe et l'éclat qui conviennent à la majesté de la cour pontificale, dans toutes les solennités où il y avait lieu de la manifester extérieurement, il réduisit sa maison et sa table au plus strict nécessaire. Par cette économie toute monastique, son trésor fut bientôt en état de subvenir aux grandes entreprises qu'il méditait. Il mit fin à la tyrannie et aux exactions que certains officiers de l'empereur Henri VI exerçaient encore dans les domaines de l'Église. Il revendiqua les droits du saint-siége sur l'héritage de la comtesse Mathilde, et fit régulariser la ligue des villes italiennes qui prétendaient s'opposer aux envahissements de la puissance impériale. Ayant à cœur de faire cesser le scandale que le mariage anti-canonique de Philippe-Auguste avec Agnès de Méranie donnait au monde chrétien, il écrivit d'abord à l'évêque de Paris, pour qu'il rappelât le roi à l'accomplissement de ses devoirs, puis au roi lui-même, en le menaçant de sa juste sévérité. Il intervint comme juge dans le différend qui s'était élevé entre ce prince et Richard Cœur-de-Lion, au sujet de l'invasion de la Normandie par le premier, pendant que son vassal était à la croisade; il protesta contre le roi d'Angleterre, qui avait lui-même attenté aux droits de l'Église, s'interposa pour rétablir la concorde entre les rois de la Péninsule hispanique, et renouvela l'excommunication fulminée contre le roi de Léon, pour cause de mariage illégitime. Vers le milieu de la même année **1198**, le roi d'Angleterre envoya à Rome l'évêque de Lisieux, et un certain Werner, pour supplier le pape d'obliger, en vertu de sa puissance apostolique, Philippe, duc de Souabe, et le duc d'Autriche, à lui restituer l'argent qui lui avait été extorqué pendant sa captivité illégale. Innocent accueillit cette double requête, et on trouve dans les *Actes de Rymer* deux lettres qu'il a écrites pour la faire valoir.

La première de ces lettres est adressée au fils de Léopold. Le pontife lui rappelle l'attentat de son père, attentat qui a fait à l'Église romaine une blessure profonde; il lui dit que le duc d'Autriche, sur son lit de mort, s'était repenti de sa conduite envers le roi d'Angleterre, et qu'il avait juré de lui restituer l'or qu'il lui avait arraché. Innocent déclare au prince que, s'il ne se hâte d'exécuter les dernières volontés de son père, il va autoriser l'archevêque de Salzbourg à lancer sur lui l'excommunication, et à frapper d'interdit tous ses domaines. La seconde lettre d'Innocent, conservée par Rymer, est adressée à l'archevêque de Magdebourg. Le pape, après avoir rappelé les exploits glorieux qui ont signalé le pèlerinage de Richard en Palestine, ordonne à l'archevêque de Magdebourg de ne rien négliger pour que le roi d'Angleterre reçoive au plus tôt satisfaction. Puisque c'est le duc de Souabe qui a hérité des trésors de l'empereur Henri, c'est à lui à faire restitution au roi d'Angleterre : « Si le duc de Souabe refuse de se rendre à votre invitation, dit le pape à l'archevêque de Magdebourg, qu'il sache que nous ne pourrons passer sous silence une si grande injustice, et que nous ferons contre lui et contre ses terres ce qui est juste et ce qui est de droit. » Mais ces soins si divers, qui embrassaient presque toute l'Europe, ne détournaient point des malheurs de la Palestine les regards du pontife. Aussitôt qu'il eut été intronisé, il écrivit à tous les princes, pour ranimer leur zèle et leur faire connaître sa ferme résolution de susciter une nouvelle croisade. On peut dire que le monde chrétien retentit de ses plaintes; pour relever le courage et les espérances des fidèles, il leur signala la débauche, l'ivrognerie, l'impudicité et les violences des croisés, comme la véritable cause du peu de succès des expéditions antérieures : « Si les croisés, écrivait-il, avaient eu moins de présomption et plus de foi, s'ils avaient marché dans la voie du Seigneur, il eût suffi d'un d'entre eux pour vaincre mille et dix mille ennemis; et ceux-ci se dispersant comme la fumée, se fondant comme la cire sous l'action du feu, eussent été terrassés. Qui donc penserait à se dérober aux dangers, quand il s'agit de la cause de celui qui s'est laissé mettre en croix pour nous arracher à l'ennemi...» Il renouvela les priviléges antérieurement accordés à ceux qui prendraient part à la guerre sainte, ordonna au clergé d'y concourir par des contributions auxquelles il se soumit lui-même personnellement, et fournit de ses deniers un vaisseau. Il voulut que les sommes recueillies fussent remises à des délégués spéciaux, et défendit aux Vénitiens de vendre aux infidèles des choses qui pussent être employées comme armes ou munitions de guerre. Les rois de France et d'Angleterre étaient presque continuellement en hostilité l'un contre l'autre. Innocent résolut de les réconcilier; il envoya en France le cardinal Pierre de Capoue, qui avait ordre de négocier une trêve de cinq ans entre ces princes. Il écrivit en outre lui-même à Philippe-Auguste une lettre qui se trouve dans les *Actes de Rymer*, et où on lit ce qui suit : « Jésus-Christ, le médiateur du genre humain, a légué la paix pour héritage à ses disciples; c'est pourquoi nous remplissons l'office du Christ, nous voulons que les discordes des princes cessent, parce que ces discordes leur sont aussi funestes à eux-mêmes qu'aux Eglises, aux pauvres de leurs domaines, et plus encore à tout le peuple chrétien. Aux tristes et anciens bruits qui nous viennent d'outre-mer, d'autres se réunissent encore : on dit que les Allemands débarqués à Acre se sont emparés sans résistance du château de Béryte, mais que les Sarrasins, d'un autre côté, se sont portés sur Joppé, l'ont prise de force, et l'ont détruite de fond en comble, après y avoir tué plusieurs milliers de chrétiens; on dit que les Allemands, ayant appris la mort de l'empereur, sont remontés sur leurs vaisseaux, sans attendre la saison du passage, et que les Sarrasins, qui avaient levé une armée nombreuse pour leur résister, exercent tant de ravages sur les terres des chrétiens, que ceux-ci ne peuvent sans danger sortir de leurs villes ni y rester sans crainte : au dehors le glaive les menace; au dedans la peur les tourmente. » Bien plus, exhortant le roi à conclure avec Richard, sinon la paix, au moins une trêve, dans le délai de deux mois, afin que les forces militaires de leurs nations pussent accroître celles qu'il espérait, Dieu aidant, faire passer en Palestine au mois de mars 1199, il signifia la résolution qu'il avait prise, d'accord avec le sacré-collége, de mettre l'interdit sur les Etats de celui des deux princes qui n'obéirait point à cette injonction. A l'occasion d'une ambassade que lui avait envoyée, dès les premiers temps de son exaltation, Alexis III, empereur de Constantinople, il adressa à ce prince une lettre où il le rappelait, avec une franchise et une énergie tout à fait apostoliques, à l'accomplissement de ses devoirs envers Dieu et envers l'Eglise. « Le Seigneur lui-même, disait-il à Alexis III, a posé la pierre fondamentale de son Eglise en disant : *Sur cette pierre je bâtirai mon Eglise.* Si l'empereur souhaite actuellement que son empire soit solidement assis sur ce fondement, il doit aimer Dieu au-dessus de toute chose et honorer l'épouse de Dieu, la sainte Eglise romaine, dont il est en même temps et le fondateur et la pierre angulaire. Les murmures de la chrétienté tout entière s'élèvent contre l'empereur, non-seulement parce qu'il ne prête pas, selon son pouvoir, assistance aux troupes fidèles qui combattent les ennemis de la croix, mais aussi parce que les nations helléniques se sont détachées de la communion apostolique et ont formé une Eglise particulière, comme s'il pouvait exister une autre Eglise en face de l'Eglise qui est une. Cependant il est dit : *Mon amour, mon épouse, ma colombe est une;* et en un autre endroit : *J'ai encore d'autres brebis qui, il est vrai, ne sont pas dans ce troupeau ; mais je veux les ramener, afin qu'il n'y ait qu'un seul pasteur et un seul troupeau;* et la robe sans couture du Seigneur demeurera entière. L'empereur doit donc faire tous ses efforts pour réunir l'Eglise grecque à l'Eglise romaine, pour ramener la fille à sa mère, de telle sorte que les brebis du Seigneur soient gardées par un unique pasteur : faute de quoi le pape serait forcé de faire son devoir. Que l'Esprit-Saint inspire à l'empereur ces dispositions, afin qu'en fils zélé, il se conforme à cette paternelle admonition pour son honneur, son salut et la gloire de l'Eglise. » Il s'adressa dans le même but, et avec un langage plus impératif encore, au patriarche de Constantinople. Non-seulement il s'efforçait de rétablir ainsi l'union entre les deux Eglises et entre les princes chrétiens en Orient et en Occident, mais encore il termina les différends qui s'étaient élevés depuis longtemps entre les évêques latins eux-mêmes, en diverses contrées. C'est ainsi qu'il mit fin à la longue et fameuse contestation de l'évêque de Dol et de l'archevêque de Tours, en donnant gain de cause à ce dernier. On voit par là quelle activité il déploya dès la première année de son pontificat. Les affaires de Sicile appelèrent aussi sa sollicitude. Après avoir conféré à l'impératrice Constance et au jeune roi Frédéric l'investiture du royaume, en faisant reconnaître les droits de suzeraineté et de propriété du saint-siége, il se trouva bientôt chargé de la tutelle de ce prince, en vertu du testament de Constance, morte le 27 novembre 1198. Il eut à défendre les intérêts de l'orphelin contre des persécuteurs avides et puissants, et il le fit avec autant d'énergie que de générosité et de sagesse. Il confia en outre l'éducation du jeune prince au cardinal Cencius, son légat, et la régla de telle sorte que Frédéric devint un des hommes les plus instruits de son siècle. Innocent vit la mission du cardinal Pierre de Capoue en France couronnée de succès par la conclusion d'une trêve de cinq ans entre Philippe-Auguste et Richard d'Angleterre. Il avait d'autant plus à se féliciter d'un tel résultat que le roi de France croyait avoir à se plaindre du cardinal. Celui-ci, en effet, tout en prêchant la croisade, avait entrepris contre les usuriers une guerre qui allait jusqu'à abolir les dettes. C'est pourquoi le roi adressa des réclamations au pape, qui lui répondit : « Quoique notre légat ne soit chargé spécialement d'aucune ordonnance contre les usuriers, cependant la peste de l'usure, *usurariam pestem*, fait dans votre royaume des progrès si effrayants ; les revenus des églises, des chevaliers et des autres chrétiens sont dévorés par elle avec une telle rapidité, que notre légat a dû craindre avec raison que les fonds ne manquassent pour secourir la Palestine, si un remède prompt et efficace ne venait arrêter ce mal. Médecin spirituel, il est venu s'opposer aux ravages de cette terrible maladie, et il ne convient point à cette royale prudence qui vous élève au-dessus de tous les princes de la terre, d'arrêter le départ des pèlerins pour quelques intérêts de ce monde. Nous gémissons sur cette défense que vous avez faite, dans plusieurs lettres adressées à différentes communes ; c'est afin que vous abandonniez ce projet que nous vous écrivons aujourd'hui, vous exhortant à n'empêcher en aucune manière, dans votre royaume, l'exercice de la juridiction ecclésiastique. Toutefois, nous ordonnons à notre légat de ne pas aller trop loin, de conserver les coutumes honnêtes et les usages raisonnables, nous réservant à nous-même le soin de faire une réforme générale dans le concile œcuménique.»

La trêve obtenue par le cardinal Pierre de Capoue devint bientôt inutile par la mort de Richard, arrivée le 6 avril 1199, et la rupture qui éclata entre Philippe-Auguste et Jean Sans-Terre. En ce temps-là Innocent reçut la soumission du roi d'Arménie et du clergé de cette contrée, événement qui fut considéré comme heureux pour le succès des futures croisades. Jusqu'en 1200, ce pontife avait différé de se prononcer formellement entre les deux prétendants qui se disputaient l'empire, Philippe de Souabe et Othon IV. Il rendit alors une bulle qui attribuait l'empire à ce dernier. Au commencement de cette même année, l'interdit fut jeté sur tout le royaume de France, à cause du refus persévérant fait par Philippe-Auguste de se séparer d'Agnès de Méranie. Toutefois le pape s'abstint de fulminer l'excommunication. La colère du roi fut d'abord extrême ; mais il finit par se soumettre au bout de sept mois, et l'interdit fut levé par les légats. En 1202, les Bulgares demandèrent à être admis dans la communion de l'Eglise romaine, et l'armée des croisés destinée pour la terre sainte alla entreprendre, pour le compte des Vénitiens, le siége de Zara. Le pape leur manifesta toute l'indignation qu'il ressentait d'un pareil emploi de leurs armes, sans toutefois user envers eux de la dernière rigueur ; mais comme il savait qu'ils avaient conclu avec le jeune Alexis un traité ayant pour objet de rendre à ce prince le trône de Constantinople, il leur écrivit dans le but de les en détourner: « Gardez-vous de croire, leur disait-il, qu'il vous soit licite d'attaquer l'empire grec sous prétexte que cette puissance ne reconnaît point l'autorité apostolique, ou que l'empereur a fait descendre son frère du trône. Vous n'avez point qualité pour juger cette question ; vous vous êtes croisés pour venger, non cette iniquité, mais l'injure faite à Jésus-Christ..... Nous vous défendons donc de nouveau, sous peine d'excommunication, d'assaillir aucune nation chrétienne ou de lui causer aucun dommage, et nous vous enjoignons d'obtempérer aux conseils du légat..... » Et comme il ne prévoyait pas que ses ordres pussent être enfreints, il remit au cardinal Pierre de Capoue douze mille livres que celui-ci devait employer aux besoins de l'expédition. Il envoya en même temps en Palestine le cardinal Soffred, avec un autre secours pécuniaire. Mais sa volonté devait être encore une fois méconnue par les croisés, qui s'emparèrent de Constantinople en 1204, malgré cette inhibition si formelle. Il est certain que le pontife n'a pas pu s'affliger d'un événement qui paraissait devoir éteindre le schisme d'Orient, et ses lettres mêmes subséquentes prouvent qu'il appréciait l'importance d'un tel résultat ; mais il n'en reste pas moins avéré que, loin de l'avoir provoqué, comme il n'eût pas manqué de le faire, s'il s'était laissé diriger par des vues de politique humaine, il s'y est au contraire opposé autant qu'il l'a pu. Il ne ménage point les reproches dans la lettre qu'il écrivit au marquis de Montferrat, général en chef de l'armée, et il y rappelle la défense qu'il avait faite antérieurement, en termes qui excluent toute possibilité de connivence : « Comme vous avez fait vœu d'arracher la terre sainte au joug des infidèles, y dit-il, et qu'il vous était interdit, sous peine d'excommunication, d'attaquer un pays chrétien ou d'y causer des dommages, sauf le cas où les habitants auraient prétendu faire obstacle à votre passage ou vous laisser manquer du nécessaire (et alors vous ne deviez rien faire sans en avoir prévenu le légat), et comme vous n'aviez aucun droit à prétendre sur l'empire grec, vous avez manqué avec légèreté aux devoirs que votre vœu vous imposait ; ce n'est point contre les Sarrasins que vous avez tourné vos armes, mais contre des chrétiens ; ce n'est point Jérusalem que vous avez conquise, mais Constantinople. Aux trésors du ciel vous avez préféré ceux de la terre. Mais ce qui s'élève bien plus encore contre vous, c'est que vous n'avez épargné ni les choses sacrées, ni l'âge, ni le sexe. Vous vous êtes souillés par la prostitution, par l'adultère, par la débauche, à la vue de tous. Vous avez assouvi vos criminels désirs non-seulement sur des femmes veuves ou mariées, mais sur des femmes et des vierges consacrées au Seigneur ; vous ne vous êtes point contentés des trésors de l'empereur, des biens des grands et des petits; vous avez encore mis la main sur les richesses et les propriétés de l'Eglise ; vous avez pris les tables d'argent des autels, dépouillé les sacristies, pillé les croix, les images, les reliques; en sorte que l'Eglise grecque, quoiqu'elle subisse la persécution, refuse pourtant d'obéir au saint-siége, parce qu'elle ne connaît des Latins que la trahison et les œuvres de ténèbres, et parce qu'elle les abhorre comme des chiens enragés. »

En 1204, Innocent revendiqua les droits de suzeraineté du saint-siége sur l'île de Sardaigne. Il leva l'interdit jeté sur le royaume de Léon, la cause ayant cessé par la soumission des parties délinquantes. Il permit à Pierre, roi d'Aragon, de soumettre ses Etats à la suzeraineté du saint-siége, et le couronna lui-même. Il consomma l'union des Bulgares à l'Eglise romaine, et fit couronner leur roi Joanice par son légat. En 1205, il s'efforça de rétablir la paix entre ce prince et l'empire latin de Constantinople. Il écrivit vers le même temps à tous les archevêques de France pour qu'ils engageassent des personnes de toutes conditions à aller habiter le territoire de Constantinople. En 1207, les légats relevèrent Philippe de Souabe de l'excommunication qu'il avait encourue. Cette absolution allait lui être indispensable, car il mourut assassiné en 1208. Cette année-là, le pape envoya en France le cardinal Gualo, pour y prêcher la croisade, et il écrivit à des seigneurs de divers pays pour le même objet. Il reçut de Théodore Lascaris, qui alors occupait Nicée, une lettre tendant à obtenir que le pontife négociât la paix perpétuelle entre lui et l'empereur latin de Constantinople. Innocent, après avoir répondu qu'il enverrait un légat, ajouta : « Dieu lui-même a mis la mer comme limite entre les deux empires, et ils doivent promettre tous deux de ne point franchir cette barrière. Mais aussi il conviendra que vous vous engagiez à aller faire la guerre aux infidèles. Car il est inutile que vous demandiez la paix, si vous voulez faire alliance contre les Latins avec des peuples d'une croyance différente. Nous vous conseillons, puisque le Seigneur, qui tient dans sa main toutes les puissances, a livré aux Latins l'empire de Constantinople, de vous présenter à l'empereur Henri et de lui rendre hommage de vasselage. Vous avez sous les yeux l'exemple du prophète Jérémie, qui a persuadé au peuple de Dieu de se soumettre aux lois de Nabuchodonosor. Si, conformément aux avis du prophète, le peuple fidèle a obéi au roi infidèle, à bien plus forte raison vous devez accepter la suzeraineté du prince à qui le Très-Haut a confié l'empire, et qui est catholique. Puissiez-vous en cela vous conformer à la volonté de Dieu qui vous appelle, et faire preuve, ainsi que tous vos sujets, de soumission et de respect envers nous qui, quoiqu'indigne, tenons la place de saint Pierre sur la terre. Nous exhorterons, par le légat que nous enverrons dans ces contrées, l'empereur à se montrer modéré à votre égard. Aussitôt que vous aurez avis de l'arrivée du légat, vous devrez faire partir vos délégués pour qu'on puisse commencer à négocier la paix. » Vers la même époque, le pape s'occupa de régler les différends qui s'étaient élevés dans l'empire latin de Constantinople entre les prélats, et de réprimer les abus qui se glissaient dans le clergé. En 1209, Othon, devenu maître de l'empire d'Allemagne, expédia de Spire un acte par lequel il promettait obéissance et respect au saint-siége, renonçait à toutes les prétentions élevées par ses prédécesseurs au détriment des droits de l'Église, s'engageait à maintenir le saint-siége dans la possession paisible des domaines reçus des précédents empereurs, et à lui faire recouvrer ceux qu'on lui avait enlevés. Le pape le couronna empereur quelque temps après. Vers la même époque, Innocent III, ayant épuisé tous les moyens de douceur pour éteindre en France l'hérésie vaudoise, invita le roi à recourir à l'emploi de la force. La croisade fut prêchée contre les sectaires avec un grand succès. En 1210, Othon, ingrat envers le pape, s'empara d'une partie des États de l'Église et de ceux du roi de Sicile. Innocent prit patience jusqu'en 1211 ; mais alors il fulmina l'excommunication contre l'empereur. Il invoqua l'assistance de Philippe-Auguste, qui se montra disposé à répondre à cet appel. Othon n'en eut que plus d'ardeur à poursuivre l'exécution de ses desseins ; mais une assemblée des princes allemands tenue à Nuremberg le déclara déchu du trône, et y appela Frédéric, roi de Sicile. Le soulèvement d'une grande partie de l'empire germanique contre Othon obligea ce prince à repasser les Alpes. En 1213, Jean Sans-Terre soumit les couronnes d'Angleterre et d'Irlande à la suzeraineté du saint-siége. Cependant Innocent poursuivait toujours avec persévérance son dessein de délivrer la Palestine. Le 18 avril, il avait adressé à tous les prélats et à tous les souverains une encyclique pour la prochaine réunion d'un concile, où l'on s'occuperait de la réforme des mœurs, de la destruction des hérésies et des moyens de secourir la terre sainte.

La chronique de Richard de San-Germano nous apprend qu'Innocent, désirant connaître les forces des infidèles, contre lesquels on préparait, par ses ordres, une expédition, écrivit au patriarche de Jérusalem et aux grands maîtres des Hospitaliers et des Templiers, pour leur demander les éclaircissements qu'il désirait avoir.

Ce fut en 1214 que la réponse lui parvint. Elle était de nature à lui inspirer de grandes espérances. On y disait que Seïf-Eddin et ses quinze fils ne se montraient point éloignés de faire cession de la terre sainte ; que si on leur garantissait la possession paisible de leurs autres domaines, ils payeraient un tribut annuel au patriarche de Jérusalem, et fourniraient caution de ne plus inquiéter désormais les chrétiens de Palestine. Le pape écrivit au sultan de Damas pour l'engager à faire cette restitution. Voici la traduction de sa lettre : « Nous savons, par le témoignage du prophète Daniel, qu'il est au ciel un Dieu qui révèle les mystères, change les temps et transporte les royaumes, afin que tous sachent que le Très-Haut gouverne les empires des hommes et les donne à qui il veut. Il l'a évidemment prouvé, lorsqu'il a permis que Jérusalem et son territoire fussent livrés aux mains de votre père, à cause non pas tant de son courage que des offenses du peuple chrétien, qui avait provoqué la colère de Dieu. Comme ce Dieu, lors même qu'il s'irrite, n'oublie point d'être miséricordieux, nous avons voulu l'imiter, car il a dit de lui-même : *Apprenez de moi que je suis doux et humble de cœur.* Nous supplions donc humblement votre grandeur de faire cesser l'effusion du sang humain dans la terre sainte que vous occupez : nous demandons de plus que cette terre nous soit rendue ; car vous aurez plus de peine pour la conserver que vous n'en retirerez d'utilité. Que les prisonniers soient aussi remis de part et d'autre. Cessons mutuellement nos attaques, et que la condition de nos frères ne soit pas pire sous vous que celle des vôtres ne l'est sous nous. Nous vous prions de recevoir avec bonté ceux qui sont chargés de vous porter les présentes, et de leur donner une réponse digne de l'effet que nous en attendons. » Cette lettre est datée du mois de mai de la XVIe année du pontificat d'Innocent III.

En cette même année 1214 l'interdit, que la conduite de Jean Sans-Terre avait fait jeter sur l'Angleterre ayant été levé, on commença à y prêcher la croisade. Le nombre des personnes qui y reçurent la croix fut immense Le roi de France accorda de grandes exemptions à ceux de ses sujets qui prendraient part à cette sainte expédition. En 1215, Frédéric, roi de Sicile, demeuré seul maître de l'empire par la retraite d'Othon, fut couronné roi des Romains et prit la croix. Le jour de la fête de saint Martin, Innocent III ouvrit en personne le concile qu'il avait convoqué. Il y fut décidé que ceux qui voudraient prendre part à la croisade devraient se trouver le 1er juin de l'année suivante à Brindes ou à Messine. Le pape promit de fournir de ses deniers un vaisseau pour le passage des croisés de la ville de Rome, et de contribuer pour trente mille livres aux premiers frais de l'expédition. Il détermina la quotité d'argent que le clergé serait tenu de donner, sous peine d'excommunication. De grandes immunités furent accordées aux croisés. Le commerce avec les Sarrasins d'Orient fut interdit pendant quatre ans à tous les chrétiens. La paix fut imposée pour la même période, et sous peine d'excommunication, à tous les princes chrétiens. Les concessions d'indulgences furent renouvelées.

Pour le succès de la croisade, la concorde entre les villes maritimes d'Italie était nécessaire. Un traité de paix l'avait rétablie entre Gênes et Venise, mais Gênes était encore en inimitié avec Pise ; Innocent, voulant terminer ces différends, se rendit, au mois de mai 1216, à Pérouse. Il rencontra des difficultés plus grandes qu'il ne l'avait prévu. Atteint d'une fièvre tierce, qui bientôt devient aiguë, il négligea de prendre les soins que cette maladie exigeait : il fut frappé de paralysie, et mourut le 16 juillet, selon les uns, ou le 17 juillet, selon les autres, de l'an 1216, à l'âge de cinquante-six ans, après en avoir régné dix-huit. Il fut enterré dans la cathédrale de Pérouse.

L'abbé d'un monastère de Suisse, qui avait été chargé d'une mission auprès d'Innocent III, fait de ce pape le portrait suivant : « Il était plein de grâce et de discrétion; jeune encore par les années, mais vieux par la prudence; sa naissance était illustre et sa physionomie imposante; autant il aimait le bien et l'équité, autant il détestait la malignité et l'injustice, de sorte qu'il paraissait tenir le nom d'Innocent plutôt de son mérite que du hasard. »

Ce jugement est exact. Innocent III eut une activité prodigieuse, une grande érudition, une intelligence supérieure, une persévérance invincible, un courage à toute épreuve, des mœurs exemplaires. Aucune considération n'aurait pu le déterminer à s'écarter de ce qu'il considérait comme exigé par le devoir et la justice. Sa modestie était extrême : il ne souffrait aucune flatterie, et ne regarda jamais tout succès qu'il obtint que comme un don gratuit de Jésus-Christ. Inflexible pour les coupables impénitents et pour les rebelles, il se montrait doux et miséricordieux envers les humbles et les repentants. Il se proposa constamment, pendant toute la durée de son pontificat, trois objets principaux, auxquels on peut dire qu'il sacrifia le repos de sa vie, savoir : procurer la réforme des mœurs dans le peuple et dans le clergé; délivrer la terre sainte du joug des infidèles, et affranchir l'Eglise de la domination abusive des princes temporels. On lui a souvent reproché, quant à ce dernier point, d'avoir dépassé le but; mais on n'a pas suffisamment tenu compte des difficultés et des nécessités du temps où il vivait : si la papauté n'avait point formulé et appliqué alors aussi nettement qu'elle l'a fait dès principes contraires à ceux dont se prévalaient les rois, et surtout les empereurs, pour opprimer l'Eglise, la société chrétienne aurait péri par la corruption du clergé, de la doctrine et des mœurs.

INNOCENT IV. Grégoire IX avait été remplacé par Célestin IV, en 1241; mais ce pape mourut dans le premier mois de son pontificat. Les cardinaux étaient ou dispersés, ou prisonniers de l'empereur Frédéric II, qui voulait ruiner l'autorité du saint-siége, au profit de ses vues ambitieuses. Ce ne fut donc qu'après une vacance de deux ans que le trône pontifical fut occupé, au mois de juin 1243, par Sinibalde de Fiesque, sous le nom d'Innocent IV. Ce n'était pas trop de l'inflexible énergie dont était doué ce pape, pour faire face à tous les dangers auxquels l'Eglise et la société chrétienne étaient exposées en Occident, en même temps qu'en Orient. Les coups portés par Frédéric II au saint-siége avaient ébranlé l'Europe jusque dans ses fondements, et elle était menacée, au milieu de cet état de troubles, du sort de l'Asie, que venait de couvrir la vaste inondation des Tartares, qui a rendu si fameux le nom de Gengis-Khan. Innocent écrivit aux évêques de Hongrie pour les engager à prêcher une croisade contre les Tartares ; mais la plupart des pasteurs à qui ces lettres étaient adressées, avaient été enlevés à leurs troupeaux et massacrés par les barbares, quand elles leur parvinrent, et le roi Béla IV, à qui le pape avait aussi envoyé des paroles d'encouragement, avait été forcé de chercher un refuge hors de ses Etats. Innocent succombait sous les embarras que lui suscitait l'empereur, lorsque l'évêque de Baïrout vint lui annoncer que la Palestine avait été dévastée par les Kharizmiens, et implorait les secours de l'Occident. C'est dans cette situation déplorable des affaires chrétiennes, que le pape convoqua à Lyon, où il s'était retiré, le concile œcuménique qui s'assembla dans cette ville en 1245. Les souverains de l'Occident se firent représenter par des ambassadeurs à cette assemblée. Celui de Frédéric fit, avant l'ouverture même du concile, de magnifiques promesses au nom de son maître, et s'efforça de faire croire que l'empereur était prêt à réparer tous ses torts envers l'Eglise et le saint-siége ; à faire face à tous les périls, et à marcher en personne à la délivrance des Saints Lieux. Mais le souverain pontife ne vit qu'une nouvelle ruse dans ce langage tenu au nom de Frédéric, et répondit que la parole de celui qui avait toujours violé tous ses serments n'avait plus aucune valeur. Innocent ouvrit le concile par un discours dans lequel il compara aux cinq plaies de Notre-Seigneur sur la croix les cinq principales afflictions qui déchiraient son cœur. La première était l'invasion des Tartares; la seconde le schisme des Grecs; la troisième le ravage de la terre sainte par les Kharizmiens; la quatrième le relâchement de la discipline ecclésiastique, et les progrès de l'hérésie, et la cinquième la persécution qu'il éprouvait de la part de Frédéric. Après avoir provoqué les larmes de son auditoire par celles qu'il versa lui-même sur les malheurs de la chrétienté, le pape accusa hautement l'empereur d'hérésie, de sacrilége et de débauche avec des femmes musulmanes. L'envoyé de Frédéric demanda au pape de ne pas condamner son maître avant de l'entendre. Mais Innocent répliqua que si l'empereur venait, il se retirerait aussitôt, *parce qu'il ne se sentait pas encore préparé à souffrir le martyre*. A la sollicitation des envoyés des rois de France et d'Angleterre, le pape consentit cependant à accorder à Frédéric un délai de quinze jours pour venir se justifier. Mais l'empereur sentait sa cause trop mauvaise pour oser la plaider lui-même devant le chef suprême et le sénat de la chrétienté, et cet aveu tacite de sa culpabilité acheva de le perdre dans l'esprit des partisans qui lui restaient encore. Le pape et le concile décidèrent qu'on appellerait l'Occident à la délivrance de la terre sainte et au secours de l'empire latin de Constantinople, et la septième croisade fut résolue. Tous les priviléges accordés jusque-là aux croisés furent renouvelés, et le pape, avant de proclamer la dissolution du concile, prononça la sentence suivante contre l'empereur : « Je suis le vicaire de Jésus-Christ; tout ce que je lierai sur la terre sera lié dans le ciel, suivant la promesse du Fils de Dieu au prince des apôtres; c'est pourquoi, après en avoir délibéré avec nos frères les cardinaux et avec le concile, je déclare Frédéric atteint et convaincu de sacrilége et d'hérésie, de félonie et de parjure, excommunié et déchu de l'empire ; j'absous pour toujours de leur serment ceux qui lui ont juré fidélité; je défends, sous peine d'excommunication encourue par ce seul fait, de lui obéir désormais. J'ordonne, enfin, aux électeurs, d'élire un autre empereur, et je me réserve le droit de disposer du royaume de Sicile. » Le *Te Deum* fut chanté, et le pape s'en alla en disant: *J'ai fait mon devoir, que Dieu fasse sa volonté*. Dans une lettre d'Innocent, écrite au chapitre de Cîteaux, il est dit au sujet de cette condamnation : « Aucune cause n'a jamais été examinée avec tant de soin, et par des hommes plus habiles et plus vertueux, jusque-là que, dans les délibérations secrètes, plusieurs cardinaux ont fait le personnage d'avocat, parlant les uns pour, les autres contre l'empereur. » En apprenant le résultat du concile de Lyon, Frédéric se félicita, suivant ses propres expressions, qu'*il lui fût enfin permis de n'écouter désormais que sa juste colère*, et il continua à troubler l'Europe plus que jamais.

Ce fut Innocent IV qui donna le chapeau rouge aux cardinaux au concile de Lyon, pour leur rappeler qu'ils devaient toujours être prêts à répandre leur sang pour la foi.

Matthieu de Westminster s'est fait l'organe de l'avarice anglaise, et a reproché au pape Innocent IV les levées d'argent qu'il ordonnait en Angleterre, pour fournir des secours à la terre sainte. « Le mécontentement, dit ce chroniqueur, qui depuis longtemps etait dans le cœur des Anglais et qu'ils comprimaient avec peine, ne s'était exprimé jusque-là que par de légers murmures; mais alors il éclata de toutes parts et se manifesta par des plaintes amères et des discours violents. » Ces discours ne furent certainement pas plus violents que ne l'est le langage du moine de Westminster, lorsqu'il nous montre son pays supportant impatiemment un impôt levé dans l'intérêt général de la chrétienté. « Les nobles du royaume s'accordèrent tous, ajoute le chroniqueur, pour déclarer au roi qu'ils aimaient mieux mourir que d'endurer une pareille vexation, et que leur intention n'était pas *de se mettre dans la dépendance du pape*. » Matthieu de Westminster exagère certainement les plaintes qui furent adressées au roi d'Angleterre; mais on voit poindre, cependant, dans son récit, le germe des sentiments d'une trop grande partie de la noblesse anglaise au temps de Henri VIII.

A la nouvelle des désastres de l'armée de saint Louis et de la captivité de ce roi, Innocent lui écrivit une lettre de consolation, et en adressa une à tous les princes et à tous les archevêques et évêques pour provoquer un envoi de secours en Orient.

Voici la lettre qu'Innocent IV écrivit à saint-Louis : « Mon très-cher fils, vous avez été abreuvé du calice d'amertume qui vient d'être offert au peuple chrétien, par un mystère terrible de la disposition divine; nous avons nous-même bu à longs traits à cette coupe, au milieu des angoisses de l'esprit, des tribulations de l'âme, et en versant des ruisseaux de larmes. Nous déplorons l'événement funeste qui a humilié ceux qui portaient les étendards de Jésus-Christ en présence même des ennemis du nom chrétien. Nous sommes accablé et confondu, n'osant point scruter la majesté du conseil divin, et ce jugement redoutable qui a permis que, dans une guerre entreprise au nom de Dieu, l'arc des forts fût vaincu, les armes belliqueuses périssent, et que la victoire passât sous les drapeaux de l'étranger. Seigneur Jésus, je vous en prie, qu'il soit permis au serviteur de vos serviteurs de vous demander un peu pourquoi vous avez été si sévère contre le plus chrétien des princes, qui exposait pour vous ses biens, sa personne et ses armées ? Pourquoi avez-vous appesanti votre main sur le peuple qui vous est le plus dévoué ? Parlez, Père clément, parlez, de peur que la foi de vos fidèles ne périsse par le scandale; dites-nous si vous avez voulu punir des pécheurs ou éprouver la patience des justes, pour les couronner ensuite d'une manière plus éclatante. Si vous avez voulu les purifier dans le feu de la tribulation, afin de les rendre plus dignes de la récompense éternelle, nous vous louons et nous vous rendons des actions de grâces. Si vous avez voulu punir l'ingratitude et le péché, usant de votre grande miséricorde, de peur que vos enfants ne fussent condamnés à la damnation éternelle, qui oserait murmurer contre votre jugement ? Des hommes, enfants de la terre, habitant ici-bas des maisons de boue, pourraient-ils paraître entièrement purs devant Celui pour qui la lune n'est pas assez pure, et qui trouve des taches et des ombres sur le front des étoiles ? ...... L'homme courageux, entouré de souffrance et de misère, n'a besoin de personne pour le consoler ; plein d'espoir, il s'élance vers un avenir meilleur et se dit à lui-même : *Peut être qu'un jour toutes ces peines que j'endure deviendront pour moi un doux souvenir.* Quand le malheur s'offre à notre passage, il faut savoir le supporter ; de même que les ennemis deviennent plus terribles, si l'on fuit devant eux, ainsi le malheur presse et opprime davantage ceux qui n'osent le regarder en face. Il n'y a sans doute rien de plus douloureux et de plus déplorable que le massacre du grand nombre de fidèles dont le sang a coulé sur le sang du Fils de Dieu ; mais qui croira qu'on doive s'attrister vivement sur le trépas de ces chrétiens, puisque la foi nous persuade qu'ils ont été envoyés dans une vie meilleure ? Ils ont échappé aux misères de la vie, pour aller demeurer au sein de la divinité. Quoique, aux yeux des insensés, ils soient comme morts, ils n'en jouissent pas moins de la présence de Dieu, dans ce séjour où il n'y a plus ni deuil, ni plaintes ni douleur, parce que les choses de la vie ont disparu dans l'abîme de l'oubli. » Innocent termine sa lettre en promettant au roi de prier pour lui et en lui donnant l'assurance qu'il fera tous ses efforts pour la délivrance de Jérusalem.

Dans une lettre qu'il adressa à l'archevêque de Rouen, pour l'engager à prier pour le roi de France et pour tous les croisés, retenus prisonniers par les Musulmans, Innocent IV dit : « Cette terre d'Orient a souvent abreuvé l'Église dans la coupe d'absinthe ; elle l'a souvent plongée dans les tribulations.... O trompeur Orient, comme tu as paru d'abord riant et serein aux yeux du roi de France et de son armée ! A leur entrée en Égypte, tu étais leur ami ; mais depuis tu leur as montré un œil menaçant, un visage inhumain. »

Innocent IV succomba, le 7 décembre 1254, sous le poids des chagrins que lui avait attirés son inébranlable courage dans l'accomplissement des devoirs de la papauté.

ISABELLE, fille d'Amaury Ier, roi de Jérusalem, et de Marie, nièce de l'empereur grec Manuel Comnène, épousa en premières noces Homfroy de Thoron, qui, à la mort de Baudouin V, en 1186, refusa, à l'âge de quinze ans, la couronne de Jérusalem qu'on lui offrait, au détriment des droits de Sibylle, sœur aînée de sa femme. Isabelle contribua ensuite à jeter le trouble dans le royaume de Jérusalem, lorsqu'en étant devenue héritière par la mort de sa sœur, en 1189, elle consentit à abandonner son mari pour épouser illégitimement Conrad de Montferrat, marquis de Tyr, qui disputa le trône à Gui de Lusignan, veuf de Sibylle. Après l'assassinat de Conrad, en 1192, Isabelle offrit sa main à Henri de Champagne, qui devint roi de Jérusalem en l'épousant, et à la mort de ce prince, en 1197, la veuve de Henri s'unit à Amaury de Lusignan, roi de Chypre, qui fut couronné roi de Jérusalem la même année. Isabelle mourut quelques mois après son dernier mari, Amaury, en 1205. Elle avait été précédée au tombeau par le fils qu'elle avait eu de ce prince ; mais elle laissait de lui deux filles, et de Conrad de Montferrat une fille, appelée Marie, qui était l'héritière du royaume de Jérusalem, et qui épousa Jean de Brienne, en 1209.

ISLAMISME, veut dire *consécration à Dieu*. Ce mot est employé, comme synonyme de mahométisme, pour exprimer la fausse religion inventée par Mahomet.

ITALIE. Dans le mouvement des croisades, les Italiens furent surtout conduits en Orient par l'intérêt du commerce et l'amour du gain. Leur pays retira peu à peu les fruits de ces expéditions. Aussi voit-on parmi les croisés d'Italie, proportion gardée, beaucoup plus de bourgeois que de chevaliers, de nobles et de grands seigneurs, si l'on en excepte les Normands des deux Siciles et les Lombards. Dans son ouvrage intitulé : *De Syriaca expeditione*, Bizarro expose en ces termes ce que les Italiens avaient fait pour se préparer à prendre part à la première croisade : « Les Génois, les Pisans et les Vénitiens se hâtèrent d'équiper une flotte et de la pourvoir de toutes choses ; cette flotte surpassait tout ce que la chrétienté avait vu de beau et d'admirable en ce genre. Les Vénitiens avaient armé environ deux cents vaisseaux de toute espèce, ce qu'ils n'avaient encore pu faire jusque-là. Les Pisans avaient conquis Rhodes, et les Génois, pour être à portée de secourir les croisés qui assiégeaient Antioche, s'étaient rendus maîtres de la côte maritime à l'embouchure de l'Oronte. Les Vénitiens avaient fait une descente sur la côte d'Ionie, et s'étaient emparés de Smyrne. Les Italiens étaient ainsi en possession de la mer. » (Voir les articles VENISE, GÊNES ET PISE.)

Bernard le Trésorier, en parlant du sort des chrétiens qui rachetèrent leur liberté, après la prise de Jérusalem par Saladin, raconte qu'une partie de ces malheureux se dirigea vers Alexandrie. Ils y avaient passé l'hiver, lorsqu'au mois de mai trente-six navires pisans, génois et vénitiens entrèrent dans le port de cette ville. Un grand nombre de chrétiens firent marché pour leur passage ; et, lorsque tout fut prêt, l'émir, qui avait traité les vaincus avec une humanité extraordinaire chez un Musulman, voyant encore environ mille chrétiens qui restaient sur le rivage, demanda aux maîtres des navires pourquoi ceux-là ne s'embarquaient pas avec les autres ; ils lui répondirent que ces hommes n'*avoient mie les nefs louées ni viandes chargées pour eulx*. Qu'en voulez-vous donc faire ? dit l'émir. Nous les laisserons, répondirent les maîtres des navires. L'émir leur demanda alors s'ils étaient chrétiens, et ils dirent que oui. Comment, reprit l'émir, vous les voulez laisser ici pour y être esclaves ? Ce ne peut être; il faut que vous les emmeniez. Je leur donnerai du pain et de l'eau, et vous les embarquerez sur vos navires. Le gouverneur d'Alexandrie signifia aux maîtres de ces navires que c'était à cette seule condition qu'il leur permettrait de partir; et il leur fit promettre de traiter avec bonté ces pauvres malheureux, ajoutant que, s'ils en agissaient autrement, il s'en prendrait aux marchands de leurs pays qui viendraient plus tard à Alexandrie. Ce ne fut jamais par enthousiasme religieux que l'Italie prit part aux croisades. C'est l'agrandissement de la sphère de leur commerce, que les villes maritimes de cette péninsule ont surtout recherché dans les colonies chrétiennes fondées en Orient par les guerres saintes. En déplorant la perte d'Acre, qui consomma la ruine de ces établissements, en 1291, l'historien de Florence, Villani, regrette les comptoirs commerciaux qui étaient une source d'avantages pour les négociants italiens.

Quand la nouvelle de la déroute de l'armée de saint Louis, sur les bords du Nil, en 1250, arriva à Damiette, les Génois et les Pisans voulurent abandonner la ville et la laisser sans défenseurs. Marguerite, reine de France, qui venait d'accoucher, fit venir les principaux d'entre eux auprès de son lit, et les supplia, en leur montrant son enfant dans son berceau, de n'abandonner ni cet enfant ni sa mère. Mais il fallut, pour retenir les Italiens insensibles à ses prières, qu'elle leur promît qu'ils seraient entretenus aux frais du roi de France.

Ce qui contribua vraisemblablement à hâter la corruption morale et la décadence politique de l'Italie, ce fut l'abolition prématurée du régime féodal dans ce pays. L'honneur chevaleresque ne remplaça pas, dans les républiques italiennes, l'affaiblissement des vertus chrétiennes, qui se fit sentir en Europe vers la fin des deux siècles qu'embrassent les croisades.

J

JACQUES D AVESNES, arriva devant Saint-Jean-d'Acre, à la tête d'une troupe de guerriers flamands, en 1189. Il prit part à toutes les opérations du célèbre siége de cette place, dans la troisième croisade. Il fut tué à la bataille d'Arsur, gagnée sur Saladin par les chrétiens, sous le commandement de Richard Cœur-de-Lion, en 1191. Un annaliste dit que Jacques d'Avesnes fut le seul chef croisé qui succomba à la bataille d'Arsur, et il compare ce brave pèlerin à l'un des Machabées. C'est de Jacques d'Avesnes que parle l'historien arabe Emad-Eddin, témoin oculaire de cette affaire, lorsqu'il fait mention d'un chef de l'armée chrétienne qui combattit avec beaucoup de valeur, et qui fut tué avec un grand nombre des siens. Gauthier Vinisauf rapporte, dans son *Itinéraire du roi Richard*, qu'on trouva sur le champ de bataille le corps de Jacques d'Avesnes entouré de Musulmans qu'il avait tués, et de trois de ses parents morts à ses côtés. Les chevaliers du Temple et de l'Hôpital, ajoute le chroniqueur, allèrent chercher ses restes défigurés parmi les morts, et les transportèrent à Arsur. Le roi Richard et le roi Gui de Lusignan assistèrent à ses funérailles; on dit une messe pour le repos de son âme dans l'église de la Sainte-Vierge, d nt on célébrait la Nativité. Des guerriers le portèrent en terre sur leurs épaules, et tous les croisés vinrent auprès de son tombeau déplorer une perte si douloureuse. La mort de Jacques d'Avesnes est aussi rapportée dans la chronique de Bromton. « Jacques d'Avesnes, guerrier d'une bravoure à toute épreuve, dit ce chroniqueur, commandait la première des trois troupes dans lesquelles le roi d'Angleterre avait partagé ce jour-là son armée. Du premier choc, il enfonça deux fois les ennemis et en tua un grand nombre; mais à la troisième fois il eut la jambe et le pied coupés. Ainsi blessé, il s'écriait: *Bon roi Richard, vengez ma mort*. Puis, reprenant ses forces, il frappa un Sarrasin qui s'était précipité sur lui; mais, d'autres ennemis accourant en foule, il eut le bras droit coupé et mourut avec un nombre considérable de croisés. » Une lettre de Richard Cœur-de-Lion, conservée par un chroniqueur, atteste que Jacques d'Avesnes était chéri de toute l'armée, parce que c'était un homme excellent. Une autre lettre du roi d'Angleterre donne de vifs regrets à la perte de ce brave pèlerin. Gauthier Vinisauf compare ce seigneur flamand à Nestor pour la sagesse, au fils de Pélée pour la bravoure, et à Régulus pour sa fidélité religieuse à la foi jurée. Un des ancêtres de Jacques d'Avesnes s'était distingué dans la première croisade (voir l'article GÉRARD D'AVESNES), et son fils marchait sous la bannière de Baudouin, comte de Flandre, dans l'expédition de Constantinople.

JARRETIÈRE (Ordre de la). L'auteur de la chronique intitulée: *Istoria imperiale di Ricobaldo*, donne à l'ordre de la Jarretière une origine plus noble et plus décente que celle qui lui est vulgairement attribuée. On sait que cet ordre a été institué, en 1349, par Edouard III, roi d'Angleterre, et on prétend qu'il fut créé parce que, dans un bal où la comtesse de Salisbury avait laissé tomber sa jarretière, le roi s'empressa de la ramasser; et comme les courtisans riaient de cette action, *Honni soit qui mal y pense*, dit Edouard, en ajoutant que tel qui riait alors serait flatté plus tard de porter une semblable jarretière. Confondant les personnes, comme il confond quelquefois les faits, Ricobaldo, ou plutôt le poëte Boiardo, qui, suivant Muratori, serait l auteur de la chronique que nous venons de citer, rapporte que ce fut Richard Cœur-de-Lion qui, à son retour de la Palestine, institua l'ordre de la Jarretière, en souvenir de ce que, dans un combat contre Saladin, il avait ordonné à ses chevaliers de mettre une jarretière à leur genou pour signe de ralliement, et que la journée avait été heureuse pour lui. Il est possible toutefois que ce soit en mémoire de ce qu'avait fait Richard, en combattant les infidèles, plutôt qu'à l'occasion d'une aventure de bal, qu'Edouard III ait établi l'ordre de la Jarretière.

JEAN XXI. Né en Portugal, il était cardinal évêque de Tusculum, lorsque le sacré collége, réuni à Viterbe, l'appela au souverain pontificat le 13 septembre 1276. Son couronnement eut lieu le 20 du même mois. Jean XXI envoya des lettres aux évêques de France pour les engager à presser le départ des pèlerins pour la Palestine, ordonnant de frapper des censures de l'Eglise les chrétiens qui, ayant pris la croix, refuseraient d'accomplir leur vœu ou de hâter leur pèlerinage. Le pape s'appliqua aussi, dans l'intérêt de la croisade, à rétablir la paix entre les rois de France et de Castille. Il n'eut pas le temps de faire plus pour la terre sainte; car le bâtiment dans lequel il logeait à Viterbe s'étant écroulé pendant la nuit, il fut accablé sous les débris, et expira six jours après, le 16 ou 17 mai 1277.

JEAN DE BRIENNE, comte de la Marche, douzième roi de Jérusalem, avait été destiné par ses parents à l'état ecclésiastique, quoiqu'il n'en eût pas la vocation. Il se retira dans le monastère de Cîteaux pour y chercher un refuge contre cette exigence. Un de ses oncles lui procura les moyens d'en sortir pour se livrer à son ardeur pour la carrière des armes. Il combattit à côté de son frère Gauthier de Brienne, qui périt en tentant la conquête du royaume de Naples, dont il avait épousé l'héritière. Désigné, sur la demande d'une députation des barons de la Palestine, par Philippe-Auguste, roi de France, pour épouser Marie, héritière du royaume de Jérusalem, par sa mère Isabelle, qui l'avait eue de son union avec Conrad de Montferrat, Jean de Brienne partit pour la terre sainte. Il s'y maria le 14 septembre 1209, à Ptolémaïs, avec la jeune reine, et fut couronné roi de Jérusalem le 29 du même mois. Il avait peu de ressources pour relever les affaires des chrétiens d'Orient. Il commanda l'armée qui prit Damiette en 1219. Cette ville lui fut alors donnée. Mais il la perdit deux ans après, à la suite du désastre éprouvé par les croisés sur les bords du Nil. En 1223, il alla en Europe pour solliciter des secours en faveur de la terre sainte. En mariant sa fille Yolande à l'empereur Frédéric II, en 1225, il avait cru assurer à son Etat un puissant protecteur. Mais le gendre exigea de son beau-père la cession du royaume de Jérusalem, et Jean de Brienne fut réduit à se réfugier auprès du saint-siége. Il commanda les troupes de Grégoire IX dans la lutte que ce pape eut à soutenir contre Frédéric. En 1228, il fut appele par les seigneurs latins de Constantinople pour gouverner l'empire, pendant la minorité de Baudouin II, qui épousa sa fille. Jean de Brienne porta le titre d'empereur jusqu'en 1237, et retarda, par les victoires qu'il remporta contre les Bulgares et les Grecs, à l'âge de plus de quatre-vingts ans, la chute de la puissance latine sur les rives du Bosphore. Quand il sentit sa fin approcher, il dépouilla la pourpre impériale pour mourir sous l'habit des disciples de saint François. Il expira le 23 mars 1237, âgé de quatre-vingt-neuf ans.

JÉRUSALEM, dont le nom latin, souvent cité dans les chroniques des croisades, est *Hierosolyma*, est située dans la Palestine, à peu près à une égale distance de la Méditerranée et du lac Asphaltite ou mer Morte. Le paganisme romain avait profané, par le culte de ses fausses divinités, les lieux sanctifiés par la passion de notre Sauveur. Mais quand le christianisme s'assit sur le trône impérial, au commencement du IVe siècle, la piété de Constantin et de sainte Hélène, sa mère, effaça ce scandale, en élevant des églises à la place usurpée par les idoles. Jérusalem reprit son antique nom, auquel Adrien, en la relevant de l'état de ruine où Titus l'avait réduite, avait substitué celui d'*Ælia Capitolina*. Jusqu'au commencement du VIIe siècle, la cité de David jouit librement de son glorieux privilége de siége originaire de la foi catholique. Mais en 615, dans la lutte entre Chosroës II, roi de Perse, et l'empire grec, le gendre du monarque Sassanide prit Jérusalem et la dévasta. Ce désastre, vengé bientôt par Héraclius, était à peine réparé, lorsque l'islamisme ouvrit pour l'Orient l'ère de la servitude. L'an 637, deux lieutenants d'Omar, second successeur du faux prophète de la Mecque, vinrent assiéger la ville regardée comme sainte par les Musulmans eux-mêmes. Animés à la résistance par le patriarche Sophronius, et par l'espoir que le secours de l'empereur Héraclius ne lui manquerait pas, Jérusalem se défendit pendant quatre mois contre les Arabes. Le calife Omar vint en personne, sur la demande du patriarche, au camp des assiégeants, pour traiter de la reddition de la ville, et il montra, dans les conditions qu'il accorda aux vaincus, une modération extraordinaire. Le libre exercice de leur culte fut laissé aux chrétiens dans toutes les églises existantes ; mais nulle église nouvelle ne devait être bâtie : il était défendu de sonner les cloches, mais il était permis de les tinter. Les chrétiens devaient porter un costume particulier, pour qu'ils ne pussent pas être confondus avec les Musulmans, reconnaître l'autorité du calife, payer la capitation, et ceux qui auraient voulu se convertir à l'islamisme devaient en être laissés libres. En voyant Omar faire son entrée dans Jérusalem sur un chameau de poil roux, le patriarche ne put s'empêcher de dire que *c'était l'abomination de la désolation prédite par le prophète Daniel*. Le calife remplit cependant ses promesses; il s'abstint d'entrer dans les églises, et se contenta de prier sur les marches de celle de la Résurrection. Le culte chrétien ne fut nullement troublé par la présence des Musulmans. Omar fit bâtir sur le mont Moriah, à la place qu'avait occupée le temple de Salomon, et que lui indiqua le patriarche Sophronius, qu'il avait consulté à ce sujet, une grande et belle mosquée, à l'usage des Musulmans qui demeuraient à Jérusalem et de ceux qui y venaient en pèlerinage. Depuis ce temps les mahométans appellèrent Jérusalem la *Maison de la sainteté*. Il était interdit, et il l'est encore aujourd'hui à tout chrétien, non-seulement d'entrer dans l'intérieur de cette mosquée, mais même dans le parvis dont elle est environnée, sous peine de mort, à moins de se faire Mahométan. La cause de cette défense, c'est que toute prière que les chrétiens feraient à Dieu, en ce lieu, serait infailliblement exaucée, fût-ce même celle de remettre Jérusalem entre leurs mains.

Sous la dynastie des Ommiades, le pèlerin chrétien put encore venir s'agenouiller au tombeau du Rédempteur des hommes avec une sécurité suffisante. La ville sainte était fréquentée en même temps par des pèlerins mahométans, et le commerce qui s'y faisait augmentait aussi le nombre des étrangers qu'elle recevait dans ses murs. Il s'y tenait, le 15 de septembre de chaque année, une foire qui attirait une multitude considérable de marchands. Dans la relation du pèlerinage de saint Arculfe, qui eut lieu au commencement du VIIIe siècle, on voit qu'il y avait une si grande affluence de chameaux, de chevaux et de bœufs, qu'ils remplissaient la ville d'ordures. La religion et le commerce se prêtaient une mutuelle assistance, et la qualité de saint voyageur se trouvait souvent réunie dans la même personne à celle de marchand. Jacques de Vitry dit des pèlerins occidentaux qui se rendaient à Jérusalem : *Latini devotionis gratia aut negotiationis advenientes*. La tolérance avec laquelle les chrétiens furent longtemps traités à Jérusalem, sous la domination musulmane des Abbassides comme sous celle des Ommiades, avait sa source dans l'avarice des califes, qui emplissaient leurs trésors du produit des droits d'entrée et de séjour qu'ils exigeaient des pèlerins. Les habitants d'Amalfi, qui contribuaient pour une forte part au payement de ces impôts, parce qu'ils entretenaient de grandes relations de commerce avec l'Orient aux IXe, X^e et XIe siècles, furent surtout bien vus des gouvernements musulmans. Ils furent autorisés à bâtir, dans le voisinage de l'église du Saint-Sépulcre, un couvent d'hommes, sous l'invocation de saint Jean l'Aumônier, avec une église dédiée à la sainte Vierge, sous le nom de *Sancta Maria ad Latinos*, et un couvent de femmes, qui soignaient les pauvres pèlerins, sous l'invocation de sainte Marie-Madeleine. On était admis dans ces établissements sans acception de religion, et le pauvre Musulman ne frappait pas en vain à la porte.

La condition des pèlerins et des chrétiens résidant à Jérusalem éprouva des alternatives de trouble et de tranquillité, selon les différents caractères des gouvernants musulmans. Guillaume de Tyr compare la situation du peuple chrétien à celle d'un malade dont les douleurs s'apaisent ou augmentent, selon l'état serein ou orageux du ciel : *Frequenti rerum mutatione, dominos mutavit frequentius ; secundum quorum dispositionem, plerumque lucida, plerumque nubila, recepit intervalla; et ægrotantibus more, temporum præsentium gravabatur aut respirabat qualitate.* On en vint à défendre aux chrétiens de porter des armes, de monter à cheval ; une ceinture de cuir fut la marque obligée de leur servitude. L'usage de la langue arabe, de la langue du Coran, leur fut même momentanément interdit, et les sectateurs de Mahomet intervenaient dans le choix des pasteurs du peuple de Jésus-Christ. Le Spicilége de d'Achery et la collection des historiens de France des Bénédictins (*Voy*. l'article BIBLIOGRAPHIE DES CROISADES), contiennent un curieux monument de la situation des chrétiens en Palestine, à la fin du IXe siècle ; c'est une lettre qu'Hélie, patriarche de Jérusalem, adresse à tous les princes de la chrétienté, en 881, deux cents et quelques années avant que Pierre l'Ermite fît entendre la voix provocatrice des croisades. « A tous les princes très-magnifiques, très-pieux et très-glorieux de l'illustre race du très-magnifique seigneur et grand empereur Charles, aux rois de tous les pays des Gaules, aux comtes, aux saints archevêques, métropolitains, évêques, abbés, prêtres et diacres, sous-diacres et ministres de la sainte Eglise, et aux saintes sœurs ou nobles, à tous ceux qui adorent le Christ, femmes illustres, princes ou chefs, à tous les catholiques et orthodoxes de tout l'univers chrétien, Hélie, etc... Nous croyons nécessaire de vous écrire les grandes et nombreuses tribulations que nous fait souffrir une nation criminelle et odieuse au Seigneur, et que vous ont déjà apprises tous ceux qui s'en retournent d'ici. Il en est une entre autres qui nous tourmente, que nous supportons avec plus de peine, et que nous allons verser dans le sein de votre charité. Depuis longtemps toutes nos églises sont en partie détruites, ou tombent en partie en ruines, par vétusté. N'osant et ne pouvant les relever, ou les réparer, nous avons, par de grands gémissements, et par des vœux assidus, imploré la miséricorde de Dieu, pour qu'il nous donnât quelque moyen de pouvoir les rétablir par nos sueurs, par notre travail et pour la gloire de son saint nom. La Providence a permis que le prince de ce pays, devenu chrétien, comme ceux que nous vous envoyons pourront vous le rapporter, nous ait d'abord accordé la permission de réédifier et de reprendre les églises. Nous n'avons pu ni dû mépriser une pareille autorisation, ordonnée par Dieu ; car nous avons vu, plus clair que le jour, que cette autorisation, qui était l'objet de tous nos vœux, nous venait d'en haut. C'est pourquoi, relevés et fortifiés par le Seigneur, nous nous sommes occupés avec ardeur de reconstruire et de recouvrer nos églises. Mais, ne pouvant suffire, par nous-mêmes, aux dépenses nécessaires pour une si grande entreprise, nous avons recouru aux autres. Personne n'a voulu nous donner d'argent sans gage de notre part. Nous n'en avions point d'autre à donner que nos oliviers ou nos vignes, ou les vases sacrés de nos églises. Nous les avons donnés, et l'argent que nous avons reçu pour ces gages ne nous suffit pas encore pour racheter toutes nos églises. Il est arrivé de là que ceux qui nous ont prêté leur argent, jouissant de nos oliviers et de nos vignes, et se servant des vases consacrés à Dieu, l'huile nous manque pour éclairer les lampes de nos églises; nos pauvres et nos moines meurent de faim, et plusieurs de nos captifs ne peuvent être rachetés. Nous ne pouvions abuser d'un si grand bienfait, accordé par Dieu, et nous nous serions montrés ingrats envers lui, si nous avions fait tourner cet argent à d'autres usages. Nous avons donc réparé nos églises détruites ou tombées en ruines; mais nous n'avons plus aujourd'hui de quoi racheter nos gages, c'est-à-dire nos oliviers, nos vignes et nos vases sacrés. Dans cet état de dénuement, nous avons cru devoir nous adresser à votre piété, espérant que vous compatirez à notre douleur (car vous savez, selon le divin apôtre, que *lorsqu'un membre souffre, tous les membres souffrent de même*); que vous ouvrirez les entrailles de votre bienfaisance; que vous tendrez vers nous des mains pieuses et fécondes en libéralités. Comment, en effet, celui qui ne donne pas son âme pour ses frères donnera-t-il son âme pour Dieu? Qu'y aurait-il d'étonnant que vous donnassiez une petite partie de vos revenus pour le rétablissement des églises du Christ, lorsque jadis les enfants d'Israël offraient d'eux-mêmes leur argent pour construire le tabernacle, et qu'on fut obligé de préposer un crieur public, qui annonçait que les dons offerts suffisaient, précaution qui n'arrêta pas cependant tout de suite le cours des offrandes? Si la défense publiée, de rien offrir davantage, n'empêcha pas d'offrir encore, combien devons-nous espérer que vous vous empresserez de fournir à nos demandes? Si Jésus-Christ a sacrifié sa vie pour nous, ne devons-nous pas, à plus forte raison, donner notre bien pour nos frères? Car, ce qui est hors de nous, est certainement moins précieux que ce qui est en nous. Que pouvons-nous offrir de nos biens extérieurs, qui soit comparable à ce que notre Rédempteur a livré de la partie extérieure de son corps, lui qui, n'ayant ni or ni argent, a répandu pour nous tout son précieux sang, qui était une partie de lui-même? Aussi Jean l'Evangéliste s'écrie-t-il : *Comment celui qui voit son frère dans le besoin et lui ferme ses entrailles, a-t-il en lui l'amour de Dieu?* A ces causes, nous recommandons à votre charité nos frères Gispert et Rainard, moines vénérables, qui avaient choisi une vie tranquille, pour servir Dieu loin du monde, et que nous avons forcés de se charger, par amour du Christ, de la mission qu'ils ont à remplir auprès de vous. Prêts à se sacrifier pour leurs frères et pour la sainte Eglise, ils n'ont refusé aucun travail, aucune fatigue. Ils sont fidèles, et vous pouvez leur confier tout ce que vous voudrez. Le Christ n'a point dédaigné de leur confier ses sacrements et ses Lieux Saints. Nous vous prions donc, puisque l'occasion s'en présente pour vous, de multiplier les titres que vous avez acquis aux récompenses divines, et de nous renvoyer promptement nos frères, car nous sommes dans le plus grand besoin. Il ne nous reste que l'espérance en la miséricorde de Notre-Seigneur Jésus-Christ... »

Jérusalem souffrit de l'état de trouble qu'amena la décadence du califat, sous les Abbassides, vers le milieu du IXe siècle. Lorsque, dans la seconde moitié du dixième, elle passa de la domination des Abbassides sous celle des Fatimites d'Egypte, elle gagna d'abord plutôt qu'elle ne perdit à ce changement. Mais les chrétiens de la ville sainte furent horriblement persécutés et maltraités par le féroce Hakem, qui monta sur le trône des Fatimites en 996. L'église du Saint-Sépulcre fut renversée par ordre de ce barbare calife en 1009; mais elle se releva bientôt de ses ruines, et la tolérance reparut de nouveau. Le nombre des pèlerins qui visitaient la ville sainte devint plus considérable qu'il n'avait jamais été. *Per idem tempus*, dit le chroniqueur Glaber, *ex universo orbe tam innumerabilis multitudo cœpit confluere ad sepulcrum Salvatoris Hierosolymis, quantum nullus hominum prius sperare poterat.*

Mais lorsque, vers la fin du XIe siècle, en 1076, Jérusalem fut tombée au pouvoir des Turcs Seldjoucides, les chrétiens qui y demeuraient et les pèlerins qui en visitaient les sanctuaires eurent lieu de se plaindre amèrement des traitements qu'ils avaient à endurer. Les vainqueurs n'épargnèrent pas plus que les chrétiens les sectateurs d'Ali, que le calife de Bagdad considérait comme des ennemis de Dieu. La garnison égyptienne fut massacrée, les mosquées comme les églises furent livrées au pillage, et la ville sainte nagea dans le sang chrétien et musulman. Car si la culture de l'esprit avait adouci la férocité des mœurs chez le sultan Malek-Schah, qui acheva de fonder l'empire des Seldjoucides de Perse, il n'en était pas de même des chefs des hordes turques, auxquels, suivant l'usage de ces peuples, les villes de la Syrie furent abandonnées, en récompense de leurs services. Toutousch, frère de Malek-Schah, qui avait conquis la Syrie, donna ainsi la ville sainte en partage à Ortok, chef d'une bande de Turcomans. Ce peuple ne connaissait d'autre droit que celui du plus fort. La situation des chrétiens à Jérusalem et dans les autres villes de la terre sainte devint affreuse; il n'est pas de mauvais traitement imaginable que les Turcs ne leur aient fait endurer. Leurs hordes barbares se logeaient dans les églises; elles effrayaient les chrétiens pendant le service divin par des cris sauvages, montant sur les autels, foulant aux pieds les vases sacrés, et maltraitant même les prêtres. Le patriarche de Jérusalem fut renversé de son propre siége épiscopal, traîné dans les rues par la barbe et par les cheveux, et jeté en prison, pour obliger les chrétiens à racheter sa liberté par une forte rançon. La soif de répandre le sang n'était tempérée que par l'avarice chez les sauvages conquérants de Jérusalem. Les chrétiens vivaient dans une crainte perpétuelle; ils ne laissaient pas faire un pas aux pèlerins occidentaux sans les accompagner, de peur qu'ils ne provoquassent, par quelque imprudence, la colère des Turcs. Plus cependant les pèlerinages devenaient difficiles et dangereux, plus la piété portait à entreprendre ces voyages méritoires. Comme les Turcs exigeaient avec la plus atroce rigueur le droit d'entrée dans la ville, et que les pèlerins étaient pauvres pour la plupart, ou arrivaient dépouillés, on en voyait des milliers couchés aux portes de la ville, attendant qu'il leur fût permis d'y pénétrer, et mourant de misère et de faim. Quand ils parvenaient enfin à entrer dans la ville, ils y étaient à charge aux malheureux chrétiens qui habitaient le pays, car les hospices ne suffisaient plus pour recevoir et loger la multitude des pèlerins. Les chrétiens de l'Orient allaient en Europe se plaindre de leur misère et demander qu'il y fût mis un terme. Les pèlerins qui revenaient dans leur patrie confirmaient la vérité de ces plaintes, et appelaient la compassion sur le sort de Jérusalem.

Quand l'armée des premiers croisés parut, au mois de juin 1099, devant la ville qu'elle venait affranchir d'une horrible servitude, les Fatimites d'Egypte en étaient rentrés en possession depuis trois ans. Ekkard, auteur allemand d'une chronique écrite au XIIe siècle, est le seul écrivain contemporain qui parle de la reprise de Jérusalem sur les Ortokides par les Egyptiens, et il est d'autant plus regrettable qu'il n'ait pas donné sur ce fait des détails mieux circonstanciés, qu'on ne trouve aucun renseignement, dans les chroniques latines, grecques ou arabes, qui fasse connaître la date précise de cet événement, et qui nous apprenne comment il s'est accompli. On sait seulement que Jérusalem fut enlevée aux Turcs par les armes des Fatimites, pendant que les croisés étaient en marche vers la Palestine. En 1096, vraisemblablement, le calife Mostali avait envoyé en Syrie, sous la conduite d'Afdal, une armée qui, après s'être emparée de Tyr, avait été mettre le siége devant Jérusalem, qu'Ortok, mort en 1091, avait laissée à ses deux fils, Ilghazi et Sokman. La ville s'était rendue aux Egyptiens après quarante jours de siége. Elle avait été pendant vingt ans sous la domination des Turcs Seldjoucides, ou de leurs vassaux les Ortokides, depuis 1076 jusqu'en 1096. Elle fut enlevée aux Fatimites par l'armée des croisés, après un siége de cinq semaines, le 15 juillet 1099. C'était un vendredi, et ce fut à trois heures de l'après-midi, que les chrétiens pénétrèrent dans la place, c'est-à-dire le jour et à l'heure de la mort de Celui dont ils venaient délivrer le glorieux tombeau de la sujétion musulmane. L'enceinte de Jérusalem formait à l'époque des croisades, comme elle forme aujourd'hui, un carré plus long que large, dont les grands côtés s'étendent du nord au sud. Elle renfermait dans l'étendue qu'entouraient ses murs flanqués de tours, quatre collines, au nord-ouest le Golgotha, au nord-est le Bezetha, à l'est le mont Moriah où s'élève la mosquée d'Omar, sur l'emplacement du temple de Salomon, et au sud-ouest le mont Acra. La ville était dominée au midi par le mont Sion, qui était compris dans la cité des Juifs, mais qu'on avait fait la faute de laisser hors de l'enceinte qui a succédé à l'ancienne. A l'est Jérusalem est séparée du mont des Oliviers par la vallée de Josaphat, et le jardin de Gethsemani est au pied de la montagne des Oliviers. Jérusalem devint la capitale du royaume que fondèrent les chrétiens en Orient, et dans lequel l'autorité fut partagée entre le patriarche qui réglait les affaires spirituelles, et le roi qui dirigeait les affaires temporelles.

Le concile de Nicée n'avait accordé au siége de Jérusalem qu'une préséance d'honneur, sans soustraire l'évêque à la juridiction du métropolitain, qui était celui de Césarée en Palestine : c'était un titre purement honorifique. Mais les évêques de Jérusalem ayant une fois ce titre, voulurent étendre leur juridiction aux dépens du patriarcat d'Antioche. Juvénal est l'évêque qui a fait valoir le plus vivement ses prétentions. Il demanda à les faire légaliser au concile d'Ephèse ; mais saint Cyrille, patriarche d'Alexandrie, quoique ami de Juvénal, s'y opposa fortement, et informa le pape des démarches de Juvénal. Le pape réprima cette ambition naissante, et renferma l'évêque dans le cercle de ses devoirs. Juvénal, repoussé par le concile et par le pape, eut recours à l'empereur Théodose le Jeune, qui soumit, par un édit impérial, au siége de Jérusalem les trois Palestines, les deux Phénicies et l'Arabie. Mais cédant bientôt aux réclamations du patriarche d'Antioche, l'empereur révoqua son édit, et l'évêque fut réduit à la ville de Jérusalem. Le concile de Chalcédoine, en 451, lui fut plus favorable. Il accepta un concordat fait entre l'évêque de Jérusalem et celui d'Antioche, par lequel les deux Phénicies restèrent au siége d'Antioche, et les trois Palestines à celui de Jérusalem. Les légats le confirmèrent et les papes y consentirent, du moins tacitement. Depuis cette époque l'évêque de Jérusalem fut compté parmi les patriarches.

Après la bataille de Tibériade, Saladin, au rapport d'Emad-Eddin, réunit un jour ses émirs et leur dit : « Mettons tous nos soins à reprendre Jérusalem. La mosquée d'Alacsa (bâtie par Omar sur l'emplacement du temple de Salomon) est l'ouvrage de la foi ; c'est le séjour des prophètes, le lieu où reposent les saints, le lieu du pèlerinage des anges du ciel ; c'est là qu'auront lieu la résurrection générale et le jugement dernier ; c'est là que se rendront les élus du Seigneur ; là est la pierre dont la beauté est intacte, et de laquelle Mahomet est monté au ciel ; c'est là que la foudre a brillé, que la nuit du mystère a resplendi, et qu'ont éclaté les lumières qui ont éclairé toutes les parties du monde. Au nombre des portes de la ville sainte est la *porte de la miséricorde ;* quiconque entrera par cette porte est digne du paradis. » Saladin mit le siége devant la ville sainte le 20 septembre 1187, et elle capitula le 2 octobre suivant. Tous les chrétiens, à l'exception des Grecs schismatiques, sortirent de Jérusalem, retombée sous le joug musulman, après être restée quatre-vingt huit ans sous la domination latine. Toutes les églises, à l'exception de celle du Saint-Sépulcre, furent converties en mosquées. On lit dans une lettre d'un dignitaire de l'ordre du Temple, adressée à Henri II, roi d'Angletere, et conservée par Benoît de Péterborough, auteur de la Vie de ce roi, qu'après s'être rendu maître de Jérusalem, Saladin avait fait descendre la croix qui était sur la mosquée d'Omar, dont les chrétiens avaient fait une église, et que cette croix avait été battue de verges et traînée par terre dans les rues de Jérusalem.

La chronique d'Othon de Saint-Blaise rapporte qu'après le départ de Richard Cœur-de-Lion de la Palestine, les Musulmans fortifièrent Jérusalem, et qu'ils l'environnèrent d'un double mur et de fossés profonds : ils laissèrent toutefois aux chrétiens la faculté de visiter le Saint-Sépulcre, à la condition de payer un tribut. Mais le pape, pour empêcher les infidèles de s'enrichir des offrandes des chrétiens, interdit à ces derniers le saint pèlerinage, sous peine d'excommunication.

Makrizi rapporte qu'en partant de Damas pour aller au secours de l'Egypte, où l'appelait le sultan son frère, Coradin, de peur que les Francs, après avoir pris Damiette, ne subjuguassent de nouveau la Palestine, et qu'une fois maîtres de Jérusalem ils ne fissent de cette ville, très-bien fortifiée par Saladin, un rempart inexpugnable, se résolut à en détruire les murailles. Par ses ordres, on abattit donc les fortifications de Jérusalem : on ne laissa debout que la tour de David, située à l'occident, et l'on mit la ville sainte hors d'état de servir de point d'appui aux chrétiens, dans le cas où elle tomberait en leur pouvoir. Novaïri remarque la que les Musulmans furent très-sensibles à la ruine des murs de Jérusalem ; un cri de douleur s'éleva par toute la ville. Les habitants, hommes et femmes, jeunes et vieux, coururent à la chapelle de la Sacra, et à la mosquée Alacsa, pour invoquer la miséricorde du ciel, avec de grandes marques de désespoir. Un grand nombre de Musulmans se décidèrent à abandonner leurs foyers et leurs biens, pour aller chercher un refuge ailleurs.

Par un traité arrêté le 18 février 1229, entre l'empereur d'Allemagne Frédéric II et le sultan d'Egypte Malek-Kamel, Jérusalem fut cédée à l'empereur. Mais les Musulmans restèrent en possession de la mosquée d'Omar, et le jour où Frédéric, qui était frappé d'excommunication, fit son entrée dans la ville sainte, sur laquelle le patriarche avait mis l'interdit, fut un jour de deuil. L'empereur ne fit point relever les murs de la place, et les chrétiens y furent sans sécurité. Après la mort de Malek-Kamel, en 1239, ils restaurèrent les fortifications, qui furent bientôt après détruites par les Musulmans, rentrés en possession de la ville, dont ils massacrèrent tous les habitants chrétiens. Un traité, que conclurent les Templiers avec le prince de Damas, en 1240, stipula que Jérusalem serait restituée aux chrétiens, et le comte Richard de Cornouailles, venu en Palestine avec une troupe de croisés anglais, obtint l'exécution de cette restitution. Les Hospitaliers firent les frais de la reconstruction des murailles de la ville, rendue encore une fois au libre exercice du culte de Jésus-Christ. Mais quatre ans après, en 1244, les féroces Kharizmiens vinrent fondre sur Jérusalem la flamme et le fer à la main, mirent en fuite les chrétiens qu'ils ne massacrèrent pas, profanèrent les sanctuaires, et ne respectèrent pas même les cendres des morts. Le sultan d'Egypte, qui les avait appelés en Palestine, rentra en possession de Jérusalem, qui est demeurée soumise à l'islamisme depuis cette époque.

JÉRUSALEM (Royaume de). Raymond d'Agiles rapporte qu'avant le dernier assaut livré à la ville sainte par les croisés, en 1099, on proposa d'élire un roi de Jérusalem, mais que le clergé s'y opposa, en faisant observer qu'il ne convenait pas de nommer un roi là où Jésus-Christ avait porté la couronne d'épines, et qu'il fallait se borner à élire un protecteur de la cité de Dieu, *advocatus civitatis Dei.* Mais lorsqu'après la prise de la ville, il fut positivement question d'élire un roi, le clergé, nous apprend Guillaume de Tyr, voulait qu'on s'occupât d'abord de l'élection d'un patriarche : cette réclamation fut écartée. Le conseil des princes s'étant réuni le 23 juillet, le comte de Flandre, après avoir déclaré que, résolu de retourner dans ses Etats, il refuserait la couronne, si elle lui était offerte, engagea l'assemblée, dans un discours fort sage, à élire pour roi celui qui serait jugé le plus capable de conserver et d'étendre le royaume qu'il s'agissait de fonder. Il fut décidé que le choix de celui à qui devait être confiée cette grande tâche, serait fait par un conseil composé des dix hommes les plus recommandables du clergé et de l'armée. Rien ne fut négligé pour connaître l'opinion de tous les croisés sur les princes que leur position mettait au rang des candidats au trône. Les domestiques des principaux chefs de l'armée furent invités à donner des renseignements, sous le sceau du serment, sur la vie privée de leurs maîtres, et les serviteurs de Godefroy de Bouillon ne lui reprochèrent que de rester trop longtemps dans les églises, après les offices, à regarder les images et les peintures, et de les impatienter par des retards qui lui faisaient manger ses repas froids et privés de leur goût. Les chroniqueurs rapportent que le duc de Lorraine ne se recommandait pas seulement au choix des électeurs par sa bravoure et par ses vertus, mais qu'il leur était même désigné par des visions miraculeuses. Quand on sut que les suffrages s'étaient fixés sur lui, l'armée tout entière applaudit à son élection. « Godefroy, dit M. de Châteaubriand, dans son *Itinéraire de Paris à Jérusalem*, fut élu, par ses frères d'armes, roi de la cité conquise. C'était le temps où de simples chevaliers sautaient de la brèche sur le trône. Le casque apprend à porter le diadème, et la main blessée qui manie la pique s'enveloppe noblement dans la pourpre. » L'humilité du pieux Godefroy ne voulut accepter d'autre titre que celui de défenseur et de baron du Saint-Sépulcre. « Il ne volt, dit la préface des *Assises de Jérusalem*, estre sacré et corosné d'or où le roy des roys, Jésus-Christ, le Fils de Dieu, porta corosne d'espines, le jour de sa passion. » Les élections, pour le choix des pasteurs à donner aux pays que les croisés venaient de soumettre à leur domination, furent, au rapport de l'archevêque de Tyr et de Raoul de Caen, moins heureusement inspirées que celle qui avait donné un roi au nouveau royaume. Les historiens ne s'accordent pas sur le titre que reçut Arnoul de Rohes, chapelain du duc de Normandie. Il paraît vraisemblable qu'il ne fut pas nommé patriarche, mais administrateur de l'Eglise de Jérusalem. Ses mœurs avaient malheureusement été, dans l'armée, l'objet de chansons scandaleuses. Quoique chaque croisé dût posséder les biens dont il s'était emparé lors de la prise de la ville, Arnoul prétendit que les richesses considérables que Tancrède avait enlevées de la mosquée d'Omar, appartenaient à l'Eglise dont il était le chef provisoire. Cette réclamation fut débattue devant le conseil des princes, où Tancrède défendit avec emportement ce qu'il croyait être son droit. Il fit observer le désavantage de sa position dans une lutte oratoire avec un adversaire « dont toute la malice était dans la langue, comme le venin est dans la queue du scorpion. » Mais il se soumit ensuite, sans difficulté, à la décision du conseil, qui ordonna que sept cents marcs d'argent reviendraient à l'Eglise du Saint-Sépulcre, sur les trésors de la mosquée d'Omar, comme dîme du butin. On s'occupa de donner au culte toute la splendeur dont on put l'entourer : on fit fondre des cloches pour les églises, et Godefroy inaugura son règne en attachant, à celle du Saint-Sépulcre, vingt prêtres chargés d'y célébrer l'office divin. Les chrétiens de toutes les contrées de l'Orient voisines de la ville affranchie, accoururent en pèlerinage au saint tombeau. La victoire remportée à Ascalon, par les croisés, contre Afdal, vizir du calife d'Egypte, consolida la conquête réalisée par la prise de Jérusalem, et permit à la plupart des pèlerins de retourner dans leur patrie. Trois cents chevaliers restèrent, avec Godefroy de Bouillon, pour la défense du nouveau royaume, dont la population était un mélange de Francs, de Grecs, d'Arméniens, de Juifs, d'Arabes, de Turcs, de renégats et d'aventuriers. La position des vainqueurs était loin d'être solidement établie, dans un pays où une ville et une forteresse, qui leur appartenaient, étaient voisines de villes et de forteresses qui étaient encore au pouvoir des Musulmans La terreur qu'avaient inspirée aux infidèles les victoires des croisés, était le principal appui de l'Etat naissant.

Le royaume de Jérusalem comprenait le royaume proprement dit, situé au sud, et sous l'autorité immédiate du roi; de plus, trois grands fiefs de la couronne, le comté de Tripoli, la principauté d'Antioche et le comté d'Edesse, qui s'étendait jusqu'à l'Euphrate.

Jacques de Vitry, dans son *Historia Orientalis*, a consacré un chapitre de son ouvrage à chaque espèce d'habitants que contenait le royaume de Jérusalem : — Chap. 72. *Pullani*, les *Poulains* : on nommait ainsi les descendants des chrétiens établis à Jérusalem ; *nation*, dit l'auteur, *adonnée à l'impureté, à un luxe effréné, et qui tremble comme des femmes devant les Sarrasins.* — Chap. 73. Les Génois, les Pisans, les Vénitiens et autres Italiens établis à Jérusalem, *qui seraient formidables aux Sarrasins, s'ils n'étaient divisés par des querelles continuelles, et s'ils n'étaient pas plus occupés du négoce que de la défense de la religion.* — Chap. 74. Les Syriens qui ont habité la Palestine sous ses différents maîtres, les Romains, les Grecs, les Latins, les Sarrasins et les chrétiens, et qui sont une espèce d'esclaves réservés pour les travaux de l'agriculture, et pour les autres emplois pénibles; hommes aussi inhabiles aux combats que les femmes, et qui servent d'espions aux Sarrasins. — Chap. 75. Les Jacobites. — Chap. 76. Les Nestoriens. — Chap. 77. Les Maronites. — Chap. 78. Les Arméniens. — Chap. 79. Les Géorgiens. — Chap. 80. Les Mozarabes, ou les chrétiens qui habitent parmi les Sarrasins.

Les contrées voisines des possessions que les chrétiens venaient de conquérir, à la pointe de leur épée, après avoir été enlevées aux califes de Bagdad par quelques émirs arabes, pour être ensuite la proie des Turcs, étaient alors partagées en plusieurs Etats. Les califes fatimites d'Egypte en possédaient une partie; les principautés de Damas et d'Alep appartenaient aux Seldjoucides; les régions voisines de l'Arménie, au nord de la Syrie, étaient soumises aux Ortokides, et les Bathéniens ou Assassins commençaient à s'établir en Syrie.

La fondation des colonies chrétiennes, en Syrie, fut singulièrement favorisée par les divisions religieuses et politiques qu'introduisirent dans cette contrée la décadence de la puissance fatimite et la substitution de la domination des Seldjoucides à celle des califes d'Egypte. A la faveur de cette animosité des esprits, les Ismaéliens ou *Assassins*, dont la secte se rattachait à celle des Fatimites, aidèrent aussi au succès des chrétiens, en aggravant l'état de trouble qui leur avait permis de se faire un parti puissant. Les petits princes et les émirs du pays, qui tenaient leur autorité du sultan seldjoucide de Perse, profitèrent de tous ces désordres pour se rendre indépendants, et s'alliaient même quelquefois avec les chrétiens, pour s'en faire des appuis, ou contre leurs voisins, ou contre le sultan, qui, de son côté, cherchait à placer la Syrie sous sa dépendance directe, ou à en remettre les principautés à des feudataires plus soumis. Au milieu de cette anarchie, les sultans avaient autre chose à faire que de s'occuper de la guerre sacrée contre les chrétiens.

Godefroy chargea Tancrède, qui avait résolu de finir ses jours en Orient, de faire la conquête de la contrée et de la ville de Tibériade, dont ce vaillant chevalier demeura en possession, et qui formèrent une principauté chrétienne. Godefroy échoua dans le siége de la ville maritime d'Acre, située entre Jaffa et Césarée. Baudouin, comte d'Edesse, et Bohémond, prince d'Antioche, vinrent, à la fin de l'année 1099, visiter Jérusalem pour accomplir leur pèlerinage, et, suivant l'expression d'une vieille chronique, Godefroy « festoya magnifiquement les princes tout le long de l'hiver. » Daimbert, archevêque de Pise, arriva avec eux dans la ville sainte, et en fut nommé patriarche. Guillaume de Tyr rapporte que le jour de Pâques de l'année 1100, Godefroy déclara devant tout le peuple assemblé dans l'église du Saint-Sépulcre, que s'il mourait sans postérité, la souveraineté du royaume appartiendrait après lui au patriarche de Jésusalem. Godefroy profita aussi de la présence des princes à Jérusalem, pour faire rédiger, par des hommes sages, un code de lois pour le nouveau royaume. Cette législation, connue sous le nom *d'Assises de Jérusalem*, établit en Palestine le système féodal, modifié par l'influence des mœurs et des besoins de l'Orient, et par l'esprit des croisades; elle institua deux cours de justice : les grands vassaux devaient s'adresser à la première, où siégeait la noblesse, et qui était présidée par le roi; l'autre, sous la présidence du vicomte de Jérusalem, se composait des principaux habitants de chaque ville, et était chargée de régler les intérêts des communes et de la bourgeoisie. Ce code, qui s'améliora successivement, fut déposé en grande solennité dans l'église du Saint-Sépulcre. Bohémond et Baudouin allèrent ensuite visiter le Jourdain et cueillir des palmes dans les campagnes de Jéricho; ils furent noblement accueillis par Tancrède à leur passage à Tibériade, d'où ils retournèrent, l'un à Antioche, et l'autre à Edesse, par Panéas, Balbec, Tortose, et Laodicée qui appartenait alors à Raymond de Saint-Gilles, à qui l'empereur grec l'avait donnée. Pour résister à ses voisins musulmans, Tancrède eut plusieurs fois recours à Godefroy, qui fut ainsi appelé à porter les armes jusque dans les environs de Damas. Ce sage et excellent prince faisait chérir sa domination, lorsqu'il fut enlevé à l'œuvre glorieuse dont il poursuivait l'accomplissement; il tomba malade à Jaffa, où il s'était rendu au retour d'une expédition au delà du Jourdain. Le doge de Venise venait d'arriver avec une flotte, et il offrait aux chrétiens de la Palestine de les aider à faire la conquête des villes situées sur la côte de la mer. Godefroy eut encore le temps de régler avec lui les dispositions du siége de Caïfa, dont la prise précéda sa mort. Mais ses forces ne lui permirent plus de retourner à cheval à Jérusalem, où il fut transporté en litière. Il couronna sa belle vie par une mort chrétienne, et succomba le 17 juillet 1100, un an après l'entrée des croisés dans la ville sainte. Godefroy était âgé de quarante ans. Il fut inhumé dans l'église de la Résurrection, auprès du Saint-Sépulcre. Matthieu d'Edesse a prétendu que ce prince était mort empoisonné : on lit dans cet historien :

« Godefroy fit un voyage à Césarée, ville située sur la mer, pour y avoir une entrevue avec quelques chefs musulmans qui s'y étaient rendus, sous prétexte de conclure un traité de paix, mais en effet pour tâcher d'ôter la vie à ce prince par une lâche trahison. Ces infidèles donnèrent un magnifique repas à Godefroy et à toute sa suite; les plats qu'on leur servit étaient empoisonnés ; ils en mangèrent sans défiance, et, peu de jours après, on vit mourir Godefroy et quarante de ceux qui l'avaient suivi. » Cette opinion n'a pas prévalu dans l'histoire.

Le patriarche Daimbert rappela la déclaration solennelle faite par Godefroy de Bouillon, et réclama pour son église l'héritage de ce prince. Tancrède, qui venait de soumettre Caïfa, s'avança vers Jérusalem pour faire respecter les volontés de Godefroy, mais les portes lui en furent fermées par les seigneurs, qui avaient déjà envoyé des députés à Edesse, pour offrir la couronne à Baudouin. Guillaume de Tyr rapporte une lettre, qui fut écrite par le patriarche Daimbert à Bohémond, mais que ce prince ne reçut pas, parce qu'il venait d'être fait prisonnier par les infidèles. Tombée entre les mains du comte de Toulouse, qui la communiqua à Baudouin, cette lettre fut, selon plusieurs historiens, l'origine des discordes entre le roi et le patriarche de Jérusalem. Daimbert rappelait à Bohémond l'engagement qu'avait pris Godefroy de Bouillon de laisser à l'Église la souveraineté de Jérusalem. Cette promesse, qui avait été faite le jour de Pâques, en présence du clergé et du peuple, Godefroy l'avait réitérée sur son lit de mort. Daimbert priait donc Bohémond de lui venir en aide pour qu'elle fût exécutée, et l'engageait à empêcher Baudouin, par tous les moyens possibles, d'arriver à Jérusalem. Baudouin revenait d'une expédition contre les infidèles, lorsqu'il apprit qu'il était appelé au trône de Jérusalem. Son chapelain, Foucher de Chartres, avoue qu'il pleura moins la perte de son frère, qu'il ne se réjouit de lui succéder, *dolens aliquantulum de fratris morte, et plus gaudens de hæreditate*. Il s'empressa de céder le comté d'Edesse à son cousin Baudouin du Bourg, et de prendre la route de Jérusalem. Dekak, prince de Damas, instruit de sa marche, rassembla ses troupes dans le dessein de lui dresser quelque embuscade, et de s'emparer de sa personne; il occupa un passage dangereux et très-étroit, situé non loin de Baïrout, près du fleuve du Chien, sur le bord de la mer, entre des montagnes et des rochers inaccessibles. Le roi, ayant appris par ses éclaireurs le dessein et la position des Turcs, les alla attaquer et les dispersa. Mais il fut obligé de passer la nuit, exposé aux flèches de l'ennemi, dans cet étroit passage. A la pointe du jour, il continua sa marche, toujours harcelé par les Turcs, auxquels il n'échappa qu'après de vives escarmouches. Foucher de Chartres, qui accompagnait Baudouin dans ce périlleux voyage, avoue « qu'il aurait autant aimé être à Chartres, ou à Orléans, que d'être là. » Baudouin fut accueilli, à son arrivée à Jérusalem, par les acclamations du clergé, des seigneurs et du peuple, et conduit en triomphe à l'église du Saint-Sépulcre. Le patriarche Daimbert s'était retiré sur le mont Sion; mais il céda ensuite aux instances qui lui furent faites pour amener une réconciliation entre le roi et lui, et le jour de Noël de cette même année 1100, Baudouin reçut l'onction sainte et la couronne des mains du patriarche, dans l'église de Bethléem, devant tout le peuple assemblé. « Baudouin avait refusé d'abord d'être couronné, dit Foucher de Chartres, parce que son frère l'avait lui-même refusé; mais, après de plus mûres réflexions, ce motif céda devant d'autres motifs. »

Avant son couronnement, Baudouin avait fait pour s'emparer d'Ascalon une tentative à laquelle il ne donna point de suite. Il résolut de détruire des brigands qui, suivant Albert d'Aix, avaient été envoyés par le sultan du Caire. Le chroniqueur dit que ces brigands, qu'il appelle Azoparts, se tenaient dans les montagnes de la Judée: ils habitaient des souterrains, d'où ils sortaient pour attaquer les pèlerins qui allaient à Jérusalem. Le roi fit mettre le feu à des tas de bois et de paille, placés à l'entrée de leurs cavernes, pour que la fumée les forçât de se livrer eux-mêmes aux soldats chrétiens, et tous ceux de ces brigands qui furent pris furent aussitôt décapités. Baudouin alla ensuite, par le pays d'Hébron, visiter les bords de la mer Morte et le désert qui s'étend au delà de cette mer. Foucher de Chartres, qui était de cette expédition, rapporte qu'il abreuva ses chevaux à la source que Moïse fit sortir des flancs d'un rocher. Après son couronnement, Baudouin s'occupa de rendre la justice à ses sujets et de mettre en vigueur le code promulgué par son frère. Tancrède, qui se souvenait de la conduite que Baudouin avait tenue autrefois en Cilicie envers lui, fut très-difficilement amené à reconnaître la suzeraineté du nouveau roi, à revenir de l'opposition qu'il avait faite à son élection, et à se réconcilier avec lui. Mais, appelé au gouvernement de la principauté d'Antioche pendant l'absence de Bohémond, il se désista entre les mains de Baudouin de la principauté de Tibériade.

Une flotte génoise étant arrivée dans le port de Jaffa, Baudouin conclut avec les pèlerins qu'elle apportait un traité par lequel il leur promettait, outre plusieurs autres avantages, de leur céder une rue dans chacune des villes qu'ils l'aideraient à conquérir. Après les fêtes de Pâques de l'année 1101, Baudouin alla mettre le siége devant Arsur, qu'il força à capituler. Les chrétiens emportèrent ensuite d'assaut la riche ville de Césarée où ils firent un horrible massacre des habitants et un butin qui les tira de leur pauvreté. Les troupes du calife d'Egypte s'étant avancées jusque vers Ramla, Baudouin marcha à leur rencontre à la tête de deux cent quatre-vingts chevaliers et de neuf cents hommes de pied. C'étaient toutes les forces qu'il avait pu réunir; mais quoiqu'il eût affaire à un ennemi dix fois plus nombreux que les soldats qu'il lui opposait, il n'hésita pas à engager le combat. Il avait dit aux siens que s'ils avaient envie de fuir, ils devaient se rappeler que la France était bien loin. Les Musulmans allaient remporter la victoire, lorsque l'évêque de Césarée, et un ecclésiastique qui portait la Croix du Sauveur, engagèrent le roi à promettre de mettre fin à un différend qu'il avait avec le patriarche, pour obtenir la miséricorde de Dieu. Baudouin jura de rétablir la concorde, confessa ses péchés, reçut l'absolution, et se précipita au milieu des infidèles sur son cheval, que sa vitesse avait fait surnommer la *Gazelle*. L'ennemi fut mis en fuite et poursuivi jusqu'à Ascalon. Foucher de Chartres était présent à ce combat, qui fut, dit-il, effrayant pour ceux qui y assistèrent. Le chapelain de Baudouin avoue naïvement, à cette occasion, sa répugnance pour la guerre, que l'on a appelée *bellum* par antiphrase, ajoute-t-il, et non parce qu'elle est belle. Quand le roi parut triomphant devant les murs de Jaffa il y fut d'autant mieux accueilli qu'on l'y avait dit tué. Cette même année 1102 Baudouin alla jusqu'aux défilés de Baïrout au-devant du duc de Bourgogne, du comte de Blois, du comte de Nevers, de Harpin, comte de Bourges, de Conrad, connétable de l'empire germanique et de plusieurs autres seigneurs, qui avaient échappé au désastre des troupes qu'ils conduisaient en Palestine à travers l'Asie Mineure. Après avoir reçu l'hospitalité de Tancrède à Antioche, ils venaient accomplir leur pèlerinage aux Saints Lieux. Lorsque ces princes durent s'embarquer, quelques mois plus tard, pour retourner en Europe, Baudouin se trouvait avec eux à Jaffa, quand il apprit qu'une armée de Musulmans ravageait les environs de Ramla. Ceux des illustres pèlerins qui purent se procurer des chevaux suivirent le roi, qui, avec deux cents cavaliers, livra bataille à vingt mille infidèles. Il avait répondu au comte de Bourges, qui voulait le détourner de cet acte de témérité : *Harpin, si tu as peur, retire-toi, et va-t-en à Bourges.* Une défaite ne pouvait manquer d'être le résultat d'un semblable engagement. Le duc de Bourgogne et le comte de Blois furent tués ; Harpin et Conrad furent faits prisonniers, et Baudouin, resté presque seul sur le champ de bataille, fut réduit, si on en croit un historien arabe, à se cacher dans les broussailles, auxquelles les Musulmans mirent le feu, et d'où il sortit à moitié brûlé. Réfugié à Ramla, il courait le danger d'être pris avec cette ville, qui allait infailliblement tomber au pouvoir des infidèles ; mais un émir à la femme duquel il avait sauvé la vie autrefois, lorsqu'il l'avait trouvée dans les douleurs de l'enfantement, pendant une de ses excursions au delà du Jourdain, vint lui offrir de le conduire hors de la ville par un chemin qui n'était point gardé. Baudouin ne voulait point abandonner les siens ; mais ils le pressèrent eux-mêmes de se conserver pour son peuple. Conduit par l'émir et favorisé par l'obscurité de la nuit, il échappa à ses ennemis, et arriva à Arsur. Ramla fut prise par les Musulmans, et tous les chrétiens qui s'y trouvaient furent ou tués ou faits prisonniers. Nous expliquons ailleurs pourquoi les Musulmans ne se sont pas réunis pour s'opposer à la conquête de Jérusalem par les chrétiens. La même cause, c'est-à-dire l'état de division intestine qui paralysait les forces de la puissance mahométane, subsistant toujours, permit au petit royaume fondé par cette conquête de se maintenir sous les successeurs de Godefroy de Bouillon. Mais Foucher de Chartres, qui ne voyait que la faiblesse de l'établissement chrétien, ne comprenait pas pourquoi les ennemis de notre foi n'en profitaient pas pour le renverser : « car, dit-il, nous n'avions pas plus de trois cents chevaliers et autant de fantassins pour garder Jérusalem, Jaffa, Ramla et le château de Caïfa ; et lorsque nous voulions dresser quelque embûche à nos ennemis, nous n'osions rassembler tous nos guerriers, de peur qu'en laissant nos places sans garnison, il ne nous arrivât quelque malheur. C'était pour nous tous un véritable miracle, qu'au milieu de tant de milliers d'hommes nous fussions assez forts et assez puissants pour faire les uns nos tributaires, et pour piller et tuer les autres. Cette force et cette puissance ne pouvaient nous venir que du Très-Haut, qui se ressouvenait d'un peuple qui mettait en lui toute sa confiance.... Souvent nous nous affligions en pensant qu'il ne nous venait de secours ni de nos parents ni de nos amis, et nous craignions que nos ennemis, sachant notre petit nombre, ne vinssent fondre sur nous. Aussi nous n'osions nous engager dans aucune expédition ; nous n'allions jamais au delà d'Ascalon et d'Arsur. Ceux qui venaient par mer à Jérusalem ne pouvaient nous amener des chevaux ; il ne nous venait aucun secours par terre. Antioche ne pouvait nous secourir, et nous ne pouvions secourir Antioche. »

Cependant une flotte de deux cents navires entra dans le port de Jaffa, et par l'arrivée des pèlerins, principalement anglais et allemands, qu'elle apportait, Baudouin se trouva à la tête de forces suffisantes pour marcher à l'ennemi. Il le trouva dans la forêt d'Arsur préparant des machines de guerre pour faire le siége de Jaffa. Baudouin fondit sur les infidèles, et leur tua trois mille hommes. Cette victoire, au rapport de Foucher de Chartres, fut due à la présence de la Vraie Croix que le roi fit porter devant lui dans le combat, et elle valut au royaume de Jérusalem une paix de sept mois, que les chroniqueurs signalent comme un fait extraordinaire. Baudouin offrit à une flotte génoise et pisane, qui se trouvait sur les côtes de Syrie, de l'aider à prendre Ptolémaïs aux mêmes conditions qui avaient été stipulées pour le siége de Césarée. Le roi assiégea la ville par terre tandis qu'elle était bloquée par mer, et amena les habitants à se rendre, au mois de mai 1104, en leur promettant de les laisser sortir de la place avec tout ce qu'ils possédaient. Baudouin força les Génois qui, à l'entrée des chrétiens dans Ptolémaïs, pillèrent et massacrèrent les Musulmans, à respecter la convention qu'il avait juré de faire observer. On s'émut au Caire et à Damas de la prise de Saint-Jean-d'Acre par le roi de Jérusalem, et une armée égyptienne ne tarda pas à paraître dans les plaines de Ramla. Baudouin courut à sa rencontre à la tête de cinq cents chevaliers et de deux mille hommes de pied ; la bannière blanche qu'il portait attachée à sa lance, montra le chemin de la victoire aux chrétiens, qui jonchèrent le champ de bataille de cinq mille Musulmans, au nombre desquels était l'émir d'Ascalon, et firent un butin immense surtout en chevaux, en chameaux et en ânes. Une flotte égyptienne qui avait paru devant Jaffa fut en même temps détruite par une tempête.

Togteghin, atabek du prince de Damas, pour se venger des incursions que Hugues de Tibériade avait faites sur le territoire de Damas, résolut d'aller assiéger Tibériade. Mais il y avait trois mille hommes de troupes dans la place, et Baudouin, qui s'y était rendu quelque temps auparavant, venait de se mettre en campagne. Des Turcs étant venus le trouver dans son camp, pour lui proposer la paix de la part de Togteghin, le roi les reçut avec bonté, et lorsqu'ils furent de retour auprès des leurs, ils parlèrent si avantageusement de ce prince et de son armée, que Togteghin ne voulut pas courir les chances d'un combat, et se retira précipitamment à Damas. Baudouin retourna à Jérusalem. Mais les Francs ne furent pas heureux dans une expédition qu'ils entreprirent ensuite contre la principauté de Damas : ils avaient voulu profiter des révolutions qui troublaient alors ce pays (voir l'article TURCS *Seldjoucides d'Alep*). Hugues de Tibériade, avec deux cents cavaliers et quatre cents hommes de pied, alla faire une incursion dans la plaine de Damas, et y enleva un grand butin qu'il conduisit à Césarée. Togteghin apprit la retraite de Hugues en même temps que son arrivée : il rassembla des troupes au plus vite, et s'achemina vers les montagnes par lesquelles le seigneur chrétien devait passer. Un combat s'y engagea; les Francs furent battus, et Hugues resta au nombre des morts sur le champ de bataille. Ce succès remit Togteghin en possession de tout le butin qui avait été enlevé. Vers ce même temps Archas, que les croisés n'avaient pu prendre lorsqu'ils s'avançaient vers Jérusalem, tomba au pouvoir des Francs, qui l'assiégèrent et la prirent, après avoir battu Togteghin dans la plaine voisine de la montagne des pèlerins. Baudouin aida Bertrand, fils de Raymond, comte de Saint-Gilles, à faire la conquête de Tripoli, pour laquelle il était venu en Syrie avec une flotte génoise. Tripoli devint un comté, qui fut le quatrième Etat fondé par les croisés en Orient, et Bertrand en prit possession comme vassal du roi de Jérusalem. Jacques de Vitry, décrivant les quatre Etats dont se composaient les colonies chrétiennes, dit que le premier était le comté d'Edesse, commençant à une forêt nommée Marith, et se prolongeant vers l'Orient, au delà de l'Euphrate; le second, la principauté d'Antioche, s'étendant d'un côté jusqu'à Tarse, de l'autre jusqu'au château de Margat, situé sur les bords de la mer; le troisième, le comté de Tripoli, qui s'étend le long de la mer, depuis le château de Margat, jusqu'au ruisseau qui coule entre Byblos et Béryte; le quatrième est le royaume de Jérusalem, qui commence aux frontières du comté de Tripoli, et finit au désert qui fait face à l'Egypte, au delà du château de Daroum. L'historien ajoute : « Pour que le pays fût mieux défendu et mieux gardé, les successeurs de Godefroy en retinrent la meilleure et la plus belle partie, savoir : Jérusalem, Naplouse, Acre et Tyr, avec quelques villes et villages. Les barons qui jurèrent fidélité au roi de Jérusalem, et qui s'engagèrent à le servir avec un certain nombre de soldats, furent le comte de Tripoli, le seigneur de Béryte, celui de Sidon, celui de Caïfa ou Porphyrie, celui de Césarée, le prince de Galilée, qui était aussi seigneur de Tibériade, le comte de Joppé et d'Ascalon, le seigneur de Montréal et de tous les pays au delà du Jourdain, le seigneur d'Arsur et d'Ibelim, avec quelques autres. »

Quelque temps après la prise de Tripoli, Baudouin dirigea ses forces contre Baïrout, qui résista à ses attaques pendant plus de deux mois. Cette ville fut prise le 17 mai 1110. La population fut passée presque tout entière au fil de l'épée, pour avoir brûlé, après la capitulation, ce qu'elle n'avait pu emporter de ses richesses. L'arrivée à Jaffa de Sigurd, fils de Magnus, roi de Norwége, avec dix mille pèlerins de sa nation, engagea Baudouin à proposer à ce prince de faire avec lui la conquête de Sidon. Sigurd demanda, pour toute récompense de sa coopération à cette entreprise, un morceau du bois de la Vraie Croix. Attaquée du côté de la mer par la flotte norwégienne, Sidon fut en même temps assiégée par Baudouin et par le comte de Tripoli. Après six semaines de résistance, les habitants capitulèrent à la condition que ceux d'entre eux qui voudraient abandonner la ville en sortiraient avec tout ce qu'ils pourraient emporter sur leurs têtes et sur leurs épaules. Des pèlerins venus d'Angleterre et de la ville de Brême prirent part à la conquête de Baïrout et de Sidon. Gervais, comte de Tibériade, étant tombé au pouvoir des Turcs, les Musulmans offrirent à Baudouin de rendre la liberté à ce seigneur en échange de Ptolémaïs, de Jaffa et de plusieurs autres villes. Le roi de Jérusalem proposa une forte rançon pour le rachat de Gervais, mais il répondit en même temps que, quant aux villes qu'on lui demandait, il ne les donnerait pas pour son propre frère Eustache. Gervais fut mis à mort par les Turcs sur une place de Damas. Togteghin et Maudoud, prince de Mossoul, s'entendirent et réunirent leurs forces pour combattre les Francs. Ils s'avancèrent vers Tibériade, en 1113, avec le projet de faire la conquête de Jérusalem. Prévenu de leur marche par le roi d'Arménie, Baudouin eut recours à Roger, prince d'Antioche, et au comte de Tripoli. L'armée turque, après s'être dirigée du Jourdain vers le Thabor, dont elle s'empara, assiégea Tibériade pendant trois mois, et en ravagea tous les environs. Le roi, ayant rassemblé sept cents cavaliers et quatre mille fantassins, alla se poster près de l'endroit où les Turcs étaient campés. Ceux-ci placèrent quinze cents hommes en embuscade, et en envoyèrent cinq cents pour attirer les Francs au piége où ils voulaient les prendre. Le roi eut, en effet, l'imprudence de poursuivre ces cinq cents hommes jusqu'au Thabor; et, donnant dans l'embuscade, il fut environné de toutes parts, et obligé de prendre la fuite. L'armée chrétienne fut complétement vaincue. Selon Ibn-Djiouzi, elle perdit deux mille de ses plus braves guerriers; Baudouin lui-même courut de grands dangers. Les cadavres ayant été jetés dans le lac de Tibériade, l'eau fut toute rougie de sang, et il devint impossible d'en boire pendant quelques jours. Maudoud et l'atabek de Damas envoyèrent au sultan les prisonniers avec les têtes des morts. Le lendemain de cette déroute, le prince d'Antioche et le comte de Tripoli arrivèrent avec leurs troupes. Ce renfort et quelques autres secours mirent Baudouin à la tête d'une armée de seize mille hommes, avec laquelle il occupa le haut de la montagne; les Turcs étaient dans la plaine, et on resta dans cette situation durant vingt-six jours. Pendant ce temps, Jérusalem restée sans défense fut exposée à être reprise par les Musulmans. Mais on était alors au commencement de l'automne, temps où arrivaient les pèlerins d'Occident. Les Turcs redoutaient qu'ils ne fussent en grand nombre, et, accablés d'ailleurs par la chaleur, dans les vallées où ils étaient campés, ils prirent le parti de se retirer dans les environs de Damas.

Après la victoire remportée par les Musulmans sur les chrétiens près de Tibériade, dit l'histoire des Atabeks, Maudoud, prince de Mossoul, se rendit à Damas, comptant y faire quelque séjour. Tous les vendredis, il allait à la mosquée pour y assister à la prière. Un jour, après qu'elle fut finie, il s'acheminait du côté du parvis de la mosquée, ayant sa main dans celle de Togteghin, atabek de Damas, lorsque tout à coup il fut assailli par un homme qui le frappa avec un couteau en quatre endroits différents. Maudoud fut transporté au palais de Togteghin. Il était en ce moment dans l'état de jeûne, et, comme on le pressait de prendre de la nourriture, il répondit : « J'aime mieux paraître devant Dieu en état de jeûne; je sens bien que c'est la même chose que je mange ou que je ne mange pas. » Il mourut le même jour. « On prétend, ajoute l'historien arabe, que ce furent les Bathéniens qui commirent ce meurtre, à cause de la crainte que Maudoud leur inspirait. Je croirais plutôt que Togteghin aposta le meurtrier. J'ai ouï dire à mon père qu'à la nouvelle de la mort de Maudoud, le roi de Jérusalem écrivit ces mots à Togteghin : *Un peuple qui s'ôte à soi-même son soutien, et cela un jour de fête, et dans le temple de son Dieu, mérite bien que Dieu l'extermine de dessus la terre.* »

Baudouin forma aussi le projet de s'emparer de Tyr, dont les habitants causaient beaucoup de dommages sur terre et sur mer aux pèlerins chrétiens. Dès que les Tyriens furent instruits de ce dessein, ils envoyèrent demander à Togteghin des secours et la permission de mettre en sûreté, dans la ville de Damas, ce qu'ils avaient de plus précieux. Mais le convoi qu'ils dirigèrent vers Damas tomba dans une embuscade que lui avait fait dresser le roi de Jérusalem, qui avait été informé du jour et du lieu où il devait passer. Avant que Baudouin eût mis le siége devant Tyr, Togteghin y fit entrer cinq cents soldats ; mais, lorsque la place fut investie, de nouvelles troupes qu'il envoyait ne purent y pénétrer. La vigoureuse résistance des habitants avait forcé Baudouin à renoncer à son projet de prendre cette place; mais il revint l'assiéger de nouveau, et entoura son camp d'un fossé pour le défendre des attaques incessantes de Togteghin. L'atabek de Damas arma aussi des navires pour empêcher les secours d'arriver par mer aux chrétiens, qui furent obligés de lever le siége.

L'année suivante un horrible tremblement de terre causa de grandes ruines dans la plupart des villes des colonies chrétiennes. Le désordre des mœurs y était grand, et on eut recours à la pénitence pour fléchir la colère du ciel. L'émir de Damas, menacé par les armées musulmanes du prince de Mossoul et du calife de Bagdad, appela à son secours le roi de Jérusalem, le prince d'Antioche et le comte de Tripoli, et la Syrie fut préservée d'une invasion qui lui aurait été funeste. Baudouin tourna ensuite ses vues vers l'Arabie, où il fit une excursion, et où il construisit sur une montagne une forteresse qui s'appela Montréal. L'année suivante, c'est-à-dire en 1116, il traversa entièrement les déserts de l'Arabie, et s'avança jusque vers la mer Rouge. Au mois de février 1118, Baudouin réunit ses meilleures troupes, et entreprit une expédition en Egypte. Il était arrivé aux bords du Nil, lorsqu'il fut attaqué d'une maladie d'entrailles. Il fallut songer à retourner à Jérusalem. Le roi traversa le désert situé entre l'Egypte et la Syrie sur une litière faite avec les pieux des tentes, et arriva ainsi à El-Arish. Quand il se sentit près de mourir, il pria ceux qui l'entouraient de ne point abandonner son corps sur une terre étrangère; mais tous lui répondirent, en pleurant, que la chaleur brûlante qu'il faisait ne permettait pas de conserver un cadavre. Ayant fait alors appeler son cuisinier, après avoir exigé de lui le serment qu'il exécuterait ses dernières volontés, il lui dit : « Tu sais que je vais bientôt mourir; comme tu m'as aimé pendant ma vie, montre-toi encore fidèle après ma mort : ouvre mon corps, embaume-le intérieurement et extérieurement; remplis d'aromates mes yeux, mes narines, mes oreilles et ma bouche, et ne refuse pas, comme les autres, de me transporter à Jérusalem. » Baudouin ne laissait aucun enfant des trois femmes qu'il avait eues. Il recommanda aux suffrages de ceux qui seraient chargés de lui donner un successeur son frère Eustache, ou son parent Baudouin du Bourg, comte d'Edesse. Après s'être occupé de ces dispositions, il se confessa, reçut le sacrement de l'eucharistie, et expira le 7 avril 1118, dans la dix-huitième année de son règne. Ses compagnons d'armes accomplirent ses dernières volontés et transportèrent son corps à Jérusalem, où ils arrivèrent le dimanche des Rameaux. Baudouin du Bourg, qui entra ce jour-là même dans la ville sainte, où il venait célébrer les fêtes de Pâques, assista aux funérailles de son parent, dont les restes furent déposés dans l'église du Saint-Sépulcre, près de ceux de son frère Godefroy. Le second abréviateur de Foucher de Chartres dit qu'à la nouvelle de la mort de Baudouin le deuil fut général : les Francs poussèrent des cris de douleur, les Syriens se lamentèrent, et les Sarrasins mêmes s'attristèrent. « Qui aurait pu, en effet, ajoute le chroniqueur, retenir ses pleurs en voyant tomber avec un seul prince toutes les forces du royaume? »

Baudouin déploya une activité infatigable et une brillante valeur dans la guerre qu'il ne cessa pas un seul instant de faire aux ennemis du nom chrétien, durant tout son règne. Son courage imprudent compromit quelquefois le sort de l'Etat; mais il sut toujours réparer ses fautes, et le royaume fondé par les croisés s'accrut considérablement entre ses mains. Aux places importantes de Césarée, de Ptolémaïs, de Baïrout et de Sidon, dont il fit la conquête, il ajouta des forteresses qu'il fit construire. Il s'occupa de repeupler Jérusalem et son territoire, en y attirant les chrétiens dispersés dans toute la Syrie et jusqu'en Egypte et en Arabie. Il fonda divers établissements religieux, et obtint du pape Pascal II que toutes les villes enlevées aux infidèles ressortiraient du siége patriarcal de Jérusalem. Ce même pape apaisa les différends qui s'étaient élevés entre Baudouin, qui voulait faire servir les biens de l'Eglise à l'entretien des troupes, et le patriarche Daimbert, qui repoussait cette prétention. Le souverain pontife agit avec une prudence qui évitait de *rabaisser la dignité de l'Eglise au profit du pouvoir des princes, et de mutiler le pouvoir des princes au profit de la dignité de l'Eglise.*

Guillaume de Tyr fait observer qu'Eustache, frère de Baudouin, était l'héritier légitime de ce prince. Mais Eustache était en Europe, et la situation du pays ne permettait pas qu'on laissât le trône longtemps vacant. Josselin de Courtenay, quoique Baudouin du Bourg l'eût chassé du comté d'Edesse, où il l'avait d'abord bien accueilli, fit observer que ce prince était de la famille des deux premiers rois de Jérusalem, et qu'il se recommandait aux choix des seigneurs du royaume par la manière dont il gouvernait le comté d'Edesse. Baudouin avait l'avantage d'être présent; le patriarche fut favorable à son élection, et il fut proclamé roi et couronné le jour de Pâques 1118, dans l'église du Saint-Sépulcre. Josselin obtint, en récompense du service qu'il venait de rendre au nouveau souverain, le comté d'Edesse en échange de la seigneurie de Tibériade, dont il était en possession. Au début de son règne, en 1120, Baudouin II marcha contre Ilghazi, prince ortokide de Mardin, qui ravageait la principauté d'Antioche, après avoir remporté sur Roger une bataille, dans laquelle ce prince avait perdu la vie. Le roi défit Ilghazi et lui tua quatre mille hommes. Mais à peine était-il revenu triomphant à Jérusalem, qu'il apprit que le nouveau comte d'Edesse avait été surpris et fait prisonnier, avec son parent Galeran, par l'émir ortokide Balak, qui avait succédé à Ilghazi à Mardin. Baudouin se mit aussitôt en marche pour faire rendre la liberté à Josselin. Mais il tomba lui-même dans les embûches de Balak, et fut fait prisonnier en 1123. Cinquante Arméniens se dévouèrent pour le délivrer, lui et ses compagnons d'infortune; ils réussirent à s'emparer de la forteresse où étaient enfermés les illustres prisonniers, et Josselin alla chercher à Jérusalem des secours à la tête desquels il arrivait, lorsqu'il apprit que la forteresse avait été reprise par les Turcs, et que Baudouin avait été conduit dans le château de Haran. Les Musulmans d'Egypte profitèrent de la captivité du roi pour venir assiéger Jaffa par terre et par mer. Les chrétiens se préparèrent à la défense par un jeûne rigoureux, auquel furent soumis les enfants à la mamelle, et les animaux eux-mêmes. Le son de la grosse cloche de Jérusalem appela aux armes tous les guerriers, qui se mirent en campagne sous les ordres d'Eustache d'Agrain, comte de Sidon, qui avait été nommé régent du royaume pendant l'absence du roi. Le patriarche portait le bois de la Vraie Croix à la tête de l'armée. On rencontra les infidèles dans un lieu nommé Ibelin; le ciel vint au secours des chrétiens par un prodige, rapportent les chroniques, et l'ennemi, quoique deux fois plus nombreux que les soldats de la croix, fut vaincu, et forcé de se réfugier dans Ascalon.

Une flotte vénitienne arriva alors dans le port de Ptolémaïs, et le doge qui la commandait en personne fut conduit avec enthousiasme à Jérusalem. Dans un conseil tenu devant le régent du royaume et le doge de Venise, il fut résolu qu'on irait assiéger ou Tyr ou Ascalon. Pour se décider entre ces deux villes, on consulta la volonté de Dieu en plaçant sur l'autel du Saint-Sépulcre deux billets portant, l'un le nom de Tyr, et l'autre celui d'Ascalon. Un jeune orphelin, qui avait été chargé de prendre au hasard un des deux billets, mit la main sur celui où était écrit le nom de Tyr. Les Vénitiens stipulèrent, avant d'entreprendre l'opération, qu'il leur serait accordé des avantages considérables. Tyr, dont l'historien qui en fut archevêque fait une description intéressante, appartenait aux Egyptiens, à l'exception d'un tiers de la ville, qui avait été cédé à Togteghin, pour l'empêcher de s'emparer du reste, et pour l'engager à secourir cette place contre les Francs. Quand les chrétiens investirent cette ville au mois de mars 1123, elle renfermait, outre les habitants, que le commerce de la Méditerranée avait enrichis, les Musulmans que la conquête chrétienne avait chassés de Césarée, de Ptolémaïs, de Sidon, de Byblos, de Tripoli et de toutes les villes voisines, situées sur les bords de la mer. Les Vénitiens s'emparèrent de l'entrée du port, et s'établirent sur un terrain qui en était voisin, après y avoir mis leurs vaisseaux à sec. L'armée de terre éleva ses machines, et, sous les ordres du patriarche Gormond, et du régent du royaume, elle commença à battre les murailles. Les Tyriens opposèrent des machines à celles des Francs, firent des sorties et détruisirent les travaux. On se battit longtemps avec un succès égal de part et d'autre. L'arrivée de Pons, comte de Tripoli, redonna de l'ardeur aux assiégeants, qui s'étaient laissés gagner par l'abattement et diviser par la discorde, et jeta le désespoir dans la ville. Le courage des habitants se ralentit, malgré les efforts d'un détachement de sept cents hommes des troupes de Damas, qui exhortaient, par leurs discours, et par leur exemple, les Tyriens à se défendre.

Pendant que les Francs poussaient le siége de Tyr avec vigueur, les troupes égyptiennes d'Ascalon, voyant que le royaume de Jérusalem était entièrement dégarni de défenseurs, s'avancèrent vers les montagnes où est située Jérusalem, et tuèrent quelques habitants qui étaient dispersé; dans les environs de la ville; mais tous les chrétiens s'étant réunis pour la défense de leurs murailles, les troupes d'Ascalon s'en retournèrent. Les Francs de Jérusalem les poursuivirent, et leur enlevèrent quelques soldats. Les Tyriens, cependant, craignant de succomber sous les efforts des assiégeants, informèrent de leur situation le calife d'Egypte et Togteghin. Le prince de Damas vint aussitôt, à la tête d'une nombreuse armée, camper à Panéas, d'où il écrivit des lettres pressantes au Caire pour demander des troupes et des provisions. Le bruit se répandit alors qu'une flotte considérable était sortie des ports d'Egypte. Les Francs, dans l'appréhension que toutes ces forces réunies ne vinssent les attaquer en même temps, résolurent d'aller combattre Togteghin. Ils se partagèrent en trois corps. Le comte de Tripoli et Guillaume de Buris, connétable du royaume, furent chargés de marcher contre l'ennemi. Le doge de Venise, avec les vaisseaux qu'il avait amenés en Orient, fut destiné à s'opposer à la flotte des Egyptiens, et le reste des troupes, avec une partie des Vénitiens, resta dans le camp pour continuer le siége. Mais le calife n'ayant point envoyé de secours, Togteghin n'eut pas plutôt appris la marche des Francs qu'il se retira dans ses Etats. Les chrétiens alors retournèrent au siége, qu'ils poursuivirent avec plus de vigueur que jamais. Il se fit de part et d'autre des actions de valeur incroyables, et, malgré leur courageuse résistance, les Tyriens furent contraints de songer à se rendre. Le prince de Damas vint se présenter une seconde fois dans les environs de Panéas, d'où il envoya aux chefs des Francs des ambassadeurs pour traiter de la reddition de Tyr. Il fut convenu que les Musulmans sortiraient de la place avec leurs femmes, leurs enfants et tout ce qu'ils possédaient. Les chrétiens prirent le 7 juillet 1124 possession de cette ville importante, dont les deux tiers appartinrent au roi de Jérusalem, et un tiers aux Vénitiens. La nouvelle de la prise de Tyr fut accueillie par des transports de joie à Jérusalem. On chanta un *Te Deum* au bruit de toutes les cloches des églises, on fit une procession solennelle, on plaça des drapeaux sur les murs et sur les tours de la ville, et on orna le devant des maisons d'étoffes de diverses couleurs, nous apprend Foucher de Chartres.

Le roi Baudouin profita de l'effet que produisirent les victoires des chrétiens sur l'esprit des Musulmans pour traiter de sa rançon, et il obtint sa liberté le 29 août 1124. Après avoir tenté inutilement de s'emparer d'Alep, il retourna dans sa capitale, où les guerriers du royaume s'empressèrent de venir l'entourer. Il marcha à leur tête contre les Turcs qui dévastaient la principauté d'Antioche, et remporta contre eux une victoire complète. En 1126, Baudouin II pénétra dans les Etats de Togteghin, prince de Damas, plus avant que les Francs n'y étaient jamais entrés. Togteghin rassembla toutes ses troupes à la hâte, et marcha à la rencontre des chrétiens. La victoire fut longtemps disputée. Baudouin, en se précipitant au milieu des Turcs, força Togteghin à s'enfuir avec sa cavalerie. Mais, tandis que les Francs la poursuivaient, l'infanterie turcomane entra dans leur camp et le pilla. Au rapport de Guillaume de Tyr, le succès des Francs fut complet; Aboulféda prétend, au contraire, que les Turcomans les obligèrent à la retraite. Quoique les monuments manquent pour concilier cette différence entre l'historien latin et l'historien arabe, il paraît que ce furent les infidèles qui furent battus, puisque les chrétiens s'emparèrent d'une forteresse voisine du champ de bataille. Togteghin, qui avait usurpé sur les Seldjoucides la principauté de Damas, et qui s'était rendu si redoutable aux Francs, mourut en 1128, laissant pour successeur son fils aîné. Foulques, comte d'Anjou, petit-fils de Foulques le Rechin, après avoir fait un premier pèlerinage en terre sainte, y fut ramené par le chagrin d'avoir perdu sa femme Eremberge. Il entretenait cent hommes d'armes à la tête desquels il combattait les infidèles, et se fit remarquer par son zèle pour la défense de la religion et par sa bravoure. Baudouin, qui n'avait point de fils, lui donna sa fille Mélisende en mariage, en 1129, et le fit reconnaître pour son successeur. Les Francs formèrent le dessein de prendre Damas, et envoyèrent en Occident Hugues des Païens, grand maître du Temple, pour solliciter des secours. Hugues ayant ramené avec lui plusieurs seigneurs chrétiens, le roi Baudouin, Foulques, comte d'Anjou, Pons, comte de Tripoli, Bohémond II, prince d'Antioche, et Josselin, comte d'Edesse, tinrent conseil et résolurent d'entreprendre une expédition contre Damas. S'étant mis aussitôt en marche, ils allèrent camper dans les environs de cette ville. Les Bathéniens étaient alors très-puissants en Syrie, et les Francs avaient noué des intelligences avec l'un d'eux, qui devait leur livrer Damas. Mais la conspiration fut éventée, et le prince de Damas, Bouri, fils de Togteghin, fit massacrer tous les Bathéniens, au nombre d'environ six mille, qui étaient dans sa capitale. Les Francs, qui ignoraient la découverte du complot, s'étant approchés de Damas, furent repoussés par Bouri, et se regardèrent comme très-heureux d'échapper à sa poursuite. Ils souffrirent aussi beaucoup d'un orage qui inonda tout le pays. Les Bathéniens, qui étaient maîtres de Panéas, leur livrèrent cette forteresse, et se retirèrent avec eux.

Baudouin tomba malade en revenant d'Antioche, et mourut le 21 août 1131, dans la quatorzième année de son règne. Il avait été pendant dix-huit ans comte d'Edesse. C'était un prince doux et pieux.

Il avait accordé à ses sujets une charte de franchise, *paginam communitatis*, comme l'appelle Guillaume de Tyr, qui les exempta de tous les droits d'entrée et de sortie perçus sur les marchandises. Les franchises particulières qu'il accorda, en outre, à la ville de Jérusalem, en doublèrent la population. Pendant tout le règne de ce prince, le royaume de Jérusalem fut sans cesse aux prises avec les Musulmans de Damas et d'Ascalon, et la principauté d'Antioche avec ceux des bords de l'Euphrate et du Tigre. La population des colonies chrétiennes était un mélange de toutes les nations, au milieu duquel étaient professées, à côté du vrai culte, les différentes sectes qui avaient altéré le christianisme en Orient. Cet état de choses ne pouvait manquer d'engendrer la corruption des mœurs. Baudouin s'entendit avec le patriarche pour assembler à Naplouse un synode, auquel assistèrent les grands du royaume et les notables du clergé et du peuple, et où on établit des peines sévères pour la répression du libertinage.

Foulques d'Anjou succéda sans difficulté à son beau-père Baudouin II, et fut couronné le 14 septembre 1131. Au commencement de son règne, il fut obligé de se rendre deux fois dans la principauté d'Antioche pour réprimer l'ambition d'Alix, veuve de Bohémond II. Quand il rentra dans ses Etats, Hugues, comte de Jaffa, fut accusé par son beau-père Gauthier, comte de Césarée, de félonie envers le roi. Des historiens prétendent qu'il entretenait des liaisons coupables avec la reine Mélisende. Suivant la coutume du royaume, un combat en champ clos devait avoir lieu entre l'accusé et l'accusateur; mais le comte de Jaffa ne se présenta pas, et il fut déclaré coupable. Il réclama alors l'appui des Musulmans d'Ascalon, qui firent des incursions sur le territoire chrétien. Pour punir cette trahison, Foulques alla assiéger Hugues dans Jaffa. L'intervention charitable du patriarche de Jérusalem rétablit la paix entre le souverain et le vassal. Le comte de Jaffa s'était soumis à un exil de trois ans, lorsqu'il fut frappé de plusieurs coups d'épée par un soldat dans les rues de Jérusalem. On ne manqua pas d'accuser le roi de ce crime. Mais l'assassin déclara qu'il n'avait reçu aucun ordre, et qu'il croyait avoir servi sa religion et son roi. Hugues guérit de ses blessures, et mourut en exil en Sicile.

Bouri étant mort, en 1132, assassiné par les Bathéniens, avait eu pour successeur son fils Ismaël. Le nouveau prince de Damas fit, l'année suivante, le siége de Panéas, et enleva cette place aux chrétiens en leur faisant un très-grand nombre de prisonniers, qu'il leur rendit ensuite. La principauté d'Antioche fut alors menacée par l'empereur grec Jean Comnène; mais le roi de Jérusalem ne put aller à son secours, parce qu'il était lui-même assiégé par les troupes de Zenghi, prince de Mossoul et d'Alep, dans le château de Montferrand, après la perte d'un combat qu'il avait livré aux infidèles avec Raymond, comte de Tripoli. Tous les chrétiens de la Syrie, le prince d'Antioche et le comte d'Edesse s'armèrent pour la délivrance du roi, à qui avait déjà été arraché un traité de paix favorable à Zenghi. Quand Zenghi parut sur le théâtre de la lutte entre le christianisme et l'islamisme, dans toute la Syrie, il n'y avait plus qu'Alep, Emèse, Hama et Damas qui n'eussent pas subi la domination des guerriers de l'Occident. Un passage de l'histoire des Atabeks prouve à quel point les chrétiens s'étaient rendus redoutables aux Musulmans. « Au moment où Zenghi prit possession des provinces, dit l'auteur de cette histoire, les Francs avaient étendu leurs conquêtes, multiplié leurs armées, répandu la crainte, établi la tyrannie, manifesté leur malice, dévoilé leur méchanceté, excité leur convoitise, et porté leurs invasions dans les terres de l'islamisme. Enhardis par la faiblesse des Musulmans, ils ne cessaient de les attaquer, les persécutaient de toutes les manières, les inquiétaient, les tourmentaient, les exterminaient. Les étincelles de leur cruauté s'étaient répandues dans la contrée, et les peuples étaient environnés de leurs violences et en proie à leurs ravages. Les étoiles du bonheur de l'islamisme s'étaient abaissées sous l'horizon, et le ciel de sa gloire s'était fendu; le soleil de ses destinées se cachait dans les nuages; les drapeaux de l'infidélité se déployaient sur les provinces musulmanes, et les victoires de l'impiété accablaient les disciples de la foi. » Le même historien ajoute que si Dieu n'avait fait aux Musulmans la grâce de leur donner Zenghi pour maître, c'en était fait de la Syrie. En voyant l'attitude que prenait Zenghi, les Francs s'adressèrent à l'empereur de Constantinople, qui était alors en Syrie, et tous les princes chrétiens se réunirent à Jean Comnène. Mais Zenghi, avec sa duplicité accoutumée, écrivit à l'empereur et aux princes des lettres qui les brouillèrent. Il disait aux Francs : « Si l'empereur parvient seulement à occuper une de vos places, il voudra les avoir toutes. » D'un autre côté, il faisait entendre à l'empereur que les Francs se défiaient de lui. L'empereur se retira, comme le désirait Zenghi, et cette expédition fut sans résultat. Zenghi désirait s'emparer de Damas et se rendre maître de toute la Syrie. Les chrétiens aidèrent le prince de cette ville à résister à Zenghi, qui fut forcé de renoncer à son projet. Le prince de Damas, en reconnaissance du service que les chrétiens lui avaient rendu, et conformément au traité qu'il avait conclu avec eux, les aida à reprendre Panéas, qui avait été livrée à Zenghi. Cette place-forte ne put résister à l'union des forces du prince de Damas, du roi de Jérusalem, du prince d'Antioche et du comte de Tripoli. Foulques d'Anjou ne survécut pas longtemps à la conquête de Panéas : il mourut le 13 novembre 1142, d'une chute de cheval qu'il avait faite à la chasse. Il n'avait pas conservé, dans les dernières années de sa vie, la force et l'activité nécessaires au roi d'un Etat environné d'ennemis. Les colonies chrétiennes en Orient avaient atteint l'apogée de leur puissance vers le temps de son avénement au trône, et leur décadence date de son règne. Baudouin III, l'aîné des deux fils de Foulques, qui était encore enfant, succéda à son père sous la régence de sa mère Mélisende, et fut couronné le jour de Noël 1142, dans l'église du Saint-Sépulcre. Ce jeune prince montrait d'heureuses dispositions mêlées à un vif penchant pour la dissipation; mais, en avançant en âge, il travailla avec succès, au rapport de Guillaume de Tyr, à la correction de ses défauts et à l'affermissement de ses bonnes qualités. La reine Melisende gouverna avec sagesse, pendant la minorité de Baudouin; mais elle était très-attachée au pouvoir, et la peine avec laquelle elle y renonça, quand il fallut le transmettre à son fils, occasionna des troubles dans le royaume. Baudouin III inaugura son règne par une expédition dans le pays de Moab, où il fit preuve de bravoure.

En 1143, un des principaux officiers du prince de Damas, Arménien d'origine, se rendit à Jérusalem avec une partie de sa famille, et offrit aux Francs de leur livrer la ville de Bosra, avec une autre place dont il était également gouverneur. Les chrétiens se mirent en marche en se dirigeant vers Tibériade. Comme on avait fait une trêve avec le régent de la principauté de Damas, on l'avertit de se mettre en état de défense. Il reprocha au roi de Jérusalem son infidélité aux traités; mais, comme il désirait la paix, d'où dépendait la conservation de l'Etat de Damas, qui était exposé aux incursions des princes atabeks, il proposa aux Francs de leur payer toutes les dépenses de leur armement. Baudouin III lui fit répondre qu'il n'avait point envie de rompre la trêve. Le régent Anar se serait volontiers contenté de cette explication, parce qu'il tenait d'autant plus à ménager les Francs, qu'il redoutait beaucoup son gendre Nour-Eddin, fils de Zenghi. Les chrétiens furent fâchés que leur roi ne continuât pas une expédition dans laquelle ils espéraient faire un grand butin, et ils forcèrent Baudouin, par leurs mouvements séditieux, à entreprendre une guerre injuste. Après des fatigues excessives, et une route pendant laquelle elle avait été exposée sans cesse aux insultes de l'ennemi, l'armée chrétienne arriva dans le voisinage de Bosra, et apprit que cette ville avait été remise aux Turcs par la femme de l'émir qui leur avait promis de la leur livrer. Incertains sur le parti qu'ils devaient prendre, et se voyant dans un danger auquel ne se présentait aucun moyen d'échapper, les Francs conseillèrent à Baudouin de s'y dérober par la fuite, et de sauver au moins sa personne. Le roi n'ayant point voulu consentir à suivre ce conseil, les chrétiens se remirent en marche. Nour-Eddin venait d'arriver avec une armée au secours d'Anar. Les Francs furent obligés de s'ouvrir un chemin au milieu de leurs ennemis. Suivant l'ordre du roi, ils emportaient sur leurs chevaux et sur leurs bêtes de somme tous les hommes qu'ils perdaient, afin que les Turcs n'en connussent point le nombre. Ceux-ci, en effet, ne voyant point de morts, malgré le grand nombre de flèches qu'ils lançaient, s'imaginèrent que les Francs étaient invulnérables à leurs traits; ils mirent alors le feu aux buissons et aux broussailles dont la plaine était couverte, et, sans un changement de vent obtenu, disent les chroniqueurs, par les prières de l'évêque de Nazareth, tous les soldats de la croix auraient été ou brûlés par les flammes, ou étouffés par la fumée. Baudouin se vit réduit à une telle extrémité qu'il envoya faire des propositions de paix à Anar; mais le parlementaire qui en était porteur fut tué sans avoir pu parvenir auprès du régent de Damas. Les Arabes qui étaient dans l'armée turque ne cessèrent de harceler les Francs que quand ils eurent atteint le territoire du royaume de Jérusalem, sur lequel ils rentrèrent du côté de Tibériade. L'émir de Bosra, qui avait engagé les chrétiens dans un si mauvais pas, étant retourné plus tard à Damas, Anar lui fit arracher les yeux.

Zenghi, par la prise d'Edesse, dont il s'empara en 1144, devint, en détruisant une des colonies chrétiennes, le héros du monde musulman; mais il fut assassiné par ses esclaves en 1145. L'effet que produisit la mort du fondateur de la puissance des Atabeks est ainsi décrit par l'auteur de leur histoire : « Quelle étoile de l'islamisme s'éclipsa! Quel protecteur de la religion se retira! Quel océan de bonté se sécha! Quelle pleine lune de bonnes qualités se coucha! Quel lion fut à son tour la proie d'un autre! Quelle peine n'avait-il pas prise pour policer ses provinces, y établir le bon ordre! Quelle sollicitude n'avait-il pas montrée pour défendre ses domaines et les protéger! Eh bien! lorsqu'il fut arrivé au terme de ses souhaits, quand il eut reculé les bornes de son empire, et qu'il devint formidable aux nations; quand son autorité se fut affermie, que les difficultés se furent aplanies, que les inquiétudes eurent cessé; quand il eut humilié les Turcs, les Francs et les Grecs, et que tout trembla devant lui, il tomba aux mains de l'exterminateur des nations, de celui qui emporte tous les humains, jeunes et vieux, etc... Privé d'un tel soutien, l'islamisme maigrit et montra un regard sombre; l'infidélité, délivrée de son plus mortel ennemi, apparut pleine de joie et prit de l'embonpoint. »

Dans la consternation où la chute d'Edesse plongea les colonies fondées en Asie par les croisés, elles tournèrent leurs regards vers l'Europe et réclamèrent les secours de l'Occident. Un évêque, accompagné d'un grand nombre de prêtres et de chevaliers, fut envoyé à Viterbe auprès du souverain pontife. Saint Bernard reçut du pape Eugène III la mission de prêcher une nouvelle croisade, et sa voix éloquente recruta de nombreuses armées, qui partirent pour la défense des chrétiens d'Orient. L'empereur d'Allemagne, Conrad III et Louis VII, roi de France, après avoir perdu en Asie Mineure la majeure partie des forces qu'ils amenaient en Syrie, arrivèrent à Jérusalem au printemps de l'année 1148. Le jeune Baudouin III les accueillit avec l'espérance que leur séjour dans ses Etats en assurerait la stabilité et en étendrait les limites. Il convoqua à Ptolémaïs une assemblée du clergé et des grands de son royaume, où siégèrent, à côté de lui, l'empereur et le roi de France, accompagnés des seigneurs venus en Orient avec eux. La reine Mélisende assista à cette assemblée; mais l'absence du prince d'Antioche, du comte de Tripoli et de Josselin témoigna de la discorde qui partageait les chefs des Etats chrétiens fondés par la précédente croisade. Il ne fut pas question de venger la chute d'Edesse; toutes les vues se tournèrent vers Damas, dont le siége fut résolu. L'empire des Seldjoucides s'affaiblissait alors de plus en plus dans la Syrie, et les Atabeks, qui étaient originairement des officiers attachés au service des sultans de Perse, avaient fait, sous la conduite de Zenghi, et faisaient tous les jours, sous celle de son fils Nour-Eddin, de nouvelles conquêtes dans les pays occupés par les Francs, en même temps que dans les Etats qui avaient appartenu aux Seldjoucides de Damas. La seconde croisade, provoquée par la prise d'Edesse, semblait ne s'être formée que pour la perte des Atabeks, alors les plus puissants ennemis des Francs, et elle vint fondre, cependant, sur la principauté de Damas, dont le régent s'était attaché à gagner les bonnes dispositions des Francs, par crainte des entreprises de Zenghi.

Baudouin, avec tous les barons de son royaume, joignit ses troupes, réunies aux Templiers et aux Hospitaliers, à celles qui étaient arrivées d'Europe, et l'armée se mit en marche, le 25 de mai 1148, pour aller faire le siége de Damas. Lorsque les Francs furent arrivés à environ deux lieues de cette ville, ils se partagèrent en trois corps; le premier était composé des Francs de Syrie et commandé par le roi de Jérusalem; la connaissance que ces troupes avaient du pays leur avait valu l'honneur d'ouvrir la marche. Les Français, conduits par leur roi Louis VII, formaient le second corps, destiné à soutenir le premier. L'empereur Conrad formait le troisième corps avec les Allemands. « Les Turcs, dit Odon de Deuil, frémirent en voyant, du haut des remparts, approcher une armée aussi formidable; il n'y avait là rien d'extraordinaire, car ils savaient qu'ils allaient avoir à combattre la fleur de la noblesse française. » Il y avait à l'occident et au nord de Damas une grande plaine d'environ deux lieues d'étendue. Elle était toute couverte de vergers et présentait l'aspect d'une forêt. De mauvais murs faits de boue, entre lesquels on avait ménagé des sentiers étroits, enfermaient les jardins de chaque particulier. Ces massifs d'arbres étaient regardés comme une des meilleures fortifications de Damas. C'est cependant de ce côté que les Francs résolurent d'attaquer la ville, dans le double but de s'emparer des fruits des vergers et d'en priver les habitants. Le roi de Jérusalem eut beaucoup de peine à pénétrer dans tous ces sentiers, dont l'entrée était partout défendue par des Turcs embusqués derrière les murs. Malgré leur résistance, ces jardins furent emportés. Les Turcs se retirèrent alors sur les bords du fleuve, pour empêcher les Francs d'y venir prendre de l'eau. Mais l'empereur Conrad, impatient de ce que les premiers corps ne repoussaient pas l'ennemi assez promptement, passa de l'arrière-garde à l'avant-garde, et fondant sur les Turcs l'épée à la main, les força à rentrer dans la ville. Les habitants étaient disposés à l'abandonner, et faisaient déjà leurs préparatifs pour n'être point inquiétés par les Francs dans cette retraite, lorsque Seïf-Eddin, prince de Mossoul, qu'Anar avait appelé à son secours, arriva à Edesse avec une armée dont l'approche fit renaître la confiance dans Damas. On ne s'occupait plus dans l'armée chrétienne que de savoir à qui appartiendrait la ville qu'on allait prendre, croyait-on. Il fut, après bien des intrigues, décidé qu'elle serait donnée à Thierri, comte de Flandre. Mais alors Anar fit entendre aux Francs de Syrie qu'il serait dangereux pour eux que les Français et les Allemands, nouvellement arrivés en Syrie, se rendissent trop puissants, et que le prince de Mossoul se rendît maître de Damas, d'où il menacerait Jérusalem. Les sujets de Baudouin conçurent les craintes qu'Anar leur inspirait, et ils engagèrent l'empereur et le roi de France à abandonner les jardins pour porter les attaques d'un autre côté, où la place, présentant des fortifications plus faibles, serait plus facilement emportée. Ils s'arrangèrent en même temps pour faire manquer les provisions; vingt mille Turcomans et Curdes vinrent augmenter le nombre des défenseurs de la ville; plusieurs assauts livrés par les chrétiens furent repoussés, et on fut forcé de lever le siége. Damas, dont les chrétiens laissèrent ainsi échapper l'importante conquête, devint bientôt après celle de Nour-Eddin, et passa sous la puissance des Atabeks de Syrie. Un vif sentiment de jalousie ne cessa jamais d'exister entre les Francs primitivement établis en Syrie et ceux qu'y amenait chaque nouvelle expédition qui partait de l'Occident. Cette désunion était une des principales causes de la faiblesse des colonies chrétiennes en Orient. Après la levée du siége de Damas, les armées chrétiennes reprirent le chemin de Jérusalem, d'où Conrad d'abord et Louis ensuite retournèrent dans leurs Etats.

Ce sont les revers des chrétiens devant Damas qui, au jugement de Guillaume de Tyr, ont commencé la décadence de leur empire en Orient. Sans la possession de Damas et d'Alep, leur domination sur la Syrie ne pouvait être que précaire, et elle s'écroula principalement parce qu'ils ne parvinrent pas à se rendre maîtres de ces deux villes. Le déclin de leur puissance se fit sentir d'abord par la défaite et la mort de Raymond, prince d'Antioche, et par la captivité de Josselin, qui, ayant été surpris par les Turcomans, lorsqu'il se rendait à Antioche.

fut enfermé à Alep, où il mourut des suites de ses débauches et de chagrin en même temps. Pour que rien ne manquât aux malheurs des colonies chrétiennes, la reine Mélisende et son fils Baudouin se disputèrent le gouvernement du royaume. Au milieu de cette anarchie, un corps de Turcs parti de la Mésopotamie et commandé par deux princes ortokides, traversa Damas, s'approcha de Jérusalem, et parvint sans obstacle jusque sur la montagne des Oliviers. Mais ils laissèrent aux habitants le temps de revenir de la terreur qu'avait d'abord causée leur apparition : les chevaliers des ordres militaires déterminèrent tous les hommes en état de porter les armes à prendre la défense de la ville sainte. On pénétra à la faveur de la nuit dans le camp des Turcs, qui furent repoussés. Baudouin les rencontra, en revenant de la frontière à Jérusalem, et leur tua cinq mille hommes, et la garnison de Naplouse les força à se jeter dans le Jourdain. En 1153 Baudouin résolut de s'emparer d'Ascalon. Tous les évêques, tous les barons et tous les chevaliers de la Palestine prirent part à cette expédition, et le patriarche de Jérusalem portait la Vraie Croix de Notre-Seigneur à la tête de l'armée. Une flotte de quinze navires, commandée par Gérard, seigneur de Sidon, bloquait la place du côté de la mer, tandis que Baudouin l'assiégeait par terre. Aux fêtes de Pâques, un grand nombre de pèlerins, arrivés d'Occident dans les ports de Ptolémaïs et de Jaffa, vinrent renforcer les assiégeants. Les attaques duraient depuis cinq mois lorsqu'une flotte égyptienne parut devant la ville, en chassa les navires de Gérard de Sidon, et ravitailla la place. Le découragement s'empara des seigneurs de la Palestine et de ceux qui étaient récemment venus d'Europe, et on proposa de lever le siége; mais le clergé et les ordres militaires s'opposèrent énergiquement à cette retraite, et le conseil des chefs adopta leur avis. On redoubla d'ardeur dans les attaques et on fit une brèche aux murs de la place. Les Templiers y pénétrèrent, mais ils furent repoussés, parce qu'ils avaient voulu entrer seuls dans la ville, pour s'emparer de toutes les dépouilles de l'ennemi. Le roi désespérait de prendre Ascalon, mais le patriarche et les évêques persistèrent à conseiller la persévérance dans les opérations du siége. Les habitants reconnurent l'inutilité de la résistance contre une *nation de fer*, et la ville capitula le 19 août 1153. Les troubles qui agitaient alors l'Egypte, en laissant Ascalon sans secours, facilitèrent la conquête de cette ville par les chrétiens. La possession de cette place ouvrait aux Francs le chemin de l'Egypte et fermait aux Egyptiens celui du royaume de Jérusalem. Quoique Nour-Eddin eût à sa disposition toutes les forces musulmanes de la Syrie et de la Mésopotamie, et qu'il se fût emparé d'une partie de la principauté d'Antioche, la domination chrétienne s'étendait sur tout le pays qui a pour confins, au nord, la Cilicie et le territoire d'Alep; à l'est, Damas et le désert; au sud, la mer Rouge et les sables de l'Arabie, et à l'ouest, l'Egypte et la mer Méditerranée. Pressé par le besoin d'argent, Baudouin conçut et exécuta le mauvais dessein de s'emparer de vive force des troupeaux et des dépouilles de quelques tribus arabes qui avaient obtenu de lui, et de ses prédécesseurs, l'autorisation d'habiter la forêt de Panéas. En 1157 Baudouin fut surpris et battu par Nour-Eddin, près du gué de Jacob. Resté presque seul sur le champ de bataille, il n'échappa qu'avec peine à cette défaite, en se réfugiant dans une forteresse voisine du Jourdain. Des croisés venus du Maine et de l'Anjou, sous la conduite d'Etienne, comte du Perche, et de la Flandre, sous la conduite du comte Thierri, mirent Baudouin en état de recommencer les hostilités contre les Musulmans du côté du comté de Tripoli et de la principauté d'Antioche. Il s'empara en 1159 de Césarée, qu'il céda à Renaud, alors prince d'Antioche, et de la forteresse de Harenc, et il remporta sur Nour-Eddin une victoire près du lac de Génézareth, à l'endroit où le Jourdain sort de ce lac. Baudouin épousa Théodora, nièce de l'empereur Manuel, et ce mariage le fit sortir de l'état de pauvreté dont le royaume souffrait avec lui. Le roi de Jérusalem fut attaqué de la maladie dont il mourut à Antioche, où il était allé prendre les rênes du gouvernement de cette principauté, laissée sans chef par la captivité de Renaud de Châtillon, tombé entre les mains des infidèles, et par la jeunesse de Bohémond III. Baudouin s'étant fait transporter d'Antioche à Tripoli, et de Tripoli à Baïrout, mourut dans cette dernière ville le 10 février 1162. On transporta sa dépouille mortelle à Jérusalem, et le peuple accourut de toutes parts pour témoigner ses regrets de la perte que la Palestine venait de faire. Baudouin était un prince pieux, dévoué aux intérêts de l'Eglise, humain, affable et doué de toutes les qualités du brave chevalier. Il avait conquis l'estime même des ennemis de la foi chrétienne. On engagea Nour-Eddin à profiter de la stupeur causée par la mort de Baudouin pour envahir le royaume de Jérusalem. « A Dieu ne plaise, dit le prince musulman, que je profite du malheur des chrétiens! Maintenant que Baudouin est mort, que puis-je avoir à craindre ? »

Baudouin n'avait point laissé d'enfants, et son frère Amaury, qui devait lui succéder, n'était point aimé. On redoutait son avarice, son ambition et son orgueil. Les seigneurs qui s'étaient fait un nom par leurs exploits dans les dernières guerres, prétendirent que la couronne devait être le prix de la valeur, et que c'était à ce titre que Godefroy de Bouillon l'avait obtenue. Il fallut, pour maintenir le droit d'hérédité, qui était la sauvegarde du royaume, que le grand maître des Hospitaliers rappelât que, si on violait cette loi fondamentale, le pays deviendrait la proie des infidèles. Amaury fut couronné le 18 février 1162. Il possédait, avant de succéder à son frère, le comté de Jaffa, qui semble avoir été considéré comme l'apanage de l'héritier présomptif du trône. Une lettre écrite par le nouveau roi à Louis le *Jeune*, roi de France, prouve qu'il trouva les affaires des chrétiens dans un état déplorable. Il tourna ses vues vers l'Egypte. Le calife refusait de payer le tribut qui lui avait été imposé après la prise d'Ascalon. Amaury, pour l'y forcer, fit une invasion en Egypte. Ce pays, où les califes fatimites avaient été dépouillés de leur autorité par leurs vizirs, était alors le théâtre d'une guerre civile entre deux ambitieux, qui se disputaient le vizirat. Quand les Francs parurent sur les bords du Nil, le vizir Schaver avait été remplacé par un des principaux officiers de la milice égyptienne, nommé Dargam, et s'était enfui à la cour de Nour-Eddin, dont il avait réclamé le secours. Le prince de Damas, qui convoitait la conquête de l'Egypte, et qui désirait le renversement de la secte hérétique des Fatimites, donna à une armée, commandée par Schirkou, l'un de ses émirs, et oncle de Saladin, la mission de reconduire Schaver au Caire, et de l'y rétablir dans la puissance dont Dargam l'avait dépossédé. Ce dernier implora l'appui des Francs, qu'il promit de payer par une augmentation du tribut qui leur était dû ; en attendant il fut vaincu par Schirkou et tué en combattant. Schaver rentra dans ses dignités, mais il indisposa contre lui son libérateur, en insistant pour qu'il évacuât l'Egypte. Schirkou s'étant emparé de Péluse, Schaver s'empressa de conclure avec les Francs le traité qui leur avait été proposé par Dargam. Amaury arriva à la tête de son armée, et réunit ses forces à celles du vizir. Schirkou fut assiégé pendant plusieurs mois dans Péluse par les troupes chrétiennes et égyptiennes réunies. Mais Nour-Eddin, en attaquant les frontières septentrionales du royaume de Jérusalem, força Amaury à abandonner l'Egypte. Un traité fut alors signé avec Schirkou, qui ignorait cette circonstance, et les troupes syriennes reprirent le chemin de Damas. Les guerriers laissés à la garde du royaume en l'absence d'Amaury, firent éprouver une défaite à Nour-Eddin, dans le comté de Tripoli, avec l'aide de plusieurs troupes de pèlerins arrivés de l'Occident sous la conduite du comte de Flandre, qui revenait en terre sainte pour la quatrième fois, et de Hugues le Brun, seigneur de Lusignan, qui amenait avec lui ses deux fils, Geoffroy de Lusignan, et Gui de Lusignan, qui devait plus tard monter sur le trône de Jérusalem. Mais Nour-Eddin fit un appel à tous les émirs de la Syrie et de la Mésopotamie, réunit des forces considérables, et s'empara de la place de Harenc dans le territoire d'Antioche.

La principale armée chrétienne n'était pas encore arrivée d'Egypte. Ce furent les forces de la principauté d'Antioche, conduites par Bohémond III, et celles du comté de Tripoli, commandées par Raymond II et par Josselin, fils de Josselin II, qui marchèrent contre Nour-Eddin. Elles lui livrèrent une bataille qui finit par la défaite des chrétiens, après avoir commencé par celle des Musulmans. Au nombre des prisonniers, qui fut considérable, se trouvèrent le prince d'Antioche et le comte de Tripoli. Les historiens arabes portent à dix mille le chiffre des morts chez leurs ennemis. Quelqu'un ayant alors conseillé à Nour-Eddin de marcher sur Antioche, qu'il aurait trouvée sans défense, il répondit : « La ville est facile à prendre, mais la citadelle est bien fortifiée. Les chrétiens se remettraient entre les mains de l'empereur de Constantinople ; car le prince d'Antioche est fils de sa sœur, et j'aime mieux le voisinage de Bohémond que celui de l'empereur. » Amaury, malgré la rapidité avec laquelle il s'était porté à la défense du nord de ses Etats, ne put empêcher la ville de Panéas de tomber au pouvoir de Nour-Eddin.

Panéas était la ville la plus avancée du royaume de Jérusalem, du côté de Damas, et elle servait alternativement de défense aux chrétiens et aux Musulmans, selon qu'elle était en la possession de ceux-ci ou de ceux-là, et de là vient l'importance que les uns et les autres attachaient à en être les maîtres. C'est aussi pourquoi les chroniqueurs latins parlent tant des siéges et des combats auxquels Panéas donna lieu. Quand Nour-Eddin eut formé le dessein de s'emparer de Damas, dessein dont la réalisation devait être un grand malheur pour les chrétiens, il résolut, par horreur de l'effusion du sang musulman, dit l'historien des Atabeks, de recourir à la ruse pour l'exécution de son projet. Il commença par écarter, à force d'artifices, tous les émirs qui auraient pu y mettre obstacle, en faisant croire au prince de Damas qu'ils le trahissaient. Quand ce prince les eut tous déposés, Nour-Eddin s'avança sur Damas et s'en rendit maître sans coup férir

Schirkou, à son retour en Syrie, ne cessa plus de penser à l'Egypte et nourrit le désir d'y retourner. Nour-Eddin céda à ses instances et lui confia en 1167 le commandement d'une armée. Schirkou fut accompagné dans cette expédition par le jeune Saladin, fils de son frère Ayoub, qui commença bientôt à se distinguer. Quand Schaver fut instruit de l'approche du lieutenant de Nour-Eddin, il appela à son secours le roi Amaury, qui, après avoir consulté les grands de son royaume assemblés à Naplouse et levé un impôt extraordinaire, se dirigea vers le Nil. Schirkou, après avoir passé ce fleuve, arriva à Gizeh, en face du Caire. Il avait devant lui les Francs sous le commandement du roi de Jérusalem, et les Egyptiens. Il écrivit alors à Schaver pour lui proposer d'unir leurs forces et de profiter de cette occasion favorable d'exterminer les chrétiens. Mais Schaver communiqua sa lettre aux Francs. A cette nouvelle, Schirkou se mordit les doigts de douleur, dit une chronique arabe, et s'écria : « Si Schaver avoit voulu, il ne serait pas resté un seul chrétien d'Occident. » Le roi envoya auprès du calife deux ambassadeurs pour faire ratifier le traité qu'il avait passé avec le vizir. Amaury, dont la politique consistait à prolonger la guerre en Egypte, ne voulut pas poursuivre un avantage qu'il avait remporté près du Caire sur les troupes syriennes. Schirkou, craignant d'être accablé par l'armée combinée des Francs et des Egyptiens, prit le chemin de la Haute-Egypte. Cette armée l'y suivit. Saladin s'unit à un émir pour engager son oncle à en venir aux mains avec l'ennemi. Suivant un chroniqueur arabe, qui décrit la bataille d'après Edrisi, témoin oculaire, Schirkou essuya d'abord un échec. Saladin, avec le corps qu'il commandait, avait eu ordre de tourner l'ennemi, et ce mouvement avait été malheureux. Mais à la fin, les Syriens, voyant qu'il n'y avait point de salut pour eux, firent un dernier effort: Saladin attaqua en même temps par derrière; le combat dura jusqu'à la nuit, et les chrétiens joints aux Egyptiens furent mis en pleine déroute. Peu s'en fallut que le roi Amaury ne fût fait prisonnier. A la suite de cette affaire, Schirkou alla mettre dans Alexandrie une garnison commandée par Saladin. Cette place fut assiégée et prise par les Francs et les Egyptiens. Mais la paix se fit par l'entremise du roi Amaury, qui fut dédommagé des frais de la guerre par Schaver et reçut la promesse d'un tribut annuel de mille écus d'or. Un corps d'élite de troupes chrétiennes resta au Caire pour la garde des portes de la ville, afin d'ôter à Nour-Eddin toute idée de faire une nouvelle invasion en Egypte. Les guerriers francs revinrent à Jérusalem chargés de richesses. Schirkou, de son côté, ne cessait de songer à la fertilité de l'Egypte et aux moyens de s'en emparer. Les Francs désiraient également se rendre maîtres de ce pays. « Du moment, dit un chroniqueur arabe dont le récit est confirmé par les monuments contemporains, qu'Amaury connut les immenses ressources de l'Egypte et la faiblesse de son gouvernement, il ne cessa d'être tourmenté du désir de s'en emparer. Il avait épousé, l'année même de l'expédition d'Egypte contre Schirkou, une nièce de l'empereur Manuel, et il obtint de ce prince la promesse d'être aidé des forces grecques dans la conquête de l'Egypte. Amaury assembla les princes et les grands de son royaume, ainsi que les Hospitaliers et les Templiers, et il leur demanda conseil. Le grand maître des Templiers émit l'avis, partagé par quelques seigneurs, qu'il n'y avait aucun motif de violer le traité conclu avec l'Egypte; mais le grand maître des Hospitaliers, qui avait épuisé en folles dépenses les richesses de son ordre, n'eut pas de peine à entraîner à la guerre la majorité des seigneurs et des chevaliers qui la désiraient. Amaury distribua d'avance à ses guerriers les villages et les terres de l'Egypte, dont il avait fait faire le relevé des revenus durant l'expédition précédente. Les Francs se mirent donc en marche vers l'Egypte. On était alors dans l'été de 1168. Amaury s'empara d'abord de Belbéys. La prise de cette ville jeta l'effroi dans l'âme de Schaver. Suivant un chroniqueur arabe il dit alors au calife : « Voilà que l'ennemi est dans le cœur de l'Egypte ; nous n'avons plus d'espoir que dans Nour-Eddin. » En conséquence, le calife écrivit une lettre à ce prince, et le vizir en ajouta une autre de lui. La chevelure des femmes et la barbe des hommes passent pour sacrées chez les Musulmans ; et, d'après le témoignage de Mahomet, les anges chantent dans le ciel : « Gloire à celui qui a donné la barbe aux hommes pour ornement et les cheveux aux femmes. » Aussi Ibn-Alatir rapporte-t-il que le calife, pour toucher Nour-Eddin, joignit à sa lettre des cheveux de ses femmes : « Ce sont, lui disait-il, les cheveux de mes femmes ; elles te conjurent de venir les dérober aux outrages des Francs. » Le calife fit en même temps à Nour-Eddin une offre à laquelle il dut être encore plus sensible : ce fut celle de lui donner le tiers de l'Egypte.

Cependant les Francs s'étaient approchés du Caire et en avaient commencé le siége. Le vizir, craignant de ne pouvoir défendre le vieux Caire, le fit évacuer et ordonna d'y mettre le feu. L'incendie se prolongea pendant cinquante-quatre jours. Un chroniqueur arabe raconte qu'un émir de la cour du calife se présenta à la tente du roi Amaury, et lui dit, en le faisant venir à la porte : « Voyez-vous cette flamme qui monte vers le ciel? — Oui, répondit le roi. — Eh bien, reprit l'émir, c'est le vieux Caire qui brûle. J'ai fait répandre vingt mille fioles de naphte et allumer dix mille mèches. J'ai voulu que tout pérît sans retour. Maintenant, il n'est plus temps; il faut vous retirer. — Vous avez raison, dit le roi; mais je ne suis pas libre. Il faut absolument que je prenne le Caire; les Francs d'Occident qui sont dans mon armée ne me pardonneraient pas de m'être retiré. » Alors Schaver résolut d'user d'artifice et de gagner du temps jusqu'à l'arrivée des secours promis par Nour-Eddin. Il proposa une somme d'or considérable à Amaury pour ne pas poursuivre l'attaque de la capitale, et le roi, qui ne voyait pas arriver la flotte grecque à son aide, accepta cette offre, reçut une partie de la somme, et accorda un délai pour le reste. A la nouvelle du danger qui menaçait l'Egypte, Nour-Eddin avait fait mettre Schirkou en marche avec une armée si abondamment pourvue d'argent et de provisions, qu'aucun prince musulman, depuis le commencement des croisades, n'avait pu faire une telle dépense. A l'approche de Schirkou, les Francs se retirèrent. Alors, dit une chronique arabe, le vizir envoya un émir au roi Amaury, pour lui demander la remise de la moitié de la somme qu'il s'était engagé à lui payer. Le roi ayant répondu qu'il l'accordait, l'émir répondit: « En vérité, je n'ai jamais vu de prince comme vous. Vous êtes le maître de nos vies, et vous vous montrez généreux. — Je me doute bien, reprit le roi, que vous ne me parleriez pas de la sorte, s'il n'était survenu quelque événement extraordinaire. — Vous avez raison, avoua l'émir : Schirkou vient d'arriver sur nos frontières, et vous ne pouvez plus rester ici en sûreté. Le vizir vous conseille de partir. Nous respecterons le traité. Avec l'argent qui nous reste, nous tâcherons de satisfaire Schirkou, et nous nous acquitterons envers vous quand nous pourrons. — Je le veux bien, dit le roi ; et même si je puis vous être de quelque utilité, je suis à votre disposition. » Là-dessus, ajoute la chronique, le roi Amaury reprit le chemin de ses Etats, triste et déçu dans ses espérances. Nous n'avons pas besoin de dire que la retraite des chrétiens remplit Nour-Eddin de joie. C'est ainsi qu'en se montrant plus cupide qu'ambitieux, Amaury laissa tomber l'Egypte aux mains du plus redoutable ennemi du nom chrétien. L'indignation publique accusa de ce malheur le grand maître des Hospitaliers, que les chevaliers dépouillèrent de ses titres et de ses honneurs.

Schaver paya de sa tête les calamités qu'il avait attirées sur son pays, et Schirkou le remplaça dans le poste de grand vizir. Mais le lieutenant de Nour-Eddin ne tarda pas à mourir, et le calife Adhed lui donna pour successeur son jeune neveu Saladin, dont il croyait n'avoir pas à craindre l'autorité. L'arrivée de la flotte grecque dans le port de Ptolémaïs réveilla chez les Francs le désir de faire une nouvelle tentative de conquête en Egypte. L'armée chrétienne, commandée par le roi de Jérusalem, alla mettre le siége devant Damiette au mois de novembre 1169. Mais, après être restée cinquante jours devant cette place, elle fut contrainte à la retraite par la famine, par les pluies de l'hiver, par l'incapacité de ses chefs, par la résistance de l'ennemi, et par le feu grégeois qui brûla une partie des vaisseaux.

Quand Saladin avait vu Damiette attaquée, il avait instruit Nour-Eddin du danger qui le menaçait. Ce prince s'avança alors sur les terres chrétiennes, et cette diversion contribua beaucoup à forcer les Francs de reprendre le chemin de leur pays. Amaury avait envoyé des députés en Occident pour demander des secours aux nations de l'Europe. Quand il les vit revenir sans avoir rien obtenu, il tourna ses espérances vers les Grecs, et se rendit à Constantinople, laissant à Jésus-Christ, suivant ses propres expressions, le soin de gouverner son royaume. Il fut brillamment reçu à la cour impériale ; mais Manuel ne vint point à son aide. Un tremblement de terre considérable, dont toutes les villes de la Syrie avaient beaucoup souffert, avait forcé, pendant son absence, les chrétiens et les Musulmans à suspendre la guerre acharnée qu'ils se faisaient en ce temps d'accroissement continuel de la puissance de Nour-Eddin. La mort du calife Adhed en 1171 mit fin à la dynastie des Fatimites en Egypte, et livra cet empire à Saladin. L'occupation de l'Egypte par les troupes syriennes était l'événement le plus malheureux qui pût arriver pour les colonies chrétiennes, puisqu'il les plaçait entre leurs ennemis au nord et au midi.

Nour-Eddin voulut profiter de la position conquise par son lieutenant pour lier les diverses parties de son empire. Depuis l'établissement des Francs dans la Palestine, il ne restait d'autre voie de communication aux Musulmans de Syrie et d'Egypte que la route du désert, à travers les sables de l'Arabie, et les chrétiens avaient bâti des forteresses afin d'augmenter, pour leurs ennemis, les difficultés de cette route. Nour-Eddin résolut, pour rendre les communications libres avec l'Egypte, de s'emparer des places de Carac et de Montréal, qui, par leur position au sud et à l'orient de la mer Morte, dominaient les régions sablonneuses de l'Arabie. Mais ce projet inspira de la défiance à Saladin, qui craignait qu'une fois les périls de la route aplanis, Nour-Eddin ne vînt le déposséder de son autorité en Egypte ; et, prenant conseil de cette inquiétude, il n'hésita pas à ménager les chrétiens et à contrarier les desseins qu'il redoutait. La mort de Nour-Eddin, qui ne laissait qu'un fils en bas âge, vint, en avril 1173, jeter le trouble dans tous les Etats musulmans voisins des colonies chrétiennes. Amaury profita de cette circonstance pour tâcher de reprendre Panéas. Mais les émirs, maîtres de l'autorité à Damas, lui offrirent une somme considérable pour qu'il renonçât à son entreprise, en le menaçant, s'il s'y refusait, d'appeler Saladin à leur secours. Le roi accepta la proposition qui lui était faite, et mourut à son retour à Jérusalem, le 11 juillet 1173, à l'âge de trente-huit ans, dans la 12e année de son règne. Les Francs de la Palestine, à l'époque où mourut Amaury, n'étaient plus que les enfants dégénérés des premiers croisés, et la décadence des colonies chrétiennes avait fait de grands progrès sous son règne. Guillaume de Tyr nous apprend que, parmi les chrétiens comme chez les Musulmans, on venait alors à bout de tout en prodiguant l'or. Amaury laissait un fils encore mineur, qui fut couronné, le 15 juillet 1173, dans l'église du Saint-Sépulcre. Ce jeune prince était doué de bonnes dispositions, et il fut l'élève de l'historien Guillaume de Tyr ; mais il était attaqué de la lèpre, et toutes ses heureuses facultés se trouvèrent paralysées. Milon de Plancy, seigneur de l'Arabie Sobal, homme dissolu et arrogant, qui avait eu une grande part dans les conseils de la couronne sous Amaury, avait prétendu à la régence du royaume ; mais il fut assassiné à Ptolémaïs. Ce fut Raymond II, comte de Tripoli, qui fut nommé régent. Ce prince avait hérité de son ancêtre, Raymond de Saint-Gilles, un caractère dur et ambitieux et une active bravoure. La crainte fut le sentiment qu'il inspira au jeune roi. Le fils de Nour-Eddin n'était qu'un faible enfant, et Saladin ne tarda pas à s'emparer de l'autorité à Damas, comme il s'en était emparé au Caire. Pendant qu'il fondait ainsi la dynastie des Ayoubites, le comte de Tripoli et le roi de Jérusalem firent deux incursions sur les terres musulmanes ; dans l'une, ils s'avancèrent jusqu'auprès de Damas, et dans la seconde ils allèrent jusqu'à Balbek. Mais ils ne recueillirent de ces expéditions qu'un grand butin. Vers ce temps arriva en Orient le marquis de Montferrat, surnommé *Longue-Epée*, dont la famille était alliée à celles des rois de France et de l'empereur d'Allemagne. Il épousa Sibylle, fille d'Amaury, et sœur aînée du roi Baudouin IV; mais il mourut deux mois après son mariage, laissant sa femme enceinte d'un fils qui porta plus tard le titre de roi de Jérusalem.

Les *Annales de Flandre* de Mayer parlent, sous la date de 1177, de l'arrivée à Ptolémaïs de Philippe, fils de Thierri, comte de Flandre. Philippe est appelé le *grand comte* par les auteurs arabes. A son arrivée en Palestine, il fut reçu avec de grands honneurs, et conduit à Jérusalem auprès du roi Baudouin. Ce prince lui proposa de se charger de la défense du royaume, mais Philippe refusa en disant qu'il n'était venu en Asie que pour visiter le saint tombeau. Il ne voulut pas non plus accepter le commandement d'une armée que le roi de Jérusalem l'invitait à conduire en Egypte. Le souvenir tout récent des exploits des Flamands en Syrie, sous les ordres du comte Thierri, les avait mis en grande réputation dans ce pays; et, comme la présence de Philippe avait fait concevoir les plus belles espérances, on murmura contre lui quand on vit qu'il ne voulait pas se mettre à la tête d'une expédition qu'on jugeait si nécessaire; on l'accusa de ne pas vouloir marcher sur les traces de son père, disent les *Annales de Flandre*, qui ajoutent : « Après être resté quelque temps à Jérusalem, et avoir visité les Saints Lieux, Philippe prit la palme qui était le signe de l'accomplissement du pèlerinage. Mais, vers les calendes d'octobre, il reçut du roi Baudouin cent chevaliers, et s'étant joint à deux mille hommes de pied conduits par le comte Raymond de Tripoli, aux prières duquel il ne put résister, il alla sur le territoire d'Antioche assiéger la forteresse de Harenc. Bohémond, prince d'Antioche, le grand maître des Hospitaliers et un grand nombre de Templiers l'accompagnèrent dans cette expédition. Le siége dura longtemps, et n'eut aucun succès, car le désordre se mit parmi les assiégeants. Les uns s'occupaient à jouer dans le camp; les autres allaient à Antioche, où ils fréquentaient les bains et les tavernes : le temps se passait dans les jeux, les plaisirs et les querelles. Les Sarrasins qui s'en aperçurent, et qui d'abord avaient songé à se rendre, reprirent courage. Les nôtres levèrent le siége, et abandonnèrent honteusement Harenc. Le comte alla célébrer les fêtes de Pâques à Jérusalem, et se mit ensuite en route pour son pays. »

Pendant que les forces chrétiennes étaient dirigées du côté du Nord, Saladin vint d'Egypte attaquer la Palestine. La terreur se répandit jusqu'à Jérusalem. Le jeune roi marcha à la rencontre de l'ennemi, quoiqu'il n'eût avec lui qu'un petit nombre de chevaliers. Saladin fut complétement battu près de Ramla, et réduit à s'enfuir sur un dromadaire, dans le désert qui sépare l'Egypte de la Palestine. L'historien Aboulfaradje, qui était chrétien, attribue l'éclatant succès que Baudouin remporta sur Saladin à un miracle de la puissance divine. Le jeune roi, avant d'engager le combat, mit pied à terre et se prosterna devant la sainte Croix; il implora, les larmes aux yeux, le secours divin. Le Seigneur suscita un vent violent qui porta la poussière dans les yeux des Musulmans et les mit en fuite. Saladin échappa à peine à la mort dans cette affaire; et, comme il ne possédait alors aucune place en Palestine, il fut obligé de se retirer jusqu'en Egypte, où son armée ne parvint que dans l'état le plus déplorable, après une retraite désastreuse à travers le désert. Makrisi rapporte que, dans sa douleur, il jura de s'abstenir du *nouba*, jusqu'à ce qu'il eût vengé l'honneur de ses armes : c'était le droit qu'avait tout souverain musulman de faire jouer cinq fois par jour de la musique à sa porte. Baudouin revint à Jérusalem où fut chanté un *Te Deum* d'actions de grâces. On n'était pas, cependant, sans inquiétude, sur les desseins de Saladin, et les habitants les plus riches de la ville sainte firent les frais nécessaires pour la réparation des murs de la place. Des renforts, qui arrivèrent alors d'Occident, n'empêchèrent pas Saladin de faire éprouver plusieurs échecs aux chrétiens, et de détruire de fond en comble, en 1179, une forteresse qu'ils venaient de bâtir au *gué de Jacob* pour la défense de la Galilée. Le fils de Nour-Eddin étant mort sans postérité, à Alep, la seule possession qui lui restait des Etats de son père, Saladin mit le calife de Bagdad dans ses intérêts, s'empara l'année suivante d'Alep, et étendit sa domination sur la Syrie jusqu'à l'Euphrate, au détriment des princes de la famille de Nour-Eddin. Préparant la guerre terrible qu'il devait entreprendre contre les chrétiens, il imposait à tous les princes qu'il forçait à traiter avec lui la condition qu'ils se reconnaîtraient ses vassaux, qu'ils entretiendraient à son service un certain nombre de guerriers, et qu'ils se réuniraient à lui en personne toutes les fois qu'il les appellerait.

A propos de cet accroissement de la puissance de Saladin, Guillaume de Tyr fait cette remarque : « Toutes les conquêtes que ce prince faisait sur nos voisins étaient pour nous autant de moyens de ruine et de causes d'affaiblissement. Les craintes des hommes éclairés ne sont que trop réalisées au moment où j'écris, tellement que, si Dieu dans sa miséricorde ne nous visite d'en haut, il ne nous reste aucune espérance de pouvoir résister. » Recherchant les causes de la décadence du royaume de Jérusalem et de la supériorité chaque jour croissante des Musulmans sur les chrétiens, l'historien les trouve dans la corruption des mœurs de ceux-ci, et dans la réunion en une seule main de toutes les forces mahométanes, auparavant divisées. La maladie du roi Baudouin avait fait des progrès tels qu'il fut obligé de renoncer à exercer l'autorité, et de confier l'administration de son royaume à son beau-frère, Gui de Lusignan. Ce choix fut généralement désapprouvé. On apprit alors que Saladin avait pénétré sur le territoire chrétien du côté du Jourdain. Quoique l'armée des Francs réunît treize cents chevaliers et plus de vingt mille hommes de pied, force à laquelle elle ne s'était pas élevée depuis le temps des premiers croisés, Gui de Lusignan laissa Saladin ravager impunément le pays, incendier les bourgs et les villages, et piller les églises et les monastères. Baudouin partagea le mécontentement général qui s'éleva contre le dépositaire du pouvoir, et résolut de lui enlever la régence, de faire casser son mariage avec Sibylle, et de lui ôter les comtés d'Ascalon et de Jaffa. Appelé à comparaître devant la cour des évêques et des barons du royaume, Gui de Lusignan ne s'y présenta pas. Le roi alors, quoique aveugle et malade, se rendit à Ascalon, dont les portes lui furent fermées, et de là à Jaffa, où il fut reçu par les habitants, et où il remplaça par un bailli royal celui de Gui de Lusignan. A son retour à Jérusalem, en 1185, Baudouin confia la régence du royaume à Raymond II, comte de Tripoli, et fit couronner roi, sous le nom de Baudouin V, le fils de sa sœur Sibylle et du marquis de Montferrat, qui n'était âgé que de cinq ans. Raymond était alors le plus puissant seigneur des colonies chrétiennes : outre Tripoli, il possédait encore Tibériade du chef de sa femme.

Pendant que la puissance musulmane s'accroissait en se concentrant, l'anarchie à laquelle les colonies chrétiennes étaient en proie ne faisait qu'augmenter. Baudouin, devenu aveugle et incapable de s'occuper des soins du gouvernement, avait une défiance qui écartait tous les hommes qui auraient pu le suppléer avantageusement pour le bien de l'État. En 1182 il avait été obligé de marier sa sœur Sibylle, veuve du marquis de Montferrat, à Gui de Lusignan, avec qui cette princesse avait eu des liaisons scandaleuses. Une trêve avait été conclue avec Saladin, mais la guerre fut rallumée par une infraction au droit des gens, commise sur un navire chrétien qui échoua sur les côtes de Damiette, et surtout par les incursions que fit sur les bords de la mer Rouge Renaud de Châtillon. Veuf de Constance, princesse d'Autriche, il avait épousé la veuve de Homfroi de Thoron, qui lui avait apporté en mariage les seigneuries de Carac et de Montréal. Renaud, qui avait le goût des aventures, attaqua les Musulmans à l'improviste, les poursuivit jusqu'aux bords de la mer Rouge; les Francs firent un immense butin ; ils s'avancèrent même jusqu'aux environs de la Mecque et de Médine, d'où ils voulaient enlever le corps de Mahomet, afin d'ôter aux infidèles le but de leur pèlerinage. Mais Malek-Adel, frère de Saladin, qui gouvernait alors l'Egypte, en l'absence de son frère, fit marcher contre eux un émir qui les battit, et qui envoya à la Mecque, où ils furent égorgés par les pèlerins mahométans, ceux qu'il ne passa pas au fil de l'épée. Saladin se montra violemment irrité de cette expédition, qu'il regardait comme sacrilége. Les historiens arabes nous ont conservé une lettre où il dit à ce sujet à Malek-Adel : « Les infidèles ont violé le berceau et l'asile de l'islamisme ; ils ont profané notre sanctuaire; ils l'ont souillé de leurs regards. Prenons garde que les prisonniers et les Arabes qui ont fait route avec eux ne servent plus tard de guides à ceux qui nourriraient le même dessein. Ce serait nous rendre inexcusables aux yeux de Dieu et aux yeux des hommes ; toutes les langues s'élèveraient en imprécations contre nous en Orient comme en Occident. Purgeons donc la terre de ces hommes qui la déshonorent : c'est un devoir sacré pour nous; purgeons l'air de l'air qu'ils respirent, et qu'ils soient voués à la mort. »

Le rappel de Raymond à la direction des affaires causa une joie universelle. On sentait bien, cependant, qu'on ne pouvait résister à Saladin que si on recevait des secours de l'Occident, et on avait envoyé Héraclius, patriarche de Jérusalem, avec les grands maîtres du Temple et de l'Hôpital, solliciter la prompte assistance de la chrétienté. Arrivés en Italie en 1184, les députés de la terre sainte se rendirent à Vérone, où le pape Luce III, expulsé de Rome par le peuple de la ville, tenait un concile, en présence de l'empereur Frédéric Ier, pour la destruction des hérésies de cette époque. Les dangers que couraient les Lieux Saints furent exposés devant le concile. Les envoyés de Jerusalem se présentèrent ensuite à la cour de Philippe-Auguste, qui était récemment monté sur le trône de France, pour réclamer son appui en faveur des chrétiens d'Orient. Ils passèrent aussi en Angleterre, et s'adressèrent à Henri II, qui avait promis au souverain pontife de faire un pèlerinage au saint tombeau en expiation du meurtre de l'archevêque de Cantorbéry. L'auteur de la *Vie et Gestes de Henri II* prétend que le patriarche Héraclius et les deux grands maîtres étaient chargés d'invoquer l'aide du roi d'Angleterre, « comme de celui, dit le chroniqueur, de qui dépendait le royaume de Jérusalem par droit héréditaire de ses prédécesseurs. » Pour établir ce prétendu droit, l'auteur de la *Vie et Gestes de Henri II* remonte à la première croisade, où, après la conquête de Jérusalem, Robert, duc de Normandie, fut, dit-il, élu roi par les princes croisés. Le chroniqueur ajoute même que c'est pour avoir refusé cette dignité que Robert, par un juste châtiment de Dieu, après avoir été vaincu à Tainchebray, fut privé de la vue et retenu en prison par Henri son frère. Henri refusa de prendre la croix, et promit de l'argent pour subvenir aux frais de la guerre sainte. Mais le patriarche lui répondit qu'il cherchait « un homme qui eût besoin d'argent, et non de l'argent qui eût besoin d'un homme. » Le roi paraissant très-offensé de ces paroles, Héraclius ajouta : « Je vois que j'excite votre colère; mais vous pouvez me traiter comme vous avez traité mon frère Thomas; car il m'est indifférent de mourir en Syrie de la main des infidèles, ou de périr ici par vous, qui êtes plus méchant que les Sarrasins. » Tel fut le triste résultat de cette ambassade. L'enthousiasme religieux n'était point encore éteint dans les cœurs en Europe; mais il s'était considérablement refroidi depuis le grand jour du concile de Clermont. Les colonies chrétiennes, de leur côté, étaient arrivées à ce point de déclin que peint leur plus grave historien, lorsqu'il termine son histoire en disant : « Nous détestons le présent, et nous demeurons interdits devant l'avenir. » Le même auteur dit encore que « les signes qui se montraient au ciel faisaient assez voir que Dieu avait ce qui se passait en abomination. »

En racontant le retour à Jérusalem du patriarche Héraclius, Roger de Hoveden parle d'une trahison dont il n'est fait mention que dans sa chronique et dans celle de Benoît de Pétersborough. Voici ses propres paroles : « Le patriarche arriva à Jérusalem peu de temps avant la fête de Saint-Pierre-ès-liens, et, comme il n'apportait aucun secours pour la terre sainte, une grande crainte s'empara de tous les habitants. Il arriva même qu'un chevalier du Temple, Anglais d'origine, et nommé Robert de Saint-Alban, abandonnant la loi du Christ, se retira auprès de Saladin, et lui promit de lui livrer Jérusalem. Saladin lui donna sa nièce en mariage, et lui confia le commandement d'une grande armée. » Le chroniqueur ajoute que Robert de Saint-Alban s'avança avec cette armée jusqu'aux portes de Jérusalem, d'où il fut repoussé par les chrétiens. Mais le silence des écrivains arabes sur un événement aussi extraordinaire autorise la critique à ne pas l'admettre au rang des faits historiques

Baudouin succomba à l'âge de 25 ans, en **1185**, à l'affreuse maladie qui le rongeait. Il eut pour successeur son neveu Baudouin V, qu'il avait fait sacrer de son vivant. Mais cet enfant mourut au mois de septembre de l'année suivante, à Saint-Jean-d'Acre, et le royaume fut en proie à la division des partis qui se disputaient le pouvoir. Le comte de Tripoli voulait conserver la régence de de l'Etat, et Sibylle voulait placer sur le trône son mari Gui de Lusignan. Pendant que les barons étaient assemblés à Naplouse, le patriarche, qui était appuyé par le grand maître du Temple, couronna la comtesse de Jaffa reine de Jérusalem, dans l'église du Saint-Sépulcre, et Sibylle plaça sur la tête de Gui de Lusignan une seconde couronne, que le patriarche lui avait remise. A cette nouvelle, les barons furent consternés, et Baudouin de Ramla, l'un des premiers parmi eux, s'écria que le pays était perdu; il voulait se retirer en Europe, mais le comte de Tripoli le supplia de rester pour le salut du royaume, et proposa de donner la couronne au jeune Homfroi de Thoron, mari d'Isabelle, seconde fille d'Amaury. Homfroi, dont on voulait faire un roi, n'avait que quinze ans, et il refusa la couronne qu'on lui offrait. Il alla même annoncer son refus à Sibylle en se jetant à ses pieds. Gui de Lusignan demeura maître du pouvoir, au grand déplaisir des barons, qui lui jurèrent cependant le serment de fidélité. Geoffroy de Lusignan disait avec peu de modestie, mais avec assez de raison : « Ceux qui ont fait de mon frère un roi, auraient fait de moi un dieu, s'ils m'avaient connu. » Raymond, mécontent de ce qu'il lui avait été demandé compte de l'emploi des deniers publics, écrivit à Saladin pour implorer son appui. Les historiens arabes, qui rapportent ce fait, ajoutent que le sultan gagna tellement le comte qu'il le mit tout à fait dans ses intérêts. A en croire Emad-Eddin, Raymond était si dévoué à Saladin, qu'il se serait fait Musulman, s'il n'avait craint de mécontenter ses sujets. Les divisions qui se manifestèrent alors parmi les chrétiens furent certainement la principale cause du triomphe des armes musulmanes.

En 1186, Renaud de Châtillon, au mépris de la trêve qui existait avec Saladin, dépouilla une caravane musulmane qui passait près de la forteresse de Carac. En apprenant cette violation des traités, Saladin, indigné, appela à la guerre sacrée tous les guerriers de la Mésopotamie, de la Syrie et de l'Egypte. Il partit ensuite de Damas pour se rendre du côté de Carac. Son fils, Abdal, remporta, au combat de Nazareth, un avantage éclatant sur les Francs qui, quoique très-inférieurs en nombre, se défendirent avec la plus intrépide bravoure : Jacques de Maillé, maréchal du Temple, fut tué en combattant héroïquement, et M. Michaud dit très-bien que les vieilles chroniques, en célébrant la vaillance des chevaliers chrétiens dans cette journée, rappellent des prodiges qu'on aura peine à croire. Selon l'expression d'un écrivain arabe, ce combat fut le commencement des bénédictions pour les Musulmans. La nouvelle de ce désastre, auquel le grand maître du Temple et deux de ses chevaliers échappèrent seuls, jeta la consternation parmi les chrétiens. Le roi Gui de Lusignan, qui allait faire la guerre au comte de Tripoli, se réconcilia avec lui, à la demande du patriarche, et les deux princes s'embrassèrent publiquement en jurant de défendre ensemble la terre sainte. Il fut décidé que toutes les forces du royaume seraient réunies pour résister au sultan, et que les trésors envoyés en Palestine par Henri II, roi d'Angleterre, seraient employés pour cette guerre. L'armée compta plus de cinquante mille combattants. Saladin, en apprenant le succès remporté par son fils, marcha vers Tibériade à la tête de quatre-vingt mille hommes. Dans la revue qu'il en fit, il compta dix mille cavaliers de troupes réglées. Le sultan, à la tête d'un simple détachement de ses troupes, commença par se jeter sur Tibériade; la citadelle seule résista; la ville fut prise et livrée aux flammes. Saladin, en faisant cette expédition, n'eut pour but que d'attirer les chrétiens hors de leurs positions ; ce moyen lui réussit. En voyant l'incendie de Tibériade, les chrétiens tinrent conseil, et la plupart proposèrent de marcher au secours de la citadelle. Le comte de Tripoli fut d'un avis contraire : « Tibériade, dit-il, appartient à ma femme et à moi ; Saladin a fait ce qu'il a voulu. La citadelle seule tient encore, et ma femme y est maintenant enfermée avec mes enfants : cependant, qu'il prenne, s'il veut, la citadelle avec ma femme ; j'y consens d'avance ; mais pour Dieu, retournons sur nos pas. Jamais les Musulmans ne se sont présentés avec un appareil aussi nombreux et aussi terrible. » Ce langage prouve que le comte était dévoué de bonne foi à la cause des chrétiens, et c'est l'opinion de la plupart des chroniqueurs latins. Mais Renaud, seigneur de Carac, dit alors au comte : « Vous cherchez à nous faire peur des Musulmans, apparemment vous êtes pour eux ; sans cela vous ne parleriez pas ainsi. Quant à ce que vous dites de leur grand nombre, la quantité de bois ne nuit pas au feu. — Je serai des vôtres, reprit le comte : si vous avancez, j'avancerai ; si vous reculez, je reculerai : vous verrez ce qui en arrivera. » C'est ainsi qu'il fut décidé qu'on marcherait vers Tibériade. A cette nouvelle, au rapport d'Emad-Eddin, Saladin se réjouit et s'écria : « Nous avons atteint notre but ; nous l'emporterons par les armes. Si nous venons à bout de battre l'ennemi, ni Tibériade, ni aucune des places chrétiennes ne pourra nous résister, toutes les forces ennemies seront détruites. » En effet, continue le même historien, les chrétiens avaient dégarni toutes leurs places pour rassembler plus de monde, et ils étaient parvenus à former une armée de plus de cinquante mille hommes. Un premier combat eut lieu le 3 juillet 1187, par une chaleur brûlante. L'armée du sultan était placée entre le lac et les chrétiens, qui souffrirent horriblement du manque d'eau. Cependant ils ne se laissèrent point abattre, et ils se dirent le soir : « Demain nous trouverons de l'eau avec nos épées. » Les infidèles mirent le feu aux herbes sèches et aux bruyères qui couvraient la plaine, et les chrétiens furent pendant toute la nuit incommodés par la flamme et par la fumée.

Le matin du second jour de cette bataille décisive, les deux armées restèrent longtemps en présence l'une de l'autre : elles semblaient, dit l'auteur anglais d'une *Histoire des Croisades*, M. Mills, pressentir que le sort du monde chrétien et du monde musulman était entre leurs mains. Un témoin oculaire, Raoul Coggeshale rapporte que la cavalerie et l'infanterie chrétiennes commirent la faute de ne pas se prêter un mutuel appui. Le roi rappela à lui l'infanterie, qui s'était séparée du reste de l'armée pour se porter vers le lac; mais elle refusa d'obéir à cet ordre, parce qu'elle était, disait-elle, accablée par la soif. « Saladin courut alors se placer sur son passage, dit un historien arabe, et bientôt il n'y eut plus pour les chrétiens d'espoir de salut. » La troupe qui entourait le roi, les Templiers et les Hospitaliers ne présentèrent plus qu'une multitude confuse, quoique tous les guerriers chrétiens se défendissent avec la plus grande valeur. Le roi, avec les combattants qui tenaient encore tête à l'ennemi, se retira sur une colline voisine du village de Hittin. Mais des milliers d'infidèles accablaient les Francs de leurs flèches. L'évêque d'Acre, qui portait la Vraie Croix, reçut une blessure mortelle, et laissa le bois sacré à l'évêque de Lydda. Lorsque le comte de Tripoli vit qu'il n'y avait plus d'espoir de résister à un ennemi trop supérieur en nombre, il se fraya un chemin entre les rangs musulmans, et échappa au sort du roi. Toute l'armée ennemie se précipita au lieu où se trouvait le roi avec la Vraie Croix, et, pour nous servir des expressions du chroniqueur que nous venons de citer : « il est plus facile de s'exprimer par des sanglots et de pleurer à chaudes larmes, que de raconter en détail ce qui se passa à la fin de cette journée. La Vraie Croix tomba au pouvoir des Musulmans, et le roi fut fait prisonnier avec le vieux marquis de Montferrat, père du premier époux de la reine Sibylle, et avec le grand maître des Templiers. Celui des Hospitaliers s'enfuit jusqu'à Ascalon, où il mourut de ses blessures. La colline de Hittin, qui fut le théâtre de cette déplorable catastrophe, est peut-être celle sur laquelle a été prononcé le *sermon sur la Montagne*. » L'historien arabe Emad-Eddin tenait du fils de Saladin le récit qu'il fait de la manière dont se termina cette malheureuse journée. « Quand le roi des Francs, dit le fils du sultan, se fut retiré sur la hauteur, les braves qui étaient autour de lui fondirent sur nous, et repoussèrent les Musulmans jusqu'au bas de la colline. Je regardai alors mon père, et je vis que son visage était triste. *Faites mentir le diable!* cria-t-il à ses guerriers en se prenant la barbe. A ces mots, notre armée se précipita sur l'ennemi, et lui fit regagner le haut de la montagne. Je m'écriai alors plein de joie : Ils fuient! ils fuient! Mais les Francs revinrent à la charge, et s'avancèrent de nouveau vers le bas de la colline. Ils furent repoussés une seconde fois. Je m'écriai encore : Ils fuient! ils fuient! Alors mon père me regarda et me dit : Tais-toi; ils ne seront vraiment vaincus que lorsque le pavillon du roi tombera. Or, il finissait à peine de parler que le pavillon tomba. Aussitôt mon père descendit de cheval, se prosterna devant Dieu, et lui rendit grâces en versant des larmes de joie. » Le fils du prince d'Antioche, Renaud de Sidon, et le jeune comte de Tibériade, accompagnés de quelques soldats, échappèrent seuls, avec le comte de Tripoli, à cette journée si malheureuse pour le royaume de Jérusalem. Il y avait à cette bataille, suivant Jacques de Vitry, du côté des Francs, douze cents cavaliers armés de cuirasses, *loricati*, et vingt mille hommes d'infanterie. Le nombre des morts n'a donc pu être de trente mille, comme le dit un Templier dans une lettre rapportée par Hoveden; mais il a été très-considérable. *Quelle odeur suave s'exhalait de cette terrible victoire!* s'écrie l'historien Emad-Eddin, après avoir décrit le spectacle qu'offrait le champ de bataille de cette sanglante journée, à laquelle il avait assisté. Jamais les chrétiens, depuis leur arrivée en Palestine, n'avaient éprouvé une pareille défaite. « En voyant le nombre des morts, on ne croyait pas qu'il y eût des prisonniers, dit un historien arabe, et en voyant les prisonniers, on ne croyait pas qu'il y eût des morts. »

« Les cordes des tentes, raconte Emad-Eddin, ne suffirent pas pour lier les prisonniers. J'ai vu trente à quarante chevaliers attachés à la même corde; j'en ai vu cent et deux cents mis ensemble et gardés par un seul homme. Ces guerriers qui naguère montraient une force extraordinaire, et qui jouissaient de la grandeur et du pouvoir, maintenant le front baissé, le corps nu, n'offraient plus qu'un aspect misérable. » Après la bataille, Saladin se retira dans sa tente et fit venir auprès de lui le roi Gui avec les principaux prisonniers. Il voulut que le roi s'assît à ses côtés; et comme ce prince était pressé par la soif, il lui fit apporter de l'eau de neige. Le roi, après avoir bu présenta le vase à Renaud; aussitôt Saladin s'écria : « Ce n'est pas moi qui ai dit à ce misérable de boire, je ne suis pas lié envers lui. » C'était en effet la coutume chez les Musulmans, suivant la remarque de l'auteur arabe, de ne jamais tuer un prisonnier auquel on avait offert à boire et à manger, et Saladin avait fait vœu, deux fois même au rapport de plusieurs historiens, de tuer Renaud, s'il l'avait jamais entre ses mains. L'entreprise de ce seigneur contre la Mecque et Médine était, aux yeux des Mahométans, un sacrilége irrémissible. Le sultan se tourna donc vers Renaud, et lui reprocha d'un air terrible ses attentats; il lui proposa, selon Emad-Eddin, de se faire musulman; mais Renaud répondit qu'il aimait mieux mourir. Saladin le frappa alors d'un coup d'épée, et les émirs se jetant aussitôt sur lui, lui coupèrent la tête. Le tronc alla tomber aux pieds du roi. Le sultan fit ensuite conduire à Damas le roi et les seigneurs qui étaient captifs avec lui, à l'exception des Templiers et des Hospitaliers qu'il réservait à la mort. Il ordonna à tous ceux de son armée qui avaient de ces religieux entre les mains de les lui céder, au prix de cinquante pièces d'or pour chaque Templier ou Hospitalier qui lui serait livré. Deux cents de ces braves chevaliers, qu'il considérait comme ses irréconciliables ennemis, parce qu'ils faisaient par état la guerre à l'islamisme, furent décapités devant lui sur ses ordres et pas ses émirs. Avant de les égorger, on leur avait proposé d'embrasser l'islamisme. Emad-Eddin, témoin oculaire, rapporte, que pendant ce massacre, Saladin était assis le visage riant.

Gauthier Vinisauf raconte que la noble résignation des chevaliers du Temple et de Saint-Jean, qui furent immolés par les Musulmans vainqueurs, produisit un tel effet « qu'un grand nombre de guerriers, qui n'appartenaient point à ces deux Ordres, en ayant pris les marques, coururent à l'envi au-devant des bourreaux, et, sous l'apparence trompeuse de leur nouvelle profession, tendirent joyeusement le cou au glaive exterminateur. » Le chroniqueur ajoute que, pendant les trois nuits suivantes, tandis que les corps de ces saints martyrs restaient sans sépulture, un rayon du feu du ciel brilla sur eux d'une manière manifeste. Vinisauf dit encore que Saladin répétait souvent que c'était aux iniquités des chrétiens, et non point à ses propres forces, qu'il devait son triomphe à Tibériade.

Le compilateur des *Deux Jardins* a recueilli plusieurs lettres qui furent écrites par des Musulmans à l'occasion de cette bataille. Une de ces lettres commence ainsi : « Quand nous passerions le reste de notre vie à remercier Dieu de ce bienfait, nous ne pourrions nous acquitter dignement. » Cette victoire de l'islamisme fut, en effet, comme le prélude de la conquête de Jérusalem et la source des plus grands triomphes des infidèles. Le royaume chrétien était sans roi et sans armée; ses places étaient dégarnies, ses peuples découragés, ses campagnes ouvertes, et il était de toutes parts entouré de ses ennemis; ce qui est donc surprenant, c'est qu'il n'ait pas succombé plus tôt.

Benoît de Peterborough, auteur de *La vie et Gestes de Henri II*, avant de raconter la bataille de Tibériade, dit que l'alliance du comte de Tripoli avec Saladin amena de grandes calamités. Le chroniqueur cite une lettre, que les Génois alors établis dans la terre sainte, écrivirent au pape pour lui rendre compte de la bataille. Suivant cette lettre, le roi de Jérusalem combattit d'après l'avis du comte de Tripoli, et pour répondre à la demande de secours que lui avaient faite les députés de Tibériade. La lettre ajoute que le comte, qui était le chef et le guide de l'armée chrétienne, la conduisit dans un lieu difficile et couvert de rochers. La milice du Temple s'avança la première contre l'ennemi; le reste de l'armée resta immobile, méprisant l'ordre du roi. Les Templiers perdirent beaucoup des leurs, sans pouvoir avancer. Les Musulmans allumèrent un vaste incendie autour de l'armée, qui manquait de tout et périssait de soif. Ce fut alors que six guerriers chrétiens, quittant l'armée du roi et poussés par un esprit diabolique, se retirèrent auprès de Saladin, et, s'étant faits Musulmans, instruisirent l'ennemi de l'état de l'armée chrétienne et des dispositions des chefs; ce qui fit que Saladin redoubla de confiance et de force, et se jeta avec toutes ses troupes sur les chrétiens, que la difficulté des lieux empêchait de combattre. La lettre parle ensuite de la perte de la Vraie Croix, du roi de Jérusalem fait prisonnier, de l'ordre donné par Saladin, après la bataille, de décapiter tous les Templiers et les Hospitaliers. Les Génois terminent leur lettre en conjurant le pape d'exciter la chrétienté à secourir la terre sainte.

La *Chronique de Reichersperg* cite aussi une lettre écrite par un témoin oculaire de la bataille de Tibériade. Elle est adressée au maître des Hospitaliers en Italie. L'auteur inconnu de cette lettre dit qu'au moment où l'armée chrétienne se retira, épuisée de fatigue, de faim et de soif, sur la montagne de Hittin, trois traîtres qu'il nomme se rendirent auprès de Saladin. « Ce qu'il y a de plus déplorable, ajoute la lettre, c'est que ces chrétiens apostasièrent, se donnèrent au sultan et lui livrèrent l'armée du roi de Jérusalem, en lui découvrant l'extrémité où elle se trouvait. Aussitôt Saladin envoya contre nous Taki-Eddin, avec vingt mille hommes d'élite, lesquels fermèrent toute issue aux débris de l'armée chrétienne. Le combat fut opiniâtre depuis la neuvième heure jusqu'au soir..., il ne resta plus rien de notre armée; le roi fut fait prisonnier, etc. » L'auteur de cette lettre, loin d'accuser de trahison le comte de Tripoli, dit qu'il eut beaucoup de peine à se sauver.

La citadelle de Tibériade se rendit au vainqueur; la comtesse de Tripoli, qui s'y trouvait, se retira à Tripoli avec son fils et sa suite. Saladin entra aussi dans la ville d'Acre sans rencontrer presque aucune résistance. Cette ville était alors l'entrepôt principal du commerce de l'Europe avec l'Orient. Les magasins regorgeaient de marchandises. Saladin distribua toutes ces richesses à ses émirs et à ses troupes. Il s'empressa aussi d'écrire en Egypte à son frère Malek-Adel, pour lui ordonner de s'avancer de son côté, avec toutes les forces dont il pourrait disposer, contre les provinces chrétiennes limitrophes, tandis qu'il envahirait lui-même celles du nord. Malek-Adel ne tarda pas à prendre Jaffa, tandis que des détachements envoyés par le sultan occupaient Sébaste et Naplouse, et ravageaient les campagnes de Nazareth, de Caïfa et de Césarée. Tout était mis à feu et à sang; les hommes, les femmes et les enfants étaient emmenés en esclavage, et les cloches furent partout brisées, dit un auteur mahométan. Un historien arabe remarque que jusque-là les chrétiens et les Musulmans, qui avaient toujours formé la majeure partie de la population, avaient vécu en bonne intelligence dans ces pays : le gouvernement, moyennant un tribut annuel, avait assuré aux infidèles sa protection et leur avait laissé le libre exercice de leur religion. Les chrétiens, au contraire, après la bataille de Tibériade, n'osèrent plus rester dans ces contrées, et ils s'enfuirent, abandonnant aux vainqueurs leurs maisons et leurs biens. Les places importantes de Sidon et de Baïrout capitulèrent sans essayer de résister. Il ne restait plus de ce côté que Tyr à soumettre. Quoique ce fût une place capable de se défendre, le comte de Tripoli, qui s'y était réfugié après la défaite de Tibériade, en sortit, à l'approche des Musulmans, pour se retirer à Tripoli, où il mourut de chagrin peu de temps après. Saladin, cependant, considérant que Tyr était une ville trop forte pour être facilement emportée, tourna ses pas vers Ascalon, qui interceptait ses communications avec l'Egypte. Il y fut rejoint par son frère Malek-Adel. Avant de commencer le siége, il fit venir de Damas le roi Gui et le grand-maître des Templiers, et leur offrit de les mettre en liberté, s'ils engageaient les chrétiens à se rendre. Les historiens arabes prétendent que le roi envoya aux habitants l'ordre d'ouvrir leurs portes, mais que loin d'obéir, les chrétiens chargèrent d'outrages l'envoyé royal. Quand ils virent cependant qu'ils n'avaient aucun secours à attendre, ils se rendirent, après quatorze jours de siége, et se retirèrent à Jérusalem. Mais ils n'avaient ouvert leurs portes qu'à la condition que la liberté serait rendue à Gui de Lusignan, et Saladin avait accepté cette convention ; mais *le tyran parjure et perfide*, dit Gauthier Vinisauf, renvoya le roi à Damas, où il continua à le retenir prisonnier jusqu'au mois de mai de l'année suivante. Saladin n'eut pas de peine, après cela, à soumettre Ramla, Hébron, Bethléem, Gaza et Daroum. Il fit aussi venir une flotte d'Egypte pour donner la chasse aux navires chrétiens. On lit dans une lettre écrite par le sultan, cette même année 1187 : « On n'entend plus dans le pays que la voix de ceux qui crient *Dieu est grand* (c'est la voix des Muezzins, lorsqu'ils appellent du haut des minarets les Musulmans à la prière) ! Depuis Djébaïl, ajoutait Saladin, jusqu'aux frontières de l'Egypte, il ne reste plus sur la côte aux infidèles que Jérusalem et Tyr. Je vais d'abord prendre la ville sainte ; et lorsque le grand Dieu nous l'aura livrée, nous irons à Tyr. »

Le sultan partit d'Ascalon, le 21 septembre 1117, pour aller assiéger Jérusalem. La cité sainte était devenue le refuge de tous les chrétiens qui avaient pu échapper au glaive des Musulmans. Leur nombre s'élevait à cent mille, au rapport des chroniqueurs. Mais il se trouvait parmi eux si peu d'hommes en état de défendre la ville, et la résistance que la reine pouvait faire était si peu redoutable, que la conquête de Jérusalem paraissait facile à Saladin.

Cependant comme les Musulmans eux-mêmes vénéraient la cité sainte, il lui répugnait de la souiller par l'effusion du sang, et il offrit aux habitants de l'argent et des possessions en Syrie en échange de leur ville. « Nous ne pouvons céder ni vendre aux infidèles, répondirent-ils, la ville où est mort le Sauveur. » Le sultan indigné de cette réponse jura d'entrer dans Jérusalem le fer à la main, et d'y renouveler le carnage que les chrétiens y avaient fait en s'en emparant, au temps de la première croisade. Le siége de la place commença le 20 septembre 1187. Disposés à faire le sacrifice de leurs richesses, de leurs familles et de leur vie pour le salut de la ville sainte, les habitants étaient encouragés à persévérer dans leur intrépide résolution par le patriarche et par le clergé. Ils donnèrent le commandement de la place à Balian d'Ibelin, vieux guerrier expérimenté qui avait échappé au désastre de Tibériade.

Il fit réparer les fortifications, et créa, pour suppléer au manque d'officiers, cinquante chevaliers parmi les bourgeois de la ville. On dépouilla les églises de leurs richesses, et la chapelle du Saint-Sépulcre de sa précieuse couverture, pour subvenir aux frais de la défense du tombeau du Rédempteur. Les prêtres eux-mêmes coururent aux armes, « se ressouvenant, dit Gauthier Vinisauf, que toutes les lois et tous les droits permettent de repousser la force par la force. » Les chrétiens imploraient le secours du Sauveur des hommes; mais, dit un vieux chroniqueur, « notre sir Jésus-Christ ne les voloit ouïr, car la luxure et l'impureté qui en la cisté étoient, ne laissoient monter oraison ni prière devant Dieu. » Tous les documents contemporains attestent que la corruption des mœurs fut une des principales causes de la ruine du royaume chrétien d'Orient.

« Les chrétiens de Jérusalem, dit un chroniqueur allemand, étaient tellement adonnés aux plaisirs de la bouche et de la chair, qu'ils ne différaient en rien des animaux. La vanité régnait tellement dans leurs âmes, qu'ils ne songeaient qu'à arranger leurs vêtements, à les tailler, à les découper et à leur donner les formes les plus élégantes. » Ils montrèrent cependant du courage dans la résistance qu'ils opposèrent à Saladin, et dans les sorties qu'ils firent pour repousser ses attaques, et ce fut une trahison grecque qui amena la reddition de la ville. Une brèche avait été faite aux remparts, lorsqu'une conspiration qui avait été tramée dans la ville obligea les chefs des chrétiens à demander à capituler. Ce fait est ainsi raconté par l'abbé Renaudot, dans son Histoire des patriarches d'Alexandrie, *Historia patriarcharum Alexandrinorum* : « A cette époque la plus grande partie de la population de Jérusalem se composait de chrétiens grecs, autrement dits *Melkites* (c'est-à-dire *royalistes*, d'après l'origine Syriaque et arabe du mot *Melkite*, parce qu'ils professaient la doctrine des empereurs de Constantinople). Ces chrétiens grecs portaient une haine mortelle aux Francs et aux chrétiens du rite latin. Saladin chercha à tirer parti de ces dispositions. Il avait alors auprès de lui un chrétien melkite nommé Joseph Batil, originaire de Jérusalem; c'était son homme de confiance, et il s'en servait dans ses relations avec les princes chrétiens, dont le melkite connaissait parfaitement les divers intérêts. Dans cette circonstance, il envoya Joseph Batil aux chrétiens melkites pour les engager à lui ouvrir les portes de la ville. Ce moyen réussit; les chrétiens melkites promirent de livrer la ville; ils formèrent même le dessein d'égorger tous les Francs. Ce fut alors que les chefs effrayés se hâtèrent de capituler. » Suivant les historiens arabes, on députa les principaux habitants à Saladin, qui répondit : « J'en userai envers vous comme les chrétiens en usèrent envers les Musulmans, quand ils prirent la ville sainte, c'est-à-dire que je passerai les hommes au fil de l'épée et que je réduirai le reste en servitude; en un mot, je rendrai le mal pour le mal. » A cette réponse Balian d'Ibelin demanda un sauf-conduit pour aller traiter lui-même avec le sultan. Il se présenta à Saladin, et lui fit des représentations. Saladin se montrant inflexible, il s'abaissa aux supplications. Saladin demeurant inexorable, Balian ne garda plus aucun ménagement et lui dit : « Sache, ô sultan, que nous sommes en nombre infini. Les habitants répugnent à se battre, parce qu'ils s'attendent à obtenir une capitulation semblable à celle que vous avez accordée à tant d'autres. Ils redoutent la mort et tiennent à la vie; mais si une fois la mort est inévitable, j'en jure par le Dieu qui nous entend, nous tuerons nos femmes et nos enfants, nous brûlerons nos richesses, et ne vous laisserons pas un écu. Vous ne trouverez plus de femmes à réduire en esclavage, plus d'hommes à mettre dans les fers. Nous détruirons la chapelle de la Sacra et la mosquée Alacsa avec tous les lieux saints. Nous égorgerons tous les Musulmans, au nombre de cinq mille, qui sont captifs dans nos murs. Nous ne laisserons pas une seule bête de somme en vie. Nous sortirons contre vous; nous nous battrons en gens qui défendent leur vie. Pour un de nous qui périra, il en tombera plusieurs des vôtres. Nous mourrons libres ou nous triompherons avec gloire. » A ces mots Saladin consulta ses émirs, qui furent d'avis d'accorder la capitulation, et le sultan y consentit. Il fut convenu avec les chrétiens que chaque homme de la ville, riche ou pauvre, payerait pour sa rançon dix pièces d'or; les femmes cinq, et les enfants de l'un et l'autre sexe deux. Un délai de quarante jours fut accordé pour le payement de cette rançon. Après ce terme, tous ceux qui ne l'auraient pas fournie, seraient considérés comme esclaves. A l'égard des pauvres, dont le nombre fut fixé par approximation à dix-huit mille, Balian s'obligea à payer pour eux trente mille pièces d'or. On avait estimé le nombre des chrétiens de la ville en état de porter les armes à soixante mille, sans compter les femmes et les enfants. Tout étant ainsi convenu, la ville sainte ouvrit ses portes, et l'étendard musulman fut arboré sur ses murs, selon les historiens arabes, le vendredi 2 octobre 1187. Le savant Mansi, sur l'autorité de Coggeshale, témoin oculaire, fixe la prise de Jérusalem, au samedi 3 octobre, mais cette date n'est point admise par l'*Art de vérifier les dates*. Lors de la prise de la cité sainte par les premiers croisés, la résistance que leur opposèrent les Musulmans vint de ce qu'ils attendaient d'un jour à l'autre le secours d'une armée égyptienne, qui arriva quelque jours trop tard. Mais dans la circonstance dont il s'agit ici les assiégés n'avaient aucun secours à attendre, et Saladin, maître des environs, disposait contre eux de toutes les ressources de l'Egypte et de la Syrie. La prise de la ville en quelques jours ne s'explique, cependant, que par la conspiration tramée par les Grecs contre les Latins.

L'entrée de Saladin dans Jérusalem fut un grand jour de fête pour les Musulmans.

Ce qui, suivant les auteurs arabes, contribua beaucoup à augmenter leur enthousiasme, c'est que le jour où Jérusalem se rendit se trouva être l'anniversaire de celui où ils prétendent que Mahomet, conduit par l'archange Gabriel, monta miraculeusement au ciel. Le jour fixé pour la sortie des chrétiens de Jérusalem, Saladin se plaça sur un trône, pour les voir défiler devant lui. Le patriarche s'avança le premier, suivi du clergé. Il lui avait été permis d'emporter toutes les richesses des églises. La reine Sibylle venait ensuite avec les barons et les chevaliers. Saladin la traita avec respect et compassion. Il rendit aux mères leurs enfants et aux femmes leurs maris; il accorda la liberté à beaucoup de pauvres, et il permit aux Hospitaliers de rester dans la ville pour soigner les malades. Son frère, Malek-Adel, paya la rançon de deux mille prisonniers.

Quoique Balian eût racheté dix-huit mille pauvres au prix de trente mille pièces d'or, il en resta seize mille qui, faute de rançon, furent faits esclaves. Les chrétiens qui sortirent de Jérusalem avaient la faculté d'aller où ils voulaient: les uns se rendirent à Antioche et à Tripoli, d'autres à Tyr, et quelques-uns en Egypte, où ils s'embarquèrent à Alexandrie pour retourner en Occident. Il ne resta guère à Jérusalem que des chrétiens appartenant au schisme grec, qui ne furent nullement inquiétés, et qui conservèrent leurs biens, à condition de payer, outre la rançon commune à tous, un tribut annuel. Toutes les églises, excepté celle du Saint-Sépulcre, et les chapelles furent converties en mosquées. Les murs et le pavé de la mosquée d'Omar furent purifiés avec de l'eau de rose de Damas. C'est ainsi que Jérusalem retomba sous le joug de l'islamisme, après n'être restée que quatre-vingt-huit ans sous la domination chrétienne. Le royaume de Jérusalem s'était élevé à la faveur des divisions des Musulmans, et il tomba par l'effet des divisions des chrétiens. M. Michaud, dans son *Histoire des Croisades*, fait une observation très-juste. « Plusieurs écrivains modernes, dit-il, ont opposé la conduite généreuse de Saladin aux scènes révoltantes qui accompagnèrent l'entrée des premiers croisés dans Jérusalem; mais on ne doit pas oublier que les chrétiens offrirent de capituler, tandis que les Musulmans soutinrent un long siége avec une constance opiniâtre, et que les compagnons de Godefroy, qui se trouvaient dans un pays inconnu, au milieu de nations ennemies, emportèrent la ville d'assaut après avoir essuyé mille périls et souffert tous les genres de misère. Les premiers croisés, après la conquête de la ville sainte, avaient encore tout à craindre des Musulmans de Syrie et d'Egypte, et cette crainte les rendit barbares; le sultan de Damas ne se montra pas plus humain, tant qu'il eut à redouter les armes des Francs, et la victoire même de Tibériade, qui ne calma pas toutes ses inquiétudes, ne lui avait point inspiré des sentiments généreux envers ses prisonniers. »

Bernard le Trésorier fait connaître le sort des chrétiens qui rachetèrent leur liberté, après la prise de Jérusalem par Saladin. Ils furent distribués par bandes, dit le vieil historien. Saladin donna à chacune de ces bandes une escorte de quarante cavaliers, dont une moitié marchait devant et l'autre derrière. Bernard, qui cherche toujours l'occasion de faire l'éloge de Saladin, prétend que ces cavaliers se montrèrent pleins d'humanité envers les chrétiens qu'ils accompagnaient. Lorsque ces malheureux furent arrivés aux frontières du comté de Tripoli, les soldats de Saladin les quittèrent. Mais le comte de Tripoli, dépouillant, au rapport de Bernard, tout sentiment d'humanité, fit fermer les portes de la ville à ceux qui venaient y demander l'hospitalité. Ceux qui se dirigèrent vers Alexandrie eurent un sort plus heureux. L'émir, qui commandait dans cette ville pour Saladin, leur accorda l'hospitalité et même sa protection. Ils y passèrent l'hiver jusqu'au mois de mai, et retournèrent en Europe sur des navires pisans, génois et vénitiens.

L'Orient musulman tressaillit d'allégresse à la nouvelle de la prise de Jérusalem par les armes de Saladin. En annonçant, dans une lettre écrite par un cadi à un iman, au nom du sultan, que la mosquée d'Omar a été rendue à son ancienne destination, on dit que, « peu s'en est fallu que les cieux ne se fendissent de joie, et que les étoiles ne se missent en danse. » Les vainqueurs n'étaient pas, cependant, dans une parfaite sécurité sur la conservation de leur conquête. On lit dans une lettre contemporaine que Saladin, après avoir pris Jérusalem, ne pouvait pas trouver un Musulman qui osât bâtir dans la terre de promission, ni y conduire sa famille, par la crainte de nouveaux succès des Francs. Ceux-ci tournèrent leurs regards et leurs espérances vers l'Europe, où l'historien Guillaume, archevêque de Tyr, fut envoyé pour solliciter les secours des princes et des peuples de l'Occident.

Tyr était le seul port ouvert aux flottes de l'Europe qui restât aux chrétiens sur les côtés de Syrie. Il était de la plus haute importance pour Saladin de s'emparer promptement de cette ville, pour enlever aux Francs leur dernière ressource. Il n'avait pu obtenir que cette ville se rendît après la bataille de Tibériade. La résolution de ne point capituler fut deux fois inspirée à cette place par Conrad, fils du vieux marquis Guillaume de Montferrat, qui avait été fait prisonnier avec le roi de Jérusalem. Tyr avait été le refuge d'une quantité innombrable de chrétiens de Jérusalem, d'Acre, de Baïrout, et de toutes les places de la côte qui étaient tombées au pouvoir des infidèles. Mais cette multitude confuse manquait d'un chef exercé dans l'art de la guerre. Il arriva alors que Conrad de Montferrat, venant d'Europe par mer pour faire le pèlerinage de terre sainte et combattre les Musulmans, était entré dans le port d'Acre, lorsque cette ville était récemment tombée au pouvoir de

Saladin. Averti de ce malheur par le silence des cloches, Conrad, en attendant que le vent lui permît de s'éloigner, se fit si bien passer pour un marchand, que les auteurs arabes croient qu'il était venu en Syrie pour faire le commerce. Dès que le vent lui fut favorable, il partit et aborda à Tyr. La frayeur y était telle qu'on pensait à écrire à Saladin pour lui demander à se rendre. L'arrivée du marquis releva les cœurs abattus; il se fit livrer la ville en souveraineté, et les habitants lui prêtèrent serment de fidélité. Conrad était aussi habile que courageux : il répara les fortifications de la ville, et séparant la presqu'île où elle est bâtie du continent, il fit de Tyr une espèce d'île inaccessible. L'historien arabe Emad-Eddin parle des dispositions prises par Conrad et du nombre de chrétiens réunis dans Tyr, en termes qui prouvent le déplaisir qu'en éprouvaient les Musulmans. « Cette ville, dit-il, était devenue le siége des fraudes des infidèles, le nid de leurs perfidies, l'asile des fugitifs et le refuge des vagabonds. Le marquis était le plus perfide et le plus redoutable des Francs, le plus adroit des loups de Tyr, le plus impur de ses chiens et le plus rusé qui se pût imaginer. »

Saladin arriva devant Tyr, amenant avec lui le vieux marquis de Montferrat, dans l'espoir d'obtenir la reddition de la ville en rendant la liberté à son prisonnier. Mais lorsqu'il fit offrir cette condition à Conrad, celui-ci lui répondit qu'il ne livrerait pas même une pierre de la ville, *non unum lapidem civitatis daret*, dit la chronique de Sicardi. Saladin, ayant menacé Conrad d'exposer son vieux père aux traits des assiégés, l'inébranlable défenseur de Tyr déclara qu'il lancerait lui-même la première flèche, et l'auteur de la chronique que nous venons de citer ajoute que le généreux vieillard exhorta son fils à ne point racheter, au prix du sacrifice de la ville qui s'était confiée à lui, une vie qui était près de s'éteindre. Cette réponse fut suivie d'une intrépide résistance aux attaques de Saladin. Les débris de l'Ordre du Temple et de l'Hôpital concoururent à l'héroïque défense de Tyr, dirigée par Conrad de Montferrat. Le sultan fut forcé de lever le siége de cette ville, dont la ruine aurait entraîné celle du reste des colonies chrétiennes. La conduite de Saladin, dans cette circonstance, est jugée par Ibn-Alatir avec une sévérité remarquable chez un écrivain arabe. « Saladin, dit cet historien, n'aimait pas les longues entreprises : sa coutume, quand un siége durait trop longtemps, était de se dégoûter et de s'occuper d'autre chose. Aussi, toutes les villes qu'il conquit, il les prit en quelques jours. A la vérité, au siége de Tyr, ce furent les troupes musulmanes qui se rebutèrent les premières; mais Saladin seul était coupable d'imprévoyance. N'est-ce pas lui qui avait laissé aller à Tyr les habitants d'Acre, de Jérusalem et d'autres villes? N'est-ce pas lui qui avait donné aux chrétiens le temps d'envoyer demander des secours en Occident et d'en recevoir une réponse favorable? En effet les Francs d'Occident avaient recommandé à leurs frères de conserver Tyr comme un lieu de rendez-vous pour les troupes qu'ils allaient envoyer, et cette réponse ranima leur courage... Le chef d'un État ne doit pas ainsi négliger le succès de son entreprise. Il est bien plus glorieux de savoir décider la fortune en sa faveur, et de ne pas rester au-dessous par son courage, que de triompher par la témérité et par une fausse hardiesse, et d'être justifié par le succès aux yeux de la foule. »

En 1188, Malek-Adel, frère de Saladin, s'empara de la forteresse de Carac, qui fit, avant de se rendre, la plus belle résistance. Il ne restait plus aux chrétiens que Tyr, Antioche, Tripoli et quelques autres places moins importantes, lorsque le bruit des immenses armements de la troisième croisade retentit d'Occident en Orient. Une lettre écrite alors par Saladin à son frère Séif-Elislam, gouverneur de l'Arabie, fit parfaitement connaître les desseins et les espérances que nourrissait le sultan. On était au commencement de l'année 1189, et Saladin annonce à son frère qu'il attaquera cette année Antioche; qu'il enverrra son neveu Taki-Eddin, qu'il appelle son fils par tendresse, devant Tripoli; que Malek-Adel restera en Egypte pour veiller à la défense de ce pays, où on disait que l'ennemi voulait faire une descente, et que Séif-Elislam, à qui la lettre est adressée, gardera la Palestine. Pensant que les armées qui allaient arriver d'Occident attaqueraient d'abord les places maritimes, Saladin prit soin de les mettre en état de défense. Il passa le reste de l'hiver à Acre, occupé à faire fortifier cette ville

Dans le cours de l'année 1188, le sultan rendit la liberté au roi de Jérusalem, mais, après lui avoir arraché un serment, juré sur l'Evangile, de renonciation au trône de Jérusalem et la promesse qu'il retournerait en Europe. Gui de Lusignan fit annuler par un conseil d'evêques cet engagement qui lui avait été imposé par la violence. Résolu de tenter quelque entreprise pour reconquérir son royaume, il se présenta devant Tyr; mais cette ville refusa de l'admettre dans ses murs. Il avait réuni neuf mille hommes sous ses drapeaux, et il alla mettre le siége devant Ptolémaïs, à la fin du mois d'août 1189.

L'armée chrétienne était trop faible pour occuper tout le circuit de la ville. Saladin, dont l'arrivée devant la place avait suivi de quelques jours celle des Francs, profita de ce défaut d'investissement complet pour introduire dans la ville des troupes et des provisions. Il avait pris position sur la colline de Kisan, en face de la ville, appuyant sa gauche à une rivière qui est le Bélus des anciens, et sa droite à la colline d'Aïadia, de manière à entourer l'armée chrétienne. De leur côté, les Francs environnaient la ville. Le roi de Jérusalem avait dressé son pavillon sur une colline que les chroniqueurs latins appellent colline de Thuron, en face de la porte d'Acre. La ville était cernée du côté de la mer par la flotte des Pisans, qui avait pris position à l'entrée du port, et qui, suivant l'expression d'un chroniqueur arabe, présentait par son aspect l'apparence d'une vaste forêt. Les chrétiens achevèrent de cerner la ville du côté de terre, et alors commença véritablement ce siége, qui est un des plus grands événements de l'histoire des croisades. Les Musulmans n'avaient pas cessé depuis deux ans de fortifier la place, et Saladin avait fait venir d'Egypte, pour diriger les travaux, l'émir Caracousch, qui avait construit les murs du Caire, et qui était très-habile dans l'art qu'il appliqua à rendre la place difficile à attaquer. Saladin commença par rétablir ses communications avec la ville à la suite d'un combat où il obtint l'avantage sur les chrétiens. Il entra lui-même dans la place pour considérer l'armée chrétienne du haut des remparts. Il ne se passa pas un jour ensuite sans que quelque petite escarmouche eût lieu. Un auteur arabe rapporte qu'il résulta de ces rapprochements que les chrétiens et les Musulmans avaient fini par se connaître et par lier conversation entre eux : quand on était fatigué, on quittait les armes et on se mêlait ensemble; on chantait, on dansait, on se livrait à la joie, jusqu'à ce qu'un moment après la guerre se renouvelât. Un jour qu'après avoir longtemps combattu, les deux partis cherchaient à se distraire de leurs fatigues, un chrétien dit aux soldats de la garnison : « Jusqu'à quand les grands se battront-ils ? Que ne faisons-nous battre aussi les petits ? Allons, mettons vos enfants aux mains avec les nôtres. » Là-dessus plusieurs enfants musulmans sortirent de la ville; les chrétiens amenèrent les leurs, et la lutte commença. Ces enfants se battirent avec le plus grand courage.

Sicardi raconte dans sa chronique que le marquis Conrad de Montferrat vint prendre part au siége. Il fit tailler des rochers qui étaient dans la mer, afin d'ouvrir un port aux vaisseaux chrétiens; et ce port, dit le chroniqueur, s'appela le *port du marquis*. Quarante-cinq galères venant d'Egypte abordèrent au port d'Acre le jour de Saint-Etienne. Mais les pèlerins ne perdirent point courage, quoiqu'ils se vissent enfermés du côté de la terre et du côté de la mer. Le marquis de Montferrat, dont l'habileté dans l'art de la guerre inspirait une grande confiance, soutint les esprits par ses discours. Bravant tous les périls, il partit pour Tyr sur une petite barque au milieu de la nuit; et lorsqu'il eut exposé aux Tyriens les besoins de l'armée, les engageant à armer leurs galères, tous lui répondirent : *Nous sommes prêts à vivre et à mourir pour vous.* Il amena une flotte dans le port qu'il avait fait ouvrir près d'Acre, après avoir pris aux Musulmans, dans le trajet de Tyr à Acre, des bâtiments chargés de vivres. Après plusieurs attaques, la ville aurait été prise sans doute par les chrétiens, si le feu grégeois de l'ennemi n'eût incendié les tours qu'ils avaient construites.

L'annonce de l'arrivée des croisés venant d'Occident avait produit une vive impression sur Saladin. Il écrivit des lettres qui témoignent de ses inquiétudes au calife de Bagdad et à tous les princes musulmans. L'histoire a conservé sa lettre au calife de Bagdad; elle peint très-bien les dispositions d'esprit dans lesquelles se trouvaient les peuples engagés dans cette grande lutte, où il s'agissait des intérêts les plus sublimes de l'humanité. « Espérons de la bonté de Dieu, dit le sultan au calife, que le danger où nous sommes réveillera le zèle des Musulmans, et qu'ils s'efforceront d'éteindre l'ardeur de nos ennemis, d'abattre l'édifice que les Francs ont élevé. Dans l'état actuel des choses, tandis que nos ennemis accourent par mer et par terre, notre pays est menacé des plus grands malheurs; nos cœurs sont frappés d'une blessure qu'aucun remède ne pourra guérir. Que sont donc devenus l'ardeur des Musulmans, l'orgueil des gens pieux, le zèle des amis de la vérité ? Ce qui nous étonne, c'est de voir l'émulation des infidèles et l'indifférence des vrais croyants. Y a-t-il un seul Musulman qui réponde à l'invitation, qui vienne quand on l'appelle? Voyez cependant les chrétiens ; voyez comme ils viennent en foule, comme ils se pressent à l'envi, comme ils se soutiennent mutuellement, comme ils font le sacrifice de leurs richesses, comme ils se cotisent ensemble, comme ils se résignent aux plus grandes privations! Chez eux, pas de roi, pas de seigneur, pas d'île ou de cité, pas d'homme tant soit peu marquant, qui n'envoie à cette guerre ses sujets et ses habitants, qui ne les fasse paraître sur ce théâtre de la bravoure; pas d'homme puissant qui ne prenne part à cette expédition : tous veulent se rendre utiles à l'objet impur de leur attachement. Ils le font dans l'idée que par là ils servent leur religion; voilà pourquoi ils consacrent à cette guerre leur vie et leurs richesses. Dans tout cela, ils n'ont en vue que la cause de celui qu'ils adorent, la gloire de celui en qui ils ont foi ; il ne leur vient pas seulement en pensée que peut-être toute la Palestine sera subjuguée, que le voile de l'honneur des chrétiens sera déchiré, qu'ils perdront leurs domaines et les verront passer en d'autres mains. Les Musulmans, au contraire, sont mous, découragés, apathiques, ennuyés, frappés de stupeur, sans zèle pour la religion : c'est au point que si, ce qu'à Dieu ne plaise! les rênes de l'islamisme venaient à prendre une mauvaise direction, on ne trouverait ni en Orient, ni en Occident, ni loin d'ici, ni auprès, un seul homme qui voulût se dévouer à la cause de la religion de Dieu, qui entreprît de défendre la vérité contre l'erreur. Nous voilà cependant au moment où la temporisation n'est plus de saison, où nous avons besoin du concours de tous les amis de la religion, des pays éloignés comme des lieux proches. Espérons que Dieu voudra bien nous accorder son appui; que les infidèles, par la grâce de Dieu, seront exterminés; que les vrais croyants seront sauvés et mis hors de péril. »

Un écrivain arabe nous fournit une preuve

de l'effet produit sur l'esprit des Musulmans par l'annonce de l'arrivée des guerriers de l'Occident. Boha-Eddin rapporte que le marquis de Tyr, voulant frapper l'imagination des chrétiens d'Occident, avait fait faire un plan de Jérusalem, au milieu duquel dominait l'église du Saint-Sépulcre. Il avait fait représenter au dessus du saint tombeau un cheval monté par un cavalier musulman, lequel couvrait le tombeau d'ordures. « Ce tableau, ajoute l'auteur arabe, fut porté en Occident, et exposé à tous les regards, dans les marchés et dans les lieux publics : les prêtres le promenaient partout, marchant la tête découverte, revêtus du cilice, et criant: *Malheur ! malheur à nous !* A ce spectacle, une multitude innombrable de peuple prit les armes. » On voit par ce passage l'idée que l'on se faisait dans l'Orient mahométan de la prédication d'une croisade en Occident.

La mort de la reine Sibylle, qui fut accompagnée, en 1189, de celle de ses enfants, vint mettre la discorde parmi les chrétiens et dans le camp des croisés qui arrivaient devant Saint-Jean-d'Acre. Gui de Lusignan prétendait conserver le titre de roi; mais Conrad, marquis de Tyr, obtint de faire casser le mariage qui unissait Isabelle, sœur de Sibylle, et héritière du trône de Jérusalem, à Homfroy de Thoron, et épousa lui-même cette princesse. Il devint dès lors pour Gui de Lusignan un compétiteur dangereux : il avait sauvé Tyr, et son rival avait perdu Jérusalem, après avoir été vaincu par Saladin à la bataille de Tibériade. Henri, comte de Champagne, arriva devant Saint-Jean-d'Acre, au milieu de l'année 1190, accompagné d'un grand nombre de croisés, et annonçant qu'il serait suivi d'un nombre plus grand encore. Philippe-Auguste, roi de France, et Richard, roi d'Angleterre, vinrent, au printemps de l'année suivante, mettre les chrétiens en état de terminer glorieusement le siége d'Acre, qui durait depuis près de deux ans. Emad-Eddin fait sur les renforts continuels que reçurent les chrétiens devant cette ville les réflexions suivantes, qui, quoiqu'inspirées par un orgueil qui pèche contre l'exactitude, n'en montrent pas moins que toute la force du royaume de Jérusalem consistait dans les secours que lui envoyait l'Occident, et que le décroissement de l'enthousiasme religieux en Europe était pour lui un germe de mort. « Pendant deux ans que nous restâmes devant Acre, nous tuâmes soixante mille infidèles; nous causâmes aux chrétiens toutes sortes de maux; mais à mesure qu'ils périssaient sur terre, ils se multipliaient sur mer. Toute les fois qu'ils osèrent se mesurer, ils furent tués ou faits prisonniers, exterminés ou mis en fuite; alors d'autres leur succédaient, et pour cent qui mouraient, il en reparaissait mille. »

Dans la désunion qui partageait les chrétiens entre les deux prétendants au royaume de Jérusalem, et qui nuisait aux opérations du siége d'Acre, Philippe-Auguste se déclara pour Conrad, et son rival, le roi d'Angleterre, pour Gui de Lusignan. Le vertueux archevêque de Cantorbéry blâma, au nom de la religion outragée, le divorce par lequel Isabelle avait rompu les liens qui l'unissaient à Homfroy de Thoron, pour épouser Conrad. Le marquis de Tyr était soutenu par les Français, les Allemands, les Génois et les Templiers, et Gui de Lusignan par les Anglais, les Pisans et les Hospitaliers. Le chroniqueur anglais Bromton, en faisant le récit de ces funestes divisions, nous apprend que Geoffroy, frère de Gui de Lusignan, appela le marquis de Tyr à la cour des rois de France et d'Angleterre, et l'accusa de parjure et de trahison envers Gui de Lusignan et toute l'armée chétienne : il donna même un gage de bataille pour poursuivre son appel; mais le marquis refusa d'y répondre, et s'éloigna de l'armée, poursuivi par les murmures de tous les croisés. Le chroniqueur ajoute que, lorsque Conrad se retira à Tyr, les infidèles qui gardaient les environs de la ville, ne firent de mal ni au marquis ni aux siens, et tinrent levé l'étendard qu'il leur avait donné comme un signe de son alliance avec eux; ce qui fut pour tous ceux qui furent témoins de cette circonstance un grand sujet de scandale.

Le même chroniqueur anglais rapporte qu'après la prise d'Acre, qui eut lieu le 13 juillet 1191, les rois de France et d'Angleterre, les archevêques, les évêques et tous les chefs de l'armée terminèrent les différends qu'avait fait naître la succession au trône de Jérusalem. Il fut arrêté que le roi Gui continuerait de régner, mais qu'à sa mort Isabelle, sœur de sa femme, la feue reine Sibylle, et son mari, le marquis de Montferrat, hériteraient de la couronne; que Geoffroy de Lusignan, frère de Gui, aurait le comté de Jaffa pour lui et ses héritiers, sous la dépendance du roi, et que le marquis aurait Tyr, Sidon et Baïrout, aux mêmes conditions. Mais cet arrangement n'empêcha pas la discorde de subsister entre les deux rivaux et leurs partisans réciproques. Après la prise d'Acre par les chrétiens, Saladin démolit les fortifications de Jaffa, d'Ascalon, de Ramla, de Gaza et de toutes les forteresses qui étaient en son pouvoir. Richard, devenu le chef de l'armée croisée, après le départ de Philippe-Auguste pour l'Europe, remporta une grande victoire sur Saladin à Arsur, en partant d'Acre pour se remettre en campagne contre les Musulmans, dans l'été de l'année 1191. Il s'empara ensuite de Jaffa, menaça Jérusalem et releva les murs d'Ascalon. Pendant ce temps Conrad alla avec une flotte tenter de s'emparer de Ptolémaïs, que les Génois voulaient lui livrer, et que les Pisans défendirent au nom de Richard. Il fallut que le roi d'Angleterre se rendit lui-même à Acre pour forcer le marquis à se retirer à Tyr. Conrad noua des intelligences avec Saladin à qui il proposait de lever, à certaines conditions que le sultan ne voulut pas accepter, l'étendard de la guerre contre le roi d'Angleterre.

Au bruit qui se répandit l'année suivante que Richard allait retourner en Angleterre, on sentit la nécessité d'élire enfin un roi de

Jérusalem qui pût rallier les esprits divisés, et Conrad fut désigné d'une voix unanime comme le prince le plus capable, par ses talents et par sa bravoure, de défendre le royaume contre les entreprises de Saladin. Le marquis reçut avec une grande joie la nouvelle de son élévation au trône, que lui porta à Tyr le comte Henri de Champagne. Mais il ne devait bientôt plus être *ni marquis ni roi*, suivant l'expression dont se servirent les émissaires du Vieux de la Montagne, qui le tuèrent au milieu des réjouissances célébrées à Tyr à l'occasion de son avénement à la couronne. L'histoire n'a pas percé le voile qui dérobe à ses investigations l'instigateur de ce crime, qui a été attribué, sans preuves suffisantes, à Homfroy de Thoron, qui aurait voulu se venger de la perte de ses droits au trône de Jérusalem, qu'entraîna le divorce par lequel Isabelle se sépara de lui; à Saladin, qui se serait adressé au chef des Assassins pour être délivré de Conrad et de Richard, et qui n'aurait obtenu que la moitié de ce qu'il désirait; et à Richard, qui aurait voulu se débarrasser de l'opposition que lui faisait le marquis. Au milieu du désordre où Tyr se trouva après la mort de Conrad, la présence de Henri de Champagne inspira aux habitants de la ville la pensée de lui offrir de prendre, comme roi de Jérusalem et comme mari d'Isabelle, la place du prince qui venait d'être assassiné. Comme il n'est pas difficile de faire faire à quelqu'un ce qu'il désire, suivant l'expression du chroniqueur Vinisauf, le mariage fut bientôt conclu, quoique la veuve de Conrad fût enceinte. Isabelle avait été elle-même porter les clefs de la ville à Henri. Le comte de Champagne était en même temps neveu du roi de France et du roi d'Angleterre, et son élection, comme roi de Jérusalem, réunissait tous les partis. Richard, dont il voulait avoir l'approbation, se réjouit du choix qui avait été fait de lui, et lui abandonna toutes les villes dont il avait fait la conquête. Le nouveau roi fit son entrée dans Ptolémaïs, en 1192, au milieu des démonstrations de la joie publique. Les écrivains arabes n'appellent plus Henri de Champagne et ses successeurs que *rois d'Acre*, parce que la ville de Saint-Jean-d'Acre, depuis la prise de Jérusalem par Saladin, était devenue la capitale du royaume chrétien de Palestine. Gui de Lusignan fut entièrement oublié, au milieu de tous ces événements. Richard persévéra, malgré les instances des croisés, à ne pas vouloir tenter de reprendre Jérusalem, qu'il lui semblait impossible de conserver, dans le cas où on aurait réussi à s'en emparer. On était également fatigué de la guerre, du côté des chrétiens comme du côté des Musulmans, et Richard avait besoin de retourner dans ses Etats. Ces considérations concoururent à amener la paix. Elle fut conclue pour trois ans et trois mois, ou trois ans et huit mois suivant d'autres auteurs, à dater du mois de septembre 1192. La possession de la côte maritime, depuis Tyr jusqu'à Jaffa, fut laissée aux Francs, et le reste de la Palestine demeura aux infidèles. Il fut convenu qu'Ascalon serait démolie, et que Jérusalem serait ouverte aux pèlerins qui iraient visiter le tombeau de Jésus-Christ. Ce traité entre Richard et Saladin fut juré par tous les princes chrétiens et musulmans de la Syrie, sans en excepter le chef des Ismaéliens. Gauthier Vinisauf, témoin des faits, assure que les circonstances ne permettaient pas d'espérer de meilleures conditions. La paix une fois conclue, Richard s'embarqua à Ptolémaïs pour retourner dans ses Etats. Au printemps de l'année qui suivit la conclusion de la paix, la mort de Saladin débarrassa les chrétiens de leur plus redoutable ennemi. Le fondateur de la dynastie des Ayoubites n'avait point réglé l'ordre de succession dans son empire, et non-seulement tous les princes de cette famille, mais même les principaux émirs, prétendirent à la souveraineté des provinces où ils commandaient.

Afdal, fils aîné de Saladin, fut proclamé sultan de Damas, et la Palestine se trouva sous sa domination, avec toute la Syrie. Il donna Jérusalem en fief à un émir. Mais en 1196, il fut dépossédé de l'empire de Damas par son oncle Malek-Adel, et par son frère Aziz, qui régnait en Egypte, et Jérusalem fut donnée à un autre émir. La ville sainte devint ensuite le partage d'un favori de Malek-Adel, lorsque l'ambitieux frère de Saladin se fut rendu maître de Damas, dans cette même année 1196. Henri de Champagne, laissé par Richard en possession des débris du royaume de Jérusalem, ne voulait pas prendre le titre de roi, et n'aspirait qu'à retourner en Europe. Les trois Ordres militaires étaient demeurés les seuls soutiens de la puissance chrétienne fondée en Palestine par les premiers croisés; mais la rivalité qui existait entre les Templiers et les Hospitaliers arma les chevaliers des deux Ordres les uns contre les autres. Ni l'intervention du roi de Jérusalem, ni celle des barons, ne purent rétablir la paix, et le saint-siége eut besoin d'agir avec toute sa sage fermeté pour mettre un terme à cette déplorable division. Quoique la trêve conclue par Richard avec Saladin eût été renouvelée à son expiration, les chrétiens de la Palestine n'en réclamaient pas moins les secours de l'Occident, dont ils sentaient qu'ils ne tarderaient pas à avoir besoin. Le vieux pape Célestin III ne négligeait rien pour que leur voix fût entendue. L'empereur Henri VI fit résoudre la quatrième croisade dans la diète de Worms, qui fut tenue à la fin de l'année 1195; mais ses projets ambitieux le retinrent personnellement en Europe. Lorsque la première troupe de pèlerins allemands débarqua sur les côtes de Syrie, le roi Henri de Champagne et les barons du royaume auraient voulu qu'on attendît l'arrivée de tous les croisés de la Germanie, avant de rompre la paix. Mais la belliqueuse impatience des Allemands ne s'arrangea pas de cette sage résolution, et la discorde éclata entre les chrétiens, qui en attaquant les Musulmans les appelèrent à mettre un terme à leurs divisions et à se réunir sous la bannière de Malek-Adel. Henri de Champagne se disposait à marcher à la défense de Jaffa, assiégée par le sultan, lorsqu'il se tua en tombant d'une fenêtre qui s'écroula sous lui, en 1197. Jaffa tomba au pouvoir de Malek-Adel. Mais l'arrivée d'une seconde troupe de croisés allemands permit aux chrétiens de s'emparer de Baïrout, après une victoire décisive remportée sur les Musulmans entre Tyr et Sidon. On songea même à reprendre Jérusalem aux infidèles; mais on ajourna à l'année suivante l'exécution de ce projet. L'arrivée d'une troisième armée allemande fit entreprendre le siége de la forteresse de Thoron, située près de Tyr; mais la mésintelligence, qui ne cessait de diviser les chrétiens de Syrie et les croisés allemands, fit échouer cette entreprise et occasionna une retraite désastreuse vers Tyr. Les Allemands, mécontents, se retirèrent à Jaffa, où Malek-Adel les alla attaquer; mais ils lui firent éprouver une défaite. A la vue du désordre qui menaçait le royaume d'une ruine prochaine, les barons de la Palestine engagèrent la reine Isabelle, que la mort du roi Henri avait laissée veuve, à se choisir un époux capable de gouverner le pays. Amaury de Lusignan, qui avait été le successeur de son frère Gui sur le trône de Chypre, accepta l'offre de la main d'Isabelle, et leur union fut célébrée en grande pompe à Ptolémaïs, en 1157. Le commencement du règne d'Amaury en Palestine fut signalé par le départ des croisés allemands, que leur continuel désaccord avec les chrétiens d'Orient avait rendus très-désireux de retourner en Europe. Ils avaient laissé une garnison de vingt mille hommes dans Jaffa; mais elle fut surprise et massacrée par les Musulmans, qui restèrent maîtres de cette ville. Une trêve de trois ans fut conclue avec les infidèles par le comte de Montfort, qui était venu en Orient à la fin de la quatrième croisade. Abandonnés à eux-mêmes, et menacés par la supériorité des forces musulmanes d'être les victimes de la jalousie par laquelle ils avaient forcé les Allemands à s'éloigner d'eux, les Francs de la Palestine firent partir pour l'Europe une députation à la tête de laquelle était l'évêque de Ptolémaïs, et qui devait solliciter les secours des fidèles d'Occident; mais les envoyés de la terre sainte périrent dans une tempête qui engloutit le vaisseau qu'ils montaient. Le roi et le patriarche de Jérusalem apprirent enfin, en 1198, par des lettres qui leur étaient écrites de la main d'Innocent III, l'avénement au trône de saint Pierre d'un jeune pontife qui leur promettait de ranimer le zèle de l'Occident contre l'islamisme. Une nouvelle croisade fut prêchée avec un grand succès, au nom du pape, en France, par Foulques de Neuilly; sur les bords du Rhin, en Flandre et en Angleterre, par d'autres prédicateurs, et une armée composée d'hommes aguerris se réunit à Venise, d'où elle devait arriver par mer sur les côtes de Syrie; mais elle fut, contre la volonté d'Innocent III, détournée de son but par l'ambition des Vénitiens. Tandis qu'elle se dirigeait vers Constantinople, le pape envoya en Palestine le cardinal Pierre de Capoue et un autre légat, pour annoncer aux chrétiens, qui ne cessaient d'implorer les secours de l'Occident, que ces secours ne se feraient pas longtemps attendre. Les légats du saint-siége, dans une lettre adressée au souverain pontife en 1203, lui peignirent la situation affreuse des colonies chrétiennes. Leur résistance aux progrès de l'islamisme se bornait à quelques escarmouches; des troupes isolées de croisés venaient de France, d'Allemagne, d'Angleterre ou d'Italie, passer quelques mois en Palestine, insultaient quelque forteresse, pillaient quelques villages, et s'en retournaient. La nouvelle de la révolution opérée par les armes des croisés et des Vénitiens à Constantinople, au mois de juillet de cette même année, fit espérer aux habitants de ces colonies que les guerriers de l'Occident allaient arriver sur leurs côtes, et remplit de crainte les infidèles. Des croisés flamands, champenois et anglais, et des pèlerins de la Basse-Bretagne, qui avaient pris pour chef un des prédicateurs de la cinquième croisade, le moine Héloin, débarquèrent vers cette époque à Ptolémaïs; et, comme le roi de Jérusalem ne voulait pas rompre la trêve avec les Musulmans, leur impatience de guerroyer les porta à se diriger vers Antioche, dont le prince était alors en guerre avec le roi d'Arménie; mais ils furent surpris en route et massacrés presque tous par les troupes du prince d'Alep. Une peste horrible vint aussi, dans la dernière année du XIIe siècle, désoler la Syrie, à la suite d'une grande famine; elle enleva en un seul jour plus de deux mille habitants de Ptolémaïs. Un violent tremblement de terre ravagea en outre ce malheureux pays. Le sage roi Amaury donna, au milieu de toutes ces calamités, l'exemple d'une courageuse résignation aux châtiments que le ciel envoya à la terre, et les trois Ordres militaires déployèrent une active charité. Mais beaucoup de défenseurs de la terre sainte l'abandonnèrent dans cette triste circonstance.

Des secours en argent, fruit des prédications de Foulques de Neuilly, furent cependant envoyés d'Europe, et furent appliqués, en grande partie, à réparer les fortifications de Saint-Jean-d'Acre. On apprit dans les colonies chrétiennes, avec une joie mêlée d'espérance, la prise de la capitale de l'empire grec par les Latins en 1204. L'alarme se répandit parmi les Musulmans, qui conclurent une nouvelle trêve avec les chrétiens. Mais, l'année suivante, la Palestine porta le deuil du roi Amaury, qui était tombé malade en allant, suivant l'usage, cueillir pendant la semaine sainte des palmes à Caïfa. Isabelle mourut peu de mois après son mari. Elle avait été précédée au tombeau par le fils qu'elle avait eu d'Amaury, et elle laissait pour héritière du royaume chrétien une jeune princesse, appelée Marie, née de son union avec Conrad de Montferrat, marquis de Tyr. Les barons s'occupèrent de chercher pour leur jeune reine un époux qui pût, sinon empêcher, au moins retarder la chute de l'état fondé en Orient par les armes latines. Ils résolurent, pour ne pas semer entre eux la discorde qui naît de la jalousie, de demander un roi à la France. L'évêque de Ptolémaïs et Aymar, seigneur de Césarée, furent envoyés auprès de Philippe-Auguste, pour le prier de leur désigner celui à qui ils devaient offrir, avec la main de la fille d'Isabelle, la mission de défendre son héritage. Les députés de la Palestine furent honorablement reçus à la cour de France. Jean de Brienne, qui avait porté les armes dans l'expédition où son frère Gauthier était mort en combattant pour conquérir le royaume de Naples et de Sicile, dont il avait épousé la fille du dernier roi, s'engagea à conduire une armée dans la terre sainte, en y allant s'unir à la fille de ses rois. Mais la situation de la France, de l'Angleterre et de l'Allemagne ne lui permit d'arriver à Ptolémaïs qu'à la tête de trois cents chevaliers. Il n'apportait pour toute ressource pécuniaire que quatre-vingt mille livres. Une moitié de cette somme lui avait été donnée par Philippe-Auguste, l'autre lui avait été prêtée par les Romains, sur la recommandation du pape. Le mariage de Jean de Brienne avec l'héritière du royaume que sa valeur venait protéger fut célébrée avec pompe, le 14 septembre 1209. C'était l'époque où la trêve entre les chrétiens et les Musulmans allait expirer, et Malek-Adel, entré en Palestine à la tête d'une armée, menaça Ptolémaïs, au moment même où le nouveau roi y était couronné. Quelque grand que fût le courage de Jean de Brienne, il ne pouvait pas triompher de la supériorité du nombre des ennemis du nom chrétien. La plupart des chevaliers qui l'avaient accompagné en Orient desespérèrent d'une cause qui leur parut irréparablement perdue, et retournèrent en Europe. Réduit à s'enfermer dans Ptolémaïs et à défendre cette place, la seule qui lui restât, contre les agressions des infidèles, Jean de Brienne envoya une ambassade au pape pour lui faire connaître le danger de sa position. Le royaume de Jérusalem ne se composait plus que des deux places de Saint-Jean-d'Acre et de Tyr. Mais l'Occident, loin de pouvoir alors secourir l'Orient, donnait à Innocent III les plus vives inquiétudes. Les forces de la France étaient employées à réprimer l'hérésie des Albigeois, l'Espagne craignait de succomber dans sa terrible lutte contre les Arabes, l'Allemagne était troublée par les prétendants qui se disputaient l'empire, l'Italie par les factions diverses qui la divisaient et l'Angleterre par la lutte entre le roi Jean et son peuple. Le pape résolut alors d'assembler un concile général, qui fut tenu à Rome, dans l'église de Saint-Jean-de-Latran, en 1215. On y prit toutes les dispositions nécessaires pour que de prompts secours fussent envoyés en Palestine. Une nombreuse armée de Croisés, recrutée chez tous les peuples de l'Occident, par la voix des prédicateurs que le saint-siége avait chargés d'appeler les fidèles à la guerre sacrée, débarqua à Ptolémaïs, en 1217, sous le commandement d'André II, roi de Hongrie. L'arrivée des guerriers de la sixième croisade fut accueillie avec reconnaissance sur le rivage syrien. Mais l'année avait été stérile en Palestine, et les vivres manquèrent pour nourrir des troupes aussi considérables. La disette amena des désordres au milieu desquels les Bavarois se signalèrent par les excès qu'ils commirent. Plusieurs monastères furent pillés. On mit fin à cette licence en conduisant les pèlerins au Jourdain, ensuite au mont Thabor, d'où ils battirent en retraite précipitamment, sans que l'histoire en sache précisément la cause, et de là en Phénicie. Malek-Adel avait renoncé à la puissance souveraine; son fils aîné Malek-Kamel régnait sur l'Egypte, et Coradin, son second fils, était souverain de Damas. Mais les conseils du frère de Saladin étaient toujours suivis, et il avait engagé les Musulmans à s'abstenir d'attaquer les chrétiens, dans l'espoir que la discorde se mettrait parmi eux. Le roi de Hongrie reprit le chemin de ses États, après trois mois de séjour en Palestine. Mais de nombreux pèlerins arrivèrent à Ptolémaïs de France, d'Italie et de Hollande. Au printemps de l'année 1218, on mit à exécution le projet de porter la guerre en Egypte, qui avait été proposé par Innocent III, dans le concile de Latran. Le roi, le patriarche de Jérusalem et les chevaliers des trois ordres s'embarquèrent avec les croisés, au mois de mai, et arrivèrent quelques jours après devant Damiette, dont le siége fut aussitôt entrepris. Le sultan d'Egypte appela à son secours son frère Coradin, Mais, avant de prendre le chemin de l'Egypte, ce prince ravagea le territoire de Ptolémaïs, et, pour que les chrétiens ne fussent pas tentés de reprendre Jérusalem pour s'en faire un point d'appui au centre de la Palestine, il fit démolir les fortifications de la ville sainte et celles de toutes les places qui étaient au pouvoir des Musulmans sur les côtes syriennes. La nouvelle de la prise de Damiette par les croisés, fut reçue à Ptolémaïs en novembre 1219 par des acclamations de joie. Mais quand on apprit en 1221 le désastre de l'armée des pèlerins sur les bords du Nil, et la reddition de Damiette aux Musulmans, la consternation s'empara de tous les Francs de la Syrie. Quand les chrétiens se furent engagés à rendre Damiette, le roi Jean de Brienne fut au nombre des otages qu'on se donna mutuellement en attendant l'exécution du traité, et le sultan d'Egypte Malek-Kamel le combla de marques de politesse. Il s'établit dès lors, dit un historien arabe, entre le sultan et le roi une grande liaison, et tant qu'ils vécurent, ils ne cessèrent de s'envoyer des présents et d'entretenir un commerce d'amitié.

Jean de Brienne fut appelé en Europe en

1223, pour assister, avec le patriarche de Jérusalem et les grands maîtres des trois Ordres, à la conférence qui fut tenue en Campanie, pour arrêter, de l'avis du souverain pontife, le mariage d'Yolande, fille de ce roi, avec l'empereur Frédéric. Jean de Brienne, après s'être assuré un successeur de ses droits sur la terre sainte, dans un gendre qui promit d'en devenir le défenseur, parcourut la France, l'Angleterre et l'Allemagne, pour engager les princes et les peuples à secourir les chrétiens d'Orient. Ceux-ci, à la nouvelle de ces événements, mirent toutes leurs espérances en Frédéric. Le patriarche d'Alexandrie, dans une lettre qu'il écrivait au pape pour lui faire connaître l'affreuse situation des fidèles en Egypte, disait que l'empereur était attendu sur les bords du Nil, comme avait été autrefois attendu le Messie. Les Géorgiens annonçaient de leur côté qu'ils étaient prêts à unir leurs efforts à ceux de Frédéric pour l'affranchissement de la terre sainte. Le mariage d'Yolande avec Frédéric fut célébré à Brindes en 1225, et la nouvelle impératrice fut couronnée reine de Jérusalem, l'année suivante à Rome, par le pape Honoré III. Jean de Brienne, qui s'était félicité de cette union par laquelle il avait cru assurer à ses États une puissante protection, apprit bientôt à connaître son gendre. Frédéric exigea de son beau-père une renonciation immédiate au trône de Jérusalem, et Jean de Brienne fut réduit à se réfugier auprès du saint-siége, qui lui donna le gouvernement des terres de l'Eglise romaine. Quand on apprit ensuite en Orient que l'empereur, sorti du port de Brindes, avec sa flotte, était rentré dans celui d'Otrante, au lieu de faire voile vers la Syrie, on s'effraya de cette trahison de la cause chrétienne. La division s'était mise heureusement entre les princes musulmans de la famille des Ayoubites. Coradin, souverain de Damas, s'était allié avec les Kharizmiens contre son frère Malek-Kamel, sultan d'Egypte. C'est alors que ce dernier entra en négociations secrètes avec Frédéric, et l'appela à son secours. L'empereur se détermina d'autant plus vite à répondre à cette invitation, qu'il sut que Jean de Brienne se disposait à retourner dans son royaume. Le patriarche de Jérusalem et les grands maîtres des Ordres militaires firent à l'empereur un bon accueil, à son arrivée à Ptolémaïs, au mois de novembre 1228, quoiqu'il n'amenât pas avec lui un nombre de guerriers suffisant pour entrer en campagne contre les infidèles. Mais deux religieux de l'Ordre de Saint-François, vinrent annoncer, de la part du pape, que Frédéric était en révolte contre les lois de l'Eglise. La *Chronique de la ville de Pise*, par Bernard Marangone, rapporte que le pape écrivit aux chrétiens d'Orient, afin de les mettre en garde contre les desseins de Frédéric, et au sultan d'Egypte pour le prévenir que l'empereur portait la guerre en Syrie contre l'assentiment de la chrétienté. La chronique ajoute, et les auteurs arabes confirment ce fait, que le sultan, dans l'espoir d'augmenter la division qui régnait entre le pape et Frédéric, envoya à ce prince la lettre de Grégoire IX. L'avertissement du souverain pontife suffit pour que tous les chrétiens de la Palestine se tinssent en défiance des desseins de Frédéric.

A l'époque où ce prince fit son apparition en Orient, les colonies fondées par les croisés présentaient le plus triste spectacle. Si les Musulmans n'avaient pas été divisés entre eux, il leur aurait été très-facile d'enlever aux chrétiens ce qui leur restait de leurs conquêtes en Syrie. Les Templiers et les Hospitaliers conservaient seuls l'esprit des guerres saintes; mais le plus souvent ils étaient en guerre entre eux, et sacrifiaient l'intérêt général à leur intérêt particulier. Jacques de Vitry, évêque de Ptolémaïs, qui vivait alors, trace, dans sa chronique, un remarquable tableau de la courte prospérité et de la rapide décadence des États chrétiens de l'Orient :

« La terre sainte florissait comme un paradis de volupté. Semblable aux roses, aux lis et aux violettes, elle répandait au loin les plus doux parfums. Le Seigneur avait versé sur elle ses bénédictions. Les déserts s'étaient changés en campagnes grasses et fertiles; les moissons s'élevaient dans les lieux qu'avaient habités les serpents et les dragons. Le Seigneur, qui avait autrefois abandonné cette terre, y avait alors, par un effet de sa grande miséricorde, rassemblé ses enfants. Les hommes de toute espèce et de toutes les nations, qui étaient venus s'y fixer par l'inspiration de Dieu, en doublaient la population. On y arriva en foule des contrées d'au delà de la mer, surtout de Gênes, de Venise et de Pise. Mais la plus grande force de ce royaume lui vint de la France et de l'Allemagne, dont les peuples sont si belliqueux. Les Italiens sont plus courageux sur mer; les Français et les Allemands, plus puissants sur terre; les uns plus propres et plus exercés aux combats maritimes; les autres plus adroits à manier les chevaux, l'épée et la lance; les uns plus formidables par leurs galères; les autres supérieurs par leur cavalerie. Ceux d'Italie sont plus graves, plus prudents, plus réservés. Ils sont sobres dans leurs repas, ornés et polis dans leurs discours, circonspects dans leurs résolutions, prompts à les exécuter, pleins de prévoyance, se soumettant difficilement aux autres, défendant leur liberté avant tout, s'imposant à eux-mêmes des lois, et les confiant à des chefs qu'ils se sont choisis. Ce peuple est très-nécessaire à la terre sainte, non-seulement pour les combats, mais encore pour le commerce et le transport des pèlerins et des provisions. Comme les Italiens ont de la sobriété, ils vivent plus longtemps en Orient que les autres nations de l'Occident. Les Allemands, les Français, les Bretons et les Anglais, et autres d'au delà des monts, sont moins dissimulés, moins circonspects, mais plus impétueux; moins sobres dans leurs repas, plus prodigues dans leurs dépenses; moins discrets, moins prévoyants, plus dévots à l'Eglise, plus charitables, plus courageux dans les combats : aussi sont-ils considérés comme plus utiles à la défense de la terre sainte, principalement les Bretons, et plus formidables aux Sarrasins... Il y a encore dans la terre sainte plusieurs autres nations de mœurs et de religions différentes, telles que des Syriens et des Grecs, des Jacobites, des Maronites, des Nestoriens, des Arméniens et des Géorgiens; ils y sont très-utiles pour les affaires, pour l'agriculture et les autres arts; ils sèment les champs, ils plantent les vignes et forment la principale population du pays. »

Mais une race dégénérée et corrompue succéda bientôt à celle des premiers croisés. L'*enfer*, pour nous servir des expressions de Jacques de Vitry, *prépara des logements pour tous les crimes et pour tous les vices* qui s'étaient introduits dans le nouvel Eden. « Depuis la plante des pieds jusqu'au haut de la tête, il n'y avait rien de sain, et tel était le peuple, tel aussi le prêtre, » ajoute l'évêque d'Acre. Le sévère historien peint, par les traits qu'on va lire, la génération qui habitait de son temps la Palestine : « Parmi les laïques et les séculiers, la corruption était d'autant plus grande qu'ils étaient plus puissants. Une génération méchante et perverse, des enfants scélérats et dégénérés, des hommes dissolus, des violateurs de la loi divine, étaient sortis des premiers croisés, hommes religieux et agréables à Dieu, comme la lie sort du vin, et le marc de l'olive, ou comme l'ivraie sort du froment et la rouille de l'airain. Ils avaient succédé aux possessions, mais non aux mœurs de leurs pères; ils abusaient des biens temporels que leurs parents avaient acquis de leur sang, en combattant pour Dieu contre les impies. Tout le monde sait que les enfants de ceux qu'on nommait *poulains* (*Voy.* l'article POULAINS), nourris dans les délices, mous et efféminés, plus accoutumés aux bains qu'aux combats, adonnés à la débauche et à l'impureté, vêtus aussi mollement que des femmes, se montraient lâches et paresseux, timides et pusillanimes contre les ennemis du Christ; personne n'ignore combien les Sarrasins les méprisaient à la guerre. Leurs ancêtres, quoiqu'en petit nombre, faisaient autrefois trembler ces Sarrasins. Mais, dans les derniers temps, leurs descendants n'étaient plus redoutés, quand ils n'avaient point avec eux des Francs, ou des guerriers d'Occident. Ils faisaient des traités avec les Turcs; ils vivaient en paix avec les ennemis du Christ, et, pour la plus légère cause, ils étaient entre eux en procès, en querelles, en guerre civile, et souvent ils demandaient du secours contre les chrétiens aux ennemis de notre foi. Ils ne rougissaient point de tourner au détriment de la chrétienté des forces qu'ils auraient dû employer en l'honneur de Dieu et contre les païens. » Cette corruption était comme un produit du sol sur lequel les fils des croisés avaient si promptement perdu la tradition des vertus et du courage de leurs pères. On trouve dans la chronique d'Angleterre de Guillaume de Neubridge un chapitre intitulé : *De la prérogative de la terre de Jérusalem de dévorer ses habitants.* Le chroniqueur développe cette idée en faisant observer que les Israélites, les Sarrasins et les chrétiens, qui avaient successivement possédé cette terre, y avaient aussi été successivement vaincus. Les derniers coups de pinceau par lesquels Jacques de Vitry achève de décrire la dégradation morale des indignes fils des croisés, sont hideux. « La population de la terre sainte abondait, dit-il, en impies, en sacriléges, etc., *impii, sacrilegi, fures, adulteri, parricidæ, perjuri, mimi et histriones, apostatæ monachi, moniales meretrices publicæ.*» Ce n'était guère plus d'un siècle après la conquête de Jérusalem, que le royaume qu'elle avait fondé succombait déjà sous le poids des iniquités de la race abâtardie des conquérants.

A l'arrivée de Frédéric à Ptolémaïs, les circonstances qui avaient engagé le sultan d'Egypte, Malek-Kamel, à nouer des intelligences avec l'empereur étaient changées. Coradin, prince de Damas, à qui le sultan son frère voulait faire la guerre, était mort, laissant un jeune fils, que Malek-Kamel méditait de dépouiller de sa principauté. Il avait besoin pour atteindre ce but de ménager les Musulmans, et il aurait bien voulu n'avoir point fait de promesses à Frédéric. De Ptolémaïs, l'empereur s'avança à Jaffa, pour se rapprocher du sultan, dont l'armée campait non loin de cette ville. Il fit réparer les fortifications de la place, et entama des négociations avec Malek-Kamel, par l'intermédiaire de l'émir Fakr-Eddin, qui avait déjà été envoyé auprès de lui en Sicile. Les chrétiens et les Musulmans furent également scandalisés des rapports qui s'établirent entre l'empereur et le sultan : on voyait de part et d'autre, dans ces relations pacifiques, des indices d'indifférence religieuse. Frédéric traitait avec le sultan à l'insu du patriarche de Jérusalem, des grands maîtres des Ordres religieux et des barons de la Palestine. Par une trêve qui fut conclue le 18 février 1229, la paix fut établie pour dix ans, cinq mois et quarante jours. Mais cette paix était illusoire et ne garantissait pas les chrétiens des attaques des Musulmans, puisque le prince de Damas n'y intervenait pas. Le sultan cédait à Frédéric Jérusalem, Bethléem et les villages situés sur les routes de Jaffa et de Ptolémaïs. Mais un historien arabe nous apprend que Malek-Kamel avait déclaré qu'il reprendrait Jérusalem à la première occasion que lui en fourniraient les chrétiens. Les Musulmans conservèrent, en attendant, la mosquée d'Omar à Jérusalem et le libre exercice de leur culte dans la ville sainte. Ce traité excita l'indignation des chrétiens et des Musulmans. Le jour même où l'empereur fit son entrée dans Jérusalem, le 17 mars, l'archevêque de Césarée, envoyé par le patriarche, mit l'interdit sur la ville, et Frédéric, qui voulait placer sur sa tête la couronne de Jérusalem, fut obligé de l'y poser lui-même, sans aucune cérémonie religieuse, au milieu de l'église du Saint-Sépulcre, tendue de deuil.

Les chevaliers teutoniques se joignirent seuls aux Allemands dans cette circonstance. Frédéric écrivit au pape et à tous les princes de l'Occident pour leur annoncer sa pacifique conquête; mais Giraud, patriarche de Jérusalem, adressa, de son côté, une lettre au souverain pontife et à toute la chrétienté pour faire connaître ce qu'était le traité conclu par Frédéric. L'empereur s'empressa de s'éloigner de Jérusalem, sans s'occuper d'en relever les fortifications. Arrivé à Ptolémaïs, il maltraita le patriarche, les Templiers et tous les habitants de la ville, et fit détruire les galères qui étaient dans le port. Il s'embarqua pour retourner en Europe le 29 mai 1229, et son départ fut salué par les acclamations de joie de tous les chrétiens. Les fidèles n'avaient aucune sécurité à Jérusalem, et les menaces de mort, sans cesse proférées contre eux par les Musulmans, auraient été réalisées, si les chevaliers qui se trouvaient à Ptolémaïs n'avaient marché à leur secours. Dix mille pèlerins, qui se rendaient en procession d'Acre à Jérusalem, furent massacrés par les ennemis de la foi chrétienne. Les chefs des Allemands, laissés en Palestine par Frédéric, accablèrent le pays de taxes et de vexations, et se firent chasser de Ptolémaïs, d'où ils se réfugièrent à Tyr. Alix, fille de Henri de Champagne, roi de Jérusalem, et veuve de Hugues de Lusignan, roi de Chypre, réclama cependant en vain la couronne de ses ancêtres. Les Ordres militaires soutinrent l'autorité de Frédéric. En 1239 on vit arriver d'Occident le duc de Bretagne, le roi de Navarre, le duc de Bourgogne, le comte de Bar et le comte de Montfort. La trêve conclue entre l'empereur Frédéric II et les Musulmans n'était pas encore arrivée à son terme; mais, comme les Musulmans étaient divisés entre eux, et se disputaient l'héritage de Malek-Kamel, qui venait de mourir, les chrétiens engagèrent la guerre, pour profiter de cette occasion de reconquérir leurs anciennes provinces. Ils commencèrent par relever les fortifications de Jérusalem, contrairement au traité. Le duc de Bourgogne fit une incursion sur le territoire de Damas et en revint chargé de butin. Mais le royaume de Jérusalem manquait de gouvernement, et les croisés ne mirent aucun ensemble dans leurs opérations. Le roi de Navarre, le duc de Bourgogne, le comte de Bar et le comte de Montfort se mirent en marche du côté de l'Egypte. Mais, au rapport de l'historien arabe des patriarches d'Alexandrie, les chrétiens du Nord refusèrent de prendre part à cette expédition entreprise seulement par les croisés nouvellement débarqués. Elle éprouva une défaite du côté de Gaza, et, au bruit qui s'en répandit, le prince musulman de Carac accourut à Jérusalem et massacra tous les chrétiens. Il rasa les fortifications de la ville sainte qui venaient d'être réparées, et même la tour de David, qui avait été respectée jusque-là. Les Templiers et quelques chefs de l'armée traitèrent avec le prince de Damas, dont le prince de Carac était vassal, et en obtinrent la restitution de Jérusalem en 1240. Les Hospitaliers, le roi de Navarre et les ducs de Bourgogne et de Bretagne firent la paix de leur côté avec le sultan d'Egypte, et s'allièrent avec lui contre le prince de Damas, que les Templiers s'étaient engagés à défendre contre son rival du Caire. Le désordre était à son comble en Orient, du côté des chrétiens, comme du côté des Musulmans. Après le départ des croisés français, le comte Richard de Cornouailles arriva avec des croisés anglais, en 1240. La mémoire de son oncle, Richard-Cœur-de-Lion, lui valut une belle réception à Ptolémaïs. Ce prince possédait des richesses immenses, et il offrait de prendre à sa solde les pèlerins qui voudraient rester en Orient. Mais il ne put rien entreprendre, parce que les Hospitaliers et les Templiers refusèrent de rompre les trêves conclues avec le sultan d'Egypte et le prince de Damas. Cependant, par une convention passée avec le sultan d'Egypte, il assura l'exécution de celle par laquelle le prince de Carac devait rendre Jérusalem aux chrétiens. Les Hospitaliers donnèrent tout l'argent qu'ils possédaient pour la reconstruction des murs de la ville sainte. Le patriarche y fit sa rentrée, consacra de nouveau les églises, et pendant deux ans le culte chrétien fut seul observé à Jérusalem. Matthieu Pâris cite, sous la date de 1243, une lettre d'un Templier, nommé Herman de Périgord, où il est dit que le sultan de Damas avait rendu aux chrétiens la ville et une grande partie du royaume de Jérusalem. « Ce doit être, lit-on dans cette lettre, un grand sujet de joie pour les anges et pour les hommes, que la sainte cité de Jérusalem soit désormais habitée par les seuls chrétiens; que tous les Sarrasins en soient expulsés; que, dans tous les lieux saints purifiés par les prélats, et où depuis cinquante-six ans le nom de Dieu n'avait pas été invoqué, ce saint nom soit maintenant béni, et que les divins mystères y soient célébrés tous les jours. Le chemin est libre et sûr pour tous les fidèles qui voudront visiter ces lieux. » Cette lettre fait aussi connaître l'état où se trouvaient alors les colonies fondées par les croisés en Orient, et montre qu'elles ne pouvaient se maintenir qu'avec les secours de l'Occident, dont les divisions et les discordes étaient pour elles des causes de ruine. « Les colonies chrétiennes, ajoute la lettre, sont abandonnées à elles-mêmes et aux faibles secours de quelques barons et prélats. Il est vrai que l'ordre du Temple assure par ses efforts et son argent la frontière du côté de l'Egypte; il se propose d'élever un fort pour défendre Jérusalem. Les sultans de Damas et d'Emèse protègent les fidèles; mais, sans l'assistance du Christ et de ceux qui le servent, on a peu d'espoir que les possessions chrétiennes puissent résister longtemps à un ennemi puissant et habile. »

La grande invasion des Tartares, qui couvrit l'Asie et qui menaça d'inonder l'Europe, vers le milieu du XIIIe siècle, refoula sur la Syrie un peuple qui y porta la désolation. Vaincus et chassés des bords de l'Oxus par les barbares venus du fond de l'Orient, les Kharizmiens (*Voy.* l'article KHARIZMIENS) arrivèrent sur les bords de l'Euphrate. Une partie des Kharizmiens s'était attachée au sultan d'Egypte, lorsqu'il était gouverneur d'Edesse et de Harran. Quand ce prince fut devenu maître de l'Egypte, il abandonna ces contrées à ces barbares, qui répandirent la terreur dans tous les pays voisins. Ils exterminaient tous les peuples qu'ils rencontraient, et n'épargnaient pas plus les Musulmans que les chrétiens. La rivalité qui divisait les princes Ayoubites les attira en Palestine. Les princes de Damas, de Carac et d'Emèse ayant, dans le but de faire la conquête de l'Egypte, contracté une alliance avec les chrétiens contre le sultan Malek-Saleh, et leur ayant même rendu Tibériade et la principauté de Galilée, le sultan du Caire fit offrir aux Kharizmiens de s'emparer de la Palestine, en leur promettant de la leur abandonner. Vingt mille cavaliers du Kharizme, commandés par un chef appelé Barbakan, se précipitèrent aussitôt sur le royaume de Jérusalem, y mirent tout à feu et à sang, et parurent devant la ville sainte en octobre 1244. Avec des fortifications à peine relevées, elle n'était pas en état de résister à un semblable ennemi. La population résolut de se retirer sous la conduite des chevaliers des ordres militaires. Les Kharizmiens entrèrent dans la ville et massacrèrent tous les habitants qui n'avaient pas fui. Joignant la ruse à la férocité, les Kharizmiens élèvent les bannières de la croix sur le haut des tours de Jérusalem, font retentir le son des cloches, et sortent de la ville. A cette vue et à ce bruit, plusieurs milliers de chrétiens fugitifs crurent que les barbares avaient été repoussés par les habitants restés dans la sainte cité, et ils y retournèrent. Les Kharizmiens rentrent aussitôt dans Jérusalem, et égorgent dans leur fuite les malheureux chrétiens qui s'étaient sauvés à travers les montagnes, dès qu'ils avaient connu le piége auquel ils s'étaient laissés prendre. Possesseurs de la ville déserte, les Kharizmiens profanèrent les sanctuaires chrétiens sans épargner les lieux vénérés par les Musulmans, arrachèrent de leurs tombeaux les ossements des morts les plus illustres, ceux même de Godefroy de Bouillon, qui reposaient auprès du Saint-Sépulcre, en formèrent un bûcher, où ils jetèrent les reliques des saints, et, lorsque la flamme les eut consumés, ils en dispersèrent les cendres au vent.

Les rapides progrès des Kharizmiens sont exposés dans une lettre écrite par le clergé de la Palestine, que cite Matthieu Pâris. « Ces barbares, est-il dit dans cette lettre, ont occupé tout le pays depuis Jérusalem jusqu'à Gaza. Dans cette triste position, les chrétiens ont appelé à leur secours les sultans de Damas et d'Emèse, qui leur étaient unis par un traité. Le retard apporté par les Musulmans dans l'exécution de leur promesse a ouvert tout le pays aux armes des Kharizmiens. Les barbares ont décapité les prêtres qui étaient à l'autel, disant entre eux : *Répandons le sang du peuple chrétien dans ce même lieu où il fait des libations de vin en l'honneur de son Dieu, qu'il dit y avoir été suspendu en croix.* »

Les forces musulmanes de la Syrie, commandées par Malek-Mansor, prince d'Emèse, se réunirent à Ptolémaïs aux chevaliers des Ordres militaires et aux guerriers chrétiens accourus sous les armes à la voix du patriarche de Jérusalem. Les fidèles et les infidèles réunis contre l'ennemi commun s'avancèrent vers Ascalon. Le prince d'Emèse pensait qu'il était plus prudent d'attendre du temps la dispersion des Kharizmiens, que de courir les chances d'une bataille. Mais le patriarche de Jérusalem émit l'avis contraire, que fit prévaloir le courage impatient des Francs. L'armée fut partagée en trois corps; le grand maître des Templiers avec les chevaliers de l'Ordre, et les barons de la terre sainte avec leurs vassaux formaient celui du centre, où se tenait le patriarche devant qui on portait le bois de la Vraie Croix. L'aile droite était occupée par les Musulmans sous les ordres du prince d'Emèse, et l'aile gauche, où étaient les chevaliers de Saint-Jean, était commandée par Gauthier de Brienne, comte de Jaffa, neveu du roi Jean, et fils de son frère Gauthier, mort en combattant pour le royaume de Naples. Le comte de Jaffa voulait profiter du désordre dans lequel les Kharizmiens se présentèrent d'abord pour les attaquer, mais le patriarche le retint en lui refusant de le relever d'une excommunication qu'il s'était attirée, et dont il fut absous par un évêque présent sur le champ de bataille. Le combat fut livré le 18 octobre 1244, dans les plaines de Gaza, et dura deux jours. Les Musulmans, après avoir perdu deux mille cavaliers, s'enfuirent les premiers. Plus de trente mille chrétiens et infidèles furent tués ou faits prisonniers. Au nombre des derniers fut le comte de Jaffa. Les deux grands maîtres de Saint-Jean et du Temple perdirent la vie. Le patriarche échappa au carnage et s'enfuit à Ptolémaïs. La victoire des Kharizmiens excita une grande joie au Caire, où les prisonniers chrétiens furent accueillis par les railleries de la multitude. On se reprocha chez les Musulmans l'alliance des deux drapeaux de Jésus-Christ et de Mahomet. On prétend que le prince d'Emèse, avant d'engager le combat, aurait prononcé ces paroles : « Dieu me dit au fond du cœur que nous ne serons pas victorieux, parce que nous avons recherché l'amitié des Francs. » Les suites de la défaite de Gaza sont exposées dans la lettre du clergé de la Palestine dont nous venons de citer un fragment.

« Pour nous, sur qui nos péchés ont fait retomber toute cette calamité, dit cette lettre, et que le Seigneur n'a pas jugés dignes du martyre, nous nous sommes retirés à Ascalon. Nous avons de tous côtés sollicité des secours. Nous ne savons point encore ce que produiront nos sollicitations et nos prières ; tout ce que nous savons, c'est que nos maux sont à leur comble ; tout le pays que nous habitons est rempli de douleurs, de gémissements, de misères. Il n'y a pas un habitant qui ne pleure la mort d'un des siens. Quoique le passé nous accable de tristesse, l'avenir nous effraye encore davantage ; car, comme tout ce pays de la chrétienté, acquis par la force du glaive, est privé et dépourvu de tout secours humain et terrestre, que ses défenseurs sont presque tous anéantis, que ceux qui restent sont non-seulement en très-petit nombre, mais encore réduits à l'extrémité, nous avons à redouter les derniers triomphes des ennemis de la croix, dont l'audace et l'insolence se sont accrues par leurs victoires, et qui sont venus camper dans la plaine d'Acre. Ils occupent et parcourent tous le pays sans obstacle et sans résistance ; ils se le partagent entre eux comme s'il leur appartenait, et mettent des commandants et des magistrats dans les villes des chrétiens ; ils perçoivent les impôts. Les paysans et les autres indigènes se sont révoltés contre les chrétiens, et se sont tous soumis aux Kharizmiens. Tous les fidèles de l'Eglise de Jérusalem et des colonies chrétiennes n'ont plus maintenant que quelques places fortes, qu'ils défendent avec beaucoup de peine et de difficulté. » Tel était l'état des colonies chrétiennes en Orient le 25 novembre 1244, jour de la date de cette lettre.

Les Egyptiens occupèrent Jérusalem, Tibériade et toutes les villes que le prince de Damas avait cédées aux chrétiens. Les hordes du Kharizme ravagèrent le pays, et vinrent mettre le siége devant Jaffa. Gauthier de Brienne, seigneur de cette ville, qui était entre leurs mains, fut attaché à une croix devant les murailles, et les Kharizmiens annoncèrent qu'il resterait dans cette position tant que la ville ne se rendrait point. Le courageux Gauthier exhorta la garnison à faire son devoir en défendant la ville, en disant qu'il ferait le sien en mourant pour Jésus-Christ. La ville de Jaffa résista aux assiégeants, et Gauthier, envoyé au Caire, y fut massacré par la populace. Le sultan d'Egypte tourna la fureur des Kharizmiens contre Damas, qu'ils soumirent à sa domination en 1245. Mais Malek-Saleh refusa alors d'accorder aux hordes barbares les terres qu'il leur avait promises, et elles offrirent, au prince de Damas, le secours de leurs armes pour reconquérir sa capitale, dont elles l'avaient dépouillé. Le sultan d'Egypte fit alors marcher, contre les Kharizmiens, des forces considérables, auxquelles se réunirent celles de la plupart des principautés de la Syrie, et les barbares furent exterminés dans deux batailles en 1247. Leurs débris se dispersèrent, et ce peuple se trouva ainsi dissous. En étendant sa domination sur la Syrie, le sultan d'Egypte détruisit les murs de toutes les villes que les chrétiens avaient récemment fortifiées. Les deux braves milices du Temple et de l'Hôpital avaient perdu presque tous leurs chevaliers, et l'empereur Frédéric, qui portait le titre de roi de Jérusalem, loin de faire quelque chose pour arracher aux Musulmans les ruines de cet état, y avait envoyé des Allemands qui y portèrent la discorde. Les chrétiens réfugiés à Ptolémaïs et dans quelques places de la côte de Syrie, n'avaient d'espoir qu'en tournant les yeux vers l'Occident, dans l'attente des secours que l'évêque de Baïrout était allé solliciter. Le député de la terre sainte parut dans le concile de Lyon, tenu par Innocent IV, en 1245, et y fit entendre le cri de détresse des colonies chrétiennes. La septième croisade fut résolue dans cette assemblée.

Quand l'empereur Frédéric II avait quitté la Palestine, au mois de mai 1229, il y avait laissé son maréchal, Augier, pour gouverner le pays en son nom. Alix, fille de Henri de Champagne et petite-fille d'Amaury Ier, rois de Jérusalem, réclama en vain, comme nous l'avons dit plus haut, l'héritage de ses ancêtres. Elle était veuve de Hugues de Lusignan, roi de Chypre, et elle épousa, en 1239, Raoul, frère du comte de Soissons, qui demanda le royaume de Jérusalem au nom de sa femme. Les barons ne voulurent lui en abandonner que la garde, par respect pour les droits de Conrad, fils de Frédéric II et d'Yolande de Brienne. Raoul, mécontent, abandonna la Palestine et sa femme, et retourna en Europe, laissant la terre sainte sans gouvernement.

Pendant le séjour de saint Louis dans l'île de Chypre, dans l'hiver de 1248 à 1249, les grands maîtres des deux Ordres du Temple et de l'Hôpital, désirant mettre un terme à la captivité des chevaliers retenus prisonniers depuis la malheureuse bataille de Gaza, proposèrent au roi de France d'entrer en négociation avec le sultan d'Egypte, pour tâcher d'obtenir de lui une paix qui assurât la sécurité du royaume de Palestine. Mais le roi et tous les chefs de la croisade qui l'entouraient, accueillirent très-mal l'idée de traiter avec le sultan, et partirent pour l'Egypte, au mois de mai 1249. L'armée chrétienne débarqua et occupa Damiette sans résistance. Les débris des Ordres militaires, si cruellement décimés à Gaza, rejoignirent le roi de France sur les bords du Nil. Pendant ce temps, les troupes du prince de Damas s'emparèrent de Sidon, qui était restée aux Francs. La reddition de Damiette et l'évacuation de l'Egypte par les croisés furent, dans la septième comme dans la sixième croisade, le résultat de l'expédition tentée contre ce pays. Le désastre éprouvé par l'armée de saint Louis sur les bords du Nil, en 1250, acheva de détruire les milices du Temple et de l'Hôpital, qui étaient le rempart des colonies chrétiennes d'Orient. Le traité conclu par saint Louis rétablit cependant les Francs de la Patine dans la possession des villes qui leur avaient appartenu avant la septième croisade. Le roi de France arriva à Ptolémaïs le

14 mai 1250. Le clergé et tout le peuple de la ville allèrent en procession à sa rencontre.

Dans un conseil assemblé par saint Louis, pour délibérer s'il devait retourner dans ses Etats, ou demeurer en Orient, le généreux roi déclara qu'il ne voulait pas abandonner le royaume de Jérusalem, parce qu'il avait réfléchi, sur les observations des barons du pays, que s'il s'en éloignait, personne ne voudrait plus y rester après lui. Louis passa une année à Césarée, dont il répara les fortifications, en même temps que celles de Ptolémaïs, de Jaffa et de plusieurs autres places. Mais il n'avait plus autour de lui que quelques débris des forces qu'il avait conduites en Egypte, et on ne lui envoya d'Occident ni hommes ni argent. Cependant les Mameluks, qui s'étaient emparés du pouvoir en Egypte, après avoir assassiné le dernier sultan ayoubite, d'un côté, et le sultan de Damas, de l'autre, recherchèrent son alliance. Louis obtint la délivrance des prisonniers chrétiens restés en Egypte, en obligeant les Mameluks à l'exécution des traités, par l'exemple qu'il leur donna de la fidélité à ses engagements. Par la médiation du calife de Bagdad, la paix se fit entre les Musulmans de la Syrie et de l'Egypte. Cette union les rendit hostiles aux chrétiens. Le sultan de Damas parut devant Ptolémaïs à la tête d'une armée. Sidon, surprise par les Turcomans, vit aussi alors tous ses habitants chrétiens massacrés. Une expédition française alla piller Panéas, où les Turcomans s'étaient réfugiés, et le roi releva les murs de Sidon. Mais il apprit, en 1253, la mort de sa mère, et ses pensées se tournèrent dès lors vers la France. Les barons de la terre sainte, voyant que sa présence en Palestine n'y pouvait plus être d'aucune utilité, l'engagèrent eux-mêmes à retourner dans ses Etats, et ils s'unirent au patriarche pour remercier ce bon roi de tout ce qu'il avait fait pour le bien des chrétiens d'Orient. Le jour du départ du roi, qui s'embarqua à Ptolémaïs le 24 avril 1254, fut un jour de deuil pour tous les habitants de la terre sainte, dont le peuple le proclamait son père. Louis laissait cent chevaliers en Palestine sous le commandement de Geoffroy de Sargines, qui gouverna, comme vice-roi, le royaume dont la défense lui avait été confiée. La paix extérieure et intérieure, que Louis avait procurée aux colonies chrétiennes, leur avait fait concevoir des espérances que les événements postérieurs ne réalisèrent pas. La concorde, qui seule pouvait leur permettre de renaître de leurs ruines, disparut d'au milieu d'elles dès que le roi de France, qui l'avait établie, se fut éloigné de la terre sainte. Ce furent surtout les peuples d'Italie qui portèrent, chez les chrétiens d'Orient, l'esprit de faction et de division dont étaient animés les Gibelins et les Guelfes. Les dissensions qui suivirent le départ de saint Louis, et qui hâtèrent la chute de la puissance latine en Syrie, éclatèrent d'abord entre les Génois et les Vénitiens. Ils en vinrent souvent aux mains dans les rues de Ptolémaïs, et quelquefois même dans l'église de Saint-Sabas, dont la possession fut le prétexte de ces déplorables querelles. La rivalité qui divisait les Hospitaliers et les Templiers fit aussi couler le sang dans la ville devenue la capitale des Etats chrétiens de la Syrie. Ces deux ordres achevaient de se détruire entre eux, et, si on en croit Matthieu Pâris, un seul chevalier du Temple survécut à un combat que se livrèrent ces deux vaillantes milices. Ces guerres intestines ont excité l'indignation poétique de Pétrarque, qui s'est écrié :

> Ite, superbi e miseri Cristiani,
> Consumando l'un l'altro, e non vi caglia
> Che'l sepolcro di Cristo è in man di cani.

« Allez, superbes et malheureux chrétiens, vous consumant l'un l'autre, et ne vous souciez pas que le sépulcre du Christ soit aux mains des chiens. » Le désordre, qu'avait jeté en Egypte la sanglante révolution par laquelle les Mameluks mirent fin à la dynastie des Ayoubites, pendant le séjour de saint Louis sur les bords du Nil, prolongeait seul l'existence des débris du royaume des Francs. La prise de Bagdad par Houlagou, petit-fils de Gengis-Khan, amena, en 1258, les Mogols aux portes de la Syrie, et les chrétiens crurent que leur délivrance allait être le fruit d'une invasion qui était dirigée contre les Musulmans, et qui venait de mettre fin au califat, en détruisant la dynastie des Abbassides. Tandis que les Tartares s'emparaient de Damas, d'Alep et des principales villes de la Syrie, on priait Dieu de favoriser leurs armes dans les églises des villes qui appartenaient aux chrétiens. Le pape Alexandre IV avait même envoyé des religieux auprès de Houlagou, qu'on considérait comme le prochain liberateur des fidèles, lorsqu'on apprit les horribles ravages causés en Hongrie par ces mêmes Tartares, sur lesquels on fondait tant d'espérances. Un neveu de Ketboga, lieutenant de Houlagou en Syrie, ayant été tué dans une contestation entre les Tartares et des croisés allemands, le chef mogol porta la dévastation dans le territoire de Sidon, et menaça Ptolémaïs de sa colère. Les chrétiens se tournèrent alors vers le sultan que les Mameluks s'étaient donné à l'approche du danger, pour résister aux envahisseurs venus de l'Orient. Koutouz ne voulut d'eux que leur neutralité. Les Musulmans ne pardonnaient pas aux chrétiens d'avoir espéré que les Mogols les affranchiraient du joug de l'islamisme. Koutouz venait de remporter, sur Ketboga, une victoire où le lieutenant de Houlagou avait péri, lorsque, pour récompense d'avoir repoussé les Tartares de la Syrie, il reçut la mort que lui donna une main accoutumée à l'assassinat, celle de Bibars, qui avait été le meurtrier du sultan Malek Moadam. Cet émir mameluk porta sur le trône d'Egypte, où il parvint par le meurtre de deux sultans, la haine la plus ardente du nom chrétien. Les Francs tournèrent alors leurs regards vers l'Occident, qui était leur dernière ressource. Le saint-siége était toujours disposé à prêcher leur délivrance; mais l'Europe était trop troublée pour s'occuper d'autres intérêts que ceux qui l'agitaient. L'Allemagne, l'Italie et l'Angleterre étaient remplies de désordres; la France seule envoya en Palestine quelques chevaliers, sous la conduite d'Eudes, comte de Nevers, fils du duc de Bourgogne. Urbain IV, qui fut élu pape en 1261, l'année où Constantinople retomba au pouvoir des Grecs schismatiques, ne put rien faire de plus pour la terre sainte, à laquelle i. portait cependant un attachement d'autant plus grand qu'il avait été patriarche de Jérusalem. Bibars applaudit à la prise de Constantinople par les armes de Michel Paléologue, et entra sur le territoire chrétien avec une armée innombrable. Il porta ses ravages d'abord dans la principauté d'Antioche, et ensuite dans le pays de Nazareth. Il livra aux flammes l'église de cette ville et celle du mont Thabor, dont il détruisit la forteresse en 1263. Il vint ensuite dresser ses tentes devant Tyr. Au rapport d'un historien arabe, les Génois lui avaient promis d'attaquer cette place par mer, tandis que les forces égyptiennes l'assiégeraient par terre. Mais cette trahison échoua, vraisemblablement par le repentir de ceux qui l'avaient tramée.

Les Francs de la Palestine, dans l'impuissanee où ils étaient de se défendre, appelaient à leur secours toutes les nations voisines. En 1265, le roi de la Petite Arménie, qui était chrétien, poussé par leurs instigations, aurait envahi la Syrie, si Bibars n'avait fait marcher contre lui une partie de son armée. Dans le même temps, les chrétiens engagèrent les Tartares à passer de nouveau l'Euphrate. Pour répondre à cette invitation, les Tartares prirent les armes, et formèrent le siége d'une forteresse qui domine les rives de ce fleuve, et qui est comme la clef de la Syrie. A la nouvelle du mouvement des Tartares, Bibars se mit en marche pour les repousser à la tête de ses troupes, et les Tartares abandonnèrent le siége commencé. Alors le sultan résolut de se venger des chrétiens et de les punir de leurs intelligences avec les Tartares. Il attaqua à l'improviste Césarée, dont la citadelle était une des plus fortes de la Palestine : saint Louis, pendant son séjour en Orient, l'avait fortifiée avec beaucoup de soin. Elle était entourée de tous côtés de fossés baignés par les eaux de la mer; les pierres qui avaient servi à sa construction étaient extrêmement dures, et s'enchâssaient les unes dans les autres en forme de croix, ce qui les mettait à l'épreuve de la brèche et de la mine. Pendant qu'on pressait le siége de cette place, Bibars envoya dévaster les pays situés du côté du Jourdain, et les campagnes d'Acre. Césarée se rendit bientôt, moyennant la vie sauve accordée à ses habitants. La ville fut détruite, et il n'y resta pas pierre sur pierre. Le sultan prit part en personne à sa démolition. Il se porta ensuite contre Arsur, qui était également une des places sur le bord de la mer fortifiées par saint Louis. Il l'attaqua avec vigueur, se tenant lui-même au milieu des travailleurs, et aidant à creuser la terre, à traîner les machines, et à apporter des pierres. La ville fut prise d'assaut après quarante jours de siége, à la fin d'avril 1265. Tout ce qui se trouvait dans la place fut abandonné aux soldats; Bibars, afin d'encourager ses guerriers, paya la valeur de ce qu'il se réserva. Arsur fut aussi démolie, et on employa à cet ouvrage les chrétiens même de la ville. Bibars distribua à ses émirs les terres et les domaines qu'il venait d'enlever aux Francs. Il retourna ensuite au Caire, où il fit une entrée triomphante. Les prisonniers chrétiens marchaient devant lui, leurs drapeaux renversés, et portant au cou des croix brisées. Les historiens arabes parlent des relations que Bibars entretenait avec divers princes chrétiens d'Occident, et particulièrement avec le roi d'Aragon. Ces relations étaient l'effet de l'esprit de trafic et de commerce qui commençait à s'étendre, et qui finit par éteindre tout à fait l'enthousiasme religieux des croisades, fondement des colonies chrétiennes d'Orient. Bibars dédaigna d'écouter les ambassadeurs par lesquels le roi d'Arménie et le comte de Jaffa lui firent demander la paix, en faveur des Francs. En 1266, Bibars partit du Caire au mois de mai pour la Syrie, avec toutes ses forces. Tous les pays qu'il traversa furent mis à feu et à sang, et il poussa ses ravages jusqu'aux portes d'Acre, de Tyr et de Tripoli. Le comte de Tripoli prit en vain les armes pour arrêter ces dévastations; il fut surpris aux environs d'Emèse et mis en pleine déroute. Le sultan alla ensuite assiéger la place de Safed, située sur une hauteur entre Saint-Jean-d'Acre et le lac de Tibériade. Elle appartenait aux Templiers. Le sultan, suivant son habitude, prit personnellement part aux travaux du siége. La manière dont il se termina est racontée par deux auteurs arabes, en termes qui peignent le caractère du fourbe et féroce sultan, parvenu au trône par l'assassinat de deux de ses prédécesseurs. « Le sultan, qui voulait à tout prix s'emparer de Safed, était décidé, disent-ils, à séduire les chrétiens par de belles promesses, sauf ensuite à violer sa parole. Lorsqu'il fut question de jurer la capitulation, il imagina de mettre à sa place un émir qui jurerait pour lui; ce fut l'émir Kermoun qu'il choisit pour cet artifice. Kermoun fut placé sur un trône, dans tout l'appareil de la royauté, et ayant les officiers du sultan autour de lui: le sultan lui-même était à ses côtés, une épée à la main et dans l'attitude d'un écuyer. Au moment où le député chrétien se présenta pour recevoir la parole du sultan, Kermoun jura d'un ton solennel. Le député se retira sans rien soupçonner de la ruse; cependant la parole de l'émir n'en était pas moins vaine, et le sultan n'était pas obligé de la remplir: aussi n'hésita-t-il pas à se défaire des défenseurs de Safed, au nombre d'environ deux mille. » Bibars fit trancher la tête à toutes ces victimes de sa duplicité sur une colline voisine de la ville. Comme Safed appartenait aux Templiers, l'esprit de rivalité avait empêché les Hospitaliers de venir au secours de la place. Le prince d'Antioche, le seigneur de Tyr, et tous ceux qui, par un concert général, auraient pu retarder la chute des colonies chrétiennes, laissèrent avec la même indifférence Bibars ravager le pays, s'emparer de Ramla et de toutes les autres places contre lesquelles il lui plut de diriger ses armes. Une colonie, venue de Damas, s'établit dans Safed, où le sultan laissa une bonne garnison. Bibars retourna ensuite en Egypte; mais il n'y resta que le temps nécessaire pour réunir une nouvelle armée, qu'il dirigea contre l'Arménie, d'où il revint vainqueur et chargé de butin.

Les victoires de Bibars sur les chrétiens avaient tellement excité l'enthousiasme des Musulmans, que le sultan put imposer à tous ses sujets une taxe particulière destinée aux frais de la guerre sacrée; c'était une espèce de dîme sur les bestiaux, les grains, etc. Makrizi appelle cette contribution *les droits de Dieu*. On en fit la perception dans toute l'Egypte, dans les îles de la mer Rouge qui en dépendaient, et jusqu'en Arabie. Bibars résolut de faire de Safed le boulevard de toute la Syrie contre les Tartares, qui ne cessaient de la menacer. Dans cette vue il augmenta les fortifications de cette place. Pendant qu'il y travaillait de ses propres mains, les chrétiens d'Acre, pour le détourner de cette occupation, lui firent faire des propositions de paix. Bibars était alors très-irrité contre eux, à cause de quelques courses qu'ils avaient faites sur ses terres. Sans leur rien répondre, il monta à cheval à la tête d'une partie de son armée, et arriva à l'improviste sous les murs d'Acre; il y répandit la désolation : tous les hommes qui tombèrent entre ses mains furent égorgés; les soldats lui apportaient de tous côtés les têtes pour chacune desquelles il avait promis une récompense. Le lendemain il retourna à Safed, mais il se transporta de nouveau devant Acre, et y recommença les mêmes ravages. Les jardins furent détruits, les maisons rasées, les puits comblés, les arbres coupés, les villages réduits en cendre. Ces violences durèrent quatre jours, après lesquels il revint à Safed.

Makrizi nous apprend qu'en 1268 les Tartares avaient menacé de passer de nouveau l'Euphrate pour envahir la Syrie; mais ils en furent empêchés par la terreur que leur inspirait le sultan, et Bibars put se livrer à ses projets de vengeance. Il partit de l'Egypte avec toutes ses forces, et franchit les sables qui bornent la Syrie de ce côté : il avait pris sa route par Gaza : comme il apprit en chemin que quelques-uns de ses soldats avaient fait du dégât sur les terres des chrétiens avec lesquels il était en paix, il leur fit couper le nez ; un émir, qui avait passé à cheval sur un champ ensemencé, fut condamné à donner, en dédommagement au propriétaire, la selle et les harnais de son cheval. Mais les habitants de Jaffa ayant fait des courses sur les terres musulmanes, le sultan, pour les punir, entra de force dans leurs murs : la citadelle fut rasée; le marbre et le bois qu'on en put retirer furent envoyés par mer au Caire, où on les employa à la construction de la mosquée que Bibars y faisait bâtir. L'ordre fut donné d'élever des mosquées dans toutes les villes enlevées par le sultan aux chrétiens. Plusieurs terres furent érigées en fief, en faveur des émirs qui avaient montré le plus de zèle. Des Turcomans vinrent s'établir dans le pays par ordre de Bibars, et ils continuèrent à y mener la vie pastorale ; la seule chose qu'on exigea d'eux, ce fut de fournir des chevaux pour la cavalerie.

Une troupe de onze cents croisés, qui venaient de débarquer à Ptolémaïs, tenta une expédition du côté de Tibériade ; mais elle fut défaite et mise en fuite par les Musulmans. La mort du comte de Nevers, qui arriva aussi alors, fut considérée comme une grande perte pour les chrétiens. Au mois de mai 1268, Bibars s'empara d'Antioche, où dix-sept mille chrétiens furent exterminés, et cent mille faits captifs. Ainsi finit, après cent soixante-dix ans d'existence, la principauté fondée dans cette ville par les premiers croisés, en 1098. Bibars redoutait les princes de l'Occident, et cette crainte seule l'empêchait de faire subir à Ptolémaïs le sort d'Antioche. Les chrétiens de la Palestine envoyèrent en Occident les deux grands-maîtres du Temple et de l'Hôpital, et l'archevêque de Tyr, pour faire connaître leur situation désespérée. Bibars forma enfin le dessein d'assiéger la ville d'Acre, dernier boulevard des colonies chrétiennes ; et, comme le roi de Chypre n'aurait pas manqué de secourir la place par mer, il résolut de commencer par réduire ce prince à l'impuissance ; mais il échoua dans ce projet. Hugues III, dit le Grand, roi de Chypre, qui descendait par sa mère Isabelle, d'Amaury de Lusignan, roi de Chypre et de Jérusalem, se fit couronner, à Tyr, roi de Jérusalem, le 24 septembre 1269. A la nouvelle des préparatifs de la seconde croisade de saint Louis, Bibars mit l'Egypte et la Syrie en état de défense. Il fut ensuite très-irrité de la paix que le souverain de Tunis avait conclue avec Philippe le Hardi, fils de saint Louis, parce qu'elle laissait les chrétiens maîtres de tourner leurs efforts contre l'Egypte. En apprenant ce traité, le sultan avait craint que les Francs ne se portassent en Syrie avec toutes leurs forces. Il s'était rendu à Ascalon, et, de peur que les chrétiens ne s'y établissent, il avait fait détruire tout ce qui restait des fortifications de cette ville, dont il fit aussi combler le port. Quand il connut l'issue de l'expédition de saint Louis, qui remplit de douleur les chrétiens d'Orient, il se rassura et se porta sur le territoire de Tripoli, où il mit tout à feu et à sang. Il s'empara du château des Curdes, forteresse située dans le voisinage de Tripoli, et qui appartenait aux Hospitaliers. Le grand maître fut si abattu de ce coup, qu'il demanda aussitôt la paix ; elle lui fut accordée, à condition qu'il ne ferait plus aucune réparation à la forteresse de Marcab, la seule qui lui restât encore. Les Templiers firent la même demande pour la ville de Tortose, et se soumirent aux mêmes conditions.

Au printemps de l'année 1271, le prince Edouard, fils du roi d'Angleterre, arriva en Syrie en même temps que des croisés venus de la Frise. Mais ce secours n'était guère que de douze cents hommes. Les Templiers et les Hospitaliers se réunirent à cette faible troupe contre les entreprises de Bibars. Le chroniqueur anglais Walsingham prétend que si Edouard était arrivé quatre jours plus tard à Acre, il aurait trouvé cette ville au pouvoir des Musulmans. Le sultan du Caire, qui en avait commencé le siége, s'en retourna avec son armée. Les chrétiens se portèrent sur Nazareth, et, en représailles de l'incendie de la belle église de cette ville, livrée aux flammes par Bibars, ils massacrèrent tous les habitants musulmans. Cependant Bibars revint d'Egypte en Syrie, décidé à tout tenter pour la conquête d'Acre, mais il en fut empêché par une nouvelle invasion des Tartares, qui était concertée avec les chrétiens. Makrizi fait un tableau horrible de cette invasion. Les Tartares s'étaient avancés jusque sur les terres d'Alep, et avaient jeté l'épouvante dans Damas; mais ils repassèrent bientôt l'Euphrate. Alors le sultan se tourna contre la ville d'Acre; des pluies continuelles l'obligèrent bientôt à se retirer. Il retourna donc au Caire pour y presser la construction d'une flotte destinée à agir contre le roi de Chypre. Mais le bruit d'une nouvelle invasion des Tartares l'engagea à accorder la paix aux chrétiens. Le traité fut conclu avec le roi de Chypre, et fait pour dix ans, dix mois, dix jours et dix heures. Il n'y fut pas question du prince Edouard, qui était toujours en Palestine. « C'est, dit un historien arabe, parce que le sultan voulait user d'artifice envers lui. Par ses ordres, le gouverneur musulman de Ramla feignit de vouloir se livrer aux chrétiens ; des relations s'établirent entre le gouverneur et le prince. C'était par l'intermédiaire de deux affidés du Vieux de la Montagne, que le gouverneur disait être ses hommes de confiance, et qui avaient ordre d'assassiner le prince. Ces deux affidés furent admis au service d'Edouard; et, un jour qu'il était seul avec un interprète, un d'eux entra comme pour lui parler d'affaires, et, se jetant sur lui, le frappa de cinq coups de couteau. L'assassin fut arrêté et mis à mort, et le prince ne mourut pas de ses blessures. »

Edouard conclut une trêve avec le sultan d'Egypte et reprit le chemin de l'Europe. Il laissa les débris du royaume de Jérusalem livrés à la plus complète désunion. Chaque ville se considérait comme indépendante, et faisait avec Bibars des traités particuliers pour prolonger sa faible existence, sans s'inquiéter de l'intérêt commun des colonies chrétiennes. Tandis que Hugues III, roi de Chypre, prétendait demeurer roi de Jérusalem, Marie, quatrième fille de Bohémond IV, prince d'Antioche, et d'Isabelle, reine de Jérusalem, céda, au concile de Lyon, en 1274, les droits qu'elle croyait avoir à la couronne à Charles d'Anjou, roi de Sicile, qui annonçait l'intention de venir s'emparer de l'exercice de la royauté. Les Templiers se prononcèrent pour le duc d'Anjou ; mais les Hospitaliers, leurs rivaux, s'abstinrent heureusement d'intervenir dans cette querelle.

Les habitants d'Acre demeuraient indifférents à ces diverses prétentions. La ville était occupée à la fois par les Vénitiens, les Pisans, les Génois, et par toutes les nations commerçantes de l'Europe ; chaque peuple avait son quartier séparé, sa juridiction, ses priviléges; tous ne cherchaient qu'à exploiter le commerce des épiceries et des marchandises de l'Inde, qui venaient presque toutes par cette voie ; peu leur importait qui serait maître de la ville. Le roi de Chypre, qui était le plus proche, étant arrivé le premier, se hâta d'écrire à Bibars, pour obtenir son agrément ; il demanda aussi la continuation de la paix. On fut d'accord sur tous les points, si ce n'est que le roi ne voulait stipuler que pour l'île de Chypre, et se réservait, quant à la principauté d'Acre, la faculté de rompre le traité dans les cas où il se ferait quelque nouvel armement dans l'Occident. Dans les négociations qui eurent lieu en cette circonstance, l'auteur de la *Vie de Bibars* fut un des représentants du sultan auprès du roi de Chypre. Bibars, dont l'orgueil ne connaissait plus de mesure, et qui affectait de montrer partout sa supériorité, avait donné ordre à ses ambassadeurs de n'accorder au roi aucune marque de déférence, et de traiter d'égal à égal avec lui. « A notre première audience, dit l'historien Mohi-Eddin, le roi nous reçut sur un siége élevé ; il avait l'air de vouloir prendre le pas sur nous. Comme Musulmans, nous ne pouvions souffrir une telle insulte; nous nous élevâmes donc jusqu'à lui, et la conversation commença aussitôt. Il parlait avec humeur, et, sur différentes choses; je lui répondais sur le même ton. Tout à coup il me regarda avec colère, et me fit dire par l'interprète de voir derrière moi ; je tournai la tête, et j'aperçus sur la place toutes les troupes du roi rangées en bataille ; l'interprète eut même soin de m'en faire remarquer le nombre et l'attitude martiale. Alors je baissai les yeux, et, après qu'on m'eut promis de respecter mon caractère de député, je dis au roi qu'il y avait en effet beaucoup de soldats chrétiens sur la place, mais qu'il y en avait encore plus dans les prisons du Caire. A ces mots le roi changea de couleur ; il fit un signe de croix, et remit l'audience à un autre jour. »

Les auteurs arabes racontent qu'en 1274 le seigneur chrétien de Baïrout étant sur le point de mourir, et n'ayant point d'enfants, laissa sa principauté à sa femme, à la charge qu'elle serait sous la protection de Bibars. Le roi de Chypre qui, en qualité de chef du royaume de Jérusalem, prétendait à la possession de Baïrout, se mit en devoir d'occuper cette ville, et emmena la princesse dans son île. A cette nouvelle, Bibars témoigna son mécontentement et adressa des réclamations au roi. Ce prince voulut en vain résister; les Templiers se déclarèrent contre lui, et il fut obligé de relâcher la princesse.

En 1277, la mort de Bibars délivra les chrétiens d'un terrible ennemi. Bibars avait eu pour successeur son fils aîné; mais ce jeune prince affecta le plus grand mépris pour les anciens conseillers de son père et pour les émirs compagnons de ses victoires. Une semblable conduite mécontenta les émirs, qui se saisirent du jeune prince, après deux ans de règne, et le reléguèrent dans un château, au milieu des sables de l'Arabie. On éleva à sa place un de ses frères, auquel l'émir Kélaoun fut donné pour atabek. Au bout de quelques mois, Kélaoun se débarrassa de ce fantôme de souverain, et prit lui-même le titre de sultan. A cette nouvelle, Sankor qui gouvernait la Syrie, et qui était très-dévoué à la famille de Bibars, se rendit indépendant. C'était pour les colonies chrétiennes une belle occasion de se relever de leur abaissement, si elles avaient su en profiter; mais la division régnait parmi elles comme parmi les Musulmans. En 1281, Sankor, se voyant menacé par toutes les forces de l'Egypte, avait d'abord appelé à son secours les Tartares, qui se hâtèrent de passer l'Euphrate; des Géorgiens, des Arméniens et des Francs s'étaient réunis à eux. Kélaoun accourut d'Egypte à leur rencontre; tous les Musulmans avaient pris les armes en présence du danger que courait l'islamisme, et Sankor lui-même, craignant pour sa religion, se soumit au sultan d'Egypte. L'armée tartare était évaluée à quatre-vingt mille hommes, dont cinquante mille seulement étaient Mogols; le reste était chrétien. Dans la bataille qui eut lieu, les chrétiens furent vainqueurs des Musulmans qui leur étaient opposés; mais les Tartares ayant été battus, il s'ensuivit une défaite complète. Les Francs de la Palestine, que les troubles de l'Egypte et l'invasion des Tartares avaient enhardis à prendre les armes, furent contraints de s'humilier lorsqu'ils se virent réduits à leurs propres forces. Le grand maître des Hospitaliers, celui des Templiers et le comte de Tripoli envoyèrent demander la paix au sultan, qui la leur accorda, après quelques difficultés, et en leur imposant la condition qu'ils le préviendraient de l'arrivée de toute armée qui viendrait d'Europe pour s'unir à eux. Les Tartares ne cessaient d'appeler les souverains de l'Occident au secours des colonies chrétiennes de Syrie. Mais Kélaoun avait partout des agents en Europe, qui l'instruisaient de ce qui s'y passait, et qui le mettaient à même de déjouer les projets qu'on aurait pu former contre lui, en faveur des chrétiens d'Orient. Privés de tout appui, les Francs furent obligés de se soumettre au sultan. L'année 1282 vit chaque principauté, chaque seigneurie conclure des traités avec Kélaoun. La ville que les écrivains arabes appellent Marcab et les chroniqueurs latins Margat, était une place très-forte et très-heureusement située, au sommet d'une haute montagne, non loin des bords de la mer, entre Laodicée et Tripoli. Saladin n'avait jamais osé l'attaquer, et les Hospitaliers en avaient fait le chef-lieu de leur ordre. Kélaoun se décida à en faire le siége en 1284, et s'en rendit maître après une résistance héroïque des chevaliers de l'Hôpital. Dans cette même année 1284, Jean Ier, roi de Chypre, fils et successeur de Hugues III, fut couronné à Acre, roi de Jérusalem. Ce prince étant mort l'année suivante, son frère Henri, qui lui succéda sur le trône de Chypre, enleva le château d'Acre à l'officier qui le commandait au nom de Charles d'Anjou, roi de Sicile, et se fit couronner roi de Jérusalem à Tyr, en 1286. La chute du comté de Tripoli et la prise de la capitale de cet état par Kélaoun, en 1289, annoncèrent à Ptolémaïs le sort qui l'attendait. Cette place était fortifiée de manière à résister à toutes les attaques; mais ses habitants étaient divisés, livrés au luxe, à la molesse et à la plus affreuse corruption; ils ne s'occupaient que d'accroître, par l'immense commerce dont le port d'Acre était l'entrepôt, les richesses dont ils abusaient honteusement. Les chroniqueurs sont unanimes pour attester que ce fut la désunion des princes et des peuples qui se trouvaient dans Ptolémaïs qui accéléra la ruine des colonies chrétiennes en Orient. La chronique de Léoben fait observer qu'on peut appliquer à la ville d'Acre ce qu'on a dit autrefois de celle de Numance: *La concorde donne la victoire, la discorde amène la ruine.*

Kélaoun était décidé à profiter du moindre prétexte pour reprendre les armes contre les chrétiens et achever la ruine de leur puissance en Orient, lorqu'il se présenta une occasion qui lui permit de rompre avec la ville d'Acre. Un musulman, nous apprend un historien arabe, ayant séduit la femme d'un riche bourgeois d'Acre, avait fait avec elle une partie de débauche dans un jardin hors de la ville; tout à coup le mari était arrivé, et, les surprenant ensemble, les avait poignardés l'un et l'autre; ensuite, dans sa fureur, il s'était jeté, le fer à la main, sur tous les Musulmans qui s'étaient trouvés sur son passage, et en avait tué plusieurs. Mais Kélaoun n'eut pas le temps d'accomplir le projet qu'il avait formé: au moment où il allait se mettre en marche pour attaquer Acre, en novembre 1290, il tomba malade aux environs du Caire, et mourut quelques jours après, en recommandant à son fils de ne point enterrer son corps qu'il ne se fût rendu maître d'Acre. Kalil-Aschraf, fils et successeur de Kélaoun, s'occupa d'achever l'ouvrage commencé par son père. Les historiens arabes nous apprennent que le sultan envoya, dans toutes les provinces, les ordres les plus pressants pour l'armement général des troupes musulmanes. De toutes parts on courut aux armes: les guerriers de la Syrie, de l'Egypte et de l'Arabie se mirent en mouvement; tout fut disposé pour subjuguer la ville d'Acre. Les forêts du Liban servirent à la construction des machines. En vain les habitants envoyèrent demander la paix à plusieurs reprises; leurs excuses ne furent pas admises. Le patriarche vit qu'il n'y avait plus d'autre ressource que de les engager à oublier leurs discordes et à s'unir pour la défense de la ville. Le grand maître des Templiers qui, voyant l'état désespéré des colonies chrétiennes, avait voulu traiter avec le sultan, fut accusé de trahison. Le siége d'Acre commença dans les premiers jours d'avril **1291**. Le récit qu'en fait Aboul-Mahassen s'accorde assez bien avec celui des auteurs chrétiens. Il dit qu'on vit combattre au siége d'Acre des guerriers de tous les pays. Tel était l'enthousiasme des Musulmans, que le nombre des volontaires surpassait de beaucoup celui des troupes réglées. Plusieurs machines furent dressées contre la ville; une partie provenait de celles qui avaient été prises autrefois aux chrétiens: il y en avait de si grandes, qu'elles lançaient des pierres pesant un quintal, et même davantage. Les Musulmans firent des brèches en différents endroits. Le roi de Chypre était venu au secours de la ville; mais il ne resta dans la place que quelques jours: ayant vu l'état des assiégés, il craignit de partager leurs périls et il se retira. Sa retraite excita l'indignation générale. Dans un conseil qui fut tenu à la suite de cette désertion, le patriarche termina le discours qu'il prononça en engageant les guerriers qui l'écoutaient à ne plus avoir d'espoir qu'en Dieu et dans leur épée. Cependant l'attaque ne discontinuait pas, et la résistance était telle que les Musulmans crurent qu'il y avait deux hommes dans chaque guerrier chrétien qui tombait sous leurs coups, et que l'un renaissait de l'autre. Le **18** mai **1291**, tout étant prêt pour un assaut général, le sultan monta à cheval avec ses troupes au point du jour; on entendit le bruit du tambour mêlé à des cris horribles. Le combat commença avant le lever du soleil; il moissonna sept hommes parmi les assiégeants contre un parmi les assiégés. Les Templiers sortirent même de la ville pour aller attaquer le camp ennemi, mais ils furent repoussés, et le grand maître du Temple fut tué dans la retraite. Une blessure mit en même temps hors de combat le grand maître de l'Hôpital; avec eux disparut le dernier espoir de salut de la ville. Les Musulmans y pénétrèrent par la porte Saint-Antoine, et les chrétiens s'enfuirent vers le port, poursuivis par les infidèles qui jonchèrent de tas de cadavres toutes les rues et toutes les places de Ptolémaïs.

Au milieu de cette scène de carnage un orage affreux éclata sur la ville. Les religieux et les religieuses furent immolés dans leurs églises et jusqu'aux pieds des autels. Un chroniqueur rapporte que les religieuses de Sainte-Claire demandèrent instamment aux vainqueurs la grâce d'achever leur office, et lorsqu'elles eurent entonné le *Salve regina*, elles se mirent toutes à genoux, en présentant le cou à leurs bourreaux, qui leur tranchèrent la tête. On lit dans une chronique allemande que lorsque le sultan fut entré dans Acre, il fit couper en morceaux les prêtres, tuer à coup de flèches les hommes, et périr dans toutes sortes de tourments les femmes et les enfants, au nombre de trente mille. « Au milieu de la ville, dit Aboul-Mahassen, s'élevaient quatre tours appartenant aux Templiers, aux Hospitaliers et aux chevaliers Teutoniques : les guerriers chrétiens se disposèrent à s'y défendre. Cependant, le lendemain, quelques soldats et volontaires musulmans, s'étant portés contre la maison des Templiers et une de leurs tours, ceux-ci offrirent d'eux-mêmes de se rendre : leur demande fut accueillie; le sultan leur promit sûreté; un drapeau leur fut donné comme sauvegarde, et ils l'arborèrent au haut de la tour; mais lorsque les portes furent ouvertes, les Musulmans, s'y jetant en désordre, se disposèrent à piller la tour et à faire violence aux femmes qui s'y étaient réfugiées; alors les Templiers refermèrent les portes, et tombant sur les Musulmans qui étaient dans la tour, les massacrèrent. Le drapeau du sultan fut abattu, la guerre recommença; la tour fut assiégée en règle : on combattit tout le samedi; le lendemain dimanche, les Templiers ayant demandé de nouveau à capituler, le sultan leur promit la vie et la faculté de se retirer où ils voudraient : ils descendirent donc et furent égorgés, au nombre de plus de deux mille; un égal nombre fut retenu prisonnier; quant aux femmes et aux enfants qui étaient avec les Templiers, on les conduisit au pavillon du sultan. Ce qui porta le sultan à ne pas exécuter sa parole, c'est que les Templiers, non contents d'avoir d'abord massacré les Musulmans qui étaient entrés dans la tour, avaient tué un émir chargé d'aller apaiser le tumulte, et coupé les jarrets à toutes les bêtes de somme qui étaient dans la tour, afin de les mettre hors de service: voilà ce qui avait allumé la colère du sultan. Cependant, ceux d'entre les chrétiens qui tenaient encore, ayant appris le traitement fait à leurs frères, résolurent de mourir les armes à la main, et ne voulurent plus entendre parler de capitulation : leur acharnement fut tel que, cinq Musulmans étant tombés entre leurs mains, ils les précipitèrent du haut d'une des tours; enfin, lorsque la tour fut entièrement minée, et que les chrétiens eurent été admis à se rendre, avec promesse de la vie, les Musulmans s'étant approchés pour prendre possession de la tour, elle s'écroula tout à coup, et ils furent tous ensevelis sous ses ruines. »

Le rivage, où tous les fuyards, conduits par l'espoir de trouver à s'embarquer, se précipitaient dans un horrible désordre, présentait un désolant spectacle. Les femmes des premières familles de la ville offraient aux matelots de les épouser en leur livrant toutes les richesses qu'elles avaient pu emporter, s'ils voulaient les arracher à la mort. Le vénérable patriarche ne voulait pas se séparer de son troupeau; on l'entraîna dans un navire où il reçut tous ceux qui demandèrent à le suivre, et le bâtiment trop chargé s'enfonça dans les flots. Plusieurs des chefs qui commandaient les défenseurs de la ville avaient donné l'exemple d'une lâche désertion de leur poste; d'autres, au contraire, se distinguèrent par le plus intrépide courage. Guillaume de Clermont, maréchal de l'Hôpital, doit être cité au nombre de ceux qui se signalèrent particulièrement par une valeur qu'aucun danger ne put abattre. « Quand le combat eut cessé, le sultan, dit Aboul-Mahassen, fit mettre à part les hommes qui avaient échappé au massacre, et on les tua tous jusqu'au dernier; le nombre en était fort grand. Ce qu'il y eut de plus admirable, c'est que le Dieu très-haut voulut que la ville fût prise un vendredi (jour consacré à Dieu chez les Musulmans), à la même heure où les chrétiens y étaient entrés sous le sultan Saladin. De plus, les chrétiens, en s'en rendant maîtres, avaient promis la vie à la garnison, et l'avaient ensuite massacrée : Dieu permit qu'en cette occasion le sultan reçût aussi les chrétiens à composition et les fît ensuite mourir. Voilà comment Dieu les punit à la fin de leur manque de foi. »

Makrisi dit que la ville fut entièrement démolie, que les remparts furent abattus, et que l'on rasa les églises. Après la prise d'Acre, Tyr et Tortose, qui restaient encore aux chrétiens, et qui avaient fait leur paix particulière avec le sultan, furent si effrayées qu'elles offrirent elles-mêmes de se rendre. Ces villes furent détruites. Les habitants de Baïrout ouvrirent paisiblement leurs portes aux Musulmans, et furent autorisés à se retirer dans l'île de Chypre, après avoir été envoyés prisonniers en Egypte. Il ne resta dans la Palestine que les chrétiens qui se soumirent à payer le tribut. Tout le reste fut ou expulsé ou exterminé.

Marin Sanuti, historien de Venise, rapporte que les Vénitiens, en annonçant au pape Nicolas IV la triste nouvelle de la ruine d'Acre, engagèrent le souverain pontife à faire publier une croisade, et offrirent d'armer vingt galères à leurs dépens. Le pape accepta l'offre des Vénitiens. Les vingt galères furent armées, et le pape lui-même en équipa quelques autres. Pendant qu'on s'occupait des préparatifs de cette flotte, les Vénitiens qui, malgré la perte d'Acre, avaient encore dans la Syrie la ville de Nicopolis, ajoute l'historien, firent une trève de deux ans avec le soudan d'Egypte; mais à la réquisition du pape, ils ne tinrent pas la trève, et armèrent cinq autres galères avec les deniers du saint-siége. Le soudan instruit de ces dispositions, envoya assiéger Nicopolis, qui fut prise et ruinée de fond en comble. C'est ainsi que les chrétiens furent définitivement chassés de la Syrie vers l'an 1292.

Les historiens assignent unanimement les mêmes causes à la ruine des colonies chrétiennes d'Orient : elles périrent par le manque de secours de l'Occident, et par les divisions qui s'établirent entre les habitants de la ville d'Acre. Ce fut la multiplicité des nations composant la population des Etats Francs qui produisit la divergence continuelle des opinions et des résolutions d'où provint leur chute.

« Il y eut, dit la chronique de Ptolémée de Lucques, deux causes de la prise de Saint-Jean-d'Acre : la première, par la diversité de volonté dan les seigneurs qui y habitaient; car ils ne s'accordaient pas plus pour la gouverner que pour la défendre. Ils étaient six ou sept maîtres : les Templiers, les Hospitaliers, les Teutoniques, le consul de Pise, le roi de Chypre, le roi Charles, le patriarche. Cette diversité de volontés encouragea le soudan à l'attaque d'une place qu'on disait cependant inexpugnable. La seconde cause fut la mauvaise conduite des croisés. Le pape Nicolas, après la perte de Tripoli, avait fait prêcher une croisade. Les croisés passèrent sans chef à Acre. Voyant les Sarrasins porter dans cette ville des marchandises, ils les injurièrent, ils en dépouillèrent quelques-uns et en tuèrent d'autres. Le soudan, ainsi provoqué, rassembla une armée innombrable, et ne prit de repos que quand il fut maître de la ville, et l'eut détruite. »

La *Chronique des archevêques de Trèves* termine par ces mots le tableau qu'elle présente de la prise de Ptolémaïs : « Il est pénible, sans doute, d'entendre un pareil récit, mais il est plus douloureux encore d'entendre raconter les crimes qui ont attiré tant de misères. » Après avoir rapporté comment Acre fut enlevée aux chrétiens, Villani fait cette réflexion, dans son Histoire de Florence : « Ce ne fut pas sans un grand et juste jugement de Dieu que ce malheur arriva; car cette ville était, plus que toute autre cité chrétienne, remplie d'hommes pécheurs et de femmes dissolues, *quella città era piena di più peccatori huomini, e femine d'ogni dissoluto peccato*. Le royaume de Jérusalem a fini par où finissent tous les Etats, par la corruption.

JOINVILLE. Jean, seigneur de Joinville, était le fils aîné de Simon de Joinville et de Béatrix de Bourgogne, que ce dernier avait épousée en secondes noces. On croit qu'il est né vers 1224 ou 1225. Sa famille tenait un haut rang parmi la noblesse de Champagne. Il fut attaché, dès sa première jeunesse, à la personne de Thibaut, roi de Navarre et comte de Champagne, que ses talents en poésie et en musique ont rendu célèbre. La cour de ce prince était l'une des plus remarquables qu'il y eût alors en Europe, par l'élégance des mœurs et par la faveur accordée aux belles-lettres : Joinville s'y forma. Ses parents le fiancèrent avec Alix, fille de Henri, comte de Grandpré, et de Marie de Garlande. Mais le mariage n'eut lieu qu'après la mort de Simon de Joinville, c'est-à-dire vers 1239. Ce seigneur laissa la charge de sénéchal de Champagne à son fils, qui se vit investi de la principale autorité dans la Maison du roi de Navarre. Il est certain que Jean de Joinville n'avait point encore porté les armes, car il dit lui-même qu en 1243 il n'avait jamais vêtu de haubert. Ce fut la prédication de la huitième croisade qui l'appela à la vie militaire. Voulant se préparer dignement à cette sainte entreprise, il convoqua ses amis, ses voisins et ses vassaux, pour lesquels il tint table ouverte pendant huit jours, leur demanda pardon et leur offrit réparation de tous les torts dont il pouvait s'être rendu coupable envers eux. Il fonda un service annuel pour sa femme et pour lui-même, en l'église de Saint-Laurent de Joinville. Comme sa mère avait la jouissance de la majeure partie des biens de la famille, il fut obligé de mettre en gage presque tous ceux dont il disposait, pour pourvoir aux frais de son pèlerinage, et il ne lui resta guère que 1,200 livres de rente. Il partit, au mois de juillet 1248, avec une suite de sept cents hommes d'armes et une dizaine de chevaliers, dont trois étaient bannerets. Il fit route avec plusieurs autres seigneurs. Leur embarquement eut lieu à Marseille, où ils mirent à la voile pour l'île de Chypre. Ce fut dans cette île que Joinville rencontra saint Louis. Ses fonds étaient alors épuisés. Ne sachant comment il pourrait s'en procurer d'autres pour entretenir ses gens de guerre, il eut le bonheur de plaire au roi de France, qui le prit à son service. Il s'avança tellement dans la faveur de saint Louis, que ce grand prince ne voulut plus se séparer de lui. Il se trouva bientôt introduit par la confiance royale dans les affaires les plus importantes et les plus difficiles. Sa prudence et son intrépidité lui acquirent, durant la croisade, l'estime universelle. Dans le conseil où on mit en question si l'on reviendrait en France, il fut un des deux qui opinèrent pour que l'on restât en Orient, et le roi le récompensa en lui accordant une rente de 200 livres, sous la condition de l'hommage lige. Il fut chargé de conduire de Sidon à Tyr la reine et ses enfants. Il revint en Europe sur le vaisseau que montait saint Louis. Le débarquement eut lieu à Hyères, en Provence, après une traversée de deux mois et demi, qui fut périlleuse. Le sénéchal de Champagne quitta le roi à Beaucaire, visita la dauphine du Viennois, sa parente, le comte de Châlons, son oncle, le comte de Bourgogne, son cousin, et arriva à Joinville, qu'il n'avait pas vu depuis six ans. De là il vint rejoindre le roi à Soissons. Thibaut II, comte de Champagne et roi de Navarre, se servit de lui pour obtenir la main d'Isabelle, fille de saint Louis. Cette négociation présentait des difficultés, mais Joinville sut les vaincre, et le mariage eut lieu vers le milieu de 1255. Le roi de Navarre récompensa dignement son habile négociateur, et lui donna un village en accroissement de fief, sous la condition de l'hommage lige, et à titre héréditaire. Cette cession eut lieu en 1258. Joinville partagea son temps entre la cour de France et celle de Champagne. Quand il venait voir saint Louis, ce prince le faisait ordinairement manger à sa table, *à cause du subtil sens qu'il connaissait en lui.* Souvent aussi il le chargeait d'aller recevoir les requêtes à la porte de son palais, avec le sire de Nesles et Jean, comte de Soissons. Quelquefois encore il le faisait asseoir à son côté, au pied du chêne sous lequel il rendait la justice. On sait qu'en 1267 Joinville était à la cour du roi de Navarre. La nouvelle des ravages exercés en Palestine par le féroce Bibars Bondochar parvint en France l'année suivante. Saint Louis, décidé à entreprendre une seconde croisade, convoqua la noblesse du royaume à Paris, et écrivit à Joinville de venir l'y rejoindre. Quoique malade d'une fièvre quarte, le sénéchal se rendit à cet appel; mais ni saint Louis, ni le roi de Navarre ne purent lui persuader de prendre la croix une seconde fois : il s'excusa sur la pauvreté de ses sujets et de ses vassaux, qui avaient beaucoup souffert de son premier pèlerinage.

Quelque temps après, il reçut la commission de maître aux Grands Jours et aux assises de Troyes, et il y présida comme le plus qualifié, en 1271. Lorsqu'en 1283 Philippe le Hardi, qui avait le bail et la garde de Jeanne, reine de Navarre et comtesse de Champagne, voulut aller en Aragon, il confia au sénéchal de Champagne le gouvernement de cette province. Joinville reçut de Philippe le Bel l'invitation de se trouver à Arras le 5 août 1303, pour la guerre de Flandre. On sait qu'il ne venait que rarement à la cour de ce prince, parce que le luxe qui y régnait lui déplaisait. Il fut un des barons de Champagne qui se liguèrent, en novembre 1314, contre le même roi, au sujet des subventions excessives que celui-ci prétendait tirer de la noblesse. Louis le Hutin lui adressa une lettre particulière, pour qu'il se trouvât, à la mi-juin 1315, au rendez-vous de l'Authie. Le sénéchal s'y présenta un peu plus tard, avec une suite d'un chevalier et de six écuyers : il avait alors quatre-vingt-dix ou quatre-vingt-douze ans. Il dit lui-même, dans un titre, dont la date ne saurait être fort éloignée de cette époque, que Dieu l'avait conservé en santé de corps et d'esprit dans un âge qu'aucun de ses prédécesseurs n'avait atteint. Comme il est constant qu'en 1318 son fils était en possession de la seigneurie de Joinville et de la charge de sénéchal de Champagne, il faut en induire que l'auteur de l'*Histoire de saint Louis* avait alors cessé de vivre; c'est tout ce que l'on sait touchant la date de sa mort. Ainsi, il avait vécu sous six rois de France. Il avait déposé comme témoin dans le procès de canonisation de saint Louis. La tendre dévotion qu'il avait pour cet admirable prince le porta à lui dédier un autel dans la chapelle de Joinville, et à y fonder une messe perpétuelle. Jean de Joinville avait une stature extraordinairement élevée et une grande force de corps. Sa tête était deux fois grosse comme celle des autres hommes, et il dit lui-même qu'il avait la tête grosse et une froide fourcelle (un estomac froid). Sa première femme, Alix de Grandpré, lui avait déjà donné deux enfants lorsqu'il partit pour la terre sainte. Il épousa en secondes noces Alix de Reisnel, et ce nouveau mariage lui permit de réunir la baronnie de Reisnel à la sirerie de Joinville.

JUIFS. Au printemps de l'année 1096, après le départ des bandes de pèlerins qui, sous la conduite de Gauthier *Sans-avoir*, de Pierre l'Ermite et de Gottschalk, furent comme l'avant-garde de la première croisade, les bords de la Moselle et du Rhin devinrent le théâtre d'horribles scènes de désordre. L'écume de la société devait nécessairement se produire à la surface du mouvement qui s'opérait au sein des populations : un ramas de vagabonds, à qui une honteuse superstition avait fait prendre pour guides de leur pèlerinage à Jérusalem une chèvre et une oie, qu'ils croyaient remplies de l'esprit divin, inaugurèrent leur réunion par l'extermination des Juifs à Cologne, à Mayence, à Worms, à Spire et à Trèves. Les efforts de l'archevêque de Mayence et des évêques des autres villes furent impuissants à préserver du massacre les victimes de cette fureur populaire. « Quoi! nous allons chercher loin de nous, en Orient, les ennemis de Dieu, tandis que les Juifs, ses plus cruels ennemis, sont près de nous ? » Tel était, au rapport de Guibert, le langage de cette multitude égarée : *Nos Dei hostes Orientem versus longis terrarum tractibus transmissis, desideramus aggredi, cum ante oculos nostros sint Judæi quibus inimicitior existat gens nulla Dei.* Rien certainement n'est plus contraire à la charité, qui est l'âme de la religion chrétienne, que les excès sanguinaires de cette convoitise qui assommait les Juifs pour les dépouiller de leurs immenses richesses ; et la preuve que l'Eglise, qui avait provoqué les croisades, aurait voulu les maintenir exemptes de tout désordre, est dans la conduite des évêques qui offrirent aux Juifs, poursuivis par la populace, un asile dans leurs palais, et dans cet aveu de M. Capefigue, auteur d'une *Histoire des Juifs*, écrite sous la dictée de l'esprit de tolérance né de l'indifférence religieuse, qu'au moyen âge, « tandis qu'ils étaient expulsés de toutes les contrées de la terre, les Juifs demeurèrent paisibles dans les Etats du pape. »

Mais le redoublement de haine et d'horreur qui se manifesta contre les Juifs, parmi les populations chrétiennes, au siècle qui précéda la première croisade et à l'époque où elle fut entreprise, fut loin d'être l'effet sans cause d'un fanatisme aveugle, comme voudrait le faire croire l'école historique qui n'a foi que dans le baptême en vertu duquel elle s'appelle philosophique. Les annales de ces temps, consciencieusement interrogées, attestent que les Juifs étaient, au sein des peuples adorateurs de Jésus-Christ. les agents des disciples de Mahomet.

Le chroniqueur Glaber, racontant la destruction de l'église du Saint-Sépulcre, à Jérusalem, en 1009, par ordre du féroce Hakem, calife fatime d'Egypte, attribue cet acte de vandalisme sacrilége à la *malice inspirée aux Juifs par la jalousie des démons*, excitée par l'affluence des pèlerins au saint tombeau. Un vagabond, nommé Robert, clerc, fugitif de l'église de Sainte-Marie, fut envoyé en Orient par les Juifs d'Orléans. Il portait, cachée dans un bâton de pèlerin, une lettre adressée au calife. Cette lettre, écrite, par les Juifs d'Orléans, en caractères hébraïques, avertissait le souverain du Caire, à qui la Palestine était alors soumise, que, s'il ne se hâtait de détruire l'église du Saint-Sépulcre, son empire serait bientôt envahi par les chrétiens. A cette nouvelle, le calife donna l'ordre de renverser de fond en comble le temple du Seigneur, et cet ordre fut aussitôt exécuté. Mais on eut connaissance en Europe de l'avis donné au calife du Caire par les Juifs, et une haine violente éclata partout contre eux. Robert, arrêté à son retour à Orléans, y fut condamné au feu et brûlé, après avoir été battu de verges. Il résulte généralement de l'étude des documents historiques qui nous ont été légués par le moyen âge, que les Juifs étaient, au milieu des nations chrétiennes qui les toléraient chez elles, les espions des Musulmans, qu'ils avertissaient secrètement des dispositions qu'on prenait en Europe contre les agressions de l'Asie et de l'Afrique mahométanes. Un chroniqueur de la fin du xe siècle ou du commencement du xie, Adémar de Chabannes, dont la chronique se trouve dans la collection des *Historiens de France* de D. Bouquet, raconte de la même manière que Glaber la destruction de l'église du Saint-Sépulcre, par l'ordre du calife d'Egypte. Mais on lit, en outre, dans son récit : « Les Juifs accusèrent les chrétiens d'avoir une armée prête à marcher contre les Sarrasins d'Orient. » Toutes les chroniques rapportent qu'il y avait alors une prévention générale contre les Juifs, et prouvent que ce n'était pas sans fondement qu'existait cette prévention contre ce qu'elles appellent la race exécrable des Juifs, *plebem exsecrabilem Judæorum.*

A l'époque de la seconde croisade, un moine allemand aurait provoqué un nouveau massacre des Juifs sur les bords du Rhin, si saint Bernard n'était pas venu lui imposer silence. Un témoignage contemporain, celui d'un Juif qui vivait à cette époque, atteste que l'abbé de Clairvaux calma les populations excitées par la voix de ce moine, en leur rappelant que la religion ne voulait pas qu'on égorgeât les Juifs, mais commandait de prier pour leur conversion. « Les pèlerins s'apaisèrent dans leurs emportements, est-il dit dans le témoignage juif que nous citons, et le Seigneur conserva encore une fois la vie à son peuple. Louange à celui qui nous sauve et nous délivre ! » Mais, tout en défendant de massacrer les Juifs, saint Bernard pensait, avec son illustre contemporain, Pierre le Vénérable, qu'on pouvait exiger d'eux, pour subvenir aux frais de la guerre sainte, les trésors qu'ils avaient amassés par l'usure et par des gains illicites. Lors des préparatifs de la troisième croisade, Philippe-Auguste, ne trouvant pas le produit de la *dîme saladine* suffisant pour subvenir aux frais de l'expédition, obligea les Juifs de France à verser cinq mille marcs d'argent dans le trésor royal. Henri II, roi d'Angleterre, tira d'eux des sommes considérables pour le même objet. Lors des préparatifs de la cinquième croisade, le pape déchargea ceux qui s'enrôlaient sous la bannière de la croix des usures qu'ils devaient aux Juifs, et on entendait alors par usure toute espèce d'intérêt de l'argent prêté. Mais Innocent III mit en même temps les Juifs sous la protection du saint-siége, en menaçant de l'excommunication quiconque attenterait à leur vie ou même à leur liberté. Durant la sixième croisade, cependant, les Juifs, que le peuple avait toujours en exécration, se virent encore en butte à la violence de la multitude; mais l'Eglise les prit de nouveau sous sa protection. Le concile de Tours, tenu en 1236, défend aux croisés et aux autres chrétiens de tuer ou de battre les Juifs, de leur ôter leurs biens, ou de leur faire quelque autre tort. Le concile rappelle aux fidèles que l'Eglise ne veut point la mort du pécheur, mais sa conversion. Lors de la prédication de la septième croisade, après le concile de Lyon, en 1245, les Juifs de France et d'Allemagne se mirent sous la protection du pape, qui ordonna aux évêques de les faire respecter. Ils eurent aussi un protecteur de leur sécurité dans le roi saint Louis.

Une ordonnance qui porte la date de 1254, et qui est par conséquent du règne de saint Louis, commande toutefois de chasser tous les Juifs de France et de confisquer leurs propriétés. Un des continuateurs de la chronique de Guillaume de Nangis rapporte qu'environ un siècle plus tard, lors du mouvement des pastoureaux, en 1320, quand ces bandits attaquaient les Juifs, le sénéchal de Carcassonne ordonna, au nom du roi de France, qu'on prît la défense des Juifs contre les pastoureaux. Mais la plupart des gens refusèrent d'obéir, en disant qu'il n'était pas juste de prendre le parti des Juifs, ennemis de la foi chrétienne, pour combattre des catholiques.

K

KHARIZMIENS. Le Kharizme est situé à l'orient de la mer Caspienne, entre l'Oxus et le Jaxarte. Le premier borne en partie ce pays du côté du midi et le second au nord. C'est par le Kharizme que les Turcs Seldjoucides pénétrèrent dans l'empire des Musulmans, et ce pays fut une de leurs premières conquêtes. Lorsqu'ils se furent emparés du Khorassan, de la Perse, des deux Iraks et de la Syrie, ils établirent dans toutes ces provinces des gouverneurs qu'ils choisissaient parmi leurs esclaves. Tel fut Balca-Teghin, nommé aussi Balca-Begh, parvenu au poste de grand échanson du sultan Malek-Schach. Ce gouverneur qui, de même que ses maîtres, était turc d'origine, avait une autorité d'autant plus considérable que le Kharizme était fort éloigné de la capitale de l'empire des Seldjoucides. Balca-Teghin était regardé comme souverain du Kharizme. Il acheta d'un habitant du Gourschestan un esclave turc appelé Anousch-Teghin, qui fut surnommé Gourschah, du pays d'où il était sorti. Anousch-Teghin sut si bien se conduire qu'après la mort de son maître il obtint de lui succéder dans la place de grand échanson des sultans seldjoucides, et en même temps de gouverneur du Kharizme. Il périt en 1097 dans des troubles qui furent excités par les Turcs dispersés dans le Khorassan. Le commandant des armées seldjoucides se transporta dans le Kharizme, par ordre du sultan, et y rétablit le calme. Avant de quitter le pays, il en donna le gouvernement à Cotb-Eddin Mohammed, fils d'Anousch-Teghin, avec le titre de Khaouaresm-Schah, c'est-à-dire d'*empereur du Kharizme*, qui est toujours resté depuis aux princes de cette famille. Cotb-Eddin, par sa justice, par sa libéralité et par la protection qu'il accorda toujours aux savants, qui se retiraient en grand nombre auprès de lui, rendit son nom cher aux habitants du Kharizme. Il demeura cependant soumis aux sultans seldjoucides, auprès desquels il s'acquittait exactement des fonctions de sa charge de grand échanson pendant un an, et se faisait relever l'année suivante par son fils. Les dernières années du règne de Cotb-Eddin Mohammed furent troublées par un débordement de Tartares, appelés Khitans, qui, chassés de leur pays par d'autres Tartares, avaient pénétré jusqu'à Samarcande. L'empereur du Kharizme fut battu en voulant s'opposer à leur passage. Cotb-Eddin mourut en 1127, laissant un fils nommé Aziz, qui lui succéda. Aziz fut, comme son père, échanson de Sandjar, sultan seldjoucide, qui le combla de biens et d'honneurs, quoiqu'il ne fût pas sans s'apercevoir de ses desseins ambitieux. Aziz paya le sultan d'ingratitude et se révolta contre son autorité. Sandjar se transporta dans le Kharizme à la tête de ses armées. Aziz, avec son fils, osa marcher contre lui; mais ses forces n'étant pas comparables à celles du sultan, il fut vaincu et obligé de prendre la fuite, et son fils, tombé entre les mains de Sandjar, fut mis à mort. Par cette victoire le Kharizme fut replacé sous l'obéissance des Seldjoucides, et Soliman-Schah, neveu du sultan, en obtint le gouvernement. Sandjar ne fut pas plutôt retourné à Merve, qu'Atziz reparut à la tête d'une nouvelle armée, et se disposa à marcher contre Soliman-Schah, qui n'avait qu'un petit nombre de troupes. Hors d'état de résister à son ennemi, Soliman se retira et abandonna le Kharizme à Aziz, qui avait intéressé à son parti les Tartares Khitans. Il les appela dans le Mawarannahar où ils s'établirent. Le sultan Sandjar marcha contre Aziz; mais il fut vaincu, et le Khorassan fut envahi, ravagé et pillé par le vainqueur. Sandjar rassembla de nouvelles troupes, envahit à son tour le Kharizme et assiégea Aziz dans sa capitale; mais celui-ci eut recours à l'artifice, et parvint à tromper encore une fois la générosité du sultan, qui reçut les présents qu'Aziz lui envoyait, et se fia à sa promesse. Non-seulement Sandjar pardonna à Aziz, mais il le laissa même en possession de son gouvernement, excès de bonté dont il eut bientôt lieu de se repentir. Aziz, non content de se conduire dans le Kharizme en souverain absolu, envoya à Merve des émissaires chargés d'assassiner Sandjar; mais ils furent découverts, et le sultan s'avança dans le Kharizme à la tête d'une puissante armée. La plus forte place du pays fut prise, et Aziz, qui s'était sauvé dans la capitale, s'y voyant menacé par les armes de Sandjar, lui fit faire des propositions de paix, qui furent accueillies. Le sultan se contenta, pour toute satisfaction de la part d'Aziz, qu'il le vînt trouver sur le bord du Djihoun, et qu'il se prosternât et baisât la terre devant lui, selon la coutume de rendre hommage aux princes orientaux; pendant ce temps le sultan devait être de l'autre côté du fleuve. La fierté d'Aziz trouva cette marque de soumission trop humiliante : il s'approcha des bords du fleuve, et, sans descendre de cheval, il se contenta d'incliner la tête, et se retira. Le sultan, pour mettre fin à toutes ces contestations, lui pardonna cependant. Depuis ce temps Aziz vécut en bonne intelligence avec Sandjar, et alla porter la guerre chez les peuples qui habitent le long du rivage de la mer Caspienne. Il mourut en 1155. Les historiens ont donné de grands éloges à ce prince pour son courage, pour sa science dans l'art militaire, et pour sa libéralité envers les savants. Il était lui-même instruit. Il eut pour successeur son fils Il-Arslan, auquel son frère Soliman-Schah voulut disputer la souveraineté. Mais Il-Arslan le fit arrêter, et le tint prisonnier pendant tout le temps de son règne. A la mort d'Il-Arslan, sa femme lui donna pour successeur son plus jeune fils, Sultan-Schah Mahmoud, afin de régner en son nom. Mais Tagasch, frère aîné de Sultan-Schah, se fit reconnaître sultan du Kharizme, et son frère ne put se maintenir que dans le Khorassan. Par la mort de Sultan-Schah, Tagasch devint ensuite sultan du Kharizme et du Khorassan réunis. Togrul, sultan seldjoucide, ayant rompu un traité qu'il avait fait avec Tagasch, celui-ci entra avec une puissante armée dans l'Irak persique, s'empara de tout le pays, et réunit à son empire les Etats de Togrul, en qui périt ainsi la dynastie des Seldjoucides dans la Perse. Tagasch ayant perdu son fils Malek-Schah, qu'il destinait à être son successeur, déclara pour son héritier son autre fils Cotb-Eddin Mohammed, qui quitta le surnom de Cotb-Eddin, pour prendre celui d'Ala-Eddin. Tagasch fit faire une rude guerre aux Ismaéliens. Il mourut en 1200, et son empire, qu'il avait si considérablement augmenté, passa à son fils Ala-Eddin Mohammed. Ce prince commença son règne par faire la guerre aux Gourides, et il leur reprit une partie du Khorassan qu'ils lui avaient enlevée. Il tourna ensuite ses armes du côté de l'Orient, s'empara de Samarcande, et remporta une grande victoire sur les Khitans. Mohammed fut surnommé le second Alexandre. Il fut cependant fait prisonnier dans une guerre contre les Khitans, et, quoique sa captivité ne fût pas longue, elle ne laissa pas de causer des troubles dans ses Etats. Mais son retour y rétablit l'ordre, et il envoya une armée mettre fin à la dynastie des Gourides, dont le pays était le refuge ordinaire des mécontents du Kharizme. La ruine de l'empire des Khitans, qui fut consommée par les Tartares Naimans, délivra le sultan du Kharizme d'autres voisins dangereux. Ce prince s'attacha alors à rétablir la tranquillité dans ses Etats; mais ce repos fut pour lui un écueil contre lequel il échoua en se livrant à la débauche.

Un des esclaves turcs des sultans Gourides s'étant emparé d'une partie de leurs Etats et de Ghazna, leur capitale, Mohammed alla prendre possession de cette ville à la tête d'une armée. Il trouva dans les archives de Ghazna une patente que le calife Nasser avait envoyée au sultan Gouride Schehab-Eddin, et par laquelle il donnait à ce prince les titres les plus pompeux, en l'engageant à faire la guerre aux Kharizmiens. Mohammed indigné résolut de porter aussitôt la guerre dans les Etats du calife de Bagdad, et de faire déposer ce chef de la religion musulmane. Le sultan convoqua une assemblée générale des imans et des principaux docteurs de ses Etats, et fit déclarer, d'après leur décision, que le califat appartenait de droit aux descendants de Hussein, second fils d'Ali, au détriment desquels les Abbassides avaient usurpé cette dignité. Il fut représenté que cette famille s'était rendue indigne du califat, par l'usurpation au moyen de laquelle elle y était parvenue, par plusieurs transgressions de la loi musulmane, et enfin par les guerres qu'elle avait suscitées injustement contre les fidèles. Après cette déclaration solennelle, l'assemblée délibéra sur le choix d'un nouveau calife, qui fut reconnu dans les Etats du sultan Mohammed. Ce prince se mit alors en route avec son armée, dans le dessein de conduire et d'installer le nouveau calife à Bagdad ; mais il fut arrêté en route, après avoir fait toutefois des conquêtes importantes, par une abondance de neige qui tomba, et par l'avis qu'il reçut que les Tartares menaçaient d'envahir ses Etats. Une puissance formidable venait de s'élever dans la Tartarie; c'était celle de Gengis-Khan, fondateur de l'empire des Mogols. Ce prince envoya un ambassadeur à Mohammed pour lui proposer une alliance. Le sultan du Kharizme reçut cette proposition avec une fierté dont il fut rendu compte à Gengis-Khan, et qui détermina ce conquérant à rester en paix avec Mohammed, quoique le calife Nasser le sollicitât de lui faire la guerre. Mais Gengis-Khan envoya plus tard dans les

Etats du sultan du Kharizme cent cinquante marchands, accompagnés de trois officiers de sa cour, munis du pouvoir de faire un traité de commerce avec Mohammed. Ces marchands portaient avec eux des richesses immenses, qui ne manquèrent pas d'exciter la cupidité de quelques gouverneurs des provinces du Kharizme. L'un d'eux se prétendit offensé d'une familiarité que s'était permise envers lui un des marchands, qui avait été anciennement son ami, et il fit arrêter les ambassadeurs et les marchands. Il dépêcha aussitôt un courrier au sultan Mohammed, qui était alors dans l'Irak persique, pour l'informer qu'il venait d'arriver dans ses Etats une troupe d'étrangers, dont les uns se disaient ambassadeurs et les autres marchands ; mais qu'ayant de fortes raisons de soupçonner qu'ils avaient de mauvais desseins, il avait cru d'abord devoir les faire arrêter en attendant ses ordres. C'est ainsi que ce gouverneur déguisa la vérité au sultan. Celui-ci négligea de s'instruire davantage, et ordonna que l'on fît mourir tous ces étrangers. Le gouverneur se hâta d'exécuter des ordres qui étaient conformes à ses desseins, et confisqua les effets de tous ces marchands au profit du sultan. Tel fut l'événement qui devint dans la suite la cause de tous les malheurs qu'éprouvèrent les sultans du Kharizme et de la ruine entière de leur famille. Gengis-Khan envoya un ambassadeur à Mohammed pour lui demander satisfaction de la mort des marchands et des officiers qui les accompagnaient.

Mohammed ajouta à son premier tort celui de refuser de donner audience à l'envoyé de Gengis-Khan. Alors ce prince rassembla toutes ses troupes et fit savoir à Mohammed qu'il allait porter la guerre dans ses Etats. Le sultan se prépara de son côté à repousser les Mogols ; mais, dans un premier choc qu'il eut avec un fils de Gengis-Khan, il connut à quels ennemis il avait affaire, et il fut très-incertain sur le parti qu'il devait prendre pour conjurer l'orage qu'il voyait fondre sur sa tête. Après avoir songé à se retirer dans l'Inde, où il était très-puissant depuis qu'il avait détruit les Gourides, il se décida à aller à Nichabour, dans le Khorassan. Il s'y livra à la bonne chère et aux plaisirs pendant plusieurs jours, après lesquels sa vie ne fut plus qu'un tissu de malheurs. Gengis-Khan envahit le Kharizme, et s'empara de la capitale de cet empire. Il marcha de là sur Nichabour, d'où Mohammed s'enfuit. Les Mogols qui poursuivaient ce prince l'obligèrent à se réfugier dans une île de la mer Caspienne. Accablé par la maladie et dénué de tout secours, ce prince jadis si puissant, pour soulager son ennui, demanda un cheval que toute sa consolation était de faire paître auprès de sa tente. Dans cette triste situation, il apprit que sa mère, sa femme et tous ses trésors étaient tombés entre les mains des Mogols. Il ne put résister à tant d'adversités, et mourut de chagrin. Il laissait quatre fils, entre lesquels il avait autrefois partagé ses Etats, qui s'étendaient depuis l'Irak jusqu'au Turkestan. Les princes Seldjoucides faisaient battre cinq fois par jour le tambour devant leur demeure, au moment de la prière ; mais Mohammed, pour se distinguer, ne le faisait battre que deux fois, au lever et au coucher du soleil, avec vingt-sept tambours d'or ; c'étaient autant de rois ou de fils de rois vaincus qui remplissaient cet emploi, et ils se servaient de baguettes garnies de perles. Les plus grands officiers de la cour de cet ambitieux sultan n'étaient que des rois. Telle fut la vie d'un prince qui alla mourir dans une île déserte, où il manquait de tout, où il fut obligé de se servir lui-même. Mohammed ne laissa pas même de quoi se faire ensevelir. Après sa mort, on fut obligé de l'envelopper dans une chemise, la seule qu'il eût alors. Voilà où une ambition démesurée conduisit le sultan du Kharizme. Son fils, Djelal-Eddin, lui succéda pour éprouver de plus grands malheurs que ceux qui étaient arrivés à son père, et pour être le dernier souverain de sa famille. Il se retira vers Ghazna, poursuivi par les Mogols qu'il battit deux fois. Mais la défection d'un émir affaiblit beaucoup ses forces. Gengis-Khan l'atteignit sur l'Indus, et une bataille s'engagea. Gengis-Khan avait ordonné qu'on prît le sultan vivant. On combattit de part et d'autre avec le plus grand acharnement. Le fils de Djelal-Eddin, qui n'était âgé que de sept à huit ans, tomba entre les mains des Mogols, et Gengis-Khan le fit massacrer en sa présence. Il ne restait plus au sultan d'autre parti à prendre que de périr les armes à la main, ou de se jeter dans l'Indus. Repoussé jusque sur le rivage, il aperçut sa mère, sa femme, et les autres femmes de son sérail qui le priaient, au nom de Dieu, de les tuer ou de les soustraire à la captivité : il les embrassa toutes les larmes aux yeux, et les fit jeter dans le fleuve. Accablé de douleur, il dit adieu à tous ses amis, ôta sa cuirasse, remonta à cheval, et se précipita avec intrépidité dans l'Indus. Quatre mille de ses soldats l'y suivirent. Du milieu même du fleuve il lançait encore des flèches contre les Mogols. Gengis-Khan et les siens restèrent étonnés sur le rivage. Ce prince ne put s'empêcher de dire, en se tournant vers ses enfants : « Djelal-Eddin est un digne fils de Mohammed ; puisqu'il échappe à ce danger, il a dû s'être trouvé à bien d'autres. »

Quelques Mogols voulurent le poursuivre dans l'eau, mais Gengis-Khan les en empêcha. Il ordonna qu'on rassemblât le reste de la famille du sultan, fit tuer tous les mâles, et réserva les femmes et les filles. Il s'occupa ensuite du soin de faire retirer du fleuve tous les trésors que Djalal-Eddin y avait fait jeter. Pendant ce temps là le sultan s'efforçait de gagner l'autre rive de l'Indus. Les Kharizmiens qu'il put réunir envahirent successivement, sous sa conduite, le nord de la Perse, la Géorgie, l'Arménie, la Mésopotamie, et partout ils se firent remarquer par leur intrépidité. Mais Djelal-Eddin, après avoir résisté à tous les efforts des innombrables armées des Mogols, fit preuve de peu de courage contre les sultans d'Egypte et d'Iconium, et contre les petits souverains de la Syrie. Il se livra même à des actes insensés et se rendit odieux à ses amis, qui l'abandonnèrent. Pressé de nouveau par les Mogols, il se trouva dans la nécessité d'implorer le secours du calife de Bagdad et des sultans d'Egypte et d'Iconium, qu'il avait combattus. Il leur disait que les Tartares, dont on connaissait la férocité, s'avançaient avec une puissante armée; que, si on ne lui venait pas en aide, il serait accablé, et qu'alors les princes dont il réclamait l'appui auraient eux-mêmes à combattre ces ennemis formidables, et qu'ils succomberaient à leur tour. On ne l'écouta pas, et on eut lieu de s'en repentir. Djelal-Eddin se sauva dans les montagnes du Diarbékir habitées par les Curdes, qui font le métier de voleurs. Reconnu par l'un d'eux, il fut tué d'un coup de lance, en 1230. Tel fut la fin de ce sultan qui prenait le titre de *roi du monde*, et qui avait fait graver sur son sceau : *la victoire vient de Dieu seul*. On lui attribue la réforme du calendrier arabe et persan.

Après la mort de Djelal-Eddin, qui fut le dernier souverain de sa famille, la Syrie fut inondée des armées kharizmiennes, et eut beaucoup à en souffrir. La division existait alors entre Malek-Saleh, sultan d'Egypte, et Saleh-Ismaël, prince de Damas. Ce dernier attira dans son parti les Francs, et leur remit Jérusalem, Tibériade et Ascalon. Alors le sultan d'Egypte, résolu de faire la guerre au prince de Damas et aux Francs, réunit ses troupes aux bandes kharizmiennes, qui se précipitèrent contre les chrétiens. Matthieu Pâris cite, sous la date de 1243, deux lettres, l'une de l'empereur Frédéric II, et l'autre du grand maître des Hospitaliers, où il est rendu compte de cette invasion des Kharizmiens. Ces barbares avaient fondu sur le royaume de Jérusalem. Pour éviter la mort, les fidèles de la cité sainte avaient fui vers Jaffa; mais les perfides Kharizmiens, maîtres de Jérusalem, ayant arboré, sur les remparts, l'étendard du Christ, les chrétiens, trompés par ce signe, étaient revenus en foule, et tous avaient été égorgés. Cette invasion est aussi décrite dans une lettre adressée par les évêques et les barons de la terre sainte aux évêques de France et d'Angleterre. Cette lettre, conservée également par Matthieu Pâris, s'exprime ainsi : « Le royaume de Jérusalem, tourmenté pendant longtemps par les Sarrasins, ses voisins, respirait enfin dans ces dernières années. Mais les péchés du peuple chrétien ont attiré de loin une nation inconnue et un glaive vengeur : la rage des Tartares a rempli tout l'Orient de terreur et de calamités. Poursuivant indistinctement les incrédules et les fidèles, ils ont chassé jusqu'aux extrémités de ses frontières un peuple qui est venu attaquer le peuple chrétien : car, après avoir détruit toute la Perse, ils ont fait la guerre à des hommes plus méchants qu'eux ; ils ont poursuivi les Kharizmiens, les plus cruels des hommes, et les ont expulsés de leur pays, comme des dragons qu'on fait sortir de leurs cavernes. Ce peuple incrédule, n'ayant plus de demeure, et ne pouvant, à cause de sa malice, en obtenir une dans les Etats sarrasins, n'a trouvé que le soudan du Caire, persécuteur de la foi du Christ, qui lui ait offert la terre de promission, que le Très-Haut avait donnée à ceux qui croient en lui. Les Kharizmiens, soutenus par ce soudan, sont venus dans l'héritage du Seigneur avec leurs femmes et leurs enfants, et plusieurs milliers de cavaliers armés. Leur arrivée a été si subite, que nos voisins ni nous n'avons pu la prévenir. Ils sont entrés inopinément dans le royaume de Jérusalem par les plaines de Tibériade. »

Les Kharizmiens passèrent ensuite du service du sultan d'Egypte à celui du prince de Damas. Vaincus enfin dans une bataille qui se donna en Syrie, en 1247, au milieu de cet affreux désordre, les Kharizmiens furent ou exterminés sur le champ de leur défaite, ou assommés dans leur fuite par les habitants des campagnes. Les débris de ces hordes barbares allèrent se fondre dans les armées tartares qui désolaient alors l'Asie, et il ne fut plus question de ce peuple féroce.

L

LANCE (Sainte). Lorsque l'armée de la première croisade était assiégée dans Antioche, en 1098, par Kerboga, et livrée aux horreurs de la famine, un prêtre provençal, du diocèse de Marseille, nommé Pierre Barthélemy, se présenta devant le conseil des chefs et parla en ces termes : « Une nuit, tandis que les croisés assiégeaient Antioche, l'apôtre saint André m'apparut et me dit : Bon homme, écoute et comprends-moi. Je lui répondis : Qui êtes-vous? Tu vois devant toi, poursuivit-il, l'apôtre saint André. Le saint ajouta : Mon fils, quand la ville sera prise, tu iras sur-le-champ à l'église de Saint-Pierre, et, dans l'endroit que je te montrerai, tu trouveras la lance avec laquelle on perça le flanc du Sauveur. Voilà ce que m'a dit l'apôtre. Pour moi, je n'ai voulu parler à personne de ma vision, croyant que ce n'était qu'un vain songe; mais cette nuit même saint André m'est apparu de nouveau, en me disant : Viens, et je te montrerai le lieu où la lance est cachée, comme je te l'ai promis. Hâte-toi de la découvrir, car la victoire doit accompagner ceux qui la porteront. Il fut décidé qu'on se préparerait pendant trois jours, par le jeûne et la prière, à la précieuse découverte qu'annonçait Barthélemy. Raymond d'Agiles était un des douze commissaires qui furent chargés d'assister à la recherche de la lance, et on trouve dans son récit des détails intéressants. « On avait, dit-il, déjà fouillé tout le jour sans rien trouver, et le comte de Toulouse s'était retiré pour veiller à la garde d'un fort. La nuit approchait, et l'on travaillait encore, les portes closes. Pierre Barthélemy descendit, les pieds nus et en chemise, dans la fosse qu'on avait creusée; pendant ce temps-là, les assistants étaient en prière. Tout à coup le Seigneur, ajoute Raymond, touché de la piété de ses serviteurs, nous montra la lance, et moi qui écris ceci, aussitôt que le fer sacré sortit de la terre, je le baisai dévotement. » Raymond décrit ensuite la joie des pèlerins à la nouvelle de l'heureuse découverte, et nous apprend que le respectable évêque du Puy, qui évidemment croyait à l'authenticité de la lance, la fit porter au milieu de ceux qui combattaient sous sa bannière, dans la bataille que l'enthousiasme qui éclata parmi les croisés permit de livrer aux Musulmans, malgré l'infériorité des forces chrétiennes. Le fer mystérieux protégea contre la mort les soldats d'Adhémar. « J'ai vu ce que je raconte, dit le chroniqueur, et c'était moi qui portais la lance du Seigneur : *Vidi ego quæ loquor, et Domini eam lanceam ibi ferebam.* » Raymond ajoute : « Ce qu'il y a de plus admirable, c'est que l'aide du Seigneur se faisait sentir même dans nos chevaux : *Operabatur Dominus tam in viris quam in equis.* Car quel est le chrétien à qui son cheval ait manqué, si ce n'est après le combat, quoique pendant sept jours il ne se fût nourri que d'écorces et de feuilles d'arbres ? Ces chevaux affamés, qui naguère, en sortant du camp, avaient à peine effleuré le pâturage, atteignaient, dans les champs du combat, les coursiers rapides des Sarrasins. »

Foucher de Chartres ne croyait pas à l'authenticité de la sainte lance, et il prétend que l'évêque du Puy n'y avait pas foi. Mais Guibert fait observer que la maligne assertion du chapelain de Baudouin ne peut pas prévaloir contre les declarations de tant d'hommes sages qui étaient présents. Robert, comte de Flandre, écrivit à la comtesse, sa femme, nous apprennent les *Annales de Flandre* de Meyer, pour lui recommander de construire un monastère en l'honneur de saint André, parce que ce saint avait fait connaître l'endroit où était cachée la lance du Sauveur. Il est aussi parlé de la découverte de la sainte lance dans une lettre écrite par Anselme de Ribemont, qui périt au siége d'Archas, à Manassé, archevêque de Reims Cette lettre se trouve dans le *Spicilége* de d'Achery, et le noble croisé s'y exprime en ces termes : « Pendant que nous étions dans un état si malheureux, Dieu tendit une main secourable à ses serviteurs, et leur fit connaître, dans sa miséricorde, la lance qui avait percé le flanc du Sauveur. Ce fer était caché sous le pavé de l'église de Saint-Pierre; sa dimension comprenait la hauteur de deux hommes. Lorsque nous eûmes trouvé cette perle précieuse, *ista pretiosa margarita*, nos cœurs se rouvrirent à l'espérance. » La foi des pèlerins à l'authenticité de la sainte lance, et l'effet que cette découverte produisit sur l'armée, sont attestés dans un document plus important : une lettre écrite, par les principaux chefs de la croisade, au pape Urbain II, s'exprime ainsi : « Pressés par la faim et par toutes sortes de misères, plusieurs d'entre nous tuèrent leurs chevaux et leurs ânes, qu'ils menaient avec eux, et les mangèrent. Mais à la fin la miséricorde de Dieu vint à notre secours; l'apôtre André révéla à un serviteur de Dieu le lieu où etait la lance avec laquelle Longin perça le flanc du Sauveur. Nous trouvâmes cette sainte lance dans l'église de l'apôtre Pierre. Cette découverte et plusieurs autres divines révélations nous rendirent la force et le courage, tellement que ceux qui étaient pleins de désespoir et d'effroi devinrent pleins d'ardeur et d'audace, et s'exhortèrent les uns les autres au combat. Après avoir été assiégés pendant trois semaines et quatre jours, le jour de la fête de saint Pierre et de saint Paul, nous étant confessés de tous nos péchés, nous sortîmes de la ville en ordre de bataille. Nous étions en si petit nombre, en comparaison de l'armée des Sarrasins, que ceux-ci purent croire que nous cherchions à prendre la fuite, au lieu de les provoquer au combat. »

On voit que les croisés passèrent subitement du plus profond découragement à une confiance dans la protection de Dieu, qui leur fit remporter, sur l'armée innombrable de Kerboga, une victoire qu'on ne sait comment nommer, si on ne l'appelle pas miraculeuse. Le succès de cette journée, où, au prix de quatre mille morts, les pèlerins jonchèrent le champ de bataille, disent les chroniqueurs, de cent mille infidèles, parut si étonnant aux Musulmans qui défendaient encore la citadelle d'Antioche, que leur commandant, et trois cents d'entre eux, embrassèrent la foi chrétienne, et proclamèrent que le Dieu de l'Evangile était le vrai Dieu.

Albert d'Aix rapporte qu'une dispute s'éleva ensuite, pendant le siége d'Archas, sur la question de savoir si la lance, qui avait rendu les chrétiens victorieux à Antioche, était bien celle qui avait percé le sein de Notre-Seigneur. Son authenticité fut surtout niée par Arnoul de Rohes, chapelain du duc de Normandie, dont les mœurs, au rapport de Guillaume de Tyr, n'étaient point celles d'un ecclésiastique. Le camp des croisés se partagea alors en deux partis. Le chapelain du duc de Normandie entraîna dans le sien ceux du nord de la France, et le prêtre de Marseille, soutenu par le comte de Toulouse, eut ceux du Midi pour champions de sa véracité.

« Pierre Barthélemy, dit Raymond d'Agiles, voyant que plusieurs ne voulaient pas le croire, fut transporté de colère, et dit en homme simple et qui avait bien connu la vérité : Je veux et je supplie que l'on fasse un très-grand feu, et je le traverserai avec la lance : si elle est véritablement la lance du Seigneur, je passerai sain et sauf; sinon, je serai brûlé, car je vois que l'on ne croit ni aux miracles ni aux témoins. Ce discours nous parut raisonnable ; et après avoir prescrit un jeûne à Barthélemy, nous dîmes qu'on allumerait le feu le jour où Notre-Seigneur, couvert de plaies, fut étendu sur la croix pour notre salut : la Pâque était le surlendemain. Au jour fixé, le bûcher fut préparé après midi; les princes et le peuple se rassemblèrent au nombre de quarante mille. Les prêtres s'y rendirent pieds nus et revêtus de leurs habits sacerdotaux. On fit avec des branches sèches d'oliviers un bûcher qui avait quatorze pieds en longueur ; il y avait deux monceaux de bois, entre lesquels on avait laissé un vide d'un pied de largeur environ, et chacun des deux monceaux de bois avait quatre pieds de hauteur. Quand le bois commença à s'enflammer, je prononçai, moi Raymond, ces paroles devant le peuple assemblé : Si le Dieu tout-puissant a parlé à cet homme face à face, et si saint André lui a montré la lance du Seigneur tandis que ce pèlerin veillait, qu'il passe à travers ce feu, sans recevoir aucune atteinte, ou qu'il soit brûlé avec la lance qu'il portera dans ses mains. Et tous, fléchissant les genoux, répondirent : *Amen !* Alors Pierre Barthélemy, revêtu seulement d'une tunique, inclinant le genou devant un évêque, prit Dieu à témoin qu'il avait vu Jésus-Christ sur la croix face à face, et qu'il avait entendu, de la bouche du Sauveur et de celle des apôtres Pierre et André, les paroles rapportées aux princes ; il ajouta que rien de ce qu'il avait dit, au nom des saints et au nom du Seigneur, n'avait été imaginé par lui, déclarant que s'il se trouvait quelque mensonge dans son récit, il consentait à ne point traverser les flammes sain et sauf. Quant aux autres péchés qu'il avait commis contre Dieu et contre le prochain, il pria que Dieu les lui pardonnât, et que l'évêque, tous les autres prêtres et le peuple implorassent la miséricorde de Dieu pour lui. Après ce discours l'évêque lui remit la lance entre les mains; Barthélemy fléchit le genou, et faisant le signe de la croix, il s'approcha du bûcher avec la lance, et y entra sans paraître intimidé. Il resta un moment au milieu des flammes, et il en sortit par la grâce de Dieu. Il existe encore des gens qui furent témoins du prodige qui arriva alors. Avant que Barthélemy entrât dans le bûcher, un oiseau vola au-dessus de lui et se précipita dans les flammes. Voilà ce que virent un prêtre nommé Everard, qui resta dans la suite à Jérusalem pour le service de Dieu, et Guillaume, fils de Bon, brave chevalier, né à Arles. Un autre chevalier, nommé Guillaume d'Agen, avant que Pierre entrât dans les flammes, aperçut un homme portant un vêtement sacerdotal, et ayant une chasuble repliée sur la tête; puis ne le voyant plus ressortir, et croyant que c'était Pierre, il se mit à pleurer, pensant que celui-ci avait péri au milieu du feu. Il se trouvait en ce lieu une grande multitude de chrétiens, et tout le monde ne pouvait pas tout voir. Aussi on nous a fait beaucoup d'autres récits ; mais nous ne les rapporterons point, de crainte d'ennuyer nos lecteurs ; et attendu d'ailleurs que trois témoins irréprochables suffisent dans toute affaire. Mais il est un fait que nous ne pouvons laisser passer sous silence. Après que Pierre eut traversé le feu, et quoique l'incendie fût encore très-actif, le peuple ramassa les tisons, les charbons et la cendre, avec un tel empressement, qu'en peu de temps il n'en resta plus rien. Le Seigneur dans la suite opéra de grands prodiges par le moyen de ces saintes reliques. Barthélemy sortit du bûcher sans que sa tunique fût brûlée, et même sans que le voile très-léger, qui couvrait la lance du Seigneur, eût reçu aucune atteinte du feu ; il fit immédiatement, sur la foule empressée à le recevoir, le signe de la croix avec la lance, et s'écria à haute voix : Dieu ! aidez-moi. La multitude le renversa par terre et le foula aux pieds, parce que chacun voulait le toucher, et prendre quelque chose de son vêtement, pour s'assurer si c'était bien lui. On lui fit plusieurs blessures aux jambes, on lui coupa des morceaux de chair, on lui brisa l'épine du dos, on lui enfonça les côtes ; il aurait expiré, à ce que nous croyons, si Raymond Pelet, illustre chevalier, réunissant une troupe de soldats, ne se fût précipité au milieu de la foule en désordre, et ne l'eût sauvé au péril de sa vie. Pour nous, plongé dans l'inquiétude et les angoisses, nous n'osons continuer. Lorsque Raymond Pelet eut fait transporter Barthélemy dans notre tente (la tente du comte de Toulouse dont Raymond d'Agiles était chapelain), nous pansâmes ses blessures, et nous nous mîmes à lui demander pourquoi il était resté si longtemps dans le feu. A quoi il répondit : Le Seigneur m'est apparu au milieu des flammes, et, me prenant par la main, m'a dit : Puisque tu doutas de la sainte lance, après que le bienheureux André te l'eut enseignée, tu ne sortiras pas d'ici sain et sauf; mais néanmoins tu ne verras pas l'enfer. Après ces paroles, il m'a renvoyé, en ajoutant : Voyez maintenant sur mon corps les traces du feu. En effet, il avait quelques brûlures aux jambes, à la vérité en petit nombre, mais les plaies étaient grandes. Nous convoquâmes aussitôt tous ceux qui avaient refusé de croire à la sainte lance, afin qu'ils vissent la figure de Pierre, sa tête, tous ses membres, et pussent se convaincre de la vérité de ce qu'il avait dit. Plusieurs vinrent et glorifièrent Dieu, en disant : Dieu peut bien nous sauver du glaive des ennemis, puisqu'il a délivré cet homme de ce torrent de flammes. Certes, nous n'aurions pas cru qu'une flèche pût passer à travers ce feu, comme cet homme y a passé. »

Il résulte de ce récit que Barthélemy avait traversé le feu sans en recevoir aucune atteinte qui pût compromettre sa vie, et qu'il a été écrasé par la foule, lorsqu'elle s'est précipitée pour le voir, avec une curiosité désordonnée, et Raymond d'Agiles ne détruit pas ce double fait, en ajoutant que Barthélemy, sur son lit de mort, lui fit des reproches de l'avoir mis dans la nécessité de prouver la vérité de la découverte au péril de sa vie. Le ton de conviction qui règne dans le récit de Raymond ne permet pas de douter de sa véracité, et si les prodiges qu'il rapporte, en homme prêt à se lancer aussi à travers un bûcher pour attester ses paroles, n'ont réellement pas eu lieu, le narrateur a été trompé par les apparences; mais il n'a certainement pas cherché à tromper ses lecteurs. Ce n'est que dans les siècles qui s'appellent philosophiques qu'on écrit l'histoire avec l'intention d'altérer la vérité. Guibert dit qu'après la mort de Barthélemy l'incertitude resta dans les esprits.

LÉOPOLD, DUC D'AUTRICHE. Ce prince était doué d'une grande bravoure. En 1190, ce fut lui qui, au siége de Saint-Jean-d'Acre, commanda l'attaque dirigée par les croisés contre la tour des Mouches. Cette tour dominait le port. Léopold y pénétra, suivi des plus intrépides de ses compagnons; mais les Musulmans mirent le feu au vaisseau dont il s'était servi pour s'approcher de la muraille. Il avait immolé plusieurs infidèles et avait été blessé, lorsque, s'étant aperçu de l'incendie, il se jeta à la mer pour échapper à la mort ou à la captivité. Il atteignit presque seul le rivage. L'année suivante, l'arrivée des rois de France et d'Angleterre ayant donné une nouvelle et décisive impulsion aux opérations du siége, les croisés livrèrent à la place l'assaut auquel elle succomba; le duc d'Autriche s'y distingua par des actions d'éclat qui lui valurent l'admiration de toute l'armée. Mais ses exploits tournèrent doublement à sa honte; d'abord par la violence de Richard Cœur-de-Lion, qui fit arracher et jeter dans les fossés de la place la bannière d'Autriche, arborée sur l'une des tours conquises, et plus tard par l'odieuse incarcération que Léopold fit subir à son ennemi, quand, en 1192, celui-ci, revenant de la terre sainte, eut commis l'inconcevable imprudence de passer par les Etats du prince qu'il avait si cruellement offensé. On sait qu'à cette détestable violation du droit des gens et de celui de l'Eglise, Léopold ajouta une bassesse, en tirant de son prisonnier une énorme somme d'argent.

La chronique allemande d'Ansbert, qui a été imprimée pour la première fois, en 1827, rapporte le texte de la convention qui fut conclue, concernant Richard Cœur-de-Lion, entre le duc Léopold et l'empereur d'Allemagne Henri VI. Voici cet acte curieux, qui est daté de Wurtzbourg, l'an du Seigneur 1193, le 16 des calendes de mars : « Moi, Léopold, duc d'Autriche, je donnerai et présenterai à monseigneur Henri, empereur des Romains, le roi d'Anglelerre, à condition que ledit roi, comme il a été convenu, donnera au seigneur empereur cent mille marcs d'argent; je recevrai la moitié de cette somme pour doter la fille du frère de Richard, qu'un de mes fils épousera. Cette fille du frère du roi d'Angleterre sera présentée, à la fête de Saint-Michel, à celui de mes fils que j'aurai choisi pour son époux; la moitié des cent mille marcs d'argent, c'est-à-dire cinquante mille marcs, seront payés à la même époque : le seigneur empereur en recevra une moitié et moi l'autre moitié. Les autres cinquante mille marcs seront acquittés au commencement du carême prochain : le seigneur empereur en aura une moitié et moi l'autre moitié; toutes les parties de cette somme qui seront comptées dans cet intervalle, seront partagées de la même manière, sans fraude, jusqu'au parfait payement du total. Le seigneur empereur me donnera deux cents otages, afin que si, après que je lui aurai présenté le roi d'Angleterre, ledit seigneur empereur venait à mourir, ce qu'à Dieu ne plaise, ledit roi d'Angleterre étant encore en son pouvoir, ce même roi me soit remis sans fraude. Si, au contraire, je viens à mourir, la même convention subsistera en faveur d'un de mes fils que j'aurai choisi, c'est-à-dire de celui qui doit épouser la fille du frère de Richard, et, à défaut de celui-ci, en faveur de mon autre fils. Le roi d'Angleterre donnera au seigneur empereur cinquante galères montées et équipées; il placera sur ces galères cent chevaliers et cinquante balistaires; outre cela, il ira en personne, avec cent autres chevaliers et cinquante balistaires, dans le royaume de Sicile, avec le seigneur empereur; il le servira de bonne foi jusqu'à ce que ledit seigneur empereur soit maître du royaume, à moins qu'il n'obtienne de sa bonne volonté la permission de se retirer. Afin que ledit roi exécute et accomplisse toutes ces conditions, il donnera au seigneur empereur deux cents otages, les plus distingués de son pays, que ledit seigneur empereur désignera... Si le roi d'Angleterre exécute tout ce qu'il a promis au seigneur empereur, ledit empereur n'en retiendra pas moins les otages, jusqu'à ce que le roi d'Angleterre ait obtenu du pape l'absolution pour moi, duc d'Autriche. Mais si le roi n'exécute pas ce qu'il a promis au seigneur empereur, le seigneur empereur se conduira envers les otages du roi comme bon lui semblera, de manière que moi, duc d'Autriche, je n'aie rien à disposer à cet égard... Si le roi d'Angleterre exécute ce qu'il a promis, ses otages seront renvoyés libres..... Si toutes les conditions qui viennent d'être stipulées sont exécutées de bonne foi et sans fraude, le seigneur empereur s'engage à observer une paix solide et un bon accord avec le roi d'Angleterre. »

Richard, rendu à la liberté, demanda justice au pape de la conduite du duc d'Autriche envers lui. Le pape, après avoir trois fois sommé Léopold de restituer au roi d'Angleterre les sommes qu'il en avait indûment perçues, pour la rançon qu'il lui avait imposée, et de rendre les otages qu'il s'était fait donner, excommunia le duc

« L'excommunication, dit Matthieu Pâris, qu'on ne peut pas accuser d'exagération de respect pour l'autorité du saint-siége, ayant été dénoncée à ce prince, suivant l'usage, par l'évêque de Vérone, le duc méprisa les ordres apostoliques : alors ses provinces furent frappées de stérilité; son peuple souffrit la famine et la peste; le Danube sortit de ses limites, et dix mille personnes furent submergées. Comme la fureur aveuglait le duc, le jugement de Dieu le frappa. » Le chroniqueur anglais Guillaume de Neubridge rapporte avec détails la mort de Léopold. « Dans l'année 1195, la faveur divine, dit-il, commença à sourire au roi d'Angleterre. Lorsqu'il se proposait d'envoyer plus de vingt mille marcs au duc d'Autriche, les otages qu'il avait donnés à ce prince arrivèrent tout à coup; ils apportaient des paroles aussi douces que le miel et le lait. Ils annoncèrent à Richard que son plus cruel ennemi venait de succomber sous le poids du jugement de Dieu; pour preuve de cette nouvelle, ils se livrèrent aux transports de la joie. Les otages rapportèrent que les terres du duc d'Autriche avaient été frappées de plusieurs fléaux ... Mais ces calamités, loin de toucher le cœur avare et méchant du duc d'Autriche, ne l'empêchaient pas de convoiter les richesses des Anglais, quoiqu'il eût déjà arraché au roi captif plusieurs milliers de marcs d'argent. Jeté dans les liens de l'anathème par le souverain pontife, à cause de sa conduite envers Richard, il méprisa la sentence de Rome. Déjà la cognée de la colère divine était placée à la racine de l'arbre; mais comme il est écrit : l'*orgueil précède la contrition, et l'esprit s'enfle avant la ruine*, le duc, fier des dépouilles d'un illustre prisonnier, ayant convoqué les nobles du pays, voulut célébrer avec pompe la solennité de la naissance du Seigneur. Le premier jour, il parut en effet comme un prince glorieux, mais le lendemain la vraie gloire revint à Dieu. Le jour de la fête de saint Etienne, le duc, après un festin somptueux, sortit avec les chevaliers pour se livrer aux plaisirs de la campagne. Le cheval sur lequel il était monté renversa le prince, qui eut le pied tellement fracassé, que les os disloqués et rompus s'échappaient de la chair. Les médecins appliquèrent les remèdes convenables; le lendemain, cependant, le pied était si noir, qu'ils jugèrent l'amputation nécessaire; mais il ne se trouva ni médecin, ni familier, ni fils qui voulut lui faire l'amputation. Enfin le chambellan du prince ayant été appelé et forcé de faire l'opération, coupa le pied à son maître; les médecins posèrent ensuite les appareils; le lendemain ils reconnurent, à des signes non équivoques, que la mort était prochaine; ils déclarèrent au duc, de la voix et du geste, qu'il devait mettre ordre à ses affaires. Le prince, désespéré, fit venir les évêques qu'il avait invités à la solennité, et en présence des grands de la cour, il leur demanda la levée de l'anathème lancé sur lui. Tout le clergé lui répondit qu'il ne pouvait être absous, s'il ne jurait de se soumettre au jugement de l'Église, pour les torts qu'il avait eus envers le roi d'Angleterre. Les grands jurèrent aussi que, si par hasard le duc ne pouvait satisfaire entièrement au jugement ecclésiastique, ils emploieraient tous les moyens propres à en assurer l'exécution complète. Après la prestation solennelle de tous ces serments, le duc reçut l'absolution, et ordonna aussitôt qu'on remît en liberté les otages du roi d'Angleterre; peu de temps après, le duc d'Autriche mourut. »

LOUIS VII, dit le *Jeune*, roi de France, fut sacré à Reims le 25 octobre 1131, par le pape Innocent II, et succéda à son père Louis le *Gros*, le 1er août 1137, à l'âge d'environ dix-huit ans. Il venait d'épouser Éléonore, fille et héritière de Guillaume X, duc d'Aquitaine, et ce mariage avait doublé l'étendue de ses domaines. Le sage et habile Suger, à qui étaient dues les améliorations opérées dans l'état social de la France sous le règne de Louis le *Gros*, inaugura celui du fils de ce roi sous les plus heureux auspices. Mais en 1141 Louis VII refusa de reconnaître la nomination de Pierre de la Châtre à l'archevêché de Bourges, faite par le pape Innocent II sans sa participation. Le souverain pontife fut forcé de mettre le royaume en interdit pour obliger le roi à admettre cette nomination. Thibaut, comte de Champagne, ayant donné asile à Pierre de la Châtre dans ses Etats, le roi y entra à main armée. Il s'empara de Vitry et livra cette ville aux flammes. Au milieu de cet incendie, treize cents habitants de tout âge et de tout sexe furent brûlés dans une église. Mais le roi ne tarda pas à se repentir de cette action, et il songea aussitôt à rentrer en grâce auprès du pape : il fit demander, en 1143, à Célestin II, successeur d'Innocent, la levée de l'interdit, et l'obtint à la condition de ne plus inquiéter l'archevêque de Bourges dans la possession de sa dignité. Il fit la paix avec le comte de Champagne, et, pour expier le malheur dont il avait été l'auteur à Vitry, il prit la résolution de faire le pèlerinage de la terre sainte. La nouvelle de la prise d'Edesse par Zenghi venait alors d'arriver en Occident. Louis annonça son projet aux prélats et aux barons de son royaume, dans une assemblée qu'il tint à Bourges aux fêtes de Noël de l'année 1145. Saint Bernard obtint l'approbation générale en conseillant au roi de ne rien entreprendre avant d'avoir consulté le souverain pontife. C'était Eugène III; il approuva la résolution du roi, et chargea saint Bernard de prêcher la croisade. Suger, qui désapprouvait le projet de Louis, écrivit au pape pour le prier de reculer au moins l'époque où il devait être mis à exécution. Mais Eugène chercha, dans sa réponse, à calmer les inquiétudes du grand ministre sur la sécurité du royaume, en l'absence du roi. Dans une assemblée qui fut tenue à Vezelay, aux fêtes de Pâques de l'année 1146, l'éloquence de saint Bernard réveilla l'enthousiasme pour le guerre sainte qui avait éclaté au concile de Clermont, et le cri *Dieu le veut* partit encore une fois de la France; le roi parla après saint Bernard: « Quelle honte rejaillirait sur nous, aurait-il dit, suivant la Chronique de Morigni, si le Philistin allait vaincre la famille de David; si la nation des démons s'emparait de l'héritage que posséda longtemps le peuple voué au culte divin; si des chiens morts se jouaient du courage vivant, et surtout du courage des Français, dont la vertu reste libre, même dans les fers; cette vertu ne sut jamais supporter les outrages; elle est accoutumée à secourir les amis de la France, à poursuivre ses ennemis jusqu'au delà du tombeau. Que la vertu française soit toujours forte et puissante; qu'elle aille relever les amis de Dieu, qui sont aussi nos amis, qu'elle aille épouvanter nos vils ennemis, indignes du nom d'hommes. Marchons, guerriers courageux, marchons contre les adorateurs des idoles. Partons pour cette terre que foulèrent jadis les pieds de l'Homme-Dieu, pour cette terre consacrée par la présence corporelle du Sauveur. Dieu se lèvera avec nous; ses ennemis seront dissipés, et ceux qui le haïssent fuiront devant notre face. Ils seront confondus, dis-je, ils seront mis en fuite ceux pour qui Sion est un objet de haine, si notre courage est inébranlable ainsi que notre confiance en Dieu. Sachez que je suis déjà tout dévoué à cette guerre. C'est pourquoi je vous prie et je vous conjure de fortifier ma volonté par votre association et par votre secours. »

Le roi et la reine, Éléonore de Guyenne, reçurent la croix des mains de l'abbé de Clairvaux, et partirent ensemble pour la terre sainte le 14 juin 1147. Un chroniqueur raconte que le roi, avant de se mettre en chemin, alla à Saint Denis prendre l'étendard de l'abbaye, qui était l'oriflamme, recevoir le bourdon de pèlerin, et selon l'usage, la permission de partir pour la terre sainte. Cet usage venait vraisemblablement de ce que chaque pèlerin était tenu de se munir d'une sorte de passe-port qui le recommandait à la charité des fidèles. Louis visita les hôpitaux et les léproseries, et retourna à Saint-Denis recevoir la bénédiction du pape, qui était alors refugié en France. Le roi traversa la Hongrie à la tête de son armée.

Thurocz rapporte, dans sa *Chronique de Hongrie*, que le roi de Hongrie, Geysa, qui avait bien accueilli Louis VII, ayant appris que Borich, fils naturel de Coloman, qui était animé de mauvaises intentions à son égard, accompagnait le roi de France, envoya dire à ce prince qu'il n'était pas juste de rendre le mal pour le bien et de protéger celui qui en voulait à sa vie. Lorsque Borich eut connaissance du message que Geysa avait adressé à Louis VII; il vint se jeter aux pieds de ce monarque, et le pria de lui permettre de sortir avec lui du royaume. D'un autre côté, Geysa demanda au roi de France de lui envoyer Borich enchaîné. Mais Louis répondit au roi de Hongrie: *Comment pourrais-je donner des fers à celui qui est venu se prosterner dans la maison du roi comme dans une église, et aux pieds du roi comme devant un autel ?* Si Louis, dans la conduite de son armée à travers l'Asie Mineure, ne montra pas les talents d'un grand général, il donna des gages d'un courage à toute épreuve. Au récit des périls et des peines à travers lesquels le roi arriva à Antioche, Odon de Deuil, son historien, ajoute: « Il ne sera pas inutile au prince d'avoir éprouvé tant de fatigues; on sait maintenant qu'il peut supporter les revers avec courage et avec fermeté. Il ne s'inquiétait que des malheurs des siens, et ces malheurs, il les a adoucis autant qu'il a pu, pensant qu'un roi n'est pas né pour lui seul, mais pour l'utilité commune... Au milieu de tant de dangers et de misères, il s'est conservé sain et sauf, sans avoir recours à aucun remède, et a pu continuer ses pratiques de religion; car il ne lui est jamais arrivé de marcher contre l'ennemi, sans avoir reçu les saints sacrements, et à son retour il récitait toujours vêpres et complies. Dieu était l'*Alpha* et l'*Oméga* de ses œuvres. » Le séjour de Louis à Antioche fut abreuvé d'amertume. Raymond, qui régnait alors sur la principauté fondée par Bohémond, ne pouvant déterminer le roi à s'arrêter dans sa marche vers Jérusalem, pour l'aider à étendre les frontières de sa principauté, abusa du penchant de la reine, quoiqu'elle fût sa nièce, pour les plaisirs et pour la galanterie. En la retenant auprès de lui, il espérait retenir le roi son époux. Guillaume de Tyr rapporte qu'Éléonore, pendant son séjour à Antioche, déshonorait par sa conduite la dignité royale, et qu'elle était trop libérale de ce qu'elle aurait dû le plus précieusement garder. Odon de Deuil se tait sur les torts que l'archevêque de Tyr reproche à la reine, mais les Annales du monastère de Péterhausen disent qu'Éléonore *ayant été déshonorée par le prince d'Antioche*, le roi se hâta de l'emmener et de partir pour Jérusalem. L'armée des croisés échoua dans l'entreprise du siége de Damas en 1148; mais la piété de Louis le retint ensuite à Jérusalem jusqu'au printemps de l'année suivante. On trouve dans une chronique manuscrite en vieux français, qui existe à la Bibliothéque nationale de Paris, des détails sur les prétendues amours d'Éléonore et de Saladin. La reine, ayant entendu parler du sultan, rapporte cette chronique *li manda salut*, lui disant que, *s'il l'en peust mener, elle le prendroit à Signor, et relanqueroit sa loi.* Il suffit, pour détruire cette fable, de rappeler que Saladin, mort en 1193, à l'âge de cinquante-sept ans, n'avait que douze ans lorsque Eléonore vint en Syrie.

Louis, à son retour en Europe, fut pris sur mer par une flotte grecque, et délivré par un amiral du roi de Sicile. Le récit de la captivité momentanée de Louis, à son retour dans ses Etats, diffère dans le chroniqueur allemand Mutius de celui des autres relations. Selon cet historien, c'est au milieu d'une flotte musulmane, et non d'une flotte grecque, que tomba le roi de France. A son passage à Rome, Louis promit au souverain pontife d'entreprendre une nouvelle croisade. Le scandale donné par la reine en Syrie l'obligea à la répudier; la parenté servit de prétexte pour obtenir que le mariage fut cassé par l'Église. L'Angleterre recueillit les fruits de ce divorce. Le fils de Geoffroy Plantagenet, comte d'Anjou, s'empressa d'épouser Éléonore, qui lui apporta l'Aquitaine en dot, et, en montant sur le trône d'Angleterre sous le nom de Henri II, il devint un vassal du roi de France, aussi puissant dans le royaume que son suzerain. Une guerre, qui n'avait été interrompue que par quelques trêves très-courtes, existait depuis plusieurs années entre la France et l'Angleterre, lorsque la paix fut conclue par la médiation du légat du pape en 1176 ou 1177. Les *Actes de Rymer* et Roger de Hoveden rapportent, à la date de cette même année, une convention par laquelle Louis VII et Henri II, roi d'Angleterre, s'obligèrent à aller à la croisade. Les deux princes, obéissant à l'inspiration de Dieu, dit ce document, promettent d'aller au service du Christ, outre-mer, et d'exécuter en tout point la convention première qu'ils ont passée entre eux pour la croisade. En conséquence, ils font trêve à toutes leurs querelles, et renoncent à toutes leurs prétentions. Après avoir nommé des arbitres pour régler leurs différends, relatifs à quelques fiefs, Henri et Louis convienent que si l'un d'entre eux entreprend le saint pèlerinage avant l'autre, celui qui demeurera protégera et gardera le royaume du monarque absent comme le sien propre. Louis mourut trois ans après la conclusion de cette convention, en 1080, sans avoir eu l'occasion de la mettre à exécution. Il était âgé de soixante ans, et avait régné quarante-trois ans et deux mois moins quelques jours. C'était un intrépide chevalier, qui remplissait très-scrupuleusement tous les devoirs de la religion. Il observait trois carêmes par an, et s'abstenait de vin et de poisson tous les vendredis.

LOUIS VIII, surnommé *le Lion*, quarante-troisième roi de France, était fils de Philippe II, surnommé Auguste; et d'Isabelle de Hainaut. Ce prince naquit le 7 septembre 1187, succéda à son père le 14 juillet 1223, fut couronné le 6 ou le 8 août suivant, à Reims, avec la reine Blanche, sa femme. Du vivant de son père, il fut appelé au trône d'Angleterre, par les barons de ce pays, qui en avaient dépossédé Jean Sans-Terre. C'est pourquoi il passa le détroit à la tête d'une armée et se fit couronner à Londres. Mais Jean Sans-Terre s'était soumis à la suzeraineté du saint-siége, et Innocent III défendit son vassal en excommuniant le prince français. Sur ces entrefaites, Jean Sans-Terre mourut; son fils Henri III fut proclamé roi, et Louis renonça à ses prétentions sur le royaume d'Angleterre, en 1217. Aussitôt qu'il fut monté sur le trône de France, Henri III, se dispensant d'assister au sacre de son suzerain, comme il le devait, lui réclama la Normandie, dont Philippe-Auguste s'était emparé à bon droit. Louis répondit en faisant publier les actes juridiques qui légitimaient la réunion de cette province à la couronne, rassembla une armée à Tours, passa la Loire, se rendit maître de Niort, de Saint-Jean-d'Angely, de La Rochelle, du Limousin et du Périgord. Il s'apprêtait à conquérir l'Aquitaine, lorsqu'il se vit forcé de tourner ses armes contre les Albigeois, qui, protégés par Raymond, comte de Toulouse, faisaient de grands progrès, et exerçaient d'affreux ravages dans le midi de la France. Il conclut donc une trêve de trois ans avec les Anglais le 12 janvier 1225. Dans une assemblée tenue par le roi à Paris, le 28 janvier de l'année suivante, Gui et Amaury de Montfort renouvelèrent la cession qu'ils lui avaient faite, en 1224, de leurs droits sur les domaines du comte de Toulouse, et cette cession fut confirmée par le légat du pape, qui lança l'excommunication contre Raymond. Au mois de mai, Louis s'avança vers le Rhône avec une armée de 200,000 croisés, établit le 7 juin son camp devant Avignon qui lui refusa le passage, commença le siége de cette ville le 10, et s'en rendit maître le 12 septembre. De là il passa en Languedoc, s'empara de Carcassonne, de Béziers, de Pamiers, sans rencontrer nulle part aucune résistance capable de l'arrêter. Mais Raymond avait dévasté le pays. Une épidémie violente, produite par la disette et par les chaleurs se mit dans l'armée; le roi lui-même en fut atteint. Il remit le commandement des troupes à Imbert de Beaujeu, et vint mourir à Montpensier en Auvergne, le 8 novembre 1226, dans la trente-neuvième année de son âge. Il avait régné trois ans et quatre mois moins six jours. Les médecins lui ayant dit qu'il ne pourrait se guérir qu'en violant la chasteté conjugale, il aima mieux perdre la vie que d'offenser Dieu. Il avait épousé, le 23 mai 1200, Blanche, fille d'Alphonse IX, roi de Castille. Il laissa cinq fils: saint Louis, IXe du nom; Robert, comte d'Artois; Alphonse, comte de Poitou; Charles, comte d'Anjou; Jean qui ne lui survécut que peu de temps; et une fille, nommée Isabelle, que sa sainteté a rendue célèbre. Louis VIII avait très-certainement le désir d'entreprendre une croisade pour la délivrance de la terre sainte; mais celle qu'il dirigea contre les Albigeois, la nécessité de faire la guerre aux Anglais, et sa mort prématurée ne lui laissèrent pas le temps. C'est à cause de son grand courage qu'il fut surnommé *le Lion*.

LOUIS IX (Saint), quarante-quatrième roi de France. Ce prince était fils de Louis VIII, roi de France, et de Blanche, fille d'Alphonse IX, roi de Castille. Il naquit le jour de saint Marc 25 avril 1215, au château de Poissy, succéda à son père le 8 novembre 1226 et fut sacré à Reims le 29 novembre de la même année. Blanche de Castille réussit, malgré l'opposition des grands-vassaux de la couronne, à se saisir de la régence aussi bien que de la tutelle. Soutenus par Henri III, roi d'Angleterre, ces seigneurs ne cessèrent de lui susciter toutes sortes d'obstacles dans son gouvernement. Mais elle sut déjouer leurs machinations tantôt par l'emploi de ses armes, tantôt par l'habileté de sa politique. Elle contraignit Raymond VII, comte de Toulouse, à céder au roi, par traité en date du 12 avril 1229, la plus grande partie de ses Etats. Elle pourvut aussi au bien de l'Eglise en terminant la guerre des Albigeois. Comme tutrice, elle ne mérita pas moins d'éloges en donnant à son fils une admirable éducation, qui en fit le modèle des rois et des chrétiens : « Elle lui mit, dit Joinville, en sa compagnie les plus savants hommes qu'elle put trouver dans le royaume, et par espécial gens de religion... Et tant désiroit la bonne royne Blanche édifier le roy saint Loys à bien et justement vivre, qu'elle lui disoit souventes fois telles paroles : J'aimerois trop mieux, cher fils, vous voir mourir devant mes yeux, que vous voir commettre un seul péché mortel, dont Dieu est tant offensé. » Dès qu'il fut en état de porter les armes, Louis marcha en personne contre Thibaut VI, comte de Champagne, qui s'était insurgé de nouveau, et lui enleva Sancerre, Blois, Châteaudun et Chartres avec leurs dépendances. En mai 1234, il épousa à Sens, Marguerite fille de Raymond Bérenger, comte de Provence, et le 26 avril 1236 il fut déclaré majeur, à l'âge de 21 ans. Le comte de La Marche voulant échapper à la suzeraineté du roi, se ligua avec Henri III d'Angleterre, dont il avait épousé la mère. Louis marcha également contre eux, et les joignit le 20 juillet 1242, à Taillebourg où il leur fit essuyer une sanglante défaite. Quatre jours après, il les battit de nouveau près de Saintes, et les obligea ainsi, l'un à se soumettre, l'autre à demander la paix. Vers la même époque, le désaccord étant à son comble entre le saint-siége et Fréderic II, celui-ci fut excommunié, et le pape offrit à saint Louis la couronne impériale pour son frère Robert. Le roi n'accepta point, mais il tenta d'amener une réconciliation. Ce fut sans succès : le pape avait trop de griefs, contre un prince qui aimait mieux étendre sa puissance aux dépens de l'Eglise et des peuples chrétiens, que de réprimer les effrayants progrès des ennemis de l'Evangile. En effet, le fruit des croisades périssait en Palestine, et les Tartares Mongols pénétraient, en exerçant d'épouvantables ravages, jusqu'au centre de l'Europe, sans qu'on pût prévoir où ils s'arrêteraient.

En parlant de la couronne d'épines que saint Louis reçut de l'empereur Baudouin, Matthieu Pâris dit que le pieux roi la paya généreusement à l'empereur, dont les trésors étaient épuisés. Le chroniqueur félicite beaucoup la France d'une si précieuse acquisition. « Mais, ajoute-t-il, les joies humaines ne sont pas durables ; il vient toujours s'y mêler des sujets de pleurs. Dans ce même temps, la détestable nation des Tartares sortit de son pays entouré de montagnes, et, semblable à des démons échappés du Tartare, couvrit la surface de la terre comme des sauterelles, » A l'occasion des ravages que ces barbares exercèrent en Hongrie, Matthieu Pâris rapporte une conversation que la reine Blanche eut avec son fils. « *Où êtes-vous, mon fils ?* dit-elle. Le roi, s'approchant, répondit à la reine : *Que voulez-vous, ma mère ?* Blanche, poussant de profonds soupirs et fondant en larmes ne considéra pas cependant avec la faiblesse d'une femme les dangers qui menaçaient l'Europe ; elle dit : *Mon cher fils, que faut-il faire après le triste événement dont la terrible nouvelle est venue jusqu'à nous ? L'invasion des Tartares nous menace d'une ruine générale, nous et la sainte Eglise.* Le roi, d'une voix plantive, mais avec une inspiration divine, répliqua : *O ma mère, que la consolation céleste nous soutienne ; car, s'ils viennent jusqu'à nous, ou nous les repousserons dans le Tartare, d'où ils sont sortis, ou bien ils nous enverront au ciel.* Ces paroles remarquables et dignes d'éloge, ajoute l'historien, ranimèrent non-seulement la noblesse de France, mais encore les habitants des pays voisins. »

Fuyant elle-même devant les envahisseurs tartares, la nation des Kharizmiens se jeta sur la terre sainte, et s'empara de Jérusalem, où elle commit d'abominables profanations. A l'époque où la nouvelle en parvint en Europe, saint Louis tomba malade, et ce fut pendant cette maladie que le roi fit vœu d'aller en terre sainte. Voici comment ce vœu est raconté dans la vieille traduction des *Gestes de saint Louis* par Guillaume de Nangis : « Si comme ceste doulante nouvelle couroit par le pays, celui qui commande aux vents et à la mer et aux éléments, et les tourne quelle part qu'il veult, fut esmu de pitié, car il voulut que le roi fust gary de la maladie et lui revint l'esperit. Ceux qui estoient entour lui disoient que son esperit lui avoit été ravy ; quand il fut revenu et il peut parler, il requist tantost la croix pour aller outre-mer, et la prinst dévotement. Le roi commença à garir tant que Notre-Seigneur le mit en parfaite santé ; moult devint aumosnier après ceste maladie et religieux, et fut en grande dévotion de secourir la terre d'outre-mer. »

Ce fut, au témoignage de Joinville, l'évêque de Paris qui, mandé par le roi, lui apporta la croix. Mais cette résolution, qui devait réjouir le monde chrétien, rencontra néanmoins une vive opposition parmi les personnes qui entouraient le prince. Matthieu Pâris rend compte des efforts que firent les grands du royaume pour empêcher le départ de saint Louis. Il rapporte les discours que la reine Blanche et l'évêque de Paris lui tinrent à cette occasion, et la réponse que le roi leur fit.

« Si la royne Blanche, sa mère, dit Joinville, fut joyeuse quand elle ouyt que le roy avoit recouvré la parole, elle cheut en grand malaise ayant entendu qu'il estoit croisé. » Ce n'est point ici le lieu de rapporter les faits généraux de la première expédition de saint Louis en Orient; mais nous y placerons quelques détails particuliers.

Matthieu Pâris rapporte que lorsque saint Louis venait de traiter avec les Musulmans et de leur rendre Damiette, un vaisseau, qui apportait au roi une somme considérable d'argent, périt dans une tempête. A la nouvelle de ce naufrage, le pieux Louis se contenta de dire : « Ni ce malheur, ni toute autre disgrâce ne me sépareront jamais de la charité du Christ. » L'historien compare la résignation du roi à celle de Job, et il ajoute que les infidèles eux-mêmes compatissaient à son sort et admiraient sa constance.

Guillaume de Nangis, auteur des *Gestes de saint Louis*, rapporte que le Vieux de la Montagne avait formé le projet de faire assassiner le pieux roi. Selon cet historien, le chef des Assassins avait pris cette résolution parce que le roi de France était de tous les princes chrétiens celui qui gardait le mieux les commandements de Dieu. Guillaume ajoute que le Vieux de la Montagne avait chargé deux de ses sicaires de tuer le roi ; mais qu'il s'en repentit bientôt, et qu'alors il en expédia deux autres pour prévenir saint Louis, qui accueillit avec la même bienveillance les premiers et les derniers envoyés du prince de la Montagne.

Le sire de Joinville parle également de deux ambassades du Vieux de la Montagne au roi de France, pendant que ce prince était à Saint-Jean-d'Acre; mais, quant au reste, il ne s'accorde pas entièrement avec Guillaume de Nangis. Selon lui, à la tête de la première ambassade était un amiral, qui dit à saint Louis : « Sire, puisque vous avez ouy parler de monseigneur, je m'esmerveille moult que vous ne lui avez envoyé tant du vostre que vous eussiez fait de lui vostre amy, ainsi que sont l'empereur d'Allemagne, le roi de Hongrie, le souldan de Babiloine, et plusieurs autres rois et princes qui lui envoïoient tous les ans de beaux présents, pour ce qu'ils connoissoient bien que sans luy, ils ne pourroient durer et vivre que tant qu'il luy plairoit. Et pour ce nous envoie il par devers vous pour vous dire et advertir que le veuillez ainsi faire comme les autres; ou à tout le moins que vous le faciez tenir quitte de ce qu'il paie chacun an au grand maître du Temple et au dit Hospital, et ce faisant, il se tiendra content de vous. Bien, dit monseigneur, que s'il faisoit tuer le maistre du Temple ou de l'Hospital (ce qu'il pourroit aisément faire), il n'y gagneroit rien; car il y en auroit incontinent un autre à sa place ; et pour ce il ne veut pas mettre ses gens en péril en un lieu dont il ne pourroit tirer aucun proffit. » Les deux grands maîtres, consultés par le roi, dirent aux ambassadeurs que ceux-ci devaient s'estimer heureux qu'on ne les jetât pas dans la mer d'Acre, qu'ils eussent à retourner vers leur seigneur, et à lui faire entendre de les renvoyer au roi, sous quinze jours, avec des lettres d'excuse. Avant l'expiration du délai, ils revinrent effectivement, et dirent au roi : « Sire, nous sommes revenus à vous de par nostre seigneur, lequel vous mande que tout ainsi que la chemise est abillement le plus près du corps, aussi vous envoie il sa chemise que voicy, dont il vous fait présent, en signifiant que vous estes celuy roy seul lequel il ayme plus et désire vous voir. Et pour plus grande assurance de ce, voicy son anneau qu'il vous envoye, et auquel son nom est escrit, et de cet anneau vous espouse nostre seigneur, et entend que désormais vous et luy soyez tout un comme les doigts de la main. » Joinville décrit d'autres présents remis au roi par les ambassadeurs. Le roi envoya alors des messagers au prince de la Montagne, avec des présents en échange de ceux qu'il en avait reçus. D'après le témoignage de Matthieu Pâris, il paraîtrait que saint Louis éprouva la vérité de la sentence *væ victis*, et que son zèle pour l'affranchissement de l'Orient, demeuré inébranlable malgré les revers qu'il avait attirés au roi, fut mal apprécié par les grands du royaume, excita leur mécontentement, et leur fit même oublier un moment le respect que commande le malheur. Comme Matthieu Pâris est le seul historien chez lequel il soit parlé du fait que nous mentionnons ici, nous allons reproduire son récit, en faisant observer, toutefois, qu'il est empreint d'exagération dans les termes qu'emploie l'écrivain. « En ce temps (1252) le nom du roi des Français commençait à perdre de son éclat, et à tomber dans le discrédit parmi les grands et le peuple. Louis IX perdait ainsi quelque chose de sa renommée ; 1° parce qu'il avait été honteusement vaincu en Égypte par les infidèles, et qu'il avait fait partager à toute la noblesse française la honte de sa défaite ; 2° parce que, sans l'assentiment des Français, il avait offert au roi d'Angleterre, si celui-ci prenait la croix et venait le secourir en Orient, de lui céder la Normandie et toutes les provinces en deçà de la mer, reprises sur les Anglais. La proposition de restituer la Normandie et les autres provinces fut faite dans un conseil auquel assistait la reine Blanche. A Dieu ne plaise, répondirent les grands du royaume, que la France malheureuse s'avilisse à ce point, quoiqu'elle soit déjà bien dégradée par notre roi lâche et vaincu, *per regulum nostrum ignavum et victum*. Oui, cette France est assez foulée, assez diffamée, assez ruinée ; et si la reine Blanche, poussée par la tendresse maternelle, et cédant à une faiblesse naturelle à son sexe, consentait à un pareil traité pour adoucir le sort de son fils et le délivrer, le peuple de France tout entier n'y consentirait pas..... Un horrible murmure et un grognement se fit entendre dans l'assemblée ; les comtes et les barons ne comprenaient pas comment le roi pouvait avoir eu un pareil dessein, sans consulter la noblesse. Les deux frères du roi, les comtes de Poitiers et de Provence commencèrent à le prendre en haine, et à concevoir pour lui du mépris, et ils refusèrent de secourir Louis, comme ils l'avaient promis. La reine Blanche resta seule fidèle à la cause de son fils; car sa tendresse de mère et sa douce piété ne lui permettaient pas de faire autrement... Le roi d'Angleterre ayant su ce qui s'était dit et ce qui avait été décidé dans le conseil, renonça à l'espérance qu'il avait de recouvrer la Normandie et les autres provinces d'au delà de la mer. On lui rapporta que les barons de France avaient déclaré, avec un horrible jurement, que s'il voulait rentrer dans les domaines qu'il réclamait, il lui faudrait passer à travers les pointes et les débris de mille lances, à travers mille glaives ensanglantés. En apprenant cela, le roi d'Angleterre fut saisi d'effroi, et cela n'est pas étonnant. »

Saint Louis fit, quand il était à Acre, un pèlerinage à Nazareth. Ce pieux voyage est raconté dans la chronique où Geoffroy de Beaulieu s'est surtout attaché à faire connaître les actes de piété d'une vie qui en fut toute pleine. « La veille de l'Annonciation, dit le chroniqueur, le roi, revêtu d'un cilice, se dirigea vers Nazareth. Lorsqu'il aperçut de loin les lieux saints, il descendit de cheval, et, après avoir fléchi le genou, il s'avança à pied vers la cité sacrée; il jeûna ce jour au pain et à l'eau, quoiqu'il eût fait une marche fatigante. Ceux qui étaient avec lui peuvent dire avec quelle solennité les vêpres, les matines, la messe, furent chantés; depuis que le Fils de Dieu s'était incarné, jamais Nazareth n'avait vu une telle dévotion. »

Pendant cette croisade la reine Blanche gouvernait le royaume. Elle eut a réprimer la révolte des pastoureaux. Le roi était encore en Syrie quand cette pieuse et sage princesse termina sa glorieuse carrière. Geoffroy de Baulieu, confesseur de Saint-Louis, rapporte dans sa chronique la manière dont le roi reçut cette lamentable nouvelle.

« Tandis que le roi était à Joppé, dans le dessein de relever les murs de cette cité, la nouvelle de la pieuse mort de la reine Blanche, son illustre mère, parvint jusqu'à nous. Alors, le légat du pape, ayant pris avec lui l'archevêque de Tyr et moi, se rendit auprès du roi, et demanda à lui parler secrètement en notre présence. Le monarque, fixant des regards attentifs sur l'archevêque de Tyr, vit bien, à son air triste, qu'il avait quelque chose d'affligeant à lui apprendre : il nous conduisit dans la chapelle qui était située tout auprès de sa chambre, et, en ayant fermé les portes, nous nous assîmes devant l'autel. Le légat commença alors à lui rappeler tous les bienfaits dont le Seigneur l'avait comblé depuis son enfance, et, parmi tous ces bienfaits, il compta le don d'une bonne mère; enfin il lui apprit en sanglotant la mort de cette mère. Alors le roi se jeta à genoux, et, les mains jointes, s'écria en pleurant : *Je te remercie, ô mon Dieu, qui m'as donné une mère cherie et qui me l'as conservée tant qu'il t'a plu de ne point l'appeler à toi. Il est vrai, Seigneur, je l'aimais au-dessus de toutes les créatures; mais, puisque ainsi est ta volonté, que ton saint nom soit béni.* Après avoir prononcé ces paroles et écouté quelques exhortations du légat, il manifesta le désir de demeurer seul dans la chapelle; le légat et l'archevêque de Tyr sortirent; il me retint avec lui. Afin qu'il ne succombât pas sous le poids d'une affliction trop grande, je m'efforçais, autant qu'il était en moi, de le consoler; je lui dis qu'il avait assez donné à la nature, et qu'il devait quelque chose à la raison et à la grâce. Il reçut ce conseil avec douceur et n'hésita pas à le suivre; car il se retira dans l'oratoire où il avait l'habitude de réciter ses heures : là il me fit appeler, et, suivant sa volonté, nous récitâmes ensemble l'office des morts, savoir les vêpres et neuf leçons; et, ce qui m'étonna, c'est que ce prince, dont le cœur était brisé par une si vive et si récente douleur, ne se trompa dans aucun verset des psaumes ni des leçons, comme il arrive fréquemment aux personnes qui sont troublés par de grandes peines ou par une révolution subite. Je l'attribuais à la grâce divine qui avait fortifié le cœur de ce prince. »

La reine Blanche, étant tombée malade à Melun, s'était fait porter incontinent à Paris; là elle avait reçu l'habit de l'ordre de Cîteaux, des mains mêmes de l'abbesse, et était morte quelques jours après, le 1er décembre 1253 selon Guillaume de Nangis, ou 1252 suivant la plupart des autres historiens. Cette grande perte obligea le roi à revenir dans ses Etats. Soit par acquit de conscience, soit par des raisons purement politiques, il conclut avec Henri III, le 28 mars 1259, un traité par lequel ce dernier rentrait en possession de la Saintonge, du Limousin, du Périgord, de l'Agénois et du Quercy, mais en même temps le roi d'Angleterre renonçait à toute prétention sur le Poitou, l'Anjou, le Maine, la Touraine et la Normandie. Saint Louis avait fait, l'année précédente, avec Jacques Ier roi d'Aragon, une autre convention plus certainement avantageuse à la France. Il renonça par ce traité aux droits plus ou moins contestables, mais alors inefficaces, de sa couronne sur le comté de Barcelone; et de son côté le roi d'Aragon lui céda ses droits bien mieux assurés sur Forcalquier, Arles, Marseille, Nîmes, Albi, Cahors, Narbonne, Foix et leurs dépendances. En 1264, le roi fut choisi pour juger le différend qui s'était élevé entre les barons Anglais et Henri III. La même année, il permit à son frère Charles, comte d'Anjou, d'accepter le royaume des Deux-Siciles qui lui était offert par Urbain IV, sous la réserve de la suzeraineté du pape; Charles fut couronné le 28 juin 1265. Saint Louis s'appliquait avec autant de zèle que de succès à développer la prospérité de ses Etats, lorsque les malheurs de la Palestine le déterminèrent à prendre de nouveau la croix, et à préparer sa deuxième expédition contre les infidèles. Il y perdit la vie le 25 août 1270.

On trouve dans la chronique de Guillaume de Nangis le récit des derniers moments du pieux roi, expirant couché sur la cendre. « Je ne crois pas devoir omettre, dit l'historien, avec quelle félicité le saint roi Louis monta vers le Seigneur. Accablé par la maladie, il ne cessait de louer le nom de Dieu; il sollicitait d'une voix faible, et qu'on entendait à peine, la protection des saints à qui il s'était dévoué, et surtout de saint Denis, martyr, son patron spécial. Aux derniers instants de son agonie, ceux qui l'entouraient l'entendirent plusieurs fois murmurer entre ses lèvres la fin de l'oraison que l'on chante pour saint Denis: *Faites, Seigneur, que nous méprisions les prospérités du monde, et que nous ne redoutions aucune de ses adversités.* Priant pour le peuple qu'il avait conduit en Orient, il disait: *Soyez, Seigneur, le sanctificateur et le gardien de votre peuple.* Levant ensuite les yeux au ciel, *mon Dieu*, répétait-il, *j'entrerai dans votre maison, je vous adorerai dans votre saint temple, et je confesserai votre saint nom.* Après ces paroles, Louis s'endormit dans le Seigneur. »

Le confesseur du saint roi nous fait aussi assister à cette mort si digne d'une telle vie: « Après qu'il eut reçu tous les sacrements de l'Eglise, dit Geoffroy de Beaulieu, le roi se mit à réciter les litanies et à invoquer la protection des Saints. Entouré de tous les signes avant-coureurs de la mort, il n'était préoccupé que d'une seule pensée: la gloire de Dieu et le triomphe de la religion. Ce prince religieux prononça à voix basse ces paroles, qui ne furent entendues que par ceux qui étaient penchés vers son lit, et qui prêtaient une oreille attentive: *Efforçons-nous de prêcher la foi et de planter l'étendard de la religion à Tunis; envoyez ici quelqu'un qui soit propre à remplir cette sainte mission.* Il nomma alors, pour remplir ce devoir apostolique, un frère de l'ordre de Saint-Jacques, bien connu du roi de Tunis. Quoique les forces de son corps l'abandonnassent peu à peu et que la parole semblât expirer sur ses lèvres, le monarque ne cessa cependant de réciter, à voix entrecoupée, les louanges des saints, et particulièrement de saint Denis. Quelques personnes, placées au chevet de son lit, l'entendirent prononcer cette dernière oraison: *O mon Dieu, fais que nous méprisions les biens d'ici-bas, et donne-nous assez de force contre l'adversité;* et, quelques instants après: *Seigneur, sois le gardien sacré de ton peuple.* Parvenu à sa dernière heure, il expira sur la cendre où il était étendu, à la même heure que le Fils de Dieu mourut pour les hommes. »

Enfin, nous rapporterons la narration de Joinville: «... A cause de la corruption de l'air et des eaux pourries, dit le bon Sénéchal, la peste se mit en l'ost du roy dont plusieurs moururent, et, par espécial, Jean Tristan, comte de Nevers, et le légat du pape. Durant le cours de cette maladie, il print un flus de ventre au roy et a monsieur Philippe son fils, avec les fièvres quartes. Et, connoissant, le bon roy, que l'heure de sa mort approchoit, étant couché au lit, appela monsieur Philippe, son fils aisné, auquel (comme à son hoir principal), donna plusieurs beaux enseignements qu'il lui commanda garder comme par testament, lesquels enseignements j'ay ouy dire que le roy mesme les voulut écrire de sa main, avant que mourir.... Quand le bon roy saint Loys eut ainsi enseigné et endoctriné monsieur Philippe son fils, la maladie qu'il avait lui commença incontinent à croistre durement, et lors il demanda les sacrements de S. Eglise, lesquels lui furent administrés en sa ferme mémoire: et bien l'apparut; car quand on le mettoit en onction et qu'on disoit les sept pseaumes, lui-mesme respondoit les versets desdits sept psaumes avec les autres, qui respondoient au prêtre, qui lui bailloit la sainte onction. Et ay ouy depuis dire à monsieur le comte d'Alançon son fils, qu'ainsi que le roy approchoit de sa mort, il s'efforçoit d'appeler les saints et saintes du paradis, pour lui venir ayder et secourir à son trespas: et par espécial il invoquoit monsieur saint Jacques, en disant son oraison, qui commence: *Esto, Domine;* monsieur saint Denis de France appela-il en disant son oraison qui valoit autant à dire, comme Sir-Dieu, donne-nous grâces de pouvoir despriser et mettre en oubly la prospérité de ce monde, en manière que nous ne doutions nulle adversité; madame sainte Génevicfve réclamoit-il aussi, et après se fit mettre en un lit couvert de cendres et mit ses mains sur sa poitrine, et en regardant vers le ciel rendit l'âme à Dieu à telle mesme heure que Jésu rendit l'esprit en l'arbre de la Croix, et trespassa de ce siècle en l'autre, le lendemain de la fête Saint Barthélemy, au très-grand regret de tout le monde. » Plus loin, le même chroniqueur dit: « Le corps du roy S. Loys fut apporté à Paris, et de là fut convoyé à très-grand honneur jusques à S. Denis, où il fut ensevely au lieu proprement où il avoit dès pieça esleu sa sépulture. Auquel lieu Dieu, par ses prières a depuis fait maints beaux miracles, comme nous dirons cy-après. » Ces miracles donnèrent lieu à la bulle de canonisation, qui plaça Louis IX au nombre des saints vingt-sept ans après sa mort. Le titre de la canonisation de saint Louis, rapporté par Bongars, prouve qu'elle est fondée principalement sur ce qu'il avait fait pour le recouvrement de la terre sainte. Voici le portrait que trace de saint Louis son confesseur, Geoffroy de Beaulieu: « Le saint roi était très-spirituel, et ses paroles étaient pleines de grâce; il était en garde contre les libertins, les méchants et les calomniateurs; jamais il n'insultait personne; il reprenait doucement ceux qui commettaient quelques fautes, à moins qu'elles ne fussent très-graves; il s'abstenait de toute espèce de jurements, tels que ceux qu'on a coutume de laisser échapper dans la conversation; pour éviter tous les autres jurements, il se servait habituellement de celui-ci: *in nomine mei*, et même, sur la représentation d'un homme pieux, il s'en abstint absolument, et se contenta de dire, selon l'Evangile, oui et non. Dans les affaires difficiles, personne n'avait le coup d'œil aussi sûr que ce pieux monarque; et ce qu'il concevait bien, il l'exécutait avec habileté et prudence; la douceur était répandue sur ses lèvres, et il savait rendre aimable tout ce qu'il disait. » Le même chroniqueur, parlant de l'habillement du roi, dit qu'il ne portait jamais d'habits ornés de riches fourrures. « Une robe de camelot noir, ajoute Geoffroy de Beaulieu, était son vêtement ordinaire; et, afin que les pauvres, à qui il donnait sa robe, ne souffrissent pas de sa simplicité, il ajoutait annuellement 60 livres à ses aumônes ordinaires. »

Joinville, qui avait été si bien à même de connaître les admirables vertus de saint Louis, nous a transmis de curieux détails sur les moyens dont ce prince se servait pour les entretenir : « De telle bonne vie, dit-il, fut le bon roy, qu'il se confessoit tous les vendredis à son prestre; et après sa confession, il despouilloit ses espaules, et se faisoit battre par son dit prestre, à tout cinq petites chesnettes de fer qu'il portoit dans une boëte. Il porta souventes fois la haire, jusques en sa vieillesse, qu'il la laissa par l'admonestement et conseil de son confesseur, et au lieu d'icelle, encore portait-il sur sa chair une ceinture faite de poil de bouc, qui estoit très-âpre. Tous les jours il oyait la messe à note, et une messe basse de requiem. Tousiours après disner il se reposoit en son lit; et puis quand il estoit levé, il disoit l'office des morts avec un de ses chapellains; et puis vespres, et tous les soirs il oyoit ses complies. » Saint Louis peut donc être considéré comme un modèle achevé de la perfection chrétienne. L'histoire le place au nombre des plus grands rois. Il était fort instruit. L'éclat de ses talents militaires ne saurait être affaibli par les revers qu'il a éprouvés en Orient, et qui ne peuvent lui être imputés sans injustice. Comme administrateur d'un grand Etat, il a laissé, dans ses ordonnances connues sous le nom d'*Etablissements*, d'irrécusables monuments d'une sagesse qui n'a jamais été surpassée. Comme politique, « il estoit tenu, dit Joinville, le plus sage homme qui fust en tout son conseil, et qui avoit plus grande prudence à pourvoir aux affaires soudaines. »

LUCE III occupa le trône pontifical de 1181 à 1185. Forcé, par l'état de trouble dans lequel se trouvait Rome, de se retirer à Vérone, il y tint, en 1184, un concile qui avait pour but de rétablir la paix en Europe, afin que la Palestine pût être secourue. Le patriarche de Jérusalem, Héraclius, et les grands maîtres du Temple et de l'Hôpital, venus en Europe comme députés de la terre sainte, pour réclamer l'assistance de l'Occident en faveur des colonies chrétiennes, dangereusement menacées par Saladin, furent admis dans cette assemblée. L'auteur de la *Vie et Gestes de Henri II* rapporte que le pape remit au patriarche Héraclius une lettre pour Henri II, dans laquelle le pontife disait au roi : « Vous devez marcher sur les traces de vos prédécesseurs, qui n'ont pas craint d'arracher de la gueule du prince des ténèbres la patrie de Notre-Seigneur Jésus-Christ; vous devez secourir Jérusalem, si vous ne voulez pas, au jour redoutable du jugement, être accusé par votre propre conscience, et recevoir votre sentence d'excommunication de la part de celui qu'on ne trompe point. » Les papes correspondaient avec les princes musulmans eux-mêmes, lorsqu'il s'agissait de la grande affaire des croisades. Raoul de Dicet, chroniqueur anglais, place sous la date de 1184 deux réponses faites au souverain pontife, l'une par Saladin, et l'autre par son frère Malek-Adel, à qui le pape Luce III avait écrit, pour leur demander l'échange des prisonniers chrétiens, échange auquel Saladin avait consenti, mais qu'il différait d'exécuter. Son frère promettait au pape d'en faire accomplir l'exécution.

M

MAHOMÉTISME. On ne connait pas précisément l'année de la naissance de l'auteur de la fausse religion que les croisades ont combattue. On sait qu'il naquit à La Mecque, dans le Hedjaz, en Arabie; mais il n'est pas absolument sûr que ce soit en 570, quoique cette date soit la plus vraisemblable. Il appartenait, par son père Abdallah et par sa mère, à la puissante et nombreuse tribu des Koraïchites, que la garde du temple de la Caaba avait rendue importante. Cette tribu se prétendait issue d'Ismaël, et les historiens musulmans font remonter la généalogie de leur prophète jusqu'à Adnan, descendant du fils d'Abraham. Mahomet, en arabe Mohammed, perdit son père à l'âge de deux mois, et sa mère à celui de six ans. Quand Abdallah mourut, il ne laissa à sa veuve pour tout bien que cinq chameaux et une esclave d'Ethiopie. Mahomet fut élevé par son grand-père paternel, Abdal-Mottaleb, et ensuite par son oncle, Abou-Taleb. Ce dernier l'emmena avec lui dans un voyage qu'il fit en Syrie, et c'est là, à ce qu'il paraît, que Mahomet, âgé alors de treize ans, rencontra un moine nestorien, nommé Bahira, avec lequel il eut des rapports qui inspirèrent à ce moine une haute idée du jeune Koraïchite. A son retour en Arabie, le fils d'Abdallah, dans une guerre que soutenait sa tribu contre une autre tribu arabe, ramassait les flèches lancées contre les combattants. Parvenu à l'âge de vingt-quatre ans, il fit deux fois le voyage de l'Yémen, et alla encore une fois en Syrie avec l'homme d'affaires d'une riche veuve nommée Kadichah, qui fit la fortune de Mahomet en l'épousant, à son retour de ce voyage. Elle avait quarante ans, et le mari qu'elle épousait n'en avait que vingt-cinq. Cinq ans après son mariage, Mahomet se fit une réputation de sagesse, en terminant une contestation qui s'était élevée entre les différentes divisions de la tribu des Koraïchites, occupée à reconstruire le temple de la Caaba, qu'un incendie avait détruit : il s'agissait de poser une pierre noire que les Arabes avaient en grande vénération. Mahomet, qui était un des travailleurs, ayant été désigné pour arbitre par une circonstance fortuite, fit mettre sur un manteau, dont un membre de chaque division de la tribu tenait un bout, la pierre qu'il posa de ses propres mains.

Ce fut quand Mahomet eut assuré son existence par son mariage avec la riche Kadichah, qu'il forma vraisemblablement le dessein de fonder une religion. Tout en se proposant d'arracher les Arabes à l'idolâtrie, en leur enseignant le culte d'un seul Dieu, le fils d'Abdallah eut sans doute aussi pour but de satisfaire son ambition et toutes ses convoitises, en devenant le chef de la nation dont il allait se faire le prophète. Au sein de la solitude où il se retirait pendant un mois de l'année, dans une grotte d'une montagne, près de la Mecque, Mahomet s'échauffa-t-il l'imagination au point de se persuader à lui-même qu'il était appelé par la Providence à opérer une révolution religieuse ? On ne peut vraiment pas le croire. Il est probable que ce sont les circonstances qui l'ont successivement conduit à jouer le rôle important qui lui a permis d'établir la funeste doctrine dont il a infecté le monde. L'histoire ne nous apprend rien sur ce qu'il fit entre l'époque de son mariage et sa quarantième année, d'où date sa mission. Il puisait sans doute solitairement dans les souvenirs de ses voyages, en Syrie et en Arabie, et de ses entretiens avec les chrétiens et les juifs qu'il avait rencontrés, les éléments incohérents du code religieux qu'il méditait d'imaginer. Il était doué de toutes les qualités propres à faire réussir son œuvre d'imposture ; il avait un esprit pénétrant et une grande sagacité, une mémoire heureuse, un bon jugement et le courage du guerrier ; il avait perfectionné ses talents naturels par l'expérience et par la connaissance des hommes, qu'il avait acquises dans ses voyages, et par toutes les observations qu'il avait été à même de faire. Il possédait à fond l'art de s'insinuer ; il était d'une humeur gaie et égale, et sa figure n'était pas moins agréable que sa conversation. Il était, en outre, obligeant et très-charitable. Les connaissances acquises lui manquaient d'ailleurs totalement : l'opinion la plus générale parmi les savants, celle de Deguignes, dans son *Histoire des Huns, des Turcs et des Mogols*, et de Sale, dans le discours préliminaire de sa traduction anglaise du Coran, est que Mahomet ne savait ni lire ni écrire ; cependant, au rapport de Muradgea d'Ohsson, dans son *Tableau général de l'empire ottoman*, les Musulmans prétendent que l'archange Gabriel inspira à leur prophète la science de la lecture. Il est fait allusion à ce miracle, au commencement du XCVI^{e} chapitre du Coran, où il est dit : « Lis au nom de ton Seigneur, qui a créé l'homme de sang coagulé. » C'est l'archange Gabriel qui adresse ainsi la parole à Mahomet, et ses sectateurs croient que ce chapitre est le premier qui lui ait été révélé, dans sa solitude, sur la montagne près de la Mecque. Mahomet, pour mieux faire ressortir son caractère d'homme inspiré, affecte de s'appeler lui-même, dans le Coran, le prophète ignorant, le prophète illettré ; et les Musulmans, loin d'avoir honte de l'ignorance de leur maître, s'en glorifient comme d'une preuve évidente de la divinité de sa mission.

Mahomet jugea qu'il fallait commencer la conversion de la nation arabe à la religion qu'il se proposait d'établir par celle de sa propre famille. Retiré dans la grotte de la montagne où il méditait, il confia à sa femme Kadichah que l'archange Gabriel lui avait annoncé, dans une apparition, qu'il était appelé à l'emploi d'apôtre de Dieu. Suivant les écrivains orientaux, Kadichah reçut cette nouvelle avec joie, et y ajouta foi. C'est dans le mois de Ramadan de la quarantième année de son âge, qui est appelée pour cela l'année de sa mission, que Mahomet fit cette révélation à sa femme. Celle-ci la communiqua à son parent Warka-ben-Naufel, qui était chrétien, qui savait écrire l'hébreu, et qui avait une certaine connaissance de l'Ecriture Sainte. Aboulféda, dans sa *Vie de Mahomet*, raconte que Warka crut ce que lui rapportait Kadichah, à qui il dit que l'ange qui avait parlé à Mahomet était celui qui avait été envoyé à Moïse. Le troisième prosélyte que fit Mahomet fut son esclave Zaïd, à qui il accorda la liberté à cette occasion, exemple qui devint une règle pour ses sectateurs. Quoique converti le quatrième, Ali, fils d'Abou-Taleb, oncle de Mahomet, prit le titre de premier des croyants. Mahomet s'attacha ensuite, et parvint à gagner Abou-Bekr, qui avait un grand crédit parmi les Koraïchites. Pendant les trois premières années de sa prétendue mission, le faux prophète ne put, au moyen de l'influence d'Abou-Bekr, séduire cependant que six habitants considérables de la Mecque. Il s'attira même souvent les railleries de ceux à qui il s'adressait. Enfin il leva le masque, et, dans un festin où il avait réuni quarante de ses parents, il parla en ces termes : « Je ne connais personne en Arabie qui soit en état de faire à sa parenté des offres aussi avantageuses que celles que je vous fais aujourd'hui ; je vous offre le bonheur dans cette vie et dans celle qui est à venir ; le Tout-Puissant m'a ordonné de vous appeler à lui. Quels seront donc ceux d'entre vous qui voudront m'aider dans mon ministère ? » Comme tous hésitaient à répondre, Ali, qui avait été chargé de préparer cette réunion de famille, se leva, en déclarant qu'il voulait assister Mahomet, et en adressant des menaces à ceux qui se prononceraient contre lui. Mahomet l'embrassa, mais au milieu des éclats de rire de l'assemblée. Loin de se laisser abattre par cet échec, le faux prophète se mit à prêcher en public. Il se serait fait écharper par les Koraïchites sans la protection d'Abou-Taleb. Pressé par les chefs de cette tribu d'abandonner son neveu, Abou-Taleb fit envisager à Mahomet le danger auquel il s'exposait; mais celui-ci lui répondit « que quand ses adversaires mettraient le soleil contre lui à sa droite, et la lune à sa gauche, il ne renoncerait pas à son entreprise. » Par cette résolution le faux prophète décida son oncle à lui promettre de le soutenir contre tous ses ennemis. Les Koraïchites voyant qu'ils n'avaient pu réussir ni par la raison ni par les menaces, essayèrent de la persécution. Mahomet permit à ses sectateurs d'y échapper par la fuite, et plus d'une centaine se retirèrent en Ethiopie, dont le roi, au témoignage des écrivains arabes, embrassa le mahométisme. Dans la sixième année de sa mission, Mahomet fortifia son parti par la conversion de son oncle Hamza et d'Omar, qui étaient deux hommes de mérite et de valeur. Cependant les Koraïchites s'engagèrent par un pacte à ne plus avoir aucun rapport, à ne plus contracter aucun mariage avec tous ceux qui tenaient à Mahomet par les liens du sang. Le faux prophète perdit sa femme, qui avait fait sa fortune, et l'opposition des Koraïchites devint si violente, qu'il fut obligé de quitter la Mecque. Il se retira, accompagné de son seul affranchi Zaïd, dans la ville de Tayef, dont le peuple se souleva contre lui, et le força de retourner à la Mecque. Mahomet, sans se laisser jamais décourager par ces revers, continua ses prédications, et compta, au nombre de ses prosélytes, six habitants juifs d'Yatreb. Jusqu'à la douzième année de sa mission, Mahomet s'était contenté de faire croire qu'il était en rapport avec l'archange Gabriel, mais il publia alors qu'il avait été transporté, pendant la nuit, de la Mecque à Jérusalem, et de là au ciel, où il s'était entretenu avec Dieu. Les Musulmans sont généralement persuadés que cette ascension, dont il est parlé dans le Coran, a eu lieu réellement, qu'elle n'a point été une simple vision, et qu'elle s'exécuta si rapidement qu'à son retour le faux prophète trouva son lit encore chaud. L'absurdité de cette prétention engagea plusieurs sectateurs de la nouvelle doctrine à l'abandonner, mais Abou-Bekr se porta garant de la vérité de tout fait affirmé par Mahomet, qui vit augmenter le nombre de ses partisans à Yatreb. Durant les douze premières années de sa mission, Mahomet avait redouté la supériorité de ses adversaires, et il avait toujours déclaré que son unique mission était de prêcher sa religion, mais qu'il n'avait point d'autorité pour forcer qui que ce soit à l'embrasser, et que, quand il avait parlé, si le peuple croyait ou ne croyait pas, cela ne regardait que Dieu ; mais quand, par le secours des habitants d'Yatreb, il se sentit en état de tenir tête à ses adversaires, il annonça que Dieu lui avait permis de se défendre contre les infidèles, et l'avait chargé de détruire l'idolâtrie et d'établir la véritable foi par l'épée. La conversion par la force était en effet la seule qui pût lui réussir. Le savant traducteur anglais du Coran, Georges Sale, fait observer, avec raison, que c'est certainement une des plus convaincantes preuves que le mahométisme n'est autre chose qu'une invention humaine, que d'avoir été établi presque entièrement par la force, et que c'est une des plus grandes démonstrations de la divinité de la religion chrétienne, que d'avoir prévalu dans le monde par la seule puissance de la vérité. Les Koraïchites voyant Mahomet acquérir de la consistance, par le nombre croissant de ses partisans à Yatreb, résolurent de se défaire de lui par un assassinat ; mais Mahomet eut connaissance de ce complot formé contre sa vie. Il annonça que l'archange Gabriel le lui avait révélé, et lui avait ordonné en même temps de se retirer à Yatreb. Pour tromper ses ennemis, qui épiaient ses démarches, il fit coucher à sa place Ali, enveloppé dans son manteau vert, et il gagna la maison d'Abou-Bekr, par un miracle, à ce que prétendent ses sectateurs, parce qu'il ne fut pas aperçu des conspirateurs assemblés à sa porte. Pendant qu'il s'enfuyait, ceux qui avaient médité sa mort le croyaient endormi ; et, après avoir veillé jusqu'au matin, ils virent Ali se lever, et reconnurent qu'ils avaient été dupes d'une ruse. C'est de cette fuite nocturne que date l'ère musulmane (Voir l'article *Hégire*), et Yatreb, où se retira Mahomet, fut dès lors appelée la *ville du prophète*, *Médinet-al-Nabi*, d'où vient que nous la nommons Médine. En sortant de la Mecque, Mahomet était resté caché pendant trois jours avec Abou-Bekr, dans une caverne de la montagne de Thur, où ils faillirent être découverts par les ennemis du prophète. Celui-ci fut rejoint à Médine par Ali. Le premier soin de Mahomet en arrivant à Médine fut de bâtir un temple pour l'exercice du culte de sa religion et une maison pour lui. Une fois établi dans cette ville, il commença à envoyer des détachements contre les Koraïchites. La seconde année de l'hégire il battit complétement une forte caravane de cette tribu. L'année suivante, il se trouvait à la tête de mille hommes, dont sept cents engagèrent un combat contre trois mille Koraïchites. Mahomet allait triompher, lorsque l'avidité de ses sectateurs à s'emparer du butin changea la victoire en défaite.

Le prophète fut blessé dans cette affaire. Il répara cet échec par plusieurs succès qui assurèrent sa position en Arabie. Il entretenait ses troupes par des contributions qu'il tirait de ses sectateurs, sous le nom d'aumônes, et dont il fit envisager le payement comme un devoir essentiel de la religion, et par le cinquième du butin fait sur l'ennemi. Il menaça la Mecque, et força cette ville à lui demander la paix. Une trêve de dix ans fut conclue entre lui et les idolâtres. L'ambassadeur qui avait été envoyé par eux, auprès du prophète, rapporta que jamais aucun prince n'avait été respecté comme Mahomet l'était de ses sectateurs : toutes les fois qu'il faisait l'ablution avant de réciter ses prières, ils s'empressaient de recueillir l'eau dont il s'était servi, ils ramassaient précieusement tous les cheveux qui tombaient de sa tête, et quand il crachait, ils léchaient ce qui était sorti de sa bouche. La septième année de l'hégire, Mahomet envoya aux souverains des Etats voisins de l'Arabie des messagers, porteurs de lettres qui invitaient ces princes à embrasser la nouvelle religion. Le roi de Perse reçut avec mépris le message du faux prophète. A cette nouvelle, Mahomet dit qu'il était bien sûr que sa religion et son empire s'éleveraient plus haut que l'empire de Perse. Le roi de l'Yémen se fit musulman à cette époque. La septième année de l'hégire, est marquée par deux conversions importantes, celles de Walid et d'Amrou, qui étaient deux excellents guerriers. Bientôt après le prophète envoya trois mille hommes contre les Grecs de Syrie, pour venger la mort d'un de ses ambassadeurs. La supériorité du nombre assura d'abord la victoire aux Grecs, qui furent ensuite battus par Walid. Les Koraïchites ayant fourni des secours à une tribu qui était leur alliée contre une tribu qui était l'alliée de Mahomet, celui-ci déclara que la trève était violée, et marcha sur la Mecque à la tête de dix mille hommes. La ville n'étant pas en état de se défendre se rendit à discrétion. Mahomet y fit son entrée le 12 janvier 630, et détruisit de sa main les i doles du temple de la Caaba. Comme il se sentait fort, il se montra généreux, et ne condamna à la proscription que six hommes et quatre femmes. La soumission de la tribu des Koraïchites amena celle de la plupart des autres tribus de l'Arabie. La neuvième année de l'hégire est marquée par la conversion de l'Yémen, à la suite d'une expédition dans laquelle Mahomet parut à la tête de trente mille hommes, dont dix mille cavaliers. Le faux prophète ne survécut pas longtemps à ce triomphe. Mais toutes les tribus arabes étaient réunies en un seul faisceau par le lien de la nouvelle religion ; et, à côté d'empires qui tombaient en ruine, un peuple fanatisé était prêt à s'élancer de la vie nomade à la conquête du monde, avec toute l'ardeur de la jeunesse. Mahomet mourut à Médine, le 8 juin 632, à l'âge de soixante-trois ans. Il fut enterré à l'endroit même où il expira; une superbe mosquée fut élevée plus tard au-dessus de son tombeau, qui est devenu, pour les Musulmans, un but vénéré de pèlerinage. Sa mort jeta la consternation parmi ses sectateurs, dont un grand nombre auraient apostasié, si Abou-Bekr et Omar ne les avaient retenus dans la voie ouverte par le prophète. Mahomet n'avait fait aucune disposition testamentaire ; et, quoiqu'il eût eu quinze femmes légitimes et onze concubines, il ne laissa après lui aucun enfant mâle. A l'exception d'un fils qu'il avait eu d'une femme copte, tous ses enfants étaient de sa première femme, Kadichah, pendant la vie de laquelle il n'avait point eu d'autre femme. Mahomet s'abandonna à ses passions sensuelles jusqu'à transgresser ses propres préceptes, puisque le Coran ne permet d'épouser que quatre femmes au plus. Il causa même un grand scandale parmi les Musulmans en épousant, contre la loi du Coran, une femme répudiée par son affranchi Zaïd. Mais il sanctionna lui-même son incontinence en supposant, dans le XXXIIIe chapitre du Coran, que Dieu permet au prophète d'être l'époux de toutes les femmes auxquelles il lui conviendra de s'unir. Les Musulmans trouvèrent alors très-bien que Mahomet ne fût pas tenu d'observer les lois dont il était l'auteur. Un turban vert fut le signe distinctif de sa descendance, issue de sa fille Fatime.

Le point fondamental sur lequel Mahomet a bâti sa religion, c'est que du commencement du monde jusqu'à la fin, il n'y a eu, et il ne doit y avoir qu'une seule véritable religion, qui consiste, quant à la foi, dans la connaissance d'un seul Dieu, et dans la confiance et dans l'obéissance aux prophètes qu'il envoie de temps en temps sur la terre pour manifester sa volonté aux hommes, et, quant à la pratique, dans l'observation des lois éternelles du juste et de l'injuste, et de certains préceptes d'une existence temporaire. Mahomet donna à cette religion le nom d'islamisme, qui veut dire *soumission, consécration à Dieu*. Toute la substance de la doctrine musulmane est renfermée dans ces deux propositio s : *Il n'y a de Dieu que le vrai Dieu, et Mahomet est son apôtre*. En posant ce double axiome en tête de sa religion, le faux prophète a voulu donner une autorité divine à toutes ses paroles. La religion mahométane se divise en deux parties distinctes, la foi ou la théorie, et la religion ou la pratique. Les docteurs Musulmans enseignent que l'islamisme repose sur cinq points fondamentaux, dont l'un appartient à la foi, et les quatre autres à la pratique. Le premier point est celui que nous venons de mentionner, et qui consiste à croire qu'il n'y a de Dieu que le vrai Dieu, et que Mahomet est son apôtre. Ce point se subdivise en six autres points : 1° Croire en Dieu ; 2° croire en ses anges ; 3° croire à ses écritures ; 4° croire à ses prophètes ; 5° croire à la résurrection et au jugement dernier ; 6° croire aux décrets absolus et prédéterminés de Dieu. Les quatre points de l'islamisme qui se rapportent à la pratique sont : 1° La prière, qui comprend les ablutions ou purifications, préparations nécessaires qui doivent précéder la prière; 2° les aumônes ; 3° les jeûnes ; 4° le pèlerinage à la Mecque. Ce qu'il y a de vrai dans ce que Mahomet enseigne à ses sectateurs sur Dieu et sur les anges est emprunté à l'Ancien et au Nouveau Testament. Mais en rejetant le dogme sublime de la Trinité, il a complétement méconnu la nature véritable de la divinité, qui se manifeste à ses adorateurs par la propriété dans les personnes, par l'unité dans l'essence, et par l'égalité dans la majesté, comme le dit admirablement la préface de la fête de la Sainte

Trinité. Le mahométisme enseigne qu'en différents temps Dieu a révélé sa volonté à ses prophètes, et qu'il faut croire tout ce qui est contenu dans leurs écrits. Ces livres sacrés sont, suivant les Musulmans, au nombre de cent quatre. Dix ont été donnés à Adam, cinquante à Seth, trente à Edris, qui est le même qu'Enoch, dix à Abraham, et quatre, qui sont le Pentateuque, les Psaumes, l'Évangile et le Coran, à Moïse, à David, à Jésus-Christ et à Mahomet. Les Musulmans croient qu'après Mahomet on ne doit plus attendre aucun prophète, et que les révélations sont closes. Ils disent qu'à l'exception des quatre derniers livres révélés, tous les autres ont été perdus; mais que de ces quatre livres qui subsistent, les trois premiers, le Pentateuque, les Psaumes et l'Evangile ont subi tant d'altérations, dans les copies qui sont entre les mains des Juifs et des chrétiens, que c'est à peine si on y trouve encore quelques traces de la véritable parole de Dieu. Les copies de nos saintes Ecritures que connaissent les Musulmans ayant été falsifiées par les juifs et par les schismatiques orientaux, ont pu contribuer à accréditer l'erreur des sectateurs de Mahomet. Le faux prophète ne s'appuie pas moins sur la conformité du Coran avec l'Ancien et le Nouveau Testament, pour prouver que sa mission vient de Dieu, et il accuse les Juifs et les chrétiens d'avoir supprimé les passages qui lui rendent témoignage. La loi religieuse de Mahomet, en sanctionnant la polygamie et en autorisant le divorce, a déposé au sein des sociétés musulmanes un germe de corruption et de mort. Le commandement de faire la guerre aux infidèles est répété dans un grand nombre de passages du Coran, notamment aux chapitres II, IV, VIII, IX, XXII, XLVII et LXI de ce livre. Mahomet a mis le glaive de la conquête aux mains des Arabes, en leur persuadant que les Musulmans tués en combattant pour leur religion sont mis au nombre des martyrs, et reçus immédiatement en paradis. Mais en proclamant ainsi que l'épée *est la clef du ciel*, comme disent les docteurs mahométans, l'islamisme a rendu les peuples qu'il a séduits hostiles à toutes les autres nations, et leur a imprimé ce sceau de barbare intolérance et de férocité sanguinaire qui les caractérise. Dans les premiers temps du mahométisme, tout adversaire pris sur le champ de bataille était impitoyablement mis à mort. La propagation de la religion étant le mobile de l'islamisme, et la guerre son instrument, les Musulmans traitèrent les nations chrétiennes subjugées par les armes avec une fanatique cruauté. C'est ainsi qu'ils furent les provocateurs des croisades.

La satisfaction de tous les sens et une éternelle jeunesse constituent le bonheur que Mahomet promet à ses sectateurs dans le paradis de l'islamisme. L'auteur du Coran a emprunté aux traditions juives et chrétiennes l'idée des récompenses futures, mais il a matérialisé la félicité éternelle. Le pape Pie II, dans une lettre qu'il écrivait à un prince turc pour le convertir, caractérisait très-bien la religion musulmane en disant : « Votre paradis est fait pour un taureau ou pour un âne plutôt que pour un homme. » Il ajoutait que, n'eût-on aucune autre objection à faire à la loi mahométane, il suffirait, pour en montrer la fausseté, que le législateur eût défendu de la discuter. Comme le but de Mahomet avait été de satisfaire tous les penchants, il prit également dans toutes les religions ce qui pouvait donner de la faveur à la sienne. Il imagina différents degrés de bonheur par lesquels les privilégiés parmi ses fidèles passeraient successivement; quant à ceux qui doivent obtenir le dernier degré de félicité, Mahomet, fermant la bouche à quiconque lui aurait reproché de ne penser qu'au corps, et d'oublier absolument l'âme dans les plaisirs de son paradis, emprunte des paroles tirées visiblement d'une religion plus haute que la sienne pour peindre ce suprême bonheur réservé aux véritables prédestinés : « Ce sont, dit-il, des choses que l'œil n'a point vues, que l'oreille n'a point entendues, qui ne sont jamais entrées dans le cœur de l'homme, » puis il ajoute : « celui qui sera le plus favorisé de Dieu, sera celui qui le verra face à face.

Comme toutes les sectes trouvaient leurs préjugés dans les dogmes de Mahomet, elles furent toutes portées naturellement à les embrasser : flattées dans leurs erreurs, dans leurs passions, elles durent prendre le goût le plus vif pour une croyance qui ne leur demandait rien et leur promettait tout; et ce goût dut se changer en fanatisme, dès que le rusé législateur eut semé la flatteuse opinion que tous ceux qui mourraient pour la défense ou la propagation de la religion, soit contre les chrétiens, soit contre les idolâtres, jouiraient infailliblement de ce paradis, qu'il avait eu l'art d'accommoder à leurs plus vifs penchants. La doctrine de la fatalité, qu'il eut encore la politique de répandre parmi ses sectateurs, venant à l'appui de cette première opinion, il n'y eut plus rien d'impossible pour des hommes qui, croyant que tous leurs jours étaient comptés, coururent aux combats comme des forcenés : sûrs, ou de n'y point périr, ou d'y cueillir la palme du martyre, ils s'efforcèrent de hâter cet heureux moment, par toutes les guerres et par toutes les conquêtes que le fanatisme put leur suggérer.

Les enfants au berceau semblent sucer avec le lait le goût du meurtre dans cette sanguinaire religion. Boha-Eddin, qui était au camp de Saladin devant Saint-Jean d'Acre, raconte, comme une chose toute naturelle, que les plus jeunes enfants du sultan, qui étaient encore en bas âge, ayant eu un jour occasion de voir un prisonnier chrétien, il leur prit envie de lui couper la tête. « Ils me chargèrent, ajoute l'historien avec une horrible naïveté, d'aller en demander la permission à leur père, ce que je fis; mais le sultan s'y opposa, et, comme je lui en demandai la raison, il répondit : « Je ne veux pas qu'ils s'habituent si jeunes à répandre le sang; à l'âge où ils sont, ils ne savent ce que c'est que d'être musulman ou infidèle, et ils s'accoutumeraient à se jouer de la vie d'autrui. » C'est ce que ne comprenait pas l'homme lettré qui s'attira cette leçon du sultan, dont l'heureuse nature s'élevait quelquefois au dessus du fanatisme qui est l'essence de l'islamisme. Saladin, qui méditait la conquête de l'Occident chrétien après avoir soumis l'Orient, était le véritable interprète, l'incarnation vivante de la pensée de l'islamisme, lorsqu'il disait : « Je ne veux mettre bas les armes que lorsqu'il ne restera plus un seul infidèle sur la terre. » Les traités conclus entre les croisés et les Musulmans ne furent jamais stipulés que pour un temps déterminé, parce que les sectateurs de l'islamisme ne voulaient pas admettre en principe qu'ils pussent jamais vivre en état de paix constante avec les peuples d'une autre religion.

La doctrine mahométane est fort obscure sur la destinée des femmes au delà de la vie terrestre. L'opinion générale parmi les Musulmans est qu'elles ne seront point admises dans la même demeure que les hommes, et ce qu'elles deviendront est fort peu expliqué. Quoiqu'il ne soit pas parlé dans le Coran de la circoncision, qui était en usage chez les Arabes plusieurs siècles avant Mahomet, les Musulmans la regardent comme une coutume respectable par son ancienneté, et d'institution divine. Elle n'est pas toutefois pour eux d'une nécessité absolue. Les Musulmans ne permettent point aux femmes de prier publiquement avec eux, et si elles veulent aller à la mosquée, il faut que ce soit quand il n'y a plus d'hommes. Le pèlerinage de la Mecque est un point de pratique si nécessaire, dans la religion musulmane, que, suivant une tradition de Mahomet, il vaudrait autant mourir juif ou chrétien, que mourir mahométan sans s'être acquitté une fois en sa vie de cet acte religieux. Le temple de la Mecque, qui est le lieu principal du culte des Musulmans, est situé au milieu de cette ville. Ce qui rend surtout cet édifice un objet de vénération est un bâtiment carré appelé la Caaba, que les sectateurs du prophète croient aussi ancien que le monde. C'est là qu'est la fameuse pierre noire, enchassée dans de l'argent, que les pèlerins baisent avec une grande dévotion. Les Musulmans croient que cette pierre vient du paradis, qu'elle tomba du ciel avec Adam, qu'elle fut préservée pendant le déluge, et qu'elle fut apportée à Abraham par l'archange Gabriel, lorsque ce patriarche bâtissait la Caaba.

Le Mahométisme a produit une grande quantité de sectes différentes. Parmi ces sectes, les unes passent pour orthodoxes, et les autres sont regardées comme hérétiques. Les partisans des sectes orthodoxes sont appelés Sonnites ou Sunnites, parce qu'ils reconnaissent l'autorité de la Sonna, qui est un recueil de traditions de tout ce que le prophète a dit et fait, et une sorte de supplément au Coran. Les Sonnites sont partagés en quatre principales sectes, qui sont celles des Hanéfites, des Malékites, des Schaféites et des Hanbalites. Les sectes hérétiques sont celles qui professent des opinions hétérodoxes sur les articles fondamentaux en matière de foi. Parmi ces sectes, qui sont fort nombreuses, celle des Chiites soutint qu'Ali, cousin de Mahomet, et mari de sa fille Fatime, était le seul légitime successeur du prophète, le seul légitime calife et iman, et que l'autorité spirituelle et temporelle appartenait de droit à ses descendants. Les Musulmans donnent le nom de *philosophes* à ceux d'entre eux qui, rejetant le Coran, ne reconnaissent d'autres lumières que celles de la raison, et admettent ce qui leur plaît des opinions des philosophes, de toute espèce de religion.

La loi politique et civile chez les Musulmans est fondée sur les préceptes et sur les décisions du Coran.

MAMELUKS. Les Mameluks, dont le nom vient d'un mot arabe qui veut dire *esclave*, composèrent d'abord une milice au service des sultans d'Egypte. Vers le milieu du XIIIe siècle, lorsque les Tartares menaçaient la Perse et l'empire des califes abbassides, que les Francs se rétablissaient dans la Syrie, et que les Kharizmiens ravageaient la Palestine et les pays voisins, Malek-Saleh, septième sultan ayoubite d'Egypte, chercha, en montant sur le trône, les moyens de se former, à l'exemple de quelques-uns de ses prédécesseurs, une garde dont il fût sûr. L'irruption des Mogols dans le Kaptchak avait obligé les habitants de ce pays à se disperser loin de leur patrie. Plusieurs ayant été vendus à des marchands qui les amenèrent en Egypte, Saleh en acheta un certain nombre : il les préférait aux Curdes, qui jusque-là avaient formé le nerf des armées égyptiennes; mais il savait imposer à ces esclaves, et tout braves et audacieux qu'ils étaient, ils tremblaient devant lui. Il leur fit bâtir une caserne dans l'île de Roudah, sur le Nil, en face du Caire. C'est de là que ces Mameluks reçurent le nom de *baharites*, du mot arabe *bahr*, qui signifie *mer*, et par lequel les Egyptiens désignent le Nil. Ils formèrent la garde du sultan qu'on nommait la *halca*, c'est-à-dire la troupe qui environne le prince. Cette garde du sultan était une école où l'on élevait des hommes pour commander les armées et pour gouverner l'Etat. On blâma cependant cette institution, dans la prévoyance que ces étrangers causeraient la ruine de la famille de Saladin. Malek-el-Moadam, fils de Malek-Saleh, avait, en parvenant au trône, dépouillé de leurs charges plusieurs officiers de son père, et il avait conclu avec saint Louis sans la participation de ceux qu'il avait conservés, le traité par lequel le roi de France rendait Damiette au sultan, et recouvrait sa liberté moyennant une rançon. Ses émirs mécontents cherchèrent les moyens de se venger de leur souverain, et engagèrent dans leur parti les chefs de la *halca*. Un jour, lorsque le sultan rentrait dans ses appartements, à la suite d'un repas donné, à Farescour, aux officiers de son armée, en réjouissance de la paix faite avec les Francs, un des Mameluks de son père, le fameux Rokhn-Eddin-Bibars, qui devint sultan plus tard, le frappa d'un coup de sabre et le blessa à la main. Malek-el-Moadam dit que ce coup venait certainement des Baharites, et qu'il les en punirait en les faisant tous périr. Les Mameluks consommèrent alors le crime commencé: le sultan s'était retiré au haut d'une tour, près du Nil; ils y mirent le feu, et forcèrent ce prince à se jeter dans le fleuve. Ils le poursuivirent dans l'eau et le tuèrent près de la galère où se trouvait le sire de Joinville. Octaï, un des principaux officiers des Mameluks, courut à la tente de saint Louis, et lui dit, suivant les propres paroles de Joinville: « Que me donnes-tu si je t'ai occis ton ennemi, qui t'eût fait mettre à mort, s'il eût vescu; et le roi ne li répondit oncque rien. » Le corps du sultan resta pendant trois jours sur le bord de l'eau; ensuite, à la sollicitation de l'ambassadeur du calife de Bagdad, on le fit enterrer. La paix faite avec saint Louis fut conclue de nouveau par les Mameluks, qui élurent d'abord, pour remplacer le sultan qu'ils avaient assassiné, Schadjer-Eddor, sa belle-mère, veuve de Malek-Saleh. On adjoignit à Schadjer-Eddor, pour l'aider dans le gouvernement, le Mameluk Ibegh, qu'elle épousa. Dans la même année 1250, où se passèrent ces événements, la milice des Baharites déposa la reine qu'elle s'était donnée, et revêtit Ibegh du titre de sultan, qu'elle lui enleva quelques jours après, pour placer sur le trône un enfant de huit ans, de la dynastie ayoubite, Malek-el-Ascraf, arrière-petit-fils du sultan Kamel. Ibegh conserva toute l'autorité en qualité d'Atabek. Mais, en 1254, il fit déposer le dernier rejeton du sang de Saladin, et se fit reconnaître sultan. C'est par lui que commence la dynastie des Mameluks baharites. Schadjer-Eddor ayant appris que son mari était sur le point d'épouser la fille du prince de Mossoul, le fit étrangler lorsqu'il entrait dans le bain. Une partie des Mameluks voulait placer sur le trône un prince de la maison des ayoubites; mais la majorité de cette milice se prononça pour le fils d'Ibegh, Nour-Eddin-Ali, qui fut proclamé sultan à l'âge de quinze ans. La mère du nouveau souverain fit assassiner Schadjer-Eddor par ses esclaves. Le corps de cette femme, qui avait sauvé l'Egypte, mais dont l'ambition ne reculait devant aucun crime, fut jeté tout nu dans les fossés du palais, et mangé en partie par les chiens. On apprit alors que les Mogols avaient pénétré en Syrie et menaçaient l'Egypte d'une prochaine irruption. Un émir, appelé Koutouz, qui aspirait à l'empire, représenta aux autres émirs que, dans des circonstances où il y avait tout à craindre des Tartares, le sultan était trop jeune pour gouverner l'Etat, et qu'il fallait lui donner pour chef un homme capable de commander les armées. Koutouz se saisit ensuite de Nour-Eddin-Ali, qu'il fit enfermer et déposer. C'est ainsi que cet ambitieux émir se substitua, en 1259, au fils du premier sultan mameluk. Koutouz marcha à la rencontre des Mogols, et remporta contre eux, en 1260, une victoire complète qui coûta la vie à leur chef Ketboga. Le sultan établit des gouverneurs dans toutes les villes de Syrie qu'il rangea sous son obéissance, et c'est alors qu'il s'aliéna l'émir Bibars, en ne lui donnant pas le gouvernement d'Alep, qu'il lui avait promis. Le meurtrier du sultan Malek-el-Moadam se fraya le chemin au trône par la mort de Koutouz, qu'il assassina à la chasse, au mois d'octobre de l'année 1260. Après ce meurtre Bibars se présenta au vizir, auquel il raconta ce qui venait d'arriver. Celui-ci lui demanda qui avait tué le sultan, et Bibars ayant répondu fièrement : *c'est moi*; régnez à sa place, dit aussitôt le vizir. Bibars était surnommé Bondochar ou Bendochar, parce qu'il avait été esclave d'un émir appelé Ala-Eddin-el-Bendochari. Il commença son règne par soumettre les émirs de Syrie qui s'étaient révoltés contre son autorité. Le califat de Bagdad avait été détruit par les Mogols, et Mostasem, le dernier calife, avait été mis à mort par les vainqueurs. Mais en 1261 on vit arriver au Caire, accompagné d'une troupe d'Arabes, un nommé Achmed, qui se disait descendant de la famille des Abbassides. Il fut reçu en grande pompe dans la capitale de l'Egypte. Bibars et les principaux émirs se réunirent pour reconnaître les titres du prétendant à la succession au califat, et il fut constaté qu'il appartenait réellement à la maison des Abbassides. Achmed fut alors surnommé Mostansar-Billah, et proclamé calife. Bibars lui assigna des revenus considérables. Le calife investit solennellement son bienfaiteur de l'empire et du titre de sultan. Bibars crut que cette cérémonie rendrait aux yeux du peuple son pouvoir plus respectable, et lui assurerait même la soumission des émirs. Le sultan partant après cela pour la Syrie emmena avec lui le nouveau calife, qui disparut sans qu'on pût savoir précisément s'il avait été tué dans un combat, comme on l'a prétendu. De retour au Caire, Bibars embellit cette ville d'édifices somptueux, et il entra ensuite en campagne contre les Francs. Il s'empara de Césarée et de plusieurs autres villes, et ravagea tout le pays qu'il parcourut. Ayant réduit la forte place de Safed à capituler en 1266, il voulut en contraindre les habitants à embrasser l'islamisme, et, sur leur refus, tous eurent la tête tranchée, au nombre d'environ six cents.

En 1268 le sultan surprit Jaffa qu'il fit raser, dévasta le territoire de Tripoli, et alla prendre d'assaut Antioche, capitale d'une principauté chrétienne, où plus de quarante mille chrétiens furent massacrés, et cent mille faits prisonniers. L'infatigable Bibars ne cessait d'aller d'Egypte en Syrie, constamment occupé à l'extermination des chrétiens. En 1272 il conclut une trêve avec le roi de Jérusalem. Bibars porta aussi la dévastation en Arménie. En 1276, il remporta en Syrie une grande victoire sur les Mogols. L'année suivante, on prétendit, à l'occasion d'une éclipse de lune, qu'un grand prince devait mourir; Bibars, pour faire tomber ce malheur sur un autre que lui, fit mourir par le poison un membre de la famille de Saladin Mais le vase qu'on avait employé en cette occasion fut laissé par oubli dans l'appartement du sultan, qui s'en servit pour boire, et qui s'empoisonna ainsi lui-même. Il mourut à Damas le 2 juillet 1277. Bibars avait régné dix-neuf ans et près de trois mois. Ce fut lui qui, par son activité, par sa prudence, par son expérience dans la guerre, et par son intrépide courage, donna de la stabilité à l'empire des Mamelucks. Il arrêta les succès des Mogols, rétablit la puissance des Musulmans, et fit aux Francs une guerre qui leur coûta un grand nombre de villes. L'empire de Bibars s'étendait du fond de la Nubie, qu'il avait conquise, aux bords de l'Euphrate. Il avait fait de son vivant déclarer sultan son fils Béréké-Khan-Saïd-Naser-Eddin, que les historiens latins appellent Essaïd. Ce prince n'était âgé que de dix-neuf ans lorsqu'il succéda à son père. Il indisposa contre lui les émirs, qui le déposèrent en 1279. Il fut relégué dans le château de Crac. Les émirs lui donnèrent pour successeur son frère Sémalesch. Mais c'était un enfant de sept ans, qui fut déposé l'année même de son élévation au trône, et qui alla rejoindre son frère dans le château de Crac. Kélaoun, qui avait été donné pour Atabek à Sémalesch fut proclamé sultan. Il eut un compétiteur dans l'émir Sancar, qui s'était fait reconnaître sultan à Damas. Mais Kélaoun lui fit éprouver une défaite en 1280, et le força à se soumettre à son autorité. Le sultan remporta la même année une grande victoire sur les Mogols près d'Emèse. Il apprit bientôt après, avec une grande joie, que le prince qui était monté sur le trône des Mogols avait embrassé l'islamisme. En 1284, Kélaoun s'empara, après un long siége, de Marcab, place extrêmement fortifiée qui appartenait aux Hospitaliers. Il emporta d'assaut, en 1289, la ville de Tripoli, capitale d'un Etat chrétien, qu'il détruisit de fond en comble, après en avoir massacré les habitants. En 1290 Kélaoun partit du Caire pour aller faire le siége de Ptolémaïs, mais il tomba malade en route, et mourut après un règne de onze ans et trois mois, léguant à son fils la recommandation de se rendre maître de Ptolémaïs. Kalil-Ascraf alla mettre le siége devant cette place l'année qui suivit celle de son avénement au trône. Les Templiers, les Hospitaliers et les chevaliers de l'ordre Teutonique contribuèrent vaillamment à la défense de la ville. Le siége fut très-meurtrier, et dura environ cinq semaines. Il se termina par un assaut dans lequel tous les chrétiens qui se trouvaient dans la ville furent moissonnés par le fer musulman. On n'épargna que les femmes et les enfants destinés à l'esclavage. Ainsi fut prise par les infidèles, le 18 mai 1291, la dernière capitale de l'empire des Francs dans la Syrie. Le sultan vainqueur s'empara ensuite de Tyr et du petit nombre de places qui restaient encore aux chrétiens dans la terre sainte, d'où il les expulsa complétement. Après avoir mis fin à l'empire fondé par les croisades, Kalil fut assassiné à la chasse par deux de ses émirs, en 1293. Les Mameluks baharites conservèrent la puissance en Egypte jusque vers la fin du XIVe siècle. Ils furent alors remplacés par les Mameluks bordjites ou circassiens, qui se perpétuèrent sur le trône jusqu'à la conquête de l'Egypte par les Turcs ottomans, au commencement du XVIe siècle.

MANSOURAH. Cette ville doit sa fondation au sultan ayoubite Malek-Kamel. Après la prise de Damiette par les chrétiens, en 1219, ce sultan, pour arrêter l'ennemi dans sa marche sur le Caire, prit position avec son armée à l'endroit où le Nil se partage en deux branches, dont la principale passe devant Damiette : l'autre s'appelle le canal d'Aschmoun. Malek-Kamel fit bâtir en ce lieu un château pour lui, et des maisons pour ses troupes; on y construisit ensuite des bains et des marchés. Ainsi s'éleva une ville qui devint bientôt considérable, et qui fut appelée *Mansourah*, c'est-à-dire *Victorieuse*.

MARINE AU TEMPS DES CROISADES. De tous les historiens contemporains des croisades, un seul, Gauthier Vinisauf, nous a laissé quelques renseignements sur l'art nautique à cette époque : « Chez les anciens, dit le chroniqueur anglais, les vaisseaux de guerre exigeaient plusieurs rangs de rames; les matelots étaient placés graduellement sur des planches élevées; les uns frappaient les vagues de longs coups, les autres de petits coups rapides. Ces navires avaient ordinairement trois ou quatre rangs de rames; on dit que les navires d'Auguste en portèrent jusqu'à six rangs à la bataille d'Actium. Ces navires se nommaient *liburnes*, du nom de la Liburnie, contrée de la Dalmatie, où ils avaient été construits pour la plupart. De là vient que dans l'antiquité on donnait le nom de *liburnes* aux vaisseaux destinés à combattre. Les flottes guerrières ont perdu de cette antique magnificence; car aujourd'hui on compte à peine deux rangs de rames sur des carènes qui en avaient six rangs. Les modernes ont appelé *galéaces* les *liburnes* des anciens; la *galéace* est un navire long, mince, peu élevé, ayant la proue armée d'un bois qu'on nomme *éperon*; c'est avec cet éperon qu'on perce les carènes ennemies. Les *galions* sont des vaisseaux légers à un seul rang de rames, qui sont construits de manière à n'avoir pas beaucoup à craindre des feux lancés par l'ennemi. » Gauthier Vinisauf est aussi le seul de nos chroniqueurs chez lequel on trouve la description d'un combat naval ; voici comment il nous montre une flotte chrétienne aux prises avec une flotte musulmane : « Les vaisseaux destinés à combattre s'étant avancés çà et là, les chrétiens rangèrent leur flotte non sur une ligne droite, mais en forme de croissant, afin que, si l'ennemi essayait de forcer les rangs de leurs navires, ils pussent le repousser avec avantage. On plaça à la tête des vaisseaux les plus forts, pour mieux soutenir la première attaque des infidèles. Les guerriers de la croix se placèrent en ordre de bataille sur le premier pont, et se groupèrent principalement dans les intervalles des rames. La mer était calme et tranquille; elle semblait retenir ses vagues comme pour favoriser le combat. Les deux flottes s'étant approchées, on fait entendre des deux côtés le son des trompettes. Les combattants mêlent à ce bruit d'horribles clameurs, et d'abord ils s'attaquent à coups de flèches. Les nôtres implorent le secours du ciel, se penchent avec ardeur sur les rames, et cherchent à briser les navires ennemis avec l'éperon de leurs carènes. Bientôt les combattants se serrent de plus près; les rames se mêlent, s'embarrassent et arrêtent les navires. L'huile bouillante du feu grégeois, qui embrase le bois des carènes, répand au loin sa puanteur et ses flammes livides; les pierres et le fer sont également dévorés. Ce feu terrible, que les eaux ne peuvent éteindre, est enfin étouffé par le sable et le vinaigre. Quoi de plus affreux qu'une bataille sur mer où les combattants peuvent périr de mille manières! Les uns sont la proie des flammes, les autres sont précipités dans les flots, d'autres tombent sous le glaive. On voyait une de nos galères qui, conduite par d'imprudents matelots, présentait ses flancs à l'ennemi; tout à coup le feu est lancé sur elle, et les Turcs sautent en foule sur les ponts; les rameurs épouvantés tombent dans la mer. Quelques-uns de nos guerriers, qu'embarrassent leurs pesantes armes et qui ignorent l'art de la nage, trouvent dans leur désespoir assez de confiance pour livrer un combat; ils s'engagent dans une attaque inégale, et par la vertu du Seigneur ils sont victorieux. Les ennemis, qui étaient en grand nombre, ayant expiré sous leurs coups, nos guerriers ramènent en triomphe la galère à demi-brûlée. »

Vinisauf a aussi décrit un combat livré à un vaisseau musulman par un bâtiment de la flotte de Richard Cœur-de-Lion, lorsque ce prince se rendait de Chypre en Syrie. « Le roi, dit le chroniqueur anglais, ayant aperçu un vaisseau, ordonna à Pierre des Barres, qui commandait une de ses galères, d'aller reconnaître ceux qui le montaient. Pierre des Barres rapporta qu'on lui avait répondu que le vaisseau appartenait au roi de France. Richard s'en approcha aussitôt; mais n'ayant reconnu, ni l'idiome français, ni aucun signe chrétien qui pût confirmer la réponse qu'on lui avait faite, il fut étonné, en examinant de plus près, de la grandeur et de la solidité du bâtiment, qui portait trois grands mâts. Les côtés étaient peints en vert et en jaune, et il paraissait chargé de toutes sortes de provisions. Quelqu'un, qui disait avoir été à Béryte, lorsqu'on fit le chargement de ce vaisseau, assura depuis qu'il portait cent charges de chameaux d'armes de toute espèce, telles que des balistes, des arcs, des javelots, etc. Il portait en outre une quantité innombrable de provisions, un grand nombre de fioles de feu grégeois, et deux cents serpents très-dangereux, qu'on destinait à la ruine des chrétiens. Il était monté par sept émirs, et par quatre-vingt Turcs d'élite. D'autres galères s'étant approchées de ce vaisseau pour le mieux examiner, on leur répondit que c'étaient des Génois qui allaient à Tyr. Mais ces réponses laissaient de grands doutes dans les esprits. Alors un de nos chefs de galères, assura que c'était un vaisseau sarrasin, et s'engagea à le prouver, au risque de perdre la vie. Le roi lui ordonna alors de suivre le bâtiment à force de rames; et, lorsque la galère fut près du vaisseau, ceux qui le montaient ne répondirent au salut des nautonniers anglais qu'en leur lançant des traits. Le roi s'en étant aperçu, commanda l'attaque; une grêle de flèches partit de côté et d'autre. Le vent ne suffisant pas au vaisseau, la marche devint plus lente : nos galères l'attaquant de toutes parts, ne pouvaient cependant rien contre lui; tant il était solide et tant la défense des Sarrasins était vive et opiniâtre. Les nôtres, qui ne pouvaient la supporter, se ralentirent dans leurs attaques. L'invincible Richard, dont le courage ne pouvait être ébranlé, s'écria alors de toutes ses forces : *Souffrirez-vous que ce vaisseau s'éloigne sans avoir été entamé? O honte! après tant de triomphes remportés, vous céderiez ici lâchement! Il n'est pas temps de se reposer, quand il reste des ennemis que le sort vous offre lui-même. Sachez tous que vous serez suspendus en croix, ou punis du dernier supplice, si vous laissez échapper l'ennemi.* Les Anglais, faisant alors de nécessité vertu, s'approchèrent du vaisseau, et, jetant des cordes sur le gouvernail, essayèrent de le faire pencher et d'arrêter sa marche; quelques-uns même, à l'aide de ces cordes, sautèrent dans le vaisseau. Les Turcs, résistant avec opiniâtreté, coupèrent aux uns les bras, aux autres les mains, à d'autres la tête, et les précipitèrent dans la mer. Les Anglais, brûlant de colère et de vengeance, se portèrent à l'assaut avec plus de fureur; ils escaladèrent les étages du vaisseau, ils tombèrent sur les Turcs, qui se défendaient toujours avec ardeur. Animés par le désespoir, ceux-ci repoussaient les assaillants de toutes leurs forces. Alors les Anglais, se portant sur la proue du vaisseau, mirent les Turcs en désordre; mais ceux qui étaient au milieu du bâtiment, se réunissant et se serrant les uns contre les autres, résolurent de mourir en braves, ou de repousser les ennemis. C'étaient tous des jeunes gens très-aguerris et bien armés. On combattit longtemps des deux côtés. Des guerriers tombèrent de part et d'autre. Cependant les Turcs se defendant toujours avec acharnement, forcèrent les Anglais à se retirer et à sortir du vaisseau. Ceux-ci, rentrant dans leurs galères, environnèrent le bâtiment de tous côtés, et cherchèrent avec soin l'endroit le plus commode pour livrer un assaut. Le roi, voyant le danger des siens et surtout la difficulté de se rendre maître des Turcs, en sauvant le vaisseau avec les armes, et les provisions dont il était chargé, ordonna à toutes les galères d'attaquer le bâtiment avec leurs éperons ferrés. Les galères revenant donc à la charge, se portèrent avec impétuosité sur les flancs du vaisseau, et l'ouvrirent. Le bâtiment fut bientôt submergé : les Turcs, pour éviter de périr dans le vaisseau, sautaient dans les flots; mais les nôtres tuaient les uns avec leurs armes et noyaient les autres. Le roi en sauva trente-cinq, parmi lesquels étaient les émirs, et ceux qui savaient construire des machines. Tous les autres périrent. Les armes, les serpents, tout fut englouti. Des Sarrasins, qui du haut des montagnes voisines avaient été témoins de cette défaite, allèrent, remplis de douleur, l'annoncer à Saladin. »

Dans les miniatures d'un manuscrit de la vie de saint Louis, qui est conservé à la Bibliothèque nationale de Paris, les galères des croisés sont recourbées, et leur forme est presque ronde. Le vaisseau du roi, qui domine dans la peinture où il est représenté, est vaste et recourbé; il est peint en or, et surmonté d'un pavillon, également peint en or et couvert de fleurs de lis. On peut rapporter au temps des croisades l'usage de dresser plusieurs mâts sur un navire, et l'augmentation du nombre des voiles, par une suite nécessaire de ce nouvel usage.

Venise, Gênes et Pise, qui étaient alors en possession de tout le commerce maritime de l'Europe, étaient les seuls Etats qui eussent une marine à l'époque des premières croisades; et, quand le passage des croisés d'Occident en Orient se fit par mer, ce fut au moyen des navires de ces trois républiques, qui exigeaient un prix considérable pour ces transports. L'établissement de la marine française date des croisades; ce fut Philippe-Auguste qui, à son retour de la terre sainte, commença à former une flotte nationale. Les progrès que les guerres d'outre-mer firent faire à la navigation contribuèrent à faciliter les découvertes postérieures de Vasco de Gama et de Christophe Colomb.

MARTYR. — On ne mettait pas en doute, pendant les croisades, que le titre de martyr ne fût conquis par tous les guerriers qui périssaient sous la bannière de la croix. Odon de Deuil, auteur du *Voyage de Louis VII en Orient*, racontant le désastre qu'éprouva dans les montagnes, sur la route de Satalie, l'armée conduite par le roi de France, ajoute : « Je suis suffoqué par les larmes en faisant un tel récit, et mes entrailles gémissent; mais je me console en pensant que la couronne du martyre est la douce récompense destinée au mérite des héros chrétiens.» Les Musulmans, de leur côté, donnaient le titre de *Schahid*, qui est exactement synonyme du mot grec *μαρτυρ*, *témoin*, d'où vient la dénomination de *martyr*, à tout guerrier qui se signalait par le zèle avec lequel il combattait les chrétiens; et, pour obtenir cette qualification, il n'était pas même nécessaire de succomber sur le champ de bataille. Ainsi, le fameux Nour-Eddin, qui mourut de mort naturelle, figure avec le titre de *Schahid*, martyr, dans les annales de l'islamisme.

MIRACLES. Les auteurs modernes, qui ont écrit l'histoire des croisades au point de vue qu'on appelle philosophique, font aux chroniqueurs qui leur ont fourni les documents sur lesquels reposent leurs ouvrages, un crime de leur excessive crédulité. Mais cette foi ingénue du moyen âge, même lorsqu'elle croit, dans les récits de nos vieilles chroniques, que Dieu prodigue les miracles au gré d'une piété insatiable d'enseignements descendus du ciel, est bien plus sensée, cependant, que le scepticisme des critiques qui la condamnent dédaigneusement, et qui nient toute manifestation extraordinaire de l'intervention divine dans les événements humains. L'imagination des peuples, fortement ébranlée par le mouvement des croisades, a évidemment exagéré le nombre des signes miraculeux par lesquels la Providence a pu annoncer à la terre ce qui allait s'opérer dans le monde. Il est certainement permis de ne pas admettre que les étoiles tombèrent du ciel, *avec la même abondance que la grêle*, pour annoncer la résolution qui allait être prise au concile de Clermont. Le chroniqueur qui a raconté que l'ombre de Charlemagne avait été vue appelant les chrétiens à combattre les infidèles, a vraisemblablement fait de la poésie, et non de l'histoire. Mais il y aurait assurément plus de danger de porter atteinte à la vérité, en soumettant au doute rationaliste chacun des miracles rapportés par les annalistes contemporains des croisades, qu'à prêter à tous indistinctement une croyance aveugle. La mesure à observer dans la lecture des relations composées par les témoins oculaires des faits de cette époque, c'est de penser que les croisés, sans croire trop aux miracles, ont pu croire à trop de miracles.

MOEURS DES CROISÉS. Il était impossible que dans des rassemblements d'hommes de tous les rangs et de toutes les conditions, aussi nombreux que ceux qui formèrent les armées des croisades, la rudesse de ces siècles grossiers ne produisît pas, dans plusieurs circonstances, le désordre des mœurs. Les femmes ont joué quelquefois un noble rôle dans les guerres saintes, en combattant à côté des hommes, ou en leur prêtant d'utiles secours. On lit dans un écrivain arabe, qu'au siége de Saint-Jean-d'Acre, du temps de Saladin, les femmes chrétiennes, quand elles n'étaient pas en état de porter les armes, se chargeaient d'exciter ou de calmer l'ardeur des guerriers, de les pousser ou de les arrêter, d'enflammer leur enthousiasme ou de le modérer. Il aurait mieux valu toutefois que les femmes n'intervinssent aucunement dans ces guerres lointaines, où leur présence, au milieu de la licence des camps, et sous l'influence du climat de l'Orient, a été souvent une cause de relâchement dans les mœurs et dans la discipline. Gauthier

Vinisauf rapporte que, pendant le séjour de l'armée chrétienne à Jaffa, après la victoire d'Arsur, dans la troisième croisade, les femmes, qui avaient été retenues jusque-là à Acre, revinrent porter la corruption parmi les pèlerins. La position, au milieu de cette multitude d'hommes, de celles qui s'associaient aux expéditions des croisés, les exposait évidemment à trop de dangers. Mais les chroniqueurs attestent unanimement que le zèle du clergé, pour le maintien des bonnes mœurs, n'échoua jamais dans ses efforts pour rappeler les guerriers de la croix de l'excès du dérèglement à la pratique de la vertu et de la pénitence. La force qu'inspire la religion triomphait toujours de la faiblesse des passions. Jacques de Vitry, évêque d'Acre, témoin oculaire de la campagne d'Egypte conduite par Jean de Brienne et le cardinal Pélage, a vu les croisés, par un de ces effets soudains que produisait chez eux la foi, passer de la dissolution la plus effrénée à une régularité qui aurait pu faire prendre l'armée pour *un couvent de moines*, suivant l'expression de l'auteur. Mais chez les enfants dégénérés des Occidentaux établis dans les colonies chrétiennes de l'Orient, la décadence des mœurs est devenue, les historiens contemporains des croisades ne permettent pas d'en douter, la cause principale de la ruine de ces Etats. Guillaume de Tyr peint sous les traits les plus hideux la situation morale de la Palestine à l'époque où il écrivait, c'est-à-dire vers le milieu du XIIe siècle. « A la place de nos pères, dit le grave historien, qui étaient des hommes religieux et craignant Dieu, sont venus leurs fils, véritables enfants de perdition..... Telle est la monstruosité de leurs vices, que, si un écrivain entreprenait d'en faire le tableau, il succomberait sous le poids d'un pareil sujet, et paraîtrait composer plutôt une satire qu'une histoire. »

MONNAIES AU TEMPS DES CROISADES. Depuis la fondation de la monarchie française, l'époque des croisades est précisément celle qui a laissé le moins de monuments à la science monétaire, en sorte que pour se mettre en état d'apprécier, avec quelque exactitude, les indications des valeurs pécuniaires que l'on rencontre dans les chroniques de cette période, il faut réunir aux documents certains qui nous en ont été conservés les connaissances qui se rapportent aux temps antérieurs et postérieurs. Les valeurs mentionnées par les historiens des croisades peuvent être rangées dans six catégories qui sont : 1° l'or et l'argent non monnayés ; 2° les monnaies d'or ; 3° les monnaies d'argent ; 4° les monnaies de billon ; 5° les monnaies étrangères ; 6° les monnaies de compte ou imaginaires.

Or et argent non monnayés. On sait que dans l'empire romain, au moins depuis le règne de Valentinien, il était fort ordinaire que les fortunes se composassent en partie d'or et d'argent non monnayés. Cet usage s'est perpétué en France jusqu'au règne de Philippe le Bel chez les simples particuliers, et même chez nos rois. Grégoire de Tours dit que sous les règnes de Clovis et des enfants de ce monarque on ne gardait, dans le trésor royal, ni or ni argent non monnayés, comme cela se pratiquait de son temps, *sicut nunc est*.

Monnaies d'or. Les plus anciennes monnaies d'or qui aient eu cours en France sont les *sols*, les *demi-sols*, et les *tiers de sols*. Divers auteurs, qui vivaient sous la première race de nos rois, et nommément Marculfe, dans son Traité des formules, font mention des *sols d'or* français, *solidi francici*. Nous avons plusieurs de ces pièces, qui ont été frappées sous les successeurs de Clovis. Quand les Francs envahirent les Gaules, les Romains, chez qui, depuis le règne de Constantin le Grand, les sols d'or étaient en usage, en taillaient soixante-douze dans une livre de ce métal. Les Français ont évidemment imité les Romains dans la fabrication des sols d'or. Sous les quatre premiers rois de la troisième race, les sols d'or avaient encore cours. On sait que cette monnaie était alors d'or fin ; mais on en ignore le poids et la valeur exacts. Dans l'histoire de Normandie, à la date de **1067**, et dans un manuscrit de **1068**, il est fait mention de monnaies d'or appelées *francs* et *florins*. Nous ne savons pas si ces expressions servaient à désigner les sols d'or, qui avaient encore cours sous le règne de Philippe Ier. Aucune des espèces d'or de cette époque n'est parvenue jusqu'à nous, et aucun document contemporain ne permet d'en déterminer ni la valeur, ni le titre. Seulement on sait qu'il y avait alors des *florins* français, *dits de Florence* parce qu'ils ressemblaient à ceux qui se fabriquaient dans cette ville. C'est du nom de Florence que, selon plusieurs auteurs, dérive le mot *florin ;* mais d'autres soutiennent qu'il vient directement du mot *fleur*, à cause de la fleur de lis que ces pièces portaient sur un de leurs côtés. Or, au dire de Villani, les premiers florins qui furent fabriqués à Florence étaient d'or fin et on en taillait huit à l'once. Il n'est pas probable que les florins français s'éloignassent beaucoup de ces conditions; mais il serait téméraire de conjecturer qu'ils les ont exactement suivies. On a conservé un florin français, frappé sous le règne d'un roi Louis, et qui, ne pesant que deux deniers seize grains, est plus faible de huit grains que les florins italiens dont parle Villani. Or ce roi Louis peut être Louis VI, Louis VII, ou Louis VIII. On a aussi un florin frappé sous un roi Philippe, qui pourrait être Philippe Ier. Les florins obtinrent une grande faveur dans tout l'Occident. La plupart des princes chrétiens en firent fabriquer de pareils à ceux de nos rois, et le nom de florin ne tarda pas à être appliqué à toute sorte de monnaie d'or. La fabrication des florins continua en France jusqu'au règne de Charles V, qui la fit cesser.

Il est souvent fait mention de *besants d'or* et d'*oboles d'or* dans les manuscrits du temps des premiers successeurs de Hugues Capet. On ne sait pas si c'étaient des monnaies fabriquées en France ou des espèces étrangères ayant cours dans le royaume. Il est très-certain que, dès cette époque, les rois de France présentaient à l'offrande, pendant la cérémonie de leur sacre, treize besants d'or. Dans le cérémonial du sacre, réglé selon les ordres de Louis le Jeune, on lit : « Soient portés à l'offrande un pain, un baril d'argent rempli de vin, et treize besants d'or. » Et cette prescription a été observée pendant longtemps. Comme il y avait toujours eu en France des monnaies d'or nationales, et qu'il est difficile de comprendre que, pour un pareil usage, elles n'eussent pas été préférées à des espèces étrangères, on est porté naturellement à croire, ou que nos rois faisaient alors fabriquer des besants d'or, comme les empereurs de Constantinople, ou que le mot *besant* s'appliquait à toutes sortes de pièces d'or, comme il en a été plus tard du mot *florin*. Il est encore parlé de besants d'or et d'oboles d'or dans un registre, sous la date de février 1205. La plus ancienne évaluation du besant, qui nous soit connue, se trouve dans un arrêt du parlement, rendu en 1282. Cet arrêt porte : *Byzantius auri quem comes Suessionis debet annuatim ecclesiæ beatæ Mariæ Suessionensi æstimatus fuit octo solidos Turonenses.* Un compte des baillis de France, en date de 1297, contient une évaluation du besant à neuf sols. Quant aux oboles d'or, divers documents nous prouvent qu'on a dû s'en servir en France autant que du besant. Ainsi, en octobre 1255, les Juifs avaient à payer à l'archevêque de Tours cinq oboles d'or, à titre de cens annuel. En 1270, les chanoines de Saint-Georges de la Faye étaient tenus envers Charles d'Anjou, roi de Sicile, à une redevance d'une obole d'or ou de cinq sols tournois, *unum obolum aureum, vel quinque solidos Turonenses.* Sous le règne de Philippe le Bel, un compte des baillis de France, rendu en 1297, fait plusieurs fois mention de besants d'or et d'oboles d'or, et il est très-remarquable que ces deux sortes de monnaie y sont toujours réunies. Toutefois il ne faut pas croire que l'obole fût la moitié du besant, car, dans ce compte, le besant était estimé à neuf sols, et l'obole d'or en valait cinq. En 1316, l'abbesse de Notre-Dame de Jouarre s'acquitta d'une rente qu'elle devait au comte de Valois en lui faisant payer quatre sols, au lieu d'une *maille d'or*. Or *maille* était certainement synonyme d'*obole*. On a fabriqué trois autres espèces de monnaies d'or sous un roi du nom de Philippe, que l'on croit être Philippe-Auguste, quoiqu'il ne soit pas impossible que ce roi soit Philippe le Hardi. Ces pièces sont, le *petit royal*, le *florin de Florence*, et la *masse double tierce*. Toutes trois sont composées d'or fin, et la troisième pèse un gros et seize ou dix-huit grains

Au règne de saint Louis, les ténèbres qui obscurcissent l'histoire monétaire, depuis Charles le Chauve, commencent à se dissiper. Saint Louis fut le premier de nos rois qui fit fabriquer des *deniers d'or à l'agnel.* Ces espèces étaient d'or fin et pesaient trois deniers cinq grains trébuchants. On en taillait cinquante-neuf un sixième au marc. Il a été dit, sans aucun fondement, que Louis VIII avait fait frapper des deniers d'or à l'agnel. Mais les comtes de Toulouse, Raymond de Saint-Gilles et Alphonse, fils de Raymond, qui vivaient avant saint Louis, ont fait faire des deniers dont un côté portait l'agneau. Les deniers d'or de saint Louis tiraient leur nom d'une effigie de même genre, dite *Agnus Dei*, et entourée de cette inscription : *Agnus Dei, qui tollis peccata mundi, miserere nobis.* Plus tard cette monnaie fut nommée *moutons d'or, moutons à la grande laine* et *moutons à la petite laine ;* et dans les manuscrits on la désigne très-souvent par les mots *mutones* et *multones.* Jusqu'au règne de Charles VIII, tous les successeurs de saint Louis, excepté Philippe de Valois, en firent fabriquer; et toujours elle fut faite d'or fin, hormis sous Charles VII. Elle fut reçue avec faveur dans toute l'Europe à cause de son excellente qualité, et imitée chez plusieurs peuples. On a attribué à saint Louis la confection de quelques autres sortes de monnaies d'or, et nommément des *reines d'or ;* mais on n'en donne aucune preuve satisfaisante. Quelques personnes ont avancé que, pour payer la rançon qu'il avait promise aux infidèles, ce prince avait fait frapper des besants d'or dont un côté portait un calice et une hostie, et l'autre côté un résumé de l'histoire de sa croisade. Suivant une seconde version, au lieu du calice et de l'hostie, ces pièces auraient porté l'image d'un taureau entouré de claies. Comme personne n'a encore pu produire, ce nous semble, ni aucune de ces pièces, ni aucun titre authentique qui en constatât l'existence, il y a lieu de reléguer au nombre des fables le fond de l'assertion, aussi bien que les deux variantes relatives à l'effigie. Avant l'an 1279, Philippe le Hardi avait fait forger des *escus d'or* et des *deniers d'or à la couronne*, de dix sols parisis, et faits d'or fin à 23 karats et 1/2. C'est en traitant des monnaies d'argent que nous indiquerons les variations de la valeur relative des monnaies d'or et des monnaies d'argent. Quant à la valeur de l'or non monnayé, il faut d'abord remarquer que l'on n'a commencé à se servir du poids appelé marc, pour mesurer l'or et l'argent, que sous le règne de Philippe Ier, entre les années 1075 et 1093 ; et en second lieu que ce sujet exige la lecture préalable de ce qui est dit au sujet de la monnaie de compte. Cela posé, nous trouvons qu'à l'origine de notre monarchie, l'or valait, parmi les Francs, dix fois son poids en argent environ : que, suivant le règlement mis en vigueur sous Charles le Chauve, l'or valut douze fois son poids en argent; que vers 1113 le marc d'or valait vingt livres, et que, d'après un document du règne de Philippe le Bel, un marc d'or valait, au temps de saint Louis, dix marcs d'argent.

Monnaies d'argent. Le *sol d'argent* est d'origine française; car tous les sols romains étaient d'or. Nous avons dit que le sol d'or français était équivalent au sol d'or romain

Celui-ci valait douze deniers romains. Le nôtre valait quarante deniers français. Or, le *denier français* ne pouvait être que d'argent, car s'il eût été d'or il n'eût pesé qu'environ deux grains. Les espèces d'argent, frappées sous la première race, parvenues jusqu'à nous et considérées comme des deniers, pèsent vingt et un grains et sont communément à onze deniers douze grains de fin ou à peu près. Sous la seconde race les deniers furent renforcés, car ceux de Charlemagne pesaient vingt-huit grains et ceux de Charles le Chauve trente-deux grains. Au commencement de la seconde race ils étaient encore d'argent fin, mais il ne paraît pas qu'ils aient généralement pesé plus de vingt-trois à vingt-quatre grains. Ce fut seulement sous la fin du règne de Philippe 1er qu'on commença à y introduire du cuivre, et depuis ce temps-là ils ont toujours été en s'affaiblissant jusqu'à ne plus contenir que du cuivre. L'*obole d'argent* ou *maille d'argent* valait la moitié du denier. On a conservé plusieurs pièces de monnaies qui ont été frappées sous la seconde race, et dont deux pèsent précisément autant qu'un denier de ce temps-là. Ce sont évidemment des oboles. Les sols d'argent ont eu cours jusque sous les premiers règnes de la maison capétienne. Sous la première race, on n'avait d'autre monnaie que celle qui était fabriquée d'après les ordres du roi. Mais, lorsqu'à la fin de la seconde race, les seigneurs s'affranchirent plus ou moins de la domination du souverain, ceux d'entre eux dont les domaines avaient quelque importance, commencèrent à s'arroger le droit de battre monnaie. Chacun de ces barons, soit laïques, soit ecclésiastiques, réglait selon sa volonté le poids des espèces qu'il faisait frapper. C'est pourquoi il n'y a rien de plus fréquent, dans les manuscrits de cette époque, que la distinction des monnaies en sols ou deniers angevins, bordelois, chartrains, mensois, nivernois, poitevins, parisis, toulousins, tournois, valençois, etc. La monnaie parisis était celle que faisaient fabriquer les ducs de France, en la ville de Paris. Quand ces seigneurs furent montés sur le trône, leur monnaie devint la monnaie royale. Ils se réservèrent le droit de faire forger des espèces d'or; mais les vassaux continuèrent à faire frapper des espèces d'argent. Les *sols parisis* étaient de ce dernier métal. Nous ne connaissons pas le poids qu'ils avaient. Ce fut au XIIe siècle que les espèces tournois commencèrent à acquérir la grande importance qu'elles ont conservée jusqu'à la révolution française, surtout depuis qu'en 1143 le roi Louis le Jeune eut acheté la monnaie de Tours où on la fabriquait, et d'où elles tiraient leur nom. Nous trouvons qu'en 1144 le marc d'argent valait quarante sols, et une ordonnance rendue par le roi d'Angleterre, pour le duché de Normandie, prouve que vers 1158 le marc d'argent valait cinquante-trois sols quatre deniers tournois. On a conservé une pièce de monnaie d'argent frappée par Philippe d'Alsace, comte de Flandre, qui fut l'un des parrains de Philippe-Auguste, et qui mourut en 1191, au siége de Saint-Jean-d'Acre. Cette pièce de monnaie porte au revers une bordure de fleurs de lis, ce qui a fait supposer qu'elle était une imitation des gros tournois de Philippe-Auguste, parce que Philippe d'Alsace, n'étant point de la maison royale de France, n'avait point de fleurs de lis dans ses armoiries, et parce qu'en ce temps-là les seigneurs qui jouissaient du droit de battre monnaie, et même les princes voisins de la France, émettaient des espèces semblables à celles du roi, pour qu'elles pussent avoir cours sur ses domaines. Quoi qu'il en soit, Philippe-Auguste fit fabriquer d'autres gros tournois qui ne portaient point cette bordure. Un titre relatif à Odon de Silly, évêque de Paris, prouve qu'au mois d'août 1207, cent marcs d'argent valaient deux cents livres parisis, ce qui porte l'estimation du marc d'argent à quarante sols parisis, ou à cinquante sols tournois, puisque la monnaie tournois n'était équivalente qu'aux quatre cinquièmes de la monnaie parisis. Il en résulte que le sol parisis pesait cent quinze grains et un cinquième d'argent fin, et que le sol tournois pesait quatre-vingt-douze grains et quatre-vingts cinquièmes d'argent fin. On voit, par le testament de Philippe-Auguste, qu'en 1222 le marc d'argent valait cinquante sols tournois. Nous n'avons aucun renseignement considérable sur la valeur de ces espèces pendant le règne de Louis VIII. Une ordonnance qu'il rendit dans la troisième année de son règne fait mention de sols. Saint Louis fit fabriquer une très-grande quantité de *gros tournois d'argent*. Les actes et les écrivains du treizième siècle font continuellement mention de cette monnaie, qui, dans les manuscrits latins, est nommée tantôt *argenteus Turonensis*, tantôt *grossus Turonensis*, et moins souvent *denarius grossus*. L'adjectif *gros* lui a été appliqué parce qu'elle était la plus grosse monnaie d'argent que l'on fabriquât en France, et le mot *tournois* était très-justifié, par ce fait qu'elle était encore réellement frappée à Tours, comme l'indique la légende *Turonus civis* (pour *Turonum civitas*). Le gros tournois de saint Louis pesait trois deniers, sept grains treize vingt-neuvièmes trébuchants. Cinquante-huit gros tournois pesaient un marc; et cinquante-six gros tournois deux tiers, un marc de Montpellier; quant à la loi de ces espèces, deux titres nous montrent qu'elles étaient à onze deniers douze grains d'argent fin, c'est-à-dire qu'il s'en fallait d'un vingt-quatrième qu'elles fussent d'argent fin.

Il paraît certain que le marc d'argent valait sous saint Louis, comme sous Louis le Hutin, cinquante-quatre sols sept deniers tournois. Or, comme en le convertissant en monnaie le roi en tirait cinquante-huit gros tournois, il s'ensuit qu'on prélevait trois sols cinq deniers tournois, c'est-à-dire quatre gros d'argent par marc, pour droit de seigneuriage ou frais de fabrication. Quant au rapport de la monnaie d'argent à la monnaie d'or sous ce règne, le denier d'or à l'agnel, qui pesait trois deniers cinq grains trébuchants, valait dix sols parisis ou douze sols six deniers tournois, ces derniers sols ayant le poids que nous venons d'indiquer plus haut. Il est à remarquer que les gros tournois, dont l'origine ne paraît pas remonter au delà de saint Louis, étaient aussi appelés alors *sols d'argent*, *gros deniers d'argent* et *gros deniers blancs*. Il est plus que douteux que saint Louis, après son retour de la terre sainte, ait fait faire, comme on l'a prétendu, des monnaies portant l'image d'un navire et de coquillages marins, et il est faux que sous son règne les Français se soient servis de monnaies de cuir. L'histoire rapporte que les monnaies de ce prince ont guéri des malades qui les portaient avec dévotion. Or presque toutes celles qui nous sont parvenues sont trouées, probablement parce qu'on les suspendait au cou avec des cordons, comme des médailles de piété.

Monnaies de billon. Il y a eu en France deux sortes de monnaies de billon : l'une, dite de haut billon, renfermait toutes les espèces comprises entre dix et cinq deniers de loi ; l'autre, dite de bas billon, comprenait les espèces inférieures à six deniers de loi. Il n'existe ni preuve, ni trace qu'on se soit servi de monnaies de billon sous les deux premières races de nos rois, quoiqu'il ne soit pas facile de comprendre comment on a pu s'en passer. Le denier, véritable point de départ en cette matière, ayant été d'argent fin sous les Mérovingiens, les Carlovingiens, et les premiers successeurs de Hugues Capet, fut bientôt après soumis à des altérations considérables.

Il serait peut-être téméraire de préciser l'époque où ce changement commença ; mais il n'est nullement probable que ce fût avant 1103. En cette année il y eut un grand affaiblissement de monnaie. On a conservé des deniers de Philippe Ier qui pèsent de vingt à vingt-quatre grains, et qui sont à sept ou huit deniers de loi à peu près; en sorte que, selon l'apparence, l'affaiblissement consista à mêler ensemble un tiers de cuivre et deux tiers d'argent. La majeure partie des deniers que nous avons des règnes de Louis VI et de Louis VII sont de billon, et de poids et de lois très-divers ; mais il paraît certain que sous le premier de ces princes l'affaiblissement n'alla pas jusqu'à introduire dans les deniers tout à fait autant de cuivre que d'argent. On doit observer que la distinction de monnaie tournois et de monnaie parisis existait à l'égard des deniers dès le commencement du règne de Philippe Ier. Elle est faite dans une foule de manuscrits de cette époque, et, selon la proportion indiquée pour la monnaie d'argent, le denier tournois était plus faible d'un cinquième que le denier parisis ; c'est-à-dire que quatre deniers parisis valaient cinq deniers tournois. La *maille* ou *obole* valait la moitié du denier. Après avoir été une monnaie d'argent fin avec le denier, elle est entrée comme lui dans la monnaie de billon. Il y avait des mailles ou oboles parisis et des mailles ou oboles tournois. Une ordonnance rendue à Paris en 1225 par Louis VIII fait mention de deniers et d'oboles. Plusieurs autres rois ont fait fabriquer des oboles après lui.

Saint Louis fit frapper des deniers parisis et des deniers tournois des mêmes poids et loi que furent ensuite ceux de Louis le Hutin ; c'est-à-dire que les deniers parisis étaient à quatre deniers douze grains de loi, et à raison de deux cent vingt et un au marc ; et que les deniers tournois étaient à trois deniers dix-huit grains de loi et à raison de deux cent vingt au marc. Suivant l'évaluation de Louis le Hutin, qui imita Louis IX, quant à la fabrication des monnaies, douze des deniers tournois du saint roi valaient un de ses gros tournois. On sait en outre que le denier à l'agnel d'or fin de saint Louis valait douze sols six deniers tournois. Le denier n'était plus à cette époque, et même quelque temps auparavant, qu'une monnaie de bas billon ; mais il n'était pas encore de cuivre pur, car il ne cessa de contenir de l'argent que sous Henri III. Saint Louis fit faire aussi des oboles parisis. Les statuts que ce prince donna à la ville d'Aigues-Mortes portent mention de l'obole et de la *pougeoise*. La *pougeoise*, aussi appelée *poitevine*, parce qu'elle avait été primitivement usitée dans le Poitou, était la moitié de l'obole, et par conséquent le quart du denier. Il y avait des pougeoises tournois et des pougeoises parisis, suivant l'espèce du denier dont elles étaient la subdivision. L'obole et la pougeoise étaient absolument nécessaires en ce temps-là, parce que le denier était encore fort.

Les espèces de billon que Philippe le Bel fit fabriquer sont : 1° les *doubles parisis ;* 2° les *doubles tournois ;* 3° les *bourgeois doubles ;* 4° les *deniers parisis ;* 5° les *bourgeois simples ;* 6° les *deniers tournois ;* 7° les *mailles bourgeois ;* 8° les *pites*. Toutes ces espèces composaient ce qu'on appellait alors la *monnaie* noire, expression qui servait depuis longtemps à distinguer la monnaie de billon de la monnaie d'argent, dite *monnaie blanche*. Le *double* valait deux deniers ; on le nommait aussi *double denier*, et il y avait, par une conséquence naturelle, le *double parisis* et le *double tournois*. On ne sait pas précisément à quelle époque cette monnaie a paru pour la première fois, mais en 1293 Philippe le Bel ordonna que l'on fabriquât des doubles parisis et des doubles tournois. Les doubles parisis furent aussi connus sous le nom de *royaux doubles parisis*, et les doubles tournois sous celui de *royaux doubles tournois*. Une ordonnance de Philippe le Bel, en date de 1295, porte que « la monnaie noire des royaux parisis doubles a pour prix chacun denier pour deux deniers paris ; et les royaux tournois doubles, chacun denier pour deux petits tournois. » L'adjectif *royal* fut ajouté au nom de ces espèces à cause du mot latin *regalis*, qui faisait partie de la légende du double parisis. Le *bourgeois double* avait la même valeur que le double parisis. Le *denier parisis* était aussi appelé *petit parisis*, ou, par abréviation, *petit paris*. Le *bourgeois simple*, autrement dit *bourgeois single*, équivalait au denier parisis. Le *denier tournois* était souvent nommé *petit tournois*. Une ordonnance royale, en date de 1289, fait mention des deniers parisis et des deniers tournois, sans en déterminer ni le poids, ni la loi. Mais il y est dit que quatre deniers tournois équivalaient à un esterlin. Or à cette époque les esterlins étaient d'argent fin et de cent soixante au marc. Les *mailles bourgeois* étaient de même valeur que les mailles parisis. Les *pites* étaient toujours le quart du denier, et la moitié de la maille ou obole.

Monnaies étrangères. Ce sujet est obscur au point de vue des croisades, et presque tout ce qu'on en saurait dire pourrait être facilement contesté. Le besant est la plus célèbre des monnaies d'or étrangères que les pèlerins aient employée. Le mot *besant*, *Byzantius*, a pour étymologie le nom antique de la capitale de l'empire grec, parce que ce sont les Grecs de Constantinople qui, les premiers, ont fabriqué l'espèce qu'il représente. Chacune de ces pièces de monnaie portait le nom de l'empereur sous le règne duquel elle avait été frappée ; ainsi en parlant d'un besant, on disait un *Michel*, un *Constantin*, comme les Français ont dit plus tard de leurs pièces d'or nationales un *Louis*, un *Napoléon*. Il y avait d'autres espèces du même métal qui étaient des subdivisions du besant grec ; c'étaient le *semi*, ou demi-besant, le tiers du besant, et la pièce nommée *tarteron* par nos chroniqueurs, laquelle équivalait à un quart du besant. On se servait, aussi parmi les Grecs, d'un sol d'or que les pèlerins appelèrent *pourpré*, par corruption du mot hellénique. Il paraît qu'il valait environ sept sols parisis. Les croisés reçurent encore des Grecs deux autres sortes de monnaie d'or : l'une, nommée *stétère*, semble avoir valu à peu près la moitié du *pourpré* ; l'autre, nommée *scyphati*, était creuse et ne paraît pas pouvoir être évaluée aujourd'hui. Les *florins de Florence*, dont ceux de France ont été l'imitation, étaient une monnaie trop répandue en Europe pour n'avoir pas été fort usitée dans les croisades. Nous voyons, par une ordonnance que Philippe le Bel rendit en juin 1313, que les florins de Florence de soixante-dix au marc avaient cours en France pour douze sols deux oboles, et que ceux de soixante-douze au marc avaient cours pour onze sols dix oboles. *Le marabotin* eut un rôle important dans les croisades. Il est désigné dans les manuscrits de cette époque par les mots *marabatinus*, *marabutinus*, *marbotinus*, *marmotinus*, *maurabotinus*, *morbotinus*, et surtout *marabotinus*. C'était une monnaie d'or qui, selon toute apparence, avait eu pour premiers auteurs les habitants, soit chrétiens, soit mahométans, de la Péninsule hispanique. De là elle s'était répandue dans les provinces méridionales de la France. En 1197 Henri II, roi d'Angleterre et duc d'Aquitaine, condamna par sentence arbitrale Alphonse, roi de Castille, à payer annuellement, pendant dix ans, trois mille marabotins à Sanche, roi de Navarre. Les rois d'Aragon faisaient très-certainement frapper des marabotins dès le XIIIe siècle, et c'est sans doute pour cela qu'il est si souvent question de cette monnaie dans les titres relatifs aux habitants de Montpellier, ville soumise alors à la domination aragonaise. Enfin, dans un traité de paix conclu en 1190 entre Philippe le Bel, roi de France, et le roi de Castille, on voit que la reine Blanche de Castille, mère de saint Louis, avait reçu en dot vingt-quatre mille marabotins. Des provinces méridionales, les marabotins s'étaient plus ou moins répandus dans le reste de la France ; mais il n'est pas facile d'en assigner très-exactement la valeur. On sait néanmoins que les consuls de Montpellier s'étant rendus à Rome, s'engagèrent envers Innocent III à payer annuellement au saint-siége, en reconnaissance de la protection pontificale, cent marabotins, comme équivalent de deux marcs d'or. A ce compte, le marabotin devait peser en ce temps-là quarante-six grains et deux vingt-cinquièmes. Nicolas d'Aragon, qui fut élevé en 1356 à la pourpre romaine, dit qu'à cette époque un marabotin équivalait à un florin. Or le florin d'alors était d'or et pesait soixante-six grains.

Il y avait en Espagne des *maravédis d'or* qui, en 1220, pesaient chacun quatre-vingt-quatre grains. Mais bientôt après ils subirent un tel affaiblissement qu'il fallait six des nouveaux pour équivaloir à un des anciens.

Les Musulmans avaient aussi des monnaies d'or qui leur étaient propres, et parmi lesquelles on distingue, 1° le *dinar*, espèce d'or à peu près égale en poids au besant grec, et en valeur au ducat de Hongrie et au sequin de Venise ; 2° le *saltenin*, espèce d'or égyptienne à peu près équivalente au dinar ; 3° le *besant*, espèce d'or aussi, qu'il importe de ne pas confondre avec le besant grec, quoiqu'il en eût emprunté le nom, et que les Sarrasins frappaient eux-mêmes. Joinville assure que cette monnaie avait cours dans l'armée chrétienne, et il l'appelle *besant d'or sarrasinois*. Il dit en outre que la rançon que le roi saint Louis s'engagea à payer, pour les prisonniers, s'élevait à huit cent mille besants, qui valaient quatre cent mille livres. D'où il résulte que chaque besant valait dix sols.

Parmi les monnaies d'argent étrangères qui ont eu cours pendant les croisades, il faut surtout remarquer l'*esterlin*. C'était une espèce propre aux royaumes d'Angleterre et d'Ecosse. Comme, à cette époque, les rois d'Angleterre possédaient, sous la suzeraineté des rois de France, une vaste partie du territoire de notre monarchie, leur monnaie d'outre-Manche était fort répandue dans les autres provinces françaises. De là elle passa en Orient avec les pèlerins. Un titre écrit sous le règne de notre roi Louis VII constate, qu'un peu avant 1138, le marc d'argent valait treize sols quatre deniers esterlins.

Au parlement de la Toussaint de l'année 1262, saint Louis rendit une ordonnance par laquelle il donna cours aux esterlins pour quatre deniers tournois chacun, jusqu'à la mi-août de l'année suivante ; époque après laquelle il les décria absolument et défendit qu'on passât aucune convention, dans ses Etats, en monnaie d'esterlins. Cela prouve que les Français faisaient alors un très-grand usage de ces espèces. Une ordonnance de Philippe le Bel, publiée en 1289, prescrivit que les esterlins qui étaient de poids n'eussent cours en France que pour quatre deniers tournois seulement. Un traité, qui fut conclu en 1290 entre le même roi de France et le roi de Castille, porte évaluation du bon denier sterlin à quatre deniers tournois. En 1295, l'ambassadeur de Norwége donna une quittance par laquelle il reconnaissait avoir reçu du roi, pour valeur d'un navire équipé, cinq cents marcs de bons et loyaux esterlins, monnaie d'Angleterre et d'Écosse, du poids de treize sols quatre deniers pour marc. Or ce poids est exactement le même qui est indiqué dans le titre que nous avons cité; et il semble qu'on est autorisé à conclure de tous ces documents que durant cette période, qui embrasse cent trente-sept ans, les esterlins n'ont changé ni de poids ni de loi.

Les chroniqueurs des croisades font souvent mention d'une monnaie italienne frappée à Lucques, et appelée *lucquoise*. La valeur de cette espèce était à peu près égale à celle de l'obole française d'argent.

Monnaie de compte, ou *numéraire*, ou *imaginaire*. Depuis le règne de Charlemagne, presque tous les peuples de l'Occident se sont servis de la livre comme monnaie. La livre et le sol, aussi bien que le denier, considéré comme subdivision de la livre, ont toujours été en France des monnaies fictives ; puisque nous n'avons jamais eu d'espèce métallique, soit nommée *livre* et équivalente à vingt parties égales entre elles et nommées sols, soit par conséquent nommée *sol* et équivalente à la vingtième partie de cette livre, soit enfin nommée *denier* et équivalente à la douzième partie de ce sol et à la deux cent quarantième partie de cette livre. Mais comme, sous les deux premières races de nos rois, le poids de marc, composé de huit onces, n'était point connu ou du moins employé quant à l'appréciation des métaux, et que l'on se servait à cet effet de la livre romaine, qui pesait douze onces, Pepin, peu de temps après être monté sur le trône, décida qu'on taillerait vingt-deux sols dans la masse d'argent faisant équilibre à ce dernier poids, et Charlemagne restreignit cette proportion à ce que de douze onces d'argent on ne tirât plus que vingt sols. Sous son règne le sol fut donc réellement la vingtième partie de la livre d'argent ; et l'immense autorité attachée à son nom comme à ses actes fit qu'après sa mort on continua à appeler livre une collection de vingt sols, lors même qu'il n'y eut plus de sols équivalents chacun au vingtième d'une masse d'argent de douze onces. Ainsi ce fut la livre poids des Romains qui donna lieu à la livre numéraire ; mais on conçoit que celle-ci dut suivre les variations du système monétaire. Depuis Charlemagne jusqu'à Philippe Ier, les sols n'ont point cessé d'être d'argent, et vingt sols eurent constamment un poids à peu près égal à celui de douze onces. En divisant en douze parties le poids qu'avait le sol à cette époque, on aura dans chacune d'elles celui du denier, deux cent quarantième de la livre. En 1103 on commença à allier le cuivre avec l'argent dans la fabrication des deniers, qui jusque-là avaient été d'argent fin, et la proportion du mélange fut un tiers de cuivre et deux tiers d'argent. Donc la livre de compte n'avait plus alors que les deux tiers de la valeur à laquelle elle s'était élevée sous le règne de Charlemagne. En 1113, Louis le Gros fit subir un nouvel affaiblissement à la monnaie d'argent, et par conséquent à la monnaie numéraire. Les deniers de cette époque continrent presque autant de cuivre que d'argent ; mais comme ils ne conservèrent point un poids uniforme sous le règne de Louis le Gros et sous celui de Louis le Jeune, il n'est pas possible de déterminer la perturbation qui fut ainsi produite. En 1120, il y eut un nouvel affaiblissement des monnaies d'argent : on n'en peut assigner l'importance En 1144, époque où l'on se servait du poids de marc, le marc d'argent était estimé quarante sols, et la livre numéraire valait quatre onces d'argent fin. Depuis l'année 1207 jusqu'à la fin du règne de Philippe-Auguste au moins, la livre dut valoir trois onces, un gros, un denier dix-neuf grains et un cinquième, d'argent fin. Elle ne valait plus que deux onces, sept gros, un denier, huit grains et quelque chose d'argent fin quand, en 1226, sous le règne de saint Louis, on commença à fabriquer des gros tournois, dont chacun se subdivisait en douze deniers tournois comme le sol de compte. Le système monétaire de saint Louis devait être excellent ; car lorsqu'on s'en est écarté sous les règnes suivants, la nation a toujours demandé que l'on y revînt. A mesure qu'on en a plus complétement méconnu les principes, la livre numéraire a baissé de valeur.

MOSQUÉE D'OMAR. Le calife Omar ayant fait la conquête de Jérusalem, au commencement de l'année 638, jeta, sur l'emplacement du temple de Salomon, qui occupait le sommet du mont Moriah, les fondements d'une mosquée qu'on trouve souvent désignée, dans les historiens, sous le nom de *Temple de Salomon*. Cette mosquée fut ensuite considérablement embellie par le calife Abd-el-Malek, cinquième calife ommiade, qui régna de 685 à 705. Comme la Mecque était alors au pouvoir d'Abdallah, qui prenait le titre de calife et se posait en rival du calife ommiade de Damas, Abdel-Malek, pour transporter le pèlerinage des Musulmans de la Mecque à Jérusalem, fit mettre dans la mosquée bâtie par Omar, dans cette dernière ville, la pierre sur laquelle on prétendait que le patriarche Jacob reposait sa tête, lorsqu'il vit l'échelle mystérieuse qui conduisait de la terre au ciel. C'était pour que cette pierre tînt lieu de la pierre noire que les Musulmans vont religieusement baiser dans la mosquée de la Caaba (*Voy.* l'art. Mahométisme). La mosquée d'Omar est un monument octogone, surmonté d'une lanterne également octogone, qui est recouverte d'un dôme. Une flèche terminée par un croissant domine tout l'édifice, dont les murs extérieurs, revêtus de briques peintes de couleurs diverses, produisent un brillant effet. La mosquée s'élève au milieu d'un parvis, exhaussé par un autre parvis plus grand, qu'environnent douze portiques irréguliers. Parmi les chapelles qui dépendent de la mosquée, une grande vénération s'attache à celle de la Roche ou de la *Sacra*, où est la pierre sur laquelle aurait reposé la tête de Jacob, et où les Musulmans prétendent qu'est l'empreinte que laissa le pied de Mahomet montant au ciel. Aussi les Mahométans vénèrent-ils la mosquée d'Omar au point de la mettre en parallèle avec celle de la Mecque. Ils l'appellent la mosquée *Alacsa*, la *Reculée*, parce qu'ils s'y rendent en pèlerinage des contrées les plus éloignées. *Remotissimum templum sic dicitur, quia ex remotissimis quibusque regionibus ad Deum in illo tempore præcipue colendum mortales confluunt*, dit Meninski, dans son *Lexicon arabico-persico-turcicum.*

Après la prise de Jérusalem par les premiers croisés, en 1099, la mosquée d'Omar fut consacrée au culte chrétien. Mais Ibn-Alatir rapporte qu'un des premiers soins de Saladin, lorsqu'il se fut emparé de Jérusalem, après la bataille de Tibériade, en 1187, fut de faire restaurer la mosquée bâtie par Omar, et qu'il fournit, pour cet objet, des marbres, de l'argent doré de Constantinople, et d'autres objets de prix. Il ajoute que les Musulmans, qui ont les images en horreur, ne laissèrent pas le moindre vestige des figures que les chrétiens avaient représentées dans la mosquée. Un autre écrivain arabe nous apprend que tous les princes de la famille de Saladin, à commencer par Malek-Adel, s'empressèrent de venir rendre hommage à Dieu, dans la mosquée d'Omar. Teki-Eddin, neveu du sultan, fit plus encore : il se rendit, avec une grande suite, à la chapelle de la Sacra, et, prenant lui-même un balai, il nettoya le sol; il lava ensuite avec de l'eau les murs et les lambris, à plusieurs reprises; puis il y jeta de l'eau de son; et après avoir ainsi purifié ce saint lieu, il distribua d'abondantes aumônes aux pauvres. Afdal et Aziz, fils de Saladin, déposèrent leurs armes dans la chapelle, pour montrer qu'ils n'avaient en vue, dans cette guerre, que la gloire de Dieu. Le sultan fit rétablir dans son ancien état cette chapelle, et la roche, où les Musulmans prétendent qu'est l'empreinte du pied de Mahomet, fut revêtue d'une grille de fer. Ibn-Alatir nous apprend qu'il y avait, sur la coupole de la Sacra, une grande croix d'or. Le jour où la ville se rendit, plusieurs Musulmans montèrent, pour l'abattre, au haut de la coupole. A ce spectacle, les yeux des chrétiens aussi bien que ceux des Musulmans se tournerent de ce côté. Quand la croix tomba, il s'éleva un cri général dans la ville et aux environs; c'étaient des cris de joie de la part des Musulmans, et des cris de douleur de la part des chrétiens. Le sultan fit rétablir le mihrab de la mosquée, c'est-à-dire la partie du temple qui est du côté de la Mecque, devant laquelle les Templiers avaient élevé un mur. Saladin y fit placer une inscription en lettres d'or, qui était ainsi conçue : « Au nom du Dieu clément et miséricordieux. Ce saint mihrab a été rétabli, et la mosquée Alacsa, ouvrage de la piété des fidèles, a été restaurée par ordre du serviteur et ami de Dieu, Joseph, fils d'Ayoub, le victorieux Malek-Nasser Saladin, lorsque Dieu lui ouvrit les portes de la ville sainte, dans le cours de l'année 583 (de l'hégire). Il prie Dieu de lui faire la grâce qu'il lui soit reconnaissant de ce bienfait, et de lui accorder une bonne part à ses bontés et à sa miséricorde. » Comme il est toujours interdit aux chrétiens, non-seulement d'entrer dans la mosquée, mais même d'en approcher, nous n'avons pu vérifier par nous-même, dans notre pèlerinage à Jérusalem, si cette inscription existe encore.

En 1243, le sultan du Caire voulut, suivant la tendance des successeurs de Saladin, réunir la possession de la Syrie à celle de l'Egypte. Tous les petits princes de la Syrie se soulevèrent contre cette prétention, et implorèrent l'appui des Francs. Pour les attirer à leur alliance, ils leur remirent de nouveau Jérusalem avec Tibériade, Ascalon et quelques autres villes. Les chrétiens furent donc encore une fois maîtres de la ville sainte. L'historien arabe Djémal-Eddin la visita alors, et il remarque avec étonnement qu'il vit les chrétiens non-seulement en possession de l'église du Saint-Sépulcre, mais de la mosquée d'Omar, et des autres lieux consacrés par les souvenirs de l'islamisme. Mais les chrétiens ne tardèrent pas à être chassés de Jérusalem par les Kharizmiens, et la ville sainte retomba ensuite au pouvoir des Musulmans, qui rétablirent le culte mahométan dans la mosquée d'Omar.

MUSULMAN est une altération du mot arabe *muslim*, qui veut dire celui qui suit la religion qui est une consécration à Dieu, c'est-à-dire l'islamisme. Musulman signifie donc sectateur fidèle, orthodoxe, de la religion de Mahomet.

N

NICOLAS IV avait appartenu à l'ordre de Frères Mineurs, et il était cardinal évêque de Palestrina, au moment de son exaltation. Une science profonde, et d'autres belles qualités, le désignaient si naturellement aux suffrages du sacré collége, que l'élection eut lieu à l'unanimité, et sur un seul tour de scrutin, le 15 février 1288. Mais Nicolas renonça à monter sur le trône de saint Pierre, fut réélu, renonça encore, et ne se soumit que le 22 à la volonté persistante de ses collègues. On lui doit l'érection de l'Université de Montpellier, qui eut lieu en 1289. Les intérêts des chrétiens de Palestine ne tardèrent pas à appeler toute sa sollicitude. Les *Actes de Rymer* citent une lettre écrite de Viterbe, et datée du mois d'avril 1291, par laquelle Nicolas IV ordonnait la prédication d'une croisade générale, dans toute la chrétienté, et accordait des indulgences, des immunités et des priviléges, à tous ceux qui avaient déjà reçu ou qui prendraient la croix.

Après avoir fait le récit de la prise d'Acre, Villani ajoute, dans ses *Istorie Fiorentine :* « Lorsque la nouvelle de ce malheureux événement fut parvenue en Europe, le pape accorda de grandes indulgences à ceux qui iraient au secours de la terre sainte. Il envoya dire à tous les princes chrétiens, qu'il voulait ordonner un passage général; il prononça de grandes excommunications contre tout chrétien qui irait en Egypte avec des marchandises, ou des provisions, ou du bois, ou du fer, ou tout autre moyen de secours. » Nicolas poussa le zèle jusqu'à écrire au khan des Tartares, qu'il espérait faire entrer dans ses vues. Mais ses efforts furent interrompus par la mort, qui le frappa, le 4 avril 1292.

NOBLESSE. La noblesse acheva de se constituer à l'époque des croisades, par l'adoption des noms de famille. Avant l'établissement de cet usage, il ne pouvait exister qu'une sorte de noblesse individuelle, qui ne rejaillissait guère que du père sur le fils; mais aux noms de famille s'attacha la tradition des races, qui, excepté pour les maisons princières, se perdait auparavant, ou devenait incertaine après deux ou trois générations. Bien qu'il existât des noms de famille avant les croisades, ce furent ces expéditions qui en firent sentir plus généralement le besoin, qui en démontrèrent la nécessité. Comment se reconnaître, en effet, au milieu de la multitude des croisés, dans ces armées si considérables, et plus nombreuses que toutes celles que l'Europe avait jamais rassemblées, sans ces signes distinctifs ? Il devint indispensable d'ajouter un nom particulier à celui de Baudouin, de Guillaume ou de Robert, pour distinguer les uns des autres tous ceux qui portaient également ces noms de baptême. On prit le surnom ou de sa propriété, ou du lieu de sa naissance, ou de quelque emploi, ou de quelque profession, ou de quelque exploit, ou enfin de quelque qualité ou particularité corporelle, et on s'appela *le Gaucher*, *le Roux*, etc. C'est ainsi que commencèrent les noms de famille, qui donnèrent à la noblesse une consistance qui lui avait manqué jusque-là.

Il résulte de l'influence exercée par les croisades sur la noblesse, que celle-ci, placée entre le trône, que souvent elle bravait, et le peuple, qu'elle opprimait, perdit des deux côtés une partie de sa puissance. Elle subit alors une véritable métamorphose ; elle fut contrainte de dépouiller peu à peu son ancienne existence, pour en prendre une toute différente : au lieu de former une réunion de petits souverains, vassaux souvent rebelles, maîtres toujours durs, et d'être aussi redoutable à la royauté qu'hostile à toute sécurité publique, la noblesse devint un des ordres de l'Etat, et concourut à son maintien, à sa protection et à sa gloire. Les Ordres militaires, dont l'utile création date de la même époque, offrirent à la noblesse des dédommagements de la diminution d'influence que les croisades lui firent éprouver. Les circonstances lui permirent d'acquérir en illustration ce qu'elle avait perdu en puissance. Et, comme la splendeur acquise dans une lutte où il s'agissait de la défense des intérêts les plus sacrés de l'humanité était de très-bon aloi, il en résulta que la noblesse se couvrit, dans les croisades, d'un lustre qui lui permit de jouer le rôle brillant auquel elle était appelée dans la société chrétienne, telle qu'elle s'est constituée en Europe, aux XIIe et XIIIe siècles.

NOUR-EDDIN MAHMOUD, que nos chroniqueurs appellent *Noradin*, était fils du fameux Zenghi, fondateur de la dynastie des Atabeks de Syrie. On lit dans Aboulfarage que Zenghi laissa plusieurs enfants, entre autres Séif-Eddin et Nour-Eddin, qui se partagèrent ses Etats les armes à la main. Séif-Eddin s'empara de Mossoul, et Nour-Eddin d'Alep. Cependant ils se défiaient l'un de l'autre ; Nour-Eddin avait peur que son frère, qui était l'aîné, ne voulût le dépouiller. Mais, comme il était à craindre que les Francs ne profitassent du désordre pour reconquérir leurs anciennes propriétés, les deux frères convinrent que chacun garderait ce qu'il possédait, et qu'ils auraient une entrevue. Séif-Eddin s'avança donc vers la Syrie, et Nour-Eddin alla à sa rencontre. Du plus loin que Nour-Eddin vit son frère, il descendit de cheval, et baisa la terre par respect. Séif-Eddin mit aussi pied à terre et ils s'embrassèrent ; ils étaient l'un et l'autre attendris jusqu'aux larmes. Ils se donnèrent réciproquement de grandes marques d'attachement et retournèrent ensuite chacun dans ses Etats.

Tous les Musulmans d'un rang élevé portaient, dans un temps d'enthousiasme religieux, des surnoms qui attestaient leur piété et leur zèle pour l'islamisme : Nour-Eddin veut dire *lumière de la religion*. Les événements de la vie de ce grand et redoutable ennemi des chrétiens sont sommairement exposés à l'article *Atabek*.

C'était la coutume de Nour-Eddin de ne jamais s'emparer d'un pays musulman à moins que d'y être forcé par la nécessité, comme quand il s'agissait de sauver ce pays des mains des chrétiens. Tel fut le motif qui le porta successivement à s'emparer de Damas et de l'Egypte. Ainsi lorsque Kilidje-Arslan, sultan d'Iconium, l'obligea à lui faire la guerre, et qu'il fut ensuite réduit à demander la paix, Nour-Eddin n'y consentit qu'à deux conditions, sur lesquelles il déclara qu'il serait inflexible. « Par la première, lui dit-il, je veux que tu renouvelles entre les mains de mon envoyé ta profession de foi de l'islamisme, afin que je puisse en toute sûreté de conscience te laisser régner sur un pays musulman. Car, entre nous, je ne te crois pas bon croyant (Kilidje-Arslan était accusé d'avoir embrassé la secte des *philosophes;* voir à l'article MAHOMÉTISME ce qu'était cette secte). Par la seconde, je veux que tu mettes à ma disposition les troupes dont j'ai besoin dans la guerre sacrée ; car tu règnes sur une vaste étendue de pays, et tu laisses en paix les Grecs, tes voisins ; tu ne leur fais pas la guerre : bien au contraire, tu traites avec eux. Or, il faut que tu m'envoies une partie de ton armée pour que je l'emploie contre les chrétiens, ou tu ne peux pas te dispenser de tomber sur les Grecs pour t'agrandir à leurs dépens. » Nour-Eddin faisait réellement, comme on le voit, de la guerre contre les chrétiens une véritable guerre de religion. A ses yeux, il n'était pas nécessaire, pour les attaquer, d'avoir quelque grief politique à leur reprocher, des intérêts à défendre, une agression à repousser ; il suffisait qu'ils fussent chrétiens, et qu'on fût assez fort pour les écraser. Par une suite de cette même disposition, il se montra dur envers les chrétiens ses sujets. Il était dans l'usage d'exiger de tous les princes qui étaient ses tributaires une espèce de contingent pour les guerres contre les chrétiens.

Lorsque Nour-Eddin était occupé à rallier ses troupes sur les bords du lac d'Emèse, après la défaite que lui avaient fait éprouver les chrétiens au château des Curdes, quelqu'un lui ayant dit qu'il n'était pas prudent de demeurer en ce lieu, où les Francs pouvaient le venir attaquer, il répondit vivement : « Pourvu que j'aie seulement mille cavaliers avec moi, je cours au-devant d'eux et ne m'inquiète pas de leur nombre. Par Dieu ! je ne coucherai pas sous un toit que je n'aie vengé l'islamisme et moi-même. » Tandis qu'il se disposait ensuite à reprendre l'offensive contre les chrétiens, on lui fit observer qu'il ne pouvait pas compter sur la victoire, lorsqu'on buvait du vin dans son camp, qu'on y entendait la flûte et le tambourin (un passage du Coran défend la musique), et qu'on y voyait d'autres objets également abhorrés de Dieu. Nour-Eddin fut touché de ces reproches, et, suivant l'expression de Kemal-Eddin, il promit au Seigneur de faire pénitence. Il quitta, en effet, l'habit qu'il avait sur lui pour en prendre un d'une étoffe grossière, il coucha sur la dure, s'abstint de tous les plaisirs sensuels, et abolit dans ses Etats les usages contraires à la loi du prophète.

Nour-Eddin vit avec une peine profonde l'élévation de Schirkou et ensuite celle de Saladin au poste de vizir du calife d'Egypte. Autant il avait eu de joie de la conquête de ce pays, autant il en eut plus tard de regret. On assure qu'il confessa, en mourant, que sa plus grande faute était d'avoir renvoyé Schirkou en Egypte, surtout lorsqu'il connaissait l'ambition démesurée de cet émir. Il avoua qu'il redoutait Saladin, et qu'il craignait beaucoup pour son fils. « Quand je serai mort, dit-il à ceux qui l'entouraient, prenez mon fils Ismaël, et menez-le dans Alep ; c'est la seule ville qui lui restera de toutes mes provinces. » Nour-Eddin ne se trompa pas.

Nour-Eddin était enfin décidé à aller en Egypte punir Saladin de sa négligence pour la guerre sacrée, qui n'était que le calcul d'une politique qui visait à l'indépendance, lorsqu'il mourut à Damas d'une esquinancie, à l'âge de cinquante-huit ans, le 12 avril 1173, et non 1174, comme l'indique l'*Art de vérifier les dates*, puisque Amaury Ier, roi de Jérusalem, qui survécut au prince musulman, mourut le 11 juillet 1173. Ce prince a joué un si grand rôle dans l'histoire des croisades, que nous ne craignons pas d'étendre, pour le faire connaître, l'extrait de ce qu'a dit de lui l'auteur de l'*Histoire des Atabeks*, qui l'avait connu dans sa jeunesse. L'intention d'un panégyriste perce dans ces détails ; mais ils sont intéressants comme peinture des mœurs et des institutions musulmanes à cette époque. Nour-Eddin avait le teint brun, la taille élevée, et il n'avait de barbe que sous le menton. Son front était large, sa figure agréable, ses yeux respiraient la douceur. Il laissa un vaste empire en mourant ; car il régnait sur la principauté de Mossoul, sur une partie de la Mésopotamie, sur la Syrie, sur l'Egypte et sur l'Arabie heureuse. Il remplit le monde entier du bruit de sa justice, et les hommes comme lui sont peu communs. Malgré l'étendue de ses Etats, la quantité de ses revenus, l'opulence de ses provinces, il se nourrissait, s'habillait et s'entretenait avec le seul produit d'un bien qu'il avait acheté de sa part du butin fait sur l'ennemi. A l'égard des revenus publics, il prenait l'avis des docteurs de la loi, et il ne se réservait de cet argent que ce que les docteurs lui avaient permis d'appliquer à son usage. Dans ses vêtements, il s'interdisait les objets contraires à la religion, la soie, l'or, l'argent ; il s'abstenait aussi de vin et n'en permettait pas la vente dans ses Etats ; il ne voulait pas qu'on y en introduisît, sous quelque prétexte que ce fût; et si quelqu'un était surpris en contravention, il le faisait punir suivant toute la rigueur des lois, sans faire à cet égard de différence pour personne. Il était très-fervent à la prière, et y consacrait un temps considérable. Le jour, il lisait quelque chapitre du Coran ; à l'entrée de la nuit, il faisait la prière du soir et se couchait; il s'éveillait vers le milieu de la nuit, faisait son ablution, et continuait sa prière jusqu'au jour; alors il sortait à cheval ou s'occupait d'affaires. La pension que Nour-Eddin faisait à sa femme était fort modique et ne suffisait pas à l'entretien de la princesse. Elle lui fit demander une fois une augmentation de pension. A cette demande, Nour-Eddin se fâcha ; le rouge lui monta au visage, et il dit : « Mais où veut-elle que je prenne de quoi fournir à sa dépense? Je n'irai pas pour elle me faire condamner au feu de l'enfer. Si elle croit que l'argent qui est en ma garde m'appartient, elle se trompe; cet argent appartient aux Musulmans; je ne suis que leur trésorier, et je ne veux pas, pour lui faire plaisir, me rendre dépositaire infidèle. » Réfléchissant ensuite un moment, il ajouta : « Cependant il me reste encore trois boutiques à Emèse ; elle peut les prendre, si elle veut, je les lui abandonne. » Mais ces trois boutiques étaient d'un petit revenu. Avec Nour-Eddin Dieu revint pour ainsi dire sur la terre. Il donna aux rois de son temps l'exemple d'une vie pure et juste, et remit en honneur les préceptes de la religion dans le boire et dans le manger et dans les vêtements. Il rendait également la justice à tout le monde, protégeant l'opprimé contre l'oppresseur. Grands et petits, tous étaient égaux devant lui; il écoutait lui-même les plaintes des malheureux : il prenait connaissance de leurs affaires. Une preuve de l'amour de Nour-Eddin pour la justice, c'est qu'à la différence des princes de son temps, qui, au moindre soupçon ou sur la plus légère présomption, condamnaient les accusés aux supplices et à la torture, il défendit toute espèce d'épreuves de ce genre. Nour-Eddin est le premier qui ait institué une cour de justice, qui était chargée de prendre connaissance des délits contre les particuliers. C'était, à ce qu'il paraît, une espèce de cour d'appel qui jugeait en dernier ressort, et où le prince siégeait lui-même deux fois la semaine. Nour-Eddin s'acquit aussi un grand renom par sa bravoure et son adresse dans les armes. Il fut sans contredit le premier homme de son temps dans l'art de la guerre. Il était aussi très-fort au jeu du mail, qui se faisait à cheval.

Nour-Eddin a rendu à l'islamisme des services immenses. C'est lui qui a fait construire en Syrie les forteresses de Damas, d'Alep, d'Emèse, de Hama. Il a fait bâtir un grand nombre de colléges, d'hôpitaux, de khans ou caravanserais, de mosquées et d'établissements de piété. Un jour il apprit qu'il y avait à Damas un homme qui partageait l'erreur de ceux qui assimilent Dieu à la créature (les anthropomorphites), et qui, par un extérieur modeste et recueilli, cherchait à faire des prosélytes. Aussitôt il le fait venir, le fait monter sur un âne, et ordonne de le promener par toute la ville, suivi de gens chargés de le souffleter, et d'un héraut qui criait : « Ainsi on récompense ceux qui prêchent l'erreur en matière de religion. » Ensuite il le bannit pour toujours de la ville. L'éloge des qualités de Nour-Eddin est certainement très-exagéré sous la plume de l'historien des Atabeks. Il faut cependant remarquer que les chroniqueurs chrétiens se sont associés à cet éloge dans une certaine mesure. L'auteur arabe avoue d'ailleurs que Nour-Eddin savait, au besoin, recourir à la ruse, à l'artifice, à la supercherie ; c'était surtout contre les Francs, que Dieu confonde! ajoute l'historien musulman. En rapportant la mort de Nour-Eddin, Guillaume de Tyr ajoute que ce fut « le plus grand ennemi du nom chrétien; mais, au demeurant, prince juste, fin, sage et religieux, suivant les principes de sa religion. » La sévérité de ses principes lui valut de n'être pas regretté, même des membres de sa famille. Aboulfarage nous apprend que le neveu de Nour-Eddin, Séif-Eddin, prince de Mossoul, fut si joyeux de le savoir mort, qu'à la nouvelle de cet événement, il fit publier dans ses Etats qu'il accordait à tous ses sujets la permission de se divertir et de boire jusqu'à l'ivresse.

O

OMMIADES. Moaviah, sixième successeur de Mahomet, rendit le califat héréditaire dans sa famille, qui est connue sous le nom de dynastie des Ommiades, parce que son fondateur était arrière-petit-fils d'Ommiah, cousin-germain du grand-père de Mahomet. Cette dynastie, dont la résidence était Damas, régna sur l'empire arabe de l'an 661 à l'an 750, sous quatorze califes, dont le dernier, Merwan II, fut renversé du trône par Aboul-Abbas, chef de la dynastie des Abbassides. Dépossédés du califat en Asie, les Ommiades allèrent régner en Espagne sur un démembrement du vaste empire des Arabes.

ORIENT A L'ÉPOQUE DES CROISADES. Lorsque les croisés parurent sur la scène de l'Orient, à la fin du onzième siècle, ces contrées présentaient le spectacle du désordre. On peut voir, à l'article *Empire des Grecs*, qu'il ne restait aux successeurs de Constantin, quoiqu'ils se parassent encore du vain titre d'empereurs romains, que de faibles débris de leur ancienne puissance. Presque tous les pays situés au delà du Bosphore avaient subi le joug de la religion abrutissante de

Mahomet. Mais l'empire arabe fondé par les continuateurs de l'œuvre du faux prophète était dissous; une nouvelle couche de conquérants, venus du fond de la Tartarie, avait recouvert celle qui avait soumis à la loi du Coran l'Asie occidentale, l'Afrique septentrionale, la péninsule hispanique, la France méridionale et la plupart des îles de la Méditerranée ; la domination turque s'était substituée à la domination arabe. L'Asie Mineure, qui venait d'être conquise à l'islamisme, l'avait été par le cimeterre des Turcs Seldjoucides, qui, maîtres des domaines des califes de Bagdad, qu'ils avaient réduits à la seule puissance spirituelle, menaçait à la fois Constantinople et l'Egypte. Les divisions religieuses aggravaient l'état de trouble qui résultait des divisions politiques. Les califes fatimites d'Egypte prétendaient être les légitimes vicaires de Mahomet, tandis que les califes abbassides de Bagdad traitaient d'hérétiques les descendants de Fatime. L'autorité spirituelle de ces derniers ne s'étendait pas au delà des limites de leur souveraineté politique ; celle des pontifes de Bagdad était reconnue partout où régnaient les Turcs, qui s'étaient convertis à l'islamisme sous leurs auspices. La situation des deux califes était d'ailleurs à peu près la même : celui de Bagdad était comme prisonnier des Turcs dans sa capitale, et celui du Caire vivait enfermé dans son sérail, tandis que son vizir gouvernait ses Etats en son nom.

Les Turcs avaient apporté avec eux du Turkestan une espèce de gouvernement féodal, qu'ils ont établi dans tous les pays dont ils se sont emparés. Dans la Tartarie, le grand khan avait sous sa dépendance plusieurs autres khans inférieurs, qui lui payaient un tribut, et qui venaient lui rendre hommage en certaines circonstances. Ces petits khans étaient d'ailleurs tout à fait indépendants du grand khan dans leurs gouvernements, qui passaient de droit à leurs enfants, à la condition toutefois du renouvellement de l'investiture par le grand khan. Il en fut de même dans l'empire que fondèrent les Turcs Seldjoucides. Les sultans donnèrent les provinces et les villes ou à des princes de leur famille, ou à ceux de leurs officiers qu'ils voulaient récompenser des services qu'ils en avaient reçus. Ces gouverneurs recueillaient les tributs qu'ils envoyaient aux sultans, faisaient prononcer leur nom le premier dans la prière publique, se présentaient de temps en temps à la cour, et prenaient part aux expéditions militaires qui intéressaient le sultan ou le bien général de la nation; mais, en s'acquittant de ces devoirs, ils étaient maîtres absolus dans leurs gouvernements, et pouvaient faire la guerre en leur propre nom à leurs voisins, qui étaient souvent sujets du même prince qu'eux-mêmes. Le sultan ne prenait aucune part à ces différends particuliers, et laissait ses émirs se dépouiller les uns les autres; souvent même à force d'argent, ils obtenaient de lui l'investiture des pays qu'ils avaient conquis sur d'autres émirs. C'est ainsi qu'ils parvinrent par degrés à une souveraineté totalement indépendante, à mesure que l'autorité des sultans s'affaiblissait. Un passage de l'*Histoire des Atabeks* jette quelque jour sur la féodalité musulmane, dont la décadence favorisa l'établissement des chrétiens en Orient. L'auteur de cette histoire rapporte que le fameux Zenghi ne voulait pas que ses émirs achetassent des terres, et qu'il leur disait à ce sujet: « Tant que je serai maître du pays, quel besoin avez-vous de propriétés ? Les terres et les bénéfices militaires que je vous donne doivent vous en tenir lieu. N'est-il pas vrai que si je perdais mes états vous perdriez aussi vos biens ? et d'ailleurs, quand les terres sont entre les mains des officiers du prince, c'est une occasion pour eux d'abuser de leur crédit au préjudice du peuple. » Dans cette féodalité qui s'était établie en Orient les fiefs étaient amovibles.

ORIFLAMME. L'oriflamme était une bannière, faite à peu près comme celle qu'on porte encore aujourd'hui aux processions, attachée au bout d'une lance dorée, formée d'un taffetas couleur de feu, sans aucune espèce de broderies ni de figures, et carrée, mais fendue par le bas en trois endroits différents. Cette bannière était originairement l'étendard que l'abbaye de Saint-Denis déployait dans les guerres qu'elle était obligée de soutenir, pour repousser les agressions des seigneurs voisins. Comme les religieux ne pouvaient faire le service militaire en personne, ils se choisissaient des protecteurs qui, sous le titre d'avoués, devaient prendre la défense de leurs biens. Or, les moines de Saint-Denis avaient pris pour avoués les comtes du Vexin, et ces comtes, lorsqu'ils partaient pour la guerre, allaient prendre sur l'autel des saints martyrs l'étendard du monastère, et l'y reportaient, après la guerre, en grande cérémonie. Mais le Vexin fut réuni à la couronne au commencement du XIIe siècle, et comme la bannière de Saint-Denis était en grande vénération, nos rois se firent un devoir d'aller prendre l'oriflamme, avec les cérémonies usitées par les avoués de l'abbaye, et lui donnèrent la préséance sur tous les autres étendards. L'auteur anonyme des *Gestes de Louis VII* rapporte que ce roi, avant son départ pour la terre sainte, alla prendre l'oriflamme et le bourdon de pèlerin à Saint-Denis. Le même chroniqueur dit encore que, quand l'armée était en marche, l'étendard de Saint-Denis, nommé oriflamme, précédait la bannière royale.

ORTOKIDES. On désigne sous ce nom une tribu de Turcomans qui vint s'établir dans l'Arménie et dans la Syrie, sous la conduite d'un émir appelé Ortok, à la fin du onzième siècle, quelques années avant l'arrivée des croisés en Palestine. Ortok reçut des Seldjoucides la ville de Jérusalem et ses environs, en récompense des services qu'il leur avait rendus dans la conquête de la Syrie. L'histoire nous montre le chef des Ortokides possédant Jérusalem en 1082, et vivant en paix avec Toutousch, sultan de Syrie. Ortok mourut en 1091, laissant Jérusalem à ses deux fils, Il-ghazi et Sokman. Ils en restèrent en possession jusqu'en 1096, où ils en furent expulsés, après un siége de quarante jours, par Afdal, général des troupes de Mostali, calife fatimite d'Egypte. Après la reddition de la ville, Il-ghazi se retira à Bagdad, et Sokman à Edesse. On peut voir à l'article Baudouin Ier, comment cette dernière ville, qui était alors la métropole de la Mésopotamie, tomba au pouvoir des chrétiens. Baudouin, devenu maître d'Edesse, chercha à étendre sa domination dans tous les environs. Il dépouilla deux Ortokides des villes de Samosate et de Saroudje. Mais l'émir Balak, petit-fils d'Ortok qui était devenu l'allié de Baudouin, après avoir été dépossédé par lui de la ville de Saroudje, lui offrit de lui remettre la seule place qui lui restait, sous prétexte que ses liaisons avec le prince chrétien l'avaient rendu odieux aux Musulmans, et que, pour se mettre à couvert de leurs insultes, il ne pouvait prendre d'autre parti que d'aller demeurer à Edesse avec toute sa famille. Baudouin ajouta foi aux paroles de l'Ortokide, et se rendit à sa forteresse au jour indiqué, avec deux cents cavaliers. L'émir y avait introduit cent Turcomans des plus braves, qui devaient arrêter le comte d'Edesse. Mais celui-ci ayant eu la prudence de ne point entrer le premier dans la forteresse, douze soldats qu'il y avait envoyés en avant furent faits prisonniers. Baudouin connut ainsi le danger qui l'avait menacé, et somma Balak de rendre les prisonniers. L'émir n'y voulut consentir qu'à condition qu'on lui remettrait Saroudje. Baudouin ne put, faute de forces suffisantes, contraindre Balak à lui accorder satisfaction; mais Fulbert de Chartres, commandant de Saroudje, pour venger l'injure faite à son seigneur, fit des incursions dans les environs de la forteresse de l'émir, et procura par artifice la liberté à dix des prisonniers Francs. Les deux autres eurent la tête tranchée par ordre de Balak. Depuis cet événement Baudouin se défia de tous les Turcs, et il fit couper la tête à l'émir ortokide à qui il avait enlevé Samosate.

Baudouin, de Bourg, successeur dans le comté d'Edesse de Baudouin, son parent, devenu roi de Jérusalem, avec Josselin de Courtenay, Bohémond, prince d'Antioche, Tancrède, Daimbert, patriarche de Jérusalem, Bernard, patriarche d'Antioche et Benoit archevêque d'Edesse, entreprit, en 1104, d'aller assiéger la ville de Harran, qui est située dans une plaine fertile, arrosée par une rivière qui la sépare du territoire d'Edesse. La ville manquait de vivres et se rendit; mais une contestation, qui s'éleva entre Bohémond et Baudouin, sur la possession de la conquête, donna le temps à Sokman, fils d'Ortok, de s'approcher de la place avec une nombreuse armée, composée de ses propres troupes et de celles de Mossoul. Un combat s'étant alors engagé entre les chrétiens et les Turcs, les premiers furent mis en déroute, et Baudouin, Josselin, et l'archevêque d'Edesse furent faits prisonniers. Les historiens orientaux prétendent que les Francs perdirent dix mille hommes dans cette affaire. Sokman se rendait à Damas, où il allait demander des secours à Togteghin, pour continuer la guerre contre les Francs, lorsqu'il mourut d'une esquinancie. Il fut le fondateur de la principauté des Ortokides, dont les deux principales places étaient Mardin et Khifa. Il avait obtenu la seconde de ces villes d'un Turcoman, qui était émir de Mossoul, et il s'était emparé de la première par surprise. Son fils Ibrahim lui succéda à Khifa, et son frère Il-ghazi à Mardin. Il-ghazi obtint du sultan Mohammed l'investiture de son nouvel Etat, et devint un des plus puissants princes de la Syrie. Les habitants d'Alep se soumirent à lui pour éviter de tomber sous la domination des Francs, dont ils paraissaient menacés. Il-ghazi donna le gouvernement de cette place à son fils Timourtasch.

Il-ghazi, après avoir établi l'ordre dans ses États, s'attacha à affaiblir, autant qu'il put, les Francs ses voisins. Il entra dans la principauté d'Antioche, accompagné de Togteghin, prince de Damas, et d'un émir arabe, et il tailla en pièces l'armée de Roger, prince d'Antioche, qui fut tué dans le combat. Il-ghazi s'empara ensuite de deux villes fortes. Mais il fut battu avec Togteghin par le roi de Jérusalem et le comte de Tripoli, et il se retira en désordre à Alep. Cette bataille fut suivie d'une violente persécution contre les prisonniers chrétiens qui étaient au pouvoir d'Il-ghazi. Les uns recevaient des coups sur la plante des pieds, et les autres étaient enfouis dans la terre jusqu'à la moitié du corps et tués à coups de flèches. Plusieurs furent pressés d'abjurer leur religion, sous peine de perdre la vie. Sur leur refus, Il-ghazi coupa la tête de l'un d'entre eux, et fit faire de son crâne un vase orné d'or et de pierres précieuses, qu'il conserva comme un monument de ses succès sur les chrétiens. Son fils Soliman, qui était gouverneur d'Alep, s'étant révolté contre lui, il se rendit dans cette ville, et fit arracher les yeux et couper les pieds et les mains à celui qui avait été le conseiller de la révolte. Il ôta à son fils le gouvernement d'Alep, et le donna à son neveu. Il ghazi, à sa mort, eut pour successeur à Mardin son fils Timourtasch; son autre fils, Soliman, eut un apanage qui était un don du sultan de Perse, et son neveu conserva Alep jusqu'à ce que Balak, petit-fils d'Ortok, vint lui enlever cette ville. C'est ce même Balak, qui, étant entré sur les terres des Francs, enleva dans une embuscade Josselin, comte d'Edesse, et son parent Galeran, qu'il fit enfermer dans une forteresse, sans vouloir leur rendre la liberté pour une somme considérable d'argent. Baudouin II, roi de Jérusalem, qui s'avançait vers Edesse, pour rétablir de ce côté les affaires des Francs, tomba aussi dans une embuscade que lui avait dressée Balak, fut fait prisonnier, et envoyé dans le château où étaient retenus Josselin et Galeran. Mais cinquante

Arméniens s'engagèrent par serment à délivrer ces princes. Ils se rendirent au château, habillés en religieux, ou en marchands, suivant d'autres historiens, avec des poignards sous leurs habits. Dès qu'ils se furent introduits dans la forteresse, ils s'en emparèrent en égorgeant la garnison, et mirent les princes en liberté. Josselin partit aussitôt pour aller chercher des secours; mais Balak, instruit de ce qui venait de se passer, accourut avec ses troupes. Il offrit à Baudouin un sauf-conduit pour se retirer à Edesse, s'il voulait lui remettre la place. Le roi rejeta cette proposition. La place, assiégée avec vigueur, fut prise, et le roi se trouva prisonnier de nouveau. Balak le fit conduire enchaîné à Harran avec Galeran. Les Francs qui venaient au secours du roi apprirent cette nouvelle à Turbessel; ils marchèrent alors vers Alep, où ils portèrent le ravage. Le prince ortokide qui y régnait leur proposa de leur livrer la forteresse d'Athareb, pour obtenir la paix; mais Balak s'empara de cette place pour l'empêcher de tomber aux mains des chrétiens. Balak ayant ensuite attaqué une ville voisine du comté d'Edesse, Josselin le Jeune lui livra un combat dans lequel le petit-fils d'Ortok fut tué. Les historiens rapportent que Josselin fit porter la tête de Balak en triomphe à Antioche, et dans le camp des chrétiens qui assiégeaient alors la ville de Tyr. Baudouin II, roi de Jérusalem, avait profité de cet événement pour traiter de son rachat, et il l'avait obtenu moyennant une forte somme d'argent. Lorsqu'il fut arrivé à Antioche, l'impossibilité de payer cette somme et de racheter les otages qu'il avait laissés, lui fit entreprendre, par le conseil de ses barons, le siége d'Alep. Un émir arabe se joignit à lui avec les siens. Timourtasch, prince sans courage et plongé dans la mollesse, n'étant point venu au secours de la ville, les habitants y appelèrent Boursaki, prince de Mossoul. A son arrivée les Francs se retirèrent, Boursaki prit possession d'Alep, et les Ortokides en perdant cette place eurent moins de rapport avec les chrétiens. Ces Turcomans, qui étaient répandus dans la Syrie, firent cependant quelques expéditions sur les terres des croisés.

P

PAPES. On a dit que les croisades avaient été l'explosion de la pensée générale, et du sentiment universel de leur époque; mais, qui a fait éclore cette pensée, qui a fait jaillir ce sentiment du sein des âges héroïques chrétiens? qui, après avoir donné le branle à l'Europe, a maintenu, pendant des siècles, le mouvement imprimé aux esprits et aux cœurs dans le sens de ces grandes entreprises, d'où est sortie la civilisation moderne? L'histoire atteste que ce sont les papes. Si les souverains temporels avaient laissé les papes libres de toute inquiétude sur les intérêts de l'Eglise en Occident, et leur avaient permis d'appliquer toute leur sollicitude paternelle à l'Orient, l'islamisme, loin d'envahir l'Europe et d'arborer le croissant sur les murs de Constantinople, aurait été infailliblement refoulé dans les contrées qui furent son berceau. Lorsque Philippe-Auguste et Richard Cœur-de-Lion allaient arriver devant Saint-Jean-d'Acre, le bruit courut en Orient que le pape devait prendre la croix, et marcher en Palestine à la tête de toute la chrétienté. Aussitôt Saladin écrivit au calife de Bagdad pour lui annoncer cette grande nouvelle. Sa lettre nous a été conservée, et elle peint, d'une part, la crainte qu'avaient les Musulmans de l'effet qu'aurait produit une semblable détermination du pape, si la situation de l'Europe lui avait permis de la prendre, de l'autre, l'abattement où étaient alors les sectateurs de Mahomet. «Non-seulement le pape de Rome, dit Saladin au calife, a de sa propre autorité restreint les chrétiens dans le boire et le manger; mais il menace de l'excommunication et de l'interdiction du mariage et de l'Eucharistie quiconque ne marchera pas dans un esprit de piété à la délivrance de Jérusalem. Il promet lui-même de s'y rendre au printemps prochain avec une grande multitude : si la nouvelle se confirme, tous les chrétiens, hommes, femmes et enfants, voudront le suivre, et alors nous verrons arriver tous ceux qui croient au Dieu *engendré* (les Musulmans ne comprenaient rien au dogme sublime de la Trinité, et s'imaginant que nous adorons plusieurs dieux, étaient très-fiers de n'en adorer qu'un).... Quelle différence chez les Musulmans! Ils sont dégoûtés, ennemis de la gêne, amollis, peu disposés à s'unir ensemble; la seule chose à laquelle ils se soumettent, c'est de contribuer aux frais de cette guerre; car d'ailleurs, quand ils viennent ici, c'est toujours dans des vues particulières.»

M. Michaud avoue, avec une franchise qui l'honore, dans l'*Avertissement* qui précède sa *Bibliothèque des Croisades*, que lorsqu'il a publié son *Histoire*, il n'avait pas encore assez étudié son sujet pour bien caractériser les croisades. Sa *Bibliothèque* accuse une connaissance plus approfondie de l'esprit de ces saintes guerres, puisée dans les chroniqueurs qui en sont les historiens originaux. A la clarté de cette lumière, les préjugés de l'auteur, sans s'effacer entièrement, se sont en partie dissipés, et il voit, dans la série des événements dont il a été le narrateur, les souverains pontifes, *remuant seuls les peuples et les rois pour les sauver du joug des Musulmans.* «On n'a peut-être pas suffisamment réfléchi jusqu'à ce jour, ajoute l'historien, sur cette lutte imposante de l'Eglise avec la barbarie. Pendant plus de deux cents ans, les papes, se plaçant pour ainsi dire à la tête de la civilisation européenne, n'ont cessé de faire retentir de touchantes exhortations aux oreilles des rois et des princes; ils les conjuraient d'oublier leurs querelles, d'arrêter l'effusion du sang chrétien, et de tourner les yeux vers les nations barbares qui, s'avançant derrière eux, terribles et victorieuses, menaçaient de les écraser dans leur course. Il serait peut-être vrai de dire que, sans le zèle, le dévouement et la sainte ardeur des pontifes romains, cette Europe aujourd'hui si florissante aurait été un domaine de plus ajouté au vaste empire d'un peuple dont les lois religieuses et politiques ne tendent qu'à l'abrutissement et à la destruction. »

Dans son récit de la septième croisade, Matthieu Pâris dit qu'on envoya de grandes sommes d'argent au roi de France en Egypte. Onze chariots longs, traînés chacun par quatre forts chevaux et quelques bêtes de somme, portèrent ces trésors jusqu'à la mer, où des vaisseaux génois devaient les recevoir et les conduire, avec des vivres, à saint Louis. « Ces trésors, ajoute l'historien, provenaient des biens de l'Eglise, qu'on avait mise à contribution depuis trois ans.» C'est-à-dire, que l'Eglise s'était imposée elle-même, par l'ordre de son chef, pour subvenir aux frais de la guerre sainte. Quand on levait en Europe des subsides pour cet objet, les ecclésiastiques payaient ordinairement le vingtième, et les laïques le dixième, de leurs revenus.

Le chroniqueur allemand Mutius rapporte que, lors de la ruine des colonies chrétiennes, le pape Nicolas IV, à la nouvelle des désastres qui mettaient fin au royaume de Jérusalem, envoya partout des légats pour prêcher une croisade, et qu'il promit libéralement des indulgences à ceux qui iraient combattre les ennemis de Jésus-Christ, sous l'étendard de la croix. « Jamais ajoute l'historien, on ne vit en Allemagne plus de monde se préparer à cette expédition; mais comme personne ne donnait l'argent nécessaire pour le voyage, il fallut rester, et la bonne volonté soulagea seule les consciences. » C'est à l'affaiblissement de l'esprit de dévouement et de sacrifice, inspiré par la foi, qui avait été l'âme des premières croisades, que l'histoire doit attribuer l'expulsion des chrétiens de la terre sainte. Mais elle ne peut pas citer un pape chez qui le zèle qui animait Urbain II, pour le salut de l'Orient, ait jamais paru s'être refroidi.

Les papes qui ont occupé le trône pontifical pendant la durée des croisades sont: Urbain II, de 1088 à 1099; Pascal II, de 1099, à 1118; Gélase II, de 1118 à 1119; Calixte II, de 1119 à 1124; Honoré II, de 1124 à 1130; Innocent II, de 1130 à 1143; Célestin II, de 1143 à 1144; Luce II, de 1144 à 1145; Eugène III, de 1145 à 1153; Anastase IV, de 1153 à 1154; Adrien IV, de 1154 à 1159; Alexandre III, de 1159 à 1181; Luce III, de 1181 à 1185; Urbain III, de 1185 à 1187; Grégoire VIII, du mois d'octobre au mois de décembre 1187; Clément III, de 1187 à 1191; Célestin III, de 1191 à 1198; Innocent III, de 1198 à 1216; Honoré III, de 1216 à 1227; Grégoire IX, de 1227 à 1241; Célestin IV, du mois d'octobre au mois de novembre 1241; le saint-siége vaqua jusque vers la fin de juin 1243; Innocent IV, de 1243 à 1254; Alexandre IV, de 1254 à 1261; Urbain IV, de 1261 à 1265; Clément IV, de 1265 à 1271; Grégoire X, de 1271 à 1276; Innocent V, de février à juin 1276; Adrien V, de juillet à août 1276; Jean XXI, de 1276 à 1277; Nicolas III, de 1277, à 1280; le saint-siége vaqua pendant six mois après la mort de Nicolas III; Martin IV, de 1281 à 1285; Honoré IV, de 1285 à 1287; le saint-siége vaqua ensuite pendant dix mois; Nicolas IV, de 1288 à 1294.

PASCAL II, est le nom sous lequel siégea, sur le trône pontifical, Rainieri, né en Toscane, d'abord moine de Cluny, et nommé ensuite par Grégoire VII abbé de Saint-Laurent-hors-des-Murs, à Rome. Pascal succéda à Urbain II, en 1099. Élevé, comme son prédécesseur, à la grande école de Grégoire VII, il en continua glorieusement les traditions. Baronius cite une lettre de Pascal II, par laquelle ce pape, en s'adressant à la chrétienté tout entière, provoqua le nouvel ébranlement de l'Occident qui se manifesta pour la cause des Saints Lieux, en 1101. Ce fut Pascal II qui fut juge dans les discussions qui s'étaient élevées entre Baudouin Ier et Daimbert, patriarche de Jérusalem. Il mourut en 1118, après avoir occupé le saint-siége pendant dix-huit ans et demi.

PASSAGE. Ce mot, souvent employé dans les chroniques des croisades, est ainsi défini par Ænéas Sylvius, qui a occupé le siége pontifical sous le nom de Pie II : « Ce que nous désignons par *passage* est une expédition militaire très-nombreuse contre les infidèles, ordonnée par le pontife romain, et par laquelle les croisés méritent et obtiennent la rémission entière de leurs péchés. On l'appelle *passage* du mot italien *passaggio ;* car, de même qu'on dit de ces oiseaux qui se transportent, à certains temps de l'année, d'un pays dans un autre, qu'ils font leur passage, de même les chrétiens qui traversent la mer et qui vont, par ordre du saint-siége, combattre les ennemis de la foi, paraissent faire aussi leur passage. » Le mot passage était pris encore dans une acception qui n'est pas tout à fait celle qu'indique Ænéas Sylvius. Comme il aurait été dangereux, pour les pèlerins qui voulaient visiter la terre sainte, de faire la traversée d'Occident en Orient sur un bâtiment navigant seul, à cause des mauvaises rencontres qu'on pouvait faire en mer, on arrêta qu'il y aurait tous les ans deux passages aux deux saisons les plus commodes de l'année, et que plusieurs vaisseaux partiraient ensemble, à chacune de ces deux époques, pour transporter les pèlerins. Le premier était appelé *passage de mars, ou passage du printemps, passagium vernale, transitus vernalis*, et le second s'appelait *passage d'été*, et se faisait ordinairement vers la Saint-Jean-Baptiste. Ces deux passages sont très-distinctement désignés dans une lettre de saint Louis, où on lit : *Expedite autem negotium, ut illi, quibus virtus Altissimi inspirabit venire vel mittere in subsidium memoratum, præparent se venturos, vel missuros in passagio instantis mensis maii vel aprilis : ipsi autem qui præparati esse non poterunt ad transmittendum in illo passagio, saltem in sequenti passagio sancti Joannis transfretare procurent in subsidium memoratum.*

PASTOUREAUX. Quand la lettre, qu'au mois d'août 1250 saint Louis écrivit à ses sujets, pour leur raconter les malheurs de son expédition d'Egypte, et les appeler de nouveau aux armes, eut été apportée en France par les comtes d'Anjou et de Poitiers, quand les prêtres, du haut de la chaire chrétienne, en eurent donné lecture au peuple, l'ébranlement déjà produit dans les esprits, par la captivité d'un roi chéri et vénéré, acquit un degré d'intensité voisin de la fureur. La multitude, toujours portée aux partis extrêmes quand elle est vivement émue, n'hésita pas à rejeter les désastres de l'armée sur les seigneurs, et se crut appelée à réparer elle-même ce qu'elle considérait comme la faute de ses chefs. On eut à craindre pendant un moment une insurrection des classes inférieures de la société. Un homme que sa vieillesse rendait vénérable, et auquel sa longue barbe, sa pâleur et son éloquence mystique donnaient l'apparence d'un envoyé de Dieu, entreprit de diriger ce mouvement selon ses vues. Il s'appelait Job ou Jacob, était né en Hongrie, avait passé une partie de sa vie dans la profession monastique, et avait été, dit-on, le principal promoteur de la croisade d'enfants. Il se donnait comme investi d'une mission céleste, et parcourait les campagnes, en appelant les villageois aux armes pour aller délivrer le roi et la terre sainte. Ses prosélytes le nommaient « Le Maître de Hongrie, » et lui attribuaient le don de faire des miracles. C'étaient pour la plupart des laboureurs et des pâtres, c'est pourquoi on les appela *pastoureaux*. Il s'en réunit environ trente mille en Flandre et en Picardie. Cette armée se porta sur Amiens et de là sur Paris. Partout où elle passait, elle se recrutait non-seulement de dupes, mais encore de malfaiteurs, de vagabonds et de femmes publiques. La reine Blanche, qui alors gouvernait le royaume, ne conçut d'abord aucune inquiétude d'un mouvement qui semblait inspiré par la religion et par l'amour du roi, son fils. Il paraît même qu'elle témoigna aux nouveaux croisés une bienveillance qui les enhardit. Ils ne tardèrent point à abuser de la tolérance qu'on leur accordait. Jacob et ses principaux disciples déclamèrent contre le clergé, dont les richesses et la puissance excitaient leur indignation et surtout leur envie. Ils le représentèrent comme adonné à tous les vices. Les ordres Mendiants mêmes, malgré leur pauvreté et l'austérité de leur vie, ne purent trouver grâce devant ces étranges réformateurs. Guillaume de Nangis nous fait connaître la cause de la haine des pastoureaux contre le clergé : « Il arriva dans le royaume de France, dit l'historien, un événement surprenant, une chose nouvelle et inouïe. Quelques chefs de brigands, pour séduire les gens simples et appeler le peuple à la croisade, annoncèrent, par de fausses inventions, qu'ils avaient vu des anges, que la bienheureuse vierge Marie leur était apparue, et leur avait ordonné de prendre la croix, de réunir en corps d'armée des pâtres et des hommes du peuple, pour secourir la terre sainte et le roi de France captif. Ils représentaient toute cette vision avec des images dessinées sur les bannières qu'ils faisaient porter devant eux. Passant d'abord par la Flandre et la Picardie, ils attirèrent à eux, comme l'aimant attire le fer, les bergers et les gens des villages. Lorsqu'ils arrivèrent en France, leur nombre s'était déjà tellement accru que, rangés par millions et par centaines, ils marchaient comme une armée. Quand ils passaient auprès des bergeries et des troupeaux de brebis, les pâtres abandonnaient leurs troupeaux sans consulter leurs parents, et, poussés par je ne sais quel délire, ils s'enveloppaient avec eux dans le crime. Tandis que les bergers et les simples agissaient, sinon selon la science, du moins avec de bonnes intentions, il y avait parmi eux un grand nombre de voleurs et d'homicides, coupables encore de beaucoup de crimes, et qui servaient de chefs à ces phalanges errantes. Dans les villages et les cités, les pastoureaux levaient en l'air leurs massues, leurs haches et autres armes; ils parvenaient de la sorte à se rendre si terribles, qu'il ne se trouvait personne qui osât les contredire parmi les citoyens chargés du pouvoir judiciaire. Ils étaient tombés dans un si grand égarement, qu'ils faisaient des mariages, donnaient des croix, et conféraient, du moins en apparence, l'absolution des péchés. Mais, ce qu'il y avait de plus déplorable, c'est qu'ils induisaient tellement en erreur le vulgaire, qu'un grand nombre affirmaient, et que d'autres croyaient, que les mets et les vins qu'on leur apportait, loin de disparaître quand ils avaient été mangés, semblaient plutôt se multiplier. Le clergé gémit en apprenant que le peuple était tombé dans un si déplorable aveuglement. Comme il voulut s'y opposer, il devint odieux aux pastoureaux et au peuple, qui conçurent pour les ecclésiastiques une haine telle qu'ils en tuèrent un grand nombre dans les champs, et en firent des martyrs, à ce que nous croyons. » A leur yeux, le clergé était donc coupable d'avoir été le premier à pénétrer leurs vrais desseins et d'avoir eu le courage de s'y opposer, quand les magistrats sacrifiaient leur devoir à la peur. Enfin les pastoureaux se décidèrent à quitter la capitale, et marchèrent sur Orléans. La Bibliothèque nationale de Paris possède un manuscrit de la vie de saint Louis, enrichi de miniatures dont l'une donne l'idée de ce que devait être la marche de cette singulière armée. Le peintre y a représenté deux bannières différentes au milieu des pâtres pèlerins. La première est rouge et ornée. On y voit une croix blanche, la sainte vierge Marie, des agneaux et d'autres figures; l'autre bannière est une espèce d'orillamme de pourpre, semée de fleurs de lis. Les pastoureaux ont une croix peinte sur leurs vêtements. Ils n'ont ni cuirasse, ni armure, et sont tous vêtus d'une manière différente. Ils sont armés, les uns d'une épée, les autres d'une lance, d'autres d'un bâton. On en voit un qui a une houlette, une besace de berger, et qui est suivi d'un bélier paré d'un collier rouge. En un coin du tableau est un petit berger avec sa houlette, son chien et son troupeau; il semble exprimer par ses gestes l'impatience et l'enthousiasme. Plus bas, est un vieux pâtre courbé, qui n'a que sa houlette, et qui mène son chien avec lui.

Matthieu Pâris rapporte que, lorsque les pastoureaux entrèrent à Orléans, l'évêque défendit à tout son clergé d'assister à leurs prédications; mais les laïques ne tinrent compte ni des prières ni des menaces du prélat, et c'étaient eux qui avaient ouvert aux bandits les portes de la ville. Il ajoute que, l'un des pastoureaux s'étant mis à prêcher, un élève de l'université s'approcha et cria à l'orateur : « Tais-toi, hérétique, méchant et menteur : tu trompes ce peuple innocent, et tu mens par ta gorge. » Lorsque l'élève de l'université finissait de prononcer ces paroles, il fut frappé d'un coup de hache à la tête, et cet assassinat devint le signal d'une attaque générale dirigée contre les élèves. Il y eut bien d'autres excès non moins graves commis dans tous les lieux que ces forcenés traversaient. Ils ne tardèrent point à se diviser en plusieurs bandes. Les uns s'acheminèrent vers les villes maritimes, prétendant s'embarquer pour la terre sainte; mais leur plus forte troupe alla à Bourges, sous le commandement de Jacob. Là, elle se livra à de tels désordres, que la population exaspérée, courut aux armes et se mit à leur poursuite. On les joignit entre Villeneuve-sur-Cher et Mortemer, et on les massacra. Jacob fut tué d'un coup de hache, et ceux de ses disciples qui ne trouvèrent pas la mort sur le champ de bataille furent livrés au bourreau, comme coupables d'incendie et de brigandage commis à main armée. Les autres bandes furent pareillement exterminées; car le gouvernement avait envoyé partout ordre de leur courir sus. Le mouvement des Pastoureaux, qui éclata en 1320, fut, comme celui du siècle précédent, une convulsion des dernières classes de la société. Il est raconté avec de longs détails par un des continuateurs de la chronique de Guillaume de Nangis : « Le royaume de France, dit l'historien, vit tout à coup éclater dans son sein un mouvement impétueux qui ressemblait à un tourbillon de vent. Un ramas de bergers et d'hommes simples se réunit en un seul corps; ils disaient qu'ils voulaient aller outre mer pour combattre les ennemis de Dieu, affirmant que la terre sainte devait être conquise par eux. Ils avaient dans leur troupe des chefs trompeurs, savoir, un prêtre qui, à cause de ses méfaits, avait été dépouillé de son église, et un autre apostat, moine de Saint-Benoît. Ils avaient tous les deux tellement perverti l'esprit des gens simples que, délaissant les porcs et les troupeaux, malgré leurs parents, ils couraient en foule après eux; on voyait des enfants de seize ans parmi les prosélytes. Ils n'avaient point d'argent et portaient une panetière et un bâton; ils accouraient comme des troupeaux autour de ces imposteurs, et formèrent bientôt une multitude immense. Si l'autorité voulait punir quelques-uns d'entre eux, elle éprouvait de vives résistances; si on venait à les mettre en prison, la multitude brisait les cachots et en délivrait les prisonniers, malgré les seigneurs. Ayant pénétré dans le Châtelet de Paris, afin de briser les chaînes de leurs frères, les pastoureaux écrasèrent le prévôt de la capitale sur les marches de la prison. Ils se dirigèrent ensuite vers l'Aquitaine, attaquant sans cesse les Juifs, et les dépouillant de leurs biens. Ils assiégèrent une forte et grande tour du roi de France, où les Israélites s'étaient réfugiés; ceux-ci, après une longue mais inutile défense, voyant qu'ils ne pouvaient se sauver, et aimant mieux se donner la mort que d'être tués par des hommes non circoncis, chargèrent un des leurs, qui paraissait robuste, de les immoler avec son épée; le Juif y consentit, et en massacra plus de cinquante. Descendant ensuite de la tour avec un petit nombre d'hommes encore vivants et avec les enfants des Juifs, il obtint une entrevue avec les pastoureaux; il leur déclara ce qu'il venait de faire, et demanda à être baptisé avec les enfants. Les pastoureaux lui répondirent : *Toi, qui viens de commettre un si grand crime sur ta propre nation, tu veux éviter la mort!* Aussitôt ils lui coupèrent les membres; ils épargnèrent les enfants, qu'ils firent baptiser par des catholiques et des fidèles. » Le chroniqueur ajoute qu'on ne tarda pas à faire marcher une armée contre ces bandes tumultueuses, qui disparurent bientôt par la fuite ou par la mort.

Comme l'avait fait la reine Blanche, le roi Philippe le Long accorda d'abord quelque faveur à ces énergumènes. Mais la cour de Rome fut plus judicieuse. Le pape écrivit à son légat près du roi de France, pour signaler les dangers qu'une tolérance aussi imprudente faisait courir à la société. Une chronique relate les excès que les pastoureaux commirent contre le clergé, et les cruautés dont ils se souillèrent à l'égard des Juifs qui ne consentaient point à se laisser baptiser; on y voit en outre que le camérier du pape ayant chargé des religieux de prêcher contre eux, leurs bandes ne tardèrent pas à se dissiper. Walsingham rapporte qu'un grand nombre de pâtres passèrent d'Angleterre en France pour rejoindre les pastoureaux. Ce fut principalement dans le midi de la France, qu'après avoir répandu la terreur en plusieurs provinces, ces hordes dévastatrices furent exterminées.

PATRIARCHES LATINS DE JÉRUSALEM. Dans le royaume de Jérusalem, fondé par les croisés en 1099, l'autorité spirituelle était exercée par le patriarche dans une complète indépendance du pouvoir temporel du roi. Arnoul ne Rohes, chapelain du duc Robert de Normandie, fut investi le premier du titre de patriarche latin de Jérusalem. Il fut proclamé le 1er août 1099. Mais il paraît qu'il n'avait été nommé que vice-patriarche, suivant l'expression de l'*Art de vérifier les dates*. Il était bâtard et fils d'un prêtre, et on lui reprochait, outre sa naissance, la licence de ses mœurs. Il fut écarté du siége patriarcal, et Daimbert, archevêque de Pise, et légat du souverain pontife dans les colonies chrétiennes d'Orient, fut élu patriarche à la fin de l'année 1099. Godefroy de Bouillon et Bohémond reçurent de ses mains l'investiture, le premier, du royaume de Jérusalem, et le second, de la principauté d'Antioche. Le jour de Pâques de l'an 1100, Godefroy déclara publiquement, dans l'église du Saint-Sépulcre, que, s'il mourait sans postérité, le royaume appartiendrait après lui au patriarche. L'élection de Baudouin à la succession de son frère était une infraction à cet engagement, et Daimbert, légitimement mécontent, se retira auprès de Bohémond à Antioche. Baudouin ayant fait placer sur le siége patriarcal un prêtre appelé Ebremar, qui était fort ignorant, Daimbert alla à Rome porter plainte de cette infraction. Il en repartit en 1107, et mourut la même année à Messine. Gibelin, archevêque d'Arles, étant arrivé en Palestine en qualité de légat du saint-siége, déposa Ebremar et fut élu successeur de Daimbert, si toutefois il y a identité, comme le prétend Guillaume de Tyr, entre le patriarche Gibelin et le légat de ce nom, ce dont Albert d'Aix autorise à douter. Après la mort du patriarche Gibelin, Arnoul parvint à remonter sur le siége de Jérusalem, et fut déposé une seconde fois par l'évêque d'Orange, légat du saint-siége, l'an 1115. Mais il se rendit à Rome et obtint d'être réintégré dans sa dignité. Il mourut en avril 1118, après avoir couronné Baudouin II, et eut pour successeur Gormond, fils du seigneur de Picquigny, dans le diocèse d'Amiens. C'était, dit Guillaume de Tyr, un homme simple et craignant Dieu. Il mourut en 1128. Etienne, abbé de Saint-Jean en Vallée, près de Chartres, parent du roi Baudouin, fut élu pour succéder à Gormond. C'était un homme ferme et jaloux de ses droits. Il mourut en 1130, et il y eut quelque soupçon qu'il avait été empoisonné. Guillaume Ier, prieur du Saint-Sépulcre, succéda à Etienne. Foucher, archevêque de Tyr, remplaça Guillaume sur le siége patriarcal en 1145 ou 1146. Il engagea les chrétiens, par ses conseils, à s'emparer d'Ascalon, qui fut prise sur les Egyptiens au mois d'août 1153; il fut ensuite en discussion avec les Hospitaliers qui refusaient de payer la dîme de leurs biens. Le saint-siége, voulant récompenser cet ordre de ses services militaires, et considérant qu'il employait ses revenus au soulagement des pauvres et au soutien des pèlerins, l'avait dispensé de payer la dîme à l'Eglise. Le patriarche alla en Italie se plaindre au pape du refus des Hospitaliers de payer la dîme. Mais le saint-siége n'admit point ses réclamations. Foucher mourut à Jérusalem en 1157, et fut remplacé par Amaury, prieur du Saint-Sépulcre. L'archevêque de Césarée et l'évêque de Bethléem prétendirent que son élection, qui avait été favorisée par les deux sœurs du roi, n'était pas conforme aux règles, et s'en plaignirent à Rome. Au rapport de Guillaume de Tyr, Amaury n'était pas à la hauteur de sa place. Il eut pour successeur, en 1180, Héraclius, archevêque de Césarée, qui était né en Auvergne. C'était un homme de mœurs scandaleuses. Il fut envoyé en Occident en 1184, par le roi Baudouin IV, avec les deux grands maîtres du Temple et de l'Hôpital, pour solliciter les secours de la chrétienté contre les progrès de Saladin. Il fut admis devant le pape Luce III, dans le congrès qui fut tenu à Vérone cette même année 1184. Le patriarche se rendit de là à Paris, en janvier 1185, et en Angleterre au mois de février suivant. Il parla avec fermeté au roi Henri II, pour l'engager à partir pour la Palestine.

Héraclius revint dans la terre sainte, rapportant des promesses d'hommes et d'argent qui se réalisèrent plus tard, à la nouvelle de la prise de Jérusalem par Saladin. Après cet événement, le patriarche se retira, avec la reine Sibylle, à Antioche. Il alla de là au siége d'Acre, où il mourut en 1191. Albert l'Ermite, petit neveu du célèbre prédicateur de la première croisade, et évêque de Bethléem, fut appelé, par le pape Célestin III, à succéder à Héraclius. Jérusalem étant retombée au pouvoir des infidèles, il choisit Acre pour lieu de résidence. Albert mourut en 1194. On lui avait choisi pour successeur Michel de Corbeil, qui fut appelé à occuper le siége archiépiscopal de Sens. Le savant et vertueux archevêque de Césarée, qui était Florentin et qui s'appelait Monaco, fut alors élu patriarche. Il mourut en 1203, et fut remplacé par Sifred ou Geoffroy, cardinal de Sainte-Praxède et légat du saint-siége en Palestine, qui se démit du patriarcat en 1204. Le bienheureux Albert II, évêque de Verceil, dut à sa réputation de science et de sainteté d'être élu patriarche de Jérusalem, en cette même année 1204. Il se rendit en Palestine en 1206. Il réunit sous un directeur, en 1209, quelques ermites qui vivaient isolés sur le mont Carmel, et leur donna une règle. Ce fut l'origine de l'ordre des Carmes. Albert, dont la vie était un modèle de toutes les vertus religieuses, mourut assassiné, le 14 septembre 1214, à la procession de la fête de l'Exaltation de la Sainte Croix, par la main d'un Italien qu'il avait voulu corriger de ses désordres. Rodulfe, qui succéda au bienheureux Albert en 1214, n'occupa le siége patriarcal que pendant un peu moins de deux ans. Il fut remplacé par Lothaire, archevêque de Pise, qui se trouvait en Orient à l'époque de sa mort, en 1216. Le pape Honorius III donna pour successeur à Lothaire, en 1224 ou 1225, Giraud, abbé de Cluny, devenu ensuite évêque de Valence en Dauphiné. Ce patriarche occupait le siége de Jérusalem, en résidant à Saint-Jean-d'Acre, lorsque Frédéric II se rendit en Palestine contre la volonté du saint-siége. Giraud frappa d'interdit la ville sainte, quand il sut que l'empereur allait y entrer, et opposa une courageuse résistance à toutes les tentatives sacriléges du prince excommunié. On peut voir, à l'article SIXIÈME CROISADE, la lettre qu'il écrivit pour dénoncer à l'univers chrétien la conduite de Frédéric en terre sainte. Il mourut le 7 septembre 1239. Après avoir été chassé de la province de la Pouille, où il occupait un évêché, par Frédéric II, Robert, successeur de Giraud, avait obtenu l'évêché de Nantes, lorsqu'il fut nommé patriarche de Jérusalem par le pape Grégoire IX, en 1240. Il se rendit dans la ville sainte, d'où il ne tarda pas à être obligé de s'enfuir devant les Khariz-miens, en 1244. Robert assista la même année à la bataille de Gaza, et y fit preuve de courage. Il accompagna saint Louis en Egypte, et entra pieds nus dans Damiette avec le pieux roi, en 1249. Il mourut presque nonagénaire, en 1254. Le pape Alexandre IV donna pour successeur à Robert, l'année suivante, Jacques Pantaléon, surnommé de *Court-Palais*, évêque de Verdun. Ce patriarche arriva à Saint-Jean-d'Acre en 1256, avec le titre de légat du saint-siége. Les affaires de son Eglise l'ayant obligé de faire un voyage auprès du saint-siége, en 1261, il se trouva à Viterbe lorsqu'il s'agissait de donner un successeur à Alexandre IV, et il fut élu pape le 29 août de cette même année. Il siégea sur le trône pontifical sous le nom d'Urbain IV. Sur le refus de Barthélemy de Bragance et de Humbert, le premier religieux et le second général de l'ordre de Saint-Dominique, d'accepter le patriarcat de Jérusalem, Urbain IV se donna pour remplaçant dans cette dignité, Guillaume II, évêque d'Agen. Arrivé à Saint-Jean-d'Acre au mois de septembre 1263, Guillaume fut chargé par ce pape de l'administration spirituelle et temporelle de l'Eglise de cette ville, dont le siége était vacant. Cette même administration fut confiée aux patriarches successeurs de Guillaume II, qui mourut en 1270. Après une vacance d'environ deux ans, le pape Grégoire X appela au patriarcat de Jérusalem le dominicain Thomas de Léontino, qui avait été évêque de Bethléem, et qui était devenu archevêque de Cosenza en Calabre. Thomas arriva à Saint-Jean-d'Acre au mois d'octobre de l'année 1272. Lorsqu'il était évêque de Bethléem, il avait déjà travaillé à soutenir, sur le penchant de sa ruine, la puissance latine en Orient, et il contribua, comme patriarche, à retarder sa chute. On pense qu'il mourut en 1276, et le siége de Jérusalem resta vacant jusqu'en 1279. Sur le refus de Jean de Verceil, général des Dominicains, le pape Nicolas III investit alors du patriarcat de Jérusalem, Elie, qui mourut, à ce qu'on croit, en 1287. Le pape Nicolas IV lui donna pour successeur, le 30 avril 1288, Nicolas d'Hanape, religieux dominicain et grand pénitencier de Rome. Quand on connut à Ptolémaïs, en 1290, les préparatifs de guerre que l'Egypte faisait contre cette place, le vénérable patriarche, Nicolas d'Hanape, dont les vertus inspiraient le respect, engagea les habitants à renoncer à leurs discordes, à s'unir pour la défense de la ville, et à ne pas craindre de répandre leur sang pour la cause de Jésus-Christ. Quand la ville fut à la veille d'être prise, le patriarche, dans une assemblée qui fut tenue, encouragea encore, par ses paroles, les guerriers de la croix à se préparer, par la pénitence, à soutenir ce dernier assaut, et à combattre avec la valeur d'hommes qui ont confiance en Dieu et qui savent mourir glorieusement. Quand les Musulmans furent maîtres de la ville, Nicolas ne voulait pas abandonner son troupeau, et il fallut le forcer à s'embarquer. Il reçut, dans le navire où on le fit monter, tous ceux qui voulurent s'y réfugier, et le bâtiment se trouvant surchargé fut englouti par les flots. C'est ainsi que périt, victime de sa charité, le XXIIe et dernier patriarche latin de Jérusalem, en 1291.

PAUMIER, *palmarius*, *palmifer*, signifie, suivant la définition donnée par Dante, dans sa *Vita nuova*, celui qui a fait le voyage d'outremer, et qui en a rapporté la palme de pèlerin, *Chiamansi palmieri, in quanto vanno oltramare, laonde molte volte recano la palma*. Le paumier, suivant une expression de ce même poëte, *Purgatorio*, *canto* XXXIII, était le pelerin qui rapportait des Saints Lieux son bourdon couronné d'une palme.

Che si reca'l bordon di palma cinto.

PAYEN, PAYENNIE, sont deux mots dont se servent souvent les chroniqueurs du temps des croisades pour désigner les Mahométans. « Le soudan, dit Joinville, étoit le plus puissant roi de toute payennie. »

PÈLERIN. Celui qui voulait entreprendre le pèlerinage de la terre sainte devait obtenir le consentement de sa famille et la permission de son évêque. On recherchait s'il n'était point entraîné par un vain désir de curiosité, et l'enquête faite à ce sujet était surtout rigoureuse lorsqu'il s'agissait d'un religieux, qui, sous le prétexte d'un pèlerinage, aurait pu cacher l'intention de rentrer dans le monde. Après ces précautions prises, le pèlerin recevait, de la main de son évêque ou de celle d'un prêtre, à la messe paroissiale, le bourdon et la panetière. Le bourdon était ordinairement un bâton de la hauteur de celui qui le portait, avec un nœud au milieu, et quelquefois un autre à son extrémité supérieure ; quelquefois aussi cette extrémité était recourbée en forme de crosse. La panetière était suspendue à une écharpe, ou à une ceinture. On remettait au pèlerin une sorte de lettre de recommandation pour tous les monastères, pour les prêtres et les fidèles de tous les pays, et il devait partir sans retard. L'évêque seul pouvait le délier, dans des cas très-rares et d'une extrême gravité, de l'engagement qu'il avait pris. Le jour de son départ ses parents et ses amis l'accompagnaient, avec le clergé en procession, jusqu'à une certaine distance de la ville ou du village. Il trouvait partout sur sa route une hospitalité qui ne pouvait lui être refusée sans une espèce de félonie. Dans les villes, c'était l'évêque qui l'accueillait; dans les couvents l'abbé ou le prieur; dans les châteaux, il était traité comme le chapelain, dont il partageait la table, à moins que, par humilité, il ne préférât l'isolement. On lit dans les *Devoirs des chevaliers* que tout homme portant les armes lui devait la même protection qu'aux veuves et aux orphelins; s'il tombait malade, il était soigné dans les hospices ou dans les infirmeries des monastères. Lorsqu'il s'embarquait, il avait droit au passage gratuit sur les navires de certaines villes, et notamment de celle de Marseille. Dans les autres cas, le prix de son passage était très-modique. Les pèlerins ordinairement se dirigeaient d'abord vers Rome, où ils recevaient des mains du pape la croix et la bénédiction apostolique. Ils se rendaient de là dans un port d'Italie, et s'y embarquaient pour Constantinople, d'où ils s'acheminaient vers la Palestine par l'Asie Mineure. Quelquefois aussi une traversée directe les conduisait des côtes d'Asie sur celles de Syrie. La conversion des Hongrois au christianisme ouvrit aux pèlerins une nouvelle route vers Constantinople, à la fin du xe siècle. On lit dans la chronique de Glaber que, depuis le règne de saint Etienne, les pèlerins qui se rendaient en Palestine, traversaient la Hongrie, au lieu de prendre la route de mer. Ils entraient à Jérusalem, après avoir payé le tribut exigé de l'autorité musulmane, par la porte dite encore aujourd'hui *Porte des pèlerins*. Ils se préparaient par la prière et par le jeûne à faire leurs dévotions dans l'église du Saint-Sépulcre, où ils se présentaient couverts d'un drap mortuaire, qu'ils conservaient précieusement, et dans lequel ils étaient ensevelis après leur mort. Ils visitaient tous les lieux sanctifiés par quelque circonstance de la vie terrestre du Rédempteur, le jardin et la montagne des Oliviers, le mont Sion, la grotte de Bethléem, et le mont Thabor, en souvenir de la Transfiguration; ils allaient ensuite se baigner dans les eaux du Jourdain, et cueillaient à Jéricho, dans le jardin d'Abraham, des palmes qu'ils rapportaient dans leur patrie. *Cum in Jordane fluvio loti fuissent et palmorum ramos pro more apud Hierico, in horto Abrahæ, collegissent*, dit Foucher de Chartres du duc de Normandie et du comte de Flandre, accomplissant le pèlerinage d'usage avant de retourner en Europe, après la conquête de Jérusalem. Le pèlerin se rembarquait ordinairement dans un port de Syrie, reprenait terre en Italie, repassait par Rome, et se rendait dans son pays natal. On allait au-devant de lui en procession, et en témoignage de l'accomplissement de son vœu, il déposait sur l'autel de l'église de sa paroisse les palmes qu'il avait cueillies à Jéricho, et dont il avait orné son bourdon : *Si reca 'l bordon di palma cinto*, dit Dante dans le xxxiiie chant du *Purgatoire*.

Parmi les premiers précurseurs de Pierre l'Ermite on aperçoit saint Porphyre, qui vivait à la fin du ive siècle. Après avoir abandonné Thessalonique, sa patrie, à l'âge de vingt ans, il passa plusieurs années dans les solitudes de la Thébaïde, d'où il se rendit en Palestine. Il fut miraculeusement guéri, sur le Calvaire, d'une infirmité grave, et, en dépit de son humilité, on l'éleva à la dignité d'évêque de Gaza. Vers la même époque, saint Jérôme quitta l'Italie, accompagné de son ami saint Eusèbe de Crémone, parcourut l'Egypte, visita plusieurs fois Jérusalem, et résolut de terminer ses jours à Bethléem, dans l'étude et la méditation de l'Ecriture sainte, dont il devint le savant interprète. Sainte Paule et sainte Eustochie, sa fille, dont les deux tombeaux sont placés dans la grotte de Bethléem à côté de celui de saint Jérôme, renoncèrent aux délices de Rome pour aller vivre des inspirations de ce grand docteur au berceau du christianisme, et y mourir dans la pénitence. Dans les premières années du ve siècle, nous trouvons, sur le chemin de Jérusalem, une femme célèbre par son esprit en même temps que par sa piété, l'impératrice Eudoxie, épouse de Théodose le Jeune. Après son retour à Constantinople, elle reprit encore la route des Saints Lieux, où elle finit sa vie dans la retraite. Grégoire de Tours parle du pèlerinage à Jérusalem d'un de ses diacres. Saint Antonin, qui avait servi dans une des légions appelées *thébaines*, fit le pèlerinage de Jérusalem au vi^{e} siècle. Son itinéraire a été écrit par un de ses compagnons de voyage. Parti de Plaisance, le pieux pèlerin passa par Constantinople et par l'île de Chypre, visita les côtes de Syrie, la Galilée et les bords du Jourdain, avant d'arriver à Jérusalem. De la ville sainte il se dirigea par Ascalon et Gaza vers le désert qui sépare la Palestine de l'Egypte, s'inclina devant l'Oreb et le Sinaï, suivit en Egypte les traces du Sauveur enfant, revint à Jérusalem, parcourut le nord de la Syrie jusqu'à l'Euphrate, cherchant le berceau d'Abraham, et retourna dans sa patrie.

Un évêque de France, saint Arculfe, a fait, à la fin du viie siècle ou au commencement du viiie, un pèlerinage en terre sainte, dont la relation a été écrite par Adamannus, abbé d'un monastère des îles britanniques. Le pieux voyageur avait raconté à cet abbé dans les loisirs de l'hospitalité qu'il avait trouvée auprès de lui, après avoir fait naufrage, à son retour, sur les côtes de ces îles, tout ce qu'il avait fait et vu. Cette relation a été insérée dans la collection des *Acta SS. ordin. S. Benedicti*. Les armes d'Omar avaient déjà soumis la Palestine à l'islamisme, lorsque saint Arculfe la visita, et la description qu'il en fait la montre telle qu'elle était au temps de saint Jérôme, et telle qu'elle est encore aujourd'hui. Saint Guillebaut, dont le pèlerinage a été écrit par une religieuse de sa famille, parcourut la terre sainte vers le milieu du VIIIe siècle, y perdit la vue, et la recouvra miraculeusement dans l'église où a été trouvée la Croix du Seigneur. Saint Guillebaut devint ensuite évêque en Allemagne. Dans la seconde moitié du IXe siècle, les Lieux Saints furent visités par un moine français du nom de Bernard, et vers le même temps, par Frotmond, qui appartenait à une illustre famille du duché de Bretagne. Les détails de ce dernier pèlerinage ont été recueillis par un moine de Redon sur les traditions de ce monastère. Frotmond et ses frères avaient assassiné un respectable ecclésiastique, leur grand oncle, et le plus jeune de leurs frères, et ils durent, en expiation de ce crime, se rendre en terre sainte, les bras liés, les reins serrés avec des chaînes, le corps revêtu d'un cilice, et les cheveux couverts de cendre. Ils se dirigèrent d'abord vers Rome, où ils prièrent aux tombeaux de saint Pierre et de saint Paul, et reçurent la bénédiction du pape Benoît III. Arrivés à Jérusalem, ils commencèrent à accomplir leur pénitence, la continuèrent pendant deux ans, en partageant les austérités des solitaires de la Thébaïde, allèrent se prosterner, près de Carthage, au tombeau de saint Cyprien, et revinrent à Rome, où le pape, pour éprouver la constance de leur repentir, leur imposa un nouveau pèlerinage. Ils repassèrent la mer et revirent Jérusalem, visitèrent Cana, la mer Rouge, le mont Sinaï, où ils demeurèrent trois ans, et la montagne d'Arménie où s'arrêta l'arche de Noé. Revenus à Rome, ils n'y obtinrent pas encore l'absolution de leur péché. Ils rentrèrent alors en France, où le frère aîné de Frotmond mourut de fatigue dans l'hospice de Rennes. C'est de là que Frotmond se rendit au monastère de Redon. Il pouvait à peine se soutenir, et son corps n'était plus qu'une plaie, d'où coulaient le sang et l'humeur. Il fut guéri par les soins des religieux; mais sa conscience n'était pas encore satisfaite, et il se disposait à entreprendre un nouveau pèlerinage, lorsqu'il mourut le jour fixé pour son départ. Quelque temps après, une pieuse veuve, Hélène, née en Suède, de nobles parents, chercha dans un pèlerinage aux Saints Lieux un refuge contre la calomnie, et fut assassinée, à son retour dans sa patrie, en allant assister à la consécration d'une église qu'elle avait fondée sur les ruines d'un temple des faux dieux du Nord. Foulques Nerra, comte d'Anjou, figure au nombre des plus célèbres pèlerins du XIe siècle. En expiation des reproches de sa conscience, il distribua de nombreuses aumônes dans la ville sainte, dont il parcourut les rues la corde au cou, et se faisant battre de verges par ses serviteurs. Sous le titre de *Sainte et bénigne astuce du comte d'Anjou*, une chronique raconte, en un vieux langage dont la naïveté choquerait les oreilles de notre siècle, le stratagème qu'employa Foulques Nerra pour tromper les Musulmans qui ne consentirent à lui permettre d'approcher du saint tombeau qu'à la condition de le souiller. Le même fait est rapporté, d'une manière un peu différente, dans une chronique latine, dont nous reproduisons le récit, sans lui ôter, en le traduisant, le voile dont nous voulons le laisser couvert : *Dixerunt, nullo modo ad sepulcrum optatum pervenire posset, ni super illud et crucem dominicam mingeret; quod vir prudens licet invitus annuit. Quæsita igitur arietis vesica, purgata atque mundata et optimo vino repleta, apte inter ejus femora posita est, et comes discalceatus ad sepulcrum Domini accessit, vinumque super sepulcrum fudit, et sic ad libitum cum sociis omnibus intravit, et fusis multis lacrymis peroravit.* A son retour dans ses Etats, le comte d'Anjou fit bâtir, près du château de Loches, une église construite de manière à lui retracer le souvenir de celle du Saint-Sépulcre, et mérita, par la quantité de monastères qu'il fonda, le titre de *grand édificateur*. Aiguillonné par le repentir, Foulques Nerra fit un autre pèlerinage à Jérusalem, et reçut du pape, en passant par l'Italie, l'absolution de tous ses péchés. Au retour de son deuxième voyage, il mourut à Metz en 1040.

Robert, duc de Normandie, et père de Guillaume le Conquérant, passait pour avoir fait empoisonner son frère Richard, lorsqu'il entreprit le pèlerinage de la terre sainte, en 1035. La relation que présentent les chroniques de la manière dont il accomplit cette résolution, montre comment un prince, qu'un pieux repentir conduisait aux Saints Lieux, faisait alors ce voyage. Avant de se mettre en route, Robert mena à Paris son fils Guillaume, qu'il avait désigné pour son successeur, parce qu'il voulait qu'il rendît hommage, en sa présence, au roi de France Henri Ier, comme à son seigneur suzerain. Le duc de Normandie partit ensuite, accompagné d'un grand nombre de barons et de chevaliers. Il allait nu-pieds, comme les autres pèlerins, et portait le bourdon et la panetière. Quand il devait traverser une ville, il se faisait précéder par sa suite, et s'avançait humblement après tous ses gens. Un soir qu'il entrait ainsi dans la ville où il devait coucher, un homme préposé à la garde de la porte asséna, avec un bâton qu'il tenait à la main, sur les épaules du duc, qu'il ne connaissait pas sans doute, un coup qui le fit chanceler. Cet acte de brutalité eût coûté la vie à son auteur si Robert eût laissé faire ses gens; mais il les retint en leur disant qu'il fallait que les pèlerins souffrissent pour l'amour de Dieu, et qu'il mettait plus de prix au coup qu'il avait reçu qu'à la meilleure ville de ses États. Il passa par Rome, où il reçut la croix des mains du pape, et fit revêtir d'un magnifique manteau la statue équestre de Constantin. Il fit ferrer d'or la mule qu'il montait, et défendit à tous ceux qui l'accompagnaient de ramasser les fers qui se détacheraient des pieds de sa mule. Il parut à la cour de Constantinople comme un simple pèlerin, et refusa non-seulement les présents de l'empereur, mais aussi l'hospitalité gratuite qui lui fut offerte. L'empereur défendit alors qu'on lui vendît du bois pour faire cuire ses aliments. Le duc acheta des noix, et avec les coquilles il fit cuire sa viande et ses légumes. Il tomba malade en traversant l'Asie Mineure. Comme il se faisait porter dans une litière par des Musulmans, il rencontra un pèlerin normand, qui lui demanda s'il n'avait pas quelque ordre à lui donner pour son pays : « Tu diras à mes sujets, répondit le duc, que tu m'as vu allant en paradis porté par des diables. » Arrivé aux portes de Jérusalem, il trouva une foule de pèlerins qui n'avaient pas de quoi payer leur droit d'entrée, et qui attendaient que quelque riche et généreux seigneur leur ouvrît l'accès du saint tombeau. Robert leur donna à chacun un besant d'or et leur jura par ses entrailles que, tant qu'il aurait un denier, ce serait pour eux, et qu'il n'entrerait que le dernier dans la ville. Sa charité s'étendit même jusqu'aux Musulmans qui en furent émerveillés. Il mourut à Nicée, lorsqu'il revenait en France, au mois de juillet 1035, et les reliques qu'il avait recueillies furent déposées dans une abbaye qu'il avait fondée en Normandie.

Vers le milieu du XIe siècle une troupe de sept cents pèlerins, dont Richard, duc de Normandie, paya tous les frais de voyage, s'achemina vers la Palestine. Cette pieuse caravane, qui a déjà le caractère d'un prélude des croisades, marchait sous la conduite de Richard, abbé de Saint-Viton. Elle traversa l'Italie, reçut la bénédiction du pape, et visita Constantinople, d'où Richard rapporta dans son monastère des reliques qui lui furent données en présent. Il se plaisait à s'exposer aux persécutions des Musulmans en célébrant la messe aux portes des villes qu'il traversait en Asie; il célébra aussi le saint sacrifice sur le mont Sion, en présence du patriarche de Jérusalem et de tout son clergé. Il fut témoin le samedi saint du miracle du feu sacré. (*Voy.* l'article Feu sacré). La troupe des pèlerins passa aussi par Antioche.

Ce ne fut plus bientôt par centaines, mais par milliers, qu'on compta les pèlerins qui se rendaient en troupe aux Saints Lieux. Lietbert, évêque de Cambrai, partit pour la Palestine en 1054, suivi de trois mille fidèles des provinces de Flandre et de Picardie. On lit dans l'historien de ce pèlerinage, qu'à cause de leur grand nombre les compagnons de l'évêque de Cambrai étaient appelés, dans les lieux où ils passaient, l'*armée du Seigneur*. A son départ, le pieux Lietbert, qui était tendrement vénéré de son troupeau, fut accompagné pendant trois lieues par toute la population de sa ville épiscopale. Il prit le chemin de l'Allemagne et de la Hongrie. C'était la première fois qu'une troupe considérable de pèlerins suivait cette route, et le roi de Hongrie ne fut rassuré sur les intentions de cette multitude que quand il sut que ceux dont elle se composait vivaient dans le jeûne et la prière. Le saint évêque marchait toujours à pied, afin de vaquer plus attentivement à la prière et à la récitation des psaumes. Plus d'une fois il fut obligé d'exhorter à la persévérance ses compagnons, découragés par les dangers et les souffrances qu'ils rencontrèrent dans les déserts de la Bulgarie. Un jour ils aperçurent, dans une épaisse forêt, des hommes à moitié nus, armés d'un arc, et montés sur des chevaux et des chameaux. Tous les pèlerins furent saisis d'épouvante; Lietbert seul se réjouit de l'espoir de mourir sous les coups des barbares, et de recevoir la récompense qu'il avait ambitionnée en entreprenant un aussi périlleux voyage. Mais, à la vue du pontife, la férocité de ces hommes sauvages s'évanouit, et le chef de la troupe se borna à indiquer à l'évêque la route qu'il devait suivre. Arrivés à Laodicée, les pèlerins apprirent que, par ordre du sultan d'Egypte, l'église du Saint-Sépulcre était fermée à la dévotion des chrétiens. La troupe de Lietbert se dispersa de différents côtés, et il n'en réunit que les débris avec lesquels il s'embarqua pour Jérusalem. Mais une tempête les jeta sur les côtes de l'île de Chypre, d'où la crainte de rencontrer les navires des infidèles les ramena à Laodicée. L'évêque de cette ville les engagea à renoncer à une entreprise devenue impossible, et Lietbert revint tristement à Cambrai, avec le regret de n'avoir pu voir la sainte cité.

Plus on approche des croisades, plus on les voit poindre, pour ainsi dire, dans le nombre toujours croissant des réunions de pèlerins qu'anime un esprit chaque jour plus belliqueux. On n'était plus qu'à environ vingt ans de l'époque marquée par la Providence pour l'explosion de ces grands événements, lorsqu'une troupe de sept mille fidèles, rassemblés de différentes parties de l'Allemagne et de la France, et parmi lesquels on comptait des chevaliers normands et l'historien anglais Ingulfe, se dirigea vers Jérusalem à travers la Hongrie, la Bulgarie et la Thrace. A la tête de ce pèlerinage marchaient l'archevêque de Mayence, et les évêques de Ratisbonne, de Bamberg et d'Utrecht, dans le même apparat que s'ils eussent été célébrer un mariage à la cour de quelque puissant souverain. L'or brillait sur tous leurs vêtements. L'évêque de Bamberg était un homme si remarquablement beau, que le peuple s'attroupait sur son passage pour le voir; et il était souvent obligé de se montrer à la foule pour qu'elle n'envahît pas les lieux où il logeait. La magnificence inaccoutumée avec laquelle voyageaient les évêques excita la cupidité des hordes arabes de la Syrie. Une de ces bandes attaqua les pèlerins dans les environs de Ramla, en tua quelques-uns, et força la troupe entière de chercher un refuge dans une masure qui fut aussitôt assiégée. Après trois jours de défense, la faim et la soif contraignirent les évêques à demander à capituler. L'émir, accompagné de quelques-uns des siens, se rendit dans le retranchement des chrétiens. L'évêque de Bamberg lui adressa la parole avec dignité et lui offrit l'abandon de tout ce que possédaient les pèlerins pour prix de leur vie. Mais L'émir répondit qu'il n'avait pas combattu trois jours pour recevoir la loi des vaincus, qu'il s'était promis avec ses compagnons de manger la chair et de boire le sang des chrétiens, et il exigea qu'ils se rendissent à discrétion. Déroulant en même temps de sa tête le turban qui la couvrait, il en fit un lien qu'il jeta autour du cou de l'évêque, lui disant qu'il allait le pendre comme un chien. Mais l'évêque le saisit et le renversa par terre. L'émir et ses compagnons furent aussitôt garrottés, et la lutte avec les Arabes du dehors recommença. Les chrétiens, épuisés par la faim et succombant sous le nombre de leurs ennemis, qui combattaient avec un redoublement de rage, eurent recours à un stratagème : ils placèrent l'émir et leurs autres prisonniers là où les traits lancés contre la masure pleuvaient le plus abondamment, et un chrétien, l'épée nue à la main, se tenait à côté de chaque Arabe, dont il menaçait d'abattre la tête, si l'attaque se prolongeait. L'émir de Ramla arriva alors au secours des pèlerins, et les Arabes s'enfuirent. En voyant leur chef enchaîné, le gouverneur de Ramla félicita les chrétiens de l'avoir délivré, par leur courage, d'un dangereux ennemi, et, en reconnaissance des présents qu'il reçut des évêques, il leur donna une escorte pour les accompagner jusqu'à Jérusalem. Le patriarche de la cité sainte, vieillard vénérable par ses cheveux blancs, vint, avec son clergé et un grand nombre de fidèles, à la rencontre des illustres pèlerins, en procession solennelle, au témoignage d'Ingulfe. Mais des sept mille pèlerins deux mille seulement revirent leur patrie.

Jean d'Ypres mentionne, sous la date de 1085, dans *la Chronique de saint Bertin*, le pèlerinage à Jérusalem de Robert le Frison, comte de Flandre. « Robert le Frison, dit-il, donna à son fils Robert le comté de Flandre à gouverner, et partit pour la terre sainte, où il se signala par de grandes et nombreuses victoires. Cependant, il ne recouvra pas la terre sainte ; cet honneur était réservé à son fils. » On raconte que, lorsque le comte de Flandre arriva à la porte de Jérusalem, elle se ferma d'elle-même, pour lui interdire l'entrée de la ville sainte. Robert, étonné, alla trouver un religieux solitaire, auquel il confessa ses péchés, et qui lui ordonna de rendre la Flandre aux héritiers de son frère, en expiation de la mort de son neveu et d'un parjure dont il s'était rendu coupable. Robert promit de se soumettre à cette pénitence, et s'étant présenté de nouveau à la porte de Jérusalem, il la trouva ouverte.

C'est ainsi que la voie dans laquelle allaient entrer les croisades avait été tracée par les pèlerins, se multipliant de siècle en siècle, depuis celui qui avait ouvert l'ère chrétienne

PÈLERINAGES EN TERRE SAINTE. Ces pèlerinages, dans la distinction que l'on faisait, au moyen âge, entre les petits et les grands pèlerinages, *peregrinationes minores* et *peregrinationes majores*, étaient compris dans la seconde catégorie. Sous la dénomination de *peregrinationes minores*, on entendait seulement les pèlerinages qui ne se dirigeaient pas au delà des frontières du pays des pèlerins. La terre promise, où le Fils de Dieu fait homme a glorifié son Père par une multitude de miracles, et particulièrement la ville de Jérusalem, qui a été le théâtre de sa passion et de sa résurrection, sont demeurées, pour les chrétiens, les Lieux Saints par excellence. A peine le christianisme eut-il débordé de la Judée sur le monde, que des pèlerins, attirés par le désir de visiter la source de la rédemption de l'humanité, prirent le chemin de Jérusalem. Les fatigues d'un voyage qui avait pour but une prière au tombeau du Sauveur semblaient légères à leur piété. On lit, dans une épître de saint Jérôme, que les pèlerinages à Jérusalem commencèrent immédiatement après l'ascension du Christ. Le même père de l'Eglise nous apprend que de son temps, déjà, des pèlerins, venus de l'Inde, de l'Ethiopie, de la Bretagne et de l'Hibernie, faisaient entendre, dans les langues les plus diverses, autour du sépulcre resté vide, les louanges du vainqueur de la mort. Quel sentiment plus naturel, en effet, que celui de la curiosité religieuse, qui veut jouir, autrement que par les yeux de la foi, de la vue des lieux où se sont passées les scènes sublimes de l'institution divine du christianisme ? Dans la lettre adressée à sainte Eustochie, sur la mort de sainte Paule, saint Jérôme décrit ainsi les stations où s'arrêtaient les pèlerins : « Paule se prosterna devant la croix au sommet du Calvaire; elle embrassa, au saint sépulcre, la pierre que l'ange avait dérangée lorsqu'il ouvrit le tombeau, et baisa surtout avec respect l'endroit touché par le corps de Jésus-Christ. Elle vit, sur la montagne de Sion, la colonne où le Sauveur avait été attaché et battu de verges: cette colonne soutenait alors le portique d'une église. Elle se fit conduire aux lieux où les disciples étaient rassemblés lorsque le Saint-Esprit descendit sur eux. Elle se rendit ensuite à Bethléem, et s'arrêta en passant au sépulcre de Rachel. Elle adora la crèche du Messie, et il lui semblait y voir les mages et les pasteurs. A Béthphagé, elle trouva le monument de Lazare et la maison de Marthe et de Marie. A Sychar, elle admira une église bâtie sur le puits de Jacob, où Jésus-Christ parla à la Samaritaine: enfin, elle trouva à Samarie le tombeau de saint Jean-Baptiste. » En citant ce même fragment de l'épître à Eustochie, M. de Chateaubriand ajoute: « Cette lettre est de l'an 404; il y a par conséquent 1406 ans qu'elle est écrite. On peut lire toutes les relations de la terre sainte, depuis le *Voyage d'Arculfe* jusqu'à mon *Itinéraire*, et l'on verra que les pèlerins ont constamment retrouvé et décrit les lieux marqués par saint Jérôme. » L'auteur de ce *Dictionnaire* a éprouvé, lui aussi, la profonde émotion dont il est impossible de n'être pas saisi, en présence de la perpétuité de ces grandes traditions.

L'érection de l'église magnifiquement construite par Constantin, pour couvrir et honorer le divin tombeau, engagea les fidèles à y venir prier, en plus grand nombre encore, de toutes les parties du monde. L'exemple de sainte Hélène, qu'un âge très-avancé n'empêcha pas d'obéir à la dévotion qui la portait vers les Saints Lieux, contribua aussi à accroître l'ardeur de ces pèlerinages. Rendus plus faciles, ils devinrent plus fréquents, lorsque, des extrémités occidentales de l'Europe et de l'Afrique jusqu'à Jérusalem, le pèlerin trouva partout sur sa route une hospitalité chrétienne. Des maisons où elle lui était offerte par un dévouement religieux jaloux de s'associer au mérite des pèlerinages, se fondèrent, dès cette époque, dans les principales villes de l'empire romain. L'opinion s'établit bientôt que le voyage de Jérusalem était une voie qui conduisait au ciel. L'entraînement vers la terre natale de l'Evangile augmenta encore au bruit des prodiges qui firent échouer l'empereur Julien dans la tentative impie de rebâtir le temple des Juifs, pour donner un démenti à la parole du Fils de Dieu. Les pèlerinages en Palestine ne furent point interrompus par l'invasion des barbares dans le nord et dans l'occident de l'empire. En se convertissant au christianisme, ces peuples ne devinrent pas seulement les protecteurs des pèlerins qui allaient saluer la primitive patrie de la religion qu'ils venaient d'adopter, mais ils grossirent même les rangs de ces pieux voyageurs. En s'inspirant du principe de la charité chrétienne, le penchant à l'hospitalité, naturel aux nations germaniques, se transforma en une vertu efficace, et le nombre des hospices ouverts aux pèlerins se multiplia. Saint Jérôme en avait créé un à Bethléem, et sainte Pauline en avait établi plusieurs aux approches de cette ville. Préludant aux avantages matériels produits par les croisades, ces hospices, échelonnés sur la route du berceau et du tombeau du Sauveur des hommes, offraient aussi des asiles aux caravanes du commerce. Le premier roi chrétien des Francs avait pourvu, par des règlements, à la sûreté des pèlerins, et un capitulaire de Charlemagne prescrit de leur accorder, *pour l'amour de Dieu, le toit, le feu et l'eau.* Un hospice à leur usage fut fondé, au IXe siècle, sur le mont Cenis, par le fils de ce grand empereur, Louis le Débonnaire. Saint Bernard institua plus tard deux monastères, destinés également à recueillir les voyageurs et les pèlerins, sur les monts appelés, depuis cette époque, le grand et le petit Saint-Bernard. Comme les habitants des Alpes étaient encore en partie idolâtres, à cette époque, ces monts se nommaient auparavant monts Joux, *montes Jovis.* A Jérusalem, un vaste hôpital, construit par ordre et aux frais du pape Grégoire le Grand, attendait les pieux voyageurs, avant que Charlemagne y en eût fondé un, qu'il dota d'une bibliothèque. Au rapport d'un moine français, nommé Bernard, qui fit le voyage de Jérusalem avec deux autres religieux, en 870, l'hospice établi par Charlemagne se composait de douze hôtelleries, et possédait, dans la vallée de Josaphat, des champs, des vignes et un jardin. Il existe un capitulaire de cet empereur de l'an 810, sur les aumônes à envoyer à Jérusalem pour l'entretien des églises : *De eleemosina mittenda ad Hierusalem propter ecclesias Dei restaurandas.* Les *Chroniques de Saint-Denis*, en faisant l'éloge de ce grand prince, disent qu'il soutenait, de ses aumônes, non-seulement les pauvres de son royaume, mais encore les *povres crestiens qui habitoient en Africques, en Egypte et en Sorie, et mesmement ceulx de Jherusalem, et d'autres régions de payenie.*

Un itinéraire, extrait évidemment des itinéraires que les empereurs romains faisaient dresser pour l'usage des fonctionnaires publics et pour la marche des troupes, traçait la route des pèlerins de Bordeaux à Jérusalem, et leur indiquait leur retour jusqu'à Milan. Un passage de ce premier guide du voyageur à Jérusalem prouve qu'il a été composé vers l'an 333 de l'ère chrétienne. Il est le fragment le plus intéressant qui nous reste des *Itineraria annotata* dont parle Végèce. Le seul manuscrit connu de l'*Itinéraire de Bordeaux à Jérusalem* est à la Bibliothèque nationale de Paris, et a appartenu à celle de Pierre Pithou, à qui est due la première édition, imprimée en 1588, de ce curieux monument du IVe siècle. M. de Chateaubriand en a reproduit le texte tout entier qui, au reste, est fort court, à la fin du second volume de son *Itinéraire de Paris à Jérusalem.*

Outre l'abus qui pouvait être fait de l'opinion que tout crime s'expiait par une visite aux lieux que Dieu semblait avoir particulièrement favorisés, les pèlerinages en terre sainte n'étaient pas non plus sans présenter d'autres inconvénients. Ces lointains voyages étaient quelquefois périlleux pour la vertu, et particulièrement pour la modestie des femmes. Dans le IXe siècle, un évêque du continent écrivit à l'archevêque de Cantorbéry pour le prier, dans les termes les plus pressants, d'empêcher les femmes anglaises de tout rang d'aller en pèlerinage à Rome. Il y avait peu de villes, ajoutait la lettre citée par Muratori dans ses *Antiquitates italicæ medii ævi*, en Lombardie et en France, où les galanteries des Anglaises ne fussent un scandale public. Il ne faut donc pas s'étonner que plusieurs Pères de l'Église, alarmés des dérèglements de mœurs dont les pèlerinages étaient quelquefois l'occasion, en aient signalé les abus et les dangers. Saint Grégoire de Nysse, qui avait visité les Saints Lieux en 379, et dont les œuvres contiennent le récit de ce voyage sous le titre de *Iter Hierosolimæ*, a craint les périls que pouvaient courir la piété et la chasteté dans les hôtelleries de la route de Jérusalem. « Si vous avez, dit-il, le cœur rempli de pensées perverses, fussiez-vous sur le Golgotha, sur le mont des Oliviers ou en face du saint tombeau, vous serez encore aussi loin du Christ que ceux qui n'ont jamais professé la foi évangélique. » Saint Augustin, pour les mêmes motifs, a aussi tâché, dans un de ses sermons, de modérer le zèle pour les pèlerinages; et saint Jérôme a dit, dans les mêmes vues, qu'il n'était pas nécessaire d'aller à Jérusalem pour se faire ouvrir les portes du ciel. Mais rien ne put détourner le cours de la dévotion irrésistiblement dirigée vers Jérusalem. Les Musulmans eux-mêmes avaient pour la ville de David la vénération due à un lieu honoré par la présence du Christ, qu'ils reconnaissent pour un prophète. Ils croient que Mahomet a visité Jérusalem, et que c'est là que se rassembleront toutes les générations, lors de la résurrection générale. Les sectateurs de Mahomet comprenaient donc le but des pèlerinages à Jérusalem, qui ne furent pas arrêtés lorsque la Palestine fut incorporée à leur empire par la conquête. L'ardeur du prosélytisme inspiré par le Coran voulait bien admettre, suivant l'expression d'un émir, que les pèlerins *n'avaient point quitté leur pays dans de mauvais desseins, mais seulement pour chercher à accomplir leur loi.* Les conquérants d'ailleurs n'avaient pas soumis à un impôt les étrangers qui venaient apporter leurs hommages aux Lieux Saints, pour se priver d'une source de richesse en leur en interdisant l'accès. La condition des chrétiens qui visitaient la Palestine, ou qui y résidaient, éprouva des alternatives de tranquillité et d'oppression, selon les différents caractères des princes musulmans dont ils eurent à subir la domination. Sur une terre où régnait l'islamisme, un tribut annuel, prix du droit de résidence, était exigé de chaque *infidèle*. Tous les chrétiens ainsi tributaires demeuraient dans le quartier de la ville où s'élève l'église du Saint-Sépulcre. Le patriarche y était toléré avec son clergé. Cette situation faite aux chrétiens par les califes Ommiades fut encore supportable sous la domination des Abbassides, et particulièrement sous le règne d'Haroun-al-Raschid, le prince le plus éclairé de cette dynastie. On sait que ce calife chargea les ambassadeurs envoyés par Charlemagne pour honorer le tombeau de Jésus-Christ, de remettre à leur souverain les clefs de la ville sainte. Sans donner à cet acte de courtoisie une importance exagérée, il faut y voir, ce nous semble, un hommage rendu à la puissance du chef du grand empire des chrétiens d'Occident, dont les sujets accouraient en foule à Jérusalem. Ce sont ces relations entre Haroun-al-Raschid et Charlemagne qui auront donné l'idée du voyage de cet empereur en Palestine, dont on ne saurait lire le récit, dans la grande Chronique de Saint-Denis et dans plusieurs chroniques de la première croisade, sans y voir un témoignage de la place qu'occupait, dans les imaginations du moyen âge, l'esprit de pèlerinage à Jérusalem. En nouant des rapports avec Haroun-al-Raschid, Charlemagne n'avait eu d'autre but que de chercher à améliorer le sort des chrétiens qui demeuraient dans l'empire du calife, ou que la dévotion y conduisait. Le témoignage d'Eginhard, dans la *Vie de Charlemagne*, est formel à cet égard : *Ob hoc maxime transmarinorum regum amicitias expetens, ut Christianis sub eorum dominatu refrigerium aliquid ac relevatio perveniret.*

La conversion des Normands au catholicisme vint, au commencement du xᵉ siècle, favoriser encore le développement du penchant aux pèlerinages. Le goût des aventures mêlé à la satisfaction de la piété est un des traits historiques du caractère de ce peuple. On sait que la fondation de la dynastie normande en Sicile a été l'œuvre de quelques pèlerins. Une autre cause de la multiplication des pèlerinages au xᵉ siècle fut l'opinion qui se répandit alors, que les mille ans dont il est parlé dans l'Ecriture, allaient s'accomplir, et que la fin du monde était prochaine. On lit dans un acte de donation, fait à cette époque : « La fin du monde approchant, » *appropinquante mundi termino*. Comme on s'imaginait que c'était à Jérusalem que le Sauveur allait apparaître dans toute sa splendeur, pour juger les hommes, des foules de pèlerins, plus nombreuses que jamais, s'empressèrent de s'acheminer vers la Palestine. Non contents d'avoir prié dans l'église du saint tombeau, de s'être baignés dans le Jourdain, et d'avoir visité les autres sanctuaires de la terre sainte, plusieurs pèlerins voulaient même y mourir, et parvenaient quelquefois à ce but par les efforts d'une dévotion exagérée. « Vous qui êtes mort pour nous, disaient-ils au Fils de Dieu devant son tombeau, et qui fûtes enseveli dans ce saint lieu, prenez pitié de notre misère, et retirez-nous aujourd'hui de cette vallée de larmes. » Glaber raconte qu'un pèlerin du pays d'Autun, nommé Lethbald, alla chercher la mort en Palestine dans l'excès des mortifications : parvenu, dans la visite qu'il fit des Saints Lieux, au sommet de la montagne des Oliviers, il se jeta à terre, s'étendit en croix, et pria Dieu, avec une abondance incroyable de pleurs, de l'appeler au ciel. « Seigneur Jésus, qui avez daigné, disait-il, descendre du trône de votre majesté sur la terre pour sauver le genre humain, et qui de ce lieu, que je vois maintenant, êtes retourné au ciel, revêtu de la forme humaine, je supplie votre bonté toute-puissante que si mon âme doit cette année quitter mon corps, ce soit ici, dans le lieu même de votre Ascension ; car je crois que de même que je vous ai suivi ici corporellement, de même mon âme entrera pleine de joie après vous dans le paradis. » Se relevant de temps en temps, le pèlerin tendait les bras vers la céleste patrie, comme pour s'y élever, et témoignait, à haute voix, le plus vif désir de mourir. Etant retourné ensuite à l'hospice où il demeurait avec ses compagnons de voyage, au lieu de se mettre à table, il se jeta sur un lit en s'écriant : *Gloire au Seigneur!* Vers le soir, il demanda le saint viatique, et après l'avoir reçu, il expira en présence de tous les autres pèlerins. « Celui-là, ajoute le chroniqueur Glaber, n'avait point fait le pèlerinage de Jérusalem par vanité :

aussi Dieu ne lui refusa-t-il point la grâce qu'il demandait. » Au XIe siècle, le voyage aux Saints Lieux était particulièrement ordonné, comme satisfaction expiatoire, à ceux qui s'étaient souillés du sang de leurs frères, à ceux qui avaient détourné les richesses de l'Eglise, et aux infracteurs de la *trêve de Dieu*. Une ordonnance des évêques de France, qui prescrit d'observer la trêve de Dieu, impose le pèlerinage à Jérusalem aux transgresseurs de cette trêve : *Si quis in ipsis diebus treugæ Dei homicidium fecerit, exul factus atque a propria patria ejectus, Jerusalem tendens, longinquum illic patiatur exilium*. Le pèlerinage à Jérusalem remplaçait, dans la plupart des cas, la pénitence canonique. Les enfants au berceau étaient quelquefois voués à ce pèlerinage par leurs parents, et dès qu'ils étaient sortis de l'enfance, ils s'empressaient d'acquitter la dette sacrée contractée en leur nom. Cette époque du XIe siècle est celle où les pèlerinages à Jérusalem atteignirent leur plus haut point. Sur la route tracée d'abord par quelques pécheurs pleins de repentir, on vit se presser des troupes de pèlerins si considérables, qu'elles sont appelées, dans les relations, *armées du Seigneur*, *exercitus Domini*.

La position voisine de l'esclavage, que les chrétiens obtenaient à prix d'argent en Orient, devint intolérable précisément à l'époque de l'apogée des pèlerinages, sous les califes fatimites d'Egypte. Hakem, l'un de ces califes, fut surtout pour eux un cruel persécuteur. Le tribut exigé d'eux fut augmenté; leurs enfants leur furent arrachés, leurs fils pour être livrés à l'apostasie, et leurs filles à la prostitution; les cérémonies religieuses furent interdites, et l'église du Saint-Sépulcre fut détruite. De plus grands maux encore accablèrent les chrétiens, lorsque Jérusalem fut conquise en 1086, sur les sultans d'Egypte, par les Turcs Seldjoucides, qui s'étaient mis contre les Fatimites au service de la cause des Abbassides. Ortok, l'émir turcoman a qui avait été confiée la garde de cette conquête, l'ayant convertie en principauté indépendante, les Ortokides en demeurèrent en possession jusqu'au rétablissement de l'autorité des Fatimites en Palestine, peu de temps avant l'arrivée des croisés devant la ville sainte. Durant ces vicissitudes le sang chrétien coula fréquemment sous le cimeterre mahométan. Il semblait impossible aux ennemis de notre foi que les hommes qu'elle amenait du fond de l'Occident, eussent entrepris un voyage aussi long, sans emporter avec eux des sommes considérables d'argent, et soupçonnant la pauvreté dont la plupart des pèlerins étaient des emblèmes vivants de n'être qu'apparente, les Musulmans fendaient le corps de ces malheureux, avec une impitoyable cupidité, pour y chercher l'or qu'ils n'y trouvaient pas, ou, recourant à un moyen moins expéditif pour satisfaire leur avarice, ils attendaient les effets d'un vomitif composé d'une infusion de scammonée. Un des plus fidèles narrateurs des événements de la première croisade, Guibert, atteste le fait. A leur retour en Europe, les pèlerins, qui avaient été témoins de ces violences, excitaient l'indignation générale en racontant les profanations sacriléges et les atrocités inhumaines que les sectateurs de Mahomet commettaient dans la terre sainte. La nécessité de la délivrer du joug de l'islamisme se fit ainsi sentir, et la pensée que c'était même un devoir pour l'Europe chrétienne commença à s'infiltrer dans les esprits. Le pèlerinage de Pierre l'Ermite, à la fin du XIe siècle, provoqua l'explosion à laquelle devait infailliblement aboutir la situation faite aux chrétiens par l'islamisme possesseur des Saints Lieux.

PHILIPPE II, surnommé *Auguste* et *le Conquérant*, quarante-deuxième roi de France, fils de Louis VII, dit le Jeune, et d'Alix de Champagne. Ce prince fut sacré à Reims, du vivant de son père, qui, par sa mort arrivée en **1180**, le laissa seul maître de la couronne. Philippe n'avait alors que quinze ans, étant né le **22 août 1165**; il fut mis sous la tutelle de Philippe d'Alsace, comte de Flandre. Il épousa, en **1182**, Isabelle, princesse du sang de Charlemagne et fille de Baudouin V, comte de Hainaut. Pour conclure cette union, il lui fallut affronter l'opposition de sa mère, qui souleva contre lui le comte de Champagne et Henri II, roi d'Angleterre. Mais Philippe triompha de leur ligue, et sut forcer le roi d'Angleterre à demander la paix. Le royaume se trouvait pourtant fort réduit à cette époque ; et, d'autre part, Henri II, tant par son mariage avec Eléonore d'Aquitaine que par un heureux emploi de ses armes, avait accru ses possessions continentales, au point qu'elles formaient plus du double de ce qu'il restait de territoire sous la domination directe, ou sous la suzeraineté du roi de France. Isabelle de Hainaut apporta en dot à son époux la ville d'Amiens et des droits assurés sur l'Artois, le Valois et le Vermandois. Philippe signala son zèle pour la religion et les bonnes mœurs en publiant des édits rigoureux contre le libertinage et le blasphème. Il expulsa aussi de ses Etats les Juifs qui, par la pratique effrénée de l'usure et de la maltôte, avaient acquis des richesses scandaleuses. Mais, en les dépouillant de leurs biens-fonds, et en déclarant ses sujets quittes de toute dette envers eux, il excéda les limites de la justice, et excita les réclamations du clergé. S'étant mis, malgré la résistance du comte de Flandre, en possession du Vermandois et des bords de la Somme, il employa heureusement ses armes à faire rentrer dans le devoir Hugues III, duc de Bourgogne, qui commettait d'innombrables déprédations contre les églises et les voyageurs. Il acheva en outre de rétablir le bon ordre dans ses Etats, en exterminant les routiers, cottereaux et brabançons, brigands organisés par bandes formidables. Mais il mérita moins d'être loué quand, à l'exemple Louis VII, il aida les fils de Henri II dans leur révolte contre leur père, quoiqu'il ait su acquérir, à la faveur de ces démêlés, le Mans, Tours et le château d'Amboise.

Telle fut, en résumé, l'histoire de ce prince, jusqu'à l'époque où la défaite de Lusignan à Tibériade et la prise de Jérusalem soulevèrent, une troisième fois, l'Europe contre l'islamisme. Philippe-Auguste et Henri II se croisèrent ensemble, en 1188. Mais le roi d'Angleterre étant mort au milieu de ses préparatifs de départ, Richard Cœur-de-Lion, son fils, lui succéda au trône, et le remplaça dans l'expédition. Les *Actes de Rymer* ont conservé, sous la date de 1189, une lettre écrite par Philippe-Auguste au nouveau roi, et qui nous montre combien le premier de ces princes avait à cœur de ne point laisser son puissant vassal en Occident, pendant qu'il irait lui-même guerroyer contre les infidèles.

« Votre amitié, dit le roi de France, saura que nous brûlons du désir d'aller au secours de la terre de Jérusalem, et que nous faisons les vœux les plus ardents pour y servir Dieu. Nous savons depuis longtemps, de vous-même, et nous l'apprenons aujourd'hui par le rapport de vos ambassadeurs, que vous avez aussi le projet et la volonté d'aller à Jérusalem. Ceux qui vous portent, de notre part, ces lettres, pourront s'en assurer, et vous pourrez nous le confirmer par les vôtres. Ces mêmes ambassadeurs, en vous remettant nos lettres, vous donneront à leur tour des gages de notre volonté. »

Ils partirent l'un et l'autre. Le récit de ce qu'ils firent dans la troisième croisade n'appartient point à cet article. Il convient seulement de rappeler qu'ils furent rarement en bonne intelligence, et qu'ils tombèrent tous deux gravement malades devant Saint-Jean-d'Acre. La Chronique de Benoît de Péterborough donne le nom d'*arnaldia* à cette maladie. Ducange explique le mot *arnaldia* par celui d'*alopecia*, alopécie, maladie qui fait tomber le poil et les cheveux, et à laquelle les renards sont sujets. Toutefois, il faut remarquer que les deux rois virent tomber non-seulement leurs cheveux, mais aussi leurs ongles.

Philippe et Richard rivalisèrent de magnificence, et leurs camps ressemblèrent plus à des villes opulentes qu'à la demeure de gens de guerre. Richard sembla même s'étudier à surpasser son suzerain par l'excès du faste qu'il déploya; et peut-être le dépit qu'en ressentit le roi de France ne fut-il pas sans influence sur les résultats de la croisade. Ce dernier avait emmené avec lui ses faucons, et l'un de ces oiseaux était, au rapport d'un auteur arabe, d'une espèce fort rare et d'un plumage très-blanc. « Le roi, dit-il, aimait beaucoup cet oiseau, et cet oiseau n'aimait pas moins son maître, le roi. Au siége de Ptolémaïs, cet oiseau quitta le camp, et s'abatit sur les murs de la ville. Cela causa un grand trouble parmi les croisés, qui d'abord se mirent à la poursuite du fugitif. Les Sarrasins s'en étant emparés, le portèrent à Saladin. Philippe n'hésita pas à envoyer à ce dernier un parlementaire, chargé de lui offrir, en échange de son faucon, une somme d'argent, qui eût certainement suffi à racheter plusieurs prisonniers. » Philippe-Auguste quitta la Palestine avant son vassal.

La chronique de Sicardi rapporte que, quand le roi de France partit pour retourner dans ses Etats, les pèlerins lui criaient en face : « Malheur à vous, qui fuyez et abandonnez la terre sainte! » La malveillance, qui animait les deux princes l'un contre l'autre pendant la croisade, ne s'apaisa pas aussitôt qu'ils furent séparés; car, d'une part, dans une lettre de Richard Cœur-de-Lion, qui a été conservée par un chroniqueur, Philippe-Auguste est accusé « d'avoir trahi son serment en renonçant honteusement à son pèlerinage; » et, d'autre part, le chroniqueur allemand Ansbert rapporte une lettre de Philippe-Auguste au duc Léopold d'Autriche, dans laquelle l'assassinat de Conrad est attribué à Richard; le roi de France prie Léopold, par cette lettre, de garder étroitement Richard Cœur-de-Lion, jusqu'à ce que Philippe-Auguste ait eu avec le duc d'Autriche et l'empereur d'Allemagne une conférence en personne, ou par ambassadeur.

La guerre éclata entre eux quand Richard eut recouvré sa liberté. Philippe s'y attendait, et ce qui prouve qu'il entendait bien susciter à son rival autant d'embarras qu'il le pourrait, c'est qu'il écrivit aussitôt à Jean-sans-Terre de se tenir en garde, parce que le lion était déchaîné. Mais, si redoutable que fût le héros anglais, son suzerain ne le lui cédait point en intrépidité. Un jour que celui-ci allait à Gisors, escorté seulement de deux cents lances, il se trouva inopinément assailli par le roi d'Angleterre, qui avait avec lui quinze cents de ses meilleurs hommes d'armes. Comme on voulait persuader au roi de France de faire retraite : « Moi, dit-il, reculer devant mon vassal!.. jamais. » Et, fondant sur les Anglais, il les mit en déroute. Cette guerre se poursuivit longtemps avec des succès divers. Elle fut terminée par l'intervention du pape Innocent III, environ un an avant la mort de Richard.

Un chroniqueur anglais, Gautier Hémingford, nous apprend que, « des courtisans ayant annoncé la mort de Richard au roi de France, avec une grande joie, et en le félicitant d'être délivré d'un ennemi cruel, le roi leur dit : *Il ne faut pas s'en réjouir, mais plutôt s'en affliger; car la chrétienté vient de perdre un prince magnanime, et le plus vaillant de ses défenseurs. Quoique je l'aie longtemps regardé comme un ennemi, j'ai toujours espéré cependant de m'en faire un ami. Sa mort doit être pour vous un sujet de douleur.*

Isabelle de Hainaut étant morte, Philippe-Auguste épousa, le 14 août 1193, Ingelburge, fille de Waldémar Ier, roi de Danemark. Mais cette princesse lui déplut tout de suite; il fit annuler son mariage par une assemblée d'évêques, et épousa, en 1196, Agnès, fille du duc de Méranie. Le pape Innocent III cassa la sentence des évêques, et ordonna au roi de reprendre Ingelburge. Le refus de Philippe fit mettre le royaume en interdit, ce qui amena ce prince à résipiscence, mais ce qui fut cause peut-être aussi qu'il ne prit pas part à la quatrième croisade.

Il eut avec Jean-sans-Terre de grands démêlés, que le pape réussit d'abord à apaiser, mais qui ne tardèrent pas à se renouveler. Le roi d'Angleterre se vit successivement dépouiller, par son habile et vaillant ennemi, de tous ses Etats de terre ferme. Celui-ci fit en outre reconnaître sa suzeraineté sur la Bretagne.

En ce temps-là de monstrueuses hérésies ravageaient l'Eglise, et plusieurs sectes turbulentes tentaient de faire prévaloir leurs doctrines par les armes. Celles qui sont connues sous le nom de Vaudois et d'Albigeois obtinrent de grands et rapides succès dans le midi de la France. Le pape fit prêcher la croisade contre ces rebelles, et le roi de France fournit des troupes considérables pour les réprimer.

Enfin, ce qui mit le comble à la gloire de Philippe-Auguste, ce fut la victoire qu'il remporta, le 27 juillet 1214, à Bouvines, où, avec environ cinquante mille hommes, il défit entièrement l'armée des alliés, qui en comptait cent cinquante mille, et que commandait l'empereur Othon IV. Ayant ainsi triomphé de tous ses ennemis, il ne s'occupa plus que de faire fleurir dans ses Etats les arts de la paix, et à embellir Paris, dont il avait fait sa capitale. Ce grand prince mourut à Mantes, le 14 juillet 1223, laissant la couronne à Louis VIII, son fils, qu'il avait eu d'Isabelle de Hainaut.

PHILIPPE III, surnommé le Hardi et Cœur-de-Lion, quarante-cinquième roi de France, fils aîné de saint Louis et de Marguerite de Provence, naquit au mois de mai 1245. Le 23 août 1270, aussitôt après la mort de son père, ce prince fut salué roi par les acclamations de l'armée française, qui assiégeait Tunis. Il était alors gravement atteint du mal qui moissonnait ses troupes, ce qui ne l'empêcha pas de recevoir, dès le surlendemain, l'hommage des princes et des seigneurs. Il écrivit ensuite à Matthieu de Vendôme, abbé de Saint-Denis, et à Simon de Clermont de Nesles, pour les confirmer dans la charge de régents du royaume, que saint Louis leur avait confiée avant son départ. Il fixa aussi, par une ordonnance datée du camp près de Carthage, la majorité de Louis, son fils aîné, à l'âge de quatorze ans. Son premier soin avait été de pourvoir à la conservation des dépouilles mortelles de saint Louis, et le sire de Beaulieu allait partir pour les rapporter en France, lorsque l'armée témoigna qu'il lui serait pénible de s'en séparer. Le roi déféra aux pieuses réclamation de ses soldats. Après avoir battu les infidèles et conclu une trêve de deux ans avec le souverain de Tunis, il se rembarqua, prit terre en Sicile, le 22 novembre, et ayant remis à la voile pour la France, il arriva à Paris le 21 mai de l'année suivante. Il avait été assailli dans son voyage par une tempête qui causa la perte de quatre ou cinq mille pèlerins. Le roi ramenait avec lui, outre le cercueil de son père, celui de son jeune frère Jean Tristan, comte de Nevers, d'Isabelle, sa sœur, de Thibaut le jeune, roi de Navarre, son beau-frère, et de sa propre femme, Isabelle d'Aragon. Le lendemain de son arrivée à Paris, il porta lui-même à Saint-Denis, sur ses épaules, les restes de son père. Il fut sacré à Reims, le 15 ou le 31 août, par l'évêque de Soissons. Alphonse IX, comte de Toulouse, étant mort, Philippe alla, en 1272, prendre possession de cette ville et des vastes domaines qui en dépendent. Il avait réuni de même à la couronne le comté de Valois, devenu vacant par la mort de son frère Jean Tristan. Il entra ensuite en campagne contre le comte de Foix, qu'il fit prisonnier le 25 juin. Le pape ayant réclamé le comtat Venaissin, qui faisait partie de la succession du comte de Toulouse, le roi rendit, en 1274, cette province à l'Eglise, qui en a joui, depuis lors, pendant plus de cinq cents ans. La même année, Henri, comte de Champagne et roi de Navarre, mourut, et laissa ses Etats à sa fille Jeanne, âgée de trois ans. La reine Blanche, veuve de ce prince, eut recours à la protection du roi de France, pour rétablir en Navarre l'autorité de sa fille. Une armée française, commandée par Robert, comte d'Artois, fit rentrer les insurgés dans le devoir. Philippe III fiança, à la jeune reine de Navarre, son fils Philippe, qui lui succéda ; le mariage qui s'ensuivit plus tard procura le retour définitif de la Champagne à la couronne. En 1278, Pierre de la Brosse, qui, de barbier de saint Louis était devenu premier ministre de Philippe le Hardi, fut accusé d'avoir fait mourir par le poison Louis, fils aîné de ce prince, et fut condamné à être pendu. Pierre III, roi d'Aragon, encourut l'excommunication pour avoir préparé le massacre des Français en Sicile, et s'être emparé de cette île; le pape, après avoir prononcé contre lui une sentence de déposition, conféra le trône d'Aragon à Charles, comte de Valois, fils de Philippe le Hardi. Le roi de France entra en campagne au mois de mars 1285, pour mettre à exécution le jugement pontifical, se saisit de Perpignan, entra en Espagne et mit le siége devant Gironne, qu'il obligea à capituler, après une résistance de sept mois. Etant ensuite revenu en France, il tomba malade à Perpignan, et y expira le 6 octobre 1289. Il avait alors quarante ans, et en avait régné quinze. Isabelle d'Aragon, qu'il avait épousée en premières noces, le 28 mai 1262, et perdue en Calabre le 30 janvier 1271, en revenant de la croisade, lui avait laissé quatre fils : Louis, mort en 1276, Philippe, qui lui succéda, Charles, comte de Valois, et Robert, comte d'Artois. En 1274, il se remaria avec Marie, fille de Henri III, duc de Brabant, dont il eut Louis, comte d'Evreux, Marguerite, reine d'Angleterre, et Blanche, duchesse d'Autriche.

PIERRE L'ERMITE, issu d'une famille noble de Picardie, naquit à Amiens ou dans les environs de cette ville, vers le milieu du

XIe siècle. Il paraît que le surnom sous lequel il est connu était héréditaire dans sa famille, et venait d'un de ses ancêtres qui était né dans un lieu désert, tandis que sa mère était en voyage. C'est ce que Guillaume de Tyr veut sans doute faire entendre, lorsqu'il dit que Pierre était ermite de nom et d'effet : *qui et re et nomine cognominabatur Heremita*. Le même historien ajoute, dans le passage dont ces mots sont extraits, que le prédicateur de la première croisade était d'un extérieur peu agréable au premier abord ; mais son œil révélait un esprit vif et une âme ardente. Une éloquence naturelle donnait de la puissance à sa parole. *Erat autem hic idem statura pusillus, et quantum ad exteriorem hominem, persona contemptibilis... Vivacis enim ingenii erat, et oculum habens perspicacem gratumque; et sponte fluens ei non deerat eloquium.* Un mélange d'inconstance et de fermeté semble avoir composé le fond de son caractère. Il étudia les lettres dans sa jeunesse, pour se préparer à embrasser l'état ecclésiastique ; mais, changeant de disposition, il entra dans la carrière des armes, et servit sous la bannière d'Eustache, comte de Boulogne, père de Godefroy de Bouillon, avec qui il fut fait prisonnier dans une affaire, près de Cassel, en Flandre. Cette circonstance le dégoûta du métier de la guerre, et il s'engagea dans les liens du mariage. Sa femme, Béatrix de Roussy, appartenait à une famille noble ; mais elle n'était ni jeune ni riche. Pierre n'en vécut pas moins heureux avec elle pendant trois ans, et en eut deux enfants, un fils et une fille. Devenu veuf, il se fit prêtre et anachorète ; il vivait dans le jeûne, dans la prière, dans la méditation. Ce fut pour satisfaire sa vive piété qu'il fit le pèlerinage de Jérusalem, en 1093. Arrivé dans la ville sainte, il entendit avec indignation, de la bouche d'un chrétien, qui lui avait offert l'hospitalité dans sa maison, le récit des mauvais traitements dont les Turcs accablaient les fidèles, et il eut occasion de se convaincre par lui-même de la vérité des faits qui lui avaient été racontés. Enflammé d'un saint zèle, il alla trouver le patriarche Siméon, pour le consulter sur les moyens d'empêcher que les Saints Lieux ne fussent ainsi profanés, et les pèlerins maltraités par les Musulmans. Le patriarche lui dit qu'il ne fallait attendre aucun secours des empereurs grecs, impuissants à défendre, contre les Turcs, ce qui leur restait de leurs propres Etats, et que la délivrance ne pouvait venir que de l'Occident. « Ecrivez donc, répondit l'Ermite, suivant Guillaume de Tyr, écrivez au pape, à l'Eglise romaine et à tous les chrétiens latins, et apposez sur vos lettres le sceau du ministère sacré dont vous êtes revêtu. En expiation de mes péchés, je parcourrai l'Europe, je décrirai aux princes et aux peuples l'état d'abjection de votre Eglise, et je les presserai de venir la délivrer. » Pierre se disposait à reprendre le chemin de l'Occident, où il avait l'intention d'être l'interprète des souffrances des chrétiens d'Orient, lorsqu'étant un soir en prière dans l'église de la Résurrection, il succomba à la fatigue de ses austérités, et s'endormit. Jésus-Christ lui apparut alors en songe, et lui dit : « Lève-toi, Pierre, et accomplis avec courage la résolution que tu as prise ; je serai avec toi, car il est temps que les Saints Lieux soient délivrés de la présence des Turcs, et que mes serviteurs soient secourus. » Pierre s'éveilla à ces mots, joyeux et content, *comme si la besogne eût été déjà faite*, dit Bernard le Trésorier, et, après une courte prière, il courut chez le patriarche lui annoncer l'apparition qui venait de l'affermir dans son généreux dessein. Il partit le lendemain pour Antioche ; il y trouva un navire prêt à faire voile pour la Pouille, où il arriva heureusement. De là il alla à Rome remettre au pape Urbain II la lettre dont l'avait chargé le patriarche de Jérusalem. Paul Emile, dans son *Histoire de France*, nous a conservé cette lettre, qui était adressée au souverain pontife et aux princes de l'Occident ; en voici la traduction : « Citoyens de la ville sainte et compatriotes du Christ, nous souffrons tous les jours ce que le Christ, notre roi, n'a souffert qu'une fois dans les derniers moments de sa vie mortelle. Nous sommes chassés, frappés, dépouillés. Tous les jours quelqu'un de nous éprouve le supplice du bâton, de la hache ou de la croix. Nous irions chercher un refuge jusqu'aux extrémités du monde ; nous abandonnerions cette contrée pour mener une vie vagabonde, si nous ne regardions pas comme un crime de laisser, sans adorateurs et sans prêtres, une terre consacrée par la naissance, par la mort, par la résurrection et par l'ascension du Seigneur ; nous nous croirions coupables, s'il n'y avait plus personne ici pour souffrir le martyre et la mort, s'il n'y avait plus de chrétien qui voulût mourir pour le Christ, comme sur un champ de bataille, où l'on voit toujours des guerriers combattre, tant qu'il y a des ennemis qui attaquent. Les maux que nous souffrons sont capables d'exciter la compassion... La puissance des Turcs grandit de jour en jour, et chaque instant voit diminuer nos forces. Leurs nouvelles conquêtes ajoutent à leur audace ; leur ambition embrasse toute la terre. Leurs armes sont plus cruelles et plus redoutables que ne l'étaient celles des Sarrasins ; leurs projets mieux combinés, leurs entreprises plus hardies, leurs efforts plus grands, leurs combats plus heureux..... Qui répondra du reste du monde chrétien, lorsque Jérusalem, la demeure du Christ, la sentinelle de la religion, sera assiégée, prise, vaincue, réduite, mise à feu par les infidèles ? Lorsqu'il ne restera que de faibles débris du christianisme, quel secours pourra-t-il espérer ? Cette terre, qui est tous les jours arrosée de notre sang, ce sang lui-même demandent un vengeur. Très-saint Père, et vous, rois, ducs, grands, chrétiens de nom, de profession et d'esprit, nous implorons humblement votre appui, votre pitié, votre foi, votre religion ; écartez la tempête qui vous menace, vous et vos enfants, avant que la foudre n'éclate et ne tombe sur vos têtes; défendez ceux qui vous implorent; vengez la religion d'une servitude impie, vous aurez bien mérité de toute la terre; le Fils de Dieu, dont vous aurez délivré la patrie, conservera ici-bas vos royaumes temporels, et vous accordera, dans la vie à venir, une félicité éternelle. »

Pierre confirma par son propre témoignage le récit que faisait Siméon de l'oppression sous laquelle gémissait l'Eglise de Jérusalem. Le pape loua le zèle charitable de l'Ermite, et lui donna des lettres, qui l'autorisaient à prêcher par toute la chrétienté, au nom du saint-siége, un soulèvement général des fidèles pour l'affranchissement des Saints Lieux. Pierre parcourut d'abord l'Italie, puis il passa les Alpes, et fut accueilli partout avec la plus vive sympathie. S'adressant plutôt aux peuples qu'aux grands, il allait lisant les lettres dont il était porteur, racontant l'apparition dont l'avait honoré le Fils de Dieu, et faisant, le crucifix à la main, une peinture déchirante de la profanation des Saints Lieux. Il marchait pieds nus; il était vêtu d'une tunique de laine grossière et d'un manteau de pèlerin; il se contentait de la nourriture la plus grossière, prenait un peu de vin, mais ne mangeait ni pain ni viande, dit Robert le Moine; il distribuait aux pauvres les aumônes dont on le comblait, ou il en dotait des femmes égarées, qu'il mariait pour les ramener à la vertu; il apaisait les querelles, terminait les différends et semait sur ses pas la paix, la concorde et les bonnes mœurs. On se pressait en foule pour le voir, pour l'entendre, pour toucher ses habits, et on arrachait, pour les conserver comme une relique, les poils de la mule qu'il montait, dit Guibert, chez qui l'on trouve les plus intéressants détails sur la prédication de Pierre l'Ermite. Les historiens contemporains des guerres saintes, qui prêtent souvent aux principaux personnages que leurs récits mettent en scène, des discours que ceux-ci n'ont certainement pas tenus, n'en rapportent aucun de Pierre l'Ermite. N'en pourrait-on pas induire qu'il exhortait ses auditeurs à délivrer Jérusalem en termes plus pathétiques qu'oratoires? L'affluence inouïe d'assistants et surtout d'assistants laïques, que comptèrent les conciles de Plaisance et de Clermont, doit évidemment être attribuée, au moins en grande partie, au prestige de la prédication de Pierre et témoigne de son caractère populaire.

Au concile de Clermont, l'Ermite parut dans son costume de pèlerin, à côté du pape Urbain II, et déplora le premier la situation des Saints Lieux avec la vive émotion d'un témoin oculaire des misères qu'il racontait. « Le pape, dit le P d'Oultreman dans sa *Vie de Pierre l'Ermite*, commanda à Pierre de raconter fidèlement ce qu'il avait entendu de la calamité des chrétiens qui gardaient le Saint-Sépulcre. Obéissant au saint-père, il parla avec tant de zèle et de piété, et fut tellement assisté du Saint-Esprit, qu'autant de paroles qu'il prononça furent autant de flammes qui embrasèrent le cœur des rois, des princes, des ambassadeurs, et de tous les prélats, du désir de sacrifier leurs biens et leurs vies pour la gloire de celui qui en était l'auteur. » Le biographe ajoute que ce discours méritant d'être connu, il va le rapporter tout entier, et il le cite d'après l'ouvrage de Guillaume Aubert. Mais l'authenticité n'en saurait être garantie par l'histoire.

La part que Pierre l'Ermite a prise aux événements de la première croisade est exposée dans le récit de cette expédition, à l'article CROISADES. Après la prise de Jérusalem, Pierre persévéra dans l'humilité à laquelle il avait voué sa vie. Celui qui aurait très-bien pu prétendre à la dignité de patriarche de Jérusalem, ne brigua jamais aucun honneur ecclésiastique dans le nouveau royaume à la conquête duquel il avait si puissamment coopéré. Thevet, qui a donné une biographie de Pierre l'Ermite, dans la *Vie des hommes illustres*, prétend que ce fut par les conseils de Pierre que, sous le règne de Baudouin, successeur de Godefroy, les villes de Saint-Jean-d'Acre, de Tripoli et de Baïrout furent enlevées aux infidèles. Si l'assertion de Thevet, dont le P. d'Oultreman dit que l'autorité *est de fort bas aloi*, était exacte, Pierre n'aurait quitté la terre sainte qu'en 1111. Nous croyons plutôt qu'il s'embarqua en 1102, pour retourner en Europe, avec plusieurs seigneurs de Flandre. Le bâtiment qui les portait ayant été assailli par une violente tempête, l'un des seigneurs fit vœu, en priant Dieu de les préserver du naufrage, de bâtir une église sous l'invocation de saint Jean-Baptiste. Il chargea Pierre de l'aider à exécuter son vœu, et ce fut l'Ermite qui choisit le lieu, près de la ville de Huy dans le Condroz, sur la rive droite de la Meuse, où fut construite l'église projetée. Elle fut dédiée au Saint-Sépulcre et au précurseur de Notre Seigneur Jésus-Christ. Un monastère, qui fut appelé Neufmoutier, fut aussi bâti au même lieu par les soins de Pierre, qui y établit des chanoines réguliers de l'ordre de Saint-Augustin. C'est là que l'Ermite mourut, âgé de soixante-deux ans, le 8 juillet 1115. Conformément aux sentiments d'humilité exprimés encore par sa dernière volonté, il fut enterré hors de l'église. Ce ne fut que plus d'un siècle après sa mort, l'an 1242, que l'abbé et les chanoines du monastère firent transporter ses restes devant l'autel des douze apôtres, dans un cercueil revêtu de marbre, et sur lequel fut gravée une épitaphe. Guillaume de Tyr ne fait presque jamais mention de Pierre sans joindre à son nom la qualification de vénérable. Selon plusieurs auteurs anciens, ce serait Pierre-l'Ermite qui aurait apporté d'Orient et introduit en Europe l'usage du chapelet.

PIGEONS. Ibn-Alatir nous apprend que Nour-Eddin établit dans ses Etats, en 1171, une poste aux pigeons. Ce n'est pas qu'on ne connût longtemps auparavant, en Orient, l'usage des pigeons pour transmettre les nouvelles ; car Marin Sanuti, historien vénitien, rapporte que, lors de la conquête de Tyr par les chrétiens, en 1125, le prince de Damas arrivant devant cette ville, pour la secourir, « envoya une colombe aux assiégés, avec une lettre qui les exhortait à prendre courage, et les instruisait de son arrivée. Le prince leur promettait que dans peu les chrétiens seraient détruits. Ceux-ci, ayant vu la colombe voler au-dessus de leur camp, se mirent à crier de toutes leurs forces, de manière que l'oiseau, épouvanté, tomba au milieu d'eux. On le prit, on lut la lettre qu'il portait, et l'on en fit une autre que l'on attacha à sa patte. Par cette lettre, on exhortait les assiégés à se rendre, parce que le prince de Damas, qui était venu à leur secours, s'était convaincu qu'ils ne pouvaient résister aux chrétiens. On les engageait à faire la meilleure capitulation possible. La colombe porta la lettre écrite en arabe. Les assiégés l'ayant lue, et se trouvant sans provision et sans espoir de secours, commencèrent à traiter avec les chrétiens. »

Ce moyen de communication était très-ancien dans l'Orient ; mais aucun prince, avant Nour-Eddin, n'avait songé à rendre cet établissement régulier et approprié à un vaste système de défense du territoire de son pays. « Nour-Eddin, dit l'auteur arabe, que nous avons cité plus haut, fut surtout porté à cette institution par le désir de combattre les chrétiens et de repousser leurs attaques. En effet, ses Etats avaient acquis une grande étendue, et il était, pour le gouvernement, essentiel de recevoir de promptes nouvelles. Jusque-là, quand les Francs venaient attaquer une place musulmane, ils avaient le temps de la prendre avant qu'on y pût porter secours ; mais lorsque la poste aux pigeons fut en activité, le prince recevait le jour même la nouvelle de tout ce qui se passait sur les frontières. Le pays se ressentit des bons effets de cet établissement. Nour-Eddin y affecta des fonds particuliers, et nomma des personnes chargées d'en avoir la direction. » Un petit écrit, composé en arabe par Michel Sabbag, et intitulé *la Colombe messagère*, donne des détails sur la manière dont on élevait ces pigeons, et sur l'usage qu'on en faisait. Cet ouvrage a été publié en arabe avec une traduction française par M. Sylvestre de Sacy en 1805.

Un historien arabe rapporte que, pendant le siége de Saint-Jean-d'Acre par les chrétiens, d'habiles nageurs portaient dans leur ceinture de l'argent et des vivres à la garnison ; ils se chargeaient aussi de lettres et de colombes, et les assiégés renvoyaient la réponse sous l'aile de ces pigeons. « Il y avait alors dans l'armée, ajoute l'auteur qui était témoin oculaire des événements, un homme qui s'amusait à dresser des colombes ; il les faisait voler autour de sa tente, et leur apprenait à revenir quand on les appelait. Dans ces conjonctures, cet homme nous fut fort utile : jour et nuit nous lui demandions des colombes, tellement qu'à la fin elles devinrent rares. »

PISE se gouvernait en république depuis la fin du IXe siècle, et à l'époque des croisades elle était une des premières puissances maritimes et commerciales de l'Italie. Elle avait reçu la Corse en fief du saint-siége, et tandis que les croisés portaient la guerre au cœur de l'islamisme, elle arrachait aux Arabes une partie de la Sardaigne. C'est pour la possession de cette île, de l'île d'Elbe et de celle de la Corse, que, dans sa rivalité avec Gènes, elle soutint, pendant les deux siècles que durèrent les croisades, une lutte acharnée à la fin de laquelle elle finit par succomber. Cette violente et longue guerre fut pour les Pisans, comme pour les Génois, l'école où ils acquirent les connaissances et l'habileté dans l'art de la marine, dont ils firent preuve en participant aux croisades. Les Pisans partagèrent avec les Génois l'honneur d'inaugurer ces expéditions, lorsque, répondant à l'appel de Sylvestre II, ils portèrent les premiers les armes chrétiennes contre les infidèles, sur les côtes de la Syrie, à la fin du Xe siècle, cent ans avant la prise de Jérusalem par l'armée des croisés. Les Pisans exécutèrent encore avec les Génois une seconde croisade avant les grandes guerres que l'histoire caractérise par ce nom. Invités par le pape Victor III à protéger contre les Sarrasins la navigation de la Méditerranée et la sécurité des côtes d'Italie, ils portèrent la guerre sur celles d'Afrique, où ils débarquèrent et défirent une troupe considérable d'ennemis de la foi et de la civilisation chrétienne. Ils s'emparèrent, par suite de cette victoire, de deux villes dont les dépouilles ornèrent la cathédrale de Pise : *De qua præda Pisanam ecclesiam mirabiliter in diversis ornamentis amplificavere*, dit une ancienne chronique, qui rapporte cette expédition à l'an 1089, tandis qu'un autre chroniqueur lui donne la date de 1088, et Baronius, dans ses *Annales ecclésiastiques*, celle de 1087.

Les Pisans figurèrent avec honneur dans la première croisade. *La Chronique de la ville de Pise*, par Bernard Marangone, loue beaucoup l'archevêque Daimbert d'avoir excité par ses discours les habitants de Pise à marcher à la délivrance de la terre sainte. Pour mieux enflammer leur courage, l'archevêque offrit de se mettre à leur tête, et exécuta cette résolution. Une flotte de cent vingt vaisseaux fut équipée et mit à la voile en 1096. « Je voudrais, dit l'auteur de la chronique, passer sous silence les plaintes des hommes et des femmes qui restèrent à Pise : car il n'y eut pas une maison qui n'eût à regretter, l'une un père, l'autre un fils, celle-ci un mari, celle-là un neveu ; chacun pensait qu'il pourrait bien ne plus les revoir. » Les Pisans prétendent qu'à la prise de Jérusalem, le 15 juillet 1099, ce fut un de leurs concitoyens qui parvint le premier sur le sommet des murs. Lorsque Renaud de Châtillon gouverna la principauté d'Antioche, vers le milieu du XIIe siècle, il se concilia les Pisans en leur donnant un comptoir à Laodicée, et en renouvelant les priviléges dont ils jouissaient déjà à Antioche. Les Pisans furent les soutiens des Etats d'Antioche et de Tripoli ; mais ils se firent payer leurs services par les grands priviléges qu'ils obtinrent successivement, nous apprend Muratori, *Antiquitates Italicæ medii ævi*, des seigneurs de ces deux principautés.

La *Chronique de la ville de Pise*, par Marangone, rapporte qu'en **1168**, Amaury, roi de Jérusalem, envoya à Pise un ambassadeur chargé de remercier cette ville du secours qu'elle lui avait fourni à Alexandrie, et de lui faire part de la prise de cette place. « Les Pisans, ajoute le chroniqueur, s'étaient acquis, dans cette entreprise, un nom immortel dans l'Egypte et dans la Syrie. Ils avaient obtenu du soudan du Caire de ne payer ni impôts ni droits dans son royaume. Le soudan avait accordé aux Pisans qui s'étaient trouvés au siége d'Alexandrie des établissements dans ses Etats, avec promesse de les aider et de maintenir les chrétiens dans la possession de Jérusalem. » On voit, d'après le récit même de l'historien de Pise, que cette république, comme celles de Venise et de Gènes, ne manquait jamais de tirer des avantages matériels de tous les succès des croisés auxquels prenaient part les habitants de ces républiques. La *Chronique de Pise* raconte encore que, l'année suivante, le roi de Jérusalem, ayant appris que les Musulmans voulaient marcher contre la ville sainte, envoya prier les Pisans de vouloir bien, comme ils l'avaient déjà fait, l'aider contre les infidèles. La ville de Pise fit aussitôt armer douze galères, qui partirent au mois d'octobre, et furent très-utiles au roi. Les Pisans revinrent de cette expédition comblés de présents : ce qui leur fut certainement très-agréable, car les historiens des républiques italiennes ne manquent jamais de mesurer par l'importance du butin la grandeur des conquêtes faites en Orient par les chrétiens. Les Pisans qui avaient pris part à la seconde croisade, se distinguèrent dans la troisième, au siége d'Acre. Le chroniqueur anglais, Gauthier Vinisauf, rapporte un trait d'un Pisan, pendant ce siége, qui caractérise l'esprit de cupidité mercantile que les citoyens de la république de Pise portèrent dans les guerres saintes. Au milieu de la disette qui affligea les chrétiens, lorsqu'ils assiégeaient Ptolémaïs, un Pisan, qui avait amassé une grande quantité de blé, refusait de le vendre à un prix très-élevé, dans l'espoir d'en tirer plus tard un profit plus grand encore. Les Pisans avaient fait avec les empereurs grecs une alliance qui engagea les Vénitiens, leurs rivaux, à diriger les forces chrétiennes contre Constantinople, dans la cinquième croisade. Les Pisans avaient établi des comptoirs dans la plupart des villes maritimes de l'empire, et ils défendirent la capitale contre les croisés. Mais après la prise de la ville en **1204**, ils firent la paix avec les Vénitiens. Les Pisans figurèrent au siége de Damiette dans la sixième croisade. Dans la lutte entre le saint-siége et Frédéric II, ils restèrent attachés au parti gibelin, et gardèrent leurs navires, pour les opposer à ceux des Génois, qui étaient guelfes, au lieu de les employer à transporter les pèlerins en Orient. Comme les Vénitiens et les Génois, les Pisans ont porté dans les colonies chrétiennes de Syrie l'esprit de division qui a causé leur ruine.

PORTUGAL. Le Portugal tomba sous le joug des Arabes, qui envahirent la péninsule ibérique au commencement du VIIIe siècle. En **1095**, Alphonse VI, roi de Léon et de Castille, investit du titre de comte de Portugal Henri de Bourgogne, qui avait arraché aux Musulmans une partie de ce pays. Henri de Bourgogne était petit-fils de Robert Ier, duc de Bourgogne, et il avait épousé Thérèse, fille d'Alphonse VI, dont il eut un fils, Alphonse Henriquez. Ce prince succéda à son père, comme comte de Portugal, en **1112**, et, après avoir remporté, en **1139**, une grande victoire sur cinq princes arabes, il fut proclamé roi par ses soldats, et couronné peu de temps après à Lamego. Il assiégeait Lisbonne, en **1147**, lorsqu'il vit arriver dans le Tage une flotte qui conduisait en Orient des croisés français et anglais, commandés par Arnoul, comte d'Arschot. Il les invita à l'aider à enlever aux Arabes la ville dont il faisait le siége. Les croisés unirent leurs efforts aux siens, et, après une résistance de quatre mois, Lisbonne fut emportée d'assaut, et la garnison passée au fil de l'épée. La Chronique des moines de Saint-Pantaléon de Cologne prétend qu'un grand nombre de Musulmans demandèrent et reçurent le baptême. Elle ajoute qu'il s'opéra des miracles sur les tombeaux de quelques chrétiens qui succombèrent sous les murs de Lisbonne. Les soldats de la croix firent avec Alphonse la conquête de plusieurs autres villes, et le royaume de Portugal fut ainsi fondé par le concours de leurs armes.

Des pèlerins anglais, qui se rendaient en Palestine, au temps de la troisième croisade, relâchèrent à Lisbonne, en **1189**, et le roi Sanche Ier, fils et successeur d'Alphonse, réclama leur aide pour enlever aux Arabes la capitale des Algarves. Cette ville fut replacée sous la domination musulmane par le roi de Maroc, en **1191** ; mais une flotte de croisés allemands et flamands ayant abordé à Lisbonne, en **1197**, à l'époque de la quatrième croisade, la capitale des Algarves fut reconquise au christianisme par leurs armes, unies à celles de Sanche Ier, après un siége où la défense ne fut pas moins vigoureuse que l'attaque.

La chronique de Godefroy, moine de Saint-Pantaléon de Cologne, offre le récit d'une expédition des croisés en Portugal, en **1218**, sous les ordres de Guillaume de Hollande et du comte Georges de Wide. La flotte que commandaient ces princes partit des rivages de la Flandre au mois de juin, et, après avoir relâché sur les côtes d'Angleterre, de Bretagne, et du royaume de Léon, en Espagne, elle fut portée par une tempête sur celles de Portugal, et entra dans le port de Lisbonne au mois de juillet. Pendant que les croisés attendaient d'autres vaisseaux qui devaient les rejoindre, l'évêque de Talavera, des Templiers, des Hospitaliers et d'autres seigneurs du pays vinrent les trouver, et les prièrent de se réunir à eux pour attaquer une forteresse qui était la clef des possessions des Musulmans de toute l'Espagne. Les croisés, considérant que la saison ne permettait pas de se mettre en mer, aimèrent mieux, en attendant, combattre les ennemis de la foi en Portugal que de rester dans un repos peu glorieux. Les Frisons seuls ne furent pas de cet avis; ils s'éloignèrent le lendemain avec plus de quatre-vingts navires. Les autres croisés assiégèrent le château. Les princes musulmans de Séville, de Cordoue, de Jaën et de Badajoz vinrent camper à une lieue des chrétiens, dans l'intention de leur faire lever le siége; mais la chronique rapporte que Dieu daigna encourager les siens par des miracles : une troupe de guerriers, vêtus de blanc, fut, dit-elle, envoyée du ciel à leur secours. Le lendemain matin de cette apparition, les rois arabes rangèrent leurs troupes en bataille à l'Orient, et les chrétiens, plus faibles par le nombre, en firent autant à l'Occident. Les boucliers dorés réfléchissaient les rayons du soleil, les montagnes resplendissaient de leur éclat, et les cœurs des infidèles étaient saisis de crainte. Les rois de Jaën et de Cordoue succombèrent dans le combat; plus de quatorze mille Arabes furent tués, et le nombre des prisonniers fut considérable. A la suite de cette victoire, les mineurs des croisés firent tomber une tour de la forteresse. Les infidèles rendirent alors la place et se livrèrent aux chrétiens, eux et leurs biens. Ils furent tous vendus au nombre de deux mille cinquante, hommes, femmes et enfants. Après la Toussaint, l'armée des croisés retourna passer l'hiver à Lisbonne.

Lors de la huitième croisade, Alphonse III, roi de Portugal, avait fait des préparatifs de départ pour l'Orient, et des murmures s'élevèrent contre lui lorsqu'on vit qu'il ne partait pas.

POULAINS. On appelait *poulains*, dans les colonies chrétiennes d'Orient, les individus nés d'une mère syrienne et d'un père franc, ou d'une mère franque et d'un père syrien. « Les poulains, dit Jacques de Vitry, sont ceux qui naquirent dans la terre sainte après la conquête, soit parce qu'on les regarda comme des hommes nouveaux et comme des poussins, *pulli*, par rapport aux Syriens, soit parce qu'ils ont eu en général pour mères des femmes de la Pouille; car l'armée des croisés n'ayant à sa suite qu'un petit nombre de femmes, en fit venir de la Pouille, qui était la contrée la plus voisine de la Syrie, afin de les marier à ceux des chrétiens qui restaient. »

PRIVILÉGES DES CROISÉS. L'état social et politique de l'Europe, à l'époque des croisades, exigeait, pour qu'elles devinssent possibles, que certains priviléges spirituels et temporels fussent attachés à la qualité de croisé. Le premier, le plus important des priviléges spirituels, fut celui de l'indulgence plenière qu'Urbain II accorda, par un canon du concile de Clermont, à tous les fidèles qui feraient le voyage de Jérusalem, et qui concourraient à la délivrance de la ville sainte, uniquement par dévotion, et non par des motifs d'ambition ou de cupidité : *Quicumque pro sola devotione, non pro honoris vel pecuniæ adoptione, ad liberandam Dei Jerusalem fecerit iter illud, pro omni pœnitentia reputetur.* La personne, la famille et les biens de quiconque s'engageait dans la croisade furent en même temps placés sous la protection de l'Eglise, et le maintien des décrets qui garantissaient ces priviléges fut confié et recommandé à la vigilance du clergé. Ces mêmes priviléges furent renouvelés et confirmés par plusieurs papes.

Les priviléges temporels accordés aux croisés leur ont été successivement concédés, et, durant le cours des guerres saintes, ils ont subi quelques légères modifications, mais leurs principales dispositions n'ont point varié, et elles s'appliquaient à quatre objets qui sont exposés dans le tableau suivant, que nous empruntons à l'*Histoire des croisades* de M. Michaud, savoir : 1° aux redevances féodales; 2° aux dettes des croisés; 3° à leurs possessions; 4° à la juridiction particulière sous laquelle ils étaient placés.

1° Les croisés furent dispensés de payer la taille personnelle pendant la première année de leur voyage; mais ils ne cessèrent pas d'être soumis aux redevances foncières, qui, étant inhérentes à la possession du fonds, n'auraient pu être supprimées sans injustice. Ils eurent l'option de remplir en personne l'ost et la chevauchée, ou de s'en racheter; ils furent dispensés de contribuer au payement des impôts qui, après leur départ, pourraient être mis sur les communautés dont ils étaient membres, alors même qu'ils seraient la représentation de l'ost et de la chevauchée, dont la communauté aurait été dispensée.

2° Les dettes des croisés, quoique échues, ne furent point exigibles; les créanciers ne purent en exiger le payement qu'au retour de la sainte expédition; les intérêts ne couraient pas pendant ce temps : toutefois les revenus des fiefs furent abandonnés aux créanciers et durent être imputés sur le capital de leurs créances, à quoi les croisés devaient faire consentir leur seigneur supérieur.

3° Les possessions des croisés furent mises sous la protection de l'Eglise, et, par une faveur exorbitante et tout à fait contraire aux éléments du système féodal, ils purent engager leurs fiefs, les vendre, soit aux laïques, soit aux ecclésiastiques, sans la permission de leur seigneur supérieur.

4° Les croisés ne furent justiciables que des cours ecclésiastiques; les baillis devaient se déclarer incompétents dans toutes les causes où des croisés seraient intéressés; il était cependant libre à ces derniers d'opter pour la cour laïque. La compétence des cours laïques devenait même forcée dans toutes les affaires criminelles, dont le résultat pouvait être la perte de la vie ou d'un membre; il en était de même dans toute contestation qui s'élevait entre le seigneur et le vassal, à l'occasion du fief.

PROLONGATION DE LA LUTTE DES CROISADES *entre le christianisme et le mahométisme.* Les suites des croisades ont retenti dans les siècles qui leur sont postérieurs, et la lutte entre la religion, mère de la civilisation européenne, et celle dont la sanguinaire sensualité a produit la barbarie asiatique s'est prolongée jusqu'à nos jours. Le pape Nicolas IV adressa de Viterbe, au mois de septembre 1291, une bulle à tous les fidèles, pour déplorer le grand désastre qui avait mis fin aux colonies chrétiennes, et pour engager l'Europe à reconquérir la Palestine. Des lettres furent écrites, à la même date, dans le même but, à la plupart des souverains de l'Occident et de l'Orient, et aux républiques de Venise et de Gènes. La croisade fut prêchée partout par ordre du saint-siége, et de nouvelles indulgences furent promises aux guerriers qui marcheraient sous la bannière de la croix; mais Nicolas IV mourut en 1292, sans avoir pu réveiller l'enthousiasme religieux qui avait conduit les croisés aux Saints Lieux. Une vacance du saint-siége, de plus de deux ans, acheva de faire oublier Jérusalem. Cependant Argoun, khan des Tartares, avait invité Philippe le Bel à passer en Asie, en lui offrant d'unir ses efforts aux siens pour combattre les Musulmans. Cassan, fils et successeur d'Argoun, marcha contre eux en Syrie, remporta une grande victoire contre le sultan d'Egypte, s'empara d'Alep et de Damas, et, suivant l'historien Hayton, les Tartares rouvrirent momentanément aux chrétiens les portes de Jérusalem. Cassan envoya des ambassadeurs au pape et aux souverains de l'Occident, afin de les engager à s'unir à lui pour reprendre possession de la terre sainte. Rymer cite, à la date de 1300, une lettre écrite à Edouard par le pape Boniface VIII, qui exprime sa joie des nouvelles arrivées d'Orient, et de l'annonce que le khan des Tartares et les rois d'Arménie et de Géorgie s'étaient ligués contre le sultan du Caire. Le pontife exhorta le roi d'Angleterre à profiter d'une si belle occasion pour recouvrer la Palestine. L'année suivante, une lettre de Boniface accorde à Edouard la dîme que le pape Nicolas lui avait attribuée pour le secours de la terre sainte. Le chef tartare fut ensuite obligé de retourner en Perse, où il mourut en 1304. Avec lui s'éteignirent les dernières espérances des chrétiens de reconquérir leurs colonies d'Orient. Clément V essaya vainement de réveiller l'esprit éteint des croisades. Il écrivit des lettres qui nous ont été conservées pour exhorter Edouard, roi d'Angleterre, à faire la paix avec le roi de France, et à tourner ses armes contre la Palestine. L'intrépide milice des Hospitaliers enleva cependant aux Grecs et aux infidèles l'île de Rhodes, où elle s'établit, et plusieurs îles voisines. Les Templiers, réunis aux Catalans qui étaient passés dans ces contrées, s'emparèrent de Thessalonique et d'une partie de la Grèce : ils vinrent ensuite, chargés des dépouilles de l'Orient, s'établir en Occident, où les germes de corruption qu'ils avaient apportés des régions qui les avaient vus naître, se développèrent parmi eux, au sein de l'opulence et de l'oisiveté. Leurs richesses excitèrent la convoitise de Philippe le Bel, en même temps que leur ambition éveillait des inquiétudes chez ce prince. Les vices dont un grand nombre de chevaliers s'étaient laissés infecter au contact des Musulmans servirent de prétexte à la condamnation de l'ordre tout entier. Bien que le pape Clément V, qui en prononça la suppression en 1312, fût, par la translation du saint-siége à Avignon, sous une sorte de dépendance du roi de France, que l'avarice animait contre les Templiers, l'histoire doit être très-circonspecte dans le jugement de l'acte émané de la puissance pontificale qui mit fin à leur existence. Ce qui ne saurait être justifié, c'est la manière dont les traita Philippe le Bel. Ce prince avait promis au pape, au concile de Vienne, vraisemblablement pour obtenir de lui la mesure qu'il sollicitait contre les Templiers, d'aller combattre en Orient les ennemis de la foi, et il prit la croix en 1313, avec Edouard, roi d'Angleterre, qui vint alors à Paris, le roi de Navarre, et plusieurs seigneurs de France, à commencer par les fils et les frères du roi. Mais les princes avaient contracté l'habitude de promettre de marcher à la délivrance des Lieux Saints, sans l'intention sérieuse d'accomplir ce vœu. Aussi le pape Jean XXII écrivit-il à Philippe le Long, fils et successeur de Philippe le Bel, et au roi d'Angleterre, pour les détourner de renouveler l'engagement qu'ils avaient déjà pris sans le tenir. Mais lorsque le pape vit l'Arménie et l'île de Chypre menacées par la puissance égyptienne, il engagea Charles le Bel, qui avait remplacé son père Philippe le Bel sur le trône de France, à prendre les armes contre les Mameluks. Une guerre qui s'éleva à l'occasion de la succession du comte de Flandre détourna Charles de porter ses vues vers l'Orient, et il se contenta de léguer par son testament une somme pour l'affranchissement de la Palestine. Pétrarque en déplora en vain la servitude en vers harmonieux ; un disciple de saint François, Raymond Lulle, déploya inutilement un grand zèle pour la conversion des infidèles, à laquelle il alla travailler lui-même en Orient, après avoir cherché à intéresser les princes de l'Europe à fonder des colléges pour l'étude des langues orientales. Le noble Vénitien Sanuti donna aussi sans succès de sages conseils sur les moyens de recouvrer la terre sainte. Dans les premières années du règne de Philippe de Valois, qui monta sur le trône de France en 1328, on s'occupa cependant sérieusement des préparatifs d'une croisade.

On trouve dans l'histoire de Florence de Villani, *Istorie fiorentine*, les renseignements suivants sur la promesse qu'avait faite Philippe de Valois de passer dans la terre sainte. « Ce prince demanda aux prélats et aux communautés de son royaume des secours et des subsides d'argent. Il requit les ducs, les comtes et les barons de se préparer à marcher avec lui, et chargea son ambassadeur à Avignon de faire connaître au pape et aux cardinaux le but de son entreprise. Parmi les demandes qu'il faisait, il y en eut plusieurs, ajoute l'historien, qui étaient à la fois inconvenantes et outrageantes; entre autres, celles par lesquelles le roi exigeait tout le trésor de l'Eglise, les dîmes de toute la chrétienté pendant six ans, les investitures et les permutations de tout bénéfice ecclésiastique dans son royaume. Il demandait, en outre, le titre de roi d'Arles et de Vienne pour son fils, et la seigneurie d'Italie pour son frère Charles. Le pape et les cardinaux répondirent au roi qu'il y avait quarante ans que ses prédécesseurs avaient obtenu les dîmes du royaume pour le passage d'outre-mer, et qu'ils les avaient dépensées dans des guerres faites contre les chrétiens, mais que, si le roi suivait son entreprise, l'Eglise lui donnerait tous les secours spirituels et temporels qui pourraient contribuer au succès du passage. La mort de Jean XXII, arrivée en 1334, empêcha l'expédition d'avoir lieu. Ce pape, qui avait déployé tant d'activité pour la délivrance des Saints Lieux et pour la propagation de la foi parmi les infidèles, avait aussi fait des efforts pour réunir l'Eglise grecque à l'Eglise latine.

Les armements que les rois, à la sollicitation des papes, feignaient de vouloir diriger en Syrie, n'étaient plus qu'une cause de persécution contre les chrétiens dans ce malheureux pays, lorsqu'y parvenait la nouvelle des plans de guerre d'outre-mer ébruités en Europe. Tel fut l'effet du projet de croisade de Philippe de Valois. Matthieu Villani, continuateur de l'ouvrage de son frère Jean Villani, fournit un renseignement curieux à l'occasion des promesses de ce prince. « Un religieux italien, dit-il, nommé frère André d'Antioche, profondément affligé des persécutions qu'éprouvaient les chrétiens innocents, partit courageusement de Syrie, et vint trouver le pape à Avignon. Il y arriva lorsque le roi Philippe revenait de son voyage à Marseille, et avait déjà pris congé du saint-Père. Le prince, après avoir dîné dans l'hôtellerie de Saint-André, qui était sur la route d'Avignon à Paris, montait à cheval quand le religieux se présenta à lui. Sa barbe longue et blanche et son air vénérable frappèrent le roi. Le frère André lui adressa ce discours : « *Etes-vous Philippe roi de France, qui aviez promis à Dieu et à la sainte Eglise d'aller avec toutes vos forces tirer des mains des perfides Sarrasins la terre où le Christ, notre Sauveur, a voulu répandre son sang pour notre rédemption?* Le roi lui répondit que oui. Alors le vénérable religieux reprit : *Si vous avez intention de suivre avec une foi pure ce que vous avez résolu, je prie le Christ, qui a voulu souffrir pour vous la passion dans la terre sainte, de diriger vos pas vers une pleine victoire, et d'accorder à vous et à votre armée une entière prospérité. Je le prie de vous donner son assistance et sa bénédiction dans toutes choses, de vous combler de biens spirituels et temporels, et de faire que, par votre victoire, vous délivriez le peuple chrétien de l'oppression où il est, que vous détruisiez l'erreur de l'injuste loi de ce perfide Mahomet, et que vous purgiez les saints lieux de toutes les abominations des infidèles, pour votre gloire éternelle. Mais, si l'entreprise que vous avez annoncée et commencée ne doit tourner qu'à la mort et aux tourments des chrétiens, si vous n'êtes pas décidé à l'achever avec le secours de Dieu, si vous avez trompé la sainte Eglise catholique, la vengeance et l'indignation divines retomberont sur vous, sur votre maison, sur vos descendants et sur votre royaume. La justice de Dieu paraîtra s'appesantir sur vous et sur vos successeurs, et le sang des chrétiens, déjà répandu à cause de la nouvelle de ce passage, appellera la justice de Dieu contre vous.* Le roi, touché de cette malédiction, répondit au religieux : *Venez auprès de nous.* Le frère André répliqua : *Si vous alliez en Orient vers la terre de promission, j'irais devant vous; mais, comme vous allez à l'Occident, je vous laisse aller. Je retournerai faire pénitence de mes péchés dans cette terre que vous aviez promis à Dieu de tirer des mains des Sarrasins.* »

Humbert II, dauphin du Viennois, passa en Asie; mais il n'y obtint aucun résultat. Pierre, roi de Chypre, vint implorer les secours de l'Occident contre les Musulmans, à l'époque malheureuse où les suites de la perte de la bataille de Poitiers avaient rempli le royaume de troubles. Le pape Urbain V ne prêta pas moins l'oreille au projet d'une nouvelle croisade, à laquelle promirent de participer Jean, roi de France, Waldemar, roi de Danemarck, et beaucoup de seigneurs français. Mais cette tentative de soulever l'Europe échoua encore A la demande des Génois une foule de guerriers français et anglais se réunirent cependant sous les ordres du duc de Bourbon, en 1389, et allèrent porter la guerre sur les côtes d'Afrique, contre les infidèles qui troublaient la navigation de la Méditerranée. Cette expédition, qui est racontée par Froissart, se borna au siége d'une ville que les chrétiens ne purent pas même prendre. La division s'était mise entre les Génois et les chevaliers français et anglais. Avec le XIVe siècle commencent les invasions en Europe des Turcs ottomans, auxquelles les Grecs étaient incapables d'opposer une barrière rassurante pour la chrétienté. Les empereurs de Constantinople, dans l'espoir d'être secourus, s'adressèrent au saint-siége, qui ne trouva qu'indifférence pour leur cause dans les princes de l'Occident. L'empire grec devint tributaire du sultan Amurat Ier, à la fin du XIVe siècle, et Bajazet ne le laissa subsister qu'en donnant à Manuel Paléologue sa capitale pour prison, par la défense qu'il lui fit d'en sortir. C'était l'époque du grand schisme qui divisa l'Occident. En 1375, le pape Grégoire XI écrivit à Edouard III, roi d'Angleterre, pour l'engager à contribuer par des subsides aux frais de la guerre contre les Turcs. Le souverain pontife fait observer qu'il s'agit d'empêcher Constantinople de devenir la proie des Musulmans, et que si cette entreprise réussit, elle facilitera les moyens de faire une expédition dans la terre sainte, et d'opérer ainsi la réunion des schismatiques grecs à l'Eglise universelle. La pensée de ramener au bercail cette partie égarée du troupeau de Jésus-Christ était, depuis le pontificat de Grégoire VII, la préoccupation constante du saint-siége. Un appel de Sigismond, roi de Hongrie, à la bravoure des chevaliers français, trouva néanmoins un bon accueil à la cour de Charles VI. L'élite de la noblesse de France marcha, avec le duc de Nevers à sa tête, à la défense de la chrétienté; l'Allemagne fournit aussi des guerriers, et une nombreuse armée se rassembla sur les bords du Danube, dont l'embouchure était occupée par une flotte vénitienne, réunie aux vaisseaux grecs et à ceux des chevaliers de Rhodes. Les chrétiens s'emparèrent de plusieurs villes de la Bulgarie, et mirent le siége devant Nicopolis. Bajazet s'avança à leur rencontre avec les forces ottomanes, et leur fit éprouver une défaite complète, en 1396. Bonfini, dans son *Histoire de Hongrie*, attribue, comme la plupart des historiens, la perte de la bataille de Nicopolis à l'ardeur téméraire des Français; mais il ajoute que ce qui décida surtout du sort de cette journée, ce fut le retour des chevaux de ces mêmes Français qui avaient mis pied à terre pour combattre; les Hongrois, à la vue de ces chevaux, jugeant que leurs cavaliers venaient d'être défaits, s'abandonnèrent à la fuite. Le roi Sigismond lui-même, qui, peu auparavant, en se voyant à la tête de cent mille hommes, aurait méprisé la ruine du ciel, *cœli ruinam contempserat*, dit Bonfini, serait tombé au pouvoir des ennemis, s'il n'eût trouvé une nacelle pour le porter sur l'autre rive du Danube. Bajazet, irrité sans doute d'avoir été blessé dans la bataille, fit massacrer devant lui, par ses janissaires, trois mille guerriers français. Il n'épargna que le duc de Nevers, Philippe d'Artois, le maréchal de Boucicaut et quelques autres chefs, pour lesquels il espérait obtenir une forte rançon. La nouvelle de ce désastre jeta la consternation en France.

Le roi Charles VI chercha à apaiser le sultan turc en lui envoyant des présents magnifiques. Les nobles prisonniers furent chèrement rachetés, et Bajazet adressa des paroles pleines d'orgueil au comte de Nevers, en le congédiant. L'insolence de la prospérité faisait dire au chef de la puissance ottomane qu'*il viendrait voir Rome, et qu'il ferait manger l'avoine à son cheval sur l'autel de saint Pierre*. A peine échappé à la captivité, le maréchal Boucicaut retourna combattre les Turcs, à la tête d'un grand nombre de jeunes seigneurs et de braves chevaliers. Quand ils arrivèrent sur les rives du Bosphore, Bajazet assiégeait Constantinople, qu'ils sauvèrent du danger qui la menaçait. L'empereur Manuel revint en France avec le maréchal de Boucicaut, dans l'espoir d'obtenir de Charles VI de nouveaux secours de la valeur française, qui lui inspirait la plus grande confiance. Une brillante réception accueillit le souverain grec à Paris; mais ni l'état de la France, ni celui de l'Europe, où tout était trouble, agitation et division, au commencement du XVe siècle, ne permettaient qu'on prêtât à Manuel l'appui dont il avait besoin contre Bajazet. L'Asie venait d'être le théâtre d'événements qui retardèrent de quelques années la chute désormais inévitable de l'empire des Grecs. Une nouvelle invasion de Tartares, qui avaient pour chef Timur, ou Tamerlan, descendant de Gengis-Khan par les femmes, venait de couvrir l'Asie de sang et de ruines. Vainqueur de toute cette partie du monde, Tamerlan vint attaquer Bajazet. Le conquérant tartare marchait à travers l'Anatolie, à la tête de huit cent mille hommes, lorsque le sultan ottoman le rencontra dans les plaines d'Ancyre, au mois de juillet 1402. La bataille dura trois jours; les Turcs y furent défaits; cent quatre-vingt mille hommes de leur armée perdirent la vie, et Bajazet tomba aux mains de son terrible adversaire. Mais Tamerlan n'avait pas même une barque pour traverser le Bosphore, et Constantinople échappa avec l'Europe à la dévastation qui les menaçait. Le vainqueur de Bajazet, après avoir emporté d'assaut et livré au pillage la ville de Smyrne, défendue par les chevaliers de Rhodes, retourna à Samarcande, où il emmena son prisonnier. Ni les Grecs ni les puissances de l'Europe ne surent profiter du coup porté à l'empire ottoman pour achever de l'abattre. Le trône de Manuel n'était plus soutenu que par la terreur qu'inspirait aux Turcs la valeur latine, et il disait à son fils Jean Paléologue: « Dès que vous serez pressé par les Musulmans, envoyez des ambassadeurs à Rome, et prolongez la négociation, sans jamais prendre un parti décisif. » Manuel connaissait d'ailleurs l'obstination de sa nation, qui ne lui permettrait pas de se relever de sa chute dans le schisme. Jean Paléologue avait succédé à son père lorsqu'il vint lui même en Italie, pour opérer la réunion de son Eglise au siége apostolique. Ce grand acte fut consommé au concile de Florence, au commencement de l'année 1439. Mais le peuple grec voulut persévérer dans l'erreur qui devait perdre l'empire. Le pape Eugène IV n'en écrivit pas moins à tous les princes de la chrétienté pour les engager à unir leurs forces contre l'invasion ottomane. Joignant l'exemple aux exhortations, le souverain pontife leva même des soldats et équipa des vaisseaux pour résister aux progrès des Turcs. Il ne fut secondé que par une armée que rassemblèrent, sur les bords du Danube, Ladislas, roi de Pologne et de Hongrie, et Jean Huniade, vaïvode de Transylvanie. Le cardinal Julien Césarini, homme de science et d'énergie, fut nommé légat du saint-siége auprès des croisés. La flotte pontificale et celles de Venise et de Gènes appuyaient les opérations des troupes, et l'empereur Jean Paléologue promettait de faire sa jonction avec ses protecteurs. Ladislas et Huniade remportèrent deux victoires sur les Turcs, et des propositions de paix, faites par le sultan Amurat, furent accueillies. Une trêve de dix ans avait été conclue; mais le cardinal Julien la fit rompre. Castriot, surnommé Scanderbeg, prince d'Albanie, qui avait abjuré l'islamisme et embrassé la religion chrétienne, fit contre les Turcs dans ses Etats une diversion favorable aux croisés. Mais l'armée de Ladislas et de Jean Huniade était réduite à vingt mille hommes, par le retour dans leurs foyers d'une partie des guerriers qui la composaient, lorsqu'elle vint, à travers la Bulgarie, camper à Varna, sur les côtes de la mer Noire, en 1444. Amurat s'avança contre elle avec la résolution de punir les chrétiens de la violation des traités. Le légat et Huniade proposèrent de battre en retraite; mais le roi Ladislas voulut tenter la fortune des armes, et se précipita au milieu des ennemis, où il trouva la mort. Sa tête, portée au bout d'une pique, fut le signal de la victoire pour les Ottomans. Dix mille soldats de la croix périrent avec Ladislas, et le cardinal Julien fut tué ou dans le combat ou dans la fuite. Le succès de la journée de Varna donna de la consistance aux conquêtes des Turcs en Europe, et Amurat légua à son successeur Mahommet II la pensée de s'emparer de Constantinople. Le fils d'Amurat était animé de toutes les passions ardentes qui font le conquérant musulman, et Constantin, qui remplaça, sur le trône de l'empire grec, son père Jean Paléologue en 1448, avait des qualités et un courage dignes d'un meilleur sort que celui qui lui était réservé. Quand il vit le sultan se préparer à l'attaque de sa capitale, il implora le secours de l'Europe, et promit encore une fois de réunir l'Eglise grecque à l'Eglise romaine. Deux mille Génois et cinq ou six cents Vénitiens, intéressés à la défense de leurs comptoirs à Constantinople, et une troupe de Catalans, répondirent seuls à l'appel de l'empereur grec.

La *Grande chronique belge* donne les détails suivants sur le siége et la prise de Constantinople par Mahomet II : « En 1453, Mahomet, dit cette chronique, revint devant Constantinople avec trois cent mille hommes armés, tant cavalerie qu'infanterie. Il amenait deux cent-vingt galères, grandes et petites, et plus de mille bombardes. Parmi ces bombardes on en remarquait surtout trois : la première lançait une pierre de onze palmes de tour et pesant quatorze cents livres; la seconde, une pierre de dix palmes et de douze cents livres; la troisième, une pierre de neuf palmes et de mille livres. Il avait une infinité d'autres grandes coulevrines. Avec ces trois grandes bombardes, le sultan ne cessa pendant cinquante et un jours d'attaquer Constantinople. Ces machines lancèrent contre les diverses parties des murs de la ville au moins sept cent pierres, qui rompirent et abattirent ces murs en plusieurs endroits. Mahomet fit beaucoup d'autres choses incroyables, et qui semblent à peine possibles au génie de l'homme. On avait fermé le port de Constantinople avec une très-forte chaîne, pour empêcher les vaisseaux turcs d'y entrer, et on avait mis à la garde de cette chaîne cinq galères vénitiennes et douze grands vaisseaux avec les agrès, les armes et les hommes nécessaires. L'empereur des Turcs, voyant cet état de défense, fit sortir de la mer soixante-dix de ses vaisseaux, et les fit conduire, avec un art admirable, sur des bois ronds faits à dessein, et enduits de graisse, à travers les montagnes et les collines, tout autour de la ville, sur un espace de plus de trois milles. Les voiles de ces vaisseaux étaient tendues, et des étendards y flottaient comme s'ils avaient vogué sur mer. Il les fit ainsi transporter au port, de sorte qu'il ne fut pas besoin de traverser la chaîne. Ceux qui ont vu la situation du port comprendront plus aisément l'exécution de cette entreprise. Mahomet construisit ensuite un pont de bois sur la mer et trois cents tours aussi en bois, dont quelques-unes, renfermant des hommes armés, étaient mobiles. Il les fit appliquer aux murs de la ville, qu'elles surpassaient par leur hauteur. Il en fixa d'autres dans les fossés remplis de terre, et par ce moyen il attaqua Constantinople de tous côtés et sans interruption pendant cinquante et un jours. Il avait aussi un grand nombre d'échelles garnies de crochets tels que, lorsqu'elles étaient appliquées aux murs, elles ne pouvaient être renversées par les assiégés. Ces échelles étaient, en outre, couvertes de planches, depuis le haut jusqu'en bas, afin que les assiégeants pussent monter sur le mur sans blessure et sans danger. Le cinquante-deuxième jour du siége, qui fut le 29 du mois de mai, après un assaut terrible, qui avait duré tout le jour et la nuit précédente, lorsque, des deux côtés, on était épuisé par la fatigue, l'armée des Turcs augmentant et se renouvelant à tout moment, les assiégeants pénétrèrent de force dans la ville par le moyen des échelles et des tours, et par les brèches des murs. » Pendant le siége, quelques vaisseaux, venus des côtes d'Italie et de la Grèce, s'étaient ouvert un passage à travers la flotte ottomane, et étaient entrés dans le port de Constantinople. Mais la discorde était dans cette ville, et les efforts de Constantin ne purent y rétablir l'union qui aurait été si nécessaire à la défense de la place. Après avoir donné, pendant toute la durée du siége, l'exemple du plus intrépide courage, et après avoir refusé l'offre d'une principauté que lui faisait Mahomet, le dernier empereur grec se prépara à mourir noblement dans la journée du 29 mai, en allant recevoir la communion dans l'église de Sainte-Sophie. Après avoir décrit le carnage qui suivit la prise de Constantinople, la *Grande chronique belge* raconte que trois Turcs apportèrent au sultan, sur trois plats, trois têtes, dont une était celle de l'empereur de Constantinople, la seconde celle d'un guerrier turc qui avait vaillamment défendu la ville avec les chrétiens, et la troisième celle d'un vénérable moine de l'ordre de Saint-Basile. « Il serait trop horrible, ajoute la chronique, de rapporter les abominations que les Turcs commirent dans les églises sur les saintes images et les reliques des saints. Ils déchirèrent, jetèrent dans la boue et livrèrent aux chiens le corps de sainte Théodosie, qui avait souvent opéré de grands miracles, et presque toutes les reliques des saints, qui étaient innombrables.... Les prêtres musulmans, montant sur les saints autels, y dansaient, poussaient des cris de joie, glorifiaient Mahomet, et le proclamaient le plus grand des prophètes et le destructeur de la foi chrétienne. » Le chroniqueur allemand Mutius fait sur la prise de Constantinople la réflexion suivante : « Il est nécessaire de remarquer ce que put l'avarice dans le désastre de cette ville; car si les citoyens eussent donné la dixième partie de l'argent qu'ils avaient enfoui dans la terre, pour payer des troupes auxiliaires, ils auraient facilement résisté aux Turcs, dans les mains desquels ils tombèrent, eux, leurs enfants et tout ce qu'ils possédaient. »

Les *Annales de Flandre* de Meyer font de la situation politique des Etats de l'Europe, à l'époque de la prise de Constantinople par les Turcs, le tableau qu'on va lire : « Ce grand événement arriva par un juste jugement de Dieu et par notre faute. Tout l'univers chrétien était en proie aux discordes civiles. La Grèce, déchirée par les dissensions, avait trois empereurs, celui de Constantinople, celui d'Andrinople, et celui de Trébizonde. Ces princes, livrés à l'oisiveté et à la mollesse, étaient continuellement divisés entre eux. Chez les Latins, l'empereur Frédéric ne pensait à rien de grand, n'entreprenait rien de noble, et n'était occupé que de ses querelles avec le roi de Bohême et de Hongrie. La discorde exerçait ses fureurs ordinaires sur toute l'Italie, la Sicile et le royaume de Naples. Les Vénitiens faisaient la guerre à Sforce; le roi Alphonse l'avait déclarée aux Florentins. Depuis cinq cents ans, l'Italie était sans chef, sans monarque et se consumait elle-même. Qui pourra peindre les fureurs des Anglais et des Français, la discorde diabolique entre ces derniers et les Bourguignons? La Hongrie était la proie des brigands; plus de cinquante villes de la Prusse étaient révoltées contre l'ordre Teutonique; le roi de Pologne et les villes impériales d'Allemagne fournissaient des secours à ces cités rebelles. L'Angleterre, outre sa guerre éternelle avec la France, se déchirait elle-même dans ses dissensions domestiques. Le Danemark se battait avec la Suède; le duc de Bourgogne, prince d'un grand mérite, était tourmenté par la ville de Gand. » L'auteur des *Annales de Flandre*, quoique appartenant à l'Eglise, parle du relâchement de la discipline et des mœurs dans le clergé, à cette époque qui touchait à celle de Luther, en termes dont la sévérité dépasse la justice, sans toutefois s'écarter beaucoup de la vérité.

Æncas Sylvius, qui fut pape sous le nom de Pie II, de 1458 à 1464, fut chargé, lorsqu'il était encore évêque de Sienne, par l'empereur Frédéric III, d'exposer, dans un consistoire général présidé par le pape, le tableau de la situation faite aux chrétiens en Syrie, en Egypte, en Asie et en Grèce par les envahissements des Turcs. L'éloquent évêque montra les Hongrois opposant le rempart de leurs corps au débordement de l'islamisme sur l'Europe. Constantinople était à la veille de tomber sous le joug du croissant lorsqu'Æneas Sylvius jetait ce cri d'alarme. Quand Mahomet II fut maître de cette ville, Frédéric III assembla une diète à Ratisbonne, en 1454, et l'évêque de Sienne, qui avait la mission d'y représenter l'empereur, parla avec chaleur de la nécessité de faire la guerre aux Turcs. Il fut alors décidé qu'on tiendrait une assemblée à Francfort pour s'occuper d'une levée d'hommes et des moyens de subvenir aux frais de l'expédition. Mais cette nouvelle assemblée fut peu nombreuse, et on y inclinait à révoquer le décret de la diète de Ratisbonne, lorsque l'orateur dont il avait été l'œuvre parvint à le faire maintenir. Rattachant les intérêts de la terre à ceux du ciel, Æneas Sylvius appela l'attention de ses auditeurs sur la prise de Constantinople, sur les conséquences de ce grand événement, et exposa que la conservation de la liberté des princes et des peuples de l'Europe dépendait du triomphe de la foi chrétienne. « La perte de Constantinople qui a consommé, dit-il, les victoires des Turcs, la ruine des Grecs et la honte des Latins, a sans doute affligé vos nobles cœurs... En effet, la foi catholique est déplorablement blessée; la gloire de notre religion est honteusement obscurcie; le nom du Christ est cruellement outragé par le malheur d'une si grande ville tombée au pouvoir des ennemis, par le massacre et la servitude de tous ses habitants. Avouons-le, princes illustres qui m'écoutez, nous n'avions jamais été frappés d'un si grand coup; jamais la société chrétienne n'avait reçu une blessure si profonde. La conquête de Constantinople doit nous faire sortir de notre long sommeil. Hélas! encore une cité perdue pour Jésus-Christ! encore une cité gagnée pour le prophète! Eh quoi! des deux empereurs chrétiens, l'un n'a-t-il pas été tue? et ne pouvons-nous pas dire que des deux yeux de la chrétienté, l'un a été arraché, et qu'une de ses deux mains a été coupée? » Pour démontrer la justice de la guerre qu'il propose de faire aux Turcs, qui menacent la chrétienté *du fouet et de la mort*, l'orateur décrit la prise de Constantinople : « O spectacle déplorable d'une ville chrétienne, s'écrie-t-il! ô peuple malheureux!

ô criminel Mahomet! qui pourrait retenir ses larmes en racontant de pareils malheurs, *quis talia fando temperet a lacrymis?* Tout était plein de deuil, de meurtre, de sang, de cadavres. Mahomet lui-même, avec un visage terrible, un regard menaçant, une voix effrayante, Mahomet commande le carnage; il lave ses mains dans le sang des enfants du Christ; il souille tout, il profane tout. Les temples de Dieu sont livrés au faux prophète; les saints autels sont renversés; les os des martyrs, qui règnent déjà avec le Christ, sont jetés aux pourceaux et aux chiens; les statues brisées, les images des saints déchirées ou effacées; on n'épargne pas même celle de la mère de Notre-Seigneur, de la reine des cieux; bien plus, celle du Christ sauveur est portée dans le camp, au milieu des cris et des risées; on se la dispute pour la couvrir de boue et d'ordure..., et la multitude furieuse dit, dans sa fureur impie: *Voilà le Dieu des chrétiens!*... ô noble Grèce, voilà donc ta fin; tu es maintenant morte. Hélas! combien de villes, autrefois fameuses et puissantes, sont éteintes. Où sont maintenant Thèbes, Athènes, Mycènes, Larisse, Lacédémone, Corinthe? où sont tant d'autres villes célèbres? Si vous en cherchez les murs, vous n'en trouverez pas même les ruines: personne ne peut montrer le lieu qu'elles occupèrent: nous sommes obligés de chercher la Grèce dans la Grèce même. Constantinople était la seule cité qui restât au milieu de tant de cadavres de villes. Le premier Constantin l'avait rendue la rivale de Rome. Elle renfermait tant de merveilleux ouvrages et tant d'armes, elle avait tant de gloire, qu'elle seule paraissait compenser et réparer la perte de toutes les autres cités.» L'orateur reproche aux Turcs la barbarie de leurs mœurs, leur haine des lettres, et il présente à ses auditeurs la culture des arts et des sciences comme le chemin le plus sûr pour arriver à la gloire, la protection accordée aux poétiques ruines de la Grèce comme un moyen de se distinguer entre tous les peuples. Après avoir établi la justice de la guerre, Ænéas en démontre l'utilité: «Voulez-vous, dit-il, connaître les avantages que vous retirerez de la guerre contre les Turcs? pensez aux dommages dont toute la chrétienté est menacée, si vous n'arrêtez l'impétuosité des infidèles. Vous venez d'entendre ce qu'ont souffert les habitants de Constantinople: que plusieurs villes s'attendent aux mêmes malheurs, si vous ne les secourez à temps. Le mal se glisse et se répand tous les jours de plus en plus. Aujourd'hui une province nous échappe, demain nous en perdrons une autre. Les Hongrois, qui jusqu'ici avaient été le bouclier de notre foi et le rempart de notre religion, deux fois vaincus dans la guerre depuis la mort du roi Albert, sont prisonniers des Turcs. Ils ont perdu plus de deux cent mille hommes dans deux combats. La puissance des Turcs est grande en Asie et en Grèce; elle est encore augmentée par l'alliance qu'ils ont faite avec la nation féroce des Tartares. Si la Hongrie est vaincue ou forcée de se joindre aux Turcs, il n'y a plus de sûreté pour l'Italie et pour l'Allemagne; le Rhin ne suffira plus à la défense des Français... Si vous négligez de porter aujourd'hui des secours aux Hongrois, vous n'aurez point le droit d'en demander demain aux Français, et ceux-ci n'en trouveront point à leur tour en Espagne; vos ennemis, combattant toutes les nations les unes après les autres, obtiendront facilement l'empire du monde, auquel ils aspirent.»

L'orateur rappelle à ses auditeurs que le baptême qu'ils ont reçu leur fait un devoir de la résistance aux contempteurs de l'Evangile. On ne peut d'ailleurs attendre aucun repos des Turcs. Ici Ænéas trace un remarquable portrait du caractère de Mahomet II. «Mahomet, dit-il, est un jeune prince de vingt-quatre ans, d'un esprit cruel et avide de gloire, d'un corps robuste et infatigable; il n'est adonné ni au vin ni aux festins; quoique voluptueux comme ceux de sa nation, il ne s'amollit cependant point au milieu de ses femmes; il évite les danses, dédaigne les parfums, s'habille rarement avec mollesse, ne se laisse point prendre aux charmes de la musique, ne nourrit et n'entretient ni chiens, ni oiseaux; son seul plaisir est de manier les armes. Il honore les soldats, aime les chevaux, préfère aux belles femmes les vaisseaux, les chars, les machines de guerre. Quoique d'un naturel féroce et abhorrant les lettres, Mahomet écoute avidement le récit des actions des grands hommes; il préfère à tous Jules César et Alexandre le Grand; il croit pouvoir surpasser leurs hauts faits et travaille en effet à y parvenir. Il dit qu'il n'est pas moins en état qu'eux de soumettre le monde, parce que ses commencements sont bien supérieurs à ceux de ces héros. Depuis qu'il a soumis Constantinople à son faux prophète, ce prince, rempli d'une témérité barbare, et d'un orgueil asiatique, ne doute point qu'il ne puisse aller jusqu'à Rome. Tel est votre ennemi; jugez maintenant si, avec un pareil caractère, il est vraisemblable qu'il reste tranquille.... Quoiqu'il eût fait une trêve avec les Hongrois, n'a-t-il pas franchi la frontière, n'a-t-il pas ravagé leurs campagnes? Voilà la paix des Turcs; voilà le repos que vous pouvez attendre...»

Pour déterminer enfin les princes de l'empire à tourner leurs armes contre l'islamisme, l'évêque de Sienne élève à la hauteur de l'éloquence chrétienne le tour oratoire par lequel Cicéron excitait les Romains à poursuivre la guerre contre Mithridate: «Vos ancêtres, leur dit-il, se sont engagés dans des guerres cruelles et dangereuses pour étendre les frontières des chrétiens, et vous refuseriez de combattre pour la défense de votre foi et de votre religion? Il ne s'agit point aujourd'hui de s'armer pour des sujets légers, pour des prétextes frivoles: il s'agit de défendre la patrie, vos femmes, vos enfants, vos alliés, votre liberté, votre vie, votre foi, votre religion, les saints martyrs, les grands apôtres, votre Sauveur, votre Dieu, le Saint-

Esprit, la trinité divine, que cet impur Mahomet persécute. »

L'imminence du danger ne fit pas sortir l'empereur Frédéric III du repos qu'il aimait. En parvenant au trône pontifical, en 1455, Calixte III envoya dans toute l'Europe des prédicateurs pour exciter les princes et les peuples à la guerre contre les Turcs, ordonna des levées d'impôts pour en payer les frais, et invita par des ambassadeurs le roi d'Arménie, et le khan dës Tartares à s'unir aux chrétiens contre la puissance ottomane. La voix de saint Antonin se fit entendre aussi dans cet appel aux armes, auquel l'Europe ne répondit pas. Cependant les Turcs s'avancèrent contre Belgrade, et mirent le siége devant cette place, l'un des boulevards de l'Occident. Un disciple de saint François, Jean Capistran, animait au combat les soldats qui marchaient sous les ordres de Jean Huniade au secours de la ville. Le pape ordonna qu'on sonnerait les cloches trois fois par jour, dans toute la chrétienté, pour inviter les fidèles à prier pour les Hongrois. Ce fut l'origine de l'*Angelus*. Le ciel ne fut pas sourd à tant de prières. Dans une bataille qui fut livrée aux Turcs, en 1456, sous les murs de Belgrade, tandis que Capistran parcourait les rangs chrétiens en répétant ces mots: *Victoire, Jésus, Victoire!* Huniade combattait avec la plus grande valeur, et une victoire miraculeuse, dit la *Grande Chronique belge*, fut le résultat des efforts réunis de ces deux hommes extraordinaires. Plus de vingt mille Musulmans furent tués et le sultan fut blessé. L'Europe entière applaudit à ce glorieux succès. Le pape saisit cette occasion d'engager de nouveau les princes à se croiser contre les Turcs. Mais il ne recueillit de son zèle à résister aux progrès de Mahomet que des murmures contre les impôts qu'il levait pour subvenir aux dépenses de la guerre. Calixte III eut pour successeur sur le trône de saint Pierre Æneas Sylvius, qui prit le nom de Pie II. Toujours rempli de cette infatigable ardeur d'opposition aux envahissements des Turcs, qui ne le quitta qu'avec la vie, il convoqua à Mantoue, par une bulle adressée à la chrétienté, une assemblée au milieu de laquelle il montra, dans un discours éloquent, l'indépendance de l'Eglise et de l'Europe menacée par les armes musulmanes. Il déclara que, fût-il seul dans la lutte, il mourrait pour cette sainte cause. Voyant qu'il ne pouvait soulever l'Occident contre Mahomet, Pie II conçut un projet dans lequel il échoua également: il écrivit au sultan une longue lettre, où il lui exposa l'avantage qu'il y aurait pour lui à embrasser le christianisme, et les raisons théologiques et philosophiques qui devaient l'y déterminer. A la vue du danger chaque jour croissant, le pape tint un consistoire en 1463, pour aviser aux moyens d'arrêter enfin les Turcs. Il adressa ensuite à tous les fidèles une exhortation à se réunir sous la bannière de la croix, qui ne couvrait plus de son ombre qu'un coin du monde. Il indiquait Ancône pour rendez-vous général des croisés. Il partit lui-même, en 1464, pour cette ville, où il ne trouva que des hommes de la dernière classe du peuple. La voix du père de la chrétienté appelant tous ses enfants à la défense de la foi n'était plus entendue des princes ni des chevaliers. L'intention du pape était cependant de se diriger vers la Grèce, à la tête du petit nombre de combattants qu'il avait pu réunir, pour se joindre à Scanderbeg, qui venait de battre les Ottomans. Mais ses forces trahirent son courage; quand il se sentit mortellement malade, il dit aux cardinaux qui l'entouraient: « Mon heure est venue; j'ai offert ma vie pour le salut commun. Je ne puis achever ce que j'ai commencé. C'est à vous à poursuivre l'ouvrage de Dieu. » Paul II voulut en vain suivre l'exemple de son prédécesseur, dont la mort avait dispersé les croisés assemblés à Ancône. Scanderbeg, qui avait soutenu une si glorieuse lutte contre toutes les forces de l'empire ottoman, était enfin réduit à venir solliciter les secours du pape, qui ne put lui donner que quelques sommes d'argent. Le héros albanois retourna mourir dans sa patrie. Mahomet avait juré, dans une cérémonie solennelle, d'exterminer tous les chrétiens, et il commença l'accomplissement de son serment par l'île de Négrepont, dont toute la population fut immolée. Le pape Sixte IV, successeur de Paul II, ne put déterminer que le seul roi de Perse à marcher contre Mahomet II. L'Europe ne profita pas de cette diversion, qui obligea le sultan de suspendre ses projets du côté de l'Occident, pour se tourner vers l'Orient. La flotte pontificale, réunie à celles de Naples et de Venise, parcourut cependant les côtes de l'Asie et remporta quelques avantages sur les Turcs. Mais Mahomet revint à Constantinople vainqueur du roi de Perse, et Venise fut obligée de lui demander la paix.

Les chevaliers de l'Hôpital, établis dans l'île de Rhodes, protégeaient contre les Musulmans les pèlerins qui se rendaient en Palestine et les navires chrétiens qui parcouraient la Méditerranée. Six mois après la prise de Constantinople, Mahomet, ayant sommé le grand maître de lui payer un tribut, reçut cette réponse: « Notre devoir est d'être les ennemis et non les tributaires des Ottomans. » Le sultan résolut d'attaquer en même temps la chrétienté sur plusieurs points. Une armée marcha vers la Hongrie, en 1479, et deux flottes devaient se diriger, l'une vers Naples, l'autre vers Rhodes. Les Hongrois, commandés par leur roi Matthias Corvin, fils de Jean Huniade, firent éprouver aux Turcs une sanglante défaite en Transylvanie. Les vainqueurs résolurent de souper sur le champ de bataille. « On mit donc, dit un historien de la Hongrie, des tables sur les cadavres, qui étaient en si grand nombre et si près les uns des autres, que dans toute la plaine et sur une étendue de près de seize stades, on pouvait sauter d'un cadavre à l'autre. On apporta des mets et les soldats se mirent à manger; ils se rassasièrent, et, buvant plus que de raison, ils s'abandonnèrent à la gaîté. Le festin se termina par des chansons guerrières. On célébra les chefs et les grands; le vin échauffant de plus en plus les esprits, on se mit à danser la pyrrhique militaire. Les soldats armés formaient des chœurs, et faisaient retentir les lieux d'alentour de leurs chants et de leurs cris de joie. Pendant que chacun faisait des gestes et des mouvements qui prêtaient à rire, on pria Paul Kims (un des chefs hongrois) de danser; celui-ci s'élança au milieu de l'enceinte, et levant avec les dents seules un des cadavres qui jonchaient la terre, il se mit à danser en cadence, au milieu des spectateurs, chez qui le rire avait fait place à l'étonnement. »

Sans aucun secours de l'Occident, les chevaliers de l'Hôpital, sous les ordres de leur illustre grand maître, Pierre d'Aubusson, forcèrent cent mille Ottomans à lever le siége qu'ils avaient mis devant Rhodes, en 1479. La troisième expédition, dirigée par Mahomet contre la chrétienté s'empara de la ville d'Otrante, qu'elle livra au pillage, et dont elle massacra les habitants. Ce désastre jeta l'effroi dans l'Italie, et le pape Sixte IV conjura tous les princes chrétiens de suspendre leurs querelles particulières pour songer à l'intérêt général de l'Eglise et de la société. La plupart des Etats de l'Europe convinrent d'unir leurs forces contre l'ennemi commun. Mais ce traité ne fut suivi d'aucune exécution. En 1482 Matthias Corvin, roi de Hongrie, envoya des ambassadeurs à une assemblée des princes de l'empire qui se tenait à Nuremberg, pour leur demander des secours contre les Turcs. Mais l'Europe inclinait déjà vers les temps où l'on parle plus que l'on n'agit, et un historien allemand a fait avec raison la réflexion suivante sur l'assemblée de Nuremberg : « On fut dans une grande attente de l'issue de ces comices. Il y eut des délibérations et des résolutions salutaires ; mais il n'en résulta aucun fruit. Les propositions et les conseils furent, comme chez les Athéniens, très-bons et très-généreux; mais il ne se trouva personne parmi les malheureux chrétiens qui les exécutât contre un ennemi dont les forces allaient toujours croissant. » Mahomet II délivra par sa mort, arrivée en 1481, le monde chrétien d'un redoutable ennemi, et les Turcs abandonnèrent Otrante. Le pape célébra à Rome la mort du terrible sultan par trois jours de fête, où on fit des processions pour remercier Dieu du bienfait qu'il accordait aux fidèles. La division se mit dans la famille ottomane. Bajazet II, qui succéda à son père Mahomet, eut un rival dans son frère Zizim ou Djem. Trahi par les siens et vaincu par Bajazet, Djem se retira à Rhodes, auprès du grand maître des Hospitaliers, qui, sans égard pour les droits de l'hospitalité, envoya ce prince en Europe, où il fut retenu prisonnier dans différentes forteresses. A la demande du pape Innocent VIII, Djem fut envoyé à Rome, où le souverain pontife l'accueillit charitablement. Il se proposait de l'engager à passer en Hongrie pour l'opposer à son frère. Mais Bajazet traita avec le pape pour obtenir que le prince turc n'approchât pas des fontières ottomanes. La captivité de Djem tourna les vues du roi de France vers l'Orient. Charles VIII fit valoir les droits de la maison d'Anjou sur le trône de Naples, pour porter de là ses armes en Turquie. Le roi de Naples Alphonse prévint Bajazet de ce projet. Quoiqu'attaché à la maison d'Aragon, le pape Alexandre VI fut obligé d'ouvrir les portes de Rome au roi de France. Charles VIII força aussi le pape à lui remettre le prince Djem. Il acheta en même temps d'André Paléologue, despote d'Achaïe et neveu du dernier empereur grec, ses droits à l'empire d'Orient. Le roi de France fut reçu à Naples comme un libérateur : l'alarme était à Constantinople. Cependant Djem mourut des suites de son intempérance, ou peut-être empoisonné par l'intervention des ambassadeurs que Bajazet avait envoyés à Rome. Une ligue, dans laquelle entrèrent le pape, le roi d'Espagne et la plupart des Etats italiens, se forma contre Charles VIII, avec l'appui de Bajazet. Le roi de France, après s'être fait couronner empereur de Constantinople et roi de Sicile, reprit le chemin de sa patrie, où il ne ramena que les débris de son armée. Bajazet, avec une nombreuse flotte, enleva Coron et plusieurs autres villes des côtes de la Grèce, aux Vénitiens, quoiqu'ils fussent soutenus par des navires français et Rhodiens. Le pape Alexandre VI parvint à conclure une ligue contre les Turcs entre la France, l'Espagne, Venise et Rhodes, et l'empereur Maximilien prit la croix en promettant de marcher contre les infidèles, qui, en attendant, ravageaient la Hongrie, la Pologne et l'Illyrie. Alexandre VI mourut sans avoir pu rien exécuter contre les Turcs. Les deux grandes découvertes de Vasco de Gama, qui traça une nouvelle route vers les Indes orientales, en 1497, et de Christophe Colomb, qui révéla l'existence d'un monde nouveau à l'Occident, en 1498, changèrent la direction des idées, les tendances de la politique, et les habitudes commerciales dans le monde ancien. Cette grande révolution porta le dernier coup à l'esprit des croisades. Les Vénitiens ressentirent les premiers les effets du changement opéré dans la route du commerce de l'Inde, et ils engagèrent le sultan d'Egypte à s'entendre avec les souverains indiens pour s'opposer à l'établissement des Portugais dans ces contrées. Un religieux vint de Jérusalem annoncer au pape que le sultan menaçait de détruire l'église du Saint-Sépulcre, et de bannir de ses Etats tous les chrétiens qui refuseraient de renier leur foi. Le souverain pontife, épouvanté, invita le roi de Portugal à renoncer, pour l'amour de Dieu, à ses nouvelles conquêtes. Mais ce prince répondit qu'il espérait, par leur moyen, si la chrétienté le secondait, propager l'Evangile dans l'Inde. Le sultan d'Egypte envoya une flotte attaquer l'île Diu. Cette expédition, dans laquelle il agissait de concert avec le roi de Calicut, n'eut pas le succès que s'en étaient promis les Egyptiens et les Vénitiens. Ces derniers, par leurs richesses et par leur cupidité, avaient indisposé contre eux toute l'Europe, et l'heure de leur décadence était saluée avec joie. Sélim, qui monta sur le trône ottoman en 1512, n'avait pas moins d'ambition que Mahomet II, et il le surpassait en cruauté. Il promit à ses janissaires de les conduire à la conquête de la Perse et de l'Egypte, en Asie et en Afrique, et de l'Allemagne et de l'Italie, en Europe. Réalisant ses vastes desseins, Sélim battit le roi de Perse, mit fin, en 1517, à l'empire des Mameluks, s'empara de l'Egypte et de la Syrie, et planta ses drapeaux sur les tours de Jérusalem. Maître de l'Orient, il pouvait aspirer à ranger plus facilement l'Occident sous sa loi. Léon X, qui occupait alors le siége pontifical, s'émut du danger de la chrétienté, et proclama, entre tous les Etats de l'Europe, une trêve de cinq ans, dont l'observation fut commandée sous peine d'excommunication. Le plan d'une croisade générale fut en même temps arrêté par le souverain pontife dans le collége des cardinaux. Mais les princes étaient bien plus préoccupés de leurs rivalités particulières que du commun intérêt de l'Europe, et le vaste projet de Léon X n'était pas exécutable dans la disposition générale des esprits. Des murmures s'élevèrent de toutes parts contre la levée des décimes destinées aux frais de la guerre sainte, et contre la prédication des indulgences promises aux fidèles qui y concourraient de leur personne ou de leur argent. Un indigne enfant de l'Eglise, Luther, se fit contre sa mère et contre le père de la chrétienté, une arme de leur sollicitude pour la défense de la société européenne, menacée tout entière dans son existence par les armes ottomanes. Tandis que commençait la révolution religieuse qui attaquait la foi dans son fondement, qui scindait l'Europe en deux camps irréconciliablement ennemis, et qui préparait la ruine de tout ordre politique et civil au sein de la civilisation, conduite jusque-là par le christianisme dans la voie du progrès moral et intellectuel, parallèlement au progrès matériel, Soliman, successeur de Sélim, s'emparait de Belgrade et menaçait Rhodes. Abandonnés de l'Europe, les chevaliers de l'Hôpital ne purent, malgré des prodiges d'héroïsme, empêcher le sultan de les expulser de leur île, en 1522. Les débris de cet ordre illustre se réfugièrent dans le royaume de Naples. Ils redevinrent encore la terreur des Musulmans, après avoir converti en forteresse inexpugnable le rocher de Malte, que leur donna Charles-Quint, et où ils s'établirent en 1530. Tandis que la rivalité de Charles-Quint et de François Ier occupait l'Occident, les Turcs pouvaient porter à leur gré la guerre sur le Danube. Dix-huit mille chrétiens sur vingt-deux mille combattants restèrent sur le champ de bataille de Mohacz, où fut tué le roi de Hongrie, Louis II; et la prise de la ville de Bude fut le résultat de la victoire de Soliman, qui marchait à la tête de cent mille hommes. A cette nouvelle, le pape Clément VII écrivit à tous les souverains de l'Europe pour les supplier de songer au salut de la chrétienté. Ils restèrent sourds à cet appel. Charles-Quint, laissant aveugler son génie par l'ambition, poussa l'oubli de tout respect du chef de l'Eglise jusqu'à le faire prisonnier dans Rome, emportée d'assaut par ses troupes. Tandis que cette insulte faite au souverain pontife de l'univers chrétien excitait l'indignation générale, dans l'âme même de Soliman, et que plusieurs puissances s'armaient pour faire cesser le scandale donné au monde par l'empereur, sa victime ne s'occupait dans sa prison que de la défense de l'Europe. Clément VII envoyait des légats aux Hongrois pour les engager à s'unir à Ferdinand, roi de Bohême, et il encourageait en même temps une révolte en Egypte contre le joug ottoman. Rendu à la liberté, le généreux pontife oublia les torts de l'empereur envers lui, et chargea un légat de faire entendre les exhortations de la religion en Allemagne, pour conjurer le danger dont ce pays était menacé. Mais sa voix fut impuissante à empêcher Soliman d'entrer sur les terres de l'empire, et de venir assiéger Vienne, en 1529. La résistance de la garnison, aidée du débordement du Danube, sauva la capitale de l'Autriche. Occupé d'autres pensées, Charles-Quint laissa les Turcs emmener trente mille prisonniers chrétiens. Les troupes allemandes envoyées en Hongrie furent battues par Soliman, avec lequel un traité de paix fut conclu en 1533, au nom du pape, de l'empereur et de son frère Ferdinand, qui avait été déclaré roi de Hongrie. L'esprit de rivalité qui animait François Ier contre Charles-Quint porta le roi de France à donner au monde le scandale de l'alliance de son drapeau avec celui des Ottomans. D'un ramassis de pirates et de brigands se formèrent alors, sur les côtes d'Afrique, les Etats appelés Barbaresques. Sous la suzeraineté de la puissance ottomane, les corsaires de ces Etats rendirent périlleuse pour les chrétiens la navigation de la Méditerranée. Charles-Quint tourna contre eux ses armes, et réussit, dans une première expédition, à s'emparer de Tunis, et à délivrer un grand nombre de captifs. Mais il échoua complétement, et perdit son armée et sa flotte dans une tentative dirigée, en 1541, contre Alger. Les chevaliers de l'Hôpital étendaient de Malte, sur la mer qu'infestait la piraterie africaine, une protection qui était la seule sécurité des navires européens. Cette vaillante milice, qui perpétuait glorieusement les belliqueuses traditions des croisades, résista à toutes les forces de Soliman, qui la vinrent assiéger dans son île, en 1565, et leur occasionna une perte de plus de vingt mille hommes. Ce sultan, qui avait tant étendu la puissance ottomane sur terre et sur mer, aux dépens de la chrétienté, mourut en 1566, dans une nouvelle campagne qu'il venait d'entreprendre contre la Hongrie. Sélim II, son successeur, voulut enlever l'île de Chypre aux Vénitiens, à qui la possession en était échue. Il s'empara, en 1570 et en 1571, de Nicosie et de Famagouste, les deux principales villes de l'île. Les Turcs commirent dans cette expédition les plus atroces cruautés. Le pape saint Pie V forma contre eux une alliance avec Venise et Philippe II, roi d'Espagne. Une flotte nombreuse, réunie sous le commandement de don Juan d'Autriche, attaqua celle des Ottomans dans le golfe de Lépante. L'étendard de saint Pierre fut arboré sur le vaisseau de Don Juan, et la flamme de l'enthousiasme religieux qui avait conquis Jérusalem se ralluma dans les cœurs des soldats de la croix. Le 7 octobre 1571, une victoire complète détruisit la marine des Turcs, et arrêta leurs envahissements. C'est de leur défaite à Lépante que date la décadence de leur puissance. Un cri d'allégresse retentit d'un bout de l'Europe à l'autre, à la nouvelle de ce succès décisif, et l'effroi fut tel à Constantinople, que Sélim fit bâtir le château des Dardanelles, pour en défendre l'approche. Sous la dénomination de *Notre-Dame-des-Victoires*, le pape institua une fête, par laquelle la chrétienté fut appelée à témoigner à la sainte Vierge, le 7 octobre de chaque année, sa reconnaissance de la victoire due à l'intercession de la mère du Sauveur. La fête du Rosaire, fixée au premier dimanche d'octobre, fut aussi établie en mémoire de la bataille de Lépante. Philippe II, en renonçant à la confédération dont les armes avaient vaincu à Lépante, força Venise à conclure une paix défavorable à sa puissance avec la porte ottomane. Ainsi s'éteignit, par un dernier et brillant éclair, le feu des guerres saintes, dont l'ardeur s'était affaiblie dans la même proportion qu'avait diminué l'autorité au moyen de laquelle les papes ont organisé, et maintenu jusqu'à son dernier jour, la résistance européenne au débordement de l'islamisme. Après avoir civilisé les barbares qui ont envahi l'Occident, dans les premiers siècles de l'ère chrétienne, les successeurs de saint Pierre sur le trône qui préside aux destinées terrestres de l'Eglise, ont sauvé, en se mettant à la tête des croisades, l'ordre social qu'ils avaient fondé, du danger de devenir la proie du culte de l'ambition, de la tyrannie et de la volupté.

Montecuculli, à la tête des troupes impériales et d'une armée de trente mille hommes, à la formation de laquelle avaient contribué le pape et Louis XIV, remporta sur les Ottomans, en 1664, une victoire signalée à Saint-Gothard, et força la Porte à demander la paix. Mais une flotte française, portant six mille hommes de troupes, ne put empêcher Candie de tomber alors aux mains des Turcs. Enorgueillis par ce succès et appelés par une partie de la noblesse hongroise, mécontente de la domination impériale, ils reparurent sur les rives du Danube, et s'approchèrent de Vienne. Trois cent mille Ottomans avaient mis le siége devant cette capitale, lorsqu'elle fut délivrée par la victoire que remportèrent sur cette multitude d'ennemis, le 13 septembre 1683, une armée de soixante-quinze mille hommes, formée de la jonction des troupes de Jean Sobieski, roi de Pologne, avec celles du duc de Lorraine. Les vaincus furent poursuivis et dispersés. Venise, encouragée par le pape à profiter de cette occasion d'attaquer l'empire ottoman, lui enleva la Morée et plusieurs autres îles de l'archipel grec. La Turquie fut réduite à signer à Carlowitz, en 1699, un traité de paix, qui constata que la décadence de la puissance musulmane, commencée par la journée de Lépante, avait été consommée sous les murs de Vienne. Le célèbre Leibnitz adressa à Louis XIV un remarquable mémoire pour l'engager à faire la conquête de l'Egypte, au moment où le grand roi se préparait à attaquer la Hollande. Ce mémoire témoigne de la persistance des idées européennes à demeurer tournées vers l'Egypte et la Palestine. A la demande de Venise, intéressée à conserver ses possessions en Morée, le pape Clément XI engagea l'Espagne, le Portugal, Gênes, la Toscane, et les chevaliers de Malte à envoyer leurs flottes, jointes aux galères pontificales, dans les mers de la Grèce. Clément XI leva aussi six mille Suisses, qui se réunirent à l'armée allemande, avec laquelle le prince Eugène battit les Turcs, en 1716, à Péterwaradin, et ensuite sous les murs de Belgrade, et conquit la paix de Passarovitz, qui mit définitivement fin, en 1718, à l'attitude offensive des Turcs envers l'Europe. L'Espagne échoua, en 1775, dans une entreprise contre Alger. L'honneur de venger le désastre de Charles-Quint, et de détruire la piraterie barbaresque, était réservé à la patrie de saint Louis. Le 5 juillet 1830, le maréchal de Bourmont planta le drapeau de la France sur les murs d'Alger, et des frontières de l'Etat de Tunis à celles de l'empire de Maroc, la domination chrétienne remplaça la tyrannie musulmane. C'est maintenant la civilisation sortie du tombeau resté à vide à Jérusalem, qui est en voie de conquête sur l'islamisme.

La protection des Saints Lieux avait été garantie au moyen de capitulations passées entre la France et la Porte ottomane, et dont l'origine remonte à François Ier. Deshayes, ambassadeur de France à Constantinople, visita Jérusalem pour y secourir les chrétiens au nom du roi Henri IV. La première capitulation écrite fut négociée par le comte de Nointel, représentant de Louis XIV auprès du sultan des Turcs. Ce traité porte la date de 1673, et l'article 23 de cette convention est ainsi conçu : « Les religieux francs, qui, suivant l'ancienne coutume, sont établis au dedans et au dehors de la ville de Jérusalem, et dans l'église du Saint-Sépulcre, ne seront point inquiétés pour les lieux de pèlerinage qu'ils habitent, et qui sont entre leurs mains, lesquels resteront encore entre leurs mains, comme ci-devant, sans qu'ils puissent être inquiétés à cet égard. » La garde du Saint-Sépulcre était confiée aux disciples de saint François d'Assise. La seconde capitulation fut conclue en 1740 par le marquis de Villeneuve, sous le règne de Louis XV, qui reçut, après la paix de Passarovitz, une ambassade du sultan, par laquelle la Porte envoyait au roi de France un firman accordant aux chrétiens l'entière possession du Saint-Sépulcre. Dans l'intervalle de temps qui s'écoula entre les deux renouvellements des capitulations est intervenu un jugement solennel, rendu par le gouvernement ottoman lui-même, et complétement confirmatif, contre les usurpations des Grecs schismatiques, des droits des religieux catholiques. L'ambassadeur de France, M. de Chateauneuf, envoyé par Louis XIV, et le patriarche grec furent entendus dans un divan impérial, convoqué pour juger la question de possession des Saints Lieux. Mais le patriarche, et les moines grecs qui l'accompagnaient, ayant été convaincus d'imposture, répondirent par des injures si inconvenantes aux raisons calmes et solides de M. de Chateauneuf, que le grand vizir fut obligé de les faire mettre à la porte à coups de bâton. Un firman, daté du 20 avril 1690, remit les religieux francs en possession des sanctuaires qu'ils occupaient avant la première capitulation, et que les Grecs avaient usurpés. Les empiétements schismatiques recommancèrent cependant; mais le maréchal Brune, représentant de la République française, obtint, en 1802, la réintégration des religieux franciscains dans leurs droits. Un firman accordé, en 1811, à M. de Latour-Maubourg, ambassadeur de l'empire de France à Constantinople, garantit de nouveau ces droits reconnus par les sultans, mais aujourd'hui menacés par la prépondérance de la Russie en Orient, où le czar est le protecteur du schisme

PTOLÉMAIS, appelée d'abord Acco, puis Ptolémaïs, et ensuite Acre, ou Saint-Jean-d'Acre, devint la capitale du royaume de Jérusalem, après la prise de la cité sainte par Saladin, en 1187. On trouve sur la ville d'Acre les renseignements que nous reproduisons ici, dans l'*Itinéraire du roi Richard*, de Gauthier Vinisauf: « Acre était de forme triangulaire: elle était plus étroite au couchant où l'eau de la mer l'environnait, et plus étendue à l'Orient. Son port paraissait plus commode qu'il ne l'était réellement : le rocher qui se trouvait en face n'avait pas assez d'élévation pour arrêter la violence du vent. La tour élevée sur ce rocher s'appelait la *Tour des Mouches*, parce que c'était là que les anciens faisaient leurs sacrifices, et que les mouches y étaient attirées par la chair des victimes. » Le chroniqueur prétend que la *Tour Maudite* s'appelait ainsi, parce que c'était dans ses murs qu'on avait fabriqué les pièces d'argent pour lesquelles Judas vendit Notre-Seigneur.

La chronique d'Hermann Corner donne une description détaillée de la ville d'Acre et de la manière dont on y vivait, au temps où elle fut enlevée aux chrétiens par les infidèles, à la fin du XIIIe siècle. « La ville d'Acre, dit le chroniqueur, située sur le bord de la mer, était bâtie en pierres de taille carrées; elle était murée et ceinte de tours fortes et élevées, distantes entre elles d'un jet de pierre. Chaque porte de cette ville était entre deux tours. Les murs étaient si larges que deux chars, venant à la rencontre l'un de l'autre, auraient pu passer dessus. Telle était la situation de la ville du côté de la mer. Mais du côté de la terre, de doubles murs, des fossés très-profonds, divers endroits fortifiés, et des sentinelles faisaient sa sûreté. Les places de l'intérieur étaient belles et propres; toutes les maisons, égales en hauteur, étaient construites en pierres de taille et uniformément décorées de fenêtres en verres peints. Des étoffes de soie, ou d'autres belles tapisseries, couvraient les places publiques et les garantissaient de l'ardeur du soleil. A chaque angle de ces places était une tour très-forte, ayant des portes et des chaînes de fer. Dans l'enceinte de la ville on avait construit des châteaux forts, où les princes et les seigneurs faisaient leur résidence. Au milieu d'Acre demeuraient les marchands et les artisans qui, selon leurs facultés, achetaient ou louaient des maisons particulières. Tous les habitants avaient chez eux les manières des anciens Romains. Les princes et les seigneurs qui résidaient dans cette ville étaient d'abord le roi de Jérusalem, ses frères et sa famille, ensuite le prince de Galilée et celui d'Antioche, le représentant du roi de France, le duc de Césarée, le comte de Tripoli, le comte de Jaffa, les seigneurs de Béryte, de Tyr, de Tibériade, etc. Tous ces princes et seigneurs se promenaient sur les places, comme des rois, une couronne d'or sur la tête, et suivis de leurs nombreuses maisons, qui se faisaient remarquer par des habits précieux, couverts d'or, d'argent et de pierreries. Ils passaient les jours dans des tournois et dans toutes sortes de jeux et d'exercices militaires. Dans la même ville demeuraient les fidèles défenseurs de la foi catholique, le maître et les frères de la milice du Temple, tous chevaliers armés, le maître et les frères de Saint-Jean-de-Jérusalem, le maître et les frères de l'ordre Teutonique, le maître et les frères de Saint-Thomas-de-Cantorbéry, le maître et les frères de Saint-Lazare, tous chevaliers armés. Tous étaient alors à Ptolémaïs, et combattaient jour et nuit avec leurs servants et leurs maisons contre les Sarrasins. Les plus riches marchands de tous les pays du monde, entre autres des Pisans, des Génois, des Vénitiens, des Florentins, des Romains, des Parisiens, des Carthaginois, des habitants de Constantinople, de Damas, et des Egyptiens habitaient cette ville, et de ce mélange de nations naquit une funeste discorde qui causa la ruine de cette noble cité. On y apportait, de toutes les parties du monde, tout ce qui pouvait servir aux besoins et au luxe des princes, des seigneurs et des riches. Il serait trop long de parler des autres classes d'habitants, et de tout ce qu'il y avait de remarquable et de merveilleux dans cette ville royale. »

Q

QUENOUILLE. Un chroniqueur anglais, Gauthier Vinisauf, racontant l'effet de la mission en Europe de l'archevêque de Tyr, dit que, quand Richard Cœur-de-Lion et Philippe-Auguste eurent pris la résolution d'aller en Palestine, le zèle pour le nouveau pèlerinage devint si grand, qu'on ne se demandait plus qui avait pris la croix, mais qui ne l'avait point prise. On envoyait une quenouille et un fuseau à ceux qui refusaient de prendre les armes, pour leur faire honte. Mézeray nous apprend que ce qui est ainsi raconté de la troisième croisade eut également lieu à l'occasion de la seconde.

R

RAOUL DE COUCY, un des chevaliers de la troisième croisade, a été le héros du *Roumans dou chastelain de Couci*, qui a été composé vers l'année 1228, et qui est écrit en vers de huit syllabes. Ce roman a été traduit de nos jours de son vieux langage dans la langue de notre époque par M. Crapelet. Le sujet en est une de ces aventures d'amour auxquelles se complait la chevalerie descendue au niveau des passions mondaines, de la hauteur presque idéale où l'avait élevée le caractère chaste et pur des héros des croisades, dont Godefroy de Bouillon et saint Louis sont les deux types les plus sublimes. Le châtelain de Coucy rendait à la dame de Fayel des visites furtives qui excitèrent la jalousie du sire de Fayel. Le mari de la dame, pour l'éloigner de celui qu'elle aimait illicitement, annonça qu'il allait faire le pèlerinage d'outre-mer, et proposa à sa femme de l'accompagner. La dame versa des larmes à cette nouvelle, qu'elle apprit au châtelain de Coucy dans une entrevue secrète. Celui-ci dit à la dame de Fayel de ne pas se tourmenter, et lui promit de s'engager dans la croisade, pour être toujours avec elle. Par les conseils de son écuyer, le sire de Coucy se rendit à un tournoi, à la suite duquel le roi Richard d'Angleterre devait faire prêcher la croisade, et se croiser lui-même avec un grand nombre de chevaliers. Le sire de Coucy fit de grandes prouesses au tournoi, et prit la croix. Mais le sire de Fayel déclara à sa femme qu'il redoutait les fatigues du voyage, et qu'ils ne feraient pas le pèlerinage. Quand le sire de Coucy connut ce changement de résolution, son cœur ne fut pas moins attristé que ne l'était celui de la dame de ses pensées. Il fallut cependant se séparer. Le sire de Coucy partit de Marseille sur la flotte du roi Richard, et, arrivé en Palestine, il se signala par sa bravoure. Son courage brilla surtout à la bataille d'Arsur. Il y avait près de deux ans qu'il était en Orient, lorsqu'il fut atteint d'une flèche empoisonnée qui le blessa profondément au côté. Voyant que les médecins que lui avait envoyés le roi Richard étaient impuissants à le guérir, il songea à repasser la mer et à aller reprendre la santé auprès de sa dame. Mais pendant la traversée ses souffrances augmentèrent, et quand il sentit que sa fin était prochaine, il fit promettre à son écuyer d'accomplir fidèlement ce qu'il allait lui dire. Il lui ordonna alors qu'aussitôt après sa mort il ouvrît son corps, qu'il en retirât son cœur et qu'il l'embaumât avec le plus grand soin, pour le porter à la dame de Fayel. L'écuyer chercha à s'acquitter fidèlement du message dont il avait été chargé. Mais, lorsqu'il était près d'arriver au castel de la dame, il fut reconnu par le seigneur de Fayel, qui lui enleva le triste présent dont il était porteur. Le mari outragé ordonna à son cuisinier de servir à la dame le cœur du châtelain. Le désespoir s'empara d'elle quand elle sut quel horrible festin lui avait été préparé,

Et l'âme del corps s'emparty ,

dit le vieux roman. Les parents de la dame de Fayel résolurent de tirer vengeance de sa mort ; mais le sire de Fayel convint avec eux qu'il s'éloignerait du pays, et qu'il ferait le pèlerinage d'outre-mer. Il y traîna ses chagrins et mourut peu de temps après son retour.

RAYMOND IV, dit de Saint-Gilles, parce qu'il avait eu en partage ce domaine, avant de succéder à son frère dans le comté de Toulouse, en 1088, était seigneur de la plus grande partie du midi de la France. Il avait déjà appris en Espagne à vaincre les Musulmans, à l'école du Cid, avant d'embrasser la cause de la croisade. En récompense de ses services au delà des Pyrénées, il avait même obtenu en mariage, et épousé en troisièmes noces, en 1094, Elvire, fille d'Alphonse VII, roi de Castille. Le comte de Toulouse envoya des ambassadeurs au concile de Clermont pour s'excuser de n'avoir pu y assister, en annonçant au pape qu'il adhérait au projet de la sainte expédition, et qu'il avait déjà rassemblé un nombre considérable de chevaliers prêts à marcher sous ses ordres. Il promettait, en outre, à tous ceux qui voudraient s'enrôler sous sa bannière, de les prendre à sa solde, et de les entretenir à ses frais. Le concours d'un seigneur aussi puissant et aussi brave, acheva de déterminer à demander la croix tous ceux qui hésitaient encore après le discours d'Urbain II. Quoique avancé déjà en âge, le comte Raymond fut cependant le premier prince qui répondit à l'appel du pape. Il fit vœu de ne plus revenir dans sa patrie, et de consacrer le reste de ses jours à combattre les ennemis de la foi, en expiation de ses péchés. C'était le seigneur le plus riche de France, et il était célèbre par sa générosité et par sa bravoure. Il était borgne, et d'un extérieur peu agréable; mais il n'en gagnait pas moins tous les cœurs par la bonté et l'affabilité qu'il savait unir à la rudesse et à la dureté de son caractère. C'est ainsi qu'il rassembla sous sa bannière un grand nombre de chevaliers et de gens du peuple, non-seulement de la Provence, mais aussi des autres contrées de la France; et il réunit des sommes considérables d'argent, pour pouvoir rémunérer généreusement leurs exploits. L'honneur que lui fit l'évêque du Puy, de marcher avec lui, faisait son éloge. Raymond passa les Alpes à la tête de cent mille croisés, et s'avança par la Lombardie, le Frioul et la Dalmatie, vers le territoire grec. Il arriva le dernier des princes latins à Constantinople, et fut celui qui résista le plus opiniâtrément à la prétention d'Alexis d'obtenir le serment de fidélité des chefs de la croisade. « Il n'était pas venu, disait-il, combattre pour l'honneur et la puissance d'un seigneur temporel; il ne reconnaissait aucun maître au-dessus de lui que le Sauveur, pour lequel il avait abandonné sa patrie. » Alexis fit surprendre et attaquer son armée nuitamment par une troupe de soldats grecs. Lorsque Raymond, qui avait précédé à Constantinople les pèlerins qui marchaient sous sa bannière, eut connaissance de cette trahison, il s'en plaignit vivement à Alexis, qui feignit d'ignorer ce qui s'était passé. Le comte de Saint-Gilles se serait fait rendre satisfaction, quand son armée fut arrivée sous les murs de la capitale de l'empire, si les autres princes ne l'eussent dissuadé de tourner ses armes contre une nation chrétienne. A la proposition réitérée de jurer foi et hommage à l'empereur, Raymond répondit par la menace de détruire Constantinople. « Ce n'était pas, dit Robert le Moine, une raison suffisante pour renverser une cité royale, pour enlever ou pour livrer aux flammes les reliques et les saints trésors que renfermait cette ville. » Raymond se borna enfin à jurer que *ni lui ni les siens n'attenteraient ni à la vie, ni à l'honneur, ni aux possessions d'Alexis.* De son côté, l'empereur jura que *jamais il n'outragerait les pèlerins du Saint-Sépulcre, et qu'il ne souffrirait pas qu'on leur fît le moindre outrage.* Alexis affecta de paraître satisfait de la conduite de Raymond, et comme il remarqua chez lui des dispositions jalouses à l'égard de Bohémond, il lui avoua les craintes que lui inspirait le fils de Robert de Guiscard. Anne Comnène dit, dans son style oriental et hyperbolique, que le comte de Saint-Gilles surpassait les autres princes latins par les qualités qu'elle énumère en lui, « autant que la splendeur du soleil surpasse celle des étoiles. »

Le comte de Toulouse rejoignit l'armée des croisés devant Nicée, le matin du jour où Kilidje-Arslan vint l'attaquer, et il contribua puissamment à repousser cette agression. Raymond succomba à la chaleur et tomba malade dans la route de Dorylée à Antiochette. L'évêque d'Orange lui donna les derniers sacrements, et on le crut mort; mais il dut sa guérison à l'intercession de saint Gilles. Après la prise de la ville sainte, le comte de Toulouse trahit la cause chrétienne par ressentiment contre Godefroy de Bouillon, dont il avait vu l'élévation au trône de Jérusalem avec une secrète jalousie. Raymond d'Agiles, chapelain du comte de Saint-Gilles, parle lui-même des intelligences de ce prince avec les Musulmans. Elles avaient pour but de nuire aux succès de Godefroy. Avant de s'éloigner de la terre sainte, Raymond alla en pèlerinage au Jourdain et cueillit des palmes dans le jardin d'Abraham à Jéricho. Comme il avait pris la résolution de ne plus retourner en Occident, il se dirigea vers Constantinople, où l'empereur Alexis lui fit don de la principauté de Laodicée. Il marcha, en 1101, à la tête d'une nouvelle armée de croisés, qui fut taillée en pièces par Kilidje-Arslan en Asie mineure. Raymond s'enfuit à Constantinople. S'étant ensuite mis en route pour se rendre en Syrie, il fut arrêté à Tarse en Cilicie, et jeté en prison par ordre de Tancrède, qui lui reprochait d'avoir causé la défaite des croisés qu'avait battus le sultan d'Iconium. Rendu à la liberté, à la demande de plusieurs princes, il chercha à agrandir sa principauté, et fit, avec le secours des Génois et des Pisans, la conquête de Giblet et de Tortose. Il visait à celle de Tripoli, et il avait bâti, dans ce but, un château, qu'on appela le *Château des pèlerins*, sur une hauteur voisine de cette ville. Il mourut d'une chute qu'il fit en tombant du toit de ce château, le 28 février 1105, âgé d'environ soixante-quatre ans.

RELIQUES. Les églises de l'Occident ont été enrichies d'une grande quantité de reliques rapportées d'Orient par les pèlerins qui ont visité successivement la terre sainte avant les croisades, et ensuite par les croisés. Un pèlerin ou un croisé de distinction ne revenait presque jamais des Saints Lieux sans en rapporter quelque relique. On sait qu'au moyen âge le serment fait sur les reliques d'un saint était le plus sacré des serments. Un capitulaire de Charlemagne prescrit même que tout serment soit juré sur des reliques: *omne sacramentum in ecclesia et super reliquias juretur...Sic illum Deus adjuvet et illi sancti, quorum istæ reliquiæ sunt, ut veritatem dicat.*

Les chroniques abondent de passages, où se montre l'esprit qui poussait les croisés à la recherche des saintes reliques. Les reliques étaient les plus beaux trophées des victoires qu'ils remportaient, et la plupart des pèlerins préféraient à toutes les conquêtes terrestres le corps ou les restes d'un apôtre ou d'un saint. Matthieu de Westminster rapporte qu'en 1191 Richard, roi d'Angleterre, racheta pour une somme considérable d'argent les reliques des saints que Saladin avait enlevées, « afin, ajoute le chroniqueur, d'avoir pour intercesseurs dans le ciel ceux dont il avait arraché les restes des mains des infidèles. »

Martin, abbé du monastère de Pâris près de Bâle, offrit, à la prise de Constantinople, un exemple de cette piété désintéressée qui, de la conquête d'un grand empire, ne désirait recueillir que les précieux ossements d'un apôtre, d'un martyr ou de quelque autre saint. Gunther, moine du monastère de Pâris, raconte comment l'abbé Martin, qui était présent à la prise de Constantinople par les croisés et les Vénitiens, en 1204, profita de cette occasion pour se procurer des reliques. « Pendant que les vainqueurs, dit la relation de ce grand événement par le chroniqueur, dépouillaient gaiement la ville dont le droit de la guerre les avait rendus maîtres, l'abbé Martin pensa aussi à faire son butin, et, pour ne pas rester les poches vides pendant que tous les autres s'enrichissaient, il résolut de porter ses mains sacrées à la rapine, *proposuit se sacratas manus suas ad rapinam extendere*. Mais comme il jugeait indigne de lui d'enlever des choses profanes, il songea à s'approprier des reliques de saints, dont il savait que le nombre était considérable à Constantinople. Il prit donc avec lui un chapelain, et, poussé par je ne sais quel grand pressentiment, il alla dans une église qui était en vénération, parce que la mère du fameux empereur Manuel y avait été ensevelie. On y gardait de grands trésors et des reliques précieuses qu'on y avait apportées des églises et des monastères voisins, dans le vain espoir qu'elles y seraient plus en sûreté. Les nôtres avaient appris cette circonstance avant l'attaque de la ville par ceux que les Grecs en avaient chassés. Pendant que les croisés se précipitaient en foule dans cette église, et enlevaient de tous côtés l'or, l'argent et les effets précieux qu'ils trouvaient, l'abbé Martin, jugeant indigne de commettre un sacrilége, si ce n'était pour des choses sacrées, *indignum ducens sacrilegium, nisi in re sacra, committere*, gagna un lieu secret qui semblait lui promettre ce qu'il désirait le plus. Il y trouva un vieillard d'une belle figure, portant une barbe longue et blanche : c'était un prêtre, mais un prêtre fort différent des nôtres par son habillement. L'abbé, le prenant pour un laïque, lui dit d'un air calme, mais d'une voix terrible : *Perfide vieillard, montre les précieuses reliques que tu conserves, ou attends-toi à la mort.* Le vieillard, plus effrayé du ton que des paroles, car il ne les comprenait point, essaya d'adoucir l'abbé en lui adressant, d'un air suppliant, quelques mots latins. L'abbé lui fit alors entendre dans la même langue ce qu'il exigeait de lui. Le vieillard, jugeant, à l'air et à l'habillement de l'abbé, qu'un religieux aurait plus de crainte et de respect pour les saintes reliques que des laïques qui les souilleraient peut-être avec des mains ensanglantées, ouvrit un coffre de fer et lui montra le trésor que l'abbé Martin estimait plus que toutes les richesses de la Grèce. A cette vue, l'abbé plongea aussitôt avec avidité ses deux mains dans le coffre, et remplit de son larcin sacré les pans de sa robe et de celle du chapelain qui l'accompagnait. Tous deux, cachant avec adresse ces précieuses reliques, sortirent promptement de l'église et se rendirent à leurs navires. Ceux qui connaissaient et aimaient l'abbé, lui demandèrent, en le voyant, quel était le butin qu'il venait d'enlever. Martin leur répondit d'un air joyeux : *Tout va bien pour nous ;* à quoi ceux-ci répliquèrent : *Deo gratias.* Mais l'abbé ne pouvant souffrir aucun retard, monta précipitamment sur son vaisseau, et cacha dans sa petite chambre les dépouilles votives de son expédition, attendant que le tumulte et le bruit qui remplissaient la ville fussent apaisés. Il resta trois jours dans cette chambre, se livrant à toute l'ardeur de sa dévotion ; personne ne connaissait le secret, excepté le chapelain et le vieillard qui lui avait livré les reliques. Celui-ci avait reconnu dans Martin un homme bienveillant et généreux, et s'était attaché à lui d'une manière assez intime. Il fit préparer à l'abbé une maison décente et commode, située auprès d'une église de la ville, et qui convenait beaucoup à son état. Après que le tumulte eut cessé dans Constantinople, l'abbé, chargé de ses premières dépouilles, se rendit, avec le chapelain, dans la demeure qui lui était destinée ; il y passa la saison de l'été, baisant sans cesse les reliques sacrées ; il les vénérait avec une affection cachée, mais bien vive ; et la ferveur de sa dévotion secrète suppléait à ce qui lui manquait à l'extérieur. »

L'abbé Martin dut à la protection des saintes reliques dont il était possesseur d'échapper à tous les dangers qu'il rencontra, en retournant dans sa patrie, et, arrivé à Bâle, il fit présent à son monastère des précieux trésors qu'il rapportait de son pèlerinage. Parmi ces reliques, dit le chroniqueur, se trouvaient des restes du sang de Notre-Seigneur Jésus-Christ et du bois de la Vraie Croix. Constantinople contenait une immense quantité de reliques, qui y avaient été apportées de toutes les villes, d'où elles avaient été enlevées pour les soustraire à la profanation musulmane. On lit dans Robert le moine : *Ibi nunc receptaculum habent sanctissimæ reliquiæ sanctorum prophetarum et apostolorum, et innumerabilium martyrum sanctorum, quæ illinc translatæ sunt a facie paganorum.* Matthieu Pâris rapporte qu'en 1247, le roi d'Angleterre reçut, le jour de saint Edouard, et déposa dans l'église de Westminster, une portion du sang de Jésus-Christ, que lui avaient envoyée les grands maîtres du Temple et de l'Hôpital dans un vase de cristal très-beau, scellé du sceau du patriarche de Jérusalem, des archevêques, évêques, abbés et autres prélats et barons de la terre sainte. Il y eut, à cette occasion, une grande cérémonie et une nombreuse assemblée à Westminster. L'historien anglais ajoute que cette portion du sang de Jésus-Christ avait été recueillie et conservée par Joseph d'Arimathie, qui lava le corps de Notre-Seigneur, et qu'ayant été transmise de père en fils et d'ami en ami, elle avait été donnée enfin au patriarche de Jérusalem, comme un précieux trésor de son Eglise. Ce fut la crainte de le perdre, en perdant la terre sainte, qui engagea alors le clergé des Saints Lieux à l'envoyer en Angleterre. Ces faits, et tous ceux dont les chroniques sont remplies, prouvent que les croisades alimentèrent et fortifièrent la dévotion aux saintes reliques.

REPROCHES FAITS AUX CROISADES. Après avoir montré la justice et la nécessité des croisades, pour sauver l'Europe de l'invasion des Musulmans, en présentant ces mémorables expéditions sous leur véritable aspect historique, nous aurions pu nous abstenir de nous occuper des vains reproches qui ne leur ont point été épargnés par les prétendus philosophes du XVIIIe siècle, se proposant pour but de détruire la civilisation chrétienne, que ces grandes entreprises ont si puissamment contribué à fonder. Aucun de ces reproches, dont les passions hostiles à la religion ont fait tous les frais, ne mérite une réfutation sérieuse. L'assertion de Robertson, proclamant, en se faisant l'organe de la vérité, dans son *Introduction à l'Histoire de Charles-Quint*, que les premiers rayons de lumière qui aient éclairé l'ordre social en Europe sont dus aux croisades, demeure intacte en dépit de toutes les misérables critiques dont ce généreux mouvement a été l'objet. L'ensemble des bienfaits sortis de l'attitude offensive prise par la chrétienté contre l'islamisme, à la fin du XIe siècle, ne pouvait pas manquer d'échapper aux appréciations mal intentionnées et aveuglément pointilleuses de l'école voltairienne. Tout ce fatras d'attaques dirigées contre les guerres saintes a été mis à néant par M. de Bonald, en quelques lignes marquées au coin de la supériorité du génie : nous n'avons rien à ajouter à ces paroles : « Les yeux malades de la haine, a-t-il dit, n'ont pu saisir l'ordonnance générale d'un si vaste tableau, et ne se sont fixés que sur quelques détails; car la petitesse d'esprit, je veux dire l'esprit des petites choses, est le caractère de la philosophie moderne. Elle a taxé d'injustice l'agression des chrétiens, et elle a passé sous silence l'invasion des barbares; elle a déploré le mauvais succès des croisades, comme si elles avaient été entreprises pour fonder des principautés à Edesse, à Antioche, ou même à Jérusalem, dont le sol, quelque vénérable qu'il soit par les souvenirs qu'il rappelle, n'a rien de nécessaire, pas plus que tout autre lieu du monde, à une religion dont le chef-lieu est hors du monde. Elle s'est apitoyée sur le grand nombre d'hommes qui périrent dans ces expéditions, comme si le commerce, et les guerres dont il est le principe, ne faisaient pas périr plus de monde que n'en ont consommé les croisades ; avec cette différence toutefois qu'une guerre entreprise par un principe d'humanité, est toujours utile, même lorsqu'on y succombe; et que ces guerres éternelles pour des motifs d'avarice et de commerce, sont toujours funestes, même lorsqu'on réussit; et malheur au temps et aux peuples chez qui les motifs sublimes qui inspirèrent les croisades, ont pu être attaqués impunément par des déclamations de rhéteurs, ou défigurés par des subtilités de sophistes! »

RICHARD Ier, surnommé Cœur-de-Lion, roi d'Angleterre. Ce prince, second fils de Henri II et d'Eléonore d'Aquitaine, naquit en 1158, succéda à son père le 6 juillet 1189, et fut couronné à Londres le 3 septembre suivant. Ayant pris la croix aussi bien que Philippe-Auguste, roi de France, avec lequel il était convenu de se réunir à Vézelay, il s'embarqua à Marseille en 1190, et tous deux passèrent l'hiver à Messine, où l'humeur violente du roi d'Angleterre commença à altérer l'affection qui, jusque-là, avait existé entre eux.

Benoît de Péterborough, auteur de la *Vie et gestes de Henri II*, rapporte que Richard, avant la mort du roi son père, fit un long séjour auprès de Philippe qui, pendant tout ce temps, le combla d'honneurs. « Les deux princes se voyaient chaque jour, dit le chroniqueur, ils mangeaient à la même table et du même plat; la nuit un lit différent ne les séparait point. Le roi de France aimait Richard comme son âme. »

Richard, en débarquant en Sicile, y retrouva Philippe, qui, étant arrivé le 16 septembre, l'avait précédé de huit jours. C'était Tancrède qui régnait alors dans cette île. Le roi d'Angleterre avait des griefs contre ce prince, principalement au sujet de sa sœur Jeanne, veuve de Guillaume II, précédent roi de Sicile; il les fit valoir avec une hauteur humiliante, s'empara de Messine, du phare et de la côte de Calabre, et contraignit même Tancrède à lui fournir un renfort de vaisseaux pour son expédition. Mais si nous racontons avec tous les historiens les faits qui attestent son orgueil, il est juste aussi de publier un témoignage moins connu qui fait honneur à sa mémoire.

Le chroniqueur anglais Bromton rapporte que, pendant son séjour à Messine, Richard aurait réformé ses mœurs d'une manière exemplaire. « Ce prince, dit le chroniqueur, s'était jusque-là livré à la volupté, de telle sorte que la main de Dieu, qui ne veut pas la mort du pécheur, mais sa conversion, paraissait pouvoir seule déraciner en lui ce malheureux penchant. Frappé tout à coup de la grâce divine, il convoqua les archevêques et évêques qui étaient avec lui à Messine, et se prosterna à leurs pieds, portant dans ses mains trois paquets de verges flexibles. Dans cette humble posture, il ne rougit point de confesser devant eux ses péchés avec une si grande contrition, que cette pénitence fut considérée comme l'ouvrage de celui qui fait trembler la terre. Le roi, après avoir abjuré ses péchés, en reçut des évêques la punition qu'il méritait.... Depuis ce moment, Richard devint un homme craignant Dieu, et faisant le bien : il ne retomba plus dans son iniquité. Heureux, ajoute le chroniqueur, celui qui tombe ainsi pour se relever plus fort ! Heureux celui qui après sa pénitence ne retombe plus dans les mêmes fautes ! »

Le 9 avril 1191, Richard remit à la voile pour l'île de Chypre où il aborda bientôt. Isaac Comnène régnait dans cette île, et y exerçait la plus détestable tyrannie. L'historien Vinisauf décrit avec complaisance l'appareil que déploya Richard dans l'entrevue qu'il eut avec le prince Grec. « Le roi d'Angleterre, monté sur un cheval espagnol, était assis sur une selle brodée d'or, derrière laquelle on avait figuré deux petits lions qui se menaçaient l'un l'autre ; il portait des éperons d'or, une tunique de soie rose, et un manteau parsemé de petits croissants d'argent massif ; la poignée de son épée était d'or et le fourreau garni d'argent ; il avait un baudrier de soie ; un bonnet d'écarlate, sur lequel on avait brodé en soie et à l'aiguille divers oiseaux ou autres animaux, couvrait sa tête ; il tenait à la main un bâton qu'il agitait d'un air martial. »

Dieu avait permis qu'Isaac donnât au roi d'Angleterre de légitimes griefs, en commettant une odieuse violation du droit des gens à l'égard de quelques vaisseaux anglais, échoués récemment au port de Limisso. Richard l'ayant appris, fit mettre des troupes à terre, emporta cette place d'assaut, et fit Comnène prisonnier. Celui-ci, dit-on, supplia qu'on ne le mît point aux fers. Richard obtempéra à cette demande en le faisant attacher avec des chaînes d'argent. Plus tard il céda l'île aux Templiers : ceux-ci la lui rendirent l'année suivante, c'est-à-dire en 1192, et il s'en dessaisit de nouveau en faveur de Gui de Lusignan, qui lui abandonna en échange ses droits sur le royaume de Jérusalem. Après la conquête de Chypre, Richard se rembarqua pour la Palestine, et vint prendre part au siége de Saint-Jean-d'Acre, qui durait depuis le 27 août 1189. Mais les Français et les Anglais, commandés par leurs rois, l'eurent bientôt mené à bonne fin : la ville se rendit le 13 juillet 1191. Philippe et Richard furent l'un et l'autre gravement malades devant cette place.

Boha-Eddin, témoin oculaire du siége de Saint-Jean-d'Acre, rapporte qu'il arriva un jour au camp de Saladin un député chrétien qui demandait à parler au sultan. Malek-Adel et Afdal, fils de Saladin, eurent une entrevue avec le député : « N'a pas qui veut, lui dirent-ils, la faculté d'approcher du sultan : il faut avant tout solliciter son agrément. » Cependant Saladin y consentant, on lui présenta le député, qui lui donna le salut du roi d'Angleterre, et dit : « Mon maître désire avoir une entrevue avec vous : si vous voulez lui accorder un sauf-conduit, il viendra vous trouver et vous instruira lui-même de ses volontés, à moins que vous n'aimiez mieux choisir dans la plaine un lieu situé entre les deux armées, où vous puissiez traiter ensemble de vos intérêts. » Le sultan répondit : « Si nous avons une conférence, il ne comprendra pas mon langage, ni moi le sien ; autant vaut recourir à l'intermédiaire d'un ambassadeur. » Cependant le député insistant, il fut convenu que l'entrevue aurait lieu entre le roi et Malek-Adel ; mais Richard fut dissuadé par les princes chrétiens, et notamment par le roi de France, d'aller à un rendez-vous qui le compromettrait. Quelque temps après, dit Boha-Eddin, le député du roi d'Angleterre revint pour démentir le bruit qui s'était répandu du conseil donné à Richard ; il avait ordre de déclarer que le roi se conduisait par ses volontés, et non d'après celles des autres, et que, s'il avait manqué au rendez-vous, c'était à cause de sa maladie. Ensuite le député, qui au fond venait pour demander différentes choses dont son maître avait besoin dans son état de souffrance, poursuivit ainsi : « C'est la coutume entre nos rois de se faire des présents, même en temps de guerre : mon maître est en état d'en faire qui soient dignes du sultan : me permettrez-vous de les apporter ? vous seront-ils agréables, venant par l'entremise d'un député ? » A quoi Malek-Adel répondit : « Le présent sera bien reçu, pourvu qu'il nous soit permis d'en offrir d'autres en retour. » Le député reprit : « Nous avons amené ici des faucons et d'autres oiseaux de proie qui ont beaucoup souffert dans le voyage, et qui se meurent de besoin ; vous plaira-t-il de nous donner des poules et des poulets pour les nourrir ? dès qu'ils seront rétablis, nous en ferons hommage au sultan. » — « Dites plutôt, répartit Malek-Adel, que votre maître est malade, et qu'il a besoin de poulets pour se remettre. Au reste, qu'à cela ne tienne ; il en aura tant qu'il voudra : parlons d'autre chose. » Mais l'entretien n'alla pas plus loin. Quelques jours après, le roi d'Angleterre renvoya au sultan un prisonnier Musulman, et Saladin remit au député de Richard une robe d'honneur. Ensuite le roi envoya demander des fruits et de la neige, qui lui furent accordés.

Matthieu Pâris rapporte une lettre que Richard écrivit à l'archevêque de Rouen, après la prise d'Acre, et dans laquelle le roi d'Angleterre garde avec modestie un silence complet sur les exploits par lesquels il venait de se signaler. Voici cette lettre : « Vous saurez que le roi de France est retourné dans son royaume. Après que j'eus réparé les ruines d'Acre, je me mis en marche vers Joppé, afin d'accomplir mon pèlerinage : le duc de Bourgogne et les Français, le comte Henri avec ses guerriers, plusieurs comtes et barons, me suivaient. La distance est grande d'Acre à Joppé. Nous arrivâmes avec beaucoup de peine à Césarée. Saladin perdit plus d'un guerrier dans cette marche. C'est dans Joppé que le peuple de Dieu devait trouver quelque repos; nous en suivîmes le chemin. Notre avant-garde posa son camp à Arsur. Saladin se précipita sur notre arrière-garde, mais fut repoussé seulement par les quatre petits corps que nous lui avions opposés, et qui le poursuivirent jusque dans une forêt. Saladin éprouva dans ce jour plus de pertes que les Musulmans n'en avaient supportées pendant les quarante ans qui venaient de s'écouler. Enfin nous arrivâmes à Joppé; nous en fortifiâmes les murs et les fossés; nous fîmes, en un mot, tout ce que nous crûmes nécessaire au service de la terre sainte. Le lendemain Saladin n'osa point combattre les chrétiens, mais il s'attacha à les faire succomber sous les embûches, semblable au lion retiré dans son antre. Comme il apprit que nous devions bientôt nous rendre à Ascalon, il fit raser la ville, et abandonna la Syrie. Nous espérons vous donner bientôt des nouvelles plus rassurantes.

Richard raconte lui-même, dans une lettre datée du 1er octobre 1191, qu'il fut blessé au côté gauche, par une flèche, trois jours avant la bataille d'Arsur; mais le roi ajoute que la blessure n'avait pas été profonde, et que par la grâce de Dieu il était promptement revenu à la santé. Richard termine sa lettre par ces mots : « Sachez que vers le vingtième jour après la nativité de Notre-Seigneur, nous espérons recouvrer la ville de Jérusalem et le sépulcre de Jésus-Christ; alors nous reviendrons dans nos Etats. »

Gauthier Vinisauf, décrivant le combat que Richard soutint, devant Jaffa, avec une poignée de braves guerriers, contre toute l'armée de Saladin, rapporte qu'entre tous les exploits par lesquels le roi se signala dans ce jour, on doit remarquer le combat qu'il eut à soutenir contre un émir qui surpassait tous les Musulmans par sa taille et l'éclat de ses armes : cet émir au regard farouche, au front menaçant, reprochait aux Turcs leur peu de courage; il pique son cheval et se précipite à la rencontre de Richard ; celui-ci l'attend, pare les coups qu'on lui porte, et levant sa hache danoise, il abat la tête, l'épaule et le bras droit de son adversaire. A cette vue, les Musulmans restent sans force; ils s'éloignent au plus vite de Richard, et se contentent de lui lancer de loin leurs javelots. Le roi, ainsi débarrassé de la foule des ennemis, revient auprès des siens, qui le croyaient mort. « Le corps de Richard, couvert de flèches, ressemblait, dit le chroniqueur, à une pelote couverte d'aiguilles; une foule de traits couvraient également les caparaçons de son cheval. » Le récit des faits militaires par lesquels Richard signala sa valeur pendant la croisade, n'appartient point à cet article; mais voici une anecdote qui y trouve naturellement sa place. Gauthier Vinisauf rapporte que Richard, traversant un jour des lieux déserts à la poursuite des infidèles, rencontra un sanglier qui parut vouloir s'opposer à son passage; cet animal furieux aiguisait ses défenses couvertes d'écume ; ses soies étaient hérissées, ses oreilles droites, il semblait prêt à recevoir avec courage celui qui viendrait sur lui, ou à se précipiter lui-même sur son assaillant. Au cri que jeta le roi d'Angleterre, le sanglier resta immobile et parut le défier. Richard, la lance en arrêt, s'avance contre l'animal pour le percer ; mais le sanglier faisant un mouvement sur le côté, s'approcha du roi pour le saisir et le terrasser; il était d'une grosseur énorme et d'un aspect horrible. La lance de Richard ne put résister au coup que le roi porta à l'animal ; elle se brisa par le milieu. Le sanglier, devenu furieux en se sentant blessé, se jeta sur son agresseur qui, n'ayant pas assez d'espace pour éviter le choc, piqua son cheval et sauta par-dessus la bête, sans en être atteint. L'animal revint à la charge, quoique la moitié de la lance lui fût restée dans la poitrine, et après quelques assauts réciproques, le roi, en passant près du sanglier, lui enfonça son épée dans la gorge ; l'animal fut étourdi de ce coup, et Richard, revenant sur lui, le renversa à terre, et le donna à ceux qui le suivaient, comme une proie qu'on livre aux chasseurs.

Richard, étant une autre fois à la chasse au faucon, dans les environs de Ramla, fut tout à coup entouré par une bande de Musulmans; il serait tombé entre leurs mains : si un des seigneurs qui l'accompagnaient, nommé Guillaume de Pratelles, ne s'était écrié : *Je suis le roi !* et n'eût, par cet acte de présence d'esprit et de dévouement, laissé à Richard le temps et le moyen de s'échapper. Avant de quitter la terre sainte, le roi témoigna sa reconnaissance à Guillaume de Pratelles, en rachetant ce gentilhomme provençal des mains des infidèles, dont il était devenu le prisonnier.

En s'éloignant de la Palestine, Richard laissa l'Orient rempli de la terreur de son nom. « Le roi Richard, dit Joinville, fit tant d'armes outre-mer à celle fois que il y fut, que quand les chevaux aux Sarrasins avoient peur d'aucun buisson, leur maître leur disoient : Cuides-tu, que ce soit le roi Richard d'Angleterre ? Et quand les enfants aux Sarrasines bréoient (pleuraient), elles leur disoient : Tais-toi, tais-toi, ou j'irai querre le roi Richard, qui te tuera. »

La diminution de ses troupes, l'antipathie qu'il avait, par son orgueil, inspirée à tous les autres chefs de la croisade, et l'appréhension où il était que Philippe-Auguste, devenu son ennemi personnel, ne profitât de son absence pour envahir ses domaines, déterminèrent le roi d'Angleterre à quitter la terre sainte. Après avoir conclu une trêve de trois ans avec Saladin, il s'embarqua pour l'Europe au mois d'octobre 1192. Ayant fait naufrage près d'Aquilée, il eut la témérité de continuer sa route par les Etats de Léopold, duc d'Autriche, auquel il avait fait le plus sanglant outrage après la prise de Saint-Jean-d'Acre. A la vérité il s'était déguisé en Templier (selon quelques auteurs), pour n'être point reconnu. Mais cette précaution ne lui servit de rien. Il fut arrêté le 21 décembre de cette même année, auprès de Vienne, et mis en prison. En 1193, le duc d'Autriche le vendit à Henri VI, empereur d'Allemagne qui, à son tour, le tint étroitement enfermé pendant plus d'un an, nonobstant les plaintes de la reine Eléonore. L'empereur ne rendit la liberté au roi d'Angleterre qu'en échange d'un million d'écus, somme énorme pour ce temps-là. Encore fallut-il que Richard passât en jugement devant la diète de Haguenau, et s'y justifiât des imputations capitales élevées contre lui. Un prince aussi fier dut cruellement souffrir de tant d'humiliations infligées à sa personne et à la majesté de son rang. Mais telle était l'irritation qu'il avait excitée contre lui chez toutes les nations, que sa cause trouvait peu de défenseurs alors même qu'il subissait une violation manifeste du droit des gens. Une chronique allemande, récemment livrée à la publicité, celle d'Ansbert, représente Richard comme un prince impérieux et superbe, qui s'attira l'animadversion de tous les croisés. Cet historien accuse le roi d'Angleterre d'avoir traité le duc d'Autriche avec mépris, d'avoir fait assassiner le marquis Conrad, et d'avoir forcé le roi de France par sa mauvaise conduite envers lui à quitter la Palestine.

Tous les historiens ne s'accordent pas absolument sur l'origine de la haine vouée à Richard par le duc d'Autriche. Voici la version de Matthieu Pâris : « Le duc d'Autriche vint dans la terre sainte pour combattre les infidèles. Comme ses maréchaux lui préparaient ce qui lui était nécessaire pour son logement, il survint précipitamment un guerrier de la maison du roi Richard, normand de nation, qui, comme les gens de son pays, était plein de jactance et de vivacité : il prétendit qu'il avait plus de droits à choisir un logement que les maréchaux du duc d'Autriche, puisqu'il était arrivé avant eux. La querelle s'échauffait, déjà il y avait des cris et du tumulte, lorsque le roi en fut prévenu. Ce prince crédule donna raison au normand ; il se mit en colère contre la maison du duc d'Autriche, et, n'imitant pas la modération du Seigneur, qui dit : *Je descendrai et je verrai*, il ordonna que l'étendard du duc, qui était déjà placé sur la maison, pour indiquer qu'elle était occupée, fût enlevé et jeté dans un cloaque. Le duc, ainsi privé de l'hospitalité, se rendit auprès du roi pour lui porter plainte, mais il n'en obtint aucune réparation : alors il recourut à Dieu, maître de toutes choses, et appela sa vengeance. »

La chronique d'Othon de Saint-Blaise rapporte qu'après la prise d'Acre, Richard fit arborer sa bannière sur les tours de la ville, comme pour s'attribuer l'honneur du triomphe. Ayant aperçu le drapeau du duc Léopold d'Autriche sur une des tours, il le fit abattre et ordonna de le fouler aux pieds. Il fit ensuite distribuer aux siens tout le butin qui avait été acquis par la sueur de tous, *communi universorum sudore acquisita*.

La chronique de Thomas Ebendorff rapporte une circonstance de la querelle de Léopold avec Richard qui n'a été racontée par aucun autre historien. Léopold aurait dissimulé d'abord l'affront qu'il avait reçu du roi d'Angleterre, et ensuite, quand il jugea les circonstances favorables, il accusa Richard d'injustice et de violence. Par sentence des rois de France et de Chypre et des autres princes, le monarque anglais fut déclaré ennemi de la république chrétienne. Alors Richard devint suspect à tous les princes, qui ne voulurent cependant lui faire aucune offense, ni à lui ni aux siens, tant qu'il serait dans la terre sainte. Le roi d'Angleterre, continue l'auteur de la chronique, voyant que tous les chemins lui étaient fermés pour son retour, laissa son armée et partit à pied, suivi de quelques personnes seulement, et cherchant sous l'habit de pèlerin à se dérober aux poursuites de Léopold. Ebendorff raconte comment Richard fut pris en Allemagne, lorsqu'il tournait la broche dans une cuisine, et à quel prix il obtint sa liberté. Il ajoute, comme cela est aussi rapporté dans une autre chronique, que la rançon de Richard servit à l'agrandissement de la ville de Vienne et à l'embellissement de plusieurs bourgs voisins.

Voici comment est racontée l'arrestation de Richard dans la chronique d'Othon de Saint-Blaise : « Le roi arriva avec peu de monde sur les terres du duc Léopold : se ressouvenant de l'outrage qu'il avait fait au prince allemand lors de la prise d'Acre, et craignant d'être reconnu, il quitta tout ce qui pouvait le déceler, et entra sous un habit fort simple dans une auberge près de Vienne, pour y prendre de la nourriture. Il n'avait que quelques personnes avec lui. Pour se mieux cacher, il se mit dans la cuisine à tourner la broche. Mais il avait oublié d'ôter de son doigt un anneau de prix. Quelqu'un de la suite du duc, qui avait vu le roi à Acre, sortit par hasard de la ville, et entra dans l'auberge où Richard faisait rôtir des poulets. A la vue de son anneau, cet homme examina le roi, le reconnut, mais dissimula. Il retourna aussitôt à la ville, et alla faire part de sa découverte au duc qui en ressentit beaucoup de joie. Le prince monte aussitôt à cheval, et suivi d'une troupe de guerriers, il va chercher Richard, qu'il fait prisonnier, en se moquant de son déguisement et du métier qu'il faisait. Il le fit garder dans une étroite prison, et lui rendit ainsi les outrages qu'il en avait reçus. Cependant, ajoute le chroniqueur, plusieurs désapprouvèrent cette conduite du duc, et la regardèrent comme un sacrilége commis contre un pèlerin du Saint-Sépulcre. Cette improbation n'adoucit point la misère du roi captif. » Othon de Saint-Blaise dit encore que le pape excommunia le duc, afin qu'un si mauvais traitement fait à un pèlerin ne détournât pas les chrétiens du voyage d'outre-mer. Le chroniqueur raconte enfin que, pour payer la rançon du roi, on épuisa les trésors des églises d'Angleterre, et que les calices, les croix et les ornements sacrés formèrent la plus grande partie de cette rançon.

L'auteur anonyme de la chronique intitulée : *Chronicon anglicanum ab anno* 1066 *ad* 1200, et faussement attribuée par D. Martène à Raoul de Coggeshale, est celui qui raconte avec le plus de détails la manière dont Richard fut fait prisonnier en Allemagne. Le chroniqueur rapporte d'abord que, le roi ayant appris en débarquant en France, qu'on voulait lui dresser des embûches, résolut de retourner en Angleterre par l'Allemagne. Il s'embarqua avec sa suite sur un navire de pirates. « Les pèlerins, ajoute l'historien anonyme, arrivés en Esclavonie, à une ville nommée Gazara, envoyèrent un député pour demander au seigneur de la province, qui était le neveu du marquis de Montferrat, la liberté de passer sur ses terres. Le roi avait acheté à un Pisan trois rubis, qu'il avait payés neuf cents besants. Il en avait enchâssé un dans un anneau d'or; il chargea le député d'offrir cet anneau au seigneur de la contrée. Celui-ci s'étant informé du nom de ceux qui demandaient le passage, l'émissaire répondit que c'étaient des pèlerins qui revenaient de la terre sainte, et nomma Baudouin de Béthune ; il ajouta qu'un marchand, appelé Hugues, lui envoyait cet anneau. Le seigneur, après avoir longtemps examiné le présent : *Ce n'est point Hugues*, dit-il au député, *mais le roi Richard. J'avais juré de charger de chaînes tous les pèlerins qui arriveraient sur ces bords, et de n'accepter aucun présent de leur part ; mais à cause du grand prix de l'anneau que vous m'offrez et de la haute distinction du prince qui me l'envoie, je vous rends ce présent et vous accorde la liberté de poursuivre votre chemin.* Le député alla porter cette réponse au roi. Les pèlerins, tremblant d'effroi, sortent secrètement de la ville pendant la nuit, avec des chevaux qu'ils avaient achetés, et s'avancent à travers le pays. Mais le seigneur avait envoyé un espion après eux, pour suivre leurs traces et faire arrêter le roi. Quand Richard fut entré dans une ville où demeurait le frère du seigneur, celui-ci fit venir un de ses affidés nommé Roger, normand d'origine, natif d'Argentan, qui était avec lui depuis vingt ans, et à qui il avait donné sa nièce en mariage ; il lui ordonna d'aller dans les maisons où logeaient les pèlerins, et de chercher à découvrir, soit par le langage, soit par quelque autre signe, qui d'entre eux était le roi. Il lui promettait la moitié de la ville s'il parvenait à arrêter le prince. Roger, après de longues recherches, trouva enfin le roi; ce monarque dissimula longtemps, et ne déclara son nom que parce qu'il y fut forcé par les prières et par les larmes de Roger. Le normand exhorta aussitôt Richard à s'enfuir secrètement, et lui donna le meilleur cheval qu'il put trouver. Revenu ensuite auprès de son maître, Roger lui annonça que la nouvelle de l'arrivée du roi était entièrement fausse, et que c'étaient seulement Baudouin de Béthune et ses compagnons qui venaient de Jérusalem. Le seigneur, transporté de rage et de colère, donna ordre que tous les pèlerins fussent arrêtés. Le roi sorti de la ville avec Guillaume de l'Etang, et un domestique qui comprenait la langue allemande, marcha pendant trois jours et trois nuits sans prendre aucune nourriture. A la fin, pressé par le besoin, il se détourna de son chemin pour entrer dans une ville située sur le Danube ; pour comble de malheur, le duc d'Autriche était alors dans cette ville. Le domestique du roi, en allant au marché, fit voir plusieurs besants, et inspira des soupçons par ses discours ; il fut arrêté et interrogé. Ayant répondu qu'il servait un riche marchand qui devait arriver dans trois jours, il fut délivré et vint rapporter au roi son aventure. Il exhortait ce prince à prendre la fuite le plus tôt possible; mais Richard, pour se remettre de ses fatigues, voulut se reposer quelques jours dans cette cité. Le domestique allait souvent au marché acheter des provisions ; il eut un jour l'imprudence de porter à sa ceinture les gants du roi. Ces gants furent remarqués par les magistrats de la ville, et le domestique fut saisi une seconde fois. Il fut mis à la torture ; on le menaça de lui couper la langue s'il ne se hâtait de confesser la vérité. Le malheureux, cédant enfin à la douleur, fit l'aveu qu'on lui demandait. Le duc en fut d'abord informé : le logis du roi fut cerné de toutes parts, et Richard sommé de se rendre. Le monarque ayant déclaré qu'il ne se rendrait qu'au duc lui-même, celui-ci ne tarda pas à arriver : Richard s'avança un peu au-devant du prince d'Autriche et lui remit son épée. Le duc, transporté de joie, conduisit ce monarque dans son palais avec les plus grands honneurs ; il le confia à la garde de plusieurs guerriers qui, l'épée à la main, veillaient nuit et jour auprès de l'illustre prisonnier. »

C'est évidemment à l'époque ou Richard se trouvait en la puissance du duc d'Autriche que se rapporte le fait, selon toute apparence controuvé, qui nous a été conservé par Knighton, chroniqueur qui s'est rendu quelquefois l'écho des bruits populaires de son temps. « Pendant que ce prince était en captivité en Allemagne, dit l'écrivain anglais, un lion furieux et affamé fut déchaîné et lâché vers le lieu où se trouvait le roi, afin qu'il le dévorât, et qu'on ne pût accuser de sa mort que la négligence du gardien. Mais le roi, plein de force et d'audace, et soutenu par la grâce de Dieu, voyant le lion accourir vers lui, saisit la crinière de l'animal, et, l'entortillant autour de son bras gauche, plongea sa main droite dans la gueule de la bête féroce, lui arracha le cœur et le mangea tout cru. C'est de là, ajoute le chroniqueur, que le nom lui est venu de Richard *Cœur-de-Lion*. »

Matthieu Pâris rapporte que l'empereur Henri VI, ayant rassemblé les évêques, les ducs et les comtes de l'empire, fit venir en leur présence le roi, qui s'entendit accuser d'avoir fait perdre à l'empereur, par ses conseils et par son influence, le royaume de Sicile et de la Pouille, qui, après la mort de Guillaume, appartenait à l'empereur par droit héréditaire, et d'avoir favorisé et soutenu les prétentions de Tancrède. On reprocha encore à Richard d'avoir chassé le roi de Chypre, qui était allié à l'empereur, et d'avoir vendu son île à un autre. On l'accusa ensuite d'avoir fait assassiner le marquis de Montferrat, et d'avoir tenté de faire assassiner de même le roi de France, à qui il n'avait pas gardé, dans leur commun pèlerinage, la fidélité à laquelle il s'était engagé par serment. Enfin on se plaignait de l'affront fait au duc d'Autriche. « Le roi d'Angleterre, dit Matthieu Pâris, répondit à chacun de ces chefs d'accusation avec tant de clarté, de précision et d'éloquence, car il était, remarque l'historien, très-éloquent, qu'il excita l'admiration et le respect de l'assemblée, et dissipa tous les soupçons. L'empereur se leva, s'approcha de Richard et l'embrassa. Il le traita ensuite avec plus de douceur et plus d'égards. Cependant le roi d'Angleterre, pour obtenir sa liberté, fut obligé de payer cent quarante mille marcs d'argent. » Matthieu Pâris rapporte, sous la date de 1193, que Richard envoya des ambassadeurs au pape, pour se plaindre de la captivité que lui avait fait éprouver Léopold. Les ambassadeurs du roi d'Angleterre demandèrent justice au pape du duc d'Autriche, qui avait fait subir à leur maître cette longue captivité à son retour de la terre sainte, « l'avait vendu comme un bœuf ou un âne à l'empereur, et qui avait exigé pour sa rançon des sommes si considérables, qu'elles avaient épuisé ses royaumes. S'il avait été prisonnier de Saladin, le sultan ne lui aurait pas fait éprouver un autre traitement. Comme vous avez ordonné, ajoutèrent au souverain pontife les ambassadeurs de Richard, que tous les pèlerins de la terre sainte fussent placés sous la protection du saint-siége, de telle manière que si quelqu'un d'entre eux était outragé, vous excommunieriez le coupable, nous vous prions d'ordonner que les otages qui restent dans les mains du duc d'Autriche, comme gage du payement encore dû sur la rançon, soient rendus, ainsi que l'argent que nous avons déjà payé au duc d'Autriche : sinon, lancez contre lui l'excommunication. » Célestin III fit droit à cette demande en fulminant une bulle d'excommunication contre Léopold, duc d'Autriche, et contre l'empereur Henri VI.

On trouve dans le recueil des *Actes de Rymer* plusieurs lettres adressées par la reine Eléonore, mère de Richard, au souverain pontife, pour réclamer son intervention en faveur du roi d'Angleterre. Ces lettres, fort longues, ont été écrites par Pierre de Blois. Les *Actes de Rymer* ont aussi conservé la lettre par laquelle Richard annonce à sa mère et aux hauts justiciers d'Angleterre sa prochaine délivrance : cette pièce, dont voici la teneur, est datée de Haguenau : « Nous vous faisons savoir qu'après que nos chers et fidèles Hubert, archevêque de Salisbury et Guillaume, notre protonotaire, nous eurent quitté, Guillaume, évêque d'Ely, vint nous trouver, et se faisant l'intermédiaire entre nous et l'empereur, il parvint à obtenir notre tanslation du château de Trifels, où nous étions détenu, jusqu'à Haguenau, où nous fûmes honorablement reçu par le roi et toute sa cour : là l'empereur et l'impératrice nous comblèrent de présents, et, ce qui est très-important, nous avons contracté avec eux un traité de paix et d'amitié, par lequel nous devons nous défendre mutuellement contre tout ce qui pourrait blesser nos droits. Je dois rester auprès de l'empereur jusqu'à ce que je lui aie acquitté soixante-dix mille marcs d'argent : c'est pourquoi nous vous prions, par la foi que vous nous devez, de mettre tous vos soins à la levée de cette somme et de donner l'exemple aux autres justiciers de l'Angleterre ; empressez-vous d'inviter les églises à contribuer au prix de cette rançon, et promettez-leur par serment, que les sommes qu'elles avanceront leur seront restituées. Réunissez aussi les barons qui doivent servir d'otages, afin que notre chancelier, lorsqu'il retournera en Angleterre, les trouve tous auprès de notre mère, et qu'il puisse ainsi accomplir le traité juré. Nous vous prions de faire en sorte que l'absence des otages ne retarde pas notre délivrance, et de ne rien négliger pour hâter la fin de notre captivité. Que l'argent soit remis à notre mère, ou à la personne qu'elle désignera : ceux qui s'empresseront de nous soulager dans nos misères nous trouveront toujours leurs amis dans le malheur ; et nous serons plus reconnaissants de ce qu'on fera pour nous pendant notre absence, que d'un service plus grand qu'on nous rendrait si nous étions présent. Nous voulons que notre mère nous fasse connaître ce que chaque baron fera pour nous, afin que nous puissions savoir la somme de gratitude que nous devrons à chacun d'eux. »

On trouve dans le même recueil de Rymer une lettre par laquelle Richard annonce à l'archevêque de Cantorbéry que le jour de sa mise en liberté a été fixé par l'empereur, et que le lendemain il sera couronné roi du royaume de Provence, dont l'empereur lui a donné l'investiture.

En parlant de la captivité de Richard, Bromton raconte qu'après être demeuré un an en prison, le roi envoya une ambassade au Vieux de la Montagne, pour prier le prince des Assassins de le justifier de la mort du marquis de Montferrat, dont le duc d'Autriche l'avait accusé. Le chroniqueur rapporte deux lettres que le Vieux de la Montagne aurait écrites à ce sujet, l'une adressée au duc d'Autriche, sous la date de 1193, et l'autre aux princes chrétiens de l'Occident, sous celle de 1194. L'authenticité de ces lettres a été mise en doute par la critique avec assez de vraisemblance. Mais M. Michaud fait observer, dans sa *Bibliothèque des Croisades*, que si Richard a réellement envoyé une ambassade au prince des Assassins, ce personnage a pu faire ce que le roi lui demandait, surtout si la demande était accompagnée de quelques présents. Ce qui nous paraît le plus probable, c'est que ces pièces, telles qu'elles sont imprimées, sont des altérations de lettres réellement écrites par le Vieux de la Montagne. L'insertion de ces documents dans le recueil justement estimé des *Actes de Rymer* est une présomption en faveur de leur authenticité. Le jour que ces deux lettres, à peu près semblables pour le fond, jettent, si elles ne sont pas absolument controuvées, sur un événement demeuré obscur, nous a engagé à reproduire ici celle qui offre le plus d'intérêt.

« *Le Vieux de la Montagne à Léopold, duc d'Autriche*, *salut*. Plusieurs rois et princes d'au delà de la mer accusent Richard, roi et maître de l'Angleterre, de la mort du marquis. Je jure, par le Dieu qui règne éternellement, et par la loi que nous observons, qu'il n'est point coupable de cette mort. La cause de cet événement est celle-ci : Un de nos frères fut jeté, par hasard, dans le port de Tyr par une tempête. Le marquis le fit prendre et tuer, et lui enleva une grande somme d'argent. Nous envoyâmes des députés au marquis pour lui demander qu'il nous rendît l'argent de notre frère et nous donnât satisfaction de sa mort. Le marquis rejeta cette mort sur Renaud, seigneur de Sidon. Nous fîmes tant, par nos amis, que nous sûmes la vérité, c'est-à-dire, qu'il avait fait tuer lui-même notre frère, et avait enlevé son argent. Nous lui envoyâmes un second député, qu'il voulut faire jeter dans la mer; mais nos amis parvinrent à le faire sortir de la ville, et il revint aussitôt nous annoncer ces choses. Dès ce moment, nous résolûmes de tuer le marquis. Nous envoyâmes à Tyr deux de nos frères, qui le tuèrent ouvertement et presque en présence de tout le peuple. Telle a été la cause de la mort du marquis. Nous vous déclarons en vérité que le seigneur Richard, roi d'Angleterre, n'est pour rien dans cette mort. Ceux qui, à cause de cela, ont fait du mal au roi d'Angleterre, l'ont fait injustement et sans cause. Tenez donc pour certain que nous ne tuons personne pour argent ou quelque autre récompense, si auparavant il ne nous a fait du mal. »

Ce fut le 4 février 1194 que Richard recouvra enfin sa liberté, après en avoir été privé environ quatorze mois, et l'avoir achetée au prix de deux cent cinquante mille marcs d'argent; et ce fut le 20 mars qu'il arriva dans ses Etats, où on ne l'avait pas vu depuis quatre ans. Il les trouva fort troublés par les intrigues de son frère Jean, surnommé *Sans-terre*, mais il ne tarda pas à mettre à la raison les partisans de celui-ci, contre lequel il fit rendre un jugement, et qui s'était prudemment retiré en France. Il se fit couronner une seconde fois, le premier dimanche après Pâques; puis il se mit en devoir de faire la guerre à Philippe-Auguste, qui avait profité de la captivité de son puissant vassal pour entrer à main armée en Normandie. Attaqué à l'improviste par les Anglais, entre Blois et Frèteval, Philippe-Auguste perdit, avec tout ses bagages, les titres et registres de la couronne, qui depuis lors sont toujours restés en Angleterre. Les deux princes n'obtinrent point de succès décisifs l'un contre l'autre, et se décidèrent à conclure la paix le 15 janvier 1195 ; mais les hostilités recommencèrent en 1198. On rapporte que dans l'une de ces guerres, Philippe de Dreux, évêque de Beauvais, qui ne s'était pas fait scrupule d'y prendre part, ayant été fait prisonnier par les Anglais, le pape écrivit à Richard pour le prier de rendre la liberté à ce prélat qu'il qualifiait de *son fils*, et que le roi d'Angleterre, en lui envoyant la cotte d'armes ensanglantée de Philippe de Dreux, fit demander au saint Père s'il reconnaissait la tunique de son fils. Le souverain pontife eut, vers la même époque, une correspondance plus importante avec l'Angleterre.

Matthieu Pâris rapporte que le pape Célestin ayant adressé, en 1195, une lettre à l'archevêque de Cantorbéry et à ses suffragants, pour les engager à provoquer des secours en faveur de la terre sainte, Richard conseilla, à cette occasion, aux seigneurs de sa cour, de faire le pèlerinage, autant pour leur propre salut que pour le sien, et pour le triomphe de l'Eglise. Comme il en trouva plusieurs sourds à ses exhortations, il leur répéta une sorte de fabliau avec lequel il avait coutume de faire honte aux chrétiens ingrats qui refusaient de payer ce qu'ils devaient à Jésus-Christ, le Sauveur du monde : « Un Vénitien nommé Vitalis, homme riche et avare, étant à la veille de marier sa fille, et voulant donner un grand repas, alla chasser dans une forêt vaste et déserte, qui était voisine de la mer. Pendant qu'il parcourait seul les détours de la forêt, tenant son arc tendu, et épiant quelques bêtes fauves, il tomba, par hasard, dans une fosse creusée pour prendre les lions, les ours et les loups. Comme l'ouverture en était étroite, et la capacité large et profonde, il ne put en sortir. Il trouva, dans cette fosse, deux animaux cruels qui, comme lui, y étaient tombés : c'étaient un lion et un grand serpent. Mais Vitalis, ayant fait le signe de la croix, se préserva de leur fureur, et quoiqu'ils fussent méchants et affamés, ils ne lui firent aucun mal. Il resta toute la nuit et le jour suivant, criant, se désespérant, et déplorant son triste sort. Il arriva qu'un pauvre charbonnier qui ramassait du bois dans la forêt, passant par là, entendit des plaintes et des cris, qui sortaient comme d'un souterrain. Il suivit la voix et arriva à l'ouverture de la fosse. Il regarda dedans et dit : *Qui es-tu? qui entends-je?* A cette question Vitalis, ravi au delà de ce qu'on peut croire, répondit : *Je suis le malheureux Vitalis de Venise. Je suis tombé dans ce piége, ou je vais être dévoré par des bêtes cruelles. Je dois m'attendre au moins à mourir de faim ou de frayeur; car j'ai ici pour compagnon un lion et un serpent. Grâce à Dieu, ils m'ont épargné jusqu'ici, parce que je me suis prémuni par le signe de la croix. Il vous est réservé de me sauver, pour que je sois votre bienfaiteur; car, si vous m'arrachez d'ici, je vous donne-*

rai la moitié de mon bien, c'est-à-dire, cinq cents talents; j'en possède mille. — Si vous faites ce que vous me dites, reprit le pauvre charbonnier, *je ferai ce que vous désirez.* Vitalis confirma sa promesse par des serments réitérés : il prit Dieu à témoin de ce qu'il disait. Pendant qu'ils s'entretenaient ainsi, le lion, par les mouvements de la queue et par des sauts caressants, et le serpent, par les replis de tout son corps, applaudissaient au pauvre charbonnier, et semblaient lui demander avec Vitalis leur propre délivrance. Le charbonnier va sur-le-champ à sa cabane et revient, à la hâte, avec une échelle et des cordes. Il descend l'échelle dans la fosse. Le lion et le serpent se hâtent de monter les échelons; et, lorsqu'ils sont hors du piége, ils se roulent aux pieds de leur libérateur, comme pour lui exprimer leur reconnaissance. Le charbonnier, prenant les mains de Vitalis, l'aida à sortir, et lui dit en l'embrassant : *Je suis plein de joie d'avoir pu remplir votre vœu;* et il remit Vitalis dans son chemin. En le quittant, il lui demanda : *Quand et où me payerez-vous ce que vous me devez? — Dans quatre jours,* répondit Vitalis, *dans mon palais, à Venise; il est très-connu, il n'est pas difficile de le trouver.* Le pauvre homme retourna à sa cabane pour dîner. Pendant qu'il était à table, le lion qu'il avait délivré entra, apportant un chevreau; il le déposa sur la table, d'un air doux et caressant, comme le prix du service qu'il avait reçu, et il se retira sans rugissement, sans colère, et sans faire de mal à personne. Le pauvre charbonnier le suivit pour savoir où était la retraite d'un lion qui montrait tant de douceur. Pendant le chemin, le lion jouait devant lui, et lui léchait les pieds. Le charbonnier retourna à sa cabane pour achever son dîner. Comme il le finissait, le serpent arriva. Il tenait dans sa gueule une pierre précieuse; il la déposa aux pieds de son libérateur; puis il la reprit et la mit sur la table, en se roulant devant lui de mille manières, comme pour lui rendre grâces du bienfait qu'il en avait reçu. Il se retira ensuite, sans faire entendre le moindre sifflement, et sans faire de mal à personne. Le charbonnier le suivit, pour connaître sa retraite. Au bout de deux ou trois jours, le pauvre charbonnier alla à Venise, portant avec lui la pierre précieuse que le serpent lui avait donnée. Il se rendit chez Vitalis, qu'il trouva à table avec ses amis, se réjouissant de sa délivrance. Le pauvre charbonnier, le tirant à l'écart, lui dit : *Ami, donnez-moi ce que vous me devez.* Vitalis, le regardant de travers, lui répondit : *Que veux-tu? que demandes-tu? — Les cinq cents talents que vous m'avez promis pour le service que je vous ai rendu. — Quoi! tu voudrais gagner si aisément ce que j'ai acquis avec tant de peine et de temps?*

Et il ordonna à ses gens de le renfermer comme un fou téméraire. Le pauvre charbonnier sortit précipitamment du palais de Vitalis, et alla trouver les juges, à qui il raconta tout. Comme on avait peine à le croire, il montra la pierre précieuse que le serpent lui avait apportée, comme une récompense de son service. Aussitôt un des citoyens, qui était connaisseur, la lui acheta fort cher. Le pauvre charbonnier, pour dissiper tous les doutes sur sa véracité, conduisit quelques citoyens de Venise aux retraites du lion et du serpent, qui lui témoignèrent encore leur reconnaissance à leur manière. Alors les juges, convaincus de la vérité du fait, forcèrent Vitalis à donner ce qu'il avait promis. »

Le chroniqueur Guillaume de Neubridge nous apprend, sous la date de 1197, que Richard songea à retourner en Syrie, comme il en avait fait le vœu en quittant l'Orient. « Si Richard, dit-il, ne put remplir ce second vœu, on ne doit pas le lui reprocher : les juges impartiaux l'excuseront facilement sur la nécessité où le réduisirent l'empereur d'Allemagne et le roi de France. » Richard mourut en 1199 d'une blessure qu'il reçut au siége du château de Chalus. La guerre qu'il faisait alors ne méritait pas qu'un si grand prince y prît une part personnelle. Un seigneur avait trouvé un trésor dont il prétendait conserver une portion, et que le roi revendiquait en totalité, à titre de suzerain. Le vicomte de Limoges, ayant donné asile dans ce château au seigneur qui avait découvert le trésor, le roi recourut à la force, selon sa coutume, pour faire valoir ce qu'il considérait comme son droit : c'était la malédiction de son père qui allait s'accomplir. La garnison offrait de rendre la place moyennant qu'elle pût elle-même se retirer librement. Richard lui répondit qu'elle pensât à se bien défendre, parce qu'il était résolu à la faire pendre après qu'il aurait donné l'assaut. La veille de la fête de l'Annonciation il s'approcha des murs sans précaution, et, à ce qu'il paraît, sans cuirasse, accompagné d'un capitaine de Brabançons qu'il avait à sa solde. Il voulait reconnaître le côté le plus favorable à l'attaque. Une flèche, partie du rempart, l'atteignit à l'épaule et s'y fixa. Lorsqu'on voulut la retirer, elle se rompit et le fer demeura dans la plaie. Richard fit donner l'assaut et exécuta la menace qu'il avait faite à la garnison. Un seul homme fut épargné; ce fut l'archer qui avait tiré la flèche fatale : on le réservait à une mort plus cruelle. Mais comme le roi était fort gras et qu'il ne prit point assez de soin de sa blessure, qui ne lui semblait pas grave, la gangrène ne tarda pas à s'y mettre. Quand il connut la gravité du mal, il se fit amener l'archer, qui s'appelait Gourdon, et lui dit : « Misérable, que t'ai-je fait, pour que tu aies osé attenter à ma vie? — Vous avez tué mon père et mes deux frères; en outre vous vouliez me faire pendre, répondit le soldat. Je suis en votre pouvoir, vous n'avez qu'à vous venger; mais je me réjouis d'avoir pu délivrer la terre d'un monstre tel que vous. » Richard, à qui cette intrépidité plut, et qui d'ailleurs venait d'être appelé par l'archevêque de Rouen à des sentiments chrétiens, ordonna qu'on mît l'archer en liberté, après lui avoir donné cent schellings. Mais, après la mort du roi, ce Gourdon fut pendu. On crut que la flèche était empoisonnée. Le prêtre qui reçut la dernière confession de Richard était Milon, abbé de Cîteaux, son confident et son aumônier. Ce prince mourut le 6 avril 1199, à l'âge de quarante-deux ans. Comme il était alors sous l'excommunication qu'il s'était attirée par ses attentats contre les droits ecclésiastiques, son corps resta d'abord sans sépulture. Ce fut seulement après plusieurs années qu'Innocent III permit qu'on lui rendît les honneurs funèbres.

Voici en quels termes est racontée la mort du héros de la troisième croisade par un chroniqueur anglais, le chanoine Gauthier Hemingford : « On sait que ce monarque fut blessé d'une flèche devant un château dont il faisait le siége, dans la province du Limousin... Lorsqu'il n'y eut plus d'espoir de guérir le roi, et que la mort parut prochaine, Gauthier, archevêque de Rouen, se présenta devant lui, et lui dit : *Mettez ordre à vos affaires, seigneur, car vous mourrez ; vous ne pouvez vivre plus longtemps. — Ce sont des menaces*, reprit le roi, *ou plutôt des plaisanteries. — Non, seigneur, votre mort est inévitable... — Que faut-il donc faire? — Pénitence et confesser vos péchés ; prendre ensuite confiance dans la miséricorde de Jésus-Christ, qui est plus prompt à pardonner les péchés que le pécheur ne l'est à en demander pardon.* Le roi, touché des paroles de l'archevêque, se mit à pleurer et dit : *Je suis très-repentant, et vous en verrez des preuves.* Il fit aussitôt venir son confesseur, auquel il avoua ses péchés avec une grande douleur. Lorsqu'il en eut obtenu l'absolution, il ordonna qu'on lui liât les pieds, qu'on le suspendît et qu'on flagellât son corps nu jusqu'à ce que lui-même donnât l'ordre de cesser. Quand on l'eut frappé pendant quelque temps, il fit suspendre les coups un moment, et, reprenant ensuite ses esprits, il fit recommencer une seconde et une troisième fois la flagellation, jusqu'à ce que le sang coulât en abondance. Alors il se mit sur le dos et demanda le viatique ; mais il se fit traîner devant son Dieu avec la corde qui lui liait les pieds, comme un traître et un ennemi. Il reçut le viatique avec une profonde vénération, et prononça ces mots en tremblant : *La miséricorde du Seigneur, qui veut sauver tous les hommes, est grande. Cependant sa justice exige que tout péché soit puni. J'ai confiance en l'une et je redoute l'autre. J'abandonne mon corps aux vers. J'espère de la miséricorde de Dieu que mon âme sera purifiée par le feu du purgatoire jusqu'au jour du jugement, où je crois pouvoir être sauvé.* Il ajouta quelques mots, et mourut un peu après. Il fut enseveli près de son père, dans le monastère de Fontevrault, au mois d'avril de l'an 1199. Ainsi, ajoute le chroniqueur, ce prince qui, de son vivant, passait pour avoir le cœur et le courage d'un lion, par l'adresse d'un pontife prudent, fut ramené au Christ comme un agneau, et fit une pénitence glorieuse. » Il faut ajouter que son cœur fut déposé dans la cathédrale de Rouen.

L'auteur de l'*Itinéraire du roi Richard*, Gauthier Vinisauf, fait de ce prince un magnifique portrait. A l'entendre, le roi d'Angleterre avait la valeur d'Hector, la magnanimité d'Achille; il n'était point au-dessous d'Alexandre, et ne le cédait point en courage à Roland : généreux comme Titus, éloquent comme Nestor, prudent comme Ulysse, ce prince se montra supérieur en tout aux autres hommes. La force de l'action s'alliait en lui à la prudence éclairée, et jamais l'habileté ne manqua à ses desseins. Le succès couronna toutes ses entreprises, parce que la fortune seconde les esprits audacieux ; l'adversité ne put jamais le décourager ni l'abattre. Richard était d'une taille haute et bien proportionnée; la couleur de ses cheveux tenait le milieu entre le roux et le blond ; ses membres étaient flexibles et bien pris ; ses bras longs, adroits à tirer le glaive, prompts à frapper. Ses manières et l'habitude de son corps ajoutaient à son air de dignité, et ses qualités brillantes rehaussaient encore l'éclat de sa naissance. Ce prince, qui n'avait point d'égal dans son siècle, aurait été heureux s'il n'avait eu des envieux. Ce qui lui attira la haine, ce fut ce qu'il avait de grand : car, ce n'est jamais le vice, mais la vertu qui fait des ennemis.

L'auteur anonyme de la chronique intitulée : *Chronicon anglicanum ab anno* 1066 *ad* 1200, trace de Richard un portrait bien plus exact, dont on peut résumer ainsi les principaux traits : Dans la maturité de l'âge Richard ne travailla point à se corriger des vices qu'il avait contractés pendant sa jeunesse. Il était si dur et si opiniâtre que, par un excès de sévérité, il ternit l'éclat des vertus qu'il avait fait briller au commencement de son règne. Il avait toujours un œil menaçant avec ceux qui l'entretenaient d'affaires ; ses reproches et ses censures étaient toujours accompagnés d'un air terrible ; il avait coutume de montrer un visage sérieux à ceux qui ne satisfaisaient point à ses demandes d'argent, ou aux promesses qu'ils lui avaient faites. Dans sa vie privée, il était affable, caressant, et adoucissait la sévérité de son caractère jusqu'à jouer et plaisanter. Il était si avide d'argent, qu'il aurait voulu épuiser toutes les bourses.

L'histoire des patriarches d'Alexandrie fait du roi d'Angleterre le portrait suivant : « Il était brave, expérimenté dans la guerre, ne craignant pas la mort, à tel point qu'eût-il été seul contre des millions d'hommes, il n'aurait pas cessé de combattre. De tous les rois d'Occident qui prirent part à cette guerre, il fut sans contredit le plus terrible; quand il attaquait, on ne pouvait résister. »

Les auteurs arabes sont unanimes pour louer la bravoure de Richard. L'un d'eux, Boha-Eddin, parlant de ce roi, dit que « jamais l'islamisme n'eut à combattre un si redoutable ennemi, un ennemi si rusé et si plein d'audace. »

Saladin ne pouvait s'empêcher d'admirer

le caractère héroïque de Richard et de le tenir en grande estime : il disait que, s'il perdait Jérusalem, il aimerait mieux que cette ville tombât entre les mains de Richard, qu'entre celles de tout autre prince.

Quelque grands qu'aient été les défauts de ce prince, on ne saurait s'empêcher de rendre à sa mémoire ce juste hommage qu'il avait autant de modestie que de vaillance : on a de lui plusieurs lettres écrites après des combats où il avait fait les plus brillantes actions, et dans aucune il ne parle de lui.

ROBERT II, duc de Normandie, dit *Courte Heuse*, ou *Courte Cuisse*, fils aîné de Guillaume le Conquérant et frère du roi d'Angleterre alors régnant, Guillaume le Roux, conduisit ses vassaux à la première croisade. C'était un prince indolent, qui avait laissé son frère s'emparer du trône à son détriment, et qui ignorait complétement l'art de gouverner, quoiqu'il sût s'exprimer avec éloquence et mettre une certaine habileté dans sa conduite. *Pro mollitie animi nunquam regendæ reipublicæ idoneus judicatus*, dit Malmesbury. Les revenus d'un riche duché ne suffisaient pas à la prodigalité immodérée à laquelle Robert s'abandonnait, avec la même faiblesse qui le rendait incapable de réprimer la turbulence de ses barons. Cette prodigalité, dit Raoul de Caen, était telle qu'il payait un épervier ou un chien tout ce qu'on lui demandait. Le même chroniqueur ajoute qu'il y avait tant de désordre dans la maison de Robert, que le service de la table était souvent le produit du pillage. Orderic Vital raconte qu'il se laissait enlever jusqu'à ses vêtements et ses souliers par les courtisans et les bouffons dont il était entouré, et qu'il restait au lit sans pouvoir aller à la messe faute d'habits. Voici le portrait que cet historien anglais du XIIe siècle trace du duc Robert : « Tout le monde le connaissait, dit-il, pour un prince indolent et mou : aussi les mal-intentionnés, le méprisant, profitaient-ils de son caractère pour exciter des troubles et des factions. Le duc était hardi et vaillant, digne d'éloge, sous beaucoup de rapports et naturellement éloquent; mais dans son intérieur, il était inconsidéré, prodigue dans ses largesses, facile dans ses promesses, léger et imprudent dans ses mensonges, se laissant aisément fléchir par les prières, doux par caractère et lent à faire justice du crime, changeant dans ses décisions, trop familier dans la conversation, et par là s'attirant le mépris des pervers. Il était gros et de petite taille, et son père l'avait surnommé *Courte Heuse*. Il s'attachait à plaire à tous, et promettait ou accordait tout ce qu'on lui demandait. Prodigue de son patrimoine, il le diminuait tous les jours, en donnant imprudemment à chacun ce qu'il désirait : aussi devint-il pauvre et fournit-il aux autres des forces contre lui. » Raoul de Caen dit que sa piété et sa libéralité étaient admirables; mais que, comme il ne sut se borner ni dans l'une ni dans l'autre, il s'égara dans toutes deux. Robert prit la croix par esprit chevaleresque, et, pour se procurer l'argent nécessaire à l'accomplissement de cette résolution, il engagea son duché de Normandie entre les mains de son frère Guillaume le Roux.

Roger de Hoveden rapporte dans les termes suivants la convention qui fut faite entre le duc de Normandie et le roi d'Angleterre. « Robert, voulant partir pour Jérusalem, envoya des députés en Angleterre, à son frère Guillaume, pour traiter de la paix avec lui, et pour lui demander à emprunter dix mille marcs d'argent. Il lui offrit pour gage le duché de Normandie. Le roi d'Angleterre, s'empressant de satisfaire à sa demande, ordonna à tous les grands du royaume de lui fournir tout l'argent que chacun d'eux pourrait donner. En conséquence, les évêques, les abbés et les abbesses brisèrent les vases d'or et d'argent de leurs églises; les comtes, les vicomtes, les barons, dépouillèrent leurs vassaux, et fournirent ainsi au roi une grande somme d'or et d'argent. Au mois de septembre, le roi passa la mer, fit la paix avec son frère, et lui prêta six mille six cent soixante-six livres, pour lesquelles il reçut la Normandie en gage. » Robert régla dès lors sa dépense avec plus d'économie. Les Normands, depuis leur conversion au christianisme, s'étaient signalés par la dévotion des pèlerinages, et presque toute la noblesse du duché de Robert le suivit en terre sainte. Beaucoup de seigneurs français se joignirent aussi à lui. A son passage à Constantinople, Robert prêta, comme les autres princes de la croisade, serment de fidélité à l'empereur grec. Raoul de Dicet rapporte, dans ses *Abbréviations de chroniques*, qu'à la bataille de Dorylée Robert fendit avec son épée la tête d'une espèce de géant. Le coup terrible qu'il lui porta partagea sa mâchoire, son cou et ses épaules jusqu'à la poitrine. Guillaume de Malmesbury fait observer avec raison que les exploits de Robert en Asie sont la partie la plus honorable de sa vie. Ce chroniqueur reproche au duc de Normandie d'avoir refusé la couronne de Jérusalem, qui lui fut offerte. Il attribue ce refus à la répugnance qu'avait ce prince de se charger d'un fardeau trop pénible, et il regarde comme une punition de Dieu les malheurs qui lui arrivèrent ensuite. Après la bataille d'Ascalon, où il se distingua en s'emparant de l'étendard égyptien, Robert fit un pèlerinage au Jourdain, cueillit des palmes à Jéricho dans le jardin d'Abraham, et reprit le chemin de l'Europe. Mais sa glorieuse participation à la guerre sainte n'avait point changé son caractère. De retour dans ses Etats, il devint le prisonnier de son frère Henri Ier, roi d'Angleterre, par la perte de la bataille de Tinchebray et termina sa vie par une captivité de vingt-huit ans, en 1134.

ROBERT II, comte de Flandre, était fils de Robert Ier surnommé le *Frison*, qui avait visité comme pèlerin le tombeau du Seigneur, quelque temps avant la première croisade. Anne Comnène rapporte, dans l'*Alexiade*, que le comte de Flandre passa par Constantinople, à son retour de Jérusalem, qu'il prêta serment de fidélité à l'empereur Alexis, *à la manière des Francs*, et qu'il promit de lui envoyer cinq cents cavaliers, lorsqu'il serait rentré dans sa patrie. « L'empereur, ajoute la princesse, reçut le comte avec beaucoup de civilité et le renvoya fort content. » Robert II, qui avait gouverné le comté de Flandre pendant le voyage de son père en Palestine, lui succéda en 1093. L'empereur grec Alexis s'était adressé à Robert pour solliciter le secours des braves chevaliers de l'Occident contre les Turcs, dans l'espoir que le comte de Flandre, en venant à son aide, déterminerait les autres princes à suivre son exemple. Robert II épuisa les trésors de son père pour payer les frais de son expédition, d'où il s'imaginait revenir riche. Il prit la route des Alpes et passa d'Italie en Grèce. Lorsqu'il approchait de Constantinople, il reçut une ambassade de l'empereur, qui le priait de devancer son armée, et de se hâter d'arriver à la cour impériale. Robert se rendit dans la capitale, accompagné d'une suite peu nombreuse; il prêta sans opposition le serment de fidélité à Alexis, et fut comblé de riches présents. Raoul de Caen dit que le comte de Flandre passait pour le plus habile des croisés à manier l'épée et la lance, ce qui lui attira l'admiration de l'armée. Il fut surnommé, à cause de ses exploits, la lance et l'épée des chrétiens, et mérita des infidèles eux-mêmes le surnom de fils de Saint-Georges. Il se montra toujours l'ami intime de Godefroy de Bouillon. Dans le conseil des princes assemblés à Jérusalem, après la prise de cette ville par les croisés, pour l'élection d'un roi de la colonie chrétienne, il déclara avec franchise qu'il refuserait la couronne, si elle lui était offerte, et que sa seule ambition était de retourner en Europe. Il insista sur la nécessité de faire un bon choix; « car c'est en vain, fit-il observer très-justement, qu'on a triomphé par les armes, si on ne confie les fruits de la victoire à la sagesse et à la vertu. » Après la bataille d'Ascalon, Robert de Flandre alla avec Robert de Normandie se baigner dans le Jourdain et cueillir des palmes dans les champs de Jéricho. Le comte de Flandre retourna en Europe par Constantinople. Les *Annales de Flandre* de Mayer disent qu'il rapporta dans sa patrie le bras de saint Georges, dont Alexis lui avait fait présent à son passage dans la capitale de l'empire grec. Robert arriva en Flandre dans l'automne de l'année 1099, et y fut accueilli avec d'immenses démonstrations de joie, au rapport de Jean d'Ypres.

ROBERT Ier, dit le *Bon* et le *Vaillant*, comte d'Artois, né au mois de septembre de l'année 1216, était le second fils de Louis VIII, roi de France, et de Blanche de Castille. Il avait reçu en apanage, par le testament de son père, les villes d'Arras, de Saint-Omer, d'Aire, de Hesdin, et de Lens. Le roi saint Louis, frère aîné de Robert, érigea ces terres en comté, sous le titre de comté d'Artois, en 1237. Robert gouverna ce pays avec sagesse. Il suivit, accompagné de sa femme Malthide de Brabant, le roi son frère dans la septième croisade, et se signala au débarquement de l'armée en Egypte, en 1249. Lorsque les croisés s'avancèrent vers le Caire, il passa à la tête de l'avant-garde de la cavalerie, le 9 février 1250, le canal d'Aschmoun, et se laissa emporter à la poursuite de l'ennemi par sa bouillante valeur. Le grand maître du Temple, ayant voulu le retenir, en lui parlant le langage de la prudence, Robert lui dit : « Je reconnais ici la trahison et l'esprit séditieux des Templiers. C'est avec bien de la justice qu'on publie depuis longtemps qu'eux seuls, pour se rendre toujours nécessaires et pour tirer de l'argent de l'Occident, ne veulent point que la guerre finisse. » Le grand maître fit une réponse pleine d'une dignité mêlée d'indignation. Guillaume Longue-Epée, comte de Salisbury, fit entendre des paroles conciliatrices, qui lui valurent une apostrophe injurieuse, et il fallut suivre l'impétuosité du prince. Les croisés entrèrent dans Mansourah; mais les Mameluks en fermèrent les portes, et des quinze cents cavaliers d'élite qui étaient entrés dans la ville, quelques-uns à peine échappèrent au fer des infidèles. Le comte d'Artois fut tué, après la plus héroïque résistance, dans une maison où il s'était retranché.

ROBERT DE PARIS. L'hommage féodal que l'empereur grec Alexis eut le tort d'exiger, et l'habileté d'obtenir des chefs de la première croisade, fut accordé avec répugnance par un grand nombre de chevaliers. Dans une des cérémonies où s'accomplissait la prestation de serment, un seigneur né dans l'île de France, le comte Robert de Paris, révolté de la vaine hauteur qu'affectait Alexis, quitta sa place, et alla hardiment s'asseoir à côté de lui. Baudouin de Hainaut tira alors Robert par le bras et lui dit : « Après vous être déclaré vous-même serviteur de l'empereur, comment osez-vous vous asseoir sur le même siége que lui ? Cette conduite est contraire à toutes les convenances, qui prescrivent de respecter les usages des pays où l'on se trouve. » Robert répondit qu'il n'avait pu souffrir que l'empereur fût assis, pendant que tant d'illustres guerriers se tenaient debout devant lui. Anne Comnène, rapporte que son père, qui connaissait l'orgueil des Latins, dissimula son mécontentement. Mais il se fit expliquer les paroles que Robert avait prononcées, et lorsque tous les autres croisés se furent retirés, il retint le comte de Paris, et lui demanda qui il était et d'où il venait. « Je suis français, répondit le brave pèlerin, et de noble lignage. Je ne sais qu'une chose, c'est que dans mon pays, on voit près d'une église une place où se rendent tous ceux qui brûlent de signaler leur adresse dans les armes. J'y ai été souvent sans que personne ait jamais osé se présenter devant moi. » L'empereur éluda par une réponse ironique l'acceptation de ce défi : « Si vous avez jusqu'ici attendu des ennemis sans en trouver, dit-il, vous n'en manquerez pas désormais. Mais ne vous placez jamais ni à la tête ni à la queue de l'armée ; demeurez au centre. C'est la meilleure place que vous puissiez choisir; croyez-en mon expérience de la guerre contre les Turcs. » Les conseils de l'empereur grec n'allaient pas à la bravoure du guerrier latin, qui paya de sa vie la victoire de Dorylée. Anne Comnène rapporte, avec un ton de satisfaction, que l'insolent comte mourut d'une blessure reçue dans cette bataille.

ROUM (Empire de). L'Etat fondé en 1074, par la conquête de l'Asie Mineure, que le prince seldjoucide Soliman enleva aux Grecs, prit, dans la géographie orientale, le nom d'empire des Romains ou de Roum. L'historien arménien Hayton le représente comme s'étendant de l'Euphrate au Bosphore, et de la mer Noire aux confins de la Syrie. Soliman avait d'abord fait de Nicée sa capitale; mais lorsque cette ville fut reprise par les croisés, en 1097, le sultan Kilidje-Arslan, fils de Soliman, transporta sa résidence à Iconium. Affaibli par le passage des chrétiens, au temps des premières croisades, l'empire de Roum fut ensuite ravagé par les Mogols, et passa sous leur domination au XIIIe siècle.

S

SACRO-CATINO, est le nom sous lequel est connu un vase d'émeraude, qui tomba au pouvoir des Génois, dans leur part de butin, après la prise de Césarée par les chrétiens en 1101. Les Génois prétendirent, et Jacques de Voragine, dans sa chronique, s'efforça de prouver, que ce vase est celui dont s'est servi Notre-Seigneur Jésus-Christ, en faisant la cène avec ses apôtres, la veille de sa passion. Cette tradition n'est certainement pas à l'abri de la critique ; mais la foi sur laquelle elle repose est un sentiment respectable. Le *Sacro-Catino*, avait été déposé dans la cathédrale de Gênes, où nous l'avons vu, et à laquelle il fut rendu en 1815, après avoir été apporté à Paris, au nombre des trophées de nos guerres d'Italie. Une loi, rendue en 1476, punissait de mort, dans certains cas, quiconque aurait touché le précieux vase avec de l'or, de l'argent, ou avec quelque autre matière, «afin, disait cette loi, d'empêcher les curieux et les incrédules de faire un examen pendant lequel le *Sacro-Catino* eût pu souffrir quelque atteinte, ou même être cassé, ce qui serait une perte irréparable pour la république de Gênes. »

SAINT-COME ET SAINT-DAMIEN ou DES MARTYRS (*Ordre religieux et militaire des chevaliers de*). Quelques écrivains prétendent que l'Ordre de Saint-Côme et de Saint-Damien commença en 1030 ; mais ils n'en donnent point de preuves. Il paraît que vers l'époque de la première croisade seulement, quelques hommes charitables s'associèrent en Palestine, pour racheter les captifs des mains des infidèles, et pour exercer l'hospitalité tant envers les personnes ainsi délivrées qu'envers les pauvres et les malades. Ces œuvres de miséricorde leur attirèrent la bienveillance des seigneurs laïques et ecclésiastiques; et leur Ordre devint militaire, comme ceux de l'Hôpital et du Temple. Le pape Jean XX approuva leur institution, les soumit à la règle de Saint-Basile, et leur donna pour vêtement un manteau blanc chargé d'une croix rouge, au milieu de laquelle on voyait l'image des deux saints patrons de l'Ordre. Ces chevaliers remplirent toujours dignement leurs obligations; mais la conquête définitive de la Palestine par les infidèles éteignit leur ordre.

SAINT-LAZARE DE JERUSALEM (*Ordre religieux et militaire des Chevaliers-Hospitaliers de*). L'époque où il convient de placer l'origine de cet Ordre est fort incertaine. Les chevaliers de Saint-Lazare ont prétendu que leurs prédécesseurs avaient suivi la règle de saint Basile avant d'adopter celle de saint Augustin ; c'est pourquoi quelques auteurs ont affirmé que l'Ordre devait son existence à saint Basile. Une assertion, plus téméraire encore, en fait remonter l'établissement jusqu'en l'an 72, de l'ère chrétienne. Maimbourg, dans son histoire des croisades, donne à entendre que les Hospitaliers de Saint-Lazare sont plus anciens que ceux de Saint-Jean de Jérusalem ; que les uns et les autres existaient dans la Cité sainte avant la conquête qu'en fit Godefroy de Bouillon; que les premiers se consacraient au service des lépreux, et les seconds au service des pèlerins; que les uns et les autres se réunirent en une seule congrégation sous le même chef, qui avait le titre de maître de l'Hôpital; qu'après la conquête, ils ajoutèrent le service militaire à leurs autres obligations; qu'ils se divisèrent en trois classes; les chevaliers, destinés à faire la guerre; les frères servants, consacrés au soin des malades; et les chapelains, réservés aux fonctions ecclésiastiques; qu'après la mort du bienheureux Gérard Tom (connu dans l'histoire comme premier maître des Hospitaliers de Saint-Jean de Jérusalem), sa charge fut conférée par élection à frère Boyart Roger; mais qu'une partie des Hospitaliers, ayant résolu de mener une vie plus parfaite, et de faire vœu de chasteté, se séparèrent des autres, et se donnèrent pour chef frère Raymond du Puy (connu dans l'histoire comme deuxième maître des Hospitaliers de Saint-Jean de Jérusalem); que ces dissidents devinrent l'Ordre de l'Hôpital de Saint-Jean, et que les autres retinrent leur ancien nom de Saint-Lazare. Mais ce récit s'éloigne en divers points de celui de Guillaume de Tyr, aussi bien que des traditions de l'Ordre de Saint-Jean, et il aurait besoin d'être appuyé sur des preuves, qui ne sont point produites. Nous pensons donc que ces deux institutions n'ont point été réunies dans leur origine. Ce qui est incontestable, c'est que les chevaliers de Saint-Lazare ont commencé par être des Hospitaliers; que leur charité s'exerçait spécialement envers les lépreux, qu'ils recevaient dans leurs hôpitaux, et qu'ils se consacrèrent en outre au service militaire, quand le besoin de défendre les pèlerins et la terre sainte, contre les infidèles, fit prendre les armes aux Hospitaliers de Saint-Jean et aux Templiers. Il est à remarquer que les lépreux pouvaient devenir membres de l'Ordre de Saint-Lazare, et que même les chevaliers ne pouvaient élire, comme grand maître, qu'un chevalier lépreux de leur hôpital de Jérusalem. Cette dernière règle s'est maintenue jusqu'à l'époque où ces Hospitaliers quittèrent la Syrie. Mais alors, c'est-à-dire vers 1253, ils supplièrent le pape Innocent IV de prendre en considération que les infidèles, en s'emparant de Jérusalem, avaient mis à mort presque tous les chevaliers lépreux qui se trouvaient dans l'hôpital, et de permettre qu'à l'avenir on pût conférer la première dignité de l'Ordre à un chevalier dont le corps fût sain. Le souverain pontife confia l'examen et la décision de l'affaire à l'évêque de Frascati. Les soins que l'Ordre de Saint-Lazare donnait aux lépreux parurent si satisfaisants, que le pape Clément IV enjoignit, sous peine d'excommunication, à tous les évêques d'aider les chevaliers de tout leur pouvoir quand ceux-ci réclameraient l'intervention de l'autorité ecclésiastique, afin d'obliger les lépreux à entrer dans leurs hôpitaux. Les chevaliers, qui n'étant point atteints de la lèpre, se vouaient au service militaire, déployèrent, en Palestine, une vaillance qui leur concilia la faveur des princes chrétiens. Les rois de Jérusalem, Baudouin II, Foulques, Amaury III et Amaury IV, aussi bien que la reine Mélisende, se déclarèrent protecteurs de l'Ordre, et le gratifièrent de concessions considérables. Cet exemple fut imité par les princes et les seigneurs d'Occident. En 1257, le pape Alexandre IV prit les chevaliers sous la protection du saint-siége. En 1255, il les avait autorisés à observer la règle de saint Augustin, qu'ils assuraient, est-il dit dans la bulle, avoir suivie jusque-là; ce qui nous semble prouver qu'ils n'ont jamais appartenu à l'Ordre de Saint-Basile. Lorsqu'en 1253, l'Ordre de Saint-Lazare fut forcé d'abandonner la terre sainte, il reçut une assistance toute particulière du roi de France, saint Louis, auquel il paraît avoir antérieurement rendu quelques services. Non content de confirmer les donations que ses prédécesseurs avaient faites aux chevaliers de Saint-Lazare, ce grand prince leur accorda des priviléges considérables, leur céda diverses maisons ou hôpitaux, et créa, en leur faveur, plusieurs commanderies. Ce fut alors qu'ils établirent le chef-lieu de leur Ordre près d'Orléans, à Boigny, qui leur avait été donné en 1154 par le roi Louis le Jeune; et leur grand maître prit le titre de grand maître de l'Ordre de Saint-Lazare, tant en deçà qu'au delà des mers, afin de montrer que sa juridiction n'était point restreinte par le fait de sa résidence en Occident. Mais les rois de France ne tardèrent pas à s'attribuer le droit de conférer cette haute dignité, et d'autre part, le relâchement se mit dans la discipline; c'est pourquoi le pape Innocent VIII rendit, en 1490, une bulle, par laquelle il supprima l'ordre de Saint-Lazare, et en réunit les biens à ceux de l'ordre de Saint-Jean de Jérusalem. Cette bulle ne fut point reçue en France, où le roi continua à disposer de la grande maîtrise de Saint-Lazare, en faveur de ses créatures, et où on ne cessa point de recevoir de nouveaux chevaliers. Les biens que l'Ordre possédait lui restèrent, nonobstant les réclamations des Hospitaliers de Saint-Jean. Le pape Léon X rétablit l'Ordre de Saint-Lazare, et décida que l'hôpital de Capoue en serait le chef-lieu. Ce fut le commandeur de cet hôpital qui fut alors élevé au magistère. Le pape Grégoire XIII réunit l'Ordre de Saint-Lazare à celui de Saint-Maurice, et conféra la grande maîtrise à Emmanuel Philibert, duc de Savoie; ce qui donna lieu à des protestations de la part du grand maître français, François Salviati. Philibert de Nérestang, l'un des succeseurs de Salviati, vit consommer, en France, où il avait été nommé grand maître par Henri IV, la réunion de son ordre avec celui de Notre-Dame du Mont-Carmel. Dans l'origine, les chevaliers de Saint-Lazare faisaient des vœux solennels, comme les Hospitaliers, les Templiers et les Teutoniques.

SAINT-SEPULCRE (Église du). « S'il y a quelque chose de prouvé sur la terre, c'est l'authenticité des traditions chrétiennes à Jérusalem. » Quoique notre humble parole ne soit pas un témoignage à ajouter à celui de l'auteur de l'*Itinéraire de Paris à Jérusalem*, nous devons dire que nous avons eu le bonheur de vérifier personnellement, sur les lieux, l'exactitude de cette assertion. Le paganisme s'est chargé d'être lui-même le gardien de ces saintes traditions. Il a transmis à l'âge qui a vu le triomphe social du christianisme, l'indication de l'emplacement du sépulcre que le Sauveur a traversé pour consommer notre rédemption. Une statue de Jupiter marquait cette place, au pied du mont du Calvaire, sur lequel s'élevait cette idole. Une église fondée par l'ordre de Constantin, pour enfermer dans son enceinte le saint tombeau, a effacé cette souillure, qui avait eu, dans les desseins de Dieu, un but évident pour la foi. Macaire, évêque de Jérusalem, avait été chargé, par une lettre qu'Eusèbe nous a conservée, de veiller à l'exécution de la pensée impériale, et sainte Hélène, mère de l'empereur, se rendit elle-même en Palestine, pour s'assurer que les intentions de son fils étaient remplies. Commencée vers l'an 326, l'église fut consacrée en 335. Constantin signala la trente et unième année de son règne par cette solennité, qui réunit des milliers de chrétiens, au milieu desquels Eusèbe, qui a écrit la *Vie de Constantin*, porta la parole. L'auteur aquitain de l'*Itinéraire de Bordeaux à Jérusalem* (*Voy.* l'art. Pèlerinages), parle, dans les termes qu'on va lire, de cette église, qui s'ouvrait à l'époque même où il visita la ville sainte, en 333 ou 334 : « Lorsque vous êtes sorti de l'enceinte de l'ancienne Sion, et que vous marchez vers la porte de Néopolis, sur la droite et dans la vallée, vous voyez des murailles là où était la maison ou le prétoire de Ponce-Pilate. C'est là que Notre-Seigneur fut interrogé, avant d'être conduit au supplice; sur la gauche est le monticule Golgotha, où il fut crucifié. Près de là, est la crypte où fut placé le corps de Jésus-Christ, et d'où il ressuscita le troisième jour. C'est dans ce lieu même qu'on a construit depuis peu, par ordre de l'empereur Constantin, une basilique ou un temple du Seigneur d'une admirable beauté. » Le lieu où sainte Hélène fit creuser la terre, sous le Golgotha, pour découvrir la croix, instrument de notre salut, est contenu dans cette basilique, où fut aussi placé le bois sacré, lorsqu'il fut retrouvé. L'église du Saint-Sépulcre a été élevée pour être un *témoignage* de la rédemption. « Ce temple ne porte pas le nom d'église, comme les autres ; mais il est appelé μαρτύριον, *témoignage*, comme le prophète l'avait prédit. » Telles sont les propres paroles de saint Cyrille, évêque de Jérusalem, prêchant dans ce saint lieu, en 347. Des pierres luisantes, si bien jointes qu'elles produisaient l'effet du plus beau marbre, ornaient les murs extérieurs de l'église bâtie par Constantin. Elle était couverte de plomb. Les murailles intérieures étaient revêtues de marbre, et le temple tout entier rayonnait d'or. L'*Itinéraire d'Antonin* de Plaisance dit qu'au commencement du vi^e^ siècle, le Saint-Sépulcre était orné de pierreries, de joyaux, de couronnes d'or, de bracelets et de colliers. Au temps des croisades, l'église du Saint-Sépulcre se composait, comme elle se compose aujourd'hui, de trois églises : celle du Saint-Sépulcre, celle du Calvaire, et celle de l'Invention-de-la-Sainte-Croix. La grande nef circulaire de l'édifice élève son dôme au-dessus du Saint-Sépulcre; elle est bâtie au pied du Calvaire, et touche, par sa partie orientale, à ce monticule, sur lequel et sous lequel sont construites deux autres églises, où conduisent deux escaliers, l'un qui monte au Calvaire, l'autre qui descend à l'église de l'Invention-de-la-Sainte-Croix.

L'église du Saint-Sépulcre fut ravagée, lors de la prise de Jérusalem, par Chosroës, au commencement du viie siècle. Mais les succès obtenus par l'empereur Héraclius, sur le même roi de Perse, permirent à Modeste, évêque de Jérusalem, de rétablir le saint temple. La cruelle persécution exercée contre les chrétiens par le féroce calife fatimite Hakem, atteignit, dans les premières années du xie siècle, l'édifice élevé à la gloire du Saint-Sépulcre. Selon le chroniqueur Glaber, l'église du Saint-Sépulcre fut renversée en 1009. Mais cette ruine fut réparée, soit, comme le dit le même chroniqueur, par la mère de Hakem, qui était chrétienne, soit, comme le rapporte Guillaume de Tyr, par l'empereur grec de Constantinople, qui aurait acheté, du calife Daher, fils et successeur de Hakem, le droit de réédifier le temple, trente-sept ans après sa destruction. Guillaume de Tyr compare cette renaissance du saint temple à la résurrection de Jésus-Christ, sortant de son tombeau, vainqueur de la mort. Chaque fois, cependant, que les traitements barbares sous lesquels le fanatisme musulman accablait les chrétiens, leur arrachaient une plainte, il y était répondu par la menace d'un nouveau renversement du temple, objet de leur vénération. Il suffit de voir ce monument pour se convaincre que l'église fondée par Constantin a survécu, dans ses parties principales, à tous ces ravages, et subsistait, par conséquent, à l'époque des croisades. Après la prise de Jérusalem par Saladin, en 1187, quatre prêtres latins eurent la faculté de rester à Jérusalem, sans être obligés de payer de tribut, pour desservir l'église du Saint-Sépulcre. « Quelques zélés Musulmans, dit l'historien arabe Emad-Eddin, avaient conseillé à Saladin de détruire cette église, prétendant qu'une fois que le tombeau du Messie serait comblé, et que la charrue aurait passé sur le sol de l'église, il n'y aurait plus de motif, pour les chrétiens d'y venir en pèlerinage ; mais d'autres jugèrent plus convenable d'épargner ce monument religieux, parce que ce n'était pas l'église, mais le Calvaire et le tombeau qui excitaient la dévotion des chrétiens, et que, lors même que la terre aurait été jointe au ciel, les nations chrétiennes n'auraient pas cessé d'affluer à Jérusalem. Ils firent observer que lorsque le calife Omar, dans le premier siècle de l'islamisme, se rendit maître de la ville sainte, il permit aux chrétiens d'y demeurer, et respecta l'église du Saint-Sépulcre. »

Gauthier Vinisauf rapporte, dans son *Itinéraire du roi Richard*, qu'après avoir conclu la paix avec Saladin, ce prince, avant de retourner en Europe, fournit aux croisés qui voulaient aller prier au Saint-Sépulcre, à Jérusalem, les moyens de faire ce pèlerinage. Les pèlerins furent partagés en trois caravanes, dont l'une fut conduite par l'évêque de Salisbury. Les vertus de ce pieux évêque lui valurent une réception très-hospitalière de la part de Saladin. Après une longue conversation entre le sultan et le prélat, Saladin exprima le désir que l'évêque de Salisbury lui adressât une demande. Celui-ci remercia le sultan, et le pria de lui accorder un jour pour se consulter. Le lendemain, il exprima le vœu que deux prêtres et deux diacres latins fussent admis à célébrer l'office divin au Saint-Sépulcre, concurremment avec les prêtres syriens, et que ces ecclésiastiques pussent recevoir, comme les autres, les offrandes des pèlerins. Il fit la même demande pour Bethléem et pour Nazareth. L'évêque mettait un grand prix à cette permission, et pensait qu'elle serait très-agréable à Dieu. Saladin l'accorda, et l'évêque établit, dans les lieux où il était autorisé à le faire, des prêtres et des diacres qu'il choisit lui-même.

Quand les Kharizmiens s'emparèrent de Jérusalem, en **1244**, l'église du Saint-Sépulcre fut dépouillée, le tombeau du Rédempteur fut profané, ceux des rois de Jérusalem, qui avaient l'honneur d'en être voisins, furent ouverts, et les dépouilles mortelles qu'ils contenaient furent livrées aux flammes.

SAINT-SÉPULCRE (Ordre religieux et militaire des chevaliers du). Un grand nombre d'auteurs ont fait remonter l'origine de cet ordre jusqu'à l'empereur Constantin le Grand, et même à l'apôtre saint Jacques, premier évêque de Jérusalem. Il est absolument impossible de reconnaître ce qui a pu donner lieu à cette assertion. D'autres ont affirmé que les chevaliers du Saint-Sépulcre avaient été institués par Godefroy de Bouillon, ou par son successeur Baudouin; mais les monuments sur lesquels ces derniers écrivains se fondent, portent en eux-mêmes des marques éclatantes de leur fausseté. En sorte que tout porte à croire qu'il n'y eut jamais, au temps des croisades, de chevaliers dits du Saint-Sépulcre. Il serait fort étrange que, s'il y en avait eu, l'histoire n'eût conservé aucune mémoire de leurs actions. Que si l'on dit que leurs fonctions se sont restreintes à la garde du tombeau de Notre-Seigneur, nous ferons observer que, pour un tel office, des ecclésiastiques suffisaient; et effectivement, il y avait à Jérusasem des chanoines du Saint-Sépulcre qui demeurèrent séculiers jusqu'en **1114**, et qui alors furent obligés, par le patriarche Arnoul, à faire des vœux et à embrasser la règle de saint Augustin. Ces chanoines ne tardèrent pas à posséder en Occident des biens considérables. Quand Jérusalem tomba au pouvoir de Saladin, ils se retirèrent dans leurs domaines d'Europe, et ils y accordaient l'hospitalité aux pèlerins qui allaient en Palestine ou qui en revenaient. Plus tard ces chanoines furent réunis à l'Ordre de Saint-Jean de Jérusalem, et dans la bulle de réunion rien n'indique qu'ils fussent devenus militaires comme quelques-uns l'ont prétendu. Quelques débris de cet ordre de chanoines échappèrent avec leurs biens à la réunion, et on ne les a jamais connus que comme purement religieux. Mais cette suppression continua à faire croire à l'existence de l'ordre militaire du Saint-Sépulcre pendant la période des croisades. Ce qui est probable, c'est que le pape Alexandre VI fut le véritable fondateur de cet ordre, dont il se déclara grand maître, et dont il prétendit faire un moyen d'encouragement pour les personnes nobles que leur fortune mettrait en état d'aller en pèlerinage à Jérusalem. On pense que la bulle d'institution est datée de l'année **1496**, mais aucun des auteurs qui en parlent ne la rapportent. Il paraît qu'Alexandre avait réservé au saint-siége la nomination des chevaliers du Saint-Sépulcre, mais qu'il permit d'en créer au supérieur des Franciscains à Jérusalem. Toutefois les historiens de l'Ordre de Saint-François ne parlent point de cette concession, qui n'aura été faite que verbalement. Ainsi il est hors de toute vraisemblance qu'il y ait eu, au temps des croisades, d'autre ordre du Saint-Sépulcre qu'une congrégation de chanoines réguliers.

SALADIN (Malek-Nasser-Joussouf-Salah-Eddin, vulgairement nommé), sultan d'Egypte et de Syrie, né en **1137** (532 de l'Hégire), à Tékrit, ville de Mésopotamie, située sur le Tigre. Il était fils de Nodjem-Eddin-Ayoub, fils lui-même de Schadi, dont le père s'appelait Mérouan. Du nom d'Ayoub on a fait le mot *Ayoubite*, qui s'emploie dans l'histoire soit comme substantif, soit comme adjectif. Quant au nom de Salah-Eddin, dont on a fait par corruption Saladin, il signifie *Salut de la religion*. Nodjem-Eddin-Ayoub était Curde, d'une des tribus les plus considérables de sa nation. Il avait un frère cadet, nommé Schirkou; tous deux étaient nés dans la ville de Douin qu'ils quittèrent pour passer dans l'Irak, ayant l'intention de se mettre à la solde de quelque prince. Ce fut l'intendant de Bagdad qui les prit à son service. Là, Ayoub ne tarda pas à se faire remarquer par un sens droit et une conduite régulière, qui lui valurent le poste de gouverneur du château de Tékrit. Il l'occupait encore lorsque Saladin vint au monde, et il y trouva l'occasion de rendre un service important à Zenghi, prince d'Alep et de Mossoul, après une déroute que celui-ci essuya non loin de là. Plus tard Schirkou ayant commis un assassinat, les deux frères furent forcés de chercher un refuge auprès de Zenghi. Ils prirent part aux guerres que ce prince eut à soutenir contre les chrétiens et s'y signalèrent par leur vaillance. Ayoub reçut en récompense le bénéfice ou gouvernement de Balbek. Après la mort de Zenghi, pendant que ses deux fils, Nour-Eddin et Séif-Eddin, se partageaient l'héritage qu'il leur avait laissé, le prince de Damas vint mettre le siége devant Balbek. Ayoub envoya demander des secours à Séif-Eddin, qui était l'aîné des fils de Zenghi. Mais celui-ci n'ayant pu lui en envoyer, Ayoub livra la ville, se fit donner en échange quelques bénéfices de moindre importance, et se retira auprès du prince de Damas, dont il devint l'un des principaux émirs. Il était à Damas lorsque les croisés commandés par Louis VII, roi de France, et par Conrad, empereur d'Allemagne, vinrent mettre le siége devant cette place, en **1148**. Il prit une part considérable à la défense de cette ville. Quant à Schirkou, il s'était attaché au service de Nour-Eddin, prince d'Alep, dont il sut se concilier la faveur, et qui lui accorda le bénéfice ou gouvernement d'Emèse. Il devint même l'un des principaux généraux de cet Atabek. Lorsque, six ans après le siége de Damas par les croisés, Nour-Eddin forma le projet de se rendre maître de cette place, Ayoub, qui vraisemblablement était d'intelligence avec Schirkou, lui en facilita la conquête ; il reçut en récompense de cette trahison le gouvernement de Damas, plusieurs fiefs, et le privilége de s'asseoir devant le prince sans en attendre la permission. Les deux frères jouirent d'une grande puissance à la cour de Nour-Eddin et furent élevés aux plus hautes dignités. Cependant Saladin passait sa jeunesse dans les plaisirs, et même dans la licence la plus effrénée. Rien encore n'annonçait en lui ce qu'il devint plus tard. Le chroniqueur anglais Gauthier Vinisauf, qui avait accompagné Richard Cœur-de-Lion en Syrie, dit que Saladin avait eu pour premier emploi la surveillance des femmes prostituées, et qu'il dépensait alors en débauches l'argent qu'il tirait de sa place. Quoi qu'il en soit, ce fut l'anarchie où l'indolence des califes fatimites plongeait l'Egypte qui le fit sortir de l'oisiveté. En 1164, Schaver, vizir du calife du Caire, étant venu implorer l'assistance de Nour-Eddin contre les émirs, celui-ci chargea Schirkou, qui passait pour le plus habile de ses généraux, de conduire une armée en Egypte. Lorsque Schirkou eut rétabli Schaver, la discorde s'étant mise entre eux, celui-ci appela les Francs à son secours, et força le général syrien à sortir d'Egypte. Mais Schirkou ne tarda pas à y rentrer, et comme le détail de cette guerre, à laquelle les chrétiens prirent part, n'appartient point à cet article, nous nous bornerons à dire que Saladin, qui servait alors sous son oncle, commanda le centre de l'armée, à la bataille qui fut livrée dans la Haute-Egypte ; qu'il contribua beaucoup au succès de cette journée, et qu'assiégé plus tard par les Francs dans Alexandrie où il avait fort peu de troupes, il sut s'y maintenir jusqu'à l'arrivée de Schirkou. Tous deux retournèrent ensuite en Syrie. Mais Amaury, roi de Jérusalem, étant rentré en Syrie, parvint jusqu'au Caire ; Schaver appela alors de nouveau Schirkou, qui força les chrétiens à la retraite. D'accord avec Saladin, le général syrien fit trancher la tête à Schaver ; mais il ne survécut que deux mois à ce vizir. Saladin fut nommé son successeur par le calife : c'était à quoi tendait son ambition depuis le commencement de la guerre. Les historiens arabes ont remarqué toutefois que Saladin était loin de s'attendre à une si haute fortune, et ils citent une conversation qu'il tint plus tard et où il disait qu'il avait été si rebuté par les fatigues des expéditions précédentes, qu'il était allé à cette guerre comme un homme qu'on mène à la mort. A l'occasion de l'élévation inattendue de Saladin, l'auteur de l'*Histoire des Atabeks* fait cette réflexion : « Schirkou avait un fils, et ce ne fut pas ce fils qui lui succéda, mais le fils de son frère. La même chose arriva plus tard à Saladin, dont les enfants furent dépouillés par son frère Malek-Adel. Si on étudie l'histoire on verra qu'il en a été presque toujours de même des conquérants et des princes qui ont été les premiers de leur race. La raison en est que celui qui se fraye un chemin à la royauté est obligé de répandre beaucoup de sang, et que Dieu, irrité, rejette ordinairement ses enfants, le punissant ainsi lui-même en la personne de sa postérité. »

L'historien des Atabeks prétend que le calife d'Egypte nomma Saladin vizir, en remplacement de son oncle Schirkou, parce que le fils d'Ayoub était jeune, sans armée et sans force. Le calife se flattait de le maintenir sous sa dépendance. Un autre historien arabe dit, au contraire, que Saladin fut choisi à cause de la justesse de son esprit, de son courage et de l'audace dont il avait fait preuve en arrêtant Schaver. La première raison est plus probable que la seconde. Saladin opposa d'abord de la résistance aux intentions du calife. Effrayé du haut rang où on voulait l'élever, il se fit presser de toutes les manières, semblable, suivant les expressions d'Ibn-Alatir, à ces êtres dont il est dit qu'il faudra les tirer avec des chaînes pour les faire entrer au paradis. Enfin il se décida à se rendre au palais, et le calife le revêtit de la robe, du bonnet et des autres marques de la dignité de vizir. Un auteur arabe nous apprend en quoi consistaient les marques de cette dignité : Saladin reçut un turban blanc d'une étoffe brochée d'or, et une robe avec une tunique doublée d'écarlate, un manteau d'une étoffe très-fine, un collier valant dix mille pièces d'or, une épée enrichie de pierreries de la valeur de cinq mille pièces d'or, une cavale alezan tirée des propres écuries du calife, la plus agile qu'on eût pu trouver dans toute l'Egypte, et estimée huit mille pièces d'or ; le collier, la selle et la bride de la cavale étaient enrichis d'or et de perles, et les caparaçons étaient d'or. Le jour où Saladin prit possession du vizirat fut un jour de fête, et tout le peuple y prit part avec l'armée de Syrie. Jusque-là Saladin s'était fait remarquer par un caractère impétueux et léger, mais dès qu'il fut parvenu à la dignité de vizir, il s'interdit sévèrement, dit Aboulféda, le vin et les amusements frivoles ; tous ses soins se portèrent sur les devoirs qui lui étaient imposés, et il ne démentit plus jusqu'à sa mort la sage résolution qu'il venait de prendre. Il s'occupa constamment de s'attacher les cœurs par ses manières ; il distribua en largesses au peuple et aux soldats l'argent amassé par son oncle, et se fit chérir de tout le monde. Quoique vizir du calife d'Egypte, il restait le lieutenant de Nour-Eddin. Quand il fut bien établi à la cour du Caire, il songea à y attirer son père et ses frères, qui étaient à Damas, où ils possédaient de grands biens. Il demanda à Nour-Eddin la permission de les faire venir, voulant, suivant l'historien Boha-Eddin, avoir un nouveau rapport de plus avec le patriarche Joseph, dont il portait le nom, et qui, étant dans une situation semblable à la sienne, avait appelé auprès de lui ses frères et son père Jacob. Nour-Eddin ne tarda pas à voir avec peine une telle élévation, et il n'en dissimula pas son déplaisir. Mais Saladin ne s'en affligea pas, et n'en eut pas pour cela, dit un chroniqueur arabe, la poitrine moins à l'aise.

Toutefois sa position était difficile, car si d'une part il donnait de l'ombrage à Nour-Eddin, il ne tarda pas à devenir également suspect au calife du Caire, qui le sachant sectateur, comme l'était Nour-Eddin lui-même, du calife de Bagdad, devait naturellement le redouter sous le rapport de sa souveraineté religieuse autant que sous celui de sa puissance temporelle ; car il y avait alors parmi les Egyptiens bon nombre de Musulmans qui reconnaissaient la juridiction spirituelle du calife de Bagdad. En outre, Saladin s'était vu forcé, pour se faire des partisans dans son armée, de donner à ses émirs et à ses soldats beaucoup de bénéfices, d'argent et d'emplois, dont les Egyptiens se trouvaient frustrés ou dépouillés : ce qui lui attirait la haine de ces derniers. Il se forma contre lui une conspiration à laquelle prirent part les Francs de Syrie et les Grecs. Il la déjoua, en punit les auteurs et en tira une force nouvelle. Par son ordre, on enseigna dès lors publiquement les doctrines religieuses des Abbassides dans les écoles d'Egypte. En même temps il ôta toute liberté au calife fatimite ; finalement il abolit le califat d'Egypte, et bientôt on put annoncer avec vérité que le calife lui-même était mort. Cet événement ne produisit pas de grands troubles, tant Saladin avait su le préparer habilement. Comme Guillaume de Tyr, le chroniqueur anglais Gauthier Vinisauf accuse Saladin d'avoir tué de sa main le dernier des Fatimites, et cette imputation est loin d'être improbable. Quoi qu'il en soit, le calife de Bagdad se montra reconnaissant, sinon de l'assassinat, au moins de la déposition de son rival, en décernant au fils d'Ayoub le titre pompeux de ***Restaurateur de l'autorité du Commandeur des Croyants***. Cependant les soupçons de Nour-Eddin s'accroissaient de plus en plus. Saladin craignait que si son maître n'avait plus d'ennemis extérieurs à combattre, il ne tournât son attention et ses armes contre lui ; c'est pourquoi il ménageait dans une certaine mesure les colonies chrétiennes de la Palestine. Nour-Eddin, qui prétendait les anéantir, sentant ses plans contrariés sourdement par son lieutenant, laissa enfin éclater sa colère, et bientôt il ne fut douteux pour personne qu'il s'apprêtait à venir en Egypte avec une armée. Aussitôt que Saladin eut connaissance de ce dessein, il assembla sa famille et les principaux émirs et leur demanda ce qu'il fallait faire. Un de ses neveux ayant dit que, si Nour-Eddin s'avançait avec des intentions hostiles, il convenait de repousser la force par la force. Ayoub, père de Saladin, se leva plein de colère en apparence, et s'adressant à son fils : « Moi, lui dit-il, qui suis ton père, et Schehab-Eddin ici présent, qui est ton oncle, nous devons avoir pour toi bien plus d'amour que tous les autres ; eh bien ! Dieu m'est témoin, aussi bien qu'à ton oncle, que si nous voyions maintenant Nour-Eddin se présenter à nous, nous nous prosternerions devant lui jusqu'à terre, et que, s'il nous commandait de te couper la tête, nous le ferions sans balancer. Or, si moi qui suis ton père, et Schehab-Eddin qui est ton oncle, nous sommes dans de semblables dispositions, juge par là de celles des autres. Non, il n'y a pas ici un seul émir qui, s'il apercevait Nour-Eddin, osât rester dans les arçons et ne pas mettre pied à terre. Ce pays lui appartient ; nous sommes ses esclaves. Qu'on lui envoie donc tout de suite un courrier avec ces mots de ta part : *Il m'est revenu que vous voulez venir jusqu'ici pour ôter l'Egypte de mes mains. Qu'est-il besoin de tout cela? Que notre seigneur n'envoie-t-il un exprès pour me mener à lui la corde au cou ; il ne rencontrerait de ma part aucune résistance.* » Là-dessus l'assemblée fut renvoyée, et chacun resta persuadé qu'Ayoub était de bonne foi. Mais ensuite il prit son fils à part, et lui dit : « A quoi pensais-tu en assemblant les émirs et en nous faisant une telle proposition ? Ne sais-tu pas que, si Nour-Eddin apprenait que nous voulons lui résister, il ferait trêve à toute autre guerre pour venir nous attaquer, et que nous ne pourrions lui tenir tête ? Ignores-tu que les émirs qui sont ici lui sont tous dévoués ? Au lieu qu'à présent, quand il saura ce qui s'est passé, il nous laissera tranquilles ; il s'occupera d'autre chose et le temps fera le reste. Par Dieu ! s'il prétendait exiger de nous seulement une canne à sucre, je serais le premier à la lui disputer, et je la lui arracherais ou j'y laisserais ma vie. » Saladin, ajoute l'auteur arabe, suivit le conseil de son père et s'en trouva bien ; car Nour-Eddin tourna ses vues d'un autre côté, et mourut avant d'avoir rempli son dessein.

On peut dire que ce jour-là Saladin dut une seconde fois la vie à son père, et que celui-ci acquit un nouveau et juste titre pour transmettre son nom à sa postérité. Cette soumission apparente calma un instant Nour-Eddin, et fit gagner à Saladin un temps qu'il employa prudemment en envoyant un de ses frères conquérir l'Arabie-Heureuse et la Nubie ; expédition, qui réussit, et qui avait pour but d'assurer au général rebelle un asile et un empire. Il allait vraisemblablement en avoir besoin, malgré tous les préparatifs de résistance qu'il faisait ; car la colère de Nour-Eddin s'était rallumée, et ce redoutable guerrier se mettait en mesure d'accomplir ses projets de vengeance lorsqu'il mourut en 1173, laissant ses Etats à son fils unique. Cet enfant, nommé Malek-Saleh-Ismaël, n'avait que onze ans. Saladin était alors fort inquiet sur la possession de l'Egypte ; les chrétiens se disposaient à y faire une nouvelle invasion, et une conspiration formidable venait d'être tramée contre lui. Un grand nombre d'Egyptiens, regrettant le gouvernement de leurs anciens califes, avaient formé le dessein de le rétablir. Ils s'étaient entendus pour se défaire de Saladin avec les Francs de Syrie et de Sicile. Mais le complot fut révélé à Saladin, qui le déjoua. Il fit échouer aussi une expédition qui, partie de Sicile, était venue attaquer Alexandrie. Lorsque Saladin se trouva ainsi, en 1174, assuré de la possession de l'Egypte, il tourna ses regards vers la Syrie. Les Francs de la Palestine ayant alors attaqué Panéas, les émirs de la Syrie traitèrent avec eux; mais ils reçurent aussitôt une lettre de Saladin qui leur en faisait de vifs reproches. Il disait dans cette lettre que *toute son ambition était de sauver l'islamisme.*

Ce fut l'époque d'un changement complet dans sa politique : durant la vie de Nour-Eddin, il avait gardé une assez grande modération à l'égard des chrétiens; aussitôt que le sultan fut mort, il affecta un zèle de religion excessif contre les ennemis du Coran; et comme l'insubordination des émirs de Syrie y paralysait la puissance musulmane, le même zèle lui servit de masque pour intervenir dans les affaires de ce pays, où il ne se sentait point assez fort pour agir à force ouverte. Il put ainsi sans danger venir à Damas pour y faire en réalité prévaloir ses intérêts propres.

Ibn-Alatir dit, en parlant de la conduite de Saladin, lorsqu'il fut appelé à Damas pour protéger la jeunesse du fils de Nour-Eddin contre les mauvaises dispositions des émirs, qu'il faut garder un profond silence sur ce qui arriva. On voit par là qu'il y avait danger, pour un historien qui vivait alors, de transmettre à la postérité les menées par lesquelles Saladin opéra son usurpation.

Bientôt l'habile fourbe fut en mesure de s'emparer de Damas, puis de Hama et d'Emèse. Il assiégea le fils de Nour-Eddin dans Alep. Tant d'attentats firent prendre les armes à tous les princes Atabeks et aux émirs fidèles; mais cette résistance trop tardive ne put empêcher que le jeune sultan ne fût contraint de céder à Saladin Damas avec la Syrie méridionale, et de le reconnaître indépendant. Le rebelle n'avait plus qu'à faire consacrer son usurpation par la religion : il obtint du calife de Bagdad un titre écrit qui le déclarait sultan d'Egypte et de Syrie. En 1177, il se tourna contre les chrétiens qui, à Ramla, lui firent essuyer une défaite complète. Il revint en Egypte, presque seul, sur un dromadaire. Mais il répara cet échec les années suivantes. Ensuite il attaqua le sultan d'Iconium, auquel il dicta les conditions de la paix. Puis il se jeta sur les chrétiens de la petite Arménie. La guerre terminée, il rentra en Egypte, où il employa son activité à des travaux d'utilité publique; il fonda des colléges et des hospices, et construisit l'enceinte actuelle du Caire, aussi bien que le château qui commande cette villle, et où ses successeurs résidèrent. C'est là que l'on voit encore le fameux puits de Joseph, qu'il fit creuser et auquel il donna son nom (Joussouf). Il reprit personnellement les armes en 1182. L'année précédente avait vu mourir le fils de Nour-Eddin à Alep, la seule ville qui lui restât des vastes Etats dont il avait hérité. Malek-Saleh-Ismaël avait alors dix-neuf ans, et il ne laissait point d'enfants; mais il avait désigné pour son successeur Az-Eddin, prince de Mossoul, qui était son cousin et le plus puissant de ses parents. Emad-Eddin, prince de Sindjar, et frère d'Az-Eddin, voulut échanger Sindjar contre Alep, et le successeur de Malek-Saleh eut à subir cette exigence.

Saladin était alors en Egypte; il écrivit au calife de Bagdad pour le mettre dans ses intérêts, en lui annonçant qu'il allait s'emparer d'Alep. Un des principaux griefs que Saladin alléguait contre les princes de la famille de Nour-Eddin, dans sa lettre au calife, c'était que tous entretenaient des relations avec les Francs et avec les Bathéniens ou Assassins. « De tels princes, disait-il, auraient dû être, par le fait même, déchus de toute autorité. » Saladin opposait à cette conduite la sienne propre. Il rappelait les services qu'il avait rendus au calife, la destruction des califes Fatimites, ennemis de ceux de Bagdad, la soumission de l'Egypte, et la conquête d'un grand nombre de villes chrétiennes. L'adroit sultan finissait par déclarer que, dans tout cela, il n'avait eu en vue aucun intérêt personnel, mais la défense de la religion outragée.

Après s'être ainsi assuré de la faveur du calife par cette démarche, il jugea que le moment était venu de se prévaloir du titre écrit que celui-ci lui avait autrefois accordé. Etant donc venu à Damas, dont il était maître depuis huit ans, il parvint à détacher du parti des deux princes un grand nombre d'émirs. Il passa ensuite l'Euphrate, attaqua Az-Eddin, conquit Sindjar, Harran, Edesse; mais il échoua devant Alep et Mossoul. Le 26 avril 1183, il emporta d'assaut Amide en Mésopotamie. Puis il revint à Alep dont il s'empara, et, afin de diviser ses ennemis, il restitua à Emad-Eddin son ancienne principauté de Sindjar. Enfin il tourna de nouveau ses armes contre Mossoul. Az-Eddin, pour éviter une ruine complète, fut contraint de s'engager par traité à lui payer tribut et à lui rendre hommage. C'est ainsi que fut consommée la ruine des Atabeks. En 1185, Saladin conclut avec les Francs une trêve de quatre ans, qu'il leur importait d'observer, puisqu'il était alors plus puissant que jamais. Mais Renaud de Châtillon la fit rompre par une violation téméraire du droit des gens. Saladin, se sentant fort, fut charmé d'avoir une raison plausible de rupture. Il recommença donc les hostilités avec empressement et les poursuivit avec vigueur. Car on peut dire que, dès qu'il fut entièrement maître d'agir selon ses propres inclinations, il fit une véritable guerre de religion aux chrétiens, une guerre impitoyable. Il se montra dur partout envers eux, et ne se départit de cette conduite qu'envers les chrétiens orientaux, ses sujets.

Le 5 juillet 1187, la funeste bataille de Tibériade mit les Francs hors d'état de tenir désormais la campagne, et le vainqueur en profita pour se rendre maître successivement de presque toutes les villes chrétiennes, privées pour la plupart d'une garnison suffisante. C'est pour cela qu'il se vit ouvrir les portes de Ptolémaïs, Naplouse, Jéricho, Ramla, Césarée, Arsur, Jaffa, Bairout, etc., en moins de temps qu'il ne lui en eût fallu naguère pour prendre la plus faible de ces places. A la vérité Tyr lui résista avec succès et Ascalon ne se soumit qu'en dictant elle-même les conditions de la capitulation. Mais Jérusalem fut forcée de se rendre le 2 octobre 1187.

Bernard le Trésorier se plaît à peindre Saladin sous les plus favorables couleurs. Il vante la *grant courtoisie* dont le sultan usa envers les femmes chrétiennes qui, après la prise de Jérusalem, lui demandèrent, *en plourant tendrement que pour Dieu il eust mercy d'elles*. Mais Bernard de Coggeshale, qui a été témoin oculaire de la conquête musulmane de la sainte cité, nous présente Saladin sous un aspect tout différent, et cet aspect est un peu celui sous lequel le fils d'Ayoub figure dans les historiens arabes eux-mêmes.

De toutes leurs villes maritimes les chrétiens ne possédaient plus, à la fin de 1187, que Tyr et Tripoli. Après la prise de la cité sainte, Saladin revint mettre le siége devant Tyr. Mais il y rencontra de nouveau une résistance invincible, qui était due à Conrad de Monferrat.

Le chroniqueur Benoît de Péterborough rapporte que Saladin, affligé d'un échec éprouvé par ses troupes au siége de cette place, avait fait couper, pour montrer sa douleur, les oreilles et la queue de son cheval, et qu'il s'était promené sur ce cheval au milieu de toute son armée.

Sa douleur n'était pas sans raison, car la longueur de ce siége et la tentative inutile qu'il fit ensuite pour s'emparer de Tripoli, empêchèrent certainement qu'il ne consommât la ruine des colonies chrétiennes.

Au printemps de 1188, Saladin avait assigné à ses troupes pour rendez-vous général la campagne qui avoisine le lac d'Emèse. Quand elles furent rassemblées, le sultan se porta vers le château des Curdes, non loin de Tripoli; il tourna ensuite vers le nord, et occupa Tortose, qui ne fit aucune résistance.

Marin rapporte, dans son *Histoire de Saladin*, qu'après la prise de Tortose, le sultan ayant demandé qu'on lui servît à manger, on lui répondit que tous les domestiques et les officiers de sa cuisine étaient dans la ville occupés à piller. « Il faut espérer, répliqua-t-il en souriant, qu'ils nous apporteront le dîner de nos ennemis. »

Cependant la nouvelle de ses triomphes s'était répandue en Occident, et on y prêchait avec succès une nouvelle croisade.

Au retour du printemps de l'année 1189, Saladin se rendit à Damas pour presser la réunion de l'armée qu'il se proposait d'opposer aux croisés, dont la prochaine arrivée en Orient lui était annoncée. Il reçut alors une ambassade solennelle du calife de Bagdad, qui venait le féliciter sur ses grandes victoires. Le sultan envoya au calife quelques prisonniers de marque, qu'on fit entrer dans Bagdad montés sur les mêmes chevaux et couverts de la même armure que le jour où on les avait pris; ils étaient précédés de leurs drapeaux renversés.

Les chrétiens de la Palestine ayant eu le temps de respirer, Gui de Lusignan, roi de Jérusalem, put former une petite armée avec laquelle il mit le siége devant Saint-Jean-d'Acre. Bientôt des secours lui arrivèrent d'Occident, et son entreprise, qui d'abord ne semblait que téméraire, acquit une telle importance que Saladin fut forcé, pour s'y opposer, de renoncer à continuer les conquêtes qu'il faisait en Phénicie; et l'on vit les chrétiens, qui assiégeaient la ville, assiégés eux-mêmes dans leur camp par l'armée du Sultan.

Les historiens arabes rapportent que, lorsque l'armée musulmane vint se réunir sous les ordres de Saladin, au printemps de l'année 1190, devant Saint-Jean-d'Acre, à mesure que les troupes arrivaient, le sultan les faisait défiler devant lui, drapeaux déployés, au son des tambours et des trompettes, et dans le plus magnifique appareil. Elles prenaient position en face de l'ennemi; après quoi Saladin recevait les chefs à sa table et les comblait de politesse. Le compilateur des *Deux jardins* nous donne une idée de ce qu'était la politesse des princes musulmans de cette époque. Il raconte que, lorsque le sultan eut passé en revue les troupes d'Emad-Eddin, prince de Sindjar, il conduisit ce prince dans sa tente, et le fit asseoir à ses côtés sur le même sopha, ayant un tapis de soie sous ses pieds. Les émirs et les officiers du sultan étaient debout sur deux rangs; les poëtes récitaient leurs compliments. On ne tarda pas à se mettre à table. Après le dîner, Saladin fit présent à Emad-Eddin, avant de le congédier, de dix chevaux de prix et de quinze robes magnifiques.

Il avait en effet besoin de se concilier l'affection de ses compagnons d'armes; car il allait avoir à combattre des adversaires formidables. Mais sa prudence ne se bornait point à s'assurer le loyal concours de ses subordonnés. En cette même année 1190, pendant ce même siége de Saint-Jean-d'Acre, il envoya au souverain de Maroc un ambassadeur pour lui proposer de mettre ses flottes en mer, et de donner la chasse aux navires chrétiens, afin d'intercepter les communications entre l'Occident et l'Orient. Mais les divisions religieuses qui partageaient heureusement les Musulmans empêchèrent ce projet de se réaliser. Le souverain de Maroc, Yacoub, appartenait à la secte et à la dynastie des Almohades, et il s'arrogeait les titres de calife et de commandeur des croyants. Saladin ne lui ayant point donné ces titres dans la lettre qu'il lui écrivit, les négociations furent rompues, et une tentative faite pour les renouer échoua également.

Les deux armées eurent dans ce siége des succès divers, dont le récit n'appartient point à cet article. Mais, pour être juste envers Saladin, dont nous n'avons point dissimulé les crimes, nous rapporterons ici un trait qui lui fait honneur, et qui nous est transmis par l'auteur arabe Boha-Eddin. « Les

Arabes nomades, dit cet historien, qui faisaient partie de l'armée du sultan pendant le siége, avaient, à la faveur de la nuit, enlevé dans le camp des chrétiens un enfant de trois mois des bras de sa mère, et étaient venus le vendre au marché du camp musulman. Le matin, quand la mère se réveilla, et qu'elle ne vit plus son enfant auprès d'elle, elle courut tout éplorée en demander des nouvelles; comme on ne pouvait lui en donner, elle pensa que c'étaient les Arabes qui le lui avaient enlevé, et se décida sur le champ à aller le redemander à Saladin. Le prince était alors à cheval, dit Boha-Eddin, et moi-même j'étais à ses côtés. Cette mère arriva tout en pleurs, et se roulant le visage contre terre. A ce spectacle, le sultan ne put retenir ses larmes et lui demanda ce qu'elle voulait : dès qu'il en fut informé, il envoya chercher son enfant au marché; comme il avait été vendu, il le fit racheter de son argent et le rendit à la mère. Alors cette femme, émue jusqu'aux larmes, prit l'enfant dans ses bras et le pressa tendrement sur son cœur... La mère fut ensuite reconduite avec son fils au camp des chrétiens. Les réflexions qu'inspire à l'écrivain arabe cet acte de généreuse humanité se terminent par une citation très-heureuse. « En vérité, dit Boha-Eddin, quand on songe à la confiance de cette femme dans le sultan, et à la manière dont le sultan justifia cette confiance, on est tenté d'appliquer au prince ce vers : *Qu'elle est belle, la beauté à qui les rivales mêmes rendent hommage ! qu'elle est belle alors qu'il n'y a personne qui ne se montre sensible à ses charmes !* »

Enfin, l'on vit arriver successivement au secours des chrétiens de la Palestine, Frédéric, duc de Souabe, avec les débris peu nombreux de l'armée allemande, Philippe-Auguste, avec les croisés français, et Richard Cœur-de-Lion, avec ceux de ses Etats. L'armée assiégeante eut alors une force irrésistible, et Ptolémaïs fut forcée de se rendre à la vue du sultan. Mais la discorde qui s'était mise parmi les chefs de l'expédition, détermina le roi de France à retourner bientôt en Europe. Richard, demeuré chef de l'armée chrétienne, se signala par des traits d'une vaillance prodigieuse, qui ne compensèrent qu'imparfaitement les funestes effets de son caractère altier. La haine universelle qu'il s'attira fut telle, que ses ennemis purent trouver quelque crédit en lui imputant la mort de Conrad, marquis de Tyr, assassiné par les Ismaéliens, au moment où il venait d'être élu roi de Jérusalem. On ne saurait aujourd'hui admettre cette imputation comme légitime. Toutefois, deux historiens arabes, Boha-Eddin et Emad-Eddin, rapportent que les Assassins, mis à la question, déclarèrent qu'ils avaient été apostés par le roi d'Angleterre. Emad-Eddin ajoute que le roi se réjouit de cet attentat, qui le rendait chef unique de la Palestine. Aboulfarage dit aussi que les chrétiens imputèrent généralement ce meurtre à Richard; mais Ibn-Alatir en accuse Saladin. Quoi qu'il en soit, l'animosité qui s'attachait à lui en Palestine, et le mauvais état de ses affaires en Europe, obligèrent le roi d'Angleterre à faire la paix avec Saladin, le 2 septembre 1192.

Gauthier Vinisauf rapporte que Richard Cœur-de-Lion, après avoir conclu ce traité, et avant de s'embarquer pour retourner en Europe, procura aux croisés, qui voulaient aller visiter le saint tombeau à Jérusalem, les moyens de faire ce pèlerinage avec sécurité. Les pèlerins furent partagés en trois caravanes. Saladin, ajoute le chroniqueur, envoya quelques-uns des siens au-devant de l'évêque de Salisbury, qui conduisait la troisième caravane. Comme les vertus de cet évêque lui étaient connues, il lui offrit de le loger dans son palais, et de lui fournir tout ce qui lui serait nécessaire. Le prélat refusa cette offre, en disant : *Nous sommes des pèlerins*. Saladin recommanda aux Musulmans de traiter le vertueux évêque avec de grands égards; il lui envoya de riches présents, et voulut avoir un entretien avec lui. Lorsque le prélat se rendit auprès de Saladin, celui-ci lui montra la Vraie Croix, et tous deux s'étant assis, ils causèrent longtemps et familièrement ensemble. Le sultan fit plusieurs questions sur le roi d'Angleterre : « Puisque vous voulez, dit l'évêque, que je vous parle du roi mon maître, voici ce que l'on peut en dire avec vérité : Il n'y a pas dans le monde de guerrier qui l'égale pour l'habileté, la bravoure et la grandeur d'âme. Il mérite de grands éloges pour la noblesse de ses manières et de sa conduite. Que vous dirai-je de plus? Si j'avais à comparer vos vertus avec celles du roi Richard, je dirais que si chacun de vous avait les qualités réunies de l'un et de l'autre, je mets de côté vos péchés, on ne trouverait pas dans l'univers de princes qui pussent vous être comparés. » Saladin, ayant écouté l'évêque jusqu'à la fin, lui répondit : « Il est reconnu que votre roi a reçu en partage un cœur généreux, une âme intrépide; mais il n'est pas assez prudent; il se montre trop prodigue de sa vie. Pour être un grand prince, j'aimerais mieux avoir de la sagesse et de la modestie que de l'audace et de la vanité. »

Ce traité, qui n'accordait aux chrétiens en Palestine que Saint-Jean-d'Acre, et quelques autres places, était le résultat définitif d'une croisade entreprise par trois puissants souverains, dont l'un, Frédéric Barberousse, était mort avec la presque totalité de son armée sans avoir vu la terre sainte.

Nous citons, à l'article FRÉDÉRIC Ier, la lettre que ce prince fit porter à Saladin, pour lui déclarer la guerre. Le même chroniqueur qui nous a fait connaître cette lettre, Gauthier Vinisauf, nous a aussi conservé la réponse de Saladin. Si l'intégrité du premier document est contestable, et semble même infirmée par les propres paroles du sultan, l'authenticité du second est peut-être reconnaissable à l'esprit musulman qui l'a dicté, et dans lequel il est écrit : « *Au roi, ami sincère, grand, élevé, Frédéric, roi d'Allemagne.* Au nom du Dieu miséricordieux, par la grâce du Dieu unique, tout-puissant, suprême, vainqueur, éternel, dont le règne n'aura pas de fin, à qui nous rendons des actions de grâces continuelles, et que nous supplions de verser ses faveurs sur ses prophètes, particulièrement sur notre maître et notre apôtre, le prophète Mahomet, qu'il a envoyé pour le rétablissement de la loi véritable, et pour la faire triompher de toutes les religions, nous notifions, par la présente, au roi sincère, puissant, grand, ami, qui mérite d'être aimé, roi d'Allemagne, qu'un homme du nom de Henri s'est présenté à nous, en se disant votre envoyé; il nous a remis une lettre qu'il a dit venir de votre part. Nous nous sommes fait lire cette lettre. Ensuite nous lui avons fait demander de bouche ce qu'il voulait, et nous lui avons répondu aussi de bouche. Maintenant, voici notre réponse par écrit : Vous nous faites le dénombrement de ceux qui se sont joints à vous pour venir nous attaquer, vous les nommez même par leurs noms, et vous dites qu'il y a, entre autres, le prince de tel royaume, le prince de tel autre, tel comte, tel archevêque, tel marquis, tels guerriers; mais si nous aussi nous voulions faire le compte de ceux qui sont à notre service, qui se soumettent à nos ordres, qui obéissent à nos paroles, qui sont prêts à combattre sous nos yeux, il nous serait impossible de le mettre par écrit. Vous citez les noms des peuples chrétiens; mais les peuples musulmans sont bien plus nombreux, bien plus grands que les chrétiens; et, tandis qu'entre nous et les peuples chrétiens dont vous parlez il y a une mer qui nous sépare, il n'y en a aucune, il n'y a aucune barrière entre nous et les nations innombrables de l'islamisme qui sont prêtes à s'unir à nous. Nous avons à notre disposition les Arabes bédouins qui, à eux seuls, suffiraient pour tenir tête à nos ennemis; nous avons les Turcomans qui, s'ils étaient envoyés contre nos ennemis, les mettraient en pièces; nous avons les habitants des campagnes, lesquels, s'ils en recevaient l'ordre, se battraient courageusement contre des gens qui viennent pour envahir nos terres, pour les piller, et s'en emparer à leur préjudice. Mais quoi! n'avons-nous pas aussi ces braves soldats, par qui nous avons forcé l'entrée de ce pays, par qui nous l'avons conquis, par qui nous avons triomphé de nos ennemis? Or, ces braves, aussi bien que tous les princes mahométans, n'hésiteront pas quand nous les appellerons, ils ne balanceront pas quand nous leur aurons marqué nos volontés. Et si, comme le porte votre lettre, vous vous assemblez, si vous venez contre nous, ainsi que le dit votre envoyé, nous irons à votre rencontre par la vertu du Tout-Puissant. Ce n'est pas assez pour nous d'avoir conquis la Palestine et la Phénicie, nous passerons les mers, s'il plaît à Dieu, et nous subjuguerons toutes vos provinces par la puissance divine; car, si vous venez jusqu'ici, vous serez obligé d'amener avec vous toutes vos forces, vous vous ferez accompagner de tout votre peuple, et il ne restera plus personne dans vos Etats pour les défendre. Or, quand le Seigneur nous aura donné, par sa toute-puissance, la victoire sur vous, il ne nous restera plus qu'à aller vous enlever vos provinces, par un effet de sa force et de sa volonté. Déjà deux fois toute la puissance chrétienne s'est coalisée contre nous, en venant nous attaquer dans l'Egypte: la première fois elle a menacé Damiette, et la seconde Alexandrie; et cependant, à cette époque, les chrétiens étaient encore maîtres de la Palestine et de la Phénicie.

« Or, vous savez dans quel état, dans quelle misère, les chrétiens sont revenus de l'une et de l'autre expédition. Maintenant, au contraire, ce pays est en notre pouvoir; le Seigneur nous a prodigué les provinces; il a reculé nos frontières en long et en large; il nous a donné l'Egypte et ses dépendances, la province de Damas, la Palestine avec la Phénicie, la Mésopotamie, le territoire d'Edesse, la province de l'Inde avec ses dépendances (par l'Inde il est probable que Saladin entend l'Yémen). Grâces à Dieu, tout ce pays est à nous, et ce qui reste de princes musulmans nous est dévoué. En effet, quand nous donnons un ordre à leurs excellences les princes musulmans, ils ne refusent pas d'y obéir; et si nous demandions au calife de Bagdad de venir nous trouver, il se lèverait du siége de son empire, et viendrait au secours de notre excellence. Enfin, nous avons conquis par la vertu divine Jérusalem et ses dépendances; il ne reste plus aux chrétiens que trois villes, Tyr, Tripoli et Antioche, qui ne peuvent manquer de tomber entre nos mains. Si vous voulez absolument la guerre, et si Dieu le permet, s'il est dans ses volontés que nous subjuguions toutes les villes chrétiennes, nous marcherons par la vertu divine à votre rencontre, comme il est dit dans cette lettre. Si, au contraire, vous êtes bien aise d'avoir la paix, vous n'avez qu'à envoyer aux commandants de ces trois places l'ordre de nous les livrer sans plus de résistance, et nous vous rendrons la sainte Croix; nous remettrons en liberté tous les prisonniers chrétiens qui sont dans nos Etats. Nous tolérerons un prêtre de votre rit à l'église du Saint-Sépulcre; nous vous rendrons les monastères qui subsistaient avant la première croisade, et nous les protégerons; nous accorderons l'entrée aux pèlerins, notre vie durant, et nous demeurerons en paix avec vous. Ainsi, en cas que la lettre qui nous est parvenue par l'entremise de Henri, soit vraiment la lettre du roi, nous lui envoyons celle-ci en réponse. La présente a été écrite l'an de l'hégire 584, par la grâce du Dieu unique, etc. »

Après la conclusion de la paix, Saladin retourna à Damas, dont il avait toujours beaucoup aimé le séjour. Il espérait y rétablir sa santé profondément altérée par les fatigues de la guerre. Les habitants de cette ville vinrent au-devant de lui et lui firent une réception triomphale. Au dire de Boha-Eddin, il accomplit en ce temps-là le pèlerinage de la Mecque. Il réunit autour de lui, dans la capitale de la Syrie, la plupart de ses enfants et les autres membres de sa famille ; et il paraît qu'il vivait avec eux tous dans une intimité affectueuse. Il consacrait une grande partie de son temps aux affaires publiques, et particulièrement à la réforme des abus. On aurait pu croire que, rassasié de gloire militaire, il ne songeait plus qu'à faire fleurir dans ses vastes Etats les arts de la paix. Il n'en é ait rien cependant. Comme sa santé paraissait améliorée, il avait résolu d'envahir en personne l'Asie-Mineure, et de confier la conquête de la Grande-Arménie à son frère Malek-Adel et à son fils Afdal. Il avait même promis à Malek-Adel la souveraineté de cette dernière province. Déjà il s'occupait avec activité des préparatifs de cette entreprise gigantesque, lorsqu'il fut atteint à Damas d'une fièvre bilieuse qui lui enleva la vie le 5 mars 1193. Il était alors âgé de cinquante-sept ans lunaires. Il en avait régné vingt-quatre sur l'Egypte, et dix-neuf sur la Syrie.

Jean-d'Ypres rapporte, dans la *Chronique de saint Bertin*, que Saladin, au moment de sa mort, fit amener devant lui plusieurs prisonniers chrétiens de distinction, au nombre desquels était le seigneur d'Anglure, à qui il présenta son étendard lui disant que, s'il consentait, pour lui et pour ses successeurs, à porter cet étendard à la guerre, il lui rendrait la liberté, ainsi qu'aux prisonniers qui l'entouraient. Le seigneur d'Anglure s'y engagea, et Saladin tint sa promesse. Depuis ce temps, ajoute l'auteur, la famille d'Anglure porte à la guerre la bannière de Saladin.

Le même chroniqueur et quelques autres auteurs chrétiens racontent que Saladin, voulant, avant de mourir, donner une idée du néant des grandeurs humaines, ordonna à un de ses émirs de porter son drap mortuaire dans les rues de Damas, en criant à haute voix : « Voilà ce que Saladin, vainqueur de l'Orient, emporte de ses conquêtes. » Les chroniques arabes ne disent rien de semblable ; ce fait peut cependant être vrai.

Saladin laissa dix-sept fils et une fille. Il avait fait lui-même le partage de ses Etats pour le temps où il ne serait plus. Afdal, l'aîné de ses fils, eut Damas et la Syrie méridionale avec le titre de sultan, qui le rendait suzerain de tous les autres ; Aziz reçut l'Egypte, et Alep fut dévolue à Daher. Les autres enfants de Saladin n'eurent point d'attribution territoriale ; mais ceux de ses neveux qui avaient déjà des apanages, les conservèrent. Malek-Adel, auquel il destinait la Grande-Arménie quand il l'aurait conquise, et qui par sa vaillance avait tant contribué à l'élévation de sa famille, se trouva, par la mort inopinée du sultan, réduit à ce qu'il possédait déjà, c'est-à-dire à la forteresse de Carac et à quelques villes de Mésopotamie. Plus tard, il sut augmenter son lot aux dépens de ses neveux. En s'accordant cette réparation de l'oubli fraternel, ce prince ne fit que se conformer aux maximes d'après lesquelles les Musulmans en général, et particulièrement Saladin lui-même, ont de tout temps réglé leur conduite en pareille occurrence. Lorsque l'on publia la mort du sultan, le deuil fut général dans ses Etats, et surtout à Damas, parce que c'était une opinion répandue parmi les Musulmans qu'il était le défenseur par excellence et comme le Palladium de l'islamisme. Il les gouvernait d'ailleurs avec douceur et habileté. En parvenant à la souveraine puissance, il avait diminué les impôts, et jamais depuis lors il ne les avait augmentés. Il montrait un grand amour pour la justice, et souvent il la rendait lui-même, assisté de docteurs et de cadis On rapporte qu'une fois il fut cité devant le juge par un marchand arménien, qu'il comparut en personne, et que, quoique le marchand eût tort dans sa prétention, néanmoins le sultan lui donna une somme d'argent considérable pour le récompenser de la bonne opinion qu'il avait eue de lui.

Les auteurs arabes le représentent comme un prince très-libéral, qui se dépouillait même du nécessaire. A en croire Boha-Eddin, quand il mourut, on ne trouva dans son trésor qu'une somme qui aurait fait à peine cinquante francs de notre monnaie actuelle. C'était surtout lorsque Saladin s'emparait d'une nouvelle province que, pour gagner la multitude, il prodiguait les largesses. Il disait que l'avarice était faite pour les marchands et non pour les rois.

On prétend qu'il dit à son fils Daher, en l'envoyant dans le gouvernement qu'il lui avait assigné : « Mon fils, je te recommande la crainte de Dieu, qui est la source de tout bien. Aie toujours en horreur l'effusion du sang, car le sang ne dort jamais. Veille exactement au bonheur de tes sujets, et informe-toi de leur situation. Tu es à leur égard le ministre de ma volonté et de celle de Dieu. Fais en sorte que les émirs et les fonctionnaires publics soient contents. Les manières courtoises m'ont fait ce que je suis. Ne conserve de ressentiment contre personne, car nous devons tous mourir. » En effet, Saladin, au rapport d'Aboulféda, avait les mœurs douces ; il supportait facilement la contradiction, et montrait de l'indulgence pour ceux qui le servaient ; si quelque propos le blessait, il n'en laissait rien paraître. Il se plaisait dans la conversation des docteurs de la loi et des gens instruits et de mérite. Il n'était pas insensible aux affections domestiques : il aimait à vivre au sein de sa famille, avec ses enfants, et prenait part à leurs jeux. Boha-Eddin cite de lui un trait à peu près semblable à celui qu'on rapporte de Henri IV, quand il fut surpris par un ambassadeur espagnol, jouant avec Louis XIII enfant.

Il serait injuste, sans doute, de prétendre que toutes les qualités qui ont concilié à Saladin l'affection de ses peuples, n'étaient que le résultat d'un froid calcul ; mais on s'éloignerait aussi de la vérité, si l'on soutenait que les artifices de la politique n'y entraient pour rien. On ne doit point perdre de vue, que son élévation n'a été que qu'à une série de crimes commis au mépris de la reconnaissance, de la justice, de l'humanité ; et que si, dans ses guerres, il a usé quelquefois de générosité envers les vaincus, trop souvent aussi il s'est montré contempteur du droit des gens et ennemi féroce. Ainsi, c'est avec raison qu'Olivier Scolastique, qui avait assisté au siége et à la prise de Damiette, de 1218 à 1222, représente Saladin, dans son *Histoire des rois de la terre sainte*, comme un guerrier habile et un tyran cruel, qui étendait sa puissance par des incendies, des rapines et des massacres.

Boiardo, dans la chronique que lui attribue Muratori, *Istoria imperiale di Ricobaldo*, tombe dans le défaut qui a été assez généralement celui des chroniqueurs italiens des croisades, de faire de Saladin un éloge qu'il ne méritait pas, en lui supposant un caractère d'humanité que ne lui accordent même pas les historiens arabes. Ce sont les chroniques italiennes du moyen âge qui ont fait au chef de la dynastie des Ayoubites la brillante réputation dont il jouit dans l'histoire, qui s'est faite leur écho. De même Marin, dans son *Histoire de Saladin*, a trop flatté son héros.

Guillaume de Neubridge, qui, dans son *Histoire d'Angleterre*, fait un récit abrégé des conquêtes de Saladin, dit avec vérité que ce sultan fut, *non la verge, mais le marteau de Dieu*, que *sa bouche disait de grandes choses*, et que *son bras frappait de grands coups*.

Et tout homme dont on peut parler ainsi, est toujours ici-bas l'objet d'une admiration exagérée comme d'un blâme excessif.

Saladin paraît avoir été sincèrement attaché à sa religion, et il éleva ses enfants dans les mêmes principes. Il aimait beaucoup la lecture du Coran, et il faisait lire ce livre à ses serviteurs et à tous ceux qui l'approchaient. Il abhorrait les *philosophes*. Il faut bien se garder d'admettre cependant tout ce que rapportent les auteurs arabes, et notamment Boha-Eddin, de la piété et de la justice de Saladin. Si on veut se faire une idée exacte de son caractère et de sa politique, il faut reconnaître qu'il n'était retenu par aucun lien quand l'ambition le conduisait. Il savait que ses exploits contre les chrétiens l'avaient revêtu d'un prestige religieux, et, confiant dans l'ascendant qu'il avait acquis sur l'esprit des Musulmans, il méditait, outre la conquête de l'Asie Mineure, celle de l'empire de Perse, c'est-à-dire le renversement de la puissance des Turcs seldjoucides, lorsqu'il mourut. Mais sa pensée dominante était la guerre sacrée, la guerre contre les Francs ; son plus grand plaisir était d'en parler. « Le moyen le plus sûr de lui plaire, dit son courtisan Boha-Eddin, était de parler comme lui. C'est cette considération qui m'engagea à lui faire hommage d'un petit livre où je traitais des devoirs de la guerre sacrée ; j'y avais recueilli tous les versets du Coran qui se rapportent au même objet, et toutes les traditions verbales, sorties de la bouche de Mahomet, qui y font allusion. Le sultan lisait souvent ce traité, et il le laissa en mourant à son fils aîné. » L'ambition de Saladin était telle, qu'il ne méditait rien moins que d'ajouter la conquête de l'Occident à toutes les autres conquêtes qu'il rêvait. Il dit un jour à Boha-Eddin, qu'avait épouvanté le spectacle de la mer, que l'historien voyait pour la première fois : « Je vais te faire part de ce que j'ai dans mon âme. Lorsque Dieu m'aura remis entre les mains le reste des villes chrétiennes, je partagerai mes Etats entre mes enfants ; je leur laisserai mes dernières instructions, et, leur disant adieu, je m'embarquerai sur cette mer pour aller subjuguer les îles et les pays d'Occident ; je ne veux mettre bas les armes que lorsqu'il ne restera plus un seul infidèle sur la terre, à moins que d'ici là je ne sois arrêté par la mort. » Le témoignage de Boha-Eddin n'est pas le seul qui nous révèle les projets gigantesques de Saladin ; tous ceux qui ont eu sa confiance y étaient initiés, et on en trouve la pensée dans une réponse du sultan à une lettre de l'empereur Frédéric Barberousse. D'où il semble permis d'inférer que le fanatisme de Saladin avait pour cause principale le grand parti qu'il pouvait tirer de sa religion, pour satisfaire sa passion dominante, l'ambition. Et en effet, il avait communiqué à ses sujets l'enthousiasme de sa haine de la puissance chrétienne. Gauthier Vinisauf nous apprend que les Musulmans, sous le règne de ce sultan, léguaient en mourant le tiers de leurs biens pour subvenir aux frais de la guerre sacrée. Ce serait très-mal juger Saladin que d'inférer de quelques traits particuliers de générosité envers les chrétiens, qu'il n'était pas l'implacable ennemi de leur foi et de leur puissance. S'il a bien traité les chrétiens coptes, c'est qu'il ne les redoutait pas, et qu'il savait qu'ils avaient favorisé l'entrée des Musulmans en Egypte, et que leur secte était hostile aux chrétiens d'Occident. L'historien arabe des patriarches d'Alexandrie a payé en éloges la protection accordée par Saladin à la secte à laquelle il appartenait, et les écrivains italiens ont été les échos de ces éloges, qui dépassent ceux des historiens musulmans. Les grands titres de Saladin à l'admiration et à la reconnaissance des Musulmans, c'étaient la conquête de Jérusalem et de la Palestine sur les chrétiens, et la destruction des califes fatimites d'Egypte, qui étaient considérés comme hérétiques par tous les sectateurs du faux prophète dont le calife de Bagdad était le pontife suprême.

SARON est le nom de la forêt où les croisés, assiégeant Jérusalem, en 1099, se procurèrent le bois dont ils avaient besoin pour la construction de leurs machines. L'emplacement de cette forêt, que l'imagination du Tasse a remplie d'enchantements poétiques, est parfaitement indiqué dans un *Mémoire* que M. Michaud a publié dans les *Eclaircissements* du premier volume de son *Histoire des Croisades*. L'auteur de ce *Mémoire*, M. Paultre, officier français, attaché à l'armée d'Egypte, avait eu occasion de reconnaître les lieux qu'il décrit dans la campagne de Syrie, en 1799. « La forêt de Saron, dit M. Paultre, s'étend sur un vaste coteau, qui est un des contre-forts occidentaux de la chaîne qui sépare la vallée du Jourdain des plaines de la Palestine, et qui est elle-même un prolongement du mont Liban. Ce coteau, désigné par les Hébreux sous le nom de mont Saron, se détache de la chaîne principale au-dessous de la ville de Naplouse, et s'étend jusqu'à la mer, où il vient se terminer par des rochers et des dunes peu élevées, entre Jaffa et Arsur, l'ancienne Apollonias. Il peut avoir huit à neuf lieues de longueur, depuis le mont Garizim, où il quitte la chaîne principale, jusqu'au rivage de la mer; sa largeur moyenne est de deux à trois lieues, et sa hauteur est progressive depuis Naplouse jusqu'au rivage de la Méditerranée, où il se termine par des rochers et des collines d'une hauteur médiocre.... La forêt couvre le coteau, depuis la chaîne principale jusqu'à trois quarts de lieue du bord de la mer, ce qui lui donne une longueur de six à sept lieues sur deux à trois de largeur. » M. Paultre fait observer que Guillaume de Tyr se trompe dans l'évaluation de la distance, en indiquant cette forêt à six ou sept milles de Jérusalem, tandis qu'elle en est éloignée de dix à onze lieues. Raoul de Caen est plus exact sur l'emplacement de la forêt de Saron, en disant qu'elle est au bas des montagnes de Naplouse, où elle se trouve effectivement.

SARRASIN. Les Arabes sont presque toujours appelés *Sarrasins* dans l'histoire des croisades. Les chroniqueurs anciens, confondant les Turcs et les Arabes, désignent même ordinairement tous les Musulmans par le nom de Sarrasins. Nous citons, à l'article *Pierre l'Ermite*, la lettre du patriarche de Jérusalem dont le prédicateur de la première croisade revint porteur en Europe. On peut remarquer que, dans cette lettre, la distinction entre les Turcs et les Sarrasins, que les historiens des croisades, anciens et modernes, sont loin d'avoir toujours rigoureusement observée, est parfaitement établie. *La puissance des Turcs*, dit le patriarche de Jérusalem, *grandit de jour en jour.... Leurs armes sont plus cruelles et plus redoutables que ne l'étaient celles des Sarrasins.*

Arnold de Lubeck rapporte, dans la continuation de la *Chronique des Slaves*, que durant la quatrième croisade, la garnison infidèle de la forteresse de Thoron, assiégée par les croisés allemands qu'avait conduits en Palestine Conrad, chancelier de l'empereur Henri VI, ayant demandé à capituler, dit par l'organe de ses chefs, qui traitaient des conditions de la reddition de la place : « Quoique nous ne soyons pas chrétiens, nous ne vivons pas sans religion ; nous descendons d'Abraham, et nous nous appelons Sarrasins de son épouse Sara. » Telle n'est pas cependant la véritable étymologie du mot *Sarrasin*. Ce nom donné aux Arabes vient du verbe *Scharaka* qui, dans la langue de ce peuple, signifie *se lever*, en parlant du soleil, *ortus fuit sol*. Les *Sarrasins* sont donc les *Orientaux* par rapport aux contrées occidentales, où les Arabes ont été désignés sous ce nom. Le nom du vent connu sous la dénomination de *Siroco* a la même origine.

SCHISME DES GRECS. Le schisme commencé par Photius et consommé par Michel Cérulaire, au milieu du XIe siècle, a puissamment contribué à précipiter la décadence et à amener la chute de l'empire grec.

L'Orient ecclésiastique fut primitivement divisé en deux patriarcats, ceux d'Antioche et d'Alexandrie, assis dans une seule et même chaire apostolique, avec le siége romain de Pierre, suivant l'expression de saint Grégoire le Grand. Mais des subdivisions devinrent nécessaires quand le christianisme s'étendit. Le siége de Byzance, placé dans la dépendance de l'exarchat d'Héraclée en Thrace, acquit une grande importance par la translation du trône impérial de Rome à Constantinople. L'évêque de ce siége devint une espèce de ministre des affaires ecclésiastiques, un intermédiaire naturel entre le souverain et les autres évêques, entre l'Orient et l'Occident, entre le pape même et le chef de l'empire. Cet évêque, si haut placé par son influence, aspira bientôt à n'être plus obligé de céder le pas, dans l'ordre hiérarchique, aux patriarches, aux exarques et aux métropolitains. Circonvenus vraisemblablement par des démarches dont l'histoire n'a point gardé les traces, les Pères du premier concile général de Constantinople, tenu en 381, et uniquement composé d'évêques orientaux, décidèrent, par leur troisième canon, que l'évêque de la capitale de l'empire aurait la primauté d'honneur après l'évêque de Rome, parce que *Constantinople était la nouvelle Rome.* Le canon qui établissait cette primauté d'honneur, bien qu'elle n'impliquât aucune extension d'autorité et de juridiction en faveur du siége de Constantinople, n'en portait pas moins atteinte à tous les décrets antérieurs des papes. Aussi ne fut-il pas proposé à la sanction du saint-siége dans le compte-rendu des opérations du concile. Plusieurs auteurs ont conclu de ce silence extraordinaire que ce canon n'était point authentique, et qu'il était l'œuvre d'une réunion d'évêques dévoués au prélat de la cour, tenue après ce concile. Ce canon a cependant été la base sur laquelle se sont ensuite appuyés les évêques de Constantinople pour accroître leur juridiction, et pour arriver à se faire déclarer patriarches universels. L'évêque qui occupait le siége de Constantinople, quand fut tenu le concile de 381, commença déjà à empiéter sur les droits des patriarches d'Antioche et d'Alexandrie. Appelé comme arbitre, conformément aux canons, par plusieurs évêques d'Asie, pour aplanir des difficultés dont ses vertus et ses lumières promettaient la solution, saint Jean Chrysostome lui-même fournit involontairement à ses successeurs, tout en se maintenant dans l'ancien ordre canonique, un exemple dont ils n'ont pas manqué de s'autoriser pour étendre illégitimement leur juridiction. Quoique ces envahissements ne fussent pas du domaine de l'ordre politique, le pouvoir impérial fut appelé à les seconder. Le deuxième successeur du grand saint que nous venons de nommer obtint, de la faiblesse de Théodose le Jeune, deux lois favorables aux desseins ambitieux de son siége. Sous le prétexte que *la nouvelle Rome se glorifiait des priviléges de l'ancienne*, l'une de ces lois instituait l'évêque de Constantinople pape, pour ainsi dire, d'une partie de l'Orient. A la demande d'Honorius, empereur d'Occident et oncle de Théodose, ces lois furent ensuite révoquées; mais les tendances des évêques de Constantinople se maintinrent dans la voie dangereuse qui les a conduits au schisme. Divisée presque également entre les catholiques, les Nestoriens et les Eutychiens, l'Eglise d'Orient était alors dans une situation inquiétante, qui imposa au saint-siége une prudente réserve durant l'espace de temps qui s'écoula entre le premier concile de Constantinople et celui de Chalcédoine, de 381 à 451. Envers des empereurs qui malheureusement s'occupaient beaucoup plus des affaires de l'Eglise que de celles de l'Etat, la papauté devait, dans l'intérêt de la foi, le premier des intérêts confiés à sa garde, observer des ménagements qui expliquent le silence de Rome sur les usurpations d'autorité des évêques de Constantinople, favorisées par le trône. Mais quand, enhardis par leurs premiers succès, ces évêques prétendirent convertir en règle ce qui n'était que l'effet d'une tolérance momentanée, ils trouvèrent dans la résistance de la chaire de saint Pierre une barrière qu'ils ne purent franchir qu'en sortant de l'unité de l'Eglise fondée par Jésus-Christ.

Lorsque le concile de Chalcédoine se réunit, en 451, pour réparer les maux causés par le faux concile d'Ephèse, le siége de Constantinople était occupé par Anatole, qui avait assisté à ce faux concile, et dont le pape saint Léon, *plus indulgent que juste*, comme il l'avoue lui-même, n'avait approuvé l'élection qu'après deux ans d'hésitation. Profitant de circonstances favorables à ses desseins, Anatole fit accorder, par deux canons du concile de Chalcédoine, au siége de la ville impériale de Constantinople, un droit de juridiction sur les trois exarchats du Pont, de l'Asie et de la Thrace. L'ambitieux évêque ne se contenta pas de cet accroissement de pouvoir : quand le concile eut terminé ses opérations, il fit ajouter, par une réunion clandestine d'évêques complaisants, trois canons aux vingt-sept qui avaient été décrétés. Le premier et le plus important de ces trois canons, s'appuyant sur le faux principe du troisième canon du concile de Constantinople, que les priviléges accordés au siége de Rome, lorsqu'elle était la ville régnante, devaient, par la même raison, appartenir maintenant, en seconde ligne, au siége de Constantinople, conféra, non plus à l'évêque, mais à l'*archevêque* de ce siége, le droit d'ordonner les métropolitains des trois exarchats et tous les évêques envoyés chez les nations barbares. C'était ériger le siége de Constantinople en un patriarcat placé au-dessus de ceux d'Alexandrie et d'Antioche, d'après le sens qu'on attachait au troisième canon du concile de Constantinople. C'était, en outre, établir, par une confusion sacrilége du spirituel et du temporel, les prémisses du raisonnement dont la logique de Photius a tiré la conclusion, en prétendant que la translation du siége de l'empire de Rome à Constantinople avait substitué la primauté ecclésiastique de cette seconde ville à celle de la première. Les légats du pape, qui avaient laissé passer les deux canons décrétés par le concile, refusèrent d'en ratifier l'œuvre posthume. Mais gagnés à la cause d'Anatole, les uns par la violence, les autres par la corruption, tous les Pères du concile se déclarèrent alors en faveur de ses prétentions; et, dans une lettre écrite en termes aussi humbles que respectueux, ils prièrent le pape de sanctionner ce qui n'était, à les entendre, que l'ancienne coutume. L'empereur Marcien et la pieuse impératrice Pulchérie joignirent leurs instances à celles du concile. Le pape, à qui Anatole était demeuré suspect, avait un apocrisiaire permanent à Constantinople. L'artificieux évêque sut circonvenir l'envoyé pontifical et l'amener à plaider sa cause à Rome. Anatole ne négligea pas non plus d'écrire lui-même au souverain pontife; il lui disait avec une apparente candeur : « Nous vous supplions de nous accorder ce qui vous est demandé, afin que le siége de Constantinople, qui a pour père votre trône apostolique, s'y unissant d'une manière plus étroite et plus excellente, chacun comprenne, par un nouvel effet de votre sollicitude, qu'il n'a point cessé d'être l'objet de vos soins et de votre bienveillance. »

Mais ces manœuvres, quelque habiles qu'elles fussent, ne trompèrent pas la vigilance pontificale, inébranlable gardienne de l'antique discipline. Saint Léon cassa et annula tout ce qui y dérogeait dans les décrets proposés à sa sanction, et dans les réponses qu'il adressa à l'empereur, à l'impératrice, à son apocrisiaire et à Anatole, il détruisit les fondements sur lesquels la sophistiquerie orientale prétendait appuyer cette dérogation. « Le troisième canon de Constantinople, disait le pape, n'ayant pas été communiqué au saint-siége, a été dès le commencement frappé de nullité, et l'usage qu'on veut en faire maintenant est aussi tardif qu'inutile.... La présence de l'empereur peut faire un séjour royal, mais elle ne peut faire un siége apostolique; les choses divines ne se règlent pas sur les dispositions des hommes. Toute construction qui est en dehors de la pierre que Jésus-Christ a placée au fondement, s'écroule. Les priviléges des Eglises établies par les canons des saints Pères et fixées par ces décrets de Nicée, ne peuvent être arrachés par la violence d'un téméraire, ni modifiés par un changement politique. » Quoiqu'il n'y eût rien à répliquer à cette incontestable exposition des principes sur lesquels repose l'unité catholique, Anatole, sans l'intervention de l'empereur, aurait obligé le pape à user envers lui de sévérité. Il entacha sa soumission à l'autorité sans laquelle, de son propre aveu, *rien ne peut avoir de force*, du tort de rejeter sa faute sur les Pères du concile, qu'avec une hypocrisie dont le pape ne fut pas dupe, il accusa d'avoir conçu le projet d'élévation, œuvre de son orgueil. La papauté continua cependant à tenir compte de l'état des esprits en Orient, et à tolérer la préséance d'honneur à laquelle aspiraient les évêques de Constantinople qui, depuis le concile de Chalcédoine, ont pris, avec le consentement tacite de Rome, le titre d'archevêques ou celui de patriarches. Photius eut un digne précurseur dans Acace, qui remplaça sur le siége de Constantinople, Gennade, successeur d'Anatole. Joignant la duplicité à l'ambition, Acace commença par faire le bon apôtre auprès du saint-siége, en résistant à l'empereur Basilisque, qui favorisait les Eutychiens. Le schisme oriental est un édifice bâti tout entier par la fausseté : Anatole s'était appuyé sur le troisième canon, non approuvé à Rome, du concile de Constantinople, pour faire ajouter, par voie clandestine, aux vingt-sept canons du concile de Chalcédoine le premier des trois que le pape refusa de confirmer; Acace fonda sur ce vingt-huitième canon du concile de Chalcédoine, mis à néant par saint Léon, la prétention d'usurper le gouvernement de l'Eglise d'Orient, et de réduire à celui de l'Eglise d'Occident l'héritier des droits de saint Pierre. Les circonstances politiques secondèrent cette audacieuse entreprise. Effacée par Odoacre, roi des Hérules, l'ombre de l'empire d'Occident venait de disparaître. Constantinople était donc définitivement la ville triomphante, la ville régnante, et Rome n'était plus que sa vassale. Acace n'en concluait pas encore, comme le fera bientôt Photius, que l'empire universel de l'Eglise était transféré à Constantinople; mais il voulait partager cet empire avec le pape, et s'attribuant l'Orient tout entier, ne lui laisser que l'Occident. Appelé à Rome pour y rendre compte de sa conduite, Acace n'eut pas le front d'aller soutenir la conséquence qu'il tirait d'un canon, sans valeur canonique. A une sentence d'excommunication lancée contre lui par Félix III, il osa répondre en excommuniant, de son autorité imaginaire, le chef donné à l'Eglise catholique, par le fondateur du christianisme. La séparation schismatique était consommée.

L'opinion erronée, établie dans le vingt-huitième canon du concile de Calcédoine, avait tellement prévalu dans les esprits en Orient, que les hommes les plus vertueux et les plus éclairés ne faisaient pas difficulté de l'admettre. Fravita, successeur d'Acace, ne voulut pas être intronisé avant d'avoir reçu la confirmation du pape; mais, tout en blâmant son prédécesseur d'avoir méconnu l'autorité du saint-siége sur l'Eglise de Constantinople, il ne le désapprouvait pas d'avoir étendu sa suprématie sur l'Orient, et il mourut dans cet entêtement, hors de la communion du saint-siége. Euphémius, successeur de Fravita, qui ne manquait pas de lumières, et dont l'orthodoxie n'était en défaut qu'en ce qui touchait la soi-disant primauté du siége de la ville impériale sur l'Eglise d'Orient, s'opiniâtra à défendre la mémoire d'Acace à ce sujet, refusa d'entendre la papauté parlant le langage de la raison, par la bouche de saint Gélase, dans une suite d'écrits irréprochables, adressés aux Grecs, pour les éclairer sur leur égarement, et mourut aussi séparé de la communion de Rome. Les empereurs, même les moins mauvais, se persuadaient, pour le malheur de leur empire, qu'ils accroîtraient l'éclat de leur capitale en favorisant les prétentions schismatiques de ses évêques. Une *Novelle* de Justinien, invoquant les définitions des conciles, tout en ne tenant aucun compte de la résistance des papes aux usurpations du siége épiscopal de Constantinople, donne à ce siége le second rang, après celui de Rome : *Sancimus secundum Synodorum definitiones sanctissimum senioris Romæ papam, primum esse omnium sacerdotem : beatissimum autem archiepiscopum Constantinopoleos novæ Romæ, secundum habere locum post sanctam apostolicam senioris Romæ sedem* (Novell. 131). L'incompétence de l'intervention impériale en matière ecclésiastique, n'empêcha pas un évêque de Constantinople, plein de piété et de charité, Jean, surnommé le Jeûneur, à cause de l'austérité de sa vie, de s'autoriser de cette loi et de l'appui de l'empereur, pour citer à son tribunal le patriarche d'Antioche, et pour prendre un titre qui fût l'expression de la haute suprématie dont il se croyait investi, celui de *patriarche universel*. Ni les remontrances du pape Pélage II, exprimées dans un langage paternel qui était un hommage aux vertus de celui à qui il était adressé, ni la leçon d'humilité renfermée dans le titre de *Serviteur des serviteurs de Dieu*, que prit saint Grégoire le Grand, successeur de Pélage, en écrivant à Jean le Jeûneur, ne purent toucher son cœur endurci par l'ambition inhérente au siége qu'il occupait. Cette ambition, incessamment croissante, s'acheminait à une scission que les papes prévoyaient, et qu'ils s'efforçaient de conjurer en se maintenant dans l'attitude de la plus patiente tolérance. Cette prudence inspira la papauté lorsqu'elle garda le silence quand le concile *in trullo*, entièrement composé de Grecs, évoqua les canons fantastiques des conciles de Constantinople et de Calcédoine, pour égaler les priviléges du siége de la ville impériale à ceux de la chaire de Rome, et assigna à ce siége le second rang, donnant le troisième à Alexandrie, le quatrième à Antioche et le cinquième à Jérusalem. L'homme qui devait tirer la dernière conséquence des principes posés, ne devait pas tarder à paraître.

Photius, le consommateur de l'œuvre de ses prédécesseurs sur le siége de Constantinople, y fut placé par la plus scandaleuse intrusion. Bardas, oncle de l'empereur Michel III, le Néron du Bas-Empire, se croyant tout permis parce qu'il régnait sous le nom de ce monstre, ne toléra pas que le pieux et saint patriarche Ignace osât contrarier sa passion incestueuse pour sa belle-fille. Non content d'exiler le possesseur légitime du siége, Bardas lui donna un remplaçant dans la personne de Photius, secrétaire d'Etat et premier écuyer de l'empereur. Appelé au gouvernement de l'Eglise de Constantinople par un sacrilége attentat de la puissance séculière à l'autorité spirituelle, Photius était laïque et tout à fait étranger à la hiérarchie ecclésiastique, lorsqu'on lui en fit franchir tous les degrés en six jours, pour l'élever au rang de patriarche. C'était en 857 qu'on se jouait ainsi des choses saintes dans la capitale de l'empire grec. L'usurpateur du siége d'Ignace mit le comble à ses iniquités en accablant de mauvais traitements le vertueux vieillard dont il espérait devenir l'héritier légitime, en lui arrachant sa démission; mais la constance du martyr fatigua l'acharnement du bourreau. L'empereur Michel, quand il régna par lui-même, ne pouvait pas manquer d'être le patron de Photius; mais ce ne fut pas une raison pour que le pape Nicolas Ier s'arrêtât dans l'accomplissement de son devoir. Pour donner à la condamnation du protégé impérial, qui avait corrompu les légats envoyés à Constantinople par le saint-siége, une authenticité solennelle, le souverain pontife voulut que la sentence fût prononcée dans un concile qu'il assembla à Rome à cet effet. La profonde sensation que produisit la voix du chef de l'Eglise, en Orient, prouva qu'elle y était encore puissante sur l'esprit des peuples. Mais Photius arbora effrontément l'étendard de la révolte contre sa condamnation. A une insatiable ambition, appuyée sur une naissance illustre, soutenue par un indomptable orgueil, et servie par le génie de la ruse et de la fourberie, il joignait tous les talents de la nature intellectuelle la plus heureusement douée: par une assiduité infatigable à l'étude, il était devenu l'homme le plus savant de son temps, et son éloquence était aussi vive et aussi brillante que sa science était étendue et profonde. Il abusa de tous ces dons pour séparer l'Eglise grecque de l'unité de l'Eglise catholique. Une des principales pièces de l'histoire du schisme oriental est une circulaire adressée par Photius aux patriarches d'Antioche, d'Alexandrie et de Jérusalem, et par laquelle il convoque les évêques de tout l'Orient à un concile général, où il projetait de faire condamner le pape comme hérétique sur la question de la procession du Saint-Esprit du Père et du Fils, et de se faire proclamer chef de l'Eglise. Mais un des premiers actes du gouvernement de Basile, qui, parvenu au trône en 867 par l'assassinat de Michel, fit généralement un bon usage de l'autorité acquise à ce prix, fut de chasser Photius du siége patriarcal et d'y replacer le pasteur légitime. Le nouvel empereur comprit la nécessité de retrancher dans sa racine l'ivraie semée dans le champ de l'Eglise d'Orient, et il s'entendit avec le pape pour la réunion d'un concile général à Constantinople. Ce concile, qui est le huitième concile œcuménique, s'assembla le 5 octobre 869 dans l'église de Sainte-Sophie. La faculté de se défendre y fut laissée à Photius, mais il affecta de se renfermer dans son hypocrisie accoutumée. Convaincu par son propre silence, il fut condamné, et exilé par ordre impérial. Avant la mort par laquelle Ignace acheva dignement de mériter la plus grande gloire à laquelle l'homme puisse arriver sur la terre, le titre de saint, Photius avait déjà eu l'insidieuse habileté de reconquérir la bienveillance de l'empereur. Basile avait la faiblesse de rougir de l'obscurité de son origine, et sa vanité ne demandait pas mieux que d'être sur ce point la dupe d'une adroite supercherie. Une fausse généalogie, présentée sous la forme d'une prophétie, œuvre de l'art de fabriquer des pièces, dans lequel excellait celui qui avait un si grand intérêt à flatter la puissance souveraine, fut donc accueillie avec succès. Il s'ensuivit, entre Basile et Photius, une réconciliation qui a été la source de la consommation du schisme d'Orient. L'auteur de cette consommation préluda à son audacieuse reprise de possession du siége patriarcal, en violant le repos de la tombe de saint Ignace, dont il fut ainsi le persécuteur jusque dans sa dépouille mortelle. Photius voulut faire approuver son usurpation par le saint-siége, et l'empereur se joignit à lui pour demander cette confirmation au pape. Trompé par l'imposteur qui allait bientôt nier la suprématie devant laquelle il s'inclinait alors, Jean VIII condescendit à relever Photius de tous les anathèmes dont il avait été frappé, et à le reconnaître pour légitime pasteur de l'Eglise de Constantinople. Le fourbe qui était l'objet de cette excessive indulgence en abusa indignement. Il falsifia les lettres qu'il avait reçues du pape, il corrompit encore une fois les légats du saint-siége, assembla un concile composé en grande partie de ses partisans, et s'en arrogea la présidence. Il osa faire sa propre apologie, au milieu de cette assemblée; et la mensongère impudence de ses paroles est un témoignage de l'abjection de ceux qui les supportèrent. Aux actes de ce concile, que le schisme grec a substitué plus tard au huitième concile général, Photius ajouta une lettre de sa composition, adressée à lui-même, et supposée écrite par le pape Jean VIII pour adhérer à l'erreur du faussaire sur la procession du Saint-Esprit. L'auteur de tant d'iniquités fut excommunié et déposé de nouveau, dès que sa conduite fut connue à Rome. Photius répondit à cet acte de justice en mettant le comble à l'œuvre de toute sa vie. Dans une lettre à l'archevêque schismatique d'Aquilée, le soi-disant patriarche œcuménique déploya tout ce qu'il possédait d'habileté sophistique et d'éloquence astucieuse, pour nier la croyance traditionnelle de l'Eglise sur la procession du Saint-Esprit, du Père et du Fils.

Cette pièce, qui est comme une seconde édition, revue et augmentée, de la lettre précédemment adressée par Photius, sur le même sujet, aux patriarches et aux évêques d'Orient, est demeurée une des pierres fondamentales du scandale de la scission grecque. Ce n'est pas ici le lieu, et ce n'est pas à nous de démontrer que la subtilité métaphysique de la dialectique du Bas-Empire pouvait seule contester l'orthodoxie de l'addition du *Filioque* au symbole, la qualifier de blasphème, et s'en faire un prétexte pour rompre avec la chaire apostolique en l'accusant d'hérésie. Quand l'homme qu'on peut considérer comme la plus haute personnification du faux esprit de cette époque prétendait que cette addition était une invention *inouïe*, il y avait plusieurs siècles que l'Eglise d'Orient récitait, comme l'Eglise d'Occident, le symbole de saint Athanase, où il est dit que le *Saint-Esprit procède du Père et du Fils, Spiritus sanctus a Patre et Filio..... procedens.* Photius était d'ailleurs trop instruit pour ignorer que non-seulement saint Augustin a attesté la procession du Saint-Esprit, du Père et du Fils, *fatendum est Patrem et Filium principium esse Spiritus sancti*, mais que la plus sublime autorité grecque, saint Jean Chrisostome, a expressément déclaré, dans une de ses homélies, que le Saint-Esprit *procède du Père et du Fils.*

Quand, à la mort de Basile, Léon succéda à son père, en 886, un des premiers actes par lesquels le nouvel empereur signala son avénement au trône fut l'expulsion solennelle de Photius, qu'on relégua dans un monastère. Deux des principaux officiers de l'empire l'arrachèrent de sa chaire patriarcale, dans l'église de Sainte-Sophie, en présence du peuple assemblé. En dérobant à la connaissance de l'histoire les dernières années de la vie d'orgueil et d'ambition de son fondateur, le schisme grec a confessé la honte de son origine. C'est en 891, qu'après avoir troublé l'Eglise pendant plus de trente-quatre ans, est mort le grand coupable de la scission qui a été la principale brèche par où le croissant a fait invasion dans l'antique domaine de la croix. Si les Grecs n'ont pas opposé à l'islamisme le courage que les Espagnols ont puisé, pour le salut spirituel et temporel de leur patrie, dans la pureté vigoureuse de leur foi, si l'Eglise orientale est restée frappée d'impuissance et de stérilite, depuis l'époque qui a atteint son apogée en Photius, c'est que cet imposteur lui a légué son esprit en descendant dans la tombe, où il repose sous le poids des anathèmes prononcés contre lui par neuf papes.

L'empereur Léon, en donnant son frère Etienne, âgé de seize ans, pour successeur à Photius, dont il était l'élève, demanda, avec tout le clergé grec, sa confirmation au pape. Tandis que la réponse du saint-siége se faisait attendre, Etienne mourut en 893. Antoine II, successeur d'Etienne, fut confirmé par le pape Formose. Les successeurs d'Antoine, qui mourut en 895, demeurèrent, à l'exception de quelques séparations passagères, en communion avec Rome, pendant environ un siècle et demi. Mais Michel Cérulaire, qui monta sur le siége patriarcal de Constantinople, le jour de l'Annonciation 1043, adressa, en 1053, en son nom et au nom de Léon, archevêque d'Acride en Bulgarie, une lettre encyclique à Jean, évêque de Trani, dans la Pouille, dans laquelle il reprochait à l'Eglise romaine la procession du Saint-Esprit du Père et du Fils, le célibat des prêtres, l'usage du pain azyme dans l'eucharistie, le jeûne du samedi en carême, etc. Le pape Léon IX répondit à cette lettre par une réfutation complète et modérée. Trois légats furent envoyés à Constantinople en 1054. Ils reçurent un bon accueil de l'empereur Constantin IX; mais le patriarche refusa de les voir, et accusa l'empereur de connivence avec le saint-siége. Les légats furent obligés de prononcer contre le patriarche Michel Cérulaire une excommunication publique, et ils en déposèrent l'acte solennel sur l'autel de l'église de Sainte-Sophie, le 16 juillet 1054. Ainsi fut consommé le schisme qui a séparé l'Eglise grecque de l'Eglise catholique.

Dans le concile de Bari, ouvert le 1er octobre 1098, sous la présidence du pape Urbain II, saint Anselme prouva si clairement aux Grecs qui étaient présents que le Saint-Esprit procède du Père et du Fils, qu'on prononça anathème contre tous ceux qui nieraient cette vérité. Les Grecs n'en persistèrent pas moins dans l'erreur de leur orgueil. Nous faisons voir, à l'article ROYAUME DE JÉRUSALEM, que c'est une conspiration des Grecs contre les Latins qui obligea les habitants à livrer la ville sainte aux Musulmans; et l'auteur arabe, chrétien du rit jacobite, auquel l'historien des *patriarches d'Alexandrie*, dont nous citons le passage, a emprunté le fait rapporté, ajoute que les Grecs, quand la ville eut capitulé, furent *très-fâchés d'avoir été prévenus, et qu'ils n'auraient pas mieux demandé que de massacrer tous les Francs.*

L'entêtement dans le schisme est devenu le caractère indélébile des Grecs. Leur historien Nicétas, après avoir raconté que le jeune Alexis, fils d'Isaac l'Ange, avait été demander, aux croisés réunis à Venise, vengeance de l'usurpation du trône par son oncle, ajoute: « Comme ce prince était aussi léger d'esprit que de corps, il se laissa tromper par des hommes rusés et consommés dans les affaires, qui exigèrent de lui des promesses dont l'exécution surpassait son pouvoir; il s'obligea de leur fournir des sommes immenses, des troupes et cinquante galères, et, *ce qui était le plus grave*, il embrassa les nouveautés par lesquelles les Latins ont altéré la foi ancienne, et il renonça aux antiques coutumes religieuses des Grecs pour obéir aux nouvelles lois du pape. » Sozomène de Pistoie fait, à l'occasion de la prise de Constantinople par les Latins, en 1204, les réflexions suivantes : « Dieu rendit aux Grecs le mal qu'ils avaient injustement fait autrefois aux Latins. Tel fut le sort de cette ville, qui avait osé faire contre les chrétiens des traités avec les infidèles, de cette ville qui différait de l'Eglise romaine par des articles de foi, et qui fut la source de l'hérésie. C'est pour cela qu'elle a été renversée par une juste vengeance. »

Dans le quatorzième concile œcuménique tenu à Lyon en 1274, les députés de l'Eglise grecque abjurèrent solennellement le schisme, acceptèrent la foi catholique, et reconnurent la suprématie du pape, le 6 juillet, dans la quatrième session du concile. Lorsque l'on chanta le *credo*, à la messe du pape, ils répétèrent trois fois le *filioque*. L'empereur Michel Paléologue signa l'acte d'union au mois d'avril 1277, et envoya au pape sa profession de foi et son serment d'obéissance ; mais ses sujets se révoltèrent contre sa résolution, et voulurent persévérer dans le schisme. Deux siècles plus tard, l'empereur Jean Paléologue arriva à Venise, en 1438, sur des galères que lui avait envoyées à Constantinople le pape Eugène IV. L'empereur se rendit de là à Ferrare, où s'assembla un concile, qui fut déclaré concile général pour la réunion des deux Eglises latine et grecque, de la part du pape, et du consentement de l'empereur et du patriarche de Constantinople. Vingt et un prélats grecs assistèrent à cette assemblée, dont la première session, avec les Grecs, se tint le 8 octobre 1438, et la dernière le 10 janvier 1439. Le concile fut transféré à Florence, du consentement des Grecs, avec lesquels on n'avait pu s'entendre jusque-là. La première session du concile de Florence eut lieu le 26 février 1439. Les huit sessions suivantes furent consacrées à la discussion de tous les points qui divisaient les deux Eglises, et après s'être accordé sur tous ces points, on publia le décret d'union dans la dixième session, qui se tint le 6 juillet. Ce décret fut publié au nom du pape, et signé, du côté des Grecs, par l'empereur, par les vicaires des patriarches d'Alexandrie, d'Antioche et de Jérusalem, et par tous les dignitaires de l'Eglise d'Orient qui étaient présents. Le patriarche de Constantinople venait de mourir à Florence. L'empereur repartit de Florence le 26 août 1439, et s'embarqua le 11 octobre à Venise pour retourner à Constantinople, où il arriva le 1er février 1440. Un seul des prélats grecs avait refusé d'adhérer à la réunion opérée à Florence ; c'était Marc d'Ephèse : à son retour en Orient il releva le drapeau du schisme, et renouvela la scission qui existe encore aujourd'hui.

SIBYLLE, fille d'Amaury Ier, VIe roi de Jérusalem, et d'Agnès, première femme de ce prince, et fille de Josselin II, comte d'Edesse, était sœur aînée de Baudouin IV, VIIe roi de Jérusalem. Elle fut donnée en mariage à Guillaume de Montferrat, surnommé *Longue-Epée*, fils du vieux marquis Guillaume IV de Montferrat, en récompense des services que ce vaillant seigneur avait rendus au royaume de Palestine. Le jeune marquis de Montferrat, qui avait été fait comte de Jaffa, mourut peu de temps après avoir contracté cette union, de laquelle naquit un fils, qui devint l'héritier présomptif de la couronne, parce que Baudoin IV était sans postérité. Sibylle restée veuve, se remaria en 1182, de la manière que raconte Benoît de Péterborough, auteur de la *Vie et gestes de Henri II*. « Après la mort de Guillaume de Montferrat, comte de Jaffa, dit ce chroniqueur, Baudouin reçut sa sœur dans sa maison pour la garder avec sa mère. Le roi avait alors la lèpre, et ne pouvait plus faire beaucoup de choses pour son peuple ; il avait sous ses ordres un grand nombre de chevaliers, parmi lesquels se trouvait Gui de Lusignan. Ce Gui de Lusignan était d'une belle figure, il avait de la bravoure, et le roi l'avait admis parmi ses familiers les plus intimes. La comtesse de Jaffa, sœur du roi, ayant remarqué la beauté de Gui, voulut en faire son mari ; mais n'osant point avouer son désir au roi son frère, elle se livra secrètement à son amour pour Gui. Le roi, l'ayant su, voulut faire lapider Gui de Lusignan ; mais après beaucoup de menaces et de rigueurs, à la prière et d'après le conseil des Templiers, il fit grâce de la vie à l'un et à l'autre. A la fin, comme il n'avait point de plus proche héritier que sa sœur, il lui permit de prendre Gui pour mari, et donna à ce dernier le comté de Jaffa, le tout à condition que l'enfant qu'avait eu Sibylle de Guillaume de Montferrat hériterait du royaume.

« Baudouin le lépreux étant mort, et le fils de Guillaume de Montferrat (qui porta le titre de roi pendant un an, de 1185 à 1186), l'ayant suivi peu de temps après au tombeau, les Templiers, les Hospitaliers, les comtes, les barons, le clergé et le peuple, choisirent pour reine la comtesse de Jaffa ; mais ils y mirent pour condition qu'elle ferait divorce avec Gui de Lusignan. Tous rendaient justice à la bravoure du comte, mais ils ne le trouvaient pas d'une noblesse assez illustre pour être l'époux de la fille des rois. La comtesse, se voyant obligée d'adopter cette condition, déclara qu'elle consentait au divorce, mais à la condition qu'elle prendrait ensuite le mari qu'elle voudrait. Les choses étant ainsi convenues et les paroles données, Sibylle se fit conduire au temple, et reçut le diadème des mains du patriarche. Pendant cette cérémonie, tout le monde priait Dieu à genoux, pour que le choix de la reine tombât sur un prince qui pût défendre le royaume. Alors la reine, invoquant l'Esprit-Saint, dit à haute voix : *Moi, Sibylle, je choisis pour roi et pour mari, Gui de Lusignan, qui fut jusqu'ici mon époux. Je le reconnais comme un homme plein de loyauté, plein de toutes sortes de mérites, et capable de bien gouverner le royaume avec l'aide de Dieu. Je sais d'ailleurs que, lui vivant, je ne peux pas, selon Dieu, en prendre un autre; car l'Ecriture a dit. Ce que Dieu a uni, l'homme ne peut le séparer.* Plusieurs barons furent indignés de ce qu'ils venaient d'entendre : mais les Templiers et les Hospitaliers, voyant qu'il n'y avait aucun moyen d'empêcher la reine de faire ainsi, prirent le parti de reconnaître Gui de Lusignan. »

Sibylle était dans Jérusalem lorsque la ville sainte fut attaquée et prise par Saladin, le 20 octobre 1187. Le vainqueur respecta son malheur, et la laissa partir avec le patriarche. Elle se retira à Antioche, et se réunit à son mari, quand il fut rendu à la liberté, après avoir été fait prisonnier à la bataille de Tibériade. Sibylle mourut en 1189, et aucun des enfants qu'elle avait eus de Gui de Lusignan ne lui survécut.

SICILE. Il y avait à peine vingt-deux ans que quelques Normands avaient entrepris de substituer leur propre domination à celle que les empereurs de Constantinople exerçaient encore sur la Basse-Italie, lorsqu'une poignée d'aventuriers de la même nation conçurent le projet non moins hardi de chasser les Arabes de la Sicile. Guillaume, fils de Tancrède de Hauteville, chevalier normand, conquit dans cette expédition le surnom de Bras-de-Fer, que ses compagnons lui décernèrent à cause de ses prodigieux exploits. Toutefois, ils ne firent alors ni un long séjour ni de grands établissements en Sicile; car dès 1040, on les voit occupés à faire la guerre aux Grecs dans la Pouille. En 1042, Guillaume Bras-de-Fer était déjà seigneur d'Ascoli, son frère Drogon possédait Venose, et les autres chefs s'étaient partagé le reste du territoire conquis. Enfin, l'année suivante, tous les seigneurs s'entendirent pour placer à leur tête Guillaume Bras-de-Fer, qui fut reconnu comte de la Pouille. Le 8 mai 1046, ce prince gagna auprès de Trani une mémorable bataille sur les Grecs: ce fut son dernier succès. Il mourut la même année, regretté pour sa vaillance, sa sagesse et sa bonté. Son frère Drogon lui succéda dans la Pouille, dont, en 1047, l'empereur Henri III lui donna l'investiture, aussi bien que de ce qu'il pourrait conquérir sur les Grecs. Mais après avoir augmenté ses domaines par ses armes, Drogon fut tué en 1051, par un assassin que soudoya le lieutenant de l'empereur grec. Le comté de Pouille passa à Homfroi, autre fils de Tancrède. Celui-ci vengea son frère en faisant essuyer une sanglante défaite au général grec. Il tourna ensuite ses armes contre le pape, le fit prisonnier en 1053, le combla de respect, conclut la paix avec lui, et se reconnut vassal du saint-siége. Il mourut en 1057, laissant un fils nommé Abailard ou Abagilard. Ce jeune prince fut frustré immédiatement de la succession de son père par son oncle Robert, surnommé Guiscard, autre fils de Tancrède de Hauteville. Robert continua, avec l'aide de son frère Roger, à dépouiller les Grecs, et fut en 1059, proclamé duc de Pouille et de Calabre par les seigneurs normands, qui eux-mêmes se déclarèrent comtes des terres qu'ils avaient conquises. Le pape confirma ces nouveaux titres l'année suivante. En 1061 les deux frères formèrent le projet d'enlever aux Arabes la Sicile, où Roger se rendit aussitôt escorté seulement de cent soixante cavaliers, pour en faire la reconnaissance. Il en revint chargé de butin, après avoir fait sentir aux infidèles le poids des armes normandes; mais, au mois de mai de la même année, la Sicile le vit de nouveau, accompagné cette fois de Robert. Leur armée n'était pas nombreuse; mais elle leur suffit pour battre les Musulmans et s'emparer de Messine. Laissant une partie de leurs troupes dans l'île, ils retournèrent sur le continent. Là ils se firent la guerre pendant quelque temps, puis ils se réconcilièrent, et Robert, sans avoir été vaincu, céda à son frère la moitié de la Calabre. Celui-ci rentra en Sicile en 1063, défit les Sarrasins dans un combat où il leur tua quinze mille hommes, et le lendemain, les ayant rejoints, il leur fit essuyer une perte plus cruelle encore. Il poursuivit cette guerre sans interruption et avec autant de gloire jusqu'en 1071.

Robert faisant alors le siége de Bari, Roger vint le secourir, battit la flotte grecque, et par cette victoire contraignit la place à se rendre; puis il revint en Sicile, et, aidé à son tour par son frère, prit Catane en 1071, défit la flotte des Sarrasins, et se rendit maître de Palerme en 1072. Dès lors le titre de comte de Sicile, que Robert lui avait donné onze ans plus tôt, ne fut plus un vain mot. En 1096, Roger prit celui de grand comte de Sicile et de Calabre. Toute résistance cessa bientôt dans l'île, et, par cette conquête, le culte du vrai Dieu y fut rétabli. Roger mourut en juillet 1101, après avoir déployé dans le gouvernement de ses Etats une sagesse égale à sa vaillance. Né en 1031, il était le dernier des douze fils de Tancrède de Hauteville, et, comme lui, tous ses frères, moins deux, étaient venus à diverses époques chercher fortune en Italie. Il avait épousé en premières noces Eremberge, dont il eut deux fils, Geoffroy et Jourdain, et quatre filles. Adelaïde, sa seconde femme, lui donna deux fils, Simon et Roger, et deux filles. De ces quatre fils, les deux derniers lui survécurent; mais Simon mourut avant que les seigneurs normands eussent eu le temps de le proclamer comte. En sorte que Roger II, surnommé le Jeune, est considéré comme le second des comtes de Sicile, ducs de Calabre. Ce jeune prince, étant né en 1097, fut placé sous la régence de sa mère; mais Adelaïde, par son orgueil et sa cupidité, provoqua des troubles qui la forcèrent à appeler à son secours Robert de Bourgogne, et à lui remettre la tutelle de son fils, ainsi que le gouvernement de l'Etat.

Puis elle alla en 1113 épouser Baudouin, roi de Jérusalem, qui ne tarda pas à la répudier, sans pourtant lui restituer les grandes richesses qu'elle lui avait apportées. La douleur qu'elle en conçut la fit mourir en 1118. Trois ans plus tard, Roger, devenu majeur, entreprit de s'emparer des Etats de Guillaume, duc de Pouille, son cousin, alors absent. Le pape Calixte II s'interposa pour l'en détourner. Guillaume se vit l'année suivante obligé de céder à Roger la moitié de Palerme et de ce qu'il possédait en Calabre. Enfin en 1127, après la mort de son cousin, le comte de Sicile se fit reconnaître duc de Pouille et de Calabre. Le pape Honoré II voulut s'opposer à cet accroissement de puissance, qui ne pouvait s'accomplir qu'au mépris des droits de Bohémond II, prince d'Antioche et de Tarente. C'est pourquoi Roger tourna ses armes contre le Pontife. Celui-ci, après l'avoir excommunié, fut pourtant obligé de céder à la force, et le prince sicilien reçut l'investiture des duchés de Pouille, de Calabre et de Naples. En 1130, Roger ayant embrassé le parti de l'anti pape Anaclet, celui-ci l'en récompensa en le déclarant roi de Sicile. Les années suivantes, il fit, avec des succès divers, la guerre à des seigneurs de la Basse-Italie. Mais en 1137, l'empereur Lothaire et Henri, duc de Bavière, assistés de Sergius, duc de Naples, et de quelques autres princes, le dépouillèrent de tout ce qu'il possédait sur le continent, sauf la citadelle de Salerne. Le pape et l'empereur donnèrent ensuite à Rainulfe, comte d'Alife, l'investiture du duché de Pouille. A peine Lothaire se fut-il éloigné que Roger, qui était jusque-là resté en Sicile, revint sur la terre ferme, et reprit une partie de ce qu'il avait perdu. Toutefois Rainulfe, guerrier habile et courageux, ayant concentré toutes ses troupes, s'avança contre lui et le battit à plate couture le 30 octobre de la même année, près de Ragnano. En 1138, Roger répara quelque peu les suites de ce désastre. La mort de Rainulfe en 1139 lui donna plus d'avantages. Enfin ayant réussi à s'emparer de la personne du pape, il en obtint d'être reconnu roi de Sicile, duc de Pouille et prince de Capoue, à titre héréditaire et sous la suzeraineté du saint-siége. En 1146 il fit la guerre à l'empereur grec, qui s'était permis de le sommer de lui rendre tout le territoire qu'il possédait. Le résultat immédiat de cette réclamation fut que les troupes de Roger enlevèrent Corfou aux Grecs et pillèrent Corinthe, Athènes, Céphalonie et Négrepont. En 1147, une flotte sicilienne fit la conquête de Tripoli en Barbarie. Les Grecs recouvrèrent Corfou en 1149, par l'assistance qu'ils reçurent des Vénitiens. Mais Grégoire, amiral sicilien, incendia les faubourgs de Constantinople, et à son retour, ayant rencontré une division de la flotte grecque qui s'était emparée des vaisseaux sur lesquels Louis le Jeune, roi de France, retournait d'Asie dans ses Etats, il la battit et délivra ce prince. En 1152, Roger fit quelques conquêtes en Afrique. Il mourut en 1154. D'Albéric de Castille, sa première femme, il eut six enfants: Roger, duc de Pouille, mort en 1148; Tancrède, mort avant 1144; Alfonse, prince de Capoue et duc de Naples, mort en 1154; Guillaume, qui devint roi; et Henri, mort enfant. De sa seconde femme, Sibylle de Bourgogne, naquit Constance, femme de Henri VI. Sa troisième femme ne lui donna pas d'enfant.

Guillaume Ier, surnommé le Mauvais, eut, dès le début de son règne, querelle avec Adrien IV, parce que ce pontife ne voulait point le reconnaître pour roi. Il en résulta une insurrection des provinces de terre ferme, qui fut appuyée par l'empereur de Constantinople. Ce ne fut qu'en 1156, que Guillaume, après avoir remporté une grande victoire sur les Grecs et les révoltés, put se dire maître de tous les domaines de son père. Le pape fut forcé de lui en donner l'investiture. En 1158 la flotte grecque fut battue par celle de Sicile. En 1161, une conspiration priva momentanément Guillaume de la liberté, qui ne lui fut rendue que par l'intervention du clergé et d'une partie du peuple. Roger, fils du roi, perdit la vie dans cette affaire, et sa mort fut attribuée par quelques historiens à Guillaume lui-même, qui voyait en lui un compétiteur. Une nouvelle insurrection éclata en Sicile et dans la Pouille. Guillaume ne put la réduire qu'en 1162. Il mourut le 7 ou le 15 mai 1166. On croit qu'il avait alors quarante-six ans. Outre Roger, il eut de Marguerite de Navarre, sa femme, Guillaume son successeur, et Henri prince de Capoue. Guillaume II, surnommé le Bon, avait douze ans quand il parvint au trône, sous la régence de sa mère. Cette princesse excita le mécontentement des Siciliens par la confiance qu'elle accordait à quelques étrangers, gens de mérite d'ailleurs. Il en résulta des troubles dans le royaume. En 1185, le jeune empereur de Constantinople, Alexis Comnène, dépouillé de ses Etats par son oncle Andronic, vint implorer l'assistance du roi de Sicile. Celui-ci leva une armée et équipa une flotte pour faire la guerre à l'usurpateur. Les troupes de terre s'emparèrent de Durazzo le 24 juin, de Thessalonique au mois d'août, et successivement de plusieurs autres places. Elles marchaient sur Constantinople lorsque Andronic vint à mourir. Isaac l'Ange, qui lui succéda, se hâta de mettre obstacle aux progrès des Siciliens. Ceux-ci furent vaincus, le 7 novembre, à la bataille de Démétrice, et retournèrent dans leur pays. Guillaume mourut le 16 novembre 1189, regretté de ses peuples pour sa justice et sa charité. Jeanne d'Angleterre, sa femme, lui donna un fils qui mourut peu de temps après sa naissance. La couronne revenait de droit à Constance, fille de Roger II, et femme de Henri, roi des Romains, comme cela avait été reconnu à l'époque de leur mariage. Mais une intrigue la fit échoir à Tancrède, comte de Lecce, fils naturel de Roger, duc de Pouille. Le 16 septembre 1190, Philippe-Auguste, roi de France, entra dans le port de Messine avec toute sa flotte; et huit jours après Richard Cœur-de-Lion, roi d'Angleterre, vint l'y rejoindre avec la sienne. Tous deux se rendaient en Palestine. Le prince anglais avait des griefs contre Tancrède qui retenait prisonnière Jeanne, veuve de Guillaume le Bon et sœur de Richard, et refusait de lui rendre la dot qu'elle avait apportée. Il contraignit le roi de Sicile à rendre la liberté à la reine douairière, à lui promettre une indemnité de 20,000 onces d'or, et à joindre une partie de sa flotte à celle d'Angleterre.

Au mois d'avril de l'année suivante, l'empereur Henri VI envahit la Pouille pour se faire justice de l'usurpation de Tancrède; mais il mit sans succès le siége devant Naples. Obligé de retourner en Allemagne, il laissa l'impératrice Constance à Salerne, dont les habitants ne tardèrent pas à se soulever. Cette princesse ne put leur résister et tomba ainsi au pouvoir de Tancrède. Mais celui-ci lui rendit la liberté en 1192, quoique la guerre continuât entre les deux puissances. Il mourut de maladie le 20 février 1194. Sibylle, sa femme, lui donna deux fils, Roger auquel il survécut, Guillaume, son successeur, et deux filles. Guillaume III était encore enfant lorsqu'il succéda à son père, et il fut placé sous la tutelle de sa mère. L'affection du peuple était pour lui; mais Henri VI avait la force. Celui-ci, revenu en Italie avec des troupes nombreuses, se rendit promptement maître de toutes les provinces de terre ferme, et exerça de cruelles vengeances sur la ville de Salerne. Puis, ayant passé en Sicile au mois d'août 1194, avec l'assistance des Génois, il triompha de toute résistance. Mais il n'entra dans Palerme, où étaient le fils et la veuve de Tancrède, qu'après avoir pris à leur égard des engagements qu'il ne tint pas. C'est donc seulement de l'année 1194 qu'il faut dater le règne de Henri et de Constance, si l'on ne tient compte que de la possession réelle du trône. A peine couronné roi de Sicile, Henri retira à ses nouveaux sujets tous les priviléges dont ceux-ci avaient joui sous ses prédécesseurs. Au mépris de ses engagements, il mit en prison toute la famille de Tancrède, et l'année suivante il l'emmena à sa suite en Allemagne, aussi bien qu'un grand nombre d'otages. En 1196, la Sicile s'étant soulevée, il s'en vengea en faisant d'abord crever les yeux à ces infortunés, puis en livrant aux plus affreux supplices les chefs de l'insurrection, après qu'il l'eut comprimée par la force des armes. Mais la mort vint mettre un terme à ses exactions et à ses cruautés le 28 septembre 1197. Ses sujets d'Italie l'avaient surnommé le Cyclope. Frédéric, nommé d'abord Frédéric-Roger, son fils unique, n'avait que trois ans lorsqu'il lui succéda. L'impératrice Constance exerça la tutelle. Le premier soin de cette princesse avait été de renvoyer tous les Allemands, et l'on pouvait attendre d'elle un gouvernement doux et équitable. Mais elle mourut elle-même, le 27 novembre 1198, léguant la régence au pape Innocent III. Marcuald, duc de Romagne, que Constance avait chassé des Etats de Sicile, se hâta d'y rentrer. Excommunié par le pape, il n'en avait pas moins réussi à se rendre maître d'une partie des domaines de Frédéric, lorsqu'il mourut subitement à Palerme en 1201. Frédéric fit couronner roi de Sicile, son fils Henri, en 1215. Fatigué des continuelles révoltes des Sarrasins qui étaient demeurés dans cette île, il les transporta en 1224 à Lucéra, ville de la Capitanate, et tourna plus tard leur férocité contre les sujets du pape, quand il eut des démêlés avec le saint-siége. En 1229, Jean de Brienne profita de ce que Frédéric, son gendre et son ennemi, était passé en Palestine malgré la défense du pape, pour s'emparer de la plus grande partie de la Pouille. Mais cette invasion n'eut d'autre effet utile que de faire revenir immédiatement Frédéric, qui eut bientôt repris tout ce dont on l'avait dépouillé. Ce prince mourut à Castel Fiorentino dans la Capitanate, le 13 décembre 1250. Il avait eu, 1° de son mariage avec Constance d'Aragon, Henri dont on vient de parler et qui mourut en 1242; 2° de son mariage avec Yolande de Brienne, Conrad, son successeur; 3° de son mariage avec Isabelle d'Angleterre, Henri, roi titulaire de Jérusalem, et Marguerite. En outre, il eut deux fils naturels, Entius et Mainfroi. Ce dernier devint plus tard roi de Sicile par usurpation. Conrad Ier, né en 1228, fut appelé au trône de Sicile par le testament de son père, auquel il ne tarda pas à succéder également comme chef de l'empire. Mainfroi, son frère naturel, qui était Bail du royaume, déploya une grande habileté pour y maintenir l'autorité du roi, alors absent. Il avait à lutter contre les villes et les seigneurs qui s'efforçaient de secouer le joug de la maison de Souabe. Lorsqu'en 1251, Conrad vint en Sicile, il montra plus de jalousie que de reconnaissance à ce prince qui était pourtant alors le plus utile de ses généraux. Mainfroi n'en continua pas moins à combattre les rebelles et soumit la plus grande partie des Etats de terre ferme. Naples et Capoue tenaient encore et s'étaient mises sous la protection du pape. Conrad assiégea la première de ces deux villes, et, s'en étant rendu maître, en 1253, il en tira une cruelle vengeance. Le jeudi saint de l'année suivante, il fut excommunié par le pape et mourut le 21 mai, laissant la Sicile à son fils, Conrad II, dit Conradin, qu'il avait eu, le 25 mars 1252, d'Elisabeth de Bavière, sa femme. Conrad Ier en mourant avait décidé que la régence et la tutelle seraient exercées par Berthold, marquis d'Honnebruck. Celui-ci essaya de rétablir la concorde entre son pupille et le saint-siége. Mais on ne s'accorda pas sur les conditions, ce qui détermina le régent à renoncer à sa charge. Mainfroi, prince de Tarente, et frère naturel de Conrad Ier, lui succéda, et se hâta de faire sa soumission au souverain pontife. Mais un crime commis sur la personne d'un des seigneurs attachés à la cour pontificale ayant fait éclater une nouvelle rupture, Mainfroi mit en campagne une armée composée d'Allemands et de Sarrasins : ce qui obligea, en 1255, le pape à faire prêcher une croisade contre lui. Le soulèvement contre Mainfroi était général dans les Etats de Sicile. Mais dès 1256 il s'en était rendu maître, et, en 1253, il profita de sa victoire pour se déclarer roi, au détriment de Conradin que sa mère avait emmené en Allemagne. Mainfroi fut couronné le 8 août de la même année. Sa prudence et la douceur de son gouvernement ne tardèrent pas à lui concilier l'affection d'une grande partie de la nation. Mais la cour de Rome ne pouvait oublier, ni l'iniquité dont il s'était rendu coupable envers son neveu, ni le criminel emploi qu'il avait fait contre l'Eglise de ses armes et de celles des Sarrasins. C'est pourquoi, en 1264, Urbain IV appela au trône de Sicile, Charles d'Anjou, frère de saint Louis, et fit prêcher l'année suivante une nouvelle croisade contre Mainfroi. Celui-ci, attaqué, en 1266, par le prince français, voulut entrer en accommodement. Mais Charles tenait à combattre. Le 26 février, les deux armées se rencontrèrent dans la plaine de Champfleuri, près de Bénévent, et Mainfroi y perdit la bataille et la vie. Il avait eu de Béatrix de Savoie, sa première femme, deux filles dont l'une, Constance, fut mariée à Pierre d'Aragon, et l'autre, Béatrix, au marquis de Montferrat; et d'Hélène, fille du despote de Servie, sa seconde femme, un fils appelé Frédéric, dit Manfrédin, et une fille nommée Béatrix. Après sa victoire de Champfleuri, Charles Ier ne trouva de résistance qu'à Lucéra, où Hélène, veuve de Mainfroi, s'était réfugiée avec son fils; mais cette ville se rendit avant la fin de l'année. Dès 1267, la dureté du nouveau roi avait irrité contre lui les Siciliens, qui envoyèrent en Allemagne des émissaires chargés d'engager Conrad II, dit Conradin, à venir se mettre à leur tête. Ce jeune prince, pour lors âgé de quinze ans, était dévoré du désir de régner. Il passa en Italie avec une petite armée, se déclara roi de Sicile, et fut pour ce fait excommunié par le pape. Pendant qu'il s'avançait vers la Basse-Italie, un de ses généraux envahissait, avec des aventuriers sarrasins et espagnols, la Sicile dont la plus grande partie leva immédiatement l'étendard de la révolte. Mais Charles, ayant rassemblé son armée, marcha au-devant de Conradin, le joignit à Tagliacozzo, et lui fit essuyer une sanglante défaite le 23 août 1268. Quelques jours après, Conradin et son cousin, le duc d'Autriche, tombèrent au pouvoir du prince français. Celui-ci leur fit faire leur procès et trancher la tête à Naples, le 26 octobre 1268 ou 1269. Ce ne fut pas sa seule vengeance. En 1270, il alla avec sa flotte en Afrique pour y prendre part à la dernière croisade de saint Louis. Cependant la haine qu'il avait inspirée aux Siciliens allait toujours croissant. L'énormité des impôts, les excès et les violences auxquels s'abandonnaient les soldats et les fonctionnaires français achevèrent d'exaspérer ce peuple. Jean de Procida, un des seigneurs exilés à cause de son attachement à la maison de Souabe, décida Pierre III, roi d'Aragon, qui avait épousé Constance, fille de Mainfroi, roi de Sicile, à se mettre à la tête d'une conjuration tendant à délivrer l'île du joug de Charles. Le 30 mars 1282, à l'heure où les vêpres sonnaient, une insurrection éclata dans Palerme dont les habitants massacrèrent tous les Français, de quelque âge, sexe ou condition qu'ils fussent. C'est ce que l'on appelle les *Vêpres Siciliennes*. L'exemple de Palerme ne tarda pas à être imité dans la plus grande partie de la Sicile. Charles, qui était sur le continent, se hâta de passer le détroit et de mettre le siége devant Messine. Cette ville était près de se rendre, lorsque Pierre d'Aragon arriva avec une armée, le 30 août. Charles, qui craignait que sa flotte ne fût enlevée par celle d'Aragon, retourna en Italie; de là, il se rendit en Provence pour y lever des troupes. Pendant qu'il se livrait à ces préparatifs, il apprit que Charles, son fils aîné, avait été battu sur mer et fait prisonnier par Loria, amiral aragonais, le 5 juin 1284. Etant revenu en Italie, il mourut à Foggia le 7 janvier 1285, suivant l'opinion la plus probable. Béatrix de Provence, sa première femme, lui avait donné Charles, qui fut roi de Naples; Philippe, prince d'Achaïe; Robert, et quatre filles. Marguerite de Bourgogne, qu'il épousa en secondes noces, n'eut point d'enfants. Pierre d'Aragon, Ier du nom, en Sicile, fut couronné à Palerme, le 2 septembre 1282. Le pape Martin IV l'excommunia le 18 novembre, et fit, au mois de février 1283, prêcher la croisade contre lui. Mais Pierre ne fut pas dépossédé de sa conquête, et mourut en Catalogne, le 10 novembre 1285, après avoir fait reconnaître son second fils, Jacques, comme héritier du royaume de Sicile. Celui-ci fut couronné à Palerme, le 2 février 1286, et le 3 mai il fut excommunié pour la seconde fois par le pape Honoré III, qui appuyait les justes prétentions de Charles II, surnommé le Boiteux, prince de Salerne, devenu roi par la mort de Charles d'Anjou, son père, et reconnu comme tel dans les Etats de Naples. Mais, comme Charles II était encore prisonnier, Robert, comte d'Artois, exerçait la régence. Charles ne recouvra sa liberté que le 3 novembre 1288, à de très-dures conditions, et en donnant pour otages trois de ses fils qui demeurèrent prisonniers jusqu'en 1295. Cependant des négociations furent entamées entre les deux compétiteurs, et poursuivies jusqu'en 1295, où Jacques, devenu roi d'Aragon, abdiqua la couronne de Sicile en faveur de Charles II, qui lui accorda la main de Blanche, sa fille. Mais les Siciliens appelèrent au trône, le 15 janvier 1295, Frédéric II, frère de Jacques, qui fut immédiatement excommunié par le pape. En 1298, l'amiral Roger de Loria, passé au service de Charles II, opéra une descente en Sicile, de concert avec Jacques, roi d'Aragon, et tous deux y firent des conquêtes qu'ils furent forcés d'abandonner à la suite d'un combat naval gagné par les Messinois sur Jean de Loria, le 4 juillet. L'année suivante, l'amira. Roger vainquit à son tour les Siciliens sur mer, ce qui permit au roi d'Aragon de descendre dans l'île. Frédéric était à deux doigts de sa perte, lorsque Jacques se retira. Tout le poids de la guerre demeura au duc de Calabre et au prince de Tarente, son frère.

Celui-ci fut battu et fait prisonnier dans la plaine de Formicara. En 1302, Charles de Valois, venu au secours du roi de Naples avec un puissant armement, fit avec Frédéric un accommodement dont les conditions principales furent que Frédéric épouserait Eléonore, fille du roi de Naples; qu'il jouirait pendant sa vie de la Sicile, et qu'après la mort de Frédéric cette île retournerait à Charles II ou aux héritiers de ce prince. Frédéric changea en outre son titre de roi de Sicile contre celui de roi de Trinacrie. Le 5 ou 6 mai 1309, Charles II mourut à l'âge de soixante-trois ans. De sa femme, Marie de Hongrie, il eut dix fils, savoir : Charles-Martel, roi de Hongrie; Louis, évêque de Toulouse; Robert, qui lui succéda à Naples; Philippe, prince de Tarente, empereur titulaire de Constantinople; Raymond-Bérenger; Jean; Tristan, prince de Salerne; Jean, duc de Duras; Louis, également duc de Duras; Pierre, Tempête, comte de Gravina; et cinq filles, dont la troisième, Eléonore, épousa Frédéric, roi de Trinacrie ou Sicile. Robert, dit le Sage ou le Bon. eut, dès 1313, à lutter contre Frédéric et contre l'empereur Henri VII. Le premier de ces princes lui ayant enlevé plusieurs places, il s'efforça inutilement de le déposséder de la Sicile. En 1321 ou 1322, Frédéric fit couronner roi de Sicile son fils Pierre II, quoique l'année précédente il eût de nouveau assuré la restitution de la Sicile à la maison d'Anjou, pour le temps où il aurait cessé de vivre. Cette perfidie lui attira l'excommunication pontificale. Il mourut le 25 juin 1337. Sa femme, Eléonore d'Anjou, lui avait donné trois fils : Pierre, qui lui succéda en Sicile; Guillaume, duc d'Athènes; Jean; et trois filles. Quant à Robert le Sage, il finit ses jours le 19 janvier 1343, sans laisser d'enfants, et mérita son surnom par toutes les qualités qui distinguent les bons rois.

SIÉGES. Les plus grands efforts qui aient été tentés, avant l'invention de la poudre à canon, pour faire sortir l'art de l'attaque et de la défense des places de l'enfance où il était, quand l'artillerie moderne a commencé à être en usage, sont dus aux croisades. Les siéges nombreux auxquels les guerres saintes ont donné lieu n'ont amené toutefois que de faibles progrès dans cet art. Les croisés et leurs ennemis se sont toujours bornés à élever des tours de bois, et à les appliquer contre les tours en pierre de la ville assiégée. Les différents étages et le sommet de ces tours de bois étaient remplis d'hommes armés. Ces constructions, destinées à battre les murs de la place, en les dominant, étaient ordinairement portées sur quatre roues; et, afin de les garantir du feu grégeois, on les couvrait de peaux bouillies de cheval ou de taureau. Les sapeurs d'Alep s'étaient rendus fameux par leur habileté à miner les places, et se faisaient rechercher par tous les princes musulmans. L'histoire nous montre même Richard Cœur-de-Lion en prenant à son service. Il y avait, au rapport de Kemal-Eddin, des sapeurs d'Alep au siége d'Edesse par Zenghi; ils ouvrirent la terre en plusieurs endroits, et, pénétrant jusqu'aux fondements des remparts, ils placèrent par-dessous des pièces de bois pour les soutenir, et les tinrent comme suspendus en l'air; ensuite ils demandèrent à Zenghi la permission d'y mettre le feu. Le prince descendit dans la mine pour juger par lui-même de l'état des travaux. Au signal donné, le bois s'enflamma, les murs s'écroulèrent, et les Musulmans, animés par ce spectacle, se précipitèrent dans la ville et la prirent de force.

La qualification de barbare, de laquelle ont tant abusé les écrivains qui ont injustement déprécié le moyen-âge, autant par ignorance que par hostilité à la religion, peut être appliquée très-convenablement à l'art de l'attaque et de la défense des places, considéré dans l'état où il était à l'époque des croisades, relativement à celui où il est maintenant parvenu.

STANDARD, ou étendard de Richard Cœur-de-Lion. L'auteur de la relation de l'expédition de ce prince en Palestine, Gauthier Vinisauf, fait la description suivante de l'étendard royal: « Le *standard* était une très-longue poutre, semblable à un mât de vaisseau, placée sur quatre roues construites solidement, et qu'une couverture de fer mettait à l'abri des coups de hache, ou du feu. Tout au haut du *standard* était attaché le drapeau du roi, appelé *bannière*, qui flottait au gré du vent. On avait coutume de confier la garde du *standard* à une troupe d'élite, surtout dans les combats qui se livraient en plaine, pour qu'il fût préservé de l'attaque de l'ennemi et de tout dommage. Si le *standard* eût été renversé, le désordre se serait mis dans l'armée; les soldats, perdant de vue ce point de ralliement, et croyant à une défaite, devaient se décourager et se disperser. C'était auprès du *standard* qu'on portait les malades pour les soigner, les blessés pour les panser, quelquefois même les guerriers qui avaient été tués, et dont on voulait honorer la mémoire. Le mot *standard* venait du mot latin *stando*, parce que la bannière était fortement fixée et dressée, pour servir de signal à l'armée. On la plaçait sur des roues, afin de la faire plus facilement avancer ou reculer, suivant que l'ennemi perdait ou gagnait du terrain. »

SUGER, abbé de Saint-Denis, appartenait à une famille pauvre. La date de sa naissance est fixée à 1087, mais le lieu en est fort incertain; car les uns pensent qu'il vit le jour en Beauce, les autres à Saint-Omer, et Félibien affirme que ce fut à Saint-Denis. Quand il eut atteint sa onzième année, ses parents le firent entrer dans l'abbaye de Saint-Denis, où Louis le Gros faisait son éducation. Aussitôt après son avénement à la couronne, ce prince appela auprès de lui son jeune condisciple Suger, dans lequel il avait déjà placé une confiance et une affection aussi grandes que méritées. Suger n'avait pas reçu de la nature un extérieur agréable; mais il possédait toutes les autres qualités qui peuvent porter un homme à la plus haute fortune. On vantait la rectitude de son jugement, la pénétration de son esprit, l'étendue et la sûreté de sa mémoire, sa profonde érudition, son éloquence brillante et son extrême prudence. Nommé abbé de Saint-Denis en 1122, il commença par se donner un train de maison proportionné à un tel bénéfice, qui faisait de lui un seigneur et un prélat. Mais saint Bernard, qui entreprit avec succès de réformer les mœurs du clergé, convertit à de meilleures idées l'abbé de Saint-Denis. Dès lors celui-ci renonça au faste et s'appliqua à effacer, par la régularité de sa conduite, le fâcheux exemple qu'il avait donné. Néanmoins il ne se retira pas des affaires publiques, et il continua à aider le roi dans l'administration politique, judiciaire et législative du royaume. Il rendit à Louis le Gros un service plus important encore en l'assistant à l'article de la mort. Si cet événement lui fit perdre un ami, il n'en résulta aucun affaiblissement de sa puissance. Louis VII maintint l'abbé de Saint-Denis à la tête de ses conseils. Toutefois l'influence de ce prélat n'alla pas jusqu'à pouvoir détourner le nouveau roi du projet de porter en Palestine les armes françaises. Saint Bernard l'emporta sur lui dans cette circonstance. En partant, Louis VII confia, de l'avis des seigneurs et de saint Bernard, la régence à Suger qui la refusa d'abord. Il ne fallut rien moins que l'ordre formel du pape pour le décider à accepter ce fardeau. Cependant il eut d'autant plus de facilité à remplir cette charge, communément si épineuse, que les hauts barons, bien loin d'être tentés de la lui disputer, préféraient de beaucoup les périls du voyage d'outre-mer à l'honneur de gouverner leur pays. L'abbé de Saint-Denis ne se montra point inférieur à sa nouvelle position; ses rares talents, son infatigable activité, mirent l'ordre dans les finances, et firent régner la tranquillité dans l'Etat. Suger ne tenait pas à avoir dans ses mains les rênes du gouvernement, et, pendant la durée de la croisade, il ne cessait d'écrire au roi les lettres les plus pressantes pour le déterminer à revenir. Lorsqu'enfin les rigueurs de la fortune eurent ramené en Occident le brave et inhabile monarque, il vit son fidèle ministre accourir avec joie à sa rencontre, et tous deux donnèrent le spectacle de la plus touchante émotion. Le roi décerna au régent des éloges publics et le salua du nom de *Père du peuple*. Les désastres de la croisade élevèrent singulièrement Suger dans l'estime de ses contemporains. Nul autre que lui parmi les hommes éminents n'avait osé s'opposer à la pieuse entreprise dont saint Bernard s'était fait le promoteur, et, au temps de la prédication de la croisade, on avait blâmé comme excessive la prudence de l'abbé de Saint-Denis; mais quand ses prévisions eurent été réalisées, les rôles furent changés; l'animadversion publique s'attacha à l'abbé de Clairvaux, tandis que l'abbé de Saint-Denis était exalté au delà de toute mesure. Cependant, lorsqu'en 1151 de nouveaux désastres vinrent fondre sur la Palestine, Suger changea d'avis; il voulut qu'on secourût la chrétienté d'Orient, et dans une assemblée qui eut lieu à Chartres, il supplia les seigneurs laïques et ecclésiastiques de prendre la croix. Mais peu de personnes parurent alors disposées à entreprendre la guerre sainte. Ce mécompte ne découragea pas Suger; il annonça qu'il lèverait et entretiendrait des troupes à ses frais, et qu'il les mènerait lui-même en Palestine. Un tel projet ne laissait pas de sembler étrange chez un homme âgé de plus de soixante ans, et qui, toute sa vie, était demeuré étranger à la profession des armes. On eut besoin, pour le croire sérieux, d'en voir commencer l'exécution. L'abbé de Saint-Denis alla à Tours pour y implorer, par l'intercession de saint Martin, la protection divine, et se mit en devoir de rassembler des soldats. Il en comptait déjà dix mille sous sa bannière lorsque la mort vint le frapper le 13 janvier 1152. Saint Bernard, qu'il eut le temps d'appeler auprès de lui, l'assista dans ses derniers moments. La France ne tarda pas à s'apercevoir qu'elle avait fait une perte immense en la personne de ce grand ministre.

SULTAN, d'où on a fait *soldan* ou *soudan* par altération, σουλτανος en grec, et *soldanus* en latin, vient du mot arabe *salatat*, qui veut dire *puissant*. Les écrivains byzantins du XIe siècle traduisent ce mot par ceux d'αὐτοκράτωρ, et de βασιλεύς βασιλέων, *autocrate, roi des rois*. Cette qualification que porta le premier, à ce qu'il paraît, le fameux Mahmoud, fondateur de la dynastie des Turcs Gaznevides, passa des souverains de cette dynastie à celle des Seldjoucides, et servit aussi dans l'origine à désigner les princes qui, à l'époque de la décadence du califat de Bagdad, exercèrent l'autorité temporelle, et jouirent d'une espèce de suprématie sur tous les émirs et les commandants des provinces. En ce sens, il n'y avait qu'un sultan, comme il n'y avait qu'un calife. L'un avait la domination spirituelle, et l'autre la domination temporelle. Lorsqu'une nouvelle maison de califes se fut formée en Egypte, il s'éleva en même temps une nouvelle dignité de sultan : les vizirs des califes fatimites du Caire s'étaient arrogé ce titre. Mais bientôt le titre de sultan commença à perdre son éclat, et il acheva de s'avilir en se multipliant, lorsqu'on vit de simples émirs s'en parer.

SYLVESTRE II est le nom sous lequel siégea sur le trône pontifical, de 999 à 1003, le savant Gerbert, né en Auvergne, dans la première moitié du dixième siècle. Nous ne l'avons pas inscrit au nombre des pèlerins qui préludèrent aux croisades, en visitant les Lieux Saints, parce que nous nous réservions de dire ici que le résultat de son voyage a été le premier appel fait à l'Europe pour leur délivrance. Gerbert n'avait pu voir, sans en être vivement ému, la servitude intolérable sous laquelle gémissaient les chrétiens d'Orient, et il intéressa l'Europe à leur sort dans une lettre où, personnifiant l'Eglise de Jérusalem, il fait entendre les plaintes qu'elle adresse à l'Eglise universelle, en implorant son secours. Cette pièce est de l'année 986; elle se trouve dans le xe volume de la grande collection des historiens de France par les Bénédictins. Gerbert n'était point encore parvenu à cette époque aux dignités qui le conduisirent sur le siége de saint Pierre. Voici ce premier cri de la voix des croisades : « Epouse immaculée du Seigneur, dont j'avoue que je suis membre, puisque vous êtes en pleine vigueur, j'ai un grand espoir de relever mon front humilié. Pourquoi me défierais-je de vous, Maîtresse du monde, si vous reconnaissez que je vous appartiens? Qui pourrait croire que le désastre que j'ai éprouvé ne vous toucherait pas, et que vous détourneriez vos regards de moi, comme de la dernière de toutes les églises? Quoique renversée maintenant, l'univers me doit beaucoup : j'ai possédé les oracles des prophètes et des patriarches; les apôtres, ces lumières du monde, sont sortis de mon sein. L'univers retrouve ici la foi du Christ; son Rédempteur est venu de moi. Quoique sa divinité soit partout, cependant par son humanité il est né, a souffert, a été enseveli dans ces lieux, et d'ici il s'est élevé au ciel. Parce que le Prophète a dit : *Son sépulcre sera glorieux*, le démon a tenté de lui ravir sa gloire, en faisant ravager les Lieux Saints par les infidèles. Soldats du Christ, faites des efforts, levez l'étendard, combattez; et ce que vous ne pourrez faire par les armes, faites-le par des conseils et par des secours. Que possédez-vous? Que pouvez-vous donner? Il me reste peu de chose de tout ce que j'avais. Cependant celui qui a tout ne recevra point avec ingratitude ce que vous lui donnerez gratuitement : il le fera multiplier ici, et vous en récompensera par la suite. Il vous bénira à cause de moi, il vous comblera de biens, vous délivrera de vos péchés, afin que vous viviez avec lui dans son règne. »

Les Pisans entendirent cet appel, et portèrent la guerre sur les côtes de Syrie. Ainsi, comme le dit D. Bouquet, on doit regarder Sylvestre II comme le premier prédicateur de la guerre sainte, et les Pisans comme les premiers croisés.

T

TANCRÈDE, qu'Albert d'Aix et Guibert font à tort neveu de Bohémond, prince de Tarente, était fils d'une sœur de Robert Guiscard, petit-fils de Tancrède de Hauteville, et par conséquent cousin germain de Bohémond, fils de ce même Robert Guiscard. Le témoignage du biographe de Tancrède, Raoul de Caen, dont l'autorité a ici plus de poids qu'aucune autre, ne laisse aucun doute à ce sujet. Dès que Bohémond eut pris la croix, il amena Tancrède par des flatteries et par des présents, *multis opibus blanditiisque*, dit Raoul de Caen, à s'enrôler sous sa bannière. Ainsi se réunirent, pour combattre les ennemis du Christ, deux chevaliers du caractère le plus différent. Tancrède égalait au moins Bohémond en bravoure; il le surpassait en esprit chevaleresque; il était aussi pieux, aussi désintéressé, aussi humain et aussi charitable, que son cousin était ambitieux, cupide et dur. L'histoire est d'accord avec la poésie pour présenter Tancrède comme le parfait modèle du vrai chevalier. Raoul de Caen, dans sa chronique intitulée : *Gesta Tancredi*, peint ainsi le caractère de son héros : « Le haut rang de ses parents n'inspira aucun orgueil au jeune Tancrède. Les richesses de son père ne le portèrent point à la mollesse; il surpassa ceux de son âge par son adresse dans le maniement des armes, et les vieillards par la gravité de ses manières. Il préférait la veille au sommeil, le travail au repos, la pauvreté au luxe, l'étude au loisir, enfin les choses nécessaires à toutes les choses superflues. L'amour de la gloire était la seule passion qui tourmentât son jeune cœur. Sans redouter les périls de la guerre, il voyait avec hésitation et scrupule l'opposition qui existe entre les maximes de Dieu et celles du monde. Le Seigneur, en effet, ordonne à celui qu'on a frappé sur la joue de présenter l'autre joue à son ennemi, et l'esprit de la chevalerie prescrivait de venger le moindre outrage dans le sang. Les réflexions que faisait Tancrède à ce sujet avaient en quelque sorte endormi son jeune courage; mais lorsque le pape Urbain eut promis la rémission de leurs péchés aux guerriers chrétiens qui iraient combattre les Gentils, alors sa valeur se réveilla de son sommeil, et son âme se passionna pour la guerre ordonnée par l'Evangile. »

Arrivé à Constantinople, Tancrède ne voulait pas prêter à l'empereur Alexis le serment demandé à tous les chefs de la croisade. Raoul de Caen rapporte que le jeune guerrier, qui se défiait de l'amitié des Grecs, comme le poisson du hameçon, résolut en lui-même d'éviter la présence de l'empereur, pour n'être pas obligé de lui rendre hommage, comme l'avait fait son cousin Bohémond. Pour se dérober à ce qu'il considérait comme une honte, il s'empressa de s'éloigner de Constantinople sous l'habit grossier d'un simple pèlerin, et de mettre l'Hellespont entre lui et les séductions impériales. En apprenant que Tancrède s'était dérobé par la fuite au piége où avaient été pris tous les autres chefs de la croisade, l'empereur fut si irrité, que Bohémond, pour l'apaiser, lui promit l'hommage de son cousin. Si le prince de Tarente n'en eût pas agi ainsi, ajoute Raoul de Caen, il n'y aurait eu de sûreté pour lui ni à rester ni à partir. Après la reddition de Nicée, Bohémond présenta Tancrède à Alexis, et Raoul de Caen prétend que l'empereur fut plus effrayé que satisfait de la présence de Tancrède, dont il ne put obtenir le serment d'obéissance. L'empereur fit inviter le cousin de Bohémond à lui demander une grâce, mais l'intraitable Normand répondit qu'il n'y avait que la tente d'Alexis qui pût lui plaire, et l'historien ajoute que vingt chameaux auraient à peine porté cette tente, qui était quelque chose d'admirable. Aussi l'empereur fut-il très-irrité de la demande de Tancrède; il s'emporta même contre lui, et lui dit qu'il n'était pas plus digne d'être son ami que son ennemi. « Et moi, reprit Tancrède, en riant de l'emportement de l'empereur, je vous trouve digne d'être mon ennemi et non mon ami. » Il paraît que, pressé par les sollicitations de Bohémond et des autres chefs, Tancrède finit par promettre d'être fidèle à Alexis, autant qu'Alexis serait lui-même fidèle aux croisés. Ce n'était pas là ce que voulait l'empereur. A la bataille de Dorylée, Tancrède, qui ne prenait jamais conseil que de sa vaillance sur le champ de bataille, y serait resté, comme son frère Guillaume, si Bohémond ne l'eût arraché à la mort. Envoyé à la découverte en même temps que Baudouin, frère de Godefroy, lorsque l'armée des croisés s'approchait des montagnes du Taurus, il fit preuve d'une grande modération en s'éloignant de la ville de Tarse, dont Baudouin vint insolemment lui disputer la possession; il alla de là s'emparer de Mamistra, où Baudouin le suivit. Les guerriers de Tancrède l'excitèrent à repousser ces provocations par les armes, et une lutte sanglante ne put être évitée. Mais les deux chefs s'embrassèrent le lendemain en présence de leurs soldats. Tancrède soumit la Cilicie entière. Au siége d'Antioche, il ne laissa échapper aucune occasion de faire sentir aux ennemis la force de son bras. Raoul de Caen raconte que, pendant ce siége, Tancrède ayant fait un carnage d'environ sept cents Turcs qu'il avait surpris, envoya à l'évêque du Puy soixante-dix têtes, comme la dîme de son succès. L'évêque accueillit ce présent, en reconnaissance duquel il envoya à Tancrède un égal nombre de marcs d'argent. Tancrède distribua cet argent à ses compagnons d'armes, et le chroniqueur ajoute qu'il avait coutume de dire : « Mes trésors, ce sont mes soldats; que les richesses soient leur partage; pour moi, je me réserve les soins, les périls, la sueur, la fatigue, la grêle et la pluie. » Dans une autre circonstance, pendant le siége d'Antioche, Tancrède eut occasion, en parcourant la campagne suivi d'un seul écuyer, de signaler sa bravoure contre plusieurs Musulmans, et il exigea que l'unique témoin de ses exploits jurât devant Dieu qu'il n'en raconterait jamais rien. Les chroniqueurs admirent avec raison cette véritable modestie du chevalier chrétien. Lors de l'arrivée des croisés devant Jérusalem, Tancrède alla arborer le drapeau de la croix sur les murs de Bethléem, et, en revenant de cette expédition, il se rendit seul sur la montagne des Oliviers, du haut de laquelle il vit le peuple répandu dans les rues de Jérusalem, et le tumulte avec lequel on se préparait au combat. En portant les yeux sur le Calvaire et sur l'église du Saint-Sépulcre, Tancrède soupira et s'inclina. Il eut ensuite un entretien, que raconte le chroniqueur, avec un ermite qui habitait la montagne des Oliviers. Cinq infidèles sortis de la ville l'étant venu attaquer, il en tua trois, et rejoignit l'armée, sans presser sa marche, tandis que les deux autres s'enfuyaient. Dans l'assaut livré à Jérusalem par les croisés, dès leur arrivée devant la place, Tancrède s'était emparé de la seule échelle qu'on eût construite : l'épée à la main, il allait monter le premier à l'assaut; déjà il avait mis le pied sur les échelons; mais on lui représenta la dignité de son rang, de sa naissance, les services qu'il avait rendus, ceux qu'il pouvait rendre encore. Nobles et soldats, tous s'opposèrent à sa résolution. Enfin on lui enleva son épée. Raoul de Caen raconte que ce fut Tancrède qui découvrit la forêt dans laquelle on trouva le bois nécessaire pour construire des machines de siége. Cette forêt était située sur les hauteurs voisines de Naplouse. Ce fut le comte Robert de Flandre qui fut chargé d'y conduire les ouvriers qui devaient y couper le bois dont on avait besoin. Un chroniqueur rapporte que Tancrède employa une partie des richesses qu'il avait trouvées dans la mosquée d'Omar, à vêtir et à nourrir les indigents, et à acheter des armes aux croisés qui n'en avaient pas.

Raoul de Caen nous apprend toutefois que Tancrède avait excité l'envie en s'emparant des richesses que renfermait la mosquée d'Omar. Arnoul, dont l'historien compare l'éloquence à celle d'Ulysse, appela Tancrède dans le conseil des princes, et s'y fit son accusateur, en réclamant les trésors enlevés dans le temple comme un bien appartenant à l'Eglise de Jérusalem. Arnoul reprocha à Tancrède d'avoir outragé les chefs de la croisade, en dépouillant le patriarche des droits dont ils l'avaient investi, et d'avoir, à l'exemple de ses aïeux, profané le sanctuaire et mis la main sur les autels du Seigneur. Tancrède, répondant au patriarche, s'excusa d'abord sur son ignorance de l'art de discourir : « Vous savez quel est mon genre de vie, dit-il aux chefs, c'est la guerre et non l'art de la parole. C'est sans doute parce qu'il comptait sur cette inexpérience, que mon adversaire, dont toute la malice est dans la langue comme le venin est dans la queue du scorpion, est venu m'attaquer devant vous. » Tancrède ajouta que ce n'était pas dépouiller les églises que d'en tirer l'argent inutile pour le faire servir à la levée des troupes ou à la paye des soldats. Le conseil des croisés ne voulut ni blâmer Arnoul, ni blesser l'orgueil de Tancrède. Il ordonna seulement que ce prince donnerait sept cents marcs d'argent à l'église du Saint-Sépulcre; ce qu'il fit très-volontiers.

Après la prise de Jérusalem, Tancrède résolut de vouer le reste de sa vie à la défense des Saints Lieux, que sa valeur avait tant contribué à conquérir. Guillaume de Tyr et Albert d'Aix rapportent que Tancrède, qui avait gouverné quelque temps le comté d'Edesse, en l'absence de Baudouin du Bourg, témoigna de la répugnance à rendre à ce prince ses Etats, quand il se fut racheté des mains des Musulmans : telle fut, suivant ces historiens, l'origine des dissensions qui s'élevèrent entre Baudouin et Josselin d'un côté, et Tancrède de l'autre. Mais Aboulfarage, dans sa chronique syriaque, dit que Baudouin ayant été emmené à Mossoul après le combat de Harran, demeura prisonnier jusqu'à ce que le prince de cette ville lui rendît la liberté, moyennant une rançon et la promesse de le secourir dans toutes les guerres. Le prince de Mossoul étant entré en lutte ensuite avec Redouan, prince d'Alep, ce dernier appela à son secours Tancrède, son allié, comme le premier avait réclamé l'appui de Baudouin et de Josselin. Selon Aboulfarage, Tancrède avait offert de payer une partie de la rançon de Baudouin. Pendant le temps qu'il gouvernait Antioche, il fut le père et le consolateur des peuples confiés à ses soins. Durant une disette qui affligea cette principauté, il s'interdit l'usage du vin, et réduisit sa nourriture et ses vêtements au plus strict nécessaire. Guillaume de Tyr dit que la mémoire de ses œuvres charitables et de ses libéralités ne périra jamais dans l'Eglise. Quand il vit sa fin approcher, il exigea de sa femme, Cécile, fille de Philippe Ier, roi de France, et de Pons, fils de Bertrand, comte de Tripoli, la promesse, qui fut plus tard réalisée, qu'ils s'uniraient en mariage. Tancrède mourut en **1112**, et fut enterré à Antioche sous le portique de l'église de Saint-Pierre.

TARENTA est le nom qu'Albert d'Aix et Gauthier Vinisauf donnent à un insecte rampant, qui incommoda beaucoup les croisés en Syrie. Albert d'Aix prétend que cet animal était un serpent; mais cette assertion est démentie par celle de Vinisauf, dont les observations ont l'avantage d'avoir été faites sur les lieux. Son témoignage atteste que les *tarentes* étaient des insectes, *vermiculi*. Il dit que ces insectes ne paraissaient point le jour; mais, à l'approche de la nuit, ils arrivaient en foule, et la piqûre de leur aiguillon causait une enflure subite, accompagnée de douleurs violentes. On s'aperçut que ces insectes fuyaient en entendant un grand bruit, et, dès qu'on les voyait venir, on s'empressait de les épouvanter, en frappant sur les boucliers, les casques, ou tout ustensile qu'on avait sous la main. Suivant ce même chroniqueur, on reconnut que la thériaque était un remède efficace contre la piqûre de cet animal venimeux. Albert d'Aix parle de deux autres remèdes : l'un consistait à presser fortement l'endroit atteint du venin, pour en empêcher la communication avec les autres parties du corps. L'autre remède, dont il est fait mention dans Albert d'Aix, avait été indiqué aux croisés par les habitants du pays, qui avaient sans doute voulu se moquer des Occidentaux par une plaisanterie déshonnête que nous ne reproduirons pas même dans le texte de la chronique, parce que nous faisons profession de penser que la pudeur du lecteur ne doit être bravée dans aucune langue. L'insecte appelé *tarenta* par les chroniqueurs des croisades est vraisemblablement la tarentule.

TARTARES ET MOGOLS. Sous le nom un peu vague de Tartarie on comprend les vastes pays renfermés entre le Volga à l'ouest, la mer du Japon à l'est, la Sibérie au nord, et la Chine au sud. C'est l'ancienne Scythie. Dans ce pays habita primitivement une nation qui a donné naissance à celles qui se sont fait connaître depuis sous les noms de Huns, de Tartares, de Turcs, de Mogols et de Hongrois. L'histoire nous présente les anciens Tartares uniquement occupés du soin de faire paître des troupeaux nombreux. Ils vivaient sous des tentes placées sur des chariots. Avec ces maisons ambulantes ils se transportaient facilement aux bords des rivières, et dans les plaines qui leur paraissaient propres à la nourriture de leurs bestiaux. Les Tartares modernes ont conservé ces antiques usages. Ils sont errants : pendant l'hiver ils habitent dans les plaines qui sont au midi de leur pays, et, pendant l'été, ils remontent vers le nord. Leurs tentes, dont quelques-unes ont vingt et trente pieds de long, sont garnies de feutre blanc et enduites de chaux ou de terre. Elles se terminent en pointe, et ont, à leur sommet, une ouverture qui tient lieu de fenêtre et de cheminée. Elles sont posées sur des roues et traînées par des bœufs. C'est de l'assemblage de ces tentes, rangées par ordre, que sont formées les villes de la Tartarie. Les chevaux et les troupeaux fournissent à ces peuples leur nourriture et leurs vêtements. Leur principale boisson est faite de lait de jument, qu'ils préparent de différentes façons, pour en composer plusieurs sortes de liqueurs qui enivrent. Telle était la simplicité des mœurs de ces peuples, que les princes vivaient, comme leurs sujets, du lait et de la chair de leurs bestiaux. Ils quittaient cette vie champêtre pour aller commander leurs armées. Gengis-Khan, parvenu au plus haut degré de sa puissance, ne vécut jamais autrement.

L'historien florentin Villani donne, sur la manière de vivre et sur les mœurs des Tartares, vers le temps des croisades, des détails qu'il tenait d'un de ses compatriotes, qui avait vécu chez ces peuples. « Presque tous les Tartares, dit cet historien, vont à cheval et très-peu à pied. Leurs chevaux sont petits; ils n'ont point de fers aux pieds, et ne mangent ni orge ni avoine; mais ils vivent d'herbage et de foin, et on les laisse paître comme des troupeaux. Un Tartare mène avec lui dix ou vingt chevaux, ou plus, selon ses facultés, et tous sont à la file l'un de l'autre, sans avoir de guides; ils n'ont qu'une bride fort mince sans frein, et une selle sans arçons, couverte de petites écailles. Les Tartares ont pour armes un arc et des flèches; ils vivent de viande crue ou peu cuite, de poisson, du sang de leurs troupeaux, de beurre et de lait mêlé avec un peu de pain, et le plus souvent sans pain. Quand ils ont soif et qu'ils ne trouvent pas d'eau, ils saignent un de leurs chevaux et en boivent le sang. Souvent ils les tuent et les mangent. Ils couchent sur des tapis ou des peaux qu'ils étendent à terre, et qui leur servent de lit, et toujours ils sont campés. Les Tartares sont très-soumis à leurs chefs; ils sont braves et cruels à la guerre. Un prince tartare peut avoir une armée de deux cent mille cavaliers plus facilement qu'un roi de France n'en peut lever dix mille. »

Les Tartares de l'époque de Gengis-Khan reconnaissaient un Dieu créateur de toutes choses, mais ils ne lui rendaient aucun culte. Ils adressaient leurs prières et leurs sacrifices à des idoles particulières; il y avait toujours une de ces idoles richement ornée devant la tente du grand khan; ils lui faisaient des présents, et lui offraient principalement des chevaux, qui étaient alors regardés comme sacrés, et qui ne servaient plus à aucun usage dans la suite. Les Tartares adoraient le soleil, le feu, l'eau et la terre; mais ils ne cherchaient point à propager leur religion; ils avaient une vénération particulière pour le côté du midi, probablement parce que Fo, leur divinité, a pris naissance dans les pays méridionaux. Leur religion était principalement le bouddhisme lamaïque, et le dalaï-lama était le chef suprême de leurs prêtres, appelés lamas. Les Tartares épousaient autant de femmes qu'ils en pouvaient nourrir. Le fils, après la mort de son père, épousait sa belle-mère, et le frère sa belle-sœur, après la mort de son frère. Les hommes ne s'occupaient qu'à faire des flèches, à garder les troupeaux, à chasser ou à tirer de l'arc; les femmes faisaient tous les travaux : elles faisaient les habits, les chaussures; elles conduisaient et raccommodaient les chariots, et chargeaient les chameaux; elles étaient aussi habiles que les hommes à monter à cheval et à lancer des flèches. Les Tartares étaient extrêmement adonnés à l'ivrognerie, qui, chez eux, n'était pas considérée comme un vice.

Les Mogols étaient une horde particulière et considérable de Tartares, descendant des anciens Turcs, qui sont différents des Tartares orientaux. La horde des Mogols était déjà puissante vers le milieu du XIIe siècle. Elle demeurait au nord de l'empire de la Tartarie, alors occupée par les Tartares Kins, qui faisaient partie des Tartares orientaux. Tous les chefs de hordes, celui de la horde des Mogols comme les autres, payaient un tribu et fournissaient des troupes au souverain de l'empire des Tartares-Kins. Vers l'époque que nous venons d'indiquer, ce prince fut obligé d'envoyer des troupes contre les Mogols, qu'elles ne purent soumettre, et qui firent voir, par leur vigoureuse résistance, combien ils étaient braves. Le petit khan des Mogols se fit alors appeler empereur. Yésoukaï-Babadour, khan des Mogols, ayant vaincu un khan, son voisin, nommé Témudjin, donna, à un fils qui lui naquit en 1163, le nom de ce khan. Ce fils, qui fut le fameux Gengis-Khan, n'avait que treize ans lorsqu'il perdit son père, et ses frères étaient encore plus jeunes que lui. Sa mère fut chargée du gouvernement de l'Etat, qui comptait trente ou quarante mille familles. Tels furent les commencements de la nation et de l'homme qui changèrent la face de l'Asie, et qui fondèrent l'empire le plus étendu qui ait jamais existé. Les familles qui avaient été soumises à Yésoukaï, n'étant plus retenues dans le devoir par la force des armes, secouèrent bientôt le joug, et ne voulurent pas être sous la domination d'une femme et d'un enfant. Témudjin, malgré sa grande jeunesse, se mit en campagne, et livra une bataille aux rebelles. Mais la victoire étant restée indécise, il fut obligé de se retirer et d'attendre un temps plus avantageux. Quand il eut atteint un âge plus avancé, il remporta sur les révoltés un succès acquis par des prodiges de valeur, et, pour punir les auteurs du soulèvement d'une manière éclatante, il les fit jeter dans des chaudières pleines d'eau bouillante. Le nom de Témudjin devint célèbre dans la Tartarie. Il eut un ennemi implacable dans un chef de horde appelé Gemouka, qui excita contre lui le khan des Keraïtes, Onkkhan, qui était chrétien de la secte nestorienne, et qui figure dans l'histoire sous le nom du roi Jean et du prêtre Jean, vraisemblablement parce qu'il avait été revêtu du sacerdoce par les nestoriens, qui le prodiguaient même aux enfants. Témudjin remporta une victoire signalée sur Onkkhan, et détruisit toute sa famille. Il rentra ensuite dans ses Etats, après avoir battu les Tartares Naimans; tous les chefs des hordes qui lui étaient soumises et tous les généraux de ses armées, tinrent alors une assemblée, où on fit paraître un devin qui se disait inspiré. Le rang que cet homme occupait parmi les Mogols, et l'austérité avec laquelle il vivait, en imposèrent. Il dit à l'assemblée qu'il venait annoncer qu'il lui avait été révélé, dans une apparition divine, que Dieu avait donné la terre à Témudjin, et qu'il voulait qu'on le nommât dorénavant *Tchinkguize-Khan*, d'où nous avons fait Gengis-Khan, et que tous ceux de sa postérité seraient khans. Ce stratagème réussit, et personne ne s'opposa à l'élévation de Témudjin, qui fut proclamé, par toutes les troupes réunies, Gengis-Khan, c'est-à-dire *Khan des puissants*. Gemouka tomba alors entre les mains de Gengis-Khan, qui le fit mourir dans les tourments les plus cruels, en lui faisant arracher les membres les uns après les autres. C'était le sort que Gemouka voulait faire subir lui-même à Gengis-Khan. La puissance que s'était acquise Gengis-Khan engagea la nombreuse nation des Tartares Oigours à se placer sous sa protection. Leur khan épousa une des filles de Gengis-Khan, devint un de ses meilleurs généraux, et lui demeura toujours très-attaché. Les Oigours cultivaient les sciences et les arts. C'est d'eux que les autres Tartares ont pris leur alphabet. Ils étaient de la même religion que les autres Tartares, c'est-à-dire de la religion de Fo, mais d'une secte particulière. Il y avait aussi chez eux beaucoup de mahométans et de chrétiens nestoriens; mais, au rapport du missionnaire Rubruquis, qui a été envoyé par saint Louis chez les Mogols, ces nestoriens étaient si ignorants, qu'ils n'entendaient pas même la langue syriaque, dans laquelle leurs livres sont écrits. Ils étaient d'ailleurs très-corrompus, grands usuriers et ivrognes; quelques-uns, à l'exemple des Tartares, avaient plusieurs femmes et avaient adopté certaines pratiques musulmanes, entre autres celle des ablutions; comme les mahométans, ils célébraient le vendredi au lieu du dimanche. Leur évêque les visitait à peine une fois en cinquante ans; il donnait alors la prêtrise à tous les enfants mâles, même à ceux qui étaient encore au berceau, ce qui faisait que la plupart des hommes étaient prêtres. Cette conduite des nestoriens, répandus dans toute la Tartarie, n'était guère propre à y propager le christianisme. Par la soumission de la nation des Oigours, Gengis-Khan devint maître d'une partie de la Tartarie. Il refusa de payer le tribut que l'empereur des Tartares Kins avait jusque-là exigé des Mogols, et il détermina les Khitans à suivre son exemple et à se joindre à lui. Il pénétra dans la Chine, et défit une armée de trois cent mille hommes, que l'empereur des Kins avait envoyée contre lui. Une blessure, que lui avait faite une flèche, l'avait forcé de retourner en Tartarie; mais, dès qu'il fut guéri, il reprit le chemin de la Chine. Les divisions qui agitaient la cour des Kins favorisèrent les succès de Gengis-Khan. Ce conquérant divisa ses forces en quatre corps: chaque corps d'armée était partagé, suivant l'ancien usage des Turcs et des Mogols, en divisions de dix mille hommes, en régiments de mille hommes, en compagnies de cent hommes et en pelotons de dix hommes. L'armée mogole consistait uniquement en cavalerie. Les Kins avaient envoyé partout de nombreuses garnisons, et des troupes pour garder les passages des rivières et les gorges des montagnes. Gengis-Khan fit prendre, dans les villages et dans les villes qui étaient sans défense, les vieillards, les femmes et les enfants, qu'il fit mettre à la tête de ses armées. Par ce moyen, quand il se présenta devant les villes prêtes à résister, les Chinois, à la vue de leurs pères, de leurs mères, de leurs femmes et de leurs enfants, refusèrent de combattre, dans la crainte de répandre le sang de ceux de qui ils tenaient la vie. La désolation devint générale dans toute la Chine. Plus de quatre-vingt-dix villes furent pillées ou détruites; les bourgs et les villages furent réduits en cendres; un butin immense fut la proie des vainqueurs. Gengis-Khan rassembla enfin toutes ses troupes en un seul corps, en 1214, et alla investir Yen-King, aujourd'hui Péking, capitale de la Chine, au nord de laquelle il se plaça. Tous ses généraux le sollicitèrent de leur accorder la permission de monter aussitôt à l'assaut; mais ce prince, qui avait intention de se retirer en Tartarie, ne voulut point y consentir. Il envoya un de ses officiers vers l'empereur des Kins, pour lui représenter qu'il devait se hâter d'apaiser, par des présents considérables, la colère des Mogols, et penser qu'il ne lui restait, pour ainsi dire, plus que sa capitale. Gengis-Khan parlait en maître et imposait la loi. Un officier de l'empereur des Kins dit, dans le conseil, qu'il fallait marcher à l'ennemi, parce que l'armée mogole, affaiblie par les maladies, était hors d'état de tenir la campagne. Un autre représenta, au contraire, qu'ils avaient tout à craindre d'une bataille perdue, et peu d'avantages à espérer d'une victoire remportée. L'empereur se rendit à cet avis et fit proposer la paix aux Mogols. Gengis-Khan y consentit, et exigea qu'on lui donnerait une fille du précédent empereur, avec cinq cents jeunes garçons et autant de filles, trois mille chevaux, de la soie, et une somme considérable d'argent. Après que toutes ces choses eurent été remises entre ses mains, il leva le siége et se retira. Il fit mourir en route tous les jeunes gens des deux sexes, qu'il avait réduits en esclavage dans toutes les provinces de la Chine.

L'empereur des Kins se retira à Nanking, laissant à Péking son fils, héritier de son empire, avec quelques officiers pour veiller à la garde de la capitale. Cette conduite de l'empereur acheva de ruiner ses affaires. Ses troupes se révoltèrent, tuèrent leur général, et en nommèrent un autre, qui offrit à Gengis-Kan de se réunir à lui. A cette proposition, le grand khan des Mogols rentra en Chine. Le fils de l'empereur abandonna Péking, dont les envahisseurs s'emparèrent. Ils mirent le feu au palais impérial, qui brûla pendant un mois.

Pendant que les généraux de Gengis-Khan étaient à la tête de ses armées dans la Chine, ce prince se reposait des fatigues de la guerre dans un palais qu'il avait fait construire en Tartarie. Il y rassembla tous les grands de sa cour, pour délibérer avec eux sur les affaires de son empire. Mogli, un de ses généraux, fut déclaré son lieutenant général dans la Chine. Gengis-Khan lui conféra le titre de souverain, qu'il rendit héréditaire dans sa famille, et, en présence de toutes les troupes chinoises et tartares, il lui donna un cachet d'or pour sceller ses ordres. Mogli se rendit en Chine, où il s'empara en peu de temps d'un grand nombre de villes. Gengis-Khan fit aussi marcher ses troupes contre les Merkites, qu'il soumit. S'avançant lui-même à la tête de ses armées, il remporta une grande victoire sur ses plus redoutables ennemis, et se fit reconnaître empereur par les Kara-Khitans et par les Naimans. Il dirigea ensuite ses armes contre le puissant sultan du Kharizme, Mohammed, dans les Etats duquel avaient été massacrés des ambassadeurs que lui envoyait Gengis-Khan. Ce prince était d'ailleurs poussé à cette expédition par le calife Nasser, qui ne pardonnait pas au sultan d'avoir eu la témérité de faire proclamer dans ses Etats un autre calife, que Mohammed voulait conduire à Bagdad. Gengis-Khan prétendait avoir vu en songe l'évêque du pays des Oigours, qui était venu lui promettre de la part de Dieu la protection du ciel. On prétend que c'est depuis ce temps-là qu'il protégea toujours les chrétiens. Il partagea son armée en quatre corps, pour envahir le territoire kharizmien. Il marcha de sa personne avec celui qui se dirigeait, vers Boukhara, qui était une des plus célèbres villes du Kharizme par sa grandeur, par sa population, et par son université, où les Musulmans venaient s'instruire. Cette ville ne tarda pas à capituler. En y entrant, Gengis-Khan passa dans une rue où il vit un grand édifice, qu'on lui dit être une mosquée, il descendit aussitôt de cheval, monta sur la tribune, et en ayant arraché le Coran, il le fit fouler aux pieds. La ville fut livrée au pillage et les habitants furent réduits en esclavage. « C'était un spectacle affreux, dit l'historien Ibn-Alatir, que celui de ces infortunés ; on n'entendait que les pleurs et les sanglots des hommes, des femmes et des enfants, qui étaient séparés pour jamais. Les barbares attentaient à la pudeur des femmes, aux yeux de tous ces infortunés, qui, dans l'impuissance de repousser les maux qui les accablaient, n'avaient que la ressource des larmes. Plusieurs d'entre eux préféraient la mort au spectacle de ces horreurs. Ayant appris ensuite que quelques soldats kharizmiens se tenaient cachés dans un quartier de la ville, Gengis-Khan y fit mettre le feu, et comme toutes les maisons de Boukhara n'étaient que de bois, la ville entière fut réduite en cendres, et les habitants furent obligés de se disperser dans le Khorassan. Le gouverneur d'Otrar, qui était l'auteur du meurtre des ambassadeurs mogols, se défendit jusqu'à la dernière extrémité. Cette ville fut prise cependant, et Gengis-Khan ordonna qu'on fît périr le gouverneur en lui coulant de l'argent fondu dans les yeux et dans les oreilles. Les généraux qui commandaient les autres corps de l'armée de Gengis-Khan exécutèrent pareillement ses ordres avec un égal succès, et le rejoignirent à Boukhara, d'où il se mit en marche pour aller faire le siége de Samarcande. Cette ville, bien fortifiée, avait été, en outre, pourvue d'une forte garnison par le sultan du Kharizme ; mais les chefs du clergé musulman en ouvrirent les portes à Gengis-Khan : la ville n'en fut pas moins pillée, et les habitants furent, en grande partie, ou massacrés ou réduits en esclavage. Le reste obtint la permission de demeurer dans la ville moyennant une rançon de deux cent mille pièces d'or. Le sultan Mohammed ne cessait de fuir devant les Mogols vainqueurs. La mère de ce prince tomba entre leurs mains avec tous ses trésors, deux filles du sultan, et deux de ses fils encore en bas âge. Gengis-Khan fit mourir les enfants mâles, et donna les jeunes princesses à ses fils et à ses principaux officiers. Quant à la mère de Mohammed, il la faisait venir quelquefois en sa présence, et lui jetait quelques morceaux de nourriture. Le sultan arriva sur les bords de la mer Caspienne, poursuivi par des cavaliers mogols, et n'eut que le temps de s'embarquer pour gagner une petite île, où il mourut de maladie et de chagrin.

Les Mogols s'emparèrent encore de Rei et de plusieurs autres places, et un grand corps de troupes, commandé par Djoutchi, Djagataï et Oktaï, fils de Gengis-Khan, se dirigea vers Kharizme, capitale de l'Etat de ce nom, pour en faire le siége. La division qui se mit entre les trois frères retarda la prise de la ville. Gengis-Khan, qui eut connaissance de cet état de choses, donna le commandement à Oktaï seul, et la ville fut emportée d'assaut. On s'y battit pendant sept jours, les femmes et les enfants prenant part à la lutte. Plus de cent mille personnes furent passées au fil de l'épée, et le reste des habitants fut réduit en servitude. Gengis-Khan, pendant que ses fils s'emparaient de Kharizme, alla en personne prendre Termed et Balkh. Cette dernière ville, qui était très-peuplée, et qui comptait jusqu'à douze cents grandes mosquées, fut rasée, et tous les habitants en furent exterminés. De là Gengis-Khan envoya son fils Toulouï dans le Khorassan pour en faire la conquête. Ce prince emporta d'assaut l'importante ville de Merve, s'empara de toutes les richesses qu'elle contenait, et commanda ensuite que tous les habitants sortissent de la place. Ils étaient si nombreux, qu'il leur fallut quatre jours pour opérer cette évacuation. Les gens de métier, dont les Mogols supposaient qu'ils pourraient avoir besoin, furent seuls épargnés, au nombre de quatre cents ; le reste de cette immense population fut abandonné à la fureur des soldats tartares. La réduction de Merve fut suivie de celle de Nichabour, dont les habitants furent également massacrés. Toulouï s'avança ensuite vers Hérat, qui lui opposa une résistance d'autant plus vigoureuse, que la place était défendue par une garnison d'environ cent mille hommes, qui ne cessa, pendant sept jours, de faire des sorties. On combattit de part et d'autre avec la plus grande fureur ; les Mogols perdirent plus de dix-sept cents officiers. Une blessure, que reçut le commandant de la ville, finit par en ouvrir l'entrée à Toulouï, qui fit passer la garnison au fil de l'épée. Ce prince rejoignit ensuite Gengis-Khan devant Talekan, dont le siége retenait le conquérant depuis sept mois. La réunion des forces de Toulouï à celles de son père permit de donner un assaut général, dans lequel la ville fut emportée, et toute la garnison égorgée.

L'armée mogole marcha de là vers Bamian. Cette ville se défendit avec une grande opiniâtreté, et Gengis-Khan y perdit un fils de Djagataï, qu'il chérissait beaucoup. La mort de ce jeune prince irrita tous les Mogols, qui redoublèrent les assauts et prirent enfin la ville. Dans le massacre général des habitants, ils n'épargnèrent ni les femmes enceintes, ni même les animaux; on ôta la vie à tout ce qui l'avait, et Bamian ne fut plus qu'un désert, auquel on donna le nom de *Moubalig*, c'est-à-dire *ville de tristesse*. Gengis-Khan eût porté plus loin ses ravages de ce côté; mais une victoire remportée sur ses troupes par le sultan Djelal-Eddin, fils de Mohammed, l'obligea de marcher contre les Kharizmiens. Il atteignit le sultan sur les bords de l'Indus, le vainquit, et le força de passer ce fleuve à la nage pour échapper à sa poursuite

Au bruit de la victoire que Djelal-Eddin avait remportée sur les Mogols, Hérat s'était soulevée contre les officiers que Toulouï y avait laissés. Gengis-Khan blâma son fils de n'avoir pas fait périr tous les habitants de cette grande ville, et envoya un général pour la soumettre avec quatre-vingt mille hommes. La place fut assiégée de quatre côtés différents, et emportée après six jours de siége; elle fut entièrement détruite, et quinze personnes seulement échappèrent à sa ruine. Après avoir envoyé une expédition contre les peuples du Kaptchak et contre les Russes, Gengis-Khan assembla, dans une ville de Boukharie, tous les princes de sa famille et tous ses généraux, pour convenir de la forme de gouvernement à donner à tous les pays dont on venait de faire la conquête. Avant de retourner en Tartarie, Gengis-Khan envoya son fils Oktaï détruire Ghazna et en massacrer les habitants, qui paraissaient vouloir se soulever. Il passa l'hiver de l'année 1223 à Samarcande, et fit l'année suivante une de ces grandes chasses, qui étaient un des plaisirs favoris des princes mogols

Après une absence de sept ans, Gengis-Khan arriva, en 1225, dans la ville de Caracorum, qu'il avait désignée pour être la capitale de son vaste empire. Il quitta la Tartarie cette même année, pour faire une expédition dans le Tangout, où il mourut en 1227, à l'âge de soixante-six ans, et dans la vingt-deuxième année de son règne, en recommandant à ses fils d'achever la conquête de la Chine, c'est-à-dire de l'empire des Tartares Kins. Son corps fut transporté dans la Mongolie, et enterré au milieu d'une épaisse forêt. Gengis-Khan avait plus de cinq cents femmes ou concubines, qui étaient toutes filles de khans et de princes. Parmi ce nombre, quatre avaient un rang supérieur, et chacune un palais appelé Ordou. Il laissa neuf enfants, quatre fils et cinq filles, de Bourta, celle de ses femmes qui tenait le premier rang au-dessus de toutes les autres. Gengis-Khan avait chargé quatre de ses fils de tout le gouvernement de l'empire, sous son autorité suprême : Djoutchi avait la direction des palais et de la venerie, Djagataï celle de la justice, Oktaï celle des finances, et Touloui celle des affaires de la guerre. Le grand conquérant mogol publia dans un kouriltaï, c'est-à-dire dans une diète tenue à Caracorum, en 1205, des lois qui furent conservées dans les archives de ses descendants, et il fit de l'observation de ces lois, en la recommandant à ses successeurs, la condition du maintien de la puissance qu'il leur léguait. Le code de Gengis-Khan ne prescrit qu'un vague déisme, et laisse voir que le fondateur de l'empire des Mogols ne professait aucune religion

Voici, suivant leurs vingt-deux divisions, les principales dispositions de ces lois : I. Il est ordonné de croire qu'il n'y a qu'un Dieu, créateur du ciel et de la terre, qui seul donne la vie et la mort, les biens et la pauvreté, qui accorde et refuse tout ce qui lui plaît, et qui a sur toutes choses un pouvoir absolu. II. Les chefs de secte, les prêtres, les religieux, les personnes qui se consacrent à la pratique de la religion, les crieurs des mosquées, les médecins et les gens qui lavent les corps morts, doivent être exemptés des charges publiques. III. Il est défendu, sous peine de la vie, à aucun prince de se faire proclamer khan, sans avoir été élu par les grands de la nation, dans une diète générale. IV. Il est interdit aux chefs des nations et des hordes soumises aux Mogols de prendre des titres d'honneur. V. Il est défendu de faire la paix avec un roi, un prince, ou un peuple, qui ne serait pas entièrement soumis. VI. La loi antérieurement établie et qui partage les troupes en corps de dix, de cent, de mille hommes, est maintenue. VII. Chaque soldat, lorsqu'il faudra se mettre en campagne, viendra recevoir ses armes des mains de l'officier, et il les tiendra toujours propres. VIII. Il est défendu, sous peine de la vie, de piller l'ennemi avant que le général en ait accordé la permission ; mais, cette permission une fois accordée, le soldat gardera ce qu'il aura pris, après avoir payé au khan les droits établis. IX. Afin de tenir les troupes en haleine, il est ordonné de faire de grandes chasses, tous les hivers, et il est défendu, en conséquence, à tous les sujets de l'empire de tuer, depuis le mois de mars jusqu'en octobre, les cerfs, les daims, les chevreuils, les lièvres, les ânes sauvages et certains oiseaux. X. Il est défendu d'égorger les animaux qu'on tue, pour s'en nourrir; pour les tuer, il faut leur lier les jambes, leur fendre le ventre et leur arracher le cœur avec la main. XI. Il est permis de manger le sang et les entrailles des animaux, ce qui était défendu auparavant. XII. Les immunités et les priviléges des grands de la nation sont réglés. XIII. Tous les sujets de l'empire doivent aller à la guerre, ou travailler gratuitement à des ouvrages publics. XIV. Celui qui aura volé un cheval, un bœuf ou un objet quelconque de la même valeur, sera puni de mort, et son corps sera coupé en deux parties. La punition des vols moins considérables sera le bâton, punition qui peut être rachetée en payant neuf fois la valeur du vol. XV et XVI. Il est défendu de prendre pour domestique un Mogol, tous les hommes de cette nation devant, sauf les cas exceptionnels, faire partie de l'armée. Il est défendu d'autoriser la paresse ou la fuite des esclaves, soit en leur donnant retraite, soit en leur fournissant des vivres. XVII. A l'égard des mariages, il fut ordonné que l'homme achèterait sa femme, et qu'il n'épouserait point une fille dont il serait parent au premier et au second degré: mais il est permis d'épouser les deux sœurs, d'avoir plusieurs femmes et des concubines. Les enfants, nés d'esclaves, sont légitimes comme ceux des épouses; toutefois ceux-ci, et principalement ceux de la première femme, jouissent de plusieurs avantages déterminés par les règlements. XVIII. L'adultère est puni de mort, et il est permis de tuer les coupables surpris en flagrant délit. XIX. Pour multiplier les alliances, il est permis aux familles de s'allier par le mariage de deux enfants morts, en faisant un contrat et les cérémonies ordinaires. XX. Comme les Mogols se précipitaient dans les lacs ou les rivières, lorsqu'ils entendaient le tonnerre, par la crainte qu'ils en avaient, il leur est défendu de se baigner, de faire aucune ablution, même de laver leurs habits dans les eaux courantes, sous prétexte qu'ils excitaient des exhalaisons qui formaient des orages. XXI. Les espions, les faux témoins, les gens qui se livrent à des vices infâmes et les sorciers sont condamnés à mort. XXII. Des peines très-rigoureuses sont établies contre les officiers qui manqueraient à leurs devoirs.

Gengis-Khan avait partagé ses vastes Etats entre ses fils, et Toulouï avait été nommé régent jusqu'à l'élection d'un nouveau grand khan. Oktaï, qui avait été désigné par son père pour cette dignité suprême, en fut revêtu dans la diète qui s'assembla pour donner un successeur à l'empire. Il acheva la conquête de l'empire des Tartares Kins, dans une expédition, qui se termina, en 1234, par la destruction de cet empire. La ruine des kins devint funeste à l'Europe. Oktaï mit sur pied une armée d'un million et demi de combattants, dont un détachement de trois cent mille hommes fut chargé d'aller porter le ravage dans les pays qui sont au nord et au nord-ouest de la mer Caspienne. Les Mogols pénétrèrent alors dans la Russie et la ravagèrent. Quoique Moscou se fût rendue à eux par capitulation, la plupart des habitants furent passés au fil de l'épée. S'avançant de là en Pologne, les Mogols s'emparèrent de Cracovie; ils remportèrent, près de Liegnitz, une grande victoire, qui leur fut vigoureusement disputée par les troupes de la Pologne et de la Silésie. Le grand maître de l'ordre Teutonique fut tué dans cette action. Pour compter les morts, les Mogols coupèrent une oreille à chaque homme qu'ils trouvèrent étendu sur le champ de bataille, et remplirent neuf grands sacs de ces barbares trophées de leur triomphe. Ils ravagèrent ensuite la Moravie, et parvinrent en Hongrie, où ils se réunirent à une autre armée mogole commandée par Batou, prince de la famille de Gengis-Khan, qui, après s'être rendu maître d'une partie du pays, marcha sur la capitale, mettant tout à feu et à sang, n'épargnant ni l'âge, ni le sexe. Il arriva devant Pesth, où le roi Béla IV s'était lâchement renfermé. Forcé d'en sortir par l'indignation de ses sujets, ce prince s'avança contre les Mogols. L'armée hongroise se laissa surprendre par l'ennemi sur les bords de la Theiss et éprouva une horrible défaite. Le roi prit la fuite, et les Mogols trouvèrent dans le butin le sceau de ce prince, dont ils se servirent pour sceller des lettres qu'ils faisaient écrire par des prisonniers, et dans lesquelles ils ordonnaient aux habitants des villes de ne pas prendre la fuite. On trouve dans l'Histoire de Spalatro, de l'archidiacre Thomas, beaucoup de détails sur cette invasion des Tartares, qui changea la Hongrie en un désert, au milieu du XIIIe siècle. Après avoir décrit la sanglante bataille perdue par les Hongrois, sur les bords de la Theiss, l'archidiacre peint la fuite de l'armée vaincue : « Les Tartares, dit-il, voyant que l'armée hongroise était en déroute, lui ouvrirent comme une porte, et lui permirent de se retirer. Ils suivaient les vaincus lentement et pas à pas, ne souffrant point qu'ils s'écartassent, soit à droite, soit à gauche. Les richesses des malheureux Hongrois, leurs vases d'or et d'argent, leurs habits de pourpre, leurs armes, étaient répandus sur les chemins. Mais la cruauté inouïe des Tartares, dédaignant ces précieuses dépouilles, n'aspirait qu'à se rassasier du sang des hommes. Lorsqu'ils virent que les Hongrois étaient accablés de fatigues, que leurs mains ne pouvaient plus soutenir leurs armes, et que leurs pieds se refusaient à la fuite, ils se mirent à les percer de traits, à les frapper à coups d'épée, à les tuer tous inhumainement sans épargner personne. Les malheureux Hongrois tombaient à droite et à gauche, comme les feuilles à la fin de l'automne; toute la route était couverte de leurs cadavres, et des torrents de sang inondaient au loin les campagnes. »

Les Mogols vainqueurs marchèrent vers Varadin, ville très-considérable, et où une quantité prodigieuse de peuple s'était retirée, comme dans un lieu de sûreté : la ville fut prise et brûlée, et tous les habitants furent massacrés. Les femmes furent égorgées dans les églises, au pied des autels, après avoir été exposées à toutes sortes d'outrages. Ceux des habitants qui purent échapper périrent de misère dans les forêts. Les Tartares ne quittèrent la Hongrie qu'après l'avoir entièrement ravagée. Ils retournèrent ensuite dans la Tartarie, après avoir soumis tous les pays qui s'étendent depuis la mer Caspienne jusqu'à la mer Glaciale. L'Europe entière fut effrayée des ravages que ces barbares venaient de faire en Pologne et en Hongrie. L'Allemagne s'était crue à la veille d'être envahie, et si les Tartares y avaient pénétré, le reste de l'Europe était menacé de subir leur joug. On ordonna partout des prières et des jeûnes, et le pape Innocent IV envoya des religieux prier ces peuples de cesser leurs incursions, en les engageant à embrasser la religion civilisatrice de Jésus-Christ. Deux Dominicains polonais prirent la route de la Russie, et quatre Franciscains s'acheminèrent pour la Perse.

Pendant que l'Europe était ainsi ravagee par les Mogols, la Syrie et les pays voisins étaient exposés aux mêmes malheurs : ces barbares, qui semblaient nés pour la désolation de l'humanité, inondaient pareillement cette partie de l'Asie. Oktaï, vers la fin de la guerre de la Chine, en 1232, avait fait sommer Kaikobad, sultan d'Iconium, de se rendre à Caracorum, pour lui prêter hommage, et ce sultan avait refusé d'obéir. Oktaï envoya une nombreuse armée vers les contrées soumises au sultan. Cette armée entra dans l'Arménie, se dirigea de là vers l'Irak, et s'approcha de Bagdad ; mais, après avoir remporté une grande victoire sur les généraux du calife, elle se retira contente du butin qu'elle emportait. Les Mogols allèrent prendre d'assaut Erzeroum, dont ils massacrèrent la plus grande partie des habitants, et obligèrent le sultan d'Iconium d'acheter la paix en envahissant une partie de ses domaines ; ils firent des incursions dans la Syrie, s'approchèrent d'Alep, dont ils ravagèrent le territoire, pillèrent Malatia, et en dévastèrent les églises. A tant de maux succéda la peste, qui fit mourir beaucoup de monde, et qui fut suivie d'une horrible famine, pendant laquelle les pères étaient réduits à vendre leurs propres enfants pour avoir du pain. Après s'être rapprochés des environs de Bagdad, où ils ne restèrent pas longtemps, les Mogols suspendirent enfin leurs ravages, et reprirent le chemin de Caracorum, à la nouvelle de la mort d'Oktaï. Matthieu Pâris rapporte qu'en 1238 les Musulmans envoyèrent une ambassade au roi de France, pour lui annoncer l'invasion des Tartares, et pour demander des secours contre eux aux souverains de l'Occident. En s'adressant au roi d'Angleterre les ambassadeurs de l'islamisme déclarèrent que si l'Asie ne pouvait résister à l'impétuosité de ces barbares, l'Europe serait bientôt exposée à leurs ravages.

Oktaï, qui aimait le vin avec excès, périt, pour en avoir bu pendant une nuit entière, à l'âge de 56 ans, en 1241, après un règne de treize ans. C'était un souverain d'une douceur étonnante chez un fils de Gengis-Khan. Toutes les atrocités commises en Asie et en Europe, sous son règne, doivent être attribuées au caractère barbare et féroce de sa nation, auquel se laissèrent entraîner ses généraux, qui étaient loin de lui ; il eut un grand ministre dans la personne de Yeliuï-Tchoutsaï, et Deguignes remarque avec raison, dans sa savante *Histoire générale des Huns*, que les Mogols doivent avoir été naturellement bien barbares, pour ne s'être pas policés sous l'administration d'un si grand homme. A la mort d'Oktaï, sa femme Tourakina se fit déclarer régente, et réussit à placer sur le trône son fils Coyouc. Il fut proclamé grand khan des Mogols dans un kouriltaï, où on vit paraître Jean de Plan Carpin, religieux envoyé par le pape chez les Mogols, le frère du sultan d'Iconium, le connétable d'Arménie et l'ambassadeur du calife de Bagdad. « Le premier jour que se tint cette grande assemblée, dit l'auteur de l'*Histoire des Huns*, tous les chefs des Mogols parurent vêtus d'habits blancs, et le lendemain, de rouges. Ils s'assemblaient dans une enceinte où il y avait une tente de couleur blanche, qui était des plus riches étoffes; cette enceinte était si grande qu'il pouvait y tenir deux mille personnes. Elle avait deux grandes portes ; l'une par laquelle le nouveau khan devait entrer seul ; il n'y avait point de gardes à celle-ci, parce que personne n'osait y passer par respect; l'autre était celle des grands seigneurs qui portaient des sabres, des arcs et des flèches, pour écarter tous ceux qui n'avaient pas leur entrée. Ces seigneurs étaient si richement vêtus, que les ornements des harnais de leurs chevaux montaient environ à vingt marcs d'argent. » On plaça le nouveau grand khan sur un siége doré, et on étendit ensuite par terre un feutre, sur lequel on le fit asseoir, en lui disant : « Regardez en haut, et reconnaissez un Dieu ; considérez ensuite ce feutre sur lequel vous êtes assis; si vous gouvernez sagement votre empire, si vous êtes généreux, bienfaisant et juste; si vous honorez les grands et les chefs de la nation, chacun selon son rang et sa dignité, vous régnerez avec splendeur et magnificence; toute la terre vous sera soumise, vous obtiendrez de Dieu tout ce que vous désirerez. Si vous tenez une conduite opposée, vous serez misérable, méprisé de vos sujets, et si pauvre, que vous n'aurez pas même en votre pouvoir le feutre sur lequel vous êtes assis. » On mit ensuite sa femme auprès de lui, sur le même feutre, et on les éleva en l'air en les proclamant à grands cris empereur et impératrice de tous les Tartares. « On apporta devant Coyouc, ajoute Deguignes, à qui nous empruntons ces détails, une quantité prodigieuse d'or, d'argent, de pierreries, et d'autres richesses, dont on lui fit présent, et dont il distribua aussitôt une partie à tous les grands ; ensuite on se mit à boire beaucoup de coumiz ou de lait de jument, et à manger des viandes cuites sans sel ; on les leur apportait avec le sel à part. Telle était la manière d'installer sur le trône ces monarques, qui étaient maîtres de presque toute l'Asie; les richesses y étaient prodiguées sans magnificence, et l'on n'y voyait régner que la grossièreté et la barbarie. Ces hommes, formidables à tout le reste du genre humain, n'étaient que des pâtres qui, environnés de leurs troupeaux, se choisissaient un roi, et se paraient dans cette cérémonie de l'or et de l'argent que le brigandage leur fournissait. Ils voyaient trembler autour d'eux les ambassadeurs des plus puissants princes de l'Asie. »

Coyouc avait alors environ quarante ou quarante-cinq ans; il était de moyenne taille et d'un caractère doux; il avait donné des preuves de son courage dans l'expédition de Batou. Un grand nombre de chrétiens étaient attachés à son service; il avait un ministre et un secrétaire chrétiens; les évêques et les prêtres nestoriens avaient du crédit à sa cour, où les Mogols ne l'abordaient plus qu'en prononçant ces mots syriaques: *Barek-Mor*, c'est-à-dire, *que la bénédiction du Seigneur soit sur vous*. Les Chinois lui reprochent d'avoir trop favorisé les bonzes d'Occident, c'est-à-dire les prêtres chrétiens. Mais cette protection qu'il leur accordait ne l'empêchait pas de vouloir soumettre par les armes les peuples chrétiens à sa domination. C'était pour le détourner du dessein de diriger une nouvelle expédition contre l'Europe, et pour l'amener à embrasser le christianisme, si cela était possible, que Jean de Plan Carpin avait été envoyé auprès de lui par le pape. Mais, comme Coyouc avait l'intention de reporter la guerre en Occident, et qu'il voulait que l'ambassadeur du pape l'ignorât, il le renvoya à sa mère Tourakina. Plan Carpin demeura un mois entier à la cour du grand khan sans en pouvoir obtenir une audience particulière; on lui ordonna ensuite d'exposer par écrit le sujet pour lequel le pape l'envoyait, et après qu'on lui eut rendu la réponse dans des lettres écrites en mogol et en arabe, il obtint son congé le 13 décembre 1246. Coyouc voulait envoyer avec lui des ambassadeurs au pape, mais Plan Carpin eut la prudence de l'en détourner, parce que ces sortes d'ambassadeurs n'étaient que des espions qui s'informaient de l'état des forces et de la situation des pays où ils étaient envoyés, pour en rendre compte à leur souverain, qui dirigeait ensuite ses armées contre ces mêmes pays. Plan Carpin, dont le dessein n'avait été d'abord que de voir Batou, qu'il avait trouvé campé près du Volga, ne s'était rendu à la cour du grand khan que sur l'invitation de ce général. Après avoir salué la princesse Tourakina, qui lui donna quelques habits de peaux de renard, l'envoyé du souverain pontife reprit le chemin de l'Europe, où il revint par la Tartarie et par la Russie.

Les quatre religieux Franciscains, que le pape avait également envoyés vers les Mogols, ne parvinrent point jusqu'à Caracorum. Ils avaient pris leur route par la Syrie, et s'étaient rendus en Perse auprès du général qui y commandait les armées du grand khan. Ce général, nommé Baijou-Novian, leur fit demander le sujet de leur ambassade. Ils répondirent qu'ils venaient de la part du pape qui était le chef suprême de toute la chrétienté. Cette réponse irrita les Mogols qui s'étonnèrent que ces religieux ignorassent que le grand khan fût fils de Dieu, et que les noms de Batou et de Baijou-Novian fussent célèbres par toute la terre. Ascelin, celui des religieux qui portait la parole, répliqua que le pape, son maître, ne connaissait ni le grand khan, ni Baijou-Novian, ni Batou; qu'il avait seulement entendu dire que la nation tartare, venue des extrémités de l'Orient, avait subjugué beaucoup de pays et fait partout de grands ravages, et que s'il avait connu les princes dont ils lui parlaient, il en aurait fait mention dans ses lettres; qu'uniquement touché des maux que les Tartares avaient faits aux chrétiens, il l'avait envoyé lui et ses compagnons, par le conseil de ses frères les cardinaux, vers la première armée tartare qu'ils rencontreraient, pour engager cette nation à ne point détruire le peuple de Dieu. Les officiers mogols rendirent cette réponse à Baijou-Novian, et revinrent ensuite demander aux religieux quels étaient les présents qu'ils apportaient de la part du pape, parce qu'il n'était pas permis de se présenter devant leurs princes les mains vides. Ascelin, qui n'avait rien à offrir, dit que ce n'était point la coutume des chrétiens d'envoyer des présents, et qu'il n'était chargé que des lettres du pape, que les officiers pouvaient les remettre eux-mêmes à Baijou-Novian, s'il ne lui était pas permis de paraître en sa présence. Le dessein des Mogols était de tromper les Francs, en leur laissant espérer qu'ils se feraient chrétiens, parce qu'ils les redoutaient plus que tous les autres peuples. Ils avertirent cependant Ascelin que, s'il voulait se présenter devant Baijou-Novian, il devait se résoudre à l'adorer comme le fils de Dieu régnant sur la terre, et à mettre trois fois le genou en terre devant lui. Ascelin et ses compagnons tinrent conseil pour savoir si la religion leur permettait de faire ce qu'on exigeait d'eux. Un religieux, qui était resté pendant sept ans avec les Mogols, et qui était instruit de tous leurs usages, dit aux envoyés du souverain pontife qu'il ne fallait pas regarder cette adoration comme un acte idolâtre, mais comme une marque de soumission et de respect que le pape et toute l'Église rendaient au khan. Les religieux ne voulurent point y consentir pour l'honneur de l'Église, et à cause du scandale que cette condescendance causerait parmi les Georgiens, les Arméniens, les Grecs, les Perses et les Turcs, qui croiraient que ce serait un acte de vasselage de la part du pape. Ils déclarèrent qu'ils ne pouvaient saluer Baijou-Novian que suivant la manière qui se pratique en Europe. Les Mogols en furent très-irrités, et ils se répandirent en invectives contre le pape et contre les chrétiens. Baijou-Novian ordonna même que l'on fît mourir les ambassadeurs du saint-siége; mais ses officiers refusèrent d'exécuter ses ordres, parce qu'ils savaient que le grand khan le désapprouverait. Au milieu de toutes ces contestations, les religieux tinrent ferme, et on les menaça inutilement de les envoyer au grand khan. Ils ne virent point Baijou-Novian, et remirent leurs lettres à ses officiers. Après que ce général en eut pris connaissance, il insista de nouveau pour que les religieux les portassent eux-mêmes au grand khan. Ascelin répondit qu'il était uniquement chargé de les remettre au premier général mogol qu'il rencontrerait, et qu'il était résolu de ne point aller en Tartarie. Il se plaignit hautement de la manière dont on le traitait, et de toutes les offenses qu'il recevait de la part des Mogols. On congédia enfin les religieux avec une lettre pour le pape, qui était conçue en ces termes : « Par la divine disposition du grand khan, voici les ordres de Baijou-Novian. Vous, pape, sachez que vos messagers sont venus vers nous, et qu'ils nous ont remis vos lettres. Ils nous ont tenu d'étranges discours ; nous ignorons s'ils l'ont fait par vos ordres. Nous n'avons pas moins été choqués de ces termes que nous avons lus dans vos lettres : *Vous tuez et faites périr beaucoup d'hommes.* Sachez que c'est l'ordre de Dieu ferme, stable, et qui s'étend sur toute la face de la terre. Quiconque l'entendra doit rester assis en sa propre terre, eau et héritage, et mettre toute sa force entre les mains de celui qui contient toute la face de la terre : quiconque ne s'y soumettra pas sera exterminé ! Nous vous le faisons savoir, afin que si vous voulez être assis sur votre terre, eau et héritage, il faut que vous vous transportiez en propre personne auprès de nous ; si vous n'obéissez pas à ces ordres, nous savons ce qui vous en arrivera. Mais avant tout, il faut que vous nous fassiez savoir de nouveau par des ambassadeurs, si vous viendrez ou non, et si vous vous déclarez notre ennemi. » Cette lettre était conforme aux desseins que le grand khan se proposait d'exécuter. Quoiqu'il eût reçu, en 1247 ou 1248, un nouvel ambassadeur du pape, et quoiqu'un bon accueil eût été fait à Rome, en 1248, à un officier qu'il y avait envoyé, Coyouc ne laissait pas de se préparer à faire une nouvelle expédition contre les chrétiens, et il levait trois hommes sur dix dans tous ses États. Cette prodigieuse quantité d'hommes était destinée à porter la guerre, pendant dix ans, en Hongrie, en Pologne et en Prusse. Mais la mort de Coyouc, arrivée en 1248, lorsque ce prince n'avait encore que quarante-trois ans, empêcha le réalisation de ses épouvantables projets.

Ogoulgaïmisch, la principale des femmes de Coyouc, exerça pendant quelque temps la régence de l'empire. Tout le monde désirait qu'on choisît pour nouveau grand khan un des enfants de Siourcoucteni, veuve de Touloui, qui avait gagné l'amitié des peuples par sa générosité. Un poëte arabe a dit d'elle que, si toutes les femmes lui ressemblaient, elles surpasseraient les hommes. On a prétendu qu'elle était chrétienne ; mais il y a plutôt lieu de croire que, comme un grand nombre de princes et de princesses tartares de la famille de Gengis-Khan, Siourcoucteni a fait preuve de cette tolérance banale pour toutes les religions, qui consiste à leur accorder une égale protection. C'est ainsi que cette princesse, considérée comme chrétienne par beaucoup d'historiens, a favorisé le mahométisme. Dans une assemblée générale de la nation mogole, Mangou, fils de Siourcoucteni, fut proclamé grand khan en 1251. Hayton, roi d'Arménie, se rendit en Tartarie en 1253 pour faire un traité avec le grand khan. Il proposa à Mangou d'embrasser la religion de Jésus-Christ, et de se réunir aux chrétiens pour renverser la puissance musulmane, et principalement celle du calife de Bagdad. Il demanda ensuite qu'on lui rendît toutes les terres de ses États qui lui avaient été prises par les Mahométans et par les Mogols. Le grand khan assembla les chefs des Mogols et leur exposa les demandes du roi d'Arménie : elles étaient trop conformes aux desseins de la nation pour qu'on les refusât, et il fut résolu qu'on enverrait Houlagou, frère de Mangou, à la tête d'une puissante armée contre le calife et les Mahométans de la Syrie, et que Baijou-Novian se joindrait à Houlagou.

A la fin de cette même année 1253, deux religieux arrivèrent à la cour de Mangou avec des lettres de saint Louis, roi de France : l'un était Guillaume de Rubruquis, cordelier, et l'autre Barthélemy de Crémone. Le saint roi avait reçu des lettres, qui lui avaient été apportées par des imposteurs, suivant Deguignes, dans l'île de Chypre, et qui lui annonçaient que le fils aîné de Batou, Sartac, qui commandait les Mogols cantonnés vers le Volga, s'était fait chrétien. Ces mêmes lettres assuraient que Coyouc, qui régnait alors, avait lui-même embrassé le christianisme, et qu'il se disposait à prendre la défense des chrétiens. Saint Louis résolut d'envoyer des ambassadeurs au grand khan et à Sartac, pour encourager ces princes à persister dans la vraie religion. Guillaume de Rubruquis et Barthélemy de Crémone se rendirent de Palestine, par Constantinople et par la Crimée, aux avant-postes des Tartares, d'où ils allèrent trouver le prince Sartac, qui était campé en deçà du Volga. « Durant ce voyage, dit Rubruquis dans la relation de son ambassade adressée à saint Louis, nous ne couchâmes dans aucune maison ni tente, mais toujours à l'air ou sous nos chariots, et dans toute cette route nous ne trouvâmes aucun village ni vestige de bâtiments, sinon des sépultures de Comans en grand nombre. » Les religieux furent présentés à Sartac par un officier de ce prince, qui était chrétien de la secte nestorienne. Rubruquis était revêtu de riches ornements sacerdotaux ; il tenait dans ses mains une belle Bible, que lui avait donnée saint Louis, et un psautier orné d'images coloriées, dont la reine lui avait fait présent ; Barthélemy de Crémone portait un missel et la croix ; et un clerc qui les accompagnait tenait à la main un encensoir. Sur l'invitation qui leur fut faite de chanter un cantique qui attirât sur Sartac la bénédiction du ciel, ils entonnèrent le *Salve Regina*. Rubruquis présenta au prince mogol des lettres de saint Louis, traduites en arabe et en syriaque. Quand Sartac en eut pris connaissance, il engagea les religieux à se rendre auprès de son père Batou. Sartac avait auprès de lui des prêtres nestoriens, mais il n'était pas chrétien. « Il me semble bien plutôt, dit Rubruquis, qu'il se moque des chrétiens et les méprise. » Les religieux se rendirent auprès de Batou, dont le camp, placé sur les bords du Volga, avait l'étendue d'une grande ville. Rubruquis rend compte en ces termes de sa présentation au prince Batou, qui avait fait dresser, pour le recevoir, une tente plus grande que celle qu'il habitait ordinairement: « Nous fûmes introduits jusqu'au milieu de cette tente, sans exiger de nous que nous fissions aucune révérence, en fléchissant le genou, comme les ambassadeurs envoyés vers eux ont coutume de faire. Nous demeurâmes ainsi en sa présence environ la longueur d'un *Miserere*, et tous gardaient un grand silence. Baatu (Batou) était assis sur un haut siége ou trône, de la grandeur d'un lit et tout doré, auquel on montait par trois degrés; près de lui il y avait une de ses femmes; les hommes étaient assis à droite et à gauche de cette dame. Comme les femmes ne remplissaient pas un des côtés, car il n'y avait que celles de Baatu, les hommes occupaient le reste de la place. A l'entrée de la tente était un banc sur lequel il y avait du coumiz et de grandes tasses d'or et d'argent, enrichies de pierres précieuses. Baatu nous regardait fort, et nous le considérions avec attention. Son visage était un peu rougeâtre. Enfin il me fit commandement de parler; alors notre conducteur nous avertit de fléchir les genoux et de lui parler ainsi. Je pliai donc un genou à terre, comme devant un homme; mais il me fit signe que je les pliasse tous deux, ce que je fis, n'osant leur désobéir en cela; sur quoi, m'imaginant que je priais Dieu, puisque je fléchissais ainsi les deux genoux, je commençai ma harangue par ces paroles: Monseigneur, nous prions Dieu, de qui tous biens procèdent, et qui vous a donné tous ces avantages temporels, qu'après cela il lui plaise vous donner aussi les célestes, d'autant que les uns sont inutiles et vains sans les autres. Vous devez savoir, monseigneur, que vous n'aurez jamais ces derniers, si vous n'êtes chrétien; car Dieu a dit lui-même : Qui croira et sera baptisé, sera sauvé; mais qui ne croira pas sera condamné. A ces mots, le prince sourit modestement, et tous les Mogols commencèrent à frapper des mains et à se moquer de nous. Après, silence s'étant fait, je lui dis que j'étais venu vers son fils, parce que nous avions ouï dire qu'il était chrétien, et que je lui avais apporté des lettres de la part du roi de France, mon souverain seigneur, qui m'avait envoyé vers lui, dont il devait savoir le motif. Ayant ouï cela, il me fit lever, s'enquit du nom de Votre Majesté, de ceux de mes compagnons et de moi, et mon interprète les lui fit mettre par écrit. Il me dit encore qu'il avait entendu que Votre Majesté était sortie de son pays avec une armée pour faire la guerre. Je lui répondis qu'il était vrai; mais que c'était pour la faire aux Sarrasins, qui occupaient la sainte cité de Jérusalem, et profanaient la maison de Dieu. Il me demanda aussi si jamais vous lui aviez envoyé des ambassadeurs, et je lui dis que non. Alors il nous fit asseoir et donner de leur lait à boire, ce qu'ils réputent à grande faveur, quand il fait boire du coumiz en sa maison avec lui. Comme je regardais fixement en terre, il me commanda de lever les yeux. Nous sortîmes ensuite. »

Comme Batou n'osait permettre aux religieux de demeurer dans le pays sans l'autorisation du grand khan, ils se mirent en route pour la cour de Mangou. Ils partirent à cheval le 15 de septembre, avec le fils d'un officier de Batou, qui était chargé de les conduire. « Il est impossible de dire, rapporte Rubruquis, combien, en tout ce chemin, nous endurâmes de faim, de soif, de froid et de lassitude. » Ils arrivèrent le 27 de décembre à la cour du grand khan, qui se trouvait alors à quelques journées au sud de Caracorum. Comme saint Louis savait que l'envoi d'une ambassade était considéré par les Tartares comme un acte de soumission, il avait recommandé aux religieux de ne prendre d'autre qualité que celle de missionnaires. Ils furent admis le 4 janvier 1254, à l'audience du grand khan. Laissons Rubruquis raconter lui-même comment se passa cette audience. « Le feutre qui était devant la porte du palais étant levé, nous entrâmes, dit-il, et comme nous étions encore au temps de Noël, nous commençâmes à entonner l'hymne *A solis ortus cardine*. Lorsque nous eûmes achevé, ils se mirent à nous fouiller partout, pour voir si nous ne portions point de couteau caché, et contraignirent notre interprète même de laisser sa ceinture et son couteau au portier. A l'entrée de ce lieu, il y avait un banc, et dessus, du coumiz; auprès de là ils firent mettre notre interprète tout debout, et nous firent asseoir sur un banc vis-à-vis des dames. Ce lieu était tout tapissé de toiles d'or; au milieu il y avait un réchaud plein de feu, fait d'épines et de racines d'absinthe, qui croît là en abondance; ce feu était allumé avec de la fiente de bœuf. Le grand khan était assis sur un petit lit, vêtu d'une riche robe fourrée et fort lustrée comme la peau d'un veau marin. C'était un homme de moyenne stature, d'un nez un peu plat et rabattu, âgé d'environ quarante-cinq ans. Sa femme, qui était jeune et assez belle, était assise auprès de lui, avec une de ses filles, nommée Cyrina, prête à marier et assez laide; plusieurs petits enfants se reposaient sur un lit proche de là. Le khan nous fit demander ce que nous voulions boire, du vin, ou de la térasine, qui est un breuvage fait de riz, ou du caracoumiz, qui est du lait de vache tout pur, ou du bale, qui est fait de miel; car ils usent, l'hiver, de ces quatre sortes de boissons. A cela je répondis que nous n'étions pas gens qui se plussent beaucoup à boire; que toutefois nous nous contenterions de tout ce qu'il plairait à sa grandeur de nous faire donner. Alors il commanda de nous faire donner de cette térasine, faite de riz, qui était aussi claire et douce que du vin blanc, dont je goûtai un peu pour lui obéir; mais notre interprète, à notre grand déplaisir, s'était accosté du sommelier, qui l'avait fait tant boire, qu'il ne savait ce qu'il faisait et disait. Après cela le khan se fit apporter plusieurs sortes d'oiseaux de proie, qu'il mit sur le poing, les considérant fort, assez longtemps. Puis il nous commanda de parler. Il avait pour son interprète un nestorien ; nous avions aussi le nôtre, comme j'ai dit, fort mal accommodé du vin. Nous étant donc mis à genoux, je lui dis que nous rendions grâces à Dieu de ce qu'il lui avait plu nous amener de si loin pour venir voir et saluer le grand Mangu-Khan, à qui il avait donné une grande puissance sur la terre, mais que nous suppliions aussi la même bonté de Notre-Seigneur Jésus-Christ, par qui nous vivions et mourions tous, qu'il lui plût donner à Sa Majesté heureuse et longue vie (car c'est tout ce qu'ils désirent, qu'on prie pour eux afin de leur obtenir une longue vie). J'ajoutai à cela que nous avions ouï dire en notre pays que Sartach était chrétien, dont tous les chrétiens avaient été fort réjouis, et spécialement le roi de France, qui sur cela nous avait envoyés vers lui, avec des lettres de paix et d'amitié, pour lui rendre témoignage quelles gens nous étions, à ce qu'il voulût nous permettre de nous arrêter en son pays; d'autant que nous étions obligés par les statuts de notre Ordre d'enseigner aux hommes comment il faut vivre selon la loi de Dieu. Que Sartach sur cela nous avait envoyés vers son père Baatu, et Baatu vers sa majesté impériale, à laquelle, puisque Dieu avait donné un grand royaume sur la terre, nous le suppliions aussi bien humblement qu'il plût à sa grandeur de nous permettre de demeurer sur les terres de sa domination, afin d'y faire faire les commandements et le service de Dieu, et prier pour lui, ses femmes et ses enfants. Que nous n'avions ni or, ni argent, ni pierres précieuses, mais seulement notre service et nos prières, que nous ferions continuellement à notre Dieu pour lui; mais qu'au moins nous le suppliions de nous pouvoir arrêter là tant que la rigueur du froid fût passée ; d'autant même que mon compagnon était si las et si harassé du long chemin que nous avions fait, qu'il lui était du tout impossible de se remettre si tôt en voyage sans courir danger de la vie : de sorte que sur cela il m'avait contraint de lui demander licence de demeurer là encore pour quelques jours ; car nous nous doutions bien qu'il nous faudrait bientôt retourner vers Baatu, si de sa grâce et bonté spéciale il ne nous permettait de demeurer là. A cela le khan nous répondit que, tout ainsi que le soleil épand ses rayons de toutes parts, ainsi sa puissance et celle de Baatu s'étendaient en tout lieu ; que pour notre or et notre argent il n'en avait que faire. Jusque-là je n'entendis aucunement notre interprète ; mais du reste je ne pus rien comprendre autre chose, sinon qu'il était bien ivre, et, selon mon opinion, que Mangu était un peu chargé. Après cela il nous fit asseoir, et au bout d'un instant nous sortîmes avec les interprètes. Comme nous étions sur le point de retourner à notre logis, vint l'interprète, qui nous dit que Mangu avait pitié de nous et nous donnait deux mois de temps pour demeurer là, tandis que le froid se passerait; et il nous mandait aussi que près de là il y avait une ville, nommée Caracorum, où, si nous voulions nous transporter, il nous y ferait fournir tout ce qui nous serait de besoin ; mais que si nous aimions mieux demeurer là où nous étions, il nous ferait aussi bailler toutes choses nécessaires, et néanmoins que ce serait très-grande peine et misère de suivre la cour partout. »

Rubruquis, pendant sa résidence à la cour du khan, put s'assurer par lui-même que Mangou et sa famille assistaient également aux cérémonies religieuses des chrétiens, des mahométans et des bouddhistes, et qu'ils ne connaissaient du christianisme que quelques pratiques extérieures. Fidèle aux maximes de Gengis-Khan, Mangou ne montrait de préférence pour aucun culte, et il les protégeait tous également. Selon un historien oriental cité par d'Ohsson, dans son *Histoire des Mogols*, l'islamisme était la religion pour laquelle le khan avait une véritable préférence. Rubruquis remarqua aussi que Mangou consultait fréquemment des magiciens mogols, dont le chef était logé devant le pavillon impérial. Les prêtres nestoriens, qui demeuraient à la cour du khan, étaient ignorants, superstitieux et adonnés au vin. « Le jour de l'octave de l'Epiphanie, dit Rubruquis, la principale femme de Mangou vint à la chapelle des Nestoriens, avec plusieurs dames, son fils aîné Baltou et ses enfants en bas âge. Tous se prosternèrent la face contre terre, touchèrent les images de la main droite, qu'ils portèrent à leurs lèvres, et donnèrent la main à tous ceux qui étaient présents, selon l'usage des Nestoriens. Mangou visita aussi cette chapelle, et s'assit avec son épouse sur un sopha doré placé devant l'autel... L'empereur ne tarda pas à se retirer ; mais sa femme demeura dans la chapelle, et fit des présents à tous les chrétiens. On apporta du tarassoun, du vin et du coumiz. L'impératrice prit une coupe, se mit à genoux, demanda la bénédiction, et, tandis qu'elle buvait, les prêtres chantaient. Ceux-ci burent à leur tour et s'enivrèrent ; ce fut ainsi qu'ils passèrent la journée. Vers le soir, l'impératrice étant ivre comme les autres, s'en retourna chez elle dans son chariot, accompagnée de prêtres, qui ne cessaient de chanter, ou plutôt de hurler. »

« Le samedi, veille de la Septuagésime, qui est le temps de la pâque des Arméniens, continue Rubruquis, nous allâmes avec les prêtres nestoriens et un moine arménien, en procession au palais de Mangu. Comme nous entrions, sortit un serviteur portant des os d'épaule de mouton brûlés au feu et noirs comme charbon, dont je fus fort étonné ; et leur ayant demandé depuis ce que cela voulait dire, ils m'apprirent que jamais en ce pays-là rien ne s'entreprend sans avoir premièrement bien consulté ces os. Quand le khan veut faire quelque chose, il se fait apporter trois de ces os, qui n'ont pas encore été mis au feu, et, les tenant entre les mains, il pense à l'affaire qu'il veut consulter, si elle se pourra faire ou non; puis il baille ces os pour les brûler, et il y a deux petits lieux proche le palais où le khan couche, où on les brûle soigneusement, et étant bien passés par le feu et noircis, on les rapporte devant lui, qui les regarde fort curieusement, pour voir s'ils sont demeurés entiers et que l'ardeur du feu ne les ait pas rompus ou éclatés; et, en ce cas, ils jugent que l'affaire va bien; mais si ces os se trouvent rompus de travers, et que de petits éclats en tombent, cela veut dire qu'il ne faut pas entreprendre la chose. Arrivés en la présence de Mangu, les prêtres nestoriens lui apportèrent l'encens qu'il mit lui-même dans le vase, et ils l'encensèrent. Ils bénirent aussi sa coupe; nous fûmes tous obligés de faire de même; ensuite on fit boire tous les prêtres. Après cela, nous allâmes au logis de Baltou. Sitôt qu'il nous aperçut, il sauta de son siége et se jeta à terre, la touchant du front en révérence de la croix, qu'il posa, après s'être relevé, sur une pièce de tissu de soie neuf, et la plaça devant lui en un lieu élevé. Son précepteur, nommé David, prêtre nestorien, qui était un vrai ivrogne, l'avait instruit à cela. Ensuite il nous fit asseoir, et après avoir bu une coupe qui avait été bénie par les prêtres, il les fit boire aussi. Delà nous allâmes successivement à la cour de la seconde, de la troisième et de la quatrième femme de l'empereur. Toutes se jetaient à terre, aussitôt qu'elles apercevaient la croix, l'adoraient et la faisaient poser ensuite dans un lieu élevé sur un tapis de soie; c'est là tout ce que les prêtres leur avaient appris du christianisme. Elles suivaient du reste en tout les pratiques des devins et des idolâtres. »

Rubruquis, vers Pâques, suivit le grand khan à Caracorum; et cette ville ne lui parut pas aussi considérable que Saint-Denis. Rubruquis baptisa plusieurs infidèles; et, après un séjour de cinq mois à la cour de Mangou, il se disposa à quitter la Tartarie. Le khan voulait envoyer avec lui des ambassadeurs; mais, sur l'observation du missionnaire qu'ils ne seraient pas en sûreté dans les contrées qu'il fallait traverser, il renonça à son projet, et se borna à remettre à Rubruquis une lettre en réponse à celles de saint Louis. Elle était écrite en mogol et en caractères oigours, et ainsi conçue : « Tel est le commandement du Dieu éternel; il n'y a qu'un Dieu au ciel, et qu'un souverain sur la terre, Gengis-Khan, fils de Dieu. Faites savoir partout où des oreilles peuvent entendre, et où des chevaux peuvent aller, que ceux auxquels mes ordres parviendront, et qui n'y obéiront pas, ou qui s'armeront pour y résister, auront des yeux et ne verront pas, auront des mains et ne pourront s'en servir, auront des pieds et ne pourront marcher. Tels sont les commandements du Dieu éternel et du Dieu de la terre, le souverain des Mogols. Ce commandement est adressé par Mangou-Caan à Louis, roi de France, à tous les seigneurs et prêtres, et à tout le peuple du royaume de France, afin qu'ils puissent entendre mes paroles et les commandements que le Dieu éternel fit à Gengis-Khan, et qui ne sont pas encore parvenus jusqu'à eux. Un homme, nommé David, vous a été trouver comme ambassadeur des Mogols; c'était un imposteur. Vous avez envoyé avec lui vos ambassadeurs à Coyouc-Khan, après la mort duquel ils sont arrivés à la cour, et sa veuve Ogoulgaïmisch vous envoya, par leur entremise, une pièce de soie avec des lettres; mais comment cette femme, plus vile qu'une chienne, aurait-elle pu savoir quelque chose des affaires de la paix ou de la guerre, et de ce qui concerne le bien de cet empire? Ces deux moines sont venus de votre part vers Sartac, qui les a envoyés à Batou, et Batou les a envoyés ici, parce que Mangou-Caan est le chef suprême des Mogols. Nous eussions voulu vous envoyer nos ambassadeurs avec vos prêtres; mais ceux-ci nous ont déclaré qu'entre ce pays et le vôtre il y a plusieurs nations ennemies et des chemins dangereux, ce qui leur faisait craindre que nos ambassadeurs ne pussent aller sûrement jusqu'à vous; mais ils s'offrirent de porter nos lettres, contenant nos commandements, au roi Louis. Ainsi donc, nous vous adressons, par vos prêtres, les commandements du Dieu éternel. Quand vous les aurez entendus, vous nous enverrez vos ambassadeurs pour nous annoncer si vous voulez avoir paix ou guerre avec nous. Si vous méprisez les commandements de Dieu, dans la pensée que votre pays est bien éloigné, que vous êtes protégé par de hautes montagnes, par des mers vastes et profondes, celui qui peut faciliter les choses difficiles, et approcher ce qui est éloigné, sait bien ce que nous pourrons faire. »

Rubruquis reprit le chemin de la Palestine, au mois de juin 1254. Il se dirigea vers la cour de Batou, suivant l'ordre qu'il en avait reçu. Ce premier voyage dura soixante et dix jours, et souvent le missionnaire manqua de nourriture en route. Mangou avait écrit à son parent d'ajouter aux lettres qu'il écrivait au roi de France, ou d'en supprimer ce qu'il jugerait convenable. Rubruquis suivit pendant quelque temps la cour de Batou, et se dirigea ensuite par le Caucase, vers la terre sainte. Rentré dans son couvent de Saint-Jean-d'Acre, il adressa à saint Louis, qui était reparti pour la France, la relation de son voyage.

Lorsque Robruquis était arrivé à la cour de Mangou, Houlagou, frère du grand khan, était déjà parti pour son expédition d'Occident, accompagné de sa femme, qui était chrétienne. On prétend que Batou, qui était entièrement opposé à cette expédition, à cause des liaisons qu'il avait avec le calife et avec les Assassins, en porta des plaintes à Mangou, et qu'il lui reprocha même son ingratitude envers lui, qui lui avait mis la couronne sur la tête. Mangou ordonna que Houlagou n'allât pas plus loin ; mais la mort de Batou, qui arriva dans le même temps, leva toutes les difficultés, et Houlagou entra sur le territoire des Assassins, qu'il détruisit si bien, qu'il n'en resta plus trace dans la Perse. Il alla de là mettre le siége devant Bagdad, qui était en proie à l'anarchie et aux querelles religieuses entre les Sunnites et les Chiites. Pour prendre cette ville, il l'environna d'un mur. Les habitants lui envoyèrent deux députés pour traiter de la reddition de la place, et le calife Mostasem, se voyant abandonné de ses sujets, se livra à Houlagou. Le pillage de Bagdad dura sept jours, après lesquels le prince mogol fit mourir le calife, et s'éloigna de cette scène de destruction. C'est ainsi que Houlagou mit fin, en 1258, à l'empire des califes, qui passa tout entier sous la domination des Mogols. Baijou-Noviau se rendit maître de l'empire d'Iconium, et la puissance tartare s'étendit jusqu'au détroit de Constantinople. Les Mogols n'avaient plus à conquérir, pour avoir soumis toute l'Asie, que les provinces méridionales de la Chine. Koubilaï, frère du grand khan Mangou, fut chargé de cette expédition. Formé par les sages leçons d'un officier chinois, appelé Yao-chou, ce prince parvint à faire aimer le gouvernement mogol en Chine, et à policer les Tartares par la culture des lettres et des sciences. Mangou voulut prendre part lui-même à la guerre contre la Chine méridionale, et il y mourut devant une ville dont ses troupes faisaient le siége. Koubilaï fut choisi, en 1260, par l'assemblée générale des Mogols, pour succéder à son frère Mangou. Par la mort du dernier souverain de la dynastie des Songs, Koubilaï, qui régnait déjà sur une partie de la Chine, devint maître de tout cet empire, en 1280.

Les pays occidentaux conquis par Houlagou lui furent cédés par Koubilaï, son frère, à condition que ses successeurs recevraient comme lui l'investiture de leurs Etats du grand khan de la Tartarie, qui était regardé comme le souverain de toute la nation. Mais la vaste étendue de l'empire mogol ne permit pas que les khans de Tartarie jouissent longtemps de l'autorité qu'ils prétendaient avoir sur les princes de leurs familles, qui régnaient dans des pays éloignés. Après la mort de Koubilaï, tous ces princes se rendirent indépendants des grands khans, qui se trouvèrent avoir trop d'occupation dans la Chine pour les faire rentrer dans le devoir. Houlagou établit particulièrement dans la Perse un puissant empire, qui devint encore plus étendu sous ses successeurs. Tauriz en était la capitale. Les khans de Perse, comme les autres khans mogols, avaient deux principaux campements, l'un d'été et l'autre d'hiver. Les Mogols conservèrent, dans plusieurs provinces de ce vaste empire, les princes qui en étaient les maîtres, en les obligeant de leur payer un tribut.

Après la prise de Bagdad, tous les princes musulmans qui régnaient dans la Syrie furent alarmés de la puissance des Mogols, qui venaient de détruire l'empire des califes, regardé jusqu'alors comme une barrière derrière laquelle le reste de l'Asie était tranquille. Ils ne s'étaient pas empressés d'envoyer à Houlagou les secours qu'il leur avait fait demander pour le siége de Bagdad, parce qu'ils avaient intérêt à ce que cette ville ne fût pas prise. Lorsqu'ils virent les Mogols vainqueurs, ils se hâtèrent de s'excuser de ce défaut de concours à la destruction de la puissance des califes. La mésintelligence qui divisait les princes musulmans de la Syrie accéléra leur ruine, que les chrétiens souhaitaient vivement. Les Mogols cherchaient à se donner pour chrétiens, afin de n'avoir pas à combattre en même temps les chrétiens et les Musulmans, et les chrétiens se réunissaient à eux contre les ennemis de la foi. Jamais la cause du mahométisme n'avait couru un tel danger. Hayton, qui régnait alors dans l'Arménie, pouvait mettre sur pied une armée de dix mille cavaliers et de quarante mille fantassins. Houlagou l'engagea à le venir joindre pour faire avec lui la conquête de la terre sainte. Lorsque le roi d'Arménie fut arrivé auprès du khan, il lui représenta qu'il serait plus à propos de marcher vers Alep, dans la dépendance de laquelle était alors Jérusalem, parce que la prise de cette ville entraînerait nécessairement celle de toutes les autres places qui avaient appartenu aux chrétiens. Houlagou crut devoir tenter d'abord d'amener à la soumission par la douceur Nasser, prince d'Alep, et il lui envoya, à cet effet, une lettre dans laquelle, après avoir fait le détail de toutes ses conquêtes, il lui annonçait que, pour éviter le sort que ceux qui avaient osé lui résister venaient d'éprouver, il devait se hâter de se rendre aux Mogols, que Dieu protégeait évidemment. Le prince d'Alep n'eut pas plutôt reçu cette lettre, qu'il fit assembler son conseil, où il fut arrêté qu'on ne se rendrait pas, mais que, pour apaiser les Mogols, on leur enverrait le prince Aziz, fils de Nasser, avec des présents. Aziz alla donc passer l'hiver auprès de Houlagou, et ne revint à Alep que pour y annoncer qu'il fallait que son père se rendît auprès des Mogols, s'il ne voulait voir bientôt ses Etats envahis : Nasser était incertain sur le parti qu'il avait à prendre, et il paraît qu'il n'était pas éloigné d'obéir aux injonctions de Houlagou ; mais les principaux habitants d'Alep s'opposèrent à son dessein. Le khan s'avança alors vers la Syrie à la tête d'une armée de quatre cent mille hommes. Il soumit d'abord la Mésopotamie, et entra de là en Syrie. Les princes musulmans prenaient tous la fuite devant lui. Le descendant de Saladin, voulut cependant lui résister dans Alep ; mais les Mogols emportèrent la ville d'assaut, et ils y mirent tout à feu et à sang : le carnage dura près d'une semaine. A cette nouvelle, Damas et les autres villes de Syrie se hâtèrent de se soumettre à Houlagou, et en peu de temps les Tartares furent maîtres de toute la Syrie jusqu'aux frontières d'Egypte. On lit dans Makrizi : « L'an 658 de l'hégire, Houlagou s'étant rendu maître de Damas, le gouvernement de la citadelle fut confié à un émir mogol qui favorisait extrêmement le christianisme. Les évêques et les prêtres étaient sans cesse auprès de lui et en recevaient l'accueil le plus distingué ; il visitait leurs églises et leur accordait ouvertement sa protection. Quelques chrétiens s'étant rendus auprès de Houlagou, obtinrent de ce prince un diplôme qui leur garantissait toute sorte de priviléges et le libre exercice de leur religion. Munis de cet acte, ils entrèrent à Damas par la porte de Thomas, portant la croix élevée, chantant à haute voix des antiennes et disant : *Voici le triomphe de la véritable religion, de la religion du Messie.* Ils avaient avec eux des vases remplis de vin, qu'ils versaient sur les habits des Musulmans à la porte des mosquées ; ils forçaient tous les marchands de se lever lorsque la croix passait, et accablaient d'insultes ceux qui refusaient d'obéir. Lorsqu'ils furent arrivés à l'église Sainte-Marie, un prédicateur, monté sur une estrade, prononça un sermon dans lequel il faisait un éloge pompeux du christianisme, et s'attachait à abaisser la religion musulmane et ses sectateurs. On commença à détruire les mosquées et les minarets qui se trouvaient dans le voisinage des églises. En vain les cadis et les gens de loi se rendirent à la citadelle pour porter leurs plaintes au gouverneur ; ils n'obtinrent aucune satisfaction, et furent chassés avec mépris. »

Après avoir ainsi soumis la Syrie, Houlagou en donna le gouvernement à Ketboga, et prit la route de l'Orient. Les chrétiens de la Syrie applaudirent avec transport aux succès des Tartares. Le prince d'Antioche, qui était en même temps comte de Tripoli, se signala par la manière dont il excita leur ardeur contre les Musulmans. Il se rendit à Balbek, dont Ketboga venait de s'emparer, pour se concerter avec les Mogols sur la ruine de l'islamisme. Mais un événement malheureux vint rompre la bonne intelligence qui existait entre les chrétiens et Ketboga : quelques chrétiens s'étant réunis pour aller piller plusieurs villages mahométans qui payaient un tribut aux Mogols, un neveu de Ketboga fut tué en voulant réprimer ce désordre. Le général de Houlagou, irrité de la mort de son neveu, retira alors sa protection aux chrétiens. En 1260 Koutouz, sultan baharite d'Egypte, s'avança à la tête d'une armée contre les Mogols, maîtres de la Syrie, et Ketboga marcha à sa rencontre. Les deux armées en vinrent aux mains près de Tibériade, et les Mogols furent entièrement vaincus. Leur général fut tué, et son fils fait prisonnier. Par cette victoire une grande partie de la Syrie fut enlevée aux Mogols. Mais ils ne tardèrent pas à revenir de l'Arménie, où ils s'étaient retirés ; et, ayant repris Alep, ils en massacrèrent tous les habitants. Ils furent cependant défaits encore une fois par les Musulmans près d'Emèse. La Syrie, à l'exception de quelques villes situées sur le bord de la mer, qui appartenaient aux chrétiens, était ainsi rentrée, en 1264, sous la domination musulmane. Houlagou songeait à reconquérir ce pays, et il s'était entendu avec les rois d'Arménie et de Géorgie, et avec les chrétiens de la Palestine, pour aller attaquer le sultan d'Egypte, lorsqu'il fut surpris par la mort. La protection qu'il accorda aux chrétiens a fait croire à plusieurs de nos chroniqueurs qu'il était chrétien lui-même. La chronique de saint Bertin rapporte qu'il fut baptisé avec toute sa famille et plusieurs grands de son empire.

Du consentement de tous les Mogols assemblés, Abaka succéda à son père, en 1264, et reçut de Koubilaï l'investiture de ses Etats. A l'époque de la seconde croisade de saint Louis, Bibars, sultan d'Egypte, au bruit qui se répandit en Orient des préparatifs qui se faisaient en Occident, chercha à empêcher les Tartares de porter secours aux chrétiens, afin de réduire ceux-ci à leurs propres forces. Le sultan tâcha de profiter de la division de l'empire des Tartares. Ceux du nord de la mer Noire et de la mer Caspienne obéissaient à un autre maître que ceux de la Perse, de l'Asie Mineure et de la Mésopotamie ; les uns et les autres n'avaient presque plus de relations avec ceux de la Tartarie proprement dite et de la Chine. Comme le khan des Tartares du nord de la mer Noire et de la mer Caspienne aspirait depuis longtemps à quitter ces régions stériles, pour occuper les fertiles contrées du midi, Bibars se mit en rapport avec lui, et ils se promirent de faire cause commune contre les Tartares de la Perse. Ceux-ci se montraient très-disposés à relever les colonies chrétiennes d'Orient de leur abaissement. Menacé de tous côtés, ce peuple espérait trouver son salut dans les secours de l'Europe, et il fit vraiment tous ses efforts pour arracher la Palestine au joug de l'islamisme. Abaka envoya des députés à divers princes de l'Europe, et notamment à saint Louis, roi de France, à Charles, roi de Sicile, et à Jacques, roi d'Aragon, pour les engager à réunir leurs forces aux siennes contre le sultan d'Egypte. Matthieu Pâris, parle de l'ambassade que les Tartares envoyèrent à saint Louis. La lettre que les ambassadeurs remirent au roi, fut traduite en latin et en langue romane. Matthieu Pâris l'a citée d'après cette dernière version. Le roi de France reçut cette ambassade avec beaucoup de joie ; il envoya au khan des Tartares une chapelle avec des reliques précieuses, et il chargea des Frères-Prêcheurs et des Frères-Mineurs d'aller répandre parmi ce peuple les lumières de la foi. Abaka envoya aussi des ambassadeurs à Viterbe, au pape Clément IV qui, faisant allusion à la dernière expédition de saint Louis, lui répondit qu'une armée chrétienne, commandée par un puissant monarque, allait s'embarquer pour l'Orient. Le prince mogol envoya encore des ambassadeurs au pape Grégoire X, qui les reçut solennellement dans la quatrième session du concile œcuménique de Lyon, tenu en 1274. Ils racontèrent les succès de leur maître contre Bibars, et offrirent, au nom de leur khan, de joindre les armes des Tartares à celles des chrétiens contre les Mameluks. Cette offre fut accueillie avec joie par les Pères du concile. Un des ambassadeurs du khan et deux chefs tartares se convertirent au christianisme, et reçurent le baptême des mains du cardinal évêque d'Ostie. Le pape écrivit à Abaka pour l'engager à embrasser lui-même la vraie religion.

En conséquence de ces relations avec les puissances chrétiennes, Abaka ordonna à son frère Mengo-Timur de marcher contre le sultan d'Egypte à la tête d'une armée considérable. Après avoir été joint par le roi d'Arménie, Mengo-Timur entra dans la Syrie et la ravagea. Le sultan Kélaoun, qui régnait alors en Egypte, était à Damas, et il rassembla promptement ses armées. Une bataille fut livrée dans une grande et belle plaine près d'Emèse. La victoire, vivement disputée, finit par rester aux Musulmans. Le roi d'Arménie perdit la plus grande partie de son armée, et reprit la route de son pays, où il fut poursuivi par les vainqueurs. Mengo-Timur mourut de désespoir d'avoir été battu, et Abaka se retira à Bagdad, et de là à Hamadan, où il se rendit à l'église, le jour de Pâques 1282, pour célébrer cette fête avec les chrétiens. Il assista le lendemain à un grand festin, à la suite duquel il mourut. Il paraît qu'il avait été empoisonné par son vizir. Les Mogols assemblés lui donnèrent pour successeur son frère Nikoudar, qui avait été baptisé dans sa jeunesse, et avait pris le nom de Nicolas. Mais ce prince embrassa le mahométisme, et se fit appeler Achmed, nom sous lequel il est le plus connu. Il devint le persécuteur des chrétiens, qu'il exila de ses Etats, et dont les églises furent renversées. Ce changement fut annoncé à Kélaoun par des ambassadeurs qu'Achmed-Khan lui envoya, en lui faisant faire des propositions de paix. Le sultan accepta cette nouvelle et cette offre avec la plus grande joie. Mais la conduite du khan fut désapprouvée par tous les Mogols. Quoique ces peuples ne fussent pas chrétiens, ils étaient accoutumés à vivre avec les chrétiens, à voir observer les cérémonies de notre religion, et ils détestaient le mahométisme. Achmed devint l'objet de la haine de tous ses sujets.

Il fut menacé d'être traité comme un rebelle par le grand khan Koubilaï, auprès duquel il avait été accusé par un de ses frères et par son neveu Argoun, d'avoir abandonné les traces de ses ancêtres. Achmed fit mourir son frère et enfermer son neveu. Mais un parti se forma en faveur de ce dernier prince, et il fut rendu à la liberté. Achmed lui fut livré, et Argoun le remit entre les mains de sa belle-mère, dont il avait fait mourir les enfants, et qui s'en vengea en ordonnant sa mort. Aussitôt qu'Argoun fut parvenu à l'empire, il envoya demander l'investiture de ses Etats à Koubilaï. Ce prince mérita, par les bons traitements dont il usait envers les chrétiens, que le pape Nicolas IV l'en fît remercier par Jean de Monte-Corvino, moine franciscain, qui, après avoir prêché l'Evangile en Perse et dans l'Inde, alla s'établir, vers 1293, dans la résidence impériale du grand khan des tartares. Argoun mourut, en 1291, lorsqu'il se préparait à faire la guerre aux Musulmans, qui mettent sa mort au rang des miracles opérés en faveur du mahométisme.

La chronique qui est intitulée *Mémorial des podestats de Reggio*, rapporte sous la date de 1284, qui est celle de l'avénement d'Argoun à l'empire, que des frères Mineurs et des frères Prêcheurs, qui revenaient d'Orient, dirent qu'un empereur des Tartares avait fait faire une monnaie qui représentait d'un côté un tombeau, et qui portait de l'autre cette devise : *Au nom du Père, du Fils et du Saint-Esprit*. L'empereur tartare, ajoute la chronique, avait fait mettre aussi le signe de la croix sur ses armes et sur ses étendards ; et, au nom de Jésus crucifié, il fit un grand carnage des peuples infidèles. La plupart des chroniques du moyen âge rapportent les mêmes faits, et les cabinets de médailles possèdent des monnaies sur lesquelles on lit, d'un côté, une inscription en caractères mogols, et, de l'autre, une croix avec ces mots en arabe : *Au nom du Père, du Fils et du Saint-Esprit, le Dieu unique*. Il résulte de ces documents historiques qu'un commencement de conversion au christianisme a eu lieu chez les Tartares, et M. Michaud fait, à ce sujet, une grave et juste réflexion, lorsqu'il dit, dans sa *Bibliothèque des Croisades :* « Si les Tartares étaient venus en Syrie un siècle plus tôt, dans le temps où les chrétiens avaient quelque puissance, tout l'Orient aurait peut-être embrassé le christianisme ; mais ils y vinrent lorsque la religion chrétienne s'y trouvait presque anéantie. Ils embrassèrent à la fin la religion de la victoire, et l'Asie resta dans les ténèbres de l'islamisme. »

Si les souverains et les princes de 'Europe ne s'étaient pas laissés sans cesse entraîner, par leur ambition, hors de la voie où la papauté s'efforçait de les maintenir, il y avait donc des chances pour que les croisades communiquassent à l'Asie, aujourd'hui musulmane et barbare, la foi, mère de la vraie civilisation. La possibilité d'un événement dont les conséquences auraient eu une portée incalculable sur les destinées de l'humanité n'ayant pas échappé à M. Michaud, nous ne comprenons pas comment il s'est laissé dicter, par les préjugés gallicans, les jugements erronés et étroits qu'il porte quelquefois sur la conduite des papes envers les souverains que leurs passions détournaient du but où tendaient les croisades, dans la pensée du saint-siége.

Un fils d'Abaka fut élu khan par l'assemblée des Mogols de Perse après la mort d'Argoun. Mais ce prince s'étant rendu odieux par ses vices et par ses débauches, fut précipité du trône par Baidou, autre petit-fils de Houlagou, et étranglé, en 1295. Baidou fut reconnu chef de l'empire, et détrôné et mis à mort, après un règne de huit mois, par les intrigues du ministre de Cassan, fils d'Argoun, qui possédait le gouvernement du Khorassan depuis la mort de son père. Ce ministre, qui était très-attaché à l'islamisme, avait exigé de Cassan qu'il se fît musulman, en lui promettant de le rendre maître de l'empire. Quand Cassan fut en possession de la puissance suprême, il fit effacer le nom des grands khans de Tartarie des monnaies qui avaient cours dans ses Etats, et il ne voulut plus reconnaître ces princes. Cassan se tourna alors du côté des chrétiens; il disgracia en même temps et laissa mettre à mort le ministre qui lui avait fait embrasser l'islamisme. Il établit aussi son séjour à Hamadan pour être plus à portée de veiller sur les démarches des Musulmans de Syrie. Il méditait contre le sultan d'Egypte Nasser une expédition à la participation de laquelle il appela les rois d'Arménie et de Géorgie et tous les chrétiens de l'Orient. Cassan livra une bataille au sultan à une demi-journée de chemin à l'orient d'Emèse. Les flèches de ses soldats arrêtèrent l'impétuosité des Musulmans qui furent forcés de reculer; leur droite et leur gauche prirent la fuite; mais le centre, où commandait le sultan, résista longtemps. L'issue de la journée n'en fut pas moins l'entière défaite de l'armée égyptienne. L'historien arménien Hayton, qui était présent à cette action, fait un grand éloge de la bravoure de Cassan, et s'étonne qu'un homme aussi petit et aussi laid fût rempli de tant de vertus. Villani, après avoir raconté l'expédition de Cassan en Syrie, sous la date de 1299, ajoute que le prince tartare, après avoir défait l'armée du sultan d'Egypte, alla visiter avec dévotion le Saint-Sépulcre. Comme il ne pouvait rester longtemps en Syrie, il retourna en Perse, et envoya des ambassadeurs en Europe au pape Boniface VIII, au roi de France et aux autres rois de la chrétienté, pour les engager à garder la terre sainte, qu'il avait reconquise.

Villani raconte aussi la conversion de Cassan au christianisme, et, si l'histoire ne peut guère admettre que ce khan des tartares se soit fait baptiser avec tout son peuple, suivant les expressions de l'auteur des *Istorie Fiorentine*, il est incontestable que les Tartares, dans leurs rapports avec les chrétiens, montrèrent alors des dispositions à embrasser la vraie foi. Comme il n'y avait point de religion dominante chez ces peuples, ils étaient susceptibles de recevoir celle des nations avec lesquelles ils entrèrent en contact. La renommée de la puissance chrétienne les fit pencher d'abord vers le christianisme; mais, c'était malheureusement le temps de la décadence des colonies fondées par les croisés en Syrie, et les Tartares furent entraînés vers l'islamisme, qui leur offrait des avantages séduisants, en leur facilitant la conquête de l'Asie et la soumission des peuples de l'Orient. Après la victoire qu'il avait remportée, Cassan retourna en Perse, comme le dit Villani, et par la trahison d'un des généraux qu'il avait laissés en Syrie, les Egyptiens furent remis en possession de la plus grande partie de ce pays. Les Mogols firent, en 1300, avec les chrétiens d'Orient, de Chypre et avec le roi d'Arménie, une campagne en Syrie qui n'eut point de résultat. L'intention de Cassan n'en demeura pas moins de reconquérir la terre sainte pour la remettre entre les mains des chrétiens. Le général qu'il chargea de la réalisation de ce projet, après avoir été battu une première fois par les Musulmans, perdit une bataille contre le sultan Nasser, et les débris de l'armée mogole, réunie à celle du roi d'Arménie, regagnèrent à peine l'Euphrate. Cassan tomba malade et mourut de chagrin à la nouvelle de ce désastre. La mort de ce prince mogol fut une perte irréparable pour les chrétiens, qui virent s'évanouir toute espérance de reconquérir jamais la terre sainte. Cassan s'était proposé pour modèles Cyrus, Darius et Alexandre, dont il lisait fréquemment les vies. Il eut pour successeur son frère Kharbenda. Hayton prétend que ce prince avait été baptisé et nommé Nicolas, et qu'il persévéra dans le christianisme jusqu'à la mort de sa mère, qui faisait célébrer chez elle dans une chapelle l'office des chrétiens, mais qu'ensuite il se fit musulman. Abousaïd, fils et successeur de Kharbenda, qui mourut en 1335, fut en quelque sorte le dernier khan des Mogols de Perse. Cet empire devint la proie des grands de l'Etat, qui ne laissèrent aucun pouvoir à la postérité de Gengis-Khan. On a remarqué que l'année de la mort d'Abousaïd est celle de la naissance du fameux Tamerlan.

TASSE. Torquato Tasso, né à Sorrente, dans le royaume de Naples, en 1544, et mort à Rome en 1595, lorsqu'il allait recevoir des mains du pape Clément VIII la couronne de laurier qu'il avait méritée en chantant la délivrance du tombeau du Christ, dans un poëme qui, malgré ses défauts, assure à l'auteur le titre d'Homère des croisades. Les taches qui déparent l'astre poétique créé par le génie du Tasse à la gloire des héros de la croix, sont les altérations qu'il a fait subir à l'histoire, les amours par lesquelles il a dénaturé le véritable caractère du chaste Tancrède, et tous ces ornements étrangers à son sujet que lui a fait imaginer le malheureux désir d'imiter l'Arioste. Mais le fond du poëme du Tasse est essentiellement chrétien; il est le reflet de l'âme de celui qui l'a conçu. C'est l'esprit du siècle où il a vécu qui a égaré le Tasse dans la voie des épisodes qui détruisent l'harmonie de l'ensemble dans la *Jérusalem délivrée.* Celui d'Olinde et Sophronie prouve merveilleusement que le poëte aurait pu être touchant sans recourir à toutes les inventions qu'il a puisées aux sources de la chevalerie dégénérée, sans chasser sur les terres de *Roland furieux*. Le chantre de Godefroy de Bouillon savait trop bien revêtir la vérité des charmes de la poésie, pour qu'on ne regrette pas profondément qu'il se soit laissé entraîner par le torrent des fausses idées de son époque, à descendre de la sublimité de son sujet à la honteuse peinture des jardins d'Armide. Les regrets redoublent encore, quand on considère que le Tasse a dédaigné, pour de frivoles inspirations, celles auxquelles il doit d'avoir transporté, des chroniques dans son poëme, cette exactitude de description, qui ne serait pas plus grande, si elle eût été faite sur les lieux, dit très-bien M. de Châteaubriand. Après les impressions religieuses qui sont le premier fruit d'un pèlerinage à Jérusalem, les plus douces émotions que nous avons éprouvées dans le nôtre, nous sont venues d'un redoublement d'admiration pour tout ce qu'il y a de réellement beau, de parfaitement vrai, de sincèrement chrétien, de noblement héroïque dans l'épopée des croisades. Le Tasse, sous l'influence d'une piété croissante, sentit lui-même les défauts de son poëme; mais ce n'est pas une raison de penser, avec M. Michaud, que la *Jérusalem conquise*, œuvre d'un temps où le génie poétique était affaibli chez l'auteur de la *Jérusalem délivrée*, soit supérieure à cette incomparable composition.

TEMPLIERS (*Ordre religieux et militaire des*) ou chevaliers de la milice du Temple. L'origine de cet ordre remonte à l'an **1118**. Hugues de Payens, Geoffroy de Saint-Omer et sept autres gentilshommes, dont les noms ne sont point parvenus jusqu'à nous, s'associèrent pour défendre la Palestine et les pèlerins contre les infidèles. Ils communiquèrent leur résolution à Gormond, patriarche de Jérusalem, qui l'approuva; et ils prononcèrent devant lui les trois vœux de pauvreté, de chasteté et d'obéissance. Par un quatrième vœu, ils s'obligèrent à porter les armes contre les Musulmans. Baudouin II, roi de Jérusalem, leur prêta une maison, ou un corps de logis situé près du temple de Salomon, c'est-à-dire de la mosquée d'Omar, et ce fut de là qu'ils tirèrent le nom de leur ordre. Plus tard, les chanoines réguliers du Saint-Sépulcre leur cédèrent un autre emplacement près du palais. D'abord ils ne vécurent que d'aumônes. Guillaume de Tyr rapporte que pendant les neuf premières années de leur institution, ils portèrent l'habit séculier et se contentèrent des seuls vêtements qui leur étaient donnés par charité. C'est pourquoi on les appelait souvent *les pauvres chevaliers du Temple*. Il paraît aussi que durant cette première période, ils n'admirent personne dans leur société. En **1127**, Hugues de Payens vint en Occident pour obtenir du pape Honoré II la confirmation de la société nouvelle. Le pontife le renvoya au concile de Troyes, qui s'ouvrit au commencement de **1128**. Les Pères qui composaient cette assemblée accueillirent la demande que Payens et plusieurs de ses confrères venus avec lui renouvelèrent; et ils chargèrent saint Bernard de donner une règle à cet institut naissant. Quelques personnes prétendent que l'abbé de Clairvaux n'accepta point cette commission, et qu'elle fut confiée à Jean de Saint-Michel. Il est certain que dès lors il leur fut prescrit de porter l'habit blanc. Hugues de Payens parcourut plusieurs provinces de France, d'Angleterre, d'Espagne et d'Italie, pour y recueillir des aumônes destinées à subvenir aux besoins de la terre sainte, et il ramena avec lui en Asie un grand nombre de compagnons qui augmentèrent sa milice. L'ordre nouveau cessa promptement d'être pauvre; car en **1129** il avait déjà des domaines dans les Pays-Bas Hugues de Payens mourut en **1136** laissant une mémoire vénérée. On le compte comme le premier chef de l'ordre. Robert de Craon, surnommé le Bourguignon, lui succéda. Il se signala, dès la première année de son magistère, par une défaite qu'il fit essuyer au gouverneur d'Alep, mais qui malheureusement se changea en déroute pour les vainqueurs par la faute, où ils tombèrent, de se livrer au pillage. En **1139**, les Templiers réunis aux troupes françaises mirent le siége devant Lisbonne, mais ils y éprouvèrent encore un échec considérable. En **1141**, Robert de Craon, de concert avec le maître de l'Hôpital, revendiqua sans succès la succession d'Alphonse, roi de Navarre et d'Aragon, qui avait légué ses Etats aux ordres militaires. Cela n'empêcha pas les chevaliers d'aider les Espagnols dans les terribles luttes que ceux-ci eurent à soutenir bientôt après contre les Maures. En **1146**, le pape Eugène III décida que les Templiers porteraient une croix rouge sur leurs vêtements blancs. La bannière de l'ordre fut blanche et noire. L'habit blanc était le symbole de l'innocence, dans laquelle ils désiraient vivre. La croix rouge signifiait le martyre auquel les vouait leur engagement de défendre la terre sainte et de combattre les infidèles. Leur étendard indiquait, par la couleur blanche, qu'ils devaient être loyaux et bienveillants envers les serviteurs de Jésus-Christ; et par la couleur noire, qu'ils devaient être terribles aux ennemis de la foi. Ces explications sont données par Jacques de Vitry. La bannière ou grand étendard de l'ordre, mi-partie noir et blanc, s'appelait le Beauséant. On y lisait cette devise: *Non nobis, Domine, non nobis, sed nomini tuo da gloriam*. Robert le Bourguignon mourut en **1147**. Evrard des Barres, Français, était précepteur ou maître particulier de l'ordre en France lorsqu'il fut élu pour succéder à Robert de Craon. L'année suivante le nouveau maître alla avec ses chevaliers au-devant de Louis le Jeune, roi de France, et le joignit en Pamphylie. Louis écrivit à Suger des lettres qui témoignent de ses obligations envers l'ordre. Evrard revint en France avec le roi, envoya sa démission aux chevaliers et se fit moine dans l'abbaye de Clairvaux. Il eut pour successeur Bernard de Trémelai, d'une famille illustre du Bugey. En **1150**, le nouveau maître marcha avec le roi Baudouin contre Nour-Eddin. En **1152**, les chevaliers des deux ordres s'unirent aux habitants de Jérusalem pour en éloigner les Musulmans. L'année suivante ils prirent part au siége d'Ascalon; mais la témérité de

Trémelai et des Templiers qui étaient avec lui leur coûta la vie. Bertrand de Blanquefort, d'une famille de Guyenne, élu en 1153 ou 1154, fut le cinquième maître de l'ordre. Le 19 juin 1156, s'étant engagé dans un défilé sans observer les mesures prescrites par la prudence, il fut fait prisonnier par Nour-Eddin, ainsi que quatre-vingt-sept autres Templiers. Ce succès enhardit ce prince à entreprendre le siége du château de Panéas ; mais cette tentative échoua par le concours que l'ordre prêta au roi Baudouin. En 1159, Manuel Comnène, empereur de Constantinople, procura la délivrance de Blanquefort et de six mille autres captifs. En 1167, douze Templiers, chargés de défendre le château de la Grotte ou de la Caverne, ayant rendu à Schirkou cette forteresse reputée imprenable, le roi Amaury les fit pendre. Blanquefort mourut en 1168, regretté pour ses vertus religieuses et sa valeur guerrière. Philippe de Milli, dit de Naplouse, parce qu'il était seigneur de Naplouse et y était né, mais fils d'un gentilhomme picard, ne dut qu'à son mérite d'être élevé au magistère. En 1170, les Templiers signalèrent leur bravoure dans le combat qui fut livré à Saladin pour l'obliger à lever le siége de Daroun. Le sultan chercha à se venger d'eux, en attaquant Gaza, qui leur appartenait; mais la résistance qu'il y rencontra le décida à se contenter d'en ravager les alentours. Philippe de Naplouse résigna ses fonctions au commencement de 1171. Ce fut un autre chevalier français, Odon de Saint-Amand, qui devint chef de l'ordre. Sous son gouvernement eut lieu l'apostasie du Templier Mélier, en 1172. Ce traître était oncle du jeune souverain de l'Arménie, qu'il dépouilla de ses Etats. Il ravagea les possessions de l'ordre et vendit aux infidèles tous les chevaliers qui lui tombèrent entre les mains. Vers la même époque, Gauthier du Ménil, autre Templier, ayant tué l'ambassadeur du Vieux de la Montagne, Amaury, roi de Jérusalem, demanda que le coupable lui fût remis. Cette exigence étant contraire aux priviléges de l'ordre, le maître refusa, et il en résulta de grands débats. Saint-Amand et quatre-vingts autres Templiers prirent part à la bataille de Ramla en 1177, où Saladin fut défait. Mais l'année suivante, les chrétiens ayant été vaincus à leur tour près de Panéas, plusieurs Templiers, dont était le maître, tombèrent entre les mains des infidèles. Les principaux d'entre eux furent envoyés à Damas, et les autres sciés par le milieu du corps sur le champ de bataille. Saint-Amand refusa de se laisser échanger contre un émir, prisonnier des Francs, disant qu'il ne voulait point autoriser, par un tel exemple, la lâcheté de ceux qui, espérant être rachetés, consentiraient à se rendre; qu'un chevalier du Temple devait vaincre ou mourir, et ne pouvait offrir pour sa rançon que sa ceinture ou son poignard. Ce vaillant homme mourut en captivité en 1179. Arnaud de Toroge lui succéda. En 1184, il passa en Occident avec le maître des Hospitaliers et le patriarche de Jérusalem pour obtenir que les princes chrétiens secourussent la terre sainte, et il mourut à Vérone la même année. Thierry ou Terric lui succéda. On ne connaît ni les autres noms ni la patrie de ce chevalier. Il prit part au fameux combat du 1er mai 1187, où environ cent trente chevaliers de l'Hôpital et du Temple, aidés de trois ou quatre cents fantassins, luttèrent contre six ou sept mille Musulmans commandés par Afdal, fils de Saladin. Le Templier Jacquelin de Maillé y fit des prodiges de valeur qui arrachèrent aux infidèles, après qu'ils l'eurent tué, les plus étranges témoignages d'admiration. Thierry et deux de ses chevaliers furent les seuls qui sortirent vivants de cette action. Mais le 5 juillet suivant eut lieu la bataille de Tibériade, et tous les Templiers qui s'y trouvèrent furent tués ou faits prisonniers. Terric fut du nombre des derniers, et le seul à qui le sultan laissa la vie. Les autres avaient eu l'alternative d'apostasier ou d'être égorgés. Ayant recouvré sa liberté peu de temps après la prise de Jérusalem, le maître des Templiers se démit de sa charge, parce qu'il avait été obligé de s'engager par serment à ne plus porter les armes contre Saladin. On le remplaça par Gérard de Béderfort en 1188. On sait de celui-ci qu'il était brave et habile guerrier, et qu'en 1189 il sauva l'armée chrétienne d'une destruction certaine, à laquelle elle s'était exposée en se livrant au pillage après la victoire; et il est à croire que ce fut en cette occasion qu'il trouva la mort, quoique Corneille Zanfliet prétende qu'il fut tué plus tard. Après lui, le magistère fut vacant dix-huit mois, durant lesquels Richard Cœur-de-Lion céda à l'ordre l'île de Chypre, moyennant 25 mille marcs d'argent. Robert de Sablé ou de Sabloil fut élu maître en 1191. Il avait commandé la flotte sur laquelle Richard, roi d'Angleterre, était venu en Palestine, et n'était entré dans l'ordre qu'après le débarquement de ce prince. C'était un guerrier illustré par de belles actions, qui firent oublier les règles d'admission et d'avancement observées ordinairement. Les détails du siége de Saint-Jean-d'Acre n'appartiennent point à cet article; mais nous devons produire ici un témoignage qui prouve la haute opinion que les Musulmans avaient conçue de la loyauté des Templiers. Ibn-Alatir rapporte que dans les discussions qui eurent lieu entre Saladin et les chrétiens pour l'exécution de la capitulation de cette ville, le sultan demanda qu'ils jurassent d'observer fidèlement le traité, et que les chevaliers du Temple se rendissent garants de l'engagement, « car, observe l'historien arabe, ces hommes religieux pensaient que la foi jurée doit être gardée. » L'ordre se distingua glorieusement en 1191, à la bataille d'Arsur, et profita du répit que la victoire procura aux chrétiens pour réparer les fortifications des villes maritimes. En 1192, les Templiers rendirent à Richard Cœur-de-Lion l'île de Chypre, où ils avaient peine à s'établir. La mort de Robert de Sablé eut lieu en 1196 au plus tard ; car dès cette année le magistère fut occupé par Gilbert Horal ou Eral, précepteur de l'ordre en France. En 1199 de graves dissensions qui dégénérèrent en luttes sanglantes, éclatèrent entre les Templiers et les Hospitaliers ; Terric, ancien maître du Temple, et un autre Templier nommé Villeplane, furent chargés d'aller défendre la cause de l'ordre auprès du pape, qui renvoya l'affaire aux évêques de Palestine. Ceux-ci se prononcèrent en faveur des Hospitaliers. On ne sait pas quand mourut Gilbert Horal ; mais sa charge avait passé dès 1201 à Philippe du Plessiez, chevalier angevin. A cette même époque, le roi d'Arménie s'empara du fort de Gaston, que les Templiers possédaient dans cette contrée. L'ordre lui déclara la guerre, et quoiqu'une sorte de trêve eût arrêté les hostilités, le même prince chassa d'Arménie tous les Templiers qui s'y trouvaient, et se saisit des biens de la religion. Ce différend ne fut terminé qu'en 1213; mais ce fut à l'avantage des chevaliers. En 1208, les Templiers reçurent une lettre du pape Innocent III, par laquelle ce pontife leur reprochait leur désobéissance envers les évêques et les légats. En 1210, don Pèdre II, roi d'Aragon, donna aux Templiers la ville de Tortose et le château d'Azuda. L'année 1217 vit mourir Du Plessiez. Un autre Français, Guillaume de Chartres, hérita du magistère. Vers cette époque l'ordre commença la construction du fameux château des Pèlerins, situé au bord de la mer, sur le sommet d'un rocher, et qui causa d'immenses pertes aux Musulmans. Guillaume de Chartres mourut de l'épidémie qui désolait l'armée, au siége de Damiette en 1219. Pierre de Montaigu, Français également, fut élu devant Damiette, où toute l'armée admirait sa prudence et sa valeur. En 1224, les chevaliers du Temple aidèrent puissamment les chrétiens d'Espagne à vaincre les Maures. Quoique l'empereur Frédéric II leur eût donné en Sicile de très-graves sujets de plainte, ces religieux ne laissèrent pas, en 1228, d'aller au devant de lui, quand il arriva en Palestine, et de lui rendre les plus grands honneurs. Mais ce prince leur ayant ensuite ordonné de se joindre à ses troupes, le maître s'y refusa en se fondant sur la défense du pape et sur l'excommunication encourue par l'empereur. Frédéric s'en vengea plus tard en renouvelant ses injustices à l'égard des représentants de l'ordre en Sicile.

En 1229, les Templiers aidèrent don Jayme, roi d'Aragon, à conquérir sur les Maures l'île de Majorque. On ne sait pas exactement à quelle époque ni par quelle cause a cessé le magistère de Pierre de Montaigu ; mais, dès l'an 1233, cette charge était remplie par Armand ou Herman de Périgord, ou de Peyragos, précepteur de l'ordre en Calabre et en Sicile. En 1237, il obtint sur les infidèles un avantage considérable auprès d'Alep; mais ceux-ci ne tardèrent pas à prendre une revanche éclatante, et le grand maître ne parvint qu'avec peine à s'échapper avec huit chevaliers. Les Templiers essuyèrent un échec plus rude encore en 1244, où trois cent douze de leurs chevaliers et trois cent vingt-quatre de leurs servants d'armes restèrent sur le champ de bataille, vaincus et tués par les Kharismiens. Leur maître avait pris part à l'action, et depuis lors on n'a jamais su exactement ce qu'il était devenu. Cette incertitude fit que l'ordre ne se donna immédiatement qu'un chef provisoire ou vicaire, Guillaume de Roquefort. Mais, en 1247, on mit fin à la vacance du magistère, qui fut remis à Guillaume de Sonnac ou de Sénai, Languedocien. Celui-ci se signala au siége de Damiette, entrepris par saint Louis. On sait que ce fut pour n'avoir pas tenu compte des avis de Sonnac que le comte d'Artois causa, en 1250, la déroute des croisés à Mansourah. Le maître des Templiers perdit un œil dans cette bataille, et la vie, trois jours après, dans une autre rencontre. Il fut regretté comme un capitaine très-expérimenté et très-prudent. Lorsque les Templiers furent revenus en terre sainte, ils le remplacèrent par Renaud de Vichiers, maréchal de l'ordre, né en Champagne, qui mourut en 1256. Thomas Béraut ou Bérail lui succéda. L'année 1260 fut fatale aux Templiers, dont Bibars Bondochar éclaircissait les rangs en Palestine. En 1264, un fâcheux débat s'éleva entre ces chevaliers et le pape Urbain IV, parce que le pontife avait destitué et excommunié Etienne de Sissi, maréchal de l'ordre. Ce différend ne s'apaisa que sous Clément IV, successeur d'Urbain, qui accorda l'absolution à Sissi, tout en censurant les chefs de la religion. En 1266, Bibars s'étant rendu maître de la ville de Safed, après un siége de quarante-deux jours, viola la capitulation, en ne laissant aux prisonniers chrétiens d'autre alternative que d'apostasier ou de mourir. Le prieur du Temple et deux religieux de Saint-François exhortèrent les défenseurs et les habitants de la ville à souffrir le martyre, et il ne se trouva dans cette foule que huit personnes qui sauvassent leur vie au prix de leur foi. En 1268, les Templiers virent tomber au pouvoir de Bibars leur château de Beaufort et presque toutes les forteresses qu'ils possédaient sur la frontière d'Arménie. Béraut mourut le 25 mars 1273. Guillaume de Beaujeu, gentilhomme bourguignon et commandeur de la Pouille, fut élu grand maître le 12 mai de la même année. Il était alors en Europe ; il assista, en 1274, au concile de Lyon, et arriva en Palestine le 28 septembre. En 1278, une rupture éclata entre Bohémond VII, prince d'Antioche, et les Templiers. Ceux-ci mirent une flotte à la mer, pour aller lui faire la guerre; mais une tempête dissipa cet armement. Vers la même époque, Alphonse III, roi de Portugal, s'attira les foudres de l'Eglise pour avoir dépouillé les Templiers d'une partie des biens qu'ils possédaient dans ses Etats. L'exemple de ce prince fut suivi, en 1283, par le roi de Chypre ; mais l'intervention pontificale rétablit l'union entre les partis. En 1291, le grand maître du Beaujeu fut tué d'une flèche empoisonnée, en défendant Saint-Jean-d'Acre, dont il avait le commandement. Les chevaliers élurent incontinent Le Moine Gaudini. Les Sarrasins ayant pénétré dans la ville le 18 mai 1291, les chevaliers du Temple défendirent leur quartier avec une constance qui leur fit obtenir une capitulation. Mais cette convention fut violée immédiatement par les infidèles; le combat recommença, et les Templiers périrent presque tous sous les ruines d'une tour qui était minée. Sur cinq cents chevaliers de leur ordre, qui étaient dans Saint-Jean-d'Acre, il n'y en eut que dix avec le grand maître qui échappèrent à ce désastre. Ces derniers purent sauver le trésor de la Religion, Ils passèrent en Chypre, dont le roi leur permit de s'établir à Limisso. Le Moine Gaudini y mourut avant la fin de 1298; car on sait qu'en cette année Jacques de Molay était grand maître. La seigneurie de Molay était située dans le diocèse de Besançon. En 1299, les Templiers s'étant alliés avec Cassan, khan des Tartares, battirent les Musulmans et reprirent Jérusalem, où ils s'établirent, mais qu'ils perdirent en 1300. Molay se retira alors dans l'île d'Arade, d'où il harcelait sans cesse les Musulmans. Ceux-ci l'attaquèrent et le vainquirent en 1302, et cent vingt chevaliers furent emmenés captifs en Egypte. La guerre continua malgré cet échec; mais les Templiers, encore alliés avec les Tartares et assistés des Hospitaliers, éprouvèrent de nouvelles pertes en 1203, ce qui les décida à se retirer définitivement en Chypre. Cependant une tempête, plus formidable que la haine des Musulmans, menaçait, en Occident, l'existence de cet ordre, si fier de sa richesse, de ses victoires et même de ses revers. Dès l'année 1305, une accusation, qui, sortie, il est vrai, du fond d'une prison, s'était élevée jusqu'au roi de France et au pape Clément V, représentait les Templiers comme coupables d'apostasie secrète, d'outrages envers le Fils de Dieu, et d'abominables violations des lois de la nature. Le souverain pontife ordonna, à ce qu'il paraît, au grand maître de se rendre auprès de lui, sans toutefois lui en faire savoir la raison. De Molay arriva, en 1306, avec soixante chevaliers. Mais comme le pape traînait l'affaire en longueur, pour se donner le temps de prendre des informations plus certaines, le roi fit arrêter, le 13 octobre 1307, tous les Templiers qui se trouvaient dans ses Etats, et saisit leurs archives. Clément V réclama contre cette violation des droits de l'Eglise; mais il n'en fit pas moins procéder à une enquête sur le fond de l'accusation. Il avait interrogé lui-même environ quatre-vingts membres de l'ordre, qui avouèrent la réalité des imputations dirigées contre eux. D'autre part, des commissaires ecclésiastiques et laïques furent chargés par le roi d'instruire le procès. Sur cent quarante Templiers de la maison de Paris, qu'ils entendirent, il n'y en eut que trois qui niassent absolument les crimes pour lesquels ils étaient mis en cause; mais parmi les cent trente-sept autres, il s'en trouva qui contestèrent le fait d'idolâtrie, dont ils n'avaient point connaissance, sans doute parce qu'il n'avait lieu que dans les chapitres généraux. Le grand maître, Gui, frère du dauphin d'Auvergne, et le commandeur Hugues Péraud, tirent des aveux analogues, qui furent renouvelés devant trois cardinaux délégués par le pape, et confirmés par ceux des précepteurs de Normandie, de Guyenne et de Poitou. En d'autres pays, où le procès fut pareillement instruit, on obtint de semblables confessions. Mais il faut dire aussi qu'il se trouva, en France et ailleurs, un nombre considérable d'accusés qui protestèrent contre les déclarations de leurs confrères, qu'à Salamanque on porta une sentence d'absolution, et que Molay se rétracta, ainsi que Gui d'Auvergne. Cependant le pape voulut que l'affaire fût examinée au concile de Vienne, et c'est à la suite de cet examen que fut rendue, le 22 mai 1312, la bulle qui abolit l'ordre du Temple. Molay revint plus tard publiquement sur sa rétractation. Comme il avait encouru la peine de mort, on dressa un échafaud au parvis Notre-Dame, pour y lire la décision juridique. Il y fut conduit avec Gui d'Auvergne, Hugues Péraud et un autre. L'un des commissaires déclara devant le peuple que ces quatre condamnés, ayant avoué leurs crimes, ne seraient punis que d'un emprisonnement perpétuel. Mais le grand maître et Gui d'Auvergne se levèrent alors, et dirent que tout ce dont ils s'étaient reconnus coupables était faux. C'est ce qui causa leur perte. Les commissaires pontificaux se retirèrent, et le roi assembla son conseil, qui rendit un arrêt portant que le grand maître et Gui d'Auvergne seraient brûlés vifs dans l'île du Palais, entre le Jardin du Roi et les Augustins; ordre qui reçut son exécution le soir du même jour, 18 mars 1314. Cette triste fin d'une milice signalée par tant d'exploits héroïques n'a cessé de soulever les plus vifs débats entre les écrivains qui s'en sont occupés. Les uns soutiennent que la condamnation était méritée; les autres prétendent qu'elle n'a eu d'autre fondement que le désir de s'approprier les immenses richesses des chevaliers, joint à la haine inspirée par leur orgueil. Il est certainement possible que quelques-uns de ceux qui ont concouru à leur perte aient été poussés par ces mobiles. Cependant, d'une part, il nous semble que les Hospitaliers étaient encore plus riches que les Templiers, et ils n'ont été l'objet d'aucune accusation. D'autre part, il est difficile de croire que tant d'aveux, faits par des hommes voués à une profession où la vie n'est comptée pour rien, quand elle ne peut être conservée qu'au prix de l'honneur, et où la mort n'attendait presque jamais la vieillesse, n'aient été obtenus que par la crainte du supplice. D'ailleurs, depuis longtemps les Templiers, par l'excès même de leur opulence, par les habitudes d'une vie toute militaire, et par la fréquentation des infidèles, avaient trop oublié qu'ils étaient des religieux, aussi bien que des hommes de guerre. A cet égard les témoignages surabondent. Matthieu Pâris, après avoir cité une lettre envoyée de Palestine en Angleterre et où la louange était prodiguée aux Templiers, dit que cet écrit produisit peu d'impression sur l'opinion publique, parce que l'on était convaincu de ce qu'il appelle l'*infamie* (*infamia*) de cet ordre. On accusait les chevaliers d'exciter l'animosité entre les chrétiens et les Musulmans, parce que l'état de guerre perpétuelle devenait pour leur ordre une source intarissable de richesses. A ce sujet, Matthieu Pâris reproche aux ordres militaires leur opulence et leur luxe. Les Hospitaliers possédaient en Occident dix-neuf mille manoirs; les Templiers en avaient neuf mille, et chacun de ces domaines pouvait aisément entretenir un chevalier en état de guerre. Le chroniqueur ajoute que « ces deux ordres ont toujours quelque arrière-pensée, et que le loup est caché sous la peau de la brebis; que, sans leur politique perfide, tant de braves chevaliers de l'Occident auraient certainement détruit la puissance des infidèles. » Quoi qu'il en soit de l'imputation que Matthieu Pâris dirige contre les Hospitaliers, on n'a à leur reprocher rien d'analogue à la conduite que tinrent les Templiers lorsque le Vieux de la Montagne, et le peuple auquel ce prince commandait, ayant proposé d'embrasser le christianisme si les Templiers promettaient de les traiter en frères, et de les décharger de l'obligation de payer tribut, ceux-ci refusèrent, préférant un peu d'argent au salut de tant d'âmes. Quant à leur orgueil, il était proverbial dès le temps de Richard Cœur-de-Lion. On sait que Foulques de Neuilly ayant conseillé à ce prince de marier l'orgueil qui régnait à sa cour, pour s'en défaire comme d'une méchante fille, le roi lui répondit que rien n'était plus sensé, et qu'il donnait cette fille aux Templiers.

TERRE SAINTE. Cette dénomination est employée pour désigner les lieux qui ont été le théâtre de l'incarnation, de la prédication, de la passion, de la résurrection et de l'ascension du Sauveur des hommes. On apportait soigneusement en Europe, au moyen âge, de la terre prise dans ces lieux sanctifiés. Pour prouver que les miracles n'avaient pas cessé de son temps, saint Augustin rapporte, *de Civitate Dei*, l'histoire de la guérison d'un jeune homme qui avait au-dessus de son lit un sachet rempli de poussière de la ville sainte. L'usage de transporter en Europe de la terre de Palestine, s'est prolongé dans tout le moyen âge. A Pise, le cimetière appelé *Campo-Santo* contient un espace, qui nous a paru assez grand, de terre apportée de la Judée par les Pisans, en 1218.

TEUTONIQUES (Ordre religieux et militaire des Chevaliers Hospitaliers de Notre-Dame des Allemands, vulgairement appelés Chevaliers). Le plus ancien historien de l'ordre Teutonique est un prêtre, Pierre de Dusbourg, qui en faisait partie, et il en rapporte l'origine à l'an 1190. Quelques pèlerins allemands de Brême et de Lubeck, qui se trouvaient dans le camp de l'armée chrétienne, pendant qu'elle assiégeait Saint-Jean-d'Acre, s'associèrent pour soigner les blessés et les malades de leur nation. A cet effet ils formèrent avec des toiles de navire une sorte d'hôpital, où ils recueillirent ces malheureux et les servirent avec un dévouement qui attira l'attention des princes et des prélats. Ceux-ci virent dans l'œuvre qu'ils admiraient le germe d'une institution plus importante, et invitèrent Frédéric, duc de Souabe, qui commandait les croisés allemands, à provoquer l'intervention de son frère Henri, roi de Germanie, auprès dn saint-siége, pour que l'approbation apostolique vînt confirmer et développer ce que la charité avait si heureusement commencé. Quelques écrivains, et nommément le cardinal de Vitry, font remonter un peu plus haut cette institution, et prétendent que, avant le siége de Ptolémaïs, il y avait déjà quelque chose d'analogue à Jérusalem; mais cette assertion, fût-elle au-dessus de toute critique, n'aurait aucune importance, puisqu'elle se restreint au fait d'un particulier qui n'était appuyé sur la sanction d'aucune autorité, soit politique, soit religieuse. Il en fut autrement lorsque le roi de Germanie eut écrit à Célestin III, qui occupait alors la chaire de Saint-Pierre. Ce pontife constitua l'œuvre naissante en ordre hospitalier et militaire sous la règle de Saint-Augustin; décida que les nouveaux religieux seraient soumis aux statuts des Hospitaliers de saint Jean, en tant que serviteurs des malades et des pauvres, et aux statuts des Templiers, en tant que gens d'église et de guerre; leur donna pour vêtement un manteau blanc chargé d'une croix noire; et enfin leur accorda les mêmes priviléges, immunités et indulgences dont jouissaient les deux autres ordres. L'approbation apostolique parvint au camp des croisés en 1191. Aussitôt quarante gentilshommes allemands se présentèrent pour entrer dans l'ordre, et en reçurent la croix des mains d'un pareil nombre de princes ou de seigneurs, dont les principaux étaient le roi de Jérusalem et le duc de Souabe. Ils procédèrent ensuite à l'élection du maître de l'ordre, et leurs suffrages tombèrent sur Henri de Walpot, l'un d'eux. Dans les règlements qui furent portés conformément aux prescriptions du Saint-Père, il fut établi que l'institut, dès lors connu sous le nom d'ordre des Chevaliers Hospitaliers de Notre-Dame des Allemands, ne recevrait dans son sein personne qui n'eût déclaré sous serment appartenir à une famille allemande noble et irréprochable; n'avoir jamais été marié; s'obliger à une chasteté perpétuelle; se soumettre à une obéissance absolue envers le maître et les règlements de la religion; renoncer à posséder rien en propre, et se dévouer au service de Dieu, des malades et des pauvres, aussi bien qu'à la défense de la terre-sainte; et qu'en retour l'ordre s'engagerait envers le récipiendaire à lui donner, tant que celui-ci vivrait, du pain, de l'eau et un habit, purement et simplement. Il est à remarquer que les premiers Teutoniques s'astreignirent assez rigoureusement à ce régime ascétique et ne couchèrent que sur la paille. Après la capitulation de Saint-Jean-d'Acre, qui eut lieu la même année 1191, Walpot fit acquisition d'un terrain situé hors des murs de la ville, en face de la porte de Saint-Nicolas, et y construisit une église et un hôpital qui devint le principal couvent des Chevaliers. En 1193, Célestin III détermina les armoiries de l'ordre. Henri de Walpot prit avec ses chevaliers une part glorieuse aux luttes des croisés contre les Sarrasins, jusqu'à sa mort, qui eut lieu le 24 novembre 1200. Il fut inhumé dans l'église de son hôpital de Saint-Jean-d'Acre. Othon de Kaerpen, né à Brême, et pour lors âgé de quatre-vingts ans, fut le deuxième maître de l'ordre. On a beaucoup vanté la sagesse de son gouvernement, qui dura jusqu'à sa mort, arrivée le 2 juin 1206. Herman de Bard lui succéda. Les services que la chrétienté d'Orient avait reçus des Teutoniques déterminèrent un des rois de Jérusalem à permettre à ces chevaliers de réunir dans leurs armoiries la croix pattée d'or, qui était du royaume, à celle que le pape leur avait attribuée. Mais il y a discussion sur le nom du roi qui fit cette concession. Ce qui paraît certain, c'est qu'elle a eu lieu sous l'un des trois premiers magistères, et il est probable que ce fut sous celui de Bard, qui mourut le 20 mars 1210, d'une blessure reçue au siége de Tripoli. Comme ses deux prédécesseurs, il fut enterré dans l'église de son hôpital de Saint-Jean-d'Acre. Sa charge passa à Herman de Saltza, d'une famille de Misnie. Sous les trois premiers maîtres, l'ordre s'était faiblement recruté et avait éprouvé de grandes pertes, en sorte que l'extinction en paraissait imminente. On y obvia en décidant que, jusqu'à de plus amples accroissements, le nombre des chevaliers qu'on enverrait simultanément à la guerre n'excéderait pas dix. Herman de Saltza, s'étant joint en 1212 à l'armée du roi de Hongrie et de Jérusalem, se fit remarquer par sa valeur, qui se manifesta avec plus d'éclat encore en 1219, au siége de Damiette. Mais il ne tarda pas à désespérer du royaume de Jérusalem et se retira à Venise avec une partie de ses religieux. Vers ce temps-là il intervint comme conciliateur dans les différends d'Honoré III et de Frédéric II. Ces deux souverains lui accordèrent pour lui et pour ses successeurs le titre de prince du saint empire. Le pape lui donna un anneau très-précieux qu'il dut toujours porter comme le font les prélats, et ce même anneau devint dès lors un des insignes du magistère Teutonique. L'empereur lui permit d'ajouter l'aigle impériale aux armes de l'ordre. Enfin les chevaliers reçurent de grands biens en Allemagne, en Sicile, en Romagne et en Hongrie. Cependant les païens de la Prusse, loin de prêter l'oreille à la prédication de l'Evangile, ayant exercé d'épouvantables ravages dans le pays de Culm et ensuite dans diverses parties de la Pologne qu'ils laissèrent dépeuplées, Conrad, duc de Mazovie et de Cujavie, créa un ordre de chevalerie dont les membres prirent le nom de chevaliers de Jésus-Christ, pour les opposer à ces barbares. Quelques auteurs prétendent que ce ne fut point une fondation nouvelle, mais simplement un détachement de l'ordre des Chevaliers Porte-Glaive, ou des Deux-Epées, ou de Livonie, institué en 1204 dans cette dernière contrée par Albert Iᵉʳ qui en était évêque, et confirmé par Innocent III, qui lui donna la règle des Templiers. Quoi qu'il en soit, ces chevaliers de Jésus-Christ furent appelés Chevaliers d'Obrin, du nom d'un fort où on les avait établis, et ils furent impuissants à remplir la mission qui leur avait été confiée. C'est pourquoi le duc Conrad envoya une ambassade à Herman de Saltza pour obtenir l'assistance des Teutoniques, auxquels il offrait de reconnaître leur souveraineté sur la province de Culm, aussi bien que sur le territoire qu'ils pourraient enlever aux Prussiens. Le pape Grégoire IX ayant joint ses instances à celles de ce prince, l'ordre accepta. Saltza envoya, en 1227, sur le théâtre de la guerre une partie de ses chevaliers commandés par Herman de Balk, qui eut le titre de proviseur ou maître provincial de l'ordre, et en 1231 le pape fit prêcher contre les païens une croisade à laquelle il attacha les indulgences de terre sainte. L'ordre obtint de grands et rapides succès, gagna plusieurs batailles, fonda les villes d'Elbing, de Thorn et de Marienwerder, et se vit bientôt maître de la majeure partie de la Prusse, dont les habitants embrassèrent successivement la religion de leurs vainqueurs. Cependant les chevaliers Porte-Glaive attaqués par Waldemar II, roi de Danemark, ne se sentant point assez fort, pour résister à ce prince, proposèrent à Saltza la réunion des deux ordres, ce qui fut agréé par les Teutoniques et consommé en 1238. Mais l'ordre, devenu extrêmement puissant dans le nord de l'Allemagne, ne tarda pas à faire une perte immense en la personne d'Herman de Saltza, qui mourut le 24 juillet 1240 à Barlette, ville de la Pouille, où il fut inhumé. Ce quatrième maître doit être considéré comme un très-grand homme. Telle fut l'habileté de son gouvernement qu'à la fin de ses jours il pouvait mettre plus de deux mille chevaliers en campagne, et commandait sur un territoire assez vaste pour former un puissant Etat.

Conrad, landgrave de Thuringe et de Hesse, lui succéda au magistère. La guerre durait toujours dans la Prusse. Le duc de Poméranie assistait les Prussiens qui voulaient secouer le joug des chevaliers. Ceux-ci lui firent essuyer de sanglantes défaites. En 1247, ils s'étendirent de Livonie en Courlande. Cette dernière province se soumit à leurs lois. Ils s'emparèrent également d'une partie de la Lithuanie. En 1250, saint Louis, roi de France, permit à leur ordre d'ajouter des fleurs de lis aux extrémités de la croix d'or. En 1252, ils conclurent la paix avec le prince poméranien, et leurs sujets prussiens rentrèrent dans l'obéissance. Conrad de Thuringe, mourut le 24 juillet de l'année suivante et fut inhumé dans l'Eglise des Teutoniques à Marbourg en Hesse. Poppon d'Osterne lui succéda. Le commencement de son gouvernement fut signalé par une formidable insurrection des sujets de l'ordre. Il en triompha avec le secours du roi de Bohême et du marquis de Brandebourg. Les Teutoniques, qui ne pouvaient avoir des armées suffisantes, sur tous les points de leur territoire, y suppléaient en élevant des forteresses. En cette occasion ils fondèrent la ville de Kœnigsberg, dont l'origine est fixée à 1156. Lorsque les troupes victorieuses se furent éloignées, les Prussiens s'insurgèrent de nouveau, et mirent le siége devant les places nouvellement construites. Les affaires de l'ordre ne tardèrent pas à décliner d'une manière alarmante, qui détermina Poppon d'Osterne déjà très-âgé, à abdiquer en 1263. Hannon de Sangershausen fut élu grand maître. Aidé des comtes de La Mark et de Juliers, il força les Prussiens à lever le siége de Kœnigsberg, et à demander la paix après deux victoires qu'il remporta sur eux. Mais il continua à soutenir des guerres meurtrières dans les provinces voisines. Sangershausen cessa de vivre le 8 juillet 1275 et fut enterré à Trèves. Hartman de Heldrungen le remplaça, et, laissant à ses lieutenants le soin de poursuivre la guerre dans le nord de l'Allemagne, il se fixa à Venise. Ce fut sous son gouvernement que Marienbourg fut fondé. Il mourut le 19 août 1283 à Venise, et y fut enterré. On lui donna pour successeur Burchard de Schewenden qui, comme lui, résida à Venise. Il paraît que ce qui détermina ces deux derniers grands maîtres à demeurer dans cette ville, ce fut la nécessité d'être en communication tout à la fois avec le nord de l'Europe et avec la Palestine, où leur ordre combattait en même temps. Pendant que la guerre se poursuivait entre une partie des Teutoniques et les Lithuaniens, qui faisaient des incursions en Prusse, les affaires des chrétiens en terre sainte déclinaient avec une rapidité effrayante. Schewenden partit alors de Venise en 1290 avec quelques troupes pour aller concourir à la défense de Saint-Jean-d'Acre. Battu et blessé, il mourut à Rhodes la même année. Conrad de Feuchtwangen, qui fut élu, voyant les chrétiens expulsés de Palestine, décida que les Teutoniques, n'ayant plus rien à faire en Orient, établiraient leur chef-lieu à Marbourg, en Hesse. La guerre se continuait en Lithuanie, lorsqu'il mourut à Prague en 1297. Le magistère échut à Godefroy de Hohenlohe. Celui-ci s'efforça de donner une plus vive impulsion à la guerre que l'ordre faisait aux païens en Prusse, en Livonie et en Lithuanie. Mais déjà les Teutoniques avaient à lutter contre plusieurs évêques de ces contrées qui se plaignaient de leurs usurpations, et les tristes dissensions où le sang chrétien coulait de part et d'autre se continuèrent avec des succès divers, pendant les premières années du quatorzième siècle. Hohenlohe abdiqua en 1309 à cause de son grand âge et eut pour successeur Sigefroi de Feuchtwangen. Ce fut sous ce dernier que le siége de l'ordre fut transféré, en 1309, à Marienbourg en Prusse. Depuis lors il n'y eut plus de maîtres provinciaux dans cette contrée, le grand maître en remplissant la fonction. Vers la même époque la constitution hiérarchique de l'ordre atteignit sa dernière perfection. Au-dessous du grand maître, le grand commandeur dominait tous les autres dignitaires. Parmi ces derniers, le drapier et le trésorier devaient toujours demeurer avec le grand maître. Le grand maréchal devait résider à Kœnigsberg et le grand hospitalier à Elbing. Il y avait en outre des commandeurs de province, des commandeurs de forteresses, et une foule d'autres fonctionnaires de moindre importance. En 1311, le duc de Lithuanie entra en Prusse et y fit un grand butin; mais le commandeur de Kœnigsberg le battit ensuite. On cite une bulle de Clément V, datée de la même année, de laquelle il résulte que les Teutoniques avaient déjà ruiné sept des quatorze évêchés de la province ecclésiastique de Riga, et qu'ils en avaient usurpé quatre autres. Le pape leur reprochait en outre plusieurs crimes. Feuchtwangen mourut le 5 mars 1312. Charles Beffart, né à Trèves, fut élevé au magistère. Celui-ci porta à Rome les contestations que l'ordre avait avec les archevêques de Riga et de Gnesne, et il obtint gain de cause. En 1313, il bâtit le château de Christmemel pour arrêter les Lithuaniens. En 1320, une partie des troupes de l'ordre fut taillée en pièces. Beffart mourut à Vienne en 1324. Werner d'Orselen lui succéda. En 1326, Ladislas, roi de Pologne, entra sur les domaines de l'ordre, les dévasta et y fit six mille prisonniers. Mais en 1329, le roi de Bohême, venu au secours des chevaliers, chassa les Polonais de la Pomérellie. Le commandeur provincial de Livonie s'empara de Riga l'année suivante, et repoussa le grand duc de Moscovie aussi bien que les Lithuaniens. Le 18 novembre 1331, d'Orselen fut tué par un chevalier teutonique. L'ordre se donna pour chef Ludger, duc de Brunswick. Le nouveau grand maître fut battu par le roi de Pologne le 27 septembre 1331. La paix, précédée d'une trêve en 1333, fut signée définitivement par ces princes en 1335. Ludger mourut le 21 avril de la même année. Dietrik d'Oldembourg, élu grand maître à l'âge de quatre-vingts ans, fut secouru par le roi de Bohême et battit les Lithuaniens le 15 août 1338. Il mourut le 15 juillet 1341 à Marienbourg. Un Saxon, Ludolph Konig de Weitzau, lui succéda. C'est de son magistère que date la prospérité commerciale de Dantzick, dont il construisit les fortifications. L'année 1344 fut signalée par de nouvelles et désastreuses incursions des Lithuaniens. A la suite de quelques revers dont il fut cause, le grand maître fut atteint de folie, et mourut bientôt après. Henri Dusemer d'Arffberg, Poméranien, fut élevé au magistère le 13 décembre 1345. Il gagna une grande bataille sur les Lithuaniens le 2 février 1346, et en 1347 il leur fit essuyer un autre échec considérable. Le 24 juin de cette dernière année l'ordre acheta du roi de Darnemark, au prix de dix-neuf mille marcs d'argent, une partie de l'Esthonie avec les villes de Revel et de Nerva. En 1350, le commandeur provincial de Livonie battit les Moscovites. Henri Dusemer mourut en 1351 à Marienbourg. Weinrich de Knipenrode, nommé grand maître, battit et fit prisonnier le grand duc de Lithuanie. Les Lithuaniens ayant en 1343 saccagé Résil, en Prusse, en enlevèrent quinze cents habitants qu'ils massacrèrent plus tard. Les chevaliers leur firent expier ce crime par une guerre terrible qui dura sept ans. Enfin, le 17 février 1370, les Lithuaniens, ayant perdu une bataille et onze mille soldats, demandèrent et obtinrent une trêve. Knipenrode mourut le 23 juillet 1382, et fut remplacé par Conrad Zolner de Rodenstein. Celui-ci essaya en vain de réformer son ordre qui n'avait presque rien conservé de l'esprit des premiers Teutoniques. Il prêta assistance à Jagellon dans les guerres civiles qui déchiraient la Lithuanie. Ce prince païen lui tendit ensuite des embûches, qu'il s'efforçait de dissimuler en se donnant pour disposé à embrasser le christianisme; mais Conrad déjoua cette perfidie et se ligua avec les ennemis de Jagellon. La mort le surprit le 21 mai 1390, pendant qu'il poursuivait cette entreprise. Conrad de Wallenrode, bien différent de Rodenstein, son prédécesseur, s'éloigna de plus en plus des principes qui avaient présidé à l'institution de l'ordre. Il ne voulut plus porter que le titre de prince grand maître, et attribua celui de seigneur à chaque chevalier. Les sujets de l'ordre furent accablés d'impôts. Ces exactions lui servirent à lever une nombreuse armée avec laquelle il entra en Lithuanie, mais qui y périt presque en entier. Dieu lui retira la vie à lui-même en 1393 ou 1394. Conrad de Jungingen, qui lui succéda, rétablit la concorde entre l'ordre et les évêques de Livonie, et acquit des Polonais la Samogitie en leur cédant Dobrzin. Ce bon prince mourut le 30 avril 1407 : il fut remplacé par son frère, Ulrich de Jungingen, qui adopta une politique toute contraire. Le nouveau grand maître viola les conventions qui venaient d'être faites avec la Pologne, et attaqua les Lithuaniens. Ceux-ci lui enlevèrent la Samogitie. Comme il s'était emparé de plusieurs villes polonaises, et notamment de Dobrzin, le roi Jagellon se ligua avec le grand duc de Lithuanie, et tous deux entrèrent en Prusse avec cent cinquante mille hommes. Le grand maître leur en opposa quatre-vingt-trois mille, dans une grande bataille qu'il perdit le 15 juillet 1410, auprès de Tannenberg, et où il fut tué avec six cents chevaliers et quarante mille de ses soldats. L'ordre épuisé était à deux doigts de sa perte. Les commandeurs, se voyant peu nombreux, prièrent Henri Reuss Ier, comte de Plauen, de choisir le grand maître, et ce prince s'élut lui-même. On lui devait d'avoir forcé Jagellon à lever le siége de Marienbourg. Il ne put se débarrasser des Polonais par le fer; mais, avec de l'argent, il obtint en 1411 la paix et la restitution des villes que l'ordre avait perdues. La Samogitie toutefois resta en usufruit à Jagellon et au duc de Lithuanie. En 1413, la mauvaise administration du grand maître, et les soupçons de trahison qu'il avait inspirés aux chevaliers, déterminèrent ceux-ci à le déposer et à le remplacer par Michel Kuchenmeister de Sternberg. La guerre recommença avec la Pologne et fut arrêtée par la médiation du concile de Constance. Sternberg abdiqua en 1422, et eut pour successeur Paul Pellnitzer de Rusdorff. Celui-ci eut aussitôt à repousser une attaque des Polonais. Assisté de plusieurs princes allemands, il força l'ennemi à demander la paix. Mais la guerre se renouvela quelques années plus tard, parce que les chevaliers prêtèrent le secours de leurs armes à Sudrigélon, élu duc de Lithuanie, et que Jagellon, frère de ce prince, appuyait un autre candidat. Jagellon se fit aider par les Hussites. La paix fut rétablie définitivement en 1436, Rusdorff mourut à Elbing le 29 décembre 1440. Conrad d'Erlichshausen fut élu en 1441. Son gouvernement fut troublé par de grandes discordes qui éclatèrent entre les chevaliers. Les villes de Kœnigsberg, de Thorn, de Dantzig et d'Elbing en profitèrent pour se soustraire à la domination de l'ordre, et se placèrent sous la protection des Polonais. Le grand maître mourut en 1449. Son successeur, Louis d'Erlichshausen, s'efforça de réprimer cette révolte. L'union des quatre villes fut annulée par l'empereur et par le pape en 1453; ce qui n'empêcha pas ces villes de la proclamer l'année suivante, de commencer les hostilités et d'appeler à leur secours le roi de Pologne, qui commença la guerre. Elle ne tourna pas à l'avantage des chevaliers, qui, en 1466, subirent les conditions que la Pologne leur dicta. Cette puissance obtint toute la Prusse occidentale, et les Teutoniques ne conservèrent le reste que sous la condition de reconnaître la suzeraineté du roi de Pologne. Le grand maître mourut en 1467. Henri Reuss II, comte de Plauen, nommé d'abord vicaire de l'ordre, puis grand maître en 1469, mourut d'apoplexie, en revenant de Pologne, où il s'était rendu pour prêter serment de fidélité au roi, le 2 janvier 1470. Le magistère de Henri Reffle de Richtemberg, qui succéda à Henri Reuss, n'eut rien de remarquable et se termina par la mort de ce prince, le 17 février 1477. Martin Truchsès de Wetzhausen, élu ensuite, ayant eu quelques difficultés avec le roi de Pologne, fut obligé de renouveler le traité de 1466, et mourut le 5 février 1489. Jean de Tieffen le remplaça, et se distingua par la douceur de son gouvernement. Le commandeur provincial de Livonie remporta de glorieux avantages sur les Russes, vers 1495. Tieffen mourut en 1497.

Frédéric, duc de Saxe, fut élu grand maître en 1498, sous la condition de faire tous ses efforts pour rétablir l'ordre dans la situation d'où la Pologne l'avait fait déchoir. Le refus qu'il fit, en conséquence, de prêter serment de fidélité au roi de Pologne occasionna de grands débats qui furent portés devant le pape, et dans lesquels l'empereur intervint. La discussion se prolongea jusqu'à la mort du grand maître, arrivée le 14 décembre 1510. Albert, margrave de Brandebourg, qui lui succéda, tint la même politique. Considérant la guerre comme inévitable, il céda la nouvelle Marche à l'électeur de Brandebourg, pour s'en faire un allié. Le pape Léon X chercha inutilement à s'interposer. Le roi de Pologne commença en 1519 les hostilités, qui tournèrent d'abord à son désavantage. Mais les auxiliaires ayant abandonné les chevaliers à leurs propres forces, ceux-ci perdirent bientôt tout ce qu'ils avaient conquis. En 1521, l'empereur et le roi de Hongrie procurèrent la conclusion d'une trêve de quatre ans. La même année, Walther-Plettenberg, commandeur provincial de Livonie, acheta son indépendance à prix d'argent, et fut créé prince de l'empire. En 1523, le grand maître lui-même se reconnut vassal de l'empereur dans la diète de Nuremberg; mais, le 8 avril 1525, il conclut avec le roi de Pologne un traité, en vertu duquel il reçut de ce prince, à titre de duché héréditaire, l'investiture de tous les domaines de l'ordre en Prusse. Cette convention fut mise à exécution avec l'assistance des Polonais, et le grand maître, quittant l'habit de la religion, expulsa les catholiques de ces domaines usurpés. Enfin, en 1526, il demanda et obtint la main d'Anne Dorothée, fille du roi de Danemark, dont il eut un fils. Cet apostat mourut en 1568. Tous les chevaliers Teutoniques n'imitèrent point l'exemple de leur grand maître; ceux qui restèrent fidèles transférèrent le siége de l'ordre à Mariendal en Franconie, où ils élurent grand maître Walther de Cronberg. Celui-ci fit tous ses efforts pour obtenir la restitution de ce dont son prédécesseur avait dépouillé l'ordre; mais il mourut le 4 avril 1543, sans y avoir réussi. Wolffgang Schutzbar lui succéda. Les protestants le chassèrent de Mariendal. Il prêta assistance à l'empereur avec les troupes dont il disposait. Les Russes, les Polonais, et la trahison de Gothard Kettler, maître Teutonique de Livonie, achevèrent la ruine de l'ordre, en lui enlevant tout ce qu'il possédait en Livonie. Schutzbar mourut le 11 février 1566. On peut dire que, depuis cette époque, l'ordre Teutonique n'a plus été que l'ombre de lui-même.

L'organisation de cette milice ne différait pas essentiellement de celle des Hospitaliers de Saint-Jean de Jérusalem. Il y avait chez les Teutoniques, comme chez leurs devanciers, des frères servants et des chapelains. Il faut seulement remarquer que le grand commandeur avait la présidence de tous les conseils, la surintendance des affaires administratives et le gouvernement du pays en l'absence du grand maître, qu'en temps de paix il prenait le pas sur tous les autres dignitaires, hormis le grand maître; mais, qu'en guerre, il le cédait au grand maréchal, qui était, au-dessous du grand maître, le chef militaire de la religion; que le grand hospitalier, chargé de toutes les œuvres de charité, ne devait aucun compte de finance à personne, privilége tout exceptionnel. Après la cession d'Elbing au roi de Pologne, le grand hospitalier transféra sa résidence à Brandebourg.

TOURNOIS. Les tournois, ces simulacres de guerre, ont pris naissance en France: Matthieu Pâris les appelle *conflictus Gallici*. Leur usage remonte, dans le pays où ils furent institués, aux temps antérieurs aux croisades; mais ces expéditions contribuèrent à donner aux tournois plus de lustre et de vogue. Ce divertissement était singulièrement dans l'esprit d'une époque qui n'estimait, à la guerre, que le courage personnel, la force et l'adresse dans le maniement des armes. La lutte contre les Arabes et les Turcs qui, comme les chrétiens d'alors, ne combattaient guère qu'à cheval, rendirent ces qualités encore plus nécessaires, et les tournois plus fréquents, plus nombreux et plus intéressants. Ces jeux, qui n'attiraient auparavant à la cour d'un prince ou d'un seigneur, que ses propres vassaux, devinrent le rendez-vous de la noblesse de toutes les nations de l'Occident, qui s'étaient rapprochées et qui avaient appris à se connaître. Le désir d'y briller enflamma alors tous les chevaliers: les croisés avaient appris en Orient à imiter le faste et le luxe de la cour de Constantinople, et les tournois furent les solennités où les seigneurs déployèrent la magnificence dont ils avaient rapporté le goût de leurs voyages en Orient. Ces fêtes superbes, où la vanité et la galanterie jouaient un si grand rôle, et où les prix étaient distribués par la main des belles dames, contribuaient à la décadence de la chevalerie, en la faisant descendre de la hauteur religieusement guerrière où les croisades l'avaient élevée, et tendaient à la maintenir au niveau des passions vulgaires et mondaines.

L'usage des tournois ne devint général en Allemagne que vers le milieu du XIIe siècle. Il s'introduisit plus tard en Angleterre, où le roi Etienne, qui régna de 1135 à 1154, et son successeur Henri II, qui mourut en 1189, s'opposèrent à son adoption. Il y fit de grands progrès sous Richard Cœur-de-Lion, qui était lui-même un des champions les plus adroits dans les joutes des tournois. Ces fêtes militaires s'établirent encore plus tard en Italie, où Charles d'Anjou les porta en 1265.

Les dangers que présentaient les tournois, en mettant en jeu les passions auxquelles les chevaliers n'étaient que trop enclins, obligèrent l'Eglise d'en interdire plusieurs fois l'usage par l'organe des souverains pontifes.

TRANSFUGES. Les transfuges, qui devenaient nécessairement des renégats, ne furent pas en nombre très-considérable de part et d'autre dans la lutte religieuse à main armée, entre les chrétiens et les Musulmans. Il paraît avéré qu'il y eut plus de chrétiens qui passèrent chez les Musulmans, que de Musulmans qui passèrent chez les chrétiens. On ne s'en étonnera pas, si on considère qu'une grande quantité de malfaiteurs s'enrôlèrent dans les rangs des croisés. Les faibles conversions ne résistèrent pas à l'épreuve des misères dont l'histoire des croisades abonde. Les chrétiens qui passèrent chez les infidèles, y furent généralement bien accueillis; plusieurs obtinrent même des emplois considérables et purent acquérir des richesses. L'auteur de la *Vie et Gestes de Henri II* et Roger de Hoveden rapportent la désertion de Robert de Saint-Alban, qui abandonna les rangs des Templiers et se retira auprès de Saladin. Le transfuge fut comblé d'honneur par le sultan, qui lui fit épouser une princesse de sa famille. On ne voit, au contraire, dans aucune histoire contemporaine des croisades, dans aucune chronique, qu'un transfuge musulman ait jamais été reçu avec faveur par les croisés, qu'il ait jamais été admis, même comme simple soldat, dans une armée chrétienne. Pendant le siége de Saint-Jean-d'Acre, les tortures de la faim firent quelques apostats parmi les chrétiens qui n'eurent pas le courage d'en supporter les horreurs. Après être restés quelque temps dans le camp de Saladin, ces renégats offrirent au sultan de se mettre en mer avec des Musulmans et de courir sur les chrétiens. Saladin le leur permit, et leur fournit même des navires. Ils lui apportèrent ensuite le butin qu'ils avaient fait. « J'étais moi-même présent, dit l'historien Boha-Eddin, lorsqu'ils se présentèrent devant le sultan, qui leur abandonna tout, sans rien prendre pour lui. Cet événement causa une grande joie aux Musulmans, qui étaient bien aises que Dieu se servît des propres mains des chrétiens pour les détruire. Quelque temps après, ajoute Boha-Eddin, ces mêmes transfuges firent une descente dans l'île de Chypre, et, envahissant un village un jour de fête, pendant que tout le monde était à l'Eglise, ils la cernèrent et firent tous les habitants prisonniers, y compris le prêtre qui était à l'autel; ensuite ils emmenèrent leurs prisonniers à Laodicée, où ils les vendirent et se partagèrent l'argent. »

Saladin disait très-justement, au rapport des historiens arabes, que jamais on ne pouvait faire un bon chrétien avec un mauvais Musulman, ni un bon Musulman avec un mauvais chrétien. Un des motifs qui empêchaient les renégats de revenir à la foi chrétienne, que le remords de la conscience leur reprochait d'avoir désertée, c'était la crainte qu'on ne leur fît honte de leur apostasie. Saint Louis défendit par une ordonnance de la leur rappeler, afin de ramener au bercail un plus grand nombre de brebis égarées.

TREVE DE DIEU. L'Eglise a combattu par tous les moyens qu'elle a pu imaginer l'usage de se faire justice par l'épée, que les seigneurs mettaient au rang des priviléges auxquels ils tenaient le plus. L'institution de la *trêve de Dieu*, due aux efforts du clergé pour accoutumer les hommes à préférer l'autorité de la loi à la décision des armes, fut souvent rejetée par la noblesse comme contraire à ses droits. Mais alors les curés recevaient ordre de leurs évêques de suspendre le service divin et de cesser toute cérémonie religieuse, dans les paroisses sur lesquelles résidaient les nobles, violateurs de la paix. L'institution de la *trêve de Dieu* est antérieure aux croisades. Il paraît qu'elle fut proclamée pour la première fois en Aquitaine en 1032. Elle ne défendit d'abord l'usage des armes que contre les religieux et les ecclésiastiques, et elle n'interdit ensuite les violences que durant une partie de la semaine, pendant les grandes fêtes de l'année, et dans certains lieux privilégiés. Mais le concile de Clermont, d'où partit le signal de la première croisade, étendit ces défenses, et donna une plus grande autorité aux ordonnances particulières publiées par les évêques dans leurs diocèses. La *trêve de Dieu* fut connue en France et en Espagne en 1045, et les Anglais l'adoptèrent en 1080. Mais un écrivain allemand nous apprend que l'établissement de cette institution dans sa patrie fut l'œuvre des croisades. Les guerres saintes, qui étaient *une autre espèce de trêve de Dieu*, selon l'expression de ce même écrivain, contribuèrent à rendre perpétuelles les suspensions d'armes temporaires prescrites par l'Eglise. L'ordonnance royale appelée la *quarantaine-le-roi*, qui suspendait la vengeance, sous peine de mort, pendant quarante jours après l'offense, fut rendue, croit-on, par saint Louis ou par Philippe le Hardi.

TRIPOLI (COMTÉ DE). Bertrand, fils aîné de Raymond, comte de Toulouse, vint en Orient avec une flotte génoise, dans l'intention de conquérir quelques villes de la côte de Phénicie. Byblos fut d'abord attaquée et prise. On mit ensuite, au mois de juin 1109, le siége devant Tripoli. Le vieux comte Raymond avait vivement désiré de s'emparer de cette place, et il avait bâti sur une colline qui la dominait une forteresse qu'on appela le *château des Pèlerins*. Le vizir Afdal venait de faire tomber Tripoli au pouvoir de l'Egypte, lorsque les chrétiens s'en emparèrent. « Toutes les forces chrétiennes, dit Ibn-Djiouzi, racontant cet événement, étaient en ce moment rassemblées devant Tripoli. Le fils de Raymond de Saint-Gilles attaquait cette ville par mer avec soixante vaisseaux, pendant que Tancrède et Baudouin, roi de Jérusalem, l'attaquaient par terre. Les assiégés attendirent longtemps une flotte égyptienne : ils perdaient enfin toute espérance, lorsque la flotte d'Egypte parut à la vue de la ville; mais chaque fois qu'elle essayait d'entrer, elle était repoussée par les vents contraires. Les Francs, faisant alors un dernier effort, emportèrent la ville d'assaut, et la livrèrent au pillage. Le lendemain, la flotte s'avança jusqu'à l'entrée du port; jamais on n en avait vu d'aussi considérable. Comme elle trouva la ville prise, elle regagna le large et retourna en Egypte. » Il paraît que, contrairement au récit de l'auteur arabe, les chrétiens entrèrent dans la ville par capitulation, et qu'il n'y eut de pillage que de la part des Génois. Une bibliothèque de cent mille volumes, au rapport de Novaïri, fut en cette circonstance la proie des flammes. Quoique nos chroniqueurs ne fassent pas mention de cet incendie des monuments de la littérature orientale, le témoignage des historiens musulmans ne peut pas être révoqué en doute à cet égard. Le territoire de Tripoli était très-fertile ; il produisait en abondance le blé, la vigne, l'olivier, le mûrier et la canne à sucre; il forma un comté, dont le fils du comte de Toulouse devint le possesseur à titre de vassal du roi de Jérusalem. C'était le quatrième Etat fondé par les croisés en Orient. Il était défendu d'un côté par le mont Liban et de l'autre par la mer de Phénicie, et il se trouvait placé au centre des colonies chrétiennes.

Bertrand ajouta au domaine de Tripoli les terres qu'Alphonse Jourdain, comte de Cerdagne, mort en 1109, possédait en Orient. Le premier comte de Tripoli mourut en 1112, à l'âge de quarante-six ans, laissant un fils unique en bas âge, appelé Pons. Ce prince, qu'un chroniqueur appelle l'*Emule de la gloire de ses ancêtres*, marcha dès 1113 au secours du roi Baudouin Ier, vers Tibériade. Il se signala au siége de Tyr, et contribua puissamment à la conquête de cette ville importante en 1124. Il engagea le roi de Jérusalem à venir avec lui assiéger la ville de Raphanéa, située dans la contrée d'Apamée. La place fut prise après un siége de dix-huit jours. Mais, à la nouvelle que les Francs s'en étaient rendus maîtres, Boursaki entra dans la Célé-Syrie, qu'il ravagea toute entière. Il fallut que le roi de Jérusalem allât le forcer à la retraite. De retour dans son pays, Boursaki fut assassiné par des Bathéniens, pendant qu'il était à la mosquée. Son fils Masoud, qui avait pris possession de Mossoul, mourut bientôt après, et le sultan de Perse donna cette principauté à Zenghi, qui fut, pour les chrétiens, un terrible ennemi : Pons tomba en 1137 dans une embuscade que lui avaient tendue les Turcs, et fut mis à mort d'une manière cruelle. Raymond Ier, son fils et son successeur, vengea sa mort par celle des traîtres qui l'avaient livré aux Turcs. Il unit ensuite ses forces à celles de Foulques, roi de Jérusalem, pour marcher contre le sultan d'Alep, qui était venu attaquer Raphanéa. Mais les chrétiens furent défaits et Raymond tomba entre les mains des Turcs. Rendu ensuite à la liberté, il assista en 1149, à la bataille contre Nour-Eddin où fut tué Raymond, prince d'Antioche. Le comte de Tripoli périt assassiné par un Bathénien, à la porte de sa capitale, en 1152. Il avait épousé Hodierne, sœur de Mélisende, reine de Jérusalem, dont il eut un fils qui lui succéda, sous le nom de Raymond II. En 1162, ce prince étant mécontent de l'empereur grec, arma des navires et ravagea les îles et les côtes de l'empire. Il fut fait prisonnier en 1163 à la bataille que Nour-Eddin remporta près de Harenc, dont il venait de s'emparer, sur les forces chrétiennes qui défendaient la Syrie, pendant qu'Amaury, roi de Jérusalem, attaquait l'Egypte. La captivité de Raymond se prolongea jusqu'en 1171. Ce prince ambitieux, actif et brave profita des loisirs de sa prison pour s'instruire. A la mort d'Amaury, roi de Jérusalem, il fut nommé régent du royaume, et gouverna l'Etat au nom de Baudouin IV, qui était attaqué de la lèpre. Ce roi, qui était défiant, écarta ensuite Raymond de l'exercice de l'autorité. Mais en 1185, lorsqu'il se vit accablé par la maladie, et qu'il eut reconnu l'incapacité de son beau-frère, Gui de Lusignan, il rappela Raymond, qui était alors le plus puissant prince chrétien en Orient, à la régence du royaume, que le comte de Tripoli exerça jusqu'à la mort du jeune Baudouin en 1186. Raymond avait vu avec un grand déplaisir l'avénement au trône de Gui de Lusignan ; mais lorsque Saladin attaqua le royaume avec toutes ses forces, après le malheureux combat de Nazareth, où les chrétiens furent complétement défaits, le roi de Jérusalem et le comte de Tripoli se réconcilièrent publiquement, et promirent d'unir leurs efforts pour repousser l'ennemi de la foi chrétienne. Raymond, quoique Tibériade lui appartînt du chef de sa femme, opina pour qu'on ne livrât pas près de cette ville la déplorable bataille qui fut si funeste aux colonies chrétiennes, en 1187. Il échappa au désastre de cette malheureuse journée. Il a été accusé à tort, très-vraisemblablement, d'avoir causé la ruine des chrétiens, en cette occasion, par les intelligences qu'il aurait entretenues avec Saladin. Des écrivains ont même prétendu qu'il s'était fait Musulman ; mais leurs assertions ont été jugées calomnieuses au tribunal impartial de l'histoire. Raymond mourut l'année même de la bataille de Tibériade ; et, comme il ne laissait pas d'enfants, il institua pour son héritier Raymond, son filleul, fils de Bohémond III, prince d'Antioche. C'est ainsi que s'éteignit en Orient la dynastie de Raymond, comte de Toulouse. Vers le temps de la mort de Raymond II, Saladin, qui n'avait pu prendre Tyr, vaillamment défendue par Conrad de Montferrat, fit une tentative contre Tripoli. Mais elle fut repoussée par une flotte que le roi de Sicile avait envoyée au secours des colonies chrétiennes, et par la bravoure du *Chevalier aux armes vertes*, gentilhomme espagnol qui s'était déjà distingué au siége de Tyr. L'amiral de la flotte sicilienne demanda une entrevue à Saladin. Comme il engageait le sultan à rendre aux chrétiens les villes qu'il leur avait prises, sous peine de voir venir d'Occident des forces auxquelles il ne pourrait résister, « Notre devoir, repondit Saladin, est de faire la guerre aux infidèles: Dieu nous a mis en possession de leur pays; et quand toute la terre se réunirait contre nous, pleins de confiance dans le Seigneur, nous irions aux ennemis sans nous inquiéter de leur nombre. »

Raymond III est accusé par Bernard le Trésorier d'avoir refusé l'entrée de sa capitale aux prisonniers que Saladin renvoya après la prise de Jérusalem, et de les avoir même pillés. A sa mort, vers l'an 1200, il chargea son frère Bohémond d'être le tuteur de son fils Rupen, qu'il avait eu de sa femme Alix, princesse d'Arménie. Mais Bohémond IV s'empara du comté de Tripoli, au préjudice de son neveu, et le réunit à la principauté d'Antioche, qu'il avait enlevée à son père. Le territoire de Tripoli fut ravagé en 1244 par les Kharizmiens qui se rendaient en Palestine, où les avait appelés le sultan du Caire. Bohémond V, qui avait succédé à son père Bohémond IV, en 1235, devint tributaire de ce peuple. Après la prise d'Antioche par le sultan d'Egypte Bibars, en 1268, Bohémond VI, fils et successeur de Bohémond V, fut réduit à la seule possession du comté de Tripoli. Pour succéder à son père il avait envoyé solliciter l'agrément de Bibars. Le sultan y mit pour condition qu'il lui payerait tous les ans un tribut de vingt mille pièces d'or, et qu'il mettrait en liberté vingt captifs musulmans, à prendre dans tous les pays où il s'en trouverait.

Bibars fut ensuite très-mécontent des relations que le comte de Tripoli ne cessait d'entretenir avec les Tartares et avec Abaka, leur khan. Après la triste issue de la dernière expédition de saint Louis, et la trêve conclue entre le sultan et les Templiers et les Hospitaliers, il ne restait aucune espérance à Bohémond VI. Il n'osait même plus sortir de sa ville pour prendre le plaisir de la chasse, dans la crainte des affidés du Vieux de la Montagne que Bibars avait à ses gages. Sur ces entrefaites, le prince Edouard, fils du roi d'Angleterre, aborda au port d'Acre avec une flotte considérable. Obligé de résister à ce nouvel ennemi, le sultan accorda la paix au comte de Tripoli, afin de pouvoir rassembler toutes ses forces.

Bohémond VII, en succédant à son père, Bohémond VI, en 1274, rendit hommage, pour sa principauté, à Charles d'Anjou, roi de Sicile, entre les mains du gouverneur que ce prince avait envoyé à Acre, comme roi de Jérusalem. Bohémond eut ensuite de vifs démêlés avec des Templiers. Le port de Laodicée, qui rivalisait avec celui d'Alexandrie, éveilla la jalousie du terrible Kélaoun, sultan d'Egypte, qui résolut de mettre un terme à cet état de chose. Il alla, en 1287, assiéger Laodicée qu'il força à capituler, en permettant aux habitants de sortir de la ville avec ce qu'ils purent emporter. Le comte de Tripoli étant mort cette même année sans enfants, sa mère et sa sœur se disputèrent sa sucession, et la ville de Tripoli fut livrée à la plus complète anarchie. A la faveur de cet état de trouble Kélaoun s'empara facilement de Tripoli le 27 avril 1289. Les habitants de la ville furent en grande partie massacrés par les Musulmans. Les remparts de Tripoli étaient assez larges pour que trois cavaliers pussent y passer de front; la ville contenait quatre mille métiers à soie et était très-florissante; elle fut détruite et rasée de fond en comble. Les Annales de l'abbaye de Waverley disent que le sultan fit traîner à la queue de ses chevaux les images des saints qu'il fit ensuite brûler. On bâtit plus tard une nouvelle ville à quelque distance de l'ancienne. Toutes les places voisines de la capitale se rendirent sans résistance. Tripoli appartenait aux chrétiens depuis le 10 juin 1109 qu'elle était devenue la capitale du comté de ce nom, fondé par Bertrand, fils de Raymond, comte de Saint-Gilles, avec le secours du roi de Jérusalem et des Génois.

TURCOMANS. Ces peuples, que les historiens grecs du Bas-Empire appellent Uzes, étaient répandus anciennement dans les contrées qui sont au nord de la mer Caspienne, et que l'on appelle Kaptchak ou Cumanie, pays des Cumans ou Comans, et comme ils étaient originairement Turcs, on les a nommés dans la suite Turcomans. Pendant que les Turcs Seldjoucides envahissaient la Perse, la Syrie et l'Asie Mineure, les Turcs originaires du Kaptchak, les Turcomans, en un mot, sortirent des plaines de leur pays, en se partageant en deux bandes : l'une se répandit dans l'empire des califes de Bagdad, et principalement dans l'Arménie et dans le Mawarannahar, sur les confins du Khorassan; l'autre pénétra jusqu'en Europe. Les Turcomans qui avaient occupé le Mawarannahar, à l'orient de la mer Caspienne, furent forcés, vers le milieu du XIIe siècle, pour se mettre à l'abri des courses d'autres peuples, de se réfugier dans le Khorassan. Ils restèrent pendant quelque temps aux environs de Balkh, et ils y étaient lorsqu'un émir, nommé Camadje, obtint cette ville du sultan seldjoucide Sandjar, surnommé le *second Alexandre*. Cet émir voulut chasser les Uzes ou Turcomans de son voisinage, et marcha contre eux à la tête de dix mille hommes. Les principaux de la nation lui offrirent alors deux cents pièces d'argent par chaque famille, à condition qu'il les laisserait tranquilles dans leurs pâturages. Mais Camadje ne voulut écouter aucune proposition, et se disposa à l'attaque. Les Turcomans se rassemblèrent et l'attendirent; Camadje leur livra bataille et fut vaincu. Les barbares victorieux se répandirent dans tous les pays voisins, où ils commirent les plus grands désordres, violant les femmes, égorgeant les enfants et détruisant tout ce qu'ils rencontraient. Camadje se sauva auprès du sultan Sandjar, qu'il instruisit de l'irruption des Turcomans. Le sultan s'avança aussitôt vers Balkh, à la tête d'une armée de cent mille hommes. Les Turcomans voulurent s'excuser, et offrirent des sommes considérables d'argent pour acheter la paix. Mais Sandjar les attaqua sans vouloir les entendre. Le sort des armes tourna contre lui : il fut battu; son armée fut détruite; il demeura lui-même prisonnier des barbares, et Camadje fut tué.

Après cette grande victoire, remportée par les Turcomans en 1153, leurs émirs se rassemblèrent, et vinrent se prosterner aux pieds du sultan; ils baisèrent la terre devant lui, et, tout en le retenant prisonnier, ils déclarèrent qu'ils étaient ses esclaves. Quelques historiens rapportent qu'ils l'enfermèrent dans une cage de fer. Ils le conduisirent à Merve, sa capitale, et un de leurs premiers émirs demanda au sultan de lui céder cette ville. Sandjar répondit qu'il ne pouvait donner une ville qui était le lieu de sa résidence ordinaire. Les Turcomans se moquèrent de cette réponse, et ne gardèrent plus pour lui aucun respect. Ils ravagèrent tout le Khorassan et prirent Nichabour. Un émir, qui avait rassemblé les restes de l'armée de Sandjar, les chassa de Nichabour et de plusieurs autres villes; mais ils n'en continuèrent pas moins à ravager les Etats du sultan, pendant tout le temps qu'ils le retinrent en captivité. Il ne s'échappa de leurs mains que quelque temps avant sa mort.

Les Turcomans vivaient, au temps des croisades, comme ils vivent aujourd'hui, à la manière des Tartares, dont ils tirent leur origine. Ils mènent généralement la vie nomade, campant dans les lieux où ils trouvent des eaux et de bons pâturages. Les uns sont musulmans de la secte d'Ali, les autres suivent la religion des Tartares uzbeks.

TURCS. Les Turcs sont une branche de la famille des anciens Huns. Ils étaient maîtres de la Tartarie lorsque les Arabes poussèrent leurs conquêtes, vers la fin du VIIe siècle, jusqu'aux frontières de ce pays. De ce contact jaillirent des guerres dans lesquelles les deux nations turque et arabe firent, l'une sur l'autre, un grand nombre de prisonniers. Ceux qui tombèrent entre les mains des Arabes furent dispersés dans l'empire des califes, où ils devinrent les esclaves des principaux émirs; plusieurs furent même employés dans le sérail des califes. C'est à ces sources que les Turcs puisèrent le mahométisme; c'est en vivant à la cour des successeurs du faux prophète qu'ils apprirent l'art de la politique, et qu'ils se plièrent à la culture des lettres et des sciences. Les califes commirent la faute de les tirer de l'esclavage pour les employer dans le gouvernement, dont ils ne tardèrent pas à s'emparer. Motassem, huitième calife de la dynastie des Abbassides, introduisit les Turcs dans ses troupes, vers le milieu du IXe siècle, et bientôt il ne fut plus maître de réprimer l'insolence de cette milice étrangère. Sous Mothavakel, ils osèrent attenter à la vie du prince; c'est avec leurs secours que Mostanser parvint au califat; Mostaïn le reçut de leurs mains, et ils devinrent enfin si puissants qu'ils disposèrent de tout dans l'État, et qu'ils forcèrent les califes de leur abandonner les gouvernements les plus considérables. Les Turcs Thoulounides furent les premiers qui réussirent à se créer une souveraineté indépendante dans l'empire arabe. Le père du fondateur de cette dynastie avait été esclave du calife Mamoun, et s'appelait Thouloun. Son fils Achmed, né à Bagdad en 835, se sentit capable d'exécuter les desseins que lui inspirait son ambition. Il se fit remarquer par son exactitude à observer les préceptes du Coran, par sa justice, par son goût pour les sciences et par son courage. Le calife Mothavakel lui donna toutes les charges que son père avait occupées. Il obtint ensuite le gouvernement de l'Egypte, un des plus importants de l'empire arabe, du calife Motaz, à qui il avait, disait-on, rendu le service de tuer son prédécesseur, Mostaïn. Le calife étendit même sur la Syrie l'autorité qu'il avait donnée à Achmed sur l'Egypte. Pendant le califat de Motammed, qui avait été porté au pouvoir par les Turcs, Achmed s'affermit de plus en plus dans son gouvernement. Il ne laissa plus au calife, en Egypte et en Syrie, que le droit d'être nommé dans la prière publique. Maître de Damas, il le devint bientôt d'Antioche, dont l'émir fut vaincu par ses armes. Après dix-sept ans de règne, Achmed mourut, laissant des trésors immenses. Il avait fait périr dix mille hommes dans les prisons. Son fils, Khoumarouïah, s'affermit dans l'autorité dont il avait hérité de son père, maria sa fille au calife Mothaded, fit des incursions sur les terres de l'empire grec, et mourut à Damas, où il avait établi sa résidence, assassiné par ses femmes et ses esclaves. Khoumarouïah embellit beaucoup la ville de Mesr, qui est le Vieux-Caire, et il s'y fit construire un magnifique palais. A sa mort, les émirs lui avaient donné pour successeur son fils Dgisch; mais ce n'était qu'un enfant dont on se défit bientôt, pour le remplacer par Haroun, autre fils de Khoumarouïah. La puissance des Thoulounides s'affaiblit sous Haroun L'officier turc qui commandait pour lui à Damas eut à combattre la révolte des Karmathes, qui troubla la Syrie. Les Karmathes étaient une secte d'hérétiques mahométans, dont le fondateur, qui portait le nom de Karmath, était originaire, suivant l'opinion la plus probable, d'un village des environs de Koufa, appelé Hamadan-Karmath. Le chef de cette secte, qui prit naissance dans les dernières années du IXe siècle, et se répandit de la Syrie dans les provinces voisines, enseignait, l'épée à la main, une doctrine en contradiction avec celle de Mahomet. Il ordonna que le pèlerinage se fît à Jérusalem, et que l'on se tournât vers cette ville en faisant la prière. Il fallut répandre beaucoup de sang pour réprimer les Karmathes, qui se partagèrent en plusieurs branches, dont la plus considérable fut celle des Bathéniens, autrement nommés Ismaéliens ou Assassins. On prétend que Karmath avait été esclave d'Ismaël, qui a donné son nom aux Ismaéliens. Le calife Moktafi, voyant la faiblesse des Thoulounides, qui n'avaient pu résister aux Karmathes, résolut de faire un vigoureux effort pour replacer l'Egypte sous la domination des Abbassides. L'armée de Haroun fut défaite, et il fut tué lui-même lorsqu'il s'enfuyait, par Siban, descendant de Thouloun, qui régna pendant quelques jours. Mais ce prince fut mis à mort avec dix autres de la famille des Thoulounides, par ordre du général des troupes du calife; et l'Egypte rentra, en 905, avec la Syrie, sous l'autorité des califes de Bagdad

TURCS IKHSCHIDITES. Abou-Bekr-Mohammed, fondateur de la dynastie des Turcs Ikhschidites, qui a régné en Egypte et dans la Syrie, était fils d'un des principaux émirs de la famille des Thoulounides. Il naquit à Bagdad en 882. Il servit dans les armées du calife, fut d'abord gouverneur de Damas, et ensuite de l'Egypte. C'était l'époque où l'empire des califes devint la proie d'une quantité de petits souverains divers. Abou-Bekr-Mohammed, à la faveur de ces circonstances, rendit, en 935, son autorité indépendante du califat en Egypte et en Syrie, et prit le surnom d'Ikhschid, qui était le titre des rois de la partie du Turkestan d'où son père était originaire, et qui signifie *roi des rois*. Sa puissance était telle qu'il pouvait mettre sur pied quatre cent mille hommes. Ikhschid persécuta les chrétiens et exigea d'eux de grandes sommes d'argent. Il mourut à Damas et fut enterré à Jérusalem. Son fils Abouhour lui succéda, quoique enfant, sous la régence d'un esclave noir de son père, nommé Kafour, qui régna sur l'Egypte avec l'agrément du calife de Bagdad, après la mort d'Ali, frère d'Abouhour. Achmed, fils d'Ali, succéda à Kafour; mais son autorité fut méconnue au milieu des troubles qui agitaient alors l'Egypte. Houssaïn, son parent, s'était emparé de la Syrie. En ayant été chassé ensuite par les Karmathes, il revint en Egypte, où il voulut détrôner Achmed. Ces divisions engagèrent plusieurs émirs à appeler les Fatimites, dynastie arabe qui avait récemment jeté en Afrique les fondements d'un puissant empire, et mis fin à celle des Aglabites de Kairouan. C'est ainsi que les Fatimites s'établirent en Egypte, et que les Ikhschidites en furent dépossédés.

TURCS SELDJOUCIDES. Jusqu'à l'apparition des Seldjoucides sur la scène des événements qui ont précédé et provoqué les croisades, les Turcs qui s'étaient établis dans l'empire des califes n'étaient que des esclaves, tirés individuellement du Turkestan pour être conduits à Bagdad, où ils parvenaient aux premières dignités de l'Etat; mais ils ne formaient point un corps de nation. Les Seldjoucides, qui soumirent une grande partie de l'Asie, depuis l'Indus jusqu'au Bosphore, composaient une colonie considérable qui, sortie du Turkestan, se répandit dans l'Asie occidentale, où elle conserva ses mœurs grossières. Devenus maîtres des plus belles villes , ces Turcs les laissèrent aux anciens habitants, et vécurent sous des tentes, avec leurs troupeaux, dans les campagnes voisines. Les Seldjoucides, que Deguignes, dans sa savante *Histoire générale des Huns, des Turcs et des Mogols*, regarde comme une colonie de Turcs Hoéikes, vivaient paisiblement dans la partie du Turkestan appelée le Bokhara, quand le fondateur de la dynastie des Turcs Ghaznévides, le célèbre sultan Mahmoud, conquérant d'un vaste empire qui s'étendait, dans l'Inde et dans la Perse, depuis la mer Caspienne jusqu'au Gange supérieur, les attira dans le Khorassan, en forçant leur chef Mikhaïl, fils de Seldjouk, d'entrer à son service. Guillaume de Tyr raconte que quand cette colonie voulut se donner un roi, on choisit cent chefs des plus illustres familles, en ordonnant à chacun d'eux d'apporter une flèche sur laquelle fût tracé son nom. On fit ensuite un faisceau de ces flèches ; un enfant en tira au hasard une, qui se trouva être celle de Seldjouk; alors il fut élu chef de la nation. Les Seldjoucides, animés de l'esprit inquiet et remuant des Turcs, devinrent bientôt puissants dans la contrée où Mahmoud les avait placés, et le sultan, reconnaissant la faute qu'il avait commise en les introduisant dans ses Etats, mourut persuadé qu'ils seraient un jour les plus dangereux ennemis de sa famille. Sans nous égarer dans les ténèbres qui couvrent les commencements de l'histoire des Seldjoucides, disons que Togrul-Beg, fils de Mikhaïl, s'empara de Nichabour, où il fut reconnu roi en 1037, et porta à l'empire des Ghaznévides un coup dont il ne se releva pas. Le calife Kaïm-Biamrillah fit la démarche imprudente d'envoyer une ambassade aux Seldjoucides, pour les engager à venir à son secours contre les Bouides de Perse et contre les Ghaznévides. Ces derniers furent vaincus dans une sanglante bataille par Togrul-Beg, et leur sultan Masoud mourut peu de temps après, laissant les Seldjoucides maîtres de tout le Khorassan. On fit alors la prière publique au nom des princes de cette nation ; on sait que c'est la principale marque d'autorité et de souveraineté en Orient, et de cette année, 1040, date l'établissement de l'empire des fils de Seldjouk. Constantin-Monomaque, qui régnait alors à Constantinople , rechercha l'alliance d'un prince qui faisait trembler toute l'Asie, et Togrul-Beg ne la lui refusa pas.

Deux émirs arabes, unis à un esclave turc nommé Bassa-siri, retenaient alors le calife prisonnier au milieu de Bagdad, et, pour l'opprimer plus à leur aise, ils résolurent de repousser les Seldjoucides du voisinage de la capitale de l'empire. Ils attaquèrent, dans la Mésopotamie, Koutloumisch, petit-fils de Seldjouk, qui était au service de son cousin Togrul-Beg, et le battirent. Koutloumisch se sauva vers la Médie et demanda passage à Etienne, qui y commandait pour les Grecs. Non-seulement Etienne le lui refusa, mais il marcha même contre lui, à la tête de ses troupes. Il en résulta une guerre sanglante entre les Grecs et les Seldjoucides : Etienne fut vaincu, fait prisonnier et vendu à Tauriz.

Togrul-Beg échoua dans une expédition qu'il avait entreprise en Syrie pour venger la défaite de Koutloumisch par les Arabes, et une armée qu'il avait envoyée en Médie contre les Grecs, sous la conduite d'un de ses neveux, fut mise en déroute. L'empereur grec chargea Liparites, gouverneur de l'Ibérie, de résister à une nouvelle armée seldjoucide de cent mille hommes. Les Turcs furent battus, mais Liparites fut fait prisonnier, et les Grecs perdirent ainsi le fruit de leur victoire. Togrul-Beg exigea de l'empereur un tribut que celui-ci refusa de payer, et la lutte recommença. Togrul-Beg s'avança lui-même contre les Grecs en Ibérie ; mais il n'eut aucun succès. Il fut plus heureux en Perse, où il défit le sultan de la dynastie des Bouides, et prit Ispahan, dont il fit sa capitale. Il avait résisté jusque-là aux instances du calife, qui le pressait de venir à Bagdad, parce qu'il ne voulait arriver dans cette ville qu'après avoir soumis tous les pays voisins. Mais ayant appris, en 1055, que l'esclave turc Bassa-siri allait s'emparer du siége du califat, Togrul-Beg répondit aux instances réitérées de Kaïm-Biamrillah. Le peuple de Bagdad voulut s'opposer à l'entrée de Togrul-Beg dans la ville, mais il fut vaincu. Le chef de la puissance des Seldjoucides fut nommé émir-al-omra, et revêtu de toute l'autorité dans la capitale des souverains abbassides. Il maria alors sa sœur au calife. On fit la prière publique en son nom, après celui du calife. Il fit arrêter et retint prisonnier Rahim, dernier prince de la dynastie des Bouides de Perse et oppresseur de Kaïm-Biamrillah. Cependant Bassa-siri, qui s'était éloigné de Bagdad, avait reconnu, pour seul calife, le fatimite Mostanser, qui régnait en Egypte. Togrul-Beg marcha contre lui, et quoique Bassa-siri eût entraîné dans son parti le parent du sultan, Koutloumisch, et Koraïsch, roi de Mossoul, cette ville succomba sous les armes du chef des Seldjoucides. Togrul-Beg revint triomphant à Bagdad en 1057, et le calife se dépouilla entre ses mains de ce qui lui restait d'autorité.

Cependant Bassa-siri avait repris Mossoul et su se faire un partisan du propre frère du sultan Ibrahim-Inal, en lui promettant son secours pour parvenir à l'empire. Mais Togrul-Beg marcha contre son frère, le battit et le fit étrangler avec une corde d'arc. Koutloumisch, depuis longtemps en rébellion contre le sultan son cousin, était dans l'armée d'Ibrahim ; mais il se sauva dans l'Arménie. Pendant que Togrul-Beg était occupé à réprimer la révolte d'Ibrahim-Inal, Bassa-siri était rentré dans Bagdad, et en avait chassé le calife. Il y avait fait faire la prière publique, appelée khothbah, au nom de Mostanser, calife fatimite d'Egypte. Mais aussitôt que Togrul-Beg se fut débarrassé de son frère, il revint à Bagdad, que Bassa-siri fut obligé d'abandonner, et il y rétablit le calife abbasside. Il envoya des troupes à la poursuite de Bassa-siri, qui fut battu et tué, et dont la tête fut présentée au calife. Après avoir ainsi rétabli l'ordre dans l'empire des califes, Togrul-Beg força Kaïm-Biamrillah, qui n'y voulait pas consentir, à lui donner sa fille en mariage. Il mourut quelque temps après, à l'âge d'environ soixante-douze ans, en 1063. Comme il ne laissait point d'enfants, il eut pour successeur son neveu Alp-Arslan, qui gouvernait depuis dix ans le Khorassan en son nom. Ce prince, qui était né en 1030, s'appelait Mohammed ; Alep-Arslan est un surnom dont le premier mot signifie *brave*, en turc, et le second *lion*. Il commença son règne par demander au calife que l'on fît la prière publique en son nom, et il obtint d'être maintenu dans la situation qui avait été faite à son oncle. Le nouveau sultan réunit le Khorassan à ses Etats, et forma un empire très-vaste qu'il étendit encore par de nouvelles conquêtes. L'ambitieux Koutloumisch, son frère, voulut lui disputer la possession de cet empire ; mais il fut vaincu dans une bataille, en 1064. Son corps ayant été trouvé parmi les morts, le sultan ne put retenir ses larmes. Koutloumisch, comme le remarque Aboulféda, fut la souche des Seldjoucides qui élevèrent l'empire d'Iconium, par les mains de Soliman, son fils. Alp-Arslan convoqua une assemblée de tous les grands de ses Etats, auxquels il fit prêter serment de fidélité à Malek-Schah, son fils aîné, qu'il proclama son héritier. Pendant que le sultan étendait les limites de son empire, son vizir, Nizam-el-Moulk, qui fut un des plus grands hommes de l'Orient, faisait fleurir les sciences en les protégeant. Quand Romain Diogène monta sur le trône de Constantinople, en 1068, il résolut d'arrêter les incursions des Turcs seldjoucides sur le territoire de l'empire grec, et de les en chasser. Il remporta contre eux, l'année suivante, une victoire qui eût été complète, si les Grecs l'eussent poursuivie. En 1071 Romain refusa avec hauteur la paix que lui fit proposer le sultan; il exigeait qu'on lui remît pour ôtage la ville de Rei, alors la capitale de l'empire des Seldjoucides. Alp-Arslan, qui avait marché à la rencontre de l'empereur dans l'Arménie, fut irrité de cette demande, et se prépara au combat. Ce jour-là était un vendredi, qui est le jour consacré à Dieu chez les Musulmans. Le sultan fit sa prière et versa quelques larmes sur le sang de tant de Musulmans qui allait être répandu. Il fit publier que tous ceux qui voulaient se retirer, étaient libres de le faire ; il se revêtit d'un habit blanc et se parfuma en disant : *si je suis vaincu, ce lieu sera mon tombeau.* Il quitta son arc et ses flèches pour ne prendre que son sabre et sa massue, lia lui-même la queue de son cheval, et marcha contre les Grecs. On combattit de part et d'autre avec beaucoup d'acharnement, et la victoire demeura incertaine jusqu'au soir. L'empereur ayant fait sonner la retraite, le bruit qu'il fuyait fut répandu par la trahison dans son armée, qui se débanda. Romain se défendit avec un grand courage, et ne fut fait prisonnier, par un esclave qui l'avait connu à Constantinople, que quand il se vit blessé, sous son cheval abattu, et que tous ceux qui l'entouraient furent tués. Alp-Arslan n'en croyait pas ses yeux, quand l'empereur parut devant lui. Les historiens grecs prétendent qu'en apercevant ce prince couché par terre, il le foula aux pieds suivant l'usage observé par les Turcs envers leurs prisonniers, et qu'il le releva ensuite en le consolant de son malheur. Les écrivains arabes omettent cette circonstance ; mais tous conviennent qu'Alp-Arslan demanda à Romain Diogène comment il l'aurait traité s'il l'avait vaincu, et que l'empereur répondit au sultan qu'il l'aurait fait fouetter. *Comment pensez-vous que je vais vous traiter?* répliqua Alp-Arslan. *Ou vous me ferez mourir*, dit Romain, *ou vous me traînerez dans vos Etats comme un captif, ou, ce que je ne puis croire, vous me relâcherez, après avoir reçu de moi une rançon et des otages.* La fierté de cette réponse ne déplut point au sultan, qui traita l'empereur avec une grande courtoisie, et lui rendit la liberté, à condition qu'il payerait pour sa rançon un million de pièces d'or, et qu'il rendrait tous les prisonniers musulmans qui étaient dans son empire. Alp-Arslan donna une escorte à Romain, pour l'accompagner jusqu'aux frontières de son territoire. A la nouvelle de la défaite de ce prince, les Grecs l'avaient remplacé sur le trône par Michel Parapinace. Romain Diogène dépossédé de l'empire ne peut envoyer à Alp-Arslan qu'une faible partie de sa rançon ; et, comme il retournait à Constantinople, il fut arrêté par le roi d'Arménie, qui lui fit crever les yeux et l'enferma dans un couvent, où il mourut bientôt. Le sultan regarda ce traitement fait à l'empereur comme une infraction aux traités, et fit envahir le territoire grec par ses armées.

La conquête de la Géorgie fut pour lui le résultat de cette guerre. Il obligea les grands de la nation à porter, pour marque de leur servitude, un fer à cheval pendu à l'oreille, et la plupart d'entre eux préférèrent l'apostasie à cet affront, et embrassèrent l'islamisme. Après avoir terminé glorieusement la guerre avec les Grecs, Alp-Arslan partit pour la conquête du Turkestan, la patrie de ses pères, à la tête de deux cent mille cavaliers. Mais il fut assassiné, en 1072, par le gouverneur d'une forteresse qu'il venait de prendre d'assaut. C'était un homme intrépide, qui avait opposé au sultan la plus vigoureuse résistance, et qui avait été réduit au désespoir en se voyant condamné à mort. Alp-Arslan, avant de mourir, recommanda son fils à son sage vizir, Nizam-el-Moulk. Il fut inhumé à Merve, dans le Khorassan, et l'on grava ces mots sur son tombeau : « Vous tous qui avez vu la grandeur d'Alp-Arslan élevée jusqu'aux cieux, venez à Merve, et vous la verrez ensevelie sous la poussière. » Malek-Schah fut proclamé successeur de son père par le soin du vizir Nizam-el-Moulk, qui reçut du nouveau sultan, en récompense de ses services, le titre d'atabek, c'est-à-dire *père du prince*, qu'il porta le premier. Le calife nomma Malek-Schah émir-al-mouménim, qualification que les califes seuls avaient portée jusqu'alors, et l'investit encore d'un autre titre qui voulait dire qu'il était *la gloire de l'Etat et de la religion.* Kaderdh-Beg, gouverneur de la province de Kerman et oncle de Malek-Schah, prit les armes, pour lui disputer la souveraine puissance, mais il fut vaincu dans une grande bataille, et enfermé dans un fort du Khorassan, où on le fit secrètement empoisonner. A la mort du calife Kaïm-Biamrillah, ce fut Malek-Schah, qui lui donna un successeur, et le choix tomba sur Moktadi-Biamrillah. Dans le même temps Malek-Schah envoya Soliman, son cousin, fils de Koutloumisch, dans la Syrie, pour chasser les Grecs des places où ils s'étaient maintenus jusqu'alors. Ce prince se rendit maître de tout le pays jusqu'à Antioche. Malek-Schah assembla les plus savants astronomes de l'Asie pour réformer le calendrier. Ils fixèrent le commencement de l'année au temps où le soleil entre dans le signe du Bélier, tandis qu'elle commençait auparavant lorsqu'il était au milieu du signe des Poissons. Cette époque fut appelée ère Malikéenne ou Djélaléenne, du surnom de Djelal-Eddin donné au sultan. Pendant que Soliman s'avançait dans l'Asie-Mineure, un autre général des armées de Malek-Schah attaquait et prenait les places soumises à la domination des califes fatimites d'Egypte ; Damas fut prise après un long siége. Ce même général pénétra jusqu'en Egypte, et s'approcha du Caire, d'où le calife Mostanser s'enfuit nuitamment. Mais les troupes de Malek-Schah furent repoussées par les habitants de la ville. Elles revinrent à Damas par Ramla et Jérusalem, qu'elles pillèrent. Sous les princes Seldjoucides, la forme du gouvernement permettait que les émirs, après avoir rendu quelques hommages au sultan, et s'être engagés à lui fournir, dans certaines occasions, des troupes et de l'argent, fussent d'ailleurs indépendants dans leurs provinces. Le sultan ne prenait aucune part aux guerres particulières qu'ils avaient la liberté de se faire entre eux, et laissait quelquefois ses généraux les chasser de leurs provinces pour prendre leur place. Malek-Schah maria sa fille au calife Moktadi-Biamrillah, en imposant pour condition qu'il n'aurait aucune autre femme, ni aucune eslave : telle était devenue la puissance des sultans.

En 1084, Malek-Schah se transporta lui-même en Syrie, où un émir appelé Ortok se réunit à lui avec ses bandes de Turcomans, et détermina les habitants de Mossoul à se rendre aux troupes du sultan, qui assiégeaient cette place. De là Malek-Schah marcha dans le Korassan pour réprimer une révolte de son frère Toutousch ; il fit ensuite un pèlerinage à la Mecque, dans lequel il dépensa des sommes considérables pour des objets d'utilité publique. Il poussa ensuite ses conquêtes jusque dans le voisinage des frontières de la Chine, et revint à Bagdad jouir de la paix qu'il avait procurée à l'empire et recevoir les hommages de tous les princes et de tous les émirs. Malek-Schah déposa le grand vizir Nizam-el-Moulk, qui l'avait fait monter sur le trône, à l'instigation de sa femme, qui voulait faire déclarer son fils Mahmoud héritier de l'empire, à l'exclusion du fils aîné du sultan, Barkiaroc, dont le vizir défendait les droits. Ce célèbre ministre, à qui Malek-Schah, devait la plus grande partie de sa gloire, fut assassiné, à l'âge de quatre-vingt-treize ans, par un Bathénien, posté, pour commettre ce crime, par le nouveau grand vizir. Tout puissant qu'il était, Malek-Schah, ne put, cependant, étouffer dans son berceau la secte à laquelle appartenait ce Bathénien ou Ismaélien, que les historiens des croisades appellent la secte des *Assassins* (Voy. l'article Assassins), et elle fut longtemps la terreur de l'Orient. Malek-Schah mourut en 1093, à l'âge de trente-huit ans et demi, après un règne de vingt ans. Ce fut un des plus grands princes de l'Asie. L'histoire rapporte de lui qu'étant allé visiter à Thous le tombeau d'un saint personnage de l'islamisme, dans le temps que son frère Toutousch lui disputait la couronne, il voulut savoir la prière que son grand vizir venait de faire. *J'ai demandé à Dieu*, lui dit le vizir, *que la victoire vous soit accordée sur votre frère; et moi*, dit le sultan, *si mon frère est plus digne que moi de régner sur les Musulmans, que je sois vaincu*. Malek-Schah laissa quatre fils, Barkiaroc, Mahmoud, Mohammed et Sandjar. La sultane, mère du jeune Mahmoud, tenta d'assurer à son fils l'héritage paternel, et elle avait même obtenu du calife Moktadi que la prière publique serait faite dans Bagdad au nom de cet enfant. Mais le sort des armes, auquel on eut recours, fut favorable à Barkiaroc, l'aîné des fils du sultan décédé. A la mort du calife Moktadi, son successeur, Mosthader, s'adressa à Barkiaroc pour être confirmé dans le califat, et donna, en échange de ce service, l'investiture de l'empire au nouveau sultan. La mort de Mahmoud et celle de la sultane sa mère achevèrent de consolider Barkiaroc dans la possession de la souveraine puissance, au moment où il venait d'être fait prisonnier par les partisans de son frère et conduit dans un château, où l'ordre de le priver de la vue était déjà donné. Barkiaroc abandonna le Khorassan à son frère Sandjar, qui se déclara cependant contre lui, lorsqu'il le vit battu par leur frère Mohammed, qui s'était fait proclamer sultan dans Bagdad. Barkiaroc finit par remporter plusieurs victoires sur son frère Mohammed, et la paix fut conclue entre les trois frères. Barkiaroc fut reconnu sultan, mais il partagea avec Mohammed et Sandjar le vaste empire de leur père. Il mourut bientôt après, à l'âge de vingt-cinq ans, en 1104. Barkiaroc avait désigné pour son successeur son fils Malek-Schah, qui n'était âgé que de quatre ans et huit mois. Mais Mohammed ne voulut pas laisser régner le fils de celui à qui il n'avait jamais cessé d'être opposé. Il fit assassiner l'atabek, ou gouverneur de son jeune neveu, et fut reconnu sultan. Au milieu de toutes ces guerres et de tous ces assassinats, que l'ambition faisait commettre aux princes mahométans de la famille des Seldjoucides, les Bathéniens eurent le champ libre pour étendre et affermir leur puissance, fondée sur le meurtre.

Ils s'étaient rendus maîtres d'un si grand nombre de forteresses qu'il était devenu impossible de la détruire, et les caravanes n'osaient plus s'exposer sur les chemins. Tels étaient les fruits de la civilisation musulmane, dont des écrivains, nés au sein du christianisme, ont, de nos jours mêmes, l'aberration d'esprit de se faire les admirateurs. La multitude des petits princes qui s'étaient multipliés dans les Etats du sultan, et la trop grande autorité dont ils jouissaient dans leurs provinces étaient, avec les rivalités des descendants de Seldjouk, les sources intarissables des divisions qui déchiraient l'empire. L'apparition des croisés sur cette scène de désordre, la prise de Jérusalem et la fondation du royaume chrétien de la Palestine achevèrent de ruiner les affaires des Seldjoucides en Syrie. Le sultan Mohammed, qui désirait la ruine des émirs, ses vassaux, la vit consommer par les chrétiens avec un secret plaisir, et il s'abstint d'envoyer des troupes à leur secours. Les succès des croisés finirent cependant par l'inquiéter, et il envoya contre eux une armée sous le commandement de Maudoud, qu'il avait fait souverain de Mossoul. Mais la désunion qui régnait parmi les Musulmans paralysa l'action de cette armée. Elle échoua dans le siége d'Edesse et fut battue par le comte Josselin. Maudoud battit les Francs à son tour, près de Tibériade, en 1113, et périt l'hiver suivant à Damas, de la main d'un Bathénien. Mohammed mourut en 1118, laissant pour successeur son fils Mahmoud, âgé de quatorze ans. Mais l'oncle de cet enfant, Sandjar, qui régnait sur le Khorassan, vint lui disputer l'empire, que le sort d'une bataille lui livra. Mahmoud ne conserva que la possession de l'Irak persique. Mahmoud mourut, mais son frère Masoud se fit reconnaître comme sultan dans Bagdad, en précipitant du trône des califes Rasched, qui l'occupait, et en y plaçant Moktafi, fils de Mostadher, qui avait épousé sa sœur, et dont il épousa lui-même la fille. Pendant que ces choses se passaient, Sandjar, qui fut surnommé le *second Alexandre*, faisait la guerre dans l'Inde. Masoud mourut vers le milieu du XIIe siècle, et avec lui finit la puissance des Seldjoucides dans l'Irak. Cette puissance reçut dans le même temps un autre échec. Sandjar venait de vaincre le sultan du Kharisme, lorsqu'il voulut repousser du Khorassan une invasion des Turcomans. Il marcha contre eux à la tête d'une armée de cent mille hommes; mais il fut battu et fait prisonnier. Il s'échappa plus tard des mains de ces barbares, mais il mourut bientôt après, en 1057. Cet événement consomma la ruine de la dynastie des Seldjoucides de Perse. Les princes de cette famille, en se faisant sans cesse la guerre les uns aux autres, achevèrent de perdre le respect de tous les rois voisins, qui avaient été les vassaux des grands sultans de la race de Seldjouk. Togrul, le dernier des princes de cette dynastie, se noyait dans le vin et dans la débauche, lorsqu'il fut surpris à Rei, au milieu de sa cour, par le sultan du Kharisme. Réveillé de son ivresse, il voulut marcher à l'ennemi, mais il fut tué par un de ses généraux, en 1194. Deux cents quinze ans environ s'étaient écoulés depuis que les Seldjoucides avaient commencé à paraître. Leur empire, qui avait fait trembler toute l'Asie, périt par sa trop grande étendue. Enivrés de leur puissance, les sultans confièrent le gouvernement des provinces à des officiers ambitieux, et ne s'arrachèrent plus aux voluptés de leurs palais que pour apaiser les troubles qui naissaient sans cesse dans leur famille. Le titre de sultan ne fut plus alors qu'un vain titre. La victoire livra aux sultans des Kharizmiens la plus grande partie des Etats des Seldjoucides de Perse.

Turcs Seldjoucides d'Iconium. Quand Malek-Schah eut, dans la seconde moitié du XIe siècle, subjugué presque toutes les contrées de l'Asie soumises aux califes de Bagdad, il envoya son cousin Soliman, fils de Koutloumisch, descendant comme lui de Seldjouk, faire la conquête des pays qui s'étendent de la Syrie au Bosphore. Ces provinces devaient appartenir à Soliman, et former un second empire des Seldjoucides, relevant de celui des sultans de Perse. Cette partie de l'empire grec, déjà ruinée par les incursions des troupes des califes, et ensuite par celles de différentes bandes turques, ne résista pas longtemps à l'épée de Soliman. Il poussa ses conquêtes jusqu'à Nicée, qui devint, en 1074, la capitale du nouvel empire turc. Constantinople était menacée, et l'empereur grec, Alexis Comnène, fit marcher une armée contre Soliman, et le força à évacuer la Bithynie et à demander la paix. L'empire fondé par Soliman s'appela *empire d'Iconium*, parce que cette ville fut alors choisie pour en être la capitale, et *empire de Roum*, du mot par lequel les Arabes désignaient l'empire romain continué par les Grecs. Après la défaite de l'empereur Romain Diogène, par le sultan Alp-Arslan, Philarète, gouverneur grec d'Antioche, que la conquête de l'Asie Mineure par les Seldjoucides séparait du reste de l'empire, se rendit indépendant, et se fit même mahométan. Mais son fils, indigné de cette apostasie, engagea Soliman à s'emparer d'Antioche. Ce fut la dernière conquête du fondateur de l'empire d'Iconium. L'ambition avait rendu les princes de la famille de Seldjouk jaloux les uns des autres. Toutousch, frère de Malek-Schah, qui venait de soumettre la Syrie, et qui est la tige des souverains Seldjoucides de Damas, disputa la possession d'Alep à Soliman, qui périt devant cette ville, dans la déroute de son armée. Au bruit de cette mort, les différents émirs qui gouvernaient les provinces du nouvel empire se rendirent indépendants, et les enfants de Soliman furent obligés de se réfugier auprès du sultan de Perse. Cette anarchie dura de 1085 à 1092. La mort de Malek-Schah permit alors à Kilidje-Arslan, fils aîné de Soliman, de s'échapper de la cour de Perse, où il était retenu prisonnier, et de venir prendre possession de la succession de son père à Nicée, qui avait été reprise aux Grecs par les troupes Seldjoucides. Kilidje-Arslan dirigeait des attaques continuelles contre l'empire grec, sans s'attendre à la grande invasion chrétienne qui menaçait ses Etats. Il eut d'abord facilement raison des bandes indisciplinées de pèlerins que conduisaient Pierre l'Ermite et Gauthier *Sans-avoir*. Mais la grande armée dont Godefroy de Bouillon était le principal héros fit éprouver au sultan deux défaites complètes. L'une eut lieu devant Nicée, et fut suivie de la perte de la capitale, qui tomba au pouvoir de l'empire grec; l'autre ouvrit aux chrétiens, vainqueurs à Dorylée, un passage à travers l'empire d'Iconium. Kilidje-Arslan n'avait pas encore eu le temps de réparer les maux causés dans ses Etats par cette invasion, lorsqu'il y vit arriver quinze cents Danois, qui étaient conduits par Suénon, fils du roi de Danemark. Ils avaient déjà pénétré dans la Cappadoce, lorsqu'il vola à leur rencontre. Les Danois se défendirent avec courage, mais ils furent battus et périrent tous. L'empire de Kilidje-Arslan fut aussi envahi par l'empereur Alexis Comnène, lorsque ce prince eut l'air de vouloir marcher au secours des croisés qui faisaient le siége d'Antioche. Mais à la nouvelle de la marche de Kerboga, envoyé par le sultan de Perse contre les chrétiens, Alexis se retira. L'empire de Kilidje-Arslan fut ensuite traversé par plus de deux cent mille croisés lombards, français et allemands, sous la conduite de l'archevêque de Milan, de Conrad, connétable de l'empereur d'Allemagne, d'Etienne, comte de Blois, et de Hugues le Grand. Dans la plaine qui est au pied des montagnes de la Paphlagonie, le sultan fit éprouver une sanglante défaite à cette troupe de pèlerins, qu'il dispersa ensuite, et que moissonna presque tout entière le fer des Turcs. Kilidje-Arslan détruisit, dans la même année 1102, un corps de quinze mille croisés Français que conduisait le comte de Nevers : ce prince arriva seul à Antioche. Huit jours après cette victoire, Kilidje-Arslan en remporta encore une plus grande sur les chrétiens. Il battit et dispersa complètement, près d'Héraclée, une armée de cent soixante mille croisés, qui était commandée par le comte de Poitou et par le duc Welf de Bavière. Mais pendant que Kilidje-Arslan était occupé à la poursuite continuelle des croisés qui traversaient l'Asie Mineure, un grand nombre d'émirs de ses Etats profitèrent de ces circonstances pour se rendre indépendants. Le sultan fit certainement preuve d'un grand courage et d'une infatigable activité, en résistant à cette cause de dissolution intérieure de sa puissance, en même temps qu'aux attaques de l'ennemi extérieur. Quand il n'eut plus de chrétiens à combattre, il s'empara de Mossoul, qui était possédée depuis quelque temps par un émir turc, et il en donna le gouvernement à son fils Malek-Schah, qui n'était encore âgé que de onze ans. Cette conquête excita l'ambition de Kilidje-Arslan, et il indisposa contre lui les princes musulmans de la Syrie, en levant ouvertement l'étendard de la revolte contre le sultan de Perse, qui appartenait à la principale branche des Seldjoucides. Kilidje-Arslan marcha contre les émirs qui s'étaient déclarés contre lui; mais abandonné par les siens dans le combat, il chercha à se sauver, en se jetant dans une rivière où il se noya. Les émirs vainqueurs reprirent Mossoul et en chassèrent Malek-Schah, fils de Kilidje-Arslan, qui se réfugia en Perse près du sultan Mohammed. Les historiens latins des croisades ont confondu souvent Kilidje-Arslan avec son père, et l'ont appelé Soliman. Il y a apparence que ses Etats devinrent après sa mort la proie de plusieurs émirs, et que ses enfants n'héritèrent pas de l'intégrité de son empire. Un de ses fils, qu'Anne Comnène nomme Saisan, paraît cependant avoir pris le nom de sultan : ce prince peut être le même que Malek-Schah. Les Grecs reprirent alors la supériorité sur les Turcs dans l'Asie-Mineure; Alexis Comnène forma même le projet de s'emparer d'Iconium, devenue depuis la prise de Nicée la capitale des Seldjoucides successeurs de Soliman; mais il ne put exécuter ce dessein. Saisan fut détrôné par son frère Masoud, qui le priva d'abord de la vue et qui le fit mourir ensuite. Masoud fit, en 1131, le siége d'une forteresse qui appartenait à Josselin comte d'Edesse.

Ce prince, que sa santé empêchait de veiller à la défense de ses Etats, voyant que son fils, Josselin le jeune, qu'il avait chargé de ce soin, n'osait point attaquer le sultan, se fit porter en litière contre l'ennemi, et Masoud, qui connaissait sa bravoure, abandonna le siége qu'il avait entrepris. Quelques années plus tard le sultan Masoud ravagea les terres de l'empire grec, pendant que l'empereur Jean Comnène faisait la guerre aux Francs en Syrie. Mais Manuel Comnène, successeur de Jean Comnène, remporta une sanglante bataille sur Masoud en 1143; peu s'en fallut même qu'il ne s'emparât d'Iconium. Quand la prise d'Edesse par Zenghi eut provoqué la seconde croisade, Masoud s'entendit avec Manuel pour détruire les armées de l'empereur Conrad et du roi de France, pendant leur passage à travers l'empire d'Iconium. Des guides grecs égarèrent les Allemands, et les Turcs, commandés par un émir envoyé par le sultan, firent en plusieurs combats un tel carnage des troupes de Conrad, qu'un dixième à peine échappa à ce désastre. Masoud profita ensuite de la difficulté des lieux et d'une faute commise dans l'armée française, pour remporter sur cette armée une victoire où elle fut en grande partie détruite. A la mort de Raymond, prince d'Antioche, Masoud s'empara de plusieurs places dans le but d'étendre ses frontières du côté de l'Euphrate. Avant de mourir, le sultan partagea ses Etats entre ses enfants, et eut pour successeur, dans l'empire d'Iconium, son fils Kilidje-Arslan. Le nouveau sultan ayant voulu tirer vengance des ravages que les Grecs avaient exercés sur ses terres au commencement de son règne, Manuel Comnène réclama contre les Turcs le secours du roi de Jérusalem et du prince d'Antioche. Kilidje-Arslan fut forcé de demander la paix, et il ne l'obtint qu'à condition de rendre à l'empereur grec toutes les villes qu'il lui avait prises, et de renoncer à faire des courses sur le territoire de ce prince. Le sultan eut ensuite des succès dans les guerres qu'il fit aux princes de sa famille. Kilidje-Arslan, quoique estropié de tout ses membres et obligé de se faire traîner sur un char, déployait beaucoup d'activité pour satisfaire son ambition : il se déclarait pour ou contre les Grecs, selon le temps et les circonstances. Manuel Comnène entreprit enfin de s'emparer d'Iconium et de détruire entièrement l'empire des Turcs. Le sultan lui fit faire des propositions de paix, que ses plus sages conseillers l'engageaient à accepter, mais il congédia l'ambassadeur turc, en lui disant qu'il rendrait réponse au sultan à Iconium. Kilidje-Arslan profita du passage de l'armée grecque dans des défilés, pour lui livrer une bataille dans laquelle elle fut complètement défaite. L'empereur Manuel courut lui-même le danger d'être fait prisonnier. Kilidje-Arslan conclut un traité avec Saladin, qu'il avait attiré sur les frontières de ses Etats, en attaquant un émir qui était sous la protection du sultan d'Egypte. Pendant les règnes d'Alexis II et d'Andronic Ier, l'empire grec fut agité de secousses qui l'empêchèrent de prendre les armes contre les Turcs. Kilidje-Arslan fut, dans sa vieillesse, le jouet de ses enfants. Il s'était dépouillé de ses Etats en leur faveur, dans l'espérance de passer en paix le reste de ses jours, et ne s'était réservé que le titre de sultan. C'était encore trop pour ses enfants qui attendaient impatiemment sa mort. Cotb-Eddin-Malek-Schah, l'un de ses fils, se saisit de sa personne et le força de le déclarer son successeur. Jérusalem venait alors d'être prise par Saladin, et les chrétiens d'Europe accouraient de toutes parts à la défense de la Syrie. L'empereur Frédéric Barberousse s'avançait à la tête d'une armée formidable. L'auteur de la chronique qui a pour titre *Istoria imperiale di Ricobaldo*, racontant la marche de l'armée de Frédéric Barberousse en Asie Mineure, dit que le soudan d'Iconium avait engagé toutes les nations de la Scythie à se réunir contre l'empereur; il ajoute que la nation des Turcs se divise en quatre peuples différents : les Turcomans, les Turcobares, les Turcogistes et les Turcoscythes. « Les Turcomans, dit le chroniqueur, occupent l'Asie Mineure; ces peuples ont déposé leur ancienne férocité; ils ont adopté les vêtements et les armes des peuples de l'Asie; ils habitent des cités très-opulentes, dont les principales sont, Sébaste et Iconium : cette dernière ville est la résidence de leur soudan. Outre les riches productions du pays, ils ont encore en abondance toutes celles que les vaisseaux peuvent leur porter, et ils en reçoivent de trois côtés différents.

« Les Turcobares se sont emparés de la Colchide et de l'Ibérie, après en avoir chassé les anciens habitants; ces peuples dédaignent toute espèce de commerce; ils ne labourent point la terre, et en négligent les productions; mais tout leur pays est couvert de pâturages, et ils ont, plus que les autres nations, des troupeaux de gros et de petit bétail. Les Turcogistes formaient une petite partie de ce peuple; ils furent tous exterminés dans cette guerre. Ils habitaient les âpres montagnes de la Cappadoce, et, seuls de tous les Turcs, ils combattaient à pied. Les Turcoscythes sont de tous les Turcs les plus grossiers et les plus féroces. Ils ont chassé les Bastarnes du royaume du Pont et s'y sont établis. Ces peuples sont toujours en guerre avec les Scythes leurs voisins. Ils sont de très-habiles cavaliers, et sont d'une adresse merveilleuse à lancer des traits. »

Quand l'empereur d'Allemagne arriva sur les terres des Turcs de l'Asie Mineure, Kilidje-Arslan vivait retiré dans Iconium, et dépouillé de toute autorité. Les historiens arabes prétendent que Frédéric envoya des présents à Kilidje-Arslan, avec ces mots : « Nous n'avons ni le besoin ni l'intention de prendre vos provinces; nous allons à Jérusalem ; laissez-nous passer, et souffrez que vos sujets nous fournissent des vivres avec ce qui nous est nécessaire. »

Kilidje-Arslan accorda à l'empereur ce qu'il lui demandait, et les Allemands continuèrent leur route. Des historiens prétendent que c'était un piége que le sultan tendait à Frédéric. Mais Boha-Eddin assure que Kilidje-Arslan était au fond l'ami des Allemands, et qu'il fit tout ce qu'il put pour les faire réussir. Les auteurs arabes disent que ce prince était soupçonné d'appartenir à la secte des *philosophes*, et, quelques années auparavant, Nour-Eddin avait exigé de lui qu'il renouvelât sa profession de foi à l'islamisme. Les chroniqueurs latins, de leur côté, rapportent que Kilidje-Arslan était chrétien au fond du cœur, et qu'il demanda au pape des missionnaires pour se faire instruire. Il existe en effet une lettre d'Alexandre III, où le pape parle à Kilidje-Arslan de sa conversion.

Kilidje-Arslan avait cependant écrit à Saladin pour lui promettre de fermer aux Allemands l'entrée de ses Etats. Quand il eut failli à sa promesse, il se hâta d'adresser au sultan une lettre d'excuse, dans laquelle il rejetait toute la faute sur ses enfants, qui l'avaient dépouillé de son autorité.

Quelles qu'aient été les dispositions de Kilidje-Arslan, les Allemands furent laissés libres de s'engager dans le pays, et ne furent attaqués que lorsque les Turcs les virent parvenus à un défilé extrêmement dangereux. La bravoure du duc de Souabe, fils de l'empereur, les tira de ce pas difficile. Le fils de Kilidje-Arslan, à la tête de cent mille Turcs, voulut ensuite les empêcher d'entrer dans Iconium: mais il fut battu, et la capitale de l'empire des Seldjoucides de l'Asie-Mineure fut prise et pillée. Kilidje-Arslan rejeta sur son fils les hostilités commises envers les Allemands, fit la paix avec Frédéric, et lui livra des otages. Une fois débarrassé des croisés, Cotb-Eddin obligea son père à le suivre dans une guerre qu'il fit à son frère Nour-Eddin, souverain de Césarée. Kilidje-Arslan trouva le moyen de passer dans le camp de Nour-Eddin, qui le reçut avec tout le respect qu'il devait à un père. Cotb-Eddin retourna à Iconium, où il se fit reconnaître sultan, et ordonna que la prière publique fût faite en son nom. Nour-Eddin, ennuyé bientôt de la présence de son père, fut fâché de lui avoir donné asile, et l'obligea à sortir de Césarée. Le vieux sultan alla implorer successivement la protection de chacun de ses enfants, manquant de tout, et ne trouvant personne qui voulût le recevoir. Son fils Kaikhosrou finit cependant par entreprendre de le rétablir dans Iconium. Le père et le fils marchèrent ensemble à la tête d'une armée, et s'emparèrent de cette capitale, en 1192; mais Kilidje-Arslan mourut bientôt après. Il laissait dix enfants, qui régnaient tous sur différents Etats. L'ambition, qui les avait rendus si coupables envers leur père, continua de les animer les uns contre les autres après sa mort. Ils prenaient tous le titre de sultan, et faisaient des traités en cette qualité avec les princes voisins. Kaikhosrou demeura maître d'Iconium. L'empire de Constantinople était alors trop occupé des troubles intérieurs qui l'agitaient pour pousser la guerre avec vigueur contre les Turcs, et les Turcs affaiblis par la désunion des enfants de Kilidje-Arslan ne pouvaient rien entreprendre contre les Grecs. Kaikhosrou fut dépossédé d'Iconium par son frère Rokn-Eddin, que l'empereur Alexis voulut faire assassiner par un Bathénien qui manqua son coup. Rokn-Eddin mourut en 1204, laissant ses Etats à son fils Kilidje-Arslan encore enfant. Mais Kaikhosrou, qui s'était retiré à Constantinople, accourut en Asie à la nouvelle de la mort de son frère, et se remit en possession d'Iconium, d'où il chassa le jeune Kilidje-Arslan. Kaikhosrou fit la guerre aux Francs, qui s'étaient emparé de Constantinople. Alexis l'Ange, détrôné par les croisés, demanda contre eux des secours au sultan; il le supplia surtout de lui en fournir contre son gendre, Théodore Lascaris, qui venait de fonder un empire grec à Nicée. Kaikhosrou leva des troupes, et fit sommer Lascaris de céder l'empire à Alexis.

Lascaris répondit en se mettant en campagne : avec mille cavaliers, dont huit cents étaient Latins, il traversa le mont Olympe, passa le Caystre, et parut tout à coup à la vue de l'armée turque. On se rangea en bataille de part et d'autre. Le sultan avait une armée de vingt mille hommes, mais il se trouvait renfermé dans un lieu si étroit que, ne pouvant s'étendre, une grande partie de ses troupes lui devenait inutile. Les huit cents Latins, qui étaient des soldats choisis, fondirent sur les Turcs et pénétrèrent jusqu'à leur arrière-garde. Le sultan, que ce premier échec ne découragea point, rallia ses soldats et investit les Latins de toutes parts. Il en fit un grand carnage, et mit toute l'armée grecque en fuite. Il cherchait partout Lascaris ; dès qu'il l'aperçut, il lui porta un coup qui le renversa de cheval. Lascaris tira son épée, et combattit à pied. Il s'attacha principalement aux jambes du cheval de son ennemi, le fit tomber avec le sultan, et, sautant aussitôt sur ce prince, il lui coupa la tête, qu'il fit mettre au bout d'une lance. A cette vue, les Turcs, quoique victorieux, prirent la fuite, et Lascaris fit la paix avec eux.

Kaikhosrou eut pour successeur son fils Kaikaous. Attaqué par son oncle Togrul-Schah, le nouveau sultan lui fit la guerre avec succès, le dépouilla de ses États et le fit mourir. Il voulait faire éprouver le même sort à son frère Ala-Eddin, dont la fortune des armes avait aussi fait son prisonnier; mais touché par les prières des principaux émirs de sa cour, il se contenta de le faire enfermer. Théodore Lascaris ayant été arrêté par des Turcomans fut conduit au sultan, qui, dans le premier mouvement de vengeance que lui inspira la vue du meurtrier de son père, ordonna qu'on le mît à mort. Lascaris obtint toutefois sa liberté, en offrant à Kaikaous une somme considérable d'argent, avec des villes et des forteresses. Mais, il ne fut pas plutôt hors du pouvoir du sultan, qu'il ne voulut tenir aucun de ses engagements. Le sultan ne chercha point à tirer vengeance de cette perfidie : il aima mieux tourner ses vues vers la conquête d'Alep, dont le prince, Daher, fils de Saladin, venait de mourir, ne laissant qu'un fils en bas âge. Mais Kaikaous échoua dans l'exécution de ce projet. Il mourut en 1219, et, comme il ne laissait que des enfants trop jeunes pour lui succéder, les soldats tirèrent de prison son frère Ala-Eddin-Kaikobad, et le proclamèrent sultan. Depuis qu'ils n'étaient plus inquiétés par les Grecs, ni par le passage des croisés, les Seldjoucides étendaient leur empire du côté de l'Euphrate. Les pays situés au midi de la Géorgie étaient alors soumis aux princes de la famille des Ortokides : Masoud, l'un d'eux, fut dépouillé de quelques forteresses par Ala-Eddin. En refusant au célèbre Djelal-Eddin, sultan du Kharizme, le secours qu'il réclamait contre les Mogols, Kaikobad laissa rompre la digue qui s'opposait au débordement des peuples de la Tartarie sur l'Asie Occidentale. Une fois Djelal-Eddin vaincu, et l'empire du Kharizme détruit, Kaikobad reconnut qu'il était de son intérêt de ménager les Mogols, qui avaient pénétré jusque dans l'Arménie. Il envoya un ambassadeur à leur grand Khan, qui régnait dans la Tartarie. Mais la hauteur avec laquelle fut reçu l'envoyé de l'un des plus puissants souverains de l'Asie Occidentale n'étonna pas peu Kaikobad. Il méprisa toutefois la fierté mogole, et alla porter la guerre dans l'Arménie, où il s'empara des places qui appartenaient à Ascraf, frère de Kamel, sultan d'Egypte. Ce sultan entra aussitôt, suivi de tous les princes de la famille de Saladin, sur les terres du sultan d'Iconium. Mais il ne put empêcher Kaikobad de conquérir beaucoup de villes qui lui appartenaient. Le sultan d'Egypte les fit bientôt après rentrer sous sa domination, et Kaikobad, à peine revenu dans ses Etats, mourut, en 1235, d'un flux de sang, au milieu des fêtes qu'il faisait célébrer à l'occasion de ses grandes conquêtes. On lui donnait, dit Aboulféda, le titre superbe de sultan du Monde. On doit le regarder comme le plus grand prince de sa famille. Il étendit les bornes de son empire, se fit craindre et respecter de ses voisins, et aimer de ses sujets. Il était brave, modéré dans ses passions, sévère envers les émirs, et il portait quelquefois jusqu'à la cruauté l'inflexibilité dans l'observation des lois. Il réunit sous sa puissance diverses petites principautés qui étaient restées jusqu'alors autant de démembrements de l'empire des Seldjoucides. Mais cet empire, parvenu sous son règne au plus haut degré de sa puissance, déchut après sa mort, languit pendant quelque temps, et tomba enfin en dissolution.

Tous les émirs prêtèrent serment de fidélité à Kaikhosrou, fils de Kaikobad. La famille de Saladin, maîtresse de la Syrie et de l'Egypte, était alors aussi nombreuse que puissante. Tous les princes dont elle se composait ne cherchaient qu'à s'agrandir au dépens les uns des autres et se faisaient continuellement la guerre. Les voisins les plus redoutables qu'ils eussent étaient les sultans d'Iconium, et chacun d'eux s'efforçait de les mettre dans ses intérêts. Kaikhosrou fut vivement sollicité par Achraf, roi de Damas, de faire la guerre à Kamel, sultan d'Egypte; mais ce prince aima mieux faire alliance avec Nasser, souverain d'Alep, dont il épousa la sœur en lui donnant en même temps la sienne en mariage. Après cette double alliance, on fit dans Alep la prière publique au nom de Kaikhosrou, c'est-à-dire qu'il y fut reconnu en qualité de sultan. Les Mogols menaçaient de plus en plus l'Asie occidentale; et, comme le sultan d'Iconium en était le plus puissant prince, leur grand khan méditait la ruine de son empire. Il envoya dans ce but une armée considérable vers l'Arménie; mais Kaikhosrou rassembla ses troupes, parmi lesquelles était un corps d'environ deux mille Latins, qui lui fut très-utile, et arrêta la marche des Tartares. Ils ne tardèrent pas cependant à revenir en Arménie. Kaikhosrou courut à la défense de ses frontières à la tête d'une armée nombreuse, composée de Grecs, de Francs, de Géorgiens, d'Arabes et de Turcs. Il eut d'abord la supériorité dans plusieurs petites actions, et il vit sept cents de ses soldats francs mettre en déroute soixante mille Mogols ; mais lorsque les deux armées en vinrent à une action générale, celle de Kaikhosrou prit la fuite, et les Mogols se répandirent dans l'empire d'Iconium. Dans le pressant danger où se trouvait le sultan, il ne pouvait espérer aucun secours de ses voisins. Baudouin II, empereur latin de Constantinople, loin de pouvoir lui venir en aide, réclamait son appui contre l'empereur grec de Nicée, Jean Ducas Vatace. On s'envoya de part et d'autre des ambassadeurs : Kaikhosrou proposa une ligue offensive et défensive, à condition qu'on lui donnerait en mariage une princesse du sang des Francs, promettant de son côté de lui accorder le libre exercice de sa religion, de faire bâtir des églises dans plusieurs villes, et laissant même espérer qu'il embrasserait le christianisme. Baudouin envoya chercher en France sa nièce, fille de sa sœur et d'Eudes, seigneur de Montaigu. Mais les intrigues de Jean Ducas Vatace, firent échouer ce projet. Plus voisin des Turcs, il était plus en état de les inquiéter que Baudouin, et il n'eut pas de peine à engager Kaikhosrou à préférer son alliance. Il lui représenta que son intérêt était comme le sien d'éloigner les Mogols de l'Asie-Mineure. Mais les armées du prince grec n'étaient point capables d'arrêter l'invasion de ces peuples, et le sultan, pour détourner l'orage dont il était menacé, se décida à demander la paix. Les Mogols la lui accordèrent à condition qu'il leur payerait un tribut annuel. Kaikhosrou envoya alors une armée nombreuse faire le siége de Tarse, que la mort de ce sultan, arrivée en 1224, fit abandonner. Kaikhosrou fut un prince adonné au vin et à la débauche. Il laissait trois fils dont l'aîné, Kaikaous, lui succéda. On n'eut pas plutôt appris ces événements à la cour des Mogols, que le grand khan fit sommer le nouveau sultan de venir lui rendre hommage en Tartarie. Kaikaous représenta aux envoyés mogols, auxquels il fit beaucoup de présents, qu'il ne pouvait s'éloigner de ses Etats sans les exposer à être ravagés par les Grecs et par les Arméniens. Mais rien de ce qu'il put dire ne fut écouté, et il fut obligé de faire partir à sa place son frère Rokn-Eddin-Kilidje-Arslan.

Rokn-Eddin arriva en Tartarie au moment où le grand Khan venait de mourir, et il assista à l'assemblée générale dans laquelle les Mogols lui donnèrent un successeur. Ce nouveau souverain de la Tartarie déposa Kaikaous, et investit Kilidje-Arslan du titre de sultan. Les conseillers des deux frères, pour éviter une guerre dont on ne pouvait prévoir les suites, conclurent un arrangement par lequel l'empire fut partagé entre les deux princes : Kaikaous en eut la partie occidentale avec Iconium, et Kilidje-Arslan, la partie orientale. Leur plus jeune frère, Ala-Eddin Kaikobad, reçut aussi un apanage, et la légende des monnaies porta les noms des trois princes.

Cependant les Mogols continuaient d'exiger de Kaikaous qu'il se rendît en personne en Tartarie, pour prêter serment de fidélité au grand Khan. Il prit d'abord le parti d'obéir à cette injonction; mais à peine se fut-il mis en route qu'il retourna sur ses pas, dans la crainte qu'en son absence les émirs, qui étaient attachés à Kilidje-Arslan, ne se déclarassent en faveur de ce prince. Il rentra dans Iconium, et fit partir pour la Tartarie son frère Ala-Eddin, porteur d'une lettre dans laquelle il disait au grand Khan, que le danger dont ses Etats étaient menacés du côté de l'Occident, par des ennemis qui n'attendaient que son départ pour les envahir, ne lui permettait pas de s'éloigner d'Iconium. Il assurait d'ailleurs le grand Khan qu'il se rendrait en personne à sa cour dès que la sécurité de son empire l'en laisserait libre. Mais Ala-Eddin, qui était chargé de cette lettre mourut en chemin. Kaikaous craignit alors que les Mogols, interprétant mal son silence, ne le vinssent attaquer ou ne le déposassent; il était d'ailleurs résolu à ne point aller en Tartarie, et, pour se délivrer de toutes ses inquiétudes, il forma le dessein de faire périr son frère. Plusieurs émirs ayant eu connaissance de ce projet en avertirent Kilidje-Arslan, qui s'échappa sous un déguisement. Ce prince leva ensuite une armée avec laquelle il marcha contre Iconium; mais la fortune l'abandonna : il fut battu et fait prisonnier par son frère, qui le fit enfermer dans une forteresse. Maître, par cette victoire, de tout l'empire d'Iconium, Kaikaous n'en fut pas plus tranquille : un général mogol, qui commandait un détachement de l'armée du Khan Houlagou, vint lui demander des quartiers d'hiver dans ses Etats. Le sultan tenta de le repousser par les armes, mais il fut battu, et les Mogols délivrèrent Kilidje-Arslan, qu'ils proclamèrent sultan de tous les pays soumis aux Seldjoucides de l'Asie Mineure.

Kaikaous s'enfuit auprès de Théodore Lascaris. Cet empereur lui fit un bon accueil; mais craignant que les Mogols, sous prétexte de soutenir Kilidje-Arslan, ne le vinssent attaquer en qualité d'alliés de Kaikaous, il engagea ce prince à s'éloigner de ses Etats. Kaikaous se soumit alors à Houlagou, qui ordonna que l'empire serait partagé de nouveau entre les deux frères. Kaikaous rentra ainsi dans Iconium. Il commençait à rétablir ses affaires et à se faire respecter dans ses Etats, lorsqu'une nouvelle irruption des Mogols vint lui enlever plusieurs places, qui furent remises à Kilidje-Arslan. Kaikaous, voyant combien il lui était funeste d'avoir contre lui les Mogols, chercha tous les moyens de les apaiser. Il se rendit auprès de Houlagou, qui l'avait mandé avec Kilidje-Arslan, et un nouveau partage de l'empire eut lieu entre les deux frères. Ces princes reconduisirent Houlagou jusqu'aux bords de l'Euphrate, et revinrent dans leurs Etats en assez bonne intelligence. Mais la paix dont Kaikaous jouit alors ne servit qu'à accélérer sa ruine. Il s'abandonna entièrement à l'oisiveté, et se rendit méprisable aux yeux de ses émirs qui détestaient les Mogols, maîtres alors de l'empire des Seldjoucides. Fatigué enfin de languir dans l'esclavage, Kaikaous abandonna ses Etats, et alla, accompagné de sa mère, de ses femmes et de ses enfants, se réfugier auprès de l'empereur

Michel Paléologue. Il lui demanda ou des troupes pour reconquérir son pays, ou des terres pour fixer sa demeure dans l'empire grec. Mais Michel Paléologue, quoiqu'il eût trouvé autrefois un asile à Iconium, amusa Kaikaous par des promesses, et traita secrètement avec Houlagou qu'il redoutait. Le prince mogol désirait que le sultan fût retenu prisonnier, pour s'emparer entièrement de ses Etats, et Michel Paléologue consentit à jouer le rôle de geôlier. Kaikaous fut enfermé dans une forteresse, et Kilidje-Arslan, resté dans l'Asie-Mineure, porta seul le vain titre de sultan, mais sous la dépendance d'un gouverneur mogol. Quand Kaikaous se vit ainsi trahi, il s'allia secrètement avec le roi de Bulgarie, qui était mécontent de l'empereur, et avec le Khan du Kaptchak, qui régnait sur les bords du Volga. Les Bulgares et les Tartares du Kaptchak se répandirent aussitôt sur les terres de l'empire grec, assiégèrent la citadelle où Kaikaous était gardé, la forcèrent à capituler, et le sultan fut emmené avec son fils Masoud à la cour du Khan du Kaptchak. Pendant ce temps les Mogols avaient fait étrangler Kilidje-Arslan, et avaient donné le titre de sultan à son fils Kaikhosrou, qui n'était âgé que de quatre ans. Cet enfant n'était qu'un jouet entre les mains des Mogols, qui offrirent l'empire des Seldjoucides au roi d'Arménie. Ce prince, qui se soutenait à peine dans ses Etats, remercia le Khan des Mogols de son offre.

Kaikaous mourut à la cour du Khan du Kaptchak, qui voulut alors forcer Masoud, fils de ce sultan, à épouser la veuve de son père. Masoud prit la fuite et se retira auprès d'Abaka, khan des Mogols, dont il obtint la ville d'Erzeroum et quelques autres possessions. Argoun, successeur d'Abaka, fit mourir Kaikhosrou, et donna le titre de sultan à Masoud. Ce prince soumit une partie des émirs qui s'étaient retirés dans les montagnes pour y conserver leur indépendance, et l'empire des Seldjoucides semblait vouloir se reconstituer. Mais un de ces émirs, qui était chef d'un petit Etat sur les bords de la mer Noire, alarmé des progrès du nouveau sultan, implora contre lui le secours des Mogols, qui avaient intérêt eux-mêmes à ce que les Seldjoucides ne se rétablissent pas. L'empereur des Mogols se transporta en personne dans l'Asie Mineure, défit Masoud, et le dépouilla entièrement de son empire. Le sultan se réfugia d'abord à Constantinople; mais changeant ensuite de résolution, par défiance des Grecs, il rentra dans son pays, et leva de nouvelles troupes. L'émir qui avait appelé les Mogols contre lui, intimidé par ces préparatifs, et attiré d'ailleurs par les promesses qui lui furent faites, se rendit au sultan avec ses sept fils. Masoud le fit égorger avec tous les siens : un seul des enfants de l'émir échappa au massacre, et se forma un parti à la tête duquel il livra au sultan une bataille dans laquelle périt le meurtrier de son père et de ses frères. Avec Masoud finit, en 1294, l'empire des Seldjoucides d'Iconium. Les émirs qui s'étaient retirés dans les montagnes en descendirent, et formèrent, des débris de cet empire, onze petits Etats, sans compter la partie dont s'emparèrent les Mogols.

Turcs seldjoucides d'Alep et de Damas. L'inconstance naturelle des Turcs et l'ambition de leurs chefs portèrent la division au sein du vaste empire des Seldjoucides. Plus cet empire s'étendit par les conquêtes des princes de cette nombreuse famille, plus se multiplièrent les causes de son démembrement, par la tendance de ces princes à se rendre tous indépendants, et à ne laisser aux sultans de Perse, successeurs du chef de leur dynastie, que l'honneur d'être nommés par les Imans, aux prières publiques, dans les tribunes des mosquées. On a vu que le sultan Alp-Arslan avait encore, outre le célèbre Malek-Schah qui lui succéda, un autre fils nommé Toutousch, auquel il avait donné, vers la fin du XIe siècle, la Syrie à conquérir sur les califes d'Egypte. C'était ainsi la coutume des sultans seldjoucides de Perse, d'envoyer sur les frontières de leur empire des princes de leur famille, chargés d'en reculer les bornes par la guerre. Toutousch commença par mettre le siége devant Alep. Pendant qu'il était occupé de cette opération, il s'empara de Damas, en faisant mourir le possesseur de cette ville, qui avait imploré son secours contre le calife d'Egypte. Toutousch entreprit alors de se former un Etat important, aux dépens des petits princes voisins de sa conquête, quoiqu'ils fussent soumis au sultan Malek-Schah, et qu'il eût dû les considérer comme ses alliés. Il fit sommer le gouverneur d'Alep de lui remettre cette place, dont il n'avait pas réussi à se rendre maître une première fois. L'émir Ortok fut appelé au secours d'Alep, et Malek-Schah fut informé des entreprises de Toutousch. A cette nouvelle le sultan se porta lui-même à Alep, où Toutousch n'attendit point son arrivée. Mais les Egyptiens s'étant emparés de tout le pays qui environnait Damas, Toutousch craignit de se voir enlever cette ville, et faisant la paix avec le sultan, il le pria de lui envoyer quelque secours. A la nouvelle de la mort de Malek-Schah, Toutousch sentit se ranimer ses espérances ambitieuses, et projeta de se faire proclamer sultan. Il fit même faire la prière publique en son nom dans Damas, et envoya un ambassadeur au calife de Bagdad pour lui demander de le reconnaître sultan. Toutousch ne reçut pas une réponse satisfaisante du calife; mais les émirs de Syrie firent faire la prière en son nom dans les mosquées de leurs gouvernements; il se hâta alors de se mettre en marche pour Bagdad, à la tête d'une armée, afin d'obtenir par la force le titre qui lui était refusé. Chemin faisant, il prit Edesse et Mossoul. Ces victoires intimidèrent le calife qui reconnut Toutousch comme sultan. De retour dans ses Etats, le sultan rassembla de nouvelles armées pour résister aux troupes envoyées de Perse contre lui par le sultan Barkiaroc, fils de Malek-Schah. Ces troupes furent défaites, et toute la Mésopotamie et le Diarbékir passèrent sous la domination de Toutousch. Mais Barkiaroc marcha contre lui : vaincu une première fois, le sultan de Perse fut vainqueur ensuite, et Toutousch fut tué dans le combat, en 1095. Redouan, fils de Toutousch, se fit reconnaître sultan, comme successeur de son père, à Damas et à Alep. Mais son frère Dekak lui enleva Damas. Le calife fatimite d'Egypte promit à Redouan de le secourir contre son frère, s'il voulait le faire nommer dans la prière publique, au lieu de la faire faire au nom du calife abbasside de Bagdad. Redouan accorda ce qui lui était demandé ; mais le calife d'Egypte n'ayant pas tenu sa promesse, on pria de nouveau au nom du calife abbasside. Redouan força ensuite son frère à le reconnaître pour sultan. Le bruit se répandit alors dans tout l'Orient, que les Francs s'avançaient dans le dessein d'enlever Jérusalem à l'islamisme. Cette ville venait d'être prise, en 1096, aux Ortokides par les Egyptiens. L'armée chrétienne, composée de trois cent mille combattants, arriva devant Antioche, dont elle commença le siége, au mois d'octobre 1097. Redouan, prince d'Alep, et son frère Dekak, prince de Damas, se disposèrent à marcher au secours de la ville assiégée avec tous les autres princes et émirs, auxquels Baghi-Sian, gouverneur d'Antioche, avait fait appel. Mais les Musulmans ne purent empêcher les croisés de s'emparer de la ville au mois de juin de l'année suivante. Kerboga, prince de Mossoul, s'avança alors pour la délivrer à la tête d'une nombreuse armée, dans laquelle figurait Dekak, prince de Damas. Les chrétiens firent éprouver à cette armée une défaite complète, qui leur assura la possession d'Antioche, et leur ouvrit la Syrie. Les deux princes seldjoucides Redouan et Dekak, qui se trouvaient le plus exposés à leurs envahissements, écrivirent au calife de Bagdad, pour implorer son secours. Le calife, qui n'avait aucune autorité et qui ne pouvait rien par lui-même, donna avis de ce danger au sultan de Perse Barkiaroc ; mais il n'en fut tenu aucun compte. Les chrétiens fournirent des secours à l'émir d'Ezaz qui, en faisant des incursions sur les terres du prince d'Alep, l'avait forcé à l'aller assiéger dans sa forteresse. Godefroy de Bouillon marcha contre Redouan et l'obligea à rentrer dans ses Etats. L'armée des croisés se mit ensuite en marche pour Jérusalem.

A la mort de Godefroy de Bouillon, lorsque Baudouin partit d'Edesse pour aller recueillir l'héritage de son frère et le remplacer sur le trône de Jérusalem, Dekak, prince de Damas, le harcela vivement à son passage, dans de nombreuses escarmouches. Redouan, dans des vues d'ambition sur Emèse, fit assassiner par un Bathénien, le premier de ces scélérats qui parut en Syrie, Houssaïn, émir de cette ville. Le crime ne fut pas plutôt commis que Redouan s'en repentit, et fit mourir peu de temps après le Bathénien. A la mort de Dekak, Togteghin, atabek ou ministre de ce prince, fit proclamer le fils du souverain seldjoucide, qui n'avait qu'un an, successeur de son père ; mais il le déposa peu de temps après, pour élever à sa place un fils de Toutousch, et, changeant encore de dessein, il remit sur le trône le fils de Dekak, se réservant pour lui-même toute l'autorité.

Pendant que Damas était occupée de ses propres divisions, Redouan rompit les liaisons qu'il avait formées avec Tancrède, et l'attaqua dans le but d'aller assiéger Antioche, confiée alors à la garde de ce vaillant chef chrétien. Mais Tancrède fit éprouver une défaite complète au prince d'Alep. Les succès des Francs finirent par réveiller les Musulmans. Toutes les forces de la Syrie se réunirent contre les chrétiens, au nombre de deux cent mille hommes, par ordre du sultan de Perse, et Maudoud, prince de Mossoul, fut mis à la tête de cette expédition ; mais elle échoua par le défaut d'union entre les Turcs : Redouan refusa de violer les traités qui l'attachaient à Tancrède, quoiqu'on le menaçât de trancher la tête de son fils, qu'il avait livré en otage, s'il ne voulait pas joindre ses forces à celles qui marchaient contre les chrétiens. Il aima mieux laisser exécuter cette barbare menace que de manquer à ses engagements, et Togteghin, dans la crainte qu'on ne voulût le dépouiller de sa puissance, fit la paix avec les Francs. Mais, appelé par des Tyriens au secours de leur ville, que menaçait Baudouin, roi de Jérusalem, il força ce prince à lever le siége qu'il avait mis devant la place. Togteghin réunit ensuite ses troupes à celles de Maudoud, pour attaquer les Francs. Ils formèrent même le projet ambitieux de s'emparer de Jérusalem. Ils occupèrent le Thabor, près duquel ils attirèrent Baudouin, roi de Jérusalem, dans une embuscade où il perdit beaucoup de monde, et assiégèrent Tibériade. Mais Roger, prince d'Antioche, et le comte de Tripoli, étant venus rejoindre le roi, qui les avait appelés, les deux princes turcs, qui craignaient d'ailleurs l'arrivée de pèlerins d'Occident, se retirèrent dans les environs de Damas; ils allèrent de là en Asie Mineure prêter secours au sultan d'Iconium contre les Grecs, avec lesquels il était en guerre. Au retour de cette expédition, Maudoud se rendit à Damas, où Togteghin, jaloux de la gloire de ce prince, prémédita secrètement sa mort. Un vendredi qu'ils avaient été ensemble à la mosquée, et qu'ils en sortaient pour se promener, un Bathénien donna un coup de poignard à Maudoud. L'assassin fut tué sur-le-champ, et le prince de Mossoul porté au palais de Togteghin. C'était un jour de jeûne; Maudoud, quoique blessé, ne voulut rien prendre, et mourut le jour même. Togteghin versa des larmes, qui ne persuadèrent personne de son innocence ; et, quoiqu'on ait dit que les Bathéniens se défirent du prince de Mossoul, parce qu'ils le craignaient, la plupart des historiens accusent Togteghin de cet assassinat.

Redouan, prince d'Alep, mourut en 1113.

Il était haï de tous ses sujets à cause de son avarice et des injustices qu'il commettait. Il avait fait périr, en montant sur le trône, deux de ses frères et la plupart des anciens domestiques de son père. Il avait toujours soutenu les Bathéniens, et on le regardait comme un mauvais musulman. Plusieurs fois les Francs étaient venus jusqu'aux portes d'Alep, sans qu'il osât les aller attaquer. Il eut pour successeur son fils Alp-Arslan le Bègue, qui n'était âgé que de seize ans, et qui était fils de la fille de Baghi-Sian, ancien émir d'Antioche. Un esclave, nommé Loulou, fut chargé du gouvernement, et tous les Bathéniens qui étaient dans Alep furent mis à mort. Le jeune Alp-Arslan ne régna guère qu'un an : il fut tué par ses propres officiers, et Loulou mit à sa place un autre fils de Redouan, appelé Sultan-Schah. Le sultan de Perse, après la mort de Maudoud, donna la ville de Mossoul à Boursaki, et ordonna à tous les princes de Syrie de joindre leurs troupes à celles de cet émir, pour aller combattre les Francs, dont le pays venait d'être ruiné par des tremblements de terre considérables. L'arrivée de Boursaki intimida les Turcs de la Syrie. Cet émir eut d'abord à combattre Il-ghazi, prince de Mardin, contre lequel ses armes ne furent pas heureuses ; mais le vainqueur, ne se sentant pas en état de résister au sultan de Perse, Mohammed, se réunit à Togteghin, prince de Damas. Tous les deux s'adressèrent aux Francs, en leur demandant la paix et des secours. Togteghin était d'autant plus porté à se liguer avec les Francs contre Boursaki, qu'on l'accusait d'avoir été l'auteur de la mort de Maudoud, et que Boursaki ne semblait venir que pour le punir de cet assassinat ; il conclut donc un traité avec Baudouin, roi de Jérusalem, et avec le prince d'Antioche. Mais l'alliance de Togteghin avec Il-ghazi et avec les Francs avait tellement irrité le sultan de Perse, qu'il envoya contre eux, l'année suivante, Boursaki et le fameux Zenghi. Ces généraux passèrent l'Euphrate, entrèrent dans la principauté d'Antioche, et ravagèrent tous les pays qu'ils parcoururent. Alep refusa d'ouvrir ses portes ; mais Hama, qui appartenait à Togteghin, fut assiégée, prise d'assaut, et livrée au pillage pendant trois jours. Le sultan donna cette ville à l'émir d'Emèse. Baudouin, roi de Jérusalem, avec quinze cents cavaliers et mille fantassins, Pons de Tripoli, et Togteghin, prince de Damas, se hâtèrent de se réunir et de prendre position pour attendre l'armée du sultan. Ils furent rejoints par Roger, prince d'Antioche, et par Baudouin, comte d'Edesse. Les Turcs de Perse n'osèrent tenir la campagne devant des forces aussi considérables, et ils se retirèrent dans les environs de Hama, où ils restèrent quelque temps. Le roi de Jérusalem crut qu'ils étaient retournés dans leur pays, et reprit la route de ses Etats. L'armée turque sortit aussitôt de Hama, et, après avoir pris une forteresse qui appartenait aux Francs, elle se dirigea vers Alep ; mais elle marchait en trois corps : le premier fut défait par le prince d'Antioche et le comte d'Edesse, le second se noya dans un fleuve qu'il rencontra, et le troisième, qui s'était retiré vers Hama, fut attaqué par Togteghin, qui lui tua trois mille hommes et lui fit mille prisonniers.

La paix entre Togteghin et les Francs n'avait, au reste, d'autre but que d'éloigner Boursaki de la Syrie, et la guerre ne tarda pas à recommencer entre eux quand l'armée de Perse fut détruite. Togteghin était alors le plus puissant prince de Syrie. Il régnait à Damas, où il n'avait laissé aucune autorité au fils de Dekak. Il mourut en 1128, et eut pour successeur son fils aîné. La principauté d'Alep était dans la même situation : elle était gouvernée par un esclave sous le nom de Sultan-Schah, fils de Redouan. Mais Loulou, cet esclave, fut tué par ses propres domestiques. Sultan-Schah ne recouvra pas pour cela sa liberté : les habitants d'Alep lui donnèrent un autre atabek. Boursaki voulut profiter de ces troubles pour s'emparer de la ville, et il en vint faire le siége ; mais il fut forcé de le lever et de retourner à Mossoul. Après avoir imposé successivement plusieurs atabeks au prince, les habitants d'Alep craignirent que les Francs ne se rendissent maîtres de leur ville, et ils se soumirent à Il-ghazi, fils d'Ortok. La principauté d'Alep passa ainsi au pouvoir des Ortokides.

Turcs ottomans. Quoique les Turcs ottomans ne figurent dans l'histoire que postérieurement aux croisades, ils jouent un si grand rôle dans la prolongation de la lutte entre le christianisme et l'islamisme, qui a suivi les guerres saintes, que nous ne pouvons passer entièrement sous silence cette branche de la famille turque. Deguignes fait remonter l'origine des Ottomans aux Kharizmiens. Quand les émirs kharizmiens et seldjoucides, dit-il, virent l'empire d'Iconium détruit par les Mogols, chacun d'eux se rendit souverain de la province qu'il occupait. Othman, communément appelé Ottoman, était un de ces émirs. Plusieurs autres émirs s'étant joints à lui, il en soumit aussi quelques-uns par la force des armes, enleva plusieurs villes aux Grecs, et, par la conquête de celle de Pruse, il acheva de jeter les fondements d'un nouvel empire sur les ruines de celui qui avait péri avec Masoud, dernier sultan seldjoucide d'Iconium. Othman mourut en 1326. Orkan, son fils, étendit l'Etat créé par son père et s'empara de Nicée. Il mourut en 1360, et eut pour successeur son fils Amurat Ier, qui passa en Europe à la tête d'une armée, et se rendit maître d'Andrinople. Ce fut Amurat qui institua la milice des janissaires. Bajazet Ier remplaça son père sur le trône d'Othman en 1389, étendit les conquêtes turques en Europe et en Asie, et gagna contre les chrétiens la bataille de Nicopolis. Il assiégeait Constantinople, lorsque Tamerlan parut dans l'Asie Mineure. Vaincu par le chef tartare à la bataille d'Ancyre, qui dura trois jours, Bajazet fut fait prisonnier et mourut dans sa captivité en 1403. Le règne de Soliman Ier, fils de Bajazet, est marqué par la reprise des contrées enlevées aux Ottomans par Tamerlan. Mousa, autre fils de Bajazet, succéda à Soliman en 1410, et fut mis à mort par son frère Mahomet Ier, qui monta sur le trône par ce crime, en 1413. Ce prince consolida l'empire, que de longues guerres civiles avaient ébranlé. Il mourut en 1421, et eut pour successeur son fils Amurat II, qui prit Thessalonique aux Vénitiens, gagna contre les Hongrois, en 1444, la bataille de Varna, où fut tué leur roi Ladislas ; mais il ne put réduire Castriot, autrement appelé Scanderbeg, prince d'Albanie, qui, s'étant converti de l'islamisme au christianisme, soutint contre les Ottomans une lutte glorieuse, et gagna sur eux vingt-deux batailles. Mahomet II, fils d'Amurat, succéda à son père en 1451. C'était un prince doué de toutes les qualités qui font le conquérant ; mais il n'avait aucune foi et ne reconnaissait aucune loi. Il fit trembler toute la chrétienté, à laquelle il enleva plus de deux cents villes. Il prit Constantinople le 29 mai 1453, après un siége de plus de cinquante jours, et en fit la capitale de l'empire Ottoman. Il s'était emparé d'Otrante, la clef de l'Italie, lorsqu'il mourut en 1481. Bajazet II, fils et successeur de Mahomet, eut pour compétiteur au trône son frère Djem ou Zizim, qu'il força à se réfugier à Rhodes, d'où ce prince fut envoyé prisonnier en Europe. Sélim Ier succéda à son père Bajazet en 1512, et se défit de deux de ses frères en les faisant étrangler. Après avoir porté ses armes victorieuses en Perse, Sélim fit la guerre au sultan d'Egypte, s'empara de ce pays et de la Syrie, et mit fin à l'empire des Mameluks en 1517. Il avait de grands projets contre l'Europe, lorsqu'il mourut en 1520. Soliman II, fils de Sélim, s'empara de Belgrade en 1521, enleva l'île de Rhodes aux chevaliers de l'Hôpital en 1522, entra victorieux dans Bade en 1526, et assiégea Vienne avec deux cent cinquante mille hommes en 1529. Mais il échoua devant cette place. Il ne put non plus enlever Malte aux chevaliers de Saint-Jean de Jérusalem, qui soutinrent contre les Ottomans un siége de cinq mois. C'est sous ce règne que se sont formés, sur la côte d'Afrique, les Etats appelés Barbaresques. Le célèbre pirate Barberousse, dont le sultan avait fait son amiral, contribua à leur fondation. Soliman est le plus grand empereur de la dynastie ottomane. Il mourut dans la 40e année de son règne en 1566. Son fils Sélim II s'empara de l'île de Chypre. Mais sa flotte perdit, le 7 octobre 1571, contre les forces navales chrétiennes commandées par don Juan d'Autriche, la bataille de Lépante, d'où date la décadence de la puissance des Ottomans. Les sultans qui régnèrent ensuite sur l'empire turc, pendant les XVIe et XVIIe siècles, sont : Amurat III, de 1574 à 1595; Mahomet III, de 1595 à 1603; Achmed Ier, de 1603 à 1617; Mustapha Ier, de 1617 à 1618; Othman II, de 1618 à 1622; Mustapha fut rétabli momentanément sur le trône, de 1622 à 1623; Amurat IV régna de 1623 à 1640; Ibrahim, de 1640 à 1649; Mahomet IV, de 1649 à 1687; Soliman III, de 1687 à 1691; Achmed II, de 1691 à 1695, et Mustapha II, de 1695 à 1703.

TYR. Fameuse par son antiquité, la ville de Tyr était célèbre par son commerce, par sa nombreuse population et par la fertilité de son territoire. Elle était la capitale de la Phénicie proprement dite, et était située sur le bord de la mer, dans une presqu'île environnée d'une mer orageuse, qui la rendait d'un accès difficile. Du côté de la mer, Tyr avait un double mur flanqué de grosses tours. Ce mur était triple du côté de la terre, et les tours étaient si voisines les unes des autres qu'elles se touchaient. L'entrée du port, qui était au nord, était défendue par deux grosses tours.

U

URBAIN II, né en France, à Lagery, près de Châtillon-sur-Marne, avait été désigné par Grégoire VII mourant, comme digne de lui succéder. Il ne recueillit cet héritage qu'à la mort de Victor III, en 1088. Urbain II répondit à l'espérance que le grand réformateur de la chrétienté avait conçu, d'avoir en lui un continuateur de son œuvre. Un des discours d'Urbain II, qu'on trouve dans la Collection des conciles du P. Labbe, tom. X. pag. 515, fournit la preuve qu'il avait en vue de faire cesser, par une guerre générale, les guerres particulières qui désolaient alors l'Europe, en employant les forces de la chrétienté contre les Musulmans. Voici en quels termes Foucher de Chartres énumère les motifs qui engagèrent Urbain à prêcher la croisade : « Urbain, voyant que la foi chrétienne était considérablement diminuée chez le clergé et chez le peuple; que les princes de la terre étaient sans cesse en guerre les uns avec les autres ; qu'on violait partout les lois de la paix ; que les campagnes étaient continuellement ravagées et pillées ; que les lieux saints étaient souillés, les monastères et les habitations livrés aux flammes; que personne n'était épargné ; qu'on se faisait un jeu des choses divines et humaines ; apprenant, en outre, que les provinces intérieures de l'Asie avaient subi l'invasion des Turcs, et que les chrétiens y étaient victimes de la férocité de ces barbares; touché de pitié et plein de l'amour de Dieu, il passa les Alpes, et vint tenir un concile à Clermont. » Robert le Moine, qui avait entendu le discours que prononça Urbain au concile de Clermont, cite ces paroles qu'il adressa aux Français : « Votre pays, trop rétréci pour le grand nombre de ses habitants, n'est pas assez abondant pour vous nourrir; de là vient que vous ne cessez de vous déchirer mutuellement, et de vous dévorer. Mettez fin à vos ressentiments, à vos querelles, à vos fureurs, et marchez vers le Saint-Sépulcre. » C'est toujours la même pensée de procurer la paix à l'Europe en portant la guerre en Asie, contre les ennemis du nom chrétien. On trouve encore un témoignage de l'intention d'Urbain II, de réformer l'Occident en affranchissant l'Orient, dans Bernard le Trésorier, qui dit que le pape tint le concile de Clermont, parce qu'il avait vu « que le monde estoit moult en pire et tournoit à mal. »

Quand Pierre l'Ermite arriva à Rome, porteur de lettres par lesquelles le patriarche de Jérusalem réclamait l'intervention du saint-siége contre l'oppression musulmane, il trouva Urbain II impliqué dans les embarras d'une lutte avec l'antipape Guibert, soutenue par l'empereur Henri IV. Mais on a remarqué, avec raison, que ce fut souvent lorsque leur autorité était contestée ou méconnue à Rome même, que les papes exécutèrent leurs plus grands desseins, et rendirent à l'ordre social les plus importants services. Non-seulement le disciple de Grégoire VII accueillit favorablement le pèlerin du saint tombeau, mais jugeant le jour venu de réaliser la pensée traditionnelle de la papauté, il chargea l'Ermite d'appeler les peuples, au nom de la chaire apostolique, à la délivrance des Saints Lieux. L'effet de cette prédication fut immense, et trente-quatre mille ecclésiastiques et laïques assistèrent au concile de Plaisance, assemblé en 1095, pour s'occuper de rendre à l'Eglise et à la société la paix, troublée par l'empereur d'Allemagne, mais aussi pour entendre les ambassadeurs de l'empereur grec, venant solliciter le secours des armes de l'Europe latine contre l'invasion turque. Le pape appuya leur demande de toute la force de son éloquence, et s'il n'enflamma pas encore les cœurs du feu qu'il voulait allumer, pour l'avantage de l'Occident aussi bien que pour l'affranchissement de l'Orient, il préluda, au moins, au succès qu'il allait obtenir au-delà des Alpes. Les peuples d'Italie étaient peut-être trop en proie alors à l'esprit de trouble, et trop adonnés au commerce, pour être susceptibles d'enthousiasme religieux, mais la France était le pays où s'était toujours manifestée la plus grande dévotion pour les Saints Lieux. En venant arborer au sein de la nation la plus belliqueuse de l'Europe l'étendard d'une guerre sacrée, dont le chef de l'Eglise pouvait seul donner le signal, et dont il devait garder la haute direction, Urbain eut-il peut-être aussi pour but secondaire de faire sentir la puissance de la papauté, protectrice de la sainteté du mariage, au roi Philippe Ier, qui en était le violateur ? peut-être se proposa-t-il d'éloigner de ce prince anathématisé ses plus fidèles vassaux, en les enrôlant sous la bannière de Jésus-Christ ? Pour préparer les esprits à seconder ses projets, le pape parcourut d'abord les provinces méridionales de la France. Il avait passé les Alpes au mois de juillet 1095, et, au mois de novembre de la même année, il présida le concile qu'il avait convoqué à Clermont en Auvergne, en invitant, avec l'autorité qui convient au langage pontifical, le clergé et les fidèles à ne pas manquer d'y assister. On ne saurait imaginer un plus magnifique triomphe de la parole, que celui qu'obtint le discours prononcé par Urbain, du haut de son trône, dans la séance du concile qui fut tenu sur la grande place de Clermont. Le Père de la chrétienté, mêlant ses larmes à celles qu'il fit couler, peignit en traits qui déchirèrent tous les cœurs, dans son immense auditoire, l'horrible situation des enfants de la vraie foi sous le joug des infidèles. Tous les historiens du temps des croisades ont reproduit, diversement dans la forme, mais identiquement pour le fond, l'admirable discours du pape. Baronius donne deux discours d'Urbain, l'un tiré de Guillaume de Tyr, et l'autre des archives du Vatican, et il cite celui qu'on lit dans Malmesbury. L'auteur des *Annales ecclésiastiques* pense que ces trois discours ont pu être prononcés dans les différentes circonstances où le pape a dû haranguer le peuple. M. Michaud doute que le pontife se soit exprimé en latin. Urbain II, voulant être entendu du peuple, aurait parlé l'idiome populaire de la fin du XIe siècle, et se serait, suivant l'auteur de l'*Histoire des Croisades*, servi d'autant plus facilement du dialecte roman du midi de la France, qu'il était né Français. Nous ne pensons pas que le silence complet à cet égard des témoignages contemporains, qui tous rapportent le discours en latin, permette de supposer que le pape ait dérogé, même en cette occurrence, à l'usage romain de n'employer jamais que la langue latine. La plus fidèle relation originale des propres paroles d'Urbain, se trouve peut-être dans l'*Histoire de Jérusalem, Historia Hierosolymitana*, de Robert le Moine, qui assista au concile de Clermont. Dans quelque édition qu'on lise ce discours, il est un gage irrécusable de la supériorité de génie avec laquelle le pape, qui a inauguré les croisades, comprenait et dominait son siècle.

Dans le discours conservé par Malmesbury, Urbain, après avoir rappelé aux fidèles les maux que le concile de Clermont était venu guérir, leur annonce qu'au milieu de ce grand naufrage des péchés des hommes, un port est ouvert au repentir; ce port, c'est Jérusalem. Le pèlerinage à la terre sainte doit arrêter les effroyables conquêtes de ces Musulmans, qui, après avoir envahi l'Asie et l'Afrique, menacent d'asservir l'Europe entière; il assurera, en outre, aux peuples de Jésus-Christ le royaume de l'éternité. Les périls et les fatigues inséparables d'une expédition lointaine seront plus faciles à supporter que les peines, les inquiétudes, les douleurs que les chrétiens ont eu à souffrir pour commettre le crime. « Comparez, dit le pape aux fidèles, comparez les obstacles qu'il vous a fallu vaincre pour satisfaire des passions criminelles, et ceux que peut présenter le pèlerinage que je vous ordonne. La méditation de l'adultère et de l'homicide fait naître beaucoup de craintes, car rien n'est plus timide que l'iniquité, dit Salomon; pour elle combien de peines ne se donne-t-on pas ! En effet, quoi de plus pénible que l'injustice? Mais celui qui marche simplement, marche avec sécurité. Le fruit des peines qu'on se donne dans un monde vain est le péché; le prix du péché est la mort, et la mort des pécheurs est la pire de toutes. Un meilleur prix est réservé aux travaux que vous aurez à supporter : la charité en sera le motif; car, selon le précepte du Seigneur, vous sacrifierez vos âmes pour vos frères, et la grâce de Dieu, qui est suivie de la vie éternelle, sera la récompense de votre charité. Marchez donc à la félicité, marchez avec confiance à la poursuite des ennemis de Dieu.» Le pape, pour rassurer les chrétiens contre les forces des Musulmans, cherche à établir, par des preuves physiques, la supériorité des Européens sur les peuples d'Asie. « Pour vous, ajoute Urbain, en s'adressant aux Français, qui êtes nés dans les régions les plus tempérées du monde, vous êtes prodigues de votre vie et vous méprisez la mort, sans toutefois manquer de prudence, car vous êtes aussi disciplinés dans le camp que réfléchis sur le champ de bataille. » ..

Des applaudissements universels et prolongés suivirent cet appel du pape à la valeur chrétienne, et l'assemblée tout entière, transportée d'un enthousiasme *que jamais l'éloquence humaine n'avait inspiré*, suivant la juste et belle expression de M. Michaud, fit retentir ce cri unanime : *Dieu le veut ! Dieu le veut !*

Le chroniqueur Berthold de Constance dit, en parlant du concile de Clermont, que le pape fut le principal auteur de la croisade: *maximus auctor fuit.* « Dans les synodes précédents, il y avait, dit-il, excité tout le monde avec un grand zèle, et il avait fortement recommandé l'expédition comme un moyen d'obtenir le pardon de tous les péchés. » Guillaume de Malmesbury s'est laissé inspirer par cet esprit hostile au saint-siége, qu'a montré egalement un autre chroniqueur anglais, Matthieu Pâris, lorsqu'il prétend qu'Urbain vint tenir en France le concile de Clermont pour précipiter l'Europe contre l'Asie, d'après les conseils du prince de Tarente, afin que, dans cet ébranlement général, le pape pût reconquérir Rome, et Bohémond s'emparer de l'Illyrie et de la Macédoine. Les faits attestent que le génie de la papauté planait au-dessus de ces vues étroites, lorsqu'il concevait la grande pensée des croisades.

Avant la dispersion des évêques et des seigneurs laïques qui avaient assisté au concile, Urbain s'entendit avec eux sur les moyens d'exécution de la sainte entreprise. Il fut alors prié de se mettre à la tête de l'armée qui devait marcher sous les auspices du Christ; mais il n'eut pas de peine à faire comprendre à l'assemblée que la situation de l'Europe ne permettait pas au pasteur de s'éloigner du centre de son troupeau. Il promit cependant de rejoindre les soldats de la croix dès qu'il aurait pourvu à la sécurité de l'Eglise.

Pandolfe de Pise, auteur d'une vie d'Urbain II, recueillie par Muratori, *Rerum italicarum scriptores præcipui*, parlant de cette promesse que le pape avait faite, d'aller lui-même en Palestine, rapporte que toute l'Eglise s'opposa à ce pèlerinage. Après la dissolution du concile de Clermont, Urbain parcourut diverses provinces de France; il allait de ville en ville, et de monastère en monastère, communiquant au clergé, à la noblesse et au peuple le zèle pour la croisade dont il se montrait lui-même animé, et dont sa présence était partout un gage vénéré. Il écrivit aussi aux évêques d'Angleterre, pour leur recommander d'engager les fidèles de leurs diocèses à participer à la délivrance de Jérusalem. « La renommée du bien s'étant répandue dans l'univers, dit Malmesbury, pénétra les esprits des chrétiens de sa douce haleine, et partout où elle souffla, il n'y eut aucune nation, si éloignée qu'elle fût, qui n'envoyât quelqu'un des siens. Ce zèle anima non-seulement les provinces du continent, mais il se communiqua jusqu' aux îles les plus reculées, partout où on avait entendu parler du nom chrétien. Alors le Gallois abandonna ses forêts et la chasse; l'Ecossais les puces avec lesquelles il est familier; le Danois les boissons dont il s'enivre continuellement, et le Norique le poisson cru dont il se nourrit : *tunc Wallensis venationem saltuum; tunc Scottus familiaritatum pulicum; tunc Danus continuationem potuum; tunc Noricus cruditatem reliquit piscium.* Les champs étaient délaissés par les cultivateurs, les maisons par leurs habitants; toutes les villes étaient désertes. On n'était retenu ni par les liens du sang, ni par l'amour de la patrie : on ne voyait que Dieu seul, on n'aspirait qu'au voyage de Jérusalem. La joie était dans le cœur de ceux qui partaient, et le chagrin dans celui de ceux qui restaient. Que dis-je, de ceux qui restaient? vous auriez vu le mari partant avec sa femme, avec toute sa famille portée sur des chars. Les chemins étaient trop étroits pour ceux qui se mettaient en route; l'espace manquait aux voyageurs, tant la foule était grande et nombreuse. »

Retourné en Italie, Urbain continua de s'occuper, avec le même zèle, de la sainte entreprise à laquelle il avait appelé la chrétienté. Il écrivit aussi à l'empereur Alexis, pour lui annoncer l'heureux succès de ses efforts, qui avaient réussi à rassembler de nombreuses armées prêtes à porter la guerre aux infidèles, et le pape priait l'empereur de faire à ces armées un accueil favorable. .

Foucher de Chartres rapporte que les croisés qui marchaient avec lui, sous les ordres du duc Robert de Normandie et du comte de Blois, en passant à Rome, trouvèrent dans la basilique de Saint-Pierre des partisans de l'anti-pape Guibert, qui enlevaient, l'épée à la main, les offrandes que l'on déposait sur l'autel. « Ils jetaient des pierres sur nous, ajoute le chroniqueur, pendant que nous faisions nos prières ; car, lorsqu'ils voyaient quelqu'un du parti d'Urbain, ils voulaient le tuer. Des hommes attachés à Urbain gardaient fidèlement une partie de la basilique, et ils se défendaient, comme ils pouvaient, contre les attaques de leurs ennemis. Témoins de tant de méchanceté, nous ne pûmes nous empêcher de gémir; mais nous ne pouvions faire autre chose que de souhaiter que le Seigneur vînt en tirer vengeance. » La main sacrilége des sicaires de l'anti-pape, que soutenait l'empereur Henri IV, ne respectait pas même la confession de saint Pierre; et les guerriers qu'accompagnait Foucher de Chartres, en recevant à Lucques, lorsqu'ils se dirigeaient vers Rome, la bénédiction du légitime successeur du prince des Apôtres, n'entendirent pas sortir de la bouche qui avait mis toute la chrétienté en mouvement, une seule parole qui pût les détourner de leur sainte entreprise. Le pape n'avait qu'un mot à prononcer pour convertir en champions de sa cause tous les pèlerins que sa voix avait armés pour la délivrance du saint tombeau, mais il ne le prononça pas, et on voit que les écrivains qui ont prétendu que les papes avaient prêché les croisades dans leur propre intérêt, se sont moqués de leurs lecteurs. Urbain II mourut à Rome, le 29 juillet 1099, sans avoir appris la glorieuse conquête qui couronna la grande expédition dont le premier honneur lui appartenait.

URBAIN III, élu pape en 1185, déploya une grande activité pour procurer à la terre sainte les secours dont elle avait tant besoin alors. Il était en route pour se rendre à Venise, où il se proposait de faire équiper une flotte qui serait partie pour la Syrie, lorsqu'il apprit à Ferrare la captivité du roi de Jérusalem et la prise de la ville sainte par Saladin : cette nouvelle lui causa une peine si vive qu'il en mourut, le 19 octobre 1187.

URBAIN IV, naquit à Troyes en Champagne. Il était patriarche de Jérusalem, et se trouvait à Viterbe, lorsque Alexandre IV y mourut le 25 mai 1261. Les cardinaux, réunis dans cette ville, n'ayant pu s'accorder pour élever l'un d'entre eux sur la chaire de saint Pierre, se décidèrent à l'y placer, le 29 août 1261. Ils ne pouvaient guère faire un meilleur choix, car jusque-là, Jacques Pantaléon, fils d'un savetier, avait justifié son élévation par son mérite. En 1263, Urbain appela Charles, comte d'Anjou, au trône de Naples et de Sicile, et fit prêcher la croisade contre Mainfroi, qui s'en était emparé. Ce fut lui qui institua en 1264 la fête du Saint-Sacrement. Il montra beaucoup de zèle pour la cause des chrétiens d'Orient. On rapporte qu'il fut touché jusqu'aux larmes lorsqu'il eut connaissance des invasions de Bibars-Bondochar, sultan d'Egypte. Il écrivit alors à Louis IX une lettre pleine de douleur, de piété et d'éloquence, pour presser le saint roi d'aller défendre la patrie de Jésus-Christ, et de sauver les derniers débris du royaume qui avait été fondé par les armes françaises. « Nous avons entendu les accents de la terreur, disait Urbain au roi de France; ce n'est plus la paix, mais l'épouvante qui règne sur la terre. Cette voix funèbre partie de l'Orient a ajouté à nos blessures d'affreuses douleurs. » Mais l'Eglise de France résista à la demande que le pape lui fit d'une contribution levée sur ses revenus pour subvenir aux frais de la délivrance des Saints Lieux : les archevêques de Reims, de Sens et de Bourges s'en plaignirent comme d'une extorsion. Urbain leur adressa de vifs reproches dans une longue lettre, où il leur fait observer de quelle honte ils se couvriraient, s'ils se laissaient surpasser en charité par les laïques. Les évêques d'Angleterre, d'Ecosse et de Danemark opposèrent la même résistance à la même demande. Il reste plusieurs lettres d'Urbain IV qui attestent l'ardent désir qu'il avait de reconquérir Constantinople, retombée au pouvoir des Grecs en 1261. Il ne se lassa pas de demander, pour cette entreprise, une portion des revenus du clergé de France et d'Angleterre, quoique les évêques de ces deux royaumes se plaignissent qu'il voulait dépouiller leurs églises pour réparer les maux de celle d'Orient. Ce pontife mourut à Pérouse le 2 octobre 1264.

V

VARANGES. Des discussions ont eu lieu parmi les savants sur l'origine des Varanges ou Baranges, *Varangi* ou *Barangi*, qui étaient un corps de troupes de la garde des empereurs grecs de Constantinople. Leur arme principale était une hache, et comme il n'y avait qu'eux dans la garde impériale qui portassent cette arme, ils sont quelquefois désignés dans les auteurs par le nom de *porte-hache*, πελεκυφόροι. Selon Orderic-Vital, les Varanges étaient des Anglo-Danois qui, ayant quitté l'Angleterre lors de la conquête de l'île par Guillaume le Conquérant, avaient été offrir leurs services à l'empereur Alexis. Mais le savant Ducange, dans ses *observations* sur l'*Histoire de la conquête de Constantinople*, par Villehardouin, prouve que les Varanges étaient connus en Orient avant la conquête de l'Angleterre par les Normands, et pense que la date de leur entrée dans les troupes grecques remonte à l'année 1040. Ils se seraient éloignés d'Angleterre, d'après l'opinion de Ducange, à la mort de Canut II, dernier roi danois. Les Varanges, qui sont restés au service des empereurs grecs jusqu'à la prise de Constantinople par les Latins, en 1204, se recrutaient en Danemark. Villehardouin les désigne sous le nom d'Anglais et de Danois, et ils formaient la principale force de l'armée grecque.

VENISE. Lorsque l'idée d'affranchir la Palestine du joug des infidèles commença à agiter l'Europe, le dogat de Venise était rempli par Vital Faledro. L'esprit mercantile avait déjà singulièrement rétréci les âmes des Vénitiens. Telle était leur cupidité, qu'ils achetaient des créatures humaines de tout âge et de tout sexe, même dans les pays chrétiens, et qu'ils allaient les revendre aux infidèles. On leur impute même quelque chose de plus odieux : on prétend qu'ils imitaient les habitants de Verdun, qui, faisant le même commerce, au rapport de Luitprand, peuplaient les harems arabes de l'Espagne de jeunes gens qu'ils avaient rendus propres à la garde des femmes, en les dégradant de leur virilité. Ce qu'il y a de sûr, c'est que les Vénitiens faisaient si publiquement le trafic des esclaves, que le pape Zacharie fut obligé d'en racheter une foule qu'ils avaient ramassés à Rome, et qu'ils se disposaient à transporter en Afrique. On connaît une lettre d'Adrien Ier par laquelle il mande à Charlemagne qu'il a reçu l'ordre envoyé par ce prince de faire expulser les marchands vénitiens de l'Exarchat et de la Pentapole, et qu'il a chargé l'archevêque de Ravenne d'en procurer l'exécution rigoureuse. Les Vénitiens ne se contentaient pas de ce lucre infâme : ils vendaient encore aux Musulmans des armes, et quelquefois des vaisseaux, fournissant ainsi aux ennemis naturels de leur religion des moyens de la détruire dans les contrées où elle avait pris naissance, et d'élever l'islamisme sur les ruines de l'empire grec. Le scandale fut porté à un tel excès, que les doges se crurent obligés de chercher à y mettre un terme. Le vingt-deuxième de ces princes interdit ce trafic sous peine d'une amende de cent livres d'or, et d'une punition corporelle pour ceux qui ne seraient point en état de payer ; quand vinrent les croisades, les marchands vénitiens trouvèrent, sans nul doute, qu'ils auraient au moins autant à gagner en secourant les chrétiens dans ces expéditions, qu'en vendant des esclaves, des armes et des vaisseaux aux infidèles. Outre qu'il eût été dangereux pour leur puissance commerciale d'abandonner aux Génois le premier de ces deux rôles, ils auraient encore compromis leur existence nationale s'ils fussent restés en dehors du mouvement européen. Le concours qu'ils prêtèrent aux croisés fut une pure spéculation mercantile, il y a tout lieu de le croire ; toujours ils le mirent à un haut prix, et pendant que les autres peuples chrétiens s'épuisaient de sang et d'argent pour conquérir la terre sainte, les Vénitiens tiraient profit des luttes, des succès et même des revers de leurs coréligionnaires. Quoi qu'il en soit, Vital Faledro, dont le règne avait commencé en 1084, sentit, même parmi son peuple, les préludes du grand ébranlement produit par la prédication de Pierre l'Ermite, mais il n'en vit pas les premiers effets, car il finit ses jours en 1096. Vital Michiéli lui succéda immédiatement. Dès cette même année, les Vénitiens équipèrent pour la guerre sainte une flotte de deux cents voiles. Cet armement partit durant l'été de 1098, et alla passer l'hiver dans le port de Rhodes. De leur côté les Pisans avaient mis à la mer une flotte d'environ cinquante bâtiments, qui avaient la même destination, et qui se présentèrent en vue de Rhodes pendant que les Vénitiens y étaient encore. Ceux-ci se hâtèrent de sortir du port et d'engager un combat où la supériorité de leurs forces leur procura tout l'avantage. Ayant ensuite repris le cours de leur voyage, ils jetèrent l'ancre en 1099, à Jaffa, qui était déjà tombée au pouvoir des croisés. Mais l'année suivante ils quittèrent l'Asie, sans avoir usé de leurs armes contre les infidèles. Vital Michiéli mourut en 1102. Sa dignité passa à Ordélafo Falédro.

Celui-ci reprit, en 1115, la ville de Zara que Coloman, roi de Hongrie, mort en 1114, avait enlevée à la république quelques années plus tôt. Les Hongrois revinrent en 1117, sous le commandement de leur nouveau roi, Etienne II, mettre le siége devant cette place. Le doge s'embarqua aussitôt pour les forcer à se retirer ; mais il perdit la vie, la même année, dans un combat qu'il soutint contre eux. On le remplaça par Dominique Michiéli, vieillard que son zèle religieux, ses talents militaires et sa sagesse signalaient aux suffrages de ses concitoyens. Appelé au secours de la terre sainte par Baudouin II, qui y régnait alors, il y mena lui-même une puissante flotte en 1123, et défit l'armée navale d'Egypte, qu'il rencontra à la hauteur de Jaffa. Il aida ensuite sur terre et sur mer les croisés à se rendre maîtres de Tyr, dont la reddition eut lieu en 1125 ; mais, selon l'usage des Vénitiens, il eut soin de faire assurer à la seigneurie une ample part du profit et la confirmation des priviléges dont ses sujets jouissaient depuis le règne de Baudouin Ier. Marino Sanuti, après avoir raconté la part que prirent les Vénitiens aux opérations du siége, ajoute : « La ville fut divisée en trois portions ; le roi et le patriarche de Jérusalem en eurent chacun une ; la troisième fut pour le doge de Venise qui y établit un bailli. » Dominique Michiéli remit à la voile pour l'Europe en 1125, et comme il avait des griefs contre l'empereur grec, Michel Comnène, qui, pour punir les Vénitiens d'avoir prêté leur assistance aux croisés, avait donné l'ordre à sa marine de poursuivre leurs vaisseaux, il pilla et ravagea les îles de l'Archipel. Il mourut à Venise en 1130. L'affection que ses concitoyens lui portaient concourut à faire élire à sa place son gendre, Pierre Polano. Les Padouans ayant déplacé le lit de la Brenta pour nuire aux Vénitiens, le nouveau doge leur fit une guerre qui les mit à la raison. En 1148, il voulut aider l'empereur de Constantinople à reprendre plusieurs villes dont Roger, roi de Sicile, avait dépouillé les Grecs, mit à la mer une flotte nombreuse et en prit le commandement. Mais une maladie l'obligea à se faire ramener à Venise, où il expira la même année. Un vieillard, Dominique Morosini, lui succéda. La flotte vénitienne, qui, de concert avec celle de Manuel, avait entrepris de conquérir l'île de Corfou avant la mort de Polano, y réussit en 1149. Une autre escadre vénitienne, forte de cinquante galères, commandée par Dominique Morosini, fils du doge, et par Martin Gradenigo, mit à la voile l'année suivante pour chasser les pirates de Pola et de plusieurs autres villes d'Istrie, dont ceux-ci s'étaient rendus maîtres. Lorsque cette expédition fut terminée, les Vénitiens rétablirent leur domination dans Rovigo et dans plusieurs autres villes qui s'y étaient soustraites. En 1152, ils firent un traité d'aillance avec Roger, roi de Sicile, qui accorda à leur commerce des avantages considérables. Morosini mourut en 1156, et fut remplacé par Vital Michiéli II. La guerre était imminente entre les Vénitiens et les Pisans. Le nouveau doge la prévint par un traité de paix. Ulric, patriarche d'Aquilée, ayant fait une descente à main armée dans l'île de Grado, les Vénitiens l'y firent prisonnier le jeudi du carnaval, 31 janvier 1163, et ne lui rendirent la liberté qu'à la condition humiliante pour l'Eglise d'envoyer tous les ans à Venise un taureau, douze porcs et douze pains. En 1264, les Vénitiens ayant adhéré à la ligue des villes lombardes contre Frédéric 1er, contraignirent cet empereur à retourner en Allemagne. En 1171 ils reprirent Zara dont Etienne III, roi de Hongrie, les avait dépossédés. Le commencement de cette même année avait été signalé par une perfidie des Grecs. Manuel, leur empereur, après avoir engagé les Vénitiens à venir trafiquer dans ses Etats, avait fait saisir leurs navires. Au mois de septembre, le doge s'embarqua sur une flotte de cent vingt voiles, reprit Raguse, dont les Hongrois s'étaient rendus maîtres, se dirigea vers l'Archipel pour tirer vengeance de Manuel Comnène, et mit le siége devant la capitale de Nègrepont; les Grecs, qui n'étaient point en mesure de s'opposer à cette entreprise, entamèrent des négociations de paix, durant lesquelles Michiéli s'empara de l'île de Chio. Mais la peste y attaqua l'armée, et détermina le doge à retourner à Venise sans avoir pu s'accorder avec Manuel. L'épidémie qui moissonnait les équipages s'étant communiquée au peuple, une insurrection éclata contre le doge, qui reçut une blessure, et en mourut le 27 mai 1172. Sébastien Ziani, successeur de Michiéli, mit une flotte à la mer, en 1174, pour aider les troupes de l'empereur Frédéric Ier à faire le siége d'Ancône, qui reconnaissait l'autorité de l'empereur de Constantinople. Mais une armée de secours obligea celle de Frédéric à se retirer. En 1177, le doge donna l'hospitalité au pape Alexandre III, qui fuyait les persécutions de Frédéric Ier; et il amena entre le pontife et l'empereur une réconciliation qui fut effectuée devant la basilique de Saint-Marc. Il mourut le 13 avril 1179. On éléva alors au dogat Orio Mastropétro. En 1188, une puissante flotte vénitienne alla au secours de la Palestine. Orio Mastropétro résigna sa charge en 1191, pour se consacrer à la vie monastique, et, le 1er janvier 1192, on lui donna pour successeur Henri Dandolo, qui était aveugle et très-vieux. En 1202, les envoyés des croisés français vinrent à Venise pour obtenir que la seigneurie les fît transporter en Orient sur ses vaisseaux, ce qui leur fut accordé moyennant quatre-vingt-quinze mille marcs d'argent. N'ayant pu payer cette énorme somme, les croisés furent obligés d'aider les Vénitiens à reprendre Zara, retombée au pouvoir des Hongrois. Dandolo commanda la flotte; Zara fut prise, saccagée et démantelée, et l'armée hiverna en Dalmatie. Le pape écrivit aux croisés pour les blâmer et leur ordonner de restituer Zara au roi de Hongrie; mais il ne fut point obéi. En 1203, Alexis l'Ange décida les chefs de l'expédition à rétablir son père sur le trône de Constantinople. Cette ville fut emportée le 18 juillet de la même année, et Isaac remis sur le trône. Mais une insurrection priva les deux princes grecs de la vie et obligea les croisés à conquérir Constantinople pour leur propre compte. Dandolo eut une grande part au succès de cette nouvelle entreprise, et la république y gagna des priviléges et de vastes territoires. Dandolo mourut à Constantinople au mois de juin 1205. Pierre Ziani fut élu doge le 5 août de la même année. Presque aussitôt le sénat nomma un podestat et quatre provéditeurs pour gouverner les quartiers de Constantinople attribués, dans le partage, à la république. Comme celle-ci ne pouvait parvenir à faire reconnaître son autorité dans les autres parties de l'empire grec qui composaient son lot, elle abandonna, sous la condition de l'hommage, les îles de l'Archipel à ceux de ses citoyens qui pourraient s'en emparer. En 1217 André, roi de Hongrie, passa à Venise avec l'armée qu'il conduisait en Palestine, sur les vaisseaux de la république. Ziani mourut en 1229. Jacques Tiépolo lui succéda. En 1233, les Vénitiens envoyèrent une flotte au secours de Constantinople assiégée par Jean Vatace, empereur de Nicée. Cette flotte battit celle des Grecs à la hauteur de Gallipoli. En 1237, Pierre Tiépolo, fils du doge, ayant marché à la tête des troupes milanaises contre l'empereur Frédéric II, fut battu à Citta-Nuova, pris et pendu. Cela décida les Vénitiens à se liguer avec le pape et les Génois contre Frédéric. Le doge Tiépolo abdiqua et mourut le 9 juillet 1249. Il fut remplacé par Marin Morosini, qui cessa de vivre en 1252. Le dogat échut alors à Rénier Zéno.

En 1255, le pape fit publier une croisade contre le féroce Eccelino, qui ravageait la Lombardie. Les Vénitiens s'engagèrent, avec plusieurs Etats voisins, dans cette entreprise, qui coûta beaucoup de sang, et finit en 1259 par la prise et la destruction du tyran. En 1258, la guerre avait éclaté en Palestine, entre les Génois et les Vénitiens, à propos d'une querelle survenue entre deux particuliers, dans la ville de Saint-Jean-d'Acre, dont chacune de ces deux républiques possédait un tiers. Les Vénitiens furent aidés par les Provençaux et les Pisans, et mirent en mer une flotte considérable, qui, le 5 juin, battit celle des Génois, en vue de Saint-Jean-d'Acre. Le pape s'interposa pour réconcilier les trois villes italiennes. En 1262, les Vénitiens envoyèrent dans l'archipel une flotte destinée à faire la guerre aux Grecs, que les Génois secoururent. En 1263, cette armée obtint quelques avantages sur les Génois, et, en 1264, elle leur fit essuyer une sanglante défaite. L'empereur grec demanda alors la paix, et n'obtint qu'une trêve de cinq ans. En 1265, les Génois pillèrent et détruisirent Canée, dans l'île de Candie. La guerre se continuait avec fureur entre les deux républiques, lorsque Rénier Zeno mourut en juin 1268. Laurent Tiépolo le remplaça dès le mois suivant. C'est en cette même année qu'eut lieu un fait qui nous est transmis par Walsingham, chroniqueur anglais. Il raconte que lorsque Edouard, fils du roi d'Angleterre, arriva à Saint-Jean-d'Acre, des marchands vénitiens furent accusés, auprès de ce prince, d'avoir fourni des armes et des vivres aux Musulmans, et que cette accusation s'étant trouvée fondée, ils furent punis comme ils le méritaient. En 1270, une rupture éclata entre les Bolonais et les Vénitiens, à propos d'un droit de péage établi par ces derniers sur le commerce de l'Adriatique. L'année suivante, les troupes des deux villes se livrèrent, sur les bords du Pô, une bataille que les Vénitiens perdirent. Mais ceux-ci, ayant reçu des renforts, prirent leur revanche. De nouveaux revers obligèrent les Bolonais à demander la paix en 1272. Laurent Tiépolo mourut le 16 août 1275. Jacques Contareno avait quatre-vingt-deux ans lorsqu'il fut élevé au trône ducal. Il vit les Vénitiens rétablir leur domination sur la ville de Capo-d'Istria, qui s'était révoltée. Il abdiqua en 1279, et eut pour successeur Jean Dandolo.

En 1283, une guerre qui dura onze ans éclata entre le patriarche d'Aquilée, assisté du comte de Goritz, et les Vénitiens, à propos de l'Istrie, que le prélat voulait soumettre à son autorité. En la même année, le pape lança l'interdit sur Venise, à cause de la liaison qui existait entre cette république et Pierre d'Aragon; mais l'interdit fut levé en 1284. Les Vénitiens ayant voulu entreprendre le siége de Trieste en 1289, se virent contraints de le lever en abandonnant tout leur matériel, et plusieurs parties de leur territoire furent ravagées. Jean Dandolo mourut au mois de novembre de la même année. Pierre Gradénigo fut élu pour lui succéder. L'année suivante, on apprit en Europe que les Egyptiens avaient mis le siége devant Saint-Jean-d'Acre, et la seigneurie envoya vingt galères au secours de cette ville. Mais Thomas Ebendorff accuse les Vénitiens de s'être souillés, en cette occasion, par une action abominable. « Ils offrirent, dit le chroniqueur allemand, aux habitants de la ville de les sauver des dangers qu'ils couraient, en les prenant sur leurs vaisseaux, eux et leurs biens les plus précieux. Ceux-ci partirent donc avec leurs femmes et leurs enfants, leur or et leur argent; mais les Vénitiens les précipitèrent dans les flots, et s'en allèrent avec les richesses de ces infortunés. » En 1293, la trêve qui existait entre Gênes et Venise fut rompue, et, l'année suivante, la flotte de Venise fut battue à plate couture par celle de Gênes. En 1298, une nouvelle et plus importante bataille procura aux Génois une victoire plus décisive encore. Cet événement amena, l'année suivante, la conclusion d'une paix humiliante pour les Vénitiens. En 1308, les Vénitiens ayant enlevé Ferrare à la maison d'Este, le pape mit leur république en interdit. Une défaite que les Ferrarois leur firent essuyer, l'année suivante, réussit bien mieux à leur faire lâcher prise. En 1310, la guerre civile éclata dans Venise, et se termina à l'avantage du doge, qui mourut le 13 août 1311. Marin Giorgi, qui lui succéda, mourut au bout de dix mois environ, et fut remplacé en 1312 par Jean Soranzo. L'histoire de Venise n'offre rien de remarquable sous ce doge, dont la vie se termina en décembre 1327. Le 8 janvier 1328, François Dandolo, dit Cane, fut élu. En 1336, la guerre éclata entre les Vénitiens et le seigneur de Padoue, et en 1337, celui-ci fit essuyer une sanglante défaite aux troupes de la république et à celles de Florence réunies. Mais plus tard, la trahison aidant, la fortune devint favorable à Venise, qui conclut en 1339 un traité avantageux avec son ennemi. La même année vit mourir Dandolo, qui eut pour successeur Barthélemy Gradénigo. Celui-ci ne vécut que jusqu'au 28 décembre 1342, et le dogat passa, le 4 janvier 1343, à André Dandolo, alors âgé de trente-sept ans. La seigneurie se ligua avec les chevaliers de Rhodes et le roi de Chypre contre les Turcs. Au mois de novembre, la flotte vénitienne obligea les infidèles à lever le siége de Négrepont. En 1344, elle s'empara de Smyrne avec l'assistance des galères pontificales. Mais le 17 janvier 1345, l'armée chrétienne s'étant mise à piller le camp des Turcs, après une victoire qu'elle avait remportée sur eux auprès de cette ville, fut surprise et mise en déroute. Les Musulmans rentrèrent à Smyrne en 1366. Cette même année est la date d'un traité de commerce que les Vénitiens firent avec le sultan d'Egypte, et qui, leur permettant d'établir des comptoirs dans tous les ports d'Egypte et de Syrie, devint pour eux une source d'immenses richesses.

Il ne convient point à notre sujet de pousser plus loin la chronologie de l'histoire de Venise, puisque, ayant déjà dépassé la période des croisades, nous sommes parvenus à l'époque où cette république a recueilli le fruit le plus substantiel de ses relations séculaires avec les ennemis du christianisme. Il importe seulement de faire remarquer que sa politique ne s'est pas modifiée dans les temps ultérieurs. Ses intérêts ont toujours été l'unique règle de ses démarches à l'égard des Musulmans. Les ambassadeurs envoyés par Matthias Corvin, roi de Hongrie, à une diète qui se tint à Nuremberg en 1482, se plaignirent de la conduite des Vénitiens, qui s'étaient liés aux plus cruels ennemis de la religion par des traités honteux et dangereux pour la chrétienté, et leur avaient cédé des villes, des places fortes et même des provinces, que les Turcs n'auraient pu soumettre en quinze ans de guerre. Vingt-huit ans plus tard, l'ambassadeur envoyé par Louis XII, roi de France, à la diète qui se tint à Augsbourg en 1510, s'adressant à l'empereur Maximilien, disait : « Lorsque je me préparais à vous féliciter sur vos belles actions, à célébrer vos victoires, je me suis vu dans l'alternative, moi qui n'ai jamais blessé personne et qui ai l'habitude de défendre les autres, ou de manquer aux devoirs que ma mission m'impose, ou de parler, non sans un vif regret, de la mauvaise foi, de la perfidie, de l'injuste conduite des Vénitiens. Si mon discours offense quelques-uns de ceux qui m'écoutent, qu'ils s'en prennent à la nécessité des temps, à la malignité de nos ennemis, et non pas à moi. En accusant les Vénitiens, je défends toute l'Italie et plusieurs autres pays qu'il faut délivrer de leur joug ; je défends les chrétiens d'Orient, qu'ils laissent devenir la proie et les victimes des Turcs; je défends l'Eglise romaine, qu'ils semblent vouloir détruire à l'aide des Musulmans. En parlant contre les Vénitiens, ce n'est pas eux, mais les Turcs que j'attaque; ce n'est pas contre eux que je conseille la guerre, mais je veux la détourner des chrétiens; ce n'est pas leur ruine que je demande, mais c'est le salut de la chrétienté, auquel je désire qu'on pourvoie. » C'était alors le temps de la ligue de Cambrai, et il faut faire la part de l'exagération, dans la bouche d'un ambassadeur français parlant contre les Vénitiens; mais il n'en demeure pas moins certain que la préoccupation exclusive du commerce et la possession de l'empire de la mer, avaient inspiré à la reine de l'Adriatique cet orgueil, cette cupidité et cette politique uniquement basée sur les intérêts matériels qu'ont montrés Tyr et Carthage dans l'antiquité, et que montre aujourd'hui l'Angleterre. Mais le discours du représentant de la France produisit sur la diète d'Augsbourg une sensation que des reproches entièrement dénués de fondement n'auraient point provoqués. Le secrétaire de l'empereur écrivait à l'évêque de Paris, en lui envoyant une copie de ce discours : « Personne n'a entendu ni lu, de notre temps, rien qui approche davantage de l'éloquence des anciens orateurs. Non-seulement il a plu à tous les membres de la diète, et surtout à l'empereur, qui est déjà occupé de cette guerre, mais il les a encore enflammés d'ardeur contre nos ennemis, et a brisé les efforts de tous les opposants. » Voici en quels termes l'ambassadeur de Louis XII reprochait aux Vénitiens leur conduite peu chrétienne. Cette peinture, pour être chargée en couleur, ne manque certainement pas de vérité. « Plût à Dieu que les Vénitiens eussent été ou de vrais chrétiens ou de vrais Turcs! S'ils avaient été de vrais chrétiens, ils se seraient servis de leurs puissantes flottes pour la défense et non pour la destruction des chrétiens; ils auraient fait en sorte que les chrétiens possédassent, comme autrefois, et Jérusalem, et Constantinople, et tout l'Orient. S'ils avaient été de vrais Turcs, nous n'aurions pas souffert que tant de mauvaises herbes, plus dangereuses que l'aconit, poussassent au milieu de nous des racines si profondes; nous les aurions au contraire extirpées et rejetées au delà du Caucase. Mais aujourd'hui que, tout à la fois mauvais Turcs et mauvais chrétiens, ils font tantôt la guerre, tantôt alliance avec les uns ou avec les autres, et qu'ils ne sont fidèles à personne, ils ont resserré dans les bornes étroites de l'Europe la religion chrétienne, qu'ils ont presque détruite, ou du moins fort affaiblie : les Vénitiens sont un tiers-parti, ou plutôt ils ressemblent à ces anges équivoques qui sont entre les bons et les mauvais anges, et ne tiennent ni au ciel ni aux enfers. On peut les comparer à ces lémures, à ces mauvais génies qui troublent les maisons par des incursions nocturnes, qui tourmentent les mers par des tempêtes journalières, qui détruisent les moissons par la grêle et l'orage; tout ce qu'ils possèdent, ils l'ont acquis par les calamités des autres. Dans le dessein de s'emparer de l'or de Constantinople et de cette ville même, tantôt ils portaient sur leurs flottes des armes et des vivres aux Turcs, tantôt ils faisaient passer les armées de ces infidèles de l'Asie dans la Thrace, en traversant le Bosphore. Enfin, ils ont tout fait pour assiéger la ville impériale et pour s'en rendre les maîtres. Lorsque Constantinople fut assiégée par terre et par mer, l'empereur Constantin dépêcha secrètement des ambassadeurs auprès du commandant de la flotte vénitienne, pour le supplier, au nom de Dieu, d'envoyer seulement deux vaisseaux au secours de l'empire d'Orient. Le commandant répondit que ce n'était pas la coutume des Vénitiens de défendre les possessions des autres, mais que si l'empereur voulait se livrer lui et la ville aux Vénitiens, il entrerait dans le port avec toute sa flotte et ferait lever le siége. Lorsque la ville fut prise, les Vénitiens en achetèrent aux Turcs les dépouilles et le butin, et ramenèrent à Venise leurs vaisseaux chargés des restes de l'empire romain. »

VICTOR III, successeur de Grégoire VII, dont il avait été l'ami, refusa longtemps la tiare, et fut sacré en 1087. Quoiqu'il n'ait siégé que quatre mois sur le trône pontifical, et qu'il ait eu à combattre l'empereur

Henri IV et l'anti-pape Guibert, il songea à porter la guerre chez les Musulmans. Il fit contre eux un appel aux armes, en engageant les chrétiens, par la promesse de la rémission de leurs péchés, à attaquer les côtes d'où partaient les dommages causés à la navigation de la Méditerranée. Les Pisans et les Génois armèrent des troupes, équipèrent des flottes, firent une descente sur le rivage africain, et taillèrent en pièces une armée musulmane, que les chroniqueurs portent à cent mille hommes. Après cette victoire, les Pisans et les Génois incendièrent deux villes dans le territoire de l'ancienne Carthage, et en rapportèrent les dépouilles dans leur patrie.

VILLEHARDOUIN (Geoffroy de) naquit vers l'an 1167, dans un château situé près de Bar-sur-Aube. Sa famille était l'une des plus considérables de la Champagne par son ancienneté nobiliaire, l'éclat des services qu'elle avait rendus et les alliances qu'elle avait contractées. Il était lui-même maréchal de Champagne lorsque, dans un tournoi où prêcha Foulques, curé de Neuilly-sur-Marne, Thibaut, comte de Champagne et de Brie, déclara qu'il avait résolu d'aller en Palestine, pour y faire la guerre aux infidèles. C'était en 1199, Villehardouin et beaucoup d'autres gentilshommes imitèrent l'exemple de leur suzerain. S'étant ensuite réunis à Compiègne pour convenir de l'époque de leur départ, et régler les moyens d'exécution de leur entreprise, ils confièrent à quelques-uns d'entre eux la commission d'aller faire les dispositions nécessaires à l'embarquement. Villehardouin fut un de ces délégués, et il se rendit à Venise avec plusieurs de ses collègues. Henri Dandolo, qui alors était doge de cette république, leur fit un grand accueil et leur dit qu'il les honorait comme les envoyés des plus hauts personnages qui fussent sans couronne.

Chargé de haranguer les Vénitiens, Villehardouin déclara que la députation avait pour mission d'implorer à genoux le concours de la seigneurie au projet que la noblesse de France avait formé de venger la cause de Jésus-Christ. A ces paroles, que l'orateur prononça en versant des larmes, les délégués se mirent à genoux. Leur émotion se communiqua à la foule qui s'écria : Nous l'accordons. Il fut convenu que la république fournirait les vaisseaux nécessaires pour l'expédition, moyennant 85,000 marcs d'argent; et que les pèlerins se trouveraient à Venise le jour de la Saint-Jean de l'année suivante. Mais pendant ces négociations, le comte de Champagne tomba malade. Villehardouin revint en France, peu de temps avant la mort de ce prince. Les croisés n'ayant plus de chef, offrirent le commandement de l'expédition au duc de Bourgogne et au comte de Bar, qui le refusèrent. La même proposition adressée au marquis de Montferrat, d'après le conseil de Villehardouin, fut accueillie. Les premiers croisés qui arrivèrent à Venise, apprirent que la plupart de leurs compagnons allaient s'embarquer dans d'autres ports. Comme il y avait lieu de craindre que cette défection ne rendît impossible le payement des 85,000 marcs d'argent promis aux Vénitiens, Villehardouin et le comte de Saint-Pol furent envoyés pour en dissuader ceux qui s'y disposaient. Leurs efforts ne réussirent qu'imparfaitement. C'est pourquoi les croisés qui prirent passage sur la flotte de Venise furent forcés, pour s'acquitter de leur obligation, de se prêter à l'expédition de Zara. Lorsque ensuite, à la prière du jeune Alexis, ils eurent rétabli Isaac l'Ange, son père, sur le trône de Constantinople, Villehardouin fut député vers cet empereur pour lui porter la parole au nom de l'armée. Plus tard encore l'inexécution des engagements d'Alexis ayant donné lieu aux croisés de lui adresser des plaintes, Villehardouin fut l'un de ceux qu'on chargea de les porter. Il concourut vaillamment à la conquête de Constantinople en 1204. L'empereur Baudouin, qui avait apprécié ce qu'il valait comme négociateur et comme homme de guerre, le nomma maréchal de Romanie. Ce fut principalement Villehardouin qui rétablit la concorde entre l'empereur et le marquis de Montferrat. Lorsque Baudouin fut tombé au pouvoir des Bulgares, dans le combat qu'il leur livra auprès d'Andrinople, le maréchal de Romanie mérita, par son intrépidité et par la sagesse de ses dispositions, la reconnaissance et l'admiration de l'armée, qui fit pendant trois jours une glorieuse et mémorable retraite. Il fut récompensé des services qu'il avait rendus au marquis de Montferrat par la cession de domaines considérables en Thessalie, sous la condition de l'hommage féodal et la réserve de la fidélité qu'il devait à l'empereur. La possession de ces fiefs le détermina à s'établir en Thessalie, où il mourut fort âgé, vers l'an 1213. Sa famille a joui pendant longtemps d'une haute position dans l'empire grec. Elle a contracté des alliances avec les empereurs de Constantinople et avec les plus grandes maisons souveraines de l'Europe. Les principautés d'Achaïe et de Morée, les villes d'Argos et de Corinthe lui ont appartenu. La branche du célèbre maréchal dont nous venons d'esquisser la biographie s'éteignit en 1400. Son neveu, Geoffroy de Villehardouin, succéda, dans la possession de la principauté d'Achaïe, à Guillaume de Champlitte qui l'avait conquise, et qui était mort sans laisser d'enfants. Ce neveu eut lui-même des descendants qui conservèrent l'Achaïe jusqu'à la ruine définitive de l'empire grec. Pour l'*histoire de la conquête de Constantinople* par Villehardouin, voir l'article Bibliographie des croisades.

Z

ZENGHI. Tandis que le désordre régnait, dans les dernières années du XIe siècle, parmi les Musulmans, en Syrie, en Egypte et en Mésopotamie, il s'éleva au milieu d'eux un homme qui parvint en peu de temps à une grande puissance, qui se montra aussi habile homme de guerre que grand politique, et qui, au besoin, eut recours au crime et à la perfidie, pour arriver à ses fins; c'était Emad-Eddin Zenghi, appelé *Sanguinus* par nos chroniqueurs.

L'historien des Atabeks dit que Zenghi était fils de l'ancien maître d'Alep, qui était l'émir turc Aksancar; il n'avait que dix ans lorsque son père mourut, trois ans avant l'entrée des chrétiens en Syrie. Il fit ses premières armes sous Kerboga; il servit ensuite sous Maudoud et Borsaki, et il se trouva à presque toutes les guerres qui furent faites contre les chrétiens, se distinguant chaque fois que l'occasion lui en était offerte.

On lit dans l'histoire des Atabeks que, lorsque les princes de Damas et de Mossoul faisaient le siége de Tibériade, en 1113, Zenghi, alors au service du prince de Mossoul, et devenu ensuite si redoutable aux chrétiens, se distingua par sa bravoure contre une partie de la garnison, qu'il poursuivit jusqu'à la porte de la ville: se croyant soutenu par sa petite troupe, il alla même frapper la porte de sa lance. Il ne cessa de provoquer les Francs, jusqu'à ce qu'enfin, ne voyant arriver personne pour le seconder, il retourna au camp, sans avoir reçu aucune blessure. Nommé gouverneur de Bosra par le sultan Mahmoud, il rétablit la tranquillité dans cette ville. Il accompagna ensuite le sultan dans la guerre qui eut lieu au sujet des démêlés que le calife Mostarched eut avec l'intendant de Bagdad pour le sultan. Mahmoud donna la place de cet intendant à Zenghi, en témoignage de sa reconnaissance pour sa conduite. C'est ainsi que Zenghi arriva par degrés à la principauté de Mossoul, qui convenait mieux à son ambition qu'une position, qui, quelque importante qu'elle fût, le tenait sous l'œil du calife et sous la surveillance directe du sultan.

L'historien que nous venons de citer, après avoir fait un tableau de l'abaissement des Musulmans et de la puissance des chrétiens à cette époque, ajoute: « Lors donc que le Dieu très-haut eut jeté les yeux sur les princes musulmans, et qu'il eut vu l'état de mépris où était tombée la religion véritable, lorsqu'il eut reconnu les chefs hors d'état d'en prendre la défense et trop faibles pour protéger ses adorateurs, lorsqu'il eut considéré la barbarie de ses ennemis, leur inhumanité, les calamités et les désastres qui affligeaient les fidèles, il s'attendrit sur l'islamisme et ses disciples, et résolut de faire cesser l'état d'avilissement, l'esclavage et le deuil où ils étaient plongés. Il résolut de susciter contre les chrétiens un homme capable de les punir de leurs attentats et d'en tirer une juste vengeance. Il voulut foudroyer les démons de la croix, comme il avait foudroyé ses anges rebelles. Aussitôt il chercha de l'œil dans sa chère troupe de braves, et dans l'élite de ses guerriers aussi sages qu'ardents, et il n'en vit pas de plus propre à ses desseins que le martyr Zenghi; il n'en vit point qui eût un cœur plus inébranlable, une volonté plus ferme, une lance plus irrésistible et plus pénétrante; ainsi donc, il lui remit la porte des forteresses et le gouvernement de son peuple. »

L'histoire des Atabecks raconte l'élévation de Zenghi à la principauté de Mossoul, à peu près en ces termes: « Massoud, fils de Borsaki, n'ayant laissé en mourant qu'un frère en bas âge, celui qui était chargé de la conduite du jeune prince envoya deux députés à Bagdad, pour demander au sultan l'investiture de la principauté de Mossoul en faveur de cet enfant. Les députés étant à Bagdad, firent la connaissance d'un ami de Zenghi, qui les engagea à le demander pour prince. Les députés, allant trouver le vizir du sultan, lui dirent: « Tu sais que la Mésopotamie et la Syrie sont en proie aux ravages des Francs. Depuis la mort de Borsaki, l'audace des chrétiens n'a plus de bornes. Celui qui nous gouverne est un enfant; il nous faut nécessairement un homme ferme et habile à la guerre, qui puisse repousser l'ennemi. Nous te faisons connaître l'état des choses, afin qu'il n'arrive rien de fâcheux à l'islamisme ni aux Musulmans, car c'est nous qui serions coupables aux yeux de Dieu, et qui mériterions les reproches du sultan. Le vizir ayant rapporté ces paroles au sultan, le prince demanda quel était l'émir qu'on jugeait le plus propre à la défense des Musulmans. Les députés indiquèrent Zenghi. Le sultan approuva d'autant plus volontiers ce choix qu'il connaissait Zenghi, sa bravoure, ses talents et sa prudence. Aussitôt il fit venir les députés, et régla avec eux le tribut que lui paierait Zenghi (c'était le droit de vasselage; mais nous ne savons pas en quoi consistait ce droit), et il fit ses conditions. Après quoi on rédigea le diplôme d'institution, et Zenghi fut déclaré prince de Mossoul. Djiaouli, gouverneur du fils de Boursaki, s'empressant de se conformer aux ordres du sultan, alla, avec ses troupes, au-devant du nouvel émir de Mossoul; du plus loin qu'il l'aperçut, il mit pied à terre, et courut lui baiser la main. Le premier usage que Zenghi fit de son autorité, ce fut de donner à Djiaouli une ville avec tout son territoire. Pour préluder aux grands desseins qu'il méditait, Zenghi établit, parmi ses troupes, une discipline telle qu'on n'en connaissait pas d'exemple avant lui. Il sut bientôt réunir la principauté d'Alep à celle de Mossoul. En 1144, il s'empara de la ville d'Edesse, capitale du comté de ce nom, fondé par Baudouin, frère de Godefroy de Bouillon, et extermina tous les habitants de cette ville. Zenghi périt en 1145, assassiné par ses esclaves; il s'était rendu, par ses exploits, la terreur des chrétiens. Nos historiens du temps des croisades, qui l'appellent, comme nous l'avons dit, *Sanguinus*, rapportent ce distique, qui fut fait à la nouvelle de sa mort :

Quam bonus eventus! fit sanguine sanguinolentus,
Vir homicida, reus, nomine sanguineus.

Le père d'Ibn-Alatir, auteur de l'*Histoire des Atabeks*, avait occupé une place importante auprès de Zenghi, et ce que le fils rapporte du vainqueur d'Edesse a l'autorité d'un témoignage contemporain. A ce titre, le portrait qu'il trace de Zenghi est digne d'attention. « J'ai, dit-il, ouï dire à mon père que Zenghi était d'une belle figure; il avait le teint brun et les yeux bleus. Sa vie fut des plus glorieuses; jamais personne ne montra plus d'intelligence et d'activité dans les affaires. Ses sujets vécurent sous lui dans une parfaite sécurité, et le faible n'eut rien à craindre du fort. Quiconque a connu la principauté de Mossoul, telle qu'elle était avant Zenghi, peut juger par lui-même combien elle a gagné sous le gouvernement de ce prince. Mon père me disait : Je me souviens de l'état où se trouvait Mossoul, cette mère des cités, au commencement du règne de Zenghi. La plus grande partie de la ville était en ruine. Mais à mesure que l'autorité de ce prince s'affermit, le pays commença à jouir de la paix; les méchants furent contenus, et les Musulmans accoururent en foule. On vit alors Mossoul s'embellir d'édifices superbes : Zenghi y fit construire plusieurs palais; il fit rehausser les murailles de la ville, et donner plus de profondeur aux fossés; il ouvrit même une nouvelle porte, qu'on appela de son nom. Il fit aussi planter des jardins autour de la ville. Avant lui, les fruits y étaient rares; on vendait le raisin à la livre, et quand le marchand voulait couper une grappe, il se servait de la serpette, prenant bien garde de laisser tomber un grain à terre. Mais sous Zenghi, on eut autant de fruits qu'on voulut. Un des grands mérites de Zenghi, c'est le soin qu'il avait de se tenir au courant de tout. Il savait tout ce que faisaient les princes, ses voisins, et les rois étrangers; il les faisait épier jusque dans leur intérieur. Son attention se portait principalement sur la cour du sultan ; il sacrifiait à cet objet des sommes considérables; mais aussi il était instruit des projets que méditait le sultan, de ses vues hostiles et pacifiques.... Zenghi vivait familièrement avec les officiers, et aimait à les éprouver lui-même; aussi ne lui arriva-t-il jamais d'élever quelqu'un au-dessus de son mérite, ou de ne pas l'élever assez. Il marquait à chacun de la confiance à proportion de sa capacité. Une de ses maximes était qu'un prince ne doit jamais laisser sortir de ses Etats un homme qui a été à son service. Il avait la coutume de disséminer ses trésors dans les principales villes de ses Etats. S'il survient, disait-il à ce sujet, quelque malheur imprévu, dans une de mes provinces, et que je ne puisse m'y rendre en personne, au moins on aura les moyens de remédier au mal. Pour ce qui regarde sa bravoure et son audace, il suffit de dire qu'elles étaient comme passées en proverbe. L'historien des Atabeks ajoute qu'il tenait de son beau-père que Zenghi était entouré d'ennemis. D'un côté, était le calife de Bagdad, commandant des croyants, qui lui portait une haine si forte qu'il vint même une fois l'assiéger dans Mossoul. D'un autre côté, était Massoud, sultan de la Perse; ses Etats et ceux de Zenghi se touchaient : c'était, sans contredit, le prince le plus puissant de son temps, celui qui avait les plus nombreuses armées et qui haïssait le plus Zenghi. D'autre part, était le prince de la Grande-Arménie, pays vaste et défendu par des forces considérables. Tous ces princes étaient contraires à Zenghi. On en peut dire autant du prince de Mardin, dans la Mésopotamie. Eh bien! malgré ces désavantages, il prit à ses voisins plusieurs provinces. Et les Francs, quelle puissance n'avaient-ils pas acquise! et pourtant il leur enleva plusieurs villes, il les défit en diverses rencontres. Jusqu'à lui, les chrétiens dominaient partout; ils envahissaient les provinces musulmanes. La terreur qu'ils inspiraient était si grande, qu'à leur approche les habitants abandonnaient leurs foyers. C'est Zenghi qui fit cesser cet état d'inquiétude; et n'eût-il fait que prendre Edesse, ce serait encore une conquête immense. » Le même historien vante la bienfaisance, l'activité, l'élévation d'esprit, la constance dans les affections que son père avait remarquées chez Zenghi. « Ce prince, ajoute-t-il, ne pardonnait pas une insulte faite à une femme, et surtout à la femme d'un de ses soldats. » Mais Ibn-Alatir se garde bien de parler des mauvaises qualités du héros de l'islamisme. Aboulfarage même, qui était chrétien, se tait sur la politique perfide qui était le mobile de toutes les actions de Zenghi. L'historien des Atabeks n'est pas, cependant, sans laisser percer, dans certains passages de son récit, l'esprit artificieux qui caractérisait Zenghi. « Le sultan, dit-il, n'avait cessé, tout le temps de son règne, d'être inquiété par des rébellions. A chaque entreprise de ce genre, il en attribuait la cause à Zenghi. Il connaissait la finesse de ce prince, sa puissance, ses ressources, son crédit sur l'esprit des émirs et des gouverneurs des provinces. Ses soupçons étaient fondés. Zenghi fomentait le désordre, afin qu'on ne songeât pas à lui. Enfin le sultan, se voyant libre de toute autre inquiétude, manifesta l'intention d'aller réduire Zenghi. A cette nouvelle, Zenghi se hâta de faire de grandes soumissions, et obtint d'être maintenu dans Mossoul, moyennant la somme de cent mille pièces d'or.

« Le sultan aurait voulu de plus qu'il vînt

lui rendre hommage en personne : il s'y refusa, donnant pour excuse la proximité des Francs, et la nécessité où il était de leur faire la guerre. Ce qui décida surtout le sultan à laisser Zenghi tranquille, c'est qu'on lui dit que, dans la Syrie et la Mésopotamie, il n'y avait que Zenghi qui pût prendre la défense des Musulmans. Bien des émirs, faisait-on observer au sultan, ont déjà gouverné Mossoul, tels que Maudoud, Borsaki et autres ; ils recevaient du sultan des armées nombreuses : mais aucun ne pouvait protéger le pays contre les Francs; cet état a duré jusqu'à Zenghi. Pour lui, il n'a reçu ni soldats, ni argent ; et, cependant, il a enlevé aux chrétiens une grande quantité de places et de provinces, et il les a vaincus plusieurs fois. Cet homme-là fait honneur à l'islamisme. Une autre raison qui adoucit le sultan, c'est la manière adroite dont Zenghi en usait envers lui. Zenghi avait mis auprès de la personne du sultan son fils aîné Seif-Eddin ; le sultan chérissait ce jeune homme, et lui marquait la plus grande confiance. Un jour Zenghi manda à son fils de s'enfuir secrètement, et de venir à Mossoul. Mais il lui fit fermer les portes de la ville, et le renvoya au prince avec ces mots : J'ai appris que mon fils avait quitté votre service sans votre permission ; j'ai refusé de le voir, et je vous le renvoie. Cette action plut beaucoup au sultan, qui, dès ce moment, ne refusa plus rien à Zenghi. » Toute la conduite de Zenghi n'était qu'un tissu d'artifices : quelle preuve plus évidente en chercherait-on que ce qu'il fit, lorsqu'il vit que, malgré sa puissance et le déclin rapide de celle des sultans Seldjoucides, les peuples conservaient par habitude une certaine considération pour les princes de cette maison qui dominait depuis près d'un siècle en Perse. Il jugea que, pour ne pas éveiller l'envie, il était prudent de régner à l'ombre de leur autorité. Il aima mieux n'être qu'au second rang et avoir tout le crédit du premier. Non content de se ménager le calife et le sultan de Bagdad, il mit donc en scène une espèce de fantôme de prince, nommé Alp-Arslan, de la maison des Seldjoucides, qu'il combla d'honneurs et de titres, se réservant seulement l'exercice de l'autorité. Il poussa l'artifice jusqu'à entretenir à dessein Alp-Arslan dans le vin et dans la débauche. C'était cet Alp-Arslan qui était censé le prince de Mossoul; Zenghi n'était que son Atabek, et c'est delà que Zenghi est ordinairement désigné dans les auteurs arabes par son titre d'Atabek. Ce n'est pas qu'Alp-Arslan n'essayât de temps en temps de s'affranchir de cette tutelle, et de s'emparer du pouvoir. Ainsi, après la prise d'Edesse, et tandis que Zenghi assiégeait une forteresse sur l'Euphrate, Alp-Arslan tenta de faire une révolution à Mossoul. Zenghi s'empressa d'y revenir; mais il se contenta de rétablir la tranquillité, se gardant bien de changer de maître, de peur de se créer un rival dangereux.

Peu de temps s'écoula entre la prise d'Édesse et la mort de Zenghi, qui fut tué sous les murs d'une forteresse musulmane voisine de l'Euphrate, dont il voulait s'emparer. « Zenghi, dit l'auteur de l'*Histoire des Atabeks*, fut assassiné pendant son sommeil par quelques-uns de ses Mameluks, tandis qu'il faisait le siége du château de Djiabar. Ceux qui commirent ce meurtre se sauvèrent aussitôt dans la place, et annoncèrent ce qu'ils avaient fait. On se hâta d'en donner la nouvelle aux assiégeants. Les serviteurs de Zenghi coururent à son lit et le trouvèrent rendant le dernier soupir. Ainsi finit Zenghi. Un beau matin il s'éteignit sans pouvoir se prolonger jusqu'au soir. »

FIN DU DICTIONNAIRE DES CROISADES.

TABLE INDICATIVE

DE L'ORDRE DANS LEQUEL LES ARTICLES COMPOSANT LE DICTIONNAIRE DES CROISADES PRÉSENTENT UNE HISTOIRE SUIVIE DES GUERRES SAINTES.

FIN DU DICTIONNAIRE DES CROISADES.